福建省社会科学研究基地闽南师范大学闽南文化研究中心研究成果

闽南师范大学闽南文化研究院重大项目：海峡西岸闽南方言与文化研究（项目编号：SS1223）

■ 闽南文化研究院学术文库 ■

国家社科基金重大项目"海峡两岸闽南方言动态比较研究"子项目

海峡西岸闽南方言与文化研究（上）

马重奇 ◎ 主编

施榆生 ◎ 副主编

HAIXIAXIANMINNANFANGYAN
YUWENHUAYANJIU

编委：吴晓芳 吴文文 林松华
洪水英 马睿颖
傅倩琛 马睿哲

中国社会科学出版社

图书在版编目（CIP）数据

海峡西岸闽南方言与文化研究／马重奇主编 . —北京：中国社会科学出版社，
2016.5

ISBN 978 - 7 - 5161 - 6788 - 5

Ⅰ.①海…　Ⅱ.①马…　Ⅲ.①海峡两岸—闽南话—方言研究　Ⅳ.①H177.2

中国版本图书馆 CIP 数据核字（2015）第 192186 号

出 版 人	赵剑英
责任编辑	张　林
特约编辑	文一鸥　吴连生
责任校对	高建春
责任印制	戴　宽

出　　版	中国社会科学出版社
社　　址	北京鼓楼西大街甲 158 号
邮　　编	100720
网　　址	http://www.csspw.cn
发 行 部	010 - 84083685
门 市 部	010 - 84029450
经　　销	新华书店及其他书店

印　　刷	北京明恒达印务有限公司
装　　订	廊坊市广阳区广增装订厂
版　　次	2016 年 5 月第 1 版
印　　次	2016 年 5 月第 1 次印刷

开　　本	787×1092　1/16
印　　张	66
字　　数	1408 千字
定　　价	258.00 元（上、下册）

凡购买中国社会科学出版社图书，如有质量问题请与本社营销中心联系调换
电话：010 - 84083683

总　目

上　册

下　册

目　　录

（上册）

第一章　绪论

第一节　福建闽方言区的历史概况

一　先秦两汉闽人的活动与闽地古方言

福建省具有悠久的历史。根据考古报告，三明市万寿岩山灵峰洞遗址中，发掘出数十件砾石质旧石器，证明至少在距今18万年前，就有人类在此居住生活。在漳州市郊莲花池山遗址下层发现了距今4万—5万年前的旧石器，三明市万寿岩船帆洞内发现距今约2万—3万年前原始人石铺居住地面和排水沟槽遗迹。距今约1万年前的旧石器时代末期，原始人在福建的分布区域又有所扩大，先后考古发现的"清流人"、"东山人"、漳州"甘棠人"骨殖或牙齿化石，证明了他们的存在。到了原始社会时期新石器时代，福建这个地域已有不少古代遗址，如福清东张的山坡遗址，闽侯甘蔗昙石山、白沙溪头和榕岸庄边山等地的贝丘遗址等均具有原始的地方文化类型，距今已有五千年历史；金门发现的篦点纹陶器，跟中原地区发现的裴李冈文化的篦点纹陶器类似。这些都证明了至少在七千年前福建就已有先民活动了。

《尚书·禹贡》记载夏禹治水之功，分九州：冀、兖、青、徐、扬、荆、豫、梁、雍。书中记载："淮海惟扬州。""淮"指淮河；"海"指东海。意思是淮河与东海之间是扬州。《周礼·夏官·职方氏》："东南曰扬州。"《尔雅·释地》："江南曰扬州。"福建一带属东南，夏朝时应属扬州地域。福建武夷山的船棺至今犹存。经测定，其年代大约是距今3400年的殷商时期。类似的船棺在闽、赣、湘、桂、云、贵、川等地均有发现，从其文化特征来看，当时的原住民部落中可能有现今壮侗语族诸民族的先民。《周礼·夏官·职方氏》："辨其邦国、都、鄙、四夷、八蛮、七闽、九貉、五戎、六狄之人民。"郑玄注："闽，蛮之别也，《国语》曰：闽，芈蛮矣。四、八、七、九、五、六，周之所服国数也。"贾公彦疏："叔熊居濮如蛮，后子从分为七种，故谓之七闽。"可见，"七闽"指的是远离中原的边陲地区少数民族聚集之处，当在福建和浙江南部一带。至今，闽南话"闽""蛮"二字仍完全相同。《说文解字·虫部》："闽，东南越，蛇种"；"蛮，南蛮，蛇种"。这里的"蛇种"即"蛇族"，就是信仰蛇神的民族。至今闽南、闽西一带建有不少蛇王庙、蛇王宫、蛇腾寺等，主要居住在福建的闽越人是以蛇为图腾的。战国时期，勾践七世孙无疆和楚威王作战(约公元前339—329年),无疆战败被杀,楚兵占领吴越土地,越国瓦解,其后裔和福建原有土著结合,称"闽越人"。

公元前221年,秦始皇统一中国后置三十六郡,在闽地设闽中郡,治所在冶县(今福州市),辖境相当于今福建和浙江宁海、天台以南灵江、瓯江、飞云江流域。秦末废。汉初属闽越国,汉武帝后属于会稽郡。有关闽越人的资料,《史记·东越列传》记载:"闽越王无诸及越东海王摇者,其先皆越王勾践之后也,姓驺氏。秦已并天下,皆废为君长,以其地为闽中郡。"《集解》徐广曰:"今建安侯官是。"《索隐》徐广云:"本建安侯官是"。案:为闽州。《正义》今闽州又改为福也。据《史记》所载,高祖五年(前202年),越人立越首领无诸为闽越王,主要活动中心在闽江流域,并建立闽越国,都东冶(今福州)。汉惠帝三年(前192年),又封勾践的后人摇为东海王,统治今浙江省南部,以东瓯(今温州)为国都,所以又被称为东瓯王。至今,闽北各县多处可见民间传说的"越王墓""越王城""越王台"的遗址。在福建武夷山市兴田乡所发掘的"汉城"遗址,就是汉初闽越人所营造的城堡。汉武帝建元三年(前138年),闽越发兵围东瓯(东海),东瓯向朝廷告急。汉军出动,未至而闽越军闻风退走。元封元年(前110年),汉军平定了闽越国中东越王余善的叛乱,并乘机废除了与朝廷合作的(闽)越繇王,"将其民徙处江淮间,东越地遂虚"。其实,当时还有大量的闽越土著纷纷逃遁山谷间,繁衍了下来。但是,西汉朝廷派遣大批军队入闽,并在闽中设立了实质性的行政机构,在闽越故地设立冶县(今福州市),属会稽郡东部都尉管辖,加强了对闽中之地的实质性统治,这就为北方汉人的入闽创造了便利的条件。

东汉时期,冶县更名为东侯官,省称侯官。在此驻防的军队,有一部分可能成了当地的居民。陈支平考证[1],东汉末年,中原战乱兴起,人民四处逃亡,闽中既为人烟稀少的边陲之地,不少逃亡的中原汉民,便开始批量入闽。特别是孙吴集团崛起于江东,为了扩展势力范围,着意向南发展,经营闽中,先后五次派遣军队入闽,更带动了大批北方汉民入闽。第一次,为建安元年(196年),孙吴攻打会稽,会稽太守王朗不敌,由海路奔东冶,侯官长商升起兵支持王朗。孙策则遣永宁长韩晏领南部都尉,率兵讨伐,后又以贺齐代替韩晏,商升乞降,商升部将张雅、詹疆等杀升,共守,被贺齐攻破,孙策军占领侯官[2]。第二次,为建安八年(203年),建安(今建瓯)、汉兴(今浦城)、南平叛乱,孙吴将领贺齐进兵建安,并把南部都尉从浙江迁到建安,先后打败洪明、洪进、苑御等反吴势力,确立了孙吴在福建闽江流域的统治地位(《三国志·贺齐传》)。第三次,为建安十三年(208年),孙权派余姚长吕岱为督军校尉,与将军蒋钦等共同率军入闽,消灭了会稽东冶的吕合、秦狼起义,平定东冶五县(《三国志·吕岱传》)。第四次,为吴嘉禾四年(235年),孙权又派吕

[1] 陈支平:《福建六大民系》,福建人民出版社2001年版,第13—14页。

[2] 陈寿:《二十四史·三国志》,中华书局1997年版,第81页。

岱督率刘篡、唐咨等进兵攻打会稽东冶的随春。在孙吴的进攻下，随春即时投降，被吕岱任为偏将军，使领其众（《三国志·吕岱传》）。第五次，为吴太平二年（257年），建安、鄱阳、新都三郡"山民作乱"，吴中书令钟离牧任监军使者，镇压了建安等地的"山越"动乱，山越军首领黄乱、常惧等被逐出部队，以充兵役（《三国志·钟离牧传》）。孙吴前后数十年用兵五次，基本上建立并巩固了对福建的统治，并设立了建安郡。

孙权曾派将领率兵平定闽越人的叛乱，入闽通道有二：一是海路，经福鼎入闽东、闽南；一是陆路，经崇安入闽北和闽中。建安八年（203年），在建安（今建瓯）立南部都尉，屯兵5万于汉兴（今浦城），1.2万于大潭、盖竹。闽中汉人日益增多。至吴景帝永安三年（260年）设建安郡，辖有十个县：侯官（福州）、建安（今建瓯）、南平、汉兴（今浦城）、建平（今建阳）、将乐、昭武（今邵武）、东平（今松溪、政和）、绥安（今建宁、泰宁）、东安（今闽南）。治所在建安（今建瓯），辖境相当于今福建省。十个县中，除了福州属于闽东、东安属于闽南以外，其余八个县均属闽北或闽西北，可见福建最早开发还是闽北或闽西北。这时，汉人逐渐成为闽中人口的主体。这些入闽者，多数应是长江以南的吴人和楚人。闽东片以福州为中心，是福建最早的置县之地，表明这些中原汉人最初是由海路抵闽的。三国东吴时期，北方移民深入闽南，在晋江口设县，说明移民也是由海路而来，然后以沿海河口为据点，向各河流的中上游渐次移殖，同时也扩大自己的方言区。而从陆路移入福建的汉人越仙霞岭，经浦城、崇安进入建溪流域，形成闽北方言区。以后逐步推进到闽中，奠定闽中方言片的基础。三国时期，还有一支移民由今江西经临川越武夷山进入闽西北，还有一些零星的移民由广东迁入。这一区域的移民的语言主要来自江西。但当地还有不少越人后裔，他们的语言对移民也会产生影响。以后的闽南方言也就是在移民与土著语言的互相影响下逐渐形成的。移民入闽有不同的路线，有海路也有陆路。不同路线的移民代表着不同方向和区域，同时也带来了不同的方言。因此，也就形成了古代闽方言中的闽东、闽南沿海和闽西北山地方言之间很大的差异。[1]

近年来的考古发掘资料也证实了东汉末期、孙吴时期北方汉人已逐渐在闽江上中游地域及闽东地区定居了下来。1985年，霞浦县城关发现东吴永安六年（263年）和霞浦县故县村发现孙吴"天纪三年"（279年）墓砖，这是福建迄今发现的最早的纪年砖。1958年和1976年先后于闽侯荆溪庙后山与福州洪塘金鸡山发现两座东汉时期的土坑墓，出土有陶罐、陶壶、陶灶、陶瓿、陶耳杯、陶滤器、铁釜、铁剑、铜镜、五铢、货泉等。这些文物足证当时北方汉人的入闽趋向以及汉文化在福建地区的传播了[2]。

[1] 葛剑雄主编：《中国移民史》卷一，福建人民出版社1997年版，第120—121页。
[2] 陈支平：《福建六大民系》，福建人民出版社2001年版，第16页。

二　晋唐五代时期汉人入闽与闽方言

从汉代至魏晋南北朝时期，北方汉人移民入闽的主要路线，据陈支平考证[1]，大致有4条路线：一是由江西鄱阳、铅山经分水关入闽。福建的闽北崇安、建阳一带与江西、浙江相毗邻，距离中原最近，也是北方汉人入闽最先到达的地方。在这里曾多次发现汉代中原钱币，可知此地很早以来就是入闽古道。二是由江西临川、黎川越东兴岭经杉关入闽。这一条路线较为平坦。南朝陈文帝天嘉四年（563年），护军将军章昭达统率缇骑五千、组甲二万，"逾东兴岭"，经杉关"直渡邵武"，进入福建（《陈书·陈宝应传》）。由此即知这条路线早已为人们所熟悉。三是由闽浙边界山口入闽。闽浙边界有很多山口关隘，如著名的浦城仙霞岭等。北方汉人经浙江到达福建的很多。福建出土的六朝时期的青瓷，有一部分是来自浙江的"瓯窑"。其很可能就是从仙霞岭运至福建的。四是由海路入闽。福建背山面海，海上交通很早就甚为发达，海路也是北方汉人入闽的重要路线。汉代至魏晋南北朝时期，应当也有一部分北方汉人是经浙江等地由海路入闽的。入闽的北方汉人，从海路来的主要居住在福州及沿海地带；大多数则是从陆路经江西、浙江先移居闽北，然后由闽江上游、中游而到达下游的侯官，再由侯官往南迁至木兰溪流域、晋江流域和九龙江流域；其中可能也有一部分是从江西直接进入闽西，然后再到达闽西、闽南九龙江流域，但这部分数量较少。解放以来，福建省考古工作者先后发现了一百余座六朝时期的墓葬，根据林忠干先生的分析，具有典型意义的墓葬约50处，我们从这50处典型墓葬的分布情况看，在闽江上游（指南平以上）的共有16处，闽江下游（指南平以下）的共有27处，闽东沿海（指现在宁德地区各县）有2处，闽南沿海（指现在莆田市以南的沿海各县）有5处。这说明当时北方汉人入闽后主要定居于闽江流域及沿海的部分地区[2]。

晋灭吴后，统一全中国，全国社会比较安定，经济也得到发展，福建的经济和人口也相应地发展。太康三年（282年），建安郡缩小至该省的西北部，分为建安、晋安两郡。《晋书·地理志》记载："建安郡，故秦闽中郡，汉高帝五年以立闽越王。及武帝灭之，徙其人，名为东冶，又更名东城。后汉改为侯官都尉，及吴置建安郡，统县七，户四千三百。"统七县，指建安（今建瓯）、吴兴（今浦城）、东平（今松溪、政和）、建阳（今建阳）、将乐（今将乐）、邵武（今邵武）、延平（今南平）。《晋书·地理志》又载："晋安郡，太康三年置，统县八，户四千三百。"统八县，指原丰（今闽侯）、新罗（今上杭）、宛平（无考）、同安（今属厦门）、侯官（今闽侯东南）、罗江（今宁德，一说今罗源）、晋安（今南安）、温麻（今霞浦）。自西晋末年至唐五代时期北方移民先后有三次迁入福建，给古闽越地区带来了北方丰富的汉族文化和中原官话。

第一次移民入闽：西晋末年，北方混战，汉人大量南移，永嘉二年（308年），有

---

[1] 陈支平：《福建六大民系》，福建人民出版社2001年版，第23页。

[2] 林忠干等：《福建六朝墓初论》，《福建文博》1987年第2期。

林、陈、黄、郑、詹、邱、何、胡八大姓迁到福建定居，[1]同时带进大量的先进生产工具、农业技术和文化。他们在共同的生产生活中，和本地闽越人很好地融合起来。这是中原汉族人民第一次大规模南迁入闽。这次汉人迁徙的定居地主要是闽北，也有辗转到了闽江下游、木兰溪和晋江流域的。根据陈支平考证，入闽的汉人并非均在永嘉二年突然蜂拥而至，永嘉二年（308年）以前，亦有不少汉人入闽。如1973年福建松溪县发现西晋永兴三年（306年）八月廿二日的古墓[2]；1983年浦城县莲塘乡吕厝坞村发现西晋元康六年（296年）的墓群；清乾隆《莆田县志》记载，康熙二十九年发现"太康八年（287年）八月作"的巨砖；等等。永嘉之乱入闽汉人多数为"八大姓"，也有其他姓氏的移民；入闽的汉人有衣冠望族，也有平民百姓。根据福建省博物馆《建国以来福建考古工作的主要收获》[3]，从西晋末和东晋出土的墓葬可以证明，从西晋末至东晋的确有大批的北方汉人入闽。

东晋末年元兴年间，孙恩在三吴八郡领导数万农民暴动，建立了地方政权。元兴元年（402年）孙恩在临海战死，其妹夫卢循率众转战于闽浙沿海。次年，攻入福建晋安，持续三年之久。卢循被刘裕击败后，其余部还散居在福建沿海。

南朝宋、齐、梁、陈四个朝代（420—589年），总计170年，北方汉人不断有移民入闽。南朝宋时福建置建安、晋安二郡。《宋书·州郡二》记载："建安太守，领县七。户三千四十二，口一万七千六百八十六。去州水二千三百八十，去京都水三千四十，并无陆。晋安太守，领县五。户二千八百四十三，口一万九千八百三十八。去州水三千九百九十，去京都水三千五百八十。"建安太守领县七：即吴兴（今浦城）、将乐、邵武、建阳、绥成（今建宁西南）、沙村（今沙县东）。晋安太守领县五：即侯官、原丰（今闽侯）、晋安（今南安）、罗江、温麻（今霞浦）。当时福建只有水路而无陆路。《南齐书·州郡上》："建安郡：吴兴、建安、将乐、邵武、建阳、绥成、沙村。晋安郡：侯官、罗江、原丰、晋安（今南安）、温麻。"但到了南朝梁天监中（502—519年），随着闽南地区的进一步开发，又从晋安郡分出一个南安郡，辖有兴化、泉、漳等地。尤其是梁末侯景之乱时的那次南迁，规模是最大的。《陈书·世祖纪》载："侯景以来，遭乱移在建安、晋安、义安郡者，并许还本土，其被略为奴婢者，释为良民。"这里简述了侯景之乱后的移民情景。《隋书·地理下》："建安郡，统县四，户一万二千四百二十。"统县四：即闽、建安、南安、龙溪。可见，从宋至隋，人口从6885户发展到12420户，几乎增加了一倍，也可以看出移民数量的增加。

总之，由西晋末年至南北朝，由于永嘉之乱、卢循入闽以及侯景之乱，造成北方汉人大量移民入闽。其数量之多，大大超过汉代、三国东吴时期，而且移民的身份也较为复杂。

---

[1] 何乔远：《闽书》，福建人民出版社1994年版。

[2] 《福建松溪县发现西晋墓》，《文物》1975年第4期。

[3] 《文物考古工作三十年（1949～1979）》，文物出版社1979年版。

第二次移民入闽：根据谢重光考证，唐代之前，少数汉人主要从两个方向进入九龙江流域：一是由岭南珠江流域、韩江流域沿东北方向逐渐推进到九龙江流域；二是由闽江流域、晋江流域沿西南方向逐渐推进到九龙江流域[1]。到了唐朝总章初年，闽粤一带少数民族武装反抗朝廷。唐高宗总章二年（669年），唐高宗派玉铃卫翊府左郎将归德将军陈政统领南行军总管，率府兵2600名，副将以下123员，驻绥安（今漳浦县）平定叛乱。据《漳州府志》："陈政，是河南光州固始人。唐高宗总章二年（669年），泉潮间蛮獠啸乱，朝廷以政总岭南军事，偏裨一百三十二员从焉；镇绥安（今漳浦）。政兄敏嗣领五十八姓入闽相助。政旋卒，子元光领其众，戡定蛮乱，奉命世镇漳州，遂屯师不旋，垦土招徕，方数千里，无烽火之惊，号称乐土。世谓漳州开辟自此为始，亦为陈始也。"[2]陈政、陈元光父子入闽，是唐代中原人民继西晋"永嘉之乱"后的第二次大规模移民南下。根据民国《云霄县志》《台湾省通志·氏族》和陈嘉音《漳州开发史考辨》，当时约有八十余种姓氏入闽：陈、许、卢、戴、李、欧、马、张、沈、黄、林、郑、魏、朱、刘、徐、廖、汤、涂、吴、周、柳、陆、苏、欧阳、司马、杨、詹、曾、萧、胡、赵、蔡、叶、颜、柯、潘、钱、余、姚、韩、王、方、孙、何、庄、唐、邹、邱、冯、江、石、郭、曹、高、钟、汪、章、宋、翟、罗、施、蒋、丁、卜、尤、尹、韦、甘、宁、弘、名、阴、麦、邵、金、种、耿、谢、上官、司空、令狐。陈氏父子及其所率府兵将中原文化和先进技术、工具、语言文字带到闽地加以传播，深受群众的欢迎和拥护。他逝世后，漳州人民为了纪念他的功绩，尊称他为"开漳圣王""开漳元祖"。陈氏子弟及其部下后来皆定居在漳州一带，成为今漳、潮一部分居民的来源。

据《新唐书·地理志五》记载，唐代把福建分为五州五郡，对照现代福建省境内的方言分区，估计当时已经初步形成了五个方言区：①福州长乐郡（即闽东方言区），天宝元年（742年）已有34084户，人口75876人，辖县十：闽县、侯官、长乐、福唐(今福清)、连江、长溪(今霞浦)、古田、梅溪(今闽清)、永泰、尤溪。在唐代，闽东方言区已初步形成，但除了霞浦县以外，基本上限于闽东南片。尤溪是属于闽东、闽北、闽中交界的方言点，此地可能比较接近于闽东方言，因此归入福州长乐郡（即闽东方言区）。②建州建安郡（即闽北方言区），武德四年（621年）已有22770户，人口142774人，辖县五：建安、邵武、浦城、建阳、将乐。这时，闽北方言区可能还没有分化为闽北方言片和闽赣方言片，因此邵武和将乐仍归入建州建安郡（即闽北方言区）。③泉州清源郡（即闽南方言区北片），景云二年（711年）已有23860户，人口160295人，辖县四：晋江、南安、莆田、仙游。在唐代，莆田、仙游二县归属泉州清源郡，说明它们同属闽南北片方言区。④汀州临汀郡（即闽西、中方言区），大历四年（769年）已有4680户，人口13720人，辖县三：长汀、宁化、沙县。当时沙县

---

[1] 谢重光：《陈元光与漳州早期开发史研究》，台北文史哲出版公司1995年版，第25页。

[2] 《光绪漳州府志》：卷二十二《兵纪》上。

归入汀州，说明闽西方言与闽中方言是没有什么区别的。⑤漳州漳浦郡（即闽南方言区西、南片），乾元二年（759年）已有5846户，人口17940人，辖县三：龙溪、龙岩、漳浦。在唐代，龙岩方言与龙溪、漳浦二县的方言可能比较一致，因此同属漳州漳浦郡。

第三次移民入闽：根据《中国移民史》第三卷"表9—5　唐后期五代南迁的北方移民实例（福建部分）"[1]，唐后期五代南迁的北方移民主要来自13个地区：①河南：固始、光州、荥阳、汴州、开封、颍川、洛阳、宋州、长葛、滑县、上蔡；②北方：？；③安徽：寿州、亳州；④中原：？；⑤湖北：安陆、江夏、荆州；⑥山东：高密、济阳、曲阜、清河、邹县、博陵；⑦甘肃：天水；⑧山西：河东、寿阳、太原；⑨陕西：关中、长安、京兆；⑩河北：高阳；⑪江苏：彭城。⑫淮河间：？；⑬？：？。由"表9-5"还可以看出：①从迁出地13个地区来看，河南移民的人数最多，共73人（其中光州42人、固始18人），占总数的57.48%；中原次之，占总数的11.81%。河南光州移民是此期间人数最多最重要的一支北方移民。这可能与陈政、陈元光父子在福建任漳州刺史的影响有关。②从迁入的3个地区来看，分布在福州、泉州和建州的移民分别为31人、36人和31人。③从移民的时间来看，"安史之乱"时期北方移民入闽2人，占总数的1.57%；"藩镇割据"时期北方移民入闽11人，占总数的8.66%；"唐末战争"时期北方移民入闽92人，占总数的72.44%；"五代十国"时期北方移民入闽22人，占总数的17.32%。后两个阶段的移民最多，占总数的89.76%。

此次移民比较集中的是唐末随王审知入闽的将士。王审知（862—925年），字信通，河南光州固始人。五代十国时闽国建立者。家世为农。黄巢起义后，与兄王潮俱从王绪起兵。及潮杀绪，命审知率中原人马五千余人攻入福建，剪除诸割据势力，始据闽中五州之地。潮死，王审知被唐朝任为威武军节度、福建观察使。至后梁，拜中书令，封闽王。王审知在位时，选良吏、省刑罚、减赋役、立学校、发展海上贸易，使闽地得偏安一隅，经济文化得以发展。唐代两次大批入闽的北方汉人，主要以河南光州固始人为主体、为领袖，并带来了河洛一带的方言。当年的河洛方言，正是形成闽方言最重要的基础成分。我们知道，隋朝陆法言《切韵》是以永嘉前的河洛官音为基础的，而闽台河洛人祖先在永嘉之后带来的正是河洛官音。

周振鹤著《现代汉语方言地理的历史背景》[2]及其与游汝杰合著《方言与中国文化》[3]就移民与方言的关系有着详细的讨论。他们认为，现代汉语方言区的形成与历史时期的移民活动有密切的关系，同样，历史时期的方言区也与此前的移民活动有密切的关系。原始的方言区主要受到自然地理环境的制约，但当人口在不同方言区之间迁移时，移民就对方言区的变化起了重大甚至是决定性的作用。《中国移民史》卷一"语言学的方法"[4]专门阐述了移民对原有方言影响的四个主要因素：

---

[1]　葛剑雄主编：《中国移民史》第三卷，福建人民出版社1997年版，第306—310页。

[2]　周振鹤：《现代汉语方言地理的历史背景》，《历史地理》2008年第9辑。

[3]　周振鹤、游汝杰：《方言与中国文化》，上海人民出版社1986年版。

[4]　葛剑雄主编：《中国移民史》第一卷，福建人民出版社1997年版，第161—163页。

　　第一是移民的数量。既包括其绝对数量，也包括其相对数量，即在迁入地总人口中所占的比例。数量太少的移民一般不可能对当地的方言造成明显的影响，只能被当地的方言所同化。如唐后期五代南迁的安徽、甘肃、江淮间、河北、江苏移民入闽各只有1—2个人，根本不可能对福建的土著方言造成什么影响。数量稍多的移民可能会对原有方言造成影响，使其发生一定的变异，但还不足以完全改变或取代原有的方言。如湖北、山东、陕西的移民入闽虽然数量稍多，但也还不可能改变或取代福建原有的方言。只有数量相当大，如占压倒优势时，才能使原有的方言发生根本性的变化，或者能够用移民自己的方言取代原有的方言。如唐后期五代南迁的北方移民中，河南移民最多且占移民总数的57.48%，就能使原有的福建土著方言发生根本的变化。第二是移民的集中程度。所谓集中，既指居住地的集中，也应指迁入时间的集中，即足以在一个特定时期内产生使移民在迁入地的全境或某一局部占压倒优势的条件。如唐初陈政、陈元光父子带领数千名将士直接驻扎在闽南漳州一带，唐后期五代南迁的北方移民主要集中在福州、泉州、建州等地，而且多数是河南光州固始人，因此，河南洛阳一带的方言才能在福建几个局部地区形成自己的数量优势。第三是移民的社会地位。移民的社会地位越高，文化经济上的优势越大，掌握的行政权力越大，他们的方言对当地原有方言的优势也越大。这一方面是由于社会地位高、文化经济先进或大权在握的移民不仅有强烈的方言优越感，而且可以利用自己的影响和权力来保持和推行自己的方言，至少可以不受到迁入地原有方言的强制同化。如"第二次移民入闽"期间，唐朝总章初年朝廷陈政统领南行军总管，率府兵2600名，副将以下123名，驻往绥安平定叛乱。陈政地位高，任玉铃卫翊府左郎将归德将军。陈政、陈元光父子及其子孙们在福建漳州一带驻守和开发影响颇大。"第三次移民入闽"期间，王审知与兄王潮俱从王绪起兵。后潮杀绪，命审知率中原人马五千余人攻入福建，始据闽中五州之地。王审知被唐朝任为威武军节度使、福建观察使。至后梁，拜中书令，封闽王。其地位十分显赫。他们带来的都是河南光州固始县的方言，对闽南原有的土著方言产生了极大的冲击。当时的土著居民为了迎合这些上层移民的需要，同时对他们带来的先进文化仰慕仿效以及受到官方压力，当地的居民必然会改变自己的方言，甚至完全放弃原有方言，而采用移民的方言。第四是移民的方言与迁入地原有方言间的差异。河南洛阳方言与福建的土著方言的差异很大，语言上的冲突十分激烈。两种方言经过长期的激烈冲突和彼此相互影响，形成了闽方言，又保持了原来各片之间的不同特点。

三　宋元明清汉人入闽以及闽次方言区的逐步形成

　　唐及五代时期，一部分北方移民进入了赣南、闽西，地理障碍使他们与北方方言隔绝开来。尤其是闽西地区，有武夷山与赣南相隔，更与北方方言隔绝，在当地定居的移民形成了他们独特的方言。有的学者认为，这些移民使用的方言是客家话的源头。宋室南渡前后，北方百姓为避战乱，再次出现南迁浪潮，大批中原人扶老携幼入闽，即"第四次移民入闽"，使福建地方人口剧增。根据《中国移民史》第四卷"表9—7靖康乱后南迁的北方移民实例（福建部分）"，我们特将靖康乱后南迁的北方移民统计见下表[1]：

迁入地＼迁出地	河南	北方	安徽	山东	甘肃	陕西	河北	江苏	小计
福州	72	2	3					1	78
泉州	11	1	1	8	1		3		25
邵武军	9					1			10
建州	7								7
南剑州	3								3
汀州				6					6
兴化军	6								6
漳州	4			1					5
闽				3					3
合计	112	3	4	18	1	1	3	1	143

由上表可知，北宋末期，北方百姓不断移民到福建，其中最多的是河南，其次是山东，再次是安徽、河北、甘肃、陕西、江苏等地。迁入福建最多的是福州，其次是泉州，再次是邵武军、建州、南剑州、汀州、兴化军、漳州等地。

据《宋史·地理志五》记载，宋代把福建路分为六州：福州、建宁、泉州、南剑州、漳州、汀州；二军：邵武军和兴化军；四十七个县。绍兴三十二年，已有1390565户，人口2828852人。实际上当时已按方言划分为八个区：①福州（即闽东方言区），崇宁（1102—1106）年间已有211552户人口，辖县十二：闽县、侯官、福清、古田、永福(今永泰)、长溪(今霞浦)、长乐、罗源、闽清、宁德、怀安(今闽侯北)、连江；比唐代增加了罗源、宁德、怀安三个县，但把特殊方言点尤溪县归入南剑州，说明以福州话为代表闽东方言区已初步形成。②建宁（即闽北方言区），崇宁（1102—1106）年间已有196566户人口，辖县七：建安、浦城、嘉禾(建阳)、松溪、崇安、政和、瓯宁(建瓯西北)、丰国监(建瓯北)；比唐代增加了松溪、崇安、政和、瓯宁、丰国监四个县，但把邵武、将乐二县归入邵武军，说明以建瓯话为代表的闽北方言区在宋代已初步形成。③泉州（即闽南北片方言区），崇宁（1102—1106）年间已有201460户人口，辖县七：晋江、南安、同安、惠安、永春、安溪、德化；比唐代增加了同安、惠安、永春、安溪、德化五县，但把莆田、仙游二县归入兴化军，说明

---

[1] 葛剑雄主编：《中国移民史》第四卷，福建人民出版社1997年版，第343—346页。

宋时莆仙方言与泉州方言已有区别，以泉州话为代表的闽南北片方言区已初步形成。④南剑州（闽中方言区），崇宁（1102—1106）年间已有119561户人口，辖县五：剑浦（今南平）、将乐、顺昌、沙县、尤溪。南剑州是宋代设置的，除了把唐代建州建安郡的将乐县、汀州临汀郡的沙县、福州长乐郡的尤溪归入此州外，另增加了剑浦、顺昌二县。这说明宋代已初步形成了以剑浦话为代表的闽中方言区。⑤漳州（即闽南西、南片方言区），崇宁（1102—1106）年间已有100469户人口，辖县四：龙溪、漳浦、龙岩、长泰；比唐代增加了长泰县。说明了以漳州话为代表的闽南西、南片方言区已初步形成。⑥汀州（闽客方言区），崇宁（1102—1106）年间已有81454户人口，辖县五：长汀、宁化、上杭、武平、清流；与唐代相比，增加了上杭、武平、清流三县，另外把沙县归入南剑州。这时的汀州行政区与现在的闽客方言区相符，说明宋代也已初步形成了以长汀话为代表的闽客方言区。⑦邵武军（闽赣方言区），崇宁（1102—1106）年间已有87594户人口，辖县四：邵武、光泽、泰宁、建宁。邵武军是宋代设置的，除了把唐代建州建安郡的邵武县归入此州外，另外增加了光泽、泰宁、建宁三县，恰好与现代闽赣方言区相符，说明早在宋代就已初步形成了以邵武话为代表的闽赣方言区了。⑧兴化军（莆仙方言区），崇宁（1102—1106）年间已有63157户人口，辖县三：莆田、仙游、兴化。兴化军是宋代设置的，除了把唐代泉州清源郡的莆田、仙游二县独立出来外，还增加了兴化县，恰好与现代莆仙方言区的辖区相符，说明以莆田话为代表的莆仙方言区在宋代已形成。

总之，唐后期和五代迁入福建的移民不仅数量多，居住集中，而且居于统治地位，这些移民又带来了他们使用的北方方言，并且产生很大的影响。类似的过程又在北宋末年至南宋期间重现。所以，闽方言既受到自唐后期至南宋期间北方移民的共同影响，又保持了原来各片之间不同的特点，初步形成了八个方言区：①以福州话为代表的闽东方言；②以建瓯话为代表的闽北方言；③以泉州话为代表的闽南北片方言；④以剑浦话为代表的闽中方言区；⑤以漳州话为代表的闽南西、南片方言区；⑥以长汀话为代表的闽客方言区；⑦以邵武话为代表的闽赣方言区；⑧以莆田话为代表的莆仙方言区。

据《元史·地理志五》记载"江浙等处行中书省"设福建道宣慰使司都元帅府和福建闽海肃政廉访司。下有福州路、建宁路、泉州路、兴化路、邵武路、延平路、汀州路、漳州路。当时所分的方言区基本上与宋代相同：①福州路（即闽东方言区），至元二十二年（1287年）已有799694户，3875127人，领司一，即录事司；辖县九，即闽县、侯官、怀安、古田、闽清、长乐、连江、罗源、永福；州二，即福清州、福宁州（领二县：即宁德、福安）。与宋代相比，福清县升格为福清州，另外增加了福宁州，领宁德、福安二县。②建宁路（即闽北方言区），至元二十六年（1289年）已有127254户，506926人，领司一，即录事司；辖县七，即建安、瓯宁、浦城、建阳、崇安、松溪、政和。与宋代相比，嘉禾县改为建阳县。③泉州路（即闽南北片方言区），至元二十年（1283年）已有89060户，455545人，领司一，即录事司；辖县七，即晋江、南安、同安、惠安、永春、安溪、德化。与宋代相比，增加德化县。④兴化路（即莆仙方言区），至元十四年（1277年）已有67739户，352534人，领司一，即录事司；辖县三：莆田、仙游、兴化。⑤邵武路（即闽赣方言区），至元十三年（1276年）已有64127户，248761人，领司一，即录事司；辖县四，即邵武、光泽、泰宁、建宁。⑥延平路（即闽中方言区），至元十五年（1278年）已有89825户，435869人，领司一，即录事司；辖县五，即南平、尤溪、沙县、顺昌、将乐。把宋代的南剑州改为延平路，剑浦县改为南平县。⑦汀州路（即闽客方言区），至元十五年（1278年）已有41423户，238127人，领司一，即录事司；辖县六，即长汀、宁化、清流、莲城、上杭、武平。⑧漳州路（即闽南西、南片方言区），至元十六年（1279年）已有21695户，101360人，领司一，即录事司；辖县五，即龙溪、漳浦、龙岩、长泰、南靖。比宋代增加了南靖县。

据《明史·地理志六》记载，设福建都指挥使司和承宣布政使司。领府八，即福州府、兴化府、建宁府、延平府、汀州府、邵武府、泉州府、漳州府；直隶州一，即福宁州；属县五十七。当时福建省已有人口515370户，1738793人。明代方言分区与元代大抵相同：①福州府（即闽东南片方言区），领县九，即闽县、侯官、长乐、福清、连江、罗源、古田、闽清、永福，比元代少了怀安县。②兴化府（即莆仙方言区），领县二：莆田、仙游，比元代少了兴化县。③建宁府（即闽北方言区），领县八，即建安、瓯宁、建阳、崇安、浦城、松溪、政和、寿宁，比元代多了寿宁县。④延平府（即闽中方言区），领县七，即南平、将乐、沙县、尤溪、顺昌、永安、大田，比元代多了永安、大田二县。⑤汀州府（即闽客方言区），领县八，即长汀、宁化、上杭、武平、清流、莲城、归化、永定，比元代多了归化、永定二县。⑥邵武府（即闽赣方言区），领县四，即邵武、光泽、泰宁、建宁。⑦泉州府（即闽南北片方言区），领县七，即晋江、南安、同安、惠安、安溪、永春、德化。⑧漳州府（即闽南西、南片方言区），领县十，即龙溪、漳浦、龙岩、长泰、南靖、漳平、平和、诏安、海澄、宁洋，比元代多了漳平、平和、诏安、海澄、宁洋五县。⑨福宁州（即闽东北片方言区），领县二，即宁德、福安。《明史·地理志六》把元代福州路分为福州府和福宁州，即明确地把闽东方言区分为南片方言区和北片方言区。

据《清史稿·地理志十七》记载，清初设福建省，置闽浙总督。康熙二十三年（1684年），海岛平，以其地置台湾府为行省，与福建分治。宣统三年（1911年），福建领府九，即福州府、福宁府、延平府、建宁府、邵武府、汀州府、漳州府、兴化府、泉州府；直隶州二，即龙岩直隶州、永春直隶州；厅一，即云霄厅；县五十七。当时福建省已有人口2376855户，14229963人。清代方言分区与明代基本相同：①福州府（即闽东南片方言区），领县十，即闽县、侯官、长乐、福清、连江、罗源、古田、屏南、闽清、永福，比明代多了屏南县。②福宁府（即闽东北片方言区），领县五，即霞浦、福鼎、福安、宁德、寿宁，比明代多了霞浦、福鼎、寿宁三县。③延平府（即闽中方言区），领县六，即南平、顺昌、将乐、沙县、永安、尤溪，比明代少了特殊方言点大田县。④建宁府（即闽北方言区），领县七，即建安、瓯宁、建阳、崇安、浦城、松溪、政和，把明代建宁府的寿宁县归入福宁府。⑤邵武府（即闽赣方言区），领县四，即邵武、光泽、建宁、泰宁。⑥汀州府（即闽客方言区），领县八，即长汀、宁化、清流、归化、连城、上杭、武平、永定。⑦漳州府（即闽南南片方言区），领县七，即龙溪、海澄、南靖、漳浦、平和、诏安、长泰、云霄厅，比明代多了云霄厅，龙岩、漳平、宁洋三县另外设置州。⑧龙岩直隶州（即闽南西片方言区），领县二，即漳平、宁洋。⑨兴化府（即莆仙方言区），领县二：莆田、仙游。⑩泉州府（即闽南北片方言区），领县五，即晋江、南安、惠安、同安、安溪。⑪永春直隶州，领县二，即德化、大田。《清史稿·地理志十七》把明代漳州府分为漳州府和龙岩直隶州，即明确地把闽南方言区分为南片方言区和西片方言区。

关于客家移民及客家方言的形成，袁家骅等著《汉语方言概要》第八章"客家方言"中阐述了客家方言形成的历史背景。据考察，东晋以前客家先民的居地，"北起并州上党，西届司州弘农，东达扬州淮南，中至豫州新蔡安丰。换言之，即汝水以东，颖水以西，淮水以北，北达黄河以至上党，皆为客家先民的聚居地"[1]。

东晋永嘉以后，客家先民为战乱所迫，先后经历了五次大的迁徙运动[2]。

第一次，迁徙时代是由东晋至隋唐，由于匈奴族及其他外族入侵，迫使汉族人民从并州、司州、豫州等地南迁避难，远者达江西中部，近者达颖淮汝三水之间。

第二次，迁徙时代是由唐末到宋，由于黄巢起义，为战乱所迫，汉族人民从河南西南部，江西中部北部及安徽南部南迁避难，远者达循州、惠州、韶州，近者达福建宁化、汀州、上杭、永定，更近者达江西中部南部。北宋后期，梅州客户已超过土著，虽然客户未必尽是客家人，客户中还包括了一部分迁入较早的移民的后裔，但说明外来移民的数量在当地人口中占有很高的比例。南宋时，赣南和汀州的人口开始向粤东迁移，粤东客家方言在此后逐渐形成。南宋初期，当江西的大部分地区因战争人口数量有所下降时，位于南部和东南部的赣州（治今市）、建昌军（治今南城县），以及属于福建但与两州军比邻的汀州（治今长汀县），人口数量却有了较快的增长。高宗绍兴年间赣州户近12.1万，孝宗淳熙年间为29.3万，年平均增长率达25.6%，高于全国年平均增长率几十倍。汀州在孝宗隆兴二年（1164年）户数为174517，较元丰年间增加9.3万户，年平均增长率达9.1%。这些地区人口的增加，一定程度上要归之于外来人口的迁入。南宋时期迁入赣南、闽西的移民数量多，居住集中，而当地土著居民数量少，居住分散，在这个相对封闭的环境中，一种为移民所共同接受的新方言客家

[1] 罗香林：《客家研究导论》，新加坡客总会，1938年。
[2] 袁家骅等：《汉语方言概要》，语文出版社2001年版，第145—146页。

方言终于在宋元之际形成，这一带成为客家方言的中心区。一直处于其他方言包围中的客家人，形成了顽强地坚持自己的方言的传统，因此在以后的移植中始终保持着自己的方言，不轻易被其他方言所同化。

第三次，迁徙时代是由宋末到明初，由于蒙元南侵，为战乱所迫，汉族人民从闽西、赣南南迁避难，来到广东东部和北部。

第四次，迁徙时代是自康熙中叶到乾嘉之际，由于客家人口繁殖，而客地山多田少，逐步向外发展。他们从广东东部北部、江西南部外迁，有的到了四川，有的到了台湾，有的进入广东中部和西部，有的迁入湖南和广西。

第五次，迁徙时代是乾嘉以后，因土客械斗，调解后地方当局协助一批客民向外迁徙。他们从粤中（如新兴、恩平、台山、鹤山等地）外迁，近者达粤西（高、雷、钦、廉诸州），远者达海南岛（如崖县、定安）。

据罗香林先生统计，目前全国的客家住地（包括纯客住地和非纯客住地）分布在广东、福建、江西、台湾、广西、湖南、四川等省，共达127县，其中纯客住县32个，非纯客住县95个，人口约两千多万。而粤东粤北、闽西、赣南这一片相连的地区是客家分布的主要部分。广东有纯客县17个，除了赤溪在南部外，都在粤东粤北，即今梅县、大埔、兴宁、五华、蕉岭、丰顺、和平、龙川、紫金、河源、连平、始兴、英德、翁源、仁化、平远。福建的客家集中在闽西山区14县，即上杭、武平、永定、长汀、连城、清流、宁化、明溪、将乐、顺昌、建宁、泰宁、邵武、光泽。江西的客家集中在以赣州（不包括市区）、于都、宁都为中心的赣南地区。

第二节　福建闽方言区的地理概况

根据《福建省志·地理志》记载[1]，福建地貌的形成历经漫长发展变化的过程。大约在距今8亿年前，福建全境均为一片大海。距今5亿年左右，由于早期地壳运动，形成福建省最古老的一块陆地——武夷古陆，其范围相当于现今闽西北大部分县市，古陆周围仍是一片汪洋大海。早、中三叠世的印支运动使福建古地理环境发生巨大变化，最主要是转海为陆，从而基本上奠定了福建省陆域的轮廓和展布范围，特别是奠定了福建省西部大山带——武夷山脉的地质地貌基础。距今1.95亿年至0.7亿年发生燕山运动，直接控制福建地貌的发育和演变并构筑了福建的地貌骨架。距今约0.3亿年发生喜马拉雅运动，台湾褶皱上升，形成中央山脉，西部断裂下降，形成原始的台湾海峡。原始的台湾海峡形成后曾一度隆起为陆，闽台联成一体，但至晚第三纪中新世开始再度沉陷，海水入侵，形成现今台湾海峡的基本轮廓。第四纪以来几经沧桑，逐渐塑造成现今的台湾海峡，至此福建陆域和沿海海岸带业已形成。

福建地处中国东南沿海，位于北纬23°31′—28°18′，东经115°50′—120°43′之

---

[1] 福建省地方志编纂委员会编：《福建省志·地理志》，方志出版社2001年版。

间。东隔台湾海峡与台湾省相望，连东海、南海而通太平洋，西邻江西，西南与广东相接，北界浙江，全省东西最大宽度约480公里，南北最大长度约530公里，土地面积12.14万平方公里。福建地形以山地丘陵为主，由西、中两列大山带构成福建地形的骨架。两列大山带均呈东北-西南走向，与海岸线平行。就海上交通而言，福建是中国距离东南亚、西亚、东非和大洋洲较近的省份之一，历来是中国与世界交往的重要门户。

贯穿福建省中部的闽中大山带，被闽江、九龙江截为三部分。闽江干流以北为鹫峰山脉；闽江与九龙江之间称戴云山脉；九龙江以南为博平岭。山带中段的山势最高，山体最宽。德化境内的戴云山主峰，海拔1856米，为闽中大山带最高峰。闽赣边界附近的西列大山带，由武夷山脉、杉岭山脉等组成，北接浙江仙霞岭，南连广东九连山，长约530多公里，平均海拔1000多米，是闽赣两省水系的分水岭。山带北高南低，有不少1500米以上的山峰，主峰黄岗山，位于武夷山市境内，海拔2158米，是中国东南沿海诸省的最高峰。浦城县枫岭隘、武夷山市分水关、光泽县杉关、邵武市黄土隘、建宁县甘家隘、长汀县古城口等，地势都十分险要。两大山带的主要山脉为脊干，分别向各个方向延伸出许多支脉，形成纵横交错的峰岭。山地外侧与沿海地带，则广泛分布着丘陵。它们或森列于河谷两侧，或环峙于盆地四周，或屹立于海岸岬角、滨海平原，或错落于巍峨群山之间。

著名的福州平原、莆田平原、泉州平原、漳州平原，总面积1865平方公里，是福建经济文化最为发达的地区。福建是一个多山的省份，丘陵山地的海拔大多在250—1000米之间。随着海拔的升高，水热条件、成土物质及植被类型产生明显的差异，因而发育着相应的土壤类型，构成了呈规律性排列的土壤垂直带谱。由于各地生物气候带的不同，山地土壤垂直带谱的结构亦不一样。

福建海域广阔，面积13.6万多平方公里，超过陆地面积。海岸线北起福鼎的沙埕，南至诏安的洋林，长达3324公里，仅次于广东省。其海岸线曲折程度，名列全国之冠。福建的海岸有众多的港湾，共计有大小港湾125个，其中较大、较重要的如沙埕港、福宁湾、三沙湾、三都澳、罗源湾、马尾港、兴化湾、湄洲湾、后渚港、厦门港和东山港等。这些海湾一般水深港阔，口外有岛屿屏护，两侧有半岛或岬角环抱，形成"口小腹大"的天然良港。其中以福州马尾港、厦门港、湄洲湾的秀屿港和肖厝港、宁德三都澳港、漳州东山港条件最为优越。

目前，福建省省会福州市，副省级市厦门市，地级市有泉州市、漳州市、莆田市、三明市、南平市、龙岩市和宁德市。根据这些城市在百度百科提供的最新资料，分别简介如下：

福州地处中国东南沿海、福建省中东部的闽江口，与台湾省隔海相望。位于北纬25°15′—26°39′，东经118°8′—120°31′，东濒东海，西邻南平、三明，北接宁德，南接莆田。居于亚太经济圈中国东南的黄金海岸。福州是近代中国最早开放的五个通商口岸之一，福州马尾是中国近代海军的摇篮，平潭综合实验区是中国大陆距台湾最近的岛县。辖5区2县级市5县1综合试验区（即旧称五区八县）：鼓楼区、台江区、仓山区、晋安区、马尾区、福清市、长乐市、闽侯县、连江县、罗源县、闽清县、永泰县、平潭县。全市常住人口为728万人（含平潭，截至2012年），当地居民以汉族的闽海系族群为主，通行闽东语福州方言。

厦门位于台湾海峡西岸中部、闽南金三角的中心，地处北纬24°23′—24°54′、东经117°53′—118°26′，隔海与金门县、龙海市相望，陆地与南安市、安溪县、长泰县、龙海市接壤。厦门市境域由福建省东南部沿厦门湾的大陆地区和厦门岛、鼓浪屿等岛屿以及厦门湾组成。2011年，全市土地面积1573.16平方公里，其中厦门本岛土地面积141.09平方公里（含鼓浪屿），海域面积约390平方公里。现辖思明、湖里、集美、海沧、同安和翔安，通行闽南语的厦门方言。2012年11月1日，厦门常住人口数为367万人。

泉州北接省会福州和莆田，南毗厦门，东望宝岛台湾，北纬24°22′—25°56′、东经117°34′—119°05′，依山面海，境内山峦起伏，丘陵、河谷、盆地错落其间，地势西北高东南低，西部为戴云山主体部分，山地、丘陵占土地总面积的4/5。地处闽东山地中段和闽东南沿海丘陵平原中段。晋江东溪和西溪在南安双溪口汇合，东注泉州湾。现辖鲤城、丰泽、洛江、泉港4个区，代管晋江、石狮、南安3个县级市，惠安、安溪、永春、德化、金门（待统一）5个县和泉州经济技术开发区（国家级）、泉州台商投资区（国家级）2个管委会。全市常住人口为829万人（2012年年末常住人口）。泉州和漳州、厦门、台湾等使用同一种方言：闽南语（河洛语即福建话）。

漳州市地处东经117°—118°、北纬23.8°—25°之间，核心城区为芗城区、龙文区。漳州是福建的"田园都市、生态之城"，全年空气质量优良率高达99.45%。漳州东邻厦门，东北与泉州市接壤，北与龙岩市毗邻，西与广东梅州市、潮州市交界，东南与台湾省隔海相望。2012年年末全市户籍人口482.47万人，人口自然增长率7.7‰。漳州大多数为汉族，也有畲族、高山族等21个少数民族。漳州是著名的侨乡和台湾祖居地，旅居海外的华侨、港澳同胞有70万人，台湾人祖籍漳州，于明清之际东渡台湾。通行闽南语漳州方言、少数客家语及潮州话。

莆田位于福建省沿海中部，台湾海峡西岸，北依省会福州市，南靠闽南"金三角"，是沿海经济开放区之一。全市地处东经119°2′—118°27′，北纬25°2′—25°46′，东西长122.4公里，南北宽80.5公里，面积3800平方公里。海峡西岸新兴港口城市、世界妈祖文化中心。自古为闽中政治中心、经济中心、文化中心。1983年经国务院批准建立地级莆田市，下辖城厢区、涵江区、荔城区、仙游县、秀屿区。全市陆域总面积4200平方公里；2013年底，全市户籍总人口329.54万人，常住总人口279万人，通行的方言是莆田话。莆田话又称莆仙方言、莆仙话、兴化方言等。

三明市位于福建省中西北部，是一座新兴的工业城市，地理坐标为北纬25°29′—27°07′，东经116°22′—118°39′。东接福州，南邻泉州，西连龙岩，北毗南平，西北靠赣州。东西宽230多公里，南北长180多公里。土地总面积2.29万平方千米。山地占总面积82%，耕地占总面积8.3%，水域及其他占总面积9.7%，有"八山一水一分田"之称。三明辖二区一市九县，土地总面积2.29万平方公里，人口273万左右（2014年初）。下辖大田县、建宁县、将乐县、梅列区、明溪县、宁化县、清流县、三元区、沙县、泰宁县、永安市、尤溪县。通行的方言是闽中方言，还有闽南语、客家语等。

南平市地处福建省北部，武夷山脉北段东南侧，位于闽、浙、赣三省交界处，俗称"闽北"，介于北纬26°15′—28°19′，东经117°00′—119°17′之间。南平是福建辖区面积最大的设区市。辖一区四市五县，即延平区、邵武市、建阳市、建瓯市、武夷山市、顺昌县、浦城县、光泽县、松溪县、政和县，辖区面积2.63万平方公里，占福建省的五分之一。现有户籍总人口304万人，常住人口286万人。通行的方言是闽北方言、闽赣方言等。

龙岩市位于北纬24°23′—26°02′，东经115°51′—117°45′。东西长约192公里，南北宽约182公里，总面积19050平方公里，占全省陆地面积的15.7%。其中山地14964平方公里，丘陵3101平方公里，平原985平方公里。龙岩市地处闽粤赣三省交界，东临厦门、漳州、泉州，南邻广东梅州，西连江西赣州，北接三明。1997年5月撤地设市。龙岩是河洛人的祖居地之一，又是客家的发祥地和客家人的聚集地之一。龙岩市辖新罗区和长汀、连城、上杭、武平、永定五县，代管漳平市。龙岩市常住人口为297.7万人（2012年）。通行的方言是客家语、闽南语龙岩方言。

宁德，别称闽东、蕉城，地处东经118°32′—120°43′，北纬26°18′—27°40′之间，闽东地区，福建省东北翼沿海中心城市，东临浩瀚的东海，与台湾隔海相望，南接省会福州市。土地面积1.34万平方公里，直接相邻的海域面积4.46万平方公里。地形以丘陵山地兼沿海小平原相结合为特点。下辖蕉城区、东侨开发区（东侨新区）、福安市、福鼎市、古田县、霞浦县、周宁县、寿宁县、屏南县、柘荣县（5个沿海县区，5个山区县），土地总面积1.34万平方公里，人口339.0325万（常住人口282.2万）。通行的方言是闽东方言。

第三节　福建闽方言区的分布概况

一　福建方言的分区

《福建省志·方言志》[1]"关于福建方言的分区"把福建分为7个主要方言区：

1. 闽东方言区位于福建省东部、东北部。本区包括福州市（地级）、闽侯县、长乐市、连江县、罗源县、福清市（县级）、平潭县、闽清县、永泰县、古田县、屏南县、福安市、宁德市（县级）、寿宁县、周宁县、福鼎县、柘荣县、霞浦县18市、县，面积共29559.35平方公里，人口约800万人。闽东方言区分布于唐代的福州，宋代的福州、

---

[1] 福建省地方志编纂委员会编：《福建省志·方言志》，方志出版社1998年版，第7—10页。

福宁州，明代的福州、福宁二府；又大体按这两个府分为南北两片。南片是闽江下游流域，以福州音为代表；北片是交溪流域，以旧府城福安音较有代表性。

北片包括福安、宁德、霞浦、福鼎、柘荣、寿宁、周宁7个县、市，面积14457平方公里，人口约200多万人。南片包括福州、闽侯、长乐、永泰、福清、连江、罗源、闽清、平潭、古田、屏南等11个县、市，面积15102．35平方公里，人口600多万人。但是南、北两片方言差异仍很大，彼此互不易通话，交谈仍有困难。

闽东方言区内部还有非闽东方言的分布点，如福安、寿宁二县少数村落通用浙江泰顺话；寿宁县部分自然村则通用浙江庆元话。寿宁、周宁二县少数村落通行的"蛮陲话"（亦称蛮话）也受到吴语很深的影响。长乐县洋屿琴江村是北方方言岛，说的是"官话"。寿宁、福安、福清少数村落通用客家话。福鼎、霞浦、连江、宁德、福清、永泰、闽侯少数村落通行闽南方言。除此之外，本方言区福安、福鼎、宁德、霞浦、柘荣、寿宁、周宁、罗源、连江、闽侯等县、市及福州市还有约20万的畲族人民，他们在本族内部交际时使用畲语。不过，以上这些方言点的居民，一般也都能听、能说闽东方言，闽东方言在这些地方还是大体可以通行的。

2．莆仙方言区分布在宋代太平兴国四年（979年）设立的兴化军，明清的兴化府，全境为木兰溪流域，以莆田城关音为代表。莆仙方言区既受到泉州方言的影响，又受到福州方言的影响，因而形成了具有过渡色彩、自成一系的方言。现在的莆仙方言区又按莆田、仙游二县，分为南北两片口音，使用的人口共有200多万人。

早期的莆仙方言，当属闽南方言系统，如语音上所保留的文白读音系统等。由于它所处的特殊地理位置，也长期受到闽东方言（福州话）的影响，并吸收了闽东方言的一些成分，因而形成具有过渡色彩的方言，形成颇具特点的闽语次方言——莆仙方言。

3．闽南方言分布在唐代的泉州、漳州，明清的泉州、漳州二府和永春、龙岩二州。南北两片不同口音正好分布在晋江流域和九龙江流域。分别以明清的泉州、漳州两个府城的口音为代表。原龙岩州二县由于受客方言影响成为西片口音，后起的城市厦门则集南北片的特点（泉、漳口音）成为全区的代表方言。闽南方言历来有泉州、漳州两种口音，厦门兴起后出现另一种带混合性质的厦门口音。除此之外，在西部龙岩、漳平一带由于受客家话的影响，也形成了另一种口音。这样，闽南方言可分为东、南、西、北四片。这4片和现有行政建制关系如下（同安现已成厦门的一个区）：东片，厦门话区：厦门、金门2市、县。北片，泉州话区：泉州、晋江、南安、同安、惠安、安溪、永春、德化、石狮9市、县。南片，漳州话区：漳州、龙海、长泰、华安、南靖、平和、漳浦、云霄、东山、诏安10市、县。西片，龙岩话区：龙岩、漳平（包括旧宁洋）。以上4片可以称为本土闽南话，使用人口约1500万。

在省内，除闽南地区外，其他各区都有闽南话的分布。如闽东沿海的霞浦、福鼎、宁德一带数十万人；浙南苍南、平阳、玉环、洞头等地，亦有百余万人。台湾岛除了高山族地区外，差不多都通行近于漳州音和泉州音的闽南话，大约有1500万人。广东东部以潮汕地区、雷州半岛和海南省也有18个县、市讲闽南话。由于他们迁去的年代较久，和当地人民频繁接触中受了当地方言的影响，所以他们的闽南话和本土的闽南话有了较大的差异。江苏宜兴、江西上饶、广西平南以及四川等地也发现一些闽南方言岛。流播在境外的闽南话除港澳数十万人之外，主要是东南亚国家大约也有1500万人使用闽南方言。

4. 闽北方言是福建省内闽方言的第三大片。它分布在闽北武夷山和鹫峰山之间的闽江上源——建溪流域，包括南平地区的8个县、市：松溪、政和两县和建瓯、建阳、武夷山市(原崇安县，下文仍称崇安)的全部、南平市的多数乡镇(市区一部分及樟湖、太平二乡除外)，浦城县南部的石陂、水北、濠村、山下乡(约占全县1/3)，顺昌县的高阳、大力、岚下、际会、仁寿、洋墩、埔上七乡的多数地区(近半个县)。宁德地区周宁、屏南二县西部边界的少数村落也通行闽北方言。使用人口约200万人。

闽北方言主要分布于唐代的建州，明清的建宁府，全境属建溪流域，以旧府城建瓯音为代表。建溪上源和崇阳溪两支流正好把闽北方言分为东、西两片口音。东片以建瓯音为代表，包括建瓯、松溪、政和、南平(大部)、顺昌(东南部)等5个县、市；西片以建阳音为代表，包括建阳、崇安、浦城(南部)等3个县、市。

南宋末年由于多次战乱影响，人口锐减，不少浙赣人再次大批拥入闽北，福建与中原、江南的来往多由海路，闽北经济文化日益衰退，浦城县大部为吴方言占据。闽北方言原本就具有更多古吴语、古楚语，后来又吸收了许多赣客方言的特点，从而有别于沿海的闽方言，这种语言状况和历史状况有直接的关系。

5. 闽赣方言区就是宋代的邵武军、明清的邵武府，属于富屯溪流域和金溪上游，以府城邵武口音为代表。其附属的过渡片(将乐、顺昌、明溪等县)原是南剑州及后来的延平府，属于金溪流域。从西晋到隋代，这里曾两度划归江西的江周和抚州管辖200多年，因此他们历来与江西人交往较多。这里的方言原属闽北方言，后来逐渐赣语化。宋元以后，有大量江西人陆续前来定居。尤其是明永乐年间闽西北邵武一带曾连续发生过大瘟疫，至永乐十七年，邵武一带死亡的人口竟达77万之多。土著人口几乎消失。除了明朝政府组织过一两次规模不大的移民之外，其人口的补充应当来自毗邻的江西。这就是邵武一带赣方言的由来。(《中国移民史》第五卷)就赣化程度说，建宁话最彻底，已极少闽方言的成分；光泽次之，邵武、泰宁则保存较多的闽方言成分。北片以邵武话为代表，包括邵武、光泽2个县、市；西片以建宁话为代表；南片以泰宁话为代表。此方言区属武夷山南脉，在1.4万多平方公里的低山地中约有人口100万。

6. 闽中方言区是原来的南剑州、延平府，沙溪贯穿其中，主要以永安市的城关话为代表。该方言区分为南、北两种不同口音。南片以永安话为代表，包括永安、列东、列西；北片以沙县为代表。由于闽中方言流布的范围不广，使用人口不多，约50万人。

7. 闽客方言分布在唐代的汀州，明清的汀州府。南片口音分布在汀江流域，上杭音较有代表性，北片口音则处于沙溪上游的九龙溪两岸，宁化音较有代表性。整个区可以旧城府长汀音为代表。闽西客话主要分布在福建省的西部，以长汀县城关话为代表，大致可以分成中片、北片、南片3片：中片以长汀县为代表，包括长汀、连城2个县；北片以宁化话为代表，包括宁化、清流2个县；南片以上杭话为代表，包括上杭、永定、武平等县市及闽南边界（平和西沿、南靖西沿、诏安北角）的客话。

此外，福建境内还有一些小区域的边界方言和方言岛。据《福建省志·方言志》记载，大致有以下四种：（1）浦城县北的吴方言；（2）戴云山区的闽方言土语群；（3）官话方言岛；（4）其他方言"飞地"。

二　福建省汉语方言图谱

福建省有两种方言语群：一种是闽语群，包括闽东(Mindong)、莆仙语、兴化语(Hinghua)、闽北语(Minbei)、闽中语(Minzhong)；另一种是客赣语群(Kegan)。现将这两个语群编制《福建省汉语方言图谱》如下：

福建省汉语方言图谱

汉语系 (Sinitic)	闽语群 (Min)	闽东语 (Mindong)	南片	福州、闽侯、长乐、永泰、福清、连江、罗源、闽清、平潭、古田、屏南等11个县市；以福州话为代表
			北片	福安、宁德、霞浦、福鼎、柘荣、寿宁、周宁7个县市；以福安话为代表
		莆仙语、兴化语 (Hinghua)	南片	仙游
			北片	莆田；以莆田话为代表
		闽南语 (Minnan)	东片	以厦门话为代表，包括厦门、金门2个县市
			西片	西片以龙岩话为代表，包括龙岩、漳平(包括旧宁洋)
			南片	南片以漳州话为代表，包括漳州、龙海、长泰、华安、南靖、平和、漳浦、云霄、东山、诏安10个市、县
			北片	以泉州话为代表，包括泉州、晋江、南安、同安、惠安、安溪、永春、德化、石狮9个市、县
		闽北语 (Minbei)	东片	东片以建瓯音为代表，包括建瓯、松溪、政和、南平(大部)、顺昌(东南部)等5个县市
			西片	西片以建阳音为代表，包括建阳、崇安、浦城(南部)3个、县市
		闽中语 (Minzhong)	南片	南片以永安话为代表，包括永安、列东、列西
			北片	北片以沙县为代表
	客赣语群 (Kegan)	闽赣语 (Mingan)	北片	北片以邵武话为代表，包括邵武、光泽等2个县市
			西片	西片以建宁话为代表
			南片	南片以泰宁话为代表
		闽客语 (Minke)	中片	中片以长汀县为代表，包括长汀、连城2个县
			北片	北片以宁化话为代表，包括宁化、清流2个县
			南片	南片以上杭话为代表，包括上杭、永定、武平等县市及闽南边界（平和西沿、南靖西沿、诏安北角）的客话

三　福建省闽语的历史比较

《福建省志·方言志》明确指出："唐代两次大批入闽汉人，都以河南中州人为主体，当年的中州汉语，正是形成闽方言的最重要的基础成分。这个基础，既有东晋时期中原人士保留的上古雅言成分，又有唐代洛下正音（《广韵》为代表）的中古汉民族标准语成分。正是这两种成分构成了闽方言的共同性。"[1] 如果将现代闽方言与《切韵》音系进行历史比较，就会发现二者之间有其共性之处。

1. 声母的比较

《切韵》中的唇音只有一类即重唇音帮、滂、並、明，轻唇音非、敷、奉、微尚未分化出来。如今闽方言一部分轻唇音字也读作重唇音。

例字	分	飞	纺	蜂	房	饭	问	尾
切韵	府文切	甫微切	妃两切	敷容切	符方切	扶晚切	亡运切	无匪切
声母	帮(非)	帮(非)	滂(敷)	滂(敷)	並(奉)	並(奉)	明(微)	明(微)
福州	puoŋ	puoi	pʻuŋ	pʻuŋ	puŋ	puoŋ	muoŋ	muoi
泉州	pun	pə	pʻaŋ	pʻaŋ	paŋ	pŋ	bŋ	bə
漳州	pun	pue	pʻaŋ	pʻaŋ	paŋ	puĩ	muĩ	bue
厦门	pun	pe	pʻaŋ	pʻaŋ	paŋ	pŋ	bŋ	be
龙岩	pun	pue	pʻaŋ	pʻaŋ	paŋ	puĩ	muĩ	bue
永安	pum	pue	hum	pʻaŋ	hm	pum	muĩ	bue
建瓯	pyeŋ	yɛ	pʻɔŋ	pʻɔŋ	pɔŋ	pyiŋ	mɔŋ	myɛ
建阳	puŋ	pɔi	xuɔx	pʻɔŋ	pɔŋ	puŋ	puŋ	mui

《切韵》虽已有舌头音端、透、定和舌上音知、彻、澄之分，但在今闽方言中则是不分的。这可以印证清代学者钱大昕提出的"古无舌上音"的论断。如：

例字	忠	竹	长	抽	蛏	尘	除	直
切韵	陟弓切	张六切	知丈切	丑鸠切	丑贞切	直珍切	直鱼切	除力切
声母	端/知	端/知	端/知	透/彻	透/彻	定/澄	定/澄	定/澄
福州	tuoŋ	tøy?	tuoŋ	tʻieu	tʻɛiŋ	tiŋ	ty	ti?
泉州	tioŋ	tiak	tioŋ	tʻiu	tʻan	tin	tu	tit
漳州	tioŋ	tik	tiaŋ	tʻiu	tʻan	tin	ti	tit
厦门	ttioŋ	tik	tioŋ	tʻiu	tʻan	tin	tu	tit
龙岩	tioŋ	tiok	tiõ	tʻiu	tʻan	tin	ti	tit
永安	tam	ty	tiam	tʻiau	tʻĩ	tin	ty	ta
建瓯	pœyŋ	ty	tioŋ	tʻiu	tʻaiŋ	teiŋ	ty	tɛ
建阳	peiŋ	ty	tioŋ	hiu	haiŋ	tɔiŋ	ly	lɔi

---

[1] 福建省地方志编纂委员会编：《福建省志·方言志》，方志出版社1998年版，第4页。

《切韵》尚未从匣母中分化出喻三（云）母来，今闽方言尚存有这种残余现象。如：

例字	雨	园	雄	云	熊	远		
切韵	王矩切	雨元切	羽弓切	王分切	羽弓切	云阮切		
声母	匣/云	匣/云	匣/云	匣/云	匣/云	匣/云		
福州	huɔ	huoŋ	hyŋ	hun	hyŋ	huoŋ		
泉州	hɔ	hŋ	hiɔŋ	hun	him	hŋ		
漳州	hɔ	huĩ	hiɔŋ	hun	him	huĩ		
厦门	hɔ	hŋ	hiɔŋ	hun	him	hŋ		
龙岩	hu	huĩ	hiɔŋ	gun	him	huĩ		
永安	hu	yeiŋ	xɔm	uã	ʃiem	ʃyeiŋ		
建瓯	xy	xyeŋ	xœyŋ	œyŋ	xœyŋ	yiŋ		
建阳	xy	xyeiŋ	xeiŋ	ɦeiŋ	xeiŋ	ɦyeiŋ		

2. 韵母的比较

《切韵》唇音一等为合口，二等为开口；闽方言与之相同。如山摄一、二等唇音字：

例字	般	半	潘	拨	扮	盼	办	捌
切韵	北潘切	博慢切	普官切	普活切	晡幻切	匹限切	蒲苋切	百辖切
等/呼	一/合	一/合	一/合	一/合	二/开	二/开	二/开	二/开
福州	puaŋ	puaŋ	p'uŋ	puaʔ	puaŋ	p'aŋ	paiŋ	paiʔ
泉州	puan	puan	p'uan	puaʔ	pan	p'an	pan	pat
漳州	puan	puan	p'uan	puaʔ	pan	p'an	pan	pat
厦门	puan	puan	p'uan	puaʔ	pan	p'an	pan	pat
龙岩	puan	·puan	p'uan	puaʔ	pan	p'an	pan	pat
永安	pum	pum	p'um	puɔ	ĩ	p'ã	pĩ	pa
建瓯	puiŋ	puiŋ	p'uiŋ	puɛ	p'aiŋ	p'aiŋ	paiŋ	pai
建阳	pueiŋ	pueiŋ	p'ueiŋ	pue	p'aiŋ	p'aiŋ	paiŋ	pai

《切韵》有一等重韵之分，如覃韵与谈韵是一对重韵，闽方言某些韵字亦可分。如（以平赅上去，下同）：

例字	眈	贪	潭	男	敢	担	三	篮
切韵	丁含切	他含切	徒含切	那含切	古览切	都甘切	苏甘切	鲁甘切
等/韵	一／覃	一／覃	一／覃	一／覃	一／谈	一／谈	一／谈	一／谈
福州	taŋ	tʻaŋ	tʻaŋ	naŋ	kaŋ	taŋ	saŋ	naŋ
泉州	tam	tʻam	tʻam	lam	kã	tã	sã	nã
漳州	tam	tʻam	tʻam	lam	kã	tã	sã	nã
厦门	tam	tʻam	tʻam	lam	kã	tã	sã	nã
龙岩	tam	tʻam	tʻam	lam	kã	tã	sã	nã
永安	tõ	tʻõ	tʻõ	nõ	kõ	tõ	sõ	sõ
建瓯	taŋ	tʻaŋ	tʻaŋ	naŋ	kaŋ	taŋ	saŋ	naŋ
建阳	taŋ	tʻaŋ	tʻaŋ	naŋ	kaŋ	taŋ	saŋ	naŋ

《切韵》有二等重韵之分，如删韵与山韵、咸韵与衔韵，就是二等重韵。删韵与山韵某些韵字闽方言亦可分。如：

例字	班	攀	蛮	删	拣	眼	间	闲
切韵	布还切	普班切	莫还切	所姦切	古限切	五限切	古闲切	户间切
等/韵	二／删	二／删	二／删	二／删	二／山	二／山	二／山	二／山
福州	paŋ	pʻaŋ	maŋ	saŋ	keiŋ	ŋiaŋ	kaŋ	haŋ
泉州	pan	pʻan	ban	san	kuĩ	guĩ	kuĩ	uĩ
漳州	pan	pʻan	ban	san	kan	kan	kan	iŋ
厦门	pan	pʻan	ban	san	kiŋ	giŋ	kiŋ	iŋ
龙岩	pan	pʻan	ban	san	kian	ian	kĩ	ĩ
永安	pĩ	pʻĩ	bĩ	sum	kĩ	geiŋ	kĩ	hĩ
建瓯	paiŋ	pʻaiŋ	maiŋ	suiŋ	kaiŋ	ŋaiŋ	kaiŋ	xaiŋ
建阳	paiŋ	pʻaiŋ	maiŋ	suiŋ	kaiŋ	ŋaiŋ	kaiŋ	xaiŋ

《切韵》有二等重韵咸韵与衔韵之分，某些韵字闽方言亦可分，如：

例字	减	杉	斩	鹹	喃	岩	衫	监
切韵	古斩切	所咸切	侧减切	胡谗切	女咸切	五衔切	所衔切	古衔切
等/韵	二／咸	二／咸	二／咸	二／咸	二／咸	二／衔	二／衔	二／衔
福州	keiŋ	saŋ	tsaŋ	kieŋ	naŋ	ŋaŋ	saŋ	kaŋ
泉州	kiam	sam	tsam	kiam	lam	nã	sã	kã
漳州	kiam	sam	tsam	kiam	lam	nã	sã	kã
厦门	kiam	sam	tsam	kiam	lam	nã	sã	kã
龙岩	kiam	sam	tsam	kiam	lam	nã	sã	kã
永安	kõ	sõ	tsõ	hõ	lõ	gõ	sõ	kõ
建瓯	kaŋ	saŋ	tsaŋ	kaiŋ	naŋ	ŋaŋ	saŋ	kaŋ
建阳	kaŋ	saŋ	tsaŋ	kaiŋ	naŋ	ŋaŋ	saŋ	kaŋ

　　《切韵》三等重韵支韵与脂韵、鱼韵与虞韵、尤韵与幽韵，均为三等重韵，是有区别的。支韵与脂韵某些韵字在闽方言里也是有区别的。如：

例字	寄	骑	蚁	倚	冀	祁	器	弃
切韵	居义切	渠羁切	鱼倚切	渠绮切	几利切	渠脂切	去冀切	诘利切
等/韵	三/支	三/支	三/支	三/支	三/脂	三/脂	三/脂	三/脂
福州	kie	k'ie	hie	k'ie	ki	ki	k'i	k'i
泉州	kia	k'ia	hia	k'a	ki	ki	k'i	k'i
漳州	kia	k'ia	hia	k'ia	ki	ki	k'i	k'i
厦门	kia	k'ia	hia	k'ia	ki	ki	k'i	k'i
龙岩	kia	k'i	ŋiõ	k'iua	ki	ki	k'i	k'i
永安	ki	ki	gi	k'i	i	ki	k'i	k'i

　　《切韵》鱼韵与虞韵某些韵字在闽方言里也是有区别的。如：

例字	徐	苎	疏	署	须	柱	数	树
切韵	似鱼切	直吕切	所菹切	常恕切	相俞切	直主切	色句切	臣庾切
等/韵	三/鱼	三/鱼	三/鱼	三/鱼	三/虞	三/虞	三/虞	三/虞
福州	sy	ty	su	sy	sy	tsy	su	sy
泉州	sɯ	tɯ	sɔ	su	ts'iu	t'iau	siau	ts'iu
漳州	ts'i	te	sɔ	su	ts'iu	t'iau	siau	ts'iu
厦门	ts'i	tue	sɔ	su	ts'iu	t'iau	siau	ts'iu
龙岩	ts'i	te	sɔ	si	ts'iu	t'iau	siau	ts'iu
永安	tsy	tɔu	sɔu	sy	sy	t'iau	t'iau	tʃ'y

　　《切韵》尤韵与幽韵某些韵字在闽方言里也是有区别的。如：

例字	久	丘	舅	牛	纠	彪	幽	幼
切韵	举有切	去鸠切	其九切	语求切	居黝切	甫烋切	於虯切	伊谬切
等/韵	三/尤	三/尤	三/尤	三/尤	三/幽	三/幽	三/幽	三/幽
福州	ku	k'u	kiu	ŋu	kiu	piu	xiu	iu
泉州	ku	k'u	ku	gu	kiu	piu	iu	iu
漳州	ku	k'u	ku	gu	kiu	piu	iu	iu
厦门	ku	k'u	ku	gu	kiu	piu	iu	iu
龙岩	ku	k'u	ku	gu	kiu	piau	giu	giu
永安	kiau	k'iau	kiau	giau	kiau	piɯ	iau	iau

　　3. 声调的比较
　　《切韵》有平、上、去、入四个声调；闽方言也有平、上、去、入四声，但还各分阴阳。《切韵》平、上、去、入四个声调遇到清声母，在闽方言里一律读作阴平、阴上、阴去、阴入；遇到浊声母，就读作阳平、阳上（泉州、龙岩、永安，其他地方变阳去）、阳去、阳入。现比较如下：

声调	1	5	2	6	3	7	4	8
调值	阴平	阳平	阴上	阳上	阴去	阳去	阴入	阳入
切韵	平		上		去		入	
福州	44	53	31	—	213	242	23	5
泉州	33	24	55	22	41		5	24
漳州	44	12	53	—	21	22	32	121
厦门	44	24	53	—	21	22	32	4
龙岩	334	11	21	41	213	55	5/白55	23/白41
永安	42	33	21	54	24		12	
建瓯	54	—	21		33	44	24	42
建阳	53	334/41	21		332	43	214	4

中华人民共和国成立后，福建省分为9个行政区：①福州地区辖有福州、闽侯、长乐、永泰、福清、连江、罗源、闽清8个县市；②厦门地区辖有厦门、同安2个县市；③宁德地区辖有宁德、古田、霞浦、福鼎、福安、柘荣、寿宁、周宁、屏南9个县市；④莆田地区辖有仙游、莆田2个县市；⑤泉州地区辖有晋江、南安、惠安、同安、安溪、永春、德化7个县市；⑥漳州地区辖有漳州、龙海、南靖、漳浦、平和、诏安、长泰、云霄、东山10个县市；⑦龙岩地区辖有漳平、龙岩、连城、上杭、武平、永定、长汀7个县市；⑧三明地区辖有宁化、清流、三明、沙县、尤溪、大田、永安、明溪8个县市；⑨南平地区辖有南平、建瓯、建阳、武夷山、浦城、松溪、政和、邵武、光泽、建宁、泰宁11个县市。这9个行政区并不以方言区来划分，与唐五代至明清时期的行政区划不太一样。

第四节　广东省闽语的分布概况

广东省地方史志编纂委员会编撰《广东省志·方言志》"概述"记载了广东省内闽语的分布情况：主要分为两支，一支分布于粤东沿海，包括汕头、潮州、揭阳三市及其所辖各县，汕尾市及其所辖陆丰、海丰两县。另一支分布于雷州半岛一带，包括湛江市遂溪、徐闻、雷州和茂名市的电白县等地。具体分布如下：

一　粤东闽语
粤东闽语即潮州话，亦称为潮汕话、潮语，为闽南语的次方言，分布于广东省东部的潮汕地区以及海外有华人的地区。英文称为Teochew或Chiuchow，是"潮州"两字的音译。潮州话为闽南语次方言，潮州府古时是移民城市，主要先民为闽南人等。潮州话源自福建莆田话，在唐朝中后期，北宋期间、南宋末期，元朝后期的亦思法杭兵乱，明朝时、清朝的严酷的沿海迁界时陆续有莆田人移民至现在的潮汕，移民原因是莆田人口过多和逃避外军入侵导致战乱。潮汕话主要包括：

1. 汕头：市属各区及潮阳、南澳、澄海，均通行闽语。

2. 潮州：湘桥区、潮安县及饶平县黄冈、钱东、海山、汫洲、柘林、大埕、所城、联饶、浮山、浮滨、新圩、樟溪、汤溪、高堂、坪溪、新塘等乡镇，均通行闽语。

3. 新丰、三饶、东山、渔村为客闽双方言区。

4. 揭阳：榕城、揭东、普宁、惠来及揭西县钱坑、棉湖、凤江、东园、金和、大溪、灰寨、塔头、坪上、棉湖等乡镇，均通行闽语。

5. 汕尾：城区为闽粤双方言区；陆丰、海丰两县为闽客方言交错分布地区，其中陆丰县的闽语区分布于潭西、上英、金厢、东海、博美、桥冲、湖东、碣北、碣石、甲子、甲西、甲东等乡镇及大安、西南、河西、八万、陂洋、南塘的部分村，海丰县的闽语区分布于海城，附城、可塘、大湖、联安等乡镇及公平、城东、梅陇、赤石、陶河、后门、小漠、赤石、鹅埠、连花山、平东、黄羌的部分村。

6. 梅州：所辖丰顺县汤坑、㽏隍、东㽏等乡镇为客闽双方言区。

二 粤西闽语

粤西闽语即民间通俗称呼的雷州话，乃属闽南语系一支，为中国大陆最南方言区，同时雷州话也是广东四大方言之一，雷州话得名于古雷州分布于现今整个雷州半岛及半岛以北部分地区，因历史上这个区域属于古雷州府之管辖在内，所以称为雷州话。

雷州民系，也称雷州人，雷州民系是广东四大族群之一。雷州人发源自福建闽南地区，之后和当地的百越民族互相混合。雷州民系与闽南民系、潮汕民系、海南民系颇有渊源，不过长期下来，雷州人根据当地的地理环境，已发展出和闽南文化与潮汕文化不同的雷州文化。雷州人刚毅果敢，求真务实，淳朴重义，形成了较强的团结性。雷州话主要包括：

1. 湛江：坡头、麻章两区及霞山的海头镇，雷州市、徐闻县、遂溪县各乡镇，均为闽语区（其中少数镇有粤、客方言点）；廉江县横山、河堤、龙湾等乡镇及新民、营仔的部分村，吴川市王村港、兰石等乡镇及覃巴的部分村，也通行闽语。

2. 茂名：所辖电白县沙院、南海、旦场、龙山、博贺、小良、麻岗、树仔、爵山、大衙、马踏等乡镇及电城、水东、林头、坡心、七迳、霞洞、羊角的部分村均通行闽语（其中水东、林头、坡心、七迳、霞洞、羊角为闽粤双方言区），茂南区的袂花、鳌头两镇也属闽粤双方言区。

　　3. 阳江：阳西县儒洞、沙扒、新圩、上洋等镇属闽粤双方言区。

　　4. 中山：沙溪、大涌等镇及南朗、三乡的部分村均通行闽语（为闽粤双方言区）。

　　5. 惠州：所辖博罗县龙溪、义和等乡镇及罗阳、仍图、泰美、观音阁的部分村，惠东县吉隆、稔山等乡镇，及龙门县左潭镇的一些村，均通行闽语。

　　6. 清远：所辖英德市浛洸镇有些村通行闽语。

　　7. 云浮：所辖郁南县东坝镇有些村通行闽语。

第二章 西方传教士及其所著厦门闽南方言学论著

　　清道光十八年（1838年）冬，道光帝派湖广总督林则徐为钦差大臣，赴广东查禁鸦片，虎门销烟打击了英国走私贩的嚣张气焰，同时影响到英国的利益。为打开中国市场大门，英国政府以此为借口，决定派出远征军侵华，英国国会也通过对华战争的拨款案。1840年6月，英军舰船47艘、陆军4000人在海军少将懿律（Anthony Blaxland Stransham）、驻华商务监督义律（Charles Elliott）率领下，陆续抵达广东珠江口外，封锁海口，鸦片战争开始。战争前期中国军民奋起抵抗，沉重打击了英国侵略者，但是腐朽的封建清王朝抵抗不住英国的侵略，战争以中国失败并赔款割地告终。签订了中国历史上第一个不平等条约《南京条约》。开放广州、厦门、福州、宁波、上海为通商口岸，允许英国人在通商口岸设驻领事馆。

　　与此同时，大批外国传教士接踵而来，在东南沿海一些港口城市传教。他们把《新旧约全书》翻译成各地方言，也编撰了许多反映各地方言的字典、辞书以及研究著作。反映厦门方言的著作较多，我们着重选择以下方言辞书：美国传教士罗啻(Elihu Doty) 著《翻译英华厦腔语汇》（1853 年），英国牧师杜嘉德（Carstairs Douglas）著《厦英大辞典》（1873年），荷兰通译佛兰根（Franken, J.J.C.）、赫莱斯（C.F.M.De Grijs）著《厦荷大辞典》（1882年），英国伦敦宣道会麦嘉湖（John Macgowan）著《厦门方言英汉辞典》（1883年），加拿大传教士乔治·莱斯里·马偕（George Leslie Mackay）著《中西字典》（1891年），美国牧师打马字(Rev. John van Nest Talmage) 著《厦门音的字典》（1894年），英国宣教师甘为霖等(Weilin Gan , William Campbell) 著《厦门音新字典》（1913年），英国传教士巴克礼（Thomas Barclay）著《厦门话字典补编》（1923年）等。

第一节 美国传教士罗啻著《翻译英华厦腔语汇》(1853)音系研究

一　《翻译英华厦腔语汇》作者事迹、成书时间及编写体例

　　作者罗啻（1809—1864年），1809年9月20日出生于美国纽约州奥尔斑尼郡伯尔尼

（Berne，Albany County）。15岁开始学做生意，后来考进罗格斯大学，1835年毕业，后进入新不伦瑞克神学院，1836年毕业。他生活的时代，美国教会（特别是公理会）千禧年主义盛行，不少新教神学家认为，"基督教王国，必将广袤无边，远及大地边缘，包括世界上所有的国家和民族"。[1]在这种思潮影响下，很多虔诚的基督徒深受鼓舞，觉得福音将很快征服异教之地。同年，罗啻接受美国亚比丝喜美总会（ABCFM，亦称美部会）的委派，成为海外宣教士，1836年6月初搭船离开纽约，9月到达爪哇巴达维亚（Batavia，今雅加达）。此地有不少闽南人，罗啻通过和他们交谈，接触了闽南语。巴达维亚是伦敦宣道会（London Missionary Society）在南洋的主要基地。1838年他在新加坡与博曼牧师（Rev. William John Pohlman）会合，建立传道站，向当地人宣教。

在此期间，原定到中国宣教的雅裨理牧师，因鸦片战争爆发，只好来到南洋。他对罗、博两人的工作十分满意。10月15日他们搭便船前往婆罗州。10月30日到三发，从陆路南下，11月24日到达婆罗州西南部的城市坤甸（Pontianak）。27日回新加坡。次年罗啻与博曼来到坤甸，筹备设立传道站。他们在那里学习了广东话。1844年初，由于厦门的事工急需同工，雅裨理要求差会派罗、波二人去厦门。在广东宣教的裨治文也看到厦门教会的需求，极力推动此事。于是，差会决定让他们前往厦门。1844年6月，罗啻和博曼受命来到厦门。起初在鼓浪屿传教，不久就搬入厦门岛，致力于学习和调查厦门话。

1845年，雅裨理因病回国修养，罗、博二人遂接替雅的工作。1847年8月萌发建立一座教堂的想法。在各方努力下，1848年底教堂竣工。次年2月11日举行献堂典礼。由于教堂位于市区中心东边的新街仔，因此取名"新街礼拜堂"，又简称为"新街堂"。新街堂是近代中国第一座基督教堂，号称"中华第一圣堂"。罗啻牧师在新街堂工作了14年。

1850年，罗啻和打马字、养雅各布医生等宣教士，创造了以拉丁字母联缀切音的闽南语白话字。1852年，他们编撰的《唐话番字初学》出版，这是一本白话字教科书，也是闽南语拉丁字母的正字法学习教材。之后，他们又将《天路历程》、《路得记》（1853年）、《路加福音》（1866年）、《约翰书信》（1870年）、《加拉太书》、《腓立比书》、《歌罗西书》（1871年）、《马太福音》（1872年）翻译成闽南语。罗啻还用闽南语编写《乡训十三则》等书籍，1853年，在广州出版了《翻译英华厦腔语汇》一书，帮助宣教士学习闽南语。

罗啻先后在爪哇、婆罗州、厦门传教28年，是调查研究厦门音白话字的奠基人之一，也是《约翰传福音书》厦门音白话字译本的作者。

1858年，罗啻的妻子逝世，他带着4个孩子回国。1861年，加入归正会，返回厦门

---

[1]　[英]霍普金斯：《论千禧年》，转引自[美]雷孜智著，尹文清译《千禧年的感召》，广西师范大学出版社2008年版，第13页。

工作。1864年3月，罗啻退休返美。长期繁重的工作以及家庭变故使他身心俱疲，当船航行4个多月，距离故乡纽约不远时，后半生完全献给厦门宣教事业的罗啻牧师终因体弱不支而去世。（参考吴志福《罗啻牧师小传》）

《翻译英华厦腔语汇》1853年在广州出版，这是第一部标明汉英厦门方言的词典。正文之前是绪言INTRODUCTION部分，计12页，论及元音VOWELS、双元音DIPHTHONGS、辅音CONSONANTS、发送气音OF THE ASPIRAPE以及鼻音NASAL SOUNDS、目录INDEX、音色与声调OF THE TONES AND TONAL MARKS等。正文部分共有160页，计26章，记载了厦门话许多语汇。其中的词汇参考了已故的博曼牧师（William J. Pohlman）自用的厦门方言词汇手册里的用字、注音符号和声调符号，增补许多词条，尤其是关于商贸和货物用语。即：①宇宙（the universe）；②元素（elements）；③人类（of mankind）；④生命之关系（relations of life）；⑤专业与就业（professions and employments）；⑥建筑科技（of architecture）；⑦家具（of furniture）；⑧礼服（of ddress）；⑨膳食和食物（of meals and food）；⑩动物学（of zoology）；⑪工具和手段（tools and instruments）；⑫畜牧业（of husbandry）；⑬船只和导航（of vessels and navigation）；⑭文学作品/文献（of literature）；⑮文学考试和学位（literary examinations and degrees）；⑯各级官员（officers of state）；⑰军官和事务（military officers and affairs）；⑱药物及药品（drugs and medicines）；⑲按英文字母排列的商业词汇与词组（alphabetical list of commercial words and phrases）；⑳商品章程（articles of merchandise）；㉑数字和序（numerals and ordinals）；㉒类符（classifiers of various things）；㉓时间和季节（of times and seasons）；㉔度量衡（of weights and measures）；㉕宗教（of religion）；㉖词类（various parts of speech）。该书的编排体例是：每个义类一章，每个义类下又分若干小类。每页分成三列；第一列为英文释义；第二列为厦门方言词语（用汉语表示）；第三列则用字母拼音标出该词在厦门话中的读音。该书问世后在新加坡、厦门、台湾影响较大，流传较广。

二　《翻译英华厦腔语汇》声母系统研究

罗啻在《翻译英华厦腔语汇》序言"辅音CONSONANTS"部分是这样描写厦门方言声母的：

B和英文中的B力量一样。按：B相当于双唇、不送气浊塞音[b]。

CH是一个简单的辅音，而力量上几乎像chit-chat中的ch，但近似于its中ts的声音。按：CH相当于舌尖前、不送气清塞擦音[ts]。

G总是很硬，像在英语go，gate中那样。按：G相当于舌面后、不送气浊塞音[g]，就如英语go，gate中的g。

J的硬硬的声音和英文单词judge中的一样。按：J相当于舌尖前、不送气浊塞擦音[dz]。

　　L与英文中的几乎一致。要发L，则发音器官应该像发d的音一样放置。因此，读音像bedlam中的dl的声音。按：罗常培在《厦门音系》（1930）中对此声母做了语音描写："1是舌尖中、带音的边音。但是舌头极软，用力轻松，两边所留的通气空隙很小，听起来并不像北平的[1]音那样清晰，几乎有接近[d]音的倾向。所以厦门人用'老'字音注英文的d母，并且模仿外国语里用d字起头儿的字往往用l音来替代它。"可见，罗喾对L的描写还是较为准确的。

　　N和英文中的一样。按：N相当于舌尖中、浊鼻音[n]。

　　S有着英语See或Cede中的c一样的力量。按：S相当于舌尖前、清擦音[s]。罗常培（1930年）说："[s]是舌尖前，不带音的摩擦音。略近北平'希'字的音。用严式标音应当写作[ɕⵏ]式。这个声母在单纯的[i]韵跟[a], [o], [ɔ], [e], [u], [ŋ]音以前一律读成[s]音。可是在齐齿的i-类韵母以前，往往接近俄文颚化的s[ʂ]。"

　　H放在开头则是一个很强的送气音，比在英文中的更强。按：H相当于喉音、清擦音[h]。

　　K若在开头，则和英文中的一样。按：K相当于舌面后、不送气清塞音[k]。

　　P在开头时，和英文的一样。按：P相当于双唇、不送气清塞音[p]。

　　T发音时舌头抵住上齿背，并在相应更低点的位置停留。t在开头时，几乎和英文中一样。按：T相当于舌尖中、不送气清塞音[t]。

　　m，ng的发音正如英语man，home的m，sung，song的ng。但在厦门话中这两个音可以不与元音结合而单独发音。厦门话中m, ng这两个音被当成有内在元音，这个内在元音是一个短u，如but，kut中的u。它的发音完全通过鼻子，m如书面的 m或hm，ng如书面的 ng或hng。按：m相当于双唇、浊鼻音[m]，如同英语man，home的m。ng相当于舌面后、浊鼻音[ŋ]，如同英语sung，song的ng。但是在厦门话中这两个音可以不与元音结合而单独发音，称作声化韵。它们可以与声母[h]相拼，构成[hm]音节或[hŋ]音节。

　　罗喾在《翻译英华厦腔语汇》中列了15个厦门方言声母，实际上是18个声母：

双唇音	p [p] 父白玻	p'[p'] 葡打朴	b[b]母雾木	m[m]脉骂棉	
舌尖中音	t [t] 堂地宙	t' [t'] 天土桐	l [1]林雷乱	n[n]染二鸟	
舌尖前音	ch [ts]做水珠	ch'[ts']星材册	j[dz]仁日儿		s [s]小食杉
舌面后音	k [k]工光金	k'[k']虹孔捆	g[g]牙月银	ng [ŋ]傲五雅	
喉音	h [h]园海云	以a, e, i, o, u开头[∅]洋暗阴影			

　　[m]、[n]、[ŋ]是[b]、[l]、[g]的音位变体。如"溜"读作[liu]，"微"读作[bui]，"牛"读作[giu]。当[b]、[l]、[g]与鼻化韵相拼时，就分别变成了[m]、[n]、[ŋ]。如"林"读作[nã]，"骂"读作[mã]，"雅"读作[ŋã]。凡是以元音a, o, e, i, u开头的音节即零声母[∅]。

《翻译英华厦腔语汇》声母系统与周长楫《厦门方言研究》声母系统基本上相同。周氏声母系统介绍如下：

声母	例字	声母	例字	声母	例字	声母	例字
p	补悲	p'	普披	m	茂棉	b	某味
t	肚知	t'	土耻	n	努泥	l	鲁利
ts	祖芝	ts'	楚市	s	所是		
k	古基	k'	苦欺	ŋ	午硬	g	五义
∅	乌衣	h	虎希				

《翻译英华厦腔语汇》18个声母，比《厦门方言研究》多了[dz]母。十五音"入"声母字在现代厦门方言已归入"柳"声母，这是一种音变现象。

三　《翻译英华厦腔语汇》韵母系统研究

罗啻在《翻译英华厦腔语汇》序言"元音VOWELS、双元音DIPHTHONGS"是这样描写厦门方言韵母的：

A 通常这个元音就像英语father中的a，当它的前面还有另一个元音，或其后跟着的是m, n, p或t时，它变得平坦，而力量几乎和man，cat里的a一样，如tian, tiap; hian, hiat。按：关于厦门话A元音的音值，罗序分为两类，一是像英语father中的a，可以拟音为后、低、不圆唇元音[ɑ]，二是如tian, tiap; hian, hiat中的a，可以拟音为前、低、不圆唇元音[a]。作为外国传教士已经不容易了。罗常培（1930）也做了分析，他认为[a]含有三个音值：凡是单用或在[ai]，[uai]，[au]，[iau]，[ãi]，[uãi]，[an]，[ian]几韵里舌的部位比第四标准元音[a]稍后，用严式标音可以读作[a⊣]；凡是在[ia]，[iã]，[uã]，[ãu]，[iãu]，[uan]，[aŋ]，[iaŋ]，[at]，[ak]，几韵里近于中性的[A]音，用严式标音可以读作[A]；凡是在[ua]，[uaŋ]，[uat]，[am]，[ian]，[ap]，[iap]几韵里，便退到中性[A]跟第五标准元音[ɑ]的中间，用严式标音可以读作[ɑ ⊢]。可见罗常培分析得更为透彻。

E 这个元音单独作为一个音节时，如they中的ey, make, mate中的a。但是在混合音节中，接近于men, met中的e，如tieng, tiek ; hieng, hiek。按：关于厦门话E元音的音值，罗序分为两类，一是如英语they中的ey, make, mate中的a，读作前、半高、不圆唇元音[e]；二是接近于men, met中的e，读作前、半低、不圆唇元音[ɛ]。

I 这一元音如police中的i，或me中的e……当i后面跟着其他元音，它的发音保持单纯的发音，但是比较短，如hiong, hiok; hieng, hiek。按：罗啻把I的音值分为两类：一是长元音[i:]，如英语police中的i，或me中的e；二是短元音[i]，当i后面跟着其他元音，它的发音保持单纯的发音，但是比较短，如hiong, hiok; hieng, hiek中的i。

o 当单独作为一个音节或后面紧跟h, o的发音如go, so中的o。按：当o单独作为一个音节或后面紧跟h，其发音如go，so中的[o]。[o]属后、半高、圆唇元音。

o˙ 发音如lord中的o，all，wall中的a。但混合音节中，那个点被省略，如ho，hoh；hiong，hiok；kong，kok。按：o˙发音如lord中的o，all，wall中的a。这里的o读作长元音[ɔ:]。但如果在混合音节中，如ho，hoh；hiong，hiok；kong，kok中的o，就读作[ɔ]。[ɔ]属后、半低、圆唇元音。

U 这个元音似glue中的u，wool中的u。按：U发音如glue中的u，wool中的u，就读作[u]。[u]属后、高、圆唇元音。

Ai 如aisle中的ai，或high中的i，如：hai。按：Ai属双音节复元音，如英语aisle中的ai，或high中的i，读作[ai]。

Au 发音如pound，found中的ou，或cow中的ow。按：Au属双音节复元音，如英语pound，found中的ou，或cow中的ow，就读作[au]。

当h在末尾时，几乎不发音；但是用来表示前面元音或双元音声音的突然停顿。末尾h是入声的标志，发音就像突然被打断，或者在元音发音完整前切断：如ho-hoh。按：厦门话有一种入声韵尾，即收喉塞尾[-ʔ]的。罗序明确说明末尾h是入声的标志，发音就像突然被打断，或者在元音发音完整前切断，如ho-hoh。

k在结尾，则是入声的标志，或是以ng结尾的字的相应的入声，发音器官的放置和说ng时的一样，但声音会突然停止；舌头的中部触及上颚时，ng的鼻音没有了，而这个声音特像black-cat中的k的发音。按：厦门话有一种入声韵尾，即收清辅音尾[-k]的。罗序明确说明以ng结尾的字的相应的入声，发音器官的放置和说ng时的一样，但声音会突然停止，如black-cat中的k的发音。

P在结尾时，与以m结尾的字有同样的关系，就像上述的k与以ng结尾的字的关系一样。它是入声的标志，作为末尾的读音时，P就像hop-per的第一个P，或是hip-hop的第一个P。按：厦门话有一种入声韵尾，即收清辅音尾[-p]的。罗序明确说明以m结尾的字有同样的关系，就像上述的k与以ng结尾的字的关系一样，作为末尾的读音时，P就像hop-per的第一个P。

结尾的t是短促的，或是以n结尾的词的入声调的标志，因此，注意k和P这样的字和以ng跟m结尾的字之间的相同关系。在末尾的t的力量与hit-him的t非常像，或者与that-thing中的第2个t相似。按：厦门话有一种入声韵尾，即收清辅音尾[-t]的。罗序明确说明以n结尾的词的入声调的标志，因此，注意k和P这样的字和以ng跟m结尾的字之间的相同关系，如hit-him中的t。

现将罗啻《翻译英华厦腔语汇》正文中的74个厦门方言韵母进行整理分类，并与黄谦《汇音妙悟》（1800年，泉州音）、谢秀岚《汇集雅俗通十五音》（1818年，漳州音）和叶开温《八音定诀》（1894年，兼漳泉二腔）比较如下：

1. 元音韵母（16个，单元音6个，复元音10个）

翻译英华厦腔语汇	a[a] 柴脚查	o·[ɔ] 土涂乌	o[o] 瑚瑙玻	e[e] 马璃火
八音定诀	[a] 佳	[ɔ] 孤	[o] 多	[e] 西
汇音妙悟	[a] 嘉	[ɔ] 高	[o] 刀	[e] 西
汇集雅俗通十五音	[a] 胶	[ɔu] 沽	[o] 高	[e] 伽
翻译英华厦腔语汇	i[i] 枝子起	u[u] 宇雾珠	ia[ia] 社野瓦	oa[ua] 大沙舵
八音定诀	[i] 诗	[u] 须	[ia] 遮	[ua] 花
汇音妙悟	[i] 基	[u] 珠	[ia] 嗟	[ua] 花
汇集雅俗通十五音	[i] 居	[u] 艍	[ia] 迦	[ua] 瓜
翻译英华厦腔语汇	io[io] 蕉烧桥	oe[ue] 地花溪	ui[ui] 雷水桂	iu [iu] 宙树柳
八音定诀	[io] 烧	ue 杯	[ui] 辉	[iu] 秋
汇音妙悟	[io] 烧	ue 杯	[ui] 飞	[iu] 秋
汇集雅俗通十五音	[io] 茄	[uei] 桧	[ui] 规	[iu] 丩
翻译英华厦腔语汇	ai [ai] 海梨菜	au[au] 口头沟	iau[iau] 潮料消	oai[uai] 歪乖快
八音定诀	[ai] 开	[au] 敲	[iau] 朝	[uai] 歪
汇音妙悟	[ai] 开	[au] 郊	[iau] 朝	[uai] 乖
汇集雅俗通十五音	[ai] 皆	[au] 交	[iau] 娇	[uai] 乖
翻译英华厦腔语汇	——	——	——	——
八音定诀	——	[ɯ] 书	[ə] 飞	[əe] 梅
汇音妙悟	——	[ɯ] 居	[ə] 科	[əe] 鸡
汇集雅俗通十五音	[ei] 稽	——	——	——
翻译英华厦腔语汇	——	——	——	——
八音定诀	——	——	——	——
汇音妙悟	——	[uɜ] 钩	——	——
汇集雅俗通十五音	[ɛ] 嘉	——	——	——

由上表可见，《翻译英华厦腔语汇》与《八音定诀》《汇音妙悟》《汇集雅俗通十五音》共有韵母：[a]、[o]、[e]、[i]、[u]、[ia]、[ua]、[io]、[ue]、[ui]、[iu]、[ai]、[au]、[iau]、[uai]不同之处：①《翻译英华厦腔语汇》有[ue]韵母，《汇集雅俗通十五

音》则读作[uei]；②《翻译英华厦腔语汇》有[ɔ]韵母，《汇集雅俗通十五音》则读作[ɔu]；③《汇集雅俗通十五音》有嘉韵母[ɛ]、稽韵母[ei]，《翻译英华厦腔语汇》则无；④《汇音妙悟》有居韵母[ɯ]、科韵母[ə]、鸡韵母[əe]，《八音定诀》有书韵母[ɯ]飞韵母[ə]梅韵母[əe]，《翻译英华厦腔语汇》则无；⑤《汇音妙悟》有钩韵母[əu]，《翻译英华厦腔语汇》则无。可见，《翻译英华厦腔语汇》与《八音定诀》《汇音妙悟》比较接近，与《汇集雅俗通十五音》差别大一些。

2. 阳声韵母（15个，-m韵尾4个，-n韵尾5个，-ŋ韵尾6个）

翻译英华厦腔语汇	an[an] 丹田产	in[in] 真身仁	un[un] 云银粉	ian[ian] 铅珊烟
八音定诀	[an] 丹	[in] 宾	[un] 春	[ian] 边
汇音妙悟	[an]丹	[in]宾	[un]春	[ian]轩
汇集雅俗通十五音	[an]干	[in] 巾	[un] 君	[ian]坚
翻译英华厦腔语汇	oan[uan] 源番蒜	am[am] 暗杉柑	iam[iam] 盐点焰	im[im] 荫金浸
八音定诀	[uan] 川	[am] 湛	[iam] 添	[im] 深
汇音妙悟	[uan] 川	[am] 三	[iam] 兼	[im]金
汇集雅俗通十五音	[uan] 观	[am] 甘	[iam] 兼	[im] 金
翻译英华厦腔语汇	om[ɔm] 参	ang[aŋ] 铜红港	iang[iaŋ] 双央掌	oang[uaŋ]口(缥致)
八音定诀	——	[aŋ] 江	——	——
汇音妙悟	[əm] 箴	[aŋ]江	[iaŋ]商	[uaŋ]风
汇集雅俗通十五音	[əm] 箴	[aŋ] 江	[iaŋ] 姜	[uaŋ]光
翻译英华厦腔语汇	ieng[iŋ] 虹种松	ong[ɔŋ] 黄王狼	iong[iɔŋ] 涨中伤	——
八音定诀	[iŋ] 灯	[ɔŋ] 风	[iɔŋ] 香	——
汇音妙悟	[iŋ] 卿	[ɔŋ] 东	[iɔŋ] 香	[ən]恩/ [əŋ]生
汇集雅俗通十五音	[ɛŋ] 经	[ɔŋ] 公	[iɔŋ] 恭	— / ——

由上表可见，《翻译英华厦腔语汇》与《八音定诀》《汇音妙悟》《汇集雅俗通十五音》共有的韵母：[an]、[in]、[un]、[ian]、[uan]、[am]、[iam]、[im]、[aŋ]、[iaŋ]、[ɔŋ]、[iɔŋ]。不同之处：①《翻译英华厦腔语汇》与《汇集雅俗通十五音》有[ɔm]韵母，《汇音妙悟》则读作[əm]，《八音定诀》则无；②《翻译英华厦腔语汇》与《汇音妙悟》、《汇集雅俗通十五音》有[iaŋ]、[uaŋ]韵母，《八音定诀》则无；③《翻译英华厦腔语汇》与《八音定诀》、《汇音妙悟》有[iŋ]韵母，《汇集雅俗通十五音》则读作[ɛŋ]；④《汇音妙悟》有[ən]、[əŋ]韵母，《翻译英华厦腔语汇》《八音定

诀》《汇集雅俗通十五音》则无。可见，《翻译英华厦腔语汇》还保留着现代漳州方言特有的韵母[ɔm]、[uaŋ]，这是现代厦门方言所没有的。

3. 声化韵母（2个）

翻译英华厦腔语汇	m [m] 梅不母姆	ng [ŋ] 光影钢	
八音定诀	[m] 不	[ŋ] 庄	
汇音妙悟	[m] 梅	[ŋ] 毛	
汇集雅俗通十五音	[m] 姆	[ŋ] 钢	—

可见，声化韵[m]、[ŋ]是福建厦漳泉闽南方言共有的韵母。

4. 鼻化韵母（12个）

翻译英华厦腔语汇	a^n[ã] 林篮胆	$o^{·n}$[ɔ̃] 五火冒	e^n[ẽ] 骂暝	i^n[ĩ] ~天星晶
八音定诀	[ã] 三	[ɔ̃] 毛	——	[ĩ] 青
汇音妙悟	[ã] 弎	[ɔ̃] 荺		[ĩ] 青
汇集雅俗通十五音	[ã] 监	[ɔ̃] 扛/[õu] 姑	——	[ĩ] 栀
翻译英华厦腔语汇	ia^n[iã] 影烧城	oa^n[uã] 寒炭干	ui^n[uĩ] 梅	iu^n[iũ] 樟香洋
八音定诀	[iã] 京	[uã] 山	——	[iũ] 枪
汇音妙悟	[iã] 京	[uã] 欢	[uĩ] 管	[iũ] 箱
汇集雅俗通十五音	[iã] 惊	[uã] 官	[uĩ] 裤	[iɔ̃] 姜/[iũ] 牛
翻译英华厦腔语汇	ai^n[ãi] 指歹间	oai^n[uãi] 檨拐县	au^n[ãu] 闹	iau^n[iãu] 鸟猫爪
八音定诀	[ãi] 千	——	[ãu] 乐	[iãu] 猫
汇音妙悟	[ãi] 熊	[uãi] 关	[ãu] 嘐	[iãu] 鸲
汇集雅俗通十五音	[ãi] 间	[uãi] 闩	[ãu] 爻	[iãu] 超
翻译英华厦腔语汇	——	——		
八音定诀	——	——		
汇音妙悟	——	——		
汇集雅俗通十五音	[ɛ̃] 更	[uẽi] 糜		

由上表可见，《翻译英华厦腔语汇》与《八音定诀》《汇音妙悟》《汇集雅俗通十五音》共有的韵母：[ã]、[ɔ̃]、[ĩ]、[iã]、[uã]、[iũ]、[ãi]、[ãu]、[iãu]。不同之处：①《翻译英华厦腔语汇》有[ẽ]韵母，《八音定诀》《汇音妙悟》《汇集雅俗通十五音》

均无；②《汇集雅俗通十五音》有[õu]、[iɔ̃]、[ɛ̃]、[uẽi]韵母，《翻译英华厦腔语汇》与《八音定诀》《汇音妙悟》则无；③《翻译英华厦腔语汇》与《汇音妙悟》《汇集雅俗通十五音》有[uĩ]、[uãi]韵母，而《八音定诀》则无。

5. 入声韵母（29个，-ʔ韵尾17个，-p韵尾3个，-t韵尾5个，-k韵尾4个）

翻译英华厦腔语汇	ah[aʔ] 甲肉打	oh [oʔ] 薄学桌	eh [eʔ] 月白柏	ih [iʔ] 铁舌篾
八音定诀	[aʔ] 百	[oʔ] 落	[eʔ] 笠	[iʔ] 裂
汇音妙悟	[aʔ] 百	[oʔ] 卓	[eʔ] 格	[iʔ] 力
汇集雅俗通十五音	[aʔ] 甲	[oʔ] 作	[eʔ] 啄	[iʔ] 铁
翻译英华厦腔语汇	uh [uʔ] 铲托	iah[iaʔ] 锡脊甓	oah[uaʔ] 葛柜擦	ioh [ioʔ] 石叶药
八音定诀	[uʔ] 淬	[iaʔ] 掠	[uaʔ] 辣	[ioʔ] 署
汇音妙悟	[uʔ] 胯	[iaʔ] 壁	[uaʔ] 割	[ioʔ] 借
汇集雅俗通十五音	[uʔ] 拄	[iaʔ] 摘	[uaʔ] 喝	[ioʔ] 尺
翻译英华厦腔语汇	oeh[ueʔ] 筴笠铗	uih [uiʔ] 血	auh[auʔ] 雹落	——
八音定诀	[ueʔ] 八	[uiʔ] 拔	[auʔ] 雹	[iauʔ] 碣
汇音妙悟	[ueʔ] 八	[uiʔ] 拔	[auʔ] 餄	[iauʔ] 眺
汇集雅俗通十五音	[ueiʔ] 说	——	[auʔ] 博	[iauʔ] 抔
翻译英华厦腔语汇	——	——	——	——
八音定诀	[ŋʔ] 膜	——	[ɯʔ] 淬	[əʔ] 柏
汇音妙悟	[ŋʔ] 物	——		[əʔ] 夺
汇集雅俗通十五音	——	[ɛʔ] 逆		
翻译英华厦腔语汇	——	——	——	——
八音定诀	[ɔʔ] 博	[aiʔ] 嗳/ [uaiʔ] 鮠	[iuʔ] 旬	[əeʔ] 挟
汇音妙悟	[ɔʔ] 哊	[aiʔ] 箬/ [uaiʔ] 揬	[iuʔ] 蚰	[əeʔ] 笠
汇集雅俗通十五音	——	— / [uaiʔ] 孬	——	——

上表可见，《翻译英华厦腔语汇》与《八音定诀》《汇音妙悟》《汇集雅俗通十五音》共有的韵母：[aʔ]、[oʔ]、[eʔ]、[iʔ]、[uʔ]、[iaʔ]、[uaʔ]、[ioʔ]、[auʔ]。不同之处：①《翻译英华厦腔语汇》与《八音定诀》《汇音妙悟》有[ueʔ]，《汇集雅俗通十五音》则读作[ueiʔ]；②《翻译英华厦腔语汇》与《八音定诀》《汇音妙悟》有[uiʔ]，《汇集雅俗通十五音》则无；③《八音定诀》《汇音妙悟》《汇集雅俗通十五

音》有[iauʔ]《翻译英华厦腔语汇》则无；④《八音定诀》《汇音妙悟》有［ŋʔ］，《汇集雅俗通十五音》和《翻译英华厦腔语汇》则无；⑤《汇集雅俗通十五音》有嘉韵入声[ɛʔ]韵母，《翻译英华厦腔语汇》与《八音定诀》《汇音妙悟》则无；⑥《八音定诀》有书韵入声[ɯʔ]韵母，《翻译英华厦腔语汇》与《汇音妙悟》、《汇集雅俗通十五音》则无；⑦《八音定诀》《汇音妙悟》有[əʔ]、[ɔʔ]、[aiʔ]、[iuʔ]、[əeʔ]，《汇集雅俗通十五音》和《翻译英华厦腔语汇》则无；⑧《八音定诀》《汇音妙悟》《汇集雅俗通十五音》有[uaiʔ]，《翻译英华厦腔语汇》则无。

翻译英华厦腔语汇	aⁿh [ãʔ] 凹	eⁿh[ẽʔ] 脉蜢镊	iⁿh[ĩʔ] 物瞄么	iaⁿh [iãʔ] 懒
八音定诀	[ãʔ] 打	——	[ĩʔ] 物	[iãʔ] 懒
汇音妙悟	[ãʔ] 蜡	——	[ĩʔ] 物	[iãʔ] 掠
汇集雅俗通十五音	[ãʔ] 唔	——	[ĩʔ] 物	
翻译英华厦腔语汇	oeⁿh[uẽʔ] 荚镊挟	auⁿh[ãuʔ] 嗷	——	——
八音定诀	——	[ãuʔ] 雹		
汇音妙悟	——			
汇集雅俗通十五音	[uẽiʔ] 郭		[ẽʔ] 哖	[uãiʔ] 鞨
翻译英华厦腔语汇	——			——
八音定诀	[ãiʔ] 嗳	[iũʔ] 脚	[uãʔ] 活	[iãuʔ] 撇
汇音妙悟	[ãiʔ] 喝	[iũʔ] 羿	[uãʔ] 活	——
汇集雅俗通十五音	——			[iãuʔ] 吸

上表可见，《翻译英华厦腔语汇》与《八音定诀》《汇音妙悟》《汇集雅俗通十五音》共有的韵母：[ãʔ]、[ĩʔ]。不同之处：①《翻译英华厦腔语汇》有[ẽʔ]，《八音定诀》《汇音妙悟》《汇集雅俗通十五音》均无；②《翻译英华厦腔语汇》与《八音定诀》《汇音妙悟》有[iãʔ]韵母，《汇集雅俗通十五音》则无；③《翻译英华厦腔语汇》有[uẽʔ]，《汇集雅俗通十五音》则读作[uẽiʔ]，《八音定诀》《汇音妙悟》则无；④《翻译英华厦腔语汇》与《八音定诀》有[ãuʔ]韵母，《汇音妙悟》、《汇集雅俗通十五音》则无；⑤《汇集雅俗通十五音》有[ẽʔ]、[uãiʔ]韵母，《翻译英华厦腔语汇》与《八音定诀》《汇音妙悟》均无；⑥《八音定诀》《汇音妙悟》有[ãiʔ]、[iũʔ]、[uãʔ]韵母，《翻译英华厦腔语汇》与《汇集雅俗通十五音》则无；⑦《八音定诀》《汇集雅俗通十五音》有[iãuʔ]韵母，《翻译英华厦腔语汇》与《汇音妙悟》则无。

翻译英华厦腔语汇	ap [ap] 压合什	iap[iap] 叶汁接	ip [ip] 揖湿入	at [at] 遏栗节
八音定诀	[ap] 纳	[iap] 粒	[ip] 立	[at] 别
汇音妙悟	[ap] 纳	[iap] 粒	[ip] 立	[at] 别
汇集雅俗通十五音	[ap] 答	[iap] 粒	[ip] 急	[at] 葛
翻译英华厦腔语汇	it [it] 一日食	ut [ut]核佛骨	iat [iat]桔热裘	oat[uat]拔罚发
八音定诀	[it] 必	[ut] 骨	[iat] 杰	[uat] 跋
汇音妙悟	[it] 必	[ut] 骨	[iat] 杰	[uat] 跋
汇集雅俗通十五音	[it] 吉	[ut] 骨	[iat] 结	[uat] 决
翻译英华厦腔语汇	ak [ak] 目北谷	ok [ɔk] 恶木落	——	iok[iɔk] 肉欲褥
八音定诀	[ak] 六	[ɔk] 落		[iɔk] 局
汇音妙悟	[ak] 六	[ɔk] 落	[iak] 褥	[iɔk] 局
汇集雅俗通十五音	[ak] 角	[ɔk] 国	[iak] 脚	[iɔk] 菊
翻译英华厦腔语汇	iek [ik] 玉竹识	——	——	—／——
八音定诀	[ik] 白	——	——	—／——
汇音妙悟	[ik] 白	[əp] 涩	[ət] 核	[ək] 特／[uak]伏
汇集雅俗通十五音	[ɛk] 格	[ɔp] 唔	——	／[uak]映

　　上表可见，《翻译英华厦腔语汇》与《八音定诀》《汇音妙悟》《汇集雅俗通十五音》共有的韵母：[ap]、[iap]、[ip]、[at]、[it]、[ut]、[iat]、[uat]、[ak]、[ɔk]、[iɔk]。不同之处：①《汇音妙悟》《汇集雅俗通十五音》有[iak]韵母，《翻译英华厦腔语汇》与《八音定诀》则无；②《翻译英华厦腔语汇》与《八音定诀》《汇音妙悟》有[ik]，而《汇集雅俗通十五音》则读作[ɛk]；③《汇音妙悟》有[ət]、[ək]韵母，《翻译英华厦腔语汇》与《八音定诀》《汇集雅俗通十五音》则无；④《汇音妙悟》有[əp]，《汇集雅俗通十五音》则读作[ɔp]，《翻译英华厦腔语汇》与《八音定诀》则无；⑤《汇音妙悟》《汇集雅俗通十五音》有[uak]，《翻译英华厦腔语汇》与《八音定诀》则无。

　　综上所述，现将《翻译英华厦腔语汇》韵母系统（74个韵母）整理如下：

单元音（6个）　　a[a]　　 o'[ɔ]　　　o[o]　　　e[e]　　　i[i]　　　u[u]

复元音（10个）　ia[ia]　oa[ua]　io[io]　oe[ue]　ui[ui]　iu[iu]　ai [ai]
　　　　　　　　au[au]　iau[iau]　oai[uai]

阳声韵（15个）　am[am]　iam[iam]　im[im]　om[ɔm]
　　　　　　　　an[an]　in[in]　un[un]　ian[ian]　oan[uan]
　　　　　　　　ang[aŋ]　iang[iaŋ]　oang[uaŋ]　ieng[iŋ]　ong[ɔŋ]　iong[iɔŋ]

声化韵（2个）　　m[m]　　ng[ŋ]

鼻化韵（12个）　aⁿ[ã]　　oⁿ[ɔ̃]　　eⁿ[ẽ]　　　iⁿ[ĩ]　　　iaⁿ[iã]　　oaⁿ[uã]

uiⁿ[uĩ]　iuⁿ[iũ]　aiⁿ[aĩ]　oaiⁿ[uaĩ]　auⁿ[aũ]　iauⁿ[iaũ]

入声韵（29个）　ah[aʔ]　oh[oʔ]　eh[eʔ]　ih[iʔ]　uh[uʔ]

iah[iaʔ]　oah[uaʔ]　ioh[ioʔ]　oeh[ueʔ]　uih[uiʔ]　auh[auʔ]

aⁿh[ãʔ]　eⁿh[ẽʔ]　iⁿh[ĩʔ]　iaⁿh[iãʔ]　oeⁿh[uẽʔ]　auⁿh[aũʔ]

ap[ap]　iap[iap]　ip[ip]

at[at]　it[it]　ut[ut]　iat[iat]　oat[uat]

ak[ak]　ok[ɔk]　iok[iɔk]　iek[ik]

周长楫《厦门方言研究》记载了现代厦门话常用的韵母有82个。见下表：

		元音韵	鼻音韵	鼻化韵	声化韵
开口呼	舒声	a ɔ o e ai au 阿 乌 窝 锅 哀 欧	am an aŋ ɔŋ 庵 安 翁 汪	ã ɔ̃ ẽ ãi ãu 馅 恶 婴 耐 闹	m ŋ 怀秧
	促声	aʔ ɔʔ oʔ eʔ auʔ 鸭 □ 学 呃 □	ap at ak ɔk 压 遏 沃 恶	ãʔ ɔ̃ʔ ẽʔ ãuʔ 喝 □ 脉 □	mʔ ŋʔ 默 □
齐齿呼	舒声	i ia io iu iau 衣 爷 腰 忧 妖	im iam in ian iŋ iaŋ iɔŋ 阴 盐 因 烟 英 漳 央	ĩ iã iũ iãu 圆 营 羊 猫	
	促声	iʔ iaʔ ioʔ iuʔ iauʔ 缺 页 药 □ □	ip iap it iat ik iak iɔk 摄 叶 一 杰 益 逼 约	ĩʔ iãʔ iãuʔ 物 □ □	
合口呼	舒声	u ui ua ue uai 有 威 蛙 话 歪	un uan 恩 弯	uã uĩ uãi 碗 梅 关	
	促声	uʔ uiʔ uaʔ ueʔ uaiʔ 托 划 活 挟 □	ut uat 骨 越	uẽʔ uãiʔ 挟 □	

现将《翻译英华厦腔语汇》韵母系统与《厦门方言研究》比较如下：

（1）二者单元音韵韵母均为6个，即[a]、[ɔ]、[o]、[e]、[i]、[u]。

（2）二者复元音韵韵母均为10个，即[ai]、[au]、[ia]、[io]、[iu]、[iau]、[ui]、[ua]、[ue]、[uai]。

（3）二者声化韵韵母均为2个，即[m]、[ŋ]。

（4）二者鼻化韵韵母均为12个，即[ã]、[ɔ̃]、[ẽ]、[ãi]、[ãu]、[ĩ]、[iã]、[iũ]、[iãu]、[uã]、[uĩ]、[uãi]。

（5）二者共有13个阳声韵韵母，即[am]、[an]、[aŋ]、[ɔŋ]、[im]、[iam]、[in]、[ian]、[iŋ]、[iaŋ]、[iɔŋ]、[un]、[uan]，但《翻译英华厦腔语汇》比《厦门方言研究》多2个，即[ɔm]和[uaŋ]，这说明早期厦门方言还有om[ɔm]、oang[uaŋ]二韵母，经过160年的语音演变逐渐消失。

（6）二者共有17个收-ʔ尾入声韵韵母，即[aʔ]、[oʔ]、[eʔ]、[auʔ]、[iʔ]、[iaʔ]、[ioʔ]、[uʔ]、[uiʔ]、[uaʔ]、[ueʔ]、[ãʔ]、[ẽʔ]、[ãuʔ]、[ĩʔ]、[iãʔ]、[uẽʔ]，但《厦门方言研究》比《翻译英华厦腔语汇》多了7个有音无字的韵母，即[ɔ̃ʔ]、[iuʔ]、[iauʔ]、[uaiʔ]、

[ɔʔ]、[iãuʔ]、[uãiʔ]。

（7）二者共有12个收-p、-t、-k尾入声韵韵母，即[ap]、[iap]、[ip]、[at]、[it]、[ut]、[iat]、[uat]、[ak]、[ɔk]、[iɔk]、[ik]，但《厦门方言研究》比《翻译英华厦腔语汇》多了[iak]。

四　《翻译英华厦腔语汇》声调系统

罗啻在《翻译英华厦腔语汇》中对单字调和连读变调做了详细的描写。

1. 单字调

罗啻说：

然而在实践中，却只有七个音。较高音和较低音，只有一个相同音。为便于解释，我们用序号给这些音命名，如第一个音，第二个音，第三个音，第四个音，第五个音，第六个音，第七个音。

第一个音，高而平，没有抑扬变化和重音。是很自然的，不用刻意压抑的相当高音调的发音。

第二个音，高，尖锐且快速，就像说话者在表达愤怒。

第三个音，低沉，就像从喉咙底部发出般。不是过低且沙哑的发音。

第四个音，是第三个音的突然(急促)断音，在最后的辅音或元音前，视情况而定，完全发出。其正字法的特征是，就如下文提到的第七个音，根据单词类别，分别为尾音h,k,p,t。该特征以及发音方式参见上文关于尾音h,k,p,t的标记。

第五个音，是变调音，先低后高。音调以一种急切的方式发出，很像英文中当表示疑问和惊诧时说Is it so!中so 的发声方式。

第六个音，不像第三个音那般低沉沙哑，而是长、低且不变的发音。是从嘴巴直接发出的低音。

第七个音，是第五个音的突然断音，就如同上文所提的第四个音是第三个音的突然断音。

这本手册中的声调标记和麦都思在"Hok-keen Dictionary"中的标记一致，如下：

第一个音（上平），没有标记：如君　kun；

第二个音（上上），向上重音符号（ ´ ），如滚　kún；

第三个音（上去），向下重音符号（ ` ），如棍　kùn；

第四个音（上入），以h,k,p,t的急促发音为结束音，如骨　kut；

第五个音（下平），附加在元音上表示缩约（ ˆ ），如群　kûn；

第六个音（下去），水平符号（ ˉ ），如郡　kūn；

第七个音（下入），垂直线（ ' ），如滑　kút。

《厦门方言研究》考证现代厦门方言的声调有7个（不包括轻声），与罗书考证的各类声调的名称"阴平、阳平、上声、阴去、阳去、阴入、阳入"是一致的。其调值如下：

调类	阴平	阳平	上声	阴去	阳去	阴入	阳入
例字	东诗	同时	董死	栋四	动洞是	督薛	独蚀
调值	55	35	53	21	11	32	5

2. 连读变调　关于连读变调问题

罗啻在"组合对音调的影响INFLUENCE OF COMBINATION ON THE TONES"一节中说，所有的音调因组合在一起而发生改变。在由两个音节或以上的单词所构成的复合词，一般情况下，每个音调都会发生变化，除了最后一个单词的音调或音节。具体情况如下：

第一个音（上平）和第五个音（下平）演变成同一个平声调，比第一个音（上平）低，但比第六个音（下去）高；

第二个音（上上）演变成第一个音（上平）；

第三个音（上去）演变成同第二个音（上上）非常相像；

第四个音（上入）演变成第七个音（下入），第七个音（下入）演变成第四个音（上入）；

第六个音（下去）所受影响最小，而近于第三个音（上去）。

《厦门方言研究》"二字组连读变调"一节认为，原则上是前字变调后字不变调。前字变调规律是：①阴平、阳平调变成阳去调；②上声调变成阴平调；③阴去调变成上声调；④阳去调变成阴去调；⑤带喉塞韵尾的阴入调变调后喉塞韵尾脱落，变成上声调，带-p、-t、-k韵尾的阴入调变成阳入调；⑥带喉塞韵尾的阳入调变调后喉塞韵尾脱落，变成阴去调；带-p、-t、-k韵尾的阳入调变成值类似21（阴去调），但仍是带入声韵尾-p、-t、-k的入声调。现将《翻译英华厦腔语汇》与《厦门方言研究》比较如下：

(1)《翻译英华厦腔语汇》与《厦门方言研究》同，上平调和下平调都变成下去调；

(2)《翻译英华厦腔语汇》与《厦门方言研究》同，上声调变成上平调；

(3)《翻译英华厦腔语汇》与《厦门方言研究》同，上去调变成上声调；

(4)《翻译英华厦腔语汇》与《厦门方言研究》同，下去调变成上去调；

(5)《翻译英华厦腔语汇》上入调演变成下入调，下入调演变成上入调，没有区别带喉塞韵尾的阴入调和带-p、-t、-k韵尾的阴入调变调后的情况；而《厦门方言研究》则详细描写了这两种情况的差异。

总之，罗啻在《翻译英华厦腔语汇》既记载了19世纪中叶厦门腔的语音系统，也整理了当时厦门话的语汇。这部方言文献给研究福建方言演变史提供了极其珍贵的史料。

第二节　英国牧师杜嘉德著《厦英大辞典》（1873）音系研究

一　《厦英大辞典》作者事迹、成书时间及编写体例

《厦英大辞典》（或作《厦门音汉英大辞典——兼漳州和泉州方言主要变

化》），正名"*Chinese English Dictionary of the Vernacular or Spoken Language of Amoy, with the Principal Variations of Chang Chew and Chin Chew dialects*"，由英国牧师杜嘉德所著。

杜嘉德（Carstairs Douglas，1830—1877年），英国长老教会宣教士，1855年来到中国厦门。1860年，杜嘉德由厦门渡海赴台湾访问，他是登台湾岛的第一位英国宣教士。在厦门期间，他抄录了美国长老教会卢壹牧师（John Lloyd，1813—1848年）于1844至1848年驻厦门期间留下的稿件《厦门语字汇》，认真加以学习。尔后，他又得到美国归正教会罗啻牧师《厦门语法》（Anglo-Chinese Manual with Romanized Colloquial Amoy Dialect，1853年）和伦敦宣道会施亚力牧师（又作施敦力亚力山大，Alexander Stronach）的《厦门腔字典稿本》。

在厦门期间，杜嘉德重点调查了厦门方言，还先后对漳州、漳浦、晋江、永春、惠安、安溪、同安、长泰、南安、灌口等地的语音和词汇做了田野调查。他边调查边学习，并撰写成稿。由于他的书稿被同人广为传抄，产生了一定的影响，厦门三宣道会向杜嘉德建议将书稿编写成辞典。当时伦敦宣道会派施约翰牧师（又作施敦力约翰，John Stronach），美国归正教会也指定打马字牧师（John. Van.Nest Talmage，1819—1892年）协助杜嘉德完成此项任务。为了编撰这部辞典，杜嘉德多年不断采访搜录闽南白话，付出了他全部心血。施敦力约翰参与全书的校对，打马字只参与前段小部分工作。几人于1873年终于完成《厦英大辞典》，并由伦敦杜鲁伯那公司（Trubner & Co.）刊行；该辞典封面和绪言说明共19页，字典本身有612页。

《厦英大辞典》是第一部用英语说明字词发音、意义用法的大型厦门腔白话华英辞典。该辞典出版后就成为宣教士、商人、旅行者、船员、通译、学生等所有学习闽南话人士的重要工具书，也是移民台湾、泉州、漳州以及其他地方殖民者学习闽南话的必备书目。该辞典的特色是全书无汉字，只用罗马拼音。由于杜嘉德编撰的《厦英大辞典》影响大，最后还得到母校格拉斯哥（Glasgow）大学所颁赠的博士学位，他的名字被收入当代著名汉学家之列。

杜嘉德编撰的《厦英大辞典》，是宣教士对中国方言加以系统整理的一个成功例证，也是此后到福建闽南与台湾的宣教士不可缺少的工具书。他也是第一个到台湾访问的宣教士，由于他的报道与呼吁，英国长老教会才决定差派马雅各布医生（Dr. James L. Maxwell）来台，揭开了基督教在台湾传播的序幕。

杜嘉德于1877年7月26日逝世，享年47岁。他生前还念念不忘《厦英大辞典》的修订，后人发现他准备好的增补订正项目就有200条以上。1899年辞典新版问世，原著者修订部分是经过厦门倪为霖牧师（Rev. William Macgregor）校对后付印的。英国巴克礼牧师（Thomas Barclay，1849—1935年）《厦门话字典补编》，英文书名"*Supplement Dictionary of Vernacular or Spoken Language of Amoy*"，是《厦英大辞典》初版五十年之后，1923年由上海商务印书馆印行问世，增补版就有汉字。
《厦英大辞典》全书收录闽南方言四万余条，以厦门音为标准，全书无一汉字，正文
所收字词以字母注音，英文释义。其他闽南方言与厦门腔发音不同的，也尽量列出。
杜嘉德搜录闽南白话，非常广泛：以厦门腔为主，还涉及安溪、漳州、泉州、永春、
惠安、灌口、南安、漳浦、同安、长泰等属地的腔音。

　　《厦英大辞典》序言中的"INTRODUCTION；with REMARKS ON
PRONUNCIATION and INSTRUCTIONS FOR USE"（引言：读音及使用说明）一节中
详细描写了厦门话的声韵调系统。继而有"EXPLANATION　OF ABBREVIATIONS"（缩
略语说明）。正文部分以A、B、CH、CHH、D、E、G、H、I、J、K、KH、L、M、
N、NG、O、P、PH、S、T、TH、TS、TS'H、U、W等26个字母为序来编撰辞典的。
正文之后还有"APPENDIX"（附录）：Ⅰ."VARIATIONS　OF SPELLINGIN OTHER
BOOKS ON THELANGUAGE OF AMOY"（其他书对厦门语言拼写变异）；Ⅱ."SOME
VARIATIONS OF THE TONES INTHE DIALECTS OF CHANG-CHEW，CHIN-CHEW，
AND TUNG-AN"（漳州、泉州和同安方言声调的一些变化）；Ⅲ."EXTENT OF THE
AMOY VERNACULAR，AND ITSSUB-DIVISION INTO DIALECTS"（厦门白话的范围及
周边的诸方言）；Ⅳ."RELATION TO OTHER LANGUAGES"（与其他语言的关系）；
Ⅴ."ENCLITICS"（附属字）；Ⅵ."Remarkable changes of tones"（声调对比变化）。

二　《厦英大辞典》声母系统研究

　　杜嘉德在《厦英大辞典》"CONSONANTS"（辅音）对声母的发音描写说明如下：

　　g 此声母发音较重。按：g声母的发音较重，就如英语gate[geit]中的g，g相当于舌
面后、不送气的浊塞音[g]。

　　h 总是确实有发音，不像许多英语单词那样发成无声。按：h可发出音来，不像英
语单词hour[auə]那样h发成无声。此声母相当于喉音、清擦音[h]。

　　j 发音如英语judge中的j。按：j声母的发音如英语judge[dʒʌdʒ]中的j。此声母相当
于舌尖前、不送气的浊塞擦音[dz]。

　　l 发音较浊，接近于英语中d的发音，由于厦门方言中没有适合的d音，厦门人在尝试
模仿外语中以d开头的单词时，就会用l来替代。按：l声母的发音，杜嘉德认为较浊，接
近英语中d的发音，因此在尝试模仿外语中以d开头的单词时，就会用以l来替代。杜嘉德
《厦英大辞典》正文第13字母l有68个音节，第5个字母d只有三例，似并入l字母。

　　ng 发音同英语中sing，hang中的ng；在音节的开头也是如此。按：ng声母的发音
如同英语中sing[siŋ]，hang[hæŋ]中的ng，属鼻音韵尾；亦可在音节的开头，指在厦门话
鼻化韵前也读作[ŋ]，如鼻化韵字"硬"读作[ŋĩ]。此字母属舌面后的浊鼻音[ŋ]。

　　s 是一个尖锐的发音，如同英语so，sing中的s；不要发成像英语lose中的z音。
按：s声母是一个发音如同英语so[səu]，sing[siŋ]中的s，属舌尖前的清擦音[s]。却不要

发成像英语lose[lu:z]中的浊擦音z音。

kh这个音可以这样描述：首先，发英语中的block-home这个音时，强调h音的清晰可辨；然后，去掉开头的"blo-"和结尾的"-me"音，这样你就可以发出中文中的"ckho"音了。或者将英语"look here!"快速而清晰地发出，然后去掉"loo-"和"-re"音，这样你就可以发出中文的"khe"音了。按：如同英语中的"block-home"改造成"ckho"，"look here"改造成"khe"一样，kh表示送气声母；又如汉语方言的"khau"、"khi"，其kh属舌面后、送气的清塞音[k']。

ph绝不可和英语中发成f音的ph混淆，因为中文的ph保留了清晰的P音并带送气特征。按：ph声母与英语中发成f音的ph不同，如同英语中的"loop-hole"改造成"pho"，"haphazard"改造成"pha"一样，属双唇、送气的清塞音[p']。

th不可和英语中简单地发成th的音混淆。中文的th是一个清晰可辨的t音加送气特征。按：th声母与英语中英语Thing中th[θ]的发音不同，属舌尖中、送气的清塞音[t']。

ch总是如在church中一样，只有在送气形式chh下它有时接近送气的ts，正如下面送气辅音要提到的。

chh它的形成和英语church中的ch音有些相似。发英语单词如watch-house coach-house的音，去掉开头的wa-或者coa-音以及末尾的-se音，或者就可以得到非常接近中文chhau的音了。chh之后紧跟着a，o，e，u或者ng时，chh的发音会接近送气音ts，这种情况偶尔才会发生。通常情况下，chh在这些字母之前，发音还是保持不变的，或者几乎是一样的，但有时候它可能会被写成tsh或者ts'h，特别是在泉州方言和同安方言中。在其他情况下，它似乎介于chh和ts'h中间。但由于这些音并不十分常见，所以它们逐渐变成了chh，在这一点上，我更倾向于不改变厦门方言中的拼写法。ch自身并非送气辅音中的一员，正如上面所提及的那样，它是英语church中的ch音，即真正的t-sh，不再保留有h的音。

按：杜嘉德《厦英大辞典》正文第3字母有ch，第4字母有chh，第23字母有ts，第24字母有24ts'h。杜氏在上文提及"chh之后紧跟着a，o，e，u或者ng时，chh的发音会接近送气音ts"，那么，如果chh之后紧跟i的话，chh的发音势必颚化接近送气音tɕ。我们仔细考察ch和chh字母所构成的音节，它们之后既有紧跟着a，o，e，u或者ng，亦有紧跟着i，因此它们应如何进行拟音呢？我们再考察第23字母有ts，第24字母有ts'h后发现，ts之后紧跟着均为a，o，e，u或者ng而无i，ts'h无例字无法评述。

关于这些字母的拟音问题，罗常培在《厦门音系》（1931年）里就有阐明。该书设计了《厦门声母与十五音比较表》：

音值	p	p'	b	m	t	t'	l	n	k	k'	g	ŋ	ʔ	h	ts	tɕ	ts'	tɕ'	s	dz
音位	b	p	bb	m	d	t	l	n	g	k	gg	ng	□	h	tz		ts		s	dz
十五音	边	颇	门		地	他	柳		求	去	语	英		喜	曾		出		时	入

罗常培认为，"tz，ts跟齐齿（i一类）韵母拼时，受颚化影响变成舌面前的[tɕ][tɕ']；但g系跟齐齿类（i一类）韵母拼时，仍旧保持本音，不受颚化影响。"[1]其意思是说，曾、出二母跟齐齿（i一类）韵母拼时，受颚化影响变成舌面前的[tɕ][tɕ']；若与非齐齿（i一类）韵母拼时，就读作[ts][ts']。至于求、去二母跟齐齿类（i一类）韵母拼时，仍旧保持本音，不受颚化影响。因此，我们将字母ch，chh与齐齿（i一类）韵母拼时，因受颚化影响变成舌面前的[tɕ]、[tɕ']；若与非齐齿（i一类）韵母拼时，就读作[ts]、[ts']。ts字母均与非齐齿（i一类）韵母拼，就拟音为[ts]。

综上所述，现将杜嘉德《厦英大辞典》中所设计的声母系统及其音值整理如下表：

双唇音	p[p]八谤富	ph[p']泡判拍	b [b]无文末	m [m]骂脉矛	
舌尖中音	t[t]代东端	th[t']脱吞透	l [l]地来女	n[n] 娘卵软	
舌面前音	ch[tɕ]之晶食	chh[tɕ']侵触手			
舌尖前音	ch[ts]查才注 ts [ts]栽蛇曹	chh[ts']差菜春 ts'h （无例字）	j[dz]日惹然		s[s]宋孙水
舌面后音	k[k]割乖骨	kh[k']敲开壳	g[g]银月牛	ng [ŋ]雅五爻	
喉音	h[h]害学汉	[∅] 以a. o. e. i.u.w开头奥欧锅影			

现就上表声母系统说明如下：①表中字母ch，chh与齐齿（i一类）韵母拼时，因受颚化影响变成舌面前的[tɕ]、[tɕ']；若与非齐齿（i一类）韵母拼时，就读作舌尖前音[ts]、[ts']。ts字母均与非齐齿（i一类）韵母拼，就读作舌尖前音[ts]。②表中有m[m]与b[b]、n[n]与l[l]、ng[ŋ]与g[g]的对立，这是因为闽南方言有鼻化韵与非鼻化韵两套系统，凡[b]、[l]、[g]与鼻化韵相拼时，就分别变成了[m]、[n]、[ŋ]；l [l]的读音接近d[d]。③表中j字母在当时仍然读作[dz]，而尚未演变为[l]或[n]。④凡是以元音a，o，e，i，u开头的音节即零声母[∅]。

三　《厦英大辞典》韵母系统研究

杜嘉德在《厦英大辞典》"ORTHOGRAPHY AND PRONUNCIATION，VOWELS"（正字发音, 元音)中对主要元音a、e、i、o、u的发音描写说明如下：

a 如英语far中a的发音，但不能发成英语man中的a音。按：a元音的发音如英语far[fa:]中的a，但不能发成英语man[mæn]中的a音。[a]为前元音、低元音、不圆唇元音[a]。

e 如英语grey中e的发音。但在音节ien和iet中，其发音近似于在英语men和yet中的发音，而且有时接近英语man中的a音。按：e元音的发音如英语grey[grei]中e音。但在音节ien和iet中，其发音近似于在英语men[men]和yet[jet]中的发音（即[e]），而且有时接近英语man[mæn]中的a音。

---

[1] 罗常培：《厦门音系》，科学出版社1956年版，第40页。

　　i　如英语machine中i的发音，而不是英语swift中的短i。按：杜嘉德认为，i在英语中的读音有长有短，厦门方言也如此。如英语machine[məˈʃiːn]和seen[siːn]中i的发音就是长元音[iː]，厦门方言词sin中的i的发音就是如此；英语swift[swift]和sin[sin]中的发音就是短元音[i]，厦门方言词"chit"和"hit"中的i发音就接近于此。

　　o　置于词末时，发音如同英语no, go中o的发音。按：杜嘉德认为，o有着三种不同的读音：一是o置于词末，其发音如同英语单词的no，go中o的发音，或者其o后紧跟着h，可读作[o]；二是o置于鼻音韵尾m，ng或清辅音韵尾p，k之前，其发音就如同英语hop，sock，long中的o一样，可读作[ɔ]；三是o置于元音a之前，其发音非常短促，其发音如同英语中w的发音，可读作[u]，如厦门话oa或oai的发音，就分别读作[ua]或[uai]。

　　u　如英语put, rude中u的发音。按：u 如英语put[put]，rude[ruːd]中u的发音，可读作[u]。

　　ɵ 发音同于英语law, saw中的aw。按：θ 发音同于英语law[lɔː]，saw[sɔː]中的aw。其发音和o的第二种发音情况相同，如厦门话的om[ɔm]，ng[ɔŋ]，op[ɔp]，ok[ɔk]中的o的发音。

　　ɛ　即法语中的è，或者像英语there中的e音。按：ɛ即法语中的è，或者像英语there[ðɛə]中的e音。唯独漳州方言有此元音，可读作[ɛ]，泉州、厦门两个地区则无此元音。

　　ö　就如同德语的ö。它只在泉州方言和同安方言中出现，用于代替相应的在厦门方言和漳州方言中的e音。按：厦门方言和漳州方言中的部分e音，在现代泉州方言中读作[ə]，在同安方言中读作[ɤ]。字典中出现的ö音，应该就是[ə]或者[ɤ]，[ə]与[ɤ]发音部位十分接近。这是厦门和漳州二地方言与泉州方言、同安方言的区别点之一。杜嘉德还说，ö音绝不能与o音相混淆，只有泉州方言；唯独öe音可与厦门方言中的oe音对应，但可读作[ue]。

　　ü　音和德语中的ü音以及法语中u音很接近，但也不完全相同，与ö的发音有稍许差异。这个音只在泉州方言和同安方言中出现，用于代替厦门方言中的u音。按：字典中的ü音和德语中的ü音以及法语中u音很接近。笔者认为德语中的ü音相当于发音较短的[u]音，法语中u音相当于发音较短的[y]音，但也不完全相同。与ö的发音有稍许差异，笔者认为，这个ü音，似乎是泉州方言和同安所特有的[ɯ]音，因为此音与[ə]、[ɤ]、[u]音既接近又存稍许差异。因此，此音可拟音为[ɯ]。

　　ï　这是个很少能够听到的音。它正是英语sit, swift中的短i音。我曾经在chïh, chït, hïh, hït, tïh这些词中使用这个符号，它们在按照字母顺序的排列中处于领头位置，但是当他们出现在由其他单词为首的短语或者例子中时，我把它们写成chit, hit和tih或者teh，因为它们的发音十分不确定，不稳定。按：ï音与前文描述的i音相似。前文说明i音有长元音[iː]和短元音[i]，并举例厦门方言词"chit"和"hit"中的i就是短[i]。其实，汉语方言的元音的拟音并没有长短之分，从某种意义上说字典中的ï音与前文描述的i音均可拟音为[i]。

　　杜嘉德《厦英大辞典》正文是以a、b、ch、chh、d、e、g、h、i、j、k、kh、l、

m、n、ng、o、p、ph、s、t、th、ts、ts'h、u、w等26个字母为序来编撰辞典的。这26个字母中有20个声母，5个单元音，1个半元音。下文先列出《厦英大辞典》音标，后根据厦门、漳州或泉州方言举一例字，凡有音无字者以□示之。现将这些字母与韵母所组成的音节列表如下：

1. a 在该字母里，记载了14个音节，其声母是零声母[∅]。此声母主要来源于中古影声母，见下表：

音节	a[a]阿	aⁿ[ã]呀	ah[aʔ]鸭	ai[ai]埃	aiⁿ[ãi]哼	aihⁿ[ãiʔ]□	ak[ak]沃
音节	am[am]馣	an[an]安	ang[aŋ]翁	ap[ap]压	at[at]遏	au[au]瓯	auⁿ[ãu]嗷

2. b 在该字母里，记载了45个音节，其声母是双唇浊音声母[b]。此声母来源于中古音明（微）声母，当它出现于闽南方言非鼻化韵之前，不读作[m]而读作[b]。见下表：

音节	ba[ba]麻	bah[baʔ]肉	bai[bai]眉	bak[bak]木	ban[ban]万	bang[baŋ]忙	bat[bat]密
音节	bau[bau]卯	bauh[bauʔ]贸	be[be]糜	beh[beʔ]麦	bek[bik]默	beng[biŋ]明	bi[bi]米
音节	bian勉[bian]	biau[biau]妙	bien[bian]免	biet[biat]灭	bih[biʔ]匿	bin[bin]面	bio[bio]庙
音节	bit[bit]密	biu[biu]缪	bo[bo]无	bo·[bɔ]模	bö[bə(ɤ)]无	boa[bua]磨	boah[buaʔ]抹
音节	boan[buan]满	boat[buat]末	boe[bue]未	boeh[bueʔ]卜	boh[boʔ]莫	böh[bə(ɤ)ʔ]无	bok[bɔk]目
音节	bong[bɔŋ]墓	bu[bu]务	buh[buʔ]□	bui[bui]微	bun[bun]文	but[but]物	bwa[bua]磨
音节	bwah[buaʔ]抹	bwan[buan]满	bwat[buat]末				

杜嘉德作注，认为bwa、bwah、bwan、bwat 4个韵母的标写比boa、boah、boan、boat好，因为发音时重音都落在a上。

3. ch 在该字母里，记载了46个音节，字母ch凡与齐齿（i一类）韵母拼时，因受颚化影响变成舌面前的[tɕ]；若与非齐齿（i一类）韵母拼时，就读作[ts]。此声母主要来源于中古精、从仄声、章、船仄声、庄、崇仄声声母，见下表：

音节	cha[tsa]查	chah[tsaʔ]闸	chai[tsai]才	che[tse]齐	chɛ[tsɛ]查	cheⁿ[tsẽ]争	cheh[tseʔ]绝
音节	cheh[tsɛʔ]仄	chek[tɕik]烛	cheng[tɕiŋ]精	chi[tɕi]之	chiⁿ[tɕĩ]晶	chia[tɕia]借	chiaⁿ[tɕiã]正
音节	chiah[tɕiaʔ]食	chiak[tɕiak]灼	chiam[tɕiam]尖	chian[tɕian]前	chiang[tɕiaŋ]将	chiap[tɕiap]接	chiat[tɕiat]节
音节	chiau[tɕiau]照	chiauh[tɕiauʔ]寂	chien[tɕian]前	chiet[tɕiat]节	chih[tɕiʔ]接	chim[tɕim]篪	chin[tɕin]真
音节	chio[tɕio]蕉	cho·ⁿ[tsɔ̃]上	chioh[tɕioʔ]石	chiok[tɕiɔk]足	chiong[tɕiɔŋ]钟	chip[tɕip]集	chit[tɕit]一
音节	chiu[tɕiu]周	chiuⁿ[tɕiũ]浆	chiuh[tɕiuʔ]羾	chng[tsŋ]庄	cho[tso]做	choa[tsua]纸	choe[tsue]最
音标	chöng[tsə(ɤ)ŋ]争	chu[tsu]注	chuh[tsuʔ]泚	chwa[tsua]纸			

4. chh 在该字母里，记载了72个音节，字母chh凡与齐齿（i一类）韵母拼时，因受颚化影响变成舌面前的[tɕʻ]；若与非齐齿（i一类）韵母拼时，就读作[tsʻ]。此声母主要来源于中古清、从平声、昌、船平声、初、崇平声声母，见下表：

音节	chha[tsʻa]差	chhaⁿ[tsʻã]掣	chhah[tsʻaʔ]插	chhai[tsʻai]菜	chhaiⁿ[tsʻãi]猜	chhak[tsʻak]凿	chham[tsʻam]参
音节	chhan[tsʻan]餐	chhang[tsʻaŋ]葱	chhap[tsʻap]插	chhat[tsʻat]察	chhau[tsʻau]草	chhauh[tsʻauʔ]口	chhe[tsʻe]脆
音节	chhɛ[tsʻɛ]差	chhɛⁿ[tsʻɛ̃]生	chheh[tsʻeʔ]册	chhehⁿ[tsʻẽʔ]星	chhɛhⁿ[tsʻɛ̃ʔ]口	chhek[tɕʻik]戚	chheng[tɕʻiŋ]清
音节	chhi[tɕʻi]凄	chhiⁿ[tɕʻĩ]鲜	chhia[tɕʻia]车	chhiaⁿ[tɕʻiã]清	chhiah[tɕʻiaʔ]赤	chhiak[tɕʻiak]雀	chhiam[tɕʻiam]签
音节	chhian[tɕʻian]前	chhiang[tɕʻiaŋ]唱	chhiap[tɕʻiap]洽	chhiat[tɕʻiat]切	chhiau[tɕʻiau]超	chhiauh[tɕʻiauʔ]唉	chhien[tɕʻian]前
音节	chhiet[tɕʻiat]切	chhih[tɕʻiʔ]颐	chhihⁿ[tɕʻĩʔ]职	chhim[tɕʻim]侵	chhin[tɕʻin]亲	chhio[tɕʻio]笑	chhieⁿ[tɕʻiɔ̃]墙
音节	chhioh[tɕʻioʔ]蓆	chhiok[tɕʻiɔk]触	chhiong[tɕʻiɔŋ]冲	chhip[tɕʻip]缉	chhit[tɕʻit]七	chhiu[tɕʻiu]手	chhiuⁿ[tɕʻiũ]枪
音节	chhng[tsʻŋ]仓	chho[tsʻo]错	chhɵ[tsʻɔ]粗	chhö[tsʻɔ(ɤ)]吹	chhoa[tsʻua]蔡	chhoaⁿ[tsʻuã]闩	chhoah[tsʻuaʔ]疶
音节	chhoan[tsʻuan]穿	chhoang[tsʻuaŋ]闯	chhoe[tsʻue]刷	chhoeh[tsʻueʔ]切	chhoh[tsʻoʔ]毡	chhöh[tsʻɔ(ɤ)ʔ]口	chhok[tsʻɔk]齪
音节	chhong[tɕʻɔŋ]崇	chhu[tsʻu]趋	chhuh[tsʻuʔ]焠	chhui[tsʻui]炊	chhuiⁿ[tsʻũi]穿	chhun[tsʻun]春	chhut[tsʻut]出
音节	chhwa[tsʻua]蔡	chhü[tsʻɯ]次					

5. d 在该字母里，记载了3个音节，其声母是舌尖中、不送气、浊塞音声母[d]。此声母在现代闽南方言里是不存在的。见下表：

音节	de[de]地	dzoah[dzuaʔ]热	dzü[dzɯ]如				

6. e 在该字母里，记载了7个音节，其声母是零声母[Ø]。此声母主要来源于中古影母，见下表：

音节	e[e]下	ɛⁿ[ɛ̃]婴	eh[eʔ]厄	ɛh[ɛʔ]厄	ɛhⁿ[ɛ̃ʔ]口	ek[ik]益	eng[iŋ]英

7. g 在该字母里，记载了54个音节，其声母是舌面后、不送气、浊塞音声母[g]。

此声母主要来源于中古疑声母，一般是置于非鼻化韵之前，与[ŋ]声母相对。见下表：

音节	ga[ga]牙	gai[gai]碍	gak[gak]乐	gam[gam]嵒	gan[gan]颜	gang[gaŋ]滐	gap[gap]熬
音节	gau[gau]贤	ge[ge]牙	gɛ[gɛ]牙	geh[geʔ]月	gɛh[gɛʔ]讶	gek[gik]逆	geng[giŋ]凝
音节	gi[gi]疑	gia[gia]蜈	giah[giaʔ]撅	giak[giak]虐	giam[giam]验	gian[gian]研	giang[giaŋ]仰
音节	giap[giap]业	giat[giat]孽	giau[giau]尧	giauh[giauʔ]口	gien[gian]研	giet[giat]孽	gih[giʔ]口
音节	gim[gim]吟	gin[gin]银	gio[gio]蛲	gioh[gioʔ]口	giok[giɔk]玉	giong[giɔŋ]顒	gip[gip]岌
音节	giu[giu]蚯	giuh[giuʔ]口	go[go]傲	ge·[gɔ]吴	goa[gua]我	goan[guan]元	goat[guat]月
音节	goe[gue]外	goeh[gueʔ]月	goh[goʔ]口	gok[gɔk]鄂	gong[gɔŋ]戆	gu[gu]牛	gui[gui]危
音节	guiⁿ[guĩ]口	gun[gun]银	gwa[gua]我	gwan[guan]阮	gwat[guat]月		

8. h 在该字母里，记载了96个音节，其声母是喉音、清擦音声母[h]。此声母主要来源于中古晓、匣、非、敷、奉等声母，见下表：

音节	ha[ha]哮	haⁿ[hã]焓	hah[haʔ]口	hahⁿ[hãʔ]口	hai[hai]害	haiⁿ[hãĩ]歇	haihⁿ[hãĩʔ]口
音节	hak[hak]学	ham[ham]含	han[han]汉	hang[haŋ]项	hap[hap]合	hat[hat]喝	hau[hau]豪
音节	hauⁿ[hãu]悬	hauh[hauʔ]吼	hauhⁿ[hãuʔ]口	he[he]岁	hɛ[hɛ]下	hɛⁿ[hɛ̃]啤	heh[heʔ]吓
音节	hɛh[hɛʔ]唏	hehⁿ[hẽʔ]口	hɛhⁿ[hɛ̃ʔ]口	hek[hik]黑	heng[hiŋ]兴	hi[hi]喜	hiⁿ[hĩ]哼
音节	hia[hia]靴	hiaⁿ[hiã]兄	hiah[hiaʔ]额	hiahⁿ[hiãʔ]吓	hiak[hiak]譑	hiam[hiam]嫌	hian[hian]现
音节	hiang[hiaŋ]乡	hiap[hiap]协	hiat[hiat]辖	hiau[hiau]晓	hiauh[hiauʔ]娿	hid[hid]迄	hien[hien]献
音节	hiet[hiat]血	hih[hiʔ]呢	hihⁿ[hĩʔ]掷	him[him]鑫	hin[hin]眩	hio[hio]唔	hĭo[hio]口
音节	hiõ[hiõ]香	hioh[hioʔ]叶	hiok[hiɔk]蓄	hiong[hiɔŋ]凶	hip[hip]歙	hit[hit]彼	hiu[hiu]休
音节	hiuⁿ[hiũ]香	hiuh[hiuʔ]口	hm[hm]茅	hmh[hmʔ]默	hng[hŋ]方	hngh[hŋʔ]口	ho[ho]好
音节	he·[hɔ]虎	he·ⁿ[hɔ̃]口	hoa[hua]花	hoaⁿ[huã]欢	hoah[huaʔ]喝	hoai[huai]怀	hoaiⁿ[huãĩ]横
音节	hoaihⁿ[huãĩʔ]口	hoan[huan]桓	hoang[huaŋ]风	hoat[huat]发	hoe[hue]化	hoɛ[huɛ]花	hoeh[hueʔ]血
音节	hoh[hoʔ]鹤	he·hⁿ[hɔ̃ʔ]口	hok[hɔk]伏	hong[hɔŋ]放	hop[hɔp]口	hu[hu]夫	huh[huʔ]口
音节	hui[hui]非	huiⁿ[huĩ]荒	huih[huiʔ]血	huihⁿ[huĩʔ]口	hun[hun]混	hut[hut]忽	hwa[hua]花
音节	hwaⁿ[huã]欢	hwah[huaʔ]喝	hwai[huai]怀	hwan[huan]桓	hwat[huat]发		

注：杜嘉德说hid[hid]相当于hit[hit]。

9. i 在该字母里，记载了28个音节，其声母是零声母[∅]。此声母主要来源于中古影、喻四声母，见下表：

音节	i[i]衣	i^{n}[ĩ]院	ia[ia]爷	ia^{n}[iã]影	iah[iaʔ]蝶	iak[iak]约	iam[iam]盐
音节	ian[ian]烟	iang[iaŋ]阳	iap[iap]叶	iat[iat]咽	iau[iau]要	iau^{n}[iãu]口	ien[ian]烟
音节	iet[iat]咽	ih[iʔ]胑	ih^{n}[ĩʔ]盈	im[im]阴	in[in]因	io[io]腰	iɵ·^{n}[iɔ̃]羊
音节	ioh[ioʔ]药	iok[iɔk]育	iong[iɔŋ]容	ip[ip]揖	it[it]一	iu[iu]尤	iu^{n}[iũ]羊

10. j 在该字母里，记载了34个音节，其声母全部是舌尖前、不送气、浊塞擦音声母[dz]。此声母主要来源于中古日声母，见下表：

音节	je[dze]惹	jek[dzik]口	jeng[dziŋ]口	ji[dzi]儿	ji^{n}[dzĩ]乳	jia[dzia]遮	jiah[dziaʔ]口
音节	jiak[dziak]弱	jiam[dziam]染	jian[dzian]然	jiang[dziaŋ]让	jiap[dziap]颞	jiat[dziat]热	jiau[dziau]扰
音节	jiau^{n}[dziãu]爪	jien[dzian]然	jiet[dziat]热	jih[dziʔ]廿	jim[dzim]任	jin[dzin]认	jio[dzio]尿
音节	jioh[dzioʔ]口	jiok[dziɔk]辱	jiong[dziɔŋ]绒	jip[dzip]入	jit[dzit]日	jiu [dziu]柔	joa[dzua]若
音节	joah[dzuaʔ]热	joan[dzuan]软	joe[dzue]锐	ju[dzu]儒	jun[dzun]润	jwa[dzua]若	

11. k 在该字母里，记载了91个音节，其声母全部是舌面后、不送气、清塞音声母[k]。此声母主要来源于中古见、群仄声声母，见下表：

音节	ka[ka]佳	ka^{n}[kã]监	kah[kaʔ]甲	kai[kai]该	kai^{n}[kãi]间	kaih[kaiʔ]口	kak[kak]角
音节	kam[kam]监	kan[kan]间	kang[kaŋ]江	kap[kap]鸽	kat[kat]葛	kau[kau]搞	kauh[kauʔ]确
音节	ke[ke]计	kɛ[kɛ]家	kɛ^{n}[kɛ̃]更	keh[keʔ]格	kek[kik]击	keng[kiŋ]经	ki[ki]基
音节	ki^{n}[kĩ]见	kia[kia]寄	kia^{n}[kiã]惊	kiah[kiaʔ]屐	kiak[kiak]剧	kiam[kiam]兼	kian[kian]建
音节	kiang[kiaŋ]姜	kiap[kiap]夾	kiat[kiat]洁	kiau[kiau]娇	kiauh[kiauʔ]嗷	kiauh^{n}[kiãũʔ]口	kien[kian]肩
音节	kiet[kiat]洁	kih[kiʔ]砌	kih^{n}[kĩʔ]口	kim[kim]金	kin[kin]近	kio[kio]桥	kiɵ·^{n}[kiɔ̃]薑
音节	kioh[kioʔ]脚	kiok[kiɔk]局	kiong[kiɔŋ]共	kip[kip]急	kit[kit]结	kiu[kiu]求	kiu^{n}[kiũ]薑强
音节	kiuh[kiuʔ]口	kng[kŋ]光	ko[ko]高	kɵ· [kɔ]姑	kö[kə(ɤ)]过	köh[kə(ɤ)ʔ]郭	koa[kua]瓜
音节	koa^{n}[kuã]官	koah[kuaʔ]割	koai[kuai]乖	koai^{n}[kuãi]关	koaih^{n}[kuãiʔ]口	koak[kuak]口	koan[kuan]关
音节	koat[kuat]决	koe[kue]瓜	koɛ[kuɛ]瓜	koɛ^{n}[kuɛ̃]官	koeh[kueʔ]锲	koɛh[kuɛʔ]口	köeh[kəeʔ]口
音节	koh[koʔ]各	köh[kəʔ]口	kok[kɔk]国	kong[kɔŋ]公	ku[ku]龟	kui[kui]归	kui^{n}[kuĩ]管
音节	kuih[kuiʔ]口	kŭi^{n}[kɯĩ]关	kun[kun]君	kŭn[kɯn]口	kut[kut]骨	kwa[kua]瓜	kwa^{n}[kuã]官
音节	kwah[kuaʔ]割	kwai[kuai]乖	kwai^{n}[kuãi]关	kwaih^{n}[kuaĩʔ]口	kwak[kuak]口	kwan[kuan]关	wat[kuat]决

12. kh 在该字母里，记载了84个音节，其声母全部是舌面后、送气、清塞音声母[kʻ]。此声母主要来源于中古溪、群平声声母，见下表：

音节	kha[kʻa]骹	khaⁿ[kʻã]坩	khah[kʻaʔ]袷	khai[kʻai]开	khaiⁿ[kʻãi]唻	khaih[kʻaiʔ]口	khak[kʻak]壳
音节	kham[kʻam]勘	khan[kʻan]刊	khang[kʻaŋ]空	khap[kʻap]磕	khat[kʻat]渴	khau[kʻau]扣	khauh[kʻauʔ]礉
音节	khe[kʻe]课	khɛⁿ[kʻɛ̃]坑	kheh[kʻeʔ]客	khɛh[kʻɛʔ]喀	khek[kʻik]克	kheng[kʻiŋ]卿	khi[kʻi]齿
音节	khiⁿ[kʻĩ]擒	khia[kʻia]骑	khiaⁿ[kʻiã]庆	khiah[kʻiaʔ]隙	khiak[kʻiak]却	khiam[kʻiam]欠	khian[kʻian]牵
音节	khiang[kʻiaŋ]腔	khiap[kʻiap]怯	khiat[kʻiat]契	khiau[kʻiau]巧	khiauh[kʻiauʔ]呦	khien[kʻian]牵	khiet[kʻiat]契
音节	khih[kʻiʔ]缺	khim[kʻim]钦	khin[kʻin]轻	khio[kʻio]窈	khieⁿ[kʻiɔ̃]腔	khïo[kʻio]窈	khö[kʻə(ɤ)]科
音节	khioh[kʻioʔ]拾	khiok[kʻiɔk]曲	khiong[kʻiɔŋ]腔	khip[kʻip]吸	khit[kʻit]乞	khiu[kʻiu]丘	khiuⁿ[kʻiũ]腔
音节	khiuh[kʻiuʔ]口	khng[kʻŋ]囥	kho[kʻo]靠	kho·[kʻɔ]苦	khoa[kʻua]夸	khoaⁿ[kʻuã]看	khoah[kʻuaʔ]阔
音节	khoai[kʻuai]快	khoaiⁿ[kʻuãi]口	khoan[kʻuan]宽	khoat[kʻuat]缺	khoe[kʻue]盔	khoɛ[kʻuɛ]盔	khöe[kʻə(ɤ)e]科
音节	khoeh[kʻueʔ]蹼	khoh[kʻoʔ]口	khöh[kʻə(ɤ)ʔ]口	khok[kʻɔk]扩	khök[kʻə(ɤ)k]扩	khom[kʻɔm]康	khong[kʻɔŋ]空
音节	khu[kʻu]坵	khuh[kʻuʔ]汨	khui[kʻui]开	khuiⁿ[kʻuĩ]劝	khüi[kʻuĩ]口	khun[kʻun]昆	khut[kʻut]屈
音节	khwa[kʻua]夸	khwaⁿ[kʻuã]宽	khwah[kʻuaʔ]阔	khwai[kʻuai]快	khwaiⁿ[kʻuãi]口	khwan[kʻuan]宽	khwat[kʻuat]缺

13. l 在该字母里，记载了68个音节，其声母是舌尖中、浊边音声母[l]。此声母主要来源于中古来母少数日母字，见下表：

音节	la[la]拉	lah[laʔ]蜡	lai[lai]来	laiⁿ[lãi]乃	lak[lak]六	lam[am]蓝	lan[lan]栏
音节	lang[laŋ]人	lap[lap]塌	lat[lat]力	lau[lau]漏	lauⁿ[lãu]挠	lauh[lauʔ]落	lauhⁿ[lãuʔ]口
音节	le[le]丽	lɛ[lɛ]诶	leh[leʔ]鱲	lɛh[lɛʔ]鱲	lek[lik]历	leng[liŋ]乳	li[li]里
音节	liah[liaʔ]掠	liak[liak]略	liam[iam]廉	lian[lian]连	liang[liaŋ]凉	liap[liap]粒	liat[liat]烈
音节	liau[liau]嘹	liauh[liauʔ]挢	lien[lian]连	liet[liat]烈	lih[liʔ]裂	lim[lim]林	lin[lin]怜
音节	lio[lio]眄	lioh[lioʔ]略	liok[liɔk]六	liong[liɔŋ]龙	lip[lip]立	lit[lit]室	liu[liu]刘
音节	liuh[liuʔ]口	lo[lo]牢	lo·[lɔ]炉	lö[lə(ɤ)]螺	loa[lua]濑	loah[luaʔ]辣	loan[luan]卵
音节	loe[lue]犁	loeh[lueʔ]笠	löe[lə(ɤ)e]笠	loh[lɔʔ]落	löh[lə(ɤ)ʔ]裂	lok[lɔk]落	lom[lɔm]口
音节	long[lɔŋ]拢	löng[lə(ɤ)ŋ]拢	lop[lɔp]跶	lu[lu]汝	lü[lɯ]女	luh[luʔ]肆	lui[lui]雷
音节	lun[lun]论	lut[lut]律	lwa[lua]濑	lwah[luaʔ]辣	lwan[luan]乱		

14. m 在该字母里，记载了23个音节，其声母是双唇音、鼻音声母[m]。此声母主要来源于中古明（微）声母，一般是置于鼻化韵或声化韵之前，与[b]声母相对。见下表：

音节	m[m]姆	ma^n[mã] 妈	ma[ma]麻	mah[maʔ] 口	mah^n[mãʔ]口	mai^n[mãĩ] 买	mau^n[mãũ] 矛
音节	mauh^n[mãũʔ]口	mɛ^n[mɛ̃] 骂	mɛh^n[mɛ̃ʔ] 脉	mi^n[mĩ] 面	mi[mi] 米	mia^n[miã] 名	mih^n[mĩʔ]物
音节	mng[mŋ]不	mngh[mŋʔ]口	mɵ·^{n}[mɔ̃]毛	moa^n[muã] 麻	moai^n[muãĩ]糜	moɛ^n[muɛ̃]糜	mɵ·h^n[mɔ̃ʔ]膜
音节	mui^n[muĩ] 门	muih^n[muĩʔ]口					

15. n 在该字母里，记载了 23个音节，其声母是舌尖中、鼻音声母[n]。此声母主要来源于中古泥（娘）声母、少数日母字，一般是置于鼻化韵或声化韵之前，与[l]声母相对。见下表：

音节	na^n[nã]蓝	nah[naʔ]搦	nah^n[nãʔ]塌	nai^n[nãĩ]懒	nau^n[nãũ]脑	nauh^n[nãũʔ]口	nɛ^n[nɛ̃]奶
音节	ne[ne]口	nɛh^n[nɛ̃ʔ]口	ni^n[nĩ]口	nia^n[niã]口	niah^n[niãʔ]口	niau^n[niãũ]口	niau[niau]口
音节	nih^n[nĩʔ]瞩	niɵ·^{n}[niɔ̃]娘	niu^n[niũ]娘	nng[nŋ]卵	nngh[nŋʔ]口	nɵ·^{n}[nɔ̃]二	noa^n[nuã]澜
音节	nui^n[nuĩ]软	nüi^n[nɯĩ]软					

16. ng 在该字母里，记载了25个音节，其声母是舌面后、鼻音声母[ŋ]。此声母来源于中古疑声母，一般是置于鼻化韵之前，与[g]声母相对。见下表：

音节	ng[ŋ]秧	ngh[ŋʔ]口	nga[ŋa]雅	ngai^n[ŋãĩ]艾	ngam[ŋam]岩	ngau[ŋau]看	ngau^n[ŋãũ]看
音节	ngauh[ŋauʔ]口	ngauh^n[ŋãũʔ]口	ngɛ^n[ŋɛ̃]硬	ngɛh[ŋɛʔ]笋	ngeh[ŋeʔ]笋	ngi^n[ŋĩ]硬	ngia^n[ŋiã]迎
音节	ngiah[ŋiaʔ]撠	ngiau[ŋiau]口	ngiauh[ŋiauʔ]岋	ngiauh^n[ŋiãũʔ]岋	ngih^n[ŋĩʔ]笋	ngio[ŋio]口	ngiu^n[ŋiũ]口
音节	ngɵ·[ŋɔ]五	ngɵ·^{n}[ŋɔ̃]五	ngoeh[ŋueʔ]夾	ngüi^n[ŋɯĩ]口			

17. o 在该字母里，记载了23个音节，其声母是零声母[∅]。此声母主要来源于中古影声母，见下表：

音节	o[o]窝	ɵ [ɔ]乌	ɵ ⁿ[ɔ̃]恶	ö [ə(ɤ)]恶	oa[ua]倚	oaⁿ[uã]安	oah[uaʔ]活
音节	oai[uai]歪	oaiⁿ[uãi]挨	oaihⁿ[uãiʔ]口	oak[uak]叽	oan[uan]冤	oang[uaŋ]口	oat[uat]越
音节	oe[ue]矮	oeⁿ[ue]口	oeh[ueʔ]狭	oh[oʔ]学	öh[ə(ɤ)ʔ]学	ok[ɔk]屋	om[mɔ]掩
音节	ong[ɔŋ]翁	op[ɔp]口					

18. p 在该字母里，记载了55个音节，其声母是双唇音、不送气、清塞音声母[p]。此声母主要来源于中古帮、并仄声、非、奉仄声声母，见下表：

音节	pa[pa]巴	paⁿ[pã]口	pah[paʔ]拍	pai[pai]排	paiⁿ[pãi]歹	pak[pak]北	pan[pan]办
音节	pang[paŋ]帮	pat[pat]八	pau[pau]包	pauh[pauʔ]雹	pe[pe]飞	pɛⁿ[pɛ̃]爸	peh[peʔ]伯
音节	pek[pik]逼	peng[piŋ]兵	pi[pi]备	piⁿ[pĩ]边	piaⁿ[piã]饼	piah[piaʔ]壁	piak[piak]逼
音节	pian[pian]变	piang[piaŋ]迸	piat[piat]别	piau[piau]表	pien[pian]便	piet[piat]别	pih[piʔ]鳖
音节	pin[pin]贫	pio[pio]表	pit[pit]笔	png[pŋ]饭	piu[piu]彪	po[po]报	pɵ [pɔ]部
音节	pö[pə(ɤ)]部	poa[pua]簸	poaⁿ[puã]般	poah[puaʔ]钹	poan[puan]瓶	poat[puat]拨	poe[pue]背
音节	poeh[pueʔ]八	poh[poʔ]薄	pok[pɔk]卜	pong[pɔŋ]谤	pöng[pə(ɤ)ŋ]谤	pu[pu]富	puh[puʔ]发
音节	pui[pui]肥	puiⁿ[puĩ]方	puⁱⁿ[puĩ]口	puih[puiʔ]拔	pun[pun]分	put[put]不	

19. ph 在该字母里，记载了52个音节，其声母是双唇音、送气、清塞音声母[pʻ]。此声母主要来源于中古滂、并平声、非、奉平声声母，见下表：

音节	pha[pʻa]抛	phaⁿ[pʻã]冇	phah[pʻaʔ]拍	phai[pʻai]派	phaiⁿ[pʻãi]歹	phak[pʻak]伏	phan[pʻan]判
音节	phang[pʻaŋ]芳	phau[pʻau]泡	phauh[pʻauʔ]雹	phe[pʻe]皮	phɛ[pʻɛ]帕	phɛⁿ[pʻɛ̃]摒	pheh[pʻeʔ]沫
音节	phek[pʻik]拍	pheng[pʻiŋ]烹	phi[pʻi]披	phiⁿ[pʻĩ]片	phiaⁿ[pʻiã]坍	phiah[pʻiaʔ]癖	phiak[pʻiak]擗
音节	phian[pʻian]骗	phiang[pʻiaŋ]脖	phiat[pʻiat]撇	phiau[pʻiau]飘	phien[pʻian]骗	phiet[pʻiat]撇	phih[pʻiʔ]口
音节	phin[pʻin]品	phio[pʻio]票	phit[pʻit]匹	phng[pʻŋ]口	phngh[pʻŋʔ]口	pho[pʻo]破	phɵ [pʻɔ]铺
音节	phö[pʻə(ɤ)]口	phoa[pʻua]破	phoaⁿ[pʻuã]潘	phoah[pʻuaʔ]泼	phoan[pʻuan]盘	phoat[pʻuat]泼	phoe[pʻue]批
音节	phoeh[pʻueʔ]沫	phoh[pʻoʔ]粕	phok[pʻɔk]扑	phong[pʻɔŋ]篷	phu[pʻu]浮	phuh[pʻuʔ]哼	phui[pʻui]屁
音节	phuiⁿ[pʻuĩ]镨	phun[pʻun]喷	phut[pʻut]刺				

20. s 在该字母里，记载了84个音节，其声母全部是舌尖前、清擦音声母[s]。此声母主要来源于中古心、邪、书、禅、山等声母，见下表：

音节	sa[sa]沙	saⁿ[sã]三	sah[saʔ]煤	sahⁿ[sãʔ]跋	sai[sai]师	saiⁿ[sãi]□	sak[sak]速
音节	sam[sam]鬖	san[san]产	sang[saŋ]送	sap[sap]屑	sat[sat]虱	sau[sau]俏	sauh[sauʔ]□
音节	se[se]西	sɛ[sɛ]沙	sɛⁿ[sɛ̃]生	seh[seʔ]雪	sɛh[sɛʔ]涑	sek[sik]索	seng[siŋ]成
音节	si[si]时	siⁿ[sĩ]姓	sia[sia]社	siaⁿ[siã]声	siah[siaʔ]勺	siak[siak]皙	siam[siam]闪
音节	sian[sian]仙	siang[siaŋ]双	siap[siap]涩	siat[siat]设	siau[siau]消	siauh[siauʔ]□	siauhⁿ[siãuʔ]□
音节	sien[sian]仙	siet[siat]设	sih[siʔ]蚀	sihⁿ[sĩʔ]闪	sim[sim]心	sin[sin]新	sio[sio]烧
音节	sieⁿ[siɔ̃]箱	sioh[sioʔ]惜	siok[siɔk]缩	siong[siɔŋ]祥	sip[sip]湿	sit[sit]实	siu[siu]秀
音节	siuⁿ[siũ]箱	sm[sm]□	sng[sŋ]霜	sngh[sŋʔ]蹭	so[so]锁	sȯ[sɔ]苏	sö[sə(ɣ)]□
音节	soa[sua]沙	soaⁿ[suã]山	soah[suaʔ]煞	soaiⁿ[suãi]横	soaihⁿ[suãiʔ]□	soan[suan]蒜	soat[suat]说
音节	soe[sue]梳	soeh[sueʔ]塞	soh[soʔ]索	söh[ssə(ɣ)ʔ]□	sok[sɔk]束	sök[sə(ɣ)k]□	som[sɔm]参
音节	song[sɔŋ]宋	söng[sə(ɣ)ŋ]□	su[su]思	sṳ[sɯ]思	suh[suʔ]嗍	sui[sui]水	suiⁿ[suĩ]酸
音节	sṳiⁿ[sɯ̃]□	sun[sun]孙	sut[sut]恤	swa[sua]沙	swah[suaʔ]刷	swan[suan]蒜	swat[suat]雪

21. t 在该字母里，记载了79个音节，其声母全部是舌尖中、不送气、清塞音声母 [t]。此声母主要来源于中古端、定仄声、知、澄仄声声母，见下表：

音节	ta[ta]焦	taⁿ[tã]担	tah[taʔ]踏	tai[tai]代	taiⁿ[tãi]□	taihⁿ[tãiʔ]□	tak[tak]触
音节	tam[tam]担	tan[tan]旦	tang[taŋ]东	tap[tap]答	tat[tat]达	tau[tau]斗	tauh[tauʔ]笃
音节	te[te]地	tɛ[tɛ]茶	tɛⁿ[tɛ̃]骭	teh[teʔ]矺	tɛh[tɛʔ]矺	tek[tik]德	teng[tiŋ]丁
音节	ti[ti]知	tiⁿ[tĩ]甜	tia[tia]爹	tiaⁿ[tiã]鼎	tiah[tiaʔ]摘	tiam[tiam]点	tian[tian]电
音节	tiang[tiaŋ]涨	tiap[tiap]蝶	tiat[tiat]皙	tiau[tiau]朝	tiauh[tiauʔ]□	tien[tian]电	tiet[tiat]皙
音节	tih[tiʔ]滴	tihⁿ[tĩʔ]要	tim[tim]沉	tin[tin]珍	tio[tio]钓	tieⁿ[tiɔ̃]张	tioh[tioʔ]着
音节	tiok[tiɔk]筑	tiong[tiɔŋ]中	tit[tit]得	tiu[tiu]绸	tiuⁿ[tiũ]张	tiuh[tiuʔ]□	tng[tŋ]当
音节	to[to]刀	tȯ[tɔ]肚	tö[tə(ɣ)]肚	toa[tua]带	toaⁿ[tuã]单	toah[tuaʔ]剟	toan[tuan]端
音节	toat[tuat]夺	toe[tue]代	toeh[tueʔ]迭	toh[toʔ]桌	töh[tə(ɣ)ʔ]桌	tok[tɔk]毒	tom[tɔm]丼
音节	tong[tɔŋ]东	töng[tə(ɣ)ŋ]东	tu[tu]推	tṳ[tɯ]推	tuh[tuʔ]拄	tui[tui]对	tuiⁿ[tuĩ]转
音节	tṳiⁿ[tɯ̃]转	tun[tun]敦	tut[tut]突	tĭo[tio]钓	twa[tua]大	twaⁿ[tuã]单	twah[tuaʔ]掇
音节	twan[tuan]端	twat[uat]夺					

22. **th** 在该字母里，记载了66个音节，其声母全部是舌尖中、送气、清塞音声母[t']。此声母主要来源于中古透、定平声、彻、澄平声声母，见下表：

音节	tha[t'a]挖	thaⁿ[t'ā]他	thah[t'aʔ]塔	thai[t'ai]胎	thak[t'ak]读	tham[t'am]贪	than[t'an]叹
音节	thang[t'aŋ]虫	thap[t'ap]塌	that[t'at]挞	thau[t'au]头	thauh[t'auʔ]口	the[t'e]胎	theⁿ[t'ɛ̄]撑
音节	theh[t'eʔ]澈	thɛh[t'ɛʔ]澈	thek[t'ik]惕	theng[t'iŋ]挺	thi[t'i]藕	thiⁿ[t'ĩ]天	thiaⁿ[t'iā]听
音节	thiah[t'iaʔ]拆	thiam[t'iam]添	thian[t'ian]田	thiang[t'iaŋ]畅	thiap[t'iap]贴	thiat[t'iat]撤	thiau[t'iau]挑
音节	thien[t'ian]田	thiet[t'iat]撤	thih[t'iʔ]铁	thim[t'im]琛	thin[t'in]趁	thio[t'io]挑	tïo[t'io]挑
音节	thiθ̄ⁿ[t'iɔ̃]口	thiok[t'iɔk]畜	thiong[t'iɔŋ]畅	thit[t'it]敕	thiu[t'iu]抽	thiuⁿ[t'iũ]丑	thng[t'ŋ]汤
音节	tho[t'o]桃	the·[t'ɔ]土	thö[t'ə(ɤ)]口	thoa[t'ua]拖	thoaⁿ[t'uā]摊	thoah[t'uaʔ]汰	thoan[t'uan]团
音节	thoat[t'uat]脱	thoe[t'ue]退	thoeh[t'ueʔ]提	thoh[t'oʔ]拓	thok[t'ɔk]托	thong[t'ɔŋ]通	thu[t'u]贮
音节	thuh[t'uʔ]托	thui[t'ui]腿	thuiⁿ[t'uĩ]口	thun[t'un]吞	thut[t'ut]秃	thwa[t'ua]拖	thwaⁿ[t'uā]摊
音节	thwah[t'uaʔ]汰	thwan[t'uan]团	thwat[t'uat]脱				

23. **ts** 在该字母里，记载了39个音节，其声母全部是舌尖前、不送气、清塞擦音声母[ts]。此声母主要来源于中古精、从仄声、章、船仄声、庄、崇仄声声母，见下表：

音节	tsa[tsa]查	tsaⁿ[tsā]崭	tsah[tsaʔ]闸	tsai[tsai]栽	tsaiⁿ[tsāi]指	tsak[tsak]撷	tsam[tsam]蘸
音节	tsan[tsan]栈	tsang[tsaŋ]丛	tsap[tsap]杂	tsat[tsat]节	tsau[tsau]走	tsauh[tsauʔ]担	tsio[tsio]蕉
音节	tsng[tsŋ]庄	tso[tso]曹	tse·[tsɔ]租	tsö[tsə(ɤ)]斋	tsoa[tsua]蛇	tsoaⁿ[tsuā]泉	tsoah[tsuaʔ]泄
音节	tsoai[tsuai]跐	tsoan[tsuan]泉	tsoat[tsuat]绝	tsoe[tsue]做	tsoeh[tsueʔ]截	tsoh[tsoʔ]作	tsöh[tsə(ɤ)ʔ]作
音节	tsok[tsɔk]浊	tsom[tsɔm]箴	tsong[tsɔŋ]宗	tsöng[tsə(ɤ)ŋ]宗	tsu[tsu]朱	tsuh[tsuʔ]口	tsui[tsui]锥
音节	tsuiⁿ[tsuĩ]砖	tsüiⁿ[tsuĩ]口	tsun[tsun]尊	tsut[tsut]卒			

24. **ts'h** 无一例字。

25. **U** 在该字母里，记载了8个音节，其声母是零声母[ø]。此声母主要来源于中古影母，少数匣母字，见下表：

音节	u[u]污	uh[uʔ]噎	ui[ui]威	uiⁿ[uĩ]黄	üiⁿ[ɯĩ]黄	uih[uiʔ]划	un[un]匀
音节	ut[ut]郁						

26. **W** 在该字母里，记载了8个音节，其声母是零声母[ø]。此声母主要来源于中古影母，少数匣母字，见下表：

音节	wa[ua]娃	waⁿ[uã]安	wah[uaʔ]活	wai[uai]歪	wak[uak]叽	wan[uan]弯	wang[uaŋ]汪
音节	wat[uat]艺						

据统计，《厦英大辞典》共记载了1127个音节，以厦门方言音节为主，还记载了泉州、同安、灌口、安溪、永春、惠安、南安、漳州、漳浦、长泰等地方言音节。以下就ian和ien，iat和iet，oa与wa问题说明如下：

（1）关于ian和ien，iat和iet问题

《厦英大辞典》出现了2个鼻音韵母ian和ien，2个相对应的入声韵母iat和iet。查遍《厦英大辞典》，ian和iat各仅出现15次，而ien和iet则分别出现211次和77次。可见，《厦英大辞典》更习惯用ien和iet，而不习惯用ian和iat。情况统计如下：

ian：仅出现15次，如bian勉1、chian前1、chhian前1、gian研1、hian现1、ian烟1、jian然1、kian建1、khian牵1、lian连1、pian变1、phian骗1、sian仙1、tian电1、thian田1；

iat：仅出现15次，如biat灭1、chiat节、chhiat切1、giat孽1、hiat辖1、iat咽1、jiat热1、kiat洁1、khiat契1、liat烈1、piat别1、phiat撇1、siat设1、tiat哲1、thiat撇1；

ien：出现211次，如bien免10、chien前16、chhien前9、gien研8、hien献18、ien烟26、jien然1、kien肩15、khien牵12、lien连25、pien便17、phien骗6、sien仙29、tien电11、thien田8；

iet：出现77次，如biet灭1、chiet节7、chhiet切2、giet孽6、hiet血4、iet咽6、jiet热2、kiet洁10、khiet契12、liet烈3、piet别3、phiet撇8、siet设8、tiet哲1、thiet撇4。

鼻音韵母ian和ien，在现代厦门方言里均读作[ian]；入声韵母iat和iet在现代厦门方言里均读[iat]。至于《厦英大辞典》的两种罗马字注音应如何构拟其音值呢？罗常培《厦门音系》"各式罗马字的异同"一节中指出，新式、周辨明式、Campbell式、Doty式均写作ian和iat，Medhurst式写作ëen和ëet，唯独Douglas式写作ien和iet。因此，《厦英大辞典》两对不同写法的罗马字音标与现代国际音标对应如下：ian和ien，均应拟音为[ian]；iat和iet，均应拟音为[iat]。

（2）关于oa与wa问题

《厦英大辞典》出现了8对不同写法的罗马字音标，即oa与wa，oaⁿ与waⁿ，oah与wah，oai与wai，oak与wak，oan与wan，oang与wang，oat与wat。它们之间的音值到底有何区别？罗常培在《厦门音系》"各式罗马字的异同"中指出，周辨明式、Campbell式、Douglas式、Doty式均写作oa，新式写作ua，唯独Medhurst式写作wa。因此，《厦英大辞典》8对不同写法的罗马字音标与现代国际音标对应如下：oa与wa，均应拟音为[ua]；oaⁿ与waⁿ，均应拟音为[uã]；oah与wah，均应拟音为[uaʔ]；oai与wai，均应拟音为[uai]；oak与wak，均应拟音为[uak]；oan与wan，均应拟音为[uan]；oang与wang，均应

拟音为[uaŋ]；oat与wat，均应拟音为[uat]。

四　厦门、漳州、泉州方言韵系

杜嘉德《厦英大辞典》以厦门方言为主，还涉及其他10种方言语音材料(缩略语说明EXPLANATION OF ABBREVIATIONS)：A.——Amop dialect.（厦门方言）；An. or Ank.——Ankoi or An- khoe dialect.（安溪方言）；C.——Chang-chew dialect.（漳州方言）；Cn.——Chin-chew dialect.（泉州方言）；E.——dialect of Eng-chhun or Tung-chun.（永春方言）；H.——dialect of H i-an or Hui-oaⁿ.（惠安方言）；K. or Kk.——dialect of hwan-kow or Kown-khau.（灌口方言）；L.——dialect of Nan-an or Lâm-oaⁿ.（南安方言）；P.——dialect of Chang-poo or Chiuⁿ-phəˑ.（漳浦方言）；T.——dialect Tung-an or Tang-oaⁿ.（同安方言）；Tt.——dialect Chang-tai or Tio-thoa.（长泰方言）。在本节里，我们把以上整理的韵母归纳为厦门方言、漳州方言和泉州方言。现说明如下：

1. 单元音（9个）：a [a]、e [e]、ε[ε]、i [i]、o [o]、ə[ɔ]、u [u]、ö[ə(ɤ)]、ü[ɯ]。以上9个单元音韵母有以下三种情况：① a [a]、e [e]、i [i]、o [o]、ə[ɔ]、u [u]等6个元音是现代厦门方言、泉州方言和漳州方言所共有的；② ε[ε]是现代漳州方言独有的；③ ö[ə(ɤ)]和ü[ɯ]2个元音是现代泉州方言和同安方言所共有的。

2. 复元音（13个）：ai [ai]、au [au]、io [io]（ïo [io]）、iu [iu]、ia [ia]、iə[iɔ]、oa [ua]（wa[ua]）、ui [ui]、öe [ə(ɤ)e]、oe [ue]、oε[uε]、oai [uai]（wai[uai]）、iau [iau]。以上13个复元音韵母有以下三种情况：① ai [ai]、au [au]、io [io]、iu [iu]、ia [ia]、oa [ua]（wa[ua]）、ui [ui]、oe [ue]、oai [uai]（wai[uai]）、iau [iau]10个复元音是现代厦门方言、泉州方言和漳州方言所共有的；② iə[iɔ]是长泰方言所特有的，oε[uε]是现代漳浦、云霄、诏安方言所特有的；③ ïo [io]是泉州方言所特有的，但读音与[io]基本相同，öe [ə(ɤ)e]是泉州方言和同安方言所特有的复元音。

3．鼻音韵（17个）：am[am]、iam[iam]、im[im]、om [ɔm]、an[an]、ian[ian]（ien[ian]）、in[in]、mun[un]、ün[ɯn]、oan[uan]（wan[uan]）、ang[aŋ]、eng[iŋ]、iang[iaŋ]、iong[iɔŋ]、ong[ɔŋ]、öng[ə(ɤ)ŋ]、oang[uaŋ]（wang[uaŋ]）。以上17个阳声韵母有以下三种情况：① am[am]、iam[iam]、im[im]3个收-m尾韵母是现代厦门方言、泉州方言和漳州方言所共有的，厦门无om[ɔm]韵母，漳州有om [ɔm]韵母，泉州读作[əm]；② an[an]、ian[ian]（ien[ian]）、in[in]、un[un]、oan[uan]（wan[uan]）5个收-n尾韵母是现代厦门方言、泉州方方言和漳州方言所共有的，ün[ɯn]属泉州方言韵母；③ang[aŋ]、eng [iŋ]、iang[iaŋ]、iong [iɔŋ]、ong [ɔŋ]、oang[uaŋ]（wang[uaŋ]）6个收-ŋ尾韵母是厦门方言、泉州方言、漳州方言所共有的；öng[ə(ɤ)ŋ]属泉州方言和同安方言韵母。

4. 声化韵（2个）：ng[ŋ]、m[m]。这是现代厦门方言、泉州方言和漳州方言所共有的韵母。

5. 鼻化韵（16个）：aⁿ[ã]、ɛⁿ[ɛ̃]、iⁿ[ĩ]、ɵ·ⁿ[ɔ̃]、aiⁿ[ãi]、auⁿ[ãu]、iaⁿ[iã]、iuⁿ[iũ]、iɵ·ⁿ[iɔ̃]、ioⁿ[iõ]、oaⁿ[uã]（waⁿ[uã]）、oɛⁿ[uɛ̃]、uiⁿ[uĩ]、üiⁿ[ɯĩ]、iauⁿ[iãu]、oaiⁿ[uãi]（waiⁿ[uãi]）。以上16个鼻化韵母有以下三种情况：① aⁿ[ã]、iⁿ[ĩ]、ɵ·ⁿ[ɔ̃]、aiⁿ[ãi]、auⁿ[ãu]、iaⁿ[iã]、iuⁿ[iũ]、oaⁿ[uã]（waⁿ[uã]）、iauⁿ[iãu]、oaiⁿ[uãi]（waiⁿ[uãi]）10个鼻化韵母是现代厦门方言、泉州方言和漳州方言所共有的；② uiⁿ[uĩ]是厦门方言、漳州方言共有的韵母；③ɛⁿ[ɛ̃]、iɵ·ⁿ[iɔ̃]等2个韵母属漳州方言所特有的；④ oɛⁿ[uɛ̃]、ioⁿ[iõ]属漳浦方言韵母；⑤üiⁿ[ɯĩ]属泉州方言所特有的韵母。

6. 入声韵（46个）：ah[aʔ]、eh [eʔ]、ɛh[ɛʔ]、ih [iʔ]、oh [oʔ]、öh[ə(ɤ)ʔ]、uh [uʔ]，auh [auʔ]、aih[aiʔ]、iah[iaʔ]、ioh [ioʔ]、iauh [iauʔ]、iuh[iuʔ]、oah[uaʔ]（wah[uaʔ]）、uih[uiʔ]、oeh[ueʔ]、öeh[ə(ɤ)eʔ]、ngh[ŋʔ]、mh[mʔ]、ahⁿ [ãʔ]、ehⁿ [ɛ̃ʔ]、ɛhⁿ[ɛ̃ʔ]、ihⁿ [ĩʔ]、ɵ·hⁿ[ɔ̃ʔ]、aihⁿ[ãiʔ]、auhⁿ[ãuʔ]、iahⁿ [iãʔ]、iauhⁿ[iãuʔ]、oaihⁿ[uãiʔ]（waihⁿ[uãiʔ]）、uihⁿ [uĩʔ]；ap [ap]、iap [iap]、ip [ip]、op[ɔp]、at [at]、it [it]（id[id]）、ut [ut]、iat [iat]（iet[iat]）、oat [uat]（wat[uat]）、ak [ak]、ek[ik]、ok [ɔk]、ök[ə(ɤ)k]、iak [iak]、oak[uak]（wak[uak]）、iok[iɔk]。以上46个入声韵母有以下7种情况：① 单元音后带喉塞 -ʔ韵尾的韵母7个：ah[aʔ]、eh [eʔ]、ih [iʔ]、oh [oʔ]、uh [uʔ]5个韵母是厦门方言、泉州方言、漳州方言所共有的，ɛh[ɛʔ]是漳州方言特有的，öh[ə(ɤ)ʔ]、öeh[ə(ɤ)eʔ]2个韵母是泉州方言和同安与特有的。② 复元音后带喉塞-ʔ韵尾的韵母9个：auh [auʔ]、iah[iaʔ]、ioh [ioʔ]、iauh [iauʔ]、oah[uaʔ]（wah[uaʔ]）5个韵母是厦门方言、泉州方言、漳州方言所共有的；aih[aiʔ]、iuh[iuʔ]、uih [uiʔ]3个是厦门方言、泉州方言共有的，oeh [ueʔ]是厦门方言、漳州方言共有的，öeh[ə(ɤ)eʔ]是泉州方言特有的。③声化韵母后带喉塞-ʔ韵尾的韵母2个：ngh[ŋʔ]是厦门方言、泉州方言共有的韵母，mh[mʔ]是厦门方言韵母。④鼻化韵母带喉塞-ʔ韵尾的11个：ahⁿ [ãʔ]、ihⁿ [ĩʔ]、iauhⁿ[iãuʔ]3个韵母是厦门方言、泉州方言、漳州方言所共有的，ehⁿ [ɛ̃ʔ]、auhⁿ[ãuʔ]、uihⁿ [uĩʔ]3个韵母是厦门方言韵母，ɵ·hⁿ[ɔ̃ʔ]、iahⁿ [iãʔ]、oaihⁿ[uãiʔ]（waihⁿ[uãiʔ]）3个韵母是厦门方言、漳州方言共有的，aihⁿ[ãiʔ]是厦门方言、泉州方言共有的，ɛhⁿ[ɛ̃ʔ]是漳州方言特有的。⑤收-p韵尾的入声韵母4个：ap [ap]、iap [iap]、ip [ip]3个韵母是厦门方言、泉州方言、漳州方言所共有的，op[ɔp]是漳州方言特有的。⑥收-t韵尾的入声韵母6个：at [at]、it [it]（id[id]）、ut [ut]、iat [iat]（iet[iat]）、oat [uat]（wat[uat]）5个韵母是厦门方言、泉州方言、漳州方言所共有的，id[id]读音与[it]同。⑦收-k韵尾的入声韵母7个：ak [ak]、ok [ɔk]、iak [iak]、iok [iɔk]、ek[ik]5个韵母是厦门方言、泉州方言、漳州方言所共有的，oak[uak]（wak[uak]）是泉州方言、漳州方言特有的，ök[ə(ɤ)k]韵母是泉州方言特有的。

综上所述，杜嘉德《厦英大辞典》里共记载了103个韵母。其中现代厦门方言、泉州方言和漳州方言所共有的韵母69个，厦门方言、漳州方言共有的韵母3个，厦门方言、泉州方言共有的韵母6个，漳州方言、泉州方言共有的韵母1个，厦门方言独有的韵母5个，漳州方言独有的韵母11个，泉州方言独有的韵母8个。具体情况见下表：

单位：（个）

闽南方言	元音韵22	鼻音韵17	鼻化韵16	声化韵2	入声韵46	小计
厦门方言、漳州方言、泉州方言共有	16	14	10	2	27	69
厦门方言、漳州方言共有			1		2	3
厦门方言、泉州方言共有					6	6
漳州方言、泉州方言共有					1	1
厦门方言独有					5	5
漳州方言独有	3	1	4		3	11
泉州方言独有	3	2	1		2	8
小计104	22	17	16	2	46	103

根据以上语音材料，我们可考证出140年前厦门方言、漳州方言和泉州的方言音系。

（1）厦门韵母系统（84个）

元音韵（16个）：a [a]、e [e]、i [i]、o [o]、ɵ[ɔ]、u [u]；ai [ai]、au [au]、io [io]、iu [iu]、ia [ia]、oa/wa [ua]、ui [ui]、oe [ue]、oai/wai[uai]、iau [iau]；

鼻音韵（15个）：am[am]、iam[iam]、im[im]、om[ɔm]；an[an]、ian/ien[ian]、in[in]、un[un]、oan/wan [uan]；ang[aŋ]、eng [iŋ]、iang[iaŋ]、oang/wang[uaŋ]、ong [ɔŋ]、iong [iɔŋ]；

声化韵（2个）：ng[ŋ]、m[m]；

鼻化韵（11个）：aⁿ[ã]、iⁿ [ĩ]、ɵⁿ[ɔ̃]、aiⁿ[ãĩ]、auⁿ[ãũ]、iaⁿ[iã]、iuⁿ [iũ]、oaⁿ/waⁿ [uã]、uiⁿ [uĩ]、iauⁿ[iãũ]、oaiⁿ/waiⁿ [uãĩ]；

入声韵（40个）：ah[aʔ]、eh[eʔ]、ih [iʔ]、oh [oʔ]、uh [uʔ]、auh [auʔ]、aih[aiʔ]、iah[iaʔ]、ioh[ioʔ]、iauh [iauʔ]、iuh[iuʔ]、oah/wah [uaʔ]、uih [uiʔ]、oeh [ueʔ]，ahⁿ [ãʔ]、ehⁿ [ẽʔ]、ihⁿ [ĩʔ]、ɵ'hⁿ[ɔ̃ʔ]、auhⁿ[ãuʔ]、iahⁿ [iãʔ]、uihⁿ[uĩʔ]、aihⁿ[ãiʔ]、iauhⁿ[iãuʔ]、oaihⁿ/waihⁿ[uãiʔ]、ngoeh[uẽʔ]，ngh[ŋʔ]、mh[mʔ]、ap [ap]、iap [iap]、ip [ip]；at [at]、it [it]、ut [ut]、iat/iet [iat]、oat/wat [uat]；ak [ak]、ok [ɔk]、iak [iak]、iok [iɔk]、ek[ik]。

按：现代厦门方言无om[ɔm]、oang[uaŋ]（wang[uaŋ]）韵母，而巴克礼著《厦门话字典补编》则有这两个韵母，说明在一百多年前厦门方言还存有om[ɔm]、oang[uaŋ]，这两个韵母经过时间推移而消失。

（2）漳州韵母系统（84个）

元音韵（19个）：a [a]、e [e]、i [i]、o [o]、ɵ'[ɔ]、u [u]、ɛ[ɛ]；ai [ai]、au [au]、 io [io]、iu [iu]、ia [ia]、oa/wa [ua]、ui [ui]、oe [ue]、oai/wai[uai]、iau [iau]、iθ˙[iɔ]、oɛ[uɛ];

鼻音韵（15个）：am[am]、iam[iam]、im[im]、om [ɔm]；an[an]、ian/ ien [ian]、in[in]、un[un]、oan/wan [uan]；ang[aŋ]、eng [iŋ]、iang[iaŋ]、iong [iɔŋ]、ong [ɔŋ]、oang/wang[uaŋ];

声化韵（2个）：ng[ŋ]、m[m];

鼻化韵（15个）：a^n[ã]、i^n [ĩ]、$θ˙^n$[ɔ̃]、ai^n[ãĩ]、au^n[ãũ]、ia^n[iã]、iu^n [iũ]、oa^n[uã]、ui^n[uĩ]、iau^n[iãũ]、oai^n[uãĩ]、$ɛ^n$ [ɛ̃]、$oɛ^n$[uɛ̃]、$iθ˙^n$[iɔ̃]、io^n[iõ];

入声韵（33个）：ah[aʔ]、eh[eʔ]、ih [iʔ]、oh [oʔ]、uh [uʔ]、ɛh[ɛʔ]、auh [auʔ]、iah[iaʔ]、ioh [ioʔ]、iauh [iauʔ]、oah[uaʔ]、oeh [ueʔ]，ah^n [ãʔ]、ih^n [ĩʔ]、$θ˙h^n$[ɔ̃ʔ]、$iauh^n$[iãũʔ]、$oaih^n$[uãĩʔ]、$ɛh^n$[ɛ̃ʔ]、ap [ap]、iap [iap]、ip [ip]、op[ɔp]；at [at]、it [it]、ut [ut]、iat/iet[iat]、oat/wat [uat]；ak [ak]、ok [ɔk]、iak [iak]、iok [iɔk]、ek[ik]、oak[uak]。

按：oɛ[uɛ]、$oɛ^n$[uɛ̃]两个韵母属漳浦方言韵类。

（3）泉州韵母系统（84个）

元音韵（19个）：a [a]、e [e]、i [i]、o [o]、θ˙[ɔ]、u [u]、ö[ə(ɤ)]、ü[ɯ]；ai [ai]、au [au]、io [io]（ïo [io]）、iu [iu]、ia [ia]、oa [ua]（wa[wa]）、ui [ui]、oe [ue]、oai [uai]（wai[uai]）、iau [iau]、öe [ə(ɤ)e];

鼻音韵（16个）：am[am]、iam[iam]、im[im]；an[an]、ian[ian]（ien[ian]）、in[in]、un[un]、oan[uan]（wan[wan]）、ün[ɯn]；ang[aŋ]、eng [iŋ]、iang[iaŋ]、iong [iɔŋ]、ong [ɔŋ]、oang[uaŋ]（wang[waŋ]）、öng[ə(ɤ)ŋ];

声化韵（2个）：ng[ŋ]、m[m];

鼻化韵（11个）：a^n[ã]、i^n [ĩ]、$θ˙^n$[ɔ̃]、ai^n[ãi]、au^n[ãu]、ia^n[iã]、iu^n [iũ]、oa^n[uã]（wa^n[uã]）、iau^n[iãu]、oai^n[uãi]（wai^n[uãi]）、$üi^n$[uĩ];

入声韵（36个）：ah[aʔ]、eh [eʔ]、ih [iʔ]、oh [oʔ]、uh [uʔ]、öh[ə(ɤ)ʔ]、auh [auʔ]、aih[aiʔ]、iah[iaʔ]、ioh [ioʔ]、iauh [iauʔ]、iuh[iuʔ]、uih [uiʔ]、oeh[ueʔ]、oah[uaʔ]（wah[uaʔ]）、ah^n [ãʔ]、ih^n [ĩʔ]、iah^n [iãʔ]、aih^n[ãiʔ]、$iauh^n$[iãuʔ]、ngh[ŋʔ]、ap [ap]、iap [iap]、ip [ip]；at [at]、it [it]、ut [ut]、iat [iat]（iet[iat]）、oat [uat]（wat[uat]）；ak [ak]、ok [ɔk]、iak [iak]、iok [iɔk]、ek[ik]、ök[ə(ɤ)k]、oak[uak]（wak[uak]）。

杜嘉德在"Ⅲ. EXTENT OF THE AMOY VERNACULAR, AND ITS SUB DIVISION INTO DIALECTS"里着重比较厦门方言与漳州、泉州和同安三个地方的方音差异：

首先，阐明厦门方言韵母与漳州方言差异之处。如：①e[e]，在漳州方言某些词里读作oe[ue]，反之亦然，厦门oe[ue]在漳州读作e[e]；②ng[ŋ]，在漳州方言某些词里读作uiⁿ[uĩ]；③iong[iɔŋ]，在漳州方言某些词里读作iang[iaŋ]；④iok[iɔk]，在漳州方言某些词里读作iak[iak]；⑤u[u]，在漳州方言某些词里读作i[i]；⑥un[un]，在漳州方言某些词里读作in[in]；⑦in[in]，在漳州方言某些词里读作un[un]；⑧iⁿ[ĩ]，在漳州方言某些词里读作εⁿ[ɛ̃]；⑨a [a]，在漳州方言某些词里读作ε [ɛ]；⑩e [e]，在漳州方言某些词里读作ε [ɛ]；⑪eh [eʔ]，在漳州方言某些词里读作εh [ɛʔ]；⑫eng [iŋ]，在漳州方言某些词里读作an [an]；⑬iuⁿ [iũ]，在漳州方言某些词里读作i ɵⁿ [iɔ̃]；⑭oe [ue]，在漳州方言某些词里读作oa [ua]；⑮iet [iat]，在漳州方言某些词里读作oat [uat]；⑯ek [ik]，在漳州方言某些词里读作it [it]；⑰muiⁿ [muĩ]，在漳州方言某些词里读作moɵⁿ [muɛ̃]。

附带谈谈漳浦方言的特点：①oe[ue]，在漳浦方言某些词里读作oai[uai]或ɔ ε [uɛ]；②eng[iŋ]，在漳浦方言某些词里读作iong[iɔŋ]；ek[ik]，在漳浦方言某些词里读作iok[iɔk]；iong[iɔŋ]，在漳浦方言某些词里读作eng[iŋ]；iok[iɔk]，在漳浦方言某些词里读作ek[ik]；③eng [iŋ]，在漳州方言某些词里读作an [an]，而漳浦方言与厦门方言一样读作eng [iŋ]。杜嘉德还提及与漳州方言接近的平和方言、长泰方言、诏安方言、海澄方言、南靖方言、龙岩方言等。

其次，阐明厦门方言韵母与泉州方言、同安方言主要差异：①u[u]，漳州读作i[i]或u[u]，在泉州方言、同安方言某些词里读作ü[ɯ]；②un[un]，漳州方言读作in[in]或u[u]，在泉州方言、同安方言某些词里读作ün[ɯn]；③eng [iŋ]，在漳州方言某些词里读作an [an]，在泉州方言、同安方言某些词里读作üiⁿ[ɯĩ]；④eng [iŋ]，在泉州方言、同安方言某些词里读作öng[ə(ɤ)ŋ]；⑤e[e]，在漳州方言某些词里读作oe[ue]，在泉州方言、同安方言某些词里读作ö[ə(ɤ)]；⑥eh[eʔ]，在泉州方言、同安方言某些词里读作öh[ə(ɤ)ʔ]；⑦oe[ue]，在漳州方言某些词里读作e[e]，在泉州方言、同安方言某些词里读作öe[ə(ɤ)e]；⑧oeh[ueʔ]，在泉州方言、同安方言某些词里读作öeh[ə(ɤ)eʔ]；⑨o[o]，在普通话里读作au[au]，在泉州方言、同安方言某些词里读作ɵ[ɔ]；⑩ɵ [ɔ]或au[au]，在泉州方言、同安方言某些词里读作ïo[io]。

附带谈谈声母差异：①ch，ts，或j，在泉州方言、同安方言某些词里读作dz[dz]，或接近它的读音；②j，在泉州方言、同安方言某些词里读音接近l[l]。杜嘉德还提及与泉州方言接近的泉港方言、南安方言、惠安方言、安溪方言、同安方言等方言。

总之，杜嘉德《厦英大辞典》所反映的韵系主要是140年前的厦门方言韵类，同时也吸收了当时漳州地区和泉州地区的方言特殊韵类。

五　《厦英大辞典》声调系统研究

杜嘉德在辞典引言中"声调TONES"部分对单字调和二字组连读变调也做了较为详细的描写。

1. 单字调

杜嘉德把厦门方言的7个单字调分为两大类，并做了概括说明：

第一类，韵母后有-h, -k, -p, -t辅音收尾的声调。

(1) chiūⁿ-jip, rising slightly and then falling rapidly; toh（上入轻微上升，然后迅速下降；toh）。

(2) ē-jíp, rising abruptly; tóh （下入，突然上升；tóh）。

第二类，韵母没有-h, -k, -p, -t辅音收尾的声调。

(3) chiūⁿ-piâⁿ, high and level; to（上平，高而平；to）。

(4) ē-khì, low and level; tō（下去，低而平；tō）。

(5) chiūⁿ-khì, low, slow, downward slide; tò.（上去，低，速度慢，下滑；tò。）

(6) ē-piâⁿ, slow circumflex, first falling and then rising, as in astonishment or interrogation；tô（下平，慢抑扬，先下降再上升，如在惊讶或疑问；tô）。

(7) chiūⁿ-siaⁿ, slightly upward and rapidly downwards, like a strong imperative;tó（上声，略微向上和迅速向下，就像一个强大的当务之急；tó）。

总而言之，厦门方言有如下7个单字调：

chiūⁿ-piâⁿ，上平，例如：to，不标符号。

chiūⁿ-siaⁿ，上声，例如：tó，标"ˊ"符号。

chiūⁿ-khì，上去，例如：tò，标"ˋ"符号。

chiūⁿ-jip，上入，例如：toh，不标符号。

ē-piâⁿ，下平，例如：tô，标"ˆ"符号。

ē-khì，下去，例如：tō，标"ˉ"符号。

ē-jíp，下入，例如：tóh，标"ʼ"符号。

2. 连读变调

杜嘉德也描写了二字组的连读变调情况，第一字变调，而第二字则不变调。第一个字变调原则是：

上平声的调值演变成下去调，但是仍然保持平稳的声调。

下平声的调值演变成下去调，在某些情况下，下平声相当于无抑扬的上平声；但在另外一些情况尤其是tâng-oaⁿ这个音，下平声和无抑扬的下去调相同。

上声的调值演变成上平调，即轻微向上的趋势。

上去声的调值演变成上声调，变成了一个音调高、发音快速的下降的声调。

下去声的调值演变成上去调，比其原来的声调更低一些。

上入声的调值演变成下入调，相互交换位置。

下入声的调值演变成上入调，相互交换位置。

《厦门方言研究》"二字组连读变调"载，原则上是前字变调后字不变调。前字变调规律是：①阴平、阳平调变成阳去调；②上声调变成阴平调；③阴去调变成上声调；④阳去调变成阴去调；⑤带喉塞韵尾的阴入调变调后喉塞韵尾脱落，变成上声调，带-p、-t、-k韵尾的阴入调变成阳入调；⑥带喉塞韵尾的阳入调变调后喉塞韵尾脱落，变成阴去调；带-p、-t、-k韵尾的阳入调变成值类似21（阴去调），但仍是带入声韵尾-p、-t、-k的入声调。现将《厦英大辞典》与《厦门方言研究》比较如下：

（1）《厦英大辞典》与《厦门方言研究》同，上平（阴平）声的调值演变成下去（阳去）调；

（2）《厦英大辞典》与《厦门方言研究》同，下平（阳平）声的调值演变成下去（阳去）调；

（3）《厦英大辞典》与《厦门方言研究》同，上声的调值演变成上平（阴平）调；

（4）《厦英大辞典》与《厦门方言研究》同，上去（阴去）声的调值演变成上声调；

（5）《厦英大辞典》与《厦门方言研究》同，下去（阳去）声的调值演变成上去（阴去）调；

（6）《厦英大辞典》上入（阴入）调演变成下入（阳入）调，下入（阳入）调演变成上入（阴入）调，没有区别带喉塞韵尾的阴入调和带-p、-t、-k韵尾的阴入调变调后的情况；而《厦门方言研究》则详细描写这两种情况的差异。

杜嘉德虽对自己的成就十分满意，但他也承认《厦英大辞典》有两个缺陷，第一，字典单没有一个汉字。关于这一点，杜嘉德在序言里解释道：其一，许多词素没有相对应的汉字，数量可能占全部的四分之一或二分之一。即使用心去找，但许多字太偏僻，或者异体字很多，无法确定哪个汉字正确；其二，字典是在他趁回英国休假时在伦敦排版，伦敦没有汉字活字，因而无法印出汉字；其三，他无法抽出时间使字典在外埠(如上海)监印。第二，采集日语词素不够完备。本字典是为了应付实用，仓促而成，因此不完备之处在所难免。

第三节　荷兰通译佛兰根、赫莱斯著《厦荷大辞典》（1882）音系研究

一　《厦荷大辞典》作者事迹、成书时间及编写体例

《厦荷大辞典》（Chineesch-Hollandsch Woordenboek Van Hetemoi-Dialekt），是由荷兰通译佛兰根（Franken, J.J.C.）、赫莱斯（C.F.M.De Grijs）所著。佛兰根，荷兰人，1857年以通译见习生奉派到中国学习汉语，不久被派到荷兰殖民地印尼当正式通译。由于当时印尼华侨有30多万人，而且基本上都是福建闽南人，荷兰人要与华侨沟通，必须学会闽南话。此外，荷兰的公文也要译为汉语才能让华侨看得懂。于是，佛兰根与施莱格奉命来到福建闽南地区学习和研究闽南话。佛兰根负责研究编撰《厦

荷白话辞典》。1862年，佛兰根到印尼的巴达维亚(今雅加达)。1863年佛兰根不幸逝世。巴答维亚艺术与科学协会只好委请赫莱斯(C.F.M.De Grijs)整理佛兰根的遗稿。由于当时巴达维亚只有一家印刷厂能够印刷汉文书，这本字典排了18年，直至1882年才得以出版，这时杜嘉德的《厦英大辞典》已经出版了10年。

　　《厦荷大辞典》主要反映了厦门方言的语音系统，同时也收入周边闽南方言不同的音类，标注与厦门话不同的内容，但并不全面，同一音类的例字，有的有著录，有的没有著录。该辞典的编排方式是按罗马字音序的英文字母排序，但是与一般的传教士字典略有不同。该辞典先列汉字并以罗马字母注音，字头后列有以该字为词头、词尾或词嵌的词汇，每条词语用汉字表示并加注音，且用荷兰语解释词义。

二　《厦荷大辞典》声母系统研究

　　佛兰根在《厦荷大辞典》正文中罗列了18个厦门方言声母(其中的例字均采用《八音定诀》的"十五音"的用字)：

双唇音	p [p]边邦	p' [p']颇破	b [b]文武	m [m]名脉	
舌尖中音	t [t]地端	t' [t']他贪	l [l]柳刘	n [n]年软	
舌尖前音	ts [ts]曾簪	ts'[ts']出春	dz [dz]入日		s [s]时施
舌面后音	k [k]求间	k' [k']气去	g [g]语疑	ng [ŋ]雅看	
喉音	h [h]喜好	以a．o．e．i．u开头[Ø]英亚乌			

　　上表可见：①一般的传教士字典以h符号来标注送气，而《厦荷大辞典》则用'符号来表示，如"p'，t'，ts'，k'"表示送气的声母。②一般的传教士字典以罗马字"ch"、"ts"表示[ts]，"chh""ts'h"表示[ts']，而《厦荷大辞典》则以罗马字"ts"表示[ts]，以"ts'"表示[ts']。③中古日母字，《厦荷大辞典》拟音为"dz"，而不拟音为"j"。④[m]、[n]、[ŋ]是[b]、[l]、[g]的音位变体，[b]、[l]、[g]与鼻化韵相拼时，就分别变成了[m]、[n]、[ŋ]。⑤凡是以元音a, o, e, i, u开头的音节即零声母[Ø]。

　　杜嘉德的《厦英大辞典》，麦嘉湖《厦门方言英汉辞典》与《厦荷大辞典》，成书时间十分相近，现将它们声母系统比较如下：

厦英大辞典	p[p]八、ph[pʻ]泡、b[b]无、m[m]骂， t[t]代、th[tʻ]脱、1[l]来、n[n]娘， ch[tɕ/ts]之/查、ts[ts]栽、chh[tɕʻ/tsʻ]侵/差、j[dz]日、s[s]宋， k[k]割、kh[kʻ]敲、g[g]银、ng[ŋ]雅， h[h]害、[∅]奥
厦门方言英汉辞典	p[p]帮、ph[pʻ]滂、b[b]明、m[m]脉， t[t]端、th[tʻ]透、1[l]来、n[n]年， ts[ts]精、chh[tsʻ]溪、j[dz]日、s[s]心， k[k]见、kh[kʻ]溪、g[g]艺、ng[ŋ]雅， h[h]晓、[∅]阿
厦荷大辞典	p[p]邦、pʻ[pʻ]破、b[b]文、m[m]名， t[t]地、tʻ[tʻ]贪、1[l]刘、n[n]软， ts[ts]簪、tsʻ[tsʻ]春、dz[dz]日、s[s]施， k[k]间、kʻ[kʻ]去、g[g]疑、ng[ŋ]雅， h[h]好、[∅]英

上表可见，三种辞典声母系统基本上一致，主要差异是：①《厦英大辞典》有舌面前塞擦音[tɕ]、[tɕʻ]和舌尖前塞擦音[ts]、[tsʻ]两套声母，而《厦荷大辞典》与《厦门方言英汉辞典》则只有舌尖前塞擦音[ts]、[tsʻ]一套声母，所不同的是[tsʻ]写法不一：chh[tsʻ]和tsʻ[tsʻ]。②声母[dz]有不同表示法，唯独《厦荷大辞典》直接以dz来描写，而《厦英大辞典》和《厦门方言英汉辞典》则以j来表示。

三 《厦荷大辞典》韵母系统研究
现将《厦荷大辞典》84个韵母整理如下：

（1）单元音（6个）：a [a]阿、e [e]下、i [i]衣、o [o]窝、o[ɔ]乌、u [u]污；

（2）复元音（10个）：ai[ai]哀、ao[au]瓯、io[io]腰、iu[iu]尤、ia[ia]爷、oa [ua]娃、ui [ui]威、oe [ue]卫、oai [uai]歪、iao [iau]谣；

（3）鼻化韵（12个）：a[ã]馅、i[ĩ]丸、o[ɔ̃]毛、e [ẽ]婴、ai[ãi]乃、au[ãu]矛、ia [iã]影、iu[iũ]羊、oa[uã]换、ui[uĩ]媒、iao[iãu]鸟、oai[uãi]横；

（4）声化韵（2个）：eng[ŋ]黄、em[m]不；

（5）阳声韵（15个）：am[am]暗、iem[iam]盐、im[im]音、om[ɔm]参；an[an]安、ien[ian]延、in[in]引、un[un]恩、oan[uan]弯；ang[aŋ]公、iang[iaŋ]央、oang[uaŋ]闯、ing [iŋ]英、ong [ɔŋ]王、iong [iɔŋ]阳；

（6）入声韵（39个）：ah[aʔ]鸭、eh [eʔ]阨、ih [iʔ]舌、oh [oʔ]学、uh [uʔ]托；aoh [auʔ]雹、aih[aiʔ]□、iah[iaʔ]页、ioh [ioʔ]药、iaoh [iauʔ]愕、iuh[iuʔ]□、oah[uaʔ]热、uih [uiʔ]血、oeh [ueʔ]狭、engh[ŋʔ]□、emh[mʔ]默；ah[ãʔ]塌、eh[ẽʔ]脉、ih[ĩʔ]物、oh[ɔ̃ʔ]膜、aoh[ãuʔ]耦、

iah [iãʔ]嚇、iaoh[iãuʔ]口、oaih[uãiʔ]口、ueh[uẽʔ]夾、

ap [ap]壓、iep [iap]叶、ip [ip]执、

at[at]谒、it [it]一、ut [ut]术、iet [iat]结、oat [uat]越、

ak[ak]握、iak [iak]爆、oak [uak]口、ok [ɔk]握、iok [iɔk]约、ik[ik]亿。

现将杜嘉德《厦英大辞典》的84个韵母,麦嘉湖《厦门方言英汉辞典》的83个韵母与《厦荷大辞典》的84个韵母比较如下:

【单元音韵母】

厦英大辞典	a [a]阿、e [e]下、i [i]衣、o [o]窝、ɵ·[ɔ]乌、u [u]污
厦门方言英汉辞典	a [a]亚、e [e]家、i [i]意、o[o]和、o·[ɔ]姑、u [u]有
厦荷大辞典	a [a]阿、e [e]下、i [i]衣、o [o]窝、o̤[ɔ]乌、u [u]污

按:三种辞书均有6个单元音韵母,不同之处在于[ɔ]的表示法不同,它们分别以ɵ、o·、o̤、表示。

【复元音韵母】

厦英大辞典	ai [ai]埃、au [au]瓯、io [io]腰、iu [iu]尤、ia [ia]爷、oa/wa [ua]倚/娃、ui [ui]威、oe [ue]矮、oai/wai[uai]歪/歪、iau [iau]要
厦门方言英汉辞典	ai [ai]爱、au [au]后、io[io]腰、iu[iu]右、ia[ia]赦、oa[ua]倚、ui[ui]位、oe[ue]话、oai[uai]外、iau [iau]庙
厦荷大辞典	ai [ai]哀、ao[au]瓯、io[io]腰、iu[iu]尤、ia[ia]爷、oa [ua]娃、ui [ui]威、oe [ue]卫、oai [uai]歪、iao [iau]谣

按:三种辞书均有10个复元音韵母,不同之处在于[ua]、[uai]的表示法不同,《厦英大辞典》既以oa、oai表示[ua]、[uai],又以wa、wai来表示 [ua]、[uai],而《厦荷大辞典》和《厦门方言英汉辞典》只有前一种表示法。《厦英大辞典》和《厦门方言英汉辞典》以iau表示 [iau],而《厦荷大辞典》则以iao表示[iau]。

【鼻化韵母】

厦英大辞典	aⁿ[ã]呀、iⁿ [ĩ]院、ɵ·ⁿ[ɔ̃]恶、aiⁿ[ãĩ]哼、auⁿ[ãũ]嗷、iaⁿ[iã]影、iuⁿ [iũ]羊、oaⁿ/waⁿ [uã]安/安、uiⁿ [uĩ]黄、iauⁿ[iãũ]口、oaiⁿ/waiⁿ [uãĩ]挨/挨
厦门方言英汉辞典	aⁿ[ã]衫、iⁿ [ĩ]院、o·ⁿ[ɔ̃]五、oⁿ[õ]好、eⁿ [ẽ]婴;aiⁿ[ãĩ]奈、auⁿ[ãũ]貌、iaⁿ[iã]影、iuⁿ[iũ]香、oaⁿ[uã]换、uiⁿ[uĩ]每、iauⁿ[iãu]猫、oaiⁿ[uãi]横
厦荷大辞典	a[ã]馅、i[ĩ]丸、o̤[ɔ̃]毛、e [ẽ]婴、ai[ãi]乃、au[ãũ]矛、ia [iã]影、iu[iũ]羊、oa[uã]换、ui[uĩ]媒、iao[iãu]鸟、oai[uãi]横

按：三种辞书均有11个鼻化韵母，即[ã]、[ĩ]、[ɔ̃]、[ãĩ]、[ãũ]、[iã]、[iũ]、[uã]、[uĩ]、[iãũ]、[uãĩ]；不同之处在于：①《厦荷大辞典》和《厦门方言英汉辞典》比《厦英大辞典》多了[ẽ]韵母；②《厦门方言英汉辞典》比《厦英大辞典》和《厦荷大辞典》多了[õ]韵母；③《厦荷大辞典》鼻化韵的表示符号是在主要元音或元音韵尾之下加上"—"，如"a[ã]、i[ĩ]、ɔ[ɔ̃]"，而《厦英大辞典》和《厦门方言英汉辞典》则是在音节的右上角加上"ⁿ"，如"aⁿ[ã]、iⁿ[ĩ]、oⁿ[ɔ̃]"。

【声化韵韵母】

厦英大辞典	ng[ŋ]秧、m[m]姆
厦门方言英汉辞典	ng[ŋ]卵、m[m]梅
厦荷大辞典	eng[ŋ]黄、em[m]不

按：三种辞书均有2个声化韵韵母：[ŋ]、[m]；《厦荷大辞典》与《厦英大辞典》和《厦门方言英汉辞典》不同之处在于以eng表示[ŋ]、以em表示[m]，而《厦英大辞典》和《厦门方言英汉辞典》则以ng表示[ŋ]，m表示[m]。

【鼻音韵韵母】

厦英大辞典	am[am]鴿、iam[iam]尖、im[im]侵、om[ɔm]掩； an[an]安、ian/ien[ian]便、in[in]贫、un[un]分、oan/wan [uan]弯； ang[aŋ]翁、eng [iŋ]英、iang[iaŋ]仰、oang[uaŋ]风、iong [iɔŋ]容、ong[ɔŋ]公；
厦门方言英汉辞典	am[am]参、iam[iam]厌、im[im]饮、om[ɔm]参； an[an]按、ien[ian]渊、in[in]亲、un[un]允、oan[uan]怨； ang[aŋ]人、iang[iaŋ]响、oang[uaŋ]风、eng[iŋ]应、ong [ɔŋ]王、iong [iɔŋ]勇；
厦荷大辞典	am[am]暗、iem[iam]盐、im[im]音、om[ɔm]参； an[an]安、ien[ian]延、in[in]引、un[un]恩、oan[uan]弯； ang[aŋ]公、iang[iaŋ]央、oang[uaŋ]闯、ing [iŋ]英、ong [ɔŋ]王、iong [iɔŋ]阳；

按：三种辞书均有15个鼻音韵韵母；不同之处有：①韵母[ian]的表示法不一，三种辞书除了以ien表示外，《厦英大辞典》还以ian表示；②韵母[uan]的表示法不一，三种辞书除了以oan表示外，《厦英大辞典》还以wan表示；③韵母[iŋ]的表示法不一，《厦荷大辞典》直接以ing表示，而《厦英大辞典》和《厦门方言英汉辞典》则以eng表示。

【收-ʔ尾的入声韵母】

厦英大辞典	ah[aʔ]鸭、eh[eʔ]麦、ih[iʔ]接、oh[oʔ]学、uh[uʔ]托；auh[auʔ]吼、aih[aiʔ]口、iah[iaʔ]食、ioh[ioʔ]石、iuh[iuʔ]㳮、oah/wah[uaʔ]热、uih[uiʔ]血、oeh[ueʔ]血、iauh[iauʔ]寂；ahⁿ[ãʔ]口、ehⁿ[ẽʔ]星、ihⁿ[ĩʔ]掷、o·hⁿ[ɔ̃ʔ]口；auhⁿ[ãuʔ]口、iahⁿ[iãʔ]吓、oehⁿ[uẽʔ]口、uihⁿ[uĩʔ]口、aihⁿ[ãiʔ]口、iauhⁿ[iãuʔ]峈、oaihⁿ/waihⁿ[uãiʔ]口；ngh[ŋʔ]口、mh[mʔ]口；
厦门方言英汉辞典	ah[aʔ]押、eh[eʔ]厄、ih[iʔ]滴、oh[oʔ]学、uh[uʔ]托；auh[auʔ]落、aih[aiʔ]唉、iah[iaʔ]赤、ioh[ioʔ]药、iuh[iuʔ]唉、oah[uaʔ]活、uih[uiʔ]血、oeh [ueʔ]八、iauh [iauʔ]健；ahⁿ [ãʔ]攉、ehⁿ [ẽʔ]脉、ihⁿ [ĩʔ]物、o·hⁿ[ɔ̃ʔ]膜；auhⁿ[ãuʔ]杂、iahⁿ[iãʔ]愕、oehⁿ[uẽʔ]挟、iauⁿh[iãuʔ]愕、oaiⁿh [uãiʔ]杂；mh[mʔ]默；
厦荷大辞典	ah[aʔ]鸭、eh [eʔ]阨、ih [iʔ]舌、oh [oʔ]学、uh [uʔ]托；aoh[auʔ]雹、aih[aiʔ]口、iah[iaʔ]页、ioh [ioʔ]药、iuh[iuʔ]口、oah[uaʔ]热、uih [uiʔ]血、oeh [ueʔ]狭、iaoh [iauʔ]愕；ah[ãʔ]塌、eh[ẽʔ]脉、ih[ĩʔ]物、oh[ɔ̃ʔ]膜；aoh[ãuʔ]藕、iah [iãʔ]嚇、ueh[uẽʔ]夾、iaoh[iãuʔ]口、oaih[uãiʔ]口；engh[ŋʔ]口、emh[mʔ]默；

按：三种辞书均有元音韵带-ʔ尾的入声韵母14个，即[aʔ]、[eʔ]、[iʔ]、[oʔ]、[uʔ]、[auʔ]、[aiʔ]、[iaʔ]、[ioʔ]、[iuʔ]、[uaʔ]、[uiʔ]、[ueʔ]、[iauʔ]。三种辞书均有鼻化韵带-ʔ尾的入声韵母9个，即[ãʔ]、[ẽʔ]、[ĩʔ]、[ɔ̃ʔ]、[ãuʔ]、[iãʔ]、[uẽʔ]、[iãuʔ]、[uãiʔ]；三种辞书均有mh[mʔ]韵母。不同之处有：①《厦英大辞典》比《厦荷大辞典》和《厦门方言英汉辞典》多了uihⁿ[uĩʔ]、aihⁿ[ãiʔ]两个韵母。②《厦英大辞典》和《厦荷大辞典》均有[ŋʔ]、[mʔ]韵母，而《厦门方言英汉辞典》只有[mʔ]韵母。

【收-p、-t、-k尾的入声韵母】

厦英大辞典	ap [ap]压、iap[iap]叶、ip [ip]揖；at [at]遏、it [it]一、ut [ut]出、iat/iet [iat]咽、oat/wat [uat]法；ak [ak]沃、ok [ɔk]屋、iak [iak]约、iok [iɔk]育、ek[ik]。
厦门方言英汉辞典	ap [ap]压、iap [iap]粒、ip [ip]急；at [at]力、it [it]一、ut [ut]出、iet [iat]灭、oat [uat]月；ak [ak]学、ok [ɔk]谷、iak [iak]逼、iok [iɔk]约、ek[ik]翼。
厦荷大辞典	ap [ap]压、iep [iap]叶、ip [ip]执；at[at]谒、it [it]一、ut [ut]术、iet [iat]结、oat [uat]越；ak[ak]握、ok [ɔk]握、iak [iak]爆、iok [iɔk]约、ik[ik]亿、oak [uak]口。

按：三种辞书均有3个收-p尾入声韵母，即[ap]、[iap]、[ip]。均有5个收-t尾入声韵母，即[at]、[it]、[ut]、[iat]、[uat]。均有5个收-k尾入声韵母，即[ak]、[iak]、[ɔk]、[iɔk]、[ik]。《厦荷大辞典》比《厦英大辞典》和《厦门方言英汉辞典》多了oak [uak]韵母。

四　《厦荷大辞典》声调系统研究

《厦荷大辞典》与《厦英大辞典》《厦门方言英汉辞典》一样，均有7个厦门方言声调。关于声调符号的使用，都采用麦都思的《福建方言字典》标示法，即：

君	kun	阴平	无符号；
群	kûn	阳平	符号"^"；
滚	kún	上声	扬音符"ˊ"；
棍	kùn	阴去	抑符号"ˋ"；
郡	kūn	阳去	水平线"ˉ"；
骨	kut	阴入	h，k，p或t的突然中止；
滑	kút	阳入	垂直线"│"。

所不同的是，《厦英大辞典》《厦门方言英汉辞典》除了对单字调有详细描写外，还对二字连读变调做了描写和阐述。

第四节　伦敦宣道会麦嘉湖《厦门方言英汉辞典》（1883）音系研究

一　《厦门方言英汉辞典》作者事迹、成书时间及编写体例

麦嘉湖（John Macgowan，1835—1922年），1835年7月23日出生于英国港市贝尔法斯特市（Belfast），1858年加入英国伦敦教会，1859年在伦敦长老会学院学习，同年8月立为牧师，与同会成员艾伦·萨拉巴特Ellen Sarah Butt结婚。1860年3月，麦嘉湖夫妇抵达中国上海。不久，麦氏便开始了他在中国长达五十年传教工作。

1863年，麦嘉湖转入厦门伦敦会工作。不久，因麦嘉湖夫人健康状况不佳，麦氏夫妇不得不于同年9月离开厦门，准备经美返英。没想到麦夫人不幸于10月29日在途中病逝。1865年1月麦嘉湖返回英国。1866年6月麦嘉湖重新返回厦门。因身体欠佳，他接受了医生的建议，1867年赴福州休养。在福州期间，麦嘉湖结识了美部会传教士弼来满（L. B. Peet）牧师的长女，并于1868年3月26日在福州完婚。

当时闽南分为漳州、惠安、北溪、汀州四个教区，各个教区又分别下辖几个堂会。麦嘉湖主要在漳州和惠安两地开展教务，当地许多堂会都是由麦嘉湖一手建立起来的。在漳州期间，发展了十余名信徒。麦嘉湖认为此地很具发展潜力，便于1871年派当地信徒许酒钟到该地布道，并创建了新堂。1874年，麦氏又亲临浦南堂会传道，

为三名新入教徒施洗。1880年，麦嘉湖转入惠安主持教务，同时在当地创办了一所小学。其他地区亦纷纷效仿，在各自的堂会内附设义学。1883年，鉴于当时的惠安崇武尚无人传教，麦嘉湖将信徒张镇忠派往该地售书布道，颇受欢迎。1888年，麦嘉湖巡视漳属东美堂会，当时东美堂会经费困难，幸得麦氏资助才得以维持。1906年，麦嘉湖再次接济东美堂会建筑学校教室。

由于当时厦门信徒们的普遍贫困，许多教会支持不下去，面临关闭的危险。麦嘉湖在鼓励他们自养的同时，还经常对一些困难教会进行资助。厦门有名的牧师周之德、陈秋卿、叶汉章等都是麦嘉湖的学生，而麦嘉湖本人写有多篇信徒入教的过程的文章。1902年9月，继娶的麦夫人不幸去世，虽再次经历丧妻之痛，但麦氏仍坚持参加了12月厦门举行的厦门教会年会，并以大会主席身份发表了演说。1907年，在来华传教士百年大会上，麦氏作为特邀代表出席。这之后，麦嘉湖仍然坚持在厦门传教，1909年，在度过了来华50周年庆典不久，麦氏便于1910年返回英国，并从此退出了海外传教工作。但他并未放弃他所信仰的福音传播工作，仍在国内继续为教会服务。1922年3月17日，麦嘉湖在伦敦去世，享年87岁。

麦嘉湖是继杜嘉德之后对闽南语言的研究有极大贡献的外国传教士。麦嘉湖不仅是一位称职的传教士，也是一位多产作家。他有许多关于中国的著作在上海、厦门和伦敦等城市出版发行。其著作颇丰，可以分为四类，即语言方言类、传教经历类、中国历史类和中国社会生活类。语言方言类著作有4种：①《上海方言习惯用语集》（A Collection of Phrases in Shanghai Dialect：Shanghai: Presbyterian Mission Press，1862）。此书是专门研究当时上海方言的习惯用语的专集。②《英华口才集》（Manual of the Amoy Colloquial：Amoy，1871，Second Edition: Amoy: Printed by Man Shing，1880）。这是一本厦门话初学指南书。刊印后得到好评，后进行过修订（有1893年改订三版鼓浪屿萃经堂刊）。日人据台初年，是书由日人改译，用日本假名标音而成《日台会话大成》，供来台日人学习闽南语之用。③《厦门方言英汉辞典》（English and Chinese Dictionary of the Amoy Dialect：Amoy. China. A. A. Marcal. London: 1883）。此书厦译并列汉字及罗马拼音白话字是其一大特色。杜嘉德编《厦英大辞典》是其主要参考书自不待言。杜氏辞典序云："有厦英而无英厦是一缺点，英厦辞典待另编成。而此愿望遂由麦氏达成。"④《商业词汇》（List of Terms Used in Commerce：该文收录于《Doolittle's Dictionary, Commercial Words and Phrases: Part Ⅲ.No26》）。此外，麦嘉湖还著有许多著作，如《中国人的生活方式》、《中华帝国史》《中国风俗》等书。

《厦门方言英汉辞典》（又称《英厦辞典》，1883年在英国伦敦出版。该辞典的前面部分"INTRODUCTION（引言）"首先简述厦门、漳州、泉州和同安四个闽南方言点的情况；继而有"Orthography and pronunciation（拼写和发音）"部分，详细描写了厦门方言的声母、单元音和复元音韵母的音值进行了描写；还简述了"Nasals"（鼻音）的读音特点；最后还描述了"Tones"（声调），包括单字调和连读变调。辞典的正文部分以英文26个字母为序，先罗列英语单词或词组，再翻译成汉语，将其译成厦门方言的罗马字读音，凡单字者先注文读音后注白读音，凡有两个或两个以上复音词或词组者均逐一注明厦门方言罗马字读音。辞典的正文之后还有"Appendix"（附录），主要涉及关于男性疾病医疗的许多问题。本书着重整理和研究《厦门方言英汉辞典》的音韵特点。

二　《厦门方言英汉辞典》声母系统研究

麦嘉湖在《厦门方言英汉辞典》序言"Orthography and pronunciation"（拼写和发音）中对厦门方言的声母进行了描述：

CHH它的拼法展示了一个送气音ch，通常在别处是一个书写体ch'。按：此声母应拟音为舌尖前送气的清塞擦音[ts']。

G　像get中的g，通常很生硬。按：此声母如英语get[get]中的g，应拟音为舌面后、浊塞音[g]。

H　像在English中一样。只有在词末时不发音。按：此声母应拟音为喉音、清擦音[h]。

J　像在jug中一样。有时读成dz，例如:润jun，像书写的dzun的发音。按：此声母读如英语jug[dʒʌg]，有时读成dz，应拟音为舌尖前、不送气浊塞擦音[dz]。

K　像在keep中一样。按：此声母读如英语keep[ki:p]，应拟音为舌面后、不送气的清塞音[k]。

KH 表示k的送气，最好写出k'。按：此声母应拟音为舌面后、送气的清塞音[k']。

L　如英语中的1，有时接近d。按：此声母应拟音为舌尖中、浊边音[l]，有时读成舌尖中、浊塞音声母[d]。

M　如英语中的m。按：此声母应拟音为双唇浊鼻音声母[m]。

N　如英语中的n。按：此声母应拟音为舌尖中浊鼻音声母[n]。

NG 在开头或是结尾，都发sing中的ng音。按：此声母应拟音为舌面后、浊鼻音声母[ŋ]。

P　如英语中的p。按：此声母应拟音为双唇不送气的清塞音声母[p]。

PH 是一个送气的p，最好写成p'，不是seraph中ph的发音。按：此声母应拟音为双唇送气的清塞音声母[p']。

S　总是如sit中的s。按：此声母应拟音为舌尖前、清擦音[s]。

T如英语中的t。按：此声母应拟音为舌尖中、不送气的清塞音[t]。

TH 是送气的t音，them中的th发音，最好是写成T'，但是我想与杜嘉德保持一致，所以写成Th。按：此声母应拟音为舌尖中送气的清塞音[t']。

TS 如its中的ts。杜嘉德在a, o, u字母前用ts，在e, i字母前用ch。我不用ch而只用ts，因为同时使用这两个符号会迷惑初学者。按：此声母应拟音为舌尖前不送气的清塞擦音[ts]。

《厦门方言英汉辞典》TS拟音为[ts]、CHH拟音为[ts']，与早期的几部传教士编撰的辞书表示法不太一样：罗啻《翻译英华厦腔语汇》以ch表示[ts]，以ch'表示[ts']；荷兰通译佛兰根、赫莱斯的《厦荷大辞典》以ts表示[ts]，以ts'表示[ts']；杜嘉德的《厦英大辞典》ch，chh与齐齿（i一类）韵母拼时，因受颚化影响变成舌面前的[tɕ]、[tɕ']；若与非齐齿（i一类）韵母拼时，就读作[ts]、[ts']；ts字母均与非齐齿（i一类）韵母拼时，就读作[ts]。麦嘉湖《厦门方言英汉辞典》与罗啻和佛兰根、赫莱斯意见一致，只有舌尖前音[ts]和[ts']，不同意杜嘉德增加一套舌面前音[tɕ]、[tɕ']。

综上所述，麦嘉湖《厦门方言英汉辞典》中所罗列的厦门方言声母及其音值如下：

双唇音	p [p]帮	ph[p']滂	b [b]明	m [m]脉	
舌尖中音	t [t]端	th[t']透	l [l]来	n [n]年	
舌尖前音	ts [ts]精	chh[ts']清	j [dz]日		s[s]心
舌面后音	k [k]见	kh[k']溪	g [g]艺	ng [ŋ]雅	
喉音	h [h]晓	以a.o.e.i.u开头[Ø]阿窝鞋衣有			

现就上表声母系统说明如下：

（1）表中有m[m]与b[b]、n[n]与l[l]、ng[ŋ]与g[g]的对立，这是因为闽南方言有鼻化韵与非鼻化韵两套系统，凡[b]、[l]、[g]与鼻化韵相拼时，就分别变成了[m]、[n]、[ŋ]，l [l]的读音接近d[d]。

（2）表中ts拟音为[ts]、chh拟音为[ts']，j字母在当时仍然读作[dz]，而尚未演变为[l]或[n]。

（3）凡是以元音a, o, e, i, u开头的音节即零声母[Ø]。

若把麦嘉湖《厦门方言英汉辞典》声母系统与杜嘉德《厦英大辞典》相比较，唇音、舌音、牙音、喉音声母的表示法相同，唯独齿音有差异。请看下表：

厦英大辞典	chi[tɕi]之	cha[tsa]查	tsai [tsai]栽	chhim[tɕ'im]侵	chha[ts'a]差	ts'h -
厦门方言英汉辞典	tseng [tsiŋ]精			chheng[ts'iŋ]清		

上表可见，《厦门方言英汉辞典》只有一套舌尖前塞擦音，即[ts]、[ts‘]。而《厦英大辞典》则有两套，即舌面前塞擦音[tɕ]、[tɕ‘]和舌尖前塞擦音[ts]、[ts‘]；ch，chh与齐齿（i一类）韵母拼时，因受颚化影响变成舌面前的[tɕ]、[tɕ‘]；若与非齐齿（i一类）韵母拼时，就读作[ts]、[ts‘]；ts字母均与非齐齿（i一类）韵母拼时，就读作[ts]。

三　《厦门方言英汉辞典》韵母系统研究

麦嘉湖《厦门方言英汉辞典》"Orthography and pronunciation"（拼写和发音）中对厦门方言部分单元音和复元音韵母的音值进行了描写：

A　发音就像la中的a。按：此元音如同英语la[lɑ:]中的a。

E　像grey中的e，与一个辅音联合，像men中的e。按：此元音如同英语grey[grei]中的e；当与一个辅音联合，如同英语men[men]中的e。

I　像pique中的i一样。和辅音联合使用时，像him中的i。按：i如同英语pique[pik]、him[him]中的i一样。

o　如so中的o，如果后面跟的是辅音则如sock中的。按：此元音如同英语so[səu]中的o，如果后面跟的是辅音则如sock[sɔk]中的o。

o·　如saw中aw的发音。按：此元音如同英语saw[sɔ:]中aw的发音。

U　如rule中的u。按：u如同英语rule[ruːl]中的u。

Ai　如fie中ie的发音。按：ai，读如英语fie[fai]中ie的发音。

Au　如cow中ow的发音。按：au，读如英语cow[kau]中ow的发音。

Ia　很慢地发音时，两个字母都有各自的发音。在正常会话中，重音落在a，而i接近于y的发音。如"盐iâm"，也可以写成"yâm"。按：ia，读如厦门话"盐iâm"中的ia，亦可读作"yâm"。

Iau-Io-Iu，和ia的发音规则相同。按：iau-io-iu，发音规则与ia同。

Oa重音在a上；o很短所以可能会写成w。有些确实把hoan，hoa读成hwan，hwa。按：hoan，hoa可读成hwan，hwa，因为o读音很短，可写成w。

鼻音小字母ⁿ在一个字尾时，意味着整个字有个鼻音。以m和n开头的字，自然是鼻音，有时附着字母ⁿ，有时没有。按：鼻化韵一般在元音韵母后加上ⁿ，但以m、n开头时，有时用ⁿ，有时不用。

通过对麦嘉湖《英厦辞典》的研读，现将其83个韵母整理如下（先列出罗马字注音，中括弧[ ]内是相应的国际音标，后举例例字）：

1.元音韵母（16个，其中单元音韵母6个，复元音韵母10个）

a [a]：ba[ba]猫、chha[ts‘a]差、ha[ha]下、a[a]亚、ka[ka]教、pa[pa]把、pha[p‘a]抛；

e [e]：be[be]尾、chhe[ts‘e]差、he[e]和、ke[ke]家、phe[p‘e]皮、the[t‘e]退、tse[tse]制；

　　i [i]：bi[i]味、chhi[tsʻi]持、i[i]意、hi[hi]戏、gi[gi]宜、ji[dzi]二、ki[ki]己、khi[kʻi]弃、li[li]尼、pi [pi]卑、tsi[tsi]子、si[si]寺；

　　o[o]：bo[bo]无、ho[ho]和、kho[kʻo]可、ngo[ŋo]五、so[so]唆、to[to]到、tho[tʻo]讨、tso[tso]左；

　　oˈ[ɔ]：hoˈ[hɔ]俾、chhoˈ[tsʻɔ]粗、koˈ[kɔ]姑、khoˈ[kʻɔ]苦、loˈ[lɔ]路、oˈ[ɔ]恶、poˈ[pɔ]布、phoˈ[pʻɔ]簿、soˈ[sɔ]所、toˈ[tɔ]肚、thoˈ[tʻɔ]土、tsoˈ[tsɔ]祖；

　　u [u]：bu[u]无、chhu[tsʻu]此、gu[gu]语、hu[hu]夫、u[u]有、ku[ku]拒、su[su]事、tu[tu]除、tsu[tsu]自；

　　ai [ai]：bai[bai]埋、chhai[tsʻai]菜、hai[hai]谐、ai[ai]爱、kai[kai]戒、khai[kʻai]概、pai[pai]摆、phai[pʻai]派、sai[sai]使、tai[tai]大、thai[tʻai]胎、tsai[tsai]才；

　　au [au]：chhau[tsʻau]凑、hau[hau]钩、gau[gau]善、kau[kau]厚、au[au]后、thau[tʻau]头、tsau[tsau]走；

　　io[io]：chhio[tsʻio]笑、io[io]腰幺、khio[kʻio]却、phio[pʻio]票、tio[tio]钓、sio[sio]烧、tsio[tsio]照；

　　iu [iu]：chhiu[tsʻiu]树、iu[iu]右、liu[iu]遛、siu[iu]收、thiu[tʻiu]抽、tsiu[tsiu]咒；

　　ia [ia]：jia[dzia]惹、khia[kʻia]居、sia[sia]赦；

　　oa [ua]：joa[dzua]若、oa[ua]倚、soa[sua]继、toa[tua]大、tsoa[tsua]誓；

　　ui [ui]：chhui[tsʻui]催、hui[hui]非、ui[ui]位、kui[kui]柜、khui[kʻui]开、lui[lui]泪、sui[sui]随、tui[tui]坠、tsui[tsui]水；

　　oe [ue]：hoe[hue]花、oe[ue]话、koe[kue]改、loe[lue]锉、poe[pue]背、phoe[pʻue]批、soe[sue]洗、tsoe[tsue]罪；

　　oai [uai]：goai[guai]外、hoai[huai]坏、koai[kuai]拐；

　　iau [iau]：biau [biau]庙、khiau [kʻiau]巧、jiau [dziau]扰、phiau [pʻiau]漂、siau [siau]消、tiau [tiau]调、tsiau [tsiau]照；

　　2. 鼻音韵母（15个，收-m尾韵母4个，-n尾韵母5个，ng尾韵母6个）

　　am[am]：chham[tsʻam]参、am[am]项、kam[kam]感、kham[kʻam]堪、lam[lam]滥、tam[tam]担、tsam[tsam]堑；

　　iam[iam]：chhiam[tsʻiam]签、giam[giam]验、hiam[hiam]嫌、iam[iam]厌、kiam[kiam]减、khiam[kʻiam]欠、liam[liam]粘、tiam[tiam]点、thiam[tʻiam]谄、tsiam[tsiam]针；

　　im[im]：chhim[tsʻim]深、him[him]欣、im[im]饮、jim[dzim]任、kim[kim]禁、khim[kʻim]琴、lim[lim]饮、sim[sim]心、tim[tim]沉、thim[tʻim]琛、tsim[tsim]箴；

　　om[ɔm]：som参[sɔm]；

　　an[an]：an[an]按、kan[kan]简、pan[pan]办、tan[tan]弹、tsan[tsan]助；

　　ien[ian]：bien[bian]娩、chhien[tsʻian]千、hien[hian]现、ien[ian]渊、

jien[dzian]然、gien[gian]言、kien[kian]见、khien[k'ian]牵、lien[lian]连、pien[pian]便、sien[sian]肾、thien[t'ian]天、tsien[tsian]贱;

in[in]：bin[bin]眠、chhin[ts'in]亲、jin[dzin]人、kin[kin]紧、khin[k'in]轻、pin[pin]屏、phin[p'in]品、sin[sin]神、tin[tin]阵、tsin[tsin]进;

un[un]：bun[bun]门、hun[hun]恨、gun[gun]银、un[un]允、jun[dzun]润、kun[kun]棍、lun[lun]轮、pun[pun]本、sun[sun]纯、tsun[tsun]船;

oan[uan]：hoan[huan]番、goan[guan]愿、koan[kuan]权、khoan[k'uan]款、phoan[p'uan]伴、oan[uan]怨、soan[suan]山、toan[tuan]传、tsoan[tsuan]全;

ang[aŋ]：hang[haŋ]项、kang[kaŋ]降、khang[k'aŋ]空、lang[laŋ]人、pang[paŋ]放、phang[p'aŋ]篷、sang[saŋ]送、tang[taŋ]重、tsang[tsaŋ]总;

iang[iaŋ]：chhiang[ts'iaŋ]唱、hiang[hiaŋ]响、khiang[k'iaŋ]铿、piang[piaŋ]冰、tsiang[tsiaŋ]掌;

oang[uaŋ]：hoang[huaŋ]风;

eng [iŋ]：beng[biŋ]明、chheng[ts'iŋ]清、heng[hiŋ]行、eng[iŋ]应、keng[kiŋ]敬、leng[liŋ]能、seng[siŋ]盛、teng[tiŋ]登、theng[t'iŋ]撑、tseng正[tsiŋ];

ong [ɔŋ]：bong[bɔŋ]莽、chhong[ts'ɔŋ]仓、hong[hɔŋ]皇、kong[kɔŋ]功、khong[k'ɔŋ]空、long[lɔŋ]弄、ong[ɔŋ]王、song[sɔŋ]送、tong[tɔŋ]动、thong[t'ɔŋ]通、tsong[tsɔŋ]葬;

iong [iɔŋ]：chhiong[ts'iɔŋ]充、hiong[hiɔŋ]凶、iong[iɔŋ]勇、jiong[dziɔŋ]绒、kiong[kiɔŋ]强、liong[liɔŋ]隆、siong[siɔŋ]常、tsiong[tsiɔŋ]众、tiong[tiɔŋ]长、thiong[t'iɔŋ]宠、tsiong[tsiɔŋ]将;

3. 声化韵母（2个）

ng[ŋ]：chhng[ts'ŋ]床、khng[k'ŋ]劝、mng[mŋ]门、nng[nŋ]卵、ng[ŋ]向、sng[sŋ]酸、tng[tŋ]断、tsng[tsŋ]妆;

m[m]：m[m]梅;

4. 鼻化韵（13个，单元音鼻化韵母5个，元音鼻化韵母8个）

aⁿ[ã]：haⁿ[hã]嗄、na[nã]哢、naⁿ[nã]凹、phaⁿ[p'ã]冇、saⁿ[sã]衫、taⁿ[tã]胆、thaⁿ[t'ã]坦;

iⁿ[ĩ]：chhiⁿ[ts'ĩ]生、iⁿ[ĩ]院、kiⁿ[kĩ]樫、mi[mĩ]瞑、ni[nĩ]尼、niⁿ[nĩ]年、ngi[ŋĩ]硬、piⁿ[pĩ]平、phiⁿ[p'ĩ]摒、thiⁿ[t'ĩ]天、tsiⁿ[tsĩ]钱;

o·ⁿ[ɔ̃]：ho·ⁿ[hɔ̃]好、o·ⁿ[ɔ̃]恶、mo·ⁿ[mɔ̃]摩、ngo[ŋɔ̃]五;

oⁿ[õ]：hoⁿ[hõ]好;

eⁿ [ẽ]：eⁿ[ẽ]婴、me[mẽ]骂;

aiⁿ[ãi]：kaiⁿ[kãi]间、naiⁿ[nãi]奈、phaiⁿ[p'ãi]歹;

auⁿ[ãu]：mauⁿ[mãu]貌、nauⁿ[nãu]脑、ngau[ŋãu]藕;

ia^n[iã]：chhia^n[ts'iã]且、hia^n[hiã]艾、ia^n[iã]影、kia^n[kiã]行、mia^n[miã]命、nia^n[niã]领、pia^n[piã]兵、phia^n[p'iã]坪、sia^n[siã]声、tia^n[tiã]呈、thia^n[t'iã]痛、tsia^n[tsiã]成；

iu^n[iũ]：chhiu^n[ts'iũ]像、hiu^n[hiũ]香、iu^n[iũ]养、khiu^n[k'iũ]腔、niu^n[niũ]让、siu^n[siũ]尚、tiu^n[tiũ]场；

oa^n[uã]：moa^n[muã]麻、hoa^n[huã]欢、khoa^n[k'uã]快、noa^n[nuã]烂、oa^n[uã]换、poa^n[puã]盘、phoa^n[p'uã]判、soa^n[suã]山、toa^n[tuã]坛；

ui^n[uĩ]：mui^n[muĩ]每；

iau^n[iãu]：jiau^n[dziãu]绉、niau^n[niãu]猫；

oai^n[uãi]：hoai^n[huãi]横、koai^n[kuãi]惯、soai^n[suãi]伧、soai^n[suãi]樣。

5. 入声韵（37个，收-ʔ尾入声韵母24个，-p、-t、-k尾入声韵母13个）

ah[aʔ]：bah[baʔ]肉、ah[aʔ]押、hah[haʔ]合、kah[kaʔ]甲、lah[laʔ]蜡、pah[paʔ]百、phah[p'aʔ]打、tah[taʔ]踏、tsah[tsaʔ]截；

eh [eʔ]：beh[beʔ]欲、chheh[ts'eʔ]册、eh[eʔ]厄、geh[geʔ]月、kheh[k'eʔ]客、peh[peʔ]白、seh[seʔ]雪、teh[teʔ]的、theh[t'eʔ]宅；

ih [iʔ]：bih[biʔ]匿、chhih[ts'iʔ]颐、sih[siʔ]蚀、tih[tiʔ]滴、thih[t'iʔ]铁、tsih[tsiʔ]舌；

oh [oʔ]：koh[koʔ]復、loh[loʔ]落、oh[oʔ]学、soh[soʔ]索、toh[toʔ]燃、tsoh[tsoʔ]作；

uh [uʔ]：puh[puʔ]窋、suh[suʔ]吮、thuh[t'uʔ]托；

auh [auʔ]：khauh[k'auʔ]礉、lauh[lauʔ]落、phauh[p'auʔ]博、tauh[tauʔ]罩；

aih[aiʔ]：haih[haiʔ]唉；

iah[iaʔ]：chhiah[ts'iaʔ]赤、giah[giaʔ]额、kiah[kiaʔ]攑、khiah[k'iaʔ]隙、jiah[dziaʔ]迹、liah[liaʔ]掠、piah[piaʔ]壁、phiah[p'iaʔ]甓、siah[siaʔ]削、tiah[tiaʔ]泽、thiah[t'iaʔ]撤、tsiah[tsiaʔ]食；

ioh [ioʔ]：hioh[hioʔ]叶、ioh[ioʔ]药、kioh[kioʔ]脚、khioh[k'ioʔ]拾、tioh[tioʔ]着、tsioh[tsioʔ]借；

iauh [iauʔ]：chhiauh[ts'iauʔ]倢、hiauh[hiauʔ]譃；

iuh[iuʔ]：kiuh[kiuʔ]唊（kiúh-kiúh háu唊唊哮、tsiúh-tsiúh háu喌喌哮、kíh-kíh kiúh-kiúh吱吱唊唊）；

oah[uaʔ]：boah[buaʔ]抹、chhoah[ts'uaʔ]慄、hoah[huaʔ]喝、khoah[k'uaʔ]阔、loah[luaʔ]辣、poah[puaʔ]拨、phoah[p'uaʔ]泼、oah[uaʔ]活、soah[suaʔ]息、tsoah[tsuaʔ]蝍；

uih[uiʔ]：huih[huiʔ]血、puih[puiʔ]拔；

oeh [ueʔ]：chhoeh [ts'ueʔ]戚、khoeh [kueʔ]篋、loeh [lueʔ]笠、poeh [pueʔ]八、tsoeh [tsueʔ]截；

mh[mʔ]：mh[mʔ]默；

ahⁿ[ãʔ]：sahⁿ[sãʔ]攫；

ehⁿ[ẽʔ]：mehⁿ[mẽʔ]脉、nehⁿ[nẽʔ]慓、ngeh[ŋẽʔ]挟；

oehⁿ[uẽʔ]：ngoehⁿ[ŋuẽʔ]挟；

ihⁿ[ĩʔ]：nih[ĩʔ]瞩、nihⁿ[ĩʔ]捻、mih[ĩʔ]物；

ohⁿ[ɔ̃ʔ]：mohˑ[mɔ̃ʔ]膜、hohⁿ[hɔ̃ʔ]仓；

auhⁿ[ãuʔ]：sauⁿh[sãuʔ]杂（sauⁿh-sauⁿh-liam杂杂念）、mauⁿh[mãuʔ]嗳；

iahⁿ[iãʔ]：ngiah[ŋiãʔ]愕、hiahⁿ[hiãʔ]恦；

iauⁿh[iãuʔ]：ngiauh[ŋiãuʔ]愕；

oaiⁿh[uãiʔ]：soaiⁿh[suãiʔ]杂（soaiⁿh-soaiⁿh-liam杂杂念）；

ap[ap]：hap[hap]合、ap[ap]压、lap[lap]纳、tap[tap]答、tsap[tsap]十；

iap[iap]：kiap[kiap]荚、liap[liap]粒、siap[siap]涉、tiap[tiap]叠、thiap[tʻiap]帖、tsiap[tsiap]捷；

ip[ip]：chhip[tsʻip]缉、kip[ip]急、lip[ip]立、sip[ip]习、tsip[ip]执；

at[at]：bat[at]密、chhat[tsʻat]擦、lat[lat]力、pat[pat]别、tsat[tsat]节、that[tʻat]挞；

it[it]：it[it]一、jit[dzit]日、tsit[tsit]一、sit[sit]失、tit[tit]直；

ut[ut]：but[but]物、chhut[tsʻut]出、put[put]不、sut[sut]摔、thut[tʻut]秃；

iet[iat]：biet[biat]灭、hiet[hiat]血、iet[iat]逸、jiet[dziat]热、kiet[kiat]结、khiet[kʻiat]點、thiet[tʻiat]撒、tsiet[tsiat]节；

oat[uat]：goat[guat]月、hoat[huat]法、khoat[kʻuat]割、soat[suat]说、thoat[tʻuat]脱、tsoat[tsuat]绝；

ak[ak]：bak[bak]目、chhak[tsʻak]凿、hak[hak]学、kak[kak]角、khak[kʻak]壳、lak[lak]摞、pak[pak]腹、sak[sak]却；

iak[iak]：piak[piak]逼；

ok[ɔk]：gok[gɔk]鳄、hok[hɔk]服、kok[kɔk]谷、khok[kʻɔk]硈、lok[lɔk]鹿、pok[pɔk]蕾、phok[pʻɔk]博、tok[tɔk]督；

iok[iɔk]：chhiok[tsʻiɔk]雀、giok[giɔk]玉、jiok[dziɔk]辱、iok[iɔk]约、kiok[kiɔk]局、liok[liɔk]略、siok[siɔk]熟、thiok[tʻiɔk]蓄；

ek[ik]：chhek[tsʻik]测、ek[ik]翼、kek[kik]激、khek[kʻik]克、lek[lik]溺、pek[pik]迫、sek[sik]适、tsek[tsik]责。

麦嘉湖《厦门方言英汉辞典》83个厦门方言韵母列表如下：

元音韵母(16个)	a [a]亚、e [e]家、i [i]意、o[o]和、 o [ɔ]姑、u [u]有； ai [ai]爱、au [au]后、io[io]腰、iu[iu]右、ia[ia]赦、oa[ua]倚、ui[ui]位、oe[ue]话、oai[uai]外、 iau [iau]庙
鼻音韵母(15个)	am[am]参、iam[iam]厌、im[im]饮、om[ɔm]参； an[an]按、ien[ian]渊、in[in]亲、un[un]允、oan[uan]怨； ang[aŋ]人、iang[iaŋ]响、oang[uaŋ]风、eng [iŋ]应、ong [ɔŋ]王、iong [iɔŋ]勇
声化韵母(2个)	ng[ŋ]卵、m[m]梅
鼻化韵(13个)	aⁿ[ã]衫、iⁿ[ĩ]院、oⁿ[ɔ̃]五、oⁿ[õ]好、eⁿ[ẽ]婴； aiⁿ[ãi]奈、auⁿ[ãu]貌、iaⁿ[iã]影、iuⁿ[iũ]香、oaⁿ[uã]换、uiⁿ[uĩ]每、iauⁿ[iãu]猫、oaiⁿ[uãi]横
入声韵母(37个)	ah[aʔ]押、eh[eʔ]厄、ih[iʔ]滴、oh[oʔ]学、uh[uʔ]托、auh[auʔ]落、aih[aiʔ]唉、iah[iaʔ]赤、ioh[ioʔ]药、iauh [iauʔ]徤、iuh[iuʔ]呦、oah[uaʔ]活、uih[uiʔ]血、oeh [ueʔ]八、mh[mʔ]默；ahⁿ [ãʔ]攫、ehⁿ[eʔ]脉、oehⁿ[ueʔ]挟；ihⁿ[ĩʔ]物、ohⁿ[ɔ̃ʔ]膜、auhⁿ[ãuʔ]杂、iahⁿ[iãʔ]愕、iauⁿh[iãuʔ]愕、oaiⁿh [uãiʔ]杂； ap [ap]压、iap [iap]粒、ip [ip]急； at [at]力、it [it]一、ut [ut]出、iet [iat]灭、oat [uat]月； ak [ak]学、iak [iak]逼、ok [ɔk]谷、iok [iɔk]约、ek[ik]翼

若把麦嘉湖《厦门方言英汉辞典》83个韵母与杜嘉德《厦英大辞典》84个厦门方言韵母比较，请看下表：

厦英大辞典	单元音韵母：a [a]、e [e]、i [i]、o [o]、ɵ[ɔ]、u [u]
厦门方言英汉辞典	单元音韵母：a [a]、e [e]、i [i]、o [o]、o [ɔ]、u [u]

按：两种辞书均有6个单元音韵母，不同之处在于[ɔ]的表示法不同，它们分别以ɵ、o̍表示。

厦英大辞典	复元音韵母：ai [ai]、au [au]、io [io]、iu [iu]、ia [ia]、oa/wa [ua]、ui [ui]、oe [ue]、oai/wai[uai]、iau [iau]
厦门方言英汉辞典	复元音韵母：ai [ai]、ao[au]、io[io]、iu[iu]、ia[ia]、oa [ua]、ui [ui]、oe [ue]、oai [uai]、iao [iau]

按：两种辞书均有10个复元音韵母，不同之处在于[ua]、[uai]的表示法不同，《厦英大辞典》既以oa、oai表示[ua]、[uai]，又以wa、wai表示 [ua]、[uai]。而《厦门方言英汉辞典》只有前一种表示法。

厦英大辞典	鼻化韵母：aⁿ[ã]、iⁿ[ĩ]、ɵⁿ[ɔ̃]、aiⁿ[ãĩ]、auⁿ[ãũ]、iaⁿ[iã]、iuⁿ[iũ]、oaⁿ/waⁿ[uã]、uiⁿ[uĩ]、iauⁿ[iãũ]、oaiⁿ/waiⁿ[uãĩ]
厦门方言英汉辞典	鼻化韵母：aⁿ[ã]、iⁿ[ĩ]、oⁿ[ɔ̃]、oⁿ[õ]、eⁿ[ẽ]、aiⁿ[ãĩ]、auⁿ[ãũ]、iaⁿ[iã]、iuⁿ[iũ]、oaⁿ[uã]、uiⁿ[uĩ]、iauⁿ[iãũ]、oaiⁿ[uãĩ]

按：两种辞书均有11个鼻化韵母，即[ã]、[ĩ]、[ɔ̃]、[ãĩ]、[ãũ]、[iã]、[iũ]、[uã]、[uĩ]、[iãũ]、[uãĩ]，不同之处在于：①《厦门方言英汉辞典》比《厦英大辞典》多了[õ]、[ẽ]韵母；②《厦门方言英汉辞典》以oaⁿ表示[uã]，以oaiⁿ表示[uãĩ]，而《厦英大辞典》则以oaⁿ/waⁿ表示[uã]，以oaiⁿ/waiⁿ表示[uãĩ]。

厦英大辞典	声化韵韵母：ng[ŋ]、m[m]
厦门方言英汉辞典	声化韵韵母：ng[ŋ]、m[m]

按：两种辞书均有2个声化韵韵母：[ŋ]、[m]。

厦英大辞典	鼻音韵韵母：am[am]、iam[iam]、im[im]、om[ɔm]；an[an]、ian/ien[ian]、in[in]、un[un]、oan/wan[uan]；ang[aŋ]、eng[iŋ]、iang[iaŋ]、oang[uaŋ]、iong[iɔŋ]、ong[ɔŋ]
厦门方言英汉辞典	鼻音韵韵母：am[am]、iam[iam]、im[im]、om[ɔm]；an[an]、ien[ian]、in[in]、un[un]、oan[uan]；ang[aŋ]、iang[iaŋ]、oang[uaŋ]、eng[iŋ]、ong[ɔŋ]、iong[iɔŋ]

按：两种辞书均有15个鼻音韵韵母；不同之处有：①韵母[ian]的表示法不一，两种辞书除了以ien表示外，《厦英大辞典》还以ian表示；②韵母[uan]的表示法不一，两种辞书除了以oan表示外，《厦英大辞典》还以wan表示。

厦英大辞典	收-ʔ尾入声韵母：ah[aʔ]、eh[eʔ]、ih[iʔ]、oh[oʔ]、uh[uʔ]，auh[auʔ]、aih[aiʔ]、iah[iaʔ]、ioh[ioʔ]、iuh[iuʔ]、oah/wah[uaʔ]、uih[uiʔ]、oeh[ueʔ]、iauh[iauʔ]，ahⁿ[ãʔ]、ehⁿ[ẽʔ]、ihⁿ[ĩʔ]、ɵ·hⁿ[ɔ̃ʔ]、auhⁿ[ãũʔ]、iahⁿ[iãʔ]、oehⁿ[uẽʔ]、uihⁿ[uĩʔ]、aihⁿ[ãĩʔ]、iauhⁿ[iãũʔ]、oaihⁿ/waihⁿ[uãĩʔ]，ngh[ŋʔ]、mh[mʔ]
厦门方言英汉辞典	收-ʔ尾入声韵母：ah[aʔ]、eh[eʔ]、ih[iʔ]、oh[oʔ]、uh[uʔ]，auh[auʔ]、aih[aiʔ]、iah[iaʔ]、ioh[ioʔ]、iuh[iuʔ]、oah[uaʔ]、uih[uiʔ]、oeh[ueʔ]、iauh[iauʔ]，ahⁿ[ãʔ]、ehⁿ[ẽʔ]、ihⁿ[ĩʔ]、o·hⁿ[ɔ̃ʔ]、auhⁿ[ãũʔ]、iahⁿ[iãʔ]、oehⁿ[uẽʔ]、iauⁿh[iãũʔ]、oaiⁿh[uãĩʔ]，mh[mʔ]

按：两种辞书均有元音韵母带-ʔ尾的入声韵14个，即[aʔ]、[eʔ]、[iʔ]、[oʔ]、[uʔ]、[auʔ]、[aiʔ]、[iaʔ]、[ioʔ]、[iuʔ]、[uaʔ]、[uiʔ]、[ueʔ]、[iauʔ]；二种辞书均有鼻化韵母带-ʔ尾的入声韵9个，即[ãʔ]、[ẽʔ]、[ĩʔ]、[ɔ̃ʔ]、[ãũʔ]、[iãʔ]、[uẽʔ]、[iãũʔ]、[uãĩʔ]；两种辞书均有mh[mʔ]韵母。但《厦英大辞典》比《厦门方言英汉辞典》多了uihⁿ[uĩʔ]、

aihⁿ[ãiʔ]、[ŋʔ]等3个韵母。

厦英大辞典	收-p、-t、-k尾入声韵母：ap [ap]、iap [iap]、ip [ip]，at [at]、it [it]、ut [ut]、iat/iet [iat]、oat/wat [uat]，ak [ak]、iak [iak]、ok [ɔk]、iok [iɔk]、ek[ik]
厦门方言英汉辞典	收-p、-t、-k尾入声韵母：ap [ap]、iap [iap]、ip [ip]，at[at]、it [it]、ut [ut]、iet [iat]、oat [uat]，ak[ak]、iak [iak]、ok [ɔk]、iok [iɔk]、ek[ik]

按：两种辞书均有收-p尾入声韵母3个，即[ap]、[iap]、[ip]；均有收-t尾入声韵母5个，即[at]、[it]、[ut]、[iat]、[uat]；均有收-k尾入声韵母5个，即[ak]、[iak]、[ɔk]、[iɔk]、[ik]。《厦英大辞典》以iat/iet表示[iat]，以oat/wat表示[uat]，而《厦门方言英汉辞典》则以iet表示[iat]，以oat表示[uat]。

总之，麦嘉湖《厦门方言英汉辞典》比杜嘉德《厦英大辞典》多2个韵母，即[ɵ]和[ẽ]；而《厦英大辞典》则比《厦门方言英汉辞典》多了3个，即uihⁿ[uĩʔ]、aihⁿ[ãiʔ]、[ŋʔ]；其余韵母均同。

四　《厦门方言英汉辞典》声调系统研究

麦嘉湖在序言中指出："学生学习汉语遇到的最大难题之一就是声调，而且，没有彻底地掌握声调知识，则不能正确地讲这门语言，尤其是南方方言……但是，一个有天资并努力学习的人能靠嘴完全学好简易的音调，发生在音调联合中的声调变化也能通过实践掌握。"以下是麦嘉湖描写的单字调和连读变调：

1. 单字调

厦门方言平、去、入声调各分上下，上声不分阴阳，共7个声调。

to	第一调上平	无符号；
tó	第二调上上	扬音符"ˊ"；
tò	第三调上去	抑符号"ˋ"；
toh	第四调上入	h，k，p或t的突然中止；
tô	第五调下平	符号"ˆ"；
tó	第六调下上	扬音符"ˊ"；
tō	第七调下去	水平线"ˉ"；
tó	第八调下入	垂直线"ǀ"。

按：第二调上上tó与第六调下上tó同，实际上只有七调。

2. 连读变调

麦嘉湖指出，厦门方言二字词的前一音节会发生变调，后一音节不变。其变调规律是：

第一调上平变成第三调上去调；

第二调上上变成第一调上平调；

第三调上去变成第二调上上调；

第四调上入变成第八调下入调；

第五调下平变成第三调上去调；

第七调下去变成第三调上去调；

第八调下入变成第四调上入调。

杜嘉德《厦英大辞典》和周长楫《厦门方言研究》也描写了二字组的连读变调情况，第一字变调，而第二字则不变调。现将麦嘉湖《厦门方言英汉辞典》与之比较如下：

	厦门方言英汉辞典	厦英大辞典	厦门方言研究
第一调	上平变成上去调	上平演变成下去调	阴平调变成阳去调
第二调	上上变成上平调	上声演变成上平调	上声调变成阴平调
第三调	上去变成上上调	上去演变成上声调	阴去调变成上声调
第四调	上入变成下入调	上入演变成下入调	带-p、-t、-k韵尾的阴入调变成阳入调，带-ʔ尾的阴入调变调后-ʔ尾脱落，变成上声调
第五调	下平变成上去调	下平演变成下去调	阳平调变成阳去调
第七调	下去变成上去调	下去演变成上去调	阳去调变成阴去调
第八调	下入变成上入调	下入演变成上入调	带-p、-t、-k韵尾的阳入调变成值类似21（阴去调），但仍是带入声韵尾-p、-t、-k的入声调，带-ʔ尾的阳入调变调后-ʔ尾脱落，变成阴去调

上表可见，三种方言文献共同点是：第二调上声、第三调上去、第七调下去分别演变成第一调上平、第二调上声、第三调上去。不同之处是：①《厦门方言英汉辞典》第一调上平和第五调下平均演变成第三调上去，而《厦英大辞典》和《厦门方言研究》第一调上平和第五调下平均演变成第七调下去。②《厦门方言英汉辞典》和《厦英大辞典》第四调上入调均演变成第八调下入，而《厦门方言研究》带-p、-t、-k韵尾的阴入调变成阳入调，带-ʔ尾的阴入调则变调后-ʔ尾脱落，变成上声调。③《厦门方言英汉辞典》和《厦英大辞典》第八调下入均演变成第四调上入，而《厦门方言研究》带-p、-t、-k韵尾的阳入调则变成值类似21（阴去调），但仍是带入声韵尾-p、-t、-k的入声调，带-ʔ尾的阳入调变调后-ʔ尾脱落，变成阴去调。

五　《厦门方言英汉辞典》词汇与句法说略

麦嘉湖在《厦门方言英汉辞典》里，根据英语25个拼音字母A、B、C、D、E、F、G、H、I、J、K、L、M、N、O、P、Q、R、S、T、U、V、W、Y、Z的顺序，先列出英语单词、词组或句子，接着以厦门方言译成中文，最后用罗马字逐字对译。其中涉及疾病、花草、药品、兵之品级、明朝年号、元朝年号、海军排行榜、数目字、数词，量词、中国省份、队伍等级、茶的种类及其用具、中国的度量衡等有专门介绍。

《厦门方言英汉辞典》正文之后还有"Appendix"（附录），主要涉及男性疾病医疗的许多问题，如介绍一般问题、疟疾、肠虫、消化不良、肠梗阻、腹泻、痢疾、胸部疾病、循环系统疾病、肝病、神经疾病、性病梅毒、泌尿生殖系统、肿瘤、溃疡、眼疾、内痔、瘘肛、麻风病以及防治服药等，可见作者对医学常识相当熟悉。附录的内容均以一般疑问句或叙述句表达，其编撰体例是先以英文表达，再译成厦门汉语方言，后以罗马字译出。如：Didoneeye become dim before the other?汝°是一°目°先°务否° Iísītsít bák seng būmah。

附：麦嘉湖《英华口才集》简介
［英］麦嘉湖著《英华口才集》，又称《厦门白话手册》，出版于1871年，1893年鼓浪屿萃经堂（Chui Keng Tong）再版。这是一本厦门话初学指南。全书均以对话形式编撰，其内容关系各行业工作的对话，共68课。其目录如下：

1.How to study.如何学习（卜怎样来学习）

2.Engaging a teacher. 聘请老师（倩先生）

3.On buying furniture.购置家具（蓄家俬）

4.On boat sailing. 驾船（驶船）

5.On Guilds. 行郊

6.On trade. 贸易（1）

7. On Trade (Continued). 贸易（2）

8.On Trade (Continued). 贸易（3）

9.On Trade (Continued).贸易（4）

10.On Trade (Continued).贸易（5）

11.On chartering ships.租船（瞨船/Pàk-chûn:税船、租船）

12.On chartering ships(Continude).租船（瞨船:税船、租船）

13.On chartering ships(Continude).租船（瞨船:税船、租船）

14.On chartering ships(Continude). 租船(瞨船:税船、租船)

15.On Insurance.保险[1]（保家[1]）

16.On Insurance(Continued).保险[2]（保家[2]）

17.On Invoices, account sales &c.货单、销售数单

18.On Customs and excise.海关与关税（饷关佮关饷）

19.On Solvency and bankruptcy.有偿付能力和破产(冗剩[liōng-sēng]佮破产)

20.On Piloting. 领航（放港）

21.On beggars. 乞讨（乞食）

22.On schools. 学校（学堂）

23.On Vagabonds.流浪汉（流民）

24.On shoes and stockings.鞋袜[1]（鞋、袜[1]）

25.On shoes and stockings (Continued) 鞋袜[2](鞋\袜[2])

26.On the Weather. 天气（天时）

27.On renting of a house.出租房屋（税厝）

28.On Thunder and lightning.雷电（雷公烁爁）

29.On rebellion. 反乱/造反（造反）

30.On Flowers. 花

31.On the stars.星星（天星）

32.On Fung-shuy.风水

33.On Winds.风

34.Meeting of friends.朋友会面（朋友相见面）

35.On inviting guests.请客

36.Hired servants雇用佣人（佣工）

37.On Time.时阵（时间）

38.On fires.火灾（火烧）

39.On Floods.水灾

40.On Pockets.口袋（落袋仔）

41.On Hats and Bonnets.帽（1）

42.On Hats and Bonnets. (Continued)帽（2）

43.On Funerals.丧事

44.On the last day of the year.大年夜[1]（二九暝[1]）

45.On the last day of the year. (Continued)大年夜[2](二九暝[2])

46.On Rewards and Punishments.善恶报应(好歹报)

47.On Marriage.结婚（嫁娶）

48.On the Buddhist rites for the dead.普度（1）

49.On the Buddbist rites for the dead (Continued)普度(2）

50.On Farming耕作（作稿）

51.On the rainy season.雨季（春水梅雨）

52.On the Feast of Lanterns.元宵节[1]（上元节[1]）

53.On the Feast of Lanterns (Continued).元宵节[2](上元节[2])

54.On Clothes.衣服（衫裤）

55.On clothes (Continued)着装（穿插：chhēng-chhah）

56.On the Feast of Tombs.清明节[1]

57.On the Feast of Tombs (Continued)清明节[2]

58.On the Buddhist rites for the dead.超度施舍(做普度）

59.On the Dragon Boat Festival.端午节[1]（五日节[1]）

60.On the Dragon Boat Festival (Continued)端午节[2](五日节[2])

61.On Kong-tek.做道场/做法事[1]（做功德[1]）

62. On Kong-tek.做道场/做法事[2]（做功德[2]）

63.On Doctors. 医生（1）

64.On Doctors (Continued).医生[2]

65.On Doctors. (Continued)医生[3]

66.On Doctors. (Continued)医生[4]

67.On the story teller. 评书人[1]（讲古仙[1]）

68.On the story teller (Continued).评书人[2](讲古仙[2])

以上68课对话，内容极其丰富，涉及如何学习厦门方言、聘请老师、购置家具、驾船、行郊、贸易、租船、保险、填写货单与销售数单、海关与关税、有偿付能力和破产、领航、乞讨（乞食）、学校、流浪汉、鞋袜、鞋袜、天气、出租房屋（税厝）、雷电、反乱/造反、花、星星、风水、风、朋友会面、请客、雇用佣人、时间、火灾、水灾、口袋、帽、丧事、大年夜、善恶报应、结婚、普度、耕作、雨季（春水梅雨）、元宵节、衣服（衫裤）、着装、清明节、超度施舍（做普度）、端午节、做道场/做法事、医生、评书人等。通过对话，可以揭示140年前厦门岛的教育、政治、经济、风俗、文化、宗教、生活诸方面情况。每一课的体例是：每句话先用英文表达出来，接着把它译成汉语，再用罗马字译成厦门方言，最后译成厦门口语。

第五节　加拿大传教士马偕著《中西字典》（1891）音系研究
——兼与英·巴克礼《厦门话字典补编》音系比较

一　《中西字典》成书时间、编写体例及作者事迹

《中西字典》，作者是加拿大牧师马偕。书封面中间题有"中西字典"，右边竖题有"耶稣降世一千八百七十四年英属嘉拿大国偕叡理作"，左边竖题"大清光绪十七年（1891年）台北耶稣教会寄印"，底下横列"上海美华书馆复板"。书前有"PREFACE"（前言）写道：

> 1874年在上海，我获得了"长老会教会印刷的汉字列表"。"第一张表"按照部首笔画排列，共有6664个字。我将这些字都记录在一本笔记本里，随后花了大力气在这些字旁边用罗马口语写下名称和含义。和我一起旅行的学生们认得相当多的字（汉字）。有几个当了6年的老师，还有一个是药剂师。我相信，即使是

自己的母语，操练依旧让人变得更加敏捷和精准。于是，随着工作的进行，每个学生都复制了一份拷贝（笔记本里的记录）以便使用。每天写出100个不同的字，进行分析，牢记于心。每晚做完礼拜之后重复1000遍。因此，他们熟悉了这些文字，其所学程度连汉语教师和台南的毕业生/研究生（？）都无法与之匹敌。那时有个连信都不会写的人而今已成了一名能干的中文学者。随着时间流逝，其他学生也拷贝了我的原始版本。在法国麻烦（有可能是指战乱之类的——译者注）期间有30页烧毁了。那时复制了相当多的拷贝。皈依者们（也许指的是上文提到的那些复制拷贝的学生）敦促我将其出版。这部著作/这份工作（？）并非是源于要出版的目的或准备出版而作，但因为传教士们、教师和学生们一直以来且到目前为止都是如此渴求着，且他们都认为在过去这（原始的笔记本里的记录）对他们给予了极大的帮助，现在我答应了他们的请求。他们之中有人仔细抄写了一份拷贝以供印刷，另外有两人奔赴上海监督出版社的工作。在这6664个字里，有不少被删除了（因为不常用）还增加了一些其他字，最后汇总有9451个字。新增的字是从《圣经》、中文典籍，以及1875年到手的一本Wells Williams, LL.D.写的字典中收集而来。在这本书中（收录了9451个字的）我仔细核对了我所掌握的每个字的含义，并在每个字前编写了数字序号，以及每个字所在的页码。1876年，我完成了这本著作，从那之后我再未修正过书中的任何部分。那些敦促这本书出版的人若发现书中有错可以进行修正。N.B.—在书中指的是取自圣经故事中。

George Leslie Mackay马偕博士

福尔摩沙，淡水，1891年7月3日

正文首页之上有"CHINESE ROMANIZED DICTIONARY OF FORMOSAN VERNACULAR"（中文罗马拼音字典·福桑（台湾的）白话]。正文编写体例是：按汉语部首笔画少至多的顺序，每一部首下先列出汉字，然后以罗马字标出方音，再以"="隔开，标出该汉字另一读音，或标出训读义读音，如"三sam=sa"'，"世sè=sè-kan"等。

乔治·莱斯里·马偕（George Leslie Mackay，中文名偕叡理，1844—1901年），1844年3月21日出生于加拿大安大略省。台湾人一般称他为"马偕博士"。其父是苏格兰佃农，逃到加拿大后于安大略省生下马偕。1870年毕业于美国普林斯顿大学神学部，后返回加拿大，同年底又前往英国爱丁堡大学研究科深造。

1871年加拿大长老教会派遣马偕至东方传教，他先到香港，之后辗转经过广州、汕头等地。同年马偕到达台湾，在沪尾（今台北县淡水镇）开始传教，学习闽南语。1883年马偕还前往宜兰、花莲等原住民的居住地传教，并于1887年成立苏澳教会。之后马偕在五股庄（今台北县五股乡）与张聪明女士结婚。1890年起马偕开始前往花东地区传教。1893年回加拿大述职。1900年马偕最后一次巡视宜兰的教会，回到淡水后因为罹患喉癌导致声音沙哑，连牛津学堂开学他都无法教课。1901年6月2日，受病痛纠缠的马偕病逝在家中，告别了他的传教事业。据说为了感念这位为台湾做出贡献的牧师，至今噶玛兰族还有姓偕的族人存在。

1895年，马偕在台湾传教时的日记经其好友麦唐纳编为 *From Far Formosa* 一书出版。此书也于20世纪50年代在台湾先后出版中文版《台湾遥寄》《台湾六记》，为台湾基督教史之珍贵史料，由于旧译日久已绝版，2007年重新翻译为《福尔摩沙纪事：马偕台湾回忆录》。2012年，也是马偕抵台140周年，他在台湾写下的《马偕日记》首度推出完整的中文版，七十多万字，分三册出版。

关于《中西字典》的音系性质，台湾学术界有一些争论。有人认为所反映的音系是130年前台北淡水音系，有人认为是厦门音系。本书把《中西字典》与杜嘉德的《厦英大辞典》、英·巴克礼《厦门话字典补编》进行比较研究，我们认为《中西字典》所反映的音系应该是130年前的厦门音系。由于《厦英大辞典》无一汉字，且反映的音系是以厦门音系为主，兼收漳州、泉州、同安等10地的方言音类，因此我们着重与《厦门话字典补编》进行比较研究。《厦门话字典补编》是在《厦英大辞典》基础上进行补编的，收有汉字，所反映的是厦门音系，是考察《中西字典》是否反映厦门音系的最佳文献材料。下文分别比较其声韵调系统以考证之。

二 《中西字典》声母系统研究

据马重奇（2014年）考证，《厦门话字典补编》声母系统如同《厦英大辞典》，既保留"十五音"系统，又对声母的音值用罗马字进行描写。现列表将《厦门话字典补编》声母系统整理如下：

双唇音	p[p]耙飞悲	ph[p']抛胚披	b [b]麻糜微	m [m]骂脉矛	
舌尖中音	t[t]低知刀	th[t']推藕滔	l [l]璃鳌痨	n[n] 娘卵软	
舌面前音	ch [tɕ]支蕉洲	chh[tɕ']腮笑秋			
舌尖前音	ch [ts]渣绩 ts [ts]焦遭租	chh[ts']趋臊粗	j[dz]而遮迹		s[s]沙西施
舌面后音	k[k]胶鸡妓	kh[k']脚诶欺	g[ɡ]牙仪鹅	ng [ŋ]雅诪看	
喉音	h[h]瑕灰稀	[Ǿ] 以a. o. e. i. u.w开头亚荷锅医乌圩			

查阅《中西字典》将上表声母字的音值描写对应说明如下：①唇音：pa[pa]耙、pe[pe]飞、pi[pi]悲、pha[p'a]抛、phi[p'i]胚、phi[p'i]披、bo·[bɔ]侔、be[be]糜、bi[bi]微、ma[ma]骂、meh^n [mẽʔ]脉、ma^n[mã]妈。按：麻字《中西字典》读作m，不读b，换侔字；矛字《中西字典》读作b，不读m，妈字；其余均同。②舌音：te[te]低、ti[ti]知、to[to]刀；the[t'e]体、thu[t'u]仁、tho[t'ɔ]滔；le[le]璃、li[li]鳌、lo[lo]痨、na^n[nã]那、nng[nŋ]卵、nng[nŋ]软。按：推字《中西字典》读作chh，不读th，换体字；藕字《中西字典》读作l，不读th，换仁字；娘字《中西字典》读作l，不读n，换那字；其余均同。③齿音：che [tse]齐、cheng [tɕiŋ]钟、chi [tɕi]支；tsu [tsu]炷、ts o·[tsɔ]遭、ts o·[tsɔ]

租；chha[ts'a]差、chhui[ts'ui]炊、chhui[ts'ui]腮、ji[dzi]而、jia[dzia]遮、jiah[dziaʔ]迹、sa[sa]沙、se[se]西、si[si]施。按：焦字《中西字典》读作ch，不读ts，换炷字；其余均同。④牙音：ka[ka]胶、ke[ke]鸡、ki[ki]妓、kha[k'a]脚、khu[k'u]丘、khi[k'i]欺、ge[ge]牙、gi[gi]仪、go[go]鹅、nga[ŋa]雅、ngo˙[ŋɔ]讹、ngau[ŋãu]肴。按：诙字《中西字典》读作h，不读kh，换丘字；其余均同。⑤喉音：ha[ha]瑕、hu[hu]灰、hi[hi]稀、a[a]亚、o[o]荷、e[e]锅、i[i]医、o˙[ɔ]乌、u[u]圩。按：《中西字典》与之同。

从上可见，《中西字典》声母系统与《厦门话字典补编》相同，如下表：

双唇音	p[p]耙飞悲	ph[p']抛胚披	b [b]麻糜微	m [m]骂脉矛	
舌尖中音	t[t]低知刀	th[t']推藕滔	l [l]璃鳌痨	n[n]娘卵软	
舌面前音	ch [tɕ]支蕉洲	chh[tɕ']腮笑秋			
舌尖前音	ch [ts]渣绩 ts [ts]焦遭租	chh[ts']趋膜粗	j[dz]而遮迹		s[s]沙西施
舌面后音	k[k]胶鸡妓	kh[k']脚诙欺	g[g]牙仪鹅	ng [ŋ]雅讹肴	
喉音	h[h]瑕灰稀	[Ø] 以a.o.e.i.u.w开头亚荷锅医乌圩			

现就上表的声母拟音说明如下：①《中西字典》齿音有ch、chh和ts三个字母。表中字母ch，chh与齐齿（i一类）韵母拼时，因受颚化影响变成舌面前的[tɕ]、[tɕ']，若与非齐齿（i一类）韵母拼时，就读作[ts]、[ts']，ts字母均与非齐齿（i一类）韵母拼，就读作[ts]。② 表中有m[m]与b[b]、n[n]与l[l]、ng[ŋ]与g[g]的对立，这是因为闽南方言有鼻化韵与非鼻化韵两套系统，凡[b]、[l]、[g]与鼻化韵相拼时，就分别变成了[m]、[n]、[ŋ]。③表中j字母在当时仍然读作[dz]，而尚未演变为[l]或[n]。④凡是以元音a, o, e, i, u开头的音节即零声母[Ø]。

三 《中西字典》韵母系统研究

据考证，《厦门话字典补编》有84个韵母，其中有音无字的韵母10个，实际上是74个。为了探讨《中西字典》(简称"中西")的韵母系统，现与《厦门话字典补编》(简称"补编")韵母系统比较如下：

1. 元音韵母
单元音（6个）：

补编	a [a]：a[a]亚、ba[ba]麻、chha[ts'a]差、ha[ha]瑕、ka[ka]胶、kha[k'a]脚、la[la]臀、pa[pa]耙、pha[p'a]抛、sa[sa]沙、ta[ta]焦、tsa[tsa]渣
中西	a [a]：a[a]亚、ba[ba]侔、chha[ts'a]差、ha[ha]瑕、ka[ka]胶、kha[k'a]脚、la[la]臀、pa[pa]耙、pha[p'a]抛、sa[sa]沙、ta[ta]乾、tsa[tsa]渣

　　按：《厦门话字典补编》有12个例字，其中"麻"字《中西字典》读作ma，不读ba，但有侔ba[ba]字；"焦"字《中西字典》读作ch，不读ts，但有乾ta[ta]字；其余10个例字均同。

补编	e [e]：be[be]糜、che[tse]渣、chhe[ts'e]炊、e[e]锅、ge[ge]牙、he[he]灰、ke[ke]鸡、khe[k'e]诙、le[le]璃、pe[pe]飞、phe[p'e]胚、se[se]西、te[te]低、the[t'e]推
中西	e [e]：be[be]糜、che[tse]渣、chhe[ts'e]炊、e[e]锅、ge[ge]牙、he[he]系、ke[ke]鸡、khe[k'e]启、le[le]璃、pe[pe]飞、phe[p'e]皮、se[se]西、te[te]低、the[t'e]体

　　按：《厦门话字典补编》有14个例字，其中"灰"字《中西字典》读作hu[hu]，不读he[he]，但有系he[he]字；"胚"字《中西字典》读作phi[p'i]，不读phe[p'e]，但有皮phe[p'e]字；"推"字《中西字典》读作chhui[ts'ui]，不读the[t'e]，但有"体"the[t'e]字；其余11个例字均同。

补编	i [i]：bi[bi]微、chi[tɕi]支、chhi[tɕ'i]腮、gi[gi]仪、hi[hi]稀、i[i]医、ji[dzi]而、ki[ki]妓、khi[k'i]欺、li[li]釐、pi[pi]悲、phi[p'i]披、si[si]施、ti[ti]知、thi[t'i]黐
中西	i [i]：bi[bi]微、chi[tɕi]支、chhi[tɕ'i]侈、gi[gi]仪、hi[hi]稀、i[i]医、ji[dzi]而、ki[ki]妓、khi[k'i]欺、li[li]釐、pi[pi]悲、phi[p'i]披、si[si]施、ti[ti]知、thi[t'i]啼

　　按：《厦门话字典补编》有15个例字，其中"腮"字《中西字典》读作su[su]，不读chhi[tɕ'i]，但有"侈"chhi[tɕ'i]字；"黐"字《中西字典》读作li[li]，不读thi[t'i]，但有"啼"thi[t'i]字；其余13个例字均同。

补编	o [o]：bo[bo]无、chho[ts'o]膜、go[go]鹅、ho[ho]河、ko[ko]科、kho[k'o]科、lo[lo]痨、o[o]荷、po[po]褒、pho[p'o]波、so[so]搔、to[to]刀、tho[t'o]滔、tso[tso]遭
中西	o [o]：bo[bo]无、chho[ts'o]膜、go[go]鹅、ho[ho]河、ko[ko]个、kho[k'o]科、lo[lo]痨、o[o]荷、po[po]褒、pho[p'o]波、so[so]搔、to[to]刀、tho[t'o]滔、tso[tso]造

　　按：《厦门话字典补编》有14个例字，其中"遭"字《中西字典》读作tso·[tsɔ]，不读tso[tso]，但有"造"tso[tso]字；其余13个例字均同。

补编	o·[ɔ]：bo·[bɔ]谟、chho·[ts'ɔ]粗、go·[gɔ]吴、ho·[hɔ]呼、ko·[kɔ]姑、kho·[k'ɔ]箍、lo·[lɔ]奴、o·[ɔ]乌、po·[pɔ]晡、pho·[p'ɔ]铺、so·[sɔ]苏、to·[tɔ]都、tho·[t'ɔ]塗、tso·[tsɔ]租
中西	o·[ɔ]：bo·[bɔ]谟、chho·[ts'ɔ]粗、go·[gɔ]五、ho·[hɔ]呼、ko·[kɔ]姑、kho·[k'ɔ]箍、lo·[lɔ]奴、o·[ɔ]乌、po·[pɔ]晡、pho·[p'ɔ]铺、so·[sɔ]苏、to·[tɔ]都、to·[tɔ]塗、tso·[tsɔ]租

　　按：《厦门话字典补编》有14个例字，其中"吴"字《中西字典》读作ngoˑ[ŋɔ]，不读goˑ[gɔ]，但有"五"goˑ[gɔ]字；"塗"字《中西字典》读作toˑ[tɔ]，不读thoˑ[tʻɔ]；其余12个例字均同。

补编	u [u]：bu[bu]无、chhu[tsʻu]趋、gu[gu]鱼、hu[hu]夫、ju[dzu]儒、ku[ku]龟、khu[kʻu]拘、lu[lu]滤、pu[pu]匏、phu[pʻu]芙、su[su]需、tu[tu]堆、thu[tʻu]贮、tsu[tsu]砵、u[u]圩
中西	u [u]：bu[bu]无、chhu[tsʻu]趋、gu[gu]鱼、hu[hu]夫、ju[dzu]儒、ku[ku]龟、khu[kʻu]拘、lu[lu]滤、pu[pu]匏、phu[pʻu]芙、su[su]事、tu[tu]厨、thu[tʻu]贮、tsu[tsu]砵、u[u]圩

　　按：《厦门话字典补编》有15个例字，其中"需"字《中西字典》读作ju[dzu]，不读su[su]，但有"事"su[su]字；"堆"字《中西字典》读作tui[tui]，不读tu[tu]，但有"厨"tu[tu]字；其余13个例字均同。

　　总之，《厦门话字典补编》有例字84个，《中西字典》与之完全对应的例字72个，另有12个例字读音有参差（其中塗字属送气或不送气之别外，另外11个音节只是换了例字），但不影响《中西字典》存有6个单元音：a [a]、e [e]、i [i]、o [o]、oˑ[ɔ]、u [u]。

　　复元音（10个）：

补编	ai [ai]：ai[ai]哀、bai[bai]眉、chhai[tsʻai]裁、gai[gai]呆、hai[hai]哈、kai[kai]该、khai[kʻai]开、lai[lai]来、pai[pai]排、phai[pʻai]派、sai[sai]狮、tai[tai]懘、thai[tʻai]筛、tsai[tsai]栽
中西	ai [ai]：ai[ai]哀、bai[bai]眉、chhai[tsʻai]裁、gai[gai]呆、hai[hai]亥、kai[kai]该、khai[kʻai]开、lai[lai]来、pai[pai]排、phai[pʻai]派、sai[sai]狮、tai[tai]代、thai[tʻai]筛、tsai[tsai]栽

　　按：《厦门话字典补编》有14个例字，其中"哈"字《中西字典》无收录，但有亥hai[hai]字；"懘"字《中西字典》无收录，但有"代"tai[tai]字；其余12个例字均同。

补编	au [au]：au[au]欧、bau[bau]卯、chhau[tsʻau]操、gau[gau]贤、hau[hau]呼、kau[kau]郊、khau[kʻau]敲、lau[lau]瘤、pau[pau]胞、phau[pʻau]炮、sau[sau]俏、tau[tau]搃、thau[tʻau]偷、tsau [tsau]欉
中西	au [au]：au[au]欧、bau[bau]卯、chhau[tsʻau]操、gau[gau]贤、hau[hau]傚、kau[kau]郊、khau[kʻau]敲、lau[lau]流、pau[pau]胞、phau[pʻau]炮、sau[sau]扫、tau[tau]兜、thau[tʻau]头、tsau[tsau]剿

　　按：《厦门话字典补编》有14个例字，其中"呼"字《中西字典》读作au[au]，不读hau[hau]，但有傚hau[hau]字；"瘤"字《中西字典》读作liu[liu]，不读lau[lau]，但有"流"lau[lau]字；"俏"字《中西字典》无收录，但有扫sau[sau]字；"搃"字《中西字典》无收录，但有兜tau[tau]字；"偷"字《中西字典》读作toˑ[tɔ]，不读thau[tʻau]，但有头thau[tʻau]字；"欉"字《中西字典》无收录，但有"剿"tsau[tsau]字；其余8个例字均同。

补编	io [io]：bio[bio]庙、chio[tɕio]蕉、chhio[tɕʻio]笑、gio[gio]蜷、hio[hio]□、jio[dzio]尿、kio[kio]桥、khio[kʻio]微、lio[lio]□、pio[pio]标、phio[pʻio]漂、sio[sio]烧、tio[tio]钓、thio[tʻio]投
中西	io [io]：bio[bio]庙、chio[tɕio]蕉、chhio[tɕʻio]笑、jio[dzio]尿、kio[kio]桥、pio[pio]标、phio[pʻio]漂、sio[sio]烧、tio[tio]钓

按：《厦门话字典补编》有14个例字，其中"蜷"字《中西字典》无收录；"微"字《中西字典》读作hiau [hiau]，不读khio[kʻio]；"投"字《中西字典》读作tho[tʻɔ]，不读thio[tʻio]；《中西字典》无hio[hio]□、lio[lio]□；其余9个例字均同。

补编	iu [iu]：chiu[tɕiu]洲、chhiu[tɕʻiu]秋、giu[giu]扭、hiu[hiu]休、jiu[dziu]鰇、kiu[kiu]求、khiu[kʻiu]邱、liu[liu]流、phiu[pʻiu]彪、siu[siu]修、tiu[tiu]稠、thiu[tʻiu]抽
中西	iu [iu]：chiu[tɕiu]洲、chhiu[tɕʻiu]秋、hiu[hiu]休、jiu[dziu]鰇、kiu[kiu]求、khiu[kʻiu]邱、liu[liu]流、piu[piu]彪、siu[siu]修、tiu[tiu]稠、thiu[tʻiu]抽

按：《厦门话字典补编》有12个例字，其中"扭"字《中西字典》读作liu [liu]，不读giu[giu]；其余11个例字均同。

补编	ia [ia]：chia[tɕia]借、chhia[tɕʻia]车、gia[gia]□、hia[hia]靴、ia[ia]椰、jia[dzia]遮、kia[kia]寄、khia[kʻia]骑、lia[lia]□、sia[sia]赊
中西	ia [ia]：chia[tɕia]借、chhia[tɕʻia]车、gia[gia]鹅、hia[hia]靴、ia[ia]椰、jia[dzia]遮、kia[kia]寄、khia[kʻia]骑、sia[sia]赊

按：《厦门话字典补编》有10个例字，其中gia[gia]□字《中西字典》则有gia[gia]鹅；lia[lia]□字，《中西字典》不录；其余9个例字均同。

补编	oa [ua]：chhoa[tsʻua]导、goa[gua]外、hoa[hua]花、joa[dzua]若、koa[kua]歌、khoa[kʻua]靠、loa[lua]赖、oa[ua]娃、poa[pua]簸、phoa[pʻua]破、soa[sua]沙、toa[tua]带、thoa[tʻua]拖、tsoa[tsua]蛇
中西	oa [ua]：chhoa[tsʻua]导、goa[gua]外、hoa[hua]花、koa[kua]歌、khoa[kʻua]跨、oa[ua]娃、poa[pua]簸、phoa[pʻua]破、soa[sua]沙、toa[tua]带、thoa[tʻua]拖、tsoa[tsua]蛇

按：《厦门话字典补编》有14个例字，其中"若"字《中西字典》读作jiok[dziok]，不读joa[dzua]；靠字《中西字典》读作kho[kʻɔ]，不读khoa[kʻua]，但有"跨"khoa[kʻua]字；"赖"字《中西字典》读作nai[nai]，不读loa[lua]；其余11个例字均同。

补编	ui [ui]：bui[bui]□、chhui[tsʻui]催、gui[gui]危、hui[hui]妃、kui[kui]归、khui[kʻui]开、lui[lui]镭、pui[pui]肥、sui[sui]水、tui[tui]堆、thui[tʻui]腿、tsui[tsui]锥、ui[ui]位
中西	ui [ui]：chhui[tsʻui]催、gui[gui]危、hui[hui]妃、kui[kui]归、khui[kʻui]开、lui[lui]镭、pui[pui]肥、sui[sui]水、tui[tui]堆、thui[tʻui]腿、tsui[tsui]锥、ui[ui]位

按：《厦门话字典补编》有13个例字，其中bui[bui]口《中西字典》无收录；其余12个例字均同。

补编	oe [ue]：boe[bue]买、chhoe[ts'ue]刷、goe[gue]外、hoe[hue]花、joe[dzue]锐、koe[kue]鸡、khoe[k'ue]魁、loe[lue]犁、oe[ue]挨、poe[pue]盃、phoe[p'ue]配、soe[sue]梳、toe[tue]兑、thoe[t'ue]替、tsoe[tsue]做
中西	oe [ue]：boe[bue]买、chhoe[ts'ue]刷、goe[gue]外、hoe[hue]花、joe[dzue]锐、koe[kue]鸡、khoe[k'ue]魁、loe[lue]犁、oe[ue]挨、poe[pue]盃、phoe[p'ue]配、soe[sue]梳、toe[tue]兑、thoe[t'ue]替、tsoe[tsue]做

按：《厦门话字典补编》15个例字与《中西字典》均同。

补编	oai [uai]：hoai[huai]槐、koai[kuai]拐、khoai[k'uai]快、oai[uai]歪
中西	oai [uai]：hoai[huai]槐、koai[kuai]拐、khoai[k'uai]快、oai[uai]歪

按：《厦门话字典补编》4个例字与《中西字典》均同。

补编	iau[iau]：biau[biau]苗、chiau[tɕiau]招、chhiau[tɕ'iau]稍、giau[giau]口、hiau[hiau]晓、iau[iau]要、jiau[dziau]扰、kiau[kiau]骄、khiau[k'iau]曲、liau[liau]僚、piau[piau]表、phiau[p'iau]标、siau[siau]逍、tiau[tiau]雕、thiau[t'iau]挑
中西	iau [iau]：biau[biau]苗、chiau[tɕiau]招、chhiau[tɕ'iau]稍、hiau[hiau]晓、iau[iau]要、jiau[dziau]扰、kiau[kiau]骄、khiau[k'iau]曲、liau[liau]僚、piau[piau]表、phiau[p'iau]标、siau[siau]逍、tiau[tiau]雕、thiau[t'iau]挑

按：《厦门话字典补编》有15个例字，其中除giau[giau]口外，其余14个例字均同。

总之，《厦门话字典补编》有例字125个，《中西字典》与之完全对应的例字105个，另有20个例字不完全一致（其中9个音节还只是换了例字，5个有音无字，6个有读音差别），但不影响《中西字典》存有10个复元音：ai [ai]、au [au]、io[io]、iu[iu]、ia[ia]、oa[ua]、ui[ui]、oe[ue]、oai[uai]、iau[iau]。

2. 鼻音韵母（15个）

补编	am[am]：am[am]暗、bam[bam]口、chham[tst'am]参、gam[gam]严、ham[ham]蚶、kam[kam]甘、kham[k'am]龛、lam[am]男、sam[sam]三、tam[tam]湛、tham[t'am]罈、tsam[tsam]斩
中西	am[am]：am[am]暗、chham[tst'am]参、ham[ham]蚶、kam[kam]甘、kham[k'am]龛、lam[am]男、sam[sam]三、tam[tam]湛、tham[t'am]罈、tsam[tsam]斩

按：《厦门话字典补编》有12个例字，其中bam[bam]口《中西字典》无收录；"严"字《中西字典》读作giam[giam]，不读gam[gam]；其余10个例字均同。

补编	iam[iam]：chiam[tɕiam]占、chhiam[tɕ'iam]佥、giam[giam]验、hiam[hiam]嫌、iam[iam]掩、jiam[dziam]染、kiam[kiam]兼、khiam[k'iam]谦、liam[iam]粘、siam[siam]蟾、tiam[tiam]沾、thiam[t'iam]添
中西	iam[iam]：chiam[tɕiam]占、chhiam[tɕ'iam]佥、giam[giam]验、hiam[hiam]嫌、iam[iam]掩、jiam[dziam]染、kiam[kiam]兼、khiam[k'iam]谦、liam[iam]粘、siam[siam]蟾、tiam[tiam]沾、thiam[t'iam]添

按：《厦门话字典补编》12个例字与《中西字典》均同。

补编	im[im]：chim[tɕim]斟、chhim[tɕ'im]深、gim[gim]砛、him[him]忻、im[im]阴、jim[dzim]忍、kim[kim]金、khim[k'im]钦、lim[lim]饮、sim[sim]心、tim[tim]沉
中西	im[im]：chim[tɕim]斟、chhim[tɕ'im]深、gim[gim]吟、him[him]忻、im[im]阴、jim[dzim]忍、kim[kim]金、khim[k'im]钦、lim[lim]饮、sim[sim]心、tim[tim]沉

按：《厦门话字典补编》有11个例字，其中"砛"字《中西字典》无收录，但有"吟"gim[gim]字；其余10个例字均同。

补编	om[ɔm]：lom[lɔm]□、om[ɔm]□、som[sɔm]参、tom[tɔm]丼、thom[t'ɔm]丼
中西	om[ɔm]：som[sɔm]参

按：《厦门话字典补编》有5个例字，其中lom[lɔm]□、om[ɔm]□《中西字典》无收录；"丼"字《中西字典》读作cheng[tɕiŋ]，不读tom[ɔm]或thom[t'ɔm]；只有1个例字同。

补编	an[an]：an[an]安、ban[ban]万、chhan[ts'an]餐、gan[gan]眼、han[han]寒、kan[kan]乾、khan[k'an]牵、lan[lan]蘭、pan[pan]颁、phan[p'an]盼、san[san]删、tan[tan]单、than[t'an]蛏、tsan[tsan]层
中西	an[an]：an[an]安、ban[ban]万、chhan[ts'an]餐、gan[gan]眼、han[han]寒、kan[kan]乾、khan[k'an]牵、lan[lan]蘭、pan[pan]颁、phan[p'an]盼、san[san]删、tan[tan]单、than[t'an]蛏、tsan[tsan]层

按：《厦门话字典补编》14个例字与《中西字典》均同。

补编	ien[ian]：bien[bian]免、chien[tɕian]前、chhien[tɕ'ian]迁、gien[gian]言、hien[hian]掀、ien[ian]鹑、jien[dzian]□、kien[kian]肩、khien[k'ian]牵、lien[lian]联、pien[pian]鞭、phien[p'ian]偏、sien[sian]仙、tien[tian]颠、thien[t'ian]天
中西	ien[ian]：bien[bian]免、chien[tɕian]前、chhien[tɕ'ian]仟、gien[gian]瘾、hien[hian]掀、ien[ian]鹑、jien[dzian]□、kien[kian]肩、khien[k'ian]牵、lien[lian]联、pien[pian]鞭、phien[p'ian]偏、sien[sian]仙、tien[tian]颠、thien[t'ian]天 ian[ian]：bian[bian]丐、chian[tɕian]傔、chhian[tɕ'ian]迁、gian[gian]言、hian[hian]贤、pian[pian]便、tian[tian]佃

按：《厦门话字典补编》有15个ien韵母例字，有13个例字与《中西字典》ien韵母例字对应；有chhien[tɕ'ian]迁、gien[gian]言与《中西字典》chhian[tɕ'ian]迁、gian[gian]言例字对应。《厦门话字典补编》只有ien[ian]韵母例字，而《中西字典》则兼有ien和ian两种韵母，实际上音值都是[ian]。

补编	in[in]：bin[bin]馒、chin[tɕin]真、chhin[tɕ'in]亲、gin[gin]囝、hin[hin]眩、in[in]因、jin[dzin]人、kin[kin]紧、khin[k'in]轻、lin[lin]燐、pin[pin]宾、phin[p'in]品、sin[sin]身、tin[tin]珍、thin[t'in]斟
中西	in[in]：bin[bin]馒、chin[tɕin]真、chhin[tɕ'in]亲、gin[gin]囝、hin[hin]眩、in[in]因、jin[dzin]人、kin[kin]紧、khin[k'in]轻、lin[lin]燐、pin[pin]宾、phin[p'in]品、sin[sin]身、tin[tin]珍、thin[t'in]斟chim[tɕim]

按：《厦门话字典补编》有15个例字，其中"斟"字《中西字典》读作chim[tɕim]，不读thin[t'in]；其余14个例字均同。

补编	un[un]：bun[bun]文、chhun[ts'un]春、gun[gun]银、hun[hun]婚、jun[dzun]囝、kun[kun]均、khun[k'un]昆、lun[lun]轮、pun[pun]分、phun[p'un]喷、sun[sun]旬、tun[tun]敦、thun[t'un]吞、tsun[tsun]尊、un[un]温
中西	un[un]：bun[bun]文、chhun[ts'un]春、gun[gun]银、hun[hun]婚、jun[dzun]囝、kun[kun]均、khun[k'un]昆、lun[lun]轮、pun[pun]分、phun[p'un]喷、sun[sun]旬、tun[tun]敦、thun[t'un]吞、tsun[tsun]尊、un[un]温

按：《厦门话字典补编》有15个例字，除了jun[dzun]囝外，其余14个例字与《中西字典》均同。

补编	oan[uan]：boan[buan]满、chhoan[ts'uan]川、goan[guan]元、hoan[huan]番、koan[kuan]观、khoan[k'uan]宽、loan[luan]卵、oan[uan]冤、poan[puan]半、phoan[p'uan]盘、soan[suan]酸、toan[tuan]端、thoan[t'uan]传、tsoan[tsuan]专
中西	oan[uan]：boan[buan]满、chhoan[ts'uan]川、goan[guan]元、hoan[huan]番、koan[kuan]观、khoan[k'uan]宽、loan[luan]卵、oan[uan]冤、poan[puan]半、phoan[p'uan]盘、soan[suan]酸、toan[tuan]端、thoan[t'uan]传、tsoan[tsuan]专

按：《厦门话字典补编》有14个例字与《中西字典》均同。

补编	ang[aŋ]：ang[aŋ]红、bang[baŋ]梦、chhang[ts'aŋ]葱、hang[haŋ]巷、kang[kaŋ]工、khang[k'aŋ]空、lang[laŋ]人、pang[paŋ]邦、phang[p'aŋ]芳、sang[saŋ]送、tang[taŋ]东、thang[t'aŋ]虫、tsang[tsaŋ]棕
中西	ang[aŋ]：ang[aŋ]红、bang[baŋ]梦、chhang[ts'aŋ]葱、hang[haŋ]巷、kang[kaŋ]工、khang[k'aŋ]空、lang[laŋ]人、pang[paŋ]邦、phang[p'aŋ]芳、sang[saŋ]送]、tang[taŋ]东、thang[t'aŋ]虫

按：《厦门话字典补编》有13个例字，其中棕字《中西字典》读作chang[tsaŋ]，不读tsang[tsaŋ]；其余12个例字与《中西字典》均同。

补编	eng [iŋ]：beng[biŋ]盟、cheng[tɕiŋ]钟、chheng[tɕ'iŋ]青、eng[iŋ]英、geng[ɡiŋ]凝、heng[hiŋ]兄、keng[kiŋ]鲸、kheng[k'iŋ]倾、leng[liŋ]令、peng[piŋ]兵、pheng[p'iŋ]崩、seng[siŋ]牲、teng[tiŋ]丁、theng[t'iŋ]撑
中西	eng [iŋ]：beng[biŋ]盟、cheng[tɕiŋ]钟、chheng[tɕ'iŋ]青、eng[iŋ]英、geng[ɡiŋ]凝、heng[hiŋ]兄、keng[kiŋ]鲸、kheng[k'iŋ]倾、leng[liŋ]令、peng[piŋ]兵、pheng[p'iŋ]崩、seng[siŋ]牲、teng[tiŋ]丁、theng[t'iŋ]撑

按：《厦门话字典补编》有14个例字均与《中西字典》相对应。

补编	iang[iaŋ]：chiang[tɕiaŋ]奖、chhiang[tɕ'iaŋ]枪、giang[ɡiaŋ]囗、hiang[hiaŋ]响、iang[iaŋ]囗、khiang[k'iaŋ]铿、liang[liaŋ]凉、piang[piaŋ]囗、phiang[p'iaŋ]囗、siang[siaŋ]双、tiang[tiaŋ]囗
中西	iang[iaŋ]：liang[liaŋ]亮、phiang[p'iaŋ]铿、siang[siaŋ]双

按：chiang[tɕiaŋ]奖、chhiang[tɕ'iaŋ]枪、hiang[hiaŋ]响、khiang[k'iaŋ]铿等4个例字在《中西字典》里分别读作chiong[tɕiɔŋ]、chhiong[tɕ'iɔŋ]、hiong[hiɔŋ]、khian[k'ian]；giang[ɡiaŋ]囗、iang[iaŋ]囗、piang[piaŋ]囗、tiang[tiaŋ]囗4个"有音无字"例，《中西字典》不收录；liang[liaŋ]凉、phiang[p'iaŋ]囗、siang[siaŋ]双3个例字与《中西字典》liang[liaŋ]亮、phiang[p'iaŋ]铿、siang[siaŋ]双对应。

补编	iong [iɔŋ]：chiong[tɕiɔŋ]终、chhiong[tɕ'iɔŋ]冲、hiong[hiɔŋ]香、iong[iɔŋ]容、jiong[dziɔŋ]绒、kiong[kiɔŋ]宫、khiong[k'iɔŋ]恐、liong[liɔŋ]龙、siong[siɔŋ]伤、tiong[tiɔŋ]张、thiong[t'iɔŋ]裹
中西	iong [iɔŋ]：chiong[tɕiɔŋ]终、chhiong[tɕ'iɔŋ]冲、hiong[hiɔŋ]香、iong[iɔŋ]容、jiong[dziɔŋ]绒、kiong[kiɔŋ]宫、khiong[k'iɔŋ]恐、liong[liɔŋ]龙、siong[siɔŋ]伤、tiong[tiɔŋ]张、thiong[t'iɔŋ]裹

按：《厦门话字典补编》有11个例字均与《中西字典》对应。

补编	ong [ɔŋ]：bong[bɔŋ]蒙、chhong[ts'ɔŋ]苍、gong[ɡɔŋ]昂、hong[hɔŋ]风、kong[kɔŋ]纲、khong[k'ɔŋ]康、long[lɔŋ]郎、ong[ɔŋ]翁、pong[pɔŋ]旁、phong[p'ɔŋ]凸、song[sɔŋ]桑、tong[tɔŋ]当、thong[t'ɔŋ]通、tsong[tsɔŋ]宗
中西	ong [ɔŋ]：bong[bɔŋ]蒙、chhong[ts'ɔŋ]苍、gong[ɡɔŋ]昂、hong[hɔŋ]风、kong[kɔŋ]纲、khong[k'ɔŋ]康、long[lɔŋ]郎、ong[ɔŋ]翁、pong[pɔŋ]旁、phong[p'ɔŋ]凸、song[sɔŋ]桑、tong[tɔŋ]当、thong[t'ɔŋ]通、tsong[tsɔŋ]宗

按：《厦门话字典补编》有14个例字均与《中西字典》相对应。

补编	oang[uaŋ]：chhoang[tsʻuaŋ]闯、oang[uaŋ]口
中西	oang[uaŋ]：chhoang[tsʻuaŋ]闯

按：《厦门话字典补编》有2个例字，其中oang[uaŋ]口，《中西字典》不录；chhoang[tsʻuaŋ]闯字与《中西字典》相对应。

总之，《厦门话字典补编》有例字178个，《中西字典》与之完全对应的例字157个，另有21个例字不完全一致，但不影响《中西字典》存有15个鼻音韵母：am[am]、iam[iam]、im[im]、om[ɔm]、an[an]、ien[ian]（ian[ian]）、in[in]、un[un]、oan[uan]、ang[aŋ]、eng [iŋ]、iang[iaŋ]、iong [iɔŋ]、ong [ɔŋ]、oang[uaŋ]。

3. 声化韵（2个）

补编	ng[ŋ]：chhng[tsʻŋ]舱、hng[hŋ]园、kng[kŋ]光、khng[kʻŋ]劝、mng[mŋ]门、nng[nŋ]软、ng[ŋ]央、png[pŋ]榜、sng[sŋ]霜、tng[tŋ]当、thng[tʻŋ]汤、tsng[tsŋ]庄
中西	ng[ŋ]：chhng[tsʻŋ]舱、hng[hŋ]园、kng[kŋ]光、khng[kʻŋ]劝、mng[mŋ]门、nng[nŋ]软、ng[ŋ]央、png[pŋ]榜、sng[sŋ]霜、tng[tŋ]当、thng[tʻŋ]汤、tsng[tsŋ]庄

按：《厦门话字典补编》有12个例字均与《中西字典》相对应。

补编	m[m]：hm[hm]口、m[m]梅
中西	m[m]：hm[hm]媒、m[m]梅

按：《厦门话字典补编》有2个例字均与《中西字典》相对应。

上表说明，《中西字典》有2个声化韵母ng[ŋ]和m[m]。

4. 鼻化韵（13个）

补编	aⁿ[ã]：aⁿ[ã]拦、haⁿ[hã]口、kaⁿ[kã]监、maⁿ[mã]妈、ma[ma]妈、naⁿ[nã]那、nga[ŋa]雅、phaⁿ[pʻã]冇、saⁿ[sã]衫、taⁿ[tã]担、thaⁿ[tʻã]他、tsaⁿ[tsã]口
中西	aⁿ[ã]：maⁿ[mã]妈、ma[ma]妈、naⁿ[nã]那、nga[ŋa]雅、phaⁿ[pʻã]冇、saⁿ[sã]三、taⁿ[tã]担

按：《厦门话字典补编》有12个例字，其中"拦"字《中西字典》读作lan[lan]/noaⁿ[nã]，不读aⁿ[ã]；"监"字《中西字典》读作kam [kam]，不读kaⁿ[kã]；"他"字《中西字典》读作tha[tʻa]，不读thaⁿ[tʻã]；haⁿ[hã]口、tsaⁿ[tsã]口《中西字典》不录；其余7个韵字均同。

补编	iⁿ [ĩ]：chiⁿ[tɕĩ]争、chhiⁿ[tɕ‘ĩ]醒、hiⁿ[hĩ]弃、iⁿ[ĩ]蜒、kiⁿ[kĩ]见、khiⁿ[k‘ĩ]坑、miⁿ[mĩ]棉、niⁿ[nĩ]年、ngiⁿ[ŋĩ]硬、piⁿ[pĩ]边、phiⁿ[p‘ĩ]篇、siⁿ[sĩ]生、tiⁿ[tĩ]甜、thiⁿ[t‘ĩ]添
中西	iⁿ [ĩ]：chiⁿ[tɕĩ]争、chhiⁿ[tɕ‘ĩ]醒、iⁿ[ĩ]蜒、kiⁿ[kĩ]见、khiⁿ[k‘ĩ]坑、miⁿ[mĩ]棉、ni[nĩ]年、ngi[ŋĩ]硬、piⁿ[pĩ]边、phiⁿ[p‘ĩ]篇、siⁿ[sĩ]生、tiⁿ[tĩ]甜、thiⁿ[t‘ĩ]添

按：《厦门话字典补编》有14个例字，其中"弃"字《中西字典》读作khi[k'i]，不读hiⁿ[hĩ]；其余13个例字均同。

补编	uⁿ [ũ]
中西	uⁿ [ũ]：nuⁿ□(筋kin=kun núⁿ)

按：nuⁿ□(筋kin=kun núⁿ)是《中西字典》独有例字，其他闽南方言著作里均无uⁿ[ũ]韵母。

补编	oˑⁿ[ɔ̃]：hoˑⁿ [hɔ̃]火、moˑⁿ[mɔ̃]毛、ngoˑ [ŋɔ]讹
中西	ɵⁿ[ɔ̃]：hoˑⁿ [hɔ̃]火、moˑ[mɔ̃]毛、ngoˑ [ŋɔ]讹

按：《厦门话字典补编》有3个例字与《中西字典》相同。

补编	oⁿ[õ]：hoⁿ[hõ]□
中西	oⁿ[õ]：ngo[ŋõ]峨(ngô=cheng-êng)、mo[mõ]旄(mô=lāu lâng)、thôⁿ[t‘õ]□(穿chéng=thôⁿ-hām)

按：《厦门话字典补编》有hoⁿ[hõ]□，《中西字典》不录；但《中西字典》录有其他3例字，说明存有oⁿ[õ]韵母。

补编	eⁿ[ẽ]：chheⁿ[ts‘ẽ]□、eⁿ[ẽ]□、heⁿ[hẽ]行、meⁿ[mẽ]猛、neⁿ[nẽ]□
中西	eⁿ[ẽ]：------

按：《厦门话字典补编》有5个例字，其中chheⁿ[ts‘ẽ]□、eⁿ[ẽ]□、neⁿ[nẽ]□，《中西字典》不录。"行"字《中西字典》读作heng[hiŋ]，不读heⁿ[hẽ]。"猛"字《中西字典》读作beng[biŋ]，不读meⁿ[mẽ]。可见，《中西字典》无eⁿ[ẽ]韵母。

补编	aiⁿ[ãĩ]：aiⁿ[ãĩ]□、haiⁿ[hãĩ]□、kaiⁿ[kãĩ]□、khaiⁿ[k‘ãĩ]□、maiⁿ[mãĩ]买、naiⁿ[nãĩ]耐、phaiⁿ[p‘ãĩ]歹、saiⁿ[sãĩ]□、taiⁿ[tãĩ]歹、thaiⁿ[t‘ãĩ]□、tsaiⁿ[tsãĩ]怎
中西	aiⁿ[ãĩ]：haiⁿ[hãĩ]瀨、mai[mãĩ]买、naiⁿ[nãĩ]耐、tsaiⁿ[tsãĩ]怎、ngai[ŋãĩ]刈

按：《厦门话字典补编》有11个例字，其中ai^n[ãi]口、kai^n[kãi]口、khai^n[k'ãi]口、sai^n[sãi]口、thai^n[t'ãi]口，《中西字典》不录。hai^n[hãi]口，《中西字典》载有"呻 sin= hai^n[hãi]- hai^n[hãi]-chhan[ts'an]"，应为拟声词。"歹"字《中西字典》读作phai[p'ai]和tai[tai]，不读phai^n[p'ãi]和tai^n[tãi]。"怎"字《中西字典》读作tsai[tsai]，不读tsai^n[tsãi]；其余5个例字同。

补编	au^n[ãũ]： au^n[ãũ]口、hau^n[hãũ]悬、mau^n[mãũ]螯、nau^n[nãũ]脑、ngau[ŋau]乐、ngau^n[ŋãũ]看
中西	au^n[ãũ]： nau^n[nãũ]脑、ngau^n[ŋãũ]乐、ngau[ŋau]看

按：《厦门话字典补编》有6个例字，其中au^n[ãũ]口，《中西字典》不录；"悬"字《中西字典》读作hien[hian]，不读hau^n[hãũ]；"螯"字《中西字典》读作bo[bɔ]，不读mau^n[mãũ]；其余3个例字同。

补编	ia^n[iã]： chia^n[tɕiã]正、chhia^n[tɕ'iã]请、hia^n[hiã]兄、ia^n[iã]营、kia^n[kiã]惊、khia^n[k'iã]庆、mia^n[miã]名、nia^n[niã]领、ngia^n[ŋiã]迎、pia^n[piã]饼、phia^n[p'iã]兵、sia^n[siã]声、tia^n[tiã]呈、thia^n[t'iã]听
中西	ia^n[iã]： chia^n[tɕiã]正、chhia^n[tɕ'iã]请、hia^n[hiã]兄、ia^n[iã]营、kia^n[kiã]惊、mia^n[miã]名、nia^n[niã]领、ngia^n[ŋiã]迎、pia^n[piã]饼、sia^n[siã]声、tia^n[tiã]呈、thia^n[t'iã]听

按：《厦门话字典补编》有14个例字，其中"庆"字《中西字典》读作kheng[k'iŋ]，不读khia^n[k'iã]；"兵"字《中西字典》读作peng[piŋ]，不读phia^n[p'iã]；其余12个例字均同。

补编	iu^n[iũ]： chiu^n[tɕiũ]浆、chhiu^n[tɕ'iũ]厂、hiu^n[hiũ]香、iu^n[iũ]鸯、kiu^n[kiũ]薑、khiu^n[k'iũ]腔、niu^n[niũ]粮、siu^n[siũ]箱、tiu^n[tiũ]张
中西	iu^n[iũ]： chiu^n[tɕiũ]浆、chhiu^n[tɕ'iũ]厂、hiu^n[hiũ]香、iu^n[iũ]鸯、kiu^n[kiũ]薑、khiu^n[k'iũ]腔、niu^n[niũ]粮、siu^n[siũ]箱、tiu^n[tiũ]张

按：《厦门话字典补编》有9个例字与《中西字典》同。

补编	oa^n[uã]： chhoa^n[ts'uã]檰、hoa^n[huã]岸、koa^n[kuã]肝、khoa^n[k'uã]看、moa^n[muã]麻、noa^n[nuã]拦、oa^n[uã]鞍、poa^n[puã]般、phoa^n[p'uã]判、soa^n[suã]山、toa^n[tuã]单、thoa^n[t'uã]滩、tsoa^n[tsuã]泉
中西	oa^n[uã]： hoa^n[huã]岸、koa^n[kuã]肝、khoa^n[k'uã]看、moa^n[muã]麻、noa^n[nuã]拦、oa^n[uã]鞍、poa^n[puã]般、phoa^n[p'uã]判、soa^n[suã]山、toa^n[tuã]单、thoa^n[t'uã]滩、tsoa^n[tsuã]泉

按：《厦门话字典补编》有13个例字，其中"檰"字《中西字典》读作hoan[huan]，不读chhoa^n[tɕ'uã]；其余12个例字均同。

补编	uiⁿ[uĩ]：muiⁿ[muĩ]梅
中西	uiⁿ[uĩ]：muiⁿ[muĩ]梅

　　按：以上例字同。

补编	iauⁿ[iãũ]：iauⁿ[iãu]□、jiauⁿ[dziãu]爪、niau[niau]老、niauⁿ[niãu]□、ngiau[ŋiau]□
中西	iauⁿ[iãũ]：jiauⁿ[dziãu]爪、niau[niau]猫

　　按：《厦门话字典补编》有5个例字，其中iauⁿ[iãu]□、niauⁿ[niãu]□、ngiau[ŋiau]□，《中西字典》不录；老字《中西字典》读作lau[lau]，不读niau[niau]，但有猫niau[niau]字；其余同。

补编	oaiⁿ[uãĩ]：hoaiⁿ[huãi]横、koaiⁿ[kuãi]杆、oaiⁿ[uãi]挨、soaiⁿ[suãi]橫
中西	oaiⁿ[uãĩ]：hoaiⁿ[huãi]横、koaiⁿ[kuãi]乔(乔kiâu=koâiⁿ-koân)

　　按：《厦门话字典补编》有4个例字，其中"挨"字《中西字典》读作ai[ai]，不读oaiⁿ[uãi]；soaiⁿ[suãi]橫，《中西字典》不录；其余2例字同。

　　总之，《厦门话字典补编》有例字98个，《中西字典》与之完全对应的例字73个，另有25个例字不完全一致，但不影响《中西字典》存有13个鼻化韵母：aⁿ[ã]、iⁿ[ĩ]、uⁿ[ũ]、oⁿ[ɔ̃]、oⁿ[õ]、aiⁿ[ãĩ]、auⁿ[ãũ]、iaⁿ[iã]、iuⁿ[iũ]、oaⁿ[uã]、uiⁿ[uĩ]、iauⁿ[iãũ]、oaiⁿ[uãĩ]。

　　5. 入声韵（38个）
　　收-ʔ喉塞尾韵母：25个

补编	ah[aʔ]：ah[aʔ]押、bah[baʔ]□、chhah[tsʻaʔ]插、hah[haʔ]□、kah[kaʔ]甲、lah[laʔ]蜡、pah[paʔ]百、phah[pʻaʔ]扑、tah[taʔ]搭、thah[tʻaʔ]塔、tsah[tsaʔ]闸
中西	ah[aʔ]：ah[aʔ]押、bah[baʔ]肉、chhah[tsʻaʔ]插、kah[kaʔ]甲、lah[laʔ]蜡、pah[paʔ]百、phah[pʻaʔ]扑、tah[taʔ]搭、thah[tʻaʔ]塔、tsah[tsaʔ]闸

　　按：《厦门话字典补编》有11个例字，其中hah[haʔ]□，《中西字典》不录；其余10个例字均同。

补编	eh [eʔ]: beh[beʔ]袜、cheh[tseʔ]绩、chheh[tsʻeʔ]册、eh[eʔ]阨、geh[geʔ]月、keh[keʔ]膈、kheh[kʻeʔ]缺、leh[leʔ]口、peh[peʔ]伯、pheh[pʻeʔ]沫、seh[seʔ]雪、teh[teʔ]口、theh[tʻeʔ]宅
中西	eh [eʔ]: beh[beʔ]袜、chheh[tsʻeʔ]册、eh[eʔ]瘂、geh[geʔ]月、keh[keʔ]膈、kheh[kʻeʔ]缺、peh[peʔ]伯、seh[seʔ]雪、teh[teʔ]蹄、theh[tʻeʔ]宅

按：《厦门话字典补编》有13个例字，其中"绩"字《中西字典》读作chit [tɕit]，不读cheh[tseʔ]；"阨"字《中西字典》读作e[e]，不读eh[eʔ]，但有"瘂"eh[eʔ]字；leh[leʔ]口、pheh[pʻeʔ]沫，《中西字典》不录；其余10个例字同。

补编	ih [iʔ]: bih[biʔ]匿、chih[tɕiʔ]舌、chhih[tɕʻiʔ]口、gih[giʔ]口、ih[iʔ]口、jih[dziʔ]口、kih[kiʔ]口、khih[kʻiʔ]缺、lih[liʔ]裂、pih[piʔ]鳖、sih[siʔ]闪、tih[tiʔ]滴、thih[tʻiʔ]铁
中西	ih [iʔ]: chih[tɕiʔ]舌、jih[dziʔ]廿、lih[liʔ]裂、pih[piʔ]鳖、sih[siʔ]闪、tih[tiʔ]滴、thih[tʻiʔ]铁

按：《厦门话字典补编》有13个例字，其中"匿"字《中西字典》读作lek[lik]，不读bih[biʔ]；chhih[tɕʻiʔ]口、gih[giʔ]口、ih[iʔ]口、kih[kiʔ]口，《中西字典》不录；"缺"字《中西字典》读作kheh[kʻeʔ]，不读khih[kʻiʔ]；其余7个例字同。

补编	oh [oʔ]: boh[boʔ]莫、chhoh[tsʻoʔ]口、hoh[hoʔ]鹤、koh[koʔ]復、loh[loʔ]落、oh[oʔ]恶、poh[poʔ]薄、phoh[pʻoʔ]粕、soh[soʔ]索、toh[toʔ]桌、tsoh[tsoʔ]筑
中西	oh [oʔ]: boh[boʔ]莫、hoh[hoʔ]鹤、koh[koʔ]復、loh[loʔ]落、poh[poʔ]薄、phoh[pʻoʔ]粕、soh[soʔ]索、toh[toʔ]桌

按：《厦门话字典补编》有11个例字，其中chhoh[tsʻoʔ]口，《中西字典》不录；"恶"字《中西字典》读作ok[ɔk]，不读oh[oʔ]；"筑"字《中西字典》读作tiok[tiɔk]，不读tsoh[tsoʔ]；其余8个例字均同。

补编	oˈh[ɔʔ]: oˈh[ɔʔ]口
中西	ɵˈh[ɔʔ]: ------

按：《厦门话字典补编》有oˈh[ɔʔ]口，《中西字典》不录。

补编	uh [uʔ]: buh[buʔ]口、chhuh[tɕʻuʔ]口、puh[puʔ]发、phuh[pʻuʔ]口、suh[suʔ]口、tuh[tuʔ]口、thuh[tʻuʔ]托、tsuh[tsuʔ]口
中西	uh [uʔ]: thuh[tʻuʔ]托
	ooh[uʔ]: khooh[kʻuʔ]口(旷khòng=soˈ -tsāi khooh)

按：《厦门话字典补编》有8个例字，其中buh[buʔ]口、chhuh[tsʻuʔ]口、phuh[pʻuʔ]

□、suh[suʔ]□、tuh[tuʔ]□、tsuh[tsuʔ]□，《中西字典》不录。"发"字《中西字典》读作hoat[huat]，不读puh[puʔ]。只有1例字同。《中西字典》另有khooh[kʻuʔ]□例字，《厦门话字典补编》则无。

补编	auh [auʔ]：kauh[kauʔ]□、lauh[lauʔ]落、pauh[pauʔ]□、tauh[tauʔ]笃
中西	auh [auʔ]：khauh[kʻauʔ]□、lauh[lauʔ]落、pauh[pauʔ]雹、pauh[pauʔ]□、tauh[tauʔ]□

按：《厦门话字典补编》有4个例字，其中kauh[kauʔ]□，《中西字典》不录；khauh[kʻauʔ]□，《中西字典》载有"抖tó=khauh-khauh-tsùn"例；lauh[lauʔ]落，《中西字典》载有"殰tók=ka laúh-the"例；pauh[pauʔ]□，《中西字典》载有"雹phauh=lóh-phauh"；pauh[pauʔ]□，《中西字典》载有"芽gâ=paúh-gê"例；tauh[tauʔ]□，《中西字典》载有"沓tap=taúh-taúh"；有4例字说明《中西字典》存有auh [auʔ]韵母。

补编	iah[iaʔ]：chiah[tɕiaʔ]食、chhiah[tɕʻiaʔ]赤、giah[giaʔ]额、hiah[hiaʔ]额、iah[iaʔ]亦、jiah[dziaʔ]迹、kiah[kiaʔ]屐、khiah[kʻiaʔ]隙、liah[liaʔ]掠、piah[piaʔ]壁、phiah[pʻiaʔ]僻、siah[siaʔ]削、tiah[tiaʔ]摘、thiah[tʻiaʔ]拆
中西	iah[iaʔ]：chiah[tɕiaʔ]食、chhiah[tɕʻiaʔ]赤、hiah[hiaʔ]额、iah[iaʔ]亦、jiah[dziaʔ]迹、kiah[kiaʔ]屐、liah[liaʔ]掠、piah[piaʔ]壁、phiah[pʻiaʔ]僻、siah[siaʔ]削、tiah[tiaʔ]摘、thiah[tʻiaʔ]拆

按：《厦门话字典补编》有14个例字，其中"额"字《中西字典》读作gek[gik]，不读giah[giaʔ]；"隙"字《中西字典》读作khek[kʻik]，不读khiah[kʻiaʔ]；其余12个例字均同。

补编	ioh[ioʔ]：chioh[tɕioʔ]借、chhioh[tɕʻioʔ]尺、hioh[hioʔ]歇、ioh[ioʔ]亿、kioh[kioʔ]脚、khioh[kʻioʔ]□、sioh[sioʔ]惜、tioh[tioʔ]着
中西	ioh[ioʔ]：chioh[tɕioʔ]借、chhioh[tɕʻioʔ]尺、hioh[hioʔ]歇、ioh[ioʔ]亿、khioh[kʻioʔ]摄、sioh[sioʔ]惜、tioh[tioʔ]着

按：《厦门话字典补编》有8个例字，其中"脚"字《中西字典》读作khiok[kʻiɔk]，不读kioh[kioʔ]；其余7个来自均同。

补编	iauh [iauʔ]：chiauh[tɕiauʔ]□、chhiauh[tɕʻiauʔ]□、giauh[giauʔ]□、hiauh[hiauʔ]□
中西	iauh [iauʔ]：------

按：《厦门话字典补编》有4个例字，其中chiauh[tɕiauʔ]□、chhiauh[tɕʻiauʔ]□、giauh[giauʔ]□、hiauh[hiauʔ]□，《中西字典》不录，说明无iauh [iauʔ]韵母。

补编	iuh[iuʔ]: kiuh[kiuʔ]□、khiuh[kʻiuʔ]□
中西	iuh[iuʔ]: ------

　　按：《厦门话字典补编》有2个例字，其中kiuh[kiuʔ]□、khiuh[kʻiuʔ]□，《中西字典》不录，说明无iuh[iuʔ]韵母。

补编	oah[uaʔ]: boah[buaʔ]末、chhoah[tsʻuaʔ]斜、hoah[huaʔ]喝、joah[dzuaʔ]热、koah[kuaʔ]割、loah[luaʔ]捋、oah[uaʔ]活、poah[puaʔ]钵、phoah[pʻuaʔ]□、soah[suaʔ]煞、tsoah[tsuaʔ]□;
中西	oah[uaʔ]: hoah[huaʔ]喝、joah[dzuaʔ]热、koah[kuaʔ]割、loah[luaʔ]捋、oah[uaʔ]活、poah[puaʔ]钵、phoah[pʻuaʔ]泼、soah[suaʔ]煞

　　按：《厦门话字典补编》有11个例字，其中"末"字《中西字典》读作boat[buat]，不读boah[buaʔ]；"斜"字《中西字典》读作sia[sia]，不读chhoah[tsʻuaʔ]；tsoah[tsuaʔ]□，《中西字典》不录；其余8个例字均同。

补编	uih [uiʔ]: huih[huiʔ]血、kuih[kuiʔ]□、puih[puiʔ]拔、uih[uiʔ]挖
中西	uih [uiʔ]: huih[huiʔ]血、puih[puiʔ]拔

　　按：《厦门话字典补编》有4个例字，其中kuih[kuiʔ]□，《中西字典》不录；"挖"字《中西字典》读作oat[uat]，不读uih[uiʔ]；其余2个例字同。

补编	oeh [ueʔ]: chhoeh[tsʻueʔ]慼、koeh[kueʔ]锲、khoeh[kʻueʔ]瞌、loeh[lueʔ]笠、oeh[ueʔ]狭、poeh[pueʔ]八、phoeh[pʻueʔ]硹、soeh[sueʔ]塞、thoeh[tʻueʔ]提、tsoeh[tsueʔ]节
中西	oeh[ueʔ]: chhoeh[tsʻueʔ]慼、khoeh[kʻueʔ]瞌、loeh[lueʔ]笠、oeh[ueʔ]狭、poeh[pueʔ]八、thoeh[tʻueʔ]提

　　按：《厦门话字典补编》有10个例字，其中koeh[kueʔ]锲、phoeh[pʻueʔ]硹，《中西字典》不录；khoeh[kʻueʔ]瞌，《中西字典》载有"瞌hiēn=bák pàng-khoeh"例；"塞"字《中西字典》读作sek[sik]，不读soeh[sueʔ]；"节"字《中西字典》读作tsat[tsat]，不读tsoeh[tsueʔ]；其余6个例字均同。

补编	ahⁿ [ãʔ]: chhahⁿ[tsʻãʔ]□、nahⁿ[nãʔ]塌
中西	ahⁿ [ãʔ]: nahⁿ[nãʔ]凹

　　按：《厦门话字典补编》有2个例字，其中chhahⁿ[tsʻãʔ]□，《中西字典》不录；"塌"字《中西字典》读作thap[tʻap]，不读nahⁿ[nãʔ]，但有"凹"nahⁿ[nãʔ]字。

补编	ehⁿ[ẽʔ]：hehⁿ[hẽʔ]激、khehⁿ[kʻẽʔ]喀、mehⁿ[mẽʔ]蜢、neⁿh[nẽʔ]□
中西	ehⁿ[ẽʔ]：khehⁿ[kʻẽʔ]喀、mehⁿ[mẽʔ]蜢、ngéh[ŋẽʔ]梜

按：《厦门话字典补编》有4个例字，其中"激"字《中西字典》读作kek[kik]，不读hehⁿ[hẽʔ]；mehⁿ[mẽʔ]蜢，《中西字典》载有"蚱chè=chháu-méh"例；neⁿh[nẽʔ]□，《中西字典》不录；ngéh[ŋẽʔ]梜，《中西字典》载有"kiap=ngéh kha"；其余2个例字同。

补编	ihⁿ[ĩʔ]：mihⁿ[mĩʔ]乜、nihⁿ[nĩʔ]瞔
中西	ihⁿ[ĩʔ]：mihⁿ[mĩʔ]乜、nihⁿ[nĩʔ]□

按：《厦门话字典补编》有2个例字，其中nihⁿ[nĩʔ]瞔，《中西字典》不录；nihⁿ[nĩʔ]□，《中西字典》载有"眨hoát=nih-bak"例；此二例说明有nihⁿ[nĩʔ]韵母。

补编	oⁿ[õʔ]：------
中西	oⁿ[õʔ]：moh[m õʔ]示(moh=soè，soè)

按：《中西字典》载有"moh[mõʔ]示(moh=soè，soè)"例，说明存有oⁿ[õʔ]韵母。《厦门话字典补编》则无。

补编	o·hⁿ[ɔ̃ʔ]：mo·hⁿ[mɔ̃ʔ]膜
中西	o·hⁿ[ɔ̃ʔ]：mo·hⁿ[mɔ̃ʔ]膜

按：《厦门话字典补编》有1例字与《中西字典》同。

补编	auhⁿ[ãuʔ]：ngauh[ŋauʔ]□
中西	auhⁿ[ãuʔ]：------

按：ngauh[ŋauʔ]□，《中西字典》不录。

补编	iahⁿ[iãʔ]：hiahⁿ[hiãʔ]吓
中西	iahⁿ[iãʔ]：------

按：吓字，《中西字典》读作hek[hik]，不读hiahⁿ[hiãʔ]。

补编	iauhⁿ[iãuʔ]：khiauhⁿ[kʻiãuʔ]□、ngiauhⁿ[ŋiãuʔ]拤
中西	iauhⁿ[iãuʔ]：------

按：khiauhⁿ[kʻiãuʔ]□、ngiauhⁿ[ŋiãuʔ]拤，《中西字典》不录。

补编	oaihⁿ[uãiʔ]：koaihⁿ[kuãiʔ]□、oaihⁿ[uãiʔ]□
中西	oaihⁿ[uãiʔ]：------

按：koaihⁿ[kuãiʔ]□、oaihⁿ[uãiʔ]□，《中西字典》不录。

补编	oehⁿ[ŋuẽʔ]：ngoeh[ŋuẽʔ]夾
中西	oehⁿ[uẽʔ]：ngoeh[ŋuẽʔ]夾

按：《厦门话字典补编》有1例字与《中西字典》同。

补编	ngh[ŋʔ]：phngh[pʻŋʔ]□
中西	ngh[ŋʔ]：------

按：phngh[pʻŋʔ]□，《中西字典》不录。

补编	mh[mʔ]：hmh[hmʔ]□
中西	mh[mʔ]：------

按：hmh[hmʔ]□，《中西字典》不录。

总之，《厦门话字典补编》有例字132个，《中西字典》与之完全对应的例字84个，另有48个例字不完全一致，但不影响《中西字典》存有17个收-ʔ辅音尾韵母：ah[aʔ]、eh[eʔ]、ih[iʔ]、oh[oʔ]、uh[uʔ]、auh[auʔ]、iah[iaʔ]、ioh[ioʔ]、oah[uaʔ]、uih[uiʔ]、oeh[ueʔ]、ahⁿ[ãʔ]、ehⁿ[ẽʔ]、ihⁿ[ĩʔ]、oⁿ[õʔ]、o·hⁿ[ɔ̃ʔ]、oehⁿ[ŋuẽʔ]。

收-p、-t、-k辅音尾韵母：14个（收-p尾3个，收-t尾5个，收-k尾6个）

补编	ap [ap]：ap[ap]压、chhap[tsʻap]插、gap[gap]□、hap[hap]合、kap[kap]鴿、khap[kʻap]恰、lap[lap]塌、sap[sap]屑、tap[tap]答、thap[tʻap]塌、tsap[tsap]杂
中西	ap [ap]：ap[ap]压、chhap[tsʻap]插、hap[hap]合、kap[kap]鴿、khap[kʻap]恰、lap[lap]塌、sap[sap]卅、tap[tap]答、thap[tʻap]塌、tsap[tsap]杂

按：《厦门话字典补编》有11个例字，其中gap[gap]口，《中西字典》不录；"屑"字《中西字典》读作siet[siat]，不读sap[sap]，但有"卅"sap[sap]字；其余9个例字均同。

补编	iap [iap]：chiap[tɕiap]接、chhiap[tɕʻiap]窃、giap[giap]业、hiap[hiap]胁、iap[iap]叶、kiap[kiap]劫、khiap[kʻiap]挟、liap[liap]摄、tiap[tiap]叠、thiap[tʻiap]贴
中西	iap [iap]：chiap[tɕiap]接、chhiap[tɕʻiap]窃、giap[giap]业、hiap[hiap]胁、iap[iap]叶、kiap[kiap]劫、liap[liap]摄、tiap[tiap]叠、thiap[tʻiap]贴

按：《厦门话字典补编》有10个例字，其中"挟"字《中西字典》读作hiap，不读khiap[kʻiap]；其余9个例字均同。

补编	ip [ip]：chip[tɕip]执、chhip[tɕʻip]缉、hip[hip]翕、ip[ip]揖、jip[dzip]入、kip[kip]急、khip[kʻip]吸、lip[lip]立、sip[sip]十、siap[siap]涩
中西	ip [ip]：chip[tɕip]执、chhip[tɕʻip]缉、hip[hip]翕、ip[ip]揖、jip[dzip]入、kip[kip]急、khip[kʻip]吸、lip[lip]立、sip[sip]十、siap[siap]涩

按：《厦门话字典补编》有10个例字与《中西字典》同。

补编	op[ɔp]：hop[hɔp]口、kop[kɔp]口、lop[lɔp]口、sop[sɔp]口
中西	op[ɔp]：------

按：《厦门话字典补编》有4个有音无字例hop[hɔp]口、kop[kɔp]口、lop[lɔp]口、sop[sɔp]口，《中西字典》不录。

补编	at [at]：at[at]遏、bat[bat]密、chhat[tsʻat]察、hat[hat]豁、kat[kat]结、khat[kʻat]口、lat[lat]喇、pat[pat]八、sat[sat]虱、tat[tat]达、that[tʻat]塞、tsat[tsat]札
中西	at [at]：at[at]遏、bat[bat]密、chhat[tsʻat]察、hat[hat]豁、kat[kat]结、lat[lat]喇、pat[pat]八、sat[sat]虱、tat[tat]达、that[tʻat]塞、tsat[tsat]札

按：《厦门话字典补编》有12个例字，其中khat[kʻat]口，《中西字典》不录；其余11个例字均同。

补编	it [it]：bit[bit]密、chit[tɕit]质、chhit[tɕʻit]七、hit[hit]彼、it[it]乙、jit[dzit]日、kit[kit]结、khit[kʻit]乞、pit[pit]笔、phit[pʻit]笔、sit[sit]失、tit[tit]得、thit[tʻit]口
中西	it [it]：bit[bit]密、chit[tɕit]质、chhit[tɕʻit]七、it[it]乙、jit[dzit]日、khit[kʻit]乞、pit[pit]笔、phit[pʻit]匹、sit[sit]失、tit[tit]得

按：《厦门话字典补编》有13个例字，其中"彼"字《中西字典》读作hiah[hia?]，不读hit[hit]；笔字《中西字典》读作pit[pit]，不读phit[p'it]，但有"匹"phit[p'it]字；"结"字《中西字典》读作kiet[kiat]，不读kit[kit]；thit[t'it]口，《中西字典》不录；其余9个例字均同。

补编	ut [ut]：but[but]物、chhut[ts'ut]出、gut[gut]吃、hut[hut]忽、kut[kut]骨、khut[k'ut]窟、lut[lut]律、put[put]不、phut[p'ut]口、sut[sut]恤、tut[tut]突、thut[t'ut]秃、tsut[tsut]卒、ut[ut]熨
中西	ut [ut]：but[but]物、chhut[ts'ut]出、gut[gut]吃、hut[hut]忽、kut[kut]骨、khut[k'ut]窟、lut[lut]律、put[put]不、phut[p'ut]口、sut[sut]恤、tut[tut]突、thut[t'ut]秃、tsut[tsut]卒、ut[ut]熨

按：《厦门话字典补编》有14个例字与《中西字典》同。

补编	iet[iat]：biet[biat]灭、chiet[tɕiat]节、chhiat[tɕ'iat]切、giet[giat]蝎、hiet[hiat]血、iet[iat]谒、jiet[dziat]热、kiet[kiat]洁、khiet[k'iat]揭、liet[liat]列、piet[piat]别、phiet[p'iat]撇、siet[siat]泄、tiet[tiat]秩、thiet[t'iat]撤
中西	iet[iat]：biet[biat]灭、chiet[tɕiat]节、chhiet[tɕ'iat]切、hiet[hiat]血、jiet[dziat]热、kiet[kiat]洁、khiet[k'iat]揭、liet[liat]冽、piet[piat]别、phiet[p'iat]撇、thiet[t'iat]撤
	iat[iat]：chiat[tɕiat]卩、giat[giat]蝎、iat[iat]谒、kiat[kiat]吉、khiat[k'iat]刮、liat[liat]列、siat[siat]偰、tiet[tiat]秩te[te]

按：《厦门话字典补编》只有iet[iat]韵母，而《中西字典》则有iet[iat]和iat[iat]不同写法。iet[iat]与iet[iat]对应的有：biet[biat]灭、chiet[tɕiat]节、chhiet[tɕ'iat]切、hiet[hiat]血、jiet[dziat]热、kiet[kiat]洁、khiet[k'iat]揭、liet[liat]冽、piet[piat]别、phiet[p'iat]撇、thiet[t'iat]撤等11个例字；iet[iat]与iat[iat]对应的有：chiet[tɕiat]节/ chiat[tɕiat]卩、giet[giat]蝎/giat[giat]蝎、iet[iat]谒/iat[iat]谒、kiet[kiat]洁/kiat[kiat]吉、khiet[k'iat]揭/khiat[k'iat]刮、siet[siat]泄/ siat[siat]偰、liet[liat]列/liat[liat]列等7个例字。可以这样说，[iat]韵母，罗马字可以写作iet或iat，与鼻音韵母ien和ian相对应。

补编	oat [uat]：boat[buat]末、chhoat[ts'uat]撮、goat[guat]月、hoat[huat]髪、koat[kuat]刮、khoat[k'uat]缺、loat[luat]劣、oat[uat]越、poat[puat]拔、phoat[p'uat]撇、soat[suat]说、thoat[t'uat]脱、tsoat[tsuat]拙
中西	oat [uat]：boat[buat]末、chhoat[ts'uat]撮、goat[guat]月、hoat[huat]髪、koat[kuat]刮、khoat[k'uat]缺、loat[luat]劣、oat[uat]越、poat[puat]拔、phoat[p'uat]撇、soat[suat]说、thoat[t'uat]脱、tsoat[tsuat]拙

按：《厦门话字典补编》有13个例字与《中西字典》同。

补编	ak [ak]：ak[ak]沃、bak[bak]目、chhak[tsʻak]凿、gak[gak]乐、hak[hak]学、kak[kak]觉、khak[kʻak]确、lak[lak]落、pak[pak]剥、phak[pʻak]曝、sak[sak]□、tak[tak]触、thak[tʻak]读、tsak[tsak]□
中西	ak [ak]：ak[ak]沃、bak[bak]目、chhak[tsʻak]凿、hak[hak]学、kak[kak]觉、khak[kʻak]确、lak[lak]落、pak[pak]剥、phak[pʻak]曝、tak[tak]触、thak[tʻak]读

按：《厦门话字典补编》有14个例字，其中"乐"字《中西字典》读作ngauⁿ[ŋau]，不读gak[gak]；sak[sak]□、tsak[tsak]□，《中西字典》不录；其余11个例字均同。

补编	ok [ɔk]：bok[bɔk]目、gok[gɔk]愕、hok[hɔk]复、kok[kɔk]国、khok[kʻɔk]哭、lok[lɔk]落、ok[ɔk]恶、pok[pɔk]驳、phok[pʻɔk]朴、sok[sɔk]速、tok[tɔk]笃、thok[tʻɔk]讬、tsok[tsɔk]作
中西	ok [ɔk]：bok[bɔk]目、gok[gɔk]愕、hok[hɔk]复、kok[kɔk]国、khok[kʻɔk]哭、lok[lɔk]落、ok[ɔk]恶、pok[pɔk]驳、phok[pʻɔk]朴、sok[sɔk]速、tok[tɔk]笃、thok[tʻɔk]托、tsok[tsɔk]作

按：《厦门话字典补编》有13个例字与《中西字典》同。

补编	iak [iak]：khiak[kʻiak]□、siak[siak]□、tiak[tiak]□
中西	iak [iak]：piak[piak]□(煏pit=piák-piák-háu)

按：《厦门话字典补编》有3个例字，其中khiak[kʻiak]□、siak[siak]□、tiak[tiak]□，《中西字典》不录；但《中西字典》则载有"piak[piak]□(煏pit=piák-piák-háu)"例字，说明此iak [iak]韵母是存在的。

补编	iok [iɔk]：chiok[tɕiɔk]足、chhiok[tɕʻiɔk]鹊、giok[giɔk]玉、hiok[hiɔk]郁、iok[iɔk]约、jiok[dziɔk]肉、kiok[kiɔk]脚、khiok[kʻiɔk]却、liok[liɔk]六、siok[siɔk]缩、tiok[tiɔk]筑、thiok[tʻiɔk]畜
中西	iok [iɔk]：chiok[tɕiɔk]足、chhiok[tɕʻiɔk]鹊、giok[giɔk]玉、hiok[hiɔk]郁、iok[iɔk]约、jiok[dziɔk]肉、kiok[kiɔk]脚、khiok[kʻiɔk]却、liok[liɔk]六、siok[siɔk]缩、tiok[tiɔk]筑、thiok[tʻiɔk]畜

按：《厦门话字典补编》有12个例字与《中西字典》同。

补编	ek[ik]：bek[bik]默、chek[tɕik]迹、chhek[tɕʻik]促、ek[ik]益、gek[gik]逆、hek[hik]吓、kek[kik]革、khek[kʻik]刻、lek[lik]勒、pek[pik]煏、phek[pʻik]璧、sek[sik]索、tek[tik]德、thek[tʻik]勑
中西	ek[ik]：bek[bik]默、chek[tɕik]迹、chhek[tɕʻik]促、ek[ik]益、gek[gik]逆、hek[hik]吓、kek[kik]革、khek[kʻik]刻、lek[lik]勒、pek[pik]煏、phek[pʻik]璧、sek[sik]索、tek[tik]德、thek[tʻik]勑

按：《厦门话字典补编》有14个例字与《中西字典》同。

补编	oak [uak]：------
中西	oak [uak]：soak[suak]息(sek=soak，hioh)

按：《厦门话字典补编》无oak [uak]韵母；《中西字典》载有"soak[suak]息(sek=soak，hioh)"例字，说明有oak [uak]韵母的存在。

总之，《厦门话字典补编》有例字158个，《中西字典》与之完全对应的例字138个，另有20个例字不完全一致，《中西字典》存有14个收-p、-t、-k辅音尾韵母：ap [ap]、iap [iap]、ip [ip]、at [at]、it [it]、ut [ut]、iet[iat]（iat[iat]）、oat [uat]、ak [ak]、ok [ɔk]、iak [iak]、iok [iɔk]、ek[ik]、oak [uak]。

综上所述，《中西字典》共有77个韵母，现整理如下：

（1）元音韵母（16个）：a [a]、e [e]、i [i]、o [o]、o·[ɔ]、u [u]；ai [ai]、au [au]、io[io]、iu[iu]、ia[ia]、oa[ua]、ui[ui]、oe[ue]、oai[uai]、iau[iau]；

（2）鼻音韵母（15个）：am[am]、iam[iam]、im[im]、om[ɔm]；an[an]、ien[ian]（ian[ian]）、in[in]、un[un]、oan[uan]；ang[aŋ]、eng [iŋ]、iang[iaŋ]、iong [iɔŋ]、ong [ɔŋ]、oang[uaŋ]；

（3）声化韵（2个）：ng[ŋ]、m[m]；

（4）鼻化韵（13个）：a^n[ã]、i^n [ĩ]、u^n [ũ]、o·^{n}[ɔ̃]、o^n[õ]；ai^n[ãĩ]、au^n[ãũ]、ia^n[iã]、iu^n[iũ]、oa^n[uã]、ui^n[uĩ]、iau^n[iãũ]、oai^n[uãĩ]；

（5）入声韵（31个）：ah[aʔ]、eh [eʔ]、ih [iʔ]、oh [oʔ]、uh [uʔ]、auh [auʔ]、iah[iaʔ]、ioh[ioʔ]、oah[uaʔ]、uih [uiʔ]、oeh[ueʔ]、ah^n [ãʔ]、eh^n [ẽʔ]、ih^n [ĩʔ]、oh^n[õʔ]、o·h^n[ɔ̃ʔ]、oeh^n[uẽʔ]；ap [ap]、iap [iap]、ip [ip]、at [at]、it [it]、ut [ut]、iet[iat]（iat[iat]）、oat [uat]；ak [ak]、ok [ɔk]、iak [iak]、iok [iɔk]、ek[ik]、oak [uak]。

从上可见，《中西字典》共有77个韵母，比《厦门话字典补编》85个韵母少了8个。具体归纳如下：

第一，《中西字典》与《厦门话字典补编》同，单元音韵母6个，复元音韵母10个。

第二，《中西字典》与《厦门话字典补编》同，鼻音韵母15个，差异之处有：[ian]，《中西字典》有ien和ian两种写法，而《厦门话字典补编》只有ien一种写法。

第三，《中西字典》与《厦门话字典补编》同，声化韵母均为2个。

第四，《中西字典》与《厦门话字典补编》同，鼻化韵母均为13个，差异之处有：《中西字典》比《厦门话字典补编》少了1个鼻化韵母e^n[ẽ]，但多了1个鼻化韵母u^n [ũ]；《中西字典》有鼻化入声韵母eh^n [ẽʔ]，照理应该有鼻化韵母e^n[ẽ]；笔者查了许多闽台闽南方言资料，均无u^n [ũ]韵母，可能是《中西字典》有误。周长楫《厦门方言研究》考证，现代厦门方言有[ẽ]韵母，但并无uⁿ[ũ]韵母。

第五，《中西字典》有收-ʔ喉塞尾韵母17个，比《厦门话字典补编》少了9个入声韵母oˑh[ɔʔ]、iauh [iauʔ]、iuh[iuʔ]、auhⁿ[ãuʔ]、iahⁿ[iãʔ]、iauhⁿ[iãuʔ]、oaihⁿ[uãiʔ]、ngh[ŋʔ]、mh[mʔ]，但比《厦门话字典补编》多了oⁿ[õʔ]；周长楫《厦门方言研究》考证，现代厦门方言有[iauʔ]□、[ãuʔ]□、[iãʔ]□、[iãuʔ]□、[uãiʔ]□、[ŋʔ]□等入声韵母，但均为有音无字，而且并不常用。

第六，《中西字典》与《厦门话字典补编》同，收-p、-t、-k辅音尾韵母14个，差异之处有：《中西字典》比《厦门话字典补编》少了op[ɔp]，但比《厦门话字典补编》多了oak [uak]。马重奇《漳州方言研究》考证，现代漳州方言确有入声韵母op[ɔp]，早期厦门方言是漳、泉方言的融合，有op[ɔp]韵母是不奇怪的。

鉴于《中西字典》韵母系统所列举的例字绝大多数与《厦门话字典补编》相同，因此可以进一步证实该字典所反映的音系应该是120年前的厦门方言音系。

四　《中西字典》声调系统研究

马偕没有对《中西字典》的声调系统做专门的描写，但据考察，它与杜嘉德编撰的《厦英大辞典》、巴克礼《厦门话字典补编》声调的表示法是一致的，共7个声调。现举例说明如下：

调类	标音	标号	例字
上平	chiūⁿ-piâⁿ	无符号	晶cheng、丁teng、三sam、丘khiu、丢tiu、丰hong、中tiong
上声	chiūⁿ-siaⁿ	′	整chéng、丏bián、丑thiú、与ú、且chhián、主tsú、乃nái、久kiú
上去	chiūⁿ-khì	`	正chèng、况hòng、亚à、介kài、仠tò、企khì、优khàng、伺sù
上入	chiūⁿ-jip	无符号	烛chek、血hek、促chhiok、健chiap、偪pek、侧chhiok、亿ek
下平	ē-piâⁿ	^	情chêng、僚liâu、僮tông、儒jû、侍tiû、儗gî、元goân、儳chhân
下去	ē-khì	¯	静chēng、兆tiāu、兑toē、俪lē、咒sū、兮hē、共kiōng、具kū
下入	ē-jíp	´	籍chék、幂bék、冽liét、洛lók、渎tók、力kék、荔hiáp、剧kiók

所不同的是，《厦英大辞典》还详细描写了二字连读变调的规律，而《中西字典》和《厦门话字典补编》则并没有涉及此类问题。

第六节　美国牧师打马字著《厦门音的字典》（1894）音系研究

一　《厦门音的字典》成书时间、编写体例及作者事迹

美国打马字牧师(Rev. John van Nest Talmage,1819—1892年) 编《厦门音的字典》

（1894年），这是一本用罗马拼音白话字标记编排的字典，书名用厦门白话罗马字《Ê-MN̂G IM ÊJĪ TIÁN》写出。该字典由美国归正教在厦门公会出资，1894年在厦门鼓浪屿萃经堂印行。1913年甘为霖牧师（Rev. William Campbell）刊印的《厦门音新字典》，就是用打马字的字典作为蓝本发展成册的。打马字牧师编撰字典的目的是为了帮助西方国家的牧师学好厦门方言，以便更好地传教。

1819年8月18日打马字牧师出生于美国纽泽西州萨马维尔(Somerville, New Jersey)。少年时代他曾经听过海外宣教师罗啻的宣讲，立志要到国外宣教。1842年他毕业于罗格斯学院学院，1845年毕业于新不伦瑞克神学院，1846年被聘为牧师。1847年他受美国亚比丝喜美总会(ABCFM)指派来到厦门。1848年底厦门新街仔的礼拜堂竣工。这是近代中国第一座基督教堂建筑，称作"中华第一圣堂"，由罗啻主持教务。

1849年春打马字牧师返回美国，1850年1月与（艾比伍德拉夫）（Abby Woodruff Talmage）结婚，同年7月带夫人再次来到厦门。他在厦门竹树脚租了一间民房，加盖一层，楼上做宿舍，楼下可容纳100人聚会之用。12月23日开始正式举行礼拜。1855年竹树脚的会友已有百人以上，4月新街仔教会共同选出四位长老、三位执事，并制定出长执会规章八条。1859年在竹树脚民房附近建筑一座礼拜堂，这是竹树堂会第一座圣殿，10月30日举行献堂典礼。1860年 6月 26日长老大会在竹树脚堂成立。1862年4月1日主持"泉漳长老大会"，该大会是中国教会合一运动的先驱。

当时中国教育落后，绝大多数妇女不识字，读不懂《圣经》和《圣诗》。为了传教的需要，罗啻、打马字、养雅各医生（Dr.James Yong）等宣教师，在一起商量研究出一套以拉丁字母（罗马字）联缀切音的厦门话白话字。

1862年2月10日打马字牧师夫人艾比伍德拉夫Abby Woodruff Talmage去世，牧师带子女返回美国，1864年11月再婚，1865 年6月1日带新娘玛丽·范代芬特尔Mary Van Deventer Talmage回到厦门。1867年牧师夫人在厦门举办"周课"，教妇女读《圣经》和问答书，1870 年创办女学堂。1874年牧师的长女打清洁（Katherine M. Talmage）和二女儿打马利亚（Mary Elizabeth Talmage）也受派做宣教师驻厦门，两个女儿对妇女事情和教育尽心尽力。女学堂于1880年间迁到鼓浪屿田尾，校名为"田尾女学堂"或"花旗女学"。1889年校名改为"毓德女子小学"，又在田尾设妇学堂，即"田尾妇女福音学院"。

1867年罗格斯大学Rutgers College授予打马字牧师神学博士。他在厦门继续传教，教导学生读书，也策划调配宣教区的工作。打马字牧师在竹树脚住了近20年，在闽南从事传教共有40年之久。1889年夏牧师退休回美国，于1892年8月19 日在西州的包恩溪(Boundbrook, New Jersey)去世。

打马字积极推动白话字，出版了许多著作：①《唐话番字初学—Tn̂g ōehoan jī chho hák》（1852年），这是一本早期闽南语拉丁字母的正字法学习教材；②《Thian lō· Lék thêng—天路历程》（卷一）（1853）；③《Lō·-tek chheh—路得书》卷一，共

20页（1853年）；④《Ióng sim sîn si 养心神诗》25首（1859年）；⑤《犹太地区地图》（Map of Judea）（1861年）；⑥《路加福音传》（1866年）；⑦《约翰书信》（译著，1870年）；⑧《加拉太书》、《腓立比书》、《歌罗西书》（译著，1871年）；⑨《马太福音传》（译著，1872年）；⑩《Ê-MN̂G IM ÊJĪ TIÁN厦门音的字典》（1894年）；⑪《Forty Years in China 在中国传教40年》（1894年）。

《厦门音的字典》初版，共469页，字典部分385页，按字音的ABC编排，有义解和用例，每字占一行至数行不等。另外有补遗字、214部首和目录。字典所收的字按照部首字画排列，共收有6378字。1913年字典的第三版由厦门大美国归正教公会印行，每册共538页，序言2页，字典部分447页，补添的字3页，字部（部首）6页，目录11页。正文部分以a、b、ch、chh、e、g、h、i、j、k、kh、l、m、n、ng、o、p、ph、s、t、th、u等22个字母为序，其中17个声母，5个单元音。其组合方式为（以a、b、ch为例）：

a、ai、ak、am、an、ap、at、au；

ba、bai、ban、bang、bau、be、bek、beng、bi、bian、biat、biau、bin、bit、biu、bo、bo˙、boan、boat、bok、bong、bu、bun、but；

cha、chah、chai、chai^n、cham、chan、chap、chat、chau、che、chek、cheng、chi、chia、chiam、chian、chiap、chiat、chiau、chim、chin、chiok、chiong、chip、chit、chiu、cho、cho˙、choai、choan、choat、choe、chok、chong、chu、chui、chun、chut；

在每个音节里，先列汉字，再列厦门白话罗马字音，然后训释或组词，均注有音标。本书在考证其声韵调系统时，就是从《厦门音的字典》里去寻找、整理其声母系统、韵母系统和声调系统。

二 《厦门音的字典》声母系统研究

通过对《厦门音的字典》正文部分b、ch、chh、g、h、j、k、kh、l、m、n、ng、p、ph、s、t、th等17个罗马字音进行分析，现将其方言声母系统整理见下表：

双唇音	p [p]巴班兵	ph[pʻ]坡攀篇	b [b]麻免罔	m [m]马毛矛	
舌尖中音	t [t]东猪敦	th[tʻ]他探天	l [l]拉里立	n [n]那尼鸟	
舌尖前音	ch [ts]贞朱遵	chh[tsʻ]差千青	j[dz]儿然热		s[s]十心雪
舌面后音	k [k]京惊斤	kh[kʻ]空坑缺	g [g]颜语言	ng [ŋ]雅五硬	
喉音	h [h]喝血鹤	以a. e. i. o.u开头[∅]压挨臆也威			

上表可见，《厦门音的字典》双唇音、舌尖中音、舌面后音和喉音与早期的传教士辞书是一致的，唯独舌尖前音部分不太一致：一是只有舌尖前、塞擦音声母[ts]、[tsʻ]的辞书：《翻译英华厦腔语汇》、《厦荷大辞典》、《厦门方言英汉辞典》、《厦门

音的字典》；二是有一套舌尖前塞擦音[ts]、[ts']，还有一套舌面前塞擦音[tɕ]、[tɕ']：《厦英大辞典》、《中西字典》。后二种辞书中的ch，chh在与齐齿（i一类）韵母拼时，因受颚化影响变成舌面前的[tɕ]、[tɕ']；若与非齐齿（i一类）韵母拼时，就读作[ts]、[ts']；ts均与非齐齿（i一类）韵母拼时，就读作[ts]。上表说明《厦门音的字典》只有一套舌尖前、塞擦音声母[ts]、[ts']，而没有一套舌面前塞擦音[tɕ]、[tɕ']。

三　《厦门音的字典》韵母系统研究

《厦门音的字典》正文部分以a、b、ch、chh、e、g、h、i、j、k、kh、l、m、n、ng、o、p、ph、s、t、th、u等22个字母为序，组合数百个音节。现将这些音节列表整理如下：

1. A　在该字母里，记载了11个音节，其声母是零声母[ø]。见下表：

a[a]鸦丫哑痖亚娅	aⁿ[ã]馅	ah[aʔ]押鸭	ai[ai]哀唉埃挨矮	au[au]凹欧瓯媪殴	ak[ak]沃渥喔幄握	am[am]庵菴谙鹌黯
an[an]安垵鞍按案	ang[aŋ]翁甕红	ap[ap]厌压押鸭匣	at[at]挜遏頞			

2. B　在该字母里，记载了32个音节，其声母是双唇浊音声母[b]。此声母来源于中古音明（微）声母，当它出现于闽南方言非鼻化韵之前，不读作[m]而读作[b]。如下表：

ba[ba]麻蔴瘐	bah[baʔ]肉	bai[bai]霾眉	bak[bak]目木	ban[ban]蛮闽	bang[baŋ]网尨	bi[bi]咪哗弭
bat[bat]密	bau[bau]卯	be[be]咪迷马	beh[beʔ]麦袜	bek[bik]幂脉	beng[biŋ]皿猛	bit[bit]密宓
biau[biau]杳妙	bian[bian]免俛	biat[biat]灭篾	biu[biu]缪谬	bin[bin]黾泯	bio[bio]庙	boh[boʔ]毋
bo[bo]磨帽	bo·[bɔ]拇母姆	boah[buaʔ]末	boan[buan]娩	boat[buat]抹末	boe[bue]媒	bok[bɔk]莫寞
bong[bɔŋ]罔网	bu[bu]侮舞抚	bun[bun]刎吻	but[but]勿物			

3. Ch　在该字母里，记载了47个音节，其声母全部是舌尖前、不送气、清塞擦音声母[ts]。见下表：

cha[tsa]咱查	chah[tsaʔ]卡	chai[tsai]斋哉	chaiⁿ[tsãi]宰载	cham[tsam]斩	chan[tsan]赞	chap[tsap]十杂
chat[tsat]帀札	chau[tsau]诌棹	che[tse]剂挤侪	chek[tsik]仄昃	cheng[tsiŋ]贞	chi[tsi]之芝栀	chia[tsia]嗟嵯
chiam[tsiam]占	chian[tsian]煎	chiap[tsiap]接	chiat[tsiat]节	chiau[tsiau]招	chim[tsim]斟	chin[tsin]真臻
chiok[tsiɔk]勺	chiong[tsiɔŋ]浆	chip[tsip]执辑	chit[tsit]职脊	chiu[tsiu]舟周	cho[tso]糟遭	cho·[tsɔ]租姐祖
choai[tsuai]捭	choan[tsuan]颛	choat[tsuat]撮拙	choe[tsue]最罪	chok[tsɔk]族作	chong[tsɔŋ]庄	chu[tsu]朱疽雎
chui[tsui]鎚佳	chun[tsun]尊遵	chut[tsut]卒猝	chiaⁿ[tsiã]正	chiah[tsiaʔ]脊	chio[tsio]蕉	chioh[tsioʔ]借石
chiⁿ[tsĩ]晶钱	chiang[tsiaŋ]奖	cheh[tseʔ]绩	chiuⁿ[tsiũ]浆上	chih[tsiʔ]舌接		

4. CHH 在该字母里，记载了51个音节，其声母全部是舌尖前、送气、清塞擦音声母[tsʻ]。见下表：

chha[tsʻa]叉差	chhai[tsʻai]猜钗	chham[tsʻam]惨	chhan[tsʻan]屌	chhap[tsʻap]插	chhat[tsʻat]察擦	chhau[tsʻau]勠
chhe[tsʻe]妻栖	chhek[tsʻik]侧	chheng[tsʻiŋ]青	chhi[tsʻi]刺痴	chhia[tsʻia]硨	chhiam[tsʻiam]佥	chhian[tsʻian]千
chhiap[tsʻiap]妾	chhiat[tsʻiat]切	chhiau[tsʻiau]超	chhiok[tsʻiɔk]绰	chhiong[tsʻiɔŋ]昌	chhip[tsʻip]缉	chhit[tsʻit]七
chhiu[tsʻiu]秋	chho[tsʻo]操糙	chho[tsʻɔ]粗初	chhoa[tsʻua]炁	chhoan[tsʻuan]川	chhoang[tsʻuaŋ]闯	chhoat[tsʻuat]啜
chhok[tsʻɔk]错	chhong[tsʻɔŋ]仓	chhu[tsʻu]枢雌	chhui[tsʻui]吹	chhun[tsʻun]村	chhut[tsʻut]出	chhih[tsʻiʔ]口
chhim[tsʻim]深	chhin[tsʻin]亲	chhio[tsʻio]笑	chhioh[tsʻioʔ]尺	chheh[tsʻeʔ]册	chhang[tsʻaŋ]葱	chhah[tsʻaʔ]插
chhiuⁿ[tsʻiũ]抢	chhng[tsʻŋ]舱	chhiⁿ[tsʻĩ]青生	chhak[tsʻak]凿	chhiang[tsʻiaŋ]枪	chhiah[tsʻiaʔ]赤	chhoeh[tsʻueʔ]慼
chhaiⁿ[tsʻãi]口	chhiaⁿ[tsʻiã]且					

5. E 在该字母里，记载了3个音节，其声母是零声母[ø]。见下表：

e[e]缢曳拽泄	ek[ik]臆亿忆	eng[iŋ]樱婴鹦				

6. G 在该字母里，记载了35个音节，其声母是舌面后、不送气、浊塞音声母[g]。此声母来源于中古疑声母，一般是置于非鼻化韵之前，与[ŋ]声母相对。见下表：

ga[ga]牙芽呀	gai[gai]呆崖涯	gak[gak]岳嶽	gam[gam]岩碞	gan[gan]眼颜	ge[ge]睨诣倪	gek[gik]逆额
geng[giŋ]凝迎	gi[gi]仪疑宜	giam[giam]验	gian[gian]言研	giap[giap]业	giat[giat]臬齧	giau[giau]尧荛
gim[gim]矜锦	gin[gin]听	giok[giɔk]狱玉	giong[giɔŋ]卬仰	gip[gip]岌	giu[giu]牛扭	go[go]翱饿敖
go[gɔ]误寤晤	goan[guan]玩元	goat[guat]月刖	goe[gue]外	gok[gɔk]鳄噩	gong[gɔŋ]昂戆	gu[gu]鱼渔愚
gui[gui]危伪魏	gun[gun]银垠	gut[gut]杌屹吃	giah[giaʔ]额	geh[geʔ]月	gau[gau]贤	goa[gua]外

7. H 在该字母里，记载了53个音节，其声母是喉音、清擦音声母[h]。见下表：

ha[ha]瑕暇夏	hah[haʔ]结	hai[hai]海孩骇	hak[hak]斛学	ham[ham]蚶衔	han[han]寒韩	hang[haŋ]降行
hap[hap]哈合	hat[hat]喝蝎褐	hau[hau]孝效	he[he]今奚蹊	hek[hik]赫洫	heng[hiŋ]兄亨	hi[hi]喜嘻希
hia[hia]靴	hiam[hiam]嫌险	hian[hian]掀显	hiap[hiap]侠狭	hiat[hiat]歇血	hiau[hiau]侥浇	him[him]歆忻
hiok[hiɔk]彧旭	hiong[hiɔŋ]香胸	hip[hip]歙翕嗡	hiu[hiu]休嗅幽	ho[ho]河何和	ho[hɔ]呼否吼	hoⁿ[hɔ̃]火好货
hoa[hua]花华	hoai[huai]怀槐	hoan[huan]欢番	hoat[huat]髪发	hoe[hue]灰廻	hok[hɔk]复服	hong[hɔŋ]丰方
hu[hu]孚俘夫	hui[hui]妃挥飞	hun[hun]分纷	hut[hut]弗拂	hiang[hiaŋ]响	hioh[hioʔ]歇	hm[hm]口
hiuⁿ[hiũ]香	hin[hin]眩	hng[hŋ]方园	hoaⁿ[huã]岸	hit[hit]彼	hiaⁿ[hiã]兄向	hiah[hiaʔ]额
hoah[huaʔ]喝	hoaiⁿ[huãi]横	huih[huiʔ]血	hoh[hoʔ]鹤			

8. I 在该字母里，记载了21个音节，其声母是零声母[ø]。见下表：

i[i]伊衣依意	iⁿ[ĩ]肄易异	ia[ia]也耶爷椰	iam[iam]淹奄	ian[ian]煙湮烟	iap[iap]烨叶页	iat[iat]谒蠍悦
iau[iau]夭妖祆	im[im]音阴荫	in[in]因姻茵	iok[iɔk]约育浴	iong[iɔŋ]央殃	ip[ip]邑揖浥	it[it]乙一壹
iu[iu]忧尤有	iah[iaʔ]页	iuⁿ[iũ]羊样	iaⁿ[iã]营赢影	io[io]幺腰摇	ioh[ioʔ]药	iang[iaŋ]央

9. J　在该字母里，记载了24个音节，其声母全部是舌尖前、不送气、浊塞擦音声母[dz]。见下表：

jeng[dziŋ]仍	ji[dzi]而儿二	jiⁿ[dzĩ]尔耳	jia[dzia]惹	jiam[dziam]染	jian[dzian]然燃	jiat[dziat]热
jiau[dziau]扰绕	jiauⁿ[dziãu]搔	jih[dziʔ]廿卅	jim[dzim]忍任	jin[dzin]人仁	jiok[dziɔk]肉弱	jiong[dziɔŋ]冗
jip[dzip]入	jit[dzit]日	jiu[dziu]揉鳔	joan[dzuan]软	joe[dzue]羸睿	ju[dzu]乳女汝	jui[dzui]緌
jun[dzun]嫩闰	jiah[dziaʔ]迹	joah[dzuaʔ]热				

10. K　在该字母里，记载了52个音节，其声母全部是舌尖后、不送气、清塞音声母[k]。见下表：

ka[ka]葭佳家	kai[kai]皆阶街	kak[kak]觉角	kam[kam]甘柑	kan[kan]乾干	kang[kaŋ]江讲	kap[kap]合甲
kat[kat]割葛结	kau[kau]胶咬	ke[ke]圭珪奎	kek[kik]革击格	keng[kiŋ]京鲸	ki[ki]基箕几机	kiam[kiam]兼咸
kian[kian]坚肩	kiap[kiap]劫夾	kiat[kiat]吉洁	kiau[kiau]骄侨	kim[kim]今金	kin[kin]紧靳谨	kiok[kiɔk]脚局
kiong[kiɔŋ]宫弓	kip[kip]急级	kiu[kiu]九玖	ko[ko]哥歌戈	ko·[kɔ]句勾钩	koa[kua]瓜卦	koaⁿ[kuã]寡
koai[kuai]拐怪	koan[kuan]冠娟	koat[kuat]括决	koe[kue]侩脍	kok[kɔk]各胳	kong[kɔŋ]光胱	ku[ku]俱居矩
kui[kui]闺圭	kun[kun]均君	kut[kut]猾倔掘	keh[keʔ]膈格	kaⁿ[kã]监敢	kiⁿ[kĩ]见更庚	kiaⁿ[kiã]惊囝
koaiⁿ[kuãi]高	koh[koʔ]復	koah[kuaʔ]割	kah[kaʔ]甲	kiah[kiaʔ]擎	kia[kia]寄	kio[kio]桥叫
kioh[kioʔ]脚	kiuⁿ[kiũ]薑强	kng[kŋ]光扛广				

11. KH　在该字母里，记载了51个音节，其声母全部是舌尖后、送气、清塞音声母[k']。见下表：

khai[k'ai]楷凯	khak[k'ak]恪壳	kham[k'am]龛	khan[k'an]刊	khap[k'ap]哈	khat[k'at]渴	khau[k'au]尻
khe[k'e]稽溪	khek[k'ik]刻客	kheng[k'iŋ]倾	khi[k'i]欺欹起	khiam[k'iam]谦	khian[k'ian]愆	khiap[k'iap]怯
khiat[k'iat]孑揭	khiau[k'iau]窍	khim[k'im]襟	khiok[k'iɔk]却	khiong[k'iɔŋ]姜	khip[k'ip]汲泣	khit[k'it]吃乞
khiu[k'iu]坵丘	kho[k'o]科柯	kho·[k'ɔ]口苦	khoa[k'ua]夸	khoai[k'uai]快	khoan[k'uan]宽	khoat[k'uat]缺
khoe[k'ue]恢	khok[k'ɔk]告	khong[k'ɔŋ]兀	khu[k'u]拘驹	khui[k'ui]轨诡	khun[k'un]崑	khut[k'ut]窟屈
khiⁿ[k'ĩ]坑撠	khia[k'ia]骑	kheh[k'eʔ]缺	khoeh[k'ueʔ]箧	khoaⁿ[k'uã]看	khiah[k'iaʔ]隙	khih[k'iʔ]缺
kha[k'a]脚	khiang[k'iaŋ]腔	khang[k'aŋ]空	khng[k'ŋ]囥	khoah[k'uaʔ]阔	khin[k'in]轻	khio[k'io]礉
khehⁿ[k'ẽʔ]喀	khiu[k'iũ]腔					

12. L　在该字母里，记载了44个音节，其声母是舌尖中、浊边音声母[l]。见下表：

la[la]拉	lai[lai]来莱	lam[am]览蓝	lan[lan]懒栏蘭	lap[lap]拉内	lat[lat]喇剌辣	lau[lau]挠闹呶
le[le]蠡醴礼	lek[lik]匿力勒	leng[liŋ]冷领	li[li]里俚理	liam[iam]拈敛	lian[lian]莲琏	liap[liap]慑睫
liat[liat]列烈	liau[liau]了瞭	lim[lim]廉凛	lin[lin]怜磷	liok[liɔk]烁铄	liong[liɔŋ]两俩	lip[lip]立笠
liu[liu]柳扭	lo[lo]脑恼瑙	lo·[lɔ]房捞鲁	loan[luan]卵暖	loat[luat]劣捋	loe[lue]内馁	lok[lɔk]诺咯烙
long[lɔŋ]曩朗	lu[lu]女屡缕	lui[lui]磊垒	lun[lun]伦仑	lut[lut]呐讷	lang[laŋ]人	lah[laʔ]蜡历
liah[liaʔ]掠	liang[liaŋ]凉	lih[liʔ]裂	lauh[lauʔ]落	loh[loʔ]落	loa[lua]瀬赖	loah[luaʔ]捋
lak[lak]六	loeh[lueʔ]笠					

13. M　在该字母里，记载了14个音节，其声母是双唇音、鼻音声母[m]。此声母来源于中古明（微）声母，一般置于鼻化韵或声化韵之前，与[b]声母相对。见下表：

ma[ma]马妈码	mai[mãĩ]迈买	mau[mãu]矛孟	me[mẽ]咪猛	mih[mĩʔ]乜物	mo[mɔ̃]麼毛	mui[muĩ]每媒
m[m]不	moa[muã]麻	mohⁿ[mõʔ]膜	meh[mẽʔ]脉	mi[mĩ]冥	miaⁿ[miã]名	mng[mŋ]毛门

14. N　在该字母里，记载了10个音节，其声母是舌尖中、鼻音声母[n]。此声母来源于中古泥（娘）声母，一般置于鼻化韵或声化韵之前，与[l]声母相对。见下表：

na[nã]那哪挪	nai[nãĩ]乃迺奶	nau[nãu]铙淖	ni[nĩ]尼呢怩	niau[niau]鸟裹	nng[nŋ]二	niu[niũ]两娘
nah[nãʔ]塌	noaⁿ[nuã]拦烂	niaⁿ[niã]领岭				

15. NG　在该字母里，记载了10个音节，其声母是舌面后、鼻音声母[ŋ]。此声母来源于中古疑声母，一般置于鼻化韵之前，与[g]声母相对。见下表：

nga[ŋa]雅	ngai[ŋai]刈乂艾	ngau[ŋau]咬肴	ngo[ŋɔ]五伍	ng[ŋ]黄央秧	ngau[ŋãu]爻	ngiⁿ[ŋĩ]硬
ngoeh[ŋueʔ]夹	ngiaⁿ[ŋiã]迎	ngauhⁿ[ŋãuʔ]耦				

16. O　在该字母里，记载了14个音节，其声母是零声母[ø]。见下表：

o[o]呵阿苛窝	o·[ɔ]乌鸣鸥	oa[ua]呱哇娃	oai[uai]歪	oan[uan]冤鸳	oat[uat]挖曰粤	oe[ue]猥煨梭
ok[ɔk]握恶屋	ong[ɔŋ]匡汪尫	oaⁿ[uã]鞍安	oah[uaʔ]活	oeh[ueʔ]狭陋	oh[oʔ]学	oaiⁿ[uãi]挨

17. P 在该字母里，记载了43个音节，其声母是双唇音、不送气、清塞音声母[p]。见下表：

pa[pa]巴吧疤	pai[pai]摆扒拜	pak[pak]剥驳	pan[pan]班般	pang[paŋ]帮邦	pat[pat]八捌扒	pau[pau]包苞
pe[pe]敝蔽币	pek[pik]佰百	peng[piŋ]兵冰	pi[pi]啡悲卑	pian[pian]编边	piat[piat]别鳖	piau[piau]标殍
pin[pin]豳彬	pit[pit]必笔	piu[piu]彪影	po[po]玻菠褒	po·[pɔ]补埔布	poan[puan]般	poat[puat]拨体
poe[pue]杯背	pok[pɔk]卜北	pong[pɔŋ]榜旁	pui[pui]沸肥	pun[pun]奋本	put[put]不字	poeh[pueʔ]八
pih[piʔ]鳖	peh[peʔ]白伯	piⁿ[pĩ]病扁	piaⁿ[piã]饼	piah[piaʔ]壁	poaⁿ[puã]盘般	pah[paʔ]百
pio[pio]表	png[pŋ]饭	poa[pua]簸	poah[puaʔ]拨	poh[poʔ]薄	pu[pu]苞	puh[puʔ]发
puih[puiʔ]拔						

18. PH 在该字母里，记载了36个音节，其声母是双唇音、送气、清塞音声母[pʻ]。见下表：

pha[pʻa]葩帕	phaⁿ[pʻã]怕	phai[pʻai]沛需	phan[pʻan]攀扳	phau[pʻau]泡	phauh[pʻauʔ]雹	phek[pʻik]辟
pheng[pʻiŋ]崩	phi[pʻi]丕坏坏	phian[pʻian]扁	phiat[pʻiat]撇	phiau[pʻiau]标	phin[pʻin]品	phit[pʻit]匹疋
pho[pʻo]坡波	pho·[pʻɔ]铺普	phoan[pʻuan]潘	phoat[pʻuat]泼	phoe[pʻue]坏	phok[pʻɔk]博	phong[pʻɔŋ]磅
phun[pʻun]喷奔	phang[pʻaŋ]芳	phah[pʻaʔ]拍	phe[pʻe]坏	pheh[pʻeʔ]沫	phaiⁿ[pʻãi]歹	phak[pʻak]覆
phiⁿ[pʻĩ]鼻篇	phiaⁿ[pʻiã]兵	phiah[pʻiaʔ]僻	phio[pʻio]漂票	phoa[pʻua]破	phoaⁿ[pʻuã]判	phoh[pʻoʔ]粕
phu[pʻu]芙						

19. S 在该字母里，记载了53个音节，其声母全部是舌尖前、清擦音声母[s]。见下表：

sa[sa]纱砂沙	sai[sai]筛杀塞	sam[sam]三糁	san[san]山潺	sap[sap]飒卅	sat[sat]撒杀萨	sau[sau]梢哨
se[se]犀栖西	sek[sik]涩啬	seng[siŋ]升声	si[si]是寺豕时	sia[sia]些赊写	siam[siam]歼	sian[sian]仙先
siap[siap]霎涉	siat[siat]屑契	siau[siau]萧箫	sim[sim]心审	sin[sin]申伸绅	siok[siɔk]缩宿	siong[siɔŋ]伤商
sip[sip]十习袭	sit[sit]食实殖	siu[siu]修收羞	so[so]唆梭搔	so·[sɔ]疏梳蔬	soa[sua]耍	soan[suan]宣酸
soat[suat]说刷	soe[sue]衰岁	sok[sɔk]速朔	song[sɔŋ]桑丧	su[su]司伺思	sui[sui]绥蓑	sun[sun]孙飧
sut[sut]恤蟀率	sng[sŋ]霜	siuⁿ[siũ]箱	sang[saŋ]送	siang[sian]双	siⁿ[sĩ]姓	siaⁿ[siã]城声
saⁿ[sã]相三	sio[sio]烧小	sioh[sioʔ]惜	siah[siaʔ]锡	sih[siʔ]蚀	seh[seʔ]雪说	soh[soʔ]索
soaⁿ[suã]山线	soah[suaʔ]煞	som[sɔm]参	soaiⁿ[suãi]檨			

20. T 在该字母里，记载了50个音节，其声母全部是舌尖中、不送气、清塞音声母[t]。见下表：

ta[ta]礁	taⁿ[tã]打	tai[tai]懂歹戴	tam[tam]担觔	tan[tan]单丹旦	tap[tap]答搭沓	tat[tat]达妲
tau[tau]兜挽罩	te[te]低帝蒂缔	tek[tik]嫡摘滴	teng[tiŋ]丁钉	ti[ti]知抵底置	tia[tia]爹	tiam[tiam]砧沾
tian[tian]颠癫	tiap[tiap]叠蝶	tiat[tiat]哲秩	tiau[tiau]雕朝	tim[tim]沉朕	tin[tin]珍镇尘	tiok[tiɔk]竹竺
tiong[tiɔŋ]张忠	tit[tit]值埕盩	tiu[tiu]丢肘	to[to]刀多倒	to‧[tɔ]都赌妒	toan[tuan]端短	toat[tuat]啜掇
toe[tue]兑颓递	tok[tɔk]卓桌啄	tong[tɔŋ]当冬	tu[tu]猪株著	tui[tui]堆追对	tun[tun]敦谆	tut[tut]腯凸
toh[toʔ]桌	tang[taŋ]东冬	tah[taʔ]踏	tiⁿ[tĩ]甜	tiaⁿ[tiã]鼎定	tiah[tiaʔ]摘	tak[tak]触逐
tauh[tauʔ]笃	tiuⁿ[tiũ]胀张	tng[tŋ]长当	tio[tio]投	tioh[tioʔ]着	toa[tua]大	tih[tiʔ]滴
toaⁿ[tuã]端单						

21. TH 在该字母里，记载了48个音节，其声母全部是舌尖中、送气、清塞音声母[t‘]。见下表：

thaⁿ[t‘ã]他	thai[t‘ai]擡台	tham[t‘am]探	than[t‘an]滩坦	thap[t‘ap]塌塔	that[t‘at]獭挞	the[t‘e]梯体替
thek[t‘ik]倜剔	theng[t‘iŋ]听	thi[t‘i]笞抬耻	thiam[t‘iam]添	thian[t‘ian]天	thiap[t‘iap]贴	thiat[t‘iat]彻撤
thiau[t‘iau]挑	thim[t‘im]酰	thin[t‘in]趁	thiong[t‘iɔŋ]衷	thiok[t‘iɔk]畜	thiu[t‘iu]抽瘳	tho[t‘o]叨慆
tho‧[t‘ɔ]偷土	thoan[t‘uan]湍	thoat[t‘uat]脱	thoe[t‘ue]退	thok[t‘ɔk]托讬	thong[t‘ɔŋ]侗	thu[t‘u]宁伫贮
thui[t‘ui]腿槌	thun[t‘un]吞椿	thut[t‘ut]怵秃	thah[t‘aʔ]塔	thiⁿ[t‘ĩ]添天	thiaⁿ[t‘iã]痛听	thak[t‘ak]读
thiah[t‘iaʔ]坼	thang[t‘aŋ]通	thih[t‘iʔ]铁	thau[t‘au]偷头	thng[t‘ŋ]汤糖	theh[t‘eʔ]提宅	thoa[t‘ua]拕
thio[t‘io]投	thoaⁿ[t‘uã]滩	thuh[t‘uʔ]托				

22. U 在该字母里，记载了5个音节，其声母是零声母[Ø]。见下表：

u[u]於于吁污	ui[ui]威韦伟	un[un]恩殷温	ut[ut]尉熨鬱	uih[uiʔ]划		

据统计，《厦门音的字典》共记载了707个音节。在这些音节中可以整理出以下74个韵母：

（1）元音韵母

单元音（6个）：

a [a]：a[a]鸦、ba[ba]麻、cha[tsa]查、chha[tsʻa]叉、ga[ga]牙、ha[ha]瑕、ka[ka]嘉、kha[kʻa]脚、la[la]拉、pa[pa]巴、pha[pʻa]葩、sa[sa]纱、ta[ta]礁；

e [e]：e[e]裔、be[be]马、che[tse]剂、chhe[tsʻe]妻、ge[ge]艺、he[he]分、ke[ke]鸡、

khe[k'e]稽、le[le]礼、pe[pe]敝、phe[p'e]坯、se[se]洗、te[te]低、the[t'e]体；

　　i [i]：i[i]伊、bi[bi]眯、chi[tsi]之、chhi[ts'i]刺、gi[gi]仪、hi[hi]喜、ji[dzi]儿、ki[ki]基、khi[k'i]欺、li[li]里、pi[pi]悲、phi[p'i]丕、si[si]是、ti[ti]知、thi[t'i]耻；

　　o [o]：o[o]阿、bo[bo]磨、cho[tso]糟、chho[ts'o]操、go[go]傲、ho[ho]河、ko[ko]哥、kho[k'o]科、lo[lo]脑、po[po]玻、pho[p'o]坡、so[so]唆、to[to]刀、tho[t'o]拖；

　　o˙[ɔ]：o˙[ɔ]乌、bo˙[bɔ]拇、cho˙[tsɔ]租、chho˙[ts'ɔ]粗、go˙[gɔ]误、ho˙[hɔ]呼、ko˙[kɔ]姑、kho˙[k'ɔ]苦、lo˙[lɔ]房、po˙[pɔ]补、pho˙[p'ɔ]铺、so˙[sɔ]苏、to˙[tɔ]都、tho˙[t'ɔ]吐；

　　u [u]：bu[bu]侮、chu[tsu]朱、chhu[ts'u]枢、gu[gu]鱼、hu[hu]俘、ju[dzu]儒、ku[ku]居、khu[k'u]拘、lu[lu]女、pu[pu]夆包、phu[p'u]芙、su[su]司、tu[tu]厨、thu[t'u]锄、u[u]污。

　　复元音（10个）：

　　ai [ai]：ai[ai]哀、bai[bai]眉、chai[tsai]斋、chhai[ts'ai]猜、gai[gai]崖、hai[hai]海、kai[kai]皆解、khai[k'ai]楷、lai[lai]来、pai[pai]摆、phai[p'ai]湃、sai[sai]赛、tai[tai]台、thai[t'ai]胎；

　　au [au]：au[au]凹、bau[bau]卯、chau[tsau]找、chhau[ts'au]抄、gau[gau]贤、hau[hau]孝、kau[kau]胶、khau[k'au]敲、lau[lau]挠、pau[pau]包、phau[p'au]泡、sau[sau]哨、tau[tau]兜、thau[t'au]偷；

　　io [io]：bio[bio]庙、chio[tsio]蕉、chhio[ts'io]笑、io[io]腰、kio[kio]桥、khio[k'io]徽、pio[pio]表、phio[p'io]票、sio[sio]烧、tio[tio]投、thio[t'io]投；

　　iu [iu]：biu[biu]谬、chiu[tsiu]舟、chhiu[ts'iu]秋、giu[giu]牛、hiu[hiu]休、iu[iu]忧、jiu[dziu]揉、kiu[kiu]九、khiu[k'iu]丘、liu[liu]柳、piu[piu]彪、siu[siu]修、tiu[tiu]丢、thiu[t'iu]抽；

　　ia [ia]：chia[tsia]者、chhia[ts'ia]硨、hia[hia]靴、ia[ia]爷、jia[dzia]惹、kia[kia]寄、khia[k'ia]骑、sia[sia]斜、tia[tia]爹；

　　oa [ua]：chhoa[ts'ua]煮、goa[gua]外、hoa[hua]花、koa[kua]瓜、khoa[k'ua]夸、loa[lua]赖、oa[ua]娃、poa[pua]簸、phoa[p'ua]破、soa[sua]耍、toa[tua]大、thoa[t'ua]拕；

　　ui [ui]：chui[tsui]锥、chhui[ts'ui]吹、gui[gui]危、hui[hui]妃、jui[dzui]緌、kui[kui]闺、khui[k'ui]轨、lui[lui]垒、pui[pui]肥、sui[sui]水、tui[tui]堆、thui[t'ui]腿、ui[ui]威；

　　oe [ue]：boe[bue]媒、choe[tsue]最、goe[gue]外、hoe[hue]灰、joe[dzue]锐、koe[kue]侩、khoe[k'ue]盔、loe[lue]内、oe[ue]卫、poe[pue]杯、phoe[p'ue]配、soe[sue]税、toe[tue]兑、thoe[t'ue]退；

　　oai [uai]：choai[tsuai]捶、hoai[huai]怀、koai[kuai]乖、khoai[k'uai]快、oai[uai]歪；

　　iau [iau]：biau[biau]杳、chiau[tsiau]招、chhiau[ts'iau]超、giau[giau]尧、hiau[hiau]晓、iau[iau]妖、jiau[dziau]扰、kiau[kiau]骄、khiau[k'iau]窍、liau[liau]了、piau[piau]标、phiau[p'iau]标、siau[siau]消、tiau[tiau]雕、thiau[t'iau]挑。

（2）鼻音韵母（15个）

am[am]：am[am]庵、cham[tsam]斩、chham[tsʻam]惨、gam[gam]岩、ham[ham]衔、jiam[dziam]冉、kam[kam]甘、kham[kʻam]砍、lam[am]览、sam[sam]三、tam[tam]担、tham[tʻam]探；

iam[iam]：iam[iam]淹、chiam[tsiam]尖、chhiam[tsʻiam]歼、giam[giam]验、hiam[hiam]嫌、kiam[kiam]兼、khiam[kʻiam]谦、liam[iam]拈、siam[siam]陕、tiam[tiam]垫、thiam[tʻiam]添；

im[im]：im[im]音、chim[tsim]斟、chhim[tsʻim]深、gim[gim]锦、him[him]欣、jim[dzim]忍、kim[kim]金、khim[kʻim]琴、lim[lim]林、sim[sim]心、tim[tim]沉、thim[tʻim]酖；

om[ɔm]：som[sɔm]参；

an[an]：an[an]安、ban[ban]蛮、chan[tsan]赞、chhan[tsʻan]餐、gan[gan]眼、han[han]寒、kan[kan]干、khan[kʻan]刊、lan[lan]栏、pan[pan]班、phan[pʻan]攀、san[san]山、tan[tan]单、than[tʻan]滩；

ian[ian]：ian[ian]烟、bian[bian]免、chian[tsian]煎、chhian[tsʻian]千、gian[gian]言、hian[hian]掀、jian[dzian]然、kian[kian]坚、khian[kʻian]牵、lian[lian]年、pian[pian]编、phian[pʻian]扁、sian[sian]仙、tian[tian]颠、thian[tʻian]天；

in[in]：in[in]因、bin[bin]泯、chin[tsin]真、chhin[tsʻin]亲、gin[gin]听、hin[hin]眩、jin[dzin]人、kin[kin]紧、khin[kʻin]轻、lin[lin]怜、pin[pin]宾、phin[pʻin]品、sin[sin]申、tin[tin]珍、thin[tʻin]趁；

un[un]：bun[bun]闻、chun[tsun]尊、chhun[tsʻun]村、gun[gun]银、hun[hun]分、jun[dzun]嫩、kun[kun]君、khun[kʻun]崑、lun[lun]伦、pun[pun]畚、phun[pʻun]盆、sun[sun]孙、tun[tun]敦、thun[tʻun]吞、un[un]恩；

oan[uan]：oan[uan]冤、boan[buan]满、choan[tsuan]专、chhoan[tsʻuan]川、goan[guan]玩、hoan[huan]欢、joan[dzuan]软、koan[kuan]冠、khoan[kʻuan]宽、loan[luan]暖、poan[puan]般、phoan[pʻuan]潘、soan[suan]宣、toan[tuan]端、thoan[tʻuan]湍；

ang[aŋ]：ang[aŋ]翁、bang[baŋ]网、chhang[tsʻaŋ]葱、hang[haŋ]降、kang[kaŋ]江、khang[kʻaŋ]孔、lang[laŋ]人、pang[paŋ]帮、phang[pʻaŋ]芳、sang[saŋ]送、tang[taŋ]东、thang[tʻaŋ]虫；

eng [iŋ]：beng[biŋ]皿、cheng[tsiŋ]贞、chheng[tsʻiŋ]青、eng[iŋ]樱、geng[giŋ]凝、heng[hiŋ]形、jeng[dziŋ]仍、keng[kiŋ]耕、kheng[kʻiŋ]倾、leng[liŋ]冷、peng[piŋ]兵、pheng[pʻiŋ]崩、seng[siŋ]星、teng[tiŋ]灯、theng[tʻiŋ]听；

iang[iaŋ]：iang[iaŋ]央、chiang[tsiaŋ]奖、chhiang[tsʻiaŋ]枪、hiang[hiaŋ]响、khiang[kʻiaŋ]腔、liang[liaŋ]凉、siang[siaŋ]双；

iong [iɔŋ]：iong[iɔŋ]央、chiong[tsiɔŋ]漳、chhiong[tsʻiɔŋ]昌、giong[giɔŋ]仰、

hong[hɔŋ]丰、hiong[hiɔŋ]胸、jiong[dziɔŋ]戎、kiong[kiɔŋ]宫、khiong[k'iɔŋ]腔、liong[liɔŋ]两、siong[siɔŋ]伤、tiong[tiɔŋ]张、thiong[t'iɔŋ]畅；

ong [ɔŋ]：bong[bɔŋ]亡、chong[tsɔŋ]庄、chhong[ts'ɔŋ]仓、gong[gɔŋ]昂、kong[kɔŋ]光、khong[k'ɔŋ]空、long[lɔŋ]农、ong[ɔŋ]汪、pong[pɔŋ]房、phong[p'ɔŋ]磅、song[sɔŋ]桑、tong[tɔŋ]党、thong[t'ɔŋ]通；

oang[uaŋ]：chhoang[ts'uaŋ]闯。

（3）声化韵（2个）

ng[ŋ]：ng[ŋ]黄、chhng[ts'ŋ]舱、hng[hŋ]方、kng[kŋ]光、khng[k'ŋ]园、mng[mŋ]门、nng[nŋ]二、png[pŋ]饭、sng[sŋ]霜、tng[tŋ]长、thng[t'ŋ]汤；

m[m]：hm[hm]口、m[m]不。

（4）鼻化韵（12个）

aⁿ[ã]：aⁿ[ã]馅、kaⁿ[kã]监、ma[ma]马、na[nã]蓝、nga[ŋa]雅、phaⁿ[p'ã]怕、saⁿ[sã]相、taⁿ[tã]打、thaⁿ[t'ã]他；

iⁿ[ĩ]：iⁿ[ĩ]易、chiⁿ[tsĩ]晶、chhiⁿ[ts'ĩ]青、jiⁿ[dzĩ]你、kiⁿ[kĩ]见、khiⁿ[k'ĩ]坑、mi[mĩ]冥、ni[nĩ]尼、ngiⁿ[ŋĩ]硬、piⁿ[pĩ]病、phiⁿ[p'ĩ]鼻、siⁿ[sĩ]姓、tiⁿ[tĩ]甜、thiⁿ[t'ĩ]添；

oⁿ[ɔ̃]：hoⁿ[hɔ̃]火、mo[mɔ̃]毛、ngo[ŋɔ]误；

eⁿ[ẽ]：me[mẽ]猛；

aiⁿ[ãĩ]：chaiⁿ[tsãi]宰、chhaiⁿ[ts'ãi]口、mai[mãĩ]迈、nai[nãi]乃、ngai[ŋai]艾、phaiⁿ[p'ãi]歹；

auⁿ[ãũ]：mau[mãu]矛、nau[nãu]铙、ngau[ŋau]肴；

iaⁿ[iã]：chiaⁿ[tsiã]正、chhiaⁿ[ts'iã]请、hiaⁿ[hiã]兄、iaⁿ[iã]营、kiaⁿ[kiã]惊、miaⁿ[miã]名、niaⁿ[niã]领、ngiaⁿ[ŋiã]迎、pia[piã]饼、phiaⁿ[p'iã]兵、siaⁿ[siã]声、tia[tiã]鼎、thiaⁿ[t'iã]厅；

iuⁿ[iũ]：chiuⁿ[tsiũ]浆、chhiuⁿ[ts'iũ]抢、hiuⁿ[hiũ]香、iuⁿ[iũ]羊、kiuⁿ[kiũ]薑、khiuⁿ[k'iũ]腔、niu[niũ]两、siuⁿ[siũ]箱、tiuⁿ[tiũ]胀；

oaⁿ[uã]：hoaⁿ[huã]岸、koaⁿ[kuã]寡、khoaⁿ[k'uã]看、moa[muã]麻、noaⁿ[nuã]烂、oaⁿ[uã]鞍、poaⁿ[puã]般、phoaⁿ[p'uã]判、soa[suã]山、toaⁿ[tuã]弹、thoaⁿ[t'uã]滩；

uiⁿ[uĩ]：mui[muĩ]每；

iauⁿ[iãũ]：jiauⁿ[dziãũ]爪、niau[niãũ]鸟；

oaiⁿ[uãĩ]：hoaiⁿ[huãĩ]横、koaiⁿ[kuãĩ]高、oaiⁿ[uãĩ]挨、soaiⁿ[suãĩ]樣。

（5）入声韵（29个）

收-ʔ喉塞尾韵母：17个

ah[aʔ]：ah[aʔ]押、bah[baʔ]肉、chah[tsaʔ]卡、chhah[ts aʔ]插、hah[haʔ]缮、kah[kaʔ]甲、lah[laʔ]蜡、pah[paʔ]百、phah[p'aʔ]拍、tah[taʔ]踏、thah[t'aʔ]塔；

eh [eʔ]：beh[beʔ]麦、cheh[tseʔ]绩、chheh[ts'eʔ]册、geh[geʔ]月、keh[keʔ]格、

kheh[k'eʔ]缺、peh[peʔ]白、pheh[p'eʔ]沫、seh[seʔ]雪、theh[t'eʔ]宅；

ih [iʔ]：chih[tsiʔ]舌、chhih[ts'iʔ]口、jih[dziʔ]廿、khih[k'iʔ]缺、lih[liʔ]裂、pih[piʔ]鳖、sih[siʔ]蚀、tih[tiʔ]滴、thih[t'iʔ]铁；

oh[oʔ]：oh[oʔ]学、boh[boʔ]毋、hoh[hoʔ]鹤、koh[koʔ]复、loh[loʔ]落、poh[poʔ]薄、phoh[p'oʔ]粕、soh[soʔ]索、toh[toʔ]桌；

uh [uʔ]：puh[puʔ]发、thuh[t'uʔ]托；

auh [auʔ]：lauh[lauʔ]落、phauh[p'auʔ]雹、tauh[tauʔ]笃；

iah[iaʔ]：iah[iaʔ]页、chiah[tsiaʔ]食、chhiah[ts'iaʔ]赤、giah[giaʔ]额、hiah[hiaʔ]额、jiah[dziaʔ]迹、kiah[kiaʔ]撅、khiah[k'iaʔ]隙、liah[liaʔ]掠、piah[piaʔ]壁、phiah[p'iaʔ]僻、siah[siaʔ]锡、tiah[tiaʔ]摘、thiah[t'iaʔ]坼；

ioh[ioʔ]：ioh[ioʔ]药、chioh[tsioʔ]借、chhioh[ts'ioʔ]尺、hioh[hioʔ]歇、kioh[kioʔ]脚、sioh[sioʔ]惜、tioh[tioʔ]着；

oah[uaʔ]：boah[buaʔ]末、hoah[huaʔ]喝、joah[dzuaʔ]热、koah[kuaʔ]割、khoah[k'uaʔ]阔、loah[luaʔ]捋、oah[uaʔ]活、poah[puaʔ]拨、soah[suaʔ]煞；

uih [uiʔ]：huih[huiʔ]血、puih[puiʔ]拔、uih[uiʔ]划；

oeh [ueʔ]：oeh[ueʔ]狭、chhoeh[ts'ueʔ]感、khoeh[k'ueʔ]箧、loeh[lueʔ]笠、poeh[pueʔ]八；

ahⁿ [ãʔ]：nah[nãʔ]塌；

ehⁿ[ẽʔ]：khehⁿ[k'ẽʔ]喀、meh[mẽʔ]脉；

ihⁿ[ĩʔ]：mih[mĩʔ]物；

ohⁿ[õʔ]：mohⁿ[mõʔ]膜；

auhⁿ[ãuʔ]：ngauhⁿ[ŋãuʔ]耦；

ngoeh[uẽʔ]：ngoeh[ŋuẽʔ]夾。

收-p、-t、-k辅音尾韵母：12个（收-p尾3个，收-t尾5个，收-k尾4个）

ap [ap]：ap[ap]壓、chap[tsap]十、chhap[ts'ap]插、hap[hap]合、kap[kap]鸽、khap[k'ap]恰、lap[lap]纳、sap[sap]飒、tap[tap]答、thap[t'ap]塌；

iap [iap]：iap[iap]叶、chiap[tsiap]接、chhiap[ts'iap]妾、giap[giap]业、hiap[hiap]侠、kiap[kiap]劫、khiap[k'iap]怯、liap[liap]粒、siap[siap]涉、tiap[tiap]叠、thiap[t'iap]贴；

ip [ip]：ip[ip]邑、chip[tsip]执、chhip[ts'ip]缉、gip[gip]岌、hip[hip]歙、jip[dzip]入、kip[kip]急、khip[k'ip]吸、lip[lip]立、sip[sip]十；

at [at]：at[at]遏、bat[bat]密、chat[tsat]扎、chhat[ts'at]察、hat[hat]喝、kat[kat]结、khat[k'at]渴、lat[lat]力、pat[pat]八、sat[sat]撒、tat[tat]达、that[t'at]挞；

it [it]：it[it]乙、bit[bit]密、chit[tsit]职、chhit[ts'it]七、hit[hit]彼、jit[dzit]日、khit[k'it]乞、pit[pit]必、phit[p'it]匹、sit[sit]食、tit[tit]值；

ut [ut]：but[but]物、chut[tsut]卒、chhut[ts'ut]出、gut[gut]屹、hut[hut]忽、kut[kut]

掘、khut[k'ut]窟、lut[lut]律、put[put]不、sut[sut]术、tut[tut]突、thut[t'ut]怵、ut[ut]熨；

iat[iat]：iat[iat]悦、biat[biat]灭、chiat[tsiat]节、chhiat[ts'iat]切、giat[giat]孽、hiat[hiat]血、jiat[dziat]热、kiat[kiat]吉、khiat[k'iat]揭、liat[liat]列、piat[piat]别、phiat[p'iat]撇、siat[siat]设、tiat[tiat]哲、thiat[t'iat]彻；

oat [uat]：oat[uat]越、boat[buat]抹、choat[tsuat]绝、chhoat[ts'uat]撮、goat[guat]月、hoat[huat]发、koat[kuat]决、khoat[k'uat]缺、loat[luat]劣、poat[puat]拨、phoat[p'uat]泼、soat[suat]说、toat[tuat]夺、thoat[t'uat]脱；

ak [ak]：ak[ak]沃、bak[bak]目、chhak[ts'ak]凿、gak[gak]岳、hak[hak]学、kak[kak]觉、khak[k'ak]确、lak[lak]六、pak[pak]剥、phak[p'ak]覆、tak[tak]触、thak[t'ak]读；

ok [ɔk]：ok[ɔk]握、bok[bɔk]莫、chok[tsɔk]族、chhok[ts'ɔk]簇、gok[gɔk]愕、hok[hɔk]復、kok[kɔk]各、khok[k'ɔk]扩、lok[lɔk]络、pok[pɔk]北、phok[p'ɔk]博、sok[sɔk]速、tok[tɔk]督、thok[t'ɔk]托；

iok [iɔk]：iok[iɔk]约、chiok[tsiɔk]烛、chhiok[ts'iɔk]鹊、giok[giɔk]玉、hiok[hiɔk]旭、jiok[dziɔk]肉、kiok[kiɔk]局、khiok[k'iɔk]曲、liok[liɔk]略、siok[siɔk]缩、tiok[tiɔk]竹、thiok[t'iɔk]畜；

ek[ik]：bek[bik]幂、chek[tsik]责、chhek[ts'ik]侧、ek[ik]亿、gek[gik]逆、hek[hik]赫、kek[kik]革、khek[k'ik]刻、lek[lik]勒、pek[pik]白、phek[p'ik]辟、sek[sik]室、tek[tik]嫡、thek[t'ik]斥。

《厦门音的字典》74个韵母，比杜嘉德《厦英大辞典》少了10个韵母，现从元音韵母、鼻音韵母、声化韵母和入声韵母4个方面比较如下：

厦英大辞典	元音韵母（16个）：a [a]、e [e]、i [i]、o [o]、ɵ[ɔ]、u [u]；ai [ai]、au [au]、io [io]、iu [iu]、ia [ia]、oa/wa [ua]、ui [ui]、oe [ue]、oai/wai[uai]、iau [iau]；
厦门音的字典	元音韵母（16个）：a[a]、e[e]、i [i]、o [o]、o[ɔ]、u [u]；ai [ai]、au [au]、io [io]、iu [iu]、ia [ia]、oa [ua]、ui [ui]、oe [ue]、oai [uai]、iau [iau]；

按：二者均为6个单元音韵母，10个复元音韵母。

厦英大辞典	鼻音韵母（15个）：am[am]、iam[iam]、im[im]、om[ɔm]；an[an]、ian/ien[ian]、in[in]、un[un]、oan/wan [uan]；ang[aŋ]、eng [iŋ]、iang[iaŋ]、oang[uaŋ]、iong [iɔŋ]、ong [ɔŋ]；
厦门音的字典	鼻音韵母（15个）：am[am]、iam[iam]、im[im]、om[ɔm]；an[an]、ian[ian]、in[in]、un[un]、oan[uan]；ang[aŋ]、eng [iŋ]、iang[iaŋ]、oang[uaŋ]、ong [ɔŋ]、iong [iɔŋ]。

按：前者有ian/ien[ian]韵母，后者只有ian而无ien韵母。

厦英大辞典	声化韵（2个）：ng[ŋ]、m[m]；
厦门音的字典	声化韵（2个）：ng[ŋ]、m[m]。

按：二者均为2个声化韵母。

厦英大辞典	鼻化韵（11个）：aⁿ[ã]、iⁿ[ĩ]、ɵⁿ[ɔ̃]、aiⁿ[ãĩ]、auⁿ[ãũ]、iaⁿ[iã]、iuⁿ[iũ]、oaⁿ/waⁿ [uã]、uiⁿ[uĩ]、iauⁿ[iãũ]、oaiⁿ/waiⁿ [uãĩ]；
厦门音的字典	鼻化韵（12个）：aⁿ[ã]、iⁿ [ĩ]、oⁿ[ɔ̃]、eⁿ[ẽ]；aiⁿ[ãĩ]、auⁿ[ãũ]、iaⁿ[iã]、iuⁿ [iũ]、oaⁿ[uã]、uiⁿ[uĩ]、iauⁿ[iãũ]、oaiⁿ[uãĩ]；

按：；前者有oaⁿ/waⁿ [uã]和oaiⁿ/waiⁿ [uãĩ]韵母，后者只有oaⁿ[uã]和oaiⁿ[uãĩ]韵母；后者比前者多了1个鼻化韵母eⁿ[ẽ]。

厦英大辞典	收-ʔ尾入声韵母（27个）：ah[aʔ]、eh[eʔ]、ih[iʔ]、oh[oʔ]、uh[uʔ]；auh[auʔ]、aih[aiʔ]、iah[iaʔ]、ioh[ioʔ]、iauh [iauʔ]、iuh[iuʔ]、oah/wah [uaʔ]、uih [uiʔ]、oeh [ueʔ]；ahⁿ [ãʔ]、ehⁿ [ẽʔ]、ihⁿ [ĩʔ]、ɵ·hⁿ[ɔ̃ʔ]、auhⁿ[ãuʔ]、uihⁿ[uĩʔ]、aihⁿ[ãiʔ]、iahⁿ [iãʔ]、iauhⁿ[iãuʔ]、oaihⁿ/waihⁿ[uãiʔ]、ngoeh[uẽʔ]、ngh[ŋʔ]、mh[mʔ]；
厦门音的字典	收-ʔ尾入声韵母母（16个）：ah[aʔ]、eh [eʔ]、ih [iʔ]、oh[oʔ]、uh [uʔ]；auh [auʔ]、iah[iaʔ]、ioh[ioʔ]、oah[uaʔ]、uih [uiʔ]、oeh [ueʔ]；ahⁿ [ãʔ]、ehⁿ [ẽʔ]、ihⁿ [ĩʔ]、ohⁿ[õʔ]、auhⁿ[ãuʔ]、ngoeh[uẽʔ]；

按：前者有ɵ·hⁿ[ɔ̃ʔ]韵母，后者有ohⁿ[õʔ]韵母，例字均为"膜"，读音极为接近；前者有aih[aiʔ]、iauh [iauʔ]、iuh[iuʔ]、iahⁿ [iãʔ]、iauhⁿ[iãuʔ]、oaihⁿ/waihⁿ[uãiʔ]、uihⁿ[uĩʔ]、aihⁿ[ãiʔ]、ngh[ŋʔ]、mh[mʔ]韵母，后者则无。

厦英大辞典	收-p-t-k尾入声韵母（13个）：ap [ap]、iap [iap]、ip [ip]；at [at]、it [it]、ut [ut]、iat/iet [iat]、oat/wat [uat]；ak [ak]、ok [ɔk]、iak [iak]、iok [iɔk]、ek[ik]。
厦门音的字典	收-p-t-k尾入声韵母（12个）：ap [ap]、iap [iap]、ip [ip]；at [at]、it [it]、ut [ut]、iat[iat]、oat [uat]；ak [ak]、ok [ɔk]、iok [iɔk]、ek[ik]。

按：前者有iat/iet [iat]韵母，后者只有iat，而无iet；前者比后者多了1个韵母iak [iak]。

综上所述，《厦英大辞典》有84个韵母，《厦门音的字典》74个韵母，其中前者有aih[aiʔ]、ɵ·hⁿ[ɔ̃ʔ]、iauh [iauʔ]、iuh[iuʔ]、iahⁿ [iãʔ]、iauhⁿ[iãuʔ]、oaihⁿ/waihⁿ[uãiʔ]、uihⁿ[uĩʔ]、aihⁿ[ãiʔ]、ngh[ŋʔ]、mh[mʔ]、iak [iak]等12个韵母是后者所没有的；后者有eⁿ[ẽ]、ohⁿ[õʔ]等2个韵母是前者所没有的。

四　《厦门音的字典》声调系统研究

《厦门音的字典》声调系统与其他19世纪传教士字典一样，平、去、入分阴阳，上声不分阴阳，共有7调。其声调符号也与同时期的传教士字典一样：阴平无符号；上声用扬音符"´"；阴去用抑符号"`"；阴入h，k，p或t的突然中止；阳平用符号"^"；阳去用水平线"‾"；阳入用垂直线"ǀ"。请看下表：

调类	调号	例字
阴平	无号	鸦a、渣cha、灾chai、篸cham、剂che、精cheng、支chi、占chiam、蕉chiau；
上声	´	哑á、卯báu、敏bín、靡bí、缅bián、㳠boán、鹉bú、枕chím、振chín、长chióng；
阴去	`	亚à、按àn、猛bèng、众chiòng、做chò、钻choàn、最chòe、注chù、俊chùn；
阴入	无号	沃ak、抹boat、插chhap、察chhat、策chhek、窃chhiap、切chhiat、触chhiok；
阳平	^	麻bâ、埋bâi、蛮bân、龙bâng、名bêng、眉bî、绵biân、锚biâu、民bîn、瞒boân；
阳去	‾	万bān、命bēng、辫biān、妙biāu、望bōng、碍gāi、雁gān、艺gē、义gī、饿gō；
阳入	ǀ	狎àp、麦bèk、灭biàt、密bìt、末boàt、月goàt、鄂gòk、兀gùt、学hàk、合hàp。

若与《厦英大辞典》相比，《厦门音的字典》并无《厦英大辞典》那样，对单字调和二字连读变调做详细的描写。

第七节　英国宣教师甘为霖著《厦门音新字典》（1913）音系研究
——兼与英·巴克礼《厦门话辞典补编》音系比较研究

一　《厦门音新字典》作者事迹、成书时间及编写体例

英国宣教师甘为霖(Weilin Gan , William Campbell，1841—1921年)著《厦门音新字典》（Chin-chiu, Chiang-chiu和Formosa全辖区厦门口语方言/白话词典），日本横滨（Yokohama）福音印刷株式会社1913年7月印刷，台南台湾教会报社发行。

甘为霖牧师，1841年出生于苏格兰之格拉斯哥(Glasgow)，在该城读大学四年，后又攻读神学四年，毕业后由英国长老教会聘请到台湾宣教。1871年12月10日抵达台湾打狗(今高雄)，又转往台南。1872年几次拜访中部巴宰平埔族，曾为乌牛栏、牛困山珊、大湳等地的信徒施洗；也接触过生芜蕃族、水蕃及芜蕃族(赛德客族)；并寻访水社湖(今日月潭)，将之命名为甘治士湖，以纪念首位来台宣教的荷兰籍宣教士。甘牧师在台宣教47年，足迹遍及埔里、彰化、大社、木栅、澎湖等地，1886年甘为霖牧师与高

长前往澎湖宣教，是台湾明郑时期以来首位前往澎湖宣教的宣教士。

甘为霖牧师热心宣教，除了建立教会，还有其他重要的贡献，在台期间著作等身。编辑出版许多著作，对台湾历史最重要的贡献，应该是荷兰据台时的史料收集与编著，尤以《在台宣教的成功》和《荷兰人统治下的台湾》最为珍贵。还有《台湾素描》等书，皆以英文书写，受到当时人的喜爱。

甘为霖牧师也是台湾首位关心盲人教育的人士。1883年甘牧师就已关心盲人教育问题，应他的要求，英国圣经公会寄来点字圣经本，1888年他在伦敦筹刊刻《点字初学书》、《马太福音书》和《庙柱问答》等厦门音罗马字浮凸刷书。1890年2月在自己家里开办盲人学校；1891年在台湾府洪公祠租房为期五年，作为盲校"训瞽堂"的地址。1915年建新校舍并兼收哑生，基督徒秋山先生为首任校长，甘为霖牧师的照片被挂在校长室以作纪念。甘牧师曾派盲人前往东京留学，归台后在盲哑学校任教。甘为霖牧师在台工作计46年，直到76岁年老体衰，1917年返回英国。1921年9月9日辞世，享年80岁。

《厦门音新字典》所收字数约有15000字，选自《康熙字典》和《十五音》，另外参考了西洋人所编的汉字字典，譬如《中西字典》等。字音采用漳、泉、台所通行的方音，因为他的助手是林锦生和陈大锣较偏重台南附近的方音。他还大量参考漳州音《十五音》，包括所列的本字和训用字。有音无本字，就用训用字；如果找不到适合的字，就字音的后面加"—"表示无字。甘为霖牧师编《厦门音新字典》于1913年出版以后，颇受欢迎，国人就称之为《甘字典》。杜嘉德编《厦英大辞典》附有英文注解，但无汉字对照；巴克礼增补杜辞典有汉字，但其注解则是用英文，可见其主要对象是西洋人。相反的《甘字典》的注解和用法都用汉字，国人有这本字典，就可用厦门音来识字，深受台湾人欢迎。字典部分以外还有附录，如普通地名和人名、圣经地名和人名、字姓、六十甲子和节季、部首等表格；后来的版本还加新字的增补。

《厦门音新字典》的罗马拼音表记法被广泛应用。如1981年日本天理大学出版村上嘉英编的《现代闽南语辞典》，大体上是根据这种方法；厦门大学中国语文学研究所汉语方言室编《普通话闽南方言词典》(福建人民出版社1980年版，1982年有海外版)，采用所谓的"闽南方言拼音方案"，但在书的头前部分特别注明"闽南方言拼音方案•厦门音新字典的罗马字母（甘为霖）•国际音标对照简表"，可见甘氏拼音法有不可忽视的地位。甘牧师去世后，《厦门音新字典》第二版，就由巴克礼牧师来监印，所以有1923年7月巴克礼的序文。该书由商务印书馆重印于1924年发行。因此，我们特意将本书与巴克礼《厦门话辞典补编》的音系做比较。

二 《厦门音新字典》声母系统研究

通过对《厦门音新字典》每个字音的分析，现将18个厦门方言声母整理如下：

双唇音	p [p] 巴悲玻	ph [pʻ] 铺葩坡	b [b] 麻马眉	m [m] 名迈冥	
舌尖中音	t [t] 低知刀	th [tʻ] 体耻吐	l [l] 拉礼里	n [n] 蓝尼乃	
舌面前音	ch [tɕ] 支蕉洲	chh[tɕʻ] 腮笑秋			
舌尖前音	ch [ts] 渣绩 ts [ts] 租造栽	chh[tsʻ] 趋臊粗	j [dz] 揉惹锐		s[s]纱洗是
舌面后音	k [k] 嘉鸡哥	kh [kʻ] 欺科苦	g [g] 牙艺误	ng [ŋ] 雅硬迎	
喉音	h [h] 瑕喜呼	以a.o.e.i.u开头[ø]鸦阿裔乌污			

注：表中字母ch，chh与齐齿（i一类）韵母拼时，因受颚化影响变成舌面前的[tɕ]、[tɕʻ]；若与非齐齿（i一类）韵母拼时，就读作[ts]、[tsʻ]。ts字母均与非齐齿（i一类）韵母拼时，就读作[ts]；

甘为霖《厦门音新字典》（1922）成书时间比巴克礼《厦门话辞典补编》（1923）早了一年，是同时期的作品。现将马重奇整理考证《厦门话辞典补编》的声母系统列表如下：

双唇音	p[p]耙飞悲	ph[pʻ]抛胚披	b [b]麻糜微	m [m]骂脉矛	
舌尖中音	t[t]低知刀	th[tʻ]推藕滔	l [l]璃釐痨	n[n] 娘卵软	
舌面前音	ch [tɕ] 支蕉洲	chh[tɕʻ]腮笑秋			
舌尖前音	ch [ts]渣绩 ts [ts]焦遭租	chh[tsʻ]趋臊粗	j[dz]而遮迹		s[s]沙西施
舌面后音	k[k]胶鸡妓	kh[kʻ]脚诶欺	g[g]牙仪鹅	ng [ŋ]雅讹看	
喉音	h[h]瑕灰稀	[ǿ] 以a.o.e.i.u.w开头亚荷锅医乌圩			

可见，甘为霖《厦门音新字典》声母系统与巴克礼《厦门话辞典补编》是相同的。特别要提出的是均有ch和ts，均有chh而无tsʻh。现将它们出现在两种字典里具体情况统计如下：

1. 在同一韵母里出现ch声母而无ts声母者有26次

用于有-i介音或主要元音是i的韵母之前者：均有chi[tɕe]而无tsi[tsi]；均有chio[tɕio]而无tsio[tsio]；均有chiu[tɕiu]而无tsiu[tsiu]；均有chia[tɕia]而无tsia[tsia]；均有chiau[tɕiau]而无tsiau [tsiau]；均有chiam[tɕiam]而无tsiam[tsiam]；均有chim [tɕim]而无tsim [tsim]；均有chian/chien[tɕian]而无tsian/tsien[tsian]；均有chin[tɕin]而无tsin[tsin]；均有cheng[tɕiŋ]

而无tseng[tsiŋ]；均有chiang[tɕiaŋ]而无tsiang[tsiaŋ]；均有chiong[tɕiɔŋ]而无tsiong[tsiɔŋ]；均有chiⁿ[tɕĩ]而无tsiⁿ[tsĩ]；均有chiaⁿ[tɕiã]而无tsiaⁿ[tsiã]；均有chiuⁿ[tɕiũ]而无tsiuⁿ[tsiũ]；均有chih[tɕiʔ]而无tsih[tsiʔ]；均有chiah[tɕiaʔ]而无tsiah[tsiaʔ]；均有chioh[tɕioʔ]而无tsioh[tsioʔ]；均有chiap[tɕiap]而无tsiap[tsiap]；均有chip[tɕip]而无tsip[tsip]；均有chit[tɕit]而无tsit[tsit]；均有chiat/chiet[tɕian]而无tsiat/tsiet[tsian]；均有chiok[tɕiɔk]而无tsiok[tsiɔk]；均有chek[tɕik]而无tsek[tsik]。

用于无-i介音或主要元音非i的韵母之前者：均有che[tse]而无tse[tse]；均有cheh[tseʔ]而无tseh[tseʔ]。

从上可见，ch声母绝大多数出现于有-i介音或主要元音是i的韵母之前者，应拟音为舌面前、不送气的塞擦音声母[tɕ]。

2. 在同一韵母里出现ts声母而无ch声母者有27次

用于无-i介音或主要元音非i的韵母之前者：均有tsa[tsa]而无cha[tɕa]；均有tso[tso]而无cho[tso]；均有tso˙[tsɔ]而无cho˙[tsɔ]；均有tsu[tsu]而无chu[tsu]；均有tsai[tsai]而无chai[tsai]；均有tsau[tsau]而无chau[tsau]；均有tsoa[tsua]而无choa[tsua]；均有tsui[tsui]而无chui[tsui]；均有tsoe[tsue]而无choe[tsue]；均有tsam[tsam]而无cham [tsam]；均有tsan[tsan]而无chan[tsan]；均有tsun[tsun]而无chun[tsun]；均有tsoan[tsuan]而无choan[tsuan]；均有tsang[tsaŋ]而无chang[tsaŋ]；均有tsong[tsɔŋ]而无chong[tsɔŋ]；均有tsng[tsŋ]而无chng[tsŋ]；均有tsaiⁿ[tsãĩ]而无chaiⁿ[tsãĩ]；均有tsoaⁿ[tsuã]而无choaⁿ[tsuã]；均有tsah[tsaʔ]而无chah[tsaʔ]；均有tsoh[tsoʔ]而无choh[tsoʔ]；均有tsoeh[tsueʔ]而无choeh[tsueʔ]；均有tsap[tsap]而无chap[tsap]；均有tsat[tsat]而无chat[tsat]；均有tsut[tsut]而无chut[tsut]；均有tsoat[tsuat]而无choat[tsuat]；均有tsak[tsak]而无chak[tsak]；均有tsok[tsɔk]而无chok[tsɔk]。

用于有-i介音或主要元音是i的韵母之前者：无。

从上可见，ts声母只出现于无-i介音或主要元音非i的韵母之前者，应拟音为舌尖前、不送气的塞擦音声母[ts]。

3. 二者只有chh声母而无ts'h声母。该声母的出现有两种情况

用于有-i介音或主要元音是i的韵母之前者23次：chhi[tɕ'i]、chhio[tɕ'io]、chhiu[tɕ'iu]、chhia[tɕ'ia]、chhiau[tɕ'iau]、chhiam[tɕ'iam]、chhim[tɕ'im]、chhian/chhien[tɕ'ian]、chhin[tɕ'in]、chheng[tɕ'iŋ]、chhiang[tɕ'iaŋ]、chhiong[tɕ'iɔŋ]、chhiⁿ[tɕ'ĩ]、chhiaⁿ[tɕ'iã]、chhiuⁿ[tɕ'iũ]、chhiah[tɕ'iaʔ]、chhioh[tɕ'ioʔ]、chhiap[tɕ'iap]、chhip[tɕ'ip]、chhit[tɕ'it]、chhiat/chhiet[tɕ'iet]、chhiok[tɕ'iɔk]、chhek[tɕ'ik]。

用于无-i介音或主要元音非i的韵母之前者27次：chha[ts'a]、chhe[ts'e]、chho[ts'o]、chho˙[ts'ɔ]、chhu[ts'u]、chhai[ts'ai]、chhau[ts'au]、chhoa[ts'ua]、chhui[ts'ui]、chhoe[ts'ue]、chham[ts'am]、chhan[ts'an]、chhun[ts'un]、chhoan[ts'uan]、chhang[ts'aŋ]、chhong[ts'ɔŋ]、chhoang[ts'uaŋ]、chhng[ts'ŋ]、chhah[ts'aʔ]、chheh[ts'eʔ]、chhoah[ts'uaʔ]、chhoeh[ts' ue?]、chhap[ts'ap]、chhat[ts'at]、chhut[ts'ut]、chhoat[ts'uat]、chhak[ts'ak]。

从上可见，chh声母既可出现于有-i介音或主要元音是i的韵母之前者，亦可出现于无-i介音或主要元音非i的韵母之前者。因此，我们将前者chh声母拟音为舌面前、送气的塞擦音声母[tɕ']；将后者chh声母拟音为舌尖前、送气的塞擦音声母[ts']。

就如罗常培《厦门音系》（1931年）"厦门声母与十五音比较表"所设计的：

音值	p	p'	b m	t	t'	l n	k	k'	g ŋ	?	h	ts tɕ	ts' tɕ'	s	dz
音位	b	p	bb m	d	t	l n	g	k	gg ng	□	h	tz	ts	s	dz
十五音	边	颇	门	地	他	柳	求	去	语	英	喜	曾	出	时	入

罗常培认为，"对于厦门声母的二十个音值，新定的方音罗马字归纳成十八个音位，十五音归纳成十五个音位。它们不同之点就在[b][l][g]跟[m][n][ŋ]的划分与否。……[m][n][ŋ]大部分用在话音半鼻韵的前头，[b][l][g]却没有跟半鼻韵拼的；所以十五音把它们合并作门柳语三音，从音位的观点看本来很可以讲得通。"（第52页）此段话的意思是说，厦门音系有鼻化韵和非鼻化韵两套系统，几十五音门、柳、语三母用于鼻化韵母之前就读作[m]、[n]、[ŋ]，而用于非鼻化韵母之前就读作[b]、[l]、[g]。至于十五音曾、出二母，罗常培说："tz,ts跟齐齿（i一类）韵母拼时，受颚化影响变成舌面前的[tɕ][tɕ']；但g系跟齐齿类（i一类）韵母拼时，仍旧保持本音，不受颚化影响。"（第40页）其意思是说，曾、出二母跟齐齿（i一类）韵母拼时，受颚化影响变成舌面前的[tɕ][tɕ']；若与非齐齿（i一类）韵母拼时，就读作[ts][ts']。至于求、去二母跟齐齿类（i一类）韵母拼时，仍旧保持本音，不受颚化影响。

三　《厦门音新字典》韵母系统研究

通过对《厦门音新字典》每个字音的分析，现将86个厦门方言韵母，现整理如下：

1. 元音韵母（16个，其中单元音6个，复元音10个）

a [a]：a[a]鸦、ba[ba]麻、chha[ts'a]叉、ga[ga]牙、ha[ha]瑕、ka[ka]嘉、kha[k'a]脚、la[la]拉、pa[pa]巴、pha[p'a]葩、sa[sa]纱、ta[ta]礁、tsa[tsa]查；

e [e]：e[e]裔、be[be]马、che[tse]查、chhe[ts'e]妻、ge[ge]艺、he[he]兮、ke[ke]鸡、khe[k'e]稽、le[le]礼、pe[pe]敝、phe[p'e]坯、se[se]洗、te[te]低、the[t'e]体；

i [i]：i[i]伊、bi[bi]咪、chi[tɕi]之、chhi[tɕ'i]市、gi[gi]仪、hi[hi] 喜、ji[dzi]儿、ki[ki]基、khi[k'i]欺、li[li]里、pi[pi]悲、phi[p'i]丕、si[si]是、ti[ti]知、thi[t'i]耻；

o [o]：o[o]阿、bo[bo]磨、chho[ts'o]操、go[go]傲、ho[ho]河、ko[ko]哥、kho[k'o]科、lo[lo]脑、po[po]玻、pho[p'o]坡、so[so]唆、to[to]刀、tho[t'o]拖、tso[tso]糟；

o [ɔ]：o [ɔ]乌、bo [bɔ]拇、chho [tsʻɔ]粗、go [gɔ]误、ho [hɔ]呼、ko[kɔ]姑、kho [kʻɔ]苦、lo [lɔ]房、po [pɔ]补、pho [pʻɔ]铺、so [sɔ]苏、to [tɔ]都、tho [tʻɔ]吐、tso [tsɔ]租；

u [u]：bu[bu]侮、chhu[tsʻu]枢、gu[gu]鱼、hu[hu]俘、ju[dzu]儒、ku[ku]居、khu[kʻu]拘、lu[lu]女、pu[pu]匏、phu[pʻu]芙、su[su]司、tu[tu]厨、thu[tʻu]锄、u[u]污、tsu[tsu]朱；

ai [ai]：ai[ai]哀、bai[bai]眉、chhai[tsʻai]猜、gai[gai]崖、hai[hai]海、kai[kai]皆、khai[kʻai]楷、lai[lai]来、pai[pai]摆、phai[pʻai]湃、sai[sai]赛、tai[tai]台、thai[tʻai]胎、tsai[tsai]斋；

au [au]：au[au]凹、bau[bau]卯、chhau[tɕʻau]抄、gau[gau]贤、hau[hau]孝、kau[kau]胶、khau[kʻau]敲、lau[lau]挠、pau[pau]包、phau[pʻau]泡、sau[sau]哨、tau[tau]兜、thau[tʻau]偷、tsau[tsau]找；

io [io]：io[io]腰、bio[bio]庙、chio[tɕio]蕉、chhio[tɕʻio]笑、gio[gio]蟯、jio[dzio]尿、kio[kio]桥、khio[kʻio]徼、pio[pio]表、phio[pʻio]票、sio[sio]烧、tio[tio]投；

iu [iu]：biu[biu]谬、chiu[tɕiu]舟、chhiu[tɕʻiu]秋、giu[giu]牛、hiu[hiu]休、iu[iu]忧、jiu[dziu]揉、kiu[kiu]九、khiu[kʻiu]丘、liu[liu]柳、piu[piu]彪、siu[siu]修、tiu[tiu]丢、thiu[tʻiu]抽；

ia [ia]：chia[tɕia]者、chhia[tɕʻia]砗、hia[hia]靴、ia[ia]爷、jia[dzia]惹、kia[kia]寄、khia[kʻia]骑、sia[sia]斜、tia[tia]爹；

oa [ua]：chhoa[tsʻua]取、goa[gua]外、hoa[hua]花、koa[kua]瓜、khoa[kʻua]夸、loa[lua]赖、oa[ua]娃、poa[pua]簸、phoa[pʻua]破、soa[sua]耍、toa[tua]大、thoa[tʻua]拖；tsoa[tsua]纸；

ui [ui]：chui[tɕui]锥、chhui[tsʻui]吹、gui[gui]危、hui[hui]妃、jui[dzui]綏、kui[kui]闺、khui[kʻui]轨、lui[lui]垒、pui[pui]肥、sui[sui]水、tui[tui]堆、thui[tʻui]腿、ui[ui]威、tsui[tsui]锥；

oe [ue]：boe[bue]媒、goe[gue]外、hoe[hue]灰、joe[dzue]锐、koe[kue]侩、khoe[kʻue]盔、loe[lue]内、oe[ue]卫、poe[pue]杯、phoe[pʻue]配、soe[sue]税、toe[tue]兑、thoe[tʻue]退；tsoe[tsue]最；

oai [uai]：hoai[huai]怀、koai[kuai]乖、khoai[kʻuai]快、oai[uai]歪；

iau [iau]：biau[biau]杳、chiau[tɕiau]招、chhiau[tɕʻiau]超、giau[giau]尧、hiau[hiau]晓、iau[iau]妖、jiau[dziau]扰、kiau[kiau]骄、khiau[kʻiau]窍、liau[liau]了、piau[piau]标、phiau[pʻiau]标、siau[siau]消、tiau[tiau]雕、thiau[tʻiau]挑。

2. 鼻音韵母（15个）

am[am]：am[am]庵、chham[tsʻam]惨、gam[gam]岩、ham[ham]衔、jiam[dziam]冉、kam[kam]甘、kham[kʻam]砍、lam[am]览、sam[sam]三、tam[tam]担、tham[tʻam]探、tsam[tsam]斩；

iam[iam]：iam[iam]淹、chiam[tɕiam]尖、chhiam[tɕ'iam]歼、giam[giam]验、hiam[hiam]嫌、kiam[kiam]兼、khiam[k'iam]谦、liam[iam]拈、siam[siam]闪、tiam[tiam]垫、thiam[t'iam]添；

im[im]：im[im]音、chim[tɕim]斟、chhim[tɕ'im]深、gim[gim]锦、him[him]欣、jim[dzim]忍、kim[kim]金、khim[k'im]琴、lim[lim]林、sim[sim]心、tim[tim]沉、thim[t'im]酖；

om[ɔm]：som[sɔm]参；

an[an]：an[an]安、ban[ban]蛮、chhan[ts'an]餐、gan[gan]眼、han[han]寒、kan[kan]干、khan[k'an]刊、lan[lan]栏、pan[pan]班、phan[p'an]攀、san[san]山、tan[tan]单、than[t'an]滩；tsan[tsan]赞

ian[ian]：ian[ian]烟、bian[bian]免、chian[tɕian]煎、chhian[tɕ'ian]千、gian[gian]言、hian[hian]掀、jian[dzian]然、kian[kian]坚、khian[k'ian]牵、lian[lian]年、pian[pian]编、phian[p'ian]扁、sian[sian]仙、tian[tian]颠、thian[t'ian]天；

in[in]：in[in]因、bin[bin]泯、chin[tɕin]真、chhin[tɕ'in]亲、hin[hin]眩、jin[dzin]人、kin[kin]紧、khin[k'in]轻、lin[lin]怜、pin[pin]宾、phin[p'in]品、sin[sin]申、tin[tin]珍、thin[t'in]趁；

un[un]：bun[bun]文、chhun[ts'un]村、gun[gun]银、hun[hun] 分、jun[dzun]嫩、kun[kun]君、khun[k'un]昆、lun[lun]伦、pun[pun]畚、phun[p'un]盆、sun[sun]孙、tun[tun]敦、thun[t'un]吞、un[un]恩、tsun[tsun]尊；

oan[uan]：oan[uan]冤、boan[buan]满、chhoan[ts'uan]川、goan[guan] 玩、hoan[huan] 欢、joan[dzuan]软、koan[kuan]官、khoan[k'uan]宽、loan[luan]暖、poan[puan]般、phoan[p'uan]潘、soan[suan]宣、toan[tuan]端、thoan[t'uan]湍、tsoan[tsuan]专；

ang[aŋ]：ang[aŋ]翁、bang[baŋ]网、chhang[ts'aŋ]葱、hang[haŋ]降、kang[kaŋ]江、khang[k'aŋ]孔、lang[laŋ]人、pang[paŋ]帮、phang[p'aŋ]芳、sang[saŋ]送、tang[taŋ]东、thang[t'aŋ]虫；

eng [iŋ]：beng[biŋ]皿、cheng[tɕiŋ]贞、chheng[tɕ'iŋ]青、eng[iŋ]英、geng[giŋ]凝、heng[hiŋ]形、jeng[dziŋ]仍、keng[kiŋ]耕、kheng[k'iŋ]倾、leng[liŋ]冷、peng[piŋ]兵、pheng[p'iŋ]崩、seng[siŋ]星、teng[tiŋ]灯、theng[t'iŋ]听；

iang[iaŋ]：iang[iaŋ]央、chiang[tɕiaŋ]奖、hiang[hiaŋ]响、khiang[k'iaŋ]腔、liang[liaŋ]凉、siang[siaŋ]双；

iong [iɔŋ]：iong[iɔŋ]央、chiong[tɕiɔŋ]漳、chhiong[tɕ'iɔŋ]昌、giong[giɔŋ]仰、hong[hɔŋ]丰、hiong[hiɔŋ]胸、jiong[dziɔŋ]戎、kiong[kiɔŋ]宫、khiong[k'iɔŋ]腔、liong[liɔŋ]两、siong[siɔŋ]伤、tiong[tiɔŋ]中、thiong[t'iɔŋ]畅；

ong [ɔŋ]：bong[bɔŋ]亡、chhong[ts'ɔŋ]仓、gong[gɔŋ]昂、kong[kɔŋ]光、khong[k'ɔŋ]

空、long[loŋ]农、ong[ɔŋ]王、pong[pɔŋ]房、phong[p'ɔŋ]磅、song[sɔŋ]桑、tong[tɔŋ]党、thong[t'ɔŋ]通、tsong[tsɔŋ]庄；

oang[uaŋ]：chhoang[ts'uaŋ]闯。

3. 声化韵（2个）

ng[ŋ]：ng[ŋ]黄、chhng[ts'ŋ]舱、hng[hŋ]方、kng[kŋ]光、mng[mŋ]门、nng[nŋ]二、png[pŋ]饭、sng[sŋ]霜、tng[tŋ]长、thng[t'ŋ]汤；

m[m]：hm[hm]媒、m[m]不。

4. 鼻化韵（12个）

aⁿ[ã]：aⁿ[ã]馅、kaⁿ[kã]监、ma[ma]马、na[nã]蓝、nga[ŋa]雅、phaⁿ[p'ã]怕、saⁿ[sã]相、taⁿ[tã]打、thaⁿ[t'ã]他；

iⁿ[ĩ]：iⁿ[ĩ]易、chiⁿ[tɕĩ]晶、chhiⁿ[tɕ'ĩ]青、jiⁿ[dzĩ]你、kiⁿ[kĩ]见、khiⁿ[k'ĩ]坑、mi[mĩ]冥、ni[nĩ]尼、ngi[ŋĩ]硬、piⁿ[pĩ]病、phiⁿ[p'ĩ]鼻、siⁿ[sĩ]姓、tiⁿ[tĩ]甜、thiⁿ[t'ĩ]添；

oⁿ[ɔ̃]：hoⁿ[hɔ̃]火、mo·[mɔ̃]毛、ngo·[ŋɔ̃]傲；

eⁿ[ẽ]：me[mẽ]猛；

aiⁿ[ãĩ]：mai[mãĩ]迈、nai[nãĩ]乃、ngai[ŋãĩ]艾、phaiⁿ[p'ãĩ]歹、tsaiⁿ[tsãĩ]宰；

auⁿ[ãũ]：mau[mãũ]矛、nau[nãũ]铙、ngau[ŋãũ]肴；

iaⁿ[iã]：chiaⁿ[tɕiã]正、chhiaⁿ[tɕ'iã]请、hiaⁿ[hiã]兄、iaⁿ[iã]营、kiaⁿ[kiã]惊、mia[miã]名、nia[niã]领、ngia[ŋiã]迎、piaⁿ[piã]饼、phiaⁿ[p'iã]兵、siaⁿ[siã]声、tiaⁿ[tiã]鼎、thiaⁿ[t'iã]厅；

iuⁿ[iũ]：chiuⁿ[tɕiũ]浆、chhiuⁿ[tɕ'iũ]抢、hiuⁿ[hiũ]香、iuⁿ[iũ]羊、kiuⁿ[kiũ]姜、khiuⁿ[k'iũ]腔、niu[niũ]两、siuⁿ[siũ]箱、tiuⁿ[tiũ]胀；

oaⁿ[uã]：hoaⁿ[huã]岸、koaⁿ[kuã]寡、khoaⁿ[k'uã]看、moa[muã]麻、noa[nuã]烂、oaⁿ[uã]鞍、poaⁿ[puã]般、phoaⁿ[p'uã]判、soaⁿ[suã]山、toaⁿ[tuã]弹、thoaⁿ[t'uã]滩；

uiⁿ[uĩ]：mui[muĩ]媒；

iauⁿ[iãũ]：jiauⁿ[dziãũ]爪、niau[niãũ]鸟；

oaiⁿ[uãĩ]：hoaiⁿ[huãĩ]横、koaiⁿ[kuãĩ]高、oaiⁿ[uãĩ]挨、soaiⁿ[suãĩ]樣。

5. 入声韵（41个，其中收-ʔ喉塞尾韵母26个，收-p尾4个，收-t尾5个，收-k尾6个）

ah[aʔ]：ah[aʔ]押、bah[baʔ]肉、chhah[ts'aʔ]插、hah[haʔ]缮、kah[kaʔ]甲、lah[laʔ]蜡、pah[paʔ]百、phah[p'aʔ]拍、tah[taʔ]踏、thah[t'aʔ]塔、tsah[tsaʔ]卡；

eh[eʔ]：beh[beʔ]麦、cheh[tseʔ]绩、chheh[ts'eʔ]册、geh[geʔ]月、keh[keʔ]格、kheh[k'eʔ]缺、leh[leʔ]裂、peh[peʔ]白、pheh[p'eʔ]沫、seh[seʔ]雪、theh[t'eʔ]宅；

ih[iʔ]：chih[tɕiʔ]舌、jih[dziʔ]廿、khih[k'iʔ]缺、lih[liʔ]裂、pih[piʔ]鳖、sih[siʔ]蚀、tih[tiʔ]滴、thih[t'iʔ]铁；

oh[oʔ]：oh[oʔ]学、boh[boʔ]毋、hoh[hoʔ]鹤、koh[koʔ]复、loh[loʔ]落、poh[poʔ]

薄、phoh[pʻoʔ]粕、soh[soʔ]索、toh[toʔ]桌；

uh [uʔ]：puh[puʔ]发、phuh[pʻuʔ]薄、suh[suʔ]速、thuh[tʻuʔ]托；

auh [auʔ]：lauh[lauʔ]落、phauh[pʻauʔ]雹、tauh[tauʔ]笃；tsauh[tsauʔ]寂；khauh[kʻauʔ]愕；

iah[iaʔ]：iah[iaʔ]页、chiah[tɕiaʔ]食、chhiah[tɕʻiaʔ]赤、giah[giaʔ]额、hiah[hiaʔ]额、jiah[dziaʔ]迹、kiah[kiaʔ]攑、khiah[kʻiaʔ]隙、liah[liaʔ]掠、piah[piaʔ]壁、phiah[pʻiaʔ]僻、siah[siaʔ]锡、tiah[tiaʔ]摘、thiah[tʻiaʔ]坼；

ioh[ioʔ]：ioh[ioʔ]药、chioh[tɕioʔ]借、chhioh[tɕʻioʔ]尺、hioh[hioʔ]歇、kioh[kioʔ]脚、sioh[sioʔ]惜、tioh[tioʔ]着；

iuh[iuʔ]：liuh[l iuʔ]六（乐器之名）；liu̇h-liu̇h-á，即"略略á"的意思；

oah[uaʔ]：boah[buaʔ]末、hoah[huaʔ]喝、joah[dzuaʔ]热、koah[kuaʔ]割、khoah[kʻuaʔ]阔、loah[luaʔ]捋、oah[uaʔ]活、poah[puaʔ]拨、soah[suaʔ]煞；

uih [uiʔ]：huih[huiʔ]血、puih[puiʔ]拔、uih[uiʔ]划；

oeh [ueʔ]：oeh[ueʔ]狭、chhoeh[tsʻueʔ]戚、khoeh[kʻueʔ]篋、loeh[lueʔ]笠、poeh[pueʔ]八、soeh[sueʔ]塞、thoeh[tʻueʔ]提、tsoeh[tsueʔ]节；

iauh[iauʔ]：khiauh[kʻiauʔ]愕；

aⁿh [ãʔ]：nah[nãʔ]塌；

eⁿh[ẽʔ]：keⁿh[kẽʔ]逆、kheⁿh [kʻẽʔ]喀、meh[mẽʔ]脉；

iⁿh[ĩʔ]：mih[mĩʔ]物；

aiⁿh [ãiʔ]：aiⁿh [ãiʔ]唷（人的喉咙内打嗝的声音）；

iaⁿh [iãʔ]：hiahⁿ[hiãʔ]吓、ngiah[hiãʔ]愕；

oⁿh [ɔ̃ʔ]：moⁿh [mɔ̃ʔ]膜；

auⁿh [ãuʔ]：ngauh[ŋãuʔ]耦；

oeⁿh[uẽʔ]：ngoeh[ŋuẽʔ]夹；

uiⁿh [uĩʔ]：muih[muĩʔ]蕻；

iauⁿh [iãuʔ]：siàuⁿh [siãuʔ]口，即"物拍破"之声；

oaiⁿh [uãiʔ]：koaiⁿh [kuãiʔ]口（koaiⁿhtsìt ê[kuãiʔ tsit e]口一下）；

mh[mʔ]：mh[mʔ]默（mh mh[mʔ][mʔ]默默）；

ngh[ŋʔ]：ngh[ŋʔ]口（ngh ngh háu[ŋʔ ŋʔ háu]口口号）。

ap [ap]：ap[ap]压、chhap[tsʻap]插、hap[hap]合、kap[kap]鸽、khap[kʻap]恰、lap[lap]纳、sap[sap]飒、tap[tap]答、thap[tʻap]塌、tsap[tsap]十；

iap [iap]：iap[iap]叶、chiap[tɕiap]接、chhiap[tɕʻiap]妾、giap[giap]业、hiap[hiap]侠、kiap[kiap]劫、khiap[kʻiap]怯、liap[liap]粒、siap[siap]涉、tiap[tiap]迭、thiap[tʻiap]贴；

ip [ip]：ip[ip]邑、chip[tɕip]执、chhip[tɕʻip]缉、gip[gip]岌、hip[hip]歙、jip[dzip]

入、kip[kip]急、khip[k'ip]吸、lip[lip]立、sip[sip]十；

op[ɔp]：lop lop[lɔp lɔp]口口，即"漱漱软软"之意；

at [at]：at[at]遏、bat[bat]密、chhat[ts'at]察、hat[hat]喝、kat[kat]结、khat[k'at]渴、lat[lat]力、pat[pat]八、sat[sat]撒、tat[tat]达、that[t'at]挞、tsat[tsat]扎；

it [it]：it[it]乙、bit[bit]密、chit[tɕit] 职、chhit[tɕ'it]七、hit[hit]彼、jit[dzit]日、khit[k'it]乞、pit[pit]必、phit[p'it]匹、sit[sit]食、tit[tit]值；

ut [ut]：but[but]物、chhut[ts'ut]出、gut[gut]屹、hut[hut]忽、kut[kut]掘、khut[k'ut]窟、lut[lut]律、put[put]不、sut[sut]术、tut[tut]突、thut[t'ut]怵、ut[ut]熨、tsut[tsut]卒；

iat[iat]：iat[iat]悦、biat[biat]灭、chiat[tɕiat]节、chhiat[tɕ'iat]切、giat[giat]孽、hiat[hiat]血、jiat[dziat]热、kiat[kiat]吉、khiat[k'iat]揭、liat[liat]列、piat[piat]别、phiat[p'iat]撇、siat[siat]设、tiat[tiat]哲、thiat[t'iat]彻；

oat [uat]：oat[uat]越、boat[buat]抹、chhoat[ts'uat]撮、goat[guat]月、hoat[huat]发、koat[kuat] 决、khoat[k'uat]缺、loat[luat]劣、poat[puat]拨、phoat[p'uat]泼、soat[suat]说、toat[tuat]夺、thoat[t'uat]脱、tsoat[tsuat]绝；

ak [ak]：ak[ak]沃、bak[bak]目、chhak[ts ak]凿、gak[gak]岳、hak[hak]学、kak[kak]觉、khak[k'ak]确、lak[lak]六、pak[pak]剥、phak[p'ak]覆、tak[tak]触、thak[t'ak]读、tsak[tsak]族；

ok [ɔk]：ok[ɔk]握、bok[bɔk]莫、chhok[ts'ɔk]簇、gok[gɔk]愕、hok[hɔk]复、kok[kɔk]各、khok[k'ɔk]扩、lok[lɔk]络、pok[pɔk]北、phok[p'ɔk]博、sok[sɔk]速、tok[tɔk]督、thok[t'ɔk]托、tsok[tsɔk]族；

ek[ik]：bek[bik]幂、chek[tɕik]责、chhek[tɕ'ik]侧、ek[ik]亿、gek[gik]逆、hek[hik]赫、kek[kik]革、khek[k'ik]刻、lek[lik]勒、pek[pik]白、phek[p'ik]辟、sek[sik]室、tek[tik]嫡、thek[t'ik]斥。

iak[iak]：phiak[p'iak]爆（phiàk phiàk háu [p'iak p'iak hau]）；

iok [iɔk]：iok[iɔk]约、chiok[tɕiɔk]烛、chhiok[tɕ'iɔk]鹊、giok[giɔk]玉、hiok[hiɔk]旭、jiok[dziɔk]肉、kiok[kiɔk]局、khiok[k'iɔk]曲、liok[liɔk]略、siok[siɔk]缩、tiok[tiɔk]竹、thiok[t'iɔk]畜；

oak[uak]：oàk[uak]口（oàk oàk háu[uak uak hau]，鸭叫声）。

甘为霖《厦门音新字典》（简称"新字"）86个韵母，仅比《厦门话辞典补编》（简称"补编"）多了1个韵母，现将它们的韵母比较如下：

（1）元音韵母（单元音6个，复元音10个）

新字	a [a]：a[a]鸦、ba[ba]麻、chha[ts‘a]叉、ga[ga]牙、ha[ha]瑕、ka[ka]嘉、kha[k‘a]脚、la[la]拉、pa[pa]巴、pha[p‘a]葩、sa[sa]纱、ta[ta]礁、tsa[tsa]查
补编	a [a]：a[a]亚、ba[ba]麻、chha[ts‘a]差、ha[ha]瑕、ka[ka]胶、kha[k‘a]脚、la[la]臀、pa[pa]耙、pha[p‘a]抛、sa[sa]沙、ta[ta]焦、tsa[tsa]渣

按：前者有13个音节，比后者多了1个；二者均有tsa[tsa]而无cha[tsa]。

新字	e [e]：e[e]裔、be[be]马、che[tse]查、chhe[ts‘e]妻、ge[ge]艺、he[he]兮、ke[ke]鸡、khe[k‘e]稽、le[le]礼、pe[pe]敝、phe[p‘e]坯、se[se]洗、te[te]低、the[t‘e]体
补编	e [e]：e[e]锅、be[be]糜、che[tse]渣、chhe[ts‘e]炊、ge[ge]牙、he[he]灰、ke[ke]鸡、khe[k‘e]诶、le[le]璃、pe[pe]飞、phe[p‘e]胚、se[se]西、te[te]低、the[t‘e]推

按：二者均有14个音节，均有che[tse]而无tse[tse]。

新字	i [i]：i[i]伊、bi[bi]咪、chi[tɕi]之、chhi[tɕ‘i]市、gi[gi]仪、hi[hi]喜、ji[dzi]儿、ki[ki]基、khi[k‘i]欺、li[li]里、pi[pi]悲、phi[p‘i]丕、si[si]是、ti[ti]知、thi[t‘i]耻
补编	i [i]：i[i]医、bi[bi]微、chi[tɕi]支、chhi[tɕ‘i]腮、gi[gi]仪、hi[hi]稀、ji[dzi]而、ki[ki]妓、khi[k‘i]欺、li[li]厘、pi[pi]悲、phi[p‘i]披、si[si]施、ti[ti]知、thi[t‘i]纛

按：二者均有15个音节，均有chi[tɕi]而无tsi[tsi]。

新字	o [o]：o[o]阿、bo[bo]磨、chho[ts‘o]操、go[go]傲、ho[ho]河、ko[ko]哥、kho[k‘o]科、lo[lo]脑、po[po]玻、pho[p‘o]坡、so[so]唆、to[to]刀、tho[t‘o]拖、tso[tso]糟
补编	o [o]：o[o]荷、bo[bo]无、chho[ts‘o]臊、go[go]鹅、ho[ho]河、ko[ko]科、kho[k‘o]科、lo[lo]痨、po[po]襃、pho[p‘o]波、so[so]搔、to[to]刀、tho[t‘o]滔、tso[tso]遭

按：二者均有14个音节，均有tso[tso]而无cho[tso]。

新字	o·[ɔ]：o·[ɔ]乌、bo·[bɔ]拇、chho·[ts‘ɔ]粗、go·[gɔ]误、ho·[hɔ]呼、ko·[kɔ]姑、kho·[k‘ɔ]苦、lo·[lɔ]虏、po·[pɔ]补、pho·[p‘ɔ]铺、so·[sɔ]苏、to·[tɔ]都、tho·[t‘ɔ]吐、tso·[tsɔ]租
补编	o·[ɔ]：o·[ɔ]乌、bo·[bɔ]谟、chho·[ts‘ɔ]粗、go·[gɔ]吴、ho·[hɔ]呼、ko·[kɔ]姑、kho·[k‘ɔ]箍、lo·[lɔ]奴、po·[pɔ]晡、pho·[p‘ɔ]铺、so·[sɔ]苏、to·[tɔ]都、tho·[t‘ɔ]涂、tso·[tsɔ]租

按：二者均有14个音节，均有tso·[tsɔ]而无cho·[tsɔ]。

新字	u [u]：u[u]污、bu[bu]侮、chhu[ts‘u]枢、gu[gu]鱼、hu[hu]俘、ju[dzu]儒、ku[ku]居、khu[k‘u]拘、lu[lu]女、pu[pu]匏、phu[p‘u]芙、su[su]司、tu[tu]厨、thu[t‘u]锄、tsu[tsu]朱
补编	u [u]：u[u]圩、bu[bu]无、chhu[ts‘u]趋、gu[gu]鱼、hu[hu]夫、ju[dzu]儒、ku[ku]龟、khu[k‘u]拘、lu[lu]滤、pu[pu]瓠、phu[p‘u]芙、su[su]需、tu[tu]堆、thu[t‘u]贮、tsu[tsu]朱

按：二者均有15个音节，均有tsu[tsu]而无chu[tsu]。

新字	ai [ai]：ai[ai]哀、bai[bai]眉、chhai[tsʻai]猜、gai[gai]崖、hai[hai]海、kai[kai]皆、khai[kʻai]楷、lai[lai]来、pai[pai]摆、phai[pʻai]湃、sai[sai]赛、tai[tai]台、thai[tʻai]胎、tsai[tsai]斋
补编	ai [ai]：ai[ai]哀、bai[bai]眉、chhai[tsʻai]裁、gai[gai]呆、hai[hai]哈、kai[kai]该、khai[kʻai]开、lai[lai]来、pai[pai]排、phai[pʻai]派、sai[sai]狮、tai[tai]懂、thai[tʻai]筛、tsai[tsai]栽

按：二者均有14个音节，均有tsai[tsai]而无chai[tsai]。

新字	au [au]：au[au]凹、bau[bau]卯、chhau[tsʻau]抄、gau[gau]贤、hau[hau]孝、kau[kau]胶、khau[kʻau]敲、lau[lau]挠、pau[pau]包、phau[pʻau]泡、sau[sau]哨、tau[tau]兜、thau[tʻau]偷、tsau[tsau]找
补编	au [au]：au[au]欧、bau[bau]卯、chhau[tsʻau]操、gau[gau]贤、hau[hau]呼、kau[kau]郊、khau[kʻau]敲、lau[lau]瘤、pau[pau]胞、phau[pʻau]炮、sau[sau]俏、tau[tau]抈、thau[tʻau]偷、tsau [tsau]檂

按：二者均有14个音节，均有tsau[tsau]而无chau[tɕau]。

新字	io [io]：io[io]腰、bio[bio]庙、chio[tɕio]蕉、chhio[tɕʻio]笑、gio[gio]蛲、jio[dzio]尿、kio[kio]桥、khio[kʻio]微、pio[pio]表、phio[pʻio]票、sio[sio]烧、tio[tio]投
补编	io [io]：io[io]腰、bio[bio]庙、chio[tɕio]蕉、chhio[tɕʻio]笑、gio[gio]蛲、jio[dzio]尿、kio[kio]桥、khio[kʻio]微、pio[pio]标、phio[pʻio]漂、sio[sio]烧、tio[tio]钓、thio[tʻio]投

按：前者12个音节，比后者少了1个音节thio[tʻio]；二者均有chio[tɕio]而无tsio[tsio]。

新字	iu [iu]：iu[iu]忧、biu[biu]谬、chiu[tɕiu]舟、chhiu[tɕʻiu]秋、giu[giu]牛、hiu[hiu]休、jiu[dziu]揉、kiu[kiu]九、khiu[kʻiu]丘、liu[liu]柳、piu[piu]彪、siu[siu]修、tiu[tiu]丢、thiu[tʻiu]抽
补编	iu [iu]：iu[iu]优、chiu[tɕiu]洲、chhiu[tɕʻiu]秋、giu[giu]扭、hiu[hiu]休、jiu[dziu]鲦、kiu[kiu]求、khiu[kʻiu]邱、liu[liu]流、phiu[pʻiu]彪、siu[siu]修、tiu[tiu]稠、thiu[tʻiu]抽

按：前者14个音节，比后者多了1个音节biu[biu]；二者均有chiu[tɕiu]而无tsiu[tsiu]。

新字	ia [ia]：ia[ia]爷、chia[tɕia]者、chhia[tɕʻia]砗、hia[hia]靴、jia[dzia]惹、kia[kia]寄、khia[kʻia]骑、sia[sia]斜、tia[tia]爹
补编	ia [ia]：ia[ia]耶、chia[tɕia]借、chhia[tɕʻia]车、hia[hia]靴、jia[dzia]遮、kia[kia]寄、khia[kʻia] 骑、sia[sia]赊

按：前者9个音节，比后者多了1个音节tia[tia]；二者均有chia[tɕia]而无tsia[tsia]。

新字	oa [ua]：oa[ua]娃、chhoa[tsʻua]取、goa[gua]外、hoa[hua]花、joa[dzua]若、koa[kua]瓜、khoa[kʻua]夸、loa[lua]赖、poa[pua]簸、phoa[pʻua]破、soa[sua]耍、toa[tua]大、thoa[tʻua]拕、tsoa[tsua]纸
补编	oa [ua]：oa[ua]娃、chhoa[tsʻua]导、goa[gua]外、hoa[hua]花、joa[dzua]若、koa[kua]歌、khoa[kʻua]靠、loa[lua]赖、poa[pua]簸、phoa[pʻua]破、soa[sua]沙、toa[tua]带、thoa[tʻua]拖、tsoa[tsua]蛇

按：二者均为14个音节，并均有tsoa[tsua]而无choa[tsua]。

新字	ui [ui]：ui[ui]威、chhui[tsʻui]吹、gui[gui]危、hui[hui]妃、jui[dzui]緌、kui[kui]闺、khui[kʻui]轨、lui[lui]垒、pui[pui]肥、sui[sui]水、tui[tui]堆、thui[tʻui]腿、tsui[tsui]锥
补编	ui [ui]：ui[ui]位、chhui[tsʻui]催、gui[gui]危、hui[hui]妃、kui[kui]归、khui[kʻui]开、lui[lui]镭、pui[pui]肥、sui[sui]水、tui[tui]堆、thui[tʻui]腿、tsui[tsui]锥

按：前者13个音节，比后者多了1个音节jui[dzui]；二者均有tsui[tsui]而无chui[tsui]。

新字	oe [ue]：oe[ue]卫、boe[bue]媒、chhoe[tsʻue]刷、goe[gue]外、hoe[hue]灰、joe[dzue]锐、koe[kue]侩、khoe[kʻue]盔、loe[lue]内、poe[pue]杯、phoe[pʻue]配、soe[sue]税、toe[tue]兑、thoe[tʻue]退、tsoe[tsue]最
补编	oe [ue]：oe[ue]挨、boe[bue]媒、chhoe[tsʻue]刷、goe[gue]外、hoe[hue]花、joe[dzue]锐、koe[kue]龟、khoe[kʻue]魁、loe[lue]犁、poe[pue]杯、phoe[pʻue]配、soe[sue]梳、toe[tue]兑、thoe[tʻue]替、tsoe[tsue] 做

按：二者均有15个音节，且均有tsoe[tsue]而无choe[tsue]。

新字	oai [uai]：hoai[huai]怀、koai[kuai]乖、khoai[kʻuai]快、oai[uai]歪
补编	oai [uai]：hoai[huai]槐、koai[kuai]拐、khoai[kʻuai]快、oai[uai]歪

按：二者均有4个音节。

新字	iau [iau]：iau[iau]妖、biau[biau]杳、chiau[tɕiau]招、chhiau[tɕʻiau]超、giau[giau]尧、hiau[hiau]晓、jiau[dziau]扰、kiau[kiau]骄、khiau[kʻiau]窍、liau[liau]了、piau[piau]标、phiau[pʻiau]标、siau[siau]消、tiau[tiau]雕、thiau[tʻiau]挑
补编	iau [iau]：iau[iau]枵、biau[biau]苗、chiau[tɕiau]招、chhiau[tɕʻiau]稍、giau[giau]口、hiau[hiau]晓、jiau[dziau]扰、kiau[kiau]骄、khiau[kʻiau]曲、liau[liau]僚、piau[piau]表、phiau[pʻiau]标、siau[siau]道、tiau[tiau]雕、thiau[tʻiau]挑

按：二者均有15个音节，且均有chiau[tɕiau]而无tsiau [tsiau]。

（2）鼻音韵母（15个）

新字	am[am]：am[am]庵、chham[tsʻam]惨、gam[gam]岩、ham[ham]衔、kam[kam]甘、kham[kʻam]砍、lam[am]览、sam[sam]三、tam[tam]担、tham[tʻam]探、tsam[tsam]斩
补编	am[am]：am[am]暗、chham[tsʻam]参、gam[gam]严、ham[ham]蚶、kam[kam]甘、kham[kʻam]龛、lam[am]男、sam[sam]三、tam[tam]湛、tham[tʻam]坛、tsam[tsam]斩

按：二者均有11个音节，且均有tsam[tsam]而无cham [tsam]。

新字	iam[iam]：iam[iam]淹、chiam[tɕiam]尖、chhiam[tɕʻiam]歼、giam[giam]验、hiam[hiam]嫌、jiam[dziam]冉、kiam[kiam]兼、khiam[kʻiam]谦、liam[iam]拈、siam[siam]闪、tiam[tiam]垫、thiam[tʻiam]添
补编	iam[iam]：iam[iam]掩、chiam[tɕiam]占、chhiam[tɕʻiam]佥、giam[giam]验、hiam[hiam]嫌、jiam[dziam]染、kiam[kiam]兼、khiam[kʻiam]谦、liam[iam]粘、siam[siam]蟾、tiam[tiam]沾、thiam[tʻiam]添

按：二者均有12个音节，且均有chiam[tɕiam]而无tsiam[tsiam]。

新字	im[im]：im[im]音、chim[tɕim]斟、chhim[tɕʻim]深、gim[gim]锦、him[him]欣、jim[dzim]忍、kim[kim]金、khim[kʻim]琴、lim[lim]林、sim[sim]心、tim[tim]沉、thim[tʻim]酞
补编	im[im]：im[im]阴、chim[tɕim]斟、chhim[tɕʻim]深、gim[gim]矜、him[him]忻、jim[dzim]寻、kim[kim]金、khim[kʻim]钦、lim[lim]饮、sim[sim]心、tim[tim]沉

按：前者12个音节，比后者多了1个音节thim[tʻim]；二者均有chim [tɕim]而无tsim[tsim]。

新字	om[ɔm]：som[sɔm]参
补编	om[ɔm]：som[sɔm]参、tom[ɔm]丼、thom[tʻɔm]丼

按：前者1个音节，比后者少了2个音节tom[ɔm]、thom[tʻɔm]。

新字	an[an]：an[an]安、ban[ban]蛮、chhan[tsʻan]餐、gan[gan]眼、han[han]寒、kan[kan]干、khan[kʻan]刊、lan[lan]栏、pan[pan]班、phan[pʻan]攀、san[san]山、tan[tan]单、than[tʻan]滩、tsan[tsan]赞
补编	an[an]：an[an]安、ban[ban]万、chhan[tsʻan]餐、gan[gan]眼、han[han]寒、kan[kan]干、khan[kʻan]牵、lan[lan]兰、pan[pan]颁、phan[pʻan]盼、san[san]删、tan[tan]单、than[tʻan]蜓、tsan[tsan]层

按：二者均有14音节，且均有tsan[tsan]而无chan[tsan]。

新字	ian[ian]：ian[ian]烟、bian[bian]免、chian[tɕian]煎、chhian[tɕʻian]千、gian[gian]言、hian[hian]掀、jian[dzian]然、kian[kian]坚、khian[kʻian]牵、lian[lian]年、pian[pian]编、phian[pʻian]扁、sian[sian]仙、tian[tian]颠、thian[tʻian]天
补编	ien[ian]：ien[ian]鹈、bien[bian]免、chien[tɕian]前、chhien[tɕʻian]迁、gien[gian]言、hien[hian]掀、jien[dzian]然、kien[kian]肩、khien[kʻian]牵、lien[lian]联、pien[pian]鞭、phien[pʻian]偏、sien[sian]仙、tien[tian]颠、thien[tʻian]癫

按：[ian]韵母罗马字有不同表示法，前者写作ian，后者写作ien；二者均有chian/chien[tɕian]而无tsian/tsien[tsian]。

新字	in[in]：in[in]因、bin[bin]泯、chin[tɕin]真、chhin[tɕʻin]亲、hin[hin]眩、jin[dzin]人、kin[kin]紧、khin[kʻin]轻、lin[lin]怜、pin[pin]宾、phin[pʻin]品、sin[sin]申、tin[tin]珍、thin[tʻin]趁
补编	in[in]：in因[in]、bin[bin]馒、chin[tɕin]真、chhin[tɕʻin]亲、hin[hin]眩、jin[dzin]人、kin[kin]紧、khin[kʻin]轻、lin[lin]磷、pin[pin]宾、phin[pʻin]品、sin[sin]身、tin[tin]珍、thin[tʻin]斟

按：二者均有14个音节，且均有chin[tɕin]而无tsin[tsin]。

新字	un[un]：un[un]恩、bun[bun]文、chhun[tsʻun]村、gun[gun]银、hun[hun] 分、kun[kun]君、khun[kʻun]昆、lun[lun]伦、pun[pun]畚、phun[pʻun]盆、sun[sun]孙、tun[tun]敦、thun[tʻun]吞、tsun[tsun]尊
补编	un[un]：un[un]温、bun[bun]文、chhun[tsʻun]春、gun[gun]银、hun[hun]婚、kun[kun]均、khun[kʻun]昆、lun[lun]轮、pun[pun]分、phun[pʻun]喷、sun[sun]旬、tun[tun]敦、thun[tʻun]吞、tsun[tsun]尊

按：二者均有14个音节，且均有tsun[tsun]而无chun[tsun]。

新字	oan[uan]：oan[uan]冤、boan[buan]满、chhoan[tsʻuan]川、goan[guan]玩、hoan[huan]欢、joan[dzuan]软、koan[kuan]官、khoan[kʻuan] 宽、loan[luan]暖、poan[puan]般、phoan[pʻuan]潘、soan[suan]宣、toan[tuan]端、thoan[tʻuan]湍、tsoan[tsuan]专
补编	oan[uan]：oan[uan]冤、boan[buan]满、chhoan[tsʻuan]川、goan[guan]元、hoan[huan]番、koan[kuan]观、khoan[kʻuan]宽、loan[luan]卵、poan[puan]半、phoan[pʻuan]盘、soan[suan]酸、toan[tuan]端、thoan[tʻuan]传、tsoan[tsuan]专

按：前者有15个音节，比后者多了1个音节joan[dzuan]；二者均有tsoan[tsuan]而无choan[tsuan]。

新字	ang[aŋ]：ang[aŋ]翁、bang[baŋ]网、chhang[tsʻaŋ]葱、hang[haŋ]降、kang[kaŋ]江、khang[kʻaŋ]孔、lang[laŋ]人、pang[paŋ]帮、phang[pʻaŋ]芳、sang[saŋ]送、tang[taŋ]东、thang[tʻaŋ]虫、tsang[tsaŋ]棕
补编	ang[aŋ]：ang[aŋ]红、bang[baŋ]梦、chhang[tsʻaŋ]葱、hang[haŋ]巷、kang[kaŋ]工、khang[kʻaŋ]空、lang[laŋ]人、pang[paŋ]邦、phang[pʻaŋ]芳、sang[saŋ]送、tang[taŋ]东、thang[tʻaŋ]虫、tsang[tsaŋ]棕

按：二者均有13个音节，且均有tsang[tsaŋ]而无chang[tɕaŋ]。

新字	eng [iŋ]：eng[iŋ]英、beng[biŋ]皿、cheng[tɕiŋ]贞、chheng[tɕ'iŋ]青、geng[giŋ]凝、heng[hiŋ]形、jeng[dziŋ]仍、keng[kiŋ]耕、kheng[k'iŋ]倾、leng[liŋ]冷、peng[piŋ]兵、pheng[p'iŋ]崩、seng[siŋ]星、teng[tiŋ]灯、theng[t'iŋ]听
补编	eng [iŋ]：eng[iŋ]英、beng[biŋ]盟、cheng[tɕiŋ]钟、chheng[tɕ'iŋ]青、geng[giŋ]凝、heng[hiŋ]兄、keng[kiŋ]鲸、kheng[k'iŋ]倾、leng[liŋ]令、peng[piŋ]兵、pheng[p'iŋ]崩、seng[siŋ]牲、teng[tiŋ]丁、theng[t'iŋ]撑

按：前者有15个音节，比后者多了1个音节jeng[dziŋ]；二者均有cheng[tɕiŋ]而无tseng[tsiŋ]。

新字	iang[iaŋ]：iang[iaŋ]央、chiang[tɕiaŋ]奖、hiang[hiaŋ]响、khiang[k'iaŋ]腔、liang[liaŋ]凉、siang[siaŋ]双
补编	iang[iaŋ]：iang[iaŋ]□、chiang[tɕiaŋ]奖、chhiang[tɕ'iaŋ]枪、giang[giaŋ]□、hiang[hiaŋ]响、khiang[k'iaŋ]铿、liang[liaŋ]凉、piang[piaŋ]□、phiang[p'iaŋ]□、siang[siaŋ]双、tiang[tiaŋ]□

按：前者有6个音节，比后者少了5个，即chhiang[tɕ'iaŋ]、giang[giaŋ]、piang[piaŋ]、phiang[p'iaŋ]、tiang[tiaŋ]□；二者均有chiang[tɕiaŋ]而无tsiang[tsiaŋ]。

新字	iong [iɔŋ]：iong[iɔŋ]央、chiong[tɕiɔŋ]漳、chhiong[tɕ'iɔŋ]昌、giong[giɔŋ]仰、hiong[hiɔŋ]胸、jiong[dziɔŋ]戎、kiong[kiɔŋ]宫、khiong[k'iɔŋ]腔、liong[liɔŋ]两、siong[siɔŋ]伤、tiong[tiɔŋ]中、thiong[t'iɔŋ]畅
补编	iong [iɔŋ]：iong[iɔŋ]容、chiong[tɕiɔŋ]终、chhiong[tɕ'iɔŋ]冲、hiong[hiɔŋ]香、jiong[dziɔŋ]绒、kiong[kiɔŋ]宫、khiong[k'iɔŋ]恐、liong[liɔŋ]龙、siong[siɔŋ]伤、tiong[tiɔŋ]张、thiong[t'iɔŋ]表

按：前者有12个音节，比后者多了1个giong[giɔŋ]；二者均有chiong[tɕiɔŋ]而无tsiong[tsiɔŋ]。

新字	ong [ɔŋ]：ong[ɔŋ]王、bong[bɔŋ]亡、chhong[ts'ɔŋ]仓、gong[gɔŋ]昂、hong[hɔŋ]丰、kong[kɔŋ]光、khong[k'ɔŋ]空、long[lɔŋ]农、pong[pɔŋ]房、phong[p'ɔŋ]磅、song[sɔŋ]桑、tong[tɔŋ]党、thong[t'ɔŋ]通、tsong[tsɔŋ]庄
补编	ong [ɔŋ]：ong[ɔŋ]翁、bong[bɔŋ]蒙、chhong[ts'ɔŋ]苍、gong[gɔŋ]昂、hong[hɔŋ]风、kong[kɔŋ]纲、khong[k'ɔŋ]康、long[lɔŋ]郎、pong[pɔŋ]旁、phong[p'ɔŋ]凸、song[sɔŋ]桑、tong[tɔŋ]当、thong[t'ɔŋ]通、tsong[tsɔŋ]宗

按：二者均有14个音节，且均有tsong[tsɔŋ]而无chong[tsɔŋ]。

新字	oang[uaŋ]：chhoang[ts'uaŋ]闯
补编	oang[uaŋ]：chhoang[ts'uaŋ]闯

按：二者均有chhoang[tɕʻuaŋ]。

（3）声化韵（2个）

新字	ng[ŋ]：ng[ŋ]黄、chhng[tsʻŋ]舱、hng[hŋ]方、kng[kŋ]光、khng[kʻŋ]劝、mng[mŋ]门、nng[nŋ]二、png[pŋ]饭、sng[sŋ]霜、tng[tŋ]长、thng[tʻŋ]汤、tsng[tsŋ]庄
补编	ng[ŋ]：ng[ŋ]央、chhng[tsʻŋ]舱、hng[hŋ]园、kng[kŋ]光、khng[kʻŋ]劝、mng[mŋ]门、nng[nŋ]软、png[pŋ]榜、sng[sŋ]霜、tng[tŋ]当、thng[tʻŋ]汤、tsng[tsŋ]庄

按：二者均有12个音节，且均有tsng[tsŋ]而无chng[tsŋ]。

新字	m[m]：hm[hm]媒、m[m]不
补编	m[m]：hm[hm]□、m[m]梅

按：二者均有hm[hm]、m[m]。

（4）鼻化韵（13个）

新字	aⁿ[ã]：aⁿ[ã]馅、kaⁿ[kã]监、ma[ma]马、na[nã]蓝、nga[ŋa]雅、phaⁿ[pʻã]怕、saⁿ[sã]相、taⁿ[tã]打、thaⁿ[tʻã]他
补编	aⁿ[ã]：aⁿ[ã]拦、kaⁿ[kã]监、maⁿ[mã]妈、ma[ma]妈、naⁿ[nã]那、nga[ŋa]雅、phaⁿ[pʻã]冇、saⁿ[sã]衫、taⁿ[tã]担、thaⁿ[tʻã]他

按：前者有9个音节，比后者少了1个maⁿ[mã]，实际上maⁿ[mã]与ma[ma]同。

新字	iⁿ[ĩ]：iⁿ[ĩ]易、chiⁿ[tɕĩ]晶、chhiⁿ[tɕʻĩ]青、jiⁿ[dzĩ]你、kiⁿ[kĩ]见、khiⁿ[kʻĩ]坑、mi[mĩ]冥、ni[nĩ]尼、ngiⁿ[ŋĩ]硬、piⁿ[pĩ]病、phiⁿ[pʻĩ]鼻、siⁿ[sĩ]姓、tiⁿ[tĩ]甜、thiⁿ[tʻĩ]添
补编	iⁿ[ĩ]：iⁿ[ĩ]蜒、chiⁿ[tɕĩ]争、chhiⁿ[tɕʻĩ]醒、hiⁿ[hĩ]弃、kiⁿ[kĩ]见、khiⁿ[kʻĩ]坑、miⁿ[mĩ]棉、niⁿ[nĩ]年、ngiⁿ[ŋĩ]硬、piⁿ[pĩ]边、phiⁿ[pʻĩ]篇、siⁿ[sĩ]鉎、tiⁿ[tĩ]甜、thiⁿ[tʻĩ]添

按：二者均有14个音节，前者有jiⁿ[dzĩ]而无hiⁿ[hĩ]，后者则有hiⁿ[hĩ]而无jiⁿ[dzĩ]；二者均有chiⁿ[tɕĩ]而无tsiⁿ[tsĩ]。

新字	oⁿ[ɔ̃]：hoⁿ[hɔ̃]火、mo[mɔ̃]毛、ngo[ŋɔ̃]傲
补编	oⁿ[ɔ̃]：hoꞏⁿ[hɔ̃]火、moꞏⁿ[mɔ̃]毛、ngoꞏ[ŋɔ̃]讹

按：二者均有3个音节，即hoꞏⁿ[hɔ̃]、moꞏⁿ[mɔ̃]、ngoꞏ[ŋɔ̃]。

新字	——————
补编	o^n[õ]：ho^n[hõ]好

按：后者o^n[õ]韵母是前者所没有的。

新字	e^n[ẽ]：me[mẽ]猛
补编	e^n[ẽ]：he^n[hẽ]行、me^n[mẽ]猛

按：前者有1个音节，比后者多了1个he^n[hẽ]，其余同。

新字	ai^n[ãĩ]：mai[mãĩ]迈、nai[nãĩ]乃、ngai[ŋãĩ]艾、phai^n[p'ãĩ]歹、tai^n[tãĩ]歹、tsai^n[tsãĩ]宰
补编	ai^n[ãĩ]：mai^n[mãĩ]买、nai^n[nãĩ]耐、phai^n[p'ãĩ]歹、tai^n[tãĩ]歹、tsai^n[tsãĩ]怎

按：前者有6个音节，比后者多了1个ngai[ŋãi]；二者均有tsai^n[tsãĩ]而无chai^n[tɕãĩ]。

新字	au^n[ãũ]：hau^n[hãũ]悬、mau[mãũ]矛、nau[nãũ]铙、ngau[ŋãũ]肴
补编	au^n[ãũ]：hau^n[hãũ]悬、mau^n[mãũ]蝥、nau^n[nãũ]脑、ngau^n[ŋãũ]肴

按：二者均有4个音节，即hau^n[hãu]、mau^n[mãu]、nau^n[nãu]、ngau^n[ŋãu]。

新字	ia^n[iã]：ia^n[iã]营、chia^n[tɕiã]正、chhia^n[tɕ'iã]请、hia^n[hiã]兄、kia^n[kiã]惊、mia[miã]名、nia[niã]领、ngia[ŋiã]迎、pia^n[piã]饼、phia^n[p'iã]兵、sia^n[siã]声、tia^n[tiã]鼎、thia^n[t'iã]厅
补编	ia^n[iã]：ia^n[iã]营、chia^n[tɕiã]正、chhia^n[tɕ'iã]请、hia^n[hiã]兄、kia^n[kiã]惊、khia^n[k'iã]庆、mia[miã]名、nia^n[niã]领、ngia^n[ŋiã]迎、pia^n[piã]饼、phia^n[p'iã]兵、sia^n[siã]声、tia^n[tiã]呈、thia^n[t'iã]听

按：前者有13个音节，比后者少了1个khia^n[k'iã]；二者均有chia^n[tɕiã]而无tsia^n[tsiã]。

新字	iu^n[iũ]：iu^n[iũ]羊、chiu^n[tɕiũ]浆、chhiu^n[tɕ'iũ]抢、hiu^n[hiũ]香、kiu^n[kiũ]姜、khiu^n[k'iũ]腔、niu[niũ]两、siu^n[siũ]箱、tiu^n[tiũ]胀
补编	iu^n[iũ]：iu^n[iũ]莺、chiu^n[tɕiũ]浆、chhiu^n[tɕ'iũ]厂、hiu^n[hiũ]香、kiu^n[kiũ]姜、khiu^n[k'iũ]腔、niu^n[niũ]粮、siu^n[siũ]箱、tiu^n[tiũ]张

按：二者均有9个音节，且均有chiu^n[tɕiũ]而无tsiu^n[tsiũ]。

新字	oaⁿ[uã]：oaⁿ[uã]鞍、hoaⁿ[huã]岸、koaⁿ[kuã]寡、khoaⁿ[k'uã]看、moa[muã]麻、noa[nuã]烂、poaⁿ[puã]般、phoaⁿ[p'uã]判、soaⁿ[suã]山、toaⁿ[tuã]弹、thoaⁿ[t'uã]滩、tsoaⁿ[tsuã]泉
补编	oaⁿ[uã]：oaⁿ[uã]鞍、chhoaⁿ[ts'uã]檫、hoaⁿ[huã]岸、koaⁿ[kuã]肝、khoaⁿ[k'uã]看、moaⁿ[muã]麻、noaⁿ[nuã]拦、poaⁿ[puã]般、phoaⁿ[p'uã]判、soaⁿ[suã]山、toaⁿ[tuã]单、thoaⁿ[t'uã]滩、tsoaⁿ[tsuã]泉

按：前者有12个音节，比后者少了1个chhoaⁿ[ts'uã]；二者均有tsoaⁿ[tsuã]而无choaⁿ[tsuã]。

新字	uiⁿ[uĩ]：mui[muĩ]媒
补编	uiⁿ[uĩ]：muiⁿ[muĩ]梅

按：二者均有1个音节mui[muĩ]。

新字	iauⁿ[iãũ]：jiauⁿ[dziãũ]爪、niau[niãũ]鸟
补编	iauⁿ[iãũ]：jiauⁿ[dziãũ]爪、niau[niãũ]老

按：二者均有2个音节，即jiauⁿ[dziãu]、niau[niau]。

新字	oaiⁿ[uãĩ]：hoaiⁿ[huãĩ]横、koaiⁿ[kuãĩ] 高、oaiⁿ[uãĩ]挨、soaiⁿ[suãĩ]横
补编	oaiⁿ[uãĩ]：hoaiⁿ[huãĩ]横、koaiⁿ[kuãĩ]杆、oaiⁿ[uãĩ]挨、soaiⁿ[suãĩ]樣

按：二者均有4个音节，即hoaiⁿ[huãi]、koaiⁿ[kuãi]、oaiⁿ[uãi]、soaiⁿ[suãi]。

（5）入声韵（39个，其中收-ʔ喉塞尾韵母25个，收-p尾4个，收-t尾5个，收-k尾5个）

新字	ah[aʔ]：ah[aʔ]押、bah[baʔ]肉、chhah[ts'aʔ]插、hah[haʔ]縖、kah[kaʔ]甲、lah[laʔ]蜡、pah[paʔ]百、phah[p'aʔ]拍、tah[taʔ]踏、thah[t'aʔ]塔、tsah[tsaʔ]卡
补编	ah[aʔ]：ah[aʔ]押、bah[baʔ]口、chhah[ts'aʔ]插、hah[haʔ]口、kah[kaʔ]甲、lah[laʔ]蜡、pah[paʔ]百、phah[p'aʔ]扑、tah[taʔ]搭、thah[t'aʔ]塔、tsah[tsaʔ]闸

按：二者均有11个音节，且均有tsah[tsaʔ]而无chah[tsaʔ]。

新字	eh [eʔ]：eh[eʔ]阨、beh[beʔ]麦、cheh[tseʔ]绩、chheh[ts'eʔ]册、geh[geʔ]月、keh[keʔ]格、kheh[k'eʔ]缺、leh[leʔ]裂、peh[peʔ]白、pheh[p'eʔ]沫、seh[seʔ]雪、theh[t'eʔ]宅
补编	eh [eʔ]：eh[eʔ]阨、beh[beʔ]袜、cheh[tseʔ]绩、chheh[ts'eʔ]册、geh[geʔ]月、keh[keʔ]膈、kheh[k'eʔ]缺、leh[leʔ]口、peh[peʔ]伯、pheh[p'eʔ]沫、seh[seʔ]雪、theh[t'eʔ]宅

按：二者均有12个音节，且均有cheh[tseʔ]而无tseh[tseʔ]。

新字	ih [iʔ]：chih[tɕiʔ]舌、jih[dziʔ]廿、khih[kʻiʔ]缺、lih[liʔ]裂、pih[piʔ]鳖、sih[siʔ]蚀、tih[tiʔ]滴、thih[tʻiʔ]铁
补编	ih [iʔ]：bih[biʔ]匿、chih[tɕiʔ]舌、khih[kʻiʔ]缺、lih[liʔ]裂、pih[piʔ]鳖、sih[siʔ]闪、tih[tiʔ]滴、thih[tʻiʔ]铁

按：二者均有8个音节，但前者有jih[dziʔ]而无bih[biʔ]，后者则有bih[biʔ]而无 jih[dziʔ]；二者均有chih[tɕiʔ]而无tsih[tsiʔ]。

新字	oh[oʔ]：oh[oʔ]学、boh[boʔ]毋、hoh[hoʔ]鹤、koh[koʔ]复、loh[loʔ]落、poh[poʔ]薄、phoh[pʻoʔ]粕、soh[soʔ]索、toh[toʔ]桌、tsoh[tsoʔ]筑
补编	oh [oʔ]：oh[oʔ]恶、boh[boʔ]莫、hoh[hoʔ]鹤、koh[koʔ]复、loh[loʔ]落、poh[poʔ]薄、phoh[pʻoʔ]粕、soh[soʔ]索、toh[toʔ]桌、tsoh[tsoʔ]筑

按：二者均有10个音节，且均有tsoh[tsoʔ]而无choh[tsoʔ]。

新字	————
补编	oˑh[ɔʔ]：oˑh[ɔʔ]口（用于让牛停止行走的声音）

按：后者oˑh[ɔʔ]韵母是前者所没有的。

新字	uh [uʔ]：puh[puʔ]发、phuh[pʻuʔ]薄、suh[suʔ]速、thuh[tʻuʔ]托
补编	uh [uʔ]：puh[puʔ]发、phuh[pʻuʔ]口、suh[suʔ]口、thuh[tʻuʔ]托

按：二者均有4个音节，即puh[puʔ]、phuh[pʻuʔ]、suh[suʔ]、thuh[tʻuʔ]。

新字	auh [auʔ]：khauh[kʻauʔ]愕、lauh[lauʔ]落、phauh[pʻauʔ]雹、tauh[tauʔ]笃、tsauh[tsauʔ]寂
补编	auh [auʔ]：lauh[lauʔ]落、tauh[tauʔ]笃

按：二者共有2个音节，即lauh[lauʔ]、tauh[tauʔ]。

新字	iah[iaʔ]：iah[iaʔ]页、chiah[tɕiaʔ]食、chhiah[tɕʻiaʔ]赤、giah[giaʔ]额、hiah[hiaʔ]额、jiah[dziaʔ]迹、kiah[kiaʔ]撵、khiah[kʻiaʔ]隙、liah[liaʔ]掠、piah[piaʔ]壁、phiah[pʻiaʔ]僻、siah[siaʔ]锡、tiah[tiaʔ]摘、thiah[tʻiaʔ]坼
补编	iah[iaʔ]：iah[iaʔ]亦、chiah[tɕiaʔ]食、chhiah[tɕʻiaʔ]赤、giah[giaʔ]额、hiah[hiaʔ]额、jiah[dziaʔ]迹、kiah[kiaʔ]屐、khiah[kʻiaʔ]隙、liah[liaʔ]掠、piah[piaʔ]壁、phiah[pʻiaʔ]僻、siah[siaʔ]削、tiah[tiaʔ]摘、thiah[tʻiaʔ]拆

按：二者共有14个音节，且均有chiah[tɕiaʔ]而无tsiah[tsiaʔ]。

新字	ioh[ioʔ]：ioh[ioʔ]药、chioh[tɕioʔ]借、chhioh[tɕʻioʔ]尺、hioh[hioʔ]歇、kioh[kioʔ]脚、sioh[sioʔ]惜、tioh[tioʔ]着
补编	ioh[ioʔ]：ioh[ioʔ]亿、chioh[tɕioʔ]借、chhioh[tɕʻioʔ]尺、hioh[hioʔ]歇、kioh[kioʔ]脚、sioh[sioʔ]惜、tioh[tioʔ]着

按：二者共有7个音节，且均有chioh[tɕioʔ]而无tsioh[tsioʔ]。

新字	iuh[iuʔ]：liuh[liuʔ]六（乐器之名）；liùh-liùh-á，即"略略á"的意思
补编	iuh[iuʔ]：kiuh[kiuʔ]□（少量之意）、khiuh[kʻiuʔ]□

按：二者均有iuh[iuʔ]韵母。

新字	iauh[iauʔ]：khiauh[kʻiauʔ]愕
补编	iauh[iauʔ]：chiauh[tɕiauʔ]□、chhiauh[tɕʻiauʔ]□、giauh[ɡiauʔ]□、hiauh[hiauʔ]□

按：二者均有iuh[iuʔ]韵母。

新字	oah[uaʔ]：oah[uaʔ]活、boah[buaʔ]末、chhoah[tsʻuaʔ]斜、hoah[huaʔ]喝、joah[dzuaʔ]热、koah[kuaʔ]割、khoah[kʻuaʔ]阔、loah[luaʔ]捋、poah[puaʔ]拨、phoah[pʻuaʔ]泼、soah[suaʔ]煞
补编	oah[uaʔ]：oah[uaʔ]活、boah[buaʔ]末、chhoah[tsʻuaʔ]斜、hoah[huaʔ]喝、joah[dzuaʔ]热、koah[kuaʔ]割、loah[luaʔ]捋、poah[puaʔ]钵、phoah[pʻuaʔ]泼、soah[suaʔ]煞

按：前者有11个音节，比后者多了1个khoah[kʻuaʔ]，其余均同。

新字	uih[uiʔ]：huih[huiʔ]血、puih[puiʔ]拔、uih[uiʔ]划
补编	uih[uiʔ]：huih[huiʔ]血、puih[puiʔ]拔、uih[uiʔ]挖

按：二者均有3个音节。

新字	oeh[ueʔ]：oeh[ueʔ]狭、chhoeh[tsʻueʔ]戚、koeh[kueʔ]锲、khoeh[kʻueʔ]箧、loeh[lueʔ]笠、poeh[pueʔ]八、soeh[sueʔ]塞、thoeh[tʻueʔ]提、tsoeh[tsueʔ]节
补编	oeh[ueʔ]：oeh[ueʔ]狭、chhoeh[tsʻueʔ]戚、koeh[kueʔ]锲、khoeh[kʻueʔ]瞌、loeh[lueʔ]笠、poeh[pueʔ]八、phoeh[pʻueʔ]砏、soeh[sueʔ]塞、thoeh[tʻueʔ]提、tsoeh[tsueʔ]节

按：前者有9个音节，比后者少了1个phoeh[pʻueʔ]；二者均有tsoeh[tsueʔ]而无choeh[tsue+ʔ]。

新字	aⁿh [ãʔ]：nah[nãʔ]塌
补编	ahⁿ [ãʔ]：nahⁿ[nãʔ]塌

按：二者均有ahn [ãʔ]韵母。

新字	eⁿh[ẽʔ]：keⁿh[kẽʔ]逆、kheⁿh [kʻẽʔ]喀、meh[mẽʔ]脉
补编	ehⁿ[ẽʔ]：hehⁿ[hẽʔ]激、khehⁿ[kʻẽʔ]喀、mehⁿ[mẽʔ]蛘、neⁿh[nẽʔ]□

按：二者均有ehⁿ [ẽʔ]韵母。

新字	iⁿh[ĩʔ]：mih[mĩʔ]物
补编	ihⁿ [ĩʔ]：mihⁿ[mĩʔ]也、nihⁿ[nĩʔ]瞲

按：二者均有ihⁿ [ĩʔ]韵母。

新字	oˑⁿh [ɔ̃ʔ]： moˑⁿh [mɔ̃ʔ]膜
补编	oˑhⁿ[ɔ̃ʔ]：moˑhⁿ[mɔ̃ʔ]膜

按：二者均有oˑhⁿ[ɔ̃ʔ]韵母。

新字	auⁿh [ãuʔ]：ngauh[ŋãuʔ]耦
补编	auhⁿ[ãuʔ]：ngauh[ŋãuʔ]□（ngauh chit e□一下）

按：二者均有auhⁿ[ãuʔ]韵母。

新字	iaⁿh [iãʔ]：hiahⁿ[hiãʔ]吓、ngiah[hiãʔ]愕
补编	iahⁿ [iãʔ]：hiahⁿ[hiãʔ]吓

按：二者均有iahⁿ [iãʔ]韵母。

新字	aiⁿh [ãiʔ]：aiⁿh [ãiʔ]唷（人的喉咙内打嗝的声音）
补编	————

　　按：前者有aiⁿh [ãiʔ]韵母，而后者则无。

新字	oeⁿh[uẽʔ]：ngoeh[ŋuẽʔ]夹
补编	oehⁿ[[uẽʔ]：ngoeh[ŋuẽʔ]夹

　　按：二者均有oehⁿ[[uẽʔ]韵母。

新字	uiⁿh [uĩʔ]：muih[muĩʔ]蕢
补编	————

　　按：前者有uiⁿh [uĩʔ]韵母，而后者则无。

新字	iauⁿh [iãuʔ]：siàuⁿh [siãuʔ]口，即"物拍破"之声
补编	iauhⁿ[iãuʔ]：khiauhⁿ[kʻiãuʔ]口（损坏银元之声）、ngiauhⁿ[ŋiãuʔ]拵

　　按：二者均有iauhⁿ[iãuʔ]韵母。

新字	oaiⁿh [uãiʔ]：koaiⁿh [kuãiʔ]口（koaiⁿhtsìt ê[kuãiʔ tsit e]口一下）
补编	oaihⁿ[uãiʔ]：koaihⁿ[kuãiʔ]口（腿弯曲，走路瘸）、oaihⁿ[uãiʔ]口（走路稍瘸）

　　按：二者均有oaihⁿ[uãiʔ]韵母。

新字	ngh[ŋʔ]：ngh[ŋʔ]口（ngh ngh háu[ŋʔ ŋʔ háu]口口号）
补编	ngh[ŋʔ]：phngh[pʻŋʔ]口（phngh phngh chhóan [pʻŋʔ-pʻŋʔ-tɕʻuan]口口喘）

　　按：二者均有ngh[ŋʔ]韵母。

新字	mh[mʔ]：mh[mʔ]默（mh mh[mʔ][mʔ]默默）
补编	mh[mʔ]：hmh[hmʔ]口（tiⁿ hmh hmh [tĩ- hmʔ- hmʔ]保持沉默摆架子）

　　按：二者均有mh[mʔ]韵母。

新字	ap [ap]：ap[ap]压、chhap[ts'ap]插、hap[hap]合、kap[kap]鸽、khap[k'ap]恰、lap[lap]纳、sap[sap]飒、tap[tap]答、thap[t'ap]塌、tsap[tsap]十
补编	ap [ap]：ap[ap]压、chhap[ts'ap]插、hap[hap]合、kap[kap]鸽、khap[k'ap]恰、lap[lap]塌、sap[sap]屑、tap[tap]答、thap[t'ap]塌、tsap[tsap]杂

> 按：二者均有10个音节，且均有tsap[tsap]而无chap[tsap]。

新字	iap [iap]：iap[iap]叶、chiap[tɕiap]接、chhiap[tɕ'iap]妾、giap[ɡiap]业、hiap[hiap]侠、kiap[kiap]劫、khiap[k'iap]怯、liap[liap]粒、siap[siap]涉、tiap[tiap]迭、thiap[t'iap]贴
补编	iap [iap]：iap[iap]叶、chiap[tɕiap]接、chhiap[tɕ'iap]窃、giap[ɡiap]业、hiap[hiap]胁、kiap[kiap]劫、khiap[k'iap]挟、liap[liap]摄、siap[siap]涩、tiap[tiap]叠、thiap[t'iap]贴

> 按：二者均有11个音节，且均有chiap[tɕiap]而无tsiap[tsiap]。

新字	ip [ip]：ip[ip]邑、chip[tɕip]执、chhip[tɕ'ip]缉、gip[ɡip]炭、hip[hip]歙、jip[dzip]入、kip[kip]急、khip[k'ip]吸、lip[lip]立、sip[sip]十
补编	ip [ip]：ip[ip]揖、chip[tɕip]执、chhip[tɕ'ip]缉、hip[hip]翕、jip[dzip]入、kip[kip]急、khip[k'ip]吸、lip[lip]立、sip[sip]十

> 按：前者有10个音节，比后者多了1个gip[gip]；二者均有chip[tɕip]而无tsip[tsip]。

新字	op[ɔp]：lop lop[lɔp lɔp]□□，即"溻溻软软"之意
补编	op[ɔp]：hop[hɔp]□（含在嘴里）、lop[lɔp]□（湿的沙质地方）

> 按：二者均有op[ɔp]韵母。

新字	at [at]：at[at]遏、bat[bat]密、chhat[ts'at]察、hat[hat]喝、kat[kat]结、khat[k'at]渴、lat[lat]力、pat[pat]八、sat[sat]撒、tat[tat]达、that[t'at]挞、tsat[tsat]扎
补编	at [at]：at[at]遏、bat[bat]密、chhat[ts'at]察、hat[hat]豁、kat[kat]结、khat[k'at]□、lat[lat]喇、pat[pat]八、sat[sat]虱、tat[tat]达、that[t'at]塞、tsat[tsat]札

> 按：二者均有12个音节，且均有tsat[tsat]而无chat[tsat]。

新字	it [it]：it[it]乙、bit[bit]密、chit[tɕit]职、chhit[tɕ'it]七、hit[hit]彼、jit[dzit]日、khit[k'it]乞、pit[pit]必、phit[p'it]匹、sit[sit]食、tit[tit]值
补编	it [it]：it[it]乙、bit[bit]密、chit[tɕit]质、chhit[tɕ'it]七、hit[hit]彼、jit[dzit]日、kit[kit]结、khit[k'it]乞、pit[pit]笔、phit[p'it]匹、sit[sit]失、tit[tit]得

按：前者有11个音节，比后者少了1个kit[kit]；二者均有chit[tɕit]而无tsit[tsit]。

新字	ut [ut]：ut[ut]熨、but[but]物、chhut[tsʻut]出、gut[gut]屹、hut[hut]忽、kut[kut]掘、khut[kʻut]窟、lut[lut]律、put[put]不、sut[sut]术、tut[tut]突、thut[tʻut]怵、tsut[tɕut]卒
补编	ut [ut]：ut[ut]熨、but[but]物、chhut[tsʻut]出、gut[gut]吃、hut[hut]忽、kut[kut]骨、khut[kʻut]窟、lut[lut]律、put[put]不、sut[sut]恤、tut[tut]突、thut[tʻut]秃、tsut[tsut]卒

按：二者均有13个音节，且均有tsut[tsut]而无chut[tsut]。

新字	iat[iat]：iat[iat]悦、biat[biat]灭、chiat[tɕiat]节、chhiat[tɕʻiat]切、giat[giat]孽、hiat[hiat]血、jiat[dziat]热、kiat[kiat]吉、khiat[kʻiat]揭、liat[liat]列、piat[piat]别、phiat[pʻiat]撇、siat[siat]设、tiat[tiat]哲、thiat[tʻiat]彻
补编	iet[iat]：iet[iat]谒、biet[biat]灭、chiet[tɕiat]节、chhiet[tɕʻiat]切、giet[giat]蝎、hiet[hiat]血、jiet[dziat]热、kiet[kiat]洁、khiet[kʻiat]揭、liet[liat]列、piet[piat]别、phiet[pʻiat]撇、siet[siat]泄、tiet[tiat]秩、thiet[tʻiat]撤

按：韵母[iat]有不同写法，前者写作iat，后者写作iet；二者均有15个音节，且均有chiat[tɕiat]和chiet[tɕiat]写法，而无tsiat[tsiat]和tsiet[tsiat]写法。

新字	oat [uat]：oat[uat]越、boat[buat]抹、chhoat[tsʻuat]撮、goat[guat]月、hoat[huat]发、koat[kuat] 决、khoat[kʻuat]缺、loat[luat]劣、poat[puat]拨、phoat[pʻuat]泼、soat[suat]说、toat[tuat]夺、thoat[tʻuat]脱、tsoat[tsuat]绝
补编	oat [uat]：oat[uat]越、boat[buat]末、chhoat[tsʻuat]撮、goat[guat]月、hoat[huat]髮、koat[kuat]刮、khoat[kʻuat]缺、loat[luat]劣、poat[puat]拔、phoat[pʻuat]撇、soat[suat]说、thoat[tʻuat]脱、tsoat[tsuat]拙

按：前者有14个音节，比后者多了1个toat[tuat]；二者均有tsoat[tsuat]而无choat[tsuat]。

新字	ak [ak]：ak[ak]沃、bak[bak]目、chhak[tsʻak]凿、gak[gak]岳、hak[hak]学、kak[kak]觉、khak[kʻak]确、lak[lak]六、pak[pak]剥、phak[pʻak]覆、tak[tak]触、thak[tʻak]读、tsak[tsak]族
补编	ak [ak]：ak[ak]沃、bak[bak]目、chhak[tsʻak]凿、gak[gak]乐、hak[hak]学、kak[kak]觉、khak[kʻak]确、lak[lak]落、pak[pak]剥、phak[pʻak]曝、tak[tak]触、thak[tʻak]读、tsak[tsak]口

按：二者均有13个音节，且均有tsak[tsak]而无chak[tsak]。

新字	ok [ɔk]：ok[ɔk]握、bok[bɔk]莫、chhok[tsʻɔk]簇、gok[gɔk]愕、hok[hɔk]复、kok[kɔk]各、khok[kʻɔk]扩、lok[lɔk]络、pok[pɔk]北、phok[pʻɔk]博、sok[sɔk]速、tok[tɔk]督、thok[tʻɔk]托、tsok[tsɔk]族
补编	ok [ɔk]：ok[ɔk]恶、bok[bɔk]目、gok[gɔk]愕、hok[hɔk]复、kok[kɔk]国、khok[kʻɔk]哭、lok[lɔk]落、pok[pɔk]驳、phok[pʻɔk]朴、sok[sɔk]速、tok[tɔk]笃、thok[tʻɔk]讬、tsok[tsɔk]作

按：前者有14个音节，比后者多了1个chhok[tɕ‘ɔk]；二者均有tsok[tsɔk]而无chok[tsɔk]。

新字	iak[iak]：phiak[p‘iak]爆（phiàk phiàk háu [p‘iak p‘iak hau]）
补编	iak [iak]：khiak[k‘iak]口（强有力）

按：二者均有iak [iak]韵母的存在。

新字	iok [iɔk]：iok[iɔk]约、chiok[tɕiɔk]烛、chhiok[tɕ‘iɔk]鹊、giok[giɔk]玉、hiok[hiɔk]旭、jiok[dziɔk]肉、kiok[kiɔk]局、khiok[k‘iɔk]曲、liok[liɔk]略、siok[siɔk]缩、tiok[tiɔk]竹、thiok[t‘iɔk]畜
补编	iok [iɔk]：iok[iɔk]约、chiok[tɕiɔk]足、chhiok[tɕ‘iɔk]鹊、giok[giɔk]玉、hiok[hiɔk]郁、jiok[dziɔk]肉、kiok[kiɔk]脚、khiok[k‘iɔk]却、liok[liɔk]六、siok[siɔk]缩、tiok[tiɔk]筑、thiok[t‘iɔk]畜

按：二者均有12个音节，且均有chiok[tɕiɔk]而无tsiok[tsiɔk]。

新字	ek[ik]：ek[ik]亿、bek[bik]幂、chek[tɕik]责、chhek[tɕ‘ik]侧、gek[gik]逆、hek[hik]赫、kek[kik]革、khek[k‘ik]刻、lek[lik]勒、pek[pik]白、phek[p‘ik]辟、sek[sik]室、tek[tik]嫡、thek[t‘ik]斥
补编	ek[ik]：ek[ik]益、bek[bik]默、chek[tɕik]迹、chhek[tɕ‘ik]促、gek[gik]逆、hek[hik]吓、kek[kik]革、khek[k‘ik]刻、lek[lik]勒、pek[pik]煏、phek[p‘ik]璧、sek[sik]索、tek[tik]德、thek[t‘ik]勅

按：二者均有14个音节，且均有chek[tɕik]而无tsek[tsik]。

新字	oak[uak]：oàk[uak]口（oàk oàk háu[uak uak hau]，鸭叫声
补编	————

按：前者有oak[uak]韵母是后者所没有的。

通过《厦门音新字典》与《厦门话字典补编》韵母系统的比较，归纳起来，大致有以下几方面：

第一，两种字典均有6个单元音韵母：a [a]、e [e]、i [i]、o [o]、o·[ɔ]、u [u]；10个复元音韵母：ai [ai]、au [au]、io [io]、iu [iu]、ia [ia]、oa [ua]、ui [ui]、oe [ue]、oai [uai]、iau [iau]。

第二，两种字典均有15个鼻音韵母：am[am]、iam[iam]、im[im]、om[ɔm]；an[an]、ian /ien[ian]、in[in]、un[un]、oan[uan]；ang[aŋ]、eng [iŋ]、iang[iaŋ]、iong [iɔŋ]、ong [ɔŋ]、oang[uaŋ]；稍有差异之处，《厦门音新字典》以 ian表示[ian]，《厦门话字典补编》以ien表示[ian]。

第三，两种字典均有两个声化韵母：ng[ŋ]、m[m]。

第四，两种字典共有12个鼻化韵母：aⁿ[ã]、iⁿ[ĩ]、oⁿ[ɔ̃]、eⁿ[ẽ]；aiⁿ[ãĩ]、auⁿ[ãũ]、iaⁿ[iã]、iuⁿ[iũ]、oaⁿ[uã]、uiⁿ[uĩ]、iauⁿ[iãũ]、oaiⁿ[uãĩ]：稍有差异之处，《厦门话字典补编》比《厦门音新字典》多了oⁿ[õ]韵母。

第五，两种字典共有24个收-ʔ喉塞尾韵母：ah[aʔ]、eh [eʔ]、ih [iʔ]、oh[oʔ]、uh [uʔ]、auh [auʔ]、iah[iaʔ]、ioh[ioʔ]、iuh[iuʔ]、oah[uaʔ]、uih [uiʔ]、oeh [ueʔ]、iauh[iauʔ]，aⁿh [ãʔ]、eⁿh[ẽʔ]、iⁿh[ĩʔ]、oⁿh [ɔ̃ʔ]、auⁿh [ãũʔ]、iaⁿh [iãʔ]、oeⁿh[uẽʔ]、iauⁿh [iãũʔ]、oaiⁿh [uãiʔ]，ngh[ŋʔ]、mh[mʔ]；稍有差异之处，《厦门话字典补编》比《厦门音新字典》多了1个韵母oʰh[ɔʔ]，《厦门音新字典》则比《厦门话字典补编》多了2个韵母aiⁿh [ãiʔ]、uiⁿh [uĩʔ]。

第六，两种字典共有14个收-p、-t、-k辅音尾韵母：ap [ap]、iap [iap]、ip [ip]、op[ɔp]、at [at]、it [it]、ut [ut]、iat[iat]、oat [uat]，ak [ak]、ok [ɔk]、ek[ik]、iak[iak]、iok [iɔk]；稍有差异之处，《厦门音新字典》则比《厦门话字典补编》多了1个韵母oak[uak]。

第七，《厦门话字典补编》有85个韵母，《厦门音新字典》则有86个韵母，具体如下表：

单元音（6）	a [a]、e [e]、i [i]、o [o]、o [ɔ]、u [u]
复元音（10）	ai [ai]、au [au]、io [io]、iu [iu]、ia [ia]、oa [ua]、ui [ui]、oe [ue]、oai [uai]、iau [iau]
阳声韵（15）	am[am]、iam[iam]、im[im]、om[ɔm]；an[an]、ian[ian]、in[in]、un[un]、oan[uan]；ang[aŋ]、eng [iŋ]、ong [ɔŋ]、iang[iaŋ]、iong [iɔŋ]、oang[uaŋ]
声化韵（2）	ng[ŋ]、m[m]
鼻化韵（12）	aⁿ[ã]、iⁿ [ĩ]、oⁿ[ɔ̃]、eⁿ[ẽ]、aiⁿ[ãĩ]、auⁿ[ãũ]、iaⁿ[iã]、iuⁿ[iũ]、oaⁿ[uã]、uiⁿ[uĩ]、iauⁿ[iãũ]、oaiⁿ[uãĩ]
入声韵（41）	ah[aʔ]、eh [eʔ]、ih [iʔ]、oh[oʔ]、uh [uʔ]、auh [auʔ]、iah[iaʔ]、ioh[ioʔ]、iuh[iuʔ]、oah[uaʔ]、uih [uiʔ]、oeh [ueʔ]、iauh[iauʔ]；aⁿh [ãʔ]、eⁿh[ẽʔ]、iⁿh[ĩʔ]、aiⁿh [ãiʔ]、iaⁿh [iãʔ]、oⁿh [ɔ̃ʔ]、auⁿh [ãũʔ]、oeⁿh[uẽʔ]、uiⁿh [uĩʔ]、iauⁿh [iãũʔ]、oaiⁿh [uãiʔ]；mh[mʔ]、ngh[ŋʔ]；ap [ap]、iap [iap]、ip [ip]、op[ɔp]；at [at]、it [it]、ut [ut]、iat[iat]、oat [uat]；ak [ak]、ok [ɔk]、ek[ik]、iak[iak]、iok [iɔk]、oak[uak]

四　《厦门音新字典》声调系统研究

甘为霖牧师编《厦门音新字典》中罗列7个厦门方言韵母声调：

《厦门音新字典》声调系统与《厦门话字典补编》一样，平、去、入分阴阳，上声不分阴阳，共有7调。其声调符号也与同时期的传教士字典一样：阴平无符号；上声用扬音符"ˊ"；阴去用抑符号"ˋ"；阴入无符号；阳平用符号"ˆ"；阳去用水平线"ˉ"；阳入用垂直线"ˈ"。请看下表：

调类	标音	标号	例字
上平	chiūⁿ-piâⁿ	无号	a[a]鸦、chha[tɕʻa]叉、ka[ka]嘉、la[la]拉、pa[pa]巴；
上声	chiūⁿ-siaⁿ	´	bé[be]马、sé[se]洗、thé[tʻe]体、hí[hi]喜、lí[li]里；
上去	chiūⁿ-khì	`	pè[pe]敝、thò[tʻɔ]吐、kià[kia]寄、thòe[tʻue]替、tsòe[tsue]做；
上入	chiūⁿ-jip	无号	it[it]乙、tit[tit]得、pit[pit]笔、koat[kuat]刮、soat[suat]说；
下平	ē-piâⁿ	^	bâ[ba]麻、gâ[ga]牙、hâ[ha]瑕、hô[ho]河、gû[gu]鱼；
下去	ē-khì	‾	chhī[tɕʻi]市、sī[si]是、gē[ge]艺、gō[go]傲、gō[gɔ]误；
下入	ē-jíp	'	oàt[uat]越、goàt[guat]月、bìt[bit]密、jìt[dzit]日、jìp[dzip]入；

第八节　英国传教士巴克礼著《厦门话字典补编》（1923）音系研究
——兼与杜嘉德《厦英大辞典》音系比较研究

一　《厦门话字典补编》作者事迹、成书时间、前言及编写体例

巴克礼（Thomas Barclay，1849—1935年），英国苏格兰人，1869年进苏格兰自由教会神学院，毕业后赴德国莱比锡大学一年。1874年12月抵达厦门开始学习闽南语。1875年6月赴台湾，成为英国长老教会第5位来台的牧师。

巴克礼曾向高雄的李麻（Hugh Ritchie）学习传教。1876年从高雄到台南，并于1877年将高雄和台南两所传教所合并为一。1880年创立府城大学（今台南神学院前身），共收15名学生。1893年结婚。1895年10月21日，日军进驻台南，原先镇守南部的黑旗军统帅刘永福潜逃，台南士绅恳请教会牧师巴克礼向乃木希典交涉，引导日军和平入城，保住全城人民的生命财产安全。1916年获得格拉斯大学荣誉神学学士，1918年被英国圣经公会任命为荣誉终身总裁，1934年巴克礼在台退休，1935年10月5日，因脑溢血病逝新楼医院，享年86岁。

巴克礼创立了台南聚珍堂。这是台湾第一家新式印刷机构，俗称新楼书坊，并从英国募得台湾第1台新式印刷机，约1881年前后运抵台湾。巴克礼策划的台湾长老教会机关刊物《台湾府城教会报》（后来演变为《台湾教会公报》）于1885年7月12日创刊，这是台湾民间最早的报纸。

1913年闽台地区的传教士共同约请英国长老会巴克礼对《厦英大辞典》进行重新编纂，增补其缺。巴克礼受命后，就在继后的十年中，利用空闲整理他所收集到的《厦英大辞典》所有没收入的字汇片语。1923年《厦门话字典补编》(Supplement to Dictionary of the Vernacular or Spoken Language of Amoy)在上海商务印书馆出版发行，全书共有293页。补编本的一项特色，便是在每个基本字前标出汉字，稍补杜嘉德原著所不足，而其拼音方法则尽可能与原著保持一致。

巴克礼在《厦门话字典补编》"前言"（PREFACE）写道：

　　50年前的1873年，Rev. Dr. Carstairs Douglas发表的重要著作《厦门方言词典/口语词典》。这部书被公认为是一部才华洋溢的作品。自其出版以来的半个世纪，它为所有的语言学习者们带来了无穷尽的学术财富。

　　那时的中国正发生着重大转变。西方文明，正以一种快速增长的趋势，为人们所欢迎，各种崭新的思想和行为模式充盈在人们的脑中。这些新奇的思想需要用全新的术语进行表达，从而丰富和拓展了这种语言。因此，尤其是近些年来，这部当时在出版时令人满意的词典现在已无法充分满足语言学习者们的需要了。因此，大概10年前，我的厦门伙伴写信邀请我为这部词典出一本补编词典，收录这些新出现的单词和词组。而今我这份辛勤劳动的成果可以公诸于世了。

　　读者若阅读以下几页即可以清晰的了解这项工作的必要性。现在广泛使用的单词，"hau，学校"，在词典中就不曾收录。50年前，社会（？），"hoe"是被禁止的，官方对此持怀疑态度，这类词仅有12个出现在词典中。而在补编词典中，这类词占了整整一页。而单词"tien，电力"的条目下，补编词典中则收录了超过100个词组。而在原先的词典中，只提到了两个词组，且无一与"电"相关。

　　在准备补编词典的过程中，在我自身实践中，即使是在某种程度上有别于Dr. Douglas的拼写部分，我也尽可能的让它（补编本）和词典（原来的词典）的编纂趋于一致。诚然，我尽一切可能与厦门方言保持一致，我所熟悉的台南的方言形式在某些细节上和Chagn-chew或Chang-poo的方言形式十分相像。我希望我并未误将其他方言中的表达方式夹杂在厦门方言的表达方式之中。

　　在词典的标题方面，我认为无需摘引单词的所有含义，我只是让学习者可以更容易的习得各个词组是从属于哪个标题（类型）。在一切需要的前提下，要获知一个单词的所有含义要先参考词典（原来的词典）。在补编词典中某些解释方面（单词或词组后面的解释），我们假设学习者已在词典中查阅过该单词。在原有词典中未有出现的标题（类型）会用星号（*）进行标记。

　　我并未尝试诠释各种不同方言，这在词典中已得到很好的体现。我也并未在补编词典中将不同词组进行区分，因为词典中通过使用如（R.）阅读，(r.) 稀有的，(X.)基督教的，（F.）台湾这类标记很好地体现了这一方面。要进行这些区分是不容易的，词典中有些标记着"R."或"r."的表达法在我看来都是通用的。我尝试分辨，某个学者告知我的某个词组，该被认为是在口语中使用，或许这只是特定人物？会使用的书面用词，这常使我陷入两难。我的一种判定方法是，若人们，在对使用某个词组的特定人物一无所知的情况下，仍然使用这种表达，这个词组就可归为口语，而非书面语言。但这种测试所耗费的时间和精力远超出我所能负荷的范畴。这也许是因为我在补编词典中列出了过多这类的表达法。我认为，随着教育在人们心中越发普及，这类能传递有益信息"阅读"的表达法将被更加普遍的加以应用。在任何情况下，这类表达法的出现都是有益而无害的。

在台湾，有某些表达法是源自日语，而在新加坡，有些表达法是源自马来语。这类表达法的存在也许已经相当清晰了。目前已有相当多的这类表达法，基于新潮思想的日文译本，部分通过中文报纸，或通过与来自以上几个地方的旅客的相互交流之中，传到了厦门。补编词典中有些源自马来语的单词可以在厦门出版的一本微型笑话集里找到。

然而，由于上述和其他一些原因，学习者们在运用补编词典中的表达法时，应通过实践或问询将该表达法在当地使用的情境领悟透彻后再进行使用。我常惊讶于某些表达法地方色彩之浓厚。正如Dr. Douglas所说：

"若一位或几位中文老师对某些词组或单词含义相当反感，学习者完全不必讶异。出现这种情况，就让学生在无异议的情形下使用这些单词或词组，但不要草率地认为这本书就是错误的。有许多次我删去了已写的章节，但随后又将它们重新填写回去因为我发现它们其实是正确的。口语没有特定的标准，不同村、镇、地区的用法各不相同，那么，他们对某个短暂使用过的词组也无从得知。"

再如Dr. Douglas所言："另一个让我遗憾的不足是书中对动物、植物、药品等的辨别远远不够。时间也是另一原因，尽管读者认为时间本应该够用的。许多这些名词在被收录时都存在着不确定性。"值得注意的是，对中国人来说，某个词所对应的事物连他们自己都不确定。

补编词典中的许多表达法在如今的实际运用中已废弃不用，如那些关于晚清政府、科举考试的旧制等的表达法。从更严格的实际意义来说，由于学习者们在阅读和对话中已鲜少接触到这类词汇，因此它们已经被忽略了。但我仍在注释里提到了这些词，因为我认为它们应该被保存下来。它们仍旧是语言的组成部分之一，是那些渐渐被人们忘却的过往的有趣回忆。

我必须承认，补编词典中的小部分词组也许在严格意义上来说不应该收录在汉英字典中，这类词组，指的是那些从它们的字面就能轻易推断出其含义，但要将其翻译为汉语却并非易事。在补编词典中，它们以成语的解释和例证的形式出现，尽管这类词组理论上不应该出现在这本册子里，我猜学习者是不会反对它们的存在的。

在今后这类的研究中自然会产生这种问题。显然，要完全回避它是不可能的，语言的发展需要词典有相应的完善。这本补编词典无法尽善尽美，尽管手写稿已完成，但等到出版时仍旧是不完善的。我已经整理了一系列可增补的单词和词组，但由于收集的太迟无法入册。若有人能向我或厦门Eng. Presb. Mission秘书针对本册中列出的单词和词组提出补充或修改意见，我将十分感激。

目前我们还无法期待这类增补会有一系列后续。总会有能将所有材料汇集成册的一天。希望那时会有某个学者有足够空闲时间和资质完成这项工作。成品无须集词典和增补于一书。若二者合二为一，标题和一些在二者中皆有出现的且占去一定篇幅的词组就无须重复收录。

我相信，在不影响这部作品价值的基础上，很多定义会被进行大量压缩。我们有理由相信，Dr.Douglas在编写词典的过程中，在实际需要的基础上，对很多定义诠释的更加丰富。他很清楚，假以时日，新词汇的增加是必不可少的。通过对某些定义的压缩，就能在不超出铅版印刷页数的情况下将更多空间留给这些需要增补的内容。

我认为某些表达法的省略能预留出更多空间。我相当了解，通常情况下的事实是，大量的例子和解释，对学习者习得这门深奥的语言有很大帮助。但这似乎并非是必需的，比如，一个词组由肯定语气变为否定语气只要加上not。同样，某些在词典和补编词典中均有出现的完全一样的条目就无须再重复了。如果一些理解可以拿来作为其中组成部分的内容，那么就可以找到一个恰当的短语。

至于那些谚语或谚语类表达是否应在很大程度上进行删减同样也是问题。这些表达无疑生动诠释了人们的思维方式和生活方式，但严格意义上对于语言理解来说却并非必不可少。在这部书中这些部分有可能被剔除，还有那些从字面上即可被理解的词组，这两者可被收录进"成语&谚语词典"中。这不仅是一本有趣的书还能减轻原作压力。

无论如何在这部作品有所进展之前我们不能花去另一个40年。我希望能够成立一个委员会，成员可以关注和各自领域相关的单词，如医药、宗教、科学、哲学或日常生活。他们其中之一任主编。每个成员身边都要有一个中国学者，若可能的话，能略懂英文的更佳。如此一来，材料就能逐步被收集起来，之后再来决定如何对这些材料进行有效利用。

我的主要目的在于帮助那些从事传教士工作的人们，为此，我尽全力在我所掌握程度的基础上让这门语言尽可能全面地呈现在读者面前。这部书同样有助于商人、游客、水手、翻译者和学习者的学习。

1923.1.

以上"前言"对杜嘉德《厦英大辞典》的价值和贡献做了高度的评价，并指出其不足。继而是巴克礼编撰《厦门话字典补编》的目的、补编原则以及对某些语言问题的理解和分析。

《厦门话字典补编》"前言"之后有"EXPLANATION OFABBREVIATIONS；ETC."（缩写说明；ETC）和"ERRATUM"（误排）。辞典正文以A、B、C、CHH、E、G、H、I、J、K、KH、L、M、N、NG、O、P、S、T、TH、TS、U等22个字母为序编撰辞典。正文之后附有"PLACE NAMES FREQUENTLY MET WITH"（常用地名）。

下文就《厦门话字典补编》声韵调系统做全面的分析和研究，并与杜嘉德《厦英大辞典》声母系统做比较：

二 《厦门话字典补编》声母系统研究

《厦门话字典补编》声母系统如同《厦英大辞典》，既保留"十五音"系统，又对它们的音值用罗马字进行描写。现列表说明如下：

双唇音	p[p]钯飞悲	ph[p']抛胚披	b [b]麻糜微	m [m]骂脉矛	
舌尖中音	t[t]低知刀	th[t']推耱滔	l [l]璃犛痨	n[n]娘卵软	
舌面前音	ch [tɕ]支蕉洲	chh[tɕ']腮笑秋			
舌尖前音	ch [ts]渣绩 ts [ts]焦遭租	chh[ts']趋臊粗	j[dz]而遮迹		s[s]沙西施
舌面后音	k[k]胶鸡妓	kh[k']脚诶欺	g[g]牙仪鹅	ng [ŋ]雅讹肴	
喉音	h[h]瑕灰稀	[ø] 以a. o. e. i.u.w开头亚荷锅医乌圩			

现就上表声母系统说明如下：(1)表中字母ch，chh与齐齿（i一类）韵母拼时，因受颚化影响变成舌面前的[tɕ]、[tɕ']；若与非齐齿（i一类）韵母拼时，就读作[ts]、[ts']。ts字母均与非齐齿（i一类）韵母拼时，就读作[ts]；(2) 表中有m[m]与b[b]、n[n]与l[l]、ng[ŋ]与g[g]的对立，这是因为闽南方言有鼻化韵与非鼻化韵两套系统，凡[b]、[l]、[g]与鼻化韵相拼时，就分别变成了[m]、[n]、[ŋ]；(3)表中j字母在当时仍然读作[dz]，而尚未演变为[l]或[n]；(4)凡是以元音a, o, e, i, u开头的音节即零声母[ø]。

三 《厦门话字典补编》韵母系统研究

《厦门话字典补编》韵母系统是根据22个字母来编撰辞典的，即：A、B、C、CHH、E、G、H、I、J、K、KH、L、M、N、NG、O、P、S、T、TH、TS、U。与《厦英大辞典》相比，有两点不同：(1) C实际上是《厦英大辞典》的CH，C应改为CH，保留原来的更好。(2)比《厦英大辞典》少了4个字母D、PH、TS'H、W，实际上《厦英大辞典》D字母只有3个音节，PH包含在P之中（不妥，应单列更好），TS'H无音节，W字母实际上包含于U字母之中。(3)《厦门话字典补编》正文中绝大多数音节配有汉字（凡有音无字者以口示之），这是其进步之处，而《厦英大辞典》则只有音节而无一汉字。现将这些字母所组成的音节列表说明如下：

1.A在该字母里，记载了13个音节，其声母是零声母[ø]。见下表：

a[a]亚子仔哑	aⁿ[ã]拦览倚馅	ah[aʔ]押鸭	ai[ai]哀隘爱暧	aiⁿ[ãi]口	ak[ak]沃握	am[am]掩泔暗
an[an]安案按	ang[aŋ]公翁红	ap[ap]压揖	at[at]遏渴	au[au]欧沤喉	auⁿ[ãu]口	

注：(1)有音无字者有aiⁿ口和auⁿ口；(2)删除了《厦英大辞典》aihⁿ口韵母。

2. B在该字母里，记载了35个音节，其声母是双唇浊音声母[b]。此声母来源于中古音明（微）声母，当它出现于闽南方言非鼻化韵之前，不读作[m]而读作[b]。见下表：

ba[ba]麻密猫	bah[baʔ]□	bai[bai]眉	bak[bak]目密	bam[bam]□	ban[ban]蛮闽	bang[baŋ]忙濛
bat[bat]白密	bau[bau]卯	be[be]糜迷码	beh[beʔ]袜麦	bek[bik]默	beng[biŋ]盟明	bi[bi]微弥楣
biau[biau]苗藐	bien[bian]联免	biet[biat]灭蔑	bih[biʔ]匿	bin[bin]面眠	bio[bio]庙	bit[bit]密蜜
bo[bo]无帽	boˈ[bɔ]谟模摹	boah[buaʔ]末	boan[buan]满	boat[buat]末	boe[bue]媒迷	boh[bɔʔ]莫
bok[bɔk]目莫	bong[bɔŋ]蒙亡	bu[bu]无诬母	buh[buʔ]□	bui[bui]□	bun[bun]文门	but[but]物

注：(1)增加音节bam□；(2)有音无字者有bah□、buh□、bui□；(3)删除了《厦英大辞典》11个音节，即bauh贸、bian勉、biu缪、bö无、boa磨、boeh卜、böh无、bwa磨、bwah抹、bwan满、bwat末。

3. Ch在该字母里，记载了27个音节，在齐齿类韵母之前读作[tɕ]，在非齐齿类韵母之前读作[ts]。见下表：

che[tse]渣剂	cheh[tseʔ]绩赘	chek[tɕik]迹烛	cheng[tɕiŋ]钟争	chi[tɕi]支脂技	chiⁿ[tɕĩ]晶争	chia[tɕia]这者
chiaⁿ[tɕiã]觕正	chiah[tɕiaʔ]即脊	chiam[tɕiam]占簪	chiang[tɕiaŋ]奖	chiap[tɕiap]接汁	chiau[tɕiau]招全	chiauh[tɕiauʔ]□
chien[tɕian]前钱	chiet[tɕiat]节折	chih[tɕiʔ]接舌	chim[tɕim]斟蟳	chin[tɕin]真津	chio[tɕio]蕉椒	chioh[tɕioʔ]借迹
chiok[tɕiɔk]足爵	chiong[tɕiɔŋ]终章	chip[tɕip]执集	chit[tɕit]质职	chiu[tɕiu]洲周	chiuⁿ[tɕiũ]浆即	

注：(1)有音无字者有chiauh□；(2)删除了《厦英大辞典》19个音节：chah闸、chai才、che齐、chɛ查、cheⁿ争、chɛh仄、chiak灼、chian前、chiat节、cheⁿ上、chiuh炣、chng庄、cho做、choa纸、choe最、chöng争、chu注、chuh怵、chwa纸。

4. CHH在该字母里，记载了57个音节，在齐齿类韵母之前读作[tɕ‘]，在开合口类韵母之前读作[ts‘]。见下表：

chha[ts‘a]差查	chhah[ts‘aʔ]插	chhaⁿ[ts‘ãʔ]□	chhai[ts‘ai]裁材	chhak[ts‘ak]凿	chham[ts‘am]参	chhan[ts‘an]餐田
chhang[ts‘aŋ]葱	chhap[ts‘ap]插	chhat[ts‘at]察漆	chhau[ts‘au]操焦	chhe[ts‘e]炊叉	chheⁿ[ts‘ẽ]□	chheh[ts‘eʔ]册
chhek[tɕ‘ik]促筴	chheng[tɕ‘iŋ]青称	chhi[tɕ‘i]腮痴	chhiⁿ[tɕ‘ĩ]生鲜	chhia[tɕ‘ia]车	chhiaⁿ[tɕ‘iã]笪请	chhiah[tɕ‘iaʔ]刺赤
chhiam[tɕ‘iam]金	chhiang[tɕ‘iaŋ]枪	chhiap[tɕ‘iap]窃	chhiau[tɕ‘iau]稍	chhiauh[tɕ‘iauʔ]□	chhien[tɕ‘ian]迁	chhiet[tɕ‘iat]切
chhih[tɕ‘iʔ]□	chhim[tɕ‘im]深	chhin[tɕ‘in]亲	chhio[tɕ‘io]笑	chhioh[tɕ‘ioʔ]尺	chhiok[tɕ‘iɔk]鹊	chhiong[tɕ‘iɔŋ]冲
chhip[tɕ‘ip]缉	chhit[tɕ‘it]七拭	chhiu[tɕ‘iu]秋	chhiuⁿ[tɕ‘iũ]厂	chhng[ts‘ŋ]舱穿	chho[ts‘o]臊磋	chhoˈ[ts‘ɔ]粗初
chhoa[ts‘ua]导娶	chhoaⁿ[ts‘uã]闯	chhoah[ts‘uaʔ]斜	chhoat[ts‘uat]撮	chhoan[ts‘uan]川	chhoang[ts‘uaŋ]闯	chhoe[ts‘ue]刷
chhoeh[ts‘ueʔ]慼	chhoh[ts‘oʔ]□	chhong[ts‘ɔŋ]苍	chhu[ts‘u]趋枢	chhuh[ts‘uʔ]□	chhui[ts‘ui]催	chhun[ts‘un]春
chhut[ts‘ut]出						

注：(1)增加3个音节：chhahⁿ、chheⁿ、chhoat撮；(2)有音无字者有4个音节：chhiauh□、chhih□、chhoh□、chhoh□；(3)删除了《厦英大辞典》18个音节：chhaⁿ犂、chhai猜、chhauh□、chhɛ差、chhɛ生、chhehⁿ星、chhɛhⁿ□、chhiak雀、chhian前、chhiat切、chhihⁿ耳职、chhie墙、chhö吹、chhöh□、chhok觳、chhuiⁿ穿、chhwa蔡、chhü次。

5. E在该字母里，记载了5个音节，其声母是零声母[Ø]。见下表：

e[e]锅倭萎祸	eⁿ[ẽ]□	eh[eʔ]阨	ek[ik]益臆亿疫液译浴役佾腋画	eng[iŋ]英樱婴鹦莺鹰轰闲营萤

注：(1) 增加1个音节：eⁿ□；(2) 删除了《厦英大辞典》3个音节：ɛⁿ婴、ɛh厄、ɛhⁿ□。

6. G在该字母里，记载了38个音节，其声母是舌面后、不送气、浊塞音声母[g]。此声母来源于中古疑声母，一般置于非鼻化韵之前，与[ŋ]声母相对。见下表：

gai[gai]呆涯碍	gak[gak]乐	gam[gam]严坎	gan[gan]眼雁	gap[gap]□	gau[gau]贤	ge[ge]牙芽衙
geh[geʔ]月	gek[gik]逆玉	geng[giŋ]凝迎	gi[gi]仪疑宜	gia[gia]□	giah[giaʔ]额	giam[giam]验
giang[giaŋ]□	giap[giap]业孽	giau[giau]□	giauh[giauʔ]□	gien[gian]言研	giet[giat]蠚孽	gih[giʔ]□
gim[gim]砛锦	gin[gin]□	gio[gio]蟯桡	giok[giɔk]玉疟	giu[giu]扭	go[go]鹅遨俄	go·[gɔ]吴蜈五
goa[gua]外	goan[guan]元	goat[guat]月	goe[gue]外	gok[gɔk]愕萼	gong[gɔŋ]昂戆	gu[gu]鱼渔愚
gui[gui]危伪	gun[gun]银					

注：(1) 增加1个音节：gut吃；(2)有音无字者有6个音节：gap□、gia□、giang□、giau□、giauh□、gin□；(3) 删除了《厦英大辞典》17个音节：ga牙、gang漰、gɛ牙、gɛh讶、giak虐、gian言、giat、gioh□、giong顜、gip爰、giuh□、goeh月、goh□、guiⁿ□、gwa我、gwan阮、gwat月。

7. H在该字母里，记载了65个音节，其声母是喉音、清擦音声母[h]。见下表：

ha[ha]瑕孝暇	haⁿ[hã]□	hah[haʔ]□	hai[hai]哈孩械	haiⁿ[hãĩ]□	hak[hak]学槲	ham[ham]蚶衔
han[han]寒韩	hang[haŋ]降行	hap[hap]合	hat[hat]豁限核	hau[hau]呼荒	hauⁿ[hãu]悬	he[he]灰瑕夥
heⁿ[hẽ]行	hehⁿ[hẽʔ]激	hek[hik]吓获	heng[hiŋ]兄兴	hi[hi]稀絺牺	hiⁿ[hĩ]弃	hia[hia]靴彼蚁
hiaⁿ[hiã]兄燃	hiah[hiaʔ]额	hiahⁿ[hiãʔ]吓	hiam[hiam]嫌	hiang[hiaŋ]响	hiap[hiap]胁挟	hiau[hiau]晓
hiauh[hiauʔ]□	hien[hian]掀弦	hiet[hiat]血穴	him[him]忻熊	hin[hin]眩	hio[hio]□	hioh[hioʔ]歇叶
hiok[hiɔk]郁旭	hiong[hiɔŋ]香	hip[hip]翕歙	hit[hit]彼	hiu[hiu]休咻	hiuⁿ[hiũ]香	hm[hm]□
hmh[hmʔ]□	hng[hŋ]方荒昏	ho[ho]河壕何	ho·[hɔ]呼狐蝴	ho·ⁿ[hɔ̃]火好	hoⁿ[hõ]发	hoa[hua]花华
hoaⁿ[huã]鼾岸	hoah[huaʔ]喝	hoai[huai]槐怀	hoaiⁿ[huãĩ]横	hoan[huan]番翻	hoat[huat]发法	hoe[hue]花鈇
hoh[hoʔ]鹤	hok[hɔk]复服	hong[hɔŋ]风奉	hop[hɔp]□	hu[hu]夫虚灰	hui[hui]妃挥	huih[huiʔ]血
hun[hun]婚分	hut[hut]忽拂佛					

注：(1) 增加2个音节：heⁿ行、hoⁿ□；(2)有音无字者有8个音节：haⁿ□、hah□、haiⁿ□、hiauh□、hio□、hm□、hmh□、hop□；(3) 删除了《厦英大辞典》33个音节：hah□、haihⁿ□、hauh吼、hauⁿ□、hɛ下、hɛⁿ嚄、heh吓、hɛh唬、hɛhⁿ□、hiak謔、hian现、hiat辖、hid迄、hih呢、hihⁿ挒、hĩo□、hioⁿ香、hiuh□、hngh□、hoaihⁿ□、hoang风、hoɛ花、hoeh血、hɵhⁿ□、huh□、huiⁿ荒、huihⁿ□、hwa花、hwaⁿ欢、hwah喝、hwai怀、hwan桓、hwat发。

8. I在该字母里，记载了23个音节，其声母是零声母[ø]。见下表：

i[i]医衣依姨	iⁿ[ĩ]蜓萦圆丸	ia[ia]耶爷椰冶	iaⁿ[iã]营赢影	iah[iaʔ]挖亦役	iam[iam]铗盐	iang[iaŋ]□
iap[iap]掩叶	iau[iau]枵矢要	iauⁿ[iãu]□	ien[ian]鹇渊姻	iet[iat]谒悦阅	ih[iʔ]□	im[im]阴淹音
in[in]因引应	io[io]幺腰窑	ioh[ioʔ]亿药	iok[iɔk]约育浴	iong[iɔŋ]容庸	ip[ip]揖	it[it]乙一壹
iu[iu]忧优尤	iuⁿ[iũ]鸯羊杨					

注：(1) 有音无字者有3个音节：iang□、iauⁿ□、ih□；(2) 删除了《厦英大辞典》5个音节：iak约、ian烟、iat咽、ih盈、iɵⁿ羊。

9. J在该字母里，记载了22个音节，其声母全部是舌尖前、不送气、浊塞擦音声母 [dz]。见下表：

ji[dzi]而儿子	jia[dzia]遮惹	jiah[dziaʔ]迹	jiam[dziam]染	jiau[dziau]扰绕	jiauⁿ[dziãu]爪	jien[dzian]□
jiet[dziat]热	jih[dziʔ]□	jim[dzim]寻忍	jin[dzin]人仁	jio[dzio]尿	jiok[dziɔk]肉	jiong[dziɔŋ]绒
jip[dzip]入	jit[dzit]日	jiu[dziu]鰇柔	joa[dzua]若	joah[dzuaʔ]热	joe[dzue]锐	ju[dzu]儒榆乳
jun[dzun]□						

注：(1) 有音无字者有2个音节：jien□、jih□；(2) 删除了《厦英大辞典》12个音节：je惹、jek□、jeng□、jiⁿ乳、jiak弱、jian然、jiang让、jiap颞、jiat热、jioh□、joan软、jwa若。

10. K在该字母里，记载了61个音节，其声母全部是舌尖后、不送气、清塞音声母 [k]。见下表：

ka[ka]胶傀铰	kaⁿ[kã]监橄含	kah[kaʔ]甲鸽	kai[kai]该阶解	kaiⁿ[kãi]□	kak[kak]觉角	kam[kam]甘泔
kan[kan]坚乾	kang[kaŋ]公江	kap[kap]合鉿	kat[kat]结割	kau[kau]郊沟	kauh[kauʔ]□	ke[ke]鸡加家
keh[keʔ]膈格	kek[kik]革隔	keng[kiŋ]鲸经	ki[ki]妓机基	kiⁿ[kĩ]庚麟更	kia[kia]寄崎	kiaⁿ[kiã]惊行
kiah[kiaʔ]屐攑	kiam[kiam]兼	kiap[kiap]劫夾	kiau[kiau]骄侨	kien[kian]肩乾	kiet[kiat]洁吉	kih[kiʔ]□
kim[kim]金禁	kin[kin]今紧	kio[kio]桥叫	kioh[kioʔ]脚	kiok[kiɔk]脚	kiong[kiɔŋ]宫	kip[kip]急级
kit[kit]结	kiu[kiu]求述	kiuⁿ[kiũ]薑强	kiuh[kiuʔ]□	kng[kŋ]光扛	ko[ko]科篙膏	ko[kɔ]姑鮕蛄
koa[kua]歌枯	koaⁿ[kuã]肝杆	koah[kuaʔ]割	koai[kuai]拐怪	koaiⁿ[kuãi]杆	koaihⁿ[kuãiʔ]□	koan[kuan]观
koat[kuat]刮决	koe[kue]龟鸡	koeh[kueʔ]锲	koh[koʔ]復阁	kok[kɔk]国咯	kong[kɔŋ]纲刚	kop[kɔp]□
ku[ku]龟车裾	kui[kui]归规	kuih[kuiʔ]□	kun[kun]均君	kut[kut]骨出		

注：(1) 增加1个音节：kop□；(2)有音无字者有6个音节：kai□、kauh□、kih□、kiuh□、koaihⁿ□、kuih□；(3) 删除了《厦英大辞典》31个音节：kaih□、kɛ家、kɛⁿ更、kiak剧、kian建、kiang姜、kiat洁、kiauh嗷、kiauhⁿ□、kihⁿ□、kiɵⁿ薑、kö过、köh郭、koak□、koɛ瓜、koɛⁿ官、koɛh官、köeh□、köh□、kui管、küiⁿ关、kün□、kwa瓜、kwaⁿ官、kwah割、kwai乖、kwaiⁿ关、kwaihⁿ□、kwak□、kwan关、wat决。

11. KH在该字母里，记载了56个音节，其声母全部是舌尖后、送气、清塞音声母

[k']。见下表：

kha[k'a]脚巧扣	khai[k'ai]开凯	khai^n[k'ãi]□	khak[k'ak]确	kham[k'am]龛	khan[k'an]牵	khang[k'aŋ]孔
khap[k'ap]阖盖	khat[k'at]□	khau[k'au]敲	khe[k'e]诙鼗	kheh[k'eʔ]缺客	khe^n[k'ẽʔ]喀	khek[k'ik]刻尅
kheng[k'iŋ]倾匡	khi[k'ĩ]欺欹蚑	khi^n[k'ĩ]坑搛	khia[k'ia]挟	khia^n[k'iã]庆	khiah[k'iaʔ]隙	khiak[k'iak]□
khiam[k'iam]谦	khiang[k'iaŋ]铿	khiap[k'iap]挟	khiau[k'iau]曲	khiauh^n[k'iãuʔ]□	khien[k'ian]牵	khiet[k'iat]揭诘
khih[k'iʔ]缺	khim[k'im]钦矜	khin[k'in]轻	khio[k'io]微	khioh[k'ioʔ]□	khiok[k'iɔk]却	khiong[k'iɔŋ]僵
khip[k'ip]吸扱	khit[k'it]乞给	khiu[k'iu]邱	khiu^n[k'iũ]腔	khiuh[k'iuʔ]□	khng[k'ŋ]劝	kho[k'o]科苛栲
kho·[k'ɔ]箍呼	khoa[k'ua]靠	khoa^n[k'uã]款	khoai[k'uai]快	khoan[k'uan]宽	khoat[k'uat]缺	khoe[k'ue]魁溪
khoeh[k'ueʔ]瞎	khok[k'ɔk]哭	khong[k'ɔŋ]康	khu[k'u]拘驱	khui[k'ui]开亏	khun[k'un]昆	khut[k'ut]窟屈

注：(1) 增加2个音节：kheh^{n}喀、khiauh^n□；(2)有音无字者有5个音节：khai^n□、khat□、khiak□、khioh□、khiuh□；(3) 删除了《厦英大辞典》30个音节：kha^{n}坩、khah祫、khaih□　khauh礚、khe^{n}坑、kheh^{n}喀、khian牵、khiat契、khiauh呦、khie^{n}腔、khǐo窍、khö科、khoah阔、khoai^n□、khoe盍、khöe科、khoh□、khöh□、khök扩、khom康、khui^{n}劝、khüi^n□、khuh泪、khwa夸、khwa^{n}宽、khwah阔、khwai快、khwai^n□、khwan宽、khwat缺。

12. L在该字母里，记载了49个音节，其声母是舌尖中、浊边音声母[l]。见下表：

la[la]膂	lah[laʔ]蜡历	lai[lai]来犁内	lak[lak]落六	lam[am]男楠	lan[lan]蘭难栏	lang[laŋ]人朦
lap[lap]塌纳	lat[lat]喇力	lau[lau]瘤留楼	lauh[lauʔ]落	le[le]璃螺螺泥	leh[leʔ]□	lek[lik]勒绿匿
leng[liŋ]奶量	li[li]釐篱帘离	lia[lia]□	liah[liaʔ]摘掠	liam[iam]临粘	liang[liaŋ]凉	liap[liap]摄捏
liau[liau]凋僚	lien[lian]联连	liet[liat]列烈	lih[liʔ]裂	lim[lim]饮林	lin[lin]燐绫杏	lio[lio]□
liok[liɔk]六陆	liong[liɔŋ]龙	lip[lip]立	liu[liu]鰍抽流	lo[lo]痨劳罗	lo·[lɔ]奴喽庐	loa[lua]濑赖
loah[luaʔ]捋辣	loan[luan]卵	loat[luat]劣	loe[lue]犁鑪内	loeh[lueʔ]笠络	loh[luoʔ]落	lok[lɔk]落橐络
lom[lɔm]□	long[lɔŋ]郎笼	lop[lɔp]□	lu[lu]滤女旅	lui[lui]镭播雷	lun[lun]轮伦	lut[lut]律捋

注：(1) 增加2个音节：lia□、loat劣；(2)有音无字者有3个音节：leh□、lio□、lop□；(3) 删除了《厦英大辞典》21个音节：lai^{n}乃、lau^{n}挠、lauh^n□、lɛ訑、lɛh鱲、Liak略、lian连、liat烈、liauh挢、lioh略、lit窒、liuh□、lö螺、löe笠、löh裂、löng拢、lü女、luh肆、lwa濑、lwah辣、lwan乱。

13. M在该字母里，记载了15个音节，其声母是双唇音、鼻音声母[m]。此声母来源于中古明（微）声母，一般置于鼻化韵或声化韵之前，与[b]声母相对。见下表：

m[m]梅母不	ma^n[mã]妈	ma[ma]妈	mai^n[mãĩ]糜买	mau^n[mãu]蝥	me^n[mẽ]猛	meh^n[mẽʔ]蜅
mi^n[mĩ]冥铓弥	mia^n[miã]名命	mih^n[mĩʔ]乜麼	mng[mŋ]门毛	mo·^{n}[mɔ̃]摸魔	moa^n[muã]瘰	mo·h^n[mɔ̃ʔ]膜
mui^n[muĩ]梅媒煤霉玫枚眛妹						

注：(1) 增加2个音节：me^{n}猛、meh^{n}蜅脉；(2) 删除了《厦英大辞典》10个音节：mah□、mah□、mauh^n□、mɛ^{n}骂、mɛh^{n}脉、mi米、mngh□、moai糜、moɛ糜、muih□。

14. N在该字母里，记载了14个音节，其声母是舌尖中、鼻音声母[n]。此声母来源于中古泥（娘）声母，一般置于鼻化韵或声化韵之前，与[l]声母相对。见下表：

naⁿ[nã]那若但	nahⁿ[nãʔ]塌	naiⁿ[nãi]懒那	nauⁿ[nãu]脑挠	niⁿ[nĩ]奶拈疗	niaⁿ[niã]领岭	niau[niau]老
niauⁿ[niãu]□	nihⁿ[nĩʔ]瞩	niu[niũ]娘粮	nng[nŋ]郎榔骽	noaⁿ[nuã]拦栏	neⁿ[nẽ]□	neʰⁿ[nẽʔ]□

注：(1) 增加2个音节：neⁿ、neʰⁿ□；(2) 删除了《厦英大辞典》11个音节：nah捆、nauhⁿ、neᵋ奶、ne□、neʰⁿ□、niahⁿ□、nieⁿ娘、nngh□、neʰ二、nui软、nüi软。

15. NG在该字母里，记载了11个音节，其声母是舌面后、鼻音声母[ŋ]。此声母来源于中古疑声母，一般置于鼻化韵之前，与[g]声母相对。见下表：

ng[ŋ]央秧黄影	nga[ŋa]雅	ngau[ŋau]乐	ngauⁿ[ŋãu]肴	ngauh[ŋauʔ]□	ngiⁿ[ŋĩ]硬	ngiaⁿ[ŋiã]迎卬
ngiau[ŋiau]□	ngiauh[ŋiãuʔ]挢	ngo·[ŋɔ]讹五	ngoeh[ŋueʔ]夹			

注：(1)有音无字者有2个音节：ngauh□、ngiau□；(2) 删除了《厦英大辞典》14个音节：ngh□、ngaiⁿ艾、ngam岩、ngauhⁿ□、ngeᵋ硬、ngeʰ笑、ngeh笑、ngiah攲、ngiauh岈、ngihⁿ笑、ngio□、ngiuⁿ□、ngeʰ五、ngüiⁿ□。

16. O在该字母里，记载了18个音节，其声母是零声母[∅]。见下表：

o[o]荷阿苛蠔	o·[ɔ]乌胡湖葫	oa[ua]娃瓦倚	oaⁿ[uã]鞍安垵	oah[uaʔ]活	oai[uai]歪	oaiⁿ[uãi]挨
oaihⁿ[uãiʔ]□	oan[uan]冤弯	oang[uaŋ]□	oat[uat]越	oe[ue]挨鞋矮	oeh[ueʔ]狭	oh[oʔ]恶学
o·ʰ[ɔʔ]□	ok[ɔk]恶	om[ɔm]□	ong[ɔŋ]翁汪王			

注：(1) 增加1个音节：oʰ□；(2)有音无字者有3个音节：oaihⁿ、oang□、om□；(2) 删除了《厦英大辞典》6个音节：oⁿ恶、ŏ恶、oak叫、oᵋ□、öh学、op□。

17. P在该字母里，记载了44个音节，其声母是双唇音、不送气、清塞音声母[p]。见下表：

pa[pa]耙巴吧	pah[paʔ]百叭	pai[pai]排排牌	pak[pak]剥北	pan[pan]颁班	pang[paŋ]邦崩	pat[pat]八
pau[pau]胞包	pauh[pauʔ]□	pe[pe]飞琶耙	peh[peʔ]伯迫	pek[pik]煏百	peng[piŋ]兵冰	pi[pi]悲卑碑
piⁿ[pĩ]边平棚	piaⁿ[piã]兵平	piah[piaʔ]壁	piang[piaŋ]□	piau[piau]表	pien[pian]鞭谝	piet[piat]别
pih[piʔ]鳖	pin[pin]宾贫	pio[pio]表标	pit[pit]笔毕帛	png[pŋ]帮榜饭	po[po]褒玻婆	po·[pɔ]晡埔蒲
poa[pua]簸贝	poaⁿ[puã]般搬	poah[puaʔ]钵	poan[puan]半	poat[puat]鳖拔	poe[pue]盃陪	poeh[pueʔ]八怕
poh[poʔ]驳北	pok[pɔk]驳僕	pong[pɔŋ]荞旁	pu[pu]枭富妇	puh[puʔ]发	pui[pui]肥	puih[puiʔ]拔
pun[pun]分歕	put[put]不扒					

注：(1)有音无字者有2个音节：pauh□、piang□；(2) 删除了《厦英大辞典》11个音节：paⁿ□、paiⁿ□、peⁿ爸、piak□、pian变、piat别、piu彪、pö部、pöng谤、puiⁿ方、püiⁿ□。

18. PH在该字母里，记载了42个音节，其声母是双唇音、送气、清塞音声母[pʻ]。见下表：

pha[pʻa]抛脬	phaⁿ[pʻã]冇	phah[pʻaʔ]扑	phai[pʻai]派	phaiⁿ[pʻãi]歹	phak[pʻak]覆	phan[pʻan]襻盼
phang[pʻaŋ]芳	phau[pʻau]炮	phe[pʻe]胚皮	pheh[pʻeʔ]沫	phek[pʻik]癖	pheng[pʻiŋ]崩	phi[pʻi]披胚
phiⁿ[pʻĩ]篇偏	phiaⁿ[pʻiã]兵	phiah[pʻiaʔ]僻	phiang[pʻiaŋ]□	phiau[pʻiau]标	phien[pʻian]偏	phiet[pʻiat]撇
phin[pʻin]品並	phio[pʻio]漂票	phit[pʻit]笔	phngh[pʻŋʔ]□	pho[pʻo]波坡	pho·[pʻɔ]铺菩	phoa[pʻua]破
phoaⁿ[pʻuã]判	phoap[pʻuaʔ]□	phoan[pʻuan]藩	phoat[pʻuat]撇	phoe[pʻue]剧	phoeh[pʻueʔ]砒	phoh[pʻoʔ]粕
phok[pʻɔk]朴	phong[pʻɔŋ]拌	phu[pʻu]芙葡	phuh[pʻuʔ]□	phun[pʻun]盆	phut[pʻut]□	phiu[pʻiu]彪

注：(1) 增加1个音节：phiu彪；(2) 有音无字者有5个音节：phiang□、phngh□、phoap□、phuh□、phut□；(3) 删除了《厦英大辞典》11个音节：phauh雹、phɛ帕、pheⁿ摒、phiak擗、phian骗、phiat撇、phih□、phng□、phö□、phui屁、phuiⁿ鐇。

19. S在该字母里，记载了59个音节，其声母全部是舌尖前、清擦音声母[s]。见下表：

sa[sa]沙砂	saⁿ[sã]衫三	sai[sai]狮西师	saiⁿ[sãi]□	sak[sak]□	sam[sam]三杉	san[san]删山
sang[saŋ]鬆送	sap[sap]屑	sat[sat]虱塞杀	sau[sau]俏哨	se[se]西纱岁	seh[seʔ]雪屑	sek[sik]索适熟
seng[siŋ]牲声	si[si]施蜥	siⁿ[sĩ]鉎生姓	sia[sia]赊邪斜	siaⁿ[siã]声城	siah[siaʔ]削锡	siak[siak]□
siam[siam]蟾闪	siang[siaŋ]双	siap[siap]涩塞	siau[siau]逍硝	sien[sian]仙先	siet[siat]泄设	sih[siʔ]闪蚀
sim[sim]心审	sin[sin]身申伸	sio[sio]烧小	sioh[sioʔ]惜俗	siok[siɔk]缩肃	siong[siɔŋ]伤橡	sip[sip]十习袭
sit[sit]穑失食	siu[siu]修羞消	siuⁿ[siũ]箱镶	sng[sŋ]霜酸疫	so[so]搔唆骚	so·[sɔ]苏搜疎	soa[sua]沙鲨
soaⁿ[suã]山产	soah[suaʔ]煞	soaiⁿ[suãi]樣	soan[suan]酸	soat[suat]说刷	soe[sue]梳蔬	soeh[sueʔ]塞
soh[soʔ]索	sok[sɔk]速朔	som[sɔm]参	song[sɔŋ]桑丧	sop[sɔp]□	su[su]需司思	suh[suʔ]□
sui[sui]嘴绥随	sun[sun]旬巡	sut[sut]恤屑蟀				

注：(1) 增加1个音节：sop□；(2) 有音无字者有4个音节：saiⁿ□、sak□、siak□、suh□；(3) 删除了《厦英大辞典》26个音节：sah煤、sahⁿ跋、sauh□、sɛ沙、seⁿ生、seh涑、sian仙、siat设、siauh□、siauhⁿ□、sih闪、sio箱、sm□、sngh蹭、sö□、soaihⁿ□、söh□、sök□、söng□、sü思□、sui酸、süiⁿ□、swa沙、swah刷、Swan蒜、Swat雪。

20. T在该字母里，记载了54个音节，其声母全部是舌尖中、不送气、清塞音声母[t]。见下表：

ta[ta]焦礁罩	taⁿ[tã]当担打	tah[taʔ]搭贴踏	tai[tai]懂埋台	taiⁿ[tãi]歹	tak[tak]触逐	tam[tam]湛谈
tan[tan]单丹坛	tang[taŋ]东冬	tap[tap]答	tat[tat]达值	tau[tau]捥投骰	tauh[tauʔ]笃	te[te]低茶短帝
teh[teʔ]□	tek[tik]德得的	teng[tiŋ]丁徵	ti[ti]知猪锄迟	tiⁿ[tĩ]静甜掂	tiaⁿ[tiã]呈程鼎	tiah[tiaʔ]摘泽
tiak[tiak]□	tiam[tiam]沾玷	tiang[tiaŋ]□	tiap[tiap]叠蝶	tiau[tiau]雕貂	tien[tian]颠癫	tiet[tiat]秩蛱
tih[tiʔ]滴碟	tim[tim]沉掷	tin[tin]珍徵津	tio[tio]投钓	tioh[tioʔ]着	tiok[tiɔk]筑逐	tiong[tiɔŋ]张忠
tit[tit]得姪直	tiu[tiu]稠筹胄	tiuⁿ[tiũ]张场长	tng[tŋ]当塘长	to[to]刀多逃	to·[tɔ]都屠厨	toa[tua]带住舵
toaⁿ[tuã]端单	toan[tuan]端短	toe[tue]兑题蹄	toh[toʔ]桌燴	tok[tɔk]笃啄掇	tom[tɔm]丼	tong[tɔŋ]当冬
tu[tu]堆注株	tuh[tuʔ]□	tui[tui]堆追搥	tun[tun]敦豚	tut[tut]突		

注：(1) 增加1个音节：tiak□；(2) 有音无字者有3个音节：teh□、tiang□、tuh□；(3) 删除了《厦英大辞典》26个音节：taihⁿ□、tɛ茶、tɛⁿ刐、teh著、tia爹、tian电、tiat哲、tiauh□、tih要、tioⁿ张、tiuh□、tö肚、toah剋、toat夺、toeh迭、töh桌、töng东、tü推、tui转、tüiⁿ转、tïo钓、twa大、twaⁿ单、wah活、twan端、wat夺。

21. TH在该字母里，记载了48个音节，其声母全部是舌尖中、送气、清塞音声母[t']。见下表：

tha^n[t'ã]他	thah[t'aʔ]塔叠	thai[t'ai]筛胎	thai^n[t'ãĩ]□	thak[t'ak]读	tham[t'am]罎	than[t'an]蛏疸
thang[t'aŋ]通	thap[t'ap]塌	that[t'at]塞踢	thau[t'au]偷头	the[t'e]推胎提	theh[t'eʔ]褐宅	thek[t'ik]勒饰
theng[t'iŋ]撑艇	thi[t'i]藕答苔	thi^n[t'ĩ]添天瞪	thia^n[t'iã]听厅	thiah[t'iaʔ]拆	thiam[t'iam]添	thiap[t'iap]贴
thiau[t'iau]挑	thien[t'ian]癫	thiet[t'iat]撤彻	thih[t'iʔ]铁	thin[t'in]斟鈞	thio[t'io]投	thiok[t'iɔk]畜
thiong[t'iɔŋ]衷	thit[t'it]□	thiu[t'iu]抽	thng[t'ŋ]汤糖	tho[t'o]滔拖桃	tho [t'ɔ]塗土	thoa[t'ua]拖导
thoa^n[t'uã]滩	thoan[t'uan]传	thoat[t'uat]脱	thoe[t'ue]体替	thoeh[t'ueʔ]提	thok[t'ɔk]托读	thom[t'ɔm]丼
thong[t'ɔŋ]通	thu[t'u]贮	thuh[t'uʔ]托	thui[t'ui]腿梯	thun[t'un]吞填	thut[t'ut]禿	

注：(1) 增加2个音节：thai^n□、thom丼；(2)有音无字有1个音节：thit□；(3) 删除了《厦英大辞典》20个音节：tha挓、thauh□、the^n□、theh澈、thian田、thiang畅、thiat撤、thim琛、tĭo挑、thie^n□、thiu^{n}丑、thö□、thoah汰、thoh拓、thui^n□、thwa拖、thwa^{n}摊、thwah汰、thwan团、thwat脱。

22. TS在该字母里，记载了30个音节，其声母全部是舌尖前、不送气、清塞擦音声母[ts]。此声母与ch十分接近，主要出现于同安方言和泉州方言里。见下表：

tsa[tsa]渣查早	tsa^n[tsã]□	tsah[tsaʔ]闸卡	tsai[tsai]栽灾	tsai^n[tsãĩ]怎指	tsak[tsak]□	tsam[tsam]斩
tsan[tsan]层残	tsang[tsaŋ]棕	tsap[tsap]杂十	tsat[tsat]札节	tsau[tsau]横憔	tsng[tsŋ]庄臟	tso[tso]遭槽嘈
tso·[tsɔ]租组	tsoa[tsua]蛇纸	tsoa^n[tsuã]泉	tsoah[tsuaʔ]□	tsoan[tsuan]专	tsoat[tsuat]拙	tsoe[tsue]齐做
tsoeh[tsueʔ]节	tsoh[tsoʔ]筑作	tsok[tsɔk]作浊	tsong[tsɔŋ]宗	tsu[tsu]硃资贤	tsuh[tsuʔ]□	tsui[tsui]醉锥
tsun[tsun]尊遵	tsut[tsut]卒术					

注：(1)有音无字者有4个音节：tsa^n□、tsak□、tsoah□、tsuh□；(2)删除了《厦英大辞典》9个音节：tsauh担、tsio蕉、tsö斋、tsoai跐、tsöh作、tsom篏、tsöng宗、tsui砖、tsüi^n□。

23. U在该字母里，记载了5个音节，其声母是零声母[ø]。见下表：

u[u]圩居於淤	ui[ui]挖衣违围帏遗闱为桅委伟	uih[uiʔ]挖划	un[un]温瘟殷鯤恩云巡匀云允	ut[ut]熨鬱屈

注：删除了《厦英大辞典》3个音节：uh 、ui^{n}黄、üi^{n}黄。

24. W在该字母里，记载了8个音节，其声母是零声母[ø]。见下表：

辞典	wa[wa]娃	wa^n[wã]安	wah[waʔ]活	wai[wai]歪	wak[wak]叱	wan[wan]弯	wang[waŋ]汪
音标	wat[wat]乞						

注：删除了《厦英大辞典》8个音节：wa娃、wa^{n}安、wah活、wai歪、wak叱、wan弯、wang汪、wat乞。

上文将《厦门话字典补编》与《厦英大辞典》进行全面地对照比较，《厦英大辞典》共记载1126个音节，《厦门话字典补编》则记载了791个音节，删除了《厦英大辞典》358个音节，也增加了23个《厦英大辞典》所没有记载的音节。具体情况如下：

	A	B	CH	CHH	D	E	G	H	I
厦英大辞典	14	45	46	72	3	7	54	96	28
厦门话辞典补编	13	35	27	57	0	5	38	65	23
删除数统计	1	11	19	18	3	3	17	33	5
增加数统计	0	1	0	3	0	1	1	2	0

	J	K	KH	L	M	N	NG	O	P
厦英大辞典	34	91	84	68	23	23	25	23	55
厦门话辞典补编	22	61	56	49	15	14	11	18	44
删除数统计	12	31	30	21	10	11	14	6	11
增加数统计	0	1	2	2	2	2	0	1	0

	PH	S	T	TH	TS	TS'H	U	W	总计
厦英大辞典	52	84	79	66	39	0	8	8	1127
厦门话辞典补编	42	59	54	48	30	0	5	0	791
删除数统计	11	26	26	20	9	0	3	8	359
增加数统计	1	1	1	2	0	0	0	0	23

据考证《厦英大辞典》共记载了1127个音节，以厦门方言音节为主，还记载了泉州、同安、灌口、安溪、永春、惠安、南安、漳州、漳浦、长泰等地方言音节。《厦门话字典补编》删除的音节当中反映的都是漳州地区和泉州地区的方言音节，所保留下来的791个音节中，主要反映的应该是厦门方言音系。现将厦门方言85个韵母整理如下：

（1）元音韵母（单元音6个，复元音10个）

a [a]：a[a]亚、ba[ba]麻、chha[ts'a]差、ha[ha]瑕、ka[ka]胶、kha[k'a]脚、la[la]脋、pa[pa]羓、pha[p'a]抛、sa[sa]沙、ta[ta]焦、tsa[tsa]渣；

e [e]：be[be]糜、che[tse]渣、chhe[ts'e]炊、e[e]锅、ge[ge]牙、he[he]灰、ke[ke]鸡、khe[k'e]诙、le[le]璃、pe[pe]飞、phe[p'e]胚、se[se]西、te[te]低、the[t'e]推；

i [i]：bi[bi]微、chi[tɕi]支、chhi[tɕ'i]腮、gi[gi]仪、hi[hi]稀、i[i]医、ji[dzi]而、ki[ki]妓、khi[k'i]欺、li[li]鳌、pi[pi]悲、phi[p'i]披、si[si]施、ti[ti]知、thi[t'i]藕；

o [o]：bo[bo]无、chho[ts'o]臊、go[go]鹅、ho[ho]河、ko[ko]科、kho[k'o]科、lo[lo]痨、o[o]荷、po[po]褒、pho[p'o]波、so[so]搔、to[to]刀、tho[t'o]滔、tso[tso]遭；

o·[ɔ]：bo·[bɔ]谟、chho·[ts'ɔ]粗、go·[gɔ]吴、ho·[hɔ]呼、ko·[kɔ]姑、kho·[k'ɔ]箍、

lo˙[lɔ]奴、o˙[ɔ]乌、po˙[pɔ]晡、pho˙[p'ɔ]铺、so˙[sɔ]苏、to˙[tɔ]都、tho˙[t'ɔ]塗、tso˙[tsɔ]租；

u [u]：bu[bu]无、chhu[ts'u]趋、gu[gu]鱼、hu[hu]夫、ju[dzu]儒、ku[ku]龟、khu[k'u]拘、lu[lu]滤、pu[pu]䊆、phu[p'u]芙、su[su]需、tu[tu]堆、thu[t'u]贮、tsu[tsu]硃、u[u]圩。

ai [ai]：ai[ai]哀、bai[bai]眉、chhai[ts'ai]裁、gai[gai]呆、hai[hai]哈、kai[kai]该、khai[k'ai]开、lai[lai]来、pai[pai]排、phai[p'ai]派、sai[sai]狮、tai[tai]懍、thai[t'ai]筛、tsai[tsai]栽；

au [au]：au[au]欧、bau[bau]卵、chhau[ts'au]操、gau[gau]贤、hau[hau]呼、kau[kau]郊、khau[k'au]敲、lau[lau]瘤、pau[pau]胞、phau[p'au]炮、sau[sau]俏、tau[tau]挏、thau[t'au]偷、tsau [tsau]櫵；

io [io]：io[io]腰、bio[bio]庙、chio[tɕio]蕉、chhio[tɕ'io]笑、gio[gio]蟯、hio[hio]口、jio[dzio]尿、kio[kio]桥、khio[k'io]徼、lio[lio]口、pio[pio]标、phio[p'io]漂、sio[sio]烧、tio[tio]钓、thio[t'io]投；

iu [iu]：chiu[tɕiu]洲、chhiu[tɕ'iu]秋、giu[giu]扭、hiu[hiu]休、jiu[dziu]鰠、kiu[kiu]求、khiu[k'iu]邱、liu[liu]流、phiu[p'iu]彪、siu[siu]修、tiu[tiu]稠、thiu[t'iu]抽；

ia [ia]：chia[tɕia]借、chhia[tɕ'ia]车、gia[gia]口、hia[hia]靴、ia[ia]耶、jia[dzia]遮、kia[kia]寄、khia[k'ia]骑、lia[lia]口、sia[sia]赊；

oa [ua]：chhoa[ts'ua]导、goa[gua]外、hoa[hua]花、joa[dzua]若、koa[kua]歌、khoa[k'ua]靠、loa[lua]赖、oa[ua]娃、poa[pua]簸、phoa[p'ua]破、soa[sua]沙、toa[tua]带、thoa[t'ua]拖、tsoa[tsua]蛇；

ui [ui]：bui[bui]口、chhui[ts'ui]催、gui[gui]危、hui[hui]妃、kui[kui]归、khui[k'ui]开、lui[lui]镭、pui[pui]肥、sui[sui]水、tui[tui]堆、thui[t'ui]腿、tsui[tsui]锥、ui[ui]位；

oe [ue]：boe[bue]媒、chhoe[ts'ue]刷、goe[gue]外、hoe[hue]花、joe[dzue]锐、koe[kue]龟、khoe[k'ue]魁、loe[lue]犁、oe[ue]挨、poe[pue]盃、phoe[p'ue]配、soe[sue]梳、toe[tue]兑、thoe[t'ue]替、tsoe[tsue]做；

oai [uai]：hoai[huai]槐、koai[kuai]拐、khoai[k'uai]快、oai[uai]歪；

iau [iau]：biau[biau]苗、chiau[tɕiau]招、chhiau[tɕ'iau]稍、giau[giau]口、hiau[hiau]晓、iau[iau]枵、jiau[dziau]扰、kiau[kiau]骄、khiau[k'iau]曲、liau[liau]僚、piau[piau]表、phiau[p'iau]标、siau[siau]逍、tiau[tiau]雕、thiau[t'iau]挑。

（2）鼻音韵母（15个）

am[am]：am[am]暗、bam[bam]口、chham[ts'am]参、gam[gam]严、ham[ham]蚶、kam[kam]甘、kham[k'am]龛、lam[am]男、sam[sam]三、tam[tam]湛、tham[t'am]罎、tsam[tsam]斩；

iam[iam]：chiam[tɕiam]占、chhiam[tɕ'iam]金、giam[giam]验、hiam[hiam]嫌、

iam[iam]掩、jiam[dziam]染、kiam[kiam]兼、khiam[kʻiam]谦、liam[iam]粘、siam[siam]蟾、tiam[tiam]沾、thiam[tʻiam]添；

im[im]：chim斟[tɕim]、chhim[tɕʻim]深、gim[gim]砛、him[him]忻、im[im]阴、jim[dzim]寻、kim[kim]金、khim[kʻim]钦、lim[lim]饮、sim[sim]心、tim[tim]沉；

om[ɔm]：lom[lɔm]囗、om[ɔm]囗、som[sɔm]参、tom[ɔm]丼、thom[tʻɔm]丼；

an[an]：an[an]安、ban[ban]万、chhan[tsʻan]餐、gan[gan]眼、han[han]寒、kan[kan]乾、khan[kʻan]牵、lan[lan]蘭、pan[pan]颁、phan[pʻan]盼、san[san]删、tan[tan]单、than[tʻan]蛏、tsan[tsan]层；

ien[ian]：bien[bian]免、chien[tɕian]前、chhien[tɕʻian]迁、gien[gian]言、hien[hian]掀、ien[ian]鹌、jien[dzian]囗、kien[kian]肩、khien[kʻian]牵、lien[lian]联、pien[pian]鞭、phien[pʻian]偏、sien[sian]仙、tien颠[tian]、thien[tʻian]癫；

in[in]：bin[bin]馒、chin[tɕin]真、chhin[tɕʻin]亲、gin[gin]囗、hin[hin]眩、in因[in]、jin[dzin]人、kin[kin]紧、khin[kʻin]轻、lin[lin]燐、pin[pin]宾、phin[pʻin]品、sin[sin]身、tin[tin]珍、thin[tʻin]斟；

un[un]：bun[bun]文、chhun[tsʻun]春、gun[gun]银、hun[hun]婚、jun[dzun]囗、kun[kun]均、khun[kʻun]昆、lun[lun]轮、pun[pun]分、phun[pʻun]喷、sun[sun]旬、tun[tun]敦、thun[tʻun]吞、tsun[tsun]尊、un[un]温；

oan[uan]：boan[buan]满、chhoan[tsʻuan]川、goan[guan]元、hoan[huan]番、koan[kuan]观、khoan[kʻuan]宽、loan[luan]卵、oan[uan]冤、poan[puan]半、phoan[pʻuan]盘、soan[suan]酸、toan[tuan]端、thoan[tʻuan]传、tsoan[tsuan]专；

ang[aŋ]：ang[aŋ]红、bang[baŋ]梦、chhang[tsʻaŋ]葱、hang[haŋ]巷、kang[kaŋ]工、khang[kʻaŋ]空、lang[laŋ]人、pang[paŋ]邦、phang[pʻaŋ]芳、sang[saŋ]送、tang[taŋ]东、thang[tʻaŋ]虫、tsang[tsaŋ]棕；

eng [iŋ]：beng[biŋ]盟、cheng[tɕiŋ]钟、chheng[tɕʻiŋ]青、eng[iŋ]英、geng[giŋ]凝、heng[hiŋ]兄、keng[kiŋ]鲸、kheng[kʻiŋ]倾、leng[liŋ]令、peng[piŋ]兵、pheng[pʻiŋ]崩、seng[siŋ]牲、teng[tiŋ]丁、theng[tʻiŋ]撑；

iang[iaŋ]：chiang[tɕiaŋ]奖、chhiang[tɕʻiaŋ]枪、giang[giaŋ]囗、hiang[hiaŋ]响、iang[iaŋ]囗、khiang[kʻiaŋ]铿、liang[liaŋ]凉、piang[piaŋ]囗、phiang[pʻiaŋ]囗、siang[siaŋ]双、tiang[tiaŋ]囗；

iong [iɔŋ]：chiong[tɕiɔŋ]终、chhiong[tɕʻiɔŋ]冲、hiong[hiɔŋ]香、iong[iɔŋ]容、jiong[dziɔŋ]绒、kiong[kiɔŋ]宫、khiong[kʻiɔŋ]恐、liong[liɔŋ]龙、siong[siɔŋ]伤、tiong[tiɔŋ]张、thiong[tʻiɔŋ]衷；

ong [ɔŋ]：bong[bɔŋ]蒙、chhong[tsʻɔŋ]苍、gong[gɔŋ]昂、hong[hɔŋ]风、kong[kɔŋ]纲、khong[kʻɔŋ]康、long[lɔŋ]郎、ong[ɔŋ]翁、pong[pɔŋ]旁、phong[pʻɔŋ]凸、song[sɔŋ]桑、tong[tɔŋ]当、thong[tʻɔŋ]通、tsong[tsɔŋ]宗；

oang[uaŋ]：chhoang[tsʻuaŋ]闯、oang[uaŋ]囗。

（3）声化韵（2个）

ng[ŋ]：chhng[tsʻŋ]舱、hng[hŋ]园、kng[kŋ]光、khng[kʻŋ]劝、mng[mŋ]门、nng[nŋ]软、ng[ŋ]央、png[pŋ]榜、sng[sŋ]霜、tng[tŋ]当、thng[tʻŋ]汤、tsng[tsŋ]庄；

m[m]：hm[hm]囗、m[m]梅。

（4）鼻化韵（13个）

aⁿ[ã]：aⁿ[ã]拦、haⁿ[hã]囗、kaⁿ[kã]监、maⁿ[mã]妈、ma[ma]妈、naⁿ[nã]那、nga[ŋa]雅、phaⁿ[pʻã]冇、saⁿ[sã]衫、taⁿ[tã]担、thaⁿ[tʻã]他、tsaⁿ[tsã]囗；

iⁿ[ĩ]：chiⁿ[tɕĩ]争、chhiⁿ[tɕʻĩ]醒、hiⁿ[hĩ]弃、iⁿ[ĩ]蜓、kiⁿ[kĩ]见、khiⁿ[kʻĩ]坑、miⁿ[mĩ]棉、niⁿ[nĩ]年、ngiⁿ[ŋĩ]硬、piⁿ[pĩ]边、phiⁿ[pʻĩ]篇、siⁿ[sĩ]鋋、tiⁿ[tĩ]甜、thiⁿ[tʻĩ]添；

oⁿ[ɔ̃]：hoⁿ[hɔ̃]火、moⁿ[mɔ̃]毛、ngoˑⁿ[ŋɔ]讹；

oⁿ[õ]：hoⁿ[hõ]好；

eⁿ[ẽ]：chheⁿ[tsʻẽ]囗、eⁿ[ẽ]囗、heⁿ[hẽ]行、meⁿ[mẽ]猛、neⁿ[nẽ]囗；

aiⁿ[ãĩ]：aiⁿ[ãĩ]囗、haiⁿ[hãĩ]囗、kaiⁿ[kãĩ]囗、khaiⁿ[kʻãĩ]囗、maiⁿ[mãĩ]买、naiⁿ[nãĩ]耐、phaiⁿ[pʻãĩ]歹、saiⁿ[sãĩ]囗、taiⁿ[tãĩ]歹、thaiⁿ[tʻãĩ]囗、tsaiⁿ[tsãĩ]怎；

auⁿ[ãũ]：auⁿ[ãũ]囗、hauⁿ[hãũ] 悬、mauⁿ[mãũ]鳌、nauⁿ[nãũ]脑、ngau[ŋãũ]乐、ngauⁿ[ŋãũ]肴；

iaⁿ[iã]：chiaⁿ[tɕiã]正、chhiaⁿ[tɕʻiã]请、hiaⁿ[hiã]兄、iaⁿ[iã]营、kiaⁿ[kiã]惊、khiaⁿ[kʻiã]庆、miaⁿ[miã]名、niaⁿ[niã]领、ngiaⁿ[ŋiã]迎、piaⁿ[piã]饼、phiaⁿ[pʻiã]兵、siaⁿ[siã]声、tiaⁿ[tiã]呈、thiaⁿ[tʻiã]听；

iuⁿ[iũ]：chiuⁿ[tɕiũ]浆、chhiuⁿ[tɕʻiũ]厂、hiuⁿ[hiũ]香、iuⁿ[iũ]鸯、kiuⁿ[kiũ]薑、khiuⁿ[kʻiũ]腔、niuⁿ[niũ]粮、siuⁿ[siũ]箱、tiuⁿ[tiũ]张；

oaⁿ[uã]：chhoaⁿ[tsʻuã]檯、hoaⁿ[huã]岸、koaⁿ[kuã]肝、khoaⁿ[kʻuã]看、moaⁿ[muã]麻、noaⁿ[nuã]拦、oaⁿ[uã]鞍、poaⁿ[puã]般、phoaⁿ[pʻuã]判、soaⁿ[suã]山、toaⁿ[tuã]单、thoaⁿ[tʻuã]滩、tsoaⁿ[tsuã]泉；

uiⁿ[uĩ]：muiⁿ[muĩ]梅；

iauⁿ[iãũ]：iauⁿ[iãũ]囗、jiauⁿ[dziãũ]爪、niau[niãũ]老、niauⁿ[niãũ]囗、ngiau[ŋiãũ]囗；

oaiⁿ[uãĩ]：hoaiⁿ[huãĩ]横、koaiⁿ[kuãĩ]杆、oaiⁿ[uãĩ]挨、soaiⁿ[suãĩ]檨。

（5）入声韵（39个：收-ʔ喉塞尾韵母25个，收-p尾4个，收-t尾5个，收-k尾5个）

ah[aʔ]：ah[aʔ]押、bah[baʔ]囗、chhah[tsʻaʔ]插、hah[haʔ]囗、kah[kaʔ]甲、lah[laʔ]蜡、pah[paʔ]百、phah[pʻaʔ]扑、tah[taʔ]搭、thah[tʻaʔ]塔、tsah[tsaʔ]闸；

eh[eʔ]：beh[beʔ]袜、cheh[tseʔ]绩、chheh[tsʻeʔ]册、eh[eʔ]阨、geh[geʔ]月、keh[keʔ]膈、kheh[kʻeʔ]缺、leh[leʔ]囗、peh[peʔ]伯、pheh[pʻeʔ]沬、seh[seʔ]雪、teh[teʔ]囗、theh[tʻeʔ]宅；

ih [iʔ]：bih[biʔ]匿、chih[tɕiʔ]舌、chhih[tɕʻiʔ]□、gih[giʔ]□、ih[iʔ]□、jih[dziʔ]□、kih[kiʔ]□、khih[kʻiʔ]缺、lih[liʔ]裂、pih[piʔ]鳖、sih[siʔ]闪、tih[tiʔ]滴、thih[tʻiʔ]铁；

oh [oʔ]：boh[boʔ]莫、chhoh[tsʻoʔ]□、hoh[hoʔ]鹤、koh[koʔ]復、loh[loʔ]落、oh[oʔ]恶、poh[poʔ]薄、phoh[pʻoʔ]粕、soh[soʔ]索、toh[toʔ]桌、tsoh[tsoʔ]筑；

oʻh[ɔʔ]：oʻh[ɔʔ]□（用於让牛停止行走的声音）；

uh [uʔ]：buh[buʔ]□、chhuh[tsʻuʔ]□、puh[puʔ]发、phuh[pʻuʔ]□、suh[suʔ]□、tuh[tuʔ]□、thuh[tʻuʔ]托、tsuh[tsuʔ]□；

auh [auʔ]：kauh[kauʔ]□、lauh[lauʔ]落、pauh[pauʔ]□、tauh[tauʔ]笃；

iah[iaʔ]：chiah[tɕiaʔ]食、chhiah[tɕʻiaʔ]赤、giah[giaʔ]额、hiah[hiaʔ]额、iah[iaʔ]亦、jiah[dziaʔ]迹、kiah[kiaʔ]屐、khiah[kʻiaʔ]隙、liah[liaʔ]掠、piah[piaʔ]壁、phiah[pʻiaʔ]僻、siah[siaʔ]削、tiah[tiaʔ]摘、thiah[tʻiaʔ]拆；

ioh[ioʔ]：chioh[tɕioʔ]借、chhioh[tɕʻioʔ]尺、hioh[hioʔ]歇、ioh[ioʔ]亿、kioh[kioʔ]脚、khioh[kʻioʔ]□、sioh[sioʔ]惜、tioh[tioʔ]着；

iauh [iauʔ]：chiauh[tɕiauʔ]□、chhiauh[tɕʻiauʔ]□、giauh[giauʔ]□、hiauh[hiauʔ]□；

iuh[iuʔ]：kiuh[kiuʔ]□（少量之意）、khiuh[kʻiuʔ]□；

oah[uaʔ]：boah[buaʔ]末、chhoah[tsʻuaʔ]斜、hoah[huaʔ]喝、joah[dzuaʔ]热、koah[kuaʔ]割、loah[luaʔ]将、oah[uaʔ]活、poah[puaʔ]钵、phoah[pʻuaʔ]□、soah[suaʔ]煞、tsoah[tsuaʔ]□；

uih [uiʔ]：huih[huiʔ]血、kuih[kuiʔ]□、puih[puiʔ]拔、uih[uiʔ]挖；

oeh [ueʔ]：chhoeh[tsʻueʔ]慼、koeh[kueʔ]锲、khoeh[kʻueʔ]瞌、loeh[lueʔ]笠、oeh[ueʔ]狭、poeh[pueʔ]八、phoeh[pʻueʔ]砒、soeh[sueʔ]塞、thoeh[tʻueʔ]提、tsoeh[tsueʔ]节；

ahⁿ [ãʔ]：chhahⁿ[tsʻãʔ]□、nahⁿ[nãʔ]塌；

ehⁿ [ẽʔ]：hehⁿ[hẽʔ]激、khehⁿ[kʻẽʔ]喀、mehⁿ[mẽʔ]蜌、neʻh[nẽʔ]□；

ihⁿ [ĩʔ]：mihⁿ[mĩʔ]乜、nihⁿ[nĩʔ]瞔；

oʻhⁿ[ɔ̃ʔ]：moʻhⁿ[mɔ̃ʔ]膜；

auhⁿ[ãuʔ]：ngauh[ŋãuʔ]□（ngauh chit e□一下）；

iahⁿ [iãʔ]：hiahⁿ[hiãʔ]吓；

iauhⁿ[iãuʔ]：khiauhⁿ[kʻiãuʔ]□（损坏银元之声）、ngiauhⁿ[ŋiãuʔ]拤；

oaihⁿ[uãiʔ]：koaihⁿ[kuãiʔ]□（腿弯曲，走路瘸）、oaihⁿ[uãiʔ]□（走路稍瘸）；

ngoeh[ŋueʔ]：ngoeh[ŋueʔ]夾；

ngh[ŋʔ]：phngh[pʻŋʔ]□（phnghphngh chhóan [tsʻŋʔ-pʻŋʔ-tɕʻuan]□□喘）；

mh[mʔ]：hmh[hmʔ]□（tiⁿhmhhmh [tĩ-hmʔ-hmʔ]保持沉默摆架子）；

ap [ap]：ap[ap]压、chhap[tsʻap]插、gap[gap]口、hap[hap]合、kap[kap]鸽、khap[kʻap]恰、lap[lap]塌、sap[sap]屑、tap[tap]答、thap[tʻap]塌、tsap[tsap]杂；

iap [iap]：chiap[tɕiap]接、chhiap[tɕʻiap]窃、giap[giap]业、hiap[hiap]胁、iap[iap]叶、kiap[kiap]劫、khiap[kʻiap]挟、liap[liap]摄、tiap[tiap]叠、thiap[tʻiap]贴；

ip [ip]：chip[tɕip]执、chhip[tɕʻip]缉、hip[hip]翕、ip[ip]揖、jip[dzip]入、kip[kip]急、khip[kʻip]吸、lip[lip]立、sip[sip]十、siap[siap]涩；

op[ɔp]：hop[hɔp]口（含在嘴里）、lop[lɔp]口（湿的沙质地方）；

at [at]：at[at]遏、bat[bat]密、chhat[tsʻat]察、hat[hat]豁、kat[kat]结、khat[kʻat]口、lat[lat]喇、pat[pat]八、sat[sat]虱、tat[tat]达、that[tʻat]塞、tsat[tsat]札；

it [it]：bit[bit]密、chit[tɕit]质、chhit[tɕʻit]七、hit[hit]彼、it[it]乙、jit[dzit]日、kit[kit]结、khit[kʻit]乞、pit[pit]笔、phit[pʻit]笔、sit[sit]失、tit[tit]得、thit[tʻit]口；

ut [ut]：but[but]物、chhut[tsʻut]出、gut[gut]吃、hut[hut]忽、kut[kut]骨、khut[kʻut]窟、lut[lut]律、put[put]不、phut[pʻut]口、sut[sut]恤、tut[tut]突、thut[tʻut]秃、tsut[tsut]卒、ut[ut]熨；

iet[iat]：biet[biat]灭、chiet[tɕiat]节、chhiat[tɕʻiat]切、giet[giat]蠍、hiet[hiat]血、iet[iat]谒、jiet[dziat]热、kiet[kiat]洁、khiet[kʻiat]揭、liet[liat]列、piet[piat]别、phiet[pʻiat]撇、siet[siat]洩、tiet [tiat]秩、thiet[tʻiat]撤；

oat[uat]：boat[buat]末、chhoat[tsʻuat]撮、goat[guat]月、hoat[huat]髮、koat[kuat]刮、khoat[kʻuat]缺、loat[luat]劣、oat[uat]越、poat[puat]拔、phoat[pʻuat]撇、soat[suat]说、thoat[tʻuat]脱、tsoat[tsuat]拙；

ak [ak]：ak[ak]沃、bak[bak]目、chhak[tsʻak]凿、gak[gak]乐、hak[hak]学、kak[kak]觉、khak[kʻak]确、lak[lak]落、pak[pak]剥、phak[pʻak]曝、sak[sak]口、tak[tak]触、thak[tʻak]读、tsak[tsak]口；

ok [ɔk]：bok[bɔk]目、gok[gɔk]愕、hok[hɔk]復、kok[kɔk]国、khok[kʻɔk]哭、lok[lɔk]落、ok[ɔk]恶、pok[pɔk]驳、phok[pʻɔk]朴、sok[sɔk]速、tok[tɔk]笃、thok[tʻɔk]讬、tsok[tsɔk]作；

iak [iak]：khiak[kʻiak]口、siak[siak]口、tiak[tiak]口；

iok [iɔk]：chiok[tɕiɔk]足、chhiok[tɕʻiɔk]鹊、giok[giɔk]玉、hiok[hiɔk]郁、iok[iɔk]约、jiok[dziɔk]肉、kiok[kiɔk]脚、khiok[kʻiɔk]却、liok[liɔk]六、siok[siɔk]缩、tiok[tiɔk]筑、thiok[tʻiɔk]畜；

ek[ik]：bek[bik]默、chek[tɕik]迹、chhek[tɕʻik]促、ek[ik]益、gek[gik]逆、hek[hik]吓、kek[kik]革、khek[kʻik]刻、lek[lik]勒、pek[pik]煏、phek[pʻik]璧、sek[sik]索、tek[tik]德、thek[tʻik]勑。

从上可见，《厦门话字典补编》共有韵母85个，比《厦英大辞典》中厦门方言84个韵母多了1个。具体归纳如下：

第一，《厦门话字典补编》与《厦英大辞典》同，单元音韵母6个，复元音韵母10个。

第二，《厦门话字典补编》保留ien[ian]韵母，删除ian[ian]韵母。

第三，《厦门话字典补编》鼻化韵母13个，比《厦英大辞典》多2个，即oⁿ[õ]口、eⁿ[ẽ]猛。

第四，《厦门话字典补编》收-ʔ喉塞尾韵母25个，《厦英大辞典》27个。《厦英大辞典》有aih[aiʔ]、uihⁿ[uĩʔ]、aihⁿ[ãiʔ]是《厦门话字典补编》所没有的，《厦门话字典补编》则有oˑh[ɔʔ]韵母是《厦英大辞典》没有的。

第五，《厦门话字典补编》收-p、-t、-k辅音尾韵母14个，比《厦英大辞典》增加了op[ɔp]韵母。

四 《厦门话字典补编》声调系统研究

巴克礼没有对《厦门话字典补编》的声调系统做专门的描写，但据考察，它与杜嘉德编撰的《厦英大辞典》声调的表示法是一致的。现举例说明如下：

调类	标音	例字	标号	调类	标音	例字	标号
上平	chiūⁿ-piâⁿ	晶cheng	不标符号	下平	ē-piâⁿ	情chêng	ˆ
上声	chiūⁿ-siaⁿ	整chéng	ˊ	——	——	——	——
上去	chiūⁿ-khì	正chèng	ˋ	下去	ē-khì	静chēng	ˉ
上入	chiūⁿ-jip	烛chek	不标符号	下入	ē-jíp	籍chék	ˊ

所不同的是，杜嘉德《厦英大辞典》不仅描写了厦门方言单字调，也描写了二字组的连读变调；而巴克礼《厦门话字典补编》并没有对声调系统做专门的描写。

综上所述，巴克礼《厦门话字典补编》基本上保持了《厦英大辞典》的编写体例，其最大功绩是把每个音节配上一个汉字。杜嘉德《厦英大辞典》所反映的韵系主要是140年前的厦门方言韵类，同时也吸收了当时漳州地区和泉州地区的方言特殊韵类。而巴克礼《厦门话字典补编》则删除了漳州地区的方言韵类，也删除了泉州地区的方言韵类，所反映的韵系主要是90年前的厦门方言韵类。

第九节 传教士编撰八种厦门方言辞书音系综合比较研究
——19世纪中叶至20世纪初叶八部西方传教士编撰的厦门方言辞书音系比较研究

一 八部西方传教士编撰的厦门方言辞书概说

鸦片战争后，中国满清政府与西方列强签订了许多不平等条约，开放广州、厦门、福州、宁波、上海为通商口岸，允许英国人在通商口岸设驻领事馆。基督教会在炮下之盟的庇护下开启了对华的传教活动，新教传教士为了适应闽台社会，克服语言障碍，提高传教效率，编撰了一定数量的闽台方言字典。在本书里，我们着重介绍并比较西方传教士所编撰的8种厦门方言字典、辞典所反映的音系。

西方传教士编撰的厦门方言辞书主要有8种：即美国传教士罗啻编撰的《翻译英华厦腔语汇》（简称《翻译》）(1853年)、英国牧师杜嘉德编撰的《厦英大辞典》（简称《厦英》）（1873年）、荷兰通译佛兰根、赫莱斯编撰的《厦荷大辞典》（简称《厦荷》）（1882年）、英国传教士麦嘉湖编撰的《厦门方言英汉辞典》（1883年）（简称《英厦》）、乔治·莱斯里·马偕编撰的《中西字典》（简称《中西》）（1891年）、打马字牧师编撰的《厦门音的字典》（简称《打马》）（1894年）、英国传教士甘为霖编撰的《厦门音新字典》（简称《甘典》）（1913年）和英国传教士巴克礼编撰的《厦门话字典补编》（简称《补编》）（1923年）等。笔者对以上8部方言辞书逐一进行仔细研究。现将它们的声韵调系统进行综合比较。

二　厦门方言辞书声母系统比较研究

现将以上8种厦门方言字典辞书的声母系统比较如下：

表一

厦英	p	ph	b	m	t	th	l	n	ch	chh	ts	ts'h	s	j	k	kh	g	ng	h	0
中西	p	ph	b	m	t	th	l	n	ch	chh	ts	—	s	j	k	kh	g	ng	h	0
甘典	p	ph	b	m	t	th	l	n	ch	chh	ts		s	j	k	kh	g	ng	h	0
补编	p	ph	b	m	t	th	l	n					s		k	kh	g		h	0
国际音标	p	p'	b	m	t	t'	l	n	tɕ ts	tɕ' ts'	ts	ts'	s	dz	k	k'	g	ŋ	h	∅

表二

翻译	p	p'	b	m	t	t'	l	n	ch	ch'	—	—	s	j	k	k'	g	ng	h	0
厦荷	p	p'	b	m	t	t'	l	n	—	—	ts	ts'	s	dz	k	k'	g	ng	h	0
英厦	p	ph	b	m	t	th	l	n	—	chh	ts		s	j	k	kh	g	ng	h	0
打马	p	ph	b	m	t	th	l	n	ch	chh			s	j	k	kh	g	ng	h	0
国际音标	p	p'	b	m	t	t'	l	n			ts	ts'	ts	ts'	s	dz	k	k'	g	ŋ	h	∅

以上二表可见，8种辞书中p、b、m、t、l、n、s、k、g、ng、h等11个声母拟音是

一致的；以a、o、e、i、u开头均为零声母也是一致的。不同之处有：

(1)送气符号《厦英大辞典》《厦门方言英汉辞典》《中西字典》《厦门音的字典》《厦门音新字典》《厦门话字典补编》等6种辞书用"h"表示，唯独《翻译英华厦腔语汇》和《厦荷大辞典》则用"'"符号来表示。根据罗常培在《厦门音系》（1931年）"各式罗马字的异同"记载，"周辨明式"音标、"Campbell式"音标、"Douglas式"音标均以"h"符号表示送气；"Doty式"音标则以"'"符号来表示送气。

(2)表一有4种韵书《厦英大辞典》《中西字典》《厦门音新字典》《厦门话字典补编》出现ch、chh、ts等3个字母，《厦英大辞典》出现ts'h字母，但无一例字。关于这些字母的拟音问题，罗常培（1931年）设计了"厦门声母与十五音比较表"：

音值	p	p'	b m	t	t'	l n	k	k'	gŋ	ʔ	h	ts tɕ	ts' tɕ'	s	dz
音位	b	p	bb m	d	t	l n	g	k	gg ng	□	h	tz	ts	s	dz
十五音	边	颇	门	地	他	柳	求	去	语	英	喜	曾	出	时	入

罗常培认为，"tz, ts跟齐齿（i一类）韵母拼时，受颚化影响变成舌面前的[tɕ][tɕ']；但g系跟齐齿类（i一类）韵母拼时，仍旧保持本音，不受颚化影响。"（第40页）其意思是说，曾、出二母跟齐齿（i一类）韵母拼时，受颚化影响变成舌面前的[tɕ][tɕ']；若与非齐齿（i一类）韵母拼时，就读作[ts][ts']。至于求、去二母跟齐齿类（i一类）韵母拼时，仍旧保持本音，不受颚化影响。因此，我们将字母ch，chh与齐齿（i一类）韵母拼时，因受颚化影响变成舌面前的[tɕ]、[tɕ']；若与非齐齿（i一类）韵母拼时，就读作[ts]、[ts']。ts字母均与非齐齿（i一类）韵母拼时，就拟音为[ts]。

(3)表二有4种韵书只有一套舌尖前塞擦音[ts]、[ts']：《厦荷大辞典》以ts、ts'表示；《厦门方言英汉辞典》以ts、chh表示；《翻译英华厦腔语汇》以ch、ch'表示；《厦门音的字典》以ch、chh表示。

(4)唯独《厦荷大辞典》以dz表示[dz]，其余7种辞书均以j表示[dz]。

三 厦门方言辞书韵母系统比较研究

以上8种厦门方言字典辞书韵母系统比较部分，我们拟分为"元音韵韵母"、"鼻音韵韵母"、"鼻化韵母"、"声化韵母"、"入声韵(收-h尾)韵母"和"入声韵(收-p,-t,-k尾)韵母"诸部分进行比较研究：

1.元音韵韵母比较表

西方传教士编撰的8种厦门方言辞书均有6个单元音韵母，即[a]、[ɔ]、[o]、[e]、[i]、[u]；均有10个复元音韵母，即[ia]、[ua]、[io]、[ue]、[ui]、[iu]、[ai]、[au]、[iau]、[uai]。只是它们的罗马字标音不尽一致。请看下表：

(1)单元音

翻译	a[a]柴	o[ɔ]土	o[o]瑚	e[e]马	i[i]枝	u[u]字
厦英	a[a]阿	ɵ[ɔ]乌	o[o]窝	e[e]下	i[i]衣	u[u]污
厦荷	a[a]阿	o[ɔ]乌	o[o]窝	e[e]下	i[i]衣	u[u]污
英厦	a[a]亚	o[ɔ]姑	o[o]和	e[e]家	i[i]意	u[u]有
中西	a[a]麻	o[ɔ]乌	o[o]荷	e[e]糜	i[i]医	u[u]圩
打马	a[a]鸦	o[ɔ]乌	o[o]阿	e[e]裔	i[i]伊	u[u]污
甘典	a[a]鸦	o[ɔ]乌	o[o]阿	e[e]裔	i[i]伊	u[u]污
补编	a[a]亚	o[ɔ]乌	o[o]荷	e[e]锅	i[i]医	u[u]圩

上表可见，8种辞书均有[a]、[ɔ]、[o]、[e]、[i]、[u]6个韵母，其罗马字音标与国际音标多数相同，唯独[ɔ]韵母有不同表示法，《厦英大辞典》以"ɵ"表示，《厦荷大辞典》以"o̤"表示，其余6种字典、辞书均以"o"表示。

根据罗常培在《厦门音系》（1931年）"各式罗马字的异同"记载，"周辨明式"音标、"Campbell式"音标、"Doty式"音标均以"o"符号表示[ɔ]；"Douglas式"音标则以"ɵ"符号表示[ɔ]；以"o̤"表示[ɔ]是《厦荷大辞典》独创的。

(2)复元音

翻译	ia[ia]社	oa[ua]大	io[io]蕉	oe[ue]地	ui[ui]雷	iu[iu]宙
厦英	ia[ia]爷	oa/wa[ua]娃	io[io]腰	oe[ue]矮	ui[ui]威	iu[iu]尤
厦荷	ia[ia]爷	oa[ua]娃	io[io]腰	oe[ue]卫	ui[ui]威	iu[iu]尤
英厦	ia[ia]赦	oa[ua]倚	io[io]腰	oe[ue]话	ui[ui]位	iu[iu]右
中西	ia[ia]椰	oa[ua]歌	io[io]庙	oe[ue]挨	ui[ui]位	iu[iu]休
打马	ia[ia]爷	oa[ua]娃	io[io]腰	oe[ue]卫	ui[ui]威	iu[iu]忧
甘典	ia[ia]爷	oa[ua]娃	io[io]腰	oe[ue]卫	ui[ui]威	iu[iu]忧
补编	ia[ia]耶	oa[ua]娃	io[io]腰	oe[ue]挨	ui[ui]位	iu[iu]优
翻译	ai[ai]海	au[au]头	iau[iau]潮	oai[uai]歪		
厦英	ai[ai]埃	au[au]瓯	iau[iau]要	oai/wai[uai]歪		
厦荷	ai[ai]哀	ao[au]瓯	iao[iau]谣	oai[uai]歪		
英厦	ai[ai]爱	au[au]后	iau[iau]庙	oai[uai]外		
中西	ai[ai]哀	au[au]欧	iau[iau]要	oai[uai]拐		
打马	ai[ai]哀	au[au]凹	iau[iau]妖	oai[uai]歪		
甘典	ai[ai]哀	au[au]凹	iau[iau]妖	oai[uai]歪		
补编	ai[ai]哀	au[au]欧	iau[iau]枵	oai[uai]歪		

上表可见，8种辞书均有[ia]、[ua]、[io]、[ue]、[ui]、[iu]、[ai]、[au]、[iau]、[uai]

等10个复元音韵母，其罗马字音标与国际音标多数相同，不同之处有：(1)《厦英大辞典》以oa/wa表示[ua]，其他7种字典、辞书则以oa表示[ua]；(2)《厦英大辞典》以oai/wai表示[uai]，其他7种字典、辞书则以oai表示[uai]；(3)《厦荷大辞典》以ao表示[au]，以iao表示[iau]，其余辞书则以au表示[au]，以iau表示[iau]；(4)8种辞书均以oe表示[ue]，与国际音标不同。

根据罗常培在《厦门音系》（1931年）"各式罗马字的异同"记载，"周辨明式"音标、"Campbell式"音标、"Douglas式"音标、"Doty式"音标均以oa表示[ua]，以oe表示[ue]，以oai表示[uai]；"Medhurst式"音标则以wa表示[ua]，以öey表示[ue]，以wae表示[uai]；"周辨明式"音标、"Campbell式"音标、"Douglas式"音标、"Doty式"音标均以au表示[au]，以iau表示[iau]，《厦荷大辞典》则以ao表示[au]，以iao表示[iau]。

2. 鼻音韵韵母比较表

西方传教士编撰的8种厦门方言辞书均有4个收-m尾的鼻音韵母，即[am]、[iam]、[im]、[ɔm]；均有5个收-n尾的鼻音韵母，即[an]、[in]、[un]、[ian]、[uan]；均有6个收-ŋ尾的鼻音韵母，即[aŋ]、[iaŋ]、[uaŋ]、[iŋ]、[ɔŋ]、[iɔŋ]。只是它们的罗马字标音不尽一致。请看下表：

翻译	am[am]暗	iam[iam]盐	im[im]荫	om[ɔm]参	
厦英	am[am]骯	iam[iam]尖	im[im]侵	om[ɔm]掩	
厦荷	am[am]暗	iem[iam]盐	im[im]音	om[ɔm]参	
英厦	am[am]参	iam[iam]厌	im[im]饮	om[ɔm]参	
中西	am[am]暗	iam[iam]掩	im[im]阴	om[ɔm]参	
打马	am[am]庵	iam[iam]淹	im[im]音	om[ɔm]参	
甘典	am[am]庵	iam[iam]淹	im[im]音	om[ɔm]参	
补编	am[am]暗	iam[iam]掩	im[im]阴	om[ɔm]参	

上表可见，8种辞书绝大多数均有以am表示[am]、iam表示[iam]、im表示[im]、om表示[ɔm]等4个收-m尾的韵母，唯独《厦荷大辞典》以iem表示[iam]。

翻译	an[an]丹	in[in]真	un[un]云	ian[ian]铅	oan[uan]源	
厦英	an[an]安	in[in]贫	un[un]分	ian/ien[ian]便	oan/wan[uan]弯	
厦荷	an[an]安	in[in]引	un[un]恩	ien[ian]延	oan[uan]弯	
英厦	an[an]按	in[in]亲	un[un]允	ien[ian]渊	oan[uan]怨	
中西	an[an]安	in[in]因	un[un]温	ian/ien[ian]鹑	oan[uan]冤	
打马	an[an]安	in[in]因	un[un]恩	ian[ian]烟	oan[uan]冤	
甘典	an[an]寒	in[in]因	un[un]恩	ian[ian]烟	oan[uan]冤	
补编	an[an]安	in[in]因	un[un]温	ien[ian]鹑	oan[uan]冤	

上表可见，8种辞书均以an表示[an]，in表示[in]，un表示[un]，与国际音标同；不同之处有：(1)《厦英大辞典》和《中西字典》中以ian、ien表示[ian]；《翻译英华厦腔语汇》、《厦门音的字典》和《厦门音新字典》以ian表示[ian]；《厦荷大辞典》、《厦门方言英汉辞典》和《厦门话字典补编》以ien表示[ian]；(2)唯独《厦英大辞典》以oan、wan表示[uan]，其余7种辞书则以oan表示[uan]。

翻译	ang[aŋ]铜	iang[iaŋ]双	oang[uaŋ]口	ieng[iŋ]虹	ong[ɔŋ]黄	iong[iɔŋ]涨
厦英	ang[aŋ]翁	iang[iaŋ]仰	oang/wang[uaŋ]风	eng[iŋ]英	ong[ɔŋ]公	iong[iɔŋ]容
厦荷	ang[aŋ]公	iang[iaŋ]央	oang[uaŋ]闯	ing[iŋ]英	ong[ɔŋ]王	iong[iɔŋ]阳
英厦	ang[aŋ]人	iang[iaŋ]响	oang[uaŋ]风	eng[iŋ]应	ong[ɔŋ]王	iong[iɔŋ]勇
中西	ang[aŋ]红	iang[iaŋ]双	oang[uaŋ]闯	eng[iŋ]英	ong[ɔŋ]翁	iong[iɔŋ]容
打马	ang[aŋ]翁	iang[iaŋ]央	oang[uaŋ]闯	eng[iŋ]樱	ong[ɔŋ]汪	iong[iɔŋ]央
甘典	ang[aŋ]翁	iang[iaŋ]央	oang[uaŋ]闯	eng[iŋ]英	ong[ɔŋ]王	iong[iɔŋ]容
补编	ang[aŋ]红	iang[iaŋ]响	oang[uaŋ]闯	eng[iŋ]英	ong[ɔŋ]翁	iong[iɔŋ]容

上表可见，8种辞书均以ang表示[aŋ]，iang表示[iaŋ]，ong表示[ɔŋ]，iong表示[iɔŋ]，不同之处在于：(1)《厦英大辞典》以oang/wang表示[uaŋ]，其余辞书均以oang表示[uaŋ]；(2)《翻译英华厦腔语汇》以ieng表示[iŋ]，《厦荷大辞典》以ing表示[iŋ]，其余6种辞书均以eng表示[iŋ]。

根据罗常培在《厦门音系》（1931年）"各式罗马字的异同"记载，"周辨明式"音标、"Campbell式"音标、"Doty式"音标均以ian表示[ian]，以oang表示[uaŋ]，"Douglas式"音标则以ien表示[ian]，"Medhurst式"音标则以wang表示[uaŋ]；"周辨明式"音标、"Campbell式"音标、"Medhurst式"音标均以eng表示[iŋ]，"Douglas式"音标以ing表示[iŋ]，"Doty式"音标则以ieng表示[iŋ]；以iem表示[iam]，是《厦荷大辞典》独创的。

3.鼻化韵韵母比较表／声化韵韵母比较表

西方传教士编撰的8种厦门方言辞书共记载了14个鼻化韵母，即[ã]、[ɔ̃]、[ĩ]、[iã]、[uã]、[uĩ]、[iũ]、[ãi]、[ãu]、[iãu]、[uãi]、[ẽ]、[õ]、[ũ]。它们各自的鼻化韵母不一：《厦英大辞典》11个，《翻译英华厦腔语汇》《厦荷大辞典》《厦门音的字典》和《厦门音新字典》均12个，《厦门方言英汉辞典》《中西字典》和《厦门话字典补编》均13个。请看下表：

翻译	a^n[ã]林	o^n[ɔ̃]五	e^n[ẽ]骂	i^n[ĩ]天	——	——
厦英	a^n[ã]呀	ɵ^n[ɔ̃]恶	——	i^n[ĩ]院	——	——
厦荷	a[ã]馅	ɔ[ɔ̃]毛	e[ẽ]婴	i[ĩ]丸	——	——
英厦	a^n[ã]衫	o^n[ɔ̃]五	e^n[ẽ]婴	i^n[ĩ]院	o^n[õ]好	——
中西	a^n[ã]那	o^n[ɔ̃]火	——	i^n[ĩ]蜓	o^n[õ]峨	u^n[ũ]口
打马	a^n[ã]馅	o^n[ɔ̃]毛	e^n[ẽ]猛	i^n[ĩ]易	——	——
甘典	a^n[ã]馅	o^n[ɔ̃]火	e^n[ẽ]猛	i^n[ĩ]易	——	——
补编	a^n[ã]拦	o^n[ɔ̃]毛	e^n[ẽ]猛	i^n[ĩ]蜓	o^n[õ]口	——

翻译	ia^n[iã]影	oa^n[uã]寒	ui^n[uĩ]梅	iu^n[iũ]樟	ai^n[ãi]指	au^n[ãu]闹
厦英	ia^n[iã]影	oa^n/wa^n[uã]安	ui^n[uĩ]黄	iu^n[iũ]羊	ai^n[ãĩ]哼	au^n[ãũ]噉
厦荷	ia[iã]影	oa[uã]换	ui[uĩ]媒	iu[iũ]羊	ai[ãi]乃	au[ãu]矛
英厦	ia^n[iã]影	oa^n[uã]换	ui^n[uĩ]每	iu^n[iũ]香	ai^n[ãi]奈	au^n[ãu]貌
中西	ia^n[iã]营	oa^n[uã]鞍	ui^n[uĩ]梅	iu^n[iũ]鸯	ai^n[ãi]买	au^n[ãu]脑
打马	ia^n[iã]营	oa^n[uã]鞍	ui^n[uĩ]每	iu^n[iũ]羊	ai^n[ãi]乃	au^n[ãu]铙
甘典	ia^n[iã]营	oa^n[uã]鞍	ui^n[uĩ]媒	iu^n[iũ]羊	ai^n[ãi]艾	au^n[ãu]矛
补编	ia^n[iã]营	oa^n[uã]鞍	ui^n[uĩ]梅	iu^n[iũ]鸯	ai^n[ãi]耐	au^n[ãu]脑

翻译	iau^n[iãu]鸟	oai^n[uãi]橫
厦英	iau^n[iãũ]口	oai^n/wai^n[uãĩ]挨
厦荷	iau[iãu]鸟	oai[uãi]横
英厦	iau^n[iãu]猫	oai^n[uãi]横
中西	iau^n[iau]猫	oai^n[uãi]横
打马	iau^n[iãu]爪	oai^n[uãi]挨
甘典	iau^n[iãu]爪	oai^n[uãi]橫
补编	iau^n[iãu]爪	oai^n[uãi]挨

翻译	m[m]梅	ng[ŋ]光
厦英	m[m]姆	ng[ŋ]秧
厦荷	em[m]不	eng[ŋ]黄
英厦	m[m]梅	ng[ŋ]卵
中西	m[m]梅	ng[ŋ]央
打马	m[m]不	ng[ŋ]黄
甘典	m[m]不	ng[ŋ]黄
补编	m[m]梅	ng[ŋ]央

上表可见，8种厦门方言辞书共有11个鼻化韵母，即[ã]、[ɔ̃]、[ĩ]、[iã]、[uã]、[uĩ]、[iũ]、[ãi]、[ãu]、[iãu]、[uãi]。差异之处在于：(1)唯独《厦英大辞典》和《中西字典》无[ẽ]韵母，其余6种辞书均有[ẽ]韵母；(2)唯独《厦门方言英汉辞典》《中西字典》和《厦门话字典补编》有[ɔ̃]韵母，其余5种辞书均无[ɔ̃]韵母；(3)唯独《中西字典》有[ũ]韵母，其余7种辞书均无。(4)唯独《厦荷大辞典》鼻化韵的表示符号是在主要元音或元音韵尾之下加上"—"，如"a̱[ã]、i̱[ĩ]、o̱[ɔ̃]、ui̱"，而其余7种辞书则是在音节的右上角加上""，如"a^n[ã]、i^n[ĩ]、o^n[ɔ̃]"。

8种辞书均有2个声化韵韵母，即[ŋ]、[m]。《厦荷大辞典》与其余7种辞书不同之处在于：它以eng表示[ŋ]，以em表示[m]，而其余7种辞书则均以ng表示[ŋ]，m表示[m]。

根据罗常培在《厦门音系》（1931年）"各式罗马字的异同"记载，"周辨明式"音标、"Campbell式"音标、"Douglas式"音标、"Doty式"音标均在音节的右上角加上""是鼻化韵符号，《厦荷大辞典》鼻化韵的表示符号是在主要元音或元音韵尾之下加上"—"，是其独创的。"周辨明式"音标、"Campbell式"音标、"Douglas式"音标、"Doty式"音标均以oa^n表示[uã]，以oai^n表示[uãi]，"Medhurst式"音标则以wa^{ng}表示[uã]，以wa^{ng}表示[uãi]，而《厦英大辞典》以wa^n表示[uã]，以wai^n表示[uãĩ]，是其独创。"周辨明式"音标、"Campbell式"音标、"Douglas式"音标、"Doty式"音标均以m表示[m]，以ng表示[ŋ]，"Medhurst式"音标则以u^m表示[m]，以e^{ng}表示[ŋ]，而《厦荷大辞典》以eng表示[ŋ]、以em表示[m]则是其独创。

4.入声韵(收-h尾)韵母比较表

西方传教士编撰的8种厦门方言辞书共记载了29个收-h尾的入声韵母：[aʔ]、[oʔ]、[eʔ]、[iʔ]、[uʔ]、[ɔʔ]、[iaʔ]、[uaʔ]、[ioʔ]、[ueʔ]、[uiʔ]、[auʔ]、[aiʔ]、[iuʔ]、[iauʔ]、[ãʔ]、[ẽʔ]、[ĩʔ]、[ɔ̃ʔ]、[õʔ]、[iãʔ]、[uẽʔ]、[ãuʔ]、[uĩʔ]、[ãiʔ]、[iãuʔ]、[uãiʔ]、[ŋʔ]、[mʔ]。它们所记载的韵母不一：《翻译英华厦腔语汇》17个、《厦英大辞典》27个、《厦荷大辞典》25个、《厦门方言英汉辞典》24个、《中西字典》17个、《厦门音的字典》17个、《厦门音新字典》26个、《厦门话字典补编》25个。请看下表：

(1)"单元音＋h尾"韵母

翻译	ah[aʔ]甲	oh[oʔ]薄	eh[eʔ]月	ih[iʔ]铁	uh[uʔ]托	——
厦英	ah[aʔ]鸭	oh[oʔ]学	eh[eʔ]麦	ih[iʔ]接	uh[uʔ]托	——
厦荷	ah[aʔ]鸭	oh[oʔ]学	eh[eʔ]阰	ih[iʔ]舌	uh[uʔ]托	——
英厦	ah[aʔ]押	oh[oʔ]学	eh[eʔ]厄	ih[iʔ]滴	uh[uʔ]托	——
中西	ah[aʔ]押	oh[oʔ]落	eh[eʔ]瘟	ih[iʔ]裂	uh/ooh[uʔ]托	——
打马	ah[aʔ]押	oh[oʔ]学	eh[eʔ]雪	ih[iʔ]舌	uh[uʔ]发	——
甘典	ah[aʔ]肉	oh[oʔ]鹤	eh[eʔ]阰	ih[iʔ]鳖	uh[uʔ]托	——
补编	ah[aʔ]押	oh[oʔ]恶	eh[eʔ]阰	ih[iʔ]铁	uh[uʔ]发	o'h[ɔʔ]口

上表可见，8种厦门方言辞书共有[aʔ]、[oʔ]、[eʔ]、[iʔ]、[uʔ]等5个"单元音＋h尾"入声韵母。不同之处是：(1)《厦门话字典补编》比其余7种辞书多了[ɔʔ]韵母；(2)《中西字典》以uh和ooh表示[uʔ]韵母，其余7种辞书均以uh表示[uʔ]。

(2)"复元音＋h尾"韵母

翻译	iah[iaʔ]锡	oah[uaʔ]葛	ioh[ioʔ]石	oeh[ueʔ]笑	uih[uiʔ]血	auh[auʔ]雹
厦英	iah[iaʔ]食	oah/wah[uaʔ]热	ioh[ioʔ]石	oeh[ueʔ]血	uih[uiʔ]血	auh[auʔ]吼
厦荷	iah[iaʔ]页	oah[uaʔ]热	ioh[ioʔ]药	oeh[ueʔ]狭	uih[uiʔ]血	aoh[auʔ]雹
英厦	iah[iaʔ]赤	oah[uaʔ]活	ioh[ioʔ]药	oeh[ueʔ]八	uih[uiʔ]血	auh[auʔ]落
中西	iah[iaʔ]食	oah[uaʔ]活	ioh[ioʔ]歇	oeh[ueʔ]狭	uih[uiʔ]拔	auh[auʔ]雹
打马	iah[iaʔ]页	oah[uaʔ]割	ioh[ioʔ]药	oeh[ueʔ]笠	uih[uiʔ]划	auh[auʔ]笃
甘典	iah[iaʔ]页	oah[uaʔ]活	ioh[ioʔ]药	oeh[ueʔ]狭	uih[uiʔ]血	auh[auʔ]落
补编	iah[iaʔ]亦	oah[uaʔ]活	ioh[ioʔ]尺	oeh[ueʔ]狭	uih[uiʔ]挖	auh[auʔ]落

翻译	——	——	——			
厦英	aih[aiʔ]口	iuh[iuʔ]楙	iauh[iauʔ]寂			
厦荷	aih[aiʔ]口	iuh[iuʔ]口	iaoh[iauʔ]愕			
英厦	aih[aiʔ]唉	iuh[iuʔ]呋	iauh[iauʔ]倢			
中西	——	——	——			
打马	——	——	——			
甘典	——	iuh[iuʔ]六	iauh[iauʔ]愕			
补编	——	iuh[iuʔ]口	iauh[iauʔ]口			

上表可见，8种厦门方言辞书共有[iaʔ]、[uaʔ]、[ioʔ]、[ueʔ]、[uiʔ]、[auʔ]等6个"复元音＋h尾"入声韵母，不同之处是：(1)《厦英大辞典》《厦荷大辞典》和《厦门方言英汉辞典》均有[aiʔ]韵母，其余5种辞书均无；(2)《厦英大辞典》《厦荷大辞典》《厦门方言英汉辞典》《厦门音新字典》和《厦门话字典补编》均有[iuʔ]、[iauʔ]韵母，其余3种则无。

(3)"鼻化韵+h尾"韵母

翻译	a^{n}h[ãʔ]凹	e^{n}h[ẽʔ]脉	i^{n}h[ĩʔ]物	——	——	ia^{n}h[iãʔ]懒
厦英	ah^n[ãʔ]□	eh^n[ẽʔ]星	ih^n[ĩʔ]搦	ɵ^{n}h[ɔ̃ʔ]□		iah^n[iãʔ]吓
厦荷	ah[ãʔ]塌	eh[ẽʔ]脉	ih[ĩʔ]物	oh[ɔ̃ʔ]膜		iah[iãʔ]嚇
英厦	ah^n[ãʔ]攫	eh^n[ẽʔ]脉	ih^n[ĩʔ]物	o^{n}h[ɔ̃ʔ]膜		iah^n[iãʔ]愕
中西	ah^n[ãʔ]凹	eh^n[ẽʔ]蜯	ih^n[ĩʔ]乜	o^{n}h[ɔ̃ʔ]膜	oh[õʔ]示	——
打马	ah^n[ãʔ]塌	eh^n[ẽʔ]脉	ih^n[ĩʔ]物		o^{n}h[õʔ]膜	
甘典	a^{n}h[ãʔ]塌	e^{n}h[ẽʔ]脉	i^{n}h[ĩʔ]物	o·h[ɔ̃ʔ]膜		ia^{n}h[iãʔ]愕
补编	ah^n[ãʔ]塌	eh^n[ẽʔ]蜯	ih^n[ĩʔ]瞄	o·h[ɔ̃ʔ]膜		iah^n[iãʔ]吓

翻译	oe^{n}h[uẽʔ]英	au^{n}h[ãuʔ]嗷	——	——	——	
厦英	oeh^n[uẽʔ]□	auh^n[ãuʔ]□	uih^n[uĩʔ]□	aih^n[ãiʔ]□	iauh^n[iãuʔ]扱	oaih^n/waih^n[uãiʔ]□
厦荷	ueh[uẽʔ]夾	aoh[ãuʔ]耦			iaoh[iãuʔ]□	oaih[uãiʔ]□
英厦	oeh^n[uẽʔ]挾	auh^n[ãuʔ]杂			iau^{n}h[iãuʔ]愕	oai^{n}h[uãiʔ]杂
中西	oeh^n[uẽʔ]夾	——	——	——	——	——
打马	oeh[uẽʔ]夾	auh^n[ãuʔ]耦				
甘典	oe^{n}h[uẽʔ]夾	au^{n}h[ãuʔ]耦	ui^{n}h[uĩʔ]薹	ai^{n}h[ãiʔ]唷	iau^{n}h[siãuʔ]□	oai^{n}h[kuãiʔ]□
补编	oeh^n[uẽʔ]夾	auh^n[ŋauʔ]□			iauh^n[iãuʔ]拆	oaih^n[uãiʔ]□

上表可见，8种厦门方言辞书共有[ãʔ]、[ẽʔ]、[ĩʔ]、[uẽʔ]等4个"鼻化韵＋h尾"的入声韵母，不同之处是：(1)唯独《翻译英华厦腔语汇》和《厦门音的字典》无[ɔ̃ʔ]韵母，其余6种辞书均有[ɔ̃ʔ]韵母；(2)唯独《中西字典》和《厦门音的字典》有[õʔ]韵母，其余6种辞书均无；(3)唯独《中西字典》和《厦门音的字典》无[iãʔ]韵母，其余均有[iãʔ]韵母；(4)唯独《中西字典》无[ãuʔ]韵母，其余7种辞书均有[ãuʔ]韵母；(5)《厦英大辞典》和《厦门音新字典》有[uĩʔ]、[ãiʔ]韵母，其余6种辞书均无；(6)唯独《翻译英华厦腔语汇》《中西字典》和《厦门音的字典》无[iãuʔ]、[uãiʔ]韵母，其余5种辞书均有[iãuʔ]、[uãiʔ]韵母。

(4)"声化韵+h尾"韵母

翻译	——	——		
厦英	ngh[ŋʔ]□	mh[mʔ]□		
厦荷	engh[ŋʔ]□	emh[mʔ]默		
英厦	——	mh[mʔ]默		
中西	——	——		
打马	——	——		
甘典	ngh[ŋʔ]□	mh[mʔ]默		
补编	ngh[ŋʔ]□	mh[mʔ]□		

　　上表可见，《厦英大辞典》《厦荷大辞典》《厦门音新字典》和《厦门话字典补编》均有[ŋʔ]、[mʔ]两个入声韵母；《厦门方言英汉辞典》只有[mʔ]入声韵母；唯独《翻译英华厦腔语汇》《中西字典》和《厦门音的字典》无此二入声韵母。

　　根据罗常培在《厦门音系》（1931年）"各式罗马字的异同"记载，"周辨明式"音标、"Campbell式"音标、"Douglas式"音标、"Doty式"音标均以uh表示[uʔ]，"Medhurst式"则以ooh表示[uʔ]。

　　"周辨明式"音标、"Campbell式"音标、"Douglas式"音标、"Doty式"音标均以oah表示[uaʔ]，以oaihⁿ表示[uaiʔ]，"Medhurst式"则以wah表示[uaʔ]，以waihⁿᵍ表示[uaiʔ]。

　　"周辨明式"音标以aⁿh表示[ãʔ]，以eⁿh表示[ẽʔ]，以iⁿh表示[ĩʔ]，以iaⁿh表示[iãʔ]，以oeⁿh表示[uẽʔ]，以auⁿh表示[ãuʔ]，以uiⁿh表示[uĩ7]，以aiⁿh表示[ãiʔ]，以iauⁿh表示[siãuʔ]，以oaiⁿh表示[kuaiʔ]，《翻译英华厦腔语汇》和《厦门音新字典》"鼻化韵 + h尾"音标属"周辨明式"音标；

　　"Campbell式"音标、"Douglas式"音标、"Doty式"音标均以ahⁿ表示[ãʔ]，以ehⁿ表示[ẽʔ]，以ihⁿ表示[ĩʔ]，以iahⁿ表示[iãʔ]，以oehⁿ表示[uẽʔ]，以auhⁿ表示[ãuʔ]，以uihⁿ表示[uĩʔ]，以aihⁿ[表示ãiʔ]，以iauhⁿ表示[iãuʔ]，以oaihⁿ表示[uaiʔ]，《厦英大辞典》、《厦门方言英汉辞典》、《中西字典》、《厦门音的字典》、《厦门话字典补编》"鼻化韵 + h尾"音标就属"Campbell式"音标、"Douglas式"音标、"Doty式"音标；《厦荷大辞典》"鼻化韵 + h尾"音标是独创的。

　　5.入声韵(收-p,-t,-k尾)韵母比较表

　　西方传教士编撰的8种厦门方言辞书共记载了15个收-p,-t,-k尾的入声韵母：[ap]、[iap]、[ip]、[ɔp]、[at]、[it]、[ut]、[iat]、[uat]、[ak]、[ɔk]、[iɔk]、[ik]、[iak]、[uak]。它们所记载的韵母不一：《翻译英华厦腔语汇》和《厦门音的字典》12个，《厦英大辞典》和《厦门方言英汉辞典》13个，《厦荷大辞典》、《中西字典》和《厦门话字典补编》14个，《厦门音新字典》15个。请看下表：

翻译	ap[ap]压	iap[iap]叶	ip[ip]揖	——	
厦英	ap[ap]压	iap[iap]叶	ip[ip]揖	——	
厦荷	ap[ap]压	iep[iap]叶	ip[ip]执	——	
英厦	ap[ap]压	iap[iap]粒	ip[ip]急	——	
中西	ap[ap]压	iap[iap]业	ip[ip]翕	——	
打马	ap[ap]答	iap[iap]接	ip[ip]执	——	
甘典	ap[ap]合	iap[iap]贴	ip[ip]邑	op[ɔp]口	
补编	ap[ap]压	iap[iap]叶	ip[ip]入	op[ɔp]口	

上表可见，8种厦门方言辞书共有[ap]、[iap]、[ip]等3个收-p尾的入声韵母，《厦门音新字典》和《厦门话字典补编》比其他6种辞书多了[ɔp]韵母。

翻译	at [at]遏	it[it]一	ut[ut]核	iat [iat]桔	oat[uat]拔
厦英	at[at]遏	it [it]一	ut[ut]出	iat/iet[iat]咽	oat/wat[uat]法
厦荷	at[at]谒	it[it]一	ut[ut]术	iet[iat]结	oat[uat]越
英厦	at[at]力	it[it]一	ut[ut]出	iet [iat]灭	oat[uat]月
中西	at[at]八	it[it]笔	ut[ut]忽	iat/iet[iat]洁	oat[uat]缺
打马	at[at]力	it[it]必	ut[ut]卒	iat[iat]悦	oat[uat]越
甘典	at[at]扎	it[it]日	ut[ut]熨	iat[iat]悦	oat[uat]越
补编	at[at]结	it[it]乙	ut[ut]物	iet[iat]灭	oat[uat]末

上表可见，8种辞书均以at表示[at]，it表示[it]，ut表示[ut]，与国际音标同；不同之处有：(1)《厦英大辞典》和《中西字典》中以iat/iet表示[iat]；《翻译英华厦腔语汇》、《厦门音的字典》和《厦门音新字典》以iat表示[iat]；《厦荷大辞典》《厦门方言英汉辞典》和《厦门话字典补编》以iet表示[iat]；(2)唯独《厦英大辞典》以oat/wat表示[uat]，其余7种辞书则以oat表示[uat]。这些情况与鼻音韵母雷同。

翻译	ak[ak]目	ok[ɔk]恶	iok[iɔk]肉	iek[ik]玉	——	——
厦英	ak[ak]沃	ok[ɔk]屋	iok[iɔk]育	ek[ik]益	iak[iak]约	
厦荷	ak[ak]握	ok[ɔk]握	iok[iɔk]约	ik[ik]亿	iak[iak]爆	oak[uak]口
英厦	ak[ak]学	ok[ɔk]谷	iok[iɔk]约	ek[ik]翼	iak[iak]逼	
中西	ak[ak]目	ok[ɔk]恶	iok[iɔk]约	ek[ik]益	iak[iak]口	oak[uak]息
打马	ak[ak]沃	ok[ɔk]握	iok[iɔk]烛	ek[ik]亿	——	
甘典	ak[ak]沃	ok[ɔk]莫	iok[iɔk]约	ek[ik]逆	iak[iak]爆	oak[uak]口
补编	ak[ak]沃	ok[ɔk]恶	iok[iɔk]约	ek[ik]益	iak[iak]口	

上表可见，8种辞书均以ak表示[ak]，ok表示[ɔk]，iok表示[iɔk]，不同之处在于：(1)《翻译英华厦腔语汇》以iek表示[ik]，《厦荷大辞典》以ik表示[ik]，其余6种辞书均

以ek表示[ik]；(2)唯独《翻译英华厦腔语汇》和《厦门音的字典》无[iak]韵母，其余6种辞书均有；(3)《厦荷大辞典》、《中西字典》和《厦门音新字典》有[uak]韵母，其余5种辞书均无。

根据罗常培在《厦门音系》（1931）"各式罗马字的异同"记载，"周辨明式"音标、"Campbell式"音标、"Doty式"音标均以iat表示[iat]，而"Douglas式"音标则以iet表示[iat]；"周辨明式"音标、"Campbell式"音标、"Douglas式"音标、"Doty式"音标均以oat表示[uat]，而"Medhurst式"音标则以wat表示[uat]；"周辨明式"音标、"Campbell式"音标、"Douglas式"音标、"Medhurst式"音标均以ek表示[ik]，"Doty式"音标则以iek表示[ik]，以ik表示[ik]是《厦荷大辞典》独创的。

6.现将罗啻的《翻译英华厦腔语汇》、杜嘉德的《厦英大辞典》佛兰根、赫莱斯的《厦荷大辞典》、麦嘉湖的《厦门方言英汉辞典》（1883年）、马偕《中西字典》（1891年）、打马字的《厦门音的字典》（1894年）、甘为霖的《厦门音新字典》（1922年）和巴克礼《厦门话字典补编》等8部厦门方言辞书的韵数统计如下表

| 序号 | 方言字典 | 舒声韵韵母数 | | | | | 促声韵韵母数 | | | | | 总数 |
		元音韵韵母	鼻音韵韵母	鼻化韵韵母	声化韵韵母	小计	收-h尾韵母	收-p尾韵母	收-t尾韵母	收-k尾韵母	小计	
1	翻译英华厦腔语汇	16	15	12	2	45	17	3	5	4	29	74
2	厦英大辞典	16	15	11	2	44	27	3	5	5	40	84
3	厦荷大辞典	16	15	12	2	45	25	3	5	6	39	84
4	厦门方言英汉辞典	16	15	13	2	46	24	3	5	5	37	83
5	中西字典	16	15	13	2	46	17	3	5	6	31	77
6	厦门音的字典	16	15	12	2	45	17	3	5	4	29	74
7	厦门音新字典	16	15	12	2	45	26	4	5	6	41	86
8	厦门话字典补编	16	15	13	2	46	25	4	5	5	39	85

上表可见，西方传教士编撰的8种厦门方言辞书韵母数多寡不一，其中舒声韵韵母数差别不大，最多46个，最少44个，仅3个数字；促声韵韵母数则差别较大，多者41个，少者29个，多寡相差12个。促声韵韵母收-p, -t, -k尾韵母也差别不大，就是收-h尾韵母差别较大，多者27个，少者17个，多寡相差10个，其中"鼻化韵 + h尾"韵母差别更大，这些韵母应为较早的土语层。

就此看来，西方传教士编撰的8种厦门方言辞书可以分为两种类型：一是辞书所收集的韵母属于常用的韵母，如《翻译英华厦腔语汇》和《厦门音的字典》各74个韵母，《中西字典》收77个韵母；二是所收集的韵母中既有常用的韵母，也有不常用的韵母。如《厦门音新字典》有86个韵母，《厦门话字典补编》有85个韵母，《厦英大

辞典》（只选厦门方言韵母）《厦荷大辞典》各84个韵母，《厦门方言英汉辞典》83个韵母。具体数据，上文均有详细的统计和说明。

四　厦门方言辞书声调系统比较研究

罗啻的《翻译英华厦腔语汇》、杜嘉德的《厦英大辞典》佛兰根、赫莱斯的《厦荷大辞典》、麦嘉湖的《厦门方言英汉辞典》（1883年）、马偕的《中西字典》（1891年）、打马字的《厦门音的字典》（1894年）、甘为霖的《厦门音新字典》（1922年）和巴克礼的《厦门话字典补编》等8部厦门方言辞书均为7个声调，即上平、上声、上去、上入、下平、下去、下入。

1. 单字调

西方传教士编撰的8种厦门方言辞书均记载着7个单字调，所表示的声调符号均采用英国传教士麦都思编撰的《福建方言字典》（1831年）声调表示法：

上平声无标号；上声标"´"；上去声标"`"；入声无标号；

下平声标"^"；下去声标"‾"；下入声标"´"。

请看下表：

序号	方言字典	厦门方言声调						
		上平声	上　声	上去声	上入声	下平声	下去声	下入声
1	翻译英华厦腔语汇	君kun	滚kún	棍kùn	骨kut	群kûn	郡kūn	滑kút
2	厦英大辞典	刀to	倒tó	到tò	桌toh	逃tô	道tō	夺tóh
3	厦荷大辞典	君kun	滚kún	棍kùn	骨kut	群kûn	郡kūn	滑kút
4	厦门方言英汉辞典	刀to	倒tó	到tò	桌toh	逃tô	道tō	夺tóh
5	中西字典	晶cheng	整chéng	正chèng	烛chek	情chêng	静chēng	籍chék
6	厦门音的字典	鸦a	哑á	亚à	沃ak	麻bâ	万bōn	密bùt
7	厦门音新字典	鸦a	马bé	敝pè	乙it	麻bâ	是sī	日jìt
8	厦门话字典补编	晶cheng	整chéng	正chèng	烛chek	情chêng	静chēng	籍chék

2. 连读变调

西方传教士编撰的8种厦门方言辞书中只有《翻译英华厦腔语汇》《厦英大辞典》和《厦门方言英汉辞典》3种既涉及单字调的描写，也涉及二字连读变调规律的论述。

序号	方言著作	厦门方言连读变调情况						
		上平声	上　声	上去声	上入声	下平声	下去声	下入声
1	翻译英华厦腔语汇	下去调	上平调	上声调	下入调	下去调	上去调	上入调
2	厦英大辞典	下去调	上平调	上声调	下入调	下去调	上去调	上入调
3	厦门方言英汉辞典	上去调	上平调	上上调	下入调	上去调	上去调	上入调
4	厦门音系	介乎阴平跟阳去之间	阴平	上声调	阳入	介乎阴平跟阳去之间	上去调	上入调
5	厦门方言研究	下去调	上平调	上声调	下入调	下去调	上去调	上入调

可见，《翻译英华厦腔语汇》《厦英大辞典》二字连读变调规律现与罗常培《厦门音系》和周长楫《厦门方言研究》基本上是一致的。《厦门方言英汉辞典》除了上平声演变成上去声、下平声演变成上去声外，其余调类的演变与《厦门音系》和《厦门方言研究》也是一致的。

五　八部厦门方言辞书音系与卢戆章、罗常培、周长楫厦门音系比较研究

卢戆章于1906年出版了《中国字母北京切音合订》，在开卷的中国总字母中，共有"声音"（声母）25个，"字母"（韵母）94个，拼写时，以"字母"（韵母）居中粗写，"声音"按字音的平上去入，细写于字母的上下左右，念时先韵后声。接着编者分别根据北京音（官话）、福州、泉州、漳州、厦门各地方音，列出它们的声，韵系统，并拼写实例。罗常培曾于1931年出版了《厦门音系》，作者运用现代语音学的方法，详细分析了厦门音这个重点方音。该书是第一部从学术高度研究厦门方言的著作。周长楫、欧阳忆耘1998年出版了《厦门方言研究》，是现代厦门方言研究的最重要成果。

现将8部厦门方言辞书音系与卢戆章、罗常培、周长楫厦门声母系统比较如下：

(一)声母系统比较

上文考证过，西方传教士编撰的8部厦门方言辞书所记载的声母系统不尽一致，因此分表一与罗常培声母系统进行比较，表二与卢戆章、周长楫声母系统进行比较。请看下表：

表一

传教士	p	p'	b	m	t	t'	l	n	tɕ	tɕ'	ts	ts'	s	dz	k	k'	g	ŋ	h	Ø
罗常培	边p	颇p'	门b	门m	地t	他t'	柳l	柳n	曾tɕ	曾tɕ'	出ts	出ts'	时s	入dz	求k	去k'	语g	语ŋ	喜h	英ʔ

表一既记载了一套舌面前塞擦音[tɕ]、[tɕ']，也记载了舌尖前塞擦音[ts]、[ts']，是因为上文考证过的，《厦英大辞典》《中西字典》《厦门音新字典》《厦门话字典补编》等4种韵书出现了ch、chh、ts等3个字母，据考证才拟音为两套不同的声母。这种情况与罗常培《厦门音系》的研究结果正好相合。

表二

传教士	p	p'	b	m	t	t'	l	n	ts	ts'	s	dz	k	k'	g	ŋ	h	Ø
卢戆章	卑pi	悲p'i	眉bi	弥mi	抵ti	梯t'i	哩li	尼ni	之chi	痴ch'i	丝si	而ji	基ki	欺k'i	阋gi	硬ngi	熙hi	伊i
周长楫	补p	普p'	某b	茂m	肚t	土t'	鲁l	努n	祖ts	楚ts'	所s	蕊若l n	古k	苦k'	五g	午ŋ	虎h	乌Ø

从上可见，表二仅记载一套舌尖前塞擦音[ts]、[ts']，这是因为上文考证的有4种韵书只有一套舌尖前塞擦音[ts]、[ts']，它们的表示法不一：《厦荷大辞典》以ts、ts'表示；《厦门方言英汉辞典》以ts、chh表示；《翻译英华厦腔语汇》以ch、ch'表示；《厦门音的字典》以ch、chh表示。卢戆章《中国字母北京切音合订》与《翻译英华厦腔语汇》同，以ch、ch'表示[ts]、[ts']。可见，卢戆章与罗常培的看法不一致。究竟孰是孰非，我们认为，[tɕ]、[tɕ']与[ts]、[ts']，发音方法均为塞擦音是一致的，其参差之处在于发音部位舌面前和舌尖前的细微差别而已。罗常培1929年就与赵元任、李方桂进入中央研究院历史语言研究所语言组为第一批聘用的研究员，接受了西方的学术思想和治学方法，因此，在审音方面应该比卢戆章会更高一筹。

周长楫、欧阳忆云《厦门方言研究》只有舌尖前塞擦音[ts]、[ts']一套，因为是经过近两百年的历史演变，由原来[tɕ]、[tɕ']与[ts]、[ts']两套声母，逐渐合并为[ts]、[ts']一套声母。周长楫还认为原传教士[dz]声母已演变成[l]或[n]声母。其演变方式应该是：先由浊塞擦音[dz]声母演变成浊擦音[z]声母，再由[z]声母演变成边音[l]或鼻音[n]声母。

(二)韵母系统比较

1. 元音韵韵母比较表

西方传教士编撰的8种厦门方言辞书均有"[a]、[ɔ]、[o]、[e]、[i]、[u]"等6个单元音韵母，均有"[ia]、[ua]、[io]、[ue]、[ui]、[iu]、[ai]、[au]、[iau]、[uai]"等10个复元音韵母。现与卢戆章《中国字母北京切音合订》（1906年）、罗常培《厦门音系》（1931年）和周长楫、欧阳忆云《厦门方言研究》（1998年）韵母系统比较如下：

传教士	a	ɔ	o	e	i	u	ia	ua
卢戆章	ɑ鸦	ɵ乌	o阿	e裔	i伊	u汗	iɑ爷	uɑ哇
罗常培	a家	o都	ó操	e鸡	i支	u夫	ia车	ua花
周长楫	a阿	ɔ乌	o窝	e锅	i衣	u有	ia爷	ua蛙
传教士	io	ue	ui	iu	ai	au	iau	uai
卢戆章	io腰	ue偎	ui威	iu优	ɑi哀	ɑu瓯	iɑu妖	uɑi歪
罗常培	io腰	ue话	ui追	iu忧	ai该	au包	iau标	uai乖
周长楫	io腰	ue话	ui威	iou忧	ai哀	au欧	iau妖	uai歪

上表可见，西方传教士编撰的8种厦门方言辞书所记载的16个元音韵母与卢戆章《中国字母北京切音合订》、罗常培《厦门音系》和周长楫、欧阳忆云《厦门方言研究》所记载的是一致的。

2. 鼻音韵韵母比较表

西方传教士编撰的8种厦门方言辞书均有4个收-m尾的鼻音韵母，即[am]、[iam]、[im]、[ɔm]；均有5个收-n尾的鼻音韵母，即[an]、[in]、[un]、[ian]、[uan]；均有6个收-ŋ尾的鼻音韵母，即[aŋ]、[iaŋ]、[uaŋ]、[iŋ]、[ɔŋ]、[iɔŋ]。现与卢戆章《中国字母北京切音合订》（1906年）、罗常培《厦门音系》（1931年）和周长楫、欧阳忆云《厦门方言研究》（1998年）韵母系统比较如下：

传教士	am	iam	im	ɔm/em	an	in	un	ian
卢戆章	ɑm庵	iɑm阉	im音	em参	ɑn安	in因	un殷	iɑn烟
罗常培	am贪	iam添	im阴	——	an丹	in彬	un敦	ian棉
周长楫	am庵	iam盐	im阴	——	an安	in因	un恩	ian烟

传教士	uan	aŋ	iaŋ	uaŋ	iŋ	ɔŋ	iɔŋ
卢戆章	uan弯	aŋ匼	iang央	uang汪	eng英	ɵng翁	iung雍
罗常培	uan端	ang江	iang腔	uang疆	ieng京	ong东	iong弓
周长楫	uan弯	aŋ翁	iaŋ漳	——	iŋ英	ɔŋ汪	iɔŋ央

西方传教士编撰的8种厦门方言辞书共有的15个鼻音韵母中，只有[ɔm]、[uaŋ]韵母有差异。卢戆章《中国字母北京切音合订》记载了"em"韵母，而无"om"韵母，罗常培《厦门音系》（1931）和周长楫《厦门方言研究》亦均无此韵母。据考证，反映漳州漳浦方言的韵书《汇集雅俗通十五音》就有"箴[ɔm]"、"光[uaŋ]"二韵，反映泉州方言的韵书《汇音妙悟》亦有"箴[□m]"、"风[uaŋ]"二韵，兼收漳泉二腔的《八音定诀》则无此二韵。西方传教士编撰的8种厦门方言辞书所记载的[ɔm]、[uaŋ]二韵母，是否可以这样推测，早期的厦门方言吸收了漳、泉二腔而存有这两个韵母，随着近两百年的时间推移，这两个韵母已在现代厦门方言中产生变异：先由[ɔm]演变成[em]，再由[em]演变成现在的[im]；[uaŋ]韵母则经过时间的推移而演变成想做的事[ɔŋ]。

3.鼻化韵韵母比较表／声化韵韵母比较表

西方传教士编撰的8种厦门方言辞书共记载了14个鼻化韵母、2个声化韵母，即[ã]、[ɔ̃]、[ĩ]、[iã]、[uã]、[uĩ]、[iũ]、[ãi]、[ãu]、[iãu]、[uãi]、[ẽ]、[õ]、[ũ]和[m]、[ŋ]。现与卢戆章《中国字母北京切音合订》（1906年）、罗常培《厦门音系》（1931年）和周长楫《厦门方言研究》（1998年）韵母系统比较如下：

传教士	ã	ɔ̃	ẽ	ĩ	õ	ũ	(ɛ̃)	(uɛ̃)	iã
卢戆章	ɑⁿ鸦	ɵⁿ恶	eⁿ婴	iⁿ伊	——	——	ɛⁿ咩	ueⁿ偎	iɑⁿ缨
罗常培	añ担	oñ摸	eñ婴	iñ甜	——	——	——	——	iañ声
周长楫	ã馅	ɔ̃恶	ẽ婴	ĩ圆	——	——	——	——	iã营

传教士	uã	uĩ	iũ	ãi	ãu	iãu	uãi	m	ŋ
卢戆章	uɑⁿ鞍	uiⁿ威	iuⁿ鸯	ɑiⁿ哀	ɑuⁿ瓯	iɑuⁿ猫	uɑiⁿ歪	m不	ng秧
罗常培	uañ般	uiñ梅	iouñ张	aiñ乃	auñ矛	iauñ猫	uaiñ横	m梅	ng酸
周长楫	uã碗	uĩ梅	iũ羊	ãi耐	ãu闹	iãu猫	uãi关	m怀	ŋ秧

西方传教士编撰的8种厦门方言辞书共有的14个鼻化韵母中，只有[õ]、[ũ]韵母有

差异：[ð]韵母出现在《厦门方言英汉辞典》《中西字典》和《厦门话字典补编》中，[ũ]韵母只出现在《中西字典》中，其余7种辞书均无，卢戆章《中国字母北京切音合订》、罗常培《厦门音系》和周长楫、欧阳忆云《厦门方言研究》亦均无此二韵母。[ð]韵母出现在3种方言辞书中，不属偶然，可见此韵母应该是存在的；[ũ]韵母只出现在1种方言辞书中，而且福建闽南地区也并无此韵母，可能有误。

　　卢戆章记载了"εⁿ[ɛ̃]"、"ueⁿ[uẽ]"两个韵母，而8种厦门方言辞书和罗常培、周长楫著作均无此二母。据考证，《汇集雅俗通十五音》记载了"更[ɛ̃]"韵，《汇音妙悟》和《八音定诀》则均无此韵；漳州地区多数方言有[uẽ]韵母，厦门、泉州地区均无此韵母，可见"εⁿ[ɛ̃]"、"ueⁿ[uẽ]"两个韵母应属于漳州方言，而不属于厦门、泉州方言韵母。

　　4.入声韵(收-h尾)韵母比较表

　　西方传教士编撰的8种厦门方言辞书共记载了29个收-h尾的入声韵母：[aʔ]、[oʔ]、[eʔ]、[iʔ]、[uʔ]、[ɔʔ]、[iaʔ]、[uaʔ]、[ioʔ]、[ueʔ]、[uiʔ]、[auʔ]、[aiʔ]、[iuʔ]、[iauʔ]、[ãʔ]、[ẽʔ]、[ĩʔ]、[ɔ̃ʔ]、[õʔ]、[iãʔ]、[uẽʔ]、[ãuʔ]、[uĩʔ]、[ãiʔ]、[iãuʔ]、[uãiʔ]、[ŋʔ]、[mʔ]。卢戆章《中国字母北京切音合订》（1906年）只列47个厦门字母，均为舒声韵。现只能与罗常培《厦门音系》（1931年）和周长楫、欧阳忆云《厦门方言研究》（1998年）韵母系统比较如下：

传教士	aʔ	oʔ	eʔ	iʔ	uʔ	ɔʔ	iaʔ	uaʔ
罗常培	aq甲	óq各	eq月	iq接	uq发	—	iaq掠	uaq热
周长楫	aʔ鸭	oʔ学	eʔ呃	iʔ缺	uʔ托	ɔʔ□	iaʔ页	uaʔ活
传教士	ioʔ	ueʔ	uiʔ	auʔ	aiʔ	iuʔ	iauʔ	
罗常培	ióq叶	ueq夾	uiq血	auq雹	—	—	iauq礦	
周长楫	ioʔ药	ueʔ挟	uiʔ划	auʔ□		iuʔ□	iauʔ□	uaiʔ□
传教士	ãʔ	ẽʔ	ĩʔ	ɔ̃ʔ	õʔ	iãʔ	uẽʔ	ãuʔ
罗常培	aq̃塌	eq̃夾	iq̃物	oq̃膜	—	iaq̃吓	—	—
周长楫	ãʔ喝	ẽʔ脉	ĩʔ物	ɔ̃ʔ□	—	iãʔ□	uẽʔ挟	ãuʔ□
传教士	uĩʔ	ãiʔ	iãuʔ	uãiʔ	ŋʔ	mʔ		
罗常培	—	—	iauq̃㤄	uaiq̃輵				
周长楫	—	—	iãuʔ□	uãiʔ□	ŋʔ□	mʔ默		

　　8种厦门方言辞书共记载了29个收-h尾的入声韵母中，有[aʔ]、[oʔ]、[eʔ]、[iʔ]、[uʔ]、[iaʔ]、[uaʔ]、[ioʔ]、[ueʔ]、[uiʔ]、[auʔ]、[iauʔ]、[ãʔ]、[ẽʔ]、[ĩʔ]、[ɔ̃ʔ]、[iãʔ]、[iãuʔ]、[uãiʔ]等19个韵母是罗常培《厦门音系》和周长楫《厦门方言研究》所共有的。周长楫《厦门方言研究》26个韵母中，扣除前面19个剩下[ɔʔ]、[iuʔ]、[uaiʔ]、[uẽʔ]、[ãuʔ]、[ŋʔ]、[mʔ]等7个韵母，[uaiʔ]是其他著作所没有的；此外传教士[aiʔ]、[ðʔ]、[uĩʔ]、[ãiʔ]等4个韵母是《厦门音系》和《厦门方言研究》没有收录的。

5.入声韵(收-p,-t,-k尾)韵母比较表

西方传教士编撰的8种厦门方言辞书共记载了15个收-p,-t,-k尾的入声韵母：[ap]、[iap]、[ip]、[ɔp]、[at]、[it]、[ut]、[iat]、[uat]、[ak]、[ɔk]、[iɔk]、[ik]、[iak]、[uak]。现与罗常培《厦门音系》（1931年）和周长楫等《厦门方言研究》（1998年）韵母系统比较如下：

传教士	ap	iap	ip	ɔp	at	it	ut	iat
罗常培	ap答	iap业	ip及	——	at结	it七	ut猾	iet列
周长楫	ap压	iap叶	ip摄	——	at遏	it一	ut骨	iat杰
传教士	uat	ak	ɔk	iɔk	ik	iak	uak	
罗常培	uat热	ak北	ok作	iok曲	iek克	iak矍	——	
周长楫	uat越	ak沃	ɔk恶	iɔk约	ik益	iak逼		

8种厦门方言辞书共记载的15个韵母中，[ɔp]、[uak]二韵母是罗常培《厦门音系》和周长楫《厦门方言研究》所没有的。据考证，《汇集雅俗通十五音》有"箴[ɔp]"、"光[uak]"二韵，情况与8种厦门方言辞书所记载的[ɔm]、[uaŋ]二鼻音韵母一样，是否可以这样推测，早期的厦门方言吸收了漳、泉方言而存有这两个韵母，随着近两百年的时间推移，这两个韵母已在现代厦门方言中产生变异：：先由[ɔp]演变成[ep]，再由[ep]演变成现在的[ip]；[uak]韵母则经过时间的推移而演变成现在的[ɔk]。

6. 综合统计表

序号	方言研究著作	舒声韵韵母数					促声韵韵母数					总数
		元音韵韵母	鼻音韵韵母	鼻化韵韵母	声化韵韵母	小计	收-h尾韵母	收-p尾韵母	收-t尾韵母	收-k尾韵母	小计	
1	中国字母北京切音合订	16	15	14	2	47	——	——	——	——	——	47+X
2	厦门音系	16	14	12	2	44	19	3	5	5	32	77
3	厦门方言研究	16	13	12	2	43	26	3	5	5	39	82

前文说过，西方传教士编撰的8种厦门方言辞书可以分为两种类型：一是辞书所收集的韵母属于常用的韵母，在74~77个韵母之间；二是所收集的韵母中既有常用的韵母，也有不常用的韵母，在83~86个韵母之间。罗常培《厦门音系》77个韵母属第一种类型，周长楫等《厦门方言研究》82个韵母接近第二种类型。至于卢戆章《中国字母北京切音合订》记载了47个舒声韵母，比罗常培和周长楫舒声韵母数还多，如果再加上促声韵母，总的韵母数理应超过他们的韵母数。

总之，通过比较，西方传教士编撰的8种厦门方言辞书的韵母系统与卢戆章、罗常培、周长楫关于20世纪初至20世纪末厦门方言韵母系统基本吻合。因厦门方言是在明

清时代兼收漳、泉二腔而形成的一种新型方言，其方言特点仍然保存着漳、泉二腔的个别韵类是不奇怪的。

当然，随着近两百年的历史变迁，厦门方言部分声母产生了变异，如中古音日母字由舌尖前浊塞擦音[dz]演变为舌尖前浊擦音[z]，再演变为舌尖中边音[l]或鼻音[n]；中古的齿音字由原来的舌尖前塞擦音[ts]、[ts']和舌面前塞擦音[tɕ]、[tɕ']两套，逐渐演变成舌尖前塞擦音[ts]、[ts']一套。

厦门方言部分韵母也产生变异：(1)原本鼻音韵母[ɔm]，先演变成[em]，再演变成现在的[im]；原本[uaŋ]韵母经过时间的推移而演变成现在的[ɔŋ]韵母。(2)原本鼻化韵母[õ]，经过时间的推移，由[õ]韵母演变成[ɔ̃]韵母。(3)传教士厦门方言辞书共记载了29个收-h尾的入声韵母，其中[ɔ̃ʔ]、[iãuʔ]、[uãiʔ]、[ɔʔ]、[iuʔ]、[uaiʔ]、[uẽʔ]、[ãuʔ]、[ŋʔ]、[mʔ]、[aiʔ]、[õʔ]、[uĩʔ]、[ãiʔ]等14个韵母是很不常用的。罗常培只记载19个，周长楫虽然记载26个，但所记载的26个韵母中"有音无字"者则有11个，说明是不常用的。(4)原本入声韵母[ɔp]，先演变成[ep]，再演变成现在的[ip]；原本[uak]韵母经过时间的推移而演变成现在的[ɔk]韵母。

(三)声调系统比较

1. 单字调

西方传教士编撰的8种厦门方言辞书均记载着7个单字调，与卢戆章《中国字母北京切音合订》，罗常培《厦门音系》和周长楫《厦门方言研究》的7个单字调相同。罗常培和周长楫还详细描写出其调值，但有些差异。请看下表：

序号	传教士方言字典	厦门方言声调						
		上平声	上　声	上去声	上入声	下平声	下去声	下入声
1	中国字母北京切音合订	上平	上声	上去	上入	下平	下去	下入
2	厦门音系	阴平55:	上声51:	阴去11:	阴入32:	阳平24:	阳去33:	阳入4:
3	厦门方言研究	阴平55	上声53	阴去21	阴入32	阳平35	阳去11	阳入5

罗常培和周长楫单字调调值，阴平调均为55，阴入调均为32；上声调同为降调，仅有51和53之别；阳平调均为升调，仅有24和35之别；阳去调同为平调，仅有33和11之别；阳入调同为短促调，仅有4和5之别；唯独阴去调有平调11和降调21之别。这说明厦门方言声调的调值也随着时间的推移而在产生变化。

2. 二字连读变调

厦门方言二字连读变调早在罗啻的《翻译英华厦腔语汇》（1853年）就有记载，只是没有调值的概念。过了80年罗常培出版了《厦门音系》（1931年），精确地描写出厦门方言调值。又经过了50多年周长楫等出版了《厦门方言研究》（1998年），所描写的调值又有一些变化，尤其是阴入调的变调和阳入调的变调有着明显差异。请看下表：

序号	方言字典	厦门方言连读变调情况						
		上平声	上　声	上去声	上入声	下平声	下去声	下入声
1	厦门音系	阴平变调：44	上声变调：55	阴去变调：42	阴入变调：4	阳平变调：44	阳去变调：22	阳入变调：3
2	厦门方言研究	阴平调变成阳去调	上声调变成阴平调	阴去调变成上声调	带-ʔ韵尾阴入调变成上声调;带-p,-t,-k韵尾阴入调变成阳入调	阳平调变成阳去调	阳去调变成阴去调	带-ʔ韵尾阳入调变成阴去调;带-p,-t,-k韵尾阳入调变成阴去调21,但仍带-p,-t,-k韵尾入声韵

　　总而言之，西方传教士编撰的8种厦门方言辞书在声韵调的客观描写与卢戆章、罗常培和周长楫对厦门方言音系的描写基本上一致，但是声母的差异、韵母的差异以及调值的差异，正说明语音不是静止不变的，而是动态发展变化的。

第三章 西方传教士及其所著 漳州闽南方言学论著

清道光二十七年(1847年)，美国归正公会驻厦门牧师打马字等4位教士，首次到漳州城，准备入漳进行传教。清咸丰元年(1851年)，英国长老公会牧师宾为霖自香港抵厦门，因两个公会都是基督教新教，英国长老公会暂不另设教堂，而与美国归正公会联合传教。

咸丰三年(1853年)，宾为霖偕同厦门新街教堂教友数人，到海澄白水营传教。翌年，白水营有14人施洗入教。白水营是基督教入漳州的最早传教点，那时，白水营教徒利用往石码经商之便,传播基督教。咸丰四年(1854年)，宾为霖牧师带白水营教徒，到漳浦马坪传教。咸丰五年(1855年)，经美国归正公会牧师打马字传道，当年石码有22人施洗入教。至咸丰六年(1856年)，漳浦马坪已有15人受洗入教。之后，逐步发展教徒几十人。咸丰十年(1860年)，分设支堂于龙文峙、洋美桥、江口等处。

西方传教士在漳州地区传教，必然要解决语言传播问题。因此，漳州方言研究便成为传教士们的重要任务。在本章里，我们主要介绍和研究三种传教士编撰的辞书，即英国传教士麦都思著《福建方言字典》（1831年）、英国伦敦会传教士戴尔著《福建漳州方言词汇》（1838年）和荷兰汉学家施莱格著《荷华文语类参》（1886年）。通过笔者整理并分析研究这三种著作的音系与词汇系统。

第一节 英国传教士麦都思著《福建方言 字典》（1831）音系与词汇研究

一 《福建方言字典》作者事迹、成书时间及编写体例

麦都思（Walter Henry Medhurst，1796—1857年），英国传教士，汉学家，1796年生于英国伦敦。幼年入圣保罗座堂学校，14岁到格老塞斯，随印刷工人伍德学徒，成为自立教会会员。1816年被英国伦敦会派往马六甲。麦都思在马六甲学会马来语、汉语和多种中国方言，并帮助编辑中文刊物《察世俗每月统记传》。1817年，他在巴达

维亚(今雅加达)建立印刷所,成为伦敦会在南洋的主要基地。1819年,麦都思在马六甲被任命为牧师,在马六甲、槟城和巴达维亚传教,并用雕版法和石印法先后印行30种中文书籍。1835年到广州,为英国伦敦布道会最早派遣来华的传教士,多次潜入中国近海测绘地形和了解中国经济商业情况,后又至山东、上海、浙江、福建等地活动,不久回国,1839年又来到中国,1841年鸦片战争中任英国侵略军翻译,随英兵舰进入定海,与他人创办医院。

1843年被派至上海传教,他利用负责道路、码头建设和管理英侨公墓之便,圈买了上海县城北门外的大片土地,人称麦家圈(今山东中路一带),作为伦敦会的在华总部,在此建造天安堂教堂。1844年将在定海的医院搬至其住宅旁,取名基督教医院(今仁济医院),是上海第一所对华人开放的外国医院。麦都思精通中文,他通过参加租界的政治活动,对当时荟萃在上海的文人现状有所了解,认为只有通过上海文人,才能把西方文化传播和深入中国人当中去。他将巴达维亚的印刷所迁来上海,创设中国第一个近代印刷所——墨海书馆,自任监督。 1843年麦都思代表伦敦会到上海,是第一个到上海的外国传教士。1843年和美魏茶、慕维廉、艾约瑟等传教士在上海印刷出版中文书籍。麦都思在墨海书馆得到王韬协助,将《圣经》翻译成中文(深文理圣经)。1848年3月,与各佳魏林、慕维廉擅自去青浦传教,与船民发生冲突,英领事借此挑起事端,激起中国近代第一件青浦教案。1854年8月,与王韬、慕威廉同游苏州东山,登临莫厘山最高峰;同年当选为工部局第一届董事。在南洋活动的20多年中,他独立编写、发表的中文书刊达30种之多,为近代地理知识和历史知识在中国的传播起到了促进作用。

麦都思在马来西亚的期间除了发表各种中文和马来文的传教册子之外,还专心研究中国的历史和文化。他的主要学术著作有:《爪哇与巴厘岛旅行记》(1829年);《福建方言字典》(Medhurst, Walter Henry, A dictionary of the Hok-keèn dialect of the Chinese language, Macao, G. J. Steyn and brother, 1832年);《神理总论》(马六甲英华书院,道光十三年,1833年);《中国的现状和展望》(1838年);《中国内地一瞥——在丝茶产区的一次旅行所见》(墨海书馆出版,1845年);《中文、韩文和日文对照词汇》(1846年);《汉英字典》(Medhurst,Walter Henry, English and Chinese Dictionary, Vol. I, Shanghae, The Mission Press, 1847年)二卷;《英汉字典》(Medhurst,Walter Henry, English and Chinese Dictionary, Vol. II, Shanghae, The Mission Press, 1848年)二卷;《探讨上帝一词的正确翻译法》(1848年);Medhurst, Walter Henry,On the true meaning of the word Shin,Shanghae, the Mission Press,(1849年);《罗马书注解》(上海墨海书馆1857年);《中国说书趣闻录》(1871年)。1853年麦都思在上海参与研究、翻译太平天国文献,他对小刀会和太平天国持较客观的态度,并提出应对太平天国采取中立政策,伺机而动。1857年回国,不久逝世。

麦都思著《福建方言字典》，是第一部反映漳州漳浦方言音系的字典。全书共860页，分为三部分，即序言、正文和索引。序言部分先后介绍了福建的简史与有关人口、府县等统计资料；就谢秀岚编撰的漳州漳浦方言韵书《汇集雅俗通十五音》（1818年）阐述其方言拼音法、十五音与五十字母结合法，讨论其声调和文白异读问题，设计其方言声韵表、声母与韵母结合表以及五十字母与八音结合表等，较为全面而深入。正文部分共收录12000字左右，按字母顺序排列，并用字母拼音逐字注出文白音，若文白同读的则归入文读音，其中，文读音以"read"加字母拼音的正体表示，白读音以"vulg."加字母拼音的斜体表示，并举例解释字义。他对字义的解释主要采用《汇集雅俗通十五音》所下的意义。索引部分方便读者查询。

麦都思在字典中以罗马字来给《汇集雅俗通十五音》记音，对《汇集雅俗通十五音》的切法及音类、音值有非常详细的描写和叙述。由于麦都思与谢秀岚是同时代的人，因此这部字典的记录就成为研究《汇集雅俗通十五音》，即19世纪初期的漳州音的最宝贵的资料。本文参考了台湾学者洪惟仁的《麦都思〈福建方言字典〉的价值》，并结合福建闽南方言的研究成果，构拟出《汇集雅俗通十五音》音系的音值。

二　《福建方言字典》音系及其音值构拟

笔者曾在《清代三种漳州十五音韵书研究》[1]考证：

　　英国语言学家麦都思（Walter Henry Medhurst，1796-1857）著的《福建方言字典》是目前所见最早的一本闽南语字典。此书完成于1831年，比《汇集雅俗通十五音》晚了13年。《福建方言字典》所代表的方言，麦都思在序言中已清楚地说明是漳州方言，这一点从他的音系和《汇集雅俗通十五音》的对照就可以证明。然而，漳州地区有漳州、龙海、长泰、华安、南靖、平和、漳浦、云霄、东山、诏安等10个县市的方言，究竟此部字典和《汇集雅俗通十五音》代表何地方言？根据杜嘉德《厦英大辞典》序言说麦都思这部字典"记的是漳州音（更精确的说，是漳浦音）"。倘若仔细地考察现代漳州方言，杜嘉德的说法是可信的。麦都思在字典中以罗马字给《汇集雅俗通十五音》记音，对《汇集雅俗通十五音》的切法及音类、音值有非常详细的描写和叙述。由于麦都思与谢秀岚是同时代的人，因此这部字典的记录就成为研究《汇集雅俗通十五音》，即19世纪初期的漳州音的最宝贵的资料。

据考证，《福建方言字典》所反映的是19世纪初叶福建漳州府漳浦县的方言。现将其构拟的音系音值罗列如下：

---

[1]　福建人民出版社2004年12月版。

（一）声母系统研究

麦都思在字典中对《汇集雅俗通十五音》中"十五音"的音值采用罗马字进行注音并进行了详细地描写，客观地反映了19世纪初叶漳州府漳浦县方言的声母系统：

十五音	字典	国际音标	十五音	字典	国际音标	十五音	字典	国际音标	十五音	字典	国际音标
柳	l/n	l/n	边	p	p	求	k	k	去	k'h	k'
地	t	t	颇	p'h	p'	他	t'h	t'	曾	ch	ts
入	j	dz	时	s	s	英	w,y,	Ø	门	b/m	b/m
语	g/gn	g/ŋ	出	ch'h	ts'	喜	h	h			

麦氏认为，柳母读作[l-]或[n-]，分别出现于漳州话非鼻化韵之前和鼻化韵之前。麦都思说："柳字头跟鼻化韵(nasal final)连接时，l 大量混入鼻音，而听到类似 n 的声音。"可见，麦都思根据其音值，把"柳"分析为[l-]和[n-]，与现代漳浦方音情况亦相符合。门母[b/m]，麦都思的标音为b[b-]或m[m-]，这个字母在非鼻化韵之前读作[b-]，在鼻化韵之前读作[m-]，漳州现代方言也读作[b-]或[m-]。语母[g/ŋ]，麦都思的标音为g[g-]或gn[ŋ-]，这个字母在非鼻化韵之前读作[g-]，在鼻化韵之前读作[ŋ-]，漳州现代方言也读作[g-]或[ŋ-]。

（二）韵母系统研究

麦都思在字典中对《汇集雅俗通十五音》中"五十字母"的音值也是采用罗马字进行注音并进行了详细地描写，客观地反映了19世纪初叶漳州府漳浦县方言的韵母系统：

字母	字典	国际音标	字母	字典	国际音标	字母	字典	国际音标	字母	字典	国际音标
1君	wun	un(ut)	14恭	ëung	iɔŋ(iɔk)	27艋	oo	u(uʔ)	40闲	ae^{ng}	ại
2坚	ëen	ian(iat)	15高	o	o(oʔ)	28胶	a	a(aʔ)	41姑	^{n}oe	ɔu
3金	im	im(ip)	16皆	ae	ai	29居	e	i(iʔ)	42姆	u^{m}	m(mʔ)
4规	wuy	ui	17巾	in	in(it)	30丩	ew	iu	43光	wang	uaŋ/uak
5嘉	ay	ε(εʔ)	18姜	ëang	iaŋ(iak)	31更	ai^{ng}	ɛ̃(ɛ̃ʔ)	44闩	wae^{ng}	uāi
6干	an	an(at)	19甘	am	am(ap)	32裈	wui^{ng}	uĩ	45糜	öey	uɛ̃
7公	ong	ɔŋ(ɔk)	20瓜	wa	ua(uaʔ)	33茄	ëo	io(ioʔ)	46噍	^{n}eaou	iãu(iãuʔ)
8乖	wae	uai	21江	ang	aŋ(ak)	34栀	ëe^{ng}	ĩ(ĩʔ)	47箴	om	ɔm(ɔp)
9经	eng	εŋ(εk)	22兼	ëem	iam(iap)	35薑	ëo^{ng}	iɔ̃	48爻	naôu	ãu(ãuʔ)
10观	wan	uan(uat)	23交	aou	au(auʔ)	36惊	ë^{n}a	iã(iãʔ)	49扛	^{n}o	ɔ̃(ɔ̃ʔ)
11沽	oe	ɔu	24迦	ëa	ia(iaʔ)	37官	w^{n}a	uã	50牛	nêw	iũ
12娇	ëaou	iau	25桧	öey	uei(ueiʔ)	38钢	e^{ng}	ŋ(ŋʔ)			
13稽	ey	ei	26监	^{n}a	ã(ãʔ)	39伽	ay	ε(εʔ)			

《汇集雅俗通十五音》"五十字母"包含舒声韵和入声韵两种韵母，凡是与收鼻音韵尾[-m，-n，-ŋ]阳声韵相配的入声韵，均收清辅音韵尾[-p，-t，-k]；凡是与阴声韵、鼻化韵和声化韵相配的入声韵，一般收喉塞韵尾[-ʔ]。

（三）声调系统研究

麦都思根据《汇集雅俗通十五音》上平、上上、上去、上入、下平、下去、下入等7个声调进行描写。我们可以知道，麦氏只分高、低调，上去和下去都归低调，没有中调；其次，麦氏只分平板调和屈折调，升说"升"，降则以"用力"表示，低降调以沙哑形容；再次，开尾入声只说"急促收束"，没有提到是否有喉塞音，似乎认为急促收束自然就附带喉塞音韵尾了，所以不必说明。

三　《福建方言字典》词汇分类及其示例

现结合《福建方言字典》的内容，并参考中国社科院语言研究所汉语方言词汇的分法，分类如下：

一.天文时令	192	二.地理地貌	193	三.生活器具	195	四.庄稼植物	197	五.虫鱼鸟兽	199
六.建筑房屋	201	七.食品饮食	202	八.衣服穿戴	204	九.身体部位	205	十.疾病症状	206
十一.宗法礼俗	208	十二.称谓阶层	209	十三.文化艺术	211	十四.商业手艺	213	十五.人品人事	214
十六.成语熟语	216	十七.汉语语音	219	十八.动作心理	220	十九.性质状态	226	二十.人称指代	227
廿一.各类虚词	227	廿二.数词量词	227							

每类词先列词条，后将《福建方言字典》罗马字注音分别列出，并在[ ]内用国际音标标出读音；所选择的词条均有两种读音，以"‖"示之；词条与词条之间则用"●"隔开。本文共分22类2120条词条，可以窥视19世纪初叶福建闽南方言词汇及其读音。

（一）天文时令

●牛斗 gnêw toé [ŋiu tɔu] ‖ goô taóu [gu tau]；●北辰 pok sîn [pɔk sin] ‖ pak sin [pak sin]；●云霄 yîn-seäou [in siau] ‖ Wûn-ch'ëo [un tsʻio]；●落雨 lok é [lɔk i] ‖ lŏk hoē [lɔk hɔu]；●寒热 hân jëet [handʑiat] ‖ kwⁿâ jwáh [kuã dʑuaʔ]；●雷响 lûy hëàng [lui hiaŋ] ‖ lûy tán [lui tan]（雷瞋）；●天云 t'hêen yin [t'ian in] ‖ t'hëeⁿg hwûn [tĩhun]；●雨晴 é chêng [i tsɛŋ] ‖ hoē chaîⁿg[hɔu tsɛ̃]；●红霞 hông hây [hɔŋ hɛ] ‖ âng hây [aŋ hɛ]；●日头jit tʻhoê[dzit tʻɔu]jit tʻhaou[dzit tʻau]；●天球t'hëen kêw [t'ian kiu] ‖ t'hëeⁿg kʻhêw [tʻĩ kʻiu]；●魁星 kʻhöey seng [kʻuei sɛŋ] ‖ kʻhöey chʻhaiⁿg[kʻuei tsʻɛ̃]；●月光 gwàt kong[guat kɔŋ] ‖ göĕyh kwuiⁿg[gueiʔ kuĩ]；●霹雳 pʻhek lek[pʻɛk lɛk] ‖ pʻhek lăyh [pʻɛk lɛʔ]；●露水 loē súy[lɔu sui] ‖ loē chúy[lou tsui]；●落雹 lok pʻhaŏuh[lɔkpʻauʔ] ‖ lŏh pʻhaŏuh[loʔpʻauʔ]；●北星pok seng [pɔk sɛŋ] ‖ pak chʻhaiⁿg[pak tsʻɛ̃]；●霜雪song swat[sɔŋ suat] ‖ seⁿg săyh[sŋ sɛʔ]；●蚀日

sit jit[sit ʤit] ‖ seĕh jit[siʔ ʤit]；●霡雨 sëep é[siap i] ‖ sëep sê hoē[siap si hɔu]；●星宿seng sèw[sɛŋ siu] ‖ ch'hai^{ng} sèw[tsʻ ɛ̃ siu]；●日蚀 jit sit[ʤit sit] ‖ seĕh jit [siʔ ʤit]（蚀日）；●月蚀 gwàt sit[guat sit] ‖ seĕh goĕyh[siʔ gueiʔ]（蚀月）；●月朔 gwàt sok[guat sɔk] ‖ göĕyh sok[gueiʔ sɔk]；●风时雨 hong sê é [hɔŋ si i] ‖ pooi^{ng} sê hoē [puĩ si hɔu]；●淋漓雨lîm lê é [lim li i] ‖ lîm lé hoē [lim li hɔu]；●火金星 h^{ⁿ}ō kim seng [hõ kim sɛŋ] ‖ höéy kim ch'hai^{ng}[huei kim tsʻ ɛ̃]；●日月星辰 jit gwat seng sîn [ʤit guat sɛŋ sin] ‖ jit göĕyh kap ch'hai^{ng} [ʤit gueiʔ kap tsʻ ɛ̃]；●早起 chó k'hé[tso kʻi] ‖ chá k'he[tsa kʻi]；●昨日chok jit [tsɔk ʤit] ‖ chá kwui^{ng}[tsa kuĩ]（昨昏）；●日午 jit gnoé [ʤit ŋɔu] ‖ jit taōu [ʤit tau]（日昼）；●一月 yit gwat [it guat] ‖ chit göĕyh [tsit gueiʔ]；●时候 sê hoē [si hɔu] ‖ sê haōu [si hau]；●明旦 bêng tàn [bɛŋ tan] ‖ bîn hw^{ⁿ}à jit [bin huã ʤit]；●冥昏 bêng hwun [bɛŋ hun] ‖ maî^{ng} hwui^{ng} [mɛ̃ huĩ]；●正月cheng gwat [tsɛŋ guat] ‖ chë^{ⁿ}a göĕyh [tsiã gueiʔ]；●前日 chëên jit [tsiɛn ʤit] ‖ chêng jit [tsɛŋ ʤit]；●即时 chek sê [tsɛk si]lëem pë^{ⁿ}g[liam sĩ]；●闰月 Jūn gwat[ʤun guat] ‖ lūn göĕyh[lun gueiʔ]；●三更 sam keng[sam kɛŋ] ‖ s^{ⁿ}akai^{ng}[sã kɛ̃]；●旧年 kêw lëên [kiu lian] ‖ koō neé^{ng} [ku nĩ]；●暑天 sé t'hëen[si tʻian] ‖ jwăh t'hë^{ⁿ}e[ʤuaʔ tʻĩ]；●热天jëet t'hëen[ʤiat tʻiɛn] ‖ jwăh t'hë^{ⁿ}e[ʤuaʔ tʻĩ]；●仲春之月 tëūng ch'hun che gwàt [tioŋ tsʻun tsi guat] ‖ tëūng ch'hun ây göĕyh[tioŋ tsʻun ɛ gueiʔ]；●四季 soó kwùy[su kui] ‖ sè k'hwùy[si kʻui]；●季月 kwùy gwàt[kui guat] ‖ k'hwùy göĕyh[kʻui gueiʔ]；●季世 kwùy sè[kui si] ‖ k'hwùy sè[kʻui si]；●一刻 yit k'hek[it kʻɛk] ‖ chit k'hek[tsit kʻɛk]；●旧年 kēw lëên[kiu lian] ‖ koō neé^{ng}[ku nĩ]；●明年 bêng lëên[bɛŋ lian] ‖ maî^{ng} neé^{ng}[mɛ̃ nĩ]；●燐火 lîn h^{ⁿ}ó[lin hõ] ‖ lîn höéy [lin huei]；●闰月 jūn gwát[ʤun guat] ‖ lūn göĕyh[lun gueiʔ]；●今夜 kim yëā[kim ia] ‖ kim maî^{ng}[kim mɛ̃]（今冥）；●冥昏 hêng hwun [hɛŋ hun] ‖ maî^{ng} hwui^{ng}[mɛ̃ uĩ]；●年年lëên lëên[lian lian] ‖ neé^{ng} neé^{ng}[nĩ nĩ]；●临时 lìm sè[lim si] ‖ lëém sê[liam si]；●上晡sëang poe [siaŋ pɔu] ‖ chëō^{ng} poe[tsiõ pɔu]；●下晡 hāy poe[hɛ pɔu] ‖ āy poe[ɛ pɔu]；●月小gwát seáou[guat siau] ‖ göĕyh sëó[gueiʔ sio]；●甚时 sīm sê[sim si] ‖ s^{ⁿ}á meë^{ⁿ}h sê[sã mĩʔ si]；●几时 késê [ki si] ‖ tê sê[ti si]；●早晨 chó sîn[tso sin] ‖ chá k'hé[tsa kʻi]（早起）；●瞬息 sùn sit [sun sit] ‖ bàk nai^{ng}h[bak nɛ̃ʔ]（目暱）；●逐日 tëùk jit [tiɔk ʤit] ‖ tàk jit[tak ʤit]；●冬天 tong t'hëen[tɔŋtʻian] ‖ tang t'hë^{ⁿ}e[taŋ tʻĩ]；●上午 sëang gnoé[siaŋ ŋɔu] ‖ téng taòu[tɛŋ tau]（顶昼）；●下午 hāy gnoé[hɛ gɔu] ‖ āy taòu[ɛ tau]（下昼）；●朝夕 teaou sèk[tiau sɛk] ‖ chá k'hé maî^{ng} hwui^{ng}[tsa kʻi mɛ̃ huĩ]（早起冥昏）；●他日 t'h^{ⁿ}a jit[tʻã ʤit] ‖ pàt jit[pat ʤit]（别日）；●太早 t'haè chó[tʻai tso] ‖ t'haè chá[tʻai tsa]。

（二）地理地貌

京城 keng sêng[kɛŋ sɛŋ] ‖ kë^{ⁿ}a së^{ⁿ}á[kiã siã]；●省城 séng sêng[sɛŋ sɛŋ] ‖ sai^{ng} së^{ⁿ}â[sɛ̃ siã]；●城都 sêng toe[sɛŋ tɔu] ‖ së^{ⁿ}â toe[siã tɔu]；●桃源洞 tô gwân tōng [to guan tɔŋ] ‖ tô gwân tāng [to guan taŋ]；●五胡 gnóe hoê[ŋɔu hɔu] ‖ goē ây hoê[gou ɛ hɔu]；●北溟 Pok bêng[pɔk bɛŋ] ‖ pak haé[pak hai]（北海）；●洪水 hông súy [hɔŋ sui] ‖ twā chúy [tua tsui]

（大水）；●泮水 p'hwàn súy[p'uan sui] ‖ p'hwⁿà chúy[p'uã tsui]；●水涨 súy tëàng [sui tian] ‖ chúy té^{ng}[tsui tŋ]；●鱼塘 gê tông[gi toŋ] ‖ hê té^{ng}[hi tŋ]；●水汐 súy sèk [sui sɛk] ‖ chúy tǎyh [tsui tɛʔ]；●海潮 haé teâou [hai tiau] ‖ haé tëô [hai tio]；●水窟 súy k'hwut[sui k'ut] ‖ chúy k'hwut [tsui k'ut]；●深沟 ch'him koe[ts'im kɔu] ‖ ch'him kaou[ts'im kau]；●沟浍 koe köèy[kɔu kuei] ‖ kaou k'hwut á[kau k'ut a]；●灌地 kwàn tēy[kuan tei] ‖ kwⁿá tēy[kuã tei]；●波浪 p'ho lōng[p'o lɔŋ] ‖ p'hō né^{ng}[p'o nŋ]；●洋海 yâng haé[iaŋ hai] ‖ yëô^{ng} haé[iõ hai]；●西洋 sey yâng [sei iaŋ] ‖ sae yëô^{ng}[sai iõ]；●水浅浅 súy ch'hëén ch'hëén[sui ts'ian ts'ian] ‖ chúy k'hin k'hin[tsui k'in k'in]；●山巉 san gêêm [san giam] ‖ swⁿa gam [suã gam]；●山峰 san hong [san hɔŋ] ‖ swⁿa chëem [suã tsiam]（山尖）；●岐山 kê san[ki san] ‖ kê swⁿa[ki suã]；●山岭 san léng[san lɛŋ] ‖ swⁿa nëⁿá[suã niã]；●岭嶂 lêng êng[lɛŋ ɛŋ] ‖ nëⁿā yëⁿâ[niã iã]；●山尖 san chëem [san tsiam] ‖ swⁿa chëem[suã tsiam]；●山坡 san p'ho[san p'o] ‖ swⁿa p'ho[suã p'o]；●泰山 t'haè san[t'ai san] ‖ t'haè swⁿa[t'ai suã]；●山顶 san téng[san tɛŋ] ‖ swⁿa téng[suã tɛŋ]；●昆仑山 k'hwun lûn san[k'un lun san] ‖ k'hwun lûn swⁿa[k'un lun suã]；●路窄 loē chek [lou tsɛk] ‖ loē ǎyh [lou ɛʔ]；●山川 san ch'hwan[san ts'uan] ‖ swⁿa ch'hui^{ng}[suã ts'uĩ]；●乡村 hëang ch'hun[hiaŋ ts'un] ‖ hëo^{ng} ch'hui^{ng}[hiõ ts'uĩ]；●驿道 ek tō[ɛk to] ‖ yëǎh loē[iaʔ lou]（驿路）；●壅田 yùng tëen[iɔŋ tian] ‖ èng ch'hân[ɛŋ ts'an]；●营寨 êng chāy[ɛŋ tsɛ] ‖ yëⁿâ chāy[iã tsɛ]；●田岸 tëen gān [tian gan] ‖ ch'hân hwⁿā [ts'an huã]；●菜园 ch'haè wân [ts'ai uan] ‖ ch'haè hwui^{ng} [ts'ai huĩ]；●匏园 paôu hwūn [pau hun] ‖ poô hwuĩ^{ng} [pu huĩ]；●江岸 kang gān [kaŋ gan] ‖ káng hwⁿā [kaŋ huã]；●海墘 haé kêê [hai ki] ‖ haé kêê^{ng}[hai kĩ]；●港墘 káng këen [kaŋ kian] ‖ káng kêê^{ng}[kaŋ kĩ]；●港边 Káng pëen[kaŋ pian] ‖ káng kêê^{ng}[kaŋ kĩ]；●旷地 k'hòng tēy [k'ɔŋ tei] ‖ k'áng tēy [k'aŋ tei]；●旷埔 k'hòng poe [k'ɔŋ pou] ‖ k'hàng poe [k'aŋ pou]；●五脚桥 gnoé këak keaôu [ŋɔu kiak kiau] ‖ goé k· ha këo [gou k'a kio]；●郊外 kaou göēy[kau guei] ‖ kaou gwā[kau gua]；●旷隙 k'hòng k'hek[k'ɔŋ k'ɛk] ‖ k'hang k'hëǎh[k'aŋ k'iaʔ]；●门口 bùn k'hoé [bun k'ɔu] ‖ mooi^{ng} k'haóu[muĩ k'au]；●隘口 aè k'hoé[ai k'ɔu] ‖ aè k'haóu[ai k'au]；●垄田 lám tëen[lam tian] ‖ làm ch'hân[lam ts'an]；●坑垄 k'hong lóng[k'ɔŋ lɔŋ] ‖ k'hai^{ng} lang[k'ɛ̃ laŋ]；●乡里 hëang lé[hiaŋ li] ‖ hëo^{ng} lé[hiõ li]；●郭外 kok göēy[kɔk guei] ‖ kok gwā [kɔk gua]；●路旁 loē pong[lou pɔŋ] ‖ loē pëe^{ng}[lou pĩ]（路边）；●吧城 pa sêng[pa sɛŋ] ‖ pa sêⁿā[pa siã]；●田畔 tëen pwān[tian puan] ‖ ch'hán pwⁿā[ts'an puã]；●屿城 sē sêng[si sɛŋ] ‖ soō sêⁿâ[su siã]；●古洞 koé tōng [kɔu tɔŋ] ‖ koé tāng [kɔu taŋ]；●石洞 sèk tōng[sɛk tɔŋ] ‖ chëŏh tāng[tsioʔ taŋ]；●地隒 tēy t'hëēm[tei t'iam] ‖ tēy hām[tei ham]；●桃园 t'hô wân[t'o uan] ‖ t'hô hwuî^{ng}[t'o huĩ]；●水挖 súy tô[sui to] ‖ chúy tô[tsui to]；●石洞 sék tōng[sɛk tɔŋ] ‖ chëŏh tāng[tsioʔ taŋ]；●垵澳 an ò[an o] ‖ wⁿa ò [uã o]；●作园 chok wân[tsɔk uan] ‖ chŏh hwuî^{ng}[tsɔʔ huĩ]；●菜园 ch'haè wân[ts'ai uan] ‖ ch'haè hwuî^{ng}[ts'ai huĩ]；●花园 hwa wân[hua uan] ‖ hwa hwuî^{ng}[hua huĩ]；●野外 yëá göēy[ia guei] ‖ yëá gwā[ia gua]；●驿路 èk loē[ɛk lɔu] ‖ yĕăh loē[iaʔ lɔu]；●槟榔屿 pin long se[pin lɔŋ si] ‖ pin né^{ng} soō[pin ŋŋ su]。

（三）生活器具

●摇篮 yaôu lâm[iau lam] ‖ yĕô nâ[io na]；●熨斗 wut toé[ut tɔu] ‖ wut taóu[ut tau]；●马鞍 má an[ma an] ‖ báy wⁿa[bɛ uã]；●盘碗 pwan wán[puan uan] ‖ pwⁿa wⁿá[puã uã]；●刀利to lē[to li] ‖ to laē[to lai]；●木槌 bòk t'hûy[bɔk t'ui] ‖ ch'hâ t'hûy[ts'a t'ui]（柴槌）；●铁槌 t'hëet t'hûy[t'iat t'ui] ‖ t'hëĕh t'húy[t'iʔ t'ui]；●秤锤 ch'hèng t'hûy[ts'ɛŋ t'ui] ‖ ch'hìn t'hûy[ts'in t'ui]；●水桶 súy t'hóng[sui t'ɔŋ] ‖ chúy t'háng[tsui t'aŋ]；●酒桶 chéw t'hóng[tsiu t'ɔŋ] ‖ chéw t'háng[tsiu t'aŋ]；●锄头 t'hê t'hoê[t'i t'ɔu] ‖ t'hê t'haôu[t'i t'au]；●铁器 t'hëet k'hè[t'iat k'i] ‖ t'hëĕh k'hè[t'iʔ k'i]；●铁钩 t'hëet koe[t'iat kɔu] ‖ t'hëĕh kaou[t'iʔ kau]；●絃篾 hëên sêng[hian sɛŋ] ‖ heê^{ng} sey[hĩ sei]；●蓑衣 so e[so i] ‖ söey e[suei i]；●扫帚 sò chéw[so tsiu] ‖ saôu chéw[sau tsiu]；●角梳 kak soe[kak sɔu] ‖ kak sey[kak sei]；●绳索 sîn sek[sin sɛk] ‖ sîn sŏh[sin sɔʔ]；●棕蓑 chong suy[tsɔŋ sui] ‖ chang suy[tsaŋ sui]；●雨伞 é sàn[i san] ‖ hoē swⁿà[hɔu suã]；●凉伞 lëàng sàn[liaŋ san] ‖ nëô^{ng} swⁿà[niõ suã]；●针线 chim sëên[tsim sian] ‖ chëĕm swⁿà[tsiam suã]；●蚊帐 bún tëàng[bun tiaŋ] ‖ báng tà[baŋ ta]；●扁担 pëén tam[pian tam] ‖ pún tⁿa[pun tã]；●布袋 poè taē[pɔu tai] ‖ poè tēy[pɔu tei]；●竹筒 tëuk tông[tiɔk tɔŋ] ‖ tek tâng[tɛk taŋ]；●床簀 ch'hông chek[ts'ɔŋ tsɛk] ‖ ch'hè^{ng} tăyh[ts'ŋ tɛʔ]；●帷帐 wûy tëàng[ui tiaŋ] ‖ wûy tëô^{ng}[ui tiõ]；●盘碟 pwân tëép[puan tiap] ‖ pwⁿâ tëĕh[puã tiʔ]；●灯火 teng hⁿó[tɛŋ hõ] ‖ teng höéy[tɛŋ huei]；●灯笼 teng long[tɛŋ lɔŋ] ‖ teng láng[tɛŋ laŋ]；●戥仔 téng choó[tɛŋ tsu] ‖ téng á[tɛŋ a]；●马踏镫 má tàp tèng[ma tap tɛŋ] ‖ báy tăh tëⁿà[bɛ taʔ tiã]；●米筛 bé sae[bi sai] ‖ bé t'hae[bi t'ai]；●毛毯 mô t'hám[mo t'am] ‖ mô t'hán[mo t'an]；●火炭 hⁿó t'hàn[hõ t'an] ‖ höéy t'hwⁿà[huei t'uã]；●磘砖 lô tòk[lo tɔk] ‖ lâ tàk[la tak]；●交剪 kaou chëén [kau tsian] ‖ ka chëén [ka tsian]；●鞋楥 haê hwùn [hai hun] ‖ ây hwùn [ɛ hun]；●竹节 tëuk chëet [tiɔk tsiat] ‖ tek chat [tɛk tsat]；●舂臼 chëung kēw [tsiɔŋ kiu] ‖ cheng koō [tsɛŋ ku]；●铳响 ch'hëùng hëáng [ts'iɔŋ hiaŋ] ‖ ch'heng tán [ts'ɛŋ tan]（铳磌）；

●钟鸣 chëung bèng [tsiɔŋ bɛŋ] ‖ cheng tán [tsɛŋ tan]（钟磌）；●茭薦 kaou chëèn [kau tsian] ‖ ka chèng [ka tsɛŋ]；●蜡烛 lap chëuk [lap tsiɔk] ‖ lah chek [laʔ tsɛk]；●酒钟 chéw chëung [tsiu tsiɔŋ] ‖ chew cheng á [tsiu tsɛŋ a]；●臼杵 kēw ch'hé [kiu ts'i] ‖ koō ch'hé [ku ts'i]；●砧杵 chim ch'he [tsim ts'i] ‖ tëĕm ch'hé [tiam ts'i]；●花锹 hwa ch'heaou[hua ts'iau] ‖ hwa ch'hëo[hua ts'io]；●刀鞘 to ch'hëàou[to ts'iau] ‖ to sëò[to sio]；●木杙 bok sek[bɔk sɛk] ‖ bak ch'heē^{ng}[bak ts'ĩ]；●鼎刷 téng ch'hey[tɛŋ ts'ei] ‖ tëⁿá ch'hèy[tiã ts'ei]；●箭簇 chëèn ch'hok[tsian ts'ɔk] ‖ chee^{ng} t'haôu[tsĩ t'au]；●菜头檫 ch'haè t'hoê ch'hat[ts'ai t'ɔu ts'at] ‖ ch'haè t'haôu ch'hwăh[ts'ai t'au ts'uaʔ]；●烘炉 hong lô [hɔŋ lo] ‖ hang lô [haŋ lo]；●火艾 hⁿó gnaē [hõ ŋai] ‖ höéy hëⁿā [huei hiã]；●火镟 hⁿó hëem [hõ hiam] ‖ höéy hëem [huei hiam]；●戽斗 hoè toé [hɔu tɔu] ‖ hoè taóu [hɔu tau]；●釜hoó [hu] ‖ tëⁿá [tiã]；●甑 chēng [tsɛŋ] ‖ bok k'haōu á [bɔk k'au a]；●瓷器 Choô k'hè [tsu k'i] ‖ hwûy k'hè[hui k'i]；●箬笠 jĕak līp [dziak lip] ‖ tek layh [tɛk leʔ]（竹笠）；●交剪 Kaou chēēn[kau tsian] ‖ ka chēēn[ka tsian]；●交刀Kaou to[kau to] ‖ ka to[ka to]；●斗槩 Toé kaè[tɔu kai] ‖ taóu kaè[tau kai]；●竹竿 Tëuk kan[tiok kan] ‖ tek kwⁿa[tɛk kuã]；●旗杆 Kê kan[ki kan] ‖ kê kwⁿa[ki kuã]；●石矸 Sek kan[sik kan] ‖ chëöh lân kan [tsioʔ lan kan]；●铁钩 T´hëet koe[t‘iat kɔu] ‖ t´hëëh kaou [t‘iʔ kau]；●粪箕 Hwùn ke[hun ki] ‖ pùn ke[pun ki]；●簸箕 po ke[po ki] ‖ pwà ke[pua ki]；●面镜 bēēn kèng [bian kɛŋ] ‖ bīn kёⁿà [bin kiã]；●目镜 bòk kèng[bɔk kɛŋ] ‖ bák kёⁿà [bak kiã]；●篩斗笒 sae toé heng [sai tɔu hɛŋ] ‖ t´hae taou kёⁿā [t‘ai tau kiã]；●木屐 bòk kèk[bɔk kɛk] ‖ bāk kёăh[bak kiaʔ]；●木屧 bok kak[bɔk kak] ‖ bak kёah[bak kiaʔ]；●水枧 súy kёén [sui kian] ‖ chúy kéng [tsui kɛŋ]；●笼桮 long kòng [lɔŋ kɔŋ] ‖ láng kèⁿg[laŋ kŋ]；●钩镰 koe lёêm[kɔu liam] ‖ kaou lёém[kau liam]；●簸箩 bëét lô[biat lo] ‖ beёh lwâ[biʔ lua]；●铜锣 tông lô[tɔŋ lo] ‖ tâng lô[taŋ lo]；●香炉 hёang loê[hiaŋ lɔu] ‖ heoⁿg loê[hiõ lɔu]；●火炉 hⁿó loè[hõ lɔu] ‖ höéy loê[huei lɔu]；●鸟笼 neáou lông[niau lɔŋ] ‖ cheáou lâng[tsiau laŋ]；●竹笼 tëuk lông[tiok lɔŋ] ‖ tek lâng[tɛk laŋ]；●箱笼 sёang lông[siaŋ lɔŋ] ‖ sёoⁿg lâng[siõ laŋ]；●刀鋩 to bong[to bɔŋ] ‖ to maîⁿg[to mẽ]；●长矛 tёâng maôu[tiaŋ mau] ‖ tēⁿg maôu[tŋ mau]；●菜篮 ch’haè lâm[tsʻai lam] ‖ ch’haè nâ[tsʻai na]；●凉伞 lёâng sán[liaŋ san] ‖ nёôⁿg swⁿá[niõ suã]；●杷柄 pà pèng[pa pɛŋ] ‖ pà paiⁿg[pa pẽ]；●酒瓶 chéw pîn[tsiu pin] ‖ chéw pân[tsiu pan]；●花瓶 hwa pîn[hua pin] ‖ hwa pân[hua pan]；●皮毬 p’hê kêw [p‘i kiu] ‖ p’höéy kêw [p‘uei kiu]；●罐嘴 kwàn ch’hùy[kuan tsʻui] ‖ kwⁿá ch’hùy[kuã tsʻui]；●米管 bé kwán[bi kuan] ‖ bé kwuíⁿg[bi kuĩ]；●木棍 bòk kwùn[bɔk kun] ‖ ch’ha kwùn[tsʻa kun]；●棹柜 tok kwūy[tɔk kui] ‖ tŏh kwūy[toʔ kui]；●刀利 to lē[to li] ‖ to laē[to lai]；●蜡烛 làp chëuk[lap tsiok] ‖ lāh chek[laʔ tsɛk]；●箱笼 sёang lóng[siaŋ lɔŋ] ‖ sёoⁿg láng[siõ laŋ]；●鸟笼 neáou lóng[niau lɔŋ] ‖ cheáou láng[tsiau laŋ]；●灯笼 teng lóng[tɛŋ lɔŋ] ‖ teng láng[tɛŋ laŋ]；●拐子 kwaé choó[kuai tsu] ‖ laóu á[lau a]；●漏仔 loē choó[lɔu tsu] ‖ laōu á[lau a]；●更漏 keng loē[kɛŋ lɔu] ‖ kaiⁿg laōu[kẽ lau]；●蜡烛 làp chëuk[lap tsiɔk] ‖ lăh chek[laʔ tsɛk]；●竹笠 tëuk lip[tiok lip] ‖ tek lăyh [tɛk leʔ]；●衫桁 sam bong[sam bɔŋ] ‖ sam pang[sam paŋ]；●琵琶 pê pà[pi pa] ‖ pê pây[pi pɛ]；●铁耙 t’hëet pāy[t‘iɛt pɛ] ‖ t’heёh pāy[t‘iʔ pɛ]；●刀柄 to pèng[to pɛŋ] ‖ to paiⁿg[to pẽ]；●竹篦 tëuk pey[tiɔk pei] ‖ tek pey[tɛk pei]；●鎞凿 pey ch’hók[pei tsʻɔk] ‖ pey ch’hàk[pei tsʻak]；●斧头 hoó t’hoê[hu t‘ɔu] ‖ poó t’haôu[pu t‘au]；●扁担 pёén tam[pian tam] ‖ pún tⁿa[pun tã]；●竹笨 tëuk pūn[tiɔk pun] ‖ tek pūn[tɛk pun]；●簸箕 pò ke[po ki] ‖ pwà ke[pua ki]；●盘碗 pwan wán[puan uan] ‖ pwⁿâ wⁿá[puã uã]；●衣钵 e pwat [i puat] ‖ e pwăh[i puaʔ]；●盂盏 oô pwat[u puat] ‖ oô pwăh[u puaʔ]；●铙钹 jeâou pwát[dziau puat] ‖ lâ pwâh[la puaʔ]；●米筛 bé sae[bi sai] ‖ bé t’hae[bi t‘ai]；●雨伞 é sán[i san] ‖ hoē swⁿà[hɔu suã]；●饭匙 hwān sê[huan si] ‖ pooⁿⁿg sé[puĩ si]；●汤匙 t’hong sê[t‘ɔŋ si] ‖ t’heⁿg sê[t‘ŋ si]；●铁鏽 t’hëet sèw[t‘iat siu] ‖ t’heёh sёen[t‘iʔ sian]；●锡礶 sek kwān[sɛk kuan] ‖ sёăh kwān[siaʔ kuan]；●笼床 long ch’hông[lɔŋ tsʻɔŋ] ‖ láng séⁿg[laŋ sŋ]；

●刀鞘 to seàou[to siau] ‖ to sëò[to sio]；●笼箱 long sëang[lɔŋ siaŋ] ‖ láng sëo^ng[laŋ siõ]；●扫帚 sò chéw[so tsiu] ‖ saòu chéw[sau tsiu]；●拔桶 pwát t'hong[puat t'ɔŋ] ‖ p'hwāh t'háng[p'uaʔ t'aŋ]；●竹箪 tëuk pín[tiok pin] ‖ tek pín[tɛk pin]；●酒瓶 chew pîn[tsiu pin] ‖ chéw pàn[tsiu pan]；●竹苞 tëuk paôu[tiok pau] ‖ tek poê[tɛk pou]；●钮扣 Léw k'hoè [liu k'ɔu] ‖ léw k'haòu [liu k'au]；●篏框 K'hoè k'hong [k'ɔu k'ɔŋ] ‖ K'haòu k'hong[k'aṳ k'ɔŋ]；●铁箍 t'hëet k'hoe[t'iat k'ɔu] ‖ t'heëh k'hoe[t'iʔ k'ɔu]；●箍子 k'hoe choó[k'ɔu tsu] ‖ k'hoe á[k'ɔu a]；●饭硿 hwān k'hong[huan k'ɔŋ] ‖ poóī^ng k'hong[puĩ k'ɔŋ]；●竹篙 tëuk ko[tiok ko] ‖ tek ko[tɛk ko]；●鱼钩 gê koe[gi kɔu] ‖ hê kaou [hi kau]；●枱枷 t'hae kây[t'ai kɛ] ‖ gêa kây[gia kɛ]；●更漏 Keng loē [kɛŋ lɔu] ‖ kaí^nglaōu [kɛ̃ lau]；●斗栱 toé këúng [tou kioŋ] ‖ Taóu kéng [tau kɛŋ]；●狗杣 koé sûn[kɔu sun] ‖ káou ch'hw^ná[kau ts'uã]；●马槽 má chô[ma tso] ‖ báy chô[bɛ tso]；●水圳 súy chùn[sui tsun] ‖ chúy chùn[tsui tsun]；●弓弦 këung hëên [kioŋ hian] ‖ këung hëê^ng [kioŋ hĩ]；●连枷 lëēn kaí^ng[lian kɛ̃] ‖ lëên kai^ng[lian kɛ̃]；●物件 bút këēn[but kian] ‖ mëê^h ke^ná [mĩʔ kiã]；●牛健 gnew këēn [ŋiu kian] ‖ goô ke^ná [gu kiã]；●马鞯 má këang[ma kiaŋ] ‖ báy këo^ng [bɛ kiõ]●坐轿 chō keaōu[tso kiau] ‖ chēy këō [tsei kio]；●马缰 má këang [ma kiaŋ] ‖ báy këo^ng[bɛ kiõ]；●银镪 gîn chëang [gin tsiaŋ] ‖ gîn këo^ng[gin kiõ]；●铁链 t'hëet lëēn[t'iat lian] ‖ t'hëet lëēn á[t'iat lian a]；●拦闸 lân chäh[lan tsaʔ] ‖ nw^ná chäh[nuã tsaʔ]；●瓜棚 kwa pêng[kua pɛŋ] ‖ kwa pai^ng[kua pɛ̃]；●戏台 hè taê[hi tai] ‖ hè paí^ng[hi pɛ̃]；●木版 bok pán[bɔk pan] ‖ ch'hâ pán[ts'a pan]；●马厩 má kèw [ma kiu] ‖ báy teaóu [bɛ tiau]；●春臼 chëung kêw [tsioŋ kiu] ‖ cheng koō[tsɛŋ ku]；●棺柩 kwan kēw [kuan kiu] ‖ kw^na ch'hâ [kuã ts'a]；●饭坩 hwān kam [huan kam] ‖ poóī^ngk'h^na [puĩ k'ã]；●棺木 kwan bòk[kuan bɔk] ‖ kw^na ch'hâ[kuã ts'a]；●棺材 kwan chaê[kuan tsai] ‖ kw^na ch'hâ[kuã ts'a]；●牛栏 gnêw lân[ŋiu lan] ‖ goô lân[gu lan]；●马鞭 má pëen[ma pian] ‖ báy pëe^ng[bɛ pĩ]；●洋船 yâng ch'hwân[iaŋ ts'uan] ‖ yêô^ng chún[iõ tsun]；●妥船 t'hó ch'hwân[t'o ts'uan] ‖ t'hó chûn[t'o tsun]；●舁荡舟 gō t'hòng chew[go t'ɔŋ tsiu] ‖ gō ēy sw^na téng saé chûn[go ei suã tɛŋ sai tsun]；●撑船 t'heng ch'hwân[t'ɛŋ ts'uan] ‖ t'hai^ng chûn[t'ɛ̃ tsun]；●船锭 ch'hwân tēng[ts'uan tɛŋ] ‖ chûn të^nā[tsun tiã]；●船艭 Chûn chong [tsun tsɔŋ] ‖ chûn chang [tsun tsaŋ]；●船舱 ch'hwàn ch'hong[ts'uan ts'ɔŋ] ‖ ch'hûn ch'he^ng[ts'un ts'ŋ]；●船漏 ch'hwân loē[ts'uan lɔu] ‖ chûn laòu[tsun lau]；●船篷 ch'hwân hông[ts'uan hɔŋ] ‖ chûn p'hâng[tsun p'aŋ]；●马车 má ke[ma ki] ‖ báy ch'hëa[bɛ ts'ia]；●槛车 lām ke[lam ki] ‖ lān ch'hëa[lan ts'ia]。

（四）庄稼植物

●椰子 yëâ choó[ia tsu] ‖ yëâ ché[ia tsi]；●青梅 ch'heng böèy[ts'ɛŋ buei] ‖ ck'hai^ng û^m[ts'ɛ̃ m]；●芭蕉 pa cheaou[pa tsiau] ‖ pa chëo[pa tsio]；●橄榄 kám lám[kam lam] ‖ kán ná[kan na]；●栗子 lèk choó[lɛk tsu] ‖ làt ché[lat tsi]；●果子 kó choó[ko tsu] ‖ köéy ché[kuei tsi]；●结果 këet kó[kiat ko] ‖ këet köéy ché[kiat kuei tsi]；●青果 ch'heng kó[ts'ɛŋ ko] ‖ ch'hai^ng köéy[ts'ɛ̃ kuei]；●石榴 sék lêw [sek liu] ‖ săyh léw[sɛʔ liu]；●杨梅 yang böêy[ian buei] ‖ ch'hēw û^m[ts'iu m]；●荔挺生 lēy t'héng seng[lei t'ɛŋ sɛŋ] ‖ lēy che á tit sai^{ng}[lei tsi a tit sɛ̄]；●瓮菜 yùng ch'haè[ioŋ ts'ai] ‖ èng ch'haè[ɛŋ ts'ai]；●绿荳 leúk toē[liok tɔu] ‖ lék taōu[lɛk tau]；●土荳 t'hoé toē[t'ɔu tɔu] ‖ t'hoé taōu[t'ɔu tau]；●鸟荳 oe toē[ɔu tɔu] ‖ oe taōu[ɔu tau]；●绿荳 lëùk toē[liɔk tɔu] ‖ lèk taōu[lɛk tau]；●白荳 pék toē[pɛk tɔu] ‖ pǎyh taōu[pɛʔ tau]；●土荳 t'hoé toē[t'ɔu tɔu] ‖ t'hoé taōu[t'ɔu tau]；●蒜头 swàn t'hoê [suan t'ɔu] ‖ swàn t'haôu[suan t'au]；●东莴 tong o[tɔŋ o] ‖ tang o[taŋ o]；●槟榔 pin long[pin lɔŋ] ‖ pin nê^{ng}[pin nŋ]；●槟榔 pin lông[pin lɔŋ] ‖ pin né^{ng}[pin nŋ]；●芥菜 kaè ch'haè[kai ts'ai] ‖ kwà ch'haè[kua ts'ai]；●韭菜 kéw ch'haè[kiu ts'ai] ‖ koó ch'haè[ku ts'ai]；●冬瓜 tong kwa[tɔŋ kua] ‖ tang kwa[taŋ kua]；●香菇 hëang koe[hiaŋ kɔu] ‖ hëo^{ng} koe[hiõ kɔu]；●草菇 ch'hókoe[ts'o kɔu] ‖ ch'haóu koe[ts'au kɔu]；●豆蔻 toē k'hoè[tou k'ɔu] ‖ laōu haôu[lau hau]；●蕗荞 loē keaōu [lɔu kiau] ‖ loē këō [lɔu kio]；●荞麦 Keaōu bèk [kiau bɛk] ‖ këō bǎyh[kio bɛʔ]；●茭白 kaou pek[kau pɛk] ‖ ka pǎyh[ka pɛʔ]；●茈薑 ch'hoó këang [ts'u kiaŋ] ‖ ch'hoó këo^{ng}[ts'u kiõ]；●苋菜 hëēn ch'haè [hian ts'ai] ‖ hēng ch'haè [hɛŋ ts'ai]；●甕菜 yùng ch'haè[ioŋ ts'ai] ‖ èng ch'haè[ɛŋ ts'ai]；●茴香 höêy hëang [huei hiaŋ] ‖ höêy hëo^{ng} [huei hiõ]；●荳干 toē kan [tou kan] ‖ taōu kwⁿa [tau kuã]；●东风菜 tong hong ch'haè[tɔŋ hɔŋ ts'ai] ‖ tang poo^{ng} ch'haè[taŋ puĩ ts'ai]；●隔篮菜 kek lâm ch'haè[kɛk lam ts'ai] ‖ kǎyh maî^{ng} ch'haè[kɛʔ mɛ̃ ts'ai]（隔冥菜）；●榕树 yûng sē[ioŋ si] ‖ chêng ch'hēw[tsɛŋ ts'iu]；●枝叶 che yëèp[tsi iɛp] ‖ ke hëŏh[ki hioʔ]；●老叶 lö̀ yëèp[lo iɛp] ‖ laōu hëŏh[lau hioʔ]；●杨树 yâng sē[iaŋ si] ‖ yëô^{ng} ch'hēw[iõ ts'iu]；●檀香 t'hân hëang[t'an hiaŋ] ‖ twⁿâ hëo^{ng}[tuã hiõ]；●树桠 sē wâ[si ua] ‖ ch'hēw wû[ts'iu u]；●甘棠 kam tông[kam tɔŋ] ‖ ka tang[ka taŋ]；●党参 tóng som[tɔŋ sɔm] ‖ táng som[taŋ sɔm]；●青苔 ch'heng t'hae[ts'ɛŋ t'ai] ‖ ch'hai^{ng} t'hé[ts'ɛ̃ t'i]；●竹林 tëuk lîm[tiɔk lim] ‖ tek nâ[tɛk na]；●桑葚 song sîm[sɔŋ sim] ‖ se^{ng} sûy[sŋ sui]；●洋参 yâng som[iaŋ sɔm] ‖ yëô^{ng} som[iõ sɔm]；●松柏 sëûng pek[siõŋ pɛk] ‖ ch'héng pǎyh[ts'ɛŋ pɛʔ]；●米粟 bé ch'hëuk[bi ts'iok] ‖ bé sëuk[bi siok]；●树林 sē lìm[si lim] ‖ ch'hēw nâ[ts'iu na]；●薯草 se ch'hó[si ts'o] ‖ se ch'haóu[si ts'au]；●枫树 hong sē[hɔŋ si] ‖ pooi^{ng} ch'hew[puĩts'iu]；●黄连 hông lëēn[hɔŋ lian] ‖ wuí^{ng} neé^{ng}[uĩ nĩ]；●薯莨 chê lông[tsi lɔŋ] ‖ ché né^{ng}[tsi nŋ]；●黄麻 hông mâ[hɔŋ ma] ‖ wuî^{ng} mwⁿâ[uĩ muã]；●树林 sē lîm[si lim] ‖ ch'hēw nâ[ts'iu nã]；●茅草 maôu ch'hó[mau ts'o] ‖ ú^m á ch'haóu[m a ts'au]；●柴樠 ch'haê mēⁿâ[ts'ai miã] ‖ ch'hâ mēⁿâ[ts'a miã]；●棉花 bëēn hwa[bian hua] ‖ meê^{ng}hwa[mĩ hua]；●树林sē lîm[si lim] ‖ ch'hēw nâ[ts'iu na]；●樟脑 chëang ló[tsiaŋ lo] ‖ chëo^{ng} ló[tsiõ lo]；●枸橘 koé kwut[kɔu kut] ‖ kaóu kwut[kau kut]；●著叶 laóu yëép[lau iap] ‖ laóu hëŏh[lau hioʔ]；●白芨 pék kip[pɛk kip] ‖ pǎyh kip[pɛʔ kip]；●篓樠 Këep bān [kiap ban] ‖ kap bān [kap ban]；●草芥 ch'hó kaè[ts'o kai] ‖ ch'haou kaè[ts'au kai]；●菊花 Këuk hwa [kiok hua] ‖ kek hwa [kɛk hua]；●楠荆 poe këang[pou kiaŋ] ‖ poe këo^{ng}[pou kiõ]；●黄菊 Hông këuk [hɔŋ kiɔk] ‖ wuî^{ng}kek[uĩ kɛk]；●水笕 súy këén [sui kian] ‖ chúy kéng [tsui kɛŋ]；●黄栀 hông che [hɔŋ tsi] ‖ wuíⁿᵍ këeⁿᵍ[uĩ kĩ]；●蔈荚 bêng këep[beŋ kiap] ‖ bêng kǎyh[beŋ kɛʔ]；●豆荚 toē këep[tɔu kiɛp] ‖ taōu kǎyh[tau kɛʔ]；●甘蔗 Kam chëā[kam tsia] ‖ tëuk kám[tiɔk kam]；●茭薦 kaou chëên[kau tsian] ‖ ka chèng[ka tsɛŋ]；●笭栎 kaòu lek[kau lɛk] ‖ ka lǎyh[ka lɛʔ]；●萌蘖 bêng gëet [beŋ giat] ‖ paoŭh eéⁿᵍ [pauʔ ĩ]；●青苔 ch'heng t'hae[tsʻɛŋ t'ai] ‖ ch'haiⁿᵍ t'haê[tsʻɛ̃ t'ai]；●松柏 sëung pek[siɔŋ pɛk] ‖ ch'hêng päyh[tsʻɛŋ pɛʔ]；●树木 sē bok[si bɔk] ‖ ch'hēw bak[tsʻiu bak]；●牛藤 gnêw ch'hip[ŋiu tsʻip] ‖ góo ch'hip [gu tsʻip]；●黄栀 Hông che [hɔŋ tsi] ‖ wuiⁿᵍ këeⁿᵍ[uĩ kĩ]；●蕫蕉 keng chëaou [kɛŋ tsiau] ‖ keng chëo [kɛŋ tsio]；●种子 chëung choó[tsiɔŋ tsu] ‖ chéng ché [tsɛŋ tsi]；●番菁 hwan ch'heng [huan tsʻɛŋ] ‖ hwan ch'haiⁿᵍ[huan tsʻɛ̃]；●朽木 héw bok [hiu bɔk] ‖ nwⁿā ch'hâ [nuã tsʻa]；●豆蔻花 toē k'hoè hwa[tɔu kʻɔu hua] ‖ laōu haōu hwa[lau hau hua]；●檀香木 t'hân hëang bòk[t'an hiaŋ bɔk] ‖ t'hân hëoⁿᵍ ch'hâ [t'an hiɔ̃ tsʻa]；●楠香木 lâm hëang bòk[lam hiaŋ bɔk] ‖ làm hëoⁿᵍ ch'hay[lam hiɔ̃ tsʻɛ]；●檜香木 köey hëang bók[kuei hiaŋ bɔk] ‖ köey hëoⁿᵍ ch'hâ[kuei hiɔ̃ tsʻa]；●鸡冠花 key kwan hwa[kei kuan hua] ‖ key köèy hwa[kei kuei hua]；●金椋木 Kim keng bòk [kim kɛŋ bɔk] ‖ kim kë̈ⁿa ch'há [kim kiã tsʻa]；●甘棠树 Kam tông sē[kam tɔŋ si] ‖ ka tang ch'hēw[ka taŋ tsʻiu]；●石帆草 sek hwân ch'hó [sɛk huan tsʻo] ‖ chëŏh hwân ch'haou [tsioʔ huan tsʻau]；●车前草 ke chëên ch'hó[ki tsian tsʻo] ‖ ch'hëa chêng ch'haóu[tsʻia tsɛŋ tsʻau]；●蔷薇花 ch'hëang bê hwa[tsʻiaŋ bi hua] ‖ ch'hëôⁿᵍ bê hwa[tsʻiɔ̃ bi hua]。

（五）虫鱼鸟兽

●目鰂 bok chek [bɔk tsɛk] ‖ bak chat [bak tsat]；●水母 súy bó [sui bo] ‖ chúy bó [tsui bo]；●蟶蠕 chëang choô [tsiaŋ tsu] ‖ chëoⁿᵍ chê [tsiɔ̃ tsi]；●章鱼 chëang gê [tsiaŋ gi] ‖ chëoⁿᵍ á hê [tsiɔ̃ a hi]；●乌鰂 oe chek [ɔu tsɛk] ‖ oe chat [ɔu tsat]；●墨贼 bek chek [bɛk tsɛk] ‖ bak ch'hat [bak tsʻat]；●鲳鱼 ch'heang gê[tsʻiaŋ gi] ‖ ch'hëoⁿᵍ á hê[tsʻiɔ̃ a hi]；●鱼腥 gè ch'ho[gi tsʻo] ‖ hê ch'ho[hi tsʻo]；●鲜鱼 sëen gê[sian gi] ‖ ch'hëeⁿᵍ hê[tsʻĩ hi]；●红蟳 hông sîm[hɔŋ sim] ‖ âng chîm[aŋ tsim]；●魟鱼 hông gê [hɔŋ gi] ‖ hang hê [haŋ hi]；●螃蟹 pông haē [pɔŋ hai] ‖ pâng hēy [paŋ hei]；●毛蟹 mô haē [mo hai] ‖ mô hēy[mo hei]；●魟鱼 hông gè [hɔŋ gi] ‖ hâng á hè [haŋ a hi]；●鰇温 jêw gê[dziu gi] ‖ jêw hê[dziu hi]；●江鳐 kang jeaôu[kaŋ dziau] ‖ ka ch'ēô[katsʻio]；●鳄鱼 gok gê [gɔk gi] ‖ gok hê [gɔk hi]；●马鲛 má kaou[ma kau] ‖ báy ka[bɛ ka]；●蝌蚪 k'ho toé[kʻo tɔu] ‖ k'ho taóu[kʻo tau]；●烤鱼 k'hó gê[kʻogi] ‖ k'hó hé[kʻo hi]；●鲮鲤 lêng lé[lɛŋ li] ‖ lâ lé[la li]；●鱼鳞 gê lîn[gi lin] ‖ hé lân[hi lan]；●鰡鱼 lék gê[lɛk gi] ‖ làt hé[lat hi]；●泥鳅 nê lew[ni liu] ‖ t'hoé lew[tʻou liu]；●石蛑 sék tong[sɛk tɔŋ] ‖ chëoh kàng[tsioʔ kaŋ]；●龟仔 kwuy choó[kui tsu] ‖ koo á[ku a]；●田螺 tëên lêy[tian lei] ‖ ch'hân lêy[tsʻan lei]；●螺兹 lô se[lo si] ‖ ch'han lêy[tsʻan lei]；●鲨鱼 say gê[sɛ gi] ‖ swa hé[sua hi]；●鱻鱼 sëen gê[sian gi] ‖ ch'hëeⁿᵍ hê[tsʻĩ hi]；●鲤鱼 lé gê[li gi] ‖ lé hé[li hi]；●马蛟 mâ kaou[ma kau] ‖ báy ka[bɛ ka]；●海鳗 haé bân[hai ban] ‖ haé mwⁿâ[hai muã]；●巴蛇 pa sëa[pa sia] ‖ pa chwâ[pa tsua]；●毒蛇 tok sëâ[tɔk sia] ‖

tok ch'hwâ[tɔk ts'ua]；●螺蛳 lêy soo[lei su] ‖ lô soo[lo su]；●水母 súy boé[sui bɔu] ‖ chúy boé[tsui bɔu]；●赤鳀鱼 Ch'hek chong gê [ts'ɛk tsɔŋ gi] ‖ ch'hëäh chang hê[ts'iaʔ tsaŋ hi]；●蚯蚓 k'hew yín[k'iu in] ‖ t'hoê kín[k'ɔu kin]；●蜈蚣 goê kong [gɔu kɔŋ] ‖ gêâ kang [gia kaŋ]；●乌蝱 oe hong [ɔu hɔŋ] ‖ oe hwui^{ng}[ɔu huĩ]；●蝙蝠 pëen hok [pian hɔk] ‖ bit pô [bit po]（密婆）；●蝴蝶 hoê tëep [hɔu tiap] ‖ böéy yëäh [buei iaʔ]；●黄蜂 hông hong [hɔŋ hɔŋ] ‖ wuî^{ng} p'hang [uĩ p'aŋ]；●江蟯 kang jeâou[kaŋ dziau] ‖ ka ch'hëô[ka ts'io]；●白蚁 pek gé [pɛk gi] ‖ pǎyh hëä [pɛʔ hia]；●象螱 sëäng gëet [siaŋ giat] ‖ ch'hëō^{ng} gëet [ts'iɔ̃ giat]；●狡蚤 Kaóu chó[kau tso] ‖ ka chaôu[kau tsau]；●赤蟩 Ch'hek këang[ts'ɛk kiaŋ] ‖ ch'hëäh këo^{ng}[ts'iaʔ kiɔ̃]；●土蚓 t'hoé yín[t'ɔu in] ‖ t'hoê kín[t'ɔu kin]；●蜾蠃 kó ló[ko lo] ‖ wan yëo^{ng}[uan iɔ̃]（蜿蟺）；●螳螂 tòng lông[tɔŋ lɔŋ] ‖ am koe chây[am kɔu tsai]；●蟛蜞 pwân maôu [puan mau] ‖ pân bâ[pan ba]；●蜿蟺 wán ong[uan ɔŋ] ‖ wán nëo^{ng}[uan niɔ̃]；●蜗牛o gnêw[o giũ] ‖ o goô[o gu]；●蜜蜂 bit hong[bit hɔŋ] ‖ bit p'hang[bit p'aŋ]；●跳虱 t'heàou sek[t'iau sɛk] ‖ t'heàou sat[t'iau sat]；●木虱 bàk sek[bak sɛk] ‖ bàk sat[bak sat]；●涂虱 t'hoê sek[t'ɔu sɛk] ‖ t'hoê sat[t'ɔu sat]；●蟋蟀 sit sut[sit sut] ‖ seěh sut[siʔ sut]；●蜘蛛 te too[ti tu] ‖ la gëâ[la gia]；●蝴蝶 hoêy tëép[huei tiap] ‖ höéy yëäh[uei iaʔ]；●鼅鼄 te too[ti tu] ‖ lā geâ[la gia]；●蠮螉 e ong[i ɔŋ] ‖ yëet yëo^{ng} [iat iɔ̃]；●虎头蜂 hoé t'hoê hong [hɔu t'ɔu hɔŋ] ‖ hoé t'haôu p'hang [hɔu t'au p'aŋ]；●蜘蛛丝 te too se[ti tu si] ‖ la gëâ se[la gia si]；●鹡鸰 chit lēng[tsit lɛŋ] ‖ pit lô[pit lo]；●鸟口 neáou k'hoé[niau k'ɔu] ‖ cheáou ch'hùy[tsiau ts'ui]；●鸡雏 kaou chuy[kau tsui] ‖ ka chuy[ka tsui]；●鸡㿟 kaou lēng[kau lɛŋ] ‖ ka lēng[ka lɛŋ]；●鸡青 kaou ch'heng[kau ts'ɛŋ] ‖ ka ch'hai^{ng}[ka ts'ɛ̃]；●鹊鸟 Ch'hëak nëáou [ts'iak niau] ‖ k'hǎyh chëáou[k'ɛʔ tsiau]；●鹭鹚 loê choô[lɔu tsu] ‖ loê se[lɔu si]；●鸬鹚 loê choô[lɔu tsu] ‖ loé se cheáou[lɔu si tsiau]；●鸡妹 key möéy[kei muei] ‖ key me^{n}ā[kei miã]；●鸠雏 k'hew chuy[k'iu tsui] ‖ ka chuy[ka tsui]；●鹌鹑 yëem sûn[iam sun] ‖ yëen ch'hun[ian ts'un]；●鸒鸡 chëuk key[tsiɔk kei] ‖ tak key[tak kei]；●雉鸡 tē key[ti kei] ‖ t'hê key[t'i kei]；●交雏 kaou tuy[kau tui] ‖ ka chuy[ka tsui]；●鸳鸯 wan yang[uan iaŋ] ‖ wan yëo^{ng}[uan iɔ̃]；●燕子 yëen choó[ian tsu] ‖ eè^{ng} á[ĩ a]；●交雏 kaou chuy[kau tsui] ‖ ka chuy[ka tsui]；●鸬鹚鸟 loê choô neáou [lɔu tsu niau] ‖ loê che cheáou[lɔu tsi tsiau]；●鸡㿟鸟 Kaou lēng neáou[kau lɛŋ niau] ‖ ka lēng cheáou[ka lɛŋ tsiau]；●鸡鵤鸟 kaou lēng neáou[kau lɛŋ niau] ‖ ka lēng cheáou[ka lɛŋ tsiau]；●白鸽鸟 pék lêng neáou[pɛk lɛŋ niau] ‖ pǎyh léng cheáou[pɛʔ lɛŋ tsiau]；●伯劳鸟 pek lô neáou[pɛk lo niau] ‖ pit lô cheáou[pit lo tsiau]；●老鼠 lô ch'hê[lo ts'i] ‖ neaou ch'hé[niau ts'i]；●乌狗 oe koé[ɔu kɔu] ‖ oe kaóu[ɔu kau]；●白猴 pèk hoê[pɛk hɔu] ‖ pāyh kaôu[pɛʔ kau]；●牛羊 gnêw yang [ŋiu iaŋ] ‖ goô yëô^{ng}[gu iɔ̃]；●黄牛 hông gnêw [hɔŋ ŋiu] ‖ wuî^{ng} goô [uĩ gu]；●水牛 súy gnêw [sui ŋiu] ‖ chúy goô [tsui gu]；●驿马 ek má[ɛk ma] ‖ yëäh báy[iaʔ bɛ]；●骁马 hëaou má [hiau ma] ‖ hëaou báy [hiau bɛ]；●人熊 jîn hîm [dʑin him] ‖ láng hîm [laŋ him]；●骘马 chit ma [tsit ma] ‖ pǎyh chëō^{ng} báy [pɛʔ tsiɔ̃ bɛ]；●马骔 má chong[ma tsɔŋ] ‖ bay chang[bɛ tsaŋ]；●牛仔 gnêw choó [ŋiu tsu] ‖ goo á [gu a]；●牛公 gnêw kong[ŋiu kɔŋ] ‖ goô kang[gu kaŋ]；●牛犺 gnêw káng[ŋiu kaŋ] ‖ goô káng[gu kaŋ]；●駃马 k'hwaè má[k'uai ma] ‖ k'hwaè báy[k'uai bɛ]；●羊羔 yâng ko[iaŋ ko] ‖ yëô^{ng} ko[iɔ̃ ko]；●牛牯 gnêw koé[ŋiu kɔu] ‖ goô kang[gu kaŋ]；●羊羖 yâng koé[iaŋ kɔu] ‖ yëô^{ng} kang[iɔ̃ kaŋ]；●群羊 kwûn yâng[kun iaŋ] ‖ chit tîn yëó^{ng}[tsit tin iɔ̃]；●绵羊 bëên yang[bian iaŋ] ‖ meé^{ng} yëô^{ng}[mĩ iɔ̃]；●猫公 beâou kong[biau kɔŋ] ‖ neaou kang[niau kaŋ]；●狗吠 koé hwūy[kɔu hui] ‖ kaóu pwūy[kau pui]；●畜牲 hëuk seng[hiɔk sɛŋ] ‖ t'hëuk sai^{ng}[t'iɔk sɛ̃]；●狮子 soo choó[su tsu] ‖ sae á[sai a]；●水牛 súy gnêw[sui ŋiu] ‖ swuí^{ng} goô[suĩ gu]；●驰马 tê má[ti ma] ‖ chaóu báy[tsau bɛ]；●山兔 san t'hoè[san t'ou] ‖ sw^{n}a t'hoè[suã t'ou]；●骆驼 lòk tô[lɔk to] ‖ 馲驼 lòk tô[lɔk to]；●獬豸 haē chaē[hai tsai] ‖ haē t'hwā[hai t'ua]；●驿马 èk má[ɛk ma] ‖ yëăh báy[iaʔ bɛ]；●野人 yëá jîn[ia dzin] ‖ yëá ây lâng[ia ɛ laŋ]；●跨野马 k'hwà yëá má[k'ua ia ma] ‖ k'hwà yëá gwā ây báy[k'ua ia gua ɛ bɛ]；●驳色马 pak sek má[pak sɛk ma] ‖ pak sek báy[pak sɛk bɛ]；●鸡豚狗彘 key tun koé tē[kei tun kɔu ti] ‖ key te kaóu kap te á[kei ti kau kap ti a]。

（六）建筑房屋

●瓦屋 wá ok[ua ɔk] ‖ hëā ch'hoò[hia ts'u]；●邮驿 yêw èk[iu ɛk] ‖ yêw yëăh[iu iaʔ]；●屋橼 ok yëên[ɔk ian] ‖ ch'hoò aî^{ng}[ts'u ɛ̃]；●营寨 êng chēy[ɛŋ tsei] ‖ yë^{n}â chēy[iã tsei]；●军营 kwun êng[kun ɛŋ] ‖ kwun yë^{n}â[kun iã]；●厅堂 t'heng tong[t'ɛŋ tɔŋ] ‖ t'hë^{n}a té^{ng}[t'iã tŋ]；●灰窑 höey yaôu[huei iau] ‖ höey yëô[huei io]；●拆屋 chëet ok[tsiat ɔk] ‖ t'hëăh ch'hoò[t'iaʔ ts'u]；●砖仔窑 chwan choó yaôu[tsuan tsu iau] ‖ chwuí^{ng} á yëô[tsuĩ a io]；●檐前 yëêm chëên[iam tsian] ‖ neé^{ng} cheê^{ng}[nĩ tsĩ]；●烟筒 yëen tong[ian tɔŋ] ‖ hwun ch'hùy[hun ts'ui]；●陡门 toé bûn[tou bun] ‖ táng mooî^{ng}[taŋ muĩ]；●栋楹 tòng êng[tɔŋ ɛŋ] ‖ tòng aî^{ng}[tɔŋ ɛ̃]；●楼梯 loê t'hey[lou t'ei] ‖ laôu t'huy[lau t'ui]；●步云梯 poē yîn t'hey[pou yin t'ei] ‖ poē hwûn t'huy[pou hun t'ui]；●烟筒 yëen tong[ian tɔŋ] ‖ hwun tang[hun taŋ]；●石柱 sék choō[sɛk tsu] ‖ chëŏh t'heāou[tsioʔ t'iau]；●楹柱 êng choō[ɛŋ tsu] ‖ aî^{ng} t'heāou[ɛ̃ t'iau]；●门档 bûn tòng[bun tɔŋ] ‖ mooî^{ng}tàng[muĩ taŋ]；●厅堂 t'heng tông[t'ɛŋ tɔŋ] ‖ t'hë^{n}a tê^{ng} [t'ã tŋ]；●榻前 t'hap chëên[t'ap tsian] ‖ t'hap chêng[t'ap tsɛŋ]；●塔院 t'hap yëēn[t'ap ian] ‖ t'hăh eē^{ng}[t'aʔ ĩ]；●厝宅 ch'hoè t'hek[ts'ou t'ɛk] ‖ ch'hoò t'hăyh[ts'u t'ɛʔ]；●寝室 ch'hím sit[ts'im sit] ‖ k'hwùn keng[k'un kɛŋ]；●墙壁 ch'hëâng p'hek[ts'iaŋ p'ɛk] ‖ ch'hëô^{ng} pëăh[ts'iɔ̃ piaʔ]；●眠床 bëên ch'hong[bian ts'ɔŋ] ‖ bîn ch'he^{ng}[bin ts'ŋ]；●屎礐 sé hak [si hak] ‖ saé hak [sai hak]；●落礐 lok hak [lɔk hak] ‖ lŏh hak [loʔ hak]；●檫门 ch'hwan bûn[ts'uan bun] ‖ ch'hw^{n}a mooî^{ng}[ts'uã muĩ]；●瓦砖 wá chwan[ua tsuan] ‖ hëa chwi^{ng}[hia tsuĩ]；●屋楹 ok êng[ɔk ɛŋ] ‖ ch'hoò aî^{ng}[ts'u ɛ̃]；●门户 bûn hoē [bun hɔu] ‖ mooî^{ng} hoē [muĩ hɔu]；●茅屋 maôu ok [mau ɔk] ‖ hû^{n}à ch'hoo [hm a ts'u]；●屋桁 ok hêng [ɔk hɛŋ] ‖ ch'hoò hw^{n}â [ts'u huã]；●垣墙 hwân ch'hëâng [huan ts'iaŋ] ‖ hwân ch'hëô^{ng}[huan ts'iõ]; ●监牢 kam lô[kam lo] ‖ kⁿa k'hoò[kã k'u]; ●一间屋 yit kan ok[it kan ɔk] ‖ chit kae^{ng}ch'hoò[tsit kaĩ ts'u]; ●更寮 keng leâou[keŋ liau] ‖ kaiⁿleáou[kẽ liau]; ●案桌 àn tok[an tɔk] ‖ wⁿà tŏh[uã toʔ]; ●椅桌 é tok[i tɔk] ‖ étŏh[i toʔ]; ●铁钉 t'hëet teng[t'iet teŋ] ‖ t'hëëh teng[t'iʔ teŋ]; ●瓦砖 wá chwan [ua tsuan] ‖ hëā chui^{ng} [hia tsuĩ]; ●砛堦 gim kae[gim kai] ‖ gim kay[gim kɛ]; ●桱楹 kèng êng[keŋ ɛŋ] ‖ kaiⁿ aiⁿ[kẽ ɛ̃]; ●四角 soò kak[su kak] ‖ sè kak[si kak]; ●楹桷 êng kak[ɛŋ kak] ‖ aiⁿkak[ɛ̃ kak]; ●隔壁 kek pek [kɛk pɛk] ‖ kǎyh pëǎh [kɛʔ piaʔ]; ●玻璃 p'ho lê[p'o li] ‖ p'ho lêy[p'o lei]; ●草庐 ch'hó lê[ts'o li] ‖ ch'haóu lê[ts'au li]; ●屋樑 ok lëâng[ɔk liaŋ] ‖ ch'hoò nëó^{ng}[ts'u niõ]; ●门簾 bùn lëêm[bun liam] ‖ mooî^{ng} lé[muĩ li]; ●茅屋 maôu ok[mau ɔk] ‖ ûⁿ á ch'hoò[m a ts'u]; ●开门 k'hae bûn[k'ai bun] ‖ k'hwuy mooî^{ng}[k'ui muĩ]; ●门户 bûn hoē[bun hɔu] ‖ mooî^{ng} hoē[muĩ hɔu]; ●枓栱 toé këúng [tɔu kioŋ] ‖ taōu kéng [tau keŋ]; ●塗屋 k'haè ok [k'ai ɔk] ‖ bwàt ch'hoò [buat ts'u]; ●壁孔 p'hek k'hóng [p'ɛk k'ɔŋ] ‖ pëǎh k'hang[piaʔ k'aŋ]; ●炕床 k'hòng ch'hông [k'ɔŋ ts'ɔŋ] ‖ k'hàng ch'hé^{ng}[k'aŋ ts'ŋ]; ●門闌 bûn lân[bun lan] ‖ mooî^{ng} lân[muĩ lan]; ●屋漏 ok loē[ɔk lɔu] ‖ ch'hoò laōu[ts'u lau]; ●房间 pông këen[pɔŋ kian] ‖ pâng keng[paŋ keŋ]; ●屋壁 ok p'hek[ɔk p'ɛk] ‖ ch'hoò pëǎh[ts'u piaʔ]; ●隔壁 kek p'hek[kɛk p'ɛk] ‖ kāyh pëǎh[kɛʔ piaʔ]; ●甓砖 p'hek chwan[p'ɛk tsuan] ‖ p'hëǎh chui^{ng}[p'iaʔ tsuĩ]; ●瓦片 wáp'hëèn[ua p'ian] ‖ hëā p'hee^{ng}[hia p'ĩ]; ●房屋 pông ok[pɔŋ ɔk] ‖ pâng ch'hoò[paŋ ts'u]; ●门扇 bûn sëèn[bun sien] ‖ mooî^{ng} seè^{ng}[muĩ sĩ]; ●屋架 ok kày[ɔk kɛ] ‖ ch'hoò kày[ts'u kɛ]; ●石磐 sék pwân[sɛk puan] ‖ chëŏh pwⁿâ[tsioʔ puã]。

（七）食品饮食

●糖霜 t'hông song[t'ɔŋ sɔŋ] ‖ t'hê^{ng} se^{ng}[t'ŋ sŋ]; ●火腿 hⁿó t'húy[hõ t'ui] ‖ höéy t'húy[huei t'ui]; ●荳腐 toē hoo[tɔu hu] ‖ taōu hoo[tau hu]; ●荳干 toē kan[tɔu kan] ‖ taōu kwⁿa[tau kuã]; ●荳针 toē chëem[tɔu tsiam] ‖ taōu chëem[tau tsiam]; ●蔗糖 chëà t'hông[tsia t'ɔŋ] ‖ chëà t'hê^{ng}[tsia t'ŋ]; ●白糖 pék t'hông[pɛk t'ɔŋ] ‖ pǎyh t'hê^{ng}[pɛʔ t'ŋ]; ●乌糖 oe t'hông[ɔu t'ɔŋ] ‖ oe t'hé^{ng}[ɔu t'ŋ]; ●鱼鲞 gě sëáng[gi siaŋ] ‖ hé sëó^{ng}[hi siõ]; ●鸭鲞 ăh sëáng[aʔ siaŋ] ‖ ăhsëó^{ng}[aʔ siõ]; ●食饭 sit hwān [sit huan] ‖ chëăh poo^{ng}[tsiaʔ puĩ]; ●酌酒 chëak chéw [tsiak tsiu] ‖ tîn chew [tin tsiu]; ●食酒 sit chéw [sit tsiu] ‖ chëăh chew [tsiaʔ tsiu]; ●煎茶 chëen tây[tsian tɛ] ‖ chwⁿa tây[tsuã tɛ]; ●饿死 gō soó [go su] ‖ gō sé [go si]; ●噉食 hám sit [ham sit] ‖ hám chëah [ham tsiaʔ]; ●饕食 ho sit [ho sit] ‖ t'ham chëăh [t'am tsiaʔ]; ●食饱 sit paóu[sit pau] ‖ chëăh pá[tsiaʔ pa]; ●养饲 yáng soō[iaŋ su] ‖ yëó^{ng} ch'hē[iõ ts'i]; ●饮酒 yím chéw[im tsiu] ‖ lim chéw[lim tsiu]; ●面浆 bëên chëang [bian tsiaŋ] ‖ mêe^{ng} chëo^{ng}[mĩ tsiõ]; ●椰浆 yëá chëang [ia tsiaŋ] ‖ yëà chëo^{ng}[ia tsiõ]; ●米浆 bé chëang [bi tsiaŋ] ‖ bé chëo^{ng}[bi tsiõ]; ●荳酱 toē chëàng [tɔu tsiaŋ] ‖ taōu chëò^{ng}[tau tsiõ]; ●豉酱 seē^{ng} chëàng [sĩ tsiaŋ] ‖ seē^{ng} chëò^{ng}[sĩ tsiõ]; ●胡椒 hoê chëaou [hɔu tsiau] ‖ hoê chëo [hɔu tsio]; ●煎鱼 chëen gê[tsian gi] ‖ chëen hê [tsian hi]; ●食烟 sit yëen [sit ian] ‖ chëăh hwun [tsiaʔ hun]; ●洦浆 ám chëang [am tsiaŋ] ‖ ám chëò^{ng}[am tsiõ]; ●豆酱 toē chëàng [tɔu tsiaŋ] ‖ taōu chëò^{ng}[taṳ tsiɔ̃]；●糜粥 möêy chëuk [muei tsiɔk]‖ ám möêy [am muei]；●食菜 sit ch'haè [sit ts'ai]‖ chëǎh ch'haè [tsiaʔ ts'ai]；●晚餐 bwán ch'han [buan ts'an]‖ mai^{ng} hwui^{ng} tooī^{ng}[mɛ̃ hṳ̃ĩ tṳ̃ĩ]；●馋馋 ch'hâm ch'hông [ts'am ts'ɔŋ]‖ ch'hâm ch'hâng [ts'am ts'aŋ]；●豆腐 toē hoō [tɔu hu]‖ taoū hoō [tau hu]；●麵粿 k'hëuk gëet [k'iɔk giat]‖ pǎyh k'hak [pɛʔ k'ak]；●猪臆 te ek[ti ɛk]‖ te eëh[ti iʔ]；●馔乳 chwān jê[tsuan dzi]‖ chuī^{ng} leng[tsuĩ lɛŋ]；●酒槽 chéw cho[tsiu tso]‖ chéw chaou[tsiu tsau]；●炊粿 ch'huy kó[ts'ui ko]‖ ch'höey köéy[ts'uei kuei]；●米贱 bé chëēn[bi tsian]‖ bé chwⁿā[bi tsuã]；●牛乳 gnéw jeé^{ng} [ŋiu dzi]‖ goô lēng[gu lɛŋ]；●牛膠 gnêw kaou [ŋiu kau]‖ goô ka[gu ka]；●鱼膠 gê kaou [gi kau]‖ hê ka[hi ka]；●酵母 haòu boé[hau bɔu]‖ kⁿá boé[kã bɔu]；●芥辣 kaě lat[kai lat]‖ kaè lwǎh[kai luaʔ]；●菜羹 ch'haè keng[ts'ai kɛŋ]‖ ch'haè kai^{ng}[ts'ai kɛ̃]；●挑羹 t'hëaou keng[t'iau kɛŋ]‖ t'hëaou kai^{ng}[t'iau kɛ̃]；●酸柑 swan kam[suan kam]‖ swui^{ng} kam[suĩ kam]；●番𤲃 hwan këen [huan kian]‖ hwan këe^{ng} [huan kĩ]；●菜粳 ch'haè këùng [ts'ai kiɔŋ]‖ ch'haè kèng[ts'ai kɛŋ]；●白麵 pék k'hëuk [pɛk k'iɔk]‖ pǎyh k'hak [pɛʔ k'ak]；●米糠 bé k'hong[bi k'ɔŋ]‖ bé k'he^{ng}[bi k'ŋ]；●俭食 k'hëēm sit[k'iam sit]‖ k'hëo^{ng} chëǎh[k'iɔ̃ tsiaʔ]；●白籼 pèk k'hëuk[pɛk k'iɔk]‖ pǎyh k'hak[pɛʔ k'ak]；●鸡腱 key këēn[kei kian]‖ key kīn[kei kin]；●糕子 ko choó[ko tsu]‖ köéy á[kuei a]；●粿仔 kó choó[ko tsu]‖ köéy á[kuei a]；●擀面 kán bëēn[kan bian]‖ kwⁿá meē^{ng}[kuã mĩ]；●鸡冠 key kwan[kei kuan]‖ key köéy[kei kuei]；●蕨粉 k'hwat hwún [k'uat hun]‖ köěyh hwún[kueiʔ hun]；●灌酒 kwàn chéw[kuan tsiu]‖ kwⁿá chéw[kuã tsiu]；●腊肉 làp jèuk[lap dziɔk]‖ lǎh bǎh[laʔ baʔ]；●滚水 kwún súy[kun sui]‖ kwún chúy[kun tsui]；●米粮 bé lëàng[bi liaŋ]‖ bé nëô^{ng}[bi niɔ̃]；●乳子 jê choó[dzi tsu]‖ leng á[lɛŋ a]；●软饼 lwán péng[luan pɛŋ]‖ lūn pëⁿá[lun piã]；●用乳 lok jé[lɔk dzi]‖ lut leng[lut lɛŋ]；●鸡卵 key lwán[kei luan]‖ key nooī^{ng}[kei nuĩ]；●面包 bëēn paou[bian pau]‖ meē^{ng} paou[mĩ pau]；●茸羹 mô keng[mo kɛŋ]‖ ch'haè t'heng[ts'ai t'ɛŋ]；●食饼 sit péng [sit pɛŋ]‖ chëǎh pëⁿá[tsiaʔ piã]；●饱甜 paòu tëêm[pau tiam]‖ paòu tëe^{ng}[pau tĩ]；●粃糠 pé k'hong[pi k'ɔŋ]‖ p'hⁿà k'àe^{ng}[p'ãk'aĩ]；●鯤肉 öey jéúk[uei dziɔk]‖ öey bǎh[uei baʔ]；●柑瓣 kam pëēn[kam pian]‖ kam pān[kam pan]；●焙肉 pöēy jéúk[puei dziɔk]‖ pöēy bǎh[puei baʔ]；●食饭 sit hwān[sit huan]‖ chëǎh pooī^{ng}[tsiaʔ puĩ]；●豆豉 toē seē^{ng}[tɔu sĩ]‖ taōu seè^{ng}[tau sĩ]；●食水 sit súy[sit sui]‖ chëǎh chúy[tsiaʔ tsui]；●鸡蛋 key tān[kei tan]‖ key nooī^{ng}[kei nuĩ]；●笮酒 tek chew[tɛk tsiu]‖ tày chew[tɛ tsiu]；●食茶 sit tây[sit tɛ]‖ chëǎh tây[tsiaʔ tɛ]；●猪肉 te jéúk[ti dziɔk]‖ te bàh[tibaʔ]；●脚蹄 këak tëy[kiak tei]‖ k'ha tëy[k'a tei]；●羊蹄 yang tëy[iaŋ tei]‖ yëô^{ng} tëy[iɔ̃ tei]；●药丸 yëák wân[iak uan]‖ yëŏh wân[ioʔ uan]；●牛癀 gnêw hông[ŋiu hɔŋ]‖ goô wuî^{ng}[gu uĩ]；●硫黄 lêw hông [liu hɔŋ]‖ nëô^{ng} hwui^{ng}[niɔ̃ huĩ]；●丁香 teng hëng [tɛŋ hɛŋ]‖ teng hëo^{ng}[tɛŋ hiɔ̃]；●砒霜 p'he song[p'i sɔŋ]‖ p'hee^{ng} se^{ng}[p'ĩ sŋ]；●泻药 sëà yëák[sia iak]‖ sëà yëŏh[sia ioʔ]；●麝香 sëā hëang[sia hiaŋ]‖ sëāhëo^{ng}[sia hiɔ̃]；●蛸药 sëaou yëàk[siau iak]‖ sëaou yëŏh[siau ioʔ]；●药方

yëak hong [iak hɔŋ] ‖ yŏh he^{ng}[ioʔ hŋ]；●药剂 yëak chey [iak tsei] ‖ yŏh chaè [ioʔ tsai]；●葡萄
干 poê tô kàn[pou to kan] ‖ poêtô kwⁿà[pou to kuã]； ●一餐饭 yit ch'han hwān [it ts'an huan] ‖
chit tooī^{ng} pooī^{ng}[tsit tuĩ puĩ]；●饻薄饼 K'haŏuh pók péng [k'auʔ pɔk pɛŋ] ‖ k'haŏuh póh pëⁿá [k
'auʔ poʔ piã]；●绿豆糕 lëùk toē ko[liɔk tɔu ko] ‖ lèk taōu köey[lɛk tau kuei]；●猪膋油 te leâou
yêw[ti liau iu] ‖ te lâ yéw[ti la iu]；●橄榄豉 kám lám seē^{ng}[kam lam sĩ] ‖ kán ná seē^{ng}[kan na
sĩ]；●牛乳油 gnêw jé yêw[ŋiu dzi iu] ‖ goô leng yêw[gu lɛŋ iu]；●小儿嗽乳 seáou jê sok jé[siau
dzi sok dzi] ‖ sèy këⁿá sŏh leng[sei kiã soʔ lɛŋ]；●此物餲餲 Ch'hoo but chëⁿá chëⁿá [ts'u but tsiã
tsiã] ‖ chey lêy meëⁿh chëⁿá chëⁿá [tsei lei mĩʔ tsiã tsiã]。

（八）衣服穿戴

帽缨 bō eng[bo ɛŋ] ‖ bo yëⁿa[bo iã]；●褆裘 t'hek kêw[t'ɛk kiu] ‖ twⁿa sⁿa[tuã sã]；●
外套 gòëy t'hò[guei t'o] ‖ gwā t'hò[gua t'o]；●甲胄 kap tēw[kap tiu] ‖ kǎh tēw[kaʔ tiu]；
●手袖 séw sēw[siu siu] ‖ ch'héw wuí^{ng}[ts'iu uĩ]；●手钏 séw ch'hwàn[siu ts'uan] ‖ ch'héw
sŏh[ts'iu soʔ]；●金錬 kim sok[kim sɔk] ‖ kim sŏh[kim sɔʔ]；●手鍊 séw sok[siu sɔk] ‖ ch'
héw sŏh[ts'iu sɔʔ]；●戴帽 taè bō[tai bo] ‖ tèy bō[tei bo]；●缠鞋 tēēn haê[tian hai] ‖ teē^{ng}
áy[tĩɛ]；●缠衫 tēēn sam[tian sam] ‖ teé^{ng} sⁿa[tĩ sã]；●毡条 chēen tēâou [tsian tiau] ‖ chëe^{ng}
tēâou [tsĩ tiau]；●毡帽 chëenbo[tsian bo] ‖ chëe^{ng} bō [tsĩ bo]；●毡条 chēēn teâou [tsian t
'iau] ‖ chëe^{ng} teâou [tsĩ tiau]；●水晶 súy cheng [sui tsɛŋ] ‖ chúy chëe^{ng}[tsui tsĩ]；●花钏 hwa
ch'hwàn[hua ts'uan] ‖ hwa ch'huì^{ng}[hua ts'uĩ]；●穿衫 ch'hwàn sam[ts'uan sam] ‖ ch'hēng
sⁿa[ts'ɛŋ sã]；●穿袜 ch'hwàn bëet[ts'uan biat] ‖ ch'hēng böëyh[ts'ɛŋ bueiʔ]；●首飾 séw
sek[siu sɛk] ‖ ch'héw sek[ts'iu sɛk]；●衣服 e hok[i hɔk] ‖ sⁿa k'hoè[sã k'ɔu]（衫裤）；●
臂钏 pè ch'hwàn[pi ts'uan] ‖ ch'héw soh[ts'iu soʔ]；●枕头 chím t'hoê[tsim t'ɔu] ‖ chim t'
haôu[tsim t'au]；●鹤扇 hok sëen [hɔk sian] ‖ hŏh seē^{ng}[hoʔ sĩ]；●皮鞋 p'hé hëa [p'i hia] ‖
p'höêy hëa [p'uei hia]；●手环 séw hwân [siu huan] ‖ ch'héw ché [ts'iu tsi]；●耳环 jé hwân
[dʑi huan] ‖ hē kaou á [hikau a]；●缁衣 choo e[tsu i] ‖ oe sⁿa[ɔu sã]；●袷衣 Këep e [kia
pi] ‖ kap e[kap i]；●木屐 Bók kék [bɔk kɛk] ‖ bók këák [kɔk kiak]；●裙裥 kwùn kán [kun
kan] ‖ kwún kéng [kun kɛŋ]；●衫裤 sam k'hoè[sam k'ɔu] ‖ sⁿa k'hoè[sã k'ɔu]；●纽扣 léw k'
hoè[liu k'ɔu] ‖ léw k'haòu[liu k'au]；●头巾 t'hoê kin[t'ɔu kin] ‖ t'haôu kin[t'au kin]；●手
巾 séw kin[siu kin] ‖ ch'héw kin[ts'iu kin]；●马褂 má kaè[ma kai] ‖ báy kwà[be kua]；●金
冠 kim kwan[kim kuan] ‖ kim kwⁿa[kin kuã]；●凤冠 hōng kwan[hɔŋ kuan] ‖ hōng kwⁿa[hɔŋ
kuã]；●葛布 kat poè[kat pou] ‖ kwǎh poè[kuaʔ pou]；●衫裡 sam lé[sam li] ‖ sⁿa lé[sã li]；
●葵肩 köëy këen[kuei kian] ‖ köëy keng t'haôu[kuei kɛŋ t'au]；●衫领 sam léng[sam lɛŋ] ‖
sⁿa nëⁿá[sã niã]；●钮仔 léw choó[liu tsu] ‖ léw á[liu a]；●钮扣 léw k'hoè[liu k'ɔu] ‖ léw
k'haòu[liu k'au]；●绫缎 lêng twān[lɛŋ tuan] ‖ lîn twān[lin tuan]；●染布 jëém poè[dziam
pou] ‖ neé^{ng} poè[nĩ pou]；●脚帛 këak pék[kiak pɛk] ‖ k'ha pǎyh[k'a pɛʔ]；●被单 pē tan[pi
tan] ‖ p'höëy twⁿa[p'uei tuã]；●头帕 t'hoê p'hà [t'ɔu p'a] ‖ t'haóu p'hày[t'au p'ɛ]；●身覆

sin hok[sin hɔk] ‖ sin p'hak[sin p'ak]；●痕缝 hwûn hông[hun hɔŋ] ‖ hwûn p'āng[hun p'aŋ]；●离缝 lê hong[li ɔŋ] ‖ lê p'hāng[li p'aŋ]；●首帕 séw p'hà[siu p'a] ‖ t'haôu p'hày[t'au p'ε]；●花帕 hwa p'hà[hua p'a] ‖ hwa p'hày[hua p'ε]；●被单 p'hē tan[p'i tan] ‖ p'höēy twᵃa[p'uei tuã]；●羊皮 yâng p'hê[iaŋ p'i] ‖ yëôⁿg p'höēy[iõ p'uei]；●破衫 p'hò sam[p'o sam] ‖ p'hwà sⁿa[pua sã]；●幞头 pók t'hoê[pok t'ou] ‖ pák t'haôu[pak t'au]；●卸甲 sëä kap[sia kap] ‖ t'hooiⁿg kăh[t'uĩ kaʔ]；●妆餙 chong sek [tsɔŋ sɛk] ‖ cheⁿg sek[tsŋ sɛk]；●梳妆 sey chong [sei tsɔŋ] ‖ sey cheⁿg[sei tsŋ]；●穿鞋 ch'hwàn haê [ts'uan hai] ‖ ch'hèng êy[ts'εŋ ei]；●縺带 hăh taè [hai tai] ‖ hăh twà [haʔ tua]；●解衣 Kaé e[kai i] ‖ t'hooiⁿg sⁿa[t'uĩ sã]；●装扮 chong pān[tsɔŋ pan] ‖ cheⁿg pān[tsŋ pan]；●缝衣 hông e[hɔŋ i] ‖ pâng sⁿa[paŋ sã]；●纺绩 hóng chek[hɔŋ tsɛk] ‖ p'háng chăyh[p'aŋ tsεʔ]；●漂布 p'heàou poè[p'iau pɔu] ‖ p'höò poè[p'io pɔu]；●梳发 soe hwat[sɔu huat] ‖ sey t'haôu mô[sei t'au mo]；●紩鞋 tëét haê[tiat hai] ‖ t'heēⁿgây[t'ĩ ε]；●縌衫 tëēn sam[tian sam] ‖ t'heēⁿg sⁿa[t'ĩ sã]；●褪衫 t'hùn sam[t'un sam] ‖ t'hooiⁿg sⁿa[t'uĩ sã]；●脱冕 t'hwat bëén[t'uat bian] ‖ t'hèy bō[t'ei bo]；●汗衫 hān sam[han sam] ‖ kwⁿa sⁿa[kuã sã]；●衫裤 sam k'hoè[sam k'ou] ‖ sⁿa k'hoè[sã k'ɔu]；●衣裳 e sëâng[i siaŋ] ‖ yin chëôⁿg[in tsiõ]；●针线 chim sëèn[tsim sian] ‖ chëem swⁿà[tsiam suã]；●一双鞋 yit song haê [it sɔŋ hai] ‖ chit sang ây [tsit saŋ ε]；●新娘袄 sin lëâng ó[sin liaŋ o] ‖ sin nëóⁿg ó[sin niõ o]；●擎手袖 p'hëet séw sèw[p'iat siu siu] ‖ peĕh ch'héw wuiⁿg[piʔ ts'iu uĩ]；●白铜 pék tông [pɛk tɔŋ] ‖ păyh tâng[pεʔ taŋ]；●磁石 choô sek[tsu sɛk] ‖ hëep chëöh[hiap tsioʔ]；●六钻 lëuk chwàn[liɔk tsuan] ‖ lak chuiⁿg[lak tsuĩ]；●研布石 gëém poè sek [giam pɔu sɛk] ‖ géng poè chëöh [gεŋ pɔu tsioʔ]。

（九）身体部位

尻脊 K'haou chit [k'au tsit] ‖ k'ha chëăh [k'a tsiaʔ]；●足迹 Chëuk chek [tsiɔk tsεk] ‖ k'ha chëăh [k'a tsiaʔ]；●手掌 séw chëáng [siu tsiaŋ] ‖ ch'héw chëöⁿg[ts'iu tsiõ]；●大肠 taē ch'hëâng[tai ts'iaŋ] ‖ twā têⁿg[tua tŋ]；●头脑 t'hoê ló[t'ou lo] ‖ t'haoû kak ch'hoey[t'au kak ts'uei]；●手脚 séw këak[siu kiak] ‖ k'ha ch'héw[k'a ts'iu]（骹手）；●口须 k'hoé se[k'ou si] ‖ ch'hùy ch'hew[ts'ui ts'iu]；●赤面 ch'hek bëēn[ts'εk bian] ‖ ch'hëăh bīn[ts'iaʔ bin]；●赤脚 ch'hek këak[ts'εk kiak] ‖ ch'hëăh k'ha[ts'iaʔ k'a]；●五脏 gnóe chōng[ŋou tsɔŋ] ‖ goē chēⁿg[gou tsŋ]；●头鬃 t'hoé chong[t'ou tsɔŋ] ‖ t'hâou chang[t'au tsaŋ]；●左手 chó séw[tso siu] ‖ tó chéw[to tsiu]；●背脊 pöèy chit[puei tsit] ‖ ka chëăh[ka tsiaʔ]；●口齿 k'hoé ch'hé[k'ou ts'i] ‖ ch'hùy k'hé[ts'ui k'i]；●尻川 kew ch'hwan [kiu ts'uan] ‖ k'ha ch'huiⁿg[k'a ts'uĩ]；●肩胛 Këen këep[kian kiap] ‖ keng kăh[kεŋ kaʔ]；●喘气 ch'hwán k'hè[ts'uan k'i] ‖ ch'hwán k'hwùy[ts'uan k'ui]；●目框 bók k'hong[bok k'ɔŋ] ‖ bàk k'hang[bak k'aŋ]；●拳头 k'hwân t'hoê[k'uan t'ou] ‖ k'hwân t'haóu[k'uan t'au]；●气力 k'hè lék[k'i lεk] ‖ k'hwùy làt[k'ui lat]；●血筋 hëet kin[hiat kin] ‖ höëyh kin[hueiʔ kin]；●手股 séw koé[siu kou] ‖ ch'héw koé[ts'iu kou]；●屁股 p'hè koé[p'i kou] ‖ ka ch'huiⁿg[ka ts'uĩ]；●胳空下 kok k'hong hāy[kɔk k'ɔŋ hε] ‖ kŏh k'hang āy[koʔ k'aŋ ε]；●心肝 sim kan[sim kan] ‖

sim kwⁿa[sim kuã]；●咙喉 lëûng hoê[liɔŋ hɔu] ‖ lâ aôu[la au]；●脚臁 këak lëêm [kiak liam] ‖ k'ha lëêm[k'a liam]；●头颅 t'hoê loê[t'ɔu lɔu] ‖ t'haôu loê[t'au lɔu]；●脉络 bék lók[bɛk lɔk] ‖ măyⁿh lŏh [mɛ̃ loʔ]；●企脚 t'hé këa[t'i kia] ‖ chaiⁿg k'ha[tsɛ̃ k'a]；●摸脉 boē bék[bɔu bɛk] ‖ bong maiⁿh[bɔŋ mɛ̃ʔ]；●咙喉 lëûng hoê[liɔŋ hɔu] ‖ ná aôu[na au]；●手肘 séw néw[siu niu] ‖ ch'héw néw[ts'iu niu]；●腹肚 hok toé[hɔk tɔu] ‖ pak toé[pak tɔu]；●腹心 hok sim[hɔk sim] ‖ pak sim[pak sim]；●手臂 séw pè[siu pi] ‖ ch'héw pè[ts'iu pi]；●脾胃 pê wūy[pi ui] ‖ ch'hëuk á[ts'iɔk a]；●手足 séw chëuk[siu tsiɔk] ‖ k'ha ch'héw[k'a ts'iu]；●心肝 sim kan[sim kan] ‖ sim kwⁿa[sim kuã]；●领胿 léng toē[lɛŋ tɔu] ‖ në̃á taōu[niã tau]；●头顶 t'hoê téng[t'ɔu tɛŋ] ‖ t'haôu kak téng[t'au kak tɛŋ]；●心肝 sim kan[sim kan] ‖ sim kwⁿa[sim kuã]；●身健 sin këēn [sin kian] ‖ sin keⁿā [sin kiã]；●肩头 këen t'hoe [kian t'ɔu] ‖ keng t'haôu [kɛŋ t'au]；●面颊 bëēn këep [bian kiap] ‖ bin këep [bin kiap]；●胸膈 hëung kek [hiɔŋ kɛk] ‖ heng kãyh [hɛŋ kɛʔ]；●肱头 keng t'hoê [kɛŋ t'ɔu] ‖ keng t'haôu [kɛŋ t'au]；●脚胫 këak kēng [kiak kɛŋ] ‖ k'ha kēng [k'a kɛŋ]；●目眶 bòk k'hong [bɔk k'ɔŋ] ‖ bàk k'hang [bak k'aŋ]；●面孔 bëēn k'hóng[bien k'ɔŋ] ‖ bīn k'háng [bin k'aŋ]；●胸膈 hëung kek[hiɔŋ kɛk] ‖ heng kăyh[hɛŋ kɛʔ]；●腹肚 hok toē [hɔk tɔu] ‖ pok toè [pɔk tɔu]；●肚脐 toé chey [tɔu tsei] ‖ toé chaê [tɔu tsai]；●口齿 k'hoé ch'hé [k'ɔu ts'i] ‖ ch'hùy k'hé[ts'ui k'i]；●经络 keng lók[kɛŋ lɔk] ‖ keng lŏh[kɛŋ loʔ]；●屁股 p'hè koé[p'i kɔu] ‖ k'ha ch'huiⁿg[k'a ts'uĩ]；●鼻孔 pit k'hong[pit k'ɔŋ] ‖ p'heēⁿg k'hang[p'ĩ k'aŋ]；●壮健 chòng këèn[tsɔŋ kian] ‖ chèⁿg këⁿā[tsŋ kiã]；●鬓边 pìn pëen[pin pian] ‖ pìn pëeⁿg[pin pĩ]；●背后 pöèy hoē[puei hɔu] ‖ k'ha chëăh aōu[k'a tsiaʔ au]；●瞳子 tông choó[tɔŋ tsu] ‖ bàk ang á[pak aŋ a]；●项胿 hāng toē[haŋ tɔu] ‖ hāng taôu[haŋ tau]；●口唇 k'hoé tûn[k'ɔu tun] ‖ ch'hùy tûn[ts'ui tun]；●手腕 séw wán[siu uan] ‖ ch'héw wán[ts'iu uan]；●咽喉 yëen hoê[ian hɔu] ‖ nâ aôu[na au]；●右手 yēw séw[iu siu] ‖ chëⁿà ch'héw[tsiã ts'iu]；●喘息 ch'hwán sit[ts'uan sit] ‖ ch'hwán k'hwùy[ts'uan k'ui]；●叹息 t'hàn sit[t'an sit] ‖ t'hó k'hwùy[t'o k'ui]；●生长 seng tëáng[sɛŋ tiaŋ] ‖ saiⁿg twā[sɛ̃ tua]；●目瞌 Bók k'hap [bɔk k'ap] ‖ bàk k'hăyh [bak k'ɛʔ]；●尻脊骨 K'haou chit kwut[k'au tsit kut] ‖ ka chëăh kwut[ka tsiaʔ kut]；●尻脊后 K'haou chit hoē[k'au tsit hɔu] ‖ ka chëăh aōu[ka tsiaʔ au]；●脚后蹬 keak hoē teng[kiak hɔu tɛŋ] ‖ k'ha aōu taiⁿg[k'a au tɛ̃]；●好骨骼 h'nó kwut kăyh[hɔ̃ kut kɛʔ] ‖ hó kwut kăyh [ho kut kɛʔ]。

（十）疾病症状

红面 hông bëēn [hɔŋ bian] ‖ âng bīn [aŋ bin]；●面皱 Bëēn jëàou [bian dziau] ‖ bin jëàou [bind ziau]；●伤寒 sëang hân[siaŋ han] ‖ sëang kwⁿâ[siaŋ kuã]；●口渴 k'hoé k'hat[k'ɔu k'at] ‖ ch'hùy kwăh[ts'ui kuaʔ]；●耳聋 jé lông[dzi lɔŋ] ‖ ch'haou hē lâng[ts'au hi laŋ]（臭耳聋）；●脓血 lông hëet[lɔŋ hiat] ‖ lâng höëyh[laŋ hueiʔ]；●口渴 k'hoé k'hat[k'ɔu k'at] ‖ ch'hùy kwăh[ts'ui kuaʔ]；●生瘤 seng lêw[sɛŋ liu] ‖ saiⁿg lêw[sɛ̃ liu]；●临死 lîm soó[lim su] ‖ lîm sé[lim si]；●麻疯 mâ hong[ma hɔŋ] ‖ bâ hong[ba hɔŋ]；●面麻 bëēn

mâ[bian ma] ‖ bīn mâ[bin ma]；●头缩 t'hoê sëuk[t'ɔu siɔk] ‖ t'haôu lun[t'au lun]；●流泪
lêw lūy[liu lui] ‖ laôu bàk chaé[lau bak tsai]；●红毛 hông mô[hɔŋ mo] ‖ âng mô[aŋ mo]；
●癞病 naē pēng[nai pɛŋ] ‖ t'hae ko paī^{ng}[t'ai ko pɛ̃]（癞哥病）；●酸软 swan lwán[suan
luan] ‖ sooí^{ng} nooí^{ng}[suĩ nuĩ]；●呕吐 oé t'hoè[ɔu t'ɔu] ‖ aóu t'hoè[au t'ɔu]；●剖腹 p'hò
hok[p'o hɔk] ‖ p'hwà pak [p'ua pak]；●爬痒 pâ yāng[pa iaŋ] ‖ pây chëō^{ng}[pɛ tsiɔ̃]；●咳嗽
hay soè[hɛ sɔu] ‖ hay saòu[hɛ sau]；●漱口 soè k'hoé[sɔu k'ɔu] ‖ swá k'háou[sua k'au]；●齿
酸 ch'hé swan[tsʻi suan] ‖ ch'hùy k'hé swui^{ng}[tsʻui kʻi suĩ]；●瞠目 tông bók[tɔŋ bɔk] ‖ tai^{ng}
bák chew[tɛ̃ bak tsiu]；●痔疮 tē ch'hong[ti tsʻɔŋ] ‖ tē ch'he^{ng}[ti tsʻŋ]；●腹胀 hok tëàng[hɔk
tiaŋ] ‖ pak toé tëò^{ng}[pak tɔu tiɔ̃]；●肚胀 toé tëàng[tɔu tiaŋ] ‖ toé tëò^{ng}[tɔu tiɔ̃]；●黄疸 hông
t'hán[hɔŋ t'an] ‖ wuî^{ng} t'hán[uĩ t'an]；●痛疼 t'hòng tông[t'ɔŋ tɔŋ] ‖ t'hëⁿà t'hàng[t'iã t'aŋ]；
●怀胎 hwaê t'hae [huai tʻai] ‖ hwaê t'hay[huai t'ɛ]；●妍醜 gëēn ch'héw [gian tsʻiu] ‖ ch'hin
ch'hai^{ng} kwà k'hëep sē [tsʻin tsʻɛ̃ kua kʻiap si]；●病间 pēng kàn[pɛŋ kan] ‖ pai^{ng} k'hăh hō[pɛ̃
k'aʔ ho]；●痖口 ây k'hoé [ɛ kʻɔu] ‖ ây kaóu[ɛ kau]；●油垢 yêw koé[iu kɔu] ‖ yêw kaóu[iu
kau]；●脚痛 këak t'hòng [kiak t'ɔŋ] ‖ k'ha t'hëⁿà [kʻa t'iã]；●咳嗽 k'haè sok [kʻai sɔk] ‖ k'
hám saòu [kʻam sau]；●口渴 k'hoé k'hat[kʻɔu kʻat] ‖ ch'hùy kuăh[tsʻui kuaʔ]；●生疥 seng
kaè[sɛŋ kai] ‖ sai^{ng} kày[sɛ̃ kɛ]；●癀肿 hông chëúng [hɔŋ tsioŋ] ‖ wuî^{ng} chéng [uĩ tsɛŋ]；●头
眩 t'hoê hëēn [t'ɔu hien] ‖ t'haou kak hîn [t'au kak hin]；●病好 pēng hⁿó [pɛŋ hõ] ‖ paī^{ng}
hó [pɛ̃ ho]；●脓血 lông hëet [lɔŋ hiat] ‖ lông höëyh [lɔŋ hueiʔ]；●瘟疫 wun ek[un ɛk] ‖
wun yëăh[un iaʔ]；●板疮 pán ch'hong[pan tsʻɔŋ] ‖ pán ch'he^{ng}[pan tsʻŋ]；●生疮 seng ch'
hong[sɛŋ tsʻɔŋ] ‖ sai^{ng} ch'he^{ng}[sɛ̃ tsʻŋ]；●脚肿 këak chëúng [kiak tsiɔŋ] ‖ k'ha chéng [kʻa
tsɛŋ]；●胀肿 tëàng chëúng [tiaŋ tsioŋ] ‖ tëò^{ng} chéng [tiɔ̃ tsɛŋ]；●脚瘫 këak chëúng [kiak
tsiɔŋ] ‖ k'ha chéng [kʻa tsɛŋ]；●青盲 ch'heng bêng [tsʻɛŋ bɛŋ] ‖ ch'hai^{ng} maî^{ng}[tsʻɛ̃ mɛ̃]；
●眩船 hëēn ch'hwân [hian tsʻuan] ‖ hîn chûn [hin tsun]；●喘氣 ch'hwá k'hè[tsʻua kʻi] ‖
ch'hwán k'hwùy[tsʻuan kʻui]；●恼热 naóu jëét[nau dziat] ‖ laóu jwăh[lau dzuaʔ]；●有
病 yéw pēng[iu pɛŋ] ‖ woō paī^{ng}[u pɛ̃]；●脂膔 che pëaou[tsi piau] ‖ che pëo[tsi pio]；●瞟
目 p'ha bòk[pʻa bɔk] ‖ p'ha bak[pʻa bak]；●肥胖 hwûy pwân[hui puan] ‖ pwûy p'hàng[pui
pʻaŋ]；●天疱 t'hëen p'haòu[t'ian pʻau] ‖ t'hëⁿg p'hà[t'ĩ pʻa]；●放屁 hòng p'hè[hɔŋ pʻi] ‖
pàng p'höëy[paŋ pʻuei]；●出癖 ch'hut p'hek[tsʻut pʻɛk] ‖ ch'hut p'hëăh[tsʻut pʻiaʔ]；●恶
癖 ok p'hek[ɔk pʻɛk] ‖ p'haⁿé p'hëăh[pʻaĩ pʻiaʔ]；●跛脚 p'hó këek[pʻo kiat] ‖ köēy k'ha
[kuei kʻa]；●剖腹 p'hó hok[pʻo hɔk] ‖ p'hwà pak[pʻua pak]；●喷嚏 p'hùn t'hè[pʻun t'i] ‖
p'hăh k'ha ch'héw[pʻaʔ kʻa tsʻiu]；●肥胖 hwûy pwân[hui puan] ‖ pwûy p'hàng[pui pʻaŋ]；
●淝子 pwùy choó[pʻui tsu] ‖ pwùy á[pui a]；●放屎 hòng soó[hɔŋ su] ‖ pàng saé[paŋ sai]；
●生子 seng choo[sɛŋ tsu] ‖ sai^{ng} këⁿá[sɛ̃ kiã]；●口舌 k'hoé sëét[kʻɔu siat] ‖ ch'hùy cheéh[ts
ʻui tsiaʔ]；●跣足 sëén chëuk[sian tsiɔk] ‖ ch'hëăh k'ha[tsʻiaʔ kʻa]；●生藓 seng sëén[sɛŋ
sian] ‖ sai^{ng}sëén[sɛ̃ sian]；●着伤 chëák sëang[tsiak siaŋ] ‖ tëŏh sëo^{ng}[tioʔ siõ]；●剃头 t'hèy

t'hoè[t'ei t'ɔu] ‖ t'hè t'haôu[t'i t'au]; ●痛疼 t'hòng tong[t'ɔŋ tɔŋ] ‖ t'hëⁿà tang[t'iã taŋ]; ●病痛 pēng t'hòng[pɛŋ t'ɔŋ] ‖ paī^{ng} t'hëⁿà[pɛ̃ t'iã]; ●生痛 seng t'hòng[sɛŋ t'ɔŋ] ‖ saī^{ng} t'hëⁿà[sɛ̃ t'iã]; ●流涕 lêw t'hèy[liu t'ei] ‖ laôu bùk saé[lau buk sai]; ●瞠目 t'heng bók[t'ɛŋ bɔk] ‖ t'haî^{ng} bàk chew[t'ɛ̃ bak tsiu]; ●手骾 séw t'hē^{ng}[siu t'ŋ] ‖ ch'héw t'hē^{ng}[ts'iu t'ŋ]; ●脚骾 këak t'hē^{ng}[kiak t'ŋ] ‖ k'ha t'hē^{ng}[k'a t'ŋ]; ●唾涎 t'hò yëen[t'o ian] ‖ söëy nwⁿā[suei nuã]; ●生疣 seng t'höëy[sɛŋ t'uei] ‖ saī^{ng} t'höëy á[sɛ̃ t'uei a]; ●落魄 lók p'hok[lɔk p'ɔk] ‖ lŏh p'hok[lɔʔ p'ɔk]; ●秃头 t'hut t'hoê[t'ut t'ou] ‖ ch'haòu t'haôu[ts'au t'au]; ●大腿 taē t'húy[tai t'ui] ‖ twā t'húy[tua t'ui]; ●疼痛 tông t'hòng[tɔŋ t'ɔŋ] ‖ t'hëⁿà tang[t'iã taŋ]; ●歪脚 wae këak[uai kiak] ‖ wae k'ha[uai k'a]; ●鼻頞 pit hëăh[pit hiaʔ] ‖ p'hee^{ng} wăh[p'ĩ uaʔ]; ●瘟疫 wun èk[un ɛk] ‖ wun yëăh[un iaʔ]; ●肚饥 toé ke[tou ki] ‖ pak toé yaou[pak tou iau]（腹肚枵）; ●涶涎 söëy yëen[suei ian] ‖ p'höëy nwⁿā[p'uei nuã]; ●打噎 t'^há yëet[tă iat] ‖ p'hăh oŏh[p'aʔ uʔ]; ●怀孕 hwaè yīn[huai in] ‖ woō sin yīn[u sin in]（有娠孕）; ●生痈 seng yung[sɛŋ iɔŋ] ‖ saī^{ng} eng á[sɛ̃ ɛŋ a]; ●揢目 wöëyh bòk[ueiʔ bɔk] ‖ wöëyh bàk chew[ueiʔ bak tsiu]; ●脚手软 këak séw lwán[kiak siu luan] ‖ k'ha ch'héw nooí^{ng}[k'a ts'iu nuĩ]; ●软脚病 lwán këak pēng[luan kiak pɛŋ] ‖ nooí^{ng} k'ha paī^{ng}[nuĩ k'a pɛ̃]; ●脚头肟 këak t'hoê oo[kiak t'ou u] ‖ k'ha t'haôu oo[k'a t'au u]; ●脚手酸 këak séw swan[kiak siu suan] ‖ k'ha ch'héw swuí^{ng}[k'a ts'iu suĩ]; ●痕满病 tëàng bwán pēng[tiaŋ buan pɛŋ] ‖ tëō^{ng} mwⁿá paī^{ng}[tiɔ̃ muã pɛ̃]; ●有娠孕 yéw sin yīn[iu sin in] ‖ woō sin yīn[u sin in]; ●疳积病 kam chek pēng[kam tsɛk pɛŋ] ‖ kam chek paī^{ng}[kam tsɛk pɛ̃]; ●无面孔 boô bëēn k'hóng [bu bian k'ɔŋ] ‖ bó bīn k'háng [bo bin k'aŋ]; ●寒热病 hăn jëet pēng[han dziat pɛŋ] ‖ kwⁿâ jwâh paī^{ng}[kuã dzuaʔ pɛ̃]; ●目晭白 bók péng pék[bɔk pɛŋ pɛk] ‖ bàk chew péng pǎyh[bak tsiu pɛŋ pɛʔ]; ●牛颔腮 gnêw hâm sae[ŋiu ham sai] ‖ goô âm sey[gu am sei]; ●四支寒颤 soò che hân chëen[su tsi han tsian] ‖ sè ke kwⁿâ seëh[si ki kuã siʔ]。

（十一）宗法礼俗

石牌 sék paê[sɛk pai] ‖ chëŏh paè[tsioʔ pai]; ●庄社 chong sëà[tsɔŋ sia] ‖ che^{ng} sëà[tsŋ sia]; ●做醮 chò chëāou [tso tsiau] ‖ chò chëō [tso tsio]; ●焚香 hwûn hëang [hun hiaŋ] ‖ sëo hëo^{ng} [sio hiɔ̃]; ●夭精 yaou cheng [iau tsɛŋ] ‖ yaou chëⁿa [iau tsiã]; ●坟墓 hwûn boē [hun bou] ‖ hwûn bōng [hun bɔŋ]; ●摇钟 yâou chëung [iau tsiɔŋ] ‖ yêô cheng [io tsɛŋ]; ●祭物 chèy but[tsei but] ‖ chèy mëēⁿh [tsei mĩʔ]; ●棺材 kwan ch'hâe [kuan ts'ai] ‖ kwⁿa ch'hâ [kuã ts'a]; ●祀尪 soō ong [su ɔŋ] ‖ ch'haē ang [ts'ai aŋ]; ●插花 ch'hap hwa [ts'ap hua] ‖ ch'hăh hwa [ts'aʔ hua]; ●歃血 ch'hap hëet [ts'ap hiɛt] ‖ ch'hap höëyh [ts'ap hueiʔ]; ●红烟 hông yëen [hɔŋ ian] ‖ âng hwun [aŋ hun]; ●乌烟 oe yëen [ɔu ian] ‖ oe hwun [ɔu hun]; ●和尚 hô sëang [ho siaŋ] ‖ höëy sëō^{ng} [huei siɔ̃]; ●袈裟 këa say[kia sɛ] ‖ ka say[ka sɛ]; ●斋戒 chaĕ kaĕ[tsai kai] ‖ ch'hëăh ch'haè[ts'iaʔ ts'ai]; ●释迦 sek kay[sɛk kɛ] ‖ sek këa[sɛk kia]; ●供斋 këùng chae [kiɔŋ tsai] ‖ kèng chae [kɛŋ tsai]; ●泾纸 kēng ché[kɛŋ tsi] ‖ kēng chwá [kɛŋ tsua]; ●观寺 kwàn sē[kuan si] ‖

kwⁿá eē^{ng}[kuã ĩ]（观院）；●牌票 paê p'heàou[pai p'iau] ‖ paé p'hëò[pai p'io]；●店票 tëèm p'heàou[tiam p'iau] ‖ tëèm p'hëò[tiam p'io]；●糟粕 cho p'hok[tso p'ɔk] ‖ chaou p'hŏh[tsau p'oʔ]；●西天 sey t'hëen[sei t'ian] ‖ sae t'hëe^{ng}[sai t'ĩ]；●灵圣 lêng sèng[leŋ seŋ] ‖ léng sëⁿà[leŋ siã]；●丧孝 song haòu[sɔŋ hau] ‖ se^{ng} hà[sŋ ha]；●镶金 sëang kim[siaŋ kim] ‖ sëo^{ng}kim[siõ kim]；●相命 sëàng bēng[siaŋ beŋ] ‖ sëò^{ng}mëⁿā[siõ miã]；●送丧 sòng song[sɔŋ sɔŋ] ‖ sàng se^{ng}[saŋ sŋ]；●祭祀 chèy soō[tsei su] ‖ chèy ch'haē[tsei ts'ai]；●赌场 toé ch'hëâng[tou ts'iaŋ] ‖ keáou tëó^{ng}[kiau tiõ]；●天神 t'hëen sîn[t'ian sin] ‖ t'hëe^{ng} sîn[t'ĩ sin]；●祭坛 chèy t'hân[tsei t'an] ‖ chèy twⁿâ[tsei tuã]；●吉日 kit jit[kit dzit] ‖ hó jit[ho dzit]（好日）；●好命 hⁿó bēng[hõ beŋ] ‖ hó mëⁿā[ho miã]；●算命 swàn bēng[suan beŋ] ‖ swuì^{ng} mëⁿā[suĩ miã]；●看鬼 k'hàn kwúy[k'an kui] ‖ k'hwⁿà kwúy[k'uã kui]；●坟墓牌 hwùn boê paê[hun bou pai] ‖ hwún bōng paê[hun bɔŋ pai]；●祭祀祖先 chèy soō choé sëen[tsei su tsou sian] ‖ chèy ch'haē choé chong[tsei ts'ai tsou tsɔŋ]；●翰林院 hān lîm yēēn [han lim ian] ‖ hān lîm eē^{ng} [han lim ĩ]；●官爵 kwan chëak [kuan tsiak] ‖ kwⁿa chëak [kuã tsiak]；●州县 chew hëēn [tsiu hian] ‖ chew kwān [tsiu kuan]；●朝代 teâou taē[tiau tai] ‖ teâou tēy[tiau tei]；●后代 hoē taē[hou tai] ‖ aōu tēy[au tei]；●历代 lèk taē[lɛk tai] ‖ lèk tēy[lɛk tei]。

（十二）称谓、阶层

阿兄 a heng[a heŋ] ‖ a hëⁿa[a hiã]；●贞女 cheng lé [tseŋ li] ‖ chin chëet ây cha bo këⁿá [tsin tsiat ɛ tsa bo kiã]（贞节的查某囝）；●姑嫜 koe cheang [kɔu tsiaŋ] ‖ twā kay kwⁿa[tua kɛ kuã]（大家官）；●小姐 seáou chéy [siau tsei] ‖ sëó chëá [sio tsia]；●赘婿 chöèy sèy[tsuei sei] ‖ chin chöèy ây keⁿá saè[tsin tsuei e kiã sai]（进赘的囝婿）；●兄弟 heng tēy [heŋ tei] ‖ hëⁿa tē[hiã ti]；●夫妻 hoo ch'hey [hu ts'ei] ‖ ang chëa [aŋ tsia]（翁姐）；●媳妇 sit hoō [sit hu] ‖ sím poō [sim pu]（新妇）；●乳母 jé boé[dʑi bou] ‖ leng boé[leŋ bou]；●囝子 këén choó[kian tsu] ‖ kín á[kin a]；●子孙 choó sun[tsu sun] ‖ keⁿá sun[kiã sun]；●亲姆 ch'hin boé[ts'in bou] ‖ ch'hai^{ng} ú^m[ts'ɛ m]；●亚叔 à sëuk[a siɔk] ‖ u^{ng} chek[ŋ tsɛk]；●孩提 haê t'hêy[hai t'ei] ‖ sëo këⁿá[sio kiã]（小囝）；●兄弟 heng tēy[heŋ tei] ‖ hëⁿa tē[hiã ti]；●丈人 tëang jîn[tiaŋ dzin] ‖ tëo^{ng} lâng[tiõ laŋ]；●丈姆 tëang boé[tiaŋ bou] ‖ tëo^{ng} ú^m[tiõ m]；●姑丈 koē tëāng[kɔu tiaŋ] ‖ koe tëo^{ng}[kɔu tiõ]；●姨丈 ê tëāng[i tiaŋ] ‖ ê tëo^{ng}[i tiõ]；●童子 tông choó[tɔŋ tsu] ‖ tâng këⁿá[taŋ kiã]；●子孙 choó sun[tsu sun] ‖ këⁿá sun[kiã sun]；●兄嫂 heng so[heŋ so] ‖ hëⁿa só[hiã so]；●女婿 lé sèy[li sei] ‖ këⁿá saè[kiã sai]；●娶妻 ch'hè ch'hey[ts'i ts'ei] ‖ ch'hwà boé[ts'ua bou]；●孩儿 haê jê [hai dʑi] ‖ sèy këⁿa [sei kiã]（细囝）；●母舅 bó kēw [bo kiu] ‖ bó koō [bo ku]；●亚哥 à ko[a ko] ‖ ū^{ng} ko[ŋ ko]；●老妈 ló má[lo ma] ‖ laōu má[lau ma]；●小妹 seáou möèy[siau muei] ‖ sëó möèy[sio muei]；●爸爸 pà pà[pa pa] ‖ nëó^{ng} pāy[niõ pɛ]（娘爸）；●伯父 pek hoò[pɛk hu] ‖ ū^{ng} pǎyh[ŋ pɛʔ]；●奴婢 lé pē[li pi] ‖ cha boé kán[tsa bou kan]（查某嫺）；●表兄弟 peáou heng tēy[piau heŋ tei] ‖ peáou hëⁿa tē[piau hiã ti]；●新娘 sin lëāng[sin liaŋ] ‖ sin nëô^{ng}[sin niõ]；●小弟 seáou tēy[siau tei] ‖ sëó tē[sio ti]；●大伯公 taē pek kong[tai pɛk kɔŋ] ‖ twā pǎyh kong[tua pɛʔ kɔŋ]；●大娘娘 taē lëâng lëâng[tai liaŋ liaŋ] ‖ twā në̂ŋ nëô̂ŋ[tua niɔ̃ niɔ̃]；●小娘娘 seáou lëâng lëâng[siau liaŋ liaŋ] ‖ sëó nëô̂ŋ nëô̂ŋ[sio niɔ̃ niɔ̃]；●岳父岳母 gak hoō gak boé[gak hu gak bɔu] ‖ tëô̂ŋ lâng tëô̂ŋ úͫ[tiɔ̃ laŋ tiɔ̃ m]（丈人丈母）；●孝子顺孙 haòu choó sūn sun[hau tsu sun sun] ‖ woō haòu ây kë̆á sëo sūn ây sun[u hau ɛ kiã sio sun ɛ sun]；●奴才 noê chaê[nɔu tsai] ‖ loé chaê[lɔu tsai]；●工人 kong jìn[kɔŋ dziŋ] ‖ chò kang ây láng[tso kaŋ ɛ laŋ]；●伙计 hͫó kèy [hō kei] ‖ höéy kè [huei ki]；●细作 sèy chok[sei tsɔk] ‖ sèy chŏh[sei tsoʔ]；●先生 sëen seng[sian sɛŋ] ‖ sin sai͡ŋ[sin sɛ̃]；●九族 kéw chok[kiu tsɔk] ‖ káou ây chok[kau ɛ tsɔk]（九个族）；●媒妁 böéy chëak [buei tsiak] ‖ hûͫ lâng [hm laŋ]（媒人）；●名分 bêng hwūn [bɛŋ hun] ‖ më̂â hwūn [miã hun]；●娼子 ch'hëang choó[tsʻiaŋ tsu] ‖ ch'hëang kë̆á[tsʻiaŋ kiã]；●马夫 má hoo [ma hu] ‖ béy hoo [bei hu]；●媒人 böéy jîn [buei dzin] ‖ húͫ láng [hm laŋ]；●男人 lâm jîn[lam dzin] ‖ ta po lâng[ta po laŋ]（丈夫人）；●女人 lé jîn[li dzin] ‖ cha boé lâng[tsa bɔu laŋ]；●家眷 kay kwàn[kɛ kuan] ‖ kay aōu[kɛ au]（家后）；●挑夫 t'heaou hoo[tʻiau hu] ‖ tʻaây lâng[tãe laŋ]；●头目 t'hoê bòk[tʻou bɔk] ‖ t'haôu bàk[tʻau bak]；●差役 ch'hay èk[tsʻɛ ɛk] ‖ ch'hay yëăh[tsʻɛ iaʔ]；●衙役 gây èk[gɛ ɛk] ‖ gây yëăh[gɛ iaʔ]；●伴儅 p'hwān tòng[pʻuan tɔŋ] ‖ p'hwⁿā tàng[pʻuã taŋ]；●家长 kay tëáng[kɛ tiaŋ] ‖ kay tëó͡ŋ[kɛ tiɔ̃]；●差役 ch'hae ek[tsʻai ɛk] ‖ ch'hay yëăh[tsʻɛ iaʔ]；●衙役 gây ek[gɛ ɛk] ‖ gây yëăh[gɛ iaʔ]；●闽人 Bân jin[ban dzin] ‖ Bân láng[ban laŋ]；●黑人 hek jîn [hɛk dzin] ‖ oe lâng [ɔu laŋ]；●百姓 pek sèng[pɛk sɛŋ] ‖ pǎyh sai͡ŋ[pɛʔ sɛ̃]；●和尚 hô sëāng[ho siaŋ] ‖ höéy sëô̂ŋ[huei siɔ̃]；●幼年 yéw lëên[iu liɛn] ‖ seáou lëên[siau lian]；●道士 tō soō[to su] ‖ sae kong á[sai kɔŋ a]（师公仔）；●长寿 tëāng sēw[tiaŋ siu] ‖ tê̂ŋ höéy sēw[tŋ huei siu]（长岁寿）；●戀人 gōng jin [gɔŋ dzin] ‖ gām lâng [gam laŋ]；●官职 kwan chit[kuan tsit] ‖ kwⁿa chit[kuã tsit]；●官衔 kwan hâm [kuan ham] ‖ kwⁿá hâm [kuã ham]；●人客 Jîn k'hek [dzin kʻɛk] ‖ lâng k'hǎyh [laŋ kʻɛʔ]；●新客 sin k'hek[sin kʻɛk] ‖ sin k'hǎyh[sin kʻɛʔ]；●客人 k'hek jîn[kʻɛk dzin] ‖ k'hǎyh lâng[kʻɛʔ laŋ]；●乞食 k'hit sit[kʻit sit] ‖ k'hit chëăh[kʻit tsiaʔ]；●老人 ló jîn[lo dzin] ‖ laòu lâng[lau laŋ]；●好人 hͫó jìn[hō dzin] ‖ hó lâng[ho laŋ]；●男女 lâm lé[lam li] ‖ ta po hap cha boé[ta po hap tsa bɔu]；●拐子 kwaé choó[kuai tsu] ‖ laóu á[lau a]（佬仔）；●寡妇 kwⁿá hoō[kuã hu] ‖ kwⁿá boé[kuã bɔu]（寡某）；●别人 pëét jin[piat dzin] ‖ pàt làng[pat laŋ]；●宾客 pin k'hek[pin kʻɛk] ‖ pin k'hǎyh[pin kʻɛʔ]；●好朋 hͫó pêng[hō pɛŋ] ‖ hó pêng[ho pɛŋ]；●四民 soò bîn[su bin] ‖ sè bîn[si bin]；●百姓 pek sèng[pɛk sɛŋ] ‖ pǎyh sai͡ŋ[pɛʔ sɛ̃]；●相识者 sëang sit chëá[siaŋ sit tsia] ‖ sëo bat ây lâng[sio bat ɛ laŋ]；●乞丐者 k'Kaè hit chëá[kʻit kai tsia] ‖ k'hit chëáh ây lâng[kaikʻit tsiaʔ ɛ laŋ]；●百家姓 pek kay sèng[pɛk kɛ sɛŋ] ‖ pǎyh kay sai͡ŋ[pɛʔ kɛ sɛ̃]；●黄帝 Hông-tèy [hɔŋ-tei] ‖ Wuî̂ŋ-tèy[uĩ-tei]；●汉景帝 Hàn Kéng-tèy[han kɛŋ tei] ‖ Kéng-tèy[kɛŋ tei]；●按察司 an ch'hat soo[an tsʻat su] ‖ an ch'hat se[an tsʻat si]；●卿大夫 k'heng taē hoo[kʻɛŋ tai hu] ‖ kʻheng kap taē hoo[kʻɛŋ kap tai hu]；●大使爷 taē soò yëâ[tai su ia] ‖ twā saè yëâ[tua sai ia]；●健仔 chëet choó [tsiat tsu] ‖ chëet á [tsiat a]；●县丞 hëēn sîn[hian sin] ‖ kwān sîn[kuan sin]；●元帅 gwân söèy[guan suei] ‖ gwân sùy[guan sui]；●史官 soó kwan[su kuan] ‖ soó kwⁿa[su kuã]；●饷官 hëàng kwan[hiaŋ kuan] ‖ heàng kwⁿa [hiaŋ kuã]；●状元 chōng gwân [tsɔŋ guan] ‖ chëūng gwân [tsiɔŋ guan]；●官员 kwan wân[kuan uan] ‖ kwⁿa wân[kuã uan]；●官吏 kwan lē[kuan li] ‖ kwⁿa lē[kuã li]；●县令 hëēn lēng[hian lɛŋ] ‖ kwān lēng[kuan lɛŋ]；●侍郎 sē long[si lɔŋ] ‖ sē nêⁿg[si nŋ]；●国使 kok soó[kɔk su] ‖ kok saè[kɔk sai]；●尚书 sëāng se[siaŋ si] ‖ sëōⁿg se[siõ si]；●中状元 tëùng chòng gwân [tiɔŋ tsɔŋ guan] ‖ tëùng chëùng gwân [tiɔŋ tsiɔŋ guan]；●西王母 sey ông bóe [sei ɔŋ bou] ‖ sae ông ay nëôⁿg léy [sai ɔŋ ɛ niõ lei]；●誊录官 tʻhëên lëùk kwan[tʻian liɔk kuan] ‖ tʻhëén lëùk kwⁿa[tʻian liɔk kuã]；●衙役 gây ek [gɛ ɛk] ‖ gây yëáh [gɛ iaʔ]。

（十三）文化艺术

榜示 póng sè [pɔŋ si] ‖ péⁿg sē [pŋ si]；●表章 pëaou chëang [piau tsiaŋ] ‖ pëó chëang [pio tsiaŋ]；●文章 bûn chëang [bun tsiaŋ] ‖ bûn chëōⁿg[bun tsiõ]；●皮球 pʻhê kêw [pʻi kiu] ‖ pʻhöêy kêw [pʻuei kiu]；●毛球 mô kêw [mo kiu] ‖ mô koô [mo ku]；●朱墨 choo bek [tsu bɛk] ‖ gin choo bak [gin tsu bak]；●信纸 sìn ché [sin tsi] ‖ sìn chwá [sin tsua]；●书院 se yëēn [si ian] ‖ se eēⁿg [si ĩ]；●研石 gán sek [gan sɛk] ‖ géng chëŏh [gɛŋ tsioʔ]；●絃粽 hëên chong [hian tsɔŋ] ‖ heêⁿg chang [hĩ tsaŋ]；●磁石 choô sek [tsu sɛk] ‖ hëep chëŏh [hiap tsioʔ]；●乐丸 yëak yëèn [iak ian] ‖ yŏh eēⁿg[ioʔ ĩ]；●铜钱 tong chëên [tɔŋ tsian] ‖ tâng chëēⁿg[taŋ tsĩ]；●火箭 hʻó chëèn [hõ tsian] ‖ höéy chëēⁿg[huei tsĩ]；●守更 séw keng [siu kɛŋ] ‖ chéw kaiⁿg[tsiu kɛ̃]；●守物 séw but [siu but] ‖ chéw meēⁿh [tsiu mĩʔ]；●呪誓 chèw sē [tsiu si] ‖ chew chwā [tsiu tsua]；●鞭辔 chʻhew chʻhëen[tsʻiu tsʻian] ‖ pʻhǎh teng chʻhew[pʻaʔ tɛŋ tsʻiu]；●哨口 seaòu kʻhoé [siau kʻou] ‖ chʻhëo chʻhùy[tsʻio tsʻui]；●欢喜 hwan hé [huan hi] ‖ hwⁿa hé [huã hi]；●封信 hong sìn [hɔŋ sin] ‖ hong pʻhey [hɔŋ pʻei]；●师阜 soo hoō [su hu] ‖ sae hoō [sai hu]；●番人 hwan jîn [huan dʑin] ‖ hwan lâng [huan laŋ]；●战船 chëèn chʻhwân [tsian tsʻuan] ‖ chëèn chûn[tsian tsun]；●僧院 cheng yëēn[tsɛŋ ian] ‖ höéy sëōⁿg eēⁿg[huei siõ ĩ]（和尚院）；●画工 hwā kong[hua kɔŋ] ‖ wā kang[ua kaŋ]；●戏旦 hè tàn[hi tan] ‖ hè twⁿà[hi tuã]；●做对 chò tùy [tso tui] ‖ chò töèy[tso tuei]；●联对 bëēn tùy [bian tui] ‖ lëēn töèy [lian tuei]；●书信 se sìn [si sin] ‖ pʻhay sìn [pʻɛ sin]；●字典 joō tëén [dzu tian] ‖ jē tëén [dzi tian]；●甲子 Kap choó[kap tsu] ‖ kǎh ché[kaʔ tsi]；●科甲 kʻho kap[kʻo kap] ‖ kʻho kǎh[kʻo kaʔ]；●帽经 mō keng[mo kɛŋ] ‖ bō kaiⁿg[mo kɛ̃]；●棊局 kê këùk[ki kiɔk] ‖ kè kèk [ki kɛk]；●内科 löēy kʻho[luei kʻo] ‖ laē kʻho[lai kʻo]；●外科 göēy kʻho[guei kʻo] ‖ gwā kʻho [gua kʻo]；●工课 kong kʻhò[kɔŋ kʻo] ‖ kang kʻhöèy [kaŋ kʻuei]；●税课 söèy kʻhò[suei kʻo] ‖ söèy kʻhöèy [suei kʻuei]；●功课 kong kʻhò [kɔŋ kʻo] ‖ kang kʻhöèy [kaŋ kʻuei]；●一句 yit koò[it ku] ‖ chit koò[tsit ku]；●道观 tō kwàn [to kuan] ‖ tō kwⁿà [to kuã]；●手卷 séw kwàn [si kuan] ‖ ch'héw kwui^{ng}[ts'iu kuĩ]；●考卷 k'hó kwàn [k'o kuan] ‖ k'hó kwuĩ^{ng}[k'o kuĩ]；●入学 jíp hák [dzip hak] ‖ lŏh ŏh[loʔ oʔ]；●抄字 ch'haou joō[ts'au dzu] ‖ pëⁿâ jē[piã dzi]；●棋枰 kê pêng [ki peŋ] ‖ kê p'hwⁿâ [ki p'uã]；●姓名 sèng bêng [seŋ beŋ] ‖ saî^{ng} mëⁿâ [sĩ miã]；●写字 sëà joō[sia dzu] ‖ sëá jē [sia dzi]；●名声 hêng seng [heŋ seŋ] ‖ mëⁿâsëⁿa [miã siã]；●赏花 sëáng hwa[siaŋ hua] ‖ séó^{ng} hwa[siõ hua]；●戏台 hè taê[hi tai] ‖ hè paî^{ng}[hi pĩ]；●镜台 kèng tae[keŋ tai] ‖ këⁿà paî^{ng}[kiã pĩ]；●考场 k'hó ch'hëâng[k'o ts'iaŋ] ‖ k'hó tëó^{ng}[k'o tiõ]；●题名 têy bêng [tei beŋ] ‖ têy mëⁿâ [tei miã]；●题目 têy bòk [tei bɔk] ‖ têy bàk [tei bak]；●读书 t'hòk se [t'ɔk si] ‖ t'hàk ch'hăyh [t'ak ts'ɛʔ]；●琴弦 k'hîm hëên [k'im hian] ‖ k'hîm heê^{ng}[k'im hĩ]；●唱曲 ch'hëàng k'hëuk[ts'iaŋ k'iɔk] ‖ ch'hëò^{ng} k'hek[ts'iõ k'ɛk]；●歌曲 ko k'hëuk[ko k'iɔk] ‖ kua k'hek[kua k'ɛk]；●琵琶 pê pâ [pi pa] ‖ pé pây[pi pɛ]；●戏棚 hè péng[hi peŋ] ‖ hè paî^{ng}[hi pĩ]；●教训 kaòu hwùn [kau hun] ‖ ká hwùn [ka hun]；●操练 ch'ho lëēn [ts'o lian] ‖ ch'haou lëēn [ts'au lian]；●签名 ch'hëem bêng [ts'iam beŋ] ‖ ch'hëem mëⁿâ [ts'iam miã]；●读册 t'hok ch'hek [t'ɔk ts'ɛk] ‖ t'hak ch'hāyh [t'ak ts'ɛʔ]；●做字 chò joō [tso dzu] ‖ chò jē [tso dzi]；●奏乐 choè gak [tsou gak] ‖ chaóu gak [tsau gak]；●做官 choé kwan [tsou kuan] ‖ choè kwⁿa [tsou kuã]；●咏诗 ēng se [eŋ si] ‖ ch'hëòng se [ts'iõŋ si]（唱诗）；●议论 gē lūn [gi lun] ‖ soō nēô^{ng}[su niõ]（思量）；●戏弄 hè lōng [hi lɔŋ] ‖ hè lāng [hi laŋ]；●讲话 káng hwā [kaŋ hua] ‖ kóng wā [kɔŋ ua]；●教训 kaòu hwùn[kau hun] ‖ kà hwùn[ka hun]；●解说 kaé swat[kai suat] ‖ kày sŏëyh[kɛ sueiʔ]；●柬择 kán tek[kan tɛk] ‖ kéng lŏh[keŋ loʔ]；●唱歌 ch'hëàng ko [ts'iaŋ ko] ‖ ch'hëò^{ng} kwa[ts'iõ kua]；●念书 lëēm se [liam si] ‖ lëēm ch'hăyh[liam ts'ɛʔ]（念册）；●出榜 ch'hut pong[ts'ut pɔŋ] ‖ ch'hut pé^{ng}[ts'ut pŋ]；●抢标 ch'hëáng p'heaou [ts'iaŋ p'iau] ‖ ch'hëó^{ng} pëo [ts'iõ pio]；●进表 chìn peáou [tsin piau] ‖ chìn pëó [tsin pio]；●判断 p'hwàn twān [p'uan tuan] ‖ p'hwⁿà twān [p'uã tuan]；●审判 sím p'hwàn [sim p'uan] ‖ sím p'hwⁿà [sim p'uã]；●寄书 kè se [ki si] ‖ këä p'hay [kia p'ɛ]；●教示 kaòu sē [kau si] ‖ kà sē [ka si]；●戏争 hè chēng [hi tseŋ] ‖ hè chëⁿa [hi tsiã]；●红争 hông chēng [hɔŋ tseŋ] ‖ âng chëⁿa [aŋ tsiã]；●乌争 oe chēng [ou tseŋ] ‖ oe chëⁿa [ou tsiã]；●摺纸 lëep ché [lia ptsi] ‖ cheêh chwá [tsiaʔ tsua]；●落厕 lok ch'hày [lɔk ts'ɛ] ‖ lŏh ch'hày [loʔ ts'ɛ]；●穴空 hëet k'hong [hiat k'ɔŋ] ‖ hëet k'hang [hiat k'aŋ]；●无极 boô kèk[bu kɛk]bô kèk[bo kɛk]；●打官司 tⁿá kwan soo [tã kuan su] ‖ p'hăh kwⁿa se [p'aʔ kuã si]；●好记性 hⁿó kè sèng [hõ ki seŋ] ‖ hó kè saî^{ng}[ho ki sĩ]；●天地会 t'hëen têy höēy [t'ien tei huei] ‖ t'hë^{ng} têy höēy [t'ĩ tei huei]；●蕉仔街 chëaou choó kay [tsiau tsu kɛ] ‖ chëo à kay [tsio a kɛ]；●天堂 t'hëen tông [t'ian tɔŋ] ‖ t'hë^{ng} têô^{ng}[t'ĩ tŋ]；●十字架 sip joō kày[sip dzu kɛ] ‖ chap jē kày[tsap dzi kɛ]；●孤寡院 koe kwⁿá yëēn[kou kuã ian] ‖ koe kwⁿá eê^{ng}[kou kuã ĩ]；●六爻八卦 leuk gnaôu pat kwà [liok gãu pat kua] ‖ lak gnaôu păyh kwà [lak gãu pɛʔ kua]；●金木水火土 kim, bok, súy, hⁿó, t'hoé [kim bɔk sui hõ t'ou] ‖ kim, bàk, chúy, höéy, t'hoé [kim bak tsui huei t'ou]；●衙门 gây bûn [gɛ bun] ‖ gây mooî^{ng}[gɛ muĩ]；●关防 kwan hông [kuan hɔŋ] ‖ kwan hê^{ng} [kuan hŋ]；●乡里 hëang lé [hiaŋ li] ‖ hëo^{ng} lé [hiõ li]；

●官府 kwan hoò [kuan hu] ‖ kwⁿa hoó [kuã hu]；●拜侯 paè hoē [pai hɔu] ‖ paè aōu[pai au]；●官有九品 kwan yéw kéw p'hin [kuan iu kiu p'in] ‖ kwⁿa woō kaóu p'hín [kuã u kau p'in]；●省城 séng sêng [sɛŋ sɛŋ] ‖ saíⁿg sëⁿâ [sɛ̃ siã]。

(十四) 商业手艺

庄业 chong gëep [tsɔŋ giap] ‖ cheⁿg gëep [tsŋ giap]；●庄家 chong kay [tsɔŋ kɛ] ‖ cheⁿg kay [tsŋ kɛ]；●田庄 tëén chong [tian tsɔŋ] ‖ ch'hán cheⁿg[ts'an tsŋ]；●鞋庄 haê chong [hai tsɔŋ] ‖ ây cheⁿg[ɛ tsŋ]；●钱钞 chëên ch'hà [tsian ts'a] ‖ cheêⁿg ch'hà [tsĩ ts'a]；●坐货 chō hⁿo [tsohõ] ‖ ch'hāy höèy [ts'ɛ huei]；●取鎗 ch'héc h'hëang [ts'i ts'iaŋ] ‖ k'hëăh ch'hëōⁿg[k'iaʔ ts'iõ]；●田业 tëên gëep [tian giap] ‖ ch'hân gëep [ts'an giap]；●手艺 séw gēy [siu gei] ‖ ch'héw gēy [ts'iu gei]；●歇店 hëet tëèm [hiat tiam] ‖ hăyⁿh tëèm [hɛ̃ʔ tiam]；●字号 joō hō [ʥu ho] ‖ jē hō [ʥi ho]；●夥记 hⁿó kè [hõ ki] ‖ höèy kè [huei ki]；●做夥 chò hⁿó [tso hõ] ‖ chò höéy [tso huei]；●家货 kay hⁿò [kɛ hõ] ‖ kay höèy [kɛh uei]；●技巧 kê k'haóu[ki k'au] ‖ kê k'há[ki k'a]；●钱贯chëên kwàn [tsian kuan] ‖ cheêⁿg kwuⁿì[tsĩ kuĩ]；●钱串 chëèn kwàn [tsian kuan] ‖ cheèⁿg kwuⁿì[tsĩ kuĩ]；●账簿 tëàng p'hoē [tiaŋ p'ɔu] ‖ seàou p'hoē [siau p'ɔu]；●算盘 swàn pwàn [suan puan] ‖ swuiⁿg pwⁿá [suĩ puã]；●算账 swàn tëàng [suan tiaŋ] ‖ swuiⁿg seàou [suĩ siau]；●银锭 gîn tēng [gin teŋ] ‖ gîn tëⁿā [gin tiã]；●纺绩 hóng chek [hɔŋ tsɛk] ‖ p'háng chăyh [p'aŋ tseʔ]；●织经 chit keng[tsit kɛŋ] ‖ chit kaiⁿg[tsit kɛ̃]；●利钱 lē chëên [li tsiɛn] ‖ laē cheéⁿg[lai tsĩ]；●开当店 k'hae tong tëèm [k'ai tɔŋ tiɛm] ‖ k'wuy tèⁿg tëèm [k'ui tŋ tiam]；●当店 tòng tëèm [tɔŋ tiam] ‖ tèⁿg tëèm [tŋ tiam]；●利钱 lē chëên [li tsian] ‖ laē cheⁿg[lai tsŋ]；●无钱 boô cheèn [bu tsian] ‖ bô cheêⁿg[bo tsĩ]；●赚钱 chwán chëên [tsuan tsian] ‖ t'hàn cheêⁿg[t'an tsĩ]；●木匠 bok ch'hëāng [bɔk ts'iaŋ] ‖ bak ch'hëōⁿg[bak ts'iõ]；●蚀本 sit pún [sit pun] ‖ seĕh pún [siʔ pun]；●春米 ch'hëung bé [tsiɔŋ bi] ‖ cheng bé [tsɛŋ bi]；●播米 chëung bê [tsiɔŋ bi] ‖ cheng bé [tsɛŋ bi]；●追赃 tuy chong [tui tsɔŋ] ‖ tuy cheⁿg[tui tsŋ]；●装货 chong hⁿò [tsɔŋ hõ] ‖ cheⁿg höèy [tsŋ huei]；●熻火 sek hⁿó [sɛk hõ] ‖ chĕŏh höéy [tsioʔ huei]；●斫树 sek sē [sɛ si] ‖ chĕŏh ch'hēw [tsioʔ ts'iu]；●过浆 kò chëáng [ko tsiaŋ] ‖ kò chëóⁿg[kɔ tsiõ]；●种菜 chëùng ch'haè [tsiɔŋ ts'ai] ‖ chèng ch'haè [tsɛŋ ts'ai]；●使漆 soó ch'hip [su ts'ip] ‖ saé ch'hat [sai ts'at]；●粉壁 hwûn p'hek [hun p'ɛk] ‖ hwún pëăh [hun piaʔ]；●开舱 k'hae ch'hong [k'ai ts'ɔŋ] ‖ k'wuy ch'heⁿg[ts'ui ts'ŋ]；●飏粟 yâng ch'heuk [iaŋ ts'iok] ‖ ch'hëōⁿg ch'hek [ts'iõ ts'ɛk]；●汲水 k'hip súy [k'ip sui] ‖ ch'hëōⁿg chúy [ts'iõ tsui]；●作墙 chok ch'hëāng [tsɔk ts'iaŋ] ‖ chöh ch'hëōⁿg[tsoʔ ts'iõ]；●捕鱼 poē gê [pɔu gi] ‖ lëăh hê [liaʔ hi]；●还债 hwân chaè [huan tsai] ‖ hêng chēy [hɛŋ tsei]；●割禾 kat ho [kat ho] ‖ kwăh tèw [kuaʔ tiu]；●载货 chaè hⁿò [tsai hõ] ‖ chaè höèy [tsai huei]；●纺绩 hóng chek [hɔŋ tsɛk] ‖ p'háng chăyh [p'aŋ tseʔ]；●还债 hwân chaè [huan tsai] ‖ hêng cheêⁿg[hɛŋ tsĩ] (还钱)；●使帆 soó hwān [su huan] ‖ saé p'hâng [sai p'aŋ]；●剃发 t'hèy hwat [t'ei huat] ‖ t'hè mô [t'i mo]；●做工 chò kong[tso kɔŋ] ‖ chò kang[tso kaŋ]；●裱褙

peaóu pöèy [piau puei] ‖ keaóu pöèy [kiau puei]；●筑墙 këuk ch'hëâng [kiɔk ts'iaŋ] ‖ keĕh ch'ëó^{ng} [kiʔ ts'iɔ̃]；●筑屋 këuk ok [kiɔk ɔk] ‖ keĕh ch'hoo[kiʔ ts'u]；●扛物 kong but [kɔŋ but] ‖ ke^{ng}mëeⁿh [kŋ mĩʔ]；●抬轿 t'hae keaōu [t'ai kiau] ‖ ke^{ng} këō [kŋ kio]；●欠钱 k'hëëm chëën[k'iam tsian] ‖ k'hëëm cheé^{ng}[k'iam tsĩ]；●欠缺 k'hëëm k'hwat[k'iam k'huat] ‖ k'hëëm k'hŏĕyh[k'iam k'uei?]；●扣除 k'hoè tê[k'ou ti] ‖ k'haòu te[k'au ti]；●扣钱 k'hoè chëën[k'ɔu tsien] ‖ k'haòu cheé^{ng}[k'au tsĩ]；●催倩 koè ch'hèng[kɔu ts'ɛŋ] ‖ koè ch'hëⁿa[kɔu ts'iã]；●领钱 léng chëën[lɛŋ tsian] ‖ nëⁿá cheé^{ng}[niã tsĩ]；●保领 pó léng[po lɛŋ] ‖ pó nëⁿá[po niã]；●割物 ék bút [ɛk but] ‖ öeyh meë^{ng}h [uei? mĩʔ]；●鐬草 p'hwat ch'hó[p'uat ts'o] ‖ p'hwăh ch'háou[p'ua? ts'au]；●拼钱 pwân chëën [puan tsian] ‖ pwâ cheé^{ng}[pua tsĩ]；●拨钱 pwat chëën [puat tsian] ‖ pwăh cheé^{ng}[pua? tsĩ]；●省俭 séng k'hëëm[sɛŋ k'iam] ‖ saí^{ng} k'hëëm [sẽ k'iam]；●省钱 séng chëën [sɛŋ tsian] ‖ saí^{ng} cheé^{ng}[sẽ tsĩ]；●算数 swàn soè [suan sou] ‖ swuí^{ng} seàou [suĩ siau]；●收钱 sew chëên [siu tsian] ‖ sew cheé^{ng}[siu tsĩ]；●收单 sew tan [siu tan] ‖ sew twⁿa [siu tuã]；●损失 sún sit [sun sit] ‖ swui^{ng}sit [suĩ sit]；●损坏 sun hwaē [sun huai] ‖ swuí^{ng} k'hëep [suĩ k'iap]；●算钫 swàn hwáng [suan huaŋ] ‖ swuí^{ng} hwáng [suĩ huaŋ]；●算计 swàn kèy [suan kei] ‖ swui^{ng}kèy [suĩ kei]；●籴米 ték bé [tɛk bi] ‖ tëăh bé [tia? bi]；●糶米 t'heàou bé[t'iau bi] ‖ t'hëò bé[t'io bi]；●开张 k'hae tëang[k'ai tiaŋ] ‖ k'hwuy tëo^{ng}[k'ui tiɔ̃]；●开店 k'hae tëëm[k'ai tiam] ‖ k'hwuy tëëm[k'ui tiam]；●抬轿 t'hae keaōu[t'ai kiau] ‖ ke^{ng} këō[kŋ kio]；●撑船 t'heng ch'hwân[t'ɛŋ ts'uan] ‖ t'hai^{ng} chûn[t'ɛ tsun]；●喂马 wöey má[uei ma] ‖ ch'hē báy[ts'i bɛ]；●鋃开 wöey k'hae[uei k'ai] ‖ wöey k'hwuy[uei k'ui]；●印书 yìn se[in si] ‖ yìn ch'hăyh[in ts'ɛ?]；●漱衣服 soè e hòk[sɔu i hɔk] ‖ séy sⁿa k'hoè[sei sã k'ɔu]；●手柄物 séw tēng bút [siu tɛŋ but] ‖ ch'hew tai^{ng} meë^{ng}h [ts'iu tɛ mĩʔ]；●做工夫 chò kong hoo[tso kɔŋ hu] ‖ chò kang kwùy[tso kaŋ kui]。

（十五）人品人事

贤人 hëên jîn [hian dʑin] ‖ gâou lâng [gau laŋ]；●好人 hⁿó jîn [hõ dʑin] ‖ hóláng [ho laŋ]；●好汉 hⁿó hàn [hõ han] ‖ gó hán [go han]；●硬汉 kēng hàn [kɛŋ han] ‖ gnāy hàn [ŋɛ han]；●正直 chèng tit [tsɛŋ tit] ‖ tëâou tit [tiau tit]；●聪明 ch'hong bêng [tsɔŋ bɛŋ] ‖ ch'hong mëⁿâ [ts'ɔŋ miã]；●果敢 kò kâm [ko kam] ‖ kó kⁿâ [ko kã]；●快活 k'hwaè hwát [k'uai huat] ‖ k'hwⁿa wăh [k'uã ua?]；●听事 t'heng soō [t'ɛŋ su] ‖ t'hëⁿa soō [tiã su]；●谨慎 kín sīn [kin sin] ‖ sèy jē [sei dzi]；●审判 sím p'hwàn [sim p'uan] ‖ sím p'hwⁿà [sim p'uã]；●老实 ló sit [lo sit] ‖ laōu sit [lau sit]；●相爱 seang aè [siaŋ ai] ‖ sëo sëŏh [sio sio?]（相惜）；●相思 sëang soo [siaŋ su] ‖ sëo^{ng} se [siõ si]；●平正 pêng chèng [pɛŋ tsɛŋ] ‖ pai^{ng} chëⁿà [pẽ tsiã]；●平直 pêng tit [pɛŋ tit] ‖ paí^{ng} tit [pẽ tit]；●相让 sëang jëang [siaŋ dziaŋ] ‖ sëo nëō^{ng}[sio niõ]；●愤怒 hwún noē [hun nou] ‖ sēw k'hè [siu k'i]（受气）；●心性 sim sèng [sim sɛŋ] ‖ sim saì^{ng}[sim sẽ]；●克明德 k'hek bêng tek[k'ɛk bɛŋ tɛk] ‖ ēy k'hek béng tek[ei k'ɛk bɛŋ tɛk]；●厚恩 hoē yin [hɔu in] ‖ kaōu yin [kau in]；●软弱 lwán jëak [luan dziak] ‖ nooi^{ng}chëⁿá[nŭĭ tsiã]；●盗贼 tō chék [to tsɛk] ‖ tō ch'hàt [to ts'at]；●杀人 sat jîn [sat dzin] ‖ t'haé lâng[t'ai laŋ]；●歹人 taé jîn [tai dzin] ‖ p'haⁿé lâng [p'aĩ laŋ]；●海贼 haé chek [hai tsɛk] ‖ haé ch'hat [hai ts'at]；●厚贼 hoē chek [hɔu tsɛk] ‖ kaōu ch'hat [kau ts'at]；●傀儡 k'hwúy lúy [k'ui lui] ‖ kā léy [ka lei]（嘉礼）；●畜生 hëuk seng [hiɔk sɛŋ] ‖ t'haou sai^{ng} [t'au sɛ̃]；●腐儒 hoó jê [hu dʑi] ‖ nwⁿā t'hak ch'hăyh lâng [nuã t'ak ts'ɛʔ laŋ]（烂读册人）；●谎言 hóng gân [hɔŋ gan] ‖ păyh ch'hat [pɛʔ ts'at]（白贼）；●背逆 pöēy gek [puei gɛk] ‖ pöēy káyh [puei kɛʔ]；●凶恶 hëung ok [hiɔŋ ɔk] ‖ hëung p'haⁿé [hiɔŋ p'aĩ]；●骄傲 keaou gō [kiau ɡo] ‖ keaou t'haôu [kiau t'au]；●懒惰 lán tō [lan to] ‖ p'hún twⁿā [p'un tuã]；●痛悔 t'hòng höèy[t'ɔŋ huei] ‖ t'hëⁿà höèy[t'iã huei]；●抑郁 ek wut [ɛk ut] ‖ wut chut[ut tsut]；●心歪 sim wae [sim uai] ‖ sim kwⁿa wae[sim kuã uai]；●孤单 koe tan [kɔu tan] ‖ koe twⁿa [kɔu tuã]；●懒惰 lán tō [lan to] ‖ pún twⁿā [pun tuã]；●争斗 cheng toè [tsɛŋ tɔu] ‖ chai^{ng} toè [tsɛ̃ tɔu]；●赌博 toé pòk [tɔu pɔk] ‖ pwăh keáou[puaʔ kiau]；●吞忍 t'hun jím[t'un dzim] ‖ t'hun lún [t'un lun]；●张样 tëang yāng [tiaŋ iaŋ] ‖ tëo^{ng}yëō^{ng}[tiõ iõ]；●短命 twán bēng [tuan bɛŋ] ‖ táy mëⁿā [tɛ miã]；●相斗 sëang toè[siaŋ tɛu] ‖ sëo taòu [sio tau]；●恶心 ok sim [ɔk sim] ‖ p'haⁿé sim[p'aĩ sim]；●过失 kò sit [ko sit] ‖ köèy sit [kuei sit]；●失落 sit lòk [sit lɔk] ‖ sit lŏh[sit loʔ]；●洗心 sëén sim [sian sim] ‖ séy sim [sei sim]；●恨恶 hwūn oè [hun ɔu] ‖ hīn oè [hin ɔu]；●最恶 chöèy oè [tsuei ɔu] ‖ chin chāe wùn [tsin tsai un]；●不忍 put jīn[put dzin] ‖ ū^mjīn[m dzin]；●逆天 gek t'hëen[gɛk t'ian] ‖ kăyh t'hëe^{ng}[kɛʔ t'ĩ]；●惭愧 ch'hâm k'hwùy [ts'am k'ui] ‖ seâou léy[siau lei]；●过犯 kò hwān [ko huan] ‖ köèy hwān [kuei huan]；●卤莽 loé bóng [lɔu bɔŋ] ‖ bóng chóng[bɔŋ tsɔŋ]；●谄媚 t'hëém meē^{ng}[t'iam mĩ] ‖ sëèp sèy[siap sei]；●好癖 hⁿó p'hek[hõ p'ɛk] ‖ hó p'hëăh[ho p'iaʔ]；●恶癖 ok p'hek[ɔk p'ɛk] ‖ p'haⁿé p'hëăh [p'aĩ p'iaʔ]；●府城 hoó sêng [hu sɛŋ] ‖ hoó sëⁿâ [hu siã]；●相害 seang haē[siaŋ hai] ‖ sëo haē[sio hai]；●受赃 sēw chong [siu tsɔŋ] ‖ sēw che^{ng}[siu tsŋ]；●谄谀 t'hëém jê [t'iam dzi] ‖ seēp sèy [siap sei]；●背逆 pöèy gek[puei gɛk] ‖ pöèy kăyh[puei kɛʔ]；●违逆 wûy gek[ui gɛk] ‖ wûy kăyh[ui kɛʔ]；●抢人 ch'hëáng jîn [ts'iaŋ dzin] ‖ ch'hëó^{ng}lâng[ts'iõ laŋ]；●厚面皮 hoē bëēn p'hê [hɔu bian p'i] ‖ kaōu bīn p'höéy [kau bin p'uei]；●伶俐 lēng lē [lɛŋ li] ‖ lēng laē[lɛŋ lai]；●人情 jin chêng [dʑin tsɛŋ] ‖ láng chëⁿâ [laŋ tsiã]；●足迹 Chëuk chek [tsiɔk tsɛk] ‖ k'ha chëăh [k'a tsiaʔ]；●种德 chëùng tek [tsiɔŋ tɛk] ‖ chèng tek [tsɛŋ tɛk]；●众人 chëùng jîn [tsiɔŋ dʑin] ‖ chëùng láng [tsiɔŋ laŋ]；●战场 chëēn ch'hëâng[tsian ts'iaŋ] ‖ chëēn t'hëô^{ng}[tsian t'iõ]；●考场 k'hó ch'hëâng[k'o ts'iaŋ] ‖ k'hó t'hëô^{ng}[k'o t'iõ]；●赌场 toé ch'hëâng[tɔu ts'iaŋ] ‖ këáou t'hëô^{ng}[kiau t'iõ]；●颂赞 sëūng chān [sioŋ tsan] ‖ o ló[o lo]；●气力 k'hè lék[k'i lɛk] ‖ k'hwùy làt [k'ui lat]；●灵魂 lêng hwûn [lɛŋ hun] ‖ sin hwûn [sin hun]；●才能 chaê lêng [tsai lɛŋ] ‖ chaê teāou[tsai liau]；●名声 bêng seng [bɛŋ sɛŋ] ‖ mëⁿâ sëⁿa [miã siã]；●姓名 sèng bêng [sɛŋ bɛŋ] ‖ sai^{ng} mëⁿâ [sɛ̃ miã]；●别事 pëèt soō[piat su] ‖ pàt soō[pat su]；●怀抱 hwaê p'haōu [huai p'au] ‖ hwaê p'hō [huai p'o]；●记性 kè sèng[ki sɛŋ] ‖ kè saiⁿᵍ[ki sɛ̃]；●性命 sèng bēng[sɛŋ bɛŋ] ‖ saiⁿᵍ mëⁿā[sɛ̃ miã]。

（十六）成语熟语

有德之家 yéw tek che kay[iu tɛk tsi kɛ] ‖ wōō tek ây kay[u tik ɛ kɛ]；●真而无假 chin jè boô káy [tsin dzi bu kɛ] ‖ chin yëá bô káy [tsin ia bo kɛ]；●快于心膈 k'hwaè e sim kek [k'uai i sim kɛk] ‖ k'hwaè tē sim kǎyh [k'uai ti sim kɛʔ]；●一味要假 yit bē yaòu káy [it bi iau kɛ] ‖ chit bē böëyh káy [tsit bi bueiʔ kɛ]；●天人皆逆 t'hëen jìn kae gèk [t'ian dzin kai gɛk] ‖ t'hëeⁿᵍ lâng kae kǎyh [t'ĩ laŋ kai kɛʔ]；●命薄情厚 bēng pòk chêng hoē [bɛŋ pɔk tsɛŋ hɔu] ‖ mëⁿā pǒh chéng kaōu [miã pɔʔ tsɛŋ kau]；●嫌钱无够 hëêm chëên boô koè [hiam tsian bu kɔu] ‖ hëêm chëêⁿᵍg bô kaòu [hiam tsĩ bo kau]；●狗吠猴吼 koé hwūy hoê hoé [kɔu hui hɔu hɔu] ‖ kaóu pwūy kaôu haóu [kau pui kau hau]；●是狗畏猴 Sē koé wùy hoê [si kɔu ui hɔu] ‖ sē kaóu këⁿa kaôu [si kau kiã kau]；●或猴畏狗 hék hoê wùy koé [hɛk hɔu ui kɔu] ‖ á sē kaôu këⁿa kaóu [a si kau kiã kau]；●文墨之辈 bûn bek che pöëy[bun bɛk tsi puei] ‖ bûn bak ây poêy[bun bak ɛ puei]；●谋事在人，成事在天 boê soō chaē jîn[bou su tsai ʥin]，sêng soō chaē t'hëen [sɛŋ su tsai t'ian] ‖ soō nëôⁿg soō chaē lâng [su niɔ̃ su tsai laŋ]，chëⁿá soō chaē t'hëeⁿᵍ[tsiã su tsai t'ĩ]；●招贤纳士 chëaou hëên lap soō [tsiau hian lap su] ‖ chëo gaôu lâng [tsio gau laŋ]；●驷不及舌 soò put kip sëet [su put kip siɛt] ‖ sè chëăh báy jëuk bēy kaòu ch'hùy cheĕh [si tsiaʔ bɛ ʥiɔk bei kau ts'ui tsiaʔ]；●夙兴夜寐 sëuk hin yëā bē [siɔk hin ia bi] ‖ chá k'hé laê，maⁿᵍ kan k'hwùn [tsa k'i lai mɛ̃ kan k'un]；●百战百胜 pek chëên pek sìn [pɛk tsian pɛk sin] ‖ chit pǎyh ây chëên chit pǎyh ây yëⁿâ [tsit pɛʔ ɛ tsian tsit pɛʔ ɛ iã]；●搔首踟蹰 so séw tê toô [so siu ti tu] ‖ so t'haôu kak tê toô sëōⁿ[so t'au kak ti tu siɔ̃]；●利己损人 lē ké sún jîn [li ki sun dzin] ‖ lē yëăh ka tē，sún haē pat lâng [li iaʔ ka ti sun hai pat laŋ]；●前后相随 chëên hoē sëang sûy [tsian hɔu siaŋ sui] ‖ chéng aōu sëo sûy [tsɛŋ aou sio sui]；●不知好歹 put te h'ó taé [put ti hɔ̃ tai] ‖ ūᵐ chae hó p'haⁿé [m tsai ho p'aĩ]；●不共戴天 put këūng taè t'hëen [put kiɔŋ tai t'ian] ‖ bô kāng tèy t'hëeⁿᵍ[bo kaŋ tei t'ĩ]；●代人赎罪 taē jîn sēúk chöëy [tai dzin siɔk tsuei] ‖ t'hëy lâng sëúk chöëy [t'ei laŋ siɔk tsuei]；●夸父耽耳 k'hwa-hoó tam jé [k'ua hu tam dzi] ‖ k'hwa-hoó téⁿg hē á [k'ua hu tŋ hi a]；●形单影只 hêng tan éng chek [hɛŋ tan ɛŋ tsɛk] ‖ héng twⁿa yëⁿá chit chëăh [hɛŋ tuã iã tsit tsiaʔ]；●东西南北 tong sey lâm pok [tɔŋ sei lam pɔk] ‖ tang sae lâm pak [taŋ sai lam pak]；●同心协力 tông sim hëép lék [tɔŋ sim hiap lɛk] ‖ tâng sim hëép làt [taŋ sim hiap lat]；●抵挡不住 té tong put chē [ti tɔŋ put tsi] ‖ té téⁿg bēy twā [ti tŋ bei tua]；●山顶海底 san téng haé té [san tɛŋ hai ti] ‖ swⁿa téng haé téy [suã tɛŋ hai tei]；●舣排异端 té paê ē twan [ti pai i tuan] ‖ té paê kǒh yëōⁿg ây tō lé [ti pai kɔʔ iɔ̃ ɛ to li]；●玉除丹庭 gëúk tê tan têng [giuk ti tan tɛŋ] ‖ gëúk ây gîm kay áng ây tëⁿâ [giɔk ɛ gim kɛ aŋ ɛ tiã]；●除恶务本 tê ok boō pún [ti ɔk bu pun] ‖ té k'hè p'haⁿé boō kin pún [ti k'i p'aĩ bu kin pun]；●青程万里 ch'heng têng bān lé [ts'ɛŋ tɛŋ ban li] ‖ ch'haiⁿᵍ tëⁿá bān lé [ts'ɛ̃ tiã ban li]；●虚张声势 he tëang seng sè [hi tiaŋ sɛŋ si] ‖ he tëōⁿg sēⁿa sè [hi tiõ siã si]；●长幼卑尊 tëáng yèw pe chun [tiaŋ iu pi tsun] ‖ laōu，seáou lëën，pe hāy，chun kwùy [lau siau lian pi hɛ tsun kui]；●为政以德 wûy chèng é tek [ui tsɛŋ i tɛk] ‖ chò chèng soō é tek hēng [tso tsɛŋ su i tɛk hɛŋ]；●五谷不登 gnoé kok put teng [ŋɔu kɔk put tɛŋ] ‖ gnoé kok bô teng kwân [ŋɔu kɔk bo teŋ kuan]；●忧心如醒 yew sim jê têng [iu sim dzi tɛŋ] ‖ hwân ló ây sim kwⁿa ch'hin chëō^{ng} chéw chùy [huan lo ɛ sim kuã ts'in tsiõ tsiu tsui]；●日月递更 jit gwàt tëy keng [dzit guat tei kɛŋ] ‖ jit göëyh sëo tēy wⁿà [dzit guei? sio tei uã]；●鳌头独占 gô t'hoê tok chëèm [got'ɔu tɔk tsiam] ‖ gô t'haôu tok chëèm [got'au tɔk tsiam]；●雨雪雾雾 e swat hwun hwun [i suat hun hun] ‖ lŏh sảyh hwun hwun [lo? sɛ? hun hun]；●光阴似箭 kong yim soō chëèn [kɔŋ im su tsian] ‖ kong yim chūn ā chee^{ng}[kɔŋ im tsun atsĩ]；●寂然不动 chek jëên put tōng [tsɛk dzian put tɔŋ] ‖ tëèm tëèm bê tin tāng [tiam tiam bi tin taŋ]；●日照万方 jit chëàou bān hong [dzit tsiau ban hɔŋ] ‖ jit t'haôu chëò chëⁿâ bān he^{ng}[dzit t'au tsio tsiã ban hŋ]；●功参天地 kong ch'ham t'hëen tëy [kɔŋ ts'am t'ian tei] ‖ kong lô ēy ch'ham lit t'hëe^{ng} tëy [kɔŋ lo ei ts'am lit t'ĩ tei]；●一唱而三叹 yit ch'hëàng jê sam t'hàn [it ts'iaŋ dzi sam t'an] ‖ chit ây ch'hëò^{ng}，jê sⁿa kwùy t'háou k'hwùy [tsit ɛ ts'iõ，dzi sã kui t'au k'ui]；●忧心悄悄 yew sim ch'hëáou ch'hëáou [iu sim ts'iau ts'iau] ‖ hwùn ló yew sim kwⁿa ch'hëáou ch'hëáou [hun lo iu sim kuã ts'iau ts'iau]；●全军覆没 chwân kwun hok but [tsuan kun hɔk but] ‖ chwuî^{ng} kwun pak lak sé [tsuĩ kun pak lak si]；●如影随形 jê éng sūy hêng [dzi ɛŋ sui hɛŋ] ‖ ch'hin chëō^{ng} yéⁿá súy héng [ts'in tsiõ iã sui hɛŋ]；●应答如流 eng tap jê lêw [ɛŋ tap dzi liu] ‖ yin tap ch'hin chëō^{ng} chúy laôu [in tap ts'in tsiõ tsui lau]；●人影依稀 jîn êng e he [dzin ɛŋ i hi] ‖ lâng é^{ng} chëó ch'hëó [laŋ ŋ tsi ts'io]；●眼空四海 gán k'hong soò haé [gan k'ɔŋ su hai] ‖ bak chew k'hwⁿà k'hang sé haé [bak tsiu k'uã k'aŋ si hai]；●因时制宜 yin sê chè gê [in si tsi gi] ‖ yin sê ch'hòng séy èng kae [in si ts'ɔŋ sei ɛŋ kai]；●天动地坂 t'hëen tōng tēy gnëàoùh [t'ian tɔŋ tei ŋiãu?] ‖ t'hëe^{ng} tāng tēy gneaoǔh [t'ĩ taŋ tei ŋneaŏu?]；●三伍成群 sam gnoé sêng kwûn [sam ŋou sɛŋ kun] ‖ sⁿa goē chëⁿa kwûn [sã gou tsiã kun]；●折骸以爨 chëet haê é ch'hwàn [tsiat hai i ts'uan] ‖ at cheĕt kwut haê é hëⁿâ höéy [at tsiat kut hai i hiã huei]；●喊声如雷 hám seng jê lûy [ham sɛŋ dzi lui] ‖ sēⁿa ch'hin chëō^{ng} lûy [siã ts'in tsiõ lui]；●挥汗成雨 hwuy hān sêng é [hui han sɛŋ i] ‖ ch'hut kwⁿà chëⁿâ hoê [ts'ut kuã tsiã hou]；●权衡轻重 kwân hêng k'heng tëūng [kuan hɛŋ k'ɛŋ tiɔŋ] ‖ kwân hêng ch'hìn k'hin tāng [kuan hɛŋ ts'in k'in taŋ]；●诲人不倦 höéy jín put kwān [huei dzin put kuan] ‖ kà láng bo sëō^{ng} yëà [ka laŋ bo siõ ia]；●货真价实 hⁿò chin kày sit [hõ tsin kɛ sit] ‖ höéy chin kày chēw sit [huei tsin kɛ tsiu sit]；●敢作敢为 Kám chò kám wǔy[kam tso kam ui] ‖ kⁿá chò kⁿá wûy[kã tso kã ui]；●咬咬黄鸟 Kaou kaou hông neaóu[kau kau hɔŋ niau] ‖ kaou kaou ây wui^{ng}cheaóu [kau kau ɛ uĩ tsiau]；●鸡鸣嘐嘐 key bêng kaou kaou [kei bɛŋ kau kau] ‖ key t'hê kaou kaou[kei t'i kau kau]；●披荆斩棘 p'he keng chám kek[p'i kɛŋ tsam kik] ‖ p'he köéy keng ch'haóu chám tooî^{ng}kek ch'hè[p'i kuei kɛŋ ts'au tsam tuĩ kɛk ts'i]；●战战兢兢 chëën chëèn keng keng [tsian tsian kɛŋ kɛŋ]；●夙夜荧荧 sëuk yëā kêng kêng [siɔk ia kɛŋ kɛŋ] ‖ jit maí^{ng}hwân ló[ʥit mẽ huan lo]；●贪婪无厌 t'ham lam boô yëèm [t'am lam bu iam] ‖ t'ham lam boô yëà [t'am lam bu ia]；●傀伟特立 kwuy wúy tèk lip [kui ui tɛk lip] ‖ twā hàn ây láng ka tē k'hëā [tua han ɛ laŋ ka ti k'ia]；●生死永诀 seng soó éng kwat [sɛŋ su ɛŋ kuat] ‖ sai^{ng} sé éng kwat pëet [sẽ si ɛŋ kuat piat]；●囊括四海 lông kwat soò haé[lɔŋ kuat su hai] ‖ poè téy á laē, paôu kwat sè haé[pou tei a lai，pau kuat si hai]；●诲人不倦 hwùy jîn put kwān[hui dzin put kuan] ‖ kà lâng bēy yëà [ka laŋ bei ia]；●高山仰止 ko san gëáng ché [ko san giaŋ tsi] ‖ kwân ây swⁿa tëŏh gëáng k'hé lae k'hwⁿà [kuan ɛ suã tioʔ giaŋ k'i lai k'uã]；●博古通今 p'hok koé t'hong kim [p'ɔk kou t'ɔŋ kim] ‖ p'hok koé chá chae tòng kim[p'ɔk kou tsa tsai tɔŋ kim]；●快人快语 k'hwaè jìn k'hwaè gé [k'uai dzin k'uai gi] ‖ k'hwaè lâng k'hwaè wā [k'uai laŋ k'uai ua]；●同襟兄弟 tông t'him heng tēy[tɔŋ t'im hɛŋ tei] ‖ tâng k'him hëⁿa tē[taŋ k'im hiã ti]；●路不拾遗 loē put sip wûy[lɔu put sip ui] ‖ loē bó ka laŏuh ây meĕⁿh[lɔu bo ka lauʔ ɛ mĩʔ]；●牢不可破 lô put k'hó p'hò [lo put k'o p'o] ‖ këen lô kaòu bēy p'hwà [kian lo kau bei p'ua]；●大雨淋漓 taē é lîm lê [tai i lim li] ‖ twā hoē lîm lé [tua hɔu lim li]；●骂不绝口 mā put chwát k'hoé [ma put tsuat k'ou] ‖ maí^{ng} bô tooí^{ng} tē ch'hùy [mẽ bo tuĩ ti ts'ui]；●泪如雨下 lūy jê é hāy [lui dzi i hɛ] ‖ bàk saé ch'hin chëō^{ng} hoē lŏh [bak sai ts'in tsiɔ hɔu loʔ]；●论功行赏 lūn kong hêng sëáng [lun kɔŋ hɛŋ siaŋ] ‖ lūn kong lô këⁿâ sëó^{ng}[lun kɔŋ lo kiã siɔ]；●鸟鸣嘤嘤 neáou bêng eng eng [niau bɛŋ ɛŋ ɛŋ] ‖ cheáou háou eng eng [tsiau hau ɛŋ ɛŋ]；●不耻下问 put t'hé hāy būn [put t'i hɛ bun] ‖ ū^m lëăh chò seâou léy hāy léy mooí^{ng} lâng [m liaʔ tso siau lei hɛ lei muĩ laŋ]；●比肩而坐 pé këen jê chō [pi kien dzi tso] ‖ pé keng t'haôu jê chēy [pi kɛŋt'au dzi tsei]；●同胞兄弟 tông paou heng téy [tɔŋ pau hɛŋ tei] ‖ tàng paou hëⁿa tē [taŋ pau hiã ti]；●山崩地裂 san peng tēy lëèt[san pɛŋ tei liet] ‖ swⁿa pang[suã paŋ]；●一彪人马 yit pew jîn má [it piu dzin ma] ‖ chit pew lâng báy [tsit piu laŋ be]；●百花吐葩 pek hwa t'hoè p'ha [pɛk hua t'ou p'a] ‖ chëⁿâ pǎyh hwa t'hoè p'ha [tsiã pɛʔ hua t'ou p'a]；●不知好歹 put te hⁿó taé [put ti hõ tai] ‖ ū^m chae hó p'haⁿé [m tsai ho p'aĩ]；●曝日沃雨 p'hòk jit ak é [p'ɔk dzit ak i] ‖ p'hǎk jit ak hoē [p'ak dzit ak hɔu]；●未知臧否 bē te chong p'hé [bi ti tsɔŋ p'i] ‖ bōēy chae hó baé [buei tsai ho bai]；●如履薄冰 jê lé pók peng [dzi li pɔk pɛŋ] ‖ ch'hin chëō^{ng} tăh pŏh se^{ng}[ts'in tsiɔ taʔ poʔ sŋ] (亲像踏薄霜)；●分田制禄 hwun tëen chè lók [hun tian tsi lɔk] ‖ pun ch'hân chè hóng lók [pun ts'an tsi hɔŋ lɔk]；●半生半死 pwàn seng pwàn soó [puan sɛŋ puan su] ‖ pwⁿà sai^{ng} pwⁿà sé [puã sẽ puã si]；●心广体胖 sim kóng t'héy pwân [sim kɔŋ t'ei puan] ‖ simk'hwăh t'héy p'hàng [sim k'uaʔ t'ei p'aŋ]；●晒日沃雨 saè jit ak é[said zit ak i] ‖ p'hàk jit ak hoē [p'ak dzit ak hɔu]；●潸然泣下 sam jëèn k'hip hāy [sam dzian k'ip hɛ] ‖ san jëèn laôu bàk chaé [san dzian lau bak tsai]；●输赢未分 se êng bē hwun [si ɛŋ bi hun] ‖ soo yëⁿâ bōēy hwun [su iã buei hun]；●世世代代 sè sè taē taē [si si tai tai] ‖ sè sè tēy tēy [si si tei tei]；●洪水汤汤 hòng súy sëang sëang [hɔŋ sui siaŋ siaŋ] ‖ twā chúy sëang sëang [tua tsui siaŋ siaŋ]；●士农工商 soò, lông, kong, sëang [soŋ loŋ koŋ sian] ‖ t'hāk ch'hǎyh chǒh，ch'hân，chò kang，seng lé [t'ak tsʻɛʔ tsoʔ tsʻan tso kaŋ sɛŋ li]；●赏善罚恶 sëáng sëēn hwàt ok [sian sian huat ok] ‖ sëó^{ng} hó hwát p'ha^{n}é [siõ ho huat pʻaĩ]；●涣然冰释 hwàn jëên peng sek [huan dzian peŋ sɛk] ‖ hwàn jëên se^{ng} yëô^{ng}[huan dzian sŋ iõ]；●草木畅茂 ch'hó bók t'hëàng boē [tsʻo bok t'iaŋ bou] ‖ ch'haóu bàk t'hëàng boē [tsʻau bak t'iaŋ bou]；●添丁进财 t'hëem teng chìn chaê [t'iam teŋ tsin tsai] ‖ t'hëe^{ng} lâng hwat chaê [t'ĩ laŋ huat tsai]；●心广体胖 sim kóng t'héy p'hwàn [sim koŋ t'ei pʻuan] ‖ sim kw^{n}a k'hwǎh·sin t'héy pwûy [sim kuã kʻuaʔ sin t'ei pui]；●家贫落魄 kay pîn lòk p'hok [kɛ pin lɔk pʻɔk] ‖ ch'hoò lé sòng chēw lǒh t'hok [tsʻu li sɔŋ tsiu loʔ t'ɔk]；●抱关击柝 p'haōu kwan kek t'hok [pʻau kuan kɛk t'ɔk] ‖ chéw kwan mooĩ^{ng}，p'hǎh ch'hâ t'hok [tsiu kuan muĩ，pʻaʔ tsʻa t'ɔk]；●推贤让能 t'hut hëên jëäng lêng [t'ut hian dziaŋ lɛŋ] ‖ ch'huy gaôu lâng，nëō^{ng} ēy ây [tsʻui gau laŋ，niõ ei ɛ]；●抖擞精神 toé soé cheng sîn [tou sou tsɛŋ sin] ‖ taôu saóu cheng sîn [tau sau tsɛŋ sin]；●过江渡水 kò kang toē súy [ko kaŋ tou sui] ‖ köèy káng toē chúy [kuei kaŋ tou tsui]；●如琢如磨 jê tok jê mô [dzi tɔk dzi mo] ‖ ch'hin chëō^{ng} tok ch'hin chëō^{ng} mô [tsʻin tsiõ tɔk tsʻin tsiõ mo]；●唇亡齿寒 tûn bong ch'hé hân [tun bɔŋ tsʻi han] ‖ ch'hùy tûn bô ch'hùy k'hé kw^{n}â [tsʻui tun bo tsʻui kʻi kuã]；●堆金积玉 tuy kim chek gëùk [tui kim tsɛk giɔk] ‖ tuy kim k'hëōh gèk [tui kim kʻioʔ gɛk]；●形单影只 hêng tan éng chek [heŋ tan ɛŋ tsɛk] ‖ tw^{n}a chit ây hîn sin yë^{n}á chit chëäh [tuã tsit ɛ hin sin yiã tsit tsiaʔ]；●书信断绝 se sìn twān chwát [si sin tuan tsuat] ‖ p'hay sìn tooĩ^{ng} chwát [pʻɛ sin tuĩ tsuat]；●日月运行 jit gwàt wūn hêng [dzit guat un heŋ] ‖ jit göëyh wūn kë^{n}â [dzit gueiʔ un kiã]；●道不拾遗 tō put sip wûy [to put sip ui] ‖ loē bô k'hëōh ka laǒuh ây mëë^{ng}h [lou bo kʻioʔ ka lauʔ ɛ mĩʔ]；●不舍昼夜 put sëá tèw yëä [put sia tiu ia] ‖ bô haĩ^{n}h jit maĩ^{ng} [bo hɛ dzit mɛ]；●嫣然一笑 yëen jëên yit ch'heàou [ian dzian it tsʻiau] ‖ yëen jëên chit ây ch'hëò [ian dzian tsit ɛ tsʻio]；●如临深渊 jê lîm ch'him yëen [dzi lim tsʻim ian] ‖ ch'hin chëō^{ng} lîm kaòu ch'him ây yëen [tsʻin tsiõ lim kau tsʻim ɛ ian]；●永锡祚胤 eng sek choè yīn [ɛŋ sek tsou in] ‖ éng koó soò hoē woō hok k'hè ây kë^{n}á sun [ɛŋ ku su hou wu hɔk kʻi ɛ kiã sun]；●长久相忆 tëäng kéw sëang ek [tiaŋ kiu siaŋ ɛk] ‖ tê^{ng} koô sëo sëō^{ng}[tŋ ku sio siõ]。

（十七）汉语语音

字头 joō-t'hoê [dzu-t'ou] ‖ jē-t'haôu [dzi-t'au]；●字母 joō-boé[dzu-bou] ‖ jē-boé[dzi-bou]；●上平 sëāng pêng[siaŋ peŋ] ‖ chëō^{ng} pai^{ng}[tsiõ pɛ̃]；●上声 sëāng seng[siaŋ sɛŋ] ‖ sëāng së^{n}a[siaŋ siã]；●上去 sëāng k'hè[siaŋ kʻi] ‖ chëō^{ng} k'hè[tsiõ kʻi]；●上入 sëāng jip[siaŋ dzip] ‖ chëō^{ng} jip[tsiõ dzip]；●下平 hāy pèng[he peŋ] ‖ āy pai^{ng}[ɛ pɛ̃]；●下上 hāy sëāng[he siaŋ] ‖ āy sëāng[ɛ siaŋ]；●下去 hāy k'hè[hɛk'i] ‖ āy k'hè[ɛ kʻi]；●下入 hāy jip[he dzip] ‖ āy jip[ɛ dzip]；●仄音 chek yim [tsɛk im] ‖ chǎyh yim [tsɛʔ im]；●合口 háp k'hoé[hap kʻou] ‖ hāp ch'hùy[hap tsʻui]；●声音 seng yim[sɛŋ im] ‖ së^{n}a yim[siã im]；●落韵 lòk wūn[lɔk un] ‖ lǒh wūn[loʔ un]；●声音 seng yim[sɛŋ im] ‖ së^{n}a yim[siã im]；●平仄音 pêng chek yim [peŋ tsɛk im] ‖ pai^{ng} chǎyh yim [pɛ̃ tsɛʔ im]；●潮州腔 teâou chew k'hëang[tiau tsiu k'iaŋ] ‖ tëô chew k'hëo^{ng}[tio tsiu k'iɔ̃]；●平上去入 pêng，sëāng，k'hè，jip [pɛŋ，siaŋ，k 'i，ʥip] ‖ paî^{ng}，chëō^{ng}，k'hè，jip [pɛ̃，tsiɔ̃，k'i，ʥip]；●俗语 sëuk gé [siɔk gi] ‖ sëuk goó [siok gu]；●唐话 tông hwā [tɔŋ hua] ‖ tê^{ng} wā [tŋ ua]；●篆字 twān joō[tuan dzu] ‖ twān jē[tuan dzi]；●文字 bûn joō[bun dzu] ‖ bûn jē[bun dzi]；●字汇 joō hūy[dzu hui] ‖ jê hūy[dzi hui]；●字部 joō poē[dzu pɔu] ‖ jē poē[dzi pɔu]；●草书 ch'hó se[ts'o si] ‖ ch'hó jē sëá [ts'o dzi sia]；●刻字 k'hek joō[k'ɛk dzu] ‖ k'hek jē[k'ɛk dzi]；●对联 tùy bëên[tui bian] ‖ töëy lëên[tuei lian]。

（十八）动作心理

奔投 p'hun toê[p'un tɔu] ‖ p'hun taôu[p'un tau]；●投军 toê kwun[tɔu kun] ‖ taôu kwun[tau kun]；●投歇 toê hëet[tɔu hiat] ‖ taôu haï^{ng}h[tau hɛ̃ʔ]；●相骂 sëang mā[siaŋ ma] ‖ sëo maî^{ng}[sio mɛ̃]；●教训 kaòu hwùn[kau hun] ‖ kà hwàn[ka huan]；●好笑 h^{n}ó ch'hëaou[hõ ts'iau] ‖ hō ch'hëò[ho ts'io]；●忍耐 jím naē[dzim nai] ‖ t'hun lún[t'un lun]（吞忍）；●惭愧 ch'hâm k'hwúy [ts'am k'ui] ‖ seāou léy[siau lei]；●提防 t'hêy hông[t'ei hɔŋ] ‖ téo^{ng} tê[tiõ ti]（张持）；●好说 h^{n}ó swat[hõ suat] ‖ hó t^{n}à[ho tã]（好谭）；●瞪目 t'heng bók[t'ɛŋ bɔk] ‖ t^{n}a bàk chew[tã bak tsiu]（瞪目珠）；●相打 sëang t^{n}á[siaŋ tã] ‖ sëo p'hăh[sio p'aʔ]（相拍）；●打听 t^{n}á t'hèng[tã t'ɛŋ] ‖ t'hàm t'hë^{n}a[t'am t'iã]（探听）；●相杀 sëang sat[siaŋ sat] ‖ sëo swăh[sio suaʔ]；●不知 Put te[put ti] ‖ ū^{m} chae[m tsai]（呣知）；●成物 Sêng but [sɛŋ but] ‖ chë^{n}a meĕ^{n}h [tsiã mĩʔ]；●成人 Sêng jîn [sɛŋ ʥin] ‖ chë^{n}á lâng [tsiã laŋ]；●敍种 yëa̤ chëúng[ia tsiɔŋ] ‖ yëā ché[ia tsi]（掖籽）；●过桨 kó chëáng [ko tsiaŋ] ‖ kó chëó^{ng}[ko tsiɔ̃]（划桨）；●迎接 gêng chëep [gɛŋ tsiɛp] ‖ gë^{n}â cheĕh [giã tsiɛʔ]；●折撧 chëet chëet [tsiat tsiat] ‖ at cheĕh [at tsiaʔ]；●践言 chëén gân [tsian gan] ‖ tăh wā [taʔ ua]；●痛痕 t'hòng hwûn [t'ɔŋ hun] ‖ t'hë^{n}à hwûn [t'iã hun]；●吩咐 hwún hoò [hun hu] ‖ hwân hoò [huan hu]；●分裂 hwun lëĕh [hun liaʔ] ‖ pun lëĕh [pun liaʔ]；●分开 hwun k'hae [hun k 'ai] ‖ pun k'hwuy [pun k'ui]；●撙节chún chëet [tsun tsiat] ‖ chún chat [tsun tsat]；●截断 chëet twān [tsiat tuan] ‖ at tooī^{ng}[at tuĩ]（遏断）；●截柳 chëet léw [tsiat liu] ‖ at léw teâou [at liu tiau]（遏柳条）；●相争 sëang cheng [siaŋ tsɛŋ] ‖ sëo chai^{ng}[sio tsɛ̃]；●告状 kò chōng [ko tsɔŋ] ‖ kò che^{ng}[ko tsŋ]；●保障 pó chëàng [po tsiaŋ] ‖ pó chëó^{ng}[po tsiɔ̃]；●请坐 ch'héng chō [ts'ɛŋ tso] ‖ ch'hë^{n}á chēy [ts'iã tsei]；●参见 ch'ham këèn [ts'am kian] ‖ ch' ham keè^{ng}[ts'am kĩ]；●渗漏 ch'ham loē [ts'am lɔu] ‖ ch'ham laōu [ts'am lau]；●筅棹ch' hán tok [ts'an tɔk] ‖ ch'héng tŏh [ts'ɛŋ toʔ]；●耕田 keng tëên [kɛŋ tian] ‖ chŏh ch'hân [tsoʔ ts'an]（作田）；●差使 ch'hay soó [ts'ai su] ‖ ch'hay saé [ts'ɛ sai]；●试看 sè k'hàn[si k 'an] ‖ ch'hè k'hw^{n}à[ts'i k'uã]；●食草 sit ch'hó [sit ts'o] ‖ chëăh ch'háou [tsiaʔ ts'au]；●饲猪 soō te[su ti] ‖ ch'hē te[ts'i ti]；●蹒墙 pwân ch'hëâng[puan ts'iaŋ] ‖ pw^{n}â ch'hëô^{ng}[puã ts 'iɔ̃]；●好笑 h^{n}ó ch'hëàou [hõ ts'iau] ‖ hó ch'hëò[ho ts'io]；●见笑 këèn ch'hëàou[kian ts 'iau] ‖ këèn sëàou[kian siau]；●请坐 ch'héng chō[ts'ɛŋ tso] ‖ ch'hë^{n}á chēy[ts'iã tsei]；●擤鼻 ch'hèng pit[ts'ɛŋ pit] ‖ ch'hèng p'heē^{ng}[ts'ɛŋ p'ĩ]；●操兵 ch'ho peng[ts'o pɛŋ] ‖ ch' haou peng[tsʻau pɛŋ]；●出外 chʻhut göēy[tsʻut guei] ‖ chʻhut gwā[tsʻut gua]；●推讲 chʻhuy kăng[tsʻui kaŋ] ‖ chʻhuy kóng[tsʻui kɔŋ]；●执手 chip séw[tsip siu] ‖ gīm chʻhéw[gim tsʻiu]；●歇气 chʻhwán kʻhè[tsʻuan kʻi] ‖ chʻhwán kʻhwùy[tsʻuan kʻui]；●集会 chip höēy[tsip huei] ‖ kʻhëŏh chò höéy[kʻioʔ tso huei]（拊做伙）；●能走 lêng choé[lɛŋ tsou] ‖ gaóu cháou[gau tsau]；●拦阻 lân choé[lan tsou] ‖ nwⁿâ choe[nua tsou]；●有罪 yéw chöēy[iu tsuei] ‖ woō chöēy[u tsuei]；●咒诅 chèw choé[tsiu tsou] ‖ chew chwā[tsiu tsua]；●相助 sëang choē[siaŋ tsou] ‖ sëo chan[sio tsan]；●掷石 tek sek[tɛk sɛk] ‖ chŏh chŏh[tsoʔ tsoʔ]；●射箭 sek chëèn[sɛk tsiɛn] ‖ chŏh cheeⁿh[tsoʔ tsĩ]；●咒誓 chèw sē [tsiu si] ‖ chèw chwā [tsiu tsua]；●作赞 chok chàn[tsɔk tsan] ‖ chò chwⁿà[tso tsuã]；●走差 choé chʻhae[tsou tsʻai] ‖ chaóu chwăh[tsau tsuaʔ]；●昂行 gâng kêng [gaŋ kɛŋ] ‖ gang këⁿâ [gaŋ kiã]；●贤走 hëên choé [hian tsou] ‖ gaôu chaoû [gau tsau]；●萌芽 bêng gây [bɛŋ gɛ] ‖ paoǔh eéⁿg[pauʔ ĩ]；●迎迓 gêng gāy [gɛŋ gɛ] ‖ gëⁿâ cheëh [giã tsiʔ]；●遇着 gē chëăk [gi tsiak] ‖ toó tëŏh [tu tioʔ]；●抬物 taê but [tai but] ‖ gëâ meëⁿh [gia mĩʔ]；●迎接 gêng chëep [gɛŋ tsiap] ‖ gëⁿâ cheëh [giã tsiʔ]；●仰首 gëáng séw [giaŋ siu] ‖ tⁿa kʻhé tʻhaôu [tã kʻi tʻau]；●仰看 gëáng kʻhàn [giaŋ kʻan] ‖ gëáng kʻhwⁿà [giaŋ kʻuã]；●下狱 hāy gëuk [hɛ giɔk] ‖ lōh kⁿa kʻhoo [loʔ kãk ʻu]；●玩耍 gwán swa [guan sua] ‖ tʻhit tʻhô [tʻit tʻo]；●口嗥 kʻhoé hà [kʻou ha] ‖ chʻhúy hà [tsʻui ha]；●带孝 taè haòu [tai hau] ‖ twà hà [tua ha]；●含怒 hâm noē [ham nou] ‖ hâm sēw kʻhè [ham siu kʻi]；●流汗 lêw hān[liu han] ‖ laôu kwⁿā[lau kuã]；●歇睡 hëet sùy [hiat sui] ‖ hăyh kʻhwùn [hɛʔ kʻun]；●向开 hëang kʻhae [hiaŋ kʻai] ‖ hëⁿà kʻhwuy [hiã kʻui]；●惊惶 keng hông [hɛŋ hɔŋ] ‖ kⁿa hⁿa [kiã hiã]；●过饷 kò hëàng [ko hiaŋ] ‖ köèy báy á [kuei bɛ a]；●喊牛 hám gnêw [hamgĩu] ‖ hëèm goô [hiam gu]；●行路 hêng loē [hɛŋ lɔu] ‖ kⁿâ loē [kiã lɔu]；●所行 séy héng [sei hɛŋ] ‖ sèy kⁿâ [sei kiã]；●休妻 hew chʻhey [hiu tsʻei] ‖ hëet boé [hiat bɔu]；●复活 hēw hwat [hiu huat] ‖ kŏh wáh [koʔ uaʔ]；●歙鼻hip pit [hip pit] ‖ hip pʻhēeⁿg [hip pʻĩ]；●救火 kèw hⁿó [kiu hõ] ‖ kèw höéy [kiu huei]；●厝水 hoè súy [hou sui] ‖ hoè chúy [hou tsui]；●等候 téng hoē [tɛŋ hɔu] ‖ téng haôu [tɛŋ hau]；●问候 būn hoē [bun hɔu] ‖ būn haōu [bun hau]；●起火 kʻhé hⁿó [kʻi hõ] ‖ kʻhé höéy [kʻi huei]；●回家 höēy kay [huei kɛ] ‖ tooiⁿg kʻhè chʻhoò [tuĩ kʻi tsʻu]；●覆倒 hok tó [hɔk to] ‖ pak tó [pak to]；●服事 hok soō [hɔk su] ‖ hok saē [hɔk sai]；●访问 hóng būn [hɔŋ bun] ‖ hóng mooiⁿg[hɔŋ muĩ]；●惊惶 keng hông [kɛŋ hɔŋ] ‖ kⁿa hⁿû [kiã hiõ]；●防备 hông pē [hɔŋ pi] ‖ tëoⁿg tê [tiõ ti]；●捆洗 jwân séén [dzuan sian] ‖ hwⁿá sèy [hua sei]；●按据 an kè [an ki] ‖ hwⁿā chăh [hua tsaʔ]；●再活 chaē hwat [tsai huat] ‖ kŏh wăh [koʔ uaʔ]；●洗浴 séén yëuk[sian iok] ‖ séy ek[sei ɛk]；●惊骇 keng haè [kɛŋ hai] ‖ kⁿa haé [kiã hai]；●导路 tō loē [to lɔu] ‖ chʻhwū loē[tsʻu lɔu]；●唱喏 chʻhëàng jëá [tsʻiaŋ dzia] ‖ chʻhëöⁿgjëá [tsʻiõ dzia]；●相讓 sëâng jëâng [siaŋ dziaŋ] ‖ sëo nëuⁿg [sio niõ]；●染污 jëêm woo [dziam u] ‖ bak la sâm [bak la sam]；●交断 kaou twān[kau tuan] ‖ ka tooiⁿg[ka tuĩ]；●瞌睡 kʻhap sùy[kʻap sui] ‖ ka chöēy[ka tsuei];●绞死 Kaóu soó[kau su]‖ká sê[ka si];●监守 kam séw[kam siu]‖kⁿa séw[kã siu];●解开 Kaé k'hwuy[kai k'ui]‖t'haòu k'hwuy[t'au k'ui];●解散 kaé sàn[kai san]‖kaè swnà[kai suã];●守更 Séw keng[siu keŋ]‖chēw kaiⁿg[tsiu kɛ̃];●耕田 Keng tëen[kɛŋ tian]‖kaiⁿch'hân[kɛ̃ ts'an];●过港 Kò kâng[ko kaŋ]‖köèy káng[kuei kaŋ];●搝开 Kǎyh k'hae[kɛʔ k'ai]‖kǎyh k'hwuy [kɛʔ k'ui];●割断 Kat twān[kat tuan]‖kwǎh tooⁿ̄g[kuaʔ tuĩ];●打结 tⁿa këet[tã kiat]‖p'hǎh kat[p'aʔ kat];●请加 Ch'héng kay[ts'ɛŋ kɛ]‖ch'hĕⁿá k'hǎh kay[ts'iã k'aʔ kɛ];●隔断 Kek twān[kɛk tuan]‖kǎyh tooⁿg[kɛʔ tuĩ];●冀望 Kè bōng[ki bɔŋ]‖kè bāng[ki baŋ];●记得 Kè tek[ki tɛk]‖kè tet[ki tit];●记数 kè soè[ki sɔu]‖kè seaòu[ki siau];●脚行 këak hêng [kiak hɛŋ]‖k'ha këⁿa [k'a kiã];●行路 hêng loē [hɛŋ lɔu]‖këⁿa loē [kiã lɔu];●勉强 bëén këáng [bian kiaŋ]‖këóⁿg pǎyh naīⁿg [kiõ pɛʔ nɛ̃];●手攑 séw ké [siu ki]‖Ch'éw keāh [ts'iu kiaʔ];●攑起 ké k'hé [ki k'i]‖këàh k'hé [kiaʔ k'i];●赌博 toé pók [tɔu pɔk]‖pwǎh keaóu [puaʔ kiau];●过桥 kò keaôu [ko kiau]‖köèy këô [kuei kio];●坐轿 chō këāou [tso kiau]‖chēy këō [tsei kio];●劫抢 këep ch'hëáng [kiap tsiaŋ]‖Këep ch'hëóⁿg [kiap ts'iõ];●守更 séw keng [siu keŋ]‖chew kaiⁿg[tsiu kɛ̃];●耕田 keng tëen [kɛŋ tian]‖chǒh ch'hán [tsoʔ ts'an];●入京 jip keng [ʥip kɛŋ]‖jip këⁿa [ʥip kiã];●拱手 këúng séw [kiɔŋ siu]‖kéng ch'héu [kɛŋ ts'iu];●逆釁 gèk këāng [gɛk kiaŋ]‖kǎyh këōⁿg[kɛʔ kiõ];●彊脰 këāng toē [kiaŋ tɔu]‖këōⁿg taōu [kiõ tau];●解结 kaé këet [kai kiɛt]‖t'haóu kat [t'au kat];●扣门 k'hoè bùn [k'ɔu bun]‖k'hà mooiⁿg [k'a muĩ];●相硤 sëang k'hām [siaŋ k'am]‖sëo k'hām [sio k'am];●扣除 k'hoè tê [k'ɔu ti]‖k'haòu té[k'au ti];●瞌睡 k'hap sùy [k'ap sui]‖ka chöēy [ka tsuei];●骑马 k'hê má[k'i ma]‖k'hëä báy[k'ia bɛ];●竖柱 sē chē[si tsi]‖k'hëä t'heaōu[k'ia t'iau];●竖旗 sē kê[si ki]‖k'hëä kê[k'ia ki];●庆贺 k'hèng hō[k'ɛŋ ho]‖k'hëⁿà hō[k'iã ho];●藏物 chông bùt[tsɔŋ but]‖k'heⁿg meëⁿh[k'ŋ mĩʔ];●做徼 chò k'hëàou[tso k'iau]‖chò k'hëò[tso k'io];●活擒 hwát k'hîm[huat k'im]‖wǎh k'hìm[uaʔ k'im];●叩首 k'hoè séw[k'ɔu siu]‖k'hok t'haôu[k'ɔk t'au];●叩门 k'hoè bûn[k'ɔu bun]‖k'haòu mooiⁿg[k'au muĩ];●祛邪 k'he sëâ[k'i sia]‖k'hoo sëá[k'u sia];●看见 k'hàn këèn[k'an kian]‖k'hwⁿa keèⁿg[k'uã kĩ];●緄席 k'hwún sék[k'un sɛk]‖k'hwún ch'hëōh[k'un ts'ioʔ];●绳索 k'hwûn sek[k'un sɛk]‖k'hwûn sŏh á[k'un sɔʔ a];●开门 k'hae bûn[k'ai bun]‖k'hwuy mooiⁿg[k'ui muĩ];●破开 p'hò k'hae[p'o k'ai]‖p'hwà k'hwuy[p'ua k'ui];●谨慎 kín sīn[kin sin]‖sèy jē[sei dzi](细字）；●相告 sëang kò[siaŋ ko]‖sëo kò[sio ko];●过去 kò k'hè[ko k'i]‖köèy k'hè[kuei k'i];●过头 kò t'hoê[ko t'ou]‖köèy t'haóu[kuei t'au];●顾园 koè wân[kɔu uan]‖koè hwuîⁿg[kɔu huĩ];●复活 hok hwát[hɔk huat]‖kŏh wǎh[kɔʔ uaʔ];●过脚 ko këak[ko kiak]‖kwa k'ha[kua k'a];●流汗 lêw hān[liu han]‖laôu kwⁿa[lau kuã];●追赶 tuy kán[tui kan]‖tuy kwⁿá[tui kuã];●赶上 kán sëāng[kan siaŋ]‖kwⁿá chëōⁿg[kuã tsiõ];●做官 chò kwan[tso kuan]‖chò kwⁿa[tso kuã];●关门 kwan bûn[kuan bun]‖kwⁿa mooîⁿg[kuã muĩ];●闩门 kwaeⁿg bûn[kuaĩ bun]‖kwaeⁿg mooîⁿg[kuaĩ muĩ]；●捆嘴 kwăh chûy[kuaʔ tsui] ‖ kwăh ch'hùy páy[kuaʔ ts'ui pε]；●开馆 k'hae kwân[k'ai kuan] ‖ k'hwuy òh[k'ui oʔ]；●贯耳 kwàn jé[kuan dzi] ‖ kwuiⁿᵍ hē á[kuĩ hi a]；●贯鼻 kwàn pit[kuan pit] ‖ kwuiⁿᵍ pheèⁿ[kuĩ pĩ]；●折股 chëet kwut[tsiat kut] ‖ cheĕh kwut[tsiaʔ kut]；●掘井 kwút chéng[kut tseŋ] ‖ kwùt chaîⁿᵍ[kut tsɛ̃]；●拉弓 lëép këung[liap kiɔŋ] ‖ la këung[la kiɔŋ]；●拢壅 lëûng yūng[liɔŋ iɔŋ] ‖ lâ yūng[la iɔŋ]；●拢开 lëûng k'hae[liɔŋk'ai] ‖ lâ k'hwuy[la k'ui]；●曝晾 p'hók lōng[p'ɔk lɔŋ] ‖ p'hàk lā[p'ak la]；●打猎 t'á làp[tã lap] ‖ p'hăh lăh[p'aʔ laʔ]；●遮拦 chëa lân[tsia lan] ‖ jëa nwⁿâ[dzia nuã]；●拦止 lân ché[lan tsi] ‖ nwⁿâ ché[nuã tsi]；●戏弄 hè lōng[hi lɔŋ] ‖ hè lāng[hi laŋ]；●相留 sëang lêw[siaŋ liu] ‖ sëo laôu[sio lau]；●漏泄 loē sëet[lɔu siɛt] ‖ laōu sëet[lau siat]；●漏出 loē ch'hut[lɔu ts'ut] ‖ laōu ch'hut[lau ts'ut]；●纳饷 làp hëàng[lap hiaŋ] ‖ làp báy á[lap bε a]；●商量 sëang lëâng[siaŋ liaŋ] ‖ soo nëóⁿᵍ[su niɔ̃]；●裂开 lëèt k'hae[liat k'ai] ‖ lëĕh k'hwuy[liʔ k'ui]；●打脸 tná lëém[tã liam] ‖ kwăh ch'hùy p'háy[kuaʔ ts'ui p'ε]；●相拉 sëang lëēp[siaŋ liap] ‖ sëo la[sio la]；●拉弓 lëep këung[liεp kiɔŋ] ‖ la këung[la kiɔŋ]；●开列 k'hae lëĕt[k'ai liεt] ‖ k'hwuy lëét[k'ui liεt]；●裂开 lëét k'hae[liεt k'ai] ‖ leéh k'hwuy[liaʔ k'ui]；●沉溺 tîm lék[tim lεk] ‖ te êm lŏh chúy[tiam loʔ tsui]；●领命 léng bēng[leŋ bεŋ] ‖ nëⁿá bēng[niã bεŋ]；●流行 lêw hêng[liu heŋ] ‖ laôu këⁿà[lau kiã]；●流传 lêw t'hwân[liu t'uan] ‖ laóu t'hwuîⁿᵍ[lau t'uĩ]；●漏泄 loē sëet[lɔu siat] ‖ laōu sëet[lau siɛt]；●放烺 hòng lōng[hɔŋ lɔŋ] ‖ pàng lōng[paŋ lɔŋ]；●倚赖 é naē[i nai] ‖ wá lwā[ua lua]；●骑马 k'hê má[k'i ma] ‖ k'hëâ báy[k'ia bε]；●窝藏 o chông[o tsɔŋ] ‖ t'haou k'hèⁿᵍ[t'au k'ŋ]；●过往 kò óng[ko ɔŋ] ‖ köèy óng[kuei ɔŋ]；●把守 pá séw[pa siu] ‖ páy chéw[pε tsiu]；●爬痒 pâ yāng[pa iaŋ] ‖ pây chëōⁿᵍ[pε tsiɔ̃]；●爬行 pâ bêng[pa bεŋ] ‖ páy këⁿā[pε kiã]；●摆开 paé k'hae[pai k'ai] ‖ paé k'hwuy[pai k'ui]；●拼开 peng k'hae[pεŋ k'ai] ‖ paiⁿᵍ k'hwuy[pε̃ k'ui]；●剥皮 pak p'hê[pak p'i] ‖ pak p'höêy[pak p'uei]；●绑缚 páng pòk[paŋ pɔk] ‖ páng pàk[paŋ pak]；●办事 pëēn soō[pian su] ‖ pān soō[pan su]；●帮助 pang choē[paŋ tsɔu] ‖ pang chān[paŋ tsan]；●绑缚 páng pòk[paŋ pɔk] ‖ páng pàk[paŋ pak]；●放红 hòng hông[hɔŋ hɔŋ] ‖ pàng âng[paŋ aŋ]；●跑走 paôu choé[pau tsɔu] ‖ paôu chaóu[pau tsau]；●把手 pá séw[pa siu] ‖ páy chew[pε tsiu]；●把门 pá bùn[pa bun] ‖ páy mooîⁿᵍ[pε muĩ]；●爬行 pâ hêng[pa hεŋ] ‖ pây këⁿâ[pε kiã]；●拔起 pwát k'hé[puat k'i] ‖ păyh k'hé[pεʔ k'i]；●相併 sëang pèng[siaŋ pεŋ] ‖ sëo pëⁿà[sio piã]；●略得 lëák tek[liak tεk] ‖ lëŏh lëŏh á tit tëŏh[lioʔ lioʔ a tit tioʔ]（略略仔得着）●成就 sêng chēw[sεŋ tsiu] ‖ sëⁿá chēw[siã tsiu]；●胫落去 kēng lók k'hè[kεŋ lɔk k'i] ‖ lëuk lŏh k'hè[liɔk loʔ k'i]；●行路 hêng loē[hεŋ lɔu] ‖ këⁿâ loē[kiã lɔu]；●渗漏 ch'ham loē[ts'am lɔu] ‖ ch'ham laōu[ts'am lau]；●上落 sëang lók[siaŋ lɔk] ‖ chëōⁿᵍ lóh[tsiɔ̃ loʔ]；●鋸开 öey k'hae[uei k'ai] ‖ öey k'hwuy[uei k'ui]；●闪边 sëém pëen[siam pian] ‖ sëém pëeⁿᵍ[siam pĩ]；●改变 kaè pëen [kai pian] ‖ káy pëeⁿᵍ[kε pĩ]；●变色 pëen sek[pian sεk] ‖ pëeⁿᵍsek[pĩ sεk]；●明白 bêng pèk[bεŋ pεk] ‖ bêng păyh[bεŋ pεʔ]；●攀树 p'han sē[p'an si] ‖ p'han ch'hēw[p'an ts'iu]；●放炮 hòng p'haòu[hɔŋ p'au] ‖ pàng p'haòu[paŋ p'au]；●披开 p'he k'hae[p'i k'ai] ‖ p'he k'hwuy[p'i k'ui]；●轻剽 k'heng p'heàou[k'ɛŋ p'iau] ‖ k'hin p'hëò[k'in p'io]；●打破 tⁿá p'hò[tã p'o] ‖ p'hǎh p'hwà[p'aʔp'ua]；●铺张 p'hoe tëang[p'ɔu tiaŋ] ‖ p'hoe tëoⁿg[p'ɔu tiɔ̃]；●唾涎 sûy yëên[sui iɛn] ‖ p'höëy nwⁿā[p'uei nuã]（呸澜）；●奔走 p'hun choé[p'un tsɔu] ‖ p'hun chaóu[p'un tsau]；●伴行 p'hwān hêng[p'uan hɛŋ] ‖ p'hwⁿā këⁿâ[p'uã kiã]；●泼水 p'hwat súy[p'uat sui] ‖ p'hwǎh chúy[p'uaʔ tsui]；●相伴 sëang p'hwān[siaŋp'uan] ‖ sëo p'hwⁿā[sio p'uã]；●开阐 k'hae pit[k'ai pit] ‖ k'hwuy pit[k'ui pit]；●保领 pó léng[po lɛŋ] ‖ pó nëⁿá[po niã]；●布散 poè sàn[pɔu san] ‖ poè swⁿà[pɔu suã]；●分开 hwun k'hae[hun k'ai] ‖ pun k'hwuy[pun k'ui]；●抛纲 p'haou bóng[p'au bɔŋ] ‖ pwâ bāng[pua baŋ]；●拼命 pwân bēng[puan bɛŋ] ‖ pwâ mëⁿā[pua miã]；●搬徙 pwan sé[puan si] ‖ pwⁿa swá[puã sua]；●蹒墙 pwân ch'hëâng[puan ts'iaŋ] ‖ pwⁿâ ch'hëôⁿg[puã ts'iɔ̃]；●拨工 pwat kong[puat kɔŋ] ‖ pwáh kang[puaʔ kaŋ]；●跌倒 tëét tó[tiat to] ‖ pwǎh tó[puaʔ to]；●拨开 pwat k'hae[puat k'ai] ‖ pwâh k'hwuy[puaʔ k'ui]；●使用 soó yūng[su iɔŋ] ‖ saé yūng[sai iɔŋ]；●差使 ch'hay soó[ts'ɛ su] ‖ ch'hay saé[ts'ɛ sai]；●服事 hòk soō[hɔk su] ‖ hók saē[hɔk sai]；●缚松 pók song[pɔk sɔŋ] ‖ pàk k'hǎh sang[pak k'aʔ saŋ]；●送书 sòng se[sɔŋ si] ‖ sàng ch'hǎyh[saŋ ts'ɛʔ]；●送丧 sòng song[sɔŋ sɔŋ] ‖ sàngseⁿg[saŋ sŋ]；●抖擞 toé soé[tɔu sɔu] ‖ taóu saóu[tau sau]；●扫处 sò ch'hè[so ts'i] ‖ saòu gāy[sau gɛ]；●洒水 sày súy[sɛ sui] ‖ swà chúy[sua tsui]；●落雪 lók swat[lɔk suat] ‖ lǒh sǎyh[loʔ sɛʔ]；●放弛 hòng sé[hɔŋ si] ‖ pàng k'hāh lēng[paŋ k'aʔ lɛŋ]；●竖立 sē líp[si lip] ‖ k'hëā líp[k'ia lip]；●竖旗 sē kê[si ki] ‖ k'hëā kê[k'ia ki]；●射箭 sëā chëèn[sia tsian] ‖ chǒh cheeⁿg[tsoʔ tsĩ]；●刮削 kwat sëak[kuat siak] ‖ kwǎh sëǎh[kuaʔ siaʔ]；●相争 sëang cheng[siaŋ tsɛŋ] ‖ sëo chaiⁿg[sio tsẽ]；●商量 sëang lëâng[siaŋ liaŋ] ‖ soo nëóⁿg[su niɔ̃]；●看相 k'hàn sëàng[k'an siaŋ] ‖ kwⁿà sëàng[kuã siaŋ]；●吹箫 ch'huy seaou[siau] ‖ ch'höëy seaou[ts'uei siau]；●闪边 sëém pëen[siam pian] ‖ sëém pëeⁿg[siam pĩ]；●生鎊 seng sèw[sɛŋ siu] ‖ saiⁿg sëen[sẽ sian]；●骟马 sëén mà[sian ma] ‖ yëem báy[iam bɛ]；●省俭 séng k'hëēm[sɛŋ k'iam] ‖ saiⁿg k'hëēm[sẽk'iam]；●投宿 toê sëuk[tɔu siɔk] ‖ taôu haiⁿgh[tau hẽʔ]；●守更 séw keng[siu kɛŋ] ‖ chéw kaiⁿg[tsiu kẽ]；●授书 sēw sē[siu si] ‖ sēw ch'hǎyh[siu ts'ɛʔ]；●伸直 sin tit[sin tit] ‖ ch'hun tit[ts'un tit]；●汛扫 sìn sò[sin so] ‖ swá saòu[sua sau]；●漱口 soé k'hoé[sɔu k'ɔu] ‖ swák'haóu[sua k'au]；●手搔 séw so[siu so] ‖ ch'héw so[ts'iu so]；●饲人 soō jîn[su dzin] ‖ ch'hē lâng[ts'i laŋ]；●玩耍 gwán swá[guan sua] ‖ t'hit t'hô[t'it t'o]；●漱口 soé k'hoé[sɔu k'ɔu] ‖ swá k'haóu[sua k'au]；●选择 swán tèk[suan tɛk] ‖ kán tŏh[kan toʔ]；●纂紧 swàn kín[suan kin] ‖ swuiⁿg kín[suĩ kin]；●担物 tam bút[tam but] ‖ tⁿa mëeⁿgh[tã mĩʔ]；●带来 taè laê[tai lai] ‖ twà laê[tua lai]；●埋物 baê bùt[bai but] ‖ taê mëeⁿgh[tai mĩʔ]；●脚踏 këak tàp[kiak tap] ‖ k'ha tǎh[k'a taʔ]；●担当 tam tòng[tam tɔŋ] ‖ tⁿa tèⁿg[tã tŋ]；●投词 toê soô[tɔu su] ‖ taôu lâng ây wā[tau laŋ ɛ ua]；●拔骰 pwàt toê[puat tɔu] ‖ pwǎh taôu á[puaʔ tau a]；●蹋跦 tàp këuk[tap kiɔk] ‖ tăh k'ha kêw[taʔ k'a kiu]；●退后 t'höèy hoē[t'uei hɔu] ‖ tày aōu[tɛ au]；●不知 put te[put ti] ‖ ūͫ chae[m tsai]；●呈告 têng kò[tɛŋ ko] ‖ tëⁿâ kò[tiã ko]；●起程 k'hé têng[k'i tɛŋ] ‖ k'hé tëⁿâ[k'i tiã]；●做定 chò tēng[tso tɛŋ] ‖ chò tëⁿā[tso tiã]；●摘花 tek hwa[tɛk hua] ‖ tëăh hwa[tiaʔ hua]；●摘屋 tek ok[tɛk ɔk] ‖ tëáh ch'hoò[tiaʔ ts'u]；●夸张 k'hwa tëang[k'ua tiaŋ] ‖ k'hwa tëoⁿg[k'ua tiõ]；●钓鱼 teàou gê[tiau gi] ‖ tëò hé[tio hi]；●滴落 tek lòk[tɛk lɔk] ‖ teĕh lŏh[tiʔ loʔ]；●跌倒 tëèt tó[tiat to] ‖ pwăh tó[puaʔ to]；●跌脚 tëèt këak[tiat kiak] ‖ pwăh k'ha[puaʔ k'a]；●得着 tek chëak[tɛk tsiak] ‖ tit tëŏh[tit tioʔ]；●等待 téng t'haē[tɛŋ t'ai] ‖ téng haoū[tɛŋ hau]；●起程 k'hé têng[k'i tɛŋ] ‖ k'hé tëⁿâ[k'i tiã]；●洗烫 sëén tōng[siɛn tɔŋ] ‖ séy tëⁿg[sei tŋ]；●遇着 gē chëak[gi tsiak] ‖ toó tëŏh[tu tioʔ]；●看着 k'hàn chëak[k'an tsiak] ‖ k'hwⁿà tëŏh[k'uã tioʔ]；●他往 t'hⁿa óng[t'ã ɔŋ] ‖ k'hè pàt wūy[k'i pat ui]（去别位）；●剔补 t'hek poé[t'ɛk pɔu] ‖ t'hak poè[t'ak pɔu]；●探听 t'ham t'hèng[t'am t'ɛŋ] ‖ t'ham t'hëⁿa[t'am t'iã]；●摊开 t'han k'hae[t'an k'ai] ‖ t'hwⁿa k'hwuy[t'uã k'ui]；●抽弄 t'hew lōng[t'iu lɔŋ] ‖ t'hew t'hāng[t'iu t'aŋ]；●偷取 t'hoe ch'hé[t'ou ts'i] ‖ t'haou t'hăyh[t'au t'ɛʔ]；●解结 kaé këet[kai kiat] ‖ t'haóu kat[t'au kat]；●足跶 chëuk t'hat[tsiɔk t'at] ‖ k'ha t'hat[k'a t'at]；●塞口 sek k'hoé[sɛk k'ou] ‖ t'hat ch'hùy[t'at ts'ui]；●提物 t'hêy bùt[t'ei but] ‖ t'hăyh meëⁿgh[t'ɛʔ mĩʔ]；●起程 k'hé têng[k'i tɛŋ] ‖ k'hé t'hëⁿâ[k'i t'iã]；●拆开 t'hek k'hae[t'ɛk k'ai] ‖ t'hëăh k'hwuy[t'iaʔ k'ui]；●拗拆 aou chëet[au tsiat] ‖ aou t'hëăh[au t'iaʔ]；●拆福 chëet hok[tsiat hɔk] ‖ t'hëăh hok[t'iaʔ hɔk]；●挑担 t'heaou tàm[t'iau tam] ‖ tⁿa tⁿà[tã tã]；●挑弄 t'heáou lōng[t'iau lɔŋ] ‖ t'heáou lāng[t'iau laŋ]；●砀光 tōng kong[tɔŋ kɔŋ] ‖ t'hëⁿg kwuiⁿg[t'ŋ kuĩ]；●挑火 t'heaou hⁿó[t'iau hõ] ‖ t'hëo höéy[t'io huei]；●相推 sëang t'huy[siaŋ t'ui] ‖ sëo t'hey[sio t'ei]；●退后 t'höèy hoē[t'uei hɔu] ‖ t'hèy aōu[t'ei au]；●佟头 t'hìm t'hoê[t'im t'ou] ‖ t'hìm t'haou kak[t'im t'au kak]；●趆样 t'hìn yëoⁿg[t'in yiõ] ‖ t'hàn yëōⁿg[t'an iõ]；●讨钱 t'hó chëên[t'o tsian] ‖ t'hó cheêⁿg[t'o tsĩ]；●看透 k'hàn t'hoè[k'an t'ou] ‖ k'hwⁿà t'haòu[t'uã t'au]；●传道 t'hwân tō[t'uan to] ‖ t'hooiⁿg tō lé[t'uĩ to li]；●褪毛 t'hùn mô[t'un mo] ‖ t'hooiⁿg mô[t'uĩ mo]；●跑腿 paôu t'húy[pau t'ui] ‖ p'haòu t'húy[p'au t'ui]；●淘汰 tô t'haè[to t'ai] ‖ tô t'hwâ[to t'ua]；●跌倒 tëét tó[tiat to] ‖ pwăh tó[puaʔ to]；●引导 yín tō[in to] ‖ yín ch'hwā[in ts'ua]；●拔骰 pwát toê[pat tɔu] ‖ pwāh taôu á[paʔ tau a]；●相投 sëang toê[siaŋ tɔu] ‖ sëo taôu[sio tau]；●投军 toê kwun[tou kun] ‖ taôu kwun[tau kun]；●徒行 toê hêng[tou hɛŋ] ‖ k'ha keⁿâ[k'a kiã]；●相从 sëang chêûng[siaŋ tsiɔŋ] ‖ sëo töèy[sio tuei]；●抵挡 té tong[ti tɔŋ] ‖ toó teⁿg[tu tŋ]；●抵着 té chëak[ti tsiak] ‖ toó tëŏh[tu tioʔ]；●追赶 tuy kán[tui kan] ‖ tuy kwⁿá[tui kuã]；●弹琴 t'hân k'hîm[t'an k'im] ‖ twⁿâ k'hîm[tuã him]；●讲话 káng hwā[kaŋ hua] ‖ kóng wā[kɔŋ ua]；●偎人 wöey jîn[uei dzin] ‖ t'hëⁿà lâng[t'iã laŋ]；●运粮 wūn lëâng[un liaŋ] ‖ wūn nëôⁿg[un niõ]；●舀水 yaóu súy[iau sui] ‖ yëóⁿg chúy[iõ tsui]；●映照 yàng cheàou[aŋ tsiau] ‖ yëⁿà chëò[iã tsio]；●食烟 sit yëen[sit ian] ‖ chëăh hwun[tsiaʔ hun]；●搬演 pwan yëén[puan ian] ‖ pwⁿa yëén[puã ian]；●搧风 sëèn hong[sian hɔŋ] ‖ yëèt hong[iat hɔŋ]；●断约 twān yëak[tuan iak] ‖ tooī^{ng} yëǒh[tuɪ ioʔ]；●洗浴 sëén yëùk[sian iok] ‖ sèyèk[sei ɛk]；●庇祐 pé yēw[pi iu] ‖ pó pē[po pi]；●引导 yín tō[in to] ‖ yín ch'hwā [in ts'ua]；●作揖 chok yip[tsɔk ip] ‖ ch'hëó^{ng} jëá[ts'iõ dzia]；●有影 yéw éng[iu eŋ] ‖ woō yëⁿá[wu iã]；●无影 boô éng[bu eŋ] ‖ bô yëⁿá[bo iã]；●褒奖 pó chëáng [po tsiaŋ] ‖ pó chëó^{ng}[po tsiõ]；●有孝 yéw haòu [iu hau] ‖ woō haòu [u hau]；●败坏 paē hwaē [pai huai] ‖ p'hǎh k'hëep [p'aʔ k'iap]；●走相趒 Choé sëang jëuk[tsɔu siaŋ dziɔk] ‖ chaóu sëo jëuk[tsau sio dziɔk]；●掛目镜 k'hwà bók kèng[k'ua bɔk kɛŋ] ‖ k'hwà bàk këⁿà[k'ua bak kiã]；●过一宿 ko yit sëuk[ko it siɔk] ‖ kwa chit maî^{ng}[kua tsit mẽ]；●變猴挵 pëèn hoê lōng[pian hɔu lɔŋ] ‖ peè^{ng} kaôu lāng[pĩ kau laŋ]；●喝大声 hat taè seng [hat tai sɛŋ] ‖ hwǎh twā sëⁿa [huaʔ tua siã]；●趙脚行 ch'hëāng këak hêng[ts'iaŋ kiak heŋ] ‖ ch'hëāng k'ha këⁿá [ts'iaŋ k'a kiã]；●踤过去 k'hwa kò k'hè [k'ua ko k'i] ‖ hwǎh köèy k'hè [huaʔ kuei k'i]；●嘛嘛笑 hā hā ch'heaòu [ha ha ts'iau] ‖ hā hā ch'hëò [ha ha ts'io]；●呵呵笑 o o ch'heaòu[o o ts'iau] ‖ o o ch'hëò[o o ts'io]；●呢呢笑 heěh heěh ch'hëaòu [hiaʔ hiaʔ ts'iau] ‖ heěh heěh ch'hëò[hiaʔ hiaʔ ts'io]。

（十九）性质状态

四正 soò chèng [su tsɛŋ] ‖ sè chëⁿà [si tsiã]；●平正 Pêng chèng [peŋ tsɛŋ] ‖ paî^{ng} chëⁿà [pẽ tsiã]；●屏障 pěng chëàng [peŋ tsiaŋ] ‖ pîn chëàng [pin tsiaŋ]；●舌耕 sëet keng [siat kɛŋ] ‖ yūng cheěh chǒh ch'hǎn [iɔŋ tsiaʔ tsoʔ ts'an]；●准节 chún chëet [tsun tsiat] ‖ chún chat [tsun tsat]；●平正 pêng chèng [peŋ tsɛŋ] ‖ paî^{ng} chëⁿà [pẽ tsiã]；●洁净 këet chēng [kiat tsɛŋ] ‖ ch'heng k'hé sëō^{ng}[ts'ɛŋ k'i siõ]；●甚多 sīm to [sim to] ‖ sīm chēy [sim tsei]；●襯艶 ch'hin ch'héng [ts'in tsɛŋ] ‖ ch'hin ch'hai^{ng}[ts'in ts'ẽ]；●番青 hwan ch'heng [huan ts'ɛŋ] ‖ hwan ch'hai^{ng}[huan ts'ẽ]；●清凉 ch'hèng lëāng[ts'ɛŋ liaŋ] ‖ ch'hew ch'hìn[ts'iu ts'in]；●猖狂 ch'hëang kông[ts'iaŋ kɔŋ] ‖ ch'hëó^{ng} kông[ts'iõ kɔŋ]；●儳佩 ch'hëuk pöēy[ts'iok puei] ‖ jëǒh pöēy[dzioʔ puei]；●聪明 ch'hong bêng[ts'ɔŋ beŋ] ‖ ch'hang mëⁿâ[ts'aŋ miã]；●零碎 lêng ch'hùy[leŋ ts'ui] ‖ lan san[lan san]；●齐全 chèy chwân[tsei tsuan] ‖ cheaôu chuî^{ng}[tsiau tsuĩ]；●盈满 eng bwán[eŋ buan] ‖ êng mwⁿá[eŋ muã]；●中央 tëung yang[tiɔŋ iaŋ] ‖ tang e^{ng}[taŋ ŋ]；●矮的 aé tek[ai tɛk] ‖ éy ây[ei ɛ]；●闲暇 hân hāy [han hɛ] ‖ êng êng [ɛŋ ɛŋ]；●纵横 ch'hëùng hêng [ts'iɔŋ heŋ] ‖ t'hàn hwⁿâ [t'an huã]；●饥荒 ke hong [ki hɔŋ] ‖ ko he^{ng} [ko hŋ]；●永福 eng hok [eŋ hɔk] ‖ éng koó ây hok k'hè [eŋ ku ɛ hɔk k'i]；●饥馑 ke hong [ki hɔŋ] ‖ yaou hwui^{ng} [iau huĩ]；●青色 ch'heng sek[ts'ɛŋ sɛk] ‖ ch'hai^{ng} sek [ts'ẽ sɛk]；●真货 chin hⁿò[tsin hõ] ‖ chin höèy[tsin huei]；●杂冗 chap jëúng [tsap dziɔŋ] ‖ chap jëang [tsap dziaŋ]；●尴尬 lâm kaè[lam kai] ‖ lám kwà[lam kua]；●机密 ke bit[ki bit] ‖ ke bat[ki bat]；●奇怪 kê kwaè[ki kuai] ‖ koó kwaè [ku kuai]；●洁清 këet ch'heng [kiat ts'ɛŋ] ‖ ch'heng k'hé sëō^{ng}[ts'ɛŋ k'i siõ]；●更多 kèng to [kɛŋ to] ‖ k'hǎh chey [k'aʔ tsei]；●贫穷 pîn këûng [pin kiɔŋ] ‖ sòng hëung [sɔŋ hiɔŋ]；●奇巧 kê k'haóu [ki k'au] ‖ kê k'há [ki k'a]；●光明 kong bêng[kɔŋ beŋ] ‖ kwui^{ng} bêng[kuĩ beŋ]；●奇怪 kê kwaè[ki kuai] ‖ koô kwaè[ku kuai]；●曾怪 cheng kwaè[tsɛŋ kuai] ‖ kàh kwaè[kaʔ kuai]；●明朗 bêng lóng[bɛŋ lɔŋ] ‖ bêng láng[bɛŋ laŋ]；●热闹 laōu jëét[lau dziat] ‖ laōu jwǎh[lau dzuaʔ]；●零星 lêng seng[lɛŋ sɛŋ] ‖ lân sán[lan san]；●猛捷 béng chëèt [bɛŋ tsiat] ‖ maíⁿᵍ chëèt [mɛ̃ tsiat]；●剥褐 pak t'hek[pak t'ɛk] ‖ pak t'hǎyh[pak t'ɛʔ]；●明白 bêng pék[bɛŋ pɛk] ‖ bêng pǎyh[bɛŋ pɛʔ]；●便宜 pëēn gê[pian gi] ‖ pān gé[pan gi]；●平正 pêng chèng[pɛŋ tsɛŋ] ‖ paeⁿᵍchë̈à[pɛ̃ tsiã]；●均平 kin peng [kin pɛŋ] ‖ kin paeⁿᵍ[kin paĩ]；●远僻 wán p'hek[uan p'ɛk] ‖ hwuiⁿᵍ p'hĕǎh[huĩ p'iaʔ]；●偏僻 p'hëen p'hek[p'ian p'ɛk] ‖ p'hëen p'hĕǎh[p'ian p'iaʔ]；●常久 sëâng kéw[siaŋ kiu] ‖ sëâng koó[siaŋ ku]；●平常 pêng sëâng [pɛŋ siaŋ] ‖ pêng sëóⁿᵍ[pɛŋ siɔ̃]；●尚大 sëâng taē[siaŋ tai] ‖ sëōⁿᵍ twā[siɔ̃ tua]；●甚多 sīm to[sim to] ‖ sīm chēy[sim tsei]；●新旧 sin kēw[sin kiu] ‖ sin koō[sin ku]；●实满 sit bwán[sit buan] ‖ sit mwⁿá[sit muã]；●无数 boô soè[bu sɔu] ‖ bó t'hang swiⁿᵍ[bo t'aŋ suĩ]；●雪白 swat pék[suat pɛk] ‖ swat pǎyh[suat pɛʔ]；●阔大 k'hwat taē[k'uat tai] ‖ k'hwǎh twā[k'uaʔ tua]；●水浊 súy chòk[sui tsɔk] ‖ chúy tàk [tsui tak]；●值钱 tē chëên [ti tsian] ‖ tàt cheêⁿᵍ[tat tsĩ]；●长久 tëâng kéw[tiaŋ kiu] ‖ téⁿᵍ koó[tŋ ku]；●长短 tëâng twán[tiaŋ tuan] ‖ têⁿᵍ téy[tŋ tei]；●安稳 an wún[an un] ‖ wⁿa wún[uã un]；●迂远 woo wán[u uan] ‖ woo hwuiⁿᵍ[u huĩ]；●光燿 kong yaōu[kɔŋ iau] ‖ kwuiⁿᵍ yaōu[kuĩ iau]；●悠远 yew wán[iu uan] ‖ yew hwuiⁿᵍ[iu huĩ]；●有用 yéw yūng[iu iɔŋ] ‖ woō yūng[u iɔŋ]。

（二十）人称指代

我等 gnó téng[ŋo tɛŋ] ‖ lán [lan]；●吾侪 goê chey[gɔu tsei] ‖ gwán ây lâng [guan ɛ laŋ]（阮仔人）；●亲自 ch'hin choō[ts'in tsu] ‖ ch'hin tē[ts'in ti]；●自已 choō ké[tsu ki] ‖ kā tē[ka ti]；●是谁 sē sūy[si sui] ‖ chë chūy[tsi tsui]；●何处 hô ch'hè[ho ts'i] ‖ sⁿa meěⁿʰ wūy[sã miʔ ui]；●如此 jê ch'hoó [dʑi ts'u] ‖ an hëòⁿᵍ saiⁿᵍ [an hiɔ̃ sɛ̃]；●何故 hô koè [ho kɔu] ‖ sⁿa soō [sã su]；●那个 ná kò[na ko] ‖ hwut lêy [hut lei]；●奈何 naê hô [nai ho] ‖ woō sⁿa meěⁿᵍh taē wâ[u sã miʔ tai ua]；●无奈何 boô naē hô[bu nai ho] ‖ bó taē wâ[bo tai ua]；●甚么 sīm mǒh[sim mɔʔ] ‖ sⁿa meěⁿᵍh[sã miʔ]；●怎么样 chóm mǒh yang[tsom mɔʔ iaŋ] ‖ an chwⁿá yëōⁿᵍ[an tsuã iɔ̃]。

（二十一）各类虚词

不可 put k'hó[put k'o] ‖ ūᵐ t'hang[m t'aŋ]；●仅可 kīn k'hó[kin k'o] ‖ toō toō hó[tu tu ho]（拄拄好）；●复再 hok chaè[hɔk tsai] ‖ kòk chaè[kɔk tsai]；●总皆 chóng kae[tsɔŋ kai] ‖ lóng chóng[lɔŋ tsɔŋ]；●完全 wân chân[uan tsan] ‖ wân chuiⁿᵍ[uan tsuĩ]；●以后 e'hoē[i hɔu] ‖ é aoū[i au]；●而已 jê é[dzi i] ‖ têⁿá têⁿá[tiã tiã]；●后来 hoē laê [hɔu lai] ‖ aōu laè [au lai]；●无妨 boô hông [bu hɔŋ] ‖ bô gaē tëǒh [bo gai tioʔ]；●如若 jê jëak [dzi dziak] ‖ ch'hin chëōⁿᵍ [ts'in tsiɔ̃]；●不需 put se[put si] ‖ ūᵐ saé[m sai]；●不要 put yaòu[put iau] ‖ ūᵐ peěⁿᵍh[m piʔ]；●始终 sé chëung[si tsioŋ] ‖ k'hé t'haôu swǎh böéy[k'i t'au suaʔ buei]。

（二十二）数词量词

十二 sip jē[sip dzi] ‖ chap jē[tsap dzi]；●十三 sip sam[sip sam] ‖ chàp sⁿa[tsap sã]；

●十六 sip lëùk[sip liɔk] ‖ chàp làk[tsap lak]; ●十七 sip ch'hit[sip ts'it] ‖ chàp ch'hit[tsap ts'it]; ●十八 sip pat[sip pat] ‖ chàp pǎyh[tsap pɛʔ]; ●十九 sip kéw[sip kiu] ‖ chàp kaóu[tsap kau]; ●二十 jē sip[dzi sip] ‖ jē chap[dzi tsap]; ●三十 sam sip[sam sip] ‖ sⁿa chap[sã tsap]; ●五十 gnoé sip [ŋɔu sip] ‖ goē chap [gɔu tsap]; ●六十 lëùk sip[liɔk sip] ‖ làk chap[lak tsap]; ●七十 ch'hit sip[ts'it sip] ‖ ch'hit chap[ts'it tsap]; ●八十 pat síp[pat sip] ‖ pāyh chap[pɛʔ tsap]; ●九十 kéw sip[kiu sip] ‖ kaóu chap[kau tsap]; ●百千 pek ch'hëen[pɛk ts'ian] ‖ pǎyh ch'heng[pɛʔ ts'ɛŋ]; ●百万 pek bān[pɛk ban] ‖ pǎyh ban[pɛʔ ban]; ●一个 yit kò[it ko] ‖ chit ây[tsit ɛ]; ●一人 yit jîn[it dzin] ‖ chit lâng[tsit laŋ]; ●一位 yit wūy[it ui] ‖ chit wūy[tsit ui]; ●一对 yit tuy[it tui] ‖ chit tùy[tsit tui]; ●一只 yit chek [it tsɛk] ‖ chit chëǎh [tsittsiaʔ]; ●一分 yit hwun [it hun] ‖ chit hwun [tsit hun]; ●一尺 yit ch'hek[it ts'ɛk] ‖ chit ch'hëŏh[tsit ts'ioʔ]; ●一次 yit ch'hoò [it ts'u] ‖ chit paé[tsit pai]; ●一画 yit ek[it ɛk] ‖ chil wǎh[tsil uaʔ]; ●一斛 yit hak [it hak] ‖ chit chëŏh [tsit tsioʔ]; ●一番 yit hwan [it huan] ‖ chit paé [tsit pai]; ●一件 yit këēn[it kian] ‖ chìt keⁿā[tsit kiã]; ●一区 yit k'he [it k'i] ‖ chìt k'oo[tsit k'u]; ●一员 yit wân[it uan] ‖ chit k'hoe[tsit k'ɔu]; ●一半 yit pwàn[it puan] ‖ chit pwⁿà[tsit puã]; ●一钹 yit pwát[it puat] ‖ chit pwâh[tsit puaʔ]; ●一双 yit song[it sɔŋ] ‖ chit sang[tsit saŋ]; ●四方 soò hong[su hɔŋ] ‖ sè heⁿg[si hŋ]; ●四角 soò kak[su kak] ‖ sè kak[si kak]; ●四时 soò sê[su si] ‖ sè sé[si si]; ●五常 gnoé sëāng [ŋɔu siaŋ] ‖ goē sëāng[gɔu siaŋ]; ●千年 ch'hëen lëēn[ts'ian lian] ‖ chit ch'heng néeⁿg[tsit ts'ɛŋ nĩ]; ●逐一 tëúk yit[tiɔk it] ‖ tàk ây[tak ɛ]; ●逐件 tëùk këēn[tiɔk kian] ‖ tàk këⁿā[tak kiã]; ●寸尺 ch'hùn ch'hek[ts'un ts'ɛk] ‖ ch'hùn ch'hëŏh[ts'un ts'ioʔ]; ●无几 Boô ké[bu ki] ‖ bô jwā chēy[bo dzua tsei]; ●屡次 lé t'hoè[li t'ou] ‖ tak paé[tak pai]; ●各样 kɔk yāng[kɔk iaŋ] ‖ kŏh yëōⁿg[koʔ iõ]; ●几件 ké këēn[ki kian] ‖ kwúy këⁿā[kui kiã]; ●几何 kê hô[ki ho] ‖ jwā chēy[dzua tsei]; ●几多 ké to[ki to] ‖ jwā chēy[dzua tsei]; ●几粒 ké lëép[ki liap] ‖ kwúy lëép[kui liap]; ●几疋 ké p'hit[ki p'it] ‖ kwúy p'hit[kui p'it]; ●一埦饭 yit wán hwān[it uan huan] ‖ chit wⁿá pooⁿͥg[tsit uã puĩ]; ●一顿饭 yit tùn hwān[it tun huan] ‖ chit tooⁿͥg pooⁿͥg[tsit tuĩ puĩ]; ●一吨水 yit tùn súy[it tun sui] ‖ chit tooⁿͥg chúy[tsit tuĩ tsui]; ●一滴水 yit tek súy[it tɛk sui] ‖ chit teěh chúy[tsit tiʔ tsui]; ●一坵田 yit k'hew tëēn[it k'iu tian] ‖ chit k'hoo ch'hân[tsit k'uts'an]; ●一块地 yit k'hwaè tēy[it k'uai tei] ‖ chit tēy t'hoê[tsit tei t'ou]; ●一辆车 yit lëāng ke[it liaŋ ki] ‖ chit tëoⁿg ch'hëa[tsit tiõ ts'ia]; ●一两银 yit lëáng gîn[it liaŋ gin] ‖ chit nëóⁿg gîn[tsit niõ gin]; ●一匹布 yit p'hit poè[it p'it pɔu] ‖ chit p'hit poè[tsit p'it pou]; ●一个半 yit kò pwàn[it ko puan] ‖ gây pwⁿà[gɛ puã]; ●一双鞋 yit song haê[it sɔŋ hai] ‖ chit song ây[it sɔŋ ɛ]。

四　小结

综上所述，通过对英国传教士麦都思《福建方言字典》音系的研究及其音值构拟，揭示了19世纪初叶福建闽南漳浦方言音系以及当时的实际读音，克服了谢秀岚编撰的《汇集雅俗通十五音》仅单纯归纳闽南漳浦方言的十五音、五十个韵部和七音而无法得到其实际音值的弊病。

通过对英国传教士麦都思《福建方言字典》词汇进行分类，揭示了中国古代文化所涉及的天文时令、地理地貌、生活器具、庄稼植物、虫鱼鸟兽、建筑房屋、食品饮食、衣服穿戴、身体部位、疾病症状、宗法礼俗、称谓阶层、文化艺术、商业手艺、人品人事、成语熟语、汉语语音、动作心理、性质状态、人称指代、各类虚词、数词量词等各个方面。同时，从每条词汇中两种异读的现象来看，麦都思如实记录了19世纪初叶福建漳州闽南方言的文白语音系统。概括起来，《福建方言字典》每一词条两种读音有以下几种情况：

（一）文白与异读

如：●寒热 hân jëet [han ʥiat] ‖ kwⁿâ jwáh [kuã ʥuaʔ]；●霜雪 song swat[soŋ suat] ‖ seⁿg săyh[sŋ sɛʔ]；●山川 san ch'hwan[san tsʻuan] ‖ swⁿa ch'huiⁿg[suã tsʻuĩ]；●香菇 hëang koe[hiaŋ kɔu] ‖ hëoⁿg koe[hiɔ̃ kɔu]；●毛毯 mô t'hám[mo tʻam] ‖ mô t'hán[mo tʻan]；●相伴 sëang p'hwān[siaŋ pʻuan] ‖ sëo p'hwⁿā[sio pʻuã]；●搬徙 pwan sé[puan si] ‖ pwⁿa swá[puã sua]；●相骂 sëang mā[siaŋ ma] ‖ sëo maîⁿg[sio mɛ̃]；●惊惶 keng hông [kɛŋ hɔŋ] ‖ këⁿa hëⁿû [kiã hiɔ̃]；●中央 tëung yang[tiɔŋ iaŋ] ‖ tang eⁿg[taŋ ŋ]；●长短 tëang twán[tiaŋ tuan] ‖ têⁿg téy[tŋ tei]；●抢标 ch'hëáng p'heaou [tsʻiaŋ pʻiau] ‖ ch'hëóⁿg pëo [tsʻiɔ̃ pio]；●焚香 hwûn hëang [hun hiaŋ] ‖ sëo hëoⁿg [sio hiɔ̃]；●和尚 hô sëāng [ho siaŋ] ‖ höêy sëōⁿg [huei siɔ̃]；等等。

（二）文读与俗读

如：雷响 lûy hëàng [lui hiaŋ] ‖ lûy tán [lui tan]（雷瑱）；●日午 jit gnoé [ʥit ŋɔu] ‖ jit taōu [ʥit tau]（日昼）；●昨日 chok jit [tsɔk dzit] ‖ chá kwuiⁿg[tsa kuĩ]（昨昏）；●今夜 kim yëā[kim ia] ‖ kim maîⁿg[kim mɛ̃]（今冥）；●洪水 hông súy [hɔŋ sui] ‖ twā chúy [tua tsui]（大水）；●木槌 bòk t'hûy[bɔk tʻui] ‖ ch'hâ t'hûy[tsʻa tʻui]（柴槌）；●唾涎 sûy yëēn[sui iɛn] ‖ p'höêy nwⁿā[pʻuei nuã]（呸澜）；●箬笠 jëak līp [dziak lip] ‖ tek layh [tɛk leʔ]（竹笠）；●隔篮菜 kek lâm ch'haè[kɛk lam tsʻai] ‖ kăyh maîⁿg ch'haè[kɛʔ mɛ̃ tsʻai]（隔冥菜）；●衣服 e hok[i hɔk] ‖ sⁿa k'hoè[sã kʻɔu]（衫裤）；●爸爸 pà pà[pa pa] ‖ nëóⁿg pāy[niɔ̃ pɛ]（娘爸）；●奴婢 lé pē[li pi] ‖ cha boé kán[tsa bɔu kan]（查某嫺）；●男人 lâm jîn[lam dzin] ‖ ta po lâng[ta po laŋ]（丈夫人）；●道士 tō soō[to su] ‖ sae kong á[sai kɔŋ a]（师公仔）；●长寿 tëang sēw[tiaŋ siu] ‖ têⁿg höêy sēw[tŋ huei siu]（长岁寿）；●谎言 hóng gân [hɔŋ gan] ‖ păyh ch'hat [pɛʔ tsʻat]（白贼）；等等。

（三）文读与解释

如：●贞女 cheng lé [tsɛŋ li] ‖ chin chëet ây cha bo këⁿá [tsin tsiat ɛ tsa bo kiã]（贞节的查某囝）；●赘婿 chöèy sèy[tsuei sei] ‖ chin chöèy ây keⁿá saè[tsin tsuei e kiã sai]（进赘的囝婿）；●姑嫜 koe cheang [kɔu tsiaŋ] ‖ twā kay kwⁿa[tua kɛ kuã]（大家官）；●腐儒 hoó jê [hu ɕi] ‖ nwⁿā t'hak ch'hăyh lâng [nuã t'ak tsʻɛʔ laŋ]（烂读册人）；●略得 lĕák tek[liak tɛk] ‖ lĕŏh lĕŏh á tit tĕŏh[lioʔ lioʔ a tit tioʔ]（略略仔得着）●他往t'hⁿa óng[t'ã ɔŋ] ‖ k'hè pàt wūy[k'i pat ui]（去别位）；●癫病 naē pēng[nai peŋ] ‖ t'hae ko paiⁿᵍ[t'ai ko pẽ]（癫哥病）；●吉日 kit jit[kit dzit] ‖ hó jit[ho dzit]（好日）；●如履薄冰 jê lé pók peng [dzi li pɔk peŋ] ‖ ch'hin chĕōⁿᵍ tăh pŏh seⁿᵍ[tsʻin tsiõ taʔ poʔ sŋ]（亲像踏薄霜）；●瞠目 t'heng bók[t'ɛŋ bɔk] ‖ tʰa bàk chew[tã bak tsiu]（瞠目珠）；等等。

总之，英国传教士麦都思《福建方言字典》为我们提供了19世纪初叶闽南漳浦方言的音系音值及其闽南方言词汇的珍贵资料。同时，对西方传教士在福建闽南一带传教及编撰闽南方言字典、辞书产生了巨大影响。

第二节 英国伦敦会传教士戴尔著《福建漳州 方言词汇》（1838）音系与词汇研究
——19世纪初叶闽南漳州方言音系及其词汇研究

一 《福建漳州方言词汇》作者事迹、成书时间及编写体例

戴尔(Rev.Samuel Dyer，1804 —1843年)，英国伦敦会传教士。1804年出生于英国伦敦，青年时就读于剑桥大学，1824年加入伦敦传教会，并在那里学习了基督教义和中国话。

1827年，戴尔在帕丁顿的教堂被任命为牧师，同年3月与Maria Tarn结婚。为了更好地接触和学习中国话，戴尔准备接触英属海峡殖民地的大量中国移民。1827年8月戴尔夫妇来到马来西亚。1827 —1835年期间，戴尔主要在槟城传教。1835年定居马六甲，管理印刷所，并往来于槟榔屿、新加坡、香港等地。他在中文出版史上有一重要贡献，就是他创制了中文活版铅字，代替了以前的木刻雕板。

此外，戴尔在语言学方面也颇有建树。1835年，戴尔发表了关于闽南方言的论文，就闽南方言中书面语与口语的关系、发音规律等问题进行了专门讨论。1838年，戴尔出版了《漳州方言词汇》。他还和英国传教士施敦力约翰(John Stronach)一起，将罗伯耽汉译的《伊索寓言》用漳州话和潮州话改写出来。这实际上也是对汉语方言语音的一种探索。戴尔在《中国丛报》发表了《论中文语法结构》（1839年），他在文中首先反驳了当时出现的"汉语没有语法"观点，认为这种说法只有在将词形的屈折变化作为语法基本特征的情况下才能成立。

1842—1843年在新加坡传教。戴尔在妻子的帮助下创办学校，为孩子们提供学习机会。1843年，戴尔赴香港参加伦敦传教会讨论教会发展，并被任命为会议秘书。会议结束后，在返回途中病逝于澳门。

《漳州方言词汇》收录了戴尔在槟城、马六甲收集的漳州方言词汇。该书共132页，分绪论、正文、索引三个部分，1838年由The Anglo-Chinese college出版社出版。绪论部分分"介绍(工ntroduction)"和"福建方言的声调(A treatise on the tones of the hok-keen dialect)"两篇。正文部分收录1800余条漳州方言词汇，均以罗马字母标音，列于左侧，后以英文释义列于右侧，全文无一汉字。这些词汇按字母K、K' h、K、L、M、N、O、P、P' h、P、S、T、T' h、T、Tst、T、W、Y顺序排列，有时同一个词或词组可以在两个地方找到；每一词以声调上平①、上声②、上去③、上入④、下平⑤、下去⑦、下入⑧顺序排列。书后索引部分则以字典中的英文释义为索引，按英文字母顺序排列，其后列出在正文中的页码。

二 《漳州方言词汇》音系及其音值研究

（一）声母系统研究

戴尔在《福建漳州方言词汇》绪言部分言及参考麦都思编撰《福建方言字典》（Dictionary of the Hok-keen dialect of the Chinese language, according to the reading and colloquial idioms，1831）。经过比较，两种字典的送气符号均用"'h"来表示，如"p' h"[p']、"t' h"[t']、"k' h"[k']、"ch' h"[ts']；鼻音声母"gn"[ŋ]与其他外国传教士所编撰的字典、辞书"ng"[ŋ]不一样。现将戴尔音标与漳州方言声母系统及其音值整理比较如下：

漳州	戴尔	例字	漳州	戴尔	例字	漳州	戴尔	例字	漳州	戴尔	例字
[1/n]	l n	柳路 卵娘	[t]	t	地场	[dz]	j	入热	[g/ŋ]	g gn	语傲 傲蹑
[p]	p	边遍	[p']	p'h	颇玻	[s]	s	时世	[ts']	c'h	出树
[k]	k	求交	[t']	t'h	他头	[∅]	w, y, o	英椅	[h]	h	喜岁
[k']	k'h	去牵	[ts]	tsh	曾正	[b/m]	b m	门望 名门			

注：(1) [m, n, ŋ]是[b, l, g]的音位变体。[b, l, g]与鼻化韵相拼时带有鼻音，变成[m, n,ŋ]。(2)零声母一般不用任何字母表示，而直接以韵母a, e, i, o, u, w, y开头。

（二）韵母系统研究

戴尔《漳州方言词汇》共有70个韵母，其中：舒声韵韵母45个：阴声韵母17个(a [a]、e[i]、ëy[ɛ]、o[o]、o·[ɔ]、oo[u]、ay[e]；ae[ai]、aou[au]、ëa/yëa[ia]、wa[ua]、wuy[ui]、ëo[io]、ew[iu]；wae[uai]、ëaou[iau]、öey[uei])，阳声韵母13个(am[am]、im[im]、ëum[iam]；an[an]、in[in]、wun[un]、wan[uan]、ëen[ian]；ang[aŋ]、ëang[iaŋ]、eng[iŋ]、ong[ɔŋ]、ëong[iɔŋ])，鼻化韵韵母12个(ⁿa[ã]、ey^{ng}[ɛ̃]、o·^{ng}[ɔ̃]、e^{ng}[ĩ]、ë^{n}a[iã]、ö^{n}a[uã]、ae^{ng}[ãi]、ⁿaou[ãu]、ooi^{ng}[uĩ]、ëo^{ng}[iõ]、ⁿöey[uẽi]、ⁿëaou[iãu])，声化韵韵母3个(u^m[m]、u^{ng}[ŋ]、u^n[n])。促声韵韵母25个(ah[aʔ]、eyh[ɛʔ]、ayh[eʔ]、oh[oʔ]、eh[iʔ]；wah[uaʔ]、ëah[iaʔ]、aouh[auʔ]、ëoh/yëoh[ioʔ]、öeyh[ueiʔ]；ey^{ng}h[ɛ̃ʔ]、e^{ng}h[ĩʔ]；ap[ap]、 eup[iap]、ip[ip]；at[at]、wat[uat]、it[it]、wut[ut]、ёet [iat]；ak[ak]、ok[ɔk]、ek[ik]、ёak[iak]、ёok[iɔk]，其中收-h韵尾韵母12个，收-p韵尾韵母3个，收-t韵尾韵母5个，收-k韵尾韵母5个。

（三）声调系统研究

戴尔在"福建方言的声调"一节中描述了漳州方言的7个声调。他从音高、音强、音长、是否屈折和音长五个角度对这7个声调及其组合逐一描写，用五线谱描写了每个调的调值。现将其五线谱图解读为五度标调法的数字调值，则为：

序号	调类	标号	调值	序号	调类	标号	调值	序号	调类	标号	调值	序号	调类	标号	调值
①	上平	无号	44	②	上声	/	53	③	上去	\	32	④	上入	无号∨	44
⑤	下平	∧	34					⑦	下去	—	22	⑧	下入	\Ψ	34

注：(1)序号和调类指调类顺序，即上平①、上声②、上去③、上入④、下平⑤、下去⑦、下入⑧；(2)所谓标号，就是在韵母的主要元音上标注的符号，不同标号表示不同调类；(3)调值指各种调类的音值，即上平声44、上声53、上去声32、上入声44、下平声34、下去声22、下入声34；(4)-p、-t、-k收尾的入声韵，上入声无标号，下入声标号 \ ，-ʔ收尾的入声韵，上入声标号∨，下入声标号Ψ。

三 《福建漳州方言词汇》词汇整理与研究

本书就《福建漳州方言词汇》的词汇进行分析、整理、翻译，以阴声韵母、阳声韵母、鼻化韵母、声化韵母、入声韵母为序；先列韵母；次列声母（以《汇集雅俗通十五音》为序）；再列《漳州方言词汇》所载音节，前为戴氏音标，后[ ]内为国际音标；后记词汇，先音标，次译出漳州词汇，括弧内注明与方言词或词组相对应的现代汉语。

(一) 阴声韵母17个

1.a [a]——柳[l/n]：La[la]⑤lâ-gêâ [la-gia]蝲蚜(蜘蛛)；lâ-sâm [la-sam]拉馋(肮脏)。Na[na]⑤nâ [na] 篮；nâ-aoû[na-au] 咙喉（喉咙）；c'hēw-nâ [ts'iu-na] 树林；⑦nā[na]那（它）；nâ-bô [na-bo] 若无（若无）；kwúy-nā[kui-na] 几哪 (几个)。●边[p]：Pa[pa]①lê-pa[li-pa]篱笆(栏杆)；②tshёáh-pá[tsiaʔ-pa]食饱(吃饱)。●去[k']：K' ha [k'a]：①k'hɑ-t'hâou-woo [k'a-t'au-u] 骹头趺(膝盖)；k'hɑ-t'hăt [k'a-t'at] 骹踢(脚踢)；k'hɑ-t'hёⁿà[k'a-t'iã] 骹疼(脚疼)；köēy-k'hɑ [kuei-k'a] 瘸骹(跛足)；tshàou-k'hɑ [tsau-k'a] 灶骹(厨房)；②ké-k'há [tsi-k'a] 技巧(聪明)。●地[t]：Ta[ta]：①ta-po-lâng [ta-po-laŋ] 丈夫人(男人)；ta-ta[ta-ta] 凋凋(干燥)；c'hùy-ta[ts'ui-ta] 喙凋(口干)；②tá-lŏh-ūy [ta-loʔ-ui] 哪落位(什么地方)；tá-ūy [ta-ui] 哪位(什么地方)；③báng-tà[baŋ-ta] 蠓罩(蚊帐)。●曾[ts]：Tsha[tsa]:①tshɑ-bó'-kёⁿá[tsa-bɔ-kiã]查某囝（女孩子）；tshɑ-bó'-lâng[tsa-bɔ-kiã-laŋ]查某人（女人）；②tshá-àm[tsa-am]早暗（早晚）；tshá-hooiⁿg[tsa-huĩ]昨昏（昨天）；tshá-k'hé-sê[tsa-k'i-si]早起时（早上）；tshá-mêyⁿg[tsa-mɛ̃]昨暝（昨晚）；tshá-nêⁿg[tsa-nĩ]昨年

（前年）；tshá-sê[tsa-si]早时（过去）；tshá-tshá-tshá[tsa-tsa-tsa]早早早（古时）；tshá-tshêng[tsa-tsiŋ]早前；c'heng-tshá[ts'iŋ-tsa]清早；gâou-tshá[gau-tsa]鹜早（较早）；kó'-tshá[kɔ-tsa]古早（古老）；pàng-tshá[paŋ-tsa]放早（很早）。

2.e[i]——柳[l/n]：Le[li]①le-le-á[li-li-a]厘厘仔（一点儿）；②lé [li]你；lé-ây [li-e]你的；bûn-lé [bun-li]文礼(有礼貌)；lëāou-lé[liau-li]料理(管理)；seng-lé[siŋ-li]生理(生意)；tō-lé[to-li]道理；tshāe-sit-lé [tsai-sit-li]在色女(处女)；⑤lê-pa[li-pa]篱笆；bâ-lê[ba-li]猫狸(狐狸)；bāy-lê-pēy-bó[be-li-pɛ-bo]觥离父母（离不开父母）；mooî^{ng}-lê[muĩ-li] 门帘；pun-lê[pun-li] 分离。Ne[ni]：①këⁿa-ne[kiã-ni]惊尔（生怕）。●边[p]：Pe[pi]②pâe-pé [pai-pi]排比（安排）；③pó-pè[po-pi]保庇（庇佑）；⑦pē-ae[pi-ai]悲哀（伤心）；pē-pān[pi-pan]备办（准备）；tshëâou-pē[tsiau-pi]照备（准备）。●求[k]：Ke[ki]①c'hēw-ke [ts'iu-ki]树枝；②c'héw-ké [ts'iu-ki]手指；kwuy-ké [kui-ki]规矩；③kè-bāng [ki-baŋ]寄望；kè-mëⁿâ [ki-miã]记名；kè-sëàou [ki-siau]记数(记账)；kè-tit [ki-tit]记得；bāy-kè[be-ki]觥记 (忘记)；höéy-kè [huei-ki]伙计；⑤kê-k'há[ki-k'a]技巧(聪明的，灵巧的)；kê-köⁿa[ki-kuã]旗杆；ûy-kê [ui-ki] 围棋(国际象棋)。●去[k']：K'he [k'i]②k'hé-c'hoò[k'i-ts'u] 起厝(盖房子)；k'hé-sin[k'i-sin] 起身(动身)；k'hé-t'hɑou [k'i-t'au] 起头(开始)；c'hùy-k'hé [k'ui-k'i] 喙齿(牙齿)；tshá-k'hé [tsa-k'i] 早起(早晨)；③àou-k'hé [au-k'i] 拗起(打开)；c'heng-k'hè [ts'iŋ-k'i] 清气(干净)；c'hut-k'hè [ts'ut-k'i] 出去；hok-k'hè [hɔk-k'i] 福气；sēw-k'hè [siu-k'i] 受气(生气)；t'hàyh-k'hè [t'eʔ-k'i] 攦去(拿去)；tooî^{ng}-k'hè [t'uĩ-k'i] 转去(返回)。●地[t]：Te[ti]①te-bǎh[ti-baʔ]猪肉；te-sê[ti-si]底时 (什么时候)；③tè[ti]戴；tè-t'hâou[ti-t'au]剃头；⑤hê-tê[hi-ti]鱼池；tëo^{ng}-tê[tiɔ-ti] 张持 (提防)；⑦tē-á[ti-a]箸仔（筷子）；tē-tit[ti-tit]在值(目前)；c'hong-tē[ts'ɔŋ-ti]创治 (作弄)；hëⁿa-tē[hiã-ti]兄弟；ka-tē[ka-ti]家己(自己)；sëó-tē[sio-ti]小弟。●颇[p']：P'he[p'i]②p'hé-lō'[p'i-lɔ] 鄙陋。●他[t']：T'he[t'i]⑤háou-t'hê[hau-t'i]吼啼（号哭）；kɑy-t'hê[ke-t'i]鸡啼。●曾[ts]：Tshe[tsi]②tshé-pooî^{ng}[tsi-puĩ] 煮饭；tshé-tāou[tsi-tau] 紫豆；hôo-tshé[hu-tsi] 扶址；kǎh-tshé[kaʔ-tsi] 甲子；köéy-tshé[kuei-tsi] 果子；kwúy-tshé[kui-tsi] 果子；twā-tshé[tua-tsi] 大姐；③sim-tshè[sim-tsi]心志（意向）；tāe-tshè[tai-tsi]代志（事情）；⑤tshëô^{ng}-tshê[tsiɔ-tsi] 蟑蜍(癞蛤蟆)；⑦tshē-tshūn[tsi-tsun]是谁。●时[s]：Se[si]①se-söⁿà[si-suã]丝线；kong-se [kɔŋ-si] 公司；②kà-sé[ka-si] 绞死(勒死)；kā-sé[ka-si]咬死；③sè-kàk [si-ka] 四角；sè-kan[si-ka]世间；sè-kwùy[si-kui] 四季；sè-sê[si-kui] 四时；sè-sày[si-se] 失势；sè-söⁿà [si-suã] 四散；sè-twā [si-tua] 四大；sè-tshëⁿà[si-tsiã]四正（正方形）；c'hut-sè [ts'ut-si]出世；köéy-sè[kuei-si]气失（死）；kwàn-sè[kuan-si]惯世（习惯）；pɑk-sè [pak-si]北势（北方）；sɑe-sè [sai-si]西势（西方）；⑤sê-sê-k'hek-k'hek[si-si-k'ik-k'ik]时时刻刻；sê-tshǎyh[si-tseʔ]时节（四季）；bó'-sê-bó'-lâng[bɔ-si-bɔ-laŋ]某时某阆(在一定的时间)；gîn-sê[gin-si]银匙(银勺)；ōo-sê[u-si]有时；sëâng-sê[siaŋ-si]常时(经常)；só-sê[so-si]锁匙；te-sê[ti-si]底时(什么时候)；tshá-sê[tsa-si]早时(早)；

shëen-sê[tsian-si]煎匙(油炸勺)；⑦k'hëup-sē [k'iap-si] 疲势（丑陋）；tshek-sē [tsik-si] 只是；tshēw-sē [tsiu-si]就是；tshò-hwà-sē[tso-hua-si]做化是(歪打正着)；ū^m-sē[m-si]唔是(不是)。

　　3.ey[ɛ] ——边[p]：Pey[pɛ]⑤pêy-tshëō^{ng}[pɛ-tsiɔ̃]扒痒；⑦pēy-bó[pɛ-bo]父母；nëô^{ng}-pēy[niɔ̃-pɛ]娘父（父亲）。●求[k]：Këy[kɛ]①key-tshëàh-tshit-höèy [kɛ-tsiaʔ-tsit-huei] 加食一岁(增加一岁)；kéy-höèy [kɛ-huei]家贿(家庭财产)；kéy-këúm [kɛ-kiam] 加减；k'hǎh-key [k'aʔ-kɛ] 恰加（更加）；tāe-key [tai-kɛ]大家；wan-key [uan-kɛ]冤家(吵架)；③kèy-tshê^{ng}[kɛ-tsĩ]价钱(价格)；⑦kēy-kwân [kɛ-kuan 低悬(高低)。●地[t]：Tey[tɛ]⑤têy-aou[tɛ-au] 茶瓯(茶杯)；têy-kwàn[tɛ-kuan] 茶罐；p'hàou-têy[p'au-tɛ]泡茶；tshëáh-têy[tsiaʔ-tɛ]食茶(喝茶)；tshöⁿa-têy[tsuã-tɛ] 煎茶(熬茶)。

　　4.o[o] ——柳[l/n]：Lo[lo]②kwân-ló [kuan-lo] 悬恼（烦恼）；o-ló [o-lo] 阿咾（赞美）；⑤lô-làt [lo-lat] 鲁力（我给你带来麻烦）；lô-lô[lo-lo] 醪醪（浑浊）；lô-tsheng[lo-tsiŋ] 罗钟（钟）；kong-lô [koŋ-lo]功劳；p'hah-lô-kó [p'aʔ-lô-kó]拍锣鼓（打锣鼓）；sin-lô[si n-lo]辛劳（工资）。●边[p]：Po[po]①ta-po-lâng [ta-po-laŋ] 丈夫人（男人）；②pó-pè[po-pi] 保庇（庇佑）；pó-pöèy[po-puei]宝贝；③pò-tap [po-tap]报答；⑤bít-pô[bit-po]密婆（蝙蝠）。●求[k]：Ko[ko]①tek-ko[tik-ko]竹竿；uⁿ-ko[n-ko]阿哥(哥哥)；③tshöēy-kò[tsuei-ko]罪过。●去[k'] ：K' ho[k'o]②k' hó[k'o] 烤；③wá-k' hò[k'o]倚靠(依靠)。●地[t]：To[to]①to-á[to-a] 刀仔（刀子）；bwâ-to[bua-to] 磨刀；ka-to-á[to-a] 铰刀仔（剪刀）；k'haou-to[k'au-to] 抠刀(刨刀)；peng-to[piŋ-to] 兵刀；t'hè-t'haou-to[t'i-k'au-to] 剃头刀；tshëen-to[tsian-to] 剪刀；②tó-c'hëw[to-ts'iu] 倒手（左手）；pwàh-tó[puaʔ-to] 跋倒（跌倒）；③tò-tooí^{ng}[to-tuĩ]倒转（回去）；⑦tō-lé[to-li] 道理；kong-kong-tō-tō[koŋ-koŋ-to-to] 公公道道（公道）。●颇[p']：P' ho[p'o]①p'ho-la^y[p'o-le]玻璃；p'ho-la'y-kwán[p'o-le-kuan]玻璃罐；p'ho-nū^{ng}[p'o-nŋ]波浪。●他[t']：T'ho[t'o]②t'hó[t'o]讨；t'hó-hê[t'o-hi]讨鱼；t'hae-t'hó[t'ai-t'o]呔讨（如何）。●曾[ts]：Tsho[tso]③tshò-c'hàt[tso-ts'at] 做贼；tshò-hè[tso-hi] 做戏；tshò-höéy[tso-huei]做伙（在一起）；tshò-hwà-sē[tso-hua-si] 做化是（歪打正着）；tshò-jē[tso-dzi] 做字（造字）；tshò-kang-kwùy[tso-kaŋ-kui] 做工课（工作）；tshò-köⁿa[tso-kuã]做官；tshò-pôo[tso-pu] 做口（总共）；tshò- seng-lé[tso-siŋ-li] 做生理（做生意）；tshò-sōo[tso-su] 做事（做生意）；gâou-tshò[gau-tso] 獒做（能干）；⑤béy-tshô[bɛ-tso] 马槽。●时[s]：So[so]②só-sê[so-si] 锁匙；só-tshāe[so-tsai] 所在；tâng-só[taŋ-so]铜锁（黄铜锁）；③pùn-sò[pun-so] 粪扫（垃圾）。●英[ø]：O[o]①o-ló[o-lo] 阿咾（表扬）。

　　5.o˙[ɔ] ——柳[l/n]：Lo˙[lɔ]②ló˙-sëok [lɔ-siok]鲁俗(庸俗)；⑤béy-lô˙ [bɛ-lɔ] 马奴(马夫)；⑦lō˙-hwùy [lɔ-hui] 路费；lō˙-pe^{ng} [lɔ-pĩ] 路边；lō˙-tshày [lɔ-tse] 露济(露)；kay-lō˙ [ke-lɔ] 街路（街道）；këⁿâ-lō˙[kiã-lɔ]行路（走路）；p'hé-lō˙[p'i-lɔ]鄙路(庸俗)；sūn-lō˙[sun-lɔ]顺路；tat-lō˙ [tat-lɔ]室路 (堵住了路)。No˙[nɔ]⑦nō˙-ây[nɔ-e] 两个。●边[p]：

Po˙[pɔ]①hēy-po˙[hɛ-pɔ] 下晡（下午）；tèng-po˙[tiŋ-pɔ] 顶晡（午前）；tshít-po˙[tsit-pɔ] 一晡（半天）；②pó˙[pɔ] 补（修补）；pó˙-kàou-tē^{ng}[pɔ-kau-tĩ]补够溗（补足）；pó-t'hâou[pɔ-t'au] 斧头；③né^{ng}-pò˙[nĩ-pɔ] 染布；⑤pô˙-tô-kö^{n}a[pɔ-to-kuã] 葡萄干；⑦pō˙-t'hâou[pɔ-t'au] 部头(一个端口)；twā-pō˙-bó [tua-pɔ-bo] 大部拇（大拇指）。●求[k]：Ko˙[kɔ]①ko˙-tö^{n}a [kɔ-tuã] 孤单；ko˙-tshě^{n}â [kɔ-tsiã] 沽情(恳求)；②kó˙-tshá[kɔ-tsa] 古早(古代)；p'hǎh-kó˙ [p'aʔ-kɔ] 打鼓；③sëo-kò˙ [sio-kɔ] 相顾；tshëàou-kò˙ [tsiau-kɔ] 照顾；yëên-kò˙[ian-kɔ] 缘故；⑤kô˙-bāy-lëûm [kɔ-be-liam] 糊硞粘(不拘泥于)；kô˙-yëǒh[kɔ-ioʔ]糊药(膏药)。●去[k']：K'ho˙[kɔ]①tshìt-k'ho˙[tsit-k'ɔ] 一箍(一元)；②k'hó˙-k'hó˙[k'ɔ-k'ɔ]苦苦(苦)；kan-k'hó˙[k'ɔ-k'ɔ] 艰苦；③s^{n}a-k'hò˙[sã-k'ɔ] kl(衣裤)。●地[t]：To˙[tɔ]②tó˙-tsháe[tɔ-tsai] 肚脐；pak-tó˙[pak-tɔ] 腹肚；⑤tāy-tô˙[te-tɔ] 地图；⑦hwat-tō˙[huat-tɔ] 法度；kǒk-tō˙[kɔk-tɔ] 国度。●颇[p']：P'ho˙[p'ɔ]①p'ho˙-sat[p'ɔ-sat]菩萨；⑦sëàou-p'hō˙[siau-p'ɔ]数簿（账簿）。●他[t']：T'ho˙[t'ɔ]②t'hó˙-kang[t'ɔ-kaŋ]土工（瓦工）；t'hó˙-tāy[t'ɔ-te]土地；③áou-t'hó˙[au-t'ɔ]呕吐；⑤t'hô˙-kín[t'ɔ-kin]涂蚓（蚯蚓）。●曾[ts]：Tsho˙[tsɔ]①tsho˙-sëòk[tsɔ-siok]粗俗；tāy-tsho˙[te-tsɔ]地租；②tshó˙-tshong[tsɔ-tsɔŋ]祖宗；nö^{n}â-tshó˙[nuã-tsɔ] 拦阻（阻挠）。●时[s]：So˙[sɔ]③láy-sò˙[le-sɔ] 礼数（礼节）。●英[ø]：O˙[ɔ]①o˙-o˙[ɔ-ɔ] 乌乌（黑色）；o˙-á[ɔ-a] 乌鸦；o˙-àm[ɔ-am] 乌暗（黑暗）。

　　6.oo[u]——边[p]：Poo[pu]②póo-t'hâou [pu-t'au] 斧头；③pòo-pò̤o[pu-pu] 富富（富裕）；pòo-kwùy[pu-kui] 富贵；⑤pôo[pu] 烰（烤）；tshò-pôo[tso-pu] 做□（总共）；⑦pōo-nooī^{ng}[pu-nuĩ] 孵卵（孵蛋）；sim-pōo[sim-pu] 新妇（儿媳）。●求[k]：Koo[ku]①wun-koo-ây-lâng[un-ku-e-laŋ]瘢疴的人（驼背之人）；②kwuy-kóo [kui-ku]规矩；tëup-á-koó [tiap-a-ku]辄仔久(一小会儿)；③tshít-kòo-wā [tsit-ku-ua]一句话；⑦kōo-nê^{ng}[ku-nĩ]旧年（去年）；tsheng-kōo [tsiŋ-ku] 春臼（研钵）。●去[k']：K'hoo [k'u] ①k^{n}a-k'hoo [kã-k'u] 监坵(监狱)。●地[t]：Too[tu]②tóo-tëóh[tu-tioʔ] 拄着（遇到）；tóo-tóo[tu-tu] 拄拄（刚好）；⑤tôo-á[tu-a] 橱仔（橱子）。●颇[p']：p'hoo[p'u]⑤p'hôo-te-tshúy-bīn [p'u-ti-tsui-bin]浮在水面 (浮动)。●他[t']：T'hoo[t'u]⑦t'hōo[t'u] 箸(筷子)。●曾[ts]：Tshoo[tsu]:①tshoo-á[tsu-a] 珠仔（珠子）；tshoo-âng-jëông[tsu-aŋ-dziɔŋ] 朱红绒（朱红色的彩色丝绵）；tshoo-bē[tsu-bi] 滋味（味道）；c'hut-tshoo[ts'ut-tsu] 出珠 (有小痘)；gîn-tshoo[gin-tsu] 银珠；②tshóo-kóng[tsu-kɔŋ] 子贡；tshóo-pooī^{ng}[tsu-puĩ] 煮饭；hoo-tshóo[hu-tsu] 夫子；k'hong-tshóo[k'ɔŋ-tsu] 孔子；kwun-tshóo[kun-tsu] 君子；tshûn-tshóo[tsun-tsu] 船主；③tshòo-è[tsu-i] 注意；⑤hwan-tshôo[huan-tsu] 番薯；⑦tshōo-ké[tsu-ki] 自己；tshōo-k'hwa[tsu-k'ua] 自夸。●时[s]：Soo[su]①soo-nêô^{ng}[su-niɔ] 思量(商量)；soo-yë^{n}â [su-iã]输赢；t'hàe-soo [t'ai-su]太师；③sòo-k'hwùy[su-k'ui]四季；⑤sôo-tû^{ng}[su-tɔŋ]祠堂；⑦è-sōo [i-su]轶事；háe-sōo [hai-su]海屿；kwun-sōo-peng-béy[kun-su-piŋ-bɛ]军事兵马。●英[ø]：Oo[u]⑦ōo-sê[u-si] 有时；ōo-tshöey[u-tsuei] 有罪。Woo [u]:①k'ha-t'háou-woo[k'a-t'au-u]骹头趺（膝盖）；⑦wōo[u] 有。

7.ay[e]——柳[l/n]：Lay[le]②láy-sò˙[le-sɔ]礼数；nëo^{ng}-láy[niɔ-le]娘妮（母亲）；sáy-láy[se-le]洗礼；sëâou-láy[siau-le]侣礼（羞愧）；hit-lây[hit-le] 迄个(那个)；⑤hwut-lây [hut-le] 迄个(那个)；p‘ho-lây-kwán [p‘o-le-kuan] 玻璃管；tsháy-lây[tse-le] 这个；⑦lāy-á [le-a] 例仔(文件)。●求[k]：Kay [ke]①kɑy-ǎh [ke-aʔ] 鸡鸭；kɑy-c‘hē[ke-ts‘i] 街市(市场)；kay-lō[ke-lɔ] 街路(街道)；kay-nooi^{ng}- [ke-nuĩ] 鸡卵(鸡蛋)；kay-t‘hê[ke-t‘i] 鸡啼；②káy-pè^{ng} [ke-pĩ] 改变；káy-söéyh [ke-sueiʔ] 解说。●地[t]：Tay[te]②táy-mé^{ng}h [te-mĩʔ]堵物(堵住了路)；táy- táy [te-te]短短（短的）；āy- táy [e-te]下底（底下）；tu^m- táy [tŋ-te]长短；③hông-tày [hɔŋ-te]皇帝；⑦tāy-á[te-a]袋仔（袋子）；tāy-gĕók [te-giɔk]地狱；tāy-hô-mëⁿâ[te-ho-miã]地河名；tāy-tô˙ [te-tɔ]地图；tāy-tsho˙ [te-tsɔ]地租；tāy-yit [te-it]第一；möⁿá- tāy[muã-te] 满地；tëâou-tāy [tiau-te]朝代；t‘he^{ng}-tāy [t‘ĩ-te] 天地；t‘hó˙-tāy [t‘ɔ-te] 土地；tshìt-tāy [tsit-te] 一地。●颇[p‘]：P‘hay[p‘e]①këà-p‘hay[kia-p‘e] 寄批（寄信）；sëá-p‘hay[sia-p‘e] 写批（写信）；②c‘hùy-p‘háy[ts‘ui-p‘e] 喙颊（两颊）。●他[t‘]：T‘hay[t‘e]②sèng-t‘háy[siŋ-t‘e]性本。●曾[ts]：Tshay[tse]①tshɑy-c‘hàm[tse-ts‘am]灾懺（禁食祷告）；②tsháy-lây[tse-le]这螺（这个）；tsháy-pêng[tse-piŋ]这爿（这边）；③tshày-sàou[tse-sau]祭扫（在墓葬的盛宴）；⑦tshāy-tshāy[tse-tse]侪侪（许多）；c‘hëⁿá-tshāy[ts‘iã-tse]请坐；jwā-tshāy[dzua-tse]偌侪（多少）；k‘hăh-tshāy[k‘aʔ-tse]恰侪（更多）；sëō^{ng}-tshāy[siɔ-tse]相侪（太多）。●时[s]：Say[se]②sáy-láy[se-le]洗礼；③sày-é[se-i]细姨（妾）；sày-hàn[se-han]细汉(年轻)；sày-hō[se-hɔ]细雨；sày-jē[se-dzi]细腻(谨慎)；sày-këⁿá[se-kiã]细团(小孩)；sày-sày[se-se]细细(细小)；sè-sày[si-se]细小；sëŭp-sày [siap-se]涩细(奉承)。

8.ae[ai]——柳[l/n]：Lae [lai]：⑤āou-lâe [au-lai] 后来；kɑp-gwá-lâe-k‘hè [kap-gua-lai-k‘i] 合我来去(跟我来)；óng-lâe [ɔŋ-lai] 往来；t‘hàyh- lâe [t‘eʔ-lai] 撴来(拿来)；tooi^{ng}-lâe[tuĩ-lai] 转来(回来)；⑦lāe-bīn[lai-bin] 内面(里面)；lāe-lāe [lai-lai] 利利(锋利的)。Nae[nai]：⑦nāe-ū^m-tëâou [nai-m-tiau]耐唔着（无法忍受）。●边[p]：Pae[pai]：②kwúy-nā-páe [kui-na-pai] 几哪摆(几次)；tàk-páe [tak-pai] 逐摆(每次)；③pàe-sîn [pai-sin] 拜神；⑤pâe-á [pai-a] 牌仔(牌子)；pâe-c‘hëâng [pai-ts‘iaŋ]排钱(浪费)；pâe-lëét [pai-liat]排列；pâe-pé [pai-pi]排比；hwûn-bōng-pâe[hun-bɔŋ-pai]坟墓牌(墓碑)；tshwá-pâe [tsua-pai]纸牌(扑克牌)。●地[t]：Tae[tai]：①tɑe-á[tai-a] 筛子；⑤tshòng-tâe [tsɔŋ-tai]葬埋(埋葬)；⑦tāe-bān[tai-ban] 怠慢；tāe-key [tai-kɛ] 大家；tāe-seng[tai-siŋ] 代先（在先）；tāe-seng-tshae[tai-siŋ-tsai] 代先知（预见）；tāe-wâ [tai-ua] 代活(挽救)；bô˙-tāe-tit-wâ [bɔ-tai-tit-ua] 无代得活(不得已)。●他[t‘]：T‘hae[t‘ai]：①t‘hae-á[t‘ai-a] 筛仔(筛子)；t‘hae-t‘hó[t‘ai-t‘o] 呔讨(如何)；⑤t‘hâe-lâe[t‘ai-lai] 刣来(杀)；t‘hâe-soo[t‘ai-su]刣输(在战斗中失败)；t‘hâe-ëⁿâ[t‘ai-iã] 刣赢(在战斗中胜利)；sëo-t‘hâe [sio-t‘ai] 相刣(相杀)；⑦kwán-t‘hāe [kuan-t‘ai] 管待；teng-t‘hāe [tiŋ-t‘ai] 等待。●曾[ts]：Tshae[tsai]：①tshae-hwɑ[tsai-hua]栽花；tshae-lān[tsai-lan]灾难；k‘hăh-tshae-yëⁿá[k‘aʔ-tsai-iã]恰知影

（较知道）；ū^m-tshɑe[m-tsai]唔知（不知）；②böèyh-tsháe[bueiʔ-tsai]欲载（如何）；k'hëúm-tsháe[k'iam-tsai]欠采（也许）；t'hëúm-tsháe[t'iam-tsai]忝采（也许）；③tshàe-höèy[tsai-huei]载货；tshàe-kǒh[tsai-koʔ]再佫（再次）；tshàe-tshèng[tsai-tsiŋ]再种（种植）；⑤tshâe-hông[tsai-hoŋ]裁缝；tshâe-hōo[tsai-hu]才傅（师傅）；tshâe-tëāou[tsai-tiau]才调（能干）；tshâe-twà[tsai-tua]脐带；lô-tshâe[lɔ-tsai]奴才；tô-tshâe[tɔ-tsai]肚脐；tshê^{ng}-tshâe[tsĩ-tsai]钱财；⑦tshāe-sit-lé[tsai-sit-li]才色女（处女）；c'hut-tshāe[ts'ut-tsai]出载（根据）；měy^{ng}h-tshāe[mɛ̃-tsai]暝载（早晨）；mîn-á-tshāe[min-a-tsai]明仔载（明天）；só-tshāe[so-tsai]所在；tshīn-tshāe[tsin-tsai]尽在（非常）。●时[s]：Sae[sai]：①sɑe-hōo[sai-hu]师傅；sae-k'hëɑ[sai-k'ia]私奇(私人)；sae-kong[sai-kɔŋ]师公(巫师)；sae-sè[sai-si]西势(西部)；tang-sae[taŋ-sai]东西(东部和西部)；②sáe-c'hat [sai-ts'at] 使漆(画)；sáe-hák [sai-hak] 屎礐(厕所)；sáe-p'hwà [sai-p'ua] 屎泼(诽谤)；c'hey-sáe[ts'ɛ-sai] 差使；pàng-sáe[paŋ-sai] 放屎(大便)；sék-sáe[sik-sai] 熟似(熟悉)；ū^m-sáe[m-sai]唔使(没必要)；③këⁿá-sàe[kiã-sai]团婿(女婿)；⑦hòk-sāe [hɔk-sai]伏侍(服侍)。

9.aou[au] ——柳[l/n]：Laou [lau]②láou-á [lau-a] 佬仔(流氓)；láou-hëǒh [lau-hioʔ] 老鹗；láou-hey [lau-hɛ] 让遵守；⑤lâou-höéyh [lau-hueiʔ] 流血；lâou-höⁿā[lau-huã] 流汗(出汗)；lâou-téng[lau-tiŋ] 楼顶(楼上)；lâou-t'huy[lau-t'ui] 楼梯；tshìt-tshàn-lâou [tsit-tsan-lau] 一栈楼(一层楼)；⑦lāou-á [lau-a] 漏仔（漏斗）；lāou-c'hut[lau-ts'ut] 漏出（泄漏）；lāou-hāou[lau-hau] 老鲎(肉豆蔻)；lāou-jwǎh[lau-dzuaʔ] 老热(奔忙)；lāou-lāou[lau-lau] 老老(老的)；lāou-lâng[lau-laŋ] 老人；làou-sëà [lau-sia] 涝泻(腹泻)；lāou-sìt[lau-sit] 老实；tshëǎh-yëà-böēy-kàou-lāou[tsiaʔ-ia-buei-kau-lau]食也艙够老(尚未老)。●边[p]：Paou[pau]①pɑou-tshwá[pau-tsua] 包纸；bīn-pɑou [bin-pau] 面包；bīn-pɑou-köⁿa[uã] 面包干（饼干）；⑤pôou-tsháou[pau-tsau] 跑走（疾驰而去）。●求[k]：Kaou [kau]①kɑou-é [kau-i]交椅(靠背椅)；kɑou-p'hwà[kau-p'ua]钩破；tëò-kɑou [tio-kau]钓钩(鱼钩)；②káou-á[kau-a]狗仔(小狗)；káou-pwūy [kau-pui]狗吠；káou-tsháp [kau-tsap]九十；éy-káou [ɛ-kau]哑口；sháp-káou [tsap-kau]十九；③kàou-tàng [kau-taŋ]勾当；⑦kāou-gëǎh[kau-giaʔ]厚额(足够)；bô-kāou [bɔ-kau] 无够(不足)；bók-kāou [bɔk-kau] 木毂(罐)；tshëàou-kāou [tsiau-kau] 较厚(足够)。●去[k']：K' haou [k'au]①k'hɑou-to [k'au-to] 刨刀(刨子)；k'hëǒh-k'hɑou [k'ioʔ-k'au]拾阄(抽签)；②mooî^{ng}-k'háou [muĩ-k'au]门口；swá-k'háou [sua-k'au] 刷口(刷牙)；③k' hàou-sin-lô [k'au-sin-lo] 扣薪劳(削减薪酬)。●地[t]：Taou[tau]⑤tâou-á [tau-a] 骰仔（骰子）；lëén-tâou [lian-tau] 连投；⑦tāou-köⁿa[tau-kuã] 豆干；hé-tāou [hi-tau]许郖(那里)；hwut-tāou [hut-tau]唿郖(那里)；jit-tāou [dzit-tau] 日昼(中午)；tshé-tāou [tsi-tau] 这郖(这里)。●颇[p']：P'haou[p'au]①p'hɑou-têy[p'au-tɛ]刨茶(制茶)；③pàng-p'hàou[paŋ-p'au] 放炮。●他[t']：T'haou[t'au]①t'hɑou-bân[t'au-ban]偷蛮（偷偷）；t'hɑou-k'höⁿà[t'au-k'uã] 偷看；t'hɑou-t'hǎyh[t'au-t'eʔ] 偷撢（偷盗）；t'hɑou-t'hëⁿa[t'au-t'iã]偷听；②t'háou[t'au] 敨（松动）；③t'hàou-mêy^{ng} [t 'au-mɛ̃] 透暝（整夜）；⑤t'hâou-böéy[t'au-buei]头尾；t'hâou-hëah[t'au-hiaʔ]头额（额头）；t'hâou-kak[t'au-kak]头壳（头颅）；t'hâou-lⁿáou[t'au-lãu]头脑；t'hâou-mô˙ⁿᵍ[t'au-mɔ̃]头毛（头发）；t'hâou-seyⁿᵍ[t'au-sɛ̃]头牲（家畜）；t'hâou-tshang[t'au-tsaŋ]头鬃（头发）；t'hâou-tshang-böéy[t'au-tsaŋ-buei]头鬃尾（小辫子）；t'hâou-tshêng[t'au-tsiŋ]头前（前头）；bûn-t'hâou[bun-t'au]文头（面包）；c'háe-t'hâou[ts'ai-t'au]彩头（预兆）；c'hang-t'hâou[ts'aŋ-t'au]葱头；c'hěyh-t'hâou[ts'ɛʔ-t'au]册头（书标题）；jít-t'hâou[-t'au]日头（太阳）；këaou-t'hâou[kiau-t'au]娇头（骄傲）；keng-t'hâou[kiŋ-t'au]肩头；k'ha-t'hâou-woo[k'a-t'au-u]骹头涝（膝盖）；k'hé-t'hâou[k'i-t'au]起头（开头）；kⁿa-t'hâou[kã-t'au]监头；köèy-t'hâou[kuei-t'au]过头（超过）；kwut-t'hâou[kut-t'au]骨头；p'hē̃ⁿᵍ-t'hâou[p'ĩ-t'au]鼻头；pó˙-t'hâou[pɔ-t'au]斧头；pō˙-t'hâou[pɔ-t'au]部头；póo-t'hâou[pu-t'au]斧头；tè-t'hâou[ti-t'au]剃头；t'hìm-t'hâou[t'im-t'au]点头；tsheʰ-t'hâou[tsiʔ-t'au]舌头；tshëóh-t'hâou[tsioʔ-t'au]石头；tshím-t'hâou[tsim-t'au]枕头；tùy-t'hâou[tui-t'au]对头；yëô-t'hâou[io-t'au]摇头。●曾[ts]：Tshaou[tsau]①tshéw-tshaou[tsiu-tsau]酒糟；②tsháou-á[tsau-a]走仔(女儿)；tsháou-k'hëoⁿᵍ[tsau-k'iɔ̃] 走腔 (不同的方言)；tsháou-lâe-tsháou-k'hè[tsau-lai-tsau-k'i] 走来走去；ka-tsháou-á[ka-tsau-a] 虼蚤仔(跳蚤)；③tshàou-k'ha[tsau-k'a] 灶骹 （厨房）；⑦tshāou-c'höéy[tsau-ts'uei] 找撮（搜索）。●时[s]：Saou[sau]③sàou-tshéw[sau-tsiu] 扫帚；sàou-tāy[sau-te] 扫地；k'hám-sàou [k'am-sau] 喊嗽 (咳嗽)；tshày-sàou [tse-sau] 洗扫。●门[b/m]：Maou[mau]⑦bīn-māou [bin-mau]面貌 (面容)；tshū̃ⁿᵍ-māou[tsŋ-mau]装貌 (外观)；yëông-māou [iɔŋ-mau]容貌。

10.ëa[ia] ——求[k]：Këa[ia]③këà-p'hay [kia-p'e]寄批(寄信)；⑦këā-këā[kia-kia]徛徛 (陡)。●去[k']：K'hëa[k'ia]①sae-k'hëa [sai-k'ia]私奇(私人)；⑤k'hëâ-béy[k'ia-bɛ]骑马；⑦k'hëā [k'ia]住；t'hàn-k'hëā [t'an-k'ia]伨徛(垂直)。●曾[ts]：Tshëa[tsia]③kam-tshëà[kam-tsia] 甘蔗。●时[s]：Sëa[sia]①sëā[sia]赊；②sëá-jē[sia-dzi]写字；sëá-p'hay [sia-p'e]写批（写信）；③sëà-tshöēy[sia-tsuei]谢罪；sëà-yëóh[sia-ioʔ]泻药；lāou-sëà[lau-sia]漏泻（腹泻）；⑦kàm-sëà[kam-sia]感谢；tăp-sëā[tap-sia]答谢。●英[ø]：Yëa[ia]②yëá-böēy[ia-buei]也未；yëá-sē[ia-si]也是；yëá-wōo[ia-u]也有；③yëà[ia]厌；yëà-tshé[ia-tsi]椰子。

11.wa[ua] ——柳[l/n]：Lwa[lua]①t'hwa-lwā [t'ua-luā] 拖累；⑦lwā [luā] 偌（如何）；lwā-tshēy [luā-tsi]偌侪（多少）；wá-lwā [ua-lua] 倚赖（依靠）。●边[p]：Pwa[pua]③pwà-ke[pua-ki] 簸箕。●求[k]：Kwa [kua]①kwa [kua] 瓜；c'hëò-kwa[ts'io-kua]唱歌；c'hëōⁿᵍ-kwa[ts'iɔ̃-kua]唱歌；③kwà-c'háe[kua-ts'ai]芥菜；kwà-k'hàm[kua-k'am]盖勘（把盖）；c'hòo-kwà[ts'u-kua]厝盖（屋顶）。●去[k']：K'hwa [k'ua]①tshōo-k'hwa [tsu-k'ua]自夸；③k'hwà-bàk-këⁿà[k'ua-bak-kiã]挂目镜(戴眼镜)；wá-k'hwà[ua-k'ua]倚靠(依靠)。●地[t]：Twa[tua]②lwá-twā[lua-tua] 偌大（多大）；③twà-hà[tua-ha] 戴孝；tshâe-twà[tsai-tua] 脐带；⑦twā[tua] 大；twā-hàn[tua-han] 大汉（长大）；twā-hëⁿa[tua-hiã]大兄（大哥）；twā-pèyh[tua-pɛʔ]大伯；twā-pó˙-bó [tua-pɔ-bo]大部拇（拇指）；twā-sëang[tua-siaŋ]大商（批发商户）；twā-sëⁿa[tua-siã]大声；twā-tshé[tua-tsi]大姊（大姐）；twā-twā[tua-tua] 大大（大的）；hèyⁿh-twā[hɛ'ʔ-tua]歇大（停止）；sè-twā[si-tua]四大。●颇[p']：P'hwa[p'ua]③kaou-p'hwà[kau-p'ua] 钩破；p'hǎh-p'hwà[p'aʔ-p'ua] 拍破（打破）；sáe-p'hwà[sai-p'ua] 使破。●他[t']：T'hwa[t'ua]①t'hwɑ-lwɑ[t'ua-lua]拖罗(绘制)。●曾[ts]：Tshwa[tsua]②tshwá-pàe[tsua-pai] 纸牌；kim-tshwá[kim-sua] 金纸；paou-tshwá[pau-sua] 包纸；sin-tshwá[kim-sua]信纸；⑤tshwâ[tsua] 蛇；⑦tshèw-tshwā[tsiu-tsua] 咒誓（发誓）。●时[s]：Swa[sua]②swá-k'háou [sua-k'au] 刷口（刷牙）；③kày-swà [ke-sua] 继世（连接）；sëo-swà[sio-sua]相世(陆续)。●英[ø]：Wa[ua]②wá-lwā[ua-lua]倚赖；wá-k'hò[ua-k'o]倚靠；wá-k'hwà[ua-k'ua]倚跨；⑦kòng-wā[kɔŋ-ua] 讲话；tshìt-koo-wa[tsit-ku-ua] 一句话。

　　12.wuy/uy[ui] ——柳[l/n]：Luy[lui]⑦lūy-tân [lui-tan] 雷磌（雷响）。●边[p]：Pwuy[pui]①pwuy[pui] 飞；⑤pwûy-pwûy[pui-pui] 肥肥(肥胖)；⑦káou-pwūy[pui] 狗吠。●求[k]：Kwuy [kui]①kwuy-ké [kui-ki] 规矩；kwuy-kóo [kui-ku] 规矩；②kwúy-lëùp[kui-liap] 几粒；kwúy-uā[kui-ua]几画；kwúy-tshé[kui-tsi]果子（水果）；môⁿg -kwúy [mɔ̃-kui] 魔鬼；p'háeⁿg-kwúy [p'ãi-kui] 否鬼（邪恶）；③hòo-kwùy [hu-kui] 富贵；pòo-kwùy [pu-kui] 富贵；sè-kwùy [pu-kui] 四季。●去[k']：K' hwuy[k'ui]①k'hwuy-mooîⁿg[k'ui-muĩ]开门；k'hwuy-ǒh [k'ui-oʔ]开学；k'hwuy-tëùm [k'ui-tiam]开店；k'hwuy-tshùy[k'ui-tsui]开喙（说话）；pěyh-k'hwuy[pɛʔ-k'ui] 掰开；pun-k'hwuy[pun-k'ui] 分开（划分）；t'hëǎh-k'hwuy[t'iaʔ-k'ui]拆开；③k'hwùy-lát [k'ui-lat]气力（力气）；c'hwán-k'hwùy [ts'uan-k'ui] 喘气（呼吸）；soò-k'hwùy[su-k'ui] 四季。●地[t]：Tuy[tui]①tuy[tui] 堆；tuy-köⁿá[tui-kuã] 追赶；③tùy-āou[tui-au]对后 (背后)；tùy-gwá-kóng[tui-gua-kɔŋ]对我讲；tùy-hwán[tui-huan]对反（相反）；tùy-t'hâou-hong[tui-t'au-hɔŋ]对头风（相反的风）；lëên-tùy[lian-tui]联对（对联）；sëo-tùy[sio-tui]肖对（相反）。●颇[p']：P' hwuy[p'ui]③pàng-p'hwùy[paŋ-p'ui] 放屁。●他[t']：T'huy[t'ui]①lôou-t'huy[lau-t'ui]楼梯；⑤tèng-á-t'hûy[tiŋ-a-t'ui]钉仔锤（锤）。●曾[ts]：Tshuy[tsui]①kɑ-tshuy[ka-tsui] 鸡佳（斑鸠）；②tshúy-âm[tsui-am] 水涵（渡槽）；tshúy-àng[tsui-aŋ] 水瓮（水罐子）；tshúy-gôo[tsui-gu] 水牛；tshúy-kɑ[tsui-ka] 水胶（胶水）；tshúy-k'hwut[tsui-k'ut] 水窟；tshúy-séw[tsui-siu] 水手；bák-tshúy[bak-tsui] 墨水；c'hut-tshúy[ts'ut-tsui] 出水（出海）；kěaou-tshúy[kiau-tsui] 交水（与水混合）；kěûm-tshúy[kiam-tsui] 咸水；kwún-tshúy[kun-tsui] 滚水（开水）；léng-tshúy[liŋ-tsui] 冷水；lō̄-tshúy[liŋ-tsui] 露水；③k'hwuy-tshùy[ts'ut-tsui] 开喙（开口）；tshim-tshùy[tsim-tsui] 斟喙（亲嘴）；⑦tshē-tshūy[tsi-tsui] 是谁。●时[s]：Suy[sui]①suy-jëên[sui-dzian]虽然；②súy-súy[sui-sui]水水（秀气）；⑤sûy-pëên[sui-pian]随便；⑦sūy -lâng[sui-laŋ]随人（每一人）。●英[ø]：Wuy[ui]⑤wûy-ke[ui-ki] 危机；⑦gwā-wūy[gua-ui] 外位（外地）；yin-wūy[in-ui] 因为。

　　13.ëo[io] ——求[k]：Këo[io]③kóng-këò[kɔŋ-kio] 讲叫；⑤kěô [kio] 桥；kěô-á [kio-a] 茄子。●地[t]：Tëo[tio]③tëò-hê[tio-hi] 钓鱼；tëò-kaou[tio-kau] 钓钩；⑤tëô-tshew[tio-tsiu] 潮州。●他[t']：T'hëo[t'io]③t'hëò-bé[t'io-bi]粜米。●曾[ts]：Tshëo[tsio]① ho˙-tshëo[hɔ-tsio]胡椒；keng-tshëo[kiŋ-tsio]耕蕉（芭蕉）；②tshëó-tshëó[tsio-tsio]少少（很少）。●时[s]：Sëo[sio]①sëo-bat [sio-bat] 肖捌（相识）；sëo-c'hëên[sio-ts'ian]肖虔（互相谦让）；sëo-c'hin-tshëō^{ng}[sio-ts'in-tsiɔ̃] 肖亲像（相同）；sëo-hëo^{ng} [sio-hiɔ̃] 烧香；sëo-kè^{ng} [sio-kĩ] 肖见(相见)；sëo-k'höⁿà[sio-k'uã] 肖看(相看)；sëo-kim-sëo-tshwá[sio-kim-sio-tsua] 烧金烧纸(烧烫金纸)；sëo-kín [sio-kin] 肖近(彼此接近)；sëo-nëô^{ng}[sio-niɔ̃] 肖让(相让)；sëo-pëèt[sio-piat] 肖别(相别)；sëo-p'hăh[sio-p'aʔ] 肖拍(打架)；sëo- p'höⁿā[sio-p'uã] 肖伴(相伴)；sëo-pöēy[sio-puei]肖背(相反行动)；sëo-swà[sio-sua] 肖世(陆续)；sëo-tâng[sio-taŋ] 肖同(相同)；sëo-t'hôe [sio-t'ai]肖刣(相杀)；sëo-tshān[sio-tsan]肖赠(相助)；sëo-tshàp[sio-tsap]肖杂(融合)；sëo-tày[sio-te]肖滞(相反)；pàng-höéy-lâe-sëo[paŋ-huei-le-sio]放火例烧(用火焚烧)；②sëó-kang[sio-kaŋ]小冈；sëó-möēy[sio-muei]小妹；sëó-tē[sio-ti]小弟。●英[ø]：Yëo[io]⑤yêô-t'hâou [io-t'au] 摇头。

14.ëw[iu] ——柳[l/n]：Lew [liu]①lew[liu] 溜。●求[k]：Kew[kiu]⑤p'höêy-kêw [p'uei-kiu] 皮球。●地[t]：Tew[tiu]①tew-tshúy[tiu-tsui] 丢水(投掷入水)；⑤têw-twān[tiu-tuan] 绸缎；⑦tēw-kó-c'háou[tiu-ko-ts'au] 稻槁草(稻草)。●他[t']：T'hew[t'iu]①t'hew-gîn-söⁿa[suã][t'iu-gin-suã] 抽银线（制银线）。●曾[ts]：Tshew[tsiu]①bák-tshew [bak-tsiu] 目珠（眼睛）；②tshéw-köⁿá[tsiu-kuã]守寡；tshéw-pöey [tsiu-puei] 酒杯；tshéw-tëùm [tsiu-tiam] 酒店；tshéw-tshaou [tsiu-tsau] 酒糟；tshéw-tshöⁿá[tsiu-tsuã]酒盏；tshéw-tshùy [tsiu-tsui] 酒醉；gô-tshéw [go-tsiu] 扼酒（酿酒）；lim-tshéw [lim-tsiu] 啉酒（喝酒）；pān-tshéw [pan-tsiu] 办酒（办酒席）；sàou-tshéw [sau-tsiu] 扫帚；t'hin-tshéw [t'in-tsiu] 滕酒（斟酒）；tshëàh-tshéw [tsiaʔ-tsiu] 食酒（喝酒）；③tshèw-tshwā[tsiu-tsua] 咒誓(发誓)；⑦tshēw-sē[tsiu-si] 就是。●时[s]：Sew [siu]①sew-tshèng [siu-tsiŋ] 修正；②tshúy-séw [tsui-siu] 水手；③sèw-hwa [siu-hua] 绣花；k'him-sèw [k'im-siu] 禽兽；⑤këet-wan-sêw [kiat-uan-siu]结冤仇；⑦sēw-k'hè [siu-k'i]受气（生气）；tshëáou-sēw [tsiau-siu]鸟岫（鸟窝）；tû^{ng}-höêy-sēw[tŋ-huei-siu]长岁寿（长寿）。●英[ø]：Yew[iu]②pêng-yéw[piŋ-iu]朋友；③yèw-yèw[iu-iu]幼幼（精细）；⑤gôo-leng-yêw[gu-liŋ-iu]牛奶油；⑦yēw-á[iu-a]柚仔（柚子）。

15.wae[uai] ——求[k]：Kwae[kuai]②kwáe-á [kuai-a]拐子（拐杖）；③yaou-kwáe [iau-kuai]妖怪；yaou-hwɑt-kwàe-sùt [iau-huat-kuai-sut]妖法怪术。●去[k']：K' hwae [k'uai]③k'hwàe-k'hwàe [k'uai-k'uai]快快；k'hwàe-tshò[k'uai-tso] 快做(很容易做到)；k'hîn-k'h wàe [k'in-k'uai] 勤快。●英[ø]：Wae[uai]①wɑe[uai]歪。

16.ëaou/yaou[iau] ——柳[l/n]：Lëaou[liau]②lëáou-lëáou[liau-liau] 了了(完成)；⑤key^{ng}-lëâou[kẽ-liau] 更寮；⑦lëāou-lé[liau-li] 料理。●求[k]：këaou [kiau]①këaou-gō [kiau-go]骄傲；këaou-gnâou [kiau-ŋau] 骄傲；këaou-t'hôou [kiau-t'au] 骄头(骄傲)；këaoutshúy [kiau-tsui] 浇水；②këáou-tëô^ng [kiau-tiɔ] 九场(赌场)；pwǎh-këáou [puaʔ-kiau] 跋九（赌博）。●地[t]：Tëaou [tiau]①tëaou-sin [tiau-sin]雕身；⑤tëâou-têng[tiau-tiŋ]朝廷；tëâou-tít[tiau-tit]稠直（正直）；bàk- tëâou[bak-tiau]墨条；gîn-tshoo-tëâou[gin-tsu-tiau]银珠条；kɑt-tëâou[kat-tiau]结条；nɑe-ū^m-tëâou[nai-m-tiau]耐唔着（无法忍受）；tèng-tëâou[tiŋ-tiau]钉条（快速钉）；⑦tshâe-tëāou[tsai-tiau]才调(人才)。●曾[ts]：Tshëaou[tsiau]②tshëáou[tsiau] 鸟；tshëáou-sēw[tsiau] 鸟岫（鸟窝）；③tshëàou[tsiau] 照（依据）；tshëàou-kāou[tsiau-kau] 较厚（足够）；tshëàou-kò[tsiau-kɔ] 照顾；tshëàou-tshooî^ng[tsiau-tsuĩ]照全（完成）；⑤tshëâou-pē[tsiau-pi] 禇备（准备）。●时[s]：Sëaou[siau]①c'höey-sëaou[tsʻuei-siau]吹箫；②sëáou-láy[siau-le]小礼（羞愧）；sëáou-swɑt[siau--suat]小说；③sëàou-lëên[siau-lian]少年；sëàou-p'ho[siau-pʻɔ]数簿（账簿）；kè-sëàou[ki-siau]记数（记账）；këèn-sëàou[kiau-siau]见笑（羞愧）；sooi^ng-sëàou[suĩ-siau] 算数（算账）；⑤sëâou-sit [kiau-sit]消息。●英[ø]：Yaou[iau]yɑou-kwàe[iau-kuai] 妖怪；yɑou-tshë^na[iau-tsiã]妖精；yɑou-sút[iau-tsiã]妖术；pak-tō-yɑou[pak-tɔ-iau] 腹肚枵（肚子饿）；③yàou-kín[iau-kin]要紧（重要）。

17.öey[uei] ——边[p]：Pöey[puei]①pöey[puei]飞；⑦pöēy-gèk[puei-gik]背逆(要造反)；lōng-pöēy[lɔŋ-puei]弄毁（毁坏）；sëo-pöēy[sio-puei]相背（背道而驰）。●求[k]：Köey[kuei]②köéy-tshé [kuei-tsi]果子(水果)；③köèy[kuei]过(以上)；köèy-kang [kuei-kaŋ]过江；köèy-sè [kuei-si]过世；köèy-sit[kuei-sit]过失；köèy-t'hôou[kuei-tʻau]过头（超过）；bóng- köèy [bɔŋ-kuei] 满过；kang- köèy[kaŋ-kuei]工课(工作)；keng-köèy[kiŋ-kuei]经过；tshit-köèy[tsit-kuei]一过（一次）；⑦köēy-k'ɑ[kuei-kʻa]跛骹(跛脚)。●去[k']：K' höey[kʻuei]③kang-k'höèy[kaŋ-kʻuei]工课(工作)。●颇[p']：P' höey[pʻuei]③p'höèy-nö^nā[pʻuei-nuã] 呸澜（吐痰）；më^ngh-p'höèy[mĩʔ-pʻuei]物配 (美味)；⑤p'höèy[pʻuei]皮；p'höèy-kěw[pʻuei]皮球；⑦p'höēy-tö^na[pʻuei-tuã]被单。●曾[ts]：Tshöey[tsuei]⑦tshöēy-kò[tsuei-ko]罪过；jīn-tshöēy[dzin-tsuei]认罪；kɑ-tshöēy[ka-tsuei]交睡（睡觉）；ōo-tshöēy[u-tsuei]有罪；sëà-tshöēy[sia-tsuei]谢罪；tek-tshöēy-[tik-tsuei]得罪。●英[ø]：Wöey[uei]①Wöey-á[uei-a]锅仔（锅）。●门[b/m]：Möey[muei]⑤ám-möēy[am-muei]饮糜（米粥）；⑦sëó-möēy[sio-muei]小妹。

（二）阳声韵母13个

18.am[am] ——柳[l/n]：Lam [lam]②lám-lám [lam-lam] 荏荏(不良)；⑤lâm [lam]南；lám-lám-sám-sám [lam-lam-sam-sam] 滥滥毵毵(颠三倒四)；lám-sám [lam-sam] 滥毵(随便)；lam-sek [lam-sik]蓝色。●去[k']：K' ham [kʻam]②k'hám-sàou [kʻam-sau] 喊嗽(咳嗽)；heng-k'hám [hiŋ-kʻam] 胸坎(胸膛)。③k'hàm-jit [kʻam-dzit] 勘日(蔽日)；kwà-k'hàm [kua-kʻam] 盖勘(把盖)。●地[t]：Tam[tam]①tɑm-měy^ngh[tam-mē] 耽物(迅速)；⑤tâm-tâm[tam-tam]澹澹(潮湿)。●他[t']：T'ham[tʻam]①t'ham-sim[tʻam-sim]贪心；③t'hàm-t'hë^na[tʻam-tʻiã]探听；⑤t'hâm-á[tʻam-a] 潭仔（池塘）。●曾[ts]：Tsham[tsam]

②tshám-hwɑt[tsam-huat] 斩发（切断）；tshám-t'hâou[tsam-t'au] 斩头；tshám-tooī^{ng}[tsam-tuĩ] 斩断；c'he-tshám[ts'i-tsam]凄惨。●时[s]：Sam[sam]②lâm-sám [lam-sam] 滥鬖(乱纷纷)；lâm-lâm-sám-sám [lam-lam-sam-sam] 滥滥鬖鬖(乱纷纷)；⑤lô-sâm [la-sam] 拉馋(肮脏)。

19.im[im] ——柳[l/n]：Lim[lim]①lim[lim] 啉(饮)。●求[k]：Kim [kim]①kim-tshwá [kim]金纸(镀金纸)；höéy-kim-c'hey^{ng}[huei-kim-ts'ɛ̃] 火金星；tong-kim [tɔŋ-kim] 当今(现在)。●去[k']：K' him[k'im]⑤k' hîm-sèw[k'im-siu] 禽兽。●地[t]：Tim[tim]⑤tîm-hëo^{ng}[tim-hiɔ̃] 沉香（桂香）；c'him-tîm[ts'im-tim] 深沉。●他[t']：T'him[t'im]③t'hìm-t'hâou[t'im-t'au] 鈂头（点头头）。●曾[ts]：Tshim[tsim]①tshim-c'hùy[tsim-ts'ui] 斟喙（亲嘴）；②tshím-t'hâou[tsim-t'au] 枕头。●时[s]：Sim[sim]①sim-köⁿa[sim-kuã] 心肝；sim-sëõ^{ng}[sim-siɔ̃] 心想；sim-tshè[sim-tsi] 心志；teng-sim [tiŋ-sim] 灯芯；tëùm-sim[tiam-sim]点心；t'hɑm-sim[t'am-sim]贪心；②sím-p'höⁿà[sim-p'uã] 审判；sím-pōo[sim-pu] 新妇；⑦tëúm-tëúm-sīm-sīm[tiam-tiam-sim-sim]居居惵惵(无声)。●英[ø]：Yim[im]①yim-lwān[im-luan]淫乱；sëⁿa-yim[siã-im]声音；tsháou-yim[tsau-im]噪音。

20.ëum[iam] ——柳[l/n]：Lëum[liam]⑤lëûm-pe^{ng}[liam-pĩ] 临边(目前)；kô̂-bāy-lëûm[kɔ-be-liam]糊溮粘(不拘泥于)；⑦lëûm-c'hěyh [liam-ts'ɛ]念册(背诵书)；lëūm-keng[liam-kiŋ]念经(背诵经书)。●求[k]：Këum[kiam]②kéy-kéúm [kɛ-kiam] 加减；⑤këûm-këûm [kiam-kiam] 咸咸(咸的)；këûm-tshúy [kiam-tsui] 咸水。●去[k']：K' hëum [k'iam]①k'hëûm-sùn [k'iam-sun]谦逊(谦卑)；②k'hëúm-tsháe[k'iam-tsai]歉采(也许)；③k'hëûm-lâng-ây-tshê^{ng} [k'iam-laŋ-e-tsĩ]欠人的钱(欠人钱)；bó̂-k'hëùm-k'höéyh[bɔ-k'iam- k'uei?]无欠缺(没有想)。●地[t]：Tëum[tiam]②tëúm-höéy[tiam-huei]点火；tëúm-sim[tiam-sim]点心；tëúm-tshek[tiam-tsik]点烛(点燃蜡烛)；③tëùm-tëùm[tiam-tiam] 居居(无声)；tëùm-tëùm-sīm-sīm [tiam-tiam-sim-sim] 居居惵惵(无声)；k' höⁿà-tëùm[k'uã-tiam]看店；k' hwuy-tëùm[k'ui-tiam] 开店；möⁿa-tëùm[muã-tiam]；幔店(服装店)；tshéw-tëùm[tsiu-tiam]酒店；yëóh-tëùm[io?-tiam]药店。●他[t']：T'hëum[t'iam]②t'hëúm-mey^{ng}h[t'iam-mɛ̃] 忝猛（迅速）。●曾[ts]：Tshëum[tsiam]①tshëum-á[tsiam-a] 针仔（针）；këàh-tshëum[kia?-tsiam]攑针（拿针）。●时[s]：Sëum [siam]②sëúm-tē-pe^{ng}-á[siam-ti-pĩ-a]闪在边仔(闪在一旁)；⑤tshìt-sëûm [tsit-siam] 一撦 (两手合拢)；⑦sëūm-lô [siam-lɔ] 暹炉（暹）。

21.an[an] ——柳[l/n]：Lan [lan]②lán [lan] 侬(咱们)；lán-ây [lan-e] 侬 兮(咱的)；⑤lân-kɑn [lan-kan] 栏杆；lân-san [lan-san] 零星；kɑn-lân [lan-lan] 艰难；⑦tshɑe-lāŋ [tsai-lan] 灾难。●边[p]：Pan[pan]①pɑn-gê[pan-gi] 便宜；②c'hâ-pán[ts'a-pan] 柴板（木板）；ìn-pán[in-pan] 印版；⑦pān-sōo[pan-su]办事（做生意）；báy-pān[be-pan] 买办；pē-pān[pi-pan] 备办（准备）。●求[k]：Kan[kan]①kɑn-k'hó̂[kan-k'ɔ] 艰苦；kɑn-lân[kan-lan] 艰难；kɑn-séy^{ng}-sëá[kan-sɛ̃-sia] 简省写(缩短)；bó̂-sëɑng-kɑn [bɔ-siaŋ-kan] 无相干；jit -kɑn [dzit-kan] 日间；lân-kɑn[lan-kan] 栏杆；mêy^{ng}-kɑn [mɛ̃-kaŋ] 暝间(夜间)；tëong-kɑn [tioŋ-kan] 中间；sè-kɑn[si-kan] 世间。●去[k']：K' han [k'an]①k'hɑn-bán [k'a n-ban] 牵挽（拉动）；k'han-béy [k'an-bɛ] 牵马；k'han-söⁿâ [k'an-suã] 牵线；k'han-tshîn　[k'an-tsin] 牵成；②ūᵐ-k'hán-t'hěⁿɑ [m-k'an-t'iã] 不肯听。●地[t]：Tan[tan]⑤tân[tan] 瞋(声音响)；lūy-tân[lui-tan] 雷瞋（雷响）。●他[t']：T'han[t'an]③t'hàn[t'an]趁（跟随）；t'hàn-höⁿâ[t'an-huã] 趁横（横）；t'hàn-k'hēā[t'an-k'ia]侹徛（垂直）；t'hàn-tshëah[t'an-tsiaʔ]趁食（获得生计）；t'hàn-yëōⁿᵍ[t'an-iõ] 趁赢。●曾[ts]：Tshan[tsan]③tshìt-tshàn[tsit-tsan] 一栈（一层）；⑤tshân-āou [tsan-au] 前后；⑦pɑng-tshān[paŋ-tsan] 帮赠（帮助）；sëo-tshān[sio-tsan] 肖赠（相助）。●时[s]：San[san]①lân-sɑn [lan-san] 零星(杂项)；②sán-sán[san-san] 瘠瘠(瘦)。

22.in [in] ——边[p]：Pin[pin]①pin-nûⁿᵍ[pin-nŋ]槟榔；pin-nûⁿᵍ-sōo[pin-nŋ-su]槟榔城；pîn-këông[pin-kiɔŋ] 贫穷。●求[k]：Kin[kin]①kin-á-jít [kin-a-dzit] 今仔日(今日)；kin-pún [kin-pun] 根本；tshìt-kin [tsit-kin] 一斤；②kín-kín [kin-kin] 紧紧(匆忙)；t'hô·-kín [t'ɔ-kin] 讨拣(工作)；yàou-kín [iau-kin] 要紧(重要) ⑦c'hin-kīn [ts'in-kin] 亲近。●去[k']：K'hin[k'in]①k'hin-k'hwàe[k'in-k'uai]轻快；k'hin-tāng[k'in-taŋ]轻重；②k'hín-k'hín [k'in-k'in]浅浅(浅)；⑤k'hîn-c'hàe[k'in-ts'ai]芹菜。●地[t]：Tin[tin]①tin-tāng[tin-taŋ]珍动(移动)；⑤tîn-á[tin-taŋ]藤仔（藤子）；tîn-ɑe[tin-ai]尘埃。●他[t']：T'hin[t'in]⑤t'hîn-tshéw[t'in-tsiu]滕酒（倒酒）。●曾[ts]：Tshin[tsin]①tshin-tshěⁿà[tsin-tsiã]真正；⑤k'han-tshîn[k'an-tsin]牵成；⑦tshīn-kèng[tsin-kiŋ]尽敬(恭敬)；tshīn-tshāe[tsin-tsai]尽在(非常)；këông-tshīn[kiɔŋ-tsin]穷尽。●时[s]：Sin[sin]①sin-īn[sin-in] 身孕；sin-k'heyh[sin-k'ɛʔ]新客；sin-lô[sin-lo] 薪劳（工资）；sin-nëôⁿᵍ[sin-niɔ]新娘；sin-peⁿᵍ[sin-pĩ] 身边；sin-seyⁿᵍ[sin-sɛ] 先生；ék-sin [ik-sin] 一身；k'hé-sin[k'i-sin] 起身。●英[ø]：Yin[in]③yìn-c'hěyh[in-ts'ɛʔ]印册（印书）；yìn-pán[in-pan]印版；yìn-tap[in-tap]应答；yìn-wūy[in-ui]因为；⑦sin-yīm[sin-im]身孕。●门[b/m]：Min[min]⑤mîn-á-tshāe [min-a-tshai] 明仔载（明天）。

23.un/wun[un] ——柳[l/n]：Lun[lun]②t'hun-lún[t'un-lun] 吞忍(忍耐)；⑤c'hëa-lûn[ts'ia-lun] 车轮；⑦lūn-göěyh[lun-gueiʔ]闰月；lūn-góo[lun-gu]论语；pëēn-lūn[pian-lun]辩论 (讨论)。●边[p]：Pun[pun]①pun-c'höey[pun-ts'uei] 口盆吹（吹喇叭）；pun-k'hwuy[pun-k'ui]分开(划分)；pun-lê[pun-li]分离；pun-ts'hěyh [pun-ts'ɛʔ] 分册(分发书籍)；pun-tshò-kwúy-na-uy[pun-tso-kui-na-ui] 分作几那位（分为几个地方）；②pún-sin [pun-sin] 本身；pún-tshêⁿᵍ[pun-tsĩ] 本钱；kin-pún [kin-pun] 根本；séh-pún [siʔ-pun] 蚀本(赔钱)；tshít-pún [tsit-pun] 一本；③pùn-sò[pun-so] 粪扫(垃圾)；lóh-pùn [loʔ-pun] 落粪(大便)；sëo-pùn[sio-pun]烧粪(烧牛粪)。●求[k]：Kwun[kun]①kwun-sōo-peng-béy[kun-si-piŋ-bɛ] 军事兵马；kwun-tshóo[kun-tsu] 君子；②kwún-tshúy[kun-tsui] 滚水（开水）；ām-kwún[am-kun] 颔管(脖子)；gâou-kwún[gau-kun] 蔡滚(开玩笑)；③kwûn-t'hâou-bó [kun-] 拳头拇（拳头）。●去[k']：K'hwun [k'un]③k'hwùn [k'un]睏(睡)；hěyⁿᵍ-k'hwùn [hɛ̃-k'un]歇睏（歇息）●地[t]：Tun[tun]①tun-tun[tun-tun] 钝钝（钝）；⑤c'hùy-tûn[ts'ui-tun] 喙唇(嘴唇)；hēy-tûn[hɛ-tun] 下唇；téng-tûn[tiŋ-tun] 顶唇（上唇）。●颇[p']：P'h hun[pʻun]①pʻhun-töⁿā[pʻun-tuã] 贫惮(懒惰)。●他[tʻ]：Tʻhun[tʻun]①tʻhun-lún[tʻun-lun] 吞忍(耐烦)。●曾[ts]：Tshun[tsun]①tshun-á[tsun-a] 樽仔（盛酒器）；tshun-e-ây-lēng[tsun-i-e-liŋ]遵伊的令（服从他的命令）；tshun-kèng[tsun-kiŋ] 尊敬；②ūᵐ-tshún[m-tsun]唔准（不准）；⑤tshûn-lěⁿā[tsun-liã]船锚；kěⁿɑ̌-tshûn[kiã-tsun]行船；lòh-tshûn[loʔ-tsun]落船（下船）；tǎh-tshûn[taʔ-tsun]踏船（去船上）；tshëen-tshûn[tsian-tsun]战船。●时[s]：Sun[sun]①kěⁿá-sun[kiã-sun]囝孙（子孙）；③kʻheùm-sùn [kʻiam-sun] 谦逊；⑦sūn-hong[sun-hɔŋ] 顺风；sūn-lō˙[sun-lɔ] 顺路；sūn-pēēn[sun-pian]顺便；hàou-sūn[hau-sun]孝顺。●英[ø]：Wun[un]①wun[un]蝹（无力的卧倒）；wun-koo-ây-lâng[un-ku-e-laŋ]瘟疴的人（驼背之人）。

24.wan[uan] ——柳[l/n]：Lwan[luan]⑦jěáou-lwān [dziau-luan]扰乱 (混乱)；yim-lwān[im-luan]淫乱。●求[k]：Kwan[kuan]②kwán-tʻhāe[kuan-tʻai] 款待（招待）；pʻho-lây-kwán [pʻo-le-kuan]玻璃管 (玻璃瓶)；③kwàn-sè[kuan-si] 惯世(习惯)；têy-kwàn [tɛ-kuan] 茶罐（茶壶）；⑤kwân-kwân [kuan-kuan] 悬悬(高)；kēy-kwân [kɛ-kuan] 低悬（高低）。●去[kʻ]：Kʻ hwàn [kʻuan]③kʻhwàn-sè-bûn [kʻuan-si-bun] 看世文(看剧本)。●地[t]：Twan[tuan]⑦têw-twān[tiu-tuan] 绸缎。●英[ø]：Wan[uan]①wɑn-key[uan-kɛ] 冤家；wɑn-köèy-lâe [uan-kuei-lai] 弯过来；kěet-wɑn-sêw [kiat-uan-siu]结冤仇；⑤yěôh-wân[ioʔ-uan]药丸。

25.ěen[ian] ——柳[l/n]：Lěen[lian]②lěén-tâou[lian-tau]脸头；⑤lěēn-tùy[lian-tui]联对；tùy-lěēn[tui-lian]对联；sěáou-lěēn[siau-lian]少年；⑦lěēn-á[lian-a]链仔(链子)；cʻhaou-lěēn[tsʻau-lian] 操练；teng-lěēn[tiŋ-lian] 钉链(链接)。●边[p]：Pěen[pian]③kěⁿâ-pěēn-pěēn[kiã-pian-pian]行遍遍（到处走）；⑦pěēn-lūn[pian-lun]辩论；hwun-pěēn[hun-pian]分辨；sūn-pěēn[sun-pian]顺便；sûy-pěēn[sui-pian]随便。●求[k]：kěen[kian]③kěèn-sěàou [kian-siau]见笑(惭愧的, 羞耻的)。●颇[pʻ]：pʻ hěen[pʻian]③ɑ-pʻhěèn[pʻian] 鸦片；möⁿâ-pʻhěèn[muã-pʻian]瞒骗(欺骗)。●曾[ts]：Tshěen[tsian]①tshěen-sê[tsian-si] 煎匙；②tshěén-to[tsian-to] 剪刀；kɑ-tshěén[ka-tsian] 铰剪（剪刀）；③tshěēn-kǎh[tsian-kaʔ] 战甲（盔甲）；tshěēn-tshûn[tsian-tsun] 战船；cʻhut-tshěēn[tsʻut-tsian] 出战；gâou-tshěēn[gau-tsian] 獒战（善战）。●时[s]：Sěen[sian]①seyⁿᵍ-sěen[sɛ̃-sian] 生鉎（生锈）。●英[ø]: Yěen [ian]⑤yěen-kò˙[ian-kɔ]缘故。

26.ang[aŋ] ——柳[l/n]：Lang[laŋ]⑤lâng-kʻheyh [laŋ-kʻɛʔ] 人客(客人)；cʻhàou-hē-lâng [tsʻau-hi-laŋ] 臭耳聋(耳聋)；cʻhut-lâng [tsʻut-laŋ]出难(提出此事)；sūy-lâng [sui-laŋ] 随人；tàk-lâng [tak-laŋ] 逐人(每人)。●边[p]：Pang[paŋ]①pɑng-kok[paŋ-kɔk] 邦国；pɑng-tshān[paŋ-tsan]帮赞（帮助）；③pàng-âng[paŋ-aŋ] 放红（输血液）；pàng-cʻhèng[paŋ-tsʻiŋ] 放铳（消防炮）；pàng-jěō[paŋ-dzio] 放尿（小便）；pàng-pʻhàou[paŋ-pʻau] 放炮；pàng-pʻhwùy[paŋ-pʻui] 放屁；pàng-sáe[paŋ-sai] 放屎（大便）。●求[k]：Kang[kaŋ]①kɑng-hoo[kaŋ-hu] 工夫；kɑng-kʻhöèy[kaŋ-kʻuei]功课；gěâ-kang [gia-kaŋ]蜈蚣；goô-kang [gu-kaŋ]牛公(公牛)；yěôⁿᵍ-kang [iɔ̃-kaŋ]羊公(公羊)；②köèy-káng[kuei-kaŋ]过港。●去[k']：K' hang [k'aŋ]①k'hang-k'hang [k'aŋ-k'aŋ] 空空(空的)；hē-k'hang [hi-k'aŋ] 耳腔(耳朵)。●地[t]：Tang[taŋ]①tang-sae[taŋ-sai] 东西；tang-t'he[ng][taŋ-t'ĩ] 冬天；tang-tshăyh [taŋ-tseʔ]冬节(冬至)；tang-u[ng] [taŋ-ŋ]中间；③kàou-tàng[kau-taŋ]够当(业务)；⑤tâng-só[taŋ-so] 铜锁(黄铜锁)；tâng-sö[n]a[taŋ-suã] 铜线(黄铜线)；sëo-tâng[sio-taŋ]相同；⑦tāng-tāng[taŋ-taŋ]重重(沉重)；k'hin-tāng [k'in-taŋ]轻重；tìn-tāng [tin-taŋ]镇重(移动)。●颇[p']：P'hang[p'aŋ]①p'hang-p'hang[p'aŋ-p'aŋ] 芳芳（芳香）；tshûn-p'hâng[tsun-p'aŋ] 船帆。●他[t']：T'hang[t'aŋ]①t'hang-á[t'aŋ-a]窗仔（窗户）；bô- t'hang[bɔ-t'aŋ]无嗵（无法）；u[m]- t'hang[m-t'aŋ] 唔嗵（不要）。●曾[ts]：Tshang[tsaŋ]①béy-tshang[bɛ-tsaŋ]马鬃（马的鬃毛）；t'hôou-tshang-böéy[t'au-tsaŋ-buei]头鬃尾（小辫子）；⑤tshâng-èk[tsaŋ-ik]冲浴；c'hēw-tshâng[ts'iu-tsaŋ]树丛。●时[s]：Sang[saŋ]③sàng-sû[ng][saŋ-ŋ]送丧(送葬)。

27.ëang[iaŋ] ——求[k]：Këang[kiaŋ]②këáng-këáng[kiaŋ-kiaŋ] 强强（勉强）。●地[t]：Tëang[tiaŋ]⑦tŏk- tëāng[tɔk-tiaŋ]独杖。●时[s]：Sëang[siaŋ]①sëang-c'héw[siaŋ-ts'iu]双手；twā-sëang[tua-siaŋ]大商（一个批发商户）；⑤sëâng-sëâng[siaŋ-siaŋ]常常；sëâng-sê[siaŋ-si]常时；⑦sëāng-pêng[siaŋ-piŋ]双爿(双方)。

28.eng[iŋ] ——柳[l/n]：Leng [liŋ]①leng-yêw [liŋ-iu] 奶油（黄油）；gôo-leng [gu-liŋ] 牛奶；②léng-tshúy [liŋ-tsui] 冷水；⑤lêng-gwā [liŋ-gua]另外；lêng-jëòk [liŋ-dziɔk] 凌辱；⑦bēng-lēng [biŋ-liŋ] 命令；tshun-e-ây-lēng [tsun-i-e-liŋ] 遵伊的令（服从他的命令）。●边[p]：Peng[piŋ]①peng-to[piŋ-to] 兵刀（武器）；kwun-sōo-peng-béy[kwun-sōo-piŋ-bɛ] 军事兵马（军事）；⑤pêng-an[piŋ-an] 平安；pêng-pe[ng][piŋ-pĩ] 爿边（边缘）；pêng-yéw [piŋ-iu] 朋友；hëò[ng]-pêng[hiɔ̃-piŋ] 向爿（那一边）；hwan-pêng[huan-piŋ] 番爿(国外)；sëang-pêng[siaŋ-piŋ]双爿（两侧）；tsháy-pêng[tse-piŋ]这爿（这边）。●求[k]：Keng[kiŋ]①keng-köèy[kiŋ-kuei]经过；keng-t'hôou[kiŋ-t'au]肩头；keng-tshëo[kiŋ-tsio]香蕉；êng-keng[iŋ-kiŋ]婴间(婴儿房间)；gō-keng[gɔ-kiŋ]五经；lëūm-keng[liam-kiŋ]念经；pâng-keng[laŋ-kiŋ]房间；tshèng-keng[tsiŋ-kiŋ]正经（正直）；yëăh-keng[iaʔ-kiŋ]易经；②c'hong-kéng[ts'ɔŋ-kiŋ]创梗（嘲弄，嘲笑）；③kèng-tëōng[kiŋ-tioŋ]敬重；tshĭn-kèng[tsiŋ-kiŋ]正敬；tshun-kèng[tsiŋ-kiŋ]尊敬。●去[k']：K' heng [k'iŋ]⑦c'hut- k'hēng [ts'ut-k'iŋ] 出虹(有一道彩虹)。●地[t]：Teng[tiŋ]①teng-hëo[ng] [tiŋ-hiõ]丁香；teng-hôéy[tiŋ-huei]灯火；teng-tëēn[tiŋ-tian]钉链(链接)；t'he[h]-teng[t'iʔ-tiŋ]铁钉；②téng-bīn[tiŋ-bin]顶面(上面)；téng-hāou[tiŋ-hau]等候；téng-t'hāe[tiŋ-t'ai]等待；téng-po[tiŋ-pɔ]顶晡(上午)；téng-tûn [tiŋ-tun]顶唇(上唇)；lâou-téng[lau-tiŋ]楼顶(楼上)；sö[n]a-téng[suã-tiŋ] 山顶(山上)；tŏh-téng[toʔ-tiŋ]桌顶(桌上)；③lèng-á-t'hûy [liŋ-a-t'ui] 楞仔锤(锤子)；⑦mooî[ng]-tēng[muĩ-tiŋ] 门槛(门槛)。●曾[ts]：Tsheng[tsiŋ]①tsheng-bé[tsiŋ-bi]舂米；tsheng-hwàt[tsiŋ-huat]征伐；tsheng-kōo[tsiŋ-ku]征旧(迫击炮)；tsheng-tshwàh[tsiŋ-tsuaʔ]精辮(差异)；lô-tsheng[lo-tsiŋ]罗钟；sê-tsheng[si-tsiŋ]时钟；tshit-tëúm-tsheng-[tsit-tiam-tsiŋ]一点钟；②tshéng-á[tsiŋ-a]种仔（种子）；kay-mô[ng]-tshéng[ke-mɔ̃-tsiŋ]鸡毛苿（鸡毛掸）；sew-tshéng[-

tsiŋ]休整；③tshèng-tshé[tsiŋ-tsi]种子；tshèng-keng[tsiŋ-kiŋ]正经；tshàe-tshèng[tsai-tsiŋ]栽种 (种植)；ka-tshèng[ka-tsiŋ]交正(床垫)；⑤tshêng-āou[tsiŋ-au]前后；tshêng-jìt[tsiŋ-dzit]前日；bīn-tshêng[bin-tsiŋ]面前；yin-tshêng[in-tsiŋ]恩情；tshàou-tshêng[tsau-tsiŋ]灶前；tshá-tshêng[tsa-tsiŋ]早前；tshīn-tshêng[tsin-tsiŋ]真情；⑦tshēng-tshēng[tsiŋ-tsiŋ]静静（安静）；sëok-tshēng[siɔk-tsiŋ]肃静。●时[s]：Seng[siŋ]①seng-lé[siŋ-li] 生理（生意）；seng-tshëŏh[siŋ-tsioʔ]生借；e-seng [i-siŋ]医生；hàk-seng [hak-siŋ]学生；tàe-seng [tai-siŋ]代先（在先）；②séng-c'hat[siŋ-ts'at]省查(检查)；③sèng-jîn[siŋ-dzin]圣人；sèng-t'háy [siŋ-t'e]兴替（配置）。

29.ong[ɔŋ] ——柳[l/n]：Long[lɔŋ]②lóng-bô [lɔŋ-bɔ]拢无(并不)；lóng-tshóng [lɔŋ-tsɔŋ]拢总(整个)；⑦lōng-pöey [lɔŋ-puei]弄碑(毁坏)。●求[k]：Kong [kɔŋ]①kong- kong-tō-tō[kɔŋ-kɔŋ-to-to] 公公道道(公正)；kong-lô [kɔŋ-lo]功劳；kong-se [kɔŋ-si] 公司；ang-kong[aŋ-kɔŋ] 翁公（菩萨）；sae-kong[sai-kɔŋ] 师公（巫师）；tshóo-kong[tsu-kɔŋ] 主公；②kóng-këò[kɔŋ-kio]狂叫；kóng-wā [kɔŋ-ua]讲话；bóng-kóng[bɔŋ-kɔŋ]蛮讲。●去[k']：K' hong [k'ɔŋ]②k'hóng-tshóo [k'ɔŋ-tsu] 孔子。●地[t]：Tong[tɔŋ]①tong-kim[tɔŋ-kim]当今。●他[t']：T'hong[t'ɔŋ]①t'hong-sè-kày[t'ɔŋ-si-ke] 通四界（各地）；t'hong-t'heᵑ-hēy[t'ɔŋ-t'ĩ-hɛ] 通天下。●曾[ts]：Tshong[tsɔŋ]②lóng-tshóng[lɔŋ-tsɔŋ] 拢总；③tshóng-tâe[tsɔŋ-tai] 葬埋（埋葬）。●时[s]：Song[sɔŋ]③sòng-hëong[sɔŋ-hiɔŋ]宋凶（穷困）；sòng-sòng[sɔŋ-sɔŋ]宋宋（穷困）。●英[ø]：Ong[ɔŋ]②óng-lâe[ɔŋ-lai] 往来（交往）；⑦hin-ōng [hin-ɔŋ] 兴旺。

30.ëong[iɔŋ] ——柳[l/n]：Lëong[liɔŋ]③hâm-lëông[ham-liɔŋ]含龙（虎头钳）。●求[k]：Këong [kiɔŋ]②këong-c'hew [kiɔŋ-ts'iu]弓须；⑤këông-tshīn [kiɔŋ-tsin]穷尽；pín-këông [pin-kiɔŋ]贫穷。●地[t]：Tëong[tiɔŋ]①tëong-hō [tiɔŋ-ho]忠厚；tëong-kan[tiɔŋ-kan]中间；⑦kèng-tēōng[kiŋ-tiɔŋ]敬重。●他[t']：T'hëong[t'iɔŋ]②t'hëóng-àe[t'iɔŋ-ai]宠爱；③t'hëòng-lòk[t'iɔŋ-lɔk]畅乐（乐趣）。

(三)鼻化韵12个

31.ⁿa[ã] ——求[k]：Kⁿa[kã]①kⁿa-khoo[kã-k'u]监坩(监狱)；kⁿa-t'hâou[kã-k'u]监头(守门员)；②ūᵐ-kⁿá[m-kã]唔敢(不敢)。●地[t]：Tⁿa[tã]①tⁿa-tshúy[tã-tsui]担水；②bô-tⁿá[bo-tã]无胆（没勇气）；hó-tⁿá[ho-tã]好胆。●颇[p']：P' hⁿa[p'ã]③p'hⁿà-p'hⁿà[p'ã-p'ã]冇冇（空洞的）。●时[s]：Sⁿa[sã]①sⁿa[sã]三；sⁿa-k'ho[sã-k'ɔ]衫裤（衣服）；sⁿa-meᵑh[sã-mĩʔ]什么；sⁿa-sōo[sã-su]什事；sⁿa-tshàp[sã-tsap]三十；c'heng-sⁿa[ts'iŋ-sã]穿衫（穿衣）。

32.eyⁿᵍ [ẽ]——柳[l/n]：Neyⁿᵍ [nẽ]③nèyⁿᵍ-k'hö̀à[nẽ-k'uã] 暖看。●边[p]：Peyⁿᵍ [pẽ]③pèyⁿᵍ [pẽ] 柄；⑤pêyⁿᵍ-pêyⁿᵍ [pẽ-pẽ] 平平（匀）；pêyⁿᵍ-c'hë̀ⁿà[pẽ-ts'iã]平正（公平）；pêyⁿᵍ-të̈ⁿà [pẽ-tiã]平定；hè-pêyⁿᵍ [hi-pẽ]戏棚（戏剧舞台）；⑦pēyⁿᵍ-t'hë̀ⁿà[pẽ-t'iã]病痛；jwáh-pēyⁿᵍ [dzuaʔ-pẽ]热病；kö̈ⁿâ-pēyⁿᵍ [kuã-pẽ]寒病；të̈ŏh-pēyⁿᵍ [tioʔ-pẽ]着病（得病）。

●求[k]：Key^ng [kɛ̃]①key^ng-lěâou[kɛ̃-liau] 经条(手表内部零件)。●去[k']：K' hey^ng [k'ɛ̃]①k' hey^ng [k'ɛ̃]坑。●曾[ts]：Tshey^ng [tsɛ̃]①sëo-tshey^ng [sio-tsɛ̃] 肖争（相争）。●时[s]：Sey^ng[sɛ̃]①sey^ng-kë͂à[sɛ̃-kiã]生囝（生小孩）；sey^ng-më͂ā[sɛ̃-miã]生命；sey^ng-nooĩ[sɛ̃~-nuĩ] 生卵（下蛋）；sey^ng-sëen[sɛ̃-sian]生銹(生锈)；t'hɑou-sey^ng [t'au-sɛ̃]偷生；②séy^ng-séy^ng[sɛ̃-sɛ̃] 省省（节俭）；kɑn-séy^ng[kan-sɛ̃]简省；③pěyh-sèy^ng[pɛʔ-sɛ̃]百姓。●门[b/m]：Mey^ng [mɛ̃]⑤mêy^ng-hooĩ[mɛ̃-huĩ] 暝昏（晚上）；mêy^ng-kɑn[mɛ̃-kan] 暝间（夜晚）；mêy^ng-nê^ng[mɛ̃-nĩ] 明年；c'hey^ng-mêy^ng [ts'ɛ̃-mɛ̃]青盲（盲人）；t'hàou-mêy^ng [t'au-mɛ̃]透暝（过夜）；⑦mēy^ng[mɛ̃]骂。

　　33.o^·ng[ɔ̃]——门[b/m]：Mo^·ng[mɔ̃]⑤mô^·ng-kwúy [mɔ̃-kui]魔鬼；t'hâou-mô^·ng[t'au-mɔ̃]头毛(头发)。

　　34.e^ng[ĩ] ——柳[l/n]：Ne^ng[nĩ]②né^ng[nĩ] 染；⑤nê^ng[nĩ] 年；nê^ng-böéy[nĩ-buei]年尾（临近年关）；nê^ng-tshǎyh[nĩ-tseʔ] 年节（时间和季节）；kōo-nê^ng[ku-nĩ] 旧年（去年）；mêy^ng-nê^ng [mɛ̃-nĩ] 明年。●边[p]：Pe^ng[pĩ]①pe^ng-á[pĩ-a] 边仔（两侧）；béy-pe^ng[bɛ-pĩ] 马鞭（鞭子）；lêûm-pe^ng[liam-pĩ]临边(目前)；sin-pe^ng[sin-pĩ]身边；③káy-pè^ng[ke-pĩ]改变。●求[k]：Ke^ng [kĩ]③bāng-kè^ng [baŋ-kĩ] 梦见；k'hö͂à-kè^ng [k'uã-kĩ] 看见；khö͂à-ū͂^m-kè^ng [k'uã-m-kĩ] 看不见；p'hǎh-ū͂^m-kè^ng [k'uã-kĩ] 拍不见(打不到)；sëo-kè^ng [sio-kĩ] 相见；t'hë͂a-kè^ng [t'iã-kĩ] 听见；⑤háe-kè^ng [hai-kĩ] 海墘(海岸)。●地[t]：Te^ng[tĩ]①te^ng-te^ng[tĩ-tĩ] 珍珍（甜的）；⑤tê^ng-s^na[tĩ-sã]纟丹衫(缝衣服)；⑦tē^ng-tē^ng[tĩ-tĩ] 滇滇(满满)。●颇[p']：Phee^ng[p'ĩ]③p'hè^ng-ɑt[p'ĩ-at]鼻遏 (鼻梁)；p'hè^ng-t'hâou [p'ĩ-t'au]鼻头。●他[t']：T'he^ng[t'ĩ]①t'he^ng-tāy[t'ĩ]天地；c'hun-t'he^ng[ts'un-t'ĩ]春天；hēy-t'he^ng[hɛ-t'ĩ]夏天；hó-t'he^ng[ho-t'ĩ]好天；tɑng-t'he^ng[-t'ĩ]冬天；t'hong-t'he^ng-hāy[t'ɔŋ-t'ĩ-he] 通天下。●曾[ts]：Tshe^ng[tsĩ]①tshe^ng-bō[tsĩ-bo]晶帽（帽子）；tshe^ng-tëâou[tsĩ-tiau]毡条（地毯）；tshe^ng-sáy[tsĩ-se]浆洗（洗）；②tshé^ng-këo[tsĩ-kiɔ̃] 紫薑（薑）；③tshóh-tshè^ng[tsoʔ-tsĩ] 作箭；⑤tshê^ng-gîn[tsĩ-gin] 钱银（钱）；tshê^ng-tshâe[tsĩ-tsai] 钱财（钱）；tshê^ng-yin[tsĩ-in] 钱因；gîn-tshê^ng[gin-tsĩ] 银钱（钱）；kim-tshê^ng[kim-tsĩ] 金钱；kèy-tshê^ng[kɛ-tsĩ] 价钱；pún-tshê^ng[pun-tsĩ] 本钱；tát-tshê^ng[pun-tsĩ] 值钱；tâng-tshê^ng[taŋ-tsĩ] 铜钱；t'hàn-tshê^ng[t'an-tsĩ] 趁钱（赚钱）。●时[s]：Se^ng[sĩ]③sè^ng-á[sĩ-a] 扇仔（扇子）。●门[b/m]：Me^ng[mĩ]⑤mê^ng-hwa[mĩ-hua] 棉花；mê^ng-yëô^ng[mĩ-iɔ̃] 绵羊；kɑ-pǒh-mê^ng [ka-poʔ-mĩ] 佳薄棉。

　　35.ë^na[iã] ——柳[l/n]：Në^na[niã]②tshìt-në^á[tsìt-niã]一领（一套衣服）。●求[k]：Kë^na [kiã]①kë^ɑ-ne [kiã-ni]惊呢(惊讶)；kë^ɑ-së^â [kiã-siã]京城；pak-kë^ɑ[pak-kiã]北京；②kë^á-sàe[kiã-sai]囝婿（女婿）；kë^á-sun[kiã-sun]囝孙(子孙)；sày-kë^á [se-kiã]细囝(小孩)；③bàk-kë^à[bak-kiã]目镜(眼镜)；bīn-kë^à[bin-kiã]面镜；⑤kë^â-lâe-kë^â-k'hè[kiã-lai-kiã-k'i]行来行去(走来走去)；kë^â-lō·[kiã-lɔ]行路(走路)；kë^â-pëen-pëen [kiã-pian-pian] 行遍遍(到处走)。●地[t]：Të^na[tiã]②të^á[tiã]鼎；⑦të^ā-të^ā[tiã-tiã]定定(仅仅)；të^ā-tëóh[tiã-tioʔ]定着(固定)；lóh-të^ā[loʔ-tiã]落锚(抛锚)；pêy^ng-të^ā[pɛ-tiã]平定 (和平)；

tshûn-tëⁿâ[pɛ̃ʔ-tiã]船锚。●他[t']：T'hëⁿa[t'iã]①t'hëⁿa-kèⁿg[t'iã-kĩ] 听见；t'hàm-t'hëⁿa[t'am-t'iã] 探听；t'haou-t'hëⁿa[t'au-t'iã] 偷听；③ɑe-t'hëⁿà[ai-t'iã] 哀痛；pēyⁿg-t'hëⁿà[pɛ̃-t'iã]病痛。●曾[ts]：Tshëⁿa[tsiã]①tshëⁿa-göèyh[tsiã-gueiʔ]正月；yɑou-tshëⁿa[iau-tsiã]妖精；②tshëⁿá-tshëⁿá[tsiã-tsiã]餐餐 (淡)；nooíⁿg-tshëⁿá[[nuĩ-tsiã]软餐（软弱）；③tshëⁿà-c'héw[tsiã-ts'iu]正手（右手）；pêyⁿg-tshëⁿà[pɛ-tsiã] 平正；sè-tshëⁿà[si-tsiã] 四正（四方形）；tshin-tshëⁿà[tsin-tsiã] 真正；⑤tshëⁿâ-bān-nêⁿg[[tsiã-bān-nĩ] 成万年 (整个万年)；tshëⁿâ-c'heng[tsiã-ts'iŋ]成千；tshëⁿâ-lâng[tsiã-laŋ]成人；koˑ-tshëⁿâ[kɔ-tsiã]咕成 (恳求)。●时[s]：Sëⁿa[siã]①sëⁿa-bun[siã-bun]声文；sëⁿa-yim[siã-im]声音；mëⁿâ-sëⁿa[miã]名声；twā-sëⁿa[miã]大声；⑤këⁿa-sëⁿâ [kiã-siã]京城。●英[ø]：Yëⁿa[iã]②bô-yëⁿá[bɔ-iã]无影；k'hàh-tshɑe-yëⁿá[k'aʔ-tsai-iã]恰知影（知道）；wōo-yëⁿá-á-bô [u-iã-a-bɔ] 有影仔无（真实与否）；⑤soo-yëⁿâ [su-iã] 输赢；t'hâe-yëⁿâ [t'ai-iã] 刣赢（打赢）；●门[b/m]：Mëⁿa[miã]⑤mëⁿâ-sëⁿa[miã-siã]名声；c'hɑng-mëⁿâ[ts'aŋ-miã]聪明；kè-mëⁿâ[ki-miã]记名（签署人的名字）；tāy-hô-mëⁿâ[te-ho-miã̃] 地和名；⑦hó-mëⁿâ[ho-miã] 好命；k'höⁿà-mëⁿâ[k'uā-miã]看命（算命）；seyⁿg-mëⁿâ[sɛ̃-miã] 生命；sooíⁿg-mëⁿâ[suĩ-miã]算命。

36.öⁿa[uã] ——柳[l/n]：Nöⁿa[nuã]②nöⁿá-tshǎh[nuã-tsaʔ] 拦截（阻挠）；⑦nöⁿā-nöⁿā[nuã-nuã] 烂烂（腐烂的）；p'höey-nöⁿā[p'uei-nuã]呸澜（吐痰）。●边[p]：Pöⁿa[puã]①pöⁿa-hè[puã-hi] 搬戏（演戏）；pöⁿa-k'hè[puã-k'i] 搬去（删除）；tshít-pöⁿa-yëōⁿg[tsít-puã-iɔ̃] 一般样(类似)；②pöⁿá-öⁿá[puã-uã] 盘碗（餐具）；pöⁿá-sê [puã-si] 盘匙（餐具）；③tshít-pöⁿà [tsit-puã] 一半；⑤pöⁿâ-áh [puã-aʔ] 盘仔（盘子）；k'hɑ-pöⁿâ [k'a-puã]骹盘 (脚背)。●求[k]：Köⁿa[kuã]①köⁿa-mooîⁿg [kuã-muĩ]关门；bīn-t'hâou-köⁿa [bin-t'au-kuã] 面头干（面包）；hê-köⁿa[hi-kuã] 鱼干；kê-köⁿa[ki-kuã] 旗杆；pôˑ-tô-köⁿa[pɔ-to-kuã] 葡萄干；sim-köⁿa[sim-kuã] 心肝（心脏）；tāou-köⁿa[tau-kuã] 豆干（炸豆腐）；tek-köⁿa[tik-kuã]竹竿；tshò-köⁿa[tso-kuã] 做官；②tuy-köⁿá[tui-kuã] 追赶；③t'hɑou-köⁿà[t'au-kuã]偷看(窥)；⑤köⁿâ-jwǎh[kuã-dzuaʔ]寒热 (疟疾)；köⁿâ-pēyⁿg [kuã-pɛ̃] 寒病；put-tshé-köⁿâ [put-tsi-kuã] 不止寒（过冷）；⑦lâou-köⁿā [lau-kuã] 流汗。●去 [k']：K'höⁿa[k'uã]①k'höⁿa-c'hâ [k'uã-ts'a] 棺材；k'höⁿa-wǎh [k'uã-uaʔ] 快活；③k'höⁿà-kèⁿg[k'uã-kĩ] 可见；k'höⁿà-mëⁿā[k'uã-mia] 看命(算命)；k'höⁿà-tëùm[k'uã-tiam] 看店；k'höⁿà-ūm-kèⁿg[k'uã-m-kĩ]看不见；c'hè-k'höⁿà [ts'i-k'uã] 试看(尝试)；c'hêy-k'höⁿà [ts'ɛ-k'uã] 查看；k'hǎh-k'höⁿà [k'aʔ-k'uã] 洽看(再看)；sëo-k'höⁿà [sio-k'uã]相看；t'hɑou-k'höⁿà [t'au-k'uã] 偷看。●地[t]：Töⁿa[tuã]①töⁿa-töⁿa[tuã-tuã] 单单；koˑ-töⁿa[kɔ-tuã] 孤单；p'höēy-töⁿa[p'uei-tuã] 被单；③p'höⁿà-töⁿà[p'uã-tuã] 判旦（决定）；p'hūn-töⁿà[p'un-tuã] 苯懒（懒惰）。●颇[p']：P' höⁿa[p'uã]③p'höⁿà-töⁿà[p'uã-tuã] 判旦(决定)；sím-p'höⁿà [sim-p'uã] 审判；⑦sëo-p'höⁿā[sio-p'uã] 相伴。●他[t']：T'höⁿa[t'uã]③böêy-t'höⁿà[buei-t'uã]煤炭；höéy-t'höⁿà[huei-t'uã] 火炭（木炭）。●曾[ts]：Tshöⁿa[tsuã]①tshöⁿa-têy[tsuã-tɛ] 煎茶；②ɑn-tshöⁿá[an-tsuã] 安怎（怎么）；tshéw-tshöⁿá[tsiu-tsuã] 咒誓（发誓）；⑦

tshö^{n}ā-tshö^{n}ā[tsuã-tsuã] 贱贱（廉价）。●时[s]：Sö^{n}a[suã]①sö^{n}a-téng[suã-tinŋ] 山顶；tû^{ng}-sö^{n}a[tŋ-suã] 唐山；③sö^{n}à-sö^{n}à [suã-suã] 散散（零落）；gîn-sö^{n}à [gin-suã] 银线；hō-sö^{n}à [hɔ-suã] 雨伞；k'hɑn-sö^{n}à [k'an-suã] 牵线；kim-sö^{n}à [kim-suã] 金线；p'hɑh-sö^{n}à [p'aʔ-suã] 拍散（打散）；se-sö^{n}à [si-suã] 丝线；sè-sö^{n}à [si-suã] 四散；tâng-sö^{n}à [taŋ-suã] 铜线。●英[ø]：O^{n}a[uã]②pö^{n}á-ö^{n}á[puã-uã] 盘碗（餐具）；⑦ö^{n}ā-lâe-ö^{n}ā-k'hè [uã-lai-uã-k'i]换来换去（交换）。●门[b/m]：Mö^{n}a[muã]②mö^{n}á-mö^{n}á[muã-muã] 满满；mö^{n}á-tāy [muã-te] 满地；⑤mö^{n}â-p'hëen [muã-p'ian] 瞒骗（欺骗）。

37.ae^{ng}[ãi] ——边[p]：P'hae^{ng}[p'ãi]②p'háe^{ng}[p'ãi]否（坏）；p'háe^{ng}-kwúy[p'ãi-kui]否鬼(一个邪恶的精神)；p'hăh-p'háe^{ng}[p'aʔ-p'ãi]拍否（打坏，摧毁）。●曾[ts]：Tshae^{ng}[tsãi]②c'héw-tsháe^{ng}[ts'iu-tsãi]手指。

38.^{n}aou[ãu] ——门[b/m]：⑦bīn-māou [bin-mau]面貌（面容）；tshū^{ng}-māou[tsŋ-mau]装貌（外观）；yëông-māou [iɔŋ-mau]容貌；⑦tshū^{ng}-māou[tsŋ-mau]妆貌（外观）。●语[g/ŋ]：Gnâou [ŋau]葵(有本事)；këaou-gnâou[kiau-ŋau] 骄傲。

39.ooi^{ng}[uĩ] ——柳[l/n]：Nooi^{ng}[nuĩ]②nooí^{ng}-nooí^{ng}[nuĩ-nuĩ] 软软（柔软）；nooí^{ng}-c'hë^{n}á[nuĩ-ts'iã] 软餐（软弱）；⑤nooí^{ng}-á [nuĩ-a]柚子(柚子)；⑦ăh-nooí^{ng}[aʔ-nuĩ]鸭卵（鸭蛋）；kà-nooí^{ng}[ka-nuĩ] 校崙（整个）；kɑy-nooí^{ng}[ke-nuĩ] 鸡卵（鸡蛋）；pōo-nooí^{ng}[pu-nuĩ] 孵卵（孵蛋）；sey^{ng}-nooí^{ng}[sɛ̃-nuĩ] 生卵（产卵）。●边[p]：Pooi^{ng}[puĩ]⑦tshé-pooí^{ng}[tsi-puĩ] 煮饭(煮米饭)；tshìt-tooí^{ng}-pooí^{ng}一顿饭。●求[k]：Kooi^{ng} [kuĩ]①kooi^{ng}-kooí^{ng} [kuĩ-kuĩ] 光光（光滑）；kooí^{ng}-tɑng [kuĩ-taŋ] 广东。●去[k']：K' hooi^{ng} [k'uĩ] ①k'hooi^{ng}-k'hooi^{ng} [k'uĩ-k'uĩ]光光(明亮的)；③k'hooi^{ng}-lâng-hó [k'uĩ-laŋ-ho]劝人好。●地[t]：Tooi^{ng}[tuĩ]②tooí^{ng}-k'hè[tuĩ-k'i] 转去（回去）；tooí^{ng}-lâe[tuĩ-k'ai] 转来（回来）；bán-tooí^{ng}[ban-tuĩ] 挽转（给拉了回来）；tò-tooí^{ng}[to-tuĩ] 倒转（再回去）；tshit-tooí^{ng}-pooí^{ng}[tsit-tuĩ-puĩ]一顿饭；⑦tooí^{ng}[tuĩ]断；kwáh-tooí^{ng}[kuaʔ-tuĩ]割断；tsháh-tooí^{ng}[tsaʔ-tuĩ] 截断（切断）；tshám-tooí^{ng}[tsam-ktuĩ]斩断。●曾[ts]：Tshooi^{ng}[tsuĩ]①tshooi^{ng}-á[tsuĩ-a]砖仔（砖）；③tshooi^{ng}-á[tsuĩ-a] 钻仔（钻）；làk-tshooi^{ng}[lak-tsuĩ] 六钻（六孔）；⑤tshooi^{ng}-jëên[tsuĩ-dzian] 全然（完全）；tshooi^{ng}-jëên-āy[tsuĩ-dzian-e] 全然的（无所不能）；tshëâou-tshooi^{ng}[tsiau-tsuĩ] 剩全（完成）。●时[s]：Sooi^{ng}[suĩ]①sooi^{ng}-kam-á[suĩ-kam-a] 酸柑仔（酸橘子）；sooi^{ng}-nooí^{ng}[suĩ-nuĩ] 酸软；sooi^{ng}-sooi^{ng}[suĩ-suĩ] 酸酸(酸的)；③sooi^{ng}-më^{n}ā[suĩ-miã]算命；sooi^{ng}-sëâou[suĩ-siau]算数（算账）；sooi^{ng}-tshò[suĩ-tso]算做(占)；p'hăh-sooi^{ng}[p'aʔ-suĩ]拍算(打算)。●英[ø]：Wooi^{ng}[uĩ]②c'héw-wooi^{ng}[ts'iu-uĩ] 手椀（袖子）；⑤wooî^{ng}–sik [uĩ-sik]黄色。●门[b/m]：Mooi^{ng}[muĩ]⑤mooi^{ng}-bâe[muĩ-bai]门楣；mooî^{ng}-hō[muĩ-bɔ] 门户；mooî^{ng}-k'háou[muĩ-k'au] 门口；mooî^{ng}-lê[muĩ-li] 门帘；mooî^{ng}-tíng[muĩ-tiŋ] 门顶；c'hut-mooî^{ng} [ts'ut-muĩ] 出门；hey-mooî^{ng} [hɛ-muĩ] 厦门；k'hwuy-mooî^{ng} [k'ui-muĩ] 开门；kö^{n}a-mooî^{ng}[kuã-muĩ] 关门。

40.ëo^{ng}[iɔ̃]——柳[l/n]：Nëo^{ng}[iɔ̃]②chít-nëó^{ng}[tsit-niɔ̃] 一两；⑤nëô^{ng}-láy [niɔ̃-le] 娘奶

（母亲）；nëô^{ng}-pēy [niɔ-le] 娘爸（父亲）；c'hut-nëô^{ng} [ts'ut-niɔ] 出娘；sëo-nëô^{ng} [sio-niɔ] 相量；sin-nëô^{ng} [sin-niɔ] 新娘；soo-nëô^{ng} [su-niɔ] 思量（商量）。●求[k]：Këo^{ng} [kiɔ] ①béy-këo^{ng} [bɛ-kiɔ] 马缰；●去[k']：K' hëo^{ng} [k'iɔ] ①tshɑou-k'hëo^{ng} [tsau-k'iɔ] 操腔(讲方言)。●地[t]：Tëo^{ng} [tiɔ] ①tëo^{ng}-tê [tiɔ-ti] 张持（提防）；tëo^{ng}-ú^m [tiɔ-m] 丈姆(丈母娘)；tëo^{ng}-u^{ng} [tiɔ-ŋ] 中央(中间)；⑤këáou-tëô^{ng} [kiau-tiɔ] 赌场。●曾[ts]：Tshëo^{ng} [tsiɔ] ①tshëo^{ng}-tshê [tsiɔ-tsi] 蟾蜍(癞蛤蟆)；tshëo^{ng}-tshew [tsiɔ-tsiu] 漳州；ám-tshëo^{ng} [-tsiɔ] 饮浆（米浆）；bé-tshëo^{ng} [bi-tsiɔ] 米浆；bûn-tshëo^{ng} [bun-tsiɔ] 文章；me^{ng}-tshëo^{ng} [mĩ-tsiɔ] 面浆；yëa-tshëo^{ng} [ia-tsiɔ] 椰浆；②c'héw-tshëó^{ng} [ts'iu-tsiɔ] 手掌；kò-tshëó^{ng} [ko-tsiɔ] 划桨；pó-tshëó^{ng} [po-tsiɔ] 褒奖；③sē^{ng}-tshëò^{ng} [sĩ-tsiɔ] 盐酱（咸菜）；tāou-tshëò^{ng} [tau-tsiɔ] 豆酱；⑦tshëō^{ng}-c'hēw [tsiɔ-ts'iu] 上树；tshëō^{ng}-tshúy [tsiɔ-tsui] 上水（打水）；c'hin-tshëō^{ng} [ts'in-tsiɔ] 亲像（好像）；pêy-tshëō^{ng} [pɛ-tsiɔ] 爬痒；pêyh-tshëō^{ng} [pɛʔ-tsiɔ] 扒痒。●时[s]：Sëo^{ng} [siɔ] ①sëo^{ng} [siɔ] 箱；⑦sëō^{ng}-tshāy [siɔ-tse] 伤侪（太多）；höêy-sëō^{ng} [huei-siɔ] 和尚；sim-sëō^{ng} [sim-siɔ] 心想。●英[ø]：Yëo^{ng} [iɔ] ②yëó^{ng}-c'hē [iɔ-ts'i] 养滋(滋养)；⑤yëô^{ng} [iɔ] 羊；yëô^{ng}-bǎh [iɔ-baʔ] 羊肉；yëô^{ng}-kang [iɔ-kaŋ] 羊公（公羊）；mê^{ng}-yëô^{ng} [mĩ -iɔ] 绵羊；⑦an-tshö^{n}á-yëō^{ng} [an-tsuã-iɔ] 安怎样（怎么样）；k'hǎh-kŏh-yëō^{ng} [k'aʔ-koʔ-iɔ] 恰各样（不同）；t'hàn-yëō^{ng} [t'an-iɔ] 趁样（跟着仿效）；tshit-pö^{n}à-yëō^{ng} [tsit-puã -iɔ] 一半样（类似）；tshit -yëō^{ng} [tsit-iɔ] 一样（同样）。

41.öey[uẽi] ——门[b/m]：Möey [muẽi] ③séó-möey [sio-muẽi] 小妹；⑤ám-möëy [am-muẽi] 饮糜（米粥）。

42.^nëaou[iãu] ——柳[l/n]：Nëaou [niau] ①nëaou-c'hé [niau-ts'i] 鸟鼠（老鼠）。

（四）声化韵3个：

43.u^m[m] ——英[ø]：U^m [m] ②tëō^{ng}-ú^m [[tiɔ-m] 丈姆（丈母娘）；⑤û^m-á [[m-a] 梅仔（梅干）；⑦ū^m-á [[m-a] 梅仔(梅干)；ū^m-hó [[m-ho] 唔好(不好)；ū^m-k^na [m-kã] 唔敢(不敢)；ū^m-sáe [m-sai] 唔使(不可)；ū^m-sē [m-si] 唔是(不是)；ū^m-tëoh [m-tioʔ] 唔着(不对)；ū^m-t'hang [m-t'aŋ] 唔通(不要)；ū^m-tshae [m-tsai] 唔知(不知)；á-ū^m [a-m] 也唔(或不知)。

44.u^{ng}[ŋ] ——柳[l/n]：Nu^{ng} [nŋ] ⑦p'ho-nū^{ng} [p'o-nŋ] 波浪。●求[k]：Ku^{ng} [kŋ] ①ku^{ng} [kŋ] 钢。●去[k']：K' hu^{ng} [k'ŋ] ③k'hù^{ng} [k'ŋ] 囥(隐藏)；sew-k'hé-lâe-k'hù^{ng} [siu-k'i-lai-k'ŋ] 收起来囥(收起来藏)。●地[t]：Tu^{ng} [tŋ] ③tù^{ng} [tŋ] 当（承担）；⑤tû^{ng}-höêy-sēw [tŋ-huei-siu] 长岁寿（长寿）；tû^{ng}-lâng [tŋ-laŋ] 唐人（中国人）；tû^{ng}-sö^na [tŋ-suã] 唐山（中国）；tû^{ng}-táy [tŋ-te] 长短；tû^{ng}-tû^{ng} [tŋ-tŋ] 长长；sôo-tû^{ng} [su-tŋ] 祠堂；⑦tshìt-tū^{ng} [tsit-tŋ] 一丈。●他[t']：T'hu^{ng} [t'ŋ] ⑤t'hû^{ng}-su^{ng} [t'ŋ-sŋ] 糖霜（冰糖）；peng-t'hû^{ng} [piŋ-t'ŋ] 冰糖；pèyh-t'hu^{ng} [pɛʔ-t'ŋ] 白糖。●曾[ts]：Tshu^{ng} [tsŋ] ⑦tshū^{ng}-māou [tsŋ-mau] 妆貌(外观)。●时[s]：Su^{ng} [sŋ] ①su^{ng} [sŋ] 霜（冰）；su^{ng}-hà [sŋ-ha] 丧孝（丧）；sàng-su^{ng} [saŋ-sŋ] 送丧。

45.u^n[n] ——英[ø]：U^n [n] ⑦ū^n-ko [n-ko] 口哥（哥哥）。

(五)入声韵25个：

46.ah[aʔ]——柳[l/n]：Lah [laʔ]⑧láh-tshek [laʔ-tsik] 蜡烛；p'hàh-láh [p'aʔ-laʔ] 打猎。●去[k']：K' hah [k'aʔ]④k'hǎh-kǒh-yëo^{ng}[k'aʔ-koʔ-iɔ̃]恰个样(不同的)；k'hǎh-twā [k'aʔ-tua]恰大(更大)。●地[t]：Tah[taʔ]④tǎh-c'héw-tshëö^{ng}[taʔ-ts'iu-tsiɔ̃] 搭手掌（拍手）；tǎh-tshûn [taʔ-tsun] 搭船；⑧táh [taʔ] 踏；táh-wā [taʔ-ua] 沓划(履行约定)。●颇[p']：P'hah[p'aʔ]④p'hǎh-ǎyh[p'aʔ-eʔ]拍嗝（打嗝）；p'hǎh-höéy[p'aʔ-huei]拍火（打火）；p'hǎh-k'hɑ-c'héw [p'aʔ-k'a-ts'iu]拍哈呛(打喷嚏)；p'hǎh-kó [p'aʔ-kɔ]拍鼓（打鼓）；p'hǎh-hwɑ[p'aʔ-hua]拍花（扑灭）；p'hǎh-láh[p'aʔ-laʔ]拍猎（打猎）；p'hǎh-mēy^{ng} [p'aʔ-mɛ̃]拍脉（把脉）；p'hǎh-p'hwà[p'aʔ-p'ua]拍破（打破）；p'hǎh-sö^nà[p'aʔ-suā]拍散（打散）；p'hǎh-sooì^{ng}[p'aʔ-suĩ]拍算（考虑）；p'hǎh-t'hěh[p'aʔ-t'iʔ]拍铁（打铁）；p'hǎh-ū^m-k'hè^{ng}[p'aʔ-m-k'ĩ]拍唔去（打不掉）；sëo-p'hǎh[sio-p'aʔ]相拍（打架）。●曾[ts]：Tshah[tsaʔ]⑧tsháh[tsaʔ]闸（阻碍）；tsháh-tooî^{ng}[tsaʔ-tuĩ] 截断（切断）；nö^ná-tsháh[nuā-tsaʔ] 拦闸 (阻挠)。●时[s]：Sah[saʔ]⑧sǎh[saʔ] 煤(用水煮)。

47.eyh[εʔ]——边[p]：Peyh[pεʔ]④pěyh[pεʔ]跰(爬高)；pěyh[pεʔ]八；pěyh[pεʔ]百；pěyh-k'hé-lāe[pεʔ-k'i-lai]跰起来(爬了起来)；pěyh-k'hwuy[pεʔ-k'ui]擘开（掰开）；pěyh-sèy^{ng} [pɛ̃ʔ-sɛ̃] 百姓(民众)；pěyh-tshëö^{ng}[pɛ̃ʔ-tsiɔ̃] 跰上；⑧péyh[pɛ̃ʔ] 白；péyh-c'hát[pɛ̃ʔ-ts'at] 白贼（欺骗）；péyh-hëa[pɛ̃ʔ-hia] 白蚁；péyh-k'hé[pɛ̃ʔ-k'i]跰起。●求[k]：Keyh [kεʔ]④keyh-pëǎh [kεʔ-piaʔ] 隔壁(邻居)；jē-kěyh [dzi-kεʔ] 字格；köèy-kěyh [kuei-kεʔ] 过格。●去[k']：K' hěyh [k'εʔ]④k' hěyh-lâng [k'εʔ-laŋ]客人；lâng-k' hěyh [laŋ-k'εʔ]人客(客人)；sin-k' hěyh [sin-k'εʔ]新客(新丁)。

48.ayh[eʔ]——去[k']：K' hayh [k'eʔ]④bàk-k'hɑyh [bak-k'eʔ]目瞌 (闭目养神)。●地[t]：Tayh[teʔ]⑧áy-táyh[e-teʔ] 矮筶(狭窄)。●他[t']：T'hayh[t'eʔ]④ t'hɑou-t'hǎyh[t'au-t'eʔ] 偷揌（偷盗）；⑧ t'hǎyh-k'hè[t'eʔ-k'i] 揌去（拿去）；t'hǎyh-lâe[t'eʔ-lai] 揌来（拿来）。●曾[ts]：Tshayh[tseʔ]④nê^{ng}-tshǎyh[nĩ-tseʔ] 年节；sê-tshǎyh[sĩ-tseʔ] 四节；tɑng-tshǎyh[taŋ-tseʔ] 冬节（冬季）。

49.oh[oʔ]——柳[l/n]：Loh[loʔ]⑧lǒh-hō [loʔ-hɔ]落雨（下雨）；lǒh-lâe[loʔ-lai]落来（下降）；lǒh-pùn[loʔ-le]落粪（大便）；lǒh-tshûn[loʔ-tsun]落船（出发）；tá-lǒh[ta-loʔ]哪落（哪里）。●边[p]：Poh[poʔ]⑧póh-póh [poʔ-poʔ] 薄薄（纤细）。●求[k]：Koh [koʔ]④kǒh-wǎh [koʔ-uaʔ]佫活(再次面对人生)；k'hǎh-kǒh-yëö^{ng} [k'aʔ-koʔ-iɔ̃] 佫佫样(不同)。●曾[ts]：Tshoh[tsoʔ]④tshóh-c'hân[tsoʔ-ts'an] 作田（种田）。●时[s]：Soh[soʔ]④sǒh-á[soʔ-a]镯仔(镯子)。●英[ø]：Oh[oʔ]④ǒh[oʔ]偓（困难）；⑧óh[oʔ]学（学习）；kà-óh[oʔ]教学（教学）；khwuy-óh[k'ui-oʔ]开学。

50.eh/e^h[iʔ]——他[t']：T'heh[t'iʔ]④t'heh^h-téng[t'iʔ-tiŋ]铁钉；p'hǎk-t'heh^h-ây-lâng [p'ak-t'iʔ-e-laŋ]拍铁的人(铁匠)。●曾[ts]：Tsheh^h[tsiʔ]④tsheh^h-t'hâou[tsiʔ-t'au] 折头（低头）；⑧ɑt-tshěh^h[at-tsiʔ] 遏折（折断）；c'hùy-tshěh^h[ts'ui-tsiʔ] 喙舌（舌头）。●时[s]：

Se^h[siʔ]④se^h-nâ [siʔ-na]闪燀（闪电）；se^h-pún [siʔ-pun]蚀本（亏本）。

51.wah[uaʔ]——边[p]：Pwah [puaʔ]⑧pwăh-kéáou [puaʔ-kiau] 跋九(赌博)；pwăh-tâou-á[puaʔ-kiau-a] 跋投仔(扔骰子)；pwăh-tó[puaʔ-to] 跋倒(跌倒)。●求[k]：Kwah[kuaʔ]④kwăh-âou[kuaʔ-au] 割喉（刣）；kwăh-c'háou[kuaʔ-ts'au] 割草；kwăh-tooī^ng[kuaʔ-tuĩ] 割断；c'hùy-kwăh [ts'ui-kuaʔ] 喙涸（口渴）。●去[k']：K' hwah [k'uaʔ] k'hwăh-k'hwăh [k'uaʔ-k'ua] 阔阔(广阔)。●曾[ts]：Tshwah[tsuaʔ]④kɑ-tshwăh[ka-tsua] 虼蠽（蟑螂）。●时[s]：Swah[suaʔ]④swăh-böéy[suaʔ-buei]煞尾(排行最后)。●英[ø]：Wah[uaʔ]⑧k'hö^na-wàh[k'uã-uaʔ]快活；kŏh-wàh[koʔ-uaʔ] 佫活（再次面对人生）。

52.ëah[iaʔ]——柳[l/n]：Lëah[liaʔ]⑧lëăh-hê[liaʔ-hi]掠鱼（捕鱼）。●边[p]：Pëah[piaʔ]④c'hëo^ng-pëăh[ts'iɔ̃-piaʔ]墙壁；kěyh-pëăh[kɛʔ-piaʔ]隔壁。●求[k]：Këah [kiaʔ]⑧këáh [kiaʔ] 揲（携带在手）；bák këáh [bak kiaʔ]木屐。●地[t]：Tëah [tiaʔ]⑧tëăh-bé[tiaʔ-bi] 粜米（买米）。●颇[p']：P' hëah[p'iaʔ]④c'hut-p'hëăh[ts'ut-p'iaʔ]出癖（有麻疹）；tship-p'hëăh[ts'ip-p'iaʔ]执癖（固执）。●他[t']：T'hëah[t'iaʔ]④t'hëăh-k'hwuy[t'iaʔ-k'ui]拆开；t'hëăh-lëăh[t'iaʔ-lia]拆掠。●曾[ts]：Tshëah[tsiaʔ]:④kɑ-tshëăh[ka-tsia]胛脊（脊背）；kɑ-tshëăh-āou[ka-tsia-au]胛脊后（背后）；k'hɑ-tshëăh[k'a-tsia]骹脊（脚背）；tshɑp-tshëăh[tsa-tsia]十只；⑧tshëăh-c'hàe[tsiaʔ-ts'ai]食菜（吃菜）；tshëăh-hwun[tsiaʔ-hun]食薰（抽烟）；tshëăh-pooī^ng[tsiaʔ-puĩ]食饭(吃饭)；tshëăh-tshéw[tsiaʔ-tsiu]食酒(喝酒）；tshëăh-pá[tsiaʔ-pa]食饱（吃饱）；tshëăh-yëá-böēy-kāou-lāou[tsiaʔ-ia-buei-kau-lau]食也燴够老(尚未老)；key-tshëăh-tshìt-höéy[kɛ-tsiaʔ-tsit-huei]加食一岁（多活一年）；k'hit-tshëăh-ây-lâng[k'it-tsiaʔ-e-laŋ]乞食的人。●英[ø]：Yeah[iaʔ]⑧yeàh-keng[iaʔ-kiŋ] 易经；böéy-yeàh [buei-iaʔ] 美蝶（蝴蝶）；tshit-yeàh [tsit-iaʔ] 一页。

53.aouh[auʔ]——边[p]：Paouh[pauʔ]④paŏuh-e^ng[pauʔ-ĩ] 暴芛（发芽）。

54.ëoh[ioʔ]——柳[l/n]：Lëoh [lioʔ]⑧lëŏh-lëŏh [lioʔ-lio] 略略（一点儿）。●去[k']：K' hëoh[k'ioʔ]④k'hëŏh[k'ioʔ]拾(拿起)；k'hëŏh-jē [k'ioʔ-dzi]拾字(作曲)。●地[t]：Tëoh[tioʔ]④tëŏh-bwâ[tioʔ-bua] 着磨(麻烦)；tëŏh-pēy^ng [tioʔ-pɛ̃] 着病(得病)；bàk-tëŏh[bak-tioʔ] 墨着(玷污)；hwān-tëŏh[huan-tioʔ] 换着；sëō^ng-tëŏh[siɔ̃-tioʔ] 想着(想到)；tɑk-tëŏh[tak-tioʔ] 触着(撞到)；tat-tëŏh[tat-tioʔ] 值着(等于)；tit-tëŏh[tit-tioʔ] 得着(得到)；tóo-tëŏh[tu-tioʔ] 拄着(遇到)；⑧të^nā-tëŏh[tiã-tioʔ]定着(固定)；ū^m-tëŏh[m-tioʔ] 唔着(不对)。●曾[ts]：Tshëoh[tsioʔ]④seng-tshëoh[siŋ-tsioʔ]先借(借用)；⑧tshëŏh-t'hâou[tsioʔ-t'au]石头。●时[s]：Sëoh [sioʔ]④sëŏh [sioʔ] 惜（爱）。●英[ø]：Yëoh[ioʔ]⑧yëóh-tëùm[ioʔ-tiam] 药店；c'hèng-yëóh[ts'iŋ-ioʔ] 铳药（枪药）；kô-yëóh[kɔ-ioʔ] 膏药；sëà-yëóh[sia-ioʔ] 泻药。

55.öeyh[ueiʔ]——时[s]：Söeyh[sueiʔ]④kày-söéyh[ke-sueiʔ]解说。

56.ey^ngh[ɛ̃ʔ]——门[b/m]：Mey^ngh[mɛ̃ʔ]⑧měy^ngh-měy^ngh-lâe [mɛ̃ʔ-mɛ̃ʔ-lai]卜卜来（赶快来）；měy^ngh-tshāe [mɛ̃ʔ-tsai] 明载（明天）；bong-měy^ngh[bɔŋ-mɛ̃ʔ] 摸脉（把

脉）；höěyh-měy^{ng}h [hueiʔ-mẽʔ]汇脉（脉冲）；tɑm-měy^{ng}h [tam-mẽʔ]耽猛（迅速）；t'hëúm-měy^{ng}h [t'iam-mẽʔ]忝猛（迅速）。

57.e^{ng}h[ĩʔ] ——地[t]：Te^{ng}h[tĩʔ]⑧ū^{m}-té^{ng}h[m-tĩʔ] 呣挃(不要)。●门[b/m]：Mě^{ng}h[mĩʔ]⑧mě^{ng}h-p'höèy[mĩʔ-p'uei]物配 (配饭的菜)；bān-mě^{ng}h 万物（所有的东西）；s^{n}a[ã]-mě^{ng}h 甚物（什么）。

58.ap[ap] ——柳[l/n]：Lap [lap]④t'hăp-lăp [t'ap-lap] 塌踏；⑧k'hwùy-làt [k'ui-lat] 气力；lô-làt [lo-lat] 劳力；ōo-làt [u-lat] 有力。●求[k]：Kap [kap]④kɑp [kap] 洽(和)；kɑp-á [kap-a] 蛤仔(蟾蜍，癞蛤蟆)；kɑp-bān [kap-ban] 洽万(树干)；kɑp-pán-tsûn [kap-pan-tsun] 甲板船。●地[t]：Tap[tap]④tɑp-sëā[tap-sia] 答谢；pò-tɑp[po-tap] 报答；yìn-tɑp[in-tap] 应答。●他[t']：T'hap[t'ap]④t'hăp-lăp[t'ap-lap] 塌踏。●曾[ts]：Tshap[tsap]④tshɑp-lɑp[tsap-lap] 杂踏（混合）；⑧tshàp-tshàp-kóng[tsap-tsap-kɔŋ] 杂杂讲（喋喋不休）；gō͘-tshàp[gɔ-tsap] 五十。

59.ip[ip] ——曾[ts]：Tship[tsip]⑧tshìp-p'hëăh[tsip-p'iaʔ]执癖（固执）。

60.ëup[iap] ——柳[l/n]：Lëup [liap]⑧lëūp [liap]粒。●去[k']：K' hëup [k'iap]④k'hëu p-sē [k'iap] 痃势(丑陋)。●地[t]：Tëup[tiap]④tëup-á-kóo[tiap-a-ku] 辄仔久(一会儿)；tëup-á-twā[tiap-a-tua] 辄仔大(不是很大)。●时[s]：Sëup [siap]④sëŭp-sày [siap-se]涩细(奉承)。

61.at[at] ——边[p]：Pat[pat]⑧pát-ây[pat-e] 别个（另一）；pàt-lâng[pat-laŋ]别人；pàt-mé^{ng}h-sōo[pat-mĩʔ-su]别物事（另一件事）。●求[k]：Kat [kat]④kɑt [kat] 结；kɑt -tëɑou[kat-tiau] 结着。●地[t]：Tat[tat]④tɑt-lō͘[tat-lɔ] 值路（堵路）；⑧tàt-tshê^{ng}[tat-tsĩ] 值钱；tàt-tëŏh[tat-tioʔ]值着（等于）；ū^{m}-tàt-kwúy-ây-tshê^{ng}[m-tat-kui-e-tsĩ]不值几个钱。●他[t']：T'hat[t'at]④k'ɑh-t'hɑt[k'aʔ-t'at]克踢(踢)。●曾[ts]：Tshat[tsat]④tek-tshat[tik-tsat]竹节；tshún-tshɑt[tsun-tsat] 准节(俭朴)。●时[s]：Sat[sat]④sɑt-bó[sat-bo]虱母(虱子)；pho͘-sɑt[pɔ-sat]菩萨。

62.wat[uat] ——时[s]：Swat[suat]④sëáou-swɑt[siau-suat] 小说。

63.it[it] ——边[p]：Pit[pit]④pit-tëoh[pit-tioʔ]必着（必须）；këáh-pit [kiaʔ-pit]拺笔（拿笔）。●去[k']：K' hit[k'it]④k' hit-tshëăh[k'it-tsiaʔ]乞食(乞丐)。●地[t]：Tit[tit]④tit-tëŏh[tit-tioʔ]得着(获得)；④tit-tëŏh[tit-tioʔ]得着(获得)；bāy-kè-tit[be-ki-tit]袂记得（忘记）；hán-tit[han-tit]罕得（难得）；tē-tit[ti-tit]在得（当前）；⑧tëâou-tìt[tiau-tit]稠直（正直）。●颇[p']：P'hit[p'it]④tshit-p'hit[tsit-p'it]一匹。●他[t']：T'hit[t'it]④t'hit-t'hô[t'it-t'o]佚佗（玩耍）。●曾[ts]：Tshit[tsit]⑧thìt-ây[tsit-e]一个；thìt-ke[tsit-ki]一支；thìt-lɑy[tsit-le]一个；thìt-páe[tsit-pai]一摆（一次）；thìt-péy[tsit-pɛ]一把；thìt-pēy^{ng}[tsit-pẽ] 疾病；thìt-pö^{n}â[tsit-puã]一盘；thìt-tooì^{ng}[tsit-tuĩ]一顿；thìt-tshëăh[tsit-tsiaʔ]一只。●时[s]：Sit[sit]④köèy-sit [kuei-sit]过失；sëɑou-sit [siau-sit]消息；tshāe-sit-lé [tsai-sit-li] 在色女（处女）；⑧lɑou-sìt[lau-sit] 老实。

64.wut/ut[ut] ——求[k]：Kwut [kut]④kwut-t'hâou [kut-t'au] 骨头。●去[k']：

K' hwut [k'ut]④tshúy-k'hwut-á [tsui-k'ut-a]水窟仔（池塘）。●曾[ts]：Tshut[tsut]④wut-tshut[tsut] 鬱卒（郁闷）。●时[s]：Sut[sut]④yaou-sùt[iau-sut] 妖术；yaou-hwat-kwàe-sùt[iau-huat-kuai-sut] 妖法怪术。●英[ø]: Wut[ut]④wut-tshut[ut-tsut] 鬱卒（郁闷）。

65.ëet [iat] ——柳[l/n]：Lëet[liat]⑧pâe-lëèt[pai-liat]排列。●边[p]：Pëet[piat]④hwun-pëèt[hun-piat]分别；⑧sëo-pëèt[sio-piat]相别(分开)。●求[k]：këet [kiat]④këet-wan-sêw [kiat-uan-siu]结冤仇。

66.ak[ak] ——柳[l/n]：Lak [lak]⑧làk [lak] 六；làk-tshàp [lak-tsap] 六十；làk-tshooìⁿ] [lak-tsuĩ] 六钻(六孔)；tshàp-làk [tsap-lak] 十六。●边[p]：Pak[pak]④pak-këⁿa[pak-kiã]北京；pak-sè[pak-si]北势（北方）；pak-t'hǎyh[pak-t'eʔ]剥裼（裸体）；pak-tō·[pak-tɔ]腹肚（肚子）；⑧pak-tō·-yaou[pak-tɔ-iau]腹肚枵（肚子饿）；⑧pǎk [pak]缚（绑定）。●去[k']：K' hak [k'ak]④tek-k'hǎk [tik-k'ak] 的确。●地[t]：Tak[tak]④tak-tëǒh[tak-tioʔ]触着；⑧tàk-hàng[tak-haŋ]逐项（每项）；tàk-jìt[tak-dzit]逐日（每天）；tàk-lâng[tak-laŋ]逐人（每人）；tàk-nêⁿg[tak- nĩ] 逐年（每年）；tàk-páe[tak-pai] 逐摆（每次）；tàk-ūy[tak-ui]逐位（每个地方）。●颇[p']：P'hak[p'ak]⑧p'hak-jít[p'ak-dzit] 曝日（晒一晒）。●他[t']：T'hak[t'ak]⑧t'hàk-c'hěyh[t'ak-ts'ɛʔ]读册（读书）。

67.ok[ɔk] ——柳[l/n]：Lok[lɔk]⑧t'hëòng-lǒk[t'iɔŋ-lɔk]畅乐 (乐趣)。●求[k]：Kok [kɔk]④kǒk -tō·[kɔk-tɔ] 国度；pang-kǒk [paŋ-kɔk] 邦国。

68.ek[ik] ——求[k]：Lek [lik]⑧lèk [lik] 绿；lèk-tāe-c'hěyh [lik-tai-ts'ɛʔ] 历代册（按时间顺序书籍）。●去[k']：K' hek[k'ik]④k'hek-jē [k'ik-dzi]刻字；c'hëò-k'hek [ts'io-k'ik]唱曲；c'hëòⁿg-k'hek[ts'iɔ̃-k'ik] 唱曲；sê-sê-k'hek-k'hek [si-si-k'ik-k'ik] 时时刻刻(经常)；tshìt-k'hek-koó [tsit-k'ik-ku] 一刻久(片刻的时间)。●地[t]：Tek[tik]④tek-hēng[tik-hiŋ] 德行；tek-k'hak[tik- k'ak]的确；tek-ko[tik-ko]竹篙；tek-köⁿa[tik-kuã]竹竿；tek-tshöēy[tik-tsuei]得罪。●颇[p']：P' hek[p'ik]④sⁿa-hwún-c'hit-p'hék [[sã-hun-ts'it-p'ik]三魂七魄。●他[t']：T'hek[t'ik]④t'hek-kak[t'ik-kak]掷攈（扔掉）。●曾[ts]：Tshek[tsik]④tshek-hwàt[tsik-huat] 责罚；tshek-sē[tsik-si] 则是 (恰恰是)；làh-tshek[loʔ-tsik] 蜡烛。●时[s]：Sek [sik]④âng-sek[aŋ-sik]红色；c'hëǎh-sek[ts'iaʔ-sik] 赤色；gó·-sek[gɔ-sik] 五色；lâm-sek[lam-sik]蓝色；lěk-sek[lik-sik]绿色；wooîⁿg-sek[uĩ-sik]黄色；⑧sék-sáe[sik-sai]熟似(熟悉)。

69.ëak[iak] ——柳[l/n]：Lëǎk[liak]⑧yëǎk-lëǎk[iak-liak]约略 (大约)。●英[ø]：Yëak [iak]④yëak-lëàh[iak-liaʔ]约略。

70.ëok[iɔk] ——时[s]：Sëok [siɔk]⑧ló·-sëók [lɔ-siɔk] 鲁俗（庸俗）；tshó·-sëók [tsɔ-siɔk] 粗俗。

以上排比分析了闽南漳州方言音系及其词汇。据考察，《福建漳州方言词汇》所反映的音系与词汇正是19世纪初叶的漳州城区的音系和词汇。它与谢秀岚《汇集雅俗通十五音》（1818年）所反映的音系既有相同之处，也有差异之处。由于篇幅关系，笔者将有他专门论述。

第三节 荷兰汉学家施莱格著《荷华文语类参》（1886）音系研究

一 《荷华文语类参》作者事迹、成书时间及编写体例

施莱格（Gustave Schlegel，？—1903年），荷兰汉学家，11岁就师从日文翻译霍夫曼(J.J.Hoffmann)学习古代汉语和中国文学。1857年，霍夫曼送他和佛兰根(C.J.J.C.Franccken)、斯哈尔遮(M.Schaalje)及军队药剂师德·赫莱斯(De Grij s)到厦门进一步深造四年。他们在厦门学习了闽南方言的口语。1862年，他们前往巴达维亚，担任通事职务。

1866年施莱格出版了《天地会:中国与荷属东印度的秘密会社》(Thian Ti Hwui,the Hung-League or Heaven-Earth-League,aSecret Society with the Chinese in China and India)一书。此书披露和分析华人秘密会社的礼仪制度，提供荷印当局参考以便采取相应措施对付华人黑社会。1875—1903年施莱格担任教授期间，共培养25名中文翻译，他们的科研成果几乎仅局限于南中国及其对东南亚扩张的研究。1903年施莱格去世。

1872年，施莱格耗时15年编辑的荷汉辞典已大部分完成。在殖民部的资助下，施莱格得以将这本书付梓，由拥有欧洲第一套能印汉字的设备的莱顿布理尔(Brill)出版社出版。1882—1892年间，佛兰根负责厦门白话的研究，施莱格负责文言文的研究。本书所记为漳州文读音。《荷华文语类参》（Nederlandsch-Chineesch woordenboek metde transcriptie der Chineesche Karakters in het Tsiang-tsiu dialekt)四卷陆续出版问世。第一册1470页，1886年出版；第二册1132页，1887年出版；第三册1212页(附1882年序27页)，1884年出版；第四册1403页，1890年出版。书名《荷华文语类参》之下标注漳州方音"Hô Hoâ Bûn Gí Luī Tsʻam"。全书共5217页，前后共排印九年，由第三册先出版，这是有史以来部头最大的闽南语词典，所记全是漳州文读音，是研究漳州文读系统最好的素材。此书采用漳州音，着眼于将荷兰文书译为汉文，例句用漳州文读音逐字注音，偶尔加注白读，并说明字的用法以及用法上的细微差异。《荷华》序言提道："……就中文字体而言，我们采用的是地道的漳州中文字典，或是又名《十五音》的漳浦方言中最好的字典。"

施莱格(Gustave Schlegel)编撰的《荷华文语类参》于2008年由教会公报出版:台湾基督长老教会台湾教会公报社发行代理，ISBN：9789866947636。

二 《荷华文语类参》声母系统研究

现将施莱格(Gustave Schlegel)编撰的《荷华文语类参》的声母系统加以整理，以谢秀岚编撰的《汇集雅俗通十五音》十五音为序，先举出《荷华文语类参》例字，再与现代漳州10个县市声母系统对照比较。

1. 柳　施莱格把柳母分别出现于漳州非鼻化韵或鼻化韵之前拟作[l]或[n]，与现代漳州方音是一致的，见下表：

例字	施莱格	漳州	龙海	长泰	华安	南靖	平和	漳浦	云霄	东山	诏安
刘、落、轮	l[l]	[l]	[l]	[l]	[l]	[l]	[l]	[l]	[l]	[l]	[l]
泥、你、乃	n[n]	[n]	[n]	[n]	[n]	[n]	[n]	[n]	[n]	[n]	[n]

2. 边　施莱格把边母拟作p，即国际音标[p]，与现代漳州方音是一致的，如下表：

例字	施莱格	漳州	龙海	长泰	华安	南靖	平和	漳浦	云霄	东山	诏安
碑、便、鼻	p[p]	[p]	[p]	[p]	[p]	[p]	[p]	[p]	[p]	[p]	[p]

3. 求　施莱格把求母拟作k，即国际音标[k]，与现代漳州方音是一致的，如下表：

例字	施莱格	漳州	龙海	长泰	华安	南靖	平和	漳浦	云霄	东山	诏安
管、救、胳	k [k]	[k]	[k]	[k]	[k]	[k]	[k]	[k]	[k]	[k]	[k]

4. 去　施莱格把去母拟作k'[k']，k的送气音，与现代漳州方音是一致的，如下表：

例字	施莱格	漳州	龙海	长泰	华安	南靖	平和	漳浦	云霄	东山	诏安
可、口、恐	k'[k']	[k']	[k']	[k']	[k']	[k']	[k']	[k']	[k']	[k']	[k']

5. 地　施莱格把地母拟作t，即国际音标[t]，与现代漳州方音是一致的，如下表：

例字	施莱格	漳州	龙海	长泰	华安	南靖	平和	漳浦	云霄	东山	诏安
蛋、塗、鼎	t[t]	[t]	[t]	[t]	[t]	[t]	[t]	[t]	[t]	[t]	[t]

6. 颇　施莱格把颇母拟作p'[p']，p的送气音，与现代漳州方音是一致的，如下表：

例字	施莱格	漳州	龙海	长泰	华安	南靖	平和	漳浦	云霄	东山	诏安
谱、抱、皮	p'[p']	[p']	[p']	[p']	[p']	[p']	[p']	[p']	[p']	[p']	[p']

7. 他　施莱格把他母拟作t' [t']，t的送气音，与现代漳州方音是一致的，如下表：

例字	施莱格	漳州	龙海	长泰	华安	南靖	平和	漳浦	云霄	东山	诏安
天、添、桃	t' [t']	[t']	[t']	[t']	[t']	[t']	[t']	[t']	[t']	[t']	[t']

8. 曾　施莱格把曾母拟作ts，即国际音标[ts]，与现代漳州方音是一致的，如下表：

例字	施莱格	漳州	龙海	长泰	华安	南靖	平和	漳浦	云霄	东山	诏安
作、脂、浊	ts[ts]	[ts]	[ts]	[ts]	[ts]	[ts]	[ts]	[ts]	[ts]	[ts]	[ts]

9. 入　施莱格把入母拟作dz，即国际音标[dz]，与现代漳州方音是一致的，如下表：

例字	施莱格	漳州	龙海	长泰	华安	南靖	平和	漳浦	云霄	东山	诏安
人、然、绕	dz[dz]	[dz]	[dz]	[dz]	[dz]	[dz]	[dz]	[dz]	[dz]	[dz]	[dz]

10. 时　施莱格把时母拟作s，即国际音标[s]，与现代漳州方音是一致的，如下表：

例字	施莱格	漳州	龙海	长泰	华安	南靖	平和	漳浦	云霄	东山	诏安
事、虽、孙	s[s]	[s]	[s]	[s]	[s]	[s]	[s]	[s]	[s]	[s]	[s]

11. 英　施莱格把以a,i,u,y,e,o开头的为零声母，应拟作[∅]，与现代漳州方音是一致的，如下表：

例字	施莱格	漳州	龙海	长泰	华安	南靖	平和	漳浦	云霄	东山	诏安
压、裔、为	[∅]	[∅]	[∅]	[∅]	[∅]	[∅]	[∅]	[∅]	[∅]	[∅]	[∅]

12. 门　施莱格的标音为b[b]或m[m]，这个字母在非鼻化韵之前读作[b]，在鼻化韵之前读作[m]，与现代漳州方音是一致的，如下表：

例字	施莱格	漳州	龙海	长泰	华安	南靖	平和	漳浦	云霄	东山	诏安
美、味、物	b[b]	[b]	[b]	[b]	[b]	[b]	[b]	[b]	[b]	[b]	[b]
毛、卖、蔴	m[m]	[m]	[m]	[m]	[m]	[m]	[m]	[m]	[m]	[m]	[m]

13. 语　施莱格的标音为g[g]或ng[ŋ]，这个字母在非鼻化韵之前读作[g-]，在鼻化韵之前读作[ŋ-]，与现代漳州方音是一致的，如下表：

例字	施莱格	漳州	龙海	长泰	华安	南靖	平和	漳浦	云霄	东山	诏安
尧、银、颜	g[g]	[g]	[g]	[g]	[g]	[g]	[g]	[g]	[g]	[g]	[g]
五、我	ng[ŋ]	[ŋ]	[ŋ]	[ŋ]	[ŋ]	[ŋ]	[ŋ]	[ŋ]	[ŋ]	[ŋ]	[ŋ]

14. 出　施莱格把出母拟作ts'，即国际音标[ts']，ts的送气，与现代漳州方音是一致的，如下表：

例字	施莱格	漳州	龙海	长泰	华安	南靖	平和	漳浦	云霄	东山	诏安
惨、千、赤	ts'[ts']	[ts']	[ts']	[ts']	[ts']	[ts']	[ts']	[ts']	[ts']	[ts']	[ts']

15.喜　施莱格把喜母拟作h，即国际音标[h]，与现代漳州方音是一致的，如下表：

例字	施莱格	漳州	龙海	长泰	华安	南靖	平和	漳浦	云霄	东山	诏安
何、黄、火	h[h]	[h]	[h]	[h]	[h]	[h]	[h]	[h]	[h]	[h]	[h]

综上所述，施莱格《荷华文语类参》中所描写的漳州方言声母及音值与现代漳州10个县市的声母系统是一致的，共有18个，如下表：

双唇音	p [p]碑	p'[p']谱	b [b]美	m [m]毛	
舌尖中音	t [t]蛋	t' [t']天	l [l]刘	n [n]泥	
舌尖前音	ts [ts]作	ts' [ts']千	dz [dz]人		s[s]事
舌面后音	k [k]管	k' [k']可	g[g]颜	ng[ŋ]我	
喉音	h [h]何	以a. o. e. i.u开头[ø]压窝鞋衣有			

三　《荷华文语类参》韵母系统研究

通过对施莱格《荷华文语类参》韵母进行穷尽式整理，共梳理出74个韵母，其中舒声韵韵母47个（阴声韵母17个，阳声韵母14个，鼻化韵韵母14个，声化韵韵母2个），促声韵韵母27个（收-h韵尾韵母14个，收-p韵尾韵母 3个，收-t韵尾韵母5个，收-k韵尾韵母5个）。具体情况见下表：

1	阴声韵17	ɑ[a]、e̲[ɛ]、e[e]；o[o]、o̲[ɔ]、i[i]、u[u]；
		ai[ai]、ɑo[au]、iɑ[ia]、io[io]、iu[iu]、oɑ[ua]、oe[ue]、ui[[ui]、iɑo[iau]、oɑi[uai]；
2	阳声韵14	ɑm[am]、om[ɔm]；im[im]、iem[iam]；
		ɑn[an]、in [in]、un[un]、oɑn[uan]、ien[ian]；
		ɑng[aŋ]、ong[ɔŋ]、iɑng[iaŋ]、ing[iŋ]、iong[iɔŋ]；
3	鼻化韵14	ɑ̲[ã]、e̲[ẽ]、o̲[ɔ̃]、i̲[ĩ]；
		ɑi̲[ãi]、ɑo̲[ãu]、iɑ̲[iã]、io̲[iɔ̃]、iu̲[iũ]、oɑ̲[uã]、ui̲[uĩ]、oe̲[uẽ]、iɑo̲[iãu]、oɑi̲[uãi]；
4	声化韵2	ɛm[m]、ɛng[ŋ]；
5	入声韵27	ɑh[aʔ]、e̲h[ɛʔ]、eh[eʔ]、oh[oʔ]、ih[iʔ]、uh[uʔ]；
		ɑoh[auʔ]、iɑh[iaʔ]、ioh[ioʔ]、oɑh[uaʔ]、oeh[ueʔ]、uih[uiʔ]；
		i̲h[ĩʔ]、o̲h[ɔ̃ʔ]；
		ɑp[ap]、iep[iap]、ip[ip]；
		ɑt[at]、it[it]、ut[ut]、oɑt[uat]、iet [iat]；
		ɑk[ak]、ok[ɔk]、ik[ik]、iɑk[iak]、iok[iɔk]；

为了弄清楚施莱格《荷华文语类参》所反映的音系性质，我们特与现代漳州10个县市方言的韵母系统进行历史比较。先以谢秀岚编撰的《汇集雅俗通十五音》五十字母为序，再举出《荷华文语类参》中例字，后与现代漳州10个县市韵母系做统对照比较：

1. 君部　施莱格把君部舒声韵拟作un[un]，君部促声韵拟作ut [ut]，与现代漳州方音是一致的，如下表：

例字	施莱格	漳州	龙海	长泰	华安	南靖	平和	漳浦	云霄	东山	诏安
君、舜、稳	un[un]	[un]	[un]	[un]	[un]	[un]	[un]	[un]	[un]	[un]	[un]
不、突、物	ut[ut]	[ut]	[ut]	[ut]	[ut]	[ut]	[ut]	[ut]	[ut]	[ut]	[ut]

2. 坚部　施莱格把坚部舒声韵拟作ien [ian]，坚部促声韵拟作iet [iat]，与现代漳州方音是一致的，如下表：

例字	施莱格	漳州	龙海	长泰	华安	南靖	平和	漳浦	云霄	东山	诏安
天、浅、辨	ien[ian]	[ian]	[ian]	[ian]	[ian]	[ian]	[ian]	[ian]	[ian]	[ian]	[ian]
节、穴	iet[iat]	[iat]	[iat]	[iat]	[iat]	[iat]	[iat]	[iat]	[iat]	[iat]	[iat]

3. 金部　施莱格把金部舒声韵拟作im[im]；坚部促声韵拟作ip[ip]，与现代漳州方音是基本上一致，唯独长泰有[ep]韵母，其他方言读作[ip]，如下表：

例字	施莱格	漳州	龙海	长泰	华安	南靖	平和	漳浦	云霄	东山	诏安
钦、禁、金	im[im]	[im]	[im]	[im]	[im]	[im]	[im]	[im]	[im]	[im]	[im]
执、立、入	ip[ip]	[ip]	[ip]	[ep]	[ip]	[ip]	[ip]	[ip]	[ip]	[ip]	[ip]

4. 规部　施莱格把规部舒声韵拟作ui[ui]，与现代漳州方音情况是一样的；规部促声韵拟作uih[uiʔ]，只有龙海、平和方言有[uiʔ]，其他方言均无此韵母。如下表：

例字	施莱格	漳州	龙海	长泰	华安	南靖	平和	漳浦	云霄	东山	诏安
规、谓、类	ui[ui]	[ui]	[ui]	[ui]	[ui]	[ui]	[ui]	[ui]	[ui]	[ui]	[ui]
拔	uih[uiʔ]	——	[uiʔ]	——	——	——	[uiʔ]	——	——	——	——

5. 嘉部　施莱格把嘉部舒声韵拟作e，相当于国际音标[ɛ]，嘉部促声韵拟作eh，相当于国际音标[ɛʔ]；现代漳州、龙海、南靖、平和、漳浦、云霄、诏安等方言读作[ɛ]，华安话部分读作[ɛ/ɛʔ]，部分读作[e/eʔ]，东山个别乡村"马"读作[ɛ]、"厄"读作[ə]外均读作[e/eʔ]，只有长泰方言全部读作[e/eʔ]。如下表：

例字	施莱格	漳州	龙海	长泰	华安	南靖	平和	漳浦	云霄	东山	诏安
佳、家、驾	e[ɛ]	[ɛ]	[ɛ]	[e]	[ɛʔe]	[ɛ]	[ɛ]	[ɛ]	[ɛ]	[ɛ/e]	[ɛ]
册、客、百	eh[ɛʔ]	[ɛʔ]	[ɛʔ]	[eʔ]	[ɛʔ/eʔ]	[ɛʔ]	[ɛʔ]	[ɛʔ]	[ɛʔ]	[eʔ]	[ɛʔ]

6. 干部施莱格把干部舒声韵拟作an [an]，把干部促声韵拟作at[at]，与多数现代漳州方音同，唯独诏安读作[aŋ]和 [ak]。

例字	施莱格	漳州	龙海	长泰	华安	南靖	平和	漳浦	云霄	东山	诏安
安、蛋、限	ɑn[an]	[an]	[an]	[an]	[an]	[an]	[an]	[an]	[an]	[an]	[aŋ]
八、达、杀	ɑt[at]	[at]	[at]	[at]	[at]	[at]	[at]	[at]	[at]	[at]	[ak]

7. 公部　施莱格把公部舒声韵拟作ong[ɔŋ]，把公部促声韵拟作ok[ɔk]，与现代漳州方音情况是一样的，如下表：

例字	施莱格	漳州	龙海	长泰	华安	南靖	平和	漳浦	云霄	东山	诏安
王、当、柱	ong[ɔŋ]	[ɔŋ]	[ɔŋ]	[ɔŋ]	[ɔŋ]	[ɔŋ]	[ɔŋ]	[ɔŋ]	[ɔŋ]	[ɔŋ]	[ɔŋ]
禄、漠、毒	ok[ɔk]	[ɔk]	[ɔk]	[ɔk]	[ɔk]	[ɔk]	[ɔk]	[ɔk]	[ɔk]	[ɔk]	[ɔk]

8. 乖部　　施莱格把乖部舒声韵拟作oɑi，相当于国际音标[uai]，无促声韵母，与现代漳州方音情况是一样的，如下表：

例字	施莱格	漳州	龙海	长泰	华安	南靖	平和	漳浦	云霄	东山	诏安
怀、乖、怪	oɑi[uai]	[uai]	[uai]	[uai]	[uai]	[uai]	[uai]	[uai]	[uai]	[uai]	[uai]

9. 经部　　施莱格把经部舒声韵拟作ing[iŋ]，把经部促声韵拟作ik[ik]；漳州、龙海、华安、南靖均读作[iŋ/ik]，长泰、平和、云霄、东山读作[eŋ/ek]，漳浦读作[ɛŋ/ɛk]，诏安部分读作[iŋ/ik]，部分读作[eŋ/ek]。如下表：

例字	施莱格	漳州	龙海	长泰	华安	南靖	平和	漳浦	云霄	东山	诏安
生、情、平	ing[iŋ]	[iŋ]	[iŋ]	[eŋ]	[iŋ]	[iŋ]	[eŋ]	[ɛŋ]	[eŋ]	[eŋ]	[iŋ/eŋ]
德、贼、白	ik[ik]	[ik]	[ik]	[ek]	[ik]	[ik]	[ek]	[ɛk]	[ek]	[ek]	[ik/ek]

10. 观部　施莱格把观部舒声韵拟作oan[uan]，把观部促声韵拟作oat[uat]；与现代漳州方音情况同，如下表：

例字	施莱格	漳州	龙海	长泰	华安	南靖	平和	漳浦	云霄	东山	诏安
捲、犯、端	oan[uan]	[uan]	[uan]	[uan]	[uan]	[uan]	[uan]	[uan]	[uan]	[uan]	[uan]
夺、活、法	oɑt[uat]	[uat]	[uat]	[uat]	[uat]	[uat]	[uat]	[uat]	[uat]	[uat]	[uat]

11. 沽部　施莱格把沽部舒声韵拟作o，相当于国际音标[ɔ]，漳州、龙海、华安、南靖均读作[ɔ]，长泰读作[eu]，平和、漳浦、诏安读作[uo]，云霄、东山读作[-ou]；没有与之相配的促声韵。如下表：

例字	施莱格	漳州	龙海	长泰	华安	南靖	平和	漳浦	云霄	东山	诏安
呼、辜、估	o[ɔ]	[ɔ]	[ɔ]	[eu]	[ɔ]	[ɔ]	[uo]	[uo]	[ou]	[ou]	[uo]

12. 娇部　施莱格把娇部舒声韵拟作iɑo [iau]，无促声韵母；漳州10个县市均有[iau]，多数有促声韵母[iau?]。如下表：

例字	施莱格	漳州	龙海	长泰	华安	南靖	平和	漳浦	云霄	东山	诏安
小、轿、挑	iɑo[iau]	[iau]	[iau]	[iau]	[iau]	[iau]	[iau]	[iau]	[iau]	[iau]	[iau]
喙、唽、挤	—	[iau?]	[iau?]	—	[iau?]	—	[iau?]	—	[iau?]	[iau?]	—

13. 稽部　施莱格把稽部舒声韵拟作e，相当于国际音标[e]；无促声韵母。漳州、龙海、华安、南靖、东山等方言读作[-e]，长泰读作[-ue]；而平和城关读作[e]，安厚、下寨、九峰、芦溪等地读[iei]；漳浦读作[iei]，云霄、诏安则读作[ei]。此部没有与舒声韵相配的促声韵。如下表：

例字	施莱格	漳州	龙海	长泰	华安	南靖	平和	漳浦	云霄	东山	诏安
地、礼、稽	e[e]	[e]	[e]	[ue]	[e]	[e]	[le/iei]	[iei]	[ei]	[e]	[ei]

14. 伽部　施莱格把伽部舒声韵拟作e[e]；把伽部促声韵拟作eh[e?]；漳州方言读音不一，漳州、龙海、华安、南靖、平和、云霄、东山读作[e/e?]，长泰读作[e/ue?]，漳浦读作[ɛ/ɛ?]，诏安读作[ə/ə?]，如下表：

例字	施莱格	漳州	龙海	长泰	华安	南靖	平和	漳浦	云霄	东山	诏安
地、礼、稽	e[e]	[e]	[e]	[e]	[e]	[e]	[e]	[ɛ]	[e]	[e]	[ə]
取、绕、沫	eh[e?]	[e?]	[e?]	[ue?]	[e?]	[e?]	[e?]	[ɛ?]	[e?]	[e?]	[ə?]

15. 恭部　施莱格把恭部舒声韵拟作iong[iɔŋ]，把恭部促声韵拟作iok[iɔk]，与现代漳州方音情况同，如下表：

例字	施莱格	漳州	龙海	长泰	华安	南靖	平和	漳浦	云霄	东山	诏安
中、容、镕	iong[iɔŋ]	[iɔŋ]	[iɔŋ]	[iɔŋ]	[iɔŋ]	[iɔŋ]	[iɔŋ]	[iɔŋ]	[iɔŋ]	[iɔŋ]	[iɔŋ]
菊、辱、属	iok[iɔk]	[iɔk]	[iɔk]	[iɔk]	[iɔk]	[iɔk]	[iɔk]	[iɔk]	[iɔk]	[iɔk]	[iɔk]

16. 高部　施莱格把高部舒声韵拟作o [o]，把高部促声韵拟作oh[oʔ]；漳州、龙海、华安、南靖、平和、漳浦、云霄、东山方言均读作[o/oʔ]；只有长泰读作[ɔ/ ɔʔ]，诏安方言读作[ɔ/oʔ]。如下表：

例字	施莱格	漳州	龙海	长泰	华安	南靖	平和	漳浦	云霄	东山	诏安
何、妥、道	o[o]	[o]	[o]	[ɔ]	[o]	[o]	[o]	[o]	[o]	[o]	[ɔ]
落、棹、学	oh[oʔ]	[oʔ]	[oʔ]	[ɔʔ]	[oʔ]	[oʔ]	[oʔ]	[oʔ]	[oʔ]	[oʔ]	[oʔ]

17. 皆部　施莱格把皆部舒声韵拟作ɑi [ai]，无促声韵母，与现代漳州方音情况同，如下表：

例字	施莱格	漳州	龙海	长泰	华安	南靖	平和	漳浦	云霄	东山	诏安
在、解、摆	ɑi[ai]	[ai]	[ai]	[ai]	[ai]	[ai]	[ai]	[ai]	[ai]	[ai]	[ai]

18. 巾部　施莱格把巾部舒声韵拟作in[in]，与现代漳州方音情况同；把巾部促声韵拟作it[it]，现代漳州大多方言读作[it]，唯独长泰读作[et]，如下表：

例字	施莱格	漳州	龙海	长泰	华安	南靖	平和	漳浦	云霄	东山	诏安
恨、人、身	in [in]	[in]	[in]	[in]	[in]	[in]	[in]	[in]	[in]	[in]	[in]
食、失、必	it[it]	[it]	[it]	[et]	[it]	[it]	[it]	[it]	[it]	[it]	[it]

19. 姜部　施莱格把姜部舒声韵拟作iɑng[iaŋ]，与多数现代漳州方音情况同；把姜部促声韵拟作iɑk[iak]，与多数现代漳州方音情况同；唯独诏安无[iaŋ/iak]而读作[ian/iat]，如下表：

例字	施莱格	漳州	龙海	长泰	华安	南靖	平和	漳浦	云霄	东山	诏安
凉、像、两	iɑng[iaŋ]	[iaŋ]	[iaŋ]	[iaŋ]	[iaŋ]	[iaŋ]	[iaŋ]	[iaŋ]	[iaŋ]	[iaŋ]	[ian]
掠、虐、药	iɑk[iak]	[iak]	[iak]	[iak]	[iak]	[iak]	[iak]	[iak]	[iak]	[iak]	[iat]

20. 甘部　施莱格把甘部舒声韵拟作ɑm[am]，把甘部促声韵拟作ɑp [ap]，与现代漳州方音情况同。如下表：

例字	施莱格	漳州	龙海	长泰	华安	南靖	平和	漳浦	云霄	东山	诏安
惨、谈、喊	ɑm[am]	[am]	[am]	[am]	[am]	[am]	[am]	[am]	[am]	[am]	[am]
压、合、甲	ɑp[ap]	[ap]	[ap]	[ap]	[ap]	[ap]	[ap]	[ap]	[ap]	[ap]	[ap]

21. 瓜部　施莱格把瓜部舒声韵拟作oa，相当于国际音标[ua]，与多数现代漳州方音

情况同；把瓜部促声韵拟作oɑh，相当于国际音标[uaʔ]，与多数现代漳州方音情况同。唯独云霄和诏安方言有[-uɛ]韵母，云霄还有[-uɛʔ]韵母。如下表：

例字	施莱格	漳州	龙海	长泰	华安	南靖	平和	漳浦	云霄	东山	诏安
画、化	oa[ua]	[ua]	[ua]	[ua]	[ua]	[ua]	[ua]	[ua]	[ua] [uɛ]	[ua]	[ua] [uɛ]
跋、跌、抹	oɑh[uaʔ]	[uaʔ]	[uaʔ]	[uaʔ]	[uaʔ]	[uaʔ]	[uaʔ]	[uaʔ]	[uaʔ] [uɛʔ]	[uaʔ]	[uaʔ]

22.江部　施莱格把江部舒声韵拟作ɑng[aŋ]，与多数现代漳州方音情况同；把姜部促声韵拟作ɑk [ak]，与多数现代漳州方音情况同；唯独诏安有[aŋ/ak]和[ɔŋ/ ɔk]，如下表：

例字	施莱格	漳州	龙海	长泰	华安	南靖	平和	漳浦	云霄	东山	诏安
江、邦、港	ɑng[aŋ]	[aŋ]	[aŋ]	[aŋ]	[aŋ]	[aŋ]	[aŋ]	[aŋ]	[aŋ]	[aŋ]	[aŋ] [ɔŋ]
乐、桷、壳	ɑk[ak]	[ak]	[ak]	[ak]	[ak]	[ak]	[ak]	[ak]	[ak]	[ak]	[ak] [ɔk]

23.兼部　施莱格把兼部舒声韵拟作iëm，相当于国际音标[iam]，与现代漳州方音情况同；把兼部促声韵拟作iëp，相当于国际音标[iap]，与现代漳州方音情况同。如下表：

例字	施莱格	漳州	龙海	长泰	华安	南靖	平和	漳浦	云霄	东山	诏安
剑、廉、脸	iëm[iam]	[iam]	[iam]	[iam]	[iam]	[iam]	[iam]	[iam]	[iam]	[iam]	[iam]
妾、涩、业	iëp[iap]	[iap]	[iap]	[iap]	[iap]	[iap]	[iap]	[iap]	[iap]	[iap]	[iap]

24.交部　施莱格把交部舒声韵拟作ao [au]，与现代漳州方音情况同；把交部促声韵拟作aoh [auʔ]，与现代漳州方音情况同。如下表：

例字	施莱格	漳州	龙海	长泰	华安	南靖	平和	漳浦	云霄	东山	诏安
交、兜、闹	ao[au]	[au]	[au]	[au]	[au]	[au]	[au]	[au]	[au]	[au]	[au]
落	aoh[auʔ]	[auʔ]	[auʔ]	[auʔ]	[auʔ]	[auʔ]	[auʔ]	[auʔ]	[auʔ]	[auʔ]	[auʔ]

25.迦部　施莱格把迦部舒声韵拟作iɑ[ia]，把迦部促声韵拟作iɑh[iaʔ]，与现代漳州方音情况同。如下表：

例字	施莱格	漳州	龙海	长泰	华安	南靖	平和	漳浦	云霄	东山	诏安
姐、邪、也	iɑ[ia]	[ia]	[ia]	[ia]	[ia]	[ia]	[ia]	[ia]	[ia]	[ia]	[ia]
拆、赭、食	iɑh[iaʔ]	[iaʔ]	[iaʔ]	[iaʔ]	[iaʔ]	[iaʔ]	[iaʔ]	[iaʔ]	[iaʔ]	[iaʔ]	[iaʔ]

26. 桧部 施莱格把桧部舒声韵拟作oe[ue]，与多数现代漳州方音情况同；把桧部促声韵拟作oeh [ueʔ]，与多数现代漳州方音情况同；唯独漳浦方言读作[uɛ/uɛʔ]，如下表：

例字	施莱格	漳州	龙海	长泰	华安	南靖	平和	漳浦	云霄	东山	诏安
火、辈、罪	oe[ue]	[ue]	[ue]	[ue]	[ue]	[ue]	[ue]	[uɛ]	[ue]	[ue]	[ue]
月、笠、欲	oeh[ueʔ]	[ueʔ]	[ueʔ]	[ueʔ]	[ueʔ]	[ueʔ]	[ueʔ]	[uɛʔ]	[ueʔ]	[ueʔ]	[ueʔ]

27. 监部 施莱格把监部舒声韵拟作ɡ [ã]，无促声韵母；现代漳州方音[ã]也有[ãʔ]，如下表：

例字	施莱格	漳州	龙海	长泰	华安	南靖	平和	漳浦	云霄	东山	诏安
他、打、衫	ɡ [ã]	[ã]	[ã]	[ã]	[ã]	[ã]	[ã]	[ã]	[ã]	[ã]	[ã]
讷、跋、凹	——	[ãʔ]	[ãʔ]	[ãʔ]	[ãʔ]	[ãʔ]	[ãʔ]	[ãʔ]	[ãʔ]	[ãʔ]	[ãʔ]

28. 艍部 施莱格把艍部舒声韵拟作u [u]；把艍部促声韵母拟作uh[uʔ]；与多数现代漳州方音情况同，唯独诏安方言有部分字读作[ɯ]，如下表：

例字	施莱格	漳州	龙海	长泰	华安	南靖	平和	漳浦	云霄	东山	诏安
事、无、夫	u[u]	[u]	[u]	[u]	[u]	[u]	[u]	[u]	[u]	[u]	[u] [ɯ]
托、哒	uh[uʔ]	[uʔ]	[uʔ]	[uʔ]	[uʔ]	[uʔ]	[uʔ]	[uʔ]	[uʔ]	[uʔ]	[uʔ]

29. 胶部 施莱格把胶部舒声韵拟作ɑ[a]；把胶部促声韵母拟作ɑh[aʔ]，与现代漳州方音情况同，如下表：

例字	施莱格	漳州	龙海	长泰	华安	南靖	平和	漳浦	云霄	东山	诏安
沙、怕、爬	ɑ[a]	[a]	[a]	[a]	[a]	[a]	[a]	[a]	[a]	[a]	[a]
押、勒、打	ɑh[aʔ]	[aʔ]	[aʔ]	[aʔ]	[aʔ]	[aʔ]	[aʔ]	[aʔ]	[aʔ]	[aʔ]	[aʔ]

30. 居部 施莱格把居部舒声韵拟作i [i]，把居部促声韵母拟作ih [iʔ]，与现代漳州方音情况同，如下表：

例字	施莱格	漳州	龙海	长泰	华安	南靖	平和	漳浦	云霄	东山	诏安
美、期、是	i[i]	i[i]	i[i]	i[i]	i[i]	i[i]	i[i]	i[i]	i[i]	i[i]	i[i]
裂、撇、碟	ih[iʔ]	ih[iʔ]	ih[iʔ]	ih[iʔ]	ih[iʔ]	ih[iʔ]	ih[iʔ]	ih[iʔ]	ih[iʔ]	ih[iʔ]	ih[iʔ]

31. 丩部　施莱格把丩部舒声韵拟作iu[iu]，与现代漳州方音同；无促声韵母，但多数漳州方音有[iuʔ]，如下表：

例字	施莱格	漳州	龙海	长泰	华安	南靖	平和	漳浦	云霄	东山	诏安
游、刘、手	iu[iu]	[iu]	[iu]	[iu]	[iu]	[iu]	[iu]	[iu]	[iu]	[iu]	[iu]
揢、搰、缩	——	[iuʔ]	[iuʔ]	[iuʔ]	——	——	[iuʔ]	——	[iuʔ]	[iuʔ]	——

32. 更部　施莱格把更部舒声韵拟作e̯，相当于国际音标[ɛ̃]，无促声韵母；漳州、龙海、南靖、平和、漳浦、云霄、诏安有[ɛ̃/ɛ̃ʔ]韵母，龙海和平和还有[ẽ]韵母，长泰、华安、东山有[ẽ/ẽʔ]韵母，如下表：

例字	施莱格	漳州	龙海	长泰	华安	南靖	平和	漳浦	云霄	东山	诏安
生、铿、醒	e̯[ɛ̃]	[ɛ̃]	[ɛ̃] [ẽ]奶	[ẽ]	[ẽ]	[ɛ̃]	[ɛ̃] [ẽ]奶	[ɛ̃]	[ɛ̃]	[ẽ]	[ɛ̃]
夹、脉、歇	——	[ɛ̃ʔ]	[ɛ̃ʔ]	[ẽʔ]	[ẽʔ]	[ɛ̃ʔ]	[ɛ̃ʔ]	[ɛ̃ʔ]	[ɛ̃ʔ]	[ẽʔ]	[ɛ̃ʔ]

33. 裈部　施莱格把裈部舒声韵拟作u̯i，相当于国际音标[uĩ]，无促声韵母；除了长泰音无[uĩ]韵母，多数漳州方音与之同，如下表：

例字	施莱格	漳州	龙海	长泰	华安	南靖	平和	漳浦	云霄	东山	诏安
光、管、园	u̯i [uĩ]	[uĩ]	[uĩ]	——	[uĩ]	[uĩ]	[uĩ]	[uĩ]	[uĩ]	[uĩ]	[uĩ]

34. 茄部　施莱格把茄部舒声韵拟作io[io]；把茄部促声韵母拟作ioh[ioʔ]；漳州、龙海、南靖、平和、漳浦、云霄、东山有[io/ioʔ]韵母，长泰、诏安则读作[ɔ̯i/ɔi]，如下表：

例字	施莱格	漳州	龙海	长泰	华安	南靖	平和	漳浦	云霄	东山	诏安
照、票、相	io[io]	[io]	[io]	[ɔ̯i]	[io]	[io]	[io]	[io]	[io]	[io]	[io] [ɔi]
石、尺、叶	ioh[ioʔ]	[ioʔ]	[ioʔ]	[ɔ̯iʔ]	[ioʔ]	[ioʔ]	[ioʔ]	[ioʔ]	[ioʔ]	[ioʔ]	[ioʔ] [ɔiʔ]

35. 栀部　施莱格把栀部舒声韵拟作i̯，相当于国际音标[ĩ]，与漳州方音同；把栀部促声韵母拟作i̯h，相当于国际音标[ĩʔ]，唯独华安无[ĩʔ]，其余方音均有此韵母，如下表：

例字	施莱格	漳州	龙海	长泰	华安	南靖	平和	漳浦	云霄	东山	诏安
你、异、缠	i[ĩ]	[ĩ]	[ĩ]	[ĩ]	[ĩ]	[ĩ]	[ĩ]	[ĩ]	[ĩ]	[ĩ]	[ĩ]
物	jh[ĩʔ]	[ĩʔ]	[ĩʔ]	[ĩʔ]	——	[ĩʔ]	[ĩʔ]	[ĩʔ]	[ĩʔ]	[ĩʔ]	[ĩʔ]

36. 薑部　施莱格把薑部部分舒声韵拟作io[iɔ̃]，部分舒声韵拟作iu[iũ]，无促声韵母；漳州、龙海、长泰、华安、东山、诏安均读作[iɔ̃]，南靖、平和、漳浦、云霄均读作[iũ]，如下表：

例字	施莱格	漳州	龙海	长泰	华安	南靖	平和	漳浦	云霄	东山	诏安
洋、丈	io[iɔ̃]	[iɔ̃]	[iɔ̃]	[iɔ̃]	[iɔ̃]	————	————	————	————	[iɔ̃]	[iɔ̃]
象、张、量	iu[iũ]	————	————	————	————	[iũ]	[iũ]	[iũ]	[iũ]	————	————

37. 惊部　施莱格把惊部舒声韵拟作ig，相当于国际音标[iã]，与漳州方言同；施莱格无促声韵母；漳州、龙海、长泰、漳浦、云霄、东山、诏安有[iãʔ]，华安、南靖、平和则无此韵母。如下表：

例字	施莱格	漳州	龙海	长泰	华安	南靖	平和	漳浦	云霄	东山	诏安
且、城、名	ig [iã]	[iã]	[iã]	[iã]	[iã]	[iã]	[iã]	[iã]	[iã]	[iã]	[iã]
嚇、愕	——	[iãʔ]	[iãʔ]	[iãʔ]	——	——	——	[iãʔ]	[iãʔ]	[iãʔ]	[iãʔ]

38. 官部　施莱格把官部舒声韵拟作og，相当于国际音标[uã]，无促声韵母，与漳州方言同，如下表：

例字	施莱格	漳州	龙海	长泰	华安	南靖	平和	漳浦	云霄	东山	诏安
弹、鞍、散	og[uã]	[uã]	[uã]	[uã]	[uã]	[uã]	[uã]	[uã]	[uã]	[uã]	[uã]

39. 钢部　施莱格把钢部舒声韵拟作ɛng，相当于国际音标[ŋ]，与漳州方言同；施莱格无促声韵母，而漳州、龙海、漳浦、东山有[ŋʔ]韵母。如下表：

例字	施莱格	漳州	龙海	长泰	华安	南靖	平和	漳浦	云霄	东山	诏安
床、长、舱	ɛng[ŋ]	[ŋ]	[ŋ]	[ŋ]	[ŋ]	[ŋ]	[ŋ]	[ŋ]	[ŋ]	[ŋ]	[ŋ]
呛、蹡	——	[ŋʔ]	[ŋʔ]	——	——	——	——	[ŋʔ]	——	[ŋʔ]	——

40. 闲部　施莱格把闲部舒声韵拟作ai，相当于国际音标[ãi]，无促声韵，与漳州方言读音基本上同，唯独华安无此韵母，如下表：

例字	施莱格	漳州	龙海	长泰	华安	南靖	平和	漳浦	云霄	东山	诏安
卖、奈、乃	aị[ãi]	[ãi]	[ãi]	[ãi]	——	[ãi]	[ãi]	[ãi]	[ãi]	[ãi]	[ãi]

41. 姑部　施莱格把姑部舒声韵拟作ọ，相当于国际音标[ɔ]，把姑部促声韵ọh，相当于国际音标[ɔʔ]；姑部舒声韵漳州、龙海、华安、南靖读作[ɔ]，长泰读作[ẽu]，平和、漳浦、东山读作[ɔu]，云霄读作[ðu]，诏安无此韵母；姑部促声韵漳州、龙海、云霄、东山读作[ɔʔ]，其余方音无此韵母。如下表：

例字	施莱格	漳州	龙海	长泰	华安	南靖	平和	漳浦	云霄	东山	诏安
毛、火、货	ọh[ɔ]	[ɔ]	[ɔ]	[ẽu]	[ɔ]	[ɔ]	[ɔu]	[ɔu]	[ðu]	[ɔu]	——
么、膜	ọh[ɔʔ]	[ɔʔ]	[ɔʔ]						[ɔʔ]	[ɔʔ]	

42. 姆部　施莱格把姆部舒声韵拟作εm，相当于国际音标[m]，与漳州方言读音同；施莱格无促声韵，漳州、龙海、长泰、平和、漳浦有[mʔ]韵母，如下表：

例字	施莱格	漳州	龙海	长泰	华安	南靖	平和	漳浦	云霄	东山	诏安
无、梅、母	εm[m]	[m]	[m]	[m]	[m]	[m]	[m]	[m]	[m]	[m]	[m]
默	——	[mʔ]	[mʔ]	[mʔ]			[mʔ]	[mʔ]			

43. 光部　施莱格无此光部[uaŋ]，唯独漳州、漳浦、东山、诏安有此韵母，其余均无。如下表：

例字	施莱格	漳州	龙海	长泰	华安	南靖	平和	漳浦	云霄	东山	诏安
光、仿	——	[uaŋ]						[uaŋ]		[uaŋ]	[uaŋ]

44. 闩部　施莱格把闩部舒声韵拟作oaị，相当于国际音标[uãi]，华安、南靖、东山、诏安无此韵母，如下表：

例字	施莱格	漳州	龙海	长泰	华安	南靖	平和	漳浦	云霄	东山	诏安
横	oaị[uãi]	[uãi]秆	[uãi]横	[uãi]关	——	——	[uãi]横	[uãi]横	[uãi]闩	——	——
辐								[uãiʔ]			

45. 糜部　施莱格把糜部舒声韵拟作oẽ，相当于国际音标[uẽ]，无促声韵母；漳州、龙海、平和方言读作[uẽ/ãi]，长泰、华安、南靖、云霄、诏安读作[uẽ]，漳浦读作[uẽ]，东山读作[uãi]，如下表：

例字	施莱格	漳州	龙海	长泰	华安	南靖	平和	漳浦	云霄	东山	诏安
每、昧、糜	oę[uẽ]	[uẽ/ãi]	[uẽ/ãi]	[uẽ]	[uẽ]	[uẽ]	[uẽ/ãi]	[uẽ]	[uẽ]	[uãi]	[uẽ]

46. 嗃部 施莱格把嗃部舒声韵拟作iaǫ，相当于国际音标[iãu]，与漳州方言读音同；施莱格无促声韵母；漳州、龙海、长泰、平和、漳浦、云霄有[iãuʔ]，其他方言无此韵母，如下表：

例字	施莱格	漳州	龙海	长泰	华安	南靖	平和	漳浦	云霄	东山	诏安
鸟、猫	iaǫ[iãu]	[iãu]	[iãu]	[iãu]	[iãu]	[iãu]	[iãu]	[iãu]	[iãu]	[iãu]	[iãu]
蟯、寂	——	[iãuʔ]	[iãuʔ]	[iãuʔ]			[iãuʔ]	[iãuʔ]	[iãuʔ]		

47. 箴部 施莱格把箴部舒声韵拟作om[ɔm]，与现代漳州方音情况同；施莱格无箴部促声韵，漳州、漳浦、云霄、东山则有[ɔp]韵母，如下表：

例字	施莱格	漳州	龙海	长泰	华安	南靖	平和	漳浦	云霄	东山	诏安
怎	om[ɔm]	[ɔm]参	[ɔm]森	[ɔm]参	[ɔm]森	[ɔm]森	[ɔm]森	[ɔm]森	[ɔm]箴	[ɔm]森	[ɔm]森
	——	[ɔp]椷						[ɔp]唔	[ɔp]唔	[ɔp]□	

48. 爻部 施莱格把爻部舒声韵拟作aǫ，相当于国际音标[ãu]，与现代漳州方音情况同；施莱格无爻部促声韵，漳州、龙海、长泰、平和、漳浦、东山则有[ãuʔ]韵母，其他方言无此韵母，如下表：

例字	施莱格	漳州	龙海	长泰	华安	南靖	平和	漳浦	云霄	东山	诏安
貌、骰	aǫ[ãu]	[ãu]藕	[ãu]矛	[ãu]矛	[ãu]矛	[ãu]藕	[ãu]好	[ãu]矛	[ãu]爻	[ãu]矛	[ãu]矛
	——	[ãuʔ]㿺	[ãuʔ]㿺	[ãuʔ]			[ãuʔ]㿺	[ãuʔ]嗷		[ãuʔ]㿺	

49. 扛部 施莱格把扛部和姑部合二为一，读作ǫ[ɔ̃]。请见41.姑部。

50. 牛部 《汇集雅俗通十五音》牛部舒声韵拟作[iũ]，漳州、龙海、云霄亦有[iũ]，其余方言则无此韵母。施莱格[iũ]韵母所包含的韵字，与牛部舒声韵无关，如"牛"字不读作[iũ]而读作"giû"。如下表：

例字	施莱格	漳州	龙海	长泰	华安	南靖	平和	漳浦	云霄	东山	诏安
牛	——	[iũ]牛	[iũ]牛	——	——	——	——	——	[iũ]牛	——	——

由上表可见，施莱格《荷华文语类参》与现代漳州10个县市一致的韵母如下：un[un]/ut [ut]，ien[ian]/iet [iat]，ui[ui]/uih[uiʔ]，ong[ɔŋ]/ok[ɔk]，[uai]，oan[uan]/

oat[uat]，iao[iau]，iong[iɔŋ]/iok[iɔk]，ai[ai]，ɑm[am]/ɑp[ap]，iëm[iam]/iëp[iap]，ɑo[au]/ɑoh [auʔ]，iɑ[ia]/iɑh[iaʔ]，ɡ[ã]，ɑ[a]/ɑh[aʔ]，i[i]/ih[iʔ]，iu[iu]，i̠[ĩ]/i̠h[ĩʔ]，iɡ[iã]，oɡ [uã]，ɛng[ŋ]，ɛm[m]，iɑo[iãu]，om[ɔm]，ɑo[ãu]，共计38个。

　　通过施莱格《荷华文语类参》74个韵母与漳州10个县市方言韵母系统进行历史比较，我们可以运用排除法，以便确定《荷华文语类参》的音系性质。按上文《汇集雅俗通十五音》五十韵部为序把所排除的情况罗列如下：(1)长泰有[ep]而无[ip]韵母，施莱格《荷华文语类参》音系性质可排除长泰音系。(2)施莱格有[ɛ/ɛʔ]韵母，而长泰、华安、东山方言则读作[e/eʔ]，《荷华文语类参》音系性质可排除长泰、华安、东山音系。(3)施莱格有[an/at]韵母，而诏安则读作[aŋ/ak]，《荷华文语类参》音系性质可排除诏安音系。(4)施莱格有[iŋ/ik]韵母，长泰、平和、云霄、东山、诏安读作[eŋ/ek]，漳浦读作[ɛŋ/ɛk]，《荷华文语类参》音系性质可排除长泰、平和、云霄、东山、漳浦、诏安等地的方言。(5)施莱格有[ɔ]韵母，而长泰读作[eu]，平和、漳浦、诏安读作[ɔu]，云霄、东山读作[-ou]，《荷华文语类参》音系性质可排除长泰、平和、漳浦、诏安、云霄、东山方言。(6)施莱格有[e]韵母，而长泰读作[-ue]，平和、漳浦读作[iei]，云霄、诏安读作[ei]；长泰读作[e/ueʔ]，漳浦读作[ɛ/ɛʔ]，诏安读作[ə/əʔ]；《荷华文语类参》音系性质可排除长泰、平和、漳浦、云霄、诏安方言。(7)施莱格有[o]韵母，而长泰读作[ɔ/ ɔʔ]，诏安方言读作[ɔ]，《荷华文语类参》音系性质可排除长泰、诏安方言。(8)施莱格有[it]韵母，而长泰则读作[et]，《荷华文语类参》音系性质可排除长泰方言。(9)施莱格有[iaŋ/iak]韵母，而诏安则读作[ian/iat]，《荷华文语类参》音系性质可排除诏安方言。(10)施莱格有[ua/uaʔ]韵母，而云霄和诏安方言则读作[-uɛ]，云霄读作[-uɛʔ]，《荷华文语类参》音系性质可排除云霄和诏安方言。(11)施莱格有[aŋ/ak]韵母，而诏安部分读作[ɔŋ/ ɔk]，《荷华文语类参》音系性质可排除诏安方言。(12)施莱格有[ue/ueʔ]韵母，而漳浦方言读作[uɛ/uɛʔ]，《荷华文语类参》音系性质可排除漳浦方言。(13)施莱格有[u]韵母，而诏安方言有部分字读作[ɯ]，《荷华文语类参》音系性质可排除诏安方言。(14)施莱格有[ẽ]韵母，而龙海、平和少数读作[ẽ]韵母，长泰、华安、东山读作[ẽ/ẽʔ]韵母，《荷华文语类参》音系性质可排除龙海、平和、长泰、华安、东山方言。(15)施莱格有[uĩ]韵母，而长泰方言无此韵母，《荷华文语类参》音系性质可排除长泰方言。(16)施莱格有[io/ioʔ]韵母，而长泰、诏安则读作[iɔ/iɔʔ]，《荷华文语类参》音系性质可排除长泰、诏安方言。(17)施莱格《荷华文语类参》既有[iɔ̃]韵母，又有[iũ]韵母，这说明当时两种韵母并存。(18)施莱格有[ãi]韵母，而华安无此韵母，《荷华文语类参》音系性质可排除华安方言。(19)施莱格有[ɔ̃]韵母，而长泰读作[ẽu]，平和、漳浦、东山读作[ɔ̃u]，云霄读作[õu]，诏安无此韵母，《荷华文语类参》音系性质可排除长泰、平和、漳浦、东山、云霄、诏安方言。(20)施莱格有[uãi]韵母，而华安、南靖、东山、诏安无此韵母，《荷华文语类参》音系性质可排除华安、南靖、东山、诏安方言。(21)施莱格有[uẽ]韵母，而漳浦读作[uẽ]，东山读作[uãi]，《荷华文语类参》音系性质可排除漳浦、东山方言。(22)《汇集雅俗通十五音》牛部施莱格有[iũ]韵母，而长泰、华安、南靖、平和、漳浦、东山、诏安等均无此韵母。

通过施莱格《荷华文语类参》74个韵母与漳州10个县市方言韵母系统比较，凡是与《荷华文语类参》74个韵母不符而被排除者的数据如下：

漳州（0）	龙海（1）	长泰（12）	华安（5）	南靖（2）
平和（6）	漳浦（7）	云霄（5）	东山（8）	诏安（13）

可见，被排除的数据多寡情况：诏安最多13次，长泰次之12次，东山再次之8次，漳浦7次，平和6次、云霄、华安5次，南靖2次，龙海1次；漳州韵母与《荷华文语类参》74个韵母同，所反映的音系就是漳州方言音系无疑。

四　《荷华文语类参》声调系统研究

施莱格在《荷华文语类参》一书中也有上平声、上上声、上去声、上入声、下平声、下去声和下入声7个声调，其声调标号则采用麦都思《福建方言字典》。现将各个声调举例如下：

声调	符号	例字
上平声	无号	天tien，官koan，钦k'im，夫hu，之tsi，深ts'im，音im，精tsing，兵ping，相siang；
下平声	ˆ	何hê，藏tsông，刘liû，人dzîn，楼lô，灵lîng，台taî，南lâm，溟bîng，同ông；
上声	′	惨ts'ám，子tsú，美bí，小siaó，姐tsiá，海haí，眼gán，牡bó，捞ló，水suí；
上去声	`	借tsià，券koàn，监kàm，正tsìng，爱aì，应ìng，障tsiàng，祭tsè，太t'aì，ts'ì；
下去声	ˉ	事sū，会hoē，像siāng，在tsaī，妇hū，练liēn，瀚hān，谓uī，敢sī，蛎laī；
上入声	无号	执tsip，雪soat，八pat，克k'ik，则tsik，节tsiet，尺ts'ik，饰sik，椓tok，血hiet；
下入声	′	学hák，习síp，熟siók，历lík，夺toát，乐lák，孰siók，特tík，肉dziók，物bút；

施莱格在《荷华文语类参》中并没有对调值进行描写，现与现代漳州10个县市的方言声调进行比较，如下表：

汇集雅俗通十五音	荷华文语类参	现代漳州十个县市方言声调									
		漳州	龙海	长泰	华安	南靖	平和	漳浦	云霄	东山	诏安
上平声	上平声	44	44	44	44	44	33	55	55	44	55
上上声	上上声	53	53	53	42	53	52	53	53	52	53
上去声	上去声	21	21	21	21	21	21	11	21	21	11
上入声	上入声	32	32	32	32	32	42	32	4	32	32
下平声	下平声	12	13	24	13	23	12	213	23	13	242
下去声	下去声	22	22	22	22	22	22	33	22	33	33
下入声	下入声	121	4	232	23	23	13	14	12	12	13

上文考证，《荷华文语类参》所反映的音系是漳州方言音系，但经过将近130年的漫长岁月，其调值会产生渐变的，因此只能这么说《荷华文语类参》调值是接近于漳州方言调值。

第四节　十九世纪西方传教士编撰三种漳州方言辞书音系比较研究

一　西方传教士编撰三种漳州方言辞书简介

鸦片战争之后，由于西方殖民者大肆入侵中国，外国传教士一批又一批地来到中国沿海各个通商口岸进行传教，继而渗透到全国各地。福建厦门、漳州、泉州以及粤东潮汕地区也不例外。传教士在闽南一带传播天主教和基督教教义。他们的传教活动大多在本地传教士的主持下进行。由于语言差异，促使这些外国传教士下苦功学习、调查和研究闽南方言，并撰写了许多用罗马字和其他外语撰写的反映厦门、漳州、潮汕方言的字典辞书。

英国传教士、汉学家麦都思（1796—1857年）编撰的《福建方言字典》，是一部反映漳州府漳浦县方言音系的字典。全书共860页，分为三部分，即序言、正文和索引。序言部分就谢秀岚编撰的漳州漳浦方言韵书《汇集雅俗通十五音》（1818年）阐述其方言拼音法、十五音与五十字母结合法，讨论其声调和文白异读问题，设计其方言声韵表、声母与韵母结合表以及五十字母与八音结合表等，较为全面而深入。由于麦都思与谢秀岚是同时代的人，因此这部字典的记录就成为研究《汇集雅俗通十五音》，即19世纪初期漳州府漳浦县的最宝贵的资料。麦都思在字典中以罗马字来给《汇集雅俗通十五音》记音，对《汇集雅俗通十五音》的切法及音类、音值有非常详细的描写和叙述。本书参考了麦都思《福建方言字典》声韵调描写，并结合福建闽南方言的研究成果，构拟出《汇集雅俗通十五音》音系的音值（马重奇，2004）。

英国伦敦会传教士戴尔（1804—1843年）编撰《福建漳州方言词汇》，是一部反映漳州府漳州城方言音系的词典。《漳州方言词汇》收录了戴尔在槟城、马六甲收集的漳州方言词汇。该书共132页，分绪论、正文、索引三个部分，1838年由The Anglo-Chinese College出版社出版。绪论部分分"介绍(Introduction)"和"福建方言的声调(A treatise on the tones of the hok-keen dialect)"两篇。正文部分收录漳州方言词汇约2000个，均以罗马字母标音，列于左侧，后以英文释义列于右侧，全文无一汉字。这些词汇按字母顺序排列，所以有时同一个词在组成它的两个音节中都可以找到，每一组音节以声调的平、上、去、入排序。音节之下罗列若干漳州方言词汇，每个词汇先以罗马字标音，尔后以英语说明词汇含义。笔者就戴尔文本整理出声韵调系统以便比较研究。

荷兰汉学家施莱格（Gustave Schlegel，？—1903年）编撰《荷华文语类参》，这也是一部反映漳州府漳州城方言音系的辞典，辞典中的词汇基本以文读音为主，也有部分白读音。此书采用漳州音，着眼于将荷兰文书译为汉文，例句用漳州文读音逐字注音，偶尔加注白读，并说明字的用法以及用法上的细微差异。笔者就施莱格文本整理出声韵调系统以便比较研究。

由于麦都思的《福建方言字典》（1831年）、戴尔《福建漳州方言词汇》（1838年）和施莱格的《荷华文语类参》（1886年）与谢秀岚编撰的《汇集雅俗通十五音》（1818年）时间差不多，因此笔者把这四种方言文献放在一起，以便进行声韵调系统比较研究。

二　三种漳州方言辞书声母系统比较研究

谢秀岚编撰的《汇集雅俗通十五音》正文前面部分有“十五音”，表示19世纪初福建漳州府漳浦方言声母系统。据马重奇考证（2004年），“十五音”音值为：柳[l/n]、边[p]、求[k]、去[kʻ]、地[t]、颇[pʻ]、他[tʻ]、曾[ts]、入[dz]、时[s]、英[ø]、门[b/m]、语[g/ŋ]、出[tsʻ]、喜[h]。现将现代芗城、现代漳浦与麦都思、戴尔、施莱格所编撰的字典辞书的罗马字音标比较如下：

芗城	漳浦	谢秀岚	麦都思	例字	戴　尔	例字	施莱格	例字
柳[l/n]	柳[l/n]	柳[l/n]	l n	柳、理、劳 蓝、拿、榄	l n	难、路、来 卵、娘、年	l n	刘、落、轮 泥、你、乃
边[p]	边[p]	边[p]	p	婆、拜、兵	p	变、跋、遍	p	碑、便、鼻
求[k]	求[k]	求[k]	k	强、兼、件	k	间、江、交	k	管、救、胳
去[kʻ]	去[kʻ]	去[kʻ]	kʻh	庆、缺、勤	kʻh	确、勘、牵	kʻ	可、口、恐
地[t]	地[t]	地[t]	t	陈、得、知	t	中、钓、场	t	蛋、塗、鼎
颇[pʻ]	颇[pʻ]	颇[pʻ]	pʻh	偏、聘、彭	pʻh	批、拍、玻	pʻ	谱、抱、皮
他[tʻ]	他[tʻ]	他[tʻ]	tʻh	铁、天、吞	tʻh	啼、头、听	tʻ	天、添、桃
曾[ts]	曾[ts]	曾[ts]	ch	进、秦、灶	tsh	水、蕉、正	ts	作、脂、浊
入[dz]	入[dz]	入[dz]	j	忍、仍、字	j	日、热、辱	dz	人、然、浇

芗城	漳浦	谢秀岚	麦都思	例字	戴　尔	例字	施莱格	例字
时[s]	时[s]	时[s]	s	事、相、扫	s	相、世、说	s	事、虽、孙
英[ø]	英[ø]	英[ø]	w,y,o	妖、暗、娃	w,y,o	羊、椅、鸭	w,y,o	压、裔、为
门[bʔm]	门[bʔm]	门[bʔm]	b m	磨、卯、每 满、糜、鳗	b m	无、望、木 名、门、命	b m	美、味、物 毛、卖、蘇
语[g/ŋ]	语[g/ŋ]	语[g/ŋ]	g gn	饿、涯、碍 雅、硬、迎	g gn	蜈、傲、五 傲、蹑	g ng	尧、银、颜 五、我
出[tsʻ]	出[tsʻ]	出[tsʻ]	chʻh	千、切、深	cʻh	市、树、创	tsʻ	惨、千、赤
喜[h]	喜[h]	喜[h]	h	欣、匪、惠	h	海、岁、血	h	何、黄、火

由上表可见，现代芗城、漳浦声母系统、三种西方传教士编撰的字典辞书声母系统与《汇集雅俗通十五音》的"十五音"是一致的。还有几点需要说明：

第一，"柳"声母读作[l/n]，"门"母读作[b/m]，"语"声母读作[g/ŋ]，是由于闽南方言有鼻化韵和非鼻化韵两套系统，凡在非鼻化韵之前读作[-l]、[-b]、[-g]，凡在鼻化韵之前读作[-n]、[-m]、[-ŋ]，是[-l]、[-b]、[-g]的音位变体。这说明19世纪外国传教士已经明确地认识到这一点。

第二，送气声母的符号不一致。施莱格送气声母的符号与现代国际音标一致：kʻ、pʻ、tʻ、tsʻ，麦都思和戴尔是以h符号表示：kʻh、pʻh、tʻh、chʻh/cʻh

第三，"入"声母读作[dz]，麦都思、戴尔音标写作[j]，施莱格音标则写作dz。

第四，在鼻化韵之前的"语"声母字音标不一：麦都思写作gn，戴尔写作gn，施来格写作ng。戴尔《福建漳州方言词汇》一书中只有"傲gnâou[ŋãu]"、"蹑gnèyⁿg [ŋɛ̃]"两个例字。

第五，零声母一般不用任何字母表示，而直接以韵母a, e, i, o, u, w, y开头。

总之，戴尔《漳州方言词汇》的声母音标基本上参考麦都思《福建方言字典》的声母音标。施莱格的《荷华文语类参》声母音标与现代国际音标基本一致。虽然三者音标不统一，但声母系统则是一致的。

三　三种漳州方言辞书韵母系统比较研究

据考证，谢秀岚编撰的《汇集雅俗通十五音》正文前面部分有"五十字母"，表示19世纪初福建漳州府漳浦县方言韵母系统。麦都思《福建方言字典字典》是根据谢书来拟音的，也是"五十字母"85个韵母。据笔者整理考证，戴尔《漳州方言词汇》有70

个韵母，施莱格的《荷华文语类参》有74个韵母。《汇集雅俗通十五音》共有八卷，现分别与三种字典辞书韵母系统比较如下：

1. 卷一"君坚金规嘉"

芗城	漳浦	谢秀岚	麦都思	例字	戴　尔	例字	施莱格	例字
君[un] 骨[ut]	君[un] 骨[ut]	君[un] 骨[ut]	wun[un] wut[ut]	君滚棍 骨滑	wun[un] wut[ut]	孙尊论 窟骨出	un[un] ut[ut]	君舜稳 不突物
坚[ian] 结[iat]	坚[ian] 结[iat]	坚[ian] 结[iat]	ëen[ian] ëet[iat]	坚塞见 结杰	ëen[ian] ëet[iat]	见遍联 结列	ien[ian] iet [iat]	天浅辨 节穴
金[im] 急[ip]	金[im] 急[ip]	金[im] 急[ip]	im[im] ip[ip]	金锦禁 急及	im[im] ip[ip]	禽心金 执	im[im] ip[ip]	钦禁金 执立入
规[ui]	规[ui]	规[ui]	wuy[ui]	规鬼季	wuy[ui]	围规雷	ui[[ui] uih[ui?]	规谓类 拔
嘉[ε] 骼[ε?]	嘉[ε] 骼[ε?]	嘉[ε] 骼[ε?]	ay[ε] ayh[ε?]	嘉假嫁 骼逆	ëy[ε] eyh[ε?]	加家哑 百白客	e[ε] eh[ε?]	佳家驾 册客百

上表可见，就现代国际音标而言，现代芗城、漳浦、谢秀岚韵书与三种西方辞典共有的韵母是：[un]、[ut]、[ian]、[iat]、[im]、[ip]、[ui]、[ε]、[ε?]；有差异的韵母是：唯独施来格有[ui?]，谢秀岚、麦都思、戴尔则无此韵母。就原罗马字音标而言，三种西方辞典有差异的韵母是：

国际音标	麦都思	戴尔	施来格	国际音标	麦都思	戴尔	施来格
[un]	wun	wun	un	[ut]	wut	wut	ut
[ian]	ëen	ëen	ien	[iat]	ëet	ëet	ien
[ui]	wuy	wuy	ui	[ε]	ay	ëy	e
[ε?]	ayh	eyh	eh				

以上7个音标中，戴尔音标与麦都思音标相同的有wun、wut、ëen、ëet、wuy5个，不同的有ëy、eyh2个。施来格7个音标则均与戴尔音标与麦都思音标不同。

2. 卷二　“干公乖经观”

芗城	漳浦	谢秀岚	麦都思	例字	戴　尔	例字	施来格	例字
干[an] 葛[at]	干[an] 葛[at]	干[an] 葛[at]	an[an] at[at]	干、柬、涧 葛	an[an] at[at]	艰、间、杆 结、别、值	ɑn[an] ɑt[at]	安、蛋、限 八、达、杀
公[ɔŋ] 国[ɔk]	公[ɔŋ] 国[ɔk]	公[ɔŋ] 国[ɔk]	ong[ɔŋ] ok[ɔk]	公、广、贡 国、咯	ong[ɔŋ] ok[ɔk]	功、狂、讲 福、国、独	ong[ɔŋ] ok[ɔk]	王、当、枉 禄、漠、毒
乖[uai] ——	乖[uai] 孬[uaiʔ]	乖[uai] 孬[uaiʔ]	wae[uai] waeh[uaiʔ]	乖、拐、怪 ——	wae[uai] ——	快、怪、枴 ——	oɑi[uai] ——	怀、乖、怪 ——
经[iŋ] 格[ik]	经[ɛŋ] 格[ɛk]	经[ɛŋ] 格[ɛk]	eng[ɛŋ] ek[ɛk]	经、景、敬 格、极	eng[iŋ] ek[ik]	敬、间、命 刻、曲、竹	ing[iŋ] ik[ik]	生、情、平 德、贼、白
观[uan] 决[uat]	观[uan] 决[uat]	观[uan] 决[uat]	wan[uan] wat[uat]	观、琯、贯 决、橜	wan[uan] wat[uat]	冤、喘、款 法、决、说	oɑn[uan] oɑt[uat]	捲、犯、端 夺、活、法

上表可见，就现代国际音标而言，现代芗城、漳浦、谢秀岚韵书与三种西方辞典共有的韵母是：[an]、[at]、[ɔŋ]、[ɔk]、[uai]、[uan]、[uat]；有差异的韵母是：现代漳浦、谢秀岚、麦都思音标有[uaiʔ]、[ɛŋ]、[ɛk]，现代芗城、戴尔和施来格无[ɛŋ]、[ɛk]，而有[iŋ]、[ik]，且无[uaiʔ]，说明谢秀岚和麦都思音标均反映漳浦方言音系，而戴尔和施来格音标所反映的是漳州芗城方言音系。就原罗马字音标而言，三种西方辞典有差异的韵母是：

国际音标	麦都思	戴　尔	施来格	国际音标	麦都思	戴　尔	施来格
[an]	an	an	ɑn	[at]	at	at	ɑt
[uai]	wae	wae	oɑi	[ɛŋ/iŋ/iŋ]	eng	eng	ing
[ɛk/ik/ik]	ek	ek	ik	[uan]	wan	wan	oɑn
[uat]	wat	wat	oɑt				

以上7个音标中，戴尔音标与麦都思音标相同的有an、at、wae、eng、ek、wan、wat7个，施来格7个音标则均与戴尔音标和麦都思音标不同。

3. 卷三“沽娇稽恭高”

芗城	漳浦	谢秀岚	麦都思	例字	戴　尔	例字	施来格	例字
沽[ɔ] ——	沽[ɔu] ——	沽[ou] ——	oe[ou] ——	沽、古、固 ——	o·[ɔ] ——	苦、五、糊 ——	o̲[ɔ] ——	呼、辜、估 ——
娇[iau] 勪[iauʔ]	娇[iau] 勪[iauʔ]	娇[iau] 勪[iauʔ]	eaou[iau] eaouh[iauʔ]	娇、皎、叫 勪、噭	ëaou[iau] ——	要、较、着 ——	iɑo[iau] ——	小、轿、挑 ——
稽[e] ——	稽[ei] ——	稽[ei] ——	ey[ei] ——	稽、改、计 ——	——	——	——	——
恭[iɔŋ] 菊[iɔk]	恭[iɔŋ] 菊[iɔk]	恭[iɔŋ] 菊[iɔk]	ëung[iɔŋ] ëuk[iɔk]	恭、拱、供 菊、局	ëong[iɔŋ] ëok[iɔk]	中、弓、穷 辱、俗	iong[iɔŋ] iok[iɔk]	中、容、镕 菊、辱、属
高[o] 阁[oʔ]	高[o] 阁[oʔ]	高[o] 阁[oʔ]	o[o] oh[oʔ]	高、果、过 阁	o[o] oh[oʔ]	傲、刀、高 咯、学、作	o[o] oh[oʔ]	何、妥、道 落、棹、学

上表可见，就现代国际音标而言，现代芗城、漳浦、谢秀岚韵书与三种西方辞典共有的韵母是：[iau]、[iɔŋ]、[iɔk]、[o]、[oʔ]。有差异的韵母是：现代漳浦有[ou]，谢秀岚、麦都思有[ou]，现代漳州、戴尔和施来格则读作[ɔ]，说明谢秀岚和麦都思音标均反映漳浦方言音系，而戴尔和施来格所反映的是漳州芗城方言音系；谢秀岚、麦都思有[ei]，芗城则读作[e]。就原罗马字音标而言，三种西方辞典有差异的韵母是：

国际音标	麦都思	戴　尔	施来格	国际音标	麦都思	戴　尔	施来格
[ou]/[ɔ]/[ɔ]	oe	o·	o·	[iau]	eaou	ëaou	iao
[iɔŋ]	ëung	ëong	iong	[iɔk]	ëuk	ëok	iok

以上4个音标中，戴尔音标与麦都思音标相同的有eaou韵母，不同的有o·、ëong、ëok等3个。施来格4个音标则均与戴尔音标、麦都思音标不同。

4. 卷四　"皆巾姜甘瓜"

芗城	漳浦	谢秀岚	麦都思	例字	戴　尔	例字	施莱格	例字
皆[ai]	皆[ai]	皆[ai]	ae[ai]	皆改介	ae[ai]	媾来海	ɑi[ai]	在解摆
巾[in] 吉[it]	巾[in] 吉[it]	巾[in] 吉[it]	in[in] it[it]	巾谨艮 吉	in[in] it[it]	薪面巾 日刻一	in [in] it[it]	恨人身 食失必
姜[iaŋ] 脚[iak]	姜[iaŋ] 脚[iak]	姜[iaŋ] 脚[iak]	ëang[iaŋ] ëak[iak]	姜襁惊 脚	ëang[iaŋ] ëak[iak]	相姜强 略约	iang[iaŋ] iak[iak]	凉像两 掠虐药
甘[am] 鸽[ap]	甘[am] 鸽[ap]	甘[am] 鸽[ap]	am[am] ap[ap]	甘敢鉴 鸽	am[am] ap[ap]	勘颔南 十蛤鸽	ɑm[am] ɑp[ap]	惨谈喊 压合甲
瓜[ua] [uaʔ]	瓜[ua] [uaʔ]	瓜[ua] [uaʔ]	wa[ua] wah[uaʔ]	瓜卦	wa[ua] wah[uaʔ]	刷大夸 跋割	oɑ[ua] oɑh[uaʔ]	画化 跋跌抹

上表可见，就现代国际音标而言，现代芗城、漳浦、谢秀岚韵书与三种西方辞典共有的韵母是：[ai]、[in]、[it]、[iaŋ]、[iak]、[am]、[ap]、[ua]、[ua]。就原罗马字音标而言，三种西方辞典有差异的韵母是：

国际音标	麦都思	戴尔	施来格	国际音标	麦都思	戴尔	施来格
[ai]	ae	ae	ɑi	[iaŋ]	ëang	ëang	iɑng
[iak]	ëak	ëak	iɑk	[am]	am	am	ɑm
[ap]	ap	ap	ɑp	[ua]	wa	wa	oɑ
[uaʔ]	wah	wah	oɑh				

以上7个音标中，戴尔音标与麦都思音标相同的有ae、ëang、ëak、am、ap、wa、wah7个韵母。施来格7个音标则均与戴尔音标、麦都思音标不同。

5. 卷五　"江兼交迦桧"

芗城	漳浦	谢秀岚	麦都思	例字	戴　尔	例字	施莱格	例字
江[aŋ]	江[aŋ]	江[aŋ]	ang[aŋ]	江、港、降	ang[aŋ]	工、公、港	ɑng[aŋ]	江、邦、港
角[ak]	角[ak]	角[ak]	ak[ak]	角、磔	ak[ak]	北、木、目	ɑk[ak]	乐、榴、壳
兼[iam]	兼[iam]	兼[iam]	ëem[iam]	兼、检、剑	ëum[iam]	念、减、点	iem[iam]	剑、廉、险
夹[iap]	夹[iap]	夹[iap]	ëep[iap]	夹	ëup[iap]	粒、广㳠	iep[iap]	姜、涩、业
交[au]	交[au]	交[au]	aou[au]	交、狡、教	aou[au]	钩、狗、九	ɑo[au]交	兜、闹
[auʔ]	[auʔ]	[auʔ]	aouh[auʔ]		aouh[auʔ]	暴	ɑoh[auʔ]	落
迦[ia]	迦[ia]	迦[ia]	ëa[ia]	迦、寄、崎	ëa[ia]	蜈、骑、寄	iɑ[ia]	姐、邪、也
展[iaʔ]	展[iaʔ]	展[iaʔ]	ëah[iaʔ]	展	ëah[iaʔ]	额、展、页	iɑh[iaʔ]	拆、赭、食
桧[ue]	桧[uɛ]	桧[uei]	öey[uei]	桧、粿、桧	öey[uei]	课、过、伙	oe[ue]	火、辈、罪
郭[ueʔ]	郭[uɛʔ]	郭[ueiʔ]	öeyh[ueiʔ]	郭	öeyh[ueiʔ]	说	oeh[ueʔ]	月、笠、欲

上表可见，就现代国际音标而言，现代芗城、漳浦、谢秀岚韵书与三种西方辞典共有的韵母是：[aŋ]、[ak]、[iam]、[iap]、[au]、[auʔ]、[ia]、[iaʔ]；谢秀岚、麦都思、戴尔音标有[uei]、[ueiʔ]韵母，反映了19世纪漳浦方言特点，现代芗城、施来格则读作[ue]、[ueʔ]。就原罗马字音标而言，三种西方辞典有差异的韵母是：

国际音标	麦都思	戴　尔	施来格	国际音标	麦都思	戴　尔	施来格
[aŋ]	ang	ang	ɑng	[ak]	ak	ak	ɑk
[iam]	ëem	ëum	iem	[iap]	ëep	ëup	iep
[au]	aou	aou	ɑo	[auʔ]	aouh	aouh	ɑoh
[ia]	ëa	ëa	iɑ	[iaʔ]	ëah	ëah	iɑh
[uei]/[ue]	öey	öey	oe	[ueiʔ]/[ueʔ]	öeyh	öeyh	oeh

以上7个音标中，戴尔音标与麦都思音标相同的有ang、ak、aou、aouh、ëa、ëah、öey、öeyh等8个韵母；不同的音标有ëum、ëup2个韵母。施来格10个音标则均与戴尔音标、麦都思音标不同。

6. 卷六"监艍胶居ㄐ"

芗城	漳浦	谢秀岚	麦都思	例字	戴　尔	例字	施莱格	例字
监[ã]	监[ã]	监[ã]	ⁿa[ã]	监、敢、酵	ⁿa[ã]	担、胆、三	g[ã]	他、打、衫
唔[ãʔ]	唔[ãʔ]	唔[ãʔ]	ⁿah[ãʔ]	唔				
艍[u]	艍[u]	艍[u]	oo[u]	艍、韮、句	oo[u]	夫、牛、久	u[u]	事、无、夫
欨[uʔ]	欨[uʔ]	欨[uʔ]	ooh[uʔ]	欨			uh[uʔ]	托、哒
胶[a]	胶[a]	胶[a]	a[a]	胶、绞、教	a[a]	早、笆、胶	ɑ[a]	沙、怕、爬
甲[aʔ]	甲[aʔ]	甲[aʔ]	ah[aʔ]	甲	ah[aʔ]	鸭、恰、猎	ɑh[aʔ]	押、勒、打
居[i]	居[i]	居[i]	e[i]	居、己、既	e[i]	世、椅、啼	i[i]	美、期、是
筑[iʔ]	筑[iʔ]	筑[iʔ]	eh[iʔ]	筑	eh[iʔ]	铁、蚀、舌	ih[iʔ]	裂、撇、碟
ㄐ[iu]	ㄐ[iu]	ㄐ[iu]	ew[iu]	ㄐ、久、救	ew[iu]	树、手、仇	iu[iu]	游、刘、手

　　上表可见，就现代国际音标而言，现代芗城、漳浦、谢秀岚韵书与三种西方辞典共有的韵母是：[ã]、[u]、[a]、[aʔ]、[i]、[ĩ]、[iu]。有差异的韵母是：芗城、漳浦、谢秀岚、麦都思有[ãʔ]，戴尔和施来格则无此韵母；芗城、漳浦、谢秀岚、麦都思和施来格有[ũ]，而戴尔则无此韵母。就原罗马字音标而言，三种西方辞典有差异的韵母是：

国际音标	麦都思	戴　尔	施来格	国际音标	麦都思	戴　尔	施来格
[ã]	ⁿa	ⁿa	ɑ	[u]	oo	oo	u
[uʔ]	ooh	——	uh	[a]	a	a	ɑ
[aʔ]	ah	ah	ɑh	[i]	e	e	i
[iʔ]	eh	eh	ih	[iu]	ew	ew	iu

　　以上8个音标中，戴尔音标与麦都思音标相同的有ⁿa、oo、a、ah、e、eh、ew7个韵母。施来格8个音标则均与麦都思、戴尔音标不同。

　　7. 卷七　"更裤茄栀薑惊官钢伽闲"

芗城	漳浦	谢秀岚	麦都思	例字	戴　尔	例字	施莱格	例字
更[kɛ̃]	更[kɛ̃]	更[kɛ̃]	aiⁿg[ɛ̃]	更枷径	eyⁿg[ɛ̃]	暝争更	e [ɛ̃]	生醒假
喀[kɛ̃ʔ]	喀[kɛ̃ʔ]	喀[kɛ̃ʔ]	aiⁿgh[ɛ̃ʔ]	喀	eyⁿgh[ɛ̃ʔ]	猛脉歇		
裤uĩ	裤uĩ	裤uĩ	wuiⁿg[uĩ]	裤捲卷	ooiⁿg[uĩ]	卵门黄	uj [uĩ]	光管园
茄[io]	茄[io]	茄[io]	ëo[io]	茄叫轿	ëo[io]	钓相叫	io[io]	照票相
脚[ioʔ]	脚[ioʔ]	脚[ioʔ]	ëoh[ioʔ]	脚	ëoh[ioʔ]	拾着惜	ioh[ioʔ]	石尺叶
栀[ĩ]	栀[ĩ]	栀[ĩ]	eeⁿg[ĩ]	栀埞见䁙	eⁿg[ĩ]	变钱年	j [ĩ]	你异缠
s[ĩʔ]	s[ĩʔ]	s[ĩʔ]	eeⁿgh[ĩʔ]		eⁿgh[ĩʔ]	挃物	jh[ĩʔ]	物
薑[iɔ̃]	薑[iũ]	薑[iɔ̃]	ëoⁿg[iɔ̃]	薑强罾	ëoⁿg/[iɔ̃]	羊融样	io[iɔ̃]	洋丈
惊[iã]	惊[iã]	惊[iã]	ëⁿa[iã]	惊囝镜	ëⁿa[iã]	名京影	ig [iã]	且城名
官[uã]	官[uã]	官[uã]	wⁿa[uã]	官寡观	öⁿa[uã]	杆官单	og[uã]	弹鞍散
钢[ŋ]	钢[ŋ]	钢[ŋ]	eⁿg[ŋ]	钢槓	uⁿg[ŋ]	钢长丈	ɛng[ŋ]	床长舱
伽[e]	伽[e]	伽[e]	ay[e]	伽瘸	ay[e]	鸡改解	e[e]	地礼稽
芙[eʔ]	芙[eʔ]	芙[eʔ]	ayh[eʔ]	芙	ayh[eʔ]	瞎节	eh[ɛ̃ʔ]	绕沫
间[ãi]	间[ãi]	间[ãi]	aeⁿg[ãi]	间	aeⁿg[ãi]	耐指闲	aj[ãi]	卖奈乃
——	——	——	——		——		——	

　　上表可见，就现代国际音标而言，现代芗城、谢秀岚韵书与三种西方辞典共有的韵母是：[ɛ̃]、[uĩ]、[io]、[iɔ̃]、[ĩ]、[ĩʔ]、[iã]、[uã]、[ŋ]、[e]、[eʔ]、[ãi]。有差异的韵母是：麦都思、戴尔有[ɛ̃ʔ]，而施来格则无此韵母。谢秀岚"薑"字母，麦都思则拟音为

[iɔ̃]，而现代漳浦则读作[iũ]，这是语音演变的结果。就原罗马字音标而言，三种西方辞典有差异的韵母是：

国际音标	麦都思	戴尔	施来格	国际音标	麦都思	戴尔	施来格
[ɛ̃]	ai^{ng}	ey^{ng}	e̱	[ɛ̃ʔ]	ai^{ng}h	ey^{ng}h	
[uĩ]	wui^{ng}	ooi^{ng}	u̱i	[io]	ëo	ëo	io
[ioʔ]	ëoh	ëoh	ioh	[ĩ]	ee^{ng}	e^{ng}	i̱
[ĩʔ]	ee^{ng}h	e^{ng}h	i̱h	[iɔ̃]	ëo^{ng}	ëo^{ng}	iọ
[iã]	ëⁿa	ëⁿa	iọ	[uã]	wⁿa	öⁿa	oọ
[ŋ]	e^{ng}	u^{ng}	ɛng	[e]	ay	ay	e
[eʔ]	ayh	ayh	eh	[ãi]	ae^{ng}	ae^{ng}	ai̱

以上14个音标中，戴尔音标与麦都思音标相同的有ëo、ëoh、ëo^{ng}、ëⁿa、ay、ayh、ae^{ng}7个韵母；不同的音标有ey^{ng}、ey^{ng}h、ooi^{ng}、e^{ng}、e^{ng}h、öⁿa、u^{ng}7个韵母。施来格13个音标则均与麦都思、戴尔音标不同。

8. 卷八　"姑姆光闩糜嗷篏爻扛牛"

芗城	漳浦	谢秀岚	麦都思	例字	戴　尔	例字	施莱格	例字
姑[ɔ]	姑[ɔu]	姑[õu]	ⁿoe[õu]	姑	o·^{ng}[ɔ]	魔毛	o[ɔ]	毛火货
							oh[ɔʔ]	么
姆[m]	姆[m]	姆[m]	ū^m[m]	姆	u^m[m]	梅姆唔	ɛm[m]	不无梅
光[uaŋ]	光[uaŋ]	光[uaŋ]	wang[uaŋ]	光	——	——	——	——
咣[uak]	咣[uak]	咣[uak]	wak[uak]	咣				
闩[uãi]	闩[uãi]	闩[uãi]	wae^{ng}[uãi]	闩	——	——	oai[uãi]	横
輵[uãiʔ]	輵[uãiʔ]	輵[uãiʔ]	wae^{ng}h[uãiʔ]	輵				
糜[ãi]	糜[uẽ]	糜[uẽi]	öey[uẽi]	糜	öey[uẽi]	妹糜	oe[uẽ]	每昧媒
妹[ãiʔ]	妹[uẽʔ]	妹[uẽiʔ]	öeyh[uẽiʔ]	妹				
嗷[iãu]	嗷[iãu]	嗷[iãu]	ⁿeaou[iãu]	嗷	ⁿĕɑou[iãu]	老鼠	iao[iãu]	鸟猫
妠[iãuʔ]	妠[iãuʔ]	妠[iãuʔ]	ⁿeaouh[iãuʔ]	妠				
篏[ɔm]	篏[ɔm]	篏[ɔm]	om[ɔm]	篏譖	——	——	om[ɔm]	怎
喥[ɔp]	喥[ɔp]	喥[ɔp]	op[ɔp]	喥				
爻[ãu]	爻[ãu]	爻[ãu]	naôu[ãu]	爻	ⁿaou[ãu]	貌傲爻	ao[ãu]	貌骰
扛[ɔ̃]	扛[ɔ̃]	扛[õ]	ⁿo[õ]	扛	——	——	——	——
麽[ɔ̃ʔ]	麽[ɔ̃ʔ]	麽[õʔ]	ⁿoh[õʔ]	麽				
牛[ĩu]	牛[ĩu]	牛[ĩu]	nêw[ĩu]	牛	——	——	iu[iũ]	象张量
——	——	——	uⁿ[n]-ko	(大哥)	——	——	——	——

上表可见，就现代国际音标而言，谢秀岚韵书与三种西方辞典共有的韵母是：[m]、[iãu]、[ãu]。有差异的韵母是：麦都思音标有[uaŋ]、[uak]、[uãiʔ]、[uẽiʔ]、[iãuʔ]、

[op]、[o̯]、[o̰]，而戴尔、施来格音标则无此8个韵母；麦都思、施来格音标有[uãi]、[om]、[ĩu]，而戴尔则无此3个韵母；戴尔有声化韵[n]，麦都思、施来格则无此韵母；施来格音标有[ɔʔ]，麦都思、戴尔音标则无此韵母。谢秀岚"姑"字母，麦都思拟音为[õu]，现代漳浦则读作[ɔu]，是语音演变的结果，反映漳浦方言的特点；现代芗城、戴尔、施莱格则读作[ɔ]韵母，反映漳州芗城方言的特点。就原罗马字音标而言，三种西方辞典有差异的韵母是：

国际音标	麦都思	戴尔	施来格	国际音标	麦都思	戴尔	施来格
[õu]/[ɔ]/[ɔ̃]	ⁿoe	o⁻ⁿg	o̰	[m]	ūͫ	uͫ	ɛm
[uãi]	waeⁿg	——	oa̰i	[uẽi/uẽi/uẽ]	öey	öey	oḛ
[iãu]	ⁿeaou	ⁿẽaou	iao̰	[ãu]	naôu	ⁿaou	ao̰
[ĩu]	nêw	——	iṵ				

以上7个音标中，戴尔音标与麦都思音标相同的有uͫ、öey、ⁿẽaou、ⁿaou4个韵母。不同的音标有o⁻ⁿg。施来格7个音标则均与麦都思、戴尔音标不同。

上文比较了现代漳州芗城、漳州漳浦和谢秀岚《汇集雅俗通十五音》与麦都思《福建方言字典》、戴尔《漳州方言词汇》、施莱格《荷华文语类参》韵母系统。现进一步归纳其音系：

麦都思《福建方言字典》共有85个韵母，其中舒声韵韵母50个，其中阴声韵韵母18个，阳声韵韵母15个，鼻化韵韵母15个，声化韵韵母2个；入声韵韵母35个，其中收-ʔ韵尾韵母20个，收-p韵尾韵母4个，收-t韵尾韵母5个，收-k韵尾韵母6个，见下表：

1	阴声韵18	a[a]、ay[ɛ]、ay[e]；o[o]、e[i]、oo[u]；
		ae[ai]、aou[au]、ёa[ia]、ёo[io]、ew[iu]、wa[ua]、wuy[ui]、oe[ou]、ey[ei]；
		eaou[iau]、wae[uai]、öey[uei]；
2	阳声韵15	am[am]、om[ɔm]；im[im]、ёem[iam]；
		an[an]、in[in]、wun[un]、wan[uan]、ёen[ian]；
		ang[aŋ]、ong[ɔŋ]、ёang[iaŋ]、eng[ɛŋ]、ёung[iɔŋ]、wang[uaŋ]；
3	鼻化韵15	ⁿa[ã]、aiⁿg[ɛ̃]、eeⁿg[ĩ]、ⁿo[õ]；
		aeⁿg[ãi]、naôu[ãu]、ёⁿa[iã]、ёoⁿg[iõ]、nêw[iu]、wⁿa[uã]、wuiⁿg[uĩ]、ⁿeaou[iãu]、waeⁿg[uãi]、ⁿoe[õu]、öey[uẽi]；
4	声化韵2	ūͫ[m]、eⁿg[ŋ]；
5	入声韵35	ah[aʔ]、ayh[ɛʔ]、ayh[eʔ]、oh[oʔ]、eh[iʔ]、ooh[uʔ]；
		aouh[auʔ]、ёah[iaʔ]、ёoh[ioʔ]、wah[uaʔ]；eaouh[iauʔ]、öeyh[ueiʔ]、waeh[uaiʔ]；
		eeⁿgh[ĩʔ]；ⁿah[ãʔ]、aiⁿgh[ɛ̃ʔ]、waeⁿgh[uãiʔ]、öeyh[uẽiʔ]、ⁿeaouh[iãuʔ]、ⁿoh[õʔ]；
		ap[ap]、ёep[iap]、ip[ip]、op[op]；
		at[at]、it[it]、wut[ut]、wat[uat]、ёet[iat]；
		ak[ak]、ok[ɔk]、ek[ɛk]、ёak[iak]、ёuk[iɔk]、wak[uak]

据历史比较，麦都思《福建方言字典》与谢秀岚《汇集雅俗通十五音》均反映的是19世纪初叶漳浦方言音系。

戴尔《漳州方言词汇》共有70个韵母，其中舒声韵韵母45个（阴声韵母17个，阳声韵母13个，鼻化韵韵母12个，声化韵韵母3个），促声韵韵母25个（收-h韵尾韵母12个，收-p韵尾韵母3个，收-t韵尾韵母5个，收-k韵尾韵母5个）。请看下表：

1	阴声韵17	a [a]、e[i]、ĕy[ɛ]、o[o]、o·[ɔ]、oo[u]、ay[e]； ae[ai]、aou[au]、ĕa/yĕa[ia]、wa[ua]、wuy[ui]、ĕo[io]、ew[iu]； wae[uai]、ĕaou[iau]、ŏey[uei]；
2	阳声韵13	am[am]、im[im]、ĕum[iam]； an[an]、in[in]、wun[un]、wan[uan]、ĕen[ian]； ang[aŋ]、ĕang[iaŋ]、eng[iŋ]、ong[ɔŋ]、ĕong[iɔŋ]；
3	鼻化韵12	ⁿa[ã]、ey^ng[ɛ̃]、o·^ng[ɔ̃]、e^ng[ĩ]； ĕⁿa[iã]、ŏⁿa[uã]、ae^ng[ãi]、ⁿaou[ãu]、ooi^ng[uĩ]、ĕo^ng[iɔ̃]、ŏey[uẽi]、ⁿĕaou[iãu]；
4	声化韵3	u^m[m̩]、u^ng[ŋ̩]、uⁿ[n̩]；
5	入声韵25	ah[aʔ]、eyh[ɛʔ]、ayh[eʔ]、oh[oʔ]、eh[iʔ]； wah[uaʔ]、ĕah[iaʔ]、aouh[auʔ]、ĕoh/yĕoh[ioʔ]、ŏeyh[ueiʔ]； ey^ngh[ɛ̃ʔ]、e^ngh[ĩʔ]； ap[ap]、eup[iap]、ip[ip]； at[at]、wat[uat]、it[it]、wut[ut]、ĕet [iat]； ak[ak]、ok[ɔk]、ek[ik]、ĕak[iak]、ĕok[iɔk]；

据历史比较，戴尔《漳州方言词汇》所反映的音系则是19世纪初叶漳州方言音系。若与麦都思《福建方言字典》、施莱格《荷华文语类参》韵母系统比较，其差异之处有：(1) 戴尔有7个单元音韵母：[a]、[i]、[ɛ]、[o]、[ɔ]、[u]、[e]。与施莱格完全一样，比麦都思多了[ɔ]。(2) 戴尔有10个复元音：[ai]、[au]、[ia]、[io]、[iu]、[ua]、[[ui]、[iau]、[uai]、[uei]。虽与施莱格一样都是10个复元音韵母，差异者是，戴尔有[uei]，施莱格则读作[ue]。麦都思有12个复元音韵母，差异者是，麦都思有[ou]、[ei]，戴尔则无此韵母。(3) 戴尔有3个收-m尾阳声韵母：[am]、[im]、[iam]，比麦都思、施莱格少[om]。戴尔有5个收-n尾阳声韵母：[an]、[in]、[un]、[uan]、[ian]，与麦都思、施莱格相同。戴尔有5个收-ŋ尾阳声韵母：[aŋ]、[ɔŋ]、[iaŋ]、[iŋ]、[iɔŋ]，与施莱格完全相同；与麦都思相同者4个，差异者2个，戴尔有[iŋ]，麦都思则读作[ɛŋ]，麦都思另有[uaŋ]，戴尔则无。(4) 戴尔有12个鼻化韵母：[ã]、[ɛ̃]、[ɔ̃]、[ĩ]、[ãi]、[ãu]、[iã]、[iɔ̃]、[uã]、[uĩ]、[iãu]、[uẽi]。与麦都思比较，差异者有：麦都思有[ĩu]、[uãi]、[õu]、[õ]，戴尔则无，戴尔有[ɔ̃]，麦都思则无。与施莱格比较，差异者有：戴尔有[uẽi]，施莱格则读作[uẽ]，施莱格有[iũ]、[uãi]，而戴尔则无。(5) 戴尔有声化韵母3个：[m]、[ŋ]、[n]，比麦都思、施莱格多[n]。(6) 戴尔有12个收-ʔ尾的入声韵母：[aʔ]、[ɛʔ]、

[eʔ]、[oʔ]、[iʔ]、[auʔ]、[iaʔ]、[ioʔ]、[uaʔ]、[ueiʔ]、[ɛ̃ʔ]、[ĩʔ]。与麦都思比较，差异者是：麦都思有[uʔ]、[iauʔ]、[uaiʔ]、[ã]、[uãiʔ]、[uẽiʔ]、[iãuʔ]、[õʔ]，戴尔则无；与施莱格比较，差异者是：施莱格有[ueʔ]、[uiʔ]、[uʔ]、[ɔ̃ʔ]，戴尔则无；戴尔有[ueiʔ]、[ɛ̃ʔ]，施莱格则无。(7) 戴尔有13个收-p、-t、-k尾的入声韵母：[ap]、ip[ip]、[iap]；[at]、[it]、[ut]、[uat]、[iat]；[ak]、[ɔk]、[iak]、[iɔk]、[ik]。与麦都思比较，差异者是：麦都思有[op]、[ɛk]、[uak]，戴尔则无；戴尔有[ik]，麦都思则读作[ɛk]

　　施莱格《荷华文语类参》共有74个韵母，其中舒声韵韵母47个（阴声韵母17个，阳声韵母14个，鼻化韵韵母14个，声化韵母2个），入声韵韵母27个（收-h韵尾韵母14个，收-p韵尾韵母3个，收-t韵尾韵母5个，收-k韵尾韵母5个）。见下表：

1	阴声韵17	a[a]、e[ɛ]、e[e]；o[o]、o[ɔ]、i[i]、u[u]；
		ai[ai]、ao[au]、ia[ia]、io[io]、iu[iu]、oa[ua]、oe[ue]、ui[[ui]、iao[iau]、oai[uai]；
2	阳声韵14	am[am]、om[ɔm]；im[im]、iem[iam]；
		an[an]、in [in]、un[un]、oan[uan]、ien[ian]；
		ang[aŋ]、ong[ɔŋ]、iang[iaŋ]、ing[iŋ]、iong[iɔŋ]；
3	鼻化韵14	a[ã]、e[ɛ̃]、o[ɔ̃]、i [ĩ]；
		ai[ãi]、ao[ãu]、ia[iã]、io[iɔ̃]、iu[iũ]、oa[uã]、ui[uĩ]、oe[uẽ]、iao[iãu]、oai[uãi]；
4	声化韵2	ɛm[m]、ɛng[ŋ]；
5	入声韵27	ah[aʔ]、eh[ɛʔ]、eh[eʔ]、oh[oʔ]、ih[iʔ]、uh[uʔ]；
		aoh[auʔ]、iah[iaʔ]、ioh[ioʔ]、oah[uaʔ]、oeh[ueʔ]、uih[uiʔ]；
		ih[ĩʔ]、oh[ɔ̃ʔ]；
		ap[ap]、iep[iap]、ip[ip]；
		at[at]、it[it]、ut[ut]、oat[uat]、iet [iat]；
		ak[ak]、ok[ɔk]、ik[ik]、iak[iak]、iok[iɔk]；

　　据历史比较，施莱格《荷华文语类参》所反映的音系亦是19世纪初叶漳州方言音系。若与麦都思《福建方言字典》、戴尔《漳州方言词汇》韵母系统比较，其差异之处有：(1) 施莱格有7个单元音：[a]、[i]、[ɛ]、[o]、[ɔ]、[u]、[e]，与戴尔完全一样，比麦都思多了o[ɔ]。(2) 施莱格有10个复元音：[ai]、[au]、[ia]、[io]、[iu]、[ua]、[[ui]、[iau]、[uai]、[ue]。虽与戴尔一样都是10个复元音韵母，差异者1个，施莱格有[ue]，戴尔则读作[uei]。麦都思有12个复元音韵母，与施莱格相同者9个，差异者3个，施莱格有[ue]，麦都思则有[uei]、[ou]、[ei]。(3) 施莱格有4个收-m阳声韵母：[am]、[om]、[im]、[iam]，与麦都思相同，比戴尔多[om]。施莱格有5个收-n尾阳声韵母：[an]、[in]、[un]、[uan]、[ian]，与麦都思、戴尔相同。施莱格有5个收-ŋ尾阳声韵母：[aŋ]、[ɔŋ]、[iaŋ]、[iŋ]、[iɔŋ]，与戴尔完全相同；与麦都思相同者4个，差异者2个，施莱格有[iŋ]，麦都思则读作[ɛŋ]，麦都思另有[uaŋ]，施莱格则无。(4) 施莱格有14个鼻化韵母：[ã]、[ɛ̃]、[ɔ̃]、[ĩ]、[ãi]、[ãu]、[iã]、[iɔ̃]、[uã]、[uĩ]、[iãu]、[uẽ]、[iũ]、[uãi]，与

麦都思比较，差异者有：施莱格有[uẽ]，麦都思则读作[uẽi]，麦都思另有[õu]、[ɔ]，施莱格则无，施莱格有[ɔ̃]，麦都思则无。与戴尔比较，差异者有：施莱格有[uẽ]，戴尔则读作[uẽi]，施莱格有[iũ]、[uãi]，戴尔则无。(5) 施莱格有声化韵母2个：[m]、[ŋ]。与麦都思相同，比戴尔少[n]。(6) 施莱格有收-ʔ尾的入声韵母14个：[aʔ]、[ɛʔ]、[eʔ]、[oʔ]、[iʔ]、[auʔ]、[iaʔ]、[ioʔ]、[uaʔ]、[ueʔ]、[uiʔ]、[uʔ]、[ĩʔ]、[ɔ̃ʔ]。与麦都思比较，相同者11个；差异者是：麦都思有[uei]、[iau]、[uaiʔ]、[ãʔ]、[ɛ̃ʔ]、[uãiʔ]、[uẽiʔ]、[iãuʔ]、[õʔ]，施莱格则无；施莱格有[ueʔ]、[uiʔ]、[ɔ̃ʔ]，麦都思则无。与戴尔比较，差异者是：戴尔有[ueiʔ]、[ɛ̃ʔ]，施莱格则无；施莱格有[ueʔ]、[uiʔ]、[uʔ]、[ɔ̃ʔ]，戴尔则无。(7) 施莱格有收-p、-t、-k尾的入声韵母13个：[ap]、[iap]、[ip]；[at]、[it]、[ut]、[uat]、[iat]；[ak]、[ɔk]、[ik]、[iak]、[iɔk]。与麦都思比较，差异者是：麦都思有[op]、[ɛk]、[uak]，施莱格则无；施莱格有[ik]，麦都思则读作[ɛk]。与戴尔比较，差异者是：施莱格有[ip]，戴尔则无。

综上所述，麦都思《福建方言字典》有85个韵母，戴尔《福建漳州方言词汇》有70个韵母，施莱格《荷华文语类参》有74个韵母，其差异小结如下：

第一，麦都思18个阴声韵母，戴尔和施莱格各17个阴声韵母，其差异点是：麦都思有[ou]韵母，戴尔和施莱格则读作[ɔ]；麦都思有[ei]韵母，戴尔和施莱格则读作[e]；麦都思和戴尔有[uei]韵母，施莱格则读作[ue]。oe[ou]、ey[ei]、öey[uei]3个韵母反映，漳浦方言的特点，[ɔ]、[e]、[ue]3个韵母反映漳州方言的特点。

第二，麦都思15个阳声韵母，戴尔和施莱格各13个、14个阳声韵母，其差异点是：麦都思和施莱格有[ɔm]韵母，戴尔则无此韵母；麦都思有[ɛŋ]韵母，施莱格则读作[iŋ]；麦都思有[uaŋ]韵母，戴尔和施莱格则无此韵母。据马重奇（2004）考证，[ɔm]、[iŋ]和[uaŋ]3个韵母，反映了现代漳州方言的特点，[ɛŋ]韵母，则反映了漳浦方言的特点。

第三，麦都思15个鼻化韵母，戴尔和施莱格各12个、14个阳声韵母，其差异点是：麦都思有[õ]韵母，戴尔和施莱格则读作[ɔ̃]；麦都思和戴尔有[uẽi]韵母，施莱格则读作[uẽ]；麦都思和施莱格有[ĩu]、[uãi]二韵母，戴尔则无；麦都思有[õu]韵母，戴尔和施莱格则无。[õ]、[uẽi]、[õu]3韵母，反映了漳浦方言的特点，[ɔ̃]、[uẽ]、[ĩu]、[uãi]四韵母则反映漳州方言的特点。

第四，麦都思、戴尔和施莱格均有[m]、[ŋ]二韵母，戴尔还有[n]韵母，麦都思和施莱格则无。

第五，麦都思有入声韵母35个，戴尔有25个，施莱格27个，其差异点是：麦都思和施莱格有[uʔ]韵母，戴尔则无；麦都思和戴尔均有[ueiʔ]韵母，施莱格则读作[ueʔ]；麦都思和戴尔均有[ɛ̃ʔ]韵母，施莱格则无；麦都思有[ɛk]戴尔和施莱格则读作[ik]；施莱格有[uiʔ]、[ɔ̃ʔ]二韵母，麦都思则无；麦都思有[iauʔ]、[uaiʔ]；[ãʔ]、[uãiʔ]、[uẽiʔ]、[iãuʔ]、[õʔ]、[op]、[uak]9韵母，戴尔和施莱格则无。据考证，[ueiʔ]、[ɛk][uãiʔ]、[uẽi

ʔ]、[õʔ]5韵母反映了漳浦方言的特点，其余韵母则反映了漳州的语音特点。

若与现代漳浦方言韵母和漳州芗城方言韵母相比较，三种方言文献均不完全相同。根据《漳浦县志》"方言卷"，漳浦方言有79个韵母，比麦都思少了6个；《漳州方言研究》记载漳州芗城方言韵母85个，比戴尔多了15个，比施来格多了11个。

四　三种漳州方言辞书声调系统比较研究

据考证，谢秀岚编撰的《汇集雅俗通十五音》正文前面部分有"君滚棍骨群滚郡滑"，表示八个调类"上平声、上上声、上去声、上入声、下平声、下上声、下去声、下入声"，其中"上上声"和"下上声"公用"滚"字，说明只有"上上声"而无"下上声"，实际上是七个调类。

根据麦都思对声调的描写以及现代漳浦方言材料，可以拟测19世纪初叶漳浦方言声调的调值及其符号标示：

上平声	上上声	上去声	上入声	下平声	下去声	下入声
君kwun	滚kwún	棍wùn	骨kwut	群kwûn	郡kwūn	滑kwút
44	41	21	32	13	22	23

戴尔在"福建方言的声调"一节中描述了漳州方言的7个声调。他从音高、音强、音长、是否屈折和音长五个角度对这7个声调及其组合逐一描写，用五线谱描写了每个调的调值。现将其五线谱图解读为五度标调法的数字调值，则为：

声调	调值	符号	例字
上平声	44	无号	冤wan, 艰kan, 相sëang, 干kan, 间kan, 中tëong, 工kang, 经keng
上上声	53	´	囝këⁿá, 苦k'hó, 港káng, 椅é, 狗káou, 九káou, 哑éy, 改káy
上去声	32	`	婿sàe, 世sè, 课k'hòey, 过kòey, 钓tëò, 较tshëàou, 变pèⁿg, 正tshèng
上入声	44	无号	结Këet, 洽kap, 得tit, 一tshit, 刻k'hek, 曲k'hek, 出k'hut, 窟k'hwut
下平声	34	^	仇sêw, 暝mêyⁿg, 蜈gëâ, 牛goô, 羊yêôⁿg, 无bô, 啼t'hê, 房pâng
下去声	22	ˉ	路lō, 市c'hē, 树c'hēw, 望bāng, 傲gō, 念lëūm, 重tëōng, 梦bāng
下入声	34	´	十tsháp, 木bák, 目bàk, 力lát, 术sùt, 六lák, 逐ták, 实sít

凡收-p、-t、-k辅音韵尾的上入声音节，基本上不标示符号；凡收-p、-t、-k辅音韵尾的下入声音节，其主要元音基本上以"´"符号标示。凡收-h塞音韵尾的上入声或下入声音节，其主要元音基本上以"˘"符号标示，如："易yëăh、拍p'hăh、恰k'hăh、格kěyh、客k'hěyh、阔k'hwăh、掰pěyh、拆t'hëăh、壁pëăh、割kwăh"等上入声字，又如"拾k'hëöh、活wăh、学ŏh、药yëŏh、热jwăh"等下入声字。但还有一些例外字，如"缺k'höéyh、蜡láh、猎láh、血höéyh、说söéyh"等，以"´"符号标示；又如"踢t'hăt、国kŏk"等则以"˘"符号标示。可见，戴氏虽然根据麦都思声调的标示符号，但也有差异之处。

施莱格在《荷华文语类参》一书中也有上平声、上上声、上去声、上入声、下平声、下去声和下入声7个声调，但并无对声调调值进行描写，下表调值是参考戴尔《福建漳州方言词汇》的调值。现将各个声调举例如下：

声调	调值	符号	例字
上平声	44	无号	天t'ien、官koan、钦k'im、夫hu、之tsi、深ts'im、音im、边pien
上上声	53	´	惨ts'ám、子tsú、美bí、小siaó、姐tsiá、海haí、眼gán、水suí
上去声	32	`	借tsià、券koàn、监kàm、正sìng、爱aì、应ìng、祭tsè、性sìng
上入声	<u>44</u>	无号	执tsip、雪soat、八pat、克k'ik、则tsik、节tsiet、尺ts'ik、惄tiok
下平声	34	ˆ	何hê、藏tsông、刘liû、人dzîn、楼lô、灵lîng、台taî、禾hô
下去声	22	¯	事sū、会hoē、像siāng、在tsaī、妇hū、练liēn、瀚hān、稻tō
下入声	<u>34</u>	´	学hák、习síp、熟siók、历lík、夺toát、乐lák、孰siók、陆liók

由上表可见，麦都思、戴尔、施莱格三种漳州方言文献的声调均有7个调类，平声、去声、入声各分阴阳，上声不分阴阳，实际上中古的浊上已变为阳去。若与现代漳州芗城、漳州漳浦方言声调比较，由于反映的音系和时代不同，其调值也就存在差异：

声　调	上平声	上上声	上去声	上入声	下平声	下去声	下入声
麦都思	44	41	21	32	13	22	23
戴　尔	44	53	32	44	34	22	34
施莱格	44	53	32	44	34	22	34
芗　城	44	53	21	32	12	22	121
漳　浦	55	53	11	32	213	33	14

总之，通过对19世纪西方传教士编撰三种漳州方言辞书《福建方言字典》、《福建漳州方言词汇》、《荷华文语类参》的音系进行比较研究，笔者认为，《福建方言字典》所反映的19世纪福建省漳州府漳浦方言音系，《福建漳州方言词汇》和《荷华文语类参》则是反映福建省漳州府漳州方言音系。就声母系统而言，其声母系统的音标虽然书写不完全相同，但与《汇集雅俗通十五音》的"十五音"是一致的。就韵母系统而言，三种方言文献的韵母多寡不一，麦都思的《福建方言字典》（85个）属字典，所收声韵调系统必然是穷尽式的；戴尔《福建漳州方言词汇》（70个）属漳州方言词汇汇编，施莱格《荷华文语类参》（74个）则不仅是一部漳州方言词汇汇编，而且还记录了中国古代风俗文化制度的内容，因此它们所记录韵母系统也就不像《福建方言字典》那么完整。就声调系统而言，它们均为7个调类，但由于所反映的音系和时代不一，因此其调值也就不完全相同。

第四章 西方传教士及其所著潮汕闽南方言学论著

粤东潮汕方言是闽南方言一支重要的次方言。潮汕地区早在19世纪初叶就有西方传教士在这里活动了。他们根据潮汕方言特点，编撰了许多字典、辞书和教材等。如美国传教士璘为仁著《潮州话初级教程》（1841年），美国传教士约西亚·高德著《汉英潮州方言字典》（1847年），英国汉学家翟理斯著《汕头方言词汇手册》（1877年），美国传教士菲尔德著《汕头方言初阶》（1878年）和《汕头方言音义字典》（1883年），英国牧师卓威廉著《汕头白话英华对照词典》（1883年），美国传教士耶士谟著《汕头话口语语法基础教程》（1884年），新加坡译员林雄成著《汕头方言手册》（1886年）和英国传教士施约翰著《潮正两音字集》(1909年)等。现分别介绍和研究如下。

第一节 美国传教士璘为仁著《潮州话初级教程》（1841）音系与词汇研究

一 《潮州话初级教程》作者、成书时间及其"前言"

《潮州话初级教程》（*First Lessons In The Tie-Chiw Dialect*潮州话）是目前发现最早的一部外国传教士编撰的潮州方言教材。作者璘为仁（Williams Dean，1807—1895年），美北浸信会传教士。1835年由美北浸信会派往暹罗潮州社区传教。1843年璘为仁离开曼谷将浸信会迁往香港，5月建立第一个香港潮州浸信会，于1860年在长洲岛（即广东通常所说的长洲）建立了第二个潮州浸信会礼拜会。长洲浸信会的教堂位于东湾岛北部，这里有来自汕尾、海丰与陆丰的这些潮州话区的渔民。璘为仁精通汉语和潮州方言，著作有：《祈祷神诗》（祈祷词及诗32首，暹罗曼谷1840年），《潮腔神诗》（29首，1861年），《潮州话初级教程》（暹罗曼谷1841年）。

该教程的内封标明"HARVAD COLLEGE LIBRARY（哈弗学院图书馆）"，"出自于FROM THE LIBRARY OF PHILIP HOWES SEARS（菲利普·豪斯·萨斯图书馆）"，封

面还写明由他的孩子提供的回忆，底下有三个人名：理查德·萨斯（RICHARD SEARS,'91）、弗兰西斯·菲利普·萨斯（FRANCIS PHILIP SEARS,'91）和爱弗林·萨斯（EVELYN SEARS）。

正文前有"前言"，翻译如下：

以下几页内容摘自一份中文练习。为了帮助那些希望习得这门语言的学习者，同时帮助中国的青年人学习英文，这些内容为发表作出了相应的修改。最近出现了几个针对学习汉语的重要帮助的人，但由于我们不知此前那些说潮州方言的学生是否已经受过相应的帮助，因此也许这类内容是受欢迎的。

潮州是广东的十个县之一，东与福建省接壤，南与中国海相邻。它被北京的子午线贯穿，与23&24 deg.N.Lat 平行。该县居民所讲的方言在广东省西部地区是很难听懂的，但某种程度上来说，与其相邻的福建省却能够理解这种方言，尽管潮汕方言和福建方言之间的区别是相当多且显而易见的。

曼谷华人估计有约25万～40万。其中约三分之二的人说潮州方言，鉴于他们每年都会接收大量来自其家乡的accession藏品，尽管他们会使用一些针对这个地区的一些特殊的表达法，人们认为他们使用语言的纯度是很高的。他们也许从暹罗语中借用了一些表达法，而其他的则是出自那些新的交际关系。但反过来他们也将大量的他们自己的语言转换为暹罗语。其中包括数字名称，家具名称，蔬菜名称，以及语言中的多个动词和虚词，这些词似乎是源自汉语且被转换后几乎原封不动的被使用着。

为了能将这种带罗马字方言的发音表达出来，我们试图标出其音调，或表达其发音区别，而这种发音最好或许只能从当地教师那获得。然而，它不是从这推断，即正确的语调并非重要，但我们承认在这点上我们自身没有能力通过附加音符提供任何解释。努力把原文拼出正确的读音，希望在大多数情况下，这种语言的发音能让人听得懂。

本书的编排顺序是：英文单词或词组，其次是汉字，最后为通俗用语（白话？）。在书中会出现这样的情况，在按字母顺序排列的单词和词组后，会接有一个单词表，且在其对页上有单词相关的词组，且会标注出该单词在某个句子中的位置。

这本小册子，正如其题目所述，旨在为初学者提供一部简易教程。如果这种方法能为促进汉语学习做出一点贡献，并为那些以潮州话为母语的人获利的话，其出版的目的之一就达到了。

璘为仁（W. D.）

曼谷，12月，1841年

　　以上是璘为仁（W. D.）于1841年12月在曼谷写的"前言"。作者首先说明编撰此书的目的是为了帮助人们学习潮州方言。其次，阐述潮州的地理位置及其方言与福建方言的关系和区别。再次，探讨曼谷华人的潮州方言与暹罗语的接触且受到的影响。作者还试图用罗马字标写出潮州方言的正确读音，使语言的发音能让人听得懂。最后，阐明本书的编撰体例，即先写出英文单词或词组，其次是汉字，最后为罗马字标注通俗用语或白话。

二　《潮州话初级教程》方言音系的整理与研究

　　这部分着重整理、归纳、研究该教材所反映的声韵调系统，并与现代汕头、潮州、澄海、潮阳、揭阳、海丰等粤东闽南方言点音系做历史比较，从而揭示潮汕方言音系的演变轨迹。现将研究结果整理如下：

　　（一）《潮州话初级教程》声母系统研究

　　根据璘为仁对该字典声母的描写以及现代潮汕方言材料，现将《潮州话初级教程》声母系统整理、归纳、列表如下：

双唇音	p [p]鞭	ph/p'h[p']炮蜂	b [b]袜	m [m]摸	
舌尖中音	t [t]刀	th/t'h/t'[t']跳痛体	l [l]轮	n [n]人	
舌尖前音	ch[ts]寸	c'h [ts']醋	j [dz] 而		s[s]索
舌面后音	k [k]架	kh/k'h/k'[k']脚楷蚯	g[g]疑	gn [ŋ]五	
喉音	h [h]血	以a爱/e鹰/i於/o黑/u恶开头为[Ø]			

　　上表可见，璘为仁罗马字音标在当时尚不规范，尤其是送气声母更是如此，特说明如下：

　　(1)"h"不一定都是表示送气符号，如：ch音标读作[ts]，而不读作[ts']；至于ph音标则读作[p']，th音标则读作[t']，kh音标则读作[k']。

　　(2) 该书声母有"p"和"ph/p'h"的写法。"ph"、"p'h"二种音标表示送气的声母[p']，但例字甚少，只有"炮phaou"、"蜂p'hang"2个字；而"p"表示不送气的声母则颇多，但在《新潮汕字典》中则有不送气"b[p]"和送气"p[p']"两种读音：①读作"b[p]"，如：病pey、放pang、不put、父pey、伯pě、兵pien、枋pang、壁piǎh、品pin等；②读作"p[p']"，如：鼻pnī、皮poe/pue、破poa、打pǎ、平peng、朋peng等。

　　(3)该书声母有"ch"和"c'h"的写法。"c'h"表示送气的声母，但例字甚少，只有"蛇c'hua、铳c'heng、醋c'hou、寒c'hin"4个字；而"ch"表示不送气的声母则颇多，且在《新潮汕字典》中则有"z[ts]"和"c[ts']"两种读音：①读作"z[ts]"，如：一chěk、十chap、走chaou、知chai、这chi、叔chěk、之chur、止chi、做chaw、水chui、只chi、食chiǎ、子chi、再chai、怎chie、书chur、斋chey、多choi、极chai、石chiě、掌chie、借chiě、

珠chiw、者chia、在chai、正chia、昨cha、船chun、杂chǎp、罪chuey、真chin、将chiang、州chiw、针cham等；②读作"c[ts']"，如：七chǐt、千choi、蕨chiě、疮chung、唇chu、痊chuan、贼chat、册chě、手chiw、出chut、觅chuey、此chi、仇chiw、草chaou、星chey、田chan、尝cheng等。

(4) 该书声母有"t"和"th/t'h/t'"的写法。"t"表示不送气的声母，如：第toi、磴tong、刀taw、德tek、糶teā、钉teng、担ta、转tung、同tong、顶teng、恬tiem、倒taw、敌tek、猪tur、弟ti、住toa、爹tia、点tiem、唐tung等；"th"、"t'h"、"t'"3个音标表示送气的声母，如：听thia、跳thiou、痛t'hia、体t'oiɪ等。

(5) 该书声母有"k"和"kh/k'h/k'"的写法。"k"表示不送气的声母，如：九kaou、架key、贵kui、狗kaou、讲kong、金kim、过kuey、见ki、记ki、鸡koi、子kia、箣kaou、弓keng、今kim、谨kurn、久ku、惊kia等；"kh"、"k'h"、"k'"3个音标表示送气的声母，如：脚kha、坑khey、挈khiě、捆khun、裤khou、起khi、去khur、快khuey、肯khin、圆k'hou、楷k'hai、蜞k'hi、蚯k'ou等。

(6)以a, e, i, o, u开头者为零声母[ø]，部分以i,u开头者标音为y或w，如：耶ya、话wey。

(二)《潮州话初级教程》韵母系统研究

《潮州话初级教程》绪言中是这样描写该教程元音发音的：

a　as in far,father,balm,calm.按：a元音发音如同英语单词far[fɑ:]，father['fɑ:ðə]，balm[bɑ:m]，calm[kɑ:m]中的a，读作前元音、不圆唇、低元音[a]。

ă　as in quota,Amearica,(pronounced abruptly.)按：ă元音发音如同英语单词Quota['kwəutə]，America[ə'merikə]中的a，突然间读出的音[ə]。

ai　as inaisle;or ie in tie,lie.按：ai韵母读音如同英语单词aisle[ail]中的ai，或者tie[tai]，lie[lai]中的ie，根据现代潮汕方言音读作[ai]。

aw as inlaw,saw,claw. 按：aw韵母读音如同英语单词law[lɔ:]，saw[sɔ:]，claw[klɔ:]中的aw，读作长元音[ɔ:]。

aou　as ou in plough,our,sour. 按：aou韵母读音如同英语单词plough[plau]，our['auə]，sour['sauə]中的ou，根据现代潮汕方言音读作[au]。

e　as in they,or a in say,play.按：e元音发音如同英语单词they[ðei]中的e，say[sei]，play[plei]中的a，根据现代潮汕方言音读作[e]。

ĕ as in let,peck,beck,(abrupt.)按：ĕ元音发音如同英语单词let[let]，peck[pek]，beck[bek] 中的e，读作[e]，因后带辅音-t,-k，故读[e]短一点。

i　as in police,machine,magazine.按：i 元音发音如同英语单词police[pə'li:s]，machine[mə'ʃi:n]，magazine[mægə'zi:n]中的i，根据现代潮汕方言读作[i]。

ĭ　as in pit,quick,tick,(abrupt.)按：ĭ元音发音如同英语单词pit[pit]，quick[kwik]，tick[tik]中的i，读作短元音[i]，因后带辅音-t,-k.故读[i]短一点。

o　as in cone,alone,bemoan.按：o 元音发音如同英语单词cone[kəun]，alone[ə'ləun]，bemoan[bi'məun]中的o，读作后元音、圆唇、半高元音[o]。

ŏ　as in lock,stock,(abrupt.)按：ŏ 元音发音如同英语单词lock[lɔk]，stock[stɔk]中的o，读作[ɔ]，因后带辅音-t，-k，故读[o]短一点。

ou　as o in no,so,(prolonged & terminating in the sound of oo half suppressed.)按：ou 元音发音如同英语单词no[nəu]，so[səu]中的o,读作[əu]。

u　as in rule；or oo in school,boon,loom.按：u 元音发音如同英语单词rule[ru:l]中的u；或者如同school[sku:l]，boon[bu:n]，loom[lu:m]中的oo，读作后元音、圆唇、高元音[u]。

ŭ　as in urn,turn,burn.按：ŭ 元音发音如同英语单词urn[ə:n]，turn[tə:n]，burn[bə:n]中的u，根据现代潮汕方言，拟读作[ɯ]。

u　followed by r pronounced like ŭ,with the r half suppressed. 按：u 元音后跟着r时的发音如同ŭ[ɯ]。

u　followed by ng pronounced like ŭ.按：u 元音后跟着ng时的发音如同ŭ[ɯ]。

gn　at the beginning of a syllable much as ng at the end. 按：gn 韵母置于一个音节的开头，如同ng置于音节之后。

m'　an incomplete sound formed by closing the lips and uttering it through the nose.按：m'韵母是一个不完整的音，它通过闭上双唇以鼻子发音。

根据璘为仁对该教程用罗马字对正文词汇音节的描写，我们归纳出《潮州话初级教程》的韵母系统，同时与汕头、潮州、澄海、潮阳、揭阳、海丰等6个方言点韵母系统（林伦伦、陈小枫，1996）进行历史比较，从中窥视它们韵母的一致性和差异性及其演变轨迹。

关于收[-ʔ]韵尾的入声韵母，《潮州话初级教程》罗马字注音与清代外国传教士以[-h]表示的不一样，唯有2个例字（壁piăh[iaʔ]，鸭ah[aʔ]），其余一律以元音之上加上"˘"表示，如ĭ[iʔ]（如"铁tĭ"）、u[uʔ]（为了区别于ŭ而以u表示，如"恶u"）、ă[aʔ]（如"打pă"）、ŏ[oʔ]（如"落lŏ"）、ĕ[eʔ]（如"白pĕ"）、iă[iaʔ]（如"食chiă"）、uă[uaʔ]（如"热juă"）、iĕ[ieʔ]（如"药iĕ"）、uĕ/oĕ[ueʔ]（如"袜buĕ/袜boĕ"）、iŏ[ioʔ]（如"着tiŏ"）、eў [eiʔ]（如"痖eў"）、oĭ[oiʔ]（如"节choĭ"）等。

以下设计"表一·元音/入声韵"、"表二·鼻化韵/入声韵"、"表三·声化韵/入声韵"、"表四·阳声韵/入声韵"4个表格：

【表一·元音/入声韵】34（单元音7个，复元音14个，入声韵母13个）

据考察，《潮州话初级教程》记有元音韵母及其入声韵母情况整理如下：

1.单元音（舒声韵母7个/促声韵母5个）：a[a]/ă[aʔ] ah[aʔ]柑/肉鸭，o[o]/ŏ[oʔ]牯/索，e[e]/ĕ[eʔ]下/册，ur[ɯ]去，aw[ɔ]二做；i[i]/ĭ[iʔ]二/舌，u[u]/ŭ[uʔ]句/屑。

2.复元音（舒声韵母14个/促声韵母8个）：aou[au]头、ai[ai]亥、oi[oi]/oĭ[oiʔ]第/八、ey[ei]/ĕy[eiʔ]夏/痖、ou[ou]ow[ou]/ou[ouʔ]布后/黑；ia[ia]/eă[iaʔ] iăh[iaʔ] iă[iaʔ]车/耀壁

易、iw[iu]梳、iou[iou]iow [iou]条兆、/iǒ[ioʔ]掔、ie[ie]/iě[ieʔ]椒药；ua[ua]oa[ua]/uǎ[uaʔ]纸外/热葛、ue[ue]oe[ue]/uě[ueʔ]/oě[ueʔ]瓜被/袜、uey[uei]wey[uei]粿话、uai [uai]uay [uai]枴悔、ui[ui]季。

下面将《潮州话初级教程》元音韵母及入声韵母与潮汕六个方言点韵母比较如下：

教程34	汕头话33	潮州话33	澄海话33	潮阳话30	揭阳话33	海丰话29
i/iʔ二/舌	i/iʔ 衣/铁	i/iʔ 衣/铁	i/iʔ 衣/铁	i/iʔ 衣/铁	i/iʔ 衣/铁	i/iʔ 衣/铁
u/uʔ 句/厝	u/uʔ 污/膪	u/uʔ 污/膪	u/uʔ 污/膪	u/uʔ 污/膪	u/uʔ 污/窟	u/uʔ 有/□
a/aʔ 柑/鸭	a/aʔ 亚/鸭	a/aʔ 亚/鸭	a/aʔ 亚/鸭	a/aʔ 亚/鸭	a/aʔ 亚/鸭	a/aʔ 亚/鸭
o/oʔ 牯/索	o/oʔ 窝/学	o/oʔ 窝/□	o/oʔ 窝/学	o/oʔ 窝/学	o/oʔ 窝/学	o/oʔ 蚝/学
e/eʔ 下/册	e/eʔ 哑/厄	e/eʔ 哑/厄	e/eʔ 哑/厄	e/eʔ 哑/厄	e/eʔ 哑/厄	e/eʔ 下/笠
ɯ去	ɯ/ɯʔ余/乞	ɯ/ɯʔ余/乞	ɯ/ɯʔ余/乞	——	ɯ/ɯʔ余/□	——
ɔ二						
ia/iaʔ 车/壁	ia/iaʔ 爷/益	ia/iaʔ 爷/益	ia/iaʔ 爷/益	ia/iaʔ 爷/益	ia/iaʔ 爷/益	ia/iaʔ 爷/益
ua/uaʔ纸/热	ua/uaʔ娃/活	ua/uaʔ蛙/活	ua/uaʔ蛙/活	ua/uaʔ蛙/活	ua/uaʔ蛙/活	ua/uaʔ蛙/活
ue/ueʔ瓜/袜	ue/ueʔ锅/划	ue/ueʔ锅/划	ue/ueʔ锅/划	ue/ueʔ锅/划	ue/ueʔ锅/划	ue/ueʔ锅/划
uei 粿	——	——	——	——	——	——
au/头	au/auʔ欧/□	au/auʔ欧/□	au/auʔ欧/□	au/auʔ欧/乐	au/auʔ欧/乐	au/auʔ后/□
uai/枴	uai/ 歪	uai/ 歪	uai/ 歪	uai/ 歪	uai/ 歪	uai/ 歪
ui/季	ui/ 医	ui/ 医	ui/ 医	ui/ 医	ui/ 医	ui/ 围
ai /亥	ai/aiʔ埃/□	ai/aiʔ埃/□	ai/aiʔ埃/□	ai 哀	ai/aiʔ埃/□	ai/挨
iu/ 梳	iu/iuʔ优/□	iu/iuʔ优/□	iu/iuʔ优/□	iu/iuʔ优/□	iu/iuʔ优/□	iu/iuʔ油/□
oi/oiʔ第/八	oi/oiʔ鞋/八	oi/oiʔ鞋/八	oi/oiʔ鞋/八	oi/oiʔ鞋/八	oi/oiʔ鞋/八	--------
ei/eiʔ夏/痖	--------	--------	--------	--------	--------	ei/鞋
ou/ouʔ布/黑	ou/ 乌	ou/ 乌	ou/ 乌	ou/ 乌	ou/ 乌	ou/ 乌
--------	iau/iauʔ妖/□	——	——	iau/iauʔ妖/□	iau/iauʔ妖/□	iau/iauʔ枵/□
iou/条		iou/iouʔ妖/□	iou/iouʔ妖/约			
/ioʔ 掔	io/ioʔ腰/药			io/ioʔ腰/药	io/ioʔ腰/药	io/ioʔ腰/药
ie/ieʔ 椒/药		ie/ieʔ腰/药	ie/ieʔ腰/药			

上表可见，《潮州话初级教程》与潮汕6个方言点共有的单元音韵母有5个：[a]、[o]、[e]、[i]、[u]；复元音韵母有9个：[ia]、[ua]、[ue]、[au]、[uai]、[ui]、[ai]、[iu]、[ou]。不同之处有：(1)《潮州话初级教程》与汕头、潮州、澄海和揭阳均有单元音[ɯ]韵母，潮阳和海丰则无。(2)《潮州话初级教程》有单元音[ɔ]，潮汕6个方言点均无；[ɔ]例字"二做"在现代潮汕6个方言点中均读作[o]韵母，笔者认为，早在19世纪初叶，潮汕地区有[ɔ]和[o]2个韵母，发展迄今，[ɔ]韵母逐渐演变为[o]韵母。(3)《潮州话初级教程》有复元音[uei]，潮汕6个方言点均无；[uei]例字"粿话"在现代潮汕6个方言点中均读作[ue]韵母，笔者认为，早在19世纪初叶，潮汕地区有[uei]和[ue]2个韵母，发展迄今，[uei]韵尾脱落，逐渐演变为[ue]韵母。(4)《潮州话初级教程》有复元音[oi]，除了海丰

无此韵母外，其余5个方言点均有此韵母。(5)《潮州话初级教程》有复元音[oi]和[ei]2个韵母，前者反映了汕头、潮州、澄海、潮阳、揭阳5个方言点的韵系，后者则反映了海丰方言韵系。(6)《潮州话初级教程》有复元音[iou]韵母，反映了潮州和澄海方言韵系，汕头、潮阳、揭阳和海丰4个方言点有[iau]韵母而无[iou]韵母。(7)《潮州话初级教程》有复元音[io]和[ie]2个韵母，前者反映了汕头、潮阳、揭阳和海丰方言韵系，后者则反映了潮州和澄海方言韵系。

【表二·鼻化韵/入声韵】21个（鼻化韵18个；鼻化入声韵3个）

据考察，《潮州话初级教程》用罗马字所记有18个鼻化韵母及3个入声韵母情况与元音韵母一样，现根据现代潮汕方言拟音整理如下：

开口呼：a [ã]三，e[ẽ]么/ě[ẽʔ]脉，aw [ɔ̃]怒，ai[ãi]勿，au[ãu] aou[ãu]二傲，ñoi[õi]oi[õi]盖平，ey[ẽi]凉，ou[õu]五；

齐齿呼：i[ĩ]ñi[ĩ]年鼻/ǐ[ĩʔ]碟，ia[iã]惊/，ñiw[iũ]钮，iou[iõu]猫，ie [iẽ]羊；

合口呼：ñui [uĩ]柜，ñuai[uãi]楻，ua[uã]oa[uã]盘明，ue妹[uẽ]/ue[uẽʔ]粥，uey[uẽi]横。

下面将《潮州话初级教程》鼻化韵母及入声韵母与潮汕6个方言点韵母比较如下：

教程18/3	汕头话15/8	潮州话15/7	澄海话15/8	潮阳话14/8	揭阳话16/6	海丰话14/4
ĩ/ĩʔ 鼻/碟	ĩ/ĩʔ 圆/□	ĩ/ĩʔ 圆/□	ĩ/ĩʔ 圆/□	ĩ/ĩʔ 圆/□	ĩ/ĩʔ 圆/□	ĩ/ 椅
ã 三	ã/ 揞	ã/ 揞	ã/ 揞	ã/ãʔ 揞/□	ã/ 揞	ã/ãʔ揞/□
ẽ/ẽʔ 么/脉	ẽ/ẽʔ楹/脉	ẽ/ẽʔ楹/吓	ẽ/ẽʔ楹/脉	ẽ/ẽʔ 楹/脉	ẽ/ẽʔ楹/脉	ẽ/ẽʔ桁/□
ɔ̃ 怒						
——————	——————	——————	——————	ɔ̃/ 奥	ɔ̃/ 耗	
iã 惊	iã/ 影	iã/ 影	iã/ 影	iã/iãʔ 影/□	iã/影	iã/赢
uĩ/ 柜	uĩ/ 畏	uĩ/ 畏	uĩ/ 畏	uĩ/ 畏	uĩ/ 匪	uĩ/ 黄
ãi/勿	ãi/ãiʔ 爱/□	ãi/ãiʔ 爱/□	ãi/ãiʔ 爱/□	ãi/ãiʔ 爱/□	ãi/ 爱	ãi/ãiʔ 爱/□
uãi/ 楻	uãi/uãiʔ横/□	uãi/uãiʔ横/□	uãi/uãiʔ横/□	uãi/ 横	uãi/ 莫	uãi/uãiʔ横/□
uã/盘	uã/uãʔ鞍/活	uã/鞍	uã/uãʔ鞍/活	uã/鞍	uã/uãʔ鞍/□	uã/碗
ãu/ 傲	ãu/ãuʔ好/□	ãu/ãuʔ好/□	ãu/ãuʔ好/乐	ãu/ãuʔ好/□	ãu/ãuʔ好/□	---------
iũ/ 钮	iũ/iũʔ幼/□	iũ/iũʔ幼/□	iũ/iũʔ幼/□	iũ/iũʔ幼/□	iũ/iũʔ幼/□	iũ/ 裘
uẽ/uẽʔ妹/粥	uẽ/ 关	uẽ/ 关	uẽ/ 关	uẽ/ 关	uẽ/ 关	uẽ/ 关
iõu/ 猫	iõu/iõuʔ□/□	iõu/iõuʔ□/□				
	iãu/iãuʔ□/□	——————	——————	iãu/iãuʔ□/□	iãu/iãuʔ□/□	iãu/ 皱
õi/ 平	õi/ 闲	õi/ 闲	õi/ 闲		õi/ 睇	
iõ/ 羊				iõ/ 羊	iõ/ 羊	iõ/ 羊
iẽ/ 羊	iẽ/ 羊	iẽ/ 羊				
ẽiʔ 凉					ẽi/ □	
uẽi/ 横						
õu/ 五	õu/ 虎	õu/ 虎	õu/ 虎	õu/ 摸	õu/ 虎	

上表可见，《潮州话初级教程》与潮汕6个方言点共有的鼻化韵母有10个：[ĩ]、[ã]、[ẽ]、[iã]、[uĩ]、[ãi]、[uãi]、[uã]、[iũ]、[uẽ]。不同之处有：(1)《潮州话初级教程》有[ɔ̃]韵母，汕头、潮州、澄海和潮阳4个方言点均无此韵母，唯独揭阳和海丰有[õ]韵母。(2)《潮州话初级教程》与汕头、潮州、澄海、潮阳和揭阳5个方言点均有[ãu]韵母，唯独海丰方言无此韵母。(3)《潮州话初级教程》与潮州、澄海均有[iõu]韵母，而汕头、潮阳、揭阳和海丰4个方言点均无此韵母，而有[iãu]韵母。(4)《潮州话初级教程》与汕头、潮州、澄海、和揭阳4个方言点均有[õi]韵母，潮阳和海丰则无此韵母。(5)《潮州话初级教程》与潮州、澄海均有[iẽ]韵母，而汕头、潮阳、揭阳和海丰4个方言点均无此韵母，而有[iõ]韵母。(6)《潮州话初级教程》与海丰方言有[ẽi]韵母，其余方言点则无此韵母。(7)《潮州话初级教程》有复元音[uẽi]，潮汕6个方言点均无；[uẽi]例字"横"在现代潮汕6个方言点中均读作[uẽ]韵母，笔者认为，早在19世纪初叶，潮汕地区有[uẽi]和[uẽ]2个韵母，发展迄今，[uẽi]韵尾脱落，逐渐演变为[uẽ]韵母。(8)《潮州话初级教程》有复元音[õu]，除了海丰无此韵母外，其余5个方言点均有此韵母。

【表三·声化韵/入声韵】2

《潮州话初级教程》有um/[m̩/]姆，ng[ŋ̩/]园。

教程2/0	汕头话2/2	潮州话2/2	澄海话2/2	潮阳话2/2	揭阳话2/2	海丰话2/2
m̩/　姆	m̩/mʔ姆/□	m̩/mʔ姆/□	m̩/mʔ姆/□	m̩/mʔ姆/兜	m̩/mʔ姆/□	m̩/mʔ姆/□
ŋ̩/[ŋ] 园	ŋ̩/ŋʔ 秧/□	ŋ̩/ŋʔ 秧/□	ŋ̩/ŋʔ 秧/□	ŋ̩/ŋʔ 园/□	ŋ̩/ŋʔ 秧/□	ŋ̩/ŋʔ 秧/□

由表可见，《潮州话初级教程》与粤东6个闽南方言点所共有[m]、[ŋ]两个声化韵韵母，但它没有促声韵母，而粤东6个闽南方言点则有。

【表四·阳声韵/入声韵】29（收-m、-ŋ、-n尾阳声韵16个，收-p、-k、-t尾入声韵13个）

收[-m]韵尾的阳声韵母3个，收[-p]韵尾的入声韵母3个：am[am]/ap[ap]针/十，im[im]/ip[ip]今/入，iam[iam]盐iem[iam]点/tiĕp[iap]蝶；

收[-ŋ]韵尾的阳声韵母7个，收[-k]韵尾的入声韵母4个：ang[aŋ]/ak[ak]人/六，iang[iaŋ]杖，uang[uaŋ]wang[uaŋ]风皇，ong [oŋ]/ok[ok]讲/笃，iong[ioŋ]/iok[iok]雍/畜，eng[eŋ]/ek[ek]灯/竹，ung[uŋ]本；

收[-n]韵尾的阳声韵母6个，收[-t]韵尾的入声韵母6个：in[in] /ĭt [it]申/七，un [un]/ut [ut]寸/骨，urn[uŋ]/ŭrt [ut]巾/乞，uan、oan、wan[uan]/ uat[uat]环篆蕃/发，ien[ian]/iet[iat]毡/姪，an[an] /at[at]间/节。

下面将《潮州话初级教程》阳声韵母及入声韵母与潮汕6个方言点韵母比较如下：

教材16/13	汕头12/12	潮州16/16	澄海9/9	潮阳14/14	揭阳13/13	海丰14/14
am/ap针/十	am/ap庵/盒	am/ap庵/盒	——	am/ap庵/盒	am/ap庵/盒	am/ap暗/盒
iam/iap盐/蝶	iam/iap淹/粒	iam/iap淹/粒	——	iam/iap盐/涩	iam/iap淹/粒	iam/iap淹/粒
im/ip 今/入	im/ip音/立	im/ip音/立	——	im/ip 音/邑	im/ip音/立	im/ip音/湿
		om/op口/口	——	om/op虎/口	om/op口/口	om/op暗/口
		uam/uap凡/法	——	uam/uap犯/法	uam/uap凡/法	uam/uap凡/法
aŋ/ak 人/六	aŋ/ak 红/北	aŋ/ak红/北	aŋ/ak 红/北	aŋ/ak 红/北	aŋ/ak 红/北	aŋ/ak 红/沃
iaŋ 杖	iaŋ/iak央/跃	iaŋ/iak央/跃	iaŋ/iak 央/跃	iaŋ/iak央/跃	iaŋ/iak央/跃	iaŋ/iak阳/烈
		ieŋ/iek 建/杰				
uaŋ 风	uaŋ/uak弯/越	uaŋ/uak汪/获	uaŋ/uak弯/越	uaŋ/uak汪/穴	uaŋ/uak汪/粤	uaŋ/uak弯/法
	ueŋ/uek权/越		——	ueŋ/uek荣/域	ueŋ/uek永/获	ueŋ/uek恒/或
oŋ/ok讲/笃	oŋ/ok公/屋	oŋ/ok 公/屋	oŋ/ok 公/屋	oŋ/ok 公/屋	oŋ/ok 公/屋	oŋ/ok 公/屋
ioŋ/iok雍/畜	ioŋ/iok雍/育	ioŋ/iok雍/育	ioŋ/iok 雍/育	ioŋ/iok容/育	ioŋ/iok雍/育	ioŋ/iok涌/浴
eŋ/ek灯/竹	eŋ/ek 英/亿	eŋ/ek 英/亿	eŋ/ek 英/亿	eŋ/ek 英/浴	eŋ/ek 因/乙	eŋ/ek 鹰/口
uŋ 本	uŋ/uk温/熨	uŋ/uk温/熨	uŋ/uk 温/熨	uŋ/uk温/熨	uŋ/uk温/熨	
	iŋ/ik 因/乙	iŋ/ik 因/乙	iŋ/ik 因/乙	iŋ/ik 印/日		
	ɤŋ/ɤk恩/乞	ɤŋ/ɤk恩/乞	ɤŋ/ɤk恩/乞			
in/it 申/七	——	——	——	——	——	in/it 瘾/日
un/ut 寸/骨	——	——	——	——	——	un/ut 运/出
uɯn/uɯt巾/乞	——	——	——	——	——	
uan/uat环/发	——	——	——	——	——	
ian/iat 毡/姪	——	——	——	——	——	
an/at 间/节	——	——	——	——	——	

由表可见，《潮州话初级教程》与潮汕6个方言点共有的阳声韵母有6个： [aŋ/ak]、[iaŋ]、[uaŋ]、[oŋ/ok]、[ioŋ/iok]、[eŋ/ek]。不同之处有：(1)《潮州话初级教程》与汕头、潮州、潮阳、揭阳和海丰5个方言点均有[am/ap]、[iam]、[im/ip]3个韵母，唯独澄海方言则无，却分别读作[aŋ/ak]、[iaŋ]、[iŋ/ik]。(2)潮州、潮阳、揭阳和海丰4个方言点均有[om/op]、[uam/uap]和[ueŋ/uek]3个韵母，而《潮州话初级教程》与汕头和澄海则无。(3) 潮州方言有[ieŋ/iek]韵母，而《潮州话初级教程》与潮汕其他5个方言点均无此韵母。(4)除了海丰方言以外，潮汕其他5个方言点均有[uŋ]韵母，《潮州话初级教程》则读作[uɯ̯ŋ]。(5)汕头、潮州、澄海和潮阳4个方言点均有[iŋ/ik]韵母，《潮州话初级教程》与揭阳、海丰2个方言点均无。(6)汕头、潮州和澄海3个方言点均有[ɤŋ/ɤk]韵母，《潮州话初级教程》与潮阳、揭阳、海丰3个方言点均无。(7)《潮州话初级教程》有[in/it]、[un/ut]、[uɯn/uɯt]、[uan/uat]、[ien/iet]、[an/at]6个韵母，除了海丰方言有[in/it]、[un/ut]韵母外，其余5个潮汕方言点均无。笔者认为，早在19世纪初叶潮汕地区应该尚有收[-n/-t]的韵母，经过时间推移才演变成[-ŋ/-k]的韵母。

综上所述，我们得出以下结论：

第一，《潮州话初级教程》所收录的方言韵母，并非只收录潮州方言韵母，而且还兼收汕头、澄海、潮阳、揭阳、海丰等方言点的韵母。《潮州话初级教程》与潮汕6个方言点共有的韵母有：单元音韵母有[a]、[o]、[e]、[i]、[u]5个；复元音韵母有[ia]、[ua]、[ue]、[au]、[uai]、[ui]、[ai]、[iu]、[əue]9个；鼻化韵母有[ĩ]、[ã]、[ẽ]、[iã]、[uĩ]、[ãi]、[uãi]、[uã]、[ãu]、[iũ]、[uẽ]11个；声化韵韵母有[m]、[ŋ]2个；阳声韵母有[aŋ/ak]、[iaŋ]、[uaŋ]、[oŋ/ok]、[ioŋ/iok]、[eŋ/ek]6个。

第二，《潮州话初级教程》记载了[iou]、[ie]、[iõu]、[iẽ]4个最能反映潮州和澄海方言的韵母，而汕头、潮阳、揭阳和海丰4个方言点无此4个韵母，而是分别读作[iau]、[io]、[iãu]、[iõ]韵母。《潮州话初级教程》还记载了[ei]、[ẽi]、[in]、[un]4个最能反映海丰方言的韵母。

第三，《潮州话初级教程》记载了[ɔ]、[uei]、[ɔ̃]、[uẽi]、[um]、[ɯŋ]等韵母，这些韵母是现代潮汕6个方言点所没有的，经过一百多年的演变，演变形式为：[ɔ]→[o]，[uei]→[ue]、[ɔ̃]→[õ]、[uẽi]→[uẽ]、[um]→[m]、[ɯŋ]→[uŋ]。

第四，《潮州话初级教程》还收录[in/it]、[un/ut]、[ɯn]/[ɯt]、[uan/uat]、[ien/iet]、[an/at]等韵母，说明170年前潮汕地区不仅保存着[-m]、[-n]、[-ŋ]三套鼻音韵尾，也保存着[-p]、[-t]、[-k]、[-ʔ]四套辅音韵尾；经过170年的演变，现代潮州、汕头、揭阳、潮阳方言仅保存[-m]、[-ŋ]两套鼻音韵尾和[-p]、[-k]、[-ʔ]三套辅音韵尾，现代澄海方言则仅保存[-ŋ]一套鼻音韵尾和[-k]、[-ʔ]两套辅音韵尾。这是语音随着时间的推移而产生的演化现象。

第五，现代潮汕6个方言点有些韵母是《潮州话初级教程》没有记载的，如：汕头、潮阳、揭阳和海丰4个方言点有[iau/iauʔ]、[iãu/iãuʔ]、[iõ]3个韵母，揭阳、海丰2个方言点有[õ]韵母，潮汕6个方言点均有[-mʔ]、[-ŋʔ]2个韵母，潮州、潮阳、揭阳和海丰4个方言点有[om/op]、[uam/uap]、[ueŋ/uek]等韵母，潮州方言有[ieŋ/iek]韵母，汕头、潮州、澄海和潮阳4个方言点有[iŋ/ik]韵母，汕头、潮州和澄海3个方言点有[ɤŋ/ɤk]韵母。

第六，《潮州话初级教程》与汕头、潮州、潮阳、揭阳和海丰5个方言点均有[am/ap]、[iam]、[im/ip]3个韵母，唯独澄海方言则无，说明澄海方言鼻音韵母只有收[-ŋ/-k]一种韵尾。

现将《潮州话初级教程》86个韵母整理如下：

1.元音韵/入声韵34（21/13）

		a	柑	o	牯	e	下	ɯ	去	ɔ	二	au	头	ai	亥	oi	第	ei	夏	ou	布
开口	舒声	a	柑	o	牯	e	下	ɯ	去	ɔ	二	au	头	ai	亥	oi	第	ei	夏	ou	布
	促声	aʔ	鸭	oʔ	索	eʔ	册	—								oiʔ	八	eiʔ	瘂	ouʔ	黑
齐齿	舒声	i	二	ia	车	iu	梳			ie	椒	iou	条								
	促声	iʔ	舌	iaʔ	壁	—				ioʔ	挈	ieʔ	药	--------							
合口	舒声	u	句	ua	纸	ue	瓜	uai	枴	ui	季	uei	粿								
	促声	uʔ	盾	uaʔ	热	ueʔ	袜	—													

2.鼻化韵/入声韵21（18/3）

开口	舒声	ã 三	ẽ 么	ɔ̃ 怒	ãi 勿	ãu 傲	õi 盖	ẽi 凉	õu 五				
	促声	——	ẽʔ 脉										
齐齿	舒声	ĩ 年	iã 惊	iũ 钮	iõu 猫	iẽ 羊							
	促声	ĩʔ 碟		——									
合口	舒声	uĩ 柜	uãi 橄	uã 盘	uẽ 妹	uẽi 横							
	促声	——	——	——	uẽʔ 粥								

3.声化韵2（2）

开口	舒声	m 姆	ŋ 园							
	促声	——								

4.阳声韵/入声韵29（16/13）

开口	舒声	am 针	aŋ 人	oŋ 讲	eŋ 灯	uŋ 本	un 巾	an 间		
	促声	ap 十	ak 六	ok 笃	ek 竹	——	ut 乞	at 节		
齐齿	舒声	iam 盐	im 今	iaŋ 杖	ioŋ 雍	in 申	ian 毡			
	促声	iap 蝶	ip 入	——	iok 畜	it 七	iat 姪			
合口	舒声	uaŋ 风	un 寸	uan 环						
	促声	——	ut 骨	uat 发						

据考证，璘为仁《潮州话初级教程》记载了86个韵母，与潮汕方言共有的韵母有48个：[a]、[o]、[e]、[i]、[u]、[au]、[ai]、[ia]、[iu]、[ua]、[ue]、[uai]、[ui]、[aŋ]、[iaŋ]、[uaŋ]、[oŋ]、[ioŋ]、[eŋ]、[ã]、[ẽ]、[ãi]、[ĩ]、[iã]、[iũ]、[uĩ]、[uã]、[uẽ]、[m]、[ŋ]、[aʔ]、[eʔ]、[iʔ]、[uʔ]、[iaʔ]、[uaʔ]、[ueʔ]、[ak]、[ok]、[iok]、[ek]、[ou]、[ãu]、[õu]、[uãi]、[oʔ]、[ẽʔ]、[ĩʔ]。还有38个韵母的情况有二：其一，璘为仁记载了22个韵母分别反映了潮汕6个方言点的韵类：

潮州澄海	汕头潮州潮阳揭阳海丰	汕头潮阳揭阳海丰	海丰	汕头潮州澄海揭阳	汕头潮州澄海潮阳揭阳
[iou]、[ie]、[iõu]、[iẽ]、[ieʔ]	[am]、[im]、[iam]、[ap]、[ip]、[iap]	[ioʔ]	[ei]、[in]、[un]、[eiʔ]、[it]、[ut]	[ɯ]	[oi]、[oiʔ]、[õi]

据统计，璘为仁所记载的潮州韵母最多15个，海丰13个，汕头和揭阳各11个，潮阳10个，澄海最少，只有9个。其二，璘为仁记载了16个现代潮汕6个方言所没有的韵

母：[ɔ]、[uei]、[uɯŋ]、[uɯn]、[uan]、[ian]、[an]、[ɔ̃]、[ẽi]、[uẽi]、[ouʔ]、[uẽʔ]、[ɯt]、[iat]、[at]、[uat]。

总之，《潮州话初级教程》所反映的韵母系统均非汕头或潮州单一的方言音系，而是以潮汕地区方言为基础，吸收潮州、海丰、揭阳、潮阳、汕头、澄海等方言韵类的综合音系。

(三)《潮州话初级教程》声调系统研究

当时潮汕方言是有声调的，就如林雄成《汕头方言手册》（1886年）LESSON IX中就对八个声调进行描写，而《潮州话初级教程》（1841年）出版最早，并没有规范的声调描写。就如"前言"所说："为了能将这种带罗马字方言的发音表达出来，我们试图标出其音调，或表达其发音区别，而这种发音最好或许只能从当地教师那获得。"但是，书中并非用"图标"准确地标出声调，也尚未提供一整套声调的描写，并认为"正确的语调并非重要"。因此，我们只好先与林雄成《汕头方言手册》八音进行比较，再与现代潮汕方言声调做历史比较，才能得出正确的结论。

先与《潮州话初级教程》对照如下：

1.《手册》上平 chiē^n-phê^n as 知 tsai, to know. 按：《教程》"知"字注音 chai，没标调。

2.《手册》下平 ē-phê^n as 来 lai, to come. 按：《教程》"来"字注音 lai，没标调。

3.《手册》上声 siāng-sia^n as 海 hái, the sea. 按：《教程》"海"字注音 hai，没标调。

4.《手册》上去 chiē^n-kh̀u as 试 chhì, to try. 按：《教程》无"试"字，以《手册》"继"kì代之，《教程》则注音 ki，没标调。

5.《手册》下去 ē-khù as 老 lāu, old. 按：《教程》"老"字注音 laou，没标调。

6.《手册》去声 khù-sia^n as 易 kōi, easy. 按：《教程》无"易"字，以《手册》"夏"hē代之，《教程》则注音 hey，没标调。

7.《手册》上入 chiē^n-jipas 歇 hiah, to stop. 按：《教程》"歇"字注音 hiă，标调。凡收-p,-t,-k韵尾的入声韵，主要元音一般都标有符号""。

8.《手册》下入 ē-jipas 叶 hiéh, leaves. 按：《教程》"叶"字注音 hiě，标调。凡收-p,-t,-k韵尾的入声韵，主要元音一般都标有符号""。

可见，《潮州话初级教程》舒声韵字"知"、"来"、"海"、"继"、"老"、"夏"不注声调，只有促声韵字"歇、叶"才在元音上注明符号""。其实，《教程》还有许多促声韵字也无标号，如"十"chap、"一"it、"六"lak、"竹"tek、"日"jit等。

针对这种情况，我们可以根据林雄成《汕头方言手册》、林论论、陈小枫《广东闽方言语音研究》、张晓山《新潮汕字典》、林论论《澄海方言研究》、谢立群《海丰音字典》和现代汕头、潮州、澄海和海丰4个方音点的声调系统，亦可以归纳出8个调类：上平、下平、上声、上去、下去、去声、上入、下入。

韵书与潮汕方言	声调及其例字							
汕头方言手册	上平知	下平来	上声海	上去试	下去老	去声易	上入歇	下入叶
潮州话初级教程	上平知	下平来	上声海	上去试	下去老	去声易	上入歇	下入叶
汕头方言	上平知	下平来	上上海	上去试	下上老	下去易	上入歇	下入叶
潮州方言	阴平知	阳平来	阴上海	阴去试	阳上老	阳去易	阴入歇	阳入叶
澄海方言	阴平知	阳平来	阴上海	阴去试	阳上老	阳去易	阴入歇	阳入叶
海丰方言	阴平知	阳平来	阴上海	阴去试	阳上老	阳去易	阴入歇	阳入叶

由表可见，林雄成《汕头方言手册》"上平"、"下平"、"上去"、"上入"、"下入"与现代潮汕方言声调"阴平"、"阳平"、"阴去"、"阴入"、"阳入"是对应的；至于"上声"、"下去"、"去声"则有差异："上声"与"阴上"对应，"下去"与"阳上"对应，"去声"与"阳去"对应。因此，《潮州话初级教程》声调系统如下：上平（知）、下平（来）、上上（海）、下上（老）、上去（试）、阳去（易）、上入（歇）、下入（叶）。

至于连读变调问题，《潮州话初级教程》尚未涉及，这里无法阐述。

三　《潮州话初级教程》词汇所反映的中国文化

《潮州话初级教程》共设计32课，反映清朝道光年间的中国社会文化。该教程共有即：1. Numerals（数码）；2. Words and Phrases（词与短语）；3. The Heavens（天空）；4. The Earth（地球）；5. Points of the Compass（指南针上的方位）；6. Members of the Body（身体的部分）；7. The Mind（精神）；8. Diseases（疾病）；9. Family Relations（家庭称谓）；10. Classes of Men（人们的阶级）；11. Buildings（建筑）；12. House Furniture（房子家具、设备）；13. Writing Utensils（书写用具）；14. Farming Utensils（耕作用具）；15. Boating（划船）；16. Printing（印刷）；17. Forms of Characters（字符形式）；18. Chinese Books（中国书籍）；19. Animals（动物）；20. Birls（鸟类）；21. Reptiles and Insects（爬行动物和昆虫类）；22. Metals（五金）；23. Trees & Fruits（树木和水果）；24. Vegetables（蔬菜）；25. Articles of food（食物的种类）；26. Of Time（时间）；27. Dress（服饰）；28. Numeral affixes（数量词组）；29. Days of the month（一月中的日子）；30. The Seasons（季节）；31. Months of the year（一年中的月份）；32. Days of the week（一周中的日子）。具体举例说明如下：

1.数码：课文中记录了各种数码名称，并注明潮州方言的罗马字读音。如下表：

英语	词	潮州罗马字	英语	词	潮州罗马字	英语	词	潮州罗马字
One	壹	Chek	Two	贰	Naw	Three	叁	Sā
Four	肆	Si	Five	伍	Gñou	VI	六	Lak
VII	七	Chĭt	VIII	八	Poï	IX	九	Kaou

注：壹Chĕk读作[tsik]，贰Naw读作[nɔ̃]，叁读作[sã]，肆Si读作[si]，伍Gñou读作[ŋõu]，六Lak读作[lak]，七Chĭt读作[ts'it]，八Poï读作[poiʔ]，九Kaou读作[kau]。

2.词与短语：先看以下汉语单词，涉及名词、量词、形容词、连词、介词、动词等，课文先列出英语单词，接着是汉语单词，后注明潮州罗马字音标。如表：

英语	词	潮州罗马字	英语	词	潮州罗马字	英语	词	潮州罗马字
Ant	蚁	Hia	Inch	寸	Chun	Quick	快	mey
And	而	Jur	In	於	I	Quict	恬	Tiem
Blood	血	Hue	Jar	磄	Tong	Run	走	Chaou

注：蚁Hia读作[hia]，寸Chun读作[tsun]，快Mey读作[mei]，而Jur读作[dzw]，於I读作[i]，恬Tiem读作[tiem]，血Hue读作[hue]，磄Tong读作[toŋ]；走Chaou[tsau]。

再看以下汉语短语，都是动宾结构的短语，课文先列出英语短语，接着是汉语短语，最后注明潮州罗马字音标。如下表：

英语	短语	潮州罗马字
Buy 100 nails	买一百铁钉	Boi chek pe ti-teng
Buy a jacket & trowsers	买衫裤	Boi sa khou
Bring some water	担水	Ta chui

按：买一百铁钉（买一百根铁钉）Boi chek pe ti-teng读作[boi tsek pe ti-teŋ]，买衫裤（买衣服和裤子）Boi sa khou读作[boi sã k'ou]，担水（挑水）Ta chui读作[tã tsui]。

3.天文：课文中记录了日、月、星、风、云、雷、雨、风、冰、雪、霜、露、冰以及气候等天文方面的名称，并注明潮州方言的罗马字读音。如表：

英语	词	潮州罗马字	英语	词	潮州罗马字	英语	词	潮州罗马字
Ice	霜	Sung	Sky	辰	Sin	Snow	雪	So
Fog	雾	Bu	Rainbow	虹	Kheng	Cold	寒	C'hin

按：霜sung读作[suŋ]，辰Sin读作[sin]，雪So读作[soʔ]，雾Bu读作[bu]，虹Kheng读作[k'iŋ]，寒C'hin读作[ts'in]。

4.地球：课文中记录了地、山、江、河、湖、海、水、石沙、土 块、矿物、城乡处所诸方面的名称，并注明潮州方言的罗马字读音。如下表：

英语	词	潮州罗马字	英语	词	潮州罗马字	英语	词	潮州罗马字
Stone	石	Chiĕ	Field	田	Chan	Hill	山	Sua
Garden	园	Hng	Valley	坑	K'ey	Cavern	洞	Tang

注：石Chiĕ读作[tsieʔ]，田Chan读作[ts'an]，园Hng读作[hŋ]，山Sua读作[suã]，坑K'ey读作[k'ẽi]，洞Tang读作[taŋ]。

5.指南针上的方位：课文中记录了东、西、南、北、东南、西南、东北、西北等名称，并注明潮州方言的罗马字读音。如下表：

英语	词	潮州罗马字	英语	词	潮州罗马字	英语	词	潮州罗马字
East	东	Tang	West	西	Sai	South	南	Nam
North	北	Pak	Southeast	东南	Tang nam	Southwest	西南	Sai nam

注：东Tang读作[taŋ]，西Sai读作[sai]，南Nam读作[nam]，北Pak读作[pak]，东南Tang nam读作[taŋ nam]，西南Sai nam读作[sai nam]。

6.身体的部分：课文中记录了人体的五官、手、脚、胸、背以及其他与身体有关的部位，并注明潮州方言的罗马字读音。如下表：

英语	词	潮州罗马字	英语	词	潮州罗马字	英语	词	潮州罗马字
Moath	嘴	C'hui	Lips	唇	Tun	Teeth	齿	K'hi
Throat	喉	Ow	Ear	耳	Hi	Back	背	Ka chia

注：嘴C'hui读作[ts'ui]，唇Tun读作[tun]，齿K'hi读作[k'i]，喉Ow读作[ou]，耳Hi读作[hi]，背Ka chia读作[ka tsia]。

7.精神：课文中记录了人的意识、思维活动、心理状态以及人表现出来的活力、活跃、有朝气等精神方面的词语，并注明潮州方言的罗马字读音。如下表：

英语	词	潮州罗马字	英语	词	潮州罗马字	英语	词	潮州罗马字
mind	心	Sim	Soul	灵魂	Leng hun	Spirit	灵	Leng
Passions	七情	Chit cheng	Love	爱	Ai	Hatred	恶	U

注：心Sim读作[sim]，灵魂Leng hun读作[leŋ hun]，灵Leng读作[leŋ]，七情Chit cheng读作[tsit tseŋ]，爱Ai读作[ai]，恶U读作[uʔ]。

8.疾病：课文中记录了各种疾病有关的词语，并注明潮州方言的罗马字读音。如下表：

英语	词	潮州罗马字	英语	词	潮州罗马字	英语	词	潮州罗马字
Blind	瞀目	Chey mey	Deaf	耳聋	Hi lang	Maimed	破相	Poa sie
Dumb	痖	Ey	Squinting	邪鸟目	Sia chiou mak	Stammering	大舌	Toa chi

注：瞀目Chey mey读作[tsẽi mẽi]，耳聋Hi lang读作[hi laŋ]，破相Poa sie读作[pua siẽ]，痖（古同"哑"）Ey读作[ẽi]，邪鸟目（斜视）Sia chiou mak读作[sia tsiou mak]，大舌（口吃）Toa chi读作[tua tsiʔ]。

9.家庭称谓：课文中记录了有关家庭称谓各种的词语，并注明潮州方言的罗马字读音。如下表：

英语	词	潮州罗马字	英语	词	潮州罗马字	英语	词	潮州罗马字
Father	父	Pey	Mother	母	Baw	Step-father	继父	Ki pey
Step-mother	后母	Ou baw	Father-in-law	岳父	Gnak pey	Mother-in-law	岳母	Gnak baw

注：父Pey读作[pei]，母Baw读作[bɔ]，继父Ki pey读作[ki pei]，后母Ou baw读作[ou bɔ]，岳父Gnak pey读作[ŋak pei]，岳母Gnak baw读作[ŋak bɔ]。

10.阶级：课文中记录了有关人们各种阶级的词语，并注明潮州的罗马字读音。见表：

英语	词	潮州罗马字	英语	词	潮州罗马字	英语	词	潮州罗马字
Husband-men	农夫	Long hu	Hunters	猎人	La jin	Physicians	医生	Ui seng
Merchants	商人	Siang jin	Fishermen	渔人	Hǔr jin	Soldiers	兵丁	Pien teng

注：农夫Long hu读作[loŋ hu]，猎人La jin读作[la dzin]，医生Ui seng读作[ui seŋ]，商人Siang jin读作[siaŋ dzin]，渔人Hǔr jin读作[huɯ dzin]，兵丁Pien teng读作[pien teŋ]。

11.建筑：课文中记录了有关建筑方面的各种词语，并注明潮州的罗马字读音。见表：

英语	词	潮州罗马字	英语	词	潮州罗马字	英语	词	潮州罗马字
Bambu house	竹厝	Tek chu	Stall	牛寮	Gu liou	Temple	庙	Bie
Church	礼拜堂	Loi pai tung	Wall	墙	Chie	Roof	厝顶	Chu teng

注：竹厝（用竹和茅草搭寮居住，此种竹造房屋，即俗称"竹厝"）Tek chu读作[tek tsʻuʔ]，牛寮（牛棚）Gu liou读作[gu liou]，庙Bie读作[bie]，礼拜堂（教堂）Loi pai tung读作[loi pai tuŋ]，墙Chie读作[tsĩe]，厝顶（屋顶）Chu teng读作[tsʻuʔ teŋ]。

12.房子家具：课文中记录了有关房子家具方面的各种词语，并注明潮州的罗马字读音。如下表：

英语	词	潮州罗马字	英语	词	潮州罗马字	英语	词	潮州罗马字
Table	桌	Tǒ	Chair	筊椅	Kaou i	Rocking-chair	倚腰椅	Ua ie i
Stool	椅头	I taou	Foot stool	脚踏椅	Ka tǎ i	Couch	眠椅	Min i

注：桌Tǒ读作[toʔ]，筊椅（靠背椅）Kaou i读作[kau i]，倚腰椅（躺椅）Ua ie i读作[ua ie i]，椅头（凳子）I taou读作[i tau]，脚踏椅（脚踏椅子）Ka tǎ i读作[ka taʔ i]，眠椅（可以睡觉的椅子）Min i读作[min i]。

13.书写用具：课文中记录了有关书写用具方面的各种词语，并注明潮州的罗马字读音。见表：

英语	词	潮州罗马字	英语	词	潮州罗马字	英语	词	潮州罗马字
Writing tray	砚盘	I poa	Pen stand	笔池	Pit ti	Stand for ink	墨碟	Bak tĭ
water stand	水碟	Chui ti	Pencil frame	笔架	Pĭt kèy	Pencil tube	笔筒	Pit tang

注：砚盘I poa读作[ĩ puã]，笔池Pit ti读作[pit ti]，墨碟Bak tĭ读作[bak tiʔ]，水碟Chui ti读作[tsui tiʔ]，笔架Pĭt kèy读作[pit kei]，笔筒Pit tang读作[pit taŋ]。

14.耕作用具：课文中记录了有关耕作用具方面的各种词语，并注明潮州的罗马字读音。如下表：

英语	词	潮州罗马字	英语	词	潮州罗马字	英语	词	潮州罗马字
Plough	犁	Loi	Harrow	耙	Pey	Hoe	锄头	Tŭr taou
Sickle	钩镰	Kaou liem	Rake	铁耙	Ti pey	Cart	车	Chia

注：犁Loi读作[loi]，耙Pey读作[pei]，锄头Tŭr taou读作[tɯ tau]，钩镰Kaou liem读作[kau liem]，铁耙Ti pey读作[tiʔ pei]，车Chia读作[tsia]。

15.划船：课文中记录了有关划船方面的各种词语，并注明潮州的罗马字读音。如下表：

英语	词	潮州罗马字	英语	词	潮州罗马字	英语	词	潮州罗马字
Large boat	大船	Toa chun	Small boat	船子	Chun kia	Oars	桨	Chie
Paddles	桡子	Jie kia	Mat	草席	Chaou chie	Cushion	皮坐	Poe chaw

注：大船Toa chun读作[tua tsun]，船子（小船）Chun kia读作[tsun kiã]，桨Chie读作[tsiẽ]，桡子Jie kia读作[dzie kiã]，草席Chaou chie读作[ts'au ts'ieʔ]，皮坐Poe chaw读作[p'ue tsɔ]。

16.印刷：课文中记录了有关印刷方面的各种词语，并注明潮州的罗马字读音。如下表：

英语	词	潮州罗马字	英语	词	潮州罗马字	英语	词	潮州罗马字
Print books	印册	In che	Set up type	择字	To ji	Correct proof	换字	Ua ji
Ink the type	刷墨	Sue bak	Cut ty pe	割字	Kua ji	Cast type	铸印	Chu in

注：印册（印书）In che读作[in tseʔ]，择字（挑选字模）To ji读作[toʔ dzi]，换字Ua ji读作[uã dzi]，刷墨Sue bak读作[sue bak]，割字Kua ji读作[kuaʔ dzi]，铸印Chu in读作[tsu in]。

17.字符形式：课文中记录了中国汉字字体的词语，并注明潮州的罗马字读音。如下表：

英语	词	潮州罗马字	英语	词	潮州罗马字	英语	词	潮州罗马字
Seal character	篆字	Toan ji	German text	隶书	Li chŭr	Italic	楷书	K'hai chŭr
Running hand	行书	Hang su	Short hand	草字	Chaw ji	Roman letters	宋体	Song t'oi

注：篆字Toan ji读作[tuan dzi]，隶书Li chŭr读作[li tsɯ]，楷书K'hai chŭr读作[k'ai tsɯ]，行书Hang su读作[haŋ su]，草字Chaw ji读作[ts'ɔ dzi]，宋体Song t'oi读作[soŋ t'oi]。

18.中国书籍:课文中记录了中国汉字字体的词语，并注明潮州的罗马字读音。如下表:

英语	词	潮州罗马字	英语	词	潮州罗马字	英语	词	潮州罗马字
Classics	经书	Kia chŭr	Ancient poetry	古诗	Kou si	Modern literature	时文	Si bun
Historical	传志	Tŭng chi	Five classics	五经	Gñou kia	Diagrams	易经	Yiǎ-kia

注：经书Kia chŭr读作[kiã tsɯ]，古诗Kou si读作[kou si]，时文Si bun读作[si bun]，传志Tŭng chi读作[tɯŋ tsi]，五经Gñou kia读作[ŋõu kiã]，易经Yiǎ-kia读作[iaʔ kiã]。

19.动物：课文中记录了各种动物名称的词语，并注明潮州的罗马字读音。如下表:

英语	词	潮州罗马字	英语	词	潮州罗马字	英语	词	潮州罗马字
Lion	狮公	Sai kang	Lioness	狮母	Sai baw	Bear	熊	Him
Elephant	象	C'hiè	Wolf	豺狼	Chai lang	Bull	牛牯	Gu k'ho

注：狮刚Sai kang读作[sai kaŋ]，狮母Sai baw读作[sai bɔ]，熊Him读作[him]，象C'hiè读作[tsʼiē]，豺狼Chai lang读作[tsai laŋ]，牛牯Gu k'ho读作[gu kʻo]。

20.鸟类：课文中记录了各种鸟类名称，并注明潮州的罗马字读音。如下表:

英语	词	潮州罗马字	英语	词	潮州罗马字	英语	词	潮州罗马字
Birds	鸟	Chiou	Crow	乌鸟	Ou chiou	Parrot	鹦哥	Eng kaw
Quail	鹌鹑	An chun	Eagle	鹰	Eng	Peacock	孔雀	Kong chiak

注：鸟Chiou读作[tsiou]，乌鸟Ou chiou读作[ou tsiou]，鹦哥Eng kaw读作[eŋ kɔ]，鹌鹑An chun读作[an tsun]，鹰Eng读作[eŋ]，孔雀Kong chiak读作[kʻoŋ tsʻiak]。

21.爬行动物和昆虫类：课文中记录了爬行动物和昆虫类名称，并注明潮州的罗马字读音。见下表:

英语	词	潮州罗马字	英语	词	潮州罗马字	英语	词	潮州罗马字
Serpent	蛇	Chua	centipede	蜈蚣	Gey kang	Spider	蜘蛛	Ti tu
Frog	水蛙	Chui koi	Fly	苍蝇	How sin	White ant	白蚁	Pĕ hia

注：蛇Chua读作[tsua]，蜈蚣Gey kang读作[gei kaŋ]，蜘蛛Ti tu读作[ti tu]，水蛙Chui koi读作[tsui koi]，苍蝇How sin读作[hɔ sin]，白蚁Pĕ hia读作[peʔ hia]。

22.五金：课文中记录了五金名称，并注明潮州的罗马字读音。见下表:

英语	词	潮州罗马字	英语	词	潮州罗马字	英语	词	潮州罗马字
Cast-iron	鉎	Sey	Iron	铁	Tĭ	Pewter	锡	Siă
Copper	铜	Tang	Gold	金	Kim	Silver	银	Gnŭrn

注：鉎Sey读作[sēi]，铁Tĭ读作[tiʔ]，锡Siă读作[siaʔ]，铜Tang读作[taŋ]，金Kim读作[kim]，银Gnŭrn读作[ŋɯɯn]。

23. 树木和水果：课文中记录了树木和水果名称，并注明潮州的罗马字读音。如下表：

英语	词	潮州罗马字	英语	词	潮州罗马字	英语	词	潮州罗马字
Fruit	果子	Kuey chi	Orange tree	柑檨	Kam chang	Pumelo tree	柚檨	Yiw chang
Tea tree	茶檨	Tey chang	Flower	花	Hue	Bud	芽	Gey

注：果子Kuey chi读作[kuei tsi]，柑檨（桔子树）Kam chang读作[kam tsaŋ]，柚檨（柚子树）Yiw chang读作[iu tsaŋ]，茶檨（茶树）Tey chang读作[tei tsaŋ]，花Hue读作[hue]，芽Gey读作[gei]。

24. 蔬菜：课文中记录了各种蔬菜名称，并注明潮州的罗马字读音。如下表：

英语	词	潮州罗马字	英语	词	潮州罗马字	英语	词	潮州罗马字
Pumpkin	金瓜	Kim kue	Bean	豆	Taou	Turnip	菜头	Chai taou
Garlic	蒜头	Sŭng taou	Pepper	胡椒	Hou chie	Potatoe	蕃葛	Hwan kuă

注：金瓜Kim kue读作[kim kue]，豆Taou读作[tau]，菜头Chai taou读作[tsʻai tʻau]，蒜头Sŭng taou读作[sɯŋ tʻau]，胡椒Hou chie读作[hou tsie]，蕃葛Hwan kuă读作[huan kuaʔ]。

25. 食物的种类：课文中记录了各种食物的种类名称，并注明潮州的罗马字读音。如下表：

英语	词	潮州罗马字	英语	词	潮州罗马字	英语	词	潮州罗马字
Rice	饭	Pŭng	Cake	粿	Kuèy	Biscuit	饼	Pia
Tea (leaf)	茶米	Tey bi	Milk	牛乳	Gu ni	Bread	面包	Mi paou

注：饭Pŭng读作[puŋ]，粿Kuèy读作[kuei]，饼Pia读作[piă]，茶米Tey bi读作[tei bi]，牛乳Gu ni读作[gu ni]，面包Mi paou读作[mi pau]。

26. 时间：课文中记录了表示时间的各种名称，并注明潮州的罗马字读音。如下表：

英语	词	潮州罗马字	英语	词	潮州罗马字	英语	词	潮州罗马字
Eternity	永远	Yong yen	The four seasons	四时	Si si	Day time	日间	Jit kan
Night time	夜时	Mey si	Sun down	日落	Jit lŏ	Yesterday	昨日	Cha jit

注：永远Yong yen读作[oŋ ien]，四时Si si读作[si si]，日间Jit kan读作[dzit kan]，夜时Mey si读作[mei si]，日落Jit lŏ读作[dzit loʔ]，昨日Cha jit读作[tsa dzit]。

27. 服饰：课文中记录了服饰的各种名称，并注明潮州的罗马字读音。如下表：

英语	词	潮州罗马字	英语	词	潮州罗马字	英语	词	潮州罗马字
Clothes	衣服	I hok	Jacket	衫	Sa	Stockings	袜子	Boě
Cloak	风褛	huang moa	Girdle	裤头带	Khou taou toa	Ear ring	耳钩	Hi kaou

注：衣服I hok读作[i hok]，衫（上衣）Sa读作[sã]，袜子Boě读作[bue?]，风褛（披肩）huang moa读作[huaŋ mua]，裤头带Khou taou toa读作[kʻou tʻau tua]，耳钩Hi kaou读作[hi kau]。

28. 数量词组：课文中记录了数量词组的各种名称，并注明潮州的罗马字读音。如下表：

英语	词	潮州罗马字	英语	词	潮州罗马字	英语	词	潮州罗马字
1 Thread	一条线	Chek tiou sua	21 Blankets	二一领被	Ji it nia poe	1Close cap	一顶纱帽	Chek teng sey baw
1 Trunk	一脚箱	Chek kʻha sie	1 Pr. Of shoes	一双鞋	Chek sang oi	2 Papers of medicine	二包药	Naw paou iě

注：一条线Chek tiou sua读作[tsek tiou suã]，二一领被（21条被子）Ji it nia poe读作[dzi it niã pue]，一顶纱帽Chek teng sey baw读作[tsek teŋ sei bɔ]，一脚箱（一只箱子）Chek kʻha sie读作[tsek kʻa siẽ]，一双鞋Chek sang oi读作[tsek saŋ oi]，二包药Naw paou iě读作[nɔ pau ie?]。

29. 一月中的日子：课文中记录了一月中的日子的各种名称，并注明潮州的罗马字读音。如下表：

英语	词	潮州罗马字	英语	词	潮州罗马字	英语	词	潮州罗马字
1st	初一	Chiw it	2nd	初二	Chiw ji	10th	初十	Chiw chap
11 th	十一	Chap it	2oth	二十	Ji chap	21st	二一	Ji it

注：初一Chiw it读作[tsiu it]，初二Chiw ji读作[tsiu dzi]，初十Chiw chap读作[tsiu tsap]，十一Chap it读作[tsap it]，二十Ji chap读作[dzi tsap]，二一Ji it读作[dzi it]。

30. 季节：课文中记录了季节的各种名称，并注明潮州的罗马字读音。如下表：

英语	词	潮州罗马字	英语	词	潮州罗马字	英语	词	潮州罗马字
Season	季	Kʻhui	Spring	春	Chun	Summer	夏	Hey
Autumn	秋	Chiw	W inter	冬	Tang	Year	年	Ni

注：季Kʻhui读作[kʻui]，春Chun读作[tsʻun]，夏Hey读作[hei]，秋Chiw读作[tɕʻiu]，冬Tang读作[taŋ]，年Ni读作[ni]。

31. 一年中的月份：课文中记录了一年中的月份的各种名称，并注明潮州的罗马字读音。如下表：

英语	词	潮州罗马字	英语	词	潮州罗马字	英语	词	潮州罗马字
1stmonthFeb	正月	Chia guĕ	2nd month Mch	二月	ji guĕ	6thmonthJuly	六月	Lak guĕ
8th month Sept.	八月	Poǐ guĕ	9th month Oct.	九月	Kaou guĕ	10th month Nov.	十月	Chap guĕ

　　注：正月Chia guĕ读作[tsiã gueʔ]，二月Ji guĕ读作[dzi gueʔ]，六月Lak guĕ读作[lak gueʔ]，八月Poǐ guĕ读作[poiʔ gueʔ]，九月Kaou guĕ读作[kau gueʔ]，十月Chap guĕ读作[tsap gueʔ]。

　　32. 一周中的日子：课文中记录了一周中的日子的各种名称，并注明潮州的罗马字读音。如下表：

英语	词	潮州罗马字	英语	词	潮州罗马字	英语	词	潮州罗马字
Sunday	礼拜	Loi pai	Monday	拜一	Pai it	Tuesday	拜二	Pai ji
Wednesday	拜三	Pai sa	Thursday	拜四	Pai si	Saturday	拜六	Pai lak

　　注：礼拜Loi pai读作[loi pai]，拜一（星期一）Pai it读作[pai it]，拜二（星期二）Pai ji读作[pai dzi]，拜三（星期三）Pai sa读作[pai sã]，拜四（星期四）Pai si读作[pai si]，拜六（星期六）Pai lak读作[pai lak]。

　　以上列举的32篇课文反映了19世纪中叶的潮汕社会文化，提供了许多170年前潮汕的语音和词汇方面的珍贵语料。其研究成果将为《潮汕方言学史》提供有价值的语言材料和佐证，具有重要的学术意义。

第二节　美国传教士高德著《汉英潮州方言字典》（1847）音系研究

一　《汉英潮州方言字典》作者、生平事迹及其"序言"

　　约西亚·高德（Josiah Goddard，1813—1854年）是美国浸信会派到中国的传教士。1813年10月27日出生于美国马萨诸塞州，1826年成为基督徒，于1831年5月接受了洗礼。1835年毕业于布朗大学，1838年毕业于牛顿神学学会，在浸信会工作。高德和他的妻子伊丽莎于1838年12月抵达新加坡，1839年6月来到暹罗（泰国），1840年10月抵达曼谷。上级指示高德要特别关注在曼谷的成千上万中国人。他一边传教，一边学习潮州方言。1842年高德在曼谷接替威廉·迪恩牧师发展异教徒传播福音的工作。他完成了约翰福音的翻译工作，也完成了《汉英潮州方言字典》（*A Chinese and English Vocabulary in the Tie-Chiu Dialect*）的编撰工作，并于1847年由曼谷教会组织出版。1848年高德被派到中国浙江宁波传教。到宁波后，由于身患肺病，于1854年9月4

日逝世。《汉英潮州方言字典》出版后产生较大影响，因此1883年在上海由American Presbyterian Mission 出版第二版。

约西亚·高德在《汉英潮州方言字典》《序言》中说：

> 以下内容，尽管最初是为了满足笔者所需而编纂的，是面向大众的，旨在希望为那些关于（为了将基督的神秘财富传递给广大而有趣的说方言者）研究提供帮助。它包含大多被广泛运用被按照其音调来排序的单词，皆附有简要的定义，继而就形成了这本能够满足学生基本需求的实用口语字典。诚然，一本庞大的字典必须要能及时的在出现难懂或重要问题的情况下提供参考。但要求一本字典必须包含所有的汉语方言则是不现实的。最有可能的就是用官方方言写成的完整的字典，以及一份能很好的将传教士们的用意表述出来的包含若干种方言的便于使用的词汇表。若能尽快做出如此一份词汇表将能极大节省时间和人力。我们相信，一份如前所述的词汇表或许将帮助那些手边只有一本用官方方言写成的大部头字典，想要习得一门方言，如潮州的人节省至少三分之一的时间和精力。

《序言》首先说明了编撰本字典的宗旨，是为潮汕地区的基督教信徒提供帮助；其次阐述本字典的编排体例，即按照潮州话音调来排序的汉字，并用英语做简要的定义；再次，说明个人编撰的一般汉语方言字典和官方编撰的方言字典是不同的，因此提议应该制定一份"包含若干种方言的便于使用的词汇表"。到了21世纪初，中国社会科学院语言研究所方言研究室资料室编撰的《汉语方言词语调查条目表》（《方言》2003年第1期第6—27页），就是一百年来汉语方言调查研究的结晶。

二　《汉英潮州方言字典》声母系统研究

现将《汉英潮州方言字典》声母系统整理、归纳，列表如下：

双唇音	p [p]巴	P' [p']徘	b [b]马	m [m]迷	
舌尖中音	t [t]茶	t' [t']读	l [l]路	n [n]篮	
舌尖前音	ch[ts]止	ch'[ts']出	j [dz]字		s[s]顺
舌面后音	k [k]胶	k' [k']壳	g[g]牙	ng [ŋ]言	
喉音	h [h]鱼	以a爱/e鹰/i於/o黑/u恶开头为[ø]			

现代潮汕方言声母系统如下：[p]、[p']、[b]、[m]、[t]、[t']、[l]、[n]、[ts]、[ts']、[z]、[s]、[k]、[k']、[g]、[ŋ]、[h]、[ø]，与《汉英潮州方言字典》基本相同。[m, n, ŋ]是[b, l, g]的音位变体。[b, l, g]与鼻化韵相拼时带有鼻音，变成[m, n, ŋ]。零声母一般不用任何字母表示，而直接以韵母a、o、e、i、u开头，表示零声母。高德在《序言》中

说："在Tie Chiu方言中从未出现以下首字母，即：a,à,d,f,r,v,x,和 z，作为首字母，c只在ch中出现，q则被k取代。"

三 《汉英潮州方言字典》韵母系统研究

高德在《汉英潮州方言字典》"SOUNDS OF THE VOWELS"里对潮州元音系统的发音做了详细的描写。

á   as in far. 按：á元音读如英语单词far [fɑ:]中的a，应读作[ɑ]。

a   the same sound shortened and approaching u in but. 按：a 同样的发音短一些，读如英语单词but[bʌt]中的u，应读作[a]。

à   nearly as in man; intermediate between ɑ in hɑt and in far. 按：à元音接近英语单词man[mæn]中的a，其读音在hɑt [hæt]中a和far[fɑ:]中a之间，应读作[A]。为了与现代潮州方言拟音取得一致，我们把á、a、à三个元音均拟音为[a]。

e   as in they; before a consonant it is shortened. 按：e 元音读如英语单词they [ðei]中的e，应读作[e]。高德在《序言》中说："在they和men中的e的发音通常视作和nature中的发音相同，和length中的e不同；它并不因此就在本书中被特别标注出来，但一定要根据其位置来确定其发音。"

i   as in machine; somewhat shortened before a consonant. 按：i 元音读如英语单词machine[mə'ʃi:n]中的i；有些i在辅音之前发音较短。此元音应读作[i]，但有长有短。高德在《序言》中说："i在辅音前发的短音介于其在machine中的i的最长音和pin中的最短音之间，且极少如发后者般的短音。"

o   as in no; note. 按：o元音读如英语单词no[nəu]、note[nəut]中的o，应读作[əu]或[o]。

ó   as in lord; north. 按：ó元音读如英语单词lord[lɔ:d]、north[nɔ:θ]中的or，应读作[ɔ]。

u   as in rule; put. 按：u元音读如英语单词rule[ru:l]、put[put]中的u，应读作[u]。

ù   as in turn. 按：ù元音读如英语单词turn[tə:n]中的ur，应读作[ɯ]。

w   as woo in wood; or as wu; each letter being sounded short. 按：w元音读如英语单词wood [wud] 中的woo，发音短促。

ai   as in aisle. 按：ai元音读如英语单词aisle[ail]中的ai，应读作[ai]。

au   as ow in now. 按：au元音读如英语单词now [naul]中的ow，应读作[au]。

iu   as ew in new. 按：iu元音读如英语单词new[nju:]中的ew，应读作[iu]。

oi   as in going. 按：oi元音读如英语单词going ['gəuiŋ]中的oi，应读作[əui]。

ⁿ   small above the line represents the nasal sound. 按：ⁿi 表示i鼻音发音。

uⁿ   small above the line represents the indistinct sound of u in but. 按：uⁿ表示u鼻音发音。

'   the apostrophe denotes the aspirate sounds.按：表示送气音字的发音。

关于元音的长短问题，高德在《序言》中说："我们并未尝试标出元音的长度，仅是它们音调的本性；它们的长度将根据同个词汇中的音调发生改变；因此，如果这个单词被正确的发出音调，其中的元音长度发音也是正确的。所以，除了表格中提到的在辅音前发短音的e和i音外，可以说元音的长度是由单词的音调决定的。如此情况在发cham，che，kan，kiàng这几个单词的音时可见一斑。"

关于方言词尾问题，高德在《序言》中说："以下字母在此方言中从未被作为词尾：à, b, d, f, g（除了在ng中），h, j；r, s, v, x 和x；c，g，w和y不会被用作词尾，它们的音调流会用其他方法表示。除了这些例外所有表格中列出的元音，和所有发日常英文音的那些辅音都可作为首字母和尾字母。"

现以A、B、CH、CH'、E、G、H、I、J、K、K'、L、M、N、NG、O、P、P'、S、T、T'、U、W、Y为序，将《汉英潮州方言字典》所记载的每个音节进行整理，并把罗马字音翻译成国际音标（括弧内[ ]表示国际音标），每个音节选1个例字。

1.A.在该字母里，记载了5个音节，其声母是零声母[ø]。此声母主要来源于中古影、匣二母，如下表：

音节	án[an]安	áng[aŋ]红	áp[ap]匣	át[at]遏	au[au]喉

2. B.在该字母里，记载了20个音节，其声母是双唇浊音声母[b]。此声母来源于中古音明（微）声母，当它出现于闽南方言非鼻化韵之前，不读作[m]而读作[b]。如下表：

音节	bai[bai]眉	bák[bak]木	bát[bat]密	bau[bau]卯	be[be]马	be[beʔ]麦	bi[bi]米
音节	bie[bie]苗	bit[bit]蜜	bo[bo]牡	bó[bɔ]无	boi[boi]买	bu[bu]巫	bua[bua]磨
音节	bua[buaʔ]抹	buan[buan]万	buang[buaŋ]亡	bue[bue]梅	bue[bueʔ]袜	bun[bun]文	

3. CH. 在该字母里，记载了56个音节，字母ch读作[ts]。此声母主要来源于中古精、从仄声、章、船仄声、庄、崇仄声声母，如下表：

音节	chá[tsa]渣	chá[tsaʔ]仄	chai[tsai]知	chák[tsak]窄	chám[tsam]针	chán[tsan]层	cháng[tsaŋ]庄
音节	chap[tsap]杂	chát[tsat]节	chau[tsau]灶	che[tse]斋	che[tseʔ]责	chⁿe[tsẽ]争	chek[tsek]泽
音节	cheng[tseŋ]征	chi[tsi]脂	chi[tsiʔ]舌	chⁿi[tsĩ]箭	chia[tsia]者	chia[tsiaʔ]迹	chⁿia[tsiã]晶
音节	chiak[tsiak]爵	chiam[tsiam]尖	chiang[tsiaŋ]将	chiap[tsiap]捷	chie[tsie]招	chie[tsieʔ]石	chⁿie[tsiẽ]章
音节	chien[tsian]笺	chiet[tsiat]即	chim[tsim]浸	chin[tsin]真	chio[tsio]焦	chip[tsip]集	chit[tsit]疾
音节	chiu[tsiu]周	cho[tso]租	chó[tsɔ]左	choi[tsoiʔ]节	chⁿoi[tsõi]前	chok[tsok]族	chong[tsoŋ]宗
音节	chu[tsu]朱	chu[tsuʔ]足	chù[tsɯ]书	chua[tsua]蛇	chⁿua[tsũa]泉	chuak[tsuak]浊	chuan[tsuan]专
音节	chuang[tsuaŋ]装	chuat[tsuat]拙	chue[tsue]罪	chui[tsui]水	chun[tsun]船	chⁿng[tsŋ]庄	chut[tsut]卒

4. CH' 在该字母里，记载了50个音节，字母chh读作[ts']。此声母主要来源于中古清、从平声、昌、船平声、初、崇平声声母，如下表：

音节	ch'á[ts'a]差	ch'á[ts'a?]闸	ch'ai[ts'ai]才	ch'ák[ts'ak]凿	ch'ám[ts'am]逸	ch'án[ts'an]田	ch'áng[ts'aŋ]创
音节	ch'át[ts'at]贼	ch'au[ts'au]曹	ch'e[ts'e]查	ch'e[ts'e?]策	ch'ⁿe[ts'ẽ]青	ch'ek[ts'ek]粟	ch'eng[ts'eŋ]称
音节	ch'i[ts'i]耻	ch'ⁿi[ts'ĩ]鲜	ch'ia[ts'ia]车	ch'ia[ts'ia?]赤	ch'iak[ts'iak]雀	ch'iam[ts'iam]潜	ch'iang[ts'iaŋ]肠
音节	ch'iap[ts'iap]妾	ch'ie[ts'ie]笑	ch'ie[ts'ie?]尺	ch'ⁿie[ts'iẽ]墙	ch'ien[ts'ian]迁	ch'iet[ts'iat]切	ch'im[ts'im]侵
音节	ch'in[ts'in]秦	ch'io[ts'io]朝	ch'ip[ts'ip]楫	ch'it[ts'it]七	ch'iu[ts'iu]囚	ch'o[ts'o]愁	ch'ó[ts'ɔ]挫
音节	ch'ⁿoi[ts'õi]蚕	ch'ok[ts'ok]促	ch'ong[ts'oŋ]丛	ch'u[ts'u]徐	ch'ù[ts'ɯ]慈	ch'ua[ts'ua]蔡	ch'ⁿua[ts'uã]闩
音节	ch'uan[ts'uan]川	ch'uang[ts'uaŋ]闯	ch'uat[ts'uat]辍	ch'ue[ts'ue]吹	ch'ui[ts'ui]催	ch'un[ts'un]春	ch'ⁿng[ts'ŋ]床
音节	ch'ut[ts'ut]出						

5. E. 在该字母里，记载了4个音节，其声母是零声母[ø]。此声母主要来源于中古影、以二母，如下表：

音节	e[e]耶	eⁿ[ẽ]橹	ek[ek]译	eng[eŋ]英			

6. G. 在该字母里，记载了13个音节，其声母是舌面后、不送气、浊塞音声母[g]。此声母主要来源于中古疑声母，一般置于非鼻化韵之前，与[ŋ]声母相对。如下表：

音节	gai[gai]碍	gau[gau?]乐	ge[ge]牙	gek[gek]玉	gi[gi]疑	gia[gia]呀	go[go]吴
音节	gó[gɔ]鹅	goi[goi]倪	gu[gu]牛	gù[gɯ]语	gua[gua]外	gue[gue?]月	

7. H. 在该字母里，记载了57个音节，其声母是喉音、清擦音声母[h]。此声母主要来源于中古晓、匣、非、敷、奉等声母，如下表：

音节	há[ha?]合	hái[hai]孩	hák[hak]学	hám[ham]咸	hán[han]寒	háng[haŋ]行	háp[hap]盍
音节	hát[hat]喝	hau[hau]豪	he[he]虾	hek[hek]赫	heng[heŋ]邢	hi[hi]奚	hⁿi[hĩ]耳
音节	hia[hia]瑕	hia[hia?]歇	hⁿia[hiã]兄	hiam[hiam]嫌	hiàng[hiaŋ]向	hiap[hiap]协	hie[hie?]页
音节	hⁿie[hiẽ]香	hien[hien]现	hiet[hiet]蝎	him[him]熊	hio[hio]晓	hiok[hiok]郁	hiong[hioŋ]凶
音节	hip[hip]歙	hiu[hiu]休	hⁿiu[hiũ]朽	ho[ho]侯	hⁿo[hõ]虎	hó[hɔ]何	hó[hɔ?]鹤
音节	hoi[hoi]蟹	hok[hok]伏	hong[hoŋ]弘	hu[hu]赋	hù[hɯ]鱼	hua[hua?]吡	hue[hue]花
音节	hue[hue?]血	hⁿue[huẽ]横	hui[hui]挥	hⁿui[huĩ]悬	hun[hun]云	hùn[hɯn]殷	hut[hut]佛
音节	hwa[hua]禾	hⁿwa[huã]鼾	hwai[huai]怀	hwam[huam]凡	hwan[huan]烦	hwang[huaŋ]妨	hwap[huap]法
音节	hwat[huat]伐						

8. I. 在该字母里，记载了17个音节，其声母是零声母[ø]。高德在《序言》中说："i音和iu音二者在发音上和new中的e音有很大区别，u和muse中的u音相同。"此声母主要来源于中古影、喻四声母，如下表：

音节	i[i]移	iⁿ[ĩ]圆	ia[ia]爷	iⁿa[iã]营	iam[iam]淹	iàng[iaŋ]阳	iap[iap]压
音节	ie[ie]腰	iⁿe[iẽ]羊	im[im]音	in[in]寅	io[io]摇	iong[ioŋ]容	ip[ip]邑
音节	it[it]一	iu[iu]由	iⁿu[iũ]幼				

9. J. 在该字母里，记载了25个音节，其声母全部是舌尖前、不送气、浊塞擦音声母[dz]。此声母主要来源于中古日、以二母，如下表：

音节	jeng[dzeŋ]仍	ji[dzi]儿	ji[dziʔ]廿	jia[dzia]惹	jiak[dziak]弱	jiam[dziam]髯	jiàng[dziaŋ]嚷
音节	jie[dzie]尿	jien[dzian]然	jim[dzim]任	jin[dzin]人	jio[dzio]爪	jip[dzip]入	jit[dzit]日
音节	jiu[dziu]柔	jok[dzok]辱	jong[dzoŋ]戎	ju[dzu]俞	jù[dzu]而	jua[dzuaʔ]热	juan[dzuan]篡
音节	juat[dzuat]悦	jue[dzue]睿	jui[dzui]维	jun[dzun]闰			

10. K. 在该字母里，记载了58个音节，其声母全部是舌面后、不送气、清塞音声母[k]。此声母主要来源于中古见、群仄声声母，如下表：

音节	ká[ka]胶	ká[kaʔ]甲	kⁿá[kã]敢	kai[kai]皆	kák[kak]觉	kám[kam]甘	kán[kan]奸
音节	káng[kaŋ]降	kát[kat]结	kau[kau]交	ke[ke]家	kⁿe[kẽ]更	kek[kek]局	keng[keŋ]宫
音节	ki[ki]棋	ki[kiʔ]砌	kia[kia]佳	kⁿia[kiã]行	kiam[kiam]咸	kiàng[kiaŋ]强	kiap[kiap]峡
音节	kie[kie]桥	kⁿie[kiẽ]姜	kien[kian]娟	kiet[kiat]竭	kim[kim]金	kin[kin]紧	kio[kio]娇
音节	kiok[kiok]鞠	kiong[kioŋ]恭	kip[kip]及	kit[kit]桔	kiu[kiu]球	ko[ko]姑	kó[kɔ]歌
音节	koi[koi]鸡	kⁿoi[kõi]间	kok[kok]国	kong[koŋ]公	ku[ku]龟	kù[kɯ]居	kue[kue]过
音节	kue[kueʔ]郭	kui[kui]闺	kⁿui[kuĩ]县	kun[kun]裙	kùn[kɯn]钧	kⁿng[kŋ]扛	kut[kut]骨
音节	kùt[kɯt]乞	kwa[kua]寡	kwa[kuaʔ]割	kⁿwa[kuã]肝	kwai[kuai]乖	kwak[kuak]梛	kwan[kuan]观
音节	kwang[kuaŋ]光	kwat[kuat]决					

11. K' 在该字母里，记载了46个音节，其声母全部是舌面后、送气、清塞音声母[k']。此声母主要来源于中古见、群仄声声母，如下表：

音节	k'á[k'a]脚	k'ai[k'ai]开	k'ák[k'ak]确	k'ám[k'am]堪	k'án[k'an]牵	k'áng[k'aŋ]康	k'áp[k'ap]恰
音节	k'át[k'at]尅	k'au[k'au]口	k'ⁿe[k'ẽ]坑	k'ek[k'ek]刻	k'eng[k'eŋ]擎	k'i[k'i]奇	k'ia[k'ia]骑
音节	k'iak[k'iak]却	k'iam[k'iam]谦	k'iàng[k'iaŋ]僵	k'ⁿie[k'iẽ]腔	k'ien[k'ian]拳	k'iet[k'iat]攫	k'im[k'im]琴
音节	k'in[k'in]轻	k'io[k'io]翘	k'iok[k'iok]曲	k'iong[k'ioŋ]穷	k'ip[k'ip]吸	k'it[k'it]诘	k'iu[k'iu]丘
音节	k'o[k'o]库	k'ó[k'ɔ]坷	k'oi[k'oi]溪	k'ok[k'ok]酷	k'ong[k'oŋ]空	k'u[k'u]区	k'ù[k'ɯ]去
音节	k'ue[k'ue]科	k'ui[k'ui]揆	k'un[k'un]困	k'ùn[k'ɯn]勤	k'ut[k'ut]屈	k'wa[k'ua]夸	k'wa[k'uaʔ]阔
音节	k'wai[k'uai]快	k'wak[k'uak]扩	k'wan[k'uan]宽	k'uang[k'uaŋ]狂			

12. L. 在该字母里，记载了45个音节，其声母是舌尖中、浊边音声母[l]。此声母主要来源于中古来母，如下表：

音节	lá[la]拉	lá[laʔ]猎	lái[lai]来	lák[lak]六	lám[lam]南	nám[nam]南	lán[lan]阑
音节	nán[nan]阑	láng[laŋ]浪	lát[lat]力	lau[lau]劳	le[leʔ]雳	lek[lek]勒	leng[leŋ]另
音节	li[li]例	li[liʔ]裂	lia[lia]掠	liak[liak]略	liam[liam]帘	niam[niam]帘	liàng[liaŋ]良
音节	liap[liap]粒	lien[lian]连	liet[liat]列	lim[lim]淋	nim[nim]淋	lin[lin]邻	lio[lio]僚
音节	lip[lip]立	liu[liu]硫	lo[lo]露	ló[lɔ]罗	ló[lɔʔ]骆	loi[loi]礼	lok[lok]戮
音节	long[loŋ]农	lu[lu]房	lù[lɯ]汝	lua[lua]笋	lua[luaʔ]辣	luan[luan]李	luat[luat]劣
音节	lui[lui]雷	lun[lun]俞	lut[lut]律				

13. M. 在该字母里，记载了30个音节，其声母是双唇音、鼻音声母[m]。此声母主要来源于中古明（微）声母，一般置于鼻音韵、鼻化韵或声化韵之前，与[b]声母相对。如下表：

音节	má[ma]吗	mai[mai]埋	mák[mak]目	mán[man]闽	máng[maŋ]庞	mau[mau]矛	me[me]猛
音节	me[meʔ]脉	mek[mek]陌	meng[meŋ]明	mi[mi]谜	mi[miʔ]乜	mia[mia]名	mien[mian]棉
音节	min[min]民	mio[mio]苗	mit[mit]灭	mᵇo[mõ]眸	mó[mɔ]麻	mó[mɔʔ]膜	mok[mok]莫
音节	mong[moŋ]蒙	mua[mua]麻	muan[muan]慢	muat[muat]末	mue[mue]每	mue[mueʔ]物	mui[mui]微
音节	mᵇng[mŋ]门	mut[mut]没					

14. N. 在该字母里，记载了 24个音节，其声母是舌尖中、鼻音声母[n]。此声母主要来源于中古泥（娘）声母、少数日母字，一般置于鼻化韵或鼻音韵之前，与[l]声母相对。如下表：

音节	ná[na]那	nai[nai]乃	náng[naŋ]人	náp[nap]纳	nau[nau]脑	ne[ne]冷	nek[nek]匿
音节	neng[neŋ]能	ni[ni]尼	nia[nia]领	niam[niam]黏	niap[niap]聂	nie[nie]粮	nien[nian]年
音节	nio[nio]嫋	niu[niu]纽	no[no]奴	nó[nɔ]弩	noi[noi]连	nuan[nuan]暖	nue[nue]馁
音节	nui[nui]耒	nᵇng[nŋ]软	nut[nut]讷				

15. NG. 在该字母里，记载了27个音节，其声母是舌面后、鼻音声母[ŋ]。此声母来源于中古疑声母，一般置于鼻音韵、鼻化韵之前，与[g]声母相对。或作为声化韵母。如下表：

音节	ng[ŋ]黄	'ng[ŋ]园	ngai[ŋai]涯	ngák[ŋak]愕	ngám[ŋam]岩	ngán[ŋan]言	ngáng[ŋaŋ]昂
音节	ngau[ŋau]熬	nge[ŋe]硬	ngek[ŋek]逆	ngeng[ŋeŋ]迎	ngi[ŋi]宜	ngia[ŋia]雅	ngiak[ŋiak]孽
音节	ngiam[ŋiam]验	ngiáng[ŋiaŋ]仰	ngiap[ŋiap]业	ngien[ŋian]妍	ngiet[ŋiat]喫	ngim[ŋim]吟	ngio[ŋio]猫
音节	ngo[ŋo]偶	ngó[ŋɔ]愚	ngui[ŋui]诡	ngún[ŋɯn]银	ngút[ŋɯt]屹	ngwan[ŋuan]元	

16. O. 在该字母里，记载了6个音节，其声母是零声母[ø]。此声母主要来源于中古影声母，如下表：

| 音节 | o[o]湖 | ó[ɔ]蠔 | oi[oi]挨 | oⁿi[õi]闲 | ok[ok]屋 | ong[oŋ]翁 | |

17. P.在该字母里，记载了40个音节，其声母是双唇音、不送气、清塞音声母[p]。此声母主要来源于中古帮、并仄声、非、奉仄声声母，如下表：

音节	pá[pa]巴	pai[pai]排	pák[pak]幅	pán[pan]班	páng[paŋ]房	pau[pau]包	pe[pe]爬
音节	pe[peʔ]百	pⁿe[pẽ]病	pek[pek]逼	peng[peŋ]秉	pi[pi]比	pi[piʔ]鳖	pⁿi[pĩ]边
音节	pia[piaʔ]壁	pⁿia[piã]兵	pie[pie]漂	pien[pian]鞭	piet[piat]别	pin[pin]宾	pio[pio]表
音节	pit[pit]毕	piu[piu]彪	po[po]埔	pó[pɔ]玻	poi[poiʔ]拔	pⁿio[piõʔ]板	pok[pok]仆
音节	pong[poŋ]篷	pu[pu]捕	pua[pua]播	pua[puaʔ]钵	pⁿua[puã]盘	pue[pue]赔	pui[pui]肥
音节	pun[pun]分	pⁿng[pŋ]饭	put[put]不	pwan[puan]瓶	pwat[puat]勃		

18. P'.在该字母里，记载了32个音节，其声母是双唇音、送气、清塞音声母[p']。此声母主要来源于中古帮、并平声、非、奉平声声母，如下表：

音节	p'á[p'a]疱	p'á[p'aʔ]拍	p'ai[p'ai]派	p'ák[p'ak]瀑	p'án[p'an]盼	p'áng[p'aŋ]旁	p'au[p'au]炮
音节	p'e[p'e]帕	p'ⁿe[p'ẽ]平	p'ek[p'ek]劈	p'eng[p'eŋ]平	p'i[p'i]披	p'ia[p'iaʔ]僻	p'ⁿia[p'iã]聘
音节	p'ie[p'ie]票	p'ien[p'ian]篇	p'in[p'in]品	p'io[p'io]飘	p'it[p'it]匹	p'o[p'o]舖	p'ó[p'ɔ]坡
音节	p'ó[p'ɔʔ]粕	p'oi[p'oi]批	p'ok[p'ok]卜	p'u[p'u]浮	p'ua[p'ua]破	p'ua[p'uaʔ]泼	p'ⁿua[p'uã]潘
音节	p'ue[p'ue]皮	p'un[p'un]盆	p'wan[p'uan]磐	p'wat[p'uat]钵			

19. S. 在该字母里，记载了56个音节，其声母全部是舌尖前、清擦音声母[s]。此声母主要来源于中古心、邪、书、禅、山等声母，如下表：

音节	sá[sa]娑	sⁿá[sã]三	sai[sai]西	sám[sam]三	sán[san]删	sáng[saŋ]送	sáp[sap]飒
音节	sát[sat]塞	sau[sau]艄	se[se]纱	sⁿe[sẽ]生	sek[sek]熟	seng[seŋ]成	si[siʔ]蚀
音节	sⁿi[sĩ]扇	sia[sia]斜	sia[siaʔ]锡	sⁿia[siã]声	siak[siak]削	siam[siam]赡	siáng[siaŋ]嫦
音节	siap[siap]涉	sie[sie]烧	sie[sieʔ]惜	sⁿie[siẽ]常	sien[sian]铣	siet[siat]设	sim[sim]心
音节	sin[sin]神	sio[sio]萧	sip[sip]湿	sit[sit]实	siu[siu]收	so[so]苏	só[sɔ]所
音节	só[sɔʔ]雪	soi[soi]小	sⁿoi[sõi]先	sok[sok]属	song[soŋ]崧	su[su]殊	sú[sɯ]词
音节	sua[sua]沙	sua[suaʔ]煞	sⁿua[suã]山	suak[suak]塑	suan[suan]宣	suat[suat]税	suang[suaŋ]爽
音节	sue[sue]衰	sue[sueʔ]刷	sui[sui]随	sun[sun]旬	sⁿng[sŋ]算	sut[sut]术	swai[suai]襄

20. T. 在该字母里，记载了47个音节，其声母全部是舌尖中、不送气、清塞音声母[t]。此声母主要来源于中古端、定仄声、知、澄仄声声母，如下表：

音节	tá[ta]踏	tⁿá[tã]担	tai[tai]戴	ták[tak]度	tán[tan]丹	táng[taŋ]铜	táp[tap]答
音节	tát[tat]达	tau[tau]投	te[te]茶	te[teʔ]宅	tⁿe[tẽ]撑	tek[tek]值	teng[teŋ]亭
音节	ti[ti]池	ti[tiʔ]滴	tⁿi[tĩ]缤	tia[tia]爹	tⁿia[tiã]定	tiam[tiam]霑	tiáng[tiaŋ]畅
音节	tiap[tiap]蝶	tie[tie]潮	tie[tieʔ]着	tⁿie[tiẽ]场	tien[tian]电	tiet[tiat]佺	tim[tim]沈
音节	tin[tin]尘	tio[tio]条	tit[tit]直	tiu[tiu]丢	to[to]图	tó[tɔʔ]刀	tó[tɔʔ]桌
音节	tú[tɯ]退	toa[tua]大	tⁿoa[tuã]单	toi[toi]蹄	tok[tok]独	tong[toŋ]中	tu[tu]著
音节	tuan[tuan]端	tue[tue]兑	tui[tui]追	tun[tun]唇	tut[tut]突		

21. T'. 在该字母里，记载了39个音节，其声母全部是舌尖中、送气、清塞音声母[t']。此声母主要来源于中古透、定平声、彻、澄平声声母，如下表：

音节	t'á[t'a]他	t'á[t'aʔ]叠	t'ai[t'ai]台	t'ák[t'ak]读	t'ám[t'am]覃	t'án[t'an]瘫	t'áng[t'aŋ]虫
音节	t'áp[t'ap]塌	t'át[t'at]挞	t'au[t'au]淘	t'ek[t'ek]惕	t'eng[t'eŋ]汀	t'ia[t'iaʔ]拆	t'ⁿia[t'iã]听
音节	t'iam[t'iam]恬	t'iap[t'iap]帖	t'ie[t'ie]挑	t'ien[t'ian]天	t'iet[t'iat]彻	t'io[t'io]超	t'iok[t'iok]畜
音节	t'iu[t'iu]傅	t'o[t'o]土	t'ó[t'ɔʔ]桃	t'ó[t'ɔʔ]托	t'u[t'u]在	t'ú[t'ɯ]胎	t'oa[t'ua]拖
音节	t'oa[t'uaʔ]獭	t'ⁿoa[t'uã]炭	t'oi[t'oi]体	t'ⁿoi[t'õi]看	t'ong[t'oŋ]童	t'u[t'u]储	t'uan[t'uan]团
音节	t'ue[t'ue]颓	t'ui[t'ui]梯	t'un[t'un]屯	t'ⁿng[t'ŋ]糖			

22. U. 在该字母里，记载了10个音节，其声母是零声母[ø]。此声母主要来源于中古影母、匣母字、以母、云母，如下表：

音节	u[u]污	ú[ɯ]余	ua[ua]哇	ua[uaʔ]活	uⁿa[uã]安	ue[ue]锅	ui[ui]威
音节	un[un]运	ún[ɯn]恩	ut[ut]鬱				

23. W. 在该字母里，记载了8个音节，其声母是零声母[ø]。高德在《序言》中说："w音同时保持了辅音和元音的力量。在power和however中作辅音的w音，通常发弱音，有时发音时几乎无法被感知。"此声母主要来源于中古影母，少数匣母字、云母字，如下表：

音节	wak[uak]获	wan[uan]完	wang[uaŋ]王	wat[uat]越			

24. Y. 在该字母里，记载了8个音节，其声母是零声母[ø]。高德在《序言》中说："Y仅被用于少数单词，且这些单词中y音常被怀疑是否等同于i音。许多以i为开头的单词常被讨论不知是否其开头为y，特别是在快速的发音中；如iong听起来像yong。"此声母主要来源于中古以母字，如下表：

音节	yiak[iak]篇	yien[ian]延	yok[iok]育				

据统计，高德《汉英潮州方言字典》共记载了723个音节、84个韵母。这里要说明的是，一个韵母可以有不同写法，如可以ua、oa、wa表示[ua]等。

【表一·元音/入声韵】31（单元音7个，复元音11个，入声韵母13个）

据考察，《汉英潮州方言字典》记有元音韵母及其入声韵母情况整理如下：

1、单元音（舒声韵母7个/促声韵母6个）：bi[bi]米/chi₂[tsiʔ]舌；bu[bu]巫/chu₂[tsuʔ]足；chá[tsa]渣/chá₂[tsaʔ]仄；bo[bo]牡；be[be]马/be₂[beʔ]麦；chù[tsɯ]书/tù₂[tɯʔ]夺；bó[bɔ]无/hó₂[hɔʔ]鹤。

2、复元音（舒声韵母11个/促声韵母7个）：chia[tsia]者/chia₂[tsiaʔ]迹；bua[bua]磨、toa[tua]大、hwa[hua]禾/bua₂[buaʔ]抹、t'oa₂[t'uaʔ]獭、kwa₂[kuaʔ]割；bue[bue]梅/bue₂[bueʔ]袜；au[au]喉/au₂[auʔ]乐；kuai[kuai]乖、wai[uai]怀；chui[tsui]水；bai[bai]眉/p'ai₂[p'aiʔ]癣；chiu[tsiu]周；boi[boi]买/choi₂[tsoiʔ]节；chio[tsio]焦；bie[bie]苗/chie[tsieʔ]石。

i米/iʔ舌	u巫/uʔ足	a渣/aʔ仄	bo牡/	e马/eʔ麦	ɯ书/ɯʔ夺	ɔ无/ɔʔ鹤
ia者/iaʔ迹	ua磨/uaʔ抹	ue梅/ueʔ袜	au喉/auʔ乐	uai乖	ui水/	ai眉/aiʔ癣
iu周/	oi买/oiʔ节	io焦	ie苗/ieʔ石			

【表二·鼻化韵/入声韵】19个（鼻化韵15个；鼻化入声韵4个）

据考察，《汉英潮州方言字典》用罗马字记有15个鼻化韵母及4个入声韵母情况与元音韵母一样，现根据现代潮汕方言拟音整理如下：

开口呼（舒声韵母7个/促声韵母2个）：kⁿá[kã]敢；chⁿe[tsẽ]争、eⁿ[ẽ]椳/me₂[meʔ]脉、hⁿo[hõ]虎、no[no]奴、mⁿo[mõ]眸；mó[mɔ]麻/mó₂[mɔʔ]膜；mai[mai]埋；mau[mau]矛；chⁿoi[tsõi]前、oⁿi[õi]闲、noi[noi]莲；

齐齿呼（舒声韵母5个/促声韵母1个）：chⁿi[tsĩ]箭、ngi[ŋi]宜/mi₂[miʔ]乜；chⁿia[tsiã]晶、iⁿa[iã]营、mia[mia]名；hⁿiu[hiũ]朽、iⁿu[iũ]幼；chⁿie[tsiẽ]章、iⁿe[iẽ]苗、nie[nie]粮；mio[mio]苗、pⁿio[piõ]板；

合口呼（舒声韵母3个/促声韵母1个）：hⁿui[huĩ]悬、mui[mui]微；chⁿua[tsuã]泉、uⁿa[uã]安、t'oa[tuã]单、hⁿwa[huã]鼾；hⁿue[huẽ]横、mue[mue]每/mue₂[mueʔ]物。

ã敢/	ẽ争/eʔ脉	õ虎/	ɔ̃麻/ɔʔ膜	ãi埋/	ãu矛/	õi前/
ĩ箭/ĩʔ乜	iã晶/	iũ朽/	iẽ章/	iõ板/		
uĩ悬/	uã泉/	uẽ横/ueʔ物				

【表三·声化韵/入声韵】（2）

据考察，《汉英潮州方言字典》记有两个声化韵母，即mu[m]姆；ng[ŋ]黄、'ng[ŋ]园、chʰng[tsŋ]庄。

m姆/	ŋ黄/				

【表四·阳声韵/入声韵】32（收-m、-ŋ、-n尾阳声韵16个，收-p、-k、-k尾入声韵16个）

收[-m]韵尾的阳声韵母4个，收[-p]韵尾的入声韵母4个：chám[tsam]针/áp[ap]匣；chiam[tsiam]尖/ chiap[tsiap]捷；chim[tsim]浸/ chip[tsip]集；hwam[huam]凡/hwap[huap]法；

收[-ŋ]韵尾的阳声韵母6个，收[-k]韵尾的入声韵母6个：áng[aŋ]红/bák[bak]木；chiang[tsiaŋ]将/chiak[tsiak]爵、yiak[iak]籥；buang[buaŋ]亡、hwang[huaŋ]妨/chuak[tsuak]浊、kwak[kuak]椰；chong[tsoŋ]宗/chok[tsok]族；hiong[hioŋ]凶/hiok[hiok]郁、yok[iok]育；cheng[tseŋ]征/chek[tsek]泽；

收[-n]韵尾的阳声韵母6个，收[-t]韵尾的入声韵母6个：chin[tsin]真/bit[bit]蜜；bun[bun]文/chut[tsut]卒；hùn[hun]殷/kùt[kut]乞；buan[buan]万、hwan[huan]烦/ chuat[tsuat]拙、hwat[huat]伐；yien[ian]延、chien[tsian]筵/ chiet[tsiat]即；án[an]安/át[at]遏。

am针/ap匣	iam尖/iap捷	im浸/ip集	uam凡/uap]法		
aŋ红/ak木	iaŋ将/iak爵	uaŋ亡/uak浊	oŋ宗/ok族	ioŋ凶/iok郁	eŋ征/ek泽
in真/it蜜	un文/ut卒	uun殷/uut乞	uan万/ uat拙	ian延/ iat即	an安/ at遏

现将《汉英潮州方言字典》84个韵母整理如下：

1. 元音韵/入声韵31（18/13）

		a渣	o牡	e马	ɯ书	ɔ无	au喉	ai眉	oi买
开口	舒声	a渣	o牡	e马	ɯ书	ɔ无	au喉	ai眉	oi买
	促声	aʔ仄	---------	eʔ麦	ɯʔ夺	ɔʔ鹤	auʔ乐	aiʔ癣	oiʔ节
齐齿	舒声	i米	ia者	iu周	ie苗	io焦			
	促声	iʔ舌	iaʔ迹	----------	ieʔ石	----------			
合口	舒声	u 巫	ua磨	ue梅	uai乖	ui水			
	促声	uʔ足	uaʔ抹	ueʔ袜	----------	----------			

2. 鼻化韵/入声韵19（15/4）

开口	舒声	ã敢	ẽ争	õ虎	ɔ̃麻	ãi埋	ãu矛	õi前	
	促声	---------	eʔ脉	---------	ɔ̃ʔ膜	---------	---------	---------	
齐齿	舒声	ĩ箭	iã晶	iũ朽	iẽ章	iõ板			
	促声	ĩʔ乜	---------	---------	---------	---------			
合口	舒声	uĩ悬	uã泉	uẽ横					
	促声	---------	---------	ueʔ物					

3. 声化韵（2）

开口	舒声	m 姆	ŋ 昏						
	促声	---------	----------						

4. 阳声韵/入声韵32（16/16）

开口	舒声	am 针	aŋ红	oŋ宗	eŋ征	ɯn 殷	an安		
	促声	ap匣	ak 木	ok 族	ek 泽	ɯt 乞	at遏		
齐齿	舒声	iam 尖	im 浸	iaŋ将	ioŋ凶	in 真	ian 延		
	促声	iap 捷	ip 集	iak 爵	iok 郁	it 蜜	iat 即		
合口	舒声	uam 凡	uaŋ亡	un 文	uan万				
	促声	uap 法	uak 浊	ut 卒	uat 拙				

四　《汉英潮州方言字典》音系性质研究

为了进一步探讨《汉英潮州方言字典》（简称《英潮》）的音系性质，我们拟将其韵母系统与现代汕头、潮州、澄海、潮阳、揭阳、海丰诸方言韵母进行历史比较研究。

【表一·元音/入声韵】据考察，《汉英潮州方言字典》记有元音韵母18个，与其相配的入声韵母13个：i米/iʔ舌，u巫/uʔ足，a渣/aʔ仄，bo牡/，e马/eʔ麦，ɯ书/ɯʔ夺，ɔ无/ɔʔ鹤，ia者/iaʔ迹，ua磨/uaʔ抹，ue梅/ueʔ袜，au喉/auʔ乐，uai乖/，ui水/，ai眉/aiʔ癖，iu周/，oi买/oiʔ节，io焦/，ie苗/ieʔ石。现与潮汕方言比较如下：

英潮31	汕头话33	潮州话33	澄海话33	潮阳话30	揭阳话33	海丰话29
i/iʔ 米/舌	i/iʔ 衣/铁	i/iʔ 衣/铁	i/iʔ 衣/铁	i/iʔ 衣/铁	i/iʔ 衣/铁	i/iʔ 衣/铁
u/uʔ 巫/足	u/uʔ 污/膇	u/uʔ 污/膇	u/uʔ 污/膇	u/uʔ 污/膇	u/uʔ 污/窟	u/uʔ 有/□
a/aʔ 渣/厌	a/aʔ 亚/鸭	a/aʔ 亚/鸭	a/aʔ 亚/鸭	a/aʔ 亚/鸭	a/aʔ 亚/鸭	a/aʔ 亚/鸭
o/牡/	o/oʔ 窝/学	o/oʔ 窝/□	o/oʔ 窝/学	o/oʔ 窝/学	o/oʔ 窝/学	o/oʔ 蚝/学
e/eʔ 马/麦	e/eʔ 哑/厄	e/eʔ 哑/厄	e/eʔ 哑/厄	e/eʔ 哑/厄	e/eʔ 哑/厄	e/eʔ 下/笠
ɯ/ɯʔ书/夺	ɯ/ɯʔ余/乞	ɯ/ɯʔ余/乞	ɯ/ɯʔ余/乞	——	ɯ/ɯʔ余/□	——
ɔ/ɔʔ无/鹤						
ia/iaʔ者/迹	ia/iaʔ 爷/益	ia/iaʔ 爷/益	ia/iaʔ 爷/益	ia/iaʔ 爷/益	ia/iaʔ 爷/益	ia/iaʔ 爷/益
ua/uaʔ磨/抹	ua/uaʔ娃/活	ua/uaʔ蛙/活	ua/uaʔ蛙/活	ua/uaʔ蛙/活	ua/uaʔ蛙/活	ua/uaʔ蛙/活
ue/ueʔ梅/袜	ue/ueʔ锅/划	ue/ueʔ锅/划	ue/ueʔ锅/划	ue/ueʔ锅/划	ue/ueʔ锅/划	ue/ueʔ锅/划
au/auʔ喉/乐	au/auʔ欧/□	au/auʔ欧/□	au/auʔ欧/□	au/auʔ欧/□	au/auʔ欧/乐	au/auʔ后/□
uai/乖/	uai/ 歪	uai/ 歪	uai/ 歪	uai/ 歪	uai/ 歪	uai/ 歪
ui/水/	ui/ 医	ui/ 医	ui/ 医	ui/ 医	ui/ʔ埃	ui/ 围
ai/aiʔ眉/癣	ai/aiʔ埃/□	ai/aiʔ埃/□	ai/aiʔ埃/□	ai/ 哀	ai/aiʔ埃/□	ai/挨
iu/ 周/	iu/iuʔ优/□	iu/iuʔ优/□	iu/iuʔ优/□	iu/iuʔ优/□	iu/iuʔ优/□	iu/iuʔ油/□
oi/oiʔ买/节	oi/oiʔ鞋/八	oi/oiʔ鞋/八	oi/oiʔ鞋/八	oi/oiʔ鞋/八	oi/oiʔ鞋/八	
						ei/鞋
	ou/ 乌	ou/ 乌	ou/ 乌	ou/ 乌	ou/ 乌	ou/ 乌
	iau/iauʔ妖/□			iau/iauʔ妖/□	iau/iauʔ妖/□	iau/iauʔ枵/□
		iou/iouʔ妖/□	iou/iouʔ妖/约			
io/焦/	io/ioʔ腰/药			io/ioʔ腰/药	io/ioʔ腰/药	io/ioʔ腰/药
ie/ieʔ 苗/石		ie/ieʔ腰/药	ie/ieʔ腰/药			
英潮31	汕头话33	潮州话33	澄海话33	潮阳话30	揭阳话33	海丰话29

由上表可见，《汉英潮州方言字典》与6个方言点相同的韵母有[i/iʔ]、[u/uʔ]、[a/aʔ]、[o/]、[e/eʔ]、[ia/iaʔ]、[ua/uaʔ]、[ue/ueʔ]、[au/auʔ]、[uai]、[ui]、[ai/aiʔ]、[iu]等。差异之处有：①《汉英潮州方言字典》与汕头、潮州、澄海、揭阳均有[ɯ/ɯʔ]韵母，潮阳和海丰均无；②《汉英潮州方言字典》有[ɔ/ɔʔ]韵母，而潮汕6个方言点则无，说明经过百余年的演变，[ɔ/ɔʔ]逐渐演变成[o/oʔ]；③《汉英潮州方言字典》与汕头、潮州、澄海、潮阳和揭阳均有[oi/oiʔ]韵母，唯独海丰方言无[oi]而有[ei]韵母；④潮汕6个方言点均有[ou]韵母，而《汉英潮州方言字典》则无，高德在《序言》中说："某些单词中被使用的词尾ou，并未被本书所使用，因为它所代表的音看上去和no中的o的发音并未有不同；若它含有u音则是在发o的尾音时所需的转折音。"；⑤汕头、潮阳、揭阳、海丰方言均有[iau/iauʔ]韵母，潮州、澄海方言无[iau/iauʔ]则有[iou/iouʔ]，而《汉英潮州方言字典》均无[iau/iauʔ]、[iou/iouʔ]韵母；⑥《汉英潮州方言字典》和汕头、潮阳、揭阳、海丰均有[io/ioʔ]，潮州、澄海则无；⑦《汉英潮州方言字典》和潮州、澄海方言均有[ie/ieʔ]，而汕头、潮阳、揭阳和海丰方言均无。

【表二·鼻化韵/入声韵】据考察，《汉英潮州方言字典》记有14个鼻化韵母及4个入声韵母：ã敢/，ẽ争/eʔ脉，õ虎/，ɔ̃麻/ɔ̃ʔ膜，ãi埋/，ãu矛/，õi前/，ĩ箭/ĩʔ乜，iã晶/，iũ朽/，iẽ章/，iõ板/，uĩ悬/，uã泉/，uẽ横/ueʔ物。现与潮汕方言比较如下：

英潮15/4	汕头话15/8	潮州话15/7	澄海话15/8	潮阳话14/8	揭阳话16/6	海丰话14/4
ĩ/ĩʔ箭/乜	ĩ/ĩʔ圆/口	ĩ/ĩʔ圆/口	ĩ/ĩʔ圆/口	ĩ/ĩʔ圆/口	ĩ/ĩʔ圆/口	ĩ/椅/
ã/敢/	ã/揞/	ã/揞/	ã/揞/	ã/ãʔ揞/口	ã/揞/	ã/ãʔ揞/口
ẽ/ẽʔ争/脉	ẽ/ẽʔ楹/脉	ẽ/ẽʔ楹/吓	ẽ/ẽʔ楹/脉	ẽ/ẽʔ楹/脉	ẽ/ẽʔ楹/脉	ẽ/ẽʔ桁/口
ɔ̃/ɔ̃ʔ麻/膜	——	——	——	——	——	——
ð/虎/	——	——	——	——	ð/奥/	ð/耗/
iã/晶/	iã/影/	iã/影/	iã/影/	iã/iãʔ影/口	iã/影/	iã/赢/
uĩ/悬/	uĩ/畏/	uĩ/畏/	uĩ/畏/	uĩ/畏/	uĩ/匪/	uĩ/黄/
ãi/埋/	ãi/ãiʔ爱/口	ãi/ãiʔ爱/口	ãi/ãiʔ爱/口	ãi/ãiʔ爱/口	ãi/爱/	ãi/ãiʔ爱/口
——	uãi/uãiʔ樣/口	uãi/uãiʔ樣/口	uãi/uãiʔ樣/口	uãi/横/	uãi/菓/	uãi/uãiʔ樣/口
uã/泉/	uã/uãʔ鞍/活	uã/鞍/	uã/uãʔ鞍/活	uã/鞍/	uã/uãʔ鞍/口	uã/碗/
ãu/矛/	ãu/ãuʔ好/口	ãu/ãuʔ好/口	ãu/ãuʔ好/乐	ãu/ãuʔ好/口	ãu/ãuʔ好/口	---------
iũ/朽/	iũ/iũʔ幼/口	iũ/iũʔ幼/口	iũ/iũʔ幼/口	iũ/iũʔ幼/口	iũ/iũʔ幼/口	iũ/裘/
uẽ/uẽʔ横/物	uẽ/关/	uẽ/关/	uẽ/关/	uẽ/关/	uẽ/关/	uẽ/关/
——	——	iõu/iõuʔ口/口	iõu/iõuʔ口/口	——	——	——
——	iãu/iãuʔ口/口	——	——	iãu/iãuʔ口/口	iãu/iãuʔ口/口	iãu/皱/
ði/前/	ði/闲/	ði/闲/	ði/闲/	——	ði/睇/	——
iõ/板/	iõ/羊/	——	——	iõ/羊/	iõ/羊/	iõ/羊/
iẽ/章/	——	iẽ/羊/	iẽ/羊/	——	——	——
——	——	——	——	——	——	ẽi/口/
——	ðu/虎/	ðu/虎/	ðu/虎/	ðu/摸/	ðu/虎/	——

　　由上表可见，《汉英潮州方言字典》与潮汕6个方言点共有的韵母有：[ĩ]、[ã]、[ẽ/ẽʔ]、[iã]、[uĩ]、[ãi]、[uã]、[iũ]、[uẽ]等。差异之处有：(1)除了海丰无[ĩʔ]韵母外，《汉英潮州方言字典》与潮汕其他5个方言点均有；(2)除了潮阳和海丰有[ãʔ]韵母外，《汉英潮州方言字典》与潮汕其他4个方言点均无；(3)《汉英潮州方言字典》有[ɔ̃/ɔ̃ʔ]韵母，潮汕6个方言点均无，说明经过百余年的演变，[ɔ̃/ɔ̃ʔ]逐渐演变成[ð/ðʔ]；(4)《汉英潮州方言字典》与揭阳、海丰方言点有[ð]，汕头、潮州、澄海和潮阳4个方言点均无；(5)除了潮阳话有[iãʔ]韵母外，《汉英潮州方言字典》与潮汕其他5个方言点均无；(6)《汉英潮州方言字典》与揭阳无[ãiʔ]韵母外，潮汕其余5个方言点均有；(7)潮汕6个方言点有[uãi/uãiʔ]韵母，而《汉英潮州方言字典》则无；(8)汕头、澄海和揭阳有[uãʔ]韵母，《汉英潮州方言字典》与潮汕其他3个方言点均无；(9)《汉英潮州方言字典》与海丰无[ãuʔ]韵母，潮汕其他5个方言点均有；(10)潮州和澄海2个方言点有[iõu/iõuʔ]韵母，《汉英潮州方言字典》与汕头、潮阳、揭阳和海丰4个方言点均无；(11)汕头、潮州、揭阳和海丰4个方言点均有[iãu/iãuʔ]韵母，《汉英潮州方言字典》与潮州和澄海2个方言点则无；(12)《汉英潮州方言字典》与汕头、潮州、澄海和揭阳均有[ði]韵母，潮阳和海丰2个方言点则无；(13)《汉英潮州方言字典》与汕头、潮阳、揭阳和海丰4个方言点均有[iõ]，潮州和澄海2个方言点则无；(14)《汉英潮州方言字典》与潮州和澄海2个方言点有[iẽ]，而汕头、潮阳、揭阳和海丰4个方言点则无；(15)唯独海丰方言有[ẽi]韵母，而《汉英潮州方言字典》与汕

头、潮州、澄海、潮阳和揭阳5个方言点均无；(16) 汕头、潮州、澄海、潮阳和揭阳5个方言点均有[õu]韵母，《汉英潮州方言字典》与海丰方言则无。

【表三·声化韵】据考察，《汉英潮州方言字典》记有两个声化韵母，即[m]姆和[ŋ]。

英潮2/0	汕头话2/2	潮州话2/2	澄海话2/2	潮阳话2/2	揭阳话2/2	海丰话2/2
m/姆	m/mʔ姆/□	m/mʔ姆/□	m/mʔ姆/□	m/mʔ姆/兜	m/mʔ姆/□	m/mʔ姆/□
ŋ/[ŋ]园	ŋ/ŋʔ 秧/□	ŋ/ŋʔ 秧/□	ŋ/ŋʔ 秧/□	ŋ/ŋʔ 园/□	ŋ/ŋʔ 秧/□	ŋ/ŋʔ 秧/□

由表三可见，《汉英潮州方言字典》与潮汕6个方言点均有[m、ŋ]等2个韵母。差异之处有：汕头等6个方言点均有[mʔ]、[ŋʔ]等2个韵母，《汉英潮州方言字典》则无。

【表四·阳声韵/入声韵】据考察，《汉英潮州方言字典》记有16个收-m、-ŋ、-n尾阳声韵母，16个收-p、-k、-k尾入声韵韵母：am针/ap匣，iam尖/iap捷，im浸/ip集，uam凡/uap法；aŋ红/ak木，iaŋ将/iak爵，uaŋ亡/uak浊，oŋ宗/ok族，ioŋ凶/iok郁，eŋ征/ek泽；in真/it蜜，un文/ut卒，ɯn殷/ɯt乞，uan万/uat拙，ian延/iat即，an安/at遏。现与潮汕方言比较如下：

英潮16/16	汕头12/12	潮州16/16	澄海9/9	潮阳14/14	揭阳13/13	海丰14/14
am/ap针/匣	am/ap 庵/盒	am/ap庵/盒	——	am/ap庵/盒	am/ap 庵/盒	am/ap 暗/盒
iam/iap尖/捷	iam/iap 淹/粒	iam/iap淹/粒	——	iam/iap盐/涩	iam/iap淹/粒	iam/iap 淹/粒
im/ip浸/集	im/ip 音/立	im/ip音/立	——	im/ip音/邑	im/ip 音/立	im/ip 音/浥
		om/op口/□	——	om/op虎/□	om/op 口/□	om/op 暗/□
uam/uap凡/法	uam/uap凡/法	uam/uap凡/法	——	uam/uap犯/法	uam/uap凡/法	uam/uap凡/法
aŋ/ak 红/木	aŋ/ak 红/北	aŋ/ak 红/北	aŋ/ak 红/北	aŋ/ak 红/北	aŋ/ak 红/北	aŋ/ak红/沃
iaŋ/iak 将/爵	iaŋ/iak 央/跃	iaŋ/iak 央/跃	iaŋ/iak 央/跃	iaŋ/iak 央/跃	iaŋ/iak 央/跃	iaŋ/iak 阳/烈
——		ieŋ/iek 建/杰				
uaŋ/uak 亡/浊	uaŋ/uak 弯/越	uaŋ/uak 汪/获	uaŋ/uak 弯/越	uaŋ/uak 汪/穴	uaŋ/uak 汪/粤	uaŋ/uak 弯/法
——		ueŋ/uek 权/越		ueŋ/uek 荣/域	ueŋ/uek 永/获	ueŋ/uek 恒/或
oŋ/ok 宗/族	oŋ/ok 公/屋	oŋ/ok 公/屋	oŋ/ok 公/屋	oŋ/ok 公/屋	oŋ/ok 公/屋	oŋ/ok 公/屋
ioŋ/iok 凶/郁	ioŋ/iok 雍/育	ioŋ/iok 雍/育	ioŋ/iok 雍/育	ioŋ/iok 容/育	ioŋ/iok 雍/育	ioŋ/iok 涌/浴
eŋ/ek 征/泽	eŋ/ek 英/亿	eŋ/ek 英/亿	eŋ/ek 英/亿	eŋ/ek 英/浴	eŋ/ek 因/乙	eŋ/ek 鹰/□
	uŋ/uk 温/熨	uŋ/uk 温/熨	uŋ/uk 温/熨	uŋ/uk 温/熨	uŋ/uk 温/熨	
	iŋ/ik 因/乙	iŋ/ik 因/乙	iŋ/ik 因/乙	iŋ/ik 印/日		
	ɤŋ/ɤk 恩/乞	ɤŋ/ɤk 恩/乞	ɤŋ/ɤk 恩/乞			
in/it真/蜜						in/it 瘾/日
un/ut文/卒						un/ut 运/出
ɯn殷/乞						
uan/uat万/拙						
ian/iat延/即						
an/at安/遏						

　　由上表可见，《汉英潮州方言字典》与潮汕6个方言点共有的阳声韵母有6个：[aŋ/ak]、[iaŋ/iak]、[uaŋ/uak]、[oŋ/ok]、[ioŋ/iok]、[eŋ/ek]。

　　不同之处有：(1)《汉英潮州方言字典》与汕头、潮州、潮阳、揭阳和海丰5个方言点均有[am/ap]、[iam]、[im/ip]等韵母，唯独澄海方言则无，却分别读作[aŋ/ak]、[iaŋ]、[iŋ/ik]。(2)潮州、潮阳、揭阳和海丰4个方言点有[om/op]韵母，《汉英潮州方言字典》与汕头和澄海方言则无。(3)《汉英潮州方言字典》与潮州、潮阳、揭阳和海丰4个方言点均有[uam/uap]韵母，汕头和澄海方言则无。(4)潮州方言有[ieŋ/iek]韵母，《汉英潮州方言字典》与汕头、澄海、潮阳、揭阳和海丰5个方言点则无。(5)潮州、潮阳、揭阳和海丰4个方言点均有[ueŋ/uek]韵母，《汉英潮州方言字典》与汕头和澄海则无。(6)汕头、潮州、澄海、潮阳和揭阳5个方言点均有[uŋ/uk]，《汉英潮州方言字典》与海丰方言则无。(7)汕头、潮州、澄海和潮阳4个方言点均有[iŋ/ik]，《汉英潮州方言字典》与揭阳、海丰方言则无。(8)汕头、潮州和澄海3个方言点均有[ɤŋ/ɤk]韵母，《汉英潮州方言字典》与潮阳、揭阳和海丰方言则无。(9)《汉英潮州方言字典》与海丰方言有[in/it]、[un/ut]韵母，潮汕地区其余5个方言点则无。(10)《汉英潮州方言字典》有[ɯn]、[uan/uat]、[ien/iet]、[an/at]韵母，潮汕6个方言点均无。笔者认为，早在19世纪初叶潮汕地区应该尚有收[-n/-t]的韵母，经过时间推移才演变成[-ŋ/-k]的韵母。其演变情况如下：

　　　　in/it→iŋ/ik　　　　un/ut→uŋ/uk　　　　ɯn→ɤŋ/ɤk

　　　　uan/uat→uaŋ/uak　　ian/iat→iaŋ/iak　　an/at→aŋ/ak

　　由上可见，《汉英潮州方言字典》所收录的方言韵母，并非只收录潮州方言韵母，而且还兼收汕头、澄海、潮阳、揭阳、海丰等方言点的韵母。此外，《汉英潮州方言字典》还收录[in/it]、[un/ut]、[ɯn]、[uan/uat]、[ien/iet]、[an/at]等韵母，说明在一百多年前潮汕方言较完整保留了[-m,-n,-ŋ]三套阳声韵和[-p,-t,-k]三套入声韵，经过百年来的演化，[-m,-n,-ŋ]三套阳声韵并为现在[-m,-ŋ]两套阳声韵，[-p,-t,-k]三套入声韵，并为现在[-p,-k]两套入声韵；澄海方言则由三套阳声韵尾[-m,-n,-ŋ]并成一套[-ŋ]韵尾，三套入声韵尾[-p,-t,-k]并成一套[-k]韵尾；海丰方言则有[-m/-p,-n/-t,-ŋ/-k]三套韵尾。

　　据考证，高德《汉英潮州方言字典》记载了84个韵母，与潮汕方言共有的韵母有49个：[a]、[o]、[e]、[i]、[u]、[au]、[ai]、[ia]、[iu]、[ua]、[ue]、[uai]、[ui]、[aŋ]、[iaŋ]、[uaŋ]、[oŋ]、[ioŋ]、[eŋ]、[ã]、[ẽ]、[ãi]、[ĩ]、[iã]、[iũ]、[uĩ]、[uã]、[uẽ]、[m]、[ŋ]、[aʔ]、[eʔ]、[iʔ]、[uʔ]、[iaʔ]、[uaʔ]、[ueʔ]、[ak]、[ok]、[iok]、[ek]、[ãu]、[iõ]、[aiʔ]、[auʔ]、[ẽʔ]、[ĩʔ]、[iak]、[uak]。还有35个韵母的情况有二：其一，高德记载了22个韵母分别反映了潮汕6个方言点的韵类：

潮州澄海	汕头潮州潮阳揭阳海丰	汕头潮阳揭阳海丰	海丰	汕头潮州澄海揭阳	汕头潮州澄海潮阳揭阳	潮州潮阳揭阳海丰	揭阳海丰
[ie][iẽ][ieʔ]	[am][im][iam] [ap][ip][iap]	[io]	[in][un] [it][ut]	[ɯ][ɯʔ]	[oi][oiʔ][õi]	[uam][uap]	[õ]

据统计，高德所记载的潮州韵母最多16个，揭阳、海丰各15个，汕头、潮阳各12个，澄海最少有8个。其二，高德记载了13个现代潮汕6个方言所没有的韵母：[ɔ]、[ɯn]、[uan]、[ian]、[an]、[ɔ̃]、[ɔʔ]、[uẽʔ]、[ɔ̃ʔ]、[ut]、[iat]、[at]、[uat]。

总之，《汉英潮州方言字典》所反映的韵母系统均非汕头或潮州单一的方言音系，而是以潮汕地区方言为基础，吸收潮州、海丰、揭阳、潮阳、汕头、澄海等方言韵类的综合音系。

五、《汉英潮州方言字典》声调系统

关于声调问题，高德在《序言》中说："本书中会标注出八类音调。其主要特点是去声和入声中的高音和低音恰好和汉语中的对应音相反，也和被作者用其他方言标出的对应音相反。通过此细微的观察可见，汉语中所谓的低音，在这门方言中，其实是高音，而汉语中的高音，在这门方言中其实是低音。然而，这个特点在单词的寻常读音中要比在阅读中更明显，而前者仅在音调上有所不同；而阅读中的音调在中国人读来则更为悦耳，无论是高音还是低音。但由于以下内容旨在展现单词的寻常发音而非阅读中的发音，真正的高音在下表中会在声调的半圆形符号上标出一个笔直的记号以示区别。"《汉英潮州方言字典》对每个汉字的声调均以"半圆形符号"进行标示，如下表：

符号	声调描写		声调	潮州音	例字
ͨ▌	EVEN	high	下平	E pᵇe.	k'un 勤、k'wan 权、hum 云、ia 爷、jien 然
ͨ▐	"	low	上平	Chⁿie pⁿe.	an 安、au 欧、ch'a 差、chai 知、kⁿwa 官
ͨ▌	HIGH	TONE	上声	Siang sⁿa.	bau ͨ卵、cham 斩、chia ͨ者、lau ͨ老、me ͨ猛
▌₅	GOING	high	下去	E kù.	meng 命₅、muan 曼₅、mue 昧₅、nai 耐₅、ngai 岸₅
▌₅	"	medium	去声	Ku sⁿa.	me 夜₅、tui 队₅、ui 位₅、gua 外₅、hau 效₅
▌₅	"	low	上去	Chⁿie kù.	han 汉₅、so 瘦₅、tai 戴₅、tuan 锻₅、chiang 奖₅；
▌₅	ENTERING	high	下入	E jip.	bue 袜₅、chap 杂₅、chek 一₅、chi 舌₅、ek 译₅
▌₅	"	low	上入	Chⁿie jip.	bua 抹₅、chak 作₅、ch'e 策₅、chek 叔₅、ch'ut 出₅

"▌"是指汉字，每个汉字的四角的标号，即表示八个不同声调，再分别举例说明之。声调中，平声分上平和下平，入声分上入和下入，上声只有一类，去声则分作下去、去声和上去三类，与现代潮汕方言声调不太一致。据张晓山《新潮汕字典》记载，现代潮汕方言声调为平上去入各分阴阳：

名称	阴平	阴上	阴去	阴入	阳平	阳上	阳去	阳入
例字	诗分	死粉	世训	薛忽	时云	是混	示份	蚀佛
符号	1	2	3	4	5	6	7	8

现将《汉英潮州方言字典》声调系统与《新潮汕字典》比较如下：

汉英潮州方言字典	上平	an安	au欧	ch'a差	chai知	kⁿwa官
新潮汕字典	阴平	ang^{1}安	ao^{1}欧	ca^{1}差	zai^{1}知	guan^{1}官
汉英潮州方言字典	下平	k'un勤	k'wan权	hun云	ia爷	jien然
新潮汕字典	阳平	keng^{5}勤	kuang^{5}权	ung^{5}云	ia^{5}爷	rieng^{5}然
汉英潮州方言字典	上声	bau^{c}卯	cham^{c}斩	chia^{c}者	lau^{c}老	me^{c}猛
新潮汕字典	阴上	bhao^{2}卯	zam^{2}斩	zia^{2}者	lao^{2}老	me^{2}猛
汉英潮州方言字典	上去	han汉^ᵓ	so瘦^ᵓ	tai戴^ᵓ	tuan锻^ᵓ	chiang奖^ᵓ
新潮汕字典	阴去	Hang^{3}汉	sou^{3}瘦	tai^{3}戴	tuang^{3}锻	ziang^{3}奖
汉英潮州方言字典	去声	go饿^ᵓ	tui队^ᵓ	ui位^ᵓ	gua外^ᵓ	hau效^ᵓ
新潮汕字典	阳去	gho^{7}饿	dui^{7}队	ui^{7}位	ghua^{7}外	hao^{7}效
汉英潮州方言字典	下去	meng命$_5$	muan曼$_5$	mue昧$_5$	nai耐$_5$	ngai岸$_5$
新潮汕字典	阳上	mêng^{6}命	mang^{6}曼	muê^{6}昧	nai^{6}耐	ngai^{6}岸
汉英潮州方言字典	上入	bua抹$_⌐$	chak作$_⌐$	ch'e策$_⌐$	chek叔$_⌐$	ch'ut出$_⌐$
新潮汕字典	阴入	bhuah^{4}抹	zag^{4}作	cêh^{4}策	zeg^{4}叔	cug^{4}出
汉英潮州方言字典	下入	bue袜$_5$	chap杂$_5$	chek一$_5$	chi舌$_5$	ek译$_5$
新潮汕字典	阳入	bhuêh^{8}袜	zab^{8}杂	zêg^{8}一	zih^{8}舌	êg^{8}译

《汉英潮州方言字典》与《新潮汕字典》声调系统对应情况如下：

上平——阴平　　下平——阳平

上声——阴上　　下去——阳上

上去——阴去　　去声——阳去

上入——阴入　　下入——阳入

由上可见，《汉英潮州方言字典》"上声"相当于现代潮汕方言的"阴上"，"下去"相对应"阳上"，"去声"相当于"阳去"。

第三节　英国汉学家翟理斯著《汕头方言词汇手册》（1877）研究

一　《汕头方言词汇手册》作者、生平事迹及其中国语言研究

《汕头方言词汇手册》（Handbook of the Swatow Dialect, with a vocabulary，1877年)，英国翟理斯（Herbert Allen Giles）著。

翟理斯（Herbert Allen Giles，1845—1935年）于1845年12月18日出生于英国牛津

的一个文人世家，其父贾尔斯牧师时任牛津大学耶稣文集学院资深成员，是一位著作等身、久负盛名的作家。父亲自小就督促翟理斯抄写拉丁文、希腊文，并广泛涉猎古希腊罗马神话和历史书籍。这种古典式的教育造就了翟理斯严谨的英国作风，也为他日后在汉学领域的建树打下了坚实的基础。1867年，翟理斯通过了英国外交部的选拔考试，远涉重洋，来到陌生的东方，成为英国驻华使馆的一名翻译学生。此后，他历任天津、宁波、汉口、广州、汕头、厦门、福州、上海、淡水等地英国领事馆翻译、助理领事、代领事、副领事、领事等职，直至1893年以身体欠佳为由辞职返英。1897年，翟理斯全票当选为剑桥大学第二任汉学教授。1932年翟理斯请辞剑桥大学汉学教授一职，在教学之余，潜心钻研汉学。1935年于剑桥翟理斯家中病逝。

翟理斯研究领域涉及中国语言、文化、文学研究及翻译。其作品大致可以分为四大类，即语言教材、翻译、工具书和杂论四大类。我们着重对翟理斯语言教材编撰情况做个简介：

1.《汉言无师自明》（*Chinese without a Teacher：Being a Collection of East and Use Sentences in the Mandarin Dialect, with a Vocabulary*，1872年）。该书分为十一章，共67页。第一章：数字；第二章：游客；第三章：商人；第四章：一般用语；第五章：家庭主妇；第六章：运动家；第七章：在商店；第八章：买古玩；第九章：水手；第十章：语法；第十一章：词汇。全书比重最大的一个部分是词汇（共32页）。翟理斯选择的都是当时最实用的句子，同时，也是非常短的句子。而"第十章：语法"更是简略，只涉及了三个方面：（1）"名词和形容词没有词尾变化：同样的词可以表示单复数。"（2）"代词"。（3）"动词在所有语气、时态（除过去式）、数和人称中都是一样的。过去式通常是在原来的词后面加上'啦'、'过'等表示。"这是一本专门为初学汉语的外国人编撰的汉语语言教材。在当时，这本书即以实用、简单、经济而赢得了许多意欲在最短的时间内掌握日常汉语会话的外国人的青睐。

2.《字学举隅》（*Synoptical Studies in Chinese Character*，1874年）。这是一个辨析同形异义或同形异音字的汉语学习教材。翟理斯把他认为外国学生特别容易混淆的约1300个汉字，收入了《字学举隅》。同时，为了方便外国读者，翟理斯还在书后附了一个索引。这样一来，即使外国学生"不懂得某个字的发音，也可以找到这个字"，原因就在于"他只要能认得与之相似的字就行了"。比如，在该书的第一页，翟理斯收入了"人、入、八"等字。这三个字对于中国人而言并不会构成任何困难，但对于外国学生而言，则可能是无法逾越的鸿沟。翟理斯不仅对这些字注了音，而且以上标形式说明该字的声调。每个字的后面都标明了对应的英文。另外，学生还可以在该书附录找到相应的汉字。

3.《汕头方言词汇手册》（*Handbook of the Swatow Dialect, with a vocabulary*，1877年上海出版）。这本书的风格与《汉言无师自通》相似，收录了一些简单的汕头方言句子，还附上了词汇，并根据英语拼音法对这些句子和词汇注了音。

4.《华英字典》(*A Chinese-English Dictionary*)，1892年由上海别发洋行出版。该词典共收中文单字13838个，单字与多字条目分开另栏排，每个单字都有编号并给出其多项英文释义，多字条目的收录数量更是超过了在此之前的任何一部汉英词典。整部词典正文6栏排，大16开本，正文共1710页，并设有多种附录，内容丰富，释义准确，重视中国历史文化的介绍。特别是翟理斯改进了威妥玛式罗马注音系统排序(同音同调的再按笔画多少排列先后顺序)，被人称为Wade-Giles System(威妥玛—翟理斯注音系统)。在很长一段历史时期内，美国多家图书馆中文藏书编目都使用这套系统。

5.《百个最好的汉字》(The Hundred Best Characters，1919)。这是一本仅72页的小册子，但是，翟理斯说，"我为了设计这本书的体例费尽了心思"。该书的目的在于"帮助那些有意学习中文的学生以一种简单的方式学习中文，并不断激发他们学习中文的热情"。为此，翟理斯精挑细选了100个"最好的"汉字，并列出了一个相关的词汇表。他的用意在于，"有了这些词汇表，我们根据相关的情境造了一些新的句子。所以，学生们就可以随心所欲地说汉语了，而不必事先在头脑里装满了那些他可能从来都用不着的词汇"。

二 《汕头方言词汇手册》的"前言"说明

翟理斯《汕头方言词汇手册》(Handbook of the Swatow Dialect, with a Vocabulary，1877)该书正文前有署名 H.A. GILES 的《致读者》，亦即其前言。其全文翻译如下：

下文的课程及词汇表旨在为那些希望尽快粗略习得汕头及其周边地区方言的人提供帮助，包括大量不断增长的每年为了在新加坡劳力市场寻求生计机会而移民的那些人们。

为了尽可能用简易的英文中表达汉语发音，我们做了这样的尝试。

执行该计划时只出现三个音，这三个音似乎超出英语字母表。它们是（1）m，（2）以ng开头的字，（3）以r结尾的字。第一种情况，说话人只需发m音而无需借助任何元音，也不必发通常音em。第二种情况，如果遇到ngo音，就联想到某个词如mango，而不发前二个字母。第三种情况，以her为例，其在会话中经常用到。如果说话者仅仅把它发成英语的her而无视斜体字母（r），说者便会被理解。然而，恰当的方法是在r停止，保持它对前面e的影响，而不让辅音被听到。此外，最后之小困难或许只用笔一画便已消除。在汕头港口一端听到的ler, her, ger等音，而在另一端的确发音成loo, hoo,goo。

现在仅仅将读者的注意力引到下页的四个简短规则以及连字符,借以帮助他为每个句子给出正确的韵律；此外，指出绝对必要将i发音成i而不发成e—a，这便是那些第一次见到li或dzi组合的人们最常犯的错误。

最后，我要致谢海峡移民州长Wm. Drummond Jervois阁下对该手册出版的热忱帮助。

H. A. GILES

汕头H. M.'s领事馆

1877.1.1.

以上是前言，首先说明编撰《汕头方言词汇手册》的目的是为那些希望尽快粗略习得汕头及其周边地区方言的人以及在新加坡劳力市场寻求生计机会而移民的那些人们提供帮助。著者还特别说明了三个似乎超出英语字母的汕头音，它们是（1）m，（2）以ng开头的字，（3）以r结尾的字。m，是潮汕方言中的声化韵母，无需借助任何元音，也不必发通常音em。以ng开头的字，即潮汕方言中的鼻音声母，其发音部位是舌面后，发音方法是浊鼻音，可与鼻化韵母或鼻音韵母相拼。以r结尾的字，以her为例，其发音方法是在r停止，保持它对前面e的影响，而不让辅音被听到。汕头港口所发ler, her, ger等音，而在另一端的确发音则是loo, hoo,goo。著者还提及四个简短规则以及连字符，借以为每个句子给出正确的韵律。

三　《汕头方言词汇手册》口语教材简介

《汕头方言词汇手册》全书57页，前29页为口语教材，共计14课。每一课均为英文与汕头话口语对照。下面以"LESSON XIV.——judicial"（第十四课——司法）为例，我们把它们合并在一起加以对照：

根据"LESSON XIV.——judicial"（第十四课——司法）内容，我们先列英文，接着将其译成现代汉语，再列上与其对应的汕头话口语。

	英　文	I want to summon this man.
1	译　文	我想召唤这个男人。
	汕头话	Wah i kaw tjee-gi nahng.
	英　文	He is a thief, and has stolen things of mine.
2	译　文	他是个贼，偷了我的东西。
	汕头话	E dzaw ts'aht；t'ow-kheeay wah gi mooey.
	英　文	Have you any witnesses?
3	译　文	你有什么证人？
	汕头话	Oo kahn-dzeng ah-baw?
	英　文	I have witnesses;they haven't come yet.
4	译　文	我有证人，他们都还没来。
	汕头话	Oo kahn-dzeng；hwahn booay li.
	英　文	Issue subpoenas for them to come.
5	译　文	发出传票让他们来。
	汕头话	Ch'oot p'eeay；hahm e li.

	英　文	Where is the constable?
6	译　文	警察在什么地方？
	汕头话	Ts'eh-goy taw tee-kaw?
	英　文	He is at the goal.
7	译　文	他在球门。
	汕头话	E taw kahm-li.
	英　文	This is the yamen.
8	译　文	这就是衙门。
	汕头话	Tjee-gi se Gay-mung.
	英　文	What yamen?
9	译　文	什么衙门？
	汕头话	Simmy Gay-mung.
	英　文	The Consul's yamen（the Consulate）
10	译　文	领事衙门（领事馆）
	汕头话	Neeah-se-hoo-gi Gay-mung.
	英　文	Who is the present Consul?
11	译　文	谁是现任领事？
	汕头话	Heen-jeem-gi neeah-se-hoo se tee-teang?
	英　文	Mr. F——.（lit. Mr. Buddha）.
12	译　文	F先生－。
	汕头话	Se hoot ti-jeen.
	英　文	Send this bottle to the Commissioner of Customs.
13	译　文	向海关关长送这个瓶子。
	汕头话	Tjee-gi-dzoon kheeay-khey Soy-boo-see.
	英　文	Today a man came with a petition.
14	译　文	今天一个人带请愿书来。
	汕头话	Kim-jit oo-nahng-li jip-peen.
	英　文	The plaintiff's case is weak (lit. his right is short).
15	译　文	原告很不利。
	汕头话	Wahn-kaw-gi-lee taw.
	英　文	The defendant's case is strong (lit. his right is long).
16	译　文	被告很有利。
	汕头话	Pee-kaw-gi-lee tung.
	英　文	I will decide this case tomorrow.
17	译　文	明天我会判定这个案子。
	汕头话	Tjee-gi-ooah mah-khee twahn（or tooahn）.
	英　文	You seem to me to be both in the wrong.
18	译　文	在我看来你们两人都该对此负责。
	汕头话	Wah t'oy，jee-kay oo ts'aw.
	英　文	Give back this petition.
19	译　文	归还这份请愿书。
	汕头话	Tjee-gi-peen hwaht-hooay.

	英 文	Tomorrow I shall issue a Proclamation.
20	译 文	明天我会发出公告。
	汕头话	Mah-khee wah i ch'oot khaw-see.
	英 文	Forbidding people to gamble.
21	译 文	禁止人们赌博。
	汕头话	Kim baw-nahng pwah-dzee.
	英 文	If they don't obey it, they will certainly be punished.
22	译 文	如果他们不遵守，就会被处罚。
	汕头话	Jeeak-see m dzoon, teeah-teeay oo dzooay.
	英 文	The gate-keeper is too old.
23	译 文	那个看门人年纪很大了。
	汕头话	Peh-mung-gi-nahng khah low.
	英 文	I have business today.
24	译 文	我今天有事。
	汕头话	Kim-jit oo kong-ser.
	英 文	I have never done this business before.
25	译 文	我之前没做过这类生意。
	汕头话	Tjee-gi-ser wah m path p'oy-kooay.
	英 文	This kind of case is very frequent.
26	译 文	这种情况很常见。
	汕头话	Tjee-yeay-gi-wah see-see oo.
	英 文	Take down his deposition.
27	译 文	记下他的证词。
	汕头话	Kee e-gi khow-keng.
	英 文	His evidence is not true.
28	译 文	他的证据作假。(不实)
	汕头话	E-gi-khow-keng baw sit.
	英 文	Did he see this affair?
29	译 文	这个案子他过目了吗？
	汕头话	Tjee-gi-ser e oo t'oy-keen ah-baw?
	英 文	He did not see it himself.
30	译 文	这个案子他没有亲自过目。
	汕头话	E kah-kee baw t'oy-keen.
	英 文	How does he know about it?
31	译 文	他怎么知道这事儿的？
	汕头话	E dzawnee dzi?
	英 文	He heard people talking of it.
32	译 文	他听到人们谈论这件事儿。
	汕头话	E t'eeah-kee nahng tah.

以上是第14课课文的内容，我们可以从中了解当时法律与社会状况。

四　《汕头方言词汇手册》语法词汇简介

《汕头方言词汇手册》第30页是语法GRAMMAR，第31页是词汇Vocabulary。现将此二页合并如下：

30	GRAMMAR.

GRAMMAR.

Substantives and Adjectices are not declined:the same word expresses both the singular and the plural. 名词和形容词都没有下降：同一字表示单数和复数。

Pronouns 代词

I, me 我
My, mine 我的
We, us 我们
Our, oues 我们的
Thou, thee你
Thy, thine 你，你的
You(plural) 你们
Your, yours 您的，你的
He,she,it,him,her他,她,它
His,her,hers,its他的,她的,它的
They,them他们,她们,它们
Their,theirs 他们的
Wah[ua]. 我
Wah-gi[ua-gi]. 我个
Wahn[uan]. 阮
Wahn-gi[uan-gi]. 阮个
Ler[le]. 你
Ler[le]. 你
Neen[nian]. 你们
Neen-gi[nian-gi]. 您个
Ee or e[i].伊
Ee-gi[i-gi]. 伊个
Een[ian]. 佢
Een-gi[ian-gi]. 佢个

Verbs remain the same in all moods, tenaes, numbers and persons.These distinctions are shown by the addition of certain auxiliary verbs, as follows:—

动词保持不变，在所有的情绪，时态，数字和人数。这些区别显示通过添加特定的辅助动词,如下:

To come来
He has come他来了
He came yesterday他昨天来了
Has he come?
He isn't coming
He doesn't want to come
He can't come

Why hasn't he come yet?
Is he coming?
You needn't come
Don't you come!
Li. 来
Li leeow. 他来了
Ee dzah-jit oo li. 伊昨天有来
Ee oo li ah-baw?
Ee m li.
Ee m i li.
Ee boy tit li *or* m oy li.
Ee dzawnee booay li?
Ee li ah m?
Ler meen-eng li.
Ler m i li!

30　　　　Vocabulary.

Vocabulary.
A.

Ability
Able to, to be
Accunts, to make up
Accuse, to
Advantage
Afraid, to be
Afternoon
Afterwards
Again
Agreement
Ague,fever and
All
Already
Also
Although
Amah
America
Amuse oneself, to
Anchor, to
Anchor, to weigh
Animals
Angry, to get
Another
Answer, an
Anything

Ask, to
Ask leave of absence,to

Leng gahn
Oy.
Sung seeow.
Kaw
Yeeah.
P'ah：keeah-way；khyoong-way.
A-kwah.
Ow-li.
Teng-gwah; dzi.
Hahp-dahng.
Kwah-dzooah-pang.
Loong-dzoong.
Ee-keng.
Yeeah.
Sooee-dzyen.
Ah-baw.
Mooee-kok.
Koy boon; koy ts'o
P'ah teng.
kheeay teng
Sang-khow.
Seeoo khee; sang khee.
Paht-gi; kay-gi.
Hooay-jee; hooay-seen.
Simmy.
Mung.
Kaw kay.

B.

Bad
Bag
M haw; ahk.
Taw.

　　可以看出，这本书还是比较粗糙。用的是一本基于英文发音的比较粗糙的拼音，也没有对音调进行注明。而且最后词汇表也极其小。

第四节 美国传教士菲尔德著《汕头方言初阶》（1878）音系研究

一 《汕头方言初阶》作者、生平事迹及其"使用指南"

菲尔德（A.M.FIELDE，生卒年不详），又译菲尔得，一译斐女士，美北浸信会传教士。1873年，菲尔德来到汕头，并创办第一所圣经女学校，称为礐石明道妇女学校。据说该校是"世界头一个为妇女开的圣经学校"，同时该校的创办，也开了粤东女学之先河。1876年斐女士又在汕头的礐石建起一所小学，称"礐石小学"。1905年在耶琳夫人等人的谋划下，将礐石小学改为礐石中学，聘美籍人贾斌(R. T. Capen)牧师为校长。1909年明道妇女学校开始有全年的课程，包括初级中学的课程，另外还有三年的高等幼稚园师范课程。菲尔德对汕头方言有颇深研究，为外国传教士和外地人学习汕头话，潜心著有两种著作：即《汕头方言初阶》（A First Lessons in the Swatow Dialect，Swatow Printing Office Company，1878）和《汕头方言音义字典》（A Pronouncing and Defining Dictionary of the Swatow Dialect，1883）。

《汕头方言初阶》封面印有书名：First Lessons in the Swatow Dialect；作者：Adele Marion Fielde；出版地点：汕头；出版社及时间：Swatow Printing Office Company，1878。菲尔德在书中《使用指南》（DIRECTIONS FOR USING THIS BOOK）指出：

> 第一，向一个本地教师完整学习第三页练习里的8个声调。第二，从第5页和第6页学习使用罗马字表达的汉语发音。第三，在第7页练习学习如何正确发出带有送气音和不带送气音的单词，有鼻音和无鼻音的单词。第四，在第9页和第10页里学习准确地计数。第五，按照顺序学习课文，在掌握好一篇课文之后再开始下一课的学习。凭记忆能够写出汉字，把英语翻译成汉语，并且把汉语翻译成英语，在威廉字典里找出相同词汇的详细解释。第六，在学习语言过程中要多听胜过多看。A.M.F.汕头，1877。

可见，作者在教材中设计了声调练习、罗马字发音、气音字发音、鼻音与非鼻音、计数练习、课文学习以及处理多听与多看的关系，等等。

《汕头方言初阶》正文前有NUMERALS（数字）和TIMES（时间），尔后一共设计了200课（LESSONSI—LESSONSCC），每课设有12个单字、双音词或词组，注有汕头方言罗马字音，再以英语加以解释。正文之后有INDEX（索引），按A、B、C、E、G、H、I、J、K、L、M、N、O、P、S、T、U、W顺序，直接查汕头方言罗马字音。下面分别整理、分析、研究教材的声韵调系统：

二　《汕头方言初阶》声母系统研究

菲尔德在《汕头方言初阶》对Consonants（辅音）做了描写，本文并结合汕头方言声母音值做了一些说明：

b as in bar，in 马 bé，麦bêh。按：b如同英语单词bar [bɑ:]中的b，马、麦分别读作[be]和[beʔ]，声母均为[b]。

g as in gay，in 牙gê，鹅gê。按：g如同英语单词gay [ɡei]中的g，牙、鹅分别读作[ɡe]和[ɡɔ]，声母均为[ɡ]。

h as in hot，in 鱼 hɯ，贪tham。按：h如同英语单词hot [hɔt]中的h，鱼读作[hɯ]，声母为[h]；贪tham[t'am]中的h则表示送气。

j as in jam，in 字jī，绒jông。按：j如同英语单词 jam [dʒæm]中的j，字、绒分别读作[dzi]和[dzioŋ]，声母均为[dz]。

k as in kick，in 胶ka，角kak。按：k如同英语单词kick [kik]中的k，胶、角分别读作[ka]和[kak]，声母均为[k]。

l as in lad，in 路 lō，拉la。按：l如同英语单词lad [læd]中的l，路、拉分别读作[lo]和[la]，声母均为[l]。

m as in mat，in 夜mê，迷mî。按：m如同英语单词mat[mæt]中的m，夜、迷分别读作[me]和[mi]，声母均为[m]。

n as in not，in 篮nâ，艰kan。按：n如同英语单词not [nɔt]中的n，篮读作[na]，声母为[n]，艰kan[kan]中的n则是前鼻音韵尾ɪ。

p as in pop，in 巴pa，立lîp。按：p如同英语单词pop [pɔp]中的p，巴读作[pa]，声母为[p]，立lîp[lip]中的p则是清辅音韵尾。

s as in so，in 顺sǔn，实sît。按：s如同英语单词so[səu]中的s，顺、实分别读作[sun]和[sit]，声母均为[s]。

t as in tilt，in 茶tê，得tit。按：t如同英语单词tilt [tilt]中的t，茶读作[te]，得读作[tit]，声母均为[t]；得[tit]第二个t为清辅音韵尾。菲尔德说："当p,k和t其后并未跟有送气辅音时则压低其发音，发类似于b,g和d的音。那些后面紧跟着辅音的元音发音特别短促，尤其是紧跟着清辅音h, k, t和p的元音。"

ng as in sing，in 笼lâng，言ngân[ŋan]。按：ng如同英语单词sing [siŋ]中的ng，笼读作[laŋ]，ng作为鼻音韵尾；言读作[ŋan]，ng作为声母[ŋ]。

c as in chair，in 止cí，船cûn。按：c如同英语单词chair [tʃɛə]中的c，止、船分别读作[tsi]和[tsun]，声母均为[ts]。

教材在"气音字练习"（EXERCISES IN THE ASPIRATES）中列举了"不送气"（Not Aspirated）和"送气"（Aspirated）的例子，如：

不送气Not Aspirated	送气Aspirated	不送气Not Aspirated	送气Aspirated
角kak[kak]	壳khak[k'ak]	毒 tâk[tak]	读thâk[t'ak]
江kang[kaŋ]	匡khang[k'aŋ]	軕tam[tam]	贪tham[t'am]
九káu[kau]	口kháu[k'au]	卒 cut[tsut]	出chut[ts'ut]
旗kî[ki]	其khî[k'i]	层 cân[tsan]	田chân[ts'an]
鉴kàm[kam]	勘khàm[k'am]	牌 pâi[pai]：	徘phâi[p'ai]
兢keng[keŋ]	虹khĕng[k'eŋ]	榜páng[paŋ]	纺pháng[p'aŋ]
圭kui[kui]	亏khui[k'ui]	臂pi[pi]	臀phì[p'i]

此外，零声母一般不用任何字母表示，而直接以韵母a（鸦）、o（乌）、e（下）、i（一）、u（有）、ê（蠔）、ʉ（馀）、w（完）开头。现将《汕头方言初阶》的声母系统整理如下：

双唇音	p [p]巴	Ph [p']徘	b [b]马	m [m]迷	
舌尖中音	t [t]茶	th[t']读	l [l]路	n [n]篮	
舌尖前音	c[ts]止	ch[ts']出	j [dz]字		s[s]顺
舌面后音	k [k]胶	kh [k']壳	g[g]牙	ng [ŋ]言	
喉音	h [h]鱼	以a鸦、o乌、e下、i一、u有、ê蠔、ʉ馀、w完开头为[Ø]			

现代潮汕方言声母系统如下：[p]、[p']、[b]、[m]、[t]、[t']、[l]、[n]、[ts]、[ts']、[z]、[s]、[k]、[k']、[g]、[ŋ]、[h]、[Ø]，与《汕头方言初阶》基本相同。[m, n, ŋ]是[b, l, g]的音位变体。[b, l, g]与鼻化韵相拼时带有鼻音，变成[m, n, ŋ]。

三 《汕头方言初阶》韵母系统研究

菲尔德在《汕头方言初阶》在SOUNDS OF THE LETTERS中对元音（Vowels.）和双元音（The vowels found in combination）进行了描写。

1. 元音（Vowels.）

a as in far，in鸦a，匣âp。按：a元音如同英语单词far [fɑ:]中的a，鸦、匣两字分别读作[a]和[ap]，主要元音均为[a]。

e as in they，in哑é，掖êp。按：e元音如同英语单词they [ðei]中的e，哑、掖两字分别读作[e]和[ep]，主要元音均为[e]。

i as in machine，in衣i，邑ip。按：i元音如同英语单词machine [mə'ʃi:n]中的i，衣、邑两字分别读作[i]和[ip]，主要元音均为[i]。

o as in no，in乌o，屋ok。按：o元音如同英语单词no [nəu]中的o，乌、屋两字分别读作[o]和[ok]，主要元音均为[o]。

ө as aw in fawn，in蠔ê，桌tөh。按：ө元音如同英语单词fawn [fɔ:n]中的aw，蠔、

桌两字分别读作[ɔ]和[tɔʔ]，主要元音均为[ɔ]。

u　as oo in tool, in有ǔ，揾ùn。按：u元音如同英语单词tool [tu:l]中的oo，有、揾两字分别读作[u]和[un]，主要元音均为[u]。

ʉ　as French u, in馀ʉ̂，恩ʉn。按：ʉ元音如同法语的u，馀、恩两字分别读作[ɯ]和[ɯn]，主要元音均为[ɯ]。

w　as o in one, in完ŵn，万bw̄n。按：w元音如同英语单词one[wʌn]，完、万两字分别读作[wn]和[bwn]，主要元音均为[w]。

2. 双元音（The vowels found in combination）

《汕头方言初阶》在SOUNDS OF THE LETTERS中"The vowels found in combination"描写汕头方言的双元音韵母：

ai　as in 来lâi，勿mài，哀ai。按：来、勿、哀三字分别读作[lai]、[mai]、[ai]，其韵母均为[ai]。

au as in 后âu，老láu，头thâu。按：后、老、头三字分别读作[au]、[lau]、[tʻau]，其韵母均为[au]。

ia as in 亦îa，益iah，养iáng。按：亦、益、养三字分别读作[ia]、[iaʔ]、[iaŋ]，其韵母均为[ia]。

ie as in 窑îe，药îeh，庙bīe。按：窑、药、庙三字分别读作[ie]、[ieʔ]、[bie]，其韵母均为[ie]。

io as in 妖io，永ióng，欲îok。按：妖io，永ióng，欲îok 三字分别读作[io]、[ioŋ]、[iok]，其韵母均为[io]。

iu as in 油îu，硫lîu，守síu。按：油、硫、守三字分别读作[iu]、[liu]、[siu]，其韵母均为[iu]。

oa as in 大tōa，带tòa，舵tôa。按：大、带、舵三字分别读作[tua]、[tua]、[tua]，只是声调的不同，其韵母均为[ua]。

oi as in 鞋oî，代thòi，狭oîh。按：鞋、代、狭三字分别读作[oi]、[tʻoi]、[oiʔ]，其韵母均为[oi]和[oiʔ]。

ua as in 活ûah，我úa，满múa。按：活、我、满三字分别读作[uaʔ]、[ua]、[mua]，其韵母均为[uaʔ]和[ua]。

ue as in 说sueh，颓thue，话ūe。按：说、颓、话三字分别读作[sueʔ]、[tʻue]、[ue]，其韵母均为[ueʔ]和[ue]。

ui as in 医ui，碓tùi，瑞sǔi。按：医、碓、瑞三字分别读作[ui]、[tui]、[sui]，其韵母均为[ui]。

3. 鼻音字练习（EXCERCISE IN THE NASALS）

《汕头方言初阶》在SOUNDS OF THE LETTERS中"EXCERCISE IN THE NASALS"设计鼻化韵与非鼻化韵练习：

非鼻化韵	鼻化韵	非鼻化韵	鼻化韵
赵tĭeⁿ [tie]	丈tĭeⁿ [tiẽ]	沙sua [sua]	山suaⁿ[suã]
婢pĭ [pi]	辫pĭⁿ[pĩ]	哇ua [ua]	鞍uaⁿ[uã]
碑pi [pi]	边piⁿ [pĩ]	家ke [ke]	耕keⁿ[kẽ]
播pùa [pua]	半pùaⁿ [puã]	嫁kè [ke]	径kèⁿ[kẽ]
砂sa [sa]	衫saⁿ [sã]	招cie [tsie]	章cieⁿ [tsiẽ]

菲尔德说："在一个字的末尾有ⁿ则表示单词中的元音的发音带有鼻音。"这是鼻化韵与非鼻化韵的区别。

《汕头方言初阶》在SOUNDS OF THE LETTERS中"Nasal and aspirated"设计鼻化韵与送气练习：

鼻化韵与送气			
坑kheⁿ[kʻẽ]	醒chéⁿ[tsʻẽ]	腔khieⁿ[kʻiẽ]	潘phûaⁿ[pʻuã]
墙chîeⁿ[tsʻiẽ]	星cheⁿ[tsʻẽ]	平phêⁿ[pʻẽ]	痛thìaⁿ[tʻiã]
鲜chiⁿ[tsʻĩ]	闩chùaⁿ[tsʻuã]	聘phìaⁿ[pʻiã]	炭thòaⁿ[tʻuã]

潮汕闽南方言与闽台闽南方言一样，非鼻化韵和鼻化韵都形成系统。以上练习有助于人们学习和分辨鼻化韵。

现以A、B、C、E、G、H、I、J、K、KH、L、M、N、NG、O、P、PH、S、T、TH、U、W为序，将《汕头方言初阶》所记载的每个音节进行整理，并把罗马字音翻译成国际音标（括弧内[ ]表示国际音标）。

1.A.在该字母里，记载了11个音节，其声母是零声母[Ø]。此声母主要来源于中古影、匣二母，如下表：

音节	a[a]阿	aⁿ[ã]馅	ah[aʔ]鸭	ai[ai]哀	aiⁿ[ãi]欲	âihⁿ[ãiʔ]口	ak[ak]沃
音节	an[an]安	âng[aŋ]红	ap[ap]押	au[au]凹			

2. B.在该字母里，记载了19个音节，其声母是双唇浊音声母[b]。此声母来源于中古音明（微）声母，当它出现于闽南方言非鼻化韵之前时，不读作[m]而读作[b]。如下表：

音节	bâi[bai]眉	bâk[bak]木	bât[bat]密	bé[be]马	bêh[beʔ]麦	bí[bi]米	bîe[bie]描
音节	bîh[bie]篾	bît[bit]蜜	bó[bo]亩	bói[boi]买	bê[bɔ]母	bú[bu]舞	bûa[bua]磨
音节	buah[buaʔ]抹	búang[buaŋ]亡	búe[bue]尾	bûeh[bueʔ]袜	bun[bun]蚊		

3. C. 在该字母里，记载了54个音节，字母c读作[ts]。此声母主要来源于中古精、

从仄声、章、船仄声、庄、崇仄声声母，见下表：

音节	ca[tsa]渣	cai[tsai]知	cak[tsak]节	cam[tsam]针	cân[tsan]	cang[tsaŋ]将	cât[tsat]
音节	cau[tsau]遭	ce[tse]斋	ceⁿ[tsẽ]争	ceh[tseʔ]责	ceng[tseŋ]钟	cí[tsi]指	cîⁿ[tsĩ]箭
音节	cia[tsia]遮	ciaⁿ[tsiã]晶	ciah[tsiaʔ]只	ciam[tsiam]尖	ciang[tsiaŋ]将	ciap[tsiap]接	cie[tsie]蕉
音节	cieⁿ[tsiẽ]章	cieh[tsieʔ]借	cien[tsian]煎	ciet[tsiat]即	cih[tsiʔ]接	cím[tsim]亲	cin[tsin]真
音节	cio[tsio]招	cip[tsip]执	cit[tsit]脊	ciu[tsiu]周	cng[tsŋ]砖	co[tso]租	côi[tsoi]齐
音节	coih[tsoiʔ]溃	cói[tsoĩ]	cok[tsok]足	cong[tsoŋ]终	cê[tsɔ]左	cêh[tsɔʔ]作	cu[tsu]珠
音节	cúa[tsua]纸	cúaⁿ[tsuã]盏	cuah[tsuaʔ]泼	cuang[tsuaŋ]妆	cùe[tsue]最	cuh[tsuʔ]足	cui[tsui]锥
音节	cun[tsun]尊	cut[tsut]卒	cʉ[tsɯ]兹	cwn[tswn]偏	dí[ti]口		

注：该字典正文之后有INDEX（索引）记载了"di……191"，但是，该字典第191页则查不到例字，暂且存疑。

4. CH. 在该字母里，记载了53个音节，字母ch读作[tsʻ]。此声母主要来源于中古清、从平声、昌、船平声、初、崇平声声母，见下表：

音节	cha[tsʻa]差	cháⁿ[tsʻã]耍	chah[tsʻaʔ]插	chai[tsʻai]猜	chak[tsʻak]漆	cham[tsʻam]参	chan[tsʻan]
音节	chang[tsʻaŋ]葱	chap[tsʻap]撯	chat[tsʻat]察	chau[tsʻau]抄	che[tsʻe]叉	cheⁿ[tsʻẽ]生	cheh[tsʻeʔ]策
音节	chek[tsʻek]粟	cheng[tsʻeŋ]称	chi[tsʻi]妻	chíⁿ[tsʻĩ]鲜	chia[tsʻia]车	chíaⁿ[tsʻiã]请	chiah[tsʻiaʔ]赤
音节	chiak[tsʻiak]雀	chìang[tsʻiaŋ]猖	chiap[tsʻiap]妾	chìe[tsʻie]笑	chieh[tsʻieʔ]尺	chieⁿ[tsʻiẽ]枪	chíen[tsʻian]千
音节	chiet[tsʻiat]切	chîh[tsʻiʔ]燃	chim[tsʻim]深	chin[tsʻin]亲	chío[tsʻio]稍	chit[tsʻit]七	chiu[tsʻiu]秋
音节	chng[tsʻŋ]疮	cho[tsʻo]粗	choh[tsʻoʔ]口	chóiⁿ[tsʻõi]千	chok[tsʻok]触	chong[tsʻoŋ]聪	chê[tsʻɔ]楚
音节	chêh[tsʻɔʔ]撮	chú[tsʻu]处	chūa[tsʻua]引	chuaⁿ[tsʻuã]闩	chue[tsʻue]吹	chueh[tsʻueʔ]嗳	chui[tsʻui]催
音节	chun[tsʻun]春	chut[tsʻut]出	chʉ[tsʻɯ]蛆	chwn[tsʻwn]穿			

5. E. 在该字母里，记载了4个音节，其声母是零声母[∅]。此声母主要来源于中古影、以二母，见下表：

音节	é[e]哑	êⁿ[ẽ]楹	eh[eʔ]厄	eng[eŋ]应		

6. G. 在该字母里，记载了12个音节，其声母是舌面后、不送气、浊塞音声母[g]。此声母主要来源于中古疑声母，一般置于非鼻化韵之前，与[ŋ]声母相对。见下表：

音节	gāi[gai]碍	gâu[gau]贤	gâuh[gauʔ]乐	gê[ge]牙	gêk[gek]玉	gî[gi]疑	gô[go]误
音节	gê[gɔ]鹅	gû[gu]牛	gūa[gua]外	gûeh[gueʔ]月	gʉ[gɯ]语		

7. H. 在该字母里，记载了64个音节，其声母是喉音、清擦音声母[h]。此声母主要来源于中古晓、匣、非、敷、奉等声母，见下表：

音节	ha[ha]呵	hah[haʔ]合	hái[hai]海	hâiⁿ[hãi]还	hâk[hak]辖	ham[ham]蚶	hán[han]罕
音节	hang[haŋ]烘	hâp[hap]合	hák[hak]辖	hàuⁿ[hãu]好	hě[he]许	hé ⁿ[hẽ]耶	heh[heʔ]吓
音节	hek[hek]核	heng[heŋ]兴	hi[hi]希	hìⁿ[hĩ]撒	hiaⁿ[hiã]靴	hiah[hiaʔ]歇
音节	hiam[hiam]险	hiàng[hiaŋ]向	hiap[hiap]协	hièⁿ[hiẽ]乡	hîeh[hieʔ]页	hien[hian]掀	hiet[hiat]蝎
音节	hîm[him]歆	hîn[hin]眩	hío[hio]枭	hiong[hioŋ]兄	hip[hip]	hit[hit]曳	hîuⁿ[hiũ]幽
音节	hm̄[hm]呼	hng[hŋ]方	hô[ho]侯	hóⁿ[hõ]否	hǒi[hoi]蟹	hōi[hõi]苋	hok[hok]福
音节	hong[hoŋ]封	heh[hɔʔ]好	heh[hɔʔ]鹤	hu[hu]灰	hua[hua]花	huaⁿ[huã]欢	huah[huaʔ]欠
音节	hǔai[huai]坏	hǔam[huam]泛	huang[huaŋ]风	hue[hue]灰	hūeⁿ[huẽ]档	hueh[hueʔ]血	hui[hui]辉
音节	huiⁿ[huĩ]毁	hut[hut]忽	hun[hun]烟	hʉ[hɯ]虚	hʉn[hɯn]勳	hwn[hwn]翻	hwp[hwp]
音节	hwt[hwt]发						

注：该字典正文之后有INDEX（索引）记载了"hwp……118"，但是，该字典第118页则查不到例字，暂且存疑。

8. I. 在该字母里，记载了22个音节，其声母是零声母[∅]。此声母主要来源于中古影、喻四声母，见下表：

音节	i[i]伊	íⁿ[ĩ]以	ía[ia]野	íaⁿ[iã]影	iah[iaʔ]益	iak[iak]约	íam[iam]掩
音节	iang[iaŋ]央	iap[iap]压	ie[ie]腰	íeⁿ[iẽ]养	ieh[ieʔ]约	ien[ian]焉	im[im]阴
音节	in[in]因	io[io]妖	îok[iok]慾	îong[ioŋ]营	ip[ip]邑	it[it]忆	iu[iu]忧
音节	iuⁿ[iũ]幼						

9. J. 在该字母里，记载了22个音节，其声母全部是舌尖前、不送气、浊塞擦音声母[dz]。此声母主要来源于中古日、以二母，见下表：

音节	jî[dzi]儿	jîh[dziʔ]	jîak[dziak]弱	jíam[dziam]染	jîeh[dzieʔ]儿	jîen[dzian]然
音节	jím[dzim]忍	jīn[dzin]认	jío[dzio]扰	jîp[dzip]入	jît[dzit]日	jîu[dziu]柔	jôk[dzok]辱
音节	jông[dzoŋ]戎	jú[dzu]乳	jûah[dzuaʔ]热	jǔan[dzuan]阮	jûe[dzue]锐	jûi[dzui]维	jūn[dzun]闰
音节	jʉ[dzɯ]迹						

10. K. 在该字母里，记载了63个音节，其声母全部是舌面后、不送气、清塞音声母[k]。此声母主要来源于中古见、群仄声声母，见下表：

音节	ka[ka]胶	kaⁿ[kã]柑	kah[kaʔ]甲	kai[kai]该	kak[kak]角	kam[kam]监	kan[kan]
音节	kang[kaŋ]纲	kap[kap]鸽	kat[kat]	kau[kau]垢	kauh[kauʔ]捲	ke[ke]家	keⁿ[kẽ]耕
音节	keh[keʔ]革	kek[kek]戟	keng[keŋ]更	ki[ki]机	kìⁿ[kĩ]见	kia[kia]嘉	kia ⁿ[kiã]京
音节	kiah[kiaʔ]撬	kiam[kiam]兼	kiang[kiaŋ]缰	kie[kie]叫	kieⁿ[kiẽ]薑	kiet[kiat]洁	kih[kiʔ]砌
音节	kim[kim]金	kin[kin]今	kio[kio]娇	kiong[kioŋ]恭	kip[kip]急	kit[kit]结	kiu[kiu]缩
音节	kng[kŋ]光	ko[ko]姑	koi[koi]鸡	koi ⁿ[kõi]肩	koih[koiʔ]夾	kok[kok]谷	kong[koŋ]公
音节	keh[kɔ]膏	keh[kɔʔ]阁	ku[ku]龟	kua[kua]歌	kuaⁿ[kuã]官	kuah[kuaʔ]葛	kuai[kuai]乖
音节	kuai ⁿ[kuãi]矿	kuang[kuaŋ]光	kue[kue]瓜	kueⁿ[kuẽ]关	kueh[kueʔ]刮	kui[kui]规	kuî ⁿ[kuĩ]惯
音节	kun[kun]君	kut[kut]骨	kʉ[kɯ]居	kʉn[kɯn]根	kʉt[kɯt]稠	kwn[kwn]关	kwt[kwt]决

11. KH　在该字母里，记载了44个音节，其声母全部是舌面后、送气、清塞音声母 [k']。此声母主要来源于中古见、群仄声声母，见下表：

音节	kha[k'a]脚	khah[k'aʔ]太	khak[k'ak]确	khai[k'ai]开	kham[k'am]堪	khan[k'an]	khang[k'aŋ]空
音节	khap[k'ap]恰	khau[k'au]阄	kheⁿ[k'ē]坑	kheh[k'eʔ]客	khek[k'ek]刻	kheng[k'eŋ]倾	khi[k'i]欺
音节	khĭa[k'ia]站	khìam[k'iam]欠	khîang[k'iaŋ]腔	khieh[k'ieʔ]借	khih[k'iʔ]缺	khîm[k'im]钦	khio[k'io]敲
音节	khíong[k'ioŋ]恐	khip[k'ip]级	khíu[k'iu]揪	khng[k'ŋ]糠	kho[k'o]呼	khoi[k'oi]溪	khong[k'oŋ]空
音节	kɵh[k'ɔʔ]喀	khu[k'u]驱	khua[k'ua]夸	khuaⁿ[k'uã]宽	khuah[k'uaʔ]阔	khùai[k'uai]快	khuang[k'uaŋ]倾
音节	khue[k'ue]科	khueh[k'ueʔ]阙	khui[k'ui]开	khun[k'un]坤	khut[k'ut]屈	khʉ[k'ɯ]去	khʉn[k'ɯn]勤
音节	khʉt[k'ɯt]乞	khwn[k'wn]宽					

12. L.　在该字母里，记载了41个音节，其声母是舌尖中、浊边音声母[l]。此声母主要来源于中古来母，见下表：

音节	la[la]拉	lâh[laʔ]猎	lâi[lai]来	lâk[lak]六	lám[lam]揽	lan[lan]澜	láng[laŋ]囊
音节	lâp[lap]纳	lât[lat]剌	láu[lau]老	lauh[lauʔ]鮕	leh[leʔ]雳	lêk[lek]勒	leng[lén]铃
音节	li[li]里	lîah[liaʔ]拿	lîak[liak]略	liam[liam]拈	líang[liaŋ]两	lîap[liap]粒	lîen[lian]联
音节	lîet[liat]列	lîh[liʔ]裂	lîm[lim]临	lín[lin]邻	lío[lio]了	ló[lo]滷	lói[loi]礼
音节	lôih[loiʔ]笠	lok[lok]碌	long[loŋ]弄	lɵ[lɔ]端	lêh[lɔʔ]落	lú[lu]卤	lûa[lua]笋
音节	lŭan[luan]卵	lûah[luaʔ]辣	lúi[lui]蕊	lún[lun]忍	lut[lut]脱	lʉ[lɯ]汝	

13. M.　在该字母里，记载了27个音节，其声母是双唇音、鼻音声母[m]。此声母主要来源于中古明（微）声母，一般置于鼻音韵、鼻化韵或声化韵之前，与[b]声母相对。见下表：

音节	m [m]姆	má[mã]妈	mài[mãi]埋	mâk[mak]目	mân[man]	máng[maŋ]蟒	mâu[mãu]毛
音节	me[mē]猛	meh[mēʔ]脉	mêng[meŋ]明	mi[mĩ]棉	mîa[miã]名	míen[mian]免	mih[mĩʔ]么
音节	mîn [min]民	mĭo[miõ]秒	mît [mit]灭	mng[mŋ]晚	môk [mok]莫	móng[moŋ]某	mɵ[mɔ]茅
音节	mɵh[mɔʔ]膜	mua[muã]满	mūe[muē]每	mûeh[muēʔ]物	múi[muĩ]美	mut[mut]吻	

14. N.　在该字母里，记载了 22个音节，其声母是舌尖中、鼻音声母[n]。此声母主要来源于中古泥（娘）声母、少数日母字，一般置于鼻化韵或鼻音韵之前，与[l]声母相对。见下表：

音节	ná[nã]拿	nah[nãʔ]矫	nái[nãi]奶	nán[nan]	nâng[naŋ]人	nâp[nap]纳	náu[nãu]脑
音节	né[nē]冷	nêk[nek]匿	ni [nĩ]乳	nía [niã]领	niap[niap]捏	níe [niē]两	nih [nĩʔ]瞬
音节	nín[nin]汝	níuⁿ[niũ]扭	nng [nŋ]软	nô[nõ]孥	nôⁿ[nõ]孥	noi[nõi]莲	nɵ[nõ]努
音节	nùa[nuã]涎						

15. NG. 在该字母里，记载了22个音节，其声母是舌面后、鼻音声母[ŋ]。此声母来源于中古疑声母，一般置于鼻音韵、鼻化韵之前，与[g]声母相对。见下表：

音节	ng[ŋ]秧	ngà[ŋã]戆	ngâk[ŋak]嶽	ngán[ŋan]眼	ngau[ŋau]嗷	ngĕ[ŋē]硬	ngêk[ŋek]逆
音节	ngêng[ŋeŋ]迎	ngí[ŋĩ]议	ngía[ŋiã]雅	ngîak[ŋiak]虐	ngîam[ŋiam]严	ngîap[ŋiap]业	ngiet[ŋiat]孽
音节	ngîm[ŋim]吟	ngio[ŋiõ]猫	ngn[ŋŋ]	ngó[ŋo]五	ngōng[ŋoŋ]悾	ngê[[ŋɔ̄]愚	ngŭi[ŋui]伪
音节	ngŵn[ŋwn]元						

注：该字典正文之后有INDEX（索引）记载了"n̄gn……19"、"n̄gn……111"，但是，该字典第19页和第111页则查不到例字，暂且存疑。

16. O. 在该字母里，记载了7个音节，其声母是零声母[∅]。此声母主要来源于中古影声母，见下表：

音节	o[o]乌	ói[oi]矮	ôiⁿ[õi]闲	oîh[õiʔ]狭	ok[ok]屋	ə[ɔ]阿	əh[ɔ̄ʔ]呃

17. P.在该字母里，记载了40个音节，其声母是双唇音、不送气、清塞音声母[p]。此声母主要来源于中古帮、并仄声、非、奉仄声声母，见下表：

音节	pa[pa]爸	pái[pai]摆	pak[pak]北	pan[pan]	pat[pat]识	pau[pau]包	pang[paŋ]崩
音节	pé[pe]把	pèⁿ[pē]柄	peh[peʔ]伯	pek[pek]逼	pĕng[peŋ]並	pi[pi]碑	piⁿ[pī]边
音节	piaⁿ[piã]兵	piah[piãʔ]壁	pie[pie]标	pien[pian]边	pîet[piat]别	pih[piʔ]鳖	pin[pin]宾
音节	pío[pio]表	pit[pit]笔	png[pŋ]枫	po[po]埔	poiⁿ[põi]斑	poih[poiʔ]八	pok[pok]卜
音节	pōng[poŋ]磅	pə[pɔ]波	pəh[pɔʔ]驳	pù[pu]布	pùa[pua]播	puaⁿ[puã]搬	puah[puaʔ]钵
音节	pue[pue]飞	pui[pui]卑	pun[pun]分	put[put]不	pŵn[pwn]瓬		

18. PH.在该字母里，记载了35个音节，其声母是双唇音、送气、清塞音声母[pʻ]。此声母主要来源于中古帮、并平声、非、奉平声声母，见下表：

音节	pha[pʻa]抛	phàⁿ[pʻã]怕	phah[pʻaʔ]拍	phài[pʻai]派	phak[pʻak]覆	phang[pʻaŋ]蜂	phau[pʻau]抛
音节	phè[pʻe]帕	phêⁿ[pʻē]平	phek[pʻek]闢	pheng[pʻeŋ]烹	phi[pʻi]披	phīⁿ[pʻĩ]鼻	phiaⁿ[pʻiã]胁
音节	phiah[pʻiaʔ]癖	phien[pʻian]偏	phín[pʻin]品	phit[pʻit]匹	pho[pʻo]铺	phoi[pʻoi]批	phōiⁿ[pʻõi]办
音节	phok[pʻok]朴	phóng[pʻoŋ]搉	phə[pʻɔ]颇	phəh[pʻɔʔ]粕	phû [pʻu]浮	phûa[pʻua]婆	phŭaⁿ[pʻuã]伴
音节	phuah[pʻuaʔ]撒	phùe[pʻue]配	phûeh[pʻueʔ]沫	phûh [pʻuʔ]	phùi[pʻui]唾	phun[pʻun]奔	phwn[pʻwn]藩

19. S. 在该字母里，记载了57个音节，其声母全部是舌尖前、清擦音声母[s]。此声母主要来源于中古心、邪、书、禅、山等声母，见下表：

音节	sa[sa]砂	sa^n[sã]三	sah[sa?]接	sai[sai]狮	sam[sam]衫	sán[san]	sang[saŋ]双
音节	sap[sap]飒	sat[sat]	sau[sau]梢	se[se]纱	se^n[sẽ]生	sek[sek]掷	seng[seŋ]升
音节	si[si]西	sì^n[sĩ]扇	sía[sia]写	sia^n[siã]声	siah[sia?]锡	siak[siak]屑	siam[siam]纤
音节	siang[siaŋ]相	siap[siap]嗇	sie[sie]烧	sie^n[siẽ]箱	sieh[sie?]惜	sien[sian]仙	siet[siat]设
音节	sîh[si?]蚀	sim[sim]心	sin[sin]身	sio[sio]消	sip[sip]湿	sit[sit]失	siu[siu]修
音节	sng[sŋ]霜	sio[sio]烧	so[so]苏	soi[soi]嘶	soi^n[sõi]先	sok[sok]束	song[soŋ]松
音节	sə[sɔ]疏	səh[sɔ?]索	su[su]须	sua[sua]沙	sua^n[suã]山	suah[sua?]煞	sūai^n[suãi]口
音节	sūan[suan]璇	sue[sue]衰	sueh[sue?]说	sui[sui]虽	sun[sun]孙	sut[sut]恤	sʉ[sɯ]思
音节	sʉ̂n[sɯn]旋						

20. T. 在该字母里，记载了50个音节，其声母全部是舌尖中、不送气、清塞音声母[t]。此声母主要来源于中古端、定仄声、知、澄仄声声母，见下表：

音节	ta[ta]乾	ta^n[tã]担	tah[ta?]贴	tai[tai]獃	tak[tak]触	tam[tam]担	tán[tan]
音节	tang[taŋ]中	tâp[tap]答	tau[tau]兜	tê[te]茶	te^n[tẽ]跟	teh[te?]压	tek[tek]竹
音节	teng[teŋ]丁	ti[ti]低	ti^n[tĩ]缠	tia[tia]爹	tia^n[tiã]着	tiah[tia?]摘	tíam[tiam]沾
音节	tìang[tiaŋ]谁	tîap[tiap]蝶	tie^n[tiẽ]张	tieh[tie?]着	tien[tian]珍	tîet[tiat]侄	tih[ti?]滴
音节	tîm[tim]沉	tin[tin]丁	tio[tio]雕	tit[tit]得	tiu[tiu]丢	tng[tŋ]当	to[to]都
音节	tŏa[tua]舵	toa^n[tuã]单	toah[tua?]喝	toi[toi]堤	tõi^n[tõi]殿	tok[tok]督	tong[toŋ]中
音节	tə[tɔ]多	təh[tɔ?]桌	tu[tu]堆	tûa^n[tuã]弹	tue[tue]端	tui[tui]追	tun[tun]钝
音节	tʉ[tɯ]猪						

21. TH. 在该字母里，记载了43个音节，其声母全部是舌尖中、送气、清塞音声母[t']。此声母主要来源于中古透、定平声、彻、澄平声声母，见下表：

音节	tha[t'a]他	thah[t'a?]塔	thai[t'ai]胎	thak[t'ak]踢	tham[t'am]贪	thàn[t'an]	thang[t'aŋ]摊
音节	thap[t'ap]凹	thau[t'au]滔	the^n[t'ẽ]撑	thek[t'ek]陟	theng[t'eŋ]窗	thi[t'i]黏	thi^n[t'ĩ]天
音节	thia^n[t'iã]厅	thiah[t'ia?]拆	thiam[t'iam]添	thìang[t'iaŋ]畅	thiap[t'iap]贴	thìe[t'ie]耀	thien[t'ian]天
音节	thiet[t'iat]彻	thih[t'i?]铁	thio[t'io]超	thiok[t'iok]蓄	thit[t'it]玩	thiu[t'iu]抽	thng[t'ŋ]汤
音节	thó[t'o]土	thoa[t'ua]拖	thôa^n[t'uã]檀	thoah[t'ua?]撻	thoi[t'oi]钗	thói^n[t'õi]看	thong[t'oŋ]通
音节	thə[t'ɔ]胎	thəh[t'ɔ?]托	thû[t'u]徒	thui[t'ui]梯	thue[t'ue]颓	thun[t'un]吞	thut[t'ut]脱
音节	thʉ̂n[t'wn]传						

22. U. 在该字母里，记载了14个音节，其声母是零声母[∅]。此声母主要来源于中古影母、匣母字、以母、云母，见下表：

音节	u[u]吁	ua[ua]娃	ua^n[uã]安	ûa[ua?]活	uai[uai]歪	ûaih^n[uãi?]转	uang[uaŋ]汪
音节	ue[ue]窝	ûeh[ue?]画	ui[ui]威	un[un]温	ut[ut]熨	ʉ[ɯ]与	ʉn[ɯn]恩

23. W. 在该字母里，记载了2个音节，其声母是零声母[∅]。高德在《序言》中说："w音同时保持了辅音和元音的力量。在power和however中做辅音的w音，通常发弱音，有时发音时几乎无法被感知。"此声母主要来源于中古影母，少数匣母字、云母

字，见下表：

音节	wn[wn]冤	ŵt[wt]越						

据统计，《汕头方言初阶》共记载了731个音节、87个韵母。这里要说明的是，一个韵母可以有不同写法，如可以用ua、oa表示[hua]等。

四　《汕头方言初阶》音系性质研究

为了进一步探讨《汕头方言初阶》（简称《初阶》）的音系性质，我们拟将其87个韵母与现代汕头、潮州、澄海、潮阳、揭阳、海丰诸方言韵母进行历史比较研究。

【表一·元音/入声韵】据考察，《汕头方言初阶》（简称《初阶》）记有单元音韵母7个、促声韵母6个：i[i]衣/ih[iʔ]滴、u[u]有/uh[uʔ]弱、a[a]鸦/ah[aʔ]合、o[o]乌/oh[oʔ]□、e[e]哑/eh[eʔ]麦、ɯ[ɯ]馀、ɵ[ɔ]蠔/ɵh[ɔʔ]桌；复元音韵母11个、促声韵母6个：ia[ia]亦/iah[iaʔ]益、ua/oa[ua]我大/uah/oah[uaʔ]活喝、ue[ue]话/ueh[ueʔ]说、au[au]老/auh[auʔ]落、uai[uai]跋、ui[ui]瑞、ai[ai]哀、iu[iu]油、oi[oi]鞋/oih[oiʔ]狭、io[io]妖/、ie[ie]窑/ieh[ieʔ]药。

现将《汕头方言初阶》元音韵及其入声韵母与潮汕6个方言点韵母比较如下：

初阶18/12	汕头话18/15	潮州话18/15	澄海话18/15	潮阳话17/13	揭阳话33	海丰话17/12
i/iʔ　衣/滴	i/iʔ　衣/铁	i/iʔ　衣/铁	i/iʔ　衣/铁	i/iʔ　衣/铁	i/iʔ　衣/铁	i/iʔ　衣/铁
u/uʔ有/弱	u/uʔ　污/腒	u/uʔ　污/腒	u/uʔ　污/腒	u/uʔ　污/腒	u/uʔ　污/窟	u/uʔ　有/□
a/aʔ鸦/合	a/aʔ　亚/鸭	a/aʔ　亚/鸭	a/aʔ　亚/鸭	a/aʔ　亚/鸭	a/aʔ　亚/鸭	a/aʔ　亚/鸭
o/ oʔ乌/□	o/oʔ　窝/学	o/oʔ　窝/□	o/oʔ　窝/学	o/oʔ　窝/学	o/oʔ　窝/学	o/oʔ　蚝/学
e/eʔ哑/麦	e/eʔ　哑/厄	e/eʔ　哑/厄	e/eʔ　哑/厄	e/eʔ　哑/厄	e/eʔ　哑/厄	e/eʔ　下/笠
ɯ　　馀/	ɯ/ɯʔ余/乞	ɯ/ɯʔ余/乞	ɯ/ɯʔ余/乞	————	ɯ/ɯʔ余/□	————
ɔ/ɔʔ蠔/桌	————	————	————	————	————	————
ia/iaʔ亦/益	ia/iaʔ爷/益	ia/iaʔ爷/益	ia/iaʔ爷/益	ia/iaʔ爷/益	ia/iaʔ爷/益	ia/iaʔ爷/益
ua/uaʔ我/活	ua/uaʔ娃/活	ua/uaʔ蛙/活	ua/uaʔ蛙/活	ua/uaʔ蛙/活	ua/uaʔ蛙/活	ua/uaʔ蛙/活
ue/ueʔ话/说	ue/ueʔ锅/划	ue/ueʔ锅/划	ue/ueʔ锅/划	ue/ueʔ锅/划	ue/ueʔ锅/划	ue/ueʔ锅/划
au/uaʔ老/落	au/auʔ欧/□	au/auʔ欧/□	au/auʔ欧/□	au/auʔ欧/乐	au/auʔ欧/乐	au/auʔ后/□
uai/跋/	uai/　歪	uai/　歪	uai/　歪	uai/　歪	uai/　歪	uai/　歪
ui/瑞/	ui/　医	ui/　医	ui/　医	ui/　医	ui/　医	ui/　围
ai/哀/	ai/aiʔ埃/□	ai/aiʔ埃/□	ai/aiʔ埃/□	ai/　哀	ai/aiʔ埃/□	ai/挨
iu/油/	iu/iuʔ优/□	iu/iuʔ优/□	iu/iuʔ优/□	iu/iuʔ优/□	iu/iuʔ优/□	iu/iuʔ油/□
oi/oiʔ鞋/狭	oi/oiʔ鞋/八	oi/oiʔ鞋/八	oi/oiʔ鞋/八	oi/oiʔ鞋/八	oi/oiʔ鞋/八	---------
————	ou/　乌	ou/　乌	ou/　乌	ou/　乌	ou/　乌	ou/　乌
————	————	iau/iauʔ妖/□	————	iau/iauʔ妖/□	iau/iauʔ妖/□	iau/iauʔ枵/□
————	————	iou/iouʔ妖/□	iou/iouʔ妖/约	————	————	————
io/妖/	io/ioʔ腰/药	————	————	io/ioʔ腰/药	io/ioʔ腰/药	io/ioʔ腰/药
ie/ieʔ窑/药	————	ie/ieʔ腰/药	ie/ieʔ腰/药	————	————	————
						ei/鞋
初阶18/12	汕头话18/15	潮州话33	澄海话18/15	潮阳话17/13	揭阳话18/15	海丰话17/12

由上表可见，《汕头方言初阶》与潮汕6个方言点共有的韵母有22个：[i/iʔ]、[u/uʔ]、[a/aʔ]、[o/oʔ]、[e/eʔ]、[ia/iaʔ]、[ua/uaʔ]、[ue/ueʔ]、[au/uaʔ][uai]、[ui]、[ai]、[iu]。不同之处有：(1)《汕头方言初阶》与汕头、潮州、澄海和揭阳4个方言点有[ɯ]韵母，潮阳和海丰方言则无。(2)《汕头方言初阶》与汕头、潮州、澄海、潮阳和揭阳5个方言点有[oi]韵母，海丰方言则无。(3)《汕头方言初阶》与汕头、潮阳、揭阳和海丰4个方言点有[io]韵母，潮州和澄海方言则无。(4)《汕头方言初阶》与潮州和澄海方言有[ie]韵母，汕头、潮阳、揭阳和海丰4个方言点则无。(5)《汕头方言初阶》有[ɔ/ɔʔ]和[w]韵母，潮汕6个方言点则无二韵母；笔者认为，早在19世纪中叶，汕头方言有[ɔ]和[o]2个韵母，发展迄今，[ɔ]韵母逐渐演变为[o]韵母。(6)潮汕6个方言点均有[ou]韵母，《汕头方言初阶》则无。(7)汕头、潮阳、揭阳和海丰4个方言点有[iau]韵母，《汕头方言初阶》与潮州和澄海方言则无。(8)潮州和澄海方言有[iou]韵母，《汕头方言初阶》与汕头、潮阳、揭阳和海丰4个方言点则无。(9)海丰方言有[ei]韵母，《汕头方言初阶》与汕头、潮州、澄海、潮阳和揭阳和5个方言点则无。

【表二·鼻化韵/入声韵】据考察，《汕头方言初阶》用罗马字所记鼻化韵母16个及鼻化入声韵母7个：aⁿ[ã]ᵻ/nah[naʔ]□，eⁿ[ẽ]/ehⁿ[ẽʔ]脉，ɵ[ɔ̃]毛/ɵhⁿ[ɔ̃ʔ]薄，oⁿ[õ]五/，iⁿ[ĩ]迷/ihⁿ[ĩʔ]么，aiⁿ[ãi]欲/aihⁿ[ãiʔ]閜，auⁿ[ãu]傲，oiⁿ[õi]千，iaⁿ[iã]痛，iuⁿ[iũ]纽，ioⁿ[iõ]猫，ieⁿ[iẽ]丈，uiⁿ[uĩ]柜，uaiⁿ[uãi]蓑/uaihⁿ[uãiʔ]閜，uaⁿ/oaⁿ[uã]满炭，ueⁿ[uẽ]妹/uehⁿ[uẽʔ]物。

现将《汕头方言初阶》鼻化韵及其入声韵母与潮汕6个方言点韵母比较如下：

初阶16/7	汕头话15/8	潮州话15/7	澄海话15/8	潮阳话14/8	揭阳话16/6	海丰话14/4
ĩ/ĩʔ迷/么	ĩ/ĩʔ 圆/□	ĩ/ĩʔ 圆/□	ĩ/ĩʔ 圆/□	ĩ/ĩʔ圆/□	ĩ/ĩʔ 圆/□	ĩ/ 椅/
ã/ãʔ篮/□	ã/ 揞	ã/ 揞	ã/ 揞	ã/ãʔ揞/□	ã/ 揞	ã/ãʔ揞/□
ẽ/ẽʔ耕/脉	ẽ/ẽʔ楹/脉	ẽ/ẽʔ楹/吓	ẽ/ẽʔ楹/脉	ẽ/ẽʔ楹/脉	ẽ/ẽʔ楹/脉	ẽ/ẽʔ桁/□
ɔ̃/ɔ̃ʔ 毛/膜						
õ/ 五/					õ/ 奥	õ/ 耗
iã/痛/	iã/ 影/	iã/ 影/	iã/ 影/	iã/iãʔ影/□	iã/ 影/	iã/ 赢/
uĩ/ 柜	uĩ/ 畏	uĩ/ 畏	uĩ/ 畏	uĩ/ 畏	uĩ/ 匪	uĩ/ 黄
ãi/ãiʔ欲/閜	ãi/ãiʔ爱/□	ãi/ãiʔ爱/□	ãi/ãiʔ爱/□	ãi/ 爱	ãi/ãiʔ爱/□	ãi/ãiʔ爱/□
uãi/uãiʔ蓑/閜	uãi/uãiʔ楼/□	uãi/uãiʔ楼/□	uãi/uãiʔ楼/□	uãi/ 楼	uãi/ 菓	uãi/uãiʔ楼/□
uã/满/	uã/ãʔ鞍/活	uã/ 鞍/	uã/ãʔ鞍/活	uã/ 鞍/	uã/uãʔ鞍/□	uã/ 碗/
ãu/傲/	ãu/ãuʔ好/□	ãu/ãuʔ好/□	ãu/ãuʔ好/乐	ãu/ãuʔ好/□	ãu/ãuʔ好/□	---------
iũ/ 纽	iũ/iũʔ幼/□	iũ/iũʔ幼/□	iũ/iũʔ幼/□	iũ/iũʔ幼/□	iũ/iũʔ幼/□	iũ/ 裘
uẽ/uẽʔ妹/物	uẽ/ 关	uẽ/ 关	uẽ/ 关	uẽ/ 关	uẽ/ 关	uẽ/ 关
		iõu/iõuʔ□/□	iõu/iõuʔ□/□			
				iãu/iãuʔ□/□	iãu/iãuʔ□/□	iãu/ 皱
õi/千/	õi/ 闲	õi/ 闲	õi/ 闲		õi/ 睇	
iõ/猫/	iõ/ 羊			iõ/ 羊	iõ/ 羊	iõ/ 羊
iẽ/丈/		iẽ/ 羊	iẽ/ 羊			
						ẽi/ □
	õu/ 虎	õu/ 虎	õu/ 虎	õu/ 摸	õu/ 虎	

　　由上表可见，《汕头方言初阶》与潮汕6个方言点共有的鼻化韵母有10个：[ĩ]、[ã]、[ẽ]、[iã]、[uĩ]、[ãi]、[uãi]、[uã]、[iũ]、[uẽ]。不同之处有：(1)《汕头方言初阶》有[ɔ̃/ɔ̃ʔ]韵母，潮汕6个方言点均无。(2)《汕头方言初阶》与揭阳、海丰2个方言点有[õ]韵母，汕头、潮州、澄海和潮阳4个方言点则无。(3)《汕头方言初阶》与汕头、潮州、澄海、潮阳和揭阳5个方言点均有[ãu]韵母，唯独海丰方言无此韵母。(4)《汕头方言初阶》与汕头、潮州、澄海和揭阳4个方言点均有[õi]韵母，潮阳和海丰则无此韵母。(5)《汕头方言初阶》与潮州、澄海均有[iẽ]韵母，而汕头、潮阳、揭阳和海丰4个方言点均无此韵母，而有[iõ]韵母。(6)潮州、澄海方言有[iõu/iõuʔ]韵母，汕头、潮阳、揭阳和海丰4个方言点有[iãu/iãuʔ]韵母，《汕头方言初阶》则无。(7)海丰方言有[ẽi]韵母，《汕头方言初阶》则无。(8)汕头、潮州、澄海、潮阳和揭阳5个方言点均有[õu]韵母，《汕头方言初阶》则无。

　　【表三·声化韵/入声韵】据考察，《汕头方言初阶》记有声化韵母3个：m[m]姆、ng[ŋ]昏、n[n]囗。现将《汕头方言初阶》声化韵母及其入声韵母与潮汕6个方言点韵母比较如下：

初阶3/0	汕头话2/2	潮州话2/2	澄海话2/2	潮阳话2/2	揭阳话2/2	海丰话2/2
m/姆	m/mʔ姆/囗	m/mʔ姆/囗	m/mʔ姆/囗	m/mʔ姆/冘	m/mʔ姆/囗	m/mʔ姆/囗
ŋ/ 园	ŋ/ŋʔ 秧/囗	ŋ/ŋʔ 秧/囗	ŋ/ŋʔ 秧/囗	ŋ/ŋʔ 园/囗	ŋ/ŋʔ 秧/囗	ŋ/ŋʔ 秧/囗
n/ 囗	——	——	——	——	——	——

　　由表三可见，《汕头方言初阶》和汕头等6个方言点均有[m]、[ŋ]等2个韵母。差异之处有：(1)汕头等6个方言点均有[mʔ]、[ŋʔ]等2个韵母，《汕头方言初阶》则无；(2)《汕头方言初阶》有[n]韵母，而汕头等6个方言点均无。

　　【表四·阳声韵/入声韵】据考察，《汕头方言初阶》记有收[-m]韵尾的阳声韵母4个，收[-p]韵尾的入声韵母4个：am[am]贪/ap[ap]匣，iam[iam]盐/iap[iap]粒，im[im]心/ip[ip]邑，uam[uam]凡/，wp[wp]囗；收[-ŋ]韵尾的阳声韵母6个，收[-k]韵尾的入声韵母5个：ang[aŋ]邦/ak[ak]北，iang[iaŋ]养/iak[iak]弱，uang[uaŋ]装，ong[oŋ]绒/ok[ok]屋，iong[ioŋ]永/iok[iok]欲，eng[eŋ]贞/ek[ek]泽；收[-n]韵尾的阳声韵母7个，收[-t]韵尾的入声韵母6个：in[in]寅/it[it]实，un[un]揾/ut[ut]佛，ɯn[ɯn]恩/kɯt[kɯt]囗，uan[uan]乱，ien[ian]远/iet[iat]别，an[an]艰/at[at]力，wn[wn]完/wt[wt]发。

　　现将《汕头方言初阶》鼻音韵母及其入声韵母与潮汕6个方言点韵母比较如下：

初阶17/15	汕头12/12	潮州16/16	澄海9/9	潮阳14/14	揭阳13/13	海丰14/14
am/ap 贪/匣	am/ap 庵/盒	am/ap 庵/盒	——	am/ap 庵/盒	am/ap 庵/盒	am/ap 暗/盒
iam/iap 盐/粒	iam/iap 淹/粒	iam/iap 淹/粒	——	iam/iap 盐/涩	iam/iap 淹/粒	iam/iap 淹/粒
im/ip 心/邑	im/ip 音/立	im/ip 音/立	——	im/ip 音/邑	im/ip 音/立	im/ip 音/澀
——	——	om/op 口/口	——	om/op 虎/口	om/op 口/口	om/op 暗/口
uam/凡/	——	uam/uap 凡/法	——	uam/uap 犯/法	uam/uap 凡/法	uam/uap 凡/法
/wp/口	——	——	——	——	——	——
aŋ/ak 邦/北	aŋ/ak 红/北	aŋ/ak 红/北	aŋ/ak 红/北	aŋ/ak 红/北	aŋ/ak 红/北	aŋ/ak 红/沃
iaŋ/iak 养/弱	iaŋ/iak 央/跃	iaŋ/iak 央/跃	iaŋ/iak 央/跃	iaŋ/iak 央/跃	iaŋ/iak 央/跃	iaŋ/iak 阳/烈
——	——	ieŋ/iek 建/杰	——	——	——	——
uaŋ/装/	uaŋ/uak 弯/越	uaŋ/uak 汪/获	uaŋ/uak 弯/越	uaŋ/uak 汪/穴	uaŋ/uak 汪/粤	uaŋ/uak 弯/法
——	——	ueŋ/uek 权/越	——	ueŋ/uek 荣/域	ueŋ/uek 永/获	ueŋ/uek 恒/或
oŋ/ok 绒/屋	oŋ/ok 公/屋	oŋ/ok 公/屋	oŋ/ok 公/屋	oŋ/ok 公/屋	oŋ/ok 公/屋	oŋ/ok 公/屋
ioŋ/iok 永/欲	ioŋ/iok 雍/育	ioŋ/iok 雍/育	ioŋ/iok 雍/育	ioŋ/iok 容/育	ioŋ/iok 雍/育	ioŋ/iok 涌/浴
eŋ/ek 贞/泽	eŋ/ek 英/亿	eŋ/ek 英/亿	eŋ/ek 英/亿	eŋ/ek 英/浴	eŋ/ek 因/乙	eŋ/ek 鹰/口
——	uŋ/uk 温/熨	uŋ/uk 温/熨	uŋ/uk 温/熨	uŋ/uk 温/熨	uŋ/uk 温/熨	——
——	iŋ/ik 因/乙	iŋ/ik 因/乙	iŋ/ik 因/乙	iŋ/ik 印/日	——	——
——	ɤŋ/ɤk 恩/乞	ɤŋ/ɤk 恩/乞	ɤŋ/ɤk 恩/乞	——	——	——
in/it 寅/实	——	——	——	——	——	in/it 瘾/日
un/ut 揾/佛	——	——	——	——	——	un/ut 运/出
uŋ/ut 恩/口	——	——	——	——	——	——
uan/乱/	——	——	——	——	——	——
ian/iat 远/别	——	——	——	——	——	——
an/at 艰/力	——	——	——	——	——	——
ɯn/ɯt 完/发	——	——	——	——	——	——

由表四可见，《初阶》与汕头等6个方言点相同的韵母有[aŋ/ak]、[iaŋ/iak]、[uaŋ]、[oŋ/ok]、[ioŋ/iok]、[eŋ/ek]等。差异之处有：(1)《汕头方言初阶》与汕头、潮州、潮阳、揭阳和海丰5个方言点均有[am/ap]、[iam/iap]、[im/ip]韵母，而澄海方言则无；(2)《汕头方言初阶》与潮州、潮阳、揭阳和海丰4个方言点均有[uam]韵母，而汕头、澄海则无；(3)《汕头方言初阶》有[wp]韵母，潮汕6个方言点均无；(4)潮州、潮阳、揭阳和海丰4个方言点均有[om/op]韵母，而《汕头方言初阶》与汕头、澄海方言均无；(5)唯独潮州话有[ieŋ/iek]韵母，《汕头方言初阶》与汕头、澄海、潮阳、揭阳和海丰5个方言点均无；(6)潮州、潮阳、揭阳、海丰等4个方言点均有[ueŋ/uek]，《汕头方言初阶》与汕头、澄海则无；(7)汕头、潮州、澄海、潮阳、揭阳等5个方言点均有[uŋ/uk]，《汕头方言初阶》和海丰则无；(8)除了《汕头方言初阶》与揭阳、海丰方言无[iŋ/ik]

韵母，其余方言点均有；(9)汕头、潮州、澄海均有[ɤŋ/ɤk]，《汕头方言初阶》和潮阳、揭阳、海丰方言则无；(10)唯独《汕头方言初阶》和海丰有[in/it]、[un/ut]韵母，而汕头、潮州、澄海、潮阳、揭阳5个方言点则无；(11)唯独《汕头方言初阶》有[ɯn]、[uan]、[ian/iat]、[an/at]、[wn/wt]诸韵母，潮汕6个方言点均无。

由上可见，《汕头方言初阶》所收录的方言韵母，并非只收录汕头方言韵母，而且还兼收潮州、澄海、潮阳、揭阳、海丰等方言点的韵母。此外，《汕头方言初阶》还收录[in/it]、[un/ut]、[ɯn]、[uan]、[ien/iet]、[an/at]、[wn/wt]等韵母，说明在一百多年前潮汕方言较完整保留了[-m,-n,-ng]三套阳声韵尾和[-p,-t,-k]三套入声韵尾，经过百年来的演化，[-m,-n,-ng]三套阳声韵并为现在[-m,-ng]两套阳声韵，[-p,-t,-k]三套入声韵并为现在[-p,-k]两套入声韵。唯独澄海阳声韵/入声韵只有[-ŋ /-k]一套韵尾，海丰方言则仍有[-m-/p,-n/-t,-ŋ/-k]三套韵尾。

现将《汕头方言初阶》88个韵母整理如下：

1. 元音韵/入声韵（18/12）

开口	舒声	a鸦	o乌	e哑	ɯ馀	ɔ蠓	au老	ai哀	oi鞋
	促声	aʔ合	oʔ口	eʔ麦		ɔʔ桌	auʔ落		oiʔ狭
齐齿	舒声	i衣	ia亦	iu油	io妖	ie窑			
	促声	iʔ滴	iaʔ益			ieʔ药			
合口	舒声	u 有	ua我	ue话	uai跋	ui瑞			
	促声	uʔ弱	uaʔ喝	ueʔ说					

2. 鼻化韵/入声韵（16/7）

开口	舒声	ã篮	ẽ耕	ɔ̃毛	ő五	ãi欲	ãu傲	ői千	
	促声	aʔ口	ẽʔ脉	ɔ̃ʔ薄		ãiʔ鬨			
齐齿	舒声	ĩ迷	iã痛	iũ纽	iő猫	iẽ丈			
	促声	ĩʔ么							
合口	舒声	uĩ柜	uãi蓑	uã满	uẽ妹				
	促声		uãiʔ鬨		uẽʔ物				

3、声化韵（3）

开口	舒声	m 姆	ŋ 昏	n 银				
	促声							

4. 阳声韵/入声韵（17/15）

开口	舒声	am 贪	aŋ邦	oŋ绒	eŋ贞	un恩	an 艰	
	促声	ap 匣	ak北	ok 屋	ek 泽	ut □	at力	
齐齿	舒声	iam 盐	im心	iaŋ养	ioŋ永	in 寅	ian远	
	促声	iap粒	ip邑	iak弱	iok 欲	it实	iat别	
合口	舒声	uam凡	——	uaŋ装	un搵	uan 乱	wn 完	
	促声	——	wp □	——	ut佛	——	wt 发	

据考证，菲尔德《汕头方言初阶》记载了88个韵母，与潮汕方言共有的韵母有51个：[a]、[o]、[e]、[i]、[u]、[au]、[ai]、[ia]、[iu]、[ua]、[ue]、[uai]、[ui]、[aŋ]、[iaŋ]、[uaŋ]、[oŋ]、[ioŋ]、[eŋ]、[ã]、[ẽ]、[ãi]、[ĩ]、[iã]、[iũ]、[uĩ]、[uã]、[uẽ]、[m]、[ŋ]、[aʔ]、[eʔ]、[iʔ]、[uʔ]、[iaʔ]、[uaʔ]、[ueʔ]、[ak]、[ok]、[iok]、[ek]、[ãu]、[iõ]、[uãi]、[oʔ]、[auʔ]、[ẽʔ]、[ĩʔ]、[ãiʔ]、[uãiʔ]、[iak]。还有37个韵母的情况有二：其一，菲尔德记载了21个韵母分别反映了潮汕6个方言点的韵类：

潮州澄海	汕头潮州潮阳揭阳海丰	汕头潮阳揭阳海丰	海丰	汕头潮州澄海揭阳	汕头潮州澄海潮阳揭阳	潮州潮阳揭阳海丰	揭阳海丰	潮阳海丰
[ie][iẽ] [ieʔ]	[am] [im] [iam] [ap][ip][iap]	[io]	[in] [un] [it] [ut]	[ɯ]	[oi][oiʔ][õi]	[uam]	[õ]	[ãʔ]

据统计，菲尔德所记载的潮州和海丰韵母最多，各14个，揭阳13个，潮阳12个，汕头11个，澄海最少，只有7个。其二，菲尔德记载了16个现代潮汕6个方言所没有的韵母：[ɔ]、[ɯn]、[uan]、[ian]、[an]、[wn]、[ɔ̃]、[n]、[ɔʔ]、[uẽʔ]、[ɔ̃ʔ]、[wp]、[ɯt]、[iat]、[at]、[wt]。

总之，菲尔德《汕头方言初阶》所反映的韵母系统均非汕头或潮州单一的方言音系，而是以潮汕地区方言为基础，吸收潮州、海丰、揭阳、潮阳、汕头、澄海等方言韵类的综合音系。

五　《汕头方言初阶》声调系统研究

编者认为，每一个汉字都有声调，其发音方法各不相同。潮州方言里有八个调，只有从当地教师那里才可以获得。这些声调没有名称，编者就按照不同的声调做如下描写：

Chinese Name	声调描写	Tonal Marks
上平cĭeⁿ phêⁿ	upper even（声调上而平）	无标号
上上cĭeⁿ sĭang	upper high（声调上而高）	标号为 " ′ "
上去cĭeⁿ khù	upper going（声调上而降）	标号为 " ` "
上入cĭeⁿ jĭp	upper entering（声调上而插入）	无标号
下平ěphêⁿ	lower even.（声调下而平）	标号为 " ^ "
下上 ěsĭang	lower high（声调下而高）	标号为 " ˘ "
下去ěkhù	lower going（声调下而降）	标号为 " ⁻ "
下入ějĭp	lower entering（声调下而插入）	标号为 " ^ "

由上可见，《汕头方言初阶》有八个声调，先列出中国声调名称（Chinese Name），后标出汕头方言音标，再以英文做简单描写；声调记号（Tonal Marks）有两种：(1)方框"□"四个角的不同标号，表示八个声调（略）；(2)汕头方言元音上的标号，唯独上平和上入无标号外，下平和下入标号均为^，其余声调有各自不同的标号：

教材还设计了一些"声调练习"（exercises in the tonal），以帮助学习者学习汕头方言声调。

练习（一）：

上平	司si	低ti	刀tɵ	纷hun	邦pang
上上	死sí	抵tí	短tɵ′	粉hún	榜páng
上去	四sì	帝tì	戴tɵ′	奋hùn	放pàng
上入	薛sih	滴tih	卓tɵh	弗hut	北pak
下平	时sî	池tî	逃tɵ̂	魂hûn	房pâng
下上	是sĭ	弟tĭ	在tɵ̆	混hŭn	谤păng
下去	示sī	地tī	袋tɵ̄	份hūn	方pāng
下入	蚀sîh	碟tîh	择tɵ̂h	佛hut	缚pâk

练习（二）：

上平	烘hang	温un	心sim	贞ceng	□sia
上上	罕háng	蕴ún	审sím	肿céng	写sía
上去	汉hàng	搵ùn	沁sìm	政cèng	赦sìa
上入	谒hak	鬱ut	湿sip	则cek	锡siah
下平	韩hâng	纭ûn	忱sîm	尝cêng	斜sîa
下上	限hăng	愠ŭn	甚sĭm	靖cĕng	社sĭa
下去	巷hāng	运ūn	□sīm	□cēng	射sīa
下入	学hâk	睡ût	习sîp	泽cêk	席sîah

菲尔德在TONES(声调)中说："这些名称并未表达声调相对的发音，但似乎是纯粹任意的。入声的词汇往往以h，k，p或t为结尾。在交谈过程中，词汇的声调将会因与句子中其他单词的关系而改变，且这类变化是不确定的，除了那些声调被清晰发出的重读的词汇。在八个声调中甚少出现相同的音节。"这段话，阐明了菲尔德对当时声调的认识，实际上是对连读变调的认识，但还是比较模糊的。

第五节　美国传教士菲尔德著《汕头方言音义字典》（1883）音系研究

一、《汕头方言音义字典》的作者及编撰体例

《汕头方言音义字典》（A Pronouncing and Defining Dictionary of the Swatow Dialect，1883年）是美国传教士菲尔德（A.M.FIELDE）编撰。他先后花费了四年时间，搜罗汕头地区的潮汕话编辑《汕头方言音义字典》（A Pronouncing and Defining Dictionary of the Swatow Dialect，Arranged According to Syllables and Tones）（汕头方言字典，注音、释义，按音节和声调排列）。

全书631页，字典正文617页，书前14页为字典使用说明。菲尔德在PR EFACE（前言）中说：

这本收录了5442个单词的词典的编纂以及其他相关的工作一共花了四年时间。许多人帮助其完成了这本书的制作，在这里作者尤为要感谢卫三畏博士，用其本身具有的丰富汉语知识为本书倾注了大量心血；安石博士，向作者提供了许多关于汕头方言的宝贵建议；那些在作者病重期间在不同时间地点为作者提供帮助的人；为作者出版本书筹措资金的人；以及博士和M.T.耶茨夫人，作者在他们家中完成了本书的出版工作。

A.M. FIELDE

上海，三月，1883年

前言中说明了该字典花了四年多的时间收录并编撰了5442个单词。卫三畏博士为本书倾注了大量心血，安石博士向作者提供了许多关于汕头方言的宝贵建议，博士及M.T.耶茨夫人和作者在他们家中完成了本书的出版工作。前言之后有INTRODUCTION（引言），包含TONES（声调）、ROMANLETTERS（罗马字母）、THE CHINESE CHARACTERS（中文字符）、SOUNDS OF THE LETTERS（字母的声音）、Vowels（元音字母）、Consonants（辅音）、EXERCISE IN THE ASPIRATES（送气练习）、EXERISE IN NASAL SOUNDS（鼻化韵练习）、NASAL AND ASPIRATED（鼻化韵和送气）、TONES IN COMBINATION（声调组合）、THE RADICALS.—ji-bo（214个部首）等。

正文以为序，每一汉字之后，罗马拼音注音，英文释义。1883年由美洲长老会传教团出版社shanghai:A merican presbyterian mission press出版。本书保存了当时当地闽南族群的口语，是19世纪少数内容丰富的完整资料，对于现代闽南方言的研究来说，是相当重要的语料。

二　《汕头方言音义字典》声母系统研究

《汕头方言音义字典》序言中描写了辅音consonants系统。

b　as in bar，马 bé、米 bí、麦 bêh。按：b 辅音读如英语单词bar [bɑ:] 中的b。如汕头方言马bé[be]、米bí[bi]、麦bêh[beʔ]中的b。

g　as in gay，牙 gê、鹅 gó̤、碍 gāi。按：g 辅音读如英语单词gay[gei]中的g。如汕头方言牙 gê[ge]、鹅 gó̤[gɔ]、碍 gāi[gai]中的g。

h　as in hat，鱼 hû、鸭 ah、贪 thām。按：h 辅音读如英语单词hat[hæt]中的h。如汕头方言鱼hû[hu]、鸭ah [aʔ]、贪thām[t'am]中的h。

j　as in jam，字 jī、如 jû、绒 jông。按：j 辅音读如英语单词jam[dʒæm]中的j。如汕头方言字jī [dzi]、如j û[dzu]、绒jông[dzoŋ]中的j。

k　as in kick，鼓 kó、恶 ak、极 kêk。按：k 辅音读如英语单词kick[kik]中的k。如汕头方言鼓kó [ko]、恶ak[ak]、极kêk[kek]中的k。

l　as in lad，路 lō、驴 lû、林 lîm。按：l 辅音读如英语单词lad[læd]中的l。如汕头方言路lō[lo]、驴lû [lu]、林 lîm[lim]中的l。

m　as in mat，姆m、暗 àm、目 mâk。按：m 辅音读如英语单词mat[mæt]中的m。如汕头方言姆m[m]、暗àm[am]、目mâk[mak]中的m。

n　as in nun，蓝nâ、因 in、顺 sūn。按：n 辅音读如英语单词nun[nʌn]中的n。如汕头方言蓝nâ[na]、因in[in]、顺sūn[sun]中的n。

p　as in pop，巴pa、富 pù、立 lip。按：p 辅音读如英语单词pop[pɔp]中的p。如汕头方言巴pa[pa]、富pù[pu]、立lip[lip]中的p。

s　as in so，酥so、心 sim、色 sek。按：s 辅音读如英语单词so[səu]中的s。如汕头方言酥so[so]、心sim [sim]、色sek[sek]中的s。

t　as in tilt，肚tó、鬱 ut、得 tik。按：t 辅音读如英语单词tilt[tilt]中的t。如汕头方言肚tó[to]、鬱ut [ut]、得tik[tik]中的t。

ng　as in sing，黄ng、笼lang、言 ngân。按：ng 辅音读如英语单词sing[siŋ]中的ng。如汕头方言黄ng[ŋ]、笼lang[laŋ]、言ngân[ŋan]中的ng。

c　as in chair，止cí、船cûn、钟 ceng。按：c 辅音读如英语单词chair[tʃɛə]中的ch。如汕头方言止cí[tsi]、船cûn[tsun]、钟ceng[tseŋ]中的c。

根据菲尔德对该字典声母的描写以及林伦伦、陈小枫著的《广东闽方言语音研究》（汕头大学出版社1996年版）等方言材料，现将《汕头方言音义字典》声母系统整理列表如下：

菲尔德	潮汕	拟音	菲尔德	潮汕	拟音	菲尔德	潮汕	拟音
p富	p	p	l路/n蓝	l/n	l/n	c钟	ts	ts
ph砲	p'	p'	k鼓	k	k	ch春	ts'	ts'
b米/m姆	b/m	b/m	kh苦	k'	k'	s心	s	s
t得	t	t	g牙/ng言	g/ŋ	g/ŋ	j如	z	dz
th铁	t'	t'	h鱼	h	h	以a. o. e. i.u开头[∅]		

注：(1) [m, n, ŋ]是[b, l, g]的音位变体。[b, l, g]与鼻化韵相拼时带有鼻音，变成[m, n, ŋ]。

(2)零声母一般不用任何字母表示，而直接以韵母a, e, i, o, u开头。

三　《汕头方言音义字典》韵母系统研究

《汕头方言音义字典》序言中描写了元音VOWELS系统。

a asinfar. 鸦a、拉la、匣âp。按：a元音发音如同英语单词far[fɑ:]中的a，汕头方言鸦a、拉la、匣âp的主要元音就读作[a]。

e as in they. 哑é、茶tê、浴êk。按：e元音发音如同英语单词they[ðei]中的e，汕头方言哑é、茶tê、浴êk的主要元音就读作[e]。

i as in machine. 衣i、里lí、邑ip。按：i元音发音如同英语单词machine[mə'ʃi:n]中的i，汕头方言衣i、里lí、邑ip的主要元音就读作[i]。

o as in no.乌o、埠po、屋ok。按：o元音发音如同英语单词no[nəu]中的o，汕头方言乌o、埠po、屋ok的主要元音就读作[o]。

o̧ as aw in fawn. o̧、好hó̧、卓to̧h。按：o̧元音发音如同英语单词fawn[fɔ:n]中的aw，汕头方言蠔o̧、好hó̧、卓to̧h的主要元音就读作[ɔ]。

u as oo in tool.有ū、搵ùn、佛hût。按：u元音发音如同英语单词tool[tu:l]中的oo，汕头方言有ū、搵ùn、佛hût的主要元音就读作[u]。

u̧ as u in murder.余u̧、汝lú̧、恩u̧n。按：u̧元音发音接近u，如同英语单词murder['mə:də]中的u，根据现代潮汕方言的材料，u̧元音应拟音为[ɯ]。

w as o in one.完ŵn、选sŵn、万bŵn。按：w元音发音接近o，如同英语单词one[wʌn]中的o，根据现代潮汕方言的材料，w应拟音为[w]。

《汕头方言音义字典》还设计了EXERCISE IN THE ASPIRATES（送气练习）：

Not Aspirated（不送气）	Aspirated（送气）	Not Aspirated（不送气）	Aspirated（送气）	Not Aspirated（不送气）	Aspirated（送气）
角kak [kak]	壳khak [k'ak]	卒cut [tsut]	出chut [ts'ut]	敦tun [tun]	吞thun [t'un]
江kang [kaŋ]	匡khang [k'aŋ]	层câng [tsaŋ]	田châng [ts'aŋ]	搭tah [taʔ]	塔that [t'at]
九káu [kau]	口kháu [k'au]	宗cong [tsoŋ]	冲chong [ts'oŋ]	堂tôg [tŋ]	糖thôg [t'ŋ]
旗kî [ki]	其khî [k'i]	周ciu [tsiu]	秋chiu [ts'iu]	吊tìo [tio]	跳thìo [t'io]
鉴kàm [kam]	勘khàm [k'am]	子cú [tsɯ]	此chú [ts'ɯ]	牌pâi [pai]	徘phâi [p'ai]
嬲kěng [keŋ]	虹khěng [k'eŋ]	做cò [tsɔ]	错chò [ts'ɔ]	榜páng [paŋ]	纺pháng [p'aŋ]
圭kui [kui]	亏khui [k'ui]	贞ceng [tseŋ]	清cheng [ts'eŋ]	臂pì [pi]	譬phì [p'i]
块kò [kɔ]	鐽khò [k'ɔ]	达tâk [tak]	读thâk [t'ak]	驳poh [pɔʔ]	粕phoh [p'ɔʔ]

《汕头方言音义字典》还设计了EXERISE IN NASAL SOUNDS（鼻化韵练习）：

Not Nasal 非鼻化韵	Nasal 鼻化韵	Not Nasal 非鼻化韵	Nasal 鼻化韵	Not Nasal 非鼻化韵	Nasal 鼻化韵
鸦a [a]	掩a^n [ã]	赵tǐe [tie]	丈tǐe^n [tiẽ]	野ía [ia]	影ía^n [iã]
姨i [i]	圆i^n [a]	婢pǐ [pi]	辫pǐ^n [pĩ]	窑îe [ie]	羊îe^n [iẽ]
蛙ua [ua]	鞍ua^n [uã]	碑pi [pi]	边pi^n [pĩ]	嫁kè [ke]	径kè^n [kẽ]
姊cé [tse]	井cé^n [tsẽ]	播pùa [pua]	半pùa^n [puã]	招cie [tsie]	章cie^n [tsiẽ]
志cì [tsi]	箭cì^n [tsĩ]	砂sa [sa]	衫sa^n [sã]	耙pê [pe]	棚pê^n [pẽ]
者cía [tsia]	整cía^n [tsiã]	沙sua [sua]	山sua^n [suã]	回hûe [hue]	横hûe^n [huẽ]

《汕头方言音义字典》还设计了NASAL AND ASPIRATED（鼻化韵送气练习）：

坑khe^n [k'ẽ]	闩chùa^n [ts'uã]	伴phǔa^n [p'uã]	蚕chôi^n [ts'õi]	天thi^n [t'ĩ]	看thói^n [t'õi]
墙chîe^n [ts'iẽ]	腔khie^n [k'iẽ]	痛thìa^n [t'iã]	请chía^n [ts'iã]	撑thè^n [t'iẽ]	千choi^n [ts'õi]
鲜chi^n [ts'ĩ]	平phê^n [p'ẽ]	炭thùa^n [t'uã]	怕phà^n [p'ã]	星che^n [ts'ẽ]	办phõi^n [p'õi]
醒ché^n [ts'ẽ]	聘phìa^n [p'iã]	宽khua^n [k'uã]	鼻phī^n [p'ĩ]	拑khi^n [k'ĩ]	厅thia^n [t'iã]

　　可见，《汕头方言音义字典》很重视学习和分辨汕头方言送气与不送气，鼻化韵与非鼻化韵的差异。这也是学习潮汕方言的重点与难点所在。

　　为了进一步搞清楚《汕头方言音义字典》所反映的方言韵系，有必要理清该字典中所记载的某一个音节。现根据该字典正文，以A、B、C、E、G、H、I、J、K、KH、L、M、N、NG、O、P、PH、S、T、TH、U、W为序，将所记载的每个音节进行整理，并把罗马字音翻译成国际音标（括弧内[ ]表示国际音标），并与《汕头方言初阶》每个音节进行比较。

　　1.A.在该字母里，记载了12个音节，其声母是零声母[Ø]。此声母主要来源于中古影、匣二母，如下表：

| 音节 | a[a]阿 | aⁿ[ã]馅 | ah[aʔ]押 | ai[ai]哀 | àiⁿ[ãi]欲 | ak[ak]沃 | am[am]谙 |
| 音节 | ang[aŋ]安 | ap[ap]押 | au[au]凹 | àuⁿ[ãu]咬 | auh[auʔ]恼 | | |

该字典比《汕头方言初阶》多了am[am]、àuⁿ[ãu]、auh[auʔ]三个音节，少了an[an]、âihⁿ[ãiʔ]两个音节。

2. B.在该字母里，记载了24个音节，其声母是双唇浊音声母[b]。此声母来源于中古音明（微）声母，当它出现于闽南方言非鼻化韵之前时，不读作[m]而读作[b]。见下表：

音节	bà[ba]觛	bah[baʔ]肉	bâi[bai]眉	bâk[bak]木	báu[bau]卵	bé[be]马	bêh[beʔ]麦
音节	bí[bi]米	bîe[bie]描	bîh[biʔ]箆	bīo[bio]妙	bît[bit]蜜	bó[bo]亩	bói[boi]买
音节	bó̤[bɔ]母	bú[bu]舞	bûa[bua]磨	buah[buaʔ]抹	bǔang[buaŋ]亡	búe[bue]尾	bûeh[bueʔ]袜
音节	bun[bun]蚊	bût[but]物	bw̌n[bwn]慢				

该字典比《汕头方言初阶》多了bà[ba]、bah[baʔ]、báu[bau]、bīo[bio]、bût[but]、bw̌n[bwn]六个音节，少了bât[bat]音节。

3. C. 在该字母里，记载了60个音节，字母c读作[ts]。此声母主要来源于中古精、从仄声、章、船仄声、庄、崇仄声声母，见下表：

音节	ca[tsa]渣	cǎⁿ[tsã]捞	cah[tsaʔ]带	cai[tsai]知	cak[tsak]节	cam[tsam]针	cang[tsaŋ]将
音节	cap[tsap]十	cau[tsau]遭	ce[tse]斋	ceⁿ[tsē]争	ceh[tse]责	cek[tsek]烛	ceng[tseŋ]钟
音节	cí[tsi]指	ciⁿ[tsĩ]箭	cia[tsia]遮	ciaⁿ[tsiã]晶	ciah[tsiaʔ]只	ciak[tsiak]酌	ciam[tsiam]尖
音节	ciang[tsiaŋ]将	ciap[tsiap]接	cie[tsie]蕉	cieⁿ[tsiē]章	cieh[tsie]借	cien[tsian]煎	ciet[tsiat]即
音节	cih[tsiʔ]接	cím[tsim]亲	cin[tsin]真	cio[tsio]招	cioh[tsioʔ]雀	ciok[tsiok]鹫	cip[tsip]执
音节	cit[tsit]脊	ciu[tsiu]周	cng[tsŋ]砖	co[tso]租	côi[tsoi]齐	cóiⁿ[tsoĩ]指	coih[tsoiʔ]渍
音节	cok[tsok]足	cong[tsoŋ]终	có̤[tsɔ]左	có̤[tsɔʔ]作	cu[tsu]珠	cúa[tsua]纸	cúaⁿ[tsuã]盏
音节	cuah[tsuaʔ]泼	cuang[tsuaŋ]妆	cuak[tsuak]浊	cùe[tsue]最	cuh[tsuʔ]足	cui[tsui]锥	cun[tsun]尊
音节	cut[tsut]卒	cṳ[tsu]兹	cwn[tswn]偏	cwt[tswt]拙			

该字典比《汕头方言初阶》多了cǎⁿ[tsã]、cah[tsaʔ]、cek[tsek]、ciak[tsiak]、cioh[tsioʔ]、ciok[tsiok]、cóiⁿ[tsoĩ]、cuak[tsuak]、cwt[tswt]九个音节，少了cân[tsan]、cât[tsat]、cóiⁿ[tsoĩ]、dí[ti]四个音节。

4. CH. 在该字母里，记载了58个音节，字母ch读作[tsʻ]。此声母主要来源于中古清、从平声、昌、船平声、初、崇平声声母，见下表：

音节	cha[tsʻa]差	cháⁿ[tsʻã]耍	chah[tsʻaʔ]插	chai[tsʻai]猜	chak[tsʻak]漆	cham[tsʻam]参	chang[tsʻaŋ]葱
音节	chap[tsʻap]搀	chau[tsʻau]抄	che[tsʻe]叉	cheⁿ[tsʻẽ]生	cheh[tsʻeʔ]策	chek[tsʻek]粟	cheng[tsʻeŋ]称
音节	chi[tsʻi]妻	chí[tsʻĩ]鲜	chia[tsʻia]车	chíaⁿ[tsʻiã]请	chiah[tsʻiaʔ]赤	chiak[tsʻiak]雀	chiam[tsʻiam]签
音节	chìang[tsʻiaŋ]猖	chiap[tsʻiap]妾	chìe[tsʻie]笑	chìeⁿ[tsʻiẽ]枪	chieh[tsʻieʔ]尺	chíen[tsʻian]千	chiet[tsʻiat]切
音节	chîh[tsʻiʔ]燃	chim[tsʻim]深	chin[tsʻin]亲	chío[tsʻio]稍	chíoh[tsʻioʔ]口	chíp[tsʻip]缉	chit[tsʻit]七
音节	chiu[tsʻiu]秋	chng[tsʻŋ]疮	cho[tsʻo]粗	chòiⁿ[tsʻõi]粉	chóiⁿ[tsʻõi]千	choih[tsʻoiʔ]泣	chok[tsʻok]触
音节	chong[tsʻoŋ]聪	chó[tsʻɔ]楚	chóh[tsʻɔʔ]撮	chú[tsʻu]处	chūa[tsʻua]引	chuaⁿ[tsʻuã]闩	chūah[tsʻuaʔ]掇
音节	chuang[tsʻuaŋ]闯	chue[tsʻue]吹	chueh[tsʻueʔ]啜	chui[tsʻui]催	chun[tsʻun]春	chut[tsʻut]出	chṳ[tsʻɯ]蛆
音节	chṳh[tsʻɯʔ]俯	chwn[tsʻwn]穿					

　　该字典比《汕头方言初阶》多了chiam[tsʻiam]、chíoh[tsʻioʔ]、chíp[tsʻip]、chòi[tsʻoi]、choih[tsʻoiʔ]、chūah[tsʻuaʔ]、chuang[tsʻuaŋ]、chṳh[tsʻɯʔ]八个音节，少了chan[tsʻan]、chat[tsʻat]、choh[tsʻoʔ]三个音节。

　　5. E. 在该字母里，记载了5个音节，其声母是零声母[∅]。此声母主要来源于中古影、以二母，见下表：

音节	é[e]哑	êⁿ[ẽ]楹	eh[eʔ]厄	êk[ek]浴	eng[eŋ]应	

　　该字典比《汕头方言初阶》多了êk[ek]音节。

　　6. G. 在该字母里，记载了15个音节，其声母是舌面后、不送气、浊塞音声母[g]。此声母主要来源于中古疑声母，一般置于非鼻化韵之前，与[ŋ]声母相对。见下表：

音节	gāi[gai]碍	gâu[gau]贤	gâuh[gauʔ]乐	gê[ge]牙	gêk[gek]玉	gî[gi]疑	gîa[gia]迎
音节	gô[go]误	gōi[goi]艺	gô[gɔ]鹅	gû[gu]牛	gūa[gua]外	gûeh[gueʔ]月	gūi[gui]馨
音节	gṳ[gɯ]语						

　　该字典比《汕头方言初阶》多了gîa[gia]、gōi[goi]、gūi[gui]三个音节。

　　7. H. 在该字母里，记载了67个音节，其声母是喉音、清擦音声母[h]。此声母主要来源于中古晓、匣、非、敷、奉等声母，见下表：

音节	ha[ha]呵	hah[haʔ]合	hái[hai]海	hâiⁿ[hãi]还	hâk[hak]辖	ham[ham]蚶	hang[haŋ]烘
音节	hâp[hap]合	hau[hau]号	hàuⁿ[hãu]好	hě[he]许	héⁿ[hẽ]耶	heh[heʔ]吓	héhⁿ[hẽʔ]悸
音节	hek[hek]核	heng[heŋ]兴	hi[hi]希	hìⁿ[hĩ]撒	hia[hia]靴	hiaⁿ[hiã]兄	hiah[hiaʔ]歇
音节	hiam[hiam]险	hìang[hiaŋ]向	hiap[hiap]协	hìeⁿ[hiẽ]乡	hîeh[hieʔ]页	hien[hian]掀	hiet[hiat]蝎
音节	hîh[hiʔ]咥	hîm[him]歆	hîn[hin]眩	hío[hio]枭	híohⁿ[hiõʔ]摔	hiong[hioŋ]兄	hit[hit]曳
音节	hîuⁿ[hiũ]幽	hîuh[hiuʔ]拂	hm̄[hm]呼	hng[hŋ]方	hngk[hŋk]呼	hô[ho]侯	hóⁿ[hõ]否
音节	hǒi[hoi]蟹	hōiⁿ[hõi]苋	hoih[hoiʔ]狭	hok[hok]福	hong[hoŋ]封	hó[hɔ]好	hóhⁿ[hɔʔ]鹤
音节	hu[hu]灰	hua[hua]花	huaⁿ[huã]欢	huah[huaʔ]欠	hǔai[huai]坏	hǔam[huam]泛	huang[huaŋ]风
音节	huap[huap]法	hue[hue]灰	hūeⁿ[huẽ]档	hueh[hueʔ]血	hui[hui]辉	huiⁿ[huĩ]毁	hun[hun]烟
音节	hut[hut]忽	hṳ[hɯ]虚	hṳn[hɯn]勳	hwn[hwn]翻	hwt[hwt]发		

该字典比《汕头方言初阶》多了hau[hau]、héhⁿ[hẽʔ]、hîh[hiʔ]、híohⁿ[hiõʔ]、hîuh[hiuʔ]、hngk[hŋk]、hoih[hoiʔ]、huap[huap]八个音节，少了hán[han]、hip[hip]、hwp[hwp]四个音节。

8. I. 在该字母里，记载了24个音节，其声母是零声母[∅]。此声母主要来源于中古影、喻四声母，见下表：

音节	i[i]伊	íⁿ[ĩ]以	ía[ia]野	íaⁿ[iã]影	iah[iaʔ]益	iak[iak]约	íam[iam]掩
音节	iang[iaŋ]央	iap[iap]压	ie[ie]腰	íeⁿ[iẽ]养	ieh[ieʔ]约	ien[ian]焉	im[im]阴
音节	in[in]因	io[io]妖	ĭoⁿ[iõ]掀	ioh[ioʔ]泊	îok[iok]慾	îong[ioŋ]营	ip[ip]邑
音节	it[it]忆	iu[iu]忧	iuⁿ[iũ]幼				

该字典比《汕头方言初阶》多了ĭoⁿ[iõ]、ioh[ioʔ]两个音节。

9. J. 在该字母里，记载了26个音节，其声母全部是舌尖前、不送气、浊塞擦音声母[dz]。此声母主要来源于中古日、以二母，见下表：

音节	jêng[dzeŋ]仍	jî[dzi]儿	jía[dzia]惹	jîak[dziak]弱	jíam[dziam]染	jíang[dziaŋ]嚷	jīe[dzie]尿
音节	jîeh[dzieʔ]几	jîen[dzian]然	jîet[dziat]热	ih[iʔ]按	jím[dzim]忍	jīn[dzin]认	jío[dzio]扰
音节	jîp[dzip]入	jît[dzit]日	jîu[dziu]柔	jôk[dzok]辱	jông[dzoŋ]戎	jú[dzu]乳	jûah[dzuaʔ]热
音节	jûi[dzui]维	jūn[dzun]闰	jú[dzɯ]迻	jw□n[dzwn]篡	jŵt[dzwt]悦		

该字典比《汕头方言初阶》多了jêng[dzeŋ]、jía[dzia]、jíang[dziaŋ]、jīe[dzie]、ih[iʔ]、jw□n[dzwn]、jŵt[dzwt]七个音节，少了jîh[dziʔ]、jŭan[dzuan]、jûe[dzue]三个音节。

10. K. 在该字母里，记载了70个音节，其声母全部是舌面后、不送气、清塞音声母[k]。此声母主要来源于中古见、群仄声声母，见下表：

音节	ka[ka]胶	kaⁿ[kã]柑	kah[kaʔ]甲	kai[kai]该	kak[kak]角	kam[kam]监	kang[kaŋ]纲
音节	kap[kap]鸽	kau[kau]垢	kauh[kauʔ]捲	ke[ke]家	keⁿ[kẽ]耕	keh[keʔ]革	kek[kek]戟
音节	keng[keŋ]更	ki[ki]机	kìⁿ[kĩ]见	kia[kia]嘉	kiaⁿ[kiã]京	kiah[kiaʔ]撬	kiak[kiak]洁
音节	kiam[kiam]兼	kiang[kiaŋ]缰	kiap[kiap]峡	kie[kie]叫	kieⁿ[kiẽ]薑	kieh[kieʔ]脚	kien[kian]坚
音节	kiet[kiat]洁	kih[kiʔ]砌	kim[kim]金	kin[kin]今	kio[kio]娇	kiok[kiok]鞠	kiong[kioŋ]恭
音节	kip[kip]急	kit[kit]结	kiu[kiu]缩	kiuh[kiuʔ]激	kng[kŋ]光	ko[ko]姑	koi[koi]鸡
音节	koi[kõi]肩	koih[koiʔ]夾	kok[kok]谷	kong[koŋ]公	kǫ[kɔ]膏	kǫh[kɔʔ]阁	ku[ku]龟
音节	kua[kua]歌	kuaⁿ[kuã]官	kuah[kuaʔ]葛	kuai[kuai]乖	kuaiⁿ[kuãi]矿	kuak[kuak]郭	kuang[kuaŋ]光
音节	kue[kue]瓜	kueⁿ[kuẽ]关	kueh[kueʔ]刮	kuh[kuʔ]吸	kui[kui]规	kuîⁿ[kũĩ]惯	kun[kun]君
音节	kut[kut]骨	kụ[kɯ]居	kụh[kɯʔ]哽	kụn[kɯn]根	kụt[kɯt]稠	kwn[kwn]关	kwt[kwt]决

该字典比《汕头方言初阶》多了kiak[kiak]、kiap[kiap]、kieh[kieʔ]、kien[kian]、kiok[kiok]、kiuh[kiuʔ]、kuak[kuak]、kuh[kuʔ]、kụh[kɯʔ]九个音节，少了kan[kan]、kat[kat]两个音节。

11. KH　在该字母里，记载了61个音节，其声母全部都是舌面后、送气、清塞音声母[kʻ]。此声母主要来源于中古见、群仄声声母，见下表：

音节	kha[kʻa]脚	khah[kʻaʔ]太	khai[kʻai]开	kháiⁿ[kʻãi]鼓	khak[kʻak]确	kham[kʻam]堪	khang[kʻaŋ]空
音节	khap[kʻap]恰	khau[kʻau]阄	kheⁿ[kʻẽ]坑	kheh[kʻeʔ]客	khek[kʻek]刻	kheng[kʻeŋ]倾	khi[kʻi]欺
音节	khiⁿ[kʻĩ]钳	khia[kʻia]站	khiah[kʻiaʔ]隙	khiak[kʻiak]却	khìam[kʻiam]欠	khîang[kʻiaŋ]腔	khìap[kʻiap]怯
音节	khīe[kʻie]揩	khieⁿ[kʻiẽ]腔	khieh[kʻieʔ]借	khien[kʻian]绻	khiet[kʻiat]獗	khih[kʻiʔ]缺	khîm[kʻim]钦
音节	khin[kʻin]轻	khio[kʻio]敲	khiok[kʻiok]曲	khíong[kʻioŋ]恐	khip[kʻip]级	khíu[kʻiu]揪	khng[kʻŋ]糠
音节	kho[kʻo]呼	khoi[kʻoi]溪	khóiⁿ[kʻõi]轻	khoih[kʻoiʔ]夹	khok[kʻok]咯	khong[kʻoŋ]空	kọ[kʻɔ]苦
音节	kọh[kʻɔʔ]喀	khu[kʻu]驱	khua[kʻua]夸	khuaⁿ[kʻuã]宽	khuah[kʻuaʔ]阔	khùai[kʻuai]快	khuak[kʻuak]扩
音节	khuang[kʻuaŋ]倾	khue[kʻue]科	khueh[kʻueʔ]阙	khûh[kʻuʔ]痙	khui[kʻui]开	khun[kʻun]坤	khut[kʻut]屈
音节	khụ[kʻɯ]去	khụn[kʻɯn]勤	khụt[kʻɯt]乞	khwn[kʻwn]宽	khwt[kʻwt]阙		

该字典比《汕头方言初阶》多了kháiⁿ[kʻãi]、khiⁿ[kʻĩ]、khiah[kʻiaʔ]、khiak[kʻiak]、khìap[kʻiap]、khīe[kʻie]、khieⁿ[kʻiẽ]、khien[kʻian]、khiet[kʻiat]、khin[kʻin]、khiok[kʻiok]、khóiⁿ[kʻõi]、khoih[kʻoiʔ]、khok[kʻok]、kọ[kʻɔ]、khuak[kʻuak]、khûh[kʻuʔ]、khwt[kʻwt]18个音节，少了khan[kʻan]音节。

12. L.　在该字母里，记载了48个音节，其声母是舌尖中、浊边音声母[l]。此声母主要来源于中古来母，见下表：

音节	la[la]拉	lâh[laʔ]猎	lâi[lai]来	lâk[lak]六	lám[lam]揽	láng[laŋ]囊	lâp[lap]纳
音节	láu[lau]老	lauh[lauʔ]餎	le[le]也	leh[leʔ]雳	lêk[lek]勒	leng[leŋ]铃	lí[li]里
音节	lîah[liaʔ]拿	lîak[liak]略	liam[liam]拈	líang[liaŋ]两	lîap[liap]粒	lîe[lie]剪	lîeh[lieʔ]略
音节	lîen[lian]联	lîet[liat]列	lîh[liʔ]裂	lîm[lim]临	lín[lin]邻	lío[lio]了	lioh[lioʔ]跋
音节	lîp[lip]立	lît[lit]挺	líu[liu]柳	ló[lo]潘	lói[loi]礼	lôih [loiʔ]笠	lok[lok]碌
音节	long[loŋ]弄	lọ[lɔ]端	lọh[lɔʔ]落	lú[lu]卤	lûa[lua]笋	lûah[luaʔ]辣	luh[luʔ]呷
音节	lúi[lui]蕊	lún[lun]忍	lut[lut]脱	lụ[lɯ]汝	lwn[lwn]煖	lwt[lwt]劣	

该字典比《汕头方言初阶》多了le[le]、lîe[lie]、lîeh[lieʔ]、lioh[lioʔ]、lîp[lip]、lît[lit]、líu[liu]、luh[luʔ]、lwn[lwn]、lwt[lwt]10个音节，少了lan[lan]、lât[lat]、lǔan[luan]3个音节。

13. M.　在该字母里，记载了27个音节，其声母是双唇音、鼻音声母[m]。此声母主要来源于中古明（微）声母，一般置于鼻音韵、鼻化韵或声化韵之前，与[b]声母相对。见下表：

音节	m [m]姆	maⁿ[mã]妈	mâiⁿ[mãi]埋	mâk[mak]目	máng[maŋ]蟒	mâu[mãu]毛	méⁿ[mẽ]猛
音节	mêh[mẽʔ]脉	mêng[meŋ]明	miⁿ[mĩ]棉	mîaⁿ[mĩã]名	míen[mian]免	mih[mĩʔ]么	mîn [min]民
音节	míoⁿ[mĩõ]秒	mît [mit]灭	mng[mŋ]晚	môk [mok]莫	móng[moŋ]某	mọⁿ[mɔ̃]茅	mộh[mɔ̃ʔ]膜
音节	muaⁿ[muã]满	múeⁿ[muẽ]每	mûeh[muẽʔ]物	múiⁿ[muĩ]美	mut[mut]吻	mŵt[mɯt]末	

该字典比《汕头方言初阶》多了mŵt[mɯt]音节，少了mân[man]音节。

14. N. 在该字母里，记载了22个音节，其声母是舌尖中、鼻音声母[n]。此声母主要来源于中古泥（娘）声母、少数日母字，一般置于鼻化韵或鼻音韵之前，与[l]声母相对。见下表：

音节	ná[nã]拿	nah[nãʔ]秽	nái[nãi]奶	nâk[nak]捏	nâng[naŋ]人	nâp[nap]纳	náu[nãu]脑
音节	né[nẽ]冷	nêk[nek]匿	ni [nĩ]乳	nía [nĩã]领	niap[niap]捏	níe [niẽ]两	nih [nĩʔ]瞬
音节	nín[nin]汝	níoⁿ[nĩõ]娜	nioh[nioʔ]蠕	níuⁿ[niũ]扭	nng [nŋ]软	nôⁿ[nõ]孥	nôiⁿ[nõi]莲
音节	nọⁿ[nɔ̃]努	nǔaⁿ[nuã]涎	nuih[nuiʔ]拾	nût[nut]讷			

该字典比《汕头方言初阶》多了nâk[nak]、níoⁿ[nĩõ]、nioh[nioʔ]、nuih[nuiʔ]、nût[nut]5个音节，少了nán[nan]音节。

15. NG. 在该字母里，记载了31个音节，其声母是舌面后、鼻音声母[ŋ]。此声母来源于中古疑声母，一般置于鼻音韵、鼻化韵之前，与[g]声母相对。见下表：

音节	ng[ŋ]秧	ngà[ŋã]戆	ngâi[ŋãi]涯	ngâih[ŋãiʔ]捱	ngâk[ŋak]嶽	ngâm[ŋam]岩	ngán[ŋan]眼
音节	ngau[ŋãu]嗷	ngâuh[ŋãuʔ]謔	ngě[ŋẽ]硬	ngêk[ŋek]逆	ngêng[ŋeŋ]迎	ngí[ŋĩ]议	ngía[ŋĩã]雅
音节	ngîak[ŋiak]虐	ngîam[ŋiam]严	ngíang[ŋiaŋ]仰	ngîap[ŋiap]业	ngien[ŋian]研	ngiet[ŋiat]蘖	ngîm[ŋim]吟
音节	ngio[ŋiõ]猫	ngó[ŋo]五	ngói[ŋoi]研	ngoih[ŋoiʔ]蘖	ngōng[ŋoŋ]控	ngộ[ŋɔ̃]愚	ngǔi[ŋui]伪
音节	ngûn[ŋɯn]银	ngût[ŋɯt]迄	ngŵn[ŋɯn]元				

该字典比《汕头方言初阶》多了ngâi[ŋãi]、ngâih[ŋãiʔ]、ngâm[ŋam]、ngâuh[ŋãuʔ]、ngíang[ŋiaŋ]、ngien[ŋian]、ngói[ŋoi]、ngoih[ŋoiʔ]、ngộn[ŋɯn]、ngût[ŋɯt]10个音节，少了ngn[ŋn]音节。

16. O. 在该字母里，记载了8个音节，其声母是零声母[∅]。此声母主要来源于中古影声母，见下表：

音节	o[o]乌	ói[oi]矮	ôⁿ[õ]闲	oîh[oiʔ]狭	ok[ok]屋	ong[oŋ]翁	ọⁿ[ɔ]阿
音节	ọh[ɔʔ]呃						

该字典比《汕头方言初阶》多了ong[oŋ]音节。

17. P.在该字母里，记载了46个音节，其声母是双唇音、不送气、清塞音声母[p]。此声母主要来源于中古帮、並仄声、非、奉仄声声母，见下表：

音节	pa[pa]爸	pái[pai]摆	pak[pak]北	pang[paŋ]崩	pat[pat]识	pau[pau]包	pauh[pauʔ]发
音节	pé[pe]把	pèⁿ[pẽ]柄	peh [peʔ]伯	pek[pek]逼	pěng[peŋ]並	pi[pi]碑	piⁿ[pĩ]边
音节	piaⁿ[piã]兵	piah[piaʔ]壁	piak[piak]拍	piang[piaŋ]批	pie[pie]标	pien[pian]边	pîet[piat]别
音节	pih[piʔ]鳖	pin[pin]宾	pío[pio]表	pit[pit]笔	piu[piu]彪	piuh[piuʔ]萌	png[pŋ]枫
音节	po[po]埔	poiⁿ[põi]斑	poih[poiʔ]八	pok[pok]卜	pōng[poŋ]磅	po̜[pɔ]波	po̜h[pɔʔ]驳
音节	pù[pu]布	pùa[pua]播	puaⁿ[puã]搬	puah[puaʔ]钵	pue[pue]飞	pueh[pueʔ]刺	pui[pui]卑
音节	pun [pun]分	put[put]不	pŵn[pwn]叛	pŵt[pwt]拔			

该字典比《汕头方言初阶》多了pauh[pauʔ]、piak[piak]、piang[piaŋ]、piu[piu]、piuh[piuʔ]、pueh[pueʔ]、pŵt[pwt]7个音节，少了pan[pan]音节。

18. PH.在该字母里，记载了39个音节，其声母是双唇音、送气、清塞音声母[p']。此声母主要来源于中古帮、並平声、非、奉平声声母，见下表：

音节	pha[p'a]抛	phàⁿ[p'ã]怕	phah[p'aʔ]拍	phài[p'ai]派	phang[p'aŋ]蜂	phau[p'au]抛	phè[p'e]帕
音节	phêⁿ[p'ē]平	phêh[p'eʔ]扑	phek[p'ek]闢	pheng[p'eŋ]烹	phi[p'i]披	phīⁿ[p'ĩ]鼻	phiaⁿ[p'iã]胁
音节	phiah[p'iaʔ]癖	phîak[p'iak]掉	phìe[p'ie]票	phien[p'ian]偏	phín[p'in]品	phio[p'io]标	phit[p'it]匹
音节	phìu[p'iu]剌	pho[p'o]铺	phoi[p'oi]批	phōiⁿ[p'õi]办	phok[p'ok]朴	phóng[p'oŋ]掬	phó[p'ɔ]颇
音节	pho̜h[p'ɔʔ]粕	phû [p'u]浮	phûa[p'ua]婆	phǔaⁿ[p'uã]伴	phuah[p'uaʔ]撇	phùe[p'ue]配	phûeh[p'ueʔ]沫
音节	phùi[p'ui]唾	phun[p'un]奔	phwn[p'wn]藩	phwt[p'wt]泼			

该字典比《汕头方言初阶》多了phêh[p'eʔ]、phîak[p'iak]、phìe[p'ie]、phio[p'io]、phìu[p'iu]、phwt[p'wt]6个音节，少了phak[p'ak]、phûh [p'uʔ]2个音节。

19. S. 在该字母里，记载了60个音节，其声母全部是舌尖前、清擦音声母[s]。此声母主要来源于中古心、邪、书、禅、山等声母，见下表：

音节	sa[sa]砂	saⁿ[sã]三	sah[saʔ]接	sai[sai]狮	sak[sak]塞	sam[sam]衫	sang[saŋ]双
音节	sap[sap]飒	sau[sau]梢	se[se]纱	seⁿ[sẽ]生	seh[seʔ]撒	sek[sek]掷	seng[seŋ]升
音节	si[si]西	sìⁿ[sĩ]扇	sía[sia]写	siaⁿ[siã]声	siah[siaʔ]锡	siak[siak]屑	siam[siam]纤
音节	siang[siaŋ]相	siap[siap]嗇	sie[sie]烧	sieⁿ[siẽ]箱	sieh[sieʔ]惜	sien[sian]仙	siet[siat]设
音节	sîh[siʔ]蚀	sim[sim]心	sin[sin]身	sio[sio]消	sioh[sioʔ]雪	sip[sip]湿	sit[sit]失
音节	siu[siu]修	sng[sŋ]霜	so[so]苏	soi[soi]嘶	soiⁿ [sõi]先	soih[soiʔ]砾	sok [sok]束
音节	song [soŋ]松	so̜[sɔ]疏	so̜h[sɔʔ]索	su[su]须	sua[sua]沙	suaⁿ [suã]山	suah[suaʔ]煞
音节	sūaiⁿ[suãi]口	suak[suak]塑	suang[suaŋ]宣	sue[sue]衰	sueh[sueʔ]说	suh[suʔ]射	sui[sui]虽
音节	sun [sun]孙	sut [sut]恤	su̜[suɯ]思	sŵn[swn]旋			

该字典比《汕头方言初阶》多了sak[sak]、seh[seʔ]、sioh[sioʔ]、soih[soiʔ]、suak[suak]、suang[suaŋ]、suh[suʔ]7个音节，少了sán[san]、sat[sat]、sio[sio]、sūan[suan]4个音节。

20. T.　在该字母里，记载了54个音节，其声母全部是舌尖中、不送气、清塞音声母[t]。此声母主要来源于中古端、定仄声、知、澄仄声声母，见下表：

音节	ta[ta]乾	taⁿ[tã]担	tah[taʔ]贴	tai[tai]狖	tak[tak]触	tam[tam]担	tang[taŋ]中
音节	tâp[tap]答	tau[tau]兜	tê[te]茶	teⁿ[tẽ]跟	teh[teʔ]压	tek[tek]竹	teng[teŋ]丁
音节	ti[ti]低	tiⁿ[tĩ]缠	tia[tia]爹	tiaⁿ[tiã]着	tiah[tiaʔ]摘	tiak[tiak]敲	tíam[tiam]沾
音节	tìang[tiaŋ]谁	tîap[tiap]蝶	tîe[tie]潮	tieⁿ[tiẽ]张	tieh[tieʔ]着	tien[tian]珍	tîet[tiat]侄
音节	tih[tiʔ]滴	tîm[tim]沉	tin[tin]丁	tio[tio]雕	tit[tit]得	tiu[tiu]丢	tng[tŋ]当
音节	to[to]都	tŏa[tua]舵	toaⁿ[tuã]单	toah[tuaʔ]喝	toi[toi]堤	tōiⁿ[tõi]殿	toih[toiʔ]窄
音节	tok[tok]督	tong[toŋ]中	tọ[tɔ]多	tọh[tɔʔ]桌	tu[tu]堆	tue[tue]端	tui[tui]追
音节	tun[tun]钝	tut[tut]术	tụ[tɯ]猪	twn[twn]端	tŵt[twt]夺		

该字典比《汕头方言初阶》多了tiak[tiak]、tîe[tie]、toih[toiʔ]、tut[tut]、twn[twn]、tŵt[twt]6个音节，少了tán[tan]、tûaⁿ[tuã]2个音节。

21. TH.　在该字母里，记载了51个音节，其声母全部是舌尖中、送气、清塞音声母[tʻ]。此声母主要来源于中古透、定平声、彻、澄平声声母，见下表：

音节	tha[tʻa]他	thá ⁿ[tʻa]坦	thah[tʻaʔ]塔	thai[tʻai]胎	thak[tʻak]踢	tham[tʻam]贪	thang[tʻaŋ]摊
音节	thap[tʻap]凹	thau[tʻau]滔	thē[tʻe]蛇	theⁿ[tʻẽ]撑	theh[tʻeʔ]赤	thek [tʻek]陟	theng[tʻeŋ]窓
音节	thi [tʻi]黏	thiⁿ [tʻĩ]天	thiaⁿ[tʻiã]厅	thiah[tʻiaʔ]拆	thiam[tʻiam]添	thìang[tʻiaŋ]畅	thiap[tʻiap]贴
音节	thìe[tʻie]耀	thien[tʻian]天	thiet [tʻiat]彻	thih[tʻiʔ]铁	thîn[tʻin]陈	thio[tʻio]超	thiok[tʻiok]蓄
音节	thit[tʻit]玩	thiu [tʻiu]抽	thng [tʻŋ]汤	thó[tʻo]土	thoa[tʻua]拖	thôaⁿ[tʻuã]檀	thoah[tʻuaʔ]揩
音节	thoi[tʻoi]钗	thóiⁿ[tʻõi]看	thoih[tʻoiʔ]藉	thok[tʻok]托	thong[tʻoŋ]通	thọ[tʻɔ]胎	thọh[tʻɔʔ]托
音节	thû[tʻu]徒	thuaⁿ[tʻuã]滩	thuah[tʻuaʔ]獭	thue[tʻue]颏	thui[tʻui]梯	thun [tʻun]吞	thut[tʻut]脱
音节	thù[tʻɯ]磨	thŵn[tʻwn]传					

该字典比《汕头方言初阶》多了thá ⁿ[tʻa]、thē[tʻe]、theh[tʻeʔ]、thîn[tʻin]、thoih[tʻoiʔ]、thok[tʻok]、thuaⁿ[tʻuã]、thuah[tʻuaʔ]、thù[tʻɯ]9个音节，少了thàn[tʻan]音节。

22. U.　在该字母里，记载了15个音节，其声母是零声母[∅]。此声母主要来源于中古影母、匣母字、以母、云母，见下表：

音节	u[u]吁	ua[ua]娃	uaⁿ[uã]安	ûa[uaʔ]活	uai[uai]歪	ûaihⁿ[uãiʔ]转	uang[uaŋ]汪
音节	ûak[uak]获	ue[ue]窝	ûeh[ueʔ]画	ui[ui]威	un[un]温	ut[ut]熨	ụ [ɯ]与
音节	ụn[ɯn]恩						

该字典比《汕头方言初阶》多了ûak[uak]音节。

23. W. 在该字母里，记载了2个音节，其声母是零声母[∅]。高德在《序言》中说："w音同时保持了辅音和元音的力量。在power和however中作辅音的w音，通常发弱音，有时发音时几乎无法被感知。"此声母主要来源于中古影母，少数匣母字、云母字，见下表：

音节	wn[wn]冤	ŵt[wt]越					

由以上材料可见，《汕头方言音义字典》增加了《汕头方言初阶》没有的部分音节：

1. 该字典比《汕头方言初阶》增加了3个元音韵收-ʔ塞音韵尾的入声韵母：(1) [ioʔ]韵母，如cioh[tsioʔ]、chíoh[ts'ioʔ]、ioh[ioʔ]、lioh[lioʔ]、sioh[sioʔ]；(2)[ɯʔ]韵母，如chụh[ts'ɯʔ]、kụh[kɯʔ]；(3) [iuʔ]韵母，如hîuh[hiuʔ]、kiuh[kiuʔ]、piuh[piuʔ]。

2. 该字典比《汕头方言初阶》增加了4个鼻化韵收-ʔ塞音韵尾的入声韵母：(1) [iõʔ]韵母，如híohⁿ[hiõʔ]、nioh[niõʔ]；(2)[uĩʔ]韵母，如nuih[nuĩʔ]；(3)[ãuʔ]韵母，如ngâuh[ŋãuʔ]；(4)[õiʔ]韵母，如ngoih[ŋõiʔ]。

3. 该字典比《汕头方言初阶》增加了3个收-ʔ辅音韵尾的入声韵母：(1)[uak]韵母，如cuak[tsuak]、kuak[kuak]、khuak[k'uak]、suak[suak]、ûak[uak]；(2)[uap]韵母，如huap[huap]；(3)[ŋk]韵母，如hngk[hŋk]。

此外，《汕头方言音义字典》还删除了《汕头方言初阶》的部分音节：

1. 该字典删除了《汕头方言初阶》an[an]、cân[tsan]、chan[ts'an]、hán[han]、kan[kan]、khan[k'an]、lan[lan]、mân[man]、nán[nan]、pan[pan]、sán[san]、tán[tan]、thàn[t'an]13个收-n韵尾的音节，则保留了ang[aŋ]、cang[tsaŋ]、chang[ts'aŋ]、hang[haŋ]、kang[kaŋ]、khang[k'aŋ]、lang[laŋ]、máng[maŋ]、nâng[naŋ]、pang[paŋ]、sang[saŋ]、tang[taŋ]、thang[t'aŋ]13个收-ŋ韵尾的音节，说明当时收-n韵尾的音节正在向收-ŋ韵尾的音节演变。

2. 该字典删除了《汕头方言初阶》bât[bat]、cât[tsat]、chat[ts'at]、kat[kat]、lât[lat]、sat[sat]6个收-t韵尾的音节，则保留了bâk[bak]、cak[tsak]、chak[ts'ak]、kak[kak]、lâk[lak]、sak[sak]6个收-k韵尾的音节，说明当时收-t韵尾的音节正在向收-k韵尾的音节演变。

3. 该字典删除了《汕头方言初阶》jǔan[dzuan]、lǔan[luan]、sūan[suan]3个收-n尾的音节，国语中的uan韵母在《汕头方言音义字典》中多数演变成鼻化韵uaⁿ[tuã]韵母，如chuaⁿ[ts'uã]闩、huaⁿ[huã]欢、kuaⁿ[kuã]官、khuaⁿ[k'uã]宽，少数则读作suang[suaŋ]，如suang[suaŋ]宣。

4. 该字典删除了《汕头方言初阶》ngn[ŋn]、dí[ti]、hwp[hwp]3个音节，现代潮汕方言亦确无此音节，说明这个音节应该是不存在的。

5.该字典删除了《汕头方言初阶》choh[ts'oʔ]音节，现代潮汕方言确有此音节，说明choh[ts'oʔ]音节在当时应该是存在的。

据统计，《汕头方言音义字典》共记载了825个音节，共有如下94个韵母：

(一)阴声韵/入声韵（32个）

1.单元音（舒声韵母7个/促声韵母6个）：i[i]/ih[iʔ]衣/箧、u[u]/uh[uʔ]有/足、a[a]/ah[aʔ]鸦/鸭、o[o]乌/、e[e]/eh[eʔ]哑/麦、ṳ[ɯ]/ṳh[ɯʔ]馀/乞、o̱[ɔ]/o̱h[ɔʔ]蠔/桌。

2.复元音（舒声韵母11个/促声韵母8个）：ia[ia]/iah[iaʔ]者/食、ua/oa[ua]/uah/oah[uaʔ]蛙/末、ue[ue]/ueh[ueʔ]回/袜、au[au]/auh[auʔ]九/乐、uai[uai]枴、ui[ui]亏、ai[ai]碍、iu[iu]/iuh[iuʔ]周/拂、oi[oi]/oih[oiʔ]齐/八、io[io]/ioh[ioʔ]吊/雀、ie[ie]/ieh[ieʔ]赵/尺。

(二)鼻化韵/入声韵（27个）

1.单元音鼻化韵（舒声韵母5个/促声韵母4个）：aⁿ[ã]/ahⁿ[ãʔ]掩/秽、eⁿ/ehⁿ[ẽ/ẽʔ]井/咳、o̱ⁿ/o̱hⁿ[ɔ̃/ɔ̃ʔ]茅/膜、oⁿ[õ]否、iⁿ/ihⁿ[ĩ/ĩʔ]圆/瞬；

2.复元音鼻化韵（舒声韵母11个/促声韵母7个）：aiⁿ/aihⁿ[ãi/ãiʔ]还/捱、auⁿ/auhⁿ[ãu/ãuʔ]好/譴、oiⁿ/oihⁿ[õi/õiʔ]剪/齧；iaⁿ[iã]正、ioⁿ/ioⁿh[iõ/iõʔ]掀/捽、iuⁿ[iũ]幽、ieⁿ[iẽ]章；uaⁿ/oaⁿ[uã]鞍、uiⁿ/uihⁿ[uĩ/uĩʔ]毁/拾、ueⁿ/ûehⁿ[uẽ/uẽʔ]横/物、uaiⁿ/uaihⁿ[uãi/uãiʔ]矿/转。

(三)声化韵/入声韵（3个）：ng/ngk[ŋ/ŋk]砖/呼、hm̄[hm]呼。

(四)阳声韵/入声韵（32个）

1. 收[-m]韵尾的阳声韵母4个，收[-p]韵尾的入声韵母4个：am/ap[am/ap]贪/匣，iam/iap[iam/iap]点/接，im/ip[im/ip]林/邑，uam/uap[uam/uap]凡/法；

2.收[-ŋ]韵尾的阳声韵母6个，收[-k]韵尾的入声韵母6个：ang/ak[aŋ/ak]笼/恶，iang/iak[iaŋ/iak]杖/虐，uang/uak[uaŋ/uak]方/浊，ong/ok[oŋ/ok]绒/屋，iong/iok[ioŋ/iok]用/畜，eng/ek[eŋ/ek]钟/浴；

3. 收[-n]韵尾的阳声韵母6个，收[-t]韵尾的入声韵母6个：in/it[in/it]因/得，un/ut[un/ut]揾/佛，ṳn/ṳt[ɯn/ɯt]恩/稠，ien/iet[ian/iat]远/别，an/at[an/at]眼/识，wn/wt[wn/wt]完/发。

四　《汕头方言音义字典》音系性质研究

为了进一步探讨《汕头方言音义字典》（简称《音义》）的音系性质，我们拟将其韵母系统与现代汕头、潮州、澄海、潮阳、揭阳、海丰诸方言韵母进行历史比较研究。

【表一·阴声韵/入声韵】

据考察，《汕头方言音义字典》记有单元音韵母7个、促声韵母6个；复元音韵母11个、促声韵母8个。现与潮汕6个方言点比较如下：

音义18/14	汕头话18/15	潮州话18/15	澄海话18/15	潮阳话17/13	揭阳18/15	海丰话17/12
i/i? 衣/篾	i/i? 衣/铁	i/i? 衣/铁	i/i? 衣/铁	i/i? 衣/铁	i/i? 衣/铁	i/i? 衣/铁
u/u? 有/足	u/u? 污/膈	u/u? 污/膈	u/u? 污/膈	u/u? 污/膈	u/u? 污/窟	u/u? 有/□
a/a? 鸦/鸭	a/a? 亚/鸭	a/a? 亚/鸭	a/a? 亚/鸭	a/a? 亚/鸭	a/a? 亚/鸭	a/a? 亚/鸭
o/ 乌/	o/o? 窝/学	o/o? 窝/□	o/o? 窝/学	o/o? 窝/学	o/o? 窝/学	o/o? 蚝/学
e/e? 哑/麦	e/e? 哑/厄	e/e? 哑/厄	e/e? 哑/厄	e/e? 哑/厄	e/e? 哑/厄	e/e? 下/笠
ɯ/ɯ? 馀/乞	ɯ/ɯ? 余/乞	ɯ/ɯ? 余/乞	ɯ/ɯ? 余/乞	——	ɯ/ɯ? 余/□	——
ɔ/ɔ? 蟑/桌						
ia/ia? 者/食	ia/ia? 爷/益	ia/ia? 爷/益	ia/ia? 爷/益	ia/ia? 爷/益	ia/ia? 爷/益	ia/ia? 爷/益
ua/ua? 蛙/末	ua/ua? 娃/活	ua/ua? 蛙/活	ua/ua? 蛙/活	ua/ua? 蛙/活	ua/ua? 蛙/活	ua/ua? 蛙/活
ue/ue? 回/袜	ue/ue? 锅/划	ue/ue? 锅/划	ue/ue? 锅/划	ue/ue? 锅/划	ue/ue? 锅/划	ue/ue? 锅/划
au/ua? 九/乐	au/au? 欧/□	au/au? 欧/□	au/au? 欧/□	au/au? 欧/乐	au/au? 欧/乐	au/au? 后/□
uai/枴	uai/ 歪	uai/ 歪	uai/ 歪	uai/ 歪	uai/ 歪	uai/ 歪
ui/亏	ui/ 医	ui/ 医	ui/ 医	ui/ 医	ui/ 医	ui/ 围
ai/碍	ai/ai? 埃/□	ai/ai? 埃/□	ai/ai? 埃/□	ai/ 哀	ai/ai? 埃/□	ai/挨
iu/iu?] 油/拂	iu/iu? 优/□	iu/iu? 优/□	iu/iu? 优/□	iu/iu? 优/□	iu/iu? 优/□	iu/iu? 油/□
oi/oi? 齐/八	oi/oi? 鞋/八	oi/oi? 鞋/八	oi/oi? 鞋/八	oi/oi? 鞋/八	oi/oi? 鞋/八	——
——	ou/ 乌	ou/ 乌	ou/ 乌	ou/ 乌	ou/ 乌	ou/ 乌
iau/iau? 妖/□	——	——	——	iau/iau? 妖/□	iau/iau? 妖/□	iau/iau? 枵/□
——	——	iou/iou? 妖/□	iou/iou? 妖/约	——	——	——
io/io? 吊/雀	io/io? 腰/药	——	——	io/io? 腰/药	io/io? 腰/药	io/io? 腰/药
ie/ie? 赵/尺	——	ie/ie? 腰/药	ie/ie? 腰/药	——	——	——
——	——	——	——	——	——	ei/鞋

据上表可见，《汕头方言音义字典》与潮汕6个方言点共有的韵母有：[i/i?]、[u/u?]、[a/a?]、[e/e?]、[ia/ia?]、[ua/ua?]、[ue/ue?]、[au/ua?]、[iu/iu?]、[uai]、[ui]。不同之处有：(1)潮汕6个方言点均有[o/o?]韵母，《汕头方言音义字典》则只有[o]韵母。(2)《汕头方言音义字典》与汕头、潮州、澄海和揭阳4个方言点有[ɯ/ɯ?]韵母，潮阳和海丰方言则无。(3)《汕头方言音义字典》有[ɔ/ɔ?]韵母，潮汕6个方言点则均无此韵母；笔者认为，早在19世纪中叶，潮汕地区有[ɔ]和[o]2个韵母，发展至今，[ɔ]韵母逐渐演变为[o]韵母。(4)《汕头方言音义字典》与潮汕6个方言点均有[ai]韵母；汕头、潮州、澄海、揭阳还有[ai?]韵母，《汕头方言音义字典》和潮阳、海丰则无。(5)《汕头方言音义字典》与汕头、潮州、澄海、潮阳和揭阳5个方言点有[oi]韵母，海丰方言则无。(6)《汕头方言音义字典》与汕头、潮阳、揭阳和海丰4个方言点有[io]韵母，潮州和澄海方言则无。(7)《汕头方言音义字典》与潮州和澄海方言有[ie]韵母，汕头、潮阳、揭阳和海丰4个方言点则无。(8)潮汕6个方言点均有[ou]韵母，《汕头方言音义字典》则无。(9)汕头、潮阳、揭阳和海丰4个方言点有[iau]韵母，《汕头方言音义字典》与潮州和澄海方言则无。(10)潮州和澄海方言有[iou]韵母，《汕头方言音义字典》与汕头、潮阳、揭阳和海丰4个方言点则无。(11)海丰方言有[ei]韵母，《汕头方言音义字典》与汕

头、潮州、澄海、潮阳和揭阳和5个方言点则无。

【表二·鼻化韵/入声韵】

据考察，《汕头方言音义字典》记有鼻化韵母16个、入声韵母11个，现与潮汕6个方言点比较如下：

音义16/11	汕头话15/8	潮州话15/7	澄海话15/8	潮阳话14/8	揭阳话16/6	海丰话14/4
ĩ/ĩʔ圆/瞬	ĩ/ĩʔ 圆/口	ĩ/ĩʔ 圆/口	ĩ/ĩʔ 圆/口	ĩ/ĩʔ圆/口	ĩ/ĩʔ 圆/口	ĩ/ 椅
ã/ãʔ掩/㩼	ã/ 搭	ã/ 搭	ã/ 搭	ã/ãʔ搭/口	ã/ 搭	ã/ãʔ搭/口
ẽ/ẽʔ井/咳	ẽ/ẽʔ楹/脉	ẽ/ẽʔ楹/吓	ẽ/ẽʔ楹/脉	ẽ/ẽʔ楹/脉	ẽ/ẽʔ楹/脉	ẽ/ẽʔ桁/口
ɔ̃/ɔ̃ʔ茅/膜	———	———	———	———	———	———
õ/ 否/					õ/ 奥	õ/ 耗
iã/正	iã/ 影	iã/ 影	iã/ 影	iã/iãʔ影/口	iã/ 影	iã/ 影
uĩ/uĩʔ毁/拾	uĩ/ 畏	uĩ/ 畏	uĩ/ 畏	uĩ/ 畏	uĩ/ 匪	uĩ/ 黄
ãi/ãiʔ还/㧌	ãi/ãiʔ爱/口	ãi/ãiʔ爱/口	ãi/ãiʔ爱/口	ãi/ãiʔ爱/口	ãi/ 爱	ãi/ãiʔ爱/口
uãi/uãiʔ矿/转	uãi/uãiʔ横/口	uãi/uãiʔ横/口	uãi/uãiʔ横/口	uãi/ 横	uãi/ 蒄	uãi/uãiʔ横/口
uã/鞍	uã/uãʔ鞍/活	uã/ 鞍	uã/uãʔ鞍/活	uã/ 鞍	uã/uãʔ鞍/口	uã/ 碗
ãu/ãuʔ好/谵	ãu/ãuʔ好/口	ãu/ãuʔ好/口	ãu/ãuʔ好/乐	ãu/ãuʔ好/口	ãu/ãuʔ好/口	
iũ/幽	iũ/iũʔ幼/口	iũ/iũʔ幼/口	iũ/iũʔ幼/口	iũ/iũʔ幼/口	iũ/iũʔ幼/口	iũ/ 裘
uẽ/uẽʔ横/物	uẽ/ 关	uẽ/ 关	uẽ/ 关	uẽ/ 关	uẽ/ 关	uẽ/ 关
	iõu/iõuʔ口/口	iõu/iõuʔ口/口	iõu/iõuʔ口/口	———	———	
	iãu/iãuʔ口/口	———	———	iãu/iãuʔ口/口	iãu/iãuʔ口/口	iãu/ 皱
õi/õiʔ剪/齧	õi/ 闲	õi/ 闲	õi/ 闲		õi/ 睇	
iõ/iõʔ抓/摔	iõ/ 羊			iõ/ 羊	iõ/ 羊	iõ/ 羊
iẽ/章	———	iẽ/ 羊	iẽ/ 羊	———	———	
						ẽi/ 口
	õu/ 虎	õu/ 虎	õu/ 虎	õu/ 摸	õu/ 虎	

由上表可见，《汕头方言音义字典》与潮汕6个方言点共有的鼻化韵母有10个：[ĩ]、[ã]、[ẽ]、[iã]、[uĩ]、[ãi]、[uãi]、[uã]、[iũ]、[uẽ]。不同之处有：(1)《汕头方言音义字典》有[ɔ̃/ɔ̃ʔ]韵母，潮汕6个方言点均无。(2)《汕头方言音义字典》与揭阳、海丰2个方言点有[õ]韵母，汕头、潮州、澄海和潮阳4个方言点则无。(3)《汕头方言音义字典》与汕头、潮州、澄海、潮阳和揭阳5个方言点均有[ãu]韵母，唯独海丰方言无此韵母。(4)《汕头方言音义字典》与汕头、潮州、澄海和揭阳4个方言点均有[õi]韵母，潮阳和海丰则无此韵母。(5)《汕头方言音义字典》与潮州、澄海均有[iẽ]韵母，而汕头、潮阳、揭阳和海丰4个方言点均无此韵母，而有[iõ]韵母。(6) 潮州、澄海方言有[iõu/iõuʔ]韵母，汕头、潮阳、揭阳和海丰4个方言点有[iãu/iãuʔ]韵母，《汕头方言音义字典》则均无。(7)海丰方言有[ẽi]韵母，《汕头方言音义字典》与其他5个方言点则无。(8)汕头、潮州、澄海、潮阳和揭阳5个方言点均有[õu]韵母，《汕头方言音义字典》与海丰方言则无。

【表三·声化韵/入声韵】

据考察，《汕头方言音义字典》记有声化韵母3个，现与潮汕6个方言点韵母比较如下：

音义3/0	汕头话2/2	潮州话2/2	澄海话2/2	潮阳话2/2	揭阳话2/2	海丰话2/2
m/姆/	m/mʔ姆/□	m/mʔ 姆/□	m/mʔ姆/□	m/mʔ姆/□	m/mʔ 姆/□	m/mʔ 姆/□
ŋ/园/	ŋ/ŋʔ 秧/□	ŋ/ŋʔ 秧/□	ŋ/ŋʔ 秧/□	ŋ/ŋʔ 园/□	ŋ/ŋʔ 秧/□	ŋ/ŋʔ 秧/□
/ŋk　/呼	——	——	——	——	——	——

由上表可见，潮汕6个闽南方言点共有[m/mʔ]、[ŋ/ŋʔ]2个韵母，《汕头方言音义字典》则有m[m]而无[mʔ]，有ng[ŋ]/ngk[ŋk]，笔者认为ngk[ŋk]似乎是ngh[ŋʔ]之误。

【表四·阳声韵/入声韵】

据考察，《汕头方言音义字典》记有收[-m]韵尾的阳声韵母4个，收[-p]韵尾的入声韵母4个；收[-ŋ]韵尾的阳声韵母6个，收[-k]韵尾的入声韵母6个；收[-n]韵尾的阳声韵母6个，收[-t]韵尾的入声韵母6个。现与潮汕6个方言点韵母比较如下：

音义16/16	汕头12/12	潮州16/16	澄海9/9	潮阳14/14	揭阳13/13	海丰14/14
am/ap贪/匣	am/ap 庵/盒	am/ap庵/盒		am/ap庵/盒	am/ap 庵/盒	am/ap 暗/盒
iam/iap点/接	iam/iap 淹/粒	iam/iap淹/粒		iam/iap 盐/涩	iam/iap淹/粒	iam/iap 淹/粒
im/ip林/邑	im/ip 音/立	im/ip 音/立		im/ip音/邑	im/ip 音/立	im/ip 音/浥
		om/op □/□		om/op 虎/□	om/op □/□	om/op 暗/□
uam/uap凡/法		uam/uap 凡/法		uam/uap犯/法	uam/uap 凡/法	uam/uap 凡/法
aŋ/ak 笼/恶	aŋ/ak 红/北	aŋ/ak 红/北	aŋ/ak 红/北	aŋ/ak 红/北	aŋ/ak 红/北	aŋ/ak红/沃
iaŋ/iak 杖/虐	iaŋ/iak 央/跃	iaŋ/iak 央/跃	iaŋ/iak 央/跃	iaŋ/iak 央/跃	iaŋ/iak 央/跃	iaŋ/iak 阳/烈
		ieŋ/iek 建/杰				
uaŋ/uak方/浊	uaŋ/uak 弯/越	uaŋ/uak 汪/获	uaŋ/uak 弯/越	uaŋ/uak汪/穴	uaŋ/uak汪/粤	uaŋ/uak 弯/法
		ueŋ/uek权/越		ueŋ/uek 荣/域	ueŋ/uek 永/获	ueŋ/uek 恒/或
oŋ/ok 绒/屋	oŋ/ok 公/屋	oŋ/ok 公/屋	oŋ/ok 公/屋	oŋ/ok 公/屋	oŋ/ok 公/屋	oŋ/ok 公/屋
ioŋ/iok 用/畜	ioŋ/iok 雍/育	ioŋ/iok 雍/育	ioŋ/iok 雍/育	ioŋ/iok 容/育	ioŋ/iok 雍/育	ioŋ/iok 涌/浴
eŋ/ek 钟/浴	eŋ/ek 英/亿	eŋ/ek 英/亿	eŋ/ek 英/亿	eŋ/ek 英/浴	eŋ/ek 因/乙	eŋ/ek 鹰/□
	uŋ/uk 温/熨	uŋ/uk 温/熨	uŋ/uk 温/熨	uŋ/uk 温/熨	uŋ/uk 温/熨	
	iŋ/ik 因/乙	iŋ/ik 因/乙	iŋ/ik 因/乙	iŋ/ik 印/日		
	ɤŋ/ɤk 恩/乞	ɤŋ/ɤk 恩/乞	ɤŋ/ɤk 恩/乞			
in/it因/得	——	——	——	——	——	in/it 瘾/日
un/ut搵/佛	——	——	——	——	——	un/ut运/出
ɯn/ɯt恩/稠	——	——	——	——	——	——
ian/iat远/别	——	——	——	——	——	——
an/at眼/识	——	——	——	——	——	——
ɯn/ɯt 完/发	——	——	——	——	——	——
音义16/16	汕头12/12	潮州16/16	澄海9/9	潮阳14/14	揭阳13/13	海丰14/14

　　由表四可见，《汕头方言音义字典》与汕头等6个方言点相同的韵母有[aŋ/ak]、[iaŋ/iak]、[uaŋ/uak]、[oŋ/ok]、[ioŋ/iok]、[eŋ/ek]等。差异之处有：(1)《汕头方言音义字典》与汕头、潮州、潮阳、揭阳和海丰5个方言点均有[am/ap]、[iam/iap]、[im/ip]韵母，而澄海方言则无；(2)《汕头方言音义字典》与潮州、潮阳、揭阳和海丰4个方言点均有[uam/uap]韵母，而汕头、澄海则无；(3)潮州、潮阳、揭阳和海丰4个方言点均有[om/op]韵母，而《汕头方言音义字典》与汕头、澄海方言均无；(4)唯独潮州话有[ieŋ/iek]韵母，《汕头方言音义字典》与汕头、澄海、潮阳、揭阳和海丰5个方言点均无；(5)潮州、潮阳、揭阳、海丰等4方言点均有[ueŋ/uek]，《汕头方言音义字典》与汕头、澄海则无；(6)汕头、潮州、澄海、潮阳、揭阳5方言点有[uŋ/uk]，《汕头方言音义字典》与海丰方言则无；(7)除了《汕头方言音义字典》与揭阳、海丰方言无[iŋ/ik]韵母，其余方言点均有；(8)汕头、潮州、澄海均有[ɤŋ/ɤk]，《汕头方言音义字典》和潮阳、揭阳、海丰方言则无；(9)唯独《汕头方言音义字典》和海丰有[in/it]、[un/ut]韵母，而汕头、潮州、澄海、潮阳、揭阳5个方言点则无；(10)唯独《汕头方言音义字典》有[ɯn/ɯt]、[uan]、[ien/iet]、[an/at]、[ɯn/ɯt]诸韵母，潮汕6个方言点均无。

　　由上可见，《汕头方言音义字典》所收录的方言韵母，并非只收录汕头方言韵母，而且还兼收潮州、澄海、潮阳、揭阳、海丰等方言点的韵母。此外，《汕头方言音义字典》还收录[in/it]、[un/ut]、uŋ[ɯŋ]/ut[ɯt]、uan[uan]/uat[uat]、ien[ien]/iet[iet]、an[an]/at[at]等韵母，说明在一百多年前潮汕方言较完整保留了收三套鼻音韵尾[-m,-n,-ŋ]的阳声韵和收三套辅音韵尾[-p,-t,-k]的入声韵，经过百年来的演化，[-m,-n,-ng]三套阳声韵并为现在[-m,-ng]两套阳声韵，[-p,-t,-k]三套入声韵，并为现在[-p,-k]两套入声韵。唯独澄海阳声韵/入声韵只有[-ŋ/-k]一套韵尾，海丰方言则有[-m/-p,-n/-t,-ŋ/-k]三套韵尾，但并不完整。现将《汕头方言音义字典》93个韵母整理如下：

　　1. 元音韵/入声韵32（18/14）

开口	舒声	a鸦	o乌	e哑	ɯ馀	ɔ蠔	au九	ai得	oi齐
	促声	aʔ鸭	——	eʔ麦	ɯʔ乞	ɔʔ桌	auʔ乐	——	oiʔ八
齐齿	舒声	i衣	ia者	iu周	io吊	ie赵			
	促声	iʔ篋	iaʔ食	iuʔ拂	ioʔ雀	ieʔ尺			
合口	舒声	u有	ua蛙	ue回	uai枴	ui亏			
	促声	uʔ足	uaʔ末	ueʔ袜	——				

2. 鼻化韵/入声韵27（16/11）

		ã掩	ẽ井	ɔ̃茅	õ否	ãi还	ãu好	õi剪	
开口	舒声	ã掩	ẽ井	ɔ̃茅	õ否	ãi还	ãu好	õi剪	
	促声	ãʔ秒	ẽʔ咳	ɔ̃ʔ膜	——	ãiʔ揶	ãuʔ谑	õiʔ齉	
齐齿	舒声	ĩ圆	iã正	iũ幽	iõ掀	iẽ章			
	促声	ĩʔ瞬	——		iõʔ摔				
合口	舒声	uĩ美	uãi矿	uã鞍	uẽ横				
	促声	uĩʔ拾	uãiʔ转	——	uẽʔ物				

3. 声化韵（2）

开口	舒声	m　姆	ŋ　昏				
	促声	----------	ŋk　呼				

4. 阳声韵/入声韵32（16/16）

开口	舒声	am贪	aŋ笼	oŋ绒	eŋ钟	ɯn恩	an眼		
	促声	ap匣	ak恶	ok屋	ek浴	ɯt稠	at识		
齐齿	舒声	iam点	im林	iaŋ杖	ioŋ用	in因	ian远		
	促声	iap接	ip邑	iak虐	iok畜	it得	iat别		
合口	舒声	uam凡	uaŋ方	un揾	ɯn完				
	促声	uap法	uak浊	ut佛	ɯt发				

据考证，菲尔德《汕头方言音义字典》记载了93个韵母，与潮汕方言共有的韵母有53个：[a]、[o]、[e]、[i]、[u]、[au]、[ai]、[ia]、[iu]、[ua]、[ue]、[uai]、[ui]、[aŋ]、[iaŋ]、[uaŋ]、[oŋ]、[ioŋ]、[eŋ]、[ã]、[ẽ]、[ãi]、[ĩ]、[iã]、[iũ]、[uĩ]、[uã]、[uẽ]、[m]、[ŋ]、[aʔ]、[eʔ]、[iʔ]、[uʔ]、[iaʔ]、[uaʔ]、[ueʔ]、[ak]、[ok]、[iok]、[ek]、[ãu]、[iõ]、[uãi]、[auʔ]、[iuʔ]、[ẽʔ]、[ĩʔ]、[ãiʔ]、[uãiʔ]、[ãuʔ]、[iak]、[uak]。还有40个韵母的情况有二：其一，菲尔德记载了25个韵母分别反映了潮汕6个方言点的韵类：

潮州澄海	汕头潮州潮阳揭阳海丰	汕头潮阳揭阳海丰	海丰	汕头潮州澄海揭阳	汕头潮州澄海潮阳揭阳	潮州潮阳揭阳海丰	揭阳海丰	潮阳海丰	潮阳
[ie][iẽ][ieʔ]	[am][im][iam][ap][ip][iap]	[io][ioʔ]	[in][un][it][ut]	[ɯ][ɯʔ]	[oi][oiʔ][õi]	[uam][uap]	[õ]	[ãʔ]	[õiʔ]

据统计，菲尔德所记载的潮州、揭阳、海丰韵母最多，各16个，潮阳15个，汕头13个，澄海最少，只有8个。其二，菲尔德记载了15个现代潮汕6个方言所没有的韵

母：[ɔ]、[ɯn]、[ian]、[an]、[ɯn]、[ɔ̃]、[ɔʔ]、[uɛ̃ʔ]、[ɔ̃ʔ]、[iõʔ]、[uĩʔ]、[ɯt]、[iat]、[at]、[ɯt]。

总之，菲尔德《汕头方言音义字典》所反映的韵母系统均非汕头或潮州单一的方言音系，而是以潮汕地区方言为基础，吸收潮州、海丰、揭阳、潮阳、汕头、澄海等方言韵类的综合音系。

五 《汕头方言音义字典》声调系统研究

《汕头方言音义字典》序言中描写了汕头方言的声调系统，即

1.上平cieⁿ-phêⁿ,upper even. 按：上平,汕头方言读作[tsiɛ̃-pʻɛ̃]，英语读作upper even。

2.上上 cieⁿ-sǐang,upper high. 按：上上,汕头方言读作[tsiɛ̃-siaŋ]，英语读作upper high。

3.上去 cieⁿ-khừ, upper going.按：上去，汕头方言读作[tsiɛ̃-kʻɯ]，英语读作upper going。

4.上入 cieⁿ-jip,upper entering.按：上入，汕头方言读作[tsiɛ̃-dzip]，英语读作upper entering。

5.下平 ě-phêⁿ,lower even. 按：下平,汕头方言读作[e-pʻɛ̃]，英语读作lower even。

6.下上 ě̃ⁿ-sǐang,lower high. 按：下上,汕头方言读作[[e-siaŋ]，英语读作lower high。

7.下去 ě-khừ,lower going. 按：下上,汕头方言读作[e-kʻɯ]，英语读作lower going。

8.下入 ě-jǐp,lower entering. 按：下入,汕头方言读作[e-dzip]，英语读作lower entering。

菲德尔以西洋音乐的五线谱来描写8个声调的调值：

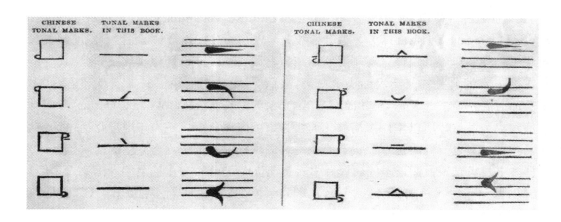

林论论、陈小枫《广东闽方言语音研究》"粤东闽语声调的内部差异"记载了潮汕6个方言点的调类和调值，现将菲尔德《汕头方言音义字典》声调系统比较如下：

调类	音义	汕头	潮州	澄海	潮阳	揭阳	海丰
上平	33	33	33	33	33	33	33
上上	43	53	53	53	53	53	53
上去	212	213	213	213	31	213	213
上入	321	2	2	2	2	2	2
下平	44	55	55	55	55	55	55
下上	45	35	35	35	313	35	35
下去	22	11	11	11	11	11	11
下入	543	5	5	5	5	5	5

　　由上表可见，《汕头方言音义字典》调值与潮汕方言调值基本上一致。其异同点分析如下：(1)上平调值《汕头方言音义字典》与潮汕方言均为平调33；(2)上上调值均为降调，《汕头方言音义字典》为43，潮汕方言为53；(3)上去调值均为降升调，《汕头方言音义字典》为212，潮汕方言除潮阳31外均为213；(4)上入调值略有差别，《汕头方言音义字典》为321，重点落在2上，潮汕方言均为2；(5)下平调值均为平调，《汕头方言音义字典》为44，潮汕方言均55；(6)下上调值《汕头方言音义字典》为升调45，潮汕方言除潮阳降升调313外均为升调35；(7)下去调值均为平调，《汕头方言音义字典》为22，潮汕方言均为11；(8)下入调值略有差别，《汕头方言音义字典》为543，重点落在4上，潮汕方言均为5。总之，经过百余年语音的演变，菲尔德《汕头方言音义字典》所描写的调值与现代潮汕方言调值略有差异，这是符合语音发展规律的。

第六节　英国牧师卓威廉编《汕头白话英华对照词典》（1883）音系研究

一　《汕头白话英华对照词典》的作者及编撰体例

　　《汕头白话英华对照词典》（English-Chinese Vocabulary of the Vernacular or Spoken Language of Swatow），编者卓威廉（William Duffus），通称"卓威廉词典"，英华书局1883年版。汉译《英华对照潮州方言词典》，亦可译作《英潮词典》、《英汉潮汕方言词典》、《英汉汕头土白词典》、《英华潮腔语汇》、《英潮语汇》、《英汕语汇》等。卓威廉（William Duffus）系英伦长老会牧师William Duffus（汉名卓威廉、卓为廉），所以本坛多简称此词典为卓威廉词典。这是当年用潮州话白话字编著的重要词典之一。将这本词典最终整理编成付梓者，据游汝杰先生的《〈圣经〉方言译本书目考录》，潮语圣经诸译者中就有这位W. Duffus先生的名字，潮语《圣经》的《创世记》、《路加福音》、《约拿书》、《雅各书》、《哈该书》、《玛拉基书》、《哥林多后书》等篇均有Duffus先生手笔。

　　本词典初稿为清末道光、咸丰年间来华南传教的德国巴色会（崇真会）牧师黎力基（Rudolph Lechler）根据美国著名汉学家卫三畏（S. W. Williams）的手稿初步编定。

黎力基（Rudolf Lecheler，1824—1908年）又译黎立基、黎力居，德国人，巴色会（崇真会）。黎力基是巴色会直接派到中国的第一个传教士，1847年到达香港。于清道光二十八年（1848年）从香港到南澳后宅、潮安龙湖等地布道，不被当地官府所容，翌年2月转到澄海盐灶沿海一带布道，同年设立盐灶教堂，这是基督教传入潮汕之肇始。1850年6月先后为8名信徒施洗，这是基督教在潮汕的首批教徒。至咸丰二年（1852年）已有13名信徒受礼，但为官府所禁止，黎也被潮州府尹驱逐返港。1852年他回到香港与同仁韩山明(Theodore hamberg)转向从事客家方言区的传教。卓威廉编《汕头白话英华对照词典》，卓氏在前言中提及其字典的基础是30多年前（19世纪50年代）黎乐基的手稿，而黎氏手稿又是基于卫三畏所收集的词汇。从此处可见卓威廉词典反映的实际潮语年代应该早于菲尔德字典，这也是两部词典潮语有差异的一个原因。本词典于1883年由English Presbyterian Mission Press（英华书局）出版。正文前有编者卓威廉（William Duffus）的《前言》（PREFACE）。正文302页，收录潮语词汇非常丰富，颇为全面地反映了清末潮州方言的基本面貌。在潮语的罗马字典中，除去菲尔德（Fielde）的600多页《汕头方言音义词典》外，应该算卓威廉这一本收词最多了。

正文部分《汕头口语词汇》（Vocabulary of The Swatow Cclloquial Language）以26个英文字母为序A、B、C、D、E、F、G、H、I、J、K、L、M、N、O、P、Q、R、S、T、U、V、W、X、Y、Z，先列英文单词，再译成汕头罗马字口语。本文着重从以下三方面整理和研究《汕头白话英华对照词典》的声韵调系统。

二　《汕头白话英华对照词典》声母系统研究

《汕头白话英华对照词典》CONSONANTS（辅音）中描写了汕头方言的声母系统：

ch　is pronounced as in church.按：ch声母读作英语单词church[tʃəːtʃ]中的ch，一般读作[tɕ]。

g　is always hard as in go;never as in gin. 按：g声母读作英语单词go[gou]中的g[g]，而不读作英语单词gin[dʒin]中的g[dʒ]。

h　is always soundsd except when final. 按：

j　is pronounced as in jet.按：j声母读作英语单词jet[dʒet]中的j[dʒ]，一般读作[dʑ]。

ng　as in sing,ring.按：ng声母读作sing [siŋ]，ring[riŋ]中的ng。

s　always as in so,sing;never as in lose.按：s声母读作英语单词so [səu],sing [siŋ]中的s,而不读作英语单词lose [luːz]中的s。

z　always as ds or dz;never as in zeal,zone. 按：z声母读作dz，而不读作英语单词zeal[ziːl]或zone [zəun]中的z。

k　and t as finals are so much alike as to be scarcely distinguishable.按：书中描写不送气、舌面后塞音[k]的读法。

m　and ng will be found written without any vowel (e.g.ñgm̩) ;often also preceded by a consonant (e.g.hm̩,sń̩g,kng,hṇg).按：书中描写了鼻音声母m和ng以及声化韵m和ng。

根据卓威廉对该字典声母的描写，现将《汕头白话英华对照词典》声母系统列表如下：

双唇音	p [p]芭	ph [p']派	b [b]马	m [m]脉	
舌尖中音	t [t]端	th[t']胎	l [l]掠	n [n]篮	
舌尖前音	ts[ts]灶	tsh[ts']出	z[dz]热		s[s]顺
舌面前音	ch[tɕ]脂	chh[tɕ']耻	j[dʑ]字		
舌面后音	k [k]胶	kh[k']壳	g[g]牙	ng [ŋ]言	
喉音	h [h]鱼	以a爱/e鹰/i於/o黑/u恶开头为[ø]			

据考察，《汕头白话英华对照词典》ch、chh和j三声母均与i一类韵母和e一类相拼，ts、tsh和z三声母均与非i一类韵母和e一类相拼。例如：

ch[tɕ]：chié，chiù，chiap，chin，chièn，chiam，chiáng，chiáh，chià^n，chí；

chh[tɕ']：chhí，chhiet，chhim，chhiè，chhiú，chhiâng，chhin，chhién，chhiē^n，chhin；

j[dʑ]：jièt，jī，jiông，jêng，jìp，jîm，jîn，jìt，jiáng，jiên；

ts[ts]：tsûn，tsōi，tsáu，tsò，tsāu，tsuan，tsò，tsang，tsún，tsak；

tsh[ts']：tshâi，tshūa，tshù，tsha，tshut，tshng，tshui，tshông，tshân，tshòu；

z[dz]：zuàt，zuàh，zû，zúr，zú，zūi，zuān，zòk，zū，zúan。

ch、chh和j三声母分别读作[tɕ]、[tɕ']、[dʑ]，ts、tsh和z三声母分别读作[ts]、[ts']、[dz]。就如罗常培所说的，"tz，ts跟齐齿（i一类）韵母拼时，受颚化影响变成舌面前的[tɕ]、[tɕ']；但g系跟齐齿类（i一类）韵母拼时，仍旧保持本音，不受颚化影响。"（《厦门音系》第40页）其意思是说，曾、出二母跟齐齿（i一类）韵母拼时，受颚化影响变成舌面前的[tɕ]或[tɕ']；若与非齐齿（i一类）韵母拼时，就读作[ts]或[ts']。至于求、去二母跟齐齿类（i一类）韵母拼时，仍旧保持本音，不受颚化影响。因此，我们将字母ch，chh与齐齿（i一类）韵母拼时，因受颚化影响变成舌面前的[tɕ]、[tɕ']；若与非齐齿（i一类）韵母拼时，就读作[ts]、[ts']。ts字母均与非齐齿（i一类）韵母拼，就拟音为[ts]。

现代潮汕方言声母系统如下：[p]、[p']、[b]、[m]、[t]、[t']、[l]、[n]、[ts]、[ts']、[z]、[s]、[k]、[k']、[g]、[ŋ]、[h]、[ø]，与《汉英潮州方言词典》不同的是：(1) 现代潮汕方言只有舌尖前音[ts]、[ts']、[z]一套；而《汉英潮州方言词典》则有舌尖前音[ts]、[ts']、[z]和舌面前音[tɕ]、[tɕ']、[dʑ]两套。经过百余年的演变，舌面前塞擦音声母[tɕ]、[tɕ']逐渐演变成舌尖前塞擦音声母[ts]、[ts']；舌面前浊塞擦音声母[dʑ]演变成浊擦音声母[z]。(2)《汉英潮州方言词典》鼻音声母m[m]、n[n]、ng[ŋ]组成的音节居多，非鼻音声母b[b]、l[l]、g[g]相对少一些，尤其是g[g]更少。

三　《汕头白话英华对照词典》韵母系统研究

《汕头白话英华对照词典》VOWELS（元音）中描写了汕头方言的单元音和复元音。

1. VOWELS（元音）

a　pronounced like a in far.按：a 元音发音如同英语单词far[fɑ:]中的a。

e　pronounced like e in bed. 按：e 元音发音如同英语单词bed[bed]中的e。

i　pronounced like ee in seen.按：i 元音发音如同英语单词seen[si:n]中的i。

o　pronounced like aw in saw,but a little more open.按：o 元音发音如同英语单词saw[sɔ:]中的aw。

u　pronounced like u in put,rude.按：u 元音发音如同英语单词put[put],rude[ru:d]中的u。

ụ nearly as u in lowland Scotch abune; or eu in French heure.按：ụ元音发音接近u，如同英语单词abune[əˈbju:n]中的u，或者法语单词heure中u的读音，根据现代潮汕方言的材料，ụ元音应拟音为[ɯ]。

2. DIPHTHONGS（复元音）

《汕头白话英华对照词典》中还介绍了复元音ai，au，oa，oai，oi，ou，ua，ui. 认为这些元音韵母都有它们应有的读音。

根据卓威廉对该字典正文中对韵母的描写，现将《汕头白话英华对照词典》92个韵母整理如下：

甲、阴声韵母/入声韵母（31个）

单元音（舒声韵母6个/促声韵母5个）：i[i]/ih[iʔ]衣/铁、u[u]/thuh[uʔ]有/托、a[a]/ah[aʔ]亚/鸭、o[o] /oh[oʔ]窝/学、e[e]/eh[eʔ]哑/麦、ụ[ɯ]馀。

复元音（舒声韵母12个/促声韵母8个）：ia[ia]/iah[iaʔ]亦/益，ua/oa[ua]/uah[uaʔ]我大/活，ue[ue] /ueh[ueʔ]话/说、au[au]/auh[auʔ]老/雹，uai[uai]歪，ui[ui]瑞，ai[ai]哀，iu[iu]/iuh[iuʔ]油/□，oi[oi]/oih[oiʔ] 鞋/狭，ou[ou]乌，iau[iau] /chiauh[iauʔ]妖/□，ie[ie]/ieh[ieʔ]窑/药。

乙、鼻化韵母/入声韵母（26个：鼻化韵17个；鼻化入声韵9个）

开口呼（舒声韵母7个/促声韵母5个）：aⁿ[ã]/ahⁿ[ãʔ]篮/□，eⁿ[ẽ]/ehⁿ[ẽʔ]么/脉，oⁿ[õ]/ohⁿ[õʔ]五/□，aiⁿ[ãĩ]/aihⁿ[ãĩʔ]欲/闸，auⁿ[ãũ]/auhⁿ[ãũʔ]N/闹，oiⁿ[õĩ]千，ouⁿ[õũ]虎；

齐齿呼（舒声韵母6个/促声韵母2个）：iⁿ[ĩ]/ihⁿ[ĩʔ]鼻/碟，iaⁿ[iã]痛，iuⁿ[iũ]纽，ioⁿ[iõ]猫，ieⁿ[iẽ]丈，iauⁿ[iãũ]/iauhⁿ[iãũʔ]藐/□；

合口呼（舒声韵母4个/促声韵母2个）：uiⁿ[uĩ]柜，uaiⁿ[uãĩ]/uaihⁿ[uãĩʔ]蓑/闸，uaⁿ/oaⁿ[uã]满，ueⁿ[uẽ] /uehⁿ[uẽʔ]妹/袜。

丙、声化韵母/入声韵母（3个）：m[m]姆、ng[ŋ] /ngh[ŋʔ]昏/□。

丁、阳声韵母/入声韵母（32个）

收[-m]韵尾的阳声韵母4个，收[-p]韵尾的入声韵母4个：am[am]/ap[ap]贪/匣，

iam[iam]/iap[iap]盐/粒，im[im]/ip[ip]心/邑，uam[uam]/uap[uap]凡/法；

收[-ŋ]韵尾的阳声韵母6个，收[-k]韵尾的入声韵母6个：ang[aŋ]/ak[ak]邦/北，iang[iaŋ]/iak[iak]养/弱，uang[uaŋ]/uak[uak]装/越，ong[oŋ]/ok[ok]绒/屋，iong[ioŋ]/iok[iok]永/欲，eng[eŋ]/ek[ek]贞/泽；

收[-n]韵尾的阳声韵母6个，收[-t]韵尾的入声韵母6个：in[in]/it[it]寅/实，un[un]/ut[ut]搵/佛，ṳn[ɯn]/ṳt[ɯt]恩/稠，uan[uan]/uat[uat]乱/活，ien[ian]/iet[iat]远/别，an[an]/at[at]艰/力。

四　《汕头白话英华对照词典》音系性质研究

为了进一步探讨《汕头白话英华对照词典》（简称《词典》）的音系性质，我们现将其92个韵母与现代汕头、潮州、澄海、潮阳、揭阳、海丰诸方言韵母进行历史比较研究。

【表一·阴声韵/入声韵】31个韵母

据考察，《汕头白话英华对照词典》记有单元音韵母6个、促声韵母5个；复元音韵母12个、促声韵母8个。现与潮汕6个方言点比较如下：

词典18/13	汕头话18/15	潮州话18/15	澄海话18/15	潮阳话17/13	揭阳18/15	海丰话17/12
i/iʔ　衣/铁	i/iʔ衣/铁	i/iʔ衣/铁	i/iʔ衣/铁	i/iʔ衣/铁	i/iʔ衣/铁	i/iʔ衣/铁
u/uʔ有/托	u/uʔ污/膥	u/uʔ污/膥	u/uʔ污/膥	u/uʔ污/膥	u/uʔ污/窟	u/uʔ有/□
a/aʔ亚/鸭	a/aʔ亚/鸭	a/aʔ亚/鸭	a/aʔ亚/鸭	a/aʔ亚/鸭	a/aʔ亚/鸭	a/aʔ亚/鸭
o/oʔ窝/学	o/oʔ窝/学	o/oʔ窝/□	o/oʔ窝/学	o/oʔ窝/学	o/oʔ窝/学	o/oʔ蚝/学
e/eʔ哑/麦	e/eʔ哑/厄	e/eʔ哑/厄	e/eʔ哑/厄	e/eʔ哑/厄	e/eʔ哑/厄	e/eʔ下/笠
ɯ馀	ɯ/ɯʔ余/乞	ɯ/ɯʔ余/乞	ɯ/ɯʔ余/乞	————	ɯ/ɯʔ余/□	————
ia/iaʔ亦/益	ia/iaʔ爷/益	ia/iaʔ爷/益	ia/iaʔ爷/益	ia/iaʔ爷/益	ia/iaʔ爷/益	ia/iaʔ爷/益
ua/uaʔ我/活	ua/uaʔ娃/活	ua/uaʔ蛙/活	ua/uaʔ蛙/活	ua/uaʔ蛙/活	ua/uaʔ蛙/活	ua/uaʔ蛙/活
ue/ueʔ话/说	ue/ueʔ锅/划	ue/ueʔ锅/划	ue/ueʔ锅/划	ue/ueʔ锅/划	ue/ueʔ锅/划	ue/ueʔ锅/划
au/auʔ老/雹	au/auʔ欧/□	au/auʔ欧/□	au/auʔ欧/□	au/auʔ欧/乐	au/auʔ欧/乐	au/auʔ后/□
uai/歪	uai歪	uai歪	uai歪	uai歪	uai歪	uai歪
ui/瑞	ui医	ui医	ui医	ui医	ui医	ui围
ai/哀	ai/aiʔ埃/□	ai/aiʔ埃/□	ai/aiʔ埃/□	ai哀	ai/aiʔ埃/□	ai挨
iu/iuʔ油/□	iu/iuʔ优/□	iu/iuʔ优/□	iu/iuʔ优/□	iu/iuʔ优/□	iu/iuʔ优/□	iu/iuʔ油/□
oi/oiʔ鞋/狭	oi/oiʔ鞋/八	oi/oiʔ鞋/八	oi/oiʔ鞋/八	oi/oiʔ鞋/八	oi/oiʔ鞋/八	--------
ou/　乌	ou/　乌	ou/　乌	ou/　乌	ou/　乌	ou/　乌	ou/　乌
iau/iauʔ妖/□	iau/iauʔ妖/□	————	————	iau/iauʔ妖/□	iau/iauʔ妖/□	iau/iauʔ枵/□
		iou/iouʔ妖/□	iou/iouʔ妖/约			
----------	io/ioʔ腰/药			io/ioʔ腰/药	io/ioʔ腰/药	io/ioʔ腰/药
ie/ieʔ窑/药	————	ie/ieʔ腰/药	ie/ieʔ腰/药			
-----------	————	————	————	————	————	ei/鞋

由上表可见，《汕头白话英华对照词典》与潮汕6个方言点共有的韵母有24个：[i/iʔ]、[u/uʔ]、[a/aʔ]、[o/oʔ]、[e/eʔ]、[ia/iaʔ]、[ua/uaʔ]、[ue/ueʔ]、[au/auʔ]、[uai]、[ui]、[ai]、[iu/iuʔ]、[ou]。不同之处有：(1)《汕头白话英华对照词典》只有[ɯ]韵母，汕头、潮州、澄海和揭阳4个方言点有[ɯ/ɯʔ]韵母，潮阳和海丰方言则无。(2)《汕头白话英华对照词典》与潮阳、海丰方言有[ai]韵母，汕头、潮州、澄海和揭阳4个方言点有[ai/aiʔ]韵母。(3)《汕头白话英华对照词典》与汕头、潮州、澄海、潮阳和揭阳5个方言点有[oi/oiʔ]韵母，海丰方言则无。(4)《汕头白话英华对照词典》与汕头、潮阳、揭阳和海丰4个方言点有[iau/iauʔ]韵母，潮州和澄海方言则无。(5)潮州和澄海方言有[iou/iouʔ]韵母，《汕头白话英华对照词典》与汕头、潮阳、揭阳和海丰4个方言点则无。(6)汕头、潮阳、揭阳和海丰4个方言点有[io/ioʔ]韵母，《汕头白话英华对照词典》与潮州和澄海方言则无。(7)《汕头白话英华对照词典》与潮州和澄海方言有[ie/ieʔ]韵母，汕头、潮阳、揭阳和海丰4个方言点则无。(8)海丰方言有[ei]韵母，《汕头白话英华对照词典》与汕头、潮州、澄海、潮阳和揭阳5个方言点则无。

【表二·鼻化韵/入声韵】26个韵母

据考察，《汕头白话英华对照词典》记有鼻化韵17个；鼻化入声韵9个。现与潮汕6个方言点比较如下：

词典17/9	汕头话15/8	潮州话15/7	澄海话15/8	潮阳话14/8	揭阳话16/6	海丰话14/4
ĩ/ĩʔ 鼻/碟	ĩ/ĩʔ 圆/□	ĩ/ĩʔ 圆/□	ĩ/ĩʔ 圆/□	ĩ/ĩʔ 圆/□	ĩ/ĩʔ 圆/□	ĩ/椅
ã/ãʔ 篮/□	ã/ 揞	ã/ 揞	ã/揞	ã/ãʔ 揞/□	ã/ 揞	ã/ãʔ 揞/□
ẽ/ẽʔ 么/脉	ẽ/ẽʔ 槛/脉	ẽ/ẽʔ 槛/吓	ẽ/ẽʔ 槛/脉	ẽ/ẽʔ 槛/脉	ẽ/ẽʔ 槛/脉	ẽ/ẽʔ 桁/□
õ/õʔ 五/□					õ/奥	õ/耗
iã 痛	iã/ 影	iã/ 影	iã/ 影	iã/iãʔ影/□	iã/ 影	iã/ 影
uĩ/ 柜	uĩ/ 畏	uĩ/ 畏	uĩ/ 畏	uĩ/ 畏	uĩ/ 厓	uĩ/ 黄
ãi/ãiʔ欲/閑	ãi/ãiʔ 爱/□	ãi/ãiʔ爱/□	ãi/ãiʔ 爱/□	ãi/ãiʔ爱/□	ãi/ 爱	ãi/ãiʔ爱/□
uãi/uãiʔ 襄/閑	uãi/uãiʔ横/□	uãi/uãiʔ横/□	uãi/uãiʔ横/□	uãi/ 横	uãi/ 菓	uãi/uãiʔ横/□
uã 满	uã/uãʔ鞍/活	uã/鞍	uã/uãʔ鞍/活	uã/鞍	uã/uãʔ鞍/□	uã/碗
ãu/ãuʔ 傲/闹	ãu/ãuʔ好/□	ãu/ãuʔ好/□	ãu/ãuʔ好/乐	ãu/ãuʔ好/□	ãu/ãuʔ好/□	
iũ 纽	iũ/iũʔ幼/□	iũ/iũʔ幼/□	iũ/iũʔ幼/□	iũ/iũʔ幼/□	iũ/iũʔ幼/□	iũ/ 裘
uẽ/uẽʔ妹/袜	uẽ/ 关	uẽ/ 关	uẽ/ 关	uẽ/ 关	uẽ/ 关	uẽ/ 关
		iõu/iõuʔ□/□	iõu/iõuʔ□/□			
iãu/iãuʔ薮/□	iãu/iãuʔ□/□			iãu/iãuʔ□/□	iãu/iãuʔ□/□	iãu/皱
õi 千	õi/ 闲	õi/ 闲	õi/ 闲		õi/睇	
iõ 猫	iõ/ 羊	——	——	iõ/ 羊	iõ/ 羊	iõ/ 羊
iẽ 丈	——	iẽ/ 羊	iẽ/ 羊	iẽ/ 羊	——	
						ẽi/ □
õu 虎	õu/ 虎	õu/ 虎	õu/ 虎	õu/ 摸	õu/ 虎	——

由上表可见，《汕头白话英华对照词典》与潮汕6个方言点共有的韵母有11个：[ĩ]、[ã]、[ẽ/ẽʔ]、[iã]、[uĩ]、[ãi]、[uãi]、[uã]、[iũ]、[uẽ]。不同之处有：(1)《汕头白话英华对照词典》与汕头、潮州、澄海、潮阳和揭阳5个方言点均有[ĩʔ]，唯独海丰方言无此韵母。(2)《汕头白话英华对照词典》与潮阳、海丰方言有[ãʔ]韵母，汕头、潮州、澄海和揭阳4个方言点无此韵母。(3)《汕头白话英华对照词典》有[õ/õʔ]韵母，揭阳、海丰2个方言点有[õ]韵母，汕头、潮州、澄海和潮阳4个方言点则无。(4)唯独潮阳方言有[iãʔ]韵母，《汕头白话英华对照词典》与汕头、潮州、澄海、揭阳和海丰5个方言点均无。(5)《汕头白话英华对照词典》与汕头、潮州、澄海、揭阳和海丰5个方言点均有[ãiʔ]韵母，唯独揭阳方言则无。(6)《汕头白话英华对照词典》与汕头、潮州、澄海、海丰4个方言点均有[uãiʔ]韵母，唯独潮阳和揭阳方言则无。(7)汕头、澄海、揭阳3个方言点有[uãʔ]韵母，《汕头白话英华对照词典》与潮州、潮阳、海丰3个方言点则无。(8)《汕头白话英华对照词典》与汕头、潮州、澄海、潮阳和揭阳5个方言点均有[ãu/ãuʔ]韵母，海丰方言则无。(9)汕头、潮州、澄海、潮阳和揭阳5个人方言点均有[iũʔ]韵母，《汕头白话英华对照词典》与海丰方言则无。(10)唯独《汕头白话英华对照词典》有[uẽʔ]韵母，潮汕6个方言点则无。(11)唯独潮州、澄海方言有[iõu/iõuʔ]韵母，《汕头白话英华对照词典》与汕头、潮阳、揭阳和海丰4个方言点则无。(12)《汕头白话英华对照词典》与汕头、潮阳、揭阳和海丰4个方言点有[iãu/iãuʔ]韵母，潮州、澄海方言点则无。(13)《汕头白话英华对照词典》与汕头、潮州、澄海和揭阳4个方言点均有[õi]韵母，潮阳和海丰则无此韵母。(14)《汕头白话英华对照词典》与汕头、潮阳、揭阳和海丰4个方言点均有[iõ]韵母，而潮州和澄海则无。(15)《汕头白话英华对照词典》与潮州、澄海有[iẽ]韵母，而汕头、潮阳、揭阳和海丰4个方言点则无。(16)海丰方言点有[ẽi]韵母，《汕头白话英华对照词典》与其他5个方言点则无。(9)《汕头白话英华对照词典》与汕头、潮州、澄海、潮阳和揭阳5个方言点均有[õu]韵母，海丰方言点则无。

【表三·声化韵/入声韵】3个韵母

《汕头白话英华对照词典》记有声化韵母3个：m[m]姆、ng[ŋ]/ ngh[ŋʔ]昏/□。现与潮汕6个方言点比较如下：

词典2/1	汕头话2/2	潮州话2/2	澄海话2/2	潮阳话2/2	揭阳话2/2	海丰话2/2
m 姆	m/mʔ 姆/□	m/mʔ 姆/□	m/mʔ 姆/□	m/mʔ 姆/兜	m/mʔ 姆/□	m/mʔ 姆/□
ŋ/ŋʔ昏/□	ŋ/ŋʔ 秧/□	ŋ/ŋʔ 秧/□	ŋ/ŋʔ 秧/□	ŋ/ŋʔ 园/□	ŋ/ŋʔ 秧/□	ŋ/ŋʔ 秧/□

由上表可见，[m]、[ŋ/ŋʔ]三个声化韵母是《汕头白话英华对照词典》和潮汕6个南方言点所共有的，但《汕头白话英华对照词典》没有促声韵母[mʔ]。

【表四·阳声韵/入声韵】32个韵母

据考察，《汕头白话英华对照词典》记有收[-m]韵尾的阳声韵母4个，收[-p]韵尾的入声韵母4个；收[-ŋ]韵尾的阳声韵母6个，收[-k]韵尾的入声韵母6个；收[-n]韵尾的阳声韵母6个，收[-t]韵尾的入声韵母6个。现与潮汕6个方言点韵母比较如下：

下面将《汕头白话英华对照词典》阳声韵母及入声韵母与潮汕6个方言点韵母比较如下：

词典16/16	汕头12/12	潮州16/16	澄海9/9	潮阳14/14	揭阳13/13	海丰14/14
am/ap 贪/匣	am/ap庵/盒	am/ap庵/盒	——————	am/ap庵/盒	am/ap庵/盒	am/ap暗/盒
iam/iap 盐/粒	iam/iap淹/粒	iam/iap淹/粒	——————	iam/iap 盐/涩	iam/iap淹/粒	iam/iap淹/粒
im/ip心/邑	im/ip音/立	im/ip音/立	——————	im/ip音/邑	im/ip音/立	im/ip音/湆
uam/uap凡/法	——————	uam/uap凡/法	——————	uam/uap犯/法	uam/uap凡/法	uam/uap凡/法
		om/op口/口	——————	om/op虎/口	om/op口/口	om/op暗/口
aŋ/ak　邦/北	aŋ/ak红/北	aŋ/ak　红/北	aŋ/ak 红/北	aŋ/ak红/北	aŋ/ak　红/北	aŋ/ak红/沃
iaŋ/iak养/弱	iaŋ/iak 央/跃	iaŋ/iak 央/跃	iaŋ/iak 央/跃	iaŋ/iak 央/跃	iaŋ/iak 央/跃	iaŋ/iak 阳/烈
	ieŋ/iek 建/杰					
uaŋ/uak装/越	uaŋ/uak 弯/越	uaŋ/uak汪/获	uaŋ/uak 弯/越	uaŋ/uak汪/穴	uaŋ/uak 汪/粤	uaŋ/uak 弯/法
		ueŋ/uek权/越		ueŋ/uek荣/域	ueŋ/uek永/获	ueŋ/uek恒/或
oŋ/ok绒/屋	oŋ/ok 公/屋	oŋ/ok 公/屋	oŋ/ok 公/屋	oŋ/ok 公/屋	oŋ/ok 公/屋	oŋ/ok 公/屋
ioŋ/iok永/欲	ioŋ/iok雍/育	ioŋ/iok 雍/育	ioŋ/iok雍/育	ioŋ/iok 容/育	ioŋ/iok雍/育	ioŋ/iok涌/浴
eŋ/ek 贞/泽	eŋ/ek 英/亿	eŋ/ek 英/亿	eŋ/ek 英/亿	eŋ/ek 英/浴	eŋ/ek 因/乙	eŋ/ek 鹰/口
------------	uŋ/uk 温/熨	uŋ/uk 温/熨	uŋ/uk 温/熨	uŋ/uk 温/熨	uŋ/uk 温/熨	
	iŋ/ik　因/乙	iŋ/ik 因/乙	iŋ/ik 因/乙	iŋ/ik 印/日		
	ɤŋ/ɤk　恩/乞	ɤŋ/ɤk　恩/乞	ɤŋ/ɤk　恩/乞			
in/it寅/实	——————	——————	——————	——————	——————	in/it瘾/日
un/ut揾/佛	——————	——————	——————	——————	——————	un/ut运/出
uun/uut 恩/稠	——————	——————	——————	——————	——————	
uan/uat乱/活	——————	——————	——————	——————	——————	
ian/iat远/别	——————	——————	——————	——————	——————	
an/at艰/力	——————	——————	——————	——————	——————	
词典16/16	汕头12/12	潮州16/16	澄海9/9	潮阳14/14	揭阳13/13	海丰14/14

　　由表四可见，《汕头白话英华对照词典》与汕头等6个方言点相同的韵母有[aŋ/ak]、[iaŋ/iak]、[uaŋ/uak]、[oŋ/ok]、[ioŋ/iok]、[eŋ/ek]等。差异之处有：(1)《汕头白话英华对照词典》与汕头、潮州、潮阳、揭阳和海丰5个方言点均有[am/ap]、[iam/iap]、[im/ip]韵母，而澄海方言点则无；(2)《汕头白话英华对照词典》与潮州、潮阳、揭阳和海丰4个方言点均有[uam/uap]韵母，而汕头、澄海方言点则无；(3)潮州、潮阳、揭阳和海丰4个方言点均有[om/op]韵母，而《汕头白话英华对照词典》与汕头、澄海方言点均无；(4)唯独潮州话有[ieŋ/iek]韵母，《汕头白话英华对照词典》与汕头、澄海、潮阳、揭阳和海丰5个方言点均无；(5)潮州、潮阳、揭阳、海丰等4个方言点均有[ueŋ

/uek]，《汕头白话英华对照词典》与汕头、澄海则无；(6)汕头、潮州、澄海、潮阳、揭阳、海丰等6个方言点均有[uŋ/uk]，《汕头白话英华对照词典》则无；(7)除了《汕头白话英华对照词典》与揭阳、海丰方言点无[iŋ/ik]韵母，其余方言点均有；(8)汕头、潮州、澄海均有[ɤŋ/ɤk]韵母，《汕头白话英华对照词典》和潮阳、揭阳、海丰方言点则无；(9)唯独《汕头白话英华对照词典》和海丰有[in/it]、[un/ut]韵母，而汕头、潮州、澄海、潮阳、揭阳5个方言点则无；(10)《汕头白话英华对照词典》有[ɯn/ɯt]、[uan]、[ien/iet]、[an/at]诸韵母，潮汕6个方言点均无。

由上可见，《汕头白话英华对照词典》所收录的方言韵母，并非只收录汕头方言韵母，而且还兼收潮州、澄海、潮阳、揭阳、海丰等方言点的韵母。此外，《汕头白话英华对照词典》还收录[in/it]、[un/ut]、un[ɯn]/ut[ɯt]、uan[uan]/uat[uat]、ien[ien]/iet[iet]、an[an]/at[at]等韵母，说明在一百多年前潮汕方言较完整保留了[-m,-n,-ng]三套阳声韵和[-p,-t,-k]三套入声韵，经过百年来的演化，[-m,-n,-ŋ]三套阳声韵并为现在[-m,-ŋ]两套阳声韵，[-p,-t,-k]三套入声韵，并为现在[-p,-k]两套入声韵。唯独澄海阳声韵/入声韵只有[-ŋ/-k]一套韵尾，海丰方言则有[-m/-p,-n/-t,-ŋ/-k]三套韵尾，但不完善。

现将《汕头白话英华对照词典》92个韵母整理如下：

1. 元音韵/入声韵31（18/13）

开口	舒声	a亚	o窝	e哑	ɯ馀	ou 乌	au老	ai哀	oi鞋
	促声	aʔ 鸭	oʔ学	eʔ麦			auʔ雹		oiʔ狭
齐齿	舒声	i衣	ia亦	iu油	ie窑	iau 妖			
	促声	iʔ铁	iaʔ益	iuʔ□	ieʔ药	iauʔ□			
合口	舒声	u 有	ua我	ue话	uai歪	ui瑞			
	促声	uʔ托	uaʔ活	ueʔ说	——	——			

2. 鼻化韵/入声韵26（17/9）

开口	舒声	ã篮	ẽ么	õ五	ãi欲	ãu傲	õi千	õu 虎	
	促声	ãʔ□	ẽʔ脉	õʔ□	ãiʔ閘	ãuʔ □:	——		
齐齿	舒声	ĩ鼻	iã痛	iũ纽	iõ猫	iẽ丈	iãu皱		
	促声	ĩʔ碟	——	——	——	——	iãuʔ□		
合口	舒声	uĩ柜	uãi蓑	uã满	uẽ妹				
	促声		uãiʔ膪		uẽʔ袜				

3. 声化韵（3）

开口	舒声	m 姆	ŋ 昏						
	促声	---------	ŋʔ□						

4. 阳声韵/入声韵32（16/16）

开口	舒声	am贪	aŋ邦	oŋ绒	eŋ贞	ɯn恩	an艰		
	促声	ap匣	ak北	ok屋	ek泽	ɯt稠	at力		
齐齿	舒声	iam盐	im心	iaŋ养	ioŋ永	in寅	ian远		
	促声	iap粒	ip邑	iak弱	iok欲	it实	iat别		
合口	舒声	uam凡	uaŋ装	un搵	uan乱				
	促声	uap法	uak越	ut佛	uat活				

据考证，卓威廉《汕头白话英华对照词典》记载了92个韵母，与潮汕方言共有的韵母有57个：[a]、[o]、[e]、[i]、[u]、[au]、[ai]、[ia]、[iu]、[ua]、[ue]、[uai]、[ui]、[aŋ]、[iaŋ]、[uaŋ]、[oŋ]、[ioŋ]、[eŋ]、[ã]、[ẽ]、[ãi]、[ĩ]、[iã]、[iũ]、[uĩ]、[uã]、[uẽ]、[m]、[ŋ]、[aʔ]、[eʔ]、[iʔ]、[uʔ]、[iaʔ]、[uaʔ]、[ueʔ]、[ak]、[ok]、[iok]、[ek]、[ou]、[ãu]、[õu]、[iõ]、[uãi]、[oʔ]、[auʔ]、[iuʔ]、[ẽʔ]、[ĩʔ]、[ãiʔ]、[uãiʔ]、[ãuʔ]、[ŋʔ]、[iak]、[uak]。还有35个韵母的情况有二：其一，卓威廉记载了25个韵母分别反映了潮汕6个方言点的韵类：

潮州澄海	汕头潮州潮阳揭阳海丰	汕头潮阳揭阳海丰	海丰	汕头潮州澄海揭阳	汕头潮州澄海潮阳揭阳	潮州潮阳揭阳海丰	揭阳海丰	潮阳海丰	汕头潮阳揭阳
[ie]、[iẽ]、[ieʔ]	[am]、[im]、[iam][ap]、[ip]、[iap]	[iau]、[iãu][iauʔ]	[ɯ]	[in]、[un][it]、[ut]	[oi]、[oiʔ]、[õi]	[uam]、[uap]	[õ]	[ãʔ]	iãuʔ]

据统计，卓威廉所记载的揭阳、海丰韵母最多，各17个，潮阳16个，潮州15个，汕头14个，澄海最少，只有7个。其二，卓威廉记载了10个现代潮汕6个方言所没有的韵母：[ɯn]、[uan]、[ian]、[an]、[ueʔ]、[õʔ]、[ɯt]、[iat]、[at]、[uat]。

总之，卓威廉《汕头白话英华对照词典》所反映的韵母系统均非汕头或潮州单一的方言音系，而是以潮汕地区方言为基础，吸收潮州、海丰、揭阳、潮阳、汕头、澄海等方言韵类的综合音系。

五　《汕头白话英华对照词典》声调系统

《汕头白话英华对照词典》中用罗马字对汕头方言八个声调（即上平、下平、上声、上去、下去、去声、上入、下入）也做了描写，并举例说明。

序	声调名称	罗马字例	英文解释	说明	声调符号
1	上平 chiēⁿ-phêⁿ	as saⁿ,	a coat.	按：上平如同saⁿ[sã]，衫，大衣。	不标符号
2	下平 ē-phêⁿ	asnâng,	a man.	按：下平如同nâng[naŋ]，侬，人。	ˆ
3	上声 siǎng-siaⁿ	ashái,	the sea.	按：上声如同hái[hai]，海。	´
4	上去 chiēⁿ-khù	as sì,	the world.	按：上去如同sì[si]，世，世界。	`
5	下去 ē-khù	aslǐ,	profit.	按：下去如同lǐ[li]，利，利润。	˜
6	去声 khù-siaⁿ	asbō,	a cap.	按：去声如同bō[bo]，帽，帽子。	¯
7	上入 chiēⁿ-jip	as pat,	to know.	按：上入如同pat[pat]，八，知道。	不标符号
8	下入 ē-jíp	aspát,	another.	按：下入如同pát[pat]，别，另一个。	´

　　声调中，平声分上平和下平，入声分上入和下入，上声只有一类，去声则分作上去、下去和去声三类，与现代潮汕方言声调不太一致。据张晓山《新潮汕字典》记载，现代潮汕方言声调为平上去入各分阴阳：

名称：阴平　阴上　阴去　阴入　阳平　阳上　阳去　阳入

例字：诗分　死粉　世训　薛忽　时云　是混　示份　蚀佛

符号：1　　2　　3　　4　　5　　6　　7　　8

现将《汕头白话英华对照词典》声调系统与《新潮汕字典》比较如下：

汕头白话英华对照词典	上平	an安	au欧	tsha差	tsai知	kⁿua官
新潮汕字典	阴平	ang¹安	ao¹欧	ca¹差	zai¹知	guan¹官
汕头白话英华对照词典	下平	khûn勤	kuân 权	hûn1	iâ爷	jiên然
新潮汕字典	阳平	keng⁵勤	kuang⁵权	ung⁵云	ia⁵爷	riêng⁵然
汕头白话英华对照词典	上声	báu卯	tsám斩	chiá者	láu老	mé猛
新潮汕字典	阴上	bhao²卯	zam²斩	zia²者	lao²老	mê²猛
汕头白话英华对照词典	上去	hàn汉	sò瘦	tài戴	tuàn锻	chiàng奖
新潮汕字典	阴去	Hang³汉	sou³瘦	tai³戴	tuang³锻	ziang³奖
汕头白话英华对照词典	去声	gō饿	tūi队	ūi位	guā外	hāu效
新潮汕字典	阳去	gho⁷饿	dui⁷队	ui⁷位	ghua⁷外	hao⁷效
汕头白话英华对照词典	下去	mễng命	muãn曼	muễ昧	nãi耐	ngãi岸
新潮汕字典	阳上	mêng⁶命	mang⁶曼	muê⁶昧	nai⁶耐	ngai⁶岸
汕头白话英华对照词典	上入	buah抹	tsak作	chheh策	chek叔	tshut出
新潮汕字典	阴入	bhuah⁴抹	zag⁴作	cêh⁴策	zêg⁴叔	cug⁴出
汕头白话英华对照词典	下入	buéh袜	cháp杂	chék一	chíh舌	ék译
新潮汕字典	阳入	bhuêh⁸袜	zab⁸杂	zêg⁸一	zih⁸舌	êg⁸译

　　《汕头白话英华对照词典》与《新潮汕字典》声调系统对应情况如下：

上平——阴平　　　下平——阳平

上声——阴上　　　下去——阳上

上去——阴去　　去声——阳去

上入——阴入　　下入——阳入

由上可见，《汕头白话英华对照词典》"上声"相当于现代潮汕方言的"阴上"，"下去"相对应"阳上"，"去声"相当于"阳去"。

第七节　美国传教士耶士谟著《汕头话口语 语法基础教程》（1884）音系研究

一　《汕头话口语语法基础教程》的作者及编撰体例

《汕头话口语语法基础教程》（Primary Lesson in Swatow Grammar Colloquial，1884）是由美北浸信会牧师耶士谟Rev. William Ashmore D.D所编。耶士谟Ashmore（1820—？年），一译耶士摩。1820年出生于美国俄亥俄州普特南市，毕业于威文学和神学学院（Granville Literary and Theological institute）和位于Covington，Kentucky的西区浸信会神学院（Western Baptist Theological Institute）。1850年,耶士谟和妻子受美国浸信会差传联会(American Baptist Missionary Union, ABMU) 聘为传教士，来到潮州人聚集地之一的暹罗，在那里度过了七年，在街头向人传道，并学会了潮州话。后从暹罗转到香港，在香港停留了一年,1858年又从香港来到汕头。起初寄居于离汕头海程19哩之南澳岛，1860年在汕头妈屿设教堂传教，1864年进一步伸进，到礐石(kak-chiêh)建立教堂。后住在汕头的妈屿、礐石一带，并将这里作为传教中心。一说耶氏1860年在汕头礐石海关顶建立了传教所，后该所成为岭东浸信会(Swatow Baptist Church)的总会。

耶士谟Ashmore对潮汕方言有较深的研究，其著作《汕头话口语语法基础教程》，于1884年出版于英华书局(English Presbyterian Mission Press)。该教程为32开本，共155页，分36课。教程正文之前有Introduction（简介）和Grammar （语法）。Introduction（简介）包括"字母发音"(sounds of the letters)、"声调"(the tones)、"元音数量"(vowel quantity)、"发音变异"(variation in pronunciation)四个部分。尔后有List of Syllables Representing the Sounds Used in Pronouncing the Tiechiu Dialect（潮州方言音节表），按拉丁字母从a—u(u以下没有音节)排列，一共有2130个音节。这本《汕头话口语语法基础教程》就是他在汕头一带传教的产物。

此外，耶士谟还与人合著《圣经》（修订版，汕头土白），美北浸信会1902年出版。

本节着重整理《汕头话口语语法基础教程》声韵调系统。

二　《汕头话口语语法基础教程》声母系统研究

耶士摩教程Introduction（简介）sounds of the letters（字母发音）部分描写了p、

ph、m、t、th、l、n、ch、chh、j、s、k、kh、g、h等15个声母，在List of Syllables Representing the Sounds Used in Pronouncing the Tiechiu Dialect（潮州方言音节表）中还记录了b和ng两个声母，包括零声母，一共有18个声母。现将《汕头话口语语法基础教程》声母系统列表如下：

双唇音	p [p]鞭巴房	ph [p']炮徘帆	b [b]买袜马	m [m]摸迷慢	
舌尖中音	t [t]刀茶等	th[t']跳读趁	l [l]轮路南	n [n]人篮奴	
舌尖前音	ch[ts]寸止真	chh[ts']醋出亲	j[dz]而字韧		s[s]心索顺
舌面后音	k [k]架胶及	kh[k']楷壳肯	g[g]疑牙误	ng [ŋ]五言猫	
喉音	h [h]血鱼限	以a爱/e鹰/i於/o黑/u恶开头为零声母[ø]			

《汕头话口语语法基础教程》声母系统与现代潮汕方言声母[p]、[p']、[b]、[m]、[t]、[t']、[n]、[l]、[ts]、[ts']、[z]、[s]、[k]、[k']、[g]、[ŋ]、[h]、[ø]是一致的。

三 《汕头话口语语法基础教程》韵母系统研究

根据耶士摩教程Introduction（简介）sounds of the letters（字母发音）部分描写的元音韵母以及在List of Syllables Representing the Sounds Used in Pronouncing the Tiechiu Dialect（潮州方言音节表）中记录的韵母，现将《汕头话口语语法基础教程》83个韵母整理如下：

甲、元音韵母/入声韵母（32个）

单元音（舒声韵母6个/促声韵母6个）：i[i]/ih[iʔ]衣/篾、u[u]/thuh[uʔ]污/咕吸、a[a]/ah[aʔ]饱/鸭、o[o] /oh[oʔ]母/撮、e[e]/eh[eʔ]下/麦、u̱ [ɯ]/u̱ h[ɯʔ]猪/乞。

复元音（舒声韵母12个/促声韵母8个）：ia[ia]/iah[iaʔ]蔗/食，ua/oa[ua]/uah[uaʔ]蛙大/割，ue[ue] /ueh[ueʔ]未/袜，au[au]/auh[auʔ]老/乐，uai[uai]怪，ui[ui]美，ai[ai]/aih[aiʔ]来/口象声词，iu[iu]周，oi[oi]/oih[oiʔ] 会/八，ou[ou]路，iau[iau] /iauh[iauʔ]鸟/雀，ie[ie]/ieh[ieʔ]少/药。

乙、鼻化韵母/入声韵母（15个：鼻化韵13个；鼻化入声韵2个）

开口呼（舒声韵母6个/促声韵母1个）：aⁿ[ã]柑，eⁿ[ẽ]晴，oⁿ[õ]毛，aiⁿ[ãi]/aihⁿ[ãiʔ]还/口象声词，oiⁿ[õi]前，ouⁿ[õũ]奴；

齐齿呼（舒声韵母4个/促声韵母0个）：iⁿ[ĩ]钱，iaⁿ[iã]正，iuⁿ[iũ]幼，ieⁿ[iẽ]上；

合口呼（舒声韵母3个/促声韵母1个）：uiⁿ[uĩ]柜，uaihⁿ[uãiʔ]口象声词，uaⁿ/oaⁿ[uã]泉单，ueⁿ[uẽ]关。

丙、声化韵母/入声韵母（3个）：m[m]姆、ng[ŋ] /ngh[ŋʔ]砖/口搦鼻涕。

丁、鼻音韵母/入声韵母（33个）

收[-m]韵尾的阳声韵母4个，收[-p]韵尾的入声韵母4个：am[am]/ap[ap]暗/匣，

iam[iam]/iap[iap]尖/接，im[im]/ip[ip]音/邑，uam[uam]/uap[uap]凡/法；

收[-ŋ]韵尾的阳声韵母6个，收[-k]韵尾的入声韵母7个：ang[aŋ] /ak[ak]红/恶，iang[iaŋ] /iak[iak] 章/切，uang[uaŋ]/uak[uak]王/浊，ong[oŋ]/ok[ok]终/族，iong[ioŋ]/iok[iok]凶/旭，eng[eŋ]/ek[ek]用/浴，iauk[iauk]口象声词；

收[-n]韵尾的阳声韵母6个，收[-t]韵尾的入声韵母6个：in[in]/it[it]真/一，un[un]/ut[ut]文/熨，ɯn[ɯn]/ɯt[ɯt]近/佢，uan[uan]/uat[uat]万/斡，ien[ian] /iet[iat]煎/即，an[an]/at[at]安/抑。

四　《汕头话口语语法基础教程》音系性质研究

为了进一步探讨《汕头话口语语法基础教程》（简称《教程》）的音系性质，我们现将其83个韵母与现代汕头、潮州、澄海、潮阳、揭阳、海丰诸方言韵母进行历史比较研究。

【表一·元音韵母/入声韵母】32个韵母

据考察，《汕头话口语语法基础教程》记有单元音韵母6个、促声韵母6个；复元音韵母12个、促声韵母8个。现与潮汕6个方言点比较如下：

教程18/14	汕头话18/15	潮州话18/15	澄海话18/15	潮阳话17/13	揭阳18/15	海丰话17/12
i/iʔ　衣/篋	i/iʔ衣/铁	i/iʔ衣/铁	i/iʔ衣/铁	i/iʔ衣/铁	i/iʔ衣/铁	i/iʔ衣/铁
u/uʔ污/咕	u/uʔ污/膌	u/uʔ污/膌	u/uʔ污/膌	u/uʔ污/膌	u/uʔ污/窟	u/uʔ有/口
a/aʔ饱/鸭	a/aʔ亚/鸭	a/aʔ亚/鸭	a/aʔ亚/鸭	a/aʔ亚/鸭	a/aʔ亚/鸭	a/aʔ亚/鸭
o/oʔ母/撮	o/oʔ窝/学	o/oʔ窝/口	o/oʔ窝/学	o/oʔ窝/学	o/oʔ窝/学	o/oʔ蚝/学
e/eʔ下/麦	e/eʔ哑/厄	e/eʔ哑/厄	e/eʔ哑/厄	e/eʔ哑/厄	e/eʔ哑/厄	e/eʔ下/笠
ɯ/ɯʔ猪/乞	ɯ/ɯʔ余/乞	ɯ/ɯʔ余/乞	ɯ/ɯʔ余/乞	——	ɯ/ɯʔ余/口	——
ia/iaʔ蔗/食	ia/iaʔ爷/益	ia/iaʔ爷/益	ia/iaʔ爷/益	ia/iaʔ爷/益	ia/iaʔ爷/益	ia/iaʔ爷/益
ua/uaʔ大/割	ua/uaʔ娃/活	ua/uaʔ蛙/活	ua/uaʔ蛙/活	ua/uaʔ蛙/活	ua/uaʔ蛙/活	ua/uaʔ蛙/活
ue/ueʔ未/袜	ue/ueʔ锅/划	ue/ueʔ锅/划	ue/ueʔ锅/划	ue/ueʔ锅/划	ue/ueʔ锅/划	ue/ueʔ锅/划
au/auʔ老/乐	au/auʔ欧/口	au/auʔ欧/口	au/auʔ欧/口	au/auʔ欧/乐	au/auʔ欧/乐	au/auʔ后/口
uai/怪	uai歪	uai歪	uai歪	uai歪	uai歪	uai歪
ui/美	ui医	ui医	ui医	ui医	ui医	ui围
ai/aiʔ来/口	ai/aiʔ埃/口	ai/aiʔ埃/口	ai/aiʔ埃/口	ai　哀	ai/aiʔ埃/口	ai挨
iu/周	iu/iuʔ优/口	iu/iuʔ优/口	iu/iuʔ优/口	iu/iuʔ优/口	iu/iuʔ优/口	iu/iuʔ油/口
oi/oiʔ会/八	oi/oiʔ鞋/八	oi/oiʔ鞋/八	oi/oiʔ鞋/八	oi/oiʔ鞋/八	oi/oiʔ鞋/八	
ou/ 路	ou/ 乌	ou/ 乌	ou/ 乌	ou/ 乌	ou/ 乌	ou/ 乌
iau/iauʔ鸟/雀	iau/iauʔ妖/口	——	——	iau/iauʔ妖/口	iau/iauʔ妖/口	iau/iauʔ枵/口
——	iou/iouʔ妖/口	iou/iouʔ妖/约	——	——	——	——
	io/ioʔ腰/药	io/ioʔ腰/药		io/ioʔ腰/药	io/ioʔ腰/药	io/ioʔ腰/药
ie/ieʔ少/药	ie/ieʔ腰/药	ie/ieʔ腰/药				
						ei/鞋

由上表可见，《汕头话口语语法基础教程》与潮汕6个方言点共有的韵母有21个：[i/iʔ]、[u/uʔ]、[a/aʔ]、[o/oʔ]、[e/eʔ]、[ia/iaʔ]、[ua/uaʔ]、[ue/ueʔ]、[au/auʔ]、[uai]、[ui]、[ou]。不同之处有：(1)《汕头话口语语法基础教程》与汕头、潮州、澄海和揭阳4个方言点有[ɯ/ɯʔ]韵母，潮阳和海丰方言则无。(2)《汕头话口语语法基础教程》与汕头、潮州、澄海和揭阳4个方言点有[ai/aiʔ]韵母，唯独潮阳和海丰无[aiʔ]韵母。(3)潮汕6个方言点均有[iu/iuʔ]韵母，唯独《汕头话口语语法基础教程》有[iu]而无[iuʔ]。(4)《汕头话口语语法基础教程》与汕头、潮州、澄海、潮阳和揭阳5个方言点有[oi/oiʔ]韵母，海丰方言则无。(5)《汕头话口语语法基础教程》与汕头、潮阳、揭阳和海丰4个方言点有[iau/iauʔ]韵母，而潮州和澄海方言点则无。(6)潮州和澄海方言点有[iou/iouʔ]韵母，《汕头话口语语法基础教程》与汕头、潮阳、揭阳和海丰4个方言点则无。(7)《汕头话口语语法基础教程》与潮州和澄海方言点有[ie/ieʔ]韵母，汕头、潮阳、揭阳和海丰4个方言点则无。(8)汕头、潮阳、揭阳和海丰4个方言点有[io/ioʔ]韵母，《汕头话口语语法基础教程》与潮州和澄海方言则无。(9)唯独海丰方言点有[ei]韵母，《汕头话口语语法基础教程》与汕头、潮州、澄海、潮阳和揭阳和5个方言点则无。

【表二·鼻化韵/入声韵】15个（鼻化韵13个；鼻化入声韵2个）

据考察，《汕头话口语语法基础教程》记有鼻化韵13个，鼻化入声韵2个。现与潮汕6个方言点比较如下：

教程13/2	汕头话15/8	潮州话15/7	澄海话15/8	潮阳话14/8	揭阳话16/6	海丰话14/4
ĩ钱	ĩ/ĩʔ圆/囗	ĩ/ĩʔ圆/囗	ĩ/ĩʔ圆/囗	ĩ/ĩʔ圆/囗	ĩ/ĩʔ圆/囗	ĩ/椅
ã柑	ã/揞	ã/音	ã/揞	ã/ãʔ揞/囗	ã/揞	ã/ãʔ揞/囗
ẽ晴	ẽ/ẽʔ楹/脉	ẽ/ẽʔ楹/吓	ẽ/ẽʔ楹/脉	ẽ/ẽʔ楹/脉	ẽ/ẽʔ楹/脉	ẽ/ẽʔ桁/囗
õ毛	—	—	—	õ/奥	õ/耗	
iã正	iã/影	iã/影	iã/影	iã/iãʔ影/囗	iã/影	iã/影
uĩ柜	uĩ/畏	uĩ/畏	uĩ/畏	uĩ/畏	uĩ/匪	uĩ/黄
ãi/ãiʔ还/囗	ãi/ãiʔ爱/囗	ãi/ãiʔ爱/囗	ãi/ãiʔ爱/囗	ãi/ãiʔ爱/囗	ãi/爱	ãi/ãiʔ爱/囗
uãiʔ囗	uãi/uãiʔ横/囗	uãi/uãiʔ横/囗	uãi/uãiʔ横/囗	uãi/横	uãi/莱	uãi/uãiʔ横/囗
uã泉	uã/uãʔ鞍/活	uã/鞍	uã/uãʔ鞍/活	uã/鞍	uã/uãʔ鞍/囗	uã/碗
——	ãu/ãuʔ好/囗	ãu/ãuʔ好/乐	ãu/ãuʔ好/乐	ãu/ãuʔ好/囗	ãu/ãuʔ好/囗	——
iũ幼	iũ/iũʔ幼/囗	iũ/iũʔ幼/囗	iũ/iũʔ幼/囗	iũ/iũʔ幼/囗	iũ/iũʔ幼/囗	iũ/裘
uẽ关	uẽ/关	uẽ/关	uẽ/关	uẽ/关	uẽ/关	uẽ/关
		iõu/iõuʔ囗/囗	iõu/iõuʔ囗/囗			
——	iãu/iãuʔ囗/囗			iãu/iãuʔ囗/囗	iãu/iãuʔ囗/囗	iãu/皱
õi前	õi/闲	õi/闲	õi/闲		õi/睇	
——	iõ/羊	iõ/羊		iõ/羊	iõ/羊	iõ/羊
iẽ上		iẽ/羊	iẽ/羊			
						ẽi/囗
õu奴	õu/虎	õu/虎	õu/虎	õu/摸	õu/虎	

由上表可见，《汕头话口语语法基础教程》与潮汕6个方言点共有的鼻化韵母有9个：[ĩ]、[ã]、[ẽ]、[iã]、[uĩ]、[ãi]、[uã]、[iũ]、[uẽ]。不同之处有：(1)《汕头话口语语法基础教程》鼻化入声韵母只记载两个[ãiʔ]、[uãiʔ]，不如现代潮汕方言那么多。(2)《汕头话口语语法基础教程》与揭阳、海丰2个方言点有[õ]韵母，汕头、潮州、澄海和潮阳4个方言点则无。(3)汕头、潮州、澄海、潮阳和揭阳5个方言点均有[ãu]韵母，《汕头话口语语法基础教程》与海丰方言点则无。(4) 潮州、澄海方言点有[iõu/iõuʔ]韵母，《汕头话口语语法基础教程》与汕头、潮阳、揭阳和海丰4个方言点则均无。(5)汕头、潮阳、揭阳和海丰4个方言点有[iãu/iãuʔ]韵母，《汕头话口语语法基础教程》与潮州、澄海方言则无。(6)《汕头话口语语法基础教程》与汕头、潮州、澄海和揭阳4个方言点均有[õi]韵母，潮阳和海丰则无此韵母。(7)汕头、潮阳、揭阳和海丰4个方言点有[iõ]韵母，《汕头话口语语法基础教程》与潮州、澄海方言则无。(8)《汕头话口语语法基础教程》与潮州、澄海方言点有[iẽ]韵母，汕头、潮阳、揭阳和海丰4个方言点则无。(9)唯独海丰方言点有[ẽi]韵母，《汕头话口语语法基础教程》与其他5个方言点则无。(10)《汕头话口语语法基础教程》与汕头、潮州、澄海、潮阳和揭阳5个方言点均有[õu]韵母，海丰方言点则无。

【表三·声化韵/入声韵】（3）

《汕头话口语语法基础教程》收有3个声化韵母：m[m]姆，ng[ŋ]砖/ngh[ŋʔ]口揾鼻涕。现将与潮汕6个方言点比较如下：

教程2/1	汕头话2/2	潮州话2/2	澄海话2/2	潮阳话2/2	揭阳话2/2	海丰话2/2
m　　姆	m/mʔ 姆/口	m/mʔ 姆/口	m/mʔ 姆/口	m/mʔ 姆/夗	m/mʔ 姆/口	m/mʔ 姆/口
ŋ/ŋʔ砖/口	ŋ/ŋʔ 秧/口	ŋ/ŋʔ 秧/口	ŋ/ŋʔ 秧/口	ŋ/ŋʔ 园/口	ŋ/ŋʔ 秧/口	ŋ/ŋʔ 秧/口

由上表可见，[m]、[ŋ/ŋʔ]《汕头话口语语法基础教程》和潮汕6个方言点所共有的，但《汕头话口语语法基础教程》没有促声韵母[mʔ]。

【表四·鼻音韵母/入声韵母】33个韵母

据考察，《汕头话口语语法基础教程》记有收[-m]韵尾的阳声韵母4个，收[-p]韵尾的入声韵母4个；收[-ŋ]韵尾的阳声韵母6个，收[-k]韵尾的入声韵母7个；收[-n]韵尾的阳声韵母6个，收[-t]韵尾的入声韵母6个。现与潮汕6个方言点韵母比较如下：

教程16/17	汕头12/12	潮州16/16	澄海9/9	潮阳14/14	揭阳13/13	海丰14/14
am/ap暗/匣	am/aɔ庵/盒	am/aɔ庵/盒	—	am/ap庵/盒	am/ap庵/盒	am/ap暗/盒
iam/iap尖/接	iam/iap淹/粒	iam/iaɔ淹/粒	—	iam/iap盐/涩	iam/iap淹/粒	iam/iap淹/粒
im/ip音/邑	im/ip音/立	im/ip音/立	—	im/ip音/邑	im/ip音/立	im/ip音/浥
uam/uap凡/法	—	uam/uaɔ凡/法	—	uam/uap犯/法	uam/uap凡/法	uam/uap凡/法
	om/oɔ口/口	om/oɔ口/口	—	om/op虎/口	om/op口/口	om/op暗/口
aŋ/ak 红/恶	aŋ/ak红/北	aŋ/ak 红/北	aŋ/ak 红/北	aŋ/ak红/北	aŋ/ak 红/北	aŋ/ak红/沃
iang/iak章/切	iaŋ/iak 央/跃	iaŋ/iaɔ 央/跃	iaŋ/iak 央/跃	iaŋ/iak 央/跃	iaŋ/iak 央/跃	iaŋ/iak 阳/烈
		ieŋ/ieɔ 建/杰				
uaŋ/uak王/浊	uaŋ/uak弯/越	uaŋ/uɛk汪/获	uaŋ/uak弯/越	uaŋ/uak汪/穴	uaŋ/uak 汪/粤	uaŋ/uak弯/法
		ueŋ/uɛk权/越		ueŋ/uek荣/域	ueŋ/uek永/获	ueŋ/uek恒/或
oŋ/ok终/族	oŋ/ok 公/屋	oŋ/ok 公/屋	oŋ/ok 公/屋	oŋ/ok 公/屋	oŋ/ok 公/屋	oŋ/ok 公/屋
ioŋ/iok凶/旭	ioŋ/iok 雍/育	ioŋ/ioɔ 雍/育	ioŋ/iok 雍/育	ioŋ/iok 容/育	ioŋ/iok 雍/育	ioŋ/iok 涌/浴
eŋ/ek用/浴	eŋ/ek 英/亿	eŋ/ek 英/亿	eŋ/ek 英/亿	eŋ/ek 英/浴	eŋ/ek 因/乙	eŋ/ek 鹰/口
/iauk 口						
	uŋ/uk 温/熨	uŋ/uk 温/熨	uŋ/uk 温/熨	uŋ/uk 温/熨	uŋ/uk 温/熨	
	iŋ/ik 因/乙	iŋ/ik 因/乙	iŋ/ik 因/乙	iŋ/ik 印/日		
	ɤŋ/ɤk 恩/乞	ɤŋ/ɤk 恩/乞	ɤŋ/ɤk 愚/乞			
in/it真/一						in/it瘾/日
un/ut文/熨						un/ut运/出
uɯn/uɯt近/佢	—	—	—	—	—	—
uan/uat万/斡						
ian/iat煎/即						
an/at安/抑						

　　由上表可见，《汕头话口语语法基础教程》与汕头等6个方言点相同的韵母有[aŋ/ak]、[iaŋ/iak]、[uaŋ/uak]、[oŋ/ok]、[ioŋ/iok]、[eŋ/ek]等。差异之处有：(1)《汕头话口语语法基础教程》与汕头、潮州、潮阳、揭阳和海丰5个方言点均有[am/ap]、[iam/iap]、[im/ip]韵母，而澄海方言则无；(2)《汕头话口语语法基础教程》与潮州、潮阳、揭阳和海丰4个方言点均有[uam/uap]韵母，而汕头、澄海方言则无；(3)潮州、潮阳、揭阳和海丰4个方言点均有[om/op]韵母，而《汕头话口语语法基础教程》与汕头、澄海方言均无；(4)唯独潮州话有[ieŋ/iɔk]韵母，《汕头话口语语法基础教程》与汕头、澄海、潮阳、揭阳和海丰5个方言点均无；(5)潮州、潮阳、揭阳、海丰等4方言点均有[ueŋ/uek]，《汕头话口语语法基础教程》与汕头、澄海方言则无；(6)唯独《汕头话口语语法基础教程》有[iauk]韵母，潮汕6个方言点则无；(7)汕头、潮州、澄海、潮阳、揭阳5方言点有[uŋ/uk]，《汕头话口语语法基础教程》与海丰方言则无；(8)汕头、潮州、澄海和潮阳4个方言点有[iŋ/ik]韵母，《汕头话口语语法基础教程》与揭阳、海丰方言则

无；(9)汕头、潮州、澄海3个方言点有[ɤŋ/ɤk]韵母，《汕头话口语语法基础教程》和潮阳、揭阳、海丰方言则无；(10)《汕头话口语语法基础教程》与海丰方言有[in/it]、[un/ut]韵母，而汕头、潮州、澄海、潮阳、揭阳5个方言点则无；(11)《汕头话口语语法基础教程》有[ɯn/ɯt]、[uan/uat]、[ien/iet]、[an/at]诸韵母，潮汕6个方言点均无。

由上可见，《汕头话口语语法基础教程》所收录的方言韵母，并非只收录汕头方言韵母，而且还兼收潮州、澄海、潮阳、揭阳、海丰等方言点的韵母。此外，《汕头方言教程》还收录[in/it]、[un/ut]、[ɯn/ɯt]、[uan/uat]、[ien/iet]、[an/at]等韵母，说明在一百多年前潮汕方言较完整保留了[-m,-n,-ŋ]三套阳声韵和[-p,-t,-k]三套入声韵，经过百年来的演化，[-m,-n,-ŋ]三套阳声韵并为现在[-m,-ŋ]两套阳声韵，[-p,-t,-k]三套入声韵，并为现在[-p,-k]两套入声韵母。唯独澄海阳声韵/入声韵只有[-ŋ /-k]一套韵尾，海丰方言则有[-m-/p,-n/-t,-ŋ/-k]三套韵尾。

现将《汕头话口语语法基础教程》83个韵母整理如下：

1. 元音韵/入声韵32（18/14）

开口	舒声	a饱	o母	e下	ɯ猪	ou 路	au老	ai来	oi会
	促声	aʔ鸭	oʔ撮	eʔ麦	ɯʔ乞	——	auʔ乐	aiʔ口	oiʔ八
齐齿	舒声	i衣	ia蔗	iu周	ie少	iau鸟			
	促声	iʔ篾	iaʔ食	——	ieʔ药	iauʔ雀			
合口	舒声	u 污	ua蛙	ue未	uai怪	ui美			
	促声	uʔ咕	uaʔ割	ueʔ袜					

2. 鼻化韵/入声韵15（13/2）

开口	舒声	ã柑	ẽ睛	õ毛	ãi还	õi前	õu 奴		
	促声	——	——	——	ãiʔ口				
齐齿	舒声	ĩ钱	iã正	iũ幼	iẽ上				
	促声	——	——	——	——				
合口	舒声	uĩ柜		uã泉	uẽ关				
	促声	——	uãiʔ口						

3. 声化韵（3）

开口	舒声	m 姆	ŋ 砖					
	促声	——	ŋʔ 口					

4. 阳声韵/入声韵33（16/17）

开口	舒声	am 暗	aŋ红	oŋ终	eŋ用	uun 近	an 安	
	促声	ap 匣	ak恶	ok 族	ek 浴	uut 泜	at抑	
齐齿	舒声	iam尖	im音	iaŋ章	ioŋ凶	——	in 真	ian煎
	促声	iap接	ip邑	iak切	iok 旭	iauk口	it一	iat即
合口	舒声	uam 凡	uaŋ王	un 文	uan 万			
	促声	uap 法	uak浊	ut熨	uat斡			

据考证，耶士谟《汕头话口语语法基础教程》记载了83个韵母，与潮汕方言共有的韵母有51个：[a]、[o]、[e]、[i]、[u]、[au]、[ai]、[ia]、[iu]、[ua]、[ue]、[uai]、[ui]、[aŋ]、[iaŋ]、[uaŋ]、[oŋ]、[ioŋ]、[eŋ]、[ã]、[ẽ]、[ãi]、[ĩ]、[iã]、[iũ]、[uĩ]、[uã]、[uẽ]、[m]、[ŋ]、[aʔ]、[eʔ]、[iʔ]、[uʔ]、[iaʔ]、[uaʔ]、[ueʔ]、[ak]、[ok]、[iok]、[ek]、[ou]、[õu]、[oʔ]、[aiʔ]、[auʔ]、[ãiʔ]、[uãiʔ]、[ŋʔ]、[iak]、[uak]。还有32个韵母的情况有二：其一，耶士谟记载了23个韵母分别反映了潮汕6个方言点的韵类：

潮州澄海	汕头潮州潮阳揭阳海丰	汕头潮阳揭阳海丰	海丰	汕头潮州澄海揭阳	汕头潮州澄海潮阳揭阳	潮州潮阳揭阳海丰	揭阳海丰
[ie][iẽ][ieʔ]	[am]、[im]、[iam]、[ap]、[ip]、[iap]	[iau]、[iauʔ]	[in]、[un]、[it]、[ut]	[ɯ]、[ɯʔ]	[oi]、[oiʔ]、[õi]	[uam]、[uap]	[õ]

据统计，耶士谟所记载的潮州、揭阳韵母最多，各16个，海丰15个，汕头、潮阳各13个，澄海最少，只有8个。其二，耶士谟记载了9个现代潮汕6个方言所没有的韵母：[ɯn]、[uan]、[ian]、[an]、[iauk]、[ɯt]、[iat]、[at]、[uat]。

总之，耶士谟《汕头话口语语法基础教程》所反映的韵母系统均非汕头或潮州单一的方言音系，而是以潮汕地区方言为基础，吸收潮州、海丰、揭阳、潮阳、汕头、澄海等方言韵类的综合音系。

五　《汕头话口语语法基础教程》声调系统研究

《汕头话口语语法基础教程》中载有8个调类，即"上平、下平、上上、下上、上去、下去、上入、下入"，其调值的描写则以5度图示法。林论论、陈小枫《广东闽方言语音研究》"粤东闽语声调的内部差异"记载了潮汕6个方言点的调类和调值，现将耶士谟《汕头话口语语法基础教程》声调系统比较如下：

调类	教程	汕头	潮州	澄海	潮阳	揭阳	海丰
上平	33	33	33	33	33	33	33
上上	53	53	53	53	53	53	53
上去	211	213	213	213	31	213	213
上入	2	2	2	2	2	2	2
下平	55	55	55	55	55	55	55
下上	35	35	35	35	313	35	35
下去	22	11	11	11	11	11	11
下入	5	5	5	5	5	5	5

由上表可见，《汕头话口语语法基础教程》的调值与汕头、潮州、澄海、揭阳和海丰5个方言点基本上一致，唯独上去（211:213）和下去（22:11）略有差异；与潮阳差别大一些，如上去（211:31）、下上（35:313）、下去（22:11）等。

在每一个音节的标音方面，不同声调均用不同的符号表示。

调类	符号	调类	符号
上平	（没有标号）	下平	^
上上	′	下上	ˇ
上去	ˋ	下去	-
上入	（没有标号）	下入	′

第八节　新加波译员林雄成编撰《汕头方言手册》（1886）音系研究

一　《汕头方言手册》的作者及编撰体例

《汕头方言手册》（*A HANDBOOK OF THE SWATOW VERNACULAR*）是由时任新加坡海峡殖民地法庭译员林雄成（Lim Hiong Seng）所著。该书于1886年由新嘉坡古友轩（Singapore: Koh Yew Hean Press）出版，原书藏于美国康奈尔大学图书馆。书前有《序》云：

> 此书乃汇集英潮土语，专为英人学习潮语、潮人学习英语而发革。其中华字旁注按以潮州土音，多有无字可写者，如"不要"二字之类，则"不"字当读作"唔"字，"要"字当读作"爱"字，便合潮人土谈，其余仿此可以类推。学者举一反三自能玩索，有得诚英潮通语之津梁也。果能潜心熟读，则言语之科、应对之才，无不于此基之矣。爰为之志。光绪十二年元月吉日，新加波古友轩承印。

序言阐明了作者编撰《汕头方言手册》的目的，主要是为了供英国人学习潮语、潮州人学习英语而做的；还指出潮州土音大多无本字可写，要学会这些"潮人土语"，务必"潜心熟读"；最后点明出版时间和地点。

《汕头方言手册》还附有"前言PREFACE"，对汕头方言的"元音字母VOWELS"、"双元音DIPHTHONGS"、和"辅音CONSONANTS"进行描写。前言之后"目录CONTENTS"，目录之后附有"勘误表Errata"。

正文部分设计了33篇课文。

第1—3课：介绍Introductory

第4—5课：介绍动词列表A List of Introductory Verbs

第6—7课：介绍形容词列表A List of Introductory Adjectives

第8课：数字概念Numeral

第9课：声调，连读变调Tones, Hyphens,

第10课：语法Grammar

第11课：时间一般Time generally

第12课：建筑 A Building & c.

第13课：人体Human Body &c.

第14课：家用家具Household Furniture &c.

第15课：花园Garden

第16课：在烹饪中使用的单词列表A List of Words used in Cooking

第17课：食品、鱼、蔬菜和水果Provisions,Fish,Vegetables and Fruit

第18课：穿戴On Dress

第19课：航海Nautical

第20课：医学Medical

第21课：商业Commercial（包括布匹Piece-goods、矿产Mineral、杂物Miscellaneous Articles、木工Carpentry、裁缝Tailoring、账户Accounts、货币Monetary、在商业中使用的单词列表A List of words used in Commerce、度量衡Weights and measures）

第22课：司法Judicial

第23课：敌对行动Hostilities

第24课：宗教Religious

第25课：人伦关系Relationships

第26课：动物和鸟类的名单A list of animals and birds

第27课：分类列表A list of classifiers

第28课：航海Notes—Nautical

第29课：医疗Notes—Medical

第30课：商业Notes—Commercial

第31课：司法Notes—Judicial

第32课：敌对行动Notes—Hostilities

第33课：宗教Notes—Religious

《汕头方言手册》33篇课文之后，还有《汕头方言重要词汇词典》（A dictionary Of Some Of The More Important Words In The Swatow Dialect）。该词典是以英文字母A、B、C、D、E、F、G、H、I、J、K、L、M、N、O、P、Q、R、S、T、U、V、

W、Y、Z顺序排列。在每一个字母之下，先列出英语单词或词组，后翻译为汕头词汇或词组，两者之间以罗马字译出。例如：

Abominable，..........................Khó-ù..........................可恶

Abrasion，......................Phiù-phûe；lṳ̀-tiéh...........破皮

Abscond，......................Tsáu-khṳ̀-tiàm.................走去藏

按：英语单词Abominable译为汕头词汇"可恶"，用罗马字翻译为Khó-ù [kʻo-u]；英语单词Abrasion译为汕头词汇"破皮"，用罗马字翻译为Phiù-phûe [pʻiu-pʻue]；lṳ̀-tiéh[lɯ-tieʔ]；英语单词Abscond译为汕头词汇"走去藏"，用罗马字翻译为Tsáu-khṳ̀-tiàm [tsau-kʻɯ-tiam]。

二　《汕头方言手册》声母系统研究

《汕头方言手册》序言潮汕方言的声母是这样描写的，他认为"Most of the consonants are pronounced as in English,or very nearly so"（大多数辅音发音像英语，或者接近英语）。罗列描写如下：

ch—always as in cheese.按：ch声母发音通常如英语单词cheese[tʃi:z]中的ch，一般读作[tɕ]。

g—is always hard.按：g声母发音通常比较硬。

h—is always really pronounced, except when final. 按：h声母可以按通常实在的发音，除了放在句末之外。

j—always as in judge.按：j声母发音通常如英语单词judge[dʒʌdʒ]中的j。

ng—always as in king,cut off ki will leave the excact nasal sound of ng.按：ng发音通常如英语单词king[kiŋ]去掉ki,剩下的ng。

s—as in song,never as in choose,lose.按：s声母发音通常如英语单词song[sɔŋ]中的s,但绝不是英语单词choose[tʃu:z]、lose[lu:z]中的se。

z—always as ds or dz;never as in zeal,zone.按：s声母发音通常如ds或dz, 但绝不是英语单词zeal[zi:l],zone[zəun]中的z,一般读作[dz]。

k,p,和t—as final consonants are pronounced without the slightest emission of vocal breath as there usually is in pronouncing English. 按：k,p和t作为辅音字母发音时，如它们在英文中发音那样，发无声清辅音。

m和ng—will be found written without any vowel(e.g.ng,m̥,ḿ)；often also preeced by a consonant(e.g.sng,hn̄g,kng) 按：m和ng不和元音一同出现，（如ng,m̥,m）；其之前通常是一个辅音字母（如sng,hng,kng）。

chh—is formed in a similar way from the ch of church. Take such a word as watch-house or coach-house,remove the wa- or coa- from the beginning and the -sc from the end, and something very near the Chinese"chhau"remains.按：chh是由church中的ch组合而来。

如单词watch-house或coach-house，去掉开头的wa-或coa-部分，以及结尾的se部分，保留下来的部分就接近中文中的"chhau"，一般读作[tɕ']。

tsh—is almost the same as chh,the slight difference it has is that there is not so much sound of h as in chh.按：tsh与chh几乎一致，其细微的差别在于tsh中的h的发音比重不如chh中h的发音。

ch—is not an aspirated consonant as explained above,it is always pronounced as in cheese.按：ch并非如上文所述，是一个送气辅音，它通常所发的音就如同单词cheese中ch的发音，一般读作[tɕ]。

根据林雄成对该字典声母的描写，现将《汕头方言手册》声母系统列表如下：

双唇音	p[p]驳	ph[p']雹	b [b]卖	m [m]糜	
舌尖中音	t[t]涨	th[t']添	l [l]来	n[n] 那	
舌面前音	ch[tɕ] 酒	chh[tɕ'] 尺			
舌尖前音	ts [ts] 纸	ts'h[ts'] 出	j[dz]若		s[s]是
舌面后音	k[k]共	kh[k']阔	g[g]月	ng [ŋ]遇	
喉音	h[h]还	[Ø] 以a. o. e. i.u.w开头			

罗常培认为，"tz，ts跟齐齿（i一类）韵母拼时，受颚化影响变成舌面前的[tɕ]、[tɕ']。"（《厦门音系》第40页）其意思是说，曾、出二母跟齐齿（i一类）韵母拼时，受颚化影响变成舌面前的[tɕ]、[tɕ']；若与非齐齿（i一类）韵母拼时，就读作[ts]、[ts']。因此，我们将字母ch，chh与齐齿（i一类）韵母拼时，因受颚化影响变成舌面前的[tɕ]、[tɕ']；若与非齐齿（i一类）韵母拼时，就读作[ts]、[ts']。据考察，林雄成《汕头方言手册》中记载的声母ts和tsh，后面的韵母均为非齐齿（i一类）韵母；所记载的声母ch和chh，后面的韵母均为齐齿（i一类）韵母。请看以下例证：

ts[ts]：tsúa[tsua]纸、tsú[tsu]主、tsò[tso]做、tsùi[ts]醉、tsám[tsam]斩；

tsh[ts']：tshut[ts'ut]出、tshó[ts'o]草、tshâi[ts'ai]财、tshùn[ts'un]寸、tshâ[ts'a]柴、tshát[ts'at]贼；

ch[tɕ]：chiú[tɕ]酒、chi^n[tɕĩ]钱、chie[tɕie]招、chiẽ[tɕ]上、chiéh[tɕ]石、chiáh[tɕiaʔ]食；

chh[tɕ']：chh[tɕ'iam]签、chhieh[tɕ'ie ʔ]尺、chhîn[tɕ'in]厘、chhìn[tɕ'in]秤、chhié^n[tɕ'iẽ]抢；

总之，《汕头方言手册》中记载的20个声母比现代潮汕6个方言点多了2个，即舌面前音ch[tɕ]和chh[tɕ']。经过百余年演变成舌尖前音ts[ts]、tsh[ts']，演变公式是：

ts[ts] ……………→[ts]　　　tsh[tsʻ] ……………→[tsʻ]

ch[tɕ] ……………→[ts]　　　chh[tɕʻ] ……………→[tsʻ]

此外，声母[m, n, ŋ]是[b, 1, g]的音位变体，[b, 1, g]与鼻化韵相拼时带有鼻音，变成[m, n, ŋ]。零声母[∅]一般不用任何字母表示，而直接以韵母a、o、e、i、u开头。浊塞擦音[dz]也逐渐演变成浊擦音[z]。

三　《汕头方言手册》韵母系统研究

《汕头方言手册》序言中描写了单元音和复元音，现结合该教材中的内容，整理出韵母系统，现分别介绍如下：

1. VOWELS元音

a　as ɑ in far,never as in man.按：a 元音发音如同英语单词far[fɑ:]中的a，但绝不是man[mæn]中的a。

e　as e in they. 按：e 元音发音如同英语单词they[ðei]中的e。

i　as i in machine,not as in tin,sin.按：i 元音发音如同英语单词machine[məʃi:n]中的i，而不是如tin[tin],sin[sin]中的i。

o　as aw in law.按：o 元音发音如同英语单词law[lɔ:]中的aw。

u　as u in rude. 按：u 元音发音如同英语单词rude[ru:d]中的u。

u̯ as ü in Trubner. 按：u̯元音发音接近u，如同英语单词Trübner中的Trubner中u的读音，根据现代潮汕方言的材料，u̯元音应拟音为[ɯ]。

2. DIPHTHONGS复元音

复元音发音时，每一个元音都以它各自特有的音来发音。

ai　as y infly.按：ai韵母读音如同英语单词fly[flai]中的y，根据现代潮汕方言音读作[ai]。

au　as ow incow. 按：au韵母读音如同英语单词cow[kau]中的ow，根据现代潮汕方言音读作[au]。

oi　as oyin boy. 按：oi韵母读音如同英语单词boy[bɔi]中的oy，根据现代潮汕方言音读作[oi]。

ou　nearly as ou in four.按：ou韵母读音如同英语单词four[fɔ:]]中的ou，根据现代潮汕方言音读作[ou]。

ua　as wa inwar. 按：oa韵母读音如同英语单词war[wɔ:]中的wa，根据现代潮汕方言音读作[ua]。

ui　as wee in weed. 按：ui韵母读音如同英语单词weed[wi:d]中的wee，根据现代潮汕方言音读作[i]。

据考证，《汕头方言手册》共记载了88个韵母，现罗列如下：

（一）元音韵母/入声韵母：（34个，其中单元音6个，复元音13个，入声韵母15个）

1. 单元音韵母6个/促声韵母6个：i[i]伊/ih[iʔ]洁、u[u]有/uh[uʔ]忽、a[a]差/ah[aʔ]甲、o[o]无/oh[oʔ]驳、e[e]查/eh[eʔ]压、ṳ[ɯ]去/ṳh[ɯʔ]乞。

2. 复元音韵母13个/促声韵母9个：ia[ia]亦/iah[iaʔ]掠、ua[ua]我/uah[uaʔ]割、ue[ue]吹/ueh[ueʔ]月、au[au]到/auh[auʔ]落、uai[uai]快、ui[ui]为、ai[ai]来、iu[iu]就/iuh[iuʔ]口、oi[oi]买/oih[oiʔ]截、ou[ou]乌、/ioh[ioʔ]乞、ie[ie]照/ieh[ieʔ]若、uey[uei]过、iou[iou]了/[iouʔ]躅。

（二）鼻化韵母/入声韵母（19个，其中鼻化韵母16个、入声韵母3个）

1.开口呼：aⁿ[ã]担、eⁿ[ẽ]骂、oⁿ[õ]遇、aiⁿ[ãi]奈/aihⁿ[ãiʔ]硬、auⁿ[ãu]好、oiⁿ[õi]前、ouⁿ[õu]虎；7/1

2. 齐齿呼：iⁿ[ĩ]添/ihⁿ[ĩʔ]也、iaⁿ[iã]请、iuⁿ[iũ]幼、ieⁿ[iẽ]上、iouⁿ[iõu]挠；5/1

3. 合口呼：uaⁿ[uã]换、uiⁿ[uĩ]高、ueⁿ[uẽ]妹/uehⁿ[uẽʔ]血、uaiⁿ[uãi]橡。4/1

（三）声化韵母/入声韵母：（舒声韵母2个、促声韵母1个）

m[m]不、ng[ŋ]转/ngh[ŋʔ]搿。

（四）阳声韵母/入声韵母（32个，其中阳声韵母17个,入声韵母15个）

收[-m]韵尾的阳声韵母4个，收[-p]韵尾的入声韵母4个：am[am]喊/ap[ap]秽、im[im]深/ip[ip]翕、iam[iam]点/iap[iap]涩、uam[uam]犯/uap[uap]法；

收[-ŋ]韵尾的阳声韵母7个，收[-k]韵尾的入声韵母5个：ang[aŋ]共/ak[ak]曝、ong[oŋ]从/ok[ok]国、eng[eŋ]明/ek[ek]一、iang[iaŋ]量/iak[iak]约、iong[ioŋ]雄/iok[iok]育、uang[uaŋ]放、ung[uŋ]酸；

收[-n]韵尾的阳声韵母6个，收[-t]韵尾的入声韵母6个：an[an]咱/at[at]识、ṳn[ɯn]近/ṳt[ɯt]乞、in[in]因/it[it]得、ien[ian]骗/iet[iat]热、un[un]阮/ut[ut]不、uan[uan]还/uat[uat]发。

四、《汕头方言手册》音系性质研究

为了进一步探讨《汕头方言手册》（简称《手册》）的音系性质，我们现将其韵母系统与现代汕头、潮州、澄海、潮阳、揭阳、海丰诸方言韵母进行历史比较研究。

【表一·元音韵/入声韵】

据考察，《汕头方言手册》记有单元音韵母6个，复元音13个，入声韵母15个。现与潮汕6个方言点比较如下：

手册19/15	汕头话18/15	潮州话18/15	澄海话18/15	潮阳话17/13	揭阳18/15	海丰话17/12
i/iʔ 伊/洁	i/iʔ 衣/铁	i/iʔ 衣/铁	i/iʔ 衣/铁	i/iʔ 衣/铁	i/iʔ 衣/铁	i/iʔ 衣/铁
u/uʔ有/忽	u/uʔ 污/膪	u/uʔ 污/膪	u/uʔ 污/膪	u/uʔ 污/膪	u/uʔ 污/膪	u/uʔ 有/□
a/aʔ差/甲	a/aʔ 亚/鸭	a/aʔ 亚/鸭	a/aʔ 亚/鸭	a/aʔ 亚/鸭	a/aʔ 亚/鸭	a/aʔ 亚/鸭
o/oʔ无/驳	o/oʔ 窝/学	o/oʔ 窝/□	o/oʔ 窝/学	o/oʔ 窝/学	o/oʔ 窝/学	o/oʔ 蚝/学
e/eʔ查/压	e/eʔ 哑/厄	e/eʔ 哑/厄	e/eʔ 哑/厄	e/eʔ 哑/厄	e/eʔ 哑/厄	e/eʔ 下/笠
ɯ/ɯʔ去/乞	ɯ/ɯʔ 余/乞	ɯ/ɯʔ 余/乞	ɯ/ɯʔ 余/乞	——	ɯ/ɯʔ 余/□	——
ia/iaʔ亦/掠	ia/iaʔ 爷/益	ia/iaʔ 爷/益	ia/iaʔ 爷/益	ia/iaʔ 爷/益	ia/iaʔ 爷/益	ia/iaʔ 爷/益
ua/uaʔ我/割	ua/uaʔ 娃/活	ua/uaʔ 蛙/活	ua/uaʔ 蛙/活	ua/uaʔ 蛙/活	ua/uaʔ 蛙/活	ua/uaʔ 蛙/活
ue/ueʔ吹/月	ue/ueʔ 锅/划	ue/ueʔ 锅/划	ue/ueʔ 锅/划	ue/ueʔ 锅/划	ue/ueʔ 锅/划	ue/ueʔ 锅/划
au/auʔ到/落	au/auʔ 欧/□	au/auʔ 欧/□	au/auʔ 欧/□	au/auʔ 欧/乐	au/auʔ 欧/乐	au/auʔ 后/□
uai/快	uai/ 歪	uai/ 歪	uai/ 歪	uai/ 歪	uai/ 歪	uai/ 歪
ui/为	ui/ 医	ui/ 医	ui/ 医	ui/ 医	ui/ 医	ui/ 围
ai/来	ai/aiʔ 埃/□	ai/aiʔ 埃/□	ai/aiʔ 埃/□	ai/哀	ai/aiʔ 埃/□	ai/ 挨
iu/iuʔ]就/□	iu/iuʔ 优/□	iu/iuʔ 优/□	iu/iuʔ 优/□	iu/iuʔ 优/□	iu/iuʔ 优/□	iu/iuʔ 油/□
oi/oiʔ买/截	oi/oiʔ 鞋/八	oi/oiʔ 鞋/八	oi/oiʔ 鞋/八	oi/oiʔ 鞋/八	oi/oiʔ 鞋/八	——
ou/ 乌	ou/ 乌	ou/ 乌	ou/ 乌	ou/ 乌	ou/ 乌	ou/ 乌
——	iau/iauʔ 妖/□	——	——	iau/iauʔ 妖/□	iau/iauʔ 妖/□	iau/iauʔ 枵/□
iou/iouʔ了/蹓	——	iou/iouʔ妖/□	iou/iouʔ妖/约	——	——	——
/ioʔ/乞	io/ioʔ 腰/药	——	——	io/ioʔ 腰/药	io/ioʔ 腰/药	io/ioʔ 腰/药
ie/ieʔ照/若	——	ie/ieʔ 腰/药	ie/ieʔ 腰/药	——	——	——
uei/ 过/						ei/ 鞋

　　由上表可见，《汕头方言手册》与潮汕6个方言点共有的单元音韵母有：[a/aʔ]、[o/oʔ]、[e/eʔ]、[i/iʔ]、[u/uʔ]；复元音韵母有：[ia/iaʔ]、[ua/uaʔ]、[ue/ueʔ]、[au/auʔ]、[uai]、[ui]、[ai]、[iu/iuʔ]、[ou]。不同之处有：(1)《汕头方言手册》与汕头、潮州、澄海和揭阳4个方言点有[ɯ/ɯʔ]韵母，潮阳和海丰方言则无。(2)《汕头方言手册》与汕头、潮州、澄海、潮阳和揭阳5个方言点有[oi/oiʔ]韵母，海丰方言则无。(3)汕头、潮阳、揭阳和海丰4个方言点有[iau]韵母，《汕头方言手册》与潮州和澄海方言则无。(4)《汕头方言手册》与潮州和澄海方言有[iou]韵母，汕头、潮阳、揭阳和海丰4个方言点则无。(5)《汕头方言手册》与汕头、潮阳、揭阳和海丰4个方言点有[ioʔ]韵母，潮州和澄海方言则无。(6)《汕头方言手册》与潮州和澄海方言有[ie/ieʔ]韵母，汕头、潮阳、揭阳和海丰4个方言点则无。(7)海丰方言有[ei]韵母，《汕头方言手册》与汕头、潮州、澄海、潮阳和揭阳和5个方言点则无。(8)《汕头方言手册》有[uei]韵母，而潮汕6个方言点则无。值得注意的是，《汕头方言手册》中的韵母[iou/iouʔ]、[ie/ieʔ]是潮州和澄海2个方言点特有的，其余4个方言点则无。

【表二·鼻化韵/入声韵】

据考察，《汕头方言手册》记有鼻化韵母16个、入声韵母3个，现与潮汕6个方言点比较如下：

手册16/3	汕头话15/8	潮州话15/7	澄海话15/8	潮阳话14/8	揭阳话16/6	海丰话14/4
ĩ/ĩʔ添/乜	ĩ/ĩʔ 圆/□	ĩ/ĩʔ 圆/□	ĩ/ĩʔ 圆/□	ĩ/ĩʔ 圆/□	ĩ/ĩʔ 圆/□	ĩ/ 椅/
ã/ /	ã/ 撺	ã/ 撺	ã/ 撺	ã/ãʔ 撺/□	ã/ 撺	ã/ãʔ 撺/□
ẽ/骂	ẽ/ẽʔ 楹/脉	ẽ/ẽʔ 楹/吓	ẽ/ẽʔ 楹/脉	ẽ/ẽʔ 楹/脉	ẽ/ẽʔ 楹/脉	ẽ/ẽʔ 桁/
õ/ 遇/					õ/ 奥/	õ/ 耗/
iã/ 请/	iã/ 影/	iã/ 影/	iã/ 影/	iã/iãʔ 影/□	iã 影/	iã/ 赢/
uĩ/ 高/	uĩ/ʔ 畏/	uĩ/ʔ 畏/	uĩ/ʔ 畏/	uĩ/ʔ 畏/	uĩ/ʔ 匪/	uĩ/ʔ 黄/
ãi/ãiʔ 奈/硬	ãi/ãiʔ 爱/□	ãi/ãiʔ 爱/□	ãi/ãiʔ 爱/□	ãi/ãiʔ 爱/□	ãi/ 爱/	ãi/ãiʔ 爱/□
uãi/ 楹/	uãi/uãiʔ 横/□	uãi/uãiʔ 横/□	uãi/uãiʔ 横/□	uãi/ 横/	uãi/ 菓/	uãi/uãiʔ 横/□
uã/ 换/	uã/uãʔ 鞍/活	uã/ 安/	uã/uãʔ 鞍/活	uã/ 鞍/	uã/uãʔ 鞍/□	uã/ 碗/
ãu/ 好/	ãu/ãuʔ 好/□	ãu/ãuʔ 好/□	ãu/ãuʔ 好/乐	ãu/ãuʔ 好/□	ãu/ãuʔ 好/□	—
iũ/ 幼/	iũ/iũʔ 幼/□	iũ/iũʔ 幼/□	iũ/iũʔ 幼/□	iũ/iũʔ 幼/□	iũ/iũʔ 幼/□	iũ/ 裘/
uẽ/uẽʔ妹/血	uẽ/ 关/	uẽ/ 关/	uẽ/ 关/	uẽ/ 关/	uẽ/ 关/	uẽ/ 关/
iõu挠/		iõu/iõuʔ□/□	iõu/iõuʔ□/□			—
				iãu/iãuʔ □/□	iãu/iãuʔ □/□	iãu/ 皱/
õi/前/	õi/ 闲/	õi/ 闲/	õi/ 闲/		õi/ 睇/	
——	iõ/ 羊/			iõ/ 羊/	iõ/ 羊/	iõ/ 羊/
iẽ/上/		iẽ/ 羊/	iẽ/ 羊/			
						ẽi/ □/
õu/ 虎/	õu/ 虎/	õu/ 虎/	õu/ 虎/	õu/ 摸/	õu/ 虎/	
手册16/3	汕头话15/8	潮州话15/7	澄海话15/8	潮阳话14/8	揭阳话16/6	海丰话14/4

由上表可见，《汕头方言手册》与潮汕6个方言点共有的鼻化韵母有10个：[ĩ]、[ã]、[ẽ]、[iã]、[uĩ]、[ãi]、[uãi]、[uã]、[iũ]、[uẽ]。不同之处有：(1)《汕头方言手册》与揭阳、海丰2个方言点有[õ]韵母，汕头、潮州、澄海和潮阳4个方言点则无。(2)《汕头方言手册》与汕头、潮州、澄海、潮阳和揭阳5个方言点均有[ãu]韵母，唯独海丰方言无此韵母。(3)《汕头方言手册》与潮州、澄海方言有[iõu/iõuʔ]韵母，汕头、潮阳、揭阳和海丰4个方言点则均无。(4) 汕头、潮阳、揭阳和海丰4个方言点有[iãu/iãuʔ]韵母，《汕头方言手册》与潮州、澄海方言则均无。(5)《汕头方言手册》与汕头、潮州、澄海和揭阳4个方言点均有[õi]韵母，潮阳和海丰则无此韵母。(6)汕头、潮阳、揭阳和海丰4个方言点有[iõ]，《汕头方言手册》与潮州、澄海方言则均无。(7)《汕头方言手册》与潮州、澄海有[iẽ]韵母，而汕头、潮阳、揭阳和海丰4个方言点则无。(8)海丰方言有[ẽi]韵母，《汕头方言手册》与其他5个方言点则无。(9)《汕头方言手册》与汕头、潮州、澄海、潮阳和揭阳5个方言点均有[õu]韵母，而海丰方言则无。值

得注意的是，《汕头方言手册》中的韵母[iõu]、[iẽ]是潮州和澄海2个方言点特有的，其余4个方言点则无。

【表三·声化韵/入声韵】（3）

据考察，《汕头方言手册》记有声化韵母3个，现与潮汕6个方言点韵母比较如下：

手册2/1	汕头话2/2	潮州话2/2	澄海话2/2	潮阳话2/2	揭阳话2/2	海丰话2/2
m/　不/	m/mʔ姆/□	m/mʔ姆/□	m/mʔ姆/□	m/mʔ姆/宛	m/mʔ姆/□	m/mʔ姆/□
ŋ/ŋʔ转/㨃	ŋ/ŋʔ 秧/□	ŋ/ŋʔ 秧/□	ŋ/ŋʔ 秧/□	ŋ/ŋʔ 园/□	ŋ/ŋʔ 秧/□	ŋ/ŋʔ 秧/□

由上表可见，《汕头方言手册》与潮汕6个方言点共有[m]、[ŋ/ŋʔ]韵母，但《汕头方言手册》无[mʔ]韵母。

【表四·阳声韵/入声韵】

据考察，《汕头方言手册》记有收[-m]韵尾的阳声韵母4个，收[-p]韵尾的入声韵母4个；收[-ŋ]韵尾的阳声韵母7个，收[-k]韵尾的入声韵母5个；收[-n]韵尾的阳声韵母6个，收[-t]韵尾的入声韵母6个。现与潮汕6个方言点韵母比较如下：

下面将《汕头方言手册》阳声韵母及入声韵母与潮汕6个方言点韵母比较如下：

手册17/15	汕头12/12	潮州16/16	澄海9/9	潮阳14/14	揭阳13/13	海丰14/14
am/ap 喊/秽	am/ap 庵/盒	am/ap 庵/盒	——	am/ap 庵/盒	am/ap 庵/盒	am/ap 暗/盒
iam/iap点/涩	iam/iap 淹/粒	iam/iap 淹/粒	——	iam/iap 盐/涩	iam/iap淹/粒	iam/iap 淹/粒
im/ip深/翕	im/ip 音/立	im/ip 音/立	——	im/ip 音/邑	im/ip 音/立	im/ip 音/浥
——	——	om/op □/□	——	om/op 虎/□	om/op □/□	om/op 暗/□
uam/uap犯/法	——	uam/uap 凡/法	——	uam/uap犯/法	uam/uap 凡/法	uam/uap 凡/法
aŋ/ak 共/曝	aŋ/ak 红/北	aŋ/ak 红/北	aŋ/ak 红/北	aŋ/ak 红/北	aŋ/ak 红/北	aŋ/ak 红/沃
iaŋ/iak量/约	iaŋ/iak 央/跃	iaŋ/iak 央/跃	iaŋ/iak 央/跃	iaŋ/iak 央/跃	iaŋ/iak 央/跃	iaŋ/iak 阳/烈
——	——	ieŋ/iek 建/杰	——	——	——	——
uaŋ/放/	uaŋ/uak弯/越	uaŋ/uak 汪/获	uaŋ/uak弯/越	uaŋ/uak汪/穴	uaŋ/uak汪/粤	uaŋ/uak 弯/法
——	——	ueŋ/uek权/越	——	ueŋ/uek荣/域	ueŋ/uek永/获	ueŋ/uek恒/或
oŋ/ok 从/国	oŋ/ok 公/屋	oŋ/ok 公/屋	oŋ/ok 公/屋	oŋ/ok 公/屋	oŋ/ok 公/屋	oŋ/ok 公/屋
ioŋ/iok 雄/育	ioŋ/iok 雍/育	ioŋ/iok 雍/育	ioŋ/iok 雍/育	ioŋ/iok 容/育	ioŋ/iok 雍/育	ioŋ/iok 涌/浴
eŋ/ek 明/一	eŋ/ek 英/亿	eŋ/ek 英/亿	eŋ/ek 英/亿	eŋ/ek 英/浴	eŋ/ek 因/乙	eŋ/ek 鹰/□
uŋ/酸/	uŋ/uk 温/熨	uŋ/uk 温/熨	uŋ/uk 温/熨	uŋ/uk 温/熨	uŋ/uk 温/熨	——
——	iŋ/ik 因/乙	iŋ/ik 因/乙	iŋ/ik 因/乙	iŋ/ik 印/彐	——	——
——	ɤŋ/ɤk 恩/乞	ɤŋ/ɤk 恩/乞	ɤŋ/ɤk 恩/乞	——	——	——
in /it 因/得	——	——	——	——	in/it 瘾/日	——
un/ut 阮/不	——	——	——	——	——	un/ut 运/出
uŋn/uŋt 近/乞	——	——	——	——	——	——
uan/uat 还/发	——	——	——	——	——	——
ian /iat 骗/热	——	——	——	——	——	——
an/at咱/识	——	——	——	——	——	——

由表四可见，《汕头方言手册》与汕头等6个方言点相同的韵母有[aŋ/ak]、[iaŋ/iak]、[uaŋ]、[oŋ/ok]、[ioŋ/iok]、[eŋ/ek]等。差异之处有：(1)《汕头方言手册》与汕头、潮州、潮阳、揭阳和海丰5个方言点均有[am/ap]、[iam/iap]、[im/ip]韵母，而澄海方言则无；(2)《汕头方言手册》与潮州、潮阳、揭阳和海丰4个方言点均有[uam/uap]韵母，而汕头、澄海则无；(3)潮州、潮阳、揭阳和海丰4个方言点均有[om/op]韵母，而《汕头方言手册》与汕头、澄海方言均无；(4)唯独潮州话有[ieŋ/iek]韵母，《汕头方言手册》与汕头、澄海、潮阳、揭阳和海丰5个方言点均无；(5)潮州、潮阳、揭阳、海丰等4方言点均有[ueŋ/uek]，《汕头方言手册》与汕头、澄海方言则无；(6)《汕头方言手册》与汕头、潮州、澄海、潮阳、揭阳5方言点有[uŋ/uk]，海丰方言则无；(7)除了《汕头方言手册》与揭阳、海丰方言无[iŋ/ik]韵母，其余方言点均有；(8)汕头、潮州、澄海均有[ɤŋ/ɤk]，《汕头方言手册》和潮阳、揭阳、海丰方言则无；(9)唯独《汕头方言手册》和海丰有[in/it]、[un/ut]韵母，而汕头、潮州、澄海、潮阳、揭阳5个方言点则无；(10)唯独《汕头方言手册》有[ɯn/ɯt]、[uan/uat]、[ian/iat]、[an/at]诸韵母，潮汕6个方言点均无。值得注意的是，《汕头方言手册》中的韵母[uam/uap]是潮州、潮阳、揭阳和海丰4个方言点特有的，其余4个方言点则无。

此外，《汕头方言手册》还收录[in/it]、[un/ut]、[ɯn/ɯt]、[uan/uat]、[ian/iat]、[an/at]等韵母，说明在一百多年前潮汕方言较完整保留了[-m,-n,-ng]三套阳声韵尾和[-p,-t,-k]三套入声韵尾，经过百年来的演化，[-m,-n,-ng]三套阳声韵并为现在[-m,-ng]两套阳声韵，[-p,-t,-k]三套入声韵，并为现在[-p,-k]两套入声韵。唯独澄海阳声韵尾/入声韵尾只有[-ŋ /-k]一套，海丰方言则仍有[-m-/p,-n/-t,-ŋ/-k]三套韵尾，但并不完整。

现将《汕头方言手册》88个韵母整理如下：

1. 元音韵/入声韵34（19/15）

开口	舒声	a差	o无	e查	ɯ去	au到	ai来	oi买	ou乌
	促声	aʔ甲	oʔ驳	eʔ压	ɯʔ乞	auʔ落	——	oiʔ截	
齐齿	舒声	i伊	ia亦	iu就	——	ie照	iou了		
	促声	iʔ洁	iaʔ掠	iuʔ口	ioʔ乞	ieʔ若	iouʔ躅		
合口	舒声	u 有	ua我	ue吹	uai快	ui为	uei过		
	促声	uʔ忽	uaʔ割	ueʔ月					

2. 鼻化韵/入声韵19（16/3）

开口	舒声	ã担	ẽ骂	õ遇	ãi奈	ãu好	õi前	õu 虎
	促声				ãiʔ硬			
齐齿	舒声	ĩ添	iã请	iũ幼	iẽ上	iõu挠		
	促声	ĩʔ乜	——	——	——			
合口	舒声	uĩ高	uãi楗	uã换	uẽ妹			
	促声				uẽʔ血			

3. 声化韵（3）

开口	舒声	m 不	ŋ 饭						
	促声	——	ŋʔ撠						

4. 阳声韵/入声韵32（17/15）

开口	舒声	am 喊	aŋ共	oŋ从	eŋ明	un近	an 咱	
	促声	ap 秽	ak曝	ok 国	ek 一	ut乞	at识	
齐齿	舒声	iam点	im深	iaŋ量	ioŋ雄	in 因	ian 骗	
	促声	iap涩	ip翕	iak约	iok 育	it得	iat热	
合口	舒声	uam犯	uan放	uŋ酸	un 阮	uan 还		
	促声	uap法	——	——	ut不	uat发		

据考证，林雄成《汕头方言手册》记载了88个韵母，与潮汕方言共有韵母53个：[a]、[o]、[e]、[i]、[u]、[au]、[ai]、[ia]、[iu]、[ua]、[ue]、[uai]、[ui]、[aŋ]、[iaŋ]、[uaŋ]、[oŋ]、[ioŋ]、[eŋ]、[ã]、[ẽ]、[ãi]、[ĩ]、[iã]、[iũ]、[uĩ]、[uã]、[uẽ]、[m]、[ŋ]、[aʔ]、[eʔ]、[iʔ]、[uʔ]、[iaʔ]、[uaʔ]、[ueʔ]、[ak]、[ok]、[iok]、[ek]、[ou]、[uŋ]、[ãu]、[õu]、[uãi]、[oʔ]、[auʔ]、[iuʔ]、[ĩʔ]、[ãiʔ]、[ŋʔ]、[iak]。还有35个韵母的情况有二：其一，林雄成记载了25个韵母分别反映了潮汕6个方言点的韵类：

潮州澄海	汕头潮州潮阳揭阳海丰	汕头潮阳揭阳海丰	海丰	汕头潮州澄海揭阳	汕头潮州澄海潮阳揭阳	潮州潮阳揭阳海丰	揭阳海丰
[ie]、[iou]、[iõu] [iẽ]、[ieʔ]、[iouʔ]	[am]、[im]、[iam] [ap]、[ip]、[iap]	[ioʔ]	[in]、[un] [it]、[ut]	[ɯ]、[ɯʔ]	[oi]、[oiʔ]、[õi]	[uam]、[uap]	[õ]

据统计，林雄成所记载的潮州韵母最多19个，揭阳15个，海丰14个，汕头和潮阳各12个，澄海最少，只有11个。其二，林雄成记载了10个现代潮汕6个方言所没有的韵母：[uei]、[ɯn]、[uan]、[ian]、[an]、[uẽʔ]、[ɯt]、[iat]、[at]、[uat]。

总之，林雄成《汕头方言手册》所反映的韵母系统均非汕头或潮州单一的方言音系，而是以潮汕地区方言为基础，吸收潮州、海丰、揭阳、潮阳、汕头、澄海等方言韵类的综合音系。

五　《汕头方言手册》声调系统研究

《汕头方言手册》第9课介绍了单字调和二字组连读变调的规律。

（一）单字调

《汕头方言手册》第九课LESSON IX中是这样描写声调的：

1. 上平chiē^n-phê^n as 知 tsai, to know.　按：上平读如"知"[tsai]，知道。

2. 下平 ẽ-phê^n as来 lâi, to come.　按：下平读如"来"[lai]，来。

3. 上声siãng-siaⁿ as 海 hái，the sea.　　按：上声读如"海"[hai]，海。

3. 上声siãng-sia^n as 海 hái，the sea.　　按：上声读如"海"[hai]，海。

4. 上去chiẽⁿ-khù as 试chhì，to try.　　按：上去读如"试"[ts'i]，试。

5. 下去ẽ-khù as 老 lãu，old.　　按：下去读如"老"[lau]，老。

6. 去声khù-siaⁿ as 易kōi，easy.　　按：去声读如"易"[koi]，易。

7. 上入chiẽⁿ-jipas歇hiah，to stop.　　按：上入读如"歇"[hiaʔ]，歇。

8. 下入 ẽ-jipas叶hiéh，leaves.　　按：下入读如读如"叶"[hieʔ]，叶。

声调中，平声分上平和下平，入声分上入和下入，上声只有一类，去声则分作上去、下去和去声三类，与现代潮汕方言声调不太一致。据张晓山《新潮汕字典》记载，现代潮汕方言声调为平上去入各分阴阳：

名称：阴平　阴上　阴去　阴入　阳平　阳上　阳去　阳入

例字：诗分　死粉　世训　薛忽　时云　是混　示份　蚀佛

符号：　1　　2　　3　　4　　5　　6　　7　　8

现将《汕头方言手册》声调系统与《新潮汕字典》比较如下：

汕头方言手册	上平	tsai知	汕头方言手册	去声	kōi易
新潮汕字典	阴平	zɑi¹知	新潮汕字典	阳去	goi⁷易
汕头方言手册	下平	lâi来	汕头方言手册	下去	lãu老
新潮汕字典	阳平	lɑi⁵来	新潮汕字典	阳上	lɑo⁶老
汕头方言手册	上声	hái海	汕头方言手册	上入	hiah歇
新潮汕字典	阴上	hɑi²海	新潮汕字典	阴入	hiɑh⁴歇
汕头方言手册	上去	chhì试	汕头方言手册	下入	hiéh叶
新潮汕字典	阴去	ci³试	新潮汕字典	阳入	hiêh⁸叶

《汕头方言手册》与《新潮汕字典》声调系统对应情况如下：

上平——阴平　下平——阳平

上声——阴上　下去——阳上

上去——阴去　去声——阳去

上入——阴入　下入——阳入

由上可见，《汕头方言手册》"上声"相当于现代潮汕方言的"阴上"，"下去"相对应"阳上"，"去声"相当于"阳去"。

（二）连读变调

《汕头方言手册》在INFLECTIONS OF THE TONES中记载了连读变调的规律：

The second becomes the sixth.	第二调变成第六调。	下平调变成去声调。
The third becomes the fifth.	第三调变成第五调。	上声调变成下去调。
The fourth becomes the third.	第四调变成第三调。	上去调变成上声调。
The fifth becomes the fourth.	第五调变成第四调。	下去调变成上去调。
The seventh becomes the eighth.	第七调变成第八调。	上入调变成下入调。
The eighth becomes the seventh.	第八调变成第七调。	下入调变成上入调。

该手册还举了以下例子：

1.何时 Tiâng-sî，when，read Tiāng-sî.　　按："何"原下平调，连读变调为去声调
（阳去）。

2.的处 Tî-kò，where，read Tī-kò.　　按："的"原下平调，连读变调为去声调
（阳去）。

3.许处 Hṳ́- kò，there，read Hṳ̄-kò.　　按："许"原上声调，连读变调为下去调
（阳上）。

4.做年 Tsò-nîⁿ，why，read Tsó-nîⁿ.　　按："许"原上去调，连读变调为上声调
（阴上）。

5.上好 Siāng-hó，best，read Siàng-hó.　　按："上"原下去调，连读变调为上去调
（阴去）。

6.上午 Chiēⁿ-kùa，foreboon，read Chièⁿ-kùa.按："上"原下去调，连读变调为上去调
（阴去）。

7.失落 Sit-lóh，to lose，read Sít-lóh.　　按："失"原上入调，连读变调为下入调
（阳入）。

8.落雨 Lóh-hõu，to rain，read Loh-hõu.　　按："落"原下入调，连读变调为上入调
（阴入）。

林伦伦、陈小枫著《广东闽方言语音研究》"粤东闽语声调的内部差异"记载了两字组的连读变调情况，现将《汕头方言手册》连读变调与潮汕6个方言点比较如下：

手册（潮汕）调类	手册	汕头	潮州	澄海	揭阳	潮阳	海丰
上平（阴平）	—	33—23					
下平（阳平）	下平变成去声	55—11 阳平—阳去	—	—	—	—	—
上声（阴上）	上声变成下去	53—35 阴上—阳上	23 53{ 35	23 53{ 35	23 53{ 35	53-31	213 51{ 35
上去（阴去）	上去变成上声	213—55 阴去—阳平	31 213{ 53	31 213{ 53	31 213{ 53	31-55	—
下去（阳上）	下去变成上去	35—21 阳上—阴去	—	—	—	313-33	35-33
去声（阳去）	—	11— 阳去—	—	—	—	11-33	21-33
上入（阴入）	上入变成下入	2—5 阴入—阳入	3 2{ 5	3 2{ 5	3 2{ 5	—	—
下入（阳入）	下入变成上入	5—2 阳入—阴入	—	—	—	—	—

　　由上表可见，《汕头方言手册》二字组连读变调规律与潮汕6个方言点大同小异：
(1)《汕头方言手册》上平（即阴平）和去声（阳去）无二字组连读变调，而汕头、潮
州、澄海和揭阳4个方言点阳去亦无连读变调；(2)《汕头方言手册》下平变成去声与潮
汕6个方言点基本上相同；(3)《汕头方言手册》上去变成上声，而潮州、澄海、揭阳3
个方言点比较接近；(4)《汕头方言手册》下去变成上去与汕头、潮州、澄海、揭阳阳
上变成阴去相同；(5)《汕头方言手册》上入变成下入与潮汕方言点基本相同；(6)《汕
头方言手册》下入变成上入与潮汕方言点阳入变成阴入完全相同。

第九节　英国传教士施约翰编撰《潮正两音字集》(1909)音系研究

　　《潮正两音字集》(*The Swatow Syllabary Mandarin Pronounciation*)是由英伦长
老会传教士施约翰（John Steele）编撰的。为了帮助潮州人学习文化，施约翰（John
Steele）编撰了一本潮州话和"正音"对照的字音表，书名为《潮正两音字集》(The
Swatow Syllabary Mandarin Pronounciation)，1909年由上海英华书局出版。

　　据张屏生考证（1994），该书在编辑上是以当时在澄海地区所使用的汕头方音
（潮州话）音系来编排音节次序，注明汉字的写法。因此这本字音表里的记音就保留
了澄海当时（1909年）的语音记录。张氏还认为，"另外在英文的序言中更提道：'最大
的分别是在潮阳方言中发现，在那儿[ie]变成[io]；[ien]变成[iang]；[oiⁿ]变成[aiⁿ]；而变
音[ü]则被念成[i]。'很显然的，这个记音的人在当时也认为潮阳话是在潮州内部各次方
言中，差异性是比较大的。"

　　关于"正音"语料问题，张氏认为："根据笔者初步的考察，这个音系和现行的普通
话音系有明显的差异；这些差异很可能是当时的编纂者，根据自己母语的发音习惯去
学习'正音'的情形。"

　　本书着重整理介绍《潮正两音字集》的声韵调系统，并注意与现代潮汕6个方言点
进行历史比较。

一　《潮正两音字集》声母系统研究

　　根据《潮正两音字集》对声母的描写，并结合潮州方言将《潮正两音字集》的声
母系统进行了整理如下：

双唇音	p[p]斧póu爬pê巴pa	pʰ[pʻ]配phù破phùa	b[b]米bí磨bûa梅bûe	m[m]民mîn糜mûe勿but
舌尖中音	t[t]雕tiau刀to茶tê	tʰ[tʻ]通thong拖thua	l[l]朗láng来lâi内lāi	n[n]两nié男nâm莲nôi
舌面前音	ch[ʨ]酒chíu	chʰ[ʨʻ]秋chhiu	j[ʥ]人jîn儿jî	
舌尖前音	ts[ts]住tsŭ主tsú知tsai	tsʰ[tsʻ]徐tshû千tshoiⁿ	z[dz]遗	s[s]写siá锡siah声siaⁿ
舌面后音	k[k]枝ki娟kien猴kaû	kʰ[kʻ]齿khí杏hēng	g[g]月gueh疑gî牙gê	ng[ŋ]雅ngiaⁿ猫ngiauⁿ
喉音	h[h]连hiâⁿ方hng王hêng	[∅]员uânʻoⁿ阿a		

罗常培认为，"tz，ts跟齐齿（i一类）韵母拼时，受颚化影响变成舌面前的[tɕ]、[tɕ'']"（《厦门音系》第40页）其意思是说，曾、出二母跟齐齿（i一类）韵母拼时，受颚化影响变成舌面前的[tɕ]、[tɕ'']；若与非齐齿（i一类）韵母拼时，就读作[ts]、[ts']。据考察，《潮正两音字集》中记载的声母ts、tsh、z，后面的韵母均为非齐齿（i一类）韵母；所记载的声母ch、chh、j，后面的韵母均为齐齿（i一类）韵母。张屏生亦考证（1994），ch、chh、j是在和[i, iu，ĩ，iũ，im，in，iʔ，ĩʔ，ip，it，ia，iau，iã，iãu，iam，iaŋ，iaʔ，iap，iak，ioŋ，iok，ie，iẽ，ien，ieʔ，iet，e，ẽ，eŋ，eʔ，e，ek]等韵母拼合的时候才产生的。而ts、tsh、z和ch、chh、j从声韵配合的分布情形来看是互补的。

总之，《潮正两音字集》中记载的21个声母比现代潮汕6个方言点多了3个，即舌面前音ch[tɕ]、chh[tɕ'']和[dʑ]，经过百余年演变成舌尖前音ts[ts]、tsh[ts']、z[dz]，演变公式是：

ts[ts] ……………→[ts]　　　tsh[ts''] ……………→[t̂s''] 　 z[dz] ……………→[z]

ch[tɕ] ……………→[ts]　　　chh[tɕ''] ……………→[ts''] 　　j[dʑ] ……………→[z]

此外，声母[m, n, ŋ]是[b, l, g]的音位变体，[b, l, g]与鼻化韵相拼时带有鼻音，变成[m, n, ŋ]。零声母[∅]一般不用任何字母表示，而直接以韵母a、o、e、i、u开头。

二　《潮正两音字集》韵母系统研究

根据《潮正两音字集》对韵母系统的描写，现将85个韵母整理如下：

（一）元音韵母/入声韵母（29个，其中舒声韵母18个，促声韵母11个）

1. 单元音（舒声韵母6个/促声韵母5个）：

i[i]李lí、希hi、志chì / ih[iʔ]滴tih、砌kih、铁thih；

u[u]须su、句kù、牛gû / uh[uʔ]欶suh；

a[a]巴pa阿a / ah[aʔ]鸭ah、甲kah、打phah；

o[o]堡pó、蠔ô、鹅gô / oh[oʔ]粕phoh、桌toh；

e[e]家ke、纱se / eh[eʔ]百peh、客kheh；

ü[ɯ]猪tü鱼hû。

按：《潮正两音字集》单元音6个，唯独ü[ɯ]没有相配的入声韵母。

2. 复元音（舒声韵母12个/促声韵母6个）：

ia[ia]爹tia、假kiá、嘉kia / iah[iaʔ]赤chhiah、壁piah、歇hiah；

ua [ua]蛇tsûa、破phùa、歌kua / uah[uaʔ]割kuah、抹buah、钵puah；

ue[ue]飞pue、瓜kue、皮phûe / ueh[ueʔ]血hueh、郭kueh、月guèh；

au[au]高kau、卯báu、包pau / auh[auʔ]乐gauh；

uai[uai]歪uai、乖kuai；

ui[ui]水tsuí、悲pui、非hui；

ai[ai]知tsai、拜pài、菜tshài；

iu[iu]酒chiú、秋chhiu、抽thiu；

oi[oi]题tôi、街koi / oih[oiʔ]节tsoih、八poih；

ie[ie]笑chhìe、烧sie / ieh[ieʔ]借chhieh、约ieh；

ou[ou]埠pôu、吴gôu、乌ou；

iau[iau]数siaù、谣iâu、妖iau。

按：《潮正两音字集》复元音12个，uai[uai]、ui[ui]、ai[ai]、iu[iu]、ou[ou]、iau[iau]等6个韵母无相配的入声韵母。

（二）鼻化韵母/入声韵母（22个，其中鼻化韵母16个、入声韵母6个）

aⁿ[ã]酵kàⁿ、柑kaⁿ、呾tàⁿ / mah[ãʔ]偺mah；

eⁿ[ẽ]井tséⁿ、平pêⁿ、生seⁿ / eh[ẽʔ]脉mèh；

oⁿ[õ]毛môⁿ、挈nôⁿ / oh[õʔ]么moh；

aiⁿ[ãi]奶nái、欲ai、勿mài / aih[ãiʔ]不ngàih；

auⁿ[ãu]熬ngâu、脑náu；

oiⁿ[õi]肴thóiⁿ、闲ôiⁿ；

ouⁿ[õu]虎hóuⁿ、五ngóuⁿ；

iⁿ[ĩ]尼nîⁿ天thiⁿ、钱tsî / ihⁿ[ĩʔ]乜mih；

iaⁿ[iã]声siaⁿ、晶chiaⁿ、圣sià；

iuⁿ[iũ]裘hiûⁿ、休hiuⁿ；

ieⁿ[iẽ]两niéⁿ、姜kieⁿ、张tieⁿ；

iauⁿ[iãu]苗miâu、猫ngiau；

uⁿ[ũ]仵ngú、娱ngû；

uaⁿ[uã]宽khuaⁿ、赶kùaⁿ、搬puaⁿ；

uiⁿ[uĩ]惯kùiⁿ、高kûiⁿ；

ueⁿ[uẽ]关kueⁿ、横hûeⁿ、果kúeⁿ / uehⁿ[uẽʔ]物muèh。

按：《潮正两音字集》鼻化韵母16个，auⁿ[ãu]、oiⁿ[õi]、ouⁿ[õu]、iaⁿ[iã]、iuⁿ[iũ]、ieⁿ[iẽ]、iauⁿ[iãu]、uⁿ[ũ]、uaⁿ[uã]、uiⁿ[uĩ]等10个韵母无相配的入声韵母。

（三）声化韵母/入声韵母（2个）

m [m]姆m、唔m̄；

ng[ŋ]饭png、方hng。

按：《潮正两音字集》声化韵母2个，无相配的入声韵母。

（四）鼻音韵母/入声韵母（32个，其中鼻音韵母16个、入声韵母16个）

am[am]南nâm、甘kam、蚶ham / ap[ap]合kap、答tap、汁tsap；

im[im]金kim、心sim、婶sím / ip[ip]急kip、湿sip；

iam[iam]甜tiâm、盐iam、签chhiam / iap[iap]接chiap、涩siap、妾chhiap；

uam[uam]泛huàm、凡huâm / uap[uap]、法huap；

ang[aŋ]东tang、工kang / ak[ak]角kak、北pak；

ong[oŋ]封hong、公kong、孔khóng / ok[ok]福hok、卜pok、足tsok；

eng[eŋ]丁teng、庆khèng、英eng / ek[ek]肉nek、鹿tèk；

iang[iaŋ]凉liâng、相siang、响hiáng / iak[iak]削siak、跃iak；

iong[ioŋ]戎jiông、凶hiong / iok[iok]曲khiok、噢iok；

uang[uaŋ]床tshuâng、风huang、琼khuâng / uak[uak]蠖uak、镬huak；

an[an]单tan、班pan、奸kan / at[at]虱sat、八pat；

ün[ɯn]斤kün、恩ün / üt[ɯt]迄ngüt、乞khüt；

in[in]真chin、新sin、亲chhin / it[it]七tshit、得tit、乙it；

ien[ien]牵khien、边pien、珍tien / iet[iet]侄tiet、鳖piet；

un[un]分hun、春tshun / ut[ut]忽hut、骨kut、出tshut；

uan[uan]弯uan、短tuán，uat[uat]发huat、决kuat。

总之，《潮正两音字集》85个韵母中，舒声韵母52个，促声韵母33个。

三　《潮正两音字集》音系性质研究

为了进一步探讨《潮正两音字集》（简称《字集》）的音系性质，我们现将其85个韵母与现代汕头、潮州、澄海、潮阳、揭阳、海丰诸方言韵母进行历史比较研究。

【表一·元音韵母/入声韵母】

据考察，《潮正两音字集》记有单元音韵母6个、促声韵母5个；复元音韵母12个、促声韵母6个。现与潮汕6个方言点比较如下：

字集18/11	汕头18/15	潮州18/15	澄海18/15	潮阳17/13	揭阳18/15	海丰17/12
i/iʔ　希/铁	i/iʔ衣/铁	i/iʔ衣/铁	i/iʔ衣/铁	i/iʔ衣/铁	i/iʔ衣/铁	i/iʔ衣/铁
u/uʔ句/㪗	u/uʔ污/脶	u/uʔ污/脶	u/uʔ污/脶	u/uʔ污/脶	u/uʔ污/窟	u/uʔ有/□
a/aʔ阿/鸭	a/aʔ亚/鸭	a/aʔ亚/鸭	a/aʔ亚/鸭	a/aʔ亚/鸭	a/aʔ亚/鸭	a/aʔ亚/鸭
o/oʔ蠖/桌	o/oʔ窝/学	o/oʔ窝/□	o/oʔ窝/学	o/oʔ窝/学	o/oʔ窝/学	o/oʔ蚝/学
e/eʔ纱/客	e/eʔ哑/厄	e/eʔ哑/厄	e/eʔ哑/厄	e/eʔ哑/厄	e/eʔ哑/厄	e/eʔ下/笠
ɯ/猪	ɯ/ɯʔ余/乞	ɯ/ɯʔ余/乞	ɯ/ɯʔ余/乞	——	ɯ/ɯʔ余/□	——
ia/iaʔ爹/赤	ia/iaʔ爷/益	ia/iaʔ爷/益	ia/iaʔ爷/益	ia/iaʔ爷/益	ia/iaʔ爷/益	ia/iaʔ爷/益
ua/uaʔ歌/抹	ua/uaʔ娃/活	ua/uaʔ蛙/活	ua/uaʔ蛙/活	ua/uaʔ蛙/活	ua/uaʔ蛙/活	ua/uaʔ蛙/活
ue/ueʔ飞/月	ue/ueʔ锅/划	ue/ueʔ锅/划	ue/ueʔ锅/划	ue/ueʔ锅/划	ue/ueʔ锅/划	ue/ueʔ锅/划
au/auʔ高/乐	au/auʔ欧/□	au/auʔ欧/□	au/auʔ欧/□	au/auʔ欧/乐	au/auʔ欧/乐	au/auʔ后/□
uai/歪	uai歪	uai歪	uai歪	uai歪	uai歪	uai歪
ui/非	ui医	ui医	ui医	ui医	ui医	ui围
ai/知	ai/aiʔ埃/□	ai/aiʔ埃/□	ai/aiʔ埃/□	ai 哀	ai/aiʔ埃/□	ai挨
iu/秋	iu/iuʔ优/□	iu/iuʔ优/□	iu/iuʔ优/□	iu/iuʔ优/□	iu/iuʔ优/□	iu/iuʔ油/□
oi/oiʔ题/八	oi/oiʔ鞋/八	oi/oiʔ鞋/八	oi/oiʔ鞋/八	oi/oiʔ鞋/八	oi/oiʔ鞋/八	——
ou/吴	ou/乌	ou/乌	ou/乌	ou/乌	ou/乌	ou/乌
iau/妖	iau/iauʔ妖/□	——	——	iau/iauʔ妖/□	iau/iauʔ妖/□	iau/iauʔ枵/□

字集18/11	汕头18/15	潮州18/15	澄海18/15	潮阳17/13	揭阳18/15	海丰17/12
——	——	iou/iouʔ妖/□	iou/iouʔ妖/约	——	——	——
——	io/ioʔ腰/药	——	——	io/ioʔ腰/药	io/ioʔ腰/药	io/ioʔ腰/药
ie/ieʔ烧/约	——	ie/ieʔ腰/药	ie/ieʔ腰/药	——	——	——
——	——	——	——	——	——	ei/鞋

由表一可见，《潮正两音字集》与6个方言点相同的韵母有[i/iʔ]、[u/uʔ]、[a/aʔ]、[o/oʔ]、[e/eʔ]、[ia/iaʔ]、[ua/uaʔ]、[ue/ueʔ]、[au/auʔ]、[uai]、[ui]、[ai]、[iu]、[ou]等。差异之处有：(1)《潮正两音字集》与汕头、潮州、澄海、揭阳4个方言点有[ɯ]韵母，潮阳和海丰方言则无；(2)《潮正两音字集》与汕头、潮州、澄海、潮阳和揭阳5个方言点有[oi/oiʔ]韵母，海丰方言则无；(3)《潮正两音字集》与汕头、潮阳、揭阳和海丰4个方言点有[iau]韵母，潮州、澄海则有则无；(4)潮州、澄海方言有[iou/iou]韵母，《潮正两音字集》与汕头、潮阳、揭阳、海丰4个方言点则无；(5)汕头、潮阳、揭阳、海丰4个方言点有[io/io]韵母，《潮正两音字集》与潮州、澄海方言则无；(6)《潮正两音字集》与潮州、澄海方言有[ie/ieʔ]韵母，汕头、潮阳、揭阳、海丰4个方言点则无；(7)唯独海丰方言有[ei]韵母，《潮正两音字集》与汕头、潮州、澄海、潮阳和揭阳5个方言点则无。

【表二·鼻化韵/入声韵】

据考察，《潮正两音字集》记有鼻化韵16个、鼻化入声韵6个。现与潮汕6个方言点比较如下：

字集16/6	汕头5/8	潮州15/7	澄海15/8	潮阳14/8	揭阳16/6	海丰14/4
ĩ/ĩʔ钱/乜	ĩ/ĩʔ圆/□	ĩ/ĩʔ圆/□	ĩ/ĩʔ圆/□	ĩ/ĩʔ圆/□	ĩ/ĩʔ圆/□	ĩ/椅
ã/ãʔ酵/傖	ã/ 揞	ã/ 揞	ã/ 揞	ã/ãʔ揞/□	ã/ 揞	ã/ãʔ揞/□
ẽ/ẽʔ井/脉	ẽ/ẽʔ楹/脉	ẽ/ẽʔ楹/吓	ẽ/ẽʔ楹/脉	ẽ/ẽʔ楹/脉	ẽ/ẽʔ楹/脉	ẽ/ẽʔ桁/□
ũ娱	——	——	——	——	——	——
õ/õʔ毛/么	——	——	——	——	õ/ 奥	õ/ 耗
iã 声	iã/ 影	iã/ 影	iã/ 影	iã/iãʔ影/□	iã/ 影	iã/ 赢
uĩ高	uĩ/ 畏	uĩ/ 畏	uĩ/ 畏	uĩ/ 畏	uĩ/ 甿	uĩ/ 黄
ãi/ãiʔ奶/不	ãi/ãiʔ爱/□	ãi/ãiʔ爱/□	ãi/ãiʔ爱/□	ãi/ãiʔ爱/□	ãi/爱	ãi/ãiʔ爱/□
	uãi/uãiʔ横/□	uãi/uãiʔ横/□	uãi/uãiʔ横/□	uãi/横	uãi/菓	uãi/uãiʔ横/□
uã赶	uã/uãʔ鞍/活	uã鞍	uã/uãʔ鞍/洄	uã/uãʔ鞍/洄	uã/uãʔ鞍/□	uã/碗
ãu熬	ãu/ãuʔ好/□	ãu/ãuʔ好/□	ãu/ãuʔ好/乐	ãu/ãuʔ好/□	ãu/ãuʔ好/□	——
iũ/ 休	iũ/iũʔ幼/□	iũ/iũʔ幼/□	iũ/iũʔ幼/□	iũ/iũʔ幼/□	iũ/iũʔ幼/□	iũ/裘
uẽ/uẽʔ横/物	uẽ/ 关	uẽ/ 关	uẽ/ 关	uẽ/ 关	uẽ/ 关	uẽ/ 关
		iõu/iõuʔ□/□	iõu/iõuʔ□/□			
iãu 苗	iãu/iãuʔ□/□			iãu/iãuʔ□/□	iãu/iãuʔ□/□	iãu/皱
õi闲	õi/ 闲	õi/ 闲	õi/ 闲		õi/睇	
	iõ/ 羊			iõ/ 羊	iõ/ 羊	iõ/ 羊
iẽ张	——	iẽ/ 羊	iẽ/ 羊	——	——	
						ẽi/ □
õu 虎	õu/ 虎	õu/ 虎	õu/ 虎	õu/ 摸	õu/ 虎	——

由表二可见，《潮正两音字集》与潮汕6个方言点相同的韵母有[ĩ/ĩʔ]、[ã/ãʔ]、[ẽ/ẽʔ]、[iã]、[uĩ]、[ãi/ãiʔ]、[uã]、[iũ]、[uẽ/uẽʔ]等。差异之处有：(1)《潮正两音字集》有[ũ]韵母，潮汕6个方言点则无；(2)《潮正两音字集》与揭阳、海丰方言有[ọ/ọ̃]韵母，而汕头、潮州、澄海和潮阳4个方言点则无；(3)潮汕6个方言点有[uãi]韵母，而《潮正两音字集》则无；(4)《潮正两音字集》与汕头、潮州、澄海、潮阳、揭阳5个方言点有[ãu]韵母，而海丰方言则无；(5)潮州、澄海方言有[iõu/iõuʔ]韵母，《潮正两音字集》与汕头、潮阳、揭阳和海丰4个方言点则无；(6)《潮正两音字集》与汕头、潮阳、揭阳和海丰4个方言点有[iãu]韵母，而潮州、澄海方言则无；(7)《潮正两音字集》与汕头、潮州、澄海和揭阳4个方言点均有[õi]韵母，潮阳和海丰方言则无；(8)汕头、潮阳、揭阳和海丰4个方言点均有[iõ]韵母，《潮正两音字集》与潮州、澄海方言则无；(9)《潮正两音字集》与潮州、澄海有[iẽ]韵母，而汕头、潮阳、揭阳和海丰4个方言点则无；(10)海丰方言有[ẽi]韵母，《潮正两音字集》与汕头、潮州、澄海、潮阳和揭阳5个方言点则无；(11)《潮正两音字集》与汕头、潮州、澄海、潮阳和揭阳5个方言点均有[õu]韵母，唯独海丰方言则无。

【表三・声化韵/入声韵】

《潮正两音字集》有两个声化韵母：m [m]姆和ng[ŋ]饭。现将《潮正两音字集》声化韵及其入声韵母与潮汕6个方言点比较如下：

字集2/0	汕头话2/2	潮州话2/2	澄海话2/2	潮阳话2/2	揭阳话2/2	海丰话2/2
m　姆	m/mʔ姆/口	m/mʔ姆/口	m/mʔ姆/口	m/mʔ姆/夗	m/mʔ姆/口	m/mʔ姆/口
ŋ饭	ŋ/ŋʔ 秧/口	ŋ/ŋʔ 秧/口	ŋ/ŋʔ 秧/口	ŋ/ŋʔ 园/口	ŋ/ŋʔ 秧/口	ŋ/ŋʔ 秧/口

由上表可见，潮汕6个闽南方言点共有[m/mʔ]、[ŋ/ŋʔ]韵母，《潮正两音字集》则有m[m]而无[mʔ]，有ng[ŋ]/ngh[ŋʔ]。

【表四・阳声韵/入声韵】32（阳声韵-m尾4，-ŋ尾6，-n尾6,；入声韵-p尾4，-k尾6，-t尾6）

收[-m]韵尾的阳声韵母4个，收[-p]韵尾的入声韵母4个：am[am]南/ap[ap]答、im[im]婶/ip[ip]急、iam[iam]签/iap[iap]接、uam[uam]凡/uap[uap]法；

收[-ŋ]韵尾的阳声韵母6个，收[-k]韵尾的入声韵母6个：ang[aŋ]东/ak[ak]角、ong[oŋ]封/ok[ok]足、eng[eŋ]英/ek[ek]肉、iang[iaŋ]凉/iak[iak]削、iong[ioŋ]戎/iok[iok]曲、uang[uaŋ]风/uak[uak]蠖；

收[-n]韵尾的阳声韵母6个，收[-t]韵尾的入声韵母6个：an[an]奸/at[at]八、ün[ɯn]恩/üt[ɯt]讫、in[in]亲/it[it]七、ien[ien]牵/iet[iet]侄、un[un]分/ut[ut]骨、uan[uan]弯/uat[uat]发。

下面将《潮正两音字集》阳声韵母及入声韵母与潮汕6个方言点韵母比较如下：

字集16/16	汕头12/12	潮州16/16	澄海9/9	潮阳14/14	揭阳13/13	海丰14/14
am/ap 南/答	am/ap 庵/盒	am/ap庵/盒	——	am/ap庵/盒	am/ap庵/盒	am/ap暗/盒
iam/iap签/接	iam/iap淹/粒	iam/iap淹/粒	——	iam/iap盐/涩	iam/iap淹/粒	iam/iap淹/粒
im/ip婶/急	im/ip音/立	im/ip音/立	——	im/ip音/邑	im/ip音/立	im/ip音/湆
uam/uap凡/法	——	uam/uap凡/法	——	uam/uap犯/法	uam/uap凡/法	uam/uap凡/法
		om/op口/口		om/op虎/口	om/op口/口	om/op暗/口
aŋ/ak 东/角	aŋ/ak 红/北	aŋ/ak 红/北	aŋ/ak 红/北	aŋ/ak红/北	aŋ/ak 红/北	aŋ/ak红/沃
iaŋ/iak凉/削	iaŋ/iak 央/跃	iaŋ/ak央/跃	iaŋ/iak 央/跃	iaŋ/iak 央/跃	iaŋ/iak 央/跃	iaŋ/iak 阳/烈
		ieŋ/iek 建/杰				
uaŋ/uak风蠖	uaŋ/uak 弯/越	uaŋ/uak 汪/获	uaŋ/uak弯/越	uaŋ/uak汪/穴	uaŋ/uak汪/粤	uaŋ/uak弯/法
		ueŋ/uek权/越		ueŋ/uek荣/域	ueŋ/uek永/获	ueŋ/uek恒/或
oŋ/ok 封/足	oŋ/ok 公/屋	oŋ/ck 公/屋	oŋ/ok 公/屋	oŋ/ok 公/屋	oŋ/ok 公/屋	oŋ/ok 公/屋
ioŋ/iok戎/曲	ioŋ/iok 雍/育	ioŋ/iok 雍/育	ioŋ/iok 雍/育	ioŋ/iok 容/育	ioŋ/iok 雍/育	ioŋ/iok 涌/浴
eŋ/ek 英/肉	eŋ/ek 英/亿	eŋ/ek 英/亿	eŋ/ek 英/亿	eŋ/ek 英/浴	eŋ/ek 因/乙	eŋ/ek 鹰/口
	uŋ/uk 温/熨	uŋ/uk 温/熨	uŋ/uk 温/熨	uŋ/uk 温/熨	uŋ/uk 温/熨	
	iŋ/ik 因/乙	iŋ/ik 因/乙	iŋ/ik 因/乙	iŋ/ik 印/日		
	ɤŋ/ɤk 恩/乞	ɤŋ/ɤk 恩/乞	ɤŋ/ɤk 恩/乞			
in/it 亲/七						in/it瘾/日
un/ut 分/骨						un/ut运/出
ɯn/ɯt 恩/迄						
uan/uat弯/发						
ien/iet 牵/佺						
an/at奸/八						

由表四可见，《潮正两音字集》与汕头等6个方言点相同的韵母有[aŋ/ak]、[iaŋ/iak]、[uaŋ/uak]、[oŋ/ok]、[ioŋ/iok]、[eŋ/ek]等。差异之处有：(1)《潮正两音字集》与汕头、潮州、潮阳、揭阳和海丰5个方言点均有[am/ap]、[iam/iap]、[im/ip]韵母，而澄海方言则无；(2)《潮正两音字集》与潮州、潮阳、揭阳和海丰4个方言点均有[uam/uap]韵母，而汕头、澄海则无；(3)潮州、潮阳、揭阳和海丰4个方言点均有[om/op]韵母，而《潮正两音字集》与汕头、澄海方言均无；(4)唯独潮州话有[ieŋ/iek]韵母，《潮正两音字集》与汕头、澄海、潮阳、揭阳和海丰5个方言点均无；(5)潮州、潮阳、揭阳、海丰4个方言点均有[ueŋ/uek]，《潮正两音字集》与汕头、澄海则无；(6)汕头、潮州、澄海、潮阳、揭阳5个方言点有[uŋ/uk]，《潮正两音字集》与海丰方言则无；(7)汕头、潮州、澄海、潮阳4个方言点有[iŋ/ik]，《潮正两音字集》与揭阳、海丰方言则无；(8)汕头、潮州、澄海均有[ɤŋ/ɤk]，《潮正两音字集》与潮阳、揭阳、海丰方言则无；(9)唯独《潮正两音字集》和海丰有[in/it]、[un/ut]韵母，而汕头、潮州、澄海、潮阳、揭阳5个方言点则无；(10)唯独《潮正两音字集》有[ɯn/ɯt]、[uan/uat]、[ien/iet]、[an/at]诸韵

母，潮汕6个方言点均无。

由上可见，《潮正两音字集》所收录的方言韵母，并非只收录潮州方言韵母，而且还兼收汕头、澄海、潮阳、揭阳和海丰等方言点的韵母。此外，《潮正两音字集》还收录[in/it]、[un/ut]、[ɯn/ɯt]、[uan/uat]、[ien/iet]、[an/at]等韵母，说明在一百多年前潮汕方言较完整保留了[-m,-n,-ŋ]三套阳声韵和[-p,-t,-k]三套入声韵，经过百年来的演化，[-m,-n,-ŋ]三套阳声韵并为现在[-m,-ŋ]两套阳声韵，[-p,-t,-k]三套入声韵，并为现在[-p,-k]两套入声韵。

现将《潮正两音字集》85个韵母整理如下：

1、元音韵/入声韵29（18/11）

开口	舒声	a阿	o蠔	e纱	ɯ猪	au高	ai知	oi题	ou吴
	促声	aʔ鸭	oʔ桌	eʔ客	——	auʔ乐	——	oiʔ八	
齐齿	舒声	i希	ia爹	iu秋	ie烧	iau妖			
	促声	iʔ铁	iaʔ赤	——	ieʔ约				
合口	舒声	u句	ua歌	ue飞	uai歪	ui非			
	促声	uʔ欶	uaʔ抹	ueʔ月					

2、鼻化韵/入声韵22（16/6）

开口	舒声	ã酵	ẽ井	õ毛	ãi奶	ãu熬	õi闲	õu虎
	促声	ãʔ惗	ẽʔ脉	õʔ么	ãiʔ不			
齐齿	舒声	ĩ钱	iã声	iũ休	iẽ张	iãu苗		
	促声	ĩʔ乜						
合口	舒声	ũ娱	uĩ高	uã赶	uẽ横			
	促声	——		uẽʔ物				

3、声化韵2

开口	舒声	m姆	ŋ昏		
	促声				

4、阳声韵/入声韵32（16/16）

开口	舒声	am南	aŋ东	oŋ封	eŋ英	ɯn恩	an奸		
	促声	ap答	ak角	ok足	ek肉	ɯt迄	at八		
齐齿	舒声	iam签	im婶	iaŋ凉	ioŋ戎	in亲	ien牵		
	促声	iap接	ip急	iak削	iok曲	it七	iet佶		
合口	舒声	uam凡	uaŋ风	un分	uan弯				
	促声	uap法	uak蠖	ut骨	uat发				

据考证，施约翰《潮正两音字集》记载了85个韵母，与潮汕方言共有韵母51个：[a]、[o]、[e]、[i]、[u]、[au]、[ai]、[ia]、[iu]、[ua]、[ue]、[uai]、[ui]、[aŋ]、[iaŋ]、[uaŋ]、[oŋ]、[ioŋ]、[eŋ]、[ã]、[ẽ]、[ãi]、[ĩ]、[iã]、[iũ]、[uĩ]、[uã]、[uẽ]、[m̩]、[ŋ̩]、[aʔ]、[eʔ]、[iʔ]、[uʔ]、[iaʔ]、[uaʔ]、[ueʔ]、[ak]、[ok]、[iok]、[ek]、[ou]、[ãu]、[õu]、[oʔ]、[auʔ]、[ẽʔ]、[ĩʔ]、[ãiʔ]、[iak]、[uak]。还有34个韵母的情况有二：其一，施约翰记载了23个韵母分别反映了潮汕6个方言点的韵类：

潮州澄海	汕头潮州潮阳揭阳海丰	汕头潮州揭阳海丰	海丰	汕头潮州澄海揭阳	汕头潮州澄海潮阳揭阳	潮州潮阳揭阳海丰	揭阳海丰	潮阳海丰
[ie]、[iē]、[ieʔ]	[am]、[im]、[iam][ap]、[ip]、[iap]	[iau]、[iãu]	[in]、[un][it]、[ut]	[u]	[oi]、[oiʔ]、[õi]	[uam]、[uap]	[õ]	[ãʔ]

据统计，施约翰所记载的海丰韵母最多16个，潮州、揭阳各15个，潮阳14个，汕头12个，澄海最少，只有7个。其二，施约翰记载了11个现代潮汕6个方言所没有的韵母：[uun]、[uan]、[ian]、[an]、[ũ]、[uẽʔ]、[õʔ]、[uut]、[iat]、[at]、[uat]。

总之，施约翰《潮正两音字集》所反映的韵母系统均非汕头或潮州单一的方言音系，而是以潮汕地区方言为基础，吸收潮州、海丰、揭阳、潮阳、汕头、澄海等方言韵类的综合音系。

四　《潮正两音字集》声调系统研究

在《潮正两音字集》书中所记录潮州话的基本声调有8个、标调方式是在主要元音上面加一声调符号来表示该字音的调类，阴平和阴入省略，用6个符号来表示8个主声调，见下表：

调类	阴平	阴上	阴去	阴入	阳平	阳上	阳去	阳入
代码	1	2	3	4	5	6	7	8
本书符号	无号	´	`	无号	^		-	'

第十节　西方传教士编撰八种潮汕方言著作音系综合比较研究

——19世纪中叶至20世纪初叶八部西方传教士编撰的潮汕方言著作音系比较研究

一　八部西方传教士编撰的潮汕方言辞书概说

鸦片战争后，中国满清政府与西方列强签订了许多不平等条约，开放广州、汕头、厦门、宁波、上海为通商口岸，允许英国人在通商口岸设驻领事馆。基督教会在炮下之盟的庇护下开启了对华的传教活动，新教传教士为了适应闽台社会，克服语言障碍，提高传教效率，编撰了一定数量的闽台方言字典。在本书中，我们着重介绍并比较西方传教士所编撰的8种潮汕方言字典、辞典所反映的音系。

西方传教士编撰的潮汕方言辞书主要有8种，即：

美国传教士璘为仁著《潮州话初级教程》，简称"教程"，暹罗曼谷1841年出版；

美国传教士约西亚·高德著《汉英潮州方言字典》，简称"英潮"，于1847年由曼谷教会组织出版；

美北浸信会传教士菲尔德著《汕头方言初阶》，简称"初阶"，于1878年由汕头印刷公司出版；

美北浸信会传教士菲尔德著《汕头方言音义字典》，简称"音义"，于1883年由美洲长老会传教团出版社shanghai:a merican presbyterian mission press出版；

英伦长老会牧师卓威廉著《汕头白话英华对照词典》，简称"词典"，英华书局1883年出版。

美北浸信会牧师耶士谟编《汕头话口语语法基础教程》，英华书局(English Presbyterian Mission Press) 1884年出版。

新加坡海峡殖民地法庭翻译员林雄成著《汕头方言手册》，于1886年由新嘉坡古友轩（Singapore: Koh Yew Hean Press）出版。

英伦长老会传教士施约翰编撰《潮正两音字集》，于1909年由上海英华书局出版。笔者对以上8部方言辞书逐一进行仔细研究，每部辞书亦将有专文发表。现将它们的声韵调系统进行综合比较。

二　潮汕方言著作声母系统比较研究

现将以上8种潮汕方言著作的声母系统不尽相同：璘为仁、高德、菲尔德、耶士谟所编撰的著作均为18个声母，林雄成的著作有20个声母，卓威廉、施约翰的著作有21个声母。现将8种著作的声母系统比较如下：

【表一】

璘为仁18	p[p]鞭	ph[p']炮 p'h[p']蜂	b[b]林	m[m]摸	t[t]刀	th[t']跳 t'h[t']痛 t'[t']体	l[l]轮	n[n]人	s[s]索
高　德18	p[p]巴	p'[p']徘	b[b]马	m[m]迷	t [t]茶	t' [t']读	l [1]路	n [n]篮	s[s]顺
菲尔德a18	p[p]巴	ph[p']徘	b[b]马	m[m]迷	t [t]茶	th[t']读	l [1]路	n [n]篮	s[s]顺
菲尔德b18	p[p]富	ph[p']砲	b[b]米	m[m]姆	t[t]得	th[t']铁	l [1]路	n [n]篮	s[s]心
卓威廉21	p [p]芭	ph [p']派	b [b]马	m [m]脉	t [t]端	th[t']胎	l [1]掠	n [n]篮	s[s]顺
耶士谟18	p[p]鞭	ph[p']炮	b[b]买	m[m]摸	t[t]刀	th[t']跳	l[1]轮	n[n]人	s[s]心
林雄成20	p[p]驳	ph[p']雹	b[b]卖	m[m]糜	t[t]涨	th[t']添	l[1]来	n[n]那	s[s]是
施约翰21	p[p]斧	ph[p']配	b[b]米	m[m]民	t[t]雕	th[t']通	l[1]朗	n[n]两	s[s]写

【表二】

					kh[k']脚 k'h[k']楷 k'[k']蚯				
璘为仁18	ch[ts]寸	c'h[ts']醋	j [dz]而	k[k]架		g[g]疑	gn[ŋ]五	h[h]血	o[ø]爱鹰
高　德18	ch[ts]止	ch'[ts']出	j [dz]字	k[k]胶	k'[k']壳	g[g]牙	ng [ŋ]言	h[h]鱼	o[ø]於黑
菲尔德a18	c[ts]止	ch[ts']出	j [dz]字	k [k]胶	kh [k']壳	g[g]牙	ng [ŋ]言	h[h]鱼	o[ø]后下
菲尔德b18	c[ts]钟	ch[ts']春	j[dz]如	k[k]鼓	kh[k']苦	g[g]牙	ng [ŋ]言	h[h]鱼	o[ø]后下
卓威廉21	ts[ts]灶 ch[tɕ]脂	tsh[ts']出 chh[tɕ']耻	z[dz]热 j[dʑ]字	k [k]胶	kh[k']壳	g[g]牙	ng [ŋ]言	h [h]鱼	o[ø]於恶
耶士谟18	ch[ts]寸	chh[ts']醋	j[dz]而	k [k]架	kh[k']楷	g[g]疑	ng [ŋ]五	h [h]血	o[ø]爱鹰
林雄成20	ts[ts]纸 ch[tɕ]酒	ts'h[ts']出 chh[tɕ']尺	j[dz]若	k[k]共	kh[k']阔	g[g]月	ng[ŋ]遇	h[h]还	o[ø]爱鹰
施约翰21	ts [ts]住 ch[tɕ]酒	ts'h[ts']徐 chh[tɕ']秋	z[dz]遗 j[dʑ]人	k[k]枝	kh[k']齿	g[g]月	ng [ŋ]雅	h[h]方	o[ø]员鞋

　　由上表可见，以上8种著作共同的声母有双唇音[p]、[p']、[b]、[m]，舌尖中音[t]、[t']、[l]、[n]，舌尖前音[dz]、[s]，舌面后音[k]、[k']、[g]、[ŋ]，喉音[h]、[ø]。声母[m, n, ŋ]是[b, l, g]的音位变体，[b, l, g]与鼻化韵相拼时带有鼻音，变成[m, n, ŋ]。零声母[ø]一般不用任何字母表示，而直接以韵母a、o、e、i、u开头。

　　它们的不同之处有：(1)送气声母[p']的罗马字表示法不尽相同：璘为仁所编著作以ph、p'h表示，高德以p'表示，菲尔德、卓威廉、耶士谟、林雄成、施约翰则以ph表示；(2)送气声母[t']的罗马字表示法不尽相同：璘为仁以th、t'h、t'表示，高德以t'表示，菲尔德、卓威廉、耶士谟、林雄成、施约翰则以th表示；(3)送气声母[k']的罗马字表示法不尽相同：璘为仁以kh、k'h、k'表示，高德以k'表示，菲尔德、卓威廉、耶士谟、林雄成、施约翰则以kh表示；(4)舌尖前塞擦音声母[ts]、[ts']的罗马字表示法不尽相同：璘为仁以ch、c'h表示，高德以ch、ch'表示，菲尔德以c、ch表示，卓威廉以ts、tsh表示，耶士谟以ch、chh表示，林雄成、施约翰则以ts、ts'h表示；(5) 卓威廉、林雄成、施约翰的著作除了有舌尖前塞擦音声母[ts]、[ts']外，还有与之相对立的舌面前塞擦音声母[tɕ]、[tɕ']，以ch、chh表示。据考察，卓威廉、林雄成、施约翰所编著作声母[ts]、[ts']只跟非-i类韵母相拼，而声母[tɕ]、[tɕ']则与-i类韵母相拼。经过百余年的演变，声母[tɕ]、[tɕ']逐渐演变成舌尖前塞擦音声母[ts]、[ts']。(6)卓威廉、施约翰所编著作均有j、z两个声母。据考察，卓威廉《汕头白话英华对照词典》CONSONANTS（辅音）中描写了声母j，认为"j, is pronounced as in jet."意思是说，j声母读音如英语单词

jet[dʒet]中的j[dʒ]，因此，为了与[tɕ]、[tɕʻ]取得同一发音部位，故拟音为舌面前塞擦音[ʥ]。施约翰《潮正两音字集》ts、tsh、z和ch、chh、j从声韵配合的分布情形来看是互补的，故z和j分别拟音为[dz]和[ʥ]。

三　潮汕方言著作韵母系统比较研究

以上8种潮汕方言著作的韵母系统比较部分，我们拟分为"元音韵韵母"、"鼻音韵韵母"、"鼻化韵母"、"声化韵母"、"入声韵(收-h尾)韵母"和"入声韵(收-p,-t,-k尾)韵母"诸部分与现代汕头、潮州、澄海、潮阳、揭阳、海丰方言（参考林论论、陈小枫《广东闽方言语音研究》1996）进行历史比较研究：

1.元音韵韵母比较表

西方传教士编撰的8种潮汕方言辞书记载了23个元音韵韵母，即[a]、[ɔ]、[o]、[e]、[i]、[ɯ]、[u]、[au]、[ai]、[oi]、[ei]、[ou]、[ia]、[iu]、[iou]、[ie]、[ua]、[ue]、[uei]、[uai]、[ui]、[io]、[iau]。只是它们的罗马字标音不尽一致。请看下表：

(1)单元音

【表三】

现代潮汕方言	汕头潮州澄海潮阳揭阳海丰	汕头潮州澄海潮阳揭阳海丰	汕头潮州澄海潮阳揭阳海丰	汕头潮州澄海揭阳	无	汕头潮州澄海潮阳揭阳海丰	汕头潮州澄海潮阳揭阳海丰
璘为仁7	a[a]柑	o[o]牯	e[e]下	ur[ɯ]去	aw[ɔ]做	i[i]二	u[u]句
高　德7	a[a]渣	o[o]牡	e[e]马	ù[ɯ]书	ó[ɔ]无	i[i]米	u[u]巫
菲尔德7	a[a]鸦	o[o]乌	e[e]哑	ʉ[ɯ]馀	θ[ɔ]蠔	i[i]衣	u[u]有
菲尔德7	a[a]鸦	o[o]乌	e[e]哑	u̩[ɯ]馀	o̩[ɔ]蠔	i[i]衣	u[u]有
卓威廉6	a[a]亚	o[o]窝	e[e]哑	u̩[ɯ]馀	——	i[i]衣	u[u]有
耶士谟6	a[a]饱	o[o]母	e[e]下	u̠[ɯ]猪	——	i[i]衣	u[u]污
林雄成6	a[a]差	o[o]无	e[e]查	u̩[ɯ]去	——	i[i]伊	u[u]有
施约翰6	a[a]巴	o[o]堡	e[e]家	ü[ɯ]猪	——	i[i]李	u[u]须

由上表可见，8种潮汕方言辞书共有6个单元音韵母，即[a]、[o]、[e]、[i]、[ɯ]、[u]。唯独[ɔ]韵母见于早期潮汕方言著作璘为仁《潮州话初级教程》（1841年）、高德《汉英潮州方言字典》（1847年），菲尔德《汕头方言初阶》（1878年），菲尔德《汕头方言音义字典》（1883年），其余4种方言著作则无此韵母，现代潮汕方言亦无[ɔ]韵母。张晓山《新潮汕字典》"做"读作zo³、"无"读作bho⁵、"蠔"读作o⁵韵母均为[o]，而不读作[ɔ]。可见，随着时间的推移，早期潮汕方言辞书[ɔ]韵母逐渐演变成[o]韵母。从潮汕方言点分布情况看，[a]、[o]、[e]、[i]、[u]诸韵母是潮汕6个方言点共有的，[ɯ]

韵母只出现于汕头、潮州、澄海、揭阳4个方言点。

(2)复元音

【表四】

现代潮汕方言	汕头潮州澄海潮阳揭阳海丰	汕头潮州澄海潮阳揭阳海丰	汕头潮州澄海潮阳揭阳	海丰	汕头潮州澄海潮阳揭阳海丰	汕头潮州澄海潮阳揭阳海丰	汕头潮州澄海潮阳揭阳海丰
璘为仁14	aou[au]头	ai[ai]亥	oi[oi]第	ey[ei]夏	ou[ou]布 ow[ou]后	ia[ia]车	iw[iu]梳
高　德11	au[au]喉	ai[ai]眉	oi[oi]买	——	——	ia[ia]者	iu[iu]周
菲尔德11	au[au]老	ai[ai]哀	oi[oi]鞋	——	——	ia[ia]亦	iu[iu]油
菲尔德11	au[au]九	ai[ai]碍	oi[oi]齐	——	——	ia[ia]者	iu[iu]周
卓威廉12	au[au]老	ai[ai]哀	oi[oi]鞋	——	ou[ou]乌	ia[ia]亦	iu[iu]油
耶士谟12	au[au]老	ai[ai]来	oi[oi]会	——	ou[ou]路	ia[ia]蔗	iu[iu]周
林雄成13	au[au]到	ai[ai]来	oi[oi]买	——	ou[ou]乌	ia[ia]亦	iu[iu]就
施约翰12	au[au]高	ai[ai]知	oi[oi]题	——	ou[ou]埠	ia[ia]爹	iu[iu]酒

【表五】

现代潮汕方言	潮州澄海	潮州澄海	汕头潮州澄海潮阳揭阳海丰	汕头潮州澄海潮阳揭阳海丰	无	汕头潮州澄海潮阳揭阳海丰	汕头潮州澄海潮阳揭阳海丰
璘为仁14	iou[iou]条 iow[iou]兆	ie[ie]椒	ua[ua]纸 oa[ua]外	ue[ue]瓜 oe[ue]被	uey[uei]粿 wey[uei]话	uai[uai]枴 uay[uai]悔	ui[ui]季
高　德11	——	ie[ie]苗	ua[ua]磨 oa[ua]大 wa[ua]禾	ue[ue]梅	——	uai[uai]乖 wai[uai]怀	ui[ui]水
菲尔德11	——	ie[ie]窑	ua[ua]我 oa[ua]大	ue[ue]话	——	uai[uai]跛	ui[ui]瑞
菲尔德11	——	ie[ie]赵	ua[ua]我 oa[ua]蛙	ue[ue]回	——	uai[uai]枴	ui[ui]亏
卓威廉12	——	ie[ie]窑	ua[ua]我 oa[ua]大	ue[ue]话	——	uai[uai]歪	ui[ui]瑞
耶士谟12	——	ie[ie]少	ua[ua]蛙 oa[ua]大	ue[ue]未	——	uai[uai]怪	ui[ui]美
林雄成13	iou[iou]了	ie[ie]照	ua[ua]我	ue[ue]吹	uey[uei]过	uai[uai]快	ui[ui]为
施约翰12	——	ie[ie]笑	ua[ua]蛇	ue[ue]飞	——	uai[uai]歪	ui[ui]水

【表六】

现代潮汕方言	汕头潮阳揭阳海丰	汕头潮阳揭阳海丰				
璘为仁14	——	——				
高　德11	io[io]焦	——				
菲尔德11	io[io]妖	——				
菲尔德11	io[io]吊	——				
卓威廉12	——	iau[iau]妖				
耶士谟12	——	iau[iau]鸟				
林雄成13	——	——				
施约翰12	——	iau[iau]数				

由上表可见，8种潮汕方言著作共有9个复元音韵母，即[au]、[ai]、[ia]、[iu]、[ie]、[ua]、[ue]、[uai]、[ui]。值得讨论的有[oi]、[ei]、[ou]、[iou]、[uei]、[io]、[iau]诸韵母：

(1) 关于[oi]韵母，据考证，[oi]韵母反映了汕头、潮州、澄海、潮阳、揭阳方言韵类，与海丰[ei]韵母相对立的。8种潮汕方言著作均记载了此韵母。

(2) 关于[ei]韵母，据考证，[ei]韵母反映了海丰方言韵类，与汕头、潮州、澄海、潮阳、揭阳[oi]韵母相对立的。只有璘为仁《潮州话初级教程》记载了海丰方言[ei]韵母。

(3) 关于[ou]韵母，反映了潮汕6个方言点共同的韵类，只有高德《汉英潮州方言字典》、菲尔德《汕头方言初阶》和《汕头方言音义字典》没有记载此韵母，其余5种著作均有记载。

(4) 关于[iou]韵母，据考证，[iou]韵母反映了潮州和澄海方言特有的韵类，与汕头、潮阳、揭阳、海丰4个方言点[iau]韵母相对立的。只有璘为仁《潮州话初级教程》和林雄成《汕头方言手册》记载了潮州和澄海方言[iou]韵母。

(5) 关于[uei]韵母，璘为仁《潮州话初级教程》和林雄成《汕头方言手册》把"粿""话"、"过"韵母读作[uei]，据考证，现代潮汕方言均无[uei]韵母而有[ue]韵母。张晓山《新潮汕字典》"粿"读作guê[2]、"话"读作uê[7]、"过"读作guê[3]，可见，随着时间的推移，早期潮汕方言辞书韵母[uei]韵尾脱落，逐渐演变成[ue]韵母。

(6)关于[io]韵母，据考证，现代汕头、潮阳、揭阳、海丰等4个方言点均有[io]韵母，与潮州和澄海[ie]韵母相对立。高德《汉英潮州方言字典》、菲尔德《汕头方言初阶》和《汕头方言音义字典》记载了[io]韵母，反映了汕头、潮阳、揭阳、海丰等4个方言韵类。

(7)关于[iau]韵母，据考证，[iau]韵母反映了汕头、潮阳、揭阳、海丰4个方言点，与潮州和澄海方言特有的韵类[iou]韵母相对立的。卓威廉《汕头白话英华对照词典》、耶士谟《汕头话口语语法基础教程》、施约翰《潮正两音字集》记载了[iau]韵母，反映了汕头、潮阳、揭阳、海丰等4个方言韵类。

2. 鼻音韵韵母比较表

西方传教士编撰的8种潮汕方言著作记载了19个鼻音韵母，即[am]、[iam]、[im]、[uam]、[aŋ]、[iaŋ]、[uaŋ]、[ɔ̃]、[iɔŋ]、[eŋ]、[ɯŋ]、[uŋ]、[in]、[un]、[ɯn]、[uan]、[ian]、[an]、[wn]。只是它们的罗马字标音不尽一致。请看下表：

【表七】

现代潮汕方言	汕头潮州潮阳揭阳海丰	汕头潮州潮阳揭阳海丰	汕头潮州潮阳揭阳海丰	潮州潮阳揭阳海丰	汕头潮州澄海潮阳揭阳海丰	汕头潮州澄海潮阳揭阳海丰	汕头潮州澄海潮阳揭阳海丰
璘为仁16	am[am]针	im[im]今	iam[iam]盐 iem[iam]点	——	ang[aŋ]人	iang[iaŋ]杖	uang[uaŋ]风 wang[uaŋ]皇
高　德16	am[am]针	im[im]浸	iam[iam]尖	wam[uam]凡	ang[aŋ]红	iang[iaŋ]将	uang[uaŋ]亡 wang[uaŋ]妨
菲尔德17	am[am]贪	im[im]心	iam[iam]盐	uam[uam]凡	ang[aŋ]邦	iang[iaŋ]养	uang[uaŋ]装
菲尔德16	am[am]贪	im[im]林	iam[iam]点	uam[uam]凡	ang[aŋ]笼	iang[iaŋ]杖	uang[uaŋ]方
卓威廉16	am[am]贪	im[im]心	iam[iam]盐	uam[uam]凡	ang[aŋ]邦	iang[iaŋ]养	uang[uaŋ]装
耶士谟16	am[am]暗	im[im]音	iam[iam]尖	uam[uam]凡	ang[aŋ]红	iang[iaŋ]章	uang[uaŋ]王
林雄成17	am[am]喊	im[im]深	iam[iam]点	uam[uam]犯	ang[aŋ]共	iang[iaŋ]量	uang[uaŋ]放
施约翰16	am[am]南	im[im]金	iam[iam]甜	uam[uam]泛	ang[aŋ]东	iang[iaŋ]凉	uang[uaŋ]床

【表八】

现代潮汕方言	汕头潮州澄海潮阳揭阳海丰	汕头潮州澄海潮阳揭阳海丰	汕头潮州澄海潮阳揭阳海丰	无	汕头潮州澄海潮阳揭阳海丰	海丰	海丰
璘为仁16	ong[oŋ]讲	iong[ioŋ]雍	eng[eŋ]灯	ung[ɯŋ]本	——	in[in]申	un[un]寸
高　德16	ong[oŋ]宗	iong[ioŋ]凶	eng[eŋ]征	——	——	in[in]真	un[un]文
菲尔德17	ong[oŋ]绒	iong[ioŋ]永	eng[eŋ]贞	——	——	in[in]寅	un[un]揾
菲尔德16	ong[oŋ]绒	iong[ioŋ]厓	eng[eŋ]钟	——	——	in[in]因	un[un]揾
卓威廉16	ong[oŋ]绒	iong[ioŋ]永	eng[eŋ]贞	——	——	in[in]寅	un[un]揾
耶士谟16	ong[oŋ]终	iong[ioŋ]凶	eng[eŋ]用	——	——	in[in]真	un[un]文
林雄成17	ong[oŋ]从	iong[ioŋ]雄	eng[eŋ]明	——	ung[ɯŋ]酸	in[in]因	un[un]阮
施约翰16	ong[oŋ]封	iong[ioŋ]戎	eng[eŋ]丁	——	——	in[in]真	un[un]分

【表九】

现代潮汕方言	无	无	无	无	无		
璘为仁16	urn[ɯn]巾	uan[uan]环 oan[uan]篆 wan[uan]蓍	ien[ian]毡	an[an]间	——		
高　德16	ùn[ɯn]殷	uan[buan]万 wan[uan]煩	ien[ian]延	an[an]安	——		
菲尔德a17	ɯn[ɯn]恩	uan[uan]乱	ien[ian]远	an[an]艰	wn[wn]完		
菲尔德b16	ṳn[ɯn]恩	——	ien[ian]远	an[an]眼	wn[wn]完		
卓威廉16	ṳn[ɯn]恩	uan[uan]乱	ien[ian]远	an[an]艰	——		
耶士谟16	ṳn[ɯn]近	uan[uan]万	ien[ian]煎	an[an]安	——		
林雄成17	ṳn[ɯn]近	uan[uan]还	ien[ian]骗	an[an]咱	——		
施约翰16	ün[ɯn]斤	uan[uan]弯	ien[ien]牵	an[an]单	——		

由上表可见，8种潮汕方言著作共有14个鼻音韵韵母，即[am]、[iam]、[im]、[aŋ]、[iaŋ]、[uaŋ]、[eŋ]、[ɔŋ]、[ioŋ]、[in]、[un]、[ɯn]、[ian]、[an]。值得讨论的有[uam]、[ɯŋ]、[uŋ]、[uan]、[wn]诸韵母：

(1) 关于[uam]韵母，据考证，[uam]韵母反映了潮阳、揭阳、海丰3个方言点的韵类。唯独璃为仁《潮州话初级教程》没有记载该[uam]韵母。

(2) 关于[ɯŋ]和[uŋ]韵母，据考证，现代潮汕方言无[ɯŋ]韵母，而唯独汕头方言和海丰（部分）方言有[uŋ]韵母，唯独璃为仁《潮州话初级教程》记载了[ɯŋ]韵母，随着时间的推移，[ɯŋ]韵母逐渐演变成[uŋ]韵母；林雄成《汕头方言手册》记载了[uŋ]韵母。可见，以上两种著作反映了汕头方言和海丰（部分）方言韵类。

(3) 关于[in]、[un]、[ɯn]、[ian]、[an]、[uan]、[wn]诸韵母，据考证，现代潮汕方言中除了海丰方言有[in]、[un]韵母外，均无[ɯn]、[ian]、[an]、[uan]、[wn]诸韵母。这说明在19世纪初至20世纪初仍存在[-n]韵尾的鼻音韵韵母，经过近两百年的演变，[-n]韵尾的鼻音韵韵母逐渐演变成[-ŋ]韵尾的鼻音韵韵母：

[in]→ [iŋ]、[un] → [uŋ]、[ɯn] → [un]→ [uŋ]、[ian]→ [iaŋ]

[an] → [aŋ]、[uan] → [uaŋ]、[wn] → [un] → [uŋ]

由上表可见，8种潮汕方言著作共有[in]、[un]、[ɯn]、[ian]、[an]5个韵母，菲尔德《汕头方言初阶》《汕头方言音义字典》均有[wn]韵母，其余6种著作均无；菲尔德《汕头方言音义字典》无[uan]韵母，其余7种著作均有。

3.鼻化韵韵母比较表／声化韵韵母比较表

西方传教士编撰的8种潮汕方言著作共记载了22个鼻化韵母，即[ã]、[ẽ]、[ɔ̃]、[õ]、[ãi]、[ãu]、[õi]、[ẽi]、[õu]、[ĩ]、[iã]、[iũ]、[iõu]、[iõ]、[iẽ]、[iãu]、[ũ]、[uĩ]、[uãi]、[uã]、[uẽ]、[uẽi]。它们各自的鼻化韵母不一：璃为仁《潮州话初级教程》（1841年）18个，卓威廉《汕头白话英华对照词典》17个，菲尔德《汕头方言初阶》、《汕头方言音义字典》、林雄成《汕头方言手册》、施约翰《潮正两音字集》16个，高德《汉英潮州方言字典》15个，耶士谟《汕头话口语语法基础教程》13个。请看下表：

【表十】

现代潮汕方言	汕头潮州澄海潮阳揭阳海丰	汕头潮州澄海潮阳揭阳海丰	无	揭阳海丰	汕头潮州澄海潮阳揭阳海丰	汕头潮州澄海潮阳揭阳海丰	汕头潮州澄海潮阳揭阳
璃为仁18	a[ã]三	e[ẽ]么	aw[ɔ̃]怒		ai[ãi]勿	au[ãu]二 aou[ãu]傲	ñoi[õi]盖 oi[õi]平
高　德15	^{n}a[ã]敢	^{n}e[ẽ]争 e^n[ẽ]橙	^{n}ó[ɔ̃]麻	^{n}o[õ]虎	^{n}ai[ai]埋	^{n}au[au]矛	^{n}oi[õi]前 o^{n}i[õi]闲
菲尔德a16	a^n[ã]ŋ	e^n[ẽ]	ɵ^n[õ]毛	o^n[õ]五	ai^n[ãi]欲	au^n[ãu]傲	oi^n[õi]千
菲尔德b16	a^n[ã]掩	e^n[ẽ]井	o̧^{n}[õ]茅	o^n[õ]否	ai^n[ãi]还	au^n[ãu]好	oi^n[õi]剪
卓威廉17	a^n[ã]篮	e^n[ẽ]么	——	o^n[õ]五	ai^n[ãi]欲	au^n[ãu]傲	oi^n[õi]千
耶士谟12	a^n[ã]柑	e^n[ẽ]晴	——	o^n[õ]毛	ai^n[ãi]还	——	oi^n[õi]前
林雄成16	a^n[ã]担	e^n[ẽ]骂		o^n[õ]遇	ai^n[ãi]奈	au^n[ãu]好	oi^n[õi]前
施约翰16	a^n[ã]醇	e^n[ẽ]井		o^n[õ]毛	ai^n[ãi]奶	au^n[ãu]熬	oi^n[õi]看

【表十一】

现代潮汕方言	无	汕头潮州澄海潮阳揭阳海丰	汕头潮州澄海潮阳揭阳海丰	汕头潮州澄海潮阳揭阳海丰	汕头潮州澄海潮阳揭阳海丰	潮州澄海	汕头潮州澄海潮阳海丰
璘为仁18	ey[ẽi]凉	ou[õu]五	i[ĩ]年 ñi[ĩ]鼻	ia[iã]惊	ñiw[iũ]钮	iou[iõu]猫	——
高　德15	——	——	^{n}i[ĩ]箭	^{n}ia[iã]晶 i^{n}a[iã]营	^{n}iu[iũ]杓 i^{n}u[iũ]幼	——	^{n}io[iõ]苗
菲尔德a16	——	——	i^n[ĩ]迷	ia^n[iã]痛	iu^n[iũ]纽	——	io^n[iõ]猫
菲尔德b16	——	——	i^n[ĩ]圆	ia^n[iã]正	iu^n[iũ]幽	——	io^n[iõ]掀
卓威廉17	ou^n[õu]虎	i^n[ĩ]鼻	ia^n[iã]痛	iu^n[iũ]纽	——	io^n[iõ]猫	
耶士谟12	ou^n[õũ]奴	i^n[ĩ]钱	ia^n[iã]正	iu^n[iũ]幼			
林雄成16	ou^n[õu]虎	i^n[ĩ]添	ia^n[iã]请	iu^n[iũ]幼	iou^n[iõu]挠		
施约翰16	ou^n[õu]虎	i^n[ĩ]尼	ia^n[iã]声	iu^n[iũ]裘			

【表十二】

现代潮汕方言	潮州澄海	汕头潮阳揭阳海丰	无	汕头潮州澄海潮阳揭阳海丰	汕头潮州澄海潮阳揭阳海丰	汕头潮州澄海潮阳揭阳海丰	汕头潮州澄海潮阳揭阳海丰
璘为仁18	ie[iẽ]羊	——		ñui[uĩ]柜	ñuai[uãi]楝	ua[uã]ʌoa[uã]明	ue[uẽ]妹
高　德15	^{n}ie[iẽ]章 i^{n}e[iẽ]丬	——	——	^{n}ui[uĩ]悬	——	^{n}ua[uã]泉 ^{n}^{n}a[uã]安 ^{n}oa[uã]单 ^{n}wa[uã]鼾	^{n}ue[uẽ]横
菲尔德a16	ie^n[iẽ]丈	——	——	ui^n[uĩ]柜	uai^n[uãi]蓑	ua^n[uã]满 oa^n[uã]炭	ue^n[uẽ]妹
菲尔德b16	ie^n[iẽ]章	——	——	ui^n[uĩ]毁	uai^n[uãi]矿	ua^n[uã]满 oa^n[uã]鞍	ue^n[uẽ]横
卓威廉17	ie^n[iẽ]丈	iau^n[iãu]藐	——	ui^n[uĩ]柜	uai^n[uãi]蓑	ua^n[uã]满 oa^n[uã]炭	ue^n[uẽ]妹
耶士谟12	ie^n[iẽ]上			ui^n[uĩ]柜	——	ua^n[uã]泉 oa^n[uã]单	ue^n[uẽ]关
林雄成16	ie^n[iẽ]上			ui^n[uĩ]高	uai^n[uãi]楝	ua^n[uã]换	ue^n[uẽ]妹
施约翰16	ie^n[iẽ]两	iau^n[iãu]苗	u^n[ũ]件	ui^n[uĩ]惯	——	ua^n[uã]宽	ue^n[uẽ]关

【表十三】

现代潮汕方言	无	汕头潮州澄海潮阳揭阳海丰	汕头潮州澄海潮阳揭阳海丰	无		
璘为仁18	uey[uẽi]横	m[m]姆	ng[ŋ]园	——		
高　德15		m[m]姆	ng[ŋ]黄			
菲尔德a16		m[m]姆	ng[ŋ]园	n[n]口		
菲尔德b16	——	m[m]呼	ng[ŋ]砖			
卓威廉17		m[m]姆	ng[ŋ]昏			
耶士谟12		m[m]姆	ng[ŋ]砖			
林雄成16	——	m[m]不	ng[ŋ]转			
施约翰16	——	m[m]唔	ng[ŋ]饭			

由上表可见，8种潮汕方言著作共有11个鼻化韵韵母，即[ã]、[ẽ]、[ãi]、[õi]、[ĩ]、[iã]、[iũ]、[iẽ]、[uĩ]、[uã]、[uẽ]；声化韵韵母2个，即[m]、[ŋ]。值得讨论的有[ɔ̃]、[õ]、[ãu]、[ẽi]、[õu]、[iõu]、[iõ]、[iãu]、[ũ]、[uẽi]、[n]诸韵母：

（1）关于[ɔ̃]和[õ]韵母，早期潮汕方言著作璘为仁《潮州话初级教程》（1841年）、高德《汉英潮州方言字典》（1847年），菲尔德《汕头方言初阶》（1878年），菲尔德《汕头方言音义字典》（1883年）均记载了[ɔ̃]韵母，其余方言著作则无此韵母。据考证，现代潮汕方言均无[ɔ̃]韵母，张晓山《新潮汕字典》"怒"读作no⁵，"毛"读作mo⁵，二者均读作[õ]韵母。随着时间的推移，[ɔ̃]韵母逐步演变成[õ]韵母。

（2）关于[ãu]韵母，据考证，潮汕6个方言点均有[ãu]韵母，唯独耶士谟《汕头话口语语法基础教程》无此韵母。

（3）关于[ẽi]和[ei]韵母，唯独璘为仁《潮州话初级教程》记载了这两个韵母。据考证，[ei]是海丰方言的特殊韵类，其鼻化韵韵母[ẽi]，说明早在170年前海丰方言应该有[ẽi]韵母，随着时间的推移而消失。

（4）关于[õu]韵母，据考证，潮汕6个方言点均有[õu]韵母，高德《汉英潮州方言字典》、菲尔德《汕头方言初阶》和《汕头方言音义字典》均无此韵母，其余5种著作均有。

（5）关于[iõu]和[iãu]韵母，据考证，[iõu]韵母反映了潮州和澄海的方言韵类，[iãu]韵母则反映了汕头、潮阳、揭阳、海丰4个方言点的韵类。璘为仁《潮州话初级教程》和林雄成《汕头方言手册》记载了[iõu]韵母，卓威廉《汕头白话英华对照词典》和施约翰《潮正两音字集》记载了[iãu]韵母，其余著作均无。

（6）关于[iõ]和[iẽ]韵母，据考证，[iõ]韵母反映了汕头、潮阳、揭阳、海丰4个方言点的韵类，[iẽ]韵母则反映了潮州和澄海的方言韵类。高德《汉英潮州方言字典》、菲尔德《汕头方言初阶》、《汕头方言音义字典》和卓威廉《汕头白话英华对照词典》记载了[iõ]韵母，反映了汕头、潮阳、揭阳、海丰方言特点。

（7）关于[ũ]韵母，据考证，现代潮汕方言是没有此韵母的，唯独施约翰《潮正两音字集》记载了[ũ]韵母。

（8）关于[uẽi]和[uei]韵母，据考证，现代潮汕方言是没有此韵母的，璘为仁《潮州话初级教程》记载了这两个韵母。前文考证，[uei]韵母逐渐演变成[ue]韵母，那么[uẽi]韵母是否也演变成[uẽ]韵母？据考证，现代潮汕方言有[uẽ]韵母，"横"字，璘为仁读作[huẽi]，张晓山《新潮汕字典》读作huên⁵，读作[huẽ]，韵母[huẽi]的韵尾[-i]脱落是有可能的。

（9）据考证，现代潮汕方言均无声化韵[n]，唯独菲尔德《汕头方言初阶》记载了此韵母。

4.入声韵(收 -ʔ尾)韵母比较表

西方传教士编撰的8种潮汕方言著作共记载了34个收-ʔ尾的入声韵母：[aʔ]、[oʔ]、

[eʔ]、[iʔ]、[uʔ]、[ɯʔ]、[ɔʔ]、[oiʔ]、[eiʔ]、[ouʔ]、[iaʔ]、[ioʔ]、[ieʔ]、[uaʔ]、[ueʔ]、[aiʔ]、[auʔ]、[iuʔ]、[iauʔ]、[iouʔ]、[ẽʔ]、[ĩʔ]、[uẽʔ]、[ɔ̃ʔ]、[ãʔ]、[ãiʔ]、[uãiʔ]、[ãuʔ]、[õiʔ]、[iõʔ]、[uĩʔ]、[õʔ]、[iãuʔ]、[ŋʔ]。它们所记载的韵母不一：璘为仁《潮州话初级教程》16个，高德《汉英潮州方言字典》17个，菲尔德《汕头方言初阶》19个，菲尔德《汕头方言音义字典》25个，卓威廉《汕头白话英华对照词典》23个，耶士谟《汕头话口语语法基础教程》25个，林雄成《汕头方言手册》19个，施约翰《潮正两音字集》17个。请看下表：

(1)"元音韵＋ʔ尾"韵母

【表十四】

现代潮汕方言	汕头潮州澄海潮阳揭阳海丰	汕头潮州澄海潮阳揭阳海丰	汕头潮州澄海潮阳揭阳海丰	汕头潮州澄海潮阳揭阳海丰	汕头潮州澄海潮阳揭阳海丰	汕头潮州澄海揭阳	无
璘为仁16	ă[aʔ]肉ah[aʔ]鸭	ŏ[oʔ]索	ĕ[eʔ]册	ĭ[iʔ]舌	ŭ[uʔ]厝	——	——
高　德17	á₃[aʔ]仄	——	e₃[eʔ]麦	i₃[iʔ]舌	u₃[uʔ]足	ù₃[ɯʔ]夺	ó₃[ɔʔ]鹤
菲尔德a19	ah[aʔ]合	oh[oʔ]口	eh[eʔ]麦	ih[iʔ]滴	uh[uʔ]弱	——	øh[ɔʔ]桌
菲尔德b25	ah[aʔ]鸭	——	eh[eʔ]麦	ih[iʔ]篾	uh[uʔ]足	ṳh[ɯʔ]乞	ọh[ɔʔ]桌
卓威廉23	ah[aʔ]鸭	oh[oʔ]学	eh[eʔ]麦	ih[iʔ]铁	uh[uʔ]托	——	——
耶士谟17	ah[aʔ]鸭	oh[oʔ]撮	eh[eʔ]麦	ih[iʔ]篾	uh[uʔ]咕	uh[ɯʔ]乞	——
林雄成19	ah[aʔ]甲	oh[oʔ]驳	eh[eʔ]压	ih[iʔ]洁	uh[uʔ]忽	ṳh[ɯʔ]乞	——
施约翰17	ah[aʔ]鸭	oh[oʔ]粕	eh[eʔ]百	ih[iʔ]滴	uh[uʔ]欶	——	——

【表十五】

现代潮汕方言	汕头潮州澄海潮阳揭阳	海丰	无	汕头潮州澄海潮阳揭阳海丰	汕头潮阳揭阳海丰	潮州澄海	汕头潮州澄海潮阳揭阳海丰
璘为仁16	oĭ[oiʔ]八	ĕy[eiʔ]痖	ou[ouʔ]黑	eã[iaʔ]臛 iăh[iaʔ]壁 iă[iaʔ]易	iŏ[ioʔ]挈	iĕ[ieʔ]药	uă[uaʔ]热
高　德17	oi₃[oiʔ]节	——	——	ia₃[iaʔ]迹	——	ie₃[ieʔ]石	ua₃[uaʔ]抹 oa₃[t'uaʔ]獭 wa₃[kuaʔ]割
菲尔德a19	oih[oiʔ]狭	——	——	iah[iaʔ]益	——	ieh[ieʔ]药	uah[uaʔ]活 oah[uaʔ]喝
菲尔德b25	oih[oiʔ]八	——	——	iah[iaʔ]食	ioh[ioʔ]雀	ieh[ieʔ]尺	uah[uaʔ]末 /oah[uaʔ]末
卓威廉23	oih[oiʔ]狭	——	——	iah[iaʔ]益	——	ieh[ieʔ]药	uah[uaʔ]活
耶士谟17	oih[oiʔ]八	——	——	iah[iaʔ]食	——	ieh[ieʔ]药	uah[uaʔ]割
林雄成19	oih[oiʔ]截	——	——	iah[iaʔ]掠	ioh[ioʔ]乞	ieh[ieʔ]若	uah[uaʔ]割
施约翰17	ŏih[oiʔ]节	——	——	iah[iaʔ]赤	——	ieh[ieʔ]借	uah[uaʔ]割

【表十六】

现代潮汕方言	汕头潮州澄海潮阳揭阳海丰	汕头潮州澄海潮阳揭阳海丰	汕头潮州澄海潮阳揭阳海丰	汕头潮州澄海潮阳揭阳海丰	汕头潮阳揭阳海丰	潮州澄海	
璘为仁16	uě[ueʔ]袜 oě[ueʔ]袜	——	——	——	——		
高　德17	ue_3[ueʔ]袜	ai_3[aiʔ]癣	au_3[auʔ]乐	——	——		
菲尔德a19	ueh[ueʔ]说	——	auh[auʔ]落	——	——		
菲尔德b25	ueh[ueʔ]袜	——	auh[auʔ]乐	iuh[iuʔ]拂	——		
卓威廉23	ueh[ueʔ]说	——	auh[auʔ]霉	iuh[iuʔ]□	iauh[iauʔ]□		
耶士谟17	ueh[ueʔ]袜	aih[aiʔ]□	auh[auʔ]乐	——	iauh[iauʔ]雀		
林雄成19	ueh[ueʔ]月	——	auh[auʔ]落	iuh[iuʔ]□		[iouʔ]蹓	
施约翰17	ueh[ueʔ]血	——	auh[auʔ]乐	——	——		

由上表可见，8种潮汕方言著作共有9个收塞音韵尾[-ʔ]韵母，即[aʔ]、[eʔ]、[iʔ]、[uʔ]、[oiʔ]、[iaʔ]、[ieʔ]、[uaʔ]、[ueʔ]。值得讨论的有[oʔ]、[ɯʔ]、[ɔʔ]、[eiʔ]、[ouʔ]、[ioʔ]、[aiʔ]、[auʔ]、[iuʔ]、[iauʔ]、[iouʔ]诸韵母：

(1)高德《汉英潮州方言字典》和菲尔德《汕头方言音义字典》无[oʔ]韵母，其余6种著作均有。

(2)关于[ɯʔ]韵母，据考证，汕头、潮州、澄海、揭阳均有此韵母，唯独潮阳、海丰方言无。

高德《汉英潮州方言字典》、菲尔德《汕头方言音义字典》、耶士谟《汕头话口语语法基础教程》和林雄成《汕头方言手册》有[ɯʔ]韵母，其余4种著作则无。

(3)关于[ɔʔ]和[ɔ̃ʔ]韵母，据前文考证，早期前4种著作有[ɔ]和[ɔ̃]韵母，这里亦有[ɔʔ]和[ɔ̃ʔ]韵母。而现代潮汕方言均无这些韵母而有[oʔ]和[õʔ]，如张晓山《新潮汕字典》"鹤"读作hoh[8]，"桌"读作doh[4]，"膜"读作moh[8]。随着时间的推移，它们的演变公式如下：

[ɔ]→ [o]、[ɔ̃]→ [õ]、[ɔʔ]→ [oʔ]、[ɔ̃ʔ]→ [õʔ]

(4)关于[eiʔ]韵母，据考证，海丰方言有[ei]和[eiʔ]两个韵母，唯独璘为仁《潮州话初级教程》记载了[ei]、[eiʔ]和[ẽi]这三个韵母。

(5)关于[ouʔ]韵母，据考证，潮汕方言有[ou]韵母而无[ouʔ]韵母，唯独璘为仁《潮州话初级教程》记载了此韵母。

(6)关于[ioʔ]韵母，据考证，汕头、潮阳、揭阳和海丰方言有此韵母，潮州和澄海则无。璘为仁《潮州话初级教程》、菲尔德《汕头方言音义字典》和林雄成《汕头方言手册》记载了[ioʔ]韵母，反映了汕头、潮阳、揭阳和海丰方言韵类。

(7)关于[aiʔ]韵母，据考证，潮汕方言均有此韵母，高德《汉英潮州方言字典》和耶士谟《汕头话口语语法基础教程》记载了[aiʔ]韵母。

(8)关于[auʔ]韵母，据考证，潮汕方言均有此韵母，唯独璘为仁《潮州话初级教程》没有此韵母。

(9)关于[iuʔ]韵母，据考证，潮汕方言均有此韵母，菲尔德《汕头方言音义字典》、卓威廉《汕头白话英华对照词典》和林雄成《汕头方言手册》也记载了[iuʔ]韵母。

(10)关于[iauʔ]韵母，据考证，汕头、潮阳、揭阳和海丰方言有此韵母，卓威廉《汕头白话英华对照词典》、耶士谟《汕头话口语语法基础教程》也记载了[iauʔ]韵母。

(11)关于[iouʔ]韵母，据考证，潮州和澄海有此韵母，唯独林雄成《汕头方言手册》记载了[iouʔ]韵母。

(2)"鼻化韵＋ʔ尾"韵母（附"声化韵＋ʔ尾"韵母）

【表十七】

现代潮汕方言	汕头潮州澄海潮阳揭阳海丰	汕头潮州澄海潮阳揭阳海丰	无	无	潮阳海丰	汕头潮州澄海潮阳揭阳海丰	汕头潮州澄海潮阳揭阳海丰
璘为仁16	ĕ[ẽʔ]脉	ĭ[ĩʔ]碟	ue[uẽʔ]粥	——	——	——	——
高　德17	e₍[ẽʔ]脉	i₍[ĩʔ]乜	ue₍[uẽʔ]物	ó[ɔ̃ʔ]膜	——	——	——
菲尔德a19	ehⁿ[ẽʔ]脉	ihⁿ[ĩʔ]么	uehⁿ[uẽʔ]物	өhⁿ[ɔ̃ʔ]薄	ahⁿ[ãʔ]□	aihⁿ[ãiʔ]闸	uaihⁿ[uãiʔ]闸
菲尔德b25	ehⁿ[ẽʔ]咳	iⁿ/ihⁿ[ĩʔ]瞬	uehⁿ[uẽʔ]物	ohⁿ[ɔ̃ʔ]膜	ahⁿ[ãʔ]秒	aihⁿ[ãiʔ]揸	uaihⁿ[uãiʔ]转
卓威廉23	ehⁿ[ẽʔ]脉	ihⁿ[ĩʔ]碟	uehⁿ[uẽʔ]林	——	ahⁿ[ãʔ]□	aihⁿ[ãiʔ]闸	uaihⁿ[uãiʔ]闸
耶士谟17	——	——	——	——	——	aihⁿ[ãiʔ]□	uaihⁿ[uãiʔ]□
林雄成19	——	ihⁿ[ĩʔ]乜	uehⁿ[uẽʔ]血	——	——	aihⁿ[ãiʔ]硬	——
施约翰17	ehⁿ[ẽʔ]脉	ihⁿ[ĩʔ]乜	uehⁿ[uẽʔ]物	——	mah[ãʔ]儚	aihⁿ[ãiʔ]不	——

【表十八】

现代潮汕方言	汕头潮州澄海潮阳揭阳海丰	潮阳	无	无	无	汕头潮阳揭阳	汕头潮州澄海潮阳揭阳海丰
璘为仁16	——	——	——	——	——	——	——
高　德17	——	——	——	——	——	——	——
菲尔德a19	——	——	——	——	——	——	——
菲尔德b25	auhⁿ[ãuʔ]譀	oihⁿ[õiʔ]蠚	ioⁿh[iõʔ]摔	uihⁿ[uĩʔ]拾	——	——	——
卓威廉23	auhⁿ[ãuʔ]:	——	——	——	ohⁿ[õʔ]□	iauhⁿ[iãuʔ]□	nghⁿ[ŋ̃ʔ]□
耶士谟17	——	——	——	——	——	——	nghⁿ[ŋ̃ʔ]搿
林雄成19	——	——	——	——	——	——	ngⁿ[ŋ̃ʔ]搿
施约翰17	——	——	——	——	ohⁿ[õʔ]么	——	——

由上表可见，8种潮汕方言著作记载了13个鼻化韵收塞音韵尾[-ʔ]韵母，值得讨论的有[ẽʔ]、[ĩʔ]、[uẽʔ]、[ɔ̃ʔ]、[ãʔ]、[ãiʔ]、[uãiʔ]、[ãuʔ]、[õiʔ]、[iõʔ]、[uĩʔ]、[õʔ]、[iãuʔ]，声化韵收塞音韵尾[ŋ̃ʔ]诸韵母：

（1）据考证，潮汕方言均有[ẽʔ]、[ĩʔ]、[ãiʔ]、[uãiʔ]、[ãuʔ]诸韵母，但耶士谟《汕头话口语语法基础教程》无[ẽʔ]、[ĩʔ]、[ãuʔ]3个韵母，林雄成《汕头方言手册》无[ẽʔ]、[uãiʔ]、[ãuʔ]3个韵母，璘为仁《潮州话初级教程》无[ãiʔ]、[uãiʔ]、[ãuʔ]3个韵母，高德《汉英潮州方言字典》无[ãiʔ]、[uãiʔ]、[ãuʔ]3个韵母，施约翰《潮正两音字集》无[uãiʔ]、[ãuʔ]两个韵母。

（2）据考证，潮汕方言均无[uẽʔ]、[ɔʔ]、[ãʔ]、[õiʔ]、[uĩʔ]、[õʔ]等6个韵母，但璘为仁《潮州话初级教程》、林雄成《汕头方言手册》有[uẽʔ]韵母，高德《汉英潮州方言字典》有[uẽʔ]、[ɔʔ]2个韵母，菲尔德《汕头方言初阶》有[uẽʔ]、[ɔʔ]、[ãʔ]3个韵母，菲尔德《汕头方言音义字典》有[uẽʔ]、[ɔʔ]、[ãʔ]、[õiʔ]、[uĩʔ]5个韵母，卓威廉《汕头白话英华对照词典》有[uẽʔ]、[ãʔ]、[õʔ]3个韵母，施约翰《潮正两音字集》有[uẽʔ]、[ãʔ]、[õʔ]3个韵母。

（3）据考证，汕头、潮阳、揭阳、海丰有[iõʔ]韵母，唯独菲尔德《汕头方言音义字典》有此韵母。

（4）据考证，汕头、潮阳、揭阳、海丰有[iãuʔ]韵母，唯独卓威廉《汕头白话英华对照词典》有此韵母。

（5）据考证，潮汕方言均有[ŋʔ]韵母，只有卓威廉《汕头白话英华对照词典》、耶士谟《汕头话口语语法基础教程》和林雄成《汕头方言手册》有此韵母。

5.入声韵（收-p,-t,-k尾）韵母比较表

西方传教士编撰的8种潮汕方言著作共记载了19个收-p,-t,-k尾的入声韵母：ap、ip、iap、uap、wp、ak、ok、iok、iak、uak、ek、iauk、it、ut、ɯt、uat、iat、at、wt。它们所记载的韵母不一：璘为仁《潮州话初级教程》13个，高德《汉英潮州方言字典》16个，菲尔德《汕头方言初阶》15个，菲尔德《汕头方言音义字典》16个，卓威廉《汕头白话英华对照词典》16个，耶士谟《汕头话口语语法基础教程》17个，林雄成《汕头方言手册》15个，施约翰《潮正两音字集》16个。请看下表：

【表十九】

现代潮汕方言	汕头潮州潮阳揭阳海丰	汕头潮州潮阳揭阳海丰	汕头潮州潮阳揭阳海丰	潮州潮阳揭阳海丰	无	汕头潮州澄海潮阳揭阳海丰	汕头潮州澄海潮阳揭阳海丰
璘为仁13	ap[ap]十	ip[ip]入	iĕp[iap]蝶	——	——	ak[ak]六	ok[ok]笃
高　德16	ap[ap]匣	ip[ip]集	iap[iap]捷	wap[uap]法	——	ak[ak]木	ok[ok]族
菲尔德a15	ap[ap]匣	ip[ip]邑	iap[iap]粒	——	wp[wp]口	ak[ak]北	ok[ok]屋
菲尔德b16	ap[ap]匣	ip[ip]邑	iap[iap]接	uap[uap]法	——	ak[ak]恶	ok[ok]屋
卓威廉16	ap[ap]匣	ip[ip]邑	iap[iap]粒	uap[uap]法	——	ak[ak]北	ok[ok]屋
耶士谟17	ap[ap]匣	ip[ip]邑	iap[iap]接	uap[uap]法	——	ak[ak]恶	ok[ok]族
林雄成15	ap[ap]秽	ip[ip]翕	iap[iap]涩	uap[uap]法	——	ak[ak]曝	ok[ok]国
施约翰16	ap[ap]合	ip[ip]急	iap[iap]接	uap[uap]法	——	ak[ak]角	ok[ok]福

【表二十】

现代潮汕方言	汕头潮州澄海潮阳揭阳海丰	汕头潮州澄海潮阳揭阳海丰	汕头潮州澄海潮阳揭阳海丰	汕头潮州澄海潮阳揭阳海丰	无	海丰	海丰
璘为仁13	iok[iok]畜	——	——	ek[ek]竹	——	ǐt[it]七	ut[ut]骨
高 德16	iok[iok]郁	iak[iak]爵	uak[uak]浊	ek[ek]泽	——	it[it]蜜	ut[ut]卒
菲尔德a15	iok[iok]欲	iak[iak]弱	——	ek[ek]泽	——	it[it]实	ut[ut]佛
菲尔德b16	iok[iok]畜	iak[iak]虐	uak[uak]浊	ek[ek]浴	——	it[it]得	ut[ut]佛
卓威廉16	iok[iok]欲	iak[iak]弱	uak[uak]越	ek[ek]泽	——	it[it]实	ut[ut]佛
耶士谟17	iok[iok]旭	iak[iak]切	uak[uak]浊	ek[ek]浴	iauk[iauk]口	it[it]一	ut[ut]熨
林雄成15	iok[iok]育	iak[iak]约	——	ek[ek]一	——	it[it]得	ut[ut]不
施约翰16	iok[iok]曲	iak[iak]削	uak[uak]蠖	ek[ek]肉	——	it[it]七	ut[ut]忽

【表二十一】

现代潮汕方言	无	无	无	无	无
璘为仁13	ǔrt[ut]乞	uat[uat]发	iet[iat]姪	at[at]节	——
高 德16	ùt[ut]乞	uat[uat]拙	iet[iat]即	at[at]遏	——
菲尔德a15	ʉt[ut]口	——	iet[iat]别	at[at]力	wt[wt]
菲尔德b16	ʮt[ut]稠	——	iet[iat]别	at[at]识	wt[wt]发
卓威廉16	ʮt[ut]稠	uat[uat]活	iet[iat]别	at[at]力	
耶士谟17	ut[ut]泪	uat[uat]斡	iet[iat]即	at[at]抑	
林雄成15	ʮt[ut]乞	uat[uat]发	iet[iat]热	at[at]识	
施约翰16	ʉt[ut]迄	uat[uat]发	iet[iat]侄	at[at]虱	

由上表可见，8种潮汕方言著作共有12个收-p,-t,-k尾的入声韵母，即[ap]、[ip]、[iap]、[ak]、[ok]、[iok]、[ek]、[it]、[ut]、[ɯt]、[iat]、[at]。值得讨论的有uap、wp、iak、uak、iauk、uat、wt诸韵母：

(1)据考证，现代潮州、涸阳、揭阳、海丰均有[uap]韵母，只有璘为仁《潮州话初级教程》和菲尔德《汕头方言初阶》无此韵母。

(2)据考证，现代潮汕方言均无[wp]韵母，只有菲尔德《汕头方言初阶》有此韵母。

(3)据考证，现代潮汕方言均有[iak]韵母，只有璘为仁《潮州话初级教程》无此韵母。

(4)据考证，现代潮汕方言均有[uak]韵母，只有璘为仁《潮州话初级教程》、菲尔德《汕头方言初阶》和林雄成《汕头方言手册》无此韵母。

(5)据考证，现代潮汕方言均无[iauk]韵母，只有耶士谟《汕头话口语语法基础教程》有此韵母。

(6)据考证，现代潮汕方言均无[uat]韵母，除了菲尔德《汕头方言初阶》和《汕头方言音义字典》外均有此韵母。

(7)据考证，现代潮汕方言均无[wt]韵母，除了菲尔德《汕头方言初阶》和《汕头方言音义字典》外均无此韵母。

四　潮汕方言著作方言音系性质研究

综上所述，西方传教士编撰的8种方言学著作与现代潮汕6个方言点韵系历史比较如下：

第一，据我们考证，西方传教士编撰的8种方言学著作所记载的韵母数统计见下表：

	单元音	复元音	鼻音韵	鼻化韵	声化韵	收-ʔ尾韵	收-p-t-k韵	小计
璘为仁	7	14	16	18	2	16	13	86
高　德	7	11	16	15	2	17	16	84
菲尔德a	7	11	17	16	3	19	15	88
菲尔德b	7	11	16	16	2	25	16	93
卓威廉	6	12	16	17	2	23	16	92
耶士谟	6	12	16	13	2	17	17	83
林雄成	6	13	17	16	2	19	15	88
施约翰	6	12	16	16	2	17	16	85

由上表可见，8种方言学著作所记载的韵母数不一，菲尔德《汕头方言音义字典》93个，卓威廉《汕头白话英华对照词典》92个，菲尔德《汕头方言初阶》和林雄成《汕头方言手册》各88个，璘为仁《潮州话初级教程》86个，施约翰《潮正两音字集》85个，高德《汉英潮州方言字典》84个，耶士谟《汕头话口语语法基础教程》83个。

根据林论论、陈小枫（1996年）考证，现代潮汕6个方言点的韵母数如下表：

	单元音	复元音	鼻音韵	鼻化韵	声化韵	收-ʔ尾韵	收-p-t-k韵	小计
汕头	6	12	12	15	2	25	12	84
潮州	6	13	16	15	2	25	16	93
澄海	6	12	9	15	2	25	9	78
潮阳	5	12	14	15	2	24	14	86
揭阳	6	12	13	16	2	23	13	85
海丰	5	12	14	14	2	18	14	79

由上表可见，潮汕6个方言点的韵母数不一，潮州最多93个，潮阳86个，揭阳85个，汕头84个，海丰79个，澄海最少78个。

第二，8种方言学著作有41个韵母与现代潮汕6个方言点共同的韵母完全一致。根据林论论、陈小枫（1996年）考证，汕头、潮州、澄海、潮阳、揭阳、海丰6个方言点共有的韵母有60个：

[a]、[o]、[e]、[i]、[u]、[au]、[ai]、[ou]、[ia]、[iu]、[ua]、[ue]、[uai]、[ui]；[aŋ]、[iaŋ]、[uaŋ]、[oŋ]、[ioŋ]、[eŋ]、[uŋ]；[ã]、[ẽ]、[ãi]、[ãu]、[õi]、[õu]、[ĩ]、[iã]、[iũ]、[iõ]、[uĩ]、[uãi]、[uã]、[uẽ]；[m]、[ŋ]；[aʔ]、[oʔ]、[eʔ]、[iʔ]、[uʔ]、[iaʔ]、[uaʔ]、[ueʔ]、[aiʔ]、[auʔ]、[iuʔ]、[ẽʔ]、[ĩʔ]、[ãiʔ]、[uãiʔ]、[ãuʔ]、[ŋʔ]；[ak]、[ok]、[iok]、[iak]、[uak]、[ek]。

据我们考察统计，在以上60个韵母中，西方传教士编撰的8种方言学著作与之相同的韵母共计41个：

[a]、[o]、[e]、[i]、[u]、[au]、[ai]、[ia]、[iu]、[ua]、[ue]、[uai]、[ui]、[aŋ]、[iaŋ]、[uaŋ]、[oŋ]、[ioŋ]、[eŋ]、[ã]、[ẽ]、[ãi]、[ĩ]、[iã]、[iũ]、[uĩ]、[uã]、[uẽ]、[m]、[ŋ]、[aʔ]、[eʔ]、[iʔ]、[uʔ]、[iaʔ]、[uaʔ]、[ueʔ]、[ak]、[ok]、[iok]、[ek]。

剩余的19个韵母中，8种方言学著作所记载的韵母数不一，请看下表：

璘为仁7	[ou]、[ãu]、[õu]、[uãi]、[oʔ]、[ẽʔ]、[ĩʔ]；
高　德8	[ãu]、[iõ]、[aiʔ]、[auʔ]、[ẽʔ]、[ĩʔ]、[iak]、[uak]；
菲尔德a10	[ãu]、[iõ]、[uãi]、[oʔ]、[auʔ]、[ẽʔ]、[ĩʔ]、[ãiʔ]、[uãiʔ]、[iak]；
菲尔德b12	[ãu]、[iõ]、[uãi]、[auʔ]、[iuʔ]、[ẽʔ]、[ĩʔ]、[ãiʔ]、[uãiʔ]、[ãuʔ]、[iak]、[uak]；
卓威廉16	[ou]、[ãu]、[õu]、[iõ]、[uãi]、[oʔ]、[auʔ]、[iuʔ]、[ẽʔ]、[ĩʔ]、[ãiʔ]、[uãiʔ]、[ãuʔ]、[ŋʔ]、[iak]、[uak]；
耶士谟10	[ou]、[õu]、[oʔ]、[aiʔ]、[auʔ]、[ãiʔ]、[uãiʔ]、[ŋʔ]、[iak]、[uak]；
林雄成12	[ou]、[uŋ]、[ãu]、[õu]、[uãi]、[oʔ]、[auʔ]、[iuʔ]、[ĩʔ]、[ãiʔ]、[ŋʔ]、[iak]；
施约翰10	[ou]、[ãu]、[õu]、[oʔ]、[auʔ]、[ẽʔ]、[ĩʔ]、[ãiʔ]、[iak]、[uak]；

由上可见，现代潮汕6个方言点共同的60个韵母中，8种方言学著作所记载的韵母数如下：璘为仁《潮州话初级教程》（41+7）48个，高德《汉英潮州方言字典》（41+8）49个，菲尔德《汕头方言初阶》（41+10）51个，菲尔德《汕头方言音义字典》（41+12）53个，卓威廉《汕头白话英华对照词典》（41+16）57个，耶士谟《汕头话口语语法基础教程》（41+10）51个，林雄成《汕头方言手册》（41+12）53个，施约翰《潮正两音字集》（41+10）51个。这8种方言学著作所记载的韵母是潮汕共同的方言基础。

第三，西方传教士编撰的8种方言学著作所反映的音系性质不是单一音系，而是潮汕方言的综合音系。现分别探究如下：

1.关于璘为仁《潮州话初级教程》韵系

据考证，璘为仁《潮州话初级教程》记载了86个韵母，除了以上48个潮汕方言共有的韵母外，还有38个韵母的情况有二：其一，璘为仁记载了22个韵母分别反映了潮汕6个方言点的韵类：

潮州澄海	汕头潮州潮阳揭阳海丰	汕头潮阳揭阳海丰	海丰	汕头潮州澄海揭阳	汕头潮州澄海潮阳揭阳
[iou]、[ie]、[iõu]、[iẽ]、[ieʔ]	[am]、[im]、[iam]、[ap]、[ip]、[iap]	[ioʔ]	[ei]、[in]、[un]、[eiʔ]、[it]、[ut]	[ɯ]	[oi]、[oiʔ]、[õi]

据统计，璘为仁所记载的潮州韵母最多，15个，海丰13个，汕头和揭阳各11个，潮阳10个，澄海最少，只有9个。其二，璘为仁记载了16个现代潮汕6个方言所没有的韵母：[ɔ]、[uei]、[ɯŋ]、[ɯn]、[uan]、[ian]、[an]、[ɔ̃]、[ẽi]、[uẽi]、[ouʔ]、[uẽʔ]、[ut]、[iat]、[at]、[uat]。

2.关于高德《汉英潮州方言字典》韵系

据考证，高德《汉英潮州方言字典》记载了84个韵母，除了以上49个潮汕方言共有的韵母外，还有35个韵母的情况有二：其一，高德记载了22个韵母分别反映了潮汕6个方言点的韵类：

潮州澄海	汕头潮州潮阳揭阳海丰	汕头潮阳揭阳海丰	海丰	汕头潮州澄海揭阳	汕头潮州澄海潮阳揭阳	潮州潮阳揭阳海丰	揭阳海丰
[ie]、[iẽ]、[ieʔ]	[am]、[im]、[iam]、[ap]、[ip]、[iap]	[io]	[in]、[un]、[it]、[ut]	[ɯ]、[ɯʔ]	[oi]、[oiʔ]、[õi]	[uam]、[uap]	[õ]

据统计，高德所记载的潮州韵母最多，16个，揭阳、海丰各15个，汕头、潮阳各12个，澄海最少，只有8个。其二，高德记载了13个现代潮汕6个方言所没有的韵母：[ɔ]、[ɯn]、[uan]、[ian]、[an]、[ɔ̃]、[ɔ̃ʔ]、[uẽʔ]、[ɔ̃ʔ]、[ɯt]、[iat]、[at]、[uat]。

3.关于菲尔德《汕头方言初阶》韵系

据考证，菲尔德《汕头方言初阶》记载了88个韵母，除了以上51个潮汕方言共有韵母外，还有37个韵母的情况有二：其一，菲尔德记载了21个韵母分别反映了潮汕6个方言点的韵类：

潮州澄海	汕头潮州潮阳揭阳海丰	汕头潮阳揭阳海丰	海丰	汕头潮州澄海揭阳	汕头潮州澄海潮阳揭阳	潮州潮阳揭阳海丰	揭阳海丰	潮阳海丰
[ie]、[iẽ]、[ieʔ]	[am]、[im]、[iam]、[ap]、[ip]、[iap]	[io]	[in]、[un]、[it]、[ut]	[ɯ]	[oi]、[oiʔ]、[õi]	[uam]	[õ]	[ãʔ]

据统计，菲尔德所记载的潮州和海丰韵母最多，各14个，揭阳13个，潮阳12个，汕头11个，澄海最少，只有7个。其二，菲尔德记载了16个现代潮汕6个方言所没有的韵母：[ɔ]、[ɯn]、[uan]、[ian]、[an]、[wn]、[ɔ̃]、[n]、[ɔ̃ʔ]、[uẽ̃ʔ]、[ɔ̃ʔ]、[wp]、[ɯt]、[iat]、[at]、[wt]。

4.关于菲尔德《汕头方言音义字典》韵系

据考证，菲尔德《汕头方言音义字典》记载了93个韵母，除了以上53个潮汕方言共有韵母外，还有40个韵母的情况有二：其一，菲尔德记载了25个韵母分别反映了潮汕6个方言点的韵类：

潮州澄海	汕头潮州潮阳揭阳海丰	汕头潮阳揭阳海丰	海丰	汕头潮州澄海揭阳	汕头潮州澄海潮阳揭阳	潮州潮阳揭阳海丰	揭阳海丰	潮阳海丰	潮阳
[ie]、[iẽ]、[ieʔ]	[am]、[im]、[iam] [ap]、[ip]、[iap]	[io]、[ioʔ]	[in]、[un] [it]、[ut]	[ɯ]、[ɯʔ]	[oi]、[oiʔ]、[õi]	[uam] [uap]	[õ]	[ãʔ]	[õiʔ]

据统计，菲尔德所记载的潮州、揭阳、海丰韵母最多，各16个，潮阳15个，汕头13个，澄海最少，只有8个。其二，菲尔德记载了15个现代潮汕6个方言所没有的韵母：[ɔ]、[ɯn]、[ian]、[an]、[wn]、[ɔ̃]、[ɔʔ]、[uẽʔ]、[ɔ̃ʔ]、[iõʔ]、[uĩʔ]、[ut]、[iat]、[at]、[wt]。

5.关于卓威廉《汕头白话英华对照词典》韵系

据考证，卓威廉《汕头白话英华对照词典》记载了92个韵母，除了以上57个潮汕方言共有韵母外，还有35个韵母的情况有二：其一，卓威廉记载了25个韵母分别反映了潮汕6个方言点的韵类：

潮州澄海	汕头潮州潮阳揭阳海丰	汕头潮阳揭阳海丰	海丰	汕头潮州澄海揭阳	汕头潮州澄海潮阳揭阳	潮州潮阳揭阳海丰	揭阳海丰	潮阳海丰	汕头潮阳揭阳
[ie]、[iẽ]、[ieʔ]	[am]、[im]、[iam] [ap]、[ip]、[iap]	[iau]、[iãu] [iauʔ]	[in]、[un] [it]、[ut]	[ɯ]	[oi]、[oiʔ]、[õi]	[uam]、[uap]	[õ]	[ãʔ]	iãuʔ]

据经统计，卓威廉所记载的揭阳、海丰韵母最多，各17个，潮阳16个，潮州15个，汕头14个，澄海最少，只有7个。其二，卓威廉记载了10个现代潮汕6个方言所没有的韵母：[ɯn]、[uan]、[ian]、[an]、[uẽʔ]、[õʔ]、[ut]、[iat]、[at]、[uat]。

6.关于耶士谟《汕头话口语语法基础教程》韵系

据考证，耶士谟《汕头话ㄧ语语法基础教程》记载了83个韵母，除了以上51个潮汕方言共有韵母外，还有32个韵母的情况有二：其一，耶士谟记载了23个韵母分别反映了潮汕6个方言点的韵类：

潮州澄海	汕头潮州潮阳揭阳海丰	汕头潮阳揭阳海丰	海丰	汕头潮州澄海揭阳	汕头潮州澄海潮阳揭阳	潮州潮阳揭阳海丰	揭阳海丰
[ie]、[iẽ]、[ieʔ]	[am]、[im]、[iam] [ap]、[ip]、[iap]	[iau]、[iauʔ]	[in]、[un] [it]、[ut]	[ɯ]、[ɯʔ]	[oi]、[oiʔ]、[õi]	[uam]、[uap]	[õ]

据统计，耶士谟所记载的潮州、揭阳韵母最多，各16个，海丰15个，汕头、潮阳各13个，澄海最少，只有8个。其二，耶士谟记载了9个现代潮汕6个方言所没有的韵母：[uɯn]、[uan]、[ian]、[an]、[iauk]、[uɯt]、[iat]、[at]、[uat]。

7.关于林雄成《汕头方言手册》韵系

据考证，林雄成《汕头方言手册》记载了88个韵母，除了以上53个潮汕方言共有韵母外，还有35个韵母的情况有二：其一，林雄成记载了25个韵母分别反映了潮汕6个方言点的韵类：

潮州澄海	汕头潮州潮阳揭阳海丰	汕头潮阳揭阳海丰	海丰	汕头潮州澄海揭阳	汕头潮州澄海潮阳揭阳	潮州潮阳揭阳海丰	揭阳海丰
[ie]、[iou]、[iõu] [iẽ]、[ieʔ]、[iouʔ]	[am]、[im]、[iam] [ap]、[ip]、[iap]	[ioʔ]	[in]、[un] [it]、[ut]	[ɯ]、[ɯʔ]	[oi]、[oiʔ]、[õi]	[uam]、[uap]	[õ]

据统计，林雄成所记载的潮州韵母最多，19个，揭阳15个，海丰14个，汕头和潮阳各12个，澄海最少，只有11个。其二，林雄成记载了10个现代潮汕6个方言所没有的韵母：[uei]、[uɯn]、[uan]、[ian]、[an]、[uẽʔ]、[uɯt]、[iat]、[at]、[uat]。

8.关于施约翰《潮正两音字集》韵系

据考证，施约翰《潮正两音字集》记载了85个韵母，除了以上51个，还有34个韵母的情况有二：其一，施约翰记载了23个韵母分别反映了潮汕6个方言点的韵类：

潮州澄海	汕头潮州潮阳揭阳海丰	汕头潮阳揭阳海丰	海丰	汕头潮州澄海揭阳	汕头潮州澄海潮阳揭阳	潮州潮阳揭阳海丰	揭阳海丰	潮阳海丰
[ie]、[iẽ]、[ieʔ]	[am]、[im]、[iam] [ap]、[ip]、[iap]	[iau]、[iãu]	[in]、[un] [it]、[ut]	[ɯ]	[oi]、[oiʔ]、[õi]	[uam]、[uap]	[õ]	[ãʔ]

据统计，施约翰所记载的海丰韵母，最多16个，潮州、揭阳各15个，潮阳14个，汕头12个，澄海最少，只有7个。其二，施约翰记载了11个现代潮汕6个方言所没有的韵母：[uɯn]、[uan]、[ian]、[an]、[ũ]、[uẽʔ]、[õʔ]、[uɯt]、[iat]、[at]、[uat]。

西方传教士编撰的8种方言学著作所记载的韵母数在现代6个方言点的分布情况表：

	汕头	潮州	澄海	潮阳	揭阳	海丰
璘为仁	11	15	9	10	11	13
高　德	12	16	8	12	15	15
菲尔德a	11	14	7	12	13	14
菲尔德b	13	16	8	15	16	16
卓威廉	14	15	7	16	17	17
耶士谟	13	16	8	13	16	15
林雄成	12	19	11	12	15	14
施约翰	12	15	7	14	15	16
小计	98	126	65	104	118	120

由上表数字可见，8种方言学著作所记载的韵母数最多的是潮州韵母126个韵次，其次是海丰韵母120个韵次，再次是揭阳118个韵次，最后是潮阳104个韵次、汕头98个韵次，最少是澄海65个韵次。据考察研究，没有一种西方传教士编撰的方言学著作所记载的韵母可与潮汕任何一个方言点韵母是吻合的。8种方言学著作中虽然有5种冠名汕头方言或汕头白话、口语，3种冠名潮州话或潮州方言，但是它们各自所反映的韵母系统均非汕头或潮州单一的方言音系，而是以潮汕地区方言为基础，吸收潮州、海丰、揭阳、潮阳、汕头、澄海等方言韵类的综合音系。

第四，西方传教士编撰的8种方言学著作还记载了27个不见于现代潮汕方言的韵母：

[ɔ]、[uei]、[ɯŋ]、[ɯn]、[uan]、[ian]、[an]、[wn]、[ɔ̃]、[ẽi]、[ũ]、[uẽi]、[n]、[ɔʔ]、[ouʔ]、[uẽʔ]、[ɔ̃ʔ]、[iõʔ]、[uĩʔ]、[õʔ]、[wp]、[iauk]、[ɯt]、[uat]、[iat]、[at]、[wt]。

上文在"第三"各种方言著作里已提及，它们分别是：

璘为仁16	[ɔ]、[uei]、[ɯŋ]、[ɯn]、[uan]、[ian]、[an]、[ɔ̃]、[ẽi]、[uẽi]、[ouʔ]、[uẽʔ]、[ɯt]、[iat]、[at]、[uat]；
高　德13	[ɔ]、[ɯn]、[uan]、[ian]、[an]、[ɔ̃]、[ɔʔ]、[uẽʔ]、[ɔ̃ʔ]、[ɯt]、[iat]、[at]、[uat]；
菲尔德a16	[ɔ]、[ɯn]、[uan]、[ian]、[an]、[wn]、[ɔ̃]、[n]、[ɔʔ]、[uẽʔ]、[ɔ̃ʔ]、[wp]、[ɯt]、[iat]、[at]、[wt]；
菲尔德b15	[ɔ]、[ɯn]、[ian]、[an]、[wn]、[ɔ̃]、[ɔʔ]、[uẽʔ]、[ɔ̃ʔ]、[iõʔ]、[uĩʔ]、[ɯt]、[iat]、[at]、[wt]；
卓威廉10	[ɯn]、[uan]、[ian]、[an]、[uẽʔ]、[õʔ]、[ɯt]、[iat]、[at]、[uat]；
耶士谟9	[ɯn]、[uan]、[ian]、[an]、[iauk]、[ɯt]、[iat]、[at]、[uat]；
林雄成10	[uei]、[ɯn]、[uan]、[ian]、[an]、[uẽʔ]、[ɯt]、[iat]、[at]、[uat]；
施约翰11	[ɯn]、[uan]、[ian]、[an]、[ũ]、[uẽʔ]、[õʔ]、[ɯt]、[iat]、[at]、[uat]；

现将以上27个韵母加以专题讨论如下：

1.关于[ɔ]、[ɔ̃]、[ɔʔ]、[ɔ̃ʔ]韵母

以上4个韵母均出现于璘为仁《潮州话初级教程》、高德《汉英潮州方言字典》、菲尔德《汕头方言初阶》、菲尔德《汕头方言音义字典》里，后4种著作里则不见。这说明[ɔ]、[ɔ̃]、[ɔʔ]、[ɔ̃ʔ]韵母在19世纪初叶、中叶是存在的，[o]、[õ]、[oʔ]、[õʔ]4个韵母在当时也是存在的。经过时间推移而产生音变。其演变公式如下：

[ɔ]……→[o]　　[ɔ̃]……→[õ]　　[ɔʔ]……→[oʔ]　　[ɔ̃ʔ]……→[õʔ]

[o]……→[o]　　[õ]……→[õ]　　[oʔ]……→[oʔ]　　[õʔ]……→[õʔ]

2.关于[an]、[wn]、[ian]、[uan]、[ɯn]和[at]、[wt]、[iat]、[uat]、[ɯt]韵母

西方传教士编撰的8种方言学著作告诉我们：早在19世纪初至20世纪初，潮汕方言与现代福建闽南方言一样，鼻音韵/入声韵有三套韵尾，即：-m/-p、-ŋ/-k、-n/-t。经过

一两百年的语音演变，现代潮汕方言已经变得并非如此整齐划一了：

现代汕头、潮州、揭阳、潮阳话的鼻音韵/入声韵主要韵尾是，即-m/-p、-ŋ/-k。原来的-n/-t尾韵母已经变为-ŋ/-k韵母了。

现代海丰话的鼻音韵/入声韵有三套韵尾，即-m/-p、-ŋ/-k、-n/-t。但-n/-t尾韵母残缺不全，只有[in/it]、[un/ut]韵母，而无[an/at]、[ian/iat]、[uan/uat]、[wn/wt]、[ɯn/ɯt]等韵母，这些韵母也已产生演变：

[an/at]……→[aŋ/ak]　　[ian/iat]……→[iaŋ/iak]　　[uan/uat]……→[uaŋ/uak]

[wn/wt]……→[wŋ/wk]……→[uŋ/uk]　[ɯn/ɯt]……→[ɯŋ/ɯk]……→[uŋ/uk]

现代澄海话的鼻音韵/入声韵主要韵尾则只有一套韵尾，即-ŋ/-k。原来的-n/-t和-m/-p尾韵母已经全部变为-ŋ/-k韵母了。

3.关于[uei]、[uẽi]韵母

英国传教士麦都思（Walter Henry Medhurst，1831）《福建方言字典》用19世纪初叶漳浦音给《汇集雅俗通十五音》"桧"韵拟音为öey/öeyh[uei/ueiʔ]，实际上现代漳浦方言"桧"韵拟音为[uɛ/uɛʔ]。韵尾[-i]不知什么时候脱落了。璘为仁《潮州话初级教程》同时记载了[uei]、[uẽi]、[ue]、[uẽ]4个韵母，而现代潮汕方言只有[ue]、[uẽ]韵母而无[uei]、[uẽi]韵母。这说明在170年前存在着[uei]、[uẽi]韵母与[ue]、[uẽ]韵母的对立，后来[uei]、[uẽi]韵母韵尾[-i]脱落了，演变成[ue]、[uẽ]。

4.关于[uẽʔ]韵母

除了耶士谟《汕头话口语语法基础教程》无记载[uẽʔ]韵母外，璘为仁《潮州话初级教程》、高德《汉英潮州方言字典》、菲尔德《汕头方言初阶》、菲尔德《汕头方言音义字典》、卓威廉《汕头白话英华对照词典》、林雄成《汕头方言手册》、施约翰《潮正两音字集》均记载了此韵母，说明这个韵母是存在的，而不是偶然出现的。

5.关于[ðʔ]韵母

卓威廉《汕头白话英华对照词典》和施约翰《潮正两音字集》记载了[ðʔ]韵母，现代揭阳、海丰方言有[ð]韵母，除了璘为仁《潮州话初级教程》外，其余7种方言学著作均记载了此韵母。估计[ðʔ]韵母在当时是存在的。

6.只有1种方言学著作记载的韵母，如[ẽi]凉（璘为仁）、[ũ]仵（施约翰）、[n]口(菲尔德a)、[ouʔ]黑（璘为仁）、[iðʔ]摔(菲尔德b)、[uĩʔ]拾(菲尔德b)、[wp]口（菲尔德a）、[iauk]口（耶士谟）诸韵母，是否属例外，只好存疑。

五　潮汕方言著作声调系统比较研究

璘为仁《潮州话初级教程》、高德《汉英潮州方言字典》、菲尔德《汕头方言初阶》、菲尔德《汕头方言音义字典》、卓威廉《汕头白话英华对照词典》、耶士谟《汕头话口语语法基础教程》、林雄成《汕头方言手册》、施约翰《潮正两音字集》等8部西方传教士编撰的潮汕方言著作均为8个声调。有单字调和二字组连读变调两种。

1. 单字调

西方传教士编撰的8种潮汕方言著作均记载着8个单字调，所表示的声调符号均采用英国传教士麦都思编撰的《福建方言字典》（1831年）声调表示法：上平声无标号；上声标"′"；上去声标"`"；入声无标号；下平声标"^"；下去声标"¯"；下入声标"ˇ"。

由于麦都思《福建方言字典》声调表示法是为福建漳浦7个方言声调而设置的标号，下上声并无标号，潮汕方言著作基本采用"ˇ"标号。

现将西方传教士编撰的8种潮汕方言著作的声调罗列如下：

现代潮汕方言声调	阴平	阴上	阴去	阴入	阳平	阳上	阳去	阳入
璘为仁	——	——	——	上入	——	——	——	下入
高　德	上平	上声	上去	上入	下平	下去	去声	下入
菲尔德a	上平	上上	上去	上入	下平	下上	下去	下入
菲尔德b	上平	上上	上去	上入	下平	下上	下去	下入
卓威廉	上平	上声	上去	上入	下平	下去	去声	下入
耶士谟	上平	上上	上去	上入	下平	下上	下去	下入
林雄成	上平	上声	上去	上入	下平	下去	去声	下入
施约翰	阴平	阴上	阴去	阴入	阳平	阳上	阳去	阳入

由上表可见，西方传教士所编撰的潮汕方言著作对声调的标注大致可分为以下四类：

其一，不太重视声调的标注。如璘为仁《潮州话初级教程》只标注上入和下入声调外，舒声韵一律无标注符号。

其二，菲尔德《汕头方言初阶》、菲尔德《汕头方言音义字典》、耶士谟《汕头话口语语法基础教程》，均标注"上平、上上、上去、上入、下平、下上、下去、下入"，与现代潮汕方言声调"阴平、阴上、阴去、阴入、阳平、阳上、阳去、阳入"相对应。

其三，施约翰《潮正两音字集》标注"阴平、阴上、阴去、阴入、阳平、阳上、阳去、阳入"，与现代潮汕方言一样。

其四，高德《汉英潮州方言字典》、卓威廉《汕头白话英华对照词典》、林雄成《汕头方言手册》均标注"上平、上声、上去、上入、下平、下去、去声、下入"，据我们考证，"上声"相当于现代潮汕方言的"阴上"，"下去"相对应"阳上"，"去声"相当于"阳去"。

至于8个调类的调值问题，只有两种著作对声调调值做了详细描写。菲德尔《汕头方言音义字典》采用西洋音乐的五线谱进行描写，其调值大致如下：

调类	调值	调类	调值	调类	调值	调类	调值
上平	33	上上	43	上去	212	上入	<u>321</u>
下平	44	下上	45	下去	22	下入	<u>543</u>

耶士谟《汕头话口语语法基础教程》中载有8个调类，即"上平、下平、上上、下上、上去、下去、上入、下入"，其调值的描写则以5度图示法。

调类	调值	调类	调值	调类	调值	调类	调值
上平	33	上上	53	上去	211	上入	2
下平	55	下上	35	下去	22	下入	5

这说明西方传教士不仅能正确地辨别潮汕方言的8个调类，而且开始对其调值进行探讨和描写。林论论、陈小枫《广东闽方言语音研究》"粤东闽语声调的内部差异"记载了潮汕6个方言点的调类和调值，现将菲尔德《汕头方言音义字典》和耶士谟《汕头话口语语法基础教程》声调系统比较如下：

调类	菲尔德	耶士谟	汕头	潮州	澄海	潮阳	揭阳	海丰
上平	33	33	33	33	33	33	33	33
上上	43	53	53	53	53	53	53	53
上去	212	211	213	213	213	31	213	213
上入	<u>321</u>	2	2	2	2	2	2	2
下平	44	55	55	55	55	55	55	55
下上	45	35	35	35	35	313	35	35
下去	22	22	11	11	11	11	11	11
下入	<u>543</u>	5	5	5	5	5	5	5

由上表可见，菲尔德和耶士谟分别描写了130年前潮汕的方言调值，除了潮阳以外，基本是一致的。其异同点分析如下：(1)上平调值菲尔德、耶士谟与潮汕方言均同为平调33；(2)上上调值均为降调，菲尔德调值为43，耶士谟与潮汕方言均为53；(3)上去调值菲尔德与潮汕方言（除潮阳31外）均为降升调，其调值分别为212和213，耶士谟为降调211，细微差别；(4)上入调值略有差别，菲尔德调值为321，重点落在2上，耶士谟与潮汕方言均为2；(5)下平调值均为平调，菲尔德调值为44，耶士谟与潮汕方言均,55；(6)下上调菲尔德调值为为升调45，耶士谟与潮汕方言（除潮阳降升调313外）均为升调35；(7)下去调值均为平调，菲尔德、耶士谟为22，潮汕方言均为11；(8)下入调值略有差别，菲尔德为543，重点落在4上，耶士谟与潮汕方言均为5。总之，经过百余年语音的演变，菲尔德《汕头方言音义字典》和耶士谟《汕头话口语语法基础教

程》所描写的调值与现代潮汕方言调值略有差异，这是符合语音发展规律的。

2.二字组连读变调

菲尔德在《汕头方言初阶》TONES(声调)中说："这些名称并未表达声调相对的发音，但似乎是纯粹任意的。入声的词汇往往以h，k，p或t为结尾。在交谈过程中，词汇的声调将会因与句子中其他单词的关系而改变，且这类变化是不确定的，除了那些声调被清晰发出的重读的词汇。在8个声调中甚少出现相同的音节。"这段话，阐明了菲尔德对当时声调的认识，实际上是对连读变调的认识，但这种还是比较模糊的。

林雄成在《汕头方言手册》里明确INFLECTIONS OF THE TONES中提出二字组连读变调规律。以下列表说明之：

The second becomes the sixth.	第二调变成第六调。	下平调变成去声调。
The third becomes the fifth.	第三调变成第五调。	上声调变成下去调。
The fourth becomes the third.	第四调变成第三调。	上去调变成上声调。
The fifth becomes the fourth.	第五调变成第四调。	下去调变成上去调。
The seventh becomes the eighth.	第七调变成第八调。	上入调变成下入调。
The eighth becomes the seventh.	第八调变成第七调。	下入调变成上入调。

该手册还举了以下例子：

1.何时 Tiâng-sî，when，read Tiāng-sî.　　按："何"原下平调，连读变调为去声调（阳去）。

2.的处 Tî-kò，where，read Tī-kò.　　按："的"原下平调，连读变调为去声调（阳去）。

3.许处 Hụ́- kò，there，read Hụ̄-kò.　　按："许"原上声调，连读变调为下去调（阳上）。

4.做年 Tsò-nîⁿ，why，read Tsó-nîⁿ.　　按："许"原上去调，连读变调为上声调（阴上）。

5.上好 Siāng-hó，best，read Siàng-hó.　　按："上"原下去调，连读变调为上去调（阴去）。

6.上午 Chiēⁿ-kùa，foreboon，read Chièⁿ-kùa.按："上"原下去调，连读变调为上去调（阴去）。

7.失落 Sit-lóh，to lose，read Sít-lóh.　　按："失"原上入调，连读变调为下入调（阳入）。

8.落雨 Lóh-hōu，to rain，read Loh-hōu.　　按："落"原下入调，连读变调为上入调（阴入）。

林伦伦、陈小枫著《广东闽方言语音研究》"粤东闽语声调的内部差异"记载了两字组的连读变调情况，现将《汕头方言手册》连读变调与潮汕6个方言点比较如下：

手册（潮汕）调类	手册	汕头	潮州	澄海	揭阳	潮阳	海丰
上平（阴平）	——	33-23	/	/	/	/	/
下平（阳平）	下平变成去声	55-11 阳平-阳去	/	/	/	/	/
上声（阴上）	上声变成下去	53-35 阴上-阳上	53 {23 / 35}	53 {23 / 35}	53 {23 / 35}	53-31	51 {213 / 35}
上去（阴去）	上去变成上声	213-55 阴去-阳平	213 {31 / 53}	213 {31 / 53}	213 {31 / 53}	31-55	
下去（阳上）	下去变成上去	35-21 阳上-阴去	/	/	/	313-33	35-33
去声（阳去）	——	11- 阳去-				11-33	21-33
上入（阴入）	上入变成下入	2-5 阴入-阳入	2 {3 / 5}	2 {3 / 5}	2 {3 / 5}	/	/
下入（阳入）	下入变成上入	5-2 阳入-阴入					

由上表可见，《汕头方言手册》二字组连读变调规律与潮汕6个方言点大同小异：
(1)《汕头方言手册》上平（即阴平）和去声（阳去）无二字组连读变调，而汕头、潮州、澄海和揭阳4个方言点阳去亦无连读变调；(2)《汕头方言手册》下平变成去声与潮汕6个方言点基本相同；(3)《汕头方言手册》上去变成上声，而潮州、澄海、揭阳3个方言点比较接近；(4)《汕头方言手册》下去变成上去与汕头、潮州、澄海、揭阳阳上变成阴去同；(5)《汕头方言手册》上入变成下入与潮汕方言点基本相同；(6)《汕头方言手册》下入变成上入与潮汕方言点阳入变成阴入完全相同。

综上所述，通过对19世纪中叶至20世纪初叶8部西方传教士编撰的潮汕方言著作音系进行研究，我们发现，就声母系统而言，这些8种方言著作可分为三类，差异焦点在于：(1)璘为仁、高德、菲尔德、耶士谟所编撰的著作均为18个声母，其中只有一套[ts]、[ts']声母；(2)林雄成的著作20个声母，其中有一套[ts]、[ts']声母外，还有一套[tɕ]、[tɕ']声母；(3)卓威廉、施约翰的著作21个声母，其中有[ts]、[ts']、[tɕ]、[tɕ']声母外，还有[dʑ]声母。

就韵母系统而言，8种方言学著作所记载的韵母数不一，最多的是菲尔德《汕头方言音义字典》93个，卓威廉《汕头白话英华对照词典》92个，菲尔德《汕头方言初阶》和林雄成《汕头方言手册》各88个，璘为仁《潮州话初级教程》86个，施约翰《潮正两音字集》85个，高德《汉英潮州方言字典》84个，最少的是耶士谟《汕头话口语语法基础教程》83个。潮汕6个方言点共有韵母60个，卓威廉《汕头白话英华对照词典》记载最多，57个，菲尔德《汕头方言音义字典》和林雄成《汕头方言手册》各53个，菲尔德《汕头方言初阶》、耶士谟《汕头话口语语法基础教程》、施约翰《潮正两音字集》各51个，高德《汉英潮州方言字典》49个，璘为仁《潮州话初级教程》记载最少，48个。这是8种方言学著作共同的潮汕方言基础。而且，每一部著作还吸收了潮汕6个方言点的韵类。更奇怪的是8种方言学著作记载的韵母中还有27个韵母是现代潮汕方言所没有的。因此，我们得出了一个结论，8部西方传教士编撰的潮汕方言著作均非反映汕头或潮州单一的方言音系，而是以潮汕地区方言为基础，吸收潮州、海丰、揭阳、潮阳、汕头、澄海等方言韵类的综合音系。

就声调系统而言，8部西方传教士编撰的潮汕方言著作均有8个调类，其中5种与现代潮汕方言声调系统名称相对应；高德《汉英潮州方言字典》、卓威廉《汕头白话英华对照词典》、林雄成《汕头方言手册》"上声"相当于现代潮汕方言的"阴上"，"下去"相对应"阳上"，"去声"相当于"阳去"，但内涵还是一致的。菲德尔《汕头方言音义字典》和耶士谟《汕头话口语语法基础教程》对8个调类调值进行较为准确的描写，林雄成在《汕头方言手册》阐明了二字组连读变调规律，都是难能可贵的。

第五章　近现代西洋传教士《新旧约全书》闽方言翻译与传播

　　基督教是以信仰耶稣基督为救世主的宗教。天主教、基督教马龙派、新教、东正教等统称基督教，也特指新教（又俗称"耶稣教"），三大教派（天主教、东正教和新教）和基督教马龙派的统称一般用"基督宗教"这个词。但在本词条中，"基督教"指"基督宗教"，即总称，而不是新教。

　　基督教的基本经典是由《旧约全书》和《新约全书》两大部分构成的《圣经》。《旧约全书》（*Old Testament*）据犹太教的说法，《旧约全书》是犹太人所写，而被抢夺的犹太教义。但同时，《旧约全书》是基督教的启示性经典文献，内容和希伯来圣经一致，但编排不同。主要包括摩西五经、历史书、诗歌智慧书、大先知书、小先知书，总共39卷（希伯来古本为24卷），分为四类：律法书，历史书，智慧书，先知书。从公元前12世纪至公元前2世纪，陆续用希伯来语写成。

　　圣经版本据统计，共有大约一万四千多种不同语言版本的圣经，尤其是"希伯来圣经"部分，而基督教新约部分，就有大约五千三百种不同语言版本。在众古书中可说是现在世界上最多不同语言翻译版本的书。

　　随着外国传教士进入福建，语言传播是一个至关重要的问题。福建的民众看不懂《圣经》，因此，外国传教士本身又是语言学家，他们承担着用罗马字把《圣经》译成各地的方言拼音文献的重任，诸如用福州方言、厦门方言、莆仙方言、建宁方言、客家方言把《圣经》翻译出来，外国传教士才能把译成的《圣经》向福建各地的信徒们进行传教。他们的翻译文献，大致可分为三类：一是《圣经》翻译文献；二是《旧约全书》及其篇目翻译文献；三是《新约全书》及其篇目翻译文献。

第一节　传教士《新旧约全书》方言翻译文献

　　《新旧约全书》即《圣经》。《圣经》可以指犹太教和基督教（包括天主教、东正教和基督新教）的宗教经典。犹太教的宗教经典是指《塔纳赫》（或称希伯来《圣经》），而基督教的《圣经全弓》则指《旧约全书》和《新约》两部分。

其中旧约完成的年代是：公元前4000多年前（参考大卫·鲍森《讲道集》）到公元前400年之间；而新约完成的年代是：公元30多年到96年之间。换句话说，旧约圣经最早的著作《出埃及记》，至今已经有3500年的历史。而新约圣经最早的著作，至今已经有1900年的历史。直到目前为止，《圣经》仍然是全世界最受欢迎、销售量最多、影响力最大的书。根据世界联合圣经公会的统计，《圣经》自从出版直到今天，发行量累积已超过四十亿本。全世界的销售数量，平均每年依然超过三千万本以上。这样的销售量，绝对是全世界最畅销的书。

基督教的核心教义是耶稣是神子，是唯一真神，曾死而复生，因信得救。此外，还有《马太福音》第五章第3—10节中耶稣宣扬八种福分。

本节简介用福州土白、厦门土白、客家话土白和兴化平话翻译而成的《新旧约全书》的版本。

用福州方言翻译的《圣经》文献有以下13种版本：《圣经》（福州土白）：大英国圣经会和大美国圣经会，福州，1891年。《圣经》（福州土白）：上海大英国圣经会，在日本印刷装订，1901年。《圣经》（福州土白）：大英国圣经会，在日本印刷，1909年。《新旧约全书》（福州土白）：福州美华书局活版，1898年。《新旧约全书》（福州土白）：大英国圣经会，福州，1911年。《新旧约全书》（福州土白）：民国圣经会，上海，1912年。《新旧约全书》（福州土白）：上海大美国圣经会印发，1927年。《新旧约全书》（福州土白）：上海圣书公会，1929年。《新旧约全书》（福州土白）：上海圣经公会铅印，1930年。《新旧约全书》（福州土白）：大英及外国圣经会印发，1933年。《新旧约全书》（福州土白）：圣经会，上海，1937年。《新旧约全书》（福州土白）：圣书公会印发，1940年。《新旧约全书》（福州土白）：上海圣经公会铅印，1940年。

用厦门方言翻译的《圣经》文献有以下6种版本：《新旧约》（厦门土白）：罗马字。上海大英国圣经会，在横滨印刷，1908年。《新旧约圣经全书》（厦门土白）：罗马字。上海大英及外国圣经公会，1920年。《新旧约全书》（厦门土白）：罗马字。上海大英圣经书局，1927年。《新旧约》（厦门土白）：罗马字。圣书公会，1930年，上海。《新旧约个圣经全书》（厦门土白）：罗马字。上海圣经公会，1933年。《新旧约圣经全书》（厦门土白）：罗马字。上海，1936年。

用客家方言翻译的《圣经》文献有以下3种版本：《圣经故事》（客家话）：Evangelical教会，巴色，1878年。罗马字。《圣经》（客家话）：大英国圣经会，上海，1916年。《新旧约全书》（客家话）：上海大英圣书公会，1931年。

用兴化（莆田）平话翻译的《圣经》文献有以下2种版本：《新旧约全书》（兴化

平话）：译者为美国监理会的W.N.Brewster。大美国圣经会，兴化，1912年。《新旧约全书》（兴化［莆田］平话）：大美国圣经公会，兴化实业传教士出版社，1912年。罗马字。

第二节　传教士《旧约全书》及其篇目方言翻译文献

《旧约全书》（*Old Testament*）据犹太教的说法，本是犹太人所写，而被基督教抢夺了教义。《旧约全书》是基督宗教的启示性经典文献，内容和希伯来圣经一致，但编排不同。从公元前12世纪至公元前2世纪，陆续用希伯来语写成。

《旧约全书》记载的是主与他的选民以色列人所立的盟约，旧约是律法的盟约，旧约是为救世主降生做准备的。"旧约"之所以称为"约"，来源于耶和华击杀埃及人拯救以色列人脱离埃及法老之时与以色列人立的约。当然这"约"就是以门楣上刷的"羊血"为立约的证据，而且以此来立约说，凡是门楣与门框上有羊血的都是以色列人——神的选民，都是耶和华要留下的对象。凡是埃及的人与牲畜都不是耶和华拯救的对象，将其所有的长子与初生的牛羊都击杀。整个旧约圣经除未立约以前的《创世记》以外，其余的书（主要）都是记载立约以后（造物主）在以色列人中间做的工作。因耶和华与以色列人立的约，在律法时代记载的书就称为"旧约"，是以耶和华与以色列人立的约来命名的。

旧约的三十九卷中，最古老的应该是摩西五经，写于约公元前1500年。从《摩西五经》的写作到《玛拉基书》的完成，所涵盖的时间约有1000年(主前1400—400年)，由25—30位不同背景的作者合作写成。除了一小部分以外，主要是用希伯来文写成。中间由于希伯来文法经过演变(在主前1350年)，旧的书卷都已被改写，旧约里的希伯来文法变得一致。值得注意的是，旧约原稿的希伯来文都只有子音(consonant)，元音(vowel)是后来才加进去。很多证据显示旧约的经卷开始时是用腓尼基式希伯来字体写的(Paleo-Hebrew)，后来才改用Aramaic square 希伯来正方字体。《马太福音》五：18 说："律法的一点一画也不能废去"，耶稣指的一点(yod)就是希伯来正方字体的一个字母。

外国传教士关于《旧约全书》翻译文献不少，主要用福州方言、厦门方言和兴化平话翻译而成的。

用福州方言翻译的《旧约全书》文献有以下3种版本：《旧约》（福州土白）：译者为公理会的S.L.Baldwin、S.F.Woodin、J.E.Walk，圣公会的L.Loyed，W.Banister和美国卫理圣公会的N.J.Plumb。大美国圣经会，福州，1866—1888年。罗马字。《旧约》（福州土白）：译者为L.Loyed,J.S.Collins,G.H.Hubbard和R.W.Stewart。大美国圣经会，福州，1902—1905年。《旧约全书》（福州土白）：大英国圣经会，福州，1906年。罗马字。

用厦门方言翻译的《旧约全书》文献有以下5种版本：《旧约》（厦门土白）：罗马字。大英国圣经会，伦敦，1884年。《旧约》（厦门土白）：罗马字。伦敦圣经公会，伦敦，1894年。《旧约》（厦门土白）：罗马字。上海大英国圣经会，在横滨印刷，1902年。据1884年本改订。《旧约》（厦门土白）：罗马字。据1908年本翻印,据1902年本翻印。英经会。《旧约》（厦门土白）：罗马字。上海大英国圣经会，1933年。

用兴化（莆田）平话翻译的《旧约全书》文献有以下1种版本：《旧约书前五章》（兴化平话）：大美国圣经会，兴化，1906年。

此外，《旧约全书》共39卷，但外国传教士并不是全部译成方言文献。

《旧约全书》共39卷，分为4部分。一是摩西五经；二是历史书；三是诗歌智慧书；四是先知书（包括大先知书和小先知书）。先知书是希伯来文学中的一朵奇葩。先知们在社会面临危机之际，大声疾呼，发表政论或诗歌作品以斥责富人的残暴、官僚的腐败和社会风气的堕落，富有不怕牺牲的殉道精神。

一 《摩西五经》

摩西五经，又被称为《摩西五书》，是希伯来圣经最初的五部经典：《创世记》《出埃及记》《利未记》《民数记》《申命记》。它是犹太教经典中最重要的部分。同时它也是公元前6世纪以前唯一的一部希伯来法律汇编，并作为犹太国国家的法律规范。其主要思想是：神的创造、人的尊严与堕落、神的救赎、神的拣选、神的立约、神的律法。这些经书除了《创世记》和《出埃及记》有许多闽方言翻译文献，后三卷各仅有一种福州方言翻译文献。

1.《创世记》（*Genesis*）翻译文献——

用福州方言翻译的《创世记》文献有以下4种版本：《创世记》（福州土白）：译者为公理会的L. B. Peet，美国圣经会，福州，1853—1854年。《创世记》（福州土白）：大美国圣经会，福州美华书局，1875年，罗马字修订。《创世记》（福州土白）：大英国圣经会，福州美华书局，1892年。《创世记》（福州土白）：大英国圣经会，福州，1902年，罗马字，英经会。

用客家方言翻译的《创世记》文献有以下3种版本：《创世记》（客家话）：译者为巴色教会的Charles P. Piton、G. Morgenroth和H.Ziegle。《创世记》（客家话）：大英国圣经会，广州，1898年，据1866年本翻印。《创世记》（客家话）：大英国圣经会,广州，1904年，据1886年本翻印。

用厦门方言翻译的《创世记》文献有以下1种版本：《创世记》（厦门土白）：罗马字。上海，1900年，东洋/英经会修订。

用兴化（莆田）平话翻译的《创世记》文献有以下1种版本：《创世记》（兴化平话）：1911年，美经会修订。

用建宁方言翻译的《创世记》文献有以下1种版本：《创世记》（建宁土白）：大英及外国圣经会，伦敦，1900年，罗马字。

可见，《创世记》福州方言版本居多，有4种版本；客家方言次之，3种版本；厦门、兴化、建宁最少，各仅有1种版本。

2.《出埃及记》*Exodus*翻译文献——

用福州方言翻译的《出埃及记》文献有以下4种版本：《出埃及记》（福州土白）：福州，1876年。《出埃及记》（福州土白）：大英国圣经会，福州美华书局，1892年。《出埃及记》（福州土白）：福州美国公理会罗马字印刷厂印，1893年。罗马字。《出埃及记》（福州土白）：大英国圣经会，福州美国公理会罗马字印刷厂印，1902年，罗马字。

用客家方言翻译的《出埃及记》文献有以下3种版本：《出埃及记》（客家话）：译者为巴色会的Charles P. Piton、G. Morgenroth 和H. Ziegle，大英国圣经会，广州，1886年。《出埃及记》（客家话）：大英国圣经会，广州，1898年，据1866年本翻印。《出埃及记》（客家话）：大英国圣经会，广州，1904年。

用兴化（莆田）平话翻译的《出埃及记》文献有以下2种版本：《出埃及记》（兴化平话）：大美国圣经会,福州,1896年，罗马字。《出埃及记》（兴化平话）：1911年，美经会修订本。

用建宁方言翻译的《出埃及记》文献有以下1种版本：《出埃及记》（建宁土白）：大英国圣经会，伦敦，1900年，据1886年本翻印。

可见，《出埃及记》福州方言版本居多，有4种版本；客家方言次之，3种版本；兴化方言再次之，2种版本；建宁最少，仅有1种版本。

3.《利未记》《民数记》《申命记》各仅有1种版本。《利未记》（福州土白）：大美国圣经会，福州，1877年。《民数记》（福州土白）：大美国圣经会，福州，1878年。《申命记》（福州土白）：大美国圣经会，福州，1878年。

二　历史书

历史书包括《约书亚记》、《士师记》、《路得记》、《撒母耳记》上下、《列王记》上下、《历代志》上下、《尼赫迈亚记》、《以斯拉记》、《以斯帖记》等十二卷。这些经书翻译版本不多。

1.《约书亚记》翻译文献——

用福州方言翻译的《约书亚记》文献有以下2种版本：《约书亚记》（福州土白）：大美国圣经会，福州，1874年。《约书亚记》（福州土白）：福州美国公理会罗马字出版社印刷，1904年，罗马字。

2.《士师记》翻译文献——

用福州方言翻译的《士师记》文献有以下1种版本：《士师记》（福州土白）：大

美国圣经会,福州，1877年。

3.《路得记》翻译文献——

用福州方言翻译的《路得记》文献有以下2种版本：《路得记》（福州土白）：福州美华书局，1868—1882年陆续印成。《路得记》（福州土白）：大美国圣经会，福州美华书局，1874年。

用厦门方言翻译的《路得记》文献有以下1种版本：《路得记》（厦门土白）：译者为J.V.N. Talmage 和J.MacGowen，木刻罗马字。美国圣经会，厦门，1853年。

4.《撒母耳记》上下翻译文献——

用福州方言翻译的《塞缪尔记上》文献有以下1种版本：《塞缪尔前书》（福州土白）：福州美华书局，1875年。用福州方言翻译的《塞缪尔记下》文献有以下2种版本：《塞缪尔后书》（福州土白）：福州美华书局，1878年。《塞缪尔后书》（福州土白）：大美国圣经会，1878年。

5.《列王记》上下翻译文献——

用福州方言翻译的《列王记上》文献有以下1种版本：《列王纪略（上卷）》（福州土白）：福州美华书局，1879年。用福州方言翻译的《列王记下》文献有以下1种版本：《列王纪略（下卷）》（福州土白）：福州美华书局，1880年出版。

6.《历代志》上下翻译文献——

用福州方言翻译的《历代志上》文献有以下1种版本：《历代志略(上卷)》（福州土白）：福州美华书局，1881年。用福州方言翻译的《历代志下》文献有以下1种版本：《历代志略(上卷)》（福州土白）：福州美华书局，1882年。

7.《以斯拉记》翻译文献——

用福州方言翻译的《以斯拉记》文献有以下1种版本：《以斯拉记》（福州土白）：大美国圣经会，福州，1879年。

8.《以斯帖记》翻译文献——

用福州方言翻译的《以斯帖记》文献有以下1种版本：《以斯帖记》（福州土白）：大美国圣经会，福州，1879年。

以上12卷，唯独《尼赫迈亚记》 Nehemiah无翻译文献；《路得记》Ruth翻译文献有2种福州版本，1种厦门版本；《约书亚记》Joshua和《塞缪尔记下》2 Samuel翻译文献各有2种福州版本；其余8卷各仅有1种版本，而且均为福州方言翻译文献。

三　诗歌智慧书

旧约中的诗歌有很多的种类，希伯来人是东方的民族，这些诗歌也都带着东方人思想的色彩。因此，在东方古文明的特色中，希伯来的诗歌与中国人的诗、词、歌、赋有些相似的地方。旧约中的诗篇，好像是中国诗歌体裁中的诗类。旧约中的《传道书》以及《约伯记》就好比是中国诗歌体裁中的词类。而旧约中的《雅歌》《杰里迈亚哀歌》又好比是中国诗歌体裁中的歌类。在旧约中的《箴言》就好比是中国诗歌体裁中的赋类。诗歌智慧书包括《约伯记》《诗篇》《箴言》《传道书》和《雅歌》五卷。其中《诗篇》和《箴言》翻译文献较多，其余3种较少。

1.《约伯记》翻译文献——

用福州方言翻译的《约伯记》文献有以下2种版本：《约伯记略》（福州土白），大英国圣经会，福州美华书局，1866年。《约伯记》（福州土白）：大美国圣经会和大英国圣经会，福州，1887年。

用兴化方言翻译的《约伯记》文献有以下1种版本：《约伯书》（兴化平话）：大美国圣经会，兴化，1905年。

2.《诗篇》翻译文献——

《诗篇》的英文卷名来自希腊文七十子译本中的Psalmoi。其单数形式，指用弦乐伴唱的歌。该词的希伯来原文指"诗歌集"。其词根既可指"用乐器伴唱"，也可单指"歌唱"或"赞美"，与"哈利路亚"同义。

《诗篇》是耶和华真正敬拜者大卫所记录的一辑受感示的诗歌集，包括150首可用音乐伴唱的神圣诗歌，供人在耶路撒冷的圣殿中对耶和华做公开崇拜时唱咏之用。它是整本圣经中第19本书。这些诗歌除了对耶和华的颂赞之外更含有许多祷告，也透露大卫对耶和华充满信赖的心声。天主教会称为圣咏，是旧约圣经诗歌智慧书的第二卷。在希伯来文圣经中，这本书的名字是西佛·透希尔林（Se′pherTehil·lim′），意即"赞美之书"，或简称透希尔林（Tehil·lim′），即"赞美诗"。它是透尔拉（Tehil·lah′）一词的复数词，意思是"赞美"或"赞美歌"。这个词见于诗篇第145篇的题署。"诗篇"一词采自希腊文《七十士译本》所用的桑末（Psal-moi′），所指的是用乐器伴奏的歌。这个名字也曾屡次在基督教希腊文《圣经》中出现，例如在《路加福音》20:42[和合本]及《使徒行传》1:20[和合本]。诗篇乃是用来赞颂、敬拜上帝的神圣诗歌。

《诗篇》翻译文献共有15个版本，其中福州5个版本，客家4个版本，厦门3个版本，兴化2个版本，建宁1个版本。

用福州方言翻译的《诗篇》文献有以下5种版本：《诗篇》（福州土白）：大美国圣经会，福州美华书局，1868年。《诗篇》（福州土白）：福州美华书局，1868—1882年陆续印成。《诗篇》（福州土白）：大美国圣经会和大英国圣经会，福州，1887年。《诗篇》（福州土白）：大英国圣经会，福州，1892年，罗马字修订。《诗篇》（福州土白）：大英国圣经会，福州，1902年。

用客家方言翻译的《诗篇》文献有以下4种版本：《诗篇》（客家话）：译者为巴色教会的Charles.P.Piton、G.Morgenroth和H.Ziegle。广州，大英国圣经会，线装本，1890年。巴色教会。《诗篇》（客家话）：大英国圣经会，广州，1904年，据1890年本翻印。《诗篇》（客家话）：三版，巴色教会，1904年。《诗篇选》（客家话）：

英国长老会，五经富，1910年。

用厦门方言翻译的《诗篇》文献有以下3种版本：《诗篇》（厦门土白）：罗马字，美国圣经会，厦门，1873年。《诗篇》（厦门土白）：罗马字，上海大英国圣经会,在横滨印刷，1900年。《诗篇》（厦门土白）：罗马字，上海大英国圣经会，在横滨印刷，1902年，据1900年本修订。

用兴化方言翻译的《诗篇》文献有以下2种版本：《诗篇》（兴化平话）：兴化实业教会出版社，1912年，罗马字。《诗篇》（兴化平话）：译者为F.Stanley Carson、W.B.Cole。美华圣经会出版，上海，1934年，罗马字，据国语和合本译出。

用建宁方言翻译的《诗篇》文献有以下1种版本：《诗篇》（建宁土白）：大英国圣经会，伦敦，1905年，罗马字。

3.《箴言》翻译文献——

《箴言》是《圣经》旧约中的一卷书。上帝默示以色列王大卫儿子所罗门的箴言。所罗门是以色列最有智慧的一个王，他写下箴言三千句。《箴言》翻译文献共有6个版本，其中福州3个版本，厦门、兴化、客家各1个版本。

用福州方言翻译的《箴言》文献有以下3种版本：《箴言》（福州土白）：大美国圣经会，福州美华书局，1868年，罗马字。《箴言》（福州土白）：大英国圣经会,福州，1892年，罗马字修订。《箴言》（福州土白）：福州美华书局，1904年，罗马字。

用厦门方言翻译的《箴言》文献有以下1种版本：《箴言》（厦门土白）：罗马字。大英国圣经会，厦门，1889年。

用兴化方言翻译的《箴言》文献有以下1种版本：《箴言》（兴化平话）：大美国圣经会，1904年，罗马字。

用客家方言翻译的《箴言》文献有以下1种版本：《箴言》（客家话）：译者为巴色教会的Charles P. Piton、G. Morgenroth 和 H. Ziegle。大英国圣经会在日本印刷，1905年。

4.《传道书》翻译文献——

用兴化方言翻译的《传道书》文献有以下1种版本：《传道书》（兴化平话）：大美国圣经会，1904年，罗马字。

5.《雅歌》翻译文献——

用兴化方言翻译的《雅歌》文献有以下1种版本：《雅歌》（兴化平话）：大美国圣经会，1904年，罗马字。

四 先知书

先知书是《旧约全书》的第四部分，是由《以赛亚书》到《玛拉基书》，一共有17卷。之所以被称为先知书，因为这些书记载了先知们所传的信息。先知是以色列人历史中一些特殊人物，他们被神选召，替神传达信息。先知书又被分成为大先知书和小先知书两组。所谓的大小是指它的篇幅，而不是指先知本身的伟大和微小。

其中大先知书包括《以赛亚书》《杰里迈亚书》《杰里迈亚哀歌》《以西结书》《但以理书》等5卷。

1.《以赛亚书》翻译文献——

用兴化方言翻译的《以赛亚书》文献有以下1种版本：《以赛亚书》（兴化平话）：大美国圣经会，兴化，1903年，罗马字。

用客家方言翻译的《以赛亚书》文献有以下1种版本：《以赛亚书》（客家话）：译者为巴色教会的Charles P.Piton、G.Morgenroth和H.Ziegle。大英国圣经会，广州，1909年。

用建宁方言翻译的《以赛亚书》文献有以下1种版本：《以赛亚书》（建宁土白）：大英国圣经会，上海，1912年。罗马字。

2.《以西结书》翻译文献——

用福州方言翻译的《以西结书》文献有以下1种版本：《以西结书》（福州土白）：福州美华书局，1883年。

用兴化平话翻译的《以西结书》文献有以下1种版本：《以西结书》（兴化平话）：大美国圣经会，兴化，1903年，罗马字。

3.《但以理书》翻译文献——

用福州方言翻译的《但以理书》文献有以下1种版本：《但以理书》（福州土白）：大美国圣经会，福州，1875年。

用建宁方言翻译的《但以理书》文献有以下1种版本：《但以理书》（建宁土白）：大英国圣经会，伦敦，1905年，罗马字。

4.《杰里迈亚书》翻译文献——

用兴化平话翻译的《杰里迈亚书》文献有以下1种版本：《杰里迈亚书》（兴化平话）：大美国圣经会，兴化，1903年，罗马字。

5.《杰里迈亚哀歌》无翻译文献。

小先知书包括《何西阿书》《约珥书》《阿摩司书》《俄巴底亚书》《约拿书》《弥迦书》《那鸿书》《哈巴谷书》《西番雅书》《哈该书》《撒迦利亚书》和《玛拉基书》等12卷，福建均无翻译文献。

表一　《旧约全书》及其篇目在闽的方言翻译文献统计表

篇名		福州	厦门	兴化	建宁	客家	小计	比率数（%）	总计
旧约全书		3	5	1	0	0	9	11.11	9 11.11%
摩西五经5卷	创世记	4	1	1	1	3	10	12.35	23 28.39%
	出埃及记	4	0	2	1	3	10	12.35	
	利未记	1	0	0	0	0	1	1.23	
	民数记	1	0	0	0	0	1	1.23	
	申命记	1	0	0	0	0	1	1.23	
历史书12卷	约书亚记	2	0	0	0	0	2	2.47	15 18.48%
	士师记	1	0	0	0	0	1	1.23	
	路得记	2	0	1	0	0	3	3.70	
	撒母耳记上	1	0	0	0	0	1	1.23	
	撒母耳记下	2	0	0	0	0	2	2.47	
	列王记上	1	0	0	0	0	1	1.23	
	列王记下	1	0	0	0	0	1	1.23	
	历代志上	1	0	0	0	0	1	1.23	
	历代志下	1	0	0	0	0	1	1.23	
	以斯拉记	1	0	0	0	0	1	1.23	
	尼赫迈亚记	0	0	0	0	0	0	0	
	以斯帖记	1	0	0	0	0	1	1.23	
诗歌·智慧书5卷	约伯记	2	0	1	0	0	3	3.70	26 32.09%
	诗篇	5	3	2	1	4	15	18.52	
	箴言	3	1	1	0	1	6	7.41	
	传道书	0	0	0	0	0	1	1.23	
	雅歌	0	0	1	0	0	1	1.23	
大先知书5卷	以赛亚书	0	0	1	1	1	3	3.70	8 9.87%
	杰里迈亚书	0	0	1	0	0	1	1.23	
	杰里迈亚哀歌	0	0	0	0	0	0	0	
	以西结书	1	0	1	0	0	2	2.47	
	但以理书	1	0	0	1	0	2	2.47	
小先知书12卷		0	0	0	0	0	0	0	0
总计		40	11	13	5	12	81	81	81
比率数（%）		49.38	13.58	16.05	6.17	14.81	99.99		99.99

　　由表一可见，《旧约全书》及其篇目在闽的方言翻译文献共有81种。就文献分布地区而言，福州最多，有40种，占总数的49.38%；客家12种，占总数的14.81%；厦门11种，占总数的13.58%；兴化13种，占总数的16.05%；建宁5种，占总数的6.17%。这些数字表明，《旧约全书》及其篇目在闽的方言翻译文献最多是福州，其次是兴化、客家和厦门，再次是建宁。就文献本身翻译数量而言，《旧约全书》9种，占总数的

11.11%；摩西五经5卷23种，占总数的28.39%；历史书12卷15种，占总数的18.48%；诗歌智慧书5卷26种，占总数的32.09%；大先知书5卷8种，占总数的9.87%；小先知书12卷反而无翻译文献。这些数字表明，诗歌·智慧书和摩西五经翻译文献占总数60.49%，可见其重要性。就个别经卷而言，《诗篇》15种，占总数18.52%；《创世记》10种，占总数的12.35%；《出埃及记》10种，占总数的12.35%；《箴言》6种，占总数的7.41%。这4种经卷共有41种，占总数的50.63%。说明这4种经卷更为重要。

第三节　传教士《新约全书》及其篇目方言翻译文献

整本基督教的《圣经》共有六十六卷，其中《旧约全书》三十九卷，《新约全书》二十七卷。《新约全书》包括福音书、历史书、使徒书信和启示录。其中福音书有《马太福音》《马可福音》《路加福音》《约翰福音》四卷；历史书有《使徒行传》；使徒书信共有二十一卷，其中确定为使徒保罗所写的有十三卷，它们是《罗马书》《哥林多前书》《哥林多后书》《加拉太书》《以弗所书》《腓立比书》《歌罗西书》《帖撒罗尼迦前书》《帖撒罗尼迦后书》《提摩太前书》《提摩太后书》《提多书》《腓利门书》，《希伯来书》的作者是谁，已不可考。正如古教父奥利金有针对这个问题的名言说："《希伯来书》的作者是谁，只有上帝知道"！所以本书和《雅各布书》《彼得前书》《彼得后书》《约翰壹书》《约翰贰书》《约翰叁书》和《犹大书》归类为普通书信；新约最后一卷启示录属于启示文学类。

外国传教士关于《新约全书》翻译文献更多，主要用福州、厦门、兴化、建宁和客家方言翻译而成的。

用福州方言翻译的《新约全书》文献有以下17种版本：《新约》（福州土白），大英国圣经会，福州，1856年。《新约》（福州土白）：译者为L.B.Peet、R.S.Maclay等。大美国圣经会，福州美华书局，1863年。《新约五经》（福州土白），福州美华书局，1866年。《新约》（福州土白），福州美华书局，1866年。《新约》（福州土白），大英国圣经会，福州，1866年。《新约》（福州土白），福州美华书局，1866年。《新约》（福州土白）：译者为R.S.Maclay、Otis Gibson等，大美国圣经会，福州，1866年，罗马字。《新约》（福州土白）：大美国圣经会，福州美华书局，1869年。《新约》（福州土白）：大美国圣经会,福州,1878年，据1866年本改订。《新约》（福州土白）：大英国圣经会,伦敦,1890年，美经会。《新约》（福州土白）：大英国圣经会和大美国圣经会,福州,1891年。《新约》（福州土白）：大英国圣经会,福州,1895年，罗马字。英经会。《新约》（福州土白）：大英国圣经会,福州圣书公会,1900年，罗马字。修订本,增有注释。《新约》（福州土白）：大英国圣经会,福州美国公理会罗马字出版社印刷,1905年，罗马字。《新约》（福州土白）：大英国圣经会，1910年。《新约》（福州土白）：

上海圣书公会,1912年。《新约全书》（福州土白）：圣书公会印发,1933年。

用厦门方言翻译的《新约全书》文献有以下15种版本：《新约圣经》（厦门土白）：罗马字,手抄本,抄写年代未注明,共分十卷。《新约》（厦门土白）：罗马字,格拉斯哥,1873年。铅印。这是最早的《新约》厦门方言译本。1898年重印。《新约》（厦门土白）：罗马字,大英国圣经会,伦敦,1882年,据1873本翻印。《新约》（厦门土白）：罗马字,大英国圣经会活版印,伦敦,1891年,据1873年本翻印。《新约》（厦门土白）：罗马字,伦敦,圣书公会活版印,1894年,据1891年本翻印。《新约》（厦门土白）：罗马字,上海大英国圣经会,1896年,据1891年本在横滨翻印。《新约》（厦门土白）：罗马字,上海大英国圣经会,在横滨印刷,1908年,据1873年本修订。《新约》（厦门土白）：罗马字,据1908年本翻印,《旧约》据1902年本翻印。《新约》（厦门土白）：罗马字,上海大英国圣经会,在横滨印刷,1909年,据1896年本翻印。《新约》（厦门土白）：罗马字,圣书公会活版印,1910年。《新约》（厦门土白）：罗马字,上海大英国圣经会,在横滨印刷,1916年。《新约》（厦门土白）：罗马字,上海大英国圣经会,在横滨印刷,1919年。《新约》（厦门土白）：罗马字,(修订本),上海大英及外国圣经公会,1921年。《新约》（厦门土白）：罗马字,上海大英及外国圣经公会,日本横滨福建印刷公司印,1922年。《新约》（厦门土白）：罗马字,上海Tiong Hoa 圣经会,1948年。

用客家方言翻译的《新约全书》文献有以下10种版本：《新约圣经全书》（客家话）：大英圣经会,C.Schultze印。1866—1887年,罗马字,这是用Lepsius拼法拼写的完整的《新约》。《新约圣经》（客家话）：上海大英圣书公会印发,1937年。《新约圣书》（客家话）：译者为巴色教会的Charles P. Piton、G. Morgenroth和H.Ziegle,大英国圣经会,1883年。《新约全书》（客家话）：上海英国长老会出版社（English Presbyterian Mission Press）,汕头,1924年,据1916年版修订。《新约》（in parts）（客家话）：译者为R. Lechlert、P. Winnes、C. P. Piton 和Kong Fatlin（中国籍牧师）,大英国圣经会,1874—1883年,罗马字。《新约》（客家话）：广州,大英圣经会,1883年,罗马字。《新约》（客家话）：大英国圣经会,巴色教会,1892年。《新约》（客家话）：大英国圣经会,在日本印刷,1906年。《新约》（客家话）：大英国圣经会,在日本印刷,1913年。《新约》（客家话）：中华浸礼出版社,广州,1917年。

用兴化方言翻译的《新约全书》文献有以下4种版本：《新约》（兴化平话）：大美国圣经会,兴化,1901年,罗马字。《新约》（兴化平话）：1902年,美经会。《新约》（兴化平话）：兴化实业教会出版社,1912年,罗马字。《新约全书》（兴化平话）：译者为F. Stanley Carson、W. B. Cole。美华圣经会出版,上海,1934年,罗马字。

用建宁方言翻译的《新约全书》文献有以下3种版本：《新约》（建宁土白）：大英国圣经会,伦敦,1896年,罗马字。《新约》（建宁土白）：译者和修订者都是英国Zenana传教会的L. J. Bryer,上海大英国圣经会,在横滨印刷,1912年,罗马字。《新约》

（建宁土白）：上海圣书公会，修订本，横滨Fukuin印刷公司印刷。

可见，《新约全书》共有翻译文献49种，其中福州17种，厦门15种，客家10种，兴化4种，建宁3种。

一　福音书

福音书（英语：Gospel，希腊语：euangélion）是以记述耶稣生平与复活事迹为主的文件、书信与书籍。在基督教传统中，它通常意指新约《圣经》中的内容。更狭义的说法，则是专指四福音书：《马太福音》《马可福音》《路加福音》《约翰福音》。但在历史中，不同的基督教教派，对福音书的内容，有不同的看法。其中某些福音书已经失传，如《希伯来福音书》；某些福音书则被主流教会认定为伪经，如《巴拿巴福音》《多马福音》《犹大福音》《雅各布福音书》。

福音书4种合在一起翻译出版的有7个版本：其中福州5种，兴化1种，客家1种。

用福州方言翻译的《四福音书》版本5种：《四福音书》（福州土白）：大英国圣经会,伦敦,1890年。《四福音书》（福州土白）：译者为中华圣公会的.M.Hind,注音符号本,上海和福州美经会或英经会，1921—1925年。《福音四书》（福州土白），福州美华书局,1866年。《福音四书合串》（福州土白）：福州美华书馆铅印,1874年，线装。《福音》（福州土白），大美国圣经会,福州,1863年。

用兴化平话翻译的《四福音书》版本1种：《四福音书》（兴化平话）：1911年，修订本，美经会。

用客家话翻译的《四福音书》版本1种：《四福音书》（客家话）：中华浸礼出版社,1903—1905年。

1.《马太福音》翻译文献——

《马太福音》是《圣经》新约以及《四福音书》的第一卷书；教会传统一般认为，《马太福音》的作者是耶稣十二门徒之一的马太。这卷福音书主要记载耶稣的生平与职事，其中包括耶稣的家谱，耶稣神奇的出生、童年、受浸和受试探、讲道、上十字架、复活，最后，复活的耶稣向使徒颁布大使命："去，使万民作我的门徒。"全书共有28章，1168节。因为《马太福音》与《马可福音》及《路加福音》内容相近，而与《约翰福音》有显著区别，所以此三本福音书被归纳作《对观福音》。

《马太福音》（Matthew）翻译文献共有21个版本，其中福州9种，客家8种，厦门1种，兴化1种，建阳1种，建宁1种。

用福州方言翻译的《马太福音》文献有以下9种版本：《马太福音》（福州土白）：译者为美国监理会的怀德，大美国圣经会,福州,1852年。《马太福音》（福州土白）：译者是中华圣公会的W. Welton（温敦）。大英国圣经会,福州,1854年。《马太福音》（福州土白）：译者为公理会Charles Hartwell。福建美国公理会印刷，福州金山藏版,1863年。《马太福音》（福州土白）：福州编委会版,福州,1878年。《马太福音》（福州土白）：大英国圣经会,伦敦,1889年，罗马字。《马太福音》（福州土白）：译者为中华圣公会的A. M. Hind，上海大美国圣经会，1924年。《马太福音》（福州土白）：译者为公理会的L. B. Peet，美国圣经会，福州，1853—1854年。《马太福音》（福州土白）：福州美华书局活板印,1862年，线装。《马太福音》（福州土白）：大英国圣经会，福州,1906年。

用客家方言翻译的《马太福音》文献有以下8种版本：《马太福音》（客家话）：译者为巴色教会的Z. lechler，巴色教会,柏林,1860年，罗马字。《马太福音》（客家话）：大英国圣经会,巴色教会,1866年，罗马字本, 据1860年本改订。《马太福音》（客家话）：大英国圣经会,巴色教会,1887年，罗马字。《马太福音》（客家话）：大英国圣经会,巴色教会,1896年，罗马字。《马太福音》（客家话）：译者为伦敦传教会的L.R.Hughes和E.R.Rainey。大英国圣经会,上海,1919年，罗马字。用汀州土白翻译,参照厦门土白罗马字拼法,略加修改。《马太福音》（客家话）：大英国圣经会,上海,1930年。《马太福音》（客家话）：大英国圣经会,上海,1933年，1930年版的修订。《马太福音》（客家话）：线装本，1883年，巴色教会。

用厦门方言翻译的《马太福音》文献有以下1种版本：《马太福音》（厦门土白）：译者为John Stronach、Alvin Ostrom和J.V.N.Talmage(American Reform Mission），罗马字，美国圣经会，厦门，1872年。

用兴化方言翻译的《马太福音》文献有以下1种版本：《马太福音》（兴化平话）：1894年。

用建阳方言翻译的《马太福音》文献有以下1种版本：《马太福音》（建阳土白）：译者为Hugh S.和Minnie Phillips(CMS)大英国圣经会,福州Methodist Episcopal Mission Press, 1900年，罗马字。

用建宁方言翻译的《马太福音》文献有以下1种版本：《马太福音》（建宁土白）：1896年，私人印刷，中国。这是建宁方言唯一的汉字本。

2.《马可福音》翻译文献——

《马可福音》是《圣经》新约四本福音书中的第二卷（福音使徒所著的四部福音书）。昔日的马可可能创作了我们称为福音书的书体，在他之前的古代世界，似乎没有任何近似的文体。然而，其他福音书的作者却似乎都认可《马可福音》，而且一般均认为马太和路加在写他们的福音书时，均有参考《马可（马尔谷）福音》（当然，他们也有采用其他的资料来源）。在用文字记录之前，“福音”肯定早已口传在民间。因此，在《马可福音》面世前，民间可能已有很多有关耶稣言行的短篇记录。例如，耶稣在世最后一周的事迹，包括他被钉十字架的情形，都可能有书面的记录，因为它是那么的重要。《马可福音》可能是首次将有关耶稣的众多故事集结起来；这正好解释为何有些人认为此福音书有点原始的粗犷味。可是，另一些人则判别出资料是经过作者的巧妙编排，并且是将看来粗糙未加修饰的文体，解释为马可在重写这些早期资料时，并未作出重大的改动的缘故。

《马可福音》翻译文献共有16种版本。其中福州9种，客家4种，厦门、兴化、建阳各1种。

用福州方言翻译的《马可福音》文献有以下9种版本：《马可福音》（福州土白）：译者是中华圣公会的W.Welton，福州，1852年。《马可福音》（福州土白）：译者为公理会的L.B.Peet，美国圣经会，福州，1853—1854年。《马可》（福州土白）：译者为监理会的OtisGibson，大英国圣经会，福州，1863年。《马可福音》（福州土白）：大美国圣经会，福州，1865年。《马可福音》（福州土白）：福州美华书局，1866年。《马可福音》（福州土白）：福州，1889年，罗马字。《马可福音》（福州土白）：福州美华书局铅印，1892年，一册，线装。《马可》（福州土白）：上海圣书公会，1912年。东洋。《马可福音》（福州土白）：译者为中华圣公会(CMS)的A.M.Hind。私人印刷，上海，1921年，用国语注音字母拼写。

用客家方言翻译的《马可福音》文献有以下4种版本：《马可福音》（客家话）：大英国圣经会，巴色教会，1874年，罗马字。《马可福音》（客家话）：线装本，广州，1883年。《马可福音》（客家话）：大英国圣经会，巴色教会，1892年，罗马字，《马可福音》（客家话）：上海美国圣书公会，1917年，东洋。

用厦门方言翻译的《马可福音》文献有以下1种版本：《马可福音》（厦门土白）：译者为John Stronach、Alvin Ostrom和J.V.N.Talmage(American Reform Mission)，罗马字，美国圣经会，厦门，1863年。

用兴化方言翻译的《马可福音》文献有以下1种版本：《马可福音》（兴化平话）：1893年。

用建阳方言翻译的《马可福音》文献有以下1种版本：《马可福音》（建阳土白）：福州，私人印刷，1898年，罗马字。

3.《路加福音》翻译文献——

路加是保罗（保禄）的追随者，所以一般认为他记载的福音中的内容大多源自保罗口述。学者对本书的写作日期颇有争论。由于《路加福音》与《使徒行传》是上下两集，而使徒行传最后提及主后60年代初保罗在罗马的活动，所以《路加福音》的写作日期可能在主后60年代初期，另外，不少学者认为：《路加福音》取材自《马可福音》，所以前者的写作日期必在后者写成之后。此书的成书地点不详，可能是罗马或西泽利亚。

书中唯一提到的读者是有名望的提阿非罗（Theophilus）。此人的身世不详，但可能有份赞助此书的发行。有些学者认为提阿非罗这名字意思是"爱神者"或"被神爱者"，所以此书的对象是泛指一切相信神的人。此外，作者往往避免采用外邦人难以理解的犹太术语，如"拉比"和"和撒那"等，可见外邦人为本书的主要写作对象。

《路加福音》翻译文献共有10个版本，其中客家6种，福州2种，厦门和兴化各1种。

用客家方言翻译的《路加福音》文献有以下6种版本：《路加福音》（客家话）：大英国圣经会,中国香港,1865年，罗马字。Lepsius拼法。《路加福音》（客家话）：大英国圣经会,巴色教会,1866年，罗马字。《路加福音》（客家话）：大英国圣经会,巴色教会，二版，1892年，罗马字。《路加福音》（客家话）：圣书公会,1908年。一册，线装。《路加福音传》（客家话）：1881年，巴色教会/英经会。《路加福音传》（客家话）：译者为巴色教会的Charles.P.Piton、G.Morgenroth和H.Ziegle，大英国圣经会,广州,1881年。

用福州方言翻译的《路加福音》文献有以下2种版本：《路加福音》（福州土白），福州美华书局，1866年。《路加福音》（福州土白）：译者为中华圣公会的A.M.Hind，大英国圣经会,福州,1922年。用国语注音字母拼写。注音符号本。

用厦门方言翻译的《路加福音》文献有以下1种版本：《路加福音》（厦门土白）：译者为John Stronach、Alvin Ostrom和J.V.N.Talmage(American Reform Mission），罗马字，美国圣经会，厦门，1868年。

用兴化方言翻译的《路加福音》文献有以下1种版本：《路加福音》（兴化平话）：1895年，美国圣经会，福州。

4.《约翰福音》翻译文献——

《约翰福音》是《圣经》新约正典的第四卷福音书。该卷书是四福音书中最迟写成。一如其余三部福音书，《约翰福音》记载耶稣生平。使徒约翰是西庇太的儿子，原为渔夫，后蒙耶稣呼召成了十二门徒之一，与兄弟雅各布有同一别号——"雷字"，并与彼得、雅各布同为耶稣最亲密的门徒。耶稣升天后，约翰于早期耶路撒冷的基督徒会众中扮演着重要的角色，后来曾被充军至地中海中的拔摩岛。约翰在所有使徒中活到最老，后来他被释放，在小亚细亚的以弗所逝世。《约翰福音》的引言部分十分特别，它透露道在太初便"与上帝同在"，万物都是借着这位神所造的。把父与子之间的宝贵关系阐明出来之后，约翰以传神的笔触描述耶稣的工作和演讲。他特别着重这个观点：在上帝的伟大安排中，亲密的爱把一切事物团结起来。

《约翰福音》翻译文献共有12个版本，其中福州5种，客家3种，厦门2种，兴化1种，建宁1种。

用福州方言翻译的《约翰福音》文献有以下5种版本：《约翰福音》（福州土白）：译者为公理会的J. Doolittle，大英国圣经会,福州,1854年。《约翰福音》（福州土白），福州美华书局，1866年。《约翰福音》（福州土白）：大英国圣经会,福州美华书局,1881年，据《福州口语词典》的拼音系统译成罗马字，译者为Llwellyn Lloyd。《约翰福音》（福州土白）：大英国圣经会,福州美华书局,1881年，据经修订的《福州口语词典》拼音系统译成罗马字，译者为Llwellyn Lloyd。《约翰福音》（福州土白）：译者为中华圣公会的A.M.Hind，大英国圣经会,福州,1923年，用国语注音字母拼写，注音符号本。

用厦门方言翻译的《约翰福音》文献有以下2种版本：《约翰福音》（厦门土

白）：译者为Elihu Doty(Dutch Reform),罗马字，大英国圣经会,广州Wells William 出版社,1852年。《约翰福音》（厦门土白）：译者为John Stronach、Alvin Ostrom和J.V.N.Talmage(American Reform Mission)，罗马字，美国圣经会,厦门，1871年。

用客家方言翻译的《约翰福音》文献有以下3种版本：《约翰福音》（客家话）：大英国圣经会,巴色教会,1879年，罗马字，Lepsius拼法。《约翰默示》（客家话）：线装本，1882年，巴色教会。《约翰福音》（客家话）：线装本，1883年，巴色教会。

用兴化方言翻译的《约翰福音》文献有以下1种版本：《约翰福音》（兴化平话）：大美国圣经会,福州,1892年，罗马字。

用建宁方言翻译的《约翰福音》文献有以下1种版本：《约翰福音》（建宁土白）：大英国圣经会,伦敦,1897年，罗马字。

二　历史书

历史书仅有《使徒行传》一卷。

《使徒行传》又被称为"基督教的史诗"，是介绍耶稣基督升天后，他的门徒们(亦作"宗徒")传道、殉教的事迹，其中包括保罗门徒路加写的关于保罗的事迹。是新约圣经的第五卷书。

《使徒行传》Acts翻译文献共有15种版本，其中福州7种，客家6种，厦门、兴化各1种。

用福州方言翻译的《使徒行传》文献有以下7种版本：《使徒行传》（福州土白）：译者为公理会的L.B.Peet，美国圣经会，福州，1853—1854年。《使徒行传》（福州土白）：译者为Welton，大英国圣经会,福州,1855年。《使徒行传》（福州土白），大美国圣经会,福州,1863年。《使徒行传》（福州土白）：上海美华书馆铅印,1877年线装。《使徒行传》（福州土白）：大英国圣经会,伦敦,1890年，罗马字。《使徒行传》（福州土白）：大英国圣经会,伦敦,1890年。《使徒行传》（福州土白）：译者为中华圣公会的M.Hind。注音符号本，上海和福州美经会或英经会，1921—1925年。

用客家方言翻译的《使徒行传》文献有以下6种版本：《使徒行传》（客家话）：大英国圣经会,巴色教会,1874年，罗马字。《使徒行传》（客家话）：1883年，巴色教会。二版为大英圣经会印，罗马字。《使徒行传》（客家话）：线装本，1883年。《使徒行传》（客家话）：大英国圣经会,巴色教会,1892年，罗马字。《使徒行传》（客家话）：大英国圣经会,巴色教会,1893年，罗马字。《使徒行传》（客家话）：中华浸礼出版社,1903—1905年。

用厦门方言翻译的《使徒行传》文献有以下1种版本：《使徒行传》（厦门土白）：译者为John Stronach、Alvin Ostrom和J.V.N.Talmage(American Reform Mission)，罗马字本,美国圣经会,厦门美国长老会出版社,1867年，有厦门音和漳州音两种。

用兴化方言翻译的《使徒行传》文献有以下1种版本：《使徒行传》（兴化平

话）：1894年，美经会。

三　使徒书信

使徒书信共有二十一卷，其中确定为使徒保罗所写的有十三卷，它们是《罗马书》《哥林多前书》《哥林多后书》《加拉太书》《以弗所书》《腓立比书》《歌罗西书》《帖撒罗尼迦前书》《帖撒罗尼迦后书》《提摩太前书》《提摩太后书》《提多书》《腓利门书》；《希伯来书》的作者是谁，已不可考。

1.《罗马人书》翻译文献——

《罗马人书》，又译《罗马书》，全称为《保罗达罗马人书》，简称《罗》，是由使徒保罗写给当时罗马教会的一封信，内容汇集他对基督教信仰，尤其在罪及救恩等问题的独特见解，对后世的神学研究有一定的影响。它在381年的第一次君士坦丁堡公会议被列入《圣经》新约正典，是属于《圣经》新约里保罗书信，且是七封完全没有争议保罗是作者的其中一封。

《罗马人书》翻译文献共有5种。其中福州、厦门、兴化各1种，客家2种。

用福州方言翻译的《罗马人书》文献有以下1种版本：《罗马人书》（福州土白）：译者为Welton，大英国圣经会,福州,1855年。

用厦门方言翻译的《罗马人书》文献有以下1种版本：《罗马人书》（厦门土白）：台南英国长老会,1908年，罗马字。

用兴化平话翻译的《罗马人书》文献有以下1种版本：《罗马人书》（兴化平话）：1898年。

用客家方言翻译的《罗马人书》文献有以下2种版本：《罗马人书》（客家话）：大英国圣经会,巴色教会,1879年，罗马字，Lepsius拼法。《罗马书》（客家话）：线装本，1883年。

2.《歌林多前书》《歌林多后书》翻译文献——

《哥林多前书》翻译文献共有3种，福州、兴化各1种。

用福州方言翻译的《歌林多前书》《歌林多后书》文献有以下1种版本：《歌林多人前书》《歌林多后书》（福州土白）：译者为监理会的OtisGibson。大英国圣经会,福州,1863年。

用兴化平话翻译的《歌林多前书》《歌林多后书》文献有以下1种版本：《哥伦多人书》（兴化[莆田]平话）：1898年。

用客家方言翻译的《歌林多前书》文献有以下1种版本：《歌林多前后书》（客家话）：线装本，1883年，巴色教会。《歌林多后书》（客家话）：大英国圣经会,巴色教会,1879年，罗马字。Lepsius拼法。

3.《加拉太书》翻译文献——

犹太律法派的假师父来到加拉太，叫外邦人要受割礼，并遵守摩西的律法才可以得救。许多人接受这种教训，保罗一听见这事，就立即写这封信加以驳斥，并阐明福音真义，时为主后49年于安提阿。

《加拉太书》（Galatians）翻译文献共有3种版本，厦门、客家、兴化各1种。

用厦门方言翻译的《加拉太书》文献有以下1种版本：《加拉太书》（厦门土白）：译者为John Stronach、Alvin Ostrom和J.V.N.Talmage(American Reform Mission)，罗马字，美国圣经会，厦门，1871年。

用客家方言翻译的《加拉太书》文献有以下1种版本：《加拉太书》（客家话）：巴色教会，1881年，罗马字，巴色教会/英经会。

用兴化平话翻译的《加拉太书》文献有以下1种版本：《加拉太人书》（兴化平话）：1899年，美经会。

4.《帖撒罗尼迦前、后书》翻译文献——

《帖撒罗尼迦前书》是使徒保罗在哥林多写给公元1世纪位于帖撒罗尼迦的基督徒的一封书信。这封书信位于《圣经》全书第52本的位置上。该书信成书时间大约公元50年，这封书信是保罗书信中最早进入正典的作品，也是除了马太福音之外使用希腊语写成的最早的《圣经》书卷之一。《帖撒罗尼迦后书》是《圣经》全书第53本书，是使徒保罗在大约公元51年写给帖撒罗尼迦的基督徒的第二封信。之前保罗给这里的人写了《帖撒罗尼迦前书》。在分类上，它是保罗书信中的一封。

《帖撒罗尼迦前书》和《帖撒罗尼迦后书》翻译文献只有2种，厦门、客家各1种。

用厦门方言翻译的《帖撒罗尼迦前、后书》文献有以下1种版本：《帖撒罗尼迦前后书》（厦门土白）：罗马字，大英国圣经会，台南，1885年，双面印刷。

用客家方言翻译的《帖撒罗尼迦前、后书》文献有以下1种版本：《帖撒罗尼迦前后书》（客家话）：线装本，1882年，巴色教会。

5.《歌罗西书》翻译文献——

《歌罗西书》翻译文献仅有2种版本，厦门、客家各1种。

用厦门方言翻译的《歌罗西书》文献有以下1种版本：《歌罗西书》（厦门土白）：译者为John Stronach,Alvin Ostrom和J.V.N.Talmage(American Reform Mission)，罗马字，美国圣经会，厦门，1871年。

用客家方言翻译的《歌罗西书》文献有以下1种版本：《歌罗西书》（客家话）：巴色教会，1881年，罗马字，巴色教会/英经会。

6.约翰书翻译文献——

《约翰一书》《约翰二书》和《约翰三书》合编翻译文献仅有3种，福州2种，厦门1种。

用福州方言翻译的约翰书文献有以下2种版本：《约翰书》（福州土白）：译者为美国卫理圣公会的R.S.Mclay，大美国圣经会，福州，1853—1854年。《约翰书》（福州土白）：译者为中华圣公会的R.W.Stewart，伦敦大英国圣经会，1866年。

用厦门方言翻译的《约翰书》文献有以下1种版本：《约翰书》（厦门土白）：译者为John Stronach,Alvin Ostrom和J.V.N.Talmage(American Reform Mission)，罗马字，美国圣经会,厦门，1870年。

7.《彼得前书》和《彼得后书》翻译文献——

用厦门方言翻译的《彼得前、后书》文献有以下1种版本：《彼得前后书》（厦门土白）：译者为John Stronach、Alvin Ostrom和J.V.N.Talmage(American Reform Mission)，罗马字，美国圣经会，厦门，1868年。

用福州方言翻译的《彼得前书》文献有以下1种版本：《彼得前书》（福州土白）：译者为美国卫理圣公会的R.S.Mclay，大美国圣经会，福州，1853—1854年，美经会。

8.《希伯来书》翻译文献——

用客家方言翻译的《希伯来书》文献有以下1种版本：《希伯来书》（客家话）：线装本，1882年，巴色教会。

9.《雅各布书》翻译文献——

用邵武方言翻译的《雅各布书》文献有以下1种版本：《雅各布书》（邵武土白）：译者为美国海外传教士派遣委员会（American Board of Commissioners for Foreign Missions）的J.E.Walk。美国海外传教士派遣委员会,福州，1891年，罗马字，用文字标调类。

10.《犹大书》翻译文献——

用兴化平话翻译的《犹大书》文献有以下1种版本：《犹大书》（兴化平话）：1899年，美经会。

此外，《以弗所书》《腓立比书》《提摩太前书》《提摩太后书》《提多书》和《腓利门书》均无翻译文献。

四　启示录

启示录是《圣经》新约的最后一章，据说是耶稣的门徒约翰所写的，主要是对未来的预警，包括对世界末日的预言：接二连三的大灾难，世界朝向毁灭发展的末日光景，并描述最后审判，重点放在耶稣的再来。

《新约全书》翻译文献仅有3种版本，福州、厦门和客家各1种。

用福州方言翻译的《启示录》文献有以下1种版本：《启示录》（福州土白）：译者为公理会的L.B.Peet，美国圣经会，福州，1853—1854年，美经会。

用厦门方言翻译的《启示录》文献有以下1种版本：《启示录》（厦门土白）：译者为John Stronach、Alvin Ostrom和J.V.N.Talmage(American Reform Mission)，罗马字，美国圣经会,厦门，1868年。

用客家方言翻译的《启示录》文献有以下1种版本：《启示录》（客家话）：大英国圣经会,巴色教会，1883年，罗马字。

表二: 《新约全书》及其篇目在闽的方言翻译文献统计表

	篇名	福州	厦门	兴化	建宁	客家	建阳	邵武	小计	总计
	新约全书	17	15	4	3	10	0	0	49	49 30.82%
福音书	四福音书	5	0	1	0	1	0	0	7	66 41.51%
	马太福音	9	1	1	1	8	1	0	21	
	马可福音	9	1	1	0	4	1	0	16	
	路加福音	2	1	0	0	6	0	0	10	
	约翰福音	5	2	1	1	3	0	0	12	
历史书	使徒行传	7	1	1	0	6	0	0	15	15 9.43%
使徒书信	罗马书	1	1	1	0	2	0	0	5	26 16.35%
	歌林多前、后书	1	0	1	0	2	0	0	4	
	加拉太书	0	1	1	0	1	0	0	3	
	以弗所书	0	0	0	0	0	0	0	0	
	腓立比书	0	0	0	0	0	0	0	0	
	歌罗西书	0	1	0	0	1	0	0	2	
	帖撒罗尼迦前、后书	0	1	0	0	2	0	0	3	
	提摩太前书	0	0	0	0	0	0	0	0	
	提摩太后书	0	0	0	0	0	0	0	0	
	提多书	0	0	0	0	0	0	0	0	
	腓利门书	0	0	0	0	0	0	0	0	
	希伯来书	0	0	0	0	1	0	0	1	
	雅各布书	0	0	0	0	0	0	1	1	
	彼得前、后书	1	1	0	0	0	0	0	2	
	约翰书	2	1	0	0	0	0	0	3	
	犹大书	0	0	1	0	0	0	0	1	
启示录	启示录	1	1	0	0	1	0	0	3	3 1.89%
	总计	61	28	14	5	48	2	1	159	159
	比率数(%)	38.36	17.61	8.81	3.14	30.19	1.26	0.63	100	159 100%

由表二可见,《新约全书》及其篇目在闽的方言翻译文献共有159种。就文献分布地区而言,福州最多61种,占总数38.36%;客家48种,占总数30.19%;厦门28

种，占总数17.61%；兴化14种，占总数8.81%；建宁5种，占总数3.14%；建阳2种，占总数1.26%；邵武1种，占总数0.63%。这些数字表明，《新约全书》及其篇目在闽的方言翻译文献最多是福州，其次是客家和厦门，再次是建宁、建阳和邵武。就文献本身翻译数量而言，《新约全书》49种，占总数30.82%；福音书四卷66种，占总数41.51%；历史书一卷15种，占总数9.43%；使徒书信二十一卷26种，占总数16.35%；启示录一卷3种，占总数1.89%。这些数字表明，福音书虽然只有四卷，但翻译文献占总数41.51%，可见其重要性。就经卷本身翻译数量而言，《马太福音》21种，占总数13.21%；《马可福音》16种，占总数10.06%；《使徒行传》15种，占总数9.43%；《约翰福音》12种，占总数7.55%；《路加福音》10种，占总数6.29%。这5种经卷共有74种，占总数46.54%，说明它们在《新约全书》中所占的地位。

第四节　近代《新旧约全书》在闽的传播

明代万历三年，公元1575年，天主教奥斯丁会马六甲主教马丁·德·拉达和教士加罗氏·马丁由马尼拉取道厦门到福州。同年又取道厦门返回马尼拉，这是首批踏上厦门土地的外国传教士。公元1631年，菲律宾马尼拉天主教多明我会传教士西班牙人郭琦、施自安和意大利人高支等9人先后到达厦门。郭琦和施自安等人转赴福州、福安、莆田等地。高支留在厦门，后被郑成功礼聘为师，传授天文和航海知识，并准许他们在其辖区自由传教。因教务发展很快，教友增加，旧教堂容纳不下，又择地曾厝垵建教堂和住房。郑成功进驻台湾后，高支也离开厦门。

明天启四年十一月二十日(1624年12月29日)，意大利籍天主教耶稣会传教士艾儒略偕同告老还乡的当朝宰相叶向高(福建福清人)由杭州乘船抵达福州。艾氏抵榕之后，于公元1625年春天，即在省城士大夫当中尝试传播天主教，此乃天主教传入福州之始。艾儒略入闽传教的头一年，天主教在福州地区的传播进展顺利，到明崇祯八年(1635年)，福州城内教徒已达数百人，传教范围扩展到福州府属各县。这时的福州成了在华耶稣会"刻印出版汉文著作的中心之一"，"耶稣会士在这里刻印了许多在国内外颇有影响的汉文著作"(《艾儒略与明末福州社会》)，仅天主教读物就达十余种。明崇祯十七年(1644年)清兵入关，攻陷北京，明亡，是年为清顺治元年。顺治二年(1645年)，明唐王朱聿键在福州称帝，改元"隆武"，登基之初即在福州召见南京结识的耶稣会传教士毕方济(意大利人)。此时，把持南朝朝政的郑芝龙(郑成功之父)、黄道周(漳浦人)均为天主教徒，毕方济通过郑、黄二人促成隆武帝下诏表彰天主教，"禁止教外臣民无端攻击天主教"。鸦片战争(1840—1842年)后，美、英等国教会，利用五口通商有利时期，纷纷派传教士来华，以福州、厦门为中心进行传教，清咸丰八年(1858年)来华的传教士80人，福州居首位。福州基督教会现存的有6个教派，即中华基督教闽中协会(前身为公理会和美部会)、中华基督教卫理公会(前身为美以美会)、中华圣公会(前身为安立甘会)、基督复临安息日会、真耶稣教会和基督徒聚会处。

　　1868年，福建教区主教李宏治在泛船浦建一教堂，楼下作教堂，楼上为神父居室。光绪初年，教区买下仓前山乐群路一家洋行二层西式洋楼作为临时主教公署。1911年，泛船浦教堂改作福州教区主教座堂。1932年，将旧堂拆除，改建双层24开间的新主教府，并在旁边建造新座堂。1933年座堂与主教府同时竣工，总面积18亩。新建的泛船浦总堂为钢筋水泥砖木混合结构，单塔楼仿哥特式建筑。该堂面对闽江，气势宏伟，是全省最大的天主教堂，时称江南第一堂。1946年福州教区升格为省总主教区，该堂成为福建天主教主教区总堂所在地，是全省教会活动中心。

　　中洲基督教堂前身为中洲基督徒聚会处。从1840年鸦片战争到1900年初期，中国各地教会陷入极复杂的状态。教会受到外国母会控制，并且宗派林立，背离了《圣经》真道。早在1922年，倪柝声弟兄从《圣经》里看见了宗派的错误。开始主张脱离外国基督教宗派，建立各地方独立自主的基督徒奉主名的聚会。聚会的地点房屋不拘形式，或用人家住房，或建会所，看人数需要而定（聚会的场所后被称为基督徒聚会处）。这种主张后来在国内外产生了很大的影响。1922年后，此主张由福州传播至国内外，以各城镇人口分别聚居的地方为单位，产生了数千个奉主名的聚会（所在教会后来简称地方教会）。到1949年在中洲岛上建立了一个地方教会性质的基督徒聚会处。1993年后改称为中洲基督教堂，以示与福州各堂会信徒不分宗派，合而为一。因地方教会的信仰观点是各城镇的基督徒在本城镇建立合一的教会，与别地的教会互不隶属，行政独立自主，不干涉别地教会内政，不受国内外各种教派的控制，持守《圣经》信仰，实行自治、自传、自养的原则，而在真道上可以互相交通、彼此相助、互相尊重。

　　厦门清顺治十二年，公元1655年，澳门天主教耶稣会派传教士意大利人李先来厦门接替高支的职务，由于清政府的刁难，不久转往漳州等地传教，厦门教务受到很大挫折。公元1661年以后，马尼拉天主多明我会相继派西班牙人范教士和安教士到厦门传教。清康熙二十二年，公元1683年，清政府开放厦门海禁，外国传教士大部分经厦门转至福建各地传教。1704年，教皇克雷盈十一世发表禁止中国教徒祭祖祀孔的禁约。1720年，清朝廷针锋相对地发布禁教令，严禁外国传教士到中国传教。雍正、乾隆、嘉庆、道光四朝也严禁外国传教士进入中国传教。清道光二十二年(1842年)，美国归正教会雅裨理牧师搭乘英国侵略者军舰登上厦门岛。雅氏为近代基督教传入福建的第一人。公元1844年，英国的伦敦公教会施约翰、养为霖两牧师接踵而至。公元1850年英国长老会用雅各布医师、宾为霖牧师相继到来。他们各自成立公会，时称"三公会"。"三公会"设立于鼓浪屿。公元1848年创建中国最早的基督教礼拜堂——新街礼拜堂。公元1850年创建竹树脚礼拜堂，当时信教者甚微，传道以乡村为主。光绪十六年(1890年)后，基督教传播面开始拓宽。民国16年(1927年)中华基督教召开闽南大会后，教徒人数猛增。

新街礼拜堂位于思明区台光街29号，又名为中华第一圣堂，始建于1848年，是我国最早供华人使用的基督教堂。

鸦片战争后，厦门被迫开放为五口通商口岸之一。1842年美国归正教会和美以美会派牧师到厦门传教，厦门成为鸦片战争后除广州之外最早传入基督教的城市。美国传教士最初在水仙宫寮仔后（今同文路水仙路附近）租赁民房开设"布道所"传教，后因教徒增加，乃于1848—1849年在新街仔（即台光街现址）建成一座砖木结构的礼拜堂，占地面积约860平方米，可容纳350—400人礼拜。除正堂外，还有小礼拜堂、牧师楼、传道楼等附属建筑物。

1930年，因教堂屋顶坍塌，于1933年将其拆除重建，1935年竣工。新教堂聘请上海著名设计师设计，召请匡内著名的惠安石匠、上海泥水匠、温州木匠施工，选用南洋进口的柚木，共耗资32000多两白银。建筑经费全由厦门教徒及旅居南洋的教徒捐资。

教堂系砖石结构西式建筑，占地面积1200多平方米，礼拜堂主楼面宽16米，进深23.70米。底层为石砌地下室，原为学校教室及礼堂。砖砌礼拜堂居于其上。堂前廊台上有六根高6.50米的白色圆柱，正立面有大门三个，中门两侧分别镶有1933年礼拜堂重建奠基及1935年落成时中华基督教全国总会所赠石刻两方，一题"中华第一圣堂"，另一题"耶和华驻跸之所"。原石刻毁于"文革"期间，现石刻为1980年重新制作。

莆仙明天启五年(1625年)四月，天主教传教士艾儒略，在当时宰相福清人叶向高的帮助下来福州传教。翌年，意大利孟达拉神甫由澳门至福建龙海县后坂村传教，遂由泉州到仙游枫亭和莆田平海、南日等地发展教徒。兴化府城也建有天主堂，崇祯五年(1632年)已有领洗信徒107人；这时全省八府教堂领洗的教徒800～900人。清道光二十九年六月(1849年6月)，在涵江塘北以民房翻建为天主教堂；光绪二十六年(1900年)西班牙籍神甫路霍士盖起一座长方形红砖木结构楼房，俗呼神甫楼。民国12年(1923年)由传道邹镜清(莆田县邹曾徐人)于教徒中募捐一万多元，改建为水泥红砖木材混合结构、屋顶高耸一座钟楼的哥特式礼拜堂，亦称圣母堂，是兴化天主教总堂。咸丰元年(1851年)在城厢十字街购地建堂，光绪二十三年(1897年)建为砖木结构的教堂和2层楼房，亦称"若瑟堂"。

莆田大教堂的历史相当悠久，有九十多年了，当时是由美国的教会人士建造的，据说在整个东南亚知名，石式建筑风格很具特色，也是莆田的一大文化遗产了。

闽西天主教分别从两条路线传入本区：一是明末从粤东传入长汀，后以武平、长汀为支点播延至客属各县；二是清末从厦门传入漳平、龙岩。明崇祯十四年九月(1641年9月)，由意大利传教士艾儒略传教至汀州之后，葡萄牙人孔西满到长汀布道，至清顺治五年(1648年)，教徒发展到800人。1649年，因意大利、葡萄牙传教士离汀而停止传教活动。清咸丰元年至光绪十六年(1851~1890年)，广东蕉岭天主教徒曾桂英在武平下坝乡设立诵经所传教，该所隶属于蕉岭天主教。光绪二十二年至二十九年(1896~1903年)，先后在武平的东门、南门、中山、七坊等处建造教堂。发展教徒200人，武平天主教因之兴起。清光绪九年(1883年)春，基督教开始传入龙岩地区。经过近百年的繁杂演变发展至今，成为本区一大宗教。该教内部有中华基督教会、中华基督教工理公会、基督教孟娜浸信会、真耶稣教会、基督徒聚会处等派别。

1892年，当时的中华基督教会闽南区会牧师周之德带领布道团来汀传教。1893年成立了"汀州区会"，并开始筹集基督教堂的建设资金。1896年，在今县城水东街人民巷43号建起了汀州区会中华基督教堂。教堂背靠汀江，坐西向东，由礼拜堂、牧师楼和学校楼组成，砖木结构。占地面积723.1平方米，建筑面积916.62平方米。前半部分是礼拜堂，是当年党代会会场，后半部分是楼房，楼下有4个房间和庭院，楼上中厅是召开攻打漳州会议室。周恩来留守汀州，居住在楼上右厢房。1892—1965年，先后有周之德、黄朝清、修中诚（英籍）、张伦、兰一辉五位牧师在长汀中华基督教堂带领和主持宗教活动。

永定县基督教城关堂（Yongding Christian Church），位于凤城镇大巷里21号（东门桥农业银行后面），坐落于县城中心繁华地段，占地面积528平方米，交通便利。本着荣神益人、爱国爱教的精神，坚持"三自原则"原则，以"三好"(即治好、养好、传好)为目标，为构建和谐社会发挥积极作用。

清光绪元年(1875年)，基督教英籍牧师及华人传教士郑道存到到永定龙寨村传道。1898年建成旧堂，由郑辉堂教士负责；建筑面积150平方米，包括圣堂和牧师楼；当时，教堂以砖木结构，礼拜可容纳200人。

1920年，美国传教士迪约翰牧师、赫莲英姑娘到永定开设教会，名为基督教孟娜浸信会，后改名为中华基督教孟娜浸信会，会址在城关北门。教会附设有振东完全小学和振东妇女学校，另有常住姑娘在会内施诊赠药。

闽北基督教传入闽北是在鸦片战争以后。清同治三年(1864年)，美国美以美会传教士薛承恩从福州到南平传教。薛氏在南平购地，兴建福音堂。同治四年(1865年)，基督教传入福建的有美部会、圣公会、伦敦会、归正会、长老会、美以美会，为划分传教范围，在福州开会划定闽北为美以美会、圣公会、美部会的布道范围。在闽北界域内，又划分邵武府归美部会，建宁府归圣公会，延平府归美以美会。1864年，英国传教士胡约翰到建瓯传教，在小桥祭上村设立布道所，后又在南雅和小桥上堡、阳泽等地设立布道所。同治十二年(1873年)，美国人和约瑟牧师、吴西面、力腓力传教士与惠亨通、柯伟良医师等人到邵武，成立邵武基督教会。先在城内探花坊高宅租屋讲道施医。不久迁往东关外孤老巷建楼房一座，作为教堂和医疗所。在邵武传道4年，仅发展教徒3人。光绪年间(1875—1908年)，基督教先后传入闽北各县，因文化背景不同，并带有很大的侵略色彩，与当地群众矛盾日益激化，发生不少教案。

第五节　西洋传教士《新旧约全书》翻译与闽方言罗马字音标研究

前文说过，外国传教士用罗马字把《圣经》译成各地的方言拼音文献，诸如用福州土白、厦门土白、兴化平话、建宁土白、潮汕土白、客家话把《圣经》翻译出来，以便更好地向福建和广东各地的信徒们进行传教。现选择部分有代表性的方言拼音文献进行整理研究如下：

一　西方传教士所制订的厦门土白罗马字音标研究

1. 厦门方言文献概述

用西文编纂的福建闽南方言研究著作包括辞典、字典、口语、字汇或语汇、教材、语法研究诸类。以厦门话编撰的文献居多。比较重要的厦门话辞典有：如美国传教士罗啻(Elihu Doty)著《翻译英华厦腔语汇》(1853年)，英国牧师杜嘉德（Carstairs Douglas）著《厦英大辞典》（1873年），荷兰通译佛兰根（Franken, J.J.C.）、赫莱斯(C.F.M.De Grijs)著《厦荷大辞典》（1882年），英国伦敦宣道会麦嘉湖（John Macgowan）著《厦门方言英汉辞典》（1883年），加拿大传教士乔治·莱斯里·马偕（George Leslie Mackay）著《中西字典》（1891年），美国牧师打马字(Rev. John van Nest Talmage)著《厦门音的字典》（1894年），英国宣教师甘为霖(Weilin Gan , William Campbell)著《厦门音新字典》（1913年），英国传教士巴克礼（Thomas Barclay）著《厦门话字典补编》（1923年）等等。其中以杜嘉德《厦英大辞典》影响最大，这是我们选择与《新约全书》（厦门土白）比较的重要原因。此外，现代厦门方言音系的研究成果我们选择了兼漳泉二腔的《八音定诀》和周长楫《厦门方言研究》。

2.《新旧约全书》（厦门土白）音系整理与研究

这里所采用的文献书名是：《新旧约全书》（SIN KŪ IOK Ê SÈNG-KENG TSOÂN SU），罗马字译成的国际音标是[sin ku iɔk e siŋ-kiŋ tsuan su]。出版单位和出版时间是：上海圣书公会活版印1927年（SÈNG-CHHEH KONG-HŌE OA̍H PÁN ÌN SIŌNG-HÁI 1927），罗马字译成的国际音标是[siŋ-tsʻeʔ kɔŋ-hue uaʔ pan in siɔŋ-hai 1927]。背后还印有：英国和外国圣经学会（BRITISH AND FOREIGN BIBLE SOCIETY），《旧约》（OLD TESTAMENT.），厦门白话（AMOYVERNADLAR）。现归纳并整理《新旧约全书》的声韵调系统，并与兼漳泉二腔的《八音定诀》、杜嘉德《厦英大辞典》、周长楫《厦门方言研究》进行比较，从而窥视一百多年的演变情况。

（1）《新旧约全书》（厦门土白）声母系统

现将从《新旧约全书》厦门土白翻译本声母系统与《八音定诀》《厦英大辞典》《厦门方言研究》声母系统比较如下：

八音定诀	柳	边	求	气	地
厦英大辞典	l[l]来 n[n]泥	p[p]帮	k[k]见	kh[k']溪	t[t]端
厦门方言研究	[l]鲁	[p]补	[k]古	[k']苦	[t]肚
《新旧约全书》（厦门）	l[l]璃柳落 n[n]篮荔年	p[p]表伯父	k[k]枝果江	kh[k']溪苦看	t[t]池丁胆

上表可见，《八音定诀》柳母、边母、求母、气母、地母，《厦英大辞典》和《新旧约全书》（厦门土白）均分别标音为l/n、p、k、kh（h表示送气的）、t，而《厦门方言研究》标音为[l/n]、[p]、[k]、[k']、[t]。

八音定诀	颇	他	曾	入	时
厦英大辞典	ph[p']滂	th[t']透	ch/ts [ts]精	j[dz]日	s[s]心
厦门方言研究	[p']吐	[t']土	[ts]祖	l[l]人	[s]所
《新旧约全书》（厦门）	ph[p']皮骗博	th[t']头虫桃	ch/ts [ts]石真珠	j[dz]仁肉尿	s[s]身心小

上表可见，《八音定诀》颇母、他母、曾母、入母、时母，《厦英大辞典》和《新旧约全书》（厦门土白）均分别标音为ph（h表示送气的）、th（h表示送气的）、ch/ts、j、s，而《厦门方言研究》标音为[p']、[t']、[ts]、[l]、[s]。入母的音值变化最大，由原来的[dz]演变为[l]。

八音定诀	英	文	语	出	喜
厦英大辞典	[ø]奥	b [b]明 m [m]骂	g[g]疑 ng [ŋ]雅	chh/ ts'h [ts']清	h[h]晓
厦门方言研究	[ø]乌	[b]某 [m]茂	[g]五 [ŋ]午	[ts']楚	[h] 虎
《新旧约全书》（厦门）	[ø]奥欧影	b [b]木马面 m[m]棉雹妈	g[g]眼牙外 ng[ŋ] 五黄	chh[ts']手七亲	h[h]胡香耳

上表可见，《八音定诀》文母、语母、出母、喜母，《厦英大辞典》和《新旧约全书》（厦门土白）均分别标音为b/m（在非鼻化韵前读作b，鼻化韵前读作m）、g/ng（在非鼻化韵前读作g，鼻化韵前读作ng）、chh/ts'h、h，而《厦门方言研究》标音为[b/m]、[g/ŋ]、[ts']、[h]。《厦英大辞典》chh/ ts'h和《新旧约全书》（厦门土白）chh表示送气的[ts']，有一些差别。《八音定诀》英母为零声母，以元音a, o, e, i, u开头的音节即零声母[ø]。

综上所述，《新旧约全书》（厦门土白）声母系统如下：

双唇音	p[p]帮	ph[p']滂	b [b]明	m [m]骂	
舌尖中音	t[t]端	th[t']透	d /l [l]定来	n[n] 泥	
舌面前音	ch[tɕ]精	chh[tɕ']清			
舌尖前音	ts [ts]栽	chh[ts']春	j[dz]日		s[s]心
舌面后音	k[k]见	kh[k']溪	g[g]疑	ng [ŋ]雅	
喉音	h[h]晓	[∅] 以a. o. e. i. u.w开头 奥欧锅影			

[说明]：[m]、[n]、[ŋ]是[b]、[l]、[g]的音位变体。[b]、[l]、[g]与鼻化韵相拼时，就分别变成了[m]、[n]、[ŋ]。凡是以元音a, o, e, i, u开头的音节即零声母[∅]。

（2）《新旧约全书》（厦门土白）韵母系统

现将《新旧约全书》（厦门土白）翻译本韵母系统与《八音定诀》《厦英大辞典》《厦门方言研究》韵母系统比较如下：

八音定诀	1春[un/ut]	2朝[iau/iauʔ]	3丹[an/at]	4花[ua/uaʔ]	5开[ai/aiʔ]
厦英大辞典	un[un]/ ut[ut]	iau [iau]/ iauh [iauʔ]	an[an]/ at[at]	oa [ua]/ oah[uaʔ]	ai[ai]/ aih[aiʔ]
厦门方言研究	[un]恩/ [ut]骨	[iau]妖/ [iauʔ]□	[an]安/ [at]遏	[ua]蛙/ [uaʔ]活	[ai]哀
《新旧约全书》（厦门）	un[un]滚/ ut[ut]出	iau [iau]表/ iauh[iauʔ]蛃	an[an]兰/ at[at]密	oa [ua]磨/ oah[uaʔ]活	ai[ai]害/ ——

上表可见，《八音定诀》春母、朝母、丹母、花母，《厦英大辞典》、《厦门方言研究》和《新旧约全书》（厦门土白）均分别标音为[un/ut]、[iau/iauʔ]、[an/at]、[ua/uaʔ]，《八音定诀》开母[ai/aiʔ]，《新旧约全书》（厦门土白）和《厦门方言研究》只有[ai]韵母，而无[aiʔ]韵母。

八音定诀	6香[ioŋ/iok]	7辉[ui/uiʔ]	8佳[a/aʔ]	9宾[in/it]	10遮[ia/iaʔ]
厦英大辞典	iong [ioŋ]/ iok [iok]	ui [ui]/ uih [uiʔ]	a[a]/ ah[aʔ]	in[in]/ it[it]	ia[ia]/ iah[iaʔ]
厦门方言研究	[ioŋ]央/ [iok]约	[ui]威/ [uiʔ]划	[a]阿/ [aʔ]鸭	[in]因/ [it]一	[ia]爷/ [iaʔ]页
《新旧约全书》（厦门）	iong [ioŋ]中/ iok [iok]逐	ui [ui]对/ uih [uiʔ]血	[a]沙/ [aʔ]鸭	in[in]品/ it[it]实	ia[ia]野/ iah[iaʔ]食

上表可见，《八音定诀》香母、辉母、佳母、宾母、遮母，《厦英大辞典》《厦门方言研究》和《新旧约全书》（厦门土白）均分别标音为[ioŋ/iok]、[ui/uiʔ]、[a/aʔ]、[in/it]、[ia/iaʔ]，没有什么差别。

八音定诀	11川[uan/uat]	12西[e/eʔ]	13江[aŋ/ak]	14边[ian/iat]	15秋[iu/iuʔ]
厦英大辞典	oan[uan]/ oat [uat]	e[e]/ eh[eʔ]	ang[aŋ]/ ak[ak]	ian[ian]/ iat[iat]	iu[iu]/ iuh[iuʔ]
厦门方言研究	[uan]弯/ [uat]越	[e]锅/ [eʔ]呃	[aŋ]翁/ [ak]沃	[ian]烟/ [iat]杰	[iu]忧/ [iuʔ]口
《新旧约全书》（厦门）	oan[uan]断/ oat [uat]发	e[e]皮/ eh[eʔ]白	ang[aŋ]邦/ ak[ak]角	ian[ian]天/ iat[iat]别	iu[iu]酒/ iuh[iuʔ]搤

上表可见，《八音定诀》川母、西母、江母、边母、秋母，《厦英大辞典》《厦门方言研究》和《新旧约全书》（厦门土白）均分别标音为[uan/uat]、[e/eʔ]、[aŋ/ak]、[ian/iat]、[iu/iuʔ]，是一致的。

八音定诀	16深[im/ip]	17诗[i/iʔ]	18书[ɯ/ɯʔ]	19多[o/oʔ]	20湛[am/ap]
厦英大辞典	im[im]/ ip[ip]	i [i]/ ih[iʔ]	——	o[o]/ oh[oʔ]	am[am]/ ap[ap]
厦门方言研究	[im]阴/ [ip]揖	[i]衣/ [iʔ]缺	——	[o]窝/ [oʔ]学	[am]庵/ [ap]压
《新旧约全书》（厦门）	im[im]金/ ip[ip]集	i[i]帝/ ih[iʔ]鳖	——	o[o]波/ oh[oʔ]学	am[am]感/ ap[ap]压

上表可见，《八音定诀》深母、诗母、多母、湛母，《厦英大辞典》《厦门方言研究》和《新旧约全书》（厦门土白）均分别标音为[im/ip]、[i/iʔ]、[o/oʔ]、[am/ap]，《八音定诀》书韵[ɯ/ɯʔ]来源于《汇音妙悟》居韵[ɯ/ɯʔ]，《厦英大辞典》《厦门方言研究》和《新旧约全书》（厦门土白）无此韵母。

八音定诀	21杯[ue/ueʔ]	22孤[ɔ/ɔʔ]	23灯[iŋ/ik]	24须[u/uʔ]	25添[iam/iap]
厦英大辞典	oe[ue]/ oeh [ueʔ]	e·[ɔ]/	eng[iŋ]/ ek[ik]	u[u]/ uh[uʔ]	iam[iam]/ iap[iap]
厦门方言研究	[ue]话/ [ueʔ]挟	[ɔ]乌/ [ɔʔ]口	[iŋ]英/ [ik]益	[u]有/ [uʔ]托	[iam]盐/ [iap]叶
《新旧约全书》（厦门）	oe[ue]底/ oeh [ueʔ]八	o'[ɔ]乌/ ——	eng[iŋ]明/ ek[ik]得	u[u]母/ uh[uʔ]发	iam[iam]点/ iap[iap]叶

上表可见，《八音定诀》杯母、灯母、须母、添母，《厦英大辞典》《厦门方言研究》和《新旧约全书》（厦门土白）均分别标音为[ue/ueʔ]、[iŋ/ik]、[u/uʔ]、[iam/iap]，《八音定诀》孤母[ɔ/ɔʔ]，《新旧约全书》（厦门土白）只有[ɔ]韵母，而无[ɔʔ]韵母。

八音定诀	26风[ɔŋ/ɔk]	27敲[au/auʔ]	28歪[uai/uaiʔ]	29不[m]	30梅[əe/əeʔ]
厦英大辞典	ong[ɔŋ] ok[ɔk]	au[au]跑 auh[auʔ]	oai [uai] ——	m[m] mh[mʔ]	——
厦门方言研究	[ɔŋ]翁 [ɔk]恶	[au]欧 [auʔ]口	[uai]歪 [uaiʔ]口	[m]怀 [mʔ]默	——
《新旧约全书》（厦门）	ong[ɔŋ]通 ok[ɔk]屋	au[au]跑 auh[auʔ]落	oai [uai]怪	m[m]姆	——

上表可见，《八音定诀》风母、敲母，《厦英大辞典》《厦门方言研究》和《新旧约全书》（厦门土白）均分别标音为[ɔŋ/ɔk]和[au/auʔ]；《八音定诀》歪母、不母；《新旧约全书》（厦门土白）均分别标音为[uai]、[m]，《八音定诀》《厦英大辞典》和《厦门方言研究》不全有入声韵母。《八音定诀》梅韵[əe/əeʔ]来源于《汇音妙悟》鸡韵[əe/əeʔ]，《厦英大辞典》《厦门方言研究》和《新旧约全书》（厦门土白）均无此韵。

八音定诀	31乐[ãu/ãuʔ]	32毛[ɔ̃/ɔ̃ʔ]	33京[iã/iãʔ]	34山[uã/uãʔ]	35烧[io/ioʔ]
厦英大辞典	auⁿ[ãu]/ auhⁿ[ãuʔ]	ɵⁿ[ɔ̃]/ ɵhⁿ[ɔ̃ʔ]	iaⁿ[iã]/ iahⁿ[iãʔ]	oaⁿ[uã]/	io[io]/ ioh[ioʔ]
厦门方言研究	[ãu]闹/ [ãuʔ]口	[ɔ̃]恶/ [ɔ̃ʔ]膜	[iã]营/ [iãʔ]口	[uã]碗/	[io]腰/ [ioʔ]药
《新旧约全书》（厦门）	auⁿ[ãu]貌/	ɵⁿ[ɔ̃]冒/	iaⁿ[iã]正/	oaⁿ[uã]山/	io[io]笑/ ioh[ioʔ]石

上表可见，《八音定诀》烧母，《厦英大辞典》《厦门方言研究》和《新旧约全书》（厦门土白）均分别标音为[io/ioʔ]；《八音定诀》乐母[ãu/ãuʔ]、毛母[ɔ̃/ɔ̃ʔ]、京母[iã/iãʔ]、山母[uã/uãʔ]；《新旧约全书》（厦门土白）分别标音[ãu]、毛母[ɔ̃]、京母[iã]、山母[uã]，无入声韵母，《厦英大辞典》和《厦门方言研究》大多有入声韵母。

八音定诀	36庄[ŋ/ŋʔ]	37三[ã/ãʔ]	38千[ãi/ãiʔ]	39枪[iũ/iũʔ]	40青[ĩ/ĩʔ]
厦英大辞典	ng[ŋ]/ ngh[ŋʔ]	aⁿ[ã]/ ahⁿ[ãʔ]	aiⁿ[ãi]/	iuⁿ [iũ]/	iⁿ[ĩ] / ihⁿ[ĩʔ]
厦门方言研究	[ŋ]秧/ [ŋʔ]口	[ã]馅/ [ãʔ]喝	[ãi]耐/	[iũ]羊/	[ĩ]圆/ [ĩʔ]物
《新旧约全书》（厦门）	ng[ŋ]门毛/	aⁿ[ã]相担/	aiⁿ[ãi]关否	iuⁿ [iũ]羊长/	iⁿ [ĩ]精天/ iⁿh[ĩʔ]物

上表可见，《八音定诀》青母，《厦英大辞典》《厦门方言研究》和《新旧约全书》（厦门土白）均标音为[ĩ/ĩʔ]；《八音定诀》庄母、三母，《厦英大辞典》《厦门方言研究》均分别标音为[ŋ/ŋʔ]、[ã/ãʔ]；《新旧约全书》（厦门土白）标音为[ŋ]、[ã]；《八音定诀》千母、枪母，《厦英大辞典》《厦门方言研究》和《新旧约全书》（厦门土白）分别标音为[ãi]、[iũ]，无入声韵母。

八音定诀	41飞[ɤ/ɤʔ]	42超[iãu/iãuʔ]	——	——	——
厦英大辞典	——	iauⁿ[iãu]/ iauhⁿ[iãuʔ]	iang[iaŋ]/ iak [iak]	uiⁿ [uĩ]	oaiⁿ[uãĩ]/ oaihⁿ[uãiʔ]
厦门方言研究	——	[iãu]猫/ [iãuʔ]口	[iaŋ]漳/ [iak]逼	[uĩ]梅	[uãi]关/ [uãiʔ]口
《新旧约全书》（厦门）	——	iauⁿ[iãu]猫/ iauⁿh[iãuʔ]蛲	iang[iaŋ]漳/ iak[iak]摔	uiⁿ[uĩ]每	oaiⁿ[uãĩ]关拐

上表可见，《八音定诀》飞韵[ɤ/ɤʔ]来源于《汇音妙悟》科韵[ə/əʔ]，所反映的是厦门远郊和同安方言的语音特点，《厦英大辞典》《厦门方言研究》和《新旧约全书》（厦门土白）均无此韵母。《八音定诀》超韵[iãu/iãuʔ]，《厦英大辞典》《厦门方言研究》《新旧约全书》（厦门土白）均标音为[iãu/iãuʔ]。《厦英大辞典》《厦门方言研究》和《新旧约全书》（厦门土白）均有[iaŋ/iak]、[uĩ]韵母，《八音定诀》则无。《厦英大辞典》《厦门方言研究》有[uãi/uãiʔ]韵母，《新旧约全书》（厦门土白）只有[uãi]韵母，《八音定诀》则无。

八音定诀	——	——	——		
厦英大辞典	ehⁿ [ẽʔ]	——	——		
厦门方言研究	[ẽ]婴/ [ẽʔ]脉	[uẽʔ]挟	——		
《新旧约全书》（厦门）	eⁿ[ẽ]婴/ eⁿh[ẽʔ]麦	ueⁿ[uẽ]每	ioⁿ[ĩɔ̃]跳		

上表可见，《厦门方言研究》和《新旧约全书》（厦门土白）均有[ẽ/ẽʔ]韵母，《厦英大辞典》有[ẽʔ]韵母，《八音定诀》则无。《厦门方言研究》有[uẽ]韵母，《新旧约全书》（厦门土白）有[uẽ]、[ĩɔ̃]韵母，《八音定诀》则无。

综上所述，《新旧约全书》（厦门土白）韵母系统（74）如下：

①元音韵/入声韵29（16/13）

开口	舒声	a 沙	o 波	e 皮	ɔ 乌	au 跑	ai 害		
	促声	aʔ鸭	oʔ学	eʔ白		auʔ落	——		
齐齿	舒声	i 帝	ia 野	iu 酒	iau 表	io 笑			
	促声	iʔ鳖	iaʔ食	iuʔ搞	iauʔ蛲	ioʔ石			
合口	舒声	u 母	ua 磨	ue 底	uai 怪	ui 对			
	促声	uʔ发	uaʔ活	ueʔ八	——	uiʔ血			

②鼻化韵/入声韵17（14/3）

开口	舒声	ã担	ẽ 婴	ɔ̃ 冒	ãi 关	ãu 傲			
	促声		ẽʔ麦						
齐齿	舒声	ĩ 天	iã 惊	iũ羊	iãu 猫	iɔ̃跳			
	促声	ĩʔ物			iãuʔ蛲				
合口	舒声	uãi 关	uã 盘	uĩ每	uẽ每				
	促声	——							

③声化韵2（2）

开口	舒声	m 姆	ŋ 毛						
	促声	——							

④阳声韵/入声韵26（13/13）

开口	舒声	am 感	aŋ 邦	ɔŋ 通	an 兰				
	促声	ap 压	ak 角	ɔk 屋	at 密				
齐齿	舒声	iam 点	im 金	iaŋ 杖	iɔŋ 中	iŋ 明	in 品	ian 天	
	促声	iap 叶	ip 集	iak 摔	iɔk 逐	ik 得	it 实	iat 别	
合口	舒声	un 滚	uan 断						
	促声	ut 出	uat 发						

（3）《新旧约全书》（厦门土白）声调系统

《新旧约全书》有7个调类：平、去、入各分阴阳，上声只有一个。现与《八音定诀》《厦英大辞典》《厦门方言研究》声调系统比较如下：

八音定诀	上平	上上	上去	上入	下平	下上	下去	下入
厦英大辞典	上平	上上	上去	上入	下平	下上	下去	下入
	不带符号	´	`	不带符号	ˆ	——	-	□
厦门方言研究	阴平	上声	阴去	阴入	阳平	——	阳去	阳入
新旧约全书（厦门）	阴平	上声	阴去	阴入	阳平	——	阳去	阳入
	不带符号	´	`	不带符号	ˆ	——	-	□

上表可见，《新旧约全书》（厦门土白）声调系统与《厦英大辞典》《厦门方言研究》一样，都是7个调类，但与《八音定诀》8个调类不一致。至于所标调号，《新旧约全书》（厦门土白）与《厦英大辞典》是一样的。

二　西方传教士所制订的汕头土白罗马字音标研究

汕头市区古为滨海冲积地。宋时砂尾（今金砂乡）已形成村落，属揭阳县。南片濠江古为潮阳县建制的招收都，元代光华埠一带已有较大渔村，称厦岭。明初设蓬州守御千户所，嘉靖年间置澄海县时随属澄海。清康熙年间建沙汕头炮台。雍正年间简称汕头。汕头素有"百载商埠"之称，咸丰八年(1858年)4月，已经占领广州的英法联军进逼大沽口，美国驻华公使伙同英、法、俄三国公使联袂到达大沽口外，照会清政府，提出侵略要求。美国公使列卫廉与清政府直隶总督谭廷襄开始谈判，讨论了美国所提出的条约。5月19日，因英法联军即将于次日发动进攻，美国应英国的要求，不动声色地终止了正在进行中的谈判。6月7日，美使列卫廉恢复了与清朝官员的会谈，并同意就美方所提出的条约草案再度进行谈判。6月18日，美国抢先英、法与清政府签订了《中美天津条约》。其中增开潮州(后改汕头)、台南为通商口岸。因为如此，西方传教士就派遣一大批传教士进驻汕头。他们编撰了许多潮汕方言的字典、辞书以及方言教材，便于让外国传教士和当地老百姓学习潮汕方言及其中国文化。他们还翻译了许多《新旧约全书》，以便在汕头地区进行传教。在本节里，我们选用了《新约全书·马太到使徒》（汕头土白）本，对其音系进行研究。

1. 潮汕方言文献概述

西方传教士编撰的潮汕方言辞书主要有8种，即：美国传教士璘为仁（Williams Dean，1807—1895年）著《潮州话初级教程》（1841年）；美国传教士约西亚·高德（Josiah Goddard，1813—1854年）著《汉英潮州方言字典》（1847年）；美北浸信会传教士菲尔德（A.M.FIELDE，生卒年不详）著《汕头方言初阶》（1878年）；美北浸信会传教士菲尔德（A.M.FIELDE，生卒年不详）著《汕头方言音义字典》（1883年）；英伦长老会牧师卓威廉（William Duffus）著《汕头白话英华对照词典》（1883年）；美北浸信会牧师耶士谟（Rev. William Ashmore）D.D. 编《汕头话口语语法基础教程》(1884年)；新加坡海峡殖民地法庭翻译员林雄成（Lim Hiong Seng）著《汕头方言手册》（1886年）；英伦长老会传教士施约翰（John Steele）编撰《潮正两音字集》(1909年)。

反映潮汕方言的韵书主要有《潮声十五音》和《击木知音》两种。《潮声十五音》，清末张世珍编辑，汕头图书石印社1913年出版。张氏为广东澄海隆都(原属饶平)人。书前有李世铭写于宣统元年(1909)的序和张氏写于光绪三十三年(1907)的自序。此书有汕头文明商务书局石印本。《击木知音》全名《汇集雅俗通十五音》，副题《击木知音》。书成于"中华四年(1915)岁次乙卯八月望日"。

西方传教士和本土语言学专家所编撰的字典辞书，有助于我们更好地研究《新旧约全书》的拼音文献。

2.《新约全书·马太到使徒》（汕头土白）音系整理与研究

汕头土白《新约全书·马太到使徒》封面有"Kiù-Tsú Iā-Sou Ki-Tok Kāi Sin-Ieh Tshuān-tsṳ Chiēⁿ-Kńg Má-Thài Kàu Sài-Thû"（救主耶稣基督的新约全书前卷马太到使徒），即本书全称。该书于1892年"Su-kat-Lān：Tāi Eng-Kok Lāi Gūa Siàⁿ-Tsṳ-Hūe ìn."（苏格兰：大英国内外圣书会印）。封面还有一个副标题"MATTHEW TO ACTS：SWATOWDIALECT."（马修使徒行传：汕头方言），并说明"PRINTED FOR THE BRITISH AND FOREIGN BIBLE SOCIETYBY BLACKIE & SON, LIMITED,GLASGOW."（英国及海外圣经公会委托BLACKIE & SON有限公司在格拉斯哥出版）。

现将《新约全书·马太到使徒》（1892年）所整理出来的音系与笔者考证的英伦长老会牧师卓威廉著《汕头白话英华对照词典》（1883年）、张世珍《潮声十五音》（1913年）和无名氏《击木知音》（1915年）音系及林伦伦（1996年）考证的《现代汕头方言》音系比较如下。

(1)声母系统研究

①双唇音

新约全书·马太到使徒	p [p]饱比布	ph [pʻ]抛疲葡	b [b]母味舞	m [m]马迷麻
汕头白话英华对照词典	p [p]芭	ph [pʻ]派	b [b]马	m [m]脉
潮声十五音	[p]边	[pʻ]坡	[b]文(非鼻化韵前)	[m]文(鼻化韵前)
击木知音	[p]边	[pʻ]颇	[b]文(非鼻化韵前)	[m]文(鼻化韵前)
现代汕头方言	[p]波	[pʻ]抱	[b]无	[m]毛

上表可见，《新约全书·马太到使徒》双唇音声母与诸种文献材料的是一致的。

②舌尖中音

新约全书·马太到使徒	t [t]大弟诸	th[tʻ]胎提徒	l [l]罗利屡	n [n]拿尼奴
汕头白话英华对照词典	t [t]端	th[tʻ]胎	l [l]掠	n [n]篮
潮声十五音	[t]地	[tʻ]他	[l]柳(非鼻化韵前)	[n]柳(鼻化韵前)
击木知音	[t]地	[tʻ]他	[l]柳(非鼻化韵前)	[n]柳(鼻化韵前)
现代汕头方言	[t]刀	[tʻ]胎	[l]罗	[n]娜

上表可见，《新约全书·马太到使徒》舌尖中音声母与诸种文献材料的是一致的。

③舌尖前音和舌面前音

新约全书·马太到使徒	ts[ts]早主聚 ch[tɕ]祭济姊	tsh[tsʻ]柴厝取 chh[tɕʻ]妻市凄	z[dz]乳如瘾 j[dʑ]二儿字	s[s]顺
汕头白话英华对照词典	ts[ts]灶 ch[tɕ]脂	tsh[tsʻ]出 chh[tɕʻ]耻	z[dz]热 j[dʑ]字	s[s]顺
潮声十五音	[ts]增	[tsʻ]出	[z]入	[s]时
击木知音	[ts]贞	[tsʻ]出	[z]入	[s]时
现代汕头方言	[ts]坐	[tsʻ]错	[z]而	[s]梭

上表可见，《新约全书·马太到使徒》与《汕头白话英华对照词典》均有舌尖前音 ts[ts]、tsh[tsʻ]、z[dz] 和舌面前音 ch[tɕ]、chh[tɕʻ]、j[dʑ]。《潮声十五音》和《击木知音》与现代汕头方言则只有舌尖前音[ts]、[tsʻ]、[z]了，舌面前音 ch[tɕ]、chh[tɕʻ]、j[dʑ] 已经逐渐演变成舌尖前音了。

④舌面后音

新约全书·马太到使徒	k [k]教基故	kh[kʻ]骸起驱	g[g]饿疑牛	ng [ŋ]愚义危
汕头白话英华对照词典	k [k]胶	kh[kʻ]壳	g[g]牙	ng [ŋ]言
潮声十五音	[k]求	[kʻ]去	[g]语(非鼻化韵前)	[ŋ]语(鼻化韵前)
击木知音	[k]求	[kʻ]去	[g]语(非鼻化韵前)	[ŋ]语(鼻化韵前)
现代汕头方言	[k]哥	[kʻ]戈	[g]鹅	[ŋ]俄

上表可见，《新约全书·马太到使徒》舌面后音声母与诸种文献材料的是一致的。

⑤喉音

新约全书·马太到使徒	h [h]河喜夫	o[ø]亚伊乌		
汕头白话英华对照词典	h [h]鱼	o /[ø]爱鹰於黑恶		
潮声十五音	[h]喜	[ø]英		
击木知音	[h]喜	[ø]英		
现代汕头方言	[h]河	[ø]窝		

上表可见，《新约全书·马太到使徒》喉音声母与诸种文献材料的是一致的。

综上所述，汕头土白《新约全书·马太到使徒》声母系统整理如下：

双唇音	p [p]饱比布	ph [pʻ]抛疲葡	b [b]母味舞	m [m]马迷麻	
舌尖中音	t [t]大弟诸	th[tʻ]胎提徒	l [l]罗利屡	n [n]拿尼奴	
舌尖前音	ts[ts]早主聚	tsh[tsʻ]柴厝取	z[dz]乳如瘾		s[s]沙数诉
舌面前音	ch[tɕ]祭济姊	chh[tɕʻ]妻市凄	j[dʑ]二儿字		
舌面后音	k [k]教基故	kh[kʻ]骸起驱	g[g]饿疑牛	ng [ŋ]愚义危	
喉音	h [h]河喜夫	o[ø]亚伊乌			

说明：①表中音标为罗马字音标，与之相对应的国际音标以[]示之；②塞音、塞擦音送气符号罗马字音标以 h 表示，与之相对应的国际音标以[ʻ]示之；③浊音声母 b [b]、l [l]、g[g] 用于非鼻化韵之前，鼻音声母 m [m]、n [n]、ng [ŋ] 用于鼻化韵母或鼻

音韵母之前；④舌尖前音声母ts[ts]、tsh[ts']、z[dz]用于非-i或-e类元音之前，舌面前音ch[tɕ]、chh[tɕ']、j[dʑ]用于-i或-e类元音之前。

(2)韵母系统研究（76个）

① 元音韵母(18)

新约全书·马太到使徒	a [a]鸦亚阿	o[o]澳哥告	e[e]下哑夜	ʉ[ɯ]余预予
汕头白话英华对照词典	a[a]亚	o[o]窝	e[e]哑	ʉ[ɯ]馀
潮声十五音	[a]胶	[o]歌	[e]家	[ɯ]居
击木知音	[a]胶	[o]高	[e]家	[ɯ]车
现代汕头方言	[a]亚	[o]窝	[e]哑	[ɯ]余

上表可见，《新约全书·马太到使徒》4个韵母与诸种文献材料是一致的。

新约全书·马太到使徒	i [i]伊异意	u [u]呜有呼	ai[ai]埃哀嗳	oi[oi]鞋会挨
汕头白话英华对照词典	i[i]衣	u[u]有	ai[ai]哀	oi[oi]鞋
潮声十五音	[i]基	[u]龟	[ai]皆	[oi]鸡
击木知音	[i]枝	[u]龟	[ai]皆	[oi]鸡
现代汕头方言	[i]衣	[u]污	[ai]埃	[oi]鞋

上表可见，《新约全书·马太到使徒》4个韵母与诸种文献材料是一致的。

新约全书·马太到使徒	au[au]后喉帽	ou[ou]乌湖肚	ia [ia]耶也野	ie[ie]腰摇舀
汕头白话英华对照词典	au[au]老	ou[ou]乌	ia[ia]亦	ie[ie]窑
潮声十五音	[au]高	[ou]姑	[ia]佳	[io]烧
击木知音	[au]交	[ou]孤	[ia]佳	[ie]蕉
现代汕头方言	[au]欧	[ou]乌	[ia]爷	[io]腰

上表可见，《新约全书·马太到使徒》前3个韵母与诸种文献材料是一致的。差异之处是：《新约全书·马太到使徒》与《汕头白话英华对照词典》《击木知音》记载了[ie]韵母，反映了潮州、澄海方言韵类，《潮声十五音》有[io]韵母，则反映汕头、潮阳、揭阳和海丰方言韵类。

新约全书·马太到使徒	iu[iu]友犹又	iau[iau]要摇耀	ua [ua]我播破	ue [ue]话慰秽
汕头白话英华对照词典	iu[iu]油	iau[iau]妖	ua/oa[ua]我大	ue[ue]话
潮声十五音	[iu]鸠	[iau]娇	[ua]瓜	[ue]瓜
击木知音	[iu]鸠	[iou]骄	[ua]柯	[ue]瓜
现代汕头方言	[iu]优	[iau]娇	[ua]娃	[ue]锅

上表可见，《新约全书·马太到使徒》与《汕头白话英华对照词典》《潮声十五音》记载了[iau]韵母，反映了汕头、潮阳、揭阳和海丰方言韵类；《击木知音》有

[iou] 韵母，则反映了潮州、澄海方言韵类，[iau] 韵母则。其余3个韵母，《新约全书·马太到使徒》与诸种文献材料是一致的。

新约全书·马太到使徒	ui [ui]为位医	uai [uai]怪怀快		
汕头白话英华对照词典	ui[ui]瑞	uai[uai]歪		
潮声十五音	[ui]归	[uai]乖		
击木知音	[ui]规	[uai]乖		
现代汕头方言	[ui]医	[uai]歪		

上表可见，《新约全书·马太到使徒》2个韵母与诸种文献材料是一致的。

②鼻化韵母（13个）

新约全书·马太到使徒	aⁿ[ã]揞呾衫	oⁿ[õ]墓望模	eⁿ[ẽ]病静醒	iⁿ[ĩ]已以椅
汕头白话英华对照词典	aⁿ[ã]篮	oⁿ[õ]五	eⁿ[ẽ]么	iⁿ[ĩ]鼻
潮声十五音	[ã]柑	——	[ẽ]庚	——
击木知音	[ã]柑	——	[ẽ]更	[ĩ]天
现代汕头方言	[ã]揞	——	[ẽ]楹	[ĩ]圆

上表可见，《新约全书·马太到使徒》[ã]、[ẽ]韵母与诸种文献材料是一致的；[õ]韵母，与《汕头白话英华对照词典》同，据林论论考证（1996年），只有揭阳、海丰有此韵母；[ĩ]韵母，唯独《潮声十五音》无此韵母，与其他3种文献材料的是一致的。

新约全书·马太到使徒	aiⁿ[ãi]欲	oiⁿ[õi]闲畔办	auⁿ[ãu]好	iaⁿ[iã]营赢影
汕头白话英华对照词典	aiⁿ[ãi]欲	oiⁿ[õi]千	auⁿ[ãu]傲	iaⁿ[iã]痛
潮声十五音	——	[õi]肩	——	[iã]京
击木知音	——	[õi]间	——	[iã]京
现代汕头方言	[ãi]爱	[õi]闲	[ãu]好	[iã]影

上表可见，《新约全书·马太到使徒》[õi]、[iã]韵母与诸种文献材料是一致的；[ãi]、[ãu]韵母，与《汕头白话英华对照词典》现代汕头方言同，《潮声十五音》《击木知音》无此韵母。

新约全书·马太到使徒	ieⁿ[iẽ]样羊香	iuⁿ[iũ]幼休裘	uaⁿ[uã]换案半	ueⁿ[uẽ]果关
汕头白话英华对照词典	ieⁿ[iẽ]丈	iuⁿ[iũ]纽	uaⁿ/oaⁿ[uã]满	ueⁿ[uẽ]妹
潮声十五音	[iõ]薑	——	[uã]官	——
击木知音	[iẽ]薑	——	[uã]官	——
现代汕头方言	[iõ]羊	[iũ]幼	[uã]鞍	[uẽ]关

上表可见，《新约全书·马太到使徒》[uã]韵母与诸种文献材料的是一致的；[iũ]、[uẽ]韵母，与《汕头白话英华对照词典》现代汕头方言同；[iẽ]韵母，与《汕头白话英华对照词典》《击木知音》同，反映了潮州、澄海方言韵类；《潮声十五音》现代汕头方言有[iõ]韵母，则反映汕头、潮阳、揭阳和海丰方言韵类。

新约全书·马太到使徒	uiⁿ[uĩ]危毁匪			
汕头白话英华对照词典	uiⁿ[uĩ]柜			
潮声十五音	——			
击木知音	——			
现代汕头方言	[uĩ]畏			

上表可见，《新约全书·马太到使徒》[uĩ]韵母与《汕头白话英华对照词典》现代汕头方言同，《潮声十五音》《击木知音》无此韵母。《汕头白话英华对照词典》多出ouⁿ[õu]虎，ioⁿ[iõ]猫，iauⁿ[iãu]藐，uāiⁿ[uãi]蓑个韵母，是《新约全书·马太到使徒》所没有的。

③声化韵母（2个）

新约全书·马太到使徒	m[m]唔姆	ng[ŋ]黄磺远	
汕头白话英华对照词典	m[m]姆	ng[ŋ]昏	
潮声十五音	——	[ŋ]扛	
击木知音	——		
现代汕头方言	[m]姆	[ŋ]秧	

上表可见，《新约全书·马太到使徒》[m]、[ŋ]韵母与《汕头白话英华对照词典》现代汕头方言同，《潮声十五音》亦有[ŋ]韵母。

④鼻音韵母（16个）

新约全书·马太到使徒	am[am]暗颔南	iam[iam]盐厌掩	im[im]音荫淫	uam[uam]凡犯
汕头白话英华对照词典	am[am]贪	iam[iam]盐	im[im]心	uam[uam]凡
潮声十五音	[am]甘	[iam]兼	[im]金	——
击木知音	[am]甘	[iam]兼	[im]金	——
现代汕头方言	[am]庵	[iam]淹	[im]音	——

上表可见，《新约全书·马太到使徒》[am]、[iam]、[im]韵母与诸种文献材料是一致的；[uam]韵母与《汕头白话英华对照词典》同，反映了潮州、潮阳、揭阳和海丰方言韵类。

新约全书·马太到使徒	ang[aŋ]红洪翁	ong[oŋ]拢总从	eng[eng]英涌应	iang[iaŋ]养扬央
汕头白话英华对照词典	ang[aŋ]邦	ong[oŋ]绒	eng[eŋ]贞	iang[iaŋ]养
潮声十五音	[aŋ]江	[oŋ]公	[eŋ]弓	[iaŋ]坚
击木知音	[aŋ]江	[oŋ]公	[eŋ]经	[iaŋ]姜
现代汕头方言	[aŋ]红	[oŋ]公	[eŋ]英	[iaŋ]央

上表可见，《新约全书·马太到使徒》4个韵母与诸种文献材料是一致的。

新约全书·马太到使徒	iong[ioŋ]荣勇拥	uang[uaŋ]王旺亡	an[an]安按晏	ṳn[ɯn]隐恩近
汕头白话英华对照词典	iong[ioŋ]永	uang[uaŋ]装	an[an]艰	ṳn[ɯn]恩
潮声十五音	[ioŋ]恭	[uaŋ]光	—	[ɤŋ]钧
击木知音	[ioŋ]恭	[uaŋ]光	[aŋ]干	[ɤŋ]扛
现代汕头方言	[ioŋ]雍	[uaŋ]弯	—	—

上表可见，《新约全书·马太到使徒》[ioŋ]、[uaŋ]韵母与诸种文献材料是一致的；[an]、[ɯn]及下表[in]、[ian]、[un]、[uan]韵母与《汕头白话英华对照词典》同，说明早期的潮汕方言确有收-n韵尾韵母，至现代汕头方言则演变为收-ŋ韵尾韵母，唯独现代海丰方言仍有[in]、[un]韵母。

新约全书·马太到使徒	in[in]印因沿	ien[ian]变篇天	un[un]阮温稳	uan[uan]完怨湾
汕头白话英华对照词典	in[in]寅	ien[ian]远	un[un]揾	uan[uan]乱
潮声十五音	[iŋ]君	—	[uŋ]君	—
击木知音	[iŋ]斤	[ieŋ]坚	[uŋ]君	[ueŋ]关
现代汕头方言	—	—	—	—

⑤入声韵母（26）

新约全书·马太到使徒	ih[iʔ]滴铁	uh[uʔ]吸	ah[aʔ]押拍踏	oh[oʔ]学厄桌
汕头白话英华对照词典	ih[iʔ]铁	—	ah[aʔ]鸭	oh[oʔ]学
潮声十五音	[iʔ]铁	[uʔ]吸	[aʔ]鸭	[oʔ]学
击木知音	[iʔ]铁	[uʔ]吸	[aʔ]拍	[oʔ]桌
现代汕头方言	[iʔ]铁	[uʔ]脯	[aʔ]鸭	[oʔ]学

上表可见，《新约全书·马太到使徒》[iʔ]、[aʔ]、[oʔ]韵母与诸种文献材料是一致的；唯独《汕头白话英华对照词典》无[uʔ]韵母。

新约全书·马太到使徒	eh[eʔ]百麦宅	iah[iaʔ]益拆掠	uah[uaʔ]活跋泼	ueh[ueʔ]画划物
汕头白话英华对照词典	eh[eʔ]麦	iah[iaʔ]益	uah[uaʔ]活	ueh[ueʔ]说
潮声十五音	[eʔ]麦	[iaʔ]益	[uaʔ]活	[ueʔ]画
击木知音	[eʔ]百	[iaʔ]拆	[uaʔ]泼	[ueʔ]划
现代汕头方言	[eʔ]厄	[iaʔ]益	[uaʔ]活	[ueʔ]划

上表可见，《新约全书·马太到使徒》4个韵母与诸种文献材料是一致的。

新约全书·马太到使徒	auh[auʔ]落乐	oih[oiʔ]狭八节	ieh[ieʔ]约药石	ap[ap]盒答纳
汕头白话英华对照词典	auh[auʔ]落	oih[oiʔ]狭	ieh[ieʔ]药	ap[ap]匣
潮声十五音	[auʔ]落	[oiʔ]狭	[ioʔ]药	[ap]纳
击木知音	[auʔ]落	[oiʔ]八	[ieʔ]石	[ap]答
现代汕头方言	[auʔ]落	[oiʔ]八	[ioʔ]药	[ap]盒

上表可见，《新约全书·马太到使徒》[auʔ]、[oiʔ]、[ap]3个韵母与诸种文献材料是一致的；[ieʔ]韵母，与《汕头白话英华对照词典》《击木知音》同，反映了潮州、澄海方言韵类；《潮声十五音》[ioʔ]韵母则反映了汕头方言韵类。

新约全书·马太到使徒	iap[iap]帖聂粒	ip[ip]邑立集	uap[uap]法	ak[ak]恶北目
汕头白话英华对照词典	iap[iap]粒	ip[ip]邑	uap[uap]法	ak[ak]北
潮声十五音	[iap]粒	[ip]邑	—	[ak]北
击木知音	[iap]聂	[ip]立	—	[ak]目
现代汕头方言	[iap]粒	[ip]立	—	[ak]北

上表可见，《新约全书·马太到使徒》[iap]、[ip]、[ak] 3个韵母与诸种文献材料是一致的；[uap]韵母与《汕头白话英华对照词典》同，反映了潮州、潮阳、揭阳和海丰的方言韵类。《潮声十五音》《击木知音》以及现代汕头方言则无此韵母。

新约全书·马太到使徒	iak[iaɡ]若弱	uak[uak]朔	ok[ok]屋牧仆	iok[iok]欲畜蓄
汕头白话英华对照词典	iak[iaɡ]弱	uak[uak]越	ok[ok]屋	iok[iok]欲
潮声十五音	[iak]弱	[uak]越	[ok]屋	[iok]蓄
击木知音	[iak]若	[uak]越	[ok]牧	[iok]畜
现代汕头方言	[iak]跃	[uak]越	[ok]屋	[iok]育

上表可见，《新约全书·马太到使徒》4个韵母与诸种文献材料是一致的。

新约全书·马太到使徒	ek[ek]译浴敌	it[it]一忆必	ut[ut]不疫突	uat[uat]越末悦
汕头白话英华对照词典	ek[ek]泽	it[it]实	ut[ut]佛	uat[uat]活
潮声十五音	[ek]敌	[ik]忆	[uk]突	—
击木知音	[ek]敌	[ik]实	[uk]突	[uek]
现代汕头方言	[ek]亿	[ik]乙	[uk]熨	—

上表可见，《新约全书·马太到使徒》[ek]韵母与诸种文献材料是一致的；[it]、[ut]、[uat]及下表[iat]、[at]韵母与《汕头白话英华对照词典》同，说明早期的潮汕方言确有收-t韵尾韵母，至现代汕头方言则演变为收-k韵尾韵母，惟独现代海丰方言仍有[it]、[ut]韵母。

新约全书·马太到使徒	iet[iat]列即切	at[at]抑别力		
汕头白话英华对照词典	iet[iat]别	at[at]力		
潮声十五音	—	—		
击木知音	[iek]别	[ak]力		
现代汕头方言	—	—		

据考证，《新约全书·马太到使徒》韵母系统主要反映了120年前汕头方言音系，但还吸收潮州、澄海、潮阳、揭阳和海丰方言的个别韵类。

综上所述，汕头土白《新约全书·马太到使徒》韵母系统（75）整理如下：

①元音韵母(18)

单元音韵母6个：a [a]鸦亚阿，o[o]澳哥告，e[e]下哑夜，ṳ [ɯ]余预予，i [i]伊异意，u [u]呜有呼；

复元音韵母12个：ai[ai]埃哀嗳、oi[oi]鞋会挨、au[au]后喉帽、ou[ou]乌湖肚、ia[ia]耶也野、ie[ie]、腰摇舀、iu[iu]友犹又，iau[iau]要摇耀，ua [ua]我播破，ue [ue]话慰秽，ui [ui]为位医，uai [uai]怪怀快。

②鼻化韵母（13个）

单元音鼻化韵母4个：aⁿ[ã]揞咀衫，oⁿ[õ]蟆望模，eⁿ[ẽ]病静醒，iⁿ[ĩ]已以椅；

复元音鼻化韵母9个：aiⁿ[ãĩ]欲，oiⁿ[õĩ]闲畔办，auⁿ[ãũ]好，iaⁿ[iã]营赢影，ieⁿ[iẽ]样羊香，iuⁿ[iũ]幼休裘，uaⁿ[uã]换案半，ueⁿ[uẽ]果关，uiⁿ[uĩ]危毁匪。

③声化韵母（2个）

m[m]唔姆、ng[ŋ]黄磺远。

④鼻音韵母（16个）

收[-m]韵尾的阳声韵母4个：am[am]暗颔南，iam[iam]盐厌掩，im[im]音荫淫，uam[uam]凡犯；

收[-ŋ]韵尾的阳声韵母6个：ang[aŋ]红洪翁，ong[oŋ]拢总从，eng[eŋ]英涌应，

iang[iaŋ]养扬央，iong[ioŋ]荣勇拥，uang[uaŋ]王旺亡；

收[-n]韵尾的阳声韵母6个：an[an]安按晏，ṳn[ɯn]隐恩近，in[in]印因沿，ien[ian]变篇天，un[un]阮温稳，uan[uan]完怨湾；

⑤入声韵母（26）

收[-ʔ]韵尾的入声韵母11个：ih[iʔ]滴铁、uh[uʔ]吸、ah[aʔ]押拍踏、oh[oʔ]学厄桌、eh[eʔ]百麦宅；iah[iaʔ]益拆掠，uah[uaʔ]活跋泼，ueh[ueʔ]画划物，auh[auʔ]落乐，oih[oiʔ]狭八节，ieh[ieʔ]约药石。

收[-p]韵尾的入声韵母4个：ap[ap]盒答纳，iap[iap]帖聂粒，ip[ip]邑立集，uap[uap]法；

收[-k]韵尾的入声韵母6个：ak[ak]恶北目，iak[iak]若弱，uak[uak]朔，ok[ok]屋牧仆，iok[iok]欲畜蓄，ek[ek]译浴敌；

收[-t]韵尾的入声韵母5个：it[it]一忆必，ut[ut]不疫突，uat[uat]越末悦，iet[iat]列即切，at[at]抑别力。

(3)声调系统研究（8个）

《新约全书·马太到使徒》与诸种文献材料基本上是一致的，均有8个调类，即上平、上上、上去、上入、下平、下上、下去、下入。请看下表：

新约全书·马太到使徒	上平	上上	上去	上入	下平	下上	下去	下入
汕头白话英华对照词典	上平	上声	上去	上入	下平	下去	去声	下入
潮声十五音	上平	上上	上去	上入	下平	下上	下去	下入
击木知音	上平	上上	上去	上入	下平	下上	下去	下入
现代汕头方言	阴平	阴上	阴去	阴入	阳平	阳上	阳去	阳入

上表可见，《新约全书·马太到使徒》与《潮声十五音》《击木知音》及现代汕头方言是一致的。《汕头白话英华对照词典》上声、下去、去声与其他文献不一致。据考证，其上声即上上，下去即下上，去声即下去。

汕头土白《新约全书》中记载了汕头方言八个声调分别标了符号，现举例说明如下：

调类	符号	例字	调类	符号	例字
上平	无号	烘hang	下平	^	韩hâng
上上	′	罕háng	下上	~	限hãng
上去	`	汉hàng	下去	-	巷hāng
上入	无号	谒hak	下入	′	学hàk

三　西方传教士所制订的兴化平话罗马字音标研究

本小节简介福建莆仙的地理状况与历史沿革，莆仙的方言文献以及整理研究《新约全书》（兴化平话）的声韵调系统。

（一）莆仙地区的地理状况与历史沿革

据福建省莆田市地方志编纂委员会编《莆田市志》（方志出版社，2001年）记载，南北朝之前，境内无县及县以上建制。按地域来说，夏、商时期属扬州，西周时属七闽地，春秋时属越国，战国时属百越，秦时属闽中郡，西汉前期属闽越国，西汉后期属会稽郡冶县，东汉后期属南部都尉侯官县，三国时期属建安郡侯官县，西晋时期属晋安郡侯官县，南朝前期属南安郡。

南朝陈光大二年(568年)、隋开皇九年(589年)，两度置废莆田县，先后隶属丰州(今福州)南安郡和泉州(今福州)。唐武德五年(622年)，析南安县地再置莆田县，属丰州(今泉州)。

唐圣历二年(699年)，析莆田县西部置清源县，莆田、清源2县属武荣州(后改泉州)。唐天宝元年(742年)，改泉州为清源郡，而清源县改为仙游县，莆田、仙游2县属清源郡。之后清源郡又改为泉州、清源军、平海军，莆田、仙游2县亦属之。

莆田市位于福建沿海中部，地处北纬24°59′～25°46′，东经118°27′～119°56′之间。东南濒临台湾海峡，东北毗邻福州市的福清市，西南连接泉州市的永春县、南安市、鲤城区、惠安县，西北背泉州市的德化县和福州市的永泰县。东西长122.4公里，南北宽80.5公里。全市陆域面积3781平方公里，占福建省的3.2%。

宋太平兴国四年(979年)，建太平军，辖兴化县(今莆田县的白沙镇、新县乡、庄边乡、大洋乡和仙游县的游洋乡、钟山乡、石苍乡、象溪乡8个乡镇及莆田县萩芦乡北部的地域)。太平兴国五年，改太平军为兴化军，析平海军(今泉州市)的莆田县和仙游县入兴化军。

宋太平兴国五年(980年)，泉州德化县九座山山区划入，归仙游县兴贤里。

宋嘉祐年间(1056—1063年)，莆田县东北与福州福清县交界的蒜岭以南，江口桥以北的文秀乡(今福清新厝乡一带)划归福清县。

明《八闽通志》载：兴化府"东至大海九十里，西至泉州永春县一百九十里，南至海四十里，北至福州府永福县界一百一十里，东南至海一百里，西南至泉州府一百七十里，东北至福州府二百三十里，西北至永福县界一百八十五里。自府治至南京三千一百四十里，至京师六千四百里。"

清末，南日岛以中部燕山岩为界，东北部占全岛十分之七划归福州府福清县。

民国3年(1914年)，南日岛全岛划归平潭县[民国16年（1927年）设岛务局，直属福建省；民国22年（1933年），撤销岛务局，划归福清县，旋置特种区，直属福建省]。

民国29年（1940年），撤销南日岛特种区，南日岛归还莆田县。

（二）莆仙地区的方言概况

莆田话又称莆仙方言、莆仙话、兴化方言等,分布于莆田县、仙游县、泉州泉港的部分、乌丘屿（莆田县乌丘屿，现在台湾代管），以莆田话为代表，属于汉藏语系汉语闽方言，在莆田和旁边地区的使用人口大致500万，莆田人外出经商很多，在莆田旁边的在福州和泉州的很多莆田人也使用莆田话。因历史上该地区属于兴化军、兴化府等，故莆仙话又称为兴化话。莆田话在整个闽方言体系中占有重要地位。开始出现于西汉、东晋南朝时，在南朝隋朝形成，因为那时和之前时中原人南下，来源以西晋时中原正统语言为主体。莆田话即莆仙方言，莆田话受福州省城话和泉州话双重影响，由于福州是省会，莆田与省城交流多，莆田比泉州更接近福州，因此莆田话受福州省城话影响程度大于泉州话受福州话影响程度。莆田话和台湾话近半可互通或相似。

1. 声母系统

p 布巴平	p' 坡怕评	m 墓马明	
t 低知团	t' 梯抽展	n 尼南宁	l 吕礼朗
ts 才曾精	ts' 粗秋昌		ɬ 小先思
k 高家歌	k' 开气庆	ŋ 我严颜	
h 喜风乡			∅ 衣威容

在口语中，还有β、ɤ两个声母，只出现于连读音变。ɤ与零声母前的弱ʔ有别，但标音时一般省去。仙游话边音声母l管的字比莆田话多，古"日、娘"二母字莆田话白读为t的，仙游一般也是l。k、k'、ŋ、h四个声母在细音韵母前，发音部位会前移，产生音位变体。

2. 韵母系统

莆田话共有40个韵母，仙游话有45个韵母。现比较如下：

莆田话	仙游话	例字	莆田话	仙游话	例字
a	a	巴霞查白麦百	yɒ	ya	骑蚁鹅瓦蛇奇
	ã	平彭病更土坑		yã	燃煎纤泉件健
e	e	闭币低解会犁	uŋ	ŋ	榜当唐庄仓光
	ĩ	反千先肩闩闲	ŋ		央黄行影方
ø	ø	戴坐改所㧎赛	aŋ	aŋ	班板丹房梦动
	ỹ	顿断卵钻全酸	yɒŋ	yøŋ	场杖良常想强
ɒ	ɒ	波保多科笋押	œŋ		中传龙袁援用
	õ	泛担胆敢三衫	oŋ	uoŋ	分本文吞君军
o	o	薄宝刀告寻师	uaŋ		般半满官馆弯
i	i	卑悲米皮鼻铁	ɒŋ	ɒŋ	房丰亡望党农
u	u	夫扶句龟牛久	ɛŋ	ɛŋ	朋变篇片孟丁
y	y	猪书如住雨须	iaŋ	ieŋ	点垫添廉敛尖
ia	ia	遮者借食㩼益	iŋ	iŋ	兵贫民棉面年
	iã	丙饼拼名命领	yŋ	yŋ	巾今根恩荣永

莆田话	仙游话	例字	莆田话	仙游话	例字
iau	ieu	标苗表调超笑	aʔ	aʔ	答达猎杂六目
	iũ	张章凉丈姜乡	ɛʔ	ɛʔ	得灭敌密十克
iu	iu	彪丢丑咒珠须		ɛ	这会给
ai	ai	摆拜败台师使	ɒʔ	ɒʔ	扩福恶独鹿错
au	au	包矛炮偷头扣	œʔ	yøʔ	竹筑逐属决局
ɔu	ɔu	模布卢初输五	yɒʔ		着略缺却雀药
ua	ua	瓜寡卦夸拖磨	ɔʔ	uoʔ	不物没乞核术
	uã	搬半满炭赶官	uaʔ		拨泼发罚伐活
uai	uoi	杯眉背吹飞火	iʔ	iʔ	笔碧匹七日急
	uĩ	风饭门传关远	iaʔ	ieʔ	迭蝶贴页业叶
ui	ui	堆追队开机气	yʔ	yʔ	域聿疫役

莆田话话音中尚有uʔ、aiʔ、auʔ韵，仙游话音中有ãi、ãu、uʔ等韵，以上均有音无字韵，且较少用，不列入表。莆田话单元音a、o、i、u、y均有阳声韵、入声韵相配，但以e、ø、o组成的阳声、入声韵，口腔均开一度，变ɛ、œ、ɔ，音质相差较远，按实际记音。仙游话有9个鼻化韵母，而莆田话则无。

3. 声调系统

莆田、仙游均为七个调类，列表对照如下：

莆仙话调类调值对照表

调类	阴平	阳平	上声	阴去	阳去	阴入	阳入
调值(莆)	533	13	453	42	11	21	4
调值(仙)	54	24	32	52	21	2	4
代码	1	2	3	4	5	6	7
例字	诗巴	时爬	始把	试霸	寺罢	湿北	实拔

（三）《新约全书》（兴化平话）音系整理与研究

清末美国传教士Brewster(蒲鲁士)以兴化平话翻译的《新约全书》，英文名"The New Testament in the Hinghua Dialect Romanized"，下而依次用兴化罗马字拼写《新约全书》，兴化平话，兴化美兴书局活版"，出版者署"American Bible Society"(美国圣经会)，出版时间为1912年，出版地点为"Hing-hua City, Fukien Province China"(中国福建兴化城)，译者为Brewster(蒲鲁士)。此书由美国加州伯克莱大学图书馆收藏。

译者蒲鲁士全名为威廉·蒲鲁士(William N.Brewster)，后取汉文"雯堂"为号。1864年蒲氏出生于美国依利诺士州，1888年毕业于美国波士顿大学，获神学博士学位。1889年被派赴新加坡等地布教。因水土不服，改调中国强州教区。在强州，蒲鲁士与菲斯彻小姐(Miss Fischer)结婚。婚后，夫妇调至兴化主持美以美教会，居莆田城乡。在莆田，蒲鲁士夫人成了蒲氏的得力助手，后来一般都称她为蒲星氏。蒲鲁士和蒲星氏来莆田后，除了创办一些慈善事业外，就是致力于传教。他们经常下街道、奔农村，发展教徒。可是让他们感到最为棘手的是语言难通，无法与教徒沟通，更难宣讲基督的"福音"。但令人敬佩的是，蒲氏夫妇通过用罗马字拼音标注的方法，辅以分析和刻苦记忆的功夫，他们竟然用不到一年的时间，就学会了一口较为平顺流利的莆仙话。光绪十六年(1890年)，美国传教士蒲鲁士自福州派赴兴化教区主持美以美教会。莆仙地区与闽南接壤，方言相似点很多，在厦门话罗马字的影响下，莆仙(兴化)也于清光绪年间创制出兴化话罗马字。兴化罗马字的创制和推行是与美国传教士蒲鲁士夫妇联系在一起的。

据戴黎刚《莆田话〈新约全书附诗篇〉(1912年)所见音系》（《中国语文》2007年第1期），兴化罗马字拼音方案，主要依据这部罗马字圣经材料归纳出来的。

1.《新约全书》（兴化平话）声母系统

现将从《新约全书》兴化平话翻译本声母系统与《戚参军八音字义便览》《福州方言拼音字典》《莆田市志·方言卷》声母系统比较如下：

戚参军八音字义便览	柳	边	求	气	低
福州方言拼音字典	l	b	g	k	d
新约全书（兴化）	l[l]里	b[p]伯	g[k]家	k[k']旷	d[t]大
莆田市志·方言卷	[l]吕礼朗	[p]布巴平	[k]高家歌	[k']开气庆	[t]低知团

上表可见，《戚参军八音字义便览》边母、求母、气母、低母，《福州方言拼音字典》和《新约全书》（兴化平话）均分别标音为b、g、k、d，而《莆田市志·方言卷》标音为[p]、[k]、[k']、[t]。柳母标音为l，与国际音标是一致的。

戚参军八音字义便览	波	他	争	日	时
福州方言拼音字典	p	t	c	n	s
新约全书（兴化）	p[p']判	t[t']听	c[ts]尽	n[n]两	s[ɬ]稣
莆田市志·方言卷	[p']破怕评	[t']梯抽展	[ts]才曾精	[n]尼南宁	[ɬ]小先思

上表可见，《戚参军八音字义便览》波母、他母、争母，《福州方言拼音字典》和《新约全书》（兴化平话）均分别标音为p、t、c、s，而《莆田市志·方言卷》则标音为[p']、[t']、[ts]、[ɬ]。日母、时母标音为n，与《莆田市志·方言卷》音标是一致的。

戚参军八音字义便览	莺	蒙	语	出	喜
福州方言拼音字典	o	m	ng	ch	h
新约全书（兴化）	o[∅]因	m[m]名	ng[ŋ]愿	ch[ts']出	h[h]出
莆田市志·方言卷	[∅]衣威容	[m]墓马明	[ŋ]我严颜	[ts']出秋昌	[h]喜风乡

上表可见，《戚参军八音字义便览》语母、出母，《福州方言拼音字典》和

《新约全书》（兴化平话）均分别标音为ng、ch，而《莆田市志·方言卷》则标音为[ŋ]、[tsʻ]。问母、非母标音为m、h，与《莆田市志·方言卷》音标是一致的。零声母无标音。

总之，关于声母系统，《新约全书》（兴化平话）与《戚参军八音字义便览》、《福州方言拼音字典》《莆田市志·方言卷》记载的"十五音"基本上是一致的，唯独时母字，福州话读作[s]，莆仙话读作[ɬ]。可见，莆仙话声母系统深受福州方言的影响较大。现将《新约全书》（兴化平话）声母系统整理如下：

双唇音	b [p] 伯	p [pʻ] 判		m [m] 名	
舌尖中音	d [t] 大	t [tʻ] 听	l [l] 里	n [n] 两	
舌尖前音	c [ts] 尽	ch [tsʻ] 出			s [ɬ] 稣
舌面后音	g [k] 家	k [kʻ] 旷		ng [ŋ] 愿	
喉音	h [h] 好	o[Ø] 因			

2.《新约全书》（兴化平话）韵母系统

据戴黎刚（2007年）考证，《新约全书》（兴化平话）记载了53个韵母。

（1）单元音韵母9个，即a[a]丫、o̤[ɔ]涡、a̤[e]批、e[ɛ]厄、eo[o]做、e̤[Ø]初、i[i]衣、u[u]污、ṳ[y]于。现将《新约全书》兴化平话翻译本韵母系统与现代莆田、仙游方言韵母系统比较如下：

新约全书（兴化）	今莆田话	今仙游话	《新约全书》例字
a/a	a	a	玛ma³、雅ŋa³、妈ma³、那na¹、窄tsa⁶
o̤/ɔ	ɒ	ɒ	罗lɔ²、劳lɔ²、道tɔ⁶、过kɔ⁵、假kɔ³
a̤/e	e	e	这tse⁶、地te⁶、帝te⁵、个ke²、励le⁶
e/ɛ	——	——	今ɛ⁶
eo/o	o	o	做tso⁶、此tsʻo³、好ho³、思ɬo⁵、使ɬo³
e̤/Ø	ø	ø	所ø³、助tsø⁶、赛tø⁵
i/i	i	i	字tsi⁶、是ɬi⁶、止tsi³、理li³、时ɬi²
u/u	u	u	旧ku⁶、夫fu¹、有u⁶、咐hu⁵、父hu⁶
ṳ/y	y	y	书tsy¹、处tsʻy⁵、去kʻy⁵、主tsy³、住tsy⁶

上表可见，《新约全书》（兴化平话）有7个单韵母与现代莆田方言韵母读音一致，唯独o̤[ɔ]韵母，现代莆田、仙游方言则读作[ɒ]；e[ɛ]韵母，现代莆田、仙游方言则无此韵母。

（2）复元音韵母10个，即ia[ia]谢、ua[ua]大、io̤[iɔ]许、oi[ue]回、au[au]到、a̤u[eu]后、o[ou]苦、ai[ai]拜、ui[ui]位、iu[iu]右。现将《新约全书》兴化平话翻译本韵母系统与现代莆田、仙游方言韵母系统比较如下：

新约全书	今莆田话	今仙游话	《新约全书》例字
ia/ia	ia	ia	也ia⁶、谢łia⁶、爹tia¹、遮tsia¹、赦łia⁵
ua/ua	ua	ua	我kua³、大tua⁶、话ua⁶、化hua⁵、外kua⁶
iọ/iɔ	yɒ	ya	许hiɔ³、口ˌliɔ⁵、ts'iɔ⁵（带）、tiɔ⁶（活）、歇hiɔ³
oi/ue	ue	ue	罪tsue⁶、回hue²、kue⁶、火hue³、倍pue⁶
au/au	au	au	交kau¹、到kau⁵、教kau⁵、头t'au²、斗tau³
ạu/eu	eu	eu	少tseu³、后heu⁶、绍łeu⁶、照tseu⁵、耀eu⁶
o/ou	ou	ou	布pou⁵、苦k'ou³、部pou⁶、故kou⁶、五ŋou⁶
ai/ai	ai	ai	使łai⁶、大tai⁶、拜pai⁵、爱ai⁵、哀ai¹
ui/ui	ui	ui	几kui³、随łui²、位ui⁶、对tui⁵、堆tui¹
iu/iu	iu	iu	由iu²、犹iu²、右iu⁶、手ts'iu³、咒tsiu⁵

上表可见，《新约全书》（兴化平话）有9个复韵母与现代莆田方言韵母读音一致，唯独iọ[iɔ]韵母，现代莆田话则读作[yɒ]，仙游话读作[ya]。

（3）鼻音韵母10个，即ang[aŋ]汉、iang[iaŋ]点、uang[uaŋ]弯、ọng[ɔŋ]通、iọng[iɔŋ]赏、eng[ɛŋ]陈、eong[oŋ]文、ẹng[øŋ]中、ing[iŋ]经、ụng[yŋ]恨；声化韵母1个，即ng[ŋ]两。现将《新约全书》兴化平话翻译本韵母系统与现代莆田、仙游方言韵母系统比较如下：

新约全书（兴化）	今莆田话	今仙游话	《新约全书》例字
ang/aŋ	aŋ	aŋ	担taŋ¹、侬naŋ²、汉haŋ⁵、红aŋ²、帮paŋ¹
iang/iaŋ	iaŋ	ieŋ	嫌hiaŋ²、点tiaŋ³、验ŋiaŋ⁶、欠k'iaŋ⁵、严ŋiaŋ²
uang/uaŋ	uaŋ	uoŋ	翻huaŋ²、判p'uaŋ⁵、弯uaŋ¹、管kuaŋ³
ọng/ɔŋ	ɒŋ	ɒŋ	工kɔŋ¹、方hɔŋ¹、功kɔŋ¹、通t'ɔŋ¹、洪hɔŋ²
iọng/iɔŋ	yɒŋ	yøŋ	向hiɔŋ⁵、上łiɔŋ⁶、赏łiɔŋ³、长tiɔŋ³、想łiɔŋ³
eng/ɛŋ	ɛŋ	ɛŋ	连łɛŋ²、陈tɛŋ³、先łɛŋ¹、信łɛŋ⁵、天t'ɛŋ¹
eong/oŋ	oŋ	uoŋ	本poŋ³、文moŋ²、问moŋ⁶、君koŋ¹、勋hoŋ⁵
ẹng/øŋ	œŋ	øŋ	原ŋøŋ²、用øŋ⁶、中tøŋ¹、量łøŋ⁶、缘øŋ²
ing/iŋ	iŋ	iŋ	新łiŋ¹、经kiŋ¹、身łiŋ¹、英iŋ¹、程tiŋ²
ụng/yŋ	yŋ	yŋ	近kyŋ⁶、荣yŋ²、永yŋ³、恨hyŋ⁶、银yŋ²
ng/ŋ	ŋ/uŋ	ŋ	怀ŋ⁶、当tŋ¹、央ŋ¹、两ŋ⁶、方hŋ¹

上表可见，《新约全书》（兴化平话）有7个鼻音韵母与现代莆田方言韵母读音一致，有6个鼻音韵母与现代仙游方言韵母读音一致。不同之处有：① iang[iaŋ]韵母，今仙游方言读作[ieŋ]；② uang[uaŋ]韵母，今仙游方言读作[uoŋ]；③ ọng[ɔŋ]韵母，今莆田、仙游方言读作[ɒŋ]；④ iọng[iɔŋ]韵母，今莆田方言则读作[yɒŋ]，今仙游方言读作[yøŋ]；⑤eong[oŋ]韵母，今仙游方言读作[uoŋ]；⑥ ẹng[øŋ]韵母，今莆田方言读作[œŋ]；⑦ ng[ŋ]韵母，今莆田话则一部分读作[ŋ]，一部分读作[uŋ]。

（4）鼻化韵母9个，即aⁿ[ã]柄、iaⁿ[iã]且、uaⁿ[uã]欢、ọⁿ[ɔ̃]三、iọⁿ[iɔ̃]换、ạⁿ[ẽ]边、oiⁿ[uẽ]转、ẹⁿ[ø̃]全、ạuⁿ[eũ]章。现将《新约全书》兴化平话翻译本韵母系统与现代莆田方言韵母系统比较如下：

新约全书（兴化）	今莆田话	今仙游话	《新约全书》例字
aⁿ/ã	a	ã平彭病更生坑	生ɬã^{1}、平pã^{2}、星tsʻã^{1}、梗kã^{3}、柄pã^{5}
iaⁿ/iã	ia	iã丙饼拼名命领	成ɬiã^{2}、且tsʻiã^{3}、兄hiã^{1}、名miã^{2}、惊kiã^{1}
uaⁿ/uã	ua	uã搬半满炭赶官	看kʻuã^{5}、欢huã^{1}、想ɬuã^{5}、半puã^{5}、单tuã^{1}
ɔ̯ⁿ/ɔ̃	ɒ	ɒ̃泛担胆敢三衫	敢kɔ̃^{3}、pʰɔ̃^{3}(反)、裳ɬɔ̃^{1}、三ɬɔ̃^{1}
iɔ̯ⁿ/iɔ̃	yɒ	yã燃煎纤泉件健	团kiɔ̃^{3}、tiɔ̃^{3}(摇)、换iɔ̃^{6}
a̯ⁿ/ẽ	e	ɪ̃反千先肩间闲	前ɬẽ^{2}、间kẽ^{1}、边pẽ^{1}、tẽ^{3}(砍)
oiⁿ/uẽ	ue	uɪ̃风饭门传关远	本puẽ^{3}、转tuẽ^{3}、风puẽ^{1}、传tuẽ^{2}
eⁿ/ø̃	ø	ỹ顿断卵钻全酸	全tsø̃^{2}
a̯uⁿ/eũ	ieu	iũ张章凉丈姜乡	像tsʻeũ^{6}、杨eũ^{2}、章tseũ^{1}、羊eũ^{2}、乡heũ^{1}

　　上表可见，《新约全书》（兴化平话）9个鼻化韵母无一与现代莆田方言对应。经过一百年来的语音演变，aⁿ[ã]、ɔ̯ⁿ[ɔ̃]、a̯ⁿ[ẽ]、eⁿ[ø̃]诸鼻化韵母分别演变成单元音韵母[a]、[ɒ]、[e]、[ø]；iaⁿ[iã]、uaⁿ[uã]、iɔ̯ⁿ[iɔ̃]、oiⁿ[uẽ]、a̯uⁿ[eũ]诸鼻化韵母分别演变成复元音韵母[ia]、[ua]、[yɒ]、[ue]、[ieu]。《新约全书》（兴化平话）有[ã]、[iã]、[uã]3个鼻化韵母与今仙游方言对应，不同之处有：① ɔ̯ⁿ[ɔ̃]韵母，今仙游方言则读作[ɒ̃]；②iɔ̯ⁿ[iɔ̃]韵母，今仙游方言则读作[yã]；③ a̯ⁿ[ẽ]韵母，今仙游方言则读作[ɪ̃]；④ oiⁿ[uẽ]韵母，今仙游方言则读作[uɪ̃]；⑤eⁿ[ø̃]韵母，今仙游方言则读作[ỹ]；⑥ a̯uⁿ[eũ]韵母，今仙游方言则读作[iũ]。由此可见，《新约全书》（兴化平话）鼻化韵母与现代仙游方言基本上相同，除了3个韵母相同外，其余6个韵母的演变方式如下：

　　[ɔ̃]→[ɒ̃]　　　　[iɔ̃]→[yã]　　　　[ẽ]→[ɪ̃]

　　[uẽ]→[uɪ̃]　　　　[ø̃]→[ỹ]　　　　[eũ]→[iũ]

　　（5）入声韵母14个，即ah[aʔ]觉、iah[iaʔ]劫、uah[uaʔ]活、ɔh[ɔʔ]独、iɔh[iɔʔ]约、a̯h[eʔ]提、oih[ueʔ]月、eh[ɛʔ]得、eoh[oʔ]出、ẹh[øʔ]逐、a̯uh[euʔ]箸、ih[iʔ]力、uh[uʔ]就、u̯h[yʔ]疫。现将《新约全书》兴化平话翻译本韵母系统与现代莆田方言韵母系统比较如下：

新约全书（兴化）	今莆田话	今仙游话	《新约全书》例字
ah/aʔ	aʔ	aʔ	学haʔ^{8}、读tʻaʔ^{8}、觉kaʔ^{7}、撒ɬaʔ^{7}、法haʔ^{7}
iah/iaʔ	iaʔ	ieʔ	食ɬiaʔ^{8}、口$_2$liaʔ^{8}、接tsiaʔ^{7}、劫kiaʔ^{7}
uah/uaʔ	uaʔ	uoʔ	哗huaʔ^{7}、发huaʔ^{7}、活uaʔ^{8}、罚huaʔ^{8}、夺tuaʔ^{8}
ɔh/ɔʔ	ɒʔ	ɒʔ	国kɔʔ^{7}、督tɔʔ^{7}、独tɔʔ^{8}、族tsɔʔ^{8}、各kɔʔ^{7}
iɔh/iɔʔ	yɒʔ	yøʔ	约iɔʔ^{7}、若tsiɔʔ^{8}
a̯h/eʔ	e	eʔ	提tʻeʔ^{8}
oih/ueʔ	ue	oi	月kueʔ^{8}、口$_3$mueʔ^{8}、果kueʔ^{8}
eh/ɛʔ	ɛʔ	ɛʔ	责tsɛʔ^{7}、设ɬɛʔ^{8}、得tɛʔ^{7}、别pɛʔ^{7}、伯pɛʔ^{7}
eoh/oʔ	oʔ	oʔ	蜀ɬoʔ^{8}、不poʔ^{7}、出tsʻoʔ^{7}、律loʔ^{8}、物poʔ^{8}
ẹh/øʔ	œʔ	yøʔ	缺kʻøʔ^{7}、逐tøʔ^{8}、肉nøʔ^{8}、狱køʔ^{8}、属ɬøʔ^{8}
a̯uh/euʔ	eu	eu	着teuʔ^{8}、箸neuʔ^{8}、石ɬeuʔ^{8}
ih/iʔ	iʔ	iʔ	译iʔ^{8}、力liʔ^{8}、壹iʔ^{7}、实ɬiʔ^{8}、直tiʔ^{8}
uh/uʔ	——	uʔ	就tsuʔ^{7}、puʔ^{7}(又)
u̯h/yʔ	yʔ	yʔ	疫yʔ^{8}

上表可见，《新约全书》（兴化平话）有[aʔ]、[ɛʔ]、[oʔ]、[iʔ]、[yʔ]诸韵母与莆仙方言一样，不同之处有：① [iaʔ]韵母，与今莆田话同，今仙游话则读作[ieʔ]；②[uaʔ]韵母，与今莆田话同，今仙游话则读作[uoʔ]；③[ɔʔ]韵母，今莆仙方言则读作[ɒʔ]；④[iɔʔ]韵母，今莆田话则读作[yɒʔ]，今仙游话则读作[yøʔ]；⑤ [eʔ]韵母，与今仙游话同，今莆仙方言则读作[e]；⑥[ueʔ]韵母，今莆田话则读作[ue]，今仙游话则读作[oi]；⑦[øʔ]韵母，今莆仙方言则读作[œ]，今仙游话则读作[yøʔ]；⑧ [euʔ]韵母，今莆仙方言则读作[eu]；⑨[uʔ]韵母，与今仙游话同，今莆仙方言则无此韵母。

据统计，《新约全书》（兴化平话）有53个韵母，今莆田话与之同者30个，今仙游话与之同者33个。具体情况如下表：

	单元音韵母	复元音韵母	鼻音韵母	声化韵母	鼻化韵母	入声韵母	小计
《新约全书》（兴化）	9	10	10	1	9	14	53
今莆田话	7	9	7	0	0	7	30
今仙游话	7	9	6	1	3+6	7	33+6

上表数据表明，《新约全书》（兴化平话）所记载的韵母系统是以莆仙方言韵母系统为基础，但与今仙游方言韵母系统更为接近。

综上所述，《新约全书》（兴化平话）韵母系统（53）如下：

单元音9个：a[a]丫、o̤[ɔ]涡、a̤[e]批、e[ɛ]厄、eo[o]做、e̤[ø]初、i[i]衣、u[u]污、ṳ[y]于；

复元音10个，即ia[ia]谢、ua[ua]大、io̤[iɔ]许、oi[ue]回、au[au]到、a̤u[eu]后、o[ou]苦、ai[ai]拜、ui[ui]位、iu[iu]右；

鼻音韵母10个，即ang[aŋ]汉、iang[iaŋ]点、uang[uaŋ]弯、o̤ng[ɔŋ]通、io̤ng[iɔŋ]赏、eng[ɛŋ]陈、eong[oŋ]文、e̤ng[øŋ]中、ing[iŋ]经、ṳng[yŋ]恨；

声化韵1个，即ng[ŋ]两；

鼻化韵母9个，即aⁿ[ã]柄、iaⁿ[iã]且、uaⁿ[uã]欢、o̤ⁿ[ɔ̃]三、io̤ⁿ[iɔ̃]换、a̤ⁿ[ẽ]边、oiⁿ[uẽ]转、e̤ⁿ[ø̃]全、a̤uⁿ[eũ]章；

入声韵母14个，即ah[aʔ]觉、iah[iaʔ]劫、uah[uaʔ]活、o̤h[ɔʔ]独、io̤h[iɔʔ]约、a̤h[eʔ]提、oih[ueʔ]月、eh[ɛʔ]得、eoh[oʔ]出、e̤h/øʔ]逐、a̤uh/euʔ]箸、ih[iʔ]力、uh[uʔ]就、ṳh[yʔ]疫。

3.《新约全书》（兴化平话）声调系统

现将《新约全书》（兴化）声调系统及其标号与《莆田市志·方言》"莆仙话调类调值对照表"比较如下：

新约全书（兴化）	今莆田话	今仙游话	《新约全书》例字	声调符号
阴平	阴平533	阴平54	听t'ia¹、因iŋ¹、家ka¹、天t'iŋ¹、伊i¹	无号(a鸦)
阳平	阳平13	阳平24	来li²、时ɬi²、回hue²、其ki²	´(á牙)
上声	上声453	上声32	美pi³、此tso³、讲kɔŋ³、里li³、好ho³	^(â哑)
阴去	阴去42	阴去52	去ky⁵、帝te⁵、种tsøŋ⁵、菜ts'ai⁵、面miŋ⁵	ˋ(à亚)
阳去	阳去11	阳去21	弟te⁶、话ua⁶、有u⁶、遇ky⁶、令liŋ⁶	ˉ(xia谢)
阴入	阴入21	阴入2	发hua?⁷、国kɔ?⁷、托t'ɔ?⁷、劈p'i?⁷、得tɛ?⁷	无号(ah押)
阳入	阳入4	阳入4	入ti?⁸、十ɬɛ?⁸、各kɔ?⁸、读t'a?⁸、蜀ɬo?⁸	´(áh乏)文读 ˋ(siàh食)白读

上表可见，《新约全书》（兴化）有8个调类，即阴平、上声、阴去、阴入、阳平、阳去、阳入文读、阳入白读。除了阴平和阴入不带符号以外，其余调类均有不同标号。至于现代莆仙话的声调，《莆田市志·方言》有明确表述："阴上按通例称上声。入声分阴阳，阴阳又各分文白读。但阴入白读混同阴去，不产生新调型。阳入白读仙游话、莆田话大部分地区和新派读法均与阳平无别，而莆田话城关口音老派读为35调，与阳平有别，本志作阳平，不产生新调型处理。古四声基本上是清声母变阴调类，浊声母变阳调类。阳上全浊母字则是派入阳去，阳上次浊字并入阴上，只有个别字例外。仙游话阴平实际音值为544，上声为332，快读近似平调，这里用简化的54、32。"虽分7个调类，但"入声分阴阳，阴阳又各分文白读"与《新约全书》（兴化）分阳入文读、阳入白读有点相似。

四　西方传教士所制订的建瓯土白罗马字音标研究

1. 闽北建瓯的地理状况与历史沿革

建瓯县简称"芝城"，位于福建省北部，属南平地区。西北邻建阳，东北接政和、屏南，东南与古田、南平相毗邻，西南与顺昌相连。县政府驻在芝城镇(城关)。全县有14个乡(镇)，总面积4233.13平方公里，为全省土地面积最大的县。1992年末人口48.93万人。全县汉族人口约占99.3%，畲族、苗族、回族、满族、蒙古族等11个少数民族人口共约占0.7%。畲族有1945人，占全县少数民族人口的75%，占全省畲族总人口的0.8%。

建瓯地处东经117°58′45″～118°57′11″，北纬26°38′54″～27°20′25″之间。东西宽96.5公里，南北长76.6公里。位于武夷山脉的东南面、鹫峰山脉西北侧，山带走向由东北趋西南，地势东北高西南低。全县最高点在东部辰山，海拔1882.2米；最低点在南雅房村桥，海拔80米；平均海拔453米。境内山岭起伏，峰峦叠嶂，山多林茂，河流纵横。主要河流有建溪、南浦溪、崇阳溪、松溪等，河流总长936公里，流域面积达1326平方公里。

早在五千年前，先民们就在建瓯这块美丽富饶的土地上生息繁衍。西周时期，建瓯为"七闽"地，秦时属闽中郡，汉时属会稽郡为冶县地。东汉建安初(196年)设立建安县。这是建瓯设县之始。三国吴景帝永安三年(260年)，以会稽郡南部为建安郡，辖

10县，郡治设建安(隋大业三年，郡治始移闽县)。唐武德四年(621年)，设立建州，治所在建安。唐开元二十一年(733年)，设福建经略使，"福建"就是从福州、建州各取首字而得名。五代时，后晋天福八年(943年)，王延政在建州称帝，国号"殷"，改元"天德"。北宋治平三年(1066年)，增设瓯宁县。南宋绍兴三十二年，改建州为建宁府。从此，建瓯成为1府2县的治所，是闽北政治、经济、文化的中心。民国2年(1913年)，撤建宁府，并建安、瓯宁2县为建瓯县，"建瓯"县名始于此。

2. 建瓯的方言文献

由于人们的交往、迁移和战事影响，形成以建瓯话为代表的、不同于闽东、闽南方言的闽北方言。旧建宁府属除浦城县部分的乡镇外，其余各县、以及顺昌、南平邻接建瓯的一些乡镇，都说闽北方言。使用这种语言的人，在200万人左右。建瓯方言以芝城镇(城关)话为代表，城关话在全县都能通行。但由于长期建安、瓯宁2县并立，加上东、西溪流的自然阳隔，形成了建瓯方言的内部差异。大致可分为建安话（东溪）和欧宁话（西溪）。建安话分为东峰腔、小桥腔和南雅腔，欧宁话分为吉阳腔和小松腔。

清乾隆六十年（1795年）时，林端才出版《建州八音》（全称为《建州八音字义便览》），书中记载了18世纪末建瓯方言音系。为了方便根据发音方便找到需要的字，《建州八音》按照作者排定的声韵系统汇辑编排，以音统字。每一字的发声由"字母"（即今韵母）、"音韵"（声母）、"音"（声调）三部分组成，三十六"字母"为纲，十五"音韵"顺次与之拼合为体，以八音序之成字。据潘渭水研究，《建州八音》是清代乾隆年间福建玉融（今福清）人林端才（字正坚氏）所著，他模仿了《戚林八音》的体制，是研究福建西北地区古代方音的宝贵文献。

(1)《建州八音》的声韵调系统

"十五音"：柳、边、求、气、直、坡、他、曾、日、时、莺、问、语、出、非。

"三十六字母"：1时、2年、3秋、4梅、5儿、6黄、7犁、8田、9园、10种、11茄、12麻、13吴、14舍、15正、16剧、17鱼、18脐、19油、20茅、21厝、22园、23桐、24发、25放、26茶、27哉、28阳、29蟠、30蛇、31人、32贩、33柴、34南、35桥、36过。其中"种同秋，厝同茄，实是三十四字母"。

"八音"：《建州八音》"环有定准"记载，●实环，实环有音有字；○虚环，虚环有音无字；◎重环，重环二六同音。第一环之字概属平声。第二环之字纯是仄。第三环平仄互兼。兹分布为两截，以平声之字列为上，其中用一小虚环写有"俱平声"三字为间，其环下之字概属仄声。若全环纯平，末亦有"俱平声"三字为识认。如无环记者，则是仄矣。第四环亦是纯仄。第五环纯平。第六环义同二音。第七、八两环亦俱仄。其环不论虚实，按环各属一音，取字必要细寻，逐环挨数方不至有错行之误。"八音"，但实际上只有七个，因为第二和第六相同。

(2)《汉英建宁方言词典》声韵调系统罗马字拟音

清光绪二十七年（1901年）西方学者Wm.C.White 编著了《汉英建宁方言词典》

（CHINESE-ENGLISH DICTIONARY OF THE KIEN-NÍNG DIALECT）在福州出版。书中记载了根据《建州八音》的"十五音"。

Fifteen Initials（15个声母）

1	Liû [liu] 柳	6	Pó[p'o] 坡	11	Áing [aiŋ] 莺
2	Bíng [piŋ] 边	7	Tá [t'a] 他	12	Mōng [moŋ] 问
3	Giǔ [kiu] 求	8	Cáing [tsaiŋ] 曾	13	Ngụ [ŋy] 语
4	Ki [k'i] 气	9	Nì [ni] 日	14	Chụ [ts'y] 出
5	Dạ [tɛ] 直	10	Sî [si] 时	15	Hí [hi]or húi[hui] 非

Thirty Six Finals（36个字母）

1	Sî [si] 时	13	Ngû [ŋu] 吴	25	Huọng [huɔŋ] 放
2	Nîng [niŋ] 年	14	Sia [sia] 舍	26	Dâ [ta] 茶
3	Nệng[nœyŋ] 秾	15	Ciang [tsiaŋ] 正	27	Ngộ [ŋɔ] 菝
4	Mô [mo] 梅	16	Piê [p'iɛ] 剧	28	Iông [iɔŋ] 阳
5	Ẹụ [œ] 儿	17	Ngû [ŋy] 鱼	29	Pûing [p'uiŋ] 蟠
6	Uâng [uaŋ] 黄	18	Chạ [ts'ɛ] 脐	30	Ụê [yɛ] 蛇
7	Lâi [lai] 犁	19	Iû [iu] 油	31	Nêng [neiŋ] 人
8	Châing[ts'aiŋ] 田	20	Mê [me] 茅	32	Huaing[huaiŋ] 贩
9	Hụing [hyiŋ] 园	21	Chiọ [ts'iɔ] 厝	33	Châu [ts'au] 柴
10	Cẹng [tsœyŋ] 种	22	Kọng [k'ɔŋ] 园	34	Nâng [naŋ] 南
11	Giọ [kiɔ] 茄	23	Tông [t'oŋ] 桐	35	Giâu [kiau] 桥
12	Muôi[muɛ] 麻	24	Huǎi [huai] 发	36	Guâ [kua] 过

按：《建州八音》和《汉英建宁方言词典》均有三十六字母，其中"种同秾，厝同茄，实是三十四字母"。八音，但实际上只有七个，因为第二调和第六调相同。

(3)《建瓯县志》"方言"篇

1994年福建省建瓯县地方志编纂委员会编纂的《建瓯县志》在中华书局出版。其中第三十六篇"方言"记载了现代建瓯方言。其中声母15个，与《建州八音》"十五音"同；韵母34个，《建州八音》"三十四字母"中园字母与桐字母合并，拟音为[oŋ]，另增加[ieiŋ]韵母；声调6个，即平声、上声、阴去、阳去、阴入、阳入。

3.《新约全书》（建宁土腔）音系整理与研究

最近寻得清末外国传教士以建瓯土白翻译的《新约全书》。其封面用罗马字写的"Séng iọ cụing sự"[seiŋ iɔ tsyiŋ sy]"（新约全书）；内封一："GIFT OF THE BRITISH AND FOREIGN BIBLE SOCIETY LONDON"（英国和外国圣经公会伦敦的礼物）；内封二："SÉNG IỌ CỤING SỰ"[seiŋ iɔ tsyiŋ sy]《新约全书》，"GỤING-NĂING HŬ GẠ TŬ-KIÓNG"[kyiŋ-naiŋ hu kɛ t'u-k'iɔŋ]（建宁府的土腔），"LỘ-MĂ CĬ"[lɔ-ma tsi]"

（罗马字），底部点明出版单位和时间"LONDON：PRINTED FOR THE BRITISH AND FOREIGN BIBLE SOCIETY.1896."（伦敦：英国和外国圣经公会印制，1896年），"Harvard College library，Sept. 23，1910"（哈佛学院图书馆，1910年9月23日），"Gift of the British & Foreign Bible Society"（英国和外国圣经公会的礼物）。此译本共有655页。本小节简介福建建瓯的地理状况与历史沿革，闽北建瓯的方言文献以及整理研究《新约全书》（建宁府的土腔）的声韵调系统。

现将《新约全书》（建宁土腔）声韵调系统与《建州八音》《汉英建宁方言词典》和《建瓯县志》"方言"比较如下：

(1)《新约全书》（建宁土腔）声母系统

《建州八音》《汉英建宁方言词典》和《建瓯县志》"方言"都记载了"十五音"，《新约全书》（建宁府的土腔）与之比较如下表：

建州八音	柳（黎）	边（闭）	求（计）	气（器）	直（帝）
汉英建宁方言词典	Liû柳	Bíng边	Giǔ求	Ki气	Dạ直
新约全书（建宁）	l[l]柳	b[P]边	g[k]求	k[kʻ]气	d[t]直
建瓯县志·方言	[l]柳来	[P]边拜	[k]求介	[kʻ]气概	[t]直蹄

上表可见，《建州八音》边母、求母、气母、直母，《汉英建宁方言词典》和《新约全书》（建宁府的土腔）均分别标音为b、g、k、d，而国际音标均标音为[p]、[k]、[kʻ]、[t]。柳母标音为l，与国际音标是一致的。

建州八音	坡（疲）	他（剃）	曾（之）	日（呢）	时（时）
汉英建宁方言词典	Pó坡	Tá他	Cáing曾	Nì日	Sî时
新约全书（建宁）	p[pʻ]坡	t[tʻ]他	c[ts]曾	n[n]日	s[s]时
建瓯县志·方言	[pʻ]坡派	[tʻ]他替	[ts]曾在	[n]日乃	[s]时细

上表可见，《建州八音》坡母、他母、曾母，《汉英建宁方言词典》和《新约全书》（建宁府的土腔）均分别标音为p、t、c，而国际音标均标音为[pʻ]、[tʻ]、[ts]。日母、时母标音为n、s，与国际音标是一致的。

建州八音	莺（意）	问（眉）	语（霓）	出（砌）	非（戏）
汉英建宁方言词典	Áing莺	Mōng问	Ngu语	Chụ出	Hí非or húi
新约全书（建宁）	[ø]莺	m[m]问	ng[ŋ]语	ch[tsʻ]出	h[h]非
建瓯县志·方言	[ø]莺埃	[m]问埋	[ŋ]语艾	[tsʻ]出差	[h]非瞎

上表可见，《建州八音》语母、出母，《汉英建宁方言词典》和《新约全书》（建宁府的土腔）均分别标音为ng、ch，而国际音标均标音为[ŋ]、[tsʻ]。问母、非母标

音为m、h，与国际音标是一致的。莺母无标音。

总之，关于声母系统，《新约全书》（建宁府的土腔）与《建州八音》《汉英建宁方言词典》《建瓯县志》"方言"记载的"十五音"是一致的。而《新约全书》（建宁府的土腔）与《汉英建宁方言词典》罗马字拟音，亦可为《建州八音》"十五音"拟音。

(2)《新约全书》（建宁土腔）韵母系统

《建州八音》和《汉英建宁方言词典》均有三十六字母，其中"种同秾，厝同茄，实是三十四字母"。《建瓯县志》"方言"也记载了34个韵母，《新约全书》（建宁府的土腔）与之比较如下表：

建州八音	1时	2年	3秾同10种	4梅	5儿
汉英建宁方言词典	Sî时	Nîng年	Nêng秾 Cęng种	Mô梅	Eų儿
新约全书（建宁）	i	ing	ęng	o	ęų
建瓯县志·方言	[i]衣时	[in]烟年	[œyŋ]云种	[o]禾梅	[œ]而儿

上表可见，《建州八音》秾种字母、儿字母，《汉英建宁方言词典》和《新约全书》（建宁府的土腔）均分别标音为ęng、ęų，而《建瓯县志》"方言"则分别拟音为[œyŋ]、[œ]。时字母、年字母、梅字母标音为i、ing、o，与《建瓯县志》"方言"的拟音是一致的。

建州八音	6黄	7犁	8田	9园	11茄同21厝
汉英建宁方言词典	Uâng黄	Lâi犁	Châing田	Hųing园	Giộ 茄 Chiọ 厝
新约全书（建宁）	uang	ai	aing	ųing	iọ
建瓯县志·方言	[uan] 汪黄	[ai] 矮犁	[ain] 恩田	[yiŋ] 弯园	[iɔ] 约茄

上表可见，《建州八音》园字母、茄厝字母，《汉英建宁方言词典》和《新约全书》（建宁府的土腔）均分别标音为ųing、iọ，而《建瓯县志》"方言"则分别拟音为[yiŋ]、[iɔ]。黄字母、犁字母、田字母标音为uang、ai、aing，与《建瓯县志》"方言"的拟音是一致的。

建州八音	12麻	13吴	14舍	15正	16剧
汉英建宁方言词典	Muôi麻	Ngû吴	Sia舍	Ciang 正	Piê 剧
新约全书（建宁）	uoi	u	ia	iang	ie
建瓯县志·方言	[uɛ] 哀麻	[u] 乌吴	[ia] 野舍	[iaŋ] 营正	[iɛ] 热剧

上表可见，《建州八音》麻字母、剧字母，《汉英建宁方言词典》和《新约全书》（建宁府的土腔）均分别标音为uoi、ie，而《建瓯县志》"方言"则分别拟音为[uε]、[iε]。吴字母、舍字母、正字母标音为u、ia、iang，与《建瓯县志》"方言"拟音是一致的。

建州八音	17鱼	18脐	19油	20茅	22囤
汉英建宁方言词典	Ngṳ̂ 鱼	Chạ 脐	Iû 油	Mê 茅	Kọng 囤
新约全书（建宁）	ṳ	ạ	iu	e	ọng
建瓯县志·方言	[y] 威鱼	[ε] 压脐	[iu] 优油	[e] 欧茅	[ɔŋ] 云种

上表可见，《建州八音》鱼字母、脐字母、囤字母，《汉英建宁方言词典》和《新约全书》（建宁府的土腔）均分别标音为ṳ、ạ、ọng，而《建瓯县志》"方言"则分别拟音为[y]、[ε]、[ɔŋ]。油字母、茅字母标音为iu、e，与《建瓯县志》"方言"拟音是一致的。

建州八音	23桐	24发	25放	26茶	27莪
汉英建宁方言词典	Tông 桐	Huăi 发	Huọng 放	Dâ 茶	Ngô 莪
新约全书（建宁）	ong	uai	uọng	a	o̱
建瓯县志·方言	[ɔŋ] 云种	[uai] 歪发	[uɔŋ] 文放	[a] 鸦茶	[ɔ] 荷莪

上表可见，《建州八音》桐字母、放字母、莪字母，《汉英建宁方言词典》和《新约全书》（建宁府的土腔）均分别标音为ong、uọng、o̱，而《建瓯县志》"方言"则分别拟音为[ɔŋ]、[uɔŋ]、[ɔ]。发字母、茶字母标音为uai、a，与《建瓯县志》"方言"拟音是一致的。按：《新约全书》（建宁府的土腔）有ọng与ong的区别，故分别拟音为[ɔŋ]与[oŋ]，而《建瓯县志》"方言"已经将此二韵合并，读作[ɔŋ]。

建州八音	28阳	29蟠	30蛇	31人	32贩
汉英建宁方言词典	Iông 阳	Pûing 蟠	Ṳ̂ê 蛇	Nêng 人	Huaing 贩
新约全书（建宁）	iong	uing	ụe	eng	uaing
建瓯县志·方言	[iɔŋ] 央阳	[uiŋ] 安蟠	[yε] 锐蛇	[eiŋ] 音人	[uaiŋ] 凡贩

上表可见，《建州八音》阳字母、蛇字母、人字母，《汉英建宁方言词典》和《新约全书》（建宁府的土腔）均分别标音为iong、ụe、eng，而《建瓯县志》"方言"则分别拟音为[iɔŋ]、[yε]、[eiŋ]。蟠字母、贩字母标音为uing、uaing，与《建瓯县志》"方言"拟音是一致的。

建州八音	33柴	34南	35桥	36过	——
汉英建宁方言词典	Châu 柴	Nâng 南	Giâu 桥	Guâ 过	iọng
新约全书（建宁）	au	ang	iau	ua	iọng
建瓯县志·方言	[au] 祅柴	[aŋ] 含南	[iau] 腰桥	[ua] 窝过	[ieiŋ] 延

　　上表可见，《建州八音》柴字母、南字母、桥字母、过字母，《汉英建宁方言词典》和《新约全书》（建宁府的土腔）均分别标音为au、ang、iau、ua，与《建瓯县志》"方言"拟音是一致的。《汉英建宁方言词典》和《新约全书》（建宁府的土腔）有iong韵母，《建瓯县志》"方言"有[iein] 韵母。《建州八音》则无此韵母。

　　据潘渭水考证（2007年），而今在建瓯方言中，在一部分人的口语中却出现了[iein]的读音。[iein]韵的例字并不多，且都是零声母上声字。如"延、仁、衍、炎、然、燃"等。查考《建州八音》，这些字都是从"年"母[in]中分化出来的。现今，许多年轻人都把这些字读作[iein]，但在一些年长人中仍有些人是读作[in]的。有些人却难以断定这些字该读[iein]还是该读[in]。可见，这是个新生韵，目前还处在派生分立的阶段中。但是，不论怎么说，[iein]这个韵在今天相当一部分说建瓯话的人的口语中是存在的。

　　综上所述，《新约全书》（建宁府的土腔）韵母系统（35）归纳如下：

单元音9	a[a] 茶	e[e] 茅	i[i] 时	o[o] 梅
	u[u] 吴	ạ[ɛ] 脐	ọ[ɔ] 莪	ṳ[y] 鱼
	ẹṳ[œ] 儿			
复元音11	ai[ai] 犁	au[au] 柴	ia[ia] 舍	iọ[iɔ] 茄厝
	ie[iɛ]剧	iu[iu] 油	ṳẹ[yɛ] 蛇	uoi[uɛ] 麻
	ua[ua] 过	uai[uai] 发	iau[iau] 桥	
鼻音韵15	ang[aŋ]南	ing[iŋ] 年	ẹng[œyŋ] 秧种	ọng[ɔŋ] 园
	ong[oŋ] 桐	eng[eiŋ] 人	aing[aiŋ] 田	uing[uiŋ] 蟠
	uang[uaŋ]黄	ṳing[yiŋ]园	iang[iaŋ] 正	uọng[uɔŋ] 放
	iong[iɔŋ] 阳	uaing[uaiŋ] 贩	iọng[ieiŋ]延这	

（3）《新约全书》（建宁土腔）声调系统

　　据考察，《新约全书》（建宁土腔）有7个调类，即阴平、阳平、上声、阴去、阳去、阴入、阳入。现与《建州八音》《汉英建宁方言词典》《建瓯县·方言》声调系统比较如下：

建州八音（1795）	阴平1	阳平5	上声3	阴去2	阴去6	阳去8	阴入4	阳入7
	之	芝	指	志	志	字	即	集
汉英建宁方言词典（1901）	阴平1	阳平5	上声3	阴去2	阴去6	阳去8	阴入4	阳入7
	之	芝	指	志	志	字	即	集
	tsi¹	tsi⁵	tsi³	tsi²		tsi⁸	tsi⁴	tsi⁷
新约全书·建宁（1896）	阴平1	阳平5	上声3	阴去2	阴去6	阳去8	阴入4	阳入7
	之	芝	指	志	志	字	即	集
	cí	cî	cǐ	c i ī		cī	cǐ	cì
建瓯志·方言（1994）	平声1		上声3	阴去		阳去8	阴入4	阳入7
	之芝		指	志志		字	即	集
	tsi¹		tsi²	tsi³		tsi⁴	tsi⁵	tsi⁶

上表可见，《建州八音》（1795年）与《汉英建宁方言词典》（1901年）、《新约全书》（建宁土腔，1896年）出版时间相差近百年，但均有7个调类，即阴平、阳平、上声、阴去、阳去、阴入、阳入。其中《汉英建宁方言词典》对《建州八音》7个调类字分别标音为tsi[1]、tsi[5]、tsi[3]、tsi[2]、tsi[8]、tsi[4]、tsi[7]；《新约全书》（建宁土腔）则标音为cí、cî、cǐ、cī、cī、cǐ、cì。而《建瓯县·方言》则只有6个调类，即平声、上声、阴去、阳去、阴入、阳入，与清代3种方言文献的声调系统相比较，差别在于前者平分阴阳，后者则平不分阴阳，这说明语音是随着时间的推移而产生变化。

五　西方传教士所制订的福州土白罗马字音标研究

鸦片战争以后，随着西方列强的侵略和扩张，西方各国基督教会纷纷成立各类基督教海外布道团，即基督教会，向中国派遣传教士。根据当时西方各国与中国签下的不平等条约，允许基督教在五口通商口岸立足。福州作为通商口岸，自然也成为传教士传教的重要据点。西方传教士在福州传教活动始于1847年，杨顺（Rev.Stephen Johnson）于1847年1月抵达福州。同年9月，皮提教士（Rev. Lyman Peet）和怀特夫妇（M.C.White）加入其中。1848年5月7日，Messers.Seneca.Cummings、鲍德温夫妇以及Rev.William Richard的到来进一步壮大了传教会的势力。福州从此便成为海外传教士在中国的传教圣地。

西方传教士传教的对象绝大多数是生活在社会底层的普通百姓。当地的百姓绝大多数只会说方言，说官话的百姓不多，通晓英语更是寥寥无几。因此，来榕教传教士想让民众明白基督教教义，他们就必须使用当地的方言传教。

1.传教士在福州具体的传教地点

据吴姗姗（2005年）考证，Harvey Newcomb *A cyclopedia of Missions:Containing a Comprehensive View of Missionary*一书中刊载了一幅来榕传教士在福州传教的具体分布图，Rev. J.W. Wiley, M.D 1858年9月在*Ladies Repository*上发表的《福州教会公墓》（The Mission Cemetery of Fuh-Chau）和麦利和*Life among the Chinese*等文章对19世纪中后期福州城市格局及其传教士在福州的活动点也有所涉及。

《福州教会公墓》中结合当时福州每个区各自的特色简要介绍分布在这些地区的传教组织：在闽江南面有一个很大的市郊下渡（"A-to"）即今仓山区，又可分为很多小区域。因为它的风景优美，适合外国人居住，于是很快就被教会作为传教地，其中大岭（Tuai—liang）是美国美部会（the American Board mission）的领地，仓前（Chong-Seng）是美以美会的领地。右河的北岸是一个狭长的经济繁荣人口稠密的一个区，这个区的"吉祥山"（Pona-Sang）居住着美部会的两个传教士的家庭，并在附近建有学校和教堂。这个区的"洋头"（Iong-t'au）也是美以美会的活动中心。在市区"乌石山"（Wee-Shik-Shang,"Black Stone Hill"）的山脚英国圣公会也成功地建立起他们的领地。

根据以上的描述并结合Harvey书中所描绘的福州郊区分布图，我们可以大致勾勒出当时这些传教士在福州传教的具体分布点，从北到南依次是：福州市区乌石山今福州鼓楼区，英国圣公会的领地；在闽江北岸吉祥山及附近今台江区，是美国公理宗的美部会教士杨顺（Mr.Johnson）和Mr.Doolittles的居住地以及传教地点；中洲岛（Tong—chieu）是美以美会教士怀特（Mr.White）、美部会教士鲍德温（Mr.Baldwin）以及皮提教士（Mr.Peet）的传教地点。在闽江北岸的下渡和仓前今福州仓山区是美以美会教士麦利和和美部会办公地点。

麦利和在《在中国的生活》一书中对19世纪后期的福州以及当时福州城市格局是这样描述的：福州是美以美会在中国传教的中心，它是福建省会，隶属中国一流城市，拥有人口600万。在中国它一直都是很著名的城市，它美丽的风景经常激发当时无数诗人的灵感。当时的福州据他描述有三个区，在城墙内的一个区即今福州鼓楼区，从市区南门一直延伸到闽江北岸的被简称为"南台"的最大的一个区即今天福州台江区以及在闽江南岸的居住着大量外国人的一个区即今天福州仓山区。当时福州的市区即今鼓楼区建在花岗岩石基之上，被砖墙包围起来。这座砖墙大约有二十步高，十步厚，它的下面还有五步高的低矮挡墙，间隔分布着棱堡。市区的入口很大也很长，有军队把守。里面主要居住着政府官员，有寺庙、大学以及文学考试地点。麦利和的这些话似乎告诉我们，当时的鼓楼是文化和军事政治重地，外人是难以进入的。

2.西方传教士简介

（1）美国传教士麦利和(R.S.MacLay)简介

麦利和于1824年2月2日出生于康珂，美国宾夕法尼亚洲，是罗伯特·麦利和的第九个孩子。他的父母经营皮革生意并与美以美会（Methodist Episcopal Mission）保持密切联系。1841年秋季进入美国迪森学院（Dickson College）后被选入纯文学社（the Belles Lettres Society）。于1845年7月10日毕业，获文学学士学位，1848年获文学硕士学位。之后他又获得了由母校颁发的神学博士学位。在毕业后一年学位，他任命于巴尔的摩美以美教（the Baltimore Conference of the Methodist Episcopal Church）。1847年被派去中国传教，遂在中国开始了他漫长的海外传教生涯。

他于1848年4月12日到达中国福州。在中国他花了23年时间学习中国语言，建立学校和教堂，布道福音。但是，他的传教事业还不仅仅只局限于中国。1871年返回美国并任命为日本新教传教会的负责人，1873年6月12日到达日本横滨后便在日本传教，建立了日本美以美会。在日本传教期间，他还去韩国实地考察北美卫斯理宗会在那儿发展的可能性。1881年休假期间在中国福州创建了英华书院。1887年返回美国旧金山，被任命为麦利和学院（Maclay School）的神学院长，从此便作为一名教育工作者直至1907年8月18日，享年83岁。

他在中国的成就包括两本书的出版：*Life among the Chinese:Sketches and incidents of Missionary Operations and prospects in China*(1861)以及1870年与鲍德温合著*an Alphabetic Dictionary of the Chinese Language in the Foochow Dialect*。

　　（2）美国传教士鲍德温（Rev.Caleb.C.Baldwin）简介

　　鲍德温，美部会教士，于1848年5月和妻子来中国福州传教，1871年与麦利和合编《榕腔初学撮要》（*Manual of the Foochow Dialect*），1911年在纽约去世。具体生平不详。

　　（3）英国传教士史荦伯（Rev.R.W.Stewart）简介

　　沃森（笔译，Mary E. Watson）1895年在*Robert and Louisa Stewart: In Life and in Death*一书中详细描述了史荦伯在福州、古田等地传教的经过。据作者的叙述，史荦伯是他应英国圣公会（C.M.S. Committee）的要求推荐去中国传教的传教士之一。1876年史荦伯在和佗妻子结婚之后前往福州，学习当地语言是他们首要任务。在福州史荦伯负责圣公会学校的教理问答等事宜，他的妻子负责开办学校教育当地学习《圣经》。但他们在到达之后所面临的传教形势严峻，据描述：当时墙上贴满了禁止任何人传授"耶稣教条"的禁令。若他们再以耶稣的名义传教，他们即将面临财产被没收，甚至随时可能死亡的危险。他们认为这些对他们不利的布告其表面的理由虽然是那年秋季牲畜霍乱频繁爆发，庄稼颗粒无收，但这其实是中国当局迫害基督徒的一个托辞。在他们前往古田传教后，1895年8月1日被古田当地的斋教徒所杀害。史荦伯作为英国圣公会教士在福州传教时在乌石山创办三一学院，但其最大成就是创造用于书写《圣经》新的罗马字注音体系，这就是后来福州平话字的雏形。

　　3.西方传教士所制订的福州罗马字音标

　　传教士要传好教就必须先学会福州方言，于是，第一部供西方人学习的《福州方言拼音字典》应运而生，它是教会在福州近二十年工作的结晶。对于这部《字典》的诞生，麦利和在序中写道："这部字典可能对学生学习中国语言有所帮助，它也可能推动西方民族和中国之间的友谊，最重要的是，它可能推动我们在中国的传教事业"。

　　作为有史以来第一部供西方人学习福州方言的词典，它摆脱传统韵书的编纂体例，采用罗马字注音的方式对实际语音给予详尽的描述。虽然他们对当地方音的审音描写未必恰当，当还是可以帮劬我们窥视19世纪末福州方音概况。本章立足于《福州方言拼音字典》声韵调系统的研究，并由此推测其反映的音系性质。在将其与其他韵书和现代福州方言对比后，试图描述三百多年间语音的发展变化。

　　1897年版的《福州方言拼音字典》采用史荦伯创造的新罗马字注音体系，这种注音体系不同于第一版威廉·琼斯（Sir Willian Jones）的注音体系，也不同于第三版的注音字母。怀特1856年7月在《卫理公会季度评论》（*Methodist Quaterly Review*）上发表的"The Chinese Language Spoken at Fuh Chau"一文简要介绍了威廉·琼斯这套注音方案。他说这套注音方案"用于印度语、太平洋土著语以及北美印第安语的罗马字注音"。但为了能够使琼斯音标适用于中国全国范围内的方言，怀特在每个字母上都做了不同的具有区分性质的标记，使得他在《福州的中国话》一文中所使用的注音系统近乎于桑德韦奇岛（Sandwish Islands）土著语言的书写模式。史荦伯所创造的新的罗马字注音体系便脱胎于怀特的注音体系，它将字母上的标记符号统一成两点置换到字母的下方，并改变了声母送气的描写方式。现将这四套注音体系包括亚当1891年在《英华榕腔字典》中的描写方案排比如下：

【主要元音】

怀特音标1856	a	è		e	è	ë	i	i	o	ò	u	ü
琼斯音标1870	a	á	ă	e	é	ë	i	í	o	ó	u	ü
亚当音标1891	a	á		e		ë	i		o	ó	u	ü
史荦伯音标1897	a	ạ		e		ẹ	i	ị	o	ọ	u	ụ
1923年第三版音标	a	ạ		e		ẹ	i		o	ọ	u	
国际音标	a	ɛ	æ	ei	e	ø	i	ɪ	ou	ɔ	u	y

【声母系统】

怀特音标1856	l	p	k	k'	t	p'	t'	ch	n	s	∅	m	ng	ch'	h	w	
琼斯音标1870	l	p	k	k'	t	p'	t'	ch	n	s	∅	m	ng	ch'	h	w	y
亚当音标1891	l	p	k	kh	t	ph	th	ch	n	s	∅	m	ng	chh	h	w	y
史荦伯音标1897	l	b	g	k	d	p	t	c	n	s	∅	m	ng	ch	h	w	y
1923年第三版音标	l	b	g	k	d	p	t	c	n	s	∅	m	ng	ch	h	w	y
国际音标	l	p	k	k'	p'	t'	ch	n	s	∅	m	ng	ch'	x	u	i	

通过以上19世纪几种音标描写方式，我们可以看到声母系统的描写大多相似，[w]和[y]是[u]和[y]在音节开头的读音，罗为霖在《字典》《使用说明》第三个表格中说道"有些人更喜欢用[y]和[w]代替这个体系中的[i]和[u]……这从整体上看并不影响这个体系"，但主要元音的描写却有一些不同：①只有琼斯音标中有ă，其他均无此元音；②只有怀特音标和琼斯音标有è，其余的e包括[e]和[ei]两个音；③只有亚当音标和字典第三版没有为短音[ɪ]单列一个字母，均以i表示。

《福州方言拼音字典》声母（字头）取自《戚林八音》的字头，共有十五个，分别是：柳、边、求、气、低、波、他、曾、日、时、莺、蒙、语、出、喜。其韵母（字母）也取自《八音》的字母，但将"金"并于"宾"，"梅"并于"杯"，共有三十三个，分别是：春、花、香、秋、山、开、嘉、宾、欢、歌、须、金、杯、孤、灯、光、辉、烧、银、釭、之、东、郊、过、西、桥、鸡、声、催、初、天、奇、沟、歪。其声调共有八个，但又注明第二调"上上"和第六调"下上"是一样的，实际调类只有七个，分别是：上平、上上、上去、上入、下平、下去、下入。

《字典》将所有的字先按十五个声母排列，其顺序是：a, b, c, ch, d, e, g, h, I, k, l, m, n, ng, o, p, s, t, u。每个声母下面按三十三个韵母排列，顺序是（已排除《字典》中不存在的音节）：a, a̠, ae, ae̠h, aek, aeng, ah, a̠h, ai, aih, aik, aing, aiu, ak, ang, au, auk, aung, e, e̠, eh, e̠h, ek, e̠k, eng, e̠ng, eu, i, ia, iah, iak, iang, ie, ieh, iek, ieng, ieu, ih, ik, ing, io, iok, iong, iu, o, o̠, oh, o̠h, oi, o̠I, ok, ong, u, uh, ui, ui̠, uk, ung, ua, uah, uai, uak, uang, ui, ui̠, uo, uoh, uoi, uok, uong。每个韵母所统的韵字再按七个声调排列。

4.《福州方言拼音字典》与《戚林八音》《加订美全八音》以及《闽腔快字》音系的比较研究

1897年版的《福州方言拼音字典》共有十五个字头十五个声母，三十三个韵部五十八个韵母以及七个声调。现将这四部韵书的音系进行比较如下：

(1) 声母系统的比较

韵　书	声　母　系　统																		
八音字义便览	柳	边	求	气		低		波	他	曾	日	时	莺		蒙		语		出	喜
珠玉同声	柳	边	求	悉	声	知	波	皆	之	女	授	亦	音	美	面	鸟	雅	语	出	风
加订美全八音	柳	边	求	气		低		波	他	曾	日	时	莺		蒙		语		出	喜
闽腔快字	柳	边	求	气		低		波	他	争	日	时	莺		蒙		语		出	喜
福州方言拼音字典	柳	边	求	气		低		波	他	曾	日	时	莺		蒙		语		出	喜
拟音	l	p	k	k‘		t		p‘	t‘	ts	n	s	Ø		m		ŋ		ts‘	h

以上四部韵书的声母系统大致相同，均有十五个声母，但也有细微差别：①《珠玉同声》有二十个字头，但这其实是编者为了有别于《八音字义便览》进行画蛇添足的做法，其中"声"母与"知"母相同，"音"母与"亦"母相同，"雅"母、"语"母与"鸟"母相同，所以也只有十五个声母。在代表韵字的选择上也与实际语音不合，比如用"悉"代表"气"母，用"皆"代表"他"母，用"鸟"代表"语"母等，皆是弄巧成拙。②《加订美全八音》在《凡例》的"十四字头"中并无"莺"母，殆因其是零声母，故编者不将其列在内，但在正文的编排中却有此母。③《闽腔快字》将三部韵书中的"曾"母换成"争"母，此二字在福州方言中的读音相同。

(2)韵母系统的比较

《福州方言拼音字典》与《戚林八音》《加订美全八音》以及《闽腔快字》均有三十三个韵部，现将这四部韵书的韵母系统比较如下（《闽腔快字》拟音参考马重奇的《〈闽腔快字〉研究》，1999年）：

八音字义便览	1.春	2.花	3.香	4.秋	5.山	6.开	7.嘉
珠玉同声	2.公	23.瓜	8.姜	21.周	5.干	28.哉	19.佳
拟音	uŋ/uk	ua/uaʔ	ioŋ/iok	iu	aŋ/ak	ai	a/aʔ
福州方言拼音字典	1.春	2.花	3.香	4.秋	5.山	6.开	7.嘉
	ung/uk ong/ok	ua/uah	iong/iok	iu/eu	ang/ak	ai/aih	a/ah
拟音	uŋ/uk ouŋ/ouk	ua/uaʔ	yoŋ/yok	iu/eu	aŋ/ak	ai/aiʔ	a/aʔ
加订美全八音	1.春	2.花	3.香	4.秋	5.山	6.开	7.嘉
	ung/ uk ong /ok	ua/uah	iong/iok	iu/ iuh eu/euh	ang/ak	ai/aih	a/ah
拟音	uŋ/uk ouŋ/ouk	ua/uaʔ	yoŋ/yok	iu/iuʔ eu/euʔ	aŋ/ak	ai/aiʔ	a/aʔ
闽腔快字	8.春	10.花	11.香	12.秋	13.山	14.开	21.嘉
拟音	uŋ/uk	ua/uaʔ	ioŋ/iok	iu	aŋ/ak	ai	a/aʔ

异同之处有：①《戚林八音》与《闽腔快字》春韵、香韵、秋韵无变韵；②《戚林八音》《闽腔快字》与《福州方言拼音字典》无秋韵入声[iuʔ]，前两部韵书也没有开韵入声[aiʔ]；③《戚林八音》与《闽腔快字》香韵均读作[ioŋ/iok]。

八音字义便览	8.宾	9.欢	10.歌	11.须	12.杯	13.孤	14.灯
珠玉同声	26.京	16.官	12.高	29.车	30.杯	18.姑	4.庚
拟音	iŋ/ik	uaŋ/uak	o/oʔ	y/yʔ	uəi	u/uʔ	eŋ/ek
福州方言拼音字典	8.宾	9.欢	10.歌	11.须	12.杯	13.孤	14.灯
	ing/ik eng/ek	uang/uak	o̤/h	ṳ/eṳ/h	ui/uoi	u/o/h	eng/ek aing/aik
拟音	iŋ/ik eiŋ/eik	uaŋ/uak	ɔ/ʔ	y/øy/ʔ	uªi/uoi	u/ou/ʔ	eiŋ/eik aiŋ/aik
加订美全八音	8.宾	9.欢	10. 歌	11. 须	12. 杯	13. 孤	14. 灯
	ing/ik eng/ek	uang/uak	o̤/h	ṳ/h eṳ/eṳh	uoi/h	u/uh o/oh	eng/ek aing/aik
拟音	iŋ/ik eiŋ/eik	uaŋ/uak	ɔ/ɔʔ	y/øy/ʔ	uoi/ʔ	u/ou/ʔ	eiŋ/eik aiŋ/aik
闽腔快字	22.宾	23.欢	24.倒	27. 四	26.杯	1.孤	33.灯
拟音	iŋ/k	uaŋ/uak	o/oʔ	y	uoi	u	eiŋ/eik

异同之处有：①《戚林八音》与《闽腔快字》宾韵、杯韵、须韵、孤韵、灯韵无变韵，《加订美全八音》只有杯韵无变韵；②《戚林八音》与《闽腔快字》歌韵读作[o/oʔ]，其他均读作[ɔ/ɔʔ]；③《戚林八音》与《闽腔快字》须韵读作[y]，且《闽腔快

字》须韵无入声，其他两部韵书均读作[y/øy/ʔ]；④《戚林八音》杯韵读作[uəi]，也有学者拟作[ue]，《福州方言拼音字典》杯韵读作[uᵒi/uoi]，区分松紧韵，其他两部韵书均读作[uoi]，这体现了"杯"韵字两三百年来读音的变化，主要元音由于受到韵头合口的影响以及韵尾的牵制逐渐变成圆唇元音；⑤仅《加订美全八音》杯韵存在入声[uoiʔ]；⑥仅《闽腔快字》孤韵无入声[uʔ]；⑦仅《戚林八音》灯韵读作单元音韵腹[eŋ/ek]，这也体现了灯韵主要元音的变化是从单元音韵腹逐渐变为双元音韵腹。

八音字义便览	15.光	16.辉	17.烧	18.银	19.釭	20.之	21.东
珠玉同声	3.光	27.龟	10.娇	1.恭	15.纲	22.箕	13.江
拟音	uoŋ/uok	ui	ieu	yŋ/yk	oŋ/ok	i	øŋ/øk
福州方言拼音字典	15.光	16.辉	17.烧	18.银	19.釭	20.之	21.东
	uong/k	ui/o̠	ieu	ụng/ụk e̤ung/e̤uk	ong/ok aung/auk	i/e/h	ẹng/ ẹk ae̤ng/ae̤k
拟音	uoŋ/uok	ui/uci	ieu	yŋ/yk øyŋ/øyk	ouŋ/ouk ɔuŋ/ɔuk	i/ iʔ ei/eiʔ	øyŋ/ øyk ɔyŋ/ɔyk
加订美全八音	15.光	16.辉	17.烧	18.银	19.釭	20.之	21.东
	uong/uok	ui/oi/h	ieu	ụng/e̤ung ụk/e̤uk	ong/aung ok/auk	i/e/h	ẹng/ae̤ng ẹk/ae̤k
拟音	uoŋ/uok	ui/uoiʔ	ieu	yŋ/øyŋ yk/øyk	ouŋ/ouŋ ouk/ouk	i/ei iʔ/eiʔ	øyŋ/ɔyŋ øyk/ɔyk
闽腔快字	4.国	28.围	31.烧	29.银	30.釭	15.之	16.冬
拟音	uoŋ/uok	ui	ieu	yŋ/yk	ouŋ/ouk	i	øyŋ/øyk

　　异同之处有：①《戚林八音》与《闽腔快字》辉韵、银韵、釭韵、之韵、东韵无变韵；②只有《加订美全八音》辉韵有入声[uiʔ]，其他韵书均无；③《戚林八音》釭韵读作单元音韵腹[oŋ/k]，其他韵书均读[ouŋ/k]；④《戚林八音》与《闽腔快字》之韵均无入声[iʔ]，其他韵书之韵都有入声与之相配；⑤《戚林八音》东韵读作单元音韵腹[øŋ/k]，其他韵书均读[øyŋ/k]。

八音字义便览	22.郊	23.过	24.西	25.桥	26.鸡	27.声	28.催
珠玉同声	6.交	7.朱	20.街	33.䆤	11.圭	14.正	31.催
拟音	au	uo	ε	io	ie/ieʔ	iaŋ/iak	oi
福州方言拼音字典	22.郊	23.过	24.西	25.桥	26.鸡	27.声	28.催
	au	uo/uoh	a̠/a̠h	io/ioh	ie/ieh	iang/iak	oi/o̠i
拟音	au	uo/uoʔ	ε/εʔ	yo/yoʔ	ie/ieʔ	iaŋ/iak	øy/ɔy
加订美全八音	22.郊	23.过	24.西	25.桥	26.鸡	27.声	28.催
	au/auh	uo/uoh	a̠/a̠h	io/ioh	ie/ieh	iang/iak	oi/o̠i/h
拟音	au/auʔ	uo/uoʔ	ε/εʔ	yo/ʔ	ie/ʔ	iaŋ/iak	øy/ɔy/ʔ
闽腔快字	17.郊	18.过	9.溪	19.珠	2.羁	6.呈	25.催
拟音	au	uo/uoʔ	ε/εʔ	yo/yoʔ	ie/ieʔ	iaŋ/iak	oi

　　异同之处有：①《戚林八音》与《闽腔快字》催韵无变韵；②只有《加订美全八音》郊韵有入声[auʔ]；③只有《戚林八音》过韵没有入声[uoʔ]；④只有《闽腔快字》没有桥韵，却多出一个珠韵，有学者主张珠韵宜与过韵合并为[uo]，但本文认为珠韵应该就是戚书中的桥韵，理由有二：首先，《闽腔快字》中的《绳尺圈点横斜曲直配三十三韵图》将"过"和"珠"韵各拟作两个完全不同的速记符号，"过"韵速记符号为椭圆形，"珠"韵速记符为反"S"形，可见这两个韵的音读是不同的；其次，力捷三在《凡例》中提到"闽俗土音"与"榕腔"，"榕腔"一般都指"福州土腔"，1908年史荦伯编撰的《圣经》封面上也注名"福州土腔"，可见《闽腔快字》所反映的应该是榕腔无疑。那么十九世纪末的福州土腔指的是什么？其实在第二章我们已经提到，当时的福州城以今鼓楼区为市区，市区外均属市郊或郊区。十九世纪中后期福州市区和市区以外的读音是有明显差别的，主要体现在桥韵一些字被市区的人读作过韵，而市区外的人却把过韵逢舌齿音的字读作桥韵，这种读法就是《福州方言拼音字典》所反映的"榕腔"。《闽腔快字》中"珠"韵下只有三个字"珠、朱、铸"，这三个字原属戚书过韵，但在教会字典中均读作桥韵[yo]，现在闽清、福清以及福州市东郊一带均有此读法。力书与教会字典同成书十九世纪末，也均是反映榕腔，而且力捷三在《凡例》中明确说明用"绳尺圈点横斜曲直"分戚书三十三韵，故"珠"韵即"桥"韵无疑；⑤只有《戚林八音》西韵没有入声[ɛʔ]；⑥只有《闽腔快字》没有桥韵[yo/ʔ]；⑦只有《戚林八音》桥韵读作[io]，且无入声与之相配；⑧只有《戚林八音》与《闽腔快字》催韵读作[oi]；⑨只有《加订美全八音》催韵有入声[øyʔ]。

八音字义便览	29.初	30.天	31.奇	32.歪	33.沟		
珠玉同声	32.梳	9.坚	24.迦	25.乖	17.勾	34.#	35.怀
拟音	œ/œʔ	ieŋ/iek	ia/iaʔ	uai	eu		
福州方言拼音字典	29.初	30.天	31.奇	32.歪	33.沟		
	e̤/ae̤/h	ieng/iek	ia/h	uai	eu/aiu		
拟音	ø/øʔ œ/œʔ	ieŋ/iek	ia/iaʔ	uai	eu/au		
加订美全八音	29.初	30.天	31.奇	32.歪	33.沟		
	e̤/ae̤/h	ieng/k	ia/h	uai/h	eu/aiu		
拟音	ø/øʔ œ/œʔ	ieŋ/iek	ia/iaʔ	uai/uaiʔ	eu/au		
闽腔快字	7.疏	5.先	35.夜	3.怀	20.楼		
拟音	æ/æʔ	ieŋ/iek	ia/iaʔ	uai	eu		

异同之处有：①《戚林八音》与《闽腔快字》初韵、沟韵无变韵；②只有《闽腔快字》初韵读作[æ/ʔ]；③只有《加订美全八音》歪韵又入声[uaiʔ]；④只有《珠玉同声》多出"#"和"怀"两个声母。

(3)声调系统的比较

韵　　书	声　调　系　统							
八音字义便览（8调）	上平	上上	上去	上入	下平	下上	下去	下入
珠玉同声（8调）	上平	上上	上去	上入	下平	下上	下去	下入
福州方言拼音字典（8调）	上平	上上	上去	上入	下平	下上	下去	下入
加订美全八音（7调）	上平	上上	上去	上入	下平	——	下去	下入
闽腔快字（8调）	上平	上上	上去	上入	下平	下上	下去	下入

以上韵书中，只有《加订美全八音》明确标明"风粉训拂云凤佛"七调，其余四部韵书都有八调，但下上声同于上上声，所以实际也都只有七调。

从以上四部韵书音系的比较，我们可以知道：

从声母系统来看，五部韵书的声母系统均为十五音，可见《戚林八音》的"十五音声母系统"对后代韵书的创作影响极大。

从韵母系统来看：①《戚林八音》与《闽腔快字》韵母均不发生以调类为条件的变韵现象；②《福州方言拼音字典》中春韵、秋韵、宾韵、须韵、杯韵、孤韵、灯韵、辉韵、银韵、缸韵、之韵、东韵、催韵、初韵、沟韵等共15个韵部逢上去、下去和上入声变为开一度或双元音韵腹的松韵，《加订美全八音》除杯韵不变韵以外，其余韵部的变韵现象与《福州方言拼音字典》相同；③就具体韵部而言，《闽腔快字》少了《戚林八音》的"桥"韵，却又多了"珠"韵，但其实"珠"韵就是戚书中的"桥"韵；④《戚林八音》和《闽腔快字》中之韵、孤韵、须韵、郊韵、沟韵、烧韵、秋韵、开韵、歪韵、杯韵、辉韵、催韵等共十二个阴声韵部均无入声韵与之相配；《加订美全八音》中只有沟韵和烧韵无入声字，其收字之众由此可见一斑；《福州方言拼音字典》中只有郊、沟、烧、秋、歪、杯、辉、催等八韵无入声字。由此可见，后两部韵书在收字上均多于前两部韵书，而且都收录当时福州方言中实际的口语字和写不字的单音词。⑤这四部韵书都有两套韵尾，[-h]承阴声韵，[-k]承阳声韵，但承阳入声韵明显多于承阴入声韵。

从声调系统上看，《加订美全八音》《福州方言拼音字典》均继承了《戚林八音》的"八音"系统，但下上声与上上声混同，实乃七音。《闽腔快字》直接略去下上调，故只有七音。

从四部韵书所反映的音系性质来看，这四部韵书均是反映明清时期的福州方言，但由于受到韵书编者籍贯的影响，故也夹杂不少郊县口音。比如《加订美全八音》与《福州方言拼音字典》先后成书，前部韵书的编者钟德明和这些传教士一样，均生活工作在福州仓山区，但两部韵书所反映的音系却不尽相同。《福州方言拼音字典》据笔者的推测，应该是反映十九世纪福州市郊仓山区和台江区的口音，这主要体现在光韵与香韵、桥韵与过韵的韵字多相窜，但《加订美全八音》中这四韵的归字却整齐划一，这应当是编者钟德明受其家乡话——古田话的影响所致。

六　西方传教士所制订的福安土白罗马字音标研究

郑宜光先生，圣名若瑟，号一尘，系福建省福安市甘棠镇外塘村人，1898年生，他祖辈世居外塘以农为业。父母都是虔诚的天主教徒，待人处世，心地善良，温和宽厚。宜光排行第二，按族规过继给叔父为嗣，宜光自幼天资聪明，品行端正，勤劳俭朴，好学上进，在父母信德笃诚的熏陶下，他从小就爱主爱人，思言行为处处以耶稣的圣训为指导，谦恭克己，体恤贫穷，扶助病弱，深得慈母的欢心，父老乡亲的赞益。从8岁起就读于私塾。念书时悉心研读，潜心学问，尊师敬友，从不玩耍嬉戏，每当疑问，不耻下问，直至问懂。他本无心功名，加之家境贫寒，需要辅助家计，无法继续学业，在家协助父亲劳动，闲时常研读圣经道理，新旧史略，圣教理证，圣人言行录，每日颂念玫瑰经，做默想，瞻礼主日必参与弥撒圣祭，勤领圣体。

为基督福传播音，减轻家庭负担，1916年郑宜光18岁时，应福宁教区的聘请，担负福安邮亭多玛斯修院初学生的文学课教师之职。自此他与教会的教学结下了不解之缘，先后在福安邮亭、罗江和宁德三都等修院担负修生的教育工作。寒暑假期间则辅助当地教友学习圣教要理和玫瑰经及圣人圣女九日敬礼经文。为使教友领会告解圣事，办妥当神功，他根据诸多教徒文化水平低，理解能力差的情况，潜心编写了《善度光阴》印发给大家学习，该书深入浅出地阐述时间的宝贵，规劝世人在世立功修德，勤修善功，并将告解的程序和各条戒律及犯罪因由等分别用方言列出，把七罪宗陈述透彻。是当时闽东（特别福安）各堂区修女和多数信友的必备之书，为初告解者和孩子们，提高神修生活起到了积极的引导；在教学上兢兢业业，精益求精，治学严谨，尤重身教，自己时时处处师法耶稣基督和诸位圣人的榜样，谦虚神贫。教学之暇，他从未虚度光阴，精心钻研医学、神学、哲学，博览西方各国的文明史和天主教传入我国后，列朝之兴衰成败。寻找怎样在我国传播福音的最好途径，使广大的平民百姓早日摆脱迷信的愚昧，皈依天主，成为基督的羊群。为此他一方面潜心学习中医，并搜集民间的草药验方以及医治地方病之膏丹丸散的原料及配伍方法，以备今后深入民间传教时为众多的贫苦百姓解除病苦。另一方面废寝忘食夜以继日地编写福安方言《七音字典》（即《简易识字七音字汇》），供外国来华传教士学习，使他们尽快地掌握闽东方言，以便与广大群众交流，为传播基督福音铺平道路；另一方面也在闽东扫除文盲，让贫民信友提高文化水平，学习《圣经》道理并提供了极大的帮助。该字典自问世后深得闽东各地的民众青睐，也博得外国传教士的赞赏，曾两度出版，尚满足不了需求。他又著有《圣教诗歌》《天主十诫详解》等书籍。

郑宜光先生自幼有志独身修道，师法诸多圣人，为光荣天主传播基督福音，鞠躬尽瘁。郑宜光先生卒于1964年6月。其墓正中一块石碑，两旁一副对联："不动荣心，奉主爱群，一生食必淡饭，穿必粗衣，住必陋室，天年终尽芳魂去；甘当神仆，为人舍己，兵志忠从教规，言从至理，行从正经，善事无穷圣宠来"。对联为民间被人崇敬的缪隐老师敬题，称颂稀罕，名副其实，以颂万古流芳。

郑宜光著《简易识字七音字汇》，用罗马字给福安方言字注音，该书出版年月不详。卷首附有《序》《字母》《字柱》《向本书查字法》《　音之法》《省地单名》。现存郑和善堂藏书。

《序》云：

> 中华文字正音虽一读诵殊其故维何。因异地哩违。难统之为划一也。至戚林八音亦因土哩而成。竟难公普处而齐然。且其书虽谓八音。非为实也。中所列之字母。虽称三十六。其实只卅三也。余玩索之。与敝处之哩不合。虑难教授。故于公余之暇。就便改选字母四十六。切音字柱十有七。以字柱切字母。使其中字韵出。再以韵内一字呼七声。俾其问字音明。此不难指教。故亦名曰识字实在易。学者由此。文明之域可以登焉。

序言说明《简易识字七音字汇》的声韵调系统，即46个字母，17个声母，7个声调，与《戚林八音》不合。而与《安腔八音》基本上相合。这是一部反映清代末年福建福安方言的一部韵书，陈祖蔚先生1953年的手抄本（一至七卷），现珍藏在福安县图书馆内。据陈祖蔚先生所言，此韵书作者是其祖父陈登昆（1882—1953年）及其老师陆尚淋（生卒年不详）一起编撰的。1981年10月福建师范大学图书馆古籍库将此手抄本进行复印。我们现在研究的所根据的版本就是此韵书的复印本，共分七册。书后印有"安腔八音一至七卷根据福安范坑陈祖蔚先生抄本复印一九八一年十月　"的字样。下面与方言福安方言音系的《安腔八音》音系比较如下。

1. 声母系统

郑宜光在《简易识字七音字汇》"字柱"（即声母）里标注了音标：柳L、边P、求K、气K^ʊ、低T、波P^ʊ、他T^ʊ、曾Ch、时S、日N、因、蒙M、语Ng、出Ch^ʊ、与Y、舞B、飞H。与《安腔八音》一样均有17个声母。请看下表：

简易识字七音字汇	柳	边	求	气	低	波	他	曾	时	日	因	蒙	语	出	飞	与	舞
	L	P	K	K^U	T	P^U	T^U	Ch	S	N		M	Ng	Ch^U	H	Y	B
安腔八音	柳	边	求	气	低	波	他	争	时	日	莺	蒙	语	出	熹	如	无
现代福安方言声母	l	p	k	k'	t	p'	t'	ts	s	n	∅	m	ŋ	ts'	h	j	w
	劳	兵	高	可	刀	匹	讨	左	锁	脑	因	毛	银	深	何	由	舞

说明：①ts、ts'、s发音时舌头前部边沿微触上齿，接近舌叶音tʃ、tʃ'、ʃ。②n声母发音时舌尖微触上齿背；w声母唇不太圆；j声母擦音明显。③h声母和i元音结合时舌位移前为ç。

《简易识字七音字汇》与《安腔八音》均17个声母字，其中12个是相同的，5个字面上有差异：曾/争，因/莺，飞/熹，与/如，舞/无。郑宜光标注的罗马字音标与其他传教士音标不一样，送气以"^{U}"来表示，其他传教士的送气则以"h"或" ' "来表示。再者，由于福安方言受到吴语方言的影响，比较福建传统"十五音"多了"与如"[j]、"舞无"[b]两个声母。

2. 韵母系统

郑宜光在《简易识字七音字汇》"字母"里记载了：公跟花香秋山开，嘉经欢歌须金杯，孤灯光迦烧基杠，初之沟郊过西川君严声催煎，於天恭谦谨，千斤新参，歪横三坑。计46个字母。每个字母均用罗马字音标做了标注：

1公oung[ouŋ /ouk]	2跟on[ɔuŋ/ ɔut]	3花uo[uo]	4香iong[ioŋ ʔiok]	5秋eiu[eu]
6山an[an/at]	7开ai[ai]	8嘉a[a/aʔ]	9经eing[eiŋ/eik]	10欢uan[uan/uat]
11歌o[ɔ/ɔʔ]	12须oui[øi]	13金eim[eim/eip]	14杯ui[ui]	15孤ou[ou]
16灯oeng[œŋ/œk]	17光ung[uŋ /uk]	18迦ie[ie/ieʔ]	19烧iu[iu]	20基ei[ei]
21杠ong[ɔuŋ/ɔuk]	22初oe[œ]	23之i[i/iʔ]	24沟eu[eu]	25郊au[au]
26过u[u/uʔ]	27西e[ɛ]	28川un[un/ut]	29君oun[oun/out]	30严iam[iam/iap]
31声iang[iaŋ?iak]	32催oi[ɔi]	33煎ian[ian/iat]	34於ue[ø]	35天in[in/it]
36恭ueng[ueŋ?uek]	37谦im[im/ip]	38谨ing[iŋ?ik]	39千en[ein/ɛit]	40斤uen[øn/øt]
41新ein[ein/eit]	42参em[eim/ɛip]	43歪uai[uai]	44横uang[uaŋ/uak]	45三am[am/ap]
46坑ang[aŋ/ak]	47乃eng[ɛiŋ]	48单iau[ieu]	49独m[m]	

"字母"音标则有49个韵母，其中最后的"乃eng"、"单iau"、"独m"3个字母的正文并无内容，实际上是46个韵部。

根据《福安市志》中记载，《安腔八音》全名《安腔戚林八音》，又名《陆琼园本腔八音》。现存有由陈登昆的孙子陈祖蔚于1953年所抄的手抄本（一至七卷），珍藏于福安市图书馆。作者为陆求藻，福安鹿斗人，曾参校乾隆四十八年（1783年）福安县志，文中认为该书成书时间成书于18世纪中至18世纪末。《安腔八音》有47个韵部，其音值研究如下：

1.春 [oun/out]	2.花[uo]	3.香[ioŋ?iok]	4.掀[iŋ?ik]	5.秋[eu]
6.山[an/at]	7.三 [am/ap]	8.坑[aŋ/ak]	9.开[ai]	10.嘉[a/a?]
11.宾[ein/eit]	12.欢[uan/uat]	13.歌[ɔ/ɔ?]	14.须[øi]	15.於[ø]
16.金[eim/eip]	17.杯[uoi]	18.孤[ou]	19.灯[œŋ/œk]	20.砧[eim/εip]
21.牵[ein/εit]	22.光[uŋ/uk]	23.川 [un/ut]	24.辉[ui]	25.烧[iu]
26.银[øn/øt]	27.恭[ueŋ?uek]	28缸[ɔuŋ/ɔuk]	29.根[ɔun/ ɔut]	30.俐[ei]
31.东[ouŋ?ouk]	32.效[au]	33.戈[u/u?]	34.西[ε]	35.茄[y/y?]
36.鸡[i/i?]	37.声[iaŋ?iak]	38.崔[ɔi]	39.初[œ]	40.天[in/it]
41.添[im/ip]	42. [iam/iap]	43.迦[ie/ie?]	44.歪[uai]	45.厅[eiŋ/eik]
46.煎[ian/iat]	47.钩[εu]			

现将《简易识字七音字汇》《安腔八音》与现代福安方言韵母系统比较如下：

甲.元音韵母/入声韵母

（1）单元音/入声韵母

简易识字七音字汇	8.嘉a[a/a?]	11.歌o[ɔ/ɔ?]	22.初oe [œ]	23.之i[i/i?]	26.过u [u/u?]
安腔八音	10.嘉[a/a?]	13.歌[ɔ/ɔ?]	39.初[œ]	36.鸡[i/i?] 35.茄[y/y?]	33.戈[u/u?]
现代福安方言韵母	嘉/百[a/ak]	歌/落[ɔ/ɔk]	初[œ]	鸡/石[i/ik]	戈/烛[u/uk]
简易识字七音字汇	27.西e [ε]	34.於ue [ø]			
安腔八音	34.西[ε]	15.於[ø]			
现代福安方言韵母	西[œ]	於[ø]			

上表可见，《简易识字七音字汇》与《安腔八音》共有单元音/入声韵韵母11个，即[a]、[a?]、[ɔ]、[ɔ?]、[œ]、[i]、[i?]、[u]、[u?]、[ε]、[ø]。经过百余年的演变，现代福安方言并无收-?喉塞韵尾的入声韵母，均读作收-k韵尾的入声韵了，即a?→ak，ɔ?→ɔk，i?→ ik，u?→uk。此外，《简易识字七音字汇》与《安腔八音》[ε]韵母，现代福安方言则读作[œ]韵母；《安腔八音》36.鸡[i/i?]、35.茄[y/y?]，现代福安方言则合二为一，读作[i/ik]。

（2）复元音/入声韵母

简易识字七音字汇	3.花uo[uo]	5.秋eiu[eu]*	7.开ai[ai]	12.须oui [øi]	14.杯ui [ui]
安腔八音	2.花[uo]	5.秋[eu]	9.开[ai]	14.须 [øi]	17.杯[uoi] 24.辉[ui]
现代福安方言韵母	花[o]	丘[eu]	开[ai]	虚[øi]	杯[ui]
简易识字七音字汇	15.孤ou [ou]	18.迦ie [ie/ie?]	19.烧iu [iu]	20.基ei [ei]	24.沟eu[εu]*
安腔八音	18.孤[ou]	43.迦[ie/ie?]	25.烧[iu]	30.俐[ei]	47.钩[εu]
现代福安方言韵母	孤[ou]	迦[ie/eik]	烧[iu]	媚[ei]	钩[εu]
简易识字七音字汇	25.郊au [au]	32.催oi [ɔi]	43.歪uai [uai]		
安腔八音	32.效[au]	38.崔[ɔi]	44.歪[uai]		
现代福安方言韵母	效[au]	崔[ɔi]	歪[uai]		

上表可见，《简易识字七音字汇》和《安腔八音》共有16个韵母：[eu]、[ai]、[øi]、[ui]、[ou]、[ie/ieʔ]、[iu]、[ei]、[ɛu]、[au]、[ɔi]、[uai]。不同的是：①出现变韵现象，如《简易识字七音字汇》和《安腔八音》[ieʔ]、[uo]，现代福安方言则读作[eik]、[o]。②《简易识字七音字汇》14.杯ui[ui]韵相当于《安腔八音》17.杯[uoi]韵和24.辉[ui]韵，现代福安方言"杯""辉"二字的韵母均为[ui]。

乙.鼻音韵母/入声韵母

简易识字七音字汇	1.公[ouŋ /ouk]	2.跟[ɔun/ ɔut]	4.香[ioŋ ʔiok]	6.山[an/at]	9.经[eiŋ/eik]
安腔八音	31.东[ouŋ/ouk]	29.根[ɔun/ ɔut]	3.香[ioŋʔiok]	6.山[an/at]	45.厅[eiŋ/eik]
现代福安方言韵母	东/哭[ouŋ/ouk]	根/骨[ɔun/ ɔuk]	香/略[ioŋ ʔiok]	山/葛[aŋ/ak]	厅/雳[eiŋ/eik]
简易识字七音字汇	10.欢[uan/uat]	13.金[eim/eip]	16.灯[œŋ/œk]	17.光[uŋ /uk]	21.杠[ɔuŋ/ɔuk]
安腔八音	12.欢[uan/uat]	16.金[eim/eip]	19.灯[œŋ/œk]	22.光[uŋ/uk]	28缸[ɔuŋ/ɔuk]
现代福安方言韵母	欢/拨[uaŋ/uak]	金/立[eiŋ/eik]	登/六[œŋ/œk]	光/国[uŋ/uk]	缸/各[ɔuŋ/ɔuk]
简易识字七音字汇	28.川[un/ut]	29.君[oun/out]	30.严[iam/iap]	31.声[iaŋʔiak]	33.煎[ian/iat]
安腔八音	23.川 [un/ut]	1.春[oun/out]	42.餐[iam/iap]	37.声[iaŋʔiak]	46.煎[ian/iat]
现代福安方言韵母	川/劣[uŋ/uk]	春/木[ouŋ/ouk]	餐/夹[iaŋ/iak]	声/力[iaŋʔiak]	煎/X[iaŋ/iak]
简易识字七音字汇	35.天[in/it]	36.恭[ueŋʔuek]	37.谦[im/ip]	38.谨[iŋʔik]	39.千[eiŋ/ɛit]
安腔八音	40.天[in/it]	27.恭[ueŋʔuek]	41.添 [im/ip]	4.掀[iŋʔik]	21.牵[eiŋ/ɛit]
现代福安方言韵母	天/结[iŋ/ik]	恭/菊[øŋʔøk]	添/蝶[iŋ/ik]	掀/歇[iŋʔik]	牵/裂[eiŋ/ɛik]
简易识字七音字汇	40.斤[øn/øt]	41.新[ein/eit]	42参[ɛim/ɛip]	44.横[uaŋ/uak]	45.三[am/ap]
安腔八音	26.银[øn/øt]	11.宾 [ein/eit]	20.砧[ɛim/ɛip]		7.三 [am/ap]
现代福安方言韵母	银/讫[øŋʔøk]	宾/必[eiŋ/eik]	砧/贴[ɛiŋ/ɛik]		三/答[aŋ/ak]
简易识字七音字汇	46.坑[aŋ/ak]				
安腔八音	8.坑[aŋ/ak]				
现代福安方言韵母	坑/塌[aŋ/ak]				

上表可见，《简易识字七音字汇》和《安腔八音》有三套鼻音韵尾[-m]（[eim]、[iam]、[im]、[ɛim]、[am]）、[-n]（[ɔun]、[an]、[uan]、[un]、[oun]、[ian]、[in]、[ɛin]、[øn]、[ein]）、[-ŋ]（[ouŋ]、[ioŋ]、[eiŋ]、[œŋ]、[uŋ]、[ɔuŋ]、[iaŋ]、[ueŋ]、[iŋ]、[uaŋ]、[aŋ]）韵母和三套辅音韵尾[-p]（[eip]、[iap]、[ip]、[ɛip]、[ap]）、[-t]（[ɔut]、[at]、[uat]、[ut]、[out]、[iat]、[it]、[ɛit]、[øt]、[eit]）、[-k]（[ouk]、[iok]、[eik]、[œk]、[uk]、[ɔuk]、[iak]、[uek]、[ik]、[uak]、[ak]）韵母，而现代福安方言韵母则只有一套鼻音韵尾[-ŋ]韵母和一套辅音韵尾[-k]韵母。其演变公式为：

①-m韵尾演变为-ŋ韵尾：[eim→eiŋ]、[iam→iaŋ]、[im→iŋ]、[ɛim→ ɛiŋ]、[am→aŋ]；

②-n韵尾演变为-ŋ韵尾：[ɔun→ɔuŋ]、[an→aŋ]、[uan→uaŋ]、[un→uŋ]、[oun→

ouŋ]、[ian→iaŋ]、[in→iŋ]、[ɛin→ɛiŋ]、[øn→øŋ]、[ein→eiŋ]；

③-p韵尾演变为-k韵尾：[eip→eik]、[iap→iak]、[ip→ik]、[ɛip→ɛik]、[ap→ak]；

④ -t韵尾演变为-k韵尾：[ɔut→ɔuk]、[at→ak]、[uat→uak]、[ut→uk]、[out→ouk]、[iat→iak]、[it→ik]、[ɛit→ɛik]、[øt→øk]、[eit→eik]。

3. 声调系统

《简易识字七音字汇》"号码"标示七个声调：

序号	调号	调类	序号	调号	调类
一	一	阴平	五	ノ	阴去
二	∧	阳平	六	⌒	阳入
三	＼	上声	七	⌣	阴入
四	∨	阳去			

"号码"所标示的次序与正常声调排列顺序不太一样"阴去"和"阳去"位置对调，"阴入"和"阳入"位置对调。现将《简易识字七音字汇》与《安腔八音》声调系统比较如下：

声调	阴平	阴上	阴去	阴入	阳平	阳上	阳去	阳入
安腔八音	东	党	冻	笃	同	——	重	独
声调	阴平	阳平	上声	阳去	阴去	——	阳入	阴入
简易识字七音字汇	东	同	党	重	中	——	毒	笃

由上可见，以上两种韵书均反映了福安方言声调都是7调，只不过排列顺序上不完全相同罢了。

福建省社会科学研究基地闽南师范大学闽南文化研究
中心研究成果

闽南师范大学闽南文化研究院重大项目：海峡西岸闽
南方言与文化研究（项目编号：SS1223）

■ 闽南文化研究院学术文库 ■

国家社科基金重大项目 "海峡两岸闽南方言动态比较研究" 子项目

海峡西岸闽南方言与文化研究（下）

马重奇 ◎ 主编

施榆生 ◎ 副主编

HAIXIAXIANMINNANFANGYAN
YUWENHUAYANJIU

编委：吴晓芳　吴文文　林松华　洪水英　马睿颖　马睿哲　傅倩琛

中国社会科学出版社

目　　录

（下册）

第六章　清代民初闽南方言学者
及其重要方言学论著

　　明清至民初时期的方言学家们根据福建不同方言区的语音系统，编撰出许许多多的便于广大民众学习的方言韵书。闽东方言韵书有：明末福州戚继光编的《戚参军八音便览》（明末）、福州林碧山的《珠玉同声》（清初）、晋安汇集的《戚林八音》（1749年）、古田钟德明的《加订美全八音》（1906年），福安无名氏《安腔八音》（清末）、郑宜光《简易识字七音字汇》（清末）。此外，还有一些海外传教士编写的著作，如美国怀特（M.C.White）编《福州的中国话》（1857年，美国）、摩嘉立（R.S.Maclay）编《福州方言拼音字典》（1870年，福州）、鲍德温（C.C.Baldwin）编《榕腔切学撮要》（1871年，福州）、亚丹（T.B.Adam）编《英华福州方言词典》（1891年，福州），英国及海外圣经协会编《福州方言圣经译本》（1908年）等。闽北方言韵书有：明正和陈相《六音字典》（1515年）、清政和陈家篯《六音字典》（1894年）；清建瓯林瑞材的《建州八音字义便览》（1795年）、W.C.White编《建宁方言词典》（1901年）。闽南方言韵书有：泉州黄谦的《汇音妙悟》（1800年，泉州音）、建阳廖纶玑的《拍掌知音》（不详，泉州音）、叶开恩的《八音定诀》（1894年，厦门音），漳州谢秀岚的《汇集雅俗通十五音》（1818年，漳浦）、无名氏的《增补汇音》（1820年），长泰无名氏的《渡江书十五音》（不详）、无名氏的《击掌知音》（不详）。潮汕方言韵书有：张世珍的《潮声十五音》（1913年）、崇川马梓丞改编的《击木知音》（全名《汇集雅俗十五音全本》，1915年）、蒋儒林《潮语十五音》（1921年），潮安萧云屏编的《潮语十五音》（1923年）、潘载和《潮汕检音字表》（1933年），澄海姚弗如改编的《潮声十七音》（1934年）、刘绎如改编的《潮声十八音》（1936年）、鸣平编著萧穆改编《潮汕十五音》（1938年）、李新魁的《新编潮汕方言十八音》（1975年）等。

　　大陆闽方言韵书对台湾产生了重大影响。台湾语言学家们模仿大陆闽方言韵书的内容和形式，结合台湾闽南方言概况编撰新的十五音。反映台湾闽南方言的韵书主要有：台湾现存最早的方言韵书为台湾总督府民政局学务部编撰的《台湾十五音字母详解》(1895年，台湾)和《订正台湾十五音字母详解》(1901年，台湾)、沈富进编著《增补汇音宝鉴》(1954年，台湾)、林登魁编著《乌字十五音》(1960年，台湾)、李木杞著《国台音通用字典》(1963年，台湾)、薛文郎编《简单台音字典》(1963年，台湾)、黄有实编《台湾十五音辞典》(1972年，台湾)、黄士祥编《士祥国台语字典》(1973年，台湾)、陈修编撰《台湾话大词典》(1991年，台湾)、洪唯仁著《台湾话音韵入门》（1995年，台湾）、竺家宁著《台北闽南话音档》（1996年，上海）等。这些韵书的问世，为台湾人学习和普及闽南话奠定了很好的基础。

此外，还出现许多用罗马字注音的闽南方言韵书，如英国麦都思著《福建方言字典》（1832年，漳州漳浦腔）、英人杜嘉德（Carstairs Douglas）著《厦英（白话）大辞典》（1873年，厦门腔）、马约翰（J.Mac Gowan）著《英厦辞典》（1883年）、美国人打马字著《厦门音个字典》（1894年）、英国甘为霖（W.Canbell）著《厦门音新字典》（1913年）、英人Thomas barclay著《厦英大辞典补编》（1923年）、台湾K.T.Tan（陈嘉德）著《汉英台湾方言辞典》、台中玛利诺语言服务中心编《厦英辞典》（1976年）、Bernard L. M. Embree编《台英辞典》（1973年）。

用日语假名拼音的闽南辞书有：台湾总督府编《日台小字典》（1897年）、杉房之助编《日台新辞典》（1903年）、台湾总督府编《日台大辞典》（1907年）、台湾总督府编《日台小辞典》（1908年）、台湾总督府编《台日大辞典》（1931年）、台湾总督府编《日台小辞典》（1932年）、东方孝义编《台日新辞典》（1931年）、台湾总督府编《台日新辞书》（1931年）、台湾总督府编《新订日台大辞典上卷》（1938年）。

新加坡《满剌加国译语》（1403—1511年），泉州林衡南著罗马字注释本《通夷新语》（1877年），林衡南编著、李清辉校正本《华夷通语》（1883年），林采达著《通语津梁》（1889年），Goddard-josiah《汉英潮州方言字典》（1847年，曼谷），巴达维亚版《厦门荷兰语对译词典》（未详）、《中文（闽南）荷文辞典》（1882年），薛力赫（Francken，DeGrijs）《荷华文语（闽南）类参（Gustav，Schlegei）》(四册，1886—1890)，恩尼斯特·梯伯逊《厦门方言英汉对照袖珍字典》（19世纪末），蒋克秋《英厦注音新辞典》（A.practical.English-Hokkien.dictionary）(1956年,新加坡)，周辨明《海南话记调标音罗马化》（1923年，新加坡）等。

用注音字母注音的闽南辞书有：台湾国语推行委员会编《国台字音对照手册》（1946年，台湾）、《国台通用词汇》（1952年，台湾）、蔡培火编《国语闽南语对照常用辞典》（1969年，台湾）、吴守礼编《综合闽南方言基本字典》（1984年，台湾）、徐金松编《中国闽南厦门音字典》（1980，台湾）。

以上论著均为反映闽方言的韵书和辞书。其数目之多可以说居全国首位。其种类多的原因，与闽方言特别复杂有着直接的关系。

第一节 泉州方言学者及其重要闽南方言学论著

一 泉州地理概况与历史沿革

泉州市位于东经117°34′—119°10′、北纬24°15′—25°56′之间。东北与莆田市、仙游县、永泰县毗邻，西北与尤溪县、大田县、漳平市交界，东南与台湾省隔海相望，西南与同安县、华安县长泰县接壤。东西宽153公里，南北长157公里，总面积11015平方公里。泉州市境内地形呈多样性。西北部有号称"闽中屋脊"的戴云山脉。境内山峦叠翠，丘陵、盆地、川流，错落有致。晋江是泉州地区最长的河流，也是福建省内第四大河流，其发源地是戴云山东南麓。其上游分东、西两溪，即桃溪和蓝溪。桃溪为东溪，经永春；蓝溪为西溪，经安溪。两溪汇合于南安双溪口，穿越泉州、晋江，注入泉州湾。此外，境内还有大樟溪、洛阳江、黄塘溪等河流分别流入大海。泉州地区有总长365.10公里的海岸线，北自惠安县南埔南庄村，南至南安县石井淎江村，蜿蜒曲折，风景宜人。海岸线上拥有湄州湾、泉州湾、深沪湾、围头湾、肖厝、后渚、梅林、石井等14个港口，是福建省港口最多的地区。

泉州市历史悠久，是有名的历史古城。早在新石器时代已有人类在这里劳动生息。据《周礼·夏官·职方氏》："东南曰扬州。"夏朝时泉州一带应属扬州地域。《周礼·夏官·职方氏》有"七闽"之说，"七闽"指的是远离中原的边陲地区少数民族聚集之处，泉州当在此地域之内。战国时期，被称为"闽越人"。

公元前221年，秦始皇统一中国后置三十六郡，在闽地设闽中郡，治所在冶县(今福州市)，泉州归此郡。汉初属闽越国，汉武帝后属于会稽郡。东汉时期，冶县更名为东侯官，省称侯官。

泉州在三国吴永安三年（260年）为建安邵东安县地。南朝梁天监中（502—519年）析晋安郡地置南安郡，隋开皇九年（589年）改郡为县。唐武德五年（622年）置丰州，领南安、莆田、龙溪3县，州治设今南安丰州。景云二年（711年）改名泉州。五代后唐长兴四年（933年）析南安县地增置桃源县，后晋天福三年（938年）改桃源县为永春县。宋宣和三年（1121年）改清溪县为安溪县。至此，辖晋江、南安、同安、惠安、安溪、永春、德化7县。元至元十五年间（1278年）为泉州路，领县不变。明洪武二年（1368年）改称泉州府。清雍正十二年（1734年）升永春县为直隶州，并划德化、大田属之，与泉州府同属共泉永道。

1933年"中华共和国人民革命政府"（即"福建人民政府"）成立时属"兴泉（泉海）省"。1934年7月分设第四行政督察区，第五行政督察区。1935年10月缩并为第四行政督察区。

1949年8—11月除金门县外各县相继解放，成立福建省第五专区。1950年3月改为泉州专区，10月称晋江区，1955年改为晋江专区（德化县1950年划归第七专区，1951

年再归晋江区）。1971年称晋江地区。1985年撤晋江地区，设省辖地级市泉州市。自1949年9月起除续领原辖晋江、惠安、南安、安溪、永泰、德化、莆田、仙游、金门、同安10县外，1951年从晋江县析出城区和近郊建县级泉州市，1956年增辖福清、平潭、永泰、大田4县，1958年划出同安县归厦门市，1959年划出福清、平潭、永泰3县归闽侯专区，1963年划出大田县归三明专区，1970年划出莆田、仙游县归莆田地区，同时同安县划入晋江地区，1973年同安县复归厦门市。

至2000年，泉州市辖有鲤城区、丰泽区、洛江区、泉港区、惠安县、安溪县、永春县、德化县、石狮市、晋江市、南安市等4个区、4个县和3个县级市，总人口7283040人。

二　现代泉州各县市方言音系

反映闽南泉州方言的韵书有两种：泉州黄谦著《汇音妙悟》和建阳廖纶玑编著的《拍掌知音》。研究这两种韵书，我们主要运用历史比较法，把它们与现代泉州各县市方言音系进行历史的比较，从而窥探其音系性质。

现代泉州各县市方言音系，笔者根据林连通著《泉州市方言志》（社会科学文献出版社1993年版）、泉州市地方志编纂委员会编《鲤城区志》（中国社会科学出版社1999年版）、晋江市地方志编纂委员会编《晋江市志》（上海三联书店1994年版）、南安县地方志编纂委员会编《南安县志》（江西人民出版社1993年版）、安溪县地方志编纂委员会编《安溪县志》（新华出版社1994年版）、惠安县地方志编纂委员会编《惠安县志》（方志出版社1998年版 ）、林连通、陈章太著《永春方言志》（语文出版社1989年版）、德化县地方志编纂委员会编《德化县志》（新华出版社1992年版）等方言材料，把现代泉州各县市方言音系归纳列表比较如下（石狮市是1988年从晋江市分出去的，因此石狮话不另论）：

1.声母系统

现将泉州各县市方言声母系统比较如下表：

方言	声　母　系　统												
鲤城话	p	p'	b(m)	t	t'	l(n)	ts	ts'	s	k	k'	g(ŋ)	h	∅
晋江话	p	p'	b(m)	t	t'	l(n)	ts	ts'	s	k	k'	g(ŋ)	h	∅
南安话	p	p'	b(m)	t	t'	l(n)	ts	ts'	s	k	k'	g(ŋ)	h	∅
安溪话	p	p'	b(m)	t	t'	l(n)	ts	ts'	s	k	k'	g(ŋ)	h	∅
惠安话	p	p'	b(m)	t	t'	l(n)	ts	ts'	s	k	k'	g(ŋ)	h	∅
永春话	p	p'	b(m)	t	t'	l(n)(dz)	ts	ts'	s	k	k'	g(ŋ)	h	∅
德化话	p	p'	b(m)	t	t'	l(n)	ts	ts'	s	k	k'	g(ŋ)	h	∅

泉州各县市方言加括弧的[m]、[n]、[ŋ]是[b]、[l]、[g]的音位变体。当[b]、[l]、[g]与鼻化韵相拼时，就分别变成了[m]、[n]、[ŋ]。如"溜"读作[liu]，"微"读作[bui]，"牛"读作[giu]，"林"读作[na.]，"骂"读作[ma.]，"雅"读作[ŋã]。《汇音妙悟》中的"入"母字均为《广韵》中的日母字，在泉州各县市方言中惟独永春话读作[dz],而其余方言则读作[l]或[n]。

2.韵母系统

鲤城区方言86个韵母，晋江方言80个韵母，南安方言92个韵母，安溪方言78个韵母，惠安方言83个韵母，永春方言79个韵母，德化方言84个韵母。现分别比较如下：

【阴声韵/入声韵】泉州各县市方言均有[i/iʔ]、[u/uʔ]、[a/aʔ]、[ɔ/ɔʔ]、[o/oʔ]、[e/eʔ]、[ia/iaʔ]、[ua/uaʔ]、[io/ioʔ]、[iu/iuʔ]、[ui/uiʔ]、[ai]、[au]、[iau]、[uai]15部26个韵母。其异同之处表现在以下4个方面：(1) 唯独晋江话无[ə/əʔ]韵，泉州其余县市均有此韵；（2）安溪话有[uɛ/uɛʔ]、[ɛ/ɛʔ]韵，泉州各个县市则均读作[ue/ueʔ]、[e/eʔ]；（3）唯独晋江话无[ɯ]韵外，泉州其余县市则均有[ɯ]韵；（4）鲤城、晋江、南安、安溪、惠安方言均有[au/auʔ]和[iau/iauʔ],唯独永春、德化方言有[au]、[iau]，而无[auʔ]、[iauʔ]。

【鼻化韵/入声韵】泉州各县市方言均有[ĩ/ĩʔ]、[ã/ãʔ]、[ɔ̃/ɔ̃ʔ]、[iã/iãʔ]、[uã]、[iũ]、[uĩ]、[aĩ]、[iaũ]等9个韵母。其异同之处表现在以下4个方面：(1) 鲤城区、安溪、惠安、德化方言均有[ẽ]韵，泉州其余县市均无此韵；（2）晋江、南安、惠安、永春、德化方言均有[aũ]，惟独鲤城、安溪无此韵母；（3）唯独德化方言无[uaĩ]，泉州其余县市方言均有此韵；（4）唯独南安方言有[m̃]，泉州其余县市方言均有此韵。

【声化韵/入声韵】声化韵是泉州各个县市方言均有的韵母，其异同之处表现在以下2个方面：(1)鲤城、安溪、惠安方言均有[mʔ]韵，其余方言均无此韵；（2）鲤城、安溪、惠安、永春、德化方言均有[ŋʔ]韵，其余方言均无此韵。

【阳声韵/入声韵】泉州各县市方言均有[am/ap]、[un/ut]、[an/at]、[uan/uat]、[aŋ/ak]、[ɔŋ/ɔk]、[iɔŋ/iɔk]、[iaŋ/iak]、[uaŋ]9部17个韵母。其异同之处表现在以下5个方面：(1) 泉州各个县市有[im]、[in]、[iŋ]三韵，唯独惠安话读作[em]、[en]、[eŋ]韵；（2）唯独惠安方言无[əm]和[iam/iap]韵，泉州其余县市方言均有此韵；（3）南安、惠安、永春、德化方言均有[ən/ət]韵，唯独鲤城区、晋江话、安溪话无此韵；（4）泉州各个县市均有[ian/iat]韵，唯独惠安话无此三韵；（5）唯独南安话有[əŋ/ək]韵，泉州其余县市均无此韵。

3.声调系统

泉州各县市方言声调情况如下表：

方　言	阴平	阳平	阴上	阳上	阴去	阳去	阴入	阳入
鲤城话	33	24	55	22	去声41		5	24
晋江话	33	24	上声55		去声41		5	34
南安话	33	24	55	22	31	21	5	3
安溪话	44	24	52	22	去声42		5	24
惠安话	33	24	54	22	去声21		4	23
永春话	44	24	上声53		21	22	32	44
德化话	13	44	42	35	去声21		42	35

从上表可见，泉州方言中声调也不是整齐划一的，大致有以下4种类型：①8个声调，即平、上、去、入四声各分为阴阳，唯独南安话属此情况；②7个声调，即平、上、入三声各分为阴阳，去声只有一类，鲤城、安溪、惠安、德化话属此情况；③7个声调，即平、去、入三声各分为阴阳，上声只有一类，唯独永春话属此情况；④6个声调，即平、入二声各分为阴阳，上、去声只有一类，唯独晋江话属此情况。

三　清·黄谦撰《汇音妙悟》音系研究

1. 《汇音妙悟》的作者、成书时间及其序言

《汇音妙悟》，全称《增补汇音妙悟》，是一部仿造《戚林八音》而撰作、反映泉州方音的通俗韵图。著者泉州人黄谦，书成于嘉庆五年（1800年）。据黄典诚考证，黄谦乃泉州南安官桥文斗乡人，其生平事迹今尚无详考，但应为清代乾嘉时人。字思逊，自署曰柏山主人。其叔父黄大振，字瞻二，乾嘉时曾任陕西兴安府之学官。书首有"黄大振序"。黄大振乃黄谦之叔父，字瞻二，乾嘉之际当过陕西省兴安府学官。

黄大振序主要阐述方言区人读音识字十分困难，因此推荐他的侄儿黄谦所著的泉州方言韵书《汇音妙悟》，以作为闽南人学习官音的有效途径。继黄大振序之后，黄谦有"自序并例言"一篇，是我们了解其所撰的《汇音妙悟》的最好材料。首先，我们可以了解到黄谦有较为深厚的音韵学功底，并有相当熟悉闽南方音的特点，如无轻唇、正齿、撮口之音；其次，提供了已经亡佚方言学著作、富知园先生所辑的《闽音必辨》一书；再次，简介《汇音妙悟》的编撰形式，即"以五十字母为经，十五音为纬，以四声为梳栉"，并兼记载一些"俗字土音"。

黄谦"例言"云：

> 一反切之法，先读熟五十字母十五音，然后看某声在何字母，以十五音切之，呼以平仄四声，如律字是入声，其平声在伦字，与春同韵，属春字字母，切以十五音，在柳字管下，然后呼以四声而律字得矣。馀类仿此。
>
> 一是编欲欲便末学，故悉用泉音，不复例　官韵，如一东之东与七阳之当同一字母。

一有音有字者，固不惮搜罗；即有音无字者，亦以土音俗解增入为末学计也。高明之士，固无藉资於是。

一八音中有声无字者，置空圈；有声多字寡者，以黑线为界。

一字类因字寻音，是编因音寻字，随字注解，一览了然。虽粗识字义者，亦为有用，即以当一本小本字类补，无不可也。

这段话有几层含义：一是如何掌握反切法来使用《汇音妙悟》中五十字母、十五音和平仄四声；二是指明该韵书所反映的是泉州音，与官韵是有区别的；三是该韵书中收了"有音有字者"和"有音无字者"两种；四是该韵书可以"因字寻音""因音寻字"，使用起来十分方便。

据笔者所知，《汇音妙悟》自刊行以来，由于颇受欢迎，因此屡经翻版再印。目前已知版本有下列数种：清嘉庆五年(1800年)刻本，薰园藏版，二卷；清光绪二十年(1894年)刻本，文德堂梓行；清光绪二十九年(1903年)刻本，集新堂藏版；清光绪三十年(1904年)石印本，厦文书局；清光绪三十一年(1905年)石印本二种，上海源文书局及厦门会文书庄；民国8年(1919年)石印本，泉州郁文堂书坊。我们目前采用的《汇音妙悟》版本是光绪甲午年孟春重镌的文德堂梓行版，全称《增补汇音妙悟》，桐城黄澹川鉴定。

2.《汇音妙悟》声母系统

《汇音妙悟》"十五音"，即柳、边、求、气、地、普、他、争、入、时、英、文、语、出、喜。此"十五音"模仿了《戚林八音合订本》（1749年），即《戚参军八音字义便览》（约16世纪末17世纪初）和《太史林碧山先生珠玉同声》（17世纪末）的合订本。

现将《汇音妙悟》"十五音"与现代泉州地区的方言声母系统比较如下：

方言	柳	边	求	气	地	普	他	争	入	时	英	文	语	出	喜
鲤城话	l(n)	p	k	k'	t	p'	t'	ts	l	s	Ø	b(m)	g(ŋ)	ts'	h
晋江话	l(n)	p	k	k'	t	p'	t'	ts	l	s	Ø	b(m)	g(ŋ)	ts'	h
南安话	l(n)	p	k	k'	t	p'	t'	ts	l	s	Ø	b(m)	g(ŋ)	ts'	h
安溪话	l(n)	p	k	k'	t	p'	t'	ts	l	s	Ø	b(m)	g(ŋ)	ts'	h
惠安话	l(n)	p	k	k'	t	p'	t'	ts	l	s	Ø	b(m)	g(ŋ)	ts'	h
永春话	l(n)	p	k	k'	t	p'	t'	ts	dz	s	Ø	b(m)	g(ŋ)	ts'	h
德化话	l(n)	p	k	k'	t	p'	t'	ts	l	s	Ø	b(m)	g(ŋ)	ts'	h

柳、文、语三个字母，在非鼻化韵母之前读作浊音声母[l-、b-、g-]；在鼻化韵母之前读作鼻音声母[n-、m-、ŋ-]。所以柳[l/n]、文[b/m]、语[g/ŋ]在不同语音条件下所构拟的音值。

因此，《汇音妙悟》声母系统如下表：

十五音	韵字	十五音	韵字	十五音	韵字	十五音	韵字	十五音	韵字	十五音	韵字
柳[l/n]	麈獴	边[p]	盆彬	求[k]	君巾	气[k']	昆欤	地[t]	敦珍
普[p']	奔儔	他[t']	吞狎	争[ts]	尊真	入[z]	胸仁	时[s]	孙新
英[ø]	温因	文[b/m]	顋闵	语[g/ŋ]	稆银	出[ts']	春亲	喜[h]	分欣

3.《汇音妙悟》韵母系统

《汇音妙悟》正文之前有《字母法式》：

春蠢上平	朝地乔切	飞惠上平	花呼瓜切	香向上平	欢土解~喜	高古上平	卿苦京切	杯背上平	商信香切
东卓上平	郊姣上平	开去哀切	居巨上平	珠主上平	嘉古查切	宾摈上平	莪我平声	嗟者上平	恩於筋切
西势上平	轩现上平	三先甘切	秋此周切	箴子欣切	江讲上平	关土解~门	丹旦上平	金耿心切	钩苟上平
川七宣切	乖拐上平	兼急占切	管漳腔	生索上平	基共知切	猫土解捕鼠也	刀俗解枪~	科土解~场	梅俗解青梅
京土解~城	鸡俗解~犬	毛俗解头~	青~草	烧俗解火烧	风~雨~云	箱俗解~笼	弍俗解数名	熊乃上平	嘐有音无字

上表可见，字母法式有5种类型：

（1）直音上平法，即指声母和韵母相同、声调不同而特指应读上平声的字。如"春蠢上平""飞惠上平""香向上平""高古上平""杯背上平""东卓上平""郊姣上平""居巨上平""珠主上平""宾摈上平""莪我平声""嗟者上平""西势上平""轩现上平""江讲上平""丹旦上平""钩苟上平""乖拐上平""生索上平""熊乃上平"；

（2）反切法，即指以两个字拼读一个字的读音，上字取声母，下字取韵母。如"朝地乔切""花呼瓜切""卿苦京切""商信香切""开去哀切""嘉古查切""恩於筋切""三先甘切""秋此周切""箴子欣切""金耿心切""川七宣切""兼急占切""基共知切"；

（3）土解法，即指泉州方言土语的读法；如"欢土解—喜""关土解—门""猫土解捕鼠也""科土解—场""京土解—城""青—草"；

（4）俗解法，即指泉州方言俗语的读法，"刀俗解枪—""梅俗解青梅""鸡俗解—犬""烧俗解火烧""箱俗解—笼""弍俗解数名""风—雨—云"；

（5）说明法，即指对少数字母所作的说明，如"管漳腔"，表示该韵属漳州腔而不属泉州腔，"嘐有音无字"，表示该韵属有音无字的韵部。

要考证《汇音妙悟》韵部系统的音值，必须运用历史比较法，将其50个韵部与现代泉州地区各个县市的方言进行历史性地比较，才能得出比较可靠的结论。

第一，《汇音妙悟》"春、朝、飞、花、香、欢、高、卿、杯、商"诸韵在泉州各个县市方言中的各自读音基本上是一致的，唯独惠安方言"卿"韵读作[eŋ]。此外，"商"本字在泉州各个县市方言中均不读[ioŋ]，而且本韵中也不收"商"字，但韵中其他韵字是有读[iaŋ]的。以上10韵中"朝、花、香、欢、高、杯、商"诸韵，洪惟仁(1996年)、姚荣松(1988年)、陈永宝(1987年)、樋口靖(1983年)、黄典诚(1983年)、王育德(1970年)均拟音为"朝[iau]、花[ua]、香[ioŋ]、欢[ua.]、高[ɔ]、杯[ue]、商[iaŋ]"；王育德(1970年)"春""飞"二韵分别拟音为[uin]和[uii]，其余各家均拟音为[un]和[ui]；洪惟仁(1996年)、王育德(1970年)"卿"韵拟音为[iin]，其余各家均拟音为[iŋ]。我们参考各家的拟音及泉州各县市方言的情况，将以上10韵分别拟测如下：①春[un/ut]；②朝[iau/iauʔ]；③飞[ui/uiʔ]；④花[ua/uaʔ]；⑤香[ioŋ/iok]；⑥欢[uã/uãʔ]；⑦高[ɔ/ɔʔ]；⑧卿[iŋ/ik]；⑨杯ue/ueʔ]；⑩商[iaŋ/iak]。

　　第二，《汇音妙悟》"东、郊、开、居、珠、嘉、宾、栽、嗟、恩"诸韵在泉州各个县市方言中的各自读音基本上是一致的，唯独"居""恩""宾"三韵读音有分歧：①因晋江方言无[ɯ]韵，故"居"韵读作[i]而不读作[ɯ]，其余方言均有[ɯ]韵；②唯独惠安话"宾"韵独作[en]外，泉州其余方言均读作[in]；③"恩"韵与"春"韵是对立的，既然"春"韵拟音作[un]，那么"恩"韵则根据南安、惠安、永春和德化方言拟音为[ən]。以上10韵中"东、郊、开、嘉、栽、嗟"诸韵，洪惟仁(1996年)、姚荣松(1988)、陈永宝(1987年)、樋口靖(1983年)、黄典诚(1983年)、王育德(1970年)均拟音为"⑪东[ɔŋ]、⑫郊[au]、⑬开[ai]、⑯嘉[a]、⑱栽[ɔ]、⑲嗟[ia]"；姚荣松(1988年)、黄典诚(1983年)"居"韵拟音为[ɯ]，洪惟仁(1996年)、王育德(1970年)"居"韵拟音为[i]，陈永宝(1987年)、樋口靖(1983年)"居"韵拟音为[ï]；王育德(1970年)"珠"韵拟音为[uɨ]，其余各家均拟音为[u]；洪惟仁(1996年)、王育德(1970年)"宾"韵拟音为[iin]，其余各家均拟音为[in]；洪惟仁(1996年)、王育德(1970年)"恩"韵拟音为[in]，姚荣松(1988年)、黄典诚(1983年)拟音为[ɤn]，陈永宝(1987年)拟音为[un]，樋口靖(1983年)拟音为[ən]。我们参考各家的拟音及泉州各县市方言的情况，将以上10韵分别拟测如下：⑪东[ɔŋ/ɔk]；⑫郊[au/auʔ]；⑬开[ai/aiʔ]；⑭居[ɯ]；⑮珠[u/uʔ]；⑯嘉[a/aʔ]；⑱栽[ɔ]；⑰宾[in/it]；⑲嗟[ia/iaʔ]；⑳恩[ən/ət]。

　　第三，《汇音妙悟》"西、轩、三、秋、箴、江、关、丹、金、钩"诸韵在泉州各个县市方言中的各自读音基本上是一致的，唯独"轩""箴""金"和"钩"四韵的拟音值得探讨：①"轩"韵除惠安话读作[en]外，其余方言均读作[ian]；②"箴"韵惠安方言读作[em]，其余方言均读作[əm]；③"关"韵和"管"韵是对立的，我们把"管"韵拟音为[uĩ]，那么"关"韵则拟音为[uãĩ]；④"金"韵惠安方言读作[em]，其余方言均读作[im]；⑤《汇音妙悟》"钩"韵和"郊"韵是对立的，但泉州各县市方言均读作[au]，我们把"郊"韵拟音为[au]，"钩"韵就拟音为[əu]。黄典诚在《泉州〈汇音妙悟〉述评》中指出："《汇音》'钩'[əu]，今存于永春、德化一带，泉州梨园戏师承唱念犹存此音，社会已并入'烧'[io]韵。"（《黄典诚语言学论文集》，厦门大学出版社2003年版）以上10韵中"西、轩、三、江、丹"诸韵，洪惟仁(1996年)、姚荣松(1988年)、陈永宝(1987年)、樋口靖(1983年)、黄典诚(1983年)、王育德(1970年)均拟音为"㉑西[e]、㉒轩[ian]、㉓三[am]、㉖江

[aŋ]、㉘丹[an]"；洪惟仁(1996年)、王育德(1970年)"秋"韵拟音为[iɨu]；洪惟仁(1996年)"箴"韵拟音为[ɨm]，姚荣松(1988年)、黄典诚(1983年)拟音为[ɤm]，陈永宝(1987年)、王育德(1970年)拟音为[ɔm]，樋口靖(1983年)拟音为[əm]；洪惟仁(1996年)"关"韵拟音为[uɨi~]，姚荣松(1988年)、陈永宝(1987年)、樋口靖(1983年)拟音为[ui.]，黄典诚(1983年) 拟音为[uaĩ]，王育德(1970年)拟音为[əĩ]；洪惟仁(1996年)、王育德(1970年)"金"韵拟音为[iɨm]，其余各家均拟音为[im]；洪惟仁(1996年)、樋口靖(1983年)"钩"韵拟音为[əu]，姚荣松(1988年)、黄典诚(1983年)拟音为[ɤu]，陈永宝(1987年)拟音为[ɔ]，王育德(1970年)拟音为[eu]。我们参考各家的拟音及泉州各县市方言的情况，将以上10韵分别拟测如下：㉑西[e/eʔ]；㉒轩[ian/iat]；㉓三[am/ap]；㉔秋[iu/iuʔ]；㉕箴[əm/əp]；㉖江[aŋ/ak]；㉗关[uaĩ]；㉘丹[an/at]；㉙金[im/ip]；㉚钩[əu]。

　　第四，《汇音妙悟》"川、乖、兼、管、生、基、猫、刀、科、梅"诸韵除了"官"韵注"漳腔"，其余方言在泉州各个县市方言中的各自读音基本上是一致的。其中"兼"、"生"和"科"三韵值得探讨：（1）"兼"韵唯独惠安话读作[em]，其余方言均读作[iam]；（2）"生"韵惟独南安话读作[əŋ]、惠安话读作[eŋ]外，其余方言均读作[iŋ]；（3）"科"韵惟独晋江话读作[o]，其余方言均读作[ə]。"生"韵与"卿"韵是对立的，既然"卿"韵拟音作[iŋ]，那么"生"韵只能根据南安方言拟音为[əŋ]。以上10韵中"川、乖、兼、猫、刀、科、梅"诸韵，洪惟仁(1996年)、姚荣松(1988年)、陈永宝(1987年)、樋口靖(1983年)、黄典诚(1983年)、王育德(1970年)均拟音为"㉛川[uan]、㉜乖[uai]、㉝兼[iam]、㊲猫[ia.u]、㉘刀[o]、㊴科[ə]、㊵梅[m]"。洪惟仁(1996年)、黄典诚(1983年)"管"韵拟音为[uĩ]，姚荣松(1988年)拟音为[uai.]，陈永宝(1987年)拟音为[ŋ]，王育德(1970年)拟音为[uĩ]；洪惟仁(1996年)"生"韵拟音为[iŋ]，姚荣松(1988年)、黄典诚(1983年)拟音为[ɤŋ]，陈永宝(1987年)拟音为[iŋ]，樋口靖(1983年)、王育德(1970年)拟音为[əŋ]；王育德(1970年)"基"韵拟音为[ii]。我们参考各家的拟音及泉州各县市方言的情况，将以上10韵分别拟测如下：㉛川[uan/uat]；㉜乖[uai/uaiʔ]；㉝兼[iam/iap]；㉞管[uĩ]；㉟生[əŋ/ak]；㊱基[i/iʔ]；㊲猫[iaũ]；㉘刀[o/oʔ]；㊴科[ə/əʔ]；㊵梅[m]。

　　第五，《汇音妙悟》"京、鸡、毛、青、烧、风、箱、弍、熊、嘐"诸韵除了"鸡"韵外，其余方言在泉州各个县市方言中的各自读音基本上是一致的。鲤城区、晋江、南安方言"鸡"韵有[e]、[ue]二读，安溪、惠安、永春、德化方言只有[ue]一读，而"鸡"韵与"西""杯"二韵是对立的，既然"西"韵拟音作[e]，"杯"韵拟为[ue]，那么，我们就将"鸡"韵拟为[əe]。上10韵中"京、烧、风、弍、熊、嘐"诸韵，洪惟仁(1996年)、姚荣松(1988年)、陈永宝(1987年)、樋口靖(1983年)、黄典诚(1983年)、王育德(1970年)均拟音为"㊶京[iã]、㊺烧[io]、㊻风[uaŋ]、㊽弍[ã]、㊾熊[aĩ]、㊿嘐[ãu]"。洪惟仁(1996年)"鸡"韵拟音为[əe]，姚荣松(1988年)拟音为[ɤi]，陈永宝(1987年)拟音为[ue]，樋口靖(1983年)、王育德(1970年)拟音为[əi]，黄典诚(1983年)拟音为[ɯe]；王育德(1970年)"毛""青"二韵分别拟音为[iŋ]和[ii]，其余各家均拟音为[ŋ]和[ĩ]；姚荣松(1988年)"箱"拟音为[iɔ̃]，王育

(1970)拟音为[iiū]，其余各家均拟音为[iu̠]。我们参考各家的拟音及泉州各县市方言的情况，将以上10韵分别拟测如下：㊶京[iɑ̃]；㊷鸡[əe]；㊸毛[ŋ]；㊹青[ĩ]；㊺烧[io]；㊻风[uaŋ]；㊼箱[iũ]；㊽弎[ɑ̃]；㊾燹[ɑ̃i]；㊿嘜[ɑ̃u]。

《汇音妙悟》50个韵部中"春、朝、飞、花、香、欢、高、东、郊、开、珠、嘉、宾、莪、嗟、三、秋、江、关、丹、川、乖、基、猫、刀、梅、京、毛、青、烧、风、箱、弎、燹、嘜"等35韵在泉州各个县市方言中的各自读音基本上是一致的。有争议的韵部主要有："卿""居""恩""杯""宾""西""轩""箴""金""钩""兼""生""科"和"鸡"十四韵。

通过上表比较，我们发现：《汇音妙悟》50个韵部中最能反映泉州方音特点的韵部是"居[ɯ]、恩[ən]、箴[əm]、钩[əu]、生[əŋ]、科[ə]、鸡[əe]"。其中钩[əu]与郊[au]、鸡[əe]与杯[ue]在现代泉州方言中很难加以区别，其余5个韵部则反映了泉州各县市方言的语音特点：

（1）居[ɯ]：《汇音妙悟》有居[ɯ]、珠[u]、基[i]三韵的对立，除了晋江话无居[ɯ]韵外，三韵的对立反映了鲤城、南安、安溪、惠安、永春、德化方言的语音特点。

（2）恩[ən]：《汇音妙悟》有恩[ən]与宾[in]的对立，唯独鲤城区、晋江话、安溪话无此恩[ən]，而南安、惠安、永春、德化方言均有[ən]韵，存在[ən]与[in]的对立。因此，恩[ən]与宾[in]的对立，反映了南安、惠安、永春、德化的方音特点。

（3）箴[əm]：泉州各个县市均有箴[əm]韵，唯独惠安话无此韵，反映了鲤城、晋江、南安、安溪、永春、德化等地的方音特点。

（4）钩[əu]：根据黄典诚考证认为，"《汇音》钩[əu]，今存于永春、德化一带，泉州梨园戏师承唱念犹存此音。"（《黄典诚语言学论文集》，厦门大学出版社2003年8月版）

（5）生[əŋ]：唯独南安话有生[əŋ]韵，泉州其余县市均无此韵，反映了南安的方音特点。

（6）科[ə]：唯独晋江话无科[ə]韵，泉州其余县市均有此韵，反映了鲤城、南安、安溪、惠安、永春、德化等地的方音特点。

（7）鸡[əe]：此韵与杯[ue]韵在现代泉州方言中很难加以区别，旧时梨园戏、南音还唱"鸡"为[əe]音。

"居[ɯ]、恩[ən]、箴[əm]、生[əŋ]、科[ə]5个韵部俱全者，只有南安话；具有居、恩、箴、科4个韵部者，只有永春话；具有"居、箴、科"3个韵部者，除了鲤城区、安溪话外，惠安话也有3个韵部（居、恩、科）；唯独晋江话只具有1个韵部（箴）。因此，我们认为，《汇音妙悟》应该是综合泉州地区各方音特点编撰而成的，但更侧重于南安方音的特点。

根据上文的比较分析，现将《汇音妙悟》50个韵部92个韵母拟音如下表：

①春[un/ut]	②朝[iau/iauʔ]	③飞[ui/uiʔ]	④花[ua/uaʔ]	⑤香[ioŋ/iok]	⑥欢[uã/uãʔ]
⑦高[ɔ/ɔʔ]	⑧卿[iŋ/ik]	⑨杯[ue/ueʔ]	⑩商[iaŋ/iak]	⑪东[ɔŋ/ɔk]	⑫郊[au/auʔ]
⑬开[ai/aiʔ]	⑭居[ɯ]	⑮珠[u/uʔ]	⑯嘉[a/aʔ]	⑰宾[in/it]	⑱ㄞ[ɔ̃]
⑲嗟[ia/iaʔ]	⑳恩[ən/ət]	㉑西[e/eʔ]	㉒轩[ian/iat]	㉓三[am/ap]	㉔秋[iu/iuʔ]
㉕箴[əm/əp]	㉖江[aŋ/ak]	㉗关[uãi]	㉘丹[an/at]	㉙金[im/ip]	㉚钩[əu]
㉛川[uan/uat]	㉜乖[uai/uaiʔ]	㉝兼[iam/iap]	㉞管[uĩ]	㉟生[əŋ/ək]	㊱基[i/iʔ]
㊲猫[ia . u]	㊳刀[o/oʔ]	㊴科[ə/əʔ]	㊵梅[m]	㊶京[iã/iãʔ]	㊷鸡[əe/əeʔ]
㊸毛[ŋ/ŋʔ]	㊹青[ĩ/ĩʔ]	㊺烧[io/ioʔ]	㊻风[uaŋ/uak]	㊼箱[iũ/iũʔ]	㊽弍[ã/ãʔ]
㊾熊[ãi/ãiʔ]	㊿嘟[ãu]				

4.《汇音妙悟》声调系统

《八音念法》：春蠢寸出恂惷寸怵　麘砻嫩等伦忷论律　英影应益荣郢咏亦　方访放福皇奉凤伏。

《圈破法式》：　上　去　　　上　去
　　　　　　　　　　行　　　　乐
　　　　　　　平　入　　　平　入

现将《汇音妙悟》声调系统列表如下：

声 调	例字	音标	例字	音标	例字	音标	例字	音标
上 平	春	⊂tsʻun	麘	⊂lun	英	⊂iŋ	方	⊂hɔŋ
上 上	蠢	⊂tsʻun	砻	⊂lun	影	⊂iŋ	访	⊂hɔŋ
上 去	寸	tsʻun⊃	嫩	lun⊃	应	iŋ⊃	放	hɔŋ⊃
上 入	出	tsʻut⊃	等	lut⊃	益	ik⊃	福	hɔk⊃
下 平	恂	⊂tsʻun	伦	⊂lun	荣	⊂iŋ	皇	⊂hɔŋ
下 上	惷	⊂tsʻun	忷	⊂lun	郢	⊂iŋ	奉	⊂hɔŋ
下 去	寸	tsʻun⊃	论	lun⊃	咏	iŋ⊃	凤	hɔŋ⊃
下 入	怵	tsʻut⊃	律	lut⊃	亦	ik⊃	伏	hɔk⊃

上表虽分出8个声调，但实际上"上去"和"下去"有混淆之处。如"寸"字，中古属清母恩韵，应属上去调而不属下去调，而《汇音妙悟》既把"寸"字归上去调，又归入下去调；"寸"字在漳州韵书《汇集雅俗通十五音》就属"出母君韵上去声"。又如"嫩"字，中古属泥母恩韵，应属下去调而不属上去调；"嫩"字在漳州韵书《汇集雅俗通十五音》就属"入母君韵下去声"。"上去调和下去调相混现象"在《汇音妙悟》中是普遍存在的。

黄典诚在《泉州〈汇音妙悟〉述评》中指出，"目前泉州阴去、阳去已不能分，只读一个42的降调。因此《汇音》全书阴去、阳去之分，纯出形式上的求全，没有实际口语的根据。"（《黄典诚语言学论文集》，厦门大学出版社2003年版）洪惟仁在《〈汇音妙悟〉与古代泉州音》中也说："《汇音妙悟》虽号称有八音，事实上阴去与阳去完全混淆，显见作者分不清阴阳去，只为了凑合成《八音》，才勉强地划分为阴去和阳去。廖纶玑所著《拍掌知音》是泉州音韵图。他认为阴去阳去既不能分，何必强分为二，于是把所有去声字都归入第七声（阳去），在第二声（阴去）栏内，标示（七）字，表示读同第七声。"（《〈汇音妙悟〉与古代泉州音》，文史哲出版有限公司1994年版）黄、洪二位先生的观点是对的。

现代泉州鲤城话阴去和阳去相混为一调，平、上、入三声各分阴阳，共为七调，安溪话、惠安话和德化话与此相同，也是七调；晋江话阴上和阳上混为一调，阴去和阳去相混为一调，平、入二声各分阴阳，共为六调；南安话平、上、去、入四声各分阴阳，共为八调；永春话阴阳去分得清楚，阳上归阳去，平、入二调各分阴阳，共为七调，与漳州、厦门、台湾一样。根据比较，我们认为，《汇音妙悟》声调系统与泉州鲤城话的声调系统更加一致。

5.《汇音妙悟》声韵调配合表及其语音层次分析

《汇音妙悟》属于最早的闽南方言韵书，在韵书的编排上远不如《汇集雅俗通十五音》那么清楚，韵字归调上那么分明，因此有必要对其声韵调配合进行一番梳理。《汇音妙悟》五十个韵部，除"嘮"韵之外，共49幅韵图。每幅韵图中的韵目、韵字中有著者的许多标注，如"解""土解""土""土音""土话""俗解""正""漳腔"等字眼，表示四种语音层次：①表示泉州方言的文读音；②表示泉州方言土语和泉州方言俗语的读法；③表示当时的"正音"；④表示韵书收录其他方音"漳腔"。以下设计每韵的声韵调配合表，并进行语音层次的分析。

(1)春[un/ut]　此韵以文读音为主，但夹杂少数泉州土语和其他方音。如："分，土解，-物"；"喷，土解，-穴"；"睡，土解，卧也"；"越，土解，-过"；"醍，秦人语。"前四例为泉州土语，后一例为秦人语。

(2)朝[iau/iauʔ]　此韵以文读音为主，但夹杂少数泉州土语。如："鮡，土解，花-"；"柱，土解，橼-"；"鸟，土解，飞禽也"；"尧，土"；"剿，土"；"獠，土"。

(3)飞[ui/uĩ]　此韵以文读音为主，但夹杂泉州土解、俗解。如："蘽，土，花-"；"劏，土，-子手"；"唾，土解，口-"；"梯，解，阶-"；"挖，土解，-空"；"血，土解"；"口，俗解"。书中还夹杂少数正音，如："彼，正"；"芮，正，草坐貌"；"岁，正，-月"。

(4)花[ua/uaʔ]　此韵以文读音为主，但夹杂泉州土解、土话、俗解。如："簸，土话，-箕"；"跋，解，-倒"；"割，土解，刀-"；"柯，土解，-树"；"泼，解，-水"；"破，解，物-"；"纸，解，-华"；"蝥，土话，叭-"；"砂，解，-五"；"续，俗解，相连接-"；"活，解，死-"；"抹，解，塗-"；"磨，解，-刀"；"我，解，白日也"；"外，解，出-内-"；"掇，土解"；"蔡，解，-姓也"；"斜，土解，不正"。

(5)香[ioŋ/iɔk]　此韵以文读音为主，但夹杂极少数的泉州土解。如："怅，土，惆怅，失意"；"慼，土，-急也"；"涩，土，寒-"。

(6)欢（解）[uã/uãʔ]　此韵以白读音为主，基本上均注明泉州土音、解、土话、解土话。如："滩，土音，水-"；"拦，解，-人"；"液，解，口-也"；"搬，解，-运"；

"砵，解，缸-"；"盘，解，所以盛物"；"绊，解，繫也"；"跋，解，什也"；"宽，土音"；"煎，解土话，用火之"；等等。

（7）高[ɔ/ɔʔ]　此韵以文读音为主，但夹杂少数的泉州土解、土音。如："滷，解"；"糊，解，粘也"；"簿，解，手版，数簿"；"箍，解，-捕"；"土，解，-脚"；"胡，土，牛颔下悬肉也"；"湖，土，五-"；"瑚，土音"；"荷，土，芙蓉负-"；"舞，解"；"五，解，数名"。

（8）卿[iŋ/ik]　此韵以文读音为主，但夹杂部分的泉州土解、土音。如："贫，解，急也"；"弓，解，-矢"；"茎，土，草木干也"；"筐，解，"；"柟，解土音，-珠,木名"；"重，解，千-万-"；"层，解"；"众，解，人"；"甕，解，-菜"；"狱，解，牢-"；"玉，解，宝-"。

（9）杯[ue/ueʔ]　此韵以文读音为主，但夹杂部分的泉州土解、土音。如："餒，土，同上"；"八，解，数名"；"瓜，解，菜-生-"；"兑，土，卦名，-物"；"批，土音，-札"；"稗，土羌，-子"；"最，土，尤也胜也"；"贅，土，进-"；"綏，土，之缨结于颔下"；"醿，土，-宾，律名"；"灰，土，过火为-"；"话，解，说-"；"画，解，-花"；"买，解，-卖"；"卖，解，买-"；"花，解，-花"。

（10）商[iaŋ/iak]　此韵以正音为主，但夹杂个别泉州方音。如："江，正"；"讲，正"；"先，正，-后"；"赏，正，给"；"勇，正，有力"；"用，正，应-"；"清，正"；"唱，正，-曲"；"香，正，花-"。"褥"就是泉州方音。

（11）东[iɔŋ/iɔk]　此韵以文读音为主，但夹杂个别泉州土音和正音。如："屆，土音，-耐"；"末，正，木-"。

（12）郊[au/auʔ]　此韵文、白读音杂糅，凡白读音均注明解、土解、土、俗音、土诗。如："蓼，解，-花"；"流，解，水-"；"刘，解，姓也"；"留，解，-人"；"老，土解，人多岁也"；"漏，解，更-"；"庖，土，-厨也"；"猴，解，猿-也"；"大，解，猪-"；"厚，解，不薄也"；"闸，解，拈-"；"哭，土解，"；"兜，土解"；"斗，解，升-"；"陡，解，-健"；"投，解，-人"；"荳，解，红-小-"；"炮，土诗，-仔"；"袍，土解，-褂"；"偷，解，做贼也"；"头，土解，首也"；"透，土解，-过"；"糟，解，酒-"；"走，解，行-"；"找，俗音，-还"；"棹，土音，般-"；"扫，解，-酒"；"嗽，解，-口"；"瓯，解，汤-"；"喉，解，口-"；"后，解，前-"；"操，解，-练"；"侯，土解，姓也"；"硗，土，薄也"。

（13）开[ai/aiʔ]　此韵文、白读音杂糅，凡白读音均注明解、土解、土，也注明正音。如："簛，土，平斗斛也"；"逮，土，及也"；"歹，土，好-"；"篩，土，旅流飞扬貌"；"杀，土解，-人"；"知，解，晓也"；"脐，解，肚-"；"狯，俗解，豸字"；"使，土解，差"；"屎，土解，粪也"；"菡，解，大使也"；"西，解，东-"；"狮，解，-象"；"事，解，服也"；"使，土解，称公大夫曰-"；"眉，土解，目-"；"楣，解，门-"；"买，正，-物也"；"卖，正，-货也"。

(14)居[ɯ] 此韵以文读音为主，但夹杂部分泉州土解、土音和个别正音。如："猪，土解，-犬"；"杼，土，机-梭也"；"抒，土，挹也"；"锄，土，-头"；"蒢，土田一岁曰-"；"渚，土，-州"；"煮，土，烹也"；"书，解，读-"；"鼠，土音，鸟-"；"鱼，解，-虾"；"具，正，俱也"。

(15)珠[u/uʔ] 此韵文、白读音杂糅，凡白读音均注明土音、解、土。如："屡，土音，数也"；"瓠，解，-靴"；"韭，解，-菜"；"久，解，名日"；"具，土，备也"；"衢，土，街-"；"舅，解，母-妻-"；"旧，解，新-"；"坵，解，田-"；"臼，解"；"浮，解，水上-也"；"乳，土，孩儿所吸"；"瘤，土，病也"；"椀，土，苦杯"；"有，解，-无"；"牛，解，耕-"；"厝，解，人所居"。

(16)嘉[a/aʔ] 此韵文、白读音杂糅，凡白读音均注明土音、土解、土话，还有少数注明正音。如："脊，解，脂油"；"蜡，解，-烛"；"饱，解，食-"；"百，解，十十曰-"；"甲，土解，十干长也"；"胶，解，水-"；"咬，解，齧也"；"笐，俗解，-历"；"足，解，手-"；"脚，土解"；"阖，解，开-"；"礁，土，地名"；"搭，解，-影-棚"；"踏，解，足-也"；"打，土解，-铁"；"截，土，-人"；"搓，解，-线"；"押，土，-人"；"遏，土话，-邋"；"鸭，土解，鸡-"；"肉，土话"；"猫，土，能食鼠也"；"觅，土，-事也"；"炒，解，-物"；"插，解，栽-"；"李，土，自也"；"箸，解，竹也"；"柞，正"；"马，正，牛-"；"骂，正，詈也"。

(17)宾[in/it] 此韵文、白读音杂糅，凡白读音均注明土解、土话，还有少数注明正音。如："乳，解，小儿吸"；"禀，土，资叩-"；"篦，土解，风-"；"急，土话，着-"；"绢，土，绘也"；"轻，解，-重"；"籭，解，斜-草-"；"绳，土解，索"；"织，土，-布"；"熄，解，火-"；"稝，土解，作-"；"忆，解，记-"；"应，解，-对"；"清，解，烧-"；"秤，解，-物轻重"；"眩，土解，头-"；"巾，正，手-纱-"；"银，正，白金"；"欣，正，喜也"。

(18)栈[ɔ̃] 此韵乃鼻化韵，属白读音。

(19)嗟[ia/iaʔ] 此韵文、白读音杂糅，凡白读音均注明土解、土音，还有少数注明正音。如："掠，土解，-人"；"壁，解，墙-"；"崎，土解"；"蒻，解，降"；"寄，解，-物托也"；"屐，解，木-"；"撆，土解，-起"；"直，土解，-头"；"哥，土解，双-"；"隙，解，空-"；"立，解，坐-"；"树，土解，-起"；"摘，解，-花"；"糶，解，-谷"；"僻，解，偏-"；"甓，解，砖-"；"食，解，饮也"；"益，土解，进-"；"厌，土解，不-"；"易，土音，-经"；"驿，土解，-站"；"蝶，土解，尾-"；"鹅，解，似鸭"；"额，解，照-"；"筲，土解，-箕"；"赤，解，-色"；"家，正，室-"。

(20)恩[ən/ət] 此韵文、白读音杂糅，凡白读音均注明土。如："巾，土，佩也头-也"；"靳，土，吝也"；"扢，土，磨也"；"讫，土，尽也"；"齕，土，齧也"；"迄，土，至也"；"核，土，果中实也"；"樴，土，-"；"虩，土，使宧也"。

(21)西[e/ẽ] 此韵文、白读音杂糅，凡白读音均注明解、土解、土。如："伯，解，父之兄"；"钯，土解，兵器"；"笓，解，-梳"；"父，俗解，子称父也"；"耙，解，犁-"；"白，解，-色"；"帛，土解，脚-"；"假，解，真-"；"鸡，土，-肉"；"格，解，-式"；"枷，解，颈刑"；"低，土解，高-"；"嫁，解，娶-"；"架，解，-物"；"蹊，土，-跷"；"客，解，人-"；"茶，解，-心"；"堤，土，甏-也"；"低，土，高之反"；"提，土，-携"；"宅，土解，厝-"；"仄，土，正-"；"疢，解，着-"；"纱，解，纺-"；"墙，土"；"胡，土解，颈-"；"下，解，土-"；"马，解，牛-"；"麦，解，大-"；"牙，解，象-"；"芽，解，象-"；"册，解"；"差，解，公-"；"咳，解，-嗽"；"下，土解，授-"；"夏，解，-天"。

(22)轩[ian/iat]　此韵以文读音为主，但夹杂部分泉州土音和个别正音。如："憨，土，促也"；"夐，土，戟也"；"跌，土，蹶也"；"填，土，-数"；"讪，土，谤也"；"渊，土，深也"；"嫺，土，婚-"；"嫁，土，姻-"；"俴，土，浅也"；"彦，正，美土也"。

(23)三[am/ap]　此韵以文读音为主，但夹杂少数泉州土音和个别正音。如："咁，解，-乳"；"衔，土解，吊物"；"针，解，-线"；"十，解，数名"；"含，土，包-"；"咸，土，皆也"；"擦，正，摩也"；

(24) 秋[iu/iũ]　此韵以文读音为主，但夹杂部分泉州土音和个别正音。如："羑，土，道也"；"鸠，土，木鸟-聚"；"樛，土，木枝垂曲"；"球，土，琉-"；"去，土，一去不返也"；"肘，土，臂-"；"惆，土，-张悲愁"；"丑，土，辰名"；"岫，土，山-"；"遒，土，聚也"；"醜，土，恶也"；"手，解，脚-"；"赎，土解，-田-物"；"树，解，-木"；"裘，解，衫-皮-"；"呦，土，鹿鸣"；"头，正，-面"。

(25)箴[əm/əp]　此韵以文读音为主，但夹杂少数泉州土音。如："笞，土，姓也"；"痒，土，寒病"；"欣，土，喜也"；"忻，土，欢-"。

(26)江[aŋ/ak]　此韵文、白读音杂糅，凡白读音均注明解、土解、土。如："笼，解，箱-"；"漉，解，-下也"；"人，解，对己之称"；"垅，解，土-，"；"胀，解，-他"；"弄，解，戏-"；"六，解，数名"；"陆，解，同上"；"绑，土，缚"；"枋，解，门-"；"放，解，去也"；"兆，解，南-"；"腹，解，心-"；"房，解，-屋"；"逢，解，相-"；"缚，解，细-"；"菊，解，-也"；"空，解，无也"；"控，俗解，破-"；"确，土，-实坚也"；"冬，解，秋-"；"东，解，-朔"；"董，解，立也又姓"；"冻，解，冰-"；"铜，解，赤金"；"重，解，不轻也"；"毒，解，害也"；"香，解，-味"；"纺，解，-纱"；"捧，解，-物"；"窗，解，门-"；"捅，解，水-"；"可，解，-也"；"托，解，-物"；"虫，解，介鳞总名"；"通，土解，相-"；"梭，解，-索"；"总，土解，髻-"；"株，土解"；"丛，土解，"树-"；"粽，解，角黍"；"鬆，解，髪也"；"宗，解，国名"；"束，土解，"；"送，解，相-"；"汪，解，姓也"；"翁，解，老-"；"洪，解，姓也"；"红，解，-色"；"瓮，解，汲水缸-"；"沃，土，-水"；"蚊，土解，-虫"；"染，土解，-着"；"茫，土解，杏-"；"庞，解，-杂"；"芒，解，草-"；"网，土解，鱼-"；

"望，解，达-"；"梦，解，眠-"；"目，解，眼也"；"木，解，柴-"；"墨，解，笔-"；"葱，解，-菜"；"聪，解，-明"；"谎，解，-人"；"酿，土解，-酒"；"肛，解，-肿"。

(27)关[ua.i.] 此韵乃鼻化韵，属文、白音杂糅，凡白读音均注明解、土解。如："反，解，-正"；"畔，土解，对-"；"梗，土解，利-"；"高，解，-低"；"县，解，府-"。

(28)丹[an/at] 此韵文、白读音杂糅，凡白读音均注明解、土解、土。如："铃，解，有声"；"鳞，解，鱼-"；"瓶，解，酒-"；"别，土解，人"；"结，解，打-"；"牵，解，引也"；"磬，解，乐器"；"㦸，解，所以泄水"；"曾，解，姓也"；"节，解，竹节"；"鲗，土解，目-"；"芰，土，刈也"；"产，土，业也"；"虱，土解，-母"；"瘦，解，肥-"；"挽，土，引也"；"闽，土，八-"；"密，解，细-"；"岸，土，崖也"；"潺，土，-湲水流貌"；"漆，解，用以饰椅棹"；"田，解，-地"；"衬，解，旁-"；"贼，解，盗偷也"。

(29)金[im/ip] 此韵以文读音为主，只夹杂少数泉州土音。如："忍，土，安不仁也"；"熊，解，兽名，-掌"；"雄，解，同上"。

(30)钩[ou] 此韵以文读音为主，只夹杂少数泉州土音。如："蒐，土，聚人民又治兵"；"愁，土，悲也，忧也"；"浮，土，汎也"。

(31)川[uan/uat] 此韵以文读音为主，只夹杂部分泉州土音。如："篆，土，-刻文字"；"愽，土，忧劳也"；"团，土，-圆"；"溥，土，--多须"；"煅，土，-练"；"搏，土，以手团之"；"馔，土，饮食也"；"撰，土，造也事也"；"缵，土，继也"；"选，土，-举择也"；"狟，土，貉之子"；"村，土，聚落也"。

(32)乖[uai/uaiʔ] 此韵以文读音为主，只夹杂个别正音。如："劇，正，割也"。

(33)兼[iam/iap] 此韵以文读音为主，只夹杂少数泉州土音。如："沾，土，益也"；"砧，土，铁-"；"聃，土，小耳垂貌"；"襜，土，蔽膝也"；"暂，土，不又也"；"佔，土，霸-"；"岩，土，山-"；"嫌，土，疑也"。

(34)管（漳腔）[ui.] 此韵为漳腔，泉州腔是无此韵母的。

(35)生[əŋ/ək] 此韵以文读音为主，只夹杂少数泉州土音。如："崩，土，坏也"；"彭，土，行也"。

(36)基[i/iʔ] 此韵韵字特别多，其语音层次有三：一是文读音；二是正音；三是白读音。正音为数不少，如："力，正，勇-也"；"必，正，期-也"；"弼，正，良-"；"甲，正，长也"；"及，正，建也"；"乞，正，求也"；"憂，正，载也"；"质，正，-朴"；"梯，正，阶-"；"体，正，身-"；"剔，正，削去毛也"；"啼，正，小儿哭也"；"弟，正，兄-"；"地，正，天-"；"狄，正，夷-"；"一，正，数之始"；"逸，正，放-"；"惟，正，独也"；"迷，正，-乱"；"密，正，细-"；"倪，正，小儿也"；"诣，正，至也"；"逆，正，不顺也"。白读音也不少，如："裂，解，物也"；"痣，解，黑-"；"枝，解，倒-"；"忌，土，惮也"；"蜞，解，虫名"；"碟，解，碗"；"鼻，解，-目"；"褙，土，革也"；"铁，解，铜-"；"苔，解，青-"；"接，土解，相-"；"舐，土，以舌取食物也"；"舌，解，口-"；"摺，土解，卷-也"；"折，土解，木-也"；"字，解，作-"；"廿，土字，二十也"；"死，解，亡也"；"电，解，-妈"；"薛，解，姓也"；"四，解，数目"；"蚀，解，削-"；"食，解，-物"；"壹，土，专也"；"维，土，繫也，四-"；"饴，土解，蜂-"；"美，土，好也"；"楣，土，门上横梁"；"眉，土，目上毛"；"郿，土，地名"；"媚，土，爱也"；"篾，解，竹-"；"疑，土，不定也"；"叱，土，叱咤，发怒也"；"刺，土，讥也"；"耳，解，-仔"。

(37)猫（土解）[iāu] 此韵均为白读音。书中注明"土解"和"有音无字"。

(38)刀[o/oʔ] 此韵以文读音为主，只夹杂少数泉州土音。如："笔，土解，殆-"；"落，解，花-"；"高，解，姓也"；"波，土，风-"。

(39)科（解）[ə/əʔ] 此韵注明"解""此音俱从俗解"，均属白读音。如："捻，土解，手-也"；"葵，土解，-扇"；"鯇，土，-鲛"。

(40)梅[m] 此韵注明"有音无字"，只有两个字，均属白读音。如："姆，土音"；"不，土话，不也"。

(41)京[iā/iāʔ] 此韵注明"此一字音俱从俗解"，属白读音。如："掠，土音，力俗解"；"乒，土话，放-"；"益，土话，进-"；"飑，土解，-米"；"颜，土话，-厝"。

(42)鸡（解）[əe/əeʔ] 此韵注明"解"、"此字母俱从俗解"，属白读音。

(43)毛(解)[ŋ/ŋʔ] 此韵注明"解"、"此音俱从俗解"，属白读音。

(44)青[ĩ/ĩʔ] 此韵注明"此音只有耳字一声属土音，余俱俗解"，属白读音。如："镊，土话，捏-"；"结，土解，-石"；"满，土解，盈也"；"斤，土解，成"。

(45)烧[io/ioʔ] 此韵注明"解"、"此音俱从俗解"，属白读音。

(46)风[uaŋ/uak] 此韵注明"此一音有声无字"，只有五个字。"光"和"闯"应为正音，"风"、"放"、"伏""袱"均为土音。

(47)箱[iũ/iũʔ] 此韵注明"此一字俱从俗解"，属白读音。

(48)三[ã/ãʔ] 此韵注明"此一字母只有文语二韵从土音，余皆俗解"，属白读音。

(49)熊[ãi/ãiʔ] 此韵注明"此字母只有柳字平上二声及文字上去一声从土音，余俱俗解"，属白读音。

(50)嘐[āu] 按：《汇音妙悟》一书前"字母法式"中"嘐"韵目下注："有音无字"。

综上所述，我们发现《汇音妙悟》五十字母所属韵图韵目旁有以下几种情况：

第一，韵目旁没有任何标注，基本上以文读音为主。如："春、朝、飞、花、香、高、卿、杯、商、东、郊、开、居、珠、嘉、宾、莪、嗟、恩、西、轩、三、秋、箴、江、关、丹、金、钩、川、乖、兼、生、基"。但也不尽然，如"关"韵，《汇音妙悟》正文之前就有《字母法式》："关土解~门"，应属白读音。又如"莪"韵，属鼻化韵，也应属白读音。

第二，韵目旁标注"解""土解""此一音俱从土解""此音俱从俗解""此一字音俱从俗解"，基本上是以白读音为主。如："解欢""土解猫有音无字""刀此一音俱从土解""解科此音俱从俗解""俗解梅有音无字""京此一字音俱从俗解""解鸡此字母俱从俗解""解毛此音俱从俗解"

"青此音只有耳字一声属土音，馀俱俗解" "解烧此音俱从俗解" "风此一音又声无字" "箱此一字俱从俗解" "三此一字母只有文语二韵从土音，馀皆俗解" "熊此字母只有柳字平上二声及文字上去一声从土音，馀俱俗解"。

第三，韵目旁标注"漳腔"，表示"管"韵属漳州方音，而非泉州方音。

第四，《汇音妙悟》正文之前有《字母法式》："嘐有音无字"，表示该韵部无韵字。

我们还注意到《汇音妙悟》各韵韵字中还标注了"土解""土音""俗解""土话""土""解"、这样的字眼，即使是以文读音为主的韵部里也出现这样的字眼，说明文读韵之中还夹杂者泉州的文读音。但文白读音杂糅程度不一，或较为严重，如"郊、开、嘉、嗟、西、秋、江、丹"；或较为少数，如"春、朝、飞、香、高、卿、东、居、珠、轩、三、金、钩"。韵书中的正音也不同程度地反映出来，或基本上注明"正"音的，如"商"韵；或文读、白读、正音杂糅在一起，如"基"韵既是这种情况。

四　清·廖纶玑撰《拍掌知音》音系研究

（一）《拍掌知音》的作者、成书时间及其凡例

《拍掌知音》，全称为《拍掌知音切音调平仄图》，作者为清代建阳廖纶玑。此书大约成书于康熙年间。久佚，1979年《方言》刊载了厦门大学黄典诚先生所藏叶国庆先生赠本《拍掌知音》木刻本一册，原书8.8cm × 13.5cm，板框7.8cm × 11.5cm。凡例上中下3页，正文18页，每页2图，共三十六图。扉页中刻"拍掌知音"，右上刻"连阳廖纶玑撰"，下款"梅轩书屋藏"。正文中缝上刻"拍掌知音切音调平仄图"，下刻"芹园藏版"。韵图是单音字表，韵书则是同音字表而略加解释。

《拍掌知音切音调平仄图》凡例八则，告诉我们这样一些信息：①该韵图共有36个韵部，查某字的读音可到各幅韵图中去查找；②图中有音无字者，都用○圈表示；③本韵图只有下去声，上去声与下去声同，用匕字示之，上去声间有采字填下者，是为了凑全八字；④呼韵法，即从某韵图中的十五音纵查所要查寻的音节；⑤调声法，即从某韵图中横查8个声调，即上平、上上、上去、上入、下平、下上、下去、下入，从而找出所要的韵字；⑥切音法，即反切上字定其声母，反切下字定其韵母和声调。

（二）《拍掌知音》声母系统

《拍掌知音切音调平仄图》"凡例八则"中的"十五音"：柳里 边妣 求杞 去起 地底 颇鄙 他耻 争只 入尔 时弛 英椅 文美 语蚁 出齿 喜喜。

现将《拍掌知音》"十五音"与现代泉州各个县市方言声母比较如下表：

拍掌知音	柳	边	求	去	地	颇	他	争	入	时	英	文	语	出	喜
鲤城话	l/n	p	k	k'	t	p'	t'	ts	—	s	∅	b/m	g/ŋ	ts'	h
晋江话	l/n	p	k	k'	t	p'	t'	ts	—	s	∅	b/m	g/ŋ	ts'	h
南安话	l/n	p	k	k'	t	p'	t'	ts	—	s	∅	b/m	g/ŋ	ts'	h
安溪话	l/n	p	k	k'	t	p'	t'	ts	—	s	∅	b/m	g/ŋ	ts'	h
惠安话	l/n	p	k	k'	t	p'	t'	ts	—	s	∅	b/m	g/ŋ	ts'	h
永春话	l/n	p	k	k'	t	p'	t'	ts	dz	s	∅	b/m	g/ŋ	ts'	h
德化话	l/n	p	k	k'	t	p'	t'	ts	—	s	∅	b/m	g/ŋ	ts'	h

　　泉州各县市方言加括弧的[m]、[n]、[ŋ]是[b]、[l]、[g]的音位变体。当[b]、[l]、[g]与鼻化韵相拼时，就分别变成了[m]、[n]、[ŋ]。如"溜"读作[liu]，"微"读作[bui]，"牛"读作[giu]，"林"读作[nã]，"骂"读作[ma.]，"雅"读作[ŋã]。《拍掌知音》中的"入"母字均为《广韵》中的日母字，在泉州各县市方言中惟独永春话读作[dz],而其余方言则读作[l]或[n]。

　　因此，《拍掌知音》声母系统如下表：

十五音	韵字	十五音	韵字	十五音	韵字	十五音	韵字	十五音	韵字
柳[l/n]	里	边[p]	妣	求[k]	杞	去[k']	起	地[t]	底
颇[p']	鄙	他[t']	耻	争[ts]	只	入[z]	尔	时[s]	弛
英[∅]	椅	文[b/m]	美	语[g/ŋ]	蚁	出[ts']	齿	喜[h]	喜

　　（三）《拍掌知音》韵母系统
　　《拍掌知音》有36个字母，即：

①连	②卵	③里	④鲁	⑤两	⑥令	⑦郎	⑧仑	⑨能	⑩吝
⑪栏	⑫廉	⑬览	⑭林	⑮巴	⑯来	⑰礼	⑱劳	⑲内	⑳鸟
㉑娄	㉒雷	㉓女	㉔诛	㉕钮	㉖挠	㉗邦	㉘巾	㉙嗟	㉚瓜
㉛老	㉜乖	㉝针	㉞枚	㉟拿	㊱乃				

　　现将《拍掌知音》与现代泉州各个县市方言进行历史比较，从而拟测出《拍掌知音》36个韵部的音值。
　　1."连卵里鲁两令郎仑能吝"十韵部与现代泉州方言比较
　　【第一平连】此部舒声韵字在鲤城区、晋江市、南安县、安溪县、永春县、德化县诸方言中均读作[ian]，促声韵字均读作[iat]。舒声韵字在惠安方言中读作[en]，促声韵字均读作[et]。

　　【第二平卵】此部舒声韵字在鲤城区、晋江市、南安县、安溪县、惠安县、永春县、德化县诸方言中均读作[uan]，促声韵字均读作[uat]。

　　【第三平里】此部舒声韵字在鲤城区、晋江市、南安县、安溪县、惠安县、永春县、德化县诸方言中均读作[i]，无促声韵[i˜]。

　　【第四平鲁】此部舒声韵字在鲤城区、晋江市、南安县、安溪县、惠安县、永春县、德化县诸方言中均读作[ɔ]，无促声韵[ɔʔ]。

　　【第五平两】此部舒声韵字在鲤城区、晋江市、南安县、安溪县、惠安县、永春县、德化县诸方言中均读作[iɔŋ]，促声韵字均读作[iɔk]。

　　【第六平令】此部舒声韵字在鲤城区、晋江市、南安县、安溪县、惠安县、永春县、德化县诸方言中均读作[iŋ]，促声韵字均读作[ik]；舒声韵字在惠安方言中均读作[ieŋ]，促声韵字均读作[iek]。

　　【第七平郎】此部舒声韵字在鲤城区、晋江市、南安县、安溪县、惠安县、永春县、德化县诸方言中均读作[ɔŋ]，促声韵字均读作[ɔk]。

　　【第八平仑】此部舒声韵字在鲤城区、晋江市、南安县、安溪县、惠安县、永春县、德化县诸方言中均读作[un]，促声韵字均读作[ut]。

　　【第九平能】此部舒声韵字在鲤城区、晋江市、安溪县、惠安县、永春县、德化县诸方言中均读作[iŋ]，促声韵字均读作[ik]；舒声韵字在南安方言读作[əŋ]，促声韵字均读作[ək]；舒声韵字在惠安县[eŋ]，促声韵字均读作[ek]。

　　【第十平㐌】此部舒声韵字在鲤城区、晋江市、南安县、安溪县、永春县、德化县诸方言中均读作[in]，促声韵字均读作[it]；舒声韵字在惠安方言中读作[en],促声韵字均读作[et]。

　　从以上可见，《拍掌知音》中"卵、里、鲁、两、郎、仑、㐌"诸部在泉州各个县市方言中的各自读音基本上是一致的，唯独"连部"字惠安话读作[en/et],其余方言均读作[ian/iat]；"令部"和"能部"字惠安话均读作[ieŋ/ek]，其余方言均读作[iŋ/ik]；"能部"字南安话读作[əŋ/ək]。因"令部"和"能部"是对立的，我们把"令部"拟音为[iŋ]，故采用南安话把"能部"拟音为[əŋ]。黄典诚在《〈拍掌知音〉说明》中把"能部"拟音为[ɤŋ/k]，洪惟仁拟音为irng[iŋ]，我们没有采纳。因此，我们将这10韵分别拟测如下：①连[ian/iat]；②卵[uan/uat]；③里[i]；④鲁[ɔ]；⑤两[iɔŋ/iɔk]；⑥令[iŋ/ik]；⑦郎[ɔŋ/ɔk]；⑧仑[un/ut]；⑨能[əŋ/ək]；⑩㐌[in/it]。

　　2."栏廉览林巴来礼劳内鸟"十韵部与现代泉州方言比较

　　【第十一栏】此部舒声韵字在鲤城区、晋江市、南安县、安溪县、惠安县、永春县、德化县诸方言中均读作[an]，促声韵字均读作[at]。

　　【第十二平廉】此部舒声韵字在鲤城区、晋江市、南安县、安溪县、永春县、德化县诸方言中均读作[iam]，促声韵字均读作[iap]；舒声韵字在惠安方言中读作[em]，促声韵字均读作[ep]。

【第十三平览】此部舒声韵字在鲤城区、晋江市、南安县、安溪县、惠安县、永春县、德化县诸方言中均读作[am]，促声韵字均读作[ap]。

【第十四平林】此部舒声韵字在鲤城区、晋江市、南安县、安溪县、永春县、德化县诸方言中均读作[im]，促声韵字均读作[ip]；舒声字在惠安方言读作[em]，促声韵字均读作[ep]。

【第十五首巴】此部舒声韵字在鲤城区、晋江市、南安县、安溪县、惠安县、永春县、德化县诸方言中均读作[a]，促声韵字均读作[aʔ]。

【第十六平来】此部舒声韵字在鲤城区、晋江市、南安县、安溪县、惠安县、永春县、德化县诸方言中均读作[ai]，无促声韵[aiʔ]。

【第十七平礼】此部舒声韵字在鲤城区、晋江市、南安县、安溪县、惠安县、永春县、德化县诸方言中均读作[e]，无促声韵[eʔ]。

【第十八平劳】此部舒声韵字在鲤城区、晋江市、南安县、安溪县、惠安县、永春县、德化县诸方言中均读作[o]，无促声韵[oʔ]。

【第十九平内】此部舒声韵字在鲤城区、晋江市、南安县、安溪县、惠安县、永春县、德化县诸方言中均读作[ue]，无促声韵[ueʔ]。

【第二十平鸟】此部舒声韵字在鲤城区、晋江市、南安县、安溪县、惠安县、永春县、德化县诸方言中均读作[iau]，无促声韵[iauʔ]。

从以上可见，《拍掌知音》中"栏、览、巴、来、礼、劳、内、鸟"诸部在泉州各个县市方言中的各自读音基本上是一致的，唯独惠安话无"廉部"[iam]，"廉部"字与"林部"字一样均读作[em]。因此，我们将这10韵分别拟测如下：⑪栏[an/at]；⑫廉[iam/iap]；⑬览[am/ap]；⑭林[im/ip]；⑮巴[a/aʔ]；⑯来[ai]；⑰礼[e]；⑱劳[o]；⑲内[ue]；⑳鸟[iau]。

3."娄雷女诛钮挠邦巾嗟瓜"十韵部与现代泉州方言比较

【第廿一平娄】此部舒声韵字在鲤城区、晋江市、南安县、安溪县、惠安县、永春县、德化县诸方言中均读作[əu]，无促声韵[əuʔ]。

【第廿二平雷】此部舒声韵字在鲤城区、晋江市、南安县、安溪县、惠安县、永春县、德化县诸方言中均读作[ui]，无促声韵[uiʔ]。

【第廿三平女】此部舒声韵字在鲤城区、南安县、安溪县、惠安县、永春县、德化县诸方言中均读作[ɯ]，晋江市则读作[i]，无促声韵[ɯʔ]。

【第廿四平诛】此部舒声韵字在鲤城区、晋江市、南安县、安溪县、惠安县、永春县、德化县诸方言中均读作[u]，无促声韵[uʔ]。

【第廿五平钮】此部舒声韵字在鲤城区、晋江市、南安县、安溪县、惠安县、永春县、德化县诸方言中均读作[iu]，无促声韵[iuʔ]。

【第廿六平挠】此部舒声韵字在鲤城区、晋江市、南安县、安溪县、惠安县、永春县、德化县诸方言中均读作[au]，无促声韵[auʔ]。

【第廿七平邦】此部舒声韵字在鲤城区、晋江市、南安县、安溪县、惠安县、永春县、德化县诸方言中均读作[aŋ]，促声韵字均读作[ak]。

【第廿八平巾】此部舒声韵字在鲤城区、晋江市、安溪县诸方言中均读作[un]，促声韵字均读作[ut]；舒声韵字在南安、惠安、永春、德化诸方言中均读作[ən]，促声韵字均读作[ət]。

【第廿九平嗟】此部舒声韵字在鲤城区、晋江市、南安县、安溪县、惠安县、永春县、德化县诸方言中均读作[ia]，促声韵字均读作[iaʔ]。

【第三十平瓜】此部舒声韵字在鲤城区、晋江市、南安县、安溪县、惠安县、永春县、德化县诸方言中均读作[ua]，无促声韵[uaʔ]。

从以上可见，《拍掌知音》中"娄、雷、诛、钮、挠、邦、嗟、瓜"诸部在泉州各个县市方言中的各自读音基本上是一致的。鲤城区、南安县、安溪县、惠安县、永春县、德化县诸方言有[ɯ]韵，晋江市则无[ɯ]韵；南安、惠安、永春、德化诸方言有[ən/ət]，而鲤城区、晋江市、安溪县诸方言则无此韵。在拟音方面，有三个韵部有参差：一是21.娄部，黄典诚拟音为[ɣu]，洪惟仁拟音为[io]，我们则拟为[əu]；二是23女部，黄典诚拟音为[ɯ]，洪惟仁拟音为ir[ɨ]，我们与黄典诚一样拟为[ɯ]；三是28.巾部，黄典诚拟音为[ɤn/t]，洪惟仁拟音为[in/t]，我们则拟为[ən/t]。因此，我们将这10韵分别拟测如下：㉑娄[əu]；㉒雷[ui]；㉓女[ɯ]；㉔诛[u]；㉕钮[iu]；㉖挠[au]；㉗邦[aŋ/ak]；㉘巾[ən/ət]；㉙嗟[ia]；㉚瓜[ua]。

4."老乖针枚拿乃"六韵部与现代泉州方言比较

【第卅一平老】此部舒声韵字在鲤城区、晋江市、南安县、安溪县、惠安县、永春县、德化县诸方言中均读作[ɔ]，无促声韵[ɔʔ]。

【第卅二平乖】此部舒声韵字在鲤城区、晋江市、南安县、安溪县、惠安县、永春县、德化县诸方言中均读作[uai]，无促声韵[uaiʔ]。

【第卅三平针】此部舒声韵字在鲤城区、晋江市、南安县、安溪县、永春县、德化县诸方言中均读作[əm]，促声韵字读作[əp]；舒声韵字在惠安方言中读作[em],促声韵字读作[ep]。

【第卅四平枚】此部舒声韵字在鲤城区、晋江市、南安县、安溪县、惠安县、永春县、德化县诸方言中均读作[ũĩ]，无促声韵[ũĩʔ]。

【第卅五平拿】此部舒声韵字在鲤城区、晋江市、南安县、安溪县、惠安县、永春县、德化县诸方言中均读作[ã]，无促声韵[ãʔ]。

【第卅六平乃】此部舒声韵字在鲤城区、晋江市、南安县、安溪县、惠安县、永春县、德化县诸方言中均读作[ãĩ]，无促声韵[ãĩʔ]。

从以上可见，《拍掌知音》中"老、乖、枚、拿、乃"诸部在泉州各个县市方言中的各自读音基本上是一致的，唯独惠安话"针部"不读[əm]，而读[em]。在拟音方面，有两个韵部有参差：一是针部，黄典诚拟音为[ɣm/p]，洪惟仁拟音为irm[im/p]，我们则拟为[əm/p]；二是枚部，黄典诚拟音为[ũĩ]，洪惟仁拟音为[m]，我们与黄典诚一样，则拟为[ũĩ]。因此，我们将这6韵分别拟测如下：㉛老[ɔ]；㉜乖[uai]；㉝针[əm]；㉞枚[ũĩ]；㉟拿[ã]；㊱乃[ãĩ]。

《拍掌知音》只有36个韵部，但最能反映泉州方言特点的5个韵部（即"女[ɯ]、巾[ən]、针[əm]、能[əŋ]、科[ə]"），《拍掌知音》就占了4个（即"女[ɯ]、巾[ən]、针[əm]、能[əŋ]"），因此，笔者认为，《拍掌知音》36个韵部所反映的基本上是泉州方言的语音系统。

现将《拍掌知音》36个韵部52个韵母拟音如下表：

①连[ian/iat]	②卵[uan/uat]	③里[i]	④鲁[ɔ]	⑤两[iɔŋ/iɔk]	⑥令[iŋ/ik]
⑦郎[ɔŋ/ɔk]	⑧仑[un/ut]	⑨能[əŋ/ək]	⑩吝[in/it]	⑪栏[an/at]	⑫廉[iam/iap]
⑬览[am/ap]	⑭林[im/ip]	⑮巴[a/aʔ]	⑯来[ai]	⑰礼[e]	⑱劳[o]
⑲内[ue]	⑳鸟[iau]	㉑娄[əu]	㉒雷[ui]	㉓女[ɯ]	㉔诛[u]
㉕钮[iu]	㉖挠[au]	㉗邦[aŋ/ak]	㉘巾[ən/ət]	㉙嗟[ia]	㉚瓜[ua]
㉛老[ɔ]	㉜乖[uai]	㉝针[əm/əp]	㉞枚[ũĩ]	㉟拿[ã]	㊱乃[ãĩ]

（四）《拍掌知音》声调系统

《拍掌知音切音调平仄图》"凡例八则"云："一上去声俱系下去声滑口之音，如均是见字，读曰闻见，本是下去声若读曰见闻，则滑口在上去声矣。今上去声一韵俱以匕字填之，所以别其与下去声同字异音也。间有采字填下者，是欲凑全八字，俾初学人便于按字调声耳。"例如："第一平连"部上去声字和下去声字，在现代泉州方言中相混，如"变"与"遍"，"见"与"健"，"填"与"殿"，"羡"与"扇"四组字，均读作去声。"第二平卵"部上去声字和下去声字，在现代泉州方言中相混，如"段"与"缎"，"攒"与"钻"，"怨"与"怨"，"贩"与"唤"四组字，均读作去声。"第五平两"部上去声字和下去声字，在现代泉州方言中相混，如"帐"与"胀"，"尚"与"诵"两组字，均读作去声。"第六平令"部上去声字和下去声字，在现代泉州方言中相混，如"兴"与"行"组字，均读作去声。"第七平郎"部上去声字和下去声字，在现代泉州方言中相混，如"栋"与"冻"组字，均读作去声。"第八平仑"部上去声字和下去声字，在现代泉州方言中相混，如"奋""粪"组字，均读作去声。"第九平能"部上去声字和下去声字，在现代泉州方言中相混，如"凳"与"蹬"组字，均读作去声。"第十平吝"部上去声字和下去声字，在现代泉州方言中相混，如"进"与"震"组字，均读作去声。

可见，本韵图只有7个声调，即只有下去声而无上去声。上去声与下去声同，用匕字示之，上去声间有采字填下者，是为了凑全八字。根据泉州各县市方言声调情况，凡7个声调（即平、上、入三声各分为阴阳，去声只有一类）者，只有鲤城、安溪、惠安、德化话属此情况。

（五）《汇音妙悟》与《拍掌知音》音系比较研究

1.声母系统比较

《汇音妙悟》柳靡　边盆　求君　气昆　地敦　普奔　他吞　争尊　入胸　时孙　英温　文颐　语稛　出春　喜分

《拍掌知音》柳里　边妣　求杞　去起　地底　颇鄙　他耻　争只　入尔　时弛　英椅　文美　语蚁　出齿　喜喜

《拍掌知音》"十五音"与《汇音妙悟》相比，基本上是一致的，所不同的是"去"与"气"、"颇"与"普"用字上的差异。

2.韵母系统比较

现将《汇音妙悟》50个韵部92个韵母与《拍掌知音》36个韵部52个韵母比较如下表：

【阴声韵比较表】

汇音妙悟	16嘉a	21西e	36基i	38刀o	39科ə	7高ɔ	14居ɯ	15珠u
拍掌知音	15巴a	17礼e	3里i	18劳o	—	4鲁ɔ	23女ɯ	24诛u
汇音妙悟	3飞ui	4花ua	9杯ue	12郊au	13开ai	19嗟ia	24秋iu	30钩əu
拍掌知音	22雷ui	30瓜ua	19内ue	26挠au	16来ai	29嗟ia	25钮iu	21娄əu
汇音妙悟	42鸡əe	45烧io	2朝iau	32乖uai				
拍掌知音	—	—	20鸟iau	32乖uai				

上表可见，《汇音妙悟》有8个单元音韵母[a]、[e]、[i]、[o]、[ə]、[ɔ]、[ɯ]、[u]，《拍掌知音》少了一个[ə]韵。《汇音妙悟》有12个复元音韵母[ui]、[ua]、[ue]、[au]、[ai]、[ia]、[iu]、[əu]、[əe]、[io]、[iau]、[uai]，《拍掌知音》少了[əe]和[io]两个韵母。它们均有最能反映泉州方音特点的两个韵母[ɯ]、[əu]。

【阳声韵比较表】

汇音妙悟	29金im	23三am	25箴əm	33兼iam	28丹an	17宾in	1春un	20恩ən
拍掌知音	14林im	13览am	33针əm	12廉iam	11栏an	10吝in	8仑un	28巾ən
汇音妙悟	22轩ian	31川uan	8卿iŋ	26江aŋ	10商iaŋ	11东ɔŋ	5香ioŋ	35生əŋ
拍掌知音	1连ian	2卵uan	6令iŋ	27邦aŋ		7郎ɔŋ	5两ioŋ	9能əŋ
汇音妙悟	46风uaŋ							
拍掌知音	—							

《汇音妙悟》有17个阳声韵韵母[im]、[am]、[əm]、[iam]、[an]、[in]、[un]、[ən]、[ian]、[uan]、[iŋ]、[aŋ]、[iaŋ]、[ɔŋ]、[ioŋ]、[əŋ]、[uaŋ]，《拍掌知音》少了[iaŋ]和[uaŋ]两个韵母。这两种韵书的共同点是：（1）均收有-m、-n、-ŋ三种鼻音韵尾；（2）均有最能反映泉州方音特点的3个韵母[əm]、[ən]、[əŋ]。

　　【鼻化韵比较表】

汇音妙悟	48弍ã	44青ĩ	18我ɔ̃	6欢uã	34管ũi	41京iã	49糜ãi	47箱iũ
拍掌知音	35拿ã	—	31老ɔ̃		34枚ũi		36乃ãi	
汇音妙悟	50嘜ãũ	27关uãi	37猫iãu					
拍掌知音	—							

　　《汇音妙悟》有11个鼻化韵母[ã]、[ĩ]、[ɔ̃]、[uã]、[ũi]、[iã]、[ãi]、[iũ]、[ãũ]、[uãi]、[iãu]，《拍掌知音》只有4个鼻化韵母[ã]、[ɔ̃]、[ũi]、[ãi]，少了7个鼻化韵母。这说明《拍掌知音》着重文读韵部。

　　【声化韵比较表】

汇音妙悟	40梅m	43毛ŋ						
拍掌知音	—	—						

　　《汇音妙悟》有2个鼻化韵母[m]、[ŋ]，《拍掌知音》无鼻化韵。

　　【入声韵比较表】

汇音妙悟	16嘉aʔ	21西eʔ	36基iʔ	38刀oʔ	39科əʔ	7高ɔʔ	15珠uʔ	3飞uiʔ
拍掌知音	15巴aʔ	—	—	—	—	—	—	—
汇音妙悟	4花uaʔ	9杯ueʔ	12郊auʔ	13开aiʔ	19嗟iaʔ	24秋iuʔ	42鸡əeʔ	45烧ioʔ
拍掌知音	—	—	—	—	—	—	—	—
汇音妙悟	2朝iauʔ	32乖uaiʔ	48弍ãʔ	44青ĩʔ	6欢uãʔ	41京iãʔ	49糜ãiʔ	47箱iũʔ
拍掌知音	—	—	—	—	—	—	—	—
汇音妙悟	43毛ŋ/ŋʔ							
拍掌知音	—							
汇音妙悟	29金ip	23三ap	25箴əp	33兼iap	28丹at	17宾it	1春ut	20恩ət
拍掌知音	14林ip	13览ap	33针əp	12廉iap	11栏at	10齐it	8仑ut	28巾ət
汇音妙悟	22轩iat	31川uat	8卿ik	26江ak	10商iak	11东ɔk	5香iɔk	35生ək
拍掌知音	1连iat	2卵uat	6令ik	27邦ak	—	7郎ɔk	5两iɔk	9能ək
汇音妙悟	46风uak							
拍掌知音	—							

　　《汇音妙悟》入声韵有4种：①收喉塞音-ʔ尾的韵母有[aʔ]、[eʔ]、[iʔ]、[oʔ]、[əʔ]、[ɔʔ]、[uʔ]、[uiʔ]、[uaʔ]、[ueʔ]、[auʔ]、[aiʔ]、[iaʔ]、[iuʔ]、[əeʔ]、[ioʔ]、[iauʔ]、[uaiʔ]、[ãʔ]、[ĩʔ]、[uãʔ]、[iãʔ]、[ãiʔ]、[iũʔ]、[ŋʔ]等25个，而《拍掌知音》只有[aʔ]一个；②收喉塞音-p尾的韵母有[ip]、[ap]、[əp]、[iap]等4个，《拍掌知音》也是4个；③收喉塞音-t尾的韵母有[at]、[it]、[ut]、[ət]、[iat]、[uat]等6个，《拍掌知音》也是6个；④《汇音妙悟》收喉塞音-k尾的韵母有[ik]、[ak]、[iak]、[ɔk]、[iɔk]、[ək]、[uak]等7个，而《拍掌知音》少了[iak]、[uak]两个。

　　3.声调系统比较

　　《汇音妙悟》和《拍掌知音》一样，均为8个声调：上平、上上、上去、上入、下平、下上、下去、下入。据考证，前者上去字和下去字严重相混；后者只有下去声而无上去声，上去声与下去声同，用匕字示之，上去声间有采字填下者，是为了凑全八字。可见，这两种韵书实际上也是7个声调。

五　清·富知园的《闽音必辨》

富知园（生卒年、事迹不详）籍贯晋江，清末学者。撰《闽音必辨》二卷。

黄谦《汇音妙悟》序云："富知园先生少熟等韵之书，壮游燕辽之地，诸任既该，群音悉解，辑为《闽音必辨》一书，于唇喉齿第三舌分别厘然，乡里后生熟复之，可无为方言之所域矣。"可知此书当是一部因字求音的字典，可求之音应该是福建泉州的方音。

一说《闽音必辨》2卷　(清·晋江)富允谐著。富允谐，字信和。

六　清·方羽中辑注《方音释咙》

方羽中（生卒年、事迹不详），清代晋江（今福建省晋江市）人。撰《方音释咙》，所见为清二宜亭藏版（刻书）。全书共分十卷：读平不读仄第一，读仄不读平第二，平仄通而平为常用可读平第三，平仄通而仄为常用可读仄第四，一字易音异义不可借用第五，平仄同义可通用第六，虽同平当随韵见义第七，虽同仄当随声见义第八，同平同义第九，同仄同义第十。

第二节　漳州方言学者及其重要闽南方言学论著

一　漳州地理概况和历史沿革

漳州市在福建省南部，东临台湾海峡，与厦门隔海相望，东北与泉州地区接壤，西北和龙岩接连，西南与广东省毗邻。它与厦门、泉州并称为"闽南金三角"。漳州市全区面积11600多平方公里。辖区设漳州、龙海、长泰、华安、南靖、平和、漳浦、云霄、诏安、东山等十个市、县。漳州的地形特点是：西北多山，东南滨海。博平岭山脉蜿蜒于西北部，地势高耸，山峦起伏，海拔700—1000米。南靖县境内的金面山为最高点，海拔1374米。全省第二大河流的九龙江，发源于博平岭山脉，分北溪，西溪两条干流，横贯漳州地区全境。此江在龙海县汇合流入东海，全长1923公里，干流263公里，为福建省重要大河之一。由九龙江下游沉积而成的漳州平原，展现在东部滨海地区，面积566.7平方公里，是全省第一大平原。海岸线全长600多公里，布及龙海、漳浦、云霄、诏安、东山5个市、县。东山是漳州南部的岛屿，面积181.41平方公里，为福建省第二大岛。

四十多年来，漳州地区进行大规模的基本建设，修公路、筑铁路、建桥梁，使交通条件大大改善。九龙江下游、漳浦沙西、东山城关码头可通航直达厦门港口，鹰厦铁路贯穿华安、长泰、龙海、漳州四个县市，公路四通八达，全区通车里程4000多公里。这些都为漳州地区的经济发展提供了良好的条件。漳州地区历来盛产大米、甘蔗、黄麻、柑橘、荔枝、生猪、鱼虾等农副产品,素有"鱼米之乡""花果之城"的美誉。

漳州海外交通历史悠久, 很早就与海外诸国友好往来, 与东南亚的关系尤为密切。早在宋代, 漳州与泉州、福州、兴化为福建四大造船地点, 海外贸易有了发展。到了元代, 屡有外洋商船到漳州贸易, 基督教圣方济各派(即天主教)也曾派教士到漳州传教。明代, 漳州的海外交通迅速发展。16世纪至17世纪前期, 其所属的月港逐渐取代泉州港, 成为我国东南地区海外交通贸易中心, 是当时从中国经马尼拉(吕宋)至美洲的海上"丝绸之路"的主要启航港, 在我国海外交通史和国际贸易史上占有重要地位。月港的商舶抵达东南亚的四十多个国家和地区。如越南、泰国、柬埔寨、马来半岛、新加坡、爪哇、苏门答腊、菲律宾群岛、马鲁古群岛、加里曼丹等, 并常抵日本、印度。月港海商还通过马尼拉这个中继站和南洋群岛的其他地方, 直接与西班牙、葡萄牙、荷兰、英国等欧洲商人进行广泛交易, 并从而与美洲发生了贸易关系。随着海外交通的发展, 宋元之际已有许多漳州人移居南洋诸国。明代中叶以后, 侨居异国的漳州人就更多。由于漳州人旅居国外的华侨众多, 因而漳州方言对东南亚诸国的语言产生了很大的影响。据菲律宾语言学家马努厄尔的研究, 菲律宾的他加禄语中有几百个词汇来源于闽南方言, 读音与闽南方言相似。

早在中国原始社会时期, 漳州就有古越族聚居。到了夏朝, 漳州一带属扬州地域(见《禹贡》)。《周礼·职方》有"四夷、八蛮、七闽、九貉、五戎、六狄"的记载, 指的是远离中原的边陲地区少数民族聚集之处, 漳州也属其中。战国时期, 勾践七世孙无疆和楚威王作战(约公元前339-前329年), 无疆战败被杀, 楚兵占领吴越土地, 越国瓦解, 其后裔和福建原有土著结合, 称"闽越人"。公元前221年, 秦始皇统一中国后置三十六郡, 当时在闽、浙南和广东北部设闽中郡。汉初属闽越国, 汉武帝后属于会稽郡。三国时期, 福建属吴地, 漳州属建安郡。晋灭吴后, 分为建安、晋安两郡, 开始有绥安县(即今漳浦县)。西晋末年, 北方混战, 汉人大量南移, 永嘉二年(308年), 迁到福建漳州的有林、陈、黄、郑、占、邱、何、胡八大姓, 同时带进大量的先进生产工具、农业技术和早期文化。他们在共同的生产生活中, 和本地居民很好地融合起来, 但这时漳州还没有建制。南北朝时, 梁武帝天监年间拆晋安地置南安郡。因大同六年(540年)北溪龙潭有"九龙昼戏于此, 盖龙溪之所由名", 设置了龙溪县, 隶属南安郡。

到了唐朝总章初年, 闽粤一带少数民族武装反抗朝廷。二年(669年), 唐高宗派玉铃卫翊府左郎将归德将军陈政(河南光州固始人)统岭南行军总管, 率府兵2600名, 副将以下123员, 驻往绥安(今漳浦县)平定叛乱。仪凤二年(678年)陈政死, 陈元光继承父志, 统领兵马, 出镇征剿, 很快平息骚乱, 且耕且守于云霄漳水之北。垂拱二年(686年)十二月, 陈元光向朝廷上《请建州郡表章》, 提出在泉州和潮州之间设置一州。当时武则天执政, 准奏, 于是便分出泉州的一部(即云霄漳水一带)设置漳州, 漳浦郡邑, 并提升元光为怀化大将军, 仍世守刺史, 兼秩领州。这就是漳州最早的郡治之地。陈政、陈元光父子入闽, 是唐代中原人民继西晋"永嘉之乱"后的第二次大规模移民南下。他们将中原文化和先进生产技术、工具、语言带到闽南加以传播，深受群众的欢迎和拥护。后来畲酋雷万兴与苗自成之子又在潮汕、岳山一带骚动，陈元光再次率兵前去讨伐，不幸重伤身亡。漳州人民为了纪念他的功绩，尊称他为"开漳圣王""开漳元祖"。开元四年（716年），朝廷追封颍川侯，赐彤弓两把，以彰有功。陈元光死后，朝廷诏元光之子王向代刺州事，终于平息了骚乱。陈王向在漳州执政二十余年间，也建立了不少功绩。

漳州郡初属福州都督府，唐开元二十二年（734年）改隶岭南道。二十八年（740年）又归福州，管辖漳浦县和怀恩县。隔年，怀恩并入漳浦，另割泉州的龙溪县归漳州。大历十二年（777年），汀州的龙岩县也归漳州。贞元二年（786年),州治迁到龙溪,管辖龙溪、漳浦、龙岩三县。太平兴国五年（980年），原泉州所属的长太县划归漳州。元朝至治年间（1321—1323年），将龙溪、漳浦、龙岩三县边境划出，增设南胜县，至正十六年（1356年）改为南靖县。明洪武元年（1368年），漳州郡改为漳州府。成化三年（1467年）从龙岩分出漳平县。正德十二年（1517年）从南靖划出平和县，隔年又割龙岩部分辖地与延平府的大田、永安合并，设置宁洋县。嘉靖九年（1530年）从漳浦分出诏安县。隆庆元年（1567年）再分龙溪、漳浦之地设置海澄县。清雍正十二年（1734年），龙岩改为直隶州，并从漳州划出漳平、宁洋归龙岩州。清嘉庆三年（1798年）又设云霄厅。清末，漳州府共辖龙溪、漳浦、长太、南靖、平和、诏安、海澄等七县及云霄厅。中华民国2年（1913年),漳州府改称汀漳龙道。隔年,改云霄厅为云霄县。4年(1915年)又分诏安设东山县,民国17年(1928年)再从龙溪和长太分设华安县。1951年6月，划龙溪县城关和部分效区，建立漳州市（县级市），属龙溪督察专员公署。1985年实行行政体制改革，经国务院批准，原漳州市改称芗城区，原龙溪地区改为漳州市。如今，漳州市共辖芗城区、龙海市、东山市和长太、华安、南靖、云霄、漳浦、诏安、平和7个县。

二、现代漳州各县市方言音系

现代泉州各县市方言音系，笔者根据马重奇著《漳州方言研究》（香港纵横出版社1994年版）、龙海市地方志编纂委员会《龙海县志·方言志》（东方出版社1993年版）、平和县地方志编纂委员会《平和县志·方言志》（群众出版社1994年版）、漳浦县地方志编纂委员会《漳浦县志·方言志》（方志出版社1998年版）、诏安县地方志编纂委员会《诏安县志·方言志》（方志出版社1999年版）、东山县地方志编纂委员会《东山县志·方言志》（中华书局1994年版）、南靖县地方志编纂委员会《南靖县志·方言志》（方志出版社1997年版）、云霄县地方志编纂委员会《云霄县志·方言志》（方志出版社1999年版）、华安县地方志编纂委员会《华安县志·方言志》（厦门大学出版社1996年版）、长泰县地方志编纂委员会《长泰县志·方言志》（油印本1994年版）等方言材料，把现代漳州各县市方言音系归纳列表如下：

　　　　（一）声母系统比较

漳州话	l	n	p	k	kʻ	t	pʻ	tʻ	ts	dz	s	ø	b	m	g	ŋ	tsʻ	h
龙海话	l	n	p	k	kʻ	t	pʻ	tʻ	ts	dz	s	ø	b	m	g	ŋ	tsʻ	h
长泰话	l	n	p	k	kʻ	t	pʻ	tʻ	ts	dz	s	ø	b	m	g	ŋ	tsʻ	h
华安话	l	n	p	k	kʻ	t	pʻ	tʻ	ts	dz	s	ø	b	m	g	ŋ	tsʻ	h
南靖话	l	n	p	k	kʻ	t	pʻ	tʻ	ts	dz	s	ø	b	m	g	ŋ	tsʻ	h
平和话	l	n	p	k	kʻ	t	pʻ	tʻ	ts	dz	s	ø	b	m	g	ŋ	tsʻ	h
漳浦话	l	n	p	k	kʻ	t	pʻ	tʻ	ts	dz	s	ø	b	m	g	ŋ	tsʻ	h
云霄话	l	n	p	k	kʻ	t	pʻ	tʻ	ts	dz	s	ø	b	m	g	ŋ	tsʻ	h
东山话	l	n	p	k	kʻ	t	pʻ	tʻ	ts	dz	s	ø	b	m	g	ŋ	tsʻ	h
诏安话	l	n	p	k	kʻ	t	pʻ	tʻ	ts	dz	s	ø	b	m	g	ŋ	tsʻ	h

　　漳州各县市方言加括弧的[m]、[n]、[ŋ]是[b]、[l]、[g]的音位变体。当[b]、[l]、[g]与鼻化韵相拼时，就分别变成了[m]、[n]、[ŋ]。如"溜"读作[liu]，"微"读作[bi]，"牛"读作[gu]，"林"读作[nã]，"骂"读作[mɛ̃]，"硬"读作[ŋɛ̃]。《汇集雅俗通十五音》中的"入"母字均为《广韵》中的日母字，在漳州各县市方言中均读作[dz]。

　　　　（二）韵母系统比较

　　漳州方言85个韵母，龙海方言83个韵母，长泰方言77个韵母，华安方言72个韵母，南靖方言70个韵母，平和方言82个韵母，漳浦方言79个韵母，云霄方言83个韵母，东山方言85个韵母，诏安方言79个韵母。现分别比较如下：

　　1.【阴声韵/入声韵】漳州各县市方言均有[a/aʔ]、[i/iʔ]、[u/uʔ]、[ai]、[au/auʔ]、[ia/iaʔ]、[iu/iuʔ]、[iau/iauʔ]、[ua/uaʔ]、[ui]、[uai]11部19个韵母。其异同之处表现在以下8个方面：①漳州各县市方言多数有[e/eʔ]韵，惟独平和安厚、漳浦方言有[iei]韵，云霄、诏安方言有[ei]韵，东山有[ə]韵，诏安[ə/əʔ]、[iei]二韵；②唯独诏安方言有[ɯ]韵，漳州其余各县市方言均无此韵；③漳州、龙海、华安、南靖方言均有[ɔ]或[ɔʔ]韵，平和、漳浦、诏安方言则读作[uo]韵，云霄、东山方言读作[ou]韵，唯独长泰话读作[eu]韵；④漳州各县市方言多数有[o/oʔ]韵，唯独长泰、东山、诏安方言读作[ɔ]韵；⑤漳州各县市方言多数有[ɛ/ɛʔ]韵，唯独长泰、华安、东山方言无此韵；⑥漳州各县市方言多数有[io/ioʔ]韵，唯独长泰、诏安方言读作[iɔ/iɔʔ]韵；⑦唯独漳浦、云霄、诏安方言有[uɛ/uɛʔ]韵，而漳州各县市方言多数无此韵；⑧漳州各县市方言多数有[ue/ueʔ]韵，唯独漳浦话无此韵，平和话无[ue]韵。

　　2.【鼻化韵/入声韵】漳州各县市方言均有[ã/ãʔ]、[ĩ/ĩʔ]、[ɔ̃/ɔ̃ʔ]、[ãu/ãuʔ]、[iã/iãʔ]、[iãu/iãuʔ]、[uã]7部13个韵母。其异同之处表现在以下9个方面：①漳州各县市方言多数有[ɛ̃/ɛ̃ʔ]韵，唯独长泰、华安、东山方言读作[ẽ/ẽʔ]韵，龙海、平和方言除了有[ɛ̃/ɛ̃ʔ]韵外，还有[ẽ/ẽʔ]韵；②平和、漳浦、东山均有[ɔ̃u]韵，长泰话有[ẽu]韵，云霄话有[õu]韵，其余5个方言均无此韵；③漳州各县市方言多数有[ãi]韵，唯独华安话无此韵；

④漳州、龙海、长泰、华安、东山、诏安方言均有[iɔ̃]韵，南靖、平和、漳浦、云霄方言则读作[iũ]韵，漳州、龙海方言也有少数韵字读作[iũ]韵；⑤唯独南靖话有[ũ]韵，漳州其余各县市方言均无此韵；⑥漳州各县市方言多数有[ũe]韵，唯独龙海、东山方言无此韵；⑦漳州各县市方言多数有[uĩ]韵，唯独长泰、南靖方言无此韵；⑧唯独华安话有[ãi]韵，漳州其余各县市方言均无此韵；⑨漳州各县市方言多数有[uãi]韵，唯独华安、南靖、诏安方言均无此韵。

3.【声化韵/入声韵】声化韵是漳州各个县市方言均有的韵母，其异同之处表现在以下两个方面：(1) 漳州、龙海、长泰、平和、漳浦均有[mʔ]韵，其余方言均无此韵；(2) 漳州、龙海、漳浦、东山方言均有[ŋʔ]韵，其余方言均无此韵。

4.【阳声韵/入声韵】漳州各县市方言均有[am/ap]、[im/ip]、[iam/iap]、[an/at]、[ian/iat]、[uan/uat]、[un/ut]、[in/it]、[aŋ/ak]、[ɔŋ/ɔk]、[iɔŋ/iɔk]11部22个韵母。其异同之处表现在以下六个方面：(1) 漳州各县市方言多数有[ɔm]韵，唯独南靖无此韵；(2) 惟独诏安话有[uam/uap]韵，漳州其余各县市方言均无此韵；(3) 漳州各县市方言多数有[an/at]韵，唯独诏安话无此韵，凡普通话中的[an/at]韵，均读作[aŋ/ak]韵；(4) 漳州各县市方言多数有[iaŋ/iak]韵，惟独诏安话无此韵，凡普通话中的[iaŋ/iak]韵，均读作[ian/iat]韵；(5) 唯独漳州、东山话有[uaŋ/uak]韵，漳州其余各县市方言均无此韵；(6) 漳州、龙海、华安、南靖方言均有[iŋ/ik]韵，长泰、平和、云霄、东山方言则读作[eŋ/ek]韵，诏安话兼有[iŋ/ik]、[eŋ/ek]二韵，唯独漳浦话读作[ɛŋ/ɛk]韵。

（三）声调系统比较

调类	漳州	龙海	长泰	华安	南靖	平和	漳浦	云霄	东山	诏安
阴平	44	44	44	44	44	33	55	55	44	14
阴上	53	53	53	42	53	52	53	53	52	52
阴去	21	21	21	21	21	21	11	21	21	121
阴入	32	32	32	32	32	42	32	4	32	32
阳平	12	13	24	13	23	12	213	23	13	35
阳上	—	—	—	—	—	—	—	—	—	—
阳去	22	22	22	22	22	22	33	22	33	22
阳入	121	4	232	23	23	13	14	12	12	13

由上表可见，漳州各县市方言平声、去声、入声各分阴阳，只有阴上声，而无阳上声，阳上声归阳去声，因此均为7个调类。

三　清·谢秀岚撰《汇集雅俗通十五音》音系研究

《汇集雅俗通十五音》发表于清嘉庆二十三年(1818年)，比黄谦《汇音妙悟》(1800年)晚十八年。作者是东苑谢秀岚。据黄典诚《漳州〈十五音〉述评》说，编者谢秀岚生平事迹目前尚无可考。他应是一位不在士林之中的落第秀才，平时读了不少书，对"小学"特别有兴趣，在"等韵学"上下过一番苦功，颇有独得之处。"东苑"到底是谢秀岚的别号还是住处，我们一时还无法判断。如果是住处，那漳州必称为东坂[taŋ¹ puã³]，据闻东乡恰有名此的村庄，而城里又有东坂后这样的地名。谢秀岚可能家住东坂后(见《漳州文史资料》1982年第1期)。《汇集雅俗通十五音》主要版本有：嘉庆二十三年(1818)文林堂刻本，五十韵，书名《汇集雅俗通十五音》；漳州颜锦华木刻本，书名《增注雅俗通十五音》，书面上有"东苑谢秀岚编辑"字样；有林文堂木刻本(见薛澄清《十五音与漳泉读书音》)；厦门会文堂本刻板，八卷64开本，书名《增注砵十五音》(封面)，《汇集雅俗通十五音》(卷首)《增注十五音》(页脊)；台湾高雄庆芳书局影印本；上海萃英书局石印本，四十韵。

《汇集雅俗通十五音》详细地记载了漳州音的声类、韵类和调类，至于其音值，我们必须根据当时的文献材料和现代漳州方言材料进行历史的比较才能确定。

（一）《汇集雅俗通十五音》音系性质

考证《汇集雅俗通十五音》的音系性质，我们采用"寻找内部证据""从文献资料里寻找证据"以及"特殊韵部考证"等三种方法来进行论证。

1.从《汇集雅俗通十五音》的内部寻找证据

闽南话有泉腔、厦腔、漳腔、潮腔之分。如《渡江书十五音》书首有"以本腔呼之别为序次如左"，又如第34部下平声"偶韵"他母有"糖，本腔"，书中还有四处提到"泉腔"，有一处提到"潮腔"，因此李荣在《渡江书十五音·序》认为"似乎本腔指本书依据的方言，泉腔潮腔并非本书依据的方言"。而《汇集雅俗通十五音》也有一些地方提到长泰腔、漳腔、海腔（似乎指海澄腔）、厦腔：①出现长泰腔的只有一处，如书首《字母共五十字》中"扛我，长泰"，指的就是长泰腔；②出现漳腔的只有一处，如江字韵英母下有"汪，漳腔，姓也"，指的就是漳州腔；③出现海腔的共有七处，如久字韵柳母下有"汝，海上腔"，久字韵入母下有"乳，海腔"，久字韵语母下有"语，海腔"，句字韵求母下有"去，海腔"，旧字韵他母下有"箸，海腔"，旧字韵语母下有"遇，海腔，相遇"，茄字韵求母下有"茄，海腔"，似乎指海澄腔；④出现厦腔的只有一处，如闲字韵求母"闲，厦腔"，指的就是厦门腔。根据李荣的说法，《汇集雅俗通十五音》的音系性质是不属于长泰腔、漳腔、海腔（似乎指海澄腔）、厦腔的。

2.从文献资料里寻找证据

《汇集雅俗通十五音》详细地记载了漳州音的声类、韵类和调类，至于其音值，我们必须根据当时的文献材料和现代漳州方言材料进行历史的比较才能确定。英国语言学家麦都思（Walter Henry Medhurst，1796—1857）著的《福建方言字典》是目前所见最早的一本用罗马字注音的闽南语字典。此书完成于1831年，比《汇集雅俗通十五音》晚了13年。《福建方言字典》所代表的方言，麦都思在序言中已清楚地说明是漳州方言，这一点从他的音系和《汇集雅俗通十五音》的对照就可以证明。然而，漳州地区有漳州、龙海、长泰、华安、南靖、平和、漳浦、云霄、东山、诏安等10个县市的方言，究竟此部字典和《汇集雅俗通十五音》代表何地方言？根据杜嘉德《厦英大辞典》序言说麦都思这部字典"记的是漳州音"（更精确地说，是漳浦音）。倘若仔细地考察现代漳州方言，杜嘉德的说法是可信的。麦都思在字典中以罗马字来给《汇集雅俗通十五音》记音，对《汇集雅俗通十五音》的切法及音类、音值有非常详细的描写和叙述。由于麦都思与谢秀岚是同时代的人，因此这部字典的记录就成为研究《汇集雅俗通十五音》，即19世纪初期的漳浦音的最宝贵的资料。本书参考了台湾学者洪惟仁的《麦都思〈福建方言字典〉的价值》，并结合福建闽南方言的研究成果，构拟出《汇集雅俗通十五音》音系的音值。

　　3.对《汇集雅俗通十五音》特殊韵部"稽"和"伽"进行的考证

　　"稽"和"伽"是最能反映《汇集雅俗通十五音》音系性质的特殊韵部。该韵书存在着"稽"和"伽"二部的语音对立。这两部在漳州10个县市的读音不一：漳州、龙海、长泰、华安、南靖、东山等方言均读作[e/eʔ]，平和部分读[e/eʔ](安厚话读[iei])、漳浦方言读作[iei]或[ei]和[e/eʔ]，云霄读作[ei] 和[e/eʔ]，诏安方言有[ei]和[e/eʔ]几种读法。《汇集雅俗通十五音》稽韵今依《福建方言字典》拟音为[ei]，伽韵拟音为[e/eʔ]，反映了漳州市漳浦县方言音系特点。而《增补汇音》稽韵韵字则包括《汇集雅俗通十五音》稽韵和伽韵字，拟音为[e/eʔ]。《渡江书十五音》稽韵韵字也包括《汇集雅俗通十五音》稽韵和伽韵字，均读作[e/eʔ]。这说明《汇集雅俗通十五音》有别于《增补汇音》《渡江书十五音》两部韵书。请看下表：

韵书	声				调			
	上平	上上	上去	上入	下平	下上	下去	下入
雅/稽	街溪推胎	短姐这矮买	计帝退脆	—	黎螺题迷	—	袋递代坐卖系艺会	—
雅/伽	推胎遮	短姐这若惹矮	退块处脆	八荚锲箧啄节雪摄歇	螺瘸个		袋递代坐卖系	笠拔夺提截绝狭峡
增/稽	街溪推胎锅	短姐这矮假扯买	计帝世块	八荚锲箧啄节雪歇	黎螺题迷爬钯皮	袋递坐卖系艺能		笠拔夺截绝狭月
渡/稽	街溪推胎渣沙砂差	短姐这矮假扯把	计帝世价嫁制	八荚锲箧啄节雪歇伯百骼客	黎螺题迷爬钯茶牙		袋递坐卖系艺能会	笠拔夺绝狭白

　　以上是《汇集雅俗通十五音》音系性质的考求方法，说明该韵书反映的是漳浦县方言音系。

　　（二）声母系统研究

　　关于《汇集雅俗通十五音》声母系统拟音，我们结合麦都思拟音和现代漳州方音来进行考察。现排比如下：

（1）柳[l/n]　柳母读作[l-]或[n-]，分别出现于漳州话非鼻化韵之前和鼻化韵之前。麦都思说："柳字头跟鼻化韵(nasal final)连接时，l 大量混入鼻音，而听到类似 n 的声音。"可见，麦都思根据其音值，把"柳"分析为[l-]和[n-]，与现代漳州方音情况亦相符合。

（2）边[p]　麦都思把边母拟作p，即国际音标[p-]，漳州现代方言也读作[p-]。

（3）求[k]　麦都思把求母拟作k，即国际音标[k-]，漳州现代方言也读作[k-]。

（4）去[k']　麦都思把去母拟作 k'h[k']，k 的送气音。蒐核氏说："发音时在 k 和接下的母音之间有一股强烈的呼气。"相当于国际音标[k']，漳州现代方言也读作[k']。

（5）地[t]　麦都思把地母拟作t，即国际音标[t-]，漳州现代方言也读作[t-]。

（6）颇[p']　麦都思把颇母拟作p'h[p']，p 的送气音。蒐核氏说："在p和h之间插入一个省略符号 ' 以表示p并未如英语的philip被软化(为 f)，而是保存着它的自然音，h 是在母音之前的一股送气。"相当于国际音标[p']，漳州现代方言也读作[p']。

（7）他[t']　麦都思把他母拟作t'h[t']，t 的送气音。麦都思说："t 并未如英语的thing被 h 软化(为θ)，而像德国人或荷兰人初学英语读这个(th)音一样。"相当于国际音标[t']，漳州现代方言也读作[t']。

（8）曾[ts]　麦都思把曾母拟作ch[ts]，像cheap的ch，相当于国际音标[ts-]，漳州现代方言也读作[ts-]。

（9）入[dz]　麦都思把入母拟作j[ʒ-]，他说："j的声音非常轻，如法语的j，或类似英语 pleasure、precision、crosier等的 s那样的声音。"依麦都思的描写，"入"母是个舌面浊擦音，但根据现代漳州方言的"入"母字基本上读作[dz-]。

（10）时[s]　麦都思把时母拟作s，即国际音标[s-]，漳州现代方言也读作[s-]。

（11）英[ø]　无声母。麦都思的标音，在齐齿音之前另加[y-]，在合口音之前用[w-]。但根据现代漳州方言，英母字是没有声母的。

（12）门[b]或[m]　麦都思的标音为b[b-]或m[m-]，这个字母在非鼻化韵之前读作[b-]，在鼻化韵之前读作[m-]，漳州现代方言也读作[b-]或[m-]。

（13）语[g]或[ŋ]　麦都思的标音为g[g-]或gn[ŋ-]，这个字母在非鼻化韵之前读作[g]，在鼻化韵之前读作[ŋ]，漳州现代方言也读作[g-]或[ŋ-]。

（14）出[ts']　麦都思把出母拟作 ch'h[ts'-]，ch 的送气。他说："在ch和母音之间有强烈送气。"漳州现代方言也读作[ts']。

（15）喜[h]　麦都思把喜母拟作 h[h-]，他说："(喜母的)h送气，比英语更加强烈。当它和五十字母第1（君）、4（规）、7（公）、10（观）、11（沽）、27（艍）韵结合，即w，o之前时，显得接近f的声音。"漳州现代方言z则均读作[h-]。

根据以上情况，《汇集雅俗通十五音》共15个字母，实际上有18个声母。现将《汇集雅俗通十五音》、麦都思《福建方言字典》音标和现代漳州方言声母系统比较如下表：

字母	麦都思	漳州	龙海	长泰	华安	南靖	平和	漳浦	云霄	东山	诏安
柳	l/n	l/n	l/n	l/n	l/n	l/n	l/n	l/n	l/n	l/n	l/n
边	p	p	p	p	p	p	p	p	p	p	p
求	k	k	k	k	k	k	k	k	k	k	k
去	k'h	kʻ	kʻ	kʻ	kʻ	kʻ	kʻ	kʻ	kʻ	kʻ	kʻ
地	t	t	t	t	t	t	t	t	t	t	t
颇	p'h	pʻ	pʻ	pʻ	pʻ	pʻ	pʻ	pʻ	pʻ	pʻ	pʻ
他	t'h	tʻ	tʻ	tʻ	tʻ	tʻ	tʻ	tʻ	tʻ	tʻ	tʻ
曾	ch	ts	ts	ts	ts	ts	ts	ts	ts	ts	ts
入	j	dz	dz	dz	dz	dz	dz	dz	dz	dz	dz
时	s	s	s	s	s	s	s	s	s	s	s
英	w,y,	ø	ø	ø	ø	ø	ø	ø	ø	ø	ø
门	b/m	b/m	b/m	b/m	b/m	b/m	b/m	b/m	b/m	b/m	b/m
语	g/gn	g/ŋ	g/ŋ	g/ŋ	g/ŋ	g/ŋ	g/ŋ	g/ŋ	g/ŋ	g/ŋ	g/ŋ
出	ch'h	tsʻ	tsʻ	tsʻ	tsʻ	tsʻ	tsʻ	tsʻ	tsʻ	tsʻ	tsʻ
喜	h	h	h	h	h	h	h	h	h	h	h

（三）韵母系统研究

漳州地区有10个县市，根据各地的方言志，各地的韵母数各不相同：漳州85个，龙海83个，长泰77个，华安72个，南靖70个，平和82个，漳浦79个，云霄83个，东山85个，诏安79。现将《汇集雅俗通十五音》50个韵部、《福建方言字典》对50个韵部的拟音以及现代漳州方言韵母分别比较讨论如下：

1.“君坚金规嘉”五部音值的拟测

(1)君部　君部舒声韵在《福建方言字典》(简称《字典》)里读作kwun[uin]，麦都思说“‘君’韵音似koo-un，而发为一个音节”，麦都思的记音相当于国际音标[uin]，现代漳州方言里读作[un]。君部促声韵在《字典》里读作[uit]，现代漳州方言里读作[ut]。

(2)坚部　坚部舒声韵在《字典》里读作 këen[-iɛn/ian]，麦氏描写此韵音为“këen或ke-yen[kiɛn]，有些人的发音似ke-an[kian]”，相当于国际音标[-iɛn]或[-ian]，现代漳州方言均读作[-ian]。坚部促声韵在《字典》里读作[iɛt]或[iat]，现代漳州方言里读作[-iat]。

(3)金部　金部舒声韵在《字典》里读作 kim[-iɨm]，麦氏说这个韵“像 kimbo 里的kim，有些人读为 ke-im[iɨm]，快速发音为一个音节”，相当于国际音标[-ɪm]或[-iɨm]，现代漳州方言均读作[-im]。金部促声韵在现代漳州方言里读作[-ip]。

(4)规部　规部舒声韵在《字典》里读作 kwuy[-ui]，麦氏描写说“这个韵音似英语quiet里的qui，或者有拉长，读如koo-wy，但仍为一音节”，相当于国际音标[-ui]，现代漳州方言里均读作[-ui]。此部没有与舒声韵相配的促声韵，唯独龙海、平和方言有[uiʔ]韵母。

(5)嘉部 嘉部舒声韵在《字典》里读作 kay[-ɛ]，麦都思说这个韵的"a读如 care中的a，或 bear，wear等字里的ea"，相当于国际音标[ɛ]，现代漳州、龙海、南靖、平和、漳浦、云霄等方言也读作[ɛ]，诏安个别字"册"读作[ieʔ]外也读作[ɛ/ɛʔ]，华安话部分读作[ɛ/ɛʔ]，部分读作[e/eʔ]，东山个别乡村"马"读作[ɛ]、"厄"读作[ə]外均读作[e/eʔ]，只有长泰方言均读作[e/eʔ]。

《汇集雅俗通十五音》嘉[ɛ/ɛʔ]、胶[a/aʔ]、稽[ei]、伽[e/eʔ]四韵是对立的。长泰、华安、东山没有[ɛ/ɛʔ]音，说明嘉韵反映的并不是长泰、华安、东山等地的读音，而是漳州、龙海、南靖、平和、漳浦、云霄、诏安一带的读音。此韵韵字在漳州地区方言里多数读作[-ɛ/ɛʔ]，今依《字典》将该韵拟作[-ɛ/ɛʔ]。

2."干公乖经观"五部音值的拟测

(6)干部 干部舒声韵在《字典》读作 kan[-an]，麦都思说"音如意大利 ɑ 的音，如far，father的ɑ"，相当于国际音标[-an]，现代漳州各县市方言多数有[an/at]韵，唯独诏安话无此韵，凡普通话中的[an/at]韵，均读作[aŋ/ak]韵。

(7)公部 公部舒声韵在《字典》读为 kong[-ɔŋ]，麦氏说"音如(英语) congress中的cong"，相当于国际音标[ɔŋ]，现代漳州方言均读作[-ɔŋ]。公部促声韵在《字典》里和现代漳州方言多数读作[-ɔk]，唯独长泰、云霄、东山则读作[-oŋ]和[-ok]。今依《字典》和现代漳州多数方言，拟音为[-ɔŋ/ɔk]。

(8)乖部 乖部舒声韵在《字典》读作 kwae[-uai]，麦都思说"音如 koo-wae，读为一个音节"，相当于国际音标[uai]，现代漳州方言里均读作[-uai]。与乖部舒声韵相配的促声韵只有一个字"孬"，《字典》读作[-uaiʔ]，今无此读法。

(9)经部 经部舒声韵在《字典》里读作 keng[-ɛŋ]，麦都思说"音如lengthen中的leng"，相当于国际音标[-ɛŋ]；麦氏又说"有时读如 ke-eng",相当于国际音标[-ieŋ]。漳州地区的方言读音不一，漳州、龙海、华安、南靖方言均有[iŋ/ik]韵，长泰、平和、云霄、东山方言则读作[eŋ/ek]韵，诏安话兼有[iŋ/ik]、[eŋ/ek]二韵，唯独漳浦话读作[ɛŋ/ɛk]韵。今依《字典》将该韵拟作[-ɛŋ/k]。

(10)观部 观部舒声韵在《字典》读作 kwan[-uan]，麦都思说"音如 coo-wan，而为一音节"， 相当于国际音标[uan]，现代漳州方言里均读作[-uan]。观部促声韵在《字典》和现代漳州方言里均读作[-uat]，唯独诏安除了有[uan]、[uat]读法外，还有[uam]、[uap]两种读法。今依《字典》和漳州方言均拟音为[uan/uat]。

3."沽娇稽恭高"五部音值的拟测

(11)沽部 沽部舒声韵在《字典》里读作 koe[-ou]，麦氏说"音如我们英语 toe和hoe的韵母。但不同的是开口较大(full mouth)，写出来像 ko-oo 这样的音"，发音较[ou]大的音，相当于国际音标[ɔu]，漳州地区方言读音不一：漳州、龙海、华安、南靖方言均有[ɔ]或[ɔʔ]韵，平和、漳浦、诏安方言则读作[uɛ]韵，云霄、东山方言读作[ou]韵，唯独长泰话读作[eu]韵；没有与之相配的促声韵。今依《字典》将该韵拟作[-ɔu]。

(12)娇部　娇部舒声韵在《字典》里读作keaou[-iau]，麦氏说"这是个有三个元音的复元音，即me中的e，far中的a，及bull中的u，合起来音如 ke-yaou读成一个音节"，相当于国际音标[-iau]，现代漳州方言里均读作[-iau]。娇部促声韵在《字典》和现代漳州方言里多数读作[-iauʔ]。

(13)稽部　稽部舒声韵在《字典》里读作key[-ei]，麦氏说"这是一个很特别的音，有时听起来像ke-ay[kiɛ]，但通常是像法语的e，或像 dey[dei]或 bey[dei]中的-ey"，相当于国际音标[-ei]，在现代漳州方言里则有不同读音：漳州各县市方言多数有[e/eʔ]韵，唯独平和安厚、下寨、九峰、芦溪等地、漳浦方言有[iei]韵，云霄、诏安方言有[ei]韵，东山有[ə]韵，诏安[ə/eʔ]、[ieʔ]二韵；此部没有与舒声韵相配的促声韵。今依《字典》将此韵拟作[-ei]。

(14)恭部　恭部舒声韵在《字典》里读作këung[-iɔŋ]，麦氏说这个韵"跟 young同韵，有人写作 këong，与song押韵"，相当于国际音标[-iɔŋ]，现代漳州方言多数读作[-iɔŋ]。恭部促声韵在《字典》里和现代漳州方言多数读作[-iɔk]，唯独长泰、云霄、东山方言读作[-ɔŋ]和[-ok]。今依《字典》和现代漳州个县市方言，将恭部拟音为[-iɔŋ]和[-iɔk]。

(15)高部　高部舒声韵在《字典》里读作 ko[-o]，麦氏说"这个音正好和co-equal中的co同音"，相当于国际音标[o]，在漳州地区方言里有两种读音：漳州、龙海、华安、南靖、平和、漳浦、云霄方言均读作[-o/ʔ]；唯独长泰、东山、诏安方言读作[ɔ]韵。今依《字典》拟作[-o/ʔ]。

4."皆巾姜甘瓜"五部音值的拟测

(16)皆部　皆部舒声韵在《字典》里读作kae[-ai]，麦都思说"在这个韵里，a音如far中的a，e音如me中的 e[i]，合成一个音节"，相当于国际音标[ai]，现代漳州方言里均读作[ai]。此部没有与舒声韵相配的促声韵。今依《字典》和现代漳州方言拟作[-ai]。

(17)巾部　巾部舒声韵在《字典》里读作kin[-in]，麦氏说："音如英语kin[kin]，有时拉长，音如ke-yin"，相当于国际音标[ɪn]或[iin]，现代漳州方言里均读作[-in]。巾部促声韵在《字典》里读作[ɪt/iit]，现代漳州大多方言读作[it]，唯独长泰读作[et]。今依《字典》和现代漳州方言拟作[-in/it]。

(18)姜部　姜部舒声韵在《字典》里读作 këang[-iaŋ]，麦都思说"这个韵的元音可以分开，音如 ke-yang，读如key[ki:]，接 anger的前半[æŋ-]，如key-ang[kiaŋ]"，相当于国际音标[iaŋ]。漳州各县市方言多数有[iaŋ]韵，唯独诏安话无此韵，凡普通话中的[iaŋ]韵，均读作[ian]韵。姜部促声韵在《字典》和现代漳州方言（除诏安方言无[iaŋ/k]外）里均读作[iak]。

(19)甘部　甘部舒声韵在《字典》里读作kam[-am]，麦都思说"音如 kan(crooked 弯曲)或comlet[kæmlit]"(骆驼毛和丝混纺的布)，相当于国际音标[-am]，现代漳州方言里亦均读作[-am]。甘部促声韵在《字典》和现代漳州方言里均读作[ap]。

(20)瓜部　瓜部舒声韵在《字典》里读作kwa[-ua]，麦氏说"音如koo-a，短音，尾音如papa的a"，相当于国际音标[-ua]，现代漳州方言多数读作[-ua]。瓜部促声韵在《字典》和现代漳州方言多数读作[-uaʔ]。

5."江兼交迦桧"五部音值的拟测

(21)江部　江部舒声韵在《字典》里读作 kang[-aŋ]，麦氏说"(元音) a如 far的 a"，相当于国际音标[-aŋ]，现代漳州方言里也拟作[-aŋ]。江部促声韵在《字典》和现代漳州方言里均读作[-ak]。

(22)兼部　兼部舒声韵在《字典》里读作 këem[-iɛm/iam]，麦都思说"复元音，音如 ke-yem，有些人念ke-yam。把 key [ki:]和them的'em[ɛm] 合起来，念快一点，就成 key-'em[kiɛm]"，相当于国际音标[-iɛm]或[-iam]，现代漳州方言里均读作[-iam]。兼部促声韵在《字典》里读作[-iɛp/iap]，现代漳州方言里读作[-iap]。

(23)交部　交部舒声韵在《字典》里读作 kaou[-au]，麦都思说："a音如 far里的a，ou如pound[paund]的ou。比如cow这个字，前头有个a，念成ca-ow[kau]，就能发出这个音"，相当于国际音标[-au]，现代漳州方言里也均读作[-au]。交部促声韵在《字典》和现代漳州方言里分别拟作[-au˜]。

(24)迦部　迦部舒声韵在《字典》里读作 këa[-ia]，麦都思说："这个韵的元音是分裂的，好像ke-ya，a音如 far里的a"，英语没有介音i-，所以像姜[-iang]，迦[-ia]这样的音，麦都思说"are divided"，相当于国际音标[-ia]，现代漳州方言里亦均读作[-ia]。迦部促声韵在《字典》和现代漳州方言里均拟作[-iaʔ]。

(25)桧部　桧部舒声韵在《字典》里读作köey，麦都思说："本韵的发音已清楚表示出来了，它音如ko-wey[-oei]，或如co-agent的合音co-a[-oe]，嘴巴特别转动"，相当于国际音标[-uei]或[-ue]。漳州地区方言里多数读作[ue/ʔ]，唯独漳浦、云霄、诏安方言读作[uɛ/ʔ]。今依《字典》将该韵拟作[-uei/ueiʔ]。

6."监艍胶居丩"五部音值的拟测

(26)监部　监部舒声韵在《字典》里读作kna[aN]，麦氏说："这是一个鼻化音，(元音)如far中的a"，相当于国际音标[-ã]，现代漳州方言里亦均读作[-ã]。监部促声韵在《字典》和现代漳州方言里均读作[-ãʔ]。

(27)艍部　艍部舒声韵在《字典》里读作 koo[-u]，麦氏说"音正如鸽子哭的Coo[ku:]"，现代漳州方言里均读作[-u]。艍部促声韵在《字典》和现代漳州方言里均读作[-uʔ]。

(28)胶部　胶部舒声韵在《字典》里读作ka[-a]，麦氏说"音正如cart中的ca"，相当于国际音标的[-a]，现代漳州方言里也均读作[-a]。胶部促声韵在《字典》和现代漳州方言里分别拟作[-aʔ]。

(29)居部　居部舒声韵在《字典》里读作ke[-i]，麦氏说"音正如 Keep中的 Kee"，相当于国际音标[-i]，现代漳州方言里也均读作[-i]，惟独诏安方言有部分字读作[ɯ]。

居部促声韵在《字典》和现代漳州方言里分别拟作[iʔ]，惟独诏安方言有部分字读作[ɯ ʔ]。今依《字典》和现代漳州方言拟音为[-i/iʔ]。

(30)ㄐ部　ㄐ部舒声韵在《字典》里读作kew[-iu]，麦都思说"音正如英文字母q的发音，又像curious中的cu，或如Ke-yew读成一个音节"，相当于国际音标[-iu]，现代漳州方言里也均读作[-iu]。没有与ㄐ部舒声韵相配的促声韵。少数韵字在漳州某些方言里读作[iuʔ]。今依《字典》和现代漳州方言拟音为[-iu]。

7."更裤茄栀薑"五部音值的拟测

(31)更部　更部舒声韵在《字典》读作 kaing[-ɛN]，麦氏说："音如5（嘉）Kay，转入鼻音，ng 写在上端，表示并非完全的音，只是通过鼻子发音；a音有care [kɛr]的a，i音如marine[mərin]的i"，根据麦氏的说明，此韵应该拟为[-ɛ̃]。此韵在漳州地区方言里有不同的读音：漳州各县市方言多数有[ɛ̃/ɛ̃ʔ]韵，唯独长泰、华安、东山方言读作[ẽ /ẽʔ]韵，龙海、平和方言除了有[ɛ̃/ɛ̃ʔ]韵外，还有[ẽ/ẽʔ]韵。今依《字典》将此韵拟作[-ɛ̃ /ʔ]。

(32)裤部　裤部舒声韵在《字典》里读作kwuing[-uiN]，麦都思说："本韵音类似 4(规) kwuy。但收以鼻音，而且仿佛消失于鼻内(按即鼻化元音之意)。它也可以写成 Kooing，这个小ng并无完全的音，只表示鼻音存在。i音如 marine 中的 i"，相当于国际音标[-uĩ]，现代漳州方言里除了长泰、南靖方言外均读作[-uĩ]。而有些字如"方坊饭门晚转顿断褪团软砖全钻酸拴舔光卷广管劝远黄阮"等，长泰方言则读作[ŋ]韵，而不读作[ui .]。此部没有与舒声韵相配的促声韵。今依《字典》和现代漳州方言拟音为[-uĩ]。

(33)茄部　茄部舒声韵在《字典》里读作 këo[-io]，麦氏说"这个音可以分开(按即复元音之义)，如Ke-yo 所表示的音，发出来像gëometry 的gëo 音"，相当于国际音标[-io]，现代漳州方言里亦均读作[-io]。茄部促声韵在《字典》和现代漳州方言里均读作[-ioʔ]，唯长泰话读作[ɔi/ɔiʔ]，诏安部分字读作[io/ioʔ]或[ɔi/ɔiʔ]。今依《字典》和现代漳州方言拟音为[-io/ioʔ]。

(34)栀部　栀部舒声韵在《字典》里读作 keeng，麦氏说"音如29(居) Ke，而转为鼻音"，相当于国际音标[-ĩ]，现代漳州方言里也均读作[-ĩ]。栀部促声韵在《字典》和现代漳州方言里均读作[-ĩʔ]。

(35)薑部　薑部舒声韵在《字典》里读作këong，麦都思说"音如33(茄)Këo，转鼻音，如Ke-Yëong 所示的音"，相当于国际音标[-iɔ̃]，在漳州地区方言里有不同读音：漳州、龙海、长泰、华安、东山、诏安均读作[-iɔ̃]；南靖、平和、漳浦、云霄均读作[-iũ]。此部没有与舒声韵相配的促声韵。今依《字典》将该韵拟作[-iɔ̃]。

8."惊官钢伽闲"五部音值的拟测

(36)惊部　惊部舒声韵在《字典》里读作 këna[-iaN]，麦都思说"音如24(迦) këa，带鼻音。注意不要用完全的n来发音，像ke-na，而是像këa，或ke-yna，通过鼻子发音"，相当于国际音标[-iã]，现代漳州方言里也均读作[-iã]。此部没有与惊部舒声韵相配的促声韵，但漳州部分方言则有入声韵。今依《字典》和现代漳州方言拟音为[-ia.]。

(37)官部　官部舒声韵在《字典》里读作kwna[-uaN]，麦氏说"与20(瓜)kwa同(部位)，但收强烈鼻音，像Koo-Wna一样"，相当于国际音标[-uã]，现代漳州方言里亦均读作[-uã]。此部没有与舒声韵相配的促声韵。今依《字典》和现代漳州方言拟音为[-uã]。

(38)钢部　钢部舒声韵在《字典》里读作 keng，麦氏说"这个音有人写成kong,有人写成kung。不过这差异无关紧要，因为本韵并没有任何元音，读如kng "，相当于国际音标[-ŋ]，现代漳州方言里除了长泰方言外，均读作[-ŋ]。例如：《广韵》唐韵字"榜汤郎仓脏"、阳韵字"长丈装疮央"、江韵字"撞扛"等今均读作[-ŋ]。有些字如"榜汤仓长丈疮央扛"等，长泰方言则读作[ɔ]；而有些字如"方坊饭门晚转顿断褪团软砖全钻酸拴标光卷广管劝远黄阮"等则读作[ŋ]韵。此部没有与钢部舒声韵相配的促声韵,但个别地方则有入声。今依《字典》和现代漳州方言拟音为[-ŋ]。

(39)伽部　伽部舒声韵在《字典》里读作kay[-e]，麦氏说"本韵非常类似5 (嘉)韵[-ɛ]，本字典用同样的字母表示两个音。但仔细检验，便可发现其中不同，第5 (嘉)韵的字比较像Care[kɛr]中的a[ɛ]，但39(伽)韵比较像 fate[feit/fe:t]中的a[e]，跟gay[gei/ge:]may[mei/me:]同韵"，相当于国际音标[-e]，在现代漳州方言里有不同的读音：漳州、龙海、华安、南靖、东山等方言读作[e]；长泰方言读作[e]或[ue]；云霄方言读作[e]或[ei]，诏安方言读作[ə]或[ei]，平和城关方言读作[e],安厚等方言则读作[iei]。"胎推短矮代袋退这脆坐螺"漳浦方言读作[ɛ]；"节雪荚篋啄歇笠拔狭"漳浦方言读作[-ɛʔ]。今依《字典》将此韵拟作[e]和[e˜]。

(40)闲部　闲部舒声韵在《字典》里读作kaeng[-aiN]，麦氏说"音如16(皆)韵kae，但收有鼻音"，相当于国际音标[- ãi]，现代漳州方言唯独华安话无此韵外均读作[- ãi]。此部没有与舒声韵相配的促声韵。今依《字典》和现代漳州方言将此韵拟作[- ãi]。

9."姑姆光闩糜"五部音值的拟测

(41)姑部　姑部舒声韵在《字典》里读作knoe[-ouN]，麦氏说"与11(沽)韵[-ou]同，但转鼻音"，相当于国际音标[-õu]。例如：《广韵》模韵字"努奴弩五午"、侯韵字"偶藕耨"等,在漳州地区方言里有些字已经不读作鼻化韵了，只有"奴弩怒偶午五摸"等字读作鼻化韵，而且有几种不同读音：漳州、龙海、华安、南靖、云霄均读作[ɔ]；长泰读作[õu]；平和读作[õu]或[ɔ]；漳浦、东山、诏安等地读作[ɔu]或[ɔ]。此部没有与舒声韵相配的促声韵,但漳州某些地区有入声韵。今依《字典》将此韵拟作[-õu]。

(42)姆部　姆部舒声韵在《字典》里读作um [-m]，麦氏说："发音时嘴唇不打开，有点像皱缩音 take'm 中的'm。它实际上只是一个m音，没有任何母音在其前或其后，像无所谓的人回话时，懒得开口一样"，相当于国际音标[-m]，现代漳州方言里亦均读作[-m]。此部没有与舒声韵相配的促声韵,但漳州有某些地区有入声，如"默"字读作[m˜8]。今依《字典》将此韵拟作[-m]。

(43)光部　光部舒声韵在《字典》里读作 kwang[-uaŋ]，麦氏说"(本韵)是由官话方言借来的音，可发成 koo-wang，成一音节”，相当于国际音标[-uaŋ]，现代漳州方言里只有漳州、东山方言读作[-uaŋ]，其余方言均无此部。光部促声韵在《字典》和现代漳州方言里读作[uak]。

(44)闩部　闩部舒声韵在《字典》里读作kwaeng，麦氏说“(本韵)音似第 8 (乖)韵 kwae[-uai]转入鼻音如 koo-waeng”，相当于国际音标[-uãi]，现代漳州方言里除了华安、南靖、诏安无此韵外亦均读作[-uãi]。闩部促声韵在《字典》和现代漳州方言里均读作[uãiʔ]。

(45)糜部　糜部舒声韵在《字典》里读作Möey[-ueiN]，麦氏说“音如25(桧)韵 Köey，但以鼻音为始”，相当于国际音标[-uẽi]，在现代漳州方言里有不同的读音：漳州各县市方言多数有[ũe]韵，唯独龙海、东山方言无此韵。今依《字典》将此韵拟作[-uẽi/ʔ]。

10.“嘄箴爻扛牛”五部音值的拟测

(46)嘄部　嘄部舒声韵在《字典》里读作Kneaou，麦氏说“音如12(娇)韵Keaou，转鼻音”，相当于国际音标[-iãu]，现代漳州方言里亦均读作[-iãu]。嘄部促声韵在《字典》和现代漳州方言里分别拟作[-iãuʔ]。

(47)箴部　箴部舒声韵在《字典》里读作Chom[-om]，麦氏说“本韵里的o较响亮，如在chop[tʃɔp](的o)，与Sombre [sɔmbə]的som 同韵。但发音时嘴巴相当开(full)”，相当于国际音标[-ɔm]，漳州各县市方言多数有[ɔm]韵，唯独南靖无此韵。箴部促声韵在《字典》里读作[ɔp]，现代漳州方言里读作[ɔp]。

(48)爻部　爻部舒声韵在《字典》里读作 gnaôu[-ãu]，麦氏说：“音如第23(交)韵 Kaou，但以鼻音为始”，相当于国际音标[-ãu]，现代漳州方言里亦均读作[-ãu]。没有与爻部舒声韵相配的促声韵，但漳州某些方言有入声。今依《字典》和现代漳州方言将此韵拟作[-ãu]。

(49)扛部　扛部舒声韵在《字典》里读作 kno[-oN]，麦氏说：“音如15(高)韵ko，而以鼻音始”，相当于国际音标[-õ]，此韵韵字在漳州地区方言基本上读作[-õ]，唯独“毛”字南靖读作[-mũ]。今依《字典》和现代漳州方言将此韵拟作[-õ/ʔ]。

(50)牛部　牛部舒声韵在《字典》里读作gnêw[-iuN]，麦氏说“音同30(丩)韵，以鼻音始”，相当于国际音标[ĩu]，现代漳州、龙海、云霄方言均读作[-ĩu]，其余方言均无此读法。此韵主要来源于中古开口韵流摄尤(少数)。例如，《广韵》尤韵字“牛扭钮”今均读作[ĩu]。此部没有与舒声韵相配的促声韵。今依《字典》和现代漳州方言将此韵拟作[-ĩu]。

以上是《汇集雅俗通十五音》五十个韵部的历史来源以及拟测情况。归纳起来，大致有以下不同于中古音的情况：

第一，阳声韵部基本上是同韵尾韵摄的重新组合。如：君、坚、干、观、巾五部基本上是来源于臻摄和山摄，也杂有少数-ŋ尾或-m尾的韵摄，如；《广韵》登韵字“曾肯"、覃韵字"蚕鹌"、谈韵字"毯"、凡韵字"范"读作[an]，蒸韵字"凭称蒸兴胜"读作[in]；公、经、恭、姜、江五部基本上来源于通摄、江摄、宕摄、梗摄和曾摄，也杂有阴声韵字、入声韵字或-n尾韵摄，如《广韵》模韵字"墓"读作[ɔŋ]、铎韵字"摸"也读作[ɔŋ]、真韵字"人"读作[aŋ]、文韵字"蚊"读作[aŋ]。金、甘、兼、箴四部基本上来源于深摄和咸摄，也杂有-n尾韵或-ŋ尾韵，如《广韵》真韵字"刃忍哂"读作[im]、东韵字"熊"读作[im]。

第二，阴声韵基本上也是邻近韵摄的重新组合。如：规部基本上来源于蟹摄和止摄的合口韵字，稽部基本上来源于蟹摄和止摄的开口韵字，嘉部基本上来源于假摄开口韵字和蟹摄少数的开口韵字，等等。

第三，与大部分阳声韵相配的入声韵，《汇集雅俗通十五音》和《福建方言字典》收清辅音尾-t、-k、-p。如：君、坚、干、观、巾五部促声韵均收-t尾，公、经、恭、姜、江、光六部均收-k尾，金、甘、兼、箴四部均收-p。但-t、-k、-p尾也出现演变情况。-k尾韵有演变为-t尾的，如麦韵字"核"读作[ut]、德韵字"塞贼"、职韵字"力值识"读作[at]等。-t尾韵有演变为-k尾的，如质韵字"栗"读作[ik]、屑韵字"屑"读作[iak]，黠韵字"猰"、薛韵字"映"读作[uak]；-t尾韵有演变为-p尾的，如屑韵字"涅捏窃"读作[iap]。-p尾韵有演变为-t尾的，如乏韵字"乏"读作[uat]；-p尾韵字有演变为-k尾的，如业韵字"怯"读作[iak]。

第四，与阴声韵或声化韵相配的入声韵，《汇集雅俗通十五音》和《福建方言字典》多数收喉塞音尾-ʔ。如："嘉、娇、高、瓜、交、迦、桧、艍、胶、居、茄、伽"十二个阴声韵部和"监、更、栀、闩、糜、嘄、扛"七个鼻化韵部均收-ʔ尾。只有"规、乖、沽、稽、皆、ㄐ"六个阴声韵，"裈、薑、惊、官、间、姑、爻、牛"八个鼻化韵，"钢、姆"二个声化韵，《汇集雅俗通十五音》和《福建方言字典》均无配入声韵。现将《汇集雅俗通十五音》的50个韵部85个韵母拟音如下：

1君un/ut	2坚ian/iat	3金im/ip	4规ui	5嘉ɛ/ɛʔ	6干an/at	7公ɔŋ/ɔk	8乖uai/uai
9经ɛŋ/ɛk	10观uan/uat	11沽ɔu	12娇iau/iauʔ	13稽ei	14恭iɔŋ/iɔk	15高o/oʔ	16皆ai
17巾in/it	18姜iaŋ/iak	19甘am/ap	20瓜ua/uaʔ	21江aŋ/ak	22兼iam/iap	23交au/auʔ	24迦ia/iaʔ
25桧uei/ueiʔ	26监ã/ãʔ	27艍u/uʔ	28胶a/aʔ	29居i/iʔ	30ㄐiu	31更ɛ̃/ɛ̃ʔ	32裈uĩ
33茄io/ioʔ	34栀ĩ/ĩʔ	35薑iɔ̃	36惊iã	37官uã	38钢ŋ	39伽e/eʔ	40闲ãi
41姑õu	42姆m	43光uaŋ/uak	44闩uãi/uãiʔ	45糜uẽi/uẽiʔ	46嘄iãu/iãuʔ	47箴ɔm/ɔp	48爻ãu
49扛õ/õʔ	50牛iu						

（四）声调系统研究

(1)上平：麦氏说："如其调名所示，是个温和的平板调，没有任何费力，温柔地吐出最平常的乐音。不升不降，没有强调，没有不自然。故不加调号，如：君 kwun。"

(2)上上：麦氏说："如其调名所示，是个高而尖锐的声音，用力而迅速,故加锐声符(accute accent)，如：滚kwún。"

(3)上去：麦氏说："是个低哑的调子。好像从喉咙急速吐出，然后缓缓持续。中国人称之为'去声'，说是：如水之流去不复返。故加重音符(grave accent)，如：棍kwùn。"

(4)上入：麦氏说："急促收束的声音。有点像上声快速发音急速停止。用一个短音符∨加以分别。以母音结尾(阴声)时加-h，如 ko，kǔh；如以子音结尾(阳声)时，-n入声用-t，如：君kwun，骨kwut；-ng入声用-k，如：经keng，激kek；-m入声用-p，如：甘kam，鸽kap。"

(5)下平：麦氏说："是个曲折调，先低后高，发音时稍作延长，再转他调。有似英语嘲讽的口气，或高喊'indeed!'的调子。如：群，有人标为kwu‚n，为印刷便利，标为kwûn。"

(6)下上：麦氏说："与上上同，合称'上声'。"

(7)下去：麦氏说："是个低、长、单调的调子，有似去声，但不沙哑低沉，故以水平线表之。如：郡kwu‚n。"

(8)下入：麦氏说："是两个调子的结合。急促如上入，屈折如下平。故以垂直线表之。如：kah，kat，kap，kwút。"

通过麦都思对漳州音的描写，我们可以知道，麦氏只分高、低调，上去和下去都归低调，没有中调；其次，麦氏只分平板调和屈折调，升说"升"，降则以"用力"表示，低降调以沙哑形容；再次，开尾入声只说"急促收束"，没有提到是否有喉塞音，似乎认为急促收束自然就附带喉塞音韵尾了，所以不必说明。现将现代漳州地区的方言声调进行比较如下：

汇集雅俗通十五音	福建方言字典	现代漳州十个县市方言声调									
		漳州	龙海	长泰	华安	南靖	平和	漳浦	云霄	东山	诏安
阴平	44	44	44	44	44	44	33	55	55	44	14
阴上	41	53	53	53	42	53	52	53	53	52	52
阴去	21	21	21	21	21	21	21	11	21	21	121
阴入	32	32	32	32	32	32	42	32	4	32	32
阳平	13	12	13	24	13	23	12	213	23	13	35
阳上	—	—	—	—	—	—	—	—	—	—	—
阳去	22	22	22	22	22	22	22	33	22	33	22
阳入	23	121	4	232	23	23	13	14	12	12	13

根据麦都思的描写和对现代漳州地区方言声调的比较，我们可以拟定19世纪初《汇集雅俗通十五音》所反映的漳州方言声调的调值：上平声：44；下平声：13；上声：41；上去声：21；下去声：22；上入声：32；下入声：23。

总而言之，《汇集雅俗通十五音》韵母系统和现代漳州方言韵母系统大致相同，但也有部分差异。它说明了漳州方言在近两百年期间确实发生了一些变化。

（五）《汇集雅俗通十五音》文白异读系统研究

《汇集雅俗通十五音》保留着两套完整的语音系统，即文读音系统和白读音系统。关于文读和白读，徐通锵在《历史语言学》已有明确的定义："'文'与'白'代表两种不同的语音系统，大体说来，白读代表本方言的土语，文读则是以本方言的音系所许可的范围吸收某一标准语（现代的或古代的）的成分，从而在语音上向这一标准语靠拢。……这些情况说明，文读形式的产生是外方言、主要是权威方言影响的结果，是某一个语言系统的结构要素渗透到另一个系统中去的表现，因而音系中文白异读之间的语音差异实质上相当于方言之间的语音对应关系。如果说，方言间的语音对应关系是语言分化的结果，那么音系内部由文白两种形式的区别所体现的对应关系则是语言汇合或统一的产物。"作者在《雅俗通》中以红字和黑字来表明文读和白读，大致划分出闽南话文白异读的界限。然而，韵书中的文白异读现象实际上比作者的机械划分复杂得多。

1.音节结构上的文白对应

《雅俗通》中的文白异读情况非常复杂，也体现了不同的历史层次。许多文白异读字在音节结构上的文白对应体现着重叠交错的现象，据考察，大致有以下7种情况：
(1) 声母为文白异读，韵母和声调为文读；(2) 韵母为文白异读，声母和声调为文读；
(3) 声母和韵母为文白异读，声调为文读；(4) 韵母和声调为文白异读，声母为文读；
(5) 声调为文白异读，声母和韵母为文读；(6) 声母和声调为文白异读，韵母为文读；
(7) 声、韵、调均为文白异读。

2.声母的文白对应关系

《雅俗通》声母的文白对应关系大致可分为两大类：一是同发音部位的文白对应关系，即唇音与唇音对应，舌音与舌音对应，齿音与齿音对应，牙音、喉音与牙音、喉音对应；二是不同发音部位的文白对应关系，即唇音与其他发音部位的对应，舌音与其他发音部位的对应，齿音与其他发音部位的对应，牙音、喉音与其他发音部位的对应。

3.韵母的文白对应关系

《雅俗通》中系统地收集清代后期漳州的文读音和白读音。书中用红、黑两种颜色来区别，红色表示文读音，黑色表示白读音。该书50个字母，红色字母27个，即君、坚、金、规、嘉、干、公、乖、经、观、沽、娇、稽、恭、高、皆、巾、姜、甘、瓜、江、兼、交、迦、艍、居、ㄐ；黑色字母23个，即稽、监、胶、更、裈、茄、栀、薑、惊、官、钢、伽、间、姑、姆、光、闩、糜、噪、箴、爻、扛、牛。据笔者考证，红色字母中不完全是文读音，是杂有白读音的，如：江[aŋ]（部分）、嘉[-ʔ]、乖[-ʔ]、娇[-ʔ]、高[-ʔ]、瓜[-ʔ]、交[-ʔ]、迦[-ʔ]、艍[-ʔ]、居[-ʔ]；黑色字母中也杂有文读音的，如胶韵[a]就是这样。凡是《广韵》中的麻韵字，如“拉巴疤钯豝笆芭羓吧袈葩查鸦侳亚哑嗏叉把阿霸坝杷爸壩灞怕帕爬杷琶筢鲃罢”等，文读音为[a]，其余韵字应属白读音。

《雅俗通》文白异读情况有以下6大类：第一类，阳声韵母与阳声韵母的对应35例。第二类，阳声韵母与其他韵母的对应，其中：①阳声韵母与鼻化韵母的对应312例，②阳声韵与声化韵母[ŋ]的对应48例，③阳声韵母与阴声韵母的对应8例，④阳声韵母与收[-ʔ]入声韵母的对应2例；第三类，阴声韵母与阴声韵母的对应88例；第四类，阴声韵母与其他韵母的对应，其中：①阴声韵与鼻化韵的对应53例，②阴声韵母与收[-˜]尾入声韵母的对应9例，③阴声韵母与收[-p]尾入声韵母的对应1例，④阴声韵与声化韵母[m]的对应3例，⑤阴声韵母与声化韵母[ŋ]的对应1例，⑥阴声韵母与阳声韵母的对应1例；第五类，入声韵母与入声韵母的对应，其中：①收[-p、-t、-k]尾入声韵母与收[-ʔ]尾入声韵母的对应166例，②收[-t]尾入声韵母与收[-k]尾入声韵母的对应1例；第六类，入声韵母与其他韵母的对应，其中：①入声韵母与鼻化韵母的对应2例，②入声韵母与声化韵母[m]的对应1例，③入声韵母与阴声韵母的对应1例，④入声韵母与阳声韵母的对应1例，⑤入声韵韵母与鼻化韵母的对应1例。

4. 声调的文白对应

《雅俗通》声调文白异读的情况也十分复杂。主要有以下四种类型：(1) 舒声调与舒声调的对应；(2) 舒声调与促声调的对应；(3) 促声调与舒声调的对应；(4)促声调与促声调的对应。

5. 文白异读竞争中的三种阶段特点

徐通锵在《历史语言学》中还指出：“文读形式产生之后在语言系统中就出现了文与白的竞争，竞争的总趋势一般都是文读形式节节胜利，而白读形式则节节‘败退’，最后只能凭借个别特殊的词语与文读形式抗争。这种过程大体上可以分为三个阶段。”这三个阶段是“文弱白强”“文白相持”和“文强白弱”。在《雅俗通》中，这三种阶段的现象的特点实际上则同时存在着：

第一种阶段现象的主要特点是文弱白强，文读形式的运用范围受到极为严格的词汇条件的限制。《雅俗通》中的黑色字母共23个（即桧[ueiʔ]、监[ã]、胶[aʔ]、更[ɛ̃]、裈[uĩ]、茄[io]、梔[ĩ]、薑[iɔ̃]、惊[iã]、官[uã]、钢[ŋ]、伽[e]、间[aĩ]、姑[oũ]、姆[m]、光[uaŋ]、閂[uãi]、糜[ueĩ]、嘄[iaũ]、箴[ɔm]、爻[aũ]、扛[ɔ̃]、牛[iũ]]，其中含有大量没有文读字对应的白读字。据笔者考证，红色字母中不完全是文读音，是杂有白读音的，如：经[ɛŋ](部分)、江[aŋ](部分)、兼(部分)、嘉[-ɛʔ]、乖[-uaiʔ]、娇[-iauʔ]、高[-oʔ]、瓜[-uaʔ]、交[-auʔ]、迦[-iaʔ]、艍[-uʔ]、居[-iʔ]。现分别在“鼻化韵及其喉塞韵”“阴声韵及其喉塞韵”“阳声韵及其入声韵”和“声化韵”四类中可以找出许多只有白读字而无文读字例来说明白强文弱现象。

第二种阶段现象的主要特点是文白相持，势均力敌。随着时间的推移，文读形式在语词中逐一争夺自己的发音权，因而运用范围逐步扩大，所辖的语素日益增多，而白读形式虽然节节败退，但在语词的使用上并不轻易放弃自己的阵地，因而有些语词的读音是文白共存，体现为雅/土的风格色彩的差别。如：公[ɔŋ]与江[aŋ]文白异读对应，坚[ian]与梔[ĩ]文白异读对应，观[uan]与裤[uĩ]文白异读对应，观[uan]与官[uã]文白异读对应，干[an]与官[uã]文白异读对应，姜[iaŋ]与薑[iɔ̃]文白异读对应，经[ɛŋ]与更[ɛ̃]文白异读对应，经[ɛŋ]与惊[iã]文白异读对应，公[ɔŋ]与钢[ŋ]文白异读对应，交[au]与胶[a]文白异读对应，娇[iau]与茄[io]文白异读对应，居[i]与梔[ĩ]文白异读对应，坚[iat]与屐[iʔ]文白异读对应，观[uat]与瓜[uaʔ]文白异读对应，干[at]与瓜[uaʔ]文白异读对应，公[ɔk]与高[oʔ]文白异读对应，经[ɛk]与嘉[ɛʔ]文白异读对应，经[ek]与迦[iaʔ]文白异读对应，等等。这些文白异读对应例均在10例以上，有的多达66个例，表现出"文白相持，势均力敌"的态势。

第三种阶段现象的主要特点是文强白弱，与第一种现象的情况正好相反。如果说第一种现象的文读形式要受到词汇条件的严格限制，那么第三种现象则是白读形式要受到词汇条件的限制，某一语素只有在几个有限的词语中可以有白读形式，有的甚至只能出现在地名中。如：君部[un/t]、坚部[ian/t]、金部[im/p]、规部[ui]、嘉部[ɛ]、干部[an/t]、公部[ɔŋ/k]、乖部[uai]、经部[ɛŋ/k]、观部[uan/t]、沽部[ɔu]、娇部[iau]、稽部[ei]、恭部[iɔŋ/k]、高部[o]、皆部[ai]、巾部[in/t]、姜部[iaŋ/k]、甘部[am/p]、瓜部[ua]、江部[aŋ/k]、秉部[iam/p]、交部[au]、迦部[ia]、艍部[u]、居部[i]、丩部[iu]诸韵部，虽然它们各自均有一些韵字与其它韵部字发生文白对应关系，但是多数韵字还是文读字，找不到与其对应的白读字来。

四　清·无名氏撰《增补汇音》音系研究

（一）《增补汇音》韵书之所本

《增补汇音》是继谢秀岚编著的《汇集雅俗通十五音》之后的地方韵书。《汇集雅俗通十五音》是一部反映19世纪初闽南漳州方言音系的韵书，确切地说是反映漳州市漳浦县的方言音系。《增补汇音》的编著者不详，书首有嘉庆庚辰年(1820年)"壶麓主人"序，三十韵。此书版本甚多，主要有：漳州素位堂木刻本；民国十七年(1928年)上海大一统书局石印本64开6卷本；昭和十二年(1937年)嘉义捷发汉书局手抄影印本。1961年台湾林梵手抄本；1981年台湾瑞成书局再版影印本。关于《增补汇音》韵书之所本，笔者着重从以下诸方面来阐明：

1.《增补汇音》是《汇集雅俗通十五音》的改编本

《增补汇音》是《汇集雅俗通十五音》的改编本，其书名有"增补删削《汇集雅俗通十五音》之意"。《增补汇音·序》云：

凡音由心生也。切音之起，肇自西域婆罗门，而类隔反纽等式自是备矣。

夫声韵之学惟中州最厚，中气而中声，又无日不存于人心者也。自魏晋有李登声韵、吕静韵集，是时音有五、而声未有四也。迨梁沈休文撰四声一卷，而声韵始有传诀。但地圃南北，方言各异，退陬僻壤，难以悉通，广韵、唐韵、集韵，愈出而弥详，然其书浩繁，农工商贾不尽合于取资焉，唯十五音一书出于天地自然之声，一呼应而即得于唇齿，又切于寻常日用之事，一检阅而可藏于巾箱。昔经付梨枣，流传已广，中或有所未备者，因详加校易其舛错，至于释解，虽间用方言，而字画必确遵字典，斯又足见海滨自有邹鲁，而日隆书文，必至大同也。是为序。时嘉庆庚辰仲秋朔。壶麓主人题。

据此序可知：(1)序中所说的《十五音》，即漳州东苑谢秀岚《汇集雅俗通十五音》，说明《十五音》在当时影响之大，流传之广；(2)《增补汇音》是在《汇集雅俗通十五音》的基础上增补其"有所未备者"，并"详加校易其舛错"；(3)《增补汇音》在释解方面，"虽间用方言"，但其字画则是遵从"字典"，此即《康熙字典》；(4)《增补汇音》三十"字组"中并非全部文读音，也间有白读音。(5)《增补汇音》刊于嘉庆庚辰，即嘉庆二十五年(1820)，《汇集雅俗通十五音》刊于嘉庆二十三年(1818)，二者相差两年。

2.关于卷数、韵目、韵序的对照排比

《汇集雅俗通十五音》共分8卷，共50韵。书首列"字母共五十字"（原版用红黑两色套印，今凡黑字，指白读音；其红字，指文读音）。《增补汇音》是在《汇集雅俗通十五音》的基础上删除白读音、保留文读音编撰而成，共六卷，"字祖八音共三十字"。现将两种韵书韵目之间比较如下表：

卷　数	《汇集雅俗通十五音》	《增补汇音》
第一卷	君坚金规嘉	君坚金归家
第二卷	干公乖经观	干光乖京官
第三卷	沽娇稽恭高	姑娇稽宫高
第四卷	皆巾姜甘瓜	皆根姜甘瓜
第五卷	江兼交迦桧	江兼交伽薍
第六卷	监艍胶居丩	葩龟箴玑赹
第七卷	更裈茄栀薑惊官钢伽闲	
第八卷	姑姆光闩糜嗽箴爻扛牛	

上表可见，《汇集雅俗通十五音》前30个韵部和《增补汇音》30个韵部基本上相

同。《增补汇音》仅收录《汇集雅俗通十五音》的文读音，删除了全部鼻化韵和少数的文读音。《汇集雅俗通十五音》有50个韵部85个韵母，而《增补汇音》则只有30个韵部59个韵母。二者相比较，有两方面不同：(1)《增补汇音》比《汇集雅俗通十五音》少了20个韵部：其中鼻化韵15个，即监[ã/ʔ]、更[ɛ̃/ʔ]、栀[ĩ/ʔ]、薑[iɔ̃]、惊[iã]、官[uã]、裤[uĩ]、间[aĩ]、姑[õu]、闩[uaĩ/ʔ]、糜[uẽĩ/ʔ]、嗓[iãũ/ʔ]、爻[ãũ/ʔ]、扛[õ/ʔ]、牛[iũ/ʔ]；声化韵2个，即钢[ŋ]、姆[m̩/ʔ]；阴声韵2个，即伽[e/ʔ]、茄[io/ʔ]；阳声韵1个，即光[uaŋ/k]。(2)两部韵书的韵母也不尽相同：《汇集雅俗通十五音》有85个韵母，其中15个阳声韵均配有入声韵，收辅音韵尾[-p、-t、-k]；35个阴声韵，其中有22个韵也配有入声韵，收喉塞韵尾[-ʔ]，有13个韵则不配入声韵。而《增补汇音》只有59个韵母，其中阳声韵14个，比《汇集雅俗通十五音》少一个光韵，也是收辅音韵尾[-p、-t、-k]；16个阴声韵，其中有15个韵也配有入声韵，收喉塞韵尾[-ʔ]，只有归韵则不配入声韵。

3. 关于十五音（即15个声母字）的对照比较

《汇集雅俗通十五音》次列"切音十五字字头起连音呼"：柳边求去地颇他曾入时英门语出喜；更次列"呼十五音法，余皆仿此"：柳理边比求己去起地底颇鄙他耻曾止入耳时始英以门美语御出取喜喜。而《增补汇音》"切音共十五字呼起"："柳边求去地颇他曾入时莺门语出喜"字头起连音呼。请看下表：

韵　　书	两种韵书的声母比较及其拟音							
《汇集雅俗通十五音》	柳[l/n]	边[p]	求[k]	去[kʻ]	地[t]	颇[pʻ]	他[tʻ]	曾[ts]
《增补汇音》	柳[l/n]	边[p]	求[k]	去[kʻ]	地[t]	颇[pʻ]	他[tʻ]	曾[ts]
《汇集雅俗通十五音》	入[dz]	时[s]	英[ø]	门[b/m]	语[g/ŋ]	出[tsʻ]	喜[h]	
《增补汇音》	入[dz]	时[s]	莺[ø]	门[b/m]	语[g/ŋ]	出[tsʻ]	喜[h]	

通过考证，漳州这两种十五音的声母字及其拟音是基本上相同的，只有零声母[ø]，《汇集雅俗通十五音》写作"英"，《增补汇音》写作"莺"。

4. 关于调类的对照排比考察

《汇集雅俗通十五音》最后列"五十字母分八音"（下仅列前8个字母）：漳州音无下上声（即阳上），《汇集雅俗通十五音》作者为了补足"八音"，以"下上"来配"上上"，但所有"下上声"都是"空音"，卷内注明"全韵与上上同"，意思是说漳州音实际上只有七调，根本就没有下上声。《增补汇音》"三十字分八音"：实际上只有七调：上平声、上上声、上去声、上入声、下平声、下上声、下入声；上去声例字与下去声例字同，似乎没有下去声，但《增补汇音》的下上声实际上就是下去声。反映清代泉州方言的《汇音妙悟》卷首也附有"八音念法"，八音俱全，即上平声、上上声、上去声、上入声、下平声、下上声、下去声、下入声。因此，有人怀疑《增补汇音》是增补《汇音妙悟》，而不是增补《汇集雅俗通十五音》。就此问题，笔者则不以为然。《汇音妙悟》上上声与下上声的例字是各自不相混的，如"蠢：瘩""硶：憸""影：郢""访：奉"，都是对立的；而上去声与下去声例字除了"寸：寸"外，也是各自不相混，"嫩：论""应：咏""放：凤"也是对立的。因此，《汇音妙悟》的声调是八音俱全的，而《增补汇音》与《汇音妙悟》不同的是：上去声与下去声的例字完全相同，而且韵书里并没有下去声韵字。相反的，《增补汇音》上上声就是《汇集雅俗通十五音》里的上上声，下上声也类似《汇集雅俗通十五音》里的下去声。现特将三种韵书的调类问题列表说明如下：

序号	调类	《汇集雅俗通十五音》"五十字母分八音"								《增补汇音》"三十字分八音"								《汇音妙悟》"八音念法"				
1	上平声	君	坚	金	规	嘉	干	公	乖	君	坚	金	归	家	干	光	乖	春	麋	英	方	
2	上上声	滚	蹇	锦	鬼	假	柬	广	拐	滚	蹇	锦	鬼	假	简	广	拐	蠢	硶	影	访	
3	上去声	棍	见	禁	季	嫁	涧	贡	怪	棍	见	禁	贵	嫁	谏	贡	怪	寸	嫩	应	放	
4	上入声	骨	结	急	○	骼	葛	国	○	骨	结	急	音空	隔	割	各	音空	出	悟	益	福	
5	下平声	群	○	○	葵	柳	○	狂	○	群	瓣	瘢	葵	柳	蘭	狂	怀	许	伦	荣	皇	
6	下上声	滚	蹇	锦	鬼	假	柬	广	拐	郡	健	妗	馈	下	但	弄	坏	瘢	憸	郢	奉	
7	下去声	郡	健	撒	柜	下	○	狂	○	棍	见	禁	贵	嫁	谏	贡	怪	寸	论	咏	凤	
8	下入声	滑	杰	及	○	逆	○	咯	○	滑	竭	及	音空	㘝	达	哷	音空	怵	律	亦	伏	

再请看以下例证：

[例一]《增补汇音》"郡字韵下上"　柳：*呤*崘*论*闰*娿*嫩；边：*笨*笓*箇*体。

　　　《雅俗通》"君下去声郡字韵"　柳：*劤*崘*论*闰*软；　　边：*笨*剌*紫*褛*体。

　　　《汇音妙悟》"春下上声"　　　柳：*论*闰*嫩；　　　　　边：*笨*体*褛。

[例二]《增补汇音》"健字韵下上"　求：*健*键*楗*腱*鞬；地：*佃*钿*甸*电*殿*奠。

　　　《雅俗通》"坚下去声健字韵"　求：*健*楗*键*腱*件；地：*佃*甸*钿*电*殿*奠。

　　　《汇音妙悟》"轩下上声"　　　求：*件；　　　　　　　地：殄篆。

[例三]《增补汇音》"妗字韵下上"　入：*刃*仞*牣*认*轫*任*赁*稔*妊*姓；时：*甚。

　　　《雅俗通》"金下去声妗字韵"　入：*仞*任*妊*刃*牣*赁*轫纫*认*姓；时：*甚*侉。

　　　《汇音妙悟》"金下上声"　　　入：*刃*牣*认*轫；　　　　时：*渗。

上面三组例子十分明显地表现出三种韵书的异同：《增补汇音》与《汇集雅俗通十五音》相近，与《汇音妙悟》却差别较大。为了更能说明问题，我们特把《增补汇音》30个韵部中的下上声字与《汇集雅俗通十五音》下去声中相应的韵部字1407个进行全面的比较，发现有900个韵字对应，占总数的63.97%。而它与《汇音妙悟》的下上声字比较则相差较大。从上可见，《增补汇音》所谓下上声即《汇集雅俗通十五音》的下去声。《增补汇音》是增删补缺《汇集雅俗通十五音》而成的，与《汇音妙悟》根本没有关系。

因此，我们可以这样推论，《增补汇音》是在《汇集雅俗通十五音》的基础上修订而成的，所反映的音系也是以漳州方言音系为基础的。

（二）《增补汇音》音系性质讨论

关于《增补汇音》所代表的音系，台湾洪维仁先生在《三种漳州十五音的音读》(1989年)一文中认为《增补汇音》所代表的方言，当在漳浦以东，而《汇集雅俗通十五音》则在漳浦或以西。还有人认为《增补汇音》是按漳州腔编成的，是《汇集雅俗通十五音》的多种版本之一。究竟代表漳州地区何地的音系呢？笔者拟对《增补汇音》作一番探讨。漳州市共辖漳州、龙海、长泰、华安、南靖、漳浦、云霄、诏安、东山等10个县市。漳州方言音系，广义的说，是指整个漳州地区的音系；狭义的说，应该指漳州市芗城区旧城的方言，即指漳州腔。分析《增补汇音》音系，必然要涉及漳州市10个县市的方言，也不可不考察厦门的方言以作比较研究。经考察，笔者发现：

1. 从《增补汇音》的内部寻找证据

从《增补汇音》的内部证据可以说明该韵书所反映的并非漳腔和泉腔。闽南话有泉腔、厦腔、漳腔、潮腔之分。如《渡江书十五音》书首有"以本腔呼之别为序次如左"，又如第34部下平声"傩韵"他母有"糖，本腔"，书中还有四处提到"泉腔"，有一处提到"潮腔"，因此李荣在《渡江书十五音·序》认为"似乎本腔指本书依据的方言，泉腔潮腔并非本书依据的方言"。《增补汇音》则有四个地方提到漳腔：简字韵去母"肯，许也，漳腔"；兰字韵曾母"前，前后，漳腔"；兰字韵莺母"闲，暇也，漳腔"；粿字韵下入注"粿，走音，以漳腔呼之，与上粿字方不相混"。有一处提到泉腔：韭字韵入母"乳，泉腔，乳"。根据李荣的说法，《增补汇音》内部所提供的证据可以证明其音系不是漳腔，也不是泉腔。

2.《增补汇音》家韵[ɛ]、稽韵[e]、葩韵[a]三韵对立

《增补汇音》有家[ɛ]、葩[a]、稽[e]三韵的存在和对立。这是判断该部韵书音系性质的关键所在。泉州、厦门、漳州均有葩[a]、稽[e]二韵；唯独漳州有家[ɛ]韵，泉州和厦门均无。这可排除该韵书反映泉州或厦门方言的可能性。至于漳州地区10个县市的方言也不是整齐划一的，它们三韵的读法也不尽相同。现分别讨论如下：

(1)家韵[ɛ]

《增补汇音》家韵与《汇集雅俗通十五音》嘉韵[ɛ]大致相同。此韵大多数韵字在漳州、龙海、南靖、平和、漳浦、云霄、诏安读作[ɛ/ɛʔ]，但此韵在厦门、长泰、华安、东山等地的方言则读作[e/eʔ]。因厦门、长泰、华安、东山等地无[ɛ/ɛʔ]，故《增补汇音》自然也不可能是反映厦门、长泰、华安、东山等地的方言了。如下表：

韵字	漳州	厦门	龙海	长泰	华安	南靖	平和	漳浦	云霄	东山	诏安
家	kɛ^1	kɛ^1	kɛ^1	kɛ^1	kɛ^1	kɛ^1	kɛ^1	kɛ^1	kɛ^1	kɛ^1	kɛ^1
琶	pɛ^5	pɛ^5	pɛ^5	pɛ^5	pɛ^5	pɛ^5	pɛ5	pɛ^5	pɛ^5	pɛ^5	pɛ^5
客	k'ɛʔ^4	k'ɛʔ^4	k'ɛʔ^4	k'ɛʔ^4	k'ɛʔ^4	k'ɛʔ^4	k'ɛʔ^4	k'ɛʔ^4	k'ɛʔ^4	k'ɛʔ^4	k'ɛʔ^4
百	pɛʔ^4	pɛʔ^4	pɛʔ^4	pɛʔ^4	pɛʔ^4	pɛʔ^4	pɛʔ^4	pɛʔ^4	pɛʔ^4	pɛʔ^4	pɛʔ^4

(2)葩韵[a]

《增补汇音》葩韵与《汇集雅俗通十五音》胶韵[a]大致相同。葩韵字有78个韵字来源于《汇集雅俗通十五音》中胶韵[a/aʔ]字(165个韵字),占其总数的47.27％。此韵大多数韵字在漳州10个县市和厦门市读作[a/aʔ]。如下表:

韵字	漳州	厦门	龙海	长泰	华安	南靖	平和	漳浦	云霄	东山	诏安
葩	p'a^1	p'a^1	p'a^1	p'a^1	p'a^1	p'a^1	p'a^1	p'a^1	p'a^1	p'a^1	p'a^1
巴	pa^1	pa^1	pa^1	pa^1	pa^1	pa^1	pa^1	pa^1	pa^1	pa^1	pa^1
猎	laʔ^8	laʔ^8	laʔ^8	laʔ^8	laʔ^8	laʔ^8	laʔ^8	laʔ^8	laʔ^8	laʔ^8	laʔ^8
塔	t'aʔ^4	t'aʔ^4	t'aʔ^4	t'aʔ^4	t'aʔ^4	t'aʔ^4	t'aʔ^4	t'aʔ^4	t'aʔ^4	t'aʔ^4	t'aʔ^4

但葩韵还有少数韵字,如"佳哑牙芽夏厦百"在漳州10个县市和厦门市的读音则不尽相同:

韵字	漳州	厦门	龙海	长泰	华安	南靖	平和	漳浦	云霄	东山	诏安
佳	kɛ^1	ka^1	ka1/kɛ^1	ka^1	ka^1	ka^1	ka^1	kɛ^1	kɛ^1	kɛ^1	k'a^1
哑	ɛ^2	e^2/a^2	a^2/ɛ^2	e^2	e^2	ɛ^2	ɛ^2	ɛ^2	ɛ^2	e^2	ɛ^2
牙	gɛ^5	ga^5/gɛ^5	gɛ^5	ga^5/gɛ^5	ga^5/gɛ^5	gɛ^5	gɛ^5	gɛ^5	gɛ^5	gɛ^5	gɛ^5
芽	gɛ^5	ga^5/gɛ^5	gɛ^5	ga^5/gɛ^5	ga^5/gɛ^5	gɛ^5	gɛ^5	gɛ^5	gɛ^5	gɛ^5	gɛ^5
夏	he^7	ha^7/he^7	he^7	ha^7/he^7	ha^7/he^7	ha^7/he^7	ha^7/he^7	he^7	he^7	he^7	ha^7/he^7
厦	ɛ^7	ha^7/he^7	ɛ^7	e^7	ha^7/e^7	ha^7/ɛ^7	ha^7/ɛ^7	ɛ^7	he^7	he^7	ha^7/ɛ^7
百	pɛʔ^4	paʔ^4/pɛʔ^4	pɛʔ^4	paʔ^4	peʔ^4	pɛʔ^4	pɛʔ^4	pɛʔ^4	pɛʔ^4	paʔ^4	pɛʔ^4

上表可见,"佳哑牙芽夏厦百"等韵字读作[a/aʔ]者,说明韵书夹杂着厦门、长泰、华安、东山等地方音特点。

(3)稽韵[e]

《增补汇音》稽韵韵字大多来源于《汇集雅俗通十五音》稽韵[ei]和伽韵[e]。也就是说,《汇集雅俗通十五音》稽、伽韵二韵对立的现象在《增补汇音》里已经不存在了。请看"柳""地"二母韵字表:

"柳"母表:

柳	上平	上上	上去	上入	下平	下上	下去	下入
《雅》稽	○	礼豐澧醴蠡	○	○	黎藜犁黧螺	○	丽荔儮厉隶粝砺篱疠励戾	○
《雅》伽	○	○	○	溧	螺	○	○	笠
《增》稽	○	礼澧醴蠡鱧	○	○	黎藜犁黧螺蜊	○	丽荔儮厉隶粝砺篱疠励戾	笠

"地"母表：

地	上平	上上	上去	上入	下平	下上	下去	下入
《雅》稽	低羝隄堤	底抵短	帝缔谛俤掋渧褅褅蝃戴	○	题蹄偍	○	地递第苐悌娣褅棣代袋紒	○
《雅》伽	食	短	○	啄	○	○	袋代递	
《增》稽	低羝氏邸坻食	底短	帝缔谛掋渧褅戴	啄箉	题蹄	地递第苐娣棣袋紒	○	夺

　　《汇集雅俗通十五音》稽韵拟音为[ei]，无入声韵；伽韵拟音为[e/eʔ]，有喉塞尾韵，二韵是对立的。而《增补汇音》稽韵则把《汇集雅俗通十五音》稽、伽二韵进行合并。这说明《增补汇音》"稽韵"已经不存在《汇集雅俗通十五音》稽、伽二韵那样的对立。此韵字在漳州10个县市和厦门市读法复杂，有[e/eʔ]或[ue/ueʔ]、[ei]或[iei]四种读法。《汇集雅俗通十五音》稽韵[ei]、伽[e]分韵，反映漳浦一带的方音特点。《增补汇音》把此二韵合为稽，而且又配有入声。平和、漳浦、云霄和诏安有[iei]或[ei]的读法，但无与之相配的入声，因此《增补汇音》稽韵绝对不可能拟音为[ei]或[iei]，而应拟为[e/eʔ]。可见《增补汇音》所反映的音系也可排除平和、漳浦、云霄和诏安方言音系。请看下表：

韵字	漳州	厦门	龙海	长泰	华安	南靖	平和	漳浦	云霄	东山	诏安
稽	ke^1	ke^1	ke^1	kue^1	ke^1	ke^1	kiei^1	kiei^1	kei^1	ke^1	kei^1
犁	le^5	le^5	le^5	lue^5	le^5	le^5	liei^5	liei^5	lei^5	le^5	lei^5
艺	ge^7	ge^7	ge^7	gue^7	ge^7	ge^7	giei^7	giei^7	gei^7	ge^7	gei^7
八	peʔ^4	peʔ^4	peʔ^4	pueʔ^4	peʔ^4	peʔ^4	peʔ^4	pɛʔ	peʔ^4	peʔ^4	pɛʔ^4

　　由以上三韵的方言材料可见，漳州地区家[ɛ]、稽[e]、葩[a]三韵的对立，《增补汇音》所反映的音系，既可排除泉州、厦门、长泰、华安、东山等地的方言，又可排除平和、云霄、漳浦、诏安等地的方言，最有可能的就属漳州和龙海方言了。

　　3.关于《增补汇音》不同韵部字互见现象

　　(1)家[ɛ]、稽[e]中部分字的互见现象

　　《增补汇音》家韵[ɛ]和稽韵[e]是对立的，但是，有一种情况值得我们去思考：即"家韵"[ɛ]里有部分韵字如"渣假客鹊箧簀绩裼钯爬鞋虾父耙陛秤笠宅"同时又出现在"稽韵"[e]里。这些韵字只有在厦门、长泰、东山的方言里才读作[e/eʔ]，华安话部分读作

[ɛ/ɛʔ]，部分读作[e/eʔ],漳州其他地区则读作[ɛ/ɛʔ]不读作[e/eʔ]。

韵字	漳州	厦门	龙海	长泰	华安	南靖	平和	漳浦	云霄	东山	诏安
钯	pɛ⁵	pe⁵	pɛ⁵	pe⁵	pɛ/e⁵	pɛ⁵	pɛ⁵	pɛ⁵	pɛ⁵	pe⁵	pɛ⁵
假	kɛ²	ke²	kɛ²	ke²	kɛ/e²	kɛ²	kɛ²	kɛ²	kɛ²	ke²	kɛ²
客	kʰɛʔ⁴	kʰeʔ⁴	kʰɛʔ⁴	kʰeʔ⁴	kʰɛ/eʔ⁴	kʰɛʔ⁴	kʰɛʔ⁴	kʰɛʔ⁴	kʰɛʔ⁴	kʰeʔ⁴	kʰɛʔ⁴
裼	tʰɛʔ⁴	tʰeʔ⁴	tʰɛʔ⁴	tʰeʔ⁴	tʰeʔ⁴	tʰɛʔ⁴	tʰɛʔ⁴	tuʼɛʔ⁴	tʰɛʔ⁴	tʰeʔ⁴	tʰɛʔ⁴

　　家韵[ɛ]反映了漳州、龙海、南靖、平和、漳浦、云霄、诏安等7个县市方音特点，"渣假客鹊簸绩裼钯爬虾父钯"等均属[ɛ/ɛʔ]韵；而读作[e/eʔ]韵，则是厦门、华安、长泰、东山等县市的方音特点。这是两种不同音系特点在家[ɛ/ɛʔ]韵中的反映。

　　(2)莁[ue]、稽[e]中少数韵字的互见现象

　　《增补汇音》莁韵[ue]和稽韵[e]是对立的，但有少数韵字同时出现在这两个韵部之中。《增补汇音》莁韵绝大多数韵字在漳州地区方言里均读作[ue]。请看下表：

韵字	漳州	厦门	龙海	长泰	华安	南靖	平和	漳浦	云霄	东山	诏安
飞	pue¹	pe¹	pue¹	pue¹	pue¹	pue¹	pue¹	pue¹	pue¹	pue¹	pue¹
被	pʰue⁷	pʰe⁷	pʰue⁷	pʰue⁷	pʰue⁷	pʰue⁷	pʰue⁷	pʰue⁷	pʰue⁷	pʰue⁷	pʰue⁷
郭	kueʔ⁴	keʔ⁴	kueʔ⁴	kueʔ⁴	kueʔ⁴	kueʔ⁴	kueʔ⁴	kueʔ⁴	kueʔ⁴	kueʔ⁴	kueʔ⁴
说	sueʔ⁴	seʔ⁴	sueʔ⁴	sueʔ⁴	sueʔ⁴	sueʔ⁴	sueʔ⁴	sueʔ⁴	sueʔ⁴	sueʔ⁴	sueʔ⁴

　　但是，《增补汇音》也有少数韵字如"锅皮月"同时出现在莁韵[ue]和稽韵[e]里，反映了漳州方言夹杂着厦门方言的个别韵字。例如：

韵字	漳州	厦门	龙海	长泰	华安	南靖	平和	漳浦	云霄	东山	诏安
锅	ue¹	e¹	ue¹	ue¹	ue¹	ue¹	ue¹	ue¹	ue¹	ue¹	ue¹
皮	pʰue⁵	pʰe⁵	pʰue⁵	pʰue⁵	pʰue⁵	pʰue⁵	pʰue⁵	pʰuɛ⁵	pʰue⁵	pʰue⁵	pʰue⁵
月	gueʔ⁸	geʔ⁸	gueʔ⁸	gueʔ⁸	gueʔ⁸	gueʔ⁸	gueʔ⁸	guɛʔ⁸	gueʔ⁸	gueʔ⁸	gueʔ⁸

　　还有少数韵字如"矮买篓鈌拔"等字同时出现在"莁韵"[ue]和"稽韵"[e]里，漳州地区多数方言读作[e]，厦门、长泰方言则读作[ue]。例如：

韵字	漳州	厦门	龙海	长泰	华安	南靖	平和	漳浦	云霄	东山	诏安
矮	e²	ue²	e²	ue²	e²	e²	e²	ɛ²	e²	e²	ei²
买	be²	bue²	be²	bue²	be²	be²	be²	biei²	be²	be²	bei²
篓	kʰeʔ⁴	kʰueʔ⁴	kʰeʔ⁴	kʰueʔ⁴	kʰeʔ⁴	kʰeʔ⁴	kʰeʔ⁴	kʰɛʔ⁴	kʰeʔ⁴	kʰeʔ⁴	kʰɛʔ⁴
拔	peʔ⁸	pueʔ⁸	peʔ⁸	pueʔ⁸	peʔ⁸	peʔ⁸	peʔ⁸	Pɛʔ⁸	Peʔ⁸	peʔ⁸	pɛʔ⁸

(3)龟[u]、玑[i]中部分韵字的互见现象

《增补汇音》出现相互对立的两个韵部，即龟韵[u]与玑韵[i]的对立现象。龟韵韵字在漳州地区方言均读作[u]，这是我们将该韵拟作[u]的主要依据。此韵的上入声和下入声韵字均读偏僻字，现代漳州方言无法一一与之对应。今依韵书拟为[uʔ]。玑韵韵字在漳州地区方言均读作[i/iʔ]，这是我们将该韵拟作[i/iʔ]的主要依据。但以下韵字"拘猪蛆雌旅屡举贮伫煮楮暑宇雨羽与禹圉鼠取处许锯据著庶恕絮驴衢渠锄如洳儒孺茹俞予餘余虞愚吕侣具俱箸聚字裕署绪序誉预豫寓御""抵死""语去遇"则又同时出现在玑韵[i]和龟韵[u]里。这是不同于《汇集雅俗通十五音》的特殊情况。

在以上例字中，"拘猪蛆雌旅屡举贮伫煮楮暑宇雨羽与禹圉鼠取处许锯据著庶恕絮驴衢渠锄如洳儒孺茹俞予餘余虞愚吕侣具俱箸聚字裕署绪序誉预豫寓御"，《汇集雅俗通十五音》仅出现在居韵[i]中，艍韵[u]则不见；"抵死"二字在《汇集雅俗通十五音》居韵[i]和艍韵[u]互见，"语去遇"三字在《汇集雅俗通十五音》艍韵[u]中则均注明"海腔"。对于这种情况，笔者认为，这些韵字在《增补汇音》玑韵里读作[i]者，反映的是漳州地区方言；在龟韵读作[u]者，所反映的则是厦门、龙海角美一带的方言。请看下表：

韵字	漳州	厦门	龙海	角美	长泰	华安	南靖	平和	漳浦	云霄	东山	诏安
猪	ti¹	tu¹	ti¹	tu¹	ti¹	ti¹	ti¹	ti¹	ti¹	ti¹	ti¹	ti¹
雌	tsʻi¹	tsʻu¹	tsʻi¹	tsʻu¹	tsʻi¹	tsʻi¹	tsʻi¹	tsʻi¹	tsʻi¹	tsʻi¹	tsʻi¹	tsʻi¹
旅	li²	lu²	li²	lu²	li²	li²	li²	li²	li²	li²	li²	li²
煮	tsi²	tsu²	tsi²	tsu²	tsi²	tsi²	tsi²	tsi²	tsi²	tsi²	tsi²	tsi²

《增补汇音》出现部分韵字同时出现在玑[i]、龟[u]二韵之中，反映了韵书夹杂着厦门、龙海角美一带的方音特点。这是我们拟将该韵书反映龙海音系的重要依据之一。

此外，玑韵[i]里还有一部分韵字，漳州地区方言读作[i]，而厦门、龙海角美一带的方言则读作[u]，但这些韵字并没有出现在龟韵[u]里。例如：

韵字	漳州	厦门	龙海	角美	长泰	华安	南靖	平和	漳浦	云霄	东山	诏安
居	ki¹	ku¹	ki¹	ku¹	ki¹	ki¹	ki¹	ki¹	ki¹	ki¹	ki¹	ki¹
躯	kʻi¹	kʻu¹	kʻi¹	kʻu¹	kʻi¹	kʻi¹	kʻi¹	kʻi¹	kʻi¹	kʻi¹	kʻi¹	kʻi¹
储	tʻi²	tʻu²	tʻi²	tʻu²	tʻi²	tʻi²	tʻi²	tʻi²	tʻi²	tʻi²	tʻi²	tʻi²
输	si¹	su¹	si¹	su¹	si¹	si¹	si¹	si¹	si¹	si¹	si¹	si¹

但是，玑韵[i]中的促声韵，不管在漳州地区方言里还是在厦门、龙海角美一带的方言中均读作[iʔ]。请看下表：

韵字	漳州	厦门	龙海	长泰	华安	南靖	平和	漳浦	云霄	东山	诏安
裂	li?[8]	li?[8]	li?[8]	li?[8]	li?[8]	li?[8]	li?[8]	li?[8]	li?[8]	li?[8]	li?[8]
鳖	pi?[4]	pi?[4]	pi?[4]	pi?[4]	pi?[4]	pi?[4]	pi?[4]	pi?[4]	pi?[4]	pi?[4]	pi?[4]
砌	ki?[4]	ki?[4]	ki?[4]	ki?[4]	ki?[4]	ki?[4]	ki?[4]	ki?[4]	ki?[4]	ki?[4]	ki?[4]
缺	kʼi?[4]	kʼi?[4]	kʼi?[4]	kʼi?[4]	kʼi?[4]	kʼi?[4]	kʼi?[4]	kʼi?[4]	kʼi?[4]	kʼi?[4]	kʼi?[4]

(4)金[im]、箴[ɔm]两韵字的互见现象

《增补汇音》金韵有163个韵字来源于《汇集雅俗通十五音》的金韵(251个韵字)，占其总数的 64.94％；箴韵有6个韵字来源于《汇集雅俗通十五音》的金韵(13个韵字)，占其总数的46.15％。说明《增补汇音》金韵[im]与箴韵[ɔm]是对立的，反映了漳州地区的方言特点。请看下表：

韵字	漳州	厦门	龙海	长泰	华安	南靖	平和	漳浦	云霄	东山	诏安
箴	tsɔm[1]	tsim[1]	tsɔm[1]	tsɔm[1]	tsɔm[1]	tsɔm[1]	tsɔm[1]	tsɔm[1]	tsɔm[1]	tsɔm[1]	tsɔm[1]
森	sɔm[1]	sim[1]	sɔm[1]	sɔm[1]	sɔm[1]	sɔm[1]	sɔm[1]	sɔm[1]	sɔm[1]	sɔm[1]	sɔm[1]
喥	tɔp[4]	tip[4]	tɔp[4]	tɔp[4]	tɔp[4]	tɔp[4]	tɔp[4]	tɔp[4]	tɔp[4]	tɔp[4]	tɔp[4]
嚃	tsɔp[4]	tsip[4]	tsɔp[4]	tsɔp[4]	tsɔp[4]	tsɔp[4]	tsɔp[4]	tsɔp[4]	tsɔp[4]	tsɔp[4]	tsɔp[4]

这里还要说明一件事，就是《增补汇音》箴韵实际上共收有韵字246个，其中有133个与金韵相同，并且释义也基本上相同。这些韵字在漳州方言里均读作[im]，并不读作[ɔm]，把它们列入箴韵是不妥的。鉴于以上情况，笔者认为，《增补汇音》箴韵中所列韵字所列入的133个金韵字是不妥的，因为这些韵字在漳州10个县市中是不读作[ɔm]而读作[im]的。

(5)根[in]、君[un] 两韵字的互见现象

《增补汇音》根韵[in]与君韵[un]是对立的。根韵韵字在漳州地区方言里多数读作[in/it]，这是我们将该韵拟作[in/it]的主要依据。君韵韵字在漳州地区方言里多数读作[un/ut]，这也是我们将该韵拟作[un/ut]的主要依据。根韵绝大多数韵字在漳州地区的方言里均读作[in]，而在厦门方言里则读作[un]。请看以下例字：

韵字	漳州	厦门	龙海	长泰	华安	南靖	平和	漳浦	云霄	东山	诏安
斤	kin[1]	kun[1]	kin[1]	kin[1]	kin[1]	kin[1]	kin[1]	kin[1]	kin[1]	kin[1]	kin[1]
银	gin[5]	gun[5]	gin[5]	gin[5]	gin[5]	gin[5]	gin[5]	gin[5]	gin[5]	gin[5]	gin[5]
恩	in[1]	un[1]	in[1]	in[1]	in[1]	in[1]	in[1]	in[1]	in[1]	in[1]	in[1]
近	kin[7]	kun[7]	Kin[7]	kin[7]	kin[7]	kin[7]	kin[7]	kin[7]	kin[7]	kin[7]	kin[7]

但是，《增补汇音》少数"根韵"[in]字，如"勤芹匀恨"等字又同时出现在"君韵"[un]里，说明这里夹杂着厦门方言的个别韵字。例如：

韵字	漳州	厦门	龙海	长泰	华安	南靖	平和	漳浦	云霄	东山	诏安
勤	kʻin⁵	kʻun⁵	kʻin⁵	kʻin⁵	kʻin⁵	kʻin⁵	kʻin⁵	kʻin⁵	kʻin⁵	kʻin⁵	kʻin⁵
芹	kʻin⁵	kʻun⁵	kʻin⁵	kʻin⁵	kʻin⁵	kʻin⁵	kʻin⁵	kʻin⁵	kʻin⁵	kʻin⁵	kʻin⁵
匀	in⁵	un⁵	in⁵	in⁵	in⁵	in⁵	in⁵	in⁵	in⁵	in⁵	in⁵
恨	hin⁷	hun⁷	hin⁷	hin⁷	hin⁷	hin⁷	hin⁷	hin⁷	hin⁷	hin⁷	hin⁷

(6)宫[iɔŋ]、姜[iaŋ]两韵字的互见现象

《增补汇音》宫韵[iɔŋ]和姜韵[iaŋ]两韵是对立的。宫韵韵字在漳州地区方言里多数读作[iɔŋ/ iɔk]，这是我们将该韵拟作[iɔŋ/ iɔk]的主要依据。姜韵韵字在漳州地区方言里亦多数读作[iaŋ/k]，这也是我们将该韵拟作[iaŋ/k]的主要依据。然而，有部分韵字如"羌章彰璋湘相箱商厢乡两长想赏仰响将相唱倡向约长祥详常墙杨亮谅量上像象匠"等，则同时出现在《增补汇音》宫韵[iɔŋ]和姜韵[iaŋ]里。这也是与《汇集雅俗通十五音》不同之处。以上例字只出现在《汇集雅俗通十五音》姜韵[iaŋ]，恭韵[iɔŋ]则不见。因此，我们认为，这些例字读作[iɔŋ]，反映的是厦门的方言；读作[iaŋ]，才是反映漳州地区方言。请看以下例字：

韵字	漳州	厦门	龙海	长泰	华安	南靖	平和	漳浦	云霄	东山	诏安
羌	kʻiaŋ¹	kʻiɔŋ¹	kʻiaŋ¹	kʻiaŋ¹	kʻiaŋ¹	kʻiaŋ¹	kʻiaŋ¹	kʻiaŋ¹	kʻiaŋ¹	kʻiaŋ¹	kʻiaŋ¹
章	tsiaŋ¹	tsiɔŋ¹	tsiaŋ¹	tsiaŋ¹	tsiaŋ¹	tsiaŋ¹	tsiaŋ¹	tsiaŋ¹	tsiaŋ¹	tsiaŋ¹	tsiaŋ¹
扬	iaŋ⁵	iɔŋ⁵	iaŋ⁵	iaŋ⁵	iaŋ⁵	iaŋ⁵	iaŋ⁵	iaŋ⁵	iaŋ⁵	iaŋ⁵	iaŋ⁵
约	iak⁴	iɔk⁴	iak⁴	iak⁴	iak⁴	iak⁴	iak⁴	iak⁴	iak⁴	iak⁴	iat⁴

以上例子中可见，家[ɛ]和稽[e]，䔥[ue]和稽[e]，金[im]和箴[m]龟[ɔu]和玑[i]，根[in]和君[un]，宫[iɔŋ]和姜[iaŋ]中均存在着韵字互见现象，说明《增补汇音》所反映的方言音系是较为复杂的，主要反映漳州、龙海音系，又夹杂着厦门、龙海角美的某些读音。我们判断《增补汇音》的音系性质时，既考虑漳州、龙海音系特点，又考虑厦门、龙海角美的某些读音，因此才初步推测该韵书反映的是漳州龙海方言音系的结论。

洪惟仁在《漳州十五音的源流与音读》认为《增补汇音》成书晚于《汇集雅俗通十五音》，并且其所代表的方言，当在漳浦以东，而《汇集雅俗通十五音》则在漳浦或以西。我们认为《增补汇音》所代表的方言当在漳浦县以东或东北部，确切地说当是龙海一带的方言。理由有：（1）根据内部证据，本韵书不是反映漳腔或泉腔；

（2）此韵书有家韵[ɛ]，厦门、长泰、华安、东山则无，可排除反映此四地方言的可能性；（3）此韵书将稽、伽韵两韵合并为鸡韵，读作[e/eʔ]，也排除了稽韵读作[iei]或[ei]的平和、漳浦、云霄、诏安四地方言的可能性；（4）此韵书有"金韵[im]"和"箴韵[ɔm]"的对立，而厦门有"金韵[im]"无"箴韵[ɔm]"，这也排除厦门方言的可能性。这样一来，前面排除了漳腔、泉腔、厦门、长泰、华安、东山、平和、云霄、诏安等地方言，只剩下龙海和南靖方言了。南靖音系与漳州芗城音系基本上相似。现在就只剩下龙海方言了。

上文排比和分析了《增补汇音》中有部分韵字分别同时出现在"家韵[ɛ]和稽韵[e]"、"宫韵[iɔŋ]和姜韵[iaŋ]""龟韵[u]与玑韵[i]"里，说明《增补汇音》作者在编撰韵书的过程中的确受到厦门、龙海、长泰等方言的影响。这种现象，可能是厦门、长泰等方言对龙海方言的渗透，或者像徐通锵在《历史语言学》第10章"语言的扩散(上)：地区扩散和方言地理学"中所说的："语言在发展中不仅有分化，也有统一；每个语言不仅有自己独立的发展，也有与其他语言的相互影响；不仅分化之后的语言相互间有差别，就是在分化之前语言内部也有方言的分歧；语言在其分化过程中不仅有突发性的分裂(……),而更重要的还是缓慢的分化过程，凡此等等。"根据这种说法，笔者认为，《增补汇音》作为一部反映龙海方言的韵书，首先这种方言有它独立发展的一面，其次也有与漳州、漳浦、厦门、长泰等地方言的互相影响的一面，因此，龙海就因受到漳州、漳浦、长泰、厦门等地方言的影响而形成石码、九湖、港尾、角美四片语音区。"家韵[ɛ]和稽韵[e]""宫韵[iɔŋ]和姜韵[iaŋ]""龟韵[u]与玑韵[i]"同时出现部分相同的韵字，说明《增补汇音》的确受到厦门、长泰等方言的影响。因此，我们怀疑该韵书的作者可能是龙海角美镇人，这跟角美镇地理位置与厦门、长泰相临有关。角美片东北部与厦门相连，西北片则与长泰相依。所以，笔者推测，《增补汇音》的音系似乎代表龙海方言音系最为适宜。

最后，笔者得出这样的结论：《增补汇音》所反映的方言音系应该是以漳州方言音系为基础，确切地说，应该是反映漳州市龙海一带的方言，但还参杂着厦门、长泰等地方言的个别韵类。

（三）《增补汇音》三十字母音值的拟测

《增补汇音》共六卷：第一卷：君坚金归家；第二卷：干光乖京官；第三卷：姑娇稽宫高；第四卷：皆根姜甘瓜；第五卷：江兼交伽菈；第六卷：葩龟箴玑趄。现根据漳州龙海方言分别对《增补汇音》三十个字母的音值进行拟测。

1."君坚金归家"五部音值的拟测

(1)君部　此韵有383个韵字来源于《汇集雅俗通十五音》的君韵[un/ut]（655个韵字），占其总数的 58.47％。此韵舒声韵在漳州地区10个县市的方言均读作[un]，促声韵拟作[ut]，现根据龙海方言将君韵拟作[un/ut]。

(2)坚部　此韵有366个韵字来源于《汇集雅俗通十五音》的坚韵[ian/iat]（614个韵

字），占其总数的 59.61％。此韵舒声韵在漳州地区10个县市的方言均读作[ian]，促声韵拟作[iat]，现根据龙海方言将坚韵拟作[ian/iat]。

(3)金部　此韵有163个韵字来源于《汇集雅俗通十五音》的金韵[im/ip]（251个韵字），占其总数的64.94％。此韵舒声韵在漳州地区10个县市的方言均读作[im]，促声韵拟作[ip]，现根据龙海方言将金韵拟作[im/ip]。

(4)归部　此韵有240个韵字来源于《汇集雅俗通十五音》的规韵[ui]（358个韵字），占其总数的67.04％。此韵无促声韵，舒声韵在漳州地区10个县市的方言均读作[ui]，现根据龙海方言将归韵拟作[ui]。

(5)家部　此韵有130个韵字来源于《汇集雅俗通十五音》的嘉韵[ɛ/ɛʔ]（190个韵字），占其总数的68.42％。此韵舒声韵在漳州、龙海、华安(部分人)、南靖、平和、漳浦、云霄、诏安等7个县市读作[ɛ]，促声韵读作[ɛʔ]；而舒声韵在长泰、华安(部分人)、东山等3个县市的方言读作[e]，促声韵拟作[eʔ]，现根据龙海方言将家韵拟作[ɛ/ɛʔ]。

2."干光乖京官"五部音值的拟测

(6)干部　此韵有247个韵字来源于《汇集雅俗通十五音》的干韵[an/at]（349个韵字），占其总数的70.77％。此韵舒声韵在漳州地区10个县市的方言(除诏安话外)均读作[an]，促声韵拟作[at]，现根据龙海方言将干韵拟作[an/at]。

(7)光部　此韵有482个韵字来源于《汇集雅俗通十五音》的公韵[ɔŋ/ɔk]（839个韵字），占其总数的57.45％。此韵舒声韵在漳州地区10个县市的方言均读作[ɔŋ]，促声韵拟作[ɔk]，现根据龙海方言将光韵拟作[ɔŋ/ɔk]。

(8)乖部　此韵有21个韵字来源于《汇集雅俗通十五音》的乖韵[uai/uaiʔ]（33个韵字），占其总数的63.64％。此韵舒声韵在漳州地区10个县市的方言均读作[uai]，促声韵拟作[uaiʔ]，现根据龙海方言将乖韵拟作[uai/uaiʔ]。

(9)京部　此韵有591个韵字来源于《汇集雅俗通十五音》的经韵[ɛŋ /ɛk]（1044个韵字），占其总数的56.61％。此韵舒声韵在漳州、龙海、华安、南靖、诏安等县市均读作[iŋ /ik]，长泰、平和、云霄、东山等县市读作[eŋ /ek]，漳浦读作[ɛŋ/ɛk]。现根据龙海方言将京韵拟作[iŋ /ik]。

(10)官部　此韵有397个韵字来源于《汇集雅俗通十五音》的观韵[uan/uat]（583个韵字），占其总数的68.10％。此韵舒声韵在漳州地区10个县市的方言均读作[uan]，促声韵拟作[uat]，现根据龙海方言将官韵拟作[uan/uat]。

3."姑娇稽宫高"五部音值的拟测

(11)姑部　此韵有375个韵字来源于《汇集雅俗通十五音》的沽韵[ɔu]（517个韵字），占其总数的72.50％。此韵在漳州地区读音不一：漳州、龙海、华安、南靖均读作[-ɔ]，长泰读作[eu]，平和、漳浦、诏安读作[-ɔu]，云霄、东山读作[-ou]。现根据龙海方言将姑韵拟作[ɔ/ɔʔ]。

(12)娇部 此韵有262个韵字来源于《汇集雅俗通十五音》的娇韵[iau/iauʔ]（409个韵字），占其总数的64.06％。此韵舒声韵在漳州地区10个县市的方言均读作[iau]，促声韵拟作[iauʔ]，现根据龙海方言将娇韵拟作[iau/iauʔ]。

(13)稽部 此韵有175个韵字来源于《汇集雅俗通十五音》的稽韵[ei]（245个韵字），占其总数的71.40％；有34个韵字来源于《汇集雅俗通十五音》的伽韵[e]（61个韵字），占其总数的55.74％。此韵在漳州、龙海、华安、南靖、东山等方言读作[-e/eʔ]，长泰读作[-ue/ueʔ]，而平和城关读作[e/eʔ]，安厚、下寨、九峰、芦溪等地读作[iei]；漳浦读作[iei]，云霄、诏安则读作[ei]，现根据龙海方言将稽韵拟作[e/eʔ]。

(14)宫部 此韵有224个韵字来源于《汇集雅俗通十五音》的恭韵[ioŋ/iɔk]（355个韵字），占其总数的63.10％。此韵舒声韵在漳州地区10个县市的方言均读作[ioŋ]，促声韵拟作[iɔk]，现根据龙海方言将宫韵拟作[ioŋ/iɔk]。

(15)高部 此韵有272个韵字来源于《汇集雅俗通十五音》的高韵[o/oʔ]（448个韵字），占其总数的60.71％。此韵在漳州、龙海、华安、南靖、平和、漳浦、云霄、东山方言均读作[-o/ʔ]，只有长泰、诏安方言读作[-ɔ/ʔ]。现根据龙海方言将高韵拟作[o/oʔ]。

4．"皆根姜甘瓜"五部音值的拟测

(16)皆部 此韵有180个韵字来源于《汇集雅俗通十五音》的皆韵[ai]（290个韵字），占其总数的62.10％。此韵在漳州地区10个县市的方言均读作[ai]，现根据龙海方言将皆韵拟作[ai/aiʔ]。

(17)根部 此韵有281个韵字来源于《汇集雅俗通十五音》的巾韵[in/it]（450个韵字），占其总数的62.40％。此韵舒声韵在漳州地区10个县市的方言均读作[in]，促声韵拟作[it]，现根据龙海方言将根韵拟作[in/it]。

(18)姜部 此韵有196个韵字来源于《汇集雅俗通十五音》的姜韵[iaŋ/iak]（294个韵字），占其总数的66.67％。此韵舒声韵在漳州地区（除诏安外）的方言均读作[iaŋ]，促声韵读作[iak]，现根据龙海方言将羌韵拟作[iaŋ/iak]。

(19)甘部 此韵有191个韵字来源于《汇集雅俗通十五音》的甘韵[am/ap]（354个韵字），占其总数的54％。此韵舒声韵在漳州地区10个县市的方言均读作[am]，促声韵读作[ap]，现根据龙海方言将甘韵拟作[am/ap]。

(20)瓜部 此韵有97个韵字来源于《汇集雅俗通十五音》的瓜韵[ua]（169个韵字），占其总数的57.40％。此韵在漳州地区（除云霄、诏安部分字读作[uɛ]外）方言读作[ua]，现根据龙海方言将瓜韵拟作[ua/uaʔ]。

5．"江兼交伽羝"五部音值的拟测

(21)江部 此韵有156个韵字来源于《汇集雅俗通十五音》的江韵[aŋ/ak]（234个韵字），占其总数的66.67％。此韵舒声韵在漳州地区10个县市的方言均读作[aŋ]，促声韵读作[ak]，现根据龙海方言将江韵拟作[aŋ/ak]。

(22)兼部 此韵有163个韵字来源于《汇集雅俗通十五音》的兼韵[iam/iap]（296个韵

字），占其总数的55.07％。此韵舒声韵在漳州地区10个县市的方言均读作[iam]，促声韵读作[iam]，现根据龙海方言将兼韵拟作[iam/iap]。

(23)交部　此韵有129个韵字来源于《汇集雅俗通十五音》的交韵[au/auʔ]（216个韵字），占其总数的59.72％。此韵舒声韵在漳州地区10个县市的方言均读作[au]，促声韵读作[auʔ]，现根据龙海方言将交韵拟作[au/auʔ]。

(24)伽部　此韵有102个韵字来源于《汇集雅俗通十五音》的迦韵[ia/iaʔ]（144个韵字），占其总数的70.83％。此韵舒声韵在漳州地区10个县市的方言均读作[ia]，促声韵读作[iaʔ]，现根据龙海方言将伽韵拟作[ia/iaʔ]。

(25)欨部　此韵有168个韵字来源于《汇集雅俗通十五音》的桧韵[uei/ueiʔ]（261个韵字），占其总数的64.37％。此韵舒声韵漳州地区方言里多数读作[ue/ʔ]，惟独漳浦方言读作[uɛ/ʔ]，现根据龙海方言将欨韵拟作[ue/ueʔ]。

6.“葩龟箴玑趍”五部音值的拟测

(26)葩部　此韵有78个韵字来源于《汇集雅俗通十五音》的胶韵[a/aʔ]（165个韵字），占其总数的47.27％。此韵舒声韵在漳州地区10个县市的方言均读作[a]，促声韵读作[aʔ]，现根据龙海方言将葩韵拟作[a/aʔ]。

(27)龟部　此韵有201个韵字来源于《汇集雅俗通十五音》的艍韵[u/uʔ]（331个韵字），占其总数的60.73％。此韵舒声韵在漳州地区10个县市的方言均读作[u]，促声韵读作[uʔ]，现根据龙海方言将龟韵拟作[u/uʔ]。

(28)箴部　此韵有6个韵字来源于《汇集雅俗通十五音》的箴韵[ɔm/ɔp]（13个韵字），占其总数的46.15％。此韵舒声韵在漳州地区10个县市的方言均读作[ɔm]，促声韵读作[ɔp]，现根据龙海方言将箴韵拟作[ɔm/ɔp]。

(29)玑部　此韵有665个韵字来源于《汇集雅俗通十五音》的居韵[i/iʔ]（1147个韵字），占其总数的57.98％。此韵舒声韵在漳州地区10个县市的方言均读作[i]，促声韵读作[iʔ]，现根据龙海方言将玑韵拟作[i/iʔ]。

(30)趍部　此韵有197个韵字来源于《汇集雅俗通十五音》的丩韵[iu/iuʔ]（300个韵字），占其总数的65.70％。此韵舒声韵在漳州地区10个县市的方言均读作[iu]，促声韵读作[iuʔ]，现根据龙海方言将龇韵拟作[iu/iuʔ]。

从上所述，《增补汇音》共30个韵部59个韵母。即：

1君un/ut	2坚ian/iat	3金im/ip	4归ui	5家ɛ/ɛʔ	6干an/at	7光ɔŋ/ɔk	8乖uai/uaiʔ
9京iŋ/ik	10官uan/uat	11姑ɔ/ɔʔ	12娇iau/iauʔ	13稽e/eʔ	14宫iɔŋ/iɔk	15高o/oʔ	16皆ai/aiʔ
17根in/it	18羌iaŋ/iak	19甘am/ap	20瓜ua/uaʔ	21江aŋ/ak	22兼iam/iap	23交au/auʔ	24伽ia/iaʔ
25欨ue/ueʔ	26葩a/aʔ	27龟u/uʔ	28箴ɔm/ɔp	29玑i/iʔ	30趍iu/iuʔ		

五　清·无名氏撰《渡江书十五音》音系研究

（一）《渡江书十五音》的由来及其音系

《渡江书十五音》的作者、著作年代皆不详，手抄本，四十三韵。1958年李熙泰先生在厦门旧书摊购得，1987年东京外国语大学亚非言语文化研究所影印发行，有李荣序。黄典诚(1991年)在《〈渡江书十五音〉的本腔是什么》说：《渡江书》的作者确系漳州市长泰县籍无疑。[1] 李荣《序》云：

> 《渡江书》是闽南方言韵书，没有听说有刻本，钞本见于《涵芬楼烬馀书目》，元注云"为闽人方言而作"。也没有听说还有其他书目提到本书的。想不到一九五八年六月二十七日，李熙泰同学在厦门思明北路旧书摊买到此钞本。全书二百七十九叶，第一叶首题"渡江书"，二七九叶末题"十五音全终"，中缺四叶。有几叶略有破损，偶缺一二字。

此抄本无序跋，不署编者姓名和年代。闽语韵书常用"十五音"指声母，也常用"十五音"为书名。本书封面和扉页就用"渡江书十五音"为署名，点出这是闽语韵书。当然也可以单说"渡江书"。

1.《渡江书十五音》的"十五音"（即15个声母字）

《渡江书十五音》"顺口十五音歌己字为首"与《汇集雅俗通十五音》次列"切音十五字字头起连音呼"基本上相同：

雅俗通 柳理 边比 求己 去起 地底 颇鄙 他耻 曾止 入耳 时始 英以 门美 语御 出取 喜喜

渡江书 柳里 边比 求己 去起 治底 波鄙 他耻 曾只 入耳 时始 英以 门米 语拟 出齿 喜熹

两种韵书均为十五个字母音，其呼法也基本上相同。通过考证，这两种漳州十五音的声母字及其拟音也是相同的。请看下表：

韵　书	两种韵书的声母比较及其拟音							
雅俗通	柳[l/n]	边[p]	求[k]	去[kʻ]	地[t]	颇[pʻ]	他[tʻ]	曾[ts]
渡江书	柳[l/n]	边[p]	求[k]	去[kʻ]	治[t]	波[pʻ]	他[tʻ]	曾[ts]
雅俗通	入[dz]	时[s]	英[ø]	门[b/m]	语[g/ŋ]	出[tsʻ]	喜[h]	
渡江书	入[dz]	时[s]	英[ø]	门[b/m]	语[g/ŋ]	出[tsʻ]	喜[h]	

2.《渡江书十五音》的"共四十三字母"（即43个韵部）

《渡江书十五音》虽不分卷，但按"渡江书字祖三十字"，应该也有七卷："君坚今

1　见《厦门民俗方言》1991年第5期。

归嘉 干公乖经官 姑娇鸡恭高 皆根姜甘瓜 江兼交加谈 他朱枪几鸠"。"又附音十三字"：
"箴寡尼傩茅乃猫且雅五姆么缸"共四十三字字母。现将三种韵书韵目之间比较如下
表：

卷 数	《汇集雅俗通十五音》	《渡江书十五音》
第一卷	君坚金规嘉	君坚金规嘉
第二卷	干公乖经观	干公乖经官
第三卷	沽娇稽恭高	姑娇鸡恭高
第四卷	皆巾姜甘瓜	皆根姜甘瓜
第五卷	江兼交迦桧	江兼交迦𫦑
第六卷	监艍胶居丩	他朱鑑几鸠
第七卷	更裈茄栀薑惊官钢伽闲	箴官拈傩茅乃猫且雅五姆么缸
第八卷	姑姆光闩糜噪箴爻扛牛	

可见，此两种韵书的前30个韵部基本上相同，《汇集雅俗通十五音》和《渡江
书》30部以后基本上是白读音，也是大同小异的。

3.关于调类的对照排比考察

《汇集雅俗通十五音》作者为了补足"八音"，以"下上"来配"上上"，所有"下上声"
都是"空音"，卷内注明"全韵与上上同"，意思是说漳州音实际上只有七调，根本就没有
下上声。《渡江书》"此卷中字祖三十字又附音十三字，共四十三，以本腔呼之，别为
序次如左"，只有七调，即上平声、上上声、上去声、上入声、下平声、下去声、下入
声，而没有下上声。

（二）《渡江书十五音》内部证据兼论其音系性质

1.学术界研究状况

《汇集雅俗通十五音》是一部反映19世纪初闽南漳州方言音系的韵书，确切地说
是反映漳州市漳浦方言音系。而《渡江书十五音》究竟代表何地方言音系则是众说纷
纭。李荣(1987年)认为《渡江书》的音韵系统介于厦门与漳州之间，但更接近厦门音；
姚荣松(1989年)认为《渡江书》音韵系统更接近漳州音；洪惟仁(1990年)认为《渡江
书》很明显的是漳州音韵书；黄典诚(1991年)说《渡江书》的作者确系漳州市长泰县籍
无疑，但和厦门一地有着较深厚的关系；李熙泰(1991年)推测是介于海澄至厦门之间的
读音；野间晃(1995年)指出，《渡江书》的音系虽有虚构的部分，但似乎比较忠实地反
映所根据的音系的实际情况；林宝卿(1995年)认为其音系是以厦门音为主，又补充了不
少长泰音；王顺隆(1996年)认为《渡江书》与长泰音有更密切的关系，等等。首先，我
们要说明漳州音指的是什么?今漳州市共辖漳州、龙海、长泰、华安、南靖、平和、漳
浦、云霄、诏安、东山等10个县市。漳州音系就广义而言可指整个地区的音系，狭义

而言可指漳州芗城区音系。

2.《渡江书十五音》音系性质

笔者通过《渡江书》与《汇集雅俗通十五音》的全面比较，并与现代漳州地区方言的对照考察，使我们更进一步了解《渡江书》与《汇集雅俗通十五音》之间的源流关系，同时弄清楚《渡江书》的音系性质。

李荣在《序》中说："平常都说闽南话有泉州腔、厦门腔、漳州腔、潮州腔之分。"《渡江书》书中有四处提到"泉腔"，如拱韵喜母："享，泉咚。"阁韵门母："卜，泉咚。"近韵喜母："恨，恨心也，泉咚。"提韵语母："雅，泉咚。"韵书中还有一处提到"潮腔"，如嘉韵治母："说，说话，潮咚。"这里的"咚"字就是"腔"。李荣把以上例证"拿来跟本书卷首'以本腔呼之'对比"，认为"似乎本咚指本书依据的方言，泉咚潮咚并非本书依据的方言。参考《汇音妙悟》明说'悉用泉音'，管部注'漳腔，有音无字。'本书还有一处糖字注'本咚'（按：偅韵他母："糖，本腔"）。"最后，李荣得出这样的结论："就今天的方言来说，在厦门漳州之间，本书的音韵系统更接近于厦门。"李荣的结论有其片面的地方。

笔者认为，首先应该弄清楚，书中的"本腔"指的是什么地方的腔调。据统计，《渡江书》"偅韵"有32字与《汇集雅俗通十五音》第49部"扛韵"[ɔ](47字)相对应，占其总数的68.10%；偅韵还与《渡江书》缸韵[ŋ]对立，因此这里的"糖"字，绝不可能读作[tʰŋ⁵],而应读作[tʰɔ⁵]。"糖"字读作[tʰɔ⁵]，在漳州与厦门之间的地方只有长泰县了。不仅如此，包括整个偅韵的韵字在长泰方言中均读作[ɔ]。关于这个问题，后文有专门的论述。因此，我们可断定"本腔"即指长泰腔。

《渡江书》书名与长泰的地理位置的关系，也是笔者考证的证据之一。《渡江书》的"渡江"究竟渡什么江呢？因笔者曾于1969年到长泰县珠坂大队五里亭农场插队劳动，对漳州芗城→九龙江→龙海郭坑镇→长泰珠坂五里亭→龙津江→长泰县城的地理位置十分熟悉。按笔者推测，以前由于交通不方便，漳州到长泰县城必须渡过两条江：先从漳州朝东北方向渡过九龙江到达郭坑镇(按：郭坑镇属龙海县辖区，"糖"字读作[tʰŋ])，再朝北经过长泰珠坂村五里亭（按：珠坂属长泰县辖区，"糖"字则读作[tʰɔ]），再径直渡过龙津江，经过京元村才到达长泰县城。本书书名《渡江书十五音》可能与此有关。黄典诚在《关于〈渡江书十五音〉的"本腔"》一文中指出："《渡江书十五音》的作者既承认[tʰɔ]为本腔，则其作者确系今漳州市长泰县籍无疑。而书中[iɔŋ]、[iaŋ]两韵，证作者虽籍隶长泰，但和厦门一地有着较深厚的关系。"（《黄典诚语言学论文集》第273页）黄先生的考证是正确的。《渡江书十五音》的"本腔"是漳州长泰方音，书中也夹杂着厦门某些音类，第三节里将有更详细的阐述。

关于《渡江书十五音》的编撰年代，李荣在《渡江书十五音·序》中考证说："《渡江书》编撰年代待考，可以确定的是在《康熙字典》之后。"

本书将《渡江书》与《汇集雅俗通十五音》及漳州方言进行穷尽式的比较，笔者认为，《渡江书》所反映的方言音系应该是以长泰音和漳州音为基础，但还掺杂着厦门方言的个别韵类。《渡江书》成书时间后于《汇集雅俗通十五音》，它是在《汇集雅俗通十五音》基础上增删补缺而成的。据考察，《渡江书》43个韵部抄袭了《汇集雅俗通十五音》相对应韵部12271个韵字中的9008字，占其总数的73.41%，作者只是把这些韵字按谐声系统的不同重新进行排列，而编者所新增的韵字一律放在《汇集雅俗通十五音》韵字之后。这说明《渡江书》与《汇集雅俗通十五音》有着密切的关系，也是我们认为《渡江书》所代表的音系是以漳州音为基础的主要依据之一。

《汇集雅俗通十五音》有50个韵部、85个韵母，而《渡江书》则只有43个韵部、86个韵母。二者相比较，有两方面不同：(1)《渡江书》比《汇集雅俗通十五音》少了7个韵：《汇集雅俗通十五音》嘉韵读作[ɛ]，《渡江书》无[ɛ]韵，其嘉韵与《汇集雅俗通十五音》胶韵同，读作[a]；《汇集雅俗通十五音》有裤韵[uĩ]，《渡江书》则将其并入缸韵，读作[ŋ]；《汇集雅俗通十五音》有稽[ei]、伽[e]二韵，《渡江书》则将其并为鸡韵，读作[e]；《汇集雅俗通十五音》有光韵[uaŋ]，《渡江书》则将其并入公韵，读作[ɔŋ]；《汇集雅俗通十五音》有闩韵[uãi]，《渡江书》无此韵；《汇集雅俗通十五音》有糜韵[uẽi]，《渡江书》则无此韵；《汇集雅俗通十五音》有牛韵[iũ]，《渡江书》无此韵，归入枪韵[iũ]。(2)两部韵书的韵母不太一致：《汇集雅俗通十五音》有85个韵母，其中15个阳声韵均配有入声韵，收辅音韵尾[-p、-t、-k]；35个阴声韵，其中有20个韵也配有入声韵，收喉塞韵尾[-ʔ]，有15个韵则不配入声韵。而《渡江书》虽然只有43个韵部，但每个韵部均配有入声韵：14个阳声韵配有入声韵，收辅音韵尾[-p、-t、-k]；另外29个阴声韵也都配有入声韵，则收喉塞韵尾[-ʔ]。

本书通过《渡江书》43个韵部与漳州、龙海、长泰、华安、南靖、平和、云霄、漳浦、东山、诏安以及厦门等县市的方言进行全面的比较，多数韵部没有什么大的差异，有以下6种情况值得我们去思考：

(1)纯读长泰方言韵类，不读漳州其他地区方言和厦门方言韵类：《渡江书》儴韵[ɔ̃]部分韵字"扛慷康汤装霜丧秧芒沧方钢荡长肠糖床撞杖"等，唯独长泰腔读作[ɔ̃]，漳州、龙海、华安、南靖、平和、漳浦、云霄、东山、诏安、厦门等方言均读作[ŋ]。

(2)纯读漳州、长泰等地方言韵类，不读厦门方言韵类：①《渡江书》根韵[in]与君韵[un]对立。根韵[in]部分韵字"斤均跟巾恩芹银垠龈近"等，漳州地区方音读作[in]，惟独厦腔读作[un]，反映的是漳州方言，而不是厦门方言。②《渡江书》莙韵[ue]部分韵字"飞刷炊尾粿髓火过冠从课货岁郭缺垂被寻"等，漳州地区大多读作[ue]，唯独厦腔读作[e]，说明这里所反映的也是漳州一带的方言。

(3)纯读长泰、华安、厦门等地韵类，不读漳州其他方言韵类：①《渡江书》嘉韵[a]部分韵字"嘉加渣纱差把哑嫁爬牙虾夏"等字，长泰、华安、厦门读作[a]，相当于《汇集雅俗通十五音》的胶韵[a]；而这些韵字，漳州、龙海、南靖、漳浦、云霄、平和、诏安均可读作[ɛ]，相当于《汇集雅俗通十五音》的嘉韵[ɛ]，而长泰等地方言则读作[e]，反映了两种不同的方言现象。②《渡江书》鸡韵[e]部分韵字"渣纱假哑架客裼钯爬虾耙宅麦"等字，长泰、华安、东山、厦门读作[e/ʔ]，漳州、龙海、南靖、漳浦、云霄、平和、诏安则读作[ɛ/ʔ]。③《渡江书》"扛韵"部分韵字"方风光砖黄酸穿川园昏荒软管转"等，长泰、诏安、厦门读作[ŋ]，相当于《汇集雅俗通十五音》钢韵[ŋ]；而这些韵字,漳州、龙海、华安、南靖、平和、漳浦、云霄、东山等方言均读作[uĩ]，相当于《汇集雅俗通十五音》裈韵[uĩ]。

(4)同时分读于两个韵部，分别反映漳州、长泰等地韵类和厦门方言韵类：①《渡江书》鸡韵[e] 部分韵字"披弊敝毙币制世"等，唯独厦门读作[e]，漳州地区均读作[i]，读厦门方言韵类；但这些韵字又同时出现在几韵[i]和《汇集雅俗通十五音》居韵[i]里，则读漳州韵类。②《渡江书》恭韵[ɡɔ]部分韵字"姜章湘乡两长想仰响唱约杨亮"等，厦门读作[ɡɔ]，漳州、长泰等地均读作[iaŋ]，反映厦门方言；但《渡江书》"姜韵"[iaŋ]里又同时收以上韵字，则读漳州地区方言。

(5)《渡江书》雅韵[ɛ̃]与尼韵[ĩ]是对立的。雅韵部分韵字"婴奶骂脉咩挟夹庚坑撑争生星平彭榹硬郑"等，长泰、华安、东山、诏安均读作[ɛ̃]，厦门部分读作[ɛ̃]，多数读作[ĩ]，漳州、龙海、南靖、平和、漳浦、云霄均读作[ɛ̃]，显然所反映的不是厦门方言；尼韵韵字读作[ĩ]，只有个别韵字"腥哼平彭"厦腔读作[ĩ]，可见此韵不是反映厦门方言。

(6)《渡江书》朱韵[u]韵字，厦门方言均读作[u]；其大部分韵字漳州方言亦读作[u],但部分韵字如"猪趋旅举抵贮煮死宇语鼠许去著处馀绪"等则读作[i]，所以此韵的部分韵字反映了厦门方言。

最后，笔者得出这样的结论：《渡江书》所反映的方言音系应该是以长泰音和漳州音为基础，但还掺杂着厦门方言的个别韵类。

（三）《渡江书十五音》四十三字母音值的拟测

在本节里，我们拟将《渡江书十五音》43个韵部86个韵母与《汇集雅俗通十五音》50韵部85个韵母以及漳州地区10个县市、厦门的方言韵母系统比较研究，并将其音值拟测如下：

1."君坚金归嘉"五部音值的拟测

(1)君部　此韵有445个韵字来源于《汇集雅俗通十五音》的君韵[un/ut]（655个韵字），占其总数的67.94％。此韵舒声韵在漳州地区10个县市的方言均读作[un]，促声韵拟作[ut]，现根据长泰方言将君韵拟作[un/ut]。《厦门方言研究》"同音字表"里"跟根巾斤筋均钧筘""近"诸字，均读作[kun]，而《渡江书》君韵里则无这些韵字，而是出现于根韵里。这说明《渡江书》君韵并不反映厦门的方音特点。

(2)坚部　此韵有466个韵字来源于《汇集雅俗通十五音》的坚韵[ian/iat]（614个韵字），占其总数的75.90％。此韵舒声韵在漳州地区10个县市的方言均读作[ian]，促声韵拟作[iat]，现根据长泰方言将坚韵拟作[ian/iat]。

(3)金部　此韵有195个韵字来源于《汇集雅俗通十五音》的金韵[im/ip]（251个韵

字），占其总数的77.69％。此韵舒声韵在漳州地区10个县市的方言均读作[im]，促声韵拟作[ip]，现根据长泰方言将金韵拟作[im/ip]。

(4)规部　此韵有282个韵字来源于《汇集雅俗通十五音》的规韵[ui]（358个韵字），占其总数的78.77％。此韵舒声韵在漳州地区10个县市的方言均读作[ui]，而其促声韵字均为僻字，现代漳州方言均无法读出[uiʔ]，现只能依韵书将规韵拟作[ui/uiʔ]。

(5)嘉部　此韵韵字不是来源于《汇集雅俗通十五音》的嘉韵[a/aʔ]，而是来源于胶韵[a/aʔ]。据考察，《渡江书》有128个韵字来源于《汇集雅俗通十五音》胶韵 (共收165个韵字)，占其总数的77.58％。此韵韵字如"蜊笆胶巧干打叱早傻鸦疤叉孝"和"蜡百甲搭打塔闸押肉插"等，在漳州方言里均读作[a/aʔ]，而厦门方言也均读作[a/aʔ]。根据这种现象，我们将该韵拟作[a/ʔ]。但是，《渡江书》嘉韵还有部分韵字，"加笳裂佳查渣楂纱叉差把靶哑嫁驾架百爬琶牙虾夏厦下"诸字，在漳州地区的读音不尽相同：漳州、龙海、华安（部分人）、南靖、平和、漳浦、云霄、诏安等地读作[ε/εʔ]；长泰、华安（部分人）、东山、厦门等地则读作[a/aʔ]。例如：

韵字	漳州	厦门	龙海	长泰	华安	南靖	平和	漳浦	云霄	东山	诏安
嘉	kε	ka	kε	ka	ka	kε	kε	kε	kε	ka	kε
查	tsε	tsa	tsε	tsa	tsa	tsε	tsε	tsε	tsε	tsa	tsε
纱	sε	sa	sε	sa	sa	sε	sε	sε	sε	sa	sε
帕	pʻεʔ	pʻaʔ	pʻεʔ	pʻaʔ	pʻaʔ	pʻεʔ	pʻεʔ	pʻεʔ	pʻεʔ	pʻaʔ	pʻεʔ
百	pεʔ	paʔ	pεʔ	paʔ	paʔ	pεʔ	pεʔ	pεʔ	pεʔ	paʔ	pεʔ

《渡江书》嘉韵与《汇集雅俗通十五音》嘉韵不同，而却与《汇集雅俗通十五音》胶韵同，说明《渡江书》没有[ε]音，所读音则与长泰等地读音同。今根据长泰方言将嘉韵拟为[a/aʔ]。

2."干公乖经官"五部音值的拟测

(6)干部　此韵有288个韵字来源于《汇集雅俗通十五音》的干韵[an/at]（349个韵字），占其总数的82.52％。此韵舒声韵在漳州地区10个县市的方言均读作[an]，促声韵拟作[at]，现根据长泰方言将干韵拟作[an/at]。

(7)公部　此韵有629个韵字来源于《汇集雅俗通十五音》的公韵[ɔŋ/ɔk]（839个韵字），占其总数的74.97％。此韵舒声韵在漳州地区10个县市的方言均读作[ɔŋ]，促声韵拟作[ɔk]，现根据长泰方言将公韵拟作[ɔŋ/ɔk]。

(8)乖部　此韵有24个韵字来源于《汇集雅俗通十五音》的乖韵[uai/uaiʔ]（33个韵字），占其总数的72.73％。此韵舒声韵在漳州地区10个县市的方言均读作[uai]，而其促声韵字均为僻字，现代漳州方言均无法读出[uiʔ]，现只能依韵书和长泰方言将乖韵拟作[uai/uaiʔ]。

(9)经部　此韵有760个韵字来源于《汇集雅俗通十五音》经韵(共收1044个韵字)，占其总数的72.80％。此韵韵字在漳州地区方言里读音不一，如"冷兵经轻丁烹汀贞生婴仍明迎幸"和"栗百革克德魄惕则色益默策赫"等韵字，漳州、龙海、华安、南靖均读作[iŋ/k],长泰、平和、云霄、东山、诏安读作[eŋ/ek]，漳浦读作[ɛŋ/ɛk]。今依漳州市长泰县方言将该韵拟作[eŋ/k]。例如：

韵字	漳州	厦门	龙海	长泰	华安	南靖	平和	漳浦	云霄	东山	诏安
冰	piŋ¹	piŋ¹	piŋ¹	peŋ¹	piŋ¹	piŋ¹	peŋ¹	pɛŋ¹	peŋ¹	peŋ¹	piŋ¹/eŋ¹
经	kiŋ¹	kiŋ¹	kiŋ¹	keŋ¹	kiŋ¹	kiŋ¹	keŋ¹	kɛŋ¹	keŋ¹	keŋ¹	kiŋ¹/eŋ¹
百	pik⁴	pik⁴	pek⁴	pik⁴	pik⁴	pek⁴	pɛk⁴	pek⁴	pek⁴	pek⁴	pik/ek
革	kik⁴	kik⁴	kik⁴	kek⁴	kik⁴	kik⁴	kek⁴	kek⁴	kek⁴	kek⁴	kik⁴/ek⁴

(10)官部　此韵有407个韵字来源于《汇集雅俗通十五音》的观韵[uan/uat]（583个韵字），占其总数的69.81％。此韵舒声韵在漳州地区10个县市的方言均读作[uan]，促声韵拟作[uat]，现根据长泰方言将官韵拟作[uan/uat]。

3."姑娇鸡恭高"五部音值的拟测

(11)姑部　此韵有408个韵字来源于《汇集雅俗通十五音》沽韵(共收517个韵字)，占其总数的78.92％。此韵韵字在漳州地区的方言读音不一，如"姑菩虏许呼苏亩兔吴胡"等韵字，漳州、龙海、华安、南靖以及厦门均读作[ɔ]，长泰读作[eu]，平和、漳浦、诏安读作[ɔu]，云霄、东山读作[ou]。今依长泰方言将该韵拟作[eu]。此韵的上入声和下入声韵字均读偏僻字，现代漳州方言无法一一与之对应，今依韵书拟为[euʔ]。

韵字	漳州	厦门	龙海	长泰	华安	南靖	平和	漳浦	云霄	东山	诏安
姑	kɔ¹	kɔ¹	kɔ¹	keu¹	kɔ¹	kɔ¹	kɔu¹	kɔu¹	kou¹	kou¹	kɔu¹
菩	pʻɔ¹	pʻɔ¹	pʻɔ¹	pʻeu¹	pʻɔ¹	pʻɔ¹	pʻɔu¹	pʻɔu¹	pʻou¹	pʻou¹	pʻɔu¹
吴	gɔ⁵	gɔ⁵	gɔ⁵	geu⁵	gɔ⁵	gɔ⁵	gɔu⁵	gɔu⁵	gou⁵	gou⁵	gɔu⁵
胡	ɔ⁵	ɔ⁵	ɔ⁵	eu⁵	ɔ⁵	ɔ⁵	ɔu⁵	ɔu⁵	ou⁵	ou⁵	ɔu⁵

(12)娇部　此韵有304个韵字来源于《汇集雅俗通十五音》的娇韵[iau/iauʔ]（409个韵字），占其总数的74.33％。此韵舒声韵在漳州地区10个县市的方言均读作[iau]，而其促声韵字均为僻字，现代漳州方言均无法读出[iauʔ]，现只能依韵书和长泰方言将娇韵拟作[iau/iauʔ]。

(13)鸡部　此韵韵字有两个来源：一是有184个韵字的来源于《汇集雅俗通十五音》稽韵[ei](共收245个韵字)，占其总数的75.10％；二是有35个韵字来源于《汇集雅俗通十五音》伽韵[e](共收61个韵字)，占其总数的57.38％。《汇集雅俗通十五音》稽韵[ei]与伽韵[e]是对立的，反映了漳浦方言读音特点。而《渡江书》则将这伽韵并入鸡韵，《汇集雅俗通十五音》伽韵(61个韵字)中有35个韵字并入《渡江书》的鸡韵，因此不存在稽[ei]与伽[e]的对立了。如《汇集雅俗通十五音》稽韵字"礼篦街启底批济梳挨倪买妻奚"和"螺笠拔锲篚袋胎坐雪矮卖系"，漳州、龙海、华安、南靖、东山、长泰等方言均读作[e/ʔ]，平和、漳浦、云霄、诏安方言均读作[iei]或[ei]。《渡江书》还有部分韵字分别反映了漳州、龙海、南靖、平和、漳浦、云霄、诏安和长泰、华安、东山、厦门两种方言：前者读作[ɛ/ʔ]，后者读作[e/ʔ]。今依漳州市长泰县方言将该韵拟作[e/eʔ]。

韵字	漳州	厦门	龙海	长泰	华安	南靖	平和	漳浦	云霄	东山	诏安
渣	tsɛ¹	tse¹	tsɛ¹	tse¹	tsɛ/e¹	tsɛ¹	tsɛ¹	tsɛ¹	tsɛ¹	tse¹	tse¹
纱	sɛ¹	se¹	sɛ¹	se¹	sɛ/e¹	sɛ¹	sɛ¹	sɛ¹	sɛ¹	se¹	sɛ¹
宅	t'ɛʔ⁸	t'eʔ⁸	t'ɛʔ⁸	t'eʔ⁸	t'ɛ/eʔ⁸	t'ɛʔ⁸	t'ɛʔ⁸	t'ɛʔ⁸	t'ɛʔ⁸	t'eʔ⁸	t'ɛʔ⁸
麦	bɛʔ⁸	beʔ⁸	bɛʔ⁸	beʔ⁸	bɛ/eʔ⁸	bɛʔ⁸	bɛʔ⁸	bɛʔ⁸	bɛʔ⁸	beʔ⁸	bɛʔ⁸

(14)恭部　此韵有270个韵字来源于《汇集雅俗通十五音》恭韵(共收355个韵字)，占其总数的76.06％。如"龙共恐中宠钟耸雍冲凶"和"六菊曲筑祝褥宿育玉促蓄"等韵字，在漳州地区方言均读作[iɔŋ]和[iɔk]。这是笔者将此韵拟作[iɔŋ/iɔk]的主要依据。

韵字	漳州	厦门	龙海	长泰	华安	南靖	平和	漳浦	云霄	东山	诏安
龙	liɔŋ⁵	liɔŋ⁵	liɔŋ⁵	liɔŋ⁵	liɔŋ⁵	liɔŋ⁵	liɔŋ⁵	liɔŋ⁵	liɔŋ⁵	liɔŋ⁵	liɔŋ⁵
共	kiɔŋ⁷	kiɔŋ⁷	kiɔŋ⁷	kiɔŋ⁷	kiɔŋ⁷	kiɔŋ⁷	kiɔŋ⁷	kiɔŋ⁷	kiɔŋ⁷	kiɔŋ⁷	kiɔŋ⁷
促	ts'iɔk⁴	ts'iɔk⁴	ts'iɔk⁴	ts'iɔk⁴	ts'iɔk⁴	ts'iɔk⁴	ts'iɔk⁴	ts'iɔk⁴	ts'iɔk⁴	ts'iɔk⁴	ts'iɔk⁴
蓄	hiɔk⁴	hiɔk⁴	hiɔk⁴	hiɔk⁴	hiɔk⁴	hiɔk⁴	hiɔk⁴	hiɔk⁴	hiɔk⁴	hiɔk⁴	hiɔk⁴

但是，《渡江书》中有部分"恭韵"[iɔŋ]字如"羌章湘乡两长仰唱阳"等，只有厦门方言读作[iɔŋ]，漳州地区则读作[iaŋ]，然而这些韵字又同时出现在"姜韵"[iaŋ]里，这不仅反映了漳州方音特点，也反映了厦门方音特点。

韵字	漳州	厦门	龙海	长泰	华安	南靖	平和	漳浦	云霄	东山	诏安
羌	kiaŋ¹	kiɔŋ¹	kiaŋ¹	kiaŋ¹	kiaŋ¹	kiaŋ¹	kiaŋ¹	kiaŋ¹	kiaŋ¹	kiaŋ¹	Kian¹
章	tsiaŋ¹	tsiɔŋ¹	tsiaŋ¹	tsiaŋ¹	tsiaŋ¹	tsiaŋ¹	tsiaŋ¹	tsiaŋ¹	tsiaŋ¹	tsiaŋ¹	tsian¹
湘	siaŋ¹	siɔŋ¹	siaŋ¹	siaŋ¹	siaŋ¹	siaŋ¹	siaŋ¹	siaŋ¹	siaŋ¹	siaŋ¹	sian¹
乡	hiaŋ¹	hiɔŋ¹	hiaŋ¹	hiaŋ¹	hiaŋ¹	hiaŋ¹	hiaŋ¹	hiaŋ¹	hiaŋ¹	hiaŋ¹	hian¹
两	liaŋ²	liɔŋ²	liaŋ²	liaŋ²	liaŋ²	liaŋ²	liaŋ²	liaŋ²	liaŋ²	liaŋ²	lian²

(15)高部 此韵有322个韵字来源于《汇集雅俗通十五音》高韵(共收448个韵字),占其总数的71.88%。 此韵韵字在漳州地区方言里有两种读音。如"恼褒歌可倒破套佐锁阿傲母草好"和"落薄各桌朴拓作索学莫鹤",漳州、龙海、华安、南靖、平和、漳浦、云霄、东山以及厦门方言均读作[o/oʔ];只有长泰、诏安方言读作[ɔ/ɔʔ]。今依长泰方言拟作[ɔ/ɔʔ]。

韵字	漳州	厦门	龙海	长泰	华安	南靖	平和	漳浦	云霄	东山	诏安
恼	lo²	lo²	lo²	lɔ²	lo²	lo²	lo²	lo²	lo²	lo²	lɔ²
褒	po¹	po¹	po¹	pɔ¹	po¹	po¹	po¹	po¹	po¹	po¹	pɔ¹
莫	boʔ⁸	boʔ⁸	boʔ⁸	bɔʔ⁸	boʔ⁸	boʔ⁸	boʔ⁸	boʔ⁸	boʔ⁸	boʔ⁸	bɔʔ⁸
鹤	hoʔ⁸	hoʔ⁸	hoʔ⁸	hoʔ⁸	hoʔ⁸	hoʔ⁸	hoʔ⁸	hoʔ⁸	hoʔ⁸	hoʔ⁸	hoʔ⁸

4."皆根姜甘瓜"五部音值的拟测

(16)皆部 此韵有245个韵字来源于《汇集雅俗通十五音》的皆韵[ai]（290个韵字），占其总数的84.48%。此韵的舒声韵在漳州地区10个县市的方言均读作[ai],而其促声韵字均为僻字,现代漳州方言均无法读出[aiʔ],现只能依韵书和长泰方言将皆韵拟作[ai/aiʔ]。

(17)根部 此韵有382个韵字来源于《汇集雅俗通十五音》巾韵(共收450个韵字),占其总数的84.89%。此韵韵字如"斤均跟巾恩芹银垠龈"等,在漳州地区方言里均读作[in],这是我们将该韵拟作[in]的主要依据。

韵字	漳州	厦门	龙海	长泰	华安	南靖	平和	漳浦	云霄	东山	诏安
斤	kin¹	kun¹	kin¹	kin¹	kin¹	kin¹	kin¹	kin¹	kin¹	kin¹	kin¹
均	kin¹	kun¹	kin¹	kin¹	kin¹	kin¹	kin¹	kin¹	kin¹	kin¹	kin
跟	kin¹	kun¹	kin¹	kin¹	kin¹	kin¹	kin¹	kin¹	kin¹	kin¹	kin
巾	kin¹	kun¹	kin¹	kin¹	kin¹	kin¹	kin¹	kin¹	kin¹	kin¹	kin

这些韵字只出现在《渡江书》的根韵[in]里,而不见于《渡江书》的君韵[un],与《汇集雅俗通十五音》巾韵[in]和君韵[un]对立一样。这些韵字厦门方言读作[un],说明此韵所反映的不是厦门方言,而是漳州方言。此韵舒声韵在漳州地区10个县市的方言均读作[in],促声韵拟作[it],现根据长泰方言将根韵拟作[in/it]。

(18)姜部 此韵有245个韵字来源于《汇集雅俗通十五音》姜韵(共收294个韵字),占其总数的83.33%。此韵舒声韵在漳州地区10个县市的方言（除诏安话外）均读作[iaŋ],促声韵读作[iak],现根据长泰方言将姜韵拟作[iaŋ/iak]。但是,如"凉疆腔长畅漳相养仰昌艿"和"略剧怯踯灼若削约虐鹊"等韵字，漳州方言（除诏安话外）均读作[iaŋ]ɐ[iak]，而厦门方言则读作[iɔŋ]和[iɔk]，所反映的不是厦门方言。

韵字	漳州	厦门	龙海	长泰	华安	南靖	平和	漳浦	云霄	东山	诏安
凉	liaŋ⁵	liɔŋ⁵	liaŋ⁵	liaŋ⁵	liaŋ⁵	liaŋ⁵	liaŋ⁵	liaŋ⁵	liaŋ⁵	liaŋ⁵	lian⁵
疆	kiaŋ¹	kiɔŋ¹	kiaŋ¹	kiaŋ¹	kiaŋ¹	kiaŋ¹	kiaŋ¹	kiaŋ¹	kiaŋ¹	kiaŋ¹	kian¹
略	liak⁸	liɔk⁸	liak⁸	liak⁸	liak⁸	liak⁸	liak⁸	liak⁸	liak⁸	liak⁸	liat⁸
剧	kiak⁸	kiɔk⁸	kiak⁸	kiak⁸	kiak⁸	kiak⁸	kiak⁸	kiak⁸	kiak⁸	kiak⁸	kiat⁸

（19）甘部 此韵有263个韵字来源于《汇集雅俗通十五音》的甘韵[am/ap]（354个韵字），占其总数的74.29％。此韵舒声韵在漳州地区10个县市的方言均读作[am]，促声韵读作[ap]，现根据长泰方言将甘韵拟作[am/ap]。

（20）瓜部 此韵有128个韵字来源于《汇集雅俗通十五音》的瓜韵[ua]（169个韵字），占其总数的75.74％。此韵舒声韵在漳州地区（除云霄、诏安部分字读作[uɛ]外）的方言读作[ua]，促声韵读作[uaʔ]，厦门方言则读作[ue]和[ua]。现根据长泰方言将瓜韵拟作[ua/uaʔ]。

5."江兼交迦薤"五部音值的拟测

（21）江部 此韵有203个韵字来源于《汇集雅俗通十五音》的江韵[aŋ/ak]（234个韵字），占其总数的86.75％。此韵舒声韵在漳州地区10个县市的方言均读作[aŋ]，促声韵读作[ak]，现根据长泰方言将江韵拟作[aŋ/ak]。

（22）兼部 此韵有246个韵字来源于《汇集雅俗通十五音》的兼韵[iam/iap]（296个韵字），占其总数的83.11％。此韵舒声韵在漳州地区10个县市的方言均读作[iam]，促声韵读作[iap]，现根据长泰方言将兼韵拟作[iam/iap]。

（23）交部 此韵有187个韵字来源于《汇集雅俗通十五音》的交韵[au/auʔ]（216个韵字），占其总数的86.57％。此韵舒声韵在漳州地区10个县市的方言均读作[au]，促声韵读作[auʔ]，现根据长泰方言将交韵拟作[au/auʔ]。

（24）迦部 此韵有120个韵字来源于《汇集雅俗通十五音》的迦韵[ia/iaʔ]（144个韵字），占其总数的83.33％。此韵舒声韵在漳州地区10个县市的方言均读作[ia]，促声韵读作[iaʔ]，现根据长泰方言将迦韵拟作[ia/iaʔ]。

（25）薤部 此韵有196个韵字来源于《汇集雅俗通十五音》桧韵(共收261个韵字)，占其总数的75.10％。 此韵韵字如"飞剐炊尾粿髓火过从课垂被"和"郭缺说月啜袜血"等，漳州、龙海、长泰、华安、南靖、平和、云霄、东山、诏安等方言读作[ue/ueʔ]，漳浦方言读作[uɛ/ɜuʔ]，惟独厦门方言读作[e/eʔ]。现根据长泰方言将薤韵拟作[ue/ueʔ]。

韵字	漳州	厦门	龙海	长泰	华安	南靖	平和	漳浦	云霄	东山	诏安
飞	pue¹	pe¹	pue¹	pue¹	pue¹	pue¹	pue¹	puɛ¹	pue¹	pue¹	pue¹
火	hue²	he²	hue²	hue²	hue²	hue²	hue²	huɛ²	hue²	hue²	hue²
袜	bueʔ⁸	beʔ⁸	bueʔ⁸	bueʔ⁸	bueʔ⁸	bueʔ⁸	bueʔ⁸	buɛʔ⁸	bueʔ⁸	bueʔ⁸	bueʔ⁸
血	hueʔ⁴	heʔ⁴	hueʔ⁴	hueʔ⁴	hueʔ⁴	hueʔ⁴	hueʔ⁴	huɛʔ⁴	hueʔ⁴	hueʔ⁴	hueʔ⁴

以上韵字仅出现在《渡江书》"蘵韵"[ue]里，"鸡韵"[e]不见。这里所反映的就是漳州一带的方言。

6."他朱镪几鸠"五部音值的拟测

(26)他部　此韵有46个韵字来源于《汇集雅俗通十五音》的监韵[ã/ãʔ]（55个韵字），占其总数的83.64％。此韵舒声韵在漳州地区10个县市的方言均读[ã]，促声韵读作[ãʔ]，现根据长泰方言将他韵拟作[ã/ãʔ]。

(27)朱部　此韵有275个韵字来源于《汇集雅俗通十五音》艍(共收331个韵字)，占其总数的83.08％。此韵舒声韵字如"汝富龟邱蛛浮朱乳思污武牛次夫"等，漳州地区方言均读作[u]，促声韵字均读偏僻字，现代漳州方言无法一一与之对应。现依韵书和长泰方言将朱韵拟为[u/uʔ]。但是，此韵也有部分韵字如"猪旅举贮煮死宇语鼠许去"等，在漳州地区方言里是不读[u]，而是读作[i]，说明此韵夹杂着厦门个别方言韵类。

(28)镪部　此韵有78个韵字来源于《汇集雅俗通十五音》薑韵(共收84个韵字)，占其总数的92.86％。此韵韵字在漳州地区方言里有不同读音：如"梁獐腔张章箱鸯唱乡"等韵字，漳州、龙海、长泰、华安、东山、诏安均读作[iɔ̃]；南靖、平和、漳浦、云霄均读作[iũ]。今依长泰腔将该韵拟作[iɔ̃]。此韵的上入声和下入声韵字均读偏僻字，现代漳州方言无法一一与之对应。今依韵书和长泰方言将镪韵拟为[iɔ̃/iɔ̃ʔ]。

(29)几部　此韵有576个韵字来源于《汇集雅俗通十五音》居韵(共收1147个韵字)，占其总数的50.22％。此韵韵字如"李悲机欺知披耻支诗伊美痴希"和"裂筑缺滴铁舌薛廿篾嘻"在漳州地区方言里均读作[i/iʔ]，这是我们将该韵拟作[i/iʔ]的主要依据。《渡江书》几字韵有少数字厦门方言并不读作[i]，而读作[u]，说明此韵反映的是漳州方言。

(30)鸠部　此韵有250个韵字来源于《汇集雅俗通十五音》的丩韵[iu/iuʔ]（300个韵字），占其总数的83.33％。此韵舒声韵在漳州地区10个县市的方言均读[iu]，促声韵读作[iuʔ]，现根据长泰方言将鸠韵拟作[iu/iuʔ]。

7."篼官扲偄茅乃猫且雅五姆么缸"十三部音值的拟测

(31)篼部　此韵有9个韵字来源于《汇集雅俗通十五音》篼韵(共收13个韵字)，占其总数的69.23％。此韵韵字在漳州、龙海、长泰、华安、南靖、平和、漳浦、诏安等方言里均读作[ɔm]，在云霄、东山方言里读作[om]。这是我们将该韵拟作[ɔm]的主要依据。此韵的上入声和下入声韵字均读偏僻字，现代漳州方言无法一一与之对应。今依

韵书和长泰方言将箴韵拟为[ɔm/ɔp]。厦门无[ɔm]韵,说明此韵反映的应该是漳州地区方言。例如:

韵字	漳州	厦门	龙海	长泰	华安	南靖	平和	漳浦	云霄	东山	诏安
森	sɔm^1	sim^1	sɔm^1	sɔm^1	sɔm^1	sɔm^1	sɔm^1	sɔm^1	som^1	som^1	sɔm^1
参	sɔm^1	sim^1	sɔm^1	sɔm^1	sɔm^1	sɔm^1	sɔm^1	sɔm^1	som^1	som^1	sɔm^1
嵌	lɔp^8	lap^8	lɔp^8	lɔp^8	lɔp^8	lɔp^8	lɔp^8	lɔp^8	lɔp^8	lɔp^8	lɔp^8

(32)官部　此韵有89个韵字来源于《汇集雅俗通十五音》官韵(共收103个韵字),占其总数的86.41％。此韵舒声韵字在漳州地区方言里均读作[uã],促声韵的上入声和下入声韵字均读偏僻字,现代漳州方言无法一一与之对应。今依韵书和长泰方言将官韵拟为[uã/uãʔ]。

(33)拈部　此韵有两个来源:一是有52个韵字来源于《汇集雅俗通十五音》栀韵(共收64个韵字),占其总数的81.25％。如:"染丸面浅圆院匾辇年豉鼻荏莉异你泥"等今均读作[-ĩ]。尼韵促声韵在现代漳州方言里均读作[-ĩʔ]。如:"物"等今均读作[-ĩʔ]。二是有3个韵字来源于《汇集雅俗通十五音》的更韵(共收83个韵字),占其总数的3.61％。此韵韵字如"腥平彭",在漳州、龙海、南靖、平和、漳浦、诏安方言读作[ɛ̃],长泰、华安、东山方言均读作[ẽ],只有云霄、厦门方言读作[ĩ]。综上所见,由于拈韵韵字绝大多数读作[ĩ],今将该韵拟作[ĩ/ĩʔ]。

(34)傺部　此韵有两个来源:一是有32个韵字来源于《汇集雅俗通十五音》扛韵(共收47个韵字),占其总数的68.09％;二是有55个韵字来源于《汇集雅俗通十五音》的钢韵(共收64个韵字),占其总数的85.94％。此韵韵字如"扛慷康汤装霜丧秧芒沧方钢荡长肠糖床撞杖"和"麼膜"在漳州地区方言除了长泰方言读作[ɔ̃]以外,其余方言均读作[ŋ]。例如:

韵字	漳州	厦门	龙海	长泰	华安	南靖	平和	漳浦	云霄	东山	诏安
糖	tʰŋ^5	tʰŋ^5	tʰŋ^5	tʰɔ̃^{5}	tʰŋ^5	tʰŋ^5	tʰŋ^5	tʰŋ^5	tʰŋ^5	tʰŋ^5	tʰŋ^5
床	tsʰŋ^5	tsʰŋ^5	tsʰŋ^5	tsʰɔ̃^{5}	tsʰŋ^5	tsʰŋ^5	tsʰŋ^5	tsʰŋ^5	tsʰŋ^5	tsʰŋ^5	tsʰŋ^5
麼	bŋʔ^4	bŋʔ^4	bŋʔ^4	bɔ̃ʔ^4	bŋʔ^4	bŋʔ^4	bŋʔ^4	bŋʔ^4	bŋʔ^4	bŋʔ^4	bŋʔ^4
膜	bŋʔ^8	bŋʔ^8	bŋʔ^8	bɔ̃ʔ^8	bŋʔ^8	bŋʔ^8	bŋʔ^8	bŋʔ^8	bŋʔ^8	bŋʔ^8	bŋʔ^8

此韵的上入声和下入声韵字均读偏僻字,现代漳州方言无法一一与之对应。今依韵书和长泰方言将傺韵拟为[ɔ̃/ɔ̃ʔ]。

(35)茅部　此韵有20个韵字来源于《汇集雅俗通十五音》爻韵(共收29个韵字),占其总数的68.97％。此韵舒声韵字在漳州地区方言读作[aũ],其促声韵韵字均读偏僻字，现代漳州方言无法一一与之对应。今依韵书和长泰方言将茅韵拟为[aũ/aũʔ]。

(36)乃部 此韵有24个韵字来源于《汇集雅俗通十五音》闲韵(共收42个韵字)，占其总数的57.14％。此韵舒声韵字在漳州地区方言读作[aĩ]，其促声韵韵字均读偏僻字，现代漳州方言无法一一与之对应。今依韵书和长泰方言将乃韵拟为[aĩ/aĩʔ]。

(37)猫部 此韵有4个韵字来源于《汇集雅俗通十五音》嘄韵(共收9个韵字)，占其总数的44.44％。此韵舒声韵字在漳州地区方言读作[iaũ]，其促声韵韵字均读偏僻字，现代漳州方言无法一一与之对应。今依韵书和长泰方言将猫韵拟为[iaũ/iaũʔ]。

(38)且部 此韵有34个韵字来源于《汇集雅俗通十五音》惊韵(共收41个韵字)，占其总数的82.93％。此韵舒声韵字在漳州地区方言读作[iã]，其促声韵韵字均读偏僻字，现代漳州方言无法一一与之对应。今依韵书和长泰方言将且韵拟为[iã/iãʔ]。

(39)雅部 此韵有69个韵字来源于《汇集雅俗通十五音》更韵(共收83个韵字)，占其总数的83.13％。此韵韵字如"婴奶骂庚坑撑争生星平彭楹硬郑"和"脉咩挟夹"等，在漳州地区方言里有不同的读音：长泰、华安、东山等地读[ɛ̃/ɛ̃ʔ]；漳州、龙海、南靖、平和、漳浦、云霄、诏安等方言读作[ɛ̃/ʔ]。今依长泰方言将此韵拟作[ɛ̃/ɛ̃ʔ]。

(40)五部 此韵有11个韵字来源于《汇集雅俗通十五音》姑韵(共收18个韵字)，占其总数的61.11％。此韵韵字在漳州地区方言里有些字已经不读作鼻化韵了，只有"奴弩怒偶午五摸"等字读作鼻化韵，而且有几种不同读音：漳州、龙海、华安、南靖、云霄以及厦门均读作[ɔ̃]；长泰读作[ɛ̃ũ]或[ɔ̃]；平和读作[ɔ̃u]或[ɔ̃]；漳浦、东山、诏安等地读作[ɔ̃u]或[ɔ̃]。今依长泰方言将该韵拟作[ɛ̃ũ]。此韵的上入声和下入声韵字均读偏僻字，现代漳州方言无法一一与之对应。今依韵书和长泰方言将五韵拟为[ɛ̃ũ/ɛ̃ũʔ]。

(41)姆部 此韵有1个韵字来源于《汇集雅俗通十五音》姆韵(共收5个韵字)，占其总数的20.00％，但姆韵韵字很多，在漳州地区方言里有些字无法一一与之对应。今依韵书和长泰方言将姆韵拟为[m/mʔ]。

(42)么部 此韵有55个韵字来源于《汇集雅俗通十五音》茄韵(73个韵字)，占总数的75.34％。《渡江书》么韵韵字如"蜊表叫窍票钓挑蕉烧腰描笑"在漳州地区方言里大部分均读[io]，"略脚却着石惜药席叶"等在漳州地区方言里大部分均读作[io/ioʔ]，只有长泰方言读作[iɔ]和[iɔʔ]。今依长泰方言把此韵拟作[iɔ/iɔʔ]。

韵字	漳州	厦门	龙海	长泰	华安	南靖	平和	漳浦	云霄	东山	诏安
表	pio²	pio²	pio²	piɔ²	pio²	pio²	pio²	pio²	pio²	pio²	pio²
叫	kio³	kio³	kio³	kiɔ³	kio³	kio³	kio³	kio³	kio³	kio³	kio³
药	ioʔ⁸	ioʔ⁸	ioʔ⁸	iɔʔ⁸	ioʔ⁸	ioʔ⁸	ioʔ⁸	ioʔ⁸	ioʔ⁸	ioʔ⁸	ioʔ⁸
叶	hioʔ⁸	hioʔ⁸	hioʔ⁸	hiɔʔ⁸	hioʔ⁸	hioʔ⁸	hioʔ⁸	hioʔ⁸	hioʔ⁸	hioʔ⁸	hioʔ⁸

(43)缸部 此韵韵字有两个来源：一是有56个韵字来源于《汇集雅俗通十五音》

钢韵(64个韵字)，占其总数的87.50%；二是有68个韵字来源于《汇集雅俗通十五音》裤韵[uĩ](79个韵字)，占其总数的86.08%。《渡江书》缸韵韵字如"方风光砖黄酸穿川园昏荒软管转"等，在漳州地区方言里有不同读音：漳州、龙海、华安、南靖、平和、漳浦、云霄、东山、诏安均读作[uĩ]；长泰以及厦门方言均读作[ŋ]，今依长泰方言将该韵拟作[ŋ]。此韵的上入声和下入声韵字均读偏僻字,现代漳州方言无法一一与之对应。今依韵书和长泰方言将缸韵拟为[ŋ/ŋʔ]。

韵字	漳州	厦门	龙海	长泰	华安	南靖	平和	漳浦	云霄	东山	诏安
方	puĩ¹	pŋ¹	puĩ¹	pŋ¹	puĩ¹	puĩ¹	puĩ¹	puĩ¹	puĩ¹	puĩ¹	puĩ¹
软	nuĩ²	nŋ²	nuĩ²	nŋ²	nuĩ²	nuĩ²	nuĩ²	nuĩ²	nuĩ²	nuĩ²	nuĩ²
管	kuĩ²	kŋ²	kuĩ²	kŋ²	kuĩ²	kuĩ²	kuĩ²	kuĩ²	kuĩ²	kuĩ²	kuĩ²
转	tuĩ²	tŋ²	tuĩ²	tŋ²	tuĩ²	tuĩ²	tuĩ²	tuĩ²	tuĩ²	tuĩ²	tuĩ²

通过《渡江书》与《汇集雅俗通十五音》韵母系统的比较考察，笔者发现，前者43个韵部86个韵母，后者50个韵部85个韵母。二者读音基本上相同的有以下24个韵部：君[un/ut]、坚[ian/iat]、今[im/ip]、归 [ui/uiʔ]、干[an/t]、公[ɔŋ/ɔk]、乖[uai/uaiʔ]、官[uan/uat]、娇[iau/iauʔ]、皆[ai/aiʔ]、甘[am/ap]、瓜[ua/uaʔ]、江[aŋ/ak]、兼[iam/iap]、交[au/auʔ]、加[ia/iaʔ]、他[ã/ãʔ]、鸠[iu/iuʔ]、且[iã/iãʔ]、寡[uã/ uãʔ]、乃[ãi/ãiʔ]、姆[m/mʔ]、猫[iãu/iãuʔ]、茅[ãu/ãuʔ]。二者读音有参差的韵部有19个：嘉韵[a/aʔ]、经韵[eŋ/ek]、姑韵[eu/euʔ]、鸡韵[e/eʔ]、恭韵[iɔŋ/ iɔk]、高韵[ɔ/ɔʔ]、根韵[in/it]、姜韵[iaŋ/iak]、诶韵[ue/ueʔ]、朱韵[u/uʔ]、枪韵[iɔ̃/iɔ̃ʔ]、几韵[i/iʔ]、箴韵[ɔm/ɔp]、尼[ĩ/ĩʔ]、傩韵[ɔ̃/ɔ̃ʔ]、雅韵[ẽ/ẽʔ]、五韵[ẽũ/ẽũʔ]、么韵[iɔ/iɔʔ]、缸韵[ŋ/ŋʔ]。读音有参差则反映了该韵书本身固有的音系性质。

《渡江书》43个韵部均有相配的入声韵：阳声韵部分别配有[-p]、[-t]、[-k]收尾的入声韵，每个阴声韵也均配有[-ʔ]收尾的入声韵。这是《渡江书》不同于《汇集雅俗通十五音》的显著特点之一。而《汇集雅俗通十五音》并不是每个韵部均配有入声韵，否则韵母应是100个，而不是85个。现把《渡江书》43个韵部86个韵母排比如下：

1君un/ut	2坚ian/iat	3金im/ip	4规ui/uiʔ	5嘉a/aʔ	6干an/at	7公ɔŋ/ɔk	8乖uai/uaiʔ
9经eŋ/ek	10官uan/uat	11姑eu/euʔ	12娇iau/iauʔ	13鸡e/eʔ	14恭iɔŋ/iɔk	15高ɔ/ɔʔ	16皆ai/aiʔ
17根in/it	18姜iaŋ/iak	19甘am/ap	20瓜ua/uaʔ	21江aŋ/ak	22兼iam/iap	23交au/auʔ	24迦ia/iaʔ
25诶ue/ueʔ	26他ã/ãʔ	27朱u/uʔ	28镕iɔ̃/iɔ̃	29几i/iʔ	30鸠iu/iuʔ	31箴ɔm/ɔp	32官uã/uãʔ
33拈ĩ/ĩʔ	34傩ɔ̃/ɔ̃ʔ	35茅aũ/aũʔ	36乃ãĩ/ãĩʔ	37猫iaũ/iaũʔ	38且iã/iãʔ	39雅ẽ/ẽʔ	40五ẽũ/ẽũʔ
41姆m/mʔ	42么iɔ/iɔʔ	43缸ŋ/ŋʔ					

六　清·无名氏《手抄十五音》音系研究

根据黄有实编著《台湾十五音辞典》"读十五音小引"所说，此书参考了张祯祥先生家藏之珍书《手抄十五音》。本节着重介绍《手抄十五音》。因黄氏没有言及其十五音和声调的具体情况，估计与《台湾十五音辞典》是一致的。

黄有实编著《台湾十五音辞典》"七、十五音字母集表"所载，《手抄十五音》共有43个韵部：

巴[ka]	他[kã]	皆[kai]	乃[kãi]	甘[kam]	干[kan]
江[kaŋ]	交[kau]	爻[kãu]	家[kɛ]	鸡[ke]	庚[kẽ]
经[kiŋ]	几[ki]	边[kĩ]	家[kia]	惊[kiã]	兼[kiam]
坚[kian]	姜[kiaŋ]	娇[kiau]	猫[kiãu]	今[kim]	根[kin]
丩[kio]	宫[kiɔŋ]	丩[kiu]	枪[kiũ]	高[ko]	姑[kɔ]
菡[kɔ̃]	瓜[kua]	山[kuã]	乖[kuai]	关[kuãi]	官[kuan]
蕨[kue]	光[kɔŋ]	龟[ku]	归[kui]	君[kun]	光[kŋ]
姆[m]					

以上韵书43个韵部与《渡江书十五音》43个韵部，数目相同，似乎有雷同之处。我们将《手抄十五音》（简称"手抄"）43韵部与《渡江书十五音》（简称"渡江书"）43韵部比较如下：

韵　书	韵				目			
渡江书	君[un]	坚[ian]	金[im]	规[ui]	嘉[a]	干[an]	公[ɔŋ]	乖[uai]
手　抄	君[un]	坚[ian]	今[im]	归[ui]	巴[a]	干[an]	光[ɔŋ]	乖[uai]
渡江书	经[eŋ]	官[uan]	姑[eu]	娇[iau]	鸡[e]	恭[iɔŋ]	高[ɔ]	皆[ai]
手　抄	经[iŋ]	官[uan]	姑[ɔ]	娇[iau]	鸡[e]	宫[iɔŋ]	高[o]	皆[ai]
渡江书	根[in]	姜[iaŋ]	甘[am]	瓜[ua]	江[aŋ]	兼[iam]	交[au]	迦[ia]
手　抄	根[in]	姜[iaŋ]	甘[am]	瓜[ua]	江[aŋ]	兼[iam]	交[au]	家[ia]
渡江书	蕨[ue]	他[ã]	朱[u]	镸[iɔ̃]	几[i]	鸠[iu]	箴[ɔm]	官[uã]
手　抄	边[ue]	他[ã]	龟[u]	镸[iũ]	几[i]	丩[iu]	——	山[uã]
渡江书	拈[ĩ]	侎[ɔ̃]	茅[ãu]	乃[ãi]	猫[iãu]	且[iã]	雅[ẽ]	五[ẽũ]
手　抄	边[ĩ]	菡[ɔ̃]	爻[ãu]	乃[ãi]	猫[iãu]	惊[iã]	庚[ɛ̃]	——
渡江书	姆[m]	丩[io]	缸[ŋ]	——	——			
手　抄	姆[m]	丩[io]	光[ŋ]	家[ɛ]	关[uãi]			

虽然二部韵书均为43韵部，但有以下差异：（1）《渡江书十五音》嘉韵[a]，相当于《手抄十五音》巴韵[a]和家韵[ɛ]。因《渡江书十五音》有嘉韵[a]和鸡韵[e]，而无家韵[ɛ]，反映了漳州市长泰县的方音系统；而《手抄十五音》有巴韵[a]、鸡韵[e]和家韵[ɛ]三韵的对立，反映了漳州市芗城的方音系统。（2）《渡江书十五音》官韵[uã]，相当于《手抄十五音》山韵[uã]和关韵[uãi]。(3)《手抄十五音》无[ẽũ]韵，有莴韵[ɔ̃]，相当于《渡江书十五音》儺韵[ɔ̃]和五韵[ẽũ]。(4)《手抄十五音》无箴韵[ɔm]，有今韵[im]，相当于《渡江书十五音》金韵[im]和箴韵[ɔm]，可能是韵字太少没有独立为韵部罢了。(5)由于《手抄十五音》和《渡江书十五音》音系性质不同，因此，经韵拟为[iŋ]而不拟作[eŋ]，姑韵拟为[ɔ]而不拟作[eu]，高韵拟为[o]而不拟作[ɔ]，庚韵拟为[ɛ̃]而不拟作[ẽ]。(6)《汇集雅俗通十五音》有裈韵[uĩ]和钢韵[ŋ]的对立，而《渡江书十五音》有缸韵[ŋ]而没有[uĩ]韵，《手抄十五音》与《渡江书十五音》同，也许受长泰音的影响。(7)《手抄十五音》有[iũ]韵，《渡江书十五音》则有[iɔ̃]韵。

因此，两种韵书差异的焦点在于有否[ɛ]韵和[iũ]韵。漳州地区芗城、龙海、华安（部分人）、南靖、平和、漳浦、云霄、诏安等地有[ɛ]韵，南靖、平和、漳浦、云霄等地有[iũ]韵。既有[ɛ]韵又有[iũ]韵的，只有南靖、平和、漳浦、云霄等地，而平和、漳浦、云霄有[iei]韵或[ei]韵，《手抄十五音》则无，因此就只有南靖县具备这个条件了。因此，我们推测，《手抄十五音》音系所反映的应该是南靖方言了。

七　清·无名氏《增註黑字十五音》音系研究

根据黄有实编著《台湾十五音辞典》"读十五音小引"所说，此书参考了张祯祥先生家藏之珍书《增註黑字十五音》。本节着重介绍《增註黑字十五音》。因黄氏没有言及其十五音和声调具体情况，估计与《台湾十五音辞典》是一致的。

黄有实编著《台湾十五音辞典》"七、十五音字母集表"所载，《增註黑字十五音》共有30个韵部：

葩[ka]	皆[kai]	甘[kam]	干[kan]	江[kaŋ]	交[kau]
家[kɛ]	稽[ke]	京[keŋ]	玑[ki]	伽[kia]	兼[kiam]
坚[kian]	姜[kiaŋ]	娇[kiau]	金[kim]	箴[kom]	根[kin]
宫[kioŋ]	赳[kiu]	高[ko]	姑[kɔ]	瓜[kua]	乖[kuai]
官[kuan]	莝[kue]	光[koŋ]	龟[ku]	归[kui]	君[kun]

此韵书30个韵部与《增补汇音》30个韵部数目相同，现《黑字十五音》（简称"黑字"）30韵部与《增补汇音》（简称"增补"）35韵部比较如下：

韵　书	韵				目			
增　补	君[un]	坚[ian]	金[im]	归[ui]	家[ɛ]	干[an]	光[ɔŋ]	乖[uai]
黑　字	君[un]	坚[ian]	金[im]	归[ui]	家[ɛ]	干[an]	光[ɔŋ]	乖[uai]
增　补	京[iŋ]	官[uan]	姑[ɔ]	娇[iau]	稽[e]	宫[ioŋ]	高[o]	皆[ai]
黑　字	京[iŋ]	官[uan]	姑[ɔ]	娇[iau]	稽[e]	宫[ioŋ]	高[o]	皆[ai]
增　补	根[in]	姜[iaŋ]	甘[am]	瓜[ua]	江[aŋ]	蒹[iam]	交[au]	伽[ia]
黑　字	根[in]	羌[iaŋ]	甘[am]	瓜[ua]	江[aŋ]	蒹[iam]	交[au]	伽[ia]
增　补	𩛩[uei]	葩[a]	龟[u]	箴[ɔm]	玑[i]	趚[iu]		
黑　字	𩛩[uei]	葩[a]	龟[u]	箴[ɔm]	玑[i]	趚[iu]		

由上表可见，《黑字十五音》30韵部与《增补汇音》30韵部的韵目、韵数完全相同，而且拟音也相同，因此可断定是《增补汇音》另一个版本，其音系性质所反映的应该是漳州市龙海县方言音系。

八　漳州三种韵书音系比较研究

（一）三种漳州《十五音》声韵调系统的比较考察

《汇集雅俗通十五音》《增补汇音》和《渡江书》是反映漳州一带的方言韵书。通过对它们编撰体例的比较与考察，我们发现它们均属《汇集雅俗通十五音》一系的韵书。下面从三个角度来比较和考察：

1.关于十五音（即15个声母字）的对照比较

《汇集雅俗通十五音》次列"切音十五字字头起连音呼"：

柳、边、求、去、地、颇、他、曾、入、时、英、门、语、出、喜；

更次列"呼十五音法，余皆仿此"：

　柳理　边比　求己　去起　地底　颇鄙　他耻　曾止

　入耳　时始　英以　门美　语御　出取　喜喜

《增补汇音》"切音共十五字呼起"：

柳、边、求、去、地、颇、他、曾、入、时、鸾、门、语、出、喜字头起连音呼。

《渡江书》"顺口十五音歌己字为首"：

　柳里　边比　求己　去起　治底　波鄙　他耻　曾只

　入耳　时始　英以　门米　语拟　出齿　喜喜

三种韵书均为十五个字母音，其呼法与"漳州ma-sa式秘密语"的拼读方法相类似。"漳州ma-sa式秘密语"的拼读方法：即把本字音作为秘密语的声母字，再将本字韵母配以附加声s，作为秘密语的韵母字，并各从原有四声，连而言之。(见马重奇《闽南漳州方言la-mi式和ma-sa式音的秘密语研究》，商务印书馆1999.5出版；《中国语言学报》第九期)如：

柳liu^{53} → 柳liu^{44} + 守siu^{53}　　　时si^{12} → 时si^{22} + 时si^{12}

而《汇集雅俗通十五音》和《渡江书》的呼音法是：ma-mi式，ma是本字，表示声母字，mi表示本字的声母配-i（声调基本上为上上声）。

通过考证，漳州三种十五音的声母字及其拟音是基本上相同的。请看下表：

韵　书	三种韵书的声母比较							
《汇集雅俗通十五音》	柳	边	求	去	地	颇	他	曾
《增补汇音》	柳	边	求	去	地	颇	他	曾
《渡江书十五音》	柳	边	求	去	治	波	他	曾
《汇集雅俗通十五音》	时	英	门	语	出	喜		
《增补汇音》	入	时	莺	门	语	出	喜	
《渡江书十五音》	入	时	英	门	语	出	喜	

由上表可见，《增补汇音》"莺"母与《汇集雅俗通十五音》《渡江书》"英"母字面上不同，《渡江书》"治""波"二母与《汇集雅俗通十五音》《增补汇音》"地""颇"二母字面上不同，其余均同。"柳、门、语"三个字母在鼻化韵与非鼻化韵前分别读作[n/l]、[m/b]、[ŋ/g]。这里要提出来讨论的是"入"母，在漳州10个县市的方言里均读作[dz]，这是漳州方言声母与厦门方言声母最大区别之处。厦门话"离来""如仁"的声母均读作[l]，而漳州话则分别读作[l]和[dz]。

雅俗	增补	渡江	厦门	漳州	龙海	长泰	华安	南靖	平和	漳浦	云霄	东山	诏安
柳	柳	柳	l/n	l/n	l/n	l/n	l/n	l/n	l/n	l/n	l/n	l/n	l/n
边	边	边	p	p	p	p	p	p	p	p	p	p	p
求	求	求	k	k	k	k	k	k	k	k	k	k	k
去	去	去	k‘	k‘	k‘	k‘	k‘	k‘	k‘	k‘	k‘	k‘	k‘
地	地	治	t	t	t	t	t	t	t	t	t	t	t
颇	颇	波	p‘	p‘	p‘	p‘	p‘	p‘	p‘	p‘	p‘	p‘	p‘
他	他	他	t‘	t	t‘	t‘	t‘	t‘	t‘	t‘	t‘	t‘	t‘
曾	曾	曾	ts	ts	ts	ts	ts	ts	ts	ts	ts	ts	ts
入	入	入	l	dz	dz	dz	dz	dz	dz	dz	dz	dz	dz
时	时	时	s	s	s	s	s	s	s	s	s	s	s
英	莺	英	∅	∅	∅	∅	∅	∅	∅	∅	∅	∅	∅
门	门	门	b/m	b/m	b/m	b/m	b/m	b/m	b/m	b/m	b/m	b/m	b/m
语	语	语	g/ŋ	g/ŋ	g/ŋ	g/ŋ	g/ŋ	g/ŋ	g/ŋ	g/ŋ	g/ŋ	g/ŋ	g/ŋ
出	出	出	ts‘	ts‘	ts‘	ts‘	ts‘	ts‘	ts‘	ts‘	ts‘	ts‘	ts‘
喜	喜	喜	h	h	h	h	h	h	h	h	h	h	h

2.关于卷数、韵目、韵序的对照排比

《汇集雅俗通十五音》共分八卷，共五十韵。书首列"字母共五十字"（原版用红黑两色套印，今凡字前加·者为黑字，其余为红字）：

| 君汾 | 坚轩 | 金深 | 规归 | 嘉加 | 干兰 | 公薄 | 乖怪 | 经惊 | 观猿 |

| 沽斗 | 娇遥 | 稽递 | 恭竹 | 高果 | 皆埃 | 巾恩 | 姜尚 | 甘堪 | 瓜花 |

江学　兼念　交闹　迦若　·桧囮·监那　艍夫　·胶些　居女　丩有

·更筝　·裤荒　·茄少　·栀婿　·薑娘　·惊且　·官寡　·钢床　·伽夜　·闲买

·姑奴　·姆姆鼻音　·光闶　·闩樣鼻腔　·糜妹白腔鼻腔·嗅鸟鼻音　·箴怎

·爻接　·扛我长泰　·牛牛齿音

《增补汇音》是在《汇集雅俗通十五音》的基础上删除白读音、保留文读音编撰而成，共六卷，"字祖八音共三十字"：卷一"君坚金归家"；卷二"干光乖京官"；卷三"姑娇稽宫高"；卷四"皆根姜甘瓜"；卷五"江兼交伽葩"；卷六"葩龟箴玑趄"。

《渡江书十五音》虽不分卷，但按"渡江书字祖三十字"，应该也有七卷："君坚金归嘉　干公乖经官　姑娇鸡恭高　皆根姜甘瓜　江兼交迦葩　他朱枪几鸠"。"又附音十三字"："箴寡拈傕茅乃猫且雅五姆么缸"共四十三字字母。现将三种韵书韵目之间比较如下表：

卷　数	《汇集雅俗通十五音》	《增补汇音》	《渡江书十五音》
第一卷	君坚金规嘉	君坚金归家	君坚金规嘉
第二卷	干公乖经观	干光乖京官	干公乖经官
第三卷	沽娇稽恭高	姑娇稽宫高	姑娇鸡恭高
第四卷	皆巾姜甘瓜	皆根姜甘瓜	皆根姜甘瓜
第五卷	江兼交迦桧	江兼交伽葩	江兼交迦葩
第六卷	监艍胶居丩	葩龟箴玑趄	他朱枪几鸠
第七卷	更裤茄栀薑惊官钢伽闲	箴官拈傕茅乃猫且雅五姆么缸	
第八卷	姑姆光闩糜嗅箴爻扛牛		

可见，此三种韵书的前三十个韵部基本上相同，《汇集雅俗通十五音》和《渡江书》三十部以后基本上是白读音，也是大同小异的。

3.关于调类的对照排比考察

《汇集雅俗通十五音》和《渡江书十五音》一样，均为七调，即上平声、上上声、上去声、上入声、下平声、下去声、下入声，而没有下上声。而《增补汇音》也有七调：上平声、上上声、上去声、上入声、下平声、下上声、下入声。《汇集雅俗通十五音》和《渡江书十五音》都没有下上声字而有下去声，唯独《增补汇音》上去声例字与下去声例字同，似乎没有下去声，但《增补汇音》的下上声实际上就是下去声。

（二）三种漳州《十五音》韵部的基本一致性

《汇集雅俗通十五音》共50个字母85个韵母。《增补汇音》30个字母59个韵母。《渡江书》43个字母86个韵母。其中坚韵/坚韵/坚韵、金韵/金韵/今韵、规韵/归韵/归韵、干韵/干韵/干韵、公韵/光韵/公韵、乖韵/乖韵/乖韵、观韵/官韵/官韵、娇韵/娇韵/娇韵、皆韵/皆韵/皆韵、甘韵/甘韵/甘韵、瓜韵/瓜韵/瓜韵、江韵/江韵/江韵、兼韵/兼韵/江韵、交韵/交韵/交韵、迦韵/伽韵/加韵、ㄐ韵/ㄐ韵/鸠韵、监韵/〇/他韵、惊韵/〇/且韵、官韵/〇/寡韵、间韵/〇/乃韵、姆韵/〇/姆韵、嗅韵/〇/猫韵、箴韵/箴韵/箴韵、爻韵/〇/茅韵等24组字母的读音基本上一致。

（三）三种漳州《十五音》韵部的差异性

《汇集雅俗通十五音》《增补汇音》和《渡江书十五音》三种韵书都有一些反映各自音系性质的特殊韵部。现将它们差异之处排比、分析如下：

1.君[un/ut]/ 君[un/ut]/ 君[un/ut]：巾[in/it]/根[in/it]/根[in/it]

《汇集雅俗通十五音》《增补汇音》和《渡江书》三种韵书的君韵，在漳州地区10个县市的方言均读作[un/ut]，今依漳州地区方言将君韵拟作[un/ut]。《厦门方言研究》"同音字表"里"跟根巾斤筋均钧筠恩殷勤芹银垠龈云耘芸勻近恨"诸字，均读作[un]韵。这些韵字，《汇集雅俗通十五音》君韵[un]不收，《增补汇音》只收"芹尹勤芹耘芸恨"，《渡江书》君韵也只收"殷勤云耘芸恨"，这说明《增补汇音》君韵和《渡江书》君韵基本上反映了漳州的方音特点，只有少数韵字反映厦门的方音特点。

2.嘉韵[ɛ/ɛʔ]/家韵[ɛ/ɛʔ]/嘉韵[a/aʔ]：胶韵[a/aʔ]/葩韵[a/aʔ]/

《汇集雅俗通十五音》嘉韵在漳州地区读音不完全相同：漳州、龙海、华安（部分）、南靖、平和、漳浦、云霄、诏安等地均读作[ɛ/ɛʔ]，只有长泰、华安（部分）、东山读作[e/eʔ]，今依漳浦方言将嘉韵拟作[ɛ/ɛʔ]。《增补汇音》家韵与《汇集雅俗通十五音》嘉韵差不多，依龙海方言拟作[[ɛ/ɛʔ]]。漳州地区唯独长泰、东山没有[ɛ/ɛʔ]韵，《渡江书》没有[ɛ/ɛʔ]韵，嘉韵多数韵字来源于《汇集雅俗通十五音》胶韵[a/aʔ]和《增补汇音》葩韵[a/aʔ]，今依长泰方言拟音为[a/aʔ]。《渡江书》嘉韵中有两组字：一组是"加笳袈佳查渣楂纱叉差把靶哑嫁驾架百爬琶牙虾夏厦下"诸字，在《汇集雅俗通十五音》嘉韵和《增补汇音》家韵里读作[ɛ/ɛʔ]；一组"胶铰尻绞教钾甲胛猫柴骹咬猎蜡"诸字，在《汇集雅俗通十五音》胶韵和《增补汇音》葩韵里读作[a/aʔ]。

3.经韵[ɛŋ/ɛk]/京韵[iŋ /ik]/经韵[eŋ/ek]

《汇集雅俗通十五音》经韵在漳州10个县市的读音不一：漳州、龙海、华安、南靖、诏安（部分）均读作[iŋ/ik]，长泰、平和、云霄、东山、诏安（部分）读作[eŋ/ek]，漳浦读作[ɛŋ/ɛk]。今将《汇集雅俗通十五音》经韵拟为[[ɛŋ/ɛk]，反映漳浦方言的特点；《增补汇音》京韵拟为[iŋ /ik]，反映龙海方言的特点；《渡江书》经韵拟为[eŋ

/ek]，反映长泰方言的特点。

4.沽韵[ɔu]/姑韵[ɔ/ɔʔ]/姑韵[eu/euʔ]

《汇集雅俗通十五音》沽韵在漳州10个县市的读音不一：漳州、龙海、华安（部分）、南靖均读作[ɔ]，长泰读作[eu]，华安（部分）、平和、漳浦、诏安读作[ɔu]，云霄、东山读作[ou]。《汇集雅俗通十五音》沽韵拟为[ɔu]，反映漳浦方言的特点；《增补汇音》姑韵拟为[ɔ/ɔʔ]，反映龙海方言的特点；《渡江书》拟为姑韵[eu/euʔ]，反映长泰方言的特点。

5.稽韵[ei]/伽韵[e/eʔ]/稽韵[e/eʔ]/鸡韵[e/eʔ]

《汇集雅俗通十五音》稽韵、伽韵在漳州10个县市的读音不一：漳州、龙海、长泰、华安、南靖、平和、东山等方言均读作[e/eʔ]，漳浦方言读作[iei]，云霄读作[ei]，诏安方言有[ei]、[ə/ʔ]、[ieʔ]几种读法。《汇集雅俗通十五音》稽韵今依《字典》拟音为[ei]，伽韵拟音为[e/eʔ]。《增补汇音》稽韵韵字包括《汇集雅俗通十五音》稽韵和伽韵字，拟音为[e/eʔ]，反映龙海方言的特点。但值得注意的是，《增补汇音》稽韵少数韵字如"锅假世爬钯茶牙能会""月"等读作[e/eʔ]，反映龙海角美方言的特点。《渡江书》鸡韵韵字也包括《汇集雅俗通十五音》稽韵和伽韵字，如"渣沙砂差假扯把世价嫁制爬钯茶牙能会""伯百骼客白"读作[e/eʔ]，反映了长泰方言的特点。

6.恭韵[iɔŋ/iɔk]/宫韵[iɔŋ/iɔk]/恭韵[iɔŋ/k]：姜韵[iaŋ/iak]/姜韵[iaŋ/iak]/姜韵[iaŋ/iak]

《汇集雅俗通十五音》恭韵与姜韵是对立的，前者在漳州方言里读作[iɔŋ/iɔk]，后者读作[iaŋ/iak]，今依漳浦方言分别将恭韵拟作[iɔŋ/iɔk]，姜韵拟作[iaŋ/iak]。两者的韵字是不混的，如"羌章彰璋湘相箱商厢乡两长想赏仰响将相唱倡向约长祥详常墙杨亮谅量上像匠"只属姜韵[iaŋ/iak]，而不属恭韵[iɔŋ/iɔk]。《增补汇音》和《渡江书》虽然也有[iɔŋ/iɔk]和[iaŋ/iak]的对立，但它们有一个共同点，就是有些韵字则同时出现在相对立的两个韵中。如"羌章彰璋湘相箱商厢乡两长想赏仰响将相唱倡向约长祥详常墙杨亮谅量上像匠"等字，而在《增补汇音》中既属"宫韵[iɔŋ/iɔk]"又属"羌韵[iaŋ/iak]"。《渡江书》也如此，如"姜章鏱湘相商厢乡两长赏仰响将相唱倡向约长常墙阳亮谅量上像匠"诸字，既属"恭韵[iɔŋ/iɔk]"又属"姜韵[iaŋ/iak]"。鉴于此，《增补汇音》"宫韵"和《渡江书》"恭韵"均杂有厦门方言的个别音类。

7.高韵[o/oʔ]/高韵[o/oʔ]/高韵[ɔ/ʔ]

《汇集雅俗通十五音》高韵在漳州、龙海、华安、南靖、平和、漳浦、云霄、东山（部分）、诏安（部分）方言均读作[-o/oʔ]，东山（部分）、诏安（部分）方言读作[ɔ]，只有长泰方言读作[-ɔ/ɔʔ]。《汇集雅俗通十五音》"高韵"依漳浦方言而拟音为[o/oʔ]，《增补汇音》"高韵"依龙海方言而拟音为[o/oʔ]，而《渡江书》"高韵"则依长泰方言拟音为[ɔ/ɔʔ]。

8.桧韵[uei/ueiʔ]/鮭韵[ue/ueʔ]/鮭韵[ue/ueʔ]：稽[ei]/伽[e/eʔ]/稽[e/eʔ]/鸡[e/eʔ]

《汇集雅俗通十五音》桧韵和稽、伽二韵是对立的，如桧韵"吹灰尾火退岁税赔皮回被未会""郭缺说袜月"诸字，今依漳浦方言读作[uei/uei?]，而在稽韵里只出现"退会"两字，伽韵里则仅出现"退"一字。《增补汇音》䫆韵和稽韵也是对立的，如䫆韵"吹灰尾火退岁税赔皮回被未会""郭缺说袜月"诸字依龙海方言读作[ue/ue?]，而在稽韵里只出现"皮""月"两字。《渡江书》𫼲韵和鸡韵也是对立的，如𫼲韵"吹灰尾火退岁税赔皮回被未会""郭缺说血拔袜月"诸字依长泰方言读作[ue/ue?]，而在鸡韵里仅出现"退会""说"三字。至于"吹灰尾火退岁税赔皮回被未会""郭缺说袜月"诸字，在《厦门方言研究》"同音字表"里则分别读作[e]和[e?]，与以上这三种韵书有着本质上的不同。但我们也应该看到《增补汇音》䫆韵和《渡江书》𫼲韵有个别韵字，同时出现在稽韵[e]和鸡韵[e]里，这说明这两种韵书里夹杂着厦门方言的个别韵字。

9.艍韵[u/u?]/龟韵[u/u?]/朱韵[u/u?]：居韵[i/i?]/玑韵[i/i?]/几韵[i/i?]

《汇集雅俗通十五音》艍韵[u/u?]与居韵[i/i?]是对立的。但漳州方言与厦门方言则倒过来读的，如"旅""煮"二字，漳州话读作[ˊli]和[ˊtsi]，厦门话则读作[ˊlu]与[ˊtsu]。如《厦门方言研究》"同音字表"里"拘猪蛆雌旅屡举贮伫煮楮暑宇雨羽与禹鼠取处许锯据著庶恕絮驴衢渠如洳儒孺茹俞予馀余虞愚吕侣具俱箸聚裕署绪誉预豫寓御"等字读作[u]韵，而《汇集雅俗通十五音》却读作居韵[i/i?]，并不读作艍韵[u/u?]。《增补汇音》龟韵[u]与玑韵[i]虽然也是相互对立的，但以下韵字"拘猪蛆雌旅屡举贮伫煮楮暑宇雨羽与禹鼠取处许锯据著庶恕絮驴衢渠如洳儒孺茹俞予馀余虞愚吕侣具俱箸聚裕署绪誉预豫寓御"既读作玑韵[i]也读作龟韵[u]，也就是说这些韵字同时出现在玑韵[i]和龟韵[u]里。这是不同于《汇集雅俗通十五音》的特殊情况。据考证，龙海话内部可分为四片：石码片、九湖片、港尾片和角美片。因地理关系，九湖片近似漳州市区音，港尾片近似漳浦音，角美靠近厦门同安，因此以上韵字的读音与石码片不同，读作[u]韵而不读作[i]韵。《增补汇音》龟韵[u]与玑韵[i]互见的现象，正说明作者在编纂韵书时既考虑角美音也顾及石码、九湖、港尾三片的读音。《渡江书》朱韵[u/u?]与几韵[i/i?]也是对立的，但"猪旅举贮伫煮暑宇禹鼠取处许锯据著庶恕絮驴衢渠如洳儒孺茹俞予馀余愚吕侣具俱箸聚裕署绪誉预豫寓御"等字读作朱韵[u]，其中只有"絮裕豫"等字读作几韵[i]，这说明《渡江书》朱韵[u/u?]夹杂着厦门方言的个别韵类。

10.更韵[ɛ/ɛ?]/○/雅韵[ɛ/ɛ?]：栀韵[ĩ/ĩ?]/○/拈韵[ĩ/ĩ?]

《汇集雅俗通十五音》更韵在漳州地区方言里有两种读音：漳州、南靖、平和、漳浦、云霄、诏安等方言均读作[ɛ/ɛ?]；龙海、华安两地方言部分读[ɛ/ɛ?]，部分读[ɤ/ʔ]；只有长泰、东山等地则读作[ɤ/ʔ]，今依漳浦方言拟音为[ɛ/ɛ?]。《增补汇音》无此韵。《渡江书》雅韵依长泰方言拟音为[ɤ/ɤ?]。如"拼庚经更羹坑撑争生牲鉎缨星青菁腥奶髎梗鲠砰井省雅醒企柄径撑证姓性喀筴平棚彭澎抨晴楹冥盲芒鋩明横病埂郑静骂硬脉挟夹"诸字，《汇集雅俗通十五音》读作更韵[ɛ/ɛ?]，不读栀韵[ĩ/ĩ?]，

《渡江书》读作雅韵[ɛ/ɛʔ]，只有"腥平"两字又读作拈韵[ĩ/ĩʔ]。《厦门方言研究》"同音字表"里"庚经更羹坑争生牲鉎璎星青腥奶梗鲠井醒/柄径撑姓/平棚彭澎晴楹冥盲芒/病郑静硬"诸字读作[ĩ]，只有"璎骂/脉挟夹"读作[ɛ/ɛʔ]。可见，《汇集雅俗通十五音》更韵与栀韵、《渡江书》雅韵与尼韵都是对立的，它们所反映的音系不可能是厦门音系。

11.裤韵[uĩ]/○/缸韵[ŋ/ŋʔ]：钢韵[ŋ]/○/缸韵[ŋ/ŋʔ]

《汇集雅俗通十五音》裤韵与钢韵是对立的。前者拟音为[uĩ]，后者拟音为[ŋ]，它们之间是不混的。《增补汇音》无以上二韵。《渡江书》只有[ŋ]韵而没有[uĩ]韵，缸韵韵字可分为两类：一类如"方枫风裤光砖孙酸川村穿荒昏软卷管转水损阮晚卷贯劝顿褪钻算串钏柚传全黄癀门园卵蛋饭断馔问远"，来源于《汇集雅俗通十五音》裤韵；另一类如"钢缸扛康糠当汤庄妆装丧桑霜央秧仓舱疮方坊荒榜浪影杠钢当汤郎廊榔唐塘长堂肠糖床傍丈撞烫状"，来源于《汇集雅俗通十五音》钢韵。《渡江书》缸韵韵字，在漳州地区方言里有不同读音：漳州、龙海、华安、南靖、平和、漳浦、云霄、东山、诏安均读作[uĩ]，唯独长泰方言读作[ŋ]，今依长泰方言将该缸韵拟作[ŋ]。

12.姑[õu]/○/五[ẽũ/ʔ]

《汇集雅俗通十五音》姑韵在漳州地区有不同读音：漳州、龙海、华安、南靖等方言读作[ɔ]，长泰方言读作[ẽũ]，平和、漳浦、东山等地方言读作[ɔu]，云霄方言读作[õu]。今依《字典》读作[õu]。《增补汇音》无此韵。《渡江书》五韵依长泰方言读作[ẽũ/ʔ]。

13.钢韵[ŋ]/○/傩韵[ɔ̃/ɔ̃ʔ]：扛韵[õ/õʔ]/○/傩韵[ɔ̃/ɔ̃ʔ]

《汇集雅俗通十五音》钢韵与扛韵是对立的。前者拟音为[ŋ]，如"钢冈扛康糠当汤庄妆装丧桑霜央秧仓舱疮方坊荒榜浪影杠钢当汤郎廊榔傍唐塘长堂肠糖床浪傍丈撞烫状藏脏"诸字均读作[ŋ]；后者拟音为[õ/õʔ]，如"诃薅蒿娜我好火好货耗麽庅那哪傩猱儒糯毛芼髦梳摩磨魔摩那哪二耄眊冒媚芼膜"诸字读作[õ/õʔ]，两者是不混的。这两韵的收字，在《渡江书》韵书中合二为一并为傩。《长泰县方言志》"同音字表"中把《汇集雅俗通十五音》钢韵"缸钢扛康糠庄丧桑霜央秧仓疮方坊榜当汤塘长堂肠糖床丈烫"诸韵字读作[ɔ̃/ɔ̃ʔ]，《汇集雅俗通十五音》扛韵"我好火毛摩磨魔摩二膜"诸韵字也读作[ɔ̃/ɔ̃ʔ]，鉴于此，我们把《渡江书》傩韵的读音拟为[ɔ̃/ɔ̃ʔ]。《增补汇音》无以上诸韵。

14.茄韵[io/ioʔ]/○/么[ɔ̃ʔ/ɔ̃]

《汇集雅俗通十五音》茄韵在漳州地区方言里大部分均读作[io/ioʔ]，诏安话部分读作[io/ioʔ]，部分读作 [ɔ̃ʔ/ɔ̃]，只有长泰方言读作[ɔ̃ʔ/ɔ̃]，今依漳浦方言拟音为[io/ioʔ]。《增补汇音》无此韵。《渡江书》么韵依长泰方言把此韵拟作[io/ioʔ]。

15.薑韵[iõ]/牛[iũ]/○/枪韵[iɔ̃/iɔ̃ʔ]

《汇集雅俗通十五音》薑韵在漳州地区方言里有不同读音：漳州、龙海、长泰、华安、东山、诏安读作[iɔ̃]；南靖、平和、漳浦、云霄均读作[iũ]，今依《字典》拟音为[iɔ̃]；《渡江书》今依长泰方言将枪韵拟音为[iɔ̃]。《增补汇音》无此韵。

第三节　厦门方言学者及其重要闽南方言学论著

一　地理概况和历史沿革

厦门市由福建省东南部的厦门岛、鼓浪屿和九龙江北岸的沿海部分组成。它与漳州、泉州并称为"闽南金三角"。厦门市东面有金门列屿，西面有宝珠屿、火烧屿，南面有青屿、浯屿，北面有离浦屿、丙洲屿，东南面有大担、小担，西南面有鼓浪屿。这些小岛屿像众星拱月一般，形成天然的环状防波堤。1955年，岛西北角的高崎建起了一条横跨海峡直达集美的厦门海堤，20世纪90年代又架起了一条高崎至集美的厦门大桥，把厦门岛与大陆连接起来。1973年,同安县又划入厦门市。同安县位于东经117—118度，北纬24度。厦门市总面积1516平方公里。

厦门港独具特色，港阔水深，风景宜人，堪称天然海港，现正通连五大洲、七大洋的海运，发挥着越来越大的吞吐作用。鼓浪屿被誉为"海上花园"。集美既是风景区，也是文化教育区。整座城市正朝着国际现代化的新型城市的目标迈进。

据考证，早在新石器时代，厦门岛就有人类生息活动。他们属古闽越人。相传早年岛上有许多白鹭栖息，又有岛形似鹭鸟一说，故厦门岛有向鹭岛、鹭洲、鹭江、鹭城、鹭门、鹭屿之称。

唐朝期间，厦门已有文字记载。岛上有"南陈北薛"的传说，陈氏族人居于洪济山以南，薛氏族人居于洪济山以北。此二氏族均为当时的望族。北宋太平兴国年间，已有嘉禾屿、嘉禾岛之称，行政管辖称嘉禾里，隶属同安县绥德乡。南宋沿续此名。元代在岛上设"嘉禾千户所"，驻兵设防。

明洪武二十年（1387年），江夏侯周德兴经略福建，抽三丁之一为沿海戍兵防倭寇，置卫所当要害处，称中左所。南明永历元年（1647年），民族英雄郑成功据金厦"抗清复明"。永历九年（1655年），置思明州。收复台湾后，其子郑经于1663年改为思明县。清康熙十九年（1680年），提督万正色进驻厦门岛，1683年设水师提督于岛上，称厦防同知厅。同年，靖海侯施琅率兵统一台湾，设台厦兵备道，直接管理、联系两地事务。至乾隆三十三年（1767年）改设"分守巡海兴泉永兵备道"，设道台一员统管，厦门称名才载入正史。辛亥革命后，1912年复称思明县。1933年"中华共和国人民革命政府"（即"福建人民政府"）设厦门特别市，旋废。1934年同安、思明县属第五行政督察区（驻同安），1935年4月以厦门及鼓浪屿等7个岛屿设厦门市，撤销思明县设禾山特种区，与同安县同属第四行政督察区（驻同安），1938年5月至1945年9月沦陷，10月恢复厦门市建制，设中心（后改思明）、开元、鼓浪屿、禾山4区。1949

年9月、10月同安县、厦门市解放，同安县属第五专区（1950年改泉州专区、晋江专区），厦门为省辖市，1950年10月厦门市设开元、思明、鼓浪屿、厦港（后废）、禾山5区。1953年同安县集美镇归厦门市辖，1958年1月撤禾山区，改设郊区，8月同安县由晋江专区划属厦门市。1966年8月开元、思明区更名东风、向阳区（1979年10月复原名），1970年2月同安县划属晋江专区（地区），1973年6月再归厦门市。1978年9月设杏林区。1987年增设湖里区，郊区改名集美区。1997年同安撤县设区。至此，厦门市辖鼓浪屿、思明、开元、杏林、湖里、集美、同安7区。

二　现代厦门方言音系

厦门方言区包括厦门、同安和金门3个县市。由于厦门在近一百多年来的迅速发展而成为闽南地区政治、经济和文化的中心，厦门方言又兼容泉州、漳州这两个地区闽南方言语音的一些特点，因而厦门方言便逐渐成为福建、台湾两省闽南方言区的优势方言，并作为闽台地区闽南方言的代表。根据周长楫《厦门方言研究》第一章"厦门方言音系"，现将厦门方言声韵调系统介绍如下：

1.声母系统

厦门市区方言的声母共17个，包括零声母在内；厦门远郊老派和同安方言声母则18个。如下表：

例字	补	普	茂	某	肚	土	努	鲁	祖	楚	所	人	古	苦	午	五	乌	虎
厦门市区	p	p'	m	b	t	t'	n	l	ts	ts'	s	l	k	k'	ŋ	g	Ø	h
厦门远郊	p	p'	m	b	t	t'	n	l	ts	ts'	s	dz	k	k'	ŋ	g	Ø	h
同安话	p	p'	m	B	t	t'	n	l	ts	ts'	s	dz	k	k'	ŋ	g	Ø	h

作者认为，厦门方言的声母主要是根据"十五音"而制定的。以《十五音》为例，即"柳边求去地颇他曾入时英文语出喜"。其中，"入"声母字在厦门方言已归入"柳"声母。十五音声母系统m-b合为"文"声母，n-l合为"柳"声母，ŋ-g合为"语"声母，即只有b、l、g而无m、n、ŋ。在发音上，b、l、g的实际音值相当于发m、n、ŋ时去掉鼻音成分的浊音。同时，b、l、g后的韵母一般是非鼻化韵母。由于鼻化韵母鼻化成分的强势，常常影响到声母也带有鼻化成分，因而b、l、g后的韵母如果是鼻化韵母，b、l、g就会受到鼻化韵的影响而变成m、n、ŋ音了。似可将m、n、ŋ作为b、l、g的音位变体看。中古来母、日母字，厦门市区都读[l]声母，远郊老派和同安多数人，中古来母读[l]声母、日母读[dz]声母。

2.韵母系统

厦门方言的韵母常用的有82个。如下表：

		元 音 韵	鼻 音 韵	鼻 化 韵	声 化 韵
开口呼	舒声	a ɔ o e ai au 阿 □ 锅 哀 欧	am an aŋ ɔŋ 庵 安 翁 汪	ã ɔ̃ ẽ ãi ãu 馅 恶 婴 耐 闹	m̩ ŋ̩ 怀 秧
开口呼	促声	aʔ ɔʔ oʔ eʔ auʔ 鸭 □ 学 呃 □	ap at ak ɔk 压 遏 沃 恶	ãʔ ɔ̃ʔ ãuʔ 喝 膜 脉 □	m̩ʔ ŋ̩ʔ 默 □
齐齿呼	舒声	i ia io iu iau 衣 爷 腰 忧 妖	im iam in ian iŋ iaŋ iɔŋ 阴 盐 因 烟 英 漳 央	ĩ iã iũ iãu 圆 营 羊 猫	
齐齿呼	促声	iʔ iaʔ ioʔ iuʔ iauʔ 缺 页 药 □ □	ip iap it iat ik iak iɔk 揖 叶 一 杰 益 逼 约	ĩʔ iãʔ iãuʔ 物 □ □	
合口呼	舒声	u ua ue ui uai 有 蛙 话 威 歪	un uan 恩 弯	uã uĩ uãi 碗 梅 关	
合口呼	促声	uʔ uaʔ ueʔ uiʔ uaiʔ 托 活 挟 划 □	ut uat 骨 越	ueʔ uaiʔ 挟 □	

　　厦门方言82个韵母中，较常用的是76个左右。这82个韵母按其主要元音和韵尾的特征可分为16个；鼻音韵13个；鼻化韵12个；入声韵39个(收-p、-t、-k尾13个，收-ʔ尾15个，鼻化入声韵与声化入声韵11个)，声化韵2个。按其介音（韵头）的情况可分为开口呼韵32个，齐齿呼韵31个，合口呼韵19个。周长楫在书中分析了厦门方言内部存有的差异：

　　（1）中古遇摄鱼韵的一些字，市区读[-i]韵母，近郊和远郊读[-u]韵母，同安读[-ɯ]韵母。如：

例字	厦门市区	厦门近远郊	同安
猪	₋ti	₋tu	₋tɯ
箸	ti²	tu²	tɯ²
去	kʻi²	kʻu²	kʻɯ²
鱼	₌hi	₌hu	₌hɯ

　　（2）中古山摄开口二、四等一些字的说话音，市区读[iŋ]韵母，远郊合同安读[ãi]韵母。如：

例字	厦门市区	厦门远郊	同安
间	₋kiŋ	₋kãi	₋kãi
拣	ˋkiŋ	ˋkãi	ˋkãi
前	₌tsiŋ	₌tsãi	₌tsãi
先	₋siŋ	₋sãi	₋sãi

（3）"皮飞糜粥妹"等字的说话音，市区读[-e]韵母，远郊和同安读[-ɤ]韵母，远郊的东孚、海沧"批飞"读[-ue]韵母，"糜妹"读[-ãi]韵母。"郭月缺"等字的说话音，市区读[-eʔ]韵母，远郊和同安读[-ɤʔ]韵母，东孚、海沧读[-ueʔ]韵母。如：

例字	厦门市区	厦门远郊	同安	东孚	海沧
皮	₌pʻe	₌pʻɤ	₌pʻɤ	₌pʻue	₌pʻue
飞	₋pe	₋pɤ	₋pɤ	₋pue	₋pue
糜	₌be	₌bɤ	₌bɤ	₌bãi =₌mai	₌bãi =₌mai
妹	beᵓ	bɤᵓ	bɤᵓ	bãiᵓ =maiᵓ	bãiᵓ =maiᵓ
郭	keʔ₌	kɤʔ₌	kɤʔ₌	kueʔ₌	kueʔ₌
月	geʔ₌	gɤʔ₌	gɤʔ₌	gueʔ₌	gueʔ₌
缺	kʻeʔ₌	kʻɤʔ₌	kʻɤʔ₌	kʻueʔ₌	kʻueʔ₌

（4）中古宕摄开口三等韵的说话音，市区读[-iũ]韵母，东孚、海沧读[iɔ̃]韵母。"饭、门、黄"等字的说话音，市区读[-ŋ]韵母，东孚、海沧读[-uĩ]韵母。如：

例字	厦门市区	东孚	海沧
张	₋tiu	₋tiɔ̃	₋tiɔ̃
箱	₋siũ	₋siɔ̃	₋siɔ̃
痒	tsiũᵓ	tsiɔ̃ᵓ	tsiɔ̃ᵓ
乡	₋hiũ	₋hiɔ̃	₋hiɔ̃
饭	pŋᵓ	puĩᵓ	puĩᵓ
门	₌bŋ	₌buĩ	₌buĩ
黄	₌ŋ	₌uĩ	₌uĩ

（5）"斤、勤、银"等字，市区读[-un]韵母，东孚、海沧读[-in]韵母。如：

例字	厦门市区	东孚	海沧
斤	₋kun	₋kin	₋kin
勤	₌kun	₌kin	₌kin
近	kunᵓ	kinᵓ	kinᵓ
银	₌gun	₌gin	₌gin

3.声调系统

现代厦门方言的声调有7个（不包括轻声），既阴平、阳平、上声、阴去、阳去、阴入、阳入。

三 清·叶开温编《八音定诀》音系研究

（一）《八音定诀》的作者、成书时间及其音系

《八音定诀》，全称《八音定诀全集》，清代叶开温编，书前有"觉梦氏"光绪二十年（1894年）甲午端月作的序。此二人的籍贯、生平事迹不详。据序言考知，此乃反映闽南方言的韵书。目前可以见到的版本有三种：清光绪二十年(1894年)的木刻版本，福建师范大学图书馆藏有手抄版本；清宣统元年(1909年)厦门信文斋铅印版本，藏于厦门大学图书馆；民国十三年(1924年)厦门会文书局石印本，藏于厦门市的图书馆。

书首有"字母法式"：

春朝丹花开香辉佳宾遮 川西江边秋深诗书多湛

杯孤灯须添风敲歪不梅 乐毛京山烧庄三千枪青 飞超

另有"十五音字母"：

柳边求气地颇他曾入时英文语出喜

《八音定诀》的编排体例基本上采用泉州方言韵书《汇音妙悟》的编排体例，每个韵部之上横列15个声母字（柳边求气地颇他曾入时英文语出喜）来排列，每个声母之下纵列8个声调（上平声、上上声、上去声、上入声、下平声、下上声、下去声、下入声）分8个部分，每个部分内横列同音韵字，每个韵字之下均组词。《八音定诀》的编排体例则比《汇音妙悟》排得清楚。

以下从声、韵、调三个方面来研究探讨《八音定诀》的音系性质。

（二）《八音定诀》的声母系统

《汇音妙悟》（1800年）"十五音念法"：

柳麿。边盆。求君。气昆。地敦。普奔。他吞。争尊。

入胸。时孙。英温。文颐。语稳。出春。喜分。

这是15对反切。反切上字"柳边求气地普他争入时英文语出喜"，就是传统十五音；反切下字"麿、盆、君、昆、敦、奔、吞、尊、胸、孙、温、颐、稳、春、分"，就是《汇音妙悟》"春"韵字。

《汇集雅俗通十五音》（1818年）"呼十五音法"：

柳理 边比 求己 去起 地底 颇鄙 他耻 曾止

入耳 时始 英以 门美 语御 出取 喜喜

这"呼十五音法"与《汇音妙悟》"十五音念法"大同小异。

《八音定诀》（1894年）"十五音字母"：柳边求气地颇他曾入时英文语出喜。该韵书模仿了《汇音妙悟》和《汇集雅俗通十五音》"十五音"：

《汇音妙悟》	柳	边	求	气	地	普	他	争	入	时	英	文	语	出	喜
拟音	l/n	p	k	kʻ	t	pʻ	tʻ	ts	z	s	∅	b/m	g/ŋ	tsʻ	h
《汇集雅俗通十五音》	柳	边	求	去	地	颇	他	曾	入	时	英	门	语	出	喜
拟音	l/n	p	k	kʻ	t	pʻ	tʻ	ts	dz	s	∅	b/m	g/ŋ	tsʻ	h
《八音定诀》	柳	边	求	气	地	颇	他	曾	入	时	英	文	语	出	喜

　　由上表可见，《八音定诀》的"十五音字母"是模仿漳、泉两种方言韵书来设置的。此韵书声母"柳、文、语"用于非鼻化韵之前的，读做"b、l、g"，用于鼻化韵之前的则读做"m、n、ŋ"。

　　卢戆章1906年出版了一部用汉字笔画式的切音字方案——《中国字母北京切音合订》，包括"中国切音字母""官话切音字母""福州切音字母""泉州切音字母""漳州切音字母""厦门切音字母""广东切音字母""制字略解列表"等内容，分别阐述了北京、福州、泉州、漳州、厦门、广东各地方音。其中《泉州切音字母》"泉州声音"、《漳州切音字母》"漳州声音"、《厦门切音字母》"厦门声音"分别介绍了三处闽南方言的声、韵、调系统。先介绍卢氏所介绍的声母系统：

泉州切音字母	呢	哩	弥	抵	梯	之	痴	而	囗義	硬	基	欺	囗眉	卑	披	丝	熙	伊
拟音	ni	li	mi	ti	tʻi	thi	thʻi	ji	gi	ngi	ki	kʻi	bi	pi	pʻi	si	hi	i
漳州切音字母	呢	哩	弥	抵	梯	之	痴	而	囗義	硬	基	欺	囗眉	卑	披	丝	熙	伊
拟音	ni	li	mi	ti	tʻi	thi	thʻi	ji	gi	ngi	ki	kʻi	bi	pi	pʻi	si	hi	i
厦门切音字母	呢	哩	弥	抵	梯	之	痴	而	囗義	硬	基	欺	囗眉	卑	披	丝	熙	伊
拟音	ni	li	mi	ti	tʻi	thi	thʻi	ji	gi	ngi	ki	kʻi	bi	pi	pʻi	si	hi	i
八音定诀	柳		文	地		他	曾	出		入		语		求	气	文	边	颇	时	喜	英

　　根据以上方音材料，我们将《八音定诀》"十五音字母"的音值构拟如下：

①柳[l/n]	②边[p]	③求[k]	④气[kʻ]	⑤地[t]
⑥颇[pʻ]	⑦他[tʻ]	⑧曾[ts]	⑨入[z]	⑩时[s]
⑪英[∅]	⑫文[b/m]	⑬语[g/ŋ]	⑭出[tsʻ]	⑮喜[h]

　　（三）《八音定诀》的韵母系统

1.《八音定诀》与《汇音妙悟》《汇集雅俗通十五音》的韵母系统

《八音定诀》"字母法式"：

春	朝	丹	花	开	香	辉	佳	宾	遮
川	西	江	边	秋	深	诗	书	多	湛
杯	孤	灯	须	添	风	敲	歪	不	梅
乐	毛	京	山	烧	庄	三	千	枪	青
飞	超								

《汇音妙悟》"五十字母"及其拟音：

①春un/ut	②朝iau/iau?	③飞ui/ui?	④花ua/ua?	⑤香iɔŋ/iɔk
⑥欢uã/uã?	⑦高ɔ/ɔ?	⑧卿iŋ/ik	⑨杯ue/ue?	⑩商iaŋ/ak
⑪东ɔŋ/ɔk	⑫郊au/au?	⑬开ai/ai?	⑭居ɯ	⑮珠u/u?
⑯嘉a/a?	⑰宾in/it	⑱裒ɔ̃	⑲嗟ia/ia?	⑳恩ən/ət
㉑西e/e?	㉒轩ian/iat	㉓三am/ap	㉔秋iu/iu?	㉕箴əm/əp
㉖江aŋ/ak	㉗关uĩ	㉘丹an/at	㉙金im/ip	㉚钩əu
㉛川uan/uat	㉜乖uai	㉝兼iam/iap	㉞管uĩ	㉟生əŋ/ək
㊱基i/i?	㊲猫iãu	㊳刀o/o?	㊴科ə/ə?	㊵梅m
㊶京iã/iã?	㊷鸡əe/əe?	㊸毛ŋ/ŋ?	㊹青ĩ/ĩ?	㊺烧io/io?
㊻风uaŋ/uak	㊼箱iũ/iũ?	㊽参ã/ã?	㊾熊aĩ/aĩ?	㊿嘌ãu

《汇集雅俗通十五音》"字母共五十字"及其拟音：

①君un/ut	②坚ian/iat	③金im/ip	④规ui	⑤嘉ɛ/ɛ?
⑥干an/at	⑦公ɔŋ/ɔk	⑧乖uai/uai?	⑨经ɛŋ/ɛk	⑩观uan/uat
⑪沽ɔu	⑫娇iau/iau?	⑬稽ei	⑭恭iɔŋ/iɔk	⑮高o/o?
⑯皆ai	⑰巾in/it	⑱姜iaŋ/iak	⑲甘am/ap	⑳瓜ua/ua?
㉑江aŋ/ak	㉒兼iam/iap	㉓交au/au?	㉔迦ia/ia?	㉕桧uei/uei?
㉖监ã/ã?	㉗艍u/u?	㉘胶a/a?	㉙居i/i?	㉚丩iu
㉛更ɛ̃/ɛ̃?	㉜辉uĩ	㉝茄io/io?	㉞栀ĩ/ĩ?	㉟薑iõ
㊱惊iã	㊲官uã	㊳钢ŋ	㊴伽e/e?	㊵闲ãi
㊶姑õu	㊷姆m	㊸光uaŋ/uak	㊹闩uãi/uãi?	㊺糜uẽi/uẽi?
㊻嘄iãu/iãu?	㊼箴ɔm/ɔp	㊽爻ãu	㊾扛õ/õ?	㊿牛iu

2. 三种方言韵书的韵部系统比较

(1)《八音定诀》"春朝丹花开香辉佳宾遮"诸部讨论

据考证，以上10个韵部中的"朝丹花开辉宾遮"诸部与《汇音妙悟》"朝丹花开飞宾嗟"诸部、《汇集雅俗通十五音》"娇干瓜皆规巾迦"诸部基本相同，因此，我们把它们分别拟音为"朝[iau]、丹[an]、花[ua]、开[ai]、辉[ui]、宾[in]、遮[ia]"。而"春香佳"三部在收字方面三种韵书是有分歧的。现比较如下：

①春部。因《八音定诀》春部与宾部是对立的，根据泉州、漳州、厦门方言情况，我们分别把它们拟音为[un]和[in]。春部[un]有部分韵字在《汇音妙悟》和《汇集雅俗通十五音》归属情况如下表：

《八音定诀》	《汇音妙悟》	《汇集雅俗通十五音》
春[un]　筍钧根跟均筋近郡勤芹垦懃恩殷匀银恨狠	春[un]　钧斤郡 恩[ən]　钧根筋垦勤懃恩殷银恨狠	巾[in]　均筍根跟筋殷恩勤懃芹匀银近恨

《八音定诀》春部[un]如"筍钧根跟均筋近郡勤芹垦懃恩殷匀银恨狠"诸字，与现代厦门市区的读音基本上是一致的，在《汇音妙悟》中分别见于属春部[un]和恩部[ən]，在《汇集雅俗通十五音》则见于巾部[in]。可见，《八音定诀》春部[un]与泉州腔近一些，与漳州腔则差别较大。

②香部。《八音定诀》中有香部而无商部，可见无[ioŋ]和[iaŋ]两韵的对立。根据泉州、漳州、厦门方言情况，香部应拟音为[ioŋ]。香部有部分韵字在《汇音妙悟》和《汇集雅俗通十五音》归属情况如下表：

《八音定诀》	《汇音妙悟》	《汇集雅俗通十五音》
香[ioŋ/iok]　俩两魉梁娘粮量凉良亮辆谅疆薑强张长帐胀怅涨丈杖章将浆漳蒋掌酱瘴壤嚷冗攘让箱相觞商厢殇伤赏想祥详常翔尝上尚象央秧鸯殃养映杨阳扬洋样恙仰菖昌娼厂抢敞唱昶墙蔷嫱匠香乡香享响饷襁//略脚却爵酌约跃药鹊雀绰	香[ioŋ/iok]　俩两魉梁粮量凉良亮谅薑强张长帐胀涨丈杖章将浆漳蒋掌酱瘴壤嚷冗攘让箱相觞商厢殇伤赏想祥详常翔尝上尚象央秧鸯殃养映杨阳扬洋样恙仰菖昌抢敞唱昶墙蔷嫱匠香乡香享响饷襁//略脚却爵酌约跃药鹊绰	姜[iaŋ/iak]　俩两魉梁娘粮量凉良亮辆谅疆薑强张长帐胀怅涨丈杖章将浆漳蒋掌酱瘴壤嚷冗攘让箱相觞商厢殇伤赏想祥详常翔尝上尚象央秧鸯殃养映杨阳扬洋样恙仰菖昌娼厂抢敞唱昶墙蔷嫱匠香乡香享响饷襁//略脚却爵酌约跃药鹊雀绰
	商[iaŋ]　娘两掌赏想唱倡香乡響响	恭[ioŋ]　冗

《八音定诀》香部[ioŋ/iok]部分韵字，在《汇音妙悟》中有分属香部[ioŋ/iok]和商部[iaŋ/iak]，在《汇集雅俗通十五音》则属于姜部[iaŋ/iak]。可见《八音定诀》的香部偏泉州腔，与漳州腔差别较大。

③佳部。《八音定诀》中无[a/aʔ]和[ɛ/ɛʔ]两韵的对立。根据泉州、漳州、厦门方言情况，佳部应拟音为[a/aʔ]。佳部[a/aʔ]有部分韵字在《汇音妙悟》和《汇集雅俗通十五音》归属情况如下表：

《八音定诀》	《汇音妙悟》	《汇集雅俗通十五音》
佳[a/aʔ]　巴芭疤把饱钯霸豹坝罢爬绞脚巧扣乾礁搭罩怕帕查早鸦亚诸猫叉炒柴孝爬加佳嘉家假价贾驾嫁架稼哑沙砂鲨洒灑芽衙牙迓叉差权虾霞夏下厦暇//蠟猎甲钾闸踏打塔押鸭匣闸插鲂百/	嘉[a/aʔ]　巴芭把饱钯霸坝罢爬脚乾礁搭怕帕查鸦亚猫叉炒柴加佳嘉家假价贾驾架稼哑沙砂鲨洒灑芽衙牙迓又权虾霞夏下厦暇//蠟甲踏打塔押鸭匣插百	胶[a/aʔ]　巴芭疤把饱钯霸豹坝罢爬绞脚巧扣乾礁搭罩怕帕查早鸦亚诸猫叉炒柴孝//蠟猎甲钾闸踏打塔押鸭匣闸插
		嘉[ɛ/ɛʔ]　爬加佳嘉家假价贾驾嫁架稼哑沙砂鲨洒灑芽衙牙迓叉差权虾霞夏下厦暇/鲂百/

《八音定诀》佳部[a/aʔ]部分韵字，在《汇音妙悟》中属嘉部[a/aʔ]，在《汇集雅俗通十五音》则属胶部[a/aʔ]和嘉部[ɛ/ɛʔ]。这说明《八音定诀》佳部与泉州腔同，而无漳州腔的[ɛ/ɛʔ]韵。

现将《八音定诀》"春朝丹花开香辉佳宾遮"诸部与《汇音妙悟》《汇集雅俗通十五音》比较如下表：

八音定诀	春un	朝iau	丹an	花ua	开ai	香ioŋ	辉ui	佳a	宾in	遮ia
汇音妙悟	春un 恩ən	朝iau	丹an	花ua	开ai	香ioŋ 商iaŋ	飞ui	嘉a	宾in	嗟ia
汇集雅俗通十五音	君un 巾in	娇iau	干an	瓜ua	皆ai	姜iaŋ	规ui	嘉ɛ 胶a	巾in	迦ia

(2)《八音定诀》"川西江边秋深诗书多湛"诸部讨论

据考证，以上10个韵部中的"川江边秋诗湛"诸部与《汇音妙悟》"川江轩秋基三"诸部、《汇集雅俗通十五音》"观江坚秋居甘" 诸部基本相同，因此，我们把它们分别拟音为"川[uan]、江[aŋ]、边[ian]、秋[iu]、诗[i]、湛[am]"。而"西深书多"4部在收字方面三种韵书是有分歧的。现比较如下：

①西部。《八音定诀》西部与飞部是对立的两个韵部，根据泉州、漳州、厦门方言的情况，我们分别把它们拟音为[e]和[ə]。西部[e]有部分韵字在《汇音妙悟》和《汇集雅俗通十五音》归属情况如下表：

八音定诀	汇音妙悟	汇集雅俗通十五音
西[e/eʔ]　飞把钯箆琶爬耙耙父加假价架嫁枷低债寨洒哑马玛衙差虾夏焙倍果粿皮被尾髓寻灰火夥货短戴//伯柏白帛格隔逆客压汐褐宅仄绩厄阨麦厕册郭说袜月绝雪卜	西[e/eʔ]把钯箆琶爬耙父假架嫁枷低债寨洒哑牙差夏//伯白帛格隔客褐宅仄麦厕册月	嘉[ɛ/ɛʔ]　把钯箆琶爬耙耙父加假价架嫁枷低下茶渣债寨洒哑马玛牙衙差虾夏//伯柏白帛格隔逆客压汐褐宅仄绩厄阨麦厕册
	科[ə/əʔ]飞焙倍果粿短戴皮被尾髓寻灰火货//郭绝雪说袜卜月	桧[uei/ueiʔ]　焙倍粿皮被罪尾髓寻灰火夥货//郭说袜月
		居[i]　敝币獒弊陛制製世势翳

《八音定诀》西部部分韵字，分布在《汇音妙悟》西部[e/eʔ]和科部[ə/əʔ]，分布在《汇集雅俗通十五音》嘉部[ɛ/ɛʔ]）、桧部[uei/ueiʔ]和居部[i]。可见，《八音定诀》西部比较接近于泉州腔，合并了《汇音妙悟》西部和科部部分韵字，但与漳州腔差别较大。

②深部。《八音定诀》有深部，而无箴部，根据泉州、漳州、厦门方言情况，我们把此部拟音为[im]。深部[im]有部分韵字在《汇音妙悟》和《汇集雅俗通十五音》归属情况如下表：

八音定诀	汇音妙悟	汇集雅俗通十五音
深[im/ip]　金锦禁琴沉浸阴音妗/急十习斟箴簪针森参渗欣歆宾膑悯泯民眠面/密蜜	金[im/ip]　金锦禁琴沉浸阴音妗/急十习 箴[əm]　斟箴簪针鍼譖森参渗涩欣忻炘昕歆	金[im/ip]　金锦禁琴沉浸阴音妗/急十习 箴[ɔm/ɔp]　箴簪森参罙怎康譖嘈丼/噆喭唔
宾[in/it]　宾悯泯民眠面/蜜	宾[in/it]　宾膑悯泯民眠面/密蜜	巾[in/it]　宾膑悯泯民眠面/密蜜

《八音定诀》深部[im/ip]如"金锦禁琴沉浸阴音妗/急十习斟箴簪针森参渗欣歆宾膑悯泯民眠面/密蜜"，在《汇音妙悟》里分布在金部[im/ip]、箴部[əm]和宾部[in/it]，在《汇集雅俗通十五音》里分布在金部[im/ip]）、箴部[ɔm/ɔp]和巾部[in/it]里。《八音定诀》无箴部，而是把箴部字并入深部，反映了现代厦门方言的语音特点。不过，"宾膑悯泯民眠面/密蜜"归属深部又归宾部[in]，似为审音不严的表现。

③书部。《八音定诀》有书部与须部的对立，根据泉州、漳州、厦门的方言情况，我们分别把它们拟音为[ɯ]和[u]。书部[ɯ]有部分韵字在《汇音妙悟》和《汇集雅俗通十五音》归属情况如下表：

八音定诀	汇音妙悟	汇集雅俗通十五音
书[ɯ]　女屡缕旅闾驴卢虑侣吕滤鑢居车裾举莒矩据踞遽瞿渠衢拒炬巨袪岖拘距去惧诛株猪闭抵著箸箭贮伫苎苴疽煮楮薯字纸紫汝苡袽榆舒暑庶徐屿鱼徙死絮怨绪序四于於与余馀予预誉豫钬围御圉语海腔鱼渔驭雌处鼠墟虚许富瓠妇龟韭坵去海腔厨箭海腔浮兹诸姿缁孜咨菑资滋梓子渍恣慈自字思师狮思司斯嘶使史驶驷赐肆辞词嗣祠事士似仕粔咒泗祀四污鹉悔武语此厝次疵	居[ɯ]　女屡旅闾驴卢虑吕鑢居车裾举莒矩据踞遽瞿渠衢拒炬巨袪拘距去猪著箸箭贮伫苎苴疽煮楮薯字纸紫汝苡袽舒暑庶徐屿徙死絮怨绪序四于於与余馀予预誉豫钬围御圉语海腔鱼渔驭雌处鼠墟虚许兹诸缁孜咨菑资滋梓子渍恣慈自字思师狮思司斯嘶使史驶赐肆辞词嗣祠事士似仕咒泗祀四语此次疵 珠[u]　屡怨富瓠俱龟韭坵惧衢诛株厨著浮贮伫纮苎苡榆污鹉悔武妇	居[i]　女屡缕闾驴卢虑侣吕滤鑢居车裾举莒矩据踞遽瞿渠衢拒炬巨袪岖拘距去惧诛株猪闭抵著箸箭贮伫苎苴疽煮楮薯字纸紫汝苡袽榆舒暑庶徐屿鳃玺徙死絮怨绪序四于於与余馀予预誉豫钬围御圉语海腔鱼渔驭雌处鼠墟虚许 艍[u]　富瓠妇龟韭坵去海腔厨箭海腔浮兹诸姿缁孜咨菑资滋梓子渍恣慈自字思师狮思司斯嘶使史驶驷赐肆辞词嗣祠事士似仕粔咒泗祀四污鹉悔武语此厝次疵

　　《八音定诀》书部[ɯ]部分韵字，分布在《汇音妙悟》居部[ɯ]和珠部[u]里，在《汇集雅俗通十五音》里分布在居部[i]和艍部[u]里。《八音定诀》书部读作[ɯ]，所反映的应该是厦门同安方言，与泉州的语音特点也基本上是一致的，但与漳州音差别较大，漳州音多数读作[i]，少数读作[u]。

　　④多部。《八音定诀》多部与孤部是对立的。根据泉州、漳州、厦门的方言情况，我们把它们分别拟音为[o]和[ɔ]。多部[o]有部分韵字在《汇音妙悟》和《汇集雅俗通十五音》归属情况如下表：

八音定诀	汇音妙悟	汇集雅俗通十五音
多[o]　猱老潦脑捞笋劳醪裸保褒玻裸宝皤婆暴果菓过郜轲科柯课靠诰/多刀岛倒捣祷逃到驼陀沱涛蹈导稻悼惰盗/波颇破/韬慆滔叨拖讨唾套妥桃糟遭枣早蚤左藻做佐作曹槽漕座坐/梭唆骚搔娑嫂锁琐燥扫/阿袄/母莫/瑳磋操草到挫糙造/号河和昊浩灏/	高[ɔ]　猱老潦脑捞笋劳醪裸保褒玻裸宝皤婆暴/哥歌糕膏皋戈果菓过郜轲科柯课靠诰/多刀岛倒捣祷逃到驼陀沱涛蹈导稻悼惰盗/波颇破/韬慆滔叨拖讨唾套妥桃糟遭漕座坐/梭唆骚搔娑嫂锁琐燥扫/阿袄/母莫/瑳磋操草到挫糙造/号河和昊浩灏/ 刀[o]　脑笋波保褒玻宝皤婆婆/哥歌糕膏皋过科/刀倒到/波/叨套妥桃/遭枣做作曹槽/梭唆骚搔嫂锁燥/袄/草到/河和/	多[o]　老潦捞猱笋劳醪裸保褒裸宝婆婆/哥歌糕膏皋戈果菓过郜轲科柯课靠诰/多刀岛倒捣祷逃到驼陀沱涛蹈导稻悼惰盗/波颇破/韬慆滔叨拖讨唾套妥桃糟遭枣早蚤左藻做佐作曹槽漕座坐/梭唆骚搔娑嫂锁琐燥扫/阿袄/母莫/瑳磋操草到挫糙造/号河和昊浩灏/

　　《八音定诀》多部[o]与《汇集雅俗通十五音》多部[o]基本上是相同的，而在《汇音妙悟》则分布在高部[ɔ]和刀部[o]里。可见，《八音定诀》多部[o]反映了漳州方言的语音特点，与泉州腔则有一些异同。

　　现将《八音定诀》"川西江边秋深诗书多湛"诸部与《汇音妙悟》《汇集雅俗通十五音》比较如下表：

八音定诀	川uan	西e	江aŋ	边ian	秋iu	深im	诗i	书ɯ	多o	湛am
汇音妙悟	川uan	西e 科ə	江aŋ	轩ian	秋iu	金im 箴əm 宾in	基i	居ɯ 珠u	刀o 高ɔ	三am
汇集雅俗通十五音	观uan　.	嘉ɛ 桧uei 居i	江aŋ	坚ian	丩iu	金im 箴əm 巾in	居i	居i 艍u	高o	甘am

　　(3)《八音定诀》"杯孤灯须添风敲歪不梅"诸部讨论

　　据考证，以上10个韵部中的"添风歪不"诸部与《汇音妙悟》"兼风乖梅"诸部、《汇集雅俗通十五音》"兼公乖姆"诸部基本相同，因此，我们把它们分别拟音为"添

[iam]、风[ɔŋ]、歪[uai]、不[m]"。而"杯孤灯须敲梅"诸部在收字方面三种韵书是有分歧的。现比较如下：

①杯部。《八音定诀》杯部与西部是对立的，根据泉州、漳州、厦门的方言情况，我们把它们分别拟音为[ue]和[e]。杯部[ue]有部分韵字在《汇音妙悟》和《汇集雅俗通十五音》归属的韵部如下表：

八音定诀	汇音妙悟	汇集雅俗通十五音
杯[ue]　黎犁笠箆把八捌拔瓜鸡街解改疥荚易溪启契喫底蹄题地批稗钗退替提多截梳疏疎洗黍细雪矮鞋能买卖袂初	杯[ue/ueʔ]　瓜批稗退买卖//箆八拔	稽[ei]黎犁箆鸡街解改疥易启契喫底蹄地批稗钗退替提多梳疏疎洗黍细矮鞋能买袂初
	西[e]黎犁把鸡街溪启契喫题地替洗细袂	
	鸡[əe]犁笠鸡解改疥荚易溪契底蹄题地钗替截疏疎洗细矮鞋能狭初	伽[eʔ]笠八捌拔荚狭截雪
	关[ũĩ]　每梅枚媒妹魅	

《八音定诀》杯部如"黎犁笠箆把八捌拔瓜鸡街解改疥荚易溪启契喫底蹄题地批稗钗退替提多截梳疏疎洗黍细雪矮鞋能买卖袂初"，分布在《汇音妙悟》杯部[ue/ueʔ]）、西部[e]、鸡部[əe]和关部[ũĩ]，在《汇集雅俗通十五音》中则分布在稽部[ei]和伽部[e]之中。可见，《八音定诀》杯部[ue]比较接近于泉州腔，但也有一些差别，与漳州腔差别就大了。

②孤部。《八音定诀》孤部与多部是对立的，根据泉州、漳州、厦门的方言情况，我们把它们分别拟音为[ɔ]和[o]。孤部[ɔ]有部分韵字在《汇音妙悟》和《汇集雅俗通十五音》归属情况如下表：

八音定诀	汇音妙悟	汇集雅俗通十五音
孤部[ɔ]　鲁房橹卤掳炉鲈卢奴怒路赂鹭露晡埔补脯布傅布部步捕孤姑沽辜菇股估古鼓雇固顾故糊箍苦许库裤寇涂都妬斗途图徒屠荼渡镀肚度杜铺普谱菩簿土兔吐塗租阻祖助苏酥蔬所乌黑呜壶湖胡芋某牡贸谋模茂慕误五午我伍吴初粗楚措醋呼浒虎否狐雨户后互护	高部[ɔ]鲁房橹卤掳炉鲈卢奴怒路赂鹭露晡埔补脯布傅布部步捕孤姑沽辜菇股估古鼓雇固顾故糊箍苦许库裤涂都图徒屠荼渡镀肚度杜铺普谱簿土兔吐租阻祖助苏酥蔬所乌呜壶湖胡芋某牡贸谋模茂慕误五午伍吴初粗楚措醋呼浒虎狐户互护	沽部[ɔ]　鲁房橹卤掳炉鲈卢奴路赂鹭露晡埔补脯傅布部步捕孤姑沽辜菇股估古鼓雇固顾故糊箍苦许库裤寇涂都妬斗途图徒屠荼渡镀肚度杜铺普谱菩簿土兔吐塗租阻祖助苏酥蔬乌呜湖胡芋某牡贸谋模茂慕误五吴粗楚措醋呼浒虎否狐雨户后互
多[o]　猴老潦脑捞筹劳醪裸保褒玻裸宝旛婆暴/哥歌糕膏皋戈羔果菓过郃轲科柯课靠诰/多刀岛倒捣祷逃到驼陀沱涛蹈导稻悼惰盗/波颇破/韬慆滔叨拖讨唾套妥桃糟遭枣早蚤左藻做佐作曹槽漕座坐/梭唆骚搔娑嫂锁琐燥扫/阿袄/母莫/瑳磋操草到挫糙造/号河和昊浩灏	高部[ɔ]　猴老潦脑捞筹劳醪裸保褒玻裸宝旛婆暴/哥歌糕膏皋戈羔果菓过郃轲科柯课靠诰/多刀岛倒捣祷逃到驼陀沱涛蹈导稻悼惰盗/波颇破/韬慆滔叨拖讨唾套妥桃糟遭枣早蚤左藻做佐作曹槽漕座坐/梭唆骚搔娑嫂锁琐燥扫/阿袄/母莫/瑳磋操草到挫糙造/号河和昊浩灏	多[o]　老潦脑捞猴筹劳醪裸保褒裸宝婆暴/哥歌糕膏皋戈羔果菓过轲科柯课靠诰/多刀岛倒捣祷逃驼陀沱涛蹈导稻悼惰盗/波颇破/韬慆滔叨拖讨唾套妥桃糟遭枣蚤左藻做佐作曹槽漕座坐/梭唆骚搔娑嫂锁琐燥扫/阿袄/母莫/瑳磋操草到挫糙造/号河和昊浩灏

《八音定诀》孤部[ɔ]和《汇集雅俗通十五音》沽部[ɔ]与《汇音妙悟》高部[ɔ]在收字方面是有分歧的。《汇音妙悟》高部[ɔ]如"猴老潦脑捞筹劳醪裸保褒玻裸宝旛婆

暴/哥歌糕膏皋戈羔果菓过郜轲科柯课靠诰/多刀岛倒捣祷逃到驼陀沱涛蹈导稻悼惰盗/波颇破/韬慆滔叨拖讨唾套妥桃糟遭枣早蚤左藻做佐作曹槽漕座坐/梭唆骚搔娑嫂锁琐燥扫/阿袄/母莫/瑳磋操草剉挫糙造/号河和昊浩灏"，在《八音定诀》和《汇集雅俗通十五音》中不属[ɔ]韵而属[o]韵。可见，《八音定诀》孤部[ɔ]反映的是漳州腔而不是泉州腔。

③灯部。《八音定诀》只有灯部，不像《汇音妙悟》有卿部[iŋ/ik]与生[ən/ək]对立，根据泉州、漳州、厦门方言情况，我们把灯部拟音为[iŋ/ik]。灯部[iŋ/ik]部分韵字在《汇音妙悟》和《汇集雅俗通十五音》归属情况如下表：

八音定诀	汇音妙悟	汇集雅俗通十五音
灯[iŋ]　铃领岭冷图令龄咛陵宁苓零铃另冰兵秉炳丙饼柄併平并病竝经羹兢耕惊景境警耿擎儆胫敬镜径迳竟鲸颈茎轻卿倾铿顷庆磬馨丁疔钉澄徵顶鼎订定郑廷庭锭烹顺聘骋汀厅逞挺听镫停贞晶征蒸精种井整正证星升省醒眚胜姓圣性成承城诚绳乘英莺缨鹦鹦影永颖应皿猛鸣明冥茗螟盟硬凝迎青清称请兴兄亨馨刑横衡行形幸杏朋庚鲠梗顷肯登灯等橙邓烹鹏彭曾增僧净仍笙眚牲甥扔//德得特忒贼塞脉麦墨默/测策黑赫慄铄烁绿力歷曆沥柏逼伯百迫白闢戟隔棘击格极的德嫡谪笛宅狄得粜滴泽壁璧魄珀即绩迹稷责籍媳释淅色席殖硕抑益镒亿忆易役弋脉玉逆额狱测策尺赤侧册膝戚栗或惑获溺客刻尅	卿[iŋ/ik]　铃领岭冷图令龄咛陵宁苓零铃另冰兵秉炳丙饼柄併平并病竝经羹兢耕惊景境警耿擎儆胫敬镜径迳竟鲸颈茎轻卿倾铿顷庆磬馨丁疔钉澄徵顶鼎订定郑廷庭锭烹顺聘骋汀厅逞挺听镫停贞晶征蒸精种井整正证星升省醒眚胜姓圣性成承城诚绳乘英莺缨鹦鹦影永颖应皿猛鸣明冥茗螟盟硬凝迎青清称请兴兄亨馨衡行形幸杏//慄铄烁绿力歷曆沥柏逼伯百迫白闢戟隔棘击格极的德嫡谪笛宅狄得粜滴泽壁璧魄珀即绩迹稷责籍媳释淅色席殖硕抑益镒亿忆易役弋脉玉逆额狱测策尺赤侧册膝戚栗或惑获 生[əŋ/ək]　能朋庚鲠梗顷肯登灯等橙邓烹鹏彭曾增僧/净仍笙眚牲甥扔//塞脉麦墨默测策黑赫溺客刻尅德得特忒贼	经[eŋ/ek]　铃领岭冷图令龄咛陵宁苓零铃另冰兵秉炳丙饼柄併平并病竝经羹兢耕惊景境警耿擎儆胫敬镜径迳竟鲸颈茎轻卿倾铿顷庆磬馨丁疔钉澄徵顶鼎订定郑廷庭锭烹顺聘骋汀厅逞挺听镫停贞晶征蒸精种井整正证星升省醒眚胜姓圣性成承城诚绳乘英莺缨鹦鹦影永颖应皿猛鸣明冥茗螟盟硬凝迎青清称请兴兄亨馨刑横衡行形幸杏能朋庚鲠梗/顷肯登灯等橙邓烹鹏彭曾增僧净仍笙眚牲甥//慄铄烁绿力歷曆沥柏逼伯百迫白闢戟隔棘击格极的德嫡谪笛宅狄得粜滴泽壁璧魄珀即绩迹稷责籍媳释淅色席殖硕抑益镒亿忆易役弋脉玉逆额狱测策尺赤侧册膝戚栗或惑获溺客刻尅德得特忒贼塞脉麦墨默测策黑赫

《八音定诀》灯部[iŋ/ik]韵字，分布在《汇音妙悟》卿部[iŋ/ik]和生部[əŋ/ək]，只见于《汇集雅俗通十五音》经部[eŋ/ek]。可见，《八音定诀》灯部[iŋ/ik]综合了漳、泉二腔。

④须部。《八音定诀》有须部与书部的对立，根据泉州、漳州、厦门的方言情况，我们把它们分别拟音为[u]和[ɯ]。须部[u]有部分韵字在《汇音妙悟》和《汇集雅俗通十五音》归属情况如下表：

八音定诀	汇音妙悟	汇集雅俗通十五音
须[u]　旅驴虑居衢具驱区去惧抵著箸箺猪竚羜锄住炷聚瘀痳庾儒孺乳愈臾逾瑜榆裕须鬚胥书死四絮树绪叙竖禹宇雨羽余饫玙圄娱愚隅遇雎雌趋取	珠[u]　衢具驱区惧抵著竚住炷聚瘀痳儒孺愈臾逾瑜榆裕须鬚胥书死四絮树竖禹宇雨羽愚隅遇趋取	居[i]　旅驴虑居衢具驱区去惧抵著箸箺猪竚羜锄住炷聚瘀痳庾儒孺乳愈臾逾瑜榆裕须鬚胥书死四絮树绪叙竖禹宇雨羽余饫玙圄娱愚隅遇雎雌趋取
书[ɯ]　旅驴虑居衢去惧抵著箸箺猪锄榆死四絮绪余圄雌	居[ɯ]　旅驴虑居衢具去区著箸箺猪竚孺乳死叙余饫玙圄娱遇雌	艍[u]　去抵箺乳四遇

《八音定诀》须部[u]部分韵字重见于书部[ɯ]，与《汇音妙悟》珠部[u]和居部[ɯ]

情况相似，而分布于《汇集雅俗通十五音》居部[i]和艍部[u]。可见，《八音定诀》须部[u]与泉州腔同，而与《汇集雅俗通十五音》差别较大。

⑤敲部。现将《八音定诀》敲部韵字，在《汇音妙悟》和《汇集雅俗通十五音》归属情况列表如下：

八音定诀	汇音妙悟	汇集雅俗通十五音
敲[au]　茗楼刘漏老交扣兜斗閗投荳跑抱偷糟灶剿棹找扫呕喉后卯抄草臭嘜孝效候//雹	郊[au]　楼刘漏老包校交兜斗投荳抱偷糟灶剿棹找扫喉后卯抄草嘜孝效 钩[əu]　楼漏扣兜斗閗投荳偷呕喉后候	交[au]　茗楼刘漏老包校交沟狗扣兜斗閗投荳跑雹偷糟灶剿棹找扫呕喉后卯抄草臭孝嘜效候

《八音定诀》敲部[au]如"茗楼刘漏老交扣兜斗閗投荳跑抱偷糟灶剿棹找扫呕喉后卯抄草臭嘜孝效候//雹"等韵字，在《汇音妙悟》里部分属郊部[au]和钩部[əu]，而与《汇集雅俗通十五音》交部[au]基本上相同。可见，《八音定诀》敲部[au]兼有漳、泉二腔，但更接近漳州腔。

⑥梅部。《八音定诀》梅部与杯部是对立的，根据泉州、漳州、厦门的方言情况，我们把它们分别拟音为[əe]和[ue]。梅部[əe]有部分韵字在《汇音妙悟》和《汇集雅俗通十五音》归属情况如下表：

八音定诀	汇音妙悟	汇集雅俗通十五音
梅[əe]　馁妳犁珮佩改疥易魅苧稗提蚱挤末毽梅鎊昧诡睨牙牙外初髓摧寻悔诲回会蟹//月挟梜卜切血	鸡[əe/əeʔ]　犁改疥易苧艺初蟹//挟切 西[e/eʔ]　犁提挤睨艺//月挟 杯[ue]　馁珮佩稗梅艺悔诲回会	桧[uei/ueiʔ]　馁珮佩梅鎊末外髓摧寻悔诲回会//月血 稽[ei]　犁改疥稗提易诡艺初会蟹

《八音定诀》梅部[əe/əeʔ]韵字"犁改疥鲑易苧艺初燦珮佩稗提挤末梅昧诡睨牙外髓摧寻悔诲回会蟹/挟切卜月血"，在《汇音妙悟》里分属鸡部[əe/əeʔ]、西部[e/eʔ]和杯部[ue]，在《汇集雅俗通十五音》里分属桧部[uei/ueiʔ]和稽部[ei]。可见，《八音定诀》梅部[əe/əeʔ]比较近于泉州腔，而与漳州腔相差远一些。

现将《八音定诀》"杯孤灯须添风敲歪不梅"诸部与《汇音妙悟》《汇集雅俗通十五音》比较如下表：

八音定诀	杯ue	孤ɔ	灯iŋ	须u	添iam	风ɔŋ	敲au	歪uai	不m	梅əe
汇音妙悟	杯ue 西e 鸡əe 关ũĩ	高ɔ	卿iŋ 生əŋ	珠u 居ɯ	兼iam	东ɔŋ 风uaŋ	郊au 钩əu	乖uai	梅m	鸡əe 西e 杯ue
汇集雅俗通十五音	稽ei 伽e	沽ɔ	经eŋ	居i 艍u	兼iam	公ɔŋ	交au	乖uai	姆m	稽ei 桧uei

(4)《八音定诀》"乐毛京山烧庄三千枪青飞超"诸部讨论

据考证，以上12个韵部中的"京山烧"诸部与《汇音妙悟》"京欢烧" 诸部、《汇集雅俗通十五音》"惊官茄" 诸部基本相同，因此，我们把它们分别拟音为"京[iã]、山[uã]、烧[io]"。而"乐毛庄三千枪青飞超"诸部在收字方面三种韵书是有分歧的。现比较如下：

①乐部。《八音定诀》有乐部与敲部的对立，根据泉州、漳州、厦门的方言情况，我们把它们拟音为[ãũ]和[au]。乐部[ãũ]部分韵字在《汇音妙悟》和《汇集雅俗通十五音》归属情况如下表：

八音定诀	汇音妙悟	汇集雅俗通十五音
乐[ãũ] 茗楼刘漏老校包交沟狗扣兜斗閙投荳跑抱偷糟灶剿棹找扫呕喉后卯抄草臭嘮孝效候//雹	郊[au] 楼刘漏老包校交兜斗投荳抱偷糟灶剿棹找扫喉后卯抄草嘮孝效	交[au] 茗楼刘漏老包校交沟狗扣兜斗閙投荳跑抱雹偷糟灶剿棹找扫呕喉后卯抄草臭孝嘮效候
敲[au] 茗楼刘漏老扣兜斗閙投荳跑抱偷糟灶剿棹找扫呕喉后卯抄草臭嘮孝效候//雹	钩[ou] 楼漏扣兜斗閙投荳偷呕喉后候	

《八音定诀》乐部[ãũ]韵字如"茗楼刘漏老包校交沟狗扣兜斗閙投荳跑抱偷糟灶剿棹找扫呕喉后卯抄草臭嘮孝效候//雹"，与敲部[au]收字大致相同；与《汇集妙悟》郊部[au]和钩部[ou]对应，嘮部[ãũ]无韵字；与《汇集雅俗通十五音》爻部[ãũ]差别大，而与交部[au]大致相同。笔者认为，《八音定诀》乐部在审音上有问题。

②毛部。《八音定诀》有毛部与孤部的对立，根据泉州、漳州、厦门的方言情况，我们把它们拟音为[ɔ]和[ɔ]。毛部[ɔ]部分韵字在《汇音妙悟》和《汇集雅俗通十五音》归属情况如下表：

八音定诀	汇音妙悟	汇集雅俗通十五音	渡江书十五音
毛[ɔ] 潦坷摩麼毛眊冒髦我饿卧好火货恼脑褒保报婆暴扛稿钢槟槁糠坷藏舵倒当肠撞丈波颇抱汤讨荡糖庄妆左早佐漕曹槽状脏霜锁嫂燥唆秧袄映蚵呵学芒毫牡母亩某膜五我偶蜈仓疮草楚造剉床方扶号贺//落泊阁棹讬作索难卜簇择鹤	莪[ɔ] 潦坷摩麼毛眊冒髦我饿卧好火货	扛[ɔ] 摩麼毛髦我好火货	滩[ɔ] 扛钢槟糠当肠撞汤荡糖霜秧毫我床方//膜
		姑[ɔũ] 五偶	

《八音定诀》毛部[ɔ]是一个比较复杂的韵部，其韵字与《汇音妙悟》莪部[ɔ]对应，部分韵字与《汇集雅俗通十五音》扛部[ɔ]对应。但是，《八音定诀》毛部[ɔ]里还有许多韵字（如"恼脑褒保报婆暴扛稿钢槟槁糠坷藏舵倒当肠撞丈波颇抱汤讨荡糖庄妆左早佐漕曹槽状脏霜锁嫂燥唆秧袄映蚵呵学芒毫牡母亩某膜五我偶蜈仓疮草楚造剉床方扶号贺//落泊阁棹讬作索难卜簇择鹤"共83字）并不在《汇音妙悟》莪部和《汇集

雅俗通十五音》扛部里，我们查遍了《渡江书十五音》的滩部[ɔ̃]，发现有一部分韵字
（如"扛钢槓糠当肠撞汤荡糖秧毛我床方//膜"等16字）与之同。据笔者考证《渡江
书十五音》中的滩部读作[ɔ̃]，反映的是长泰县的语音特点，但是还有67个韵字不见于
《渡江书十五音》滩部之中。因此，笔者认为，《八音定诀》毛部[ɔ̃]在审音方面是有
问题的。

③庄部。《八音定诀》有庄部与风部的对立，根据泉州、漳州、厦门的方言情
况，我们把它们拟音为[ŋ]和[ɔŋ]。庄部[ŋ]部分韵字在《汇音妙悟》和《汇集雅俗通
十五音》归属情况如下表：

八音定诀	汇音妙悟	汇集雅俗通十五音
庄[ŋ]　软卵蛋方饭/光捲管卷贯/劝/返/断/传/砖/钻/全/孙酸损算/阮黄/晚门问/村/昏园远榔/榜傍钢/康糠/当唐肠塘长/汤盪糖/妆庄状赃/桑霜/床秧/方坊	毛[ŋ]　软卵饭/光捲卷贯/劝/返断/砖钻全/孙酸损算/黄/晚门问/村/园远榜钢/康糠/当唐肠塘长/汤糖/妆庄赃/桑霜/床秧/方坊	裈[ui]　软卵蛋方饭/光捲管卷贯/劝/返/断/传/砖/钻/全/孙酸损算/阮黄/晚门问/村/昏园远
		钢[ŋ]　榔/榜傍钢/康糠/当唐肠塘长/汤盪糖/妆庄状赃/桑霜/床秧/方坊

《八音定诀》庄部[ŋ]字"软卵蛋方饭/光捲管卷贯/劝/返/断/传/砖/钻/全/孙酸损算/阮
黄/晚门问/村/昏园远榔/榜傍钢/康糠/当唐肠塘长/汤盪糖/妆庄状赃/桑霜/床秧/方坊"，所
反映的应该是现代厦门市区方言的特点，相当于《汇集妙悟》毛部[ŋ]，但在《汇集雅
俗通十五音》里则分布在裈部 [ui]和钢部[ŋ]。可见，《八音定诀》庄部与泉州腔是一
致的，与漳州腔则不完全相同。

④镶部。《八音定诀》有枪部与香部的对立，根据泉州、漳州、厦门的方言情
况，我们把它们拟音为[ĩũ]和[iɔŋ]。镶部[ĩũ]部分韵字在《汇音妙悟》和《汇集雅俗通
十五音》归属情况如下表：

八音定诀	汇音妙悟	汇集雅俗通十五音
枪[ĩũ]　薑腔张樟章浆相厢箱伤镶鸯枪香两长蒋掌赏想抢厂帐涨胀酱相唱向娘粮量梁场常羊杨墙墙量让丈上痒尚想样象	箱[ĩũ]　两娘粮量梁薑腔张长场丈帐胀樟浆蒋掌赏上痒相赏厢箱常伤鸯羊杨样枪抢唱墙象香向	薑[ĩɔ̃]薑腔张樟章浆相厢箱伤镶鸯枪香两长蒋掌赏想抢厂帐涨胀酱相唱向娘粮量梁场常羊杨墙墙量让丈上痒尚想样象
		牛[ĩũ]　肘牛芊

《八音定诀》枪部[ĩũ]字"薑腔张樟章浆相厢箱伤镶鸯枪香两长蒋掌赏想抢厂帐涨
胀酱相唱向娘粮量梁场常羊杨墙墙量让丈上痒尚想样象"所反映的是现代厦门市区方言
的语音特点，与《汇集妙悟》箱部[ĩũ]同；而《汇集雅俗通十五音》薑部读作[ĩɔ̃]，差
别较大。

⑤三部。《八音定诀》有三部与湛部的对立，根据泉州、漳州、厦门的方言情

况，我们把它们拟音为[ã]和[am]。三部[ã]部分韵字在《汇音妙悟》和《汇集雅俗通十五音》归属情况如下表：

八音定诀	汇音妙悟	汇集雅俗通十五音
三[ã] 拿蓝林那监敢担衫妈吗麻骂芭把饱豹霸爬罢巧怕查鸦亚谈惔//猎甲搭踏打塔叠押鸭匣肉	弍[ã] 蓝林那敢担衫妈麻骂查鸦亚雅//百猎甲搭踏打塔叠匣	监[ã] 拿蓝林那监敢担衫妈吗麻骂
	三[am] 谈惔	胶[a] 芭把饱豹霸爬罢巧怕查鸦亚//猎甲搭踏打塔叠押鸭匣肉
佳[a] 妈麻芭把饱豹霸爬罢巧怕查鸦亚/甲搭踏打塔叠押鸭匣	嘉[a] 骂麻芭把饱豹霸爬罢怕查鸦亚/甲搭踏打塔押匣肉	甘[am] 谈惔

《八音定诀》三部[ã]与佳部[a]有部分韵字重见，分属《汇音妙悟》弍部[ã]、嘉[a]和三部[am]，而在《汇集雅俗通十五音》里也分属监部[ã]、胶部[a]和甘部[am]。笔者认为，《八音定诀》三部[ã]在审音方面是有问题的。

⑥千部。《八音定诀》有千部与边部的对立，根据泉州、漳州、厦门的方言情况，我们把它们拟音为[ãĩ]和[ian]。千部[ãĩ]部分韵字在《汇音妙悟》和《汇集雅俗通十五音》归属情况如下表：

八音定诀	汇音妙悟	汇集雅俗通十五音
千[ãĩ] 乃迺奶莲奈耐赖籁间茧店宰前先闲买卖迈研艾千蚕还 班拜排败劲开凯台派态太泰汰待灾指滓荐在载屎赛哀爱眉呆碍咳海	羮[ãĩ] 羮乃迺莲反捭畔间肩茧拣盖店还黛宰前先晒洒闲餲粥买卖迈研眼千蚕苋/喝	闲[ãĩ] 乃迺嫺奶奈耐赖癞籁间嗄买卖迈甋艾乂刈
开[ai] 拜排败开凯台派态太泰汰待灾滓宰在载屎赛哀爱眉呆碍咳海艾	开[ai] 拜排败开凯台派态太泰汰待灾滓宰在载屎赛哀爱眉呆碍咳海艾	皆[ai] 拜排败开凯台派态太泰汰待灾滓宰在载屎赛哀爱眉呆碍咳海

《八音定诀》千部[ãĩ]韵字乃迺奶莲奈耐赖籁间茧店宰前先闲买卖迈研艾千蚕还，所反映的应该是厦门远郊和同安方言的语音特点，与《汇音妙悟》羮[ãĩ]和《汇集雅俗通十五音》闲[ãĩ]有部分相同，但是有部分韵字"班拜排败劲开凯台派态太泰汰待灾指滓荐在载屎赛哀爱眉呆碍咳海"则与《八音定诀》《汇音妙悟》开部[ai]、《汇集雅俗通十五音》皆部[ai]相同，这说明《八音定诀》千部[ãĩ]在审音方面是有问题的。

⑦青部。《八音定诀》有青部与灯部的对立，根据泉州、漳州、厦门的方言情况，我们把它们拟音为[ĩ]和[iŋ]。青部[ĩ]部分韵字在《汇音妙悟》和《汇集雅俗通十五音》归属情况如下表：

八音定诀	汇音妙悟	汇集雅俗通十五音
青[ĩ/ĩʔ]染年连边变麒见垱钳甜缠篇片鼻天添甄箭钱扇敁丸圆员绵浅刺砚企柄棚平病更庚经坑郑彭争井晴静生姓性婴英棫夜冥雅硬青星腥菁醒//乜物夹	青[ĩ/ĩʔ]染年企边变柄平病见垱更经钳坑缠郑篇片彭天添箭钱静生姓扇丸圆员绵浅砚英硬青星腥菁醒//乜	柂[ĩ/ĩʔ]染年连边变麒见垱钳甜缠篇片鼻天添甄箭钱扇敁丸圆员绵浅刺砚//乜物 更[ɛ/ɛʔ]企柄棚平病更庚经坑郑彭争井晴静生姓性婴英棫夜冥雅硬青星腥菁醒//夹

《八音定诀》青部[ĩ/ĩʔ]ᴮᵂ，与《汇集妙悟》青部[ĩ/ĩʔ]同，而在《汇集雅俗通十五音》中则分布在柂部[ĩ/ĩʔ]和更部[ɛ/ɛʔ]。可见，《八音定诀》青部[ĩ/ĩʔ]反映的泉州腔，与漳州腔有一些差别。

⑧飞部。《八音定诀》有飞部与辉部是对立的，根据泉州、漳州、厦门的方言情况，我们把它们拟音为[ɤ]和[ui]。飞部[ɤ]部分韵字在《汇音妙悟》和《汇集雅俗通十五音》归属情况如下表：

八音定诀	汇音妙悟	汇集雅俗通十五音
飞[ə/əʔ]偏飞倍焙菓粿过肧配皮被帕税赛垂未妹吹炊寻夥岁和回会螺科莇课启短戴地胎推退提斋睨鲵艺系短块代袋坐灾糜哀咩咪//郭缺阙袜月卜夹策厕啄雪夺裂逆歇宿	科[ə/əʔ]　偏螺飞赔倍焙坝果粿过科莇课短袋戴果皮被推退税祸尾未糜妹吹髓寻灰火回货岁//郭缺阙啄夺绝雪卜袜	桧[uei/ueiʔ]焙倍粿皮被寻未灰火夥货税垂吹炊岁和回会/缺郭说袜月 嘉[ɛ/ɛʔ]把枷低下厦码骂哑斋//柏伯拍白宅客仄呃厕逆 稽[ei]启短戴地胎推退提 伽[e/eʔ]螺短块代袋系坐/啄雪夺 高[o]科莇课

《八音定诀》飞部[ɤ/ɤʔ]字"偏飞倍焙菓粿过肧配皮被帕税赛垂未妹吹炊寻夥岁和回会螺科莇课启短戴地胎推退提斋睨鲵艺系短块代袋坐灾糜哀咩咪//郭缺阙袜月卜夹策厕啄雪夺裂逆歇宿"，所反映的是厦门远郊和同安方言的语音特点，与《汇音妙悟》科部[ə/əʔ]基本相同，在《汇集雅俗通十五音》里部分读作桧部[uei/ueiʔ]），部分读作嘉部[ɛ/ɛʔ]，部分读作稽部[ei]，部分读作伽部[e/eʔ]，部分读作高部[o]）。可见，《八音定诀》飞部[ɤ/ɤʔ]与《汇音妙悟》科部[ə/əʔ]基本相同，《汇集雅俗通十五音》无[ə/əʔ]韵部，与其差别颇大。

⑨超部。《八音定诀》有超部与朝部是对立的，根据泉州、漳州、厦门的方言情况，我们把它们拟音为[iãũ]和[iau]。超部[iãũ]部分韵字在《汇音妙悟》和《汇集雅俗通十五音》归属情况如下表：

八音定诀	汇音妙悟	汇集雅俗通十五音
超[iāū] 蓼撩缭标裱殍缴叫撽桥轿凋晁调瓢眺枭柱钊屌诏扰娆尿萧韶绍邵要姚淼描妙尧超迢锹嚣孝	猫[iāū] 猫鸟了	噍[iāū] 猫噍鸟茑
朝[iau] 撩缭标裱殍叫撽桥轿晁调瓢眺柱钊屌扰尿韶绍邵要姚描妙尧超孝	朝[iau] 蓼撩缭标裱殍缴叫桥轿晁调瓢眺枭柱钊诏扰娆尿萧韶绍邵要姚淼描妙尧超锹嚣孝	娇[iau] 蓼撩缭标裱殍缴叫桥轿凋晁调瓢眺枭柱钊诏扰娆尿萧韶绍邵要姚淼描妙尧超锹嚣

《八音定诀》超部[iāū]所收韵字特别多，《汇音妙悟》猫部[iāū]和《汇集雅俗通十五音》噍[iāū]所收韵字很少，与《八音定诀》超部[iāū]所收韵字则毫无对应。《八音定诀》超部[iāū]所收韵字与朝部[iau]重见韵字较多，与《汇音妙悟》朝部[iau]和《汇集雅俗通十五音》娇部[iau]所对应的韵字也较多。因此，笔者认为《八音定诀》超部在审音方面是有欠缺的。

现将《八音定诀》"乐毛京山烧庄三千枪青飞超"诸部与《汇音妙悟》、《汇集雅俗通十五音》比较如下表：

八音定诀	乐aū	毛ɔ	京iā	山uā	烧io	庄ŋ	三ā	千aī	枪iū	青ī	飞ɤ	超iāū
汇音妙悟	郊au 钩ou	我ɔ	京iā	欢ūā	烧io	毛ŋ	弍ā 三am	熊aī	箱iū	青î	科ə	猫iāū 朝iau
汇集雅俗通十五音	交au	扛ɔ 姑ōū	惊iā	官uā	茄io	钢ŋ 辉ūî	监ā 胶a 甘am	闲aî	薑iɔ 牛iū	栀î 更ê	桧uei 嘉ε 稽ei 伽e 高o	噍iāū 娇iau

以上我们把《八音定诀》42个韵部与《汇音妙悟》、《汇集雅俗通十五音》各50个韵部作了仔细的比较。从韵目数比较来看，《八音定诀》有42个韵部，《汇音妙悟》和《汇集雅俗通十五音》各50个韵部，少了8个韵部。实际上，这并不是简单的少8个韵部，而是反映了它们之间音系性质上的差异。综上所述，有以下几点看法：

第一，《八音定诀》"春朝丹花开香辉佳宾遮川西江边秋深诗书多湛杯孤灯须添风敲歪不梅乐毛京山烧庄三千枪青飞超"42个韵部中，有20个韵部（"朝丹花开辉宾遮川江边秋诗湛添风歪不京山烧"）与《汇音妙悟》20个韵部（"朝丹花开飞宾嗟川江轩秋基三兼风郊乖梅京欢烧"）、《汇集雅俗通十五音》20个韵部（"娇干瓜皆规巾迦观江坚秋居甘兼公交乖姆惊官茄"）是相同的。我们把它们拟音为"朝[iau]、丹[an]、花[ua]、开[ai]、辉[ui]、宾[in]、遮[ia]、川[uan]、江[aŋ]、边[ian]、秋[iu]、诗[i]、湛[am]、添[iam]、风[ɔŋ]、歪[uai]、不[m]、京[iā]、山[uā]、烧[io]"。

第二，《八音定诀》中有22个韵部（即"春香佳西深书多杯孤灯须敲梅乐毛庄枪三千青飞超")与《汇音妙悟》《汇集雅俗通十五音》在收字方面有一些分歧,但多数反映了泉州腔。主要表现在:①《八音定诀》有书部[ɯ]、梅部[əe]和飞部[ɤ],与《汇音妙悟》居部[ɯ]、鸡部[əe]和科部[ə]基本相同,虽然收字方面还有参差,还是反映了泉州腔的特点。这是漳州腔所没有的。②《八音定诀》春部[un]有些韵字如"筠钧根跟均筋近郡勤芹垦懃恩殷匀银恨狠"诸字,在《汇音妙悟》中属春部[un]和恩部[ən],在《汇集雅俗通十五音》则属巾部[in]。③《八音定诀》香部[ioŋ]部分韵字"俩两魉梁娘粮量凉良亮辆谅疆薑强张长帐胀怅涨丈杖章将浆漳蒋掌酱瘴壤嚷冗攘让箱相觞商厢殇伤赏想祥详常翔尝上尚象央秧鸯殃养映杨阳扬洋样羔仰菖昌娼厂抢敝唱昶墙蔷嫱匠香乡香享响饟繦//略脚却爵酌约跃药鹊雀绰",在《汇音妙悟》中属香部[ioŋ],在《汇集雅俗通十五音》则属于姜部[iaŋ]。④《八音定诀》佳部[a]部分韵字"爬加佳嘉家假价贾驾嫁架稼哑沙砂鲨洒灑芽衔牙迓又差权虾霞夏下厦暇/鲂百",在《汇音妙悟》中属嘉部[a],而在《汇集雅俗通十五音》则属嘉部[ɛ/ɛʔ]。这说明《八音定诀》佳部与泉州腔同,而无漳州腔的[ɛ/ɛʔ]韵。⑤《八音定诀》西部部分韵字"飞把钯笆琶爬杷耙父加假价架嫁枷低下茶渣债寨洒哑马玛牙衔差虾夏焙倍果粿皮被罪尾髓寻灰火夥货短戴//伯柏白帛格隔逆客压汐褐宅仄绩厄阨麦厕册郭说袜月绝雪卜",在《汇音妙悟》属西部[e]("把钯笆琶爬耙父假架嫁枷低债寨洒哑马牙差夏//伯白帛格隔客褐宅仄麦厕册月"),而在《汇集雅俗通十五音》属嘉部[ɛ]("把钯笆琶爬杷耙父加假价架嫁枷低下茶渣债寨洒哑马玛牙衔差虾夏//伯柏白帛格隔逆客压汐褐宅仄绩厄阨麦厕册")、桧部[uei]("焙倍粿皮被罪尾髓寻灰火夥货//郭说袜月")和居部[i]("敝币黻弊陛制製世势翳")。⑥《八音定诀》杯部[ue]韵字,分布在《汇音妙悟》杯部[ue]("瓜批稗退买卖//箧八拔")和鸡部[əe]("犁笠鸡解改疥荙易溪契底蹄题地钗替截疏疎洗黍细矮鞋能狭初"),在《汇集雅俗通十五音》中则分布在稽部[ei]("黎犁箧鸡街解改疥易溪启契喫底蹄地批稗钗退替提多梳疏疎洗黍细矮鞋能买袂初")和伽部[e]("笠八捌拔荙狭截雪")之中。⑦《八音定诀》须部[u]部分韵字,属《汇音妙悟》珠部[u]("衢具驱区惧抵著竚住炷聚瘐瘰儒孺愈臾逾瑜榆裕须鬚胥树竖禹宇雨羽愚隅遇趋取"),而分布于《汇集雅俗通十五音》居部[i]("旅驴处居衢具驱区去惧抵著箸箭猪竚竚锄住炷聚瘐瘰庾儒孺乳愈臾逾瑜榆裕须鬚胥书死四絮树绪叙竖禹宇雨羽余饫玙圉娱愚隅遇睢雌趋取")。⑧《八音定诀》庄部[ŋ],相当于《汇集妙悟》毛部[ŋ],在《汇集雅俗通十五音》里则分布在裈部[uĩ]和钢部[ŋ]。⑨《八音定诀》枪部[iũ]韵字与《汇集妙悟》箱部[iũ]同,而在《汇集雅俗通十五音》薑部中则读作[iɔ̃]。⑩《八音定诀》青部[ĩ]韵字,与《汇集妙悟》青部[ĩ/ĩʔ]同,而在《汇集雅俗通十五音》中则分布在栀部[ĩ]和更部[ɛ̃]。

第三,《八音定诀》中也有一些韵部审音是有问题的。如:①《八音定诀》深部[im/ip]少数韵字如"宾膑悯泯民眠面/密蜜",在《汇音妙悟》里属宾部[in],在《汇集雅俗通十五音》里属巾部[in]里。"宾膑悯泯民眠面/密蜜"既归属深部又归宾部[in],似为审音不严的表现。②《八音定诀》乐部[aũ]韵字如"茗楼刘漏老包校交沟狗扣兜斗閧投荳跑抱偷糟灶剿椊找扫呕喉后卯抄草臭嘐孝效候//雹”，与敲部[au]收字大致相同；与《汇集妙悟》郊部[au]和钩部[əu]对应，嘐部[ãu]无韵字；与《汇集雅俗通十五音》爻部[ãu]差别大，而与交部[au]大致相同。笔者认为，《八音定诀》乐部在审音上有问题。③《八音定诀》毛部[ɔ̃]里还有许多韵字并不在《汇音妙悟》莪部和《汇集雅俗通十五音》扛部里，我们查遍了《渡江书十五音》的滩部[ɔ̃]，发现有一部分韵字（如“扛钢椚糠当肠撞汤荡糖霜秧毻我床方//膜”等16字）与之同。据笔者考证《渡江书十五音》中的滩部读作[ɔ̃]，反映的是长泰县的语音特点，但是还有67个韵字不见于《渡江书十五音》滩部之中。因此，笔者认为，《八音定诀》毛部[ɔ̃]在审音方面是有问题的。④《八音定诀》三部[ã]与佳部[a]有部分韵字重见，分属《汇音妙悟》弎部[ã]、嘉[a]和三部[am]，而在《汇集雅俗通十五音》里也分属监部[ã]、胶部[a]和甘部[am]。笔者认为，《八音定诀》三部[ã]在审音方面是有问题的。⑤《八音定诀》超部[iãu]所收韵字特别多，《汇音妙悟》猫部[iãu]和《汇集雅俗通十五音》噍[iãu]所收韵字很少，与《八音定诀》超部[iãu]所收韵字则毫无对应。《八音定诀》超部[iãu]所收韵字与朝部[iau]重见韵字较多，与《汇音妙悟》朝部[iau]和《汇集雅俗通十五音》娇部[iau]所对应的韵字也较多。因此，笔者认为《八音定诀》超部在审音方面是有欠缺的。

第四，《八音定诀》有些韵部反映了漳州腔的语音特点。如：①《八音定诀》多部[o]与《汇集雅俗通十五音》多部[o]基本上是相同的，而在《汇音妙悟》则分布在高部[ɔ]和刀部[o]里。可见，《八音定诀》多部[o]反映了漳州方言的语音特点，与泉州腔则有一些异同。②《八音定诀》孤部[ɔ]和《汇集雅俗通十五音》沽部[ɔ]与《汇音妙悟》高部[ɔ]在收字方面是有分歧的。《汇音妙悟》高部[ɔ]如“猱老潦脑捞箩劳醪裸保褒玻褓宝嶓婆暴/哥歌糕膏皋戈羔果菒过郜轲科柯课靠诰/多刀岛倒捣祷逃到驼陀沱涛蹈导稻悼惰盗/波颇破/韬慆滔叨拖讨唾套妥桃糟遭枣早蚤左藻做佐作曹槽漕座坐/梭唆骚搔娑嫂锁琐燥扫/阿袄/母莫/瑳磋操草刴挫糙造/号河和昊浩灏”，在《八音定诀》和《汇集雅俗通十五音》中不属[ɔ]韵而属[o]韵。可见，《八音定诀》孤部[ɔ]反映的是漳州腔而不是泉州腔。③《八音定诀》敲部[au]如“茗楼刘漏老交扣兜斗閄投荳跑抱偷糟灶剿椊找扫呕喉后卯抄草臭嘐孝效候//雹”等韵字，在《汇音妙悟》里部分属郊部[au]和钩部[əu]，而与《汇集雅俗通十五音》交部[au]基本上相同。可见，《八音定诀》敲部[au]兼有漳、泉二腔，但更接近于漳州腔。④《八音定诀》灯部[iŋ/ik]韵字，合并了《汇音妙悟》卿部[iŋ/ik]和生部[əŋ/ək]，只见于《汇集雅俗通十五音》经部[eŋ/ek]。可见，《八音定诀》灯部[iŋ/ik]综合了漳、泉二腔。

第五，《八音定诀》共有42个韵部，80个韵母。现排比如下：

①春[un/ut]　②朝[iau/iauʔ]　③丹[an/at]　④花[ua/uaʔ]　⑤开[ai/aiʔ]　⑥香[ioŋ/iok]

⑦辉[ui/uiʔ]　⑧佳[a/aʔ]　⑨宾[in/it]　⑩遮[ia/iaʔ]　⑪川[uan/uat]　⑫西[e/eʔ]

⑬江[aŋ/ak]　⑭边[ian/iat]　⑮秋[iu/iuʔ]　⑯深[im/ip]　⑰诗[i/iʔ]　⑱书[ɯ/ɯʔ]

⑲多[o/oʔ]　⑳湛[am/ap]　㉑杯[ue/ueʔ]　㉒孤[ɔ/ɔʔ]　㉓灯[iŋ/ik]　㉔须[u/uʔ]

㉕添[iam/iap]　㉖风[ɔŋ/ɔk]　㉗敲[au/auʔ]　㉘歪[uai/uaiʔ]　㉙不[m]　㉚梅[əe/əeʔ]

㉛乐[ãũ/ãũʔ]　㉜毛[ɔ̃/ɔ̃ʔ]　㉝京[iã/iãʔ]　㉞山[uã/uãʔ]　㉟烧[io/ioʔ]　㊱庄[ŋ/ŋʔ]

㊲三[ã/ãʔ]　㊳千[ãi/ãiʔ]　㊴枪[iũ/iũʔ]　㊵青[ĩ/ĩʔ]　㊶飞[ɤ/ɤʔ]　㊷超[iãũ/iãũʔ]

根据清末卢戆章《中国字母北京切音合订》（1906）（拼音文字史料丛书　文字改革出版社1957年版）记载"泉州切音字母""漳州切音字母"和"厦门切音字母"，现卢氏音标与国际音标分别排比如下：

泉州字母	鸦 ɑ	鸦ɑ^n	哀ɑi	哀ɑi^n	庵ɑm	安an	厴ang	瓯ɑu	瓯ɑu^n	裔e
	a	ã	ai	ãĩ	am	an	aŋ	au	ãũ	e
泉州字母	婴e^n	英eng	锅ê	挨êe	参êm	恩ên	生êng	鸥êu	咩ɛ^n	伊i
	ẽ	eŋ	ə	əe	əm	ən	əŋ	əu	ɛ̃	i
泉州字母	伊i^n	爷ia	缨ia^n	诸iai	阉iam	烟ian	央iang	妖iau	猫iau^n	音im
	ĩ	ia	iã	iai	iam	ian	iaŋ	iau	iãũ	im
泉州字母	因in	腰io	优iu	鸯iũ	雍iung	阿o	乌θ	恶e^n	翁eng	汗u
	in	io	iu	iũ	iuŋ	o	ɔ	ɔ̃	ɔŋ	u
泉州字母	哇ua	鞍ua^n	歪uai	歪uai^n	弯uan	汪uang	偎ue	偎ue^n	威ui	威ui^n
	ua	ũã	uai	uãĩ	uan	uaŋ	ue	ũẽ	ui	ũĩ
泉州字母	殷un	於ŭ	於ŭ	不m	秧ng					
	un	ɯ	ɯ̃	m	ŋ					

漳州字母	鸦 ɑ	鸦ɑ^n	哀ɑi	哀ɑi^n	庵ɑm	安an	厴ang	瓯ɑu	瓯ɑu^n	裔e
	a	ã	ai	ãĩ	am	an	aŋ	au	ãũ	e
漳州字母	婴e^n	英eng	加ɛ	咩ɛ^n	伊i	伊i^n	爷ia	缨ia^n	阉iɑm	烟ian
	ẽ	eŋ	ɛ	ɛ̃	i	ĩ	ia	iã	iam	ian
漳州字母	央iang	妖iau	猫iau^n	音im	因in	腰io	腰io^n	优iu	鸯iũ	雍iung
	iaŋ	iau	iãũ	im	in	io	iõ	iu	iũ	iuŋ
漳州字母	阿o	阿o^n	乌θ	恶e^n	参өm	翁eng	汗u	汗u^n	哇ua	鞍ua^n
	o	õ	ɔ	ɔ̃	ɔm	ɔŋ	u	ũ	ua	ũã
漳州字母	歪uai	歪uai^n	弯uan	汪uang	偎ue	偎ue^n	我ɜ	妹ɜ^n	威ui	威ui^n
	uai	uãĩ	uan	uaŋ	ue	ũẽ	ɜ	ũɜ̃	ui	ũĩ
漳州字母	殷un	不m	秧ng							
	un	m	ŋ							

厦门字母	鸦 ɑ	鸦ɑ^n	哀ɑi	哀ɑi^n	庵ɑm	安an	厴ang	瓯ɑu	瓯ɑu^n	裔e
	a	ã	ai	ãĩ	am	an	aŋ	au	ãũ	e
厦门字母	婴e^n	英eng	咩ɛ^n	伊i	伊i^n	爷ia	缨ia^n	阉iam	烟ian	央iang
	ẽ	eŋ	ɛ̃	i	ĩ	ia	iã	iam	ian	iaŋ
厦门字母	妖iau	猫iau^n	音im	因in	腰io	优iu	鸯iũ	雍iung	阿o	乌θ
	iau	iãũ	im	in	io	iu	iũ	iuŋ	o	ɔ
厦门字母	恶e^n	参өm	翁eng	汗u	哇ua	鞍ua^n	歪uai	歪uai^n	弯uan	汪uang
	ɔ̃	ɔm	ɔŋ	u	ua	ũã	uai	uãĩ	uan	uaŋ
厦门字母	偎ue	偎ue^n	威ui	威ui^n	殷un	不m	秧ng			
	ue	ũẽ	ui	ũĩ	un	m	ŋ			

以下列表把卢氏泉州55个字母、漳州53个字母、厦门47个字母的拟音与《八音定诀》42个韵部比较分析如下：

【表一】

泉州字母	鸦a	鸦ã	哀ai	哀ãĩ	庵am	安an	厄aŋ	瓯au	瓯ãũ	裔e
漳州字母	鸦a	鸦ã	哀ai	哀ãĩ	庵am	安an	厄aŋ	瓯au	瓯ãũ	裔e
厦门字母	鸦a	鸦ã	哀ai	哀ãĩ	庵am	安an	厄aŋ	瓯au	瓯ãũ	裔e
八音定诀	佳a	三ã	开ai	千aĩ	湛am	丹an	江aŋ	敲au	乐ãũ	西e

以上10个韵部[a、[ã]、[ai]、[ãĩ]、[am]、[an]、[aŋ]、[au]、[ãũ]、[e]，泉州、漳州、厦门与《八音定诀》基本上是一致的。

【表二】

泉州字母	婴ẽ	英eŋ	锅ə	挨əe	参ɔm	恩ən	生əŋ	鸥əu	咩ɛ̃	伊i
漳州字母	婴ẽ	英eŋ	—		参ɔm	—	—		咩ɛ̃	伊i
厦门字母	婴ẽ	英eŋ	—		参ɔm	—	—		咩ɛ̃	伊i
八音定诀	—	灯iŋ	飞ɤ	梅əe	—	—	—			诗i

由表二可见，泉州、漳州、厦门与《八音定诀》均有[i]韵，差异之处有：（1）泉州、漳州、厦门均有[ẽ]、[ɛ̃]、[ɔm]三韵，而《八音定诀》则无；（2）泉州、漳州、厦门均有[eŋ]韵，而《八音定诀》则无[eŋ]韵而有[iŋ]韵；（3）泉州有[ə]、[əe]二韵，《八音定诀》有[ɤ]，反映了厦门远郊和同安的读音，《八音定诀》有[əe]韵，则是泉州方言的遗迹；（4）泉州有[ən]、[əŋ]、[əu]三韵，而漳州、厦门与《八音定诀》则无。

【表三】

泉州字母	咿ĩ	爷ia	缨iã	诸iai	阉iam	烟ian	央iaŋ	妖iau	猫iãũ	音im
漳州字母	咿ĩ	爷ia	缨iã	—	阉iam	烟ian	央iaŋ	妖iau	猫iãũ	音im
厦门字母	咿ĩ	爷ia	缨iã		阉iam	烟ian	央iaŋ	妖iau	猫iãũ	音im
八音定诀	青ĩ	遮ia	京iã	—	添iam	边ian	—	朝iau	超iãũ	深im

由表三可见，泉州、漳州、厦门与《八音定诀》均有[ĩ]、[ia]、[iã]、[iam]、[ian]、[iau]、[iãũ]、[im]八韵，差异之处有：（1）泉州有[iai]韵，而漳州、厦门与《八音定诀》则无此韵；（2）泉州、漳州、厦门均有[iaŋ]韵，而《八音定诀》则无。

【表四】

泉州字母	因in	腰io	优iu	鸯iũ	雍iuŋ	阿o	乌ɔ	恶ɔ̃	翁ɔŋ	汗u
漳州字母	因in	腰io	优iu	鸯iũ	雍iuŋ	阿o	乌ɔ	恶ɔ̃	翁ɔŋ	汗u
厦门字母	因in	腰io	优iu	鸯iũ	雍iuŋ	阿o	乌ɔ	恶ɔ̃	翁ɔŋ	汗u
八音定诀	宾in	烧io	秋iu	枪iũ	香iɔŋ	多o	孤ɔ	毛ɔ̃	风ɔŋ	须u

由表四可见，泉州、漳州、厦门与《八音定诀》均有[in]、[io]、[iu]、[iũ]、[iu

η]、[o]、[ɔ]、[ɔ̃]、[ɔŋ]、[u]十韵。

【表五】

泉州字母	哇ua	鞍ũã	歪uai	□歪uãĩ	弯uan	汪uaŋ	偎ue	□偎ũẽ	威ui	□威ũĩ
漳州字母	哇ua	鞍ũã	歪uai	□歪uãĩ	弯uan	汪uaŋ	偎ue	□偎ũẽ	威ui	□威ũĩ
厦门字母	哇ua	鞍ũã	歪uai	□歪uãĩ	弯uan	汪uaŋ	偎ue	□偎ũẽ	威ui	□威ũĩ
八音定诀	花ua	山ũã	歪uai	——	川uan	——	杯ue	——	辉ui	——

由表五可见，泉州、漳州、厦门与《八音定诀》均有[ua]、[ũã]、[uai]、[uan]、[ue]、[ui]六韵，差异之处有：泉州、漳州、厦门均有[uãĩ]、[uaŋ]、[uẽ]、[ũĩ]四韵，而《八音定诀》则无。

【表六】

泉州字母	殷un	於ɯ	□於ũ	不m̩	□秧ŋ̍					
漳州字母	殷un			不m̩	□秧ŋ̍	加ε	□阿õ	□汗ũ	□腰iõ	我uε	□妹uẽ
厦门字母	殷un			不m̩	秧ŋ̍					
八音定诀	春un	书ɯ		不m̩	庄ŋ̍					

由表六可见，泉州、漳州、厦门与《八音定诀》均有[un]、[m]、[ŋ]三韵，差异之处有：（1）泉州有[ɯ]韵，《八音定诀》也有[ɯ]韵，反映了厦门市同安方言的语音特点；（2）泉州有[ũ]韵，而漳州、厦门与《八音定诀》则无；（3）漳州有[ε]、[õ]、[ũ]、[iõ]、[uε]、[uẽ]六韵，而泉州、厦门与《八音定诀》则无。

通过清末卢戆章"泉州切音字母""漳州切音字母""厦门切音字母"和《八音定诀》比较：

[a、[ã]、[ai]、[ãĩ]、[am]、[an]、[aŋ]、[au]、[ãũ]、[e]、[i]、[ĩ]、[ia]、[iã]、[iam]、[ian]、[iau]、[iãũ]、[im]、[in]、[io]、[iu]、[iũ]、[iuŋ]、[o]、[ɔ]、[ɔ̃]、[ɔŋ]、[u]、[ua]、[ũã]、[uai]、[uan]、[ue]、[ui]、[un]、[m]、[ŋ]等38个韵部是共有的。差异之韵有四部：[iŋ]、[ɤ]、[əe]、[ɯ]，其中[ɤ]韵，反映了厦门远郊和同安的读音特点，[ɯ]韵反映了厦门市同安方言的语音特点，[əe]韵，则是泉州方言的遗迹。总之，《八音定诀》综合了泉州和漳州的语音特点，与现代厦门远郊和同安方言语音特点更为接近。

3.《八音定诀》的声调系统

《八音定诀》有8个声调：

韵　书	声　韵	声				调			
		上平	上上	上去	上入	下平	下上	下去	下入
八音定诀	春部边母字	分	本	坌	不	吹	笨	体	勃
汇音妙悟	春部边母字	分	本	坌	不	吹	笨	体	勃
汇集雅俗通十五音	君部边母字	分	本	粪	不	歕	——	笨体	勃

《八音定诀》与《汇音妙悟》一样，虽有8个声调，但实际上也是7调，因为“笨”和“体”在中古时期均为全浊上声字，但为了凑足8个声调，才把它们分别置于下上和下去的为之上。而《汇集雅俗通十五音》就把“笨”和“体”并在下去的位置上，只有7个声调。《八音定诀》中存在着阳上阳去严重相混的现象。再以“孤部[ɔ]”为例，请看下表：

	《八音定诀》阳上调	《八音定诀》阳去调
古全浊上声字	部肚户怙簿后後厚	杜体
古次浊上声字	雨	弩
古全浊去声字	步哺捕渡度镀祚胙窦荳护	柞互豆痘逅候瓠
古次浊去声字	怒路赂陋芋雨后暮墓慕茂戊悞	露鹭募懋楙

由上表可见，中古浊上声字与浊去声字在《八音定诀》中是严重混淆的：古浊上声字在《八音定诀》中或在阳上调或在阳去调，古浊去声字在《八音定诀》中或在阳上调或在阳去调。

根据清末卢戆章《中国字母北京切音合订》（1906）记载“泉州切音字母”“漳州切音字母”和“厦门切音字母”的声调系统排比如下，现分别排比如下：

字母	七声定位	声调							
		上平	上上	上去	上入	下平	下上	下去	下入
泉州切音字母	七声定位	君分殷 英 雍	滚粉隐 永 养	棍训揾 应 映	骨弗鬱 益 约	群雲云 盈 阳		郡混运 咏 用	滑佛蟠 亦欲
漳州切音字母	七声定位	君英雍 分 恩	滚永养 粉 隐	棍应映 训 揾	骨益约 弗 鬱	群盈阳 雲 云		郡咏用 混 运	滑亦欲 佛 蟠
厦门切音字母	七声定位	君分恩 英 雍	滚粉隐 永 勇	棍训揾 应 映	骨弗鬱 益 约	群雲云 盈 容		郡混运 咏 用	滑佛蟠 亦 欲
八音定诀字母	七声定位	军分殷 英 雍	滚粉隐 永 养	棍训蕴 应 映	骨弗鬱 益 约	群雲云 盈 阳	近忿犹 咏 恙	郡浑 运泳	滑佛聿 易 欲

由上表可见，卢氏泉州、漳州、厦门字母均为“七声定位”：上平、上上、上去、上入、下平、下去、下入，而无下上。而《八音定诀》虽有下上，但“近忿犹咏恙”诸字，古浊上和浊去是相混的：“近”既是全浊上声，也是全浊去声；“忿”既是次清上声，也是次清去声；“犹”是次浊上声；“咏”是次浊去声；“恙”是次浊去声。由此可见，《八音定诀》与《汇音妙悟》《拍掌知音》一样，虽然均凑足8个声调，实际上是7调，下上与下去是严重相混的。

四　清·无名氏《击掌知音》音系研究

《击掌知音》一书已佚，我们参考了李新魁、麦耘著的《韵学古籍述要》"方言韵书"。《击掌知音》，不著撰人。四册，抄本。卷首有序云：

> 尝考字典之书，所载集韵之义，以为万民引证而助教于世。兹者击响疾音，虽无编辑可证，实易搜求捷法。故将四十二音之字为母，次第排纂，继以十五音导之方，入八音明之目，然能知其字兼用漳、泉二腔，一音一义可采。其卷中大指，首二十八字当用口而呼，末十四字当用鼻而呼。庶无苦误读者，不可执直而忽之也。拙峰学解订，得备知击响疾音之源流，故著此书，互相参考，而诸君子若能旁通意味，亦有奇文之法焉。

序言点明了《击掌知音》的编写体例：（1）点明编撰韵书的目的是"为万民引证而助教于世"；（2）该韵书查检是一种容易搜求的"捷法"；（3）韵书共有42个韵部，十五音，8个声调；（4）该韵书的韵字"兼用漳、泉二腔"；（5）韵部可分为两大类，一是"用口而呼"，有28个韵部；一是"用鼻而呼"，计14个韵部。

《击掌知音》正文按韵部分图，共42幅韵图，每幅韵图横列十五音，纵分8格以纳8种声调，每个格子内列同音字，每个韵字之下略加注释。如"春部地母字"上平声"钝，不利"；上上声"盾，人名"；上去声"顿，顿首"；等等。

（一）《击掌知音》声母系统

该韵书"十五音"即："柳边求气地颇他争入时莺门语出喜"，与《八音定诀》"字母法式"："柳边求气地颇他曾入时英文语出喜"基本上相同，异同之处是：前者"争""莺""门"母，后者则是"曾""英""文"母。也与《汇音妙悟》和《汇集雅俗通十五音》"十五音"相似。现比较如下：

《击掌知音》	柳	边	求	气	地	颇	他	争	入	时	莺	门	语	出	喜
《八音定诀》	柳	边	求	气	地	颇	他	曾	入	时	英	文	语	出	喜
《汇音妙悟》	柳	边	求	气	地	普	他	争	入	时	英	文	语	出	喜
拟音	l/n	p	k	kʻ	t	pʻ	tʻ	ts	z	s	Ø	b/m	g/ŋ	tsʻ	h
《汇集雅俗通十五音》	柳	边	求	去	地	颇	他	曾	入	时	英	门	语	出	喜
拟音	l/n	p	k	kʻ	t	pʻ	tʻ	ts	dz	s	Ø	b/m	g/ŋ	tsʻ	h

由上表可见，《八音定诀》的"十五音字母"是模仿漳、泉两种方言韵书来设置的。此韵书声母"柳、文、语"用于非鼻化韵之前的，读作"b、l、g"，用于鼻化韵之前的则读作"m、n、ŋ"。至于"入母"《击掌知音》与《八音定诀》《汇音妙悟》一样，均

拟音为[z]，而《汇集雅俗通十五音》则拟音为[dz]。

（二）《击掌知音》韵母系统

该韵书共有42个韵部，可分为两大类：一是"用口而呼"，有28个韵部；一是"用鼻而呼"，计14个韵部。

1."用口而呼"之韵

《击掌知音》"用口而呼"之韵28个，即"春朝丹花开香飞佳宾遮川西江边秋深诗书多堪杯孤灯须添风敲歪"，与《八音定诀》42韵部的前28个韵部大同小异。现比较如下：

《八音定诀》	春un	朝iau	丹an	花ua	开ai	香ioŋ	辉ui	佳a	宾in	遮ia
《击掌知音》	春un	朝iau	丹an	花ua	开ai	香ioŋ	飞ui	佳a	宾in	遮ia
《八音定诀》	川uan	西e	江aŋ	边ian	秋iu	深im	诗i	书ɯ	多o	湛am
《击掌知音》	川uan	西e	江aŋ	边ian	秋iu	深im	诗i	书ɯ	多o	堪am
《八音定诀》	杯ue	孤ɔ	灯iŋ	须u	添iam	风ŋ	敲au	歪uai		
《击掌知音》	杯ue	孤ɔ	灯iŋ	须u	添iam	风ŋ	敲au	歪uai		

由上表可见，两部韵书28个韵部的排序是完全相同的，韵目惟独两个地方不同：《八音定诀》"辉"、"湛"二部，《击掌知音》写成"飞""堪"，其余完全相同。因此，《击掌知音》这28个韵部的拟音与《八音定诀》应该是一样的。

2."用鼻而呼"之韵

此类14个韵部，因我们无法看到《击掌知音》这一韵书，只能根据《八音定诀》后14个韵部来进行推测，《击掌知音》应该与《八音定诀》后14个韵部大同小异。《八音定诀》后14个韵部中除了梅部[əe]、烧部[io]和飞部[ə]不是"用鼻而呼"之韵外，剩余的11个韵部中，不部[m]、庄部[ŋ]是声化韵，乐部[aũ]、毛部[ɔ̃]、京部[iã]、山部[uã]、三部[ã]、千部[aĩ]、枪部[iũ]、青部[ĩ]超部[iãũ]等是鼻化韵。因此，这11个韵部可以根据《八音定诀》推测出来。请看下表：

八音定诀	不m	梅əe	乐aũ	毛ɔ̃	京iã	山uã	烧io	庄ŋ	三ã	千aĩ
击掌知音	不m	—	乐aũ	毛ɔ̃	京iã	山uã	—	庄ŋ	三ã	千aĩ
八音定诀	枪iũ	青ĩ	飞ə	超iãũ						
击掌知音	枪iũ	青ĩ	—	超iãũ						

3.《击掌知音》的韵母系统

根据以上推测，我们将《击掌知音》42个韵部（除3个韵部），77个韵母。现排比如下：

1春[un/ut]	2朝[iau/iau?]	3丹[an/at]	4花[ua/ua?]	5开[ai/ai?]	6香[ioŋ/iok]
7辉[ui/ui?]	8佳[a/a?]	9宾[in/it]	10遮[ia/ia?]	11川[uan/uat]	12西[e/e?]
13江[aŋ/ak]	14边[ian/iat]	15秋[iu/iu?]	16深[im/ip]	17诗[i/i?]	18书[ɯ/ɯ?]
19多[o/o?]	20湛[amap]	21杯[ue/ue?]	22孤[ɔ/ɔ?]	23灯[iŋ/ik]	24须[u/u?]
25添[iam/iap]	26风[ɔŋ/ɔk]	27敲[au/au?]	28歪[uai/uai?]	29不[m̩]	30□
31乐[aũ/aũ?]	32毛[ɔ̃/ɔ̃?]	33京[iã/iã?]	34山[uã/uã?]	35□	36庄[ŋ/ŋ?]
37三[ã/ã?]	38千[aĩ/aĩ?]	39枪[iũ/iũ?]	40青[ĩ/ĩ?]	41□	42超[iaũ/iaũ?]

（三）《击掌知音》的声调系统

《击掌知音》平、上、去、入各分阴阳，共八声，应该与《八音定诀》的"八音"是一致的。这里就不再赘述了。

第四节　潮汕方言学者及其重要闽南方言学论著

一　潮汕地理概况和历史沿革

闽人迁徙广东，主要分布在粤东潮汕地区和粤西的雷州半岛及其周围地区，面积约23560平方公里，人口约1600万，约占广东省的四分之一。这一带使用的语言就是闽南方言。

现代闽语区潮州片，主要分布于汕头市、潮州市、揭阳市和汕尾市。此片与福建相邻，宋代移民最多。据《宋史》列传卷145《王大宝传》记载："王大宝，字元龟。其先由温陵（今泉州）徙潮州。"《乾隆潮州府志》卷30《程瑶传》也有记载，潮州大姓程氏从福建迁如潮州。祝穆《方舆胜览》卷36《潮州·事要》云："虽境土有闽广之异，而风俗无潮漳之分。……土俗熙熙，无福建广南之异。"王象之《舆地纪胜》卷100《潮州·四六》载，"土俗熙熙，无广南福建之语。"可见，潮州人从福建移民而来，其语言、风俗均与闽南人相同。

现代闽语区雷州片，主要分布在属于湛江市的海康县、徐闻县、遂溪县、市城坡头区及吴川县、廉江县的小部分乡镇，属于茂名市的电白县大部分地区及市城茂南区的小部分乡镇。其中大部分地区在宋代已有许多福建移民。王象之《舆地纪胜》卷98引丁梄《建学记》载，绍圣年间（1094—1098）南恩州"民庶侨居杂处，多瓯闽之人"。刘克庄《城南》诗说广州城南，"濒江多海物，比屋尽闽人"。《宋会要辑稿》载，宝安县南大奚山自淳熙年间（1174—1189）以来，"多有兴、漳、泉等州遁逃之人，聚集其上"，造船从事走私食盐的活动。《嘉靖龙海县志》卷8《黄朴传》载阳江县"邑大豪多莆（田）、福（州）族"。王象之《舆地纪胜》卷116引范氏《旧闻拾遗》载，"化州以典质为业者十户，而闽人居其九"。陈舜系《乱离旧闻录》卷上也有记载，清代吴川县的巨族吴、林、陈、李诸姓，其祖先均来自宋代福建沿海一带。此外，粤中还有一些方言岛，例如广州市、中山市郊等粤语区以及惠东县吉隆、稔山等镇客方言区也有一些闽方言岛。

反映潮汕方言的韵书主要有《潮声十五音》《潮语十五音》和《击木知音》三种。《潮声十五音》，清末张世珍辑，汕头图书石印社1913年出版。张氏为广东澄海隆都(原属饶平)人。书前有李世铭写于宣统元年(1909年)的序和张氏写于光绪三十三年(1907年)的自序。此书有汕头文明商务书局石印本。《击木知音》全名《汇集雅俗通十五音》，副题《击木知音》。书成于"中华四年(1915年)岁次乙卯八月望日"。因书名与谢秀岚所著《汇集雅俗通十五音》同名，故有许多学者误为漳州十五音，实际上是《潮州十五音》。许云樵《十五音研究》所研究的十五音便是这部《击木知音》，所拟之音则是根据潮州音。反映潮州方言韵书的还有潮汕编辑社《潮汕字典》（澳门），蒋儒林《潮语十五音》（1921），潮安萧云屏编、澄海黄茂升校订的《潮语十五音》(1922)，刘声绎《潮州方音之研究》（1926），林语堂《闽粤方言之来源》（1928），陈复衡《潮汕注音字集》（1928），澄海姚弗如改编的《潮声十七音》(1934)，刘绎如改编的《潮声十八音》(1936)，黄家教《潮州方言概说》（1958），熊正辉《潮州话拼音方案》（1960），日本赤木攻《潮州语概说》（1972），李新魁的《新编潮汕十八音》(1975)，《潮州"十五音"源流考略》（1985），张振兴《广东省雷州半岛的方言分布》（1986），《广东省中山市三乡闽语》（1987年），《广东海康方言记略》（1987），黄家教《一个粤语化的闽方言——中山隆都话》（1988），陈小枫《中山闽方言探源》（1990），蔡叶青《雷州话方言词典》（1990），潘家懿《海丰福佬话文白异读研究》（1991），林伦伦、陈小枫《广东闽方言语音研究》（1996）等。

反映潮汕方言的韵书有以下数种：清末张世珍辑《潮声十五音》，蒋儒林编《潮语十五音》，无名氏《击木知音》（全名《汇集雅俗通十五音》，澄邑姚弗如编、蔡邦彦校的《潮声十七音》和李新魁编《新编潮汕方言十八音》（按：李新魁的韵书1979年出版，因有代表性，暂且放在此讨论）。研究这五种韵书，我们主要运用历史比较法，把它们与现代粤东潮汕各县市方言音系进行历史的比较，从而窥探其音系性质。

二　现代潮汕方言音系

（一）声母系统比较

现代粤东潮汕各县市方言音系，笔者主要根据林伦伦、陈小枫著的《广东闽方言语音研究》（汕头大学出版社1996年版）等方言材料，把现代粤东6个各县市闽南方言音系归纳列表如下：

方言	声母系统																	
汕头话	p	pʻ	b	m	t	tʻ	n	l	ts	tsʻ	s	z	k	kʻ	g	ŋ	h	∅
潮州话	p	pʻ	b	m	t	tʻ	n	l	ts	tsʻ	s	z	k	kʻ	g	ŋ	h	∅
澄海话	p	pʻ	b	m	t	tʻ	n	l	ts	tsʻ	s	z	k	kʻ	g	ŋ	h	∅
潮阳话	p	pʻ	b	m	t	tʻ	n	l	ts	tsʻ	s	z	k	kʻ	g	ŋ	h	∅
揭阳话	p	pʻ	b	m	t	tʻ	n	l	ts	tsʻ	s	z	k	kʻ	g	ŋ	h	∅
海丰话	p	pʻ	b	m	t	tʻ	n	l	ts	tsʻ	s	Z	k	kʻ	g	ŋ	h	∅

上表可见，粤东闽南方言的声母是一致的。

（二）韵母系统比较

根据林伦伦、陈小枫著的《广东闽方言语音研究》，汕头话有84个韵母，潮州话有91个韵母，澄海话有78个韵母，潮阳话有86个韵母，揭阳话有85个韵母，海丰话有79个韵母。现比较如下：

【表一】阴声韵/入声韵

汕头话84		潮州话91		澄海话78		潮阳话86		揭阳话85		海丰话79	
i/iʔ	衣/铁	i/iʔ	衣/铁	i/iʔ	衣/铁	i/iʔ	衣/铁	i/iʔ	衣/铁	i/iʔ	衣/铁
u/uʔ	污/膪	u/uʔ	污/膪	u/uʔ	污/膪	u/uʔ	污/窟	u/uʔ	污/窟	u/uʔ	有/□
a/aʔ	亚/鸭	a/aʔ	亚/鸭	a/aʔ	亚/鸭	a/aʔ	亚/鸭	a/aʔ	亚/鸭	a/aʔ	亚/鸭
o/oʔ	窝/学	o/oʔ	窝/学	o/oʔ	窝/学	o/oʔ	窝/学	o/oʔ	窝/学	o/oʔ	蚝/学
e/eʔ	哑/厄	e/eʔ	哑/厄	e/eʔ	哑/厄	e/eʔ	哑/厄	e/eʔ	哑/厄	e/eʔ	哑/厄
ɯ/ɯʔ	余/乞	ɯ/ɯʔ	余/乞	ɯ/ɯʔ	余/乞	—		ɯ/ɯʔ	余/□	—	
ia/iaʔ	爷/益	ia/iaʔ	爷/益	ia/iaʔ	爷/益	ia/iaʔ	爷/益	ia/iaʔ	爷/益	ia/iaʔ	爷/益
ua/uaʔ	娃/活	ua/uaʔ	蛙/活	ua/uaʔ	蛙/活	ua/uaʔ	蛙/活	ua/uaʔ	蛙/活	ua/uaʔ	蛙/活
io/ioʔ	腰/药	—		—		io/ioʔ	腰/药	io/ioʔ	腰/药	io/ioʔ	腰/药
—		ie/ieʔ	腰/药	ie/ieʔ	腰/药	—		—		—	
ue/ueʔ	锅/划	ue/ueʔ	锅/划	ue/ueʔ	锅/划	ue/ueʔ	锅/划	ue/ueʔ	锅/划	ue/ueʔ	锅/划
—		—		—		—		—		ei/	鞋
au/auʔ	欧/□	au/auʔ	欧/□	au/auʔ	欧/□	au/auʔ	欧/乐	au/auʔ	欧/乐	au/auʔ	后/□
ai/aiʔ	埃/□	ai/aiʔ	埃/□	ai/aiʔ	埃/□	ai	埃/	ai/aiʔ	埃/□	ai	挨
oi/oiʔ	鞋/八	oi/oiʔ	鞋/八	oi/oiʔ	鞋/八	oi/oiʔ	鞋/八	oi/oiʔ	鞋/八	—	
ou/	乌/	ou/	乌/	ou/	乌/	ou/	乌/	ou/	乌/	ou/	乌/
iu/iuʔ	优/□	iu/iuʔ	优/□	iu/iuʔ	优/□	iu/iuʔ	优/□	iu/iuʔ	优/□	iu/iuʔ	油/
ui/	医/	ui/	医/	ui/	医/	ui/	医/	ui/	医/	ui/	围/
iau/iauʔ	妖/□	—		—		iau/iauʔ	妖/雀	iau/iauʔ	妖/□	iau/iauʔ	枵/□
uai/	歪/	uai/	歪/	uai/	歪/	uai/	歪/	uai/	歪/	uai/	歪/
—		iou/iouʔ	/□	iou/iouʔ	/约	—		—		—	

由上表可见，[i/iʔ]、[u/uʔ]、[a/aʔ]、[ia/iaʔ]、[ua/uaʔ]、[o/oʔ]、[e/eʔ]、[ue/ueʔ]、

[au/auʔ]、[ai/aiʔ]、[uai]、[ou]、[iu/iuʔ]、[ui]等14个韵部25个韵母是粤东6个闽南方言点所共有的。但其内部差异之处也不少，归纳起来有以下诸方面：①汕头话、潮州话、澄海话、揭阳话均有[ɯ/ɯʔ]，唯独潮阳话、海丰话无此韵；②汕头话、潮阳话、揭阳话、海丰话均有[io/ioʔ]，唯独潮州话、澄海话无此韵；③惟独潮州话、澄海话有[ie/ieʔ]，其余方言无此韵；④唯独海丰话有[ei]，其余方言均无此韵；⑤唯独海丰话无[oi/oiʔ]，其余方言均有此韵；⑥唯独潮州话、澄海话无[iau/iauʔ]，其余方言均有此韵；⑦惟独潮州话、澄海话有[iou/iouʔ]，其余方言均无此韵。

【表二】鼻化韵/入声韵

汕头话84		潮州话91		澄海话78		潮阳话86		揭阳话85		海丰话79	
am/apʔ	庵/盒	am/apʔ	庵/盒	—		am/apʔ	庵/盒	am/apʔ	庵/盒	am/apʔ	暗/盒
—		om/op	□/□	—		om/op	虎/□	om/op	□/□	om/op	暗/□
im/ip	音/立	im/ip	音/立	—		im/ip	音/邑	im/ip	音/立	im/ip	音/浥
iam/iap	淹/粒	iam/iap	淹/粒	—		iam/iap	盐/涩	iam/iap	淹/粒	iam/iap	淹/粒
—		uam/uap	凡/法	—		uam/uap	犯/法	uam/uap	凡/法	uam/uap	凡/法
—		—		—		—		in/it	瘾/日		
—		—		—		—		un/ut	运/出		
aŋ/ak	红/北	aŋ/ak	红/北	aŋ/ak	红/北	aŋ/ak	红/北	aŋ/ak	红/北	aŋ/ak	红/沃
iaŋ/iak	央/跃	iaŋ/iak	央/跃	iaŋ/iak	央/跃	iaŋ/iak	央/跃	iaŋ/iak	央/跃	iaŋ/iak	阳/烈
uaŋ/uak	弯/越	uaŋ/uak	汪/获	uaŋ/uak	弯/越	uaŋ/uak	汪/穴	uaŋ/uak	汪/粤	uaŋ/uak	弯/发
oŋ/ok	公/屋	oŋ/ok	公/屋	oŋ/ok	公/屋	oŋ/ok	公/屋	oŋ/ok	公/屋	oŋ/ok	公/屋
ioŋ/iok	雍/育	ioŋ/iok	雍/育	ioŋ/iok	雍/育	ioŋ/iok	容/育	ioŋ/iok	雍/育	ioŋ/iok	涌/浴
eŋ/ek	英/亿	eŋ/ek	英/亿	eŋ/ek	英/亿	eŋ/ek	英/浴	eŋ/ek	因/乙	eŋ/ek	鹰/□
—		ieŋ/iek	建/杰	—		—		—		—		
—		ueŋ/uek	权/越	—		ueŋ/uek	荣/域	ueŋ/uek	永/获	ueŋ/uek	恒/或
iŋ/ik	因/乙	iŋ/ik	因/乙	iŋ/ik	因/乙	iŋ/ik	印/日				
uŋ/uk	温/熨	uŋ/uk	温/熨	uŋ/uk	温/熨	uŋ/uk	温/熨	uŋ/uk	温/熨		
ɤŋ/ɤk	恩/乞	ɤŋ/ɤk	恩/乞	ɤŋ/ɤk	恩/乞	—		—		—		

由表二可见，[ĩ/ĩʔ]、[ã]、[iã]、[ũã/ũãʔ]、[ãĩ/ãĩʔ]、[ũãĩ/ũãĩʔ]、[ĩũ/ĩũʔ]、[ũĩ]、[ẽ/ẽʔ]、[ũẽ]等10个韵部16个韵母是粤东6个闽南方言点所共有的。但其内部差异之处也不少，归纳起来有以下诸方面：⑧唯独海丰话无[ãũ/ãũʔ]，其余方言均有此韵；⑨唯独潮州话、澄海话无[iãũ/iãũʔ]，其余方言均有此韵；⑩唯独海丰话无[õĩ]，其余方言均有此韵；⑪揭阳话、海丰话有[õ]，其余方言均无此韵；⑫唯独潮州话、澄海话无[iõ]，其余方言均有此韵；⑬唯独海丰话无[õũ]，其余方言均有此韵；⑭潮州话、澄海话有[iõũ/iõũʔ]和[iẽ]，其余方言均无此韵；⑮唯独海丰话有[ẽĩ]，其余方言均无此韵。

【表三】声化韵/入声韵

汕头话84		潮州话91		澄海话78		潮阳话86		揭阳话85		海丰话79	
m/mʔ	姆/□	m/mʔ	姆/□	m/mʔ	姆/□	m/mʔ	姆/□	m/mʔ	姆/□	m/mʔ	姆/□
ŋ/ŋʔ	秧/□	ŋ/ŋʔ	秧/□	ŋ/ŋʔ	秧/□	ŋ/ŋʔ	园/□	ŋ/ŋʔ	秧/□	ŋ/ŋʔ	秧/□

由表三可见，[m/mʔ]、[ŋ/ŋʔ]等2个韵部4个韵母是粤东6个闽南方言点所共有的。

【表四】阳声韵/入声韵

汕头话84		潮州话91		澄海话78		潮阳话86		揭阳话85		海丰话79	
am/ap	庵/盒	am/ap	庵/盒	—		am/ap	庵/盒	am/ap	庵/盒	am/ap	暗/盒
—		om/op	□/□	—		om/op	虎/□	om/op	□/□	om/op	暗/□
im/ip	音/立	im/ip	音/立	—		im/ip	音/邑	im/ip	音/立	im/ip	音/湆
iam/iap	淹/粒	iam/iap	淹/粒	—		iam/iap	盐/涩	iam/iap	淹/粒	iam/iap	淹/粒
—		uam/uap	凡/法	—		uam/uap	犯/法	uam/uap	凡/法	uam/uap	凡/法
—		—		—		—		—		in/it	瘾/日
—		—		—		—		—		un/ut	运/出
aŋ/ak	红/北	aŋ/ak	红/北	aŋ/ak	红/北	aŋ/ak	红/北	aŋ/ak	红/北	aŋ/ak	红/沃
iaŋ/iak	央/跃	iaŋ/iak	央/跃	iaŋ/iak	央/跃	iaŋ/iak	央/跃	iaŋ/iak	央/跃	iaŋ/iak	阳/烈
uaŋ/uak	弯/越	uaŋ/uak	汪/获	uaŋ/uak	弯/越	uaŋ/uak	汪/穴	uaŋ/uak	汪/粤	uaŋ/uak	弯/发
oŋ/ok	公/屋	oŋ/ok	公/屋	oŋ/ok	公/屋	oŋ/ok	公/屋	oŋ/ok	公/屋	oŋ/ok	公/屋
ioŋ/iok	雍/育	ioŋ/iok	雍/育	ioŋ/iok	雍/育	ioŋ/iok	容/育	ioŋ/iok	雍/育	ioŋ/iok	涌/浴
eŋ/ek	英/亿	eŋ/ek	英/亿	eŋ/ek	英/亿	eŋ/ek	英/浴	eŋ/ek	因/乙	eŋ/ek	鹰/□
—		ieŋ/iek	建/杰	—		—		—		—	
—		ueŋ/uek	权/越	—		ueŋ/uek	荣/域	ueŋ/uek	永/获	ueŋ/uek	恒/或
iŋ/ik	因/乙	iŋ/ik	因/乙	iŋ/ik	因/乙	iŋ/ik	印/日	—		—	
uŋ/uk	温/熨	uŋ/uk	温/熨	uŋ/uk	温/熨	uŋ/uk	温/熨	uŋ/uk	温/熨	—	
ɤŋ/ɤk	恩/乞	ɤŋ/ɤk	恩/乞	ɤŋ/ɤk	恩/乞	—		—		—	

由表四可见，[aŋ/ak]、[iaŋ/iak]、[uaŋ/uak]、[oŋ/ok]、[ioŋ/iok]、[eŋ/ek]等6个韵部12韵母是粤东6个闽南方言点所共有的。但其内部差异之处也不少，归纳起来有以下诸方面：（1）汕头话、潮州话、潮阳话、揭阳话、海丰话均有[am/ap]、[iam/iap]、[im/ip]，唯独澄海话无此三韵；（2）唯独汕头话、澄海话无[uam/uap]和[om/op]，其余方言均有此二韵；（3）唯独海丰话有[in/it]和[un/ut]，其余方言均无此二韵；（4）唯独潮州话有[ieŋ/iek]，其余方言均无此韵；（5）唯独汕头话、澄海话无[ueŋ/uek]，其余方言均有此韵；（6）唯独揭阳话、海丰话无[iŋ/ik]，其余方言均有此韵；（7）唯独海丰话无[uŋ/uk]，其余方言均有此韵；（8）汕头话、潮州话、澄海话有[ɤŋ/ɤk]，其余方言均无此韵。

（三）声调系统比较研究

粤东闽语的声调（单字调）比较如下表：

调类	汕头话	潮州话	澄海话	潮阳话	揭阳话	海丰话
阴平	33	—	—	—	—	—
阳平	55	—	—	—	—	—
阴上	53	—	—	—	—	—
阳上	35	—	—	313	—	—
阴去	213	—	—	31	—	—
阳去	11	—	—	—	—	—
阴入	2	—	—	—	—	—
阳入	5	—	—	—	—	—

从上表可见，粤东6个方言点的调类基本上是一致的，惟独潮阳话的阳上和阴去与其它方言点不相同。

三　清·张世珍撰《潮声十五音》音系研究

（一）《潮声十五音》作者、成书时间及其体例

《潮声十五音》，清末张世珍辑。张氏为广东澄海隆都(原属饶平)人。书前有李世铭写于宣统元年(1909)的序和张氏写于光绪三十三年(1907)的自序。其自序谓"是编特为不识字者辑之"，"有友人传授本属潮声十五音，其字母四十有四，潜心讲求，未越一月，颇能通晓，然此系口传，非有实授，迨后日久时长，逐字誊录，汇成一编"。 该书自序之后还有"凡例"17条，详细介绍《潮声十五音》编撰体例。此书有汕头文明商务书局石印本。

《潮声十五音》书首有《四十四字母分八音》《附潮属土音口头语气》《潮声十五音字母四十四字》《潮声八音》《潮声君部上平声十五音》《潮声基部上上声十五音》等，分别排比了该书的声、韵、调系统。其中《附潮属土音口头语气》教人如何拼读。

书云："前列字母四十四字，逐字分为平上去入四声，上下共八音，更将八音中又逐字分为十五音，如此习诵三法，既熟则闻音便知其韵无难事也。"这里的"四十四字"，即指其44个韵部。"八音"即指上平声、上上声、上去声、上入声、下平声、下上声、下去声、下入声，我们分别以1、2、3、4、5、6、7、8来表示。"十五音"，即指15个声母。查询每一个字，先查韵部，次查声调，再查声母。如"饭滚声～～叫：龟部上去声求～"，即要查询"～"字，必须查龟部，上去声调，再查求母，根据现代汕头方音可拟音为[ku³]。

《潮声十五音》正文的编排体例，基本上采用漳州方言韵书《汇集雅俗通十五音》的编排体例。每个韵部均以8个声调（上平声、上上声、上去声、上入声、下平声、下上声、下去声、下入声）分为8个部分，每个部分上部横列15个声母字（柳边求去地坡他增入时英文语出喜），每个声母字之下纵列同音字，每个韵字之下均有注释。

以下从声、韵、调三个方面来研究探讨《潮声十五音》的音系性质。

（二）《潮声十五音》音系性质

《潮声十五音》书前附有《四十四字母分八音》和《潮声十五音字母四十四字》，表示潮汕方言的韵母系统。《四十四字母分八音》：

君滚〇骨裙郡棍滑　家假〇格柳下嫁〇　高九〇〇猴厚告〇　金锦〇急〇妗禁及
鸡改易荬蛙〇计挟　公管〇国〇〇贡喀　姑古〇糊靠雇〇　兼歉〇劫鹹〇剑唊
基己〇砌棋忌记〇　坚强〇洁〇建见杰　京子〇〇行件镜〇　官赶汗〇寒〇〇〇
皆改〇〇个〇界〇　恭拱〇鞠〇〇〇　君紧〇吉〇胫绢〇　钧谨〇〇〇近艮〇
居举〇〇〇巨锯〇　歌稿〇阁挖个块〇　光广〇诀〇倦贯〇　归鬼县〇跪跪贵〇
庚梗〇隔〇〇径〇　鸠久寿〇毬各救〇　瓜〇葛〇〇褂〇　江讲共角〇〇降〇
胶绞〇甲〇咬教〇　娇缴〇〇〇撬叫〇　乖拐〇〇〇怪〇　肩茧〇〇〇〇间〇
扛卷〇〇〇〇镤〇　弓竟〇菊贫竞敬局　龟盅故吸〇俱句〇　柑敢〇〇〇〇酵〇
佳假〇揭〇崎寄屐　甘感〇蛤颔〇监哈　瓜粿葵郭〇很过半　薑〇〇〇强〇〇〇

叽部与皆部同韵故不载　啰部与歌部同韵亦不载　哹部与基部同韵又不载　烧〇轿卩桥〇叫。

此表虽说44个韵部，但只列了40个韵部，且叽部与皆部同，啰部与歌部同、哹部与基部同，实际上只有37个韵部。《潮声十五音字母四十四字》：

君 家 高 金 鸡 公 姑 兼 基 坚 京 官 皆 恭 君 钧 居 歌 光 光 归 庚
鸠 瓜 江 胶 坚 娇 基 乖 肩 扛 弓 龟 柑 公 佳 甘 瓜 薑 叽 啰 哹 烧

此表列有44个字母，但其中"公""基""坚""光"4个字母重出，"叽"与"皆"同，"啰"与"歌"同，"哹"与"基"同，实际上只有37个字母。

我们根据现代潮汕方言，运用"排除法"，可考证出《潮声十五音》音系性质。

1.《潮声十五音》有金部[im/ip]、甘部[am/ap]、兼部[iam/iap]三部语音上的对立，唯独澄海话金部与君部[iŋ/ik]合并，读作[iŋ/ik]；甘部与江部合并，读作[aŋ/ak]；兼部与坚部合并，读作[iaŋ/iak]。因此，《潮声十五音》绝不可能反映澄海方言音系。

2.《潮声十五音》君部读作[uŋ/uk]，没有[uŋ/uk]和[un/ut]的对立，而海丰话则有[un/ut]；《潮声十五音》君部读作[iŋ/ik]，没有[iŋ/ik]和[in/it]的对立，而海丰话则有[in/it]；《潮声十五音》钧部读作[ɤŋ/ɤk]，而海丰话没有此读，该部则有[ŋ/ŋ²]、[ũĩ]、[in/it]三读；《潮声十五音》居部 [ɯ]与龟部[u/uʔ]、枝部[i/iʔ]是对立的，而海丰话则无[ɯ]一读，该部字则读作[u]或[i]；扛部在汕头、潮州、澄海、潮阳、揭阳等方言里均读作[ŋ]，而唯独海丰方言则有[ŋ]和[ũĩ]二读。因此，《潮声十五音》也不可能反映海丰方言音系。

3.《潮声十五音》兼部读作[iam/iap]，无[iam/iap]和[uam/uap]语音上的对立，而潮州、潮阳、揭阳、海丰方言则存有[iam/iap]和[uam/uap]两读；《潮声十五音》肩部读作[õĩ]，无[õĩ]和[ãĩ]语音上的对立，而潮阳、揭阳、海丰方言则无[õĩ]，而有[ãĩ]；《潮声十五音》恭部读作[ioŋ/iok]，而无[ioŋ/iok]和[ueŋ/uek]语音上的对立，而潮阳、揭阳则有[ueŋ/uek]。可见，《潮声十五音》也不可能反映潮阳、揭阳方言音系。

4.《潮声十五音》有坚部[iaŋ/iak]和弓部[eŋ/ek]语音上的对立，而无[iaŋ/iak]和[ieŋ/iek]的对立，潮州则有[iaŋ/iak]、[eŋ/ek]和[ieŋ/iek]的对立；《潮声十五音》光部读作[uaŋ/uak]，而无[ueŋ/uek]，潮州、潮阳、揭阳则有[uaŋ/uak]和[ueŋ/uek]的对立。可见，《潮声十五音》也不可能反映潮州方言音系。

通过以上分析，我们可以推测《潮声十五音》不可能是潮州、澄海、潮阳、揭阳、海丰诸方言音系，而所反映的应该是汕头方言音系。

（三）《潮声十五音》声母系统

《潮声十五音》书前附有《潮声君部上平声十五音》和《潮声基部上上声十五音》，表示该韵书的声母系统。其表示法也是模仿漳州方言韵书《汇集雅俗通十五音》十五音表示法。

《潮声君部上平声十五音》：

柳腀 边分 求君 去坤 地敦 坡奔 他吞 增尊 入　时孙 英温 文蚊 语。出春 喜芬。

《潮声基部上上声十五音》：

柳里 边比 求己 去启 地氏 坡丕 他体 增止 入。时始 英以 文靡 语议 出耻 喜喜。

根据林伦伦、陈小枫著的《广东闽方言语音研究》（汕头大学出版社1996年版）关于粤东各县、市的闽南语方言材料，《潮声十五音》声母系统及其拟音如下：

①柳[l/n]　②边[p]　③求[k]　④去[kʻ]　⑤地[t]
⑥坡[pʻ]　⑦他[tʻ]　⑧增[ts]　⑨入[z]　⑩时[s]
⑪英[∅]　⑫文[b/m]　⑬语[g/ŋ]　⑭出[tsʻ]　⑮喜[h]

林、陈在书中指出，"[b-、g-、l-]三个浊音声母不拼鼻化韵母；[m-、n-、ŋ-]三个鼻音声母与元音韵母相拼后，元音韵母带上鼻化成分，即[me]=[mẽ]、[ne]=[nẽ]、[ŋe]=[ŋẽ]。所以可以认为[m-、n-、ŋ-]不拼口元音韵母，与[b-、g-、l-]不拼鼻化韵母互补"。这是柳[l/n]、文[b/m]、语[g/ŋ]在不同语音条件下所构拟的音值。

（四）《潮声十五音》韵母系统

《潮声十五音》44个韵部，共分四卷。下面我们把该韵书的每一个韵部字与粤东地区汕头、潮州、澄海、潮阳、揭阳和海丰等5个方言代表点进行历史比较，然后构拟出其音值，并探求其音系性质。

1.卷一：君家高金鸡公姑兼

(1)君部

君部在粤东各县、市的闽语中多数读作[uŋ/uk]，惟独海丰方言读作[un/ut]。现根据汕头方言将君部拟音为[uŋ/uk]。

例字	汕头	潮州	澄海	潮阳	揭阳	海丰
分	puŋ[1]	puŋ[1]	puŋ[1]	puŋ[1]	puŋ[1]	pun[1]
准	tsuŋ[2]	tsuŋ[2]	tsuŋ[2]	tsuŋ[2]	tsuŋ[2]	tsun[2]
出	tsʻuk[4]	tsʻuk[4]	tsʻuk[4]	tsʻuk[4]	tsʻuk[4]	tsʻut[4]
轮	luŋ[5]	luŋ[5]	luŋ[5]	luŋ[5]	luŋ[5]	lun[5]
郡	kuŋ[6]	kuŋ[6]	kuŋ[6]	kuŋ[6]	kuŋ[6]	kun[6]
律	luk[8]	luk[8]	luk[8]	luk[8]	luk[8]	lut[8]

(2)家部

此部在粤东各县、市的闽语中均读作[e/eʔ]。现根据汕头方言将家部拟音为[e/eʔ]。

例字	汕头	潮州	澄海	潮阳	揭阳	海丰
家	ke[1]	ke[1]	ke[1]	ke[1]	ke[1]	ke[1]
把	pe[2]	pe[2]	pe[2]	pe[2]	pe[2]	pe[2]
格	keʔ[4]	keʔ[4]	keʔ[4]	keʔ[4]	keʔ[4]	keʔ[4]
茶	te[5]	te[5]	te[5]	te[5]	te[5]	te[5]
父	pe[6]	pe[6]	pe[6]	pe[6]	pe[6]	pe[6]
历	leʔ[8]	leʔ[8]	leʔ[8]	leʔ[8]	leʔ[8]	leʔ[8]

(3)高部

此部在粤东各县、市的闽语中均读作[au]，韵书中的入声韵基本不用。现根据汕头方言将高部/交部拟音为[au/auʔ]。

例字	汕头	潮州	澄海	潮阳	揭阳	海丰
包	pau[1]	pau[1]	pau[1]	pau[1]	pau[1]	pau[1]
老	lau[2]	lau[2]	lau[2]	lau[2]	lau[2]	lau[2]
口	pauʔ[4]	—	—	—	—	—
留	lau[5]	lau[5]	lau[5]	lau[5]	lau[5]	lau[5]
厚	kau[6]	kau[6]	kau[6]	kau[6]	kau[6]	kau[6]
乐	auʔ[8]	—	—	—	—	—

(4)金部

此部除澄海方言读作[iŋ/ik]以外，其他地区读音均为[im/ip]。现根据汕头方言将金部拟音为[im/ip]。

例字	汕头	潮州	澄海	潮阳	揭阳	海丰
心	sim¹	sim¹	siŋ¹	sim¹	sim¹	sim¹
锦	kim²	kim²	kiŋ²	kim²	kim²	kim²
急	kip⁴	kip⁴	kik⁴	kip⁴	kip⁴	kip⁴
林	lim⁵	lim⁵	liŋ⁵	lim⁵	lim⁵	lim⁵
任	zim⁶	zim⁶	ziŋ⁶	zim⁶	zim⁶	zim⁶
及	kip⁸	kip⁸	kik⁸	kip⁸	kip⁸	kip⁸

(5)鸡部

此部在粤东各县、市的闽语中多数读作[oi/oiʔ]，只有海丰读作[i]、[ei]、[eʔ]。现根据汕头方言将鸡部拟音为[oi/oiʔ]。

例字	汕头	潮州	澄海	潮阳	揭阳	海丰
鸡	koi¹	koi¹	koi¹	koi¹	koi¹	kei¹
礼	loi²	loi²	loi²	loi²	loi²	li²
节	tsoiʔ⁴	tsoiʔ⁴	tsoiʔ⁴	tsoiʔ⁴	tsoiʔ⁴	tseʔ⁴
齐	tsoi⁵	tsoi⁵	tsoi⁵	tsoi⁵	tsoi⁵	tsei⁵
会	oi⁶	oi⁶	oi⁶	oi⁶	oi⁶	ei⁶
笠	loiʔ⁸	loiʔ⁸	loiʔ⁸	loiʔ⁸	loiʔ⁸	leʔ⁸

(6)公部

此部在粤东各县、市的闽语中均为[oŋ/ok]。现根据汕头方言将公部拟音为[oŋ/ok]。

例字	汕头	潮州	澄海	潮阳	揭阳	海丰
聪	tsʻoŋ¹	tsʻoŋ¹	tsʻoŋ¹	tsʻoŋ¹	tsʻoŋ¹	tsʻoŋ¹
管	koŋ²	koŋ²	koŋ²	koŋ²	koŋ²	koŋ²
酷	kʻok⁴	kʻok⁴	kʻok⁴	kʻok⁴	kʻok⁴	kʻok⁴
农	loŋ⁵	loŋ⁵	loŋ⁵	loŋ⁵	loŋ⁵	loŋ⁵
重	toŋ⁶	toŋ⁶	toŋ⁶	toŋ⁶	toŋ⁶	toŋ⁶
独	tok⁸	tok⁸	tok⁸	tok⁸	tok⁸	tok⁸

(7)姑部

此部在粤东各县、市的闽语中均读作[ou]，韵书中的入声韵基本不用。现根据汕头方言将姑部拟音为[ou/ouʔ]。

例字	汕头	潮州	澄海	潮阳	揭阳	海丰
铺	pʻou¹	pʻou¹	pʻou¹	pʻou¹	pʻou¹	pʻou¹
古	kou²	kou²	kou²	kou²	kou²	kou²
图	tou⁵	tou⁵	tou⁵	tou⁵	tou⁵	tou⁵
部	pou⁶	pou⁶	pou⁶	pou⁶	pou⁶	pou⁶

(8)兼部

此部在粤东各县、市的闽语中比较复杂：汕头方言读作[iam/iap]，潮州、潮阳、揭阳、海丰方言有[iam/iap]一读外，《广韵》咸摄凡部字读作[uam/uap]，只有澄海读作[iaŋ/iak]。现根据汕头方言将兼部拟音为[iam/iap]。

例字	汕头	潮州	澄海	潮阳	揭阳	海丰
兼	kiam¹	kiam¹	kiaŋ¹	kiam¹	kiam¹	kiam¹
点	tiam²	tiam²	tiaŋ²	tiam²	tiam²	tiam²
贴	tʻiap⁴	tʻiap⁴	tʻiak⁴	tʻiap⁴	tʻiap⁴	tʻiap⁴
盐	iam⁵	iam⁵	iaŋ⁵	iam⁵	iam⁵	iam⁵
念	liam⁶	liam⁶	liaŋ⁶	liam⁶	liam⁶	liam⁶
谍	tiap⁸	tiap⁸	tiak⁸	tiap⁸	tiap⁸	tiap⁸

2.卷二：基坚京官皆恭君

(9)基部（此部与哖部同）

此部在粤东各县、市的闽语中均读作[i/iʔ]。现根据汕头方言将基部拟音为[i/iʔ]。

例字	汕头	潮州	澄海	潮阳	揭阳	海丰
碑	pi¹	pi¹	pi¹	pi¹	pi¹	pi¹
抵	ti²	ti²	ti²	ti²	ti²	ti²
砌	kiʔ⁴	kiʔ⁴	kiʔ⁴	kiʔ⁴	kiʔ⁴	kiʔ⁴
池	ti⁵	ti⁵	ti⁵	ti⁵	ti⁵	ti⁵
备	pi⁶	pi⁶	pi⁶	pi⁶	pi⁶	pi⁶
裂	liʔ⁸	liʔ⁸	liʔ⁸	liʔ⁸	liʔ⁸	liʔ⁸

(10)坚部

此部除潮州方言在音值上多数读[ieŋ/iek]，但也有少数读作[iaŋ/iak]，其他地区读音均为[iaŋ/iak]。现根据汕头方言将坚部拟音为[iaŋ/iak]。

例字	汕头	潮州	澄海	潮阳	揭阳	海丰
边	piaŋ¹	pieŋ¹	piaŋ¹	piaŋ¹	piaŋ¹	piaŋ¹
展	tiaŋ²	tieŋ²	tiaŋ²	tiaŋ²	tiaŋ²	tiaŋ²
哲	tiak⁴	tiak⁴/ tiek⁴	tiak⁴	tiak⁴	tiak⁴	tiak⁴
绵	biaŋ⁵	bieŋ⁵	biaŋ⁵	biaŋ⁵	biaŋ⁵	biaŋ⁵
便	piaŋ⁶	pieŋ⁶	piaŋ⁶	piaŋ⁶	piaŋ⁶	piaŋ⁶
别	piak⁸	piak⁸/ piek⁸	piak⁸	piak⁸	piak⁸	

(11)京部

此部在粤东各县、市的闽语中均读作[iã]。现根据汕头方言将京部拟音为[iã]。

例字	汕头	潮州	澄海	潮阳	揭阳	海丰
惊	kiã¹	kiã¹	kiã¹	kiã¹	kiã¹	kiã¹
领	niã²	niã²	niã²	niã²	niã²	niã²
成	tsiã⁵	tsiã⁵	tsiã⁵	tsiã⁵	tsiã⁵	tsiã⁵
件	kiã⁶	kiã⁶	kiã⁶	kiã⁶	kiã⁶	kiã⁶

(12)官部

此部在粤东各县、市的闽语中均读作[ũã]

ɔ eɦʙʷ。现根据汕头方言将官部拟音为[uã]。

例字	汕头	潮州	澄海	潮阳	揭阳	海丰
搬	pũã¹	pũã¹	pũã¹	pũã¹	pũã¹	pũã¹
赶	kũã²	kũã²	kũã²	kũã²	kũã²	kũã²
寒	kũã⁵	kũã⁵	kũã⁵	kũã⁵	kũã⁵	kũã⁵
伴	p'ũã⁶	p'ũã⁶	p'ũã⁶	p'ũã⁶	p'ũã⁶	p'ũã⁶

(13)皆部（此部与　部同）

此部在粤东各县、市的闽语中均读作[ai]，而无入声字。现根据汕头方言将皆部拟音为[ai/aiʔ]。

例字	汕头	潮州	澄海	潮阳	揭阳	海丰
灾	tsai¹	tsai¹	tsai¹	tsai¹	tsai¹	tsai¹
歹	tai²	tai²	tai²	tai²	tai²	tai²
来	lai⁵	lai⁵	lai⁵	lai⁵	lai⁵	lai⁵
排	pai⁵	pai⁵	pai⁵	pai⁵	pai⁵	pai⁵

(14)恭部

此部在粤东各县、市的闽语中多数读作[ioŋ/iok]，只有潮阳、揭阳还有另一读[ueŋ/uek]。现根据汕头方言将恭部拟音为[ioŋ/iok]。

例字	汕头	潮州	澄海	潮阳	揭阳	海丰
雍	ioŋ¹	ioŋ¹	ioŋ¹	ioŋ¹	ioŋ¹	ioŋ¹
拱	kioŋ²	kioŋ²	kioŋ²	kioŋ²	kioŋ²	kioŋ²
曲	kʻiok⁴	kʻiok⁴	kʻiok⁴	kʻiok⁴	kʻiok⁴	kʻiok⁴
荣	ioŋ⁵	ioŋ⁵	ioŋ⁵	ioŋ⁵	ioŋ⁵	ioŋ⁵
佣	ioŋ⁶	ioŋ⁶	ioŋ⁶	ioŋ⁶	ioŋ⁶	ioŋ⁶
浴	iok⁸	iok⁸	iok⁸	iok⁸	iok⁸	iok⁸

(15)君部

此部在粤东各县、市的闽语中多数读作[iŋ/ik]，揭阳方言读作[eŋ/ek]，海丰方言有两读：[iŋ/ik]和[in/it]。现根据汕头方言将君部拟音为[iŋ/ik]。

例字	汕头	潮州	澄海	潮阳	揭阳	海丰
宾	piŋ¹	piŋ¹	piŋ¹	piŋ¹	peŋ¹	pin¹
紧	kiŋ²	kiŋ²	kiŋ²	kiŋ²	keŋ²	kin²
得	tik⁴	tik⁴	tik⁴	tik⁴	tek⁴	tik⁴
鳞	liŋ⁵	liŋ⁵	liŋ⁵	liŋ⁵	leŋ⁵	liŋ⁵
尽	tsiŋ⁶	tsiŋ⁶	tsiŋ⁶	tsiŋ⁶	tseŋ⁶	tsin⁶
逸	ik⁸	ik⁸	ik⁸	ik⁸	ek⁸	it⁸

3.卷三：钧居歌光归庚鸠瓜江胶

(16)钧部

此部在汕头、潮州、澄海方言中读作[ɣŋ]，揭阳方言读作[eŋ]，潮阳方言有[iŋ]和

[ŋ]两读，海丰方言有[iŋ]、[in/it]两读。现根据汕头方言将钧部拟音为[ɤŋ/ɤk]。

例字	汕头	潮州	澄海	潮阳	揭阳	海丰
钧	kɤŋ¹	kɤŋ¹	kɤŋ¹	kiŋ¹/kŋ¹	keŋ¹	kin¹
谨	kɤŋ²	kɤŋ²	kɤŋ²	kiŋ²/kŋ²	keŋ²	□ kin²
乞	k'ɤk⁴	k'ɤk⁴	k'ɤk⁴	k'ik⁴	k'ek⁴	k'it⁴
勤	k'ɤŋ⁵	k'ɤŋ⁵	k'ɤŋ⁵	k'iŋ⁵/k'ŋ⁵	k'eŋ⁵	k'in⁵
近	kɤŋ⁶	kɤŋ⁶	kɤŋ⁶	kiŋ⁶/kŋ⁶	keŋ⁶	kin⁶

(17)居部

此部在汕头、潮州、澄海、揭阳方言中均读作[ɯ]，潮阳方言读作[u]，海丰方言有两读[i]和[u]，此韵入声韵字太少。现根据汕头方言将居部拟音为[ɯ/ɯʔ]。

例字	汕头	潮州	澄海	潮阳	揭阳	海丰
居	kɯ¹	kɯ¹	kɯ¹	ku¹	kɯ¹	ki¹
举	kɯ²	kɯ²	kɯ²	ku²	kɯ²	ki²
渠	k'ɯ⁵	k'ɯ⁵	k'ɯ⁵	k'u⁵	k'ɯ⁵	k'i⁵
巨	kɯ⁶	kɯ⁶	kɯ⁶	kɯ⁶	kɯ⁶	kɯ⁶

(18)歌部（此部与啰部同）

此部在粤东各县、市的闽语中均读作[o/oʔ]。现根据汕头方言将歌部拟音为[o/oʔ]。

例字	汕头	潮州	澄海	潮阳	揭阳	海丰
波	po¹	po¹	po¹	po¹	po¹	po¹
左	tso²	tso²	tso²	tso²	tso²	tso²
索	soʔ⁴	soʔ⁴	soʔ⁴	soʔ⁴	soʔ⁴	soʔ⁴
罗	lo⁵	lo⁵	lo⁵	lo⁵	lo⁵	lo⁵
坐	tso⁶	tso⁶	tso⁶	tso⁶	tso⁶	tso⁶
薄	poʔ⁸	poʔ⁸	poʔ⁸	poʔ⁸	poʔ⁸	poʔ⁸

(19)光部

此部相当于《潮声十五音》和《潮语十五音》的"光部"，在粤东汕头、澄海读作[uaŋ/uak]，潮州、潮阳、揭阳、海丰方言有三读：[uaŋ/uak]、[ueŋ/uek]和[uam/uap]。现根据汕头方言将光部拟音为[uaŋ/uak]。

例字	汕头	潮州	澄海	潮阳	揭阳	海丰
专	tsuaŋ^1	tsueŋ^1	tsuaŋ^1	tsuaŋ^1/ tsueŋ^1	tsuaŋ^1	tsuaŋ^1
光	kuaŋ^1	kuaŋ^1	kuaŋ^1	kuaŋ^1/ kueŋ^1	kuaŋ^1	kuaŋ^1
广	kuaŋ^2	kuaŋ^2	kuaŋ^2	kuaŋ^2/ kueŋ^2	kuaŋ^2	kuaŋ^2
漫	buaŋ^6	bueŋ^6	buaŋ^6	p'uaŋ^3/ p'ueŋ^3	buaŋ^6	maŋ^6
凡	huaŋ^5	huam^5	huaŋ^5	huam^5	huam^5	huam^5
犯	huaŋ^7	huam^7	huaŋ^7	huam^7	huam^7	huam^7
劣	luak^4	luak^4	luak^4	luak^4/ luek^4	luak^4/ luek^4	luak^4
郭	kuak^4	kuak^4	kuak^4	kuak^4/ kuek^4	kuak^4/ kuek^4	kuak^4
拔	puak^8	puak^8	puak^8	puak^8/ puek^8	puak^8/ puek^8	puak^8
越	uak^8	uek^8	uak^8	uak^8/ uek^8	uak^8/ uek^8	uak^8
法	huak^4	huap^4	huak^4	huap^4	huap^4	huap^4

(20)归部

此部在粤东各县、市的闽语中均读作[ui]，此部无入声韵字太少。现根据汕头方言将归部拟音为[ui/ uiʔ]。

例字	汕头	潮州	澄海	潮阳	揭阳	海丰
追	tui^1	tui^1	tui^1	tui^1	tui^1	tui^1
鬼	kui^2	kui^2	kui^2	kui^2	kui^2	kui^2
肥	pui^5	pui^5	pui^5	pui^5	pui^5	pui^5
跪	kui^6	kui^6	kui^6	kui^6	kui^6	kui^6

(21)庚部

此部在粤东各县、市的闽语中均读作[ẽ/ẽʔ]。现根据汕头方言将庚部拟音为[ẽ/ẽʔ]。

例字	汕头	潮州	澄海	潮阳	揭阳	海丰
庚	kẽ^1	kẽ^1	kẽ^1	kẽ^1	kẽ^1	kẽ^1
省	sẽ^2	sẽ^2	sẽ^2	sẽ^2	sẽ^2	sẽ^2
册	tsʻẽʔ^4	tsʻẽʔ^4	tsʻẽʔ^4	tsʻẽʔ^4	tsʻẽʔ^4	tsʻẽʔ^4
楹	ẽ^5	ẽ^5	ẽ^5	ẽ^5	ẽ^5	ẽ^5
硬	ŋẽ^6	ŋẽ^6	ŋẽ^6	ŋẽ^6	ŋẽ^6	ŋẽ^6
脉	mẽʔ^8	mẽʔ^8	mẽʔ^8	mẽʔ^8	mẽʔ^8	mẽʔ^8

(22)鸠部

此部在粤东各县、市的闽语中均读作[iu]，此部入声韵太少。现根据汕头方言将鸠部拟音为[iu/iuʔ]。

例字	汕头	潮州	澄海	潮阳	揭阳	海丰
彪	piu¹	piu¹	piu¹	piu¹	piu¹	piu¹
贮	tiu²	tiu²	tiu²	tiu²	tiu²	tiu²
阒	tsiuʔ⁴	—	—	—	—	—
球	kiu⁵	kiu⁵	kiu⁵	kiu⁵	kiu⁵	kiu⁵
就	tsiu⁶	tsiu⁶	tsiu⁶	tsiu⁶	tsiu⁶	tsiu⁶

(23)瓜部

此部在粤东各县、市的闽语中多数读作[ua/uaʔ]。现根据汕头方言将瓜部拟音为[ua/uaʔ]。

例字	汕头	潮州	澄海	潮阳	揭阳	海丰
柯	kua¹	kua¹	kua¹	kua¹	kua¹	kua¹
纸	tsua²	tsua²	tsua²	tsua²	tsua²	tsua²
抹	buaʔ⁴	buaʔ⁴	buaʔ⁴	buaʔ⁴	buaʔ⁴	buaʔ⁴
笋	lua⁵	lua⁵	lua⁵	lua⁵	lua⁵	lua⁵
舵	tua⁶	tua⁶	tua⁶	tua⁶	tua⁶	tua⁶
热	zuaʔ⁸	zuaʔ⁸	zuaʔ⁸	zuaʔ⁸	zuaʔ⁸	zuaʔ⁸

(24)江部

此部在粤东各县、市的闽语中均读作[aŋ/ak]。现根据汕头方言将江部拟音为[aŋ/ak]。

例字	汕头	潮州	澄海	潮阳	揭阳	海丰
蜂	pʻaŋ¹	pʻaŋ¹	pʻaŋ¹	pʻaŋ¹	pʻaŋ¹	pʻaŋ¹
眼	gaŋ²	gaŋ²	gaŋ²	gaŋ²	gaŋ²	gaŋ²
壳	kʻak⁴	kʻak⁴	kʻak⁴	kʻak⁴	kʻak⁴	kʻak⁴
拦	laŋ⁵	laŋ⁵	laŋ⁵	laŋ⁵	laŋ⁵	laŋ⁵
重	taŋ⁶	taŋ⁶	taŋ⁶	taŋ⁶	taŋ⁶	taŋ⁶
力	lak⁸	lak⁸	lak⁸	lak⁸	lak⁸	lak⁸

(25)胶部

此部在粤东各县、市的闽语中均读作[a/aʔ]。现根据汕头方言将胶部拟音为[a/aʔ]。

例字	汕头	潮州	澄海	潮阳	揭阳	海丰
巴	pa¹	pa¹	pa¹	pa¹	pa¹	pa¹
打	ta²	ta²	ta²	ta²	ta²	ta²
甲	kaʔ⁴	kaʔ⁴	kaʔ⁴	kaʔ⁴	kaʔ⁴	kaʔ⁴
柴	tsʻa⁵	tsʻa⁵	tsʻa⁵	tsʻa⁵	tsʻa⁵	tsʻa⁵
咬	ka⁶	ka⁶	ka⁶	ka⁶	ka⁶	ka⁶
腊	laʔ⁸	laʔ⁸	laʔ⁸	laʔ⁸	laʔ⁸	laʔ⁸

4.卷四：胶娇乖肩扛弓龟柑佳甘瓜薑叻啰哞烧

(26)娇部

此部在粤东各县、市的闽语中多数读作[iau]，只有潮州、澄海读作[iou]，此部入声韵字太少。现根据汕头方言将娇部/骄部拟音为[iau/iauʔ]。

例字	汕头	潮州	澄海	潮阳	揭阳	海丰
骄	kiau¹	kiou¹	kiou¹	kiau¹	kiau¹	kiau¹
了	liau²	liou²	liou²	liau²	liau²	liau²
朝	tsʻiau⁵	tsʻiou⁵	tsʻiou⁵	tsʻiau⁵	tsʻiau⁵	tsʻiau⁵
料	liau⁶	liou⁶	liou⁶	liau⁶	liau⁶	liau⁶

(27)乖部

此部在粤东各县、市的闽语中均读作[uai]，此部入声韵字太少。现根据汕头方言将乖部拟音为[uai/uaiʔ]。

例字	汕头	潮州	澄海	潮阳	揭阳	海丰
乖	kuai¹	kuai¹	kuai¹	kuai¹	kuai¹	kuai¹
拐	kuai²	kuai²	kuai²	kuai²	kuai²	kuai²
淮	huai⁵	huai⁵	huai⁵	huai⁵	huai⁵	huai⁵
坏	huai⁶	huai⁶	huai⁶	huai⁶	huai⁶	huai⁶

(28)肩部

此部在汕头、潮州、澄海方言里均读作[õi]，而潮阳、揭阳、海丰方言则读作[ãi]，无入声韵字。现根据汕头方言将肩部拟音为[õi]。

例字	汕头	潮州	澄海	潮阳	揭阳	海丰
斑	põi[1]	põi[1]	põi[1]	nãi[1]	nãi[1]	nãi[1]
研	ŋõi[2]	ŋõi[2]	ŋõi[2]	ŋãi[2]	ŋãi[2]	ŋãi[2]
莲	nõi[5]	nõi[5]	nõi[5]	nãi[5]	nãi[5]	nãi[5]
佃	tõi[6]	tõi[6]	tõi[6]	tãi[6]	tãi[6]	tãi[6]

(29)扛部

此部在汕头、潮州、澄海、潮阳、揭阳等方言里均读作[ŋ]，海丰方言则有[ŋ]和[ũi]二读。此部无入声韵。现根据汕头方言将扛部拟音为[ŋ]。

例字	汕头	潮州	澄海	潮阳	揭阳	海丰
荒	hŋ[1]	hŋ[1]	hŋ[1]	hŋ[1]	hŋ[1]	hŋ[1]
本	pŋ[2]	pŋ[2]	pŋ[2]	pŋ[2]	pŋ[2]	puĩ[2]
黄	ŋ[5]	ŋ[5]	ŋ[5]	ŋ[5]	ŋ[5]	uĩ[5]
丈	tŋ[6]	tŋ[6]	tŋ[6]	tŋ[6]	tŋ[6]	tŋ[6]

(30)弓部

此部在粤东各县、市的闽语中多数读作[eŋ/ek]，潮阳、海丰有两读：[eŋ/ek]和[ioŋ/iok]。现根据汕头方言将弓部拟音为[eŋ/ek]。

例字	汕头	潮州	澄海	潮阳	揭阳	海丰
铃	leŋ[1]	leŋ[1]	leŋ[1]	leŋ[1]/lioŋ[1]	leŋ[1]	leŋ[1]
顶	teŋ[2]	teŋ[2]	teŋ[2]	teŋ[2]/ tioŋ[2]	teŋ[2]	teŋ[2]
碧	p'ek[4]	p'ek[4]	p'ek[4]	p'ek[4]/ p'iok[4]	p'ek[4]	p'ek[4]
平	p'eŋ[5]	p'eŋ[5]	p'eŋ[5]	p'eŋ[5]/ p'ioŋ[5]	p'eŋ[5]	p'eŋ[5]
邓	teŋ[6]	teŋ[6]	teŋ[6]	teŋ[6]/ tioŋ[6]	teŋ[6]	teŋ[6]
绿	lek[8]	lek[8]	lek[8]	lek[8]/ liok[8]	lek[8]	liok[8]

(31)龟部

此部在粤东各县、市的闽语中均读作[u]，入声韵字太少。现根据汕头方言将龟部拟音为[u/uʔ]。

例字	汕头	潮州	澄海	潮阳	揭阳	海丰
龟	ku¹	ku¹	ku¹	ku¹	ku¹	ku¹
久	ku²	ku²	ku²	ku²	ku²	ku²
橱	tu⁵	tu⁵	tu⁵	tu⁵	tu⁵	tu⁵
捕	pu⁶	pu⁶	pu⁶	pu⁶	pu⁶	pu⁶

(32)柑部

此部在粤东各县、市的闽语中均读作[ã]，入声韵字太少。现根据汕头方言将柑部拟音为[ã/ãʔ]。

例字	汕头	潮州	澄海	潮阳	揭阳	海丰
担	tã¹	tã¹	tã¹	tã¹	tã¹	tã¹
敢	kã²	kã²	kã²	kã²	kã²	kã²
蓝	nã⁵	nã⁵	nã⁵	nã⁵	nã⁵	nã⁵
淡	tã⁶	tã⁶	tã⁶	tã⁶	tã⁶	tã⁶

(33)佳部

此部在粤东各县、市的闽语中均读作[ia/iaʔ]。现根据汕头方言将佳部拟音为[ia/iaʔ]。

例字	汕头	潮州	澄海	潮阳	揭阳	海丰
爹	tia¹	tia¹	tia¹	tia¹	tia¹	tia¹
假	kia²	kia²	kia²	kia²	kia²	kia²
迹	tsiaʔ⁴	tsiaʔ⁴	tsiaʔ⁴	tsiaʔ⁴	tsiaʔ⁴	tsiaʔ⁴
爷	ia⁵	ia⁵	ia⁵	ia⁵	ia⁵	ia⁵
社	sia⁶	sia⁶	sia⁶	sia⁶	sia⁶	sia⁶
屐	kiaʔ⁸	kiaʔ⁸	kiaʔ⁸	kiaʔ⁸	kiaʔ⁸	kiaʔ⁸
额	hiaʔ⁸	hiaʔ⁸	hiaʔ⁸	hiaʔ⁸	hiaʔ⁸	hiaʔ⁸

(34)甘部

此部在粤东各县、市的闽语中多数读作[am/ap]，只有澄海读作[aŋ/ak]。现根据汕头方言将甘部拟音为[am/ap]。

例字	汕头	潮州	澄海	潮阳	揭阳	海丰
甘	kam¹	kam¹	kaŋ¹	kam¹	kam¹	kam¹
感	kam²	kam²	kaŋ²	kam²	kam²	kam²
答	tap⁴	tap⁴	tak⁴	tap⁴	tap⁴	tap⁴
南	nam⁵	nam⁵	naŋ⁵	nam⁵	nam⁵	nam⁵
站	tsam⁶	tsam⁶	tsaŋ⁶	tsam⁶	tsam⁶	tsam⁶
十	tsap⁸	tsap⁸	tsak⁸	tsap⁸	tsap⁸	tsap⁸
盒	ap⁸	ap⁸	ak⁸	ap⁸	ap⁸	ap⁸

(35)瓜部

此部在粤东各县、市的闽语中均读作[ue/ueʔ]。现根据汕头方言将扛部拟音为[ue/ueʔ]。

例字	汕头	潮州	澄海	潮阳	揭阳	海丰
飞	pue¹	pue¹	pue¹	pue¹	pue¹	pue¹
果	kue²	kue²	kue²	kue²	kue²	kue²
郭	kueʔ⁴	kueʔ⁴	kueʔ⁴	kueʔ⁴	kueʔ⁴	kueʔ⁴
说	sueʔ⁴	sueʔ⁴	sueʔ⁴	sueʔ⁴	sueʔ⁴	sueʔ⁴
赔	pue⁵	pue⁵	pue⁵	pue⁵	pue⁵	pue⁵
倍	pue⁶	pue⁶	pue⁶	pue⁶	pue⁶	pue⁶
画	ueʔ⁸	ueʔ⁸	ueʔ⁸	ueʔ⁸	ueʔ⁸	ueʔ⁸
月	gueʔ⁸	gueʔ⁸	gueʔ⁸	gueʔ⁸	gueʔ⁸	gueʔ⁸

(36)薑部

此部在粤东各县、市的闽语中多数读作[iõ]，只有潮州、澄海方言读作[iẽ]，入声韵字太少。现根据汕头方言将薑部拟音为[iõ/iõʔ]。

例字	汕头	潮州	澄海	潮阳	揭阳	海丰
姜	kiõ¹	kiẽ¹	kiẽ¹	kiõ¹	kiõ¹	kiõ¹
两	niõ²	niẽ²	niẽ²	niõ²	niõ²	niõ²
场	tiõ⁵	tiẽ⁵	tiẽ⁵	tiõ⁵	tiõ⁵	tiõ⁵
想	siõ⁶	siẽ⁶	siẽ⁶	siõ⁶	siõ⁶	siõ⁶

(37)叻部

《潮声十五音》叻部与皆部同韵故不载

(38)啰部

《潮声十五音》啰部与歌部同韵亦不载

(39)哸部

《潮声十五音》哸部与基部同韵又不载

(40)烧部

此部在汕头、潮阳、揭阳、海丰方言中均读作[io/ioʔ]，潮州、澄海方言则读作[ie/ieʔ]。现根据汕头方言将烧部拟音为[io/ioʔ]。

例字	汕头	潮州	澄海	潮阳	揭阳	海丰
标	pio^1	pie^1	pie^1	pio^1	pio^1	pio^1
表	pio^2	pie^2	pie^2	pio^2	pio^2	pio^2
惜	sioʔ^4	sieʔ^4	sieʔ^4	sioʔ^4	sioʔ^4	sioʔ^4
潮	tio^5	tie^5	tie^5	tio^5	tio^5	tio^5
赵	tio^6	tie^6	tie^6	tio^6	tio^6	tio^6
药	ioʔ^8	ieʔ^8	ieʔ^8	ioʔ^8	ioʔ^8	ioʔ^8
叶	hioʔ^8	hieʔ^8	hieʔ^8	hioʔ^8	hioʔ^8	hioʔ^8

从上文可见，家部[e/eʔ]、高部[au/auʔ]、姑部[ou]、基部[i/iʔ]、京部[iã]、官部[ũã]、皆部[ai]、歌部[o/oʔ]、归部[ui]、庚部[ẽ/ẽʔ]、鸠部[iu/iuʔ]、瓜部[ua/uaʔ]、江部[aŋ/ak]、胶部[a/aʔ]、乖部[uai]、龟部[u/uʔ]、柑部[ã]、佳部[ia/iaʔ]、瓜部[ue/ueʔ]等19个韵部在粤东各县、市的闽语中读音是一致的。但异同之处也是不少见的。音系性质确定之后，我们就可根据汕头方言音系对《潮声十五音》共37部63个韵母的音值进行构拟。如下表：

①君[uŋ/uk]	②家[e/eʔ]	③高[au/auʔ]	④金[im/ip]	⑤鸡[oi/oiʔ]	⑥公[oŋ/ok]
⑦姑[ou]	⑧兼[iam/iap]	⑨基[i/iʔ]	⑩坚[iaŋ/iak]	⑪京[iã]	⑫官[ũã]
⑬皆[ai]	⑭恭[ioŋ/iok]	⑮围[iŋ/ik]	⑯钓[ɤŋ/ɤk]	⑰居[ɯ]	⑱歌[o/oʔ]
⑲光[uaŋ/uak]	⑳归[ui]	㉑庚[ẽ/ẽʔ]	㉒鸠[iu/iuʔ]	㉓瓜[ua/uaʔ]	㉔江[aŋ/ak]
㉕胶[a/aʔ]	㉖娇[iau/iauʔ]	㉗乖[uai]	㉘肩[õi]	㉙扛[ŋ]	㉚弓[eŋ/ek]
㉛龟[u/uʔ]	㉜柑[ã]	㉝佳[ia/iaʔ]	㉞甘[am/ap]	㉟瓜[ue/ueʔ]	㊱董[iõ]
㊲叻与皆同	㊳啰与歌同	㊴哸与基同	㊵烧[io/ioʔ]		

上表所反映的是《潮声十五音》37个韵部63个韵母的音值。现代汕头方言有47个韵部84个韵母。如果将现代汕头方言与《潮声十五音》韵母系统相对照，有21个韵母是《潮声十五音》里所没有的。如：乞[ɯʔ]、□[aiʔ]、圆/□[ĩ/ĩʔ]、活[ũãʔ]、爱/□[ãĩ/ãĩʔ]、樣/□[ũãĩ/ũãĩʔ]、好/□[ãũ/ãũʔ]、□/□[ĩãũ/ĩãũʔ]、虎[õũ/]、幼/□[ĩũ/ĩũʔ]、畏[ũĩ/]、关[ũẽ/]、姆/□[m̩/m̩ʔ]、□[ŋ̍ʔ]。

（五）《潮声十五音》声调系统

《潮声八音》：

君	滚	○	骨	裙	郡	棍	滑	鸡	改	易	英	蛙	○	计	夹
官	赶	汗	○	寒	○	○	○	龟	久	旧	咕	○	具	故	○
平	上	去	入	平	上	去	入	平	上	去	入	平	上	去	入

潮汕方言8个声调，即上平、上上、上去、上入、下平、下上、下去、下入。

我们发现，《潮声十五音》上去调字与下去调字的归属有误。下面以"君部""家部""高部"为例来说明之：

韵书	君部上去声字	君部下去声字
潮声十五音	饭填阵闰运闷份	嫩粪棍困拕喷俊舜寸训
潮语十五音	嫩粪棍困拕喷俊舜寸训	饭填阵闰运闷份
击木知音	嫩粪棍困拕喷俊舜寸训	饭填阵闰运闷份
潮声十七音	嫩粪棍困拕喷俊舜寸训	闰运闷份
新编潮汕方言十八音	嫩粪棍困拕喷俊舜寸训	饭闰运闷份

《潮声十五音》"君部"上去声字"饭填阵闰运闷份"，下去声字"嫩粪棍困拕喷俊舜寸训"，其他4种韵书则分别归属于下去声调和上去声调。

韵书	家部上去声字	家部下去声字
潮声十五音	蛇寨耶骂夏厦	价嫁稼架驾滤帕债厕
潮语十五音	价嫁稼架驾滤帕债厕	蛇寨耶骂夏厦
击木知音	价嫁稼架驾帕债厕	蛇寨耶骂夏
潮声十七音	价嫁稼架帕债厕	蛇寨夏厦
新编潮汕方言十八音	价嫁架驾帕债厕	蛇寨耶骂夏厦

《潮声十五音》"家部"上去声字"蛇寨耶骂夏厦"，下去声字"价嫁稼架驾滤帕债厕"，其他4种韵书则分别归属于下去声调和上去声调。

韵书	高部上去声字	高部下去声字
潮声十五音	漏闹淖橇荳痘候效	报告到诰窖叩哭炮泡砲套透奏灶扫奥臭孝
潮语十五音	报告到诰窖叩哭炮泡砲套透奏灶扫奥臭孝	漏闹淖橇荳痘候效
击木知音	报告到诰窖叩哭炮泡砲套透奏灶扫奥臭孝	漏闹荳痘候
潮声十七音	告到诰叩砲套透奏灶扫奥孝	漏闹淖荳痘候
新编潮汕方言十八音	告到诰叩哭炮泡套灶扫臭孝	漏闹荳痘候效

《潮声十五音》"高部"上去声字"漏闹淖橇荳痘候效",下去声字"报告到诰窖叩哭炮泡砲套透奏灶扫奥臭孝",其他4种韵书则分别归属于下去声调和上去声调。

据考察,《潮声十五音》37个韵部上去声字和下去声字的归属均有误,应该予以纠正。

《潮声十五音》8个声调与现代汕头方言相对照,其调值如下:

调类	调值	例　字	调类	调值	例　字
上平声	33	分君坤敦奔吞尊	下平声	55	伦群唇坟豚船旬
上上声	53	本滚捆盾囤准	下上声	35	郡润顺愠混
上去声	213	嫩粪棍困喷俊	下去声	11	笨屯阵闰运闷
上入声	2	不骨屈突脱卒	下入声	5	律滑突术没佛

四　晚清·蒋儒林《潮语十五音》音系研究

（一）《潮语十五音》作者、成书时间及其体例

字学津梁丛书之一《潮语十五音》,蒋儒林编,汕头文明商务书馆1911年发行。汕头科学图书馆又于1922年发行出版了《潮语十五音》,编辑者潮安萧云屏,校订者澄海黄茂升,发行者黄月如。这两种《潮语十五音》完全一样,全书均分为四卷。书前有《凡例》。《凡例》云:

　　一本书为普及识字而作,语极浅白,凡失学之人及粗知文字者均能了解。
　　一本书与字典不同。字典是以字求音,本书可以音求字。
　　一本书依《潮声十五音》删繁补简,另参他书校勘,以备《潮声十五音》之所未备。
　　一本书字数较《潮声十五音》增十之二三,其检查便捷则倍之。
　　一学者先将四十字母唇吻迴诵,务求纯熟;次将十五歌诀熟读配用,自能声韵和叶。
　　一如"君"母和"柳"诀拼成"膦","君"母和"边"诀拼成"分"等是。

一拼音之后再习八音音韵既明，则不论何字，一把卷间自能悉其音而明其义。

一本书每诀分八音为八层，上四层为上四声，下四层为下四声，使读者一目了然。

一潮属土音，揉杂发音，难免参差，间或不同之处，识者谅之。

一是书草率出版，倘或遗漏错误，望大雅君子赐示、指正，幸甚。

《凡例》先阐述了本书编撰的目的、功用，次点明本书以《潮声十五音》为蓝本修订而成，次介绍本书使用的方法，后简介本书每幅韵图的编排体例。

此外，还列举了《潮语十五音》的《四十字母目录》《十五歌诀》《字母歌诀拼音法》《八音分声法》《附潮语口头声》等，简介了四十字母、十五音、声韵拼音法、声调及潮语口头声。

《附潮语口头声》：

问何处曰治攄，歌部上去声歌治攄（按：攄应拟音为[to³]）；时钟声瑱瑱叫，坚部上平声坚地瑱（按：瑱应拟音为[tiaŋ¹]）；问何人曰治玷，坚部下平声坚治玷（按：玷应拟音为[tiaŋ⁵]）；呼猪声嚌嚌叫，柯部下上声柯英嚌（按：嚌应拟音为[ua⁶]）；铜钱声嗹嗹叫，坚部上平声坚柳嗹（按：嗹应拟音为[liaŋ¹]）；呼猪声欬欬叫，皆部上去声皆喜欬（按：欬应拟音为[hai³]）；逐鸡声唥唥叫，龟部下平声龟柳唥（按：唥应拟音为[lu⁵]）；猪哥声呀呀叫，哥部上入声哥喜呀（按：呀应拟音为[hoʔ⁴]）；猪母声丨丨叫，居部上入声居喜丨（按：丨应拟音为[hɯʔ⁴]）；恶妇声哜哜叫，家部下上声家求哜（按：哜应拟音为[ke⁶]）；老蛤声喸喸叫，甘部上入声甘英喸（按：喸应拟音为[ap⁴]）；霹雳声呖呖叫，家部下入声家柳呖（按：呖应拟音为[leʔ⁸]）；鸟飞声鹈鹈叫，龟部下去声龟他鹈（按：鹈应拟音为[tʻu⁷]）；槭风声擎擎叫，坚部上入声坚颇擎（按：擎应拟音为[pʻiaʔ⁴]）；蛮鸣声哜哜叫，枝部上去声枝求哜（按：哜应拟音为[ki³]）；透风声丨丨叫，胶部上去声胶时丨（按：丨应拟音为[sa³]）；呼鸡声咘咘叫，龟部下平声龟地咘（按：咘应拟音为[tu⁵]）；呼猫声吼吼叫，天部下上声天柳吼（按：吼应拟音为[l˞ ⁶]）；呼鸭声讶讶叫，胶部上去声胶英讶（按：讶应拟音为[a³]）；止牛声嗬嗬叫，哥部上去声哥喜嗬（按：嗬应拟音为[ho³]）；滴水声朕朕叫，金部下上声金地朕（按：朕应拟音为[tim⁶]）；应答声丨丨叫，鸡部上上声鸡英丨（按：丨应拟音为[oi²]）；启门声丨丨叫，乖部上平声乖英丨（按：丨应拟音为[uai¹]）；鸡母声唒唒叫，公部下入声公求唒（按：唒应拟音为[kok⁸]）；卖物声呵呵叫，哥部上平声哥英呵（按：呵应拟音为[o¹]）；鸡仔声昭昭叫，娇部下入声娇增昭（按：昭应拟音为[tsiauʔ⁸]）；挨砻声辘辘叫，龟部下去声龟喜辘（按：辘应拟音为[hu⁷]）；猫母声哓哓叫，交部下去声交语哓（按：哓应拟音为[gau⁷]）；落雨声｜｜叫，胶部下去声胶求｜（按：｜应拟音为[ka⁷]）；打石声硈硈叫，坚部下入声坚去硈（按：硈应拟音为[kʻiaʔ⁸]）；逐牛声嗐嗐叫，皆部上上声皆喜嗐（按：嗐应拟音为[hai²]）；滚饭声叻叻叫，龟部上入声龟求叻（按：叻应拟音为[kuʔ⁴]）；疼痛声嗐嗐叫，皆部下去声皆喜嗐（按：嗐应拟音为[hai⁷]）；狗吠声吤吤叫，孤部上上声孤喜吤（按：吤应拟音为[hou²]）；打铳声喷喷叫，公部下去声公求喷（按：喷应拟音为[koŋ⁷]）；斩柴声剾剾叫，公部下入声公去剾（按：剾应拟音为[kʻok⁸]）；骂人声甫甫叫，龟部上上声龟颇甫（按：甫应拟音为[pʻu²]）；排布声｜｜叫，家部下去声家柳｜（按：｜应拟音为[le⁷]）；耍笑声咍咍叫，枝部下去声枝喜咍（按：咍应拟音为[hi⁷]）；捉人声掠掠叫，佳部下入声佳柳掠（按：掠应拟音为[liaʔ⁸]）。

《附潮语口头声》与《潮声十五音》书首的《附潮属土音口头语气》一样，是教人如何拼读的。

《潮语十五音》的编排体例与《潮声十五音》不一样。《潮声十五音》的编排体例是采用漳州方言韵书《汇集雅俗通十五音》的编排体例，而《潮语十五音》的编排体例则采用泉州方言韵书《汇音妙悟》的编排体例，以韵图的形式来编排。每个韵部之上横列15个声母字（柳边求去地颇他贞入时英文语出喜）来列图，每个声母之下纵列8个声调（上平声、上上声、上去声、上入声、下平声、下上声、下去声、下入声）列8个格子，每个格子内横列同音字，每个韵字之下均有注释。《潮语十五音》的编排体例则比《汇音妙悟》来得科学、排得清楚。

以下从声、韵、调三个方面来研究探讨《潮语十五音》的音系性质。

（二）《潮语十五音》声母系统

《潮语十五音》书首附有《十五歌诀》《字母歌诀拼音法》，表示该书的声母系统。

《十五歌诀》：柳边求去地 颇他贞入时 英文语出喜

《字母歌诀拼音法》采用了福建传统的闽南方言韵书《汇集雅俗通十五音》拼音法：

君部：柳膅 边分 求君 去坤 地敦 颇奔 他吞 贞尊 入欐 时孙 英温 文蚊 语翬 出春 喜芬
坚部：柳睫 边边 求坚 去虔 地珍 颇篇 他天 贞章 入壤 时仙 英央 文联 语研 出仟 喜香

这是本韵书的15个声母字。与粤东各县、市的闽南语方言材料声母系统及其拟音同：

①柳[l/n]　　　②边[p]　　　③求[k]　　　④去[kʻ]　　　⑤地[t]

⑥颇[pʻ]　　　⑦他[tʻ]　　　⑧贞[ts]　　　⑨入[z]　　　⑩时[s]

⑪英[ø]　　　⑫文[b/m]　　　⑬语[g/ŋ]　　　⑭出[tsʻ]　　　⑮喜[h]

（三）《潮语十五音》韵母系统及其性质

《四十字母目录》：君坚金归佳　江公乖经光　孤骄鸡恭歌　皆君薑甘柯

兼交家瓜胶　龟扛枝鸠官　居柑庚京蕉　天肩干关姜

《潮语十五音》40个韵部，共分四卷：卷一：君坚金归佳江公乖；卷二：经光孤骄鸡恭歌皆；卷三：君薑甘柯兼交家瓜胶龟；卷四：扛枝鸠官居柑庚京蕉天肩干关姜。书末注云："干部与江同，关部与光同，姜部与坚同，俱不录。"可见本韵书的40个韵部，实际上是37个韵部。

《潮声十五音字母四十四字》：君家高金鸡公姑兼基坚京官皆恭囷钧居歌光光归庚鸠瓜江胶坚娇基乖肩扛弓龟柑公佳甘瓜薑叨啰哖烧。此表虽列有44个字母，但其中"公""基""坚""光"4个字母重出，"叨"与"皆"同，"啰"与"歌"同，"哖"与"基"同，实际上只有37个字母：君家高金鸡公姑兼基坚京官皆恭君钧居歌光归庚鸠瓜江胶娇乖肩扛弓龟柑佳甘瓜薑烧。如果与《潮语十五音》37部相比较，《潮语十五音》多出天部[ĩ/ĩʔ]，少了《潮声十五音》扛部[ŋ]。

现分卷将37个韵部与潮汕地区汕头、潮州、澄海、潮阳、揭阳、海丰6个县市方言作历史的比较。此6个县市方言材料也采用林伦伦、陈小枫著的《广东闽方言语音研究》。据考证，《潮语十五音》是修订《潮声十五音》编撰而成的，所反映的音系应该也是汕头方言音系。

1.《潮语十五音》卷一：君坚金归佳江公乖

(1)君部　此部相当于《潮声十五音》1君部，在粤东各县、市的闽语中多数读作[uŋ/uk]，唯独海丰方言读作[un/ut]。现根据汕头方言将君部拟音为[uŋ/uk]。

(2)坚部（此部与姜部同）　此部相当于《潮声十五音》10坚部，潮州方言在音值上多数读作[ieŋ/iek]，但也有少数读作[iaŋ/iak]，其他地区读音均为[iaŋ/iak]。现根据汕头方言将坚部拟音为[iaŋ/iak]。

(3)金部　此部相当于《潮声十五音》4金部，除澄海方言读作[iŋ/ik]以外，其他地区读音均为[im/ip]。现根据汕头方言将金部拟音为[im/ip]。

(4)归部　此部相当于《潮声十五音》20归部，在粤东各县、市的闽语中均读作[ui]。现根据汕头方言将归部拟音为[ui/uiʔ]。

(5)佳部　此部相当于《潮声十五音》33佳部，在粤东各县、市的闽语中均读作[ia/iaʔ]。现根据汕头方言将佳部拟音为[ia/iaʔ]。

(6)江部（此部与干部同）　此部相当于《潮声十五音》24江部，在粤东各县、市的闽语中均读作[aŋ/ak]。现根据汕头方言将江部拟音为[aŋ/ak]。

(7)公部　此部相当于《潮声十五音》6公部，在粤东各县、市的闽语中均为[oŋ/ok]。现根据汕头方言将公部拟音为[oŋ/ok]。

(8)乖部　此部相当于《潮声十五音》27乖部，在粤东各县、市的闽语中均读作[uai]。现根据汕头方言将乖部拟音为[uai/uaiʔ]。

2.《潮语十五音》卷二：经光孤骄鸡恭歌皆

(9)经部　此部相当于《潮声十五音》30弓部，在粤东各县、市的闽语中多数读作[eŋ/ek]，潮阳、海丰有两读：[eŋ/ek]和[ioŋ/iok]。现根据汕头方言将经部拟音为[eŋ/ek]。

(10)光部（此部与关部同）　此部相当于《潮声十五音》19光部，在粤东汕头、澄海读作[uaŋ/uak]，潮州、潮阳、揭阳、海丰方言有三读：[uaŋ/uak]、[ueŋ/uek]和[uam/uap]。现根据汕头方言将光部拟音为[uaŋ/uak]。

(11)孤部　此部相当于《潮声十五音》7姑部，在粤东各县、市的闽语中均读作[ou/ouʔ]。现根据汕头方言将孤部拟音为[ou/ouʔ]。

(12)骄部　此部相当于《潮声十五音》26娇部，在粤东各县、市的闽语中多数读作[iau/iauʔ]，只有潮州、澄海读作[iou/iouʔ]。现根据汕头方言将骄部拟音为[iau/iauʔ]。

(13)鸡部　此部相当于《潮声十五音》5鸡部，在粤东各县、市的闽语中多数读作[oi/oiʔ]，只有海丰读作[i/ei/eʔ]。现根据汕头方言将鸡部拟音为[oi/oiʔ]。

(14)恭部　此部相当于《潮声十五音》14恭部，在粤东各县、市的闽语中多数读作[ioŋ/iok]，只有潮阳、揭阳还有另一读[ueŋ/uek]。现根据汕头方言将恭部拟音为[ioŋ/iok]。

(15)歌部　此部相当于《潮声十五音》18歌部，在粤东各县、市的闽语中均读作[o/oʔ]。现根据汕头方言将歌部拟音为[o/oʔ]。

(16)皆部　此部相当于《潮声十五音》13皆部，在粤东各县、市的闽语中均读作[ai]，而无入声字。现根据汕头方言将皆部拟音为[ai/aiʔ]。

3.《潮语十五音》卷三：君薑甘柯兼交家瓜胶龟

(17)君部　此部相当于《潮声十五音》15君部，在粤东各县、市的闽语中多数读作[iŋ/ik]，揭阳方言读作[eŋ/ek]，海丰方言有两读：[iŋ/ik]和[in/it]。现根据汕头方言将君部拟音为[iŋ/ik]。

(18)薑部　此部相当于《潮声十五音》36薑部，在粤东各县、市的闽语中多数读作[iõ]，只有潮州、澄海方言读作[iẽ]。现根据汕头方言将薑部拟音为[iõ/iõʔ]。

(19)甘部　此部相当于《潮声十五音》34甘部，此部在粤东各县、市的闽语中多数读作[am/ap]，只有澄海读作[aŋ/ak]。现根据汕头方言将甘部拟音为[am/ap]。

(20)柯部　此部相当于《潮声十五音》23.瓜部，在粤东各县、市的闽语中多数读作[ua/uaʔ]。现根据汕头方言将柯部拟音为[ua/uaʔ]。

(21)兼部　此部相当于《潮声十五音》8兼部，在粤东各县、市的闽语中比较复杂：汕头方言读作[iam/iap]，潮州、潮阳、揭阳、海丰方言有[iam/iap]一读外，《广韵》咸摄凡部字读作[uam/uap]，只有澄海读作[iaŋ/iak]。现根据汕头方言将兼部拟音为[iam/iap]。

(22)交部　此部相当于《潮声十五音》3高部，在粤东各县、市的闽语中均读作[au/auʔ]，韵书中的入声韵基本不用。现根据汕头方言将交部拟音为[au/auʔ]。

(23)家部　此部相当于《潮声十五音》2家部，在粤东各县、市的闽语中均读作[e/eʔ]。现根据汕头方言将家部拟音为[e/eʔ]。

(24)瓜部　此部相当于《潮声十五音》35瓜部，在粤东各县、市的闽语中均读作[ue/ueʔ]。现根据汕头方言将瓜部拟音为[ue/ueʔ]。

(25)胶部　此部相当于《潮声十五音》25胶部，在粤东各县、市的闽语中均读作[a/aʔ]。现根据汕头方言将胶部拟音为[a/aʔ]。

(26)龟部　此部相当于《潮声十五音》31龟部，在粤东各县、市的闽语中均读作[u/uʔ]。现根据汕头方言将龟部拟音为[u/uʔ]。

4.《潮语十五音》卷四：扛枝鸠官居柑庚京蕉天肩干关姜

(27)扛部　此部相当于《潮声十五音》16钧部，在汕头、潮州、澄海方言中读作[ɤŋ]，揭阳方言读作[eŋ]，潮阳方言有[iŋ]和[ŋ]两读，海丰方言有[iŋ]、[in/it]两读。现根据汕头方言将扛部拟音为[ɤŋ/ɤk]。

(28)枝部　此部相当于《潮声十五音》9基部，在粤东各县、市的闽语中均读作[i/iʔ]。现根据汕头方言将枝部拟音为[i/iʔ]。

(29)鸠部　此部相当于《潮声十五音》22鸠部，在粤东各县、市的闽语中均读作[iu/iuʔ]。现根据汕头方言将鸠部拟音为[iu/iuʔ]。

(30)官部　此部相当于《潮声十五音》12官部，在粤东各县、市的闽语中均读作[ũã]。现根据汕头方言将官部拟音为[ũã/ũãʔ]。

(31)居部　此部相当于《潮声十五音》17居部，在汕头、潮州、澄海、揭阳方言中均读作[ɯ]，潮阳方言读作[u]，海丰方言有两读[i]和[u]。现根据汕头方言将居部拟音为[ɯ/ɯʔ]。

(32)柑部　此部相当于《潮声十五音》32柑部，在粤东各县、市的闽语中均读作[ã/ãʔ]。现根据汕头方言将柑部拟音为[ã/ãʔ]。

(33)庚部　此部相当于《潮声十五音》21庚部，在粤东各县、市的闽语中均读作[ẽ/ẽʔ]。现根据汕头方言将庚部拟音为[ẽ/ẽʔ]。

(34)京部　此部相当于《潮声十五音》11京部，在粤东各县、市的闽语中均读作[iã]。现根据汕头方言将京部拟音为[iã]。

(35)蕉部　此部相当于《潮声十五音》40烧部，在汕头、潮阳、揭阳、海丰方言中均读作[io/ioʔ]，潮州、澄海方言则读作[ie/ieʔ]。现根据汕头方言将蕉部拟音为[io/ioʔ]。

(36)天部　《潮声十五音》无此韵部。此部在粤东各县、市的闽语中均读作[ĩ/ĩʔ]。现根据汕头方言将天部拟音为[ĩ/ĩʔ]。

(37)肩部　此部相当于《潮声十五音》28肩部，在汕头、潮州、澄海方言里均读作[õĩ]，而潮阳、揭阳、海丰方言则读作[ãĩ]。现根据汕头方言将肩部拟音为[õĩ]。

从上文可见，归部[ui]、佳部[ia/iaʔ]、江部[aŋ/ak]、乖部[uai]、孤部[ou/ouʔ]、歌部[o/oʔ]、皆部[ai/aiʔ]、柯部[ua/uaʔ]、交部[au/auʔ]、家部[e/eʔ]、瓜部[ue/ueʔ]、胶部[a/aʔ]、龟部[u/uʔ]、枝部[i/iʔ]、鸠部[iu/iuʔ]、官部[ũã]、柑部[ã/ãʔ]、庚部[ẽ/ẽʔ]、京部[iã]、天部[ĩ/ĩʔ]等韵部在粤东各县、市的闽语中读音是一致的。但异同之处也是不少见的。我们根据现代潮汕方言，运用"排除法"，考证出《潮语十五音》音系性质。

第一，《潮语十五音》有金部[im/ip]、甘部[am/ap]、兼部[iam/iap]三部语音上的对立，唯独澄海话金部与⊞部[iŋ/ik]合并，读作[iŋ/ik]；甘部与江部合并，读作[aŋ/ak]；兼部与坚部合并，读作[iaŋ/iak]。因此，《潮语十五音》绝不可能反映澄海方言音系。

第二，《潮语十五音》⊞部读作[uŋ/uk]，没有[uŋ/uk]和[un/ut]的对立，而海丰话则有[un/ut]；《潮语十五音》⊞部读作[iŋ/ik]，没有[iŋ/ik]和[in/it]的对立，而海丰话则有[in/it]；《潮语十五音》扛部读作[ɤŋ/ɤk]，而海丰话没有此读，该部则读作[ŋ/ŋʔ]、[ũĩ]、[in/it]三读；《潮语十五音》居部 [ɯ]与龟部[u/uʔ]、枝部[i/iʔ]是对立的，而海丰话则无[ɯ]一读，该部字则读作[u]或[i]。因此，《潮语十五音》也不可能是反映海丰方言音系。

第三，《潮语十五音》兼部读作[iam/iap]，无[iam/iap]和[uam/uap]语音上的对立，而潮阳、揭阳、海丰方言则存有[iam/iap]和[uam/uap]两读；《潮语十五音》肩部读作[õĩ]，无[õĩ]和[ãĩ]语音上的对立，而潮阳、揭阳、海丰方言则无[õĩ]，而有[ãĩ]；《潮语十五音》恭部读作[ioŋ/iok]，而无[ioŋ/iok]和[ueŋ/uek]语音上的对立，而潮阳、揭阳则有[ueŋ/uek]。可见，《潮语十五音》也不可能是反映潮阳、揭阳方言音系。

第四，《潮语十五音》有坚部[iaŋ/iak]和经部[eŋ/ek]语音上的对立，而无[iaŋ/iak]和[ieŋ/iek]的对立，潮州则有[iaŋ/iak]、[eŋ/ek]和[ieŋ/iek]的对立；《潮语十五音》光部读作[uaŋ/uak]，而无[ueŋ/uek]，潮州则有[uaŋ/uak]和[ueŋ/uek]的对立。可见，《潮语十五音》也不可能反映潮州方言音系。

第五，《潮语十五音》与《潮语十五音》相比，虽然多了天部[ĩ/ĩʔ]，少了扛部[ŋ]，但并不影响它所反映的音系性质。因现代汕头方言均有[ĩ/ĩʔ]韵母和[ŋ]韵母，两种韵书均有或均无这两个韵部，并不改变它们的音系性质。

通过以上分析，我们可以推测《潮语十五音》所反映的也是汕头方言音系，就如《潮语十五音》《凡例》所说的那样，"本书依《潮声十五音》删繁补简，另参他书校勘，以备《潮声十五音》之所未备。"综上所述，《潮语十五音》共37部，71个韵母。具体韵系如下：

①君[uŋ/uk]	②坚[iaŋ/iak]	③金[im/ip]	④归[ui/ui ʔ]	⑤佳[ia/iaʔ]	⑥江[aŋ/ak]
⑦公[oŋ/ok]	⑧乖[uai/uaiʔ]	⑨经[eŋ/ek]	⑩光[uaŋ/uak]	⑪孤[ou/ouʔ]	⑫骄[iau/iauʔ]
⑬鸡[oi/oiʔ]	⑭恭[ioŋ/iok]	⑮歌[o/oʔ]	⑯皆[ai/aiʔ]	⑰君[iŋ/ik]	⑱薑[iõ]
⑲甘[am/ap]	⑳柯[ua/uaʔ]	㉑兼[iam/iap]	㉒交[au/auʔ]	㉓家[e/eʔ]	㉔瓜[ue/ueʔ]
㉕胶[a/aʔ]	㉖龟[u/uʔ]	㉗扛[ɤŋ/ɤk]	㉘枝[i/iʔ]	㉙鸠[iu/iuʔ]	㉚官[ũã/ũãʔ]
㉛居[ɯ/ɯʔ]	㉜柑[ã / ãʔ]	㉝庚[ẽ/ẽʔ]	㉞京[iã]	㉟蕉[io/ioʔ]	㊱天[ĩ / ĩʔ]
㊲肩[oĩ]	㊳干与江同	㊴关与光同	㊵姜与坚同		

（四）《潮语十五音》声调系统

《八音分声法》：

上平	上上	上去	上入	下平	下上	下去	下入
君	滚	棍	骨	裙	郡	啒	滑
坚	襁	见	洁	浧	建	键	杰
金	锦	禁	急	棽	妗	憛	及
钦	昑	搂	汲	琴	掺	忕	拾

《潮语十五音》在声调方面比《潮声十五音》更科学之处，就是纠正了《潮声十五音》"上去声"和"下去声"韵字归属问题。

《潮语十五音》8个声调与现代汕头方言相对照，其调值如下：

调类	调值	例字	调类	调值	例字
上平声	33	分君坤敦奔吞尊	下平声	55	伦群唇坟豚船旬
上上声	53	本滚捆盾囤准	下上声	35	郡润顺愠混
上去声	213	嫩粪棍困喷俊	下去声	11	笨屯阵闰运闷
上入声	2	不骨屈突脱卒	下入声	5	律滑突术没佛

五　晚清·无名氏撰《击木知音》音系研究

（一）同名实异的两种韵书

《击木知音》全名《汇集雅俗通十五音》，副标题为《击木知音》，著者不详。此书成书于"中华[民国]四年（1915年）岁次乙卯八月望日"。现珍藏于广东省潮州市博物馆，该书由博物馆纪丹蘋同志提供。《击木知音》虽全名为《汇集雅俗通十五音》，但所反映的音系则是潮州方言音系，与福建漳州方言韵书《汇集雅俗通十五音》虽书名相同，而本质则不相同。其不同之处有：

第一，《击木知音》有8个声调，而漳州《汇集雅俗通十五音》则7个声调。

第二，《击木知音》-n/-t尾韵与-ŋ/-k尾韵字混同，一律读作[-ŋ/k]；而《汇集雅俗通十五音》-n/-t尾韵与-ŋ/-k尾韵字则界限分明。

第三，《击木知音》佳部字"佳嘉加迦葭笳/贾假/价架驾嫁嫁稼"与"爹/赊斜邪些/捨舍写泻赦社射谢麝"等同一韵部，均读作[ia]；而漳州《汇集雅俗通十五音》则分别归属嘉部[ɛ]和迦部[ia]。

第四，《击木知音》扛部字"扛钢糠康当汤莊庄赃妆装丧桑霜秧疮舱方坊荒/榜吭榾钢当迨/郎髞餕葫肠长唐塘堂糖床牀/丈状藏"，在漳州《汇集雅俗通十五音》里不见于扛部，而见于钢部。《击木知音》扛部读作[ɤŋ]，而漳州《汇集雅俗通十五音》钢部则读作[ŋ]，扛部读作[ŏ]。

第五，《击木知音》车部字如"车居椐屉猪豬之芝于於蛆疽虚墟嘘歔/汝举矩筥杼煮耳尔迩驸与语鼠许浒/锯据去箸馂翳/驴衢渠瞿蘧锄薯而馀余于与徐鱼吕虑巨钜拒距二字豫预誉御"和"资姿淄缁谘孜恣锱思斯师私缌偲/子梓史驶使此泚/赐肆泗四三次/词嗣祠辞/自仕士姒似祀耜事"等均读作[ɯ]，而漳州《汇集雅俗通十五音》则分别归属居部[i]和艍部[u]。

第六，《击木知音》只有40个韵部，而漳州《汇集雅俗通十五音》则有50个韵部。

《击木知音》的编排体例，基本上采用泉州方言韵书《汇音妙悟》的编排体例，以韵图的形式来编排。每个韵部之上横列15个声母字（柳边求去地颇他贞入时英文语出喜）来列图，每个声母之下纵列8个声调（上平声、上上声、上去声、上入声、下平声、下上声、下去声、下入声）列8个格子，每个格子内纵列同音字，部分韵字之下有简单注释。《击木知音》的编排体例则比《汇音妙悟》来得科学、排得清楚。

（二）《击木知音》的音系性质研究

研究一部方言韵书，首先应该考证该韵书的音系性质。据考证，粤东潮汕方言韵书的声母系统和声调系统基本上是相同的，所不同的就是韵母系统。因此，笔者着重从两个方面来研究《击木知音》的：一是先考证该部韵书的音系性质，也就是反映粤东何地的方言音系；二是运用历史比较法，根据现代粤东闽南方言韵系对该韵书的韵部系统进行拟测。

《击木知音》（1915年）书前附有"击木知音字母四十字目录"：

君	坚	金	规	佳	干	公	乖	经	关
孤	骄	鸡	恭	高	皆	斤	薑	甘	柯
江	兼	交	家	瓜	胶	龟	扛	枝	鸠
官	车	柑	更	京	蕉	姜	天	光	间

这40个韵部与《潮语十五音》（1911年）"四十字母目录"（君坚金归佳江公乖经光孤骄鸡恭歌皆囝薑甘柯兼交家瓜胶龟扛枝鸠官居柑庚京蕉天肩干关姜）在韵目或韵序方面基本上相同。所不同的是《潮语十五音》书末注云："干部与江同，关部与光同，姜部与坚同，俱不录。"可见该韵书的40个韵部，实际上是37个韵部，而《击木知音》则是实实在在的40个韵部。具体比较如下表：

潮语十五音	君	坚姜	金	归	佳	江干	公	乖	经	光关	孤	骄	鸡	恭	歌	皆	君	薑	甘	柯
击木知音	君	坚	金	规	佳	干	公	乖	经	关	孤	骄	鸡	恭	高	皆	斤	薑	甘	柯
潮语十五音	囝	兼	交	家	瓜	胶	龟	扛	枝	鸠	官	居	柑	庚	京	蕉		天		肩
击木知音	江	兼	交	家	瓜	胶	龟	扛	枝	鸠	官	车	柑	更	京	蕉	姜	天	光	间

从上表可见，这两种韵书的异同点主要表现在：（1）从韵目用字上看，二种韵书韵目基本上相同，唯独"归/规""歌/高""囝/斤""居/车""庚/更""肩/间"用字上不同。（2）从韵序上看，君部至柯部，兼部至蕉部，完全相同；所不同的是《潮语十五音》把"干关姜"三部置于最后。（3）从正文内容上看，《潮语十五音》"干关姜"三部没有内容，干部与江同，关部与光同，姜部与坚同，"干＝江""关＝光""姜＝坚"；而《击木知音》"干≠江"、"关≠光"、"姜≠坚"，它们则是分立的。干部与江部是否对立，坚部和姜部是否对立，关部和光部是否对立，是《击木知音》与《潮语十五音》争论的焦点，也是《击木知音》究竟反映何地方言音系的本质问题。现分别讨论之：

1. 关于干部与江部

林伦伦、陈小枫所著《广东闽方言语音研究》（第84—86页）"汕头、潮州、澄海、潮阳、揭阳、海丰6种方言比较表"载，韵母[aŋ/ak]在6种方言中是一致的。《击木知音》有干部与江部，是否受漳州方言韵书《汇集雅俗通十五音》的影响呢？根据马重奇著《清代三种漳州十五音韵书研究》考证，《汇集雅俗通十五音》干部字多数来源于《广韵》山摄韵字，少数来源于曾摄和咸摄韵字，故干部拟音为[-an/at]；江部字多数来源于《广韵》的通摄、江摄、宕摄、曾摄韵字，少数来源于臻摄韵字，故拟音为[-aŋ/ak]。干部与江部是对立的。笔者详细考察了《击木知音》，发现该韵书干部和江部中重见的韵字有347个，分布于《广韵》通摄、江摄、宕摄、梗摄、曾摄和山摄之中，而不重见的韵字也同样分布于这些韵摄之中，显然，收-n尾韵字与收-ŋ尾韵字混杂，收-t尾韵字亦与收-k尾韵字混杂。请看下表：

		上平	上上	上去	上入	下平	下上	下去	下入	小计
柳	同	1砍青	2囊唐笼钟	1擺青	2喇捌曷	6阑蘭澜栏寒聋碧东	3朗荡浪宕弄送	0	4力职六陆屋乐铎	19
	异	7	6	1	1	10	7	6	6	44
边	同	4帮唐邦江枋阳崩登	1榜荡	1放漾	5剥觉腹幅屋北德驳觉	3瓶青冯东房阳	1谤宕	0	1缚药	16
	异	11	10	2	5	2	3	1	2	36
求	同	3江江刚唐艰山	4讲讲简产铜谏港讲	1谏谏	6结屑冬觉觉葛曷角桷觉	0	0	1共用	0	15
	异	18	5	0	4	2	2	0	3	34
去	同	3康唐匡阳牵先	1侃旱	4亢匡炕宕掐治	6尅德糗烛霍铎壳殻觉恪铎	2捧肿看寒	0	0	0	16
	异	9	6	5	3	0	1	1	2	27
地	同	4丹寒冬冬东东单寒	4董董黨党荡陡厚	5旦翰栋冻送当档宕	2　噠曷	5铜筒同全东	6瓿惮蛋翰重肿荡盪荡	1洞送	3达曷毒沃铎铎	30
	异	9	4	3	7	1	4	0	2	30
颇	同	2攀删蜂钟	1纺养	1盼裥	1博铎	4帆凡蓬东旁唐庞江	0	1吉质	3雹觉曝暴屋	13
	异	3	2	5	3	5	2	1	2	23
他	同	4蛏清汤唐滩摊寒	4坦祖笣旱桶董	2嘆歎翰	1挞曷	8弹檀寒棠螳唐唐虫桐瓯东	0	1戙送	1串清	21
	异	5	7	2	11	2	4	1	3	37
贞	同	8庄阳罾缯曾登棕稷鬃东揣耕	3喳盏琖产	9壮样棕综送栈谏赞讃缵钻鄧翰	3作铎节屑栉栉	5欉丛东层登挣诤浇青	3脏宕缠仙溅线	1赠嶝	2鲗德脢轸	34
	异	2	4	0	5	3	0	0	11	26
入	同	2燹宋魠江	2钎翰酿讲	1	1扛送	1虻江	1贬语	1	1輵屑	10
	异	0	0	0	1	1	1	0	1	4
时	同	9删删珊姗删姍寒雙双江鬆钟潸删芟衔	5产粹弗产揀养瘦宥	7送送宋宋丧唐霰霰散翰汕谏谏伞旱	7虱蝨梆杀煞黠萨曷塞德	1嶒桓	1蠹语	1霜送	1鸻术	32
	异	2	3	4	0	0	0	0	0	12
英	同	8安鞍侒寒俺咹唐翁东鹤覃鹌寒	2俺愔董	5晏鹦谏宴霰甕送案翰	3抑职握黠恶铎	2红洪东	1俺董	2宠肿阉宕	2蒦籰陌	25
	异	0	2	7	5	4	0	2	3	23

		上平	上上	上去	上入	下平	下上	下去	下入	小计
文	同	2尼媲江	3挽阮蟒莽荡	2熳甄	2巇屑帥泰	6蛮删闽真 芒茫忙唐晄 江	2网养矕桓	4梦蓼蕖 送缓缓	5目黝屋茉 末墨德密质	26
	异	0	2	0	0	2	0	2	3	9
语	同	1昂唐	2眼产構讲	2棗獖寋	1椴薛	5言元培颜 顿删腔江	7雁鴈谏谚 喀彦线鸢仙 羼祠		6岳嶽觉咢 荤噩鳄铎	24
	异	2	0	0	1	0	1	0	7	11
出	同	7潺屝屚山餐寒 葱东苍仓沧 唐	4铲刬产鬞东 曩阳	5灿璨瀺翰 用创漾	4察黠漆滕质错 铎	5藏匲唐田 先残寒样阳	1		2贼德凿铎	28
	异	5	3	1	4	1	0	0	0	14
喜	同	3鲂鳍鯕	6罕旱悍捍翰 僴睍产鼾寒	5汉傼熯暵 翰瘓肿	8瞎辖鑆豁末褐 曷曷涸壑铎洫职	7寒韩翰寒 杭秔行唐降 江	2限产项讲	3巷衔绛闬 翰	4学礐觳礐 觉	38
	异	3	3	1	2	0	2	0	1	13

据统计，《击木知音》干部（共收540字）和江部（共收507字）中重见的韵字有347个，分别占其总数的64.26%和68.44%；干部和江部中还分别有193字和160字是不重见的，分别占它们总数的35.74%和31.56%。鉴于《击木知音》干部和江部均有三分之一强的韵字不同，并且韵书明确地将它们独立成部，我们特别将干部拟音为[εŋ/εk]，是为了区别于江部[aŋ/ak]而又不与经部拟音[eŋ/ek]发生冲突而构拟的。这样，两个韵部的主要元音[ε]和[a]的发音部位只有较小的差别，既可以解释它们重见字的现象，又可以解释不重见的现象。因此，我们认为《击木知音》干部字应拟音为[εŋ/εk]，而江部拟音为[aŋ/ak]。

2. 关于坚部和姜部

林伦伦、陈小枫所著《广东闽方言语音研究》（第84—86页）"汕头、潮州、澄海、潮阳、揭阳、海丰6地方言比较表"载，唯独潮州方言有[iaŋ/iak]和[ieŋ/iek]的对立。坚部和姜部的对立，可以排除《击木知音》音系反映汕头、澄海、潮阳、揭阳、海丰方言的可能性。

据考察，《击木知音》坚部和姜部是对立的，但也有重见的韵字70个。其中收《广韵》-n尾韵字的如"扁变鳖卞抃见遣犬畎典偏片嘁田填妍研现敏"，收-t尾韵字如"别傑桀杰竭哲迭桎姪跌擘彻澈撤孽蘖褻屑洩綫"；收-ŋ尾韵字如"邕畅杖嚷壤酿让养映恙仰厂敞氅昶唱蔷墙肠长响向饷"，收-k尾韵字如"弱跃约藥虐瘧削"。这说明-n尾韵字与-ŋ尾韵字，-t尾韵字与收-k尾韵字在这两个韵部中已经混淆。《击木知音》坚部收499字，姜部收309字，重见韵字分别占其总数的14.03%和22.65%。而不重见的韵字则占其总数的85.97%和77.35%，说明这两个韵部基本上是对立的。因此，我们根据潮州方言将坚部拟音为[ieŋ/iek]，姜部拟音为[iaŋ/iak]。

3. 关于关部和光部

林伦伦、陈小枫所著《广东闽方言语音研究》（第84—86页）"汕头、潮州、澄海、潮阳、揭阳、海丰6地方言比较表"载，只有潮州、潮阳、揭阳方言有[ueŋ/uek]和[uaŋ/uak]的对立。这就排除了《击木知音》音系反映汕头、澄海、海丰等地方言的可能性。

据考察，《击木知音》关部（499字）和光部（455字）中也有重见的韵字108个，其中收《广韵》-n尾韵字的如"煖暖恋銮鸾亂乱搬半姅叛畔贯灌券圈端短断煅搏篆段藩蕃蟠磻泮判汴弁盘磐檠伴传团专崅转攒泉撰馔喛软宣喧暄选濮旋璇璿淀怨玩翫妧阮元沅原源愿諴川钏穿喘舛串全铨"，收-t尾韵字如"劣捋钵跋渤勃拔桲阔夺泼橃俶悦谶曰辍啜撮發髪罚筏伐穴"；收-ŋ尾韵字如"肱倾顷圹旷觥况"，收-k尾韵字如"扩"；收-p尾韵字如"乏"。可见，该韵书关部和光部韵字已经混淆了收-n韵尾和收-ŋʙ‖ʒθ‖重见韵字分别占其总数的21.64%和23.74%，不重见韵字则分别占其总数的78.36%和76.26%。可见，关部与光部基本上是对立的。根据现代潮州方言，我们分别把它们拟音为[ueŋ/uek]和[uaŋ/uak]。

综上所述，由于《击木知音》干部和江部均有1/3以上的韵字不同，并且韵书明确地将它们独立成部，我们特别将干部拟音为[ɛŋ/ɛk]，江部拟音为[aŋ/ak]。这样，两个韵部的主要元音[ɛ]和[a]的发音部位只有较小的差别，既可以解释它们重见字的现象，又可以解释不重见的现象。其次，坚部拟音为[ieŋ/iek]，姜部拟音为[iaŋ/iak]，这是可行的，因为它符合潮州方言的语音实际。再次，关部和光部分别拟音为[ien/iek]和[ian/iak]，则是反映了潮州方言的语音现象。以上三个特殊韵部的分析，则是《击木知音》的音系性质的关键所在。因此，我们认为，《击木知音》音系所反映的正是广东潮州方言音系。

（三）《击木知音》声母系统

《击木知音》书后附有"十五音"：

柳里 边比 求己 去起 地抵 颇丕 他体 贞止 入耳 时始 英以 文靡 语拟 出耻 喜喜

与《潮声十五音》（1909）"潮声君部上平声十五音"和泉州黄谦著《汇音妙悟》（1800）"十五音念法"、漳州谢秀岚著《汇集雅俗通十五音》（1818）"呼十五音法"基本上相似。请看下表：

闽南方言韵书	"十　五　音"														
《击木知音》	柳里	边比	求己	去起	地抵	颇丕	他体	贞止	入耳	时始	英以	文靡	语拟	出耻	喜喜
《潮声十五音》	柳膅	边分	求君	去坤	地敦	坡奔	他吞	增尊	入嶐	时孙	英温	文蚊	语〇	出春	喜芬
《汇音妙悟》	柳黀	边盆	求君	气昆	地敦	普奔	他吞	争尊	入胸	时孙	英温	文颋	语稐	出春	喜分
《汇集雅俗通十五音》	柳理	边比	求己	去起	地底	颇鄙	他耻	曾止	入耳	时始	英以	门美	语御	出取	喜喜

由上可见，潮汕方言韵书"十五音"均来源于福建闽南方言韵书，其用字、次序和拼读方式基本上是相同的。《汇集雅俗通十五音》"呼十五音法"，其呼法与"漳州ma-sa式秘密语"的拼读方法相类似。"漳州ma-sa式秘密语"的拼读方法：即把本字音作为秘密语的声母字，再将本字韵母配以附加声s，作为秘密语的韵母字，并各从原有四声，连而言之。[1] 如：

柳liu^{53} → 柳liu^{44} + 理li^{53}　　　　时si^{12} → 时si^{22} + 时si^{12}

而以上四种韵书的呼音法是：ma-mi式，ma是本字，表示声母字，mi表示本字的声母配-i（声调基本上为上上声）。其拼音方式如下：

柳→柳+理　边→边+比　求→求+己　去→去+起　地→地+底　颇→颇+鄙
他→他+耻　曾→曾+止　入→入+耳　时→时+始　英→英+以　门→门+美
语→语+御　出→出+取　喜→喜+喜

根据林伦伦、陈小枫著的《广东闽方言语音研究》（汕头大学出版社1996年版）、以及现代潮汕方言等材料，今把现代粤东6个县市闽方言声母与《击木知音》"十五音"比较如下表：

	声 　 母 　 系 　 统															
击木知音	边	颇	文	地	他	柳	贞	出	时	入	求	去	语		喜	英
潮声十五音	边	坡	文	地	他	柳	增	出	时	入	求	去	语		喜	英
汕头话	p	p'	b	m	t	t'	n	l	ts	ts'	s	z	k	k'	g	ŋ	h	ø
潮州话	p	p'	b	m	t	t'	n	l	ts	ts'	s	z	k	k'	g	ŋ	h	ø
澄海话	p	p'	b	m	t	t'	n	l	ts	ts'	s	z	k	k'	g	ŋ	h	ø
潮阳话	p	p'	b	m	t	t'	n	l	ts	ts'	s	z	k	k'	g	ŋ	h	ø
揭阳话	P	p'	b	m	t	t'	n	l	ts	ts'	s	z	k	k'	g	ŋ	h	ø
海丰话	P	p'	b	m	t	t'	n	l	ts	ts'	s	Z	k	k'	g	ŋ	h	ø

1　见马重奇《闽南漳州方言la-mi式和ma-sa式音的秘密语研究》，商务印书馆1999年版；《中国语言学报》第9期。

由上表可见，粤东闽南方言的声母是一致的。现将《击木知音》声母系统及其拟音如下：

①柳[l/n]　②边[p]　③求[k]　④去[kʻ]　⑤地[t]
⑥颇[pʻ]　⑦他[tʻ]　⑧贞[ts]　⑨入[z]　⑩时[s]
⑪英[ø]　⑫文[b/m]　⑬语[g/ŋ]　⑭出[tsʻ]　⑮喜[h]

因为潮汕方言有非鼻化韵与鼻化韵两套系统，因此"柳、文、语"三个字母在非鼻化韵前读作[l]、[b]、[g]，在鼻化韵前读作[n]、[m]、[ŋ]。林伦伦、陈小枫著的《广东闽方言语音研究》（汕头大学出版社1996年版）书中指出，"[b-、g-、l-]三个浊音声母不拼鼻化韵母；[m-、n-、ŋ-]三个鼻音声母与元音韵母相拼后，元音韵母带上鼻化成分，即[me]=[mẽ]、[ne]=[nẽ]、[ŋe]=[ŋẽ]。所以可以认为[m-、n-、ŋ-]不拼口元音韵母，与[b-、g-、l-]不拼鼻化韵母互补。"这是柳[l/n]、文[b/m]、语[g/ŋ]在不同语音条件下所构拟的音值。

（四）《击木知音》韵母系统及其拟测

下面我们把《击木知音》的每一个韵部字与粤东地区汕头、潮州、澄海、潮阳、揭阳和海丰等6个方言代表点进行历史比较，然后构拟出其音值。

1."君坚金规佳"诸部的拟测

(1)君部　此部在粤东粤东地区汕头、潮州、澄海、潮阳、揭阳的闽语中多数读作[uŋ/uk]，唯独海丰方言读作[un/ut]。今根据现代潮州方言将君部拟音为[uŋ/uk]。

例字	汕头	潮州	澄海	潮阳	揭阳	海丰
分	huŋ¹	huŋ¹	huŋ¹	huŋ¹	huŋ¹	hun¹
准	tsuŋ²	tsuŋ²	tsuŋ²	tsuŋ²	tsuŋ²	tsun²
俊	tsuŋ³	tsuŋ³	tsuŋ³	tsuŋ³	tsuŋ³	tsun³
出	tsʻuk⁴	tsʻuk⁴	tsʻuk⁴	tsʻuk⁴	tsʻuk⁴	tsʻut⁴
轮	luŋ⁵	luŋ⁵	luŋ⁵	luŋ⁵	luŋ⁵	lun⁵
论	luŋ⁶	luŋ⁶	luŋ⁶	luŋ⁶	luŋ⁶	lun⁶
闷	buŋ⁷	buŋ⁷	buŋ⁷	buŋ⁷	buŋ⁷	bun⁷
掘	kuk⁸	kuk⁸	kuk⁸	kuk⁸	kuk⁸	kut⁸

(2)坚部　此部除潮州方言在音值上多数读[ieŋ/iek]，但也有少数读作[iaŋ/iak]，而汕头、澄海、潮阳、揭阳和海丰均读为[iaŋ/iak]。现根据潮州方言将坚部拟音为[ieŋ/iek]。

例字	汕头	潮州	澄海	潮阳	揭阳	海丰
边	pian^1	pien^1	pian^1	pian^1	pian^1	pian^1
典	tian^2	tien^2	tian^2	tian^2	tian^2	tian^2
箭	tsian^3	tsien^3	tsian^3	tsian^3	tsian^3	tsian^3
迭	tiak^4	tiek^4	tiak^4	tiak^4	tiak^4	tiak^4
眠	mian^5	mien^5	mian^5	mian^5	mian^5	mian^5
奠	tian^6	tien^6	tian^6	tian^6	tian^6	tian^6
现	hian^7	hien^7	hian^7	hian^7	hian^7	hian^7
别	piak^8	piek^8	piak^8	piak^8	piak^8	piak^8

(3)金部　此部除澄海方言读作[in/ik]以外，其他地区如汕头、潮州、潮阳、揭阳和海丰读音均为[im/ip]，现根据潮州方言将金部拟音为[im/ip]。

例字	汕头	潮州	澄海	潮阳	揭阳	海丰
金	kim^1	kim^1	kin^1	kim^1	kim^1	kim^1
饮	im^2	im^2	in^2	im^2	im^2	im^2
禁	kim^3	kim^3	kin^2	kim^3	kim^3	kim^3
急	kip^4	kip^4	kik^4	kip^4	kip^4	kip^4
临	lim^5	lim^5	lin^5	lim^5	lim^5	lim^5
任	zim^6	zim^6	zin^6	zim^6	zim^6	zim^6
刃	zim^7	zim^7	zin^7	zim^7	zim^7	zim^7
及	kip^8	kip^8	kik^8	kip^8	kip^8	kip^8

(4)规部　此部舒声韵字在粤东各县、市的闽语中均读作[ui]，促声韵字均为偏僻字，现代潮州话基本上不用。现根据潮州方言将规部拟音为[ui/uiʔ]。

例字	汕头	潮州	澄海	潮阳	揭阳	海丰
追	tui^1	tui^1	tui^1	tui^1	tui^1	tui^1
水	tsui^2	tsui^2	tsui^2	tsui^2	tsui^2	tsui^2
桂	kui^3	kui^3	kui^3	kui^3	kui^3	kui^3
扑	pʰuiʔ^4	——	——	——	——	——
微	bui^5	bui^5	bui^5	bui^5	bui^5	bui^5
跪	kui^6	kui^6	kui^6	kui^6	kui^6	kui^6
累	lui^7	lui^7	lui^7	lui^7	lui^7	lui^7
稡	kʰuiʔ^8	——	——	——	——	——

(5)佳部　此部在粤东各县、市的闽语中均读作[ia/iaʔ]。现根据潮州方言将佳部拟音

为[ia/iaʔ]。

例字	汕头	潮州	澄海	潮阳	揭阳	海丰
爹	tia¹	tia¹	tia¹	tia¹	tia¹	tia¹
贾	kia²	kia²	kia²	kia²	kia²	kia²
寄	kia³	kia³	kia³	kia³	kia³	kia³
脊	tsiaʔ⁴	tsiaʔ⁴	tsiaʔ⁴	tsiaʔ⁴	tsiaʔ⁴	tsiaʔ⁴
椰	ia⁵	ia⁵	ia⁵	ia⁵	ia⁵	ia⁵
社	sia⁶	sia⁶	sia⁶	sia⁶	sia⁶	sia⁶
谢	sia⁷	sia⁷	sia⁷	sia⁷	sia⁷	sia⁷
食	tsiaʔ⁸	tsiaʔ⁸	tsiaʔ⁸	tsiaʔ⁸	tsiaʔ⁸	tsiaʔ⁸

2."干公乖经关"诸部的拟测

(6)干部　此部在粤东各县、市的闽语中均读作[aŋ/ak]。鉴于《击木知音》干部和江部分立且有三分之一以上的韵字重见，因此，我们认为《击木知音》干部字应拟音为[eŋ/ɛk]，江部拟音为[aŋ/ak]，以便区别。

例字	汕头	潮州	澄海	潮阳	揭阳	海丰
干	kaŋ¹	kaŋ¹	kaŋ¹	kaŋ¹	kaŋ¹	kaŋ¹
眼	gaŋ²	gaŋ²	gaŋ²	gaŋ²	gaŋ²	gaŋ²
降	kaŋ³	kaŋ³	kaŋ³	kaŋ³	kaŋ³	kaŋ³
结	kak⁴	kak⁴	kak⁴	kak⁴	kak⁴	kak⁴
寒	haŋ⁵	haŋ⁵	haŋ⁵	haŋ⁵	haŋ⁵	haŋ⁵
烂	laŋ⁶	laŋ⁶	laŋ⁶	laŋ⁶	laŋ⁶	laŋ⁶
巷	haŋ⁷	haŋ⁷	haŋ⁷	haŋ⁷	haŋ⁷	haŋ⁷
达	tak⁸	tak⁸	tak⁸	tak⁸	tak⁸	tak⁸

(7)公部　此部在粤东各县、市的闽语中均为[oŋ/ok]。现根据潮州方言将公部拟音为[oŋ/ok]。

例字	汕头	潮州	澄海	潮阳	揭阳	海丰
葱	tsʻoŋ¹	tsʻoŋ¹	tsʻoŋ¹	tsʻoŋ¹	tsʻoŋ¹	tsʻoŋ¹
陇	loŋ²	loŋ²	loŋ²	loŋ²	loŋ²	loŋ²
冻	toŋ³	toŋ³	toŋ³	toŋ³	toŋ³	toŋ³
恶	ok⁴	ok⁴	ok⁴	ok⁴	ok⁴	ok⁴
农	loŋ⁵	loŋ⁵	loŋ⁵	loŋ⁵	loŋ⁵	loŋ⁵
重	toŋ⁶	toŋ⁶	toŋ⁶	toŋ⁶	toŋ⁶	toŋ⁶
磅	poŋ⁷	poŋ⁷	poŋ⁷	poŋ⁷	poŋ⁷	poŋ⁷
独	tok⁸	tok⁸	tok⁸	tok⁸	tok⁸	tok⁸

(8)乖部　此部在粤东各县、市的闽语中均读作[uai]，促声韵字仅一字，现代潮州话基本上不用。现根据潮州方言将乖部拟音为[uai/uai?]。

例字	汕头	潮州	澄海	潮阳	揭阳	海丰
衰	suai[1]	suai[1]	suai[1]	suai[1]	suai[1]	suai[1]
栒	kuai[2]	kuai[2]	kuai[2]	kuai[2]	kuai[2]	kuai[2]
快	kʻuai[3]	kʻuai[3]	kʻuai[3]	kʻuai[3]	kʻuai[3]	kʻuai[3]
夯	uai?[4]	—	—	—	—	—
怀	huai[5]	huai[5]	huai[5]	huai[5]	huai[5]	huai[5]
坏	huai[6]	huai[6]	huai[6]	huai[6]	huai[6]	huai[6]
外	uai[7]	uai[7]	uai[7]	uai[7]	uai[7]	uai[7]

(9)经部　此部在粤东汕头、潮州、澄海、揭阳等各县、市的闽语中多数读作[eŋ/ek]，潮阳、海丰有两读：[eŋ/ek]和[ioŋ/iok]。现根据潮州方言将经部拟音为[eŋ/ek]。

例字	汕头	潮州	澄海	潮阳	揭阳	海丰
经	keŋ[1]	keŋ[1]	keŋ[1]	keŋ[1]/kioŋ[1]	keŋ[1]	keŋ[1]
等	teŋ[2]	teŋ[2]	teŋ[2]	teŋ[2]/ tioŋ[2]	teŋ[2]	teŋ[2]
证	tseŋ[3]	tseŋ[3]	tseŋ[3]	tseŋ[3]/ tsioŋ[3]	tseŋ[3]	tseŋ[3]
识	sek[4]	sek[4]	sek[4]	sek[4]/siok[4]	sek[4]	sek[4]
朋	pʻeŋ[5]	pʻeŋ[5]	pʻeŋ[5]	pʻeŋ[5]/ pʻioŋ[5]	pʻeŋ[5]	pʻeŋ[5]
并	peŋ[6]	peŋ[6]	peŋ[6]	peŋ[6]/ pioŋ[6]	peŋ[6]	peŋ[6]
用	eŋ[7]	eŋ[7]	eŋ[7]	eŋ[7]/ ioŋ[7]	eŋ[7]	eŋ[7]
勒	lek[8]	lek[8]	lek[8]	lek[8]/ liok[8]	lek[8]	liok[8]

(10)关部　此部在粤东潮州读作[ueŋ/uek]，汕头、澄海、海丰读作[uaŋ / uak]，潮阳、揭阳有两读：[uaŋ/uak]和[ueŋ/uek]。现根据潮州方言将关部拟音为[ueŋ/uek]。

例字	汕头	潮州	澄海	潮阳	揭阳	海丰
端	tuaŋ[1]	tueŋ[1]	tuaŋ[1]	tuaŋ[1]/ tueŋ[1]	tuaŋ[1]/ tueŋ[1]	tuaŋ[1]
满	buaŋ[2]	bueŋ[2]	buaŋ[2]	buaŋ[2]/ bueŋ[2]	buaŋ[2]/ bueŋ[2]	buaŋ[2]
判	pʻuaŋ[3]	pʻueŋ[3]	pʻuaŋ[3]	pʻuaŋ[3]/ pʻueŋ[3]	pʻuaŋ[3]/ pʻueŋ[3]	pʻuaŋ[3]
劣	luak[4]	luek[4]	luak[4]	luak[4]/ luek[4]	luak[4]/ luek[4]	luak[4]
泉	tsuaŋ[5]	tsueŋ[5]	tsuaŋ[5]	tsuaŋ[5]/ tsueŋ[5]	tsuaŋ[5]/ tsueŋ[5]	tsuaŋ[5]
乱	luaŋ[6]	lueŋ[6]	luaŋ[6]	luaŋ[6]/ lueŋ[6]	luaŋ[6]/ lueŋ[6]	luaŋ[6]
算	suaŋ[7]	sueŋ[7]	suaŋ[7]	suaŋ[7]/ sueŋ[7]	suaŋ[7]/ sueŋ[7]	suaŋ[7]
拔	puak[8]	puek[8]	puak[8]	puak[8]/ puek[8]	puak[8]/ puek[8]	puak[8]

3.“孤骄鸡恭高”诸部的拟测

(11)孤部　此部在粤东各县、市的闽语中舒声韵均读作[ou]，促声韵无读作[ouʔ]。现根据潮州方言将孤部拟音为[ou/ouʔ]。

例字	汕头	潮州	澄海	潮阳	揭阳	海丰
铺	p'ou¹	p'ou¹	p'ou¹	p'ou¹	p'ou¹	p'ou¹
鼓	kou²	kou²	kou²	kou²	kou²	kou²
傅	pou³	pou³	pou³	pou³	pou³	pou³
剟	souʔ⁴	—	—	—	—	—
厨	tou⁵	tou⁵	tou⁵	tou⁵	tou⁵	tou⁵
户	hou⁶	hou⁶	hou⁶	hou⁶	hou⁶	hou⁶
渡	tou⁷	tou⁷	tou⁷	tou⁷	tou⁷	tou⁷
辪	souʔ⁸	—	—	—	—	—

(12)骄部　此部在粤东各县、市的闽语中只有潮州、澄海读作[iou/iouʔ]，而汕头、潮阳、揭阳和海丰均读作[iau/iauʔ]。现根据潮州方言将骄部拟音为[iou/iouʔ]。

例字	汕头	潮州	澄海	潮阳	揭阳	海丰
娇	kiau¹	kiou¹	kiou¹	kiau¹	kiau¹	kiau¹
瞭	liau²	liou²	liou²	liau²	liau²	liau²
叫	kiau³	kiou³	kiou³	kiau³	kiau³	kiau³
脚	kiauʔ⁴	kiouʔ⁴	kiouʔ⁴	kiauʔ⁴	kiauʔ⁴	kiauʔ⁴
调	ts'iau⁵	ts'iou⁵	ts'iou⁵	ts'iau⁵	ts'iau⁵	ts'iau⁵
耀	iau⁶	iou⁶	iou⁶	iau⁶	iau⁶	iau⁶
廖	liau⁷	liou⁷	liou⁷	liau⁷	liau⁷	liau⁷
着	tiauʔ⁸	tiouʔ⁸	tiouʔ⁸	tiauʔ⁸	tiauʔ⁸	tiauʔ⁸

(13)鸡部　此部在粤东各县、市的闽语中多数读作[oi/oiʔ]，只有海丰读作[i/ei/eʔ]。现根据潮州方言将鸡部拟音为[oi/oiʔ]。

例字	汕头	潮州	澄海	潮阳	揭阳	海丰
街	koi¹	koi¹	koi¹	koi¹	koi¹	kei¹
礼	loi²	loi²	loi²	loi²	loi²	li²
计	koi³	koi³	koi³	koi³	koi³	ki³
捌	poiʔ⁴	poiʔ⁴	poiʔ⁴	poiʔ⁴	poiʔ⁴	peʔ⁴
蹄	toi⁵	toi⁵	toi⁵	toi⁵	toi⁵	ti⁵
蟹	hoi⁶	hoi⁶	hoi⁶	hoi⁶	hoi⁶	hei⁶
卖	boi⁷	boi⁷	boi⁷	boi⁷	boi⁷	bei⁷
拔	poiʔ⁸	poiʔ⁸	poiʔ⁸	poiʔ⁸	poiʔ⁸	peʔ⁸

(14)恭部　此部在粤东各县、市的闽语中均读作[ioŋ/iok]，只有潮阳、揭阳还有另一读[ueŋ/uek]。现根据潮州方言将恭部拟音为[ioŋ/iok]。

例字	汕头	潮州	澄海	潮阳	揭阳	海丰
弓	kioŋ¹	kioŋ¹	kioŋ¹	kioŋ¹	kioŋ¹	kioŋ¹
永	ioŋ²	ioŋ²	ioŋ²	ioŋ²	ioŋ²	ioŋ²
像	sioŋ³	sioŋ³	sioŋ³	sioŋ³	sioŋ³	sioŋ³
曲	kʻiok⁴	kʻiok⁴	kʻiok⁴	kʻiok⁴	kʻiok⁴	kʻiok⁴
松	sioŋ⁵	sioŋ⁵	sioŋ⁵	sioŋ⁵	sioŋ⁵	sioŋ⁵
佣	ioŋ⁶	ioŋ⁶	ioŋ⁶	ioŋ⁶	ioŋ⁶	ioŋ⁶
共	kioŋ⁷	kioŋ⁷	kioŋ⁷	kioŋ⁷	kioŋ⁷	kioŋ⁷
育	iok⁸	iok⁸	iok⁸	iok⁸	iok⁸	iok⁸

(15)高部　此部在粤东各县、市的闽语中均读作[o/oʔ]。现根据潮州方言将高部拟音为[o/oʔ]。

例字	汕头	潮州	澄海	潮阳	揭阳	海丰
玻	po¹	po¹	po¹	po¹	po¹	po¹
左	tso²	tso²	tso²	tso²	tso²	tso²
播	po³	po³	po³	po³	po³	po³
索	soʔ⁴	soʔ⁴	soʔ⁴	soʔ⁴	soʔ⁴	soʔ⁴
锣	lo⁵	lo⁵	lo⁵	lo⁵	lo⁵	lo⁵
佐	tso⁶	tso⁶	tso⁶	tso⁶	tso⁶	tso⁶
号	ho⁷	ho⁷	ho⁷	ho⁷	ho⁷	ho⁷
络	loʔ⁸	loʔ⁸	loʔ⁸	loʔ⁸	loʔ⁸	loʔ⁸

4."皆斤薑甘柯"诸部的拟测

(16)皆部　此部在粤东各县、市的闽语中舒声韵均读作[ai]，而促声韵字较为偏僻，已不再使用了。现根据潮州方言将皆部拟音为[ai/aiʔ]。

例字	汕头	潮州	澄海	潮阳	揭阳	海丰
斋	tsai¹	tsai¹	tsai¹	tsai¹	tsai¹	tsai¹
歹	tai²	tai²	tai²	tai²	tai²	tai²
派	p'ai³	p'ai³	p'ai³	p'ai³	p'ai³	p'ai³
梨	lai⁵	lai⁵	lai⁵	lai⁵	lai⁵	lai⁵
怠	tai⁶	tai⁶	tai⁶	tai⁶	tai⁶	tai⁶
害	hai⁷	hai⁷	hai⁷	hai⁷	hai⁷	hai⁷
唔	aiʔ⁸	—	—	—	—	—

(17)斤部　此部在粤东各县、市的闽语中多数读作[iŋ/ik]，只有揭阳方言读作[eŋ/ek]，海丰方言有两读：[iŋ/ik]和[in/it]。现根据潮州方言将斤部拟音为[iŋ/ik]。

例字	汕头	潮州	澄海	潮阳	揭阳	海丰
宾	piŋ¹	piŋ¹	piŋ¹	piŋ¹	peŋ¹	piŋ¹
紧	kiŋ²	kiŋ²	kiŋ²	kiŋ²	keŋ²	kin²
镇	tiŋ³	tiŋ³	tiŋ³	tiŋ³	teŋ³	tin³
吉	kik⁴	kik⁴	kik⁴	kik⁴	kek⁴	kit⁴
仁	ziŋ⁵	ziŋ⁵	ziŋ⁵	ziŋ⁵	zeŋ⁵	zin⁵
任	ziŋ⁶	ziŋ⁶	ziŋ⁶	ziŋ⁶	zeŋ⁶	zin⁶
阵	tiŋ⁷	tiŋ⁷	tiŋ⁷	tiŋ⁷	teŋ⁷	tin⁷
直	tik⁸	tik⁸	tik⁸	tik⁸	tek⁸	kit⁸

(18)薑部　此部在粤东各县、市的闽语中舒声韵多数读作[iõ]，只有潮州、澄海方言读作[iẽ]，现根据潮州方言将薑部拟音为[iẽ/iẽʔ]。

例字	汕头	潮州	澄海	潮阳	揭阳	海丰
姜	kiõ¹	kiẽ¹	kiẽ¹	kiõ¹	kiõ¹	kiõ¹
两	niõ²	niẽ²	niẽ²	niõ²	niõ²	niõ²
障	tsiõ³	tsiẽ³	tsiẽ³	tsiõ³	tsiõ³	tsiõ³
约	iõʔ⁴	iẽʔ⁴	iẽʔ⁴	iõʔ⁴	iõʔ⁴	iõʔ⁴
场	tiõ⁵	tiẽ⁵	tiẽ⁵	tiõ⁵	tiõ⁵	tiõ⁵
象	ts'iõ⁶	ts'iẽ⁶	ts'iẽ⁶	ts'iõ⁶	ts'iõ⁶	ts'iõ⁶
尚	siõ⁷	siẽ⁷	siẽ⁷	siõ⁷	siõ⁷	siõ⁷
石	tsiõʔ⁸	tsiẽʔ⁸	tsiẽʔ⁸	tsiõʔ⁸	tsiõʔ⁸	tsiõʔ⁸

(19)甘部　此部在粤东汕头、潮州、潮阳、揭阳和海丰各县、市的闽语中均读作[am/ap]，只有澄海读作[aŋ/ak]。现根据潮州方言将甘部拟音为[am/ap]。

例字	汕头	潮州	澄海	潮阳	揭阳	海丰
柑	kam[1]	kam[1]	kaŋ[1]	kam[1]	kam[1]	kam[1]
胆	tam[2]	tam[2]	taŋ[2]	tam[2]	tam[2]	tam[2]
鉴	kam[3]	kam[3]	kaŋ[3]	kam[3]	kam[3]	kam[3]
答	tap[4]	tap[4]	tak[4]	tap[4]	tap[4]	tap[4]
衔	ham[5]	ham[5]	haŋ[5]	ham[5]	ham[5]	ham[5]
滥	laŋ[6]	laŋ[6]	laŋ[6]	laŋ[6]	laŋ[6]	laŋ[6]
唅	ham[7]	ham[7]	haŋ[7]	ham[7]	ham[7]	ham[7]
杂	tsap[8]	tsap[8]	tsak[8]	tsap[8]	tsap[8]	tsap[8]

(20)柯部　此部在粤东各县、市的闽语中均读作[ua /uaʔ]。现根据潮州方言将柯部拟音为[ua/uaʔ]。

例字	汕头	潮州	澄海	潮阳	揭阳	海丰
歌	kua[1]	kua[1]	kua[1]	kua[1]	kua[1]	kua[1]
纸	tsua[2]	tsua[2]	tsua[2]	tsua[2]	tsua[2]	tsua[2]
带	tua[3]	tua[3]	tua[3]	tua[3]	tua[3]	tua[3]
杀	suaʔ[4]	suaʔ[4]	suaʔ[4]	suaʔ[4]	suaʔ[4]	suaʔ[4]
磨	bua[5]	bua[5]	bua[5]	bua[5]	bua[5]	bua[5]
祸	hua[6]	hua[6]	hua[6]	hua[6]	hua[6]	hua[6]
外	gua[7]	gua[7]	gua[7]	gua[7]	gua[7]	gua[7]
辣	luaʔ[8]	luaʔ[8]	luaʔ[8]	luaʔ[8]	luaʔ[8]	luaʔ[8]

5.“江兼交家瓜”诸部的拟测

(21)江部　此部在粤东各县、市的闽语中均读作[aŋ/ak]，此韵部与干部重见字，在干部中已阐述过。现根据潮州方言将江部拟音为[aŋ/ak]。

例字	汕头	潮州	澄海	潮阳	揭阳	海丰
江	kaŋ[1]	kaŋ[1]	kaŋ[1]	kaŋ[1]	kaŋ[1]	kaŋ[1]
产	saŋ[2]	saŋ[2]	saŋ[2]	saŋ[2]	saŋ[2]	saŋ[2]
谏	kaŋ[3]	kaŋ[3]	kaŋ[3]	kaŋ[3]	kaŋ[3]	kaŋ[3]
角	kak[4]	kak[4]	kak[4]	kak[4]	kak[4]	kak[4]
杭	haŋ[5]	haŋ[5]	haŋ[5]	haŋ[5]	haŋ[5]	haŋ[5]
弄	laŋ[6]	laŋ[6]	laŋ[6]	laŋ[6]	laŋ[6]	laŋ[6]
汗	haŋ[7]	haŋ[7]	haŋ[7]	haŋ[7]	haŋ[7]	haŋ[7]
六	lak[8]	lak[8]	lak[8]	lak[8]	lak[8]	lak[8]

(22)兼部　此部在粤东各县、市的闽语中比较复杂：汕头和潮州方言读作[iam/iap]，潮阳、揭阳、海丰方言有[iam/iap]一读外，《广韵》咸摄凡部字读作[uam/uap]，只有澄海读作[iaŋ/iak]。现根据潮州方言将兼部拟音为[iam/iap]。

例字	汕头	潮州	澄海	潮阳	揭阳	海丰
兼	kiam¹	kiam¹	kiaŋ¹	kiam¹	kiam¹	kiam¹
减	kiam²	kiam²	kiaŋ²	kiam²	kiam²	kiam²
剑	kiam³	kiam³	kiaŋ³	kiam³	kiam³	kiam³
劫	kiap⁴	kiap⁴	kiak⁴	kiap⁴	kiap⁴	kiap⁴
廉	liam⁵	liam⁵	liaŋ⁵	liam⁵	liam⁵	liam⁵
渐	tsiam⁶	tsiam⁶	tsiaŋ⁶	tsiam⁶	tsiam⁶	tsiam⁶
焰	iam⁷	iam⁷	iaŋ⁷	iam⁷	iam⁷	iam⁷
粒	liap⁸	liap⁸	liak⁸	liap⁸	liap⁸	liap⁸

(23)交部　此部在粤东各县、市的闽语中均读作[au/auʔ]。现根据潮州方言将交部拟音为[au/auʔ]。

例字	汕头	潮州	澄海	潮阳	揭阳	海丰
胞	pau¹	pau¹	pau¹	pau¹	pau¹	pau¹
老	lau²	lau²	lau²	lau²	lau²	lau²
告	kau³	kau³	kau³	kau³	kau³	kau³
咆	pʻauʔ⁴	pʻauʔ⁴	pʻauʔ⁴	pʻauʔ⁴	pʻauʔ⁴	pʻauʔ⁴
喉	au⁵	au⁵	au⁵	au⁵	au⁵	au⁵
道	tau⁶	tau⁶	tau⁶	tau⁶	tau⁶	tau⁶
候	hau⁷	hau⁷	hau⁷	hau⁷	hau⁷	hau⁷
乐	gauʔ⁸	gauʔ⁸	gauʔ⁸	gauʔ⁸	gauʔ⁸	gauʔ⁸

(24)家部　此部在粤东各县、市的闽语中均读作[e/eʔ]。现根据潮州方言将家部拟音为[e/eʔ]。

例字	汕头	潮州	澄海	潮阳	揭阳	海丰
加	ke¹	ke¹	ke¹	ke¹	ke¹	ke¹
猛	be²	be²	be²	be²	be²	be²
价	ke³	ke³	ke³	ke³	ke³	ke³
隔	keʔ⁴	keʔ⁴	keʔ⁴	keʔ⁴	keʔ⁴	keʔ⁴
茶	te⁵	te⁵	te⁵	te⁵	te⁵	te⁵
爸	pe⁶	pe⁶	pe⁶	pe⁶	pe⁶	pe⁶
夏	he⁷	he⁷	he⁷	he⁷	he⁷	he⁷
脉	beʔ⁸	beʔ⁸	beʔ⁸	beʔ⁸	beʔ⁸	beʔ⁸

(25)瓜部　此部在粤东各县、市的闽语中均读作[ue/ueʔ]。现根据潮州方言将瓜部拟音为[ue/ueʔ]。

例字	汕头	潮州	澄海	潮阳	揭阳	海丰
杯	pue¹	pue¹	pue¹	pue¹	pue¹	pue¹
果	kue²	kue²	kue²	kue²	kue²	kue²
贝	pue³	pue³	pue³	pue³	pue³	pue³
郭	kueʔ⁴	kueʔ⁴	kueʔ⁴	kueʔ⁴	kueʔ⁴	kueʔ⁴
陪	pue⁵	pue⁵	pue⁵	pue⁵	pue⁵	pue⁵
佩	pue⁶	pue⁶	pue⁶	pue⁶	pue⁶	pue⁶
妹	bue⁷	bue⁷	bue⁷	bue⁷	bue⁷	bue⁷
月	gueʔ⁸	gueʔ⁸	gueʔ⁸	gueʔ⁸	gueʔ⁸	gueʔ⁸

6.“胶龟扛枝鸠”诸部的拟测

(26)胶部　此部在粤东各县、市的闽语中均读作[a/aʔ]。现根据潮州方言将胶部拟音为[a/aʔ]。

例字	汕头	潮州	澄海	潮阳	揭阳	海丰
芭	pa¹	pa¹	pa¹	pa¹	pa¹	pa¹
打	ta²	ta²	ta²	ta²	ta²	ta²
窖	ka³	ka³	ka³	ka³	ka³	ka³
甲	kaʔ⁴	kaʔ⁴	kaʔ⁴	kaʔ⁴	kaʔ⁴	kaʔ⁴
查	tsʻa⁵	tsʻa⁵	tsʻa⁵	tsʻa⁵	tsʻa⁵	tsʻa⁵
罢	pa⁶	pa⁶	pa⁶	pa⁶	pa⁶	pa⁶
捞	la⁷	la⁷	la⁷	la⁷	la⁷	la⁷
猎	laʔ⁸	laʔ⁸	laʔ⁸	laʔ⁸	laʔ⁸	laʔ⁸

(27)龟部　此部在粤东各县、市的闽语中舒声韵均读作[u]，促声韵字读作[uʔ]，但很少使用。现根据潮州方言将龟部拟音为[u/uʔ]。

例字	汕头	潮州	澄海	潮阳	揭阳	海丰
孤	ku^1	ku^1	ku^1	ku^1	ku^1	ku^1
暑	su^2	su^2	su^2	su^2	su^2	su^2
付	hu^3	hu^3	hu^3	hu^3	hu^3	hu^3
出	tsʻuʔ^4	tsʻuʔ^4	tsʻuʔ^4	tsʻuʔ^4	tsʻuʔ^4	tsʻuʔ^4
屠	tu^5	tu^5	tu^5	tu^5	tu^5	tu^5
驻	tsu^6	tsu^6	tsu^6	tsu^6	tsu^6	tsu^6
雾	bu^7	bu^7	bu^7	bu^7	bu^7	bu^7
唔	uʔ^8	uʔ^8	uʔ^8	uʔ^8	uʔ^8	uʔ^8

(28)扛部　此部在汕头、潮州、澄海方言中读作[ɤŋ]，揭阳方言读作[eŋ]，潮阳方言有[iŋ]和[ŋ]两读，海丰方言有[iŋ]、[in/it]两读。现根据潮州方言将扛部拟音为[ɤ/ɤk]。

例字	汕头	潮州	澄海	潮阳	揭阳	海丰
秧	ɤŋ^1	ɤŋ^1	ɤŋ^1	iŋ^1/ŋ^1	eŋ^1	iŋ^1
榜	pɤŋ^2	pɤŋ^2	pɤŋ^2	piŋ^2/pŋ^2	peŋ^2	piŋ^2
算	sɤŋ^3	sɤŋ^3	sɤŋ^3	siŋ^3/sŋ^3	seŋ^3	siŋ^3
乞	kʻɤk^4	kʻɤk^4	kʻɤk^4	kʻik^4	kʻek^4	kʻit^4
勤	kʻɤŋ^5	kʻɤŋ^5	kʻɤŋ^5	kʻiŋ^5/kʻŋ^5	kʻeŋ^5	kʻin^5
近	kɤŋ^6	kɤŋ^6	kɤŋ^6	kiŋ^6/kŋ^6	keŋ^6	kin^6
状	tsɤŋ^7	tsɤŋ^7	tsɤŋ^7	tsiŋ^7/tsŋ^7	tseŋ^7	tsin^7
吃	gɤk^8	gɤk^8	gɤk^8	gik^8	gek^8	git^8

(29)枝部　此部在粤东各县、市的闽语中均读作[i/iʔ]。现根据潮州方言将枝部拟音为[i/iʔ]。

例字	汕头	潮州	澄海	潮阳	揭阳	海丰
卑	pi^1	pi^1	pi^1	pi^1	pi^1	pi^1
底	ti^2	ti^2	ti^2	ti^2	ti^2	ti^2
痣	ki^3	ki^3	ki^3	ki^3	ki^3	ki^3
砌	kiʔ^4	kiʔ^4	kiʔ^4	kiʔ^4	kiʔ^4	kiʔ^4
枇	pi^5	pi^5	pi^5	pi^5	pi^5	pi^5
丽	li^6	li^6	li^6	li^6	li^6	li^6
二	zi^7	zi^7	zi^7	zi^7	zi^7	zi^7
裂	liʔ^8	liʔ^8	liʔ^8	liʔ^8	liʔ^8	liʔ^8

(30)鸠部　此部在粤东各县、市的闽语中舒声韵字均读作[iu]，促声韵字则读作[iuʔ]，但很少使用。现根据潮州方言将鸠部拟音为[iu/iuʔ]。

例字	汕头	潮州	澄海	潮阳	揭阳	海丰
彪	piu¹	piu¹	piu¹	piu¹	piu¹	piu¹
胄	tiu²	tiu²	tiu²	tiu²	tiu²	tiu²
救	kiu³	kiu³	kiu³	kiu³	kiu³	kiu³
蚴	piuʔ⁴	—	—	—	—	—
求	kiu⁵	kiu⁵	kiu⁵	kiu⁵	kiu⁵	kiu⁵
授	siu⁶	siu⁶	siu⁶	siu⁶	siu⁶	siu⁶
寿	siu⁷	siu⁷	siu⁷	siu⁷	siu⁷	siu⁷

7."官车柑更京"诸部的拟测

(31)官部　此部在粤东各县、市的闽语中均读作[ũã/ũãʔ]。现根据潮州方言将官部拟音为[uã/uãʔ]。

例字	汕头	潮州	澄海	潮阳	揭阳	海丰
般	pũã¹	pũã¹	pũã¹	pũã¹	pũã¹	pũã¹
寡	kũã²	kũã²	kũã²	kũã²	kũã²	kũã²
散	sũã³	sũã³	sũã³	sũã³	sũã³	sũã³
叱	tũãʔ⁴	tũãʔ⁴	tũãʔ⁴	tũãʔ⁴	tũãʔ⁴	tũãʔ⁴
泉	tsũã⁵	tsũã⁵	tsũã⁵	tsũã⁵	tsũã⁵	tsũã⁵
伴	pʻũã⁶	pʻũã⁶	pʻũã⁶	pʻũã⁶	pʻũã⁶	pʻũã⁶
烂	nũã⁷	nũã⁷	nũã⁷	nũã⁷	nũã⁷	nũã⁷
蠋	tsũãʔ⁸	tsũãʔ⁸	—	—	—	—

(32)车部　此部在潮州、汕头、澄海、揭阳方言中均读作[ɯ]，潮阳方言读作[u]，海丰方言有两读[i]和[u]。现根据潮州方言将车部拟音为[ɯ/ɯʔ]。

例字	汕头	潮州	澄海	潮阳	揭阳	海丰
车	kɯ¹	kɯ¹	kɯ¹	ku¹	kɯ¹	ki¹
汝	lɯ²	lɯ²	lɯ²	lu²	lɯ²	li²
四	sɯ³	sɯ³	sɯ³	su³	sɯ³	si³
瘀	ɯʔ⁴	ɯʔ⁴	ɯʔ⁴	uʔ⁴	ɯʔ⁴	iʔ⁴
渠	kʻɯ⁵	kʻɯ⁵	kʻɯ⁵	kʻu⁵	kʻɯ⁵	kʻi⁵
士	sɯ⁶	sɯ⁶	sɯ⁶	su⁶	sɯ⁶	su⁶
箸	tɯ⁷	tɯ⁷	tɯ⁷	tu⁷	tɯ⁷	ti⁷
嘘	hɯʔ⁸	hɯʔ⁸	hɯʔ⁸	huʔ⁸	hɯʔ⁸	hiʔ⁸

(33)柑部　此部在粤东各县、市的闽语中均读作[ã/ ã?]。现根据潮州方言将柑部拟音为[ã/ã?]。

例字	汕头	潮州	澄海	潮阳	揭阳	海丰
担	tã¹	tã¹	tã¹	tã¹	tã¹	tã¹
敢	kã²	kã²	kã²	kã²	kã²	kã²
酵	kã³	kã³	kã³	kã³	kã³	kã³
甲	kã?⁴	kã?⁴	kã?⁴	kã?⁴	kã?⁴	kã?⁴
篮	nã⁵	nã⁵	nã⁵	nã⁵	nã⁵	nã⁵
淡	tã⁶	tã⁶	tã⁶	tã⁶	tã⁶	tã⁶
噯	ã⁷	ã⁷	ã⁷	ã⁷	ã⁷	ã⁷
踏	tã?⁸	tã?⁸	tã?⁸	tã?⁸	tã?⁸	tã?⁸

(34)更部　此部在粤东各县、市的闽语中均读作[ẽ/ẽ?]。现根据潮州方言将更部拟音为[ẽ/ẽ?]。

例字	汕头	潮州	澄海	潮阳	揭阳	海丰
更	kẽ¹	kẽ¹	kẽ¹	kẽ¹	kẽ¹	kẽ¹
省	sẽ²	sẽ²	sẽ²	sẽ²	sẽ²	sẽ²
姓	sẽ³	sẽ³	sẽ³	sẽ³	sẽ³	sẽ³
哶	mẽ?⁴	mẽ?⁴	mẽ?⁴	mẽ?⁴	mẽ?⁴	mẽ?⁴
楹	ẽ⁵	ẽ⁵	ẽ⁵	ẽ⁵	ẽ⁵	ẽ⁵
硬	ŋẽ⁶	ŋẽ⁶	ŋẽ⁶	ŋẽ⁶	ŋẽ⁶	ŋẽ⁶
病	pẽ⁷	pẽ⁷	pẽ⁷	pẽ⁷	pẽ⁷	pẽ⁷
脉	mẽ?⁸	mẽ?⁸	mẽ?⁸	mẽ?⁸	mẽ?⁸	mẽ?⁸

(35)京部　此部在粤东各县、市的闽语中均读作[iã/iã?]。现根据潮州方言将京部拟音为[iã/iã?]。

例字	汕头	潮州	澄海	潮阳	揭阳	海丰
京	kiã¹	kiã¹	kiã¹	kiã¹	kiã¹	kiã¹
岭	niã²	niã²	niã²	niã²	niã²	niã²
正	tsiã³	tsiã³	tsiã³	tsiã³	tsiã³	tsiã³
摘	tiã?⁴	tiã?⁴	tiã?⁴	tiã?⁴	tiã?⁴	tiã?⁴
城	siã⁵	siã⁵	siã⁵	siã⁵	siã⁵	siã⁵
件	kiã⁶	kiã⁶	kiã⁶	kiã⁶	kiã⁶	kiã⁶
定	tiã⁷	tiã⁷	tiã⁷	tiã⁷	tiã⁷	tiã⁷
耀	tiã?⁸	tiã?⁸	tiã?⁸	tiã?⁸	tiã?⁸	tiã?⁸

8.“蕉姜天光间”诸部的拟测

(36)蕉部　此部在潮州、澄海方言读作[ie/ieʔ]

汕头、潮阳、揭阳、海丰方言中则读作[io/ioʔ]。现根据潮州方言将蕉部拟音为[ie/ieʔ]。

例字	汕头	潮州	澄海	潮阳	揭阳	海丰
标	pio¹	pie¹	pie¹	pio¹	pio¹	pio¹
少	tsio²	tsie²	tsie²	tsio²	tsio²	tsio²
叫	kio³	kie³	kie³	kio³	kio³	kio³
惜	sioʔ⁴	sieʔ⁴	sieʔ⁴	sioʔ⁴	sioʔ⁴	sioʔ⁴
潮	tio⁵	tie⁵	tie⁵	tio⁵	tio⁵	tio⁵
赵	tio⁶	tie⁶	tie⁶	tio⁶	tio⁶	tio⁶
尿	zio⁷	zie⁷	zie⁷	zio⁷	zio⁷	zio⁷
石	tsioʔ⁸	tsieʔ⁸	tsieʔ⁸	tsioʔ⁸	tsioʔ⁸	tsioʔ⁸

(37)姜部　此部在粤东各县、市的闽语中均读作[iaŋ/iak]。现根据潮州方言将姜部拟音为[iaŋ/iak]。

例字	汕头	潮州	澄海	潮阳	揭阳	海丰
姜	kiaŋ¹	kiaŋ¹	kiaŋ¹	kiaŋ¹	kiaŋ¹	kiaŋ¹
两	liaŋ²	liaŋ²	liaŋ²	liaŋ²	liaŋ²	liaŋ²
见	kiaŋ³	kiaŋ³	kiaŋ³	kiaŋ³	kiaŋ³	kiaŋ³
哲	tiak⁴	tiak⁴	tiak⁴	tiak⁴	tiak⁴	tiak⁴
良	liaŋ⁵	liaŋ⁵	liaŋ⁵	liaŋ⁵	liaŋ⁵	liaŋ⁵
丈	tsiaŋ⁶	tsiaŋ⁶	tsiaŋ⁶	tsiaŋ⁶	tsiaŋ⁶	tsiaŋ⁶
现	hiaŋ⁷	hiaŋ⁷	hiaŋ⁷	hiaŋ⁷	hiaŋ⁷	hiaŋ⁷
略	liak⁸	liak⁸	liak⁸	liak⁸	liak⁸	liak⁸

(38)天部　此部在粤东各县、市的闽语中均读作[ĩ/ĩʔ]。现根据潮州方言将天部拟音为[ĩ/ĩʔ]。

例字	汕头	潮州	澄海	潮阳	揭阳	海丰
鲜	ts'ĩ^1	ts'ĩ^1	ts'ĩ^1	ts'ĩ^1	ts'ĩ^1	ts'ĩ^1
以	ĩ^2	ĩ^2	ĩ^2	ĩ^2	ĩ^2	ĩ^2
箭	tsĩ^3	tsĩ^3	tsĩ^3	tsĩ^3	tsĩ^3	tsĩ^3
乜	mĩʔ^4	mĩʔ^4	mĩʔ^4	mĩʔ^4	mĩʔ^4	mĩʔ^4
年	nĩ^5	nĩ^5	nĩ^5	nĩ^5	nĩ^5	nĩ^5
耳	hĩ^6	hĩ^6	hĩ^6	hĩ^6	hĩ^6	hĩ^6
鼻	p'ĩ^7	p'ĩ^7	p'ĩ^7	p'ĩ^7	p'ĩ^7	p'ĩ^7
物	mĩʔ^8	mĩʔ^8	mĩʔ^8	mĩʔ^8	mĩʔ^8	mĩʔ^8

(39)光部　此部在粤东汕头、澄海、海丰读作[uaŋ/uak]，潮州、潮阳、揭阳有两读：[uaŋ/uak]和[ueŋ/uek]。现根据潮州方言将光部拟音为[uaŋ/uak]。

例字	汕头	潮州	澄海	潮阳	揭阳	海丰
装	tsuaŋ^1	tsuaŋ^1	tsuaŋ^1	tsuaŋ^1/tsueŋ^1	tsuaŋ^1	tsuaŋ^1
广	kuaŋ^2	kuaŋ^2	kuaŋ^2	kuaŋ^2/kueŋ^2	kuaŋ^2	kuaŋ^2
怨	uaŋ^3	ueŋ^3	uaŋ^3	uaŋ^3/ueŋ^3	uaŋ^3	uaŋ^3
劣	luak^4	luek^4	luak^4	luak^4/luek^4	luak^4	luak^4
皇	huaŋ^5	huaŋ^5	huaŋ^5	huaŋ^5	huaŋ^5	huaŋ^5
望	buaŋ^6	buaŋ^6	buaŋ^6	buaŋ^6	buaŋ^6	buaŋ^6
段	tuaŋ^7	tuaŋ^7	tuaŋ^7	tuaŋ^7	tuaŋ^7	tuaŋ^7
拔	puak^8	puak^8	puak^8	puak^8/puek^8	puak^8	puak^8

(40)间部　此部在汕头、潮州、澄海方言里均读作[õĩ]，而潮阳、揭阳、海丰方言则读作[ãĩ]。现根据潮州方言将间部拟音为[õĩ/õĩʔ]。

例字	汕头	潮州	澄海	潮阳	揭阳	海丰
斑	põĩ^1	põĩ^1	põĩ^1	nãĩ^1	nãĩ^1	nãĩ^1
研	ŋõĩ^2	ŋõĩ^2	ŋõĩ^2	ŋãĩ^2	ŋãĩ^2	ŋãĩ^2
间	kõĩ^3	kõĩ^3	kõĩ^3	kãĩ^3	kãĩ^3	kãĩ^3
夹	k'õĩʔ^4	k'õĩʔ^4	k'õĩʔ^4	k'ãĩʔ^4	k'ãĩʔ^4	k'ãĩʔ^4
莲	nõĩ^5	nõĩ^5	nõĩ^5	nãĩ^5	nãĩ^5	nãĩ^5
奈	nõĩ^6	nõĩ^6	nõĩ^6	nãĩ^6	nãĩ^6	nãĩ^6
办	põĩ^7	põĩ^7	põĩ^7	nãĩ^7	nãĩ^7	nãĩ^7
拔	k'õĩʔ^4	k'õĩʔ^4	k'õĩʔ^4	pãĩʔ^8	pãĩʔ^8	pãĩʔ^8

综上所述，《击木知音》共40部80个韵母的音值，如下表：

1君[uŋ/uk]	2坚[ieŋ/iek]	3金[im/ip]	4规[ui/uiʔ]	5佳[ia/iaʔ]	6干[ɛŋ/ɛk]
7公[oŋ/ok]	8乖[uai/uaiʔ]	9经[eŋ/ek]	10关[ueŋ/uek]	11孤[ou/ouʔ]	12骄[iou/iouʔ]
13鸡[oi/oiʔ]	14恭[ioŋ/iok]	15高[o/oʔ]	16皆[ai/aiʔ]	17斤[iŋ/ik]	18薑[iẽ/iẽʔ]
19甘[am/ap]	20柯[ua/uaʔ]	21江[aŋ/ak]	22兼[iam/iap]	23交[au/auʔ]	24家[e/eʔ]
25瓜[ue/ueʔ]	26胶[a/aʔ]	27龟[u/uʔ]	28扛[ɤŋ/ɤk]	29枝[i/iʔ]	30鸠[iu/iuʔ]
31官[ũã/ũãʔ]	32车[ɯ/ɯʔ]	33柑[ã/ãʔ]	34更[ẽ/ẽʔ]	35京[iã/iãʔ]	36蕉[ie/ieʔ]
37姜[iaŋ/iak]	38天[ĩ/ĩʔ]	39光[uaŋ/uak]	40间[õĩ /õĩʔ]		

上表所反映的是《击木知音》40个韵部80个韵母的音值。现代潮州方言有52个韵部92个韵母。如果将现代潮州方言与《击木知音》韵母系统相对照，有21个韵母是《击木知音》里所没有的，如：关[ũẽ/]、爱/□[ãĩ/ãĩʔ]、樣/□[ũãĩ/ũãĩʔ]、好/□[ãũ/ãũʔ]、虎[õũ/]、□/□[ĩõũ/ĩõũʔ]、幼/□[ĩũ/ĩũʔ]、畏[ũĩ/]、凡/法[uam/uap]、□/□[om/op/]、姆/□[m/mʔ]、秧/□[ŋ/ŋʔ]；《击木知音》里也有8个韵母是现代潮州方言所没有的，如：孤部[/ouʔ]、皆部[aiʔ]、间部[/õĩʔ]、京部[/iãʔ]、薑部[/iẽʔ]、乖部[uaiʔ]、规部[/uiʔ]、官部[/ũãʔ]、车部[/ɯʔ]。

（五）《击木知音》声调系统

《击木知音》后附有"八声"表：

知丰 上 平	抵俸 上 上	帝讽 上 去	滴福 上 入	池鸿 下 平	弟凤 下 上	地衮 下 去	碟或 下 入

《击木知音》8个声调与现代潮州方言相对照，其调值如下：

调类	调值	例 字	调类	调值	例 字
上平声	33	分君坤敦奔吞尊	下平声	55	伦群唇坟豚船旬
上上声	53	本滚捆盾囷准	下上声	35	郡润顺愠混
上去声	213	嫩粪棍困喷俊	下去声	11	笨屯阵闰运闷
上入声	2	不骨屈突脱卒	下入声	5	律滑突术没佛

六　民初·姚弗如撰《潮声十七音》音系研究

《潮声十七音》（全称《潮声十七音新字汇合璧大全》），澄邑姚弗如编，蔡邦彦校的《潮声十七音》，中华民国23年(1934年)春季初版。书首有三篇序言：（1）作者姚弗如于民国20年（1931年）三月16日自序；（2）澄海杜国玮于中华民国21年（1932年）五月序；（3）同里蔡无及于民国21年（1932年）壬申春正月序。继而，作者为本书所作"例言"十条。《潮声十七音·例言》云："本书是根据从前的十五音增'杳嬝'两音而为十七音；再编上笔数检字索引而为新字汇；字数是把全部词源里所有的字，一切都收编过来，同时还新字典的拾遗字收编许多，那么才成功这部书，故名为《潮声十七音》新字汇合璧大全。"

《潮声十七音》正文的编排体例与《潮声十五音》相同，基本上采用漳州方言韵书《汇集雅俗通十五音》的编排体例。每个韵部均以8个声调（上平声、上上声、上去声、上入声、下平声、下上声、下去声、下入声）分为8个部分，每个部分上部横列15个声母字（柳边求去地坡他增入时英文语出喜），每个声母字之下纵列同音字，每个韵字之下均有注释。

以下从声、韵、调三个方面来研究探讨《潮声十七音》的音系性质。

（一）《潮声十七音》的音系性质

《十七音字母》云："君家居京基噤公姑兼皆高庚柯官枓弓龟鸡恭娇哥肩柑瓜乖胶佳薑嚌扛金归光江。"共34个字母。《潮声十五音》共37个韵部，即"君家高金鸡公姑兼基坚京官皆恭君钧居歌光归庚鸠瓜江胶娇乖肩扛弓龟柑佳甘瓜薑烧"。《潮声十七音》比《潮声十五音》少了4个韵部"金部"[im/ip]、"兼部"[iam/iap]、"甘部"[am/ap]和"扛部"[ŋ]，却多了"噤部"[ĩ/ ĩʔ]。《潮语十五音》也是37个韵部，即"君坚金归佳江公乖经光孤骄鸡恭歌　皆君薑甘柯兼交家瓜胶龟扛枝鸠官居柑庚京蕉天肩"。《潮声十七音》比《潮语十五音》少了3个韵部"金部"[im/ip]、"兼部"[iam/iap]、"甘部"[am/ap]。根据林伦伦、陈小枫著《广东闽方言语音研究》（汕头大学出版社1996年版），汕头、潮州、澄海、潮阳、揭阳、海丰诸方言中，唯独澄海方言无[im/ip]、[iam/iap]、[am/ap]三部。因此，《潮声十七音》所反映的音系应该是澄海音系。

首先，考证《潮声十七音》第9部"兼"的收字特点。

《潮声十七音》"兼"部相当于《潮声十五音》"兼[iam/iap]"和"坚[ian/iak]"二部，《潮语十五音》"兼[iam/iap]"和"坚[ian/iak]"二部，《击木知音》"兼[iam/iap]"和"坚[ieŋ/iek]"、"姜[iaŋ/iak]"三部，《新编潮汕方言十八音》"淹[iam/iap]"和"央[iaŋ/iak]"二部。请看下表：

例字	汕头	潮州	澄海	潮阳	揭阳	海丰	例字	汕头	潮州	澄海	潮阳	揭阳	海丰
坚	kiaŋ¹	kieŋ¹	kiaŋ¹	kiaŋ¹	kiaŋ¹	kiaŋ¹	兼	kiam¹	Kiam¹	kiaŋ¹	kiam¹	kiam¹	kiam¹
骞	kʻiaŋ¹	kʻieŋ¹	kʻiaŋ¹	kʻiaŋ¹	kʻiaŋ¹	kʻiaŋ¹	谦	kʻiam¹	kʻiam¹	kʻiaŋ¹	kʻiam¹	kʻiam¹	kʻiam¹
颠	tiaŋ¹	tieŋ¹	tiaŋ¹	tiaŋ¹	tiaŋ¹	tiaŋ¹	沾	tiam¹	tiam¹	tiaŋ¹	tiam¹	tiam¹	tiam¹
天	tʻiaŋ¹	tʻieŋ¹	tʻiaŋ¹	tʻiaŋ¹	tʻiaŋ¹	tʻiaŋ¹	添	tʻiam¹	tʻiam¹	tʻiaŋ¹	tʻiam¹	tʻiam¹	tʻiam¹
相	siaŋ¹	sieŋ¹	siaŋ¹	siaŋ¹	siaŋ¹	siaŋ¹	森	siam¹	siam¹	siaŋ¹	siam¹	siam¹	siam¹
央	iaŋ¹	ieŋ¹	iaŋ¹	iaŋ¹	iaŋ¹	iaŋ¹	淹	iam¹	iam¹	iaŋ¹	iam¹	iam¹	iam¹
洁	kiak⁴	kiak⁴	kiak⁴	kiak⁴	kiak⁴	kiak⁴	劫	kiap⁴	kiap⁴	kiak⁴	kiap⁴	kiap⁴	kiap⁴
撤	tʻiak⁴	tʻiak⁴	tʻiak⁴	tʻiak⁴	tʻiak⁴	tʻiak⁴	贴	tʻiap⁴	tʻiap⁴	tʻiak⁴	tʻiap⁴	tʻiap⁴	tʻiap⁴
酌	tsiak⁴	tsiak⁴	tsiak⁴	tsiak⁴	tsiak⁴	tsiak⁴	接	tsiap⁴	tsiap⁴	tsiak⁴	tsiap⁴	tsiap⁴	tsiap⁴
鹊	tsʻiak⁴	tsʻiak⁴	tsʻiak⁴	tsʻiak⁴	tsʻiak⁴	tsʻiak⁴	妾	tsʻiap⁴	tsʻiap⁴	tsʻiak⁴	tsʻiap⁴	tsʻiap⁴	tsʻiap⁴
列	liak⁸	liak⁸	liak⁸	liak⁸	liak⁸	liak⁸	粒	liap⁸	liap⁸	liak⁸	liap⁸	liap⁸	liap⁸
孽	giak⁸	giak⁸	giak⁸	giak⁸	giak⁸	giak⁸	业	giap⁸	giap⁸	giak⁸	giap⁸	giap⁸	giap⁸

由上表可见，《潮声十七音》"兼"部中"坚"与"兼"，无[kiaŋ¹]、[kiam¹]之别，而同读作[kiaŋ¹]；"骞"与"谦"，无[kʻiaŋ¹]、[kʻiam¹]之别，而同读作[kʻiaŋ¹]；"颠"与"沾"，无[tiaŋ¹]、[tiam¹]之别，而同读作[tiaŋ¹]；"天"与"添"，无[tʻiaŋ¹]、[tʻiam¹]之别，而同读作[tʻiaŋ¹]；"相"与"森"，无[siaŋ¹]、[siam¹]之别，而同读作[siaŋ¹]；"央"与"淹"，无[iaŋ¹]、[iam¹]之别，而同读作[iaŋ¹]；"洁"与"劫"，无[kiak⁴]、[kiap⁴]之别，而同读作[kiak⁴]；"撤"与"贴"，无[tʻiak⁴]、[tʻiap⁴]之别，而同读作[tʻiak⁴]；"酌"与"接"，无[tsiak⁴]、[tsiap⁴]之别，而同读作[tsiak⁴]；"鹊"与"妾"，无[tsʻiak⁴]、[tsʻiap⁴]之别，而同读作[tsʻiak⁴]；"列"与"粒"，无[liak⁸]、[liap⁸]之别，而同读作[liak⁸]；"孽"与"业"，无[giak⁸]、[giap⁸]之别，而同读作[giak⁸]。这反映了澄海方言的语音特点，而非汕头、潮州、潮阳、揭阳和海丰方言的特点。

其次，考证《潮声十七音》第34部"江"的收字特点。

《潮声十七音》"江"部相当于《潮声十五音》"甘[am/ap]"和"江[aŋ/ak]"二部，《潮语十五音》"甘[am/ap]"和"江[aŋ/ak]"二部，《击木知音》"甘[am/ap]"和"江[aŋ/ak]"、"干[ɛŋ/ɛk]"三部，《新编潮汕方言十八音》"庵[am/ap]"和"按[aŋ/ak]"二部。请看下表：

例字	汕头	潮州	澄海	潮阳	揭阳	海丰	例字	汕头	潮州	澄海	潮阳	揭阳	海丰
刚	kaŋ¹	kaŋ¹	kaŋ¹	kaŋ¹	kaŋ¹	kaŋ¹	甘	kam¹	kam¹	kaŋ¹	kam¹	kam¹	kam¹
刊	kʻaŋ¹	kʻaŋ¹	kʻaŋ¹	kʻaŋ¹	kʻaŋ¹	kʻaŋ¹	龛	kʻam¹	kʻam¹	kʻaŋ¹	kʻam¹	kʻam¹	kʻam¹
丹	taŋ¹	taŋ¹	taŋ¹	taŋ¹	taŋ¹	taŋ¹	耽	tam¹	tam¹	taŋ¹	tam¹	tam¹	tam¹
镗	tʻaŋ¹	tʻaŋ¹	tʻaŋ¹	tʻaŋ¹	tʻaŋ¹	tʻaŋ¹	贪	tʻam¹	tʻam¹	tʻaŋ¹	tʻam¹	tʻam¹	tʻam¹
珊	saŋ¹	saŋ¹	saŋ¹	saŋ¹	saŋ¹	saŋ¹	杉	sam¹	sam¹	saŋ¹	sam¹	sam¹	sam¹
安	aŋ¹	aŋ¹	aŋ¹	aŋ¹	aŋ¹	aŋ¹	庵	am¹	am¹	aŋ¹	am¹	am¹	am¹
确	kʻak⁴	kʻak⁴	kʻak⁴	kʻak⁴	kʻak⁴	kʻak⁴	阖	kʻap⁴	kʻap⁴	kʻak⁴	kʻap⁴	kʻap⁴	kʻap⁴
挞	tʻak⁴	tʻak⁴	tʻak⁴	tʻak⁴	tʻak⁴	tʻak⁴	塌	tʻap⁴	tʻap⁴	tʻak⁴	tʻap⁴	tʻap⁴	tʻap⁴
作	tsak⁴	tsak⁴	tsak⁴	tsak⁴	tsak⁴	tsak⁴	汁	tsap⁴	tsap⁴	tsak⁴	tsap⁴	tsap⁴	tsap⁴
撒	sak⁴	sak⁴	sak⁴	sak⁴	sak⁴	sak⁴	飒	sap⁴	sap⁴	sak⁴	sap⁴	sap⁴	sap⁴
恶	ak⁴	ak⁴	ak⁴	ak⁴	ak⁴	ak⁴	押	ap⁴	ap⁴	ak⁴	ap⁴	ap⁴	ap⁴

由上表可见，《潮声十七音》"江"部中的"刚"与"甘"，无[kaŋ¹]、[kam¹]之别，而同读作[kaŋ¹]；"刊"与"龛"，无[k'aŋ¹]、[k'am¹]之别，而同读作[k'aŋ¹]；"丹"与"耽"，无[taŋ¹]、[tam¹]之别，而同读作[taŋ¹]；"镗"与"贪"，无[t'aŋ¹]、[t'am¹]之别，而同读作 [t'aŋ¹]；"珊"与"杉"，无[saŋ¹]、[sam¹]之别，而同读作[saŋ¹]；"安"与"庵"，无[aŋ¹]、[am¹]之别，而同读作[aŋ¹]；"确"与"阖"，无[k'ak⁴]、[k'ap⁴]之别，而同读作[k'ak⁴]；"趿"与"塌"，无[t'ak⁴]、[t'ap⁴]之别，而同读作[t'ak⁴]；"作"与"汁"，无[tsak⁴]、[tsap⁴]之别，而同读作[tsak⁴]；"撒"与"飒"，无[sak⁴]、[sap⁴]之别，而同读作[sak⁴]；"恶"与"押"，无[ak⁴]、[ap⁴]之别，而同读作[ak⁴]。这反映了澄海方言的语音特点，而非汕头、潮州、潮阳、揭阳和海丰方言的特点。

最后，考证《潮声十七音》第31部"金"的收字特点。

《潮声十七音》"金"部相当于《潮声十五音》"金[im/ip]"和"君[iŋ/ik]"二部、《潮语十五音》金[im/ip]"和"君[iŋ/ik]"二部、《击木知音》金[im/ip]"和"君[iŋ/ik]"，《新编潮汕方言十八音》"音部[im/ip]"和"因部[iŋ/ik]"二部。请看下表：

例字	汕头	潮州	澄海	潮阳	揭阳	海丰	例字	汕头	潮州	澄海	潮阳	揭阳	海丰
轻	k'iŋ¹	k'iŋ¹	k'iŋ¹	k'iŋ¹	k'eŋ¹	k'iŋ¹	钦	k'im¹	k'im¹	k'im¹	k'im¹	k'im¹	k'im¹
津	tsiŋ¹	tsiŋ¹	tsiŋ¹	tsiŋ¹	tseŋ¹	tsiŋ¹	箴	tsim¹	tsim¹	tsim¹	tsim¹	tsim¹	tsim¹
申	siŋ¹	siŋ¹	siŋ¹	siŋ¹	seŋ¹	siŋ¹	心	sim¹	sim¹	siŋ¹	sim¹	sim¹	sim¹
因	iŋ¹	iŋ¹	iŋ¹	iŋ¹	eŋ¹	iŋ¹	音	im¹	im¹	iŋ¹	im¹	im¹	im¹
亲	ts'iŋ¹	ts'iŋ¹	ts'iŋ¹	ts'iŋ¹	ts'eŋ¹	ts'iŋ¹	深	ts'im¹	ts'im¹	ts'iŋ¹	ts'im¹	ts'im¹	ts'im¹
吉	kik⁴	kik⁴	kik⁴	kik⁴	kek⁴	kik⁴	急	kip⁴	kip⁴	kik⁴	kip⁴	kip⁴	k'ip⁴
织	tsik⁴	tsik⁴	tsik⁴	tsik⁴	tsek⁴	tsik⁴	执	tsip⁴	tsip⁴	tsik⁴	tsip⁴	tsip⁴	tsip⁴
失	sik⁴	sik⁴	sik⁴	sik⁴	sek⁴	sit⁴	湿	sip⁴	sip⁴	sik⁴	sip⁴	sip⁴	sip⁴
乙	ik⁴	ik⁴	ik⁴	ik⁴	ek⁴	it⁴	揖	ip⁴	ip⁴	ik⁴	ip⁴	ip⁴	ip⁴
七	ts'ik⁴	ts'ik⁴	ts'ik⁴	ts'ik⁴	ts'ek⁴	ts'it⁴	辑	ts'ip⁴	ts'ip⁴	ts'ik⁴	ts'ip⁴	ts'ip⁴	ts'ip⁴

由上表可见，《潮声十七音》"金"部中的"轻"与"钦"，无[k'iŋ¹]、[k'im¹]之别，而同读作[k'iŋ¹]；"津"与"箴"，无[tsiŋ¹]、[tsim¹]之别，而同读作[tsiŋ¹]；"申"与"心"，无[siŋ¹]、[sim¹]之别，而同读作[siŋ¹]；"因"与"音"，无[iŋ¹]、[im¹]之别，而同读作[iŋ¹]；"亲"与"深"，无[ts'iŋ¹]、[ts'im¹]之别，而同读作[ts'iŋ¹]；"吉"与"急"，无[kik⁴]、[kip⁴]之别，而同读作[kik⁴]；"织"与"执"，无[tsik⁴]、[tsip⁴]之别，而同读作[tsik⁴]；"失"与"湿"，无[sik⁴]、[sip⁴]之别，而同读作[sik⁴]；"乙"与"揖"，无[ik⁴]、[ip⁴]之别，而同读作[ik⁴]；"七"与"辑"，无[ts'ik⁴]、[ts'ip⁴]之别，而同读作[ts'ik⁴]。这反映了澄海方言的语音特点，而非汕头、潮州、潮阳、揭阳和海丰方言的特点。

通过对《潮声十七音》"兼""江""金"三部所收韵字的具体分析，我们认为《潮声十七音》只有-ŋ尾韵而无-m尾韵，这是区别于汕头、潮州、潮阳、揭阳和海丰方言之处，所反映的音系应该是澄海方言音系。

（二）《潮声十七音》声母系统

书首有《十七音次序》，云："柳边求去地坡他增入时英文杳语出喜嫲。新增杳嫲两音。"此书比《潮声十五音》"柳边求去地坡他增入时英文语出喜"多了"杳嫲"两音。根据林伦伦、陈小枫著的《广东闽方言语音研究》（汕头大学出版社1996年版）、以及现代潮汕方言等材料，今把现代粤东6个县市闽方言声母与《击木知音》"十五音"比较如下表：

	声　母　系　统															
潮声十七音	边	坡	文/杳	地	他	嫲/柳	增	出	时	入	求	去	语		喜	英
潮声十五音	边	坡	文	地	他	柳	增	出	时	入	求	去	语		喜	英
汕头话	p	pʻ	b	m	t	tʻ	n	l	ts	tsʻ	s	z	k	kʻ	g	ŋ	h	Ø
潮州话	p	pʻ	b	m	t	tʻ	n	l	ts	tsʻ	s	z	k	kʻ	g	ŋ	h	Ø
澄海话	p	pʻ	b	m		tʻ	n	l	ts	tsʻ		z	k	kʻ	g	ŋ	h	Ø
潮阳话	p	pʻ	b	m	t	tʻ	n	l	ts	tsʻ	s	z	k	kʻ	g	ŋ	h	Ø
揭阳话	P	pʻ	b	m	t	tʻ	n	l	ts	tsʻ	s	z	k	kʻ	g	ŋ	h	Ø
海丰话	P	pʻ	b	m	t	tʻ	n	l	ts	tsʻ		Z	k	kʻ	g	ŋ	h	Ø

上表可见，粤东闽南方言的声母是一致的。根据现代澄海方言，现将潮声十七音拟音如下：

边 [p]	坡 [pʻ]	文 [b]	杳 [m]
地 [t]	他 [tʻ]	嫲 [n]	柳 [l]
增 [ts]	出 [tsʻ]	时 [s]	入 [z]
求 [k]	去 [kʻ]		语 [g /ŋ]
英 [Ø]	喜 [h]		

因为澄海方言有非鼻化韵与鼻化韵两套系统，因此"柳、文、语"三个字母在非鼻化韵前读作[l]、[b]、[g]，在鼻化韵前读作[n]、[m]、[ŋ]。林伦伦、陈小枫著的《广东闽方言语音研究》（汕头大学出版社1996年版）书中指出，"[b-、g-、l-]三个浊音声母不拼鼻化韵母；[m-、n-、ŋ-]三个鼻音声母与元音韵母相拼后，元音韵母带上鼻化成分，即[me]=[mẽ]、[ne]=[nẽ]、[ŋe]=[ŋẽ]。所以可以认为[m-、n-、ŋ-]不拼口元音韵母，与[b-、g-、l-]不拼鼻化韵母互补。"这是柳[l/n]、文[b/m]、语[g/ŋ]在不同语音条件下所构拟的音值。

（三）《潮声十七音》韵母系统

《十七音字母》云："君家居京基噎公姑兼皆高庚柯官枓弓龟鸡恭娇哥肩柑瓜乖胶佳薑噇扛金归光江。"共34个字母。现根据林伦伦、陈小枫著《广东闽方言语音研究》（汕头大学出版社1996年版），汕头、潮州、澄海、潮阳、揭阳、海丰诸方言韵系，考证《潮声十七音》的韵部系统：

1."君家居京基"五部音值的拟测

(1)君部　君部在粤东各县、市的闽语中多数读作[uŋ /uk]，唯独海丰方言读作[un/ut]。现根据澄海方言将君部拟音为[uŋ/uk]。

(2)家部　此部在粤东各县、市的闽语中均读作[e/eʔ]。现根据澄海方言将家部拟音为[e/eʔ]。

(3)居部　此部在汕头、潮州、澄海、揭阳方言中均读作[ɯ]，潮阳方言读作[u]，海丰方言有两读[i]和[u]，韵书无入声韵部，现根据澄海方言将居部拟音为[ɯ]。

(4)京部　此部在粤东各县、市的闽语中均读作[iã]，韵书无入声韵部，现根据澄海方言将京部拟音为[iã]。

(5)基部　此部在粤东各县、市的闽语中均读作[i/iʔ]，现根据澄海方言将基部拟音为[i/iʔ]。

2."㕵公姑兼皆"五部音值的拟测

(6)㕵部　此部在粤东各县、市的闽语中均读作[ĩ/ ĩʔ]，现根据澄海方言将㕵部拟音为[ĩ/ ĩʔ]。

(7)公部　此部在粤东各县、市的闽语中均为[oŋ/ok]，现根据澄海方言将公部拟音为[oŋ/ok]。

(8)姑部　此部在粤东各县、市的闽语中均读作[ou]，韵书无入声韵部，现根据澄海方言将姑部拟音为[ou]。

(9)兼部　此部相当于《潮声十五音》和《潮语十五音》的"兼部"[iam/iap]和"坚部"[ian/iak]，在粤东各县、市的闽语中比较复杂：汕头方言读作[iam/iap]、[iaŋ/iak]，潮州方言有[iam/iap]、[iaŋ/iak]、[ieŋ/iek]三读，潮阳、揭阳、海丰方言有[iam/iap]、[iaŋ/iak]二读，只有澄海读作[iaŋ/iak]。现根据澄海方言将兼部拟音为[iaŋ/iak]。

例字	汕头	潮州	澄海	潮阳	揭阳	海丰
兼	kiam[1]	kiam[1]	kiaŋ[1]	kiam[1]	kiam[1]	kiam[1]
辆	liaŋ[2]	liaŋ[2]	liaŋ[2]	liaŋ[2]	liaŋ[2]	liaŋ[2]
剑	kiam[3]	kiam[3]	kiaŋ[3]	kiam[3]	kiam[3]	kiam[3]
哲	tiak[4]	tiak[4]	tiak[4]	tiak[4]	tiak[4]	tiak[4]
凉	liaŋ[5]	liaŋ[5]	liaŋ[5]	liaŋ[5]	liaŋ[5]	liaŋ[5]
健	kiaŋ[6]	kiaŋ[6]	kiaŋ[6]	kiaŋ[6]	kiaŋ[6]	kiaŋ[6]
焰	iam[7]	iam[7]	iaŋ[7]	iam[7]	iam[7]	iam[7]
别	piak[8]	piak[8]	piak[8]	piak[8]	piak[8]	piak[8]

(10)皆部　此部在粤东各县、市的闽语中均读作[ai]，现根据澄海方言将皆部拟音为[ai/aiʔ]。

3."高庚柯官枓"五部音值的拟测

(11)高部　此部在粤东各县、市的闽语中均读作[au/auʔ]，现根据澄海方言将高部拟音为[au/auʔ]。

(12)庚部　此部在粤东各县、市的闽语中均读作[ɛ̃/ɛ̃ʔ]，现根据澄海方言将庚部拟音为[ɛ̃/ɛ̃ʔ]。

(13)柯部　此部在粤东各县、市的闽语中均读作[ua / uaʔ]，现根据澄海方言将柯部拟音为[ua/uaʔ]。

(14)官部　此部在粤东各县、市的闽语中均读作[ũã]，现根据澄海方言将官部拟音为[ũã]。

(15) 枓部　此部在粤东各县、市的闽语中均读作[iu]，现根据澄海方言将枓部拟音为[iu/iuʔ]。

4."弓龟鸡恭娇"五部音值的拟测

(16)弓部　此部在粤东各县、市的闽语中多数读作[eŋ/ek]，潮阳、海丰有两读：[eŋ/ek]和[ioŋ/iok]，现根据澄海方言将弓部拟音为[eŋ/ek]。

例字	汕头	潮州	澄海	潮阳	揭阳	海丰
弓	keŋ¹	keŋ¹	keŋ¹	keŋ¹/kioŋ¹	keŋ¹	keŋ¹
顶	teŋ²	teŋ²	teŋ²	teŋ²/ tioŋ²	teŋ²	teŋ²
政	tseŋ³	tseŋ³	tseŋ³	tseŋ³/ tsioŋ³	tseŋ³	tseŋ³
释	sek⁴	sek⁴	sek⁴	sek⁴/siok⁴	sek⁴	sek⁴
平	pʻeŋ⁵	pʻeŋ⁵	pʻeŋ⁵	pʻeŋ⁵/ pʻioŋ⁵	pʻeŋ⁵	pʻeŋ⁵
并	peŋ⁶	peŋ⁶	peŋ⁶	peŋ⁶/ pioŋ⁶	peŋ⁶	peŋ⁶
用	eŋ⁷	eŋ⁷	eŋ⁷	eŋ⁷/ ioŋ⁷	eŋ⁷	eŋ⁷
绿	lek⁸	lek⁸	lek⁸	lek⁸/ liok⁸	lek⁸	liok⁸

(17)龟部　此部在粤东各县、市的闽语中均读作[u]，无入声韵。现根据澄海方言将龟部拟音为[u/uʔ]。

(18)鸡部　此部在粤东各县、市的闽语中多数读作[oi/oiʔ]，只有海丰读作[i/ei/eʔ]，现根据澄海方言将鸡部拟音为[oi/oiʔ]。

(19)恭部　此部在粤东各县、市的闽语中多数读作[ioŋ/iok]，只有潮阳、揭阳还有另一读[ueŋ/uek]，现根据澄海方言将恭部拟音为[ioŋ/iok]。

(20)娇部　此部在粤东各县、市的闽语中多数读作[iau/iauʔ]，只有潮州、澄海读作[iou/iouʔ]，无入声字，现根据澄海方言将娇部拟音为[iou/iouʔ]。

例字	汕头	潮州	澄海	潮阳	揭阳	海丰
骄	kiau^1	kiou^1	kiou^1	kiau^1	kiau^1	kiau^1
了	liau^2	liou^2	liou^2	liau^2	liau^2	liau^2
吊	tiau^3	tiou^3	tiou^3	tiau^3	tiau^3	tiau^3
丁	siauʔ^4	—	—	—	—	—
条	tiau^5	tiou^5	tiou^5	tiau^5	tiau^5	tiau^5
妙	biau^6	biou^6	biou^6	biau^6	biau^6	biau^6
料	liau^7	liou^7	liou^7	liau^7	liau^7	liau^7

5.“哥肩柑瓜乖”五部音值的拟测

(21)哥部　此部在粤东各县、市的闽语中均读作[o/oʔ]，现根据澄海方言将哥部拟音为[o/oʔ]。

(22)肩部　此部在汕头、潮州、澄海方言里均读作[õĩ]，而潮阳、揭阳、海丰方言则读作[ãĩ]。现根据澄海方言将肩部拟音为[õĩ]。

例字	汕头	潮州	澄海	潮阳	揭阳	海丰
肩	kõĩ^1	kõĩ^1	kõĩ^1	kãĩ^1	kãĩ^1	kãĩ^1
研	ŋõĩ^2	ŋõĩ^2	ŋõĩ^2	ŋãĩ^2	ŋãĩ^2	ŋãĩ^2
莲	nõĩ^5	nõĩ^5	nõĩ^5	nãĩ^5	nãĩ^5	nãĩ^5
第	tõĩ^6	tõĩ^6	tõĩ^6	tãĩ^6	tãĩ^6	tãĩ^6
殿	tõĩ^7	tõĩ^7	tõĩ^7	tãĩ^7	tãĩ^7	tãĩ^7

(23)柑部　此部在粤东各县、市的闽语中均读作[ã]无入声韵，现根据澄海方言将柑部拟音为[ã]。

(24)瓜部　此部在粤东各县、市的闽语中均读作[ue/ueʔ]，现根据澄海方言将瓜部拟音为[ue/ueʔ]。

(25)乖部　此部在粤东各县、市的闽语中均读作[uai]，无入声韵，现根据澄海方言将乖部拟音为[uai]。

6.“胶佳薑噎扛”五部音值的拟测

(26)胶部　此部在粤东各县、市的闽语中均读作[a/aʔ]，现根据澄海方言将胶部拟音为[a/aʔ]。

(27)佳部　此部在粤东各县、市的闽语中均读作[ia/iaʔ]，现根据澄海方言将佳部拟音为[ia/iaʔ]。

(28)薑部　此部在粤东各县、市的闽语中多数读作[iõ]，只有潮州、澄海方言读作[i

ẽ]，现根据澄海方言将薑部拟音为[iẽ]。

例字	汕头	潮州	澄海	潮阳	揭阳	海丰
姜	kiõ¹	kiẽ¹	kiẽ¹	kiõ¹	kiõ¹	kiõ¹
两	niõ²	niẽ²	niẽ²	niõ²	niõ²	niõ²
酱	tsiõ³	tsiẽ³	tsiẽ³	tsiõ³	tsiõ³	tsiõ³
场	tiõ⁵	tiẽ⁵	tiẽ⁵	tiõ⁵	tiõ⁵	tiõ⁵
象	tsʻiõ⁶	tsʻiẽ⁶	tsʻiẽ⁶	tsʻiõ⁶	tsʻiõ⁶	tsʻiõ⁶
邵	siõ⁷	siẽ⁷	siẽ⁷	siõ⁷	siõ⁷	siõ⁷

(29)噍部　此部在汕头、潮阳、揭阳、海丰方言中均读作[io/ioʔ]，潮州、澄海方言则读作[ie/ieʔ]，现根据澄海方言将噍部拟音为[ie/ieʔ]。

例字	汕头	潮州	澄海	潮阳	揭阳	海丰
标	pio¹	pie¹	pie¹	pio¹	pio¹	pio¹
表	pio²	pie²	pie²	pio²	pio²	pio²
笑	tsʻio³	tsʻie³	tsʻie³	tsʻio³	tsʻio³	tsʻio³
尺	tsʻioʔ⁴	tsʻieʔ⁴	tsʻieʔ⁴	tsʻioʔ⁴	tsʻioʔ⁴	tsʻioʔ⁴
潮	tio⁵	tie⁵	tie⁵	tio⁵	tio⁵	tio⁵
赵	tio⁶	tie⁶	tie⁶	tio⁶	tio⁶	tio⁶
庙	bio⁷	bie⁷	bie⁷	bio⁷	bio⁷	bio⁷
药	ioʔ⁸	ieʔ⁸	ieʔ⁸	ioʔ⁸	ioʔ⁸	ioʔ⁸

(30)扛部　此部在汕头、潮州、澄海方言中读作[ɤŋ]，揭阳方言读作[eŋ]，潮阳方言有[iŋ]和[ŋ]两读，海丰方言有[iŋ]、[in/it]两读，现根据澄海方言将扛部拟音为[ɤŋ/ɤk]。

例字	汕头	潮州	澄海	潮阳	揭阳	海丰
钧	kɤŋ¹	kɤŋ¹	kɤŋ¹	kiŋ¹/kŋ¹	keŋ¹	kin¹
谨	kɤŋ²	kɤŋ²	kɤŋ²	kɤŋ²/kŋ²	keŋ²	kin²
算	sɤŋ³	sɤŋ³	sɤŋ³	sɤŋ³/sŋ³	seŋ³	sũĩ³
乞	kʻɤk⁴	kʻɤk⁴	kʻɤk⁴	kʻik⁴	kʻek⁴	kʻit⁴
勤	kʻɤŋ⁵	kʻɤŋ⁵	kʻɤŋ⁵	kʻiŋ⁵/kʻŋ⁵	kʻeŋ⁵	kʻin⁵
近	kɤŋ⁶	kɤŋ⁶	kɤŋ⁶	kiŋ⁶/kŋ⁶	keŋ⁶	kin⁶
段	tɤŋ⁷	tɤŋ⁷	tɤŋ⁷	tiŋ⁷/tŋ⁷	teŋ⁷	tin⁷

7."金归光江"四部音值的拟测

(31)金部　此部相当于《潮声十五音》和《潮语十五音》"金部"[im/ip]和"君部"[iŋ/ik]，除澄海方言读作[iŋ/ik]以外，其他地区读音均为[im/ip]和[iŋ/ik]，揭阳方言读作[eŋ/ek]，海丰方言则有三读[iŋ/ik]、[in/it]、[im/ip]。现根据澄海方言将金部拟音为[im/ip]。

例字	汕头	潮州	澄海	潮阳	揭阳	海丰
宾	piŋ¹	piŋ¹	piŋ¹	piŋ¹	peŋ¹	piŋ¹
紧	kiŋ²	kiŋ²	kiŋ²	kiŋ²	keŋ²	kin²
禁	kim³	kim³	kiŋ³	kim³	kim³	kim³
急	kip⁴	kip⁴	kik⁴	kip⁴	kip⁴	kip⁴
仁	zim⁵	zim⁵	ziŋ⁵	zim⁵	zim⁵	zim⁵
任	zim⁶	zim⁶	ziŋ⁶	zim⁶	zim⁶	zim⁶
阵	tiŋ⁷	tiŋ⁷	tiŋ⁷	tiŋ⁷	tiŋ⁷	tiŋ⁷
及	kip⁸	kip⁸	kik⁸	kip⁸	kip⁸	kip⁸

(32)归部　此部在粤东各县、市的闽语中均读作[ui]，此部无入声韵部，现根据澄海方言将归部拟音为[ui]。

(33)光部　此部相当于《潮声十五音》和《潮语十五音》的"光部"，在粤东汕头、澄海读作[uaŋ/uak]，潮州、潮阳、揭阳、海丰方言有三读：[uaŋ/uak]、[ueŋ/uek]和[uam/uap]，现根据澄海方言将光部拟音为[uaŋ/uak]。

例字	汕头	潮州	澄海	潮阳	揭阳	海丰
专	tsuaŋ¹	tsueŋ¹	tsuaŋ¹	tsuaŋ¹/ tsueŋ¹	tsuaŋ¹	tsuaŋ¹
管	kuaŋ²	kuaŋ²	kuaŋ²	kuaŋ²/ kueŋ²	kuaŋ²	kuaŋ²
怨	uaŋ³	uaŋ³	uaŋ³	uaŋ³/ ueŋ³	uaŋ³	uaŋ³
劣	luak⁴	luak⁴	luak⁴	luak⁴/ luek⁴	luak⁴/ luek⁴	luak⁴
凡	huaŋ⁵	huam⁵	huaŋ⁵	huam⁵	huam⁵	huam⁵
漫	buaŋ⁶	bueŋ⁶	buaŋ⁶	pʻuaŋ³/ pʻueŋ³	buaŋ⁶	maŋ⁶
犯	huaŋ⁷	huam⁷	huaŋ⁷	huam⁷	huam⁷	huam⁷
拔	puak⁸	puak⁸	puak⁸	puak⁸/ puek⁸	puak⁸/ puek⁸	puak⁸

(34)江部　此部相当于《潮声十五音》和《潮语十五音》的"江部"[aŋ/ak]和"甘部"

[am/ap]，在粤东各县、市的闽语中均读作[aŋ/ak]，现根据澄海方言将江部拟音为 [aŋ/ak]。

例字	汕头	潮州	澄海	潮阳	揭阳	海丰
甘	kam¹	kam¹	kaŋ¹	kam¹	kam¹	kam¹
眼	gaŋ²	gaŋ²	gaŋ²	gaŋ²	gaŋ²	gaŋ²
监	kam³	kam³	kaŋ³	kam³	kam³	kam³
结	kak⁴	kak⁴	kak⁴	kak⁴	kak⁴	kak⁴
含	ham⁵	ham⁵	haŋ⁵	ham⁵	ham⁵	ham⁵
浪	laŋ⁶	laŋ⁶	laŋ⁶	laŋ⁶	laŋ⁶	laŋ⁶
陷	ham⁷	ham⁷	haŋ⁷	ham⁷	ham⁷	ham⁷
十	tsap⁸	tsap⁸	tsak⁸	tsap⁸	tsap⁸	tsap⁸

根据现代澄海方言，《潮声十七音》共34个韵部59个韵母。具体韵系如下表：

1君[uŋ/uk]	2家[e/eʔ]	3居[w]	4京[iã]	5基[i/ iʔ]	6噗基[ĩ/ ĩʔ]
7公[oŋ/ok]	8姑[ou]	9兼[iaŋ/iak]	10皆[ai/aiʔ]	11高[au/auʔ]	12庚[ẽ/ẽʔ]
13柯[ua/uaʔ]	14官[ũã]	15枓[iu/iuʔ]	16弓[eŋ/ek]	17龟[u/uʔ]	18鸡[oi/oiʔ]
19恭[ioŋ/iok]	20娇[iou/iouʔ]	21哥[o/oʔ]	22肩[oĩ]	23柑[ã]	24瓜[ue/ueʔ]
25乖[uai]	26胶[a/aʔ]	27佳[ia/iaʔ]	28薑[iẽ]	29嗲[ie/ieʔ]	30扛[ɤŋ/ɤk]
31金[iŋ/ik]	32归[ui]	33光[uaŋ/uak]	34江[aŋ/ak]		

上表所反映的是《潮声十七音》34个韵部59个韵母的音值。现代澄海方言有44个韵部 78个韵母。如果将现代澄海方言与《潮声十五音》韵母系统相对照，有19个韵母是《潮声 十五音》里所没有的。如：乞[wʔ]、活[ũãʔ]、关[ũẽ/]、爱/□[ãĩ/ãĩʔ]、樣/□[ũãĩ/ũãĩʔ]、好/乐 [ãũ/ãũʔ]、虎[õũ/]、□/□[iõũ/iõũʔ]、幼/□[iũ/iũʔ]、畏[ũĩ/]、姆/□[m/mʔ]、□/□[ŋ/ŋʔ]。

（四）《潮声十七音》声调系统

《潮声十七音》有上平声、上上声、上去声、上入声、下平声、下上声、下去声、下入声等8个声调，与现代澄海话相对照，其调值如下：

调类	调值	例字	调类	调值	例字
上平声	33	分君坤敦奔吞尊	下平声	55	伦群唇坟豚船旬
上上声	53	本滚捆盾囷准	下上声	35	郡润顺愠混
上去声	213	嫩粪棍困喷俊	下去声	11	笨屯阵闰运闷
上入声	2	不骨屈突脱卒	下入声	5	律滑突术没佛

七　现代李新魁撰《新编潮汕方言十八音》音系研究

《新编朝汕方言十八音》，李新魁编，广东人民出版社1979年版。全书有"说明""分韵""正文""附录《潮州话拼音方案》"四个部分。《说明》追溯了潮语十五音一类韵书的历史来源、特点和作用，分析其缺点与不足以及作者《新编潮汕方言十八音》的意图、体例。《新编朝汕方言十八音》共收较常用的字7300个左右，读音以汕头市语音为主要依据。

《说明》对编纂和使用《新编潮汕方言十八音》的一些具体问题再加以说明：

一、本书采用韵图式（表格式）编纂，务求简单明了。编法是：将潮汕方言同韵的字列为一表，最左一栏标明韵部，纵分若干行，上列代表各个声母的拼音字母和汉字，横分八格，分列八个声调。纵横交合处列声、韵、调相同的字。同一方格内所列的字完全同音。

二、本书共分四十六个韵部、十八个声类和八个声调，韵目（韵部代表字）、声目（声母代表字）和调号完全采用《潮州话拼音方案》各表中声、韵、调的字母、符号和例字。韵母中的入声韵母不独立分部，与相对的非入声韵（如ih与i，ig与ing，ib与im等）合为同一个韵部，同列一表，表中第四、第八调栏内所列的字，便是入声字。

三、一字有多音（包括又音、读音、话音、俗音）则分别收入各自的音韵位置，互见多处，但不注明属何种音读。字义也不再加解注。一些出现在较特殊的词语中读音较特别的字，在该字后用（　）号附注上与该字有关的其他字（词素），使读者便于理解，如"哪吒"的"哪"字读lA^5，与一般的"哪"字不一样，在lA^{5}音格子里的"哪"字后即加（　）号附上吒字。

四、拼切字音的字母，采用《潮州话拼音方案》（见附录）的规定。查字的方法如下：如查"冻"字，先要知道冻字的韵母是什么，即跟哪一个韵母相同（属于哪一个韵部），一念，知道它跟"ong翁"字相同，属ong翁韵，便可到ong翁部中去查；再看跟冻字声母相同的是哪一个声目，是"d刀"母，合起来一念："ong翁→d刀、ong翁→dong东"，再调以八声，冻字属上去（阴去）声，"dong^{1}东dong^{2}董dong^{3}冻"，这样，在"d刀"声母第三格内即可查到"冻"这个字以及与它同音的其他字。为了达到拼切便利，查字便捷，应学会拼音的方法，熟念四十六个韵目字和十八个声目字及八个声调，念熟了，就不必这样的查法。一个字音到手，立即便可在相应得表格中查到所要查的字。

（一）《新编朝汕方言十八音》声母系统

此书声母"十八音"，实际上与《潮声十五音》《潮语十五音》和《击木知音》的"十五音"和《潮声十七音》是一样的，均有18个声母。前三种韵书"柳[l/n]、文[b/m]、语[g/ŋ]"三个字母，实际上有6个声母，后一种韵书《潮声十七音》在原有"十五音"基础上增加"杳[m]、嫐[n]"，连同"语[g/ŋ]"，也是18个声母。《新编朝汕方言十八音》的"十八音"把前6个声母，分别用6个字母来表示："罗1 [l]、挪n [n]、无bh[b]、毛m[m]、鹅gh[g]、俄ng[ŋ]"。如下表：

b [p] 波	p [pʻ] 抱	bh[b] 无	m[m] 毛
d [t] 刀	t [tʻ] 妥	n [n] 挪	l [l] 罗
z [ts] 之	c [tsʻ] 此	s [s] 思	r[z] 而
g [k] 哥	k [kʻ] 戈	gh[g] 鹅	ng[ŋ] 俄
o [ø] 蚝	h [h] 何		

（二）《新编朝汕方言十八音》韵母系统及其音系性质

根据《新编朝汕方言十八音》"正文"里记载，该书有46个韵部，72个韵母。现将其韵部及其韵母排比如下（[ ]内属国际音标）：

1亚[a/aʔ]	2窝[o/oʔ]	3哑[e/eʔ]	4余[ɤ/ɤʔ]	5衣[i/iʔ]	6污[u/uʔ]
7哀[ai]	8鞋[oi/oiʔ]	9欧[au/auʔ]	10乌[ou]	11呀[ia/iaʔ]	12腰[io/ioʔ]
13忧[iu]	14天[iou/iouʔ]	15娃[ua/uaʔ]	16锅[ue/ueʔ]	17威[ui]	18歪[uai]
19嗳[ã]	20楷[ẽ]	21丸[ĩ]	22爱[ãĩ]	23闲[õĩ]	24好[ãũ]
25虎[õũ]	26营[ĩã]	27羊[ĩõ]	28幼[ĩũ]	29鞍[ũã]	30关[ũẽ]
31畏[ũĩ]	32秋[ɤ̃]	33姆[m]	34按[aŋ/ak]	35翁[oŋ/ok]	36英[eŋ/ek]
37恩[ɤŋ/ɤk]	38因[iŋ/ik]	39温[uŋ/uk]	40央[iaŋ/iak]	41雍[ioŋ/iok]	42汪[uaŋ/uak]
43庵[am/ap]	44音[im/ip]	45淹[iam/iap]	46凡[uam/uap]		

上表46个韵部中，有31个韵部是汕头、潮州、澄海、潮阳、揭阳、海丰6个方言点所共有的：亚a[a/aʔ]、窝o[o/oʔ]、哑ê[e/eʔ]、衣i[i/iʔ]、污u[u/uʔ]、哀ai[ai]、欧ao[au/auʔ]、ŏou[ou]、呀ia[ia/iaʔ]、qiu[iu]、娃ua[ua/uaʔ]、锅uê[ue/ueʔ]、威ui[ui]、歪uai[uai]、嗳an[ã]、楷ên[ẽ]、丸in[ĩ]、爱ain[ãĩ]、营ian[ĩã]、幼iun[ĩũ]、鞍uan[ũã]、关uên[ũẽ]、畏uin[ũĩ]、秋en[ŋ]、姆m[m]、按ang[aŋ/ak]、翁ong[oŋ/ok]、英êng[eŋ/ek]、央iang[iaŋ/iak]、雍iong[ioŋ/iok]、汪uang[uaŋ/uak]，其余15个韵部反映了粤东6个方言点的内部差异：①汕头、潮州、澄海、揭阳方言均有[ɯ/ɯʔ]，唯独潮阳话、海丰话无此韵；②唯独海丰话无[oi/oiʔ]、[õĩ]、[ãũ/ãũʔ]、[õũ]、[uŋ/uk]等韵部，汕头、潮州、澄海、潮阳、揭阳均有此5个韵部；③汕头、潮阳、揭阳、海丰方言均有[io/ioʔ]，唯独潮州话、澄海话无此韵；④唯独潮州话、澄海话有[iou/iouʔ]，汕头、潮阳、揭阳、海丰方言均无此韵部；⑤唯独潮州话、澄海话无[ĩõ]，汕头、潮阳、揭阳、海丰方言均有此韵部；⑥汕头话、潮州话、澄海话有[ɤŋ/ɤk]，潮阳、揭阳、海丰方言均无此韵部；⑦唯独揭阳

话、海丰话无[iŋ/ik]，汕头、潮州、澄海、潮阳方言均有此韵部；⑧汕头话、潮州话、潮阳话、揭阳话、海丰话均有[am/ap]、[iam/iap]、[im/ip]等韵部，唯独澄海话无此三韵部；⑨唯独汕头话、澄海话无[uam/uap]和[om/op]韵部，潮州、潮阳、揭阳、海丰方言均有此二韵部。

综上所述，笔者认为，《新编朝汕方言十八音》所反映的是潮汕方言的综合音系，而不是某一个方言点的音系。

（三）《新编朝汕方言十八音》声调系统

该韵书设计了《声调表》，8个声调表示如下：

名称	阴平	阴上	阴去	阴入
例字	诗分	死粉	世训	薛忽
符号	1	2	3	4
名称	阳平	阳上	阳去	阳入
例字	时云	是混	示份	蚀佛
符号	5	6	7	8

《新编朝汕方言十八音》与现代粤东闽南方言一样，均有8个声调。

八　潮汕方言韵书音系比较研究

（一）潮汕方言韵书音系性质概说

据考证，《潮声十五音》和《潮语十五音》的音系所反映的则是汕头方言音系。《击木知音》的音系所反映的正是潮州方言音系。《潮声十七音》的音系所反映的是澄海方言。《新编朝汕方言十八音》所反映的是潮汕方言的综合音系，而不是某一个方言点的音系。

（二）潮汕方言韵书声韵调系统比较研究

1.声母系统比较研究

《潮声十五音》《潮语十五音》《击木知音》《潮声十七音》和《新编潮汕十八音》等五种有代表性的潮汕方言韵书，有十五音、十七音和十八音。现比较如下：

韵　　书	声　母　系　统（十五音、十七音、十八音）																	
潮声十五音	柳		边	求	去	地	坡	他	增	入	时	英	文		语		出	喜
潮语十五音	柳		边	求	去	地	颇	他	贞	入	时	英	文		语		出	喜
击木知音	柳		边	求	去	地	颇	他	贞	入	时	英	文		语		出	喜
潮声十七音	柳	嫋	边	求	去	地	坡	他	增	入	时	英	文	杳	语		出	喜
新编潮汕方言十八音	罗	挪	波	哥	戈	刀	抱	妥	之	而	思	蚝	无	毛	鹅	俄	此	何
拟音	l	n	p	k	k'	t	p'	t'	ts	z	s	ø	b	m	g	ŋ	ts'	h

从上表可见，前三种十五音，与福建早期闽南方言韵书《汇音妙悟》（1800年）和《汇集雅俗通十五音》（1818年）的十五音基本相同，后两种韵书分别是十七音和十八音，是因为作者考虑到鼻化韵和非鼻化韵问题而设置的，主要是柳[l/n]、文[b/m]、语[g/ŋ]三个声母字的音值问题。林伦伦、陈小枫著的《广东闽方言语音研究》（汕头大学出版社1996年版）书中指出，"[b-、g-、l-]三个浊音声母不拼鼻化韵母；[m-、n-、ŋ-]三个鼻音声母与元音韵母相拼后，元音韵母带上鼻化成分，即[me]=[mẽ]、[ne]=[nẽ]、[ŋe]=[ŋẽ]。所以可以认为[m-、n-、ŋ-]不拼口元音韵母，与[b-、g-、l-]不拼鼻化韵母互补。"这是柳[l/n]、文[b/m]、语[g/ŋ]在不同语音条件下所构拟的音值。

2.韵母系统比较研究

五种潮汕方言韵书的韵部系统比较，主要以《潮声十五音》37个韵部的先后顺序，与其他韵书韵部进行比较，从中窥探五种韵部的差异：

【表一】

《潮声十五音》	1. 君部[uŋ/uk]	2. 家部[e/eʔ]	3. 高部[au/auʔ]	4. 金部[im/ip]	5. 鸡部[oi/oiʔ]
《潮语十五音》	1. 君部[uŋ/uk]	23.家部[e/eʔ]	22.交部[au/auʔ]	3. 金部[im/ip]	13.鸡部[oi/oiʔ]
《击木知音》	1. 君部[uŋ/uk]	23.家部[e/eʔ]	22.交部[au/auʔ]	3. 金部[im/ip]	13.鸡部[oi/oiʔ]
《潮声十七音》	1. 君部[uŋ/uk]	2. 家部[e/eʔ]	11.高部[au/auʔ]	31.金部[iŋ/ik]	18.鸡部[oi/oiʔ]
《新编潮汕方言十八音》	39.温部[uŋ/uk]	3. 哑部[e/eʔ]	9. 欧部[au/auʔ]	44.音部[im/ip]	8. 鞋部[oi/oiʔ]

根据韵书及粤东汕头、潮州、澄海、潮阳、揭阳、海丰6个闽南方言点情况，以上5个韵部，除了《潮声十七音》31.金部读作[iŋ/ik]外，其余韵部读音基本上是一致的，分别拟音为[uŋ/uk]、[e/eʔ]、[au/auʔ]、[im/ip]、[oi/oiʔ]。因《潮声十七音》反映了澄海方言音系，金部不读作[im]，而与君部合并读作[iŋ]。

【表二】

《潮声十五音》	6. 公部[oŋ/ok]	7. 姑部[ou]	8. 兼部[iam/iap]	9. 基部[i/iʔ]	10. 坚部[iaŋ/iak]
《潮语十五音》	7. 公部[oŋ/ok]	11.孤部[ou/ouʔ]	21.兼部[iam/iap]	28.枝部[i/iʔ]	2. 坚部[iaŋ/iak]
《击木知音》	7. 公部[oŋ/ok]	11.孤部[ou/ouʔ]	21.兼部[iam/iap]	28.枝部[i/iʔ]	2. 坚部[ieŋ/iek] 40.姜部[iaŋ/iak]
《潮声十七音》	7. 公部[oŋ/ok]	8. 姑部[ou]	9、兼部[iaŋ/iak]	5. 基部[i/iʔ]	————
《新编潮汕方言十八音》	35.翁部[oŋ/ok]	10.乌部[ou]	45.淹部[iam/iap]	5. 衣部[i/iʔ]	40.央部[iaŋ/iak]

根据韵书及粤东汕头、潮州、澄海、潮阳、揭阳、海丰6个闽南方言点情况，以上5个韵部，有两个地方要说明的：（1）《击木知音》有"坚部[ieŋ/iek]"和"姜部[iaŋ/iak]"的对立，反映了广东潮州方言音系性质，其余韵书只有[iaŋ/iak]韵而无[ieŋ/iek]韵；（2）《潮声十七音》"兼部[iaŋ/iak]"包含着《击木知音》坚部[ieŋ/iek]、姜部[iaŋ/iak]和

兼部[iam/iap]，反映了广东澄海方言音系性质。

【表三】

《潮声十五音》	11. 京部[iã]	12. 官部[ũã]	13. 皆部[ai]	14. 恭部[ioŋ/iok]	15. 君部[iŋ/ik]
《潮语十五音》	34. 京部[iã]	30. 官部[ũã/ũãʔ]	16. 皆部[ai/aiʔ]	14. 恭部[ioŋ/iok]	17. 君部[iŋ/ik]
《击木知音》	34. 京部[iã/iãʔ]	30. 官部[ũa/ũãʔ]	16. 皆部[ai/aiʔ]	14. 恭部[ioŋ/iok]	17. 斤部[iŋ/ik]
《潮声十七音》	4. 京部[iã]	14. 官部[ũã]	10. 皆部[ai/aiʔ]	19. 恭部[ioŋ/iok]	—
《新编潮汕方言十八音》	26. 营部[ĩã]	29. 鞍部[ũã]	7. 哀部[ai]	41. 雍部[ioŋ/iok]	38. 因部[iŋ/ik]

根据韵书及粤东闽南方言情况，《潮声十七音》“金[iŋ/ik]”部包含着《潮语十五音》“君[iŋ/ik]”“金[im/ip]”两个韵部，反映了澄海方言音系性质。参见【表一】。

【表四】

《潮声十五音》	16. 钧部[ɤŋ/ɤk]	17. 居部[ɯ]	18. 歌部[o/oʔ]	19. 光部[uaŋ/uak]	20. 归部[ui]
《潮语十五音》	27. 扛部[ɤŋ/ɤk]	31. 居部[ɯ/ɯʔ]	15. 歌部[o/oʔ]	10. 光部[uaŋ/uak]	4. 归部[ui/uiʔ]
《击木知音》	27. 扛部[ɤŋ/ɤk]	31. 居部[ɯ/ɯʔ]	15. 高部[o/oʔ]	10. 关部[ueŋ/uek] 10. 光部[uaŋ/uak]	4. 规部[ui/uiʔ]
《潮声十七音》	30. 扛部[ɤŋ/ɤk]	3. 居部[ɯ]	21. 哥部[o/oʔ]	33. 光部[uaŋ/uak]	32. 归部[ui]
《新编潮汕方言十八音》	37. 恩部[ɤŋ/ɤk]	4. 余部[ɤ/ɤʔ]	2. 窝部[o/oʔ]	42. 汪部[uaŋ/uak]	17. 威部[ui]

根据韵书及粤东闽南方言情况，以上5个韵部，有两个地方要说明的：（1）前四种韵书“居”部拟音为[ɯ]，《新编潮汕方言十八音》“余”部拟音为[ɤ/ɤʔ]；（2）只有《击木知音》有“关[ueŋ/uek]”和“光[uaŋ/uak]”二部的对立，反映了广东潮州方言音系性质，而其余韵书有“光[uaŋ/uak]”部而无“关[ueŋ/uek]”部。

【表五】

《潮声十五音》	21. 庚部[ẽ/ẽʔ]	22. 鸠部[iu/iuʔ]	23. 瓜部[ua/uaʔ]	24. 江部[aŋ/ak]	25. 胶部[a/aʔ]
《潮语十五音》	33. 庚部[ẽ/ẽʔ]	29. 鸠部[iu/iuʔ]	20. 柯部[ua/uaʔ]	6. 江部[aŋ/ak]	25. 胶部[a/aʔ]
《击木知音》	33. 庚部[ẽ/ẽʔ]	29. 鸠部[iu/iuʔ]	20. 柯部[ua/uaʔ]	6. 干部[ɛŋ/ɛk] 38. 江部[aŋ/ak]	25. 胶部[a/aʔ]
《潮声十七音》	12. 庚部[ẽ/ẽʔ]	15. 杍部[iu/iuʔ]	13. 柯部[ua/uaʔ]	34. 江部[aŋ/ak]	26. 胶部[a/aʔ]
《新编潮汕方言十八音》	20. 楹部[ẽ]	13. 忧部[iu]	15. 娃部[ua/uaʔ]	34. 按部[aŋ/ak]	1. 亚部[a/aʔ]

根据韵书及粤东闽南方言情况，以上5个韵部，有两个地方要说明的：（1）《击木知音》有“干部[ɛŋ/ɛk]”和“江部[aŋ/ak]”两部的对立，反映了广东潮州方言音系性质，而《潮声十五音》《潮语十五音》《潮声十七音》和《新编潮汕方言十八音》只有[aŋ/ak]，而无[ɛŋ/ɛk]韵；（2）《潮声十七音》“江[aŋ/ak]”包括《击木知音》“干[ɛŋ/ɛk]”“江[aŋ/ak]”和“甘[am/ap]”三部，反映了广东澄海方言音系性质。

【表六】

《潮声十五音》	26.娇部[iau]	27.乖部[uai]	28.肩部[õĩ]	29.扛部[ŋ]	30.弓部[eŋ/ek]
《潮语十五音》	12.骄部[iau/iauʔ]	8.乖部[uai/uaiʔ]	37.肩部[õĩ]	（[ŋ]）	9.经部[eŋ/ek]
《击木知音》	12.骄部[iou/iouʔ]	8.乖部[uai/uaiʔ]	37.肩部[õi/õĩʔ]	（[ŋ]）	9.经部[eŋ/ek]
《潮声十七音》	20.娇部[iou/iouʔ]	25.乖部[uai]	22.肩部[oĩ]	（[ŋ]）	16.弓部[eŋ/ek]
《新编潮汕方言十八音》	14.夭部[iou/iouʔ]	18.歪部[uai]	23.闲部[õĩ]	32.秧部[ŋ]	36.英部[eŋ/ek]

根据韵书及粤东闽南方言情况，以上5个韵部有两个地方要说明的：（1）《击木知音》"骄部"、《潮声十七音》"娇"部和《新编潮汕方言十八音》"夭"部均拟为[iou/iouʔ]，反映了潮州和澄海方言特点，而《潮声十五音》"娇"部和《潮语十五音》"骄"部则拟音为[iau/iauʔ]；（2）《潮声十五音》和《新编潮汕方言十八音》均有[ŋ]韵，这是粤东闽南方言共有的韵母，表中以（[ŋ]）示之，说明其余三种韵书理应有此韵部。

【表七】

《潮声十五音》	31.龟部[u/uʔ]	32.柑部[ã]	33.佳部[ia/iaʔ]	34.甘部[am/ap]	35.瓜部[ue/ueʔ]
《潮语十五音》	26.龟部[u/uʔ]	32.柑部[ã/ãʔ]	5.佳部[ia/iaʔ]	19.甘部[am/ap]	24.瓜部[ue/ueʔ]
《击木知音》	26.龟部[u/uʔ]	32.柑部[ã/ãʔ]	5.佳部[ia/iaʔ]	19.甘部[am/ap]	24.瓜部[ue/ueʔ]
《潮声十七音》	17.龟部[u/uʔ]	23.柑部[ã]	27.佳部[ia/iaʔ]	—	24.瓜部[ue/ueʔ]
《新编潮汕方言十八音》	6.污部[u/uʔ]	19.嗳部[ã]	11.呀部[ia/iaʔ]	43.庵部[am/ap]	16.锅部[ue/ueʔ]

根据韵书及粤东闽南方言情况，《潮声十七音》无甘部[am/ap]，其韵字并入"江部[aŋ/ak]"，反映了广东澄海方言音系性质。参见【表七】。

【表八】

《潮声十五音》	36.薑部[iõ]	40.烧部[io/ioʔ]	（[ĩ/ĩʔ]）	（[ãĩ]）	（[ãũ]）
《潮语十五音》	18.薑部[iõ]	35.蕉部[io/ioʔ]	36.天部[ĩ/ĩʔ]	（[ãĩ]）	（[ãũ]）
《击木知音》	18.薑部[iẽ/iẽʔ]	35.蕉部[io/ioʔ]	36.天部[ĩ/ĩʔ]	（[ãĩ]）	（[ãũ]）
《潮声十七音》	28.薑部[iẽ/iẽʔ]	29. 部[io/ioʔ]	6. 部[ĩ/ĩʔ]	（[ãĩ]）	（[ãũ]）
《新编潮汕方言十八音》	27.羊部[ĩõ]	12.腰部[io/ioʔ]	21.丸部[ĩ]	22.爱部[ãĩ]	24.好部[ãũ]

根据韵书及粤东闽南方言情况，《击木知音》和《潮声十七音》薑部拟音为[iẽ/iẽʔ]，分别反映了潮州和澄海方言的音系性质。其余三种韵书把薑部拟音为[iõ]，反映了汕头方言的音系性质。表中有（[ĩ/ĩʔ]）、（[ãĩ]）和（[ãũ]）三个韵母，说明粤东闽方言韵母共有这三个韵母。《新编潮汕方言十八音》设有爱[ãĩ]、好[ãũ]两个韵部也是对的。

【表九】

《潮声十五音》	（[õũ]）	（[ĩũ]）	（[ũẽ]）	（[ũĩ]）	（[m]）	（[uam/uap]）
《潮语十五音》	（[õũ]）	（[ĩũ]）	（[ũẽ]）	（[ũĩ]）	（[m]）	（[uam/uap]）
《击木知音》	（[õũ]）	（[ĩũ]）	（[ũẽ]）	（[ũĩ]）	（[m]）	（[uam/uap]）
《潮声十七音》	（[õũ]）	（[ĩũ]）	（[ũẽ]）	（[ũĩ]）	（[m]）	—
《新编潮汕方言十八音》	25.虎部[õũ]	28.幼部[ĩũ]	30.关部[ũẽ]	31.畏部[ũĩ]	33.姆部[m]	46.凡部[uam/uap]

　　根据韵书及粤东闽南方言情况，《新编潮汕方言十八音》设有"虎部[õũ]、幼部[ĩũ]、关部[ũẽ]、畏部[ũĩ]、姆部[m]"五个韵部也是粤东闽方言共有的韵母，除了《潮声十七音》无"凡部[uam/uap]"韵外，其余韵书均有此韵。

　　综上所述，潮汕方言五种韵书中所出现的韵母共有96个韵母，其中阴声韵韵母21个，鼻化韵韵母14个，阳声韵韵母15个，声化韵韵母2个，入声韵韵母44个。现将这96个韵母在这五种潮汕方言韵书的分布情况比较如下：

【阴声韵比较表一】

韵母系统	a	o	e	ɤ	ɯ	i	u	ai	oi	au	ou	ia
潮声十五音	+	+	+	-	+	+	+	+	+	+	+	+
潮语十五音	+	+	+	-	+	+	+	+	+	+	+	+
击木知音	+	+	+	-	+	+	+	+	+	+	+	+
潮声十七音	+	+	+	-	+	+	+	+	+	+	+	+
新编潮汕方言十八音	+	+	+	+	-	+	+	+	+	+	+	+

【阴声韵比较表二】

韵母系统	io	ie	iu	iou	iau	ua	ue	ui	uai
潮声十五音	+	-	+	-	+	+	+	+	+
潮语十五音	+	-	+	-	+	+	+	+	+
击木知音	-	+	+	+	-	+	+	+	+
潮声十七音	-	+	+	+	-	+	+	+	+
新编潮汕方言十八音	+	-	+	+	-	+	+	+	+

　　潮汕方言五种韵书中有阴声韵韵母共21个，其中a、o、e、i、u、ai、oi、au、ou、ia、iu、ua、ue、ui、uai等15个韵母是共有的；异同的韵母有6个，即ɯ、ɤ、io、ie、iou、iau。说明：（1）ɯ、（ɯʔ）与ɤ（或ɤʔ）两个韵母是前4种韵书与最后一种韵书拟音上的差异；（2）ie（或ieʔ）与io（或ioʔ）两个韵母是《击木知音》《潮声十七音》和其他3种韵书不同之处，前者反映潮州、澄海方言的语音特点，后者反映汕头、潮阳、揭阳、海丰的语音特点；（3）iau（或iauʔ）与iou（或iouʔ）两个韵母是《潮声十五音》《潮语十五音》和后3种韵书不同之处，前者反映汕头方言的语音特点，后者则反映潮州、澄海、潮阳、揭阳、海丰的语音特点。

【鼻化韵比较表】

韵母系统	ã	ẽ	ĩ	ãi	õi	ãu	õu	ĩa	ĩõ	iẽ	ĩu	ũa	ũĩ	ũe
潮声十五音	+	+	-	-	+	-	-	+	+	-	+	-	-	-
潮语十五音	+	+	+	+	+	+	+	+	+	-	+	+	+	+
击木知音	+	+	+	+	+	+	+	+	+	+	+	+	+	+
潮声十七音	+	+	+	+	+	+	+	+	+	+	+	+	+	+
新编潮汕方言十八音	+	+	+	+	+	+	+	+	+	+	+	+	+	+

潮汕方言五种韵书中有鼻化韵母共14个，其中ã、ẽ、õĩ、iã、ũã等5个韵母是共有的，异同的韵母有9个，即ĩ、ãĩ、ãũ、õũ、ĩõ、ĩẽ、ĩũ、ũĩ、ũẽ。说明：（1）唯独《潮声十五音》无ĩ韵母，后4种韵书均有此韵母；（2）ĩẽ（或ĩẽʔ）、ĩõ（或iõʔ）两个韵母是《击木知音》《潮声十七音》和其他3种韵书不同之处，前者反映潮州、澄海方言的语音特点，后者反映汕头、潮阳、揭阳、海丰的语音特点；（3）ãĩ、ãũ、õũ、ĩũ、ũĩ、ũẽ、6韵母是《新编潮汕方言十八音》所特有的，其中ãĩ、ãũ、õũ、ũẽ、4韵母是汕头、潮州、澄海、潮阳、揭阳、海丰方言共有的韵母；ũĩ韵母是汕头、潮州、澄海方言共有的韵母，而潮阳、揭阳、海丰方言不读ũĩ；ĩũ韵母是粤东闽方言所没有的。

【阳声韵比较表】

韵母系统	am	im	iam	uam	aŋ	eŋ	iŋ	oŋ	uŋ	ɤŋ	iaŋ	ioŋ	uaŋ	ieŋ	ueŋ	m	ŋ
潮声十五音	+	+	+	−	+	+	+	+	+	+	+	+	+	−	+	−	+
潮语十五音	+	+	+	−	+	+	+	+	+	+	+	+	+	−	−	−	−
击木知音	+	+	+	−	+	+	+	+	+	+	+	+	+	+	+	−	−
潮声十七音	−	−	−	−	+	+	+	+	+	+	+	+	+	−	+	−	−
新编潮汕方言十八音	+	+	+	+	+	+	+	+	+	+	+	+	−	−	−	+	+

潮汕方言五种韵书中有阳声韵韵母共15个，其中aŋ、eŋ、iŋ、oŋ、uŋ、ɤŋ、iaŋ、ioŋ、uaŋ等9个韵母是共有的，异同的韵母有6个，即am、im、iam、uam、ieŋ、ueŋ。说明：①唯独《潮声十七音》无am、im、iam等3个韵母，此3个韵母字分别并入aŋ、iŋ、iaŋ等3个韵母；②uam（或uap）韵母是《新编潮汕方言十八音》所特有的，其余4种韵书均无此韵母，实际上现代潮阳、揭阳、海丰方言也有此韵母；③ieŋ、ueŋ两个韵母是《击木知音》所特有的，ieŋ韵母是潮州方言特有的，ueŋ韵母除了潮州方言有以外，潮阳和揭阳方言也有此。

潮汕方言五种韵书中有声化韵母2个，即m、ŋ。m是《新编潮汕方言十八音》所特有的，其余4种韵书均无此韵母；只有《潮声十五音》和《新编潮汕方言十八音》有ŋ韵母，其余种韵书均无此韵母。实际上，现代粤东闽方言均有m、ŋ2个韵母。

【入声韵比较表一】

韵母系统	aʔ	oʔ	eʔ	ɤʔ	ɯʔ	iʔ	uʔ	aiʔ	oiʔ	auʔ	ouʔ	iaʔ	ioʔ	ieʔ	iuʔ
潮声十五音	+	+	+	−	+	+	+	+	+	−	+	+	+	−	+
潮语十五音	+	+	+	−	+	+	+	+	+	+	+	+	+	−	+
击木知音	+	+	+	−	+	+	+	+	+	+	+	+	−	+	+
潮声十七音	+	+	+	−	+	+	+	+	+	+	+	+	+	−	−
新编潮汕方言十八音	+	+	+	−	+	+	+	+	+	−	+	+	+	−	−

【入声韵比较表二】

韵母系统	iouʔ	iauʔ	uaʔ	ueʔ	uiʔ	uaiʔ	ãʔ	ẽʔ	ĩʔ	õiʔ	ĩãʔ	iẽʔ	ũãʔ
潮声十五音	-	+	+	-	-	-	+	-	-	-	-	-	-
潮语十五音	-	+	+	+	+	+	+	+	+	-	-	-	+
击木知音	+	-	+	+	+	+	+	+	+	+	+	+	+
潮声十七音	+	-	+	+	+	+	-	-	+	+	-	-	-
新编潮汕方言十八音	+	-	-	+	+	+	-	-	+	+	-	-	-

【入声韵比较表三】

韵母系统	ap	ip	iap	uap	ak	ek	ik	ok	uk	ɤk	iak	iok	uak	iek	uek
潮声十五音	+	+	+	-	+	+	+	+	+	+	+	+	+	-	-
潮语十五音	+	+	+	-	+	+	+	+	+	+	+	+	+	-	-
击木知音	+	+	+	-	+	+	+	+	+	+	+	+	+	+	+
潮声十七音	-	-	-	-	+	+	+	+	+	+	+	+	+	-	-
新编潮汕方言十八音	+	+	+	+	+	+	+	+	+	+	+	+	+	-	-

　　潮汕方言五种韵书中有入声韵韵母44个，其中收喉塞韵尾-ʔ的韵母29个，收清辅音韵尾-p的韵母4个，收清辅音韵尾-k的韵母11个。

　　收喉塞韵尾-ʔ的韵母28个中aʔ、oʔ、eʔ、iʔ、uʔ、oiʔ、auʔ、iaʔ、uaʔ、ueʔ等10个韵母是潮汕种韵书所共有的，异同的韵母有aiʔ、ouʔ、iuʔ、uiʔ、uaiʔ、ãʔ、ẽʔ、ĩʔ、õiʔ、ĩãʔ、iẽʔ、ũãʔ等12个韵母。ɤʔ、ɯʔ、ioʔ、ieʔ、iouʔ、iauʔ、ĩẽʔ、ĩõʔ等8个韵母前文已经作了说明，这里不再赘述。要说明的是：①aiʔ、iuʔ、ẽʔ、ĩʔ、ũãʔ等5个韵母是现代粤东闽方言所共有的；②ouʔ、uiʔ、ãʔ、ĩãʔ、õiʔ等个韵母是现代粤东闽方言所没有的。

　　收清辅音韵尾-p的韵母4个，即ap、ip、iap、uap。《潮声十七音》无ap、ip、iap三个韵母，此3个韵母字分别读作ak、ik、iak，反映澄海方言的语音特点，其余韵书均有ap、ip、iap。唯独《新编潮汕方言十八音》有uap韵母，其余韵书均无此韵母。

　　收清辅音韵尾-k的韵母11个，即ak、ek、ik、ok、uk、ɤk、iak、iok、uak、iek、uek。其中潮汕方言五种韵书共有9个，即ak、ek、ik、ok、uk、ɤk、iak、iok、uak，不同只有iek、uek2个韵母。只有《击木知音》有iek、uek两个韵母，反映了潮州方言的语音特点。

　　3.声调系统比较研究

　　林伦伦、陈小枫著的《广东闽方言语音研究》（第94页）罗列了粤东闽语的声调（单字调）：

调类	汕头	潮州	澄海	揭阳	潮阳	海丰
阴平	33	—	—	—	—	—
阳平	55	—	—	—	—	—
阴上	53	—	—	—	—	—
阳上	35	—	—	—	313	—
阴去	213	—	—	—	31	—
阳去	11	—	—	—	/	—
阴入	2	—	—	—	/	—
阳入	5	—	—	—	—	—

五种潮汕方言韵书分别反映了汕头、潮州、澄海方言音系，均有8个声调与现代潮汕方言相对照，其调值如下：

声　调	上平声	上上声	上去声	上入声	下平声	下上声	下去声	下入声
潮声十五音	+	+	x	+	+	+	x	+
潮语十五音	+	+	+	+	+	+	+	+
击木知音	+	+	+	+	+	+	+	+
潮声十七音	+	+	+	+	+	+	+	+
新编潮汕方言十八音	+	+	+	+	+	+	+	+

据前文考证，《潮声十五音》在处理声调方面有误，把下去声调字误为上去声字，把上去声调字误为下去声字，与其他4种韵书有别。因此，表格中以"χ"号示之。

综上所述，潮汕方言五种韵书是根据不同次方言音系而编撰的地方韵书。从音系性质上说，《潮声十五音》和《潮语十五音》所反映的均为汕头方言音系，《击木知音》所反映的为潮州方言音系；《潮声十七音》所反映的均为澄海方言音系，《新编朝汕方言十八音》所反映的是潮汕方言的综合音系，而不是某一个方言点的音系。从音系比较上说，声母系统虽有十五音、十七音和十八音之说，但实际上是相同的，均有l、n、p、k、kʻ、t、pʻ tʻ、ts、z、s、ø、b、m、g、ŋ、tsʻ、h等18个声母；韵部系统虽参差不一，但每一种韵书均有一个或几个能反映其音系性质的特殊韵部；声调系统是一致的，均为8个声调，即上平、上上、上去、上入、下平、下上、下去、下入。总之，这五种韵书的声母系统和声调系统是一致的，但在韵母系统上有其一致性，但也存有差异性。

第五节　闽粤闽南方言韵书音系比较研究

在本节里，我们选择泉州方言韵书《汇音妙悟》《拍掌知音》，漳州方言韵书

《汇集雅俗通十五音》《福建方言字典》《增补汇音》《渡江书十五音》，漳、泉二腔韵书《八音定诀》《击掌知音》，潮汕方言韵书《潮声十五音》《潮语十五音》《击木知音》《潮声十七音》《新编潮汕方言十八音》13种韵书进行比较。

一　声母系统比较研究

闽粤闽南方言韵书的声母系统有着传统的"十五音"，随着语音的不断发展，出现了十七音、十八音，现比较如下：

韵书	闽粤闽南方言声母系统																	
汇音妙悟	柳		边	求	气	地	普	他	争	入	时	英	文		语		出	喜
	l	n	p	k	k'	t	p'	t'	ts	z	s	∅	b	m	g	ŋ	ts'	h
拍掌知音	柳		边	求	气	地	颇	他	争	入	时	英	文		语		出	喜
	l	n	p	k	k'	t	p'	t'	ts	z	s	∅	b	m	g	ŋ	ts'	h
汇集雅俗通十五音	柳		边	求	去	地	颇	他	曾	入	时	英	文		语		出	喜
	l	n	p	k	k'	t	p'	t'	ts	dz	s	∅	b	m	g	ŋ	ts'	h
福建方言字典	柳		边	求	去	地	颇	他	曾	入	时	英	文		语		出	喜
	l	n	p	k	k'	t	p'	t'	ts	dz	s	∅	b	m	g	ŋ	ts'	h
增补汇音	柳		边	求	去	地	颇	他	曾	入	时	莺	门		语		出	喜
	l	n	p	k	k'	t	p'	t'	ts	dz	s	∅	b	m	g	ŋ	ts'	h
渡江书十五音	柳		边	求	去	治	波	他	曾	入	时	英	门		语		出	喜
	l	n	p	k	k'	t	p'	t'	ts	dz	s	∅	b	m	g	ŋ	ts'	h
八音定诀	柳		边	求	去	地	颇	他	曾	入	时	英	文		语		出	喜
	l	n	p	k	k'	t	p'	t'	ts	z	s	∅	b	m	g	ŋ	ts'	h
击掌知音	柳		边	求	去	地	颇	他	曾	入	时	莺	门		语		出	喜
	l	n	p	k	k'	t	p'	t'	ts	z	s	∅	b	m	g	ŋ	ts'	h
潮声十五音	柳		边	求	去	地	坡	他	增	入	时	英	文		语		出	喜
	l	n	p	k	k'	t	p'	t'	ts	z	s	∅	b	m	g	ŋ	ts'	h
潮语十五音	柳		边	求	去	地	颇	他	贞	入	时	英	文		语		出	喜
	l	n	p	k	k'	t	p'	t'	ts	z	s	∅	b	m	g	ŋ	ts'	h
击木知音	柳		边	求	去	地	颇	他	贞	入	时	英	文		语		出	喜
	l	n	p	k	k'	t	p'	t'	ts	z	s	∅	b	m	g	ŋ	ts'	h
潮声十七音	柳	嫋	边	求	去	地	坡	他	增	入	时	英	文	杳	语		出	喜
	l	n	p	k	k'	t	p'	t'	ts	z	s	∅	b	m	g	ŋ	ts'	h
新编潮汕方言十八音	罗	挪	波	哥	戈	刀	抱	妥	之	而	思	蚝	无	毛	鹅	俄	此	何
	l	n	p	k	k'	t	p'	t'	ts	z	s	∅	b	m	g	ŋ	ts'	h

由上表可见，闽粤闽南方言韵书的声母用字基本上相同。但这里特别要说明的是：

（1）泉州、漳州、厦门地区方言韵书以及《潮声十五音》《潮语十五音》《击木知音》均十五音，声母"柳、文、语"用于非鼻化韵之前的，读[b]、[l]、[g]，用于鼻化韵之前的则读作[m]、[n]、[ŋ]。

（2）《潮声十七音》有十七音，"柳""嫩"二母，有[l]和[n]的对立；"文""杏"二母，有[b]和[m]的对立。

（3）《新编潮汕方言十八音》有十八音，有"罗"[l]、"无"[b]、"鹅"[g]和"挪"[n]、"毛"[m]、"俄"[ŋ]的对立。

（4）"入"母字，漳州韵书《汇集雅俗通十五音》《福建方言字典》《增补汇音》《渡江书十五音》读作[dz]，泉州、厦门和潮汕方言韵书均读作[z]。

二 韵母系统比较研究

泉州方言韵书《汇音妙悟》50个韵部，反映的是19世纪初泉州音系；《拍掌知音》36个韵部，反映的是清代泉州文读音系。漳州方言韵书《汇集雅俗通十五音》(1818年)和《福建方言字典》(1800年)均50个韵部，反映的是19世纪初漳州漳浦县方言音系；《增补汇音》30个韵部，反映的是19世纪初漳州龙海县方言音系；《渡江书十五音》43个韵部，反映的是清代漳州长泰县方言音系；兼漳、泉二腔韵书《八音定诀》《击掌知音》均42个韵部，反映的是清末兼漳、泉二腔的方言音系；潮汕方言韵书《潮声十五音》和《潮语十五音》各37个韵部、《击木知音》40个韵部、《潮声十七音》34个韵部、《新编潮汕方言十八音》46个韵部。现比较如下：

【阳声韵/入声韵表】一

	im/ip	am/ap	iam/iap	əm/əp	uam/uap	ian/iat	iaŋ/iak
汇音妙悟	[29]金im/ip	[23]三am/ap	[33]兼iam/iap	[25]箴əm/əp	—	[22]轩ian/iat	[10]商iaŋ/iak
拍掌知音	[14]林im/ip	[3]览am/ap	[12]兼iam/iap	[33]针əm/əp		[1]连ian/iat	
汇集雅俗通十五音	[3]金im/ip	[9]甘am/ap	[22]兼iam/iap	[47]箴ɔm/ɔp		[2]坚ian/iat	[18]姜iaŋ/iak
福建方言字典	[3]金im/ip	[9]甘am/ap	[22]兼iam/iap	[47]箴ɔm/ɔp		[2]坚ian/iat	[18]姜iaŋ/iak
增补汇音	[3]金im/ip	[9]甘am/ap	[22]兼iam/iap	[28]箴əm/əp		[2]坚ian/iat	[18]姜iaŋ/iak
渡江书十五音	[3]金im/ip	[9]甘am/ap	[22]兼iam/iap	[31]箴ɔm/ɔp		[2]坚ian/iat	[18]姜iaŋ/iak
八音定诀	[3]金im/ip	[20]湛am/ap	[25]添iam/iap	—		[14]边ian/iat	—
击掌知音	[16]深im/ip	[20]湛am/ap	[25]添iam/iap	—		[14]边ian/iat	—
潮声十五音	[4]金im/ip	[24]甘am/ap	[8]兼iam/iap	—			[10]坚iaŋ/iak
潮语十五音	[3]金im/ip	[9]甘am/ap	[21]兼iam/iap	—			[2]坚iaŋ/iak
击木知音	[3]金im/ip	[9]甘am/ap	[22]兼iam/iap	—			[2]坚ieŋ/iek [37]姜iaŋ/iak
潮声十七音	—	—	—	—			[9]兼iaŋ/iak
新编潮汕方言十八音	[44]音im/ip	[43]庵am/ap	[45]淹iam/iap	—	[46]凡uam/uap		[40]央iaŋ/iak

以上7个韵部不同之处有：(1)闽粤闽南方言韵书绝大多数有[im/ip]、[am/ap]、[iam/iap]三韵，唯独《潮声十七音》将[im/ip]韵字读作[iŋ/ik]韵，将[am/ap]韵字读作[aŋ

/ak]韵，将[iam/iap]韵字读作[iaŋ/iak]韵。(2)闽粤闽南方言韵书多数有箴韵，只是读音不一，泉州方言韵书读作[əm]，漳州方言韵书读作[ɔm]，兼漳、泉二腔韵书和潮汕方言韵书均无此韵。(3)唯独《新编潮汕方言十八音》有凡韵[uam/uap]，其余韵书均无此韵。(4)泉州方言韵书、漳州方言韵书、兼漳泉二腔韵书均有[ian/iat]韵，唯独潮汕方言韵书均无此韵，此韵字则读作[iaŋ/iak]。(5)泉州方言韵书(《拍掌知音》除外)、漳州方言韵书和台湾闽南方言韵书均有[iaŋ/iak]韵，潮汕方言韵书虽然有[iaŋ/iak]韵，但颇复杂；福建闽南话中的[ian/iat]韵字潮汕方言韵书均读作[iaŋ/iak]韵（《击木知音》则读作[ieŋ/iek]韵），福建闽南话中的[iam/iap]韵字《潮声十七音》也读作[iaŋ/iak]韵。(6)《击木知音》有坚部[ieŋ/iek]和姜部[iaŋ/iak]的对立，而其他韵书则无此情况。

【阳声韵/入声韵表】二

汇音妙悟	[1]春un/ut	[28]丹an/at	[26]江aŋ/ak	[17]宾in/it	[20]恩ən/ət	[8]卿iŋ/ik	[35]生əŋ/ək
拍掌知音	[8]仑un/ut	[11]栏an/at	[27]邦aŋ/ak	[10]吝in/it	[28]巾ən/ət	[6]令iŋ/ik	[9]能əŋ/ək
汇集雅俗通十五音	[1]君un/ut	[6]干an/at	[21]江aŋ/ak	[17]巾in/it	—	[9]经ɛŋ/ɛk	—
福建方言字典	[1]君un/ut	[6]干an/at	[21]江aŋ/ak	[17]巾in/it	—	[9]经ɛŋ/ɛk	—
增补汇音	[1]君un/ut	[6]干an/at	[21]江aŋ/ak	[17]根in/it	—	[9]京iŋ/ik	—
渡江书十五音	[1]君un/ut	[6]干an/at	[21]江aŋ/ak	[17]根in/it	—	[9]经ɛŋ/ek	—
八音定决	[1]春un/ut	[3]丹an/at	[13]江aŋ/ak	[9]宾in/it	—	[23]灯iŋ/ik	—
击掌知音	[1]春un/ut	[3]丹an/at	[13]江aŋ/ak	[9]宾in/it	—	[23]灯iŋ/ik	—
潮声十五音	[1]君uŋ/uk	—	[24]江aŋ/ak	[15]君iŋ/ik	—	[30]弓eŋ/ek	[16]钩ɤŋ/ɤk
潮语十五音	[1]君uŋ/uk	—	[6]江aŋ/ak	[17]君iŋ/ik	—	[9]经eŋ/ek	[27]扛ɤŋ/ɤk
击木知音	[1]君uŋ/uk	—	[6]干ɛŋ/ɛk [21]江aŋ/ak	[17]巾iŋ/ik	—	[9]经eŋ/ek	[28]扛ɤŋ/ɤk
潮声十七音	[1]君uŋ/uk	—	[34]江aŋ/ak	[31]金iŋ/ik	—	[16]弓eŋ/ek	[30]扛ɤŋ/ɤk
新编潮汕方言十八音	[39]温uŋ/uk	—	[34]按aŋ/ak	[38]因iŋ/ik	—	[36]英eŋ/ek	[37]恩ɤŋ/ɤk

上表有以下差异：(1) 福建闽南方言韵书均有[un/ut]韵，而潮汕方言韵书则有[uŋ/uk]韵，而无[un/ut]韵。(2) 福建闽南方言韵书均有[an/at]韵，而潮汕方言韵书则有[aŋ/ak]韵，而无[an/at]韵。(3) 福建和广东闽南方言韵书均有[aŋ/ak]韵，而潮汕方言韵书则较复杂；福建闽南方言韵书[an/at]韵字，潮汕方言韵书则均读作[aŋ/ak]韵，福建闽南方言韵书[am/ap]韵字，《潮声十七音》也读作[aŋ/ak]韵。(4)《击木知音》有干部[ɛŋ/ɛk]和江部[aŋ/ak]的对立，而其他韵书则没有。(5) 福建闽南方言韵书均有[in/it]韵，潮汕方言韵书则有[iŋ/ik]韵，而无[in/it]韵。(6) 唯独泉州方言韵书有[ən/ət]韵和[in/it]韵对立，其余闽南方言韵书均无。(7) 泉州方言韵书有[iŋ/ik韵]和[əŋ/ək]韵的对立，潮汕方言韵书有[eŋ/ek]韵和[ɤŋ/ɤk]韵的对立，而漳州和兼漳泉二腔韵书均无此现象。

【阳声韵/入声韵表】三（附声化韵）

	东oŋ/ok	香ioŋ/iok	川uan/uat	风uaŋ/uak	毛ŋ/ŋʔ	梅m
汇音妙悟	[11]东oŋ/ok	[5]香ioŋ/iok	[31]川uan/uat	[46]风uaŋ/uak	[43]毛ŋ/ŋʔ	[40]梅m
拍掌知音	[7]郎oŋ/ok	[5]两ioŋ/iok	[2]卵uan/uat	—	—	[34]枚m
汇集雅俗通十五音	[7]公oŋ/ok	[14]恭ioŋ/iok	[10]观uan/uat	[43]光uaŋ/uak	[38]钢ŋ	[42]姆m
福建方言字典	[7]公oŋ/ok	[14]恭ioŋ/iok	[10]观uan/uat	[43]光uaŋ/uak	[38]钢ŋ	[42]姆m
增补汇音	[7]光oŋ/ok	[14]宫ioŋ/iok	[10]官uan/uat	—		
渡江书十五音	[7]公oŋ/ok	[14]恭ioŋ/iok	[10]官uan/uat	—	[43]缸ŋ/ŋʔ	[41]姆m/mʔ
八音定决	[26]风oŋ/ok	[6]香ioŋ/iok	[11]川uan/uat	—	[36]庄ŋ/ŋʔ	[29]不m
击掌知音	[26]风oŋ/ok	[6]香ioŋ/iok	[11]川uan/uat	—	[36]庄ŋ/ŋʔ	[29]不m
潮声十五音	[6]公oŋ/ok	[14]恭ioŋ/iok	—	[19]光uaŋ/uak	[29]扛ŋ	—
潮语十五音	[7]公oŋ/ok	[14]恭ioŋ/iok	—	[10]光uaŋ/uak		
击木知音	[7]公oŋ/ok	[14]恭ioŋ/iok	—	[10]关ueŋ/uek [39]光uaŋ/uak		
潮声十七音	[7]公oŋ/ok	[19]恭ioŋ/iok	—	[33]光uaŋ/uak		
新编潮汕方言十八音	[35]翁oŋ/ok	[41]雍ioŋ/iok	—	[42]汪uaŋ/uak	[32]秧ŋ	[33]姆m

　　上表6个韵部中，基本相同的有[oŋ/ok]、[ioŋ/iok]二部，差异之处有：(1)泉州、漳州、兼漳泉二腔韵书均有[uan/uat]韵，唯独潮汕方言韵书只有[uaŋ/uak]韵，而无[uan/uat]韵。(2) 潮汕方言韵书《击木知音》有关部[ueŋ/uek] 和光部[uaŋ/uak]的对立，这是其他韵书所没有的。(3)闽粤闽南方言韵书多数有[ŋ]和[m]，只有《增补汇音》《潮语十五音》《击木知音》《潮声十七音》无此二韵，《拍掌知音》有[m]韵而无[ŋ]韵，《潮声十五音》有[ŋ]韵而无[m]韵。

【阴声韵/入声韵表】一

	基i/iʔ	嘉a/aʔ		西e/eʔ		居ɯ	科ə/əʔ	珠u/uʔ
汇音妙悟	[36]基i/iʔ	[16]嘉a/aʔ	—	[21]西e/eʔ	—	[14]居ɯ	[39]科ə/əʔ	[15]珠u/uʔ
拍掌知音	[3]里i	[15]巴a/aʔ	—	[17]礼e	—	[23]女ɯ		[24]诛u
汇集雅俗通十五音	[29]居i/iʔ	[28]胶a/aʔ	[5]嘉ɛ/ɛʔ	[39]伽e/eʔ	[13]稽ei			[27]艍u/uʔ
福建方言字典	[29]居i/iʔ	[28]胶a/aʔ	[5]嘉ɛ/ɛʔ	[39]伽e/eʔ	[13]稽ei			[27]艍u/uʔ
增补汇音	[29]玑i/iʔ	[26]葩a/aʔ	[5]家ɛ/ɛʔ	[13]稽e/eʔ				[27]龟u/uʔ
渡江书十五音	[29]几i/iʔ	[5]嘉a/aʔ	—	[13]鸡e/eʔ				[27]朱u/uʔ
八音定决	[17]诗i/iʔ	[8]佳a/aʔ	—	[12]西e/eʔ		[18]书ɯ/ɯʔ	[41]飞ə/əʔ	[24]须u/uʔ
击掌知音	[17]诗i/iʔ	[8]佳a/aʔ	—	[12]西e/eʔ		[18]书ɯ/ɯʔ	[41]飞ə/əʔ	[24]须u/uʔ
潮声十五音	[9]基i/iʔ	[25]胶a/aʔ	—	[2]家e/eʔ		[17]居ɯ		[31]龟u/uʔ
潮语十五音	[28]枝i/iʔ	[25]胶a/aʔ	—	[23]家e/eʔ		[31]居ɯ		[26]龟u/uʔ
击木知音	[29]枝i/iʔ	[26]胶a/aʔ	—	[24]家e/eʔ		[32]车ɯ/ɯʔ		[27]龟u/uʔ
潮声十七音	[5]基i/iʔ	[26]胶a/aʔ	—	[2]家e/eʔ		[3]居ɯ		[17]龟u/uʔ
新编潮汕方言十八音	[5]衣i/iʔ	[1]亚a/aʔ	—	[3]哑e/eʔ		[4]余ɤ/ɤʔ		[6]污u/uʔ

以上8个韵部，[i/iʔ]、[a/aʔ]、[e/eʔ]、[u/uʔ]四个韵部在闽粤闽南方言韵书中是基本一致的，差异之处有：(1)漳州韵书《汇集雅俗通十五音》《福建方言字典》《增补汇音》3部韵书有胶部[a/aʔ]和嘉部[ɛ/ɛʔ]的对立，反映了漳州方言的语音特点，而其他方言韵书则无此情况；(2)漳州韵书《汇集雅俗通十五音》《福建方言字典》有稽部[ei]和伽部[e/eʔ]的对立，反映了漳州漳浦县方言的语音特点，而其余韵书则无此情况；(3)泉州、兼漳泉二腔及潮汕方言韵书均有[ɯ]韵，而漳州闽南方言韵书则无此韵；(4)泉州、兼漳泉二腔方言韵书均有[ə]韵，而漳州及潮汕闽南方言韵书则无此韵。

【阴声韵/入声韵表】二

汇音妙悟	[38]刀o/oʔ	[7]高ɔ/ɔʔ	[13]开ai/aiʔ	[4]花ua/uaʔ	[3]飞ui/uiʔ	[12]郊au/auʔ	[19]嗟ia/iaʔ
拍掌知音	[18]劳o	[4]鲁ɔ	[16]来ai	[30]瓜ua	[22]雷ui	[25]挠au	[29]嗟ia
汇集雅俗通十五音	[15]高o/oʔ	[11]沽uɔ	[16]皆ai	[20]瓜ua/uaʔ	[4]规ui	[23]交au/auʔ	[24]迦ia/iaʔ
福建方言字典	[15]高o/oʔ	[11]沽uɔ	[16]皆ai	[20]瓜ua/uaʔ	[4]规ui	[23]交au/auʔ	[24]迦ia/iaʔ
增补汇音	[15]高o/oʔ	[11]姑ɔ/ɔʔ	[16]皆ai/aiʔ	[20]瓜ua/uaʔ	[4]归ui	[23]交au/auʔ	[24]伽ia/iaʔ
渡江书十五音	[15]高ɔ/ɔʔ	[11]姑eu/euʔ	[16]皆ai/aiʔ	[20]瓜ua/uaʔ	[4]规ui/uiʔ	[23]交au/auʔ	[24]迦ia/iaʔ
八音定决	[19]多o/oʔ	[22]孤ɔ/ɔʔ	[5]开ai/aiʔ	[4]花ua/uaʔ	[4]辉ui/uiʔ	[27]敲au/auʔ	[10]遮ia/iaʔ
击掌知音	[19]多o/oʔ	[22]孤ɔ/ɔʔ	[5]开ai/aiʔ	[4]花ua/uaʔ	[7]辉ui/uiʔ	[27]敲au/auʔ	[10]遮ia/iaʔ
潮声十五音	[18]歌o/oʔ	[7]姑ou	[13]皆ai	[35]瓜ua/uaʔ	[20]归ui	[3]高au/auʔ	[33]佳ia/iaʔ
潮语十五音	[15]歌o/oʔ	[11]孤ou/ouʔ	[16]皆ai	[20]柯ua/uaʔ	[4]归ui	[22]交au/auʔ	[5]佳ia/iaʔ
击木知音	[15]高o/oʔ	[11]孤ou/ouʔ	[16]皆ai	[20]柯ua/uaʔ	[4]规ui/uiʔ	[23]交au/auʔ	[5]佳ia/iaʔ
潮声十七音	[21]哥o/oʔ	[8]姑ou	[10]皆ai	[13]柯ua/uaʔ	[32]归ui	[11]高au/auʔ	[27]佳ia/iaʔ
新编潮汕方言十八音	[2]窝o/oʔ	[10]乌ou	[7]哀ai	[15]娃ua/uaʔ	[17]威ui	[9]欧au/auʔ	[11]呀ia/iaʔ

上表7个韵部中，[ai]、[ua/uaʔ]、[ui]、[au/auʔ]、[ia/iaʔ]5个韵部基本上是一致的，差异之处有：(1)闽粤闽南方言韵书中大多有[o/oʔ]韵，唯独《渡江书十五音》有[ɔ/ɔʔ]韵而无[o/oʔ]韵；(2)福建闽南方言韵书中大多有[ɔ/ɔʔ]韵，唯独《汇集雅俗通十五音》《福建方言字典》有[uɔ]韵而无[ɔ/ɔʔ]韵，反映了漳州漳浦县方言的语音特点，《渡江书十五音》有[eu/euʔ]韵而无[ɔ/ɔʔ]韵，潮汕方言韵书有[ou]韵而无[ə]韵。

【阴声韵/入声韵表】三

韵书								
汇音妙悟	⁹杯ue/ueʔ	²⁴秋iu/iuʔ	⁴⁵烧io/ioʔ	³⁰钩əu	⁴²鸡əe/əeʔ	—	³²乖uai/uaiʔ	²朝iau/iauʔ
拍掌知音	¹⁹内ue	²⁵钮iu	²¹娄io			—	³²乖uai	²⁰鸟iau
汇集雅俗通十五音	²⁵桧uei/ueiʔ	³⁰ㄐiu	³³茄io/ioʔ	—	—		⁸乖uai/uaiʔ	¹²娇iau/iauʔ
福建方言字典	²⁵桧uei/ueiʔ	³⁰ㄐiu	³³茄io/ioʔ	—	—		⁸乖uai/uaiʔ	¹²娇iau/iauʔ
增补汇音	²⁵蕬ue/ueʔ	³⁰趋iu/iuʔ	—	—	—		⁸乖uai/uaiʔ	¹²娇iau/iauʔ
渡江书十五音	²⁵蕬ue/ueʔ	³⁰鸠iu/iuʔ	⁴²么iɔ/iɔʔ	—	—		⁸乖uai/uaiʔ	¹²娇iau/iauʔ
八音定决	²¹杯ue/ueʔ	¹⁵秋iu/iuʔ	³⁵烧io/ioʔ	—	³⁰梅əe/əeʔ		²⁸歪uai/uaiʔ	²朝iau/iauʔ
击掌知音	²¹杯ue/ueʔ	¹⁵秋iu/iuʔ	³⁵烧io/ioʔ	—	³⁰梅əe/əeʔ		²⁸歪uai/uaiʔ	²朝iau/iauʔ
潮声十五音	³⁵瓜ue/ueʔ	²²鸠iu/iuʔ	⁴⁰烧io/ioʔ	—		⁵鸡oi/oiʔ	²⁷乖uai	²⁶娇iau/iauʔ
潮语十五音	²⁴瓜ue/ueʔ	²⁹鸠iu/iuʔ	³⁵蕉io/ioʔ			¹³鸡oi/oiʔ	⁸乖uai	¹²娇iau/iauʔ
击木知音	²⁵瓜ue/ueʔ	³⁰鸠iu/iuʔ	³⁶蕉ie/ieʔ			鸡oi/oiʔ	乖uai/uaiʔ	¹²娇iou/iouʔ
潮声十七音	²⁴瓜ue/ueʔ	¹⁵枓iu/iuʔ	²⁹曝io/ioʔ			¹⁸鸡oi/oiʔ	²⁵乖uai	²⁰娇iou/iouʔ
新编潮汕方言十八音	¹⁶锅ue/ueʔ	¹³忧iu	¹²腰io/ioʔ			⁸鞋oi/oiʔ	¹⁸歪uai	¹⁴天iou/iouʔ

　　上表8个韵部，[iu/iuʔ]、[uai]二韵基本上是一致的，差异之处是：(1)闽粤闽南方言韵书绝大多数有[ue/ueʔ]韵，唯独《汇集雅俗通十五音》《福建方言字典》两种韵书读作[uei/ueiʔ]韵；(2) 闽台闽南方言韵书绝大多数有[io/ioʔ]韵，唯独《渡江书十五音》读作[iɔ/iɔʔ]韵，《击木知音》读作[ie/ieʔ]韵；(3)唯独《汇音妙悟》有钩部[ue]，其余韵书均无此韵；(4)《汇音妙悟》《八音定诀》《击掌知音》三种韵书有[əe/əeʔ]，其余韵书均无此韵；(5)唯独潮汕方言韵书有[oi/oiʔ]韵，其余韵书均无此韵；(6)闽粤闽南方言韵书多数有[iau/iauʔ]韵，唯独《击木知音》《潮声十七音》《新编潮汕方言十八音》三种韵书无此韵，而有[iou/iouʔ]韵。

【鼻化韵/入声韵表】一

韵书								
汇音妙悟	⁴⁸弎ã/ãʔ	—	⁴⁴青ĩ/ĩʔ	¹⁸我ɔ̃	⁴⁹熊aĩ/aĩʔ	⁵⁰嘐ãu	⁴¹京iã/iãʔ	³⁴管uĩ
拍掌知音	³⁵拿ã	—		³¹老ɔ̃	³⁶乃aĩ			
汇集雅俗通十五音	²⁶监ã/ãʔ	³¹更ɛ̃/ɛ̃ʔ	³⁴栀ĩ / ĩʔ	⁴¹姑õu ⁴⁹扛ɔ̃	⁴⁰间aĩ	⁴⁸交ãu	³⁶惊iã	³²裈uĩ
福建方言字典	²⁶监ã/ãʔ	³¹更ɛ̃/ɛ̃ʔ	³⁴栀ĩ / ĩʔ	⁴¹姑õu ⁴⁹扛ɔ̃	⁴⁰间aĩ	⁴⁸交ãu	³⁶惊iã	³²裈uĩ
增补汇音	—	—	—	—	—	—	—	—
渡江书十五音	²⁶他ã/ãʔ	³⁹雅ɛ̃/ɛ̃ʔ	³³拈ĩ/ĩʔ	³⁴傩ɔ̃/ɔ̃ʔ ⁴⁰浯ēũ/ēũʔ	³⁶乃aĩ/aĩʔ	³⁵茅ãu/ãuʔ	³⁸且iã/iãʔ	
八音定决	³⁷三ã/ãʔ	—	⁴⁰青ĩ/ĩʔ	³²毛ɔ̃/ɔ̃ʔ	³⁸千aĩ/aĩʔ	³¹乐ãu/ãuʔ	³³京iã/iãʔ	
击掌知音	³⁷三ã/ãʔ	—	⁴⁰青ĩ/ĩʔ	³²毛ɔ̃/ɔ̃ʔ	³⁸千aĩ/aĩʔ	³¹乐ãu/ãuʔ	³³京iã/iãʔ	
潮声十五音	³²柑ã	²¹庚ɛ̃/ɛ̃ʔ	—				¹京iã	
潮语十五音	³²柑ã/ãʔ	³³庚ɛ̃/ɛ̃ʔ	³⁶天ĩ/ĩʔ				³⁴京iã	
击木知音	³³柑ã/ãʔ	³⁴更ɛ̃/ɛ̃ʔ	³⁸天ĩ/ĩʔ				³⁵京iã/iãʔ	
潮声十七音	²³柑ã	¹²庚ɛ̃/ɛ̃ʔ	⁶噡ĩ/ĩʔ				⁴京iã	
新编潮汕方言十八音	¹⁹嗳ã	²⁰楹ɛ̃	²¹丸ĩ	²⁵虎õũ	²²爱aĩ	²⁴好ãũ	²⁶营ĩã	³¹畏ũĩ

上表8个韵部差异之处如下：(1)闽台闽南方言韵书大多有[ã]韵，唯独《增补汇音》无此韵。(2)《汇集雅俗通十五音》《福建方言字典》有[ɛ̃/ɛ̃ʔ]韵和[ĩ/ĩʔ]韵的对立，反映了漳州漳浦方音的特点，《渡江书十五音》和潮汕闽南方言韵书也有[ẽ/ẽʔ]韵和[ĩ/ĩʔ]韵的对立，唯独泉州方言韵书和兼漳泉二腔韵书则只有[ĩ/ĩʔ]韵。(3)泉州、漳州、兼漳泉二腔闽南方言韵书均有[ɔ̃]、[õ]韵，唯独潮汕闽南方言韵书无此韵。(4)《汇集雅俗通十五音》《福建方言字典》有扛[ɔ̃]和姑[õu]二部的对立，反映了漳州漳浦方音的特点；《渡江书十五音》有儴[ɔ̃/ɔ̃ʔ]和浯[õũ/õũʔ]二部的对立，反映了漳州长泰方音的特点；《新编潮汕方言十八音》有虎[õũ]韵，这是其他粤闽南方言韵书所没有的。(5)泉州、漳州、兼漳泉二腔闽南方言韵书均有[aĩ]、[aũ]二韵，唯独潮汕（《新编潮汕方言十八音》除外）闽南方言韵书无此韵。(6)《汇集雅俗通十五音》《福建方言字典》和《新编潮汕方言十八音》均有[ũĩ]韵，其余韵书均无此韵。

【鼻化韵/入声韵表】二

汇音妙悟	47箱iũ/iũʔ	6欢uã/uãʔ	—	—	—	27关uaĩ	37猫iãu
拍掌知音							
汇集雅俗通十五音	35薑iɔ̃	37官uã	45糜uẽi/uẽiʔ	—	50牛iũ	44闩uaĩ/uaĩʔ	46嘄iãu/iãuʔ
福建方言字典	35薑iɔ̃	37官uã	45糜uẽi/uẽiʔ	—	50牛iũ	44闩uaĩ/uaĩʔ	46嘄iãu/iãuʔ
增补汇音	—	—					
渡江书十五音	28鎗iɔ̃/iɔ̃ʔ	32官uã/uãʔ					37猫iãu/iãuʔ
八音定决	39枪iũ/iũʔ	34山uã/uãʔ					42超iãu/iãuʔ
击掌知音	39枪iũ/iũʔ	34山uã/uãʔ					42超iãu/iãuʔ
潮声十五音	36薑iõ	12官ũã		28肩õĩ			
潮语十五音	18薑iõ	30官ũã		37肩õĩ			
击木知音	18薑iẽ/iẽʔ	31官uã/uãʔ		40间õĩ/õĩʔ			
潮声十七音	28薑iẽ	14官ũã		22肩õĩ			
新编潮汕方言十八音	27羊ĩõ	29鞍ũã	30关ũẽ	23闲õĩ	28幼ĩũ		

以上8个韵部差异之处有：(1)《汇集雅俗通十五音》《福建方言字典》有薑部[iɔ̃]和牛部[iũ]（按：牛部所收韵字极少）的对立；《击木知音》《潮声十七音》有[iẽ]韵，反映了潮州、澄海的语音特点；《新编潮汕方言十八音》有羊部[iõ]和幼部[iũ]的对立；泉州、兼漳泉二腔方言韵书均读为[iũ]，潮汕方言韵书（《击木知音》《潮声十七音》除外）均读作[iõ]。(2)只有《汇集雅俗通十五音》《福建方言字典》有[uẽi]韵，《新编潮汕方言十八音》有[ũẽ]韵，其余韵书均无此韵。(3)唯独潮汕方言韵书有[õĩ]韵，其余韵书均无此韵。(4)泉州、漳州闽南方言韵书基本上均有[uaĩ]韵，兼漳泉二腔和潮汕方言韵书均无此韵；(5)泉州、漳州、兼漳泉二腔闽南方言韵书基本上均有[iaũ]韵，潮汕方言韵书均无此韵。

三　声调系统比较研究

根据闽粤闽南方言韵书记载，现设计声调系统比较表如下：

韵　　书	声				调			
汇音妙悟(8调)	上平	上上	上去	上入	下平	下上	下去	下入
拍掌知音(8调)	上平	上上	上去	上入	下平	下上	同上去	下入
汇集雅俗通十五音(7调)	上平	上上	上去	上入	下平	——	下去	下入
福建方言字典(7调)	上平	上上	上去	上入	下平	——	下去	下入
增补汇音(7调)	上平	上上	上去	上入	下平	下上	——	下入
渡江书十五音(7调)	上平	上上	上去	上入	下平	——	下去	下入
八音定决(8调)	上平	上上	上去	上入	下平	下上	下去	下入
击掌知音(8调)	上平	上上	上去	上入	下平	下上	下去	下入
潮声十五音(8调)	上平	上上	上去	上入	下平	下上	下去	下入
潮语十五音(8调)	上平	上上	上去	上入	下平	下上	下去	下入
击木知音(8调)	上平	上上	上去	上入	下平	下上	下去	下入
潮声十七音(8调)	上平	上上	上去	上入	下平	下上	下去	下入
新编潮汕方言十八音(8调)	上平	上上	上去	上入	下平	下上	下去	下入

泉州方言韵书《汇音妙悟》和《拍掌知音》声调分为平上去入四类又各分清浊，计八个声调。虽分出8个声调，但实际上"上去"和"下去"有混淆之处。如"寸"字，中古属清母恩韵，应属上去调而不属下去调，而《汇音妙悟》既把"寸"字归上去调，又归入下去调；"寸"字在漳州韵书《汇集雅俗通十五音》就属"出母君韵上去声"。又如"嫩"字，中古属泥母恩韵，应属下去调而不属上去调；"嫩"字在漳州韵书《汇集雅俗通十五音》就属"入母君韵下去声"。"上去调和下去调相混现象"在《汇音妙悟》中是普遍存在的。

漳州音无下上声(即阳上)，《汇集雅俗通十五音》作者为了补足"八音"，以"下上"来配"上上"，所有"下上声"都是"空音"，卷内注明"全韵与上上同"，意思是说漳州音实际上只有七调，根本就没有下上声。《增补汇音》分声调为上平声、上上声、上去声、上入声、下平声、下上声、下入声；上去声与下去声同，所谓下上声即《汇集雅俗通十五音》的下去声，实际上只有七调。《渡江书十五音》分声调为平上去入四类又各分上下，但无下上声，计七个声调。漳州三种十五音中，《雅俗通》和《渡江书》都没有下上声字而有下去声，唯独《增补汇音》有下上声，而下去声与上去声同，实际上只有七调。

兼漳泉二腔方言韵书《八音定诀》声调分为平上去入四类又各分阴阳，计八个声调。阳上阳去严重相混，为凑足八个声调，偶尔会将阴上字列于阳上位置充数(如"散产"列于丹韵时母的阴上、阳上)；有些字阳上、阳去两见(如"地被箸傍状岸丈豆共限恨"等）；有个别字由于受泉州阴阳去相混的影响，误列于阴去或阳去（如"漱"列于孤韵时母阳去，本该读阴去调；"诤"与"贸"均列于阴去，本该读阳去调）。《击掌知音》与《八音定诀》同，声调亦分为平上去入四类又各分阴阳，计八个声调。

潮州方言韵书《潮声十五音》《潮语十五音》《击木知音》《潮声十七音》和《新编潮汕方言十八音》分声调为平上去入四类又各分上下，计八个声调。

综上所述，闽粤闽南方言韵书在声韵调系统诸方面尤其一致性，也尤其差异性。声母系统基本上是一致的。韵母系统较为复杂，福建闽南方言韵书多数韵母是一致的，少数有差异；潮汕闽南方言韵书韵母系统与福建闽南方言韵书差别大一些。声调系统方面，潮汕闽南方言韵书8个调类，相对比较一致，福建漳州闽南方言韵书与泉州韵书、漳泉二腔韵书差别大一些。

第七章　清末民初福建切音字运动

第一节 清末我国的切音字运动简介

中国汉字从结绳记事到甲骨文，再到金文、大篆、小篆、隶书、楷书、草书、行书，经历了几千年的发展演变历程，形成了今天汉字的形体。早在一千多年以前，宋朝的邓肃就认识到汉字的缺点，说到"外国之巧，在文书简，故速；中国之患，在文书繁，故迟"（转引汤金铭《传音快字·书后》。）到了17世纪初叶，明万历年间，随着资本主义的萌芽，国门打开了，西方传教士纷纷到中国传教，为了克服语言不通的障碍，一种新的记音方法——用拉丁字母来拼写字音的方法，被介绍到中国来。传教士们用拉丁字母分析汉字读音，酝酿出了最早的汉语拉丁字母拼音方案。这些方案引起了当时不少音韵学家的注意，明代的方以智就曾说过："字之纷也，即缘通与借耳；若事属一字，字各一义，如远西因事乃合字，因音而成字，不重不共，不尤愈乎。"（《通雅·切韵声原》）当时不少音韵学家也加入对拼音文字研究的行列，形成了最早的汉字改革和汉字拼音化的思想。

清代前期的闭关政策，使汉字改革和汉字拼音化的工作一度沉寂下来。1800年，福建泉州人黄谦最早打破了这种沉寂，在他的方言韵书专著《汇音妙语》中，提出了"因音以识字，使农工商贾按卷而稽，无事载酒问字之劳"，创制了"三推新数法"。1842年，鸦片战争失败后，外国资本主义势力进一步入侵，外国传教士陆续把《圣经》译成各地口语，一部分地区的译语用罗马字母拼写出来，这就是所谓的"教会罗马字"，当时一些思想先进的人大胆引进了西文的拼音方法，创制注音字母，如福建厦门同安人李鼎臣和他的"注音字母"。

19世纪的最后十年，民族矛盾进一步激化，1894年中日甲午战争后，帝国主义掀起了瓜分中国的狂潮，民族危机激化，另外，民族资本主义的初步发展和外国资本主义的入侵以及它们之间不可避免的冲突，都要求进行变革，资产阶级维新派担当了这个角色，他们的改良主义思想在社会上影响很大，获得了广泛的社会基础。他们敢于冲破几千年封建文化的束缚，解放头脑，重新认识世界，形成了蓬勃发展的资产阶级思想启蒙运动。这就是中国旧民主主义革命的第一次高潮。清末的汉字改革和汉语拼音运动就是在这种历史背景下发生。因而可以说，这场运动的本身就带有浓厚的政治色彩。

清末二十年间在民间产生和推行各种汉语拼音方案。"切音"就是"拼音"，也叫"合声"。这些方案的字母形体有采用拉丁字母及其变体的，有采用汉字笔画和独体古文的，有采用速记符号的，有采用数码的，有自造符号的。已发现的方案，按所用的字母分有27种，按所拼的语音分有30多种(有些方案兼拼几种方音)。其中推行最广的是王照的采用汉字笔画式字母的"官话合声字母"，简称"官话字母"。

从这场运动的萌芽、开始到结束，福建的语音学家都扮演着重要的角色，他们创制了各类切音方案拼切漳州音、泉州音、厦门音、福州音、广东音及官话，并著书立说，甚至出版了教科书，将切音字方案切实推行到民间。他们在整个清末的切音运动中的贡献是巨大的。

切音字产生在清末变法维新的历史浪潮中。那时民族危机严重，一些人把中国跟西方国家及日本相比，感到处处落后。他们看到这些国家富强的一个重要原因在于教育普及，而它们的教育普及大多得益于文字简易，也就是"切音为字"。切音为字的拼音文字有三大优点：①容易学。"字母与切法习完，凡字无师能自读"（卢戆章《一目了然初阶》自序）。②容易记。"基于字话一律，则读于口遂即达于心"（同上）。③容易写。"基于字画简易，则易于习认，亦即易于捉笔"（同上）。日本虽然也用汉字，但是在汉字之外创制了一套表音的"假名"文字，与汉字合用。汉字只表实词，虚词和词尾等都用假名表示，同时还用假名给汉字注音，这样大大便利了学习。于是当时一些有维新思想的人也纷纷创制中国的拼音文字，用来辅助汉字和普及教育。第一个有这种想法的是宋恕。他在1891年成稿的《六斋卑议》中提出"江淮以南须造切音文字多种，以便幼学"，并且主张仿效日本，实行强迫教育，儿童入学，先教拼音，后教汉字（《变通篇·开化章》）。

据周有光的《汉字改革概论》（文字改革出版社1961年版）记载，我国清末出现了许多切音字著作。1892年，卢戆章出版了《一目了然初阶》《新字初阶》，出现了第一个切音字方案。这个方案的字母采用拉丁字母变体，拼厦门音、漳州音、泉州音，采用音节双拼制。继卢戆章之后，1895年吴敬恒拟成拼无锡音的《豆芽字母》，字母采用独体篆文及自创简笔。1896年，蔡锡勇出版拼官话音的《传音快字》，沈学拟成拼吴音的《盛世元音》，力捷三出版拼福州音的《闽腔快字》，此三种方案均发明速记符号，采用音节双拼制。梁启超在《沈氏音书序》中提及康有为也创制一套拼音方案。1897年，王炳耀出版拼粤音的《拼音字谱》，字母采用速记符号，有拉丁字母对音，并附楷书式，采用音节双拼制。1900年，王照拟成拼官话音的《官话合声字母》，字母采用汉字笔画，亦属音节双拼制。1901年，田廷俊出版拼湖北音的《数目代字诀》，字母采用数码，亦属音节双拼制。1902年，力捷三出版他的第二套拼官话音的方案《无师自通切音官话字书》，字母仍用速记符号。1903年，陈虬出版拼温州音的《新字瓯文七音铎》和《瓯文音汇》，字母采用汉字笔画（近似蝌蚪文），亦属音节双拼制。1904年，李元勋的《代声术》成稿，本着改良韵学，字母采用汉字笔画。同年，刘孟扬提出他的拼官话音的第一种方案《天籁痕》，字母采用汉字笔画。1905—1906年，劳乃宣出版了《增订合声简字谱》《重订合声简字谱》《简字全谱》《京音简字述略》和《简字丛录》，字母采用汉字笔画，创制南京音、苏州音、闽广音的合声简字方案。1906年，杨琼、李文治出版《形声通》，字母采用汉字笔画。同年卢戆章出版拼官话音的《中国字母北京切音教科书》和拼福州音、泉州音、漳州音、厦门音、广东音的《中国字母北京切音合订》，字母采用汉字笔画。朱文熊出版拼苏州音的《江苏新字母》，字母采用拉丁字母。田廷俊出版他第二种拼湖北音的方案《拼音代字诀》和《正音新法》，字母采用汉字笔画。沈韶和出版《新编简字特别课本》，字母用数码（苏州码子）。1908年，江亢虎拟成拼官话音的《通字》，字母采用拉丁字母，属音素制。刘孟扬出版第二种拼官话音的方案《中国音标字书》，字母采用拉丁字母，属音素制。马体乾出版拼官话音的《串音字标》，字母采用汉字笔画，近似甲骨文，属双拼制。章炳麟发表《纽文·韵文》，字母采用独体古字，属双拼制。1909年，宋恕拟成拼温州音的《宋平子新字》，字母模仿假名，采用汉字笔画，再加以演化。刘世恩出版拼官话音的《音韵记号》，自造符号。黄虚白拟成拼官话音的第一种方案《汉文音和简易识字法》和第二方案《拉丁文臆解》，前一种采用汉字笔画字母，后一种采用拉丁字母。1910年郑东湖发表《切音字说明书》，字母采用汉字笔画。

二十年间，连续拟订出版了28种切音字的方案和著作，形成了汉语拼音运动史上的第一个高潮。在这些切音字的方案中，官话音居多，还有福建的厦门音、漳州音、泉州音、福州音，江浙一带的苏州音、无锡音、温州音和南京音，广东的广州音以及湖北音等。福建的卢戆章、蔡锡勇和力捷三是19世纪末中国切音字运动的先驱和闯将。

第二节 清·黄谦撰《三推成字法》（1800）

谈到闽南方言韵书时，很少没有谈及黄谦的《汇音妙悟》的，这是一部以闽南方言泉州音为基础而编纂的早期方言韵书，对于今天研究闽南方言的发展变迁仍有十分重要的价值。黄谦的"三推新数法"，应该称得上开中国汉字改革的"先河"，对我国早期汉字改革运动有一定的影响。

黄谦（生卒年不详），字思逊，号柏山主人，福建泉州府（今福建省泉州市）人。据考证，早在嘉庆五年（1800年），泉州人黄谦就编成了《汇音妙悟》一书，目前已知版本有下列数种：清嘉庆五年（1800年）刻本，薰园藏版，二卷；清光绪二十年（1894年）刻本，文德堂梓行；清光绪二十九年（1903年）刻本，集新堂藏版；清光绪三十年（1904年）石印本，厦文书局；清光绪三十一年（1905年）石印本二种，上海源文书局及厦门会文书庄，名为《增补汇音妙悟》；民国八年（1919年）石印本，泉州郁文堂书坊。

"三推新数法"是拼切泉州话的，偶尔也照顾到漳州腔，如字母"管"。"管"字漳州腔为[uî]，而不读作[uan]。作为方言韵书，作者在编写《汇音妙悟》时，更多地考虑到普及音韵知识，为广大劳动人民所用，正如编者在该书的《自序并例言》中说："因音以识字，使农工商贾按卷而稽，无事载酒问字之劳。"同时，作者也意识到"山陬海澨与中州之声韵迥殊，况闽省喉腭唰謪加之，轻唇正齿撮口之音并缺，临文操觚声律不谐，应酬失次吾果"。作此书"可无为方言之所域矣"。因而作者在编写此书时，出于普及和实用的目的，创制了"三推新数法"。正如"三推成字歌"中所曰"三推之法意何如？但愿世人喜读书；凡字旁通心内得，无忘昔日诵于斯"。作者一再强调"为乎百姓之用"，帮助初学者读书识字，使他们能够"因音以识字"，口里说得出，笔下拼得出。

所谓"三推成字法"，是"以五十字母为经，以十五音为纬，以四声为梳栉"，又采用方块汉字的部分笔画为符号，标示以基数从一至十作为"新数"（切音字母），以标识一个汉字的字音。

五十个字母是：

1春[un/ut]	2朝[iau/iauʔ]	3飞[ui/uiʔ]	4花[ua/uaʔ]	5香[ioŋ/iok]	6欢[uã/uãʔ]
7高[ɔ/ɔʔ]	8卿[iŋ/ik]	9杯[ue/ueʔ]	10商[iaŋ/iak]	11东[ɔŋ/ɔk]	12郊[au/auʔ]
13开[ai/aiʔ]	14居[ɯ]	15珠[u/uʔ]	16嘉[a/aʔ]	17宾[in/it]	18莪[ɔ]
19嗟[ia/iaʔ]	20恩[ən/ət]	21西[e/eʔ]	22轩[ian/iat]	23三[am/ap]	24秋[iu/iuʔ]
25箴[əm/əp]	26江[aŋ/ak]	27关[uãi]	28丹[an/at]	29金[im/ip]	30钩[əu]
31川[uan/uat]	32乖[uai/uaiʔ]	33兼[iam/iap]	34管[uî]	35生[əŋ/ək]	36基[i/iʔ]
37猫[iãu]	38刀[o/oʔ]	39科[ə/əʔ]	40梅[m]	41京[iã/iãʔ]	42鸡[ɘe/ɘeʔ]
43毛[ŋ/ŋʔ]	44青[ĩ/ĩʔ]	45烧[io/ioʔ]	46风[uaŋ/uak]	47箱[iũ]	48弎[ã/ãʔ]
49箕[ãi/ ãi ʔ]	50嘐[ãu]				

十五个声母是：

汇音妙悟	柳	边	求	气	地	普	他	争	入	时	英	文	语	出	喜
拟　音	l/n	p	k	k'	t	p'	t'	ts	z	s	Ø	b/m	g/ŋ	ts'	h

八音分别是（括号内为例字）：

一阴平（春英方）　　　　　五阳平（伦荣皇）

二阴上（蠢影访）　　　　　六阴上（愉郢奉）

三阴去（寸应放）　　　　　七阳去（寸论凤）

四阴入（出益福）　　　　　　　八阳入（律亦伏）

三阴去七阳去中都有"寸"，可知黄谦时代，泉州方言中阴去、阳去已相混。

黄谦客观地反映了那个时代泉州方言音系的特点，与现今泉州方言音系相较而言，声母系统几乎吻合，声调系统中也反映了阴去、阳去走向合并的趋势；在韵母系统中，黄谦几乎没有列出一个入声韵，而在他的自序并例言中也曾提出"喉腭仄誚"，或许编者只是把入声韵作为一种声调加以区分，没有对入声韵内部加以考察。

黄谦利用声、韵、调排列次序，引进数码和汉字笔画，新数念法如下：

数码	一	二	三	四	五	六	七	八	九	十
名称	从主	半口	点水	残月	一角	钩耳	倒戈	左庚	草斤	归滚
笔画	丶	∟	√	⌒	ㄥ	ㄋ	∟	ノ	ろ	

有了这些符号，黄谦又定了《三推成字歌》：

先从字母弁于头，反切声音左位收；平仄分明居右畔，完成一字传千秋。
三推之法意何如，但愿世人喜读书；凡字旁通心内得，无忘昔日诵于斯。

可见，"三推成字法"中始终把声、韵、调固定在某个位置，再参详黄谦的"三推难识字样"和"三推易识字样"。"三推难识字样"：

䳕：六昆切；䴓：困鸟切；淳：卓水切；挕：益瓦切；釦：五中切；旭：共道切；瘣：苦回切；姘：午兵切；搭：力卜切；瀹：力较切；

"三推易识字样"以十天干为例，拼切如下：

甲：十六嘉；乙：十七实；丙：八　卿；丁：八　卿；戊：七高；己：三六基；庚：三五生；辛：十七宾；壬：二九金；癸：三飞。

黄谦的"三推新数法"，在当时确实为学习泉州方音、描写汉字提供了很大的便利，达到了编者的创造目的，初学者只要能掌握五十字母、十五音和八音念法，再运用"三推成字歌"就能拼读汉字，这对于死记硬背成千上万的汉字，的确是一个很大的进步，但它仍未摆脱方块汉字的束缚，编者采用笔画式的书写方式，不可避免地带来书写不便、不易连写、不易辨认等缺点，虽熟练者能轻车熟路，但由于方块汉字在书写上的独具特点，给阅读者带来很大的不便，这或许也是"三推新数法"不能广泛流传、鲜为人知的原因。

第三节　清·李鼎臣及其创制的"注音字母"

我国切音字运动的揭幕人是厦门的卢戆章，他创制的切音字是人们所知道的；但是在卢戆章之前，厦门的李鼎臣就曾经创造一种36个字母的"新字"，却是鲜为人知的。现据王尔康《早期汉字改革运动与闽南方言》（《中国语文》1983年第4期）一文做介绍。

一　李鼎臣的生平事迹

李鼎臣(约1832—1911年)，字梅生，福建同安人，大约生于清道光十一年（1832年）前后，卒于清宣统三年（1911年）前后。据《厦门志·文苑传》(稿本)记载，李鼎臣为人"颓唐怪诞"且"嗜酒"，常"以酒当茶，酒酣拈毫赋诗或畅谈今古事，娓娓不倦"。李鼎臣还著有《香奁诗》数卷、《同安竹枝词百首》和《古今南北音韵大成》等，卒后均散佚。

二　李鼎臣的"注音字母"

据《厦门志·文苑传》载，李鼎臣早在卢戆章前，就意识到了中文的繁琐，明确提出了汉字改革的主张。他"弱冠入邑庠时，士子竟尚制艺，鼎臣鄙而舍去，精研数理音韵学。音韵尤所致力，非特古代韵学诸书，纤求缕析，即清文西文诸切音法，亦皆洞澈靡遗，尝以我国文字复杂难通，未若西人寓音于字易普及，苦心构思，创造一种注音字母，笔画简而易通。妇人孺子费数间均可领会"。李鼎臣先生的"注音字母"虽已散佚，但我们仍能从他的两位门生孙延宗、余少文老先生处获知一二。（这两位先生已先后谢世了）据孙延宗老先生口述，称李鼎臣是一位"不止开通的人"，"当时新潮流未到，就有人跟他学习数理音韵学，他也教人家学习新字"。余少文老先生在《首创拼音字母的李鼎臣先生传》（原稿藏于厦门市政协文史组）中写道："鉴于中国文字非寓音于字，读书甚觉困难，即致力研究音韵学。以古反切音韵之书虽多，惜不易了解。因自出心裁，创造拼音字母三十六字，用中国文字简化，以两字熟念，即自然发出一种字音，不必反切之劳。初学甚感便利。他在塾教生徒时，即用此拼音字母，以注文字，学徒咸快。"

从这些记载和口述中，我们可以得知李鼎臣先生确实创制了一套"注音字母"。他的这套方案摒弃了反切的上字取声，下字取韵，而直接使用自然读音，引进西文的拼音方法，创造拼音字母三十六字，使初学者和妇孺老幼都感便利。据孙延宗、余少文两位老先生回忆，李氏方案吸收了黄谦的"三推新数法"，仍属于汉字笔画式，声母称"音母"，按见、溪、群、疑等二十二字排列，韵母称"字母"，声调称

"声"，分平、上、去、入，阴平不加调号。写法尚分楷体、草体，拼音方法属双拼制，旁加调号。主要用来拼切厦门方言。例如厦门话"歌"读[kua]，按李氏方案写作"ㄑ"，"《"相当于 k，"ㄖ"相当于ua，拼起来就是[kua]。这种拼写方法从结构上，已较黄谦的"三推新数法"更为紧凑，也更易于辨认，但它也仍未脱出方块汉字的藩篱。

第四节　清末民初卢戆章及其切音字书

前两节谈及的黄谦《三推成字法》和李鼎臣的"注音字母"，都还是清末切音字运动的前奏，真正开启清末切音字运动浪潮的应该算卢戆章先生。1948年倪海曙先生在《中国拼音文字运动史（简编）》一书中说："卢戆章是中国人中第一个有拼音文字观念和创制拼音方案的人。"1958年1月周恩来总理在《当前文字改革的任务》的报告中指出："从1892年卢戆章的切音新字开始，当时我国的许多爱国人士也都积极提倡文字改革，并且创造多种拼音方案。"都肯定了卢戆章和他的切音字书在切音运动中的重要地位。

一　卢戆章的生平事迹

卢戆章（1854—1928年），本名担，字雪樵，清同安（今福建省同安县）人，生于咸丰四年（1854年），早年丧父，兄弟六人，以其最幼，诸兄皆事务农，因其自动聪颖，9岁入学，18岁参加科举落第。这时正值"欧化东渐"之际，受时代潮流影响，他认为"求学期以济世，寻章摘句胡为首"（卢天德《中国首创音字之元祖卢戆章先生》）。思想开始发生变化。他先在堂兄卢贞赵家塾执教一年，后又在邻村英垵头执教二年。就在这时，邻村双圳头王奇赏宣传基督教，他就和学友洪克昌一起受业于王奇赏，开始研究《圣经》，并学习西洋的科学知识，"感欧美各国皆拼音成文，便恍然发改造汉字的宏愿"（同上）。

1875年，卢戆章二十一岁南渡新加坡，半工半读，专攻英文。1879年回厦门后，因他既会厦门话，又会英文，所以"西人习厦语，华人习英语者，均奉以为师"（同上），后又应英国教士马约翰的聘请，帮助翻译《英华字典》，因此和当时的教会使用的罗马字接触特别多，当时闽南的传教士已经利用罗马字，参酌漳州方言韵书《汇集雅俗通十五音》和泉州方言韵书《汇音妙悟》，创行一种"话音字"，用来拼写土话，翻译《圣经》。卢戆章"恐漳泉十五音字母不全，于是苦心考究，至悟其源源本本"；又"嫌话音字以数字母合切为一字；长短参差，甚占篇幅"。后来，"忽一日，偶触心机，字母与韵脚（即十五音）两字合切，拼法为一母一字合切成字"。从此"尽弃外务，朝夕于斯，尽夜于斯，十多年于兹矣"。有人揶揄他说："子真撼树之蚍蜉，汉字之圣，一点一画无非地义天经，岂后儒所能增减！"他一笑置之，仍旧"置一切于不闻不问，朝斯夕斯，几度寝食"（《中国首创音字之元祖卢戆章先生》），经过十几年的精心研究，最后拟订方案，以五十五个记号，制成一套音标，称"天下第一快切音新字"，于1892年出版，这就是《一目了然初阶》。书面两旁有一对联："一目了然，男可晓，女可晓，智否贤愚均可晓；十年辛苦，朝于斯，夕于斯，阴晴寒暑悉于斯。"足见其创制切音字的良苦用心。

卢戆章所处正值清末，国力贫弱，清政府大大提倡洋务运动，许多资产阶级改良人士认为应"师夷长技以制夷"，卢戆章创制切音字的目的也不外乎通过普及教育，提高人民的素质，达到富强国家。他希望利用"字话一律"、"笔画简易"的拼音文字来节省人民学习文字的时间，使全国男女老幼都能"好学识理"，从而研究科学，以求得富强，正如他在《一目了然初阶》序中所说：

> 窃谓国之富强，基于格致；格致之兴，基于男女老幼皆好学识理；其所以能好学识理者，基于切音为字，则字母与切法习完，凡字无师能自读；基于字话一律，则读于口即达于心；又基于字画简易，则易于习认，亦即易于着笔；省费十余载之光阴，将此光阴专攻于算学、格致、化学以及种种之实学，何患国不富强也哉？

《一目了然初阶》出版后，卢戆章在鼓浪屿乌埭角和厦门二十四崎脚招集船工、小贩开班教学。一时十分风行，据说"只须半载便能持笔抒写其所欲言"，而且"旅闽西人亦多传其学，称为简易"（1898年都察院代奏文中的话）。1898年，维新运动开始，维新派发出"广开言路，不论官民一律得上书言事、严禁官吏抑阻"；"奖励新著作，新发明"。卢戆章的同乡清工部虞衡司安溪人林辂存"以字学繁难，请用切音以便学问"，呈请都察院代奏皇帝，但未及衙门考验，戊戌政变发生了，事情便被搁置下来。

在这以后的几年中，卢戆章因为《一目了然初阶》中所用的变体拉丁字母不中不西，样子怪异，于新字推行，诸多窒碍。同时，戊戌变法后，他曾应日本台湾总督儿玉氏的邀请，去台湾主持总督府学务课三年，对台湾历史及日本文字颇有研究，对字母的形式、意见大变，借鉴日本的假名，废弃旧方案，改用编旁式的简单笔画，重新修订方案，写成《中国切音新字》。

1905年，卢戆章依据七年前的"上谕"，带着这本书从厦门跋涉到北京，呈交学部，听候考验，并请代奏。但学部和外务部（前身为总理各国事务衙门）互相推诿，延搁了一年，才送到译学馆审定，译学馆的文典处拟了一篇三千多字的长批，指出书中的三个缺点：一声母不完全；二韵母无入声；三写法谬误。认为"该书谬误，有此三种，自难用为定本，通行各省"，就这样给驳回了。经过这次打击，卢戆章知道恳求朝廷推行的路行不通，就改变方向，努力向社会宣传，在返回厦门途中，路经上海，把进呈本《中国切音字母》略为增订，就在上海出版发行了《中国字母北京切音教科书》和《中国字母北京切音合订》。在这两本书的书名旁刊印了他的朋友台湾富商林季商题赠的一幅对联："卅年用尽心机，特为同胞开慧眼；一旦创成字母，愿教吾国进文明"。民国3年（1913年），教育部召开读音统一会，他被委派为本省的会员，这时他已年近六十，仍不辞辛劳，到北京出席会议。后来又回到厦门，重新把1906年所订的新字改订修正，在1915年出版了《中国新字》一书，字母形体改成由整个汉字捡出简单笔画以助记忆力；写法是'字母'（韵母）居中大写，'字音'（声母）各按平上去入，细写在'字母'的上下，大致和以前相同。1916年，又出版了《中华新字国语通俗教科书》和《中华新字漳泉语通俗教科书》，仍延用《中国新字》的方案。1920年，读音统一会会长吴稚晖向驻漳的闽南总司令陈炯明推荐卢戆章说："闽南欲作文化运动，不可无此君耳！"陈炯明即聘请卢戆章到漳州教授注音字母，其时他已年近古稀。1928年12月28日，卢戆章先生因病逝世，享年七十五岁，安葬于鼓浪屿鸡山下。卢戆章先生的一生都是为中国的拼音文字运动服务，他不仅著书立说，并言传声教，广泛普及他的拼音方案，使其方案真正进行实践，并在实践运用中不断总结经验和不足，进行补充和完善。他的拼音方案前后经历了三次变化。第一次是以《一目了然初阶》出版为标志，采用了双拼制,字母属于拉丁字母及其变体；第二次是以《中国切音新字》出版为标志，卢戆章认识到第一种方案有碍推行，同时受日本假名的影响，改用偏旁式的简单笔画，把声母改称"声音"，韵母改称"字母"，拼写时"字母"粗写在中间，"声母"按照字音的平、上、去、入，细写在"字母"的上下左右；第三次是1915年出版的《中国新字》一书中，将字母形体改成"由整个汉字捡出简单笔画以助记忆力"，写法仍与以前规定相同，最后正式隶属假名系。

二 《一目了然初阶》（1892）研究

1.创制背景和目的

《一目了然初阶》出版于1892年，是"自订方案，出版读本"最早的切音字方案字书（周有光《纪念〈一目了然初阶〉出版七十年》）。因而，有人认为切音字运动应从1892年开始。但是在卢氏的切音字方案中，我们不难看出他与黄谦、李鼎臣汉字改革思想的一脉相承性。他在自序中也曾说及苦心考究了黄谦的《汇音妙悟》，并且在《初阶》中也可看出二者的相似之处，如声母皆为"十五音"，声调都是"八音"，韵母黄谦是"五十字母"，而《初阶》是"四十七字母"，二者都没有将闽南方音中的入声韵独立出来，而是与鼻尾韵完全合并。

另外，李鼎臣和卢戆章同是厦门人，而李鼎臣的"注音字母"比卢氏的切音字方案早四十年，并且在厦门地区推行过，卢戆章不可能没有见过李氏的方案，或受到李氏方案的影响。卢氏方案继承了黄谦、李鼎臣方案中声韵双拼制的传统，在写法上大胆创新，改上下左右写法为左右写法，这是一个重大的进步，只有这样，卢氏才可能采用拉丁字母的基本笔画作为字母的书写形式。

　　同时《一目了然初阶》也秉承了创制拼音文字，普及教育的思想，并认为"富强由文字"。他希望在文字上"法师西洋"，认为"当今普天之下，除中国而外，其余大概皆用二三十个字母为切音字；……故欧美文明之国，虽穷乡僻壤之男女，十岁以上，无不读书，……何为其然也，以其切音为字，字话一律，字画简易故也"。他认为，只要文字拼音化，我们也可以"通国家家户户男女老少无不识字，成为自古以来一大文明之国矣。切音字乌可不举行，以自异于万国也哉！"以改革汉字来富强国家，集中反映了当时改良主义的思想。

　　《一目了然初阶》中有一幅插图，画着一个人一手按书，一手执笔，苦苦思索的样子，边上注道"思入风云变态中"，这种思变正是卢戆章以及当时许多开明知识分子的精神状态，而卢戆章的思变正体现在他对汉字改革的思想当中。

　　卢戆章认识到汉字是发展变化的，汉字发展的趋势是"字体代变，趋易避难"。他认为"字体代变：古时用云书乌迹，降而用蝌蚪象形，又降而用篆隶八分，至汉改为八法，宋改为宋体字，皆趋易避难也"。既然历史上曾经利用和改革过，现在当然可以根据时代的要求，进一步利用和改革。卢戆章深感汉字的繁难，向往拼音文字的简易，大胆地站出来批评汉字，他在《初阶》序中说道："中国字或者是当今普天之下之字之至难者。……平常诗赋文章，所用者不过五千余字而已。欲识此数千字，至聪明者非十余载之苦工不可，故切音字尚焉。"

　　他认为拼音文字优越性有三：（一）容易学；（二）容易识；（三）容易

写。总的优点是可以"省费十余载之光阴"，并且不"自异于万国"，这也可以说是最早的文字国际化思想。但卢氏并不主张废除汉字。他认为学了切音字，可以"无师自识汉文"，他的切音字和汉文是并列的，可以通过切音字学汉字，也可以由切音字代替汉字，但并不意味着汉字的消亡，他在《初阶》序中说到"若以切音字与汉字并列，各依其土腔乡谈，通行于十九省各府、州、县、城镇乡村之男女，编甲课实，登记数项（账目），著书立说，以及评出圣贤经传，中外书籍；腔音字义，不数月，通国家家户户，男女老少，无不识字，成为自古以来一大文明之国矣"。

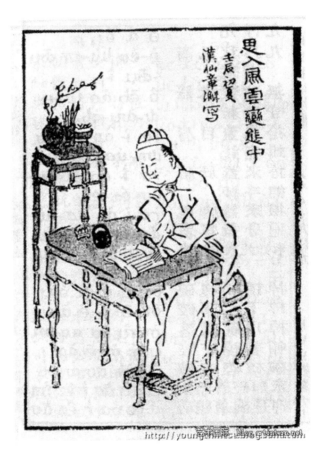

另外，卢戆章在《一目了然初阶》中还提到语文统一的问题。他主张把南京语音作为"各省之正音"，把拼写南京话的切音字作为全国"通行之正字"。他说："又当以一腔为主脑，十九省之中，除广、福、台而外，其余十六省，大概属官话，而官话之最通行者，莫如南腔。若以南京话为通行之正字，为各省之正音，则十九省语言既从一律，文话皆相通；而中国之大，犹如一家，非如向之各守疆界，各操土音之对面无言也。"（自序）

2.体例和内容

《一目了然初阶》是拼切厦腔的切音字方案，同时又兼顾了漳州音和泉州音。他的这套切音字方案一共有五十五个字母，厦门音三十六个，漳州音加两个，泉州音加七个，一共四十五个，还有十个是拼各地音用的。五十五个字母中，有些字母既表声母，又表韵母，所以实际用的字母，只有三十多个。其中采用拉丁字母小写体的有a、b、c、d、e、h、k、m、n、o、r、u、v、w、x等十五个，手写体的有一个，大写体的有L、R、G三个，变体的有十七个，还有一个希腊字母θ。整套方案，属拉丁字母及其变体，在拼写上，卢戆章仍沿用了双拼制。该书在正文之前便列出了《中国切音新字总字母写法之次弟》，按照总字音，列出声母十五音，韵母四十七字母，八种调号，并注明皆读厦腔。《原序》《凡例》之后，详细说明了拼法，如老，厦门音读作[lau]，在《一目了然初阶》中，切为柳声[l]，写作[n]，厚字母写作仔，按左右双拼法，"老"切音字写作θn，另外，还列出一些拼切单字，如厚写作θ，读作[āu]。接着书中用这套方案拼写厦门话民歌、民谣、民间故事、谜语等例文。在书的结尾列出《中西合音》，实际上是切音新字的拉丁字母对音。

3.《一目了然初阶》所反映的厦腔

《一目了然初阶》所反映的厦腔已与现今的厦门话差别不大。下面分别具体对照声、韵、调来看。

（1）声母

十五音	音值	厦门今音	十五音	音值	厦门今音
柳	[l][n]	[l]	入	[dz]	[l]
边	[p]	[p]	时	[s]	[s]
求	[k]	[k]	英	[ʔ]	[∅]
去	[k']	[k']	文	[b][m]	[b][m]
地	[t]	[t]	语	[g][ŋ]	[g][ŋ]
波	[p']	[p']	出	[ts'][tɕ']	[ts']
他	[t']	[t']	喜	[h]	[h]
贞	[ts][tɕ]	[ts]			

在他的例文中"两""娘""年"，三个字母都写作"柳"音，可见当时厦门话中[n][l]已不分；"成[tsiã]""脐[tsai]"写作"贞"母；"搜[ts'iau]""贼[ts'at]"写作"出"母；"时[si]"和"相[sã]"，写作"时"母。可见卢氏已在拼法上不分[ts, ts', s]和[tɕ, tɕ', ɕ]两套声母，另外[b]和[m]、[g]与[ŋ]不分，分别写作"文"母和"语"母。"英"母[∅]独立，继承了十五音的习惯。因而，在《一目了然初阶》时代厦门话的声母已与现在厦门话没有什么差别了。

（2）韵母

现在厦门话有七十八个韵母，而《一目了然初阶》中只有四十七个韵母，用三十五个字母表示。列表如下。

韵母1	音值（右行入声）	字母	对音（右行入声）
1	[in] [it]	真	in (it)
2	[ian] [it]	仙	ian (it)
3	[un] [ut]	春	un (ut)
4	[an] [at]	囐	an (at)
5	[uan] [uat]	元	oan (oat)
6	[iəŋ] [iək]	莺	eng (ék）
7	[iəŋ] [iək]	商	iong (iók）
8	[ə:ŋ] [ə:k]	公	ong (ók）
9	[iaŋ] [iak]	双	iang (iák）
10	[aŋ] [ak]	人	ang (ák）
11	[uaŋ]	风	oang (oak)
12	[im] [ip]	心	im (ip)
13	[am] [ap]	甘	am (ap)
14	[iam] [iap]	沾	iam (iap）
15	—	参	om (op）

韵母2	音值（右行半鼻韵）	字　母	对　音
16	[au] [ãu]	交、脑	au，au[n]
17	[iu] [iũ]	周、箱	iu，iu[n]
18	[i] [ĩ]	伊、见	i，i[n]
19	[ɔ] [ɔ̃]	稣、货	o，o[n]
20	[a] [ã]	鸦、三	a，a[n]
21	[iau] [iãu]	昭、猫	iau，iau[n]
22	[ui] [uĩ]	威、开	ui，ui[n]
23	[ia] [iã]	野、惊	ia，ia[n]
24	[ai] [ãi]	来、歹	ai，ai[n]
25	[ue]—	最、莢	oe，oe[n]
26	[e] [ẽ]	裔、婴	e，e[n]
27	[uai] [uãi]	快、高	oai，oai[n]
28	[ua] [uã]	我、看	oa，oa[n]
29	[o]—	无、脉	o，ɛ[n]
30	[io][m]	着、不	io，m
31	[u] [ŋ]	问	u，ng

从上表可以看到：①"真仙春囐元"等十五韵兼表鼻音尾韵和入声韵，用同一

字母表示；②"交周伊稣鸦"等十六韵表元音尾韵与"脑箱见货三"等十六韵表鼻化韵，共用一套符号，分别用七个符号来表示元音的鼻化。③与声母对照来看，《一目了然初阶》中有十三个符号兼表声母和韵母，如下表。

符号	所表声母	所表韵母	符号	所表声母	所表韵母
n	柳[l]	真[in][it]	e	边[p]	裔[e]
o	求[k]	无[o]	l	地[t]	伊[i]
b	波[p']	嘴[an][at]	r	他[t']	来[ai]
u	贞[ts]	汗[u]	c	时[s]	公[ɔ:ŋ][ɔ:k]
a	英[ʔ]	鸦[a]	v	文[b]	人[aŋ]
b	语[g]	我[ua]	u	出[ts']	周[iu]
r	喜[h]	着[io]			

根据以上三点，似乎可以认定当时只有六十二个韵母，但在卢氏方案的声母系统中有一个喉塞音"英[ʔ]"，只要读第四音（阴入）和第八音（阳入）都该读成收[-ʔ]的入声韵，那么从理论上看，十六个元音韵和十六个鼻化韵，都还有一个读喉塞的入声韵，实际却非如此，考察卢氏的例文，并不所有的元音韵和鼻化韵都有收[-ʔ]韵尾的入声韵。另外，字母"风[uaŋ][uak]"和"参[ɔm][ɔp]"，都分别旁注为"泉说"和"漳说"，可见也不是厦门话的读音。字母"莢"和"脉"现在厦门话中分别读作[gueʔ]和[beʔ]，卢氏都列入"最[ue]"和"无[o]"的鼻化，也显得比较特殊。

总之，《一目了然初阶》时代的韵母系统与现今厦门话的韵母也没有很大的差别。

（3）声调

《一目了然初阶》中，卢氏以"周、酒、咒、唧、口、酒、就、唰"为例，说明八音，并指出"六音永与二音相同"，据此可归纳如下。

八　　　音	一	二	三	四	五	六	七	八
八音符号	´	`	·	^	(´)	-	|
八音名称	上平	上声	上去	上入	下平	下上	下去	下入

也就是说上上声和下上声调值相同，这也与今天的厦门话的七个声调基本相符。

综上所述，卢氏方案中的厦门话语音系统已与现今的厦门话没有很大的差别。为了更好说明这一点，下面将《一目了然初阶》23页中，卢氏切音例文转改为国际音标，以便对照。今举两首山歌如下。

一

九仔九　　　　kau a kau

九月秋风渐渐来　　kau-geʔ ts'iu-hɔŋ tsiam-tsiam lai

无 被 盖 米筛	bo p'e kaʔ bi-t'ai
甘蔗粕	kam-tsia-p'oʔ
拾 来 盖 目眉	k'io lai kaʔ bak-bai
蚶壳钱	ham-k'ak-tsĩ
拾 来 盖 肚脐	k'io lai kaʔ tɔ-tsai
网斗纱	baŋ-tau-se
掇 来 盖 脚尾	k'ioʔ lai kaʔ k'a-be
遍身 盖 密密	pian-sin kaʔ bat-bat
未知 此 寒 何 路 来	be-tsai ts'i kuã u lɔ lai

二

桌顶 一块 碗	toʔ-tiŋ it-te ʔuã
桌下 一个 硞	toʔ-e it-e k'ã
掉顶 碗 礚落	toʔ-tiŋ ʔuã ka-lauʔ
顿着 桌下 硞	tiam-tioʔ toʔ-e k'ã
碗 破 硞 亦 破	uã p'ua k'ã ia p'ua
未知 硞 着 赔 碗	be-tsai k'a tioʔ pe ʔuã
抑是 碗 着 赔 硞	a-si ʔuã tioʔ pe k'ã

4. 《一目了然初阶》的写法

《一目了然初阶》采用了双拼制左右拼写的方法，已与今天拼写汉语拼音相似，只是韵母在左，声母在右。《初阶》中切音字写法的最大特点在于"词素连写，词间分开"，如以上"九月""秋风""渐渐""米筛""甘蔗粕""肚脐""网斗纱""脚尾""遍身""密密""未知""桌顶""桌下""一块""一个""礚落""顿着""未知""抑是"等，均做了连写。词和词之间也间隔开来，这在当时是一种极新的语文现象。另外，《一目了然初阶》中五十五篇用汉字对照的切音字读物，都是横刻，在实行"左起横行"方面，《一目了然初阶》比1904年出版的中国第一本横排的书《英文汉诂》早二十年。

《一目了然初阶》中的读物，是切音字结合通俗化的很好例子，并且卢氏在《凡例》中还专列一条说："此书欲为男女老少雅俗通晓之文，故卷首列里巷歌谣，中杂解颐趣语，取其快易忘倦也。"《一目了然初阶》出版以后，在厦门一带十分风行。据说学这种拼音文字的，只消半年，就能写信写文章，外国人学的也很多，都说简便。可见，该书在当时产生较大影响。

三　《中国切音新字》（1906）研究

《中国切音新字》

《一目了然初阶》出版后的几年中，卢戆章并没有停止对切音字新方案的探索。

他在《一目了然初阶》的推行中，认识到书中所用的变体拉丁字母，不中不西，样子怪异，于新字推广不利。1905年，卢戆章依据七年前的"上谕"，带着他新创制的切音字方案再次来到北京，这个方案就是《中国切音新字》，改用了汉字笔画式方案，与日本假名相似，有二十五个声母（他称为"声音"），一百零二个韵母（字母），以京音为主，也可以拼泉州、漳州、厦门、福州、广州五种方音；拼法仍延用双拼制。书写时，韵母居中粗写，声母根据平上去入细写在韵母的四角。这年他因呈交的著作一直没有消息，又另抄一本新书，送到外务部去换出旧书，并催促早日处理。

新书送到外务部后，外务部又转给学部，学部又咨送"译学馆"审定。译学馆查卢戆章《中国切音新字》方案的结果，认为有三大缺点：（一）浊音声母不完全；（二）没有b、d、g收尾的韵母；（三）写法古怪：先写韵母，后写声母，不合古今中外通法，结论是："谬误有此三点，自难用之定本通行各省"。译学馆这时已有一批熟悉外文同时又懂得和研究过汉语拼音问题的人（如汪荣宝），因而写的批语相当有见地，有些意见还是十分进步的，如关于字母，就主张"或竟用泰西各国通例，借罗马字为之"。同时批中也承认汉字已经不适宜作初等教育的工具，因此并不反对切音字。

卢戆章收到译学馆的原书和批语，知道朝廷之路走不通，带着他的新方案离开北京，回厦门从事民间推广了。路过上海时，他将《中国切音新字》略加修改补充，交"点石斋"石印出版，由商务印书馆发行了《中国字母北京切音教科书》首集、二集和《中国字母北京切音合订》。

《中国切音新字》韵母（一）至韵母（七）音标罗列如下。

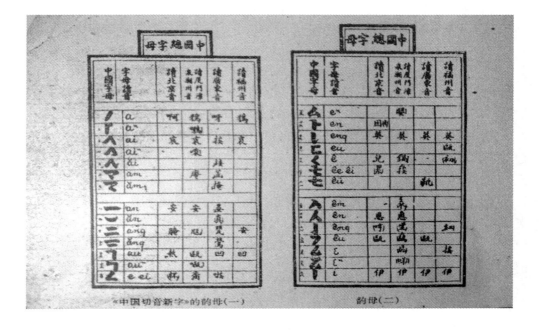

《中国切音新字》的韵母（一）　　　　　韵母（二）

为了让大家更清楚地看懂《中国切音新字》的韵母（一）（二），现制表如下（"中国字母"符号电脑不易操作，只好空缺）：

中国字母	字母读音	读北京音	泉读潮厦州门音漳	读广东音	读福州音
	a	啊	鸦		鸦
	aⁿ		口鸦		
	ai	哀	哀		哀
	aiⁿ		口哀		
	ǎi			矮	
	ǎm		庵	菴	
	ǎm		掩		
	an	安	安	晏	
	ǎn			(真)	
	ang	腌	厔	甖	安
	ǎng		莺		
	au	熬	瓯	凹	凹
	auⁿ		口瓯		
	e ei	(杯)	裔	口挨	

《中国切音新字》的韵母（一）

中国字母	字母读音	读北京音	泉读潮厦州门音漳	读广东音	读福州音
	eⁿ		(婴)		
	en	因			
	eng	英	英	英	英
	eu				瓯
	ê	儿	锅		(初)
	êe êi	累	挨		
	êü			靴	
	êm		参		
	ên	恩	恩		
	êng	(哼)	(生)		红
	êu	瓯	鸥	瓯	
	ε		加		挨
	εⁿ		(咩)		
	i	伊	伊	伊	伊

《中国切音新字》的韵母（二）

现将上表卢氏所拟音标与国际音标对应如下：

韵母（一）：a[a]啊/鸦/〇/鸦、aⁿ[ã]〇/口鸦/〇/〇、ai[ai]哀/哀/〇/哀、aiⁿ[ãi]〇/口哀/〇/〇、ǎi[ai] 〇/〇/矮/〇、ǎm[am]〇/庵/菴/〇、ǎm[am]〇/〇/掩/〇、an[an]安/安/晏/〇、ǎn[an]〇/〇/(真)/〇、ang[aŋ]腌/厔/甖/安、ǎng[aŋ]〇/〇/莺/〇、au[au]熬/瓯/凹/凹、auⁿ[ãu]〇/口瓯/〇/〇、e/ei[e/ei](杯)/裔/口挨/〇；

韵母（二）：eⁿ[ẽ]〇/(婴)/〇/〇、en[in]因/〇/〇/〇、eng[iŋ]英/英/英/英、eu[εu]〇/〇/〇/瓯、ê[ə]儿/锅/〇/(初)、êe êi[əi]累/挨/〇/〇、êü[ɚy]〇/〇/靴/〇、êm[əm]〇/参/〇/〇、ên[ən]恩/恩/〇/〇、êng[əŋ](哼)/(生)/〇/红、êu[əu]瓯/瓯/瓯/〇、ε[ɛ]〇/加/〇/挨、εⁿ[ɛ̃]〇/(咩)/〇/〇、i[i] 伊/伊/伊/伊。

韵母（三）　　韵母（四）

为了让大家更清楚地看懂《中国切音新字》的韵母（三）（四），现制表如下（"中国字母"符号电脑不易操作，只好空缺）。

中国字母	字母读音	读北京音	泉读潮厦州门音漳	读广东音	读福州音
		母字总国中			
	iⁿ		咿		
	ia	鸦	爷	也	耶
	iaⁿ		(缨)		
	iai	涯	(诸)	(咼)	
	iam		阉	阴	
	ian	烟	烟	因	
	iang	央	央	喫	影
	iau	妖	妖	忧	口猫
	iauⁿ		口猫		
	ie	爷		耶	椅
	ieng				烟
	ieu				烧
	im		音	奄	
	in	因	因	烟	

《中国切音新字》的韵母（三）

中国字母	字母读音	读北京音	泉读潮厦州门音漳	读广东音	读福州音
		母字总国中			
	ing				因
	io	约	腰		(桥)
	ioⁿ		口腰		
	iu	优	优	妖	优
	iuⁿ		口鸯		
	iung	壅	雍	雍	央
	ü	吁		於	於
	üan	冤			
	üe	曰			
	üi			(虽)	
	üo	(虐)			
	ün	氲		冤	
	üng				殷
	o	阿	阿	懊	

《中国切音新字》的韵母（四）

现将上表卢氏所拟音标与国际音标对应如下：

韵母（三）： iⁿ[ĩ]〇/咿/〇/〇、ia[ia]鸦/爷/也/耶、iaⁿ[iã]〇/(缨)/〇/〇、iɑi[iai]涯/(诸)/(哼)/〇、iɑm[iam]〇/阉/阴/〇、iɑn[ian]烟/烟/因/〇、iɑng[iaŋ]央/央/喫/影、iɑu[iau]妖/妖/忧/口猫、iɑuⁿ[iãu]〇/口猫/〇/〇、ie[ie]爷/〇/耶/椅、ieng[ieŋ/iɛŋ]〇/〇/〇/烟、ieu[ieu]〇/〇/〇/烧、im[im]〇/音/奄/〇、in[in]因/因/烟/〇；

韵母（四）： ing[iŋ]〇/〇/〇/因、io[io]约/腰/〇/(桥)、ioⁿ[iɔ̃]〇/口腰/〇/〇、iu[iu]优/优/妖/优、iuⁿ[iũ]〇/口鸯/〇/〇、iung[yŋ]壅/雍/雍/央、ü[y]吁/〇/於/於、üan[yan]冤/〇/〇/〇、üe[ye]曰/〇/〇/〇、üi[yi]〇/〇/(虽)/〇、üo[ye](虐)/〇/〇/〇、ün[yn]氲/〇/冤/〇、üng[yŋ]〇/〇/〇/殷、o[o]阿/阿/懊/〇。

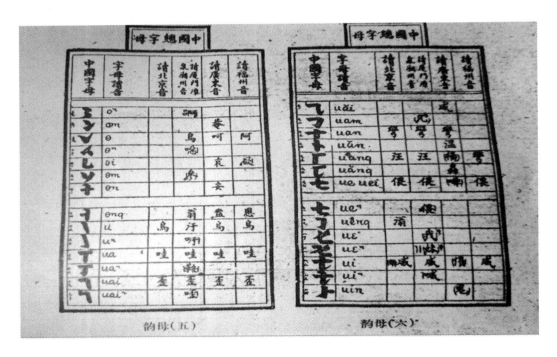

韵母（五） 韵母（六）

为了让大家更清楚地看懂《中国切音新字》的韵母（五）（六），现制表如下（"中国字母"符号电脑不易操作，只好空缺）。

中国字母	母字总国中				
	字母读音	读北京音	泉读潮厦州门音漳	读广东音	读福州音
	o^n		阿		
	om			菴	
	ө		乌	呵	阿
	$ө^n$		噁		
	өi			哀	欲
	өm		(参)		
	өn			安	
	өng		翁	盎	恩
	u	乌	汗	乌	乌
	u^n		口汗		
	uɑ	哇	哇	哇	哇
	$uɑ^n$		(鞍)		
	uɑi	歪	歪	歪	歪
	$uɑi^n$		口歪		

《中国切音新字》的韵母（五）

中国字母	母字总国中				
	字母读音	读北京音	泉读潮厦州门音漳	读广东音	读福州音
	uǎi			威	
	uam		(凡)		
	uɑn	弯	弯	弯	
	uǎn			温	
	uɑng	汪	汪	(横)	弯
	uǎng			轰	
	ue uei	偎	偎	(啡)	偎
	ue^n		(偎)		
	uêng	渝			
	uɛ		我^{漳}		
	$uɛ^n$		妹^{漳}		
	ui	威	威	(催)	威
	ui^n		口威		
	ui^n			(鬼)	

《中国切音新字》的韵母（六）

现将上表卢氏所拟音标与国际音标对应如下：

韵母（五）：o^n[ɔ̃]○/阿/○/○、om[mɔ]○/○/菴/○、ө[ɔ]○/乌/呵/阿、$ө^n$[ɔ̃]○/噁/○/○、өi[ɔi]○/○/哀/欲、өm[mɔ]○/(参)/○/○、өn[nɔ]○/○/安/○、өng[ɔŋ]○/翁/盎/恩、u[u]乌/汗/乌/乌、u^n[ũ]○/口汗/○/○、uɑ[ua]哇/哇/哇/哇、$uɑ^n$[uã]○/(鞍)/○/○、uɑi[uai]歪/歪/歪/歪、$uɑi^n$[uãi]○/口歪/○/○；

韵母（六）：uǎi[uãi]○/○/威/○、uam[uam]○/(凡)/○/○、uɑn[uan]弯/弯/弯/○、uǎn[uan]○/○/温/○、uang[uaŋ]汪/汪/(横)/弯、uǎng[uaŋ]○/○/轰/○、ue/uei[ue/uei]偎/偎/(啡)/偎、ue^n[uẽ]○/(偎)/○/○、uêng[uəŋ]渝/○/○/○、uɛ[uɛ]○/我^{漳}/○/○、$uɛ^n$[uɛ̃]○/妹^{漳}/○/○、ui[ui]威/威/(催)/威、ui^n[uĩ]○/口威/○/○、ui^n[uĩ]○/○/(鬼)/○。

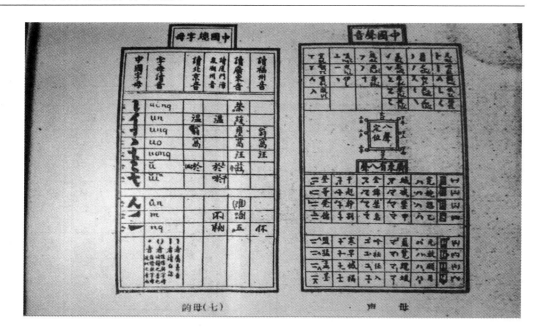

为了让大家更清楚地看懂《中国切音新字》的韵母（七）、《中国切音新字》的声母，现制表如下（"中国字母"符号电脑不易操作，只好空缺）。

中国字母总字母					
中国字母	字母读音	读北京音	泉读潮厦州门音漳	读广东音	读福州音
	uing				荣
	un	温	温		缓
	ung	翁		壅	翁
	uo	窝		窝	窝
	uong			汪	汪
	ǔ	於		於	(兹)
	ǔⁿ			喯	
	ǔⁿ				(准)
	m	(不)		唔	
	ng	(秧)		五	伓

《中国切音新字》的韵母（七）

中国声音				
四基字欺读曦南音此	ngi曦	si丝	ki基	tsi兹	ni尼
	hi熙	hsi西	k'i欺	chi之	li哩
	i衣	shi诗	fi非	ri如	mi弥
			pi卑	ts'i此	ti低
			p'i披	ch'i痴	t'i梯

去上	入上	平下
声上	定八位声	上下 去下
平上	入下	

广东有八声				
登	干	金	缄	冤	平上(一)
等	赶	锦	减	远	上上(二)
凳	幹	禁	鉴	怨	去上(三)
德	割	急	甲	乙	入上(四)
盟	寒	吟	蓝	元	平下(五)
猛	旱	衽	览	软	上下(六)
孟	憾	任	缆	愿	去下(七)
墨	褐	入	蜡	月	入下(八)

《中国切音新字》的声母

现将上表卢氏所拟音标与国际音标对应如下：

韵母（七）：uing[uiŋ]○/○/荣/○、un [un]温/温/缓/○、ung [uŋ]翁/○/壅/翁、uo[uo]窝/○/窝/窝、uong[uoŋ/uɔŋ]○/○/汪/汪、ǔ[y]於/於/(兹)/○、ǔiⁿ[uĩ]○/唹/○/○、ǔn[un]○/○/(准)/○、m[m]○/(不)/唔/○、ng[ŋ]○/(秧)/五/怀。

由上可见，卢氏《中国总字母》记载了北京、厦门、漳泉潮州音、广东音和福州音的韵母系统。韵母（一）至韵母（七）音标罗列如下：

（一）a[a]、aⁿ[ã]、ai[ai]、aiⁿ[ãi]、ǎi[ai]、ǎm[am]、ăm[am]、an[an]、ăn[an]、ang[aŋ]、ăng[aŋ]、au[au]、auⁿ[ãu]、e/ei[e/ei]；

（二）eⁿ[ẽ]、en[in]、eng[iŋ]、eu[ɛu]、ê[ə]、êe/êi[əi]、êü[əy]、êm[əm]、ên[ən]、êng[əŋ]、êu[əu]、ɛ[ɛ]、ɛⁿ[ɛ̃]、i[i]；

（三）iⁿ[ĩ]、ia[ia]、iaⁿ[iã]、iai[iai]、iam[iam]、ian[ian]、iang[iaŋ]、iau[iau]、iauⁿ[iãu]、ie[ie]、ieng[ieŋ/iɛŋ]、ieu[ieu]、im[im]、in[in]；

（四）ing[iŋ]、io[io]、ioⁿ[iɔ̃]、iu[iu]、iuⁿ[iũ]、iung[yŋ]、ü[y]、üan[yan]、üe[ye]、üi[yi]、üo[ye]、ün[yn]、üng[yŋ]、o[o]；

（五）oⁿ[õ]、om[ɔm]、ө[ɔ]、өⁿ[ɔ̃]、өi[ɔi]、өm[ɔm]、өn[ɔn]、өng[ɔŋ]、u[u]、uⁿ[ũ]、ua[ua]、uaⁿ[uã]、uai[uai]、uaiⁿ[uãi]；

（六）uǎi[uãi]、uam[uam]、uan[uan]、uǎn[uan]、uang[uaŋ]、uǎng[uaŋ]、ue/uei[ue/uei]、ueⁿ[uẽ]、uêng[uəŋ]、uɛ[uɛ]、uɛⁿ[uɛ̃]、ui[ui]、uiⁿ[u ĩ]、uiⁿ[u ĩ]；

（七）uing[uiŋ]、un [un]、ung [uŋ]、uo[uo]、uong[uoŋ/uɔŋ]、ǔ[y]、ǔiⁿ[uĩ]、ǔn[un]、m[m]、ng[ŋ]。

卢戆章《中国切音新字》"中国声音"所拟音标与国际音标对应如下。

唇　　音	卑 pi [p-]	披 p'i [p'-]	弥 mi [m-]	非 fi [f-]
舌尖中音	低 ti [t-]	梯 t'i [t'-]	尼 ni [n-]	哩 li [l-]
舌面后音	基 ki [k-]	欺 k'i [k'-]	熙 hi [h-]	曦 ng [ŋ-]
舌面前音	(基) chi [tɕ-]	(溪) ch'i [tɕ'-]	西 hsi [ɕ-]	
舌尖后音	之 chi [tʂ-]	痴 ch'i [tʂ'-]	诗 shi [ʂ-]	如 ri [z]
舌尖前音	兹 tsi [ts-]	此 ts'i [ts'-]	丝 si [s-]	
零 声 母	衣 i [Ø]			

现代普通话《汉语拼音方案》"声母表"与国际音标对应如下。

唇　　音	b/ㄅ 玻 [p-]	p/ㄆ 坡 [p'-]	m/ㄇ 摸 [m-]	f/ㄈ 佛 [f-]
舌尖中音	t/ㄉ 得 [t-]	t/ㄊ 特 [t'-]	n/ㄋ 讷 [n-]	l/ㄌ 勒 [l-]
舌面后音	g/ㄍ 哥 [k-]	k/ㄎ 科 [k'-]	h/ㄏ 喝 [h-]	
舌面前音	j/ㄐ 基 [tɕ-]	q/ㄑ 欺 [tɕ'-]	x/ㄒ 西 [ɕ-]	
舌尖后音	zh/ㄓ 之 [tʂ-]	ch/ㄔ 痴 [tʂ'-]	sh/ㄕ 诗 [ʂ-]	r/ㄖ 如 [z]
舌尖前音	z/ㄗ 兹 [ts-]	c/ㄘ 此 [ts'-]	s/ㄙ 丝 [s-]	

　　现将《中国切音新字》"中国声音"与《汉语拼音方案》"声母表"比较如下。

中国切音新字	pi 卑 [p-]	p'i 披 [p'-]	mi 弥 [m-]	fi 非 [f-]
汉语拼音方案	b/ㄅ 玻 [p-]	p/ㄆ 坡 [p'-]	m/ㄇ 摸 [m-]	f/ㄈ 佛 [f-]
中国切音新字	ti 低 [t-]	t'i 梯 [t'-]	ni 尼 [n-]	li 哩 [1-]
汉语拼音方案	t/ㄉ 得 [t-]	t/ㄊ 特 [t'-]	n/ㄋ 讷 [n-]	l/ㄌ 勒 [1-]
中国切音新字	ki 基 [k-]	k'i 欺 [k'-]	hi 熙 [h-]	ng 曦 [ŋ-]
汉语拼音方案	g/ㄍ 哥 [k-]	k/ㄎ 科 [k'-]	h/ㄏ 喝 [h-]	i 衣 [∅]
中国切音新字	chi (基) [tɕ-]	ch'i (溪) [tɕ'-]	his 西 [ɕ-]	ri 如 [z]
汉语拼音方案	j/ㄐ 基 [tɕ-]	q/ㄑ 欺 [tɕ'-]	x/ㄒ 西 [ɕ-]	r/ㄖ 如 [z]
中国切音新字	chi 之 [tʂ-]	ch'i 痴 [tʂ-]	shi 诗 [ʂ-]	ri 如 [z]
汉语拼音方案	zh/ㄓ 之 [tʂ-]	ch/ㄔ 痴 [tʂ'-]	sh/ㄕ 诗 [ʂ-]	r/ㄖ 如 [z]
中国切音新字	tsi 兹 [ts-]	ts'i 此 [ts'-]	si 丝 [s-]	
汉语拼音方案	z/ㄗ 兹 [ts-]	c/ㄘ 此 [ts'-]	s/ㄙ 丝 [s-]	

　　由上表可见，《中国切音新字》"中国声音"有声母21个，《汉语拼音方案》"声母表"也有21个声母，二者不尽相同。相同点有：(1)共有唇音声母4个[p]、[p']、[m]、f]；(2)共有舌尖中音声母4个[t]、[t']、[n]、[1]；(3) 共有舌面后音声母3个[k]、[k']、[h]；(4) 共有舌尖后音声母4个[tʂ]、[tʂ']、[ʂ]、[z]；(5) 共有舌尖前音声母3个[ts-]、[ts'-]、[s-]。不同点有：(1) 《汉语拼音方案》有舌面前音声母3个[tɕ]、[tɕ']、[ɕ]，《中国切音新字》则只有[ɕ]而无[tɕ]、[tɕ']；(2)《中国切音新字》"中国声音"注明"基ki、欺k'i、曦ngi、熙hi此四字读南音"，保留了古音"见k、溪k'、疑ŋ、晓x"，而北音无曦ngi母字。关于普通话舌面前音声母[tɕ]、[tɕ']、[ɕ]有两个历史来源：一是来源于古音的"见k、溪k'、群g、晓x、匣γ"；二是来源于"精ts、清ts'、从dz、心s、邪z"。"见k、溪k'、群g、晓x、匣γ"诸母在细音韵母之前读作[tɕ]、[tɕ']、[ɕ]，在洪音韵母之前读作[k]、[k']、[x]；"精ts、清ts'、从dz、心s、邪z"诸母在细音韵母之前读作[tɕ]、[tɕ']、[ɕ]，在洪音韵母之前读作[ts]、[ts']、[s]。

四　《中国字母北京切音合订》（1906）

　　卢戆章于1906年出版了《中国字母北京切音合订》。现在能够看到的《中国字母北京切音合订》是文字改革出版社于1957年出版的拼音文字史料从书中的一本。原书分方案和课文两部分，因课文部分与《北京切音教科书》首集重复，这本书只印了原书的方案部分。

　　这本书的开头没有序言和凡例。在开卷的中国总字母中，共有"声音"（声母）二十五个，"字母"（韵母）九十四个，拼写时，以"字母"（韵母）居中粗写，"声音"按字音的平上去入，细写于字母的上下左右，念时先韵后声。接着编者分别根据北京音（官话）、福州、泉州、漳州、厦门各地方音，列出它们的声、韵系统，并拼写实例。

1.官话切音字母

这里的官话实际指的是北京音，共列出声母21个，韵母42个。下面是官话字母（韵母）和声音（声母）拟音方案。

（1）官话字母

啊 ɑ [a]	哀 ɑi [ai]	安 ɑn[an]	腌 ɑng[aŋ]	熬 ɑu[au]		
杯 e [ə]	因 en [in]	英 eng[iŋ]	儿 ê[ɚ]	累 êi[ei]		
恩 ên [ən]	哼 êng[əŋ]	瓯 êu[ou]	伊 i[i]	鸦 ia[ia]		
涯 iɑi [iai]	烟 iɑn[ian]	央 iɑng[iaŋ]	妖 iɑu[iau]	爷 ie[iɛ]		
因 in [in]	约 io [iɔ]	优 iu [iou]	雍 iung[yŋ]	吁 ü[y]		
冤 üan[yan]	曰 üe[yɛ]	虐 üo[yɔ]	氲 ün[yn]	阿 o[o]		
乌 u [u]	哇 uɑ[ua]	歪 uɑi[uai]	弯 uɑn[uan]	汪 uɑng[uaŋ]		
偎 ue[uei]	瀴 ueng[uəŋ]	威 ui[uei]	温 un[uən]	翁 ung[uəŋ]	窝 uo[uo]	於 ŭ[y]

（2）官话声音

尼　ni [n]	哩　li [l]	弥　mi[m]	低　tu [t]	梯　t'i [t']	兹　tsi [ts]
之　chi [tʂ]	如　ji [z]	此　ts'i[ts']	痴　chi [tʂ']	基　ki [k]	欺　k'i [k']
非　fi [f]	卑　pi [p]	披　p'i [p']	丝　si [s]	西　hsi [ɕ]	诗　shi [ʂ]
阋　ngi [ŋ]	熙　hi [h]	衣　i [∅]			

（3）官话声调

官话中的声调已与现代普通话相同，有上平、下平、上声、去声四个声调。根据四声定位图，(如图)就可以将一个字拼切出来。如呼hū，字母是u（ˋ），声音是熙（一），写作（一ˋ）。

上声　　　下平

┌──────┐
│定　　四│
│位　　声│
└──────┘

上平　　　去声

2.福州切音字母

其中福州声音十五个，福州字母三十五个，福州七声。

（1）福州字母

鸦 a [a/ɑ]	哀 ai [ai/ɑi]	安 ang [aŋ/ɑŋ]	凹 ɑu [au/ɑu]	莺 eng[eiŋ]
瓯 ou [eu]	初 ê [œ]	红 eng[øyŋ]	挨 ɛ [ɛ]	伊 i [i]
椅 ie [ie/iɛ]	耶 ia [ia/iɑ]	影 iang[iaŋ/iɑŋ]	猫 iɑu[iɛu]	烟 ing[iŋ]
妖 iɑu [iau]	因 ing [iŋ]	桥 io [io]	央 iung[yoŋ]	优 iu[iu]
於 ü [y]	殷 üng [yŋ]	阿 ɵ [ɔ]	欲 ɵi [ɔi]	恩 ɵng[ouŋ]
乌 u [u]	哇 ua [ua/uɑ]	歪 uɑi [uai/uɑi]	弯 uang[uaŋ]	翁 ung[uŋ]
窝 o [o/ɔ]	偎 ue[uoi]	汪 uong[uoŋ]	威 ui [ui]	怀 m[m]

（2）福州声音

尼 ni [n-]	哩 li [l-]	弥 mi [m-]	低 tu [t-]	耻 t'i [t'-]
之 chi [ts-]	痴 ch'i [ts'-]	宜 ngi [ŋ-]	基 ki [k-]	欺 k'i [k'-]
卑 pi [p-]	悲 p'i [p'-]	丝 si [s-]	熙 hi [h-]	伊 i [∅]

（3）福州七声

福州七声，即上平、上声、上去、上入、下平、下去、下入。七声定位情况如下：

3.泉州切音字母

其中，泉州字母五十五个，泉州声音十八个，七个声调。

（1）泉州字母

鸦 a [a]	°鸦 aⁿ[ã]	哀 ai [ai]	°哀 aiⁿ [ãi]	庵 am [am]
安 an [an]	尫 ang [aŋ]	瓯 au [au]	°瓯 auⁿ [ãu]	裔 e [e]
°婴 eⁿ [ẽ]	英 eng [iŋ]	锅 ê [ə]	挨 êe [ɛ]	参 êm [əm]
恩 ên [ən]	生 êng [əŋ]	鸥 êu [əu]	咩 ɛⁿ [ɛ̃]	伊 i [i]
°伊 iⁿ [ĩ]	爷 ia [ia]	°缨 iaⁿ [iã]	诸 iai [iai]	阉 iam [iam]
烟 ian[ian]	央 iang [iaŋ]	妖 iau [iau]	°猫 iauⁿ [iãu]	音 im [im]
因 in [in]	腰 io [io]	优 iu [iu]	°鸢 iuⁿ [iũ]	雍 iung [ioŋ]
阿 o [o]	乌 ɵ [ɔ]	°恶 ɵⁿ[ɔ̃]	翁 ɵng [ɔŋ]	汙 u [u]
哇 ua [ua]	°鞍 uaⁿ[uã]	歪 uai [uai]	°歪 uaiⁿ[uãi]	弯 uɑn [uan]
汪 uang [uaŋ]	偎 ue [ue]	°偎 ueⁿ [uẽ]	威 ui [ui]	°威 uiⁿ [uĩ]
殷 un [un]	於 ǔ [ɯ]	°於 ǔiⁿ [ɯ̃i]	不 m [m]	秋 ng [ŋ]

（2）泉州声音

尼 ni [n]	哩 li [l]	弥 mi [m]	抵 tu [t]	梯 t'i [t']	之 chi [ts]
痴 ch'i[ts']	而 ji [z]	阋 gi [g]	硬 ngi [ŋ]	基 ki [k]	欺 k'i [k']
眉 bi [b]	卑 pi [p]	悲 p'i[p']	丝 si [s]	熙 hi h]	伊 i [ø]

（3）泉州七声

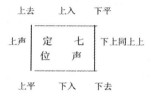

4. 漳州切音字母

（1）漳州字母：五十三个字母

鸦 ɑ [a]	°鸦 ɑⁿ[ã]	哀 ɑi [ai]	°哀 ɑiⁿ [ãi]	庵 ɑm [am]
安 ɑn [an]	尫 ɑng [aŋ]	瓯 ɑu [au]	°瓯 ɑuⁿ [ãu]	裔 e [e]
°婴 eⁿ [ẽ]	英 eng [iŋ]	加 ɛ [ɛ]	咩 ɛⁿ [ɛ̃]	伊 i [i]
°伊 iⁿ [ĩ]	爷 iɑ [ia]	°缨 iɑⁿ [iã]	阉 iɑm [iam]	烟 iɑn[ian]
央 iɑng [iaŋ]	妖 iɑu [iau]	°猫 iɑuⁿ [iãu]	音 im [im]	因 in [in]
腰 io [io]	°腰 ioⁿ [iõ]	优 iu [iu]	°鸯 iuⁿ [iũ]	雍 iung [ioŋ]
阿 o [o]	°阿 oⁿ [õ]	乌 ɵ [ɔ]	°恶 ɵⁿ[ɔ̃]	参 em[ɔm]
翁 ɵng [ɔŋ]	汗 u [u]	°汗 uⁿ[ũ]	哇 uɑ [ua]	°鞍 uɑⁿ [uã]
歪 uɑi [uai]	°歪 uɑiⁿ [uãi]	弯 uɑn [uan]	汪 uɑng [uaŋ]	偎 ue [ue]
°偎 ueⁿ [uẽ]	我 uɛ[uɛ]	°妹 uɛⁿ [uɛ̃]	威 ui [ui]	°威 uiⁿ [uĩ]
殷 un [un]	不 m [m]	秧 ng [ŋ]		

（2）漳州声音：十八个声母

尼 ni [n]	哩 li [l]	弥 mi [m]	抵 tu [t]	梯 t'i [t']	之 chi [ts]
痴 ch'i[ts']	而 ji [dz]	阋 gi [g]	硬 ngi [ŋ]	基 ki [k]	欺 k'i [k']
眉 bi [b]	卑 pi [p]	悲 p'i[p']	丝 si [s]	熙 hi h]	伊 i [ø]

（3）漳州七声：

5.厦门切音字母

（1）厦门字母:四十七个字母

鸦 ɑ [a]	°鸦 ɑⁿ[ã]	哀 ai [ai]	°哀 aiⁿ [ãi]	庵 ɑm [am]
安 an [an]	尪 ɑng [aŋ]	瓯 au [au]	°瓯 auⁿ [ãu]	裔 e [e]
°婴 eⁿ [ẽ]	英 eng [iŋ]	咩 ɛⁿ [ɛ̃]	伊 i [i]	°伊 iⁿ [ĩ]
爷 ia [ia]	°纓 iaⁿ [iã]	阉 iam [iam]	烟 ian[ian]	央 iang [iaŋ]
妖 iau [iau]	°猫 iauⁿ [iãu]	音 im [im]	因 in [in]	腰 io [io]
优 iu [iu]	°鸯 iuⁿ [iũ]	雍 iung [iɔŋ]	阿 o [o]	乌 ɵ [ɔ]
°恶 ɵⁿ[ɔ̃]	参 em [em]	翁 ɵng [ɔŋ]	汙 u [u]	哇 ua [ua]
°鞍 uaⁿ [uã]	歪 uai [uai]	°歪 uaiⁿ [uãi]	弯 uan [uan]	汪 uang [uaŋ]
偎 ue [ue]	°偎 ueⁿ [uẽ]	威 ui [ui]		殷 un [un]
不 m [m]	秧 ng [ŋ]			

（2）厦门声音：十八个声母

尼 ni [n]	哩 li [l]	弥 mi [m]	抵 ti [t]	梯 t'i [t']	之 chi [ts]
痴 ch'i[ts']	而 ji [dz]	阋 gi [g]	硬 ngi [ŋ]	基 ki [k]	欺 k'i [k']
眉 bi [b]	卑 pi [p]	悲 p'i[p']	丝 si [s]	熙 hi [h]	伊 i [ø]

（3）厦门七声

上去　　上入　　下平

上声　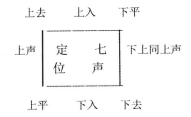　下上同上声

定　七
位　声

上平　　下入　　下去

6.广东切音字母

（1）广东字母：五十五个字母

呀 ɑ [ɐ]	挨 ɑi [ai]	°矮 ǎi [ɐi]	菡 ɑm [am]	掩 ǎm [ɐm]
°晏 ɑn [an]	(真)ǎn [ɐn]	罌 ɑng [aŋ]	莺 ǎng [ɐŋ]	凹 ɑu [au]
瓯 êu [ɐu]	°挨 ei [ei]	英 eng [eŋ]	(靴) êǔ [œ]	伊 i [i]
也 iɑ[ia]	(分)iɑi [iai]	阴 iǎm[iam]	因 iɑn[in]	喫 iǎng [iaŋ]
优 iɑu[iau]	耶 ie [ɛ]	奄 im [im]	烟 in [in]	妖 iu [iu]
雍 iung [iɔŋ]	於 ü [y]	(追)üi [yi]	冤 ün [yn]	懊 o [ou]
°菴 om [ɐm]	阿 ɵ [ɔ]	哀 ɵi [ɔi]	安 ɵn [ɔn]	益 eng [ɔŋ]
乌 u [u]	哇 uɑ [ua]	歪 uɑi [uai]	威 uǎi [uɐi]	弯 uɑn [uan]
温 uǎn [uɐn]	(横)uɑng [uaŋ]	(宏) uǎng[uɐŋ]	(啡) uei [uɐi]	鬼 uin [uin]
荣 ueng [weŋ]	(催) ui [ui]	缓 un [wun]	(春)un [ɵn]	甕 ung[oŋ]
汪 uong [woŋ]	窝 uo[wo]	於 ǔ [y]	唔 m [m]	五 ng [ŋ]

（2）广东声音：二十个声母

呢 ni [n]	哩 li [l]	弥 mi [m]	低 ti [t]	梯t'i [t']	兹 ts [ts]
之 chi [tʃ]	微 vi [v]	此 ts'i[ts']	痴 ch'i[tʃ']	基 ki [k]	欺 k'i[k']
非 fi [f]	卑 pi [p]	披 p'i[p']	丝 si [s]	诗 shi [ʃ]	熙 hi [h]
啊 ngi[ŋ]	衣 i[ø]				

（3）广东八声

五　《中国字母北京切音教科书》首集、贰集（1906）

《中国字母北京切音教科书》是卢戆章第二套《中国字母》的北京音（官话）拼音课本，分上、下两册，1906年在上海出版。《中国字母》的北京音拼音方案一共有21个"声音"（声母）、42个"字母"（韵母）。这是清末唯一有插图的拼音课本。

（1）《首集》

《首集》前面撰有"颁行二益"、"十条办法"、"凡例"、"教法"四个方面。

卢戆章出版这本书的目的在这本书的第二面《颁行二益》中相当明确。他认为颁行切音字书之益有二：一是"统一语言，以结团体也"。他认为"大清国统一天下，岂容各省言语互异、不相闻问，不相交接"，统一语言，"保全国粹之要件"。二是"语言文字合一，以普教育也"。他强调"由切音以识汉文"，他认为"汉文高深美妙，最难学习，只富贵聪颖子弟，能得升堂入室，其余亿兆妇女，以及农夫贫寒之辈，皆屏于教育之外。此国所由贫弱，而外人所由鱼肉也。倘以切音字翻译京话，上截汉字，下截切音，由切音以识汉文；则各色人等，不但能读切音，兼能无师自识汉文，全国皆能读书明理，国家何致贫弱，人民何致鱼肉"。从这里不难看出，卢戆章作为知识分子仍希望通过改良社会的弊端，使国家富强，没有真正认识到清政府的腐败无能才是国家贫弱的真正原因。

卢氏为了更好地配合这套书的颁行，还提出了颁行的十条办法：①"字母画一，以免纷歧也"（就是制订切音字方案）；②"颁定京音官话，以统一天下之语言也"（就是以"京音官话"作为"通行国语"）；③"开设译学馆、印书馆，以广传扬也"；④编列户口，以普教育也"（就是实行"十二岁以上，五十岁以下"的切音字强迫教育）；⑤"各省学务处委派专员，以监督提倡也"；⑥开设研究字母会社，以广见闻也"；⑦"开设夜学、半日学、期日学，以惠穷黎也"；⑧"开设女学，以成人格"；⑨"开设警察学堂，以重职守也"；⑩ "开设兵学，以守兵律也"。除此之外，卢戆章还具体地举出了教学方法，希望通过这一系列具体有效的措施，使他的这套方案能真正颁行于天下。

卢氏还在"凡例"中就字母、声音、轻音诸方面简述官话与各处土腔的关系与区别。"教法"涉及教学方法问题。

（1）《首集》

这本教科书在正文开头是官话切音字母，分声、韵、调三部分进行介绍。

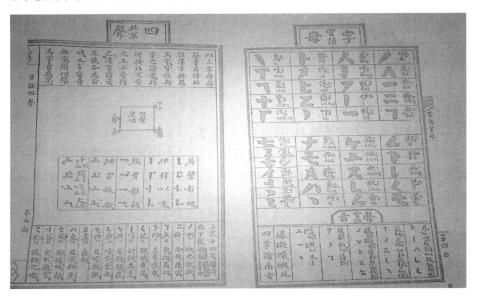

为了让大家更清楚地看懂"官话切音字母"，现制表如下（"中国字母"符号电脑不易操作，只好空缺）。

声 京 北 四						母 话官 字			
新系皆字马罗与字汉注所傍右声与母字上以						乌u[u]	因in[in]	恩ên[ən]	啊a[a]
音读字汉之读声平上之音京北须均音读之字						哇ua[ua]	约io[io]	哼êng[əŋ]	哀ai[ai]
准为音字马罗以须字无音有多又同皆处各能不						歪uai[uai]	优iu[iu]	瓯êu[əu]	安an[an]
		平下				弯uan[uan]	雍iung[yŋ]	伊i[i]	腌ang[aŋ]
	声上	定四位声				汪uang[uaŋ]	吁ü[y]	鸦ia[ia]	熬au[au]
	平上		声去						
	千钱浅欠	烟言眼验	鸦牙雅讶	伊移以意	英营影硬	偎ue[uei]	冤üan[yan]	涯iai[iai]	杯e[ə]
						瀿ueng[uəŋ]	曰üe[yɛ]	烟ian[ian]	因en[in]
						威ui[uei]	虐üo[yɔ]	央iang[iaŋ]	英eng[iŋ]
						温un[uən]	氲ün[yn]	妖iau[iau]	儿ê[ɚ]

翁东公通空	氤君军群薰	曰月雪血靴	涯皆楷睚崖	儿额哦车渴	熬包抛高凹	啊他巴沙拉	同上韵截核十四对以字上须字读母与下截
於兹师之喫	威虽追吹推	虐爵却	爷嘻些爹也	哼灯耕生烹	因真身嗔申	腌昂邦康当	

温un[uən]	阿o[o]	爷ie[iɛ]	累êi[ei]
		於ǔ[y]	窝uo[uo]

四基字欺读嘻南熙音此	音 话 官 声				
	ngi嗘	si丝	ki基	tsi兹	ni尼
	hi熙	hsi西	k'i欺	chi之	li哩
	i衣	shi诗	fi非	ri如	mi弥
			pi卑	ts'i此	ti低
			p'i披	ch'i痴	t'i梯

　　书中还介绍"数目字"、"书中记号";此外,还就"上平""字母分四声""四声定位"、"下平""上声""去声"等设计课文,文图并茂。接着做了"四字句""三字句""六字句"句法训练。而后设计了9篇短文,即"吴猛""狮子跟耗子""人熊""检马掌""七言八语""莺叼鱼""不懂得""甜言蜜语"和"俗语",也都是文图并茂。

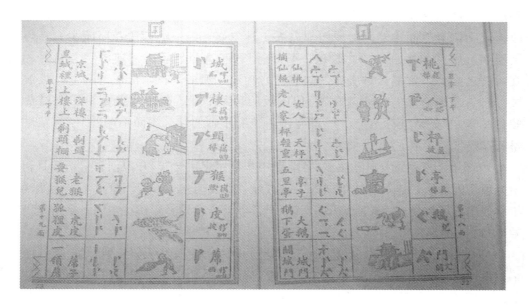

（2）《贰集》

　　《贰集》首列"庆亲王劄"、"录日本国志";次介绍"官话字母"、"四声定位"和"数目　书中记号",与《首集》同,这里不再赘述。

　　正文部分先介绍"圣谕"第一条至第六条;尔后设计了2篇短文,即"狼鹤""钱字两枝枪";14封往返书信,即"儿子寄家信""儿子寄家信""父寄子信""父寄子信""兄寄弟信""兄寄弟信""侄寄伯叔信""夫寄妻信""妻寄夫信""弟寄兄信""弟寄兄信""主寄仆信""仆寄主信""仆回主信";最后介绍3篇告示,即"协巡营告示""协巡营告示""工巡营告示"。

六 《中国新字》（1915年）、《中华新字国语通俗教科书》（1916年）、
《中华新字漳泉语通俗教科书》（1916年）、《闽南语注音字母、卢戆章
中华新字字母、罗马字字母对照表》（1920年）

1913年，为核定标准国音，教育部在京召开"读音统一会"，卢戆章被指定为福建代表，赴京出席会议。当时他已年届花甲，仍不辞辛苦奔波往返。大会召集了来自全国各地的语言大师，出示各自的语音研究成果。当时与会者虽众，但除了卢戆章的"注音字母"外，其他各方的著作均无形成独立完整的体系。经反复研讨比较，大会一致推举以卢戆章的研究成果为主体，采纳其音符（声母）和37个字母（韵母）的设置框架，保留他所发明的全部21个音符，并从他的37个字母中选用25个，余下12个则抽取其他代表之作补齐，从而确立了一套比较完善的全国通用"国音字母"（汉语拼音）体系，沿用至今。

返回厦门后，将1906年所定的切音方案改订修正后，于1915年由厦门闽南书局出版了第三套切音字方案《中国新字》，形成他的第三套汉字拼音方案，将字母改为汉字偏旁的简化笔画。厦门知名人士林尔嘉（鼓浪屿菽庄花园园主）在为《中国新字》所撰的序言中如此写道："吾友卢君戆章为创新字，肆毕生之精力，以求其所著之必传。尔嘉读君所作，知其苦心独造，通俗易晓，故序而刊之，以饷我国民，以告当世有教育之责者。"而他出版的种种书籍、教本以及宣讲所需经费，均倾自私囊，"又恐推行不广，一刊再刊，毕生汗血之资，倾而不顾"，卢戆章也因此罄其家财。

1916年，卢戆章与林尔嘉筹划组建"中华新字促进会"，并拟创刊《新字月刊》和招办新字师训班，以祈尽快培训骨干，派赴各地发扬光大。后因意见不一而搁浅。当年，他出版了宣讲汉字拼音方案的《中华新字国语教科书》和《中华新字漳泉语通俗教科书》。

1916年，又出版了以这套方案为基础的《中华新字国语通俗教科书》和《中华新字漳泉语通俗教科书》。这套方案的字母形体改成了"由整个汉字拣出简单笔画"，写法仍是"字母"（韵母）居中大写，"字音"（声母），各按平上去入，细写在"字母"的上下左右。在声、韵系统上，对第二套方案进行了依类合并，数量减少了。

1.声母：十八个声母

披 [pʻ]	卑 [p]	咱 [b]	弥 [m]
低 [t]	梯 [tʻ]	呢 [n]	哩 [l]
之 [ts]	痴 [tsʻ]	丝 [s]	而 [z]
基 [k]	欺 [kʻ]	□ [g]	硬 [ŋ]
熙 [h]	伊 [ø]		

2. 韵母:四十三个韵部

鸦 ɑ [a]	爷 iɑ [ia]	哇 uɑ [ua]	哀 ɑi [ai]	歪 uɑi [uai]
°鸦 $ɑ^n$[ã]	°缨 $iɑ^n$[iã]	°鞍 $uɑ^n$[uã]	°哀 $ɑ^n$[ãi]	°歪 $uɑi^n$[uãi]
加 e [e]	阿 ê[ə]	偎 ue [ue]	安 ɑn [an]	弯 uɑn [uan]
咩 e^n[ẽ]	婆 $ê^n$ [ə̃]	°偎 ue^n[uẽ]	烟 iɑn[ian]	厄 ɑng [aŋ]
央 iɑng [iaŋ]	因 in [in]	雍 iung [ioŋ]	乌 ɵ [ɔ]	参 ɵm [əm]
汪 uɑng [uaŋ]	瓯 ɑu [au]	°瓯 $ɑu^n$[ãu]	妖 iɑu [iau]	°猫 $iɑu^n$ [iãu]
汙 u [u]	优 iu [iu]	°鸯 iu^n [iũ]	伊 i [i]	°伊 i^n [ĩ]
翁 eng [ɔŋ]	庵 ɑm [am]	阉 iɑm [iam]	英 eng [iŋ]	音 im [im]
温 un [un]	不 m [m]	秧 ng [ŋ]		

1920年，"读音统一会"会长吴稚晖先生致函驻福建漳州的闽南总司令陈炯明，推荐卢戆章说："闽南欲作文化运动，不可无此君耳！"陈炯明即聘请卢戆章到漳州教授注音字母。在漳州期间，他又编制了一套"闽南语注音字母"，叫《闽南语注音字母、卢戆章中华新字字母、罗马字字母对照表》。呈送教育部备考。吴稚晖先生专此回复，嘉许道："先生为首创音字之元祖……今之溯源者，必举大名。"

回鼓浪屿后，虽年已古稀，仍每天坚持教人习识切音字。诚如他本人所言，"有从而问学者，不惜焦唇敝舌以诱之"。专心致志为他所倡导的汉字拼音付之实践（参考杨世廉《纪念外曾祖父，现代汉语拼音文字之父——卢戆章》）。

总而言之，卢戆章共创制了三套拼音方案。他的第一套方案采用的是拉丁字母，从而使他成为清末汉语拼音运动中采用拉丁字母的第一人。他的第二套拼音方案采用的是日本假名系符号；以《中国切音新字》为标志，这套方案在第一套方案基础上，不再局限拼切厦腔、漳腔、泉腔，扩大到了能够拼切官话、广东腔，创制了中国总字母表，根据各种方言不同的声、韵、调系统进行选择，达到同一种方案拼切多种方言的目的，便利了不同方言区之间的交流。在写法上，受到日本假名的影响，改用偏旁式的简单笔画，简便了书写，但以写法的粗细作为区分声、韵的标准，以及先韵后声，也为读写带来了不便，易造成混淆。

卢戆章的第三套拼音方案采用的是汉字笔画式。他的拼音方案既借鉴了西方拼音文字的便捷，又继承了中国传统的反切。采用声韵双拼法，而没有采用音素制。他的汉语拼音方案实行"词素连写，词间分开"，注意词儿连写、标记调号、横行书写、使用标点符号等，这在我国都是首创。卢戆章从事中国文字拼音化工作的目的在于节省国人学习文字的时间，好从事实学的学习，以求国家富强。他认为汉字是发展的，其趋势是趋易避难，拼音文字的三大优点就是易认、易懂、易写。他认为推行拼音方案可以"统一语言，以结团体"，可以普及教育，并认为"若以切音字与汉字并列……不但能识切音字，亦可无师自识汉字"（《一目了然初阶》序）。这是利用注音识字的最早倡议。

为图强，致力于文化救国、教育救国，卢戆章毕生从事拼音文字工作40年，不仅在创制拼音方案方面，而且在推广京音官话（即普通话），推行白话口语，采用横排横写，倡导新式标点，使用简体俗字，以及实行分词连写，符号标调和注音识字等方面都为我国开了先河，造就了中国语言文字学界旷古以来的"七个第一"人：第一个发明拼音字母、新式标点符号；第一个提倡白话文、国语、简化汉字、横排横写和注音识字。他被誉为中国拼音文字运动的先驱和我国语文现代化运动的揭幕人。

卢戆章个人著作有：《华英字典》、《一目了然新阶》、《中国切音新字》、《中国字母北京切音教科书》（一、二）、《中国新字北京切音合订》、《中华新字国语通俗教科书》、《中华新字漳泉语通俗教科书》、《闽南语注音字母、卢戆章中华新字字母、罗马字字母对照表》等。

厦门鼓浪屿鸡山脚下卢戆章先生铜雕像

第五节　清·蔡锡勇及其《传音快字》（1896）

一　蔡锡勇生平和创制《传音快字》目的

蔡锡勇（1847—1898年），清末官吏。福建龙溪人。1864年，考入广州同文馆学习外语和自然科学知识。同文馆乃清王朝为培养外交翻译人才以辅佐外交活动而设。蔡锡勇是广州同文馆第一批学生，在校七年，学习英、法、俄、德、日语及天文、数学、万国公法、测量、医学生理、物理、化学等课程。1867年蔡锡勇等六名满、汉学生被选到北京参加英文考试，蔡以优异成绩唯一获"监生"称号。1872年，蔡锡勇以"福建龙溪县监生"的身份，免试进入北京同文馆深造。进修三年各科成绩俱列优等。1875年蔡锡勇为出任美利坚合众国（兼领秘鲁、日本）的钦差大臣陈兰彬（荔秋）、罗致担任翻译官出洋，不久被奏准以"候选通判"身份任驻美文化参赞，其间获哈佛大学名誉博士学位。

1884年，蔡锡勇丁忧回国，守制期满后即被两广总督张之洞任为洋务委员，直接参与张之洞的洋务实业活动。任督府总文案、湖北补用道，直接参与创办自强学堂、武备学堂、矿业学堂、工业学堂、铁路学堂、两湖书院、银元局、汉阳铁厂、湖北枪炮厂，并任过织布局、枪炮厂的总办，其中自强学堂更是倾注了他的大量心血。

　　1893年张之洞奏请朝廷创办以学习近代西方自然科学理工科兼备的"自强学堂"，并任命蔡锡勇为"总办"（即今校长）。自强学堂的办学宗旨在培养高级人才，"讲求时务，融贯中西，精研器数，以期教育成才，上备国家任使"。学制五年，被认为是中国近代第一所高等学校，自强学堂总办蔡锡勇是我国近代第一所高校的校长。1898年2月猝患脑溢血不治去世。死后被朝廷追赠"内阁大学士"。

　　曾取法美国凌士礼（Lindsley）一派速记术，研制中国拼音文字方案。著有《传音快字》。

（蔡锡勇　1847—1898年）

　　他的《传音快字》方案开中国速记术先河。在其任美国参赞期间，于"翻译之暇，时考察其政教风俗，旁观其议事，判词讼，大庭于众，各持一说，反覆辩论，杂述纷纭，事毕各散。而众论异同，业毕传播，纪录稠叠，稿常盈寸。揣其必有捷法，继询彼都人士，始知有快字一种"。他有感于"泰西文字本简，此简而又简矣"。就用"快字"来拟制汉语的拼音方案，历时十多年，终于创制了《传音快字》。在《传音快字》的自序中，他批评汉字的难，说道："尝念中国文字，最为美备，亦最繁难；仓史以降，孳乳日多；字典所收，四万余字，士人读书，毕生不能尽识。……童子束发入塾，欲竟其业，慧者亦须历十余年；如止读数年，改操他业，识字有限，类不能文，在妇女更无论矣。缘文字与语言各别，读书识字，兼习其文；记诵之切，多稽时日也。"而"泰西承用罗马字母，虽各国音读互殊，要皆以切音为主，寻常语言加以配合贯串之法，即为文字，自上至下，由男及女，无事不有学，无人不有学，其一丁不识者，不数观也。加以快字，一人可兼数人之力，一日可并数日之功，其为用不益宏哉。"蔡锡勇看到了以音切字，再用快字描写的益处，于是他选择了美国近人凌士礼的快字方法，创制了《传音快字》。"传音快字，至灵至浅，至简至易，妇孺可学，不过费数日工夫，记认二十四声，三十二韵，略晓切音即可尽通其法，能自记事，以片纸作书，无不可达之诗意，若再充其作用，以经史衍成俗语，即以此字宣布流传，将见由质而文，由约而博；士君子所能喻者，农工商贾罔不喻；有裨声教，岂浅鲜哉。"可见，蔡锡勇创制《传音快字》的目的仍是为了普及教育。

二　《传音快字》的体例

《传音快字》"以八方面孤及斜正轻重笔，分为二十四声，以小孤小画小点，分为三十二韵，合声、韵以切一音，即合两笔以成一字"。编者在正文开始就列出了孤矢辨声图，孤类似现在所用的括号，根据轻重笔和孤的方向不同，分为十六声；矢即是竖直，同样根据轻重、方向分为八声，共计二十四声，又标以二十四个字，代表相应的声母，于是又得出二十四声字表。在《凡例》中，说到"字母二十四声以最常用之字命名，与古法字母'切韵要法'意同而字异，窃以古法尤简因去其重复者，列《字音相等表》于篇首，以备参考"。据此得出如下字音与孤矢的对应关系。

个 = 见 [k]	可 = 溪 [k']	酿 = 娘 [n]
安 = 疑 [ŋ] (ø)	的 = 端 [t]	他 = 透 [t']
非 = 奉 [f]	微 = 微 [v]	不 = 帮 [p]
平 = 滂 [p']	子 = 精 [ts]	此 = 清 [ts']
这 = 知 [tʂ]	才 = 彻 tʂ'	是 = 审 [ʂ]
些 = 心 [s]	一 = 影 [ø] (y)	晓 = 晓 [x]
何 = 匣 [ɣ]	你 = 泥 [n]	来 = 来 [l]
然 = 日 [z̺]	们 = 明 [m]	我 = 为 [ø] （w）

同样编者又以小孤小画小点，列出三十二韵字表，仍然由轻重笔和孤方向不同进行区分，又标有例字，下面仅将其三十二韵及相对的拟音列举如下。

阿渣切 [ɑ]	阿遮切 [e]	於之切 [i]	乌哥切 [o]
哇孤切 [u]	衣居切 [y]	阿皆切 [ai]	阿高切 [au]
衣欧切 [iau]	阿安切 [an]	阿当切 [aŋ]	阿公切 [ɔŋ]
衣兄切 [iɔŋ]	阿震切 [ən]	阿争切 [əŋ]	衣当切 [iaŋ]
阿察切 [aʔ]	衣格切 [əʔ]	阿咽切 [iəʔ]	衣昨切 [ioʔ]
衣鸠切 [iu]	衣靴切 [yə]	阿非切 [əi]	衣家切 [ia]
衣换切 [uan]	衣金切 [in]	衣英切 [iŋ]	哇坤切 [un]
衣捐切 [yan]	衣烟切 [ian]	衣君切 [yn]	阿周切 [ou]

又根据声、韵双拼法，编者列出了详细的声、韵配合表，书中称为"字母切韵表"，共计"七百六十八音"，注明例字，有音无字的，以空格代表，以待补订，并加上平上去入四声，可得三千零七十二音。

编者没有对平上去入四声另外编以符号，认为"平仄四声，传声字，写法多同，而读法各异。古法加圈于字之四隅，以辨平上去入，然加一圈，即加一笔，欲省此笔，使平仄不至混淆，写法须用直行格纸，顺格线书之。偏左而近者，为平声；偏左略远者，为上声；偏右而近者，为去声；偏右略远者为入声。上平，则声与韵连笔；下平，则声与韵分笔"。省去了标写四声的符号，使注音更为简便、快捷。除此之外，编者又列出了合口呼十四种切音表，认为"古法切韵，有合口呼者，多藏有乌字音。如迦乌安切官，迦乌呵切国之类，凡十四种，另列一表，置韵于声之中间，以为识别，不专立字母，取简便也"。即将三十二韵都与[u]拼合，得出合口呼再与这母 [tʂ]、才母 [tʂ']、何母 [ɣ]，然母z]，个母 [k]、可母 [k']，来母 [l]，你母 [n]、些平 [s]、是母[ʂ]、子母[ts]，些母[ts']、的母[t]、他母[t']相拼，拼出合口呼字。

三 《传音快字》所反映的音系

倪海曙先生在《蔡锡勇的〈传音快字〉》一文中谈到"《传音快字》是拼切北京语音的，同时又是拼写北方话的。中国拼音文字方案拼写以北方话为基础方言，以北京语音为标准音的民族共同语，是从蔡锡勇的《传音快字》开始的"。可以说，蔡锡勇的《传音快字》反映了清末的北方话的语音特点，与清前期的北方语音系统相比，体现了语音发展的必然趋势。同时也为近代汉语普通话发展留下了十分宝贵的历史资料。

四 《传音快字》音系与现代普通话音系的异同

从《传音快字》创制到现代普通汉语拼音方案的确定，前后经历了半个多世纪，但我们可以从二者的异同中，发现语音的历史演变，同时也能窥探出19世纪末20世纪初北方语音的基本面貌，对研究近代语音演变具有不可多得的参考价值。下面分别从声母、韵母、声调三个方面进行阐述。

1.声母系统比较

《传音快字》声　母	现代普通话声　母	《传音快字》声　母	现代普通话声母	《传音快字》声　母	现代普通话声　母
不 [p]	[p]	平 [p']	[p']	们 [m]	[m]
非 [f]	[f]	的 [t]	[t]	他 [t']	[t']
你 [n]	[n]	酿 [n]	[n]	个 [k]	[k]
可 [k']	[k']	晓 [x]	[x]	何 [ɣ]	[ɣ]
○	[tɕ]	○	[tɕ']	○	[ɕ]
子 [ts]	[ts]	此 [ts']	[ts']	些 [s]	[s]
这 [tʂ]	[tʂ]	才 [tʂ']	[tʂ']	是 [ʂ]	[ʂ]
然 [z]	[z]	来 [l]	[l]	微 [v]	[v]
安 [ø]	[ø]	一 [ø](y)	[ø]	我 [ø](w)	[ø]

《传音快字》共有21个声母，是根据古代切韵的声母系统并结合当时北方音的实际情况制定出来的，而现代汉语普通话声母共计24个。从这张对比表可以看出：

（1）《传音快字》声母系统中缺[tɕ]、[tɕ']、[ɕ]，这三个声母仍保留在子母[ts]、此母[ts']、些母[s]、这母[tʂ]、才母[tʂ']、是母[ʂ]中，但已从个母[k]、可母[k']、晓母[x]中分离出来。

（2）卷舌声母完备，卷舌声母已成套出现。

（3）微母没有并入影母，单为一类。《传音快字》中将古影母字，细分为四类，即一母[ø](y)、我母[ø](w)、安母[ø](ø)和微母[v]。

2.韵母系统比较

现代普通话有三十九个韵母，而《传音快字》列出三十二个韵母，并将合口呼排除在外。首先，《传音》中仍存在部分入声韵，如阿察切[aʔ]、阿咽切[iəʔ]、衣昨切[ioʔ]，可见当时的北方话仍有小部分入声字存在，入声字的完全消亡应是近现代的事。其次，《传音》中的撮口呼韵母相当完整。

3.声调系统比较

从《传音》的凡例中可以看出，编者仍将声调分为平上去入四声，且平声分为上平声和下平声，即现代普通话的阴平、阳平，这样看来，《传音》中共有五种声调，较现代普通话多了入声调，从这也体现出《传音》时代仍保留相当数量的入声字。

五　《传音快字》的特点

《传音快字》是清末切音字方案中第一种拼写北方语音和拼写北方话的切音字方

案，它的创制和推广，有利于语言的统一。

首先，蔡锡勇强调拼写白话，认为"传音达意，以音不以字；既得其音，贯串成句，其意自达。此学专为传述语言而设，若骈词藻语，则有文字"。认为文言可以用汉字书写，不关拼音文字的事，但编者又顾及"四书五经"，又提出了"以经史衍成俗语"的办法，也就是把古书或文言文翻成白话，他说："古人之谟训，当代之典章，异邦之制作，皆可以切音演为常语，而理可兼通。"（自序）"若再充其作用，以经史衍成俗语，既以此字宣布流传，将见由质而文，由约而博；士君子所能喻者，农工商贾罔不喻；有裨声教，岂浅鲜哉"。（《凡例》）

其次，虽然卢戆章在1892年出版的《一目了然初阶》中最早实行连写，但是还没有提出"连书"这个术语，最早提出这个术语的是蔡锡勇的《传音快字》。在《传音》自序中，蔡锡勇说到"若夫触类引申，一笔连书，可代数字，则神而明之，存乎其人矣"。书中另有一专页，名为"数字连书式"，这是最早使用"连书"这个术语的文献。《数字连书式》中所举连写的实例，可以归纳为以下四大类。

（1）添合类

①后添"们"，如我们，你们，他们；

②后添"么"，如甚么，这么；

③后添"然"，如自然、果然、虽然；

④后添"的"，如不是的。

（2）配合类

如东西。

（3）复合类

如方才。

（4）联合类

①这里，这些，这个，那里，那些，那个，此刻；

②一个；

③无物；

④虽是，也是，何不，何必，可得，未有，不是，不然，不知道；

⑤自此，然后；

⑥才好；

⑦是不是；

⑧差不多。

《数字连书式》中举的只是以上极少的几个例，也基本上是一些常见的代词、连词，从这可以看出编者只是为了提高书写效率，而不是为了建立某种拼音文字的字形。蔡锡勇创制的《传音快字》，在今天看来已成为一种历史，但在当时，却是一种很大的进步，它摒弃了传统反切的"上字取声，下字取韵"，将声、韵直接以某种记音符号代表，大大便利了汉字的书写，更重要的是便利了学习，他自己就曾"以授儿辈，数日悉能通晓，即以此法，传信往来"（自序）。但是把速记符号作为拼音文字的字母，用简单到一笔两笔的速记符号作为文字，也体现了当时汉语拼音运动中单纯求简的思想。在《传音快字》的《书后》中，汤金铭客观地看到了《传音快字》作为切音字的最实用之处，即用于改革中国的汉字四码电报，他说："电报以点画记数，以数编字，尚须检阅之烦，若以记此声韵，则得音即知其字，尤为捷矣。"或许，蔡锡勇之子蔡璋正是看到这一点，才将《传音快字》发展成为中国最早的速记术。

第六节 力捷三撰《闽腔快字》（1896）和《无师自通切音官话字书》（1902）

《闽腔快字》是清末一部切音字韵书，光绪二十二年（1896）岁在丙申刊于武昌。作者力捷三，字子微,福建永泰人，清光绪甲午举人，善于写八分书。力捷三是清末切音字运动的倡导者。他除了编撰出版《闽腔快字》以外，还按照《闽腔快字》的体例，拟定了拼写北京音的《无师自通切音官话字书》（1902年），为中国近代切音字运动作出了较大的贡献。

一 《闽腔快字》的创制意图

张玉书、陈廷敬等三十人奉敕编纂的《康熙字典》共收字47035字。这是中国收字较多较繁的一部字典。到了清代末年，一些主张汉字改革的学者认为，我国汉字最为繁重艰深，不利于普及教育，必须创制出一套世人容易学会的切音字。如《上谕奏稿照录》所说："福建厦门近时用卢戆章切音新法，只须半载，便能持笔抒写其所欲言，难易之间判若天壤。倘以卢戆章所创闽音字学新书，正以京师官音颁行海内……"当时，人们对卢戆章所创闽音字学是十分推崇的，在当时的影响是颇大的，力捷三也备受其影响。

力捷三的《闽腔快字》主要是受到蔡锡勇切音字思想的影响。《闽腔快字·凡例》也说："吾闽龙溪蔡毅若，观察深究各家成法，惟近人凌士礼氏之书为最便。因取其法，演作正音，参其己意，变通增减，洵堪传世。但闽俗士音与正音迥不相侔。自形阂隔，非另制榕腔快字，索解无从。虽有快字正音，惜闽人未获窥其堂奥。筹维久之，恍忆童年所习戚少保八音，多戴闽腔俗字，爰取而合参之。……"可见，力捷三不仅受到卢戆章的影响，更重要的是深受蔡锡勇拼音文字方案"速记"法的启发和影响。

　　力捷三创制《闽腔快字》的意图，也是为了普及教育。他认为，中国的汉字原先是为了交际而创新的。如《闽腔快字·凡例》"六书之始，原为通词达意而设，上古鸟迹、云书，降而为蝌蚪，又降而为篆隶八分，历代相沿，灿然大备。自楷书行草一出，隐寓就简删繁，趋易避难之意，然未得要领，简便终难。是书以声韵制字，亦本反切而变通之。反切以两字成一音，此则以两笔切一音，间有一笔自成一音者，简捷便用，无逾于此"。可见，力捷三认为中国汉字的发展趋势是"隐寓就简删繁，趋易避难"。他极力主张文字要简捷便用，主张创制"两笔切一音"或"一笔自成一音"。这种文字是能使广大民众在最短时间内就能够学会的切音字符号"快字传音"。如《闽腔快字·凡例》所说的，"快字传音至灵、至浅、至易，妇孺可学，不过费数日工夫记认十五音、三十三韵，略晓切音，即可自通其法，并自能记事。以片纸作书，无不可达之词意，若再充其作用，以经史衍成俗语，以此字宣布流传，将见由质而文，由约而博，士君子所能喻者，农工商罔不喻焉。有裨声教，岂浅鲜哉？"这样的"快字传音"、"妇孺"及"农工商"均能容易学会。但是，这种切音字也有其局限性，它只起着"传音达意"的作用，即口头交际语言的作用，至于"文人墨士的丽藻骈词"，就很难起表达作用了。

二　《闽腔快字》所反映的音系

　　《闽腔快字》所反映的是何种方言音系呢？据《闽腔快字·凡例》："恍忆童年所习戚少保八音，多载闽腔俗字，爱取而合参之。"这里所载"戚少保八音"即明朝名将戚继光驻闽时所编的《戚参军八音字义便览》。此书是一部反映明末清初福州话声韵系统的通俗读物。这里的"闽腔"指的就是福州话的声韵系统。作者力捷三参考了《戚参军八音字义便览》中的"闽腔俗字"，"爱取而合参之"。可见，《闽腔快字》所反映的是清代福州方言音系。现分声母、韵母、声调系统逐一阐明之。

1.《闽腔快字》声母系统

《闽腔快字》载有十五个声母,与《戚参军八音字义便览》基本上相同。戚书以一首诗来表示:"柳边求气低,波他曾日时,莺蒙语出喜,打掌与君知。"前三句15字即代表15个声母。若与《闽腔快字》相比较,戚书有"争"字,力书则改为"曾"。二者在现代汉语里分别读作[zh]和[z],其发音部位分别是"舌尖后"和"舌尖前",但是在现代福州方言里则是不分的,均读作舌尖前音[ts]。

现将《闽腔快字》十五个声母与戚参军《八音字义便览》声母系统、现代福州方言声母系统比较如下:

现代福州方言	戚参军八音字义便览	闽　　腔　　快　　字
[l]	柳—[l]	柳字类—[l]　○●○●柳○溜○●○留○●○○●
[p]	边—[p]	边字类—[p]　○边○扁○变○鳖○便○●○卞○别
[k]	求—[k]	求字类—[k]　○●○久○救○●○求○●○旧●
[k']	气—[k']	气字类—[k']　○欺○起○气○●○●○●○●●
[t]	低—[t]	低字类—[t]　○低○●○帝○●○题○●○弟●
[p']	波—[p']	波字类—[p']　○波○叵○破○●○●○●○●●
[t']	他—[t']	他字类—[t']　○他○●○●●○●○●○○●
[ts]	争—[ts]	曾字类—[ts]　○争○剪○诤○则○层○●○赠○截
[n]	日—[n]	日字类—[n]　○●○●○●○●甯○●认○日●
[s]	时—[s]	时字类—[s]　○丝○●○●○○●时○●○是○●
[ø]	莺—[ø]	莺字类—[ø]　○莺○●○●○厄○●○●○限●
[m]	蒙—[m]	蒙字类—[m]　○●○●○梦○●○蒙○●闷○目
[ŋ]	语—[ŋ]	语字类—[ŋ]　○●语○●○●愚○●遇
[ts']	出—[ts']	出字类—[ts']　○春○蠢○●○出●○●○●○●
[h]	喜—[h]	喜字类—[h]　○非○喜○懿●○●○●○○●

2.《闽腔快字》韵母系统

《闽腔快字》载有三十三个韵母,与戚参军《八音字义便览》基本上相同。戚书分韵母为三十六个韵,以一首诗来作为韵目:"春花香,秋山开,嘉宾欢歌须金杯,孤灯光辉烧银钉,之东郊,过西桥,鸡声催初天,奇梅歪遮沟。""戚参军例言"还指出,歌诀中的"'金'同'宾'、'梅'同'杯'、'遮'同'奇'实只三十三字母"。这三十三字母恰好与《闽腔快字》基本上相同,不同的是:(1)戚书有"桥"韵,力书则无,现代福州方言"桥"韵读作[yo/yoʔ],力书应补上此韵;(2)力书有"珠"字类,戚书则无,在现代福州方言中,"珠"与"过"韵均读作[uo/uoʔ],力书应并"珠"字类于"过"字类。

现代福州方言	戚参军八音字义便览	闽腔快字	
[u]	孤—[u]	孤字类—[u]	○孤○古○顾○●○●○●○●○●○●
[ie/ieʔ]	鸡—[ie/ieʔ]	羁字类—[ie/ieʔ]	○羁○●○计○●○●○●○●○偈○●
[uai]	歪—[uai]	怀字类—[uai]	○●○●○●○●○●○怀○●○坏○●
[uoŋ/uoʔ]	光—[uoŋ/uok]	国字类—[uoŋ/uok]	○光○广○卷○国○权○●○倦○●
[ieŋ/ieʔ]	天—[ieŋ/iek]	先字类—[ieŋ/iek]	○先○闪○扇○薛○盐○●○善○涉
[iaŋ/iaʔ]	声—[iaŋ/iak]	呈字类—[iaŋ/iak]	○●○●○●○●○獭○呈○●○●○●
[œ/œʔ]	初—[œ/œʔ]	疏字类—[œ/œʔ]	○●○●○疏○●○●○●○●○●
[uŋ/uʔ]	春—[uŋ/uk]	春字类—[uŋ/uk]	○春○蠢○●○出○●○●○●○●
[ɛ/ɛʔ]	西—[ɛ/ɛʔ]	溪字类—[ɛ/ɛʔ]	○溪○●○●○●○●○●○●○●
[ua/uaʔ]	花—[ua/uaʔ]	花字类—[ua/uaʔ]	○花○●○化○●○●○华○●○●
[ioŋ/ioʔ]	香—[ioŋ/iok]	香字类—[ioŋ/iok]	○香○响○向○歇○●○●○●○●
[iu]	秋—[iu]	秋字类—[iu]	○秋○手○臭○●○囚○●○●○●
[aŋ/aʔ]	山—[aŋ/ak]	山字类—[aŋ/ak]	○山○产○散○杀○●○●○●○●
[ai]	开—[ai]	开字类—[ai]	○开○凯○暨○●○●○●○●○●
[i]	之—[i]	之字类—[i]	○之○止○志○●○●○●○字○●
[øyŋ/øyʔ]	东—[øyŋ/øyk]	冬字类—[øyŋ/øyk]	○冬○●○●○●○●○●○●○●
[au]	郊—[au]	郊字类—[au]	○交○●○教○●○●○●○●○●
[uo/uoʔ]	过—[uo/uoʔ]	过字类—[uo/uoʔ]	○过○果○过○郭○●○●○●○局
		珠字类—[uo/uoʔ]	○珠○●○铸○●○●○●○●○●
[eu]	沟—[eu]	楼字类—[eu]	○●○●○●○●○楼○●○陋○●
[a/aʔ]	嘉—[a/aʔ]	嘉字类—[a/aʔ]	○嘉○假○价○●○●○●○●○●
[iŋ/iʔ]	宾—[iŋ/ik]	宾字类—[iŋ/ik]	○宾○丙○并○必○平○●○病○弼
[uaŋ/uaʔ]	欢—[uaŋ/uak]	欢字类—[uaŋ/uak]	○欢○返○唤○法○还○●○范○伐
[o/oʔ]	歌—[o/oʔ]	倒字类—[o/oʔ]	○多○倒○到○●○陶○●○道○●
[oi]	催—[oi]	矗字类—[oi]	●○●○●○●○●○●○●○末○●
[uoi]	杯（梅）—[uoi]	杯字类—[uoi]	○杯○●○贝○●○培○●○佩○●
[y]	须—[y]	四字类—[y]	○思○史○赐○●○辞○●○士○●
[ui]	辉—[ui]	围字类—[ui]	○葳○委○畏○●○围○●○●○●
[yŋ/yʔ]	银—[yŋ/yk]	银字类—[yŋ/yk]	●○●○●○银○●○憨○玉
[ouŋ/ouʔ]	缸—[ouŋ/ouk]	缸字类—[ouŋ/ouk]	○缸○讲○艮○觉○●○●○●○●
[ieu]	烧—[ieu]	烧字类—[ieu]	○烧○小○肖○●○韶○●○邵○●
[ia/iaʔ]	奇(遮)—[ia/iaʔ]	夜字类—[ia/iaʔ]	○●○野○●○●○椰○●○夜○驿
[eiŋ/eiʔ]	灯—[eiŋ/eik]	灯字类—[eiŋ/eik]	○灯○等○店○德○腾○●○邓○择
[yo/yoʔ]	桥—[yo/yoʔ]		

3.《闽腔快字》声调系统

《闽腔快字》的声调与戚书相同。戚参军《八音字义便览》的取名，主要是着眼于声调，因为声调分为八类，所以称为《八音字义便览》。现将二书声调系统与现代福州方言声调比较如下：

现代福州方音		戚参军八音字义便览			闽腔快字		
阴　平	44	上　平		公	上　平		公
上　声	32	上　声		滚	上　声		滚
阴　去	212	上　去		贡	上　去		贡
阴　入	23	上　入		谷	上　入		谷
阳　平	53	下　平		群	下　平		群
——	——	下　上		滚	下　上		滚
阳　去	242	下　去		郡	下　去		郡
阳　入	5	下　入		掘	下　入		崛

因为上声和下上两类相同，实际上只有声调七类，与现代福州方言相合。

三 《闽腔快字》声韵调标示法

《闽腔快字》是直接仿造蔡锡勇《传音快字》中的"八分弧矢之式"，并参照戚参军《八音字义便览》十五音、三十三韵，一声一韵两笔相配，切成字音。如《闽腔快字·凡例》说："一是书仿造蔡毅若观察取八分弧矢之式，参以戚参军一十五字母为声，每声一笔，无可再简。又以绳尺圈点横斜曲直配三十三韵，一声一韵两笔相配，切成一音，掇列一表于后，声与韵横直相值，得四百九十五音，逐音注字，其有音无字者，空其格，以待补订。加以上下平仄八音，除上声同音外，实只七音，乘得三千四百六十五音，传音语言，可以取用不穷矣！"

现将"孤矢配一十五声图"和"绳尺圈点横斜曲直配三十三韵图"罗列如下：

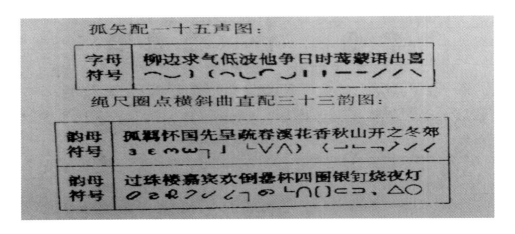

"孤矢配一十五声图"是十五音（柳[l]、边[p]、求[k]、气[k']、低[t]、波[p']、他[t']、争[ts]、日[n]、时[s]、莺[ø]、蒙[m]、语[ŋ]、出[ts']、喜[h]）的字母符号。

　　"绳尺圈点横斜曲直配三十三韵图"是就三十三韵母（孤[u]、羁[ie/ieʔ]、怀[uai]、国[uoŋ/uok]、先[ieŋ/iek]、呈[iaŋ/iak]、疏[œ/œʔ]、春[uŋ/uk]、溪[ɛ/ɛʔ]、花[ua/uaʔ]、香[ioŋ/iok]、秋[iu]、山[aŋ/ak]、开[ai]、之[i]、冬[øyŋ/øyk]、郊[au]、过[uo/uoʔ]、珠[uo/uoʔ]、楼[eu]、嘉[a/aʔ]、宾[iŋ/ik]、欢[uaŋ/uak]、倒[o/oʔ]、矗[oi]、杯[uoi]、四[y]、围[ui]、银[yŋ/yk]、釭[ouŋ/ouk]、烧[ieu]、夜[ia/iaʔ]、灯[eiŋ/eik]）的韵母符号。

　　《闽腔快字·八音平仄呼法》：

公_{上平}　滚_{上声}　贡_{上去}　谷_{上入}

群_{下平}　滚_{上声}　郡_{下去}　崛_{下入}

四　《闽腔快字》切音字法

　　力捷三力图书写简便，省笔，创制出六种书写方法，即：格眼纸书写法、无格眼纸书写法、一笔一音分向下平加点举隅法、下平两笔交互法、下平本笔底笔法以及"ʔ"字书法。这些书写方式是针对不同的情况来设计的，可谓独具匠心！

　　（1）格眼纸书写法

　　此即上下平仄分中左右上下六向举隅法。《闽腔快字·上下平仄分中左右下六向举隅》（"□"表示方格）：

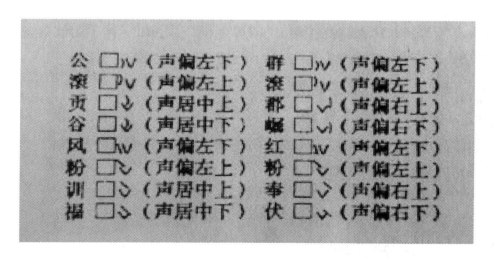

　　《闽腔快字·凡例》说："一平仄八声传声字，写法多同而读法各异。古法加圈于字之四隅以辨平上去入。然加一圈即多一笔，欲省此笔，使上下平仄不至相淆者。"作者先说明古法在字的四隅加圈，来辨别平上去入，紧接着说明格眼纸书写法则连加圈这一笔也省略，这就更为简便了。这种切音字法必须在方格纸当中书写，分中左右上下六向，以十五声粗画为首笔，以三十三韵细画为从笔，关键是要认明首笔的方位，"如偏左而上者为上声，偏左略下者上平声，正中而上者为上去声，正中略下者为上入声，偏右而上者为下去声，偏右略下者为下入声"。除上声同音外，如"滚"字上声与下上同音；只余下平一音无位，仍照古法圈位加点辨音，如"红"字左下角加点，表示下平，与"风"字有别。这样，即可识别上平、下平、上声、上去、下去、上入、下入，"君然分明，习熟之后，审音定位，信手书之而八音悉辨，阅者皆能心目了然"。这种书写法适用于妇孺临摹、译写。具体说明如下：

①"公""风"字的声母分别为）和＼，福州方言声母分别为［k］和［h］；韵母均为∨，现代福州方言为［uŋ/uʔ］；声调均为上平声，因此，声母）和＼的位置必须放在韵母∨的左下角；

②"滚""粉"字的声母分别为）和＼，韵母为∨，声调为上声，因此，声母）和＼的位置必须放在韵母∨的左上角；

③"贡""训"字的声母分别为）和＼，韵母为∨，声调为上去声，因此，声母）和＼的位置必须放在韵母∨的中上角；

④"谷""福"字的声母分别为）和＼，韵母为∨，声调为上入声，因此，声母）的位置必须放在韵母∨的中下角；

⑤"群""红"字的声母分别为）和＼，韵母为∨，声调为下平声，因此，声母）和＼的位置必须放在韵母∨的左下角，另加点"·"表示与上平声有别；

⑥"郡""奉"字的声母分别为）和＼，韵母为∨，声调为下去声，因此，声母）和＼的位置必须放在韵母∨的右上角；

⑦"崛""伏"字的声母分别为）和＼，韵母为∨，声调为下入声，因此，声母）和＼的位置必须放在韵母∨的右下角。

（2）无格眼纸书写法

此即上下平仄不分向照古法圈位加点举隅法。《闽腔快字·上下平仄不分向照古法圈位加点举隅》：

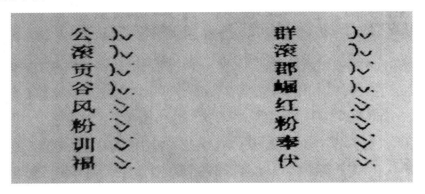

有时，在船上、车上奔走仓促之际，一时找不到格眼纸，这种格眼纸书写法便不好用，就必须使用无格眼纸书写法。这种书写法是不需要格眼纸的，如《闽腔快字·凡例》说："不得不仍照古法圈位，上平仄四音四隅加点，下平仄四音亦加点半刁"，也就是上平、上声、上去、上入四隅加点"·"，下平、下上、下去、下入四音则加

点半刁"·"。这种书写法最大的优点就是"不必拘何纸，亦不必泥定首笔方位，随手两笔一点成音"，"意看似较前法多一笔，其实异曲同工，且不必拘何纸，……更不假思索，亦最简便姑并存之任人采用。"这种切音字法，与现代汉语方言声调表示法相似。

	《闽腔快字》	现代汉语方言
上平声	ᶜ□	ᶜ□
上上声	ᶜ□	ᶜ□
上去声	□º	□º
上入声	□╝	□╗
下平声	ᵪ□	ᵪ□
下上声	ᵪ□	ᵪ□
下去声	□╗	□╗
下入声	□╗	□╗

（3）一笔一音分向下平加点举隅法

此即单独用十五音的声母符号或单独用三十三韵的韵母符号，一笔一音，上下平仄分中左右上下六向；而在下平声加点"·"，以与上平声区别。如《闽腔快字·凡例》说：这种切音字法，"有一笔自成一音者，即声韵中本笔不用互切，如欲将本笔分八音平仄按照中左右上下方位书之即笔须平时细看临写只按方位一书即得"。《闽腔快字·一笔一音分向下平加点举隅》：

（4）下平两笔交互法　此专门对下平而言，即不用加点，只是首笔和从笔分开为上平，交互为下平。《闽腔快字·凡例补遗》："一该字写法已极省便。兹推求得再省一法。下平可以不用加点，只将两笔交互而书，如音风；用交互书即为下平红字。如音崩，用交互书即，为下平朋字。余仿此。"

上平字两笔不交互	下平字两笔交互
\/ 音风	\/ 音红
⌣ 音崩	⌣ 音朋

（5）下平本笔底笔法

此亦是对下平而言，即本笔一笔，无从交互，写在偏左略下处，为上平；写在偏左底部，为下平。《闽腔快字·凡例补遗》："如遇本笔只一笔，无从交互，则多添偏左底笔一向如音边，底笔一书即为下平便字，如音低，底笔一书即为下平蹄字；如音先，底笔一书即为下平蟾字，余仿此。"

上平字一笔偏左中	下平字一笔偏左下
□﹀　音　边	□﹀　音　便
□︿　音　低	□︿　音　蹄
□ㄱ　音　先	□ㄱ　音　蟾

（6）"𣍐"字书写法

这是专门为福州最为常见的方言俗字"𣍐"而创制的符号，书写一笔而成，较为简便。据《闽腔快字·凡例补遗》："一该字音已推求详备，惟土腔字为闽俗最常用之音，无音可切，只得配一字当字，以便写用。""𣍐"是表示否定意义的，现代福州方言读作［iŋ］，有三个音位变体［m、n、ŋ］，一般在唇音声母前说［m］，在舌尖音声母前说［n］，在舌根音声母和零声母前说［ŋ］。这三个声化韵"无音可切"，力氏只好配一"𠂤"来表示"𣍐"字。

五　《闽腔快字》与《传音快字》比较

蔡锡勇《传音快字》和力捷三《闽腔快字》均出版于1896年，根据《闽腔快字·凡例》可知，但蔡书在前，力书在后，力书是深受蔡氏切音字思想的启发而创制的。笔者试比较二书异同点，大致有以下几个方面。

其一，《传音快字》是切北京语音的，同时又是拼写北方话的，中国拼音文字方案拼写"以北方话为基础以北京语音标准音"的民族共同语，是从蔡锡勇《佳音快字》开始的。蔡氏把北京语音分为21个声母和三十二韵，一共五十六个符号；比现代普通话二十一声母多了三个声母，比现代普通话三十八韵母少六个韵母。而力捷三《闽腔快字》则是拼写福州方音的，它完整地保存了19世纪末福州方言音系。力氏把福州方音分为十五声和三十三韵，一共四十八个符号，与现代福州方言基本相符。

其二，蔡锡勇十分强调白话，强调用拼音文字写的文章应该口语化；而力捷三的切音字则是用于闽俗土音，其意图是为了使"妇孺"和"农工商"便于语言交际。他们编撰二书的目的都是为了普及教育。这一点是有其进步的一面。

其三，《传音快字》和《闽腔快字》后来均成为中国最早的速记方案之一。在速记方面，蔡氏与力氏是共同的。他们的确为中国速记作出了贡献。

其四，《传音快字》最早提出了部分"词类连书"的办法；而力捷三《闽腔快字》则不曾有这样的做法。

总之，蔡、力二人在中国切音字运动史上的贡献是不可磨灭的。但是，他们的切音字思想也是有其局限性的。王照于1900年曾批评说："凡人脑质印记形象，别异愈甚，记认愈多，且能仓猝不误。各国字母笔画皆不专求减少，亦此意也。福建蔡观察锡勇……之字母，皆用单笔，窃恐其省手力而废脑力，书易就而读易讹也。"（《官话合声字母·凡例》）这样说，字母形体太简单，就连速记也不是方便的。倪海曙在20世纪50年代也评论说："这种思想的产生，可以看做汉字形体极度复杂的反动。同时六十年之前的情况下，文字的国际化和在机械上、技术上使用是否方便等问题，是不可考虑很多的，甚至于是考虑不到的。那时一般只想到教学的方便，不想到使用的方便，要教学方便，字母形体当然越简单越好，于是速记符号就被'居为奇货'了。"（《蔡锡勇的〈传音快字〉》）在今天看来，力捷三与蔡锡勇的切音字思想都有其片面的地方。

1902年（光绪二十八年壬寅），力捷三出版了《无师自通切音官话字书》，将《闽腔快字》体制稍加修改，用以拼切官话，其中声母二十三音，韵母三十二韵。

六　《闽腔快字》影响下的无名氏《闽腔快字千字文》

《闽腔快字千字文》的作者和成书年代已不可考，但从它的注音方法模仿《闽腔快字》一书来看，成书应晚于力捷三的《闽腔快字》。现在所能见到的是清末郑丽生获此书后作的题跋。书中正文开始没有声、韵与所示符号的对应表，亦无拼切法、写法注释。作者几乎完全延用了力捷三《闽腔快字》的声母、韵母、声调系统。在写法上因使用格眼纸，使用了《闽腔快字》的格眼纸书写法。因而这套切音字方案仍是拼切福州方言的。作者将同音字列成一竖行，竖行上注明它的切音法，并对每个字进行注释，注释亦用切音字写出来，如后注有"哉、栽、灾"等五个字，同音都读作［tsai］，另"哉"释为"语词"，"栽"释为"栽培"，"灾"释为"害"，这种编写体例相对《闽腔快字》而言，更易于初学者学识。

第七节　漳州闽南方言"la-mi式"和"ma-sa式"反切语

　　最近，曹聪孙在《中国语文》上发表了《汉语隐语说略》（曹聪孙《汉语隐语说略》（《中国语文》1992年第1期）一文。文中着重阐述了隐语在现代汉语中的两种主要形式，即词的秘密语和音的秘密语。音的秘密语在我国的主要形式是反切语。

　　有关反切语的研究，赵元任早在20世纪30年代初就曾发表过《反切语八种》（1934）一文。文中介绍了反切语的定义、名称、通则、跟本地音韵的研究以及它的来源等。作者认为，"最有系统，在音韵上也最有意思的是用反切的秘密语。真的反切语必须把字开成为声母韵母两部分，例如妈m-a，在声母后加一个韵母如ai，成为mai，在韵母前加一个声母如k成为ka，于是妈就说成买岢mai-ka。为便于称述，mai字可以叫作妈的声母字，ai叫附加韵，ka可以叫韵母字，k叫附加声。"至于反切语名称，作者是取"妈"字为例，"把他切起来而冠以方言的地名"。文中还介绍了反切语八种类型，即北平mai-ka，mei-ka，maŋ-t'a（名称未详），常州məŋ-la式（叫"字语"），昆山mo-pa式（叫"切口语"），苏州、浦东、余杭、武康mɔ-pa式（叫"洞庭切"），苏州uo-mən式（叫"威分"），广州la-mi式（叫"燕子语"或"燕子公"），东莞la-mi式（叫"盲佬语"），福州la-mi式（叫"廋语"或"仓前廋"）。此外，邢公畹《汉语方言调查》（华中工学院出版社1982年版）中谈及的傣族反语、曹广衢《布依语的反语》（《中国语文》1956年3月号）、王敬骝《佤语的反语》（《民族调查研究》1983年第1期）、王春德《燕子口苗语的反切语》（《民族语文》1979年第2期）、石林《汉语榕江方言的反语》（《语言研究论丛》第四辑，南开大学出版社1987年1月版）、张成材《西安方言的反语》（《语言研究》1987年第2期）以及曹聪孙《汉语隐语说略》（《中国语文》1992年1期）中提的杭州反切语等，先后介绍了汉语和少数民族语中的反切语。可见，反切语在我国是广泛流行的。

　　而作为汉语重要方言之一的闽南话中是否也存在反切语呢？目前虽然尚未见到有关这方面的著作，但并不说明闽南方言中没有反切语。记得在20世纪五六十年代，闽南漳州一带就有许多中学生、郊区农民会讲"土匪话"（即反切语），笔者就是当时学会的，至今仍记忆犹新。漳州反切语有两种，如果按赵元任反切语的命名方法，它们分别为la-mi式和ma-sa式。漳州la-mi式反切语与福州仓前廋在定音方法上较为相近，ma-sa式反切语与福州嘴前话不太相同，却与福州别一种反切语——切脚词用法十分接近。它们有一个特点，即"皆以口语为根据，或颠倒其双声叠韵，或搀杂无谓之韵纽，以混人闻听"（陶燠民《闽音研究》，科学出版社1956年5月版）。现将漳州la-mi式和ma-sa式两种反切语加以介绍并与福州仓前廋、嘴前话、切脚词分别比较如下。

一　闽南漳州la-mi式反切语

（1）闽南漳州方言的声母、韵声调系统

①声母18个，包括零声母在内：

p边	p‘普	b味	m问	t地	t‘他	n娘	dz日	l柳
ts曾	ts‘出	s时	k求	k‘气	g我	ŋ雅	h喜	∅英

②韵母85个：包括元音韵母、鼻化韵母、鼻音韵母和入声韵母。

元音韵母：17个

a阿	ɔ斗	o多	ɛ茶	e际	i脂	u朱	ai派	au抄
iu秋	ui随	ia写	io桥	iau焦	ua瓜	ue灰	uai乖	

鼻化韵母：14个

ã三	ɔ̃两	ɛ̃坑	ĩ扇	ãi负	ãu毛	iũ扭	uĩ门	iã惊
iãu猫	iɔ̃墙	uã山	uãi杆	uẽ妹				

鼻音韵母：17个

am探	iam剑	im任	ɔm掩	m梅	an班	ian见	uan幻	in真
un春	aŋ邦	iaŋ强	uaŋ广	ɔŋ康	iɔŋ中	iŋ澄	ŋ汤	

入声韵母：37个

ap杂	at八	ak剥	ɔk托	ip立	it七	ik特	iap劫	iat撇
iak掠	iɔk触	ut屈	uat决	ɔp跏	aʔ柏	ɔʔ莫	ɛʔ客	eʔ拔
oʔ薄	uʔ托	iʔ铁	mʔ默	iaʔ削	ioʔ尺	iauʔ寂	iuʔ搐	uaʔ泼
ueʔ郭	auʔ雹	ŋʔ呛	ãʔ趿	ɔ̃ʔ膜	ɛ̃ʔ夹	ĩ物ʔ	iãʔ吓	ãuʔ泶
iãuʔ蛲								

③声调：有七个调类。其调值如下。

阴平 44　阳平 12

上声 53

阴去 21　阳去 22

阴入 32　阳入 121

（2）闽南漳州la-mi式反切语的定音方法

其法是：把本字的韵母前置，再配以附加声1，作为反切语韵母字；同时将本字的声母后置，再配以附加韵i或iʔ（阴声韵和阳声韵配i，入声韵配iʔ）。作为反切语声母字；并各从原有四声，连而言之。这种定音方法与福州ia-mi式仓前廋相似，但并不完全一致。陶燠民在分析仓前廋时说，"其法盖析字之韵纽，取其韵以配栗，取其纽以配期京（阴韵配期，阳韵配京），各从原有之四声，连而言之"（陶燠民《闽音研究》，科学出版社1956年5月版）。可见，仓前廋声母字与字与韵母字的次序也时倒置的，附加声是栗（即1），附加韵是期或京。赵元任在论福州la-mi式反切语时，将福州字调分为紧音调（即阴平、上声、阳平、阳入、变上、轻声）和松音调（即阴去、阳去、阴入）两种，而声母字附加韵便依本字的韵母跟声调的性质分为两类：一是紧调i、iŋ、ik；一是松调ei、eiŋ、eik（赵元任《反切语八种》，1934）。很显然，仓前廋的定音方法比漳州la-mi式反切语来得复复杂一些。

（3）闽南漳州la-mi式反切语的声调原则

其声调原则与福州仓前廋相似，皆"以每字照本字调读法为原则，但韵母字（即第一字）依二字声调相连变化照例变调"（赵元任《反切语八种》，1934）。请看以下诸例：

漳州la-mi式反切语	福州仓前廋
天t'ian$_{44}$：蔫—梯lian$_{22}$ - t'i$_{44}$ （第一字阴平变阳去）	天t'ieŋ$_{44}$：口—汀lieŋ$_{44}$ - t'iŋ$_{44}$ （第一字阴平声不变）
好ho$_{53}$：老—喜lo$_{44}$-hi$_{53}$ （第一字上声变阴平）	好hɔ$_{31}$：老—喜lɔ$_{35}$-hi$_{31}$ （第一字上声变"变上"）
菜ts'ai$_{21}$：籁—刺lai$_{53}$-ts'i$_{21}$ （第一字阴去变上声）	菜tɕ'ai$_{13}$：籁—次Iai$_{53}$-tɕ'i$_{13}$ （第一字阴去变阳平）
鸭aʔ$_{32}$：刺—口laʔ$_{53}$-iʔ$_{32}$ （第一字阴入变上声）	鸭ak$_{32}$：刺—壹lak$_{4}$-eik$_{23}$ （第一字阴入变阳入）
常siaŋ$_{12}$：凉—匙liaŋ$_{22}$-si$_{12}$ （第一字阳平变阳去）	常syɔŋ$_{53}$：良—承l yɔŋ$_{31}$-siŋ$_{53}$ （第一字阳平变上声）
待tai$_{22}$：赖—弟lai$_{21}$-ti$_{22}$ （第一字阳去变阴去）	待tai$_{353}$：赖—地lai$_{53}$-tei$_{353}$ （第一字阳去变阳平）
没but$_{121}$：律—口lut$_{21}$-biʔ$_{121}$ （第一字阳入变阴去）	没muk$_{4}$：律一密lu$_{44}$-mik$_{4}$ （第一字阳入变阴平）

（注："口"为有音无字者。）漳州ia-m1式反切和声调原则是严格地按口语中双音连续的声变调化的。这里与福州仓前廋不同的是，漳州阴平变阳去，而福州阴平则不变。当然，福州阴平不变，也是符合口语连续变调规律的。

（4）凡本字的韵母为i者，漳州la-mi式反切语声母字就读本字音，韵母字并不因变调影响而变了音，一律读li。而福州仓前庬凡本字韵母是i、iŋ、ik或它们的松调音，虽其声母字亦读本字音，但其韵母有时会因变调影响而变了音。如：

漳州la-mi式反切语	福州仓前庬
以i$_{53}$　：里—以li$_{44}$－i$_{53}$	以i$_{31}$　：里—以li$_{35}$－i$_{31}$
置ti$_{21}$　：口—置li$_{53}$－ti$_{21}$	置tei$_{13}$　：利—置li$_{53}$－tei$_{13}$
取ts'i$_{53}$　：李—取li$_{44}$－ts'i$_{53}$	经kiŋ$_{44}$　：口—经liŋ$_{44}$－kiŋ$_{44}$
脾p'i$_{12}$　：厘—脾li$_{22}$－p'i$_{12}$	盛seiŋ$_{353}$　：令—盛liŋ$_{53}$－seiŋ$_{353}$
几ki$_{53}$　：李—几li$_{44}$－ki$_{53}$	密mik$_4$　：力—密li$_{44}$－mik$_4$
依i$_{44}$　：口—依li22－i$_{44}$	壹eik$_{23}$　：栗—壹lik$_4$－eik$_{23}$

以上两种反切语的共同点是，声母字皆读本字音，但福州仓前庬就"置、盛、密、壹"四字的声母字却因变调而变韵，漳州反切语则不变音。

（5）凡本字韵母为鼻化韵母，那么漳州la-mi式反切语韵母字仍须用附加声n配本字的鼻化韵母，声母字亦须用本字声母配上附加鼻化韵母ĩ。福州无鼻化韵，故无此用法。如：

添tĩ$_{44}$　：拈—添nĩã$_{22}$-tĩ$_{44}$	林nã$_{12}$　：林—年nã$_{22}$-nĩ$_{12}$
盏tsuã$_{53}$　：摊—谚nuã$_{44}$-tsĩ$_{53}$	饭puĩ$_{22}$　：卵—辨nuĩ$_{21}$-pĩ$_{22}$
门muĩ$_{12}$　：卵—绵nuĩ$_{22}$-mĩ$_{12}$	问muĩ$_{22}$　：卵—面nuĩ$_{21}$-mĩ$_{22}$
长tiɔ̃$_{53}$　：两—口niɔ̃$_{44}$-tĩ$_{53}$	光kuĩ$_{44}$　：口—碱nuĩ$_{22}$-kĩ$_{44}$
腔k'iɔ̃$_{44}$　：口—口niɔ̃$_{22}$-k'ĩ$_{44}$	生ts'ɛ̃$_{44}$　：口—鲜nɛ̃$_{22}$-ts'ĩ$_{44}$

（6）凡本字韵母为声化韵m或ŋ，那么漳州la-mi反切语就以lm-ĩ式或lŋ-sĩ式（S代表本字声母）读之。如：

梅m$_{12}$　：口—圆lm$_{22}$-ĩ$_{12}$	汤t'ŋ$_{44}$　：抡—添lŋ$_{22}$-t'ĩ$_{44}$
姆m$_{22}$　：口—院lm$_{21}$-ĩ$_{22}$	榜pŋ$_{53}$　：软—扁lŋ$_{44}$-pĩ$_{53}$
姆m$_{53}$　：口—笋lm$_{44}$-ĩ$_{53}$	撞tŋ$_{22}$　：卵—滇lŋ$_{21}$-tĩ$_{22}$

而福州仓前庬则不同，三个纯鼻音字不切，或把本字音说两次。

（7）凡本字收塞音尾-p、-t、-k、-ʔ者，那么漳州la-mi式反切语声母字则以是本字声母配附加塞音尾iʔ；而福州仓前庬则不然，其附加塞音尾ik或eik，这是福州入声韵母只有一套收尾之故。如：

漳州la-mi式反切语	福州仓前廋
药ioʔ$_{121}$ ： 略—□lioʔ$_{21}$ –iʔ$_{121}$	药yɔ$_4$ ： 略—弋lyɔ$_{44}$ – ik$_4$
约iak$_{32}$ ： 掠—□liak$_{53}$ –iʔ$_{32}$	约iɔ$_{23}$ ： 掠—壹lɔ$_4$ – eik$_{23}$
乏huat$_{121}$： 挶—□luat$_{21}$ – hiʔ$_{121}$	乏hwak$_4$ ： □—□lwa$_{44}$ – hik$_4$
法huat$_{32}$： □—□luat$_{53}$ – hiʔ$_{32}$	法hwak$_{23}$： □—翕lwak$_4$ –heik$_{23}$
福hɔk$_{32}$： □—□lɔk$_{53}$ –hiʔ$_{32}$	福houk$_{23}$： □—翕luk$_4$ – heik$_{23}$

　　上例可见，漳州la-mi式反切语的附加韵一律为iʔ，韵母字里的本字韵不变音；而福州仓前廋的附加韵，紧调为ik，松调为eik，韵母字里的本字韵母则有时会随着变调而变，如"乏""福"二字就是例子。

　　（8）凡本字声母为1者，那么那么漳州la-mi式反切语韵母字就读本字音，声母字则读li或liʔ，并不改用别的音。而福州仓前廋韵母字则不然；尤其是"在上声由紧音变松音，在阴阳去跟阴入由松音变紧音，这样把本字音更藏得听不出来的"（赵元任《反切语八种》，1934）。如：

漳州la-mi式反切语	福州仓前廋
老lo$_{53}$ ： 老一李lo$_{44}$ – li$_{53}$	老lɔ$_{31}$ ： 老一李lɔ$_{35}$ – li$_{31}$
虑li$_{22}$ ： 虑—虑li$_{21}$ – li$_{22}$	虑løy$_{353}$： 虑—吏ly$_{53}$ – lei$_{353}$
灵liŋ$_{12}$： 灵—厘liŋ$_{22}$ –li$_{12}$	灵liŋ$_{53}$ ： 灵—灵liŋ$_{31}$ – liŋ$_{53}$
吏li$_{22}$ ： 吏—吏li$_{21}$ – li$_{22}$	吏lei$_{353}$ ： 吏—吏li$_{53}$ – lei$_{353}$
力lik$_{121}$： 力一裂lik$_{21}$ – liʔ$_{121}$	力lik$_4$ ： 力一力li$_{44}$ – lik$_4$

　　漳州la-mi式反切语韵母字除了因双音连续而引起声调变化外，本字韵母并没有改变；而福州仓前廋韵母字不仅声调变了，而且有的连本字韵母也变了。如"虑"，读ly$_{53}$，不读løy$_{53}$；"吏"读ly$_{53}$，不读lei$_{353}$；"力"读li$_{44}$，不读lik$_4$。

　　（9）凡本字声母为零声母字，那么漳州la-mi式反切语韵母字仍须将本字韵母配以附加声1；其声母字则只读i或iʔ即可。而福州仓前廋声母字则依本字韵母跟声调的性质用i、iŋ、ik、ei、 eiŋ、eik读之。请看以下诸例：

漳州la-mi式反切语	福州仓前廋
以i$_{53}$ ： 里—以li$_{44}$ -i$_{53}$	以i$_{31}$ ： 里—以li$_{35}$ -i$_{31}$
夜ia$_{22}$ ： □—预lia$_{21}$ -i$_{22}$	夜ia$_{353}$： □-异lia$_{53}$ -ei$_{353}$
饮im$_{53}$ ： 凛—椅lim$_{44}$ -i$_{53}$	饮iŋ$_{31}$ ： 领—饮liŋ$_{35}$ -iŋ$_{31}$
欲iɔk$_{121}$： 录—□liɔk$_{21}$ -iʔ$_{121}$	欲yk$_4$ ： 陆—弋ly$_{44}$ -ik$_4$
鸭aʔ$_{32}$ ： □—□laʔ$_{53}$ -iʔ$_{32}$	鸭ak$_{23}$ ： 刺—壹lak$_4$ -eik$_{23}$

（10）漳州la-mi式反切语示例

【果摄】

拖t'ua$_{44}$：□—□lua$_{22}$-t'i$_{44}$ ~车	蓑sui$_{44}$：镭—丝lui$_{22}$-si$_{44}$ 棕~
驮tua$_{12}$：笋—池lua$_{22}$-ti$_{12}$ ~起来	笋lua$_{12}$：笋—厘lua$_{22}$-li$_{12}$ 米~
果kue$_{53}$：□—举lue$_{44}$-ki$_{53}$ ~实	朵lui$_{53}$：朵—李lui$_{44}$-li$_{53}$ 花~
簸pua$_{21}$：□—庇lua$_{53}$-pi$_{21}$ ~箕	破p'ua$_{21}$：□—譬lua$_{53}$-p'i$_{21}$ ~□
大tai$_{22}$：癞—治lai$_{21}$-ti$_{22}$ ~白	惰tua$_{22}$：赖—治lua$_{21}$-ti$_{22}$ 很~

【假摄】

沙sa$_{44}$：拉—丝la$_{22}$-si$_{44}$~发	家kɛ$_{44}$：□—机1ɛ$_{22}$-ki$_{44}$~务
爬pɛ$_{12}$：□—琵lɛ$_{22}$-pi$_{12}$~树	蛇tsua$_{12}$：笋—糍lua$_{22}$-tsi$_{12}$ 恶~
把pɛ$_{53}$：□—比lɛ$_{44}$-pi$_{53}$ 火~	哑ɛ$_{53}$：□—椅1ɛ$_{44}$-i$_{53}$~□
榨tsɛ$_{21}$：□—至lɛ$_{53}$-tsi$_{21}$~油	帕p'ɛ$_{21}$：□—屁1ɛ$_{53}$-p'i$_{21}$ 尿~
射sia$_{22}$：□—视lia$_{21}$-si$_{22}$~声	谢tsia$_{22}$：□—□lia$_{21}$-tsi$_{22}$ 姓~

【遇摄】

蛆ts'i$_{44}$：□—蛆li$_{22}$-ts'i$_{44}$ 生~	书si$_{44}$：□—丝li$_{22}$-si$_{44}$ 图~
吴gɔ$_{12}$：炉—疑lɔ$_{22}$-gi$_{12}$ 姓~	徐ts'i$_{12}$：厘—徐li$_{22}$-ts'i$_{12}$ 姓~
普p'ɔ$_{53}$：鲁—鄙lɔ$_{44}$-p'i$_{53}$~通	举ki$_{53}$：李—举li$_{44}$-ki$_{53}$~人
厝ts'u$_{21}$：女—刺lu$_{53}$-ts'i$_{21}$~顶	絮sɛ$_{21}$：四—器lɛ$_{53}$-si$_{21}$ 棉~
步pɔ$_{22}$：路—备lɔ$_{21}$-pi$_{22}$~伐	树ts'iu$_{22}$：馏—市liu$_{21}$–ts'i$_{22}$~枝

【蟹摄】

胎t'e$_{44}$：丽—□le$_{22}$-t'i$_{44}$ 头~	挨e$_{44}$：丽—依le$_{22}$-i$_{44}$~米
啼t'i$_{12}$：厘—苔li$_{22}$- t'i$_{12}$ 鸡~	柴ts'a$_{12}$：□—徐la$_{22}$-ts'i$_{12}$~火
改ke$_{53}$：礼—举1e$_{44}$-ki$_{53}$~酒	拐kuai$_{53}$：□—举luai$_{44}$-ki$_{53}$~棍
戴te$_{21}$：□—致le$_{53}$-ti$_{21}$ 姓~	带tua$_{21}$：□—致lua$_{53}$-ti$_{21}$~路
代te$_{22}$：例—治le$_{21}$-ti$_{22}$ 朝~	败pai$_{22}$：内—备lai$_{21}$-pi$_{22}$ 失~

【止摄】

碑pi$_{44}$：□—悲li$_{22}$-pi$_{44}$ 石~	师sai$_{44}$：内—丝lai$_{22}$-si$_{44}$~傅
梨lai$_{12}$：来—厘lai$_{22}$-li$_{12}$~仔	瓷hui$_{12}$：雷—负lui$_{22}$-hi$_{12}$~器
紫tsi$_{53}$：李—紫li$_{44}$-tsi$_{53}$~菜	齿k'i$_{53}$：李—齿li$_{44}$-k'i$_{53}$~龈
寄kia$_{21}$：□—记lia$_{53}$-ki$_{21}$~存	率suai$_{21}$：□—四luai$_{53}$-si$_{21}$~领
毅ge$_{22}$：丽—义le$_{21}$-gi$_{22}$~力	类lui^{22}：累—虑lui$_{21}$-1i$_{22}$~别

【效摄】

高kau$_{44}$：捞—机lau$_{22}$-ki$_{44}$ ~兴	抄ts'iau$_{44}$：料—蛆liau$_{22}$–ts'i$_{44}$ ~家
号hau$_{12}$：牢—鱼lau$_{22}$-hi$_{12}$ 呼~	摇io$_{12}$：撩—移lio$_{22}$-i$_{12}$ ~摆
巧k'iau$_{53}$：了—齿liau$_{44}$-k'i$_{53}$~合	少tsio$_{53}$：□—煮lio$_{44}$-tsi$_{53}$ ~数
奥au$_{21}$：老—意lau$_{53}$-i$_{21}$~妙	孝hau$_{21}$：老—戏lau$_{53}$-hi$_{21}$~敬
抱p'au$_{22}$：落—□lau$_{21}$-p'i$_{22}$ ~不平	掉tiau$_{22}$：料—治liau$_{21}$-ti$_{22}$ ～换

【流摄】

偷t'au$_{44}$ ： 捞—□lau$_{22}$-t'i$_{44}$ 小~	彪piu$_{44}$ ： 溜—悲liu$_{22}$-pi$_{44}$ ~形大汉
投tau$_{12}$ ： 流—池lau$_{22}$-ti$_{12}$ ~票	浮p'u$_{12}$ ： 颅—疲lu$_{22}$-p'i$_{12}$ ~沉
斗tau$_{53}$ ： 佬—抵lau$_{44}$-ti$_{53}$ 北~	九kau$_{53}$ ： 佬—举lau$_{44}$-ki$_{53}$ ~九
剖p'o$_{21}$ ： □—屁lo$_{53}$-p'i$_{21}$ 解~	昼tau$_{21}$ ： 涝—智lau$_{53}$-ti$_{21}$ 中~
候hau$_{22}$ ： 老—耳lau$_{21}$-hi$_{22}$ ~补	谬biu$_{22}$ ： 馏—味liu$_{21}$-bi$_{22}$ ~论

【咸摄】

三sã$_{44}$ ： □—□nã$_{22}$-sĩ$_{44}$ ~角	沾tsam$_{44}$ ： 襤—晶lam$_{22}$-tsĩ$_{44}$ ~边
南lam$_{12}$ ： 滥—厘lam$_{22}$-li$_{12}$ ~方	岩giam$_{12}$ ： 粘—宜liam$_{22}$-gi$_{12}$ ~石
敢kam$_{53}$ ： 览—举lam$_{44}$-ki$_{53}$ 勇~	险hiam$_{53}$ ： □—喜liam$_{44}$-hi$_{53}$ 危~
勘k'am$_{21}$ ： 罱—气lam$_{53}$-k'i$_{21}$ ~探	监kam$_{21}$ ： 罱—记lam$_{53}$-ki$_{21}$ ~督
颔am$_{22}$ ： 舰—预lam$_{21}$-i$_{22}$ ~管	焰iam$_{22}$ ： 念—预liam$_{21}$-i$_{22}$ 火~
搭ta$?_{32}$ ： □—滴la$?_{53}$-ti$?_{32}$ ~桥	塌t'a$?_{32}$ ： □—铁la$?_{53}$-t'i$?_{32}$ ~方
盒a$?_{121}$ ： 猎—□la$?_{21}$-i$?_{121}$ 饭~	腊la$?_{121}$ ： 腊—裂la$?_{21}$-li$?_{121}$ ~肉

【深摄】

簪tsam$_{44}$： 襤—脂lam$_{22}$-tsi$_{44}$ 玉~	金kim$_{44}$： 啉—机lim$_{22}$-ki$_{44}$ ~属
临lim$_{12}$ ： 临—厘lim$_{22}$-li$_{12}$ ~时	沉tiam$_{12}$ ： 粘—池liam$_{22}$-ti$_{12}$ ~底
凛lim$_{53}$ ： 凛—李lim$_{44}$-li$_{53}$ ~然	饮im$_{53}$ ： 凛—椅lim$_{44}$-i$_{53}$ ~食
渗siam$_{21}$ ： 捻—四liam$_{53}$-si$_{21}$ ~水	浸tsim$_{21}$ ： □—至lim$_{53}$-tsi$_{21}$ ~水
任dzim$_{22}$ ： □—字lim$_{21}$-dzi$_{22}$ ~何	妗kim$_{22}$ ： □—己lip$_{21}$-ki$_{22}$ ~婆
湿sip$_{32}$ ： □—□lip$_{53}$-si$?_{32}$ ~气	习sip$_{121}$ ： 立—蚀lip$_{21}$-si$?_{121}$ 学~

【山摄】

单tuã$_{44}$： □—珍nuã$_{22}$-tĩ$_{44}$ ~词	关kuã$_{44}$： □—碱nuã$_{22}$-kĩ$_{44}$ ~门
钱tsĩ$_{12}$ ： 尼—钱nĩ$_{22}$-tsĩ$_{12}$ ~财	眠bin$_{12}$ ： 鳞—微lin$_{22}$-bi$_{12}$ 失~
碾lian$_{53}$ ： 碾—李lian$_{44}$-li$_{53}$ ~米	扁pĩ$_{53}$ ： 尔—扁nĩ$_{44}$-pĩ$_{53}$ ~形
扇sĩ$_{21}$ ： □—扇nĩ$_{53}$-sĩ$_{21}$ 风~	见ki$_{21}$ ： □—见nĩ$_{53}$-ki$_{21}$ ~面
健kian$_{22}$ ： 炼—己lian$_{21}$-ki$_{22}$ ~康	砚hĩ$_{22}$ ： □—砚nĩ$_{21}$-hĩ$_{22}$ 墨~
割kua$?_{32}$ ： 捋—□lua$?_{53}$-ki$?_{32}$ ~稻	雪se$?_{32}$ ： 勒—□le$?_{53}$-si$?_{32}$ ~花
热dziat$_{121}$ ： 列—□liat$_{21}$-dzi$?_{121}$ ~爱	活huat$_{121}$： □—□luat$_{21}$- hi$?_{121}$ 生~

【臻摄】

吞t'un$_{44}$： 囵—□lun$_{22}$-t'i$_{44}$ ~并	亲ts'in$_{44}$： 奶—蛆lin$_{22}$-ts'i$_{44}$ ~人
痕hun$_{12}$： 轮—鱼lun$_{22}$-hi$_{12}$ 刀~	鳞lan$_{12}$ ： 鳞—厘lan$_{22}$-li$_{12}$ 鱼~
忍lun$_{53}$ ： 忍—李lun$_{44}$-li$_{53}$ 硬~	准tsun$_{53}$ ： 忍—姐lun$_{44}$-tsi$_{53}$ ~备
顿tun$_{21}$ ： □—智lun$_{53}$-ti$_{21}$ ~号	献hian$_{21}$ ： 辗—肺lian$_{53}$-hi$_{21}$ 贡~
肾sin$_{22}$ ： 吝—视lin$_{21}$-si$_{22}$ ~炎	恨hin$_{22}$ ： 吝—耳lin$_{21}$-hi$_{22}$ 仇~
出ts'ut$_{32}$： 肭—□lut$_{53}$-ts'i$?_{32}$ ~□	卒tsut$_{32}$： 肭—折lut$_{53}$-tsi$?_{32}$ 兵~
栗lat$_{121}$ ： 栗—裂lat$_{21}$-li$?_{121}$ ~子	核hut$_{121}$： 律—□lut$_{21}$- hi$?_{121}$ ~桃

【宕摄】

帮paŋ₄₄：茏—碑laŋ₂₂-pi₄₄ ~会	方hɔŋ₄₄：嘟—圬lɔŋ₂₂-hi₄₄ ~案
郎lŋ₁₂：郎—年lŋ₂₂-nĩ₁₂ 牛~	羊iaŋ₁₂：凉—移liaŋ₂₂-i₁₂ ~毫
广kɔŋ₅₃：拢—举lɔŋ₄₄-ki₅₃ ~大	往ɔŋ₅₃：拢—椅lɔŋ₄₄-i₅₃ ~年
壮tsɔŋ₂₁：阎—至lɔŋ₅₃-tsi₂₁ ~丁	向hiaŋ₂₁：口—肺liaŋ₅₃-hi₂₁ 方~
丈tiaŋ₂₂：亮—治liaŋ₂₁-ti₂₂ ~夫	望baŋ₂₂：弄—味laŋ₂₁-bi₂₂ 希~
作tsɔk₃₂：漉—溃lɔk₅₃-tsi?₃₂ ~文	索sɔk₃₂：漉—口lɔk₅₃-si?₃₂ ~取
落lɔk₁₂₁：落—裂lɔk₂₁-li?₁₂₁ ~空	药io?₁₂₁：略—口lio?₂₁-i?₁₂₁ ~方

【江摄】

双siaŋ₄₄：口—西liaŋ₂₂-si₄₄ ~方	腔k'iaŋ₄₄：口—欺liaŋ₂₂ - k'i₄₄ ~调
庞p'aŋ₁₂：人—疲laŋ₂₂-p'i₁₂ ~大	降haŋ₁₂： 人—鱼laŋ22-hi₁₂ 投~
讲kɔŋ₅₃：拢—举lɔŋ₄₄-ki₅₃ ~话	港kaŋ₅₃：笼—举laŋ₄₄-ki₅₃ ~口
胖p'aŋ₂₁：口—口laŋ₅₃ – p'i₂₁ 肥~	降kaŋ₂₁：口—记laŋ₅₃-ki₂₁ 下~
撞tsɔŋ₂₂：弄—口lɔŋ₂₁-tsi₂₂ ~骗	巷haŋ₂₂：弄—耳laŋ₂₁-hi₂₂ ~口
朴p'ɔk₃₂：漉—口lɔk₅₃-p'i?₃₂ 俭~	桌to?₃₂：口—滴lo?₅₃-ti?₃₂ ~布
学hak₁₂₁：六—口lak₂₁-hi?₁₂₁ ~费	搁lak₁₂₁：搁—裂lak₂₁-li?₁₂₁ ~胸坎

【曾摄】

崩Paŋ₄₄：茏—悲laŋ₂₂-pi₄₄ ~败	升siŋ₄₄：口—丝liŋ₂₂-si₄₄ 上~
层tiŋ₁₂：灵—池liŋ₂₂-ti₁₂ 一~	凭p'iŋ₁₂：灵—疲liŋ₂₂-p'i₁₂ ~据
肯k'iŋ₅₃：冷—起liŋ₄₄-k'i₅₃ ~定	等tiŋ₅₃：冷—抵liŋ₄₄-li₅₃ ~第
凳tiŋ₂₁：口—智liŋ₅₃-ti₂₁ 老虎~	症tsiŋ₂₁：口—至liŋ₅₃-tsi₂₁ ~状
邓tiŋ₂₂：令—治liŋ₂₁-ti₂₂ 姓~	剩siŋ₂₂：令—视liŋ21-si₂₂ ~饭
北pak₃₂：辘—鳖lak₅₃-pi?₃₂ ~方	国kɔk₃₂：漉—口lɔk₅₃-ki?₃₂ ~家
力lik₁₂₁：力—裂lik₂₁-li?₁₂₁ 尽~	值tik₁₂₁：力—口lik₂₁-ti?₁₂₁ ~班

【梗摄】

撑t'ɛ̃₄₄：口—天nɛ̃₂₂-t'ĩ₄₄ ~船	精tsiã₄₄：口—晶niã₂₂-tsĩ₄₄ ~肉
盲mɛ̃₁₂：口—棉nɛ̃₂₂-mĩ₁₂ 青~	名mia₁₂：口—棉nia₂₂-mĩ₁₂ ~次
丙piã₅₃：领—扁niã₄₄-pĩ₅₃ ~丁	岭niã₅₃：岭—尔niã₄₄-nĩ₅₃ ~南
更kiŋ₂₁：口—记liŋ₅₃-ki₂₁ ~加	姓sɛ̃₂₁：口—扇nɛ̃₅₃-sĩ₂₁ ~名
病pɛ̃₂₂：口—瓣nɛ̃₂₁-pĩ₂₂ ~历	郑tɛ̃₂₂：口—滇nɛ̃₂₁-tĩ₂₂ 姓~
百pɛ₃₂：口—鳖lɛ₅₃-pi?₃₂ ~年	迹lia?₃₂：迹—口lia?₅₃-li?₃₂ 即~
额gia?₁₂₁：掠—口lia?₂₁-gi?₁₂₁ 名~	石tsi?₁₂₁：略—舌lio?₂₁-tsi?₁₂₁ ~板

【通摄】

东taŋ₄₄：笼—猪laŋ₂₂-ti₄₄ ~西	蜂p'aŋ₄₄：茏—披laŋ₂₂-p'i₄₄ ~王
同taŋ₁₂：人—池laŋ₂₂-ti₁₂ 合~	农lɔŋ₁₂：农—厘lɔŋ₂₂-li₁₂ ~民
拢laŋ₅₃：拢—李laŋ₄₄-li₅₃ ~权	拱kiɔŋ₅₃：口—举liɔŋ₄₄-ki₅₃ ~手
送saŋ₂₁：口—四lŋa₅₃-si₂₁ 欢~	中tiŋ₂₁：口—智liŋ₅₃-ti₂₁ ~意
洞taŋ₂₂：弄—治laŋ₂₁-ti₂₂ ~仔岩	梦baŋ₂₂：弄—味laŋ₂₁-bi₂₂ 做~
谷kak₃₂：辘—口lak₅₃-ki?₃₂ 五~	督tɔk₃₂：漉—滴lɔk₅₃-ti?₃₂ 都~
毒tɔk₁₂₁：络—口lɔk₂₁-ti?₁₂₁ ~药	绿lik₁₂₁：绿—裂lik₂₁-li?₁₂₁ ~茶

二　闽南漳州ma-sa式反切语

（1）闽南漳州ma-sa式反切语的定音方法。其法是：把本字音作为反切语声母字，再将本字韵母配以附加声s，作为反切语韵母字，并各从原有四声，连而言之。这种定音方法与福州嘴前话反切语亦不完全一致。陶燠民在谈及"嘴前话"时说，其法"仅析其纽以配期京，与原字重言之。例如福州的'福'，嘴前话作lik houk，'州'嘴前话作lhi tjieu"（陶燠民《闽音研究》，科学出版社1956年5月版）。若按赵元任反切语的命名方法，福州嘴前话应为mi-ma式反切语，与漳州ma-sa式反切语相比较，有以下两点不同：第一，福州嘴前话将原字重言置于反切语之后作为韵母字，而漳州ma-sa式反切语则将原字重言置于前作为声母字；第二，福州嘴前话析原字声纽配以附加韵期或京，作为声母字，而漳州ma-sa式反切语则析原字韵母配以附加声s，作为韵母字。由于福州嘴前话材料很少，我们只能作以上简单介绍。

（2）闽南漳州ma-sa式反切语与福州"切脚词"比较。有关福州切脚词，梁玉璋在《福州方言的"切脚词"》（《方言》1982年第1期）一文中已有详细介绍。其特点是：原单音词的音节一分为二，腰斩为声母和韵母两个部分。这两部分又各自扩充成一个独立的音节，第一个音节为切脚上字，与原单音词双声；第二个音节为切脚下字，与原单音词叠韵。上字和下字组合起来，便构成了一个复音词——"切脚词"。作者根据单音词有无介音和韵尾，归纳为四种构音方式（标号：A声母、B介音、C主要元音、C'非主要元音、D韵尾、L附加声母）。为了比较起见，笔者特将福州切脚词与漳州ma-sa式反切语排比如下：

福州切脚词	漳州ma-sa式反切语
(1)AC+LC(c')D式	(1)ACD+ SCD式
空k'øyŋ$_{44}$ → k'ø$_{31}$ + løyŋ$_{44}$	空 k'ɔŋ$_{44}$ → kɔŋ$_{22}$ + sɔŋ$_{44}$
叮tiŋ$_{44}$ → ti$_{31}$ + liŋ$_{44}$	叮 tiŋ$_{44}$ → tiŋ$_{22}$ + siŋ$_{44}$
(2)AC+ LC 式	(2) AC+ SC 式
□la$_{53}$→ la$_{31}$ + la$_{53}$	拉la$_{44}$→ la$_{22}$ + sa$_{44}$
嘻hi$_{44}$ → hi$_{31}$ + li$_{44}$	嘻hi$_{44}$ → hi$_{22}$ + si$_{44}$
(3)ABC+LBCD 式	(3)ABCD+SBCD 式
翘k'ieu$_{213}$ → k'ie$_{21}$ + lieu$_{213}$	翘k'iau$_{21}$ → k'iau$_{44}$ + siau$_{21}$
卷kuɔŋ$_{31}$ → kuo$_{31}$ + luɔŋ$_{31}$	卷kuan$_{53}$ →kuan$_{44}$+ suan$_{53}$
(4) ABC+LBC 式	(4) ABC+SBC 式
碎ts'ia$_{44}$ →ts'ia$_{31}$ + lia$_{44}$	碎ts'ia$_{44}$ →ts'ia$_{22}$ + sia$_{44}$
拖t'ua$_{44}$ →t'ua$_{31}$ + lua$_{44}$	拖t'ua$_{44}$ →t'ua$_{21}$ + sua$_{44}$

显而易见，漳州ma- sa式反切语是一种与福州切脚词比较相近的类型。它们的差别有四点。

第一，漳州ma-sa式反切语是贯彻于一句语的始终，即每一个音节都可以变为它的反切语；而福州切脚词则仅限于一句话中的部分词语，如：

（漳州）　tua$_{21}$-sua$_{22}$　i$_{22}$-si$_{44}$　kut$_{21}$-sut$_{121}$　loʔ$_{21}$-soʔ$_{121}$　lai$_{22}$-sai$_{12}$。
　　　　　　大　　　　　衣　　　　滑　　　　　落　　　　　　来。
（福州）　大　　　　　衣　　　ko$_{31}$-louʔ$_5$　　落　　　　　　来。

第二，漳州ma-sa式反切语声母字（即上字）保留着本字韵母，包括韵尾；而福州切脚词上字则不然，不论是元音韵尾或鼻音韵尾皆脱落了，只保留本字韵母的介音和主要元音，如AC+LC（C'）D式和ABC+LBCD式就属这种情况。

第三，漳州ma-sa式反切语韵母字（即下字）的附加声母为S，而福州切脚词下字的附加声母则为L，否则AC+LC式和ABC+LBC式便与漳州AC+SC和ABC+SBC式雷同了。

第四，漳州ma-sa式反切语声调原则与la-mi式反切语一样，亦是严格地按口语中双音连续的声调变化的。而切脚词则按另一声调原则，其上字的调类受下字调的制约，下字如为平声、上声或阳入调，上字就读上声调；下字如是去声或阴入调的，上字则读半阳去。这与福州仓前庹的声调也不完全相同。

（3）凡本字声母为s者，那么漳州ma-sa式反切语的韵母字即是本字重言。如：

琐so$_{53}$ ：琐—琐so$_{44}$ -so$_{53}$ ~碎	纱sɛ$_{44}$ ：纱—纱sɛ$_{22}$ -sɛ$_{44}$ 纺~
苏sɔ$_{44}$ ：苏—苏sɔ$_{22}$ -sɔ$_{44}$ ~联	赛sai$_{21}$ ：赛—赛sai$_{53}$ -sai$_{21}$ ~马
师su$_{44}$ ：师—师su$_{22}$ -su$_{44}$ 老一	扫sau$_{21}$ ：扫—扫sau$_{53}$ -sau$_{21}$ ~地
修siu$_{44}$ ：修—修siu$_{22}$ -siu$_{44}$ ~养	杉sam$_{44}$ ：杉—杉sam$_{22}$ -sam$_{44}$ ~木
心sim$_{44}$ ：心—心sim$_{22}$ -sim$_{44}$ ~中	仙sian$_{44}$ ：仙—仙sian$_{22}$ -sian$_{44}$ 神~
新sin$_{44}$ ：新—新sn$_{22}$ -sin$_{44}$ ~旧	丧sɔŋ$_{44}$ ：丧—丧sɔŋ$_{22}$ -sɔŋ$_{44}$ ~事
双sian$_{44}$ ：双—双sian$_{22}$ -sian$_{44}$ ~方	成siŋ$_{12}$ ：成—成siŋ$_{22}$ -siŋ$_{12}$ ~功
胜siŋ$_{21}$ ：胜—胜siŋ$_{53}$ -siŋ$_{21}$ ~利	宋sɔŋ$_{21}$ ：宋—宋sɔŋ$_{53}$ -sɔŋ$_{21}$ ~代

而福州切脚词只有无韵尾的1母字，上下字才是本字重言。如上文所举之例"口"字la53-la31+la53，就属此类型。

（4）凡本字声母为零声母者，那么漳州ma-sa式反切语韵母字亦必须配上附加声s。如：

阿a$_{44}$ ：阿—捎a$_{22}$ -sa$_{44}$ ~哥	野ia$_{53}$ ：野—写ia$_{44}$ -sia$_{53}$ ~人
余i$_{12}$ ：余—时i$_{22}$ -si$_{12}$ 其~	哀ai$_{44}$ ：哀—狮ai$_{22}$ -sai$_{44}$ 悲~
姨i$_{12}$ ：姨—时i$_{22}$ -si$_{12}$ ~丈	邀iau$_{44}$ ：邀—消iau$_{22}$ -siau$_{44}$ ~请
游iu$_{12}$ ：游—仇iu$_{22}$ -siu$_{12}$ ~泳	暗am$_{21}$ ：暗—口am$_{53}$ -sam$_{21}$ 阴~
案an$_{21}$ ：案—散an$_{53}$ -san$_{21}$ ~件	温un$_{44}$ ：温—孙un$_{22}$ -sun$_{44}$ ~和
样iɔ̃$_{22}$ ：样—尚iɔ̃$_{21}$ -s iɔ̃$_{22}$ ~板	融iɔŋ$_{12}$ ：融—疡iɔŋ$_{22}$ -siɔŋ$_{12}$ 金~
影iã$_{53}$ ：影—啥iã$_{44}$ -siã$_{53}$ ~片	鹰iŋ$_{44}$ ：鹰—猩iŋ$_{22}$ -siŋ$_{44}$ 老~

福州切脚词对零声母字亦如此，如：歪uai_{44}→uai_{31}十$luai_{44}$。

（5）凡本字收塞音尾-p、-t、-k、-ʔ者，那么漳州ma-sa式反切语韵母字亦必须相应地收-p、-t、-k、-ʔ尾。这一点与福州la-mi式反切语不太一样。如：

贴$tʻiap_{32}$ ： 贴—涩$tʻiap_{53}$-$siap_{32}$ 请~	猎$laʔ_{121}$ ： 猎—□$laʔ_{21}$-$saʔ_{121}$ ~狗
笠$leʔ_{121}$ ： 笠—踅$leʔ_{21}$-$seʔ_{121}$ 斗~	八pat_{32} ： 八—杀pat_{53}-sat_{32} ~方
舌$tsiʔ_{121}$ ： 舌—蚀$tsiʔ_{21}$-$siʔ_{121}$ ~头	失sit_{32} ： 失—失sit_{53}-sit_{32} 损~
物$mĩʔ_{121}$ ： 物—蚀$mĩʔ_{21}$-$sĩʔ_{121}$ ~件	托$tʻɔk_{32}$ ： 托—束$tʻɔk_{53}$-$sɔk_{32}$ 寄~
落$loʔ_{121}$ ： 落—镯$loʔ_{21}$-s $oʔ_{121}$ ~雨	觉kak_{32} ： 觉—速kak_{53}-sak_{32} ~怪
学$oʔ_{121}$ ： 学—镯$oʔ_{21}$-s $oʔ_{121}$ ~堂	德tik_{32} ： 德—式tik_{53}-sik_{32} 品~
格kik_{32} ： 格—式kik_{53}-sik_{32} 斗~	额$giaʔ_{121}$ ： 额—□$giaʔ_{21}$-s $iaʔ_{121}$ 名~
扑$pʻɔk_{32}$ ： 扑—束$ʻɔk_{53}$-$sɔk_{32}$ ~克	毒$tʻauʔ_{121}$ ： 毒—□$tʻauʔ_{21}$-$sauʔ_{121}$ ~死

而福州对于本字收塞音尾-ʔ的切脚词与漳州ma-sa式反切语相同的是，下字变相应地收塞音尾-ʔ，不同的是上字的韵尾全部脱落了。

（6）漳州ma-sa式反切语示例

【果摄】

多to_{44} ： 多—娑to_{22} - so_{44} ~谢	他$tʻa_{44}$ ： 他—沙$tʻa_{22}$ -sa_{44} ~乡
菏ho_{12} ： 菏—脞ho_{22}-so_{12} ~花	婆po_{12} ： 婆—脞po_{22}-so_{12} 阿~
左tso_{53} ： 左—锁tso_{44}-so_{53} ~右	我gua_{53} ： 我—耍gua_{44}-sua_{53} 你~
做tso_{21} ： 做—燥tso_{53} -so_{21} ~梦	破$pʻo_{21}$ ： 破—燥$pʻo_{53}$ -so_{21} ~记录
大tua_{22} ： 大—□tua_{21}-sua_{22} ~人	座tso_{22} ： 座—□$tsoʔ_{21}$-so_{22} 满~

【假摄】

差$tsʻa_{44}$ ： 差—沙$tsʻa_{22}$-sa_{44} ~别	车$tsʻia_{44}$ ： 车—赊$tsʻia_{22}$-sia_{44} 火~
琶$pɛ_{12}$ ： 琶—垂$pɛ_{22}$-$sɛ_{12}$ 琶~	斜sia_{12} ： 斜—斜sia_{22} -sia_{12} ~视
假$kɛ_{53}$ ： 假—洒$kɛ_{44}$-$sɛ_{53}$ ~设	者$tsia_{53}$ ： 者—写$tsia_{44}$-sia_{53} 作~
霸pa_{21} ： 霸—嘎pa_{53}-sa_{21} ~权	诈tsa_{21} ： 诈—嘎tsa_{53}-sa_{21} ~取
骂$mɛ_{22}$ ： 骂—□$mɛ_{21}$-$sɛ_{22}$ ~人	下$hɛ_{22}$ ： 下—□$hɛ_{21}$-$sɛ_{22}$ 上~

【遇摄】

租$tsɔ_{44}$ ： 租—苏$tsɔ_{22}$-$tsɔ_{44}$ 出~	猪ti_{44} ： 猪—西ti_{22}-si_{44} 大~
锄ti_{12} ： 锄—时 ti_{22}-si_{12} ~头	符hu_{12} ： 符—祠hu_{22}-su_{12} ~号
祖$tsɔ_{53}$ ： 祖—所$tsɔ_{44}$-$sɔ_{53}$ ~国	旅li_{53} ： 旅—死li_{44}-si_{53} ~客
布$pɔ_{21}$ ： 布—素$pɔ_{53}$-$sɔ_{21}$ ~匹	著ti_{21} ： 著—四ti_{53}-si_{21} 显~
虑li_{22} ： 虑—示li_{21}-si_{22} 考~	雾bu_{22} ： 雾—事bu_{21}-su_{22} 云~

【蟹摄】

灾tsai$_{44}$：灾—狮tsai$_{22}$ -sai$_{44}$ ~害	街ke$_{44}$ ：街—疏ke$_{22}$ -se$_{44}$ ~道
台tai$_{12}$：台—□tai$_{22}$ -sai$_{12}$ ~湾	豺tsai$_{12}$ ：豺—□tsai$_{22}$ -sai$_{12}$ ~狼
彩ts'ai$_{53}$：彩—屎ts'ai$_{44}$-sai$_{53}$ ~色	解kai$_{53}$ ：解—屎kai$_{44}$-sai$_{53}$ ~除
态t'ai$_{21}$：态—婿t'ai$_{53}$-sai$_{21}$ ~度	拜pai$_{21}$ ：拜—婿pai$_{53}$-sai$_{21}$ ~别
害hai$_{22}$：害—侍hai$_{21}$-sai$_{22}$ ~处	赛tsɛ$_{22}$ ：赛—□tsɛ$_{21}$-sɛ$_{22}$ 山~

【止摄】

知ti$_{44}$：知—司ti$_{22}$-si$_{44}$ ~己	思su$_{44}$ ：思—思su$_{22}$-su$_{44}$ ~想
脾p'i$_{12}$：脾—时p'i$_{22}$ -si$_{12}$ ~气	琵pi$_{12}$ ：琵—匙pi$_{22}$-si$_{12}$ ~琶
椅i$_{53}$：椅—死i$_{44}$-si$_{53}$ ~仔	子tsu$_{53}$ ：子—暑tsu$_{44}$-su$_{53}$ ~女
刺ts'i$_{21}$：朴—四ts'i$_{53}$ -si$_{21}$ ~激	次ts'u$_{21}$ ：次—肆ts'u$_{53}$-su$_{21}$ ~序
治ti$_{22}$：治—示ti$_{21}$-si$_{22}$ ~疗	地te$_{22}$ ：地—□te$_{21}$-se$_{22}$ 土~

【效摄】

刀to$_{44}$：刀—娑to$_{22}$-so$_{44}$ 大~	刁tiau$_{44}$ ：刁—消tiau$_{22}$-siau$_{44}$ ~难
劳lo$_{12}$：劳—脞lo$_{22}$-so$_{12}$ ~动	条tiau$_{12}$ ：条—□tuau$_{22}$-siau$_{12}$ ~件
保po$_{53}$：保—锁po$_{44}$-so$_{53}$ ~护	小siau$_{53}$ ：小—小siau$_{44}$-siau$_{53}$ ~事
报po$_{21}$：报—燥po$_{53}$-so$_{21}$ ~纸	照tsio$_{21}$ ：照—□tsio$_{53}$ -sio$_{21}$ ~明
号ho$_{22}$：号—□ho$_{21}$-so$_{22}$ ~召	料liau$_{22}$ ：料—绍liau$_{21}$-siau$_{22}$ 材~

【流摄】

秋ts'iu$_{44}$：秋—修ts'iu$_{22}$-siu$_{44}$ ~天	抽t'iu$_{44}$ ：抽—修t'iu$_{22}$-siu$_{44}$ ~水
流liu$_{12}$：流—仇liu$_{22}$- siu$_{12}$ ~广	头t'au$_{12}$ ：头—□t'au$_{22}$-sau$_{12}$ 大~
走tsau$_{53}$：走—□tsau$_{44}$-sau$_{53}$ ~读	丑t'iu$_{53}$ ：丑—守t'iu$_{44}$-siu$_{53}$ ~恶
透t'au$_{21}$：透—扫t'au$_{53}$-sau$_{21}$ ~露	究kiu$_{21}$ ：究—秀kiu$_{53}$-siu$_{21}$ 研~
漏lau$_{22}$：漏—□lau$_{21}$-sau$_{22}$ ~雨	宙tju$_{22}$ ：宙—寿tiu$_{21}$-siu$_{22}$ 字~

【咸摄】

担tam$_{44}$：担—三tam$_{22}$-sam$_{44}$ ~保	杉sam$_{44}$ ：杉—杉sam$_{22}$-sam$_{44}$ ~木
含ham$_{12}$：含—馋ham$_{22}$-sam$_{12}$ ~糊	潜tsiam$_{12}$ ：潜—寻tsiam$_{22}$-siam$_{12}$ ~水
惨ts'am$_{53}$：惨—糁ts'am$_{44}$-sam$_{53}$ 悲~	闪siam$_{53}$ ：闪—闪siam$_{44}$ -siam$_{53}$ ~光
探t'am$_{21}$：探—□t'am$_{53}$-sam$_{21}$ 试~	占tsiam$_{21}$ ：占—渗tsiam$_{53}$-siam$_{21}$ ~领
暂tsiam$_{22}$：暂—赡tsiam$_{21}$-siam$_{22}$ ~时	艳iam$_{22}$ ：艳—赡iam$_{21}$-siam$_{22}$ ~丽
甲kaʔ$_{32}$：甲—□kaʔ$_{53}$-saʔ$_{32}$ ~板	接tsiap$_{32}$ ：接—涩tsiap$_{53}$-siap$_{32}$ ~班
合hap$_{121}$：合—□hap$_{21}$-sap$_{121}$ ~作	捷tsiap$_{121}$：捷—涉tsiap$_{21}$-siap$_{121}$ 敏~

【深摄】

侵ts'im₄₄：侵—心ts'im₂₂-sim₄₄ 入~	金kim₄₄：金—心kim₂₂-sim₄₄ ~色
琴k'im₁₂：琴—寻k'im₂₂-sim₁₂ 弹~	淋lim₁₂：淋—寻lim₂₂-sim₁₂ ~巴
锦kim₅₃：锦—审kim₄₄-sim₅₃ ~标	枕tsim₅₃：枕—审tsim₄₄-sim₅₃ ~头
浸tsim₂₁：浸—□tsim₅₃ -sim₂₁ ~水	渗siam₂₁：渗—渗siam₅₃ -siam₂₁ ~水
妗kim₂₂：妗—□kim₂₁-sim₂₂ ~婆	任dzim₂₂：任—□dzim₂₁-sim₂₂ ~务
缉ts'ip₃₂：缉—湿ts'ip₅₃-sip₃₂ 侦~	湿sip₃₂：湿—湿sip₅₃-sip₃₂ ~气
袭sip₁₂₁：袭—袭sip₂₁-sip₁₂₁ ~击	及kip₁₂₁：及—袭kip₂₁-sip₁₂₁ ~第

【山摄】

餐ts'an₄₄：餐—山ts'an₂₂-san₄₄ 早~	班pan₄₄：班—山pan₂₂-san₄₄ ~级
残ts'an₁₂：残—□ts'an₂₂-san₁₂ ~害	连lian₁₂：连—禅lian₂₂-sian₁₂ ~长
产san₅₃：产—产san₄₄-san₅₃ ~妇	癣sian₅₃：癣—癣sian₄₄-sian₅₃ 生~
旦tan₂₁：旦—散tan₅₃-san₂₁ 元~	变pian₂₁：变—煽pian₅₃-sian₂₁ ~化
办pan₂₂：办—□pan₂₁-san₂₂ ~事	贱tsian₂₂：贱—善tsian₂₁-sian₂₂ ~人
擦ts'at₃₂：擦—杀ts'at₅₃-sat₃₂ ~枪	折tsiat₃₂：折—设tsiat₅₃-siat₃₂ ~服
拔peʔ₁₂₁：拔—蜇peʔ₂₁-seʔ₁₂₁ ~草	别piat₁₂₁：别—舌piat₂₁-siat₁₂₁ 分~

【臻摄】

宾pin₄₄：宾—申pin₂₂ -sin₄₄ ~客	墩tun₄₄：墩—孙tun₂₂-sun₄₄ 桥~
秦tsin₁₂：秦—臣tsin₂₂-sin₁₂ ~朝	盆p'un₁₂：盆—巡p'un₂₂-surn₁₂ 骨~
敏bin₅₃：敏—□bin₄₄-sin₅₃ 灵~	损sun₅₃：损—损sun₄₄-Sun₅₃ ~害
进tsin₂₁：进—信tsin₅₃-sin₂₁ ~步	喷p'un₂₁：喷—逊p'un₅₃-sun₂₁ ~水
慎sin₂₂：慎—慎sin₂₁-sin₂₂ 谨~	顺sun₂₂：顺—顺sun₂₁-sun₂₂ ~从
质tsit₃₂：质—失tsit₅₃-sit₃₂ 品~	出tsut₃₂：出—瞬tsut₅₃-sut₃₂ 外~
实sit₁₂₁：实—实sit₂₁-sit₁₂₁ ~词	突tut₁₂₁：突—术tut₂₁-sut₁₂₁ ~然

【宕摄】

当taŋ₄₄：当—松taŋ₂₂-saŋ₄₄ ~然	浆tsiɔ₄₄：浆—箱tsiɔ₂₂-siɔ₄₄ 豆~
旁p'aŋ₁₂：旁—口p'aŋ₂₂ -saŋ₁₂ ~证	藏tsoŋ₁₂：藏—庸tsoŋ₂₂-soŋ₁₂ 隐~
党toŋ₅₃：党—爽toŋ₄₄-soŋ₅₃ ~员	掌tsiɔ₅₃：掌—赏tsiɔ₄₄-tsiɔ₅₃ 手~
葬tsoŋ₂₁：葬—宋tsoŋ₅₃ -soŋ₂₁ 土~	创ts'oŋ₂₁：创—宋ts'oŋ₅₃-soŋ₂₁ ~办
匠ts'iɔ₂₂：匠—尚ts'iɔ₂₁-siɔ₂₂ 木~	上siaŋ₂₂：上—上siaŋ₂₁-siaŋ₂₂ ~级
阁kok₃₂：阁—束kok₅₃-sok₃₂ 楼~	雀ts'iak₃₂：雀—皙ts'iak₅₃-siak₃₂ 麻~
乐lok₁₂₁：乐—槊lok₂₁-sok₁₂₁ 快~	泊pok₁₂₁：泊—槊pok₂₁-sok₁₂₁ 飘~

【江摄】

邦paŋ₄₄: 帮—松paŋ₂₂-saŋ₄₄ ~国	江kaŋ₄₄: 江—松kaŋ₂₂-saŋ₄₄ ~边
庞p'aŋ₁₂: 庞—□p'aŋ₂₂-saŋ₁₂ ~大	降haŋ₁₂: 降—□haŋ₂₂-saŋ₁₂ 投一
讲kaŋ₅₃: 请—□kaŋ₄₄-saŋ₅₃ ~究	港kaŋ₅₃: 港—□kaŋ₄₄-saŋ₅₃ ~口
胖p'aŋ₂₁: 胖—送p'aŋ₅₃-saŋ₂₁ 肥~	降kaŋ₂₁: 降—送kaŋ₅₃-saŋ₂₁ 下~
撞toŋ₂₂: 撞—操toŋ₂₁-soŋ₂₂ ~骗	巷haŋ₂₂: 巷—□haŋ₂₁-saŋ₂₂ □口
剥pak₃₂: 剥—速pak₅₃-sak₃₂ ~削	捉tsɔk₃₂: 捉—束tsɔk₅₃-sɔk₃₂ ~弄
镯soʔ₁₂₁: 镯—镯soʔ₂₁- soʔ₁₂₁ 金~	雹p'auʔ₁₂₁: 雹—□p'auʔ₂₁-sauʔ₁₂₁ 冰~

【曾摄】

登tiŋ₄₄: 登—生tiŋ₂₂-siŋ₄₄ ~山	增tsiŋ₄₄: 增—猩tsiŋ₂₂-siŋ₄₄ ~产
朋piŋ₁₂: 明—成piŋ₂₂-siŋ₁₂ ~友	澄tiŋ₁₂: 澄—成tiŋ₂₂-siŋ₁₂ ~清
肯k'iŋ₅₃: 肯—□k'iŋ₄₄-siŋ₅₃ ~定	等tiŋ₅₃: 等—□tiŋ₄₄-siŋ₅₃ ~次
称ts'iŋ₂₁: 称—性ts'iŋ₅₃-siŋ₂₁ 相~	兴hiŋ₂₁: 兴—性hiŋ₅₃-siŋ₂₁ ~奋
赠tsiŋ₂₂: 赠—盛tsiŋ₂₁-siŋ₂₂ ~送	剩siŋ₂₂: 剩—剩siŋ₂₁-siŋ₂₂ ~饭
得tik₃₂: 得—式tik₅₃-sik₃₂ 心~	则tsik₃₂: 则—式tsik₅₃-sik₃₂ 准~
特tik₁₂₁: 特—席tik₂₁-sik₁₂₁ ~务	植sik₁₂₁: 植—席sik₂₁-sik₁₂₁ ~物

【梗摄】

争tsiŋ₄₄: 争—猩tsiŋ₂₂-siŋ₄₄ ~辩	生siŋ₄₄: 生—生siŋ₂₂-siŋ₄₄ ~活
平piŋ₁₂: 平—成piŋ₂₂-siŋ₁₂ ~安	情tsiŋ₁₂: 情—成tsipiŋ₂₂-sipiŋ₁₂ ~报
冷liŋ₅₃: 冷—□liŋ₄₄-siŋ₅₃ ~气	耿kiŋ₅₃: 耿—□kiŋ₄₄-siŋ₅₃ ~直
性siŋ₂₁: 性—性siŋ₅₃-siŋ₂₁ ~别	并piŋ₂₁: 并—性piŋ₅₃-siŋ₂₁ 合~
行hiŋ₂₂: 行—盛hiŋ₂₁-siŋ₂₂ ~动	净tsiŋ₂₂: 净—盛tsiŋ₂₁-siŋ₂₂ ~化
伯peʔ₃₂: 伯—□peʔ₅₃-seʔ₃₂ 大~	益ik₃₂: 益—式ik₅₃-sik₃₂ 利~
泽tik₁₂₁: 泽—席tik₂₁-sik₁₂₁ 沼~	席sik₁₂₁: 席—席sik₂₁-sik₁₂₁ 主~

【通摄】

通t'ɔŋ₄₄: 通—松t'ɔŋ₂₂-sɔŋ₄₄ 交~	封hɔŋ₄₄: 封—松hɔŋ₂₂-sɔŋ₄₄ 信~
洪hɔŋ₁₂: 洪—庸hɔŋ₂₂-sɔŋ₁₂ ~大	龙liɔŋ₁₂: 龙—疡liɔŋ₂₂-siɔŋ₁₂ ~年
统t'ɔŋ₅₃: 统—爽t'ɔŋ₄₄-sɔŋ₅₃ 总~	冢t'iɔŋ₅₃: 冢—赏t'iɔŋ₄₄- siɔŋ₅₃ ~仔
冻tɔŋ₂₁: 冻—宋tɔŋ₅₃-sɔŋ₂₁ ~结	众tsiɔŋ₂₁: 众—相tsiɔŋ₅₃-siɔŋ₂₁ 群~
凤hɔŋ₂₂: 凤—操hɔŋ₂₁-sɔŋ₂₂ ~凰	诵siɔŋ₂₂: 诵—诵siɔŋ₂₁-siɔŋ₂₂背
屋ɔk₃₂: 屋—束ɔk₅₃-sɔk₃₂ 房~	足tsiɔk₃₂: 足—塑tsiɔk₅₃-siɔk₃₂ 满~
逐tiɔk₁₂₁: 逐—俗tiɔk₂₁-siɔk₁₂₁ ~步	俗siɔk₁₂₁: 俗—俗siɔk₂₁-siɔk₁₂₁ ~气

第八节　余论

　　近代福建切音字运动是从闽南方言开始的，也可以说清末的切音字运动也是以此为契机的。这与闽南方言内部复杂状况和背景是分不开的。闽南方言的形成可以追溯到中原汉人的避乱南迁，带来了上古汉语的语音、词汇方面的一些特点，经过几个历史时期的变化、发展形成了今天的闽南方言，因而，有人称之为上古汉语的"活化石"。闽南方言在音系、词汇和语法等方面表现出的对上古汉语和中古汉语的继承，激发了不少音韵学家的研究兴趣，出现了不少有关闽南方言的韵书，这方面应首推清嘉庆年间泉州人黄谦编写的《汇音妙悟》，是闽南各地韵书的蓝本，也是福建切音字运动最早的发祥。泉州府是闽南也是福建开发得最早的地区。唐宋时期，就是海外交通、国际贸易的重要港口，对外交流频繁。鸦片战争前，闽南地区由于资本主义因素的影响，到海外谋生的人数也大量增加，汉字的繁难影响了与海外的交流。"有裨于初学""因音识字""寻字注解，一览了然"的方言韵书适应了时代的需要，《汇音妙悟》中的"三推新数法"既采用了传统的切音方法，写法上又采用了汉字笔画式，受到了普通百姓的欢迎，到了19世纪六七十年代，中国民族资本主义的发展，迫切要求普及初等文化教育，文字的繁杂又对语言文字学家提出了改革的要求，又是福建人李鼎臣、卢戆章走到了时代的前头。汉字作为象形文字，写法上相当繁难，传统的汉字注音法，从"譬况""读若""直音"，直到"反切"，都局限于用汉字拼切汉字，不便于普通百姓的读识，为了普及教育当时一些先进的知识分子吸取了国外用字母注音的方法，大胆创新。在19世纪末20世纪初创制了几十套切音字方案，这其中福建语音学家开时代之先锋，在清末的整个切音字运动中占有重要的地位。

首先，他们认识到了汉字改革的必要性和可能性。他们大胆地向封建顽固势力认为的"汉字神圣，一点一画无非地义天经"的思想挑战，提出"汉字必须改革"，如卢戆章就在《一目了然初阶》原序里称"中国字，或者是当今普天之下之字之至难者"，要认识常用五千字，"至聪明者非十余载之苦工不可！"蔡锡勇也在《传音快字》自序中说中国文字"最繁难……士人读书，毕生不能尽识，……童子束发入塾，欲竟其业，慧者亦须历时十余年，……在妇女，更无论矣"。汉字改革已随着社会变革的需要被提上了日程。那么汉字是否能够改革呢？回答是肯定的，作为书写工具的汉字与所表达的语言并无必然的联系，符号的任意性决定了汉字符号系统的可变性，同时汉字自身发展演变的历史也证明了这一点。他们参照日本的假名和朝鲜的谚文，认为必须为汉字创制一套切音字方案。卢戆章就系统论证了切音文字的优越性"易学""易识""易写"。但他们并不主张废除汉字。他们认为切音字是一种辅助学习的工具，不能真正代替汉字，只是"以此新字母注明中国之字音"（卢戆章《一目了然初阶》序），在他们的方案中都有汉字和切音字的对译例文，希望简便汉字的读、识、写，达到普及教育的目的，而非根本意义上的代替汉字。在创制切音字方案的目的上，福建的语音学家都希望通过简便的切音字达到"因音以识字"，普及教育，开发民智，他们吸收了传统的反切声、韵合拼的双拼制，大胆引进各种注音符号系统，使之简便、易识、易学，大致可以分为三种类型：其一，汉字笔画式，包括早期的黄谦"三推新数法"，李鼎臣的"注音字母"，卢戆章的第二、第三套切音字方案，这类主要取材于汉字的基本笔画，以简单的笔画代替汉字声、韵系统，便于识记，卢戆章吸取日本假名的优点，将其进一步改进，使用了左右双拼，在写法上和识记上是一个很大的进步。

其二，拉丁字母式，这是卢戆章早期的切音字方案，以《一目了然初阶》为代表，它采用了拉丁字母来拼读汉字，又将它与西方各国的语音相对照，主要考虑了汉字对外交流的便利、写法上的反传统性，不易为当时的人们所接受。

第三，速记符号式，主要是以蔡锡勇的《传音快字》方案为代表，还包括受其影响的力捷三《闽腔快字》方案和无名化的《闽腔快字千字文》方案，这类主要受到美国人凌士礼速记法的影响，追求写法上的简便达到了极端，最后成为中国速记学的开端，蔡锡勇也成为中国速记学的开山鼻祖。近代福建的切音字运动前后六十年，它的形体变化从汉字笔画式到拉丁字母式，再到速记符号式，最后回归汉字笔画式，都集中体现了其创制人的独具匠心，和便于识记、便于书写的共同目的。这种回归也说明切音字方案不能脱离中国的实际，既便是提供一种便于国人识记的切音字方案，也应充分考虑到国人书写的习惯。近代福建的切音字运动还有一个从拼切地方方言到拼切官话的发展过程。早期的福建切音字方案多停留在拼切福建地方方言，如拼切泉州音的"三推新数法"，拼切厦腔的李鼎臣的"注音字母"，卢戆章的《一目了然初阶》以及力捷三拼切福州方言的《闽腔快字》方案，在认识到"统一语言，言文一致"后，他们纷纷将方言切音方案加以改进完善，创制既能拼切方音又能拼切官话的切音方案，卢戆章的以《中国切音新字》和《中国新字》为代表的第二、第三套方案，先列出中国总字母表，再根据各地方音不同，选择其中所需的切音字，做到用一套方案拼切多种方音同时又能拼切官话，这样便利了学习和不同方言间的交流，也为后世研究各相近方言间的差异，提供了宝贵历史资料。纵观整个福建切音字运动史，经历了个人奋斗、上书朝廷和民间推行的过程。他们先是响应社会变革需要，各自著书立说，创制切音字方案，为了达到普及教育、扫除文盲的目的，他们认为只有自上而下地推行切音字方案，才能获得真正的成功。于是上奏朝廷，希望通过朝廷的正式颁行，普行天下，在受到打击后，他们认识到只有出版教科书，民间推行才是真正可行的办法，从这里也可以看出他们身上封建知识分子的传统思想和资本主义改良主义思想的统一。

清末的切音字运动的失败根本原因在其不彻底性，发起这场运动的资产阶级改良派有革命的要求，他们希望在不损害封建地主阶级利益的基础上进行一些改良，而不是真正意义的改革，他们自身大多是半封建、半资本主义的知识分子，与封建地主阶级还有着千丝万缕的联系。其次，他们所提出"统一语言，言文一致"的口号，并不能号召广大的群众，因为广大群众并不能从普及教育中真正得到解放。其三，他们创制方案还处于不成熟阶段，既便是汉字笔画式方案也不理想，其他稀奇古怪的方案更加不易被群众接受。其四，他们没有走具体实践的道路，而过分依赖封建统治者。这些不彻底性决定了这场运动的失败，但必竟是近代人在汉字改革史上一次伟大的尝试，有其积极的一面。他们冲破封建文化思想的束缚，在文字战线上打击了封建顽固势力，推行切音字方案，也为扫除文盲和推广"官话"起了一定的作用。同时，这些切音字方案也为辛亥革命后"注音字母"的制定和颁行以及新中国成立后的汉字改革运动提供了宝贵历史经验。清末的汉字改革和切音字运动虽然失败了，但它是我们民族自觉的汉字改革运动的开始。今天的汉字改革和汉语拼音运动，已和它有很大的不同，在汉字改革和汉语拼音运动的历史进程中，它仍然是一个"幼稚而又伟大的起点"（倪海曙《清末汉语拼音运动编年史》）。福建的语音学家和他们的切音字方案在这场运动中不可磨灭的历史地位，值得我们骄傲。

本章重点介绍了清代黄谦、李鼎臣、卢戆章、蔡锡勇、力捷三在切音字运动中的杰出贡献，这里也附带简介民国时期闽籍语言学家周辨明、林语堂所做的主要工作。1910年，周辨明和中国语言学界的另六名先辈（赵元任、黎锦熙、钱玄同、林语堂、汪怡、刘半农）共同创制国语罗马字，他对于汉语拼音化坚定不移，出版《中华音声字制》，发表《在迈进中的中国罗马字》，创制汉字索引法——半周钥笔法等。1924年，林语堂在北京大学方言研究会上提出"方言字母草案"，其中有"厦门音字方案"。1922—1928年周辨明参加拟定国语罗马字拼音法式。1922年厦门大学周辨明发表《中华国语音母和注声的刍议》（《国语月刊》第1卷第10期），主张采用国际音标为"音母"，以中国号码1、11、111、×表示平、上、去、入。1923年又发表《中华国语音声字制》（见下文"二　获省部级人文社科奖的重要成果简介"）。随后，周被指定为"国语罗马拼音研究委员会"委员。于1926年参加《国语罗马学拼音法式》的拟定。此法式于1928年由大学院正式公布，作为"国音字母"第二式，与"注音字母"并行。周氏不满意，另创Q、R（国语罗马字）一式在厦门大学传授。自1931年瞿秋白、吴玉章在苏联创制拉丁化新文字后，1934年传到国内。1935年冬至1936年在福建开展拉丁化运动，厦门、漳州、泉州成立"闽南新文字协会"，出版《咱们的话》、《话文周刊》、《厦门话新文字课本》，办新文字夜校。7月中旬新文字研究会方言调查委员会公布《厦门话拉丁化方案》，8月出版《厦门话新文字入门》，后因受政府当局的迫禁，推行新文字运动遭到挫折。1937—1945年抗日战争期间，厦门大学迁往长汀，周辨明建议一年级学生学习Q、R，并与学生黄典诚合编《Q、R国语新读本》作为教材。周辨明后来写《八年抗战，中国语文国际化的进展：Q、R（国罗）1937—1945年》（厦门大学出版）。

除此之外，流传于民间的秘密反切语，如闽南方言"la-mi式"和"ma-sa式"反切语、福州la-mi式（叫"庹语"或"仓前庹"）和福州方言的"切脚词"等，也是福建切音字运动的组成部分。至于它们产生的年代，已不可考，估计在明清时代应该就有此反切语。

第八章 现当代闽南方言学者及其著作研究

第一节 海峡西岸闽南方言研究概况

闽南方言源于古汉语，是上古、中古前期和南北朝等时期移民南下的中原汉人所说的汉语与福建土著语言相融合，于唐宋年间在闽南地区逐渐形成并定型的汉语方言。之后，闽南方言跟随移民流播到潮汕、浙南、海南、台湾以及东南亚等地区。典型的闽南方言区包括厦门、漳州、泉州、台湾、龙岩、潮汕、浙南，海南、雷州等地的闽南方言，由于语言接触等原因，在语音、词汇、语法方面有了较大的变化，但我们仍把它归属于闽南方言。

本章所述的现当代闽南方言学者，仅限于大陆学者，而对于港澳台学者、海外华人学者及外籍汉学家如包拟古等将另文撰述。切音字运动的发起人卢戆章在本书第五章已有详述，本章不再赘述。

闽南方言保存了古汉语语音和词汇的许多特点，被称为"古汉语的活化石"；闽南方言又是一种跨地区、跨省界、走出国门的汉语方言，其研究的理论意义和现实意义不言而喻。闽南方言的研究成果涉及韵书、辞书、语音、词汇、语法、文化、文字等方面，从这些研究中我们看到了闽南方言的特点、流播和动态发展，看到了闽南地区的风土人情、语言接触、行政区划，看到了学者们所作出的卓著成绩。我们可以从张嘉星辑著的《闽方言专题文献辑目索引》（社会科学文献出版社2004年版），李如龙、姚荣松主编的《闽南方言》（福建人民出版社2008年版），陈支平、徐泓编的《闽南文化百科全书·方言卷》（福建人民出版社2009年版），马重奇的《20年来闽方言研究综述》（《东南学术》2011年第11期），陈曼君的《1979—2004年大陆闽南方言语法研究述评》（《集美大学学报》2006年第3期）等论著中一窥闽南方言研究的丰硕成果。特别是近20年来，闽南方言研究成勃发之势。下面，摘录马重奇的《20年来闽方言研究综述》中有关闽南方言的综述，以展示闽南方言的研究成果。[1]

一 重要科研项目立项情况简介

这里重点介绍国家社会科学基金项目、国务院各部委人文社科基金项目以及省社科基金项目等，至于厅局级的科研项目从略。

---

[1] 关于科研项目立项和获奖情况，原文指闽方言，本书摘取其中的闽南方言部分。

1.国家社会科学基金项目。国家社会科学基金重大项目有：马重奇《海峡两岸闽南方言动态比较研究》（2011—2016）。国家社会科学基金一般年度项目有：马重奇《近代福建音韵与方言学通论》（1998—2001）、马重奇《闽台闽南方言韵书比较研究》（2002—2004）、邓晓华《汉语方言的研究与语言接触理论的建构》（1999—2002）、邓享璋《内陆闽语的现状与历史研究》（2009—2011）。此外，与闽方言研究有密切关系的国家社科基金项目课题还有胡松柏主持的《赣语、吴语、徽语、闽语、客家话在赣东北的交接与相互影响》（2000—2002），李荣、熊正辉、张振兴主持的《现代汉语方言词典》（1990—2000）和侯精一主持的《现代汉语方言音库》（1992—1996）等。

2.国务院各部委人文社科项目。国家教育部人文社科项目有：马重奇《清代三种漳州十五音韵书研究》（1996—1998）、马重奇《新发现的明清时期两种闽北方言韵书手抄本与现代闽北方言音系》（2007—2009）、邓晓华《汉语方言研究与语言演变理论的建构》（1996—1999）、高然《广东省境内闽粤客方言区语言文字应用不规范研究》（1997—1999）。国务院其他部委立项的科研项目有：李如龙《台湾语言政策和语言文字使用情况跟踪研究》（国家语委"十五"语言文字应用规划项目，2001—2004），马重奇《普通话—闽方言对比研究及在普通话水平测试中的应用》（国家语委"十五"语言文字应用规划项目，2003—2005）和马重奇《〈汇集雅俗通十五音〉校证》（全国高等院校古籍整理研究重点科研项目，2007—2009）等。

3.省级社科规划项目。福建省"八五"社科规划项目有：周长楫《厦门方言与台湾闽南方言比较研究》（1992—1994）、李如龙《福建方言与福建文化》（1992—1994），陈泽平《东南方言语法比较研究》（1998—2000）、马重奇《闽台方言关系研究》（2001—2003）、许长安《台湾的语言文字政策与对策研究》（2001—2003）、张嘉星研究馆员《闽南方言稀有文献资料收集整理与研究》（2001—2003）、马重奇《闽方言群音系与藏缅、侗台、苗瑶诸语音系同源研究》（2003—2005）等。此外，还有其他省部级社科项目3个，如张振兴《闽语（福建、台湾、粤东、海南）——中国语言地图集》（中国社会科学院重大课题，2002—2006）、马重奇《〈汇集雅俗通十五音〉校证》（福建省高校古籍整理研究资助项目，2005—2007）和施其生《竹料闽方言岛研究》（广东省哲学社会科学规划项目，2001—2002）。

二　获省部级人文社科奖的重要成果简介

全国哲学社会科学规划领导小组《国家哲学社会科学成果文库》入选作品有：马重奇《明清闽北方言韵书手抄本音系研究》（2013），于2014年5月12日在北京接受表彰。

教育部组织中国高校人文社科优秀成果奖的评审中，福建省荣获二等奖3项：李如龙《方言与音韵论集》（1998，第二届）、马重奇《清代三种漳州十五音韵书研究》（2006，第四届）、马重奇《闽台闽南方言韵书比较研究》（2013，第六届）。

福建省人民政府第二届至第八届社科优秀成果奖评审中，闽南方言研究成果荣获一、二、三等奖。

一等奖成果：如马重奇《漳州方言研究》（1998，第三届）、马重奇《汉语音韵学论稿》（2000，第四届）、李如龙《汉语方言比较研究》（2003，第五届）、马重奇《清代三种漳州十五音韵书研究》（2005，第六届）、马重奇《闽台闽南方言韵书比较研究》（2009，第八届）。

二等奖成果：如马重奇《吴人南曲分部考》（第二届）、李如龙《福建方言》（2000，第四届）、张嘉星编著《闽方言研究专题文献辑目索引》（2005，第六届）。

三等奖成果：如林宝卿《闽南话教程》（1995，第二届）、马重奇《闽台方言的源流与嬗变》（2003，第五届）、林华东《泉州方言研究》（2009，第八届）。

此外，沙平《福建方言区学习普通话共同语的问题与对策》1996年获国家语委关于推广普通话优秀论文一等奖。

三　闽南方言研究著作简介

闽南方言研究著作很多，主要有市方言志和县方言志，闽南方言韵书、词典和辞典编撰，闽南方言研究专著和闽南方言学习教材等。

泉州市所属各个县市地方志编纂委员会办公室相继编撰出版了许多方言志，如林连通《泉州市方言志》（社会科学文献出版社1993年版），《泉州市方言志》（《泉州市志》，中国社会科学出版社1993、2000年版），《鲤城区方言志》（《鲤城区志》，中国社会科学出版社1999年版），《安溪县方言志》（《安溪县志》，新华出版社1994年版），《晋江县方言志》（《晋江县志》，上海三联书店1994年版），《惠安县方言志》（《惠安县志》，方志出版社1998年版），《石狮市方言志》（《石狮市志》，方志出版社1998年版），《德化方言志》（《德化县志》，新华出版社1992年版），《南安县方言志》（《南安县志》，江西人民出版社1993年版）等。漳州市所属各个县市地方志编纂委员会办公室也出版了许多方言志，如《漳州市方言志》（《漳州市志》，中国社会科学出版社1999年版），《龙海县方言志》（《龙海县志》，东方出版社1993年版），《东山县方言志》（《东山县志》，中华书局1994年版），《平和县方言志》（《平和县志》，北京群众社1994年版），《华安县方言》（《华安县志》，厦门大学出版社1996年版），《南靖县方言志》（《南靖县志》，方志出版社1997年版），《漳浦县方言志》（《漳浦县志》，方志出版社1998年版），《云霄县方言志》（《云霄县志》，方志出版社1999年版），《诏安县方言志》（《诏安县志》，方志出版社1999年版）等。厦门地区也编撰了一些方言志，如谭邦君《厦门方言志》（北京语言学院出版社1996年版），李熙泰、詹龙标、纪亚木《厦门方言志》（北京语言学院出版社1996年版），《同安县方言志》（同安县志，中华书局2000年版）。龙岩地区县市地方志编纂委员会办公室也出版了一些方言志，如《龙岩地区方言志》（《龙岩地区志》，上海人民出版社1992年版），《龙岩市方言志》（《龙岩市志》，中国社会科学出版社1993年版），《漳平方言志》（《龙岩市方言志》，中华书局2000年版），李如龙《福建县市方言志12种》（福建教育出版社2001年版）等。

学术界编撰出版了不少闽南方言词典和辞典，如黄典诚主编《普通话闽南语词典》（台北台笠出版社1993年版），周长楫《厦门方言词典》（江苏教育出版社1993年版），林宝卿《闽南方言与古汉语同源词典》（厦门大学出版社1999年版），周长楫、周清海《新加坡闽南话词典》（中国社会科学出版社2002年版），周长楫编纂《南音字韵》（海峡文艺出版社2002年版）、周长楫主编《闽南方言大词典》（福建人民出版社2006年版）、陈正统主编《闽南话漳腔辞典》（中华书局2007年版）等。

出版了不少闽南方言研究专著，如张振兴《漳平方言研究》（中国社会科学出版社1992年版），马重奇《漳州方言研究》（香港纵横出版社1994年版），马重奇《闽台方言的源流与嬗变》（福建人民出版社2002年版），马重奇《清代三种漳州十五音韵书研究》（福建人民出版社2004年版），马重奇《闽台闽南方言韵书比较研究》（中国社会科学出版社2008年版），周长楫、欧阳忆耘《厦门方言研究》（福建人民出版社1998年版），周长楫、周清海《新加坡闽南话概说》（厦门大学出版社2000年版），周长楫《闽南话的形成发展及在台湾的使用》（中国书籍出版社2009年版），周长楫《诗词闽南话读音与押韵》（高雄敦理社1995年版），王建设、张甘荔《泉州方言与文化》（上、下）（鹭江出版社1994年版），李熙泰、陈荣岚合编《厦门方言》（鹭江出版社1994年版），郭启熹《龙岩方言研究》（香港纵横出版社1996年版），林华东《泉州方言文化》（福建人民出版社1998年版），林华东《泉州方言研究》（厦门大学出版社2008年版），许长安《语文现代化的先驱卢戆章》（厦门大学出版社2000年版）等。

还出版了一些闽南方言研究论文集，如李如龙《方言与音韵论集》（香港中大吴多泰中心1996年版），李如龙《方言学应用文集》（湖南师范大学出版社1998年版），李如龙主编《东南亚华人语言研究》（北京语言文化大学出版社2000年版），陈碧加、张嘉星、杨秀明编《闽南方言·漳州话研究》（中国文联出版社2001年版），黄典诚《黄典诚语言学论文集》（厦门大学出版社2003年版），张嘉星《闽方言研究专题文献辑目索引（1403—2003）》（社会科学文献出版社2004年版）等。

此外，还出版许多闽南方言学习教材，如林连通主编、马重奇执行主编《福建人学习普通话指南》（语文出版社2001年版），林宝卿《闽南话教程》（厦门大学出版社1992年版），纪亚木《闽南话入门》（鹭江出版社1993年版），林宝卿《闽南话口语》（厦门大学出版社2000年版），周长楫《厦门话音档》（上海教育出版社1996年版），周长楫、林宝卿编写、发音方舟《学说厦门话：附音带1盒》（上海教育出版社1996年版），高然《交际闽南话九百句》（广东嘉应大学音像社1999年版），姚景良《厦门成语》（鹭江出版社1996、1998年版），许长安、李乐毅编《闽南白话字》（语文出版社1992年版），李熙泰、许长安合编《厦门话文》（鹭江出版社1994年版），曾辐物《临时急需一句话：闽南语》（东南大学出版社2004年版），刘振华《说闽南话》（中国人口出版社2006年版），李如龙、姚荣松《闽南方言》（福建人民出版社2007年版），周长楫《闽南话800句》（福建人民出版社2007年版），周长楫《闽南方言常用小词典》（福建人民出版社2007年版），黄守忠、许建生、李向群《厦门谚语》（鹭江出版社1996年版），周长楫《厦门方言熟语歌谣》（福建人民出版社2001年版），沈英艺《闽南话掌故》（海风出版社2005年版），王建设，蔡湘江《泉州谚语》（福建人民出版社2006年版），林华东《泉州歌谣》（福建人民出版社2006年版），杨秀明《漳州方言熟语歌谣》（福建人民出版社2007年版），洪梅《龙岩方言熟语歌谣》（福建人民出版社2007年版）等。

四　闽南方言研究论文简介

1. 闽南方言综合研究。

关于方言音韵研究的论文，有马重奇《〈汇集雅俗通十五音〉文白异读系统研究》（《方言》2004年第3期），马重奇《中国大陆闽南方言韵书比较研究》（《福建师范大学学报》2002年第2期），林宝卿《闽南方言三种地方韵书比较》（《漳州师院学报》2000年第2期），蔡素娟《闽南语连读变调与词素变体选择假设》（《当代语言学》2002年第3期），周长楫《从义存的用韵看唐代闽南方言的某些特点》（《语言研究》1994年增刊），杨志贤《〈十五音〉述评》（《福建论坛》1996年第6期），周长楫《中古韵部在闽南话读书音里的分合：兼论陈元光唐诗诗作的真伪》（《语言研究》1996年增刊），林宝卿《闽南方言声母白读音的历史语音层次初探》（《古汉语研究》1998年第1期），林宝卿《厦、漳、泉语音的差异》（《厦门大学学报》1993年第2期），丁方豪《卢戆章在切音字正词法方面的贡献》（《语文建设》1992年第4期），许长安《卢戆章对语文现代化的贡献》（《语文建设》1992年第2期），周有光《切音字运动百年祭》（《语文建设》1992年第5期），杜晓萍《［m］尾字所反映的闽南方言的历史层次》（《古汉语研究》2006年第1期），陈宝贤《闽南方言连读变调新探》（《语文研究》2008年第2期），庄红红《普通话f声母在闽南方言中的痕迹》（《齐齐哈尔师专学报》2007年第6期），陈莹《闽南方言与英国英语的音位系统对比——语音软件Praat的应用分析》（《泉州师院学报》2007年第5期）等。

关于方言语法研究的论文，有黄聪聪《古汉语语序的合理性新探——以闽南方言为例证》（《南昌大学学报》2009年第5期），林华东《闽南方言的句首语气词》（《东南学术》2007年第5期），王树瑛《闽南方言中的"有-无"句》（《闽江学院学报》2007年第4期），林华东《闽南方言语气词研究》（《泉州师院学报》2007年第5期），林叶连《闽南语"仔"字的用法与语义研究》（《台湾研究集刊》2007年第1期），陈曼君

《1979—2004年大陆闽南方言语法研究述评》（《集美大学学报》2006年第3期），林丽卿《广播中闽南语的单音形容词》（《东南传播》2005年第1期），曹逢甫《台湾闽南语的ka^{7}与宾语的前置》（《汉语学报》2005年第1期），陈曼君《闽南话助动词"通"的句位功能》（《语文研究》2004年第3期），曹茜蕾《近代早期闽南话分析型致使结构的历史探讨》（《方言》2007年第1期），李如龙《闽南方言的结构助词》（《语言研究》2001年第2期），王建设《从口语代词系统的比较看〈世说新语〉与闽南话的一致性》（《华侨大学学报》1993年第3期），李春晓《闽台地区闽南话程度副词研究》（《福州大学学报》2001年第2期），李如龙《闽南方言的否定词和否定式》（《中国语文研究》2003年第2期），陈垂民《闽南话的"去"字句》（《暨南学报》1993年第3期）等。

关于方言词汇研究的论文，有王丽华《闽南方言重叠词的修辞现象分析》（《集美大学学报》2001年第3期），林宝卿《闽南方言的外来词》（《语文建设通讯》1992年第2期），张惠英《闽南方言常用指示词考释》（《方言》1994年第3期），马重奇《闽台闽南方言词汇比较考源（一）》（《福建论坛》2007年第9期），马重奇《闽台闽南方言词汇比较考源（二）》（《福建论坛》2007年第10期），马重奇《闽台闽南方言词汇比较考源（三）》（《福建论坛》2008年第11期），马重奇《闽台闽南方言词汇比较考源（四）》（《福建论坛》2008年第12期），王进安《闽台闽南方言"称赞词"研究》（《福建师大福清分校学报》2008年第1期），洪振天《闽南方言中的特殊词汇》（《东南传播》2006年第12期），林华东《闽南方言成语简论》（《福建师范大学学报》2006年第4期），洪振天《闽南方言译释汉语成语》（《东南传播》2006年第6期），杨秀明《从〈祖堂集〉看唐末闽南方言"仔"缀语词的发展》（《韶关学院学报》2008年第11期），吴圣杨《闽南方言与泰语中的汉语借词》（《解放军外国语学院学报》2006年第2期），曹小云《〈荔镜记〉中所见明代闽南方言词例释》（《皖西学院学报》2004年第1期）等。

也有一些闽南方言与普通话及其他方言比较研究的论文，如冯爱珍《从闽南方言看现代汉语的"敢"字》（《方言》1998年第4期），周长楫《略论闽南话词汇与普通话词汇的主要差异》（《语言文字应用》1992年第3期），周长楫《闽南话与普通话在语法方面的差异刍议》（《语言文字应用》1995年第3期），马重奇《闽台闽南话与普通话韵母系统比较研究》（《福建论坛》2002年第4期），陈鸿《〈增补汇音〉音系与普通话音系比较研究》（《福建师范大学学报》2005年），张惠珠《略论闽南方言与普通话双音词中同素反序现象》（《华侨大学学报》1996年第1期），庄初升、严修鸿《漳属四县闽南话与客家话的双方言区》（《福建师范大学学报》1994年第3期）等。少数讨论方言本字的论文，如林宝卿《闽南方言若干本字考源》（《厦门大学学报》1998年第3期），庄初升《联系客方言考证闽南方言本字举隅》（《语文研究》1999年第1期），林宝卿《闽南方言源出古汉语》（《福建学刊》1992年第6期）。

也有讨论闽南方言源与流问题的论文，如林华东《闽南方言的形成及其源与流》（《中国语文》2001年第5期），林华东《试谈闽南方言史的研究》（《泉州师专学报》1995年第3期），陈荣岚《闽南方言与闽台文化溯源》（《厦门大学学报》1995年第3期）等。

至于闽南方言文化研究的论文，如李如龙《闽南方言地区的语言生活》（《语文研究》1995年第2期），马重奇《方言与文化的立体观照——序林华东的〈泉州方言文化〉》（《泉州师院学报》2001年第1期），林华东《闽台方言与中华文化渊源》（《人民论坛》2007年第9期），曾金霖《从闽台方言看闽台文化的共同内涵》（《福建电视大学学报》2004年第6期），林华东《闽南地区双言现象与语言生活和谐问题》（《漳州师院学报》2009年第1期），黄宇烽《"开发"是闽南方言艺术发展的重要途径》（《新西部》2008年第9期），陈梓生《闽南方言的文化特性》（《东南传播》2007年第12期），林艳燕《浅谈闽南语的发展与地域联系》（《法制与社会》2007年第7期），张嘉星《传教士与闽南方言辞书》（《文献》2006年第1期），林宝卿《闽南方言中的古汉语活化石举隅》（《语文研究》1995年第4期），林寒生《从方言词汇透视闽台文化内涵》（《厦门大学学报》1994年第4期），杨豪《"福佬人"考略》（《广西民族学院学报》1996年第2期），张嘉星《印尼、新、马闽南方言文献述要》（《漳州师院学报》2002年第3期），许长安、李熙泰《厦门话文》（鹭江出版社1993年版）等。

2.泉州方言研究。

泉州方言音韵研究的论文比较多，如林连通《福建省永春方言的鼻化韵》（《语言》创刊号2000年第1期），王建设《南音唱词中的古泉州话声韵系统》（《方言》2000年第4期），林宝卿《〈汇音妙悟〉及其所反映的明末清初泉州音》（《语言研究》1996年增刊），黄炳辉《泉州方音与唐诗吟咏》（《华侨大学学报》1997年第1期），许颖颖《十九世纪初闽南韵母系统初探：明刊闽南戏曲〈满天春〉用韵研究》（《福建论坛》1999年第6期），许颖颖《明末泉州方言与现代泉州方言比较研究》（《编辑和语言》，厦门大学出版社2000年版），李春晓《明末泉州南音用韵初探》（《编辑和语言》，厦门大学出版社2000年版），吕惠珊《闽南水头方言声韵调系统研究》（《编辑和语言》，厦门大学出版社2000年版），叶俊霞《〈拍掌知音〉音系研究》（《编辑和语言》，厦门大学出版社2000年版），王建设《新发现的〈汇音妙悟〉版本介绍》（《中国语文》2001年第3期），朱提提《〈汇音妙悟〉研究述评》（《华侨大学学报》2009年第2期），李晓玲《闽南永春方言声调格局实验分析》（《厦门理工学院学报》2007年第2期）等。

还有泉州方言语法研究的论文，如林连通《福建永春方言的述补式》（《中国语文》1995年第6期），林华东《安溪话物量词举要》（《方言》1999年第1期），陈法今《泉州话动词附加"者"、"赎"、"唎"》（《华侨大学学报》1992年第2、3期合刊），陈法今《泉州方言的述补结构》（《方言》1992年第3期），陈法今《泉州话动补短语附加动态助词》（《华侨大学学报》1993年第3期），陈曼君《泉州话"煞"字词性功能》（《语文研究》2002年第1期），林华东《泉州方言的程度副词》（《泉州师院学报》2009年第5期），陈燕玲《泉州方言名词、动词及形容词的重叠式》（《龙岩学院学报》2009年第6期），陈曼君《惠安方言单动非重叠谓语句的用法》（《阜阳师院学报》2009年第1期），陈燕玲《泉州方言基本形指示代词分类与使用初探》（《泉州师院学报》2008年第3期），陈燕玲《泉州方言人称代词的变调》（《泉州师院学报》2006年第1期），陈燕玲《泉州方言人称代词的使用》（《泉州师院学报》2005年第5期），陈曼君《惠安方言单动非重叠谓语句的句法、语义特征》（《百色学院学报》2007年第5期），陈曼君《惠安方言单音动词重叠谓语句》（《广西民族学院学报》2005年第3期），陈曼君《惠安方言特殊兼语句》（《集美大学学报》2008年第1期），吕晓玲《闽南南安方言的助词"着""了""去"》（《泉州师院学报》2007年第3期），吕晓玲《南安话的"遘"字补语》（《福建论坛》2005年第1期），吕晓玲《闽南南安方言的结构助词"其"》（《乐山师院学报》2006年第10期）等。

泉州方言文化研究的论文，主要有王建设《论泉州方言丰厚的文化积淀》（《华侨大学学报》1993年第1期），王建设《泉州方言与地方戏曲》（《华侨大学学报》1995年第3期），王建设《泉州地名文化初探》（《华侨大学学报》1994年第2期），王建设《泉州方言与中外文化交流》（《华侨大学学报》1999年第3期），王建设《谈明刊闽南方言戏文的校注》（《华侨大学学报》2000年第2期）等。

3.漳州方言研究。

漳州方言音韵研究的论文颇多，主要有马重奇《闽南漳州方言的la—mi式和ma—sa式音的秘密语研究：与福州瘦语，嘴前话和切脚词比较研究》（《中国语言学报》1999年第9期），马重奇《闽南漳州方言中的反切语研究》（《福建师范大学学报》1994年第1期），马重奇《漳州方言的文白异读》（《福建论坛》1996年第1期），马重奇《〈广韵〉韵系与漳州方言韵系比较研究（上下）》（《福建师范大学学报》1997年第2、3期），马重奇《〈汇集雅俗通十五音〉声母系统研究》（《古汉语研究》1998年增刊），马重奇《〈汇集雅俗通十五音〉韵部系统研究》（《语言研究》1998年增刊），马重奇《〈增补汇音〉音系研究》（中国音韵学研究会第十次学术讨论会暨汉语音韵学会第六届国际学术研讨会论文集，香港文教公司2000年版），马重奇《〈渡江书十五音〉音系性质研究》（《中国语言学报》2001年第10期），陈鸿《〈增补汇音〉的体系及音系拟测问题》（《福建师范大学学报》2001年第1期），杨小青《怎样利用漳州音辨别中古声母》（《漳州师院学报》1994年第3期），林宝卿《略谈〈增注雅俗通十五音〉》（《语言研究》1994年增刊），王顺隆《〈渡江书〉韵母的研究》（《方言》1996年第2期），张嘉星《漳州"十五音"及其研究综述》（《闽台文化交流》2003年创刊号），黄时鉴《麦都思〈汉语福建方言字典〉述论》（《中华文史论丛》，上海古籍出版社2003年版），陈碧加《漳台闽南方言比较研究》（《漳州师院学报》1998年第4期），马重奇《〈汇集雅俗通十五音〉文白异读系统研究（一）》（《方言》2004年第2期），马重奇《〈汇集雅俗通十五音〉文白异读系统研究（二）》（《方言》2004年第3期），殷学侃《漳州话声调格局的分析》（《赤峰学院学报》2009年第1期），杨秀明《闽南方言"仔"缀语词近现代的语音演变》（《漳州师院学报》2009年第1期），杨秀明《漳州方言"仔"缀词的两字组连读变调》（《方言》2006年第1期），高丽凤《谈谈南靖县靖城话的hiɛ》（《龙岩学院学报》2006年第2期）等。

　　漳州方言语法研究的论文也不少，主要有马重奇《漳州方言的重叠式形容词》（《中国语文》1995年第2期），马重奇《漳州方言重叠式动词研究》（《语言研究》1995年第1期），黄淑芬《漳州方言连词研究概述》（《福建论坛》2008年第3期），张嘉星《漳州方言单音节"名→形"词语初探》（《漳州师院学报》1999年第1期），陈炳昭、郭锦标《漳州方言三音词造词特点》（《中国语言学报》1993年第6期），张嘉星《漳州话记音数词考源：兼谈汉语部分数词熟语之成因》（《漳州师院学报》1995年第1期），张嘉星《试论漳州方言虚数的表义规律》（《漳州师院学报》1996年第1期），杨秀明《漳州方言的句首语助词"啊"》（《漳州师院学报》1996年第1期），庄初升《闽语平和方言的介词》（《韶关大学学报》1998年第4期），李少丹《漳州话与普通话疑问句的异同》（《漳州师院学报》2001年第2期），张嘉星《漳州话的称数法》（《福州大学学报》2002年第3期），杨秀明《漳州方言"仔"缀语词的组合与演变》（《楚雄师院学报》2008年第12期），张嘉星《漳州市区闽南话概数称数法研究》（《漳州师院学报》2004年第3期）等。

　　漳州方言词汇研究的论文主要有：马重奇《漳州方言同音字汇》（《方言》1993年第3期），林宝卿《漳州方言词汇（一）》（《方言》1992年第2期），林宝卿《漳州方言词汇（二）》（《方言》1992年第3期），林宝卿《漳州方言词汇（三）》（《方言》1992年第4期），马重奇《十九世纪初叶福建闽南方言词汇研究（一）——英·麦都思〈福建方言字典〉词汇研究》（《福建论坛》2009年第11期），马重奇《十九世纪初叶福建闽南方言词汇研究（二）——英·麦都思〈福建方言字典〉词汇研究》（《福建论坛》2009年第12期），林颂育《小议闽南方言动物词的文化价值》（《乐山师院学报》2009年第8期），林志杰《说漳州方言中的"早起"、"早顿"和"头早"》（《萍乡高专学报》2008年第1期）等。

　　4.厦门方言研究。

　　李熙泰《〈厦门民俗方言〉在厦门出版》（《中国语文》1992年第1期），周长楫《厦门话的被动句》（《厦门大学学报》1993年第3期），许长安《周辨明、林语堂、罗常培的厦门方言拼音研究》（《厦门大学学报》1994年第3期），周长楫《重读〈厦门音系〉》（《方言》1999年第2期），李如龙《厦门方言词汇一百多年来的变化———对三本教会厦门话语料的考察》（《厦门大学学报》2007年第1期），胡方《论厦门话［-mb-ŋg-nd］声母的声学特性及其他》（《方言》2005年第1期），李小凡《释厦门、苏州、庆元（竹口）方言的声调变异》（《陕西师范大学学报》2004年第5期）等。

5.龙岩方言研究。

龙岩语音研究的论文有：郭启熹《龙岩话音韵特征》（《语言研究》1994年增刊），王咏梅《龙岩新罗区"地方普通话"的语音特点》（《龙岩学院学报》2006年第1期），王咏梅《龙岩话常用三字组的动态声调》（《龙岩师专学报》2004年第1期）；语法研究的论文有郭启熹《龙岩方言代词及其特色》（《闽西职业大学学报》1999年第1期），林丽芳《龙岩话动词形容词重叠与表义程度的强弱》（《龙岩学院学报》2007年第1期），王咏梅《龙岩话的"有"字句》（《龙岩学院学报》2006年第2期），林丽芳《龙岩话表加强程度的词缀与类词缀》（《闽西职业技术学院学报》2006年第1期），林丽芳《龙岩话中的"死人A"结构》（《龙岩学院学报》2006年第1期）；其他论文有黄今许《龙岩方言中的古汉语遗存》（《闽西职业技术学院学报》2006年第1期），郭启熹《龙岩方言的基本特征》（《闽西职业技术学院学报》2006年第1期），林丽芳《龙岩方言亲属称谓词的文化内涵浅探》（《龙岩师专学报》2004年第2期）等。

从以上罗列的几十年来闽南方言研究中的课题立项情况、获奖情况和论著发表情况中，我们看到了闽南方言学者辛勤耕耘的身影，但是，我们也看到，中国人讲究"盖棺定论"，"闽南方言"被研究，"闽南方言的研究者们"作为一个群体形象，并不被过多着墨。我们只能从其他材料中查找到一些零星的、个体的形象，如：柯文溥《语言学家周辨明》（厦门大学学报(哲学社会科学版).2002年第5期），陈亚川《中国语言学家评介——罗常培》（《语言教学与研究》1979年第1期），姚远《早期西大教授_语言学大师罗常培》（《西北大学学报(哲学社会科学版)》1995年第3期），张振兴《现代汉语方言奠基人之一——罗常培教授》（《中国语文》 2009年第4期），林寒生《语言学家_黄典诚教授》（《福建学刊》1988年第3期），刘新中《詹伯慧学术思想初探》（暨南学报（哲学社会科学版）2009年第2期），张晓山《从广东走向世界的语言学家詹伯慧》（《岭南文史》2004年第1期），麦耘《李新魁先生的学术成就和治学方法》（《学术研究》1998年第1期），林伦伦《李新魁教授对汉语方言研究的贡献》（《汕头大学学报》1999年第3期），麦耘、林伦伦《李新魁教授对汉语语言学的贡献》（《韩山师范学院学报》2000年第1期），薛生《著名语言学家李新魁先生逝世》（《古籍整理研究学刊》1997年第6期），陈俊华《林伦伦教授访谈录》（《汕头大学学报（人文社会科学版）》2003年第1期），陈筠《周长楫教授与他的闽南话研究》（《两岸关系》2007年第3期），温昌衍《李如龙先生的方言学学术思想探略》（《暨南学报（哲学社会科学版）》2009年第6期），李新魁《博学鸿才的黄际遇先生》（《韩山师范学院学报》1993年第4期）等。

又如：李如龙《<漳州方言研究>序》（香港纵横出版社1994年版）、林玉山《比较方言学的一部力作评<闽台方言的源流与嬗变>》（《福建论坛(人文社会科学版)》2003年第3期）、张振兴《评马重奇著<闽台方言的源流与嬗变>》（《福建师范大学学报》2003年第3期）、李春晓《闽南方言韵书的集大成之作——读<闽台闽南方

言韵书比较研究>》（《福建论坛（人文社会科学版）》2009年第4期）、林玉山《韵书比较学的杰作——评马重奇<清代三种漳州十五音韵书研究>》（《福建师范大学学报（哲学社会科学版）》2005年第3期）、陈芳《试谈<清代三种漳州十五音韵书研究>对历史比较法的成功运用》（《福建论坛：人文社会科学版》2005年第6期）、蔡丽华《当代音韵学一部比较研究的范式之作——读<闽台闽南方言韵书比较研究>》（《古汉语研究》2011年第2期）、王建设《闽南方言四种研究成果述评》（《华侨大学学报（哲学社会科学版）》2002年第2期）、林连通《继往开来　推陈出新——<闽南方言大词典>评介》（《华侨大学学报（哲学社会科学版）》2010年第2期）、张振兴《评<闽南方言大词典>》（《辞书研究》2008年第4期）、李绍群《闽南方言词典的创新之作——评<闽南方言大词典>》（《福建论坛（人文社会科学版）》2007年第8期）、纪秀生《闽南方言研究中的又一部力作——评<闽南方言大词典>》（《华侨大学学报（哲学社会科学版）》2010年第2期）、林玉山《为打造精品而努力——编审<闽南方言大词典>札记》（《中国出版》2007年第3期）、马重奇《一部弘扬闽南方言文化的力作——读林华东新著<泉州方言研究>》（《泉州师范学院学报》2008年第3期）、许长安《周辨明、林语堂、罗常培的厦门方言拼音研究》（《厦门大学学报（哲学社会科学版）》1994年第3期）、林华东《一部值得推介的闽南方言工具书　——读林宝卿<普通话闽南方言常用词典>》（《泉南杂志》2010年第3期）、周长楫《重读<厦门音系>》（《方言》1999年第3期）、陈正统《<闽南话漳腔辞典>对文化遗产记忆保护的尝试》（《闽南日报》2007年5月28日）、陈梦婕《<闽南话漳腔辞典>编订完毕》（《福建日报》2006年12月29日）、罗常培《厦门音系•序》（再版）（山东教育出版社1999年第2版）、何耿镛《厦门方言志•序二》（谭邦君《厦门方言志》，厦门市地方志编委会编1996年版）、丁仕达《龙岩方言研究•序》（香港纵横出版社1996年版）、李克辉《闽南话漳腔辞典•序》（中华书局2007年版）、张振兴《厦门方言研究•序》（福建人民出版社1998年版）、李如龙《闽南方言与古汉语词同源词典•序》（厦门大学出版社1998年版）、薛祖亮《泉州市方言志•序》（中国社会科学文献出版社1993年版）、张振兴《闽台闽南方言韵书比较研究•序》（中国社会科学文献出版社2008年版）、张振兴《清代三种漳州十五音韵书研究•序》（福建人民出版社2004年版）、张振兴《闽台方言的源流与嬗变•序》（福建人民出版社2002年版）、马重奇《泉州方言文化•序》（厦门大学出版社2008年版）、周长楫《泉州方言与文化•序》（厦门大学出版社2008年版）、李新魁《澄海方言研究•序》（汕头大学出版社1996年版）。

　　我们认为，对学者本人的关注恰恰是为了更好地解读作品，因此，本章对学者的研究包括四个方面：（1）简历和研究概况。（2）闽南方言研究成果，包括论著、课题、获奖情况，当然，论著、课题及获奖情况都应与闽南方言研究有关。关联不大的，不提或一笔带过。（3）作品简介。（4）学术活动及学术兼职。限于笔者的学识，本章对作品的评论更多地用引文。

第二节　现当代闽南方言学者及其著作研究

一　翁辉东的闽南方言研究[1]（1985—1965）

翁辉东（1885—1965），字子光，又字梓关，别号止观居士，潮安金石人。早年毕业于同文师范，1907年任潮安东凤、育材、龙溪、肇敏等学堂教员。1908年秘密参加同盟会。1910年到广州高等农林讲习所深造，次年出任粤东革命军司令部参议，旋任潮州农林试验场场长兼蚕桑所所长。从1913年起，任惠潮梅师范学校（今韩师）教师、学监、代理校长。1922年任省立第四中学（今潮州金中）教员，旋又出任汕头汉英中学校长、潮州红十字会医院附设医专教员。1924年初被粤军总指挥部委派为大埔县县长，1927年赴江苏海州（今连云港）任职盐务，1929年任上海医学院生物学教授，1947年任潮州文献馆主任，新中国成立后被聘为广东文史馆馆员，垂暮之年仍致力于地方文献的收集整理与研究工作。

翁辉东为潮汕方言专家，1909年就与黄人雄合编潮州乡土历史、地理教科书，经清政府核准发行，为各学堂通用。潮汕人自编乡土教科书，事实上是从这个时候由其开展起来的。1929年以后，他在上海潜心著述及整理出版旧作，著作除潮州乡土历史、地理教科书外，还有《海阳县乡土志》，《得闲居士年谱》，《翁氏家谱》，《燕鲁纪游》，《潮州风俗志》，《潮汕方言》，《潮州茶经》，《潮州文物图志》及校编辑录的《唐明二翁诗集》，《稽愆集》，《潮州文概》等。

《潮州文概》遴选潮汕先哲遗藏，加上新标点，首开用新方法整理潮汕古籍的先河。《潮州茶经·功夫茶》突出了潮州功夫茶以"品"为主的饮茶程序，是潮州功夫茶艺最早的总结性著作。当然，影响最大的当属《潮州方言》一书。

《潮州方言》（上海涵晖楼丛书之一，1943）是最早研究潮汕方言词语的著作，反映了20世纪40年代潮州方言的词汇概貌。该书效法章太炎《新方言》体例,全书分成释词、释言（单字）、释言（两字）、释言（多字）、释言（叠字）、释身、释亲、释宫、释食、释服、释器、释天、释地、释鸟兽、释虫鱼、释草木等共16卷，约一千词条,共计11万字。王伟深、林伦伦认为，《潮汕方言》所考释的近千词条是新中国成立前潮汕方言的常用词语，研究这些词语的文化内涵，对研究潮汕文化的发展很有价值[2]。詹伯慧认为《潮汕方言》"是一部有相当分量的专著，对潮汕文化的研究很有价值"[3]。但是，由于是潮汕方言词汇考释的开山之作，无前人可供参考，翁氏本身也非语言学家，没有运用严格论证的原则，未能对潮汕方言进行现代语言学的科学描写和

---

[1]　参考杜奋《从〈潮汕方言〉看70年来潮州话词语的发展》，硕士学位论文，广东技术师范学院，2012。

[2]　参见王伟深、林伦伦《翁著〈潮汕方言〉的文化内涵》，《韩山师专学报》1990年第02期。

[3]　詹伯慧：《小议潮汕方言的宏观研究》，《潮州学国际研讨会文集》暨南大学出版社1994年版。

分析，因此，考求出来的本词就有很多不准确的。[1]

二　黄际遇的闽南方言研究（1985—1945）

黄际遇，1885年出生于广东潮汕澄海县澄城镇。14岁中秀才，17岁起留学日本、欧美，归国后于天津、武汉、河南、山东、广州等地高等学校任教。1945年秋，抗战胜利后黄际遇随中山大学回迁，经清远时凌晨失足坠水身亡，终年61岁。黄际遇是我国数学界开创性的人物之一，又兼治文史经。在坪石工作时，曾圈点十三经、《昭明文选》及《资治通鉴》等书各一遍，并着力于音韵、文字、训话、方言之研究，其精辟见解，常著简端。黄际遇所作的《班书字说》，《潮州八声误读表》（笔者注：李新魁在《博学鸿才的黄际遇先生》一文中写为《五十五书字说》，《潮州入声误读表说》）等文章，即为其研究文学学、方言学等之心得。

《班书字说》在发展了章太炎《文始》和《国故论衡》要旨的基础上，进一步阐发"六书"理论和文字构造，尤其在解读图腾、训诂诸疑难方面，均有创新、突破。

《潮州八声误读表》是黄际遇潮汕方言研究的重大成果。黄际遇认为："潮语韵部发达，声部又不发达，复音最少，所长者在韵，所短者在声"，他根据陈氏《切韵考》的学说，首次为潮州方言列出了"声类切母"与"韵类字母"各八声，并最终得出潮州方言乃源于"上古音"这一学说，轰动学界。[2]

三　周辨明的闽南方言研究

周辨明（1891—1984），字忭民，1891年出生，福建惠安人，著名语言学家，是最早研究汉语拼音的学者。1911年上海圣约翰大学毕业后任教于清华大学，1917年到美国哈佛大学进修数学，1921年到厦门大学任教，任厦门大学学生生活指导长、预科高等几何学教授、外国语言文学系教授。1928年赴德国汉堡大学攻读语言学，1931年

[1]　参看胡华《＜潮汕方言＞指瑕录》，《韩山师专学报》1988年第2期；李新魁《潮汕方言词考释》，影印出版社1992年版；詹伯慧《小议潮汕方言的宏观研究》，1994年第2期。

[2]　参考李新魁《博学鸿才的黄际遇先生》，《韩山师专学报》1993年第12期；陈训先《岭南文史》，2010年第6期。

获博士学位后在伦敦大学东方语文学院任汉语教师。1932年重回厦门大学,历任外语系教授、中文系教授、教务长、文学院院长。1949年移居新加坡,1954年任新加坡中华大学语言学教授,1960年退休,1984年逝世。著有《中华国语音声字制》《厦语入门》（20世纪30年代初期出版,此书修订本又于1949年由厦门大学书同文社再版）,《厦语音韵声调之构造与性质》（1934年由厦门大学出版）,《厦语音韵声调之构造与性质及其于中国音韵学上某项问题之关系》（《厦门大学学报》1934年第2卷2期）,《新注声法之改进》《厦语拼音字之改进》《厦语拼音"字母标音"法》（收入《中英会话三用教本》一书）等。

《厦语音韵声调之构造与性质及其于中国音韵学上某项问题之关系》主要内容为"厦语之界说;根据厦音为蓝本以构造《切韵》之音,其可靠性价值等于根据高丽音;中国方言中,厦音所占古音成分最为丰富,其为考定《切韵》本音之资格,实居广东音与客家音之上;厦门声调之性质（包括单切音之调、两切音之调、声门阻之变调、三叠音之调、轻音调、语调之组织等）;《切韵》与厦语声母、韵母之比较;厦语有《切韵》以前之音;古浊上声之分配;鼻音声母问题;清浊问题;古声调之恢复"[1]。文章从声、韵、调三个方面对厦门话进行细致的分析,这是一篇"周辨明关于厦门语音研究的代表作,是最早运用现代语言学方法研究厦门方言的重要成果"。[2]

《新注声法之改进》对"国语罗马字的字母标调法"进行一番改进,即"阴去d改为hl,阳入的hh、pp、tt、kk改为'h、b、d、g"。[3]

《厦语拼音字之改进》在《新注声法之改进》后,再次对"国语罗马字的字母标调法"进行改进,即"把阴去的hl改为f,把阳入的'h改为q。另外,韵母的写法也作了较大的改动,主要是同一个韵母因声调的不同规定了不同的写法"。[4]

周辨明长期从事汉语拼音化、方言音韵及汉字检索研究。"是我国国语罗马字拼音制度的创制者之一"[5],他在论著《中华国语音母和注声的刍议》（1922年）、《中华国语音声字制》（1923年）中,提出了自己的罗马字拼音方式,并与其他语言学家拟定"国语罗马字"。1934年由厦门大学出版的《前驱国语罗马字读本》推动了我国汉语拼音化的进程。

在方言音韵学上,周辨明也卓有成果。"20年代初,他就发起成立'厦语社',拟定'厦语罗马字',将闽南白话字的符号标调法改为国语罗马字的字母标调法"。[6]

在汉字检索方面,周辨明也有开创性的贡献。他发明了"半周钥笔索引法",在他的作品《半周检字制》和《半周钥笔索引法编排国音字汇及电码书》中对"半周钥笔索引法"进行

[1]　许长安：《周辨明、林语堂、罗常培的厦门方言拼音研究》,《厦门大学学报》1994年第3期。
[2]　同上。
[3]　柯文溥：《语言学家周辨明》,《厦门大学学报》2002年第5期。
[4]　许长安：《周辨明、林语堂、罗常培的厦门方言拼音研究》,《厦门大学学报》1994年第3期。
[5]　柯文溥：《语言学家周辨明》,《厦门大学学报》2002年第5期。
[6]　同上。

介绍,"这种检字法能按汉字结构的特征将形声字结集一起,有其显著优点,为学界所重视"。[1]

周辨明另著译及编译有《语言学概论》《万国通语论》《国音字汇及电码书》。

四　林语堂的闽南方言研究

林语堂（1895—1976），福建龙溪人，文学家、语言学家、翻译家。原名和乐，笔名毛驴、宰予等，1912年入上海圣约翰大学学习英文，1916年获得学士学位，毕业后到清华大学英文系任教。1919年至1923年在美国、法国、德国留学，研究文学、语言学。1923年获德国莱比锡大学语言学博士。回国后，先后在清华大学、北京大学、北京女子师范大学任教。1924年在北京大学与董作宾、顾颉刚等人成立方言研究会，任主席，提倡用罗马字母调查方言，并参与制订"国语罗马字"拼音方案，1926年林语堂到厦门大学任文学院院长，1927年到武汉任中华民国外交部秘书，1947年林语堂任联合国教科文组织美术与文学主任，1954年新加坡筹建南洋大学，受聘担任首任校长。1967年受聘为香港中文大学研究教授，1975年被推举为国际笔会副会长。1976年在香港逝世。

林语堂主要成就在文学创作方面，但他早期从事过方言学的研究并取得一定的成就，语言学论著主要有《语言学论丛》，其中，《闽粤方言之来源》一文提出，闽粤方言"多保存古语古音"，与古越人杂处有关，在语言学界有重要影响。林语堂还是最早提倡方言调查的学者，他说:"史书所得,无论如何只是断碎的材料,不能构出什么精细的系统。今日最重要的在于实地调查,如人种、语言、宗谱、风格,及其传布区域,都需详细记载起来,然后可以真正明白闽粤方言之来源。"实地调查法是使研究成果有说服力,具有科学性的重要条件之一，为学者们的方言研究提供了新途径，至今一直为大多数方言学者所采用。

林语堂是第一位提出"古有复辅音"的中国学者。他在《古有复辅音说》一文中从"以辩证发展的眼光看待语音变化"和"从汉语的自身特点出发,分析复辅音存在而不被察觉的可能性"两个方面出发，认为古有复辅音，并且归纳了四种研究复辅音的途径，分别是"寻求今日俗语中所保存复辅音的遗迹,或寻求书中所载古时俗语之遗迹"、"由字之读音或借用上推测"、"由字之谐声现象研究"、"由印度支那系中的语言做比较的工

［1］　柯文溥:《语言学家周辨明》,《厦门大学学报》2002年第5期。

夫,能求证中原音声也有复辅音的材料”。

"'古有复辅音'这一观点的提出,大大拓宽了汉语语音研究的视野,引领了大批学者对此进行大量分析论证,并应用于方言研究,被不断地完善,持续至今”[1]。

林语堂关于厦门方言拼音的研究。他拟出了《方言调查会方音字母草案》，并提出4条制定方音字母的原则：（1）应区分宽式标音和严式标音；（2）限于用26个拉丁字母；（3）字母的读法和用法应按照普通公认的习惯；（4）声调必须标出,采用字母标调。

"林语堂提出的宽式标音和严式标音,以及标音字母的写法、读法、用法和标调法,对于后来的方言调查记音以及汉语拼音字母的制定,都产生了深刻的影响。林语堂的厦门音字母正是按照这些原则拟订的”[2]。

五　罗常培的闽南方言研究

罗常培（1899—1958）,字莘田，号恬庵,北京宛平人,满族人。1916年考入北京大学中国文学系,1919年毕业。1920年又入哲学系学习。1923年任西北大学国文教授兼国文专修科主任。1926年后历任厦门大学、中山大学、北京大学、西南联合大学等校教授。1944年赴美讲学,先后任波蒙纳学院、耶鲁大学访问教授。1948年秋返国继任北京大学教授,兼北京大学文科研究所所长。1958年12月在北京病逝。

罗常培曾任北京第一中学校长、西安西北大学教授、中央研究院历史语言研究所研究员、北京大学教授、西南联合大学中文系主任。罗常培还任中国科学院语言研究所所长,中国文字改革委员会委员,《中国语文》总编辑,《语言研究》常务编辑委员，全国人民代表大会第一、二届代表,中国科学院哲学社会科学部学部委员,普通话审音委员会委员,并被推为召集人。

罗常培毕生从事语言学教学与研究工作,在音韵学、少数民族语言、汉语方言研究等领域卓有建树,与赵元任、李方桂同为早期中国语言学界的"三巨头"。他出版的《汉语音韵学导论》等著作及一系列论文,有许多独创性见解,对音韵学学科建设

　　[1]　李小婧：《林语堂的方言学思想综述》，《成都纺织高等专科学校学报》2010年第2期。
　　[2]　许长安：《周辨明、林语堂、罗常培的厦门方言拼音研究》，《厦门大学学报》1994年第3期。

起了重要的促进作用。他与人合著的《十韵汇编》，是音韵学的重要著作。在汉语方言研究方面，罗常培出版了《厦门音系》、《临川音系》等著作和论文，为方言研究起了示范作用。他的《唐五代西北方音》是我国语言学家写的第一部探讨古代方言音系的著作。他的《八思巴字与元代汉语》收录的材料，是探讨13世纪、14世纪汉语语音、研究普通话的形成和发展历史的宝贵资料。在少数民族语言研究方面，罗常培做了许多开创性工作。罗常培还出版了《普通语音学纲要》等著作，这些论著在普及语音知识、论述中国语言学史等方面，有独特的贡献。

罗常培语言研究中与闽南方言相关的成果是《厦门音系》。《厦门音系》在大量方言调查的基础上，对厦门方言的语音部分给予全面描述。该书是国立中央研究院历史语言研究所单刊甲种之四，由中华教育基金文化董事会资助刊印。1930年初版，1956年北京科学出版社有影印新版。1999年收入山东教育出版社《罗常培文集》第一卷。

1926年罗常培随鲁迅到厦门大学任教，刚来不久就开始记录厦门方言的语音，数年后又由原发音人林黎光在北京完成调查工作，1929年写成。全书共分为七个部分。第一部分"绪论"，简单描述厦门话及其研究。第二部分"从声、韵、调三个角度描写厦门话语音，分析十分精细"。第三部分"厦门方言的音韵"，罗列单字音表之后，着重分析文白异读。第四部分将厦门音与《十五音》（漳州音）进行对比。第五部分将厦门音与《广韵》进行对比。第六部分是长达30页的"标音举例"，用国际音标标注了故事《北风跟太阳》及4首歌谣，后者还用五线谱标明语调。第七部分是厦门音与《十五音》及《广韵》音的比较表。在书的最后还附了14张表和4张图"以便人们加深对前面内容的理解。

1956年重版时，作者在"再版序言"中自我批评：重音值描写而未注意音位归纳，未与北京音作比较，列表比较北京音过于烦琐。同时也指出该书的价值：用现代语音学方法对重点方言语音作详细分析，罗列了古今音对应，分析十分有特色的文白异读对应，标音举例有带头作用。张振兴评价它是"真正运用现代语音学的科学方法对厦门话做深入、系统的调查研究"及"对厦门音系进行细致的描写、分析的"[1]的书。全书有以下几个特点：（1）内容细致，罗常培"应用现代语音学的方法详细分析一个重点方言的语音"，使得方言语音通俗易懂，方便人们学习厦门话。（2）"提出厦门话'字音'和'话音'的转变条理,归纳成同声异韵、同韵异声和声韵俱异三种情况,每种情况又举出数种现象。"（3）"记录了一篇有语助词的故事和四首民歌,对于研究词汇和语法有重大作用。"[2]（4）对厦门语音进行全面比较，从横向和纵向分别将其与《十五音》和《广韵》进行比较，从而得出它们之间的异同点，突出厦门方言的特点。

该书之所以被奉为现代汉语方言学的经典著作，其开创性和参考性是不言而喻的。这是第一部运用现代语音学的科学方法对厦门话语音系统进行细致入微描写的著

---

[1]　张振兴：《现代汉语方言奠基人之一——罗常培教授》，《中国语文》2009年第4期。

[2]　罗常培：《厦门音系·序》（再版），科学出版社1956年版。

作。"该书首次把一个重点方言的音系进行了列表比较，说明了广韵47个声类与厦门音18个声母、广韵16摄与厦门音57个韵母、广韵四声与厦门音7个声调的关系，细致而完备。从此比较中，得出了厦门话古今演变的规律和特点。""《厦门音系》从现代方言学理论体系和反映语言事实的准确性两个方面，奠定了厦门方言研究的基础"。[1]

该书作为"中国现代语言学对单点方言作详尽语音描写和比较研究的最早成果之一，不论是用现今的厦门音作检验或从调查方法上加以总结，至今都没有动摇其典范的地位"。[2]"书中所提供的关于方言调查的理论、原则和方法，对今天从事汉语方言调查研究工作者仍具有现实的指导意义。"[3]

六　黄典诚的闽南方言研究

黄典诚（1914—1993），字伯虔，笔名黄乾，福建龙溪（漳州）人，汉族。1937年毕业于厦门大学，后在龙溪师范学校担任国文教员。1938年任厦门大学助教，1945年任副教授，1979年任语言学硕士研究生导师，1981年任教授。1986年任博士生导师，1993年6月6日于厦门大学病逝。

（一）黄典诚的闽南方言研究成果

黄典诚早年追随周辨明先生关注汉语拼音化的研究，并合著《语言学概要》（1944），之后，长期从事音韵学、训诂学和方言学特别是闽方言的研究以及汉字改革研究，并多有建树。其专著《诗经通译新诠》于1993年荣登"中国内地版图书在港畅销榜"。《切韵综合研究》一书，被列为语言学研究生的教材，是当今研究中国语言学的必读著作。在闽语研究方面被加拿大知名汉学家蒲立本赞为"闽语研究众所公认的权威"（1980）。

与闽南方言相关的研究主要有：20世纪50年代参与并指导全省方言普查，后编成《福建省汉语方言概况》（讨论稿），提出汉语方言的分区应将闽语归为一区，其下则分为闽东、闽北、闽中、闽南与莆仙等5个次方言区。70年代指导厦门大学教师编纂

[1]　张振兴：《现代汉语方言奠基人之一——罗常培教授》，《中国语文》2009年第4期。
[2]　陈支平、徐泓编：《闽南文化百科全书·方言卷》，福建人民出版社2009年版，第68页。
[3]　周长楫：《重读〈厦门音系〉》，《方言》1999年第3期。

《普通话闽南方言词典》（厦门大学中国语言文学研究所编纂，三联书店香港分店和福建人民出版社1980年版）。对闽南方言韵书《妙音汇悟》《拍掌知音》《十五音》《渡江书》等有精辟的研究。论文《闽南方言和汉民族语比较》（上、下）《闽语的特征》《闽语人字的本字》《闽南方言上古音的残余》《中古鼻音声母在闽音的反映——为第18届国际汉藏语言学会而作》等有较大影响。主编《福建省志·方言志》（方志出版社1998年版）等。详情如下。

1.专著：主编《福建省汉语方言概况》（厦门大学铅印讨论本，1962年完稿，执笔其中"总论""闽南方言概况""莆仙方言概况"三章；主编《普通话闽南方言词典》（福建人民出版社1982年版）；主编《福建省志·方言志》（方志出版社1998年版）

2.论文：《厦门话拉丁化新文字方案》（《新文字周刊》1950年第1期）、《关于闽南方言鼻化韵写法的设计》（《新文字周刊》》1950年第2期）、《闽南话新文字讲座》（《新文字周刊》1950年连载）、《S、W、Y在厦门》（《新文字周刊》1950年第35期）、《台湾话新文字讲座》《新文字周刊》1950年第39、43、45、48、49、50、51、52期，1951年第53、54、56期）、《从闽南的白话字看出拼音文字的优点》（《中国语文》1953年第7期）、《闽南话》（上下）（《语文知识》1954年第10、11期）、《闽南方言和汉民族共同语的比较》（《厦门大学学报》1954年第6期）、《汉语拼音方案草案讨论集》（第2辑）（文字改革出版社1955年版）、《新发现的另一种闽南白话字》（《文字改革》1957年第4期）、《〈拍掌知音〉说明》（《方言》1979年第2期）、《闽南方言拼音化的传统与经验》（《语文现代化》1980年第1期）、《泉州〈汇音妙悟〉述评》（《泉州文史》1980年第3期）、《闽语人字的本字》（《方言》1980年第4期）、《福建方言研究中的几个问题》（《福建社联通讯》1980年第16期）、《闽南方言的由来》（《天风海涛》1981年第4期）、《漳州〈十五音〉述评》（《漳州文史资料》1982年第1期）、《试论福建方言拼音化的传统——为美国夏威夷东西中心"华语地区语言规划会议"而作》（《泉州师专学报》1983年第2期）、《闽语的特征》（《方言》1984年第1期）、《闽南方言在闽南地方志中的地位》（《龙溪地区编志人员学习班讲稿汇编》1984年第9月）、《闽南方言中的上古汉语单词残余》（《厦门大学学报》增刊1985年2月）、《〈汇音〉与南曲》（南音学术讨论会论文，1985年6月）、《从明刻本〈荔镜记〉的发现想到闽南方言的书面化》（《厦门采风》1986年第16期）、《闽语作房屋解的"厝"字》（《中国语言学报》1988年第3期）、《关于答喙古》（《曲苑》1988年第1期）、《漳州方言——答应曰诺》（《闽南日报》1989年4月22日）、《〈渡江书十五音〉的本腔是什么》（《厦门民俗方言》1991年第5期；收入《语苑新论》，上海教育出版社1994年版）。

（二）作品简介

《闽南方言和汉民族语比较》从语音、词汇、语法三方面分析、比较闽南方言与汉民族语言（普通话）之间的异同点，继而得出方言土话与民族语言的类转规律。在这篇论文中，黄典诚"对语言界粗略地把福建方言分为闽南话（以厦门话为代表）和闽北话（以福州话为代表）二种此一似是而非的普遍说法提出不同意见，首次把福建汉语方言初步划分为闽东方言（以福州话为代表）、闽南方言（以厦门话为代表）、闽西方言（以长汀话为代表）、闽北方言（以建瓯话为代表）、闽中方言（以永安话为代表）五种"[1]。同时，在文中，黄典诚首提"语言对应规律"说，将闽南方言与汉民族语对应起来，让人们对方言与汉民族语言之间的关系有了一定的认识，有利于提高方言地区的人们学习和运用汉语言的能力。

《闽语人字的本字》主要通过厦门、漳州、潮汕等闽南方言来说明闽语里"人"字的文白是不对应的。文中关于闽语"人"字本字的研究具有开创性的意义，在此之前人们认为闽语"人"字的文白读音是相对应的。黄典诚在参加福建方言的普查工作中才对这一观点提出怀疑，并进行研究验证，最终得出了闽语里"人"字的文白是不对应的这一首创性的观点，这篇论文由此被语言学界视为考订闽语本字的典范之作。文中考证厦语方言本字的理论方法，"深受已故语言学家王力教授的赞赏，以为这是自章太炎《文始》问世以来所经见的考订方言本字工作中唯一科学、可靠的方法"。[2]

关于《闽语人字的本字》的开创意义，台湾学者张贤豹也作了一番评价并给予了极大的肯定。他认为黄典诚所考的"本字"对后进是一大帮助，并誉为"闽南方言研究的先驱"。[3]

《福建省志·方言志》。"黄典诚主编、李如龙副主编，编纂人员还包括周长楫、梁玉璋、林宝卿、游文良。全书概述部分介绍福建方言的形成、分区、流播和变异。而后分7章分别介绍闽东、闽南、莆仙、闽北、闽中和闽西客、闽赣等区方言，各章内容包括该区方言的形成和分布，代表点方言的音系，词汇、语法特点，区内方言差异和标音举例。此外还有特殊方言点介绍和各区方言的比较和语料对照。最后是畬语介绍。"[4]"虽然是闽方言的整体描写，却包含有多种闽南方言的较为详细的比较研究材料，反映了20世纪闽南本土方言研究的总体水平。"[5]

《普通话闽南方言词典》约400万字，分正文、附录、索引三个部分。在正文1055页中，普通话和闽南方言词语对照排列，普通话部分以《现代汉语词典》为底本，收录词语5万多条，方言部分以厦门方言为主，兼顾漳州、泉州两地的闽南话，收录词语7万多条，每条词语后面附有比较详细的解释和适当的例句，有一些插图。另外附有收录汉语拼音方案和闽南方言拼音方案的薄膜唱片。213页的索引，实际上是闽南方言词语和普通话词语的详细对照表，这部分的内容在某种意义上跟正文具有同样重要的意

[1]　林寒生：《语言学家黄典诚》，《福建学刊》1988年第3期。
[2]　同上。
[3]　张贤豹：《近年闽语研究论文选介》，《音韵学研究通讯》1986年第9期。
[4]　陈支平、徐泓编：《闽南文化百科全书·方言卷》，福建人民出版社2009年版，第70页。
[5]　李如龙、姚荣松主编：《闽南方言》，福建人民出版社2008年版，第228页。

义。与过去出版的同类词典相比，这部词典具有收词广泛、标音准确、讲究用字、释义详尽、兼顾漳泉等优点。这部词典是新中国成立后出版的第一部普通话方言对照类型的词典。[1]该词典在国内外有一定影响，获首届中国图书奖提名奖，福建省首届社科成果一等奖。

（三）学术活动及社会兼职

黄典诚曾任厦门大学中文系语言教研组组长兼厦门市新文字研究会理事长，社会科学学术委员会委员、福建省语言学会会长、中国语言学会理事、全国汉语方言学会理事、中国音韵学会理事、福建省编委会学术顾问、福建省史志协会顾问、全国高等院校文字改革学会顾问、中国训诂学会顾问、《汉语大辞典》编委等职务，多次应邀前往北京、香港等地作学术报告。

七　黄家教的闽南方言研究

黄家教（1921—1998），广东澄海人，黄际遇之子，1947年毕业于中山大学语言学系，之后一直在中山大学任教。主要讲授汉语方言学，调查闽方言和粤方言，退休前为中山大学中文系教授。曾任全国汉语方言学会理事、中国音韵学研究会学术委员会委员、广东省中国语言学会学术委员会委员、广东省中国语言学会顾问、汕头市中国语言学会顾问等职务。

黄家教的学术研究主要是汉语方言和少数民族语言研究，其在闽南方言研究方面的成果主要有：《潮州方音概说》（《兰州大学学报》1958年第1期）、《潮汕方言的代表语问题》（《韩山师专学报》1990年第2期）、《潮安畲话概述》（《中山大学学报》1963年增刊）、《一个粤语化的闽方言——中山隆都话》[《中山大学学报》（社会科学版）1988年第4期]。

《潮州方音概说》以当时尚未发展成熟的汕头话音为记录、描写的标准音，并与其他的潮汕方言点作了比较研究，使读者能知道潮州音的梗概。《潮汕方言的代表语问题》，主张随着经济中心、文化中心、政治中心的转移，潮汕方言的代表语应该由

---

[1]　张振兴：《<评普通话闽南方言词典>》，《辞书研究》1985年第3期。

潮州府城话转为汕头市话。[1]

《潮安畲话概述》（《中山大学学报》1963年增刊）。20世纪60年代初黄家教和李新魁曾经对潮州的畲话进行调查,结论是："既接近潮州方言而又保存相当多的中古汉语的语音特点。"

《一个粤方言地区中的方言岛——中山隆都话》,着重从语音来阐述隆都话属于闽方言,但受到了粤方言的影响。《一个粤语化的闽方言——中山隆都话》（《中山大学学报》1988年第4期）则谈论隆都话词语既有闽方言固有的特色,同时也受到了粤方言影响的语言事实。

八　梁猷刚的闽南方言研究

梁猷刚（1927—1985）,海南海口市人。华南师范大学教授、语言学家。青少年时代,随母在越南海防、归仁、西贡等地生活。1947年10月,回海口市定居。1948年2月,考入海南大学选修班,8月升入海南大学文理学院经济系,二年级时（1950年初）因病休学。先后当过"兼职会计"、中学教师。他边工作边自学语言学,得到海南大学英语教授、著名语言学家张志公的悉心栽培,后又得到著名语言学家岑麒祥的面授和函授。1956年7月,在华南师范大学中文系教授张为纲的推荐下,调到华南师范大学任教。1957年,进入国家教育部、中国科学院主办的普通话语言研究班学习,得到著名语言学家丁树声、李荣的指导,语言学基础更为扎实。1983年起,应聘为中国社会科学院特约研究员,负责国家"六五"重点项目《汉语言分区图集》中的方言海南岛部分、钦州部分、广东北部的调查、研究、编写工作。1984年应邀列席全国语言学学科规划小组会议,参与研究制定"七五"语言学科重点科研规划。

梁猷刚长期任教于华南师范大学,专攻海南闽语研究。主要论著有：《琼州方言的训读字》（《方言》1984年第2期）、《广东省海南岛汉语方言的分类》（《方言》1984年第4期）、《海南岛琼文语与闽语的关系》（《方言》1984年第4期）、《语言复杂的海南岛儋县那大镇》（《方言》1985年第1期）、《海南岛文昌方言音系》（《方言》1986年第2期）、《海南岛海口方言中的吸气音》（《中国语文》1958第1期）、《海南方言中的喉塞音》（《中国语文》1964年第6期）。专著《海南音字典》（广东人民出版社1988年版）、《梁猷刚海南方言论文集》（1985）。

九　李熙泰的闽南方言研究

李熙泰（1929—2001）,福建厦门市人。早年在厦门中小学任教,参加进步文学社团活动,并热心收集地方文献,研究本地风物。1956年2月进入教育部和中国科学院语言研究所联合举办的首届普通话语音研究班学习方言调查,7月毕业。20世纪80年代调入厦门大学方言研究室,参加《普通话闽南方言词典》和《台湾省地名词典》的编写工

---

[1]　林伦伦：《登临恨不高千仞——记潮籍著名语言学家黄家教教授》,《韩山师专学报》1993年第4期。

作，先后在《方言》等刊物发表研究厦门方言的论文多篇，如《厦门方言的一种构词方法》（《方言》1981年第4期）、《厦门方言的"熊"字》（《方言》1982年第4期）及《厦门方言阴平和阳平的变调》（《方言》1983年第2期）等。退休后参加《厦门市文化丛书》的编撰工作，任编委会副主编兼秘书长，与许长安合著《厦门话文》（李熙泰、许长安，鹭江出版社1993年版）、与陈荣岚合著《厦门方言》（鹭江出版社1999年版）、与詹龙标、纪亚木合著《厦门方言志》（北京语言出版社1996年版），热心参与《闽南文化资料丛书》的编辑出版工作，校注《鹭江志》《台湾情歌集》等重要文献，出版其所收藏的孤本厦门话早期韵书《渡江记》。[1]

《厦门方言的一种构词法》认为，厦门话很多字有又音，主要是文白异读。这些字的同音重叠（又音之一重叠）跟又音并列，可以构成重叠式或并列式的双音词，意义往往有差别。这是厦门话构词法的主要特点之一。文中收录了这类双音词。

《厦门方言志》由李熙泰、詹龙标、纪亚木合著。全文分为五章，共15万字左右。第一章"概述"由李熙泰负责，包括厦门的地理介绍、历史沿革、方言概说以及厦门方言的音标符号。第二章语音，由纪亚木负责，分别论列声韵调特点、变调、文白异读、单音字表、同音字表以及厦门与北京语音和中古音的比较。第三章语汇，由李熙泰负责，分列16门类，采用方言与普通话对照记录。第四章语法，由詹龙标负责，讲的是厦门方言语法的特点和句法的特点。第五章语料，是李熙泰收集的语料。

该书的三位作者李熙泰、詹龙标、纪亚木都是厦门人，不但会讲厦门话而且还研究厦门话，并取得了一定的成就，所以由他们写成的《厦门方言志》有一定的代表性，资料可信度较高。

书中的语音部分"对闽南方言的声韵调系统，声韵调配合关系，变调规律，轻声的语法功能，文白异读的表现形式及其规律性都作了精细的分析和科学的概括，既吸收闽南方言研究的成果，又有执笔者自己的心得，全面而简要地展现了闽南方言的语音面貌"。[2]词汇部分"选录的词语都带有浓郁的方言色彩，读者从所选列的词语本身就可以考察闽南方言的词汇特点"。[3]语法部分"提出一些在词法和句法方面最能体现闽南方言语法特点的语法现象加以分析描写，因为在有限的篇幅中，无法把问题论述得面面俱到，只能着眼于主要特征、突出重点。语料部分作为连贯厦门话，例举典型"。[4]

该书的编写"贯穿了这样一个原则，就是既从历史的角度揭示闽南方言比较稳定地保留了上古汉语的许多特点，并分析这些特点在语音、词汇等方面的表现；同时又从发展的观点，研究闽南方言的变化，研究闽南方言出现的新现象。这种以辩证的观点来研究方言，可以更全面、更深刻地揭示它的历史和现状"。[5]这是一部兼具实用性和

[1]　陈支平、徐泓编：《闽南文化百科全书·方言卷》，福建人民出版社2009年版，第79页。
[2]　何耿镛：《厦门方言志·序二》，北京语言学院出版社1996年版，第Ⅲ页。
[3]　同上。
[4]　同上。
[5]　同上。

学术性的著作，为人们了解闽南方言特别是厦门方言的特点和规律，对厦门方言作进一步的研究提供了资料和参考。

十　陈鸿迈的闽南方言研究

陈鸿迈（1929—　），海南海口人，1957年毕业于中山大学，海南师范学院中文系副教授，中国语言学会会员，海南语言学会原副会长，1995年获海南省有突出贡献优秀专家称号。陈鸿迈的主要研究方向为海南方言。与闽南方言相关的研究成果主要有：《海口方言词典》（江苏教育出版社1996年版）、《海口话音档》（上海教育出版社1997年版）、《海口方言的指示代词和疑问代词》（《中国语文》1991年第1期）、《琼州方言训读字补》（《方言》1993年第1期）、《海南方言词探源》（《海南大学学报》1992年第2期）。

《海口方言词典》是李荣主编的《现代汉语方言大词典》分卷本之一。陈鸿迈是海口人，长期研究自己的母语，所以除规定必收词语外，还增收了不少有特色的方言词。全书收与通语不同的方言词约有7000条，标音和释义可靠。词典凡例前有引论，介绍海口方言的内部差别、声韵调、单字音表和海口方言的特点。《海口方言词典》是研究海南闽语的重要参考书。

十一　李永明的闽南方言研究

李永明（1930—　），湘潭大学中文系教授。曾任全国汉语方言学会第五届执行理事，第六届、七届、八届理事，湖南省文史研究馆馆员，湖南省海外交流协会常务理事，湖南省语言文字工作委员会委员，湖南省语言学会常务理事，方言研究会会长（现称专业委员会主任），《湖南省志·方言志》主编。

李永明长期从事方言学的研究，取得了一定的成就，在闽南方言研究方面的成果主要是专著《潮州方言》（中华书局1959年版）和论文《新加坡潮州话的外语借词和特殊词语》（《方言》1991年第1期）。

《新加坡潮州话的外语借词及特殊词语》调查研究了流行于新加坡的潮州话中所存在的上百条吸收自马来语、英语和其他语言的借词和特殊词语，描写了潮州话在新加坡的发展变异，题材新鲜，材料宝贵。

《潮州方言》总共有五章。第一章是关于潮州话的概况以及人文地理情况，第二章从声韵调的特点和配合规律、音变、潮州话与普通话的比较、同音字等几个方面展开介绍语音，第三章研究潮州话的本字，第四章介绍潮州话的词汇，按词义分为22类，共1310个，第五章列举11项语法内容与普通话对比。在该书的最后，李永明还举了6篇语料，以作为前面内容的佐证。

这是一本极有针对性的书。当时语文政策的两大任务是"推广普通话和方言调查"[1]，所以李永明在写这本书的时候并没有像写过去的方言著作那样与古音进行比较，而是"重在满足当前的要求，只和普通话做比较不和古音做比较"。[2]在第四章和第五章的词汇、语法部分，李先生选录的内容绝大部分是与普通话有差别的。

该书是较早出版的关于潮州方言的系统研究著作，语音描写和方言词汇、语法的分析和注释都比较到位，是研究粤东闽南方言的重要参考资料。该书作者是潮州人，又找了其他潮州籍的同学做核对和补充，还到实地去对过口音，所以该书的语料是有可信度的。

十二　詹伯慧的闽南方言研究

詹伯慧（1931—　），广东饶平新丰镇人。1953年毕业于中山大学语言学系，先后师从王力和袁家骅。1953—1983年历任武汉大学助教、讲师、副教授、教授；1983年任暨南大学中文系教授、汉语方言研究室（后改为汉语方言研究中心）主任，于1985—1989年任暨南大学文学院院长，从1990年11月起任现代汉语方言方向博士研究生导师。现为暨南大学中文系教授，汉语方言研究中心名誉主任，兼任香港大学中文学院名誉教授。1990年被国务院学位办评为博士研究生导师，在暨南大学中文系建立第一个博士点——现代汉语博士点。1991年开始招收攻读汉语方言学博士研究生，1994年我国首批5名攻读汉语方言学的博士研究生毕业，获授博士学位，其中出自詹伯慧门下的就占了4位。

詹伯慧早年参加由北京大学袁家骅主持的《汉语方言概要》的编写工作，负责编写粤方言和闽南方言两章，此书为汉语方言研究中第一部全面论述汉语方言的著作，在海内外学术界影响很大。他在辞书的编纂方面也成绩卓著，曾担任《汉语大字典》编委多年，主持该字典的收字审音工作。他还是《中国大百科全书语言文字卷》方言分科的副主编，撰写了许多方言方面的条目。

20世纪80年代以来，詹伯慧屡屡应聘到境外一些著名的学府讲学。1980年至1982

---

[1] 李永明：《潮州方言·内容提要》，中华书局1959年版。

[2] 李永明：《潮州方言·序》，中华书局1959年版，第1页。

年，他作为我国教育部推荐的首位学者受聘到日本东京大学讲学两年，为中日两国语言学界的学术交流开了先河，他的《现代汉语方言》一书被译成日文在东京出版。此后，詹伯慧先后在法国高等社会科学院（1990）、新加坡国立大学（1998）、美国加州（伯克利）大学（1998）、香港大学（1986、2000、2004—2013）、香港中文大学（1987、1992）、香港科技大学（2005）以及台湾"中研院"（1995）等著名学术机构担任客座教授或开设讲座。

詹伯慧从教60年（1953—2013）来在汉语方言、汉语辞书、汉语应用和汉语规范等领域做了大量的研究、教学工作。其着力最多的是方言调查和方言研究。

方言研究主要集中在粤方言方面，对于闽方言和客家方言也有所涉猎。与闽南方言相关的主要论著有：《潮州话的一些语法特点》（《中国语文》1958年第5期）、《闽方言的分布及其主要特征》（香港大学中文系六十周年纪念专刊《东方》，1988，香港）、《小议潮汕方言的宏观研究》（《学术研究》1994年第5期）、《关于闽方言研究的几点思考》（《中国语文研究》11期第三届国际闽方言研讨会专刊，1995，香港）、《雷州方言与雷州文化》（与甘于恩合著）（《学术研究》2002年第9期）、《潮州方言》（《方言与普通话丛刊》第2本，中华书局1959年版）、《汉语方言概要》（袁家骅主编，文字改革出版社1960、1983、2001年版）、《万宁方音概述》（《武汉大学学报》1958年第1期）、《广东省饶平方言记音》（《方言》1993年第3期）。

《潮州方言》发表于《方言和普通话丛刊》第二册，全文十多万字，是詹伯慧关于汉语方言的一篇代表作，是研究潮汕方言中比较突出的一篇文章。文章"着力于潮州语音的描写，对体现潮州方言特点的'连读变调'和'文白异读'分析尤为详尽"，[1]因为"《潮州方言》是记录母语的力作，因其辨音精细、记录准确、例证丰富、分析缜密、方法可靠而在同类文章中脱颖而出，自发表之后至今仍为学界所称引"。[2]

《汉语方言概要》由袁家骅主持编写，全书有五十多万字，是"我国第一部比较全面系统地介绍现代汉语方言的重要著作"。在这本书中，詹伯慧编写其中的"粤方言"和"闽南方言"两章。在"闽南方言"这一章中，詹伯慧在广泛吸收前人研究成果的基础上，介绍了闽南方言的形成背景、分布区域以及研究概况，虽然涉及语音、词汇、语法，但是詹伯慧将笔墨着重花在厦门方言的语音及对一些特殊的语法现象的分析上。书中关于厦门方言的介绍为厦门方言的研究提供了资料，"虽然它不是厦门方言研究的专著，但从该书所收集整理的材料来看，表明厦门方言的研究已不局限于语音方面，而是向词汇、语法、现状、历史各个方面扩展，显示研究内容的丰富多样，是全面系统研究厦门方言的良好开端"。[3]

《万宁方音概述》是根据《方言调查字表》和《方言调查词汇手册》调查而

---

[1]　詹伯慧：《广东汉语方言研究40年》，《学术研究》1989年第5期。

[2]　张晓山：《从广东走向世界的语言学家詹伯慧》，《岭南文史》2004年第1期。

[3]　李熙泰：《厦门方言》，鹭江出版社1998年版，第221页。

成的一份关于万宁方音的调查报告。由于当时条件限制，调查内容仅为万宁方言的声、韵、调。文章分为三大部分。首先是引言，对万宁的人文地理以及文章内容作了一个简洁的介绍，第二部分是万宁方言的音系，详细介绍了18个声母、45个韵母及7个声调，最后一部分将万宁方音与普通话进行对照，从而得出二者的对应规律。

　　文章对万宁方言的语音部分做了较为详细的介绍，是"继李方桂先生之后用现代语言学的方法研究海南闽语的第一篇文章，时间相距整整30年"。[1]为人们研究海南闽语起了一个良好的开头，具有很大的参考价值。

　　《广东省饶平方言记音》共分为三部分。文章"概说"部分对广东省饶平县的地理位置作了一个简洁的介绍，"饶平黄冈潮汕话"部分介绍了黄冈话的18个声母、75个韵母、8个单字调及黄冈话的语音特点，最后列举了部分有代表性的黄冈话常用方言词。"饶平上饶客话"部分也是先介绍声韵调后列举常用方言词。将广东省饶平县作为一个语言点进行描述的文章极少，詹伯慧的《广东省饶平方言记音》是为数不多的一篇。该文的材料是詹伯慧在高然、杨建国、钟奇等研究生以及自己的调查结果的基础上写成的，内容真实可信。该文还是《饶平县志·方言卷》写作的依据，是一篇关于广东省饶平方言的不可多得的材料。

　　十三　陈法今的闽南方言研究

　　陈法今（1931—　），孩提名发金，笔名伐矜，福建惠安人。1955年福建师范学院本科毕业，1958年东北师范大学研究生毕业。先后在广西师范学院、华侨大学、福建师范大学工作，现在华侨大学文学院。曾任中文系常务副主任（主持工作）、中文系党总支书记、校学术委员会委员、职称评委会委员、福建省高校教师高级职务评委会中文学科组成员、福建省哲学社会科学"八五"规划科研课题学科评审组成员福建修辞学会副会长，泉州语言学会副会长等职。陈法今主要从事语言应用研究和方言研究。重点放在闽南方言语法上，代表著作有：《闽南话的平比句》（《中国语文》1984年第1期）、《闽南话的"会"、"獪"字句》（《华侨大学学报》1985年第1期）、《闽南

　　[1]　刘新中：《海南闽语的语音研究》，中国社会科学出版社2006年版，第1页。

话的"有"、"无"字句》（同上1987年第2期）、《闽南话的指示代词》（《华侨大学学报》1989年第1期）、《闽南话的"来去"句》（《语言研究》1989年第2期）、《闽南话的"互"字句》（中国人大书报资料中心《语言文字》1989年第5期）、《闽南话的中补结构》（上篇）（《华侨大学学报》1990年第2期）、《闽南话的中补结构》（下篇）（《华侨大学学报》1991年第1期）等。

1.《闽南话的"互"字句》。该文以7种"互"字句即"主（泛指受事）+互+施事+动"、"主（受事）十互十施事+甲（程度）"、"主（受事）十互+施事+共+动"、"主（受事）+互+施事十状+动"、"主（受事）+互+施事+助动+动"、"主（受事）+互+施事+动十补十宾十去（来）"、"主（施事）+动+互+兼语+动"为例介绍闽南话作为介词用的"互"字句表被动这一特殊用法与普通话中"被"字句的差异之处。

文中还列举了许多闽南介词"互"字句表被动的例子，为人们了解闽南方言的特殊句式提供了参考，是一篇"较早专文研究闽南方言动词谓语句的文章"。[1]

2.《闽南话的中补结构》（上、下篇）。"闽南话的句法研究比较薄弱，迄今为止还未见到较为深入、系统的论述。被讨论得较多的句型是动词谓语句"[2]，陈法今的《闽南话的中补结构》（上、下篇）是其中为数不多的力作。

该文"题目虽称'中补结构'，实为动补结构，因为其中涉及形补结构的只有个别处"。[3]文章主要从补语与中心语的结构关系、结构类型与语法意义上着手，将富有闽南方言特点的中补结构分为6种，分别是结果关系、程度关系、可能关系、估诂关系、比较关系、期望关系。《闽南话的中补结构》（上篇）分析的是前四种关系，剩余两种则放在下篇。在文章中陈法今先生还对每一种关系进行详细分析，总共概括为25式。"这些补语不但结构的关系与类型殊异，不但可以由形容词、动词、数量词、副词等谓词性词语来充当，而且还可以直接由一些名词性词语来充当。闽南话中补结构上许多特殊性，反映出闽南话的语法特点。"[4]

3.《闽南话的指示代词》。文章从"单用指示代词"、"不单用指示代词"、"近远兼指代词"三方面加以论述，较为详细地论析了闽南话的指示代词。作者认为"这三式指示代词相互之间形成了一个完整、系统的、配套的对应关系"[5]。

该文借助比较的方式向我们展示了闽南话的指示代词，并以图形的方式呈现闽南话指示代词的对应规律，化抽象的内容为具体，为许多闽南话的门外汉了解闽南方言提供了一个良好的参考。

---

[1]　陈曼君：《惠安方言动词谓语句研究》，博士学位论文，暨南大学，2006。

[2]　陈曼君：《1979~2004年大陆闽南方言语法研究述评》，《集美大学学报》（哲学社会科学版）2006年第3期。

[3]　陈曼君：《惠安方言动词谓语句研究》，博士学位论文，暨南大学，2006。

[4]　陈法今：《闽南话的中补结构》（上篇），《华侨大学学报》（哲学社会科学版）1990年第2期。

[5]　陈法今：《闽南话的指示代词》，《华侨大学学报》（哲学社会科学版）1989年第1期。

十四　陈章太的闽南方言研究

　　陈章太（1932—　），1955年毕业于厦门大学中文系。1956年到中国科学院（1977年后改属中国社会科学院）语言研究所从事语言研究和语文编辑工作，历任研究实习员、助理研究员、副研究员、副所长、《中国语文》杂志副主编。现任国家语言文字工作委员会咨询委员会委员，教育部语言文字应用研究所研究员，博士生导师。兼任中国社会科学院研究生院教授，中国传媒大学教授，中国应用语言学会会长。曾任国家语委常务副主任、国家语委语言文字应用研究所所长、日本国立一桥大学教授、香港理工大学客座研究员、中国语言学会副会长、中国地名学研究会副理事长、中国地名委员会副主任等职。主要研究领域为社会语言学、汉语方言和语言规划等。

　　陈章太到语言研究所工作以后，师从丁声树、李荣先生调查、研究汉语方言，参加调查河北昌黎方言，多次到福建调查闽方言。自20世纪60年代初开始，一边协助主编丁声树编辑《中国语文》杂志，一边继续调查研究闽语。1976年以后，协助吕叔湘先生主编《中国语文》，并继续研究闽语。1983年调国家语委后，主持语委日常工作，负责筹建语言文字应用研究所，筹建中国社会科学院研究生院语用系，从这时开始研究社会语言学。为促进我国的语言研究和语言应用研究，陈章太积极参与筹备成立中国语言学会和中国应用语言学会，任中国语言学会第一任秘书长、中国应用语言学会第一任会长，并具体组织了几次全国性大型语言学、社会语言学学术研讨会。还具体负责筹办《中国语言学报》和《语言文字应用》两个学术刊物，开辟了发表语言及语言应用研究成果的新园地。

　　（一）陈章太语言研究概况

　　陈章太的语言研究成果主要表现在两个方面，即汉语方言的调查研究和社会语言学研究。

　　1.汉语方言的调查研究，主要是闽方言和北方话词汇的研究。自50年代末60年代初开始，陈章太即投入闽方言的调查研究，获取了大量的资料，并借鉴前人的成果，对闽方言进行比较全面、深入的研究，这方面的主要成果如下。

（1）关于闽方言概况的研究与描写。主要有《福建省汉语方言概况》（多人合作，铅印本，未公开出版）、《闽语研究》（合作）、《永春方言志》（合作）、《邵武方言志》、《大田方言志》。这些著作具体描写了福建境内闽方言的概貌以及某些地区闽语次方言的基本面貌，还描写了底层属闽语的邵武方言的概貌。

（2）关于闽方言分区的研究。过去学术界不少人把闽语分成闽南方言和闽北方言，这种分法几乎成了传统的观念，在国内外影响很大。陈章太在调查、研究了不少闽方言的基础上，先与潘茂鼎等合作写成《福建汉语方言分区略说》，后与李如龙合作《论闽方言的一致性》和《论闽方言内部的主要差异》两篇长文。这三篇论文以翔实、可靠的资料，深入具体地论述了闽方言是统一的汉语一大方言，闽方言内部可以分为五个次方言区。三篇长文发表以后，引起学术界的广泛重视。

（3）边界方言和方言岛的调查研究。陈章太在调查研究闽方言时，比较早就注意到边界方言和方言岛的现象，并实地调查、研究了邵武、大田、碗窑、埔上等边界方言和方言岛，发表了《邵武市内的方言》、《大田县内的方言》、《汉语福建大田方言》以及《碗窑闽南方言岛二百多年间的变化》（合作）、《顺昌县埔上闽南方言岛》等论文，为学术界提供了边界方言和方言岛方面重要而详细的报告和资料。

北方话是普通话的基础方言，北方话词汇是普通话词汇规范的重要依据，但过去对北方话词汇从未作过面上的调查。1985年陈章太提出调查北方话词汇的计划，并成立了"北方话词汇调查"课题组，组织近百位方言学者参加，共调查北方话地区106个地点的方言音系和3500条基本词语。在此基础上，由陈章太和李行健主编了《普通话基础方言基本词汇集》（5卷本），实际收93个地点的音系、同音字表和2645条词语，还有63幅反映北方话主要特点的方言地图。《词汇集》于1996年由语文出版社出版，1997年荣获第二届国家辞书奖一等奖和第三届国家图书奖。从策划、准备、调查、整理到编纂、校对，在近十年的时间里，陈章太为这部书付出了极大的精力。

完成《词汇集》的编纂之后，陈章太发表了《关于北方话词汇调查、整理、编纂的几个问题》和《北方话词汇的初步考察》两篇重要论文。前文对调查研究北方话词汇的基本问题作了详细的阐述，实际是对北方话词汇调查研究及《普通话基础方言基本词汇集》编纂工作的总结与深化。后文运用分析、比较、统计等方法，对北方话词汇各地的异同情况和北方话词汇与普通话词汇的关系进行考察、分析，从而得出两点重要结论：北方话词汇内部的一致性大于差异性；北方话词汇同普通话词汇关系密切，是普通话词汇的基础。

2. 社会语言学研究。着重于语言生活与语言变异的调查研究、社会语言学理论探索和语言美问题研究以及语言规划研究。

（1）语言生活与语言变异的调查研究。

（2）社会语言学理论探索和语言美问题研究。

（3）语言规划研究。

陈章太的研究成果具有比较明显的特点：①研究课题大多同实际工作紧密结合，其成果大多从实际工作中产生，是实际工作的研究总结和理论升华；②善于从宏观方面观察、分析问题，善于把握全局，这在选题、立论、取材、论证和内容剪裁、方法运用等方面都得到表现；③立足材料而不囿于材料，重视理论概括和理论探索，发表的论著大多材料丰富，内容充实，达到了较好的高度和深度。

陈章太与许嘉璐共同主编"语言文字应用研究丛书"（共8种），2000年获第十二届中国图书奖。他还与于根元共同主编"应用语言学系列教材"（共10种），由商务印书馆出版，已出的4种受到学界的好评。

陈章太还主持国家社会科学"七五"规划重点项目"北方话词汇调查"和国家语委科研"十五"规划项目"语言规划基本理论研究"，分别取得较好的成果。语言规划基本理论研究的主要成果《语言规划概论》由陈章太主编，即将由商务印书馆出版。

（二）陈章太闽南方言研究论著简介

1.《顺昌县埔上闽南方言岛》。

这篇文章有四个部分。第一部分"概说"，简介顺昌县埔上的闽南方言所处的地理人文环境。第二部分介绍埔上闽南方言的声韵调，顺昌县埔上的闽南方言有声母14个，韵母74个，声调（文读）7个、（白读）9个，文中以韵母为序列了个同音字表，最后将顺昌县埔上的闽南方言同永春话以及顺昌话进行比较，显示出埔上闽南话与闽南话、顺昌话的共性及其差异性。第三部分是词汇，与闽南话相同的词汇290多条；与闽南话不同的词汇通过三个途径获得，分别是借用顺昌话及其附近其他方言的词汇、借用普通话的词汇和自己创造的词汇，它们的个数是10个、9个、6个。第四部分是关于顺昌县埔上的闽南方言语法，由于陈章太先生并没有进行深入的调查研究，所以在语法方面他只列出了51个词语搭配的例句。

这篇文章在介绍顺昌埔上闽南方言的时候采用了语言比较法，在语音部分将其与永春话、顺昌话进行比较，在词汇部分将其与闽南话、普通话、顺昌话及其附近其他方言进行比较，从而鲜明地展现出顺昌埔上闽南方言与闽南话的共性和差异性。

这篇文章是陈章太用亲自在顺昌县埔上调查收集的资料整合而成的，同时其发音人陈延年又是土生土长的顺昌埔上，能说一口地道的顺昌埔上闽南话，所以文章的内容可信度很高。

2.《碗窑闽南方言岛二百多年间的变化》。

这是一篇关于福建宁德碗窑闽南方言岛的研究。之所以选取"二百多年"这个时间段是因为"碗窑地处闽东方言区——福建东北宁德县境内，居民的祖先两百年前（约在康熙乾嘉年间）由闽南地区的泉州、南安、永春等地迁徙而来"。[1]可以说这就是一篇研究宁德碗窑闽南方言的历史变迁的文章。

[1]　陈章太：《碗窑闽南方言岛二百多年间的变化》，《中国语文》1982年第5期。

文章从纵向的角度出发，将碗窑闽南方言岛上的老年人、中年人、青年人三代人之间的语音、词汇等进行比较。通过比较作者得出这三代人语音中的声母和韵母相当一致，但还是存在差异：在老年人中韵母有70个，而到了青年人中却只有53个。韵母的差异主要是韵尾合并、韵类减少以及加入了色彩的若干韵母。除此之外，在词汇的数量上两代之间也存在着差异。而引起这些差异的原因主要的还是受闽东方言的影响。

《碗窑闽南方言岛二百多年间的变化》通过纵向的对比找出了二百多年间宁德碗窑闽南方言的变化之处并分析了其中的原因，台湾学者张贤豹在《近年闽语论文研究选介》中说这是"一篇很有意义的社会语言学论文"，同时本篇文章"由于历史可考，这样的语音变迁研究是由意义的"。[1]

十五　张盛裕的闽南方言研究

张盛裕（1934—　　），广东省汕头市潮阳区人。1954年毕业于北京大学中国语言文学系语言专修科。中国社会科学院语言研究所方言研究室研究员、《方言》杂志编辑，兼任中国社会科学院研究生院语言系指导教师、副教授、教授。现为中国语言学会会员、全国汉语方言学会会员。

张盛裕主要从事汉语方言的调查和研究，尤其致力于潮阳方言的研究。参加调查和合编的著作主要有《昌黎方言志》（科学出版社1960年版）、《中国语言地图集》（中国社会科学院，朗文出版远东有限公司1988、1989年版）等。后者是国家"六五"社会科学重点科研项目，中国社会科学院和澳大利亚人文科学院合编，由联合国科教文组织赞助的国际哲学与人文科学研究理事会推荐出版，出版后曾获中国社会科学院优秀科研成果奖。

张盛裕还曾经参与《福建省汉语方言概况》（讨论稿）（厦门大学铅印，1962）、《福建汉语方言分区略说》（多人合作，《中国语文》1963年第2期）的调查写作。其有关闽南方言研究的代表作有：《潮阳方言的重叠式》（《中国语文》1979年第2期）、《潮阳方言的文白异读》（《方言》1979年第4期）、《潮阳方言的连读变调（一）》（《方言》1979年第4期）、《潮阳方言的连读变调（二）》（《方言》

---

[1]　张贤豹：《近年闽语研究论文选介》，《音韵学研究通讯》1986年第9期。

1980年第2期)、《潮阳方言的语音系统》(《方言》1981年第1期)、《潮阳方言声母和《广韵》声母的比较》(一)(二)(三)(《方言》1982年第1、2、3期)、《潮阳方言象声字重叠式》(《方言》1982年第3期)、《潮阳方言训读字》(《方言》1984年第2期)、《潮阳方言形容词的状语、补语与宾语》(《方言》1989年第4期)。

1.《潮阳方言的文白异读》。文白异读的研究是推求本字的基础,是探讨古今音变的必要条件。文白异读是潮阳方言的一个重要特点。张盛裕在《潮阳方言的文白异读》一文中,排比调查所得的全部材料,就其中有异读的700多字,分析其文白层次,包括一字三音的异读层次和一字四至六音的异读层次,通过古今音的对比,用实例说明文白读的音韵差别。他指出,单就个别字的使用范围、词语色彩来区分文白读是不够的。要区分文白读,必须分清异读的音韵层次,逐字做具体分析。并根据同一类字的使用范围、词语色彩得出文白异读的音韵差别。然后用这个差别来区分文白读。这样做,得出的结论和其他闽南话的文白异读大致符合。该文还指出,文白异读分两个层次是概括的说法,仔细地说,文白都不止一个层次。白话音、文言音这两个大层次里头都有小层次之分。如何仔细分析小层次,并把小层次的分析运用到全部异读字,甚至全部材料上去,有待比较研究。此文不仅为潮阳方言历史层次的分析做了准备,而且对探讨闽语及其他汉语方言的历史层次都具有一定的参考价值。

2.《潮阳方言的连读变调》。前篇和后篇分别从词汇和成句的材料归纳分析,指出多字组连调的读法,由字的本调及多字组的语法结构决定,并用实例说明,前变连调组里头,前字和本调字用字都没有限制,后变连调组里头,本调字用字没有限制,后字是有限制的。此文比前人对闽语声调的研究又进了一步。

3.《潮州方言的范围副词》。着重探讨该方言的范围副词"定/定定"(相当于北京话的范围副词"只")以及相关的一些范围副词的构成和语法功能。本文指出"定/定定"在潮阳方言里是两个口语性强、结合面宽、使用频率高的副词。"定/定定"作为副词既可以前置,放在句首或动词前,也可以后置,放在句尾,还可以前后置相结合,构成 "定……定/定定……定定"等一前一后相配合的副词。这些前后相配合的副词,对句子成分表述的范围或数量,都能分别起到规定和限制的作用。限制类范围副词替换的方式有同位替换、移位替换、增位替换和减位替换四种类型。全文语料翔实、内容丰富、条理清楚,讨论也比较深入。

4.《潮州话的本地字》。这是张盛裕近年来的新作。潮州有不少记录当地方言的本地字。潮州话的本地字,在历史、民俗文化、语言文字等方面都具有研究价值。该文分析潮州话120多个本地字形音义的关系,按形声字、合音字、会意字、变体字和假借字等分类排比,全文着重结合潮剧剧本、歌册、潮音韵书、潮州方言熟语辞书、民间口头文学作品、潮州方言论著等有关书刊都使用本地字的情况,说明潮州话本地字具有深厚的文化基础和广泛的群众基础。该文指出潮州话的本地字源远流长,作为一种文化现象必须遵循"约定俗成,优胜劣汰"的自然规律,继续发挥长久的生命力和影响力。该文还指出，本地字是记录方言的文字，大多具有特殊性和地方性。从总体上看，其区域分布往往和方言区的划分大体上是一致的。所以，本地字的深入研究，在一定程度上也可以为方言研究提供重要的资料和有益的例证。本地字的一致与否也是区别方言亲疏关系的标志之一。

5.《潮阳声母与广韵声母的比较》（一、二、三）。这三篇文章分别发表于《方言》杂志1982年的第1期、第2期和第3期，三篇文章构成一个系列，通过潮阳声母与《广韵》声母的比较，透过《广韵》声母来看潮阳方言的读音。

张盛裕先生为了收集、核实资料，多次返回家乡进行调查、咨询，这三篇文章也是张盛裕反复核查、对照而写成的。台湾学者张贤豹在《近年闽语研究论文选介》中从质和量两个方面对这三篇文章给予很高的评价。他认为这三篇文章从材料的量上看，是当时单一音系最丰富的，包含了6000多个单字，加上词汇的话就超过1万字了。从质上看，这也是精细的佳构，文章是以广韵声母作为单位，详细列举了与之相关的潮阳字，同时每个声母下面大都按照方言调查表的韵母次序排列，十分便于人们检索。

张盛裕曾由中国社科院派遣先后到澳大利亚和苏联进行学术访问。

十六 李新魁的闽南方言研究

李新魁（1935—1997），广东澄海人，汉族。1955年考进中山大学中文系，1959年大学毕业，同年8月，被分配到广东师范学院中文系任教。1962年8月调入暨南大学中文系。1964年9月至次年2月，于天津南开大学师从邢公畹进修汉语语音史，1979年12月任中山大学中文讲师，1981年任副教授，1985年晋升为教授。1982年9月起，开始带"汉语史"专业硕士研究生。1992年荣获国务院特殊贡献专家津贴，1994年获博士生导师资格，1997年9月13日，不幸因病逝世，终年62岁。

李新魁曾任中国语言学会常务理事、中国音韵学研究会副会长、中国民族语言学会理事、全国高校文字改革学会理事、广东省中国语言学会副会长兼学术委员会主任、广东省社会科学联合会委员、广州国学研究社社长等。并曾受聘为汕头大学、广东社会科学大学、信阳师范学院兼职教授，曾应邀赴日本、中国台湾、中国港澳等国家和地区讲学。

李新魁在汉语音韵学、方言学、古代汉语词汇和语法、文字学、少数民族语言文字等方面都有深入的研究，音韵学和方言学造诣最深。李新魁的语言研究是从方言入手的，关于潮汕方言的研究相当全面而深入，涉及语音、词典、本字考、语法诸方面。中年以后，主要研究成就集中在音韵学方面，在等韵学、近代音、中古音、上古音上都有贡献。《〈韵镜〉校证》、《汉语等韵学》、《汉语音韵学》、《〈中原音韵〉音系研究》等有较大影响。

李新魁关于闽南方言研究的论著主要有：《潮州方言词考源》（《学术研究》1964年第3期）、《试论潮汕文化的特征》（《韩山师专学报》1992年第2期）、《二百年前的潮州音》（《广东社会科学》1993年第1期）、《二百年前的潮州音》（《汕头大学学报》1993年第1期）、《潮州"十五音"源流考略》[《韩山师专学报（社会科学版）》1985年第1期]、《广东闽方言形成的历史过程》（《广东社会科学》1987年第3期）、《广东闽方言形成的历史过程（续）》（《广东社会科学》1987年第4期）、《潮汕话本字考》[《中山大学学报（哲学社会科学版）》1987年第2期]、潮汕方言词本字研究——兼谈本字考的方法》（《汕头大学学报》1990年第3期）、《论澄海方言及其研究的重要性》（《韩山师范学院学报》1996年第1期）、《普通话潮汕方言常用字典》（广东人民出版社1979年版）、《新编潮汕方音十八音》（广东人民出版社1979年版）、《潮音证古》（载《潮学研究》第一辑、第二辑，汕头大学出版社1993年版）。

1.《普通话潮汕方言常用字典》。《普通话潮汕方言常用字典》编写时值全国正掀起学习普通话的热潮，为推广普通话，李新魁担负起主编这本字典的任务。

在编写这本工具书时，李新魁着实下了一番功夫，"他不惜精力,亲自下到潮汕各地,对每个县级点都进行了详细的调查,积累了大量的第一手材料"。[1]使得这部字典中收录的潮汕方言部分的内容都很翔实，能够满足潮汕方言区群众的使用。除此之外，李新魁在该字典中"既用传统注音方法用同音字或反切注音,又用《潮州话拼音方案》注音,收字以《新华字典》为基本,适当增加潮汕方言俗字"，[2]使得这部字典极具科学性。当这部字典出版时就"以其科学性和普及性风行于潮汕大地"。[3]

在这部字典的编写过程中李新魁极其重视注音工作，"为了编写这部书,他几乎走遍了潮汕大地,《新华字典》上的每个字都记录了潮州（府城）、汕头、揭阳、潮阳、普宁、惠来、澄海、饶平、南澳、海丰和陆丰10多个县级点的方音,使制订出来的拼音方案在各点都基本上能使用。而《普通话潮汕方言常用字典》中,上述各点的字音如有差别,则在字条的注音上注明,使读者能一书在手,尽知潮汕各地读音之异同。至目前为止,潮音字典20余种之多,但像李新魁这样注音的,还是唯一"。[4]

《普通话潮汕方言常用字典》中收录的字不仅有普通话的注音、解释、用法，还有潮汕方言自身的注音、解释、用法，真正达到了让人们识字、学习普通话的目的。

[1] 林伦伦：《李新魁教授对汉语方言研究的贡献》，《汕头大学学报》1999年第3期。
[2] 同上。
[3] 同上。
[4] 同上。

2.《新编潮汕方音十八音》。《新编潮汕方音十八音》共收录7300个左右潮汕方言常用字。该书是针对《潮声十五音》这本当时流行于潮汕地区的字书的不足而编写的。

《新编潮汕方音十八音》从声、韵、调三个方面来弥补《潮声十五音》中的不足。《新编潮汕方音十八音》采用的是18个声部，这弥补了《潮声十五音》"只用漳州的十五音来硬套潮汕的十八个声母"，使许多在潮汕话中本应有分别的字混列在一起的状况，《新编潮汕方音十八音》用四十六个韵部，对潮汕方音细细析音，改变了那种由于"析音不精而使一些本有分别的字，混在一起"[1]的错失，《新编潮汕方音十八音》采用8个声调，改善了《潮声十五音》中声调辨别不清的情形。全书采用表格式的呈现方式，一目了然，简洁明了，便于人们查阅。这是一本兼具科学性、精确性、普及性的工具书，有利于潮汕文化的普及，有利于普通话在潮汕方言区的推广。

3.《潮音证古》。李新魁在证古的过程中有自己独特的一套方式。"李先生在'证古'的过程中，是先通过谐声偏旁、假借字、古诗押韵等材料论证上古音、中古音的某个特点，然后再举出方言的例子，无可辩驳地证明，这些例子就是古音的遗存，是活化石式的宝贵材料。"[2]这些鲜活的方言例子使得文章的说服力大大增强。最为明显的是"李先生用古音证方言之'古'，不是像一些对古音不十分熟悉的先生那样只论《广韵》或不分历史层次一律统称之为古音。李先生因自己几十年来治汉语语音史，因而对汉语语音每个声纽和韵母的分分合合的演变、发展的脉络和时间了如指掌，因而其'证古'往往能指出其'古'之历时层次，使读者对方言的多层次性及语音演变的线索能有所理悟。这是其他作者难以做到的"。[3]

《潮音证古》是李新魁充分发挥自己在汉语语音史方面的才能，将潮汕方音与古音进行专门对比，"详细地论证了潮汕方言语音特点之'古'"，"以古音的音系、特点来证明方言今音是古音特点的遗响"。[4]

4.《二百年前的潮州音》。利用一些地方文献材料来研究方言的演变与发展是李新魁的专长之一，《二百年前的潮州音》就是其中的一篇代表作。

林新魁认为研究潮汕方言的古代语音，材料相当缺乏。但是可以从潮州地区的乡土文献中发掘到一些材料作为研究潮州古音的依据。这篇文章所写的二百年前的潮州音，就是林新魁依据清代郑昌时《韩江闻见录》的内容加以分析、概括而写成的。

在这篇文章中"李先生由于精通音韵学，能够从这些只鳞片爪式的描写中总结出郑氏所记录的语音特点，并跟今音作了比较。其中最重要的发现便是"清代潮音[-n]韵尾诸韵尚未并入[-ng]"和"声母只有15类"。[5]除此之外，李新魁还发现现代一些地方念[oi]韵母的字，清代尚念[ai]。

[1]　李新魁：《新编潮汕方音十八音·说明》，广东人民出版社1979年版，第1页。
[2]　林伦伦：《李新魁教授对汉语方言研究的贡献》，《汕头大学学报》1999年第3期。
[3]　同上。
[4]　同上。
[5]　同上。

　　李新魁利用自身强硬的专业知识，从零碎的材料中，理出了清代潮音的12项特点，为人们了解清代中叶潮音韵类的全貌提供了可靠的资料。

十七　许长安的闽南方言研究

　　许长安（1936—　　），福建晋江人，祖籍台湾，1961年毕业于厦门大学，厦门大学中文系教授，留校任教直至退休。曾任中国文字学会理事，中国应用语言学会理事，中国语文现代化学会常务理事，福建省语言学会副会长。长期从事汉语言文字教学和科研，主要研究方向为文字学、语文现代化和台湾语文，同时涉及闽南方言。

　　许长安的文字学研究涉及传统文字学研究、近代文字学研究、现代文字学研究、文字学教学研究。主要论著有：《汉语文字学》（厦门大学出版社1993年版）、《六书概说》（载《语海新探》，福建人民出版社1988年版）、《近代汉字学刍议》（《语文建设》1990年第5期）、《太平开国的俗体字和避讳字》（《语文现代化论丛》1996年第2辑）、《汉字的特性及其两重性》（《文字改革》1985年第2期）、《汉字问难》（载《汉字问题学术讨论会论文集》，语文出版社1988年版）。

　　语文现代化研究涉及语文现代化历史研究、文字改革研究、简化汉字研究、汉语拼音研究、普通话研究、语言文字规范化研究。主要论著有：《语文现代化的宏观考察》、《语文现代化先驱卢戆章》（厦门大学出版社2000年版）、《学习鲁迅，改革汉字——读〈门外文谈〉》（《人民日报》1974年11月4日）、《鲁迅对汉字改革的贡献》（《厦门大学学报》1981年第2期）、《鲁迅对汉字改革的贡献》、《实事求是地评价简化字》（《语文研究》1991年第1期）、《大田普通话的普及和偏误》（《语文建设》1991年第7期）等。

　　台湾语文研究涉及语文政策研究和语文标准研究。主要论著有：《马英九"识正书简"述评》（《北华大学学报》2009年第5期）、《海峡两岸用字比较》（《语文建设》1992年第1期）、《台湾语文政策概述》（商务印书馆2011年版）、《台湾语文观察》（台海出版社，即将出版）、《台湾语文生活近况》（《中国语言生活状况报告》（2006）》，商务印书馆2007年版）。

　　许长安的闽南方言主要涉及研究闽南方言的拼音文字以及保护方言的问题。

　　（一）闽南方言拼音研究

　　主要论著有：《闽南白话字》（与李乐毅合编，语文出版社1992年版）《厦门话文》（与李熙泰合著，鹭江出版社1993年版）、《闽南白话字史略》（厦门大学出版社，即将出版）、《周辨明、林语堂、罗常培的厦门方言拼音研究》（《厦门大学学报》1994年第3期）等。

《厦门话文》介绍厦门及其他闽南地区的语言文字运动历史。全书除绪论外共八章。第一章，介绍三本闽南话韵书：厦门的《渡江书十五音》、漳州的《雅俗通十五音》、泉州的《汇音妙悟》。第二章，从特征、历史成因、互补功能介绍厦门方言的文白异读。第三章，介绍厦门的教会罗马字——基督教的闽南白话字和天主教的闽南白话字。第四章，介绍厦门的切音字运动。第五章，展示厦门早期学习"官话"的活动。第六章，比较了周辨明、林语堂、罗常培三家的厦门方言罗马字。第七章，从厦、漳、泉三地的世界语活动来展现闽南地区的世界语活动。第八章，介绍20世纪30年代的厦门话拉丁化运动和新中国成立初期的厦门新文字研究会。最后附录"各式闽南方言拼音方案对照表"。

《厦门话文》为人们介绍了厦门方言的历史演变，"为更深入、更广泛地研究中国语言文字现代化提供了宝贵的资料"[1]，对研究厦门地区、闽南地区甚至是全国各地的方言、语音、词汇、宗教等都有一定的参考价值，同时也能促进非物质文化遗产的保护。

《闽南白话字》是一本关于闽南白话字研究的论文集。书中收录了倪海曙、周有光、黄典诚等语言学家的九篇文章。在九篇文章之后列举的是120本闽南白话字的书目、7本"闽南白话字的书影"和一份"闽南白话字的手迹"。通过这些内容我们可以粗略地了解闽南白话字的产生、发展及其作用。这是一本极具学术性的书，列举的都是著名语言学家关于闽南白话字的研究成果。这也是一本实用性极强的书，120本闽南白话字的书目为研究闽南白话字的人提供了一份重要的资料，减轻了人们查找资料的负担。"'闽南白话字'不只是我国文字改革的宝贵资料，而且，对它的研究还对方言学、语音学、文字学、词汇学、版本学和宗教传播史等方面的研究都有一定的价值。"[2]这本《闽南白话字》的出版为闽南白话字的传播及其研究起了很大的推动作用。

《闽南白话字史略》全面、系统地介绍闽南白话字的历史。全书共六章：第一章介绍闽南白话字的产生与传播；第二章介绍闽南白话字的出版物；第三章介绍闽南白话字的拼音方案；第四章介绍闽南白话字的拼写法；第五章介绍闽南白话字翻译古籍的实践；第六章介绍闽南白话字的历史评价。另外还附录了7篇文章。书中翻印了大量闽南白话字的原始资料，以保存和展示这种神奇文字的历史风貌。该书作为鼓浪屿申报世界文化遗产系列丛书之一，展现了现在已经鲜为人知的，在闽台教会流行了160多年的、曾被周恩来总理称为汉语拼音历史渊源的厦门方言拼音文字——闽南白话字，为鼓浪屿"申遗"增添一笔价值不菲的文化遗产。

（二）闽南话用字研究

这方面的文章有：《是"搏"还是"博"》（《厦门晚报》2000年9月9日）、《再谈

---

[1]　许长安：《厦门话文·后记》，鹭江出版社1999年版，第205页。
[2]　同上书，第1页。

"博"字》（2003年8月21日在厦门市文化界座谈会上的发言）、《"歌仔（zǐ）戏"不能读作"歌zǎi戏"》（原载《厦门晚报》2004年9月13日；《语言文字周报》2004年11月10日转载）、《"顶澳仔"不能写作"顶沃仔"》（《海峡导报》2005年6月10日，标题为《这个路牌错了三处》）、《"褒歌"不能写作"煲歌"》（《厦门晚报》2007年3月6日，标题为《莲花褒歌》）、《"恰北北"与"赤爬爬"》（《厦门晚报》2012年9月18日）、《"哇噻"、"好康"是粗话》（《海峡导报》2002年9月3日）等。

《"恰北北"与"赤爬爬"》一文写道：闽南话的用字，历来有以下几种方式：一是使用方言本字，例如，"徛"（方言音kiā，义为站）；二是使用方言土字，例如，烰（方言音bú，义为烤）；三是使用方言同音字，例如，斟（方言音zīm，义为吻）；四是使用方言同义字，例如，脚（方言音kā，本字为骹）。近年来，出现了一种新的用字方法，就是用普通话的字音来记写闽南话，例如风靡中国台湾的"冻蒜"（当选）、乔（协调）。这种方法实际上已经不是用字方法，而是一种标音方法，对于外地人学习闽南话，不失为一种直观、简便的办法。

许长安1986—1988年被国家语委借调到北京协助王均先生编撰《当代中国的文字改革》。该书全面总结新中国成立前后的文字改革工作，是目前最完整的文字改革史书，也是中国文字改革最权威的一部科学论著。许长安作为该书的执行编辑和主要撰稿人，从编写提纲到统稿，在整个编写工作中发挥了重大的作用。

许长安长期关注社会语文生活，自1973年起长期到大田县指导推广普通话工作。1992年他参加制定《福建省推广普通话规定》，该规定于1993年签发公布。2003年，受福建省语委办的委托，起草了《福建省贯彻〈中华人民共和国国家通用语言文字法〉实施办法》，为福建省的语文法规的制定做出了贡献。因业绩突出，许长安1986年被授予"全国文字改革和推广普通话积极分子"称号，1997年受到厦门市政府表彰，被授予"厦门市语言文字工作先进工作者"称号，1998年受到福建省人民政府侨务办公室表彰,被评为"福建省优秀归侨侨眷知识分子"。

十八　李如龙的闽南方言研究

李如龙（1936— ）,福建南安人。1958年毕业于厦门大学中文系，后留校任教，

1973年调入福建师范大学中文系，1993调任暨南大学中文系。1994年经国务院学位委员会审批为博士生导师，享受国务院特殊津贴专家，1997年被聘为国务院学位委员会中文学科组成员，1998年北京广播学院创办全国第一个应用语言学系，出任名誉系主任，1998年调回厦门大学中文系。现任厦门大学学术委员会委员、汉语语言学研究中心主任、汉语言文字学专业博士生导师，兼中国传媒大学语言学与应用语言学专业博士生导师。2010年由国家语文工作委员会聘为普通话审音委员会委员。

（一）李如龙的闽南方言科研成果

李如龙的主要研究方向是汉语方言学、汉语音韵学、汉语词汇学及对外汉语教学，在汉语方言调查方面用力最深、成就最大。从参加全国方言普查起，50多年间调查过闽、客、赣、粤等方言百种以上，先后学会说多种方言。以他为主编出版的《闽语研究》（1991）和《客赣方言调查报告》（1992）至今一直是闽语和客赣语研究的必读书和引用率最高的参考文献。李如龙在方言调查研究方面，主张对方言事实做语音、词汇、语法的全面考察，他提出的汉语方言特征词理论及其研究成果已被业界普遍认可。此外，他还十分重视考察方言和历史文化的关系，《福建方言》运用方言材料分析福建境内不同地区的文化特征，是国内第一部这一领域的文化语言学著作。《汉语地名学论稿》是国内第一本对汉语地名作语言学研究的专著。李如龙与闽南方言相关的研究成果主要有：

1.著作。

《闽语研究》（陈章太、李如龙，语文出版社1991年版）、《福建双方言研究》[第一作者，与庄初生、严修鸿合作，汉学出版社（香港）1995年版]、《福建方言》（福建文化丛书之一，福建人民出版社1997年版）、《汉语方言学》（教育部重点教材，高等教育出版社2001年版）、《闽南方言语法研究》（福建人民出版社2007年版）、《闽南方言》（李如龙、姚荣松主编，福建人民出版社2008年版）

2.论文。

《厦门话的变调和轻声》（加工整理，《厦门大学学报》1962年第2期）、《厦门话的文白异读》（加工整理，《厦门大学学报》1963年第2期）、《福建汉语方言分区略说》（第二作者，与潘茂鼎等合作，《中国语文》1963年第2期）、《宁德碗窑闽南话二百年间的变化》（第一作者，与陈章太、游文良合作，《中国语文》1982年第5期）、《闽方言和苗壮傣藏诸语言的动词特式重叠》（《民族语文》1984年第1期）、《自闽方言证四等韵无-i-说》（《音韵学研究》第一辑，中华书局1984年版）、《八音定诀》的初步研究》（《福建师范大学学报》1984年第4期）、《论闽方言内部的主要差异（主要作者，与陈章太合作，《中国语言学报》第2期，1985年第10期）、《闽南方言的"有"和"无"》（《福建师范大学学报》1986年第2期）、《闽方言和普通话语法的主要差异》（载《语海新探》，福建人民出版社1988年版）《闽南方言的"相"和"厮"》（《方言》1989年第4期）、《闽台地名通名考》（载《地名学研究文集》，辽宁人民出版社1989年版）、《闽方言的韵书》（载《地方文献史料研究丛刊（2）》，福建省地图出版社1991年版）、《福建方言的文化类型区》（《福建师范大学学报》1992年第2期）、《闽南方言和印尼语的相互借词》[《中国语文研究》（香港）199年第5期]、《闽粤方言的"阳入对转"派生词》[与张双庆合作，《中国语文研究》（香港）1992年第5期]、《福建境内的两种双方言现象》（第一作者，与万波合作，《汉语双方言》汉学出版社1992年版）、《闽台方言与闽台文化》（《同源同根，源远流长》，海峡文艺出版社1993年版）、《潮州方言语音的演变》（与李竹青合作，载《潮州学国际研讨会论文集》，暨南大学出版社1994年版）、《闽南方言地区的语言生活》（《语文研究》1995年第2期）、《从词汇看闽南话和客家话的关系》（载《第一届台湾语言国际研讨会论文选集》，文鹤出版公司（台北）1995年版）、《论闽方言的文白异读》（载《第三届闽方言国际会论文集》、《中国语文研究》（香港）1995）、《泉州方言的体》（载《动词的体》，香港中文大学中国文化研究所，1996）、《闽粤琼闽语词汇比较研究》（第一作者，载《第四届国际闽语研讨会论文集》，汕头大学出版社1996年版）、《泉州方言的动词谓语句》（载《动词谓语句》，暨南大学出版社1997年版）、《琉球方言中的闽方言借词——中琉文化交流的见证》（载《方言学应用研究文集》，湖南师范大学出版社1998年版）、《闽南方言的代词》（载《代词》，暨南大学出版社1999年版）、《闽粤方言的不同文化特征》（《暨南学报》1999年第6期）、《闽南方言的结构助词》（《语言研究》2001年第2期）、《论闽台两省方言和文化的共同特点》（与钱奠香合作，《语言文字应用》2002年第2期）、《吴语闽语的"女、许、驶、母"及其他——读潘悟云新作〈三等读入二等的语音〉有感》（载《吴语研究》，上海教育出版社2003年版）、《闽南方言的否定词和否定式》（《中国语文研究》2003年第2期）、《从闽语的"汝"和"你"说开去》（《方言》2004年第1期）、《晋语读书札记》（《语文研究》2004年第1期）、《汉语词汇衍生的方式及其流变》（载《词汇学理论与应用》（二），商务印书馆2004年版）、《华人地区语言生活和语言政策研究》（《厦门大学学报》2004年第3期）、《汉语义位"吃"普方古比较研究》（与解海江合作）（《语言科学》第3卷3期，2004年5月）、《海南闽语声调的演变》（与符其武合作）（《中国语文》2004年第4期）、《东南方言语法对普通话的影响四种》（与刘晓梅合作，第二作者，《语言研究》总第57期，2004年12月）、《闽语的"团"及其语法化》（《南开语言学刊》2005年第1期）、《厦门方言词汇一百多年来的变化——对三本教会厦门话语料的考察》（与徐睿渊合作）（《厦门大学学报》2007年第1期）、《闽南话的几个虚字眼儿》（载《汉语方言语法研究》，华中师范大学出版社2007年版）、《闽语的"卜"和"挃"》（《泉州师范学院学报》2012年第3期）。

　　3.课题。

　　李如龙的闽南方言科研成果还体现在其主持的科研项目上。（1）国际合作项目

2项，即20世纪90年代与日本京都大学合作的"东南部方言比较研究"和与香港中文大学、香港科技大学合作的"吴语和闽语的比较研究"；（2）中国语言学会的委托研究1项，即"东南方言的语法比较研究"（1981）；（3）国家语委研究项目2项，即"吴语和闽语的关系的研究"（1987）、"台湾语言政策和语言文字使用情况跟踪研究"（2001）；（4）福建省社科项目"福建方言与福建文化"（1992）等。

4.闽南方言科研成果获奖情况。

《方言与音韵论集》收录了李如龙在方言学与音韵学方面的重要论文32篇，先后获"北京大学王力语言学奖"（1998）、"教育部普通高校第二届人文社会科学研究成果奖"（1998）。《汉语方言学》（高等教育出版社2001年版）是教育部"九五"重点教材，《汉语方言的比较研究》（商务印书馆2001年版）则是方言学的前沿论著，2001年在商务印书馆出版后多次重印、广泛发行，并获福建省社科成果一等奖和教育部第四届普通高校社会科学优秀成果二等奖。合编的《汉语方言及方言调查》（主要作者，与黄家教、詹伯慧、许宝华合作，湖北教育出版社1991年版）被普遍采用为高校教材，获"国家教委第三届普通高校优秀教材奖"（1996），《福建方言》获福建省社科二等奖（2000）。

（二）李如龙主要论著简介

1.《闽南方言》。

《闽南方言》是"闽南文化丛书"中的一本，共6章。第一章"绪论"，介绍汉语方言与地域文化的关系、闽方言与闽文化的个性及共性、闽南方言与文化的个性特征等。第二章"闽南方言的形成与发展"：介绍闽语的特点和研究闽语发展史的特殊性、福建的经略和闽南方言的形成、闽南方言的流播与发展受福建社会的变化影响。第三章"闽南方言的共同特点和内部差异"，介绍闽南方言语音、词汇、语法方面的共同特点及其各片区的独特性。第四章"闽南方言与闽南文化"，将闽南文化与方言结合起来讲述二者之间的关联。第五章"闽南地方文艺与方言艺术"，通过歌仔戏、歌谣、戏曲等来介绍闽南地方文艺与方言艺术。第六章"闽南方言的科学研究"，介绍闽南方言的研究概况、地方韵书及闽南方言的文字化尝试。后面三章多有新的理解，是从方言角度研究闽南文化的最新成果。

2.《闽南方言语法研究》。

《闽南方言语法研究》是李如龙关于闽南方言语法研究的论文合集。内容包括《泉州方言的"体"》《泉州方言的动词谓语句》《闽南方言的代词》《闽南方言的介词》《闽南方言的结构助词》《闽南方言的否定词和否定式》《闽南话的几个虚字眼儿》《厦门方言的方位词》《闽南话的"有"和"无"》《闽语的"团"及其语法化》《闽方言和普通话的主要语法差异》《闽方言与苗、壮、傣、藏诸语言的动词特式重叠》。并在文章中附有《动词的体》前言、动词的体和貌例句、《动词谓语句》前言、《代词》前言、《介词》前言。该书主要是对泉州方言语法的描写，也涉及闽南各次方言的比较。除了翔实可靠的共时描写外，还涉及古今汉语的纵横比较，其中《闽方言与苗、壮、傣、藏诸语言的动词特式重叠》还涉及汉藏语言之间的比较。该书是李如龙关于闽南方言语法研究成果的一个展示，为人们了解闽南方言的语法、研究闽南方言的语法提供了重要的参考。

3.《厦门话的文白异读》。

这篇文章是从《福建省汉语方言概况》一书"闽南方言概况"一章中抽出一段补充整理而成的。1963年发表于《厦门大学学报（社会科学版）》。

该文是针对"究竟厦门话的文白异读是否'各成一个系统'，如果是,这两个系统又是怎样的面貌?为什么厦门话会有这样的对立，文白读音的转化是怎样产生的? 文白读的对立说明什么问题? 它是不是单钝的语音现象? 厦门话的这些现象是真的,不可究理'吗? "等几个问题进行探讨的。

最后李如龙得出"厦门话的文白异读和一般的文白异读一样,也反映着书面和口头语的风格色彩的不同"。[1]但是厦门话的文白异读不仅像一般的文白异读那样仅表现书面和口头语的风格色彩的不同，它还有其他层次的内容。"厦门话的文白异读之间有着完整而繁复的对应条例。它们可以说是各自形成系统的。但是两个系统又不是互不关涉的，而是一种交叉重叠的关系。""在口语里，词素（字）或读文读，或读白读,通常是不能随意变换的。词儿的读音采用文读或白读和方言词汇的不同范畴、不同层面有着密切的关系。""厦门话文白异读系统的形成和发展是厦门话语音、词汇发展过程的重要现象，也是整个方言从共同语分化出来,向着不同方向发展，又受着共同语的制约,向共同语集中的过程中一个重要的现象。"[2]

此外，《闽语研究》中《论闽方言的一致性》和《论闽方言内部的主要差异》两篇文章对福建境内的闽方言进行了总共包括700条字音和词语的对照比较，属于闽南方言的厦门、泉州、永春、漳州、龙岩、大田6个点参与了比较，可以扼要地看到闽南方言和其他闽方言的异同。书中《大田县内的方言》与《尤溪县内的方言》两篇也是有关闽南方言的调查报告。《福建方言》一书结合福建方言讨论福建地域文化，其中详细讨论了闽南方言的历史形成、流播及其所反映的地域文化特征，有学者认为，该书的意义还在于建构了一个结合方言研究地域文化的理论框架。《福建双方言研究》（下篇）的"调查报告"列述了10种福建境内的双方言区和方言岛。其中有5种与闽南话有关：龙岩大池乡、平和九峰镇2个双方言带，福鼎沙埕镇、宁德碗窑和闽侯西台村3个方言岛。这些材料在研究双方言现象上颇具典型意义。

三、学术活动

李如龙从1981年参加中国语言学会、中国音韵学会和汉语方言学会成立大会后，积极参加国内外汉语语言学学术活动，现为中国语言学会、全国汉语方言学会理事。1988

---

[1] 李如龙：《厦门话的文白异读》，《厦门大学学报（社会科学版）》1963年第2期。
[2] 同上。

年发起并主持的闽方言研讨会和客方言研讨会已开过20多次会议，多有境外、国外学者参加。1981年后，三次出席国际汉藏语言学会议。曾任国际中国语言学会理事、国际客家学会理事，多次到美国、新加坡和中国台湾参加这两个学会的年会。先后被中国人民大学、首都师范大学、南开大学、武汉大学、华中理工大学、南京师范大学、福建师范大学、暨南大学等十几家大学聘为兼职教授。多次应邀到香港中文大学、台湾"中央大学"、日本京都大学、美国哈佛大学、法国高等社会科学院讲学和访问研究。

十九　郭启熹的闽南方言研究

郭启熹（1937— ），福建龙岩人。1960年毕业于福建师范大学中文系，闽西大学教授，曾任闽西大学校长。现为中国高等职业技术教育研究会理事，福建省高等职教研究会副会长，福建语言学会理事。

郭启熹长期从事龙岩方言的研究，主要论著有：《古音与教学》（福建教育出版社1986年版）、《龙岩地区方言志》（上海人民出版社1992年版）、《龙岩市方言志》（中国科技出版社1993年版）、《闽西客话志》、《龙岩方言研究》（纵横出版社1996年版）等，发表《龙岩方言的基本特征》（闽西职业技术学院学报）2006年第1期）、《福建省客家话的分布与特点》（《龙岩学院学报》2008年第1期）、《闽西区域早期开发与周边州县疆域考》（《闽西职业技术学院学报》2008年第1期）、《闽西畲族源流初探》（《闽西职业大学学报》2002年第2期）、《龙岩方言代词及其特色》（《闽西职业大学学报》1999年第1期）、《闽西方言与普通话》（《闽西职业大学学报》1999年第2期）、《闽西文化族群的发展》（《闽西职业大学学报》1999年第4期）、《龙岩方言助词特色》（《闽西职业大学学报》2000年第1期）、《龙岩上古史略探》（《闽西职业大学学报》2001年第1期）、《客家民系在闽西的形成与发展》（《闽西职业大学学报》2003年第1期）、《固始与闽西人关系溯源》（《闽西职业大学学报》2004年第1期）、《福建省客家话的分布与特点》（《闽西职业大学学报》2004年第2期）、《龙岩方言字考释举例》（《闽西职业技术学院学报》2012年第4期）、《开漳圣王文化在龙岩的流播》（《闽台文化交流》2007年第1期）、《闽方言与写诗填词》（《龙岩学院学报》2010年第1期）、《武平出土文物与闽西的百越文化》（《闽西职业技术学院学报》2010年第1期）、《陈元光与龙岩开发几个研究问题的考证》（《闽西职业技术学院学报》2011年第2期）等。

《龙岩方言研究》是"汉语方言学丛书"之一，全书共分为八个部分。第一部分"绪论"，介绍龙岩市的人文地理和龙岩市的方言。第二部分语音，简述龙岩方言音系、音变等的基本特点及龙岩方言的内部差异，并且将龙岩方言与普通话和中古音进行比较，从而阐述龙岩方言语音的特点。第三部分是一份龙岩方言的同音字表。第四部分按义类将龙岩方言中有特色的词汇分为19类，并一一列举。第五部分讲述龙岩语法中与闽南方言存在差异的部分。第六部分引用46条谚语、一则小故事、一首童谣为语料，作为前面内容的佐证。第七部分是两份研究龙岩方言的资料。第八部分为"附录"，包括张振兴先生的一篇论文和郭启熹先生的四篇论文。

该书对龙岩方言作了比较详细的介绍，"全书主要是面上的语音、词汇和语法描写与分析。作者利用龙岩方言母语者的身份，为学术界提供了大量的语料和鲜活的例句，为龙岩方言的深入研究提供了基本的语料"。[1]郭启熹"集此二十万字的研究成果付梓，为龙岩人民办了一件好事，更为语言研究领域提供一份珍贵的资料"。[2]

二十　周长楫的闽南方言研究

周长楫（1938—　　），福建厦门人。1963年毕业于厦门大学中文系，留校任助教、讲师、副教授、教授及研究生导师。曾任中文系汉语方言研究室主任，中国方言学会理事，中国音韵学研究会理事，福建省语言学会副会长，福建省辞书学会常务理事，福建省修辞学会常务理事，厦门市语言学会会长，福建炎黄文化研究会理事，厦门市闽南文化研究会副会长、顾问。

（一）闽南方言研究成果

周长楫主要从事汉语、汉语音韵学、语音史以及闽方言特别是闽南方言研究。出版个人执笔的著作有：《闽南话与普通话》（语文出版社1991年版）、《厦门方言研究》（福建人民出版社1998年版）、《汉字古今音表》（第二作者，中华书局 1999年版）、《厦门方言词典》（江苏教育出版社于1993年出版）、《南音字韵》（海峡文艺出版社2002年版 ）、《汉语常用字字典》（福建人民出版社1989年版）、《闽南

[1]　曾德万：《龙岩闽南方言音系研究》，福建师范大学博士学位论文，2012。
[2]　丁仕达：《龙岩方言研究·序》，纵横出版社1996年版，第3页。

话概说》（福建人民出版社2010 年版）、《诗词闽南话读音与押韵》（福建人民出版社1996年版）、《闽南话诵读解说唐诗100首》（鹭江出版社2010年版）、《厦门方言俗语歌谣选》（福建人民出版社2001年版）、《厦门话音档》（上海教育出版社1998年版）、《答嘴鼓》（台湾安可出版社1998年版）、闽南文化丛书《方言与俗语》（鹭江出版社2008年版）、《台湾闽南话教程》（上下册）（台湾安可出版社1998年版）、《闽南话800句》（福建人民出版社2007年版）、《闽南方言与文化》（中国国际广播出版社2014年版）、《闽南方言韵书》（鹭江出版社2015年版）。担任主编兼编写或跟人合作的著作有：《普通话闽南方言词典》（参编，福建人民出版社1982年版）、《闽南方言大词典》（主编，福建人民出版社2007年版）、《新加坡闽南话概说》（第一作者，厦门大学出版社 2000年版）、《新加坡闽南话词典》（第一作者，中国社会科学出版社2002年版）、《新加坡闽南话俗语歌谣选》（第一作者，厦门大学2014年版）、《闽南童谣纵横谈》（第二作者，鹭江出版社2008年版）、《闽南童谣100首》（第一编著者，鹭江出版社2008年版）、《全球华语词典》（参编，商务印书馆2010年版 ）、《永安方言》（第一作者，厦门大学出版社1992年版）、《福建省志·方言志》（参编，方志出版社1998年版）、厦门市幼儿园小学中学《闽南方言与文化》系列试用教材5册以及《闽南方言与文化》（中国国际广播出版社2014年版）教师教学参考书两册。此外，还参与福建有关县市地区出版的地方志书中有关方言志卷的编写、修编审订工作，并先后发表有关汉语音韵学、汉语方言学、古汉语、现代汉语、辞书编纂、修辞学、闽南文化等论文80多篇。

（二）作品简介

《厦门方言词典》以厦门话词语为主，词典按方言韵母的次序排列，逐条注明方言词的形音义，有的还举例，收词1万条左右，书前有厦门话历史和特点的简介，后附单字笔画检索和义类检索。因词典篇幅所限，有不少方言词无法收入。该词典是国家图书重点项目《现代汉语方言大词典》的分卷，连同整部大词典的43个分卷一起荣获国家图书奖。

《闽南方言大词典》是"十一五"国家重点图书，被列入"十一五"国家重点图书出版规划项目。这部词典是周长楫、王建设、陈荣翰三位历经三年多的时间编写而成的。词典共收录3万多条闽南方言，共260多万字，其中闽南方言特有词汇1.6万多条，普通话闽南方言对音词2万条。

这部词典的出版意义在于：一是"比较全面充分完整地描写闽南方言。虽然闽南方言辞书出了不少，但都是以一地，或泉州或厦门或漳州为主要的对象收集和记录这一地的闽南方言，不能反映福建闽南方言词语的全貌。而该书则填补了这个空白，它不仅收录了福建闽南地区的厦门、泉州、漳州三地的词语，而且收录了台湾闽南方言的不同于厦、泉、漳的几百条词语，涵盖面广，是一部比较全面充分完整的描写闽南方言的辞书"。二是"有利于方言研究比较。《闽南方言大词典》实际上也是一部比较词典，它收录了厦、泉、漳三地的闽南方言词语，不仅注了三地的读音，给予释义、例句，还说明三地使用上的差别，这是厦、泉、漳三地方言的比较词典"。三是"保存了闽南方言的语音材料。《闽南方言大词典》配有近4万条闽南方言特有词、对音词的普通话及厦门、泉州、漳州三地的闽南方言读音光盘，既便于读者学习闽南话，也保存了极其宝贵的语音材料，对方言学、词汇学、音韵学研究都极具价值"。四是"堪称一部优秀的辞书。《闽南方言大词典》编写体例规范，释义准确简明，例句典范丰富，并有普通话译词、译文，便于读者理解，附录丰富，索引多种，检索方便，具有较高的学术水平和较强的实用性，是一部优秀的辞书，丰富了方言词典的编纂经验"。五是"有利于弘扬中华民族优秀传统文化"。六是"促进海峡两岸人民的沟通和交流"。七是"对实现祖国统一、反对分裂有重要的现实意义"。[1]

"这部词典汇集了大量的语言文化信息。无论在内容还是在形式上，都远远地超过了在此以前出版的闽南话其他同类或类似的字典、词典。是最近几十年来出版最好的方言词典之一。这部辞典的出版对于汉语方言学、汉语词汇学、辞典学、汉语史以及其他相关学科的研究，都具有非常重要的学术价值。"[2]如能增加闽南各地一些特有词语，将更完善。该词典获国家图书奖提名奖。

《闽南方言俗语词典》是《闽南方言大词典》的姊妹篇，被列入国家"十二五"重点出版图书。该词典收闽南话惯用语、成语、谚语和歇后语8000多条，如把同一词条的多种说法也算进去，即收俗语超过万条。词典按词条头字笔画排列，每一俗语注上厦门、泉州、漳州三地读音，解词析义详明。还附有义类索引以及汉语常用成语普通话闽南话对照读音，部分成语还列示与之对应的方言俗语或解释，书附读音光盘，便于读者使用。

《闽南话韵书》，通过对闽南地方戏曲、曲艺、口传文学作品近5000首（段）韵文的分析，发现闽南韵文作品的押韵，除了与汉语韵文作品押韵的规则有共性的一面外，还有其独具的特点，主要是，只要韵母的主要元音相同，阴声韵和带鼻化韵和喉塞尾韵的入声字同样可以押韵，此外，相当一部分韵文作品，不但要求韵字的韵母主要元音与韵尾要相同，而且韵头也要相同。因此，闽南话多达八九十个的韵母，可分为宽韵与严韵。作者首次提出闽南话的宽韵可归为22个韵部，严韵可归为45个韵部。韵书按韵部排列，韵部下再按所属的韵母、声母、声调次序排列，每个单字下列示常用的例词和成语，但还有所缺漏。该书对规范闽南韵文作品的押韵，为创作者选韵用词提供方便，有实用价值。《闽南话与普通话》是作者遵循著名语言学家吕叔湘的要求，将人们认为比较枯燥难懂的方言用深入浅出而又通俗风趣的写法表现出来的通俗读物。该书用比较的方法，介绍了普通话与闽南话在语音、词汇和语法等方面的相同点与差异处，可读性强。

[1]　林玉山：《为打造精品而努力——编审〈闽南方言大词典〉札记》，《中国出版》2007年第3期。

[2]　张振兴：《评〈闽南方言大词典〉》，《辞书研究》2008年第4期。

《厦门方言研究》对厦门话的语音、词汇做了比较深入而详细的描写和分析，对厦门话的语法特点也做了重点介绍，并专章收录了厦门话歌谣、俗语、故事和对话等语料，资料丰富，有一定的学术价值和实用价值。宜对语法多做一些描写分析，使其更臻完善。该书是目前一本比较详细介绍厦门话的方言著作。

《闽南话形成发展及到台湾的传播》用大量的历史和语言材料，论证闽南话应孕育于魏晋，形成于南北朝，至唐宋已趋成熟，之后开始向外传播，台湾闽南话主要是明清时期闽南地区大量移民到台湾后形成的，它与大陆闽南话是源流关系，是福建闽南话的一个分支，具有"漳泉（厦）滥"的特点。尽管由于历史条件，台湾闽南话吸收了一些日语词汇作为外来词，但无论语音、词汇、语法，台湾闽南话大部分都与福建闽南话相同，两岸彼此可以通话无阻。该书一些观点颇具独见。

《新加坡闽南话概说》、《新加坡闽南话词典》、《新加坡闽南话俗语歌谣选》是在周长楫新加坡任客座研究员期间深入新加坡和马来西亚许多地方调查研究当地闽南话并作为主要执笔人与周清海合作编著的。该书及时抢救并比较集中而简要地记录和论述了新、马两国的闽南话，留下可贵的闽南话语言材料，受到好评。

《中古韵部在闽南话读书音里的分合——兼论陈元光唐诗的真伪》，考察了中古音韵部在闽南话读书音的情况后，认为闽南话读书音跟中古韵部尤其是《诗韵》的韵部比较接近，有不少韵部的音值也跟比较接近，用闽南话读书音诵读唐诗，其押韵和平仄的相合程度在汉语诸方言中也是排在首位的。

《厦门话的音节》一文，通过对闽南话的厦门话和普通话以及吴语苏州话、湘语娄底话、赣语南昌话、粤语广州话、客家话梅县话和闽东语福州话等方言音节的对比，说明闽南话的音节数在汉语诸方言中是首屈一指的，其特点也是很特殊的。特别是拿厦门话的音节与《广韵》的音节做对比后，发现《广韵》如按独用和同用的原则来归并，则其音节数就跟厦门话的音节数相差无几了。

近十九年，周长楫还注意把闽南话研究与闽南文化结合起来，如《闽南方言与文化》一书，介绍了闽南话和闽南文化的关系。调查收集大量的闽南话童谣和闽南地区特有的曲艺形式"答嘴鼓"的作品，积累了大量的活生生的闽南方言材料。2008年，被福建省人民政府授予福建省非物质文化保护项目《闽南童谣》的代表性传承人，此外，还编写闽南话教程、闽南话学话小册子等书，通俗地向人们介绍闽南话，为人们学习、了解闽南话提供了方便。他参与国家关于闽南文化生态保护实验区的工作，编写的幼儿园、小学、小学和中学有关闽南放眼于文化的教材，得到广泛的采用，并受到好评。

1997年上半年，周长楫应邀到台湾成功大学中文系任客座教授，1998年至2002年，先后三次应邀到新加坡南洋理工大学中华语言文化中心任客座研究员，还多次应邀到新加坡及中国台湾、中国香港地区参加语言学学术研讨会，并发表论文。

二十一 潘家懿的闽南方言研究

潘家懿（1938— ），广东汕尾人，1958—1963年就读于中山大学中文系语言专业。毕业后到山西师范大学工作，在该校中文系任教30年。1986年晋升教授，任中文系主任；1993年调汕头大学中文系，任研究生导师、中文系主任。2000年退休。退休以来，先后应深圳大学、韶关大学、香港中文大学等高校的聘请，任客座教授。2007年9月以来受聘为韩山师范学院中文系学科带头人，研究方向为汉语方言学、汉语音韵学，著作有《广东海丰方言研究》《平海军声》。其他与闽南方言相关的论文有：《粤东闽语存在齿唇音声母》（《中国语文》2009年第1期）、《粤东闽语的内部差异与方言片划分的再认识》（《语文研究》2009年第3期）、《海丰话形容词的生动形式》（《语文研究》1994年第1期）、《广东潮汕闽方言区的糜文化和茶文化》（《语言文字应用》1995年第2期）、《海丰方言三十年来的演变》（《方言》1996年第4期）、《粤语对南粤诸方言的辐射与渗透》（《语文研究》1997年第4期）、《军话与广东平海"军声"》（《方言》1998年第1期）、《鼻/塞韵尾的消变及其粤东闽语模式》（《语文研究》1998年第4期）、《粤东西区的闽语岛链和板块——粤东闽语播迁的地理类型学特征》（《暨南学报》2011年第3期）、《海丰福佬话里的"仔"尾》（《汕头大学学报》1999年第3期）、《海丰福佬话文白异读研究》（《山西师范大学学报》1991年第3期）。

《广东海丰方言研究》由语文出版社出版，内容包括：海丰话概说、海丰话语句中的声调问题、海丰话文白异读研究、海丰话动词的态、海丰话形容词的生动形式、海丰话的"了"和"咯"——兼与北京话的"了"比较、海丰话的语气词、谈海丰活三十年来的语音变化、海丰尖米话述略、开放以来汕尾市的语言文化、运用海丰福佬话材料考察海丰的多元文化等。

《平海军声》（中国档案出版社2007年版）全面系统地介绍了平海军声的形成、演变及特点，为人们了解平海地区这一特殊方言和平海历史文化提供了帮助。军声被国家列为濒危语言进行抢救，《平海军声》一书分概述、语音、词汇、语法和标音语料5章。在概述部分介绍了平海镇的地理位置、历史沿革、姓氏源流、语言民俗，考证了平海军声的分类、归属与定义，并对粤东沿海4类军话进行对比。在语音部分，详细介绍了平海军声的声母、韵母、声调特点和内部差异及新、老派读音，还列出平海军声的同音字汇表；在词汇部分把平海军声分天文、地理、时令、农事、称谓、亲属、红白喜事、日常生活、商业交通、文化教育以及副词、介词、量词、代词、形容词、数字等29类词语约3000条，用国际音标注音，并与普通话、闽南语、客家话、粤语进行对照，方便学习和研究。在语法部分，还对平海儿歌、歇后语、谚语、谜语、民间故事、诗词、对话等进行标音，方便读者阅读。[1]

潘家懿先后兼任山西省语言学会、方言学会会长，并任省政府语言文字工作委员

---

[1] http://e.hznews.com/paper/hzrb/20070630/A6/1/.

会副主任。1984年以来，先后荣获省级优秀教师、全国语言文字先进工作者等荣誉称号。从1990年起，获国务院颁发的政府特殊津贴。

二十二　陈碧加的闽南方言研究

陈碧加（1938—　），福建漳州人，1960年毕业于福建师范大学中文系，后分配到漳州师专（闽南师范大学的前身）工作。1963年到厦门大学助教进修班学习音韵学，主讲老师黄典成。1969年学校解散，下放至云霄五中、一中。1979年学校复办，调回。历任助教、讲师、副教授，曾任中文系副主任、漳州市语委副主任，2000年退休。陈碧加关于闽南方言的研究成果主要有：《漳州地方志·方言卷》（中国社会科学出版社1997年版）（除"语法"一节外，其余由陈碧加执笔成稿）、《漳台闽南方言比较研究》（《漳州师范学院学报》1998年第4期，收入《漳州地方志·漳台关系卷》）、《漳州话前后鼻韵尾演变状况及其运用》（《漳州师范学院学报》1990年第1期）、主编《闽南方言·漳州话研究》（中国文联出版社2002年版）并有两篇文章《漳州话单音动词重叠形式及其表达功能》、《漳州话AAB式动词分析》收入其中。

《漳州地方志·方言卷》以芗城区为代表点，准确全面地描写了漳州方言，并首次对漳州方言内部的九个县（龙海、华安、长泰、南靖、平和、东山、诏安、漳浦、云霄）的方言语音做了较为详细的比较。因此，香港中文大学吴多泰中国语文研究所的立项课题《中国六省及东南亚闽方言研究》（2003）指定由陈碧加提供漳州方言词汇例词、语法例句并注音。

二十三　陈正统的闽南方言研究

陈正统（1939—　），台湾南投人。1958年漳州一中毕业，1960—1974年先后在漳州一中、华安三中、漳州市干部职工业余学校、漳州石亭中学任语文教师，其间，1970年至1972年下放诏安县秀篆乡。1976年至1984年参加《汉语大词典》的编写工作，1984年任龙溪地区地方志办公室副主任，1986年起任台盟漳州市委会副主委、主委、台盟福建省委副主委（专职），兼任福建省政协委员（两届），省人大代表（一届），第九、第十届全国政协委员，第十一届全国人大代表，台湾民主自治同盟中央委员会第四至第九届中央委员，中央常委。现为福建省文史馆馆员。

陈正统长期关注两岸关系的发展、研究，对两岸关系的进步起了一定的促进作用；作为学者，其学术研究的代表作品是《闽南话漳腔辞典》（中华书局2007年版）。

《闽南话漳腔辞典》是一部呈现闽南话漳州腔的方言辞典，主要从漳州腔的语音、词汇的角度展示闽南话漳州腔近百年来的演变过程。全书共有17000多条词目，总计120多万字。

《闽南话漳腔辞典》"重点之一是考辨漳州话和台湾漳腔方言在词汇上的异同及源流关系，记录漳台方言词汇形、音、义的面貌，以保存有关海峡两岸各领域的社会信息，让台湾民众更好地了解其日常用语中的语词来自闽南方言，根在中原"。[1]这本辞典说明了台湾话中的大部分词就是漳州话中迁移过去的，对台湾话作了一个正本清源的工作。

除了体现台湾话与大陆闽南话是一种同根同源的关系，促进两岸关系的发展这一现实意义之外，《闽南话漳腔辞典》也有着作为一部方言著作的学术意义。

该辞典词目的收录集漳州本地的词语和台湾闽南话漳腔的词语于一体，让人们对闽南话漳州腔有一个细致的了解。除了一些常用的词语之外，该辞典"尤其注意收集一定数量的具有漳州特点的民俗词语，目的在于保存地方民俗文化资料"。[2]《闽南话漳腔辞典》还收录了很多因为社会的发展、时代的进步而被淘汰的或者正处于消逝状态的词语，对这些"已消逝的，或正在消逝的文化遗产进行传承、保护或记忆性保护，供后人研究就显得尤为重要"。[3]辞典中的这类词汇就起到了传递、保护的作用。

"作为具有百科辞典功能的辞书，辞典还选入部分百科词汇，包括名胜古迹、各类动植物名称等。辞典内有插图，配有电脑光盘，录入全部词条的漳腔读音，附有古代文学作品《诗经》、《离骚》、唐诗、宋词以及古代私塾蒙学读物的漳腔吟诵片段，其中还特别收录了漳籍台湾百岁老人庄世光的经典古诗吟诵。方便读者吟诵传播。"[4]

---

[1]　吴明晖、姚兆羽：《陈正统与〈闽南话漳腔辞典〉》，《闽南日报》（社会新闻版）2007年2月22日。
[2]　同上。
[3]　陈正统：《〈闽南话漳腔辞典〉对文化遗产记忆保护的尝试》，《闽南日报》2007年5月28日。
[4]　同上。

《闽南话漳腔辞典》在继承前人的研究基础上，对闽南话漳州腔作了一个相当全面的介绍，是一部集现实性、学术性、实用性于一体的作品，对于人们了解、研究漳州方言起到了很大的促进作用。

二十四　林宝卿的闽南方言研究

林宝卿（1939—　），福建厦门人。1958年毕业于厦门师范学校，后经福建省教育厅选送到中国社会科学院语言研究所进修。1960年被借用到厦门大学中文系参加编写《福建省汉语方言概况》，1963—1974年在长泰三中任教，1975年调到厦大中文系工作，1980-1982年参加厦大首届汉语史研究生课程进修班，受教于黄典诚先生。现任厦门大学人文学院教授、海外教育学院兼职教授、嘉庚学院兼职教授。林宝卿长期从事音韵、方言、汉语与中国文化等学科的教学与科研工作，其闽南方言研究成果如下。

（一）林宝卿的闽南方言研究成果

1.专著：《闽南人学习普通话手册》（福建人民出版社1988年版）、《闽南话教程》（厦门大学出版社1992年版）、《闽南话口语》（厦门大学出版社2000年版）、《闽南方言与古汉语同源词典》（厦门大学出版社1999年版）、《普通话闽南方言常用词典》（厦门大学出版社2007年版）、《魅力闽南话》（厦门大学出版社2011年版）、《闽南方言教程》（北京大学出版社2013年版）、《闽南方言熟语集释》（厦门音像出版社2013年版）等著作，另参加编写《福建省汉语方言概况》、《普通话闽南方言词典》以及长泰、龙海、平和、上杭、清流等多地方言志。

2.论文：《从谚语看闽台的年节习俗》（《民间文学论坛》1994年第4期）、《闽南方言中的古汉语活化石举隅》（《语文研究》1995年第4期）、《闽西客话与古语训释举隅》（《龙岩师专学报》1996年第2期）、《闽南方言声母白读音的历史语音层次初探》（《古汉语研究》1998年第1期）、《闽南方言若干本字考源》[《厦门大学学报（哲学社会科学版）》1998年第3期]、《闽南方言中的古虚词》（《东南学术》

1998年第6期）、《说"蜉"字音》（《中国语文》1997年第6期）、《闽南话源出古汉语》（《福建学刊》1992年第6期）、《漳州方言词汇（一）》（《方言》1992年第2期）、《漳州方言词汇（二）》（《方言》1992年第3期）、《漳州方言词汇（三）（《方言》1992年第4期）、《厦门、泉州、漳州的语音差异》[《厦门大学学报（哲学社会科学版）》1993年第2期]、《"鼻"字音义演变探源》[《厦门大学学报（哲学社会科学版）》1986年第1期]、《闽南方言词典中的本字问题》（《辞书研究》1990年第2期）等等。

（二）作品介绍

1.《普通话闽南方言常用词典》是一部关于普通话和闽南话对照的词典。本词典共收入单字条目5000多条，多字条目近2万条。之所以编《普通话闽南方言常用词典》这本词典，是因为自1982年出版《普通话闽南方言词典》之后大陆就没有再版，并且也没有出现一本类似的便于读者学习闽南方言的书。本着这个目的，林宝卿编写了这部词典。与《普通话闽南方言词典》相比，《普通话闽南方言常用词典》在内容上十分鲜明地表现出它的常用性。"表现在以下几个方面：（一）体现时代性，如收集一批新词语。（二）体现精要性，如单字条目和多字条目的释义立足'常用性'和'方言性'确保该书的编撰达到精简扼要。用字选择上，一般闽南方言与古汉语同源词所考证的本字，方音俗字附在字之后，古汉语字依《汉语大词典》的写法，不随意简化。（三）体现实用性。如注音尽量照顾厦漳泉三地的读音，尽量列出三地不同读法的对照词条，有利于三地历时、共时的比较。"[1]除此之外，"宝卿教授还亲自讲解方音拼音表，请海峡之声广播电台主持人陈嘉莉女士配合跟读，录制光盘随书附赠。读者只需用1个小时就能学会'闽南方言拼音方案'"。[2]这些都给读者提供了许多便利。《普通话闽南方言常用词典》以其科学性、实用性、地方独特性为那些远离家乡的闽南人以及在闽南地区生活的外地人学习闽南话找到了方向，推动了闽南话地区古汉语的教学，对于闽南方言地区熟语、歌谣、戏曲的创作都有一定参照作用。

2.《闽南方言与古汉语词源词典》是一本系统、全面考证闽南方言源于古汉语的著作。它是林宝卿经过多年收集，参照说文、韵书的解释以及前人研究考证的成果而编成的。《闽南方言与古汉语词源词典》"为闽南话的近两千条方言词一一考订它的本源，从浩瀚的古籍中去寻求和闽南话音义相同的用例。它不但可以有力地论证闽南话和古代汉语的血脉相连，而且可以为考察古今语言演变规律提供极好的素材。这项工作又是十分繁难的工作，因为闽南话毕竟已经经历了千百年的变异，有时要考释一个字就需要音韵、文字、训诂各方面的知识。况且在汗牛充栋的典籍中要去寻找合适的

---

[1]　林华东：《一部值得推介的闽南方言工具书——读林宝卿〈普通话闽南方言常用词典〉》，《闽台文化交流》2008年第2期。

[2]　同上。

例证，无异于海底摸针"。[1]该书"对于论证闽南方言和古汉语同源，对于考察汉语史都能提供有用的依据，也可作为闽南语地区古汉语教学、戏曲、歌谣的创作的参考"[2]。该书获"福建省文科优秀著作出版基金"，1999年由厦门大学出版社出版。

二十五　张振兴的闽南方言研究

张振兴（1941—　），出生于广东省潮州市，青少年时期在福建省漳平市（原漳平县）度过。先后就读于福建省漳平第二中学、第一中学。1959年考入厦门大学中文系学习，并于1963年秋天毕业，同年进入中国科学院哲学社会科学部（今中国社会科学院）语言研究所，先后担任研究实习员、助理研究员、副研究员、研究员。并于1987年至2003年期间担任语言研究所方言研究室主任，同时担任著名语言学学术杂志《方言》季刊主编，1994年起担任中国社会科学院研究生院博士研究生导师。2006年退休。

张振兴主要从事现代汉语方言和汉语音韵学的研究工作，在汉语方言调查研究方面尤为突出。40多年来，他先后在福建、浙江、广东、广西、海南等省区调查过15处方言，包括闽语、吴语、粤语、客家话、土话等，并先后出版过《台湾闽南方言记略》（福建人民出版社1983年版）、《漳平方言研究》（中国社会科学出版社1992年版）、《雷州方言词典》（合著，江苏教育出版社1998年版）等专著，同时发表有关专题研究论文数十篇。张振兴在方言调查研究方面，主张高度重视方言事实的调查记录，在这个基础上进行深入的分析和解释。他尤其推崇由赵元任主持的《湖北方言调查报告》（上海商务印书馆1948年版）、由丁声树、李荣主持的《昌黎方言志》（科学出版社1960年版），认为这是汉语方言研究的两部经典性作品。1987年至1992年间，张振兴与贺巍研究员一起主持了国家社会科学基金重点课题"汉语方言重点调查"，出版了漳平、洛阳、博山、江永、黎川、舟山、武汉、福清、嘉定等九种方言的重点调查研究成果，语料准确丰富，分析解释恰当到位，其就是以《昌黎方言志》为样本的。2010年发表《再读"昌黎方言志"，怀念大家丁声树》（《语文研究》第2期）一文，重申《昌黎方言志》对于汉语方言调查研究的崇高学术价值。他也把这一主张

---

[1]　李如龙：《闽南方言与古汉语词源词典·序》，厦门大学出版社1999年版，第2页。
[2]　陈支平、徐泓编：《闽南认百科全书·方言卷》，福建人民出版社2009年版，第65页。

实际贯彻到他个人的方言调查研究之中。其中《台湾闽南方言记略》一书对台湾全省通行的闽南方言作了非常详细的调查与描写，"用的是典型的方言志的写法,既有语音、词汇、语法的描写和分析,又有若干成篇语料作为佐证,面面俱到,简明实用"。[1]该书是介绍台湾省台北和台南的闽南方言，由于当时条件的限制，张振兴没能亲自到实地进行调查研究，但是他找了台北市和台南市的两位发音人，书中的语音材料具有较强的代表性。科学性也是该书的一个特点，"书中用来进行分析研究的材料,以'泉州腔'为主,在可能的地方,才尽量兼顾'漳州腔'。这样处理既全面,又科学"。[2]同时该书在编写时也有所创新，"在用字方面,《台湾闽南方言记略》吸收了方言学界考本字的许多重要成果,给人以耳目一新的感觉。如'同音字表注'所列115条实际都带有考本字的性质"。[3]这种写法为闽南地区各地的方言志的编写提供很大的借鉴作用。该书主要有两个重点：一个是详细记录了台湾闽南方言的语音、词汇和语法系统，并对其中的若干重要问题，例如音位归纳、方言本字、语法特点等进行了专门讨论和研究。另一个重点是仔细地描写了台湾闽南方言内部泉州腔和漳州腔的差别，讨论了这两种语音差别与福建闽南方言泉州音和漳州音的渊源关系，并作了全面深入的比较分析。该书的研究也以材料丰富、记录准确、分析到位见长，深受好评。该书也是大陆地区出版的最详细研究台湾汉语方言的著作，因此尤其受到海内外方言学界和语言学界的关注。

《漳平方言研究》是张振兴另一部重要的方言学著作。该书也极其详细地记录描写了福建省漳平（永福）方言的语音、词汇和语法系统。全书共八章，第一章"导论"，简介对漳平以及漳平方言的内部差异。第二章从语音、词汇、语法方面来介绍漳平永福方言的特点。第三章到第六章对漳平永福的方言进行细致的分析。第三章从声韵调以及声韵调的配合规律、连续变调展开，第四章展示漳平永福方言的同音字表，第五章横向比较漳平永福方言语音与北京话的语音，第六章纵向比较漳平永福方言的语音与古音，说明漳平永福方言的发展变化。第七章是"漳平永福方言标音举例"，包括语法例句、儿歌、谜语、无字歌（绕口令）。第八章是关于词汇的，将漳平永福方言按意义分为28类，总共5000多条。

漳平（永福）方言是一种受到客家方言深刻影响的闽南话，对这种方言的调查研究，可以提供一个方言过度、方言演变的复杂事实，还可以为语言方言的接触理论提供一个极为生动的实际例证。该书对漳平（永福）方言文白异读的描写和分析尤其深刻，在这个基础上所写作的专题论文《漳平（永福）方言的文白异读》（《方言》1989年第3、4期，1990年第1期）一文，以一个具体方言的实例，通过古今比较、方言比较、词语应用三个途径，全面分析了方言文白异读的各个语音层次，解释了文白异

[1]　王建设：《闽南方言四种研究成果述评》，《华侨大学学报》2002年第2期。
[2]　同上。
[3]　同上。

读的相关理论问题。因此，本论文被认为是在文白异读这个问题上最深刻的学术论文之一。

张振兴另一篇最重要的方言学论文是《闽语及其周边方言》（《方言》2000年第1期）。该文是为回应学术界"吴闽方言关系说"而写作的，文中全面讨论了闽语的一致性和分歧性，并由此讨论了闽语与周边吴语、粤语、客家话等诸大方言的关系，正确地指出闽语与周边的各大方言构成了一个关系密切共同体，不要笼统地说闽语跟周围哪一个方言就有特别的关系。文中比较了很多重要的词语例证，论证严密，富有逻辑性，颇具说服力，受到学术界的重视。

《福建省龙岩市境内闽南话与客家话的分界》是张振兴1984年发表于《方言》第3期。这篇文章"开创了龙岩方言过渡性特点探讨的先河"[1]。

张振兴1983年11月到龙岩市作了一次短期的方言调查，本次方言调查的目的是找出福建西南部地区闽南话与客家话的交界线。张振兴通过语言研究所编的《方言调查简表》调查了闽南话与客家话在境内的分布情况，同时还记录了一些市区的龙岩话和西北部万安公社所在地的溪口话。

通过调查，张振兴认为"龙岩话是带有某些客家话成分的闽南话，万安话（龙岩新罗区下辖的一个乡镇）是带有某些闽南话成分的客家话"。[2]他得出市区及周围上洋、龙门、条围、曹溪、白土等五个公社，东部白沙、苏坂、雁石、芹园四个公社，东南部适中一个公社，西部铜钵、汪洋、雅金三个公社的大部分，以及南部南阳坝公社的大部分都是讲闽南话。在此基础上，他认为可以找出龙岩市境内闽南话与客家话的分界，"这条交界线大致北起万安公社的陈坑尾，经过池家壁、石城岐向西南方向延伸，通过铜钵公社新塞、汪洋公社营坑以后，沿着龙岩、上杭的边线折入雅金公社的九里洋，再向东南方向延伸，进入南阳坝公社南部地区"。[3]

《福建省龙岩市境内闽南话与客家话的分界》理出了龙岩境内闽南方言的分布状况，为人们进行岩境内闽南方言的调查和研究提供了路线、方向，减少了人们的工作量，促进了龙岩境内闽南方言的研究。

张振兴在汉语方言调查研究方面的重要贡献还表现在方言学界的组织工作、领导重大攻关课题方面。他亲自组织了第一届至第七届的全国汉语方言学会学术讨论会，在组织闽语、粤语、湘语、晋语、平话土话、官话等专题方言学术研讨会方面也作出了很多努力。这些努力对于推动中国方言学科的建设，推进汉语方言调查研究事业的全面发展是起了重大作用的。更重要的是，他参与组织和主持过许多国家社科基金项目或中国社会科学院的重大科研项目。例如，1983年至1987年，他参与组织和主持国家"六五"社科规划重点项目，是中国社会科学院与澳大利亚人文科学院合编的《中

---

[1]　曾德万：《龙岩闽南方言音系研究》，福建师范大学博士学位论文，2013。

[2]　同上。

[3]　张振兴：《福建省龙岩市境内闽南话与客家话的分界》，《方言》1984年第3期。

国语言地图集》[中英文本，香港朗文出版（远东）有限公司，1987年]主编之一，该图集首次以大型彩色地图的形式，表现了中国语言和方言的地理分布和分区，首次提出"大区—区—片—小片—点"五层次的划分理论，并在实践上首次把汉语方言划分为官话、晋语、吴语、粤语、闽语、赣语、湘语、客家话、徽语、平话等十类。由于《中国语言地图集》在语言研究理论和实践上的重大贡献，被认为是"我国社会主义文化建设上的一项基本建设"，并于1992年荣获中国社会科学院首届优秀科研成果奖，1999年荣获全国社科基金项目优秀科研成果一等奖（这是语言学类唯一获得一等奖的项目）。2002年至2008年，张振兴主持中国社会科学院A类重大研究课题"中国濒危语言方言调查研究及新编《中国语言地图集》"，其中新编《中国语言地图集》是在原地图集的基础上，根据最近20年来中国语言和方言调查研究的最新成果编纂的。该地图集已由商务印书馆正式出版。1991年至1998年，张振兴参与组织和主持国家"八五"社科规划项目，编纂出版了《现代汉语方言大词典》分卷本和综合本（江苏教育出版社1998年、2002年版），其担任副主编之一（主编是李荣研究员）。其中分卷本选择上海、广州、福州、厦门、梅县、温州、宁波、杭州、苏州、长沙、南京、成都、武汉、太原、西安、西宁、乌鲁木齐等42处重要地点方言，编纂了内容详细的地点方言词典，综合本是把分卷本词典的内容，按照一定的体例精简取舍后，综合为六大卷本。分卷本与综合本都是根据实地调查所得材料编纂的，总计达4000多万字，内容非常丰富，又有统一体例，为中国语言学研究提供了大批实际语料，为汉语方言的大规模比较研究奠定了坚实的基础，具有重要的学术意义；同时，该词典也可作为历史学、社会学、民俗学、民族学等其他人文社会学科的参考，具有很高的实际应用价值。词典出版以后，受到海内外学术界的广泛赞誉。分卷本于1999年荣获第三届国家辞书奖一等奖和第四届国家图书奖的最高奖项荣誉奖。综合本于2003年荣获第四届国家辞书奖一等奖和第五届国家图书奖一等奖。

　　张振兴早在20世纪末就被认为是我国著名的中年语言学家之一。《著名中年语言学家自选集·张振兴卷》于2002年由安徽教育出版社出版。张振兴除了方言学和音韵学的研究领域外，同时对社会语言学、文化语言学以及应用语言学等其他语言学研究领域也表现了浓厚的兴趣。例如，早在20世纪80年代，他就先后发表了《台湾话研究的进展和现状》（《中国语文》1988年第6期）、《台湾社会语言学史五十年述评》（《语言教学与研究》1988年第2期）两篇重要论文，重点讨论了20世纪上半叶台湾社会语言学的历史事实，这对于语言与社会关系的研究是很有启发意义的。后来，张振兴又发表了《语音演变例外的社会调查》（《中国社会语言学》2001年第1期）一文，该文以漳平（永福）方言"阳"字和"死"字的读音和避讳应用为例，试图以西方社会语言学的惯常方法，来研究方言中的某些语音演变的例外现象。这是中国社会语言学研究过程中的一个有益尝试。另外，在为黄翊《澳门语言研究》（商务印书馆2007年版）一书所作的序文里，张振兴借题发挥，颇为详细地讨论中国社会语言学和西方社会语言学的差别，也是很有独到见解的。

张振兴目前仍然活跃在语言研究——尤其是汉语方言研究领域的前沿。他认为要适应信息化时代学术研究的潮流，大力拓展方言研究的空间，为汉语方言研究寻找新的契机。这样，汉语方言研究将仍然具有极其广阔的前景。

张振兴的主要研究业绩还表现为：①由他担任主编之一的《中国语言地图集》，是国家重点项目，又是中国社会科学院与澳大利亚人文科学院合作项目，受到联合国科教文组织的支持。该项目1992年获中国社会科学院首届优秀科研成果一等奖，1999年获国家社会科学基金项目优秀成果一等奖。②由他担任副主编的《现代汉语方言大词典》（42种分卷本），是国家重点项目，于1998年编纂出版了42种汉语方言词典，总计2200万字。该项目1999年获第三届全国辞书一等奖、第四届国家图书最高荣誉奖。③由他担任副主编的《现代汉语方言大词典》（综合本），是中国社会科学院重点项目，于2002年正式出版，总计1300万字。该项目2003年获第五届国家图书一等奖。④目前，他正在主持中国社会科学院A类重大研究课题《中国濒危语言方言调查研究与新编"中国语言地图集"》，目前已经正式出版中国濒危语言方言5种，新编《中国语言地图集》已经定稿，即将由商务印书馆正式出版。

二十六　林连通的闽南方言研究

林连通（1942—　），福建泉州市永春县。1965年福建师范大学中国语言文学系毕业后，分配在国家机关任干部。1978年后，在中国社会科学院语言研究所工作，为中国社会科学院语言研究所研究员。曾任《中国语文》编辑部主任、《中国语言学年鉴》主编、《中国学术年鉴》副主编、中国语文报刊协会常务理事等职；现任中国社会科学院老专家协会理事、北京国际汉字研究会会长、《汉字文化》杂志法人代表、"语言文字大论坛"组委会主任等职。主要从事语言学及应用语言学的研究工作，主要学术专长是方言、词汇研究及编辑工作。与闽南方言相关的著作有：《泉州市方言志》（林连通主编，王建设、蔡湘江修订，泉州市地方志编纂委员会编，社会科学文献出版社1993年版）、《永春方言志》（与陈章太合作，语文出版社1989年版）、

《福建永春方言的述补式》（《中国语文》1995年第6期）、《福建永春方言词汇（一）》（《方言》1987年第4期）、《福建永春方言词汇（二）》（《方言》1988年第1期）、永春方言系列论文《福建永春方言的鼻化韵》、《中国永春话的语法变调》、《福建永春方言古音的遗传》、《永春话的兼语式》等。此外，还有《泉州方言变调、异读、音变述要》（《吕叔湘先生九十华诞纪念文集》，商务印书馆1995年版）、《闽南方言研究四十年述要》（北京语言学院出版社1993年版）、《闽南方言的载体闽南方言论略》（中央文献出版社2003年版）等。

《泉州市方言志》是福建第一部用现代语言学的理论、方法撰写的地级方言志，约25万字，内容丰富，体例完整，分"导论""语音""同音字表""泉州音和中古音的比较""泉州音和北京音的比较""词汇""语法""标音举例"八大部分，行文详略得当，注意突出泉州方言的特点，1993年出版后，《中国语文》《世界日报》《天天日报》等国内外多家报刊进行了报道，它"标志着泉州方言的研究达到了一个新的阶段"，"对研究地方历史、民族关系和中外文化交流具有重要的意义，而且对与推广普通话进行语文教学和开展群众性的文化活动也有十分重要的参考价值"，还对"联络台湾同胞和海外闽南侨胞的感情方面起着特殊的作用"。[1]由于在北京大学的借用量和引用量较高，近年被北京大学图书馆选入核心区域（从汉代以后的方言著作中评选100部）。

《福建永春方言的述补式》从意义、结构和构成的词语等几方面入手，对福建永春方言的述补式进行细致分析。文章将福建永春方言中与普通话有差异的主要述补式分为"表结果""表状态""表程度""表可能""表趋向"5类，归纳出"动词重叠+动""动+咧+重叠形容词""动+咧+带后缀的单音形容词""动+咧+A甲BBB""动+<遘>+副+形""动+去+行""动+咧+遘+重叠名词""形+甲"等21式，从而将福建永春方言述补式中异于普通话的特征展示出来，为汉语语法的研究提供了一些新的材料。

此外，林连通的《建瓯话音档》（合作者潘渭永，上海教育出版社1998年版）是"现代汉语方言音库"的其中一部，是福建第一部用音档的形式记录方言的书，约10万字，内容简明，分"语音""常用词汇""构词法举要""语法例句"、"长篇语料"五部分，并设有"闽北话概况""建瓯话概述"附论，1998年出版，由于具有鲜明的时代特点，2002年该项目获第四届吴玉章人文社会科学优秀奖。

多年来，林连通曾应邀到北京大学、首都师范大学、中国传媒大学、福建师范大学、江苏师范大学、山西大学、陕西师范大学、湖北大学、武汉大学等高等院校讲学或任教，并主持过二三百名研究生、博士生的论文答辩和评审工作。20世纪90年代，他还应邀赴香港大学、加拿大维多利亚大学、美国哈佛大学进行学术交流。

---

[1]　薛祖亮：《泉州市方言志·序》，社会科学文献出版社1993年版。

二十七　施其生的闽南方言研究

施其生（1944—　），祖籍汕头，教授、博士生导师。1962—1967年中山大学中文系本科毕业，"文革"后于1979年重新考入中山大学攻读硕士学位，专业为语言学，导师黄家教先生，毕业后留校任教。主要研究方向为方言语法及方言学的应用。

与闽南方言相关的研究成果有：《方言论稿》（广东人民出版社1996年版）、《汕头话音档》（上海教育出版社1997年版）、《闽、吴方言持续貌形式的共同特点》（《中山大学学报》1985年第4期）、《从口音的年龄差异看汕头音系及其形成》（载《语言·社会·文化》，语文出版社1991年版）、《汕头方言的反复问句》（《中国语文》1990年第3期）、《汕头方言的人称代词》（《方言》1993年第3期）、《汕头方言的指示代词》（《方言》1995年第3期）、《汕头方言的体》（载《动词的体》，香港中文大学吴多泰中国语文研究中心，1996）、《论汕头方言中的"重叠"》（《语言研究》1997年第1期）、《汕头方言量词和数量词的小称》（《方言》1997年第3期）、《汕头方言的动词谓语句》（载《动词谓语句》，暨南大学出版社1997年版）、《汕头方言的代词》（载《代词》，暨南大学出版社1999年版）、《汕头方言的介词》（载《介词》，暨南大学出版社2000年版）、《闽南方言中性问句的类型及其变化》（载《语言变化与汉语方言》，台湾中研院语言学研究所筹备处出版，2000）。

施其生于1997—1999年被日本大东文化大学（东京）聘为客座教授，旅日两年，除执教于大东文化大学，还在筑波大学、丽泽大学、青山学院大学讲学及参与各种学术活动。此外多次应邀赴美国、中国香港、中国澳门等地出席学术会议。

二十八　马重奇的闽南方言研究

马重奇（1949—　），福建漳州市人，汉族。1978年2月考入福建师范大学中文系，1982年1月毕业，后留校任教至今。曾任中文系副系主任，研究生处处长、研究生院常务副院长。现任校语言研究所所长、汉语言文字学博士点学科带头人、福建省重点学科学科带头人、福建省研究生教育创新基地负责人、福建省高校服务海西建设重点项目负责人等。

（一）马重奇的闽南方言研究成果

马重奇长期从事汉语史、汉语音韵与汉语方言的教学与研究，其科研成果主要体现在方言音韵、方言韵书与方言词汇方面。与闽南方言相关的研究成果主要有：

1.著作：《漳州方言研究》（香港纵横出版社1994、1996年版）、《汉语音韵学论稿》（巴蜀书社1998年版）、《闽台方言的源流与嬗变》（福建人民出版社2002年版）、《清代漳州三种十五音韵书研究》（福建人民出版社2004年版）、《闽台闽南方言韵书比较研究》（中国社会科学出版社2008年版）、《闽台方言的源流与嬗变》（人民出版社2013年版）、《海峡两岸语言及辞书研究》（福建人民出版社2013年版）、《明清闽北方言韵书手抄本音系研究》（商务印书馆2014年版）、《汉语音韵与方言文论集》（台湾万卷楼图书股份有限公司2015年版）。

2.论文：《漳州方言同音字汇》（《方言》1993年第3期）、《闽南漳州方言中的反切语》（《福建师范大学学报》1994年第1期）、《漳州方言的重叠式形容词》（《中国语文》1995年第2期）、《漳州方言重叠式动词研究》（《语言研究》1995年第1期）、《漳州方言的文白异读》（《福建论坛》1996年第4期）、《〈广韵〉音系与漳州方言音系比较》（参加1997年8月23—28日第30届国际汉藏语会议，该研究文提要收入《第30届国际汉藏语会议论文提要集》）、《福建方言研究概况》（《福建论坛》1997年第4期）、《〈广韵〉韵系与漳州方言韵系比较研究（一）》（《福建师范大学学报》1997年第2期）、《〈广韵〉韵系与漳州方言韵系比较研究（二）》（《福建师范大学学报》1997年第3期）、《〈广韵〉声母系统与漳州方言声母系统比较研究》（著名音韵学家唐作藩先生七秩华诞纪念论文集《语苑撷英》，1998年1月由北京语言文化大学出版社出版）、《〈汇集雅俗通十五音〉声母系统研究》（《古汉语研究》1998年增刊）、《〈汇集雅俗通十五音〉韵部系统研究》（《语言研究》1998年增刊、《汉语音韵学第五次国际学崐术研讨会论文集》）、《1994—1997年汉语音韵学研究综述》（《福建论坛》1999年第5期）、《闽南方言"la-mi式"和"ma-sa式"秘密语研究》（《中国语言学报》1999年第5期）、《〈闽腔快字〉研究》（《福建师范大学学报》1999年第2期）、《中国语言学：回顾与展望》（《福建师范大学学报》1999年第6期）、《〈增补汇音〉音系研究》（《中国音韵学研究会第十次学术讨论会暨汉语音韵学第六届国际学术研讨会论文集》，香港文化教育出版社有限公司2000年8月）、《方言与文化的立体观照》（《泉州师范学院学报》2001年第1期）、《〈渡江书十五音〉音系性质研究》——与〈汇集雅俗通十五音〉比较研究》（《中国语言学报》2001年第10期）、《闽南漳州方言的la-mi式和ma-sa式音秘密语研究——与福州庱语、嘴前话和切脚词比较》（林继中主编《闽南方言·漳州话研究》，中国文联出版社2001年版）、《〈广韵〉韵系与漳州方言韵系比较研究》（林继中主编《闽南方言·漳州话研究》，中国文联出版社2001年版）、《台湾闽南方言韵书比较研究》（《福建师范大学学报》2001年第4期）、《福建闽南方言韵书比较研究》（《福建师范大学学报》2002年第2期）、《闽台闽南话与普通话韵母系统比较研究》（《福建论坛》2002年第4期）、《清代漳州韵书方言本字考》（《福建师范大学学报》2003年第4期）、《〈汇集雅俗通十五音〉文白异读系统研究（上）》（《方言》2004年第2期）、《〈汇集雅俗通十五音〉文白异读系统研究（下）》（《方言》2004年第3期）、《闽人迁徙入台史略及闽南、客家诸方言在台湾的传播和发展》（《福建师范大学学报》2004年第4期）、《移民与方言》（《福建移民史》下编第三章"移民与方言"，方志出版社2005年版）、《闽人南迁与闽方言的传播和发展》（《福建师范大学学报》2005年第4期）、《〈潮声十五音〉音系研究》（《福建论坛》2006年第12期）、《闽台闽南方言词汇考源（一）（二）（三）（四）》（《福建论坛》2007年第9、10期，2008年第11、12期）、《〈击木知音〉音系研究》（《语苑撷英》，庆祝唐作藩教授八十华诞学术论文集），中国大百科全书出版社2007年版）、《姚弗如〈潮声十七音〉音系研究》（《福建师范大学学报》2007年第6期）、《〈潮声十五音〉与〈潮语十五音〉音系比较研究》（《古汉语研究》2008年第1期）、《粤东潮汕五种闽南方言韵书音系比较研究》（《福建师范大学学报》2008年第4期）、《闽台闽南方言诸韵书音系比较研究》（《中国语言学》2008年创刊号）、《闽台闽南方言诸韵书音系比较研究》（《闽台文化交流》2008年第4期）、《〈击木知音〉音系研究》（《方言》2009年第2期）、《十九世纪初叶闽南三种韵书音系比较研究》（《古汉语研究》2009年第4期）、《〈潮语十五音〉音系研究》（《东南学术》2009年第3期，第二作者）、《十九世纪初叶福建闽南方言词汇研究（一）（二）》（《福建论坛》2009年第11、12期）、《十九世纪末福建兼漳泉二腔韵书音系研究》（台湾核心THCI期刊《政大中文学报》第12期，2009年12月刊）、《清代三种漳州十五音韵书比较研究》（《吕叔湘先生百年诞辰纪念文集》，商务印书馆2010年版）、《十九世纪初叶闽南三种韵书音系比较研究》（《中国社会科学文摘》第6期，2010年6月刊）、《闽台闽南方言韵书、辞典的源与流关系研究》（《福建师范大学学报》2010年第6期）、《二十年来闽方言研究综述》（《东南学术》2011年第1期）。

3. 课题：马重奇先后主持国家级和省部级科研专案16项，与闽南方言相关的15项，即：①海峡两岸闽南方言动态比较研究），国家社会科学基金重大项目（2010—2016）。②近代福建音韵与方言学通论，国家九五社科基金项目（1998—2001）。③闽台闽南方言韵书比较研究，国家十五社科基金项目（2002—2005）。④清代三种漳州十五音研究，国家教委人文社科项目（1996—1998）。⑤《汇集雅俗通十五音》校证，国家古委会古籍整理重点项目（2007—2009）。⑥福建传统语言学史论，福建省九·五社科规划项目（1996—1998）。⑦闽台方言关系研究，福建省十·五社科规划项目（2001—2003）。⑧闽方言群音系与藏缅、侗台、苗瑶诸语音系同源研究，福建省"十·五"社科规划项目（2003—2005）。⑨《福建省志·社科志》"语言与文字研究"，福建省社科规划课题重点项目（2009—2010）。⑩《福建省志·社科志》

"福建方言研究"，福建省社科规划课题一般项目（2009—2010）。⑪《汇集雅俗通十五音》校证，福建省高校古籍整理研究资助项目（2005—2007）。⑫福建历代语言学家及其语言学著作，福建省教委人文社科项目（1992—1995）。⑬福建语言学史，福建省教委人文社科项目（1993—1996）。⑭漳州方言研究，福建省教委人文社科项目（1995—1997）。⑮福建闽南话与台湾闽南话关系研究，福建省教委人文社科项目（1999—2001）。

4. 科研成果获奖情况：《明清时期闽北方言韵书手抄本音系研究》，2013年9月入选国家哲学社会科学成果文库；《闽台闽南方言韵书比较研究》，2013年3月获教育部第六届中国高校人文社科优秀成果二等奖；《清代漳州三种十五音韵书研究》，2006年获教育部第四届中国高校人文社科优秀成果二等奖；《闽台闽南方言韵书比较研究》，2009年获福建省人民政府第八届社科优秀成果奖一等奖；《清代漳州三种十五音韵书研究》，2005年获福建省人民政府第六届社科优秀成果奖一等奖；《汉语音韵学论稿》，2000年获福建省人民政府第四届社科优秀成果奖一等奖；《漳州方言研究》，1998年获福建省人民政府第三届社科优秀成果奖一等奖；《清代吴人南曲分部考》，1995年荣获福建省人民政府第二届社科优秀成果奖二等奖；《闽台方言的源流与嬗变》，2003年获福建省人民政府第五届社科优秀成果奖三等奖。

（二）马重奇主要论著简介

《明清时期闽北方言韵书手抄本音系研究》是国家"十一五"社科项目，全书分为三编：上编是"明本《六音字典》研究"，中编是"清本《六音字典》（残卷本）研究"，下编是"闽清韵书《六音字典》二种"，书后附有经过整理以后的明清两种本子《六音字典》重排版。这是对两种本子先分后合的研究路子，重点是对明正德本的整理和研究，因为正德本是全本，在闽北方言甚至整个闽语的韵书系统里，它都是最早的。在具体的研究过程中，该书严格遵从历史层次分析的方法和纵横比较的方法，并且经常把这两种方法完美地结合起来。例如，上编以现代闽北方音为基础，进行音系分析和比较，构拟明本《六音字典》的声母、韵母和声调的语音系统；在闽语各种韵书的分析比较中，考辨"十五音"的来历；以唐宋时期的韵书《广韵》为源头，比较分析《六音字典》"十五音"对应的历史层次，以及各类韵母对应的历史层次；以《广韵》的206韵为基础，比较分析《六音字典》"三十四字母"对应的历史层次。通过这么多的层次分析与比较，最后统而合之，得出明本《六音字典》的声韵调配合表，这就是那个年代闽北政和方言的语音系统。中编则以明本《六音字典》为基础，分析比较清本《六音字典》的语音系统，并且探讨从明本到清本将近五百年间，政和方言语音的演变事实和演变规律。下编则是以上、中两编的研究为基础，最后统合整理出两种本子《六音字典》的重排本。两本方言韵书的整理与研究，难度极大。该书稿材料详尽，分析透彻，条理清楚，是一部渗透着研究者专业功力的学术精品。

《闽台闽南方言韵书比较研究》是国家"十五"社科项目，全书共19章，分为"中国大陆闽南方言韵书研究"、"中国台湾闽南方言韵书研究"、"闽台闽南方言韵书比较"、"闽南方言韵书与闽东方言韵书的比较"、"闽南方言韵书与海外闽南方言韵书"五个部分。将中国大陆的闽南方言韵书与中国台湾的闽南方言韵书以及新加坡的闽南方言韵书进行对比，还将大陆的闽南方言韵书进行内部比较，从而考证韵书的音值、性质、语音演变等。书中"涉及的范围十分广泛，从地域上说，涉及闽粤台三省的闽南话地区，还涉及海外新加坡等地通行闽南话的国家；从方言资料上说，除了泉州、漳州、厦门等几个主要的闽南话代表点以外，还涉及三省范围内其他将近30个地点的其他闽南话材料；从所用文献上说，涉及20多种韵书字书的几十种版本，以及相关的历史资料"，数量巨大。该书最主要的创新之处和突出特色，是抓住了"比较研究"这个纲，对主要韵书做出大范围的、系统的比较研究，总结并归纳出其中的异同，探求韵书字书和所反映的方言之间的对应规律和演变规律。它摆脱了以往孤立的韵书字书研究的缺陷，使得闽南方言的韵书字书研究取得了一定的突破性进展。更为重要的是，该书通过系统的论证，从方言和音韵两个角度，证明了闽粤台闽南话内在的高度关联性和一致性。这就从学术研究的高度，丰富和发展了闽台一体、闽台同源的历史事实这一重要学说。"[1]全国哲学社会科学规划办公室网页评价"该成果首次全面系统地展示了目前所能见到的20多种闽台两地闽南方言韵书的音系面貌与历史源流关系，丰富和发展了闽台一体、闽台同源的学说，不仅对汉语语音史研究具有重要的学术意义，而且对驳斥'台湾语独立论'具有重要的现实意义"。

《清代三种漳州十五音韵书研究》是国家"九五"社科基金项目，也是国家教育部"九五"人文基金项目。全书共11章，讨论了清代漳州的三本韵书：《汇集雅俗通十五音》、《增补汇音》、《渡江书十五音》。该书对三部韵书的研究有两个突出的特点："第一，三种韵书的研究贯穿了历史和地域两条线索。从历史的线索看，该书从宋时的福建韵图说起，进一步讨论到元明时期的音韵学成果，最后对清代福建音韵学的鼎盛之作，做了十分详细的介绍。从地域的线索看，该书根据福建早期的方言分区，对闽东、闽北、闽南三个主要方言区的相关韵书，按照方言特点做了细致的分析和对照。这个是该书研究的背景和前提。可以看出，作者是非常重视福建地区闽语方言的整体观念的，注意到闽语方言的共性。这一点对理解漳州方言的三种韵书非常重要。不但如此，作者还以一种更加宽广的眼光，注视福建境外但跟闽南方言关系十分密切的地区，如广东的潮汕地区、台湾省、海南岛，以及新加坡等东南亚地区，也都包括在讨论的范围之内。这是很不容易的。从历史音韵研究的角度来说，泉州话和漳州话也许具有更加重要的地位和价值……因此，在该书的研究里从漳州方言入手，非

[1] 张振兴：《闽台闽南方言韵书比较研究·序》，中国社会科学出版社2008年版，第2页。

常深入地讨论了漳州话的音韵历史和语音现实，既表现了漳州话与闽语方言和闽南方言的音韵共性，又表现了漳州话与闽语方言和闽南方言的音韵特殊性。""第二，把三种韵书的研究与今天的方言事实有效地结合起来，把韵书的比较研究和韵书与方言的比较研究有效地结合起来。"[1]"这种纵横、古今的比较，可以反映漳州话与闽语方言和闽南方言的音韵共性以及音韵特殊性，突出了漳州话与普通话的异同以及漳州音韵的发展历程。""对研究闽南方言韵书，研究闽南古今方言以及方言学史、音韵学史、语音学史，都有重要的参考价值。"[2]

《闽南方言的源流与嬗变》是国家社会科学"九五"规划重点项目和"十五"国家重点图书出版规划项目"闽台文化关系研究"的子课题以及福建省"十五"社科基金课题。全书共5章。第一章"闽台方言史简章"，讨论了闽南话的形成和发展及闽南话和客家话在台湾的传播和发展。第二章"闽台闽南方言音韵篇"，包括闽台现代闽南方言音系的比较研究、闽台闽南方言韵书比较研究、闽台闽南方言音系与中古音以及与普通话的比较。第三章"闽台闽南方言语法"，讨论闽台闽南方言的构词、词类特点、句式特点及其一致性和差异性。第四章"闽台闽南方言词汇"，将词汇分为17类进行比较、考源。第五章，"粤闽台客家方言篇"，从语音、词汇、语法三方面比较了闽、粤、台三地的客家话的一致性和差异性。总之，全书"涉及闽粤台三地闽南方言和客家方言的共时和历时比较，比较范围广、规模大、材料丰富翔实，对于认识三地闽南方言和客家方言的异同有重要的参考价值"。[3]"不但是闽台方言比较研究的一部力作，同时也是汉语比较方言学的一部重要作品。"[4]

《漳州方言研究》第一次对漳州方言作了全面、系统的描述，全书除绪论外，共8章。第一至第四章为语音部分，在描写漳州话音系的基础上，还做了漳州话和《广韵》及北京话的纵横两项比较；第五章为词表，按意义分20类列出了近2000条词语；第六章介绍了漳州方言的两种反切语，la-mi式反切语和ma-sa式反切语；第七章简要介绍漳州话的语法系统。第八章为标音举例。另附录作者两篇关于重叠式的文章：《闽南漳州方言重叠式动词初探》、《闽南漳州方言重叠式形容词初探》。"漳州话是闽南话的重要分支，该书是第一次较为全面地反映漳州方言概貌的专著。作者的母语即为漳州话，因此所提供的材料翔实而准确，很有参考价值。"[5]

（三）学术活动及学术兼职

马重奇现任国务院学位委员会第六、七届学科评议组中国语言文学组成员（2008.12.30—），全国哲学社会科学规划领导小组"国家社会科学基金学科评审组

---

[1]　张振兴：《清代三种漳州十五音韵书研究·序》，福建人民出版社2004年版。

[2]　林玉山：《韵书比较学的杰作——评马重奇〈清代三种漳州十五音韵书研究〉》，《福建师范大学学报》2005年第3期。

[3]　陈支评、徐泓编《闽南文化百科全书·方言卷》，福建人民出版社2009年版。

[4]　张振兴：《清代三种漳州十五音韵书研究·序》，福建人民出版社2004年版。

[5]　陈支评、徐泓编《闽南文化百科全书》，福建人民出版社2009年版，第71页。

专家"（2009.8—），国务院学位委员会、教育部聘为全国教育（硕士、博士）专业学位教育指导委员会委员（2006—2009），国家教育部和国家语言文字工作委员会聘为"全国专业技术委员会汉语拼音与拼音分技术委员会委员"（2004—　），国家语委两岸语言文字交流与合作协调小组成员（2013—　），国家人事部聘为"中国博士后科研基金评审专家"（2002—　），中国社会科学院语言学名词审订委员会委员（2004—　），中国社会科学院语言研究所《中国语言学年鉴》（1994—1997）（1998—2003）（2004—2008）编委、《中国语言学》编委（2008—　），《古汉语研究》编委（2005—　），《励耘语言学刊》编委（2014—　），《福建师范大学学报》编委（1997—　），中国语言学会理事（1997—　），中国音韵学研究会理事（1988—　），全国汉语方言学会理事（2009—　），福建省语言学会会长（1996—2001），福建省辞书学会会长（2004—　），福建省高等学校研究生教育管理研究会会长（2002—2008），福建省社会科学联合会委员会委员（1996—　），福建省哲学社会科学学术咨询专家（2010—　），福建省学位委员会委员（2010—　）。

马重奇曾主办或承办"1996中国音韵学研究会第九次学术年会暨汉语音韵学第四次国际学术研讨会"、"1999中国语言学会第十届学术年会暨中国语文国际学术研讨会"、"2002海峡四地IRG工作研讨会"、"2011汉语方言国际学术讨论会暨全国汉语方言学会第16届年会"、"2013海峡两岸语言及辞书研讨会暨福建省辞书学会第21届学术年会"以及福建省语言学会和福建省辞书学会十几场年会暨学术讨论会，在海内外产生了重大影响。

二十九　陈荣岚的闽南方言研究

陈荣岚（1949—　），福建厦门人，厦门大学海外教育学院副院长、教授，2009年退休。长期从事对外汉语和海外华文教育的教学和研究工作，与闽南方言相关的研究有：《闽南方言与闽台文化溯源》（《厦门大学学报》1995年第3期）、《厦门方言》（陈荣岚、李熙泰，鹭江出版社1999年版）。

《厦门方言》是"厦门文化丛书"的一部分，它的编写遵循丛书的性质，不以"单一角度对方言的语音、词汇、语法进行描写分析"[1]，而是把《厦门方言》作为展示厦门文化的一个平台，"既要展现闽南方言的概貌，又不局限于方言本身，而是把方言特点、方言现象与社会、历史、人文、民俗、心理等多方面联系起来分析研究，即一方面从社会、历史、人文、民俗角度来考察方言特点、方言现象的形成和演变，另一方面又通过方言现象去窥视它所反映的历史和现实现象，把方言作为了解和研究地方文化的一个窗口"。[2]这样的写法，当然会碰到许多难题，但《厦门方言》的编写者，广集材料，细心考察，实事求是，在这方面作了可贵的探索和尝试，这也成了该书在结

---

[1]　何耿镛：《厦门方言·序》，鹭江出版社1998年版，第3页。

[2]　同上。

构和内容上的重要特点。

　　《厦门方言》对传承厦门方言和厦门文化起到了很大的推动作用。

三十　张嘉星的闽南方言研究

　　张嘉星（1952—　），福建省漳州市人，女，汉族，1985年电视大学中文专科毕业，1986年调入漳州师范学院（现为闽南师范大学）图书馆，2008年晋升研究馆员。主要学术兴趣为语言学，主持完成福建省社会科学"十五"规划项目《闽南方言稀有文献资料收集整理与研究》等，该书2006年获福建省第六届社会科学优秀成果二等奖。

　　主要论著有：《闽方言研究专题文献辑目索引》（社会科学文献出版社2004年版，以下简称《辑目索引》）、《漳州方言童谣选释》（语文出版社2006年版）、《漳台闽南方言童谣》（厦门大学出版社2011年版）、《闽南方言·漳州话研究》（副主编，中国文联出版社2001年版）、《第十一届闽方言国际学术研讨会论文》（主编，厦门大学出版社2013年版）。主要学术论文有：《传教士与闽南方言辞书》（《文献》2006年第1期）、《漳州话的称数法》（《福州大学学报》2002年第3期）、《欧洲人汉语辞书编撰始于闽南语辞书说》（《福州大学学报》2013年第1期）、《漳州方言概数称数法》（《漳州师范学院学报》2004年第3期）、《漳州话记音数词考源》（《漳州师范学院学报》1995年第1期）、《试论漳州方言虚数的表义方式》（《漳州师范学院学报》1996年第1期）、《漳州方言单音节"名→形"词语初探》《漳州师范学院学报》1999年第1期）、《闽南歌谣起源年代及其流变》（《信阳师范学院学报2010年第3期》）、《论马来语闽南方言借词的地方性特征》（载《第二届海外汉语方言研讨会论文集》，云南大学出版社2012年版）、《论闽南方言童谣的音乐性》（载《第十一届闽方言国际学术研讨会论文集》，厦门大学出版社2013年版）等。

　　《闽方言研究专题文献辑目索引》是"迄今为止所见的闽方言文献目录中最丰富的专集"，在中国港、澳、台及东南亚语言学界影响大，列入闽、粤、台高校汉语言文字学博士生必读书目[1]，其图书评介收入汝信、赵士林主编的2004年《中国学术年鉴（人文社会科学版）》上卷（中国社会科学出版社2005年版）。《辑目索引》将1403年发

---

[1]　陈支平、徐泓编：《闽南文化百科全书·方言卷》，福建人民出版社2009年版。

行于马六甲《满剌加译语》确定为首部闽方言研究文献，从而将首部闽方言文献的发行时间从明末前推至明中叶，发行地从境内引向海外，目录资料的时间跨度最大，为1403—2003年，资料覆盖面遍及中国大陆、港、澳、台以及东南亚地区、日本、欧美等重要国家和地区，其中明清以来外国传教士闽方言研究著作目录是《辑目索引》中另一引人注目的分支，近几年频频进入闽语研究者的关注视野。

《漳台闽南方言童谣》收入漳台童谣作品400首和闽南方言童谣系列论文近十篇，其中论文《闽南歌谣起源年代及其流变》通过目前流传在闽南语区的一系列《排甲子》歌谣及其所附带的传说与地方历史、文献资料相互印证的研究方法，认定其产生于唐中叶的漳州。李如龙教授赞其"年代考"言之有据（见李如龙关于出版意见的评议复印件）。

《传教士与闽南方言辞书》指出以我国闽、粤、台三省为主的跨越国界的广袤闽南语区是华夏民族最早接触西方文化的地区之一。16世纪南洋地区的西方教会闽南方言辞书及闽南方言教材、圣经译本等，记录了几百年前的闽南话，却多不为学界所知。建议学界扩大研究视野，在近现代中西文化交流史、宗教史、教育史、语言学史等大背景下重新全面审视这一时期的中外汉语及闽方言研究的成果。

《欧洲人汉语辞书编撰始于闽南语辞书说》指出学术界普遍认为欧洲人汉语辞书编纂始于罗明坚与利玛窦在1584—1586年编于广东肇庆的《葡汉辞典》是错误的，实则应为16世纪后期西班牙天主教传教士拉达1575年在菲律宾编书《华语韵编》，从而将欧洲人汉语著述时间向前推进了十年，将汉语著述对象官话更正为地方语种闽南话，将汉语著述的地点从中国境内的广东肇庆更正为闽南人的外徙地——菲律宾。《论马来语闽南方言借词的地方性特征》以言马来语闽南方言借词885例探讨两种语言语音的对应性与差异性，并得出其单字音和地方语汇属于"一边倒"漳州腔的结论。

三十一　胡松柏的闽南方言研究

胡松柏（1952—　　），汉族，祖籍江西南城，生于江西广丰。1977年考入上饶师专（院）学习，毕业后留校任教，2002年调入南昌大学，现任南昌大学中国语言文学系教授，客赣方言与语言应用研究中心研究员、主任，赣学研究院副院长；研究范围涉及吴、闽、赣、徽、客家与官话诸方言。

与闽南方言相关的研究成果有：论文24篇，著作3部，其中专论闽南方言的论文14篇，著作（硕士学位论文）1部，在考察赣东北地区方言整体状况时涉及论述闽南方言的论文10篇，著作2部。

在江西省境内，作为闽方言闽南片向外流播的支系的闽南方言，以方言岛的形式主要分布于赣东北地区东部上饶市市区信州区与上饶市下辖上饶县、广丰县、玉山县、铅山县、横峰县、弋阳县、德兴市的80余个乡镇，使用人口20余万。赣州地区与吉安、抚州等地区也有零星分布。胡松柏关于江西省境内的闽南方言研究成果具体如下。

（一）著作

（1）《赣东北闽南方言铜山话研究》（厦门大学硕士学位论文），对赣东北闽南方言代表方言点铜山话（广丰县枧底镇铜山村）的全面考察。

（2）《赣文化通典·方言卷》（主编，江西人民出版社2014年版），叙述了"赣东北福建话（闽南方言）方言岛"的分布与形成，选择考察了作为代表方言点的广丰县枧底镇铜山村的铜山福建话（书中共考察江西省境内赣语、客家话、官话、徽语、吴语与闽南方言32处代表方言点）的音系、单字音、词语和语法例词、例句。

（二）论文

《赣东北闽南方言略说》（《方言》1998年第2期）、《赣东北闽语的内部差异》（"第八届国际闽方言研讨会"论文）、《赣南闽南方言述略》（"第十三届闽方言国际学术研讨会"论文，2003）、《赣东北铜山闽南话的语音特点》（载《第五届国际闽方言研讨会论文集》，暨南大学出版社1999年版）、《汉语入声消失过程在赣东北闽南话中的表现》（《语言研究》1994年增刊）、《赣东北闽南语的文白异读及其演变》（《台湾语文研究》第5卷第1期）、《第七届台湾语言及其教学国际学术研讨会论文选集》（台湾语文学会主编，万卷楼图书股份有限公司2010年版）、《赣东北闽南方言动词体貌的考察》（"第十一届闽方言国际学术研讨会"论文，2010）、《〈汇音妙悟〉音系在赣东北闽南方言中的表现》（载《中国音韵学研究会第十一届学术讨论会——汉语音韵学第六届国际学术讨论会论文集》，香港文化教育出版社有限公司2000年版）、《赣东北闽南方言的否定词及其与本土闽南方言的比较》（载《第十一届闽方言国际学术研讨会论文集》，厦门大学出版社2013年版）、《赣东北闽语与赣东北吴语的词汇联系》（载《闽语研究及其与周边方言的关系》[（香港）中文大学出版社2002年版]、《江西横峰县姚家闽语中的赣语性成分》（《上饶师范学院学报》2002年第4期）、《从赣东北吴语方音看吴语、闽语的历史联系》（《语言研究》1998年增刊音韵学研究专辑）、《广丰话中的吴、闽、赣、客语词语》（"全国汉语方言学会第十届学术年会"论文，1999）。

胡松柏关于闽南方言研究的成果，价值在于：（1）较早全面调查并报道了赣东北闽南方言的分布现状与形成过程，描写了闽南方言社区居民的语言生活状况。（2）较早从语言学角度对赣东北闽南方言的总体特点和数处代表方言点的语音、词汇、语法单项特点作了深入考察与描写。（3）从与闽南本土的闽南方言的现状与历史相比较的角度对赣东北闽南方言作了比较研究；从与赣东北吴语、赣语相接触的角度对赣东北闽南方言的演变和现状作了考察。

胡松柏主持国家社会科学基金项目两项，与闽南方言相关的项目是："赣语、吴语、徽语、闽语、客家话在赣东北的交接与相互影响"，该项目成果《赣东北方言调查研究》获"江西省第十四次社会科学优秀成果奖一等奖"（2011）、"江西高校科学研究优秀成果奖（人文社会科学）（2009—2010年）一等奖"（2011）。

三十二　杨秀明的闽南方言研究

杨秀明（1954—　），女，汉族，福建漳州市人，1981年毕业于漳州师范学院，后到华东师范大学汉语言文字学专业进修，获文学硕士学位。现为闽南师范大学教师教育学院教授，主要从事闽南方言与文化的研究。其闽南方言研究成果主要有：

《漳州方言声调与地域文化研究》（中国社会科学出版社2008年版）、《漳州方言熟语歌谣》（福建人民出版社2007年版）、《漳州方言"仔"缀词的两字组连读变调》（《方言》2006年第1期）、《漳州方言形容词谓语及其后续成分》（《方言》2010年第1期）、《中国本土与海外闽南方言声调差异及其成因》（《漳州师院学报》2011年第2期）、《闽南方言"仔"缀语词的组合与演变》（《楚雄学院学报》2008年第12期）、《漳州方言惯用语及其文化蕴涵》（《现代语文·语言研究》2008年第12期）、《从〈祖堂集〉看唐末闽南方言"仔"缀语词的发展》（《韶关学院学报》2008年第11期）、《"有没有句"及其在闽南方言区的结构变异》（《漳州师院学报》2003年第2期）、《漳州方言中的一种特殊的"毛"字句》（《漳州师院学报》1993年第7期）、《漳州方言中的句首语助词"啊"》（《漳州师院学报》1996年第1期）、《漳州方言的语气词"啊"》（《漳州师院学报》1998年第2期）、《漳州方言"仔"缀语词近现代的语音演变》（《漳州师院学报》2009

年第1期）等。

杨秀明所获科研立项项目主要有：《漳州方言语法研究》（福建省教育厅社科，2000—2001）、《漳州方言口语语料库建设》（福建省教育厅项目，2004—2005）、《漳州方言与文化研究》（福建省教育厅项目，2007—2009）等。目前正主持省教育厅项目《中国语言资源有声数据库建设·福建龙海库》的研究工作。

《漳州方言声调与地域文化研究》在大量田野调查的基础上，运用传统语音学和实验语音学的研究方法，着重探讨漳州方言声调及其相关的地域文化，并附生动活泼的注音方言语料。全书共11章，前七章讨论漳州话声调的调类、调值、调域，以及声调的演变等，并且配上语图。后面四章讨论叫卖声、地名、语调、"仔"缀词等。最后还有几篇表现地域文化的长篇语料。该书的特色是只从一个侧面研究方言与文化的关系，可以说是一种有益的尝试。[1]

《漳州方言"仔"缀词的两字组连读变调》所讨论的"仔"缀词，指的是漳州方言中"单字仔"的语言单位。例如"番仔、布仔、六仔"等"仔"单念为[a]^{52}调，上声连调后应为高降短调"[a]^{54}调。该文分析漳州方言"仔"[a]缀词的两字组连读变调。首先从比较中证明"仔"缀词是特殊的连调现象，而后进一步探讨其节律特征。该文获中国社会科学院文献中心"优秀论文奖"（2007年）。

《漳州方言形容词谓语及其后续成分》分析了漳州方言主谓句中的形容词谓语具备动词的语法功能，常带谓词性或名词性后续成分：带谓词性后续成分时，形容词充当一般动词或能愿动词；带名词性后续成分时，形容词充当一般动词或使动词。"比较句"中的形容词谓语，以主语比较的对象为直接宾语，"较"兼表"程度"和"比较"双重语义。

三十三　王建设的闽南方言研究

[1]　张振兴：《漳州方言声调与地域文化研究·张振兴序》，中国社会科学出版社2008年版。

　　王建设（1954——　　），福建泉州人，1980年毕业于泉州师范专科学校，1988年获厦门大学中文系汉语史专业文学硕士学位，2002年在职获暨南大学汉语言文字学专业文学博士学位。1980年至1985年任教于泉州幼儿师范学校，1988年至1995年任教于华侨大学先修部（1990年晋升讲师），1995年起先后任华侨大学中文系副主任（1995年晋升副教授）、主任、院长（2001年晋升教授）。现任教授、硕士生导师，福建省语言学会常务理事、泉州方言研究会理事长、泉州语言文字学会副会长。

　　王建设主要从事古代汉语与闽南方言的研究，学术特色主要表现在两个方面：一是把闽南方言与地方文化结合起来研究，在地方文化背景中考察方言，又通过方言展示地方文化的风采；二是把闽南方言与古代汉语结合起来研究。1995年主办第五届闽方言国际学术研讨会，2010年主办第二届海外汉语方言国际研讨会。

　　（一）王建设的闽南方言研究成果

　　1. 专著：《泉州方言与文化》（上、下）（鹭江出版社1994年版）、《惠安县志·方言篇》（方志出版社1998年版）、《鲤城区志·方言篇》（中国社会科学出版社1999年版）、《世说新语选译新注（附泉州方言证）》（社会科学文献出版社2004年版）、《明弦锦曲觅知音——〈明刊闽南戏曲弦管选本三种〉校注》（北方文艺出版社2006年版）、《泉州谚语》（福建人民出版社2006年版）、《闽南方言大词典》（排名第二）（福建人民出版社2006年版）、《泉州市方言志》（排名第二）（社会科学文献出版社1993年版）、《汉语方言地图集》（语音篇、词汇篇、语法篇，参编，负责闽南厦、泉片9个点）（商务印书馆2008年版）、《明弦之音——明刊闽南方言戏文中的语言研究》（中国社会科学出版社2012年版）。

　　2. 论文：《试谈泉州话在〈世说新语〉词语解诂中的作用》（《华侨大学学报》1991年第2期）、《从〈世说新语〉的语言现象看闽语的来源》（《华侨大学学报》1993年第3期）、《从〈世说新语〉的语言现象看闽语与吴语的关系》（《华侨大学学报》2000年第4期）、《泉州话称呼语溯源》（《泉州文史》1989年第10期）、《闽南方言词语小考》（《华侨大学学报》1990年第2期）、《论泉州方言丰厚的文化积淀》（《华侨大学学报》1993年第1期）、《泉州地名文化初探》（《华侨大学学报》1994年第2期）、《泉州方言与中外文化交流》（《华侨大学学报》1999年第3期）、《新发现的〈汇音妙悟〉版本介绍》（《中国语文》2001年第3期）、《闽南方言四种研究成果述评》（《华侨大学学报》2002年第2期）、《南音唱词中的古泉州话声韵系统》（《方言》2000年第4期）、《谈明刊闽南方言戏文的校注》（《华侨大学学报》2000年第2期）、《南音唱词中的方言现象》（《汉语学报》2002年上卷第5期）、《从明清闽南方言戏文看"著"的语法化过程》（《华侨大学学报》2004年第3期）、《南音唱词中的"鹧鸪音"研究》（《华侨大学学报》2005年第2期）、《略论明刊戏文〈荔镜记〉的方言归属》（《南方语言学》2009年第一辑）、《明刊闽南方言戏文中的"赐"有致使义用法吗——与曹西蕾、贝罗贝先生商榷》（《南方语言学》2010年第二辑）、《明刊闽南方言戏文校注之得失》（《泉州师范学院学报》2010年第1期）、《再论泉州话完成体和持续体助词1ə⁰的来源》（《汉语方言语法新新探索——第四届汉语方言语法国际研讨会论文集》，厦门大学出版社2010年版）、《明刊闽南方言戏文中的俗字研究》（《中国方言学报》2013年第5期）。

3.课题及获奖情况：（1）主持国家社科基金项目《十六世纪以来泉州方言的历史演变研究》（10BYY019）（2010—2013）；（2）主持国务院侨办社科课题《明刊闽南方言戏文中的闽南话研究》（07QSK05）（2007—2009）；（3）参编的大型辞书《闽南方言大词典》2008年12月获中国出版工作者协会"第二届中华优秀出版物优秀提名奖"。

（二）作品简介

（1）《明弦之音——明刊闽南方言戏文中的语言研究》。明刊闽南方言戏文是闽南文化中非常有特色的一个重要组成部分。分别刊印于16世纪与17世纪初的《荔镜记》、《满天春》是早期闽南方言文学的珍贵文献。该书在确认这两种明刊戏文方言归属的基础上，对戏文的语言现象进行了全面的分析，在结合历史文献进行汉语方言研究方面进行了很有意义的探索。第一章利用明刊戏文中丰富的语料说明，《荔镜记》戏文方言基础应是闽南方言中的泉州话，而《满天春》则明显是泉腔、漳腔混杂。第二章主要借助泉州南音中心为编辑《中国泉州南音集成》而收集、整理的《南音五十套传统指曲（套曲）》，结合泉州地方韵书《拍掌知音》、《汇音妙悟》及今日的泉州话音系，整理出南音唱词的声韵系统，以此为基础研究明刊戏文韵脚所体现出来的语音特点。第三章"明刊闽南方言戏文中的俗字"和第四章"明刊闽南方言戏文词汇"，考释了部分方言字词。第五章采用穷尽性罗列的方法，对两种明刊戏文中重要的语法现象进行了深入细致的排比归纳，并列表一一给出统计数字，材料丰富，对近代汉语语法及闽南方言语法历史演变的研究具有重要的参考价值。附录"谈明刊闽南方言戏文的校注"是作者多年来以语音学、文字学、方言学、训诂学等理论为指导，研究明刊闽南方言戏文的经验总结，对于明刊戏文的校注具有重要的实践意义。詹伯慧认为该书是"一部展示'活化石'面貌的方言研究佳作"、"是当今整理、分析汉语方言历史文献的重要成果"。

（2）《〈世说新语〉选译新注（附泉州方言证）》的最大特色是对《世说新语》中的一些疑难词句提出了新的见解，并且独辟蹊径，借助素有"古汉语的活化石"之称的闽南方言泉州话（包括明刊闽南方言戏文和现实方言口语）来加以印证，大大增强了训释的可靠性。这对于《世说新语》的正确解读以及汉语词汇史、闽南方言发展史的研究，具有重要的参考价值（《〈世说新语〉选译新注（附泉州方言证）》出版后被社会科学文献出版社列为文史哲精品图书）。

三十四　林华东的闽南方言研究

　　林华东（1955— ）,福建安溪人,汉族。现为泉州师范学院教授、副校长,福建省高校人文社科研究基地"泉州师院闽南文化生态研究中心"、中国语言文学省级一级重点学科和"对外汉语专业"省级综合改革项目主持人。主要研究方向为闽南方言和闽台文化,其研究特点是在闽南方言的研究中,着力追索闽南方言的历史形成和发展,挖掘凝练闽南文化的精神、内涵。

　　（一）林华东的闽南方言研究成果

　　1.著作:《泉州方言文化》（福建人民出版社1998年版）、《渗透与交融:语言研究的新视野》（电子科技大学出版社1999年版）、《泉州方言研究》（厦门大学出版社2008年版）、《闽南文化:闽南族群的精神家园》（厦门大学出版社2013年版）。

　　2.论文:《郑成功与闽南文化在台湾的传播》（《光明日报·理论（史学）》2013年5月9日,第一作者）、《台北闽南方言200年来语音的演变——〈台北话音档〉与〈彙音妙悟〉〈汇集雅俗通十五音〉比较研究》（《东南学术》2012年第6期,第一作者）、《全球视域下闽南文化的先进性》（《光明日报·理论版（实践）》2012年10月22日）、《泉州地区三峡移民语言生活状况调查》（《语言文字应用》2011年第2期,第一作者）、《闽南文化的双重性特征》（《光明日报·理论版（史学）》2011年4月21日）、《闽南方言的流播与闽台文化认同》（《光明日报·理论版（史学）》2010年2月2日）、《闽南文化的精神和基本内涵》（《光明日报·理论版（史学）》2009年11月17日,《新华文摘》2010年第3期摘录）、《闽台方言与中华文化渊源》（《人民论坛》2007年第9期）、《闽南方言句首语气词》（《东南学术》2007年第5期）、《闽南方言成语简论》（《福建师范大学学报》2006年第4期）、《闽南方言的形成及其源与流》（《中国语文》2001年第5期）、《安溪话物量词举要》（《方言》1999年第1期）、《安溪话物量词说略》（《中国语研究》日本国,第40号1998年10月）、《闽南方言史研究论纲》（《中国语研究》日本国,第38号1996年10月）、《论闽南方言的形成》（《中国语研究》日本国,第37号1995年10月）、《闽南方言语气词探源》（《中国语研究》日本国，第36号1994年10月）、《从复合词的"异序"论汉语的类型学特征》（《泉州师范学院学报》2004年第3期）。

3.课题：福建省社科规划一般项目"两岸闽南文化的传承创新与社会发展"（2012—2013），国家社科基金重大招投标项目"海峡两岸闽南方言动态比较研究"之子项目"闽台移民与闽南方言研究"（2010—2016），福建省高校服务海西建设重点项目《闽南文化的传承与海西社会发展》（2009—2013），福建省社会科学规划项目《闽南方言语气词研究》（2006—2007）。

（二）主要论著简介

闽南方言研究的代表论著有：《泉州方言文化》（福建人民出版社1998年版）、《泉州方言研究》（厦门大学出版社2008年版）、《闽南方言句首语气词》（《东南学术》2007年第5期）、《从复合词的"异序"论汉语的类型学特征》（《泉州师范学院学报》2004年第3期）等。

《泉州方言研究》共6章。第一章"泉州方言的产生与发展"，论述了泉州方言的历史形成。第二章"泉州方言的特点（上）"，主要讨论语音问题。第三章"泉州方言的特点（中）"，主要讨论词汇问题。第四章"泉州方言的特点（下）"，主要讨论语法问题。第五章"泉州方言与闽南文化"，阐释了泉州方言中所体现的闽台中华文化。第六章"方言研究的方法和汉语的发展前景"，是对泉州方言的延伸研究。《泉州方言研究》一书是作者多年来研究的学术成果。该书精彩之处有四：一是在对晋朝时期北方汉语的演变、晋朝之前闽南泉州地区社会情况具体分析之后，提出东汉末年泉州方言格局基本形成的论断。二是从音韵学角度探索了泉州话与普通话语音的不同发展轨迹；论述了泉州方言富有特色的固定短语——成语；提出了"正偏式"构词方式是古代汉语的历史传承；论证了闽南方言句首语气词语法结构形式是古汉语在泉州话中的留传。三是阐释了泉州方言中所体现的闽台中华文化，对泉州方言的熟语、歌谣作了语言与文化层面的双重分析。四是对泉州方言做延伸性研究，从泉州方言的研究方法和研究思路、闽语的分区原则、方言的存在价值及其与共同语之间的和谐发展、泉州方言的海外流播与汉语的国际推广等问题展开独特视野的阐述。著名语言学家马重奇评价其"运用综合性的研究方法"、"在前人研究的基础上，对所研究的对象和内容做必要的取舍，择其重点加以研究"、"注重源流的考察和理论的阐释"、"把方言的研究与文化的研究有机结合起来，使方言的研究增加文化层面的意义"、"从闽方言的角度讨论了历史比较法对汉语史研究的适应性问题，就泉州方言乃至汉语研究的方法论问题作出了有启发意义的探索"，是"积极推进闽南文化生态保护的一部力作"。[1]该书获2009年福建省第八届社科成果三等奖。

---

　　[1]　马重奇：《一部弘扬闽南方言文化的力作——读林华东新著〈泉州方言研究〉》，《泉州师范学院学报（社会科学版）》2008年第3期。

《从复合词的"异序"论汉语的类型学特征》：在现代汉语中，方言和普通话的复合词或多或少存在"异序"现象。这种"异序"现象一直是学术界热议的问题。该文认为，这种现象其实是汉语词汇从单音词向双音词发展的产物，是汉语的韵律要求和共同的语素义为之造就了支撑条件，是丰富的方言为之提供了生存的土壤。普通话的"袜船、虾米、煤砖、乳峰、法网"、闽南方言的"鸡母、狗公、历日、人客、风台、菜花"在常规的构词法理解中，都属于正偏式构词。从历史材料可见，这类正偏式的语词古汉语早已有之。汉语构词上语序AB式和BA式并存的事实证明，汉语不仅有"修饰语+中心语"的偏正式合成词，也同时具有"中心语+修饰语"的正偏式合成词，后者绝非受亲属语言或古越语的影响。

《闽南方言句首语气词》：句首使用语气词是现代闽南方言的一大特色，也是闽南方言继承古汉语句法形式的特征之一。该文对闽南方言句首语气词作了系统梳理；从语气词与句子的组合情况解析句首语气词的句法结构特点；从句首语气词的出现与否及发音变音事实论述语气词对句子语义细微差异的指示作用；概述了句首语气词对句子语气所起的衔接、表态和增强等语用功能；从汉语史角度对闽南方言句首语气词的来源作了较深入的阐述。

（三）学术活动及社会兼职

林华东现任中国语言学会理事，福建省语言学会副会长，福建省辞书学会副会长，福建省第七届教育学会常务理事，泉州郑成功研究会副会长，泉州市闽南文化生态保护区专家委员会委员。先后主办第六届全国古汉语学术研讨会、两岸辞章学学术研讨会、第一届中国语言及方言语言接触问题学术研讨会、第四届汉语方言语法国际学术研讨会、两岸闽南文化传承创新与社会发展学术研讨会，以及福建省语言学、辞书学、美学、茶产业研究会等全省性学术研讨会。受邀在国内外（如新加坡、泉州等地）及有关高校举行16场闽南文化和闽南方言专题学术讲座。

三十五　陈小枫的闽南方言研究

陈小枫（1956—　）广东汕头人，暨南大学教授、博士生导师。1978年入读厦门大学中文系汉语言文学专业（1977级），1982年2月本科毕业分配至福建省老干部局工作，1984年9月考入暨南大学中文系现代汉语专业方言学方向，师从詹伯慧教授，1987年7月获硕士学位，留校任教。历任暨南大学讲师、副教授、教授。学术专长为方言研究。与闽南方言相关的研究成果主要有：《广东闽方言语音研究》（汕头大学出版社1996年版）、《中山闽方言探源》（载《语言文字论集》，山西教育出版社1990年版）、《中山闽方言岛中的双言现象》（《中山大学学报》1990年第3期）、《中山闽语语音概论》（《中国语文研究》（香港）1995年第11期）、《粤方言对中山闽语词汇系统的影响》（《语文研究》1996年第4期）。

三十六　林伦伦的闽南方言研究

　　林伦伦（1957—　），广东澄海人，汉族。1978年考入中山大学中文系，1985年毕业,获语言学专业文学硕士学位。现为韩山师范学院教授、院长（曾任汕头大学副校长、广东技术师范学院副院长），华南师范大学岭南文化研究中心、暨南大学汉语方言研究中心兼职教授，国际潮学研究会学术委员，广东省中国语言学会副会长，广东省民族研究会副会长，全国汉语方言学会常务理事，中国语言学会理事，主要研究方向为广东地方方言与文化，其中与闽南方言相关的科研成果如下。

　　（一）林伦伦的闽南方言研究成果

　　1.专著：《潮汕方言与文化研究》（广东高等教育出版社1991年版）、《潮汕方言词考释》（与李新魁合著，广东人民出版社1992年版）、《广东闽方言语音研究》（与陈小枫合著，汕头大学出版社1996年版）、《澄海方言研究》（汕头大学出版社1996年版）、《潮汕方言与普通话》（汕头大学出版社1996年版）、《粤西闽语雷州话研究》（中华书局2006年版）、《潮汕方言：潮人的精神家园》（暨南大学出版社2012年版）、《潮汕方言熟语词典》（海天出版社1993年版）、《新编普通话对照潮州音字典》（汕头大学出版社1995年、1997年版）、《潮汕方言歇后语》（与陈国英合作，汕头大学出版社1997年、2001年版）

　　2.论文：《潮汕话本字考》（《中山大学学报》1987年第2期）、《试论潮汕方言形成的历史过程》（《汕头大学学报》1988年第1、2期），《全国高校文科学报文摘》1989年第3期）、《汕头话的一种特殊形容词》（《中国语文》1990年第1期）、《广东闽方言中的若干台语关系词》（《民族语文》1990年第3期）、《汕头话词汇》（载《方言》1991年第2期至1992年第1期）、《粤东粤西闽语词汇的同与异》（《中国语文》1993年第4期）、《闽方言在广东的分布及其音韵特征的同异》（《中国语文》1994年第3期，并收入《庆祝吕叔湘先生九十华诞论文集》，商务印书1995年版）、《广东澄海方言同音字汇》（《方言》1994年第2期）、《粤西闽语的语音特点》（《方言》1996年第1期）、《过番文化与潮汕方言词的关系》（《语言文字应用》1996年第2期）、《潮汕方言的古语词及其训诂学价值》（《语文研究》1997年第1期）、《粤西闽语的音韵特征》（《语文研究》1998年第3期）、《论强势方言及其对推普的影响》（《语言文字应用》1998年第3期）、《再论〈广州方言研究〉》（《方言》1998年第3期）、《潮汕方言与潮剧形成的历史过程》（《语言文字应用》2000年第4期）、《古浊声母上声去声字汕头话今读考察》（《汕头大学学报》2001年第1期）、《粤东闽语与魏晋南北朝时语》（《漳州师院学报》2001年第1期）、《粤东闽粤客方言古语词考释》（载《闽语研究及其与周边方言的关系》，香港中文大学出版社2002年版）、《潮汕方言中保留古音考证》（《暨南学报》2005年第2期）、《从〈汕头话口语语法〉看120年前的潮州音系》（《语言科学》2005年第2期）、《山臻两摄字鼻音韵尾汕头话今读考察》（《南大语言学》2005年第2期）、《广东南澳岛闽方言语音记略》（《汕头大学学报》2005年第2期）、《粤东的一个福建闽方言点：南澳岛云澳话语音研究》（《方言》2006年第1期）、《潮州话、泰语双向借词及其词义演变趋向》（《民族语文》2006年第2期）、《粤东西部闽语的分布及其特征》（《暨南学报》2011年第3期）、《许云樵〈十五音研究〉之研究》（《潮学研究》2012年新2期）。

3.课题：潮汕文化的海外传播，广东省高校人文社会科学中大重大项目，（2013—2015）；粤东闽方言的地理分布及其语言类型学研究，广东省高校人文社会科学重点研究基地重点项目（2011—2012）；广东南澳岛方言研究，中央统战部华夏英才著作出版基金项目。

4.获奖情况：《潮汕方言语言研究》（系列论文），中国社会科学院青年语言学家奖（吕叔湘奖），1994；《潮汕方言与文化研究》，广东省哲学社会科学优秀成果奖，1994。

（二）作品简介

1.《澄海方言研究》。《澄海方言研究》由四个部分组成：第一部分澄海方言概况，包括澄海的人文状况、澄海方言的语音特点以及它的内部差异；第二部分澄海方言的语音研究，从声韵调方面将澄海方言与普通话、中古音进行比较，还从韵母、声调方面将其与汕头话、潮州话和揭阳话进行比较；第三部分澄海方言的词汇特点，还列举了20类与普通话存在差异的词汇；第四部分澄海方言的语法特点，从词法和句法两个方面展开。该书"全面叙述澄海话语音、词汇、语法各方面的重要特点。通过该书，读者可以看到澄海方言的全貌。我们完全可以把《澄海方言研究》当作一部很有资料价值的《澄海方言志》来看。因此无论对于汉语方言研究，还是对于地方志的编纂，它都具有十分重要的学术价值"。"此书是由富于语言学修养的林伦伦君执笔写成，更感欣慰。重要的著作由合适的作者写作，可谓至当。"[1]林伦伦本人对这部著作也极其满意，"直到现在，林老师给我们上《汉语方言调查和研究》课，还常常拿

---

[1]　李新魁：《澄海方言研究·序》，汕头大学出版社1996年版，第1页。

着该书做案例来讲解"。[1]

《澄海方言研究》作为一部系统介绍澄海方言的著作，内容丰富、翔实，观点准确。对于人们了解澄海方言、澄海语文的教学，研究澄海方言都发挥着重要的作用。

（2）《粤西闽语雷州话研究》。该书在大量第一手材料的基础上，分析描写了雷州话的语音系统、词汇特点和语法特点，并从共时和历时的角度对雷州话音系进行比较深入的研究。可为方言研究提供有用的参考，也可为雷州人学习普通话提供理论上的指导和帮助[2]。

（3）《试论潮汕方言形成的历史过程》。在这篇论文发表之前，关于潮汕方言的研究，方言学家都将目光放在对潮汕方言的语音、词汇、语法等共时性的描写上，对于潮汕方言的历时研究，词义、词源的考释极少，对于潮汕话形成的历史过程更是微乎其微，《试论潮汕方言形成的历史过程》是一篇较早对潮汕话形成的历史过程进行专门探讨的文章。

在《试论潮汕方言形成的历史过程》中，林伦伦通过"秦汉以前的潮汕先民及其语言"、"秦汉六朝时期汉（闽）语的进入"、"唐宋元明潮汕话的发展和独立"几个历史时期对潮汕话的探讨、考察，得出了"潮汕地区早在秦汉时代便接受中原汉语和古闽语的影响，至魏晋六朝时期，闽语已在潮汕地区流行。唐末至宋代，形成了文读系统；发展至明代，已臻完善。这个文读音系几乎与现代相同，同时，由于文读音系的影响，以及宋元时代战乱、移民等原因，使潮汕话形成了自己区别于闽南其他土话（如漳州、泉州话等）的特点，终于在元明时代发展成为一种独立的次方言"这个结论。

在对潮汕方言形成的历史过程进行探讨的过程中，林伦伦以其自身掌握的资料进行研究，从而得出潮汕话随时代发展成为一种独立的次方言的结论，开拓了潮汕方言研究的领域，为研究潮汕方言、潮汕文化以及汉语史提供了参考。

4.《汕头方言词汇》

《汕头方言词汇》共分为4篇，分别发表于《方言》杂志的1991年第2期到1992年第1期。这4篇文章将汕头方言词汇按照词义分为20类加以详细描述，是一份对汕头方言进行收集、整理的材料。

林伦伦将汕头词汇与普通话进行对比，"为潮汕方言词汇的进一步研究打下良好的基础，提供了丰富的素材,反映出潮汕方言的研究在早期只着眼于'十五音'的阐述和通俗字（词）典编纂的基础上，正转入一个全面收集方言词语，全面进行整理分析,研究水平无疑已大大提高"的阶段。[3]

---

[1]　洪英：《乐为乡音著文章——小记潮汕方言与文化学者林伦伦教授》，《广东潮汛》2008年第1期。

[2]　参见陈支平、徐泓编《闽南文化百科全书·方言卷》，福建人民出版社2009年版，第68页。

[3]　詹伯慧：《小议潮汕方言的宏观研究》，《学术研究》1994年第5期。

（三）学术活动和学术兼职

林伦伦主持影响较大的学术会议有"海外华文文学国际学术研讨会"、"世界潮人作家作品研讨会"、"白先勇作品研讨会"、"第二届潮州学国际研讨会"、"第九届全国汉语方言学会学术年会"、"语言与文化学术研讨会"、"第二届闽方言学术研讨会"等。

三十七　邓晓华的闽南方言研究

邓晓华（1957—　）福建连城人，厦门大学教授，博士，厦门大学语言学学科、民族学学科、考古学科博士生导师。厦门大学民族学、语言学、考古学博士点学术带头人。1978—1880年龙岩师专1977级中文专业毕业，1987年华中工学院（现华中科技大学）语言学研究所硕士研究生毕业，师从语言学家严学宭教授，后于华中科技大学获文学博士学位。1980年任龙岩师范高等专科学校（今龙岩学院）讲师，1987年起在厦门大学人类学系任教至今。其间历任厦门大学人类学研究所书记（1994—2004），厦门大学人类博物馆副馆长（2000—2006）。邓晓华研究领域涉及比较语言学、汉语方言学、人类学、族群关系与族群理论、文化遗产研究、博物馆学。与闽南方言相关的研究成果主要有：《闽语时代层次的语音证据》（《华中工学院研究生学报》1986年第2期），《南方汉语中的古南岛语成分》（《民族语文》1994年第3期），《闽南文化中的古南岛语文化底层的证据》（《台湾源流》1996年第3期），《客、赣、闽方言特征比较》（《语文研究》1998年第3期），《福建境内的闽、客族群及畲族的语言文化关系比较》（《日本国立民族学博物馆研究报告》1999年24卷1号）、《试论古南方汉语的形成》（《古汉语研究》2000年第3期）、《古闽客方言的来源及其历史层次问题》（与王世元合作，《古汉语研究》2003年第3期）、《闽客方言一些核心词的"本字"的来源》（《语言研究》2006年第1期）等。

三十八　刘新中的闽南方言研究

刘新中（1965—），生于新疆木垒人，副教授，硕士生导师，暨南大学汉语方言研究中心副主任。1982—1986年陕西师范大学中文系毕业，1992—1993年就读华东师范大学助教班，2001—2004年获暨南大学博士学位，2005—2007年在中山大学读博士后，2012—2013年为美国麻省理工学院MIT访问学者。学术专长主要有：（1）汉语方言学。致力于海南闽语、粤语等汉语方言的研究。（2）语音学。主要探索方言语音现象在发音语音学和声学方面的语音特征。（3）语言教学与语言应用。刘新中与闽南方言相关的成果有：

1.论文：《海南岛的语言与方言》（《方言》2001年第1期）、《汉语中训读的性质、原因及其影响》（《语言教学与研究》2007年第2期）、《〈广韵〉入声字在海南文昌话中的读音》（《汉语学报》2002年下卷）、《海南闽语文昌话的文白异读》（《暨南学报》2006年第3期）、《海南诸语言的-om、-op等韵母的分布》（《民族语文》2006第4期）、《海南岛的历史沿革与语言分布》[《中国语文研究》（香港）2004年第1期]、《海南闽语声调的调值与调类研究》（《海南师范学院学报》2006年第6期）、《海南省东方市四更镇付马话同音字汇》（《方言》2010年第1期）、《中古唇音字在海南文昌话中读音的语音学分析》（《南方语言学》第三辑，暨南大学出版社2011年版）、《从词汇语法的角度看海南西部客赣方言的一个分支——付马话》（《赣方言研究》第2辑）、《中古鼻音、塞音韵母在广东、海南闽语中的演变》（《潮学研究》第2辑）、《海南话和普通话的语音对比》（《通什师专学报》1993年第1期）、《海南岛的语言生活》（《琼州大学学报》1998年增刊）、《海南口音普通话初探》（《海南师范学院学报》1998年第4期）、《海南汉语方言研究文献索引》（《琼州大学学报》1998年增刊）、《海南文昌铺前铺渔蛋家话的音系》（载《第八届国际粤方言研讨会论文集》，中国社会科学出版社2003年版）。

2.专著：《广东海南闽语若干问题的比较研究》（暨南大学出版社2010年版）、《海南闽语的语音研究》（中国社会科学出版社2006年版）。

3.科研项目：（1）1999—2001年，主持并完成了海南省教育厅的项目"琼南地区汉语方言研究"。（2）2002—2006年参加教育部"十五"规划科研项目"汉语方言地图集"的调查研究工作，负责广东雷州半岛、海南岛以及新疆等两个子项目的调查、研究工作。（3）2006年10月至2008年7月完成中国博士后基金项目"广东、海南两省闽语比较研究"。

刘新中在海南闽语方面做了不少的调查研究工作。《海南闽语的语音研究》是其代表著作。该书以张贤豹的《海口方言》、云惟利的《海南方言》以及陈鸿迈的《海口方言词典》三部海南闽语研究的专著为参照，以大量第一手的调查为依据，结合其他海南闽南研究的论著进行讨论，其中讨论的重点为海南闽语的语音。该书共分为八个部分。第一部分"引言"讲海南闽语的研究概况以及本文的成书过程。第二部分用历史地理学的方法较为系统地对海南岛的历史沿革与语言分布作了探讨。第三部分是对语音的共时描写，用实验语音学的方法，对海南闽语的声母和声调的有关问题作了实验语音学的研究。用音系学的理论和方法，概括出海南闽语的语音的结构系统，初步探讨了这个系统中组成成分之间的各种关系。第四部分用历史语言学的方法探讨了海南闽语语音的历史演变。第五部分讨论的是海南闽语的训读、文白异读。第六部分讲的是海南闽语与周边的民族语言和汉语方言的相互影响。第七部分用方言地理学和语言地理类型学的方法来表现海南闽语的语音特征，并附了38张地图。第八部分"结论"，认为海南闽语的语音特色其实是一个局部的区域性的特征问题，总结了海南闽语语音的一些主要特征，从声韵调以及整体性的语音特征等方面总结了海南闽语语音的特点，海南闽语与其他语言和方言之间的相互影响、海南闽语的归属，还就海南闽语的地位与研究价值以及需要进一步研究的问题提出了自己的看法。

三十九　庄初升的闽南方言研究

庄初升（1968—　），福建平和人，文学博士。现任中山大学中文系教授、博士生导师，兼任暨南大学汉语方言研究中心研究员。1991年福建师范大学汉语言文学专业本科毕业，1994年福建师范大学现代汉语专业硕士研究生毕业，2000年暨南大学汉语言文字学专业博士研究生毕业。1994年8月至2005年7月在韶关学院中文系任教，2004年12月评为教授。2005年8月调到中山大学中文系任教，2007年7月认定为汉语言文字学专业博士生导师。2000年11月至2001年9月、2003年2月至9月、2007年4月至12月、2010年1月至6月赴港任香港中文大学中文系Research Associate，曾赴新加坡、美国、日本等国参加国际学术会议。教学之余主要从事汉语方言的调查研究，2008年入选广东省高校"千百十工程"省级培养对象、教育部"新世纪优秀人才支持计划"。

庄初升对客、赣、闽、粤方言及粤北土话的语音有较深入的调查研究，对传教士汉语方言文献也广泛涉猎，已出版学术著作多部并在海内外学术期刊或集刊发表论文60多篇。其中，《粤北土话音韵研究》根据实地调查的24个方言点的材料，基本弄清了粤北土话内部声母、韵母、声调和变音的共时类型、历时演变以及与周边方言的关系，为粤北土话的分区和定性提供科学的依据。《19世纪香港新界的客家方言》是国家社科基金项目优秀结项成果，它综合利用19世纪中叶以来巴色会传教士的客家方言文献资料，特别是以口语化程度较高的客家方言课本《启蒙浅学》（1879）作为主要依据，通过建立和使用小型的计算器语料库，着重从语音、词汇、语法和方言用字四个方面全面勾勒其语言面貌和书写特点，并结合作者近十几年来在新界客家乡村多次进行田野调查所取得的方言材料，进行纵向的比较研究，揭示其一百多年来发展演变的方向和规律。

庄初升有关闽南方言的研究成果主要有：《漳属四县闽南话与客家话的双方言区》（《福建师范大学学报》1994年第3期）、《双方言现象的一般认识》（《韶关大学学报》1995年第1期）、《闽南话与客家话共同的方言词补证》（载《客家方言研究——第二届客家方言研讨会论文集》，暨南大学出版社1998年版）、《联系客方言考证闽南方言本字举隅》（《语文研究》1999年第1期）、《论闽南方言岛》（载《闽语研究及其与周边方言的关系》，香港中文大学出版社2002年版）、《闽语平和方言中属于以母白读层的几个本字》（《语文研究》2002年第3期）、《福建双方言研究》（第二作者，汉学出版社1995年版）。

四十　陈曼君的闽南方言研究

陈曼君（1969—　），福建惠安人。文学博士，主持国家社科基金项目、省社科规划项目和厅级人文社科研究项目多项，参加过法国国家科研署社科研究项目一项。主要致力于闽南方言语法研究，发表《泉州话"煞"字词性功能》（《语文研究》2002年第1期）、《闽南话助动词"通"的句位功能》（《语文研究》2004年第4期）、《福建惠安闽语"无"字联结句》（《方言》2009年第1期）、《闽台闽南方言的反复问句》（《方言》2011年第1期）等二三十篇学术论文，并出版了专著《惠安闽南方言动词谓语句研究》。作者在调查、掌握大量第一手自然语料的基础上，运用归纳和演绎、描写和解释、语法和语音相结合等方法，对惠安方言动词谓语句的句法、语义和语用等方面进行了研究。通过研究，文章得出以下结论：首先，普通话与汉语方言在语法上的差别不是"不明显"，而是很大。惠安方言动词谓语句与普通话相比有其自身的优势，其优势为语序灵活多变、句中动词重叠能力很强、表义功能丰富、受事居前非常普遍、句子表达简洁凝练。其次，闽南方言不但在语音和词汇上与古代汉语具有深厚的渊源关系，在语法上也同样与古代汉语具有深厚的渊源关系，无论是上古汉语还是中古汉语的动词谓语句都能在惠安方言中找到它们留下的"踪迹"。最后，惠安方言尽管是闽语的一个支系，在语法上与周边闽语有不少相同之处，但仍然存在着不同程度的差异。可见，惠安方言是一种与普通话差异较大的方言，它身上既流淌着早期古汉语的"血液"，与周边闽语具有"亲缘"关系，同时又有自己的发展轨迹。

四十一　李春晓的闽南方言研究

李春晓（1976—　），福建省永春县人。语言学博士，现为福建师范大学文学院副教授、硕士生导师。主持国家社科基金一项"十六世纪以来闽南方域文字的调查与研究"（在研）、教育部人文社科研究规划基金项目一项，全国高校古籍整理项目一项，福建省社会科学规划项目二项，福建省教育厅项目三项。在研项目还包括"《说文解字六书疏证》研究""《加订美全八音》校证""《老子校诂》补正"等。主要研究方向为训诂学、文字学。

与闽南方言相关的论文有：《闽南方域文字刍议》（《东南学术》2014年第2期）、《海峡两岸闽南方言合音词研究》（《中国方言学报》第三期，商务印书馆2013年版）、《闽南方言的"乇"》（训诂学与民族民俗文化研讨会暨中国训诂学研究会第九届理事会第二次会议论文，2013年8月5—8日）、《闽台地区闽南话程度副词研究》（《福州大学学报》2001年第2期，该文排列分析闽南话中程度副词的具体用法，可以看出其内部的异同,印证了闽台闽南话"面目酷肖，同母所生"的一致性）、《闽南方言韵书的集大成之作——读〈闽台闽南方言韵书比较研究〉》（《福建论坛》2009年第4期）、《明末泉州南音用韵初探》（收入《编辑和语言》，厦门大学出版社1999年版）、《闽台方言的源流与嬗变》（合著，人民出版社2013年版）。

四十二　朱媞媞的闽南方言研究

朱媞媞（1978— ），福建泉州人，文学博士，华侨大学文学院副教授。主要从事对外汉语教学与闽南方言的研究，研究领域包括第二语言习得研究、现代汉语、闽南方言与文化。学术特色主要体现在两个方面：一是将二语习得理论与方言区的推普工作结合；二是将方言文化与地方戏曲研究相结合。与闽南方言相关的研究成果有：

1.论著：《泉州谚语》（合著，福建人民出版社2006年版）、《〈汇音妙悟〉研究述评》（《华侨大学学报》2009年第2期）、《宋元三种等韵图对〈广韵〉重纽字的处理比较研究》（《福建教育学院学报》2009年第6期）、《〈广韵〉中鱼韵在闽南方言里的读音层次》（《福建师范大学学报》2011年第6期）、《泉州传统梨园戏用韵考》（福建师范大学博士学位论文，2012年6月）、《闽南话"死人"类程度副词分析》（《华侨大学学报》2012年第3期）、《梨园戏用韵所反映的泉州方言韵母系统之演变》（《井冈山大学学报》2012年第6期）、《梨园戏韵母系统中的"鹧鸪音"研究》（《宁夏大学学报》2012年第6期）、《闽南沿海亲属称谓特殊现象分析》（《福建师范大学学报》2012年增刊）、《泉州传统梨园戏用韵分析》（《集美大学学报》2013年第1期）、《泉州传统梨园戏曲牌特征分析》（《福建史志》2013年第1期）。

2.科研项目：主持福建省社科规划青年项目"文化生态保护与闽台戏曲音韵研究"（在研）。

四十三　杜晓萍的闽南方言研究

杜晓萍（1980— ），福建泉州人，文学博士，华侨大学文学院副教授、硕士生导师。 2005年7月起，在华侨大学文学院任教。主要研究方向为闽南方言、汉语音韵。与闽南方言相关的研究成果有：

1.论文：《〈漳州方言词汇〉音系研究》（《方言》2013年第3期）、《[-m]尾字所反映的闽南方言的历史层次》（《古汉语研究》2006年第1期）、《19世纪以来漳浦方言语音的传承和演变——〈福建方言字典〉音系研究》（《东南学术》2014年第3期）、《从〈中西字典〉看一百多年来台湾音的演变》（《东南学术》2011年第3期）、《从〈厦英大辞典〉看泉州方言语音100多年来的演变》（《华侨大学学报》2013年第4期）、《广西北流新圩平安山闽南方言语音记略——兼与本土漳州音比较》

（《华侨大学学报》2008年第4期）、《北流新圩闽音释源》［入选论文集《音韵论集》（排名第二），中华书局2006年版］、《〈中西字典〉音系研究》（《福建师范大学学报》2012年增刊）。

2.科研项目：主持2013年福建省社科项目"十九世纪外国传教士所撰闽台方言字典语音研究"）。

四十四　吕晓玲的闽南方言研究

吕晓玲（1982—　），福建南安人，福建师范大学文学院汉语言文字学专业2010级博士生,泉州师范学院文学与传播学院讲师。研究方向为汉语方言学，研究兴趣为闽南方言语法。相关的科研成果有：

1.论文：《福建南安方言"着"的歧义与共现》（《中国语文》2013年第5期）、《福建南安方言结构助词"其"的连用格式》（《中国语文》2012年第1期）、《福建南安方言补语标记"遘"的连用现象》（《中国语文》2010年第2期）、《近代泉州方言"使"字动词义的演变》（《方言》2013年第1期）、《闽南南安方言的述补结构及其标记》（载甘于恩主编《南方语言学》，暨南大学出版社2010年版）、《闽南南安话的类结构助词"得"、"说"、"伊"、"通"》（《泉州师范学院学报》2010年第3期）、《闽南南安方言的助词"着"、"了"、"去"》（《泉州师范学院学报》2007年第3期）、《闽南南安方言的结构助词"其"》（《乐山师范学院学报》2006年第10期）、《论闽南方言词汇对共同语写作的负迁移——以名词、动词、形容词为例》（《乐山师范学院学报》2011年第3期）、《闽南方言词汇语法对台湾国语的窜入现象分析》（《福建论坛》2009年专辑）、《闽南方言"有"字句和比较句对标准语写作的负迁移》（《龙岩学院学报》2012年第3期）。

2.科研项目：主持2012年度国家社科基金青年项目"四百多年来闽南方言词汇语法的历史演变研究"（在研），主持福建省社会科学规划2011年青年项目"十六世纪以来闽南方言语法的历史演变研究"，主持2010年福建省教育厅A类社会科学研究项目"闽台闽南方言文化与汉语作为第二语言教学研究"，主持2012年福建省教育厅A类社会科学研究项目"明刊闽南方言戏文语法研究"（在研）。

四十五　曾南逸的闽南方言研究

曾南逸（1984—　），福建晋江人。2009年获硕士学位，2013年获博士学位。其硕士论文题目为"四百多年来泉州方言韵母的演变"，博士论文题目为《泉厦方言音韵比较研究》。曾南逸于2013年起任教于中央财经大学文化与传媒学院，现职务为讲师，主要从事闽南方言音韵研究，对语法研究亦有所涉猎。除硕博论文外，曾南逸与闽南方言相关的科研成果主要有：《从明清戏文看泉州方言体标记"咧"的语法化》（《中国语文》2013年第3期）、《〈拍掌知音〉"劳"、"鲁"二韵音值拟测》（《方言》2013年第2期）、《论厦门、漳州、潮州方言鱼韵字的读音层次》（《语言学论丛》2014年第48辑）、《"赵"字与〈拍掌知音〉的成书年代》（《天津大学学报》2013年第3期）、《闽南方言"裘□hiu"之本字考释》（《语文研究》2013年第1期）、《也谈〈荔镜记〉的方言归属》（日本《中国语学研究·开篇》第31辑）、《也谈〈明刊三种〉的方言归属》（《南方语言学》第4辑）。

第三节　小结

　　传统的闽南方言的研究是从韵书编纂和方言词语的考释开始的。从第一部闽南方言韵书《汇音妙悟》（1800，黄谦）算起，至今已有二百多年了，而具有现代意义的语言学研究也有近百年的历史了。以周辨明的《厦语入门》、林语堂的《厦门音发音及标音》、罗常培的《厦门音系》为起点，综观百年来闽南方言学者的方言研究，一路走来，渐入佳境，涌现了几代卓有成就的闽南方言学家，涌现了一大批的论著。特别是20世纪80年代以来，随着国外语言学理论和方法的引进，闽南方言研究中也出现了新气象。（1）从注重方言事实的调查、描写到既注重调查描写也注重对语言事实的阐释；（2）从单方言点的单方面研究到多方言点的比较研究，既有共时比较研究，也注重历时比较研究；（3）社会学、人类学、类型学、文化学、计算机科学等相关学科的理论和方法也被引入闽南方言的研究中。

　　我们还观察到：（1）对传教士材料的研究是近十年来闽南方言研究的热门；（2）出现了为数不少的闽南方言词典、参考资料、论著索引和成规模的闽方言会议；（3）老中青、传帮带，渐成流派。（4）研究涉及面广、成果丰硕，这从近几年来的获国家社科立项的与闽南方言相关的研究课题中可见一斑：如2010年的"闽方言语言历史层次比较及数据库建设"（刘泽民，上海师范大学）、2011年的"海南闽语语汇特征"（符其武，海南大学）、"粤西湛茂地区粤、客、闽方言接触研究"（邵慧君，华南师范大学），2013年的"闽台闽南语方言语法比较研究"（陈曼君，集美大学）、"闽语特征研究"（李如龙，厦门大学）、"十六世纪以来闽南方域文字的调查与研究"（李春晓，福建师范大学）、"十六世纪以来泉州方言的历史演变研究"（王建设，华侨大学），2014年的"闽南农村汉语方言词汇变化研究"（付义荣，集美大学）。特别是2010年的国家社科基金重大招标项目"海峡两岸闽南方言动态比较研究"（马重奇，福建师范大学），"在掌握大量的方言材料和方言文献的基础上进行全方位大规模综合性的闽台闽南方言的动态比较研究，在学术史上是空前的，必将产生巨大的影响"。[1]

　　当然，在对现当代大陆闽南方言学者的闽南方言研究成果进行收集、整理的过程中，我们也观察到了研究中存在的一些不足，比如重事实描写，轻理论、方法；重个性，轻共性，应注意在语言共性和普遍性的大背景下来看待闽南方言的特点等。

---

[1]　http://www.npopss-cn.gov.cn/GB/219506/219507/15490565.html.

第九章　闽粤闽南戏曲作品与闽南文化（一）

第一节　厦门戏曲与闽南文化

厦门早有地方戏曲活动。明代池显方《大同赋》有"旁达西洋，商舶四穷，俳优传奇，青楼俅觞"之句。明末清初，梨园戏由泉州传入厦门。清乾隆薛起凤《鹭江志》中有"中秋……是月，街市及乡村皆演戏……此古例也"的记述，说明此时戏曲活动相当普遍。高甲戏传入厦门约有150年的历史。至20世纪20年代前后，歌仔戏由台湾传入厦门，逐渐取代其他剧种而成为本地最大剧种。

清末民初的厦门曲艺创作多为艺人即兴自编自唱，题材较为广泛，描写日常生活，倾吐男女爱情，再现劳动情景，传播知识趣闻，歌颂古代英雄，嘲讽封建统治等，基本上没有文字记载。新中国成立后，在文艺"二为"方向(为工农兵服务，为无产阶级政治服务)和"双百"(百花齐放，百家争鸣)方针指导下，曲艺工作者创作的大量作品，始有文字记载。在厦门流传的曲艺种类很多，主要有歌仔戏、曲艺（如说书、说唱、答嘴鼓）和其他戏曲（独角戏等）。

一　厦门歌仔戏

（一）歌仔戏简介

明代以降，歌仔即流传于漳州地区，此种戏曲为每首四句的民间小调（以七言或五言为一句），原先仅是描述日常生活的歌谣，后来才发展成演唱地方故事的小调。明末，大量闽南人开始有计划地移居台湾，闽南的说唱音乐"歌仔"也流传到台湾，并吸收其他地区曲调不断地丰富发展。"歌仔"原为说唱艺术，到了清末，歌仔进入了鼎盛时期，出现大量长篇叙事故事在台湾流传。

当歌咏达到一定成熟阶段之后，开始由静态的坐唱形式向动态的形式发展，形成了成群结队游行演唱的歌仔阵。歌仔阵虽然还是有唱无角色表演，但是这个动态的发展进程，就是逐渐向戏剧靠拢的过程。"车鼓"则属歌舞小戏，盛行于福建民间，随着移民的播迁，歌仔音乐与车鼓小戏乃传入台湾。歌仔阵汲取当地百戏的养料，模仿戏曲，吸收闽南传入台湾的歌舞"车鼓戏"的表演动作，开始有了简单的人物装扮和舞蹈动作，20世纪初在台湾宜兰形成了歌仔戏。20世纪20年代前后传入福建闽南地区，后逐渐成为当地主要剧种之一。

早期的歌仔戏非常简单，只有两三个角色，扮男角手拿一把折扇，扮女角手捏一条手帕，在寺庙前的广场围成一个场子中心。演唱时演员不断地走三步进三步退三步。演员全部由男人装扮。由于是在广场或寺庙平地随便演出，所以被称为"落地扫"。落地扫是歌仔戏最简单、最原始的演出形态。20世纪20年代，台湾许多歌仔戏班纷纷渡海到闽南语系地区演出，其足迹到达福建的厦门、泉州、漳州，甚至远到东南亚华侨聚居地。

这个时期演唱的歌仔调，已经是吸收了歌仔戏的曲调、乐器和演唱内容，和过去的说唱"歌仔"有一定的差别。这些戏馆打破过去限于台湾人参加的传统，也吸收闽南本地青年。当地青年也开始自组业余歌仔社，厦门歌仔戏前辈陈瑞祥、吴泰山、邵江海等都是这一时期开始学习歌仔戏的。

（二）历史沿革

歌仔戏最初流入闽南，是由渡海到厦门谋生的台湾渔民带入的。台湾移民在思念家乡的情境下，将家乡的音乐传唱以解乡愁，逐渐自发组成了歌仔馆，结交际遇相同的同乡人，歌仔馆成为休闲娱乐的去处。每逢喜庆节日，歌仔馆便有演出。早期歌仔馆的演出以说唱歌仔为主，偶尔加上简单的身段动作。歌仔馆中的成员几乎都是台湾人，当地厦门人参与度不高。根据台籍歌仔戏艺人赛月金回忆，1927年前后台湾歌仔戏班"明月园"和"玉兰社"曾到厦门演出。"明月园"据说曾于新世界戏院演出三个多月。"玉兰社"随后也在厦门"新世界娱乐园"连演4个月，引起轰动。"明月园"和"玉兰社"为现今所知最早到闽南演出的台湾歌仔戏班。"明月园"和"玉兰社"先后到厦门演出，厦门人被歌仔戏深深吸引。

歌仔戏剧照　赛月金（右）[1]

---

[1]　厦门网电子报，2009年11月6日。

在1918年前后，厦门将军祠就有演唱教习歌仔阵(歌仔戏早期表演形式)的歌仔馆"仁义社"。歌仔戏真正在厦门传播开来并逐渐扩大影响，当始于1925年厦门梨园戏班"双珠凤"改唱歌仔戏，班主曾琛聘请台湾歌仔戏师傅戴水宝(又名矮仔宝)来厦传授歌仔戏技艺，增聘歌仔戏艺人，全班从30多人发展到50多人，成为福建第一个歌仔戏班。该戏班演出的第一个歌仔戏剧目是《山伯英台》。他们曾在"新世界"、"百宜"、鼓浪屿戏园演出，风靡一时。泉州、同安、海澄等地纷纷来厦聘请其到内地演出。与"双珠凤"打对台的"新女班"也由于小梨园已不受欢迎，而"双珠凤"因改唱歌仔戏而大受欢迎，于1926年也改唱歌仔戏。

1928年，"双珠凤"戏班到新加坡演出，场场满座。1937年，抗日战争爆发后，该戏班解散。1938年，台湾歌仔戏班"爱莲社"来厦演出，因演出情况不佳，艺人散往四处谋生。次年，该戏班留厦艺人赛月金、子都美等重新组织戏班，改名为"同意社"。1942年"同意社"几经辗转分合，于1947年1月以该社留厦艺人为基础组建霓光剧团。该团主要演出地点在龙山戏院，剧目有《冯仙珠》《英台山伯》《陈三五娘》《牛郎织女》等。1949—1950年，霓光剧团仍在厦门演出，后到漳州黄金戏院公演。1953年，该团在漳州角尾演出时，因剧团人员意见分歧，部分演员回到厦门另建厦声剧团。1958年，厦声剧团与海澄县艺联芗剧团合并，整编为海澄县厦声芗剧团。

1951年5月，厦门成立另一歌仔戏团"群声剧团"。该团成立初期，进行戏剧改革，制定规章制度，成立团委会、艺委会和工会组织，演出剧目逐步改幕表戏为剧本戏。该团还配合中心任务排演新戏，如土改时自编自演《斗争恶霸林三兴》；抗美援朝时排演《父子争先》《志愿军的未婚妻》；"三反""五反"时演出《糖衣炮弹》；《婚姻法》公布时演出《结婚》。在整理剧目上，该团改编较能体现本剧种特点的《英台山伯》《三家福》等。《三家福》参加华东戏曲会演获剧本二等奖和导演奖，以后被越剧移植演出，并传入苏联改编成话剧。1953年初，福建省文化局确定厦门群声剧团为省重点辅导剧团，实行民办公助，每年补助5000元。从此，该团走上正轨。

1947年，以歌仔戏班丹凤班的班底和部分演员为基础组建福金春剧团。同年，该团到晋江一带演出《五子哭墓》《玉鸳鸯》等剧目，很受欢迎。观众说："三天无火焚(不举炊)，也要看福金春。"50年代初，该团排演现代戏《白毛女》《血泪仇》《九件衣》，配合土改，下乡演出。抗美援朝期间，该团曾下乡巡回演出一周，把全部收入捐献给国家购买飞机大炮。1953年底至1954年，该团进行民主改革，建立团委会。

1959年2月，群声剧团与福金春剧团合并，定名厦门市芗剧团。1963年，厦门艺术学校戏曲科毕业学生30多人分配到该团，同时抽调几名戏曲科教师充实该团，全团阵容壮大。该团整理、改编、创作、演出《火烧楼》《秦香莲》《破狱记》《琼花》等一批传统剧目和现代戏，拥有叶桂莲、陈金木、何亚禄、张亚英、黄玉琴等知名演员。"文化大革命"期间，剧团被迫解散。1977年4月，厦门市芗剧团恢复建制并排练演出大型现代戏《八一风暴》，在人民剧场连续演出40多场，场场满座。每场演出结束后，观众等待在剧场门外围观演员，都以一睹扮演周总理的演员为快。地方戏曲表现当代领袖人物形象，在芗剧(歌仔戏)史上堪称创举。此后，该团陆续上演一批优秀的传统戏剧目，很受观众欢迎。1979年福建省优秀青年演员评比时，该团朱瑞金、卓丽丽、何亚禄被评为优秀青年演员。

1980年5月27日，厦门市芗剧团恢复原剧种名称，改名为厦门市歌仔戏剧团。该团以厦门新中国成立前夕发生的事件为题材，创作、演出现代戏《沉船》，参加福建省1981年戏曲调演，获演出奖和演员奖。《沉船》在剧本创作、音乐设计和表演导演方面，丰富了歌仔戏表现现代生活的经验。1982年初，福建艺术学校厦门芗剧班毕业生40人分配到该团，使剧团充满生机。该团演出的传统剧目《火烧楼》《白蛇传》《哑女告状》《五女拜寿》《杀猪状元》《吕蒙正》《杂货记》《恶婆婆》等受到海内外观众的喜爱，还先后被厦门电视台、厦门人民广播电台录像录音播放，有的还发行海外。该团名艺人叶桂莲、陈金木在1980年福建省地方剧种唱腔会演中获一等奖。青年演员李丽、冯珍珍分别在1983年福建省青年演员会演比赛、1986年福建省芗剧(歌仔戏)青年演员广播电视大奖赛中获得一等奖。1985年、1990年、1995年，该团曾三次应邀赴新加坡访问演出；1985年访新前还应邀到香港演出。

除厦门市歌仔戏剧团外，同安县芗剧团也属于厦门市专业歌仔戏表演团体。其前身是1951年由凤凰春班改制而成的同安大众芗剧团，1953年改为同安县实验芗剧团，1962年又改为同安县芗剧团。"文化大革命"期间该团被迫解散，直至1978年才恢复同安县芗剧团建制。该团演出的主要剧目有《杨门女将》《三请樊梨花》《钗头凤》《李妙惠》《女英传》《古箭传奇》等，演出地点在厦门、漳州、泉州等地区。该团叶小兰、许渊玲在1979年福建省优秀青年演员评比活动中获"优秀青年演员"称号。1985年以来，该团率先进行艺术表演团体体制改革，实行团长任期目标责任制，完善分配制度，增强剧团的活力。1985—1995年，该团年均演出场次超过200场，其中1986年上演317场，演出场次名列福建省专业剧团榜首。

厦门除了专业的歌仔戏团外，厦门郊区和同安县农村逢年过节迎神赛会、婚寿喜庆常有歌仔戏演出活动。20世纪30年代初，海沧农村就有歌仔阵和歌仔戏班组织。新中国成立后，农村业余剧团纷纷建立，尤以歌仔戏团为多。郊区禾山、海沧、灌口、后溪、东孚、集美等和同安县一些乡镇，几乎都有业余歌仔戏剧团。1993年6月，同安县吕厝华兴芗剧团应邀赴新加坡作为期一个月的商业性演出，这是厦门市村级艺术表演团体首次到国外访问演出。截至1995年底，同安县经审核发证的民间职业芗剧团有10个。

（三）歌仔戏的艺术特色

歌仔戏是以流传于闽台的闽南歌仔为基础，吸收梨园戏、北管戏、高甲戏、京剧、闽剧等戏曲的营养形成的闽南方言戏曲剧种。歌仔戏主要艺术特点在于"歌仔"，歌多白少，唱白口语化，大量吸收民歌小调，通俗易懂，贴近生活。主要曲调有七字调、哭调、杂碎调等。七字调、哭调曲调优美，拉腔很长，乡土韵味浓郁，风格上很有特点。杂碎调则近于朗诵体音乐，大量运用民歌小调，也别具一格。主要伴奏乐器有壳子弦、大广弦、台湾笛、月琴等。

歌仔戏最大的艺术特色在于它的音乐。歌仔戏的音乐分为唱腔和伴奏音乐两部分。唱腔属曲牌联缀体，在联缀时可采用同宫同调、同宫异调、异宫同调、异宫异调。唱腔曲牌大体可分为"七字调""杂碎调""哭调""卖药仔"和"小调"五大类。

歌仔戏初以一男一女的对唱为主，后发展为有生、旦、丑三行并兼备科、曲、白的成熟戏剧。其生行有小生、老生、文生、武生，旦行有苦旦、正旦，丑行有三花、老婆等角色。众角色皆用真嗓演唱，其中以苦旦最具特色。

歌仔戏的内容以演唱民间故事为主，多强调忠孝节义，一般没有固定剧本，至今仍沿袭以"戏先生"讲戏并分配角色的方式演出。

歌仔戏曲多白少，格律自由。歌仔戏的音乐曲调包括"七字调""哭词""杂念调"，唱腔道白则是以厦门、漳州方言合成的台湾腔。唱词视情节而定，可长可短。在一百多种传统曲调中，既有悠扬高亢的"七字调""大调"和"背思调"，又有民谣诉说式的"台湾杂念调"，更有忧郁哀伤的各种哭调。此外，它还吸收了台湾当地的民歌小调和部分戏曲音乐作为补充。

歌仔戏乐器和其他戏曲一样，分文场戏和武场戏，武场戏的乐器同京剧相似，有通鼓、竖权、板鼓、木鱼、小钹、大钹、大锣、小锣、铜铃，还加上小叫、柳盏等。文场戏乐器，早期以壳仔弦、大广弦月琴、台湾笛为主，后来又采用二胡、洞萧、鸭母笛、唢呐；近年又有以琵琶、大唢呐及西洋乐器参与伴奏的。按照表演形式和剧场形态的不同，可分为落地扫歌仔阵、野台歌仔戏、内台歌仔戏等，随着广播电影电视等大众传媒的兴起，广播歌仔戏、歌仔戏电影及电视歌仔戏等也相继涌现出来。

（四）歌仔戏剧目介绍

歌仔戏剧本的题材涵盖了历史故事、民间传说、稗官野史、真人真事、武林小说等。早期歌仔戏剧目不多，多半沿袭自歌仔的唱本，剧目一般为历史题材，以《陈三五娘》《山伯英台》《什细记》《吕蒙正》为四大戏剧，随后又陆续由其他剧种采借剧目。

元代白朴《祝英台死嫁梁山伯杂剧》是目前可考最早的梁祝戏曲[1]，从此梁祝故事不断出现在各种不同的剧种当中。明清时期，梁祝故事已经是福建地区广为流传的民间戏曲。清代由于福建大量移民台湾，闽南民间的俗语唱本也随之传入台湾。在台湾歌仔戏产生之时，《山伯英台》就已是歌仔戏的主要剧目。1925年，厦门双珠凤戏班改唱歌仔戏，演出的第一个歌仔戏剧目是《山伯英台》。当时，他们在鼓浪屿戏园演出，风靡一时。泉州、同安、海澄等地纷纷来厦聘请其到内地演出。

《陈三五娘》的故事，最早见于明代文人笔记小说《荔镜传》。之后出现许多不同版本的故事，如《奇逢记》《绣巾缘》等，其内容大同小异。《陈三五娘》的故事最早被编以弦管为戏曲的是明代传奇《荔镜记》，是以泉州话为主，夹杂潮州话的南戏剧本；[1] 20世纪20年代歌仔戏传回厦门，《陈三五娘》就是代表剧目之一，最早到厦门演出的台湾歌仔戏艺人赛月金，留下了许多音乐曲调，其中就有很多是《陈三五娘》的唱段。30—40年代厦门流传的台湾歌仔戏唱片，其中就有大量曲目是演唱《陈三五娘》。1939年，闽南歌仔戏师傅邵江海创作了定型本戏《陈三五娘》，其音乐、文词表达与台湾歌仔戏完全不同。虽然故事内容撷取了传统的故事，但唱词内容全部重新创作。唱词结构在与新创作的杂碎调相结合中，突破了七字一句、四句一首的方块式传统唱词结构，大量运用长短句式，使歌仔戏的唱词更具口语化、灵活性和音乐性。

《什细记》《吕蒙正》均为台湾传统歌仔戏四大出中的剧目，在宜兰老歌仔戏也称"本地歌仔"。为过去歌仔戏艺人必须学习的古册戏之一。

《山伯英台》剧情说明

越州才女祝英台乔装男性，前往杭州求学，途中遇芜州穷书生梁山伯，两人义结金兰，同赴学堂。同窗三载，英台爱意暗萌，趁清明节游西湖，向山伯表明身份与心事，山伯恍然大悟，遂私订终身，不料此事为同学马文才窥知。家人催英台返家，英台留书要山伯"二八、三七、四六定"，即十天后至祝府提亲，不料山伯误以为三十天后，而马文才已抢先提亲下聘。待梁祝楼台相会时，山伯只得心碎地离开，英台沿路相送，难分难舍。山伯返家相思成疾，修书向英台讨药，自称将一病不起，英台回信感叹今生无缘，但愿死后同葬南山。马家迎亲之日，英台要求能从南山经过，并可下轿哭祭山伯。一时风雨大作，坟茔裂开，英台立刻纵身跃入坟中，迎亲队伍只见坟墓四合，从中飞出一对彩蝶，飘向天际。此剧为本地歌仔四大出戏之一，其中"草桥结拜""游西湖""访英台""安童买菜""楼台会""十二相送""梦英台""山伯讨药""归天""英台拜墓"等皆为著名的折子。

《陈三五娘》剧情说明

泉州才子陈三送嫂至广南会兄，途经潮州观赏元宵花灯，巧遇潮州第一美女黄五娘与其贴身丫鬟益春。陈三一见倾心，回程途中，遂乔装磨镜师傅赴黄家磨镜，并故意打破黄家宝镜，从而卖身为奴，借机亲近五娘。五娘虽然同生好感，却数度讥刺陈三，陈三愤而求去，五娘懊悔，央求益春借留伞而留人。益春巧言留住陈三，并抢先五娘一步大胆向陈三求亲；五娘知悉，与益春争风吃醋，陈三认错，同时纳二人为妻，享齐人之福。此剧为本地歌仔四大出戏之一，其中"看花灯""陈三磨镜""益春留伞""双吃醋"等皆为著名的折子。

《什细记》剧情说明

李连福因家道中落而以卖什细（杂货）为生，某日巧遇指腹为婚之妻沈玉倌，玉倌赠银助其上京赴考；连福得知玉倌身份，感叹李、沈门户悬殊，自认与玉倌无

---

[1]　施炳华：《〈荔镜记〉音乐与语言之研究》，台北《文史哲》2000年第2期，第193页。

缘，因而抑郁得病。玉倌得知连福得病，赴李家探病，不料连福一命归天，玉倌含悲守节，立志扶养小叔连生成人。六年后，连生开始卖什细，大菇相一起帮着做买卖；一日二人贩卖至相府，大菇相与府中丫鬟冲突，相府千金白玉枝出面调解，与连生一见钟情，问起连生家世，遂以赔买什细为由，赠银十两。连生欢喜返家，全盘禀明玉倌，玉倌忆起昔日与连福之事，唯恐连生步上兄长后尘，决定将连生生意改换，避免再与玉枝见面。中秋月夜，玉枝邀连生于绣楼饮酒吟诗赏月，恰被白相爷撞见，相爷勃然大怒，以私通罪下令将二人丢入大海，白夫人不忍，私下与家仆洪春密谋，以草人替代，并协助二人逃难。一年后，连生高中状元，偕同白玉枝拜见相爷，化解冲突。相爷闻知玉倌守节养叔，上殿请旨封诰玉倌为节烈夫人，一家团聚。

《吕蒙正》剧情说明

宋朝时，洛阳有个书生名叫吕蒙正，原本家财万贯，只因父亲替他算命必须少年劳碌，于是父亲临终前将全部家产变卖，捐给尼庵寺，作为吕蒙正穷苦时安身的地方。未料父母都过世后，尼庵寺住持嫌恶他，吕蒙正只好流落街头，乞食为生。有一年八月十五中秋时节，吕蒙正午睡，梦中太白神仙告知刘相爷千金刘月娥，正在抛绣球选亲，他俩有宿世姻缘，要吕蒙正赶快前往。刘月娥在彩楼上见魁星紧紧跟在吕蒙正身后，知道此人必有成就，于是将绣球抛给吕蒙正，魁星暗中接住，放在吕蒙正袋里。吕蒙正拿着绣球前去相府认亲，刘相爷见吕蒙正模样，怕女儿受苦，坚持不肯接纳吕蒙正，刘月娥为此与父亲决裂，跟随吕蒙正到破窑定居。一年后某天，吕蒙正好不容易要到一条瓜，谁知竟掉下河里飘走，吕蒙正心想苍天要绝他的生路，连一条瓜也不让他吃，愈想愈绝望，便投江自尽。这时，太白神仙再度出现，救起吕蒙正，并指点吕蒙正赶快进京赴考，必能荣登金榜。吕蒙正回家，告之刘月娥事情经过，只见刘月娥取出一些御寒衣物以及三百两白银，作为进京赴试盘缠，于是吕蒙正辞别刘月娥进京赶考，果然一举高中状元，衣锦荣归。刘相爷自觉当初不该以貌取人，终于承认了这门亲事，以团圆收场。

（五）相关词条

歌仔：闽南、潮汕、台湾及各海外闽南方言地区对民歌、小曲的通称。闽南语发音为 [kua a]。"歌仔"以闽南方言为歌词。歌仔的音乐是在闽南地方歌谣乐曲的基础上发展起来的，具有浓郁的乡土气息，语言生动，曲调流畅，易学易懂。曲调大致有五种：（1）以"杂念仔"与"杂碎仔"为主的歌谣曲体说唱音乐；（2）"五空仔"（即"大调"或"陪士"）演唱时作为开篇的"四句头"；（3）"四空仔"（即"七字仔"），以七字组成一句，四句为一首的多段说唱音乐；（4）杂歌（即花调与小曲），以闽南民歌为主，如车水歌、百样花等；（5）专供乐器演奏的曲谱，如连环谱、折采谱、八板头等。每逢喜庆节日，闽南各地经常出现演唱歌仔的"歌仔阵"。以后又结合"车鼓弄"和"采茶歌"，发展成为台湾的歌仔戏。

歌仔册：书坊刊集的歌仔唱本又叫歌仔册，或称之"歌簿仔"、"歌仔簿"，是有词无谱的通俗方言歌本，在闽南、台湾民间极为流行。歌仔册记录的"歌仔"大多为每句七言，但也有五字句、三三七字句、三三四字句、三三五字句的。既可吟诵，也可传唱，押韵较讲究。早期的歌仔册大多是厦门书坊刊印。自清道光以来，厦门有文德堂、会文堂、瑞记、博文斋等几家书坊。可以见到的最早的歌仔册是道光年间会文堂刻记的《绣像荔枝记陈三歌》《图像英台歌》等。歌仔册虽有词无谱，亦无标明曲牌，但哪段唱词用何曲牌，民间大多有惯例。更由于未标明曲牌，表演者具有较大的发挥空间。

落地扫：以竹竿四支围成表演区，除地为场搬演戏文而名，是农村休闲时的随兴娱乐，既没妆扮也没戏服，人物扮相相当简单，只穿居家的便服，庄重的头上戴一顶帽，手上拿一把扇，出场先整发整装，皆以倒退进场，在转身面对观众然后踩七星步，沿着场子行四大角。由于是在广场或寺庙平地随便演出，所以被称之为"落地扫"。落地扫是歌仔戏最简单、最原始的演出形态。

芗剧：歌仔戏。歌仔戏20世纪初诞生于台湾宜兰地区，20年代前后传入福建闽南地区，后逐渐成为当地主要剧种之一。由于歌仔戏流传于漳州九龙江(又称芗江)地域，新中国成立后，歌仔戏亦称芗剧。

锦歌：锦歌源于闽南歌仔。早期闽南，如厦门、同安、漳州的大多数地区都把当地的歌谣叫作歌仔，是福建主要曲种之一。新中国成立后，闽南歌仔亦称锦歌。

（六）特殊道具

歌仔戏所使用的舞台道具传袭京剧，道具种类之繁多，最常用的有：桌及桌围、椅子及椅杖、大小帐子、布城、山石假景、船桨、马鞭、鱼竿、令旗、文房四宝、酒壶及酒杯、元宝、圣旨等多种道具。

桌椅类：桌椅恐怕是使用最多的道具了。通常就是代表屋里的桌椅，但同一把椅子可以在一出戏里，前面代表普通的座椅，后面就代表龙床了。桌椅除了用作桌椅外，还可以当作门，椅子一摆，两人前后一站，门里门外的感觉就有了。桌椅还常常代表高山、土坡、将台等等，高出平面的层面，还可以摞起来用。演员登上桌子，根据剧情可能就是上了高山，或是上了高台。有时为了表现贫寒，家里也有板凳出现，用途多种，道理和椅子一样。

旗帜类：根据场合形式的不同，也有很多含义。通常见到的龙套打的旗，代表千军万马或者是仪仗。轿旗，两个人打，形状有点像门，用来代表轿子。车旗，一个人在后平举两面画着车轮样子的旗子，用来表示各种车辆。还有些如号令旗等。

马鞭：这是最具代表性的道具。只一根马鞭，就代表了马，或骑或牵。加上演员的表演，给人以活生生骑马的感觉。

武器：刀枪剑戟，不一而足。

包袱：包袱根据大小形状颜色的不同，常用来表示行囊，也表示金银、印信甚至首级等不同的东西。

其他实物类：跟实物形象没有太多区别的道具，如酒壶、酒杯、书卷、灯烛等。

轿：官员上下轿，均系无实物的虚拟动作，在前面的两个侍役虚拟做出掀轿帘的样子，官员做俯身入轿姿势，二侍役做放下轿帘的身段，即乘轿去了。官员必须居中，四人分站两旁，从队形上使人感觉到是长方形的轿子。另有一种用实物代表的轿子，是女子所用的，系用竿，缀两片绣花红缎，一人举起，剧中的女子就掀开绣花轿帘走进去，表示深藏不露的意思，常作为花轿之用。

二　厦门曲艺

厦门曲艺源自民间俗文化。旧时农村文化活动贫乏，村民自发组织的"闲间仔"便成为各村的文化中心。活动内容有讲古、说唱、南音、答嘴鼓、歌仔阵等。主讲通常由本村有点文化的"场仙"担任，讲的内容有《三国演义》《水浒传》《封神演义》等。早期厦门民间曲艺丰富多彩，新中国成立后，"闲间仔"逐渐被老人俱乐部、村民文化活动室所取代，但说书、荷叶说唱、月琴弹唱、大广弦说唱、芗曲说唱、答嘴鼓等曲艺形式仍有流传和继承。

20世纪50—70年代，厦门地方曲艺的创作和演唱活动相当活跃，出现一批优秀的演唱家，如吴福兴、吴慈院、林鹏翔、苏朝润、卢培森等都是很有造诣的曲艺家。80年代以后，市、县(区)文化部门和曲协等组织每年都举办曲艺调演或曲艺邀请赛，鼓励曲苑的新人新作。

（一）说书

1.简介

说书，俗称"讲古"。它来自民间，用的是闽南方言，道具简单，演出不受场所限制，为群众所喜爱，尤以文盲老汉为多。说书艺人生活困苦，收入难以糊口，说书形式比较单调，大都是手拿书本观看，只是声调略有变化，或偶有手势比画，少有发展。

清末民初，在上田古庙前就有"讲古场"。听众坐在用木板架的长椅上，说书艺人坐在特制高椅上开讲，一般每天下午讲3—4小时，所讲多为《西游记》《封神榜》《三国演义》《水浒传》《七侠五义》《包公案》《说唐》《列国志》等，按惯例向有座位的听众收费，站听者不收费。每讲一回，收一次钱，听众自觉投钱，一分至五分不等，收入甚微。

随着社会的发展，厦门方言说书不断推陈出新、与时俱进。清末民初至新中国成立初期，讲古本的章回小说；新中国成立后，开讲前先讲报纸时事并讲革命斗争故事。50年代是古典小说与革命故事结合。新一代说书者，不再侧重"讲古"，更多在于述今，讲革命故事，有的还自编自讲。改革开放后，不讲长篇章回小说，着重讲短故事，有虚有实，有古有今，讲民间故事，也有风趣的笑古。

老艺人说书

2.历史沿革

说书由来已久。清道光周凯《厦门志》载："有说平话者，绿荫树下，古佛寺前，称说汉唐以来遗事，众人环听，敛钱为馈"，大概指的就是当时的说书艺人。

20世纪20—30年代，市区已有后路头、二舍庙、养元宫、福海宫、浮屿角、大王、二王、溪岸、厦港、美仁宫、鼓浪屿市场等说书场。同安县的大同、马巷、新圩及农村较大的社里也都有"讲古场"。最初的"讲古仙"较有名的是私塾先生黄贻模，还有厦门励志学校校长陈桂琛的父亲(名未详，人称"讲古陈")。抗日战争初期，厦门"讲古场"上较有名气的叫苏全仙，同安县的许成、曾歆也颇有名气。他们说书时，声情并茂，很受听众欢迎。

厦门沦陷后，说书场几乎全都停顿。只有鼓浪屿因属公共租界，说书场仍在开讲，1942年以后亦销声匿迹。抗日战争胜利后厦门说书场陆续恢复和发展。当时"讲古场"由抗日战争前的12个增加到40多个。

新中国成立初期，厦门民间说书活动非常活跃。1950年，厦门市文化馆举办"说书艺人讲习班"。经过学习，说书艺人自觉不说含封建迷信、荒谬怪诞、庸俗低劣的旧书，除了讲一些古典名著和传统曲目外，增加《新儿女英雄传》《洋铁桶的故事》《吕梁英雄传》等新书，还在开讲前为听众读报纸新闻。1954年4月，厦门市总工会举行厦门市第一次工人说书比赛大会，工交、财贸系统30多位工人业余说书员参赛。

20世纪50—60年代，厦门先后出现两个不同风格的艺术流派：一个是以老艺人吴杰夫为主的"说书艺人联谊会"的元老派，另一个是以工人曲艺家吴福兴为队长的"厦门工人业余说书故事队"的青年派。他们的说书各有特色，都以讲现代曲目为主。1959年，厦门市曲艺工作者创作的说书节目《假日》《金庆与玉培》和《两个新来的女演员》先后入选上海人民出版社、福建人民出版社出版的《文学创作丛书》。60年代，城乡俱乐部出现吴慈院、陈蕃茨等一批业余故事员和说书员。他们自编自讲的《伟大的战士雷锋》《四颗金星》《水蛙记》以及《红花姨养猪》等曲目，内容更新，语言风趣，表情生动，甚得群众欢迎，增添说书界的生气。

"文化大革命"期间，说书场作为"四旧"受冲击而停业。1978年以后，溪岸等说书场虽然恢复，但不久便歇业。1978年以后，虽然陆陆续续有溪岸、公园文化站、人和路、二王街等"讲古角"的重新开张，但这些"讲古角"随着老一辈艺人相继去世，逐渐零落。1985年以后，尚有公园文化站和搬运工人俱乐部说书场，但也逐渐冷落以致消失。

进入20世纪90年代，说书已无专业场所。一些说书老艺人均因年迈而离开说书场。老艺人林雪绥的说书节目在街道文化活动中有时还被搬上舞台。进入21世纪以来，只剩下金榜讲古场，"讲古仙"也只有范寿春等几个老人了。

说善书，又称劝善，也是说书的一种。这是由群众集资或由所谓慈善家出资，聘请说书艺人或有学问的人在宫庙设置香案开讲，讲《太上感应篇》《二十四孝》等书目，劝人戒恶行善，不收费，任听众自由听讲。前朝天宫等处，每逢农历二、八或三、六、九日设讲，自清代咸丰年间(1851—1861年)即已有之，新中国成立后已绝迹。

3.艺术特色

说书人是说书场的灵魂。说书人不但要声音洪亮，使前后座听众都能听到，而且不能生搬书本上的字句，必须随机应变、灵活生动，穿插一些闽南通俗口语，或幽默或诙谐，以招徕听众。

说书分为文讲与武讲，文讲讲的是《西厢记》《聊斋志异》《红楼梦》等才子佳人的故事，武讲主要有《水浒传》《三国演义》《七侠五义》等的侠义故事。文讲时，说到动情处，哀婉动听，令人肝肠寸断；武讲时，提到书中江湖豪杰，快意恩仇，力拔山兮气盖世，能令听者精神振奋。

厦门讲古场的这些"讲古仙"们，风格各异，各具韵味。"讲古仙"们声音清亮，夹叙夹议，亦庄亦谐。有的"讲古仙"手执书卷，端坐高椅，说书严谨正规；有的则动作幅度大，绘声绘色，肢体语言极其丰富；有的"讲古仙"说书时则不靠大动作，善于面部作色，以声音腔调传神。总之，不同时期的这些"讲古仙"各有千秋，都以其特有的技艺吸引着听众。

4.内容介绍

厦门说书所讲的故事内容，一般以长篇章回小说的书本作为依据，同时注重配合听众喜好。早期的"讲古书"，以劝善为主，内容多见《今古奇观》《警世通言》《拍案惊奇》中的故事。

民国初，厦门岛内流行《红楼梦》。

抗战前夕，厦门岛风行《三国志》《封神榜》《列国传》等侠义故事，此外，唐宋明等朝历史也深受欢迎。

新中国成立初期，《七侠五义》《小五义》《济公传》《彭公案》《施公案》等侠义小说仍然是"讲古仙"们喜欢的内容。还在厦门市人民文化馆开设的新说书场，从工人中培养了新一代的说书者，他们不再侧重"讲古"，更多的在于"述今"，讲述的是革命斗争故事，如《淮海大战》《二万五千里长征》等。

到"大跃进"时期，《七侠五义》等旧小说受到批判，说书内容转为体现广大农村、工厂"跃进"的小说，以及具有强烈教育意义的新小说，如《铁道游击队》《平原烈火》《苦菜花》《红旗谱》《保卫延安》《小城春秋》等。

5. 相关词条

讲古仙：说书，闽南方言称"讲古"，说书艺人被称为"讲古仙"。"讲古仙"不用借助任何道具，只手里拿一本书，有的还拿把折扇或蒲扇，端坐高椅之上开讲。

讲古场：即说书场。厦门说书场有的位于工人、渔民往来频繁的码头，有的位于市场、庙观等地，人烟稠密，听众较多；有的位于交通密集的街巷，小家住户居民众多，因而能较长久存在。讲古场场地多为露天。在街角、大树下搭个简单的台子，摆几排的矮长凳作为座位，不编座号，座位任人选择。听众多时，场上可容纳几百人，没有位子坐，也有站着的。场前的一张高椅，居高临下，旁置一张小茶几，则是"讲古仙"的宝座。

6. 特殊道具

醒木、方帕、扇子是说书的三件道具，俗称"三宝"。它们的效用是广泛而奇特的，兹分别介绍如下。

醒木：醒木大概有这么五点作用：第一是静堂。当开书时，场上人声嘈杂，你"啪，啪"摔几下，人们吃了一惊，注意力全部集中到书场上去，顿时静了下来，便好开口讲书。第二是按节奏。特别在人物对话中间需要突出的话，或是情节关键性的地方，你拍一下能增强观众的注意力，加重人物说话的语气。第三是造气氛。像文官升堂，武将坐帐，擂鼓三通，一声呐喊"啊——大人升堂罗！""啪！"摔一下，使人觉得堂威凛凛，先声夺人。再如两军阵前，帅字旗一摆，牛皮战鼓急催，马甩串子铃，脚点镗铁镫，喊道一声"杀——"，"啪"，你摔一下醒木，观众的心都能跟着震动一下，表演气氛就更浓烈，更能感染人。第四是代表某些音响效果。如疾雷闪电，刀剁斧劈、钟鸣鼓响、海啸山崩，都可以用醒木来加强音响，以弥补口技之不足。第五是象征性的代表某些东西。如用醒木代表手枪、香烟、防身暗器等。在逼真的动作的配合下，醒木表示的物件也能给人一种真实的感觉。

方帕：方帕是写意的道具，可以单独用来表示一个物体，如书信、指令、圣谕等，也可以与扇子配合使用，如扇子作笔、方帕作纸等。方帕用得最多的，是在说书人为女性代言的时候，或作手帕；或用于作女红，如刺绣、做鞋、缝衣、补袜等。

扇子：扇子也是个写意的道具，根据故事情节的需要而变换使用，它可以作太阳。又可以作月亮，也可以作照妖镜，摊开是纸，提起是笔，用眼往扇面上一瞄又是信、书本或文章，扬起是马鞭，绕个半环又是拂尘，横砍直刺又是刀枪剑戟、斧钺钩叉、拐子流星锤等十八般武器，两旁一抱往上举又成了梁柱与大旗。它还能帮助表情，以扇遮面，闪出眼睛能表示沉吟与思考。

（二）说唱

1. 简介

说唱是厦门民间群众喜闻乐见的一种曲艺形式，已有数百年的历史。村里街坊，节庆庙会，常有群众自愿结合的演唱，增添热闹气氛。平时，最常见的是流动于城乡的民间艺人的卖唱活动。盲艺人由一小孩领路，抱一月琴，琴上系有竹签环子，既可卖唱，也可为人抽签问卦，每唱一支曲子，可得一二毛钱；抽一签，根据签的内容，唱个四句，简要释明签义，只能得到几个铜元。

厦门民间说唱都以方言演唱，遣词造句活泼生动，通俗易懂，基本句式与古体诗词相近，旧时代村妇儿童也能唱上几句，但它不登达官贵人的高雅之堂。叙事性说唱与戏曲相近，人物刻划、情节发展与场景描绘都很细致，文学性较强。著名民间盲艺人洪道、张清家的说唱《加令记》与《海底反》，故事情节就很完整，《加令记》曾被编成芗剧演出。随着时代的发展，社会环境与生活内容的改变，说唱的内容与形式都有一定的发展，出现不少群众自编自唱的节目，如《鸦片害人歌》及宣传抗日和抓特务的说唱。中华人民共和国成立以后，反映社会生活的作品也不少见。

芗曲说唱（邵江海扮演者）

2. 历史沿革

厦门民间说唱主要有锦歌说唱、芗曲说唱、大广弦说唱、荷叶说唱、月琴弹唱、琵琶弹唱等。

（1）锦歌说唱。

厦门流传得比较早又比较广泛的民间说唱是锦歌说唱。

王雅忠(1860—1920)是厦门早期一位影响较大的锦歌说唱名手。他演唱的《火烧楼》等曲目，优美动听，别具一格。民国初年，德国兴登堡唱片公司曾邀请王雅忠到香港录制锦歌《彩楼配》唱片一张，美国物多克唱片公司也为他录制《闹葱葱》唱片一张。其徒弟王财喜演唱的《审英台》《益春留伞》和孙乌镇演唱的《死某歌》等也很有特色，都灌成唱片。新中国成立后，厦门的锦歌说唱名手有白水仙、苏朝润等。白水仙演唱传统曲目《李亚仙过五更》时，唱腔圆润，幽雅细腻；演唱现代曲目《海堤之歌》时，唱腔清亮，高亢有力，显示出深厚的艺术功力。他演唱的《李亚仙过五更》《海堤之歌》早在20世纪50年代就被广播电台录音播出；《海堤之歌》于1957年参加全国职工优秀节目汇报演出获优秀节目奖。苏朝润的锦歌说唱声情并茂，扣人心弦。他演唱的现代曲目《破监记》于1958年8月赴京参加第一届全国曲艺会演；他配曲并演唱的另一现代曲目《智取炮楼》于1976年参加福建省曲艺调演，为锦歌说唱表现现代题材、在表演形式上改坐唱为表演唱闯出一条新路子，受到曲艺界人士的普遍关注。苏朝润演唱的《破监记》《智取炮楼》均被广播电台录音播出。

新中国成立初期，厦门市文化部门重视锦歌说唱这一地方曲艺艺术，组织有关单位和人员整理传统曲目，并创作、演唱一批优秀的现代曲目，使之得到发展。20世纪70年代末以后，厦门市群众艺术馆积极搜集、征购锦歌说唱唱本，其中征购到王雅忠先生民国六年的手抄本《最新改良陈三歌》等珍贵曲本。80年代初，厦门曲艺工作者创作了《陈毅拜访陈嘉庚》《花言巧语白骨精》《婆媳妇》等现代题材的新曲目。1986年，市群艺馆专门邀请82岁高龄的白水仙老艺人作自弹自唱实况录音，由厦门人民广播电台制作成艺术资料录音带加以保存，并编印一本《白水仙锦歌唱腔选》。20世纪80年代末至90年代初，由于一批名老艺人相继去世，锦歌说唱后继乏人，少有活动。

（2）芗曲说唱。

芗曲说唱前身是闽南话歌仔唱，是厦门民间流传最广、演唱最多的说唱。1925—1926年，纪清标在厦禾大王宫边组织"谊乐的"歌仔馆，最早参加的成员有庄益三、陈瑞祥、吴泰山、邵江海、纪芋如等。此后，林文祥、陈瑞祥、吴泰山、邵江海等在后岸街组织"亦乐轩"歌仔馆；台湾歌仔艺人温红涂也在局口街组织"平和社"歌仔馆，演唱或传唱歌仔。上述歌仔馆成为厦门芗曲说唱的摇篮。

新中国成立后，厦门芗曲说唱不论在创作上还是演出上都兴盛一时。吴福兴作词、吴慈院配曲演唱的芗曲表演唱《天堂在人间》，参加1958年厦门市群众业余文艺会演获创作一等奖、演出一等奖，同年6月，其歌词刊登在《红旗》杂志上；苏中寿创作、苏朝润演唱的芗曲说唱《海防前线的建筑工人》，参加1959年福建省职工曲艺调演；吴福兴创作的《碧海丹心》参加1962年福建省职工曲艺调演获优秀作品奖；陈树硕创作的《美仁山牧歌》和张群芳创作的《六尸七命》芗曲说唱，参加1963年福建省群众业余文艺创作评奖；陈清平改编、林赐福演唱的芗曲说唱《飞兵奇袭沙家浜》，参加1974年福建省农村文艺会演，并被选为汇报演出节目之一，该作品刊登在《福建文艺》1974年第3期。"文化大革命"结束后，厦门曲艺工作者又创作了一批优秀的芗曲说唱作品，其中有《码头工人怀念毛主席》《骨肉情深》《红花该谁戴》《梅园翠柏》《愿望》《当归》《乡情》《团圆》《唐山台湾根连根》等，成为20世纪70年代后期和80年代厦门曲艺舞台上经常演唱的曲目。

（3）大广弦说唱。

20世纪20—30年代台湾歌仔戏流入厦门后，城乡"子弟班"兴起。艺人中有的为谋生计，在街头、庙会摆地摊推销药品，用大广弦自拉自唱，招徕顾客；也有的在休闲时自拉自唱，自娱自乐。唱词大都是传统戏唱段。早期有著名卖药艺人王思明拉唱的《黑猫黑狗歌》，后期有"孤线弦"地摊卖药夫妻对唱《秋江》等，初步形成大广弦说唱艺术。因用大广弦自拉自唱，说唱有人物、情节的故事，定名为大广弦说唱。新中国成立后，民间艺人拉起大广弦，唱上新歌；20世纪60年代，大广弦说唱节目登上舞台，参加会演。70—80年代，大广弦说唱艺术有很大提高。《送油饭》《山伯病相思》等曲目脍炙人口，成为大广弦说唱中的精品，曾在福建省、厦门市调演中获奖。

（4）荷叶说唱。

荷叶说唱是厦门首创的一个曲种。20世纪50年代，音乐工作者郑德如把四川清音的表演形式融入闽南方言说唱，加以改进，采用歌仔戏七字仔调、卖药调、杂碎调、四腔仔等曲调，经过一段时间的创作、演出实践，逐步形成一种曲调优美、节奏鲜明、道具运用自如、唱念字正腔圆、善于表现各种人物性格的新曲种，并很快地在厦门城乡流传。60年代中期，荷叶说唱在表演形式上有所突破，由原来一人独演发展为数人同演的"荷叶群"，有独唱、轮唱、合唱等，更加生动活泼。纪芋如、苏朝润、林赐福等都是较有名的荷叶说唱艺术家。纪芋如自弹自唱的荷叶说唱《司各脱自叹》参加1958年全国群众业余文艺会演获一等奖，苏朝润演唱的荷叶说唱《两张烟纸》参加1958年全国职工文艺会演获演出优秀奖，林赐福演唱的荷叶说唱《海上轻骑兵》参加1963年福建省群众文艺会演获优秀奖。此外，在1992年举办的福建省农村文艺调演中，陈令督创作、杨友德演唱的荷叶说唱《追踪》获创作二等奖、表演一等奖。

（5）月琴弹唱和琵琶弹唱。

明末清初，月琴弹唱和琵琶弹唱已在厦门农村地区流传，民国期间颇为盛行。新中国成立以来，专业和业余曲艺工作者及民间艺人对这两种曲艺形式推陈出新，编唱新词，表演时略带动作表情，在节庆或文艺观摩、调演中登台献艺，甚得城乡观众的喜爱。

3.艺术特色

说唱是流传于福建闽南一带一种古老的民间说唱艺术，源自宋元时期。它以丰富、生动的闽南民间语汇为歌词，以通俗易懂、易学易传的闽南民歌、民谣为曲调，吸取戏曲、南曲、南词的养料，经过历代艺人的不断传唱和创造而逐渐丰富和完善，成为福建的四大曲种之一。语言生动诙谐、平仄押韵，唱腔优美，地方色彩浓厚。

唱是以叙事为主，属戏曲类，以故事传说为唱词，曲调大多数是联曲体，是由多首曲牌联缀构成的。说唱里面又包括锦歌说唱、荷叶说唱、大广弦说唱、月琴说唱、南曲说唱等。

（1）锦歌说唱又称为歌仔说唱，是以叙事为主,属戏曲类,以故事传说(有人物、有情节)为唱词,曲调大多数是联曲体,由多首曲牌联缀构成。锦歌说唱以丰富、生动的闽南民间语汇为歌词，以通俗易懂、易学易传的闽南民歌、民谣为曲调。歌仔说唱语言生动诙谐，平仄押韵，唱腔或粗犷豪放，雄浑有力，或温文纤细，地方色彩浓厚，经过历代艺人不断传唱和创造而逐渐丰富和完善。

（2）荷叶说唱是厦门地区特有的说唱艺术形式。在厦门的芗曲说唱的基础上，吸收"苏镲说唱"优点，形成现有的荷叶说唱。荷叶说唱时，一手拿着甩板和"荷叶"，另一手拿着竹箸。 配合戏曲的节奏，边唱边打苏镲或甩甩板。荷叶说唱形式活泼，气氛热烈，说、唱、演、奏（击）节拍明快，节奏感强，善于表现情节紧张、斗争激烈的生活内容的曲目。荷叶说唱表演形式多样，有一人多角，化出化入，也有全体乐队参与主演者边演唱边伴奏，还有伴奏乐队中的部分乐员帮衬主演，跳出跳入等。此外，荷叶说唱曲调优美、节奏鲜明、道具运用自如、唱念字正腔圆，说唱结合，乡土气息浓厚。

（3）大广弦说唱是闽南曲艺曲种之一，主要流行于厦门地区。其形式是用歌仔戏乐器大广弦和歌仔调演唱。主要曲调有卖药调、七字仔等。大广弦说唱由一人自拉自唱，月琴、三弦伴奏，有两人自拉自弹对唱和三人拉弹坐唱等多种形式。因用大广弦自拉自唱，说唱有人物、情节的故事。

（4）南音的句格、声韵要求相当严整，有伴奏、有快板与过门音乐，旋律婉约优美，有着浓郁的南国地方色彩。

4.剧目介绍

锦歌说唱传统曲目有：《英台山伯》《孟姜女》《雪梅思君》《安童买菜》《娶某歌》(注：闽南语"某"即"妻")、《病子歌》等，厦门廿四崎脚博文斋书店印有歌本出售。

芗曲说唱传统曲目有：《益春留伞》《五娘思君》《搭渡》《金花投江》《十八相送》《三伯讨药》《英台二十四拜》《雪梅训商辂》《人心节节高》《钞票歌》《安童买菜》《李妙惠过五更》等。

大广弦说唱传统曲目有：《送油饭》《山伯病相思》等脍炙人口的曲目，成为大广弦说唱中的精品，曾在福建省、厦门市调演中获奖。

荷叶说唱主要曲目有：纪芊如自弹自唱的《司各脱自叹》参加1958年全国群众业余文艺会演获一等奖，苏朝润演唱的《两张烟纸》参加1958年全国职工文艺会演获演出优秀奖，林赐福演唱的《海上轻骑兵》参加1963年福建省群众文艺会演获优秀奖。

此外，在1992年举办的福建省农村文艺调演中，陈令督创作、杨友德演唱的《追踪》获创作二等奖、表演一等奖。

月琴弹唱传统曲目有：《讨学钱》《海底反》《雪梅思君》《山伯英台》《孟姜女》《昭君出塞》《郑元和》《火烧楼》等，大多是民歌小调和地方戏曲片段。

琵琶弹唱传统曲目有：《一丛柳树枝》《心中悲怨》《听机房》等，选用有一定故事情节的南曲。

5. 相关词条

闽南歌谣：是以闽南方言进行创作和传唱的汉族歌谣，它流行于闽南、台湾和东南亚华侨华裔的居住地，是闽南老百姓集体智慧的结晶。闽南民间歌谣大致可分为童谣、情歌、劳动歌、生活歌、故事传说歌、习俗歌、劝善歌、乞食歌等[1]，内容丰富多彩，形式生动活泼，语言诙谐风趣，以闽南方言词语、俗语配合复杂而富有音乐美的平仄韵律节奏进行创作。闽南歌谣与闽南民间广泛流传的"念四句"有密切的关系。

南曲：福建南曲又称南音或南乐，流行于闽南、台湾以及东南亚一带华侨聚居的地方。南曲包括"指""谱""曲"三大部分。"指"，"指套"的简称，是一种较长大的曲套，它包括了南曲最优秀的曲词、曲调，但在习惯上只作器乐演奏，很少演唱；"谱"是有标题的器乐套曲；"曲"即散曲，是可以演唱的支曲或套曲。南曲的演奏形式分"上四管""下四管"。"上四管"中以洞箫为主的称"洞管"，以品箫（笛）为主的称"品管"。"下四管"所用乐器有琵琶、二弦、木鱼、扁鼓等。

七字调：七字调是闽南歌仔的一种主要曲调。"歌仔"大多为每句七言，但也有五字句、三三七字句、三三四字句、三三五字句的。既可吟诵，也可传唱，押韵较讲究。

（三）答嘴鼓

1.简介

答嘴鼓是流传于闽南、台湾的一种带喜剧性的曲艺品种。以闽南方言表演，在轻松愉快的气氛中，两人互相戏谑论争而凑成的风趣故事，具有浓郁的乡土气息。它以韵语对话为主要形式，艺术手法幽默、风趣、诙谐、滑稽，是闽台人民喜闻乐见的民间曲艺形式之一。

答嘴鼓又名拍嘴鼓、触嘴古、答嘴歌。台湾人民至今叫触嘴古，触嘴是斗口、舌战的意思，古就是讲古，讲故事的意思。在闽南方言中，"嘴鼓"也作"腮""嘴巴"解，答嘴鼓也可解释为专靠嘴巴对答，以语言风趣取胜，内容不一定都是"古"（故事）。

答嘴鼓的形成，从民间口头文学的流传至后来成为一种登台演出的闽南话说唱艺术，历史悠久，品种多样，其沿革类归主要有以下几种形式：念四句（或称四句联

---

[1]　厦门市地方志编纂委员会：《厦门市志》，方志出版社2004年版，第2974页。

仔），拍嘴古（又名触嘴古），劝善歌，答鼓。

答嘴鼓是两人对口争辩的形式，它通过语言来表达思想内容，主要在语言方面下功夫。演出时无固定句式，无须配乐，完全口语化。厦门说书也是答嘴鼓初期的一种闽南话说唱形式，类似北方的评书。通常以一人站着（也有坐着）演说。有两种形式：一种是有押韵（凑句）的，主要是说唱小段的故事，无固定的演出场所，属非营业性。另一种是没有押韵的，类似北方说书，有固定的演出场，称讲古场，主要是讲长篇的故事。

答嘴鼓演出

2. 历史沿革

答嘴鼓的起源、沿革，没有明确的文字记载。闽南地区自古以来民间卖艺卖药、小贩招揽生意、乞丐行乞，说的话都讲究押韵，即兴发挥，类似顺口溜。后来在四声的基础上形成一种"念四句"的韵语形式。如乞丐行乞时说："阿娘阿官淡薄分，互恁全出好囝孙。"民间婚丧喜庆即兴念四句。如新娘进入新娘房时，媒婆就念："双脚踏入来，交椅两边排，新娘是天使，囝婿状元才"等。戏曲舞台的"念四句"，也叫"四念白"。如巡按出场，就念："奉旨出朝廷，万里江山万里行，文官举笔安天下，武将提刀见太平"等。和尚道士为死者作法事(作功德)的过程，也穿插使用这种形式。作法事期间，每天十二个时辰，香火鼓乐不断。每逢夜深人静，不能大动鼓乐，就一边轻打小鼓，轻扣小钹，一边有节有拍、有韵有白、有说有唱、有问有答地唱念歌谣、善书、故事、戏文来填补空白。

由于"念四句"在民间广泛流传，人们日常谈天说地时也运用此形式来戏谑论争。它要求双方反应灵敏，口舌流利，诙谐幽默。戏曲舞台的丑角表演，常运用答嘴鼓插科打诨。古老的梨园戏以及提线木偶戏、高甲戏中都运用答嘴鼓的形式插科打诨。在闽南民间，也叫"练仙拍嘴鼓"。"练仙拍嘴鼓"也就成为"聊天""闲谈"的代名词。

厦门较著名的答嘴鼓艺术家有蓝波里、林鹏翔。60年代中期，厦门人民广播电台曾邀请蓝波里创作表演答嘴鼓节目。蓝波里演播的答嘴鼓《鳖在追飞机》等节目，凭借语言的风趣以及韵语的巧妙运用，引起听众的兴趣，答嘴鼓得到推广。

70年代初，厦门市曲艺工作者林鹏翔得到蓝波里的指导，根据艺术实践经验、观众心理，运用丰富的闽南语汇，反复探索研究，创造性地发展了答嘴鼓艺术，使之日臻成熟和完善。林鹏翔的答嘴鼓作品生活气息浓厚，语言生动活泼，节奏性强，善于以笑为艺术手段，给人以美的感受。他写的《漫谈答嘴鼓艺术》一书，是厦门市第一部研究答嘴鼓艺术的论著。中央人民广播电台、中国国际广播电台、福建人民广播电台、厦门人民广播电台和海峡之声广播电台多次播放他的作品。中国唱片总公司上海公司和厦门音像出版社出版发行《林鹏翔答嘴鼓选集》。答嘴鼓作为一个新的曲艺形式，在海内外产生较大的影响，并被载入《中国大百科全书·戏曲曲艺卷》《中国戏曲曲艺词典》《普通话闽南方言词典》等辞书。闽南答嘴鼓艺术家林鹏翔的答嘴鼓节目通过各种媒体向四方传播，在海外也引起了强烈反响，成为海外专家学者研究闽台民俗和语汇的宝贵资料。

然而，随着现代化进程的不断推进，能完整听讲闽南话的人，特别是青年人和外来人越来越少。答嘴鼓的活动空间日益狭窄，创作表演人员和受众群体年龄普遍老化。随着林鹏翔等老一辈艺人的相继去世，答嘴鼓的艺术传承出现了青黄不接的现象，这一曲艺形式面临断代失传的严重危机，亟须设法加以抢救和保护。

2006年5月20日，答嘴鼓经国务院批准列入第一批国家级非物质文化遗产名录。[1]

3. 艺术特色

答嘴鼓亦名触嘴古、拍嘴鼓或答嘴歌，台湾叫触嘴古，触嘴是斗口、舌战的意思，古就是讲古、讲故事的意思。是流行于福建省闽南地区和台湾省及东南亚闽南籍华裔聚居地的一种以闽南语表演的曲艺谐谑形式。在闽南方言中，"嘴鼓"也作"腮"、"嘴巴"解，答嘴鼓也可解释为专靠嘴巴对答，以语言风趣取胜，内容不一定都是"古"（故事）。答嘴鼓是一种喜剧性的说唱艺术，以闽南方言表演，具有浓郁的乡土气息，它以韵语对话为主要形式，其艺术手法幽默、风趣、诙谐，成为闽台人民喜闻乐见的民间曲艺形式之一。

答嘴鼓以二人对口争辩的形式，近似北方的对口相声，但又不尽相同。它的对白是严格押韵的韵语，语言节奏感很强，并长于运用丰富多彩、生动活泼、诙谐风趣

---

[1]　厦门市地方志编纂委员会：《厦门市志》，方志出版社2004年版，第3002页。

的闽南方言词语和俚俗语，运用闽南方言复杂而富有节奏与音乐美的音韵结构组织韵语。答嘴鼓注重情节的展示与人物的刻画，讲究使用"包袱儿"与"韦登笑科"（爆笑料）的艺术手段，以获取喜剧性的艺术效果，很受广大群众的喜爱。答嘴鼓一般只凭语言的风趣、幽默以及韵语的巧妙运用吸引听众。

4. 剧目介绍

厦门答嘴鼓的传统节目如《乌猫乌狗》《鸦片歌》《瞎子哑巴打架》等，20世纪50年代出现了《笑什么》《女队长》等一批优秀作品。60年代中期，蓝波里演播了答嘴鼓《鳖在追飞机》等。70年代以后，又借鉴相声艺术的利用语言来构成"包袱"的手法，产生了《炼红心》《庆新春》《中秋月圆》《唐山过台湾》《台北来的新娘》《吴真人》等比较新颖、成熟的作品。

5. 特殊道具

答嘴鼓一般不用击节乐器，但在和尚、道士作法事穿插这种形式时，曾使用扁鼓、小钹、品箫、南噯、大吹等乐器，作为段落之间的间奏，并以扁鼓做指挥，所以答嘴古也写作答嘴鼓。偶尔有一人单独表演，也是模拟二人对话。

6. 相关词条

念四句：答嘴鼓的早期形成，就是以"念四句"为基础，用扩大句数，或变换长短句式而逐渐形成发展起来的。由于"念四句"妙趣横生，并常收到令人捧腹大笑的效果，因而在民间广泛流传，逐渐在人们日常谈天说地时，被运用来戏谑争论。它要求双方反应灵敏，口舌流利，一方接不下去，就会引起哄堂大笑。

拍嘴鼓：答嘴鼓早期也叫　"触嘴古""拍嘴古"。在闽南方言里，"嘴鼓"即嘴巴，"触""拍"有戏斗的意思。闽南人在劳作休闲时，聚集在一起就开始"练仙敲嘴古"。"练仙"就是闲聊、聊天的意思，"敲嘴""触嘴"即斗嘴、舌战的意思，"古"就是讲古，也就是说故事。

劝善歌：劝善歌内容多是劝善劝孝，现存的有《劝孝歌》，以母亲十月怀胎到养育孩子从一岁到十六岁，父母的艰辛经历，劝告大家要孝顺父母。旧时常出现于丧葬场合。

答鼓：闽南地方戏曲歌仔戏或高甲戏丑角出台，要念一段与戏无关的"答鼓"。一般为时事即兴发挥，嘲笑丑陋现象，演出时间用扁鼓拍出节奏，插科打诨，风趣幽默，很受欢迎。因为是单口的答嘴鼓，且用扁鼓，故称答鼓。

三　厦门其他戏曲

（一）厦门梨园戏

梨园戏与浙江的南戏并称为"搬演南宋戏文唱念声腔"的"闽浙之音"，距今已有八百余年的历史，被誉为"古南戏活化石"。梨园戏广泛流播于福建泉州、漳州、厦门，广东潮汕及港澳台地区，还有东南亚各国闽南语系华侨居住地。

梨园戏于明末清初传入厦门，至清末甚为盛行。据《同安县志·礼俗》载："昔人演戏，祇在神庙，然不过'上路''下南''七子班'而已（注："上路""下南""七子班"为梨园戏的三种流派）。"清道光周凯《厦门志》记述："闽中土戏，谓之七子班，……厦门前有《荔镜传》，演泉人陈三诱潮妇王五娘私奔事，……妇女观者如堵。"这里说的七子班就是小梨园的别称，《荔镜传》是梨园戏剧目。

20世纪20年代歌仔戏传入时，厦门有"双珠凤""新女班"等梨园戏班。40年代前后直至50年代初，厦门城乡尚有梨园戏演出。1960—1962年，厦门曾委托泉州办梨园戏学员班。1961年7月16日，厦门市第一批梨园戏学员在人民剧场举行首次公演，演出传统剧目《陈三五娘》。后来厦门市未再建团，学员并入福建省梨园戏剧团。

（二）厦门高甲戏

高甲戏即高台演出的袍甲戏，最初是从明末清初闽南农村流行的一种装扮梁山英雄、表演武打技术的化装游行发展起来的剧种，也是闽南诸剧种中流播区域最广、观众面最多的一个地方戏曲剧种。他的足迹曾遍布于晋江、泉州、厦门、龙溪等闽南语系地区和台湾省，还流传到华侨居住的南洋一带。

高甲戏也是厦门戏曲中的一种。金门金莲升高甲戏班参加1950年泉州戏曲会演，先后又吸收一些名生、名角，阵容壮大，行当齐全。1951年全班人马到厦门、漳州等地巡回演出，并在厦门安家落户，正式成立厦门市金莲升高甲剧团。该团重视加工整理传统剧目。1952年整理、排演《陈三五娘》连本戏（《陈三五娘》《审陈三》《益春告御状》），轰动一时。随后又改编《林则徐禁烟斩子》《陈总杀媳》等剧目。1954年，厦门新文艺工作者将郭沫若的《屈原》移植、改编为高甲戏，该团作为重点剧目排练演出获得成功。该团经常在厦门、泉州等地区城乡演出。1957年还到广东省汕头地区巡回演出；1960年应邀赴北京参加国庆献礼演出，献演现代戏《海螺》、古装戏《屈原》和连本戏《陈三五娘》等剧目，沿途曾在杭州、上海、南京、济南、天津、郑州、武汉、九江、南昌等市演出，获得戏剧界人士和观众的好评。1960年5月，该团改名为厦门市高甲剧团。

"文化大革命"初期，厦门市高甲剧团改名为东方文工团。1969年该团被迫解散，艺人或改行或回乡务农。1978年10月，厦门市高甲剧团恢复建制，随即上演《审陈三》《益春告御状》《屈原》《陈总杀媳》和连台本戏《狄青取珍珠旗》等剧目。1989年1月该团复名为厦门市金莲升高甲剧团。20世纪80—90年代中期，该团创作、排练、演出等业务活动正常开展，除演出《陈三五娘》连本戏和优秀剧目《凤冠梦》及《桃花搭渡》《昭君出塞》等传统小戏外，还先后移植、改编、演出《春草闯堂》《书剑奇冤》《乘龙错》《徐九经升官记》等，每年演出均在百场以上。

20世纪80年代后期，该团编剧瞿维西创作历史剧《李旦复国》《武则天篡唐》（此剧曾发表在《剧本》月刊上)等。该团拥有陈宗塾、林赐福等在海内外有影响的名丑，同时还有一批优秀的中青年演员。其中，林赐福在1980年福建省地方剧种唱腔会演中获一等奖，张丽娜在1989年福建省戏曲中青年演员比赛中获金牌奖。

1986年初该团应邀赴菲律宾做为期一个多月的访问演出；1988年10月应邀赴香港参加1988中国地方戏曲展，演出5场，场场满座。1994年3月底起，该团前往台湾、金门演出近两个月，这是新中国成立以来大陆第一个赴金门演出的艺术表演团体，引起当地社会各界的关注。

同安县群众高甲剧团也是厦门市专业艺术表演团体之一。该团成立于1952年10月，1965年4月并入厦门市高甲剧团。此后同安县就没有专业高甲戏剧团。而该县民间职业高甲剧团为数不少，甚为活跃。截至1995年底，该县经审核发证的民间职业高甲剧团有9个，其中较出色的有霞浯村的新隆兴高甲剧团和金柄村的银鹭车鼓高甲剧团。

四　厦门戏曲及其方音、词汇举例

厦门歌仔戏、厦门说书、说唱、打嘴鼓以及厦门梨园戏、高甲戏等，均是以厦门方言来进行表演的。这些戏曲剧目有的留下剧本，有的剧目则无。幸存的剧本中保留了丰富的厦门方言及词汇材料，也反映了当时的地方文化。

例如歌仔戏虽有剧目，但通常无剧本。现今台湾的野台戏班拥有的剧本不超过5个。[1]通常是在演出前，由戏先生讲戏，演员凭记忆即兴演出，口白和唱词即是运用歌仔。

(一)现代厦门音系与歌仔戏用韵举例

现根据周长楫《厦门方言研究》[2]把厦门方音系统整理如下。

1. 声母系统

现代厦门方言有17个声母（包括零声母）：

双唇音	[p] 补悲	[p'] 普披	[b] 某味	[m] 茂棉	
舌尖中音	[t] 肚知	[t'] 土耻	[l] 鲁利	[n] 努泥	
舌尖前音	[ts] 祖芝	[ts'] 楚市			[s] 所是
舌面后音	[k] 古基	[k'] 苦欺	[g] 五义	[ŋ] 午硬	
喉音	[h] 虎希	[ø] 乌衣			

2. 韵母系统

现代厦门方言有82个韵母。

(1)元音韵母16/入声韵母14。

---

[1]　曾永义：《台湾歌仔戏的发展与变迁》，台北联经出版有限公司1997年版。

[2]　周长楫：《厦门方言研究》，福建人民出版社1998年版。

[i/iʔ] 衣/缺	[u/uʔ] 有/托	[a/aʔ]阿/鸭	[o/oʔ]窝/学
[e/eʔ] 锅/呃	[ɔ /ɔʔ] 乌/□	[ia/iaʔ] 爷/页	[ua/uaʔ] 蛙/活
[io/ioʔ] 腰/药	[ue/ueʔ] 话/挟	[au/auʔ] 欧/□	[ai/] 哀/
[iu/iuʔ] 优/□	[ui/] 威/划	[uai/ uaiʔ] 歪/□	[iau/iauʔ] 妖/□

(2)鼻化韵母12/入声韵母9。

[ĩ/ĩʔ] 圆/物	[ã/ãʔ] 馅/喝	[ẽ/ẽʔ] 婴/脉	[ɔ̃ /ɔ̃ʔ] 恶/□
[uã/] 碗/	[ãi/] 耐/	[ãu/ãuʔ] 闹/□	[iã/iãʔ] 营/口
[ũi/] 梅/	[iũ /] 羊/	[/uẽʔ] /挟	[uãi/uãiʔ] 关/□
[iãu/iãuʔ] 猫/□			

(3) 声化韵母2/入声韵母2。

[m/mʔ] 怀/默	[ŋ/ŋʔ] 秧/□		

(4)鼻音韵母13/入声韵母13。

[am/ap] 庵/压	[im/ip] 阴/集	[iam/iap] 盐/叶	[an/at] 安/遏
[in/it] 因/一	[ian /iat] 烟/杰	[un/ut] 恩/骨	[uan/uat] 弯/越
[aŋ/ak] 翁/沃	[iaŋ/iak] 漳/逼	[iŋ/ik] 英/益	[ɔŋ/ɔk] 汪/恶
[iɔŋ/iɔk] 雍/约			

3. 声调系统
现代厦门方言有7个调类。

阴平	55	阴上	53	阴去	21	阴入	32
阳平	35		——	阳去	11	阳入	5

(二)厦门歌仔戏用韵举例

台湾的歌仔戏在闽南的传播，是以厦门为切入点和中心，逐步向厦门郊县、漳州、泉州扩散。[1]歌仔戏传播到厦门之初，没有立即产生新的剧目，戏班仍沿演歌仔戏的传统剧目，如《山伯英台》《陈三五娘》等。最早到厦门演出的台湾歌仔戏艺人赛

---

[1]　陈耕：《闽台民间戏曲的传承与变迁》，福建人民出版社2005年版，第143页。

月金，留下了许多音乐曲调，其中就有很多是"四大戏剧"的唱段。下面以厦门会文堂书局《增广英台新歌全本》及会文堂木刻本《绣像荔枝记陈三歌》两个片段为例，对歌仔戏剧本中的典型闽南语汇进行注音、解释及用法说明。

1.厦门会文堂书局《增广英台新歌全本》"扮装求学"（片段）[1]

唱出英台歌恁听，劝公劝妈莫悲伤。妈今劝子不通去，英台心内有主意。
英台心内有主意，嫂今听见笑微微。英台听见愧冲天，提出红绫十尺来。
英台心内有主意，妈亲看子有主意。妈亲就叫我字儿，并无姐妹共兄弟。
念子单身是女儿，满学尽是男子儿。面上洗落花粉去，就共兄嫂说透枝。
姑娘读书不通去，嫂嫂说话恰不是。埋在牡丹花盆内，就叫仁心随身边。
去取银两做盘缠，这去值时返乡里。爹妈年老苦伊子，咱厝田园租业多。
牡丹开透人爱采，走入绣房换男衣。阮要杭州去读书，只去包袱对行李。
头上皇天做证见，英台这去无情节。包袱雨伞带齐倍，提出白银三百两。
早晚保重你身己，英台连步出绣听。子卜杭州去读书，采了花枝乱花蝶。
打扮好像男子儿，双亲早晚交代尔。返来双手抱孩儿，臭烂罗绫断节义。
绫罗臭烂牡丹开，随阮杭州读书去。可买纸笔做衣裳，免我冥日思子儿。

该片段共有44个句子，其押韵情况如下：

听[t'iã¹]、伤[t'iũ³]、两[niũ³]、听[t'i ã¹]、蝶[iaʔ⁸]、裳[siũ¹]六字押韵（属遥韵）；

去[k'i⁵]、意[i⁵]、意[i⁵]、天[t'ĩ¹]四字押韵（属句句押韵）；

微[bui¹]、来[lai²]、内[lai⁶]、采[ts'ai³]、开[k'ai¹]五字押韵（属遥韵）；

意[i⁵]、意[i⁵]、儿[li²]、弟[ti⁶]、儿[li²]、儿[li²]、去[k'i⁵]、枝[ki¹]、去[k'i⁵]、是[si⁶]十字押韵（属句句押韵）；

边[pĩ¹]、缠[tĩ²]二字押韵（属句句押韵）；

里[li³]、子[tsi³]二字押韵（属句句押韵）；

衣[i¹]、书[si¹]、李[li³]、见[kĩ⁵]四字押韵（属句句押韵）；

多[tsue¹]、节[tseʔ⁷]、倍[pe⁶]三字押韵（属遥韵）；

己[ki³]、书[si¹]、儿[li²]、尔[li³]、儿[li²]、义[gi⁶]、去[k'i⁵]、儿[li²]八字押韵（属句句押韵）。

可见，歌仔戏属韵文，其押韵比较灵活，如可以使用遥韵，亦可以使用元音韵、鼻化韵、入声韵一起押韵；且不同声调亦可通押。

该片段用厦门话写的，里面也记载了一些厦门方言词汇。

恁：读作[nin³]，人称代词，你们。

通：读作[t'aŋ¹]，副词，可以，应该。

笑微微：读作[ts'io⁵-bui¹-bui¹]，笑嘻嘻。

咱厝：读作[laŋ³-ts'u⁵]，词组，我们家。

---

[1] 厦门会文堂书局：《增广英台新歌全本》，石印本，1914年，藏于台湾"中研院"傅斯年图书馆。

开透：读作[k'ui¹-t'au⁵]，（花）都开了。

阮：读作[gun³]，人称代词，我们。

卜：读作[beʔ⁷]，副词，将要。

冥日：[mĩ²-lít⁸]，时间名词，日夜。

2.厦门会文堂木刻本《绣像荔枝记陈三歌》（片段）

指甲因何长三寸，看来不是<u>做工人</u>。陈三说乞小娘听，我昔住在泉州城。

祖祖代代尽磨镜，不会磨镜只路行。陈三接镜在身边，相量价数是在年。

五娘连忙叫益春，千万包存莫露机。益春一貌似观音，陈三看见动人心。

<u>人讲惜花连枝惜</u>，等我揽来唔又唔。益春被揽心慌忙，唔的满面红又红。

楼下挑李正开花，冥日思君不见回。梦里共君<u>同床困</u>，翻身一醒<u>摸无人</u>。

早起当天烧好香，可怜青春黄五娘。<u>保庇三哥无代志</u>，返来苑央佐一池。

该片段共有24个句子，其押韵情况如下：

寸[ts'un⁵]、春[ts'un¹]、唔[ts'in¹]、困[k'un⁵] 四字押韵（属遥韵）；

人[laŋ²]、人[laŋ²]二字押韵（属遥韵）；

听[t'iã¹]、城[siã²]、镜[kiã⁵]、行[kiã²]四字押韵（属句句押韵）；

边[pĩ¹]、年[nĩ²]二字押韵（属句句押韵）；

音[im¹]、心[sim¹]二字押韵（属句句押韵）；

忙[maŋ²]、红[aŋ²]、人[laŋ²] 三字押韵（属遥韵）；

花[hue¹]、回[hue²]（属句句押韵）；

香[hiũ¹]、娘[niũ²]（属句句押韵）；

志[tsi⁵]、池[ti²]（属句句押韵）。

再如答嘴鼓"念四句"，是运用丰富生动、诙谐风趣的闽南方言词语与俚俗语，以斗谑戏弄或流利而活泼的四句韵语来反映事物，表达思想感情。"念四句"是闽南话的一种韵语形式，十分讲究"斗句"（押韵），民间婚丧喜庆都要即兴"念四句"。例如进入新娘房时念道：

双脚踏入来[lai²]，交椅两边排[pai²]；

新娘是天使[sai³]，团婿状元才[tsai²]。

再如新人向亲戚朋友敬甜茶时念道：

今年吃甜甜[tĩ¹]，明年生后生[sĩ¹]；

今年娶媳妇[pu⁶]，明年起大厝[ts'u⁵]；

新娘生水真命好，内家外家好名声[siã¹]；

姑拿甜茶来相请[ts'iã³]，让你金银整大车[ts'iã¹]。

(三)厦门歌仔戏词汇举例

上例《绣像荔枝记陈三歌》是用厦门话写的，里面也记载了一些厦门方言词汇和句子。

做工人：读作[tsue⁵-kaŋ¹-laŋ²]，打工的人。

乞：读作[k'it⁷]，副词，给。

人讲惜花连枝惜：[laŋ²-koŋ³-sioʔ⁷-hue¹- lian²-ki¹-sioʔ⁷]，俗话说喜爱一朵花，要连同花枝一起喜爱，比喻爱屋及乌。

同床困：[toŋ²-tsʼŋ²-kʼun⁵]，同床共枕。

摸无人：[boŋ¹-bo²-laŋ²]，找不到人。

保庇三哥无代志：[po³-pi⁵-sã¹-ko¹-bo²-tai⁶-tsi⁵]，保佑三哥平安无事。代志，事情、事故。

第二节　漳州戏曲与闽南文化

漳州系历史文化名城，早于一万年前就有先民在这里繁衍生息。686年（唐垂拱二年）建州，迄今已有一千三百余年历史。据漳州市人民政府资料显示，全市辖二区一市八县。历史上人才荟萃，俊贤辈出，是一个人杰地灵的地方。漳州地方戏剧与曲艺有着悠久的历史，种类多样，如芗剧、皮影戏、木偶戏、潮剧、话剧、竹马戏、闽南四平戏以及锦歌、南词、南音、歌册、答嘴鼓等。

一　漳州芗剧

（一）简介

芗剧又称歌仔戏，是用闽南方言演唱的地方剧种，主要流行于福建省九龙江下游漳州平原的芗江流域，为福建省五大剧种之一。芗剧是明末清初由闽南的锦歌、"车鼓弄"等民间艺术传入台湾，与台湾的民间艺术相结合，形成了台湾歌仔戏后，于20世纪初又回传厦门和漳州，30年代后期获得发展而定型的年轻剧种。50年代改称芗剧，目前横跨闽台两省并流播东南亚地区，作为我国众多戏曲剧种中由海峡两岸人民共同创造、共同拥有的综合艺术形式和重要文化遗产，是维系海峡两岸人民情感的重要文化纽带。

芗剧相对于其他剧种来说还很年轻，至今才有百年历史，就流传的范围来说，方言覆盖的地域、人口不广，它的变化发展便另有一种典型意义。芗剧除了抗战时期受到短暂的禁戏，"文化大革命"中一段时间剧团被解散，其生存、发展状况一直是良好的。特别是新中国成立后，公办剧团及其演出成为芗剧的核心、主体。到了80年代末，由于社会的转型，公办剧团逐渐远离城市舞台，众多的民间职业剧团在农村演出，在艺术上作为剧种的代表，并承担着剧种保存和发展的任务。

（二）历史沿革

明末清初，郑成功率部收复台湾，把流传于漳州的"歌仔"(锦歌)、"车鼓弄"等民间艺术带到台湾，并与当地民歌小调结合，随后向农村、渔区广泛传播，出现坐唱形式的"歌仔馆"(锦歌)。清末，为了配合迎神赛会的需要，清唱的"歌仔馆"走上广场，形成有人物角色化妆演唱的上街表演形式，时称"歌仔阵"。此后，"歌仔阵"吸收梨园戏、四平戏和乱弹的剧目及表演艺术,在农村谷场、庙埕围出一个方形的场地，角色在场中间表演,民间俗称"落地扫"。逢年过节，也搭戏棚表演，因为是从"歌仔阵"发展起来的，故称"歌仔戏"。

新中国成立后，漳州地方政府主管部门，为了确保在漳州的台湾歌仔戏不至失传，动员台湾歌仔戏霓光班与漳州子弟戏新春班合并，以两种声腔共同发源地芗江流域，取名"芗剧"，成立"漳州市实验芗剧团"。1954年8月，漳州、厦门、同安等芗剧团联合组成芗剧代表队到福州参加省地方戏曲观摩会演，这是以芗剧剧种的名义首次在省会展示。芗剧代表队在此基础上又赶赴上海参加华东地区六省一市地方戏曲观摩大会，参赛的传统戏《三家福》和现代戏《赵小兰》分获剧本二、三等奖。芗剧此次上海观摩演出轰动国内文化界，获奖剧目《三家福》成为各地剧种争相改编的剧本，新生的芗剧已经成为全国戏曲界引人注目的新星。

芗剧代表队从上海载誉归来，漳州掀起兴办芗剧的热潮。各地停演已久的歌仔戏和改良戏等子弟班，纷纷以芗剧的名称恢复活动，一些原来唱四平戏、竹马戏、潮剧等业余剧团也纷纷改唱芗剧，南靖、漳浦、龙溪、海澄、华安、长泰相继组织县一级专业芗剧团。各剧团贯彻中央戏改政策，推行"改制、改戏、改人"措施，"改戏"、"改人"就是上台演好戏，下台做好人，自觉纠正不法的行为，提高自我修养。"改制"即改班主所有制为共和所有制，收入分配也都以按劳取酬为原则，公议公决。改革结束后，政府向专业剧团派去干部和文化教员,组织艺人学习,剧团管理逐步走向正轨。在此时期，政府又选派一批具有大专学历，经验丰富的艺术干部，专职辅导漳州、厦门两地重点芗剧团的编剧导演和音乐设计，以及美术设计、剧目发掘整理等工作。通过记录、整理传统剧目，逐步改幕表制为剧本制，芗剧表演艺术逐渐成熟。芗剧团创作与上演了不少优秀新剧目，参加省、华东区的戏剧会演，频频得奖。

"文革"期间，芗剧专业剧团全部被解散。改革开放后，各县芗剧团相继恢复并有所发展。1979年，新编现代剧《双剑春》晋京参加建国30周年献礼演出,芗剧首次进入首都舞台。漳州芗剧团曾于1983年、1988年、2006年、2008年、2009年多次应邀赴新加坡演出，1995年，剧团又成了大陆芗剧第一个赴台湾演出的剧团。在台演出期间，历时近两个月，取得了巨大的成功。现今全市有专业芗剧团6个，民间职业剧团50多个，还有许多业余剧团遍布城乡，涌现了李少楼、姚九婴、宋占美、陈玛玲、纪招治、谢秀莲、张丹、郑秀琴、戴进德、洪彩莲、杨丽玲、郭维窕、江铁、蓝海滨等著名芗剧艺人。

（三）艺术特色

1. 唱腔

芗剧唱腔属民歌联曲体，有"七字调"与"杂碎调"两大声腔曲调以及"哭调""杂念调""小调"等。

"七字调"由每首四句、每句七字歌词而得名,从闽南锦歌发展而来,分高低两腔,高腔曲调激昂欢快,低腔曲调舒缓悲哀。七字调除可作为特殊性的抒情、叙事之外,还负担着乐曲的启腔、煞尾和串联等任务。

"杂碎调"是由邵江海等人根据锦歌发展出一种旋律丰富、板式多样的曲调,一般用于抒情演唱,用于交代剧中情节或表现一般人物心理活动过程。杂碎调突出语言在唱腔中的吟诵功能,曲式结构较为自由,除有长短不等的过门表示曲调段落外,几乎从头到尾一气呵成。它的表演形式有单人念唱,也有二人对答,或三、四人对接念唱。这种自由组合演唱形式,始于歌仔馆排场坐唱,后转为迎神、迎婚、送葬的歌仔阵行唱,再分角演唱、众人助唱,最后化妆载歌载舞,成为"歌仔阵落地扫"。

"哭调"是从闽越先民哭丧、哭嫁演变而来的,主要用于抒发角色不同程度的痛苦、忧伤等情绪。哭调的歌词世代口传相袭或即兴发挥,属不押韵的长短句,组成上下两句段体。哭调分为"台湾大哭调""台湾小哭调""锦歌大哭调""锦歌小哭调""买药哭""运河哭""安溪哭""宜兰哭"等。

"杂念调"曲调可塑性强,"起""煞"较为随意,板眼的照制也较宽,既可借"七字调"做起腔,或由"卖药哭调"直转正腔,甚至每一乐句都可转上"七字调",也可在任何乐句间引进插白和过门。如无须插白或过门,唱腔则句句紧扣,连续不断而不用过门和拖腔;如不需联缀他曲,除可用"七字调"尾作终止式外,也常用一句从"大调"中杀撷来的结束乐句作抒情性的装饰,以呈示乐段完全终止。在一般情况下,"杂念调"多用来叙述一些较次要的戏剧情节和那种所谓重复性的戏剧情节。因此一般较不拘泥于音乐的各种表现技巧,而着重突出语言性能的美。[1]

"小调"起着辅助和弥补基本唱腔表现能力不足的作用,专门表达戏剧中某一特定情节、情绪,或作为调节性的唱腔进行抒情和叙事。小调被广泛地运用于芗剧中,大概有一百多首,形式各种各样,包括各地民歌、俚曲、曲艺和戏曲音乐,现有的小调由于长期广泛的使用,并在一定程度上与当地的民歌交融,具有独特的表现力,成为芗剧音乐体系中不可缺少的部分。

芗剧主要唱腔的调式多为两调交替的混合调式,为唱腔提供转调的方便,曲调的联串顺理成章。芗剧唱腔特点是唱多白少,曲多词少,曲调往往随着人物情绪的变化而变化,格律自由,旋律优美,节奏强烈,在句子的划分、节拍的处理上都与方言密切关联,具有较强的艺术表现力和浓厚的乡土气息。

2. 音乐

芗剧音乐源于闽南民间音乐,是以七字调、杂念调、哭调为主的台湾歌仔戏音乐和以杂碎调、改良哭调为主的闽南改良戏音乐组成。歌仔戏和改良戏虽然分别

---

[1]　简博士主编:《漳州地方戏曲》,海风出版社2005年版,第27页。

在台湾和闽南两地吸收了大量的民歌、歌舞、戏曲的音乐，但两者的主要唱腔多是沿袭锦歌的脉络，逐渐发展而成。场景音乐既有来自漳州民间音乐锦歌、十音、八音，也吸收竹马戏、潮剧、京剧、南曲的音乐。传统芗剧的主奏乐器有四大件：壳仔弦、大广弦、月琴、台湾笛。芗剧音乐比较讲究配器，一般已有成规："七字调"和民歌小调及部分场景音乐用四大件；"哭调"和"杂念调"主要用大广弦、月琴、洞箫；"杂碎调"用六角弦、三弦、洞箫等乐器。

50年代以后，由于新音乐工作者的加入，从填词、配曲改为作曲、配器，并发展了和声、伴唱。重点剧目、现代戏乐队也随之扩大，增加了二胡、扬琴、笙、中阮、大阮等民族乐器，并引进西洋管弦乐，使芗剧音乐更加丰富多彩，更具表现力。

3．语言

芗剧源于锦歌，保留着以唱为主的特点，如传统剧目《英台拜灵》唱段长达24段96句。《安安寻母》《断机教子》《金花投江》等折，几乎一唱到底，没有说白。《出逃》一折的陈三、五娘、益春三人，从收拾行装出逃起，一直唱到被抓为止，很少有说白穿插。许多叙述性的段落，别的剧种一般都以说白处理，芗剧却多用说唱式的滚板、叠板、杂念调、杂碎调或自由节奏的"卖药哭调"进行叙述。

芗剧的唱词通俗易懂，注重方言韵味，多用生动的民间语汇，不讲究语言的华丽，追求生活气息，地方色彩浓厚，以白描直叙的手法来揭示人物心理，塑造人物形象。如传统剧目《三家福》中林吉母子给苏义家送礼的长短，唱词中都是名词、动词、数量词，几乎没有形容词，从字面上看来平淡无味，可是，配上欢快、流畅的杂念调，浓厚的乡土气息就显现出来，情真意切，只有闽南人才能体会到那一份独特的味道。

芗剧中的民间俗语富有生活情趣，充分体现闽南地区的民俗风情，生动活泼，易于被观众接受。但并不是所有的语言都用方言来念，有些语言还得用文言文念，成语一般也都用文言文来念。芗剧的唱词一般以七言四句为基础，但长短可以随意增减。喜剧配曲轻松活泼，清新流畅；悲剧则委婉缠绵，哀怨动人。唱词中的"杂碎调"原来是七字一句，但视剧情需要也可以压缩成三字一句或延伸到十几个字一句。歌词的长短可以随剧情人物需要而改变。

4．道具

现代剧团里的道具管理大致分两种，一种是大道具：指剧情中需要的可移动的较大物件，如车、船、炮等；另一种是小道具，小道具的范围就广泛了，它是指演员随身或者随手可以拿起携带的物件，如撑扇、摆设小件、刀枪戟锤，这些道具的设计有着特定的要求，基本需要满足真、美、巧、配合的标准。芗剧的主要道具有：

砌末：传统剧目中使用的各种道具和舞台简单装置的统称。砌末种类繁多，在剧中用途广泛。其中包括生活用具，如茶具、酒具、文房四宝、扇子、烛台、灯笼等；兵器，如刀、枪、剑、斧、棍、棒、鞭、戟、锤等；交通用具，如船桨、马鞭、车旗等；舞台简单装置，如布城、山石片等，演出临时需添置的物件，如假人头、假人、假兽、彩礼、织布机等。砌末不同于真实的生活用具，与服装一样，是经过艺术夸张和装饰美化了的舞台用具。

车鼓：以主要乐器的大鼓命名，辅以大鼓的载体，如轿或车，因各种车鼓多用椅轿装鼓，由双人挑着鼓轿行进，唯独漳浦用两轮车载着大鼓，由一人推车移动，所以"车"多作动词，类似击鼓、擂鼓、抖鼓、跳鼓，如附加"弄"字即泛指戏谑、嘲弄表演。

把子：表演中使用的兵器道具统称把子，一作靶子，也称刀枪把子，如刀、枪、剑、斧、钺、钩、叉、棍、棒、拐子、流星、鞭、锏、锤、抓等。

大刀：男用大刀，刀把特长，刀面特宽，刀背呈象鼻状，钩挂红缨，故名象鼻刀。分金、银色两种，分别称金大刀、银大刀。金大刀，刀面宽而小，刀头抹圆，漆金色。银大刀，刀面特宽，刀头呈尖，漆银色。多用于净扮武将，但武生也有用之。

单刀：亦称刀坯子。长刃短柄，刀头斜而尖，刀背薄，刀面窄长，有刀盘。涂水银或贴锡箔。手握一把时称单刀，握两把成对时称双刀，为短打武生、丑、武二花等常用兵器。依照单刀式样，将各部位尺寸缩短、缩小、缩窄，刀柄雕花，即为女用单刀和双刀。

枪：仿古代刺击武器样式制成。枪头顶端呈圆刃状，两侧锋刃；枪头下连木雕结子，缠绕彩色枪缨；枪结下接藤制枪杆，杆尾座雕花木镶。样式有大头枪、小大枪、单头枪、双头枪、软枪、断枪等。

宝剑：亦称单剑。竹木或铜铁渡铬制成。剑身窄长，剑脊两侧为刃，剑头尖削，剑柄短，垂挂彩色长丝穗。男用宝剑较长，竹鞘立粉以绿色为主。女用宝剑较短，竹鞘包素缎彩绣或立粉多为红、粉等颜色。男用鹅黄色宝剑有时也作尚方宝剑使用。

锏：木制，锏身扁长呈柱行，顶端尖锋，两侧棱角为刃，锏面中间凹陷，圆柄把手，绕寸带，全金色，故又称清面金锏。成对使用，也可单用。若锏柄加饰抽绸彩球，则表示御赐宝物。

铜锤：金色，形似瓜锤，锤面立粉蟠龙纹，龙尾延伸缠绕锤柄。锤柄加饰一对鹅黄色抽绸彩球，表示御赐的黑虎铜锤。

拐：短棍，横出一节为柄。常与单刀配合使用，名叫单刀拐。多为一些清装短打戏中所用。

（四）芗剧剧本

芗剧的传统剧目有500多个。最初多用歌仔戏的唱本，进入城市后，增加了历史题材的剧目，多是从其他剧种或小说改编来的连台本戏。当时多是幕表戏，没有固定台词和唱词。1939年后，艺人邵江海首先废除幕表制，编定本剧种的第一个文学剧本《六月飞霜》（又名《六月雪》），以后又编演了《白蛇传》《白扇记》《山伯英台》《陈三五娘》《安安寻母》《描金凤》等30多出戏，初步奠定了芗剧传统剧目的基础。

芗剧传统剧目中爱情戏有：《陈三五娘》《山伯英台》《吕蒙正》《杂货记》《老少换妻》《半夜夫妻》《当活宝》《佛门登元》《担水记》《烟筒记》《麻疯女》（又名《蔡美官》）《万花彩船》《文武香珠》《风筝断线缘》《鸳鸯断线缘》《南山会》《姑伴嫂眠》《乾坤宝镜》《李金白》《金玉奴棒打薄情郎》等。

芗剧传统剧目中家庭题材有：《石三郎》《父子状元》《三请胡月娇》《双认错》《周成过台湾》《不孝女》《王儿传书》《宝珠记》《赵节女》《痴心女子》《三请月娥》《詹典嫂告御状》《韩十五》《兰芳草》《朱秀英充军》《李九五出世》《金瑞草》《牧羊图》《孟孝妇》《小过年》《金姑赶羊》《五子哭墓》《孟姜女》等。

芗剧传统剧目中历史戏有：《王进骂帝》《道光斩太子》《刘维宾回番书》《唐朝仪办黄宏太》《唐朝仪斩皇亲》《刘文龙追宝珠》《陈光蕊进京》《杨联芳闹彦府》《徐胡斩颜皆》《薛蛟充军》等。

芗剧传统剧目中鬼神剧有：《土地公相思病》《八件衣》《大舜耕田》《龙王失太子》《魏征斩龙王》《周公与桃花女斗法》《张四姐下凡》《芋香冤魂弄》《五子哭墓》《白蛇传》等。[1]

漳州芗剧最突出的成就是整理传统剧目、编著历史剧和创作现代戏。

1.整理优秀传统剧目

通过发掘演出，大批优秀传统剧目浮出水面，吸引许多能文会编的艺人和新文艺工作者自发投入整理传统剧目的热潮，从而涌现出大批优秀作品。如《三家福》《鸾凤配》《加令记》《保婴记》《安安寻母》《断机教子》《李妙惠》《月里寻夫》《什细记》《吴美娘》《三伯英台》《恶婆婆》《芦梦仙》等作品。其中《三家福》获华东戏曲会演剧本创作二等奖，《鸾凤配》获福建省第一届艺术节剧本一等奖，《安安寻母》《断机教子》获中国戏协"小百花"奖，《吴美娘》《芦梦仙》《恶婆婆》《加令记》参加全国巡回演出，《李妙惠》在台湾由兰阳歌仔戏与漳州芗剧团联合演出，《山伯英台》是漳州芗剧团在新加坡公演最为轰动的剧目。

2.新编历史剧

漳州芗剧团还新编一些具有历史意义和地方特色的历史剧，填补芗剧历史题材的空白，有：《黄道周》《逐荷志》《雾海孤魂》《吴凤通事》《武夷英烈》《张良拜师》《闽南小刀会》《肃杀木棉庵》《西施与伍员》。其中《西施与伍员》获福建省

---

[1]　何福明：《芗剧传统剧目研究》，漳州师范学院硕士学位论文，2010年。

戏剧展剧本创作二等奖，《肃杀木棉庵》获省戏剧展剧本创作二等奖，《黄道周》《逐荷志》《武夷英烈》入选芗剧全国六省一市巡回演出剧目，《吴凤通事》结集出版，《雾海孤魂》入选福建戏剧。

3.创作现代戏

漳州芗剧现代戏创作的数量之多，获奖之繁，奖项之高，影响之广，为福建之冠。中国第一个闽台文化合作项目的漳州实验芗剧团的开台戏是《白毛女》，芗剧第一次在华东会演获奖的现代戏《赵小兰》，芗剧第一次在全国六省巡回公演《渔岛民兵》《一网打尽》，芗剧《碧水赞》于1965年3月年参加全国现代戏调演轰动全国。20世纪70—90年代，芗剧现代戏如雨后春笋，创作了《芗江春潮》《卖猪之后》《一颗螺丝》《深山红苗》《铁岑钟声》《山鹰》《焦裕禄》《麦贤德》《铜山铁水》《锦江怒潮》《卖豆浆与卖肉粽》《东海长虹》《情牵两代》《情海歌魂》《结冤解怨》《双剑春》《侨女英魂》《月蚀》《侨乡轶事》等优秀作品，在福建省、漳州市各界会演连续亮相频频获奖。现代戏《双剑春》赴京参加国庆30周年献礼获奖年；1992年戏魂获文化部"文华新剧目奖""文华剧作奖""文华表演奖"；1996年《侨乡轶事》进京献演，获得福建省"百花文艺奖"；《约会》《补鞋》获国家社会文化群星奖。[1]

中国艺术研究院戏曲研究所谢雍君在《闽南歌仔戏的生存策略》说："纵观芗剧50年，漳州创作演出现代戏，在促进戏种发展、开拓剧种生命空间起了巨大作用，芗剧现代戏构建了以梨园戏、蒲仙戏、高甲戏不同的品质，创作出《赵小兰》、《碧水赞》、《双剑春》、《邻里之间》、《侨乡轶事》、《戏魂》等优秀作品，改变了闽南地区戏曲剧种难搬演现代戏的局面。打破了闽南剧种没有现代戏获文华奖的记录，使闽南芗剧在若干年以后，乃至在新时期树立了一面旗帜，寻找到有别于梨园戏、莆仙戏、高甲戏等剧种的具有自身独特性的艺术特征。这是令人鼓舞的事也是芗剧对闽南戏曲甚至福建戏曲所作的贡献。"

芗剧《保婴记》剧照

---

[1]　简博士主编：《漳州地方戏曲》，海风出版社2005年版，第19—20页。

芗剧《吕蒙正》剧照

二　漳州木偶戏

（一）简介

漳州木偶戏艺术，是我国古老珍稀的优秀艺术，也是中国传统文化的瑰宝，也是漳州富有代表性艺术之一。它具有强烈的地方风格和浓郁的地方气息，在漳州的民间流行非常广泛，每到年节时，就有很多木偶戏表演。它具有广泛的群众基础：主要分布在福建省漳州市的漳浦县、平和县、南靖县及周边地区。

漳州木偶戏的品种主要有提线木偶戏、杖头木偶戏和布袋木偶戏三种。在众多的表演形式和种类中漳州的木偶戏主要以布袋木偶戏为主。漳州的布袋木偶表演被誉为"绝活儿"，在2006年，漳州的布袋木偶戏和木偶头雕刻被列入国家首批非物质文化遗产保护名录。

漳州布袋木偶戏又称"景戏""指花戏""掌中戏"，傀儡戏剧种之一。布袋木偶戏因为演出使用的木偶，除了头、手掌和脚的下半部以外，手部和腿部都是用布缝制而成的，形状酷似布袋，所以被称为"布袋木偶戏"。布袋木偶戏是用演员的手直接操纵舞弄偶人的，所以闽南语中又称其为"指花戏"，又被称为"掌中戏"。

漳州木偶戏

布袋木偶以龙溪布袋木偶戏最为著名。到了清初，民间已十分盛行这种掌中傀儡，早期的演出方式为坐式单弄，因戏班行囊戏具挑起来仅一担，故而又有"肩担戏"之称(也有称扁担戏)。这是由木偶表演、剧目、音乐、木偶制作、服装、道具、布景等组合而成的一种综合性艺术。其特点是：用指掌直接操纵偶像进行戏剧性的表演，使之活灵活现，栩栩如生，既能够体现人戏的唱、念、做、打，以及喜、怒、哀、乐的感情，又能表演一些人戏难以体现的动作，具有技巧高超、造型精美等独特风格。

传统的布袋木偶戏根据表演的乐调、词调与戏路划分，可以分为南、北两种不同的流派，它们之间主要的区别在于音乐唱腔和表演风格上。南派盛行于泉州地区，唱的是南调，也就是傀儡调，表演上采用梨园戏做派。漳州的布袋戏则归属于北派，唱的是北调，如昆腔、京调等，表演上采用的是京戏做派。现如今，随着布袋戏的不断发展和文化的不断融合，南北两派的界限已经越来越不明显了。

（二）历史沿革

漳州木偶戏源远流长，已有一千多年历史。关于漳州布袋木偶戏和木偶头雕刻具体始于何时，由于有关的历史文献记载较少，目前尚无确切定论，只能从不多的一些民间资料、地方志或历代文人墨客的诗词记载中去分析。

漳州布袋戏的形成有各种传说，通过前人对史料分析研究，比较一致的有以下几种：第一种说法认为在汉朝民间就出现了木偶戏，到了唐宋时代，木偶戏进入全盛时期，出现了多种多样的表演形式。第二种说法将漳州木偶艺术发展概括为"起源于晋，发展于宋，传播于明，繁荣于清，破坏于民国，重新焕发于新中国"。第三种说法，研究者根据清沈定均的《漳州府志》说明：绍熙元年漳州知州朱熹曾颁文劝戏。明何乔远《闽书》"'风俗'也有'布景'之称"。所以，最为可信的当为"扁担戏"，即"单人木偶嬗变而来"。由此，可以推论布袋木偶戏"源于晋，兴于宋，盛于明"说法当是不谬。我们可以从东晋时期王嘉的《拾遗录》中找到佐证，早在东晋时期王嘉的《拾遗录》中就有漳州木偶艺术的记载："南陲之南，有扶娄之国。其人善能机巧变化，易形改服，大则兴云起雾，小则入于纤毫之中。缀金玉毛羽为衣裳。能吐云喷火，鼓腹则如雷霆之声。或化为犀、象、狮、龙、蛇、犬、马之状。或变为虎、兕，口中生人，备百戏之乐，宛转屈曲于指掌间。人形或长数分，或复数寸，神怪欻忽，衒丽于时。乐府皆传此伎，至末代犹学焉，得粗亡精，代代不绝，故俗谓之婆候伎，则扶娄之音，讹替至今。"[1]从上面的记叙中我们大致知道，木偶戏的初始时期舞台形态的踪迹。总结布袋木偶戏传承与发展的历程，大致是晋代已经出现了用指掌操作的偶人，沿袭到唐代已成为玩偶形式供儿童玩乐，传袭到宋代又发展成为能表演有故事性的木偶戏，到了明清时代便成为流行在民间演出的木偶戏班。这正是通常所说的"源于晋，承于唐，兴于宋，盛于明清"。敦煌莫高窟第13窟中有一幅作于盛唐时期的壁画《弄雏》，画有一位妇女用指掌套着小偶人给身旁的小孩表演，逗小孩玩乐。这证实了民间已把晋代用

---

[1]　王嘉：《拾遗记》卷二，萧奇录，齐治平校注，中华书局1981年版，第53页。

指掌操作的木偶沿袭下来，并作为玩偶形式供儿童玩乐。南宋时漳州布袋木偶戏兴盛于漳州，叶明先生在《福建傀儡戏史论》引用了南宋著名诗人刘克庄《己未元日》诗"久向优场脱戏衫，亦无布袋杖头单"，这显示了布袋与"杖头"傀儡的密切关系。根据陈建赐《繁花似锦的漳州布袋木偶戏》研究讨论，"在南宋时，漳州演傀儡戏之风已相当兴盛，以致惊动官府，下令禁戏"。[1]据《西湖老人繁胜录》记载："福建鲍老一社，有三百余人，川鲍老亦有一百余人。"[2]即福建的表演队仅木偶戏艺人就有三百多人，而四川的表演队只有一百多人。这说明南宋时代闽台地区的木偶戏非常普遍，木偶艺术达到了新的高峰。明代时期，木偶兴旺。明末木偶戏随即流传到广东、台湾和东南亚一些地区。清朝是漳州木偶艺术最繁盛的时期，清初漳州各种民间木偶剧团就多达上百个，漳州木偶艺术呈现出百花齐放、百家争鸣的局面。据龙溪专署文化局在1961年编印的《闽南木偶戏》中记载，清中叶以来，漳州各地出现大量的专业布袋戏班，形成几个不同的流派，清代中叶，傀儡戏在漳州城镇迅速发展，各地请神、祭祖、庙会、喜庆、还愿等社庙醮仪都少不了请傀儡戏到场演出。当时布袋戏班已相当专业化，并产生大量布袋戏班社，众多的戏班社争奇斗艳，上演的剧目十分丰富，多数为幕表戏(口述本)，其中有全本戏、坠仔戏(折子戏)、连台本戏等。清中叶以来漳州各地大量出现专业布袋戏班社，形成若干不同的流派。其中主要有"福春""福兴""牡丹亭"三派，各有特色。"福兴"派第三代传人组建"牡丹亭"，"亭"派只传二代，故后人仍将其并"福兴"之派。"春"派擅演技，能文善舞；"兴"派擅道白，好公案戏。"春"派创始人陈文浦，组成"福春班"；"兴"派创始人林鹏，组成"福兴班"。近二百年来，至今已传承八代。鼎盛时期，各类班社一百多个。1921年前后，龙溪、海澄的"春"派尚有"恒福春"等十二个班，"兴"派有"金童兴"五个班。1930年郑钉铜的"金童兴"应侨胞之请，远至新加坡、缅甸演出三年。抗日战争爆发以来，漳州布袋戏受尽波折摧残，戏班很难维持下去，40年代已奄奄一息，许多著名老艺人都改行以说书、当小贩度日或回家种田。而由于社会经济的萧条，新中国成立前期，木偶戏走向衰弱，戏班所剩无几。

　　新中国成立后，百业待兴，漳州木偶戏枯树逢春，重新进入新的发展时期，新中国成立后，在党的"百花齐放、推陈出新"方针指引下，漳州布袋戏进入一个新的春天，布袋木偶戏艺术向全国传播并且走向世界，在艺术上的继承和革新取得辉煌的成就。1951年5月龙溪县成立了"漳州南江木偶剧团"。该团是漳州第一个共和班制的专业布袋戏班，集中了郑福来的"正来福春班"和陈南田的"新南福春班"的老班底。杨其兰于1953年成立漳浦县艺光木偶剧团，蔡清根等人成立了长泰县木偶剧团。20世纪50年代末，全区专业、半专业的布袋戏剧团已达25个。1959年3月原南江木偶剧团和漳浦县艺光木偶剧团合并为龙溪专区木偶剧团，隶属于龙溪专区艺术剧院。1959年11月福建省

　　[1]　庄火明：《漳州戏剧研究》，中国戏剧出版社1996年版；陈志亮：《漳州木偶戏源流漫谈》，载《漳州戏剧研究》，中国戏剧出版社1996年版，第213页。
　　[2]　李斗：《扬州画舫录》卷十一，广陵古籍刻印社1984年版，第251页。

文化局将剧团定为省重点剧团。1969年漳州的地方戏曲剧团全部被强制解散，唯独布袋戏是幸存者。改革开放后，民间的布袋戏班社也有了逐步的恢复和发展。

如今，为了改变木偶戏的现状，谋求发展，漳州市木偶剧团一直在探索，把传统和创新的节目搬上视屏，让这一传统技艺有了视屏的记忆，也希望能通过戏迷的观看，从而带动下一代人对戏曲、对木偶的认识。我们看到，在千年的历史发展过程中，布袋戏不但没有消亡，反而在历史长河中发扬光大。并且在中国乃至世界木偶艺术史上占有一席之地，是中国傀儡戏中一枝独秀的奇葩。如今，在漳州的各县及农村，尤其是逢年过节时，漳州木偶戏仍然是主要的观赏娱乐项目之一。

（三）艺术特色

木偶戏是漳州一种古老的民间地方艺术，它具有强烈的地方风格和浓郁的地方气息，是中国传统文化的瑰宝。特别是漳州布袋木偶戏的艺术表演更是让人赞不绝口，漳州人对布袋木偶戏的普遍印象，是过去搬张小板凳到庙口搭设的木制彩楼下，引颈翘首看着演员们拿着手掌般大小的布袋木偶戏，表演着《三国演义》等传统剧目。

布袋木偶戏以形写神，造型严谨，精雕细刻，彩绘精致，着色稳重不艳，保留唐宋的绘画风格，人物性格鲜明，夸张合理，并有地方特色。特别是注重突出动作准确性、表演技巧性、人物细腻性、内容趣味性，尤为擅长武打场面和善于刻画人物性格。

漳州布袋戏

漳州布袋木偶戏的艺术特色主要体现在布袋木偶戏的木偶表演、角色、木偶表演时的音乐、舞台、木偶造型、服装制作、舞台美术。

1. 角色行当

旧时操纵表演者仅设正、副手，一般为父子或师徒。正手除操纵木偶表演外，还兼唱、念、道白。副手只操纵木偶配合正手表演。偶人操控是"下弄上"，即用手由下而上，以手掌作为偶人躯干，食指托头、拇指和其他三指分别支撑左右两臂，可一人操纵一个木偶，也可双手同时操纵表演两个性格、感情各异的偶人。布袋戏表演艺术关键：指掌功夫，涵盖了演员运用偶人不同的立姿、头姿、手姿、步姿，夸张真实地塑造有内心活动的偶人形象。角色与人戏相同，基本上分为生、旦、净、末、丑等行当。每个行当里仍有不同的区别和名称。又有神仙、鬼怪、动物，还有传统名剧的角色，例如关公、曹操、《水浒传》的梁山好汉等，种类繁多。此外还擅长表现神话里的各种人物及飞禽走兽，和表演人戏无法表现的各种动作。表演模仿性极强，善于通过操纵人偶的特技，再现饮酒、吐水、抽烟等常见的生活动作；善于迎合观众好奇心理的"真戏假作"和"假戏真做"，体现出木偶在表演上具有真假两重性特点。布袋木偶演员"一心两用"地双手操纵两个木偶，通过掌指同时刻画两个不同的人物形象，熟练运用"反套"和"飞套"的技巧，达成演员、角色、偶人三个"自我"统一。

2.音乐唱腔

漳州木偶戏音乐，原无独立、自成风格的声腔与乐调，一般均随当时当地流行的戏曲剧种。清中叶以来，音乐采用汉剧，民初改用京剧。芗剧兴起以后用芗剧演唱，或京、芗杂用。打击乐一直保持京剧的风格。其配曲采用套曲(牌)的办法。说白多用方言。

由于漳州布袋偶原唱北调，当地早期布袋戏偶的脸谱造型和装饰都模仿昆、汉剧里的角色，后来伴随声腔发展，逐渐仿效京剧脸谱图案并定型。

3. 舞台艺术

布袋木偶戏和提线木偶、杖头木偶两种木偶戏相比，布袋木偶戏中木偶的动作更加节奏明快，迅捷有力。如今的布袋木偶戏，不仅题材更加宽广，形式也更加多样。

布袋戏的初始形态是作为娱乐或依托于某种宗教仪式配套而存在的技艺，其表演空间是随机的或依附于某种特定的场所，还未形成专供表演的台子、戏台之类的建制。因而早期布袋戏只有戏台(或戏棚)、场的概念，而没有近代新式剧场出现后的舞台之称和布景概念。在一段相当漫长的历史时期，也就是布袋傀儡开始用于演绎情节故事演戏的早期，布袋戏表演技艺逐渐脱离纯粹耍弄把玩的形式，成了一些民间艺人谋生的职业。艺人配备了戏具戏袋(箱) 等操演戏偶的专门用具，这些戏具戏袋(箱) 经过简易拼装即成了专供戏偶表演的台子。

到了清初，民间已十分盛行这种掌中傀儡，早期的演出方式为坐式单弄，即用一根木棍把戏台支撑起来，戏台下方围上布幔，以遮挡在幔房里操弄戏偶的艺人不让观众看到。清代中叶，随着上演剧目增多与丰富，而单人自唱、自演、自伴奏的表演方式已不适应演出需要，因此布袋戏的表演姿势开始由坐式单弄演变为坐式双弄，即前台操弄戏偶的艺人由一人发展到两人，一个为头手(正手或上手)，另一个为二手(副手或下手)，并增加了后台伴奏乐队三到四人，打杂一人，形成了有一定规制的戏班。后来才有了舞台，传统布袋戏的舞台仅为一桌二椅是以时空自由的假定性布城、车旗等发展而来。演出中，观众只能从一个角度观赏全景式的表演，演员之间的关系一目了然，但舞台空间变化也很难明确地交代，绝大多数观众只是远距离地观赏，而作为木偶演员的动作尤为细微，观众往往没能清楚地观赏到。后来的传统布袋木偶高8寸，采用6尺长左右的"一字台"，舞台左右侧置垂帘"出将""入相"，正、副手坐长凳，隔帘表演，表演区域很小。舞台造型是2米长的"一字台"，正、副手面向观众，并排坐定，操纵木偶在台板上表演。正手还要能操纵生、旦、净、末、丑等不同角色的表演，掌握各种行当的道白和唱腔的不同音色(声调)的技巧。布袋戏的舞台是"小人国"，作为真人的再现，布袋戏偶通过观众的直观印象来展现自己的身份，因此偶雕，尤其是偶头对角色的塑造起到了至关重要的作用。所以，漳州布袋戏的木偶造型十分精巧，木偶头的雕刻艺术更是驰名海内外。生、旦、净、末、丑各种角色齐备：仙佛释道、天仙魔怪，孤傲奇绝、出神入化，形象个个不同、生动传神。

4. 服装与道具

服装制作：布袋木偶戏戏装与京剧戏装相似，常用的有长靠、短靠、袍、衣、裤、裙等制作，服装的材料全用绸缎，做工精细，全采用漳绣制成。

道具：因为木偶戏是由木偶表演，所以木偶是最特殊的表演道具，在木偶戏的表演过程中，所用的道具都是小型的仿生活用品的物品，非常特别。大体有十种。①家具道具。坐具：凳子、椅子等；桌具：公堂桌、茶几、餐桌、梳妆桌等；柜类：衣柜、书柜等；架类：屏风等；床类：床、榻等。②装饰道具。布景、画等。③服饰道具。衣服、帽子、包袱、拐杖、斗笠等。④交通道具。船只、马车等。⑤兽形道具。神兽类：龙、麒麟、仙鹤、凤凰等；禽兽类：虎、犬、猴、牛、蛇、马、羊、雉鸡、鱼、猫、蝙蝠、狐狸等；坐骑类：马、牛、驴等；形象类：羊、熊猫、牛鼠、狼、蜜蜂等（此类是儿童剧及寓言剧中动物主角形象）。⑥生活道具。酒具：酒坛、酒壶、酒杯等；茶具：茶盘、茶壶、茶杯等；餐具：菜盘、碗、筷子等；祭具：祭台、香烛、神像、香炉等；工具：扁担、瓢、水缸、水桶、鱼竿等。⑦宫廷、公堂道具。官印、签筒、虎头牌、文房四宝、圣旨。⑧表演用具。笛、箫、琴、琵琶等。⑨杂技用具。钵、钢碗、瓷碟、流星锤、火球、火棍、枪、剑、弓箭、水缸、金箍棒、龙、狮、红绸。⑩普通兵器。刀、枪、棍、棒、火枪、双板斧、腰刀、神鞭、戟、弓箭；法宝：青云剑、琵琶、桃木剑、混元伞、三尖刀、金箍棒等；气氛道具：青烟、锣、鼓、唢呐、牛角号等；标志道具：帅旗、酒幌子、茶幌子、当铺幌子。

（四）传统剧目

木偶戏的传统剧目原均为幕表戏，有全本戏、坠仔戏（折子戏）、连台本戏3类。

（1）全本戏，多取材于当地民间传说、民间故事，如《马肚底案》《旧桥案》《审石狮》等。

（2）坠仔戏是"添头贴尾"的小戏，多是有地方特色的喜剧，如《白贼七》《死心想》《李叩却》等。

（3）连台本戏多根据古典名著、通俗小说改编，如《三国》《水浒》《西游记》均编成连台本戏，最长的《三国》戏共115本。

由于漳州木偶戏的优秀剧目非常多，例如《大名府》，传统剧目，哑剧，取材于

《水浒传》。内容说梁山泊好汉扮成各种杂耍艺人混入大名府营救卢俊义的故事，编入"耍盘""舞狮"等绝技，系漳州市木偶剧团保留剧目，演出达万场以上。该剧由杨胜、陈南田主演，参加罗马尼亚加勒斯特第二届国际木偶傀儡戏剧节，获表演一等奖，金质奖章。《雷万春打虎》，传统剧目。内容说四川剑锋山下住一猎户雷万春，武艺超群。一日，书生钟景琪上京赴考，误投黑店，连夜出逃，前遇猛虎拦路，后有强盗追赶。雷万春见义勇为，奋不顾身，打死老虎，杀死强盗，搭救了钟景琪和书童的性命。漳州市木偶剧团保留剧目，演出达万场以上。该剧由杨胜、陈南田主演，参加罗马尼亚加勒斯特第二届国际木偶傀儡戏剧节，获表演一等奖，金质奖章。《蒋干盗书》，传统剧目。取材于《三国演义》。写蒋干奉曹操之命潜入周营，盗取军情。周瑜顺水推舟施反间计，借曹操之手，除掉魏将水师提督张允、蔡瑁二人，火烧赤壁、全歼敌军。漳州布袋戏木偶大师杨胜双手分别操纵蒋干和周瑜，演得活灵活现，栩栩如生，刻画人物性格入木三分。

三　漳州皮影戏

（一）简介

皮影戏，在闽南称"纸影戏"，因当地缺乏皮料，艺人刻制偶形时以厚纸片代替，影窗也是用半透明的白纸裱制，故称。也有人叫它"托团（景）戏"，因为皮偶是用托杆来操弄故而得名。皮影戏是一种独具民族风格的综合表演艺术。它以幕后灯光把精美的皮制形象照映在白色屏幕上，利用灯光投影透视的原理来演戏的，因此有的地方又叫它为"灯影"，把"灯影"所唱的曲调叫作灯调或影调。皮影戏人物脸谱造型夸张，发型头盔精致，服饰花纹细腻，演出生动活泼。它与木偶戏可谓姊妹艺术。皮影戏演出活动的旺季常是在夏收大忙之后，流传于漳州地区的龙海、漳浦、诏安、长泰等县城乡及台湾、厦门等地。

漳州皮影戏完图

（二）历史沿革

漳州皮影戏始于何时，传自何方，未见文献记载。当地民间传说明代时已见流行。明崇祯三年(1630年)有一位福建省南靖县小溪乡人张状，他带着家族渡海到达台湾，定居于高雄县大社乡三奶村，在当地屯垦兼演皮影。漳州籍文学家许地山所撰写的《梵剧体例及其在汉剧上底点点滴滴》考证：闽南的皮影戏与流行在印度、印度尼西亚的皮影戏有血缘关系。又据广东海陆丰的皮影戏艺人介绍，那里的皮影戏是由福建传过去的。民间又传说漳州纸影戏是从广东省潮汕传入诏安、漳浦。故早期漳州皮影戏用"潮调"演唱，念白也带潮州方言的口音。

皮影戏在漳州最盛行的时期是清代至民国初年。每当农历六、七月间夏夜，市区街头及农村广场常有皮影戏演出。富绅之家婚丧喜庆或做佛事，也常聘请戏班在宅前或大院中演出。常演的剧目有：《目连救母》《三藏取经》《哪吒闹海》《白蛇传》《西游记》《施公案》以及民间故事的折子戏，如《白贼七》《谢灵舍》《阴阳槌》等剧目。

过去皮影艺人的生活非常清苦，有首顺口溜形容他们的生计曰："演纸影，最艰苦，演一暝(夜)，二三元。戏有演，三餐勉强度，戏无演，路边拾破布。"其时著名的班社和艺人有组建于光绪年间(1875—1908年)的海澄县河福社陈大丁皮影世家的福如班，以及漳州市区北桥街(今大同路)的"牛仔师"、东门岳口的"纸影福"、长泰县京元的张昭明、塘内社的张红色等人。老艺人"牛仔师"，他双手能操纵两个角色，两脚能敲锣击鼓。皮偶放靠在影窗边时，还会乘势以双手拉二胡，整台戏可以单独胜任。他擅长演文戏，不论生、旦、净、丑，都能演得惟妙惟肖。特别是演丑角"大头旺"（旧皮影戏中最突出的皮偶），常以风趣的语言来引观众发笑。戏一演完，则以手指捅破影窗的白纸，口中念着："纸破戏煞（完），别暗（晚）才来看。若要请我搬（演），一出两块半（二元五角）。"东门岳口也有一位著名的皮影老艺人，绰号"纸影福"。他擅长演武戏，两手能操纵四个皮偶对打，姿势生动，场面不乱。还能做出翻跳、腾空等动作。影窗两边常挂着一副对联："一口叙述千古事，双手对舞百万兵。"

民国初年，漳州皮影戏逐渐衰落，仅存三四个半职业班社。主要有三种原因：一是南北军阀数次混战，社会不安宁，影响业务，艺人多半改业谋生；二是旧社会轻视戏班艺人，认为是下九流，大家不愿意学演皮影戏；三是老艺人一死亡，后继无人，造成失传。1924年，海澄陈大丁之孙陈启继承祖业，组建新福如班，抗日战争前应新加坡华侨邀请出国演出。漳州芗潮剧社进行抗日宣传时，对木偶表演也作革新，皮偶从33厘米高改为66厘米，并增加了活动关节，使之能点头、开枪、开炮、取物等，又能表演飞机扔炸弹、房屋倒塌、战舰行进等场面，舞台设计能折能开，影窗增大，照明用汽灯或电灯，并配以音响。所以场面更加生动，效果更加逼真，深受观众欢迎。1936年10月，漳州芗潮剧社曾以漳州抗敌后援会的名义，成立一支七八人的抗日皮影戏宣传队，编演抗战题材的剧本，如

《抗日英雄小白龙》《金门失陷记》等剧目，巡回演出于漳州、华安、南靖等地。但不到一年，即被当地政府解散。到20世纪40年代末，漳州纸影戏已接近消亡。新中国成立后，漳州皮影戏又获得再生。1953年，龙溪专区举办民间文艺会演，长泰县官塘村艺人张建发整理演出传统剧目《临江驿》。1954年8月，漳州芗潮剧社、海澄陈启、陈郑煊和厦门的纸影戏艺人联合组队赴福州参加省第二届地方戏曲观摩演出大会，《一把菜刀夺机枪》获剧本创作奖，传统戏《白罗衣》《缪天》获奖旗。陈启病逝前曾立下遗嘱，将其珍藏的整箱皮影(偶)和艺术资料献给龙溪县文化馆，但可惜在"文革"中被付之一炬。此后，漳州皮影戏消失了20余年，直到1990年漳州召开陈元光与漳州开发国际学术讨论会，陈郑煊编演了《智取飞鹅洞》一剧，并将皮影戏的技艺传授给林龙潭的家庭布袋戏班，在会上献演，已经销声匿迹40多年的漳州纸影戏艺术才又重现于世。

（三）艺术特色

我国的皮影戏是具有独特民族风格的综合性表演艺术。它以幕后灯光，把雕镂精细、色彩鲜艳的皮质形象照映在白色布幕上，由演员操纵影人，伴以唱、白，表演出有声有色的剧情来。它和木偶戏是姊妹艺术，又各有所长。

1.音乐

皮影戏和其他戏剧一样，演出时必须要有音乐伴奏。音乐的节奏和韵律，用以传达剧情的生动变化，为演员唱念做打制造气氛。皮影戏的音乐，各地区的流派虽然不尽相同，但是采用的乐器总少不了打击乐和管弦乐。以往的漳州皮影戏，通常用的打击乐有：板鼓、堂鼓、檀板、大小锣、大小钹等。管弦乐器有：唢呐、横笛、二胡、板胡、三弦、月琴等。由于乐队人员不多，常常是一个成员要负责好几种乐器，例如击板鼓兼堂鼓；敲大锣兼小锣、吹唢呐兼竹笛，弹月琴兼三弦，拉二胡兼板胡等。乐队中最主要的人员是"鼓师"，他根据剧情配合演员的表演动作和念唱，用鼓介来指挥整个乐队伴奏。打击乐和管弦乐的起住、快慢、轻重，都要以鼓板的动作和姿势来做准则。鼓师的职责，是乐队的总指挥。其次是拉二胡的琴师，俗称"头手"。

2.曲调

皮影戏的曲调，一般汲取当地流行的戏曲配合民歌、小调。例如广东的海陆丰、汕头一带，都是采用潮剧的曲调。因为用群众所熟知的曲调，会令人感觉十分亲切，进而引起人们的兴趣。

3.效果

皮影戏的效果，分为音响效果和形影效果两种。以往的皮影戏的音响效果，一般是运用乐器的声音来模拟的。如吹唢呐的"音尖"来做鸟声、马叫声，拉二胡弦线的滑音来模拟风声，敲大锣边的轻声来模拟水流声、下雨声、下雪声，击双钹响音来作倒塌声等。有些艺人还用口技来模拟鸡鸣、犬吠、婴儿哭，十分逼真。形影效果，常用蜡烛光摇晃来作火焰影，吸旱烟喷向屏幕来作烟雾影。

（四）剧目介绍

皮影戏的传统剧目甚多，文武兼备，内容主要有才子佳人故事、历史故事、神话以及民间故事。后期出现了一些迎合儿童兴趣的童话剧、寓言剧。

漳州地区皮影戏的传统剧目均为幕表戏，经常演出的有《白蛇传》《西游记》《哪吒闹海》《施公案》，以及根据漳州民间故事改编的小戏，如《白贼七》《谢灵舍》《阴阳槌》等。艺人根据师傅口述传授，按剧情分场次和表演的角色，唱词道白则靠临场发挥。抗日战争时期，漳州芗潮剧社曾附设皮影戏演出队，创演皮影时装戏。皮影戏宣传队陈郑煊、郭佳等人对皮影戏进行全面革新，编排了抗日题材的时装戏《抗日英雄小白龙》《金门失陷记》等，配唱锦歌和抗日歌曲演出。

20世纪50年代初，由66岁的老艺人陈启口述记录的传统剧目有《缪天》《路遥知马力》《马九五》《双凤山》《梦中楼》《文武生》《双义山》《双回魂》《火烧楼》《对金钱》《包公案》《白罗帕》《白贼七》《红罗帕》《永兴奇案》《牡丹亭》《金龟记》《珍珠塔》《庄子》《高文举》《晋江案》《海澄案》《桃花女斗周公》《黄罗帕》《黑罗帕》《摇钱树》《蔡文英》等43本戏。

（五）特殊道具

舞台：闽南皮影戏的舞台，主要是影窗。影窗的制作法：以四条直的硬木条钉成长方形的框子，大小没有一定的规格。过去通常是三尺高、五尺宽。框子钉成后，剪一副半透明的白布，绑紧钉于框架上，另在框底下钉一条留缝的木板或硬纸板，作为插景物道具之用，并作为皮影偶站立的地平线。影窗外框画花边图案来点缀，更显美观。影窗做完后，放在桌子或特制的木架上，就可当作舞台了。为避免幕内的灯光透露出来，影窗下面和两侧以黑布或蓝布围罩。

灯光：皮影戏的灯光尤为重要，因为皮影戏的表演，全靠灯光投影于屏幕上。如果没有配合灯光来照明，戏就演不成了。过去没有电灯的时代，艺人曾经用油灯来照明，由于油灯的火焰会摇晃，而且亮度不足，致使投影出来的皮影形象较为模糊。后改用电灯则使表演效果有改善。

布景：布景是舞台艺术组成部分之一。大致分为幕布、景片两种。主要是为剧中人的活动创造特定的环境位置。因无正式舞台，皮影戏更需要布景。皮影戏的布景一般多用景片，少用幕布。景片一般是用皮料或纸板来刻制，装置于影窗的两边左右角。

道具：皮影戏在演出中的舞台道具，通常应用的大道具有：桌椅、几凳、船只、车辆、轿子等；小道具有雨伞、包袱、刀、枪、剑、棒、杯、壶、灯以及随身小件的扇子、旱烟管等。皮影戏的道具不是真实物、全用皮料或纸片来刻出的。皮偶的形象一般是侧面，道具也必须用侧面的造型来表现。假使椅子的造型不是侧面的，皮影人坐上去，则会双层叠在一起，看起来就不协调了。

人物脸谱：早期闽南皮影戏制作皮影的材料为牛皮或硬纸皮，所刻的人物脸谱与北方皮影不一样，它不着色，形象写实，造型夸张，发型、头盔精致，服装花纹细腻，图案近似宋代笔法，富有闽南地域特色。

四　漳州竹马戏

（一）简介

竹马戏，是从民间歌舞"跑竹马"表演发展而来的地方剧种。它发源于闽南漳浦、华安等县，流行于长泰、南靖、龙海、漳州、厦门、同安、金门等县(市)以及台湾省。过去，竹马戏班每到一地演出，开场节目总要表演《打四美》(或称《跑四喜》)，即由四位小姑娘分别扮演"春、夏、秋、冬"四季角色，演员化妆简朴，胸前臀后扎着纸糊的马头、马尾，手拿竹竿子，边舞边唱。此外，还构建一套独特的贺祝"出头"：如每场开台先由四个小旦举鞭跑马在台上"踏四角头"，谓"跑四美"或"打四喜"，分别演唱春、夏、秋、冬四季歌。

> 甲唱：春游青草地；乙唱：夏尝绿荷池；
>
> 丙唱：秋饮黄花酒；丁唱：冬吟白雪诗。

轮唱毕，四旦合唱：

> 看见一阵车鼓婆，啰啰哩哩唱秧禾。
>
> 紧拍鼓，缓贡锣，啰哩咕。

唱秧歌这出祝贺戏，称"乞冬"或"祈春""秋报"。意谓祝贺四季好收成，过上好日子。这戏的内容，与其他剧种的《跳加冠》《八仙过海》《送子娘娘》等祝贺戏的内容相比较，更显得贴近平民生活，切合农民实际；表演形式也较生动活泼，天真风趣。

由于骑着竹马出场，边舞弄边唱曲，遂改称"竹马戏"。伴奏乐器以琵琶、洞箫、横笛为主。由于当时没有固定的剧种名称，群众称为竹马戏或子弟戏，戏班名则有竹子弟、玉兰子弟、老马、新马等。艺术特点是演员少，节目短，剧目多为反映民间生活的小戏，化妆、道具简单朴素。

竹马戏无论演出形式、剧目、音乐、表演程式，甚至面谱，都早已成熟配套，自成体系。其演出性质也由业余免费演出发展到职业化收费公演，出现了"戏头"逐户筹资，支付"优人"戏金的营业形式。中国戏剧历史研究所专家刘念慈也认为"竹马戏是在漳州一带流行的古老艺术"，"弄子戏（对子戏）艺术尤为珍贵，应完全继承下来进行研究"。

竹马戏片段

（二）历史沿革

竹马戏是福建地方戏曲的一个剧种，是福建省古老的民间戏曲形式之一。其起源于漳州市漳浦县，后流传于漳州各地，以及泉州、厦门、金门、台湾等地。有专家指出，竹马戏对高甲戏、歌仔戏的形成与发展起过重要作用，几乎与泉州的"南音"同时出现，也是闽南民间戏曲的化石。

从"跑竹马"到"竹马戏"的名称的改变，展示了竹马戏不断发展的一个过程。它是在当地民间歌谣、小调、南曲等说唱技艺的基础上，吸收融合了闽南木偶戏、梨园戏的一些音东唱腔和表演程式而逐渐形成，已有三百余年历史。

竹马戏是经过长期演化，逐渐吸收傩舞及车鼓中的角色打扮而来的，如《昭君出塞》的昭君、伴娘、奴婢、将士等，与漳浦车鼓舞《昭君和番》的行当雷同，只不过前者骑马出塞，后者步行和番。例如求变革新，另辟蹊径：一是解竹编布饰的竹马羁绊，以鞭代马；二是变载歌伴舞，吸收里巷歌谣，村坊小曲，合诵"乞冬歌"；三是仿唐戏弄的"弄参军"的嘲弄和"踏谣娘"的摇摆，疍船家的"三步进、三步退"的科步以及傀儡戏中的"弄秃儿"程式，突出生、旦、丑互相戏弄挑逗的戏剧内容；四是改编宋人词、宋杂剧和民间故事等，扩大剧目，并加以方言白话化。通过以上吐故纳新，融合磨合，逐渐由舞蹈转为歌舞加上戏弄等因素而跃上戏曲舞台，成为福建史上较早、流行较广、影响较大的地方戏曲。

竹马戏初称"子弟班"，后面才叫"竹马戏"。沈继生先生在《漳州戏剧文化的历史考察》指出，宋代就有竹马戏之俗，他认为宋时优人所作之戏，便是竹马戏。其根据是：一，"扮竹马"是宋代民间歌舞"竹马"的遗风。从艺术形态上看，它不仅是歌舞，已进而为"杂扮"，赋予一定的戏文内容，即"演故事"。二，竹马戏的演出剧目多为"对子戏"（即一生一旦，或一旦一丑），或称"弄子戏"。弄子戏保存着"唐戏弄"（或参军戏）的遗规，是较原始、较古老的剧种。漳州竹马戏发展至南宋，已拥有"十数辈优人"组成的班社数十个，并累积一批以"男女悲欢离合"为主题的"弄仔戏"，如《搭渡弄》《砍柴弄》《美琪弄》《士九弄》《割须弄》《公婆拖》和"昭君和番"的《番婆弄》等折子戏。三，从表演形式看，竹马戏的演出离不开"跑四美"，即用民间小调唱春、夏、秋、冬"四时美景"。所谓"跑四美"，即开场节目都要有四个小旦扮演春、夏、秋、冬四个角色，骑竹马出场，边舞边唱："春游青草地，夏赏绿荷池，秋饮黄花酒，冬吟白雪诗"等四季曲。竹马戏之得名，据说乃源于此。

关于竹马戏的渊源流播的说法主要有两种，一种根据民间传说获得。根据漳浦县竹马戏班老艺人的回忆，是泉州戏班乘船到海外途中遇到暴风雨，船漂到六鳌半岛附近，被当地人救起后教授当地人南曲而流传。另一种根据考证得来。据历史记载，南宋中叶，漳浦已有戏剧活动。据漳州北溪人陈淳（1153—1217）于南宋庆元三年（1197）写的《上傅寺丞论淫戏书》称："某窃以此邦陋俗，当秋收之后，优人互凑诸乡保作淫戏，号'乞冬'。群不逞少年，遂结集浮浪无赖数十辈，共相唱率，号曰'戏头'，逐家聚敛钱物，豢优人作戏，或弄傀儡，筑棚于居民丛萃之地，四通八达之郊，以广会观者；至市廛近地，四门之外，亦争为之，不顾忌。今秋自七、八月以来，乡下诸村，正当其时，此风在在滋炽。"这里的"乞冬"展示了"竹马戏"经常演出的缘由。明代是竹马戏兴盛时期，正统年间（1436—1449）流传到广东省陆丰县。据20世纪50年代老艺人林力中说，传到他这一辈已有二十二代，传到老艺人黄瑞的孙辈已有二十四代。这时期泉腔盛行闽南，流传于漳州、龙溪一带。据明何乔远《闽书》卷三十八"风俗"记载："（龙溪）地近于泉，其心好交合，与泉人通。虽至俳优之戏，必操泉音……"

至清代，漳浦也有唱南曲的。乾隆年间（1736—1795），漳浦《六鳌志》载，当地有风火院，实是南曲馆，每逢神灵寿诞，或人家婚丧喜庆，群聚于元帅庙唱南曲。乾隆十三年（1748年），漳浦人蔡伯龙《官音汇解释义》记载："做白字，唱泉腔。"这时期，流行于漳浦、华安的竹马戏大量吸收泉腔音乐及其剧目如《王昭君》《陈三五娘》等，唱腔以南曲为主。此外，竹马戏也受正字戏、四平戏、汉剧、徽戏的影响，吸收《燕青打擂》《李广挂帅》《宋江征方腊》等剧目，而且有很大发展。清康熙年间（1662—1722），南靖县金洋人庄复斋在《秋水堂诗集》中记载竹马戏演出《王昭君》时的盛况："一曲琵琶出塞，数行箫管喧城。不管明妃苦恨，人人马首欢迎。"当时，竹马戏班的艺人往往从正月初四出外演出，至腊月二十四日才回家，一年忙到头。竹马戏这一历史悠久的"戏曲活化石"，在清初就随着漳州人迁台而移植台湾。《台湾历史札记》载："顺治十八年，何斌业令人将港路密探，于元夕大张花灯、烟火、竹马阵、采声歌妓，穷极奇巧，诸王与苗长卜夜欢歌。"竹马戏是漳州、厦门的叫法，在台湾称为"布马阵"，在漳州流行近千年的剧目《状元游街》，仍在台湾流行。表演中，状元公骑白马，穿红袍，在丑角马夫的牵领下，和着锣、鼓、钹等打击乐器的节拍，做出各种滑稽夸张的动作。一生一丑，配合默契，丑角始终是戏中的灵魂人物，和漳州竹马戏传统的表演风格如出一辙。光绪年间（1875—1908），王相主修的《平和县志》载："岁时元日，诸少年装束狮猊、八仙、竹马等戏，踵门呼舞，鸣金击鼓，喧闹异常。"

至20世纪20年代，漳浦有18台竹马戏子弟班，仅六鳌半岛就有竹马戏8个班，其他如城关、佛昙、古雷等，有"竹子弟班""玉兰子弟班""发子弟班""老马班""新马班"等。清末民初，还出现女艺人林安仔（漳浦六鳌人）参加演出。当时群众非常爱看竹马戏，曾流传有"三日没火烟，也要看'合春'（合春班名旦）"，"三日没米煮，也要看'戊己'（合春班名旦）"的戏谣。

新中国成立后，竹马戏又获生机。1952年，竹马戏老艺人林金泉、林旺寿、林乌治、林顺天、林文良等人应邀参加龙溪专区文艺会演，演出《砍柴弄》《搭渡弄》，引起有关部门的重视。1953年至1959年，曾三次参加漳浦县业余文艺会演，都受到奖励。1954年，在漳浦县深土乡新院前村培养一批青年演员，组织竹马戏业余剧团。1962年，漳浦县成立发掘、抢救竹马戏艺术遗产工作组，对竹马戏的历史、剧目、唱腔、舞美进行发掘和整理，记录了十几个剧本。1962年底与1963年初，北京及福建省、漳州地区文化部门专家和研究人员相继深入漳浦县调查、观摩竹马戏的演出，组织学术讨论，撰写了一批研究文章和调查报告。"文革"期间，剧团解散；80年代恢复，改名为漳浦县深土乡竹马戏剧团。1984年9月，漳浦县编印《竹马戏历史资料汇编》一书。1990年7月，聘请竹马戏老艺人林金泉，给漳浦县专业剧团年轻演员传授《跑四喜》《唐二别》等剧目，这一古老剧种得以流传下去。至1997年，在漳浦县六鳌乡等地仍有散存的竹马戏民间曲馆继续活动。漳州市文化部门已制订了抢救保护计划，将组织人员对竹马戏剧目、曲目及相关情况作进一步收集整理，使竹马戏的历史渊源，在中国戏剧中的地位，剧目、曲目、服装、道具、表演特色等更加明朗清晰。对《跑四美》《唐二别妻》《昭君和番》等剧目做抢救性重塑排演，重组竹马戏民间职业剧团。现在的竹马戏虽已退化为布马阵歌舞形态，但它仍保留着漳州竹马戏的扮角戏弄，演唱"歌仔""南曲""跑四美""踏四角头"等传统。为适应游行和广场表演，在舞蹈队形变化上，也恢复了"南蛇游""交麒麟""铰剪鼓""四柱穿""蛇脱壳""八仙会""归洞府"等漳州跑竹马的舞蹈程式（套头）。这些程式，都为后来入台的"蜈蚣阵""宋江阵""飞龙阵""舞狮阵""水族阵"所吸收。而车鼓阵则大量吸收竹马戏的表演和唱腔，逐渐抛弃了传统的大鼓束缚。

（三）艺术特色

1.音乐唱腔

竹马戏的音乐独具特色，自成一派。曲调以南曲为主，也吸收了四平戏的某些曲调、京腔曲调等外来唱腔，同时又保留了大量"里巷歌谣"台词和"街坊小曲"，因此具有浓厚的地方色彩。

这里的南曲用闽南话演唱，曲调古朴、节拍行缓，行腔委婉，字少腔多。南曲粗犷洪亮，有着浓厚的民歌风味，保留了南曲未进宫前的诸多特征。例如"四季春""福马调""莺抓歌"。外来腔主要是吹腔和皮簧腔，是用"兰青官话"演唱，旋律比较遒劲，基本保持原貌。例如《梆子腔》《安庆调》《花鼓调》。民间小调主要是漳州的民歌，用闽南语系的漳浦方言演唱，即流行在今如龙溪、海澄、漳浦一带的民间小调。唱词多为七字，旋律流畅，节奏明快。唱腔结构保留了以一两首民歌小调反复多段唱调的形式，例如"长工歌""十月怀胎歌""打某歌""离别歌""十八摸"等。

2.表演行当

在竹马戏的表演中，以"弄仔戏"最为出名，起源于现实生活，有着浓厚乡土气息。有着"一句曲一种科步"的独特表演艺术。竹马戏是从民间歌舞竹马灯舞发展起来的，表演动作多集中在上身和面部，因此，脚步不如手的动作丰富，一般只是上身左右摇摆和扭动，下身为画上马腿的垂幅所遮盖，只有进退表演的痕迹。但竹马戏的表演有"一句曲一种科步"的严格要求，其中旦角的擦眼、耸肩、倒马蹄等科步独具一格，并保留"三步进、三步退""踏四门"的古老台步。旦丑的表演有一套独特的程式：旦角手置前胸，脚行叠步，行进时，脚尖跷起，每步约三寸；手法有指手、分手、啄手、螃蟹手等。

"举天"是旦角特有的动作，表演时用垫脚，双手举天，与梨园戏举天的表演有所差别。早期旦角演出常把脚跟提起藏在裤管里，脚尖着地，另装木蹄，犹如缠足妇女行走，袅袅娜娜，近似京剧的跷功，为民间小戏所少见。丑角的基本身段有屈腿、摇肩、雀跃；表演程式有跳步、双手指地、一手指身边、一手指肚边、舒扇在肩边、出水看等。表演粗犷活泼，一句道白就有一个动作，一种表情。例如弄仔戏中的一丑一旦，或一生一旦，节目短，演员少，剧情简单，唱词通俗易懂，朗朗上口，有如方言顺口溜，故深受观众喜爱。丑角在表演中占突出地位，上身的扭动，脸部的眉目传情很有特色。旦角的表演严谨秀丽，有"手置前胸，脚行蹀步"的定规，还有碎步、移步、急步、磨步、摇步等科步。戏谚中有所谓"做丑张猫眯；仿旦使目箭"、"生（举手）到肩，旦（举手）到乳"，说明其表演古朴粗犷且不失细腻柔美。表演者整个表演龙腾虎跃，振奋人心，体现出民间舞蹈对"鼓之舞之以尽神"中之"神"字的诠释。上述民间舞蹈的动作、姿态以及表演风格，给研究漳州人民的劳动生活、审美心理提供了重要线索。

3.舞台艺术

道具和伴奏音乐乐器，体现竹马戏的艺术特色。

主要道具：竹制马。竹马以竹篾扎形，外蒙绸布，或用红、黑、赤、青、花、白等多种颜色纸糊制成马的形状。

辅助道具：小竹筒、白扇、蜈蚣旗、手帕等。

乐器：伴奏音乐有器乐曲和锣鼓经。这两部分的组成比较讲究排场，其中器乐曲在竹马戏中称为"行谱曲"。竹马戏使用的弦管乐器以琵琶为主，配以二弦、三弦、大吹、小吹、洞箫等，打击乐器有大锣、小锣、铙（后改为钹）和堂鼓等。伴奏乐器可分为两大类，如：管弦乐器有琵琶、三弦、二弦、大吹、小吹、洞箫、横笛、拍板、双铃等；打击乐器有大锣、碗锣、大鼓、大钹、小钹等，用于舞蹈和武场表演。

竹马戏的化装，较简单，大都以本脸为主。旦角不涂粉，只在双颊略施胭脂，丑角在鼻、唇处抹上白粉就可登场。旧时演出时没有正式的服饰，由请戏者临时从生活服饰中选取供演员穿戴，以后改送红包，让戏班自备服装。

用竹篾编织马的骨架

4. 语言题材

竹马戏在语言的表现上更显漳州方言的特点。竹马戏的价值，历史悠久只是一个层面，深层的意义在于它在闽南先行方言白字化：化文言为方言，化官话为白话，化官府仕绅之娱乐为庶民百姓之戏乐，在它的白字方言示范影响下，推动了流入闽粤的正音正字的剧种、曲种，走向方言的白字的轨道。

竹马戏的语言平白、大众化。语言题材来源于现实，反映劳动大众生活的剧目，有着浓厚乡土气息，都是老百姓喜闻乐见的。竹马戏特别善于运用通俗生动的方言白话和本地民歌俚曲在表演中戏弄、逗趣、嘲讽，并以此为依托来演绎男女悲欢离合的故事，因而很快风靡城乡。例如《昭君和番》《赛昭君大报冤》《唐二别妻》《番婆弄》等。这些传统的"弄仔戏"，表演时多为一生一旦或一丑一旦，如《砍柴弄》《士久弄》《搭渡弄》等；也有二丑二旦的表演，叫作"双弄"，如《番婆弄》。平白的语言，朴素的追求，真实地反映了普通老百姓对美好生活的向往，也反映了他们爱憎分明的情感世界，为此，竹马戏获得了深厚的群众基础，也让竹马戏的艺术生命之花永远绽放。

（四）剧目介绍

竹马戏剧目题材比较广泛，据说有五十多种，主要有弄仔戏和历史戏。竹马戏演出的剧目主要分为三大类：一是排场戏，二是"弄仔戏"，三是外来剧目。

本土化产生的剧目排场戏，如《打四喜》《跳加冠》《答谢天》《送子》《八大仙》，后面这四个排场戏是吸收四平戏而来的。

"弄仔戏"有《番婆弄》《过渡弄》《桃花搭渡》《砍柴弄》《士久弄》《唐二别妻》《尼姑下山》《骑驴探亲》《闹花灯》《管甫送》《美旗弄》《思想成》《打铁记》《金钱记》等。

吸收外来的剧目有：《昭君和番》《赛昭君大报冤》《王水卖老母》《公婆拖》《打花鼓》《老少换妻》《双摇橹》《宋江劫法场》《宋江征方腊》《燕青打擂》《李广挂帅》《武松杀嫂》《陈三五娘》《牵牛记》《补瓮》《乌白蛇》《青石岭》《洋牌阵》《白虎堂》《路遥知马力》《蓝鹿叫门》等。

五　闽南四平戏

（一）简介

四平戏是一个乡土气息非常浓厚的剧种，由明代南戏四大声腔之一的弋阳腔演变而成，曾广泛流行于江南数省，后传入福建，至今仍活跃于闽北政和与屏南一带，已经正式列入国家非物质文化遗产保护名录。

什么是四平戏？这里的四平戏是指闽南四平戏。由于有其源流及不同地域的发展而有不同的名称。闽南四平之名是最后形成的，追述闽南四平的原始及其名称演变，早期另有其他的名称。四平戏，古称"四平腔"，传入闽南的四平戏，民间传说它叫"庶民戏"，又称"赐民戏"。演出时"戏台大，照明灯火大，锣鼓音响大，唱腔声音大"，有"大戏"之称。是早期南戏弋阳诸腔之一，它采用"一唱众和"徒歌演唱形式。巧妙结合"众和"与"锣鼓打击乐器伴奏"所造成的强烈舞台音乐气氛，于广场与草台、庙台演出。

四平戏表演

（二）历史沿革

据《中国大百科全书·戏曲曲艺》介绍，"闽南四平戏"于元末明初(即15世纪中叶)

传入福建,但于何时传入漳州，尚无可靠文献记载。经刘湘如、林庆熙等人考证，四平戏于明末随江西南丰移民分三路传入福建，其中一路从赣东南经闽西而落户于闽南平和，并广泛流传于漳州的漳浦、诏安、云霄、南靖等地。关于它的发展主要有三个重要的时期，一是明末清初四平戏传入闽南；二是清中叶后，闽南四平戏发展很快；三是清末民初是闽南四平戏最繁盛的时期。

　　研究者大多认为闽南四平戏与南戏弋阳腔有关，认为四平戏中的四平腔，即是"稍变弋阳，而令人可通者"。四平戏是明清间流传中国南方的戏曲剧种，渊源于"稍变弋阳"的四平腔。最早记载四平腔演出情况的是明人顾起元《客座赘语》卷九："今则吴人益以洞箫及月琴，声调屡变，益为凄婉，听者殆欲堕泪矣。大会则用南戏，其始只二腔，一为弋阳，一为海盐。弋阳则错用乡语，四方士客喜闻之，海盐多官话，两京人用之。后则又有四平，乃稍变弋阳而令人可通者。"由此大致知道了明代中后期官宦之聚会已有四平腔的流行，可见四平腔流行时间当在万历以前，而且明确说明四平腔即是弋阳腔，仅是略有变化而已。明人胡文焕在万历二十年前后所编选的《群音类选》一书中的诸腔四卷中，把四平腔与弋阳、青阳、太平诸腔并列。

　　据清乾隆十三年漳浦人蔡奭作的《官音汇解释义》卷上说明，清乾隆之前四平戏已在闽南盛行。清中叶以后，四平戏在长期发展中也受到昆曲、乱弹、外江戏和当地古老剧种竹马戏以及小梨园的影响，从流行于闽南的地方戏剧种吸收不少剧目、唱腔和表演艺术。到了明清之际，四平戏受到昆曲的影响，还搬演了昆曲剧目及引用昆曲曲牌。行当从九角增加到十二角；后台伴奏乐器也从早期的"锣、鼓、吹"增加了弦乐器，形成了与闽北四平戏的不同风格。四平戏逐渐成为漳州最强大的剧种之一。清末至民国初期，闽南四平戏仍非常兴盛。漳属每县都有四平戏专业班社。在漳州、龙溪有"凤仪班""万盛班""玉凤班""永春班"等；在南靖、平和有"永丰班""荣华班""新福班""彩霞班""金麟凤班""麟凤班"等；在云霄、诏安有"万利班""庆乐堂班""全发班"等，演出《状元游街》《金花报捷》《贵妃醉酒》《五代荣封》《五台山》等剧目。平和县的凤仪、万利等班还到闽西龙岩演出。闽南四平戏自清末民初以后漳州四平戏因唱白用"中州官话"，不易为群众所接受，逐渐受到竹马戏、芗剧尤其是京剧的影响，更敌不过潮剧的冲击，从20年代开始更走向衰落。日本发动侵华战争后，厦门一度沦陷，闽南经济破产，四平戏便宣告消亡，不少艺人改唱潮剧或汉剧。60年代初，平和县曾为发掘、抢救四平戏作出努力。现仅存用于民间婚丧喜庆演奏的"四平锣鼓"队，仍活跃于各地城镇和农村。

　　（三）艺术特色

　　1.音乐唱腔

　　四平戏的唱腔、表演具有强烈舞台音乐气氛，很有特色。音乐曲调尤其通俗，连小孩看过也能学唱。音量大、音域广、气氛喧闹、剧情节奏分明，人物个性突出，感情浓烈，富有艺术表现力。特别是"一唱众和"徒歌演唱形式，虽然无管弦乐器伴奏，但巧妙配合"锣鼓打击乐器伴奏"，音乐与声腔达到高度的和谐统一。由于是在广场与草台、庙台演出，不但能增强音量、扩大音域、渲染气氛、增进剧情节奏，突出人物个性，抒发感情，丰富其艺术表现力，而且能使众多的观众听清曲调，理解剧情。在早期，演出的剧目、音乐唱腔、表演技巧与闽东、闽北的四平戏基本一样，很受当地观众的欢迎。

四平戏唱腔属曲牌体，由于艺人口口相传，大量曲牌名遗佚。四平戏音乐唱腔，深深地打着弋阳腔。其节以鼓，其调喧，一唱众和的传统艺术烙印。四平戏不用管弦，只用帮腔及锣鼓伴奏，唱腔旋法中多大跳音程，字多腔少，多种因素共同促成四平戏高亢激越的音乐风格。唱腔向无曲谱，"帮腔"要视唱词中的句式、句段的长短、字多字少及人物情感需求而定，有帮一个字、二个字、三个字或四个字，甚至五到六个字亦有之。"帮腔"的唱词第一个字要由乐队鼓师先领唱，然后才随之"众人和腔"。这种"先领唱后和腔"的帮腔程式，艺人称为"先领唱""套头唱"或"领头腔"。它主要是起着"定音""定调"作用，使"众和者"免于在无管弦乐器的演奏托腔的情况下，出现腔调混乱的现象。

各行当角色演唱行腔发音都有严格规范，依据不同人物的情绪变化，感情起伏跌宕来增强四平戏音乐唱腔的准确、饱满、圆润、高亢、激昂、自如，音韵美、动听等特点。四平戏音乐中有为数不少的"滚唱"唱腔，接近口语，且多句连缀，打破原有的唱腔句式，给音乐带来新的活力。这些滚唱旋律一般都是"定腔"，而唱词各不相同。如《包公斩国丈》中的滚唱唱腔。

四平戏的唱腔字多腔少，音高变化跌宕生硬，多下滑音，旋律进行缺乏缠绵悱恻，叙事性多于抒情性。四平戏唱腔的旋律线条起伏较大，且表现为急升急降式。如《云头送子》，一字一音为主，只在唱词的重点字眼或句尾处出现一字多音的拖腔，用于抒发较为强烈的感情。四平戏的文戏多为悲剧题材，反映古代妇女的悲惨遭遇，如著名的《琥珀岭》《白兔记》《沉香破洞》等。唱腔的悲剧色彩，主要通过句尾较长的拖腔及类似叹气的下滑音。有的唱段，每个乐句的句尾都以下滑音作结，悲痛的情感溢于言表。

以乐传辞。从词曲关系上看，四平戏的旋律音调受字调的制约小，"倒字"的情形十分普遍。如同样是"多蒙君恩"四个字，所配的旋律音调差别很大，可以是大二度进行，也可以用八度跳进，说明旋律的发展较多依赖感情的发展需要，不必拘泥于唱词的字调关系。正因为如此，唱腔的旋律音调表现出了较强的稳定性，音乐旋法较有规律。音乐风格激越高亢，个性鲜明，常常运用大段唱腔揭示人物内心世界，表现强烈的戏剧冲突。

2.表演行当

四平戏的表演运用百姓喜爱的方式编排情节、穿插科诨、设计戏曲冲突，既显示了纯朴而奇妙的民间智慧，又很容易令百姓产生认同感，从而投入极大的兴趣和热情。

表演传奇性与生活化相结合。这源于四平戏善于表演异于常态的传奇故事，注重情节的曲折、离奇，往往是一波三折，引人入胜，充分表现出了民间的智慧和趣味。为了强化传奇性，这些作品还喜欢穿插灵异故事，情节显得更加离奇、诡异。尽管故事情节独特而离奇，却是百姓对世界、对生活的理解和诠释。例如《沉香破洞》，三圣娘和刘文锡人神殊道，阻隔重重，如何才能遇合呢？在百姓的心目中，上天的旨意是至高无上、不可抗拒的。于是，戏中设计了问天书的情节，说他们的姻缘是天作之合，又让月老、判官、小鬼纷纷出马，使天意成为现实。沉香虽然是人神结合的产物，但力量有限，要救出母亲，谈何容易。四平戏在表演时既有意识地增强故事的传奇色彩，满足百姓尚奇趋异的审美心理，又融入原汁原味的民间生活，表现百姓情怀。传奇色彩不过是炫目的外衣，里面包裹着的却是百姓的内心世界。在台上除了表现对纯真爱情和幸福生活的向往，四平戏常常流露出对富贵的钦羡，有不少作品描述寒门子弟始而饱尝各种痛苦，继而发迹变泰的经历，如《白兔记》《虹桥渡》《抛绣球》等。郑庭玉、吕蒙正等都是寒门士子，十年寒窗，历经艰难之后终于大获功名，他们饱尝了世态炎凉，一朝风云际会便青云直上，春风得意，痛快淋漓。百姓非常尊重乃至崇拜他们。他们的经历，绝大多数百姓是无从拥有的，但可以从舞台上他人的经历之中间接获得体验，在他人的成功中满足对荣华富贵的企羡。

谐趣与调侃相结合。主要表现在对某些严肃、正规场面的漫画化处理。例如《中三元》《白罗衫》《虹桥渡》等戏中表现科考和审案。其中穿插的科考场面，考试竟然是对一副对联，未免太过简单，几乎类同儿戏。科举本是封建社会选择人才最重要的制度，尽管弊端重重，但至少表面上还是郑重其事的。老百姓将之视为儿戏，表达他们肆意调侃、讽刺和鞭挞，体现他们对所谓国家大事的认识和理解。这是老百姓一种特有的表达方式，他们用自己的方法解决各种矛盾，维护受迫害者的权益，并借此调笑逗乐，激发观众的笑声。可以说，谐趣是必不可少的调味品，有了它们，观众就开心，四平戏也因此广结人缘，受到人们的欢迎。

表演行当逐渐增加，开始程序化。早期行当分"九角"，即三生、三旦、三花。后台伴奏乐器主要是锣、鼓、吹。清中叶以后，行当角色从九角发展到文生、武生、老生、正旦、花旦、苦旦、彩旦、男丑、女丑、红脸、乌净、杂共12个角色；也从"做大班"的昆曲和唱皮黄的乱弹外江戏等剧种中吸收不少唱腔和表演艺术。吹牌特别丰富多彩，已发现的常用曲牌有334个。演员表演细腻、精巧。其唱腔绝大部分还在四平戏的曲牌名下标注为头板、二板、倒板、叠板、快板、摇板和"唱西皮"等。闽南民间普度演戏成风，演出中充满了民间信仰的种种仪礼，丧葬习俗的繁文缛节使得演戏活动弥漫着浓厚的世俗宗教氛围。既古朴粗犷，又优美自然，雅俗共赏，富有生活气息与民间色彩。生角出场必自报家门，举止文雅端庄，旦角注重静淑稳重，净角要求粗犷夸张，丑角则引逗滑稽。每个行当的表演都有一套严格的科范:如小生指如蛇爪，出手平胸，举手到眉；小旦出手平乳，向下到肚脐；大花手似虎爪，出手平耳，以三步为一节，大步踩大锣，小步踩小锣。老生手似龙爪，出手平肩，步大脚下轻；老旦手如环指，扣指如杯；小丑出手平乳，一伸即缩等。尤其是净与丑的科介与念白，随剧情发展而插科打诨，甚至游离脚本台词而临场发挥，以增添滑稽与戏弄的古杂剧科诨色彩。

3.舞台艺术

四平戏的舞台大多是临时的。常于广场与草台、庙台演出。下面列举一些特殊的技艺特色。

穿花对阵：四平戏有一套十分完整而又与众不同的表演。每当双方兵马对阵作战时，双方各有一或两个龙套从下门同时出场，一方持刀，一方持枪，作"双蝴蝶""过黄门""火过弄""翻过门"等舞台调度，随即双方对向开始交锋，刀枪相架，彼此相持，台上出现一两对兵卒做蛇形曲线绕转。绕穿之后，另一方也以同样的调度动作，做相对应的表演，呈现出舞台对称平衡美。

插科打诨：丑角和净角不论念白还是动作，都通过大量的插科打诨来增加喜剧性。小丑随意互相插科打诨，一个说东，一个道西，互相扯皮，故意打岔，利用本地方言"谐音"进行逗趣。这是福建其他剧种中较为罕见的表现。

撒帐：保留不少古代的民间婚俗，并加以艺术处理，搬上舞台。这种表演直接来自民间婚礼习俗，当地人叫作"撒青"。

人当道具：戏中的判官、小鬼均由演员扮演，一直不动，形同木偶，其表演套路来自南戏，与宋南戏《张协状元》同。

真刀真枪：表演两军对阵武打场面，则出现钩镰枪、排刀、平头刀、关刀、腰刀、月片刀、钢剑以及三叉戟、三节棍等。至今，有的戏班还保存有这些真刀真枪的道具。

乐器：早期伴奏乐器主要是锣、鼓、吹，后台伴奏乐器也增加了二弦、三弦、椰胡、二胡、横笛、直笛、洞箫、扬琴、大三弦、净(番万净、月净)、大小唢呐(各两支)。大鼓两头平面，鼓面直径0.8米左右。武功戏乐器以唢呐为主，文戏以竹二弦为主。锣分大锣与小锣；鼓分梆鼓(土称刀鞘梆)与堂鼓；吹分大嘀哒与小嘀哒(即大小唢呐)；钹分大钹小钹。专司绰板、梆鼓兼打堂鼓者一人，专司大锣者一人，专司小锣者一人，专司大钹者一人，专司吹兼打小钹者一人。清末，四平戏受乱弹戏影响在后台乐器上增加了箫、笛与麻胡等新乐器(麻胡的形状样式与京胡相似，但比京胡偏大些)。演奏人员也由原来的五人增至七人。

南靖四平锣鼓乐的主要特点是将许多曲牌（华牌）联串在一起，用锣鼓配合唢呐吹奏，表现一个故事情节。因为它表现内容大都是武将征战情节，所以奏起来非常雄浑有力。使用乐器有大唢呐一对、通鼓、笃鼓、锣等。四平锣鼓乐节奏感强，优美动听，锣鼓声喧，气氛热烈，深受广大民众喜爱。四平锣鼓乐流传于南靖县金山、龙山一带，至今已有多年的历史。在流传过程中，它吸收了一些本土音调，以及外来的曲调，因而曲目丰富。

4.语言艺术特色

四平戏这一古老剧种的舞台语言艺术别具一格，在演唱时皆用"土官话"，并杂用乡语。这有别于其他任何剧种。

四平戏属于外来传播剧种，一般是照搬"官话"，但"一唱众和"的演唱，让四平戏处于"一人启口，数人接腔"的热烈状态。特别是四平戏中不少"滚唱"的融入，接近口语。突出表现为类似切分的节奏，其节奏明显受流传地方言影响。四平戏的"唱、白"，表现程式大抵可分为唱曲、韵白、家常白、引子、对、诗、接口行板(亦称数板)及叫头等若干种。在这些表现程式中，对某些字音仍要遵守保留"官音"与"戏曲声调"，要上口上韵的特殊读法，选择吸收方音土语穿插其间，丰富四平戏舞台语言艺术。可见，四平戏虽然照搬"官话"，但可以"错用乡语"，其"调长短、声音高下，可以随心入境"，这样，"官话"自然成了"土官话"。方言的节奏特点和下降语调成为改造外来声腔的一股巨大力量，是外来剧种得以在当地迅速盛行的原因之一。

(四) 剧目介绍

四平戏的文戏多为悲剧题材，反映古代妇女的悲惨遭遇。如著名的《琥珀岭》《白兔记》《沉香破洞》等。为了吸引更多的观众，还取材于话本、小说，大演《三国演义》、《薛刚反唐》等连台本戏。在发展中，四平戏受到昆曲、乱弹、外江戏和本地古老剧种竹马戏及小梨园的影响，从这些地方戏剧中吸收不少剧目、唱腔和表演艺术。

"四大棚头"戏有：《蔡伯喈不认前妻》《苏秦六国封相》《刘大龙菱花镜》《吕蒙正衣锦还乡》《王十朋》《拜月记》《李彦贵》《反五关》等。

"小折"戏有：《四十太子》《七十二孤单》《白鹤记》《审蛇案》《打鸟记》等。

"连台本"戏有：《三国演义》《薛刚反唐》《西游记》。

据老艺人回忆，四平戏有三百多个剧目。1960年平和县在调查中发掘剧目七十九个，已记录二十八个，增加了"四大弓马"（《铁弓缘》《千里驹》《马陵道》《忠义烈》）和"五大元记"（《满床笏》《五桂记》《月华园》《樊梨花》《罗帕记》）。光绪年间荣华班的牙笏列有二十四个剧目，现仅存《贵妃醉酒》《百花赠剑》两个口述记录本。根据曾宪乙口述，漳州四平戏传统剧目流传至今主要有：《铁镜记》《南华山》《乌鸦记》。

六　锦歌

（一）简介

锦歌又名什锦歌、歌仔唱，属于联曲体的曲艺形式。漳州锦歌，据地史志记载，原名歌仔或什锦歌，又称乞食调。又名"什锦歌""念歌""弦歌""但歌""歌仔""什锦歌仔"

"锦曲""杂凑歌""乡音"等，后来人们通常都称为"什锦歌"。1953年摒弃"什字"称为锦歌，一词沿用至今。用闽南语演唱，流布于漳州、厦门、泉州和闽南方言地区，乃是闽南最古老的曲种之一，因用闽南语系中的漳州语音演唱，亦称为漳州锦歌。它与闽南民间歌谣、南曲相兼融，经过不断传承、创新而丰富完整起来，并成为别具一格的一种曲艺。它常以四句七言或五言的联句弹唱历史和传说故事。因其乡土气息浓厚、曲调流畅优美、演唱形式简便，受到广大人民群众欢迎。

　　漳州"锦歌"流行于以漳州为中心，包括厦门、晋江、龙溪在内的闽南平原地带及台湾省和南洋诸岛华人聚居地等。郑成功收复台湾时，也把锦歌带至台湾，为后来台湾"歌仔戏"的形成奠定了坚实的基础。根据1999年出版的《辞海》对漳州锦歌的介绍，它由闽东南的民间歌谣发展而成。一般为四人演唱，伴奏乐器各地不尽相同，一般为琵琶、洞箫、二弦、三弦、木鱼等，也有只用一把月琴或二胡自弹（拉）自唱的。传统曲目有《陈三五娘》《秦雪梅》等。

漳州锦歌表演片段

（二）历史沿革

　　关于锦歌的起源时间并没有确切的记载，现人只能根据锦歌的曲调、乐器、演唱形式以及地方志或者学者的资料分析得到一些线索。它是以方言演唱，锦歌萃取漳州历代各族的渔歌、樵曲、猎歌、牧歌、褒歌、童谣、佛曲，有着浓郁的乡土气息。在流传的过程中也受漳州地方戏曲、南音、南词的影响，后在群众和艺人的不断演唱中逐渐丰富。

　　据史料记载和分析，它来自民间。锦歌是发源于福建省漳州市九龙江沿岸的一种说唱艺术。漳州建州已有1300多年的历史，它幽雅而古朴，可以说锦歌是漳州这座古城的一朵奇葩。锦歌历史悠久，自从开漳圣王陈元光于686年在漳江之畔建立漳州，把中原先进文化传到漳州来，兴办府学，经农惠工，通商利市，经济呈现一片繁荣景象，弦歌堂的建立和历代的维修，对传播文化起了积极作用。

为何称锦歌，有两种说法。一种认为"锦歌"有集民歌之"锦"的意思； 另一种说法认为"锦歌"是早年盛行于锦江（今江东桥至海澄）的意思。其实锦歌源远流长，它承袭了魏晋变文和宋元讲唱文学传统，唐宋初步形成，明代定型。它在漳州的形成是由于唐宋元明以来漳州经济发达南北文化交流的结果。根据历史记载反映，漳州地处闽、粤两省交会处，东临台湾海峡，至唐代，逐步走向繁荣，宋、明时期，漳州一带"弦歌"已十分流行。弦歌以琴瑟伴奏而歌，唐贞元二年陈元光的《龙湖集》"父老吹龙笛， 和之美玉箫"，反映了当时音乐、歌舞繁盛的场面；据清康熙三十八年版《漳浦县志》记载，北宋元符元年，漳浦县令在漳浦城东郊兴建"弦歌堂"；《漳州府志·规制》载：明嘉靖十年，知县俞琏在县衙门前建鼓楼，又当街建二石坊台："一方民社""百里弦歌"。

《中国大百科全书·戏曲曲艺》记载"锦歌的历史悠久，约产生于明末清初。它以四句七言或五言的联句弹唱历史和传说故事，约在明末清初继承了南词小调、道情及民间小戏的音乐发展而成"。明末清初，闽南一带盛行一种本地俗称的"正字仔"或"四平调"。它继承了明代南词小调的许多曲牌，吸收了当地民间小戏，如《凤阳花鼓》中的仁花鼓调和《王大娘补缸》中的补缸调等，也吸收了民歌及部分佛曲、道情的一些曲调，当地的民间小戏， 如竹马、车鼓、老白字等都受到过它的影响。传入后，它与闽南民间歌谣、南曲相兼融，经过不断传承、创新而丰富完整起来，并成为别具一格的一种曲艺。它常以四句七言或五言的联句弹唱历史和传说故事。郑成功收复台湾时，随闽南人民东渡，也把锦歌带至台湾，锦歌在台湾落户，为后来台湾"歌仔戏"的形成奠定了坚实的基础，同时，锦歌也随移居者在南洋诸地流行。目前仍在台湾流传的有"牛犁歌""病团歌""天乌乌"。清乾隆年间，《长泰县志》总辑杨日焕在诗中就有"花树千门翠， 弦歌万户长"句，句中的弦歌就是锦歌。

清中期以后，漳州、龙海等地锦歌馆社如雨后春笋般出现，如答余堂、丰庆堂、声音堂、集弦阁、乐吟亭等。清末，腐朽的清政府和后来的国民党当局的黑暗统治致使社会经济日渐衰败、民不聊生，一些艺人迫于生计，流入城镇乡村，身带一把月琴，以卖艺行乞为生，自弹自唱，演唱锦歌。这时的锦歌打上鲜明的时代烙印，时称"乞食调"。

1929年，漳州锦歌艺人陈丽水、林庭、赖耀山、王清吉、陈胶掠、朱亚、钟青、陈不得等应邀到南洋诸地演唱。抗日战争爆发后，"抗日救亡，人人有责"，艺人们也积极地用锦歌为武器，宣传抗战，激发全民族爱国热情。一时间，在一些锦歌艺人带动下，群众自发组成了"锦歌馆""乐社""歌仔馆"等数十个锦歌演出团体，到处宣传抗日。

　　新中国成立后，锦歌得到繁荣与发展，还组建了锦歌演出队，1950年，漳州市有锦歌社十多个，1956年、1978年应中国唱片公司和香港东方唱片公司邀约，灌制唱片和录制卡式带发行国内外。还涌现出一批有成就的艺人，1958年、1960年民间艺人张上厦曾两次赴省演出，均获一等奖、创造奖。1962年，福建省文化厅、省音乐协会曾派人到长泰录下他的《孟姜女》《山伯英台》剧全套唱曲，通过解放军前线广播台，向台湾、金门、马祖播送，以激发隔海同胞思乡恋祖情怀。1966年3月，张上厦被选入省艺术团成员。60年代初文化部门组织力量挖掘锦歌传统曲本，至1963年共挖掘、记录锦歌曲本二十六个，曲调一百五十多支。改革开放以后，创作许多新的剧目。80年代，各地锦歌社团多次集会观摩，加强艺术交流，锦歌表演艺术不断提高。国家非常重视非物质文化遗产的保护，2006年5月20日，该曲艺经国务院批准列入第一批国家级非物质文化遗产名录。

　　（三）艺术特色

　　锦歌是主要是以锦歌艺人弹着月琴沿街走唱的方式进行，月琴柄上挂着一束竹签随意让人抽签点唱锦歌唱段。艺术特色主要从表演形式、唱腔风格、曲调种类、演唱形式以及使用乐器类进行分析。

　　1.表演形式和内容

　　锦歌的表演形式有多种，包括走唱瞎子"弄叮当"、坐唱、表演唱、戏剧表演等。主要有以下四个方面：①走唱，可谓锦歌较原始的形式之一，只用月琴自弹自唱或双人齐唱坐唱由单口叙述故事发展到多人分角色对唱或齐唱；②坐唱，坐唱或对唱，加有伴奏乐器；③歌仔阵，边走边唱，除演唱者还外加有锣鼓和笛管，演唱者身挎乐器，随队行走，这样的形式为"出阵"；④表演唱，是坐唱发展而来，把说唱内容戏剧化处理，由演员上台表演，乐队伴奏。在这些传统演唱形式的原有基础上进行创新，在运用坐、走、出阵等形式的基础上，还通过演员在舞台上活动位置的安排与转换，演员形体动作的过程中构成艺术语汇，使舞台生活形体化、视觉化，通过形式的创新使舞台语言在视觉形象上有更好的体现。

　　锦歌的表演歌词口语化。它用闽南语演唱，传统伴奏乐器主要有月琴、洞箫、琵琶和二弦。主要有"褒歌""答嘴鼓""接骨歌"等对唱形式。特别是大众化的说唱形式，使用月琴或大管弦伴奏"七字调""杂念调""大调""哭调"音乐。故锦歌又称为"月琴锦歌"。后来又添加了大广弦、六角弦、三角弦和箫笛等伴奏乐器。没有专业演出团体，以自娱自乐形式为主。演唱形式有一人唱念，两人对答，三四接着唱念，也有自唱乐队伴奏的。不靠形体表演的视觉辅助，只凭听众的听觉感悟内容。锦歌词句多从日常流行的口语、成语、俗语、谚语中选择既能达意，又生动、活泼、机智。风趣的语言加以诗词律化和说唱规范，朗朗上口，听者声声入耳。

漳州锦歌围坐表演

2.音乐、唱腔

锦歌的唱腔音乐属曲牌连缀体。基本唱腔是"七字调""杂碎调"，连缀众多"杂调"、"花调"组成联曲体的说唱曲牌。唱腔大体分为五个部分：杂念仔，如答嘴鼓、四句连等；五空仔，作为开篇的"四句头"分为"正调""阳光""洞管""箫代吟""安童闹"等；四空仔，是七字组成一句（七字仔）的多段体结构；花调，如长工歌、车水歌、十二月歌；乐器曲，如入板头、连环谱。曲牌名称，由原来的"七字仔"改称"四空"，"大调"改称"五空""贝思"。演唱中有时插入几小节南乐，称"曲爿"。曲调丰富繁杂，大体可分为四类。一类是"杂念仔""杂嘴仔"，唱腔近于念诵，自由活泼；二类是"四腔仔""五腔仔"，也叫"七字仔""大调"或"丹田调"，是锦歌独具风格的基本曲调；三类是"花调""杂调"；四类是"顺乐曲"。曲调音阶一般三度起伏，较为平稳。代表性曲目有《海底反》《安童闹》《无影歌》《赌钱歌》《尪姨》《白扇记》《加令记》等。乐曲以前奏、入曲、后奏组成。

"七字调"（又称四空仔），是锦歌的主腔，既能叙事，也能抒情，单曲反复说唱。曲调节奏平稳，旋律流畅，以字音作腔，旋法多在三度至五度上下周旋，偶有八度跳跃。演唱夹虚词，成为流派或个人风格的标志。

"大调"又名"丹田调"。词格与"七字调"雷同。有"大调咿"和"大调哎"两种变体。旋律委婉，迂回跌宕，节奏平仄相间，突出拖腔，多作抒情描景，为"七字调"引腔和煞尾，是锦歌七声音阶曲调中最具漳州风采的唱腔之一。

"杂碎调"是快板、朗诵、对答、念歌等俗谣发展成为长短句的音乐形式。起到诵吟的功能。基本调式以"商"居多，旋律进行中常出现向下属调转换，段落尾句拖腔又强调"清角"音向下属调转换，为乐段终止后，给听众留下乐趣多。

"哭调"，世代相传或即兴发挥，属于不押韵的长短句，组成上下两句段体。

锦歌的唱腔风格大致要分为堂、亭两大流派：堂字派主要在农村中流传，亭字派主要在城市中流传。堂字派唱腔粗犷有力，曲调接近民间歌谣，尤其擅唱杂念调，旋律灵活，变化多样。亭字派唱腔比较优雅细致，采用南音、十八音的曲调较多。使用乐器及指法也与南音接近，主要乐器有琵琶、洞箫或品箫、二弦、三弦及木鱼、小叫、双铃、盅盘等。代表人物有林廷、陈允在、石扬泉等。

3.舞台艺术

锦歌因流行地区不同，其演唱方式及伴奏乐器稍有区别。流行在漳州地区的锦歌受南音影响，锦歌班社的人员自娱时大都采用南音伴奏的乐器，而应邀演出时一般都用月琴、乌玄、三弦、渔鼓、小竹板、铜铃伴奏。盲艺人的演唱则用月琴或二弦自弹自唱。

使用乐器因地而异，有用月琴、二弦、三弦、渔鼓、小竹板、双铃的，也有用秦琴、椰胡等乐器的。各地盲艺人都只用一把月琴或二胡自弹（拉）自唱。随着锦歌的普及和发展，后加一把古拙的大管弦。此外，大广弦、六角弦、三角弦和箫笛也是长泰锦歌的主要伴奏乐器。锦歌进入城市后，改用南琵琶、洞箫、三弦、二弦等乐器。

依照演唱风格，锦歌可分为三大流派：①城镇的"亭"字派为代表有八乐吟、乐吟亭、集弦阁、盛音园、进德社；亭字派唱腔比较幽雅、细腻，讲究咬字归音，韵味十足。②农村的"堂"字派为代表有庆丰堂、庆贤堂、乐音堂、锦云堂、一德堂、攀和堂；堂字派唱腔朴实、粗犷。③"月琴"派有长泰、华安、平和以及盲艺人的走唱（乞食调）和云霄的"四管齐"；月琴派以一把月琴自弹自唱，属原始的走唱形式。特色乐器有月琴、洞箫、南琶，还有打击乐四宝、拍板，特别是用喝功夫茶的小茶杯叠在一起，运用特殊的奏法产生奇特的音效。

锦歌主要乐器

4.语言题材

锦歌的演唱艺术，充满浓郁乡土气息的语言特性，更为重要的是它有一些给人印象深刻、类似逗人发笑的题材。借助它诙谐逗趣的语言特色表现农民的生活与追求。

特别以"漳州腔"为特征的语言习惯，让锦歌具有强大的乡音凝集力。

锦歌的取材与语言都扎根于乡村，在艺术上有人称为"草根艺术"。由于锦歌艺术的这种特性，使得它深受漳州人民群众的喜爱与追捧。到现在，我们还可发现逢年过节之时，喜庆之际，芗城、县城仍可见一些锦歌艺人坐唱、走唱，他们还用乡音唱白，更加贴近民众。在乡村的迎神赛会、踩街活动，甚至婆亲、送葬时也时常见到锦歌演唱队伍。

锦歌以方言演唱，其歌词多来自闽南语中流行的口语、成语、俗语、谚语、民谣，以及戏曲中既能达意又生动、诙谐、风趣的语言，加以诗词律化和说唱规范化。曲调流畅朴实，内容通俗健康。它来自民间，以方言演唱，有着浓郁的乡土气息。曲调流畅朴实，富有表现力，内容通俗健康，易学易懂，为群众所喜爱，许多农村都有"歌仔阵""歌仔馆"唱腔由原来的活泼、粗犷、豪放转为婉约柔细，姿势安逸。

它的表演内容主要是通过劳动人民（演唱艺人）根据各自所处的民族地域特点、历史文化传统积淀、群众的审美理想追求和当地的风土人情、语言特点而创造的智慧结晶，具有鲜明的艺术个性。漳州锦歌的歌仔册，承袭了魏晋变文和宋元讲唱文学传统，以汉唐中原古语和中州古韵的闽南方言，书写大批可念、可诵、可唱的歌仔，其文学价值在它的生动地描绘闽南特殊的风物事象和形象地塑造一批具有闽南性格人物，为中国通俗文化长廊留下一幅浓墨重彩的画卷。

（四）剧目介绍

锦歌所唱故事，以"四大柱""八小折""四大杂嘴"为主。它们各包含一些剧目。

"四大柱"剧目有：《陈三五娘》《山伯英台》《商转》《孟姜女》。

"八小折"剧目有：《妙常怨》《金姑赶羊》《井边会》《董永遇仙姬》《吕蒙正》《寿昌寻母》《阂损拖车》《玉贞寻夫》。

"四大杂嘴"剧目有：《牵姨》《土地公歌》《五空仔杂嘴》《倍思杂嘴》。

另有长篇故事《火烧楼》《王昭君》《彩楼记》等剧目，单曲《无影歌》《长工歌》等及创作于现代的《台湾阿婆看女排》等。现存传统曲目多部，抗日战争时期，产生了一些反映革命斗争生活的曲目，如《长工歌》《送郎参军》等。

七　南词

(一)简介

南词这个名词在历代的文艺中使用较多，但含义并不相同。《辞海》释文指出：南词在明清时主要指宋、元、明的南戏、南曲或昆曲。清以后常指弹词，有时也指滩黄，滩黄发展成戏曲也称南词。根据《秦云撷英谱》记载："南词始自唐初，唐明皇时盛行于宫廷，唱、吟、歌、舞，总称'霓裳'之曲，又以当地口腔不同定名有昆腔、秦腔、弋阳腔、汉调之分，至金元之间北部盛行，又变体为北曲。明末经魏良辅、梁伯龙之手又改北曲为南词，同时有臧步晋点窜移就吴境，于是昆曲、南词大兴于苏，自明代迄清乾嘉年间流入福建……"《秦云撷英谱》里所指的唐明皇时盛行于宫廷的南词是昆腔、秦腔、弋阳腔、汉调的总称，至金元变体为北曲，而传入福建的南词是将北曲进行改造而成。

《中国曲艺音乐集成·福建卷》中提到："漳州南词并非土生土长的曲种，它源于苏州滩黄。"台湾台南艺术大学音乐学院院长赖锡中教授也认为："台湾的十全腔和漳州的南词同宗同源，都源于苏滩，且演唱风格都是坐唱形式，演唱者与乐手均没有严格分工，唱腔与说白都用'官腔'等，是同源同宗的一对民间音乐兄妹。"苏州滩黄有"前滩""后滩"之分。"前滩"源自南词，是一种将昆曲"滩声"后的通俗化民间说唱艺术，一般为正戏。"后滩"源自民歌小曲，将当地的民歌小曲"摊破"，因它是坐唱形式，只唱不舞，所以又称"清客串"。又由于演唱时诙谐，南方人讲的油腔滑调，因而也被称作"油滩"。集美大学艺术学院许国红老师认为："漳州南词的基本唱腔正韵与源自南词的'前滩'唱腔一脉相承，'后滩'唱腔在漳州南词中没有发现遗存。"[1]由于南词多传于官宦子弟，到清朝末年才逐步传到民间，并盛行于江南一带。此后，随着艺人流动，以江苏扬州为发源地，南词兵分两路：一路沿江浙一直传到我省南平、将乐一带；一路则传至江西赣州。

(二)历史沿革

漳州南词是在清道光二十五年（1845），由漳州府官总爷（称和尚总）从江西赣州带回，称"赣派南词"。当时南词是用官腔演唱的，因受语言限制，只在士绅和江西旅漳同乡中传播。由于南词曲调幽婉动听，演唱形式文雅，受到一些文人的喜爱，于是作为漳州南词的第一代创始人和尚总开始传艺。第二代传人陆合（东门外书香子弟）掌门后，仍然只在少数文人之间自娱自乐，陶冶情操。第三代传给市仔头商人林水来。由于商人的加入，经费得到解决，活动较为经常，阵营规模逐渐扩大，影响较广，但仍没有正式的名称。传至民国年间，第四代传人杨瑞庵（清末秀才）和高歪（木器手工业者）等人，于清光绪二十四年（1898）在漳州闹市区浦头建立"霞东钧社"，南词开始有组织地进行表演。

民国初年，"霞东钧社"的第二代掌门人颜荣谐曾组织踩高跷形式表演南词《秋江》《活捉三郎》等，为南词注入新的活力。1956年，南词《秋江》《文词》《关公围城》《水底鱼》等由中国唱片公司录制成唱片发行。1959年，漳州市成立了曲艺团，致力于南词和锦歌艺术的发展，这可算是漳州南词的鼎盛时期。1963年，国家困难时期精简机构，漳州曲艺团被精简解散，黄亚狮带头于1963年底成立漳州市民间艺人福利生产合作社，白天生产，晚上练唱曲艺。经过一年多的努力，南词活动得以维持。自"文化大革命"起，由于政治运动影响，民间艺人福利生产合作社被解散以及老艺人相继去世，南词中断了30多年。

从1999年开始，为避免珍贵文化遗产失传，漳州市文化部门和南词的老艺人们

---

[1]　徐钰：《漳州南词的传承与发展初探》，《大众文艺》2010年第20期。

着手开展了南词的抢救工作。颜荣谐的徒弟苏水泉对"霞东钧社"的古乐谱进行重新整理，使得近百首"霞东钧社"南词古乐谱重见天日。2001年杨镇江、陈大榕、蔡锦波老艺人重新组建"霞东钧社"，进行南词演奏排练，地点设在濒临倒塌的文昌宫霞东书院。霞东书院始建于清康熙四十五年（1706），原为将领蓝理的公馆，乾隆年间文华殿大学士蔡新归隐后在此讲学，道光元年（1821）重建。霞东书院有丰富的文化内涵，是漳州历代文风昌盛的体现。

2003年6月，经文化部门审批，漳州市艺术馆"霞东均社"南词古乐队正式成立。漳州市艺术馆专业人员参与排练及指导，同时吸收多名漳州艺术学校学生，由老艺人传授演唱及演奏技巧，摆脱漳州南词后继乏人的困境。目前，南词古乐队共有30多人，都是业余南词爱好者，本着热爱南词音乐的热情义务参加排练及演出，无任何经费来源。南词复兴之后，就活跃在漳州的文艺舞台上，先后在福建省首届社区文化艺术节和漳州第二届民族器乐比赛获得银奖，并接待过全省九市政协主席第九次工作座谈会演出，受到专家的关注和群众的好评。

2005年12月，漳州南词申报国家级非物质文化遗产项目，使漳州南词这一项目被列入省级非物质文化遗产项目。2008年，漳州南词有两个老艺人被批准为省级非物质文化遗产传承人。近期，在政府文化主管部门的重视下，实施了对漳州南词的保护计划：建立漳州南词系统档案，整理和挖掘历史资料和南词曲谱、剧本等；开设漳州南词资料室、表演室，参加民间音乐交流，扩大影响；举办漳州南词青年培训班，吸收新成员，为南词的传承做好基础准备。我们期盼漳州南词这一曲艺奇葩能在政府行为的扶持推动下，在文化部门的保护组织下，继续传承发展，重焕艺术光彩。[1]

2002年，"霞东钧社"南词古乐队参加漳州市第二届三禾杯器乐比赛获得银奖

---

[1] 许国红：《漳州南词新考》，《中国音乐学》2006年第4期。

（三）艺术特色

1.唱腔

漳州南词唱腔包括"正韵""北调""小调"和器乐曲牌"十全腔"等形式。

"正韵"是漳州南词的基本唱腔,俗称"八韵"。主腔由八个乐句组成，是南词音乐的主体，因一句一韵，以七字句为主。八韵旋律优美抒情、委婉动听，是板腔体结构，由上下韵(上下句)组成。若干上下句组成乐段并变化反复，上下韵落音均不变。

"北调"亦称"北词"，也是漳州南词的基本唱腔，基本曲调为一个上下句结构的单乐段。旋律流畅、节奏明快，字多腔少，板式多为一眼板。南词正韵与北调是有区别的。明魏良辅的《南词引正》中指出，北曲与南词大有悬绝，北曲无南腔，南字者佳，要顿挫，北曲以中州调为准(南曲不可杂北腔，北腔不可杂南字)，由于南北方言语言不同，故又指出诸家要互恕，听字到腔不到也罢，板眼正腔不满也罢，达意而已不可求全。这就是南北合套相互兼容的典范。

"小调"是来自民间歌曲小调，旋律大部分轻松活泼，优美动听。这些小调可供各种不同情调需要的选择，小调之间常用联曲体办法形成套曲。小调共有三十多曲，如[送情郎][瓜子仁][红绣鞋][进兰房][鲜花调][九连环][白牡丹]等。这些曲子有一部分被漳州民间器乐曲和地方戏曲芗剧所吸收引用。南词的唱腔属板腔体与曲牌联曲体相结合，调式音阶以五声音阶为主，偶尔有变宫或变徵的音出现，板式有散板、慢板、紧板、双板、沉板、燥板等。

"十全腔"是南词中的器乐演奏部分，只奏不唱。演奏时除文乐外，有时为衬托气氛还加进打击乐。风格大部分幽静典雅，流畅华丽。现存曲牌有40多首，如[普庵咒][水底鱼][文词]等，还有少数吹牌曲。这些曲牌部分吸收为漳州民族民间器乐曲的十音、八音。

2.演唱形式

南词原先都采用坐唱形式,一般有三五人至十余人。三面围坐一方桌或长方桌,桌上设有花瓶、烛台、香炉等饰物。演员或自拉(弹)自唱，或击板而歌，以唱为主，间以说白。演员均为男性，唱男角用真声；唱女角用假嗓，或用真声只在句尾时用假嗓。20世纪50年代后才陆续改女角由女演员担任，用大本嗓演唱。演唱者与乐手之间没有严格区分，开始以打击乐开场,然后前奏曲转入演唱,终唱后还有后奏。因各人均要操一件乐器故只有演唱,无其他表演程式。

3.语言形式

南词大多以昆曲戏文为主，它的唱词典雅，都是经过文人再创作而成，即便有些言情内容，亦写得辞藻雅丽含蓄。后来，为了使典雅的昆曲文词变得通俗易懂，南词演唱时逐渐改长短句为七字句，以适应城乡中下层广大听众的口味。

4.音乐

南词的旋律柔美优雅，婉转动听。所用的伴奏乐器，也都是古筝、扬琴这样音色柔和的"文乐器"。因此，南词虽用官腔（即普通话）演唱，但因唱腔舒缓典雅，当时在漳州仍深受许多文人雅士的喜爱。南词的主要乐器有北三弦、北琵琶、北月琴、金刚腿、扬琴、高胡、二胡、椰胡、笙、笛、北箫、磬等，打击乐有北鼓、鼓板、浪账、锣、钹、云锣、铃等。

（四）剧目介绍

南词的传统剧目有：《天官赐福》《张仙送子》《赐连环》《秋江》《陈姑赶船》《乌龙院》《活捉三郎》《花魁醉酒》《歌女告状》《打老婆》《哭五更》《四季相思》《时迁过关》《卖什货》等。

八　漳州其他戏曲

漳州有着十分悠久的历史，民间戏曲创作与演出甚为繁荣。除了上述芗剧、木偶戏、皮影戏、竹马戏、四平戏、锦歌、南词等剧种之外，还有漳州南音和漳州潮剧。

（一）漳州南音

福建的南音最早盛行于闽南泉州。到了清代，南音在漳州所属诸县也兴盛起来。据清代乾隆年间的漳浦《六鳌志》载："当地有风火院实是南音曲馆，每逢神之寿诞，或婚丧喜庆，人们就聚集在元帅庙唱南曲。"东山县铜陵镇的南音曲坊"御乐轩"相传创立于清乾隆二十七年（1762年），已有两百多年的历史，为保留至今的中外最古老的南音曲坊,如今旧址犹存。御乐轩供奉着南音始祖孟昶古木雕像，该轩郎君府为保留至今的世界最早郎君府。保存在东山县铜陵御乐轩的古琵琶、拍板为最早的南音乐器,它与御乐轩轩所、孟昶古雕被中外弦友誉为"国际南音四宝"。[1]

南音在长泰有悠久的历史，现在岩溪、陈巷等镇仍有年逾花甲的南音老艺人常在一起弹唱自娱。迎神赛会时，除有南曲清唱外，还有化妆上棚仔沿街行走演唱。另有华安县新圩乡的林氏家族，过去每三年都要选一批童男到"南馆"学习，在祭祖时唱南音；南靖县民间流行的"马艺"歌舞，演员在腰部扎上纸糊的马头、马尾进行表演，表演中唱的也是南音；在龙海市文史资料中，仅1949年前的"唱南音"记载，就有一百多处。[2]

目前，漳州共有东山县铜陵御乐轩、漳州师院南音协会、龙海市角美南音、南靖县成功南音社、长泰县南音研究会、华安县延平南音社、漳浦县国姓南音社七个南音社团。近年来，南音在漳州的活动主要集中在东山和市区内。

漳州南音由指、谱、曲三大部分组成，它既有声乐的演唱又有器乐的演奏，是一个内容丰富完整的乐种体系。其演唱形式有唱者手执拍板或坐站而唱、斜抱琵琶自弹自唱，或唱者执琵琶中坐弹唱，持二弦、洞箫者分左右两旁坐奏为其伴奏。南音的演唱程序固定是"指头谱尾"，就是说开头一定要合奏一套或一折"指"，最后一定要奏谱

---

[1]　许永忠：《南音渊源与漳州南音十六"最"》，福建省南音网。

[2]　郑长玲、王珊：《南音》，浙江人民出版社2005年版；www.finanyin.com，第67页。

"煞尾"；中间演唱也要按"支头"顺序来进行。要"起曲头"，就是每个支头要有带头唱的人，他唱的曲属于哪个支头，其他人就要跟着唱这个支头的曲。若转换支头，则须唱"过支曲"作为转折的过渡、连接。上一个唱完，下一个接过拍板接着唱，伴奏乐器基本没有间断。乐器演奏也有其规矩，琵琶在正规演奏过程中起指挥乐队的作用，它与三弦合奏；而洞箫与二弦的关系，洞箫为主，二弦为辅。南音演唱时的位置固定为：右侧，上方为琵琶，下方为三弦；左侧，上方为洞箫，下方为二弦；演唱者执拍板居中。

　　中国戏剧出版社出版的《明刊闽南戏曲弦管选本三种》是世界上迄今为止发现的年代最早的南音刻本，搜集了明朝万历年间在漳州、海澄雕刻出版的戏曲选段和弦管唱段。现在保存下来的传统南曲还有《共君断约》《告大人》《追想当日》《玉箫声》《满空飞》《元宵十五》《羡君瑞》《轻移莲步》《杯酒劝君》《一间草厝》《出画堂》《见水鸭》《班头爷》《因送哥嫂》《鱼沉雁杳》《望明月》《茶蘼架》《听见雁悲声》《三千两金》《遥望情君》等。

谱合奏《闽海渔歌》　漳州师院南音学会　龙海下庄南音

（二）漳州潮剧

　　一般人都以为潮剧是潮州的地方剧种，其实潮剧也是漳州地方戏曲主要剧种之一，流布于漳州市的诏安、云霄、东山、平和、南靖等县，潮剧可以说是在闽南、潮汕一带共同形成的地方剧种。历史上，中原地区的移民曾多次进入闽南、粤东一带，因此闽南、粤东族姓有着共同祖籍，据民俗学家调查，潮汕人80%说其祖先是从福建闽南移民而来的，潮汕人长期以来也都说闽南话，风俗习惯也接近闽南地区。语言上，漳州、潮州同属闽南语系，语音相近。两地的文化交流十分密切，因此潮剧能在漳州生根发芽并茁壮成长。

清代，潮剧在漳州十分繁盛。从清末至20世纪二三十年代，是潮剧发展兴盛时期。清咸丰至民国期间，云霄潮剧职业班社有30多个，诏安就有永乐香等十多个班社，平和县也有三正芳等十多个班社，东山历史上最多时有戏班和曲馆33个。这些班社，比较著名的有：云霄锦秀春，怡正兴；平和新宝盛、三正芳；东山赛天香；诏安永乐香、永春香；还有南靖一枝花等。抗日战争爆发后，因粤东沦陷，大批潮剧艺人涌入闽南，闽南潮剧传播更加广泛。但也因为战争的爆发，潮音戏班纷纷解散，艺人生活没有着落,到处流浪,潮剧处于衰落阶段。

新中国成立后，潮剧在漳州又得以复兴。1954年云霄县正式成立本地区第一个专业潮剧团"云霄县潮剧团"。1956年以后，诏安、平和、东山县潮剧团相继成立，一大批流落于民间的潮剧艺人都陆续安置到专业潮剧团。此后，民间职业潮剧团和业余潮剧团也纷纷成立，据统计，20世纪60年代漳州地区专业与业余的潮剧团发展到近200个。"文化大革命"期间，这些潮剧团全部被解散，漳州潮剧面临灭绝的危机。改革开放后，各县潮剧团恢复建制，业余潮剧团也都恢复活动，漳州潮剧进入一个新的发展时期。

20世纪80年代末90年代初期，为漳州潮剧发展史上的黄金时代。其标志主要是出现了一大批在福建省有较大影响之创作剧目，连续在本省乃至华东各种评奖上获奖。代表性剧目有：诏安潮剧团的《节义锁》，云霄潮剧团的《宝镜篇》《围城记》，东山潮剧团的《婆母娘》《白莲之恋》等。另外，也出现了一批在福建省内戏剧界比较有影响的优秀潮剧演员，如云霄县潮剧团的陈裕、陈葆玲，东山县潮剧团的曾友禄等，他们都曾经获过福建省中青年演员比赛金奖。同时，漳州潮剧团也纷纷走出国门到东南亚各国演出，受到当地观众好评。

漳州潮剧发展至今已具完整体系与一定规模，漳州有东山、云霄、诏安、平和四个县办专业潮剧团，一个省艺校潮剧班（班址在诏安），还有一百多个民间职业潮剧团活跃于广大城乡舞台。但是20世纪90年代后期漳州潮剧出现了"滑坡"现象，潮剧的活动空间减小，剧目质量有所下降，潮剧演员后继乏人。之前，潮剧流行区遍布漳州，诏安、云霄、平和、东山、漳浦、南靖盛演不衰，可是到了现在，南靖、漳浦已成了芗剧流行地区，很多地方再也听不到潮剧之音了。

潮剧的唱腔有别于其他剧种的"调"，一般的调是指音阶，潮剧唱腔的调却是指一定的音阶组合。潮剧诸调包括［轻三六调］［重三六调］［活三五调］［反线调］［锁南枝调］［斗鹌鹑调］和［犯腔犯调］，诸调唱腔特殊，演唱别具一格。漳州潮剧除了有此特点外，也有自身的不同之处，在演出时，闽南语的味道明显更浓，且在漳州不同地区唱法也有差别，如诏安潮剧用的是"假唱"的方式，云霄潮剧走的是"真唱真演"的路子。

潮剧伴奏音乐先后吸收民间锣鼓、古诗乐、细乐、庙堂音乐等乐曲和演奏形式，具有地方色彩和独特的演奏特点，保留了较多唐宋以来的古乐曲，音乐曲调优美动听，管弦乐和打击乐配合和谐，善于表现感情的变化。

潮剧的行当分为生、旦、净、丑。生分为小生、老生。小生又分为武生、花生和正生；老生又分为白须老生、乌须老生，文老生、武老生。旦分为小旦和老旦。小旦又分为花旦和正旦，花旦再分为彩罗衣和衫裙，正旦再分为乌衫和蓝衫。老旦则分为乌毛和白毛。净分为红净和乌净。潮剧最有特色的是丑角表演，潮剧的丑角分女丑、武丑、小丑、老丑、官袍丑、项衫丑、踢鞋丑、裘头丑、褛衣丑、长衫丑等。这些丑角都扮演的是滑稽诙谐、行为不端的人物，语言生动幽默，表演形式丰富多彩。

龙溪地区从1956年开始致力抢救戏曲传统遗产工作，一共挖掘、记录传统剧目256个；1962年出版了由福建省戏曲研究所、龙溪专署文化局合编的《福建传统剧目选集，潮剧（一）》。具体剧目有三类：（1）传统剧：如《扫窗会》《井边会》《闹钗》《荔镜记》《苏六娘》《金花女》《柴房会》等。（2）现代戏：现代戏剧目大部分取材于革命斗争的历史和当地现实生活中的典型事件，如《乌山妈妈》《东山少年》《乌山红旗》《烈火春秋》《日蚀》《风雪梅花》《星星之火》《争灯》《婆、母、娘》《外出妹》等小戏。（3）新编历史剧、古装戏和整理传统戏：如《围城记》《易婚记》《节义锁》《一门忠义》《滁州风尘记》《宝镜篇》《泪洒秦淮》《黄巢遗恨》《坎坷县令》《假婚计》《瀚海萍》《白莲之恋》《冒官记》等优秀剧目。

潮剧《井边会》剧照

九　漳州戏曲及其词汇与方音举例

漳州戏曲主要运用漳州方言。以下词汇选自《陈三五娘》唱段、《山伯英台》唱段、《安童闹》唱段、芗剧《杂货记》、芗剧《描金凤》，归纳其方言词汇与语音。

(一)漳州方言音系

现根据马重奇《漳州方言研究》[1]声韵调系统将漳州方言音系介绍如下。

1. 声母系统

现代漳州方言有18个声母（包括零声母）：

双唇音	[p] 边比备	[p'] 波皮评	[b] 文微无	[m] 毛棉名	
舌尖中音	[t] 地都重	[t'] 他托彻	[l] 柳利里	[n] 耐年林	
舌尖前音	[ts] 贞齐之	[ts'] 出秋市	[z] 入如然		[s] 时四常
舌面后音	[k] 求公古	[k'] 去靠琴	[g] 语宜义	[ŋ] 雅硬迎	
喉音	[h] 喜虎非	[ø] 英鹰油			

2.韵母系统

现代漳州方言共有85个韵母。

(1)元音韵母17/入声韵母14。

[i/iʔ]伊/舌	[u/uʔ] 污/托	[a/aʔ]阿/鸭	[o/oʔ]蚵/学
[e/eʔ]鞋/八	[ɔ/ɔʔ] 乌/阁	[ɛ/ɛʔ]家/格	[ai/] 哀/
[au/auʔ] 瓯/暴	[ia/iaʔ]耶/页	[io/ioʔ]腰/药	[iu/iuʔ]优/搐
[iau/iauʔ] 妖/寂	[ua/uaʔ]娃/活	[ue/ueʔ]灰/月	[ui/] 威
[uai/] 歪/			

(2)鼻化韵母14/入声韵母7。

[ĩ/ĩʔ]燕/物	[ã/ãʔ] 馅/讷	[ẽ/ẽʔ]生/夹	[ɔ̃ /ɔ̃ʔ]毛/膜
[uã/]鞍/	[ãi/] 耐/	[ãu/ãuʔ]藕/浆	[iã/iãʔ] 营/嚇
[ũi/] 黄/	[iɔ̃ /]羊/	[uẽ]妹	[uãi]秆
[iãu/iãuʔ] 猫/蠘	[iũ /]扭		

(3) 声化韵母2/入声韵母2。

[m/mʔ]姆/默	[ŋ/ŋʔ] 秧/呛		

(4)鼻音韵母15/入声韵母14。

---

[1]　马重奇：《漳州方言研究》，香港纵横出版社1994年版，第11—14页。

[am/ap] 庵/压	[im/ip] 音/集	[iam/iap] 兼/叶	[an/at] 安/遏
[in/it] 因/乙	[ian /iat] 烟/撒	[ɔm/ɔp] 参/	[uan/uat] 冤/越
[aŋ/ak] 邦/握	[iaŋ/iak] 漳/握	[un/ut] 温/骨	[ɔŋ/ɔk] 汪/恶
[ioŋ/iok] 雍/育	[uaŋ/] 仿	[iŋ/ik] 永/益	

3. 声调系统

现代漳州方言有八个调类。

1.阴平	44	3.阴上	53	5.阴去	21	7.阴入	32
2.阳平	12	——		6.阳去	22	8.阳入	121

(二) 漳州戏曲词汇与方音举例

暝[mɛ̃²]：夜。（约他八月十五暝，到咱花园来相见，说我有钱要赞助伊。）

日光[tsit⁸-kũi¹]：白天。（梧桐开花日光时。）

目睭[bak⁸-tsui¹]：眼睛。（彩凤已经飞入巢，玉容雕刻我目睭。）

女间[lu³-kan³]：婢女。（九啊郎啊一女间名啊益啊春。）

查某[tsa¹-bɔ³]：女人。（因何出现老查某，半仙摆下啥阵图！）

囡仔党[kin¹-a³-toŋ³]：孩子群。囡仔，即小孩。（你可记得细汉囡仔党，同伴一个女孩郎。）

平平[pɛ̃²-pɛ̃²]一样，同样；细汉[tse⁵-han⁵]：年龄较小的。（记昔时，平平细汉，地下床上我两人。）

伊[i¹]：他。（咱怀挂（不要）伊的钱，怀免插（理睬）伊。）

所靠[sɔ³-k'o⁵]：依靠。（二条着想你母年又老并无男儿来所靠。）

香烟[iɔ̃³-hun¹]：后代。（梁家香烟也未无。）

八字[peʔ⁷-tsi⁶]：命运。（歹命八字无帝此。）

心神[sim¹-sin²]：精神。（越州城伊啊暝日思念无心神。）

阮[gun³]：我们。（阮身好比白鹤于飞。）

代志[tai⁶-tsi⁵]：事情；箸：筷子。（无要紧，小代志，我家也不差这双箸，尽管拿回去。）

囝[kiã³]：孩子；亲成[ts'in¹-tsiã²]——亲事。（阿爹讲话囝不愿听，怎样叫囝再配亲成。）

水鸡蛤仔[siu³-ke¹-kap⁷-a³]：田蛙，小青蛙。（缘投，水鸡蛤仔头。）

人扮[laŋ²-pan⁶]：人品模样。（以我这样的人扮。）

壁空[piãʔ⁷-k'aŋ¹]：墙壁上的洞；加蛇[ka¹-tsua²]——蟑螂；创治[ts'ɔŋ⁵-ti⁶]——作弄、玩弄。（稳当是老鼠钻壁空，加蛇创治人，藏在蚊帐内，蚊帐才会动。）

挽[ban³]：摘的意思；不甘[m⁶-kam¹]——不忍心；斟[tsim¹]——吻。（双手要挽不甘挽，连枝连叶雕来斟。）

讲笑代[kɔŋ³-ts'io⁵-tai⁶]：开玩笑。（阮娘和你讲笑代。）

怎通[tsãi³-t'aŋ¹]：怎么可以。（怎通一时来变面。）

掠[liaʔ⁸]：抓。（你又掠阮鸳鸯鸾凤拆散二边。）

寒慢[han²-ban⁶]：无能，无用。（因为结发夫妻太寒慢。）

细腻[se⁵-dzi⁶]：仔细小心。（你爹出门去，怎样交代你，叫你门户要细腻。）

无采[bo²-ts'ai³]：白费。（无采白饭来喂你。）

第十章　闽粤闽南戏曲作品与闽南文化（二）

第一节　泉州戏曲与闽南文化

泉州是国务院首批公布的24个历史文化名城之一，历史悠久，文化积淀深厚，根基深邃，流播广远。它既保留中原文化的传统，又吸纳海洋文化的气息，具有蓬勃旺盛的生命力和巨大的凝聚力与辐射力。

自唐以来，泉州文化昌盛，人文荟萃，著作如林。泉州的音乐、戏剧是晋唐时期中原文化南移，与闽南风土交融而成的地方艺术，泉州为南戏的发源地之一。南音是晋唐从中原传入泉州的古代民族音乐，保留着晋唐古乐的遗响。唐、五代时，歌舞、戏曲盛行，泉州刺史王延彬在南安云台山下清歌里筑别馆作歌舞游娱的场所。五代安溪人詹敦仁诗曰："万灶貔貅戈甲散，千家绮罗管弦鸣。"宋元梨园戏、提线木偶戏，明代布袋戏，清代高甲戏、打城戏等地方戏曲相继勃兴，泉州成为"戏曲之乡"。辛亥革命后，尤其是五四运动前后新文化运动的兴起，泉州地区的一些文人受民主革命思想的影响，在地方报纸开辟的文艺副刊上发表新诗及用白话文创作的小说、杂文等。至抗日战争前，高甲戏、芗剧、木偶戏仍活跃于城乡。在抗日战争时期，文学社团、新音乐社团，尤以青年师生为主体创建的话剧团纷纷成立，群众性的歌咏活动和话剧活动空前活跃，开展全民抗日救亡宣传。

新中国成立后，晋江专区的文化艺术工作坚持文艺为工农兵服务、为人民服务、为社会主义服务的方向，贯彻"百花齐放，推陈出新"的方针，进入新的发展时期。文工团、队遍及城乡，配合中心宣传演出。新歌剧、大合唱、腰鼓、秧歌舞为群众所喜闻乐见。人民政府招集流散在民间的大、小梨园戏艺人，成立梨园戏实验剧团，拯救了濒临消亡的梨园戏。同期相继建立高甲戏、木偶戏、歌剧、芗剧乃至京剧、越剧、杂技等专业演出团体，抢救、整理一批优秀传统剧目，移植改编一批现代戏。

从1978年起，随着改革开放政策的深入贯彻，地方戏剧和音乐、舞蹈经过发掘、整理、改革、创新，编排出一批优秀传统剧目、新编历史剧及现代戏。梨园戏《节妇吟》《刺桐舟》《枫林晚》，高甲戏《连升三级》《凤冠梦》，歌剧《莲花落》《台湾舞女》《番客婶》，提线木偶戏《火焰山》等在全省和全国会演、调演获奖，赴全国各地巡回演出，或进京献演，受到各方面很高的评价。笼吹、大鼓吹、十音、北管、锦歌等民乐、民舞以及群众性的文艺活动不断丰富发展，焕发生机。

至1990年，泉州市先后举办国际南音大会唱4次、中国泉州国际木偶节2次，举办柯贤溪从艺70周年、姚苏秦从艺60周年、黄奕缺从艺50周年以及木偶戏剧团《火焰山》演出2000场等庆祝活动。

一　泉州梨园戏

（一）梨园戏简介

梨园戏，用泉腔闽南语演唱的地方剧种，是我国现存最古老的剧种之一，是福建省五大剧种之一。发源于宋元时期的泉州，距今有八百余年的历史，因保存着大量的古南戏剧目而赢得"宋元南戏活化石"的美誉。其文辞清雅、曲乐优美、表演细腻、保留着醇厚的唐宋风韵。梨园戏在发展进程中，有大梨园和小梨园之分。大梨园，本地人俗称"老戏"，又分为"上路戏"与"下南戏"。上路戏是指浙江、江西等地流传过来的剧种，而下南戏指本地戏。小梨园，此处应泉州人叫作"戏仔"。

梨园戏流行于泉州、厦门、漳州、广东潮汕、港澳台地区、台湾省，以及东南亚各国华侨、华裔居住的闽南方言区域。

2006年，梨园戏被列入第一批国家级非物质文化遗产名录。

（二）历史沿革

1. 梨园戏的起源

梨园戏发源于宋元时期的泉州。宋光宗绍熙年间（1190—1194年），闽南泉州、漳州一带的民间盛行一种"优戏"，以闽南土腔土调演唱，结合民间歌舞，内容多是南曲曲牌体的戏文。这是梨园戏最初始的形式。

南宋时期，泉州海上交通发达，与浙江温州往来极为密切，同称"梨园"的温州戏随之传到泉州。当时各省设"路"，泉州人习惯把福建以北地区叫作"上路"，把本地叫作"下南"。因温州杂剧来自福建的北部，所以俗称为"上路戏"，而本地所唱的土腔土调的"优戏"则称为"下南戏"。"上路戏"带来了一批大型的南戏剧目，和当地的"下南戏"同时存在。

不久，元兵南下，杭州陷落，宋氏宗室纷纷入闽，入闽时随带了"梨园家班"，以供娱乐。这种家班多由童龄男女组成，泉州人叫作"戏仔"，又因为一般只有七个角色，也叫"七子班"。"上路戏"和"下南戏"的班社因都由成年演员组成，被后人称为"大梨园"，而"七子班"因由童龄男女组成，被后人称为"小梨园"。

如此，在南宋末年的泉州，便出现了下南戏、上路戏和小梨园三种戏剧艺术形态。"当'下南''上路''七子班'在泉州鼎足相峙之际，各以其继世相承的看家戏——十八棚头，独立门户，不相蹈袭剧目，各演各的。"[1]之后，下南戏、上路戏和小梨园互相影响，逐渐合流，形成了以泉腔为正宗的梨园戏。

---

[1]　吴捷秋：《梨园戏艺术史论》，中国戏剧出版社1996年版，第19页。

2．梨园戏的发展

明代，梨园戏迅速发展。嘉靖之前新编剧作《荔枝记》诞生，梨园戏进入了黄金时代。嘉靖四十五年（1566年），对当时潮、泉两地演出的两部剧本《荔枝记》进行了校正重刊，增加了"颜臣勾栏诗词北曲"，改名为《荔镜记》。《荔枝记》和《荔镜记》描写的陈三和五娘的爱情故事，在闽南和潮汕地区家喻户晓，数百年来传唱不衰。由于故事出自闽、粤两地，所以《荔镜记》分别以泉、潮两地的方言、声腔演出。《荔镜记》还被莆仙戏、高甲戏、芗剧等其他剧种所移植。

明万历年间，梨园戏班曾东渡到琉球演出，这是目前已知的福建戏剧团体最早的出国演出。清顺治十八年（1661年）郑成功到台湾，大批漳、泉百姓迁居台湾，梨园戏便传播到台湾。泉州梨园戏也早在清代就随华侨流传到东南亚各国。

清朝末年，高甲戏在泉州地区迅速崛起，歌仔戏随即在漳、厦地区广为流传，打城戏以新的面貌出现，梨园戏受到了严峻的挑战，演出班社减少，演出范围缩小，在激烈的竞争角逐下，梨园戏又因故步自封而日趋式微，濒于消亡。

新中国成立后，党和政府发掘、保护戏曲文化，把流散于民间的梨园戏名老艺人集合在一起，于1951年成立晋江县大梨园实验剧团，1957年改名为"福建省梨园戏实验剧团"。梨园戏三派艺人整理创作了许多优秀剧目。由小梨园名师蔡尤本口述整理的传统名剧《荔镜记》改名为《陈三五娘》，演出获文化部优秀剧目奖。随后，《郭华》整理成《胭脂记》。另有《苏秦》《朱文太平线》《李亚仙》《刘文龙》《玉真行》《冷温亭》《王魁》《董永》《十朋猜》《士久弄》《公主别》等本戏、折子戏也相继被重新整理上演，宋元南戏剧目重新与广大观众见面。从此，梨园戏焕发出新的风采。

20世纪80年代后，梨园戏进入创作、研究的新时期。新编古装剧《节妇吟》获1987年省第17届戏剧会演剧本一等奖及导演、音乐等奖项。1990年，文化部授予梨园戏剧团为全国剧团管理先进团体称号。1996年1月，福建省梨园戏实验剧团应中央电视台邀请进京参加春节文艺晚会现场直播演出。剧团先后出访意大利、英国、荷兰、瑞士、日本、新加坡、菲律宾、印度尼西亚等国家与中国港澳台地区。2003年应邀前往法国巴黎参加"中法文化年"活动，并在巴黎城市剧院进行演出，对中西方文化交流起到了积极的促进作用。

3．梨园戏的现状

目前，泉州梨园戏的演出市场并不乐观。福建省梨园戏实验剧团是梨园戏如今仅存的一个演出团体。近年来泉州努力打造精品剧目，2004年，梨园戏《董生与李氏》获2003－2004年度国家十大精品工程剧目。新编梨园戏《节妇吟》入选2005—2006年度国家舞台艺术精品工程初选剧目。

剧团现有演职员115人，现任团长、青年演员曾静萍，是福建省第一个全国戏剧二度"梅花奖"及"白玉兰"主角奖获得者。目前，剧团的文艺演出、排练、练功及艺术资料馆、展览馆和剧团办公等是在"梨园古典剧院",位于泉州市区新门街芳草园。

2011年12月23日,由福建省梨园戏实验剧团主办,北京师范大学以雅昆曲研习社承办的名为"时光倒流八百年——梨园戏艺术漫谈"的讲座在北京师范大学举行。讲座由福建省梨园戏实验剧团团长曾静萍主讲。如此以讲座和演出的形式将梨园戏艺术传授给更多的年轻人,期待梨园戏在观众层的深度和广度上有更大的突破。

(三)艺术特点

1.梨园戏的行当

梨园戏的角色行当早期只有生、旦、净、丑、贴、外、末七个角色,是沿用宋元南戏《张协状元》的角色分工体制。

梨园戏三派,由于演出戏路不同,所以对于角色行当的侧重各有不同。小梨园戏以生、旦、贴、丑四个角色为四大行当,并且又分为"幼脚戏"与"粗脚戏"。以生、旦、贴三个角色为主的戏叫"幼脚戏",以丑这个角色为主的戏为"粗脚戏"。上路老戏则以生、旦、净、丑四个角色为主。下南老戏不以生、旦为主,而以净、丑、外、末四个角色为主。在演出一个剧本时,一般这几个主要角色都会上场。后来大梨园(上路、下南)又增加了老贴和二旦两个角色,但是一般来说,出场人员也不超过七人。

由于梨园戏的演出角色比较少,所以在演出时演员往往要兼扮不同的人物,但是演员兼扮并不随意,而是有相应的规定,一个戏的某个人物只能由固定的某一行当来扮演,不能随便兼扮。在角色分工的具体人物塑造上,有如下定式。

生,扮演男主人公,一般以他的名字为剧名,首场也必须先出"生"坐场,自报家门并简介事件开端,接下来再展开情节。生,相当于南戏的"副末开场"。又根据人物的身份及性格特点,分为纱帽戏、破衫戏、生巾戏、小角戏。纱帽戏,即演员所演角色为官生,如《王十朋》中的王十朋;破衫戏,即演员所演角色为贫穷落魄的书生,如《吕蒙正·验脚迹》中的吕蒙正;生巾戏,即生在剧中扮演文戏,指未做官的秀士或居官后穿便服,如《高文举·打冷房》中的高文举;小角戏,即扮演安僮之类的人物。

旦,扮演戏中女主人公。小梨园全剧由大旦挑大梁,其次分为小旦和老旦,如《陈三五娘》。大梨园把旦分为大旦、二旦、小旦,分别在同一剧目的不同场口,可以分场扮演同一人物。大旦是在唱、念难度大的,情绪起伏变化多的场口担任;二旦在同一戏的喜剧场口担任;小旦可以扮演聪明伶俐的女婢,或属于小姐身份的少女,如《陈三五娘》中的益春。

净,大梨园净行分为四类,小梨园净行分为两类。大梨园四类分别是打脸、白须、小角和穿裙。打脸(即花脸),也称为"竖眉",一般是反面人物,其脸谱是白底用黑色勾勒,如《程鹏举》中的张真。白须,是挂白髯口不勾脸的老生戏,如《梁灏》中的梁灏。小角,均属于小三花的扮演,如《郑元和·小二报》的小二。穿裙,是扮演中年以上老妇,其性格形象多属乖舛可笑者,这种人物由男角"净"行来扮,尤具嘲讽意味,如《苏秦》中的田氏。小梨园的"净"分幞头和巾服两类。幞头,如《吕蒙正》中的宰相刘文茂。巾服，是戴公巾、穿员外服的人物，如《宋祁》中的苏东坡。

　　丑，其戏路有五类：袍带丑，如《陈三五娘》中的林大；奴才丑，如《高文举》中的李直；家婆丑，如《朱文》中的王行首妻；粗婶丑，如《吕蒙正》中的梅素；乌巾丑，如《何文秀》中的杨婆。

　　贴，在小梨园中属老旦的角色专称，如《吕蒙正》的刘月娥之母。在大梨园中则明确称为"老贴"，指专扮老妇人的老旦，称为"乌巾戏"，如《苏秦》中的三婶。

　　外，是老生戏。可以是刚毅耿直的人物，如《商辂·大保奏》中的吴丞相；或是心地善良的长者，如《朱买丞·托公》中的张公；或是反面人物，如《孟姜女》中的蒙恬。

　　末，所扮演的多是仆人，所以也叫"奴才末"。

梨园戏经典剧目《陈三五娘》

　　2. 梨园戏的声腔

　　梨园戏的戏曲声腔是在泉州方言口语基础上融合部分民间音乐而形成的，整个戏曲声腔属于南曲系统。梨园戏声腔，包括唱腔和念白，不论在何地搬演，一律都以泉州府城（今鲤城区）的语音为标准音。明代何乔远《闽书》说："（龙溪）地近于泉，其心好交合与泉人通，虽至俳优之戏，必使操泉音，一韵不谐，若以为楚语。"[1]

　　伴奏以琵琶、洞箫为主，用南鼓指挥。曲牌形式有套曲，集曲，过曲，慢、引、近、小令和唐宋大曲的衮等。梨园戏的曲牌来源于唐宋大曲和法曲、民间音乐、弋阳腔、青阳腔、昆腔等，其中保留了相当一部分的古曲，如[摩诃兜勒]、[太子游四门]、[霓裳羽衣曲]等。一出戏中，既可以用一种宫调中的曲牌连缀，也可以用不同宫

　　[1]　　（明）何乔远编撰：《闽书》第一册卷之三十八"风俗志"，福建人民出版社1994年版，第946页。

调中的曲牌组套。

梨园戏三派各有其专用的曲牌，同时，还专曲专剧，每个剧目都有一套专用曲调，其他剧目不能再用。各派的唱腔风格也各有特点，上路老戏比较淳朴刚劲，下南老戏比较明快粗犷，小梨园则比较委婉清丽。演唱形式灵活多样，有独唱、对唱、轮唱、合唱等形式，与南戏相近。

3. 梨园戏的表演

梨园戏的表演程式极严整、细腻，颇有法度。

梨园戏有一整套代代相传的最基本的表演程式体系，称为"十八步科母"。"十八步科母是综合性的基本表演程式，也称为'父母步'，是梨园戏表演艺术的特征。"[1]"十八步科母"包含了手、步及身姿的规格要领，有拱手、举手、分手、指手、采手、提手、云手、垂手、碎步、叠步、云步、泼步等。"十八步科母"对表演的手、眼、身、步等的每个动作都有严格的规定，如"举手到目眉，分手到肚脐，拱手到下颏"等。同时，各行当都有自己特殊的科步身段，如官生与末行的"十八罗汉科"，净与官生的"马鞭科"，老生的须功，生、旦的扇法及眼法，也各有成套的程式。

梨园戏还根据人物和戏剧情节的需要，创造了"十八雨伞科"。如《孟姜女送寒衣》中的单人伞舞，表现人物顶风冒雨艰难地行进。其中有表现遇雨的张伞，怕水泥泞的蹑足撑伞，逆风斜风的顶伞，狂风四起的旋伞，暴风起伏的升降伞、飘伞，放伞等表演动作，组成了一套伞舞表演。

因为所有传统戏目都是文戏，没有武打场面。如果有战争或格斗情节，或用台词交代，作暗场处理；或是以棚下的喊声和锣鼓喧染，用特有的身段示意，舞而不武。

梨园戏三流派的装扮都比较简明，旦角抹胭脂、水粉，大梨园中的小旦有时在额中写一个"小"字，大旦写"大"字，或者点一个红点；老旦系黑头巾，丑角只涂白粉，女丑整个脸涂白粉外，还两颊搽大红胭脂，假髻上插树枝；花脸基本只有黑、白两色，线条少，有些角色如天官、魁星、小鬼等必须戴面具。服饰简朴，以红、黑二色居多，除了旦角，一般穿衫和裙，没有水袖。小旦穿衬裤加围巾，其他生、外、老旦、净、丑的水袖都非常短。

4. 梨园戏的演出习俗

梨园戏"保存了宋元时期戏剧的文献和活态资料，从中可以体察出南戏文化及闽南地域文化的重要特色"[2]。

自古以来，泉州民俗信仰十分活跃，酬神演出相当兴盛，早在宋代，漳泉一带就有酬神演出的记载。梨园戏在长期的历史发展过程中，曾广泛参与泉州各种酬神演出，相应地就形成了一套与其他剧种有共同之处，又有自身特色的表演仪式，包括起鼓、贺寿、跳加冠、献礼、献棚等。

[1] 郑国权：《泉州传统戏曲丛书》（第八卷），中国戏剧出版社2001年版，第8页。

[2] 刘玲：《梨园戏》，吉林文史出版社2010年版，第118页。

起鼓，指梨园戏正式开演前先起二落鼓关。用七帮鼓轮番打击七次，即"七七四十九帮"的铜锣经。

贺寿，是一种小型的仪式戏剧。在梨园戏的演出习俗中，凡是为敬天公、神灵诞辰等演出，动两遍鼓后必须开演《八仙庆寿》。这是神佛寿诞或家庭寿辰请戏班庆贺时特定要演的剧目。因梨园戏只有七个角色，扮八仙缺一个，就由其中一个角色手上抱"孩儿爷"凑数。

跳加冠，是梨园戏为吉祥喜庆演出或戏班到一个新戏台演出不可或缺的敬神祈福仪式。由生行扮天官，穿红蟒袍，戴假面具，手持玉笏，上台表演请神、拜寿、晋禄等舞蹈，最后出示"加冠晋爵"的小条幅。

献礼，东道主在"跳加官"后要送礼银，用红纸包好置放棚中，戏班由旦角穿大红的珠冠霞帔上棚施礼。

献棚，是梨园戏演出前举行的供奉戏祖师田都元帅，祈求演出成功的一种活动仪式。在戏房内（化妆的地方）置一桌，放上戏祖师相公爷神龛，由丑或末主持，包括焚香、浇酒祭奠、画符和唱等程式。

（四）剧目介绍

梨园戏内部三派在表演体系和音乐曲调上基本上是一致的，但由于上路、下南、小梨园三者来路不同，所以各自都有自己的传统剧目，即各有号称"十八棚头"的保留剧目。闽南语称戏台为"棚头"，所以梨园戏舞台上演的18出戏便称为"十八棚头"，分别是各个流派的看家剧目。

上路戏《朱寿昌》

上路戏的剧目比较古老，保存了大量早期宋元南戏剧目，主要有《苏秦》《苏英》《程鹏举》《朱文》《朱寿昌》《朱买臣》《尹弘义》《刘文龙》《林招得》

《姜明道》《曹彬》《杨文使》《王十朋》《王魁》《王祥》《赵盾》《孙荣》《蔡伯喈》。这18个剧目名称也是这18个戏中男主角的名字，保留了宋元南戏的体例。上路戏反映的题材内容基本上都是有关忠孝节义的道德故事。

下南戏的剧目生活气息较浓，保存了较多福建本地的特有剧目，"十八棚头"现存14个剧目，有《苏秦》《梁灏》《吕蒙正》《范睢》《何文秀》《文武生》《岳霖》《刘秀》《刘永》《刘大本》《周德武》《周怀鲁》《百里奚》《郑元和》。下南戏侧重忠奸斗争和公案戏，文辞粗犷，插科打诨较多。

小梨园戏"十八棚头"也现存14个剧目，有《陈三五娘》《吕蒙正》《高文举》《朱牟》《韩国华》《刘知远》《蒋世隆》《郭华》《葛希亮》《杨文广》《董永》《宋祁》《潘必正》《田庆》。剧目以生、旦戏见长，大都讲述男女悲欢离合的爱情故事。梨园戏剧目属于"十八棚头"的戏叫"棚内戏"，此外还有"棚外戏"和小折戏。下南戏的"棚外戏"现遗存12种剧种：《留芳草》《范文正》《金俊》《商辂》《陈州赈》《诰命》《刘全锦》《章道成》《姜诗》《田鼠培》《西岐山》《双秋莲》；小梨园的"棚外戏"现存七种：《江中立》《黑白蛇》《陈杏元》《翠屏山》《昭君和番》《催杼》《教子》。

据统计，在现存的70多种梨园戏手写本和口述本中，属于宋元南戏的就有19种。其中《王魁》《赵贞女》《朱文》《刘文龙》《郭华》《刘知远》等被古人称为"戏文之首"，其他的有《王祥》《朱买臣》《赵盾》《孙荣》《孟姜女》《吕蒙正》《蒋世隆》《苏秦》《王十朋》《同窗记》《郑元和》《董永》《林招得》。

新编梨园戏《董生与李氏》

梨园戏三派的剧目有个别是相同的，如上路戏和下南戏都有《苏秦》，下南戏和小梨园戏都有《吕蒙正》。即使是同一故事题材的剧目，三派在情节、戏路等方面也不一样，彼此不能互演。

《陈三五娘》《李亚仙》等传统剧目是大家十分熟悉、喜爱的传世之作。近年创作上演的《节妇吟》《董生与李氏》《蔡文姬》等剧目，也有精妙的表演。

（五）特殊道具

南鼓：是梨园戏特色乐器，在型制上比镗鼓略大，直径约25厘米，音色浑厚。南鼓是各打击乐中的主奏，鼓点与鼓音在配合演员的同时，更指挥着整台戏的演出。鼓师以"压脚鼓"的技法司鼓，即鼓师以脚压住鼓面，运用脚板的转动与踩压鼓面的位置，以双手执槌，敲击鼓心、鼓边、鼓角、鼓沿，而产生音色、音量、音调的变化。另外，根据角色的不同，打击的部位也不同，如生行以鼓心为主，旦角多用鼓边和轻快的鼓帮，丑角多用鼓角。司鼓师傅熟知全出戏文，掌握全剧的科、白、唱。各行当的形体动作和内在情绪都在细致而千变万化的鼓音中演绎着。

长条椅：梨园戏棚上正后方只摆设一只长条椅，1.5～1.8米长，不同于一般戏曲舞台的一桌二椅。这椅子对梨园戏表演中的时空和环境的转换特别关键。中国的戏曲通常没有布景，一般通过演员的肢体、唱腔来表现时空和环境。而梨园戏中的这只长条椅就能起到间隔场景的作用，椅前椅后，可能就是一墙之隔。

竹杯：梨园戏的不少道具小巧玲珑，精致美观，"竹杯"为其一。"竹杯"最初为南宋杂剧《眼药酸》的道具，至今仍在梨园戏"上路"剧目净、丑两个行当的表演中沿用。它可以代替所有道具，可能是一个尺子、一根马鞭，或者是一把戒尺，它会随着演员情绪的变化和情节的需要而代表不同的东西，这是很特别的。

二　泉州高甲戏

（一）高甲戏简介

高甲戏又名"弋甲戏""九角戏""大鼓班""大班""土班"，是福建五大剧种之一。它的地域特征明显突出，操闽南方言泉州腔，演唱南音，其唱腔高亢激越，以"丑"见长，有着浓厚的民间气息，有"南海明珠"之誉。举凡祝寿、乔迁、婚庆以及祈福酬神等活动，均延请高甲戏演出。

高甲戏流行于闽南方言地区，除泉州所属各县市外，也在厦门、大嶝岛、小嶝岛和金门、台湾等地传播，是闽南诸剧种中流播区域最广、观众面最多的一个地方戏曲剧种。

2006年，高甲戏被列入第一批国家级非物质文化遗产名录。

（二）历史沿革

1. 高甲戏的起源

关于高甲戏的历史缘起，20世纪50年代初期，戏改会进行了高甲戏调查研究，至80年代初，福建省戏曲研究所戏史室主持了剧种历史学术讨论会，但仍存在分歧，并无定论。

1953年，戏改会形成了《高甲戏的调查研究》初稿，认为：高甲戏发展为现在的形式，只有二十余年，而其最初来源，则出于三百年前当地乡间所流行的"宋江戏"，由"宋江戏"发展为"合兴戏"，在合兴戏的基础上又吸收外来剧种的形式，逐渐发展成为目前的高甲戏。

宋江戏，起初是闽南乡间的一种化装游行，主要是在农村迎神赛会时扮梁山英雄，表演一些武打技艺，还没有故事情节的演出。后来，为了满足乡民要求，逐渐到庙台或戏台上表演，并在原有武打的基础上编了一些水浒题材的短剧，因为戏里的中心人物是宋江，所以称为"宋江戏"。在近两百年前，清乾隆时代，宋江戏吸收了梨园戏的演唱形式及节目，发展成为文武合演的"合兴戏"。至清末，合兴戏在闽南一带演戏，通常都是为了酬神、普度、嫁娶或斋醮，合兴戏深受乡民的喜爱和拥戴，日益壮大起来。1902年前后，上海京班南来，合兴戏又吸收了京戏的部分武打节目及打击乐，逐渐形成了现在高甲戏的形式。

1960年，林颂先生对高甲戏源于宋江戏的说法提出质疑，认为高甲戏不是由宋江戏演变而来，而是源于"竹马戏"，吸收梨园戏、木偶戏、南曲等，受京剧影响而成。

高甲戏民间研究者李龙抛先生对高甲戏剧种的由来，有独特的见解，他认为："明朝万历年间，泉州府属有白戏，高甲戏受当地千年古老的木偶（傀儡）和梨园等剧种的影响，综合民间传统的各种古老文艺而产生，逐渐演变到形成剧种，早期是为'宋江戏'之流派。再者，由四平戏的戏师祖改改造，综合四平戏和竹马戏、宋江戏等，重新创作、编导，则谓'合兴戏'之源流，引用南音锦曲，因有九种角色，正名为九甲戏。"[1]

而关于"高甲戏"名称的由来，也有多种传说。第一种说法是，早期高甲戏搬演的大多是武打戏，演员在台上手执戈戟、身穿盔甲，而"戈"与"高"闽南话谐音，取其"搭高台、穿盔甲"之意，因而称为"高甲戏"；第二种说法是，高甲戏有九种角色，故也称"九角戏"，"角"与"甲"音相近，所以高甲戏又称为"九甲戏"；第三种说法是，清代道光年间一归国华侨和宋江戏艺人合伙组成"合兴班"，合兴戏到南洋演出，侨胞们热爱家乡戏，在贴出的海报中把它称为"高等、甲等的戏"，戏班回国后，就自称"高甲戏"，以后宋江戏班和合兴戏班都统称为高甲戏。

尽管关于高甲戏的起源及其名称来源存在多种说法，但在高甲戏剧种史中，泉州南安的岑兜村是高甲戏的发祥地，洪埔师是高甲戏的戏祖师，这一点却是所有人都一致认同的。

2．高甲戏的发展

高甲戏自清末以后，发展非常迅速，"一是善于吸收外来剧种的艺术养分以充实自己，二是戏班经常到东南亚国家及地区演出，与其他戏班艺术交流"[2]。

高甲戏善于吸纳其他剧种的优点和特长，丰富、充实自己的艺术表现力，逐渐走向成熟与完美。

---

[1]　白勇华、李龙抛：《高甲戏》，浙江人民出版社2010年版，第15—16页。
[2]　陈瑞统：《铿锵戈甲——粗犷雄浑高甲戏》，海潮摄影艺术出版社2005年版，第11页。

20世纪20—40年代，高甲戏进入了鼎盛期。在晋江、南安、惠安、同安、安溪、永春、德化就有四百多个戏班，年年都有戏班到菲律宾、新加坡、印度尼西亚等国演出。其中十个比较突出的戏班被称为"十大虎班"，"前五虎"即福庆成、福金升、福盛兴、大福兴、新大福；"后五虎"为福庆成、新秀春、金莲升、福金升和大祥春。有很多以后在闽南享有声誉的演员都首先在南洋扬名，比如董义芳、洪金乞、柯贤溪等，他们均成为高甲戏历史上的一代宗师，其中，柯贤溪被誉为"闽南第一丑"。

新中国成立后，高甲戏进一步发展。1950年，泉州成立戏剧改革委员会，召集各戏班进行改革，并在泉州举行高甲戏会演。1951年，抽调各戏班名演员组成"泉州大众剧社"(1957年改为泉州市高甲戏剧团)。此后，相继成立了厦门金莲升高甲戏剧团、晋江民间高甲剧团、南安高甲实验剧团、同安群众高甲剧团、惠安群众高甲剧团、安溪艺声高甲剧团、德化群众高甲剧团、永春实验高甲剧团、大田高甲剧团等。经过戏改，剧种发生了很多变革，各剧团改编、新编了不少优秀剧目，如《连升三级》《郑成功》《屈原》《孔雀东南飞》等。

"文化大革命"期间，剧团均被解散。"文化大革命"结束后，各高甲戏剧团相继恢复并进入振兴时期。其中，以泉州市高甲戏剧团、厦门金莲升高甲戏剧团、晋江高甲戏剧团这三个团为首的专业剧团为高甲戏剧种赢得了各种各样的极高荣誉。高甲戏《玉珠串》《大河谣》《大汉魂》《金魁星》等获得国家戏剧大奖"文华奖"。同时，晋江地区也组建了150多个民间专业剧团。晋江素有"戏窝子"之称，被文化部命名为"中国民间戏剧之乡"，是高甲戏最繁荣、最活跃的地区。

3. 高甲戏的现状

如今，"在闽南，特别是泉州晋江一带，专业剧团与民间职业剧团，共同建设和维护了一个广阔而充满生气的戏曲演出市场"[1]。相比同在泉州土地上的其他濒临困境的地方剧种，高甲戏虽只有三百多年历史，传承至今却仍有着旺盛的生机。"以泉、漳、厦为主要生长基地的高甲戏，是色彩缤纷的闽南戏曲百花园里最为旺盛的一族。"[2]泉州是历史悠久的文化古城，传统文化气息十分浓厚，有许多民俗节庆活动，往往会请高甲戏班演戏助兴，增添喜庆气氛。

高甲戏不仅在闽南民间广受群众欢迎，在东南亚各国的闽南籍华侨中也极受追捧。高甲戏班曾多次到菲律宾，新加坡，中国香港、台湾、金门进行访问演出，是维系大陆、台湾、东南亚华人华裔的一条重要情感纽带。

---

[1]　白勇华、李龙抛：《高甲戏》，浙江人民出版社2010年版，第100页。

[2]　陈瑞统：《铿锵戈甲——粗犷雄浑高甲戏》，海潮摄影艺术出版社2005年版，第146页。

泉州市高甲戏剧团展馆一角

（三）艺术特点

1. 高甲戏的行当

高甲戏是一个行当完备的剧种。关于高甲戏行当的划分，有两种说法。

一种说法是：高甲戏行当的划分与确立多受四平戏的影响，仿四平戏"三花、三生、三旦"的形式划归为九种行当。三花即大花（白北）、二花（红北）、三花（黑北）[在高甲戏中，花脸称为"北"]；三生即老生、小生、笑生（男丑）；三旦即苦旦、花旦、彩旦（女丑）。因高甲戏是以演朝廷忠奸等多蟒甲的大气戏见长，而三种花脸及苦旦、花旦，不能代替士兵、家丁、旗牌、监等打杂，演武戏时九种角色更不够用，所以各种角色各扩充副角共十八角，正角演文戏，副角演武戏。又将三种花脸副角以及男丑、女丑等副角，当作打杂角色。

另一种说法是：高甲戏形成初期本不注意行当的划分，后组织一个戏班叫"合兴班"，聘请竹马戏艺人传授戏文，才逐步归纳各种角色而划分行当。从辛亥革命以后，行当的划分逐步规范，分为生、旦、丑、北、杂五个行当。生包括文小生、文老生、武小生、武老生；旦包括大旦(闺门旦)、苦旦（青衣）、花旦、武旦（刀马旦）、小旦、老旦；丑包括文丑（长衫丑）、公子丑、破衣丑、袍子丑、老丑、童丑、武丑、女丑；北（净）包括大花、二花、红北、黑北；杂包括监、套（龙套）、旗（旗牌）、军（军士）及武行。

高甲戏各行当的表演都具有浓厚的地方色彩和浓郁的生活气息，尤其丑角表演更有特色。高甲戏的丑行细分起来有几十种，包括文丑（长衫丑）、公子丑、破衣丑、袍带丑、老丑、童丑、武丑、女丑等，其中比较突出的是女丑、傀儡丑、布袋丑、公子丑、拐杖丑等。"女丑"男扮，极具地方色彩，多运用民间生动活泼的语言，动作夸张放肆，幽默诙谐，代表剧目有《骑驴探亲》；"傀儡丑"即"提线木偶丑"，模仿提线木偶的动作，加以夸张的面部表情展现人物形态，机械而富有节奏感，代表剧目有《李公伯》；"布袋丑"即"掌中木偶丑"，模仿掌中木偶，动作夸张、变形、灵活，代表剧目《守城官》；"公子丑"又称"笑生"，表演诙谐风趣而又潇洒飘逸，兼有傀儡丑和布袋丑的动作，代表剧目有《公子游》；"拐杖丑"是男丑结合拐杖表演，身段飘逸，潇洒风趣，代表剧目有《番婆弄》。

高甲戏丑行

　　在长期的艺术表演实践中，高甲戏丑角演技自成一格，柯贤溪、许仰川、陈宗塾、施纯送、林赐福并称"闽南五大名丑"。柯贤溪是第一位专门饰演丑角的艺人，工男丑、女丑，尤以"男扮女丑"独树一帜，被誉为"闽南第一丑"。柯贤溪常演的剧目有《唐二别妻》《妗婆打》《骑驴探亲》等。他创造了高甲戏丑行表演艺术流派——柯派。2007年，高甲戏柯派丑行表演艺术被列入国家级非物质文化遗产名录。陈宗塾擅演破衫丑，代表作为《桃花搭渡》中的渡伯。许仰川以"公子丑"见长，表演极有独创性，饰有《笋江波》中的吴世荣、《管甫送》中的管甫等。施纯送以"傀儡丑"著称，达到"形似木偶，神似人"的境界，他创造的《连升三级》中的糊涂考官、《大闹花府》中的花花公子花子能、《真假王岫》中的老仆王海等形象，个个栩栩如生。林赐福独创"布袋丑"，把闽南布袋戏的表演动作运用于角色创造中，他在《审陈三》中入木三分地刻画了一个卑鄙贪婪的衙门公差形象班头爷。

　　2. 高甲戏的念白

　　高甲戏是重白轻唱的剧种。其剧目多来源于历史演义、侠义小说话本和民间传奇故事，剧种以武打见长，场面大气，多讲究排场，注重情节的引人入胜，少抒情。所以，高甲戏在表演上以肢体、表情、念白为重，唱腔较少雕饰。

高甲戏的念白形式多样、特点鲜明，演员可根据剧情需要自由选择并临场发挥，统一以泉州语音作为标准。

高甲戏是以闽南方言为道白的地方剧种，其中的道白又区分为"文言白"和"嘴口白"。不同角色使用不同的道白，帝王将相、才子佳人均以文言白为主，平民百姓则以嘴口白为主。文言白如："如今你竟认贼作父，不认亲娘，自古以来，未有不孝亲而得至孝之日，亦未有不葬亲而得至葬之期。你如此恩将仇报，异日必定自无葬身之地。"嘴口白，俗称"白文"，是生活化的地方语言，艺人可自由发挥。在展开情节、表现人物时生动而准确。

高甲戏演出中一个人物出场时，在自报姓名前，一般先说或唱几句"诗念白"，也称"开场白""定场诗"。"诗念白"在内容上是把这个人物的身份、志向或某种特征等开门见山地展现出来，形式上则多为四句，可用四言、五言、六言、七言等，韵律、节奏颇为严谨。如巡按大人的开场白："奉旨出朝，地动山摇，有人犯法，定斩不饶！"逃难者的开场白："跑别老母逃难中，单身流落在他乡。父仇妻恨深似海，何日团圆展笑容。"

高甲戏的表演套路中，人物说完开场白，自报姓名以后，还要说一段"便套白"（也称"水白"），其目的是使剧情能衔接，让观众大致了解故事情节。

3．高甲戏的音乐

高甲戏属于曲牌音乐，其曲牌非常丰富，记录的曲牌有300多首，调子有激昂高亢的，有缠绵委婉的，也有轻松活泼的。其曲牌大都来自南曲、木偶戏、梨园戏和民歌等。

高甲戏早期的剧目，以武戏为主，所运用的是较为浑厚、强烈的曲牌，如[将水]、[水龙吟]等。这一时期主要是吸收木偶戏的曲牌，如[抱胜]、[剔银灯]、[金钱花]等。合兴戏时期开始大量采用南曲，如[福马]、[水车]、[相思]等。因高甲戏班聘请梨园戏、木偶戏的演员和乐师来教唱，所以采用了梨园戏、木偶戏和布袋戏的曲牌，如[双闺]、[北青阳]、[一封书]等。后来，高甲戏又受外来的京剧、弋阳腔的影响，借鉴的曲牌如[北二簧]、[北将水]、[北调]等。清末民初，高甲戏在南洋改演幕表戏，剧目繁多，就大量引用南音大小曲。继而国内也跟着改演幕表戏，广泛吸收京剧、闽剧、木偶戏、布袋戏、梨园戏等剧目及音乐。20世纪二三十年代，丑旦戏蓬勃发展，唱腔上吸收了梨园戏的[游赏春]、[富家子弟乐逍遥]，木偶戏的[入孔门]、[四季歌]等，锦歌、民歌小调如[长工歌]、[十步送]、[十二更鼓]等。

总之，"高甲戏的音乐是随着剧目的发展而不断吸收借鉴其他剧种、曲种的音乐而逐步完善的，这与高甲戏在剧目上、表演艺术上体现出的兼收并蓄的品格是一致的"[1]。

---

[1]　白勇华、李龙抛：《高甲戏》，浙江人民出版社2010年版，第77页。

高甲戏的锣鼓经在艺术表演中起着重要作用。它吸收了京剧小鼓的演奏法，以及梨园戏、木偶戏的南鼓演奏法，形成了一套较为完整的锣鼓经。比如，鼓介在于突出剧种艺术表演程式，锣鼓介在于突出行当表演，其中，配合唱腔曲牌的锣鼓介称"曲介"，配合吹奏曲牌的锣鼓介称"牌介"，配合念白的锣鼓介称"白介"。

4. 高甲戏的表演

高甲戏的表演艺术极富闽南传统特色，"旦""丑"角表演更是闻名遐迩。高甲戏的表演受木偶戏的影响很大，常常以夸张、变形的动作展现人物形态，表演特点机械而富有节奏感。

旦角出场摸头，理鬓，半转身低头视脚，端裙，起步走到椅前，顾盼左右，转身坐下，坐定，念白等，这一连串的动作都像似木偶。老生出场，稍弯腰，双臂张开，提脚也稍弯曲；举步时，头、身、脚一齐转动，像提线木偶一样。丑角表演，自成流派，各以其独特的表演形式塑造人物。高甲戏有丰富的武打程序，早期采用闽南的"南拳""斗狮"的套数；后来吸收了木偶戏、京剧的武打程序，不断加以丰富。

在高甲戏中，有很多可以运用于各种戏的表演片段，俗称"套路"。自清中叶高甲戏的合兴戏时期开始，高甲戏便以忠、孝、节、义为主，涌现了一批大气戏历史剧。剧目中的历史故事、侠义传奇在情节上有大量雷同的地方，于是出现了很多可以运用于各种戏的表演套路。高甲戏的表演套路分广义和狭义两种，广义的套路指故事情节的套路，是可以在剧目演出中自由灵活套用的表演片段，如金殿戏、法场戏、公堂戏、别妻戏、抢亲逼亲戏等。比如抢亲逼亲戏，都是因为公子抢亲逼亲而引起矛盾，然后展开故事，其中的套白套曲可以互相套用，只要把人名和时间地点零时改动一下。狭义的套路是指技艺动作的基本路数与范式以及得到广泛认同的个人表演套路。比如女丑"骑驴"，表演时，女丑右手拿马鞭，假装跨上毛驴，演绎了一系列活灵活现的动作，边歌边舞，夹杂内场音乐，气氛非常热闹。

5. 高甲戏的演出习俗

闽南地方戏班除打城戏奉祀地藏王为戏神之外，高甲、梨园、芗剧及木偶戏等皆尊相公爷为戏神，只是奉祀礼俗略有差异。高甲戏班演出前或戏班到一个新戏台演出要将戏神相公爷请至戏棚，上供果品，上香、点烛、斟酒；再由扮丑行的演员扮天官，穿红蟒袍，戴假面具，手持玉笏，上台表演请神、拜寿、晋禄等舞蹈，并出示"加冠晋爵"的小条幅；最后是焚金楮。戏班请神是一种净台之道，祈求保佑戏人平安，演出顺利。

高甲戏班请神

（四）剧目介绍

高甲戏在剧目类型上，主要包括剧种性定型剧、幕表戏两种形式。

定型剧，指高甲戏早期编制完整的剧目，讲究剧目情节、唱词、念白、行当、表演、音乐的规定性和一致性。如此，在剧目的传承中，高甲戏的表演艺术得到完整的继承，对剧种的保存起到重要作用，所以也称为"剧种性定型剧"。这些剧目多来源于历史演义、侠义小说话本和民间传奇故事。例如，《宋太祖困河东》《赵匡胤下南唐》《斩庞洪绞庞妃》《陈太镛过大金桥》。其中，《陈太镛过大金桥》是高甲戏代表性传统剧目，也是高甲戏独有的剧目，为其他剧种所罕见。

幕表戏，指一幕一幕地演，把各种表演片段灵活串联，搬演故事而成戏，没有剧本，只有人物、场口的大纲，动作、台词均由演员即兴发挥。幕表戏俗称"桶戏"，因为表演片段的组合方式，正像各种性状的木块组合成木桶一样。因演幕表戏，不受剧目的限制，表演上也没有太多的限制，在唱、念、做、打诸方面均可随观众的需求、民间习俗的需要而自由变化，可以自由吸收借鉴其他优秀剧种的表演艺术，这大大促进了高甲戏的发展。在幕表戏的演出过程中，个别戏剧由于有名角的演绎，在民间有较大的影响，班社和艺人之间便争相效仿，渐成定型，并广为流传，便称作"幕表定型戏"，如《走麦城》《黄鹤楼》《凤仪亭》《蒋干盗书》。

高甲戏是很民间的地方剧种，多是演员应时应景自编自演，所以，剧目题材兼收并蓄，以改编小说、传奇和民间传说及移植其他剧种的剧目为主，据统计，从布袋戏移植而来的剧目最多，也有一些是从提线木偶、梨园戏、竹马戏、京剧等剧种移植而来。20世纪60年代，福建省戏曲研究所大规模地整理传统剧目，根据老艺人口述记录整理了一批剧目，据初步统计，有600多种，现存记录本有400多种。

　　高甲戏的传统剧目大体分为三大类，即大气戏（宫廷戏、公案戏）、生旦戏（绣房戏）、丑旦戏。"宫廷戏"即宫廷斗争的戏文，有《狸猫换太子》《逼宫》等；"公案戏"即审案戏文，如《包公审黄菜叶》《彭公案》等；"绣房戏"即才子佳人的生、旦戏，如《孟姜女》《英台山伯》《玉珠串》《钗头凤》《孟丽君脱靴》《秦雪梅》《李三娘》《梅良玉思钗》等；"丑旦戏"，都属小戏，如《桃花搭渡》《番婆弄》《扫秦》《管甫送》《笋江波》《扫秦》《金魁星》《妗婆打》《骑驴探亲》等。此外，也有据古典小说及民间传说编演的戏，如《说岳》《水浒》《七侠五义》《大闹花府》《詹典嫂告御状》等。

　　新编讽刺喜剧《连升三级》是1958年夏，王冬青根据闽南布袋戏传统剧目的故事梗概，并受连环画《连升三级》的启发而创作，同年由泉州高甲戏剧团演出。1961年、1963年进京演出大获成功。1983年在香港演出被认为是高甲戏的最佳作品。1993年该剧被评为"中国当代十大喜剧之一"。剧本收入福建省戏曲研究所编、上海文艺出版社出版的《福建传统喜剧选》。

高甲戏经典剧目《连升三级》

　　（五）特殊道具

　　盔头：高甲戏以武戏著称，所以高甲戏常用的道具有銮仪器仗、刀枪旗帜、公堂刑具以及水旗、车旗等。其中，盔头在戏中用得极其普遍。高甲戏的盔头制作牢固耐用，大都是由晋江、泉州几家刺绣作坊承制的，有着浓厚的民间工艺色彩。早期的盔头制作简朴，除了帅盔、帝帽、金雕、银雕、侯帽等是硬壳的，其余武将用的都是软巾。后来，头盔均改为硬壳，同时吸收一些外来剧种的精华，丰富了头盔的纹样和色彩，并增添了改良帝帽、战巾、小监帽(以前用纱帽去翅代之)、中军盔等。

响盏和小叫：高甲戏使用的乐器，分为文乐和武乐。文乐以唢呐为主，配以品箫、洞箫、三弦、二弦，后来又加入琵琶、杨琴、二胡、中胡、小提琴和大提琴。武乐有百鼓、小鼓、通鼓、铎板、大小锣、大小钹，特别是响盏和小叫，有浓厚地方特色，是丑旦戏或轻松场面不可缺少的打击乐。

三　泉州打城戏

（一）打城戏简介

打城戏俗称"法事戏""师公（道士）戏""和尚戏"，是在僧道法事仪式基础上演变发展成为戏曲艺术形式的，具有浓厚的宗教艺术色彩，是目前国内仅存的宗教戏剧，有其很独特的表演程式和艺术形式。其武打技艺高超，与传统的南少林拳有密切的渊源关系，在闽南民间戏曲中独树一帜。打城戏集宗教、艺术、民俗于一身，是我国传统戏曲文化的历史宝贵记忆。打城戏流行于泉州、晋江、南安、漳州，以及厦门、同安、金门等闽南语系地区。

2008年，打城戏入选第二批国家级非物质文化遗产名录。

（二）历史沿革

1. 打城戏的起源

"打城"仪式更早存在道教法事活动中，道教在进行庄严肃穆的斋、醮仪式后，为避免死者亲属过度悲哀，就表演一些宣讲教义的小节目。

闽南民间每年七月都流行普度，请和尚、道士念经拜忏，以"超度亡魂"。僧、道表演的打醮拜忏活动，起初纯属法事仪式，身穿袈裟、道袍，手持木鱼、钹、铃、云板、草锣等法器作为乐器，念唱的曲调也仅限于道情和佛曲音乐。

"打城"最早的原始形态叫"打桌头城"，人们在八仙桌上糊一个桌头城，前面还放了一桌供品，请僧、道做节目，演上一晚。"打桌头城"有"打天堂城"与"打地狱城"之别。"打天堂城"是由道士表演的，描述芭蕉大王巡视枉死城，令鬼将释放屈死冤鬼。由一演员扮演神将，手执宝剑舞弄，脚踏八卦步，由乾入，至太极，而后从坤出，口念暗咒："太乙真人下幽冥，查勘善恶辨分明；超度亡魂上天界，青龙戏水救万民。"一番表演后，进入地狱门，劈开地狱天堂门，打开天堂城。"打地狱城"是由和尚表演的，描述地藏王巡视枉死城，打开鬼门关，释放冤鬼。由一女子披上头巾代表亡灵，一男子（由和尚装扮）对着说唱，引度亡灵出城，救出亡灵。

后来，发展为"打地上城"。艺人化装参与表演，演员发展到一二十人，有布景、道具和剧目，一般在广场上表演简单的杂耍，如弄钹、过刀山、跳桌子、顶碗、高跷、丢包子、丢硬币等，没有故事内容。

后来，为适应法事需要，又增设布景、道具，增加一些短小的神怪节目，如《论三关》《众哭城鬼》等，开始在民间丧仪、孟兰盆会和水陆大醮上演出。因为是由道士、和尚装扮角色演出，被称为"道士戏"或"和尚戏"。

2. 打城戏的发展

斋醮仪式的余兴表演，为满足观众要求，不断渗入艺术成分，增强戏剧性，逐渐演变为一个剧种。从斋醮仪式到完成戏剧形式，经历了一个相当长的历史过程。

迟至清代道光年间，打城戏已逐步成型。大约在清咸丰十年（1860年），晋江县兴源里小兴源村吴永燎、吴永吟兄弟出面创建第一个打城戏班——"兴源班"，以"天堂城"等为主要内容编成戏文，开始在晋江、南安、惠安、同安、金门、厦门等地搭台演出。排演剧目有《李世民游地府》《庄子戏妻》《目连救母》全本、《四游记(即东、西、南、北游)》和《楚汉》《三国》《说岳》等历史故事连台本戏。凡民间丧仪、盂兰盆会、水陆大醮、中元节等，都会请他们表演。

"兴源班"不断发展壮大，这样打城戏作为一个剧种开始成熟。光绪年间打城戏在泉州已经非常流行。"兴源班"非常走红，演出活动应接不暇。吴远明是"兴源班"冒尖的演员，主演李世民、刘全等角色，唱、念均佳，表演极为精彩，演技闻名闽南。后来，因为一起大规模的械斗，"兴源班"的演出活动被迫停止，"兴源班"无形中解散。

1905年，泉州开元寺和尚超尘、圆明合资购置行头道具，重金聘请"兴源班"大批演戏的道士为骨干，如吴宝灿、吴万圣、吴芬津、洪金水等，又吸收小部分"香花和尚"（吃荤）及社会青年跟班培训，组建僧道合伙的打城戏班，叫"大开元班"。因从佛教角度进行演出，也俗称"和尚戏"。戏班聘请了泉州木偶戏艺人吕细火、林润泽等人教授搬演《目连救母》戏文全集，同时吸收木偶戏的曲调作为演出的音乐，演出由广场搬上舞台。

1929年，吴万圣、吴芬津、吴宝灿离开"大开元班"，重返小兴源村，招收一批学员培训，并聘请京戏武打演员教授毯子功、把子功，在本村创办"小兴源班"。"小兴源班"曾涌现出一批出色的演员，如洪球江（北）、张子锥（青衣）、林风梭（武生）、洪我及（小生）等。洪球江主攻"花脸"，有着一身扎实的戏曲功底，塑造的"猪八戒"等人物形象堪称一绝。

1930年，"大开元班"班主圆明与超尘意见分歧，各自分开组班。超尘仍旧主持"大开元班"，圆明另行组织"小开元班"。当时，"小开元班"演员阵容相当可观，不久便与"小兴源班"旗鼓相当，互相竞争。"大开元"因缺乏艺术台柱支撑，自行解散。

"小兴源班"、"小开元班"复兴后，业务相当兴旺。后来又出现了"小荣华班"、"小协元班"等。一时间几个戏班同时在闽南泉州五县、尤溪七县，厦门、金门及广东潮汕地区演出，广为流传，是打城戏发展高峰期。

抗日战争时期，厦门等地沦陷，戏班逐渐衰落至解散。新中国成立后，打城戏开始复苏。1952年泉州组织泉音技术剧团，1957年改称泉州市小开元剧团，1960年泉州打城戏剧团成立，整理、改编和创作了一批新的剧目，如历史剧《吕四娘》《郑成功》，神话剧《大闹天宫》《真假美猴王》《宝莲灯》，武侠戏《泉州少林寺》，现代戏《畲家仇》《一阵雨》，童话剧《老虎与青蛙》，后期演出的现代戏，如《焦裕禄》《社长的女儿》等。该团涌现出一些名角，如曾火成及后起之秀吴天乙、黄莺莺等。曾火成塑造的"美猴王"，为京剧界所折服，被誉为"闽南第一美猴王"。"文化大革命"期间，剧团被迫解散。

1990年2月，原打城戏艺人吴天乙、黄莺莺、洪球江等人自筹资金，从社会上吸收20多名青少年，开班培训，重组民间自负盈亏性质的泉州打城戏剧团，着手抢救面临失传的《目连救母》《李世民游地府》等古老的传统剧目，从此，吴天乙便以民营的方式，延续着打城戏的历史。1992年，文化部曾举办名为"天下第一团"（南北片）的全国稀有剧种优秀剧目展演，当时泉州打城戏剧团作为打城戏硕果仅存的一个剧团，也是全国唯一的民营剧团，参加了剧目展演，并获得了"天下第一团"的名号。1994年剧团解散，1997年再次复办。

近几年，该团频频在国际舞台上亮相，为泉州也为中国戏剧赢得了荣誉。2003年10月，由中国戏剧家协会推荐，打城戏代表国家赴伊朗德黑兰参加第十二届亚洲仪式戏剧节，上演的打城戏传统剧目《目连救母》荣获金小丑奖，这是大会唯一的最高奖。2004年，打城戏剧团再次代表国家赴日本参加第十一届中日韩"BESETO戏剧节"。2007年上半年，泉州打城戏剧团赴印度参加第二届国际戏剧节暨全印度戏剧大赛，获得"潘查尔大奖"。2007年下半年，泉州打城戏剧团赴台湾演出引起轰动，常常爆满。

3．打城戏的现状

虽然打城戏获得了很多殊荣，但打城戏的生存现状却十分尴尬：民间知道打城戏的人很少，打城戏的艺术传承面临着危机，演出市场难以拓展。而作为民办剧团，需自负盈亏，又遭遇演出市场冷清，剧团入不敷出，2008年1月，号称"天下第一团"的泉州打城戏剧团宣布解散。

2008年6月，打城戏被列入国家级非物质文化遗产名录。同年，第四代传承人吴天乙也被确定为国家级非遗打城戏项目的传承人。

2013年9月1日下午"濒危剧种打城戏抢救保护专家研讨会"在泉州召开，研讨会上，中国剧协和省、市戏剧研究专家、高校研究者进行了3个多小时的研讨。专家呼吁，应给予打城戏更多的重视，同时应重视闽南文化土壤的传承与保护，为打城戏生存发展提供条件。当晚，在泉州新门街南音艺苑，泉州市（天乙）打城戏剧团被授予"泉州打城戏市级传习所"牌匾。授牌仪式后，上演了《四海龙王贺寿》《双挑》《绕夹》三出打城戏折子戏。这是打城戏剧团在2008年解散后，首次重返舞台。

"泉州打城戏市级传习所"授牌仪式

（三）艺术特点

打城戏既有闽南民间艺术的特点，也带有浓厚的宗教色彩，其剧目多是神话剧，完好地保存了道教仪式和民间习俗，音乐含有佛教、道教成分，对于保护宗教文化意义重大。

1. 打城戏的表演

打城戏行当分生、旦、净、丑。旦角表演典雅细腻，吸收了梨园戏和高甲戏的某些科步动作，丑角表演幽默含蓄，净角表演气派刚健。

打城戏的表演科步，早期以罗汉科为主，仿罗汉的塑姿衍化为表演动作，并带有浓厚的提线木偶表演风格。其表演动作侧重于跳跃扑打和杂耍，武打主要运用南少林拳技，比如桌上翻跳功夫、叠罗汉、甩须、甩发、蚌舞、黑白鬼舞、叉舞、旗舞等。其中桌子功夫在全国少有，叠八张桌子，然后从高空翻跟头，甚至在上面表演，比如说一人拿两个圈子，在空中套在脚上，一身夹十几个鸡蛋，才翻下来，那些鸡蛋还不破，翻下来后，踩到条凳上，甚至下面躺着一个人，表演的人踩到条凳上，不会踩到这个人。后期武戏受京剧的影响，且曾聘京剧武功教师传授毡子功、把子功等，较多采用京戏的武打程式。打城戏的文戏则吸收了梨园戏和高甲戏的某些科步动作来丰富自己。打城戏的生、旦、净上下场都要念场诗（上场诗和下场诗）。韵白较多，唱白发音较重，但比高甲戏轻柔，接近口语，对发音、节奏、咬字都很有讲究。

打城戏保留了很多宗教的仪式和秘咒仪式，如各种仪式的开台仪式，戴面具表演。打城戏演员拥有不少独门绝技，如"耍弄铙钹""吃火吐火""吃纸拉肠""落铁器""开大笼"等。"开大笼"，是一种吸收民间舞蹈形成的，特具神话戏斗法场面与神怪气氛，运用面具来表现各类动物的形象造型的表演形式。大笼里面装着表演各种特殊类型舞蹈节目的面具、道具、衣套，可随演随用。"开大笼"表演惟妙惟肖，十分生动，为全国所有剧种罕见。

打城戏经典剧目《目连救母》之《双挑》

2．打城戏的音乐

打城戏音乐曲调，是在道情和佛曲基础上，吸收泉州提线木偶戏音乐曲调而混合组成。1949年后在以傀儡调为主的基础上加进了一些南音和民歌，使得其音乐既有自己独特的风格，又融合了闽南地方特色。

打击乐带有浓厚的宗教色彩，也与木偶戏相似。打击乐器主要有南鼓、通鼓、小鼓、铜钟、草锣、匡锣、南碗锣、南钹、大钗、小锣、小叫、拍、双音、响盏，基本是作法事打法。管乐有大嗳、品箫、洞箫等。弦乐有二弦、三弦、琵琶等。后吸收部分京剧的打击乐以加强武打气氛，增加北鼓、北锣、北钹、北碗锣等，和管弦乐器如笛仔、大胡、二胡等。

（四）剧目介绍

打城戏早期剧目以《目连救母》为主，共有12部连台本戏。后期大量吸收京剧剧目，增加了不少剧目，逐渐形成自己一套具有独特风格的传统剧目，大致可分为三类。

一是神话剧。如《西游记》《东游记》《南游记》《北游记》《封神榜》《济公传》《临水平妖》《目连救母》《大劈棺》《李世民游地府》等。

二是历史剧。如《三国》《说岳》《东西汉》《杨家将》《郑成功》《太平天国》等。

三是武侠剧。这主要是为发挥本剧种武技特点，根据侠义小说编演，如《泉州少林寺》《小五义》《大八义》等，都是连台本戏。

新中国成立以来，创作一批新的剧目，如《郑成功》《龙宫借宝》《岳云》《宝莲灯》《潞安州》等，颇受观众欢迎。

许多剧目在舞台实践中，不断修改，成为连演不衰的保留剧目。如《方世玉打擂》，《西游记》的《三探无底洞》《龙宫借宝》《收红孩儿》，神话剧《三公主》，《杨家将》的《杨九妹取金刀》《杨八姐下幽州》《定边关》，《说岳》中的《岳云》《潞安洲》，《水浒》中的《大名府》《真假李逵》，折子戏《良女试雷有声》《化金针》《挡马》《三岔口》等。

打城戏的代表性剧目是《目连救母》。《目连救母》故事大约在1700年前从印度传入中国。流传到中国后，与中国历史文化融合起来，在不断演变中产生了许多不同版本，而泉州打城戏版本体现了泉州的地域特色文化和宗教色彩。打城戏《目连救母》讲述的是，母亲刘氏违反佛教戒律，地狱阎罗王派白无常率领五鬼捉她到地狱，她受到最严厉的惩罚，儿子目连与母亲分离后，日思夜念，最后挑着经书担和母亲画像，跋涉万里去求佛祖帮助，佛祖赐予他神杖。他顺利地到了地狱，替母亲戴枷受苦。目连对母亲的至孝，感动了神灵，终于将母亲救出苦海。

打城戏经典剧目《目连救母》之《绕夹》

（五）特殊道具

铙钹："铙钹"是道场乐器，亦法器也。《太清玉册》载："蚩尤驱虎豹与黄帝战，黄帝作铙钹以破之，虎豹畏铙钹之声，故也。况亦惊逐魔怪!"《灵宝经法》云："太乙救苦天尊跨九头狮子，其声吼如铙钹之音，响彻地狱。故以铙钹效狮子之吼音，以惊破地狱也。"耍铙钹是打城戏一绝，尤其是高空掷接铙钹、竹条悬起铙钹更展现了表演者的高超技艺。演弄铙钹过程中也穿插过刀山、跳桌子、顶碗飞顶缸、高跷、丢馒头包子、丢硬币等。

面具：打城戏还有独具一格的表演技艺——戴假面具表演。凡饰鬼怪禽兽都是戴假面具。在折子戏《四海龙王贺寿》中，东、西、南、北四海龙王均戴特制龙王面具表演。后期受到京戏等兄弟剧种影响，部分面具逐步以脸谱代之。

四　提线木偶戏

（一）简要介绍

泉州提线木偶戏是流行于泉州地区的古老珍稀戏种，数百年来形成了一套完整且不断完善的演出规制和700余出传统剧目。泉州提线木偶戏是以泉州方言为标准音的闽南地方戏曲剧种，古称"悬丝傀儡""线戏""木人戏"等。又名"丝戏"，民间俗称"嘉礼"（"嘉礼"记录的是泉州话"傀儡"）。有学者认为提线木偶的最早来源可能与巫文化密切相关。福建省艺术研究院叶明生研究员据五代时期泉州籍道士谭峭在其所著《化书》卷二"海鱼"一则中记载的"观傀儡之假而不自疑"这一则材料指出，泉州地区在唐末五代便有傀儡戏演出了。在明清时期，泉州傀儡戏形成了自己独特而完备的传承形式艺术风格。这种艺术形式在泉州传承、发展近千年，日臻完备。2006年5月20日，中华人民共和国国务院《关于公布第一批国家级非物质文化遗产名录的通知》（国发〔2006〕18号）下发，公布了首批入选国家级名录的518个非物质文化遗产项目。木偶戏名列其中，共有12项，泉州提线木偶列于首位。

提线木偶戏表演

（二）历史沿革

1. 提线木偶的起源

我们可以从有关文献来看木偶的起源。有学者据《列子·汤问》认为，西周时期就产生了会活动的木偶。

周穆王(前947—前928)西巡狩，越昆仑，不至弇山，反还，未及中国(指中原)，道有献工，人名偃师，穆王荐之，问曰："若有何能？"偃师曰："臣唯命所试，然臣已有所造，愿王先观之。"穆王曰："日与俱来，吾与若俱观之。"越日偃师谒见王。王荐之，曰："若与偕来者何人邪？"对曰："臣之所造能倡者。"穆王惊视之，趋步俯仰，俗人也，巧夫领其颐，则歌合律，捧其手，则舞应节。千变万化，唯意所适。王以为实人也，与盛姬并观之。技将终，倡者瞬其目而招王之左右侍妾。王大怒，欲诛偃师。偃师大慑，立剖解倡者以示王，皆草木胶漆白黑丹青之所为，内则肝、胆、心、肺、脾、肾、肠、胃，外则筋骨、肢节、皮毛齿发，皆假物也，而无不毕兴者，合会复如初见。

然而不少学者如马叙伦认为《列子》是部伪书，这个故事完全抄于佛经，所以不可信。关于木偶的起源，《孟子·梁惠王上》："仲尼曰：'始作俑者，其无后乎！'为其象人而用之也。"可见，春秋时期就有用为陪葬的木偶了。三国魏王肃在《丧服要记》有如此相关叙述："鲁哀公葬父。孔子问曰：'宁设桐人乎？'哀公曰：'桐人起于虞卿，虞卿齐人，遇恶继母，不得养，父死不得葬，知有过，故作桐人。吾生供养，何用桐人为？'"据此材料，木偶源于春秋时期的齐国，首创者是虞卿。这一做法被当时其他人效法，甚至流传到了鲁国等地。

关于此问题，更多的史料出现在汉代。东汉许慎《说文解字》："偶，桐人也。"段玉裁注："偶者，寓也，寓于木之人也。"[1]西汉桓宽《盐铁论·散不足》："桐马偶人弥祭，物不备"；又云："匹夫无貌领，桐人衣纨绔"。东汉王符《潜夫论·浮侈》亦有"偶人车马"的记载。可见，汉代贵族穷奢极欲，连陪葬的桐人也都配上了华丽的衣饰。木偶的制作也日趋精美和细致，与桐人配套的车、马也产生了。这无形中为木偶戏的形成在道具层面上奠定了基础。

汉代还出现了可以活动的木偶。《广韵》对"俑"字的解释："木人送葬，设关而能跳踊，故名之。出《埤苍》。"[2]广韵引用的《埤苍》，乃曹魏时期张揖所著，这也说明，在曹魏之前，已经出现了用可活动的木偶作为陪葬品的现象。由于出现了可以活动的木偶，木偶在当时社会中所起的作用也日益广泛。汉·班昭在《续汉书·五行志》中云："时京师宾婚宴会皆傀儡。"西汉时，木偶除广泛用于"丧家之乐"和"宾婚嘉会"外，还曾经用于战争。据司马迁在《史记》中的描述，汉高祖刘邦与匈奴交战，"至平城，为匈奴所围，七日不得食。"高祖用陈平奇计在城楼装配许多貌若仙女的木偶人，使心怀妒意的匈奴单于

---

[1]　段玉裁：《说文解字注》，浙江古籍出版社2006年版，第383页。

[2]　（宋）陈彭年等编：《宋本广韵》，江苏教育出版社2005年版，第68页。

冒顿之妻阏氏恐其夫破城后贪恋女色，唆使丈夫解除对平城的包围，使高祖得以脱险。

关于提线木偶的起源，有一则材料值得探讨。汉代《论衡·乱龙篇》记载："李子长为政，欲知囚情，以梧桐为人，象囚之形，凿地为坎，以卢为椁，卧木囚其中。囚罪正，则木囚不动；囚冤侵夺，木囚动出。不知囚之精神着木人乎?将精神之气动木囚也?"[1]上面这则历史记载，从科学的角度来分析，木囚不受外力，自然是无法"动出"。或许李子长是利用类似于提线木偶的方法，待光线暗时，使操纵者于幕后控制木囚跳出，并借此种方法来慑服众人，让那些不容易找到证据的案件得到迅速判决。

如果此推断为事实的话，可以得出，西汉时期（李子长为西汉人），就有少数人就掌握了类似于提线木偶的技术，但这一技术只是为一些巫或职业魔术师所掌握，还未为大众所熟悉。因为，如果提线木偶在当时是一种流行的艺术表演形式的话，李子长的这一判案方式，很容易被人怀疑和识破。

而据1979年11月6日《光明日报》王明芳的文章介绍，1979年春，山东省莱西县院里公社岱野大队所在村庄的东边，一个被称为"总将台"的地方，发掘出一座西汉古墓。墓中共发掘出13件木俑。"木俑有坐、立、跪等姿势，其中值得注意的是有木偶人一具。身高193厘米，与真人差不多高。这具木偶整体用13段木条(细部已腐烂，没有计算)雕凿出关节，构成一具木制骨架，全身机动灵活，可坐、立、跪。在腹部、腿部的木架上，还钻有多个小孔。与偶人一起出土的还有四只虎形镇和一段长115厘米、直径0.7厘米的银条。这四只虎形镇是当时置木偶于席上时作压席之用，银条可能为调度偶人手脚之用。这具木偶是我国考古发掘中所仅见的。……分析这具木偶，可能是死者的侍卫，亦即古之傀儡。这次发现的木偶，当即后世的提线傀儡，可为傀儡戏起源添一佐证。"有学者据此出土的西汉提线傀儡实物认为，我国可活动、可操弄的木偶(而且是提线木偶)，至迟诞生于西汉[2]。

通过对上述文献材料和出土文物的分析可推断，我国提线木偶这一艺术形式大概源于西汉时期。

2.提线木偶的发展

《宋史》卷二百九十·列传第四十九："（杨）崇勋性贪鄙，久任军职……在藩镇，日尝役兵工，作木偶戏人，涂以丹白，舟载鬻于京师。"可见，在北宋的首都（今开封），木偶戏已经是一种十分流行的戏剧样式了，这一点可以从当时对木偶戏偶的大量需求可以看出。

而从有关文献看，在闽南地区，木偶戏也广为流行。福建省艺术研究院叶明生研究员据唐末五代泉州道士谭峭《化书》"观傀儡之假而不自疑，嗟朋友之逝而不自悲，贤与愚莫知……"这则材料说明泉州地区唐末五代便有傀儡戏（即提线木偶戏，下同）演出可供观赏。到了宋元时期，泉州作为"海上丝绸之路"的"东方第一大港"，经济发达，多元文化

[1]　黄晖：《论衡校释》，台湾商务印书馆1983年版，第694—695页。

[2]　黄少龙、王景贤：《泉州提线木偶戏》，浙江人民出版社2007年版，第3页。

交会共融。当时的泉州，寺庙林立，祈福禳灾、酬神还愿、醮事出煞等民间信仰与民俗活动极为繁盛。泉州傀儡戏充分发挥其向普通民众宣扬如吃素念佛、因果报应、三世轮回等佛教思想和主张的优势，同时挖掘了其巫文化潜质和"沟通人神"的独特功能，并与道教等宗教的科仪活动紧密结合，成为民众生老病死等生命礼俗中重要的组成部分。宋绍熙三年（1192年），时任泉州毗邻之漳州府太守的朱熹颁发《劝农文》，宋庆元年间朱熹门生陈淳《上傅寺丞论淫戏》等文献，从另一角度看，也是傀儡戏在泉州及周边地区兴盛与流行的明证。由于泉州傀儡戏表演技艺独特精湛且颇具文学性，可"雅俗共赏"，因而也深受士大夫、文人的喜爱。宋"南外宗正司"皇族子弟习此艺者甚众，常"提傀儡娱宾"。明成化间《南外赵氏家范》中，立条斥禁，可证其在泉州赵氏宗室中"泛滥成灾"由来已久。

明代泉州傀儡戏这一具有独特魅力的艺术形式也吸引了一些来自不同文化背景的西方传教士的目光。万历三年（1575年）西班牙人德·拉达《中华大帝国史》和万历三十年（1603年）荷兰人伦纳德·鲍乐史《中国对巴达维亚的贸易》一书，对泉州傀儡戏的盛况均有记载。

明清时期，泉州傀儡戏班社林立，演出兴盛，蔚为大观，且已形成科班传习制度。甚至出现了专门制作木偶头像、服饰盔帽、砌末道具的"西来意""周冕号"等专业作坊。例如，近来就有"西来意"木偶的发现见诸报端。至迟从清中叶开始，泉州傀儡戏便随着移民或海外华侨向广东、浙江、台湾及东南亚等地流播。民国时期特别是抗日战争以后，泉州地区社会动荡，百业凋敝。民间傀儡戏班社纷纷解体，艺人度日艰难。

3．提线木偶戏的现状

新中国成立后，在泉州市文化主管部门的主导下，1952年创建了"泉州市木偶实验剧团"。这个剧团最初是在"时新""德成""和平"三个广受欢迎的民间傀儡戏班的基础上，召集全市区18位著名艺师组成。不久，又建立了以中青年傀儡戏艺师为骨干的"泉州市木偶艺术剧团"。1954年年底，将这两个剧团合并成立了"泉州市木偶实验剧团"。1974年则重新命名为"泉州市木偶剧团"。泉州市木偶剧团作为泉州傀儡戏的核心演出机构和主要传承者，从两个方面开展了卓有成效的工作。首先是在剧本的传承和建设上做出了很大的成绩。在杨度先生为首的名老艺师和所有文化工作者的努力下，抢救性地复排了可连演七天七夜50多个小时的大型宗教民俗剧《目连救母》（含《三藏取经》《李世民游地府》）及许多传统剧节目。其次，在提线木偶戏剧的实际演出方面，以木偶大师黄奕缺为代表的木偶创作人员在偶像造型、构造、线位部局、表演技艺、舞台形式等方面进行艰苦的探索和创新，并取得丰硕成果。作为中国木偶艺术的突出代表，泉州提线木偶剧团在改革开放以来近80次出访五大洲、约40个国家和地区。2005年年初应邀赴联合国总部作专场表演。泉州傀儡戏已誉满全球，成为福建省乃至全国对外（对台）文化交流的一个优质品牌。

（三）艺术特色

虽然全国的木偶戏种为数不少，但大多建立在本地剧种的基础之上，如陕西为秦腔木偶戏、广东为粤剧木偶戏、四川为川剧木偶戏、湖南为湘剧木偶戏等。而泉州提线木偶戏却是唯一仍有自己剧种音乐"傀儡调"的戏种，至今仍完整地保存将近300支曲牌旋律曲调，并且这种曲调为其他多种本地戏曲所吸收，仅此一点，就可窥见泉州提线木偶戏的悠久历史和艺术魅力。"非是傀儡戏采用本地主要戏曲声腔，而是同一地域的多数戏曲剧种全盘采用或大量吸收'傀儡调'作为基本声腔，这从全国范围看都是一种非常独特的现象。他显示泉州傀儡戏作为古老剧种具有重要而特殊的历史地位和作用，同时也说明'傀儡调'音乐唱腔具有丰富的表现力和深远的影响力。"[1]此外，泉州傀儡戏还保存了南鼓（压脚鼓）、钲锣、南嗳等古乐器。其中，南鼓的打击技法颇为奇特："演奏之时，鼓师的左脚板置于鼓面上，边击打边移动和挤压鼓面，这样可以奏出丰富多彩的音调，故今人亦称为'压脚鼓'。"[2]

提线木偶

除了其曲调方面的艺术特色之外，在这一艺术形式在给观众带来的"视觉"艺术享受也是特点鲜明。泉州提线木偶形象结构完整，制作工艺精美绝伦，木偶头雕刻匠心独运、轮廓分明、线条明快精练，其粉彩工艺继承了唐宋以来优秀的绘画风格。提线木偶的雕刻和绘画两方面在历史传承的过程中都在不断地被完善，当代的木偶头制作工艺在传统技艺的基础之上，更侧重木偶形象的夸张与变形，强调与所塑造历史人物

[1]　黄少龙、王景贤：《泉州提线木偶戏》，浙江人民出版社2007年版，第84页。
[2]　同上书，第85页。

性格特征的高度一致，姑且不论其戏剧表演方面，仅仅是木偶本身，就已经是十分吸引人的艺术精品。

泉州提线木偶形象，一般都系有16条以上，甚至多达30余条纤细悬丝，线条繁多，操弄复杂，在我国所有的传统木偶戏中，表演技巧难度最高。"除了具有明显的数量优势之外，确实还有一些其他地方的传统傀儡所难以企及的特点。这些特点主要表现在三个方面：其一，凡是正常人体所具备的关节部位，几乎都有照应。其二，通过两个头钉线位，分别辅以一个胸前线位或一个背脊线位，使之形成前后两个对称而又稳定的立体等边三角均衡支点，在表演中不但可以基本满足傀儡前俯后仰等各种不同的动作形态，并且能够保证在快速运作中维持傀儡自身的动态平衡。其三，强调了傀儡四肢，特别是傀儡手臂和手掌、手指的表象力，高度重视傀儡手姿、手势在模仿正常人体现喜怒哀乐时的主要动作形态所能发挥的重要作用。"[1]

（四）剧目介绍

泉州提线木偶戏主要由"落笼簿""笼外簿"以及"散簿"三部分组成。最古老的一些传统剧目，在傀儡戏中统称为"落笼簿"。

"落笼簿"以本为计算单位，所有的"落笼簿"共42本，以一种通俗、形象的方式，将中国悠久历史中一些经典的片段展现在观众面前，这42本落笼簿包括：《武王伐纣》《临潼斗宝》《楚昭复国》《孙庞斗智》《楚汉争锋》《吕后斩韩》《光武中兴》《全簿三国》（共十八本）、《刘祯刘祥》《四将归唐》《观音修行》《仁贵征东》《子仪拜寿》《织锦回文》《湘子成道》《黄巢试剑》《南北宋》（共3本）、《包拯断案》《十朋猜》《抢卢俊义》《岳侯征金》《洪武开天》《四海贺寿》等。

"笼外簿"是指清道光前后才最后厘定成型的一批传统剧目。其中有包括大型宗教民俗巨剧全簿《目连救母》、全簿《水浒》、全簿《说岳》等。这些鸿篇戏文，"在表演艺术上带有'集大成'的显著特点。特别是《目连救母》戏文，可以说是一部以'高台教化'进行'劝善'的宗教民俗巨剧"[2]。由于《目连救母》真实地反映了人情世故和炎凉世态、劝诫人们戒恶向善，为观众所喜闻乐见，因此长盛不衰。

新中国成立后，亦创作了一些具有时代特点的新剧目，如：《解放一江山》(现代剧)，编导尤智生，1959年参加全国木偶皮影戏观摩演出。《庆丰收》(现代剧)，编剧江文，1960年参加第二届国际木偶联欢节比赛，获集体二等奖。1979年参加建国三十周年献礼演出。《东海哨兵》(现代剧)，编导吕文俊，1965年参加福建省木偶戏会演。《千桃岩》(童话剧)，编导吕文俊，1965年参加福建省木偶戏会演。《放羊歌》(现代剧)，黄锡钧根据吕文俊编导的《张高谦》改编，1976年参加全国戏剧调演。《斗坞山》《打虎上山》(现代剧)，1976年参加全国戏剧调演。《火焰山》，编剧黄锡钧，导演黄少龙，艺术指导黄奕缺、许炳基，1979年参加建国三十周年献礼演出，获演出一等奖。

[1]　黄少龙、王景贤：《泉州提线木偶戏》，浙江人民出版社2007年版，第133—134页。
[2]　同上书，第133-134页。

（五）特殊道具[1]

提线木偶：用来表演的提线木偶通常高约两尺，由偶头、笼腹、四肢、提线和勾牌四部分组成。偶头以椴木、樟木或柳木为原始材料，采用"单色平涂"的粉彩手法，并注重通过勾勒、刻画脸部骨骼结构和肌肉组织的变化来塑造不同人物的性格，凸显人物特征，造型极为生动、多样。偶头内还设有机关，使得傀儡头的嘴、颊、唇、眼、耳能够活动，从而表现出丰富多样的五官表情，展示角色的的喜、怒、哀、乐、惊、悲、恐；竹制胸腹用薄竹篾片编织而成，状如竹笼，故称为"笼腹"，外面披上各类精美的"文绣"；手有文、武之分，武手是将指掌雕刻成握拳状，拳心镂空，不能活动，但可以装置刀剑等兵器，也称死手。文手的手指能够张合运作，舞枪弄棒，笔走龙蛇，把盏挥扇，妙趣横生；泉州传统傀儡的脚，旧时也多由樟木雕刻而成，根据角色的不同，可雕成"云履""跣足""草鞋脚"等，制作工艺较为简略。传统傀儡的腿胫部分，主要是由苎麻为材料编织而成的辫状物，习惯称作"麻编脚"。勾牌是由"勾"与"牌"所构成的组合体。"泉州传统傀儡勾牌，是由弯钩、长方形牌板和圆柱体把手三个部分组合而成。弯钩高约20厘米，钩长13厘米左右，垂直装置在牌板上面稍靠后端约2厘米的居中位置，专供悬挂傀儡而后缠绕悬丝之用。牌板长约13厘米，前端宽约6厘米，后端宽约6.5厘米。在其外沿，每隔1.6厘米左右钻一小孔，傀儡身上的悬丝就是通过这些小孔自下而上穿过，然后绕结系于牌板之上。"[2]勾牌与关节间有长约3尺的提线。

木偶头制作

嗳仔：即小唢呐，有学者怀疑其即古代之"哀笳"。嗳仔是演奏"傀儡调"的最主要伴奏乐器，音调嘹亮、尖细而悠远。旧时嗳仔由芦头、木管、铜喇叭组成。

---

[1]　黄少龙、王景贤：《泉州提线木偶戏》，浙江人民出版社2007年版，第146—148页。

[2]　同上书，第67页。

南鼓：所谓"南鼓"，指其打击技法奇特，亦与"北鼓"对应而言。南鼓打击技法的奇特之处在于演奏之时，鼓师的左脚板置于鼓面上，边移动并挤压鼓面而边击打，并由此产生迥异于"北鼓"的音色，同时变化出丰富多彩的音调，故今人亦称为"压脚鼓"。

钲锣："钲锣"是钲与锣的合称，这是两面直径约为30—32厘米而音调极为相近的铜制打击乐器。钲槌为一长约30厘米、直径约2.5厘米的圆柱形木棍；而锣槌则为一块长度与钲槌相仿的扁体木板，各以细绳系于悬挂钲锣的架上，垂在钲锣之下。泉州傀儡戏的钲与锣从外形看，虽然都是"形圆""如大铜叠"，但钲的正中却有一直径约为9厘米的半球状凸出，而锣则没有这一特征。

口了：锣仔，今称小锣，铜制。但古代演师的行业隐语，却称其为"口了"（泉方言音白读近kaoliao）。"口了"乃"古子"的略笔，而"古子"则为"鼓仔"的泉方言音文读。锣仔是一面直径为12.5厘米的小铜鼓，因其形制相似铜锣，故有其称。锣仔通常置于由竹篾编成的、使用两条细牛筋交悬于底部的圆箍之上，演奏时，乐师左手执拍板，在腿上击节，右手则执槌击打锣仔。

拍：乃是拍板的简称。拍是节制"傀儡调"撩拍的主要打击乐器。古人所云"执节者歌"，即指由手执拍板的人歌唱。拍由五块荔木板组成，上下两板稍厚，板面并呈弧形。后端穿孔，以线叠连。

南锣与铜钹：南锣直径约近40厘米，音调略低于钲锣，主要用于表现位高权重的文臣武将的赫赫威仪。

（六）相关词条

四美班：较早期的傀儡戏演出时，每个班社只有四名演员表演生、旦、北(净)、杂四大行当，故又称为"四美班"。四美班后来则指一个完整的泉州提线木偶戏班社所具备的固定的人员配备、乐器组合，都有包括戏神相公田都元帅在内的36尊傀儡形象，都在十枝竹竿搭起来的"八卦棚"内演出，演出剧目都固定在42部"落笼簿"等艺术规制和演出制度。

五名家：清道光年间，为演出七天七夜的连台本戏《目连救母》，在四美班生、旦、北、杂四个行当和四名演师的基础上，增加副旦一名，称"五名家"。

八卦棚：最早传统的提线木偶舞台是"八卦棚"。它是用"十支竹竿、三条被单、两副门板、一对长椅"按"八卦"的形制搭建起来的。

傀儡调：泉州地方音乐的重要宝库之一，和泉州的南音和梨园戏相比，具有高亢、雄浑、刚健勇猛等艺术特征。傀儡调的曲牌可分为5种类型：一是散板(亦称慢)；二是七撩(8/4)；三是三撩(4/4)；四是一二(2/4)；五是叠拍（1/4）。

压脚鼓：鼓师把左脚压在鼓面上，凭着脚在鼓面上压力的变化、位置的移动，加上两根鼓槌不同的敲击技法、敲击位置和力度的变化，来控制鼓的音高和音色。这种鼓叫"南鼓"，但人们更喜欢称它为"压脚鼓"。

黄奕缺：在福建泉州有位大名鼎鼎、享誉国际的提线木偶大师，他就是黄奕缺。

他的木偶表演出访过30多个国家，许多国家的元首称赞他的演出并亲自接见过他。德国国际木偶大师亚伯特·罗瑟在自己艺术团建团50周年的庆典活动上，唯一邀请同台演出的艺术家就是黄奕缺。

五　南派布袋戏

（一）简要介绍

南派布袋戏，指繁衍、兴盛于泉州晋江地区并广泛流传于闽南一带的掌中木偶戏，相传兴于明代嘉靖年间，源自"讲古"（说书）的说唱形式。南派布袋戏历史悠久，在闽南诸多戏曲剧种格局乃至全国的戏曲门类中，特点鲜明、韵味独特。雅俗共赏的南派布袋戏是极为珍贵的偶戏剧种，故有"东方艺术珍品"之谓。

《第一批国家级非物质文化遗产名录图典》关于"（泉州）晋江布袋木偶戏"的简介为："晋江布袋木偶戏即南派布袋木偶戏，指泉州地区掌中木偶戏，以泉腔演唱，有别于唱北调的漳州北派布袋戏。"以晋江布袋木偶为代表的泉州布袋木偶戏和漳州掌中木偶戏堪称并蒂莲花，是闽南戏曲诸多剧种中最富国际影响力的剧种之一。"这两个派别的区别体现在表演技巧、音乐锣鼓、道白唱腔等方面。"[1]泉州布袋戏以泉腔演唱戏文，有博采众剧种之长的特点，比如，大量采用提线木偶戏和梨园戏的传统剧目，音乐唱腔以闽南傀儡调为主，汲取梨园戏和南音的部分精华曲牌等。

泉州布袋戏(南派)的演唱以泉州方言为标准，其音乐唱腔来源有三：一是布袋戏本有的传统曲调；二是吸收梨园戏的曲牌；三是采用提线木偶戏的曲牌，属泉腔声腔系统。演奏乐器以南嗳(唢呐)和琵琶为主，配有二弦、三弦和品箫或洞箫。打击乐以南鼓和钟锣、仪锣为主。传统布袋戏乐队由四人组成：鼓师、正吹、副吹、下手。鼓师打鼓(南鼓)，起乐队指挥并控制全台戏速度的作用。

布袋木偶

[1]　林静：《海峡两岸布袋戏的传承与发展》，《艺苑》2001年第6期，第8页。

（二）历史沿革

1. 布袋戏的源流

泉州布袋戏源于何时，并不明确。据晋王嘉《拾遗记》载："南陲之南，有扶娄之国，其人善机巧变化……或于掌中备百戏之乐，宛转屈曲于指间。人形或长数分，或复数寸，神怪倏忽，玄丽于时……"文中所说的"掌中备百戏之乐，宛转屈曲于指间"的"百戏之乐"，与布袋木偶戏相类似。南宋兴化人刘克庄（1187—1269）《己未元日》云："久向优场脱戏衫，亦无布袋杖头担。"兴化与泉州在宋代属同一行政区划，可见宋代泉州辖区内已有布袋戏。关于布袋戏起源，相传是在明代嘉靖年间(1522—1566)，晋江县落第秀才梁炳麟由街头说书演变为"隔帘表古"，也即以手掌操作偶人表演的形式说书，以吸引更多的观众，使得说书这一艺术形式更为生动直观。据《永春县志》，现知最早的布袋戏班社是明朝天启年间(1621—1627)永春县太平村李顺父子的布袋戏班。

2. 布袋戏的发展

至清代乾、嘉盛世，随着社会经济的发展，泉州各种戏曲形式也随之兴盛，诸戏咸备，布袋戏也出现了长足的发展，不断完善。清代嘉庆《晋江县志·卷72·风俗》云："晋江人之习于风骚者不少，其发于性情者复多。……前人不以为乐操土音，而以为'御前清客'，今俗所谓'弦管调'是也。又如七子班，俗名土班；木头戏俗名傀儡，近复有掌中弄巧，俗名布袋戏，演唱一场，合成音节。"可见，到嘉庆时期，泉州布袋戏从说书等初始艺术形式脱胎换骨，形成真正意义上的戏剧类型，并在泉州各地流行开来，广受欢迎。

据艺人代代相传，布袋戏先在泉州府属五县繁衍，再由泉州传入漳州一带。也就是说，现在的布袋戏南北派之分，是源于由泉州传入漳州的布袋戏在当地发生了一些"入乡随俗"的变化而形成的。"概言之，布袋戏南北之分，是在19世纪末以后才逐渐形成的，虽常以地理位置划界，泉州一带布袋戏称'南派'；漳州一带的布袋戏称'北派'，但其主要区别在音乐唱腔和表演风格上：北派唱的是北调（汉调、京调）和歌仔调，表演上多依京戏套路。南派唱的是南调（南曲、傀儡调），重道白，善讲古，表演活泼自然，细腻委婉处亦有梨园戏之古雅作派。"[1]

清末民初，泉州布袋戏甚为兴盛。单单在惠安县，遍及全县的布袋戏就共计60多台。

3. 布袋戏的现状

目前，南派布袋戏除了在艰难生存于泉州各地偏远山村的一些民间布袋木偶戏小剧团外，仅有晋江市掌中木偶剧团和惠安县掌中木偶剧团这两个专业剧团。这两个剧团和剧团中的优秀表演人员，承担着传承这一国家级非物质文化遗产的重要任务。其中，晋江市掌中木偶剧团在艰苦的条件下，弘扬传统、吐故纳新，在继承、发展中将

---

[1]　白勇华、洪世键：《南派布袋戏》，浙江人民出版社2012年版，第12—13页。

布袋木偶戏特有的艺术魅力充分施展，从而在时代的浪潮和文化的碰撞中将这一古老而优秀的艺术品种发扬光大。"新世纪以来，晋江市掌中木偶剧团个人和集体共获得国家级奖项14项、泉州市和省级以上奖项百余项。2000年以来，剧团先后几十次为党和国家领导人演出，作为中国人民的友好使者出访了菲律宾、新加坡、荷兰、韩国、印度尼西亚、法国、德国、泰国等几十个国家和地区，进行文化交流活动。精湛的技艺、雅致的戏出为南派布袋戏赢得了更为广泛而良好的声誉。"[1]

泉州布袋戏不但在闽南地区广受欢迎，它还随着闽南人的移民在海外传播，这一艺术形式已经流传到邻近的港澳台地区及东南亚等地。以我国台湾为例，早在清代，就已经传播至宝岛台湾。连横《台湾通史·卷13·风俗志·演剧》云："台湾之剧……曰'七子班'，则古梨园之制，唱词道白，皆用泉音。而所演者则男女悲欢离合也。又有傀儡班、掌中班，削木为人，以手演之，事多稗史，与说书同。夫台湾演剧，多以荐神，坊里之间，醵资合奏。村桥野店，日夜喧闹，男女聚欢，履舄交错，颇有欢虞之象。"近现代以来，台湾产生了几百个布袋戏班。

（三）艺术特色[2]

1. 服装、道具特色

泉州布袋戏的服装、道具也有特定的风格。早年泉州布袋戏所使用的行头都有固定的加工点，这些加工点的优秀艺人为布袋木偶戏的"硬件"设施做出了卓越的贡献。比如江加走的木偶头、安鲍的服装、凤冕斋的金魁头戴、阿林的刀枪剑戟等在布袋戏行业都很有名。

2. 语言特色

泉州布袋戏的另一个显著特色是语言艺术，故有"千斤道白四两曲"之说。晋江民间有戏谚："高甲戏弄破鼓，布袋戏重讲古"，道出了泉州布袋戏对语言艺术的重视程度。其语言艺术着重两个方面：一是语言风格和剧情的密切结合。二是能够很好地利用泉州方言词语、俗谚。来源于泉州地方群众中的一些生动活泼的语言，通过创作者的艺术化处理，变成了布袋戏戏剧中人物语言的性格化，特别是丑角之类人物的插科打诨，语言风趣幽默，入情入理。

3. 曲牌与唱腔

布袋戏的唱腔及场景音乐大多吸收泉州提线木偶戏的声腔，同时又吸收了泉州本地的"俚俗歌谣"和民歌小调，并选取了其他民间音乐形式作为场景音乐。同时也形成自己独特的程式。文乐弦管吹，武乐钲锣鼓。开场的程式依次是先一阵锣鼓套，后台齐唱"唠哩嗹"，演员表演加冠晋禄，然后演戏；剧终，生、旦披吉服出场拜贺团圆。

[1] 白勇华、洪世键：《南派布袋戏》，浙江人民出版社2012年版，第21页。

[2] 此部分内容主要参考白勇华、洪世键《南派布袋戏》，浙江人民出版社2012年版。

4．"指掌技艺"

和提线木偶不同，传统的布袋戏班只有两位演员，一主演称顶手师傅，一助手称下手师傅，演出时前后台人员全按顶手师傅的意图行事。行当有生、旦、贴、丑、净、泼、外，表演时按男女老少诸态、喜怒哀乐诸情尽力发挥，挥洒自如，不同场合还有飞禽走兽、水族、车、马、轿、船、担等表演。

（四）剧目介绍

泉州布袋戏的剧目非常丰富，粗略统计，400年来达2000余出，内容大多是传奇性的公案戏和历史故事的连台本戏。由于初时艺师文化水平普遍不高，多依故事情节即兴演出而缺少固定的抄本。后来有的班社延请文人写簿，才有传世剧本。这些剧目的类别大致可分生旦戏、武打戏、宫廷戏、审案戏、连本戏和折子戏等，多是一代一代承袭下来的传统剧目。

"南派布袋戏有'四大母戏'之说，即《女中魁》《水源海》《思钗》《和番》，概因这四出戏均是比较突出内心情感的戏，也是唱曲多、表演难度大的功夫戏，如能完整地学习这四出，道白、表演、唱腔就已基本过关，应付其他剧目便相对自如，故称之为'母戏'。"[1]除了这"四大母戏"之外，传统剧目还有《说岳》《水浒》，连本戏和出自《西游记》《封神演义》《隋唐演义》《薛仁贵征东》《薛丁山征西》《狄青》等章回小说的部分剧目。

（五）特殊道具[2]

布袋戏木偶头：布袋戏的木偶头像是仿提线木偶的36个头像制作的。民国初年，泉州布袋戏要演大型神话剧《西游记》和《封神演义》，需要许多怪异头像，著名雕刻家江加走特为戏班精制新木偶头像280余种和10余种发髻，大大丰富了木偶艺术的表演，并使泉州木偶头像成为驰名国内外的工艺美术精品。

南派布袋戏相关乐器：有唢呐、三弦、二弦，有时也用琵琶和洞箫。打击乐以独特的南鼓(压脚鼓)、钲锣、草锣为主，还有通鼓、花鼓、大锣、小锣、小叫、响盏等。

布内套（尪仔腹）：布袋戏在西方被形象地称为"手套式木偶"，是由于其表演是通过将手伸进木偶的布内套利用五指操纵来进行，这个"手套"就是布内套。

直托：又名尖托，是一支一端削尖长约24厘米的竹筷，偶人的手做"挥扇"的动作时，由偶人袖管里插入，尖端插在偶人手的腕部，用力时起到支撑的作用。

弯托：又名半月托。长度较直托稍长3厘米，但末端削为半月弧形，安装之法与"直托"同。主要用于旦角表演，使偶人能做出刺绣、整髻等动作。

（六）相关词条

江加走木偶：一代木偶雕刻巨匠江加走被国际木偶界誉为"木偶之父"，他制作的木偶头像，被称为"加走头"或"花园头"，被国家当作一级文物保管。从20世纪50年代

---

[1]　白勇华、洪世键：《南派布袋戏》，浙江人民出版社2012年版，第87页。
[2]　参见白勇华、洪世键《南派布袋戏》，浙江人民出版社2012年版。

起，"加走头""花园头"开始被世界各国大博物馆视为珍宝收藏。

江加走：江加走（1871—1954），字长清，泉州北郊花园头村人。生于清同治十年（1871年）农历九月三十日。江加走少年辍学在家向父亲学艺，专攻木偶头像雕刻，后又兼木偶头像粉彩。他又经常到涂门街周冕号向雕刻木偶头的老艺师请教，技艺日精。1920年，他为掌中木偶戏《封神演义》创作全部木偶头像，轰动木偶界，声名大振。

"金永成"李家班：南派布袋戏的班社以晋江"金永成"李家班为主要代表，它是个家族型班社，其技艺属于家族代代传承。"金永成"班始建于清嘉庆三年（1798年），肇基地在晋江东石镇潘径村，其发展经历了三个历史时期：金永成班阶段、晋江潘径布袋戏阶段、晋江掌中木偶剧团阶段。

串仔板：南派布袋戏中一种以二弦伴奏的闽南方言绕口令，名曰"串仔板"，因在闽南师公里的暗语"卯"为"二"，"二弦"称"卯弦"，故又称"卯弦曲"。

六　泉州杖头木偶戏

（一）简要介绍

和提线木偶或布袋木偶相比较而言，杖头木偶在泉州的艺术影响力相对较弱。杖头木偶在古代称"杖头傀儡"，是以木杖来操纵动作完成，它内部虚空，眼、嘴可以活动，颈部下面接一节木棒或竹竿，表演者一手掌握两根操纵杆进行表演，因而又称"举偶"。就杖头木偶的偶型而言，有大、中、小三种，分布地域不同，各有特色。杖头木偶戏以演唱古代的历史题材、历史故事、历史人物为主，如《武松打虎》《薛丁山》《岳飞传》等。1964年后，开始移植、改编、创作了反映现代内容的木偶戏，如《石敢当》《南海长城》等，其表现形式是自作木偶、器具、道具，单人操作木偶进行演唱表演，将故事进行即兴式的发挥表演，现已将这种"爆肚戏"变成剧本化的表演。先打锣鼓后演唱、表演。唱腔用"啰"字或"哪"字拉腔、收腔。唱词可用二句头、三句头、四句头或不等句；可押韵或不押韵；可七言句或非七言句。无特定腔调，可自我发挥或创新。如温健仁自创温派新腔——"五合腔"（即单、对、插、接、合五种）；可兼用粤剧小曲、白榄、木鱼、龙舟等唱腔。单人演奏击乐配合台上表演。设木偶表演棚作表演戏台无布景，用布幕作背景。杖头木偶戏是人民群众喜闻乐见，深受人民欢迎的地方戏艺术，但现已面临失传的境地。

（二）历史沿革

1.杖头木偶的源流

1976年河南省济源县出土了两件宋彩瓷枕，在一号枕的左下角画有一坐地儿童，左手撑地，举右手操纵杖头木偶。这说明，在宋代就有这种艺术形式了。关于泉州的杖头木偶，《泉州市志·文化志》有相关论述。1952年，南安县组建半农半艺的南安县木偶剧团，先是演出布袋木偶，因业务不景气，遂于1964年改为杖头木偶，进行试验性演出。首次排练现代节目《女民兵》，参加晋江专区木偶会演，为专区增加一个新的戏剧品种，引起各方面的关注。自此该团逐步以杖头木偶取代布袋木偶，进行营业性演出，颇受观众欢迎。

2. 杖头木偶的发展和现状

为了提高杖头木偶的技艺水平，1968年6月，南安县木偶剧团带着《杜鹃山》等节目，出省北上巡回，到达湖南省时，留下来向湖南木偶剧院求教。承他们无私的传授，经过40天的学习，杖头木偶表演技艺大有提高，学会该院创作的《万众欢庆》《智取威虎山》等一台晚会的节目。离湘后，沿途巡回演出，回到南安县，作汇报演出，受到领导和群众的鼓励与支持。"文化大革命"期间，所有剧团均被迫撤销，该团仍保留主要演职员，更名为南安县毛泽东思想宣传队，继续以杖头木偶演出半年，至1969年7月解散。1978年3月，在拨乱反正的形势下，恢复建制，继续演出。所演剧目有《追鱼》《三试白牡丹》《三打白骨精》等。至1981年3月，县剧团布局重新调整，终止杖头木偶。

杖头木偶排练

（三）艺术特色

杖头木偶在中国许多地区都有流传，各有不同的风格特征，称谓也有所不同，在中国西北部的"耍杆子"、西南部四川的"木脑壳戏"、南部广东的"托戏"都属杖头木偶。各地木偶头的造型、脸谱、装饰和雕刻工艺及演出风格也结合了地方戏曲剧种以及唱腔，各有特色。

杖头木偶是由表演者操纵一根命杆和两根手杆进行表演的。命杆亦称"主杆"，上端与木偶头相连接；手杆也叫作"手机""侧杆""手挑子"，与木偶的双手相连。有的地区称杖头木偶为"三根杆"或"托偶"。手杆放在木偶服装里边的，叫作"内操纵杖头木偶"，手杆放在衣服外的，叫作"外操纵杖头木偶"。中国的传统杖头木偶多为内操纵式。

　　内操纵杖头木偶由头、命杆、肩牌、手、手杆、内衣和外衣组成。手杆用质地坚硬的木棍或箭竹制成，与木偶手连接，其结合部位各地区不尽相同。如陕西手杆连接在木偶的手腕处，湖南手杆连接在木偶手腕至肘部"3寸"处，其连接角度也不一致，但基本上是90度至95度。

杖头木偶表演

　　内操纵杖头木偶的手杆是放在木偶衣服里面的，它限制了木偶胸部塑造的随意性。因此采用固定肩板或在木偶后颈悬挂肩牌的方法。架衣代身，以便展现木偶的身躯。

　　长期以来，为适应木偶角色动作的需要，传统的内操纵木偶，产生了一些有地方特色的结构。如陕西丑角木偶，其椭圆形肩板下，装有V形操纵把，命杆通过肩板脖腔圆孔握在表演者手中，即表演者可以同时握住肩板操纵把和命杆，另一只手操纵手杆进行表演，也可以放下手杆，一手持肩板操纵把，一手持命杆进行表演，使木偶做出伸头探脑、缩脖端肩，甚至木偶头可作360度的转动等，做出某些只有木偶才能表演的滑稽动作。

　　内操纵杖头木偶，大都用来表演传统戏曲剧目，宽袍大袖的古代服饰，能容下3根杆，在木偶衣服内自由活动。由于传导直接，操纵灵活，不仅善于表演甩须抖髯、耍帽翅、翻跟头等粗犷的动作，也能把女性轻盈的步履、婀娜的舞姿等细腻动作表演得栩栩如生，脉脉含情。

　　木偶艺术家创造出许多新的结构装置，如外操纵杖头结构木偶及已经普遍运用的弯把装置和纸偶头工艺等。

　　外操纵弯把式杖头木偶，由偶头、弯把式命杆、胸腔、手、手杆、胳膊、内衣和外衣组成。命杆下端的弯把外形便于表演者托举，可以减轻手的疲劳度，食指和拇指操纵转动装置，可使木偶头自由转向，做出低头、仰脸、左右歪头的仿生动作。

弯把式命杆组合的杖头木偶，是用经过雕塑、翻模具、裱糊、脱胎等工艺制成的纸质偶头。这种偶头重量轻，便于在命杆上控制；纸壁薄，头内空间大，可以容纳较多的机关装置，使木偶做出嘴的开合、眼的睁闭转动及眉毛、耳朵、鼻子的动作，大大丰富了木偶的表演动作。

外操纵弯把式杖头木偶，由于手杆放在木偶衣服外面，木偶胸部可以形成一个腔，胸腔可以不受限制的自由塑造，木偶的头、胸、臂可以成为一个整体。同时可以在胸腔内安置机关，使木偶能做出腹部起伏、胯部扭动等动作，使木偶的形体动作更加自由灵活，增强表现力。

杖头木偶的双手是用木材雕刻制成，现今也采用塑料或树脂制作。根据人物需要雕刻成不同姿势的手型，还可以制成拿放道具的活动手。

传统的杖头木偶偶体本身没有脚，需要有脚的动作时，另配腿，称"打脚"，外操纵杖头木偶保留了传统的打脚，并加以发展，可以打单脚也可以打双脚，为了形象的完整，有的将木偶双腿与胸腔下端连接固定，另做一条与腿部颜色质地相同的布筒用于遮蔽表演者的手臂。这种腿部的处理方法成为"挂脚"或者"三条腿"。

外操纵弯把式杖头木偶的产生，丰富了木偶表演动作，使木偶造型更加完美。

杖头木偶保留古代杖头木偶的原始结构，"头像"早期有木刻和泥塑两种，后期纯用梧桐木雕刻而成。泉州杖头木偶较小，偶高仅0.3米，属于精木偶类型，因此，木偶舞台离地高1.8米，宽1.5米，深0.8米，这种设计是承袭古戏曲的舞美特征。

（四）剧目介绍

相对而言，杖头木偶的剧目较少。除了上述所提到的一些杖头木偶剧目之外，最近泉州南安市官桥镇塘上小学有一支远近闻名的杖头木偶文艺宣传队，成员都是清一色的小学生。十多年来，在杨启泰老先生的带领和推动下，杖头木偶这一传统文化得到了很好的传承和发展，整理传统剧本，编排新戏，先后排练和表演过《骑驴探亲》《姑嫂打》《交通安全教育》等十余个本子。

七　泉州南音

（一）简要介绍

"南音"一词最早应该出现在汉代，张衡《南都赋》云："齐僮唱兮列赵列女,坐南歌兮起郑舞。"高诱注曰："南歌，取南音以为歌也。""南音"文献亦有载。《吕氏春秋·音初》记："禹行功，见涂山之女，禹未之遇，而巡省南土……女乃作歌。歌曰：'侯人兮猗!'实始作南音。"从"侯人兮猗"与《楚辞》体式相类来看，南音主要应指楚音，也很可能包括长江下游的吴音和越音[1]。

---

[1]　杨匡民：《楚声今昔初探》，《江汉论坛》1980年第5期。

　　泉州南音，又称"南曲"，"南乐""南管""弦管""郎君乐""郎君唱"等，台湾省、港澳地区以及东南亚华侨聚居地区的一些华侨则称为"乡音"。因为南音与历史文献中所记录的汉族古乐在很多方面相符合，比如，唐代琵琶普遍用拨子，且是横抱姿势，泉州南音至今保持这一遗制；南音所用洞箫严格规定为0.6米，亦称为"尺八"，这两件乐器的演奏姿势与型制均与唐旧制相符；南音中所用的"拍板"及其演奏方式与敦煌壁画中的伎乐图一样；南曲的曲牌名称有不少与唐代大曲、法曲的曲牌名称相同，如：《摩诃兜勒》《子夜歌》《清平乐》《梁州曲》《婆罗门》等；宋代"南戏"五大名剧：《荆钗记》《白兔记》《拜月记》《杀狗记》和《琵琶记》，南曲也演唱这些剧目。当年任中央音乐学院院长的赵枫先生于1985年在泉州组织成立"中国南音学会"时，郑重地宣称泉州南音"是中国音乐历史的活化石"。

南音表演

（二）历史沿革

1．泉州南音的源流

　　关于南音的起源，一种观点认为，南音肇始于秦汉的"相和歌"，如"趋""乱""艳曲"都带有南音的影子。另外，有学者认为，南音源自汉唐时期："福建南音的源流可以远溯汉唐,形成于宋(南宋),发展于明清。以中国历史分期为鉴,则可分为三个历史时期:古代、近现代、当代。"[1]

　　据文献记载：唐僖宗光启元年（885），王潮、王审知兄弟率军入闽，他们带去了唐代"大曲"传播于汉族民间。大曲与当地汉族民间音乐的相互影响和吸收，从而产

---

[1]　王耀华：《福建南音继承发展的历史及其启示》，《音乐研究》1997年第3期。

生了别具一格的"南曲"。南曲在汉族民间流传，有赖于社团组织的传承和传播。通常为南音名师开馆收徒，采用"口传心授"的教学方式，一般教学方式三四个月，并且每次学习的可能只是南音中的其中一项技能，比如某一南音乐器的演奏，或是唱功，或者是完整的指谱。因此，南音学习者要能够将所学的技能融会贯通，形成自己的特色。

经过长期的发展，加以与当地其他艺术形式（如梨园戏）相互影响和相互融合，南音在清代进入全盛时期。

2. 泉州南音的发展和现状

清代以来在泉州、厦门和晋江、南安、惠安、安溪等地都有社团成立，并有专业的教师传艺。1840年到1949年这一时间段可分为南音发展的近现代时期。王耀华先生认为，这一时期南音的特点有以下几个方面。一是指谱曲数量的进一步扩展。二是福建南音作为闽南地区的核心乐种，除继续与梨园戏相互吸收之外，还施深刻影响于高甲戏、木偶戏、锦歌、器乐、民歌等。三是文人学士参与曲本的整理印行和研究[1]。

在南音的发展过程中，出现了一些"南音宗师"。"例如:清朝的林祥玉编印出《南音指谱》，对旧传统的南曲印抄本进行了精心的校勘订正。陈武定对南音曲韵、发音、咬字等方面进行了深入研究，对演唱提出12字原则，即"起、伏、顿、挫、腔、音、文、白、喜、怒、哀、乐"。林霁秋历时十余载,倾注半生心血编撰的《泉南指谱重编》改变了南音曲调流传无完本的局面,此谱可贵之处在于广征正史传奇,旁征博引,考订唱词出处,使口有所咏、心有所维,丰富充实了南音版本的内容[2]。

1949年后，福建南音的发展大致可分三个阶段：（1）1949—1966年,福建南音的繁盛；（2）1966—1976年,福建南音发展的停滞；（3）1977年以来,福建南音的再盛[3]。泉州南音这一优秀艺术形式在改革开放以来，逐渐受到泉州地方政府的重视，得到进一步发扬光大。"泉州南音在它的家乡泉州被作为传统音乐珍贵的'活化石',受到社会各阶层人士的普遍礼待。南音是泉州日常生活的组成部分,每年都有各种官方和非官方举办的南音活动。泉州籍的海外侨胞有600多万,他们以南音为乡音,寄托浓郁的乡情。"[4]

1990年3月3日,泉州市教育局和文化局共同起草、颁发了关于在中小学音乐课程中逐步开展南音教学的意见的文件,要求所属各县、区在粗具条件的小学四年级(五年制)、五年级(六年制)和初中一年级的音乐课程中逐步补充南音教学,并组织南音兴趣小组,积极参加校内外南音活动。据有关部门统计,十年来泉州共有128所学校设立了南音课,大约10余万中小学生接受了南音教育。这些成绩加上经常举办的国内外南音表演、科研和交流活动,以及各南音社团的活动和群众自由组织的日常南音活动,使泉州地区处

---

[1]　王耀华：《福建南音继承发展的历史及其启示》，《音乐研究》1997年第3期。

[2]　王珊：《泉州南音概述》，《中国音乐学》2007年第2期。

[3]　王耀华：《福建南音继承发展的历史及其启示》，《音乐研究》1997年第3期。

[4]　王珊：《从南音的现状看传统音乐的传承问题》，《人民音乐》2000年第12期。

处闪现出南音文化的辉煌[1]。

泉州南音的传承成绩斐然，但同时也存在一些不容忽视的问题。王耀华先生曾说："近20多年来，虽然泉州市政府采取了不少有力的措施对南音进行保护和传承，但是，根据目前的调查资料，泉州地区南音社团中，65岁以上能够演唱同时能够演奏一件南音乐器的传承人仅有28人。……更有甚者，一些城乡民间南音团体，为了谋取利益，将原本在室内自娱自乐的南音搬到广场演出，或者加入其他表演因素使其形式走样，或者未经认真练习便上台演出，以致艺术质量低下，影响南音艺术声誉，那些产生于农耕时代的节奏悠长缓慢的、艺术质量较高、难度较大的七撩曲，更是少有人去耐心练习和演唱，面临先行自然消亡的危险。"[2]

（三）艺术特色

泉州南音使用的四件传统丝竹乐器和一些小打击乐器,简陋古朴,看起来很不起眼,但当它们奏起"谱"(器乐曲)和唱起"曲"来,那古远优雅的旋律,那如怨如慕、如泣如诉的歌声,无不扣人心弦,令人久久难以忘怀。而歌唱者严守以泉腔闽南语(或称泉州方言)"照古音"（也有人叫鹧鸪音）咬字吐音作韵的歌声,外地听众如果不看幻灯字幕往往很费解。但这恰恰是消失了一千多年的中原古乐与久远的"河洛语"相融合的活生生的遗存。这种珍贵的文化遗产,让许多音乐史家受到震撼,感到惊喜。泉州南音主要的演唱形式是,右边分别为横抱曲项四弦琵琶和三弦者;左边分别为吹尺八(今称洞箫)和拉二弦者(宋以前称奚琴),唱者居中执拍板而歌。这种演唱形式,十分古老,其他地方已很少见,是汉"相和歌—丝竹更相和,执节者歌"的遗制。而其主要乐器,无一不是汉唐的传承,可以与《中国音乐文物大系》刊载的古乐器互为印证。[3]

（四）剧目介绍

泉州南音由"大谱""散曲"和"指套"（俗称"指""谱""曲"）三大部分构成。"指套"也叫"套曲",是一种有词、有谱、有指法（即琵琶弹奏指法）因此比较完整的套曲。每套套曲由两首至七首散曲组成,以音乐的"管门"和"滚门"归类编成套,共50大套,主要有《自来》《一纸相思》《趁赏花灯》《心肝拨碎》《为君出》5套。"谱"通常附有琵琶弹法,是有标题的器乐套曲,没有曲词,以琵琶、洞箫及二弦、三弦为主奏乐器。每套包括3支乃至10多支曲牌,共16大套。内容多为描述四季景色、花鸟昆虫或骏马奔驰等情景,其中著名的有《四时景》《梅花操》《八骏马》)《百鸟归巢》4套。"曲"即散曲,又称草曲,只唱不说。有谱、有词,一般由琵琶、洞箫、二弦、三弦等四件主要乐器伴奏。内容大致可分为抒情、写景、叙事三类。曲词的内容,主要取材于唐传奇、话本和宋元及明代戏剧人物故事,其中《山险峻》《出汉关》《共君断约》《因送哥嫂》等曲目广为流传。

---

[1] 王珊：《从南音的现状看传统音乐的传承问题》，《人民音乐》2000年第12期。

[2] 王耀华：《中国南音的保护与传承》，《福建艺术》2008年第1期。

[3] 郑国权：《泉州南音——积淀古代音乐信息的宝库》，《艺术评论》2004年第5期。

南音乐器承自汉唐

（五）特殊道具

南曲的乐队组合有固定的形式,分"上四管"和"下四管"两种。上四管又分"洞管"和"品管"两种不同组合:洞管——洞箫、二弦、琵琶、三弦、拍板5种;品管——品箫(即笛)、二弦、琵琶、三弦、拍板5种。泉下四管乐器有南嗳(中音唢呐)、琵琶、三弦、二弦、响盏、狗叫、铎(木鱼)、四宝、声声(铜铃)、扁鼓,共10种,故又称"十音"。在惠安一带有用云锣、铜钟、小银和笙等。上四管属丝竹乐队,下四管属吹打乐队[1]。下面简要介绍泉州南音中的主要乐器。

尺八:南音所用的主要乐器洞箫又称尺八,十目九节,其长0.6米,延用唐箫规制,声韵浑厚深沉。尺八相传在唐代传入日本。2010年3月1日,在福建泉州举行的第九届中国泉州国际南音大会唱的舞台上,前来艺术寻根、交流的日本代表团表演了日本尺八古典本曲《蓬莱》,独特的装束及精彩的吹奏赢得现场观众的喝彩。日本尺八演奏团来泉州访问,就是自称要来尺八的故乡寻根觅源的。

日本艺术家的尺八表演

[1]　郑芳卉:《泉州南音》,《福建乡土》2014年第5期。

南琶：演奏南曲的琵琶（南琶），弹奏时采用横抱姿势，与竖抱的北琶迥然而异，却和泉州开元寺内的飞天乐伎及敦煌壁画上的飞天造型十分相似。虽说是横抱，但是实际上并不是绝对水平线的"横"，而是琵琶的头部向上方略为倾斜的。这个倾斜的角度也因人而异。南音琵琶至今仍保留着晚唐时期曲项琵琶的持琴姿势，而这也是南音琵琶有别于其他琵琶的一个主要特征。在传统的南音抄本中，常常看到南音前辈对南音琵琶演奏者有着这样的要求：欲弹之时，"须沐浴更衣、净地焚香、整顿衣冠、坐盘左膝、和色温颜、宽心柔气、静寂勿动，方可调和四弦"。在这些古训中，我们可以看出南音前辈对演奏环境及演奏心态有着很高的要求。这其中的"淋浴更衣、净地焚香、整顿衣冠"应该说是第一条件，如果没有良好的环境就不可能有良好的心态，但是这些外在的东西都容易做到，而要进入"和色温颜，宽心柔气"的境界却并非容易，这对演奏者的音乐修养、人格修为要求甚高。只有努力提升自己的文化、音乐和人格层次，才有可能进入更高的艺术层面[1]。

二弦：泉州南音二弦的形制虽历经千年，仍"原生态"地存留着古奚琴的形制，尤其是二弦的琴轴方向与奚琴一样，插入琴杆是由细的一端从左向右插入的，与现在我国胡琴类的琴轴插入方向相反；琴弦的装置是上轴系内弦，下轴系外弦，且绕弦方向上轴下轴一致，均为逆时针由外向内绕（与其他胡琴类也相反），调弦时，上轴下轴均为顺时针向外转动；因丝弦发音柔和、圆润，宜于表现南音演奏幽雅古朴的特色，所以老一代艺人以及港澳台、东南亚一带的民间社团馆阁大都沿用的是丝弦。上述南音二弦独特的琴轴、琴弦装置，正是二弦千百年来一直保留着古代奚琴形制的最重要特征之所在[2]。南音二弦，以其独具的貌似笨拙而又古朴、循规而又令人赞叹、富于内涵的技艺，融合琵琶、洞箫、三弦，"俏也不争春"，营造了远离尘嚣的"天人合一"的天籁之音[3]。

拍板：泉州南音拍板是南音表演的主要乐器,起指挥、统领的作用，与唐以前的"节"相同。拍板也称"拍""撩"，是泉州南音中一件不可或缺的乐器，不论是和指、唱曲、煞谱，都要使用拍板，执拍者居中而坐，执节者歌，拍板在其中指挥、统领着整个乐队，制衡乐队演奏的节奏。然而,随着时代的变迁,南音由原本自娱自乐的形式逐渐地向舞台表演化发展,南音拍板从原来掌控节奏和速度的指挥者,逐渐地被一些人当道具摆设,拍板失去了原有的功能和作用,以致影响了南音特有的音乐特点[4]。

八　泉州歌仔戏[5]

相对梨园戏、高甲戏、打城戏、傀儡戏等泉州本土剧种而言，歌仔戏是一种外来

　　[1]　曾家阳：《泉州南音琵琶教程》，厦门大学出版社2006年版，第33页。
　　[2]　黄忠钊：《福建南音二弦的形制及其演奏特色》，《中国音乐学》2002年第2期。
　　[3]　王萍萍：《泉州南音（弦管）二弦"原生态"留存与思考》，《人民音乐》2010年第12期。
　　[4]　陈恩慧：《泉州南音拍板研究》，《福建师范大学福清分校学报》2013年第6期。
　　[5]　参见王树声《芗剧在泉州》，《炎黄春秋》2011年第6期；杨榕、张泉俤《1997年福建省戏剧概况》，《福建省戏剧年鉴》1998年。

剧种。它是吸收了梨园戏、北管戏、高甲戏、潮剧、京剧等戏曲元素形成的闽南方言剧种，"歌仔"有小曲、民歌的意思，以掺杂文言的闽南语为主，让社会大众也能接触高雅文言或忠孝节义的故事，成为闽南地区重要娱乐活动之一。

歌仔戏是以漳州锦歌（歌仔）为基础，20世纪初产生于中国台湾，歌仔是漳州方言曲艺、小调。而后，歌仔戏从厦门港入境，以同安为中继站，分两路迅速流布泉州和漳州。后来，在泉州、厦门的仍称"歌仔戏"；在漳州的成为"改良戏""改良调"，最后定名为芗剧。

歌仔戏在泉州地区的发展壮大也是建立在当地一些原有的本土剧团的基础之上。约在20世纪30年代中晚期，与漳州华安县接壤的安溪县西北即有"歌仔馆"开始演出。不久后的40年代初期，泉州沿海地区"歌仔馆"也逐渐产生。解放战争时期，一些著名剧团在泉州的演出活动或和一些泉州歌仔戏剧团的创立，极大地促进了歌仔戏在泉州地区发展。南安官桥的金联春班是1946年年底由南安官桥的柯子由、郭振整合资建立的一个歌仔戏班。该班在演唱方面居于同时期泉州地区歌仔戏班首位。晋南民间歌仔戏班社在抗日战争胜利前后改变为歌仔戏班，其演出活动包括晋江、南安城乡和惠安沿海等地。

新中国成立后开展戏剧改革，按"改戏、改人、改制"原则进行整顿，歌仔戏在泉州各地得到进一步发展。以安溪县为例，歌仔戏多数分布在与华安、长泰、漳平邻界的龙涓、虎邱、西坪、芦田、大坪等乡镇，演出活动最盛要算1981年至1982年，当时安溪一个县，就有15台民间芗剧团，其中最多的是邻近华安的龙涓乡，当时办团的有钱塘、举溪、赤片、西兴、福都、珠塔、山坛、美岭、梨山等12个村，从艺人数达到315人。

泉州歌仔戏最初以一男一女的对唱为主；后来发展为"三小"戏，即以小生、小旦及小丑3种角色为主的戏曲。再后来，又从北管戏引入大花脸，形成生、旦、净、丑四种角色并兼备科、曲、白的成熟戏剧。

泉州歌仔戏曲多白少，这是由于其抒情性明显于叙事性的特点。歌仔戏格律自由，唱腔道白则是"漳泉滥"的台湾腔。内容均为通俗语句，鲜有辞藻华丽之文词。念白中亦经常出现台湾、闽南民间俚语、谚语，以及句尾押韵的"四念白"，泉州称为"念四句"，展现俗谚之美。

歌仔戏最原始之身段做表，其实是来自车鼓戏。其中例如主脚的展扇花、驶目箭（送秋波）、丑脚的阉鸡行（半蹲行进）和演员出场"踩四角"走方位，都和车鼓戏相同。后来歌仔戏又吸收北管戏、南管戏与京戏动作，才构成完整之舞台动作。

泉州歌仔戏乐器和其他戏曲一样，分文场戏和武场戏。文场戏乐器早期以壳仔弦、大广弦月琴、台湾笛为主，后来又采用二胡、洞箫、鸭母笛、唢呐；近年又有以琵琶、大唢呐及西洋乐器参与伴奏的。武场戏的乐器同京剧相似，有通鼓、竖权、板鼓、木鱼、小钹、大钹、大锣、小锣、铜铃，还加上小叫、柳盏等。

泉州歌仔戏的内容以演唱民间故事为主，剧目如《陈三五娘》《刘秀复国》《八仙过海》《济公传》《梁山伯与祝英台》等，多强调忠孝节义。剧本大部分由漳洲导演带来，也有部分移植莆仙戏的，如《秦香莲》《边关审子》《三夫人审子》等；埭港芗剧团排演《风筝缘》《玉鲤鱼》《姐妹皇后》《碧玉针》等；山腰实验芗剧团排演《鸳鸯剑》《三打万花洞》《三闯堂》《血染龙凤环》等。

泉州歌仔戏的特殊道具主要有：壳仔弦、大广弦、月琴、台湾笛、鸭母笛等。

九　泉州戏曲剧本所反映的泉州方音及其词汇

（一）南音剧本所反映的泉州古方音

泉州地区各种戏曲剧本材料较为丰富，一些剧本保存了较早时期的泉州闽南方言语音。这些戏曲剧本中，历史较早、较有特色的是南音剧本。王建设以《中国泉州南音集成》中传统套曲的南音唱词音读为材料，归纳出南音所反映的古泉州话的声韵。由于南音唱腔旋律的缘故，难以归纳这部分材料的声调。现将其归纳的声母系统和韵母系统列举如下。[1]

1. 泉州南音的声母系统

南音共15个声母：

[l] 离来两懒男	[p] 比譬不排分	[p'] 僻抛攀伴鼻	[k] 机记交孤镜
[k'] 去亏琴肯恐	[t] 单同致着中	[t'] 替铁拖通待	[ts] 自子即正尽
[ts'] 出唱妻秋贼	[s] 丝杀受声双	[b] 无眉目莫命	[ʤ] 日入
[ø] 伊忆又药院	[g] 娥我外月阮	[h] 和恨好弦风	

2. 泉州南音的韵母系统

南音共78个韵母，加括号的韵母表示有可能存在，但南音唱词中没有找到例子。括号内为国际音标，括号外为南音唱词中对应的字。

[un/ut] 闷魂/澄骨	[iau/iauʔ]朝骄枵夭吊	[ui/uiʔ]为桂坠归碎	[ua/uaʔ]我外/割拙
[ɯa/ɯaʔ]拖裔	[ioŋ/iok] 凉西/育淑	[uã] 肝欢残般团	[ɔ] 路都辜诉梧
[iŋ]情性宫/踪	[ue/ueʔ] 帅花/八拔	[iaŋ/iak] 墙梁/易抑	[ɔŋ/ɔk] 梦公/覆薄
[au/auʔ]楼头流/夹	[ai/aiʔ]待排淳知/	[ɯ/ɯʔ]思如鱼连/	[u/uʔ]遇生有/欶
[a/aʔ]可早/独觅	[in/it]/得日失	[ɔ̃/ɔ̃ʔ] 娥可我磨毛	[ia/iaʔ]谢荔/即掠
[ɯən/ɯət] 魂坤忍/核	[e/eʔ]妻地/白宅	[ian/iat] 年缘/结别	[am/ap] 参针/恰答
[iu/ iuʔ]受又秋手/	[ɯəm/ɯəmp]甚怎	[aŋ/ak] 逢双/角觉	[uĩ]每梅关高
[an/at] 汉等/贼别	[im/ip] 阴忍/十入	[ɯo]眸叫沟苟/	[uan/uat] 断满/越且
[uai/] 乖怪槐/	[iam/iap] 恢厌/妾涉	[ɯəŋ/ɯək]僧生/得德	[i/iʔ]比儿/铁缺

---

[1]　参见王建设《南音唱词中的古泉州话声韵系统》，《方言》2000年第4期。

[iɑu]鸟	[o/oʔ]倒恼/捆鹤	[ə/əʔ]坐赛/月说	[m]不梅
[iã/iãʔ]行惊声廷/	[ɯã]子囝	[ɯe/ɯeʔ]细妻/切节	[ŋ/ŋʔ]光床黄/物
[ĩ/ĩʔ]圆青平/乜	[io/ioʔ]招钓/借着	[uaŋ]风	[iũ]长障上量
[ã/ãʔ]衫监今打	[ɯĩ]间前千先	[ãuʔ]	

　　王建设认为，南音中的韵母没有今天泉州话口语多，有些纯属口语的韵母和一些只出现于象声词中的韵母，南音唱词中没有出现。不过不能因此就断定当时没有这些韵母，因为这些韵母的字有可能正好没有被用上。南音唱词中的白读音比《汇音妙悟》、泉州话多，如ɯa（拖）、ɯã（子囝）ɯĩ（间）等均为《汇音妙悟》、泉州话所无。这无疑表明南音唱词中的某些语音层次比《汇音妙悟》更古老[1]。

　　（二）泉州戏曲剧本中的闽南方言词汇

　　下列词汇选自以下泉州戏曲剧本：①梨园戏：《吕蒙正》；明嘉靖丙寅年重刊《荔镜记》。②高甲戏：《连升三级》《金魁星》《妗婆打》《番婆弄》。③打城戏：《目连救母》手抄本。④提线木偶戏：曾金铮校订，《目连救母》，清代民间班社抄本；曾金铮校订，《李世民游地府》，光绪十三年抄本；《三藏取经》，清代民间班社抄本；黄少龙校订，《武王伐纣》，清·光绪十三年抄本，晋江市图书馆提供；黄少龙校订，《泉州传统戏曲丛书第十一卷·傀儡戏·落笼簿》；等等。⑤泉州南音词汇选自南音《荔镜记》和南音《满天春》。

　　1.村镇房舍

　　睏房：卧房。（睏房在何处）（梨园戏《吕蒙正》第四出）

　　厝内：屋内。（知我厝内空空）

　　东司：厕所。（二人相伴到东司）

　　2.男女老少

　　简：婢女。（入花园，简相随）（梨园戏明嘉靖丙寅年重刊《荔镜记》第三出）

　　细仔：小孩。（细仔认得）

　　乾埔：男人。（一乾埔一查某，二人合上，就是夫妻）

　　查某：女人。（一乾埔一查某，二人合上，就是夫妻）

　　3.亲属称谓

　　母厝舅：舅舅。（老的有一母厝舅）

　　乾家：婆婆。（打婿离乾家，防火烧大伯）

　　翁婆：夫妻。（前世共你是翁婆）

　　孙子：侄儿。（孙子姓武名吉，厝住岐山之西）

　　简仔：原指儿童，此处作幼辈谦称。（误一拳掠伊打死。偿命简仔愿死。）

　　翁婿：先生，丈夫。（翁婿无来）

---

　　[1]　王建设：《明刊闽南方言戏文中的语言研究》，暨南大学博士学位论文，2002年，第13页。

4.人体器官

头项：头颈。（头项硬硬）

目瞤：眼睛。（那见书目瞤就爱困）

嗹呾：乳房。（遇见姿娘人合伊相越肩，用鹅翼捅对嗹呾就捅去）

草内：女阴。（听走许靯去）

额归：颈项。（小娘仔一个额归可白铁铫柄）

目瞤：眼珠。（恶鸟啄人～）

目瞤重巡：眼睛双眼皮。

目瞤：眼睛。（我目瞤是扬着砂）（打城戏《目连救母》第五十出）

5.病残

瞑盲（青冥）：瞎子。（瞑瞑盲）

6.鸟兽虫鱼

白头丝：鸬鹚。（露出龙宫海藏，都是白头丝）

蟑螆：癞蛤蟆。（下头拜章，亲像蟑螆）

头牲：家畜。（况损坏人家头牲，罪非小可）

7.时间

晏：晚。（起来晏，日上西窗）（梨园戏明嘉靖丙寅年重刊《荔镜记》第三出）

昨暝：昨夜。（况兼阮昨暝得有一梦）（《吕蒙正》第七出）

障暗：傍晚。（卦钱不收，障暗时只谢伊一尾鱼）

冥旦：明天。（冥旦有一唐僧名三藏）

冥：夜晚。（就是今冥读书，明旦会中状元，打乜紧？）（南音《满天春》）

目今：现在，如今。（秀才尔何故说只话？世界扰乱，天子尚且蒙尘，……令妹眆失迷，焉知不共看牛看马人去？）（南音《满天春》）

8.动作变化

着：要。（你着紧出来）（《吕蒙正》第三出）

度：给我。（银取去，绣球度我）（《吕蒙正》第三出）

卜：要。（约定九月卜焄娘仔）（明嘉靖丙寅年重刊《荔镜记》第三十出）

束：借字，本字应该是"搂"，义为"用力推，挤"。（一阵娘仔相挨相束）（明嘉靖丙寅年重刊《荔镜记》第八出）

八：借音字，义为"认识"。（只一人我八伊）（明嘉靖丙寅年重刊《荔镜记》第八出）

得桃：玩耍。（一年哪有春天好，不去得桃总是空。）（明嘉靖丙寅年重刊《荔镜记》第三出）

焄：引惹。（对只景，焄人心憔悴）（明嘉靖丙寅年重刊《荔镜记》第三出）

焄：带领。（今即在值处焄一观音来看灯）（明嘉靖丙寅年重刊《荔镜记》第九

出）

娶：娶。（约定九月卜娶娘仔）（明嘉靖丙寅年重刊《荔镜记》第三十出）

紧走：快跑。（做紧走，莫延迟）（梨园戏《吕蒙正》第二出）

乞食：乞丐。（生理不做想要开气食营）（高甲戏《李旦闹通州》）

闪尿：尿裤子。（是你！我、我、我闪尿）（高甲戏《金魁星》）

赡：不会。（请问爹亲，李白、杜甫因何赡中状元）（高甲戏《连升三级》）

刓头：杀头。（如此狠恶，为何不被官府抓去刓头）（打城戏《目连救母》第五十出）

相骂：吵架。（冤家相骂，相骂变相打）（打城戏《目连救母》第五十出）

睏：睡觉。（那见狐狸相邀在只墓上睏）（打城戏《目连救母》第五十出）

免惊：不用怕。（我是横恶面，菩萨心，歹形骸好腹内免惊我。）（打城戏《目连救母》第五十出）

未：饮。（一未海水蚀一半，二未见土泥）

缀：意指连接，可引申为跟随。（善才良女相缀）

掠：捉。（摆天罗地网阵卜掠我）

揾：蘸。（揾水洗头毛）

度：让。（捧得起，三藏度你宰）

捽：用条状物打。（麻饼槌捽）

停步：稍后或"稍等一下"。（我去江边钓鱼，停步提饭来度我）

甲：叫，令，使。（钓无曲钩、丝不设饵，～鱼从何而得）

抄化：化缘。（不免先礼佛，然后落山抄化）

却柴：砍柴。（日出我上山却柴，雨来在厝内催草鞋）

催草鞋：编草鞋。（日出我上山却柴，雨来在厝内催草鞋）

剪绺：偷窃。（别无经济道路，专一盗摸剪绺）

应承：负责。（饲仔望伊应承我年老）

拖磨：煎熬。（一身刑罚受拖磨）

应效：效果。（阮独自摸无应效）

烰：烤。（熟芋不值烰芋香）

暗园：隐藏。（物件暗园）

扎脉：把脉。（我互人扎脉）

咒蛇：发誓。（伊咒蛇真济通）

乞：动词，给。（尔会共我劝得娘子食一杯酒，我一钱艮乞尔）（南音《满天春·六反》）（推迁乞阮三哥<不汝>乞伊人）（南音《听门楼》）

合杀：了结。（搜伊笼内，看伊也通陪我。算起莫得做宽，看你一场乜合杀）（南音《荔镜记》）

度：给于，送给。（贱婢，我值曾有诗甲尔提来度秀才）（南音《满天春》）

9.性质状态

后生：年轻。（得桃人须趁后生）（梨园戏明嘉靖丙寅年重刊《荔镜记》第五出）

加易：抢手。（好加易和尚）

水：漂亮。（我生得水）

亲浅：新鲜靓丽。（说姐已是实亲浅）

闹热：热闹。（五六个一下来，不止阂热）

定当：贤惠。（我是伊教主，做些少人情，无不定音）

潭潭：深邃的样子。（伊爹现任兵部尚书，送伊返去，伊在潭潭相府，我卜俩得见伊？）（南音《满天春》）

情性：情意，指有情意。（我不爱看了。来阿，翠环，我看早时有几个情性孜娘，苏少卿在百花亭见双渐，孟月梅在太湖石后见陈圭。）（南音《满天春》）

促命：短命。（若还负君，促命早先死。）（南音《荔镜记》）

亲浅、亲醒：实际上是"新鲜"的同音借字。（……谁知障般无行止，我不谋伊亲浅，肯受障般恶气。）（南音《荔镜记》）

10.其他名词、代词

因乜：为什么。（因乜号做瓦窑）（梨园戏《吕蒙正》第四出）

姿娘仔：女孩。（我劝恁世上人莫饲姿娘仔）（《吕蒙正》第三出）

障生：这样。（未识见只座厝是障生）（《吕蒙正》第四出）

俩：怎么。（大人在上，儿俩敢坐）（《吕蒙正》第三出）

小人：男子谦称。（我看你爹，并无翁婿之情，小人在此也无益）（《吕蒙正》第三出）

阮：我（教阮跟随小姐上彩楼）（梨园戏《吕蒙正》第二出）

尾蝶：蝴蝶。（见窗外尾蝶，双飞相赶）（梨园戏明嘉靖丙寅年重刊《荔镜记》第三出）

軂軇：关系。（他与我有何**軂軇**）（高甲戏《连升三级》）

唎：在。（她唎问是什么人）（高甲戏《金魁星》）

代谂：事情。（什么代谂烦嫌）（高甲戏《妗婆打》）

值：哪里。（我是说要值来呀值去）（高甲戏《番婆弄》）

生理：生意。（免本免利，无钱做有生理）（打城戏《目连救母》第五十出）

只：这。（那见狐狸相邀在只墓上睏）（打城戏《目连救母》第五十出）

乜：什么。（贼人无因找我做乜）（打城戏《目连救母》第五十出）

目滓：眼泪。（你～像炒豆，敢说无哭）（打城戏《目连救母》第五十出）

柴铗：柴刀。（弃除柴铗拜你做先生）

江堆：江边。（小子姓王名熺，厝住石壁江堆）

目浡：眼泪。（伤心目浑滴）

草索：草绳。（力我用草索缚许步柱上）

精生：畜生。（你是精生）

人客：客人。（前日黄公做忌请人客）

家缘：家产。（只因贪花恋酒，即力只家像弃）

滚汤：开水。（鸡鸭不用宰，罩许瓮内用滚汤淋）

索子：细绳。（绳子是大索，索子是索仔）

家后：家里。（你母在家后开荤）

誓愿：誓言。（故违了誓愿，开荤昧神祇）

若：多少。（一日钓有若鱼？）

因依：原因。（官人听我说因依，伊人是长者人仔儿）（南音《荔镜记》）

第二节　龙岩戏曲与闽南文化

龙岩是中国著名革命老区和中央苏区，又是客家的发祥地和客家人的聚集地。龙岩市大力扶持重要文化遗产和非物质文化遗产的保护工作，推进红色文化、客家文化、河洛文化等具有地方特色的文化建设，积极争取永定土楼列入世界文化遗产名录。2008年7月6日，中国"福建土楼"——永定土楼在第三十二届世界遗产大会上，被正式列入《世界遗产名录》，启动了冠豸山申报世界自然遗产工作，完成古田会议会址群维修保护二期工程建设，古田镇被列入国家级历史文化名镇，闽西革命历史博物馆改版、革命传统教育基地维修保护、乡镇文化站建设顺利推进，成功举办纪念胡文虎先生诞辰125周年活动。2008年，龙岩市新增3个国家级非物质文化遗产保护项目。

龙岩市有着悠久的文化传统，亦有着丰富多彩的戏剧种类，如木偶戏（又称傀儡戏）、道士戏、汉剧（乱弹、外江班）、饶平戏（四平戏）、京剧、山歌戏等。福建省艺术研究院叶明生先生认为，龙岩市各种戏剧形式唯道士戏用闽南语，其他多用"蓝青官话"（即土官话）演唱。下面重点介绍道士戏。

一　龙岩道士戏

（一）简要介绍

道士戏亦称师公戏，这一戏剧形式目前存在于龙岩民间道坛，是一种很有特点的戏剧戏曲形式。"师公戏的一切都没有离开宗教的背景、教法的氛围，其表演的主体是道士，敷演的题材是神仙道化收妖捉怪，神头鬼面式的出场人物，主要演唱道曲，伴奏仅用锣鼓，演出形式与科仪相混合或相粘连，演出的时间地点只有打醮时才能在坛场或师台之上得以围观，加以又名不见经传，缺乏文字记载，因而长期被学术界所疏漏。"[1]我们主要根据叶明生先生《福建龙岩东肖闾山教广济坛科仪本汇编》一书中有关龙岩戏的论述部分和其他一些相关材料对这一独特戏剧形式进行介绍。

叶明生先生认为，从教法形态上分析，师公戏依然是一种法事科仪，是法事内容的一个组成部分[2]。师公戏以第一人称妆扮演出，在娱乐观众的同时，也发挥着道教祈福禳灾、驱邪逐煞的功能。它采用道法的变相手段开展其科法表演，在此过程中，将道法具象化，并以直观的形式诉诸观众视觉，达到形神兼备、惟妙惟肖的艺术效果。显然，这与刻板呆滞的传统科仪形式相比较，更具有生动性及吸引力。"（师公戏）是科仪的'变相'形态，但从师公戏的表现形式和演出效果加以考察，师公戏确实是道坛中具有独立品格的戏剧艺术形态。尽管它散发出来的是那么原始、古朴、简单，乃至粗糙的文化信息，但它也有着深厚的历史文化渊源和积淀，是道家文化发展和衍变的结晶，是属于龙岩闾山教的本体宗教戏剧。也是研究戏剧发生学，戏剧与宗教仪式关系等具有典型意义的实证资料。"[3]师公戏由于它特有的宗教内涵和粗具规模的表演艺术，使它成为道教戏剧艺术形态而展现于世人面前。

（二）历史沿革

1. 道士戏源流

道士戏源于道教闾山派。闾山派，又称闾山道、闾山教等，是一个华南道教重要流派，以福建为中心。相传其发源于闽江之底的神秘世界闾山。闾山，据民间传说是在凡人都看不见的闽江之底，唯独修行到了一定的能力的人才能看到。福建是闾山派发展的一个中心，除了以许真君为教主外，还有以三奶夫人（陈、林、李）为法神的三奶派，这些派系绝大部分是以驱邪收妖，押煞纳福来服务民间，而法师又分为红头和黑头两种，也叫作红头师公和乌头师公。红头师公主要是处理上面的事情，而乌头则是处理下面的事情，分别十分明显。闾山派的真正来源，从目前资料看，闾山派之初始形态为一种巫法，名曰"闾山法"，至少在宋代之前已形成于闽、浙、赣之古越国旧地，是由古代巫术、巫法、巫教受道教的影响而发展起来的一支教派。从目前道坛之实际活动情况考察，这种巫法的痕迹依然十分明显。闾山派的法术一般为强硬的霸道法术为主，本着不是你死就是我亡的思想，不管是针对所谓的"鬼魂"还是对手，都采用一种具有极度杀伤力的方法，其强硬程度和茅山派相比，有过之而无不及。"对于师公戏，迄今为止，我们尚未发现有任何文献记载。……有关它的情况，我们只能从有关资料去寻找其蛛丝马迹了。据《龙岩州志》所引《安卿六札》云：'龙岩民间素有'信鬼神、好戏剧'之风俗'。这种以祀鬼神与戏剧并提而论的现象并非偶然。因为当地大型迎神祭祀的活动中，戏剧是伴随醮事而存在。其'戏剧'即指请地方戏之戏曲演出，

---

[1] 刘远：《龙岩市民间道坛演出的戏剧——师公戏》，《上海戏剧学院学报》2000年第1期。

[2] 参见叶明生《福建龙岩东肖闾山教广济坛科仪本汇编》，台湾新文丰出版公司2001年版，第205页。

[3] 同上。

也包括醮坛'闾山衙台'之上演出的师公戏。显然，州志所言'信鬼神、好戏剧'之'戏剧'是不能排除师公戏的存在因素。"[1]

2.发展和现状

龙岩地区处于客家方言与闽南方言交会融合的过渡区,在人文环境等方面，很多地区也兼具客家文化和闽南文化的特点。比如民间信仰呈现多神崇拜、儒释道并行不悖等。每逢春天瘟疫可能流行之时，这个地区的一些村庄会请道士来打醮祈福，据说这样家禽就不会染上瘟疫，村民们也不会生病。这些活动一般会在村里的祠堂举行，一般为期一周，打醮祈福活动最后的那个晚上，道士们通常会在祠堂前的晒谷场上演一些神仙道士捉妖收怪等内容的道士戏，村里人几乎是全体出动，邻近村的也会跑过来欣赏，甚为热闹。但这一艺术形式由于缺乏文字记载，长期为学术界所不知。龙岩道士戏近来有日渐式微之势，其发展不容乐观。据叶明生先生说，道士戏这一独特的戏剧形式，因龙岩东肖镇陈春来道师的去世，能演唱的人已剩不多。

龙岩道士戏研究著作

（三）艺术特色

1．行当

龙岩道士戏虽无严格的行当之分，但分析各剧目，也可大致将其分为旦、丑、生、净四大类。

旦角根据其年龄的不同又可分为老旦（中老年妇女）和花旦（年轻妇女）两类。老旦如《傅王公》中的王姥、《三仙并一仙》中的海清母亲；花旦如《瞎子算命》中王姥化身而成的年轻寡妇、《三仙并一仙》中的狐狸精等。

　师公戏中的丑角是指那些扮相丑陋、表演滑稽的一类角色，在师公戏中所占的比

[1]　叶明生：《福建龙岩东肖闾山教广济坛科仪本汇编》，台湾新文丰出版公司2001年版，第206页。

重最大，可以说是"无丑不成戏"，比如《瞎子算命》中的黑狗精、《傅王公》中的老鼠精、《哑子扫墓》中的迷魂鬼、《赵侯术王》中的揽蛇人和乞丐、《出头陀》中的头陀等。师公戏中的这些丑角往往由于其表演诙谐生动、言行贴近观众生活而广受欢迎，具有很强的艺术感染力和吸引力，这一行当的突出特点是师公戏得以延续和发展的重要因素。

或许是由于师公戏中没有爱情题材的剧目，生角的分量不是很重，其特点也不是很鲜明，大致可以分为武生和老生两类。武生如《傅王公》中的正王公、《三仙并一仙》中的海清等；老生如《八仙》中的吕洞宾、《三仙并一仙》中王姥变的老者、《接扬州仙兵》中的扬州元帅等。

师公戏中的净角亦称为"大花脸"，如《出头陀》中的头陀、《哑子扫墓》中的白无常（戴花脸面具）、大拷中的禁子等。此类角色脸上通常涂大红、大白、大黑，虽多为反面角色，但往往兼具粗鲁阳刚之艺术特点。

2. 化妆、脸谱和面具

道士戏的脸谱具有一定的特色。据叶明生、刘远介绍[1]：它既有别于地方戏曲脸谱，也与民间社火脸谱相异，是一种具有道教本体戏剧的原始妆扮风韵。其中既有古代傩面的影响，也具有非专业艺人模仿戏曲化妆但又较随意性之妆扮成分。属于古朴自然的涂面方式阶段。师公戏的化妆有俊扮与涂面二种。俊扮重点在女性，其形象都以法神王姥的法身与化身出现。如梳元宝头、头插花枝，抹粉画眉、淡涂颊红，点樱小口，其头饰与戏曲妆扮相仿，此为王姥正妆，多出现于仪式剧，如《王姥行罡》或以王姥法身出现的文戏中；而头上包头巾，身上系围裙，打扮形同当地客家妇女的妆扮，俗称"客嬷装"，此用于扮演王姥的化身，如《富王公》中王姥化身的"姑姐"（方言指媒人婆）。男性的俊扮多不化妆，多以本脸出现，如《八仙》中的吕洞宾仅挂一副三绺髯须而已。涂面化妆，是师公戏的最主要特色，其中多以丑、净行当为主。丑类脸谱之谱式，多是八字眉、白鼻块、饼状颊红，各种角色脸谱在此基础上加以衍化。如《赵侯术主》由淮南术主装扮的"花子郎"，其脸点画眼屎、鼻滋、抹白嘴唇，以体现乞丐满面肮脏之相。

师公戏净角脸谱是从模仿道坛纸扎工艺之脸谱演变而来，基本上是"虎眼豹眉"，额上开眼，血盆大嘴，排牙露齿，类似金刚或夜叉形象，开脸时任由扮演者以白、黑、红、绿(蓝)四色，按谱式基本要求随意涂色。如《出头陀捉鬼》中的头陀、《头陀捉鬼》中的头陀丑。此角又称"丑头陀"，虽属净角化妆，但其角色在剧目《出头陀》中有许多滑稽、调笑的表演，与"净头陀"之凶悍相比较，却多了几分憨态与笑容。其谱式与"净头陀"大体相同。

此外，在师公戏中还有一些属于"套头"的面具，如《富王公》中太乙真人作变的"肥母仔"，以及《真人扫殿》中的真人，都是一种红而笑脸的大头和尚套头面具，俗

---

[1]　参见叶明生、刘远《师公戏的化妆与脸谱》，《世界宗教与文化》2001年第1期。

称"斗米壳"或"弥勒壳"。

3．头饰

"头饰方面，以旦角较有特色。凡饰老旦角色者，均以黑帕围头，并在脑后结一个髻，头上插少许的花；而饰花旦者，除同样以黑帕围头外，头上要插较多的花，耳旁也要插一朵大花，以显示其年轻美貌。丑角的头饰，可根据人物身份自行设计，如算命之'黑狗精'，以黑布缠头，并垂挂耳旁；《哑子扫墓》之迷魂鬼头戴圆布帽。其主要表现方式以土、俗、丑陋为特征。净角之头饰，有一些是有特定装饰性，如《出头陀》之头陀，除头包红巾外，还需扎上特制的'小龙额'，以装扮天兵神将。《哑子扫墓》中的白无常，头上戴白色长纸帽，帽前有长方彩色图案，内写'一见大喜'字样，后脑挂白色纸条一束，脸上戴画图案复杂的面具。至于《真人扫殿》等剧之太乙真人，均戴红色套头面具（斗米壳），也较为别致。"[1]

4．服装

师公戏中的服装较为简单，除了利用科仪中道士所穿的道袍外，其他大多为民间常见的服装。"道坛中无专门用于师公戏之服装，其男角色的服装，根据人物要求，在道袍、青衫、蓝衫、便服之中选择，个别特殊性服装，如乞丐等褴褛衣要向民家借用。"[2]

5．表演艺术

师公戏还没有形成完整成熟的表演艺术程式，其表演形式和风格带有很大的随意性，往往依表演人员个人艺术水平和天赋的高低临场发挥而定。然而，师公戏艺人也吸收了一些地方戏剧戏曲的要素，从而形成其相对固定的唱、念、做、表的程式及其独特的艺术风格。下面就这四方面简要介绍。

一是唱功。"师公戏的演唱有独唱、对唱、一唱众和、前后场齐唱等形式。演唱内容多侧重于交代情节、简单的心理活动、以及俗世生活趣味和历史人物典故等方面。并无人物内在性格化唱腔及剧情发展所必备的大段情节性描述之演唱，因而，其个人之演唱就无特别之唱功而言。但是，由于剧情的需求和观众观赏的角度出发，演唱时也要求演唱者做到有字有词、有板有眼、有情有趣；并且声音宏亮、传悠送远、悦耳赏心。至于对一些曲调，演唱者也必须有一定的功力才能唱好，如：[散花林]就要唱得端庄肃穆、令人起敬；[采茶歌]就要唱出跳跃流动、欢快悦耳；[花子自叹]就要唱出哀伤情感、酸楚动人；[十月怀胎]就要达到声情交融、催人泪下。而对一唱众和、众人齐唱之演唱，主要在于制造欢快热烈的道场气氛，因而，也要求前后场配合默契、声乐高扬。尽管唱功是师公戏最薄弱的艺术环节，如果能达到上述之要求，也为师公戏演出增色不少。"[3]

---

[1]　叶明生：《福建龙岩东肖闾山教广济坛科仪本汇编》，台湾新文丰出版公司2001年版，第219页。

[2]　同上。

[3]　同上书，第226页。

二是念功。"念功是师公戏艺人所必备的基本条件，也是师公戏艺术表演中占有很突出地位的表演艺术形式之一。不会念功的师公，既不能演好师公戏，也不能成为出色的道坛法师。念功中包括口白和念板，二者均用龙岩地方方言表达。师公戏中的口白，剧目本身提供的并不多，有许多是据表演者的临场发挥，即'随人巧变'。因此，要求表演者非常熟悉生活中的各种用语，并能在演出中根据剧情变化和人物身份准确运用而且也要发音清楚，吐字分明、慧语连篇、入情入理。如：《算命》中王姥以尿当茶，厌黑狗精邪气，黑狗精初尝一口骚气入腹，连连欲吐，王姥以巧言说其'茶水'之奥妙，黑狗精被说动心，连呷几口，却又道出其'好味'来。这个一哄一骗，巧言令色，那个被色迷心窍，违心赞誉，二者来往问答，都是剧本中所无，均由演员的巧妙应对而产生，使在场者无不捧腹，又不得不赞叹演出者好口才。至于师公戏中的念板，更是师公戏之一大特色，不但科仪中有，剧目中更是大量出现。如'开花园'仪式中的'栽花'，都是七字句，都是百余句。而《瞎子算命》中的'盘山歌'亦是如此。这就要求演出者拥有很好的记忆力之外，还要由很好的口头表达能力，这些念板不但要念出高山流水，错落有致，而且要绘声绘色，扣人心扉。这种无曲之唱，无韵之白，表演难度尤其大，非具有一定的功力不可。"[1]

三是做功。"师公戏没有规定的表演程式，但它并非无规可循。在长期的表演实践中，艺人逐渐探索和总结出了一套适合道坛演出和剧目内容的表演套数。这就是师公戏的做功。师公戏中的做功，有一部分是结合一些相对固定的剧目而形成的，带有一定的技巧性。比如：《傅王公》中的老鼠精，要在剧中体现凸胸驼背、拐脚歪嘴之丑八怪形象，这就要有一定的做功能力；《哑子扫墓》中的哑剧表演，也是做功很重要的一部分。如迷魂鬼偷吃供品、无常以法术吸走倒在迷魂鬼口中的酒、二人在吃面条时各用嘴吞口中的一条面，以至面对面相遇等表演，也都能看出其中具有特殊技艺性的做功表演。在个人表演中，师公戏也从地方戏剧戏曲中借鉴了许多做功表演，如《出头陀》剧中规定有'跳抬'表演，'跳抬'实即'跳台'，是戏曲中'起霸'或'走边'之表演形式。与之相连接的'开场诗'、'报家门'也有受戏曲影响之痕迹。又如《接扬州仙兵》中，据陈春来手抄演出本，在'头报'念'开场诗'、'报家门'之后，有'在此洒（洗）马'的注语。据了解，这种'洗马'即曲中的表演，有牵马、喂马、捋马毛、泼水、刷马身、跨马鞍、溜马等程序动作。此外，如《八仙》中的吕洞宾扮演者，一人物以独角戏形式扮演《八仙》中所有角色，其中也有许多做功，凡此等等，举不胜举。虽然，这些做功并不严谨规范、缺乏较高的技艺水平，但是，它对体现剧情、塑造人物等方面，都起着重要的作用。同时，这种较为粗犷、豪放、原始古朴而不加雕饰的做功表演，从民间戏剧或宗教戏剧另一角度审视，也具有其独特的审美价值。"[2]

---

[1]　叶明生：《福建龙岩东肖闾山教广济坛科仪本汇编》，台湾新文丰出版公司2001年版，第220页。

[2]　叶明生：《福建龙岩汇编》，台湾新文丰出版公司2001年版，第222页。

四是舞功。师公戏中的舞功与做功无太大区别，仅是在舞蹈、武艺方面有不同之处而已。"舞蹈方面比较突出的是以鼓乐伴奏的《真人扫殿》，其中虽无高难度动作，但其一招一式都要合鼓点而行，并且要向观众准确传递他所表演的每段内容；在歌舞剧形式的《王姥行罡》中，两位王姥化身的仙女，一手持扇，一手执手巾，即要体现王姥的踏罡斗布，又要表现'诱邪师'的妩媚身姿，舞功意蕴自在其中。在武艺性表演方面，即要复合剧情之内容，又要展现表演者之身手，比如《出头陀》一剧，头陀被命考武时，要耍拳，自然打出几套拳色来，要耍剑，自然也要舞出几套剑法来。又如《接扬州仙兵》，投充人要表演'打牌、打铳、打流星、打武艺'等武艺，尽管是滑稽取笑式的恶作剧，但也要舞弄出笨拙窝囊的套数来，才能产生喜剧的效果。"[1]

6. 唱腔音乐

关于师公戏的唱腔音乐，叶明生做了很好的介绍，他说："师公戏的唱腔音乐由两部分组成，一是道腔乐曲，一是民歌俗曲。道腔乐曲，主要用于科仪之演唱，但在师公戏演出中亦常有用之。据初步调查，道腔乐曲有[四时景]、[香花赞]、[献鲜花]、[散花林]、[拜头陀]、[行罡调]、[梳妆调]、[采茶歌]等曲调。此类曲调有长短歌和七言两种。师公戏剧目演出中，演唱最多的是[采茶歌]。相当多人认为，此是现代民间山歌，或说是闽西之山歌。其实它也是道腔歌曲，如果说它确属民间山歌的话，它也早已被道教吸收。民歌俗曲，也是师公戏中使用较多的演唱音乐。如[十月怀胎歌]、[二十四孝歌]、[十二月花]、[菜谱歌]、[花子自叹歌]、[山歌调]等。就伴腔音乐而言，因无管弦音乐伴奏，打击乐成了师公戏最主要的伴奏音乐。而在打击乐方面，亦有许多的'锣鼓经'，这些'锣鼓经'中有'三角鼓'、'念经鼓'、'花鼓'、'祈禳鼓'、'得胜鼓'、'采茶鼓'、'乱鼓'等等。"[2]

（四）剧目介绍[3]

龙岩师公戏大部分剧目的内容都是为了宣扬道法的高妙威严，但同时这些剧目的创作设计也考虑了受众的审美特点和喜好，因此，这些剧目不能以简单的道法科仪等同视之。这一戏剧形式可以说是萌芽于道法科仪之上的戏剧形式，因此对研究戏剧发生有着一定的参考意义。龙岩道士戏大体上可分为三类：文戏、武戏和驳邪歌。

1. 文戏

道士戏中的"文戏"有完整的故事情节、人物妆扮、演唱口白、舞蹈身段等，一个剧目往往包含有能够独立演出的"小戏"或"折子戏"。此类之代表剧目有《瞎子算命》《傅王公》《出地方》《赵侯术主》《八仙》《海清成仙》《三仙并一仙》等。师公戏的文戏剧目，大部分演的是道教闾山派的法神王姥和门徒海清的收妖故事。如

[1]　叶明生：《福建龙岩汇编》，台湾新文丰出版公司2001年版，第222页。
[2]　同上书，第226页。
[3]　参见刘远《龙岩市民间道坛演出的戏剧——师公戏》，《上海戏剧学院学报》2000年第1期。

《瞎子算命》演的是收黑狗精、《富王公》中收的是老鼠精、《出地方》中收的是迷魂鬼、《海清成仙》中收的是金蟾精与狐狸精。下面简要介绍《瞎子算命》这一剧目：

> 《瞎子算命》又称《收黑狗精》。此戏分三部分。"买药""牵命""算命"。其剧情开始于峨眉山黑风洞，洞中有一黑狗精，其妖术高强，变幻多端，并常常幻化到民间为害百姓。闾山派王姥要除去这一妖精，王姥化身为一猎人去收服它，不料一箭射出，只射中黑狗精一只眼，被其遁去。王姥于是派他的徒弟海清去制服这一黑狗精。在庙会上，海清化身为专门治疗眼疾的卖药人，遇见变成算命先生的黑狗精，海清不知道该算命先生为黑狗精所化，在其哀求下，为其治好了被射瞎的眼睛。治愈后，黑狗精得意忘形，被海清识破，于是又将治好的眼睛弄瞎。黑狗精又一次逃逸，并以算命先生的化身，到处糟蹋良家妇女。王姥得知，化身为一年轻貌美寡妇，伺机除去这一祸害。一日，这位黑狗精化成的"算命先生"来到"寡妇"家，要给"寡妇"算命，王姥现出法身，除去了这一狡猾的黑狗精。

2. 道坛法事型师公戏

因其展示道法的形式，是以有人物故事情节的戏剧性表现手段，与相关的科仪融合而成，具有以戏代仪、戏中有仪、戏仪浑然一体的特点，是道坛适应民间受众喜好而对道教科仪做出的戏剧化修饰，因此是研究宗教仪式向戏剧过渡的很好的材料和证据。如《接扬州仙兵》，其主要情节是闾山师主为捉拿审判为害乡里的凶神恶煞，特召请扬州仙兵前来相助。扬州仙兵元帅来到，闾山师主遂开中门迎接并清点兵马，发现少了火头军和马头军各一名。于是命令门官招兵补充。冬瓜种前来投军，意图混得一官半职，考核后派其当火头军，冬瓜种不满，要求换职，遂命其为马头军，冬瓜种得知是马夫，遂心生不满，咆哮公堂，被逐出衙门。临走投一钱于地，门官贪财，前去争抢遭冬瓜种戏耍，两人哄抢而下。闾山师主请元帅交军入阵，拜印后送元帅回营，全剧以赏兵科仪结束。

3.武戏

武戏是师公戏中具有强烈技艺表演色彩的戏剧形式，这一形式和文戏一张一弛，具有活跃现场气氛、提高观赏性等作用，其主要形式有跟斗、杂耍、杂技、游幡、巡梯等。比如巡梯，即"上刀梯"，要求表演者赤脚上刀梯，刀刃锋利，对表演者的技艺要求较高，并且在梯顶上还要做一些高难度的高空表演如金鸡独立等。此外，在刀梯顶部还有和在地面的师主有一番对答，比如表演者往往会讲："我是飞天张五郎，今日下来看道场。"然而对整个道场夸赞一番，在锣鼓声中走下刀梯。

4. 驳邪歌

龙岩道士戏盛行"驳邪歌"，驳邪歌是穿插于科仪或师公戏文戏一些剧目（如《傅王公》）中的民歌或山歌演唱形式。所唱内容多具有俚俗调侃风格，是内容诙谐、能够生动地反映民俗民情的方言民谣。其中有古人问答、法器问答、调侃世俗众生相（特别以懒惰、贪吃的女人为调侃对象，还包括庸医、不守清规戒律的僧尼等，以资取笑逗乐）、日常生活的一些琐碎趣事、唱四季十二月花名、劝世歌（如《十月怀胎》）、歌颂东家（讲好话）等。驳邪歌内容丰富，现选择其中几首具有代表性的进行介绍。如《嫁着什么翁》。此歌谣原载《龙岩歌谣》第一辑，其原注云：这首歌谣是道士在道场上念的，几个道士一问一答，念得很长，俗称"驳邪歌"，妇孺最喜听。其歌词[1]：

甲：嫁着什么翁？

乙：嫁着癫痫翁，三更半晚棉被钻鼻腔。

甲：嫁着什么翁？

乙：嫁着博玫翁，左手吊肉右手蔥。

甲：嫁着什么翁？

乙：嫁着读书翁，挥扇越越入学堂，鞋仔拖拖上眠床。

甲：嫁着什么翁？

乙：嫁着轿夫翁，三人上路两人行，二人肩头当路行。

甲：嫁着什么翁？

乙：嫁着摇铜鼓翁，水担硬硬到二三更，水担软软担去又担回。

甲：嫁着什么翁？

乙：嫁着作田翁，上身臭汗汗，下身臭土垢，眠时眯着当死狗。

甲：嫁着什么翁？

乙：嫁着稳股（驼背，原注）翁，眯着头也翘，尾也翘，中间一条沟。

甲：嫁着什么翁？

乙：嫁着哑口翁，向入搏屏枋，向出看踏枋，变脚比手无一句好话出着老咙。

甲：嫁着什么翁？

乙：嫁着打铁翁，火烧心肝命不长。

甲：嫁着什么翁？

乙：嫁着驼船翁，卵包浸水命不长。

甲：嫁着什么翁？

乙：嫁着青盲翁，摸来摸去唔识天光唔识暗。

驳邪歌《东家实在贤》的内容则是道士掺杂在科仪中用以取悦醮主的唱词[2]：

东家实在贤，下厅唇，上厅楼；

左边建大门，右边修花园；

---

[1]　章独奇：《驳邪歌·嫁着什么翁》，转引自龙岩县立民众教育馆编印《龙岩歌谣》第一辑，厦门风行书社1934年版，第34页。

[2]　章文松：《东家实在贤》，转引自龙岩政协文史组编《龙岩文史资料》第十二辑，1985年12月内部出版，第29—30页。

后头顶，有石山，大坪竖旗杆；

内坪实在阔，金鱼池仔蓝花钵；

东厅间，会刻（稍微）紧，大门口挂灯笼；

西厅间，又刻松，上面狮（设置）观音，下面土地公；

正房间，真烧罗（暖和），有广鼎，有砂锅；

后房间，刻糊涂，放羊又关牛；

上厅放红契，凤凰鸟雀飞不过；

下厅大禾仓，收租收到十八乡；

吃穿不烦操，银箸只，金碗头；

人人讲到我东家，个个都捻手指头。

剧中以道教成仙人物显身演法的形式，充分表现道坛艺人的想象力和创造性，既有弘扬道法的一面，又有娱人功能的一面。闽西道坛的法事戏都是各法事的核心科仪，最能展示道法灵威，显现师公功力的重点段落。从其对内容与形式的精确选择巧妙铺排而言，无疑是道坛长期不断加工积淀的成果，是道坛本体戏剧的华彩篇章，如《接扬州仙兵》《头陀下乡捉鬼》《拷鬼》等。

（五）特殊道具[1]

闾山派科仪广泛，所用的法器道具也很多，其中比较常用的有：

龙角：龙角为锡制，呈弯月状，师公平常称锡角，科仪本中又有"明角""鸣角"之称。龙角长约58厘米，吹口圆宽，把手部圆形略鼓出，多以红布扎之。腰至尾部逐渐扩大，呈弯扁喇叭形。尾部内弯出，有七个突出小点，曰七星。龙角是道坛最主要的法器之一，也是龙岩闾山教中"王姥教"的重要象征。在醮仪中，多用于请圣、召兵、驱鬼、送神等科仪，是通神达鬼最主要的神器之一。

吹奏龙角

---

[1] 参见叶明生《福建龙岩东肖闾山教广济坛科仪本汇编》，台湾新文丰出版公司2001年版，第275—278页。

师铃：铜制，一副为两个，铃均5厘米，大者有凸出纹样，状似狮头或虎头样，上部有道坛记号，下有凸出两眼状，额上有"王"字，下方有半圆形弯口，铃中空，上端有一柄状，中有空，可系绳，两铃之间以一条12厘米长的红头绳系之。师铃在科仪中，未见单独使用，它是龙角的陪衬法器。

朝板：旧时为象牙所制，称牙笏。现多以木板或竹板代之。朝板，顾名思义，为旧时臣子朝觐皇帝的奏板。因道士亦称自己为玉皇驾下之臣，所以，醮坛中凡请神、朝圣、奏表均使用此法器。

神鞭：以一种细小而节多的小竹鞭制成。以往之神鞭，严格要求要有36节，寓三十六天罡之数。神鞭在法事时多供于坛上，法师在挥舞它时，多用于鞭神役鬼。有时亦插于衣领处。

常用的法器还有：帝钟、灵刀、金鞭、宝剑、朝板、马鞭、雷牌、戒尺、天蓬尺、手炉、水盂、木鱼、磬、拷鬼杖、奉旨、天皇等。此外，还有一些特殊法器。如：

锡杖：原以锡制而得名，乃佛教之法器，龙岩闾山教在拔度功德之科仪中引用之。但道坛之锡杖，与佛教之锡杖不尽相同。其杖头、杖尾均以铁制，中间以木柄装之。锡杖在道坛中，仅用于拔度仪式之"破沙墩"科仪，是科仪表演者"目连尊者"破丰都铁围城的法器。

法神：布制，共六幅，每幅均有各种猛兽怪物及人物图像，为"请法"科仪专用之法器。一幅曰"黄斑饿虎"；二幅曰"麒麟狮子"；三幅曰"伤牛战马"；四幅曰"鸬鹚野獭"；五幅曰"象王南蛇"；六幅曰"南乌大蛇"。

桥神：或称桥神图，布质，是"开花园"仪式中"过桥"科仪专用之法器，桥神图左至中部为一道十孔长桥，桥后部画有黄斑饿虎、麒麟狮子、青龙白鹤、金鸡、宝塔、七星、芭蕉、仙人等图像，此均为"过桥"科仪所要过的各种"桥"的象征。"桥"上有十个人物（七男三女），有观音、头陀、赵侯、术主等。

二 龙岩戏曲与方音、词汇

（一）龙岩闽南话方音

因为龙岩道士戏剧本中方音材料有限，我们主要据曾德万《龙岩闽南方言音系研究》[1]一书，介绍龙岩地区闽南方言的方音。曾德万博士调查了龙岩市区东北白沙乡、东部的苏坂乡、西边的小池乡、南边的适中乡四个讲闽南话的乡镇。这四个乡镇的声母都是14个，声调差别也不是很大，调类是一致的，调值差别不大，调型极为相似；四地的不同主要体现在韵母中，苏坂音有56个韵母，白沙音有62个韵母，小池音有64个韵母，适中音有49个韵母。[2]下面是曾德万博士调查和总结的龙岩市区东边的白沙乡

---

[1] 参见曾德万《龙岩闽南方言音系研究》，吉林人民出版社2013年版。

[2] 同上书，第13—17页。

的闽南方言声韵调系统。

1．声母表及其说明

龙岩市白沙镇闽南方言声母表

部位、方法	（不送气）塞、塞擦音	（送气）塞、塞擦音	鼻音	擦音
双唇	p	ph	b（m）	
舌尖中	t	th	l（n）	
舌尖前	ts	tsh		s
舌根音	k	kh	g（ŋ）	h
零声母	∅			

说明：

（1）全浊塞音部分读为不送气音，部分读为送气。例：不送气，步、别、键、填、独、轴、共；送气，同、太、团、丛、读。

（2）b、l、g与m、n、ŋ互补，后者只出现在鼻化韵前，如门、年、尾。

（3）没有f，北京音的f母字，一律读为h，如飞、符、胡、化、费。

（4）有零声母，如红、案、延、言、缘、元。

（5）舌根音在细音前可拼，如经、结、旗、举、去、桥、虚、球。

（6）北京音的一部分舌面前音在该方言中仍读为舌根音，如休、玄、祆、远。

（7）体现古无轻唇音，如饭、飞、肥、放、腹、万、网读重唇音。

（8）中古的舌头音念为舌头音、舌上音都有，如：舌头音，猪、箸、除、中、竹、长、胀、桌；舌上音，致、撤、转。

（9）ts、tsh、s 在i韵或以i为介音的韵前读为tɕ、tɕh、ɕ，从音位的角度把它们归为一类。s 在i韵或以i为介音的韵前读为ɕ，这个ɕ 在音色上和舌叶音ʃ非常相近。

2．韵母表及其说明

龙岩市白沙镇闽南方言韵母表（单下画线表示白读音，又下画线表示文读音）

	ɿ 脂自擦		ɛ 鞋厦下	a 疤刺车	o 婆辅套	u 孵许生	ai 排里	au 昼刘
元音韵母19	i 比衣猪	ie 抵批害	iɛ 把白霞	ia 壁谢雅	io 抽烧摇	iu 昼酒		
		ue 月配禾	uɛ 佩瓦	ua 住化割		ui 水鬼		iau 标查效

				1		
鼻音 韵母15	m̩ 怀嗯	am 耽惨撼			an 漫冰旱	oŋ 崩东凤
	i m 𨑨阴心	iam 沉淋金	in 冰评勤	iɛn 边全县		ioŋ 龙穷用
			un 粪村稳	uan 团酸完		
鼻化 韵母14	ĩ 边米天	ɛ̃ 婴缨	ã 马胆三	õ 毛长	ãi 梨埋赖	
		iɛ̃ 坪买	iã 命厅兄	iõ 涨毒羊		
	uĩ 饭尾园	uɛ̃ 排拳	uã 盘烂寒			
			yã 件外蚁			
入声 韵母14	ip	ap 搭合涩		it 逼革液	at 拔值割	
	iap 粒习集	iɛt 铁出黑		iat 灭杰越		
			ut 律屑物	uat 夺阔活		

说明：

（1）共有62个韵母，包括两个声化韵m̩、ŋ，这两个声化韵所管辖的字极少，"方言调查字表"上只出现m̩ H姆、圆、拇"，ŋ"许、苋"等少数几个字；

（2）鼻化韵母有14个，这些鼻化韵大致是阴声韵鼻音声母的同化和原来阳声韵鼻音韵尾的弱化所致；

（3）塞音韵尾-t、-k在听感上不是很明显，实际上，这些塞音韵尾（包括-p）入声字只在文读音中出现，在部分白读中读为舒声韵；

（4）保留完整的m尾字，如严、减、林、含、检、心，鼻音韵尾m和n区别明显，m韵尾字收音时有一个明显的闭口动作；

（5）ɛ韵所管辖字不多，实际上它的发音也包括了严式音标的e韵，因为e韵所辖字更少，而且本来这两个韵的发音部位和音色都极为接近，记为一个韵ɛ，但ie：iɛ，ue：uɛ是两对有区别意义的韵，前者如计：债、西：沙、系：吓；后者如过：挂、月：画、货：花；

（6）从韵母总数上来看，白沙闽南话62个，处于闽东话（以福州话为代表）48个和闽南话（以厦门话为代表）79个之间。

3．声调表及其说明

龙岩市白沙镇闽南方言声调表

类	阴平	阳平	阴上	阳上	阴去	阳去	阴入	阳入
值	45	21	33	42	214	52	4	42
型	高升	低平	中平	高降	降升	高降	高促	中降
例字	高诗猪 天抽三	陈才床 棉难麻	古老买 病九走	有厚坐 旱五贱	盖注正 试爱汉	放市树 漏用且	急竹织 笔一失	服俗实 灭读白

说明：次浊上声字分两派走，分别归入阴上和阳上，前者如，"染、五、暖、近、柱、坐、买"；后者如，"有、是"。入声白读为阳去调，如，"锡、缺、切、铁、药"。入声有-p、-t、-k三个韵尾，-p明显，-t、-k不太明显。

（二）龙岩闽南方言词汇[1]

1．天时节令、时间

日头：太阳。（日头光）

天星：星星。（看无星）

下昼：下午。（下昼无上班）

2．人体器官

鼻腔：鼻孔。（三更半晚棉被钻鼻腔）

卵包：男性生殖器。（嫁着驼船翁，卵包浸水命不长）

喙佬：嘴。（囝仔檫喙佬）

骹：脚。（洗骹手）

3．病残

稳股：驼背。（嫁着稳股翁，睏着头也翘，尾也翘，中间一条沟）

青盲翁：盲人。（嫁着青盲翁，摸来摸去，不识天光不识暗）

衣物：

4．鸟兽虫鱼

虱母：虱子。（两边虱母打秋千）

牯、嫲：动物雌性用语。

5．其他名词

新妇：媳妇。

眠床：床。（鞋仔拖拖上眠床）

桌条：桌子。

鼎：锅。

---

[1]　选自下列戏剧材料：章独奇《驳邪歌·嫁着什么翁》，龙岩县立民众教育馆编印《龙岩歌谣》第一辑，厦门风行书社1934年版，第34页；章文松《东家实在贤》，龙岩政协文史组编：《龙岩文史资料》第十二辑，1985年12月内部版，第29—30页。

剪匙：锅铲。

鸡牢：鸡窝。

纸字：钱 。

米瓮：装米的坛子。

目镜：眼镜。

滚水：开水 。

舷：边缘 。

馃：米饼。

驼船翁：撑船人。（嫁着驼船翁，卵包浸水命不长）

箸只：筷子。（银箸只，金碗头。）

批：信 。

笒：米笒。

潭：溪流深水。

薸：浮萍。

东司：厕所。

6．粮食菜蔬

韭葱：韭菜。

禾：稻子。

7．动作变化

博玟：赌博。（嫁着博玟翁，左手吊肉右手蒽）

作田：种田。（嫁着作田翁，上身臭汗汗，下身臭土垢）

眠：睡觉。（眠时睏着当死狗）

倚：立。

揞：掩藏。

噤：闭口。

8．性质状态

阔：宽广。（内坪实在阔，金鱼池仔蓝花钵）

跌鼓：丢脸。

烧罗：暖和。（正房间，真烧罗，有广鼎，有矿锅）

第三节　潮汕戏曲与闽南文化

潮汕文化传统悠久，文化积淀深厚，宋时就有"海滨邹鲁"之称。潮剧、潮乐、潮菜和工夫茶等传统文化富有浓郁的地方特色，享誉海内外。潮剧是中国十大戏曲剧种之一，源于宋元南戏的一支，形成于明代，1949年后发掘整理的传统剧目1000多个。

独具韵味的潮剧唱腔清丽，做工细腻，深受人们喜爱，流行于粤东、闽南及东南亚各国。古朴典雅的潮州音乐，是中原古乐与潮汕民间曲调长期渗透融合形成的地方音乐体系，色彩浓郁、丰富、完整。演奏形式包括弦诗乐、细乐、庙堂乐、笛套鼓乐、锣鼓乐等，有潮乐弦诗曲牌千首以上，在国内外享有盛誉。潮州大锣鼓曾获得世界青年联欢节金奖。英歌舞是粤东潮汕地区流传的一种民间舞蹈艺术，被誉为"中国民族舞蹈的根"。潮汕是英歌舞最为盛行的地区。1996年11月，潮阳市被文化部授予"中国民间艺术（英歌艺术）之乡"的称号。2005年，潮剧《六国封相》获第七届中国民间文艺山花奖；潮剧《东吴郡主》在第九届省艺术节上获6个一等奖。2006年中央电视台元宵晚会上，汕头市潮汕大锣鼓艺术团的表演，向全国和全世界观众展示了潮汕文化的独特魅力。全市共有潮剧、潮州音乐、英歌舞、剪纸艺术、潮州木雕、瓶内画、嵌瓷、灯谜、蜈蚣舞入选国家级非物质文化遗产名录。

一　潮剧

（一）潮剧简介

潮剧是用潮汕方言演唱的地方戏曲剧种，明代称为潮腔、潮调，清代初年称泉潮雅调，以后又有潮州戏、潮音戏、潮州白字戏等名称。其唱腔柔婉动听，表演形式独特，具有浓郁的民俗色彩。潮剧是潮州文化的重要传承载体，是中国古老戏曲中唯一有海洋文化和大陆文化共同哺育的表演艺术，被誉为"南国奇葩"。

潮剧流行于广东东部、福建南部、台湾、香港、海南岛、雷州半岛，以及泰国、新加坡、柬埔寨、越南等国讲潮州话的华侨、华裔聚居地区。

2006年5月，潮剧被列入第一批国家级非物质文化遗产名录。

（二）历史沿革

1．潮剧的源流

关于潮剧源流，主要有四种说法[1]。第一种认为，潮剧源自潮汕的民间小戏，以萧遥天为代表，他在其著作《潮州戏剧音乐志》中说潮音戏的鼻祖是潮州巫术"关戏童"；第二种认为，潮剧源自弋阳腔，以张伯杰为代表，他在文章《潮剧源流及历史沿革》中说潮剧以弋阳系统诸腔为其宗，经过综合昆腔、汉剧、秦腔、民间歌舞小调逐渐演化为一个独立的地方大剧种；第三种认为，潮剧源出宋元南戏，以李国平为代表，他在其文章《潮剧是来自弋阳腔吗？——潮剧寻源之二》中认为弋阳腔是南戏的一支，潮调也是南戏的一支，潮剧源于南戏正字；第四种认为，潮剧的源头在南戏，潮剧来源于潮泉腔，以吴国钦为代表，他在其论文《潮剧溯源》中认为潮剧是南戏的支脉。

南宋时，中国东南沿海形成了戏曲，史称南戏。元末明初，南戏流传到各地并形成若干不同风格的地方声腔剧种。南戏最迟在明初已传入潮州。随着20世纪30年代流存于海外的明代潮剧剧本的发现，以及明代艺人手抄南戏剧本在潮州出土，潮剧的渊

---

[1]　陈韩星：《潮剧与潮乐》，暨南大学出版社2011年版，第7页。

源得到了史料佐证的论说。1958年和1975年，在揭阳县渔湖和潮安县凤塘两地的明墓中，相继出土了手抄剧本《蔡伯喈》和《正字刘希必金钗记》。《蔡伯喈》是南戏《琵琶记》在潮州的演出本，《正字刘希必金钗记》是南戏《刘文龙》在潮州的演出本。

明代剧目有手抄本和刊刻本传世。1985年10月由广东人民出版社出版发行的古本戏曲选集《明本潮州戏文五种》包括宣德年间写本《新编全像南北插科忠孝正字刘希必金钗记》、嘉靖年间写本《蔡伯喈》、嘉靖年间刻本《重刊五色潮泉插科增入诗词北曲勾栏荔镜记》（附刻《颜臣》）、万历年间刻本《新刻增补全像乡谈荔枝记》、万历年间刻本《摘锦潮调金花女大全》（附刻《苏六娘》）等。《明本潮州戏文五种》的整理出版为潮剧声腔源流及其曲体发展的研究提供了可靠的实证。

明本潮州戏文的发现，证明了潮汕地区在元明时期有过繁荣的南戏演出活动。《蔡伯喈》《刘希必金钗记》，均是用潮州方言演唱的南戏剧本，说明南戏流传到现潮汕地区之后，潮州艺人曾用潮州方言演唱，由于语音、语调上的不同，使原有的曲调起了变化，同时还吸收潮州的民间音乐、小调等，从而在南戏的基础上形成了新的声腔——潮腔。明代戴璟在《广东通志》所载："潮俗多以乡音搬演戏文"。清初屈大均在《广东新语》所载："潮人以土音唱南北曲，曰潮州戏。"手抄剧本《蔡伯喈》和《正字刘希必金钗记》的出土，是潮人以乡音唱南北曲的佐证。《荔枝记》《荔镜记》是以潮州民间故事编写，用潮腔演唱的剧本，说明潮腔在嘉靖年间已趋于成熟，而它形成的年代，应在嘉靖之前。有戏曲研究专家根据有关的史料，认为"明中叶以前，泉潮腔已很盛行，它有独特的剧目和演出形式，流传在泉州、漳州、潮州一带"。"明中叶以前"即15世纪初，距今已有五百多年了。如果从《荔镜记》刊刻的嘉靖丙寅（1566年）算起，潮剧也有四百四十多年的历史。

2. 潮剧的发展

明代的潮剧称潮腔、潮调，意指"乡音搬演戏文"。清代前期，潮剧称为"泉潮雅调"和潮州戏。"泉潮雅调"从音乐唱腔得名；潮州戏则是从地域而得称。清代前期潮州戏的演出活动是很频繁的，顺治民间风俗是："仲春祀祖先，坊乡多演戏。谚约：孟月灯，仲月戏，清明墓祭。"（顺治《潮州府志》卷一）清代中叶，潮州戏曲活动依旧活跃，"各乡社演戏，扮台阁，鸣钲击鼓以娱神，极诸靡态。"（嘉庆《澄海县志·风俗·节序》）1840年鸦片战争之后，潮剧仿用诵唱文学"歌册"，吸收正音、西秦、外江诸戏艺术，从民间音乐、大锣鼓中汲取滋养，在戏曲内容和音乐表演各方面都有发展。这一时期，有"潮音戏""白字戏""本地班"等称谓，潮剧一词也开始使用。

1919年五四运动之前，潮剧演出仍以赛会娱神为主。五四运动到抗日战争爆发十多年间，潮剧有较大的变化发展，海外的潮剧中心（曼谷）形成，这时也是海外潮剧的黄金时代。一批有名的编戏先生、教戏先生涌现，不少演员成名。演出场所由神庙戏台进入戏院，以买票做商业性演出为主，也仍有在庙台和搭棚演戏的广场演出。

新中国成立后，潮剧进入全面改革的新时期。1956年广东潮剧团成立，同年举办潮剧演员训练班，这是潮剧发展的标志。1958年12月，广东潮剧团和其他剧团联合组成广东潮剧院，下分五个演出团。1959年5月，在原演员学习班基础上成立了广东汕头戏曲学校。国家执行了传统剧目、新编历史故事剧、现代剧"三并举"的方针，使演出剧目空前丰富。这一时期，潮剧演出市场一派繁荣。《荔镜记》《苏六娘》《芦林会》《刺梁骥》《告亲夫》《刘明珠》《闹开封》《王茂生进酒》等戏拍摄成戏曲艺术片。

1968年广东潮剧院、戏曲学校和各县市剧团因"文化大革命"全数撤销。1978年广东潮剧院恢复建制。原剧院及各市、县剧团一批艺人先后归队复业，吸收和培养一批新人，优秀传统剧目恢复上演，不少新作产生，20世纪80年代的潮剧又呈现出欣欣向荣的景象。

3．潮剧的现状

潮剧是中国古老剧种，从明代的潮腔、潮调发展到当代的潮剧，时经四百余载，是中华民族优秀文化中绚丽的奇葩，具有深刻的历史意义和较高的审美价值。然而，1990年以后，潮剧受到市场经济的制约和电视录像等多种现代文艺形式的竞争冲击，投资减少，人才流失，艺术水平下降，正处在艰难发展的状况之中，亟待保护和扶植。

越来越多的有识之士看到了潮剧濒临绝种的危机，他们不断寻找保护与振兴潮剧之路。国家非常重视非物质文化遗产的保护，广州也已成立了"广东省潮剧发展与改革基金会"。

（三）艺术特色

1．潮剧的行当

潮剧早期的行当，属南戏的七种角色，即生、旦、净、末、丑、占、外。以后，在三百多年的历史发展中，最终归为生、旦、净、丑四大行当。各行当中，由于扮演的人物年龄、身份、穿戴不同，又分为若干细当。

生行主要包括小生、老生、花生、武生。小生，多扮演风流潇洒的青年男子，穿项衫，注重唱工，表演庄重文雅，登场时常手拿一把折扇，以显示人物温文尔雅的风度，如《扫窗会》中的高文举。老生，扮演中老年男子，挂髯口，唱做并重，注重髯口的运用，如《告亲夫》中的盖纪纲。花生，也称丑生，多扮演行为不端或举止轻浮的人物，它与丑行中的项衫丑穿戴基本相同，但表演路子属小生行当，如《三笑姻缘》中的唐伯虎。武生，扮演武士或有武术的青年男子，注重武工，如《杀嫂》中的武松。

旦行主要包括乌衫旦、蓝衫旦、花裙旦、彩罗衣旦、老旦、武旦。乌衫旦，也称"青衣"，扮演已出嫁的中青年妇女，多为悲剧人物，注重唱工，如《井边会》中的李三娘。蓝衫旦，即闺门旦，扮演官宦的千金小姐或富家的闺秀，表演唱做并重，如《苏六娘》中的苏六娘。衫裙旦，扮演富家小姐或风骚少妇，表演多风骚娇艳，注重身段做工，如《戏叔》中的潘金莲。彩罗衣旦，也称花旦，扮演村姑或婢女，多属天真乖巧、聪明伶俐的喜剧人物，注重口白和眼神，如《苏六娘》中的婢女桃花。老旦，扮演年迈的老妇，注重唱工，如《闹钗》中的胡母。武旦，扮演江湖侠女或巾帽英雄，表演以刀枪拳棍见长，如《破洪州》的穆桂英。

净角俗称"乌面"。扮演人物有文臣、武将、草莽英雄、恶霸土豪。少唱，多道白，重在"喝头"好，都勾脸谱。按表演风格，分为文乌面和武乌面。文乌面，注重造型，如《摘印》中的潘仁美。武乌面，表演注重武工做派，如张飞、鲁智深等。

丑行包括官袍丑、项衫丑、踢鞋丑、武丑、袭头丑、褛衣丑、长衫丑、老丑、小丑、女丑。官袍丑，扮演官场人物，穿官袍，表演注重提袍揭带、须眉眼脸等做工。如《南山会》中的驿丞，《王茂生进酒》中的门官。项衫丑，多扮演年轻的花花公子，表演注重水袖、折扇等技法，喜模仿皮影动作，如《闹钗》中的胡琏、《绛玉掼粿》中的平君赞。踢鞋丑，扮演有正义感、喜打抱不平的相士、老艺人等走江湖或市井码头的底层人物，表演注重腰腿工，常带有特技表演，如《柴房会》中的李老三。武丑，多扮演有武艺而性格善良、豪爽的正面人物，表演多属南派武工，注重花条、木棍等的运用，如《时迁偷鸡》中的时迁。袭头丑，多为农民或城市的贫穷者，穿素色衫裤，表演程序比较自由，注重口白，如《扛石》中的丘阿孝。褛衣丑，穿长衫，套马褂或背心，留长辫，多为反面人物，如《方世玉打擂》中的会馆头。长衫丑，多扮演市井的中层人物或下层人物，穿长衫，留长辫，如《双青盲》中的瞎子。老丑和小丑这两类丑多扮演正直善良、性格风趣的底层人物，如艄公、更夫，以及家童、店小二等童角。老丑表演注重口白，带有浓厚的地方色彩，如《苏六娘》中的进伯。小丑程序较自由，多保留现实生活中的动作，如《柴房会》中的义哥。女丑，扮演势利的媒婆、鸨婆或善良风趣的乳娘、农妇等中老年妇女，化妆很有特色，头梳大板拖鬓，身穿大边镶的衣裤，脚穿翘头红鞋，手执大葵扇，多为男角扮演，动作夸张，粗中透娇，滑稽可笑，如《换偶记》的张幼花。

从表演上来看，潮剧的角色行当中以生、旦、丑最具地方特色。潮剧有名的生旦唱工戏《扫窗会》被誉为中国戏曲以歌舞演故事的典型代表。潮剧丑角中项衫丑的扇子功蜚声南北，为世所称。老丑戏《柴房会》中，丑角的溜梯功为潮剧所独有，在戏曲界享有盛誉。

2. 潮剧的唱腔

潮剧唱腔曲调以地方化的南北曲为主，兼收昆、弋、梆、黄牌调，以及潮州民间弹词、歌册、小调。潮州方言语音有八个声调，演唱行腔出字讲究"含、咬、吞、吐"，形成潮剧唱腔的地方风格。字正腔圆，以字行腔，腔随字走，是潮剧唱腔的艺术特色。潮剧唱词中的每一字每一句一般都是由字头、字腹、字尾组成的，在整个演唱过程中用"分字拼唱法"，即把字头连字腹拼成第一个分字，字腹又与字尾连拼成第二个分字，用一分成二来念。例如，"该"字分成"胶"与"哀"，坚字分成"枝"与"央"。咬字、行腔、收韵是潮剧唱腔中表达每个字的完整因素。

潮剧唱腔的特点，主要表现在唱腔的用调上。曲牌唱腔或对偶曲唱腔一般都应用四种调即[轻三六调]、[重三六调]、[活三五调]、[反线调]，此外还有[锁南枝]调、[斗鹌鹑]调，以及犯腔犯调[1]。[轻三六调]适用于表现欢快、热烈的情调；[重三六调]用于表现庄重、肃穆的情绪；[活三五调]善于表现悲怨的情感；[活三五调]为潮剧唱腔中的特殊音调，具有潮腔潮调的浓厚韵味；[反线调]多用于轻松明快的场面；[锁南枝]调适用于较沉闷或激动的场面；[斗鹌鹑]调多用于自叹或待人未至等凄清伤感的场面。潮剧唱腔用调比较讲究，一般互不混杂，如果混用，则为相犯。而犯腔犯调则也是潮剧唱腔用调中经常出现的手法。

帮声是潮剧唱腔的一大特色。所谓"帮声"，又叫"帮腔""帮唱"，是当演员唱至最精彩的一段或在某一唱词的句末，由后台众声和之的现象。帮声在全国各地方剧种中并不多见，而潮剧唱腔历来就有帮声的传统。"潮剧的帮唱来源于宋元南戏"[2]。潮剧的帮声，以女声帮唱为主，有时也有男声帮唱、男女声混合帮唱。在长期的演出中，潮剧帮声艺术得到逐步丰富和完善，形成了特色鲜明的多种帮声形式，有重句帮唱、句末帮唱、曲尾帮唱、对偶句中下句帮唱、小调中有音无义的帮唱、拖腔和高音区的帮唱，等等。"重句帮唱"比如《扫窗会》高文举唱："举目云山飘渺，（帮唱）云山飘渺；家乡隔在（帮唱）万里遥。自从张千一去，未见（帮唱）他身回来，空使我望断云山（帮唱）音信渺。""曲尾帮唱"比如《芦林会》姜诗唱："妻你且忍泪，莫欲怨苍天。但得娘心早回转，俺夫妻母子再团圆。（帮唱）愿天早洒杨枝露，枯木逢春再生枝，再生枝。"帮声形式的运用大大增强了唱腔音乐的表现力和艺术的感染力。

3．潮剧的音乐

潮剧音乐属曲牌联套体，唱南北曲，声腔曲调优美，轻俏婉转。

潮剧伴乐部分，保留了较多唐宋以来的古乐曲，又不断吸收了潮州大锣鼓乐、庙堂音乐、民间小调乐曲等，音乐曲调优美动听，管弦乐和打击乐配合和谐，善于表现感情的变化。

潮剧的伴奏音乐分为文畔和武畔。文畔即管弦及弹拨乐器，武畔是打击乐器。文、武畔两部分的人数不相上下。武畔整个乐队的指挥是武畔的司鼓，文畔的带头人是二弦兼唢呐的演奏者，俗称"头手"。潮剧伴奏的文场乐器除了"头手"的二弦、唢呐之外，弓弦乐器还有椰胡、提胡、大胡等潮州地方的特色乐器。吹奏乐器除唢呐之外，还有竹笛、箫等。弹拨乐器有扬琴，或用潮州特色的"瑶琴"，还有琵琶、三弦等，偶尔也用月琴和古筝。

4．潮剧的表演

双棚窗是潮剧特有的舞台处理形式。一般在角色不多的折子戏中运用，由两组演

---

　　[1]　参见潮剧志编辑委员会编《潮剧志》，汕头大学出版社1995年版，第138页。

　　[2]　参见陈历明、林淳钧《明本潮州戏文论文集》，香港艺苑出版社2001年版，第441页。

员同时表演。两组演员唱同样的曲牌，同腔同调，说一样快慢的道白，由乐队司鼓统一指挥，处理节奏感，但形体动作要左右对称。如《柴房会》，台左和台右各有一个莫二娘和李老三同时演出，如果左边的莫二娘向左转，右边的莫二娘必须向右转；右边的李老三半蹲在椅子上抬着左腿，左边的李老三半蹲在椅子上必须抬着右腿。这种表演方式适应农村广场演出，四面八方观众都能看到人物。过去只有一些行当较齐全的大班才能演双棚窗，故有"好戏双棚窗"的俗语。

潮剧也有很多技艺高超的特技表演，例如折扇特技、椅子工、溜梯特技、柴脚特技、纱帽翅特技、冲冠特技、旋袍特技、抛杯咬杯特技、旋帕咬帕特技等[1]。

潮剧经典剧目《柴房会》

折扇特技是潮剧丑行的特技之一，在折扇的运用上，包括分合扇法式、半张扇法式和张扇法式三类。各类中又有多种表演方式。丑戏《闹钗》中有丰富的折扇工，花花公子胡琏手中的折扇，通过开、合、翻、腾、扑，变换了30多种扇法。

椅子工是丑行的特技之一。潮剧丑行的椅子工，有推椅、挡椅、套椅、掷椅、旋椅等不同的表演方式。《活捉孙富》《活捉张三》《柴房会》中，均有椅子工的表演。《活捉孙富》中，被杜十娘捉拿的孙富配合剧情有一段从"穿椅"到"走椅"，再到"卧椅"，最后到"坠椅"的椅子工表演。

溜梯特技是潮剧丑行特技之一。传统丑戏《柴房会》中，小商李老三夜宿客店柴房，半夜见到莫二娘鬼魂，惊慌失措，爬上梯子，在梯子上做出多种特技表演及身段造型，充分展现了人物特定的心境。

柴脚特技是潮剧丑角汲取自民间杂耍"假脚狮"。艺人装上一米高的"柴脚"，在舞台上做配合剧情的表演，技艺超凡。例如潮剧《青峰寺》的蛤师和尚缚上"柴脚"，背着小尼，在前有深溪后有强徒的紧迫情形下，做跋山涉水的表演。

---

[1]　参见潮剧志编辑委员会编《潮剧志》，汕头大学出版社1995年版，第23—242页。

　　纱帽翅特技是潮剧小生表演特技之一。在繁密的打击乐中，纱帽翅或单支摆动，或两支摆动，由慢而快，由快而慢，通过纱帽翅摆动的变化，表现人物的内心世界，用以刻画人物。

　　冲冠特技是潮剧老生特技之一，是人物在感情最激动时，把头戴的纱帽冲去。传统剧目《闹开封》中，为表现人物秉公执法、维护正义的凛然正气，开封府尹王佐有一段将头一仰，纱帽向后抛甩出去的特技表演。

　　旋袍特技是潮剧官袍丑运用官袍的特技之一。剧中人物先提带踢袍，再转身旋袍，配合锣鼓点子，使袍似波浪旋动，从左向右，再由右向左，再从左向右，借助旋袍的动作突出剧中关键情节。

　　抛杯咬杯特技和旋帕咬帕特技均是彩罗衣旦特技之一。抛杯咬杯特技是把茶杯或酒杯从茶盘上抛，再用口咬住。旋帕咬帕特技是把特制的手帕用中指顶住中心使其旋转，然后甩向空中，待手帕落下时，用口把它咬住。

　　5. 潮剧的演出习俗

　　潮剧广场戏是潮剧的民间游艺形式，广泛流行于潮汕乡村。广场戏的戏台有固定和游动两种。固定戏台一般建在关帝庙、妈宫前或私人庭园中，现时此类戏台已成古迹。游动戏台一般多临时搭建于乡镇广场或乡野空地。构搭简便，竹竿为架，桐油帆布或谷笪覆顶，木板铺台，色帘作幕，整体似"厂"字状，演过即拆。潮剧广场戏的游动戏台是潮汕的"土特产"，具有独特别致的风格。

　　潮剧广场戏的演出多是配合潮俗祭祀活动举行的。除了潮俗传统的八大节（春节、元宵、清明、端午、中元、中秋、重阳、冬至）之外，正月十五的点灯戏，二月拜神戏，三月妈生戏，五月龙船戏，关爷生戏，六月敬神戏，七月施孤戏，八九月拜神戏，十月起至十二月二十四日之前的谢神戏等，几乎一年到头（四月除外）都可演戏。此类广场戏的风俗性极强。

潮剧广场戏

　　潮剧在开演正戏之前会加演一些开台吉祥戏，包括"十仙庆寿""跳加冠""唐明皇净棚""仙姬送子""京城会"五个戏段，合称"五福连"。"跳加冠"只有一个角色，没有台词，只有身段动作表演。"跳加冠"表演时，演员穿蟒袍，戴面具，手持朝笏，向四方观众表示祝愿与欢迎，并展示书有"国泰民安""风调雨顺""加官晋禄""天官赐福"等条幅。如果达官贵人携夫人，则在男加冠之后，还跳女加冠，女加冠演员穿红蟒袍，戴凤冠，持朝笏，也展示"福禄寿全""一品夫人"等条幅，表示祝愿。

潮剧"跳加冠"

　　（四）剧目介绍

　　潮剧剧目丰富。《潮剧剧目纲要》中收了885个剧目。新中国成立前演出的剧目，按其内容和来源，有以下几种类型。

　　一是源自宋元南戏、明清传奇的剧目，如《刘希必金钗记》《蔡伯喈琵琶记》《高文举珍珠记》《铁弓缘》《芦林会》《刺梁骥》《井边会》《荆钗记》《彩楼记》等。这类剧目，大都文辞典雅，保存传统的曲牌唱腔音乐。

　　二是根据地方题材编写的剧目，如《荔镜记》《金花女》《苏六娘》《柴房会》《换偶记》《周不错》《告亲夫》《铡美》等。这类剧目的内容多是潮州乡土的真人真事或逸闻传说，语言通俗生动、唱词雅俗共赏、唱腔音乐汲取民间小调、乐曲，富有乡土气息。

潮剧经典剧目《告亲夫》

　　三是改编自潮州歌册或者与潮州歌册互相移植的剧目，如《刘明珠》《七尸八命》《十二寡妇征西》《双白燕》《玉蜻蜓》《刘进忠》《刘龙图骑竹马》《包公出世》《狄青平西》《杨文广》《火烧临江楼》《蒋兴哥休妻》等。

　　四是始于20世纪20年代的潮剧文明戏，如《孤儿救祖》《人道》《姐妹花》《都会的早晨》《迷途的羔羊》《渔光曲》《少奶奶的扇子》等。这类剧目改编自电影和话剧，内容多是鞭挞封建伦理制度或针砭社会时弊，呼唤国民觉醒、团结抗日等。

　　新中国成立后，潮剧演出剧目，就其内容和来源，有新整理的传统剧目、新创作的历史剧和古装故事剧、新创作的现代剧和改编移植兄弟剧种的剧目。新整理的传统剧目，如《荔镜记》《苏六娘》《金花女》《杨令婆辩本》《扫窗会》《闹钗》《张春郎削发》等。其中，《杨令婆辩本》《扫窗会》和《闹钗》汇聚了传统潮剧的精华，被誉为"潮剧三块宝石"。20世纪50年代潮剧第一次到北京演出带的就有三个折子戏，分别是姚璇秋、翁銮金的《扫窗会》，蔡锦坤的《闹钗》，洪妙的《辩本》。这三个折子戏在北京的演出一炮打响，引起了高度称赞，后来成为潮剧的保留剧目。其中，《扫窗会》是生旦戏，《闹钗》是集"项衫丑"动作之大成者，《杨令婆辩本》是老旦的唱工戏，洪妙先生也因此戏被誉为"活令婆"。新创作的历史剧和古装故事剧，如《辞郎洲》《马发守潮州》《袁崇焕》《丁日昌》等。其中，成就最高、影响最大的是《辞郎洲》。新创作的现代剧，如《松柏长青》《滨海风潮》《美人计》《彭湃》《党重给我光明》《七日红》《龙舌涵》《南海战歌》等。改编移植兄弟剧种的剧目，如《武则天》《十五贯》《白毛女》《小二黑结婚》《王贵与李香香》《沙家浜》等。

（五）特殊道具

扎龙头：潮剧里经常出现"龙""龙头"或"龙舟"，是临时扎成的。可用"大龙额"一条作额基，左右扎上木简或朴刀一副作角，"猴额子"为眼睛，红布银包袱作鼻，牙笏二支合成龙嘴，中央夹一红布为舌，挂上红色"开口髯"作龙须。表演者双手撑刀柄，加披斗篷作龙身而成。赛龙舟则取色布一条，首尾各一人拉着而行。

圣旨牌：戏里皇帝传下的圣旨，是一块硬牌。此牌高约30公分，由三片合一，三片合宽35公分，大红漆底，粉塑立体涂绘双龙及图边，正中有显眼"圣旨"二字，金碧辉煌。

椰胡：椰胡是潮州地方的特色乐器，又称辅弦，是辅助主弦的意思。椰胡历史悠久，在福建泉州开元寺紫云大殿甘露寺戒坛的飞天乐伎中，已有拉椰胡的乐伎了，少算也有三四百年。它是闽南以至潮州地域音乐文化的代表。椰胡早年制作，椰壳作弦筒，竹作弦杆，用海中蚶壳为马，一派南海风韵，近代改木为杆、竹弓马尾、保留蚶壳为马。演奏时有高音低奏、低音翻高的特点，发音淳厚、圆润，具有融和性，独具一格。

大鼓：大鼓，是潮州大锣鼓打击乐指挥乐器之一。潮州大鼓形制古老，上宽下窄，故称尖脚鼓，敲击只用一面，规格有大小，一般使用鼓面宽20寸为多。鼓声通亮铿锵，鼓中、鼓边、鼓沿能发出不同音色，使用长28厘米＼直径2厘米的木槌敲击，手法有指、摇、劈、挑、刈、划等，形成独特演奏风格。

深波：深波，潮州大锣鼓打击乐器之一，铜质乐器，由铜鼓演变而来。传统深波规格较小，近代逐步加大，直径约64厘米，边高约14厘米。早年用草扎敲击，现用竹片夹布团作槌。定音为F调2或3，发音浑厚、深沉，富有余韵，为潮州音乐与潮剧特有的打击乐器。

二　潮州歌册

（一）歌册简介

潮州歌册是用潮汕方言口语写作的民间说唱文学，有着丰富的内容，曲折的情节，通俗的语言表述，丰富的俚俗乡语，动听的朗唱声调，具有"方言口语诗化"[1]的特点。明清以来，"唱歌册"在粤东和闽南一带流传。它扎根于群众之中，很受民众尤其是妇女的欢迎，是潮汕地区人民喜闻乐见的一种民间文艺形式。歌册是潮州独有的，是最具代表性的潮州文化遗产。

2008年6月，潮州歌册被列入第一批国家级非物质文化遗产扩展项目名录。

（二）历史沿革

1. 潮州歌册的起源

潮州歌册萌芽于明代初年，形成于明代中叶，繁盛于晚清至民国。关于潮州歌册的起源，存在两种说法。一种认为，潮州歌册是受变文的影响而产生的。变文是唐代

---

[1]　吴奎信：《潮州歌册》，广东人民出版社2009年版，第88页。

以讲述佛经故事和佛教经义为主要内容的说唱文学，其说唱形式和歌册相近。持这种观点的学者认为，变文是通过潮州佛寺开元寺传到民间，进而影响潮州歌册的产生和形成的。另一种认为，潮州歌册源于弹词。提出这一说法的学者认为，潮州歌册的艺术形式及体制和弹词相似，而且有些歌册直接标明"弹词"。但这两种说法经朝代先后的论证均不成立。吴奎信先生认为："潮州歌册是潮汕的歌谣、畲歌、秧歌、俗曲，受宋末明初传入的宝卷、陶真、词话的直接影响而形成的。"[1]

2. 潮州歌册的印制出版和流播

早期歌册或凭借口传或通过手抄传播，那些凭借口传的歌册随着时间的流逝而消失，手抄本的歌册则为歌册的印制出版打下了基础。今天能见到的约200部歌册唱本都是清代咸丰、同治年间以后印制出版的。"据汕头学者郭马风先生的调查和潮州80多岁的石遇瑞老先生回忆所提供的资料，潮州歌册印制成册的时间大约在清咸丰至同治年(1851—1874年)间。"[2]刻版本歌册唱本，规格一般为长18.5厘米、宽10.5厘米，玉扣纸或毛边纸印刷线装本。

创办最早、规模最大的刻印、销售潮州歌册的商号叫李万利。"李万历商行"的创办者是潮州城人李国典。先后出版的歌册有《刘进忠三春梦》《薛仁贵征东》《薛丁山征西》《五虎平南》《罗通扫北》等，其中以《双鹦鹉》板数最多，印制颇精，是歌册中具有代表性的鸿篇巨制。李万利刻书，从起步至绝版，刚好半个世纪。李万利所刻"潮州歌册"是潮州文化的一个重要符号，保存着大量的潮州方言信息。与李万利相隔不久开设手下作坊印制歌册的还有王生记、李春记、吴瑞文堂等。

线装本潮州歌册

[1] 吴奎信：《潮州歌册》，广东人民出版社2009年版，第10页。

[2] 同上书，第27页。

　　由于大量印制和销售，潮州歌册在社会上广为流传，歌册的传唱进入了繁盛时期，唱听歌册成为当时的热潮，也是潮汕民间最为重要的娱乐方式之一，不论是在城镇巷陌，还是乡野村间，随处都可见到潮州歌册朗唱的场面。

　　潮州歌册除了在潮汕地区流传外，还向周边和海外传播，如梅州市的丰顺县、大埔县，汕尾市的陆丰县、海丰县，闽南的诏安县、云霄县等。潮州歌册也随着潮人移居海外而广泛流传至泰国、马来西亚、新加坡、柬埔寨、越南等国家和中国香港地区。其中，泰国是海外潮人最多的国家，也是潮州歌册在海外流传最广、影响最大的国家。

　　3. 潮州歌册的现状

　　歌册20世纪60年代后逐渐衰落，现已濒危。时移世易，唱歌册的人越来越少了。

　　潮州歌册深受文艺界珍视。1982年12月《木鱼书·潮州歌册叙录》问世，其间有介绍潮州歌册的现实价值。1983年8月《中国大百科全书·戏曲曲艺》有潮州歌册条。著名文史学家赵景深主编的《古代曲艺选集》中辑纂潮州歌册《吴忠恕》《宋帝昺走国》部分精彩段落并对潮州歌册加以评介。潮人俗文学家薛汕在北京整理编纂了《潮州歌册选》约40万字，由中国曲艺出版社出版发行。《稀见旧版曲艺曲本丛刊·潮州歌册卷》于2002年由北京图书馆出版社出版，主要收入清代至民国初年广东潮汕地区坊间刊印的潮州歌册130种，凡1460卷，约2000万字，精装70大册，其所收种类已占现存歌册近半。该书对潮州歌册的保存和深入研究的开展起到了积极的促进作用。潮州歌册以俗中有雅的魅力登上中国文坛的大雅之堂。它是中国说唱文学南方弹词的一朵奇葩。2012年10月5日，潮州市群艺馆举行了首次针对潮州歌册的专业演唱会，即"南粤幸福活动周——潮州歌册演唱会"。

　　（三）艺术特色

　　1. 潮州歌册的格式

　　潮州歌册的格式基本是七言句式，四句一节，表达一个完整的意思。每节押一个韵，节与节之间可换韵，也可连韵，押的都是潮州话口语韵，多押平声韵，少数押仄声韵。

　　在故事的转折或情感的变化中，歌册会恰当变换句式，变七字句为四字句、五字句、六字句、三七字句、三三四字句、三三五字句、三三七字句等，营造跌宕的情节，增添故事的情趣。句式变换一般出现在书札、陈情、告示、榜文、诏令、奏章、祷告等内容里。如《临江楼全歌》卷三中以"容儿诉明恁知因"引出三三四字句"叫姑娘 共母亲 说只友佳……"而后又以"姑嫂听说便知因"转回七字句。《刘明珠全歌》卷三中由"做有仙女下凡来"引出三三五字句"难得个 娇姿色白玉个身材柳叶眉丹凤眼杏脸又桃腮……"又由"又如南海观世音"转回七字句。

　　歌册的体制一般是根据内容分卷，内容长则卷数多，内容短则卷数少。较早的歌册有"章回"目，各回有标题。后期出版的歌册，比较少有章回目。

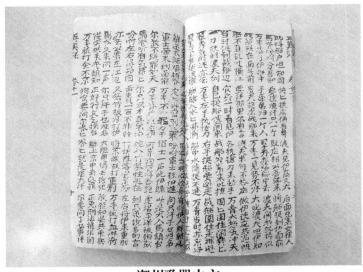

潮州歌册内文

2．潮州歌册的表现力

潮州歌册具有丰富的表现力，主要体现在以下四个方面。

第一，生动曲折的故事情节。歌册作者善于编造曲折的故事情节，善于描绘生动的细节，善于构造出人意料的转折，从而吸引听众。例如《龙井渡头残瓦记全歌》就在表现林绍这个穷秀才原配余氏重钱忘义改嫁他人和林绍衣锦荣归忍辱求全两个情节中波澜起伏。《刘明珠全歌》在讲述刘明珠出世情景时从"一更起雷静沉沉……"到"二更鼓返月上墙……"再到"三更鼓返响叮当……"最后到"四更鼓返鸡声啼……"，极尽细节描绘，娓娓道来。

第二，栩栩如生的人物形象。潮州歌册中的人物形象大都鲜明而生动，往往通过肖像描写、心理描写、环境描写、细节描写、侧面描写等，来塑造人物形象。如《龙井渡头残瓦记全歌》写余氏索家用不得，要求离婚，船上无纸，逼林绍以残瓦作休书，李绍写休书时"执笔在手又迟停，还念几载结发情，流下目汁叫余氏，真欲抛离出门庭。"[1]通过人物的心理描写突出了人物形象。又如《白扇记全歌》写张廷秀夫妻离别时的情景："叮咛嘱咐好心悲，夫妻相看步相随，白扇赠乞君收起，功名成就放早归，再三嘱君泪涟涟，勿学王魁无幸人，放丢桂英去不返，须念奴家一片心。听妻言语泪淋淋，铭刻无忘记在心，已承叮咛言嘱咐，怎学王魁无幸人。"[2]通过细节描绘刻画了情深意切的一对夫妻。

第三，严密的叙事结构。歌册内容含量大，材料组织相当严密，叙事十分有条

[1]　郭又陵、徐蜀主编：《稀见旧版曲艺曲本丛刊·潮州歌册卷》，北京图书馆出版社2002年版，第633页。

[2]　同上书，第28页。

理。长篇歌册往往有很多条线，但总会有一条主线即中心事件把它们贯穿起来，整个故事的发展前后连贯、收尾呼应，曲折而不凌乱。如《刘明珠全歌》在描述各种事件中展现了一个传奇女子的传奇经历。

第四，强烈的音乐节奏。潮州歌册不仅便于故事剧情的陈述，也具有强烈的音乐节奏。潮州歌册本身没有固定的音乐规范，不需要任何乐器伴奏，它的演唱，是一种依着字音的高低曲折的自由朗唱。

3．潮州歌册的朗唱

唱听歌册曾是潮汕民间最为重要的娱乐方式之一。唱歌册、听歌册不像演戏需要搭台和宽大场地，只要有一"闲间"（盈余的空间），如庭院、祠堂角、大门口、树荫下，就可以聚众听歌。唱歌册的一般是群体中识字的中年妇女或是职业歌者；听歌册的有少女、少妇、中老年妇女，她们往往围聚着歌者，边听歌边绣花、织网，或缝缝补补。

歌册的朗唱并无固定曲调，其节奏缓急、声调高低多凭个人发挥。因潮州歌册多为七言句式，四句一节，每节押一个韵，朗唱时每节末句拉长声音，略作间歇，以增强节奏感。善歌者能将歌册唱得婉转动听，使听者如痴如醉，沉浸在生动曲折的故事情节中。

（四）曲目介绍

潮州歌册取材范围广泛，内容丰富。目前能开列书目的有300多部，存下来的约有200部。《稀见旧版曲艺曲本丛刊·潮州歌册卷》共收了130部。

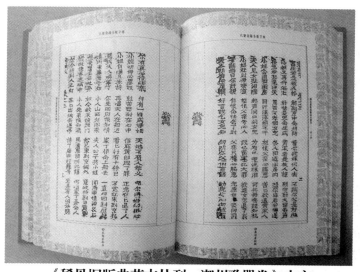

《稀见旧版曲艺本丛刊·潮州歌册卷》内文

歌册篇幅长短不一，大多数篇幅为数万字，最长的达五六十万字，少数篇幅为一万字以下。

潮州歌册有三四十部取材自本地题材，即以本地历史人物、事件和故事传说等为题材进行创作或改编潮州戏文。如《刘龙图》是根据宋代历史人物刘昉创作出的神话故事，《潮阳案》是在记叙地方公案的基础上进行艺术创作的，而《陈三五娘》《苏六娘》等则改编自潮州戏文，《龙井渡头残瓦记全歌》是根据地方故事民间传说编写的。

潮州歌册80%以上是改编自历史戏曲、曲艺、史传小说和民间传说，又可分为以下四类。

1. 改编自历史演义小说

演义故事篇幅均较长，歌册一般是选取其中故事情节比较生动的章节和适合说唱的内容。如《封神演义》改编自同名演义小说，《刘备招亲》改编自《三国演义》。

2. 改编自各种说唱文学

这在歌册中占较大的比例，又可分为三类型。一是改编木鱼书，如：《十二寡妇征西番》（据《十二寡妇征西》改编），歌颂了丈夫都为国捐躯的十二名寡妇在西辽侵宋、国家兵弱将缺的紧要关头出征保卫国家；《二度梅》和《七尸八命》均据同名木鱼书改编。二是改编弹词，如《再生缘》《玉鸳鸯》《玉钏缘》《八美图》等均改编自弹词同名作品。三是改编宝卷，宝卷区分为佛教和非佛教两类，佛教的有佛经故事和劝世经文，非佛教的有神道故事、民间故事和杂卷，如潮阳佛教徒陈梦觉编的《目连救母经》可能源于宝卷，《度三娘》可能改编自宝卷《观音济度本愿真经》。

3. 改编自杂剧、传奇

如《梁山伯祝英台》改编自同名传奇作品，《白兔记》改编自南戏《白兔记》，《扫纱窗明珠记》改编自明传奇《高文举珍珠记》。歌册在改编过程中会根据需要对故事情节加以增删或改动。

4. 改编自话本小说

歌册改编话本小说，往往选取那些故事性较强、情节引人入胜的。如：《珍珠衫》改编自冯梦龙《古今小说》第一卷中的《蒋兴哥重会珍珠衫》，《白扇记》改编自《醒世恒言》第二十卷《张廷秀逃生救父》，《三合奇》改编自《醒世恒言》第八卷《乔太守乱点鸳鸯谱》。

潮州歌册的篇目与潮剧的剧目，有许多是相同的。其中有的是歌册改编成潮剧剧本，有的是潮剧剧本改编成歌册。同一故事内容在同一地区内以两种文艺形式出现，更加刺激群众听歌或观剧的情趣。歌册只是诉诸听觉，未能使听众直观地感受生动的艺术形象，而潮剧则通过场景、人物表演、音乐等，感染观众；潮剧受场面的局限，只能概括故事精要，歌册却能把故事从头至尾娓娓道来。歌册和潮剧的结合，便相得益彰。过去，农村乡镇的文化生活十分贫乏，广大妇女每年观赏戏曲表演也只有几次。她们听歌之后若能再观看潮剧表演，往往兴致更浓。歌册传统本子不少被古今潮剧班改为潮剧剧本，搬上舞台，如《刘备招亲》《刘龙图》《五凤朝阳》《刘明珠》等。民国时期谢吟等编剧先生，其剧本多从潮州歌册改编而来，备受广大观众的欢迎。

三　潮汕戏曲及其方音、词汇

现代普通话只有阴平、阳平、上声、去声四个调，潮汕方音有八个声调。潮汕方音保留古代的平上去入四个调，而且每调都分阴阳，即阴平、阴上、阴去、阴入；阳平、阳上、阳去、阳入，共八个调。潮汕方音八声的层次变化刚好暗合着音乐的八度，所以潮剧剧本或潮州歌册的文辞显得平仄有序，读出来就抑扬顿挫，唱的时候则运腔掌握快慢、高低变化，自有一种温柔、委婉风格。

1975年，在潮安县凤塘明墓中出土的手抄剧本《正字刘希必金钗记》是南戏《刘文龙》在潮汕地区的演出本，是用潮汕方言演唱的南戏剧本，潮腔从此形成。袁东华在《〈金钗记〉的方音特点——明初汕头方言声母初探》一文中以《金钗记》刘念慈校注本为基础，并参看原件影印本进行研究，从书中别字及其相应正字的关系考察它们的声类归属。文中归纳出《金钗记》所用方言的声母特点：舌头舌上音不分；浊音清化；齿头音、正齿音不分，正齿音二三等不分；以母与定母同类；一部分心、禅二母字读同精母等[1]。

现根据林伦伦、陈小枫的《广东闽方言语音研究》[2]，以及现代潮汕方言等材料，现将现代潮州方言音系介绍如下。

（一）声母系统

现代潮州方言有18个声母（包括零声母）：

双唇音	[p] 鞭	[p'] 炮	[b] 林	[m] 摸	
舌尖中音	[t] 刀	[t'] 跳	[l] 轮	[n] 人	
舌尖前音	[ts] 寸	[ts'] 醋	[z] 而		[s] 索
舌面后音	[k] 架	[k'] 楷	[g] 疑	[ŋ] 五	
喉音	[h] 血	[ø] 爱			

（二）韵母系统

现代潮州方言有92个韵母。

---

[1]　参见袁东华《〈金钗记〉的方音特点——明初汕头方言声母初探》，《韩山师专学报》1987年第2期。

[2]　参见林伦伦、陈小枫《广东闽方言语音研究》，汕头大学出版社1996年版，第　　页。

1. 元音韵母18/入声韵母15

[i/iʔ] 衣/铁	[u/uʔ] 污/膈	[a/aʔ] 亚/鸭	[o/oʔ] 窝/学
[e/eʔ] 哑/厄	[ɯ/ɯʔ] 余/乞	[ia/iaʔ] 爷/益	[ua/uaʔ] 蛙/活
[ie/ieʔ] 腰/药	[ue/ueʔ] 锅/划	[au/auʔ] 欧/□	[ai/aiʔ] 埃/□
[oi/oiʔ] 鞋/八	[ou/] 乌/	[iu/iuʔ] 优/□	[ui/] 医/
[uai/] 歪/	[iou/iouʔ] 妖/□		

2. 鼻化韵母15/入声韵母8

[ĩ/ĩʔ] 圆/□	[ã/] 掮/	[ẽ/ẽʔ] 楹/吓	[iã/] 影/
[uã/] 鞍/	[ãi/ãiʔ] 爱/□	[ãu/ãuʔ] 好/□	[õi/] 闲/
[õu/] 虎/	[iũ/iũʔ] 幼/□	[ũi/ũiʔ] 畏/□	[iẽ/] 羊/
[uẽ/] 关/	[uãi/uãiʔ] 横/□	[iõu/iõuʔ] □/□	

3. 声化韵母2/入声韵母2

[m/mʔ] 姆/□	[ŋ/ŋʔ] 秧/□		

4. 鼻音韵母16/入声韵母16

[am/ap] 庵/盒	[om/op] □/□	[im/ip] 音/立	[iam/iap] 淹/粒
[uam/uap] 凡/法	[aŋ/ak] 红/北	[iaŋ/iak] 央/跃	[uaŋ/uak] 汪/获
[oŋ/ok] 公/屋	[ioŋ/iok] 雍/育	[eŋ/ek] 英/亿	[ieŋ/iek] 建/杰
[ueŋ/uek] 权/越	[iŋ/ik] 因/乙	[uŋ/uk] 温/熨	[ɤŋ/ɤk] 恩/乞

（三）声调系统

现代潮州方言有8个调类。

阴平	33	阴上	53	阴去	213	阴入	2
阳平	55	阳上	35	阳去	11	阳入	5

　　潮剧中的潮州方言词非常丰富。在用字方面，方言词借用同音字来记录的现象非常普遍。唱听歌册的主要是讲潮州话、识字不多的劳动妇女，所以歌册都是用她们日常使用的语词来编写，大量运用了潮汕方言口语词，而这些方言口语词又绝大部分只求音准不求义正。

以下选取《明本潮州戏文五种》，潮州歌册《龙井渡头残瓦记全歌》《白扇记全歌》《刘明珠全歌》中部分语词，列举其用例，解释其语义。引用戏文例句所标出的数字为其在《明本潮州戏文五种》和《稀见旧版曲艺曲本丛刊·潮州歌册卷》中的页码。

1．表动作、变化

得桃：玩耍。（来去得桃到五更）（《荔镜记》378）

卜：要。（小弟，你卜返去伏事爹妈，准是我亲去一般）（《荔镜记》396）

伏事：奉养。（小弟，你卜返去伏事爹妈，准是我亲去一般）（《荔镜记》396）

乞：给。（益春，我今力拙话说乞你听）（《荔镜记》502）

放：在。（阿娘行放一边，乞人过）（《荔枝记》596）

困：睡。（益春，你入内去看阿妈阿公困未）（《苏六娘》793）

趁钱：赚钱。（见夫读书甚殷勤，袄去经商趁钱银）（《龙井渡头残瓦记全歌》602）

着：要。（妾身现现着饿死）（《龙井渡头残瓦记全歌》608）

修什：整理。（修什行李欲起程）（《龙井渡头残瓦记全歌》610）

教示：教育训示。（看尔所行实不堪，辱尔父母无教示）（《龙井渡头残瓦记全歌》615）

金：发亮。（二老见银目就金，忠厚将银接过手）（《龙井渡头残瓦记全歌》692）

细陈：细说。（谱成新歌白扇记，佳人静听吾细陈）（《白扇记全歌》1）

咀：说。（有何言词咀弟听）（《白扇记全歌》5）

坐落：坐下。（请姐坐落问西东）（《白扇记全歌》8）

着惊：受惊。（惜花听知心着惊）（《刘明珠全歌》184）

刣人：杀人。（刣人放火不可为）（《刘明珠全歌》203）

相骂：吵架。（二人相骂伊怨伊）（《刘明珠全歌》227）

2．表性质、状态

因势：随后就。（请将爹妈出来相辞，因势起身）（《荔镜记》369）

细二：小心。（只去路上着细二）（《荔镜记》370）

朝递：特地。（我朝递使人来说亲）（《颜臣》429）

罔：随意。（不得做声，待伊罔唱）（《荔镜记》430）

兀意：心情差。（玉氏兀意皱双眉）（《刘明珠全歌》185）

袄：没有。（父母闻知只事因，日来袄食夜袄眠）（《刘明珠全歌》205）

3．其他名词、代词

俶：咱们。（俶今得桃更深，合当回避）（《荔枝记》598）

日到：午饭。（小妹，请入内食日到）（《苏六娘》796）

值处：什么地方。（阿娘去到值处，回头咀乞梅香听一下）（《苏六娘》811）

乜：什么。（人面兽心做乜官）（《龙井渡头残瓦记全歌》608）

后生：年轻。（后生近乡有个富户家，三十挂零正后生）（《龙井渡头残瓦记全歌》644）

障：这么。（并无约定个地名，人物障多费心情）（《龙井渡头残瓦记全歌》652）

只：这。（今日因何来到只）（《白扇记全歌》4）

夜日：日夜。（夜日读书苦用工）（《白扇记全歌》7）

事志：事情。（有何事志咀阮听）（《白扇记全歌》12）

涎：口水。（二贼看到涎就流）（《白扇记全歌》12）

第十一章　诗文吟诵与闽南方言文化

第一节　诗文吟诵概述

一　吟诵的界说

吟诵是我国传统的读书方法。所谓"吟"，就是拉长了声音像歌唱似的读；所谓"诵"，就是用抑扬顿挫的声调有节奏地读。二者介于念读和歌唱之间,既同中有异，又往往混而不分。

> 《毛诗序》曰："诗者，志之所之也。在心为志，发言为诗。情动于中而形于言。言之不足，故嗟叹之；嗟叹之不足，故永歌之；永歌之不足，不知手之舞之，足之蹈之也。"

这段话本来讲的是诗歌艺术表现由言而声及舞的过程，却恰恰可以帮助我们更好地理解传统诗文吟诵的特质：在语言艺术与声音艺术的相互交融中，它是一种自然浑朴、典雅优美的艺术表现形式。

作为我国传统的读书方法，诗文吟诵紧密结合汉语的声韵特质、诗文的节律因素，具有一定的音乐性。吟诵者注意深入理解诗文作品的意义，强化诗文语言的声韵、节奏等音乐美特性，更好地传达作者的思想感情，表现作品的意味与蕴含，从而引起听者强烈的感应与共鸣。因此，历代文人学子莫不谙习吟诵，并以此作为学习、欣赏和创作诗文的有效辅助方法。

关于"吟""诵"与"歌"的区别，古今学者论析甚详。例如：

清、刘熙载："赋不歌而诵，乐府歌而不诵，诗兼歌诵。"[1]

清、程廷祚："古者之于诗也，有诵有歌。诵可以尽人而学，歌不可以尽人而能也。"[2]

朱光潜："歌重音乐的节奏而诵重语言的节奏。""中国人的诵诗同哼（即吟）旧诗在节奏的处理上是有所不同的。"[3]

对"吟"和"诵"两者的异同，可以作个简明的比较。

---

[1]　刘熙载：《艺概》，上海古籍出版社1978年版。

[2]　程廷祚：《论诗十五》，道光丁酉年刻本《青溪文集》卷二。

[3]　《诗论》，《朱光潜美学文集》第2卷，上海文艺出版社1982年版。

相同点——用抑扬顿挫的声调有节奏地读；表现出语言的音乐美；行腔使调有一定的随意性。

不同点——吟重音乐的节奏，诵重语言的节奏；吟时旋律较鲜明，诵时表意较清楚；吟时声音较长，诵时声音较短；吟较复杂难学，诵较简单易学。

不过，古人也把"吟诵"合成一个词使用，泛指用抑扬顿挫的声调有节奏地读。它可指吟，也可指诵；或者既指吟又指诵。[1]

二　诗文吟诵简史

吟诵在我国有着非常悠久的历史，是典型的非物质文化遗产。早在先秦典籍中就有吟诵的记载。

《周礼·春官·大司乐》："以乐语教国子，兴道讽诵言语。"

郑玄注："倍文曰讽，以声节之曰诵。"孔颖达疏："讽是直言之，无吟咏；诵则非直背文，又为吟咏，以声节之为异。"

可见，"诵"不同于"讽"，是有声调、有节奏地吟咏诗文；而且作为当时的"乐语"之一用以教授国子。

《墨子·公孟》："诵诗三百，弦诗三百，歌诗三百，舞诗三百。"

《诗·郑风·子衿》毛传："古者教以诗乐，诵之歌之，弦之舞之。"

可知，诗三百篇都是可以吟诵、歌唱、演奏和合舞的。

《尚书·皋陶谟》："戛击鸣球、搏拊琴瑟以咏。"

《左传·文公三年》："晋侯飨公赋《菁菁者莪》，公赋《嘉乐》。"

（二诗出自《诗·小雅》、《大雅》）

由此看来，上古时代在氏族乐舞、朝廷燕享、祭祀送神以及社会生活诸方面都离不开诗文吟诵。

汉魏六朝文献对于吟诵的记述更加具体、生动。

《汉书·礼乐志》："至武帝定郊祀之礼……乃立乐府，采诗夜诵。有赵、代、秦、楚之讴。"

汉代乐府官署采集民间歌谣，进行加工配乐，其中也有吟诵这道程序。

《晋书·谢安传》："（谢安）尝与孙绰等泛海，风起浪涌，诸人并惧，安吟啸自若。"

南朝宋明帝《文章志》："（谢）安能作洛下书生咏，而少有鼻疾，

语音浊。后名流多学其咏，弗能及，手掩鼻而吟焉。"（见《世说新语》注引）

谢安因擅长吟诵而青史留名，"拥鼻吟"原是一种盲从的时髦，后来竟成了用雅音曼声吟咏的代称。

刘勰《文心雕龙·声律》："声画妍蚩，寄在吟咏；吟咏滋味，流于字句。"

---

[1]　参见陈少松《古诗词文吟诵研究》，社会科学文献出版社1997年版。

说明诗作音节的美丑是通过吟诵来传达的，这清楚地表达了论者对诗歌吟诵重要性的深刻认识。

及至唐宋时代，诗词创作蔚为大观，吟诵亦随之成为人们文化生活的重要内容。从唐宋诗人的作品中，不难看到有关吟诵活动的诗句：

李白《夜泊牛渚怀古》："余亦能高咏，斯人不可闻。"又《游太山》（之四）："吟诵有所得，众神卫我形。"

杜甫《解闷》："陶冶性灵存底物，新诗改罢自长吟。"又《夜听许十一诵诗爱而有作》："诵诗浑游衍，四座皆辟易。"

白居易《与梦得沽酒闲饮且约后期》："闲征雅令穷经史，醉听清吟胜管弦。"

唐宣宗《吊白居易》："童子解吟长恨曲，胡儿能唱琵琶篇。"

梅尧臣《招隐堂寄题乐郎中》："日哦招隐诗，日诵归田赋。"

黄庭坚《奉和王世弼寄上七兄先生用其韵》："吟哦口垂涎，嚼味有余隽。"

陆游《斋中杂兴十首》（其六）："琅琅诵诗书，尚记两髫髦。"

此外，欧阳修、严羽、朱熹等人对吟诵的作用都有精辟的见解。

朱熹说："读诗正在于吟咏讽诵，观其委曲折旋之意，如吾自作此诗，自然足以感发善心。""大凡读书，多在讽咏中见义理。况诗又全在讽诵之功。"[1]
朱子认为诗歌吟诵能感发人们的善心，且通过吟咏讽诵，可以获知诗文的义理。

明清以降，诗文吟诵世代传承，绵延不绝。

自五四新文化运动之后的近百年来，随着传统文化被否定，诗文吟诵日渐衰微，以致几成绝响。其间也有不少学者、教育家致力于吟诵的保护与传承，如20世纪20年代，唐文治主持无锡国专三十年，大力提倡吟诵，"唐调"（桐城派吟诵调的一支）得以风行，并传布至今，培养了一批擅长吟诵的国学专门人才。又如著名语言学家赵元任，曾对吟诵进行录制、记谱和研究，先后发表《新诗歌集·序·吟跟唱》（1927年）、《中国语言的声调、语调、唱读、吟诗、韵白、依声调作曲和不依声调作曲》（1956年）、《常州吟诗的乐调17例》（1961年）等极有分量的学术论文，他的研究主要从语言学与音乐学的角度切入，同时开了从方音研究诗词吟诵之先河，堪称现代诗词吟诵研究的创始人与奠基者。

此外，夏丏尊、叶圣陶、朱自清等人，呼吁在学校的古诗文教学中恢复吟诵传统。俞平伯、朱光潜、黄仲苏等人，对吟诵在学习、欣赏和创作传统诗文时的特殊作用做过详尽的论述。

然而，在强烈的激进反传统的喧嚣下，坚守吟诵的声音毕竟显得十分微弱。由于古诗词文吟诵教学完全退出学校教育，当代的绝大多数人（包括许多中老年文化人），早已不知何为吟诵，为何吟诵。值得庆幸的是，从20世纪80年代开始，一大批以弘扬传统文化为己任的有识之士，积极投身于传习吟诵、重读经典的活动，以此表

---

[1]　（南宋）朱熹：《朱子语类》卷八十，中华书局1986年版。

达和实践自己回归传统文化的愿望。

1982年，河南大学华钟彦教授受中国唐代文学学会委托，组建"唐诗吟咏研究小组"，广泛搜集学者名家的吟诵文献资料，并进行吟诵理论研究。

南京师范大学陈少松教授长期从事吟诵学的教学与研究，面向全校开设吟诵选修课，很受学生欢迎。他较早出版吟诵学专著《古诗词文吟诵研究》，并有吟诵系列音像制品问世，在全国影响相当广泛。

南京师范大学陈少松教授古诗文吟诵

叶嘉莹教授是享誉海内外的诗词研究与吟诵专家，晚年自海外回国，致力于诗词教育和吟诵教学；她在南开大学常年授课传习诗词吟诵，她的古典诗词吟诵教学讲座录像深受高校及中小学师生欢迎。《谈古典诗歌中兴发感动之特质与吟诵之传统》一文从中国古典文论的角度来审视吟诵，颇有见地。

2007年，北京师范大学、徐州师范学院、淮阴师范学院、台湾辅仁大学联合成立吟诵诗社。同年，中央民族大学成立吟诵诗社。

2009年10月，由首都师范大学、北京语言大学、中国音乐学院联合主办的首届"中华吟诵周"大型文化活动在北京举办，五场"多彩吟诵"演出、四场"高层学术论坛"和十多场"吟诵进校园"公益活动，使该项活动真正成为中国吟诵界的一场空前的文化盛宴。

2010年1月，经教育部批准，民政部注册，中国语文现代化学会吟诵分会（即中华吟诵学会）成立。同年4月，中央精神文明办、教育部、国家语委共同启动了"中华诵·经典诵读行动"，标志着在政府教育部门的支持下，吟诵走进了大中小学课堂。

2011年，第二届"中华吟诵周"大型文化活动、"中华诵·2011两岸大学生吟诵节"等活动在北京举办。

　　2012年10月，由中华吟诵学会、首都师范大学中国诗歌研究中心、北京语言大学首都国际文化研究基地、江苏师范大学文学院联合主办的首届"中华吟诵高端论坛"在北京举办。与会专家学者各抒己见，发言精彩纷呈。大家一致认为：吟诵之学是涉及文学、美学、语言学、音乐学、教育学、传播学、心理学、生理学等多种知识的边缘学科，很有探究发掘的价值；弘扬斯学，正当其时。

　　特别值得关注的是，"中华吟诵的抢救、整理与研究"作为2010年度国家社会科学基金重大项目获准立项　（该项目的理论研究部分由南开大学中华古典文化研究所所长叶嘉莹教授担任首席专家；抢救、整理部分由首都师范大学中国诗歌研究中心主任赵敏俐教授担任首席专家），这标志着中华古诗文吟诵研究已经进入一个全新的时期。

南开大学古典文化研究所所长叶嘉莹教授诗词吟诵

第二节　闽南方言诗文吟诵的历史与传承

　　闽南文化是中华文化中的一种具有鲜明特色的地域文化，它经历漫长的历史演变与文化磨合，吸收中华核心文化以及其他区域文化的精华，并加以创新、发展，从而大大丰富了中华文化的多样性。

　　在闽南文化的发源地漳州、泉州、厦门所属区域，历代先民留下了丰厚的历史文化遗产，除有形文物的蔚为大观之外，活态的文化遗产更是丰富多彩。闽南方言诗文吟诵，就是一种在历代闽南人的文化生活中凭借口传心授而绵延不绝、至今依然鲜活的文化形态。

　　这里，以漳州为主要考察点，兼及闽南各地，来叙述闽南方言诗文吟诵的历史与传承问题。

从文化血缘上看，闽南文化孕育并脱胎于中原文化。数次大规模的中原移民入闽所带来的中原文化，累积成为闽南文化的主体。闽南文化体现了中原传统文化的精神、气质和文化品性，在长期的历史发展过程中，已经积淀成为闽南人的文化性格。尽管关于闽南文化的形成期学者尚有不同的看法，但唐初陈政、陈元光父子带领中原府兵和固始民众入闽，改变了闽南的历史进程，奠定了闽南文化的基础，却是不争的史实。陈元光平定闽粤边境的"蛮獠啸乱"之后，奏请朝廷增设州郡；中原民众的移入和漳、泉两州的设置，以儒学为核心的中原文化在闽南地区因而得到传播和发展。

"开漳圣王"陈元光是位大唐儒将，自幼熟读诗书，一生坚持诗歌创作，有《龙湖集》传世，共收录五言诗、七言诗50首（《全唐诗》《全唐诗外编》收录其中的7首）。陈元光诗作的内容主要记叙平蛮开漳史事，反映当时闽南的社会生活及风俗民情，抒发远大政治志向和勤政清廉的情操，极富人文精神内涵。如他的《落成会咏》二首：

其一

泉潮天万里，一镇屹天中。筮宅龙钟地，承恩燕翼宫。

环堂巍岳秀，带砺大江雄。轮奂云霄望，晶华日月通。

凌烟乔木茂，献宝介圭崇。昆俊歌常棣，民和教即戎。

盘庚迁美土，陶侃效兼庸。设醴延张老，开轩礼吕蒙。

无孤南国仰，庶补圣皇功。

其二

云霄开岳镇，日月列衙瞻。胜日当佳庆，清风去积炎。

山畬遥猎虎，海舶近通盐。龙泽覃江浦，螭坳耀斗蟾。

文床堆玉笏，武座肃金签。奇计绳陈美，明诚学孔兼。

忠勤非一日，箴训要三拈。千古清漳水，居官显孝廉。

这组五言排律叙述了陈元光将军承恩建造的府邸燕翼宫落成庆典的盛况，通过对美轮美奂的宫宅建筑、雄伟优美的地理形势的描绘与赞美，表达了感恩朝廷之情，以及不辜负百姓厚望，治理好漳州的决心。诗作属对颇见功力，用典丰富、贴切，对仗工整、巧妙，却又不失表情达意的精微与传神，堪称传世佳作。

陈元光首任漳州刺史，设置"唐化里"，大力推行教化，倡导文化。景龙元年（707年），县令席宏创办闽南第一家书院——松洲书院（在今芗城区浦南镇松洲村），聘请陈元光之子陈珦主持。陈氏父子坚持以正统强势的中原文化来教化东南边陲的民众，尤其是倡导用唐代中原话音（即中古通语河洛话）进行经典诗文的诵读与吟咏，在传播儒学文化的同时，开创了具有鲜明区域特色的经典诗文美读传统。自兹以降，清漳大地吟诗诵文之风气奕代相传、绵延不绝，遂成为闽南文化的一项不可或缺的重要内容，也为后代闽南人植入了诵读经典、崇尚人文的文化基因。

唐宋时期，中原文化在闽南区域产生了关键性影响，儒学充分发展，文教事业日益昌盛。南宋绍熙元年（1190年），理学宗师朱熹以花甲之年任漳州知府，他"笃意学校，力倡儒学"，创办的书院有龙江书院、华圃书院、梁山书院、丹诏书院等十余所，培养了大批文学人才，为漳州乃至闽南文学的发展贡献最大。朱熹在闽南一带活动的时间较长，少年时代即随父到闽南，青年时代任同安县主簿兼领学事，近五年时间内走遍同安以及金门、厦门两岛，曾在泉州不二祠、南安杨林书院讲学授徒，访友论学，足迹遍及晋江、安海、惠安、安溪、永春、德化等地，在闽南"启迪文风，诲掖士子，因而人才蔚起"（《安海志》），闽南一时文风鼎盛。他创作了不少吟咏闽南山水名胜的诗歌，而且时常与闽南文人交游唱和，极大地促进了闽南的诗文创作与吟诵活动。他的《再至同安假民舍以居示诸生》诗写道：

> 端居托穷巷，廪食守微官。事少心虑怡，吏休庭宇宽。
> 晨兴吟诵馀，体物随所安。杜门不复出，悠然得真欢。
> 良朋凤所敦，精义时一殚。壶餐随牢落，此亦非所难。

在漳州任上，朱熹曾定期领学官下州学、县学"讲说经典"，传授儒学；又在漳州芝山、云洞岩、白云岩等处不定期开讲经学，还汇编并刊刻《四书集注》这部儒学经典。从此，漳、泉两地理学蔚然成风，薪传不绝；朱子门人漳州北溪先生陈淳直接继承朱熹理学衣钵，终成一代闽学大儒。

提到紫阳过化之功，特别应该关注的是朱子就品赏《诗经》提出的"讽诵涵泳"与"叶音"理论。《诗经》体现先民的一种基本生存方式，其功能在于吟咏性情，而声韵之美则是中国古典诗歌一个极为重要的内在特质。朱子认为，"《诗》，古之乐也，亦如今之歌曲，音各不同。"只有"讽诵涵泳"才可"还原"《诗》的本义。他说：

> 大凡读书，多在讽诵中见义理。况《诗》又全在讽诵之功。所谓"清庙之瑟，一唱而三叹"，一人唱之，三人和之，方有意思。又如今诗曲，若只读过，也无意思；须是歌起来，方见好处。

为了配合"讽诵涵泳"之顺利实施，他接受并发展了吴棫的"叶音说"，对《诗经》进行注音、协韵。他认为，运用"叶音"有利于"讽诵"，有利于使人"起兴"，以"还原"作《诗》人之本义。他还说：

> 只要音韵相叶，好吟哦讽诵，易见道理，亦无甚要紧。
>
> 盖古人作诗皆押韵，与今人歌曲一般。今人信口读之，全失古人咏歌之意。

由是观之，朱子对《诗经》的"韵读"，目的在于克服诗乐分离，用"音韵"沟通"天人"，更好地服务于"讽诵涵泳"，以便获得《诗经》的本义。[1]

应该肯定的是，当年朱子临漳讲经授徒，采用唐宋中原汉语语音，并酌取叶音之法教习诗文，为师者可谓用心良苦，教学效果之显著亦见诸史传。漳州理学世家历代传人皆熟谙诗文吟诵之法，口耳相传，赓续千年，更表现出朱子古典诗文教学方法之原创性意义，以及在文化教育史上的深远影响，值得我们好好研究与传承。

明代中期，漳州文坛出现以张燮为首的"玄云七才子"，组成著名的"玄云诗社"，

---

[1] 参见邹其昌《朱熹诗经注释学美学研究》，商务印书馆2004年版。

一起切磋诗艺，扬挖风雅。张燮平生"淹贯史籍，沉酣学海"，潜心研究漳州月港对外贸易的发展变化，著有《东西洋考》一书。他平时却喜好与朋友吟诗唱和，创作了许多流连山水、吟诵情怀的诗歌。如《游天柱山》（二首）：

其一

探奇不百里，济胜隔多年。磴出孤亭外，楼开古寺边。

客衣随坠叶，僧磬韵鸣泉。极目峰霞迥，深深何处烟？

其二

渐入环佳景，跻攀倒着身。南山归隐雾，东海俯扬尘。

木末芙蓉晓，梅间薜荔春。黄昏疏雨过，凉月倍相亲。

明朝万历年间，漳州月港成为对外贸易的重要港口，有力地推动了地方经济的较快发展。由于文教事业的兴盛，诵读经典、崇尚人文渐成风尚。玄云诗社结社于漳城紫芝山麓，主要成员是退职归休的廉正官员、博学高致的青年才俊，他们主张发展对外贸易，关注民生，研议时政，对漳州地方文化的兴盛和士子文人儒雅风气的形成做出积极的贡献，其影响极为深远。玄云才子以诗文会友，能诵善吟，引领一时风骚，还提携、培养了一批文学才俊，其突出代表就是集文人、忠臣、义士、英雄于一身的"一代完人"黄道周。林茂桂最早赏识同乡黄道周，成了忘年交；而张燮则"郡中最善黄道周"。在与玄云才子的交往中，黄道周得到不少的启发、引导和受益。

尤其应该肯定的是，玄云才子所开创的民间文人学士结社吟咏诗文之举，流播闽南，蔚然成风，各地诗社、文社不断涌现，历代相承，推动了富有诗美特质的闽南文化的发展与成熟。据清光绪《漳州府志·记遗》载："漳文儒多寒素……同志重文社，多者数十人，少者十数人，按期拈题，呈能角胜，虽穷乡僻壤亦汇集邮致，竟以此为乐事焉。"如清康熙年间郑亦邹倡立的南屏文社，与会者常有300余人。还有蔡世远倡立的东江文社，杨祺为首的栩栩亭诗社，石溪组织的仰山诗社，黄士芳主持的龙江诗社，又有临漳诗社、霞峤诗社等先后继起，谱写了漳州人文文化史上的辉煌篇章。

第三节 闽南方言诗文吟诵的特点及其功用

一 使用文音，传习雅言

北方汉人在不同历史时期多次迁徙到闽南地区，他们所带来的中原汉语与当地的闽越族语言相融合，形成了一种以汉语为主体的方言——闽南方言。闽南方言在形成过程中对中原雅言的融合，包含上古和中古两个不同的历史层次。唐代以来，中古汉语形成并盛行，《广韵》系统的官音成为科举考试的语音标准，其时闽南地区书院遍布，文教昌盛，儒士学子自然都将官音（即唐音）奉为读书正音之圭臬，于是形成了闽南方言的"文音"（即文读音，也叫读书音、孔子白），而来自不同时代、不同方言的语词则作为口语中的"白音"（即白读音，也叫说话音、土白音）。这样，闽南方言便产生了一套庞大而严整的文白异读系统。

文白异读在不同的汉语方言有着各不相同的表现，又以南方方言较为突出。据统计，闽语常用字大概六成以上有文白异读。而闽语中闽、台境内的闽南话文白并存的现象尤其普遍。著名语言学家罗常培先生在他的《厦门音系》一书中指出：

> 各系方言的读书音和说话音往往都有一些不同，但是很少像厦门音系相
> 差那么远的。厦门的字音跟话音几乎各成一个系统。

文白异读作为两种不同的语音系统，其语义基本相同，只是语体类型（书面语、口头语）、语义色彩（文雅、土白）和语用功能（独用、构词）等存在差异。文读音系统是吸收共同语的成分而形成的，书面语词、雅词多用文音；与之相对应的一套属白读音系统，是本地方言固有的，口头语词、土语多用白音。

袁家骅等著《汉语方言概要》指出：

> 白话音代表闽南话自身长期发展形成的方言独特面貌，读书音却表现出
> 坚守传统和"向民族共同语靠拢"的两种相矛盾趋势。

文白两种不同的语音系统在竞争与共存的过程中，体现出文雅与土白的明显不同的风格。

因此，用闽南方言吟诵诗文，必须使用文音，方能获得高古、典雅、优美的艺术风韵。同理，使用白音念诵民间谣谚，则可表现清新、俚俗、谐谑等特殊的生活情调。如果文白读形式错用，吟诵起来就会显得不伦不类，有时甚至滑稽可笑。试各举一例说明：

常建：　三日寻李九庄

雨歇杨林东渡头，永和三日荡轻舟。
〇〇〇〇〇　　〇　　〇　　〇
故人家在桃花岸，直到门前溪水流。
〇〇　〇　　〇　　〇〇〇　　〇〇
（字下有〇号者须用文音读之，否则不雅）

闽南情歌

茉莉开甲满花枞，一阵花味真清香。
△△△△△　　△　　△△　　　△　△
若取一蕊来相送，呵咾阿妹势做人。
　△　　　△　△△　　△△　　△△△△
（字下有△号者须用白音读之，否则不通）

在闽南地区，千百年来，人们一直使用闽南方言的文音来诵读、吟咏古典诗文。这种文化现象的成因，前面所述崇尚儒学，重视文教，诗文吟诵与创作风气奕代相传固然是最根本、最关键的。此外，闽南地处东南边陲的特殊地理条件，传统文化及其思想观念较多的保存与影响，也使得闽南方言在历史的发展过程中变化相对缓慢，因

而保留下来的古汉语成分比较多，故有"古汉语活化石"的称誉。

二 声韵存古，接近唐音

根据语言学家的研究，与普通话和多种汉语方言比较，闽南方言的文音系统跟中古汉语语音（唐音）最为接近。闽南方言语音的存古特色，从声母、韵母两方面都可以明显地看出：

清代音韵学家钱大昕关于上古声母研究曾提出两大创见——"古无轻唇音说"和"古无舌上音说"，这可以在闽南方言中找到大量确凿的例证。

（1）"古无轻唇音"，指的是上古没有轻唇音（即唇齿音，"非敷奉微"四母），只有重唇音（即双唇音，"帮滂并明"四母），中古后期的轻唇音在古代都读作重唇音。在闽南方言中，"非敷奉"母字的文读音作[h]，如："父、府、甫、赋"，"敷、俘、孵、烽"，"腐、肥、帆、佛"。白读音读作[p]或[p']，如"傅、费、肥"，"藩、芳、扶"。"微"母字读作[m]或[b]，如："晚、问、物"，"无、未、闻"。可见，闽南方言一直保留着上古声母中的唇音没有轻唇音读法的这种情况。

（2）"古无舌上音"，指的是上古没有舌上音（即舌面音，"知彻澄"三母），中古的舌上音在古代都读作舌头音（即舌尖音，"端透定"三母）。在闽南方言中，中古的舌头音"端透定"和舌上音"知彻澄"六母之字一律读作[t]或[t']，如："知"母字的"知、猪、展、中"，"彻"母字的"耻、超、趁、抽"，"澄"母字的"迟、直、宅、虫"。可见，闽南方言一直保留着上古声母中的舌音不分舌头舌上，一律读作舌头音的这种情况。

中古《广韵》的韵母系统中，阳声韵有三种鼻音韵尾[-m]、[-n]、[-ng]，普通话里只有[-n]、[-ng]两种，而闽南方言文读音则保留双唇鼻音韵尾[-m]。《广韵》咸摄开口一等覃谈二韵、二等咸衔二韵，文读音大部分读作[am]；三等盐韵、四等添韵，文读音大部分读作[iam]。深摄侵韵，文读音大部分读作[im]。（平水韵中，含有双唇鼻音尾韵母的平声韵部有"侵""覃""盐""咸"四部）《广韵》中，和阳声韵整齐相配的入声韵也有三种塞音韵尾[-p]、[-t]、[-k]。普通话里没有塞音尾韵母，而闽南方言文读音则完整保留三种塞音韵尾。本章所采用的音标是根据陈正统主编的《闽南话漳腔辞典》里的音标，见第9—11页。

鼻音尾韵母和塞音尾韵母的对应关系是：

(1)[-m]——[-p]

贪 tam¹（上平）—— 榻 tap⁷（上入）

严 gviam²（下平）—— 业 gviap⁸（下入）

(2)[-n]——[-t]

春 cun¹（上平）—— 出 cut⁷（上入）

棉 bvian²（下平）—— 灭 bviat⁸（下入）

（3）[-ŋ]——[-k]

通 tong¹（上平）—— 托 tok⁷（上入）

松 siong²（下平）—— 俗 siok⁸（下入）

可见，古典诗文通过闽南方言吟诵，可以让人们真切地领略到中原古汉语音韵的历史风貌，这对于还原古典诗文抑扬顿挫之声音形象，再现古典诗文和谐鲜明之韵律节奏，进而传达其古朴典雅之审美意趣，效果自然最佳。

三　调类齐全，平仄分明

传统诗词的内结构是体现诗歌语言声调上有规律的抑扬变化的一种最为和谐、稳定和优美的组合，它使汉语诗歌语言音乐美的呈现达到极致，堪称完美。因此，吟诵与平仄四声关系最为紧密。

自南北朝周颙、沈约发现四声并创立音韵学之后，我国古典诗歌的发展带来了质的变化，产生了全新的诗歌体裁，也为诗歌的吟咏奠定了坚实的基础。关于四声与吟诵的关系，郭绍虞先生曾指出：

> 我们更须知道四声之应用于文辞韵脚的方面，实在另有其特殊的需要。这特殊的需要，即是由于吟诵的关系。吟诵，则与歌的音节显有不同，而用韵也更有分别。自诗不歌而诵之后，即逐渐离开了歌的音节，而偏向到吟的音节。于是，长短句的体制觉得不甚适合了；于是对于韵的分析也不得不严了。[1]

可见，四声的产生不仅是传统语言、音韵、语音、声调发展的必然产物，更是为了适应诗歌吟诵的需要。随着永明体的逐渐成熟，到了初唐后期，格律诗的平仄标准基本定型，其吟诵的技巧也日臻成熟，并从而成为我国古典诗歌吟诵的重要形式。

中古《广韵》的声调系统有"平上去入"四声，普通话里有阴平、阳平、上声、去声，没有入声，而闽南方言却保留包括入声在内的中古汉语各个调类，而且后来因为声母清化，四个调类又各分阴阳（上下），遂有"上平、上上、上去、上入"和"下平、下上、下去、下入"所谓"八音"。漳州音没有"下上"声（即"阳上"）。漳州方言韵书《汇集雅俗通十五音》（清代谢秀岚著）为了补足"八音"，以"下上"来配"上上"，所有"下上"声都空白，注明"全韵与上上同"，实际上是七个声调。泉州方言韵书《汇音妙悟》（清代黄谦著）虽然分出八个声调，但"上去"和"下去"有混淆之处，所以实际上也是七个声调。而台湾近现代编著的闽南话韵书声调系统基本上与漳州韵书相同，无"阳上"，故同样是七个声调。

平仄四声（闽南话"八音"）既是为服务诗歌吟诵而产生的；同理，诗歌的吟诵也应该受到它的制约与限制。

明代顾炎武《音论》说：

> 平声最长，上去次之，入则诎然而止，无余音矣。

---

[1]　郭绍虞：《照隅室古典文学论集》，上海古籍出版社1983年版。

《康熙字典》"分四声法"歌诀：

平声平道莫低昂，上声高呼猛烈强。

去声分明哀远道，入声短促急收藏。

说明四声有长短、高低之别。这就是"平长仄短"之说的最重要的依据。

在闽南方言吟诵中，对平声及韵字处作适当长吟，应是大家普遍遵守的通则。这点与全国各地方言吟诵的基本情况也是一致的。 平声字的声调一般较为平缓（故适合于拖腔），仄声字的声调一般较为高亢（故不宜直接拖音），吟诵时平仄交互，高低错落，长短参差，回环往复，于是形成了诗文的音乐之美。

值得一提的是，在平仄两大调类中，仄声中的入声最为特殊，具有"短而促"的发音特点。因此，古典诗文的写作，尤其是唐宋近体诗词创作，往往巧妙地运用入声字来表现与语意、情感、声韵及风调等紧密相关的特殊内容，吟诵时务须仔细玩味，着意传达，应当以声调短暂、语气急促、出声即断之法加以处理，方为适宜。闽南方言对入声字的完整保留，不啻为古典诗文美读提供了得天独厚的条件，尤其值得好好珍惜与利用。

四 讲究叶音，吟咏美听

在传统的闽南方言诗文吟诵中，历来讲究叶音。叶音，又称叶韵，"叶"读如"协"。叶音（叶韵）与"协句""协韵""取韵"义同，实际上是关于字韵的问题，目的在于解决吟诵韵文时遇到的韵字不协，以求谐合美听。

叶音之说，由来已久。南北朝时，学者读《诗经》，已开始改读字音以就古韵，北周沈重称作"协句"，晋代徐邈称作"取韵"。唐代陆德明又称为"协韵"，颜师古则称为"合韵"。宋代吴棫撰有《诗补音》，学者多认为朱熹《诗集传》的叶音之例直接源自吴氏此书。所以，一般即以"叶音"作为改读字音、以求古韵谐合的办法的代表。清代钱大昕等人认为徐邈、沈重等去古未远，所注字音，多与清人归纳古韵相合，所谓"协句""取韵"实际即古音；而吴棫《诗补音》后不传，以吴氏《韵补》与朱氏《诗集传》相比较，体例、注音多有不同，朱氏叶韵并非尽本吴氏。前面已论及，朱子出于对《诗经》"讽诵涵泳"的教学需要，全面探索《诗经》古音，并以叶音学说一一释例，本有其重要意义。而后元明清各代文士讽诵诗文皆以朱子叶音为正宗，尽管近现代学者对叶音说多有质疑与诟病，但至今仍不失为传统吟诵之通则。闽南既为紫阳过化之区，诗文吟诵讲究叶音自然一脉相承。例如：

白日依山尽，黄河入海流。

欲穷千里目，更上一层楼。

——王之涣《登鹳雀楼》

"楼"字闽南方言文音 loo^2，与"流"字（文音liu^2）不协，宜采用叶音方法读为liu^2，则与"流"字协韵。

国破山河在，城春草木深。

> 感时花溅泪，恨别鸟惊心。
>
> 烽火连三月，家书抵万金。
>
> 白头搔更短，浑欲不胜簪。
>
> ——杜甫《春望》

"簪"字闽南方言文音zom[1]，与"深"（cim[1]）、"心"（sim[1]）、"金"（gim[1]）不协，宜采用叶音方法读为 zim[1]，则与上述诸字协韵。

> 汴水流，泗水流，流到瓜洲古渡头。吴山点点愁。
>
> 思悠悠，恨悠悠，恨到归时方始休。月明人倚楼。
>
> ——白居易《长相思》

上片"头"字闽南方言文音 too[2]，与"流"（liu[2]）、"愁"（ciu[2]）不协，宜采用叶音方法读为tiu[2]，则与二字协韵。下片"楼" 字闽南方言文音 loo[2]，与"悠"（iu[1]）、"休"（hiu[1]）不协，宜采用叶音方法读为liu[2]，则与二字协韵。

叶音是和谐音韵以达致吟诵美听的需要。如果放任诗词韵文的音韵不协，则其艺术魅力势必大受减损，且不利于记诵与吟咏。以叶音之法吟诵古典诗词韵文，正是流传千年、行之有效的教学与欣赏方法。据了解，在各地传统吟诵中，原本都有叶音方法之运用。只是近现代以来，学校诗歌教学不再传习吟诵，所谓"叶音说"在大学中文专业语言教科书中遭到了彻底的批判与否定，不少从事诗词教学者对叶音传统在吟诵中的运用也感到心有余悸。

其实，时至今日，从闽南地区以及海峡彼岸民间诗社的雅集中，我们依然可以听到千年流传的叶音所带来的吟咏的声韵之美，它使古典诗词真正成为一种永不消歇的天籁。

五　两岸交流，生态传承

闽南与台湾隔海相望，两岸人民有着血浓于水的亲缘关系。漳籍台湾爱国历史学家连横在《台湾通史》中指出：

> 历更五代，终极两宋，中原板荡，战争未息，漳泉边民，渐来台湾，而以北港为互市之口。

以漳泉为主体的闽南人，从一千多年前就陆续迁徙台湾生息繁衍。漳、泉移民把闽南话带到台湾，世代相传。目前在台湾讲闽南话的人口占到80%。连横在《台湾语典》中指出：

> （台湾话）传自漳、泉；而漳、泉之语传自中国。
>
> 台湾语音有漳、泉之分，轻重稍殊。大体而论，沿海多泉，近山多漳；以泉人重商而漳人业农也。

闽南与台湾语缘深厚，语言相通，语音相近。台湾话与闽南本土方言的语音腔调、词语略有不同，但实际上属于同一方言的内部差异（有人故意夸大其差异，强调所谓"台语"的"土生土长"，那是极其荒谬的）。

改革开放以来，海峡两岸同胞交往频繁，文化教育的交流活动也日益深入。由于政治、文化背景不同等诸多原因，两岸在经典诗文诵读和闽南话吟诵传承方面存在较为明显的差距。进入21世纪后，这种状况已经有所变化。以北京师范大学、台湾辅仁大学等两岸高校联合成立吟诵诗社，"首届中华吟诵周"在首都师范大学举办以及中华吟诵学会成立，中央精神文明办、教育部、国家语委共同启动"中华诵·经典诵读行动"，首都师范大学和南开大学共同主持国家社会科学基金重大项目"中华吟诵的抢救整理与研究"，"首届中华吟诵高端论坛"在北京召开，首届"诗词中国"传统诗词青少年吟诵大赛启动等一系列重要事件为标志的中华吟诵的传承和振兴，正呈现出前所未有的可喜景象。

在闽南方言的吟诵传承和研究方面，也取得了新的进展。

2007年6月9日，国家文化部正式批准在闽南地区设立首个国家级区域性文化生态保护区——闽南文化生态保护实验区，闽南文化的历史地位和现实作用日益受到人们的关注和肯定。2009年10月，首届中华吟诵周大型文化活动在京举行，施榆生作为闽南话吟诵代表人物应邀参加，根据大会安排，在开幕式、传统吟诵荟萃专场以及吟诵进校园等活动中，多次表演闽南话吟诵，并与来自台湾的吟诵专家学者进行交流；在"吟诵与教育"学术论坛上，作了题为《方言吟诵与闽南文化生态保护》的学术报告。他指出，在闽南文化生态保护工作亟待整体推进的今天，方言吟诵这种曾在闽南人的文化教育生活中占据重要位置的文化表现形式，应当重新得到人们的重视。闽南方言吟诵是闽南文化的重要组成部分，源远流长，绵延不绝，既是闽南文化的一种活态，又是重要的非物质文化遗产，理应列入整体保护的范围，积极开展抢救、传习和推介工作。漳、泉两地是台胞的主要祖籍地，有着与台湾地区开展方音吟诵交流的许多机缘，做好合作研究工作尤其重要。普通话吟诵可以创新、发展，但不能取代方音吟诵。他以自身实践为例，提出在优化闽南文化生态环境中传承方音吟诵、发展传统诗词创作的"生态传承"应是一种可持续的文化生态保护方略。他的大会发言引起与会代表的极大兴趣，特别是来自海峡彼岸的学者们，在小组讨论中对"两岸交流，生态传承"的倡导给予积极的响应。

近年来，伴随着闽南地区传统诗词创作活动的繁荣发展，闽南方言吟诵的传承与研习也得到普遍重视。

泉州诗词学会已成为最具影响力的诗词社团，现有会员300余人，遍及城乡大地与各个行业，经常开展诗词创作竞赛、交流与研讨；每逢重大节庆，往往有诗词吟唱活动，而闽南方言吟诵必为主打节目。古典文学专家、福建师范大学文学院陈祥耀教授，退休后归乡，担任学会名誉会长，他多年来吟哦不辍，曾和泉州吟坛老宿陈珍珍女士等人接受中华吟诵学会国家重大课题专项语音采录，用标准的泉州方音吟诵古典诗文。人民文学出版社原古籍室主任林东海编审多次返乡采集泉腔吟诵调，撰写并发表长篇论文《中古吟声活化石》，对抢救闽南方言吟诵遗产发挥了积极的推动作用。学会还多次组团赴台湾，与台北、高雄等地诗社进行诗词创作与吟诵交流，增进了海峡两岸乡亲同根同源、同语同音的深厚情谊。

厦门大学周长楫教授闽南话唐诗诵读电视节目

　　闽南方言专家、厦门大学中文系周长楫教授，自2007年开始在厦门卫视《趣味闽南话》节目担任特邀嘉宾，主讲闽南话唐诗诵读与欣赏，每周一次，时间8—10分钟。他在演播时，特别强调必须用闽南方言文读音来读唐诗，并纠正人们容易读错的字音，还带读一至两遍。至今已演播了近300首唐诗，并编辑整理成《闽南话诵读解说唐诗100首》一书，由鹭江出版社出版。从2010年开始，厦门《闽南之声》电台也开播了闽南话诵读欣赏唐诗节目，每周日上午用20分钟时间直播；后改为《古诗词闽南话诵读欣赏》，内容包括诗经、唐诗和宋词等。无论在电视台或电台，这档节目都获得受众的特别欢迎，不时有人写信或打电话咨询有关闽南话诗词诵读问题。周教授把自己在闽南方言领域的学术研究成果，转化为服务社会、传播方言文化的成功做法，值得肯定和学习。

闽南文化研究院施榆生副院长闽南话吟诵

闽南师范大学文学院施榆生副教授，长期坚持经典教育、传统诗词创作和闽南话吟诵传承与研究，倡导并践行闽南文化的"生态传承"方略，即保护文化生态环境，传习闽南话经典诵读和开展传统诗词创作活动并举。他常年为大学生讲授《诗词习作》《闽南话诗词吟诵》等课程，还为中小学师生以及公益学堂、老年大学和诗词社团等做过上百场诗词吟诵讲座。曾接受中华诗词学会国家重大课题专项语音采录，用标准的漳州方音吟诵古典诗文。近年来参加的两岸文化交流活动主要有：2007年参加海峡两岸（厦门）诗词笔会，2009年参加第二届海峡（龙岩）诗词笔会，与台湾传统诗界代表交流诗词创作和吟诵；2011年参加台湾成功大学闽南文化国际学术研讨会，作《诗文吟诵与闽南文化的传承》论文报告并演示闽南话吟诵；2012年赴台参加首届世界闽南文化节活动，与台湾同行广泛交流闽南话吟诵艺术；2012年5月与台湾明道大学联合举办"网络世界，故里情怀"漳州诗歌节，主持两岸诗人联吟会；2014年4月与台湾明道大学联合举办"闽南诗歌节"，作题为《传统茶诗的闽南话吟诵》论文报告，并参与主持茶诗朗诵会。他在闽南方言与文化领域的传习和研究，引起了海峡彼岸同道的关注，应邀将于2014年10月赴台参加"浊水溪诗歌节"，担任《闽南诗歌与文化》专题讲座主讲人，并分别为台南大学、明道大学中文系师生和部分中小学国文教师讲授《闽南话诗词吟诵的特点与传承》学术演讲，这对两岸闽南方言文化的传承与交流发挥了积极的推动作用。

第四节　闽南方言诗文吟诵例释

一　古诗吟诵

诗经·秦风·蒹葭

si^1 $ging^1$ · zin^2 $hong^1$ · $giam^1$ ge^1

蒹葭苍苍，	$giam^1$ ge^1 $cong^1$ $cong^1$,
白露为霜。	bik^8 loo^6 ui^2 $song^1$.
所谓伊人，	soo^3 ui^6 i^1 $zvin^2$,
在水一方。	zai^6 sui^3 it^7 $hong^1$.
溯洄从之，	soo^5 hue^2 $ziong^2$ zi^1,
道阻且长。	do^6 zoo^3 cia^{N3} $diang^2$.
溯游从之，	soo^5 iu^2 $ziong^2$ zi^1,
宛在水中央。	uan^3 zai^6 sui^3 $diong^1$ $iang^1$.
蒹葭萋萋，	$giam^1$ ge^1 ci^1 ci^1,
白露未晞。	bik^8 loo^6 bvi^6 hi^1.
所谓伊人，	soo^3 ui^6 i^1 $zvin^2$,

在水之湄。	zai⁶ sui³ zi¹ bvi².
溯洄从之，	soo⁵ hue² ziong² zi¹,
道阻且跻。	do⁶ zoo³ ciaN³ zi¹.
溯游从之，	soo⁵ iu² ziong² zi¹,
宛在水中坻。	uan³ zai⁶ sui³ diong¹ di².
蒹葭采采，	giam¹ gᴱ¹ ci³ ci³,
白露未已。	bik⁸ loo⁶ bvi⁶ i³.
所谓伊人，	soo³ ui⁶ i¹ zvin²,
在水之涘。	zai⁶ sui³ zi¹ si³.
溯洄从之，	soo⁵ hue² ziong² zi¹,
道阻且右。	do⁶ zoo³ ciaN³ hi³.
溯游从之，	soo⁵ iu² ziong² zi¹,
宛在水中沚。	uan³ zai⁶ sui³ diong¹ zi³.

《诗经》305篇原本都是配乐歌唱的乐歌，但乐谱早已失传。其中的《国风》源自民歌，据学者研究，从后代所传《国风》类歌曲的音乐来看，已然不是真正的周代民歌的音乐。由于闽南方言语音的存古特质，我们今天尚可从吟诵中去领略《诗经》的音乐美。

《蒹葭》这首诗共分三章，节奏单一而鲜明，基本上是四言句，每两个字构成一个节奏单位，吟诵时作一顿，则每句为两顿；只有每章末句为五言，可将韵字"央""坻""沚"单独作一顿，以强化和谐的韵律之美。

这首诗结构上属于联章复沓体，每章只在第一、二、四、六、八句末换几个词语，其他地方都相同，故吟诵时在节奏的处理上也是相同的，大大增添了诗篇一唱三叹的韵味和回环往复的音乐美。

在押韵方式上，这首诗三章均采用偶句用韵，且首句入韵。由于古今语音的变化，我们今天用普通话来读，会呈现不同的情况。第一章的押韵字依然和谐，因为"苍""霜""方""长""央"诸字同属"阳"部韵，古今变化不大；但第二、三章的押韵字则多不和谐，有的韵字读音差别很大，如"湄""坻""采""已""右"等字。 查阅郭锡良《汉字古音手册》可知：第二章的押韵字"萋""湄""跻""坻"上古音属"脂"部韵，"晞"属"微"部韵，脂微旁转合韵；第三章的押韵字"采""已""涘""右""沚"上古音皆属"之"部韵。可见，此诗原本三章的押韵都是极为和谐的。

现根据音韵学家考核的上古音，参校闽南方音，酌定各章韵字的读音，力求还原《诗经》的韵律特色以便讽诵，庶几可免依违无据。

楚辞·离骚（节选）　　　　coo³ su² · li² so¹

屈 原　　　　　　　　kut⁷ gvuan²

帝高阳之苗裔兮，　　　de⁵ go¹ iang² zi¹ bviao² i⁶ he²,

朕皇考曰伯庸。　　　　dim⁶ hong² ko³ uat⁸ bik⁷ iong².

摄提贞于孟陬兮，　　　siap⁷ te² zin¹ i² bving⁶ zoo¹ he²,

惟庚寅吾以降。　　　　ui² ging¹ in² gvoo² i³ hong².

皇览揆余初度兮，　　　hong² lam³ kui² i² ce¹ doo⁶ he²,

肇锡余以嘉名：　　　　diao⁶ su⁵ i² i³ gE¹ bving².

名余曰正则兮，　　　　bving² i² uat⁸ zing⁵ zik⁷ he²,

字余曰灵均。　　　　　zvu⁶ i² uat⁸ ling² gin¹.

纷吾既有此内美兮，　　hun¹ gvoo² gi⁵ iu³ cu³ lue⁶ bvi³ he²,

又重之以修能。　　　　iu⁶ diong² zi¹ i³ siu¹ tai⁵.

扈江离与辟芷兮，　　　hoo⁶ gang¹ li² i³ pik⁷ zi³ he²,

纫秋兰以为佩。　　　　zvim³ ciu¹ lan² i³ ui² bue⁶.

汨余若将不及兮，　　　iok⁸ i² zviak⁸ ziang¹ but⁷ gip⁸ he²,

恐年岁之不吾与。　　　kiong³ lian² sue⁵ zi¹ but⁷ gvoo² i³.

朝搴阰之木兰兮，　　　diao¹ kian¹ pi² zi¹ bvok⁸ lan² he²,

夕揽洲之宿莽。　　　　sik⁸ lam³ ziu¹ zi¹ siok⁷ mi³.

日月忽其不淹兮，　　　zvit⁸ gvuat⁸ hut⁷ gi² but⁷ iam¹ he²,

春与秋其代序。　　　　cun¹ i³ ciu¹ gi² dai⁶ si⁶.

惟草木之零落兮，　　　ui² co³ bvok⁸ zi¹ ling² lok⁸ he²,

恐美人之迟暮。　　　　kiong³ bvi³ zvin² zi¹ di² bvoo⁶.

抚壮而弃秽兮，　　　　hu³ zong⁵ zvi² ki⁵ ue⁵ he²,

何不改乎此度？　　　　ho² but⁷ gai³ hoo¹ cu³ doo⁶?

乘骐骥以驰骋兮，　　　sing² gi² gi⁶ i³ di² ping⁵ he²

来吾道夫先路!　　　　lai² gvoo² do⁶ hu² sian¹ loo⁶!

　　楚辞是继《诗经》之后产生于南方楚地的一种新诗体，原本也是可以合乐歌唱的，可惜乐谱早已失传。受楚方言的影响，早先楚辞的吟诵有一种特别的调子，史书还记载着被公、道骞等会吟诵楚辞的专家。[1]虽然地道的楚声吟诵已无从得闻，但以语音存古现象明显的闽南方言来吟诵楚辞，或许是现今吟赏楚辞的一种较为可取的选择。

这是《离骚》开篇一段，句式以六言为主，吟诵时，对节奏单位的划分应有一定的灵活性，不必都作两字一顿的处理，可以有一字一顿或三字一顿。当节奏单位与意义单位发生矛盾时，应尽量照顾到语义的完整，避免因词语的强行拆分而造成语义含混不清。

在结构形式上，与《诗经》不同的是，楚辞不分章，不复沓，篇幅较长，句式参差不齐。为了吟诵方便，可以按四句一小节稍作间隔；但从叶音角度就可看出，有的地方并不一致。如本段中的"与""莽""序"三字相叶韵，"暮""度""路"三字相叶韵。

"兮"字在《楚辞》中有着特殊的作用。本段的"兮"字均出现在句末，其作用纯粹是音乐性的，起到加强抒情意味的特殊功效。闻一多先生曾考证，"兮"字远古音读"啊"，它本来就是最原始的"啊"字。他提出为了充分显示这个字的抒情意味，不要把它读成"兮"（xi），"要用它的远古音'啊'读它"。[2]

其实，用闽南方言吟诵，"兮"字读 he²，作为"泛声"（也称"和声"），适当地加以拖长，即能使音节明显变得舒缓，行腔更为婉转、美听，具有浓郁的抒情意味。如此，则不必改读为"啊"，而且吟诵的音乐效果还会更好些。

将 进 酒	ciang¹ zin⁵ ziu³
李 白	li³ bik⁸
君不见	gun¹ but⁷ gian⁵
黄河之水天上来，	hong² ho² zi¹ sui³ tian¹ siang⁶ lai²,
奔流到海不复回。	bun¹ liu² do⁵ hai³ but⁷ hiu⁶ hai².
君不见	gun¹ but⁷ gian⁵
高堂明镜悲白发，	go¹ dong² bving² ging⁵ bi¹ bik⁸ huat⁷,
朝如青丝暮成雪。	diao¹ zvi² cing¹ si¹ bvoo⁶ sing² suat⁷.
人生得意须尽欢，	zvin² sing¹ dik⁷ i⁵ si¹ zin⁶ huan¹,
莫使金樽空对月。	bvok⁸ su³ gim¹ zun¹ kong¹ dui⁵ gvuat⁸.
天生我材必有用，	tian¹ sing¹ gvoɴ³ zai³ bit⁷ iu³ iong⁶,
千金散尽还复来。	cian¹ gim¹ san⁵ zin⁶ huan² hiu⁶ lai².
烹羊宰牛且为乐，	ping¹ iang² zai³ gviuɴ² cia³ ui² lok⁸,
会须一饮三百杯。	hue⁶ si¹ it⁷ im³ sam¹ bik⁷ bai¹.

---

[1]　《汉书·王褒传》："宣帝时，修武帝故事，讲论六艺群书，博尽奇异之好。征能为《楚辞》，九江被公召见诵读。"《隋书·经籍志》："隋时有释道骞，善读之，能为楚声，音韵清切。至今传《楚辞》者，皆祖骞公之音。"

[2]　《怎么读九歌》，载《闻一多全集》（一），湖北人民出版社2012年版，第282、281页。

岑夫子，丹丘生，	gvim² hu¹ zu³, dan¹ kiu¹ sing¹,
将进酒，杯莫停。	ciang¹ zin⁵ ziu³, bue¹ bvok⁸ ting².
与君歌一曲，	i³ gun¹ go¹ it⁷ kiok⁷,
请君为我倾耳听。	cing³ gun¹ ui⁶ gvoɴ³ king¹ zviɴ³ ting¹.
钟鼓馔玉不足贵，	ziong¹ goo³ zuan⁶ gviok⁸ but⁷ ziok⁷ gui⁵,
但愿长醉不愿醒。	dan⁶ gvuan⁶ diang² zui⁵ but⁷ gvuan⁶ sing¹.
古来圣贤皆寂寞，	goo³ lai² sing⁵ hian² gai¹ zik⁸ bvok⁸,
唯有饮者留其名。	ui² iu³ im³ zia³ liu² gi² bving²
陈王昔时宴平乐，	din² ong² sik⁷ si² ian⁵ bing¹ lok⁸,
斗酒十千恣欢谑。	doo³ ziu³ sip⁸ cian¹ zu⁵ huan¹ hiok⁷.
主人何为言少钱，	zu³ zvin² ho² ui² gvan² siao³ zian²,
径须沽取对君酌。	ging⁵ si¹ goo¹ ci³ dui⁵ gun¹ ziok⁷.
五花马，千金裘，	gvoɴ³ hua¹ ma³, cian¹ gim¹ giu²,
呼儿将出换美酒，	hoo¹ zvi² ziang¹ cut⁷ huan⁶ bvi³ ziu³,
与尔同销万古愁。	i³ zviɴ³ dong² siao¹ bvan⁶ goo³ ciu².

李白的诗重在抒发激昂情怀，想象神奇，风格雄放，语言清新明快。这首《将进酒》属汉乐府旧题，诗人借饮酒表达了对生命的焦灼，对现实的怨愤，以及他的自信和傲岸、清白和飘逸，突出地表现了李白的强烈个性。作为古诗中的一种体裁，歌行体没有近体诗那样严格的格律限制，可以转韵，平仄声韵互换，节奏明朗，且以七言为基本形式，间杂三言、五言。吟诵时应注意把长歌浩叹的风格特点表现出来。

渔　翁	gvi² ong¹
柳宗元	liu³ zong¹ gvuan²
渔翁夜傍西岩宿，	gvi² ong¹ ia⁶ bong⁶ se¹ gvam² siok⁷,
晓汲清湘燃楚竹。	hiao³ gip⁷ cing¹ siang¹ zvian² coo³ diok⁷.
烟消日出不见人，	ian¹ siao¹ zvit⁸ cut⁷ but⁷ gian⁵ zvin²,
欸乃一声山水绿。	ai¹ nai³ it⁷ sing¹ san¹ sui³ liok⁸.
回看天际下中流，	hue² kan¹ tian¹ ze⁵ hɛ⁶ diong¹ liu²,
岩上无心云相逐。	gvam² siang⁶ bvu² sim¹ in² siang¹ diok⁸.

这是一首古体诗。全诗六句，介于绝句和律诗之间；诗中的平仄黏对不合近体诗格律，且押的是入声韵。"宿""竹" "绿""逐"四个入声韵字，闽南方言文读音同属塞音尾韵母"iok"，发音用力，却戛然而止，格调显得高古而奇峭，细加吟味，的确饶有特殊的古诗风情。

二　近体诗吟诵

登鹳雀楼	ding^1 guan^5 ciak^7 loo^2
王之涣	ong^2 zi^1 huan^5
白日依山尽，	bik^8 zvit^8 i^1 san^1 zin^6,
黄河入海流。	hong^2 ho^2 zvip^8 hai^3 liu^2.
欲穷千里目，	iok^8 going^2 cian^1 li^3 bvok^8,
更上一层楼。	ging^5 siang^6 it^7 zing^2 liu^2.

这首五绝为仄起仄收式，诗用平水韵平声"尤"韵。此韵部在唐诗中使用率甚高，古今读音变化不大。闽南方言吟诵时，"楼"字宜采用叶音读法，与"流"字协韵。

江南曲	gang^1 lam^2 kiok^7
李益	li^3 ik^7
嫁得瞿塘贾，	gE^5 dik^7 gi^2 dong^2 goo^3,
朝朝误妾期。	diao^1 diao^1 gvoo^6 ciat^7 gi^2.
早知潮有信，	zo^3 di^1 diao^2 iu^3 sin^5,
嫁与弄潮儿。	gE^5 i^3 long^6 diao^2 zvi^2.

这是一首符合五绝格律的乐府诗，仄起仄收式。诗用平水韵平声"支"韵。"儿"字普通话读成 er，与"期"字不协韵；而在闽南方言中，"儿""期"二字完全协韵。

八阵图	bat^7 din^6 doo^2
杜甫	doo^6 hu^3
功盖三分国，	gong^1 gai^5 sam^1 hun^1 gok^7,
名成八阵图。	bving^2 sing^2 bat^7 din^6 doo^2.
江流石不转，	gang^1 liu^2 sik^8 but^7 zuan^3,
遗恨失吞吴。	ui^2 hin^6 sit^7 tun^1 gvoo^2.

这首五绝为仄起仄收式，诗用平水韵平声"虞"韵。诗中有五个入声字，占到四分之一比例；而"国""失"二字位置尤为重要，读错声调则造成节奏长短处理上的不合格律。

塞下曲	sai^5 hE^6 kiok^7
卢纶	loo^2 lun^2
月黑雁飞高，	gvuat^8 hik^7 gvan^6 hui^1 go^1,
单于夜遁逃。	sian^2 i^2 ia^6 dun^6 do^2.
欲将轻骑逐，	iok^8 ziang^1 king^1 gi^6 diok^8,
大雪满弓刀。	dai^6 suat^7 bvuan^3 giong^1 do^1.

　　这首五绝为仄起平收式，诗用平水韵平声"豪"韵。诗中有五个入声字，"黑""逐"二字位置重要，注意不得读错声调。"骑"字根据意义不同有平仄两读，此为名词，应读去声，又处于节奏点位置，故不可误读。

夜 宿 山 寺　　　　ia⁶ siok⁷ san¹ si⁶

李 白　　　　　　li³ bik⁸

危楼高百尺，　　　ui² loo² go¹ bik⁷ cik⁷,

手可摘星辰。　　　siu³ ko³ dik⁷ sing¹ sin².

不敢高声语，　　　but⁷ gam³ go¹ sing¹ gvi³,

恐惊天上人。　　　kiong³ ging¹ tian¹ siang⁶ zvin².

　　这首五绝为平起仄收式，诗用平水韵平声"真"韵。诗中"摘"字原属入声，（今普通话读为阴平），吟诵节奏应作短音处理。

早发白帝城　　　zo³ huat⁷ bik⁸ de⁵ sing²

李 白　　　　　　li³ bik⁸

朝辞白帝彩云间，　diao¹ su² bik⁸ de⁵ cai³ in² gan¹,

千里江陵一日还。　cian¹ li³ gang¹ ling² it⁷ zvit⁸ huan².

两岸猿声啼不住，　liang³ gvan⁶ uan² sing¹ te² but⁷ zu⁵,

轻舟已过万重山。　king¹ ziu¹ i³ go⁵ bvan⁶ diong² san¹.

　　这首七绝为平起平收式，诗用平水韵平声"删"韵。

清 明　　　　cing¹ bving²

杜 牧　　　　　doo⁶ bvok⁸

清明时节雨纷纷，　cing¹ bving² si² ziat⁷ i³ hun¹ hun¹,

路上行人欲断魂。　loo⁶ siang⁶ hing² zvin² iok⁸ duan⁶ hun².

借问酒家何处有，　zia⁵ bvun⁶ ziu³ gᴇ¹ ho² ci⁵ iu³,

牧童遥指杏花村。　bvok⁸ dong² iao² zi³ hing⁶ hua¹ cun¹.

　　这首七绝为平起平收式，诗用平水韵平声"元"韵（首句用邻韵，"纷"属"文"韵）。"纷""魂""村"三韵字用闽南方言来读完全协韵。

赠 汪 伦　　　zing⁶ ong¹ lun²

李 白　　　　　li³ bik⁸

李白乘舟将欲行，　li³ bik⁸ sing² ziu¹ ziang¹ iok⁸ hing²,

忽闻岸上踏歌声。　hut⁷ bvun² gvan⁶ siang⁶ dap⁸ go¹ sing¹.

桃花潭水深千尺，　to² hua¹ tam² sui³ cim¹ cian¹ cik⁷

不及汪伦送我情。　　　　but⁷ gip⁸ ong¹ lun² song⁵ gvoN³ zing²

　　这首七绝为仄起平收式，诗用平水韵平声"庚"韵。在普通话里，"行""情"同韵母（ing），"声"韵母则不同（eng）。闽南方言文读三个韵字完全协韵。诗中"白""及"二字是入声（普通话已变成阳平声），由于位置处于节奏点上，吟诵时须读准声调方能合律。

<table>
<tr><td>　　　夜 雨 寄 北</td><td>ia⁶　i³　gi⁵　bok⁷</td></tr>
<tr><td>　　　　李商隐</td><td>li³ siang¹ in³</td></tr>
<tr><td>君问归期未有期，</td><td>gun¹ bvun⁶ gui¹ gi² bvi⁶ iu³ gi²,</td></tr>
<tr><td>巴山夜雨涨秋池。</td><td>ba¹ san¹ ia⁶ i³ diang⁵ ciu¹ di²</td></tr>
<tr><td>何当共剪西窗烛，</td><td>ho² dong¹ giong⁶ zian³ se¹ cong¹ ziok⁷,</td></tr>
<tr><td>却话巴山夜雨时。</td><td>kiok⁷ ua⁶ ba¹ san¹ ia⁶ i³ si²</td></tr>
</table>

　　这首七绝抒写羁旅巴蜀、怀人思归的落寞情怀。开头一句以回答对方的问讯发起，"问归期""未有期"，一句之中，两个"期"字相重，正好形成呼应，吟诵时切勿轻轻放过，要把这个字音吟得清晰、绵长，表达出渺茫、怅惘的心情。第二句以愁人的情怀感受巴蜀秋夜的雨声，令人更觉寂寥难耐。吟诵此句要注意把雨声与愁绪交织在一起的惆怅之情表达出来。三、四句以"何当"二字总领，想象与思念之人重逢的欢愉场景。在给人以快慰的同时，更深刻地表现了诗人当下的孤寂境况。转句末字"烛"为入声字，必须吟读得短促、决断。最后一句的"巴山夜雨"再次重现，却不乏新鲜感，要吟出不同的韵味，正好可以表现一种回环往复、委曲缠绵的情致。值得一提的是，"期""池""时"三个韵字，在平水韵中同属"支"部韵，原本自然十分和谐；但在今天的普通话里，已经分属不同的韵母和声调了。而用闽南话吟诵时，三个韵字分别读作gi²、di²、si²，韵母和声调都相同，与平水韵完全吻合。由此可见，闽南话与唐音的关系相当亲近。

<table>
<tr><td>　　　山 居 秋 暝</td><td>san¹　gi¹　ciu¹　bving²</td></tr>
<tr><td>　　　　王维</td><td>ong²　ui²</td></tr>
<tr><td>空山新雨后，</td><td>kong¹ san¹ sin¹ i³ hoo⁶,</td></tr>
<tr><td>天气晚来秋。</td><td>tian¹ ki⁵ bvuan³ lai⁶ ciu¹.</td></tr>
<tr><td>明月松间照，</td><td>bving² gvuat⁸ siong² gan¹ ziao⁵,</td></tr>
<tr><td>清泉石上流。</td><td>cing¹ zuan² sik⁸ siang⁶ liu².</td></tr>
<tr><td>竹喧归浣女，</td><td>diok⁷ suan¹ gui¹ huan⁶ li³,</td></tr>
<tr><td>莲动下渔舟。</td><td>Lian² dong⁶ hɛ⁶ gvi² ziu¹.</td></tr>
<tr><td>随意春芳歇，</td><td>sui² i⁵ cun¹ hong¹ hiat⁷,</td></tr>
<tr><td>王孙自可留。</td><td>ong² sun¹ zu⁶ ko³ liu².</td></tr>
</table>

　　这首五律为平起仄收式，诗用平水韵平声"尤"韵。"歇"字原属入声（今普通话读

为阴平），居于奇句句末，尤须注意读准短促声调，切勿以平声长咏之。

渡荆门送别　　doo⁶ ging¹ bvun² song⁵ biat⁸

李白　　　　li³ bik⁸

渡远荆门外，	doo⁶ uan³ ging¹ bvun² gvue⁶,
来从楚国游。	lai² ziong² coo³ gok⁷ iu².
山随平野尽，	san¹ sui² bing² ia³ zin⁶,
江入大荒流。	gang¹ zvip⁸ dai⁶ hong¹ liu².
月下飞天镜，	gvuat⁸ hE⁶ hui¹ tian¹ ging⁵,
云生结海楼。	in² sing¹ giat⁷ hai³ liu².
仍怜故乡水，	zving² lian² goo⁵ hiang¹ sui³
万里送行舟。	bvan⁶ li³ song⁵ hing² ziu¹.

这首五律为仄起仄收式，诗用平水韵平声"尤"韵。"楼"字宜采用叶音读法，方可与上下韵字相协。

春　望　　　cun¹ bvong⁶

杜甫　　　　doo⁶ hu³

国破山河在，	gok⁷ po⁵ san¹ ho² zai⁶,
城春草木深。	sing² cun¹ co³ bvok⁸ cim¹.
感时花溅泪，	gam³ si² hua¹ zian⁶ lui⁶,
恨别鸟惊心。	hin⁶ biat⁸ niao³ ging¹ sim¹.
烽火连三月，	hong¹ hoɴ³ lian² sam¹ gvuat⁸,
家书抵万金。	gE¹ si¹ di³ bvan⁶ gim¹.
白头搔更短，	bik⁸ too² so¹ ging⁵ duan³,
浑欲不胜簪。	hun² iok⁸ but⁷ sing¹ zim¹.

这首五律为仄起仄收式，押的是平水韵平声"侵"韵。诗中韵字在普通话里分别派入in（心、金）、en（深）、ɑn（簪）等三个韵母，读起来已经变得不和谐了；而在闽南方言里，文读则全部保留im这种双唇鼻尾韵韵母的读音（深cim¹、心sim¹、金gim¹、簪zim¹），故吟诵时落韵处特别和谐，极具古雅和婉的韵律美。吟赏之余，使我们对闽南方言保存唐音历史风貌会有真切的认识。

蜀　相　　　siok⁸ siang⁵

杜甫　　　　doo⁶ hu³

丞相祠堂何处寻？	sing² siang⁵ su² dong² ho² ci⁵ sim²?
锦官城外柏森森。	gim³ guan¹ sing² gvue⁶ bik⁷ sim¹ sim¹
映阶碧草自春色，	ing⁵ gai¹ pik⁷ co³ zu⁶ cun¹ sik⁷,

隔叶黄鹂空好音。	gik⁷ iap⁸ hong² li² kong¹ ho³ im¹.
三顾频烦天下计，	sam¹ goo⁵ bin² huan² tian¹ hE⁶ ge⁵,
两朝开济老臣心。	liang³ diao² kai¹ ze⁵ lo³ sin² sim¹.
出师未捷身先死，	cut⁷ su¹ bvi⁶ ziap⁸ sin¹ sian¹ su³,
长使英雄泪满襟。	diang² su³ ing¹ hiong² lui⁶ bvuan³ gim¹.

这首七律为仄起平收式，诗用平水韵平声"侵"韵。诗中韵字在普通话里分别派入 ün（yn）（寻）、en（ən）(森)、in（in）（音、心、襟）等三个韵母，读起来并不太和谐。而用闽南话吟诵，文读则全部保留（im）这种双唇鼻尾韵韵母的读音，故押韵字十分和谐。

钱塘湖春行	zian² dong² hoo² cun¹ hing²
白居易	bik⁸ gi¹ i⁶
孤山寺北贾亭西，	goo¹ san¹ si⁶ bok⁷ gE³ ding² se¹,
水面初平云脚低。	sui³ bvian⁶ ce¹ bing² in² giok⁷ de¹.
几处早莺争暖树，	gi³ ci⁵ zo³ ing¹ zing¹ zvuan² si⁶,
谁家新燕啄春泥。	sui² gE¹ sin¹ ian⁵ dok⁷ cun¹ le².
乱花渐欲迷人眼，	luan⁶ hua¹ ziam⁶ iok⁸ bvi² zvin² gvan³,
浅草才能没马蹄。	cian³ co³ zai² ling² bvuat⁷ ma³ de².
最爱湖东行不足，	zue⁵ ai⁵ hoo² dong¹ hing² but⁷ ziok⁷,
绿杨阴里白沙堤。	liok⁸ iang² im¹ li³ bik⁸ sa¹ te².

这首七律为平起平收式，诗用平水韵平声"齐"韵。诗中韵字在普通话里读音仍然是和谐的。闽南话吟诵时，"泥"字宜采用叶音读法，则与前后韵字完全相谐。

晓发佛潭桥	hiao³ huat⁷ hut⁸ tam² giao²
陈元光	dan² gvuan² gong¹
朝暾催上道，	diao¹ tun¹ cui¹ siang⁶ do⁶,
兔魄欲西沉。	too⁵ pik⁷ iok⁸ se¹ dim².
去雁长空没，	ki⁵ gvan⁶ diang² kong¹ bvuat⁸,
飞花曲径深。	hui¹ hua¹ kiok⁷ ging⁵ cim¹.
车沿桥树往，	gi¹ ian² giao² si⁶ ong³,
诗落海鸥吟。	si¹ lok⁸ hai³ oo¹ gvim².
马鬣嘶风笋，	ma³ liap⁷ su¹ hong¹ song³,
龙旗闪电临。	liong² gi² siam³ dian⁶ lim².
峰攒仙掌巧，	hong¹ zuan² sian¹ ziang³ kao³,
露重将袍阴。	loo⁶ diong⁶ ziang⁵ pao² im¹.

农唤耕春早，　　　　long² huan⁵ ging¹ cun¹ zo³,

僧迎展拜钦。　　　　sing¹ gving² dian³ bai⁵ kim¹.

看看葵日丽，　　　　kan¹ kan¹ kui² zvit⁸ le⁶,

照破艳阳心。　　　　ziao⁵ po⁵ iam⁶ iang² sim¹.

这首五言排律为平起仄收式，诗用平水韵平声"侵"韵。诗中韵字在普通话里分属 en[ən](沉、深)、in[in]（吟、临、阴、钦、心）韵母，读起来并不太和谐。而用闽南话来吟诵，文读则全部保留双唇鼻尾韵韵母[im]的读音，故吟诵时韵字收音非常和谐。此诗为唐代儒将、开漳圣王陈元光所作。他当时带兵从佛潭桥（在今漳浦县佛昙镇，唐代为漳州四行台之一）出发，巡视四境，途中有感而吟咏。诗中记叙了漳州建州之后，四境安定、社会祥和的景象，表达了诗人平蛮治漳的豪迈气概和欣喜之情，以及对朝廷的一片忠诚。全诗语句流畅，情调欢快，用闽南方言吟诵更见韵律和婉谐美，值得我们好好吟赏。

三　词的吟诵

长　相　思　　　　　　diang² siang¹ su¹

白居易　　　　　　　　bik⁸ gi¹ i⁶

汴水流，　　　　　　　bian⁶ sui³ liu²,

泗水流，　　　　　　　su⁵ sui³ liu²,

流到瓜洲古渡头。　　　liu² do⁵ gua¹ ziu¹ goo³ doo⁶ tiu².

吴山点点愁。　　　　　gvoo² san¹ dian³ dian³ ciu².

思悠悠，　　　　　　　su⁵ iu¹ iu¹,

恨悠悠，　　　　　　　hin⁶ iu¹ iu¹,

恨到归时方始休。　　　hin⁶ do⁵ gui¹ si² hong¹ si³ hiu¹.

月明人倚楼。　　　　　gvuat⁸ bving² zvin² i³ liu².

这首词写一位闺妇倚楼凝望时，对出门在外的丈夫的深切思念之情。她的思绪随着汴水、泗水的涌动，一直流到长江口古渡头；群山点点，更勾起她心中无限的愁思。思绪无限，憾恨无限，这相思与愁绪怎么能够排解得了，只有等到丈夫归家那一时刻才能休止。本词系双调，上、下片各三平韵，一叠韵。韵属平水韵"尤"部，用闽南方言吟诵时，押韵字中的"头""楼"应采用叶音读法，分别读为"tiu²"、"liu²"；要注意把这首词的句句入韵且一韵到底的悠深绵长的风调充分表现出来。此外，下片首句"思悠悠"的"思"应破读为去声，作名词"心绪；愁思"义解。如读平声，则与词律不协。此调上下片的第一、二句(三字句)的一、二字，词谱所标平仄格律虽然可平可仄，但宜用"仄平平"的格式，且不允许出现三平调。精于音律者不可不辨，然今之误读者众矣。

清平乐·村居	cing¹ bing² gvak⁸ · cun¹ gi
辛弃疾	sin¹ ki⁵ zit⁸

茅檐低小，	mao² ian² de¹ siao³,
溪上青青草。	ke¹ siang⁶ cing¹ cing¹ co³.
醉里吴音相媚好。	zui⁵ li³ gvoo² im¹ siang¹ bvi⁶ ho³,
白发谁家翁媪？	bik⁸ huat⁵ sui² gᴇ¹ ong¹ o³.

大儿锄豆溪东，	dai⁶ zvi² zoo² doo⁶ ke¹ dong¹,
中儿正织鸡笼。	diong¹ zvi² zing⁵ zik⁷ ge¹ long².
最喜小儿无赖，	zue⁵ hi³ siao³ zvi² bvu² lai⁶,
溪头卧剥莲蓬。	ke¹ too² gvo⁶ bak⁷ lian² hong².

　　这首词描写乡间农家其乐融融的生活场景，声情上的最大特点是闲适欢愉。词中叙述平白如话，却余味绵长，表现出作者对人生的深刻感悟。本词系双调，上片用仄声韵（"小""草""好""媪"皆为上声），句句连协，音节显得比较紧促，适宜表达欢快、劲健的情调；下片换平声韵（"东""笼""蓬"皆为平声），一、二句连协，三、四句隔协，音节转为舒缓，适宜表达恬适、悠闲的情调。韵位的平仄转换，前急后缓，起伏变化，音节在错综变化中更见出匀称和谐。这些声韵特点对表达情感都有重要关系，吟诵时务必注意加以强化处理。

水　调　歌　头	sui³ diao⁶ go¹ too²
苏　轼	soo¹ sit⁷

明月几时有？	bving² gvuat⁸ gi³ si² iu³,
把酒问青天。	ba³ ziu³ bvun⁶ cing¹ tian¹.
不知天上宫阙，	but⁷ di¹ tian¹ siang⁶ giong¹ kuat⁷,
今夕是何年？	gim¹ sik⁸ si⁶ ho² lian².
我欲乘风归去，	gvoɴ³ iok⁸ sing¹ hong² gui¹ ki⁵,
又恐琼楼玉宇，	iu⁶ kiong³ ging² loo² gviok⁸ i³,
高处不胜寒。	go¹ ci⁵ but⁷ sing¹ han².
起舞弄清影，	ki³ bvu³ long⁶ cing¹ ing³,
何似在人间。	ho² su⁶ zai⁶ zvin² gan¹.

转朱阁，	zuan³ zu¹ gok⁷,
低绮户，	de¹ ki³ hoo⁶,
照无眠。	ziao⁵ bvu² bvian².
不应有恨，	but⁷ ing¹ iu³ hin⁶,

何事长向别时圆？	ho² su⁶ diang² hiang⁵ biat⁸ si² uan².
人有悲欢离合，	zvin² iu³ bi¹ huan¹ li² hap⁸,
月有阴晴圆缺，	gvuat⁸ iu³ im¹ zing² uan² kuat⁷,
此事古难全。	cu³ su⁶ goo³ lan² zuan².
但愿人长久，	dan⁶ gvuan⁶ zvin² diang² giu³,
千里共蝉娟。	cian¹ li³ giong⁶ sian² guan¹.

这是一首在文学史上最负盛誉的中秋词。词人抒发了超升玉宇、摆脱烦恼的愿望，又表达了眷恋人间、思念亲友的情感，展示出一种心理上的矛盾，而最终化作了对未来的美好祝愿。吟诵时应注意把握这首词的爽朗风格，努力表现词作中的清远飘逸的意境，和词人放旷达观的情怀。由于本词调的句式参差，三言、四言、五言、六言、七言都有，吟诵的难点在于如何正确处理句中的停顿，既要保持长调的声律节奏分明、平仄长短有别，又要适当考虑某些词句意义单位的特殊性，尽量做到不倒字、不读破词。如"把酒问青天"句，"问"字处应作停顿，却不可太长；"青"字处是节奏点，可稍长吟，但又不能与后头的"天"字断开；句末韵字必须吟咏得清晰、完足，不可含糊放过。

四　古文吟诵

陋室铭　　　　　　　　　loo⁶ sit⁷ bving²

刘禹锡　　　　　　　　　lao² i³ sik⁷

山不在高，有仙则名。	san¹ but⁷ zai⁶ go¹, iu³ sian¹ zik⁷ bving²
水不在深，有龙则灵。	sui³ but⁷ zai⁶ cim¹, iu³ liong³ zik⁷ ling².
斯是陋室，惟吾德馨。	su¹ si⁶ loo⁶ sit⁷, ui² gvoo² dik⁷ hing¹.
苔痕上阶绿，草色入帘青。	tai¹ hun² siang⁶ gai¹ liok⁸, co³ sik⁷ zvip⁸ liam² cing¹.
谈笑有鸿儒，往来无白丁。	dam² ciao⁵ iu³ hong² zvi², ong⁵ lai² bvu² bik⁸ ding¹.
可以调素琴，阅金经。	ko³ i³ diao² soo⁵ kim², uat⁸ gim¹ ging¹.
无丝竹之乱耳，无案牍之劳形。	bvu² si¹ diok⁷ zi¹ luan⁶ zviN³, bvu² an⁵ dok⁸ zi¹ lo² hing².
南阳诸葛庐，西蜀子云亭。	lam² iang² zu¹ gat⁷ loo², se¹ siok⁸ zu³ in² ding².
孔子云："何陋之有？"	kong³ zu³ in² : "ho² loo⁶ zi¹ iu³?"

这篇文章属于箴铭类（大多用于规诫自己）的韵文。作者借赞美简陋的居室来激励自己，抒写高洁的品格与安贫乐道的志趣，确是一曲流传千古的陋室颂歌。文章层次分明，语言清新。全文只有81字，庚青合韵，一韵到底。末句不押韵，引古人所居所言，用问句"何陋之有"作结，余味深长。吟诵时要注意两点：一是要把押韵字读好。"名""灵""馨""青""丁""经""形""亭"诸字，如同一条韵律的丝线连接着铿锵响亮的语句。二是要把排比句读好。如开头四句，"山""水"二字都要稍作停顿，以示提起；"仙""龙"二字吐音要清晰；"名""灵"二字要拉长

吟咏。"苔痕"二句、"谈笑"二句都用对仗句式，近似五言诗句，不过节奏点和奇句末字的平仄有所不同，应作区别。接下来"可以"一词带出两个动宾结构的三字句（"调素琴""阅金经"），又有两个六字句，两个五字句，都要处理好停顿，做到节奏清楚，意思明白。篇末用散句，虽是反问句，意思却肯定无疑。上声"有"字收结全文，吟诵至此正好戛然而止，但字音不宜弱化，更不得再作拖延。

爱莲说　　　　　　　　　ai⁵ lian² suat⁷

周敦颐　　　　　　　　　ziu¹ dun¹ i²

水陆草木之花，可爱者甚蕃。　　　sui³ liok⁸ co³ bvok⁸ zi¹ hua¹, ko³ ai⁵ zia³ sim⁶ huan².

晋陶渊明独爱菊；　　　　　　　　zin⁵ do² ian¹ bving² dok⁸ ai⁵ giok⁷;

自李唐来，世人盛爱牡丹；　　　　zu⁶ li³ dong² lai², si⁵ zvin² sing⁸ ai⁵ bvoo³ dan¹;

予独爱莲之出淤泥而不染，　　　　i² dok⁸ ai⁵ lian² zi¹ cut¹ i¹ ni² zvi² but⁷ zviam³.

濯清涟而不妖，　　　　　　　　　zok⁸ cing¹ lian² zvi² but⁷ iao¹;

中通外直，不蔓不枝，　　　　　　diong¹ tong¹ gvue⁶ dit⁸, but⁷ bvan⁶ but⁷ zi¹,

香远益清，亭亭净植，　　　　　　hiang¹ uan³ ik⁷ cing¹, ding¹ ding² zing⁶ sik⁸,

可远观而不可亵玩焉。　　　　　　ko³ uan³ guan¹ zvi² but⁷ ko³ siat⁷ gvuan³ ian¹.

予谓菊，花之隐逸者也；　　　　　i² ui⁶ giok⁷, hua¹ zi¹ in³ it⁸ zia³ ia⁹;

牡丹，花之富贵者也；　　　　　　bvoo³ dan¹, hua¹ zi¹ hu⁵ gui⁵ zia³ ia⁹;

莲，花之君子者也。　　　　　　　lian², hua¹ zi¹ gun¹ zu³ zia³ ia⁹.

噫！菊之爱，陶后鲜有闻；　　　　i¹! giok⁷ zi¹ ai⁵, do² hoo⁶ sian³ iu³ bvun²,

莲之爱，同予者何人？　　　　　　lian² zi¹ ai⁵, dong² i² zia³ ho² zvin²?

牡丹之爱，宜乎众矣！　　　　　　bvoo³ dan¹ zi¹ ai⁵, i² hoo¹ ziong⁵ i⁵ !

周敦颐是宋代理学家，却也有"雅好佳山水，复喜吟咏"的志趣。本文既见得作者的胸襟修养，又不失文采斐然，历来为人们所传诵。全文只有119字，散文句式，通篇围绕"菊""牡丹"和"莲"三种花卉的排比、对照与描写，把爱莲之高趣表现得淋漓尽致。吟诵时应仔细体会，巧妙传达，在比较中凸显莲之特殊品格和绝佳风姿，以及爱莲者超凡脱俗的审美追求。

第五节　小结

闽南文化源远流长，又具有自己鲜明的文化特质，生动体现了中华文化的博大精深和丰富多彩。作为闽南文化的重要载体，闽南方言在其形成过程中对中原雅言的融合，包含上古和中古两个不同的历史层次。由于地处东南边陲的特殊地理条件，加上崇尚儒学，重视文教，传统文化及其思想观念影响深刻，使得闽南方言在历史的发展过程中变化相对缓慢，因而较多地保留了古汉语的语音特点。传统的诗文吟诵使用闽南方言文读音，通过书院、私塾教学以及文人结社等途径，历代传承而流播，成为闽南地区乃至海峡彼岸中华经典诗文声音表现的一种特殊的艺术形式，极富人文情怀和文学美学价值。近现代以来，由于社会政治文化思潮的变化，传统诗文吟诵日渐式微；然而在民间它仍以口传心授的方法，一脉相承而不绝。尤其是近二十年来，伴随着中华传统诗词的复兴，闽南地区民间诗社、吟社活动日益发展，闽南方言吟诵已重新回到现实生活当中，成为闽南文化的一种活态。我们认为，作为闽南文化的重要组成部分，闽南方言吟诵理应列入整体保护的范围。闽南文化除了通俗之外，还有儒雅的一面，而闽南方言吟诵所使用的文音，正是闽南方言文化的一种不可或缺的载体，和无可替代的传播工具。要加强宣传，引导人们充分认识闽南方言吟诵对闽南文化传承的重要意义。

反思百年中国语文教育改革史，背离汉语言文学特性和传统教学规律的一些做法已然结出畸形之果，并严重污染了汉语文化生态。西方"朗读"教学法早已全面垄断文教舞台，如今学子大都不识吟诵究为何物，传统的方言诗文吟诵在校园里更是销声匿迹。然而朗读之于古典诗文，只强调表现语词的思想、情感意义之所指，而对汉语这种"有意味的、音乐性的语言"所蕴含的声韵、意境之美的体悟与传达却弃之不顾。诗文美读方法的缺位，无疑是古典文学审美鉴赏的一大损失。我们认为，应该考虑在闽南文化生态保护实验区范围内，让闽南方言吟诵的传习重新进入校园，回归教育体系。恢复闽南方言吟诵的传习，是传承闽南文化的必然要求，同时也是优化闽南文化生态环境的一项重要指标。实验区的闽南方言吟诵传习经验，将可为其他方言区的语文教学改革提供有益的借鉴。

闽南方言诗文吟诵是中华吟诵乃至中华优秀传统文化的有机组成部分，属于重要的非物质文化遗产，应当抓紧开展抢救、整理和研究、传习工作。闽南地区的诗词团体要加强与各地诗社、吟社的诗词创作和吟诵交流，尤其要积极开展海峡两岸传统诗文作家、学者的闽南方言吟诵交流活动。闽台两地文人素有雅集吟诵、切磋交流之雅致。即以近现代而言，甲午之后，大批爱国志士举家西渡，定居闽粤；其中知名文人许南英、汪春源、邱菽园、林尔嘉等漳州乡贤皆善与文友吟咏酬唱，并有诗文集传世。漳籍旅台同胞庄世光先生擅长漳州音诗文吟诵，退休后长期居家授徒，讲解古典诗文，传习闽南方言吟诵和传统诗词写作，不少人慕名登门求教，1992年台湾《联合晚报》曾载文介绍，誉之为"国宝级的汉语师"。近年来，海峡两岸的诗人、学者和吟诵专家曾经多次开展互相之间的参访交流，共同切磋吟诵艺术。今后应当努力创造更多的合作机会，在闽南方言吟诵的传习、研究方面进行深入的探索，共同推进闽南文化的保护与传承事业。

参考文献

国内参考文献

（北宋）陈彭年等：《大宋重修广韵》，中华书局1960年版。

（北宋）丁度等：《集韵》，中国书店1983年版。

《渡江书十五音》，东京外国语大学亚非言语文化研究所1987年影印本。

《击掌知音》，载李新魁、麦耘《韵学古籍述要》，陕西人民出版社1993年版。

白勇华、李龙抛：《高甲戏》，浙江人民出版社2010年版。

白勇华、洪世键：《南派布袋戏》，浙江人民出版社2012年版。

陈瑞统：《铿锵戈甲——粗犷雄浑高甲戏》，海潮摄影艺术出版社2005年版。

陈恩慧：《泉州南音拍板研究》，《福建师范大学福清分校学报》2013年第6期。

陈韩星：《潮剧与潮乐》，暨南大学出版社2011年版。

潮剧志编辑委员会编：《潮剧志》，汕头大学出版社1995年版。

陈历明、林淳钧：《明本潮州戏文论文集》，香港艺苑出版社2001年版。

陈支平：《福建六大民系》，福建人民出版社2001年版。

陈支评、徐泓：《闽南文化百科全书·方言卷》，福建人民出版社2009年版。

陈曼君：《1979—2004年大陆闽南方言语法研究述评》，《集美大学学报》2006年第3期。

陈寿：《二十四史·三国志》，中华书局1997年版。

陈泽平：《福州方言研究》，福建人民出版社1997年版。

蔡锡勇：《传音快字》，文字改革出版社1957年版。

曹广衢：《布依语的反语》，《中国语文》1956年3月号。

曹聪孙：《汉语隐语说略》，《中国语文》1992年第1期。

陈耕：《闽台民间戏曲的传承与变迁》，福建人民出版社2005年版。

陈新凤、郑玉玲：《四平戏唱腔旋法及音乐风格分析》，《漳州师范学院学报（哲学社会科学版）》2007年第1期。

陈松民：《锦歌的艺术价值》，《中国音乐》1991年第2期。

陈松民：《漳州南词》，《闽台文化交流》2008年第2期。

陈少松：《古诗词文吟诵》，社会科学文献出版社2002年版。

陈正统主编：《闽南话漳腔辞典》，中华书局2007年版。

丁言昭：《中国木偶史》，学林出版社1991年版。

丁邦新：《台湾语言源流》，台湾学生书局1979年版。

丁邦新：《历史层次与方言研究》，上海教育出版社2007年版。

戴黎刚：《莆田话〈新约全书附诗篇〉(1912年)所见音系》，中国语文2007年第1期。

杜晓萍《十九世纪外国传教士所撰福建闽南方言文献语音和词汇系统研究》，博士学位论文 福建师范大学（2011年）。

福建省泉州市地方志编纂委员会编:《鲤城区志·方言志》，中国社会科学出版社1999年版。

福建省晋江市地方志编纂委员会编：《晋江市志·方言志》，上海三联书店1994年版。

福建省南安县地方志编纂委员会编：《南安县志·方言志》，江西人民出版社1993年版。

福建省安溪县地方志编纂委员会编：《安溪县志·方言志》，新华出版社1994年版。

福建省惠安县地方志编纂委员会编：《惠安县志·方言志》，方志出版社1998年版。

福建省德化县地方志编纂委员会编：《德化县志·方言志》，新华出版社1992年版。

福建省龙海市地方志编纂委员会：《龙海县志·方言志》，东方出版社1993年版。

福建省平和县地方志编纂委员会：《平和县志·方言志》，群众出版社1994年版。

福建省漳浦县地方志编纂委员会：《漳浦县志·方言志》，方志出版社1998年版。

福建省诏安县地方志编纂委员会：《诏安县志·方言志》，方志出版社1999年版。

福建省东山县地方志编纂委员会：《东山县志·方言志》，中华书局1994年版。

福建省南靖县地方志编纂委员会：《南靖县志·方言志》，方志出版社1997年版。

福建省云霄县地方志编纂委员会：《云霄县志·方言志》，方志出版社1999年版。

福建省华安县地方志编纂委员会：《华安县志·方言志》，厦门大学出版社1996年版。

福建省长泰县地方志编纂委员会：《长泰县志·方言志》，油印本1994年版。

福建省福安甘棠镇地方志编纂委员会：《甘棠镇志》，厦门大学出版社1992年版。

福建省地方志编纂委员会：《福安市志》，方志出版社1999年版。

福建省宁德地区地方志编纂委员会：《宁德地区志》，方志出版社1998年版。

福安溪柄井头岩村陈金生手抄本：《戚林八音福安地方方言版》。

福建省地方志编撰委员会：《福建省志·方言志》，方志出版社1998年版。

福建省福州市地方志编纂委员会编：《福州市志》，方志出版社1998年年版。

福建省莆田市地方志编纂委员会编：《莆田市志》，方志出版社2001年年版。

福建省地方志编纂委员会编：《福建省志·地理志》，方志出版社2001年版。

福建省地方志编纂委员会编：《福建省志·方言志》，方志出版社1998年版。

卢茂村：《福建松溪县发现西晋墓》，《文物》1975年第4期。

福建省地方志编纂委员会编:《福建省志·地理志》，方志出版社1998年版。

福安范坑陈祖尉先生手抄本：《安腔八音》。

冯爱珍：《福清方言研究》，社会科学文献出版社1993年版。

方朝晖：《潮剧在闽南地区流行情况及发展变化趋势》，载《漳州戏剧研究》，中国 戏剧出版社2005年版。

福建省地方志编纂委员会编：《福建省志·戏曲志》，方志出版社2000年版。

广东省地方史志编纂委员会编撰：《广东省志·方言志》，广东人民出版社2004年版。

葛剑雄主编：《中国移民史》，福建人民出版社1997年版。

光绪《漳州府志》：卷二二《兵纪》上。

郭又陵、徐蜀主编：《稀见旧版曲艺曲本丛刊·潮州歌册卷》，北京图书馆出版社2002年版。

郭锦飙：《漳州话概说》，海风出版社2005年版。

郭锦标：《汇集雅俗通十五音校注增编》，漳州市图书馆油印本，2013年。

黄仲苏：《朗诵法》，上海开明书店1936年版。

黄晖：《论衡校释》，台湾商务印书馆1983年版。

黄少龙、王景贤：《泉州提线木偶戏》，浙江人民出版社2007年版。

黄忠钊：《福建南音二弦的形制及其演奏特色》，《中国音乐学》2002年第2期。

洪惟仁：《麦都思〈福建方言字典〉的价值》，《台湾文献》第42卷1990年第2期。

洪惟仁：《漳州三种十五音之源流及其音系》，《台湾风物》第40卷第3期。

黄典诚：《漳州〈十五音〉述评》，《漳州文史资料》1982年版。

黄典诚：《〈渡江书十五音〉的本腔是什么》，《厦门民俗方言》1988年第5期。

黄典诚：《黄谦的"三推成字法"》，《文字改革》1957年第10期。

何福明：《芗剧传统剧目研究》，硕士学位论文，漳州师范学院，2010年。

何绵山：《闽文化概论》，北京大学出版社1996年版。

柯文溥：《语言学家周辨明》，《厦门大学学报》2002年第5期。

加利利、吴志福：《罗啻牧师小传》，参考百度文库。

李新魁：《博学鸿才的黄际遇先生》，《韩山师专学报》1993年第12期。

李新魁：《汉语等韵学》，中华书局1983年版。

李新魁：《新编潮汕方言十八音》，广东人民出版社1979年版。

李小婧：《林语堂的方言学思想综述》，《成都纺织高等专科学校学报》2010年第2期。

李春晓：《加订美全八音音系研究》，福建师范大学硕士学位论文，2002年。

李如龙、王升魁：《戚林八音校注》，福建人民出版社2001年版。

梁玉璋：《福安方言概述》，《福建师范大学学报》1983年第3期。

梁玉璋：《福州方言的"切脚词"》，《方言》1982年第1期。

罗常培：《厦门音系》，科学出版社1956年出版。

罗常培：《汉语拼音字母演进史》，文字改革出版社1959年版。

罗香林：《客家研究导论》，新加坡客总会1938年版。

林忠干等：《福建六朝墓初论》，《福建文博》1987年第2期。

林连通：《泉州市方言志》，社会科学文献出版社1993年版。

林连通、陈章太：《永春方言志》，语文出版社1989年版。

林伦伦、陈小枫：《广东闽方言语音研究》，汕头大学出版社1996年版。

林伦伦：《澄海方言研究》，汕头大学出版社1996年版。

林伦伦：《〈汕头话口语语法基础教程〉看120年前的潮州方言音系》，《语言科学》2005年第2期。

林伦伦：《登临恨不高千仞——记潮籍著名语言学家黄家教教授》，《韩山师专学报》1993年第4期。

卢戆章：《中国字母北京切音合订》，文字改革出版社1957年版。

卢戆章：《一目了然初阶》，文字改革出版社1957年版。

卢戆章：《北京切音教科书》，文字改革出版社1957年版。

卢戆章：《中国字母北京切音合订》，文字改革出版社1957年版。

龙岩地区地方志编纂委员会编：《龙岩地区志》，上海人民出版社1992年版。

龙岩地区地方志编纂委员会编：《南平地区志》，上海人民出版社1992年版。

力捷三：《闽腔快字》，文字改革出版社1956年版。

林国平、邱季端主编：《福建移民史》，方志出版社2005年版。

李熙泰：《渡江书十五音·跋》，《厦门民俗方言》1991年第3期。

李荣：《渡江书十五音·序》，东京外国语大学亚非文化语言研究所1987年影印本。

林宝卿：《对〈渡江书〉是何地音的探讨》，第四届国际闽方言研讨会宣读论文，1995年版。

李大星：《海峡两岸语言对比研究的重大收获》，《中华读书报》2000年12月6日。

黎锦熙：《国语运动史纲》，商务印书馆1933版。

刘秀庭：《歌仔戏剧本（二）〈山伯英台〉》，复兴剧艺实验学校，1996年。

李斗：《扬州画舫录》卷十一，江苏广陵古籍刻印社1984年版。

林静：《海峡两岸布袋戏的传承与发展》，《艺苑》2006年第6期。

刘玲：《梨园戏》，吉林文史出版社2010年版。

刘远：《龙岩市民间道坛演出的戏剧——师公戏》，《上海戏剧学院学报》2000年第1期。

（明）何乔远：《闽书》，福建人民出版社1994年版。

马睿颖：《近代新旧约全书在闽的方言翻译与传播》，《福建论坛》2011年第8期。

马睿颖：《清代以来西文关于闽方言研究著作目录考述与翻译》，《东南学术》2013年第5期

马重奇：《清代三种漳州十五音韵书研究》，福建人民出版社2004年版。

马重奇：《福建福安方言韵书〈安腔八音〉》，《方言》2001年第1期。

马重奇：《闽腔快字研究》，《福建师范大学学报（哲学社会科学版）》1999年第2期。

马重奇：《闽台闽南方言韵书比较研究》，中国社会科学出版社2008年版。

马重奇：《闽台方言的源流与嬗变》，福建人民出版社2002年版。

马重奇：《漳州方言研究》，香港纵横出版社1994年版。

马重奇：《漳州方言同音字汇》，《方言》1993年第3期。

马重奇：《英国传教士戴尔(Rev. Samuel Dyer)〈福建漳州方言词汇〉研究》，《古汉语研究》2013年第4期。

马重奇：《汉语音韵学论稿》，巴蜀书社1998年版。

马重奇：《〈渡江书十五音〉音系性质研究》，《中国语言学报》2001年第10期。

马重奇：《清代漳州韵书方言本字考》，《福建师范大学学报》2003年第4期。

马重奇：《〈汇集雅俗通十五音〉文白异读系统研究（上）》，《方言》2004年第2期。

马重奇：《〈汇集雅俗通十五音〉文白异读系统研究（下）》，《方言》2004年第3期。

马重奇：《闽人迁徙入台史略及闽南、客家诸方言在台湾的传播和发展》，《福建师范大学学报》2004年第4期。

马重奇：《福建方言研究概况》，《福建论坛》1997年第4期。

马重奇：《20年来闽方言研究综述》，《东南学术》2011年第11期。

南平市地方志编纂委员会编：《南平地区志》，方志出版社2004年版。

倪海曙：《清末汉语拼音运动编年史》，上海人民出版社1958年版。

倪海曙：《中国拼音文字运动史简编》，上海时代书报出版社1948年。

倪海曙：《卢戆章和他的第一种方案〈中国切音新字厦腔〉》，《语文知识》1956年第8期。

倪海曙：《蔡锡勇的〈佳音快字〉》，《语文知识》1956年第6期。

倪海曙：《清末拼音文字的写法》，《拼音》1956年第1期。

倪海曙：《一百年来中国拼音文字工作的速写（上）》，《语文知识》1952年第6期。

（清）段玉裁：《说文解字注》，浙江古籍出版社2006年版。

（清）黄谦：《增补汇音妙悟》，光绪甲午年(1894)文德堂梓行版。

（清）谢秀岚：《汇集雅俗通十五音》，1818年文林堂出版，高雄庆芳书局影印本。

（清）叶开温：《八音定诀》，光绪二十年（1894）甲午端月版。

（清）陈登昆、陆尚淋编撰：《安腔八音》，福安范坑陈祖蔚先生抄本。

（清）晋安汇集明戚继光《戚参军八音字义便览》和清林碧山《珠玉同声》两书而成（1749年）：《戚林八音》，福建：学海堂木刻本。

[清]廖纶玑：《拍掌知音》，梅轩书屋藏。

[清]谢秀岚：《增注雅俗通十五音》，漳州颜锦堂本、林文堂木刻本、厦门会文堂石印本。

[清]无名氏：《增补汇音》，上海大一统书局石印本，民国17年(1928)。

邱承忠：《中国拼音文字运动的先驱——卢戆章》，《厦门市志》（三十卷首一卷）（1962年传抄厦门修志局稿本）。

石林：《汉语榕江方言的反语》，《语言研究论丛》第四辑，南开大学出版社1987年版。

《手抄十五音》，黄有实编著《台湾十五音辞典》"读十五音小引"，台北南山堂出版社1972年发行。

施炳华：《〈荔镜记〉音乐与语言之研究》，台北文史哲出版社2000年。

孙克强、邓妙慈：《中华古典诗词吟诵研究的回顾与展望》，《文学与文化》2012年第2期。

汤漳平：《论唐初中原移民入闽与闽南文化之形成》，载《海峡两岸之闽南文化》，福建人民出版社2009年版。

陶燠民：《闽音研究》，科学出版社1956年版。

无名氏：《闽腔快字千字文》，福建省图书馆藏。

王尔康：《早期汉字改革运动与闽南方言》，《中国语文》1983年第4期。

吴悦：《清末切音字运动浅探》，《复旦学报（社会科学版）》1987年第4期。

王敬骝：《佤语的反应》，《民族调查研究》1983年第1期。

王春德：《燕子口苗语的反切语》，《民族语文》1979年第2期。

文物编辑委员会编《文物考古工作三十年（1949—1979）》，文物出版社1979年版。

王福堂：《汉语方言语音的演变和层次》，语文出版社1999年版。

吴姗姗、马重奇：《〈戚林八音福安地方方言版〉残卷与〈安腔八音〉》，《东南学术》2012年第1期。

吴姗姗：《〈福州方言拼音字典〉音系研究》，福建师范大学硕士学位论文，2008年。

吴姗姗：《四部福安方言韵书研究》，福建师范大学博士学位论文，2012年。

无名氏：《击木知音》，台中瑞成书局1955年版。

王力：《汉语音韵》，中华书局1963年版。

王顺隆：《〈渡江书〉韵母研究》，《方言》1996年第2期。

吴守礼：《福建语研究导论：民族与语言》，台湾，人文科学论丛(一)，1960年6月。

吴守礼：《综合闽南方言基本字典》，美国《北美日报》，闽南乡土，1986年1月。

王毅霖：《漳州木偶戏源流与徐氏家族布袋戏偶雕刻艺术》，硕士论文，福建师范大学，2008年。

王树声：《长泰锦歌》，《地方文化》2012年第9期。

王珊：《泉州南音概述》，《中国音乐学》2007年第2期。

王珊：《从南音的现状看传统音乐的传承问题》，《人民音乐》2000年第12期。

王耀华：《福建南音继承发展的历史及其启示》，《音乐研究》1997年第3期。

王耀华：《中国南音的保护与传承》，《福建艺术》2008年第1期。

吴捷秋：《梨园戏艺术史论》，中国戏剧出版社1996年版。

王萍萍：《泉州南音（弦管）二弦"原生态"留存与思考》，《人民音乐》2010年第12期。

王树声：《芗剧在泉州》，《炎黄春秋》2011年第6期。

王建设：《南音唱词中的古泉州话声韵系统》，《方言》2000年第4期。

吴奎信：《潮州歌册》，广东人民出版社2009年版。

厦门市地方志编纂委员会编：《厦门市志》，方志出版社2004年版。

厦门大学中文系汉语方言研究室编：《普通话闽南方言词典》，福建人民出版社1982年版。

厦门网电子报，2009年11月6日。

厦门市地方志编纂委员会编：《厦门市志》，方志出版社2004年版。

厦门会文堂书局：《增广英台新歌全本》，石印本，藏于台湾"中研院"傅斯年图书馆，1914年。

萧云屏撰：《潮语十五音》,中华民国十二年（1922）汕头市科学图书馆发行。

徐通锵：《历史语言学》，商务印书馆1996年版。

谢重光：《陈元光与漳州早期开发史研究》，台北文史哲出版公司1995年版。

谢立群著：《海丰音字典》，汉学出版社2008年出版。

许长安：《周辨明、林语堂、罗常培的厦门方言拼音研究》，《厦门大学学报》(哲社版)1994年第3期。

许嘉璐：《传统语言学辞典》，河北教育出版社1990年版。

许永忠：《南音渊源与漳州南音十六"最"》，福建南音网。

许国红：《漳州南词新考》，《中国音乐学》2006年第4期。

邢公畹：《汉语方言调查》，华中工学院出版社1982年版。

徐钰：《漳州南词的传承与发展初探》，《大众文艺》2010年第20期。

夏丏尊、叶圣陶：《文心》，生活·读书·新知三联书店1999年版。

杨榕、张泉俤：《1997年福建省戏剧概况》，《福建省戏剧年鉴》1998年版。

叶明生：《福建傀儡戏史论》，中国戏剧出版社2004年版。

叶明生：《福建龙岩东肖闾山教广济坛科仪本汇编》，台湾新文丰出版公司1996年版。

杨惠玲：《民间话语的表述和戏曲的回归之路》，《中国戏曲学院学报》2007年第2期。

游汝杰：《汉语方言学导论》，上海教育出版社1992年版。

袁家骅等：《汉语方言概要》，语文出版社2001年版。

姚弗如改编：《潮声十七音》（全称《潮声十七音新字汇合璧大全》），1934年春季初版台湾文鹤出版社1993年版。

野间晃：《〈渡江书十五音〉与〈汇音宝鉴〉的音系》，载第一届台湾语言国际研讨会论文集》，台湾文鹤出版社1993年版。

袁东华《〈金钗记〉的方音特点——明初汕头方言声母初探》，《韩山师专学报(社会科学版)》1987年第2期。

杨匡民：《楚声今昔初探》，《江汉论坛》1980年第5期。

俞平伯：《诗的歌与诵》，《清华大学学报（自然科学版）》1934年第3期。

《1913年读音统一会资料汇编》（拼音文字史料丛书），文字改革出版社1958年版。

《增注黑字十五音》，黄有实编著《台湾十五音辞典》"读十五音小引"，台北南山堂出版社1972年发行。

张振兴：《闽语及其周边方言》，《方言》2000年第1期。

张振兴：《台湾闽南方言记略》，福建人民出版社1983年版。

张晓山：《新潮汕字典》，广东人民出版社2009年版。

张屏生：《〈潮正两音字集〉音系初探》，载《潮州学国际研讨会论文集（上）》，暨南大学出版社1994版。

张嘉星辑：《闽方言研究专题文献辑目索引》，社会科学文献出版社2004年版。

张世珍辑：《潮声十五音》，汕头文明商务书局1913年石印本。

张琨：《论比较闽方言》，《历史语言研究所集刊》第五十五本，第三分，1984年。

张琨：《再论比较闽方言》，《历史语言研究所集刊》第六十本，第四分，1989年。

张成材：《西安方言的反语》，《语言研究》1987年第2期。

张晓山：《从广东走向世界的语言学家詹伯慧》，《岭南文史》2004年第1期。

漳州市文化局《漳州文化志》，漳州市文化局1999年编印本。

漳州市政协主编：《漳州地方戏曲》，海风出版社2005年版。

章独奇：《驳邪歌·嫁着什么翁》，载《龙岩歌谣》，龙岩县立民众教育馆编印，1934年厦门风行书社印行。

章文松：《东家实在贤》，载龙岩政协文史组编《龙岩文史资料》，第十二辑，1985年内部版。

郑宜光：《简易识字七音字汇》。

郑长铃、王珊：《南音》，浙江人民出版社2005年版。

郑国权：《泉州传统戏曲丛书》第八卷，中国戏剧出版社2001年版。

郑国权：《泉州南音——积淀古代音乐信息的宝库》，《艺术评论》2004年第5期。

郑芳卉：《泉州南音》，《福建乡土》2014年第5期。

周振鹤：《现代汉语方言地理的历史背景》，载《历史地理》第9辑。

周振鹤、游汝杰：《方言与中国文化》，上海人民出版社1986年版。

周长楫、欧阳忆耘：《厦门方言研究》，福建人民出版社1998年版。

周长楫：《闽南话诵读解说唐诗100首》，鹭江出版社2009年版。

周典恩：《新教传教士与闽台方言字典》，《闽台区域研究丛刊》2003年第3期。

周有光：《汉字改革概论》，文字改革出版社1961年版。

周有光：《纪念〈一目了然初阶〉出版七十年》，《中国语文》1962年第3期。

周有光：《从注音字母到拼音字母》，《光明日报》1958年5月5日第3版。

（清）钟德明：《加订美全八音》，手抄本。

赵遐秋、曾庆瑞：《清朝末年的汉字改革和汉语拼音运动》，《北京大学学报（人文科学版）》1962年第6期。

赵元任：《反切语八种》，《历史语言研究所集刊》第二本第三分册，1934年4月。

曾永义，《台湾歌仔戏的发展与变迁》，台北联经出版社1997年版。

曾家阳：《泉州南音琵琶教程》，厦门大学出版社2006年版。

曾德万：《龙岩闽南方言音系研究》，吉林人民出版社2013年版。

赵元任：《赵元任音乐论文集》，中国文联出版社1994年版。

庄火明：《漳州戏剧研究》，中国戏剧出版社2005年版。

邹其昌：《朱熹诗经诠释学美学研究》，商务印书馆2004年版。

朱水涌、周英雄：《闽南文学》，福建人民出版社2008年版。

朱自清：《论朗读》，载《国文教学》，上海开明书店1945年版。

朱光潜：《诗的歌诵问题》，载《诗论》，上海古籍出版社2005年版。

外国参考文献

[美]传教士罗啻(Elihu Doty)：《翻译英华厦腔语汇》(*Anglo-Chinese Manual wlth Romanized Colloquial in the Amoy Dialect*)，1853年在广州出版。

[美]传教士打马字(Rev. John van Nest Talmage)：《Ê-MNG IM ÊJĪ TIÁN厦门音的字典》（1894），由大美国归正教在厦门的公会出资，1894年在厦门鼓浪屿萃经堂印行。

[美]璘为仁（Williams Dean, 1807—1895）：《潮州话初级教程》（*First Lessons in the TIE-CHIW Dlalect潮州话*），暹罗曼谷1841年出版。

[美]约西亚·高德（Josiah Goddard，1813-1854）：《汉英潮州方言字典》（*A Chinese and English Vocabulary in the Tie-Chiu Dialect*），1847年由曼谷教会组织出版。

[美]菲尔德（A.M.FIELDE）：《汕头方言初阶》（*A First Lessons in the Swatow Dialect*），Swatow Printing Office Company，1878。

[美]菲尔德（A.M.FIELDE）编撰：《汕头方言音义字典》（*A Pronouncing and Defining Dictionary of the Swatow Dialect*，1883）：1883年由美洲长老会传教团出版社shanghai:a merican presbyterian mission press出版。

[美]传教士耶士谟：《汕头话口语语法基础教程》(Primary Lessons in Swatow Grammar [colloquial]: Containing a List of Syllables Representing the Sounds Used in Pronouncing the Tie-Chiu Dialect Prepared by S. B. Patridge)，英华书局(English Presbyterian Mission Press) 1884年出版。

[英]杜嘉德（Carstairs Douglas）：《厦英大辞典》（或作《厦门音汉英大辞典——兼漳州和泉州方言主要变化》），正名"Chinese English Dictionary of the Vernacular or Spoken Language ofAmoy, with the principal variations of Chang Chew and Chin Chew dialects"，伦敦杜鲁伯那公司（Trubner & Co）1873年刊行。

[英]麦嘉湖（John Macgowan）：《厦门方言英汉辞典》（又称《英厦辞典》）"English and ChineseDictionary of the Amoy dialects"，1883年在英国伦敦出版。

[英]巴克礼（Thomas Barclay）：《厦门话字典补编》(Supplement to Dictionary of the Vernacular or Spoken Language of Amoy)，上海商务印书馆出版出版1923年发行。

［英］麦都思（Walter Henry Medhurst）：1831《福建方言字典》（Dictionary of the Hok-keen dialect of the Chineselanguage, according to the reading and colloquial idioms），新加波出版。

［英］戴尔（Rev.Samuel Dyer）：1838《福建漳州方言词汇》（Vocabulary of theHok-keen dialect as spoken in the county of Tshaang-tshew），The Anglo-Chinese college出版社出版。

［英］传教士甘为霖(Weilin Gan , William Campbell)：《厦门音新字典》（Chin-chiu, Chiang-chiu和Formosa全辖区厦门口语方言/白话词典），日本横滨（Yokohama）福音印刷株式会社1913年7月印刷，台南台湾教会报社发行。

［英］牧师卓威廉卓威廉（William Duffus）：《汕头白话英华对照词典》（English-Chinese Vocabulary of the Vernacular or Spoken Language of Swatow），通称"卓威廉词典"，英华书局1883年版。

［英］传教士施约翰（John Steele）编撰：《潮正两音字集》(The Swatow Syllabary Mandarin Pronounciation)， 1909年由上海英华书局出版。

［荷］通译佛兰根（Franken, J.J.C.）、赫莱斯(C.F.M.De Grijs)：《厦荷大辞典》(Chineesch-Hollandsch Woordenboek van Hetemoi-dialekt)，是由印度尼西亚巴答维亚（今雅加达）印刷厂1882年出版。

［荷兰］施莱赫（Dr. G. Schlegel）：1886《荷华文语类参》（Nederlandsch-Chineesch woordenboek : met de transcriptie der chineesche karakters in het Tsiang-tsiu dialekt, hoofdzakelijk ten behoeve der tolken voor de chineesche taal in Nederlandsch-Indie），1890年出版。

［加拿大］乔治·莱斯里·马偕（George Leslie Mackay）：《中西字典》，大清光绪十七年（1891）台北耶稣教会寄印，上海美华书馆复版。

［新加坡］海峡殖民地法庭翻译员林雄成（Lim Hiong Seng）：《汕头方言手册》（A Handbook of the Swatow Vernacular），于1886年新嘉坡古友轩（Singapore: Koh Yew Hean Press）出版。

后　记

　　《海峡西岸闽南方言与文化研究》是闽南师范大学闽南文化研究院重大攻关项目之一，也是国家社科基金重大招标项目《海峡两岸闽南方言动态比较研究》的子项目。项目总负责人为马重奇教授。

　　《海峡西岸闽南方言与文化研究》是一个集体攻关项目。主编马重奇（闽南师范大学闽南文化研究院特聘教授、福建师范大学文学院二级教授），副主编施榆生（闽南师范大学闽南文化研究院副院长、副教授）；编委：吴晓芳（闽南师范大学闽南文化研究院教授、博士）、吴文文（闽南师范大学闽南文化研究院副教授、博士）、林松华（闽南师范大学文学院讲师、硕士）、洪水英（闽南师范大学文学院讲师、硕士）、马睿颖（福建师范大学外国语学院讲师、博士）、马睿哲（闽南师范大学闽南文化研究院在读博士生）、傅倩琛（闽南师范大学闽南文化研究院助理馆员）。

　　《海峡西岸闽南方言与文化研究》编写工作的分工情况如下：

　　主编：马重奇教授，负责整套书设计策划，各个章节的撰写指导，全书的统稿、修改、排版以及校对工作。副主编：施榆生副教授，协助主编搞好本套书的策划工作，协助召开项目研讨工作会议。吴文文博士负责财务报销及校对稿往返邮寄等工作。具体编写任务情况如下：

　　第一章　绪论（马重奇执笔）

　　第二章　西方传教士及其重要厦门闽南方言学论著（马重奇、马睿颖执笔）

　　第三章　西方传教士及其重要漳州闽南方言学论著（马重奇、马睿颖执笔）

　　第四章　西方传教士及其重要潮汕闽南方言学论著（马重奇、马睿颖执笔）

　　第五章　近现代西洋传教士新旧约全书闽南方言翻译与传播（马重奇、马睿颖执笔）

　　第六章　清代民初闽南方言学者及其重要方言学论著（马重奇执笔）

　　第七章　清末民初福建切音字运动（马重奇执笔）

　　第八章　现当代闽南方言学者及其论著研究（吴晓芳执笔）

　　第九章　闽粤闽南戏曲作品与闽南文化（一）（洪水英、马睿哲、傅倩琛执笔）

　　第十章　闽粤闽南戏曲作品与闽南文化（二）（吴文文、林松华执笔）

　　第十一章　诗文吟诵与闽南方言文化（施榆生执笔）

参考文献　（马重奇执笔）

后记　（马重奇执笔）

《海峡西岸闽南方言与文化研究》的顺利出版，首先要感谢闽南师范大学林晓峰书记、李进金校长、肖庆伟副校长和闽南文化研究院领导的高度重视和鼎力支持！感谢他们提供福建省重点建设高校出版基金的出版资助！

我们还要特别感谢中国社会科学出版社张林编审的鼎立支持！感谢她为本书的编辑、校对、出版所付出的辛勤劳动！

在本书撰写过程中，笔者吸收了学术界许多研究成果，书后参考书目中已一一列出，这里不再一一说明，在此一并表示感谢！然而，由于个人水平所限，书中的错误在所难免，望学术界的朋友们多加批评指正。

马重奇

2016年1月16日